5画		米	(54)	豆	(59)	香	(63)
		齐(齊)	(54)	車➡车	(39)	鬼(鬼)	(63)
穴	(46)	衣	(54)	酉	(59)	風➡风	(45)
立	(46)	➡衤	(47)	辰	(60)	昜➡㫃	(31)
疒	(46)	耒(耒)	(54)	豕(豕)	(60)	10画	
玄	(47)	耳(耳)	(54)	卤(鹵)	(60)		
示➡礻	(36)	老	(55)	貝➡贝	(41)	髟	(64)
礻	(47)	臣	(55)	見➡见	(42)	馬➡马	(31)
➡衣	(54)	西(覀)	(55)	里	(60)	鬥➡门	(23)
艹(艸)						骨➡骨	(63)
甘						韋➡韦	(36)
石						鬼➡鬼	(63)
龙(龍)						艸➡艹	(47)
业						11画	
目				龟(龜)	(61)		
田(由甲申)	(49)	缶	(57)	角(角)	(61)	黄(黃)	(64)
皿	(49)	舌	(57)	8画		麻	(64)
皿	(49)	臼	(57)			鹿	(64)
钅(金釒)	(50)	竹(⺮)	(57)	青(靑)	(61)	麥➡麦	(59)
矢	(52)	自	(58)	雨(⻗)	(61)	鹵➡卤	(60)
生	(52)	血(血)	(58)	非(非)	(62)	鳥➡鸟	(52)
禾	(52)	行	(58)	齿(齒)	(62)	魚➡鱼	(62)
白	(52)	舟	(58)	門➡门	(23)	12画～	
瓜(瓜)	(52)	舛	(58)	黾(黽)	(62)		
鸟(鳥)	(52)	色	(59)	食➡饣	(28)	黑	(64)
用	(53)	羽	(59)	金➡钅	(50)	黍	(64)
皮	(53)	聿(⺻聿)	(59)	隹	(62)	鼓	(64)
癶	(53)	艮(𡰣)	(59)	鱼(魚)	(62)	鼠	(64)
矛	(53)	糸➡纟	(32)	9画		黽➡黾	(62)
疋(⻊)	(53)	7画				鼻	(64)
氷➡水	(45)			音	(63)	齊➡齐	(54)
𡰣➡艮	(59)	辛	(59)	革	(63)	齒➡齿	(62)
母➡毋	(45)	言➡讠	(3)	食➡饣	(28)	龍➡龙	(48)
6画		麦(麥麦)	(59)	頁➡页	(55)	龜➡龟	(61)
		走	(59)	面	(63)		
羊(⺷⺶)	(53)	赤	(59)	骨(骨)	(63)		

デイリーコンサイス
中日辞典

SANSEIDO'S DAILY CONCISE CHINESE-JAPANESE DICTIONARY

中型版

SANSEIDO'S
DAILY
CONCISE
CHINESE-JAPANESE
DICTIONARY

杉本達夫・牧田英二・古屋昭弘 [共編]

第3版

三省堂

© Sanseido Co., Ltd. 2013

First Edition 1998
Second Edition 2005
Third Edition 2013

Printed in Japan

[編者]

杉本 達夫（早稲田大学 名誉教授）

牧田 英二（早稲田大学 名誉教授）

古屋 昭弘（早稲田大学文学学術院 教授）

[編集協力]

| 佐々木 真理子 | 鈴木 三恵子 | 関 久美子 |
| 宮島 和也 | 山谷 悦子 | ㈲ 樹花舎 |

[システム及びデータ設計]

三省堂データ編集室　　鹿島 康政　佐々木 吾郎

[見返し地図]

平凡社地図出版

[装丁]

三省堂デザイン室

第三版　序

　本辞典は1998年春の刊行以来，すでに15年を経過している．2005年の改訂を経て，ここに第三版刊行の運びとなった．すなわち，2度目の改訂である．初版以来，広く世の支持を得，多くの方々から好評と激励を受けてきた．本辞典を生み出した者にとっては，この上ない喜びである．だが，喜びには常に不安が付きまとう．うすい座布団の下に針のむしろが敷かれている．辞典は使う身にとって，より有用，より正確な情報源であらねばならず，本辞典がどの程度その役割を担いえているか，編者は問い続けなければならないからである．

　初版の序でも述べたとおり，本辞典は小さな入れ物に最上の内容を込めること，「小而精」であることを目指している．小さな判型の限られた紙幅に，中国語を扱ううえで重要なさまざまな情報を，どれだけ多く盛りこめるか，それは編者に課された重責である．

　本辞典は初版以来，以下の点を重視してきた．

　第1に，個々の漢字が単独で1語となりうるか，すなわち単用しうるか，それとも他の字と結びついてはじめて1語となりうるか，すなわち語素であるのか，この区別を明確に示した．1字の語義の中でも，単用しうる語義と単用しえない語義とを区別した．

　第2に，原義に即して品詞を示した．

　第3に，形容詞のうち，主として述語となる形容詞，主として修飾語となる形容詞について，語義に先立ち明記するなど，用法上の注意を可能な限り加えた．

　もちろん，ことばは生きものであり，時と場合で変化する．上記のような区別も絶対ではなく，あくまでひとつの目安にすぎない．だが，利用者には有用な目安であると編者は考えている．

　第4に，用例は極力短くするよう努めたうえで，それが単語ないし複合語であるか，句ないし文であるかを区別した．

　第二版では内容の改訂に加えて，二色刷りを採用し，見やすい紙面に改めた．

　今回の改訂にあたっても，二版以来の中国の言語環境の変化を，できるだけ多く，正確に反映すべく心を砕いた．新HSK受験者への配慮も加えてある．

　今回の改訂の方針は以下のとおりである．

　第1に，いまでは不要と思われる語や部分を削除し，新たに，親字および見出し熟語約800を加えた．

　第2に，『現代漢語詞典』第6版（商務印書館，2012年6月刊）で新たに修正された発音を極力反映させた．とりわけ軽声関連は

全面的に反映させた．旧版におけるピンイン表記は，すべてこの基準に照らして再点検し，修正してある．なお，付録として，本辞典収録の語彙につき，『現代漢語詞典』第5版と第6版との発音の違いを，一覧表にして示した．軽声で読むか声調つきで読むかの変化は，微小な変化のようでいて，軽視してはならない要素である．

第3に，旧版で不正確だった部分，品詞や語釈などを改めた．

第4に，旧版では単に列記していた繁体字と異体字を区別し，異体字に＊を付けた．

第5に，親字（簡体字）を，同じ声符を持つ文字でまとめられるように計り，再配列した．

第6に，新HSKの5級単語およびそれに準ずる単語に＊，6級単語およびそれに準ずる単語に＊を付した．

なお，今回の改訂作業は，編者のうち，古屋昭弘が中核となって進めた．文責はもちろん編者全員にある．

改訂を経た第三版が，旧にもまして多くの利用者を得，貴重なご批判，ご叱正を得られるよう，そしてさらなる向上の機会を得られるよう，編者は切に願っている．

言うまでもないことだが，ひとつの辞典が生まれるまでには，先行する幾つもの辞典や研究から，多くの教示を得ている．いちいち名を挙げることはできないが，あらためて，深く感謝する．

今回，三省堂で編集を担当されたのは近山昌子氏である．また，東京学芸大学講師・関久美子氏には，編集作業の全般にわたってお助けいただいた．通訳・翻訳家の鈴木三恵子氏にもお世話になった．そのほか多くの方々の助力をいただいている．記して感謝する．

2013年1月

編者一同

凡 例

I. 親字について
1. 親字は簡体字を基本として，そのピンイン（ローマ字表記）のアルファベット順に配列した．親字に繁体字や異体字がある場合には，（ ）内に示した．うち，*があるものは異体字である．
2. 「词」に対する「詞」，「铜」に対する「銅」など，偏旁のみが異なる繁体字も（ ）に示してある．ただし，「京」に対する「京」，「角」に対する「角」などは記していない．
3. 単用される親字（一字で単語となりうる親字）は【　】で囲った．単用できない字は〖　〗で囲い，更に⊗印をつけた．この点は本辞典が，特に意を注いだところである．〖　〗で囲った親字は現代語ではもっぱら非単用の語素として機能する．すなわち他の語素と組み合わさってはじめて単語を形成するということである．その区分は日常的用法を念頭に置いた編者の判断による．この点に関しては，非単用の語素を積極的に明示した *Concise Dictionary of Spoken Chinese*,『現代漢語学習詞典』，『現代漢語用法詞典』から多大な教示を得た．
4. 【　】で囲んだ親字でも，単用できない語義の場合には，改行して⊗印を置き，その語義を示した．
5. 「廖」「沪」など，姓あるいは地名の別称や略称は単用語とみなさない．
6. 名詞，代詞，動詞，能願動詞，形容詞，副詞，介詞，量詞，数詞，感嘆詞のほか，接続詞，助詞，擬態語，擬声語として働く親字は，本辞典では単用できる語として扱い，【　】で示した．
7. 個別の字義によって繁体字や異体字が異なる場合，あるいは個別の字義にのみ繁体字や異体字がある場合は，その都度改行し，別項目を立てた．例えば，

   【里】⎡ ……
   【―(裡*裏)】……
   〖历(歷)〗⎡ ⊗……
   〖―(曆*厤歷)〗⊗……

8. 「彷徨」のように分離不可能な場合は，個別の字に語釈を加えず，「彷」の項で
   【彷徨】 pánghuáng 動 うろうろ迷う，．．．．と語釈を与え，
   「徨」の項では
   〖徨〗 huáng ⊗→[彷 páng～] とした．
9. 語頭に使われることが稀な字（親字として採用していないこともある）については，原則として基本義を記したのち，→[○～]で見出し語例を示した．例えば，
   〖钿(鈿)〗 diàn ⊗……→[螺 luó～]
   このほか親字の語釈の中で，その親字で始まる子見出しを示す場合，時に[～○]を使った．単に参照をうながす意味で「→[～○]」を使うこともある．
10. 異読音がある場合は，記述の最後に改行して「⇨○」と太字で示した．したがって異読音がある場合，同一の親字が複数箇所に現れる．ただし，ほとんど使われていない異読音は，親字として採用していないこともある．
11. "ローマ字で始まる語"がある場合，各アルファベット見出しのすぐ下に置いた．

Ⅱ．子見出しについて
1. 子見出しには単語，連語，成語，俗語（ことわざ，歇後語などを含み，ローマ字で表記した発音のアルファベット順に配列してある．
2. 発音綴りが同一の場合は第二字の四声の順による．
3. 単語（発音表記が一つの綴りとなる）のほか，連語（例えば「绕圏子 rào quānzi」）にも品詞を記したうえで語義を示した．
4. 同じ漢字表記でも，語義によって声調，発音表記が異なる場合は──で改行して，別項目を立てた．例えば，
　　【编目】biān▼mù 動 …
　　── biānmù 名 …
5. 一語に複数の表記があり，使用頻度に大差がないものは，重複させて見出し語に立てた．例えば，
　　【叭儿狗(巴儿狗)】と【巴儿狗(叭儿狗)】
6. 新HSKの5級単語およびそれに準ずる単語に☆，6級単語およびそれに準ずる単語に＊を付した．見出し語になく用例のみに登場する単語の場合は，用例に付した．

Ⅲ．発音について
1. 発音は漢語拼音字母すなわちローマ字表記で綴って声調符号を加えた．表記は原則として『現代漢語詞典 第6版』（2012年）に準拠した．
2. 軽声には符号を加えていない．また，「一」「不」の声調は「一定」yídìng，「一起」yìqǐ，「不必」búbì，「不甘」bùgān のように実際の声調に合わせて記した．
3. 一語中のある音がふつう軽声で読まれるが時に非軽声で読まれる場合は，/で切って両方を併記した．例えば，
　　【宝贝】bǎobei/bǎobèi
4. 「3声＋軽声」で示しながら，実際には「2声＋軽声」で発する場合は，(…と発音)を加えた．例えば，
　　【哪里】nǎli（náli と発音）
5. 動賓（動詞＋賓語）構造の語で，分離可能な場合は，分離する位置に「▼」を入れて示した．例えば，
　　【跑步】pǎo▼bù 　【睡觉】shuì▼jiào
6. 連語，成語，俗語の発音は原則として意味の単位ごとに分かち書きをした．区切りは編者の判断による．特に成語の分かち書きについては『現代漢語詞典 第6版』とかなり異なるので注意されたい．
7. 方言語彙については「普通話(共通語)」の読音によって表記してある．

Ⅳ．語釈について
1. 原則として名詞，動詞，形容詞，副詞，その他の順で記述し，①，②…で語義を分けた．
2. 品詞を特に分ける必要がない場合は 名動 のようにまとめて記述した．
3. 常用の名詞にはできるだけ量詞を示した．しかし，代表的な量詞であって，網羅的ではない．また，「个」を使う場合は示していない．
　　例：【河】〔条・道〕川　　【机器】〔架・台〕機械
4. 「儿」を加えられる語は，(～儿)で示した．なお，「子」をつけて成り立つ語は別見出しとした．
5. 形容詞の重ね型など「的」を加えて用いられるものは，語義の前に(～的)を置いた．
6. 簡単な補足説明は( )内に記したが，必要に応じて，♦の後に語法的説明や百科の説明を加えた．
7. 短い文法的注意は〔 〕で示した．例えば，
　　〔状態として〕，〔定語として〕など．
8. 同は同意語，反は反意語，関は関連語を示す．
9. 語釈や説明文中に中国語の語彙が入る場合は，' 'で囲んだ．例えば，
　　【汾酒】…．山西省汾陽産の'白酒'…
10. 語釈や説明中に見出し語を使う場合は「～」で代用した．

凡 例

11. 成語, 俗語は基本的に (>) 内に原義を示した.

V. 用例について
1. 用例は簡潔を心掛けた. 用例が文あるいは句である場合は〚...〛で示し, 単語, 連語, 成語である場合は [...] で示して区別した. 後者は準見出し語である.
2. 用例中の見出し語は「~」で代用した.
3. 訳文中に見出し語の語義語釈を使う場合には,「同前」で代用することもある.

VI. 略語について
略語は以下のように表示する.
1. 品詞... □でくくる.

名：名詞	動：動詞	能：能願動詞
形：形容詞	副：副詞	数：数詞
量：量詞(度量衡を含む)	代：代詞	介：介詞
接：接続詞	助：助詞	嘆：感嘆詞・間投詞
擬：擬態語・擬声語	頭：接頭辞	尾：接尾辞

2. 語の性格...（ ）で示す.

成：成語・格言	書：書面語・文言語・古語	口：口頭語
俗：俗語・歇後語・ことわざ	方：方言	翰：書簡語
謙：謙譲語	敬：敬語・敬称	挨：挨拶語
訳：音訳語	貶：貶義語	褒：褒義語
転：転義・比喩	旧：旧時(主として清末から民国期)の語	
略：略称	普：(方言に対する)共通語	

3. 分野...〖 〗で示す.

衣：衣類・衣服・織物	医：医学	印：印刷
映：映画	演：音楽	化：化学
貝：貝	機：機械	魚：魚類	軍：軍事
経：経済	建：土木・建築	語：言語・語法	工：工業・技術
交：交通	鉱：鉱物	航：航空・航海	史：歴史
字：文字	宗：宗教	商：商業	食：食品・料理
植：植物	人：人名	数：数学	生：生物・生理
体：体育・スポーツ	地：地学・地理	畜：畜産	
哲：哲学	天：天文・気象	電：電気・電機	図：図書
動：動物	鳥：鳥類	農：農業	美：美術
文：文学	法：法律	報：報道	民：民族
虫：虫	薬：薬品・薬学・漢方薬		理：物理・理科

4. レーベルの順序
   品詞,（~ル）（~的）, 語の性格, 分野, 量詞の順で示した.
   例：名（~ル）《方》〖植〗〔根〕

VII. 漢字検索表について
1. 本辞典は簡体字, 繁体字, 異体字を含めて約 9950 字を親字とした.
2. 部首索引は文字を部首で分類し, 部首ごとに筆画数順に配列した. ページ数に発音も加えたが, 発音辞典の機能も持たせたいと考えての措置である.
3. 部首索引のほかに, 部首からは検索しにくい漢字を一覧にした「総画索引」, また「日本語音読み索引」を設け, 読者の便を図った.

発音解説

◎声母（ローマ字の下：左は注音符号，右は国際音声記号（簡略式））

b	p	m	f		d	t	n	l
ㄅ[p]	ㄆ[pʻ]	ㄇ[m]	ㄈ[f]		ㄉ[t]	ㄊ[tʻ]	ㄋ[n]	ㄌ[l]

g	k	h		j	q	x
ㄍ[k]	ㄎ[kʻ]	ㄏ[x]		ㄐ[tɕ]	ㄑ[tɕʻ]	ㄒ[ɕ]

zh	ch	sh	r	z	c	s
ㄓ[tʂ]	ㄔ[tʂʻ]	ㄕ[ʂ]	ㄖ[ʐ]	ㄗ[ts]	ㄘ[tsʻ]	ㄙ[s]

◎韻母

	i	u	ü
	ㄧ[i]	ㄨ[u]	ㄩ[y]
a ㄚ[a]	ia ㄧㄚ[ia]	ua ㄨㄚ[ua]	
o ㄛ[o]		uo ㄨㄛ[uo]	
e ㄜ[ɤ]	ie ㄧㄝ[ie]		üe ㄩㄝ[ye]
ai ㄞ[ai]		uai ㄨㄞ[uai]	
ei ㄟ[ei]		uei ㄨㄟ[uei]	
ao ㄠ[au]	iao ㄧㄠ[iau]		
ou ㄡ[ou]	iou ㄧㄡ[iou]		
an ㄢ[an]	ian ㄧㄢ[iɛn]	uan ㄨㄢ[uan]	üan ㄩㄢ[yan]
en ㄣ[ən]	in ㄧㄣ[in]	uen ㄨㄣ[uən]	ün ㄩㄣ[yn]
ang ㄤ[aŋ]	iang ㄧㄤ[iaŋ]	uang ㄨㄤ[uaŋ]	
eng ㄥ[ɤŋ]	ing ㄧㄥ[iŋ]	ueng ㄨㄥ[uɤŋ]	
ong ㄨㄥ[uŋ]	iong ㄩㄥ[yuŋ]		

zhi chi shi ri の -i はそり舌母音 [ʅ]，**zi ci si** の -i は舌尖母音 [ɿ]．

◎声調

	第1声 （陰平）	第2声 （陽平）	第3声 （上声）	第4声 （去声）
	ー	／	∨	＼

注意 ①第3声と第3声が続くと原則として第2声＋第3声となる．
②声調符号のないものは軽声（軽く弱い声調）．第3声のあとでは高く，第1・2・4声のあとでは低く発音される．

部首索引

- 「部首一覧」は見返しに掲げた.
- 画数は部首の画数を差し引いて画数順に示した.
- 右の数字は本文の掲載ページを示す.
- 簡体字は太字, 繁体字は細字, 異体字は*付きの細字で示した.

、(○)

○ líng	360
2画	
丸 wán	598
丫 yā	678
义 yì	710
之 zhī	778
3画	
丹 dān	107
为 wéi	605
wèi	609
4画	
主 zhǔ	798
5画～	
举 jǔ	306
州 zhōu	794

一 (一)

一 yī	700
1画	
丁 dīng	129
zhēng	773
七 qī	449
2画	
才 cái	46
三 sān	501
上 shǎng	510
shàng	510
万 wàn	600
卫 wèi	609
兀 wù	622
下 xià	632
与 yǔ	735
yù	736
丈 zhàng	763
3画	
不 bù	39
丑 chǒu	77
丐 gài	176
互 hù	236
开 kāi	313

廿 niàn	414
卅 sà	501
屯 tún	592
无 wú	617
五 wǔ	620
牙 yá	679
*帀 zā	747
4画	
丙 bǐng	34
从 cóng	92
且 dàn	109
东 dōng	132
可 kě	321
kè	322
丕 pī	432
平 píng	441
且 qiě	468
丘 qiū	478
世 shì	532
丝 sī	549
5画	
百 bǎi	11
丞 chéng	68
夹 gā	175
jiā	268
jiá	270
亘 gèn	188
*亙 gèn	188
吏 lì	350
亚 yà	681
再 zài	749
在 zài	749
更 gēng	188
gèng	189
来 lái	336
丽 lí	346
lì	350
两 liǎng	355
求 qiú	479
*所 suǒ	559
严 yán	684

7画	
並 bìng	35
奉 fèng	167
画 huà	240
亟 jí	261
qì	456
兩 liǎng	355
*両 miàn	392
事 shì	533
亞 yà	681
枣 zǎo	753
8画	
甫 béng	24
甚 shèn	521
歪 wāi	596
昼 zhòu	796
奏 zòu	822
9画	
亶 dàn	109
哥 gē	185
孬 nāo	408
10画	
嘗 dàn	109
11画～	
奡 ào	6
爾 ěr	146
囊 nāng	408
náng	408
*尠 xiǎn	639

丨

3画	
丰 fēng	163
书 shū	539
中 zhōng	789
zhòng	793
4画	
旧 jiù	303
6画	
串 chuàn	85
7画	
長 cháng	58

zhǎng	762
8画	
飛 fēi	157
临 lín	359

丿(ノ)

1画	
九 jiǔ	302
乃 nǎi	406
乂 yì	710
2画	
川 chuān	83
*凡 fán	151
及 jí	260
*么 ma	379
么 me	385
乞 qǐ	453
千 qiān	457
丸 wán	598
么 yāo	692
3画	
币 bì	27
长 cháng	58
zhǎng	762
乏 fá	149
壬 rén	492
卅 sà	501
升 shēng	521
乌 wū	616
wù	623
午 wǔ	621
爻 yáo	693
4画	
尔 ěr	146
生 gǎ	175
乎 hū	233
乐 lè	343
yuè	743
丘 qiū	478
乍 zhà	757
卮 zhī	780
5画	

丢 diū 132	书 shū 539	夔 Kuí 333	產 chǎn 57
后 hòu 232	为 wéi 605	曾 zēng 755	*産 chǎn 57
甪 Lù 369	wèi 609	尊 zūn 826	袞 gǔn 209
年 nián 413	4画		毫 háo 219
乓 pāng 426	氕 è 145	亠	率 lǜ 372
乒 pīng 441	民 mín 394	1画	shuài 544
乔 qiáo 466	司 sī 549	亡 wáng 601	袤 mào 385
向 xiàng 645	孕 yùn 746	2画	商 shāng 509
囟 xìn 659	5画	卞 biàn 29	孰 shú 541
6画	乩 jī 258	亢 kàng 318	10画
兵 bīng 34	买 mǎi 379	六 liù 366	棄 qì 456
囱 cōng 91	6画	3画	褻 xiè 655
*巵 zhī 780	乱 luàn 373	市 shì 531	11画
7画	7画~	玄 xuán 671	稟 bǐng 35
乘 chéng 35	飛 fēi 157	4画	稟 bǐng 35
垂 chuí 87	乾 gān 176	产 chǎn 57	亶 dǎn 109
乖 guāi 201	亂 luàn 373	充 chōng 73	*裏 lǐ 348
*兎 tù 589	乾 qián 462	亥 hài 215	雍 yōng 723
8画	乳 rǔ 497	交 jiāo 280	12画
重 chóng 74	虱 shī 526	*㐹 jiāo 282	膏 gāo 183
zhòng 794		亦 yì 711	裹 guǒ 211
胤 yìn 719	㇒(八)	5画	豪 háo 219
禹 Yǔ 736	1画	亨 hēng 228	13画
9画	丫 yā 678	亩 mǔ 402	褒 bāo 17
乘 chéng 68	3画	弃 qì 456	14画
shèng 524	兰 lán 337	6画	嬴 Yíng 721
10画	4画	变 biàn 29	雝 yōng 723
馗 kuí 333	并 bìng 35	卒 cù 93	15画
11画~	关 guān 202	zú 822	*襃 bāo 17
臯 gāo 183	5画	京 jīng 297	襄 xiāng 643
肅 nài 406	弟 dì 123	氓 máng 382	褻 xiè 655
喬 qiáo 466	兑 duì 141	méng 388	嬴 yíng 721
應 yìng 722	兒 duì 141	享 xiǎng 644	17画~
粵 Yuè 744	6画	兖 yǎn 686	羸 léi 344
	並 bìng 35	夜 yè 699	臝 luó 375
乙(一丆乚)	单 dān 107	7画	亹 wěi 609
乙 yǐ 709	Shàn 508	哀 āi 1	赢 yíng 721
1画	7画	帝 dì 123	
刁 diāo 127	前 qián 460	亮 liàng 356	冫
九 jiǔ 302	首 shǒu 536	亭 tíng 579	3画
乜 miē 394	兹 zī 812	*亱 yè 699	冯 Féng 166
2画	8画	8画	píng 443
飞 fēi 157	兼 jiān 273	毫 bó 37	4画
乞 qǐ 453	9画	高 gāo 181	冰 bīng 34
丸 wán 598	兽 shòu 539	衮 gǔn 209	冲 chōng 73
卫 wèi 609	10画~	离 lí 346	chòng 75
习 xí 627	曾 céng 53	旁 páng 426	沧 chuàng 86
也 yě 697	zēng 755	衰 shuāi 544	次 cì 90
3画	奠 diàn 127	zhōng 792	冱 hù 236
孔 kǒng 325	蠲 juān 308	9画	决 jué 309

5画		冢 zhǒng	793	论 Lún	373	该 gāi	175
冻 dòng	134	**10画～**		论 lùn	374	該 gāi	175
况 kuàng	332	幂 mì	391	讷 nè	410	诟 gòu	195
冷 lěng	345	冪 mì	391	訥 nè	410	詬 gòu	195
冶 yě	697			讴 ōu	421	诖 guà	200
6画		**讠(言訁)**		设 shè	515	詿 guà	200
净 jìng	301	言 yán	683	設 shè	515	诡 guǐ	208
冽 liè	358	**2画**		讼 sòng	553	詭 guǐ	208
7画		订 dìng	130	訟 sòng	553	话 huà	240
涂 tú	587	訂 dìng	130	*訢 xīn	659	話 huà	240
8画		讣 fù	171	许 xǔ	669	诙 huī	246
凋 diāo	127	訃 fù	171	許 xǔ	669	詼 huī	246
凍 dòng	134	讥 jī	256	讶 yà	681	诨 hùn	252
*淨 jìng	301	计 jì	264	訝 yà	681	诘 jié	289
凉 liáng	354	計 jì	264	**5画**		詰 jié	289
liàng	356	讫 qiú	456	词 cí	89	诓 kuā	329
凌 líng	362	认 rèn	493	詞 cí	89	诓 kuāng	331
凄 qī	449	**3画**		诋 dǐ	120	誆 kuāng	331
凇 sōng	553	讧 hòng	231	詆 dǐ	120	诔 lěi	344
准 zhǔn	809	訌 hòng	231	诂 gǔ	197	誄 lěi	344
9画		记 jì	264	詁 gǔ	197	诙 náo	408
*滄 cān	48	記 jì	264	诃 hē	222	诠 quán	484
凑 còu	92	讦 jié	288	詈 lì	351	詮 quán	484
减 jiǎn	274	訐 jié	288	评 píng	442	诗 shī	526
10画～		讫 qì	456	評 píng	442	詩 shī	526
滄 chuàng	86	訖 qì	456	诎 qū	481	试 shì	532
馮 Féng	166	让 ràng	488	詘 qū	481	試 shì	532
píng	443	讪 shàn	508	识 shí	528	誊 téng	569
凛 lǐn	360	訕 shàn	508	zhì	787	详 xiáng	643
凜 lǐn	360	讨 tǎo	568	诉 sù	555	詳 xiáng	643
凝 níng	416	討 tǎo	568	訴 sù	555	诩 xǔ	669
		托 tuō	592	译 yì	712	詡 xǔ	669
冖		训 xùn	677	詠 yǒng	724	询 xún	676
2画		訓 xùn	677	诈 zhà	757	詢 xún	676
冗 rǒng	495	讯 xùn	677	詐 zhà	757	诣 yì	712
3画		訊 xùn	677	诏 zhào	766	詣 yì	712
写 xiě	654	议 yì	711	詔 zhào	766	誉 yù	738
xiè	655	**4画**		诊 zhěn	772	詹 Zhān	759
4画		*訨 chén	65	診 zhěn	772	诤 zhèng	778
军 jūn	311	讹 é	144	证 zhèng	777	诛 zhū	796
农 nóng	418	訛 é	144	诌 zhōu	794	誅 zhū	796
5画		访 fǎng	156	註 zhù	800	訾 zǐ	814
罕 hǎn	217	訪 fǎng	156	诅 zǔ	822	*訿 zǐ	814
7画		讽 fěng	166	詛 zǔ	822		
冠 guān	204	讳 huì	249	**6画**		**7画**	
guàn	205	讲 jiǎng	279	诧 chà	55	*誖 bèi	23
军 jūn	311	讵 jù	307	詫 chà	55	诞 dàn	109
8画		詎 jù	307	诚 chéng	67	*誒 ē/ēi	145
冥 míng	398	诀 jué	310	誠 chéng	67	* ě/ěi	145
冤 yuān	739	訣 jué	310	诞 dàn	109	* è/èi	145

(4) 讠

诰	gào	184			517	諼	xuān	671	讕	lán	338
誥	gào	184			shuí	545	謔	xuè	676	譊	náo	408
诲	huì	250	誰	shéi/shuí		謔	xuè	676	谱	pǔ	448
誨	huì	250			517	谚	yàn	688	譜	pǔ	448
诫	jiè	291			shuí	545	諺	yàn	688	谯	qiáo	467
誡	jiè	291	谂	shěn	520	谒	yè	700	譙	qiáo	467
诳	kuáng	332	諗	shěn	520	謁	yè	700	识	shí	528
誑	kuáng	332	谈	tán	563	谕	yù	738	譂	tǎn	787
诮	qiào	468	談	tán	563	諭	yù	738	谭	tán	564
誚	qiào	468	诿	wěi	608	**10画**			譚	tán	564
认	rèn	493	諉	wěi	608	谤	bàng	15	谮	zèn	755
誓	shì	535	谊	yì	713	謗	bàng	15	譖	zèn	755
说	shuì	547	誼	yì	713	讳	huì	249	證	zhèng	777
	shuō	548	谀	yú	734	讲	jiǎng	279	*證	zhèng	778
説	shuì	547	諛	yú	734	谜	mèi	387	**13画**		
	shuō	548	诤	zhèng	778		mí	390	护	hù	236
诵	sòng	553	诸	zhū	797	谧	mì	391	毁	huǐ	249
誦	sòng	553	諸	zhū	797	謐	mì	391	譬	pì	436
诬	wū	617	谆	zhūn	809	谟	mó	398	谴	qiǎn	463
誣	wū	617	諄	zhūn	809	謨	mó	398	谳	yàn	689
误	wù	623	诹	zōu	820	谦	qiān	460	议	yì	711
誤	wù	623	諏	zōu	820	謙	qiān	460	译	yì	712
诱	yòu	732	**9画**			谥	shì	535	誉	yù	738
誘	yòu	732	谙	ān	4	谡	sù	555	譟	zào	754
语	yǔ	735	諳	ān	4	謖	sù	556	谵	zhān	759
	yù	737	谗	chán	56	谢	xiè	655	譫	zhān	759
語	yǔ	735	谌	chén	65	謝	xiè	655	**14画**		
	yù	737	諶	chén	65	谣	yáo	694	辩	biàn	31
誌	zhì	787	谛	dì	123	謠	yáo	694	辯	biàn	31
8画			諦	dì	123	謅	zhōu	794	譴	qiǎn	463
谄	chǎn	57	谍	dié	129	**11画**			**15画**		
諂	chǎn	57	諜	dié	129	*譁	huá	239	读	dú	137
调	diào	128	訛	é	144	谫	jiǎn	274	謭	jiǎn	274
	tiáo	576	讽	fěng	166	谨	jǐn	294	*讁	zhé	768
調	diào	128	谎	huǎng	246	謹	jǐn	294	**16画**		
	tiáo	576	謊	huǎng	246	谩	màn	381	*雠	chóu	76
读	dú	137	諢	hùn	252	謾	màn	381	*讐	chóu	76
诽	fěi	159	谏	jiàn	277	谬	miù	398	**17画**		
誹	fěi	159	諫	jiàn	277	謬	miù	398	谗	chán	56
课	kè	323	谜	mèi	387	謳	ōu	421	谶	chèn	65
課	kè	323		mí	390	磬	qìng	477	讖	chèn	65
谅	liàng	356	谋	móu	401	谪	zhé	768	讕	lán	338
諒	liàng	356	謀	móu	401	謫	zhé	768	让	ràng	488
论	Lún	373	謚	shì	535	**12画**			**18画～**		
	lùn	374	谓	wèi	611	*嘲	cháo	62	讜	dǎng	112
诺	nuò	420	謂	wèi	611	譏	jī	256	讞	yàn	689
諾	nuò	420	谐	xié	654	警	jǐng	300	*讛	yì	711
请	qǐng	477	諧	xié	654	谲	jué	311	讚	zàn	751
請	qǐng	477	*諠	xuān	671	譎	jué	311			
谁	shéi/shuí		諼	xuān	671						

二		8画		9画		匪 fěi	159
		真 zhēn	771	厩 jiù	304	匿 nì	413
二 èr	147	9画		厢 xiāng	642	9画	
1画		乾 gān	176	10画		匾 biǎn	29
亏 kuī	332	乾 qián	462	厨 chú	81	匮 kuì	333
2画		啬 sè	504	厥 jué	311	区 Ōu	421
夫 fū	167	10画		*厉 lì	349	qū	480
互 hù	236	博 bó	37	厦 shà	506	11画～	
井 jǐng	300	辜 gū	197	xià	635	匯 huì	249
亓 qí	450	丧 sāng	503	雁 yàn	688	匱 kuì	333
五 wǔ	620	sàng	503	11画		*奩 lián	351
元 yuán	739	11画		*嗷 áo	5	*籢 lián	351
云 yún	745	幹 gàn	180	12画			
专 zhuān	803	嗇 sè	504	*厰 chǎng	59	卜(⺊)	
3画		準 zhǔn	809	*厨 chú	81		
击 jī	257	12画		属 shǔ	350	卜 bǔ	38
4画		嘏 gǔ/jiǎ	197	斯 sī	550	2画	
亘 gèn	188	兢 jīng	300	厭 yàn	688	卞 biàn	29
*亙 gèn	188	斡 wò	616	13画		3画	
亚 yà	681	疐 zhì	789	曆 yàn	688	卡 kǎ	313
6画		14画～		靥 yè	700	qiǎ	457
些 xiē	652	矗 chù	83	14画		卢 lú	369
亞 yà	681	翰 hàn	218	歷 lì	349	外 wài	596
				曆 lì	349	占 zhān	758
十(⺊)		厂		歴 lì	349	zhàn	760
十 shí	527	厂 chǎng	59	*鴈 yàn	688	4画	
2画		2画		赝 yàn	688	贞 zhēn	770
支 zhī	779	厄 è	145	15画～		5画	
3画		历 lì	349	壓 yā	678	补 bǔ	38
半 bàn	14	厅 tīng	578	yà	681	卣 yǒu	731
古 gǔ	197	仄 zè	754	魇 yàn	688	6画	
卉 huì	249	3画		魘 yàn	688	卦 guà	200
4画		厉 lì	350			卧 wò	615
毕 bì	27	4画		匚		7画	
华 huá	238	库 shè	516	2画		貞 zhēn	770
huà	240	压 yā	678	巨 jù	307		
协 xié	653	yà	681	区 Ōu	421	冂(冂刀)	
5画		厌 yàn	688	qū	480	2画	
克 kè	322	6画		匹 pǐ	435	丹 dān	107
6画		厕 cè	52	叵 pǒ	444	冈 gāng	180
卑 bēi	20	*厓 yá	680	匜 yí	707	内 nèi	410
阜 fù	172	7画		匝 zā	747	*冄 rǎn	488
卖 mài	380	厚 hòu	233	4画		3画	
丧 sāng	503	厘 lí	346	匠 jiàng	280	丙 bǐng	34
sàng	503	庞 páng	427	匡 kuāng	331	册 cè	52
協 xié	653	厙 shè	516	5画		*冊 cè	52
直 zhí	781	*厛 tīng	578	匣 xiá	631	*冋 huí	247
卓 zhuó	811	8画		医 yī	706	冉 rǎn	488
7画		厝 cuò	96	8画		4画	
南 nán	407	原 yuán	740			同 tóng	581
						网 wǎng	602

再 zài	749	剂 jì	266	*剳 zhā	756	人(入)
5画		剀 kǎi	316	* zhá	757	
两 liǎng	355	刻 kè	322	13画~		人 rén	490
6画		剋 kū	328	劊 guì	208	入 rù	497
岡 gāng	180	刷 shuā	543	劑 jì	266	1画
兩 liǎng	355	shuà	544	劍 jiàn	277	个 gè	186
罔 wǎng	602	制 zhì	787	劇 jù	307	*亾 wáng	601
周 zhōu	794	7画		劉 liú	364	仓 cāng	50
12画		剐 guǎ	200	勩 yì	714	从 cōng	91
爾 ěr	146	剑 jiàn	277			cóng	91
		荆 jīng	299	八(丷)		夬 guài	202
刂		剄 jǐng	300			介 jiè	291
2画		*剋 kè	322	八 bā	7	今 jīn	292
刈 yì	710	剋 kēi	323	2画		仑 lún	373
3画		*剌 lá	335	分 fēn	160	以 yǐ	709
刌 cǔn	95	剌 là	335	fèn	162	3画
刊 kān	316	前 qián	460	公 gōng	191	丛 cóng	92
4画		剃 tì	572	兮 xī	624	令 líng	362
创 chuāng	85	削 xiāo	646	3画		lìng	363
chuàng	86	xuē	673	半 bàn	14	仝 tóng	581
刚 gāng	180	则 zé	754	只 zhī	780	4画
划 huá	238	8画		zhǐ	784	氽 cuān	93
huà	240	剥 bāo	16	4画		合 gě	186
列 liè	358	bō	36	共 gòng	193	hé	223
刘 liú	364	剛 gāng	180	兴 xīng	660	会 huì	266
刓 wán	598	剧 jī	258	xìng	663	kuài	330
刎 wěn	613	剧 jù	307	5画		企 qǐ	453
刑 xíng	661	剖 pōu	446	兵 bīng	34	全 quán	484
刖 yuè	743	*剒 qíng	477	6画		伞 sǎn	502
则 zé	754	剔 tī	570	典 diǎn	124	氽 tǔn	592
5画		剜 wān	598	具 jù	307	众 zhòng	793
刨 bào	19	剡 yǎn	686	其 qí	451	5画
páo	427	9画		8画		含 hán	216
别 bié	33	副 fù	173	真 zhēn	771	佥 qiān	459
biè	33	剮 guǎ	200	10画		佘 Shé	515
*刦 jié	288	剩 shèng	524	巽 xùn	678	余 yú	733
剄 jǐng	300	10画		11画		6画
利 lì	350	創 chuāng	85	*與 yú	733	籴 dí	120
判 pàn	426	chuàng	86	與 yǔ	735	來 lái	336
删 shān	507	割 gē	185	與 yù	736	侖 lún	373
刪 shān	507	剴 kǎi	316	12画		命 mìng	398
6画		11画		輿 yú	734	舍 shě	515
刹 chà	55	*劃 chǎn	57	14画~		shè	516
shā	505	剿 jiǎo	285	囊 hóng	231	臥 wò	615
刺 cì	91	劊 kuài	330	黌 hóng	231	7画
到 dào	114	剽 piāo	438	冀 jì	267	俞 yú	734
剁 duò	144	12画		興 xīng	660	俎 zǔ	823
剁 duò	144	劃 huá	238	xìng	663	8画
刮 guā	200	huà	240	輿 yú	734	倉 cāng	50
刽 guì	208	劁 qiāo	466				

10画~		仿 fǎng	156	体 tī	569	侑 yòu	732
會 huì	249	份 fèn	163	tǐ	571	侦 zhēn	770
kuài	330	伏 fú	168	佟 Tóng	583	侄 zhí	783
*舖 pù	448	伙 huǒ	254	佗 tuó	593	侜 zhōu	794
僉 qiān	459	伎 jì	265	位 wèi	610	侏 zhū	796
禽 qín	471	价 jià	271	佚 yì	712	**7画**	
傘 sǎn	502	jie	292	佣 yōng	723	保 bǎo	17
舒 shū	540	件 jiàn	276	yòng	723	便 biàn	30
龠 yuè	744	伉 kàng	318	攸 yōu	726	pián	437
		伦 lún	373	佑 yòu	732	俦 chóu	76
亻		仳 pǐ	436	*佔 zhàn	760	促 cù	93
1画		*佢 qú	482	伫 zhù	800	俄 é	144
亿 yì	711	任 Rén	492	住 zhù	800	俘 fú	169
2画		rèn	493	佐 zuǒ	826	侯 hóu	231
仇 chóu	76	伤 shāng	509	作 zuō	826	俭 jiǎn	274
Qiú	479	似 sì	533	zuò	828	俊 jùn	312
仃 dīng	129	sì	552	佐 zuǒ	827	俚 lǐ	348
化 huā	237	伲 Wǎ	595	**6画**		俪 lì	350
huà	239	伪 wěi	607	併 bìng	35	俐 lì	351
仅 jǐn	294	伟 wěi	607	侧 cè	52	俩 liǎ	351
仂 lè	343	伍 wǔ	621	zhāi	758	liǎng	356
仆 pū	446	仵 wǔ	622	侘 chà	55	侣 lǚ	371
pú	447	休 xiū	666	侪 chái	56	俏 qiào	468
仁 rén	492	伢 yá	680	侈 chǐ	72	侵 qīn	470
仍 réng	493	仰 yǎng	691	饮 qí	91	俟 sì	552
什 shén	519	伊 yī	706	侗 dòng	134	俗 sú	555
shí	527	优 yōu	725	tóng	582	侮 wǔ	622
仉 Zhǎng	762	伛 yǔ	735	供 gōng	192	係 xì	630
3画		仲 zhòng	793	gòng	194	侠 xiá	631
代 dài	106	伫 zhù	800	佶 jí	261	信 xìn	659
付 fù	171	**5画**		佳 jiā	269	信 xìn	659
仡 gē	184	伴 bàn	14	佼 jiāo	283	修 xiū	666
们 men	388	伯 bó	37	侥 jiǎo	284	俨 yǎn	686
么 mù	403	佈 bù	45	侃 kǎn	317	俑 yǒng	724
仟 qiān	458	伺 cì	91	侉 kuǎ	329	俣 yǔ	736
仞 rèn	492	sì	552	侩 kuài	330	**8画**	
仨 sā	500	但 dàn	109	佬 lǎo	343	俺 ǎn	4
仕 shì	532	低 dī	119	例 lì	351	倍 bèi	22
他 tā	560	佃 diàn	126	侣 lǚ	371	俾 bǐ	26
仙 xiān	635	佛 fó	167	侔 móu	401	*倸 cǎi	48
仪 yí	707	fú	168	侬 nóng	418	倀 chāng	57
*仔 zǎi	749	佝 gōu	194	佩 pèi	430	倡 chàng	60
仗 zhàng	763	估 gū	195	侨 qiáo	467	倅 cuì	94
仔 zǐ	814	何 hé	225	使 shǐ	531	倒 dǎo	113
4画		佧 kǎ	313	侍 shì	533	dào	114
伧 cāng	50	伶 líng	360	佻 tiāo	575	*傲 fǎng	156
伥 chāng	57	你 nǐ	412	侂 tuō	592	俸 fèng	167
传 chuán	83	佞 nìng	417	侠 xiá	631	俯 fǔ	171
zhuàn	805	伽 qié	468	佯 yáng	689	個 gè	186
伐 fá	150	伸 shēn	517	依 yī	706	倌 guān	203
				佾 yì	712		

(8) 亻勹几

候 hòu	233	偕 xié	654	偽 wěi	607	10画	
健 jiàn	277	偃 yǎn	686	傒 xī	627	象 xiàng	646
借 jiè	292	*偺 zá	748	13画		11画	
俱 jù	307	* zán	750	儋 Dān	109	*麤 cū	92
倨 jù	307	* zan	751	價 jià	271	詹 Zhān	759
倦 juàn	309	*側 zè	754	jie	292		
倔 jué	311	偵 zhēn	770	儉 jiǎn	274	勹	
jué	311	做 zuò	829	僵 jiāng	279	1画	
倥 kǒng	326	10画		儈 kuài	330	勺 sháo	514
俩 liǎ	351	傲 ào	6	儂 nóng	418	2画	
liǎng	356	傍 bàng	15	僻 pì	436	勾 gōu	194
倫 lún	373	備 bèi	22	*傻 shǎ	506	gòu	195
們 men	388	傖 cāng	50	儇 xuān	671	勿 wù	623
倪 ní	412	儲 chǔ	82	儀 yí	707	匀 yún	745
俳 pái	423	傪 cǎn	106	億 yì	711	3画	
倩 qiàn	463	傅 fù	174	14画		包 bāo	16
倾 qīng	475	傑 lì	351	儕 chái	56	匆 cōng	91
偌 ruò	500	傕 nuó	420	儔 chóu	76	*句 gōu	194
倏 shū	540	儻 tǎng	566	盡 jǐn	294	* gòu	195
*倐 shū	540	*傚 xiào	652	*儞 nǐ	412	句 Gōu	194
倓 tán	563	*傜 yáo	694	儒 rú	497	jù	307
倘 tǎng	566	11画		15画		4画	
倜 tì	572	傳 chuán	83	償 cháng	59	匈 Xiōng	665
俶 tì	572	zhuàn	805	儲 chǔ	82	匃 xún	676
倭 Wō	615	催 cuī	94	儡 lěi	345	5画	
修 xiū	667	傑 jié	289	優 yōu	725	甸 diàn	126
倚 yǐ	710	僅 jǐn	294	19画		6画	
债 zhài	758	僂 lóu	368	儷 lì	350	*匊 jū	306
值 zhí	782	傾 qīng	475	儺 nuó	420	7画	
值 zhí	782	傻 shǎ	506	*儹 zǎn	750	匉 hōng	230
倬 zhuō	810	傷 shāng	509	20画~		匍 pú	447
9画		條 tāo	566	儷 nàng	408	8画~	
側 cè	52	*僊 xiān	635	*儻 tǎng	566	匋 chú	81
zhāi	758	像 xiàng	646	黨 tǎng	566	匐 fú	170
償 cháng	59	傭 xiāo	648	儼 yǎn	686	够 gòu	195
偾 fèn	163	傭 yǒng	723			夠 gòu	195
偈 jì	267	傴 yǔ	735	勹		匏 páo	428
假 jiǎ	270	債 zhài	758	3画			
jià	271	12画		芻 chú	81	几(凢)	
傀 kuǐ	333	僨 fèn	163	4画		几 jī	256
偻 lóu	368	僱 gù	200	負 fù	172	jǐ	263
偶 ǒu	421	僭 jiàn	278	危 wēi	604	1画	
偏 piān	436	僥 jiǎo	284	争 zhēng	774	凡 fán	151
偲 sī	550	儆 jǐng	300	5画		*凣 fán	151
倏 tiáo	575	僦 jiù	305	免 miǎn	392	2画	
停 tíng	579	*僎 jùn	312	兔 tù	589	凤 fèng	167
偷 tōu	584	僚 liáo	357	7画		冗 rǒng	495
偎 wēi	604	僕 pú	447	負 fù	172	4画	
*僞 wěi	607	僑 qiáo	467	9画		凫 fú	168
偉 wěi	607	僧 sēng	504	象 xiàng	646	凤 sù	555

部首

| 儿匕マ夂厶卩阝 | (9) |

儿

5画
- 壳 ké 321
- 壳 qiào 468
- 秃 tū 586

6画
- 凯 kǎi 316
- 凭 píng 443
- 咒 zhòu 796

9画
- 凰 huáng 244

10画~
- 凳 dèng 119
- 凤 fèng 167
- 凫 fú 168
- 凯 kǎi 316
- *凴 píng 443

儿
- 儿 ér 146

1画
- 兀 wù 622

2画
- 元 yuán 739
- 允 yǔn 745

3画
- 兄 xiōng 665

4画
- 充 chōng 73
- 光 guāng 205
- 先 xiān 635
- 兇 xiōng 664
- 兆 zhào 767

5画
- 兑 duì 141
- 兌 duì 141
- 克 kè 322
- 兕 sì 552
- 秃 tū 586
- *兔 tù 589

6画
- 兒 ér 146
- 兖 yǎn 686

7画~
- 党 dǎng 111
- 兜 dōu 134
- 兢 jīng 300
- 胤 yìn 719

匕
- 匕 bǐ 25

3画
- 北 běi 21

4画
- 此 cǐ 90
- 旨 zhǐ 784

8画
- 眞 zhēn 771

9画~
- 匙 chí 72
- 匙 shi 535
- 疑 yí 708

マ

2画
- 予 yú 733
- 予 yǔ 735

5画
- 甬 yǒng 724

7画
- 勇 yǒng 724

8画~
- *函 hán 216
- 豫 yù 738

又(㐄)
- 又 yòu 731

1画
- 叉 chā 53
- 叉 chǎ 55

2画
- 邓 dèng 119
- 反 fǎn 152
- 劝 quàn 485
- 双 shuāng 544
- 友 yǒu 729
- 支 zhī 779

3画
- 对 duì 140
- 发 fā 148
- 发 fà 150
- 圣 shèng 524
- *收 shōu 535

4画
- 观 guān 203
- 观 guàn 204
- 欢 huān 241

6画
- 变 biàn 29
- 艰 jiān 273
- 取 qǔ 482

受 shòu 538
叔 shū 540

7画
- 叛 pàn 426
- 叟 sǒu 554
- *叜 sǒu 554
- 叙 xù 670

8画
- 难 nán 407
- 难 nàn 408
- 隻 zhī 780

10画
- *叟 shuāng 544

11画
- 叠 dié 129
- 戯 zhā 757

14画~
- 矍 jué 311
- *叡 ruì 499
- 雙 shuāng 544
- 燮 xiè 656

夂

3画
- *巡 xún 676

4画
- 延 tíng 579
- 延 yán 682

5画
- 廸 dí 120
- *廹 pò 444

6画~
- 疍 dàn 109
- *廻 huí 247
- 建 jiàn 277
- *廼 nǎi 406

厶

1画
- *么 ma 379
- 么 me 385
- 么 yāo 692

2画
- 公 gōng 191
- 云 yún 745
- 允 yǔn 745

3画
- 弁 biàn 29
- 去 qù 483
- 台 tái 561

4画
- 丢 diū 132
- 牟 móu 401

5画
- 县 xiàn 639
- 矣 yǐ 710

6画
- 参 cān 48
- 参 cēn 52
- 参 shēn 518

7画
- 垒 lěi 344

9画
- 參 cān 48
- 參 cēn 52
- 參 shēn 518

卩(㔾)

3画
- 卯 mǎo 384
- 印 yìn 718
- 卮 zhī 780

4画
- 危 wēi 604

5画
- 即 jí 261
- 卵 luǎn 373
- 却 què 486
- *邵 shào 514
- 卷 juǎn 309
- 卷 juàn 309
- *卹 xù 670

7画
- 卿 qīng 476
- 卻 què 486
- 卸 xiè 655

阝[左]

2画
- 队 duì 140

3画
- 阡 qiān 458

4画
- *阪 bǎn 13
- 阨 è 145
- 防 fáng 155
- 阶 jiē 287
- 阱 jǐng 300

阮 ruǎn	498	9画		邬 Wū	616	鄢 Yǎn	686
阳 yáng	690	*隄 dī	119	邪 xié	653	郓 Yùn	746
阴 yīn	715	隊 duì	140	邢 Xíng	662	10画	
阵 zhèn	772	隍 huáng	244	5画		鄌 Táng	565
*阯 zhǐ	783	階 jiē	287	邶 Bèi	21	鄔 Wū	616
5画		隆 lóng	367	邴 Bǐng	34	鄖 Yún	745
阿 ā	1	隋 Suí	557	邸 dǐ	120	鄒 Zōu	820
ē	144	随 suí	557	邯 hán	216	11画	
陈 chén	65	隈 wēi	604	邻 lín	359	鄙 bǐ	26
附 fù	172	隗 Wěi	609	邳 Pī	432	鄢 Yān	682
际 jì	266	陽 yáng	690	邱 qiū	478	鄞 Yín	717
陆 liù	366	*陰 yīn	715	邵 Shào	514	鄘 Yōng	723
lù	369	隐 yǐn	718	邰 Tái	562	12画	
陇 Lǒng	367	隅 yú	734	邺 Yè	698	邓 dèng	119
陵 pí	435			邮 yóu	727	鄰 lín	359
陀 tuó	593	10画		邹 Zōu	820	鄱 Pó	444
陉 xíng	663	隘 ài	3	6画		鄯 Shàn	509
阻 zǔ	822	隔 gé	186	郏 guī	207	鄭 Zhèng	778
阼 zuò	830	*隖 wù	623	郊 jiāo	281	13画	
6画		隙 xì	631	郐 Kuài	330	鄶 Kuài	330
降 jiàng	280	隕 yǔn	745	郎 láng	339	鄴 Yè	698
xiáng	644	11画		郄 Qiè	469	14画~	
陋 lòu	368	*隔 gé	186	郇 Xún	676	鄶 Cuó	96
陌 mò	400	際 jì	266	耶 yē	697	鄫 Cuó	96
陕 Shǎn	508	隟 xì	631	yé	697	酆 fēng	166
限 xiàn	639	障 zhàng	764	郁 yù	737	鄺 Kuàng	332
7画		12画		郓 Yùn	746	鄶 Lì	350
陛 bì	27	*隣 lín	359	郑 Zhèng	778	酃 Líng	362
除 chú	81	隧 suì	558	邾 Zhū	796		
陡 dǒu	135	13画~		7画		凵	
*陗 qiào	468	隴 Lǒng	367	郜 Gào	184	2画	
陕 Shǎn	508	随 suí	557	郝 Hǎo	221	凶 xiōng	664
陞 shēng	521	隰 xí	628	郡 jùn	313	3画	
险 xiǎn	638	險 xiǎn	638	郦 Lì	350	凹 āo	5
陉 xíng	663	隱 yǐn	718	郗 Xī	625	洼 wā	595
院 yuàn	742			郢 Yǐng	721	出 chū	77
陨 yǔn	745	阝[右]		郧 Yún	745	凸 tū	586
陣 zhèn	772	2画		8画		6画	
陟 zhì	788	邓 dèng	119	部 bù	45	函 hán	216
8画		3画		郴 chēn	64	画 huà	240
陳 chén	65	邗 Hán	216	都 dōu	134	10画	
陲 chuí	87	邝 Kuàng	332	dū	136	凿 záo	752
陵 líng	362	邙 máng	382	郭 guō	209	zuò	830
陸 liù	366	邛 qióng	478	郫 Pí	435		
lù	369	4画		郪 Qī	449	刀	
陪 péi	429	邦 bāng	15	郯 Tán	563	刀 dāo	112
陶 táo	567	*邨 cūn	94	邮 yóu	727	1画	
陷 xiàn	640	邡 fāng	155	9画		刃 rèn	492
陰 yīn	715	那 nà	405	鄂 È	145	*刄 rèn	492
陬 zōu	820	nèi	411	鄄 Juàn	309	2画	

分 fēn	160	勃 bó	37	3画		沃 wò	615
fèn	162	劲 jìn	296	池 chí	71	泃 xiōng	665
切 qiē	468	jìng	300	汏 dà	105	*浴 yán	685
qiè	469	勉 miǎn	392	*汎 fàn	153	yàn	688
3画		勋 xūn	676	汗 hán	216	沂 Yí	707
召 zhào	766	勇 yǒng	724	hàn	217	沅 Yuán	739
5画		8画		汲 jí	260	5画	
初 chū	80	勣 jì	267	江 jiāng	278	波 bō	36
*刼 jié	288	9画		汝 rǔ	497	泊 bó	37
6画		動 dòng	133	汕 Shàn	508	pō	444
*刼 jié	288	勘 kān	317	汜 Sì	551	法 fǎ	150
券 quàn	485	勖 xù	670	汤 tāng	565	沸 fèi	160
7画		10画		污 wū	616	泔 gān	178
*剏 chuàng	86	勞 láo	340	*汚 wū	616	沽 gū	196
9画		募 mù	403	*汙 wū	616	河 hé	225
剪 jiǎn	274	勛 xūn	676	汐 xī	624	泓 hóng	230
13画~		11画		汛 xùn	677	泾 Jīng	298
*劍 jiàn	277	勣 jì	267	4画		沮 jǔ	306
劈 pī	434	*勦 jiǎo	285	汴 biàn	29	况 kuàng	332
pǐ	436	*勠 lù	371	沧 cāng	50	泪 lèi	345
力		勤 qín	471	沉 chén	64	泠 líng	361
力 lì	348	勢 shì	534	*沈 chén	64	泷 lóng	367
2画		12画~		*冲 chōng	73	泸 Lú	369
办 bàn	13	辦 bàn	13	沌 dùn	142	泌 mì	391
劝 quàn	485	*勥 jiàng	280	泛 fàn	153	泯 mǐn	391
3画		勵 lì	350	汾 Fén	162	沫 mò	400
功 gōng	190	勸 quàn	485	沟 gōu	194	泥 ní	412
夯 hāng	218	勰 xié	654	汩 gǔ	197	nì	412
加 jiā	267	*勳 xūn	676	沆 hàng	219	泞 nìng	417
另 lìng	363	**了**		沪 Hù	236	泮 pàn	426
务 wù	623	了 le	343	决 jué	309	泡 pāo	427
4画		liǎo	357	泐 lè	343	pào	428
动 dòng	133	1画		沥 lì	349	泼 pō	444
劣 liè	358	孓 jié	288	沦 lún	374	泣 qì	456
5画		孒 jué	309	没 méi	385	浅 qiǎn	462
劫 jié	288	4画		mò	400	泅 qiú	479
劲 jìn	296	丞 chéng	68	汩 mì	391	沭 Shù	542
jìng	300	6画		沔 Miǎn	392	泗 sì	552
劳 láo	340	承 chéng	68	沐 mù	403	*泝 sù	556
励 lì	350	亟 jí	261	沤 òu	421	沱 tuó	593
努 nǔ	419	qì	456	沛 pèi	430	泻 xiè	655
劬 qú	482			泔 qī	449	泄 xiè	655
劭 shào	514	**氵**		汽 qì	456	泫 xuàn	673
助 zhù	801	2画		沁 qìn	471	沿 yán	685
6画		氾 fàn	154	沙 shā	505	yàn	688
劾 hé	226	汉 hàn	217	沈 shěn	520	泱 yāng	689
势 shì	534	汇 huì	249	汰 tài	562	泳 yǒng	724
*効 xiào	652	汀 tīng	578	汪 wāng	601	油 yóu	727
7画		汁 zhī	780	沩 Wéi	605	泽 zé	754
				汶 Wèn	614	沾 zhān	759

字	拼音	页码	字	拼音	页码	字	拼音	页码	字	拼音	页码
沼	zhǎo	766	浩	hào	222	淮	Huái	241	港	gǎng	181
泜	Zhī	781	涣	huàn	243	混	hún	251	湖	hú	235
治	zhì	787	浣	huàn	243		hùn	252	滑	huá	239
注	zhù	800	浃	jiā	269	渐	jiān	273	漶	huàn	243
6画			涧	jiàn	276		jiàn	277	溃	huì	251
测	cè	52	浸	jìn	297	净	jìng	301		kuì	333
泚	cǐ	90	泾	Jīng	298	泪	lèi	345	浑	hún	251
洞	dòng	134	酒	jiǔ	303	凉	liáng	354	湔	jiān	273
洱	Ěr	147	涓	juān	308		liàng	356	减	jiǎn	274
洪	hóng	231	浚	jùn	312	淋	lín	359	溅	jiàn	277
浒	hǔ	236	浪	làng	339		lìn	360	湫	jiǎo	285
洹	Huán	242	涝	lào	343	*淩	líng	362	渴	kě	322
洄	huí	249	浬	lǐ/hǎilǐ	348	淪	lún	374	湄	méi	386
浑	hún	251	*泣	lì	350	渑	Miǎn	392	湎	miǎn	392
活	huó	252	涟	lián	352	淖	nào	410	渺	miǎo	394
济	jǐ	264	流	liú	364	凄	qī	449	*涅	niè	416
	jì	266	浼	měi	387	淇	Qí	451	湃	pài	424
泊	jì	266	涅	niè	416	浅	qiǎn	462	湓	pén	431
浃	jiā	269	浦	pǔ	448	清	qīng	472	湿	shī	526
浇	jiāo	282	润	rùn	499	深	shēn	518	溲	sōu	554
洁	jié	289	涩	sè	504	渗	shèn	521	湯	tāng	565
津	jīn	293	涉	shè	516	淑	shū	540	渟	tíng	580
浏	liú	364	涘	sì	552	涮	shuàn	544	湍	tuān	589
洛	Luò	376	涑	sù	556	淞	Sōng	553	湾	wān	598
浓	nóng	418	涛	tāo	566	淌	tǎng	565	渭	Wèi	611
派	pài	424	涕	tì	572	淘	táo	567	温	wēn	611
洽	qià	457	涂	tú	587	添	tiān	574	渦	wō	615
洒	sǎ	500	涡	wō	615	淅	xī	626	渥	wò	616
洮	Táo	567	浯	Wú	620	淆	xiáo	648	湘	Xiāng	642
洼	wā	595	浠	Xī	625	涯	yá	680	渫	xiè	655
洈	Wéi	606	消	xiāo	646	淹	yān	682	溆	xù	670
洗	xǐ	628	泄	yì	712	液	yè	699	渲	xuàn	673
	xiǎn	638	涌	yǒng	724	淫	yín	717	湮	yān	682
涎	xián	637	浴	yù	736	淤	yū	732	湮	yīn	714
洩	xiè	655	涨	zhǎng	762	渔	yú	734	湧	yǒng	724
洶	xiōng	665		zhàng	763	淐	Yuán	739	游	yóu	728
洫	xù	670	浙	Zhè	769	渊	yuān	739	渝	yú	734
洵	xún	676	浞	zhuó	811	*浙	Zhè	769	渊	yuān	739
浔	xún	677	**8画**			渚	zhǔ	799	渣	zhā	757
洋	yáng	689	淳	chún	88	涿	Zhuō	810	湛	zhàn	761
洢	Yī	706	淙	cóng	92	淄	Zī	812	滞	zhì	788
洇	yīn	714	淬	cuì	94	渍	zì	818	滋	zī	812
洲	zhōu	794	淡	dàn	110	**9画**			**10画**		
洙	Zhū	796	淀	diàn	126	渤	bó	37	滨	bīn	33
浊	zhuó	811	渎	dú	137	*滄	cān	48	滄	cāng	50
7画			淝	Féi	159	测	cè	52	滇	Diān	123
浜	bāng	15	涪	fú	170	滁	chú	81	滇	Diān	123
涤	dí	120	淦	Gàn	180	湊	còu	92	溝	gōu	194
浮	fú	169	涵	hán	216	渡	dù	138	滚	gǔn	209
海	hǎi	214	淏	hé	226	溉	gài	176	滑	huá	239

*滙 huì	249	潋 liàn	354	濆 pū	447	溅 jiàn	277
溷 hùn	252	漏 lòu	368	潜 qián	462	瀏 liú	364
溘 kè	323	*滷 lǔ	369	潛 qián	462	瀑 pù	448
滥 làn	338	漉 lù	370	潤 rùn	499	瀋 shěn	520
漓 lí	347	漯 Luò	377	*澀 sè	504	瀉 xiè	655
灕 Lí	347	滿 mǎn	380	潸 shān	508	瀅 yíng	720
漯 lí	351	漫 màn	381	漱 shù	514	瀦 zhū	797
溜 liū	363	漚 òu	421	澍 shù	543	**16画**	
溜 liù	366	漂 piāo	438	澌 sī	550	瀕 bīn	33
*溜 liū	363	piǎo	439	潭 tán	564	瀚 hàn	218
滤 lǜ	372	piào	439	潼 Tóng	583	瀨 lài	337
渌 Luán	373	漆 qī	450	潙 Wéi	605	瀝 lì	349
满 mǎn	380	渗 shèn	521	潟 xì	631	瀧 lóng	367
灭 miè	394	漱 shù	543	潯 xún	677	瀘 Lú	369
溟 míng	398	潍 Wéi	607	**13画**		瀘 lù	372
漠 mò	401	潇 xiāo	648	濒 bīn	33	瀟 xiāo	648
溺 nì	413	漩 xuán	672	澶 Chán	57	瀣 xiè	656
*溺 niào	415	演 yǎn	687	澱 diàn	126	瀛 yíng	721
滂 pāng	426	漾 yàng	692	*澣 huàn	243	瀠 yíng	721
溥 pǔ	448	漪 yī	707	激 jī	260	瀜 yíng	721
溶 róng	495	漾 yíng	721	瀬 lài	337	**17画**	
溽 rù	498	渔 yú	734	澧 Lǐ	348	灌 guàn	205
*溼 shī	526	漳 Zhāng	762	濂 Lián	353	瀾 lán	338
溯 sù	556	漲 zhǎng	762	潞 Lù	371	瀲 liàn	354
溻 tā	560	zhàng	763	澠 Miǎn	392	瀼 ráng	488
滩 tān	563	滞 zhì	788	濃 nóng	418	**18画**	
溏 táng	565	渚 zhū	797	澮 Suī	557	*灘 Lí	347
滔 tāo	567	渍 zì	818	澹 Tán	564	**19画**	
涂 tú	587	**12画**		澥 xiè	656	灑 sǎ	500
滃 Wēng	614	澳 ào	6	澡 zǎo	753	灘 tān	563
溪 xī	626	潺 chán	57	澤 zé	754	**21画～**	
溴 xiù	668	潮 cháo	62	濁 zhuó	811	灞 bà	9
溢 yì	713	澈 chè	63	**14画**		*灨 Gàn	180
滢 yíng	720	澄 chéng	69	濱 bīn	33	灤 Luán	373
源 yuán	741	dèng	119	濠 háo	220	灣 wān	598
溱 Zhēn	772	*澂 chéng	69	濟 Jǐ	264		
準 zhǔn	809	潰 huì	251	jì	266	**忄**	
滓 zǐ	814	kuì	333	*濬 jùn	312	**1画**	
11画		澗 jiàn	276	*濶 kuò	334	忆 yì	711
漕 cáo	51	澆 jiāo	282	濫 làn	338	**3画**	
滴 dī	119	潔 jié	289	濘 nìng	417	忏 chàn	57
涤 dí	120	澜 lán	338	濮 Pú	448	忖 cǔn	95
漢 hàn	217	澇 lào	343	濡 rú	497	忙 máng	382
浒 hǔ	236	潦 liáo	357	**4画**			
滬 Hù	236	liǎo	357	澀 sè	504	怅 chàng	60
潢 huáng	245	潾 lín	360	濕 shī	526	忱 chén	64
渐 jiān	273	潘 Pān	424	濤 tāo	566	怆 chuàng	86
jiàn	277	澎 pēng	431	潍 Wéi	607	怀 huái	241
溇 lǎn	338	péng	432	濯 zhuó	812	忾 kài	316
漣 lián	352	潑 pō	444	**15画**		快 kuài	330
				瀆 dú	137	忸 niǔ	417

(14) 忄

怄 òu	421	悍 hàn	218	愐 miǎn	392	懈 xiè	656
忤 wǔ	622	悔 huǐ	249	恼 nǎo	409	忆 yì	711
忢 wǔ	622	悃 kǔn	334	愀 qiǎo	468	怿 yì	712
忻 xīn	659	悯 mǐn	395	惬 qiè	470	14画	
忧 yōu	725	悭 qiān	459	*惸 qióng	478	懦 nuò	420
忮 zhì	787	悄 qiāo	466	惺 xīng	661	懨 yān	682
5画			qiǎo	468	愔 yīn	716	15画	
怖 bù	45	悛 quān	483	愉 yú	734	懵 měng	389
怵 chù	82	悚 sǒng	553	惲 Yùn	746	16画	
怆 chù	82	悌 tì	572	愠 yùn	746	懷 huái	241
怛 dá	97	*悮 wù	623	惴 zhuì	809	懒 lǎn	338
怪 guài	202	悟 wù	624	10画		17画~	
怙 hù	236	悒 yì	712	愴 chuàng	86	懺 chàn	57
怜 lián	352	悦 yuè	744	愷 kǎi	316	*懽 huān	241
怩 ní	412	8画		愾 kài	316	懼 jù	307
怕 pà	422	惭 cán	49	慄 lì	351	懾 shè	516
怦 pēng	431	惨 cǎn	49	慊 qiè	470		
怯 qiè	469	怅 chàng	60	慑 shè	516		
性 xìng	664	惆 chóu	76	慎 shèn	521	宀	
怏 yàng	692	惙 chuò	89	慎 shèn	521	2画	
怡 yí	707	悴 cuì	94	愫 sù	555	宁 níng	416
怿 yì	712	惮 dàn	110	愵 zhōu	796	宁 nìng	416
怔 zhēng		悼 dào	115	11画		*宂 rǒng	495
zhèng	777	惦 diàn	126	慚 cán	49	它 tā	560
怞 zhòu	796	惇 dūn	141	慘 cǎn	49	3画	
怍 zuò	830	惯 guàn	205	慣 guàn	205	安 ān	3
6画		惚 hū	234	慷 kāng	318	守 shǒu	536
恻 cè	52	悸 jì	266	慢 màn	381	宇 yǔ	735
恫 dòng	134	惊 jīng	297	慪 òu	421	宅 zhái	758
tōng	580	惧 jù	307	慳 qiān	459	字 zì	814
*恠 guài	202	悽 qī	449	*慴 shè	516	4画	
恨 hèn	228	惬 qiè	470	働 dòng	583	宏 hóng	231
恒 héng	228	情 qíng	476	慵 yōng	723	牢 láo	339
恍 huǎng	246	惕 tì	572	12画		宋 Sòng	553
恢 huī	246	惋 wǎn	599	懊 ào	6	完 wán	598
恺 kǎi	316	惘 wǎng	602	憧 chōng	74	灾 zāi	748
恪 kè	323	惟 wéi	606	憚 dàn	110	5画	
恼 nǎo	409	惜 xī	626	懂 dǒng	133	宝 bǎo	17
恰 qià	457	悻 xìng	664	憤 fèn	163	宠 chǒng	75
恃 shì	533	9画		憬 jǐng	300	宕 dàng	112
恬 tián	574	愎 bì	28	憐 lián	352	定 dìng	131
恸 tòng	583	惻 cè	52	憫 mǐn	395	官 guān	203
恓 xī	625	惰 duò	144	憔 qiáo	467	宓 mì	391
恤 xù	670	愕 è	145	憮 wǔ	622	审 shěn	520
恂 xún	676	愤 fèn	163	憎 zēng	755	实 shí	529
恹 yān	682	慌 huāng	244	13画		宛 wǎn	599
恽 Yùn	746	惶 huáng	244	憷 chù	83	宜 yí	707
*恉 zhǐ	784	愧 kuì	333	憾 hàn	218	宙 zhòu	796
7画		愣 lèng	346	懒 lǎn	338	宗 zōng	818
悖 bèi	23			懞 měng	389	6画	
						*窓 chuāng	85

宫 gōng	193	察 chá	55	庞 páng	427	廪 lǐn	360
宦 huàn	243	寡 guǎ	200	庖 páo	428	廨 xiè	656
客 kè	323	寥 liáo	357	6画		14画~	
室 shì	531	蜜 mì	391	度 dù	138	廬 lú	369
*叜 sǒu	554	寧 níng	416	duó	143	龐 páng	427
宪 xiàn	640	nìng	416	庭 tíng	579	廳 tīng	578
宣 xuān	671	寢 qǐn	471	庠 xiáng	644	應 yīng	719
宥 yòu	732	賽 sài	501	7画		yìng	722
7画		實 shí	529	庫 kù	329	膺 yīng	720
案 àn	4	寤 wù	624	唐 táng	565	辶(辵)	
宾 bīn	33	寨 zhài	758	席 xí	628	2画	
宸 chén	64	12画		座 zuò	828	边 biān	28
宫 gōng	193	寮 liáo	357	8画		辽 liáo	356
害 hài	215	審 shěn	520	庵 ān	4	辻 shí	527
家 jiā	269	寫 xiě	654	康 kāng	318	达 dá	97
宽 kuān	330	xiè	655	廊 láng	339	过 Guō	209
窘 qún	487	13画		庶 shù	543	guò	211
容 róng	495	寰 huán	242	庹 tuǒ	594	迈 mài	379
宵 xiāo	647	褰 qiān	460	庸 yōng	723	迄 qì	456
宴 yàn	688	憲 xiàn	640	庾 yǔ	736	迁 qiān	458
宰 zǎi	748	14画~		9画		巡 xún	676
8画		寶 bǎo	17	廁 cè	52	迅 xùn	677
寂 jì	267	*寳 bǎo	17	赓 gēng	189	*迆 yǐ	710
寄 jì	267	寵 chǒng	75	廐 jiù	304	迂 yū	732
寇 kòu	328	騫 jiǎn	275	*廏 jiù	304	4画	
密 mì	391	騫 qiān	460	廋 sōu	554	迟 chí	71
宿 sù	556	賽 sài	501	廂 xiāng	642	返 fǎn	153
xiǔ	667	广		*廙 yù	738	还 hái	214
xiù	668	广 guǎng	206	10画		huán	242
寅 yín	717	3画		廒 áo	5	进 jìn	295
*寃 yuān	739	庆 qìng	477	廓 kuò	334	近 jìn	296
9画		庄 zhuāng	806	廉 lián	353	连 lián	351
富 fù	174	4画		厦 shà	506	违 wéi	606
寒 hán	216	庇 bì	27	xià	635	迕 wǔ	622
寐 mèi	387	床 chuáng	85	11画		迓 yà	681
*甯 níng	416	庋 guǐ	208	腐 fǔ	171	迎 yíng	720
* nìng	416	库 kù	329	廖 Liào	358	远 yuǎn	741
甯 Nìng	417	庐 lú	369	12画		运 yùn	746
寔 shí	530	庑 wǔ	622	廛 chán	57	这 zhè	769
寓 yù	738	序 xù	669	廠 chǎng	59	zhèi	770
10画		应 yīng	719	尉 chú	81	迍 zhūn	809
寬 kuān	330		yìng	722	廢 fèi	159	5画	
寞 mò	401	5画		賡 gēng	189	迨 dài	106
寨 qiān	460	底 dǐ	120	廣 guǎng	206	迪 dí	120
寝 qǐn	471	店 diàn	126	廟 miào	394	迭 dié	129
塞 sāi	501	废 fèi	159	慶 qìng	477	迩 ěr	146
sài	501	府 fǔ	170	廝 sī	550	迦 jiā	268
sè	504	庚 gēng	189	憮 wǔ	622	迥 jiǒng	302
11画		庙 miào	394	13画			
賓 bīn	33			廩 lǐn	360		

迫	pǎi 424	進	jìn 295	遺	wèi 611	圬	wū 617
	pò 444	逵	kuí 333		yí 708	在	zài 749
述	shù 542	逯	lù 370	遷	xiān 636	圳	zhèn 772
*洮	táo 567	邏	luó 375	選	xuǎn 672	**4画**	
迢	tiáo 576	*逷	tì 572	遵	zūn 826	坝	bà 9
迤	yǐ 710	透	wēi 604	**13画**		坂	bǎn 13
迮	zé 754	逸	yì 713	避	bì 28	坊	fāng 155
		週	zhōu 794	還	hái 214		fáng 155
6画					huán 242	坟	fén 162
迸	bèng 24	**9画**		遽	jù 308	坏	huài 241
逅	hòu 233	逼	bī 25	邂	xiè 656	坚	jiān 272
迴	huí 247	遍	biàn 31	邀	yāo 693	均	jūn 312
迹	jì 266	遄	chuán 85	**14画~**		坎	kǎn 317
迷	mí 390	達	dá 97	邊	biān 28	坑	kēng 324
*迺	nǎi 406	道	dào 115	邇	ěr 146	块	kuài 330
逆	nì 412	遁	dùn 142	邋	lā 335	*坏	pī 432
逄	Páng 427	遏	è 145	邏	luó 375	圻	qí 451
适	shì 534	過	Guō 209	邈	miǎo 394	坍	tān 562
送	sòng 554		guò 211	邃	suì 558	坛	tán 563
逃	táo 567	遑	huáng 244	**辶(辶)**		坞	wù 623
退	tuì 591	遒	qiú 480	干	gān 176	址	zhǐ 783
选	xuǎn 672	遂	suí 558		gàn 180	坠	zhuì 809
逊	xùn 678		suì 558	于	yú 733	坐	zuò 827
追	zhuī 808	違	wéi 606	**2画**		**5画**	
		遗	wèi 606	平	píng 441	坳	ào 6
7画			yí 611	**4画**		坼	chè 63
逋	bū 38	遐	xiá 708	罕	hǎn 217	坻	dǐ 121
逞	chěng 69	逾	yú 631	**5画**		坩	gān 178
递	dì 123	遇	yù 734	幸	xìng 664	坷	kě 322
逗	dòu 135	運	yùn 738			坤	kūn 333
逢	féng 166			**10画**		坷	lā 335
逛	guàng 206	**10画**		幹	gàn 180	垄	lǒng 367
*逈	jìng 301	遨	áo 5			垆	lú 369
連	lián 351	遞	dì 123	**土(土)**		坯	pī 432
逑	qiú 480	遛	liú 364	土	tǔ 588	坪	píng 443
逡	qūn 487	遛	liù 366	**2画**		坡	pō 444
逝	shì 535	遣	qiǎn 463	圣	shèng 524	坵	qiū 478
速	sù 555	*遡	sù 556	**3画**		*坍	tān 562
逖	tì 572	遜	xùn 678	场	cháng 58	坦	tǎn 564
通	tōng 580	遥	yáo 694		chǎng 60	坨	tuó 593
	tòng 584	遠	yuǎn 741	尘	chén 64	幸	xìng 664
透	tòu 586	**11画**		地	de 117	**6画**	
途	tú 587	*遯	dùn 142		dì 121	城	chéng 67
逍	xiāo 647	遷	qiān 458	圪	gē 184	垫	diàn 126
造	zào 753	適	shì 534	圭	guī 207	垤	dié 129
這	zhè 769	遭	zāo 752	圾	jī 258	垛	duǒ 144
	zhèi 770	遮	zhē 767	圹	kuàng 332		duò 144
逐	zhú 798	**12画**		圮	pǐ 436	*垛	duǒ 144
8画		遲	chí 71	圩	wéi 606	*	duò 144
逮	dǎi 106	遼	liáo 356		xū 668	垩	è 145
	dài 107	邁	mài 379				
逭	huàn 244						

士 工 艹 (17)

垡 fá	150	堡 bǎo	18	墀 chí	72	壹 yī	707
垓 Gāi	175	報 bào	18	墩 dūn	142	*喆 zhé	768
垢 gòu	195	場 cháng	58	墳 fén	162	11画~	
墾 kěn	324		chǎng	60	墨 mò	401	嘉 jiā	268
垮 kuǎ	329	堤 dī	119	*墝 qiāo	466	嚭 pǐ	436
壘 lěi	344	堞 dié	129	墠 shàn	508	壽 shòu	538
垧 shǎng	510	*堿 jiǎn	275	*墰 tán	563	臺 tái	561
型 xíng	661	堦 jiē	287	墟 xū	668	懿 yì	714
垭 yā	679	堪 kān	317	增 zēng	755		
垟 yáng	690	塔 tǎ	561	13画		工(工)	
垚 yáo	694	*堉 xù	671	壁 bì	28	工 gōng	189
垠 yín	716	堰 yàn	688	墾 kěn	324	2画	
垣 yuán	740	10画		*墻 qiáng	465	功 gōng	190
7画		塊 kuài	330	壇 tán	563	巧 qiǎo	467
埃 āi	2	墓 mù	403	壓 yà	681	左 zuǒ	826
埂 gěng	189	*塥 què	486	雍 yōng	723	3画	
埒 liè	359	塞 sāi	501	壅 yōng	723	巩 gǒng	193
埋 mái	379		sài	501	14画		4画	
	mán	380		sè	504	壕 háo	220	巫 wū	617
埔 pǔ	448	塒 shí	529	壑 hè	227	6画	
埆 què	486	塑 sù	556	*壎 xūn	676	差 chā	53
埘 shí	529	塌 tā	560	壓 yā	678		chà	55
垻 xūn	676	塘 táng	565	15画			chāi	56
垺 yán	685	填 tián	575	壙 kuàng	332		cī	89
袁 Yuán	740	塗 tú	587	壘 lěi	344			
垸 yuàn	742	塢 wù	623	16画~		艹(艹艹)	
8画		塤 xūn	676	壩 bà	9	1画	
埯 ǎn	4	塋 yíng	720	壞 huài	241	艺 yì	711
埠 bù	45	塬 yuán	741	壟 lǒng	367	2画	
堵 dǔ	137	塚 zhǒng	793	*壠 lǒng	367	艾 ài	2
堆 duī	140	11画		爐 lú	369		yì	710
墮 duò	144	*塲 cháng	58	*競 qiào	468	节 jiē	286
堊 è	145	*	chǎng	60	壤 rǎng	488		jié	288
基 jī	259	塵 chén	64	*壜 tán	563	艿 nǎi	406
堅 jiān	272	墊 diàn	126			3画	
*埳 kǎn	317	墮 duò	144	士		芨 jī	258
埝 niàn	415	境 jìng	301	士 shì	531	芒 máng	382
培 péi	429	墘 qián	462	1画		芈 mǐ	391
埼 qí	452	塹 qiàn	463	壬 rén	492	芑 qǐ	453
塹 qiàn	463	墻 qiáng	465	3画		芊 qiān	459
埵 shàn	508	墒 shāng	510	吉 jí	261	芍 sháo	514
堂 táng	565	塾 shú	541	4画		艻 xiāng	641
堍 tù	589	墅 shù	543	壳 ké	321	芎 xiōng	665
埡 yā	679	墘 shuǎng	545		qiào	468	芋 yù	736
*埜 yě	698	*塿 tǎ	561	声 shēng	523	芝 zhī	779
場 yì	712	墟 xū	669	7画		4画	
垿 yù	737	墉 yōng	723	壶 hú	235	芭 bā	7
域 yù	738	*塼 zhuān	804	9画		苍 cāng	50
執 zhí	781	墜 zhuì	809	壺 hú	235	芳 fāng	155
9画		12画		喜 xǐ	629	芬 fēn	162

芙	fú	168	茕	qióng	478	荥	Xíng	663	菖	chāng	57
芾	fú	169	苒	rǎn	488	荇	xìng	664	萃	cuì	94
花	huā	237	若	ruò	499	荀	Xún	676	菲	fēi	158
芰	jì	266	苫	shān	508	药	yào	695		fěi	159
芥	jiè	291		shàn	508	茵	yīn	714	菇	gū	196
苣	jù	307	苕	sháo	514	荫	yīn	715	菡	hàn	218
劳	láo	340		tiáo	576		yìn	719	黄	huáng	245
芦	lú	369	苔	tāi	561	荧	yíng	720	菅	jiān	273
	lǔ	369		tái	562	茱	zhū	796	堇	jǐn	294
茜	qiàn	463	苠	xué	674	兹	zī	812	菁	jīng	299
芹	qín	471	英	yīng	719	**7画**			菊	jú	306
芮	Ruì	499	莹	yíng	720	荸	bí	25	菌	jūn	312
芟	shān	507	苑	yuàn	742	莼	chún	88		jùn	313
苏	sū	554	苎	zhù	800	荻	dí	120	莱	lái	337
苇	wěi	608	茁	zhuó	811	荷	hé	225	菱	líng	362
芜	wú	620	**6画**				hè	226	萝	luó	375
苋	xiàn	639	草	cǎo	51	華	huá	238	萌	méng	388
芯	xīn	658	茬	chá	54		huà	240	萘	nài	406
	xìn	659	茶	chá	54	获	huò	255	萍	píng	443
芽	yá	680	茨	cí	89	荚	jiá	270	菩	pú	448
芫	yán	684	苔	dā	97	茎	jīng	298	萋	qī	449
	yuán	739	荡	dàng	112	莒	Jǔ	307	萁	qí	451
苡	yǐ	710	茯	fú	168	莱	lái	337	萨	sà	501
芸	yún	745	荒	huāng	244	莅	lì	350	菽	shū	540
芷	zhǐ	783	茴	huí	249	莉	lì	351	菘	sōng	553
苎	zhù	800	荟	huì	250	莲	lián	352	萄	táo	567
5画			荤	hūn	251	莽	mǎng	383	菟	tù	589
苞	bāo	16	荠	jì	266	莓	méi	386	萚	tuò	594
苯	běn	24		qí	450	莫	mò	400	萎	wěi	604
苼	Chí	72	荚	jiá	270	莆	pú	447		wěi	608
范	fàn	154	茧	jiǎn	274	莎	shā	505	萧	xiāo	647
苻	fú	169	荐	jiàn	277		suō	559	菸	yān	681
苟	gǒu	194	茭	jiāo	282	莘	shēn	518	萤	yíng	720
茄	jiā	268	荆	jīng	299	莳	shì	535	营	yíng	720
	qié	468	莒	Jǔ	307	荽	suī	558	萦	yíng	721
茎	jīng	298	荔	lì	351	荼	tú	587	菀	yù	738
苴	jū	305	茫	máng	382	莞	wǎn	599	著	zhāo	765
苛	kē	320	茗	míng	396	萵	wō	615		zháo	765
苦	kǔ	328	荨	qián	461	莧	xiàn	639		zhe	770
苓	líng	361		xún	677	莕	xìng	664		zhuó	811
茅	máo	384	茜	qiàn	463	萤	yíng	719	著	zhù	802
茂	mào	384	荞	qiáo	463	莹	yíng	720	菑	zī	813
*莓	méi	386	荃	quán	484	蒎	yóu	727	菹	zū	822
苗	miáo	393	荛	ráo	489	莜	yóu	728	**9画**		
茉	mò	400	荏	rěn	492	莠	yǒu	731	葆	bǎo	18
苜	mù	403	荣	róng	494	莊	zhuāng	806	藏	chǎn	57
茑	niǎo	415	茸	róng	495	**8画**			葱	cōng	91
苶	nié	416	茹	rú	497	*菴	ān	4	蒂	dì	123
苤	piě	439	荪	sūn	558	菠	bō	36	董	dǒng	133
苹	píng	443	茼	tóng	582	菜	cài	48	萼	è	145

葑	fēng	166	驀	mò	401	蔗	zhè	770	藏	cáng	50
葛	gé	186	墓	mù	403		12画			zàng	751
	Gě	186	幕	mù	403	蕆	chǎn	57	藁	gǎo	184
葫	hú	235	蓬	péng	432	*蕩	dàng	112	藉	jí	263
葷	hūn	251	蒲	pú	447	蕩	dàng	112	薺	jì	266
蔣	Jiǎng	280	蒨	qiàn	463	蕃	fán	152		qí	450
*韭	jiǔ	303	蓉	róng	495	蕺	jí	263	藉	jiè	292
葵	kuí	333	蓐	rù	498	蕉	jiāo	283	舊	jiù	303
落	là	335	*蔘	shēn	518		qiáo	467	藍	lán	338
	lào	343	蓍	shī	527	蕨	jué	311	藐	miǎo	394
	luò	376	蒔	shì	535	*蕅	ǒu	421	薹	tái	562
募	mù	403	蒴	shuò	549	蕲	qí	451	蘚	xiǎn	639
葩	pā	422	蒜	suàn	556	蕁	qián	461	薰	xūn	676
*萍	píng	443	蓀	sūn	558		xún	677		15画	
葡	pú	447	蓑	suō	559	蕎	qiáo	467	藩	fān	151
葺	qì	457	蓊	wěng	614	蕘	ráo	489	繭	jiǎn	274
萩	qiū	479	蓆	xí	628	蕊	ruǐ	499	繭	jiǎn	275
*蓡	shēn	518	蓄	xù	670	*蕋	ruǐ	499	藠	jiào	286
葚	shèn	521	蔭	yīn	715	蔬	shū	541	藜	lí	347
蒐	sōu	554		yìn	719	蕪	wú	620	藕	ǒu	421
葶	tíng	580	蓁	zhēn	772	蕈	xùn	678	爇	ruò	500
萬	wàn	600	蒸	zhēng	775	蕕	yóu	727	*藷	shǔ	542
葳	wēi	604		11画		蕓	yún	745	藪	sǒu	554
葦	wěi	608	藹	ǎi	2	蘊	yùn	746	藤	téng	569
萵	wō	615	蔽	bì	27	蕞	zuì	825	藥	yào	695
萱	xuān	671	蔡	cài	48		13画		藝	yì	711
葉	yè	698	*蓴	chún	88	薄	báo	17		16画	
*葉	yè	698	蔥	cōng	91		bó	38	藹	ǎi	2
葬	zàng	751	蒂	dì	123		bò	38	藿	huò	256
*葅	zū	822	蔸	dōu	134	薅	hāo	219	藺	Lìn	360
	10画		蔣	Jiǎng	280	薨	hōng	230	蘆	lú	369
蓓	bèi	22	蔻	kòu	328	薈	huì	250		lǔ	369
蓖	bì	27	蓼	liǎo	357	薊	jì	267	蘑	mó	399
蒼	cāng	50	蔺	Lìn	360	薦	jiàn	277	蘖	niè	416
蓴	chún	88	*蔴	má	377	薑	jiāng	278	蘋	pín	440
蓋	gài	176	蔓	mán	380	蕾	lěi	344		píng	443
蒿	hāo	219		màn	382	*薶	má	378	蘄	qí	451
蒺	jí	262		wàn	601	蘋	pín	440	*蘐	qián	461
蓟	jì	267	蔑	miè	394	薔	qiáng	465	蘧	qú	482
蒹	jiān	273	摹	mó	399	薩	sà	501	*蘂	ruǐ	499
蒟	jǔ	307	墓	mù	403	薯	shǔ	542	蘇	sū	554
蒯	kuǎi	330	暮	mù	403	藪	sǒu	554	擻	tuò	594
蓝	lán	338	蔫	niān	413	薇	wēi	605	*蘐	xuān	671
*蒞	lì	350	蔦	niǎo	415	薟	wèng	614	蘊	yùn	746
蓮	lián	352	蓄	qiáng	465	蕭	xiāo	647	藻	zǎo	753
蓏	luǒ	376	蓿	sù	556	薤	xiè	656		17画～	
蒙	mēng	388	蔚	wèi	611	薪	xīn	659	蘭	lán	337
	méng	389	蓰	xǐ	629	薛	Xuē	673	蘿	luó	375
	Měng	389	薌	xiāng	641	薏	yì	713	驀	mò	401
夢	mèng	389	蓺	yì	714		14画		蘖	niè	416

襄	ráng	488	奓	zhà	758	炮	liào	357	式	shì	532
蘇	xiǎn	639		7画		尧	Yáo	694		4画	
蘸	zhàn	761	套	tào	568		4画		忒	tè	568
大(亣)			奘	zàng	751	尨	méng	388		tēi	569
				zhuǎng	807	尫	wāng	601		tuī/tēi	589
大	dà	100		8画			9画			5画	
	dài	106	匏	páo	428	就	jiù	304	武	wǔ	622
	1画		奢	shē	515	堯	Yáo	694		6画	
夫	fū	167	爽	shuǎng	545		10画~		貳	èr	147
太	tài	562		9画		尴	gān	178		9画	
天	tiān	572	奥	ào	6	尲	gān	178	貳	èr	147
夭	yāo	693	奡	ào	6	*尷	gān	178	弒	shì	533
	2画		奠	diàn	127	寸			才		
夯	hāng	218	啟	qī	450						
失	shī	524		11画~		寸	cùn	95		1画	
头	tóu	584	奪	duó	143		2画		扎	zā	747
央	yāng	689	樊	fán	152	对	duì	140		zhā	756
	3画		奮	fèn	163	导	dǎo	113		zhá	757
夺	duó	143	奬	jiǎng	279	夺	duó	143		2画	
夹	gā	175	奩	lián	351	寺	sì	552	扒	bā	7
	jiā	268	奭	shì	535	寻	xín	659		pá	422
	jiá	270	廾				xún	676	打	dá	97
尖	jiān	271		1画			3画			dǎ	98
夸	kuā	329	开	kāi	313	寿	shòu	538	扑	pū	446
奇	kuǎng	332	升	shēng	521		6画		扔	rēng	493
买	mǎi	379		2画		封	fēng	166		3画	
夷	yí	707	弁	biàn	29	耐	nài	406	*扞	gǎn	179
	4画		卉	huì	249		7画		扛	gāng	181
夾	gā	175		3画		*尅	kè	322		káng	318
	jiā	268	异	yì	711	*	kēi	323	扞	hàn	217
*夾	jiá	270	弄	lòng	367	辱	rǔ	497	扞	hàn	218
奁	lián	351		nòng	418	射	shè	516	扣	kòu	328
	5画		弃	qì	456		8画		扩	kuò	334
奔	bēn	23		6画		尉	wèi	611	扪	mén	388
	bèn	24	拿	yǎn	686	專	zhuān	803	扦	qiān	458
奋	fèn	163	弈	yì	711		9画~		扫	sǎo	503
奇	jī	258	舁	yú	734	導	dǎo	113		sào	504
	qí	452		11画~		對	duì	140	托	tuō	592
卖	mài	380	斃	bì	27	奪	duó	143	扬	yáng	690
奈	nài	406	彝	yí	709	壽	shòu	538	执	zhí	781
奄	yǎn	685	*彞	yí	709	壽	shòu	538		4画	
	6画		尢(兀)			尋	xín	659	把	bǎ	8
耷	dā	97					xún	676		bà	9
奖	jiǎng	279	兀	wù	622	尊	zūn	826	扳	bān	12
奎	kuí	333		1画		弋			扮	bàn	15
类	lèi	345	无	wú	617				报	bào	18
契	qì	456	尤	yóu	726	弋	yì	710	抄	chāo	60
	xiè	655		3画			3画		扯	chě	63
牵	qiān	459				*弎	sān	502	扽	dèn	117
奕	yì	711							抖	dǒu	135

扼 è 145
扶 fú 168
抚 fǔ 170
护 hù 236
技 jì 265
拒 jù 307
抉 jué 310
抗 kàng 318
抠 kōu 326
抡 lūn 373
拟 nǐ 412
扭 niǔ 417
*拗 niù 418
*扳 pān 424
抛 pāo 427
批 pī 433
抔 póu 446
抢 qiāng 464
　　qiǎng 465
扰 rǎo 489
折 shé 515
　　zhē 767
　　zhé 768
抒 shū 540
抟 sǒng 553
投 tóu 585
抟 tuán 589
抑 yì 712
找 zhǎo 766
抓 zhuā 802

5画

拗 ào 6
　　niù 418
拔 bá 8
拌 bàn 14
抱 bào 19
拨 bō 36
拆 chāi 55
抻 chēn 64
抽 chōu 75
担 dān 108
　　dàn 109
*担 dàn 109
抵 dǐ 121
拂 fú 168
拊 fǔ 170
拐 guǎi 201
拣 jiǎn 274
拘 jū 305
㧟 kuǎi 330

拉 lā 335
　　lá 335
拦 lán 337
拎 līn 359
　　līng 360
拢 lǒng 367
抹 mā 377
　　mǒ 399
　　mò 400
抿 mǐn 395
拇 mǔ 402
拈 niān 413
拧 níng 416
　　nǐng 416
　　nìng 417
*拗 nǔ 419
拍 pāi 422
拚 pàn 426
抛 pāo 427
抨 pēng 431
披 pī 433
*拚 pīn 439
拑 qián 462
拓 tà 561
　　tuò 594
抬 tái 562
拖 tuō 592
押 yā 679
*拽 yè 699
拥 yōng 723
择 zé 754
　　zhái 758
乍 zhǎ 757
招 zhāo 764
拄 zhǔ 799
拙 zhuō 810

6画

按 àn 4
持 chí 72
挡 dǎng 111
拱 gǒng 193
挂 guà 200
挥 huī 246
挤 jǐ 264
拮 jié 289
挎 kǎo 319
挎 kuà 329
括 kuò 334
挠 náo 408
挪 nuó 420

拼 pīn 439
拾 shí 530
拭 shì 533
拴 shuān 544
挞 tà 561
挑 tiāo 575
　　tiǎo 576
挺 tǐng 580
挖 wā 595
挝 wō 614
　　zhuā 802
挦 xián 637
挟 xié 653
挜 yà 681
*拽 yè 699
拶 zā 747
　　zǎn 750
挣 zhēng 775
　　zhèng 778
拯 zhěng 775
指 zhǐ 781
　　zhǐ 784
拽 zhuāi 803
　　zhuài 803

7画

挨 āi 2
　　ái 2
捌 bā 8
捕 bǔ 38
挫 cuò 96
捣 dǎo 113
捍 hàn 218
换 huàn 243
捡 jiǎn 274
捐 juān 308
捃 jùn 313
捆 kǔn 334
捞 lāo 339
捋 lǚ 371
　　luō 375
捏 niē 415
挼 ruá 498
捎 shāo 513
　　shào 514
损 sǔn 558
捅 tǒng 583
挽 wǎn 599
捂 wǔ 622
挾 xié 653
挹 yì 712

振 zhèn 773
捉 zhuō 810

8画

捱 ái 2
採 cǎi 47
掺 chān 56
*捵 chēn 64
捶 chuí 87
措 cuò 96
掸 dǎn 109
捯 dáo 113
掂 diān 123
掉 diào 128
掇 duō 143
挂 guà 200
掴 guāi/guó 201
掼 guàn 205
掎 jǐ 264
接 jiē 287
捷 jié 290
掬 jū 306
据 jū 308
捲 juǎn 309
掘 jué 311
掯 kèn 324
控 kòng 326
捩 liè 359
掳 lǔ 369
掠 lüè 373
掄 lūn 373
捫 mén 388
描 miáo 394
捺 nà 406
捻 niǎn 414
排 pái 423
　　pǎi 424
捧 pěng 432
掊 pǒu 446
掐 qiā 457
掮 qián 462
掃 sǎo 503
　　sào 504
舍 shě 515
授 shòu 539
探 tàn 564
掏 tāo 566
掭 tiàn 575
推 tuī 589
掀 xiān 636

(22) 扌

字	拼音	页	字	拼音	页	字	拼音	页	字	拼音	页
挜	yà	681	揄	yú	734			201	撞	zhuàng	808
掩	yǎn	685	援	yuán	740	掼	guàn	205	撙	zǔn	826
掖	yē	697	掾	yuàn	742	搕	kōu	326	_13画_		
	yè	699	揸	zhā	757	撂	liào	358	操	cāo	50
揶	yé	697	揍	zòu	822	摟	lōu	367	擔	dān	108
掙	zhēng	775	_10画_				lǒu	368		dàn	109
	zhèng	778	擺	bǎi	11	摞	luò	377	擋	dǎng	111
掷	zhì	788	搬	bān	13	摩	mā	377	擀	gǎn	179
捽	zuó	826	擯	bìn	33	撇	piē	439	撼	hàn	218
_9画_			搏	bó	37		piě	439	撿	jiǎn	274
揹	bēi	20	搐	chù	82	摔	shuāi	544	據	jù	308
摒	bìng	35	搋	chuāi	83	摶	tuán	589	擓	kuǎi	330
插	chā	53	*搥	chuí	87	攖	yīng	720	擂	léi	344
搽	chá	54	搓	cuō	95	*摣	zhā	757		lèi	345
搀	chān	56	搗	dǎo	113	摺	zhé	768	擄	lǔ	369
揣	chuāi	83	搤	è	145	摭	zhí	783	擗	pǐ	436
	chuǎi	83	摁	èn	146	_12画_			擅	shàn	509
搓	cuō	95	搞	gǎo	183	撥	bō	36	擻	sǒu	554
搭	dā	97	*搃	huàng	246	播	bō	37	撻	tà	561
提	dī	119	搛	jiān	273	撤	chè	63	撾	wō	614
	tí	570	摸	mō	398	撐	chēng	66			zhuā 802
搁	gē	185	搦	nuò	420	撑	chēng	66	擁	yōng	723
	gé	186		qiāng	464	撺	cuān	93	擇	zé	754
*揈	hōng	229	搶	qiǎng	464	撮	cuō	95		zhái	758
换	huàn	243	*搘	qīn	472		zuǒ	827	撺	zhuài	803
揮	huī	246	*搉	què	487	撣	dǎn	109	_14画_		
揀	jiǎn	274	搡	sǎng	503	*撢	dǎn	109	擯	bìn	33
攪	jiǎo	284	搧	shān	508	撙	dèn	117	擦	cā	46
揭	jiē	288	攝	shè	516	撫	fū	170	*擣	dǎo	113
*提	jié	290	搋	shū	541	撅	juē	309	擱	gē	185
揪	jiū	302	搠	shuò	549	撧	juē	309			gé 186
揩	kāi	316	損	sǔn	558	撈	lāo	339	擠	jǐ	264
揆	kuí	333	*搨	tà	561	撩	liāo	356	擴	kuò	334
擥	lǎn	338	攤	tān	563		liáo	357	擬	nǐ	412
摟	lōu	367	搪	táng	565	*撩	liào	358	擰	níng	416
	lǒu	368	*搯	tāo	566	撓	náo	408		nǐng	416
*揑	niē	415	*捅	tǒng	583	撚	niǎn	414		nìng	417
揵	pèng	432	搗	wǔ	622	撵	niǎn	414	擩	rǔ	497
揿	qīn	472	携	xié	654	撲	pū	446	擡	tái	562
揉	róu	496	搖	yáo	694	撬	qiào	468	擤	xǐng	663
搔	sāo	503	*搋	zhǎ	757	擒	qín	471	擲	zhì	788
搜	sōu	554	*搾	zhà	758	撳	qìn	472	擢	zhuó	812
握	wò	616	搌	zhǎn	760	撒	sā	500	_15画_		
*揩	xǐng	663	_11画_				sǎ	500	擺	bǎi	11
揎	xuān	671	摽	biào	32	撕	sī	550	攆	niǎn	414
揠	yà	681	摻	chān	56	撏	xián	637	擾	rǎo	489
*挣	yǎn	685	*撐	chē	63	擷	xié	654	攄	shū	541
揚	yáng	691	摧	cuī	94	撋	xié	654	擻	sǒu	554
	Yáng	691	摑	guāi/guó		撰	zhuàn	806	擷	xié	654
揖	yī	707							_16画_		

攒 cuán	93	門 mén	387	閡 hé	226	闋 què	487
zǎn	750	1画		*閤 hé	226	闕 què	486
攏 lǒng	367	闩 shuān	544	鬨 hòng	231	què	487
17画		閂 shuān	544	閭 lǘ	371	闐 tián	575
攙 chān	56	2画		閩 Mǐn	395	闐 tián	575
攔 lán	337	闪 shǎn	508	閩 Mǐn	395	11画	
攘 rǎng	488	閃 shǎn	508	闼 tà	561	關 guān	202
攖 yīng	720	3画		闻 wén	613	闞 kàn	318
18画		闭 bì	27	聞 wén	613	*闚 kuī	333
攛 cuān	93	閉 bì	27	7画		*闝 piáo	439
攝 shè	516	闯 chuǎng	86	阄 jiū	302	12画~	
攎 sǒng	553	问 wèn	614	阃 kǔn	334	闡 chǎn	57
擷 xié	654	問 wèn	614	閫 kǔn	334	鬮 dòu	135
19画		4画		阆 Làng	339	鬮 jiū	302
攢 cuán	93	*鬥 dòu	135	閬 Làng	339	闞 kàn	318
zǎn	750	闳 hóng	231	閶 lǘ	371	闢 pī	434
*攟 jùn	313	閎 hóng	231	阅 yuè	744	闢 pì	436
攤 tān	563	间 jiān	272	閱 yuè	744	闥 tà	561
20画~		jiàn	276	8画			
*攩 dǎng	111	間 jiān	272	阐 chǎn	57	口	
攪 jiǎo	284	jiàn	276	阊 chāng	58	口 kǒu	326
攫 jué	311	*閒 jiān	272	閶 chāng	58	1画	
攬 lǎn	338	*	jiàn	276	阇 shé	515	中 zhōng	789
攮 nǎng	408	閑 xián	636	闍 shé	515	zhòng	793
攥 zuàn	824	开 kāi	313	阋 xì	631	2画	
		闷 mēn	387	鬩 xì	631	叭 bā	7
丬(爿)		mèn	388	阎 yān	682	叱 chì	72
爿 pán	425	悶 mēn	387	闇 yān	682	叨 dāo	113
3画		mèn	388	阏 yān	682	tāo	566
妆 zhuāng	806	闵 mǐn	395	閼 yān	682	叼 diāo	127
妝 zhuāng	806	閔 mǐn	395	阉 yán	685	叮 dīng	129
壮 zhuàng	807	闰 rùn	499	閆 yán	685	古 gǔ	197
壯 zhuàng	807	閏 rùn	499	阈 yù	738	号 háo	219
4画		闱 wéi	606	閾 yù	738	hào	221
牀 chuáng	85	闲 xián	636	9画		叽 jī	257
戕 qiāng	464	閑 xián	636	*闆 bǎn	13	叫 jiào	285
狀 zhuàng	808	5画		阔 kuò	334	可 kě	321
狀 zhuàng	808	闹 nào	409	闊 kuò	334	kè	322
6画		鬧 nào	409	阑 lán	337	叩 kòu	327
将 jiāng	278	闸 zhá	757	闌 lán	337	叻 lè	343
jiàng	280	閘 zhá	757	阒 qù	483	另 lìng	363
牂 zāng	751	6画		闃 qù	483	叵 pǒ	444
7画~		阀 fá	150	阕 què	487	史 shǐ	530
將 jiāng	278	閥 fá	150	闋 què	487	司 sī	549
jiàng	280	阁 gé	186	闈 wéi	606	台 tái	561
牆 qiáng	465	閣 gé	186	10画		叹 tàn	564
		*関 guān	202	闯 chuǎng	86	叶 xié	653
门(門門)		闺 guī	207	阖 hé	226	yè	698
鬥 dòu	135	閨 guī	207	闔 hé	226	右 yòu	731
门 mén	387	阂 hé	226	闚 què	486	占 zhàn	758

	zhàn	760	含 hán	216	呱 guā	200	咧 liè	358
召	zhào	766	吭 háng	218	哈 hāi	213	liě	358
只	zhī	780	kēng	324	*哈 hāi	213	lie	359
	zhǐ	784	吼 hǒu	232	呵 hē	222	骂 mà	379
3画			君 jūn	312	呼 hū	233	咪 mī	389
吃 chī	69	吝 lìn	360	咎 jiù	304	咩 miē	394
吊 diào	127	呂 lǚ	371	咀 jǔ	306	哞 mōu	401
合 gě	186	呒 ḿ	377	咔 kā	313	哪 nǎ	404
hé	223	*呒 ň/ng	404	咙 lóng	367	na	406
各 gè	187	ňg	411	呣 ḿ	377	nǎi	406
吓 hè	226	呐 nà	405	m̀	377	něi	410
xià	634	*呐 na	406	鸣 míng	397	哝 nóng	418
后 hòu	232	ne	410	呶 náo	409	品 pǐn	440
吉 jí	261	呕 ǒu	421	呢 ne	410	哂 shěn	520
吏 lì	350	启 qǐ	455	ní	412	虽 suī	557
吕 lǚ	371	呛 qiāng	464	*呶 nǘ	419	哇 wā	595
吗 má	377	qiàng	466	咆 páo	428	wa	596
mǎ	378	吣 qìn	472	呸 pēi	429	咸 xián	637
ma	379	吮 shǔn	547	舍 shě	515	响 xiǎng	644
名 míng	395	听 tīng	578	shè	516	哓 xiāo	646
*吜 ň/ng	404	吞 tūn	591	呻 shēn	517	咲 xiào	651
* ǹg	411	吻 wěn	613	咝 sī	549	咻 xiū	666
同 tóng	581	呜 wū	616	味 wèi	610	哑 yā	679
吐 tǔ	588	吾 wú	620	呷 xiā	631	yǎ	680
tù	589	吴 Wú	620	咏 yǒng	724	咽 yān	681
吸 xī	625	昊 Wú	620	呦 yōu	726	yàn	688
向 xiàng	645	呀 yā	679	咂 zā	747	yè	699
呼 xū	668	ya	681	咋 zǎ	748	咬 yǎo	695
yū	732	呓 yì	711	zhā	756	咿 yī	706
yù	736	邑 yì	712	知 zhī	780	咦 yí	707
吆 yāo	693	吟 yín	716	咒 zhòu	796	哟 yō	723
*吆 yāo	693	卣 yǒu	731	*呪 zhòu	796	yo	723
吒 zhā	756	员 yuán	740	**6画**		哕 yuě	743
*吒 zhà	758	Yùn	746	呲 cī	89	咱 zá	748
4画		吱 zhī	780	哆 duō	143	zán	750
吧 bā	7	zī	812	咯 gē	184	zan	751
ba	9	**5画**		kǎ	313	哉 zāi	748
呗 bei	23	*阿 ā	1	lo	366	咤 zhà	758
吵 chǎo	62	* á	1	哏 gén	188	咨 zī	812
呈 chéng	68	* ǎ	1	哈 hā	213	*呲 zī	813
串 chuàn	85	* à	1	hǎ	213	**7画**	
吹 chuī	86	* a	1	hāi	213	啊 ā	1
呆 dāi	105	* hē	223	咳 ké	321	á	1
吨 dūn	141	哎 āi	2	哄 hōng	229	ǎ	1
呃 è	145	咚 dōng	133	hǒng	231	à	1
吠 fèi	159	咄 duō	143	hòng	231	a	1
吩 fēn	162	咐 fù/fu	172	哗 huā	238	唉 āi	2
否 fǒu	167	咖 gā	175	huá	238	ài	2
pǐ	436	kā	313	*哼 kuǎ	329	呗 bei	23
告 gào	184	咕 gū	196	哐 kuāng	331	哺 bǔ	39

口 (25)

哧 chī	71	喏 nuò	420	喃 nán	407	嚳 pèi	431
唇 chún	88	噢 ōu	421	喷 pēn	431	嗆 qiāng	464
*啲 dí	120	啪 pā	422	pèn	431	qiàng	466
哦 é	144	啤 pí	435	喬 qiáo	466	嗓 sǎng	503
ó	421	*啟 qǐ	455	喪 sāng	503	嗇 sè	504
ò	421	啬 sè	504	sàng	503	嗜 shì	535
哥 gē	185	啥 shá	506	善 shàn	509	嗣 sì	552
哽 gěng	189	兽 shòu	539	嗖 sōu	554	嗉 sù	555
哼 hēng	228	售 shòu	539	啼 tí	570	嗦 suō	559
hng	229	啕 táo	567	喎 wāi	596	嗍 suō	559
唤 huàn	243	唾 tuò	594	喂 wèi	610	嗩 suǒ	560
唧 jī	259	唯 wéi	606	喔 wō	615	*嗁 tí	570
哭 kū	328	wěi	609	喜 xǐ	629	嗵 tōng	581
唠 láo	340	啸 xiào	652	*啣 xián	637	嗡 wēng	614
lào	343	啞 yā	679	喧 xuān	671	嗚 wū	616
哩 lī	346	yǎ	680	喑 yīn	716	嗅 xiù	668
lí	348	唫 yín	716	喲 yō	723	**11画**	
li	351	唷 yō	723	喁 yóng	724	嘣 bēng	24
*哶 miē	394	啧 zé	754	喻 yù	738	嘈 cáo	51
*唔 ń/ńg	404	啁 zhāo	765	*嗟 zá	748	嘀 dī	120
* ńg	411	zhōu	795	zán	750	dí	120
*哢 nǔ	419	啭 zhuàn	806	* zan	751	嘎 gā	175
哨 shào	514	啄 zhuó	811	*嗞 zǎ	748	嘏 gǔ/jiǎ	197
唆 suō	559	**9画**		*喆 zhé	768	嘉 jiā	268
唢 suǒ	560	喳 chā	53	**10画**		嘞 lei	345
喎 wāi	596	zhā	757	嗳 ǎi	2	嘍 lóu	368
唏 xī	626	*喫 chī	69	ài	3	lou	368
哮 xiào	651	啻 chì	73	嗷 áo	5	嘛 ma	379
唁 yàn	688	喘 chuǎn	85	嗔 chēn	64	*槑 méi	386
員 yuán	740	嗒 dā	97	嗤 chī	71	鳴 míng	397
Yùn	746	嗒 tà	561	嗲 diǎ	123	嘔 ǒu	421
哲 zhé	768	單 dān	107	嘟 dū	136	喊 qī	449
8画		Shàn	508	嗝 gé	186	嘘 shī	527
唵 ǎn	4	喋 dié	129	嗨 hāi	214	xū	669
唱 chàng	60	喊 hǎn	217	嗐 hài	215	嗾 sǒu	554
啜 chuò	89	喝 hē	222	嗬 hē	223	嗽 sòu	554
啐 cuì	94	hè	226	*嗨 hēi	228	嘆 tàn	564
啖 dàn	110	喉 hóu	231	嘩 huā	238	嘡 tāng	565
啡 fēi	158	唤 huàn	243	huá	239	嚶 yīng	720
唬 hǔ	236	喙 huì	251	嗑 kè	323	嘖 zé	754
啃 kěn	324	喈 jiē	287	嗎 má	377	嚥 zhè	769
啦 lā	335	嗟 jiē	288	mǎ	378	**12画**	
la	336	啾 jiū	302	ma	379	噌 cēng	52
啷 lāng	339	喀 kā	313	嗯 ń/ńg	404	嘲 cháo	62
唳 lì	351	喟 kuì	333	ň/ňg	404	噇 chuáng	86
啰 luō	375	喇 lǎ	335	ǹ/ǹg	404	*噠 dā	97
luo	377	喱 lí	346	ńg	411	噔 dēng	118
喵 miāo	393	喨 liàng	356	ňg	411	噁 ě	145
*唸 niàn	414	喽 lóu	368	ǹg	411	嘿 hēi	228
啮 niè	416	lou	368	嗫 niè	416	嘰 jī	257

口							
噭	jiào	286	嚮	xiàng	645	囵	lún	374	希	xī	625
噘	juē	309		15画		囤	tún	592	帐	zhàng	763
唠	láo	340	囔	ōu	421	围	wéi	606	*㡇	zhǐ	786
	lào	343	嚣	xiāo	648	园	yuán	739		5画	
嘹	liáo	357		16画			5画		帛	bó	37
噷	ḿ	377	嚯	huò	256	固	gù	199	帕	pà	422
噢	ō	421	嚨	lóng	367	国	guó	210	帔	pèi	430
噴	pēn	431	嚭	pǐ	436	囹	líng	361	帑	tǎng	566
	pèn	431	嚥	yàn	688	困	qūn	487	帖	tiē	577
嘭	pēng	431		17画		图	tú	587		tiě	578
噗	pū	447	嚼	jiáo	283		6画			tiè	578
*噐	qì	457		jué	311	囿	yòu	732	帜	zhì	787
噙	qín	471	嚷	rāng	488		7画		帙	zhì	788
噝	sī	549		rǎng	488	*圅	hán	216	帚	zhǒu	795
嘶	sī	550	嚴	yán	684	圃	pǔ	448		6画	
嘻	xī	627	嚶	yīng	720	圆	yuán	740	帮	bāng	15
嘵	xiāo	646		18画			8画		带	dài	106
噀	xùn	678	囁	niè	416	國	guó	210	帝	dì	123
噎	yē	697	囂	xiāo	648	圈	juān	308	帥	shuài	544
嘱	zhǔ	800	*嚻	xiāo	648		juàn	309	帧	zhēn	770
嘬	zuō	826	囈	yì	711		quān	483		7画	
	13画		囀	zhuàn	806	圇	lún	374	帱	dào	115
嗳	ài	2		19画~			9画		*帬	qún	487
	ài	3	囉	luō	375	圍	wéi	606	師	shī	526
噸	dūn	141		luo	377		10画		帨	shuì	547
噩	è	145	囊	nāng	408	圏	luán	373		8画	
嚆	hāo	219	囓	niè	416	園	yuán	739	常	cháng	59
嗷	hm	229	囐	pèi	431	圓	yuán	740	帶	dài	106
嚄	huō	252	囑	zhǔ	800		11画		幗	guó	210
	ǒ	421				圖	tú	587	帷	wéi	607
噤	jìn	297		囗		團	tuán	589	帻	zé	754
噥	nóng	418		2画			13画~		帳	zhàng	763
噼	pī	434	囚	qiú	479	欒	luán	373		9画	
器	qì	457	四	sì	551	*欒	luán	373	幅	fú	170
噬	shì	535		3画		圞	yóu	729	帽	mào	384
嘯	xiào	652	回	huí	247	圜	yuán	741	幄	wò	616
嚄	xué	674	*囬	huí	249				幀	zhēn	770
噫	yī	707	囝	jiǎn	274		巾			10画	
噦	yuě	743	*囡	nān	406	巾	jīn	292	幌	huǎng	246
噪	zào	754	囟	nān	406		1画		幕	mù	403
嘴	zuǐ	824	团	tuán	589	币	bì	27		11画	
	14画		囟	xìn	659		2画		幤	bì	27
嚓	cā	46	因	yīn	714	布	bù	44	幗	guó	210
	chā	54		4画		市	shì	531	幔	màn	382
*嚐	cháng	59	囱	cōng	91	帅	shuài	544	幘	zé	754
嚎	háo	220	呃	é	144		3画		幛	zhàng	764
嚇	hè	226	囫	hú	234	帛	bó	127		12画~	
	xià	634	*囬	huí	247	帆	fān	150	幫	bāng	15
嚅	rú	497	囧	jiǒng	302	师	shī	526	幬	dào	115
嚏	tì	572	困	kùn	334		4画		幡	fān	151

山彳彡 (27)

歸	guī	207	峨	é	144	嶠	qiáo	467	徐	xú	669
幟	zhì	787	峰	fēng	166	\[13画\]			\[8画\]		
幢	zhuàng	808	*峯	fēng	166	嶧	Yì	712	徜	cháng	59
\[山\]			峻	jùn	313	嶼	yǔ	735	從	cōng	91
			崂	Láo	340	\[14画\]				cóng	91
山	shān	506	峭	qiào	468	豳	Bīn	33	得	dé	116
\[2画\]			峡	xiá	631	嶺	lǐng	362		de	117
击	jī	257	峴	Xiàn	639	嶸	róng	495		děi	117
\[3画\]			峪	yù	737	疑	yí	709	徕	lài	337
岌	jí	260	\[8画\]			嶽	yuè	744	徘	pái	424
岂	qǐ	453	崩	bēng	24	\[16画\]			術	shù	542
岁	suì	558	崇	chóng	75	巅	diān	124	徙	xǐ	629
屹	yì	711	崔	cuī	94	\[17画~\]			衔	xián	637
屿	yǔ	735	*崗	gāng	180	巔	diān	124	*衒	xuàn	673
\[4画\]			崗	gǎng	181	巘	yǎn	?			
岙	ào	6	崛	jué	311	巒	luán	372	\[9画\]		
岑	cén	52	崐	Kūn	334	巍	wēi	604	*徧	biàn	31
岔	chà	55	崧	mì	391	*巖	yán	684	復	fù	172
岛	dǎo	113	崎	qí	452				徨	huáng	244
岗	gǎng	181	*崧	sōng	553	\[彳\]			街	jiē	288
岚	lán	337	崖	yá	680				循	xún	677
岐	qí	451	*崕	yá	680	\[3画\]			御	yù	738
岖	qū	480	崦	Yān	682	行	háng	218	\[10画\]		
岘	Xiàn	639	崭	zhǎn	759		xíng	662	傍	páng	426
\[5画\]			崢	zhēng	775	\[4画\]			微	wēi	604
岸	àn	4	\[9画\]			彻	chè	63	衙	yá	680
岱	Dài	106	嵯	cuó	96	彷	fǎng	156	徭	yáo	694
岬	jiǎ	270	嵳	cuó	96		páng	426	\[11画~\]		
岢	kě	322	嵐	lán	337	役	yì	712	徹	chè	63
岿	kuī	333	嵋	méi	386	\[5画\]			衝	chōng	73
岭	lǐng	362	嵌	qiàn	463	彼	bǐ	26		chòng	75
岷	Mín	395	嵘	róng	495	徂	cú	93	德	dé	117
岧	tiáo	576	*歲	suì	558	径	jìng	301	衡	héng	228
岫	xiù	667	嵔	wǎi	596	往	wǎng	602	徽	huī	247
岩	yán	684	嵬	wéi	607		wàng	603	徽	méi	386
峄	Yì	712	*喦	yán	684	征	zhēng	774	衢	qú	482
岳	yuè	744	崽	zǎi	749	\[6画\]			衛	wèi	609
岞	Zuò	830				待	dāi	105	*衞	wèi	609
\[6画\]			\[10画\]				dài	107	衔	xián	637
峦	luán	372	嶅	Áo	5	很	hěn	228	徵	zhēng	774
峤	qiáo	467	嵊	shèng	524	後	hòu	232			
炭	tàn	564	嵩	sōng	553	徊	huái	241	\[彡\]		
*炭	tàn	564	*歲	suì	558		huí	249			
峡	xiá	631	\[11画\]			律	lǜ	372	\[4画\]		
幽	yōu	726	嶇	qū	480	徇	xùn	678	彤	tóng	583
峥	zhēng	775	嶄	zhǎn	759	*狥	xùn	678	形	xíng	662
峙	zhì	788	嶂	zhàng	764	衍	yǎn	686	\[5画\]		
*峝	zhuān	803	\[12画\]			\[7画\]			参	cān	48
\[7画\]			嶴	ào	6	徑	jìng	301		cēn	52
			嶗	Láo	340	徕	lài	337		shēn	518
島	dǎo	113	嶙	lín	360	徒	tú	587	\[6画\]		
									须	xū	668

部首

彦	yàn	688	备	bèi	22	猃	xiǎn	638
彥	yàn	688		6画		狺	yín	717
	7画		复	fù	172		8画	
彧	yù	738		7画		猜	cāi	46
	8画		畝	mǔ	402	猖	chāng	57
彪	biāo	32	夏	xià	634	猝	cù	93
彬	bīn	33		11画~		猎	liè	359
*彩	cǎi	47	夔	Kuí	333	猫	māo	383
彩	cǎi	47	夐	xiòng	666	猛	měng	389
參	cān	48	憂	yōu	725	猕	mí	390
	cēn	52				猞	shē	515
	shēn	518		犭		猗	yī	707
*彫	diāo	127		2画		猙	zhēng	775
	9画~		犯	fàn	153	猪	zhū	797
彭	Péng	432	犰	qiú	479		9画	
須	xū	668		3画		猴	hóu	231
影	yǐng	721	犷	guǎng	206	猾	huá	239
鬱	yù	737		4画		猱	náo	409
彰	zhāng	762	狈	bèi	21	猥	wěi	609
			狄	Dí	120	猬	wèi	611
	夕		狂	kuáng	331	猩	xīng	661
夕	xī	624	狃	niǔ	417	猰	yà	681
	2画		犹	yóu	726	猶	yóu	726
外	wài	596		5画		*猨	yuán	740
	3画		狒	fèi	160		10画	
多	duō	142	狗	gǒu	194	猾	huá	239
名	míng	395	狐	hú	234	*獏	mò	401
	8画		狙	jū	305	獅	shī	526
够	gòu	195	狞	níng	416	猺	yáo	694
麥	mài	379	狍	páo	428	猿	yuán	740
梦	mèng	389	狎	xiá	631		11画	
	11画		狝	xiǎn	638	獄	yù	737
*夥	huǒ	254		6画		獐	zhāng	762
夥	huǒ	255	独	dú	136		12画	
夤	yín	717	狠	hěn	228	獗	jué	311
			狡	jiǎo	283	獠	liáo	357
	夂(夂夊)		狯	kuài	330		13画	
久	jiǔ	303	狮	shī	526	獨	dú	136
	2画		狩	shòu	539	獲	huò	255
处	chǔ	82	狭	xiá	631	獪	juàn	309
	chù	82	*狥	xùn	678	獪	kuài	330
*処	chǔ	82	狱	yù	737	獭	tǎ	561
*	chù	82	狰	zhēng	775	獫	Xiǎn	638
冬	dōng	132		7画		獬	xiè	656
务	wù	623	狽	bèi	21		14画	
	3画		猖	juàn	309	獰	níng	416
各	gè	187	狼	láng	339	獼	mí	390
	4画		狸	lí	346		15画~	
条	tiáo	575	狻	suān	556	獷	guǎng	206
	5画		狭	xiá	631	獾	huān	242

獵	liè	359			
獼	mí	390			
獺	tǎ	561			
	饣(食食)				
食	shí	530			
	sì	552			
	2画				
饥	jī	257			
飢	jī	257			
	3画				
飧	sūn	558			
飨	xiǎng	644			
饧	xíng	663			
	4画				
饬	chì	73			
飭	chì	73			
饭	fàn	154			
飯	fàn	154			
饪	rèn	493			
飪	rèn	493			
*飱	sūn	558			
饨	tún	592			
飩	tún	592			
饮	yǐn	717			
	yìn	719			
飲	yǐn	717			
	yìn	719			
饫	yù	737			
飫	yù	737			
	5画				
饱	bǎo	17			
飽	bǎo	17			
饯	jiàn	276			
饰	shì	534			
飾	shì	534			
饲	sì	552			
飼	sì	552			
饴	yí	707			
飴	yí	707			
	6画				
饼	bǐng	35			
餅	bǐng	35			
餈	cí	90			
饵	ěr	147			
餌	ěr	147			
饺	jiǎo	283			
餃	jiǎo	283			
饶	ráo	488			
蚀	shí	530			

蚀	shí	530	馒	mán	380		1画		屣	sóng	553
饷	xiǎng	644		12画		尺	chǐ	72	屣	xǐ	629
餉	xiǎng	644	饑	jī	257		2画			12画~	
饜	yàn	688	饋	kuì	333	尻	kāo	319	層	céng	52
	7画		饒	ráo	488	尼	ní	411	屫	chàn	57
饽	bō	36	馓	sǎn	502		3画		履	lǚ	372
餑	bō	36	饊	sǎn	502	尽	jǐn	294	屬	shǔ	542
餐	cān	48	*饍	shàn	509		jìn	295		zhǔ	799
餖	dòu	136	饗	xiǎng	644		4画				
餓	dòu	136	饌	zhuàn	806	屄	bǎ	9		弓	
饿	è	145	饌	zhuàn	806	层	céng	52			
餓	è	145		13画~		局	jú	306	弓	gōng	191
餒	něi	410	饞	chán	56	尿	niào	415		1画	
餒	něi	410	*饢	mó	398		suī	557	弔	diào	127
餘	yú	733	饢	náng	408	屁	pì	436	引	yǐn	717
	8画		饢	náng	408	屎	sóng	553		2画	
馆	guǎn	204	饕	tāo	567	尾	wěi	608	弗	fú	168
館	guǎn	204	饜	yàn	688		yǐ	710	弘	hóng	230
餜	guǒ	211	饔	yōng	724		5画			3画	
餜	guǒ	211		ヨ(ヱ彐彑)		屄	bī	25	弛	chí	71
餛	hún	251				屆	jiè	292		4画	
餛	hún	251		1画		届	jiè	292	弟	dì	123
餞	jiàn	276	尹	yǐn	717	居	jū	305	张	zhāng	761
*餶	juǎn	309		2画		屈	qū	481		5画	
*餧	wèi	610	归	guī	207	屜	tì	572	弨	chāo	61
馅	xiàn	640		3画			6画		弧	hú	234
餡	xiàn	640	寻	xín	659	屏	bǐng	35	弥	mí	390
餚	yáo	693		xún	676		píng	443	弩	nǔ	419
	9画			4画		屌	diǎo	127	*弢	tāo	567
馋	chán	56	灵	líng	361	屍	shī	524	弦	xián	637
*餬	hú	235		5画		屎	shǐ	531		6画	
馈	kuì	333	录	lù	370	屋	wū	617	弭	mǐ	391
餿	sōu	554	彐	zhǒu	795	咫	zhǐ	784	弯	wān	598
餿	sōu	554		6画		昼	zhòu	796		7画	
餮	tiè	578	彖	tuàn	589		7画		弱	ruò	500
餧	wèi	610		8画		屙	ē	144		8画	
餳	xíng	663	彗	huì	250	屐	jī	259	弹	dàn	110
	10画			9画		屦	qiú	480		tán	563
*餻	gāo	183	尋	xín	659	屑	xiè	655	*強	jiàng	280
*餽	kuì	333		xún	676	展	zhǎn	759	強	qiáng	464
餾	liú	365	彘	zhì	789		8画			qiǎng	466
	liù	366		10画~		屣	tì	572	張	zhāng	761
餾	liú	365	彙	huì	249	屠	tú	588		9画	
	liù	366	彜	yí	709		9画		弼	bì	28
餺	mó	398	*彝	yí	709	屢	lǚ	371	强	jiàng	280
餺	mó	398	彠	yuē	743	属	shǔ	542		qiáng	464
	11画		彠	yuē	743		zhǔ	799		qiǎng	466
馑	jǐn	295				犀	xī	627	粥	zhōu	795
饉	jǐn	295		尸			11画			10画	
馒	mán	380	尸	shī	524	屢	lǚ	371	彀	gòu	195
										11画	

鳖	biē	33	肖	xiāo	651	姒	sì	552	姨 yí 707
	12画			5画		妥	tuǒ	594	姻 yīn 714
弹	dàn	110	尚	shàng	513	妩	wǔ	622	姪 zhí 783
	tán	563		6画		妍	yán	684	姿 zī 812
	13画		尝	cháng	59	妖	yāo	693	7画
*疆	jiāng	280		7画		妪	yù	737	婀 ē 144
*	qiáng	464	党	dǎng	111	妘	Yún	745	娥 é 144
*	qiǎng	466		8画		妆	zhuāng	806	姬 jī 259
	14画～		常	cháng	59	姊	zǐ	814	娟 juān 308
疆	jiāng	279	堂	táng	565		5画		娌 lǐ 348
弥	mí	390		9画		妲	dá	97	娒 méi 386
弯	wān	598	赏	shǎng	510	*妒	dù	138	娩 miǎn 392
	己(巳巳)		棠	táng	566	姑	gū	196	孬 nāo 408
己	jǐ	264		10画～		姐	jiě	290	娘 niáng 415
巳	sì	551	甞	cháng	59	妹	mèi	387	娉 pīng 441
已	yǐ	709	裳	cháng	59	妺	mò	400	娠 shēn 518
	1画			shang	513	姆	mǔ	402	娑 suō 559
巴	bā	7	当	dāng	110	妮	nī	411	娲 wā 595
	2画			dàng	112	妻	qī	449	娓 wěi 608
包	bāo	16	党	dǎng	111	妾	qiè	469	娴 xián 637
	3画		赏	shǎng	510	姗	shān	507	娱 yú 734
导	dǎo	113	*尠	xiǎn	639	姍	shān	507	娛 yú 734
异	yì	711		女		始	shǐ	531	8画
	6画		女	nǚ	419	委	wěi	604	婢 bì 27
巷	hàng	219		2画			wěi	608	婊 biǎo 32
	xiàng	645	奶	nǎi	406	姓	xìng	664	婵 chán 56
	9画		奴	nú	419	妯	zhóu	795	娼 chāng 57
巽	xùn	678		3画			6画		妇 fù 172
	中(屮屯)		妃	fēi	158	姹	chà	55	婚 hūn 251
	1画		妇	fù	172	姞	Jí	261	婪 lán 337
屯	tún	592	好	hǎo	220	姦	jiān	272	婁 lóu 368
	3画			hào	222	姜	jiāng	278	婆 pó 444
*艸	cǎo	51	奸	jiān	272	娇	jiāo	282	娶 qǔ 482
	小(⺌⺍)		妈	mā	377	姥	lǎo	343	婶 shěn 520
			如	rú	496	娄	lóu	368	婉 wǎn 599
小	xiǎo	648	妁	shuò	549	娈	luán	372	*娬 wǔ 622
	1画		她	tā	560	娜	nà	405	婬 yín 717
少	shǎo	514	妄	wàng	602		nuó	420	婴 yīng 719
	shào	514	妆	zhuāng	806	姘	pīn	440	9画
	2画			4画		妊	rèn	493	媪 ǎo 6
尔	ěr	146	妣	bǐ	26	姝	shū	540	*媿 kuì 333
	3画		妒	dù	138	耍	shuǎ	543	媒 méi 386
尘	chén	64	妨	fáng	155	娀	sōng	553	媚 mèi 387
当	dāng	110	妫	Guī	207	娃	wá	595	嫂 sǎo 504
	dàng	112	妓	jì	266	威	wēi	604	媞 tí 580
尖	jiān	271	妗	jìn	296	妍	yán	684	媧 wā 595
*朩	shū	540	妙	miào	394	要	yāo	693	婺 Wù 624
	4画		妞	niū	417		yào	696	婿 xù 671
			妊	rèn	493	姚	Yáo	694	*嫣 yīn 714
									媛 yuàn 742

10画		chǎng	60	马(馬)		驻 zhù	800
嫒 ài	3	汤 tāng	565			駐 zhù	800
媾 gòu	195	湯 tāng	565	马 mǎ	378	驺 zōu	820
嫉 jí	262	饧 xíng	663	馬 mǎ	378	6画	
嫁 jià	271	陽 yáng	690	2画		*駮 bó	37
媽 mā	377	扬 yáng	690	冯 Féng	166	骇 hài	215
*嫋 niǎo	415	揚 yáng	690	píng	443	駭 hài	215
媲 pì	436	Yáng	691	馮 Féng	166	骄 jiāo	282
嫔 pín	440	4画		píng	443	骆 luò	376
媳 xí	628	肠 cháng	59	驭 yù	736	駱 luò	376
嫌 xián	638	腸 cháng	59	馭 yù	736	骂 mà	379
11画		傷 shāng	509	3画		骈 pián	437
嫦 Cháng	59	*旸 yáng	690	驰 chí	71	騈 pián	437
嫡 dí	120	杨 yáng	691	馳 chí	71	骁 xiāo	646
嫩 nèn	411	楊 yáng	691	驮 duò	144	骃 yīn	715
嫖 piáo	439	炀 yáng	691	tuó	593	駰 yīn	715
嫣 yān	682	煬 yáng	691	馱 duò	144	7画	
嫗 yù	737	旸 yáng	691	tuó	593	骋 chěng	69
嫜 zhāng	762	暘 yáng	691	驯 xùn	677	騁 chěng	69
12画		飏 yáng	691	馴 xùn	677	骏 jùn	313
嬋 chán	56	5画		4画		駿 jùn	313
嬀 Guī	207	*场 cháng	58	驳 bó	37	骊 lí	346
嬌 jiāo	282	*塲 cháng	60	駁 bó	37	骎 qīn	471
嬈 ráo	489	畅 chàng	60	驴 lǘ	371	駸 qīn	471
嫵 wǔ	622	暢 chàng	60	驱 qū	480	验 yàn	688
嬉 xī	627	砀 dàng	112	5画		8画	
嫻 xián	637	碭 dàng	112	驳 dài	106	骐 qí	451
13画		旸 yáng	691	tái	562	騏 qí	451
嬡 ài	3	瘍 yáng	691	駘 dài	106	骑 qí	452
*嬝 niǎo	415	6画		tái	562	騎 qí	452
嬗 shàn	509	荡 dàng	112	驸 fù	172	*骢 yàn	688
嬴 Yíng	721	*蕩 dàng	112	駙 fù	172	骓 zhuī	808
14画		蕩 dàng	112	驾 jià	271	騅 zhuī	808
嬷 mó	399	殇 shāng	509	駕 jià	271	9画	
*嬭 nǎi	406	殤 shāng	509	驹 jū	305	*骘 cǎo	51
嬲 niǎo	415	7画		駒 jū	305	骗 piàn	438
嬪 pín	440	*瘍 shāng	510	罵 mà	379	騙 piàn	438
嬰 yīng	719	烫 tàng	566	驽 nú	419	骚 sāo	503
15画~		燙 tàng	566	駑 nú	419	騷 sāo	503
*孏 lǎn	338	8画		*駞 qū	480	骛 wù	624
孌 luán	372	盪 dàng	112	驶 shǐ	530	鶩 wù	624
*孃 niáng	415	锡 tāng	565	駛 shǐ	530	鷔 zhì	788
孅 shēn	520	9画~		驷 sì	552	鷙 zhì	788
孀 shuāng	545	筋 shāng	509	駟 sì	552	10画	
		觴 shāng	509	驼 tuó	593	驀 mò	401
勿(易)		錫 tāng	565	駝 tuó	593	驁 mò	401
3画		錫 xíng	663	*駞 tuó	593	骞 qiān	460
场 cháng	58	颺 yáng	691	驿 yì	712	騫 qiān	460
chǎng	60			驵 zǎng	751	骟 shàn	508
場 cháng	58			駔 zǎng	751	騸 shàn	508

部首

骤 zōu	820	挛 luán	372	纤 qiàn	463	*紬 chóu	76
11画		7画		xiān	636	给 dài	107
骢 cōng	91	*娩 miǎn	392	纫 rèn	493	給 dài	107
驄 cōng	91	孙 sūn	558	紉 rèn	493	绀 gàn	180
骡 luó	375	8画		纨 wán	598	紺 gàn	180
騾 luó	375	孰 shú	541	紈 wán	598	经 jīng	298
骠 piào	439	9画		纡 yū	732	累 léi	344
驃 piào	439	孳 zī	813	紆 yū	732	lěi	344
驱 qū	480	11画		约 yuē	742	lèi	345
12画		孵 fū	168	約 yuē	742	练 liàn	353
骄 jiāo	282	13画~		纣 zhòu	795	绍 shào	514
驚 jīng	297	孪 luán	372	紂 zhòu	795	紹 shào	514
骁 xiāo	646	*孽 niè	416	4画		绅 shēn	517
13画		孺 rú	497	纯 chún	88	紳 shēn	517
*骉 luó	375	學 xué	674	純 chún	88	细 xì	630
骖 yàn	688			纺 fǎng	156	細 xì	630
驿 yì	712	幺(幺纟)		紡 fǎng	156	*絃 xián	637
14画~		乡 xiāng	641	纷 fēn	162	线 xiàn	640
骥 jì	267	幺 yāo	692	紛 fēn	162	继 xiè	655
驥 jì	267	1画		纲 gāng	180	繼 xiè	655
骊 lí	346	幻 huàn	243	紧 jǐn	294	绎 yì	712
驴 lú	371	2画		纶 lún	374	萦 yíng	721
骤 zhòu	796	幼 yòu	732	纳 nà	405	紥 zā	747
驟 zhòu	796	6画		納 nà	405	*紮 zā	756
		幽 yōu	726	纽 niǔ	417	织 zhī	780
子		兹 zī	812	紐 niǔ	417	终 zhōng	792
子 jié	288	9画~		纰 pī	433	終 zhōng	792
孓 jué	309	幾 jī	256	紕 pī	433	纣 zhòu	796
子 zǐ	813	畿 jī	263	纱 shā	505	绎 zhù	800
zi	813	幾 jī	260	紗 shā	505	组 zǔ	823
1画		鄉 xiāng	641	纾 shū	540	組 zǔ	823
孔 kǒng	325			紓 shū	540	6画	
2画		纟(糹糸)		素 sù	555	绑 bǎng	15
孕 yùn	746	1画		索 suǒ	559	綁 bǎng	15
3画		系 jì	266	纬 wěi	608	给 gěi	187
存 cún	95	xì	630	纹 wén	613	jǐ	264
孙 sūn	558	2画		紋 wén	613	給 gěi	187
4画		纠 jiū	302	紊 wěn	613	jǐ	264
孚 fú	169	糾 jiū	302	纭 yún	745	绗 háng	218
孝 xiào	651	3画		紜 yún	745	絎 háng	218
孜 zī	812	纥 hé	225	*紥 zā	747	绘 huì	250
5画		紇 hé	225	纼 zhèn	773	绛 jiàng	280
孢 bāo	16	红 hóng	230	紖 zhèn	773	絳 jiàng	280
孤 gū	196	紅 hóng	230	纸 zhǐ	786	绞 jiǎo	283
季 jì	266	级 jí	260	紙 zhǐ	786	絞 jiǎo	283
孟 mèng	389	級 jí	260	纻 zhù	800	结 jiē	287
孥 nú	419	纪 jǐ	264	纵 zòng	820	jié	289
学 xué	674	jì	265	5画		結 jiē	287
6画		紀 jì	264	绊 bàn	14	jié	289
孩 hái	214		jì	265	絆 bàn	14	绝 jué	310

絕	jué 310	綾	líng 362	緱	gōu 194	縝	zhěn 772
绔	kù 329	綾	líng 362	缓	huǎn 242	縝	zhěn 772
絝	kù 329	绺	liǔ 366	緩	huǎn 242	緻	zhì 786
络	lào 343	綹	liǔ 366	缉	jī 260	縐	zhòu 796
	luò 376	绿	lǜ 370		qī 450	縋	zhuì 809
絡	lào 343		lù 372	緝	jī 260		**11画**
	luò 376	綠	lǜ 370		qī 450	繃	bēng 24
绕	rǎo 489		lù 372	缄	jiān 273		běng 24
	rào 489	綸	lún 374	緘	jiān 273		bèng 25
绒	róng 494	绵	mián 391	紧	jǐn 294	繁	fán 152
絨	róng 494	綿	mián 391	缂	kè 323	縫	féng 166
絲	sī 549	綦	qí 452	緙	kè 323		fèng 167
统	tǒng 583	绮	qǐ 455	缆	lǎn 338	績	jì 267
統	tǒng 583	綺	qǐ 455	練	liàn 353	縷	lǚ 372
絜	xié 654	綮	qìng 478	缕	lǚ 372	縻	mí 390
絮	xù 670	绻	quǎn 485	*縣	mián 391	繆	Miào 394
绚	xuàn 673	綣	quǎn 485	缅	miǎn 392	繆	Miào 394
絢	xuàn 673	绳	shéng 523	緬	miǎn 392	縹	piāo 439
紩	zhí 781	绶	shòu 539	缗	mín 395	縹	piāo 439
紫	zǐ 814	綬	shòu 539	緡	mín 395	縴	qiàn 463
	7画	绦	tāo 568	缇	tí 571	繅	sāo 503
綆	gěng 189	綯	táo 568	緹	tí 571	繰	sāo 503
綆	gěng 189	绾	wǎn 600	緯	wěi 608	缩	suō 559
继	jì 266	綰	wǎn 600	線	xiàn 640	縮	suō 559
經	jīng 298	网	wǎng 602	缘	yuán 741	*縧	tāo 566
绢	juàn 309	维	wéi 607	緣	yuán 741	繄	yī 707
絹	juàn 309	維	wéi 607	縋	zhuì 809	纓	yīng 720
*綑	kǔn 334	*綫	xiàn 640		**10画**	繇	yóu 729
绥	suí 557	绪	xù 670	缤	bīn 33	縶	zhí 781
綏	suí 557	緒	xù 670	缠	chán 56	總	zǒng 819
绦	tāo 566	续	xù 670	縗	cuī 94	縱	zòng 820
绣	xiù 667	综	zèng 756	縗	cuī 94		**12画**
	8画		zōng 818	缝	féng 166	缭	liáo 357
绷	bēng 24	綜	zèng 756		fèng 167	繚	liáo 357
	běng 24		zōng 818	缚	fù 174	*繦	qiǎng 466
	bèng 25	绽	zhàn 761	縛	fù 174	繞	rǎo 489
*綵	cǎi 47	綻	zhàn 761	缟	gǎo 184		rào 489
绰	chāo 61	缀	zhuì 809	縞	gǎo 184	繕	shàn 509
	chuò 89	綴	zhuì 809	縠	hú 235	繕	shàn 509
綽	chāo 61	缁	zī 813	縑	jiān 273	穗	suì 558
	chuò 89	緇	zī 813	縑	jiān 273	缬	xié 654
绸	chóu 76	*総	zǒng 819	缙	jìn 297	缯	zēng 756
綢	chóu 76		**9画**	縉	jìn 297	繒	zēng 756
*緐	fán 152	编	biān 28	縟	rù 498	織	zhī 780
绯	fēi 158	編	biān 28	縟	rù 498		**13画**
緋	fēi 158	缔	dì 123	*縚	tāo 566	缳	huán 242
綱	gāng 180	締	dì 123	縣	xiàn 639	繯	huán 242
绲	gǔn 209	缎	duàn 139	缢	yì 713	繪	huì 250
緄	gǔn 209	緞	duàn 139	縊	yì 713	繫	jì 266
绩	jì 267	缑	gōu 194	縈	yíng 721		xì 630

缰	jiāng	279	**6画**		斠	jiào	286	**6画**
繮	jiāng	279	羔	gāo	183	斡	wò	616	煩	fán	151
缴	jiǎo	285	烈	liè	358				烘	hōng	229
	zhuó	811	热	rè	489	**火**			烩	huì	250
繳	jiǎo	285	烏	wū	616				烬	jìn	295
	zhuó	811		wù	623	火	huǒ	253	烤	kǎo	319
繾	qiǎn	463	烝	zhēng	775	*火	huǒ	254	烙	lào	343
繰	qiāo	466	**7画**			**1画**				shāo	513
繅	qiāo	466	烹	pēng	431	灭	miè	394	烫	tàng	566
*繰	sāo	503	焘	tāo/dào	566	**2画**			烜	xuǎn/xuān
繩	shéng	523	焉	yān	682	灯	dēng	117			673
繡	xiù	667	**8画**		灰	huī	246	烟	yān	681
繹	yì	712	焦	jiāo	283	**3画**			烊	yáng	690
14画			然	rán	488	灿	càn	50	烨	yè	699
辨	biàn	31	無	wú	617	灸	jiǔ	303	烛	zhú	797
辩	biàn	31	煮	zhǔ	799	灵	líng	361	**7画**		
缤	bīn	33	**9画**		炀	yáng	691	烽	fēng	166
继	jì	266	煎	jiān	273	灾	zāi	748	焊	hàn	218
繻	qiǎn	463	煞	shā	506	災	zāi	748	焕	huàn	243
15画				shà	506	灶	zào	753	焗	jú	306
纏	chán	56	煦	xù	670	灼	zhuó	810	烺	lǎng	339
纍	léi	344	照	zhào	766	**4画**			焖	mèn	388
*纍	lěi	344	**10画**		炒	chǎo	62	焌	qū	481
*	lèi	345	熬	āo	5	炊	chuī	87	*焫	ruò	500
纈	xié	654		áo	5	炖	dùn	142	烴	tīng	579
續	xù	670	熙	xī	627	炬	jù	307	烷	wán	598
16画			熊	xióng	666	炕	kàng	319	焐	wù	624
纘	zuǎn	824	熏	xūn	676	炉	lú	369	烯	xī	626
17画～				xùn	678	㬡	ǒu	421	**8画**		
*纔	cái	46	**11画**		炝	qiàng	466	焙	bèi	22
纜	lǎn	338	熱	rè	489	炔	quē	486	焯	chāo	61
纖	xiān	636	熟	shóu	536	炜	wěi	608	欻	chuā	83
纓	yīng	720		shú	541	炘	xīn	659	*焠	cuì	94
纘	zuǎn	824	**12画～**		炎	yán	684	焚	fén	162
巛			燾	tāo/dào	566	炙	zhì	788	焮	xìn	660
			熹	xī	627	**5画**			焰	yàn	689
4画			燕	yàn	689	炳	bǐng	35	**9画**		
災	zāi	748				炽	chì	73	煲	bāo	16
7画			**斗**			炯	jiǒng	302	煸	biān	29
邕	yōng	723				烂	làn	338	煩	fán	151
8画			斗	dǒu	134	炼	liàn	353	煳	hú	235
巢	cháo	61		dòu	135	炮	páo	428	煥	huàn	243
			6画			pào	429	煌	huáng	244
灬			料	liào	357	烁	shuò	549	煉	liàn	353
			7画		畑	tián	574	煤	méi	386
4画			斜	xié	654	烃	tīng	579	*煖	nuǎn	420
杰	jié	289	**8画**		炫	xuàn	673	煗	nuǎn	420
5画			斝	jiǎ	271	荧	yíng	720	煺	tuì	591
点	diǎn	124	**9画**		炸	zhá	757	煨	wēi	604
*為	wéi	605	斟	zhēn	772		zhà	757	煒	wěi	608
*	wèi	609	**10画**		炷	zhù	801			

煊	xuān 671	爨	cuàn 94	忐	tǎn 564	恿	yǒng 724
煙	yān 681	爛	làn 338	忒	tè 568	悠	yōu 726
煬	yáng 691	爐	lú 369		tēi 569		8画
煜	yù 737		文		tuī/tēi 589	悲	bēi 21
*煤	zhá 757	文	wén 611	忒	tè 568	惫	bèi 22
	10画		3画	忘	wàng 603	惩	chéng 69
熘	liū 363	吝	lìn 360	志	zhì 787	*悳	dé 117
熗	qiàng 466		6画		4画	*噁	ě 145
熔	róng 495	斋	zhāi 758	忿	fèn 163	恶	è 145
煽	shān 508		8画	忽	hū 234		wù 624
熥	tēng 569	斑	bān 13	忞	mín 395	惠	huì 250
*煺	tuì 591	斌	bīn 33	念	niàn 414	惑	huò 255
熄	xī 626	斐	fěi 159	忩	sǒng 553	悶	mēn 387
熚	yè 699		12画~	态	tài 562		mèn 388
熒	yíng 720	斓	lán 338	忝	tiǎn 575	惹	rě 489
	11画	斕	lán 338	忠	zhōng 791		9画
熰	ǒu 421		方		5画	爱	ài 2
熵	shāng 510			*怱	cōng 91	愁	chóu 77
*熯	tuì 591	方	fāng 154	怠	dài 107	*惷	chǔn 88
熠	yì 714		4画	怼	duì 141	慈	cí 89
熨	yù 739	放	fàng 156	急	jí 261	感	gǎn 179
	yùn 747	於	Yū 732	怒	nù 419	愍	mǐn 395
	12画	於	yú 733	思	sī 550	愆	qiān 460
熾	chì 73		5画	悤	tān 563	*愍	qiè 470
燈	dēng 117	*旆	pèi 430	怨	yuàn 742	想	xiǎng 644
燉	dùn 142	施	shī 526	怎	zěn 755	意	yì 713
燎	liáo 357		6画	总	zǒng 819	愚	yú 734
	liǎo 357	旅	lǚ 371		6画	愈	yù 738
*燐	lín 360	旄	máo 384	恶	ě 145		10画
憫	mèn 388	旁	páng 426		è 145	慕	mù 403
燃	rán 488	旆	pèi 430		wù 624	*愬	sù 555
燒	shāo 513	*旂	qí 451	恩	ēn 146	態	tài 562
燧	suì 558	旃	zhān 759	恭	gōng 193	慝	tè 569
燙	tàng 566		7画	恚	huì 250	慂	yǒng 724
燄	yàn 689	旌	jīng 299	恳	kěn 324	願	yuàn 742
燠	yù 739	旋	xuán 672	恐	kǒng 325		11画
	13画		xuàn 673	恋	liàn 354	憋	biē 32
燦	càn 50	族	zú 822	虑	lǜ 372	*慙	cán 49
燬	huǐ 249		10画	恁	nèn 411	憨	hān 216
燴	huì 250	旗	qí 451	恕	shù 543	慧	huì 250
燥	zào 754	旖	yǐ 710	息	xī 626	慮	lǜ 372
燭	zhú 797		心(忄)	恙	yàng 692	*慽	qī 449
	14画			恣	zì 818	慼	qì 457
燼	jìn 295	心	xīn 656		7画	慫	sǒng 553
爇	xiǎn 639		1画	*恖	cōng 91	慰	wèi 611
*燻	xūn 676	必	bì 27	患	huàn 243	慭	yìn 719
	15画		3画	您	nín 416	憂	yōu 725
爆	bào 20	忌	jì 265	悫	què 487		12画
爍	shuò 549	忍	rěn 492	悉	xī 626	憊	bèi 22
	16画~			悬	xuán 672	憑	píng 443

憩 qì	457	礼 lǐ	347	禛 zhēn	770	玩 wán	598
慤 què	487	**2画**		**10画**		玮 wěi	608
寲 xī	627	祁 qí	451	禛 zhēn	771	现 xiàn	639
憲 xiàn	640	**3画**		禛 zhēn	771	**5画**	
憝 yìn	719	社 shè	516	襟 Zhuó	811	玻 bō	36
13画		祀 sì	551	**11画**		玳 dài	106
懇 kěn	324	**4画**		*隸 lì	351	玷 diàn	126
懋 mào	385	祈 qí	451	襦 Xuān	671	珐 fà	150
懑 mèn	388	祇 qí	452	禦 yù	738	珂 kē	320
應 yīng	719	视 shì	533	**12画**		玲 líng	361
yìng	722	祆 Xiān	636	禪 chán	56	珑 lóng	367
14画		祎 yī	707	shàn	508	珉 mín	395
懟 duì	141	祉 zhǐ	783	隸 lì	351	珀 pò	445
懣 mèn	388	*祇 zhǐ	784	禧 xǐ	627	珊 shān	508
15画~		**5画**		**13画~**		珊 shān	508
懲 chéng	69	祠 cí	89	禱 dǎo	114	珅 shēn	517
戀 liàn	354	祜 hù	236	禮 lǐ	347	莹 yíng	720
懸 xuán	672	祢 Mí	390	禰 Mí	390	珍 zhēn	771
懿 yì	714	*祕 mì	391	禳 ráng	488	*珎 zhēn	771
戇 zhuàng	808	祛 qū	481			**6画**	
戆 zhuàng	808	神 shén	519	韦(韋)		班 bān	12
		*祘 suàn	556	韦 wéi	605	珵 chēng	66
户		祟 suì	558	韋 wéi	605	珰 dāng	111
户 hù	236	祇 zhǐ	781	**3画**		珓 jiào	285
1画		祝 zhù	801	韧 rèn	493	珞 luò	376
戹 è	145	祖 zǔ	823	韌 rèn	493	珮 pèi	430
3画		祚 zuò	830	**8画**		珽 tǐng	580
启 qǐ	455	**6画**		韩 Hán	217	玺 xǐ	629
4画		祭 jì	267	韓 Hán	217	珣 xún	676
房 fáng	155	票 piào	439	**9画**		珧 yáo	694
戽 hù	236	桃 tiāo	575	韪 wěi	608	珠 zhū	796
肩 jiān	272	祥 xiáng	644	韙 wěi	608	**7画**	
戾 lì	351	禎 zhēn	770	韫 yùn	746	琅 láng	339
5画		**7画**		**10画~**		理 lǐ	348
扁 biǎn	29	祷 dǎo	114	韬 tāo	567	琏 liǎn	353
piān	436	祸 huò	255	韜 tāo	567	琉 liú	365
扃 jiōng	302	祲 jìn	297	*韤 wà	596	球 qiú	480
视 shì	533	韞 yùn	746	琐 suǒ	560
扇 shān	508	**8画**				望 wàng	603
shàn	508	禀 bǐng	35	王(王玉)		望 wàng	603
扆 yǐ	710	禅 chán	56	王 wáng	601	现 xiàn	639
7画		shàn	508	玉 yù	736	琇 xiù	667
扈 hù	236	禁 jīn	294	**3画**		**8画**	
8画		jìn	297	玖 jiǔ	303	斑 bān	13
扉 fēi	158	禄 lù	370	玛 mǎ	379	琛 chēn	64
扂 gù	200	祺 qí	451	玙 yú	733	琤 chēng	66
		9画		**4画**		琮 cóng	92
礻(示)		福 fú	170	环 huán	242	珐 fà	150
示 shì	532	禍 huò	255	玦 jué	310	琥 hǔ	236
1画		禕 yī	707	玫 méi	385	琚 jū	306

歺木 (37)

琨 kūn	334	環 huán	242	朽 xiǔ	667	枘 ruì	499
瑯 láng	339	璐 lù	371	杂 zá	747	*柿 shì	531
琳 lín	359	璩 qú	482	朱 zhū	796	枢 shū	540
琶 pá	422	瑷 yù	733	松 sōng	552
琵 pí	435	璪 zǎo	753	**材** cái	46	枉 wǎng	602
琪 qí	451	14画	*杈 chā	53	析 xī	626
琦 qí	452	瓊 qióng	478	杈 chā	53	*杴 xiān	636
琴 qín	471	玺 xǐ	629	chà	55	枭 xiāo	646
琼 qióng	478	*璿 xuán	672	村 cūn	94	*桠 yā	679
琬 wǎn	599	15画	杜 dù	138	枣 zǎo	753
琥 wǔ	622	瓅 lí	347	杆 gān	177	枕 zhěn	772
琰 wèn	686	璺 wèn	614	gǎn	178	枝 zhī	780
瑛 yīng	719	16画~	杠 gàng	181	杼 zhù	801
琢 zhuó	811	瓏 lóng	367	极 jí	261	5画
zuó	826	瓖 xiāng	643	来 lái	336	柏 bǎi	11
9画	瓔 yīng	720	李 lǐ	347	标 biāo	31
*瑇 dài	106	瓚 zàn	751	杧 máng	382	柄 bǐng	34
瑰 guī	208	瓒 zàn	751	杞 qǐ	453	查 chá	54
瑚 hú	235		杉 shā	505	Zhā	757
瑁 mào	384	歺	shān	507	栋 dòng	134
瑙 nǎo	409	2画	束 shù	542	柁 duò	144
瑞 ruì	499	考 kǎo	319	条 tiáo	575	*柎 fú	169
瑟 sè	504	老 lǎo	340	*杇 wū	617	柑 gān	178
聖 shèng	524	3画	杌 wù	623	构 gǒu	195
瑋 wěi	608	孝 xiào	651	杏 xìng	664	枴 guǎi	201
瑕 xiá	631	4画	杨 yáng	691	枷 jiā	268
瑜 yú	734	者 zhě	768	杖 zhàng	763	架 jià	271
瑀 yǔ	736	5画	4画	柬 jiǎn	274
瑗 yuàn	742	耆 zhě	768	板 bǎn	13	柩 jiù	304
10画		杯 bēi	20	柯 kē	320
璃 lí	347	木	采 cǎi	47	枯 kū	328
*瑠 liú	365	木 mù	402	杵 chǔ	82	栏 lán	337
瑪 mǎ	379	1画	枞 cōng	91	栎 lì	351
琐 suǒ	560	本 běn	23	Zōng	818	柳 liǔ	366
瑤 yáo	694	*末 me	385	東 dōng	132	栌 lú	369
瑩 yíng	720	末 mò	400	枫 fēng	165	某 mǒu	402
11画	术 shù	542	杲 gǎo	183	柰 nài	406
璀 cuī	94	zhú	797	枸 gòu	195	柟 nán	407
瑾 jǐn	295	未 wèi	609	柜 guì	208	柠 níng	416
璉 liǎn	353	札 zhá	757	果 guǒ	211	柒 qī	449
璇 xuán	672	2画	杭 Háng	218	染 rǎn	488
瓔 yīng	720	朵 duǒ	144	杰 jié	289	荣 róng	494
璋 zhāng	762	*朶 duǒ	144	來 lái	336	柔 róu	495
12画	机 jī	256	枥 lì	349	栅 shān	508
噩 è	145	朴 piáo	439	林 lín	359	zhà	758
璘 lín	360	pō	444	枚 méi	385	柵 shān	508
璞 pú	448	pò	444	杪 miǎo	394	zhà	758
13画	pǔ	448	杷 pá	422	柿 shì	531
璧 bì	28	权 quán	483	枇 pí	435	树 shù	542
璫 dāng	111	杀 shā	504	枪 qiāng	464	*柁 tái	561

部首

木							
杕 tuó	594	桼 qì	456	楝 dòng	134	槛 lǎn	338
杤 tuò	594	桥 qiáo	467	楪 dú	137	*楞 léng	345
枲 xǐ	629	桡 ráo	489	棺 guān	204	楝 liàn	354
相 xiāng	641	桑 sāng	503	棍 gùn	209	楼 lóu	368
xiàng	645	栓 shuān	544	椁 guǒ	211	榈 lǘ	371
枵 xiāo	647	桃 táo	567	極 jí	261	楣 méi	386
柚 yóu	728	梃 tǐng	580	棘 jí	263	*楳 méi	386
yòu	732	桐 tóng	583	集 jí	263	楠 nán	407
栈 zhàn	761	桅 wéi	606	椒 jiāo	283	楩 pián	438
柘 zhè	769	栩 xǔ	669	棵 kē	320	楸 qiū	479
栀 zhī	780	桠 yā	679	椰 láng	339	楯 shǔn	547
枳 zhǐ	784	样 yàng	692	棱 léng	345	楔 xiē	652
栉 zhì	788	*杂 zá	747	棃 lí	347	楦 xuàn	673
柊 zhōng	792	栽 zāi	748	椋 liáng	355	*楥 xuàn	673
柱 zhù	801	栴 zhān	759	棉 mián	392	*楊 yáng	691
柞 zuò	830	桢 zhēn	770	棚 péng	432	楹 yíng	721
6画		桎 zhì	787	椠 qī	449	榆 yú	734
桉 ān	4	株 zhū	796	棋 qí	451	楂 zhā	757
案 àn	4	桩 zhuāng	806	*棊 qí	451	槓 zhēn	770
*栢 bǎi	11	桌 zhuō	810	棄 qì	456	*樅 zōng	818
梆 bāng	15	**7画**		椠 qiàn	463	**10画**	
柴 chái	56	彬 bīn	33	森 sēn	504	榜 bǎng	15
郴 chēn	64	梵 fàn	154	棠 táng	566	槟 bīng	34
档 dàng	112	桴 fú	169	椭 tuǒ	594	槯 cuī	94
*蠹 dù	138	杆 gǎn	178	*椀 wǎn	599	槓 gàng	181
格 gē	185	梗 gěng	189	楔 xiān	636	槁 gǎo	184
gé	186	梏 gù	200	椏 yā	679	*槀 gǎo	184
根 gēn	187	检 jiǎn	274	椰 yē	697	槅 gé	186
桧 guì	208	梨 lí	347	椅 yǐ	710	構 gòu	195
桂 guì	209	梁 liáng	355	棫 yù	738	椰 guǒ	211
核 hé	226	棂 líng	362	棗 zǎo	753	樺 huà	240
hú	235	梅 méi	386	棧 zhàn	761	槚 jiǎ	270
柠 níng	228	渠 qú	482	棹 zhào	767	槛 jiàn	277
桦 huà	240	梢 shāo	513	植 zhí	783	kǎn	317
桓 Huán	242	梳 shū	540	植 zhí	783	榴 liú	365
桨 jiǎng	280	桫 suō	559	椎 zhuī	808	*榠 méi	386
校 jiào	285	梭 suō	559	棕 zōng	818	模 mó	398
xiào	652	梼 táo	568	**9画**			mó	402
桔 jié	289	梯 tī	570	楚 chǔ	82	槢 qī	449
jú	306	桶 tǒng	583	椽 chuán	85	槍 qiāng	464
桀 jié	290	梧 wú	620	槌 chuí	87	榷 què	487
栞 juàn	309	枭 xiāo	646	椿 chūn	88	榮 róng	494
栲 kǎo	319	械 xiè	655	枫 fēng	165	榕 róng	495
框 kuàng	332	栀 zhī	780	概 gài	176	槊 shuò	549
栳 lǎo	343	梓 zǐ	814	*槩 gài	176	榫 sǔn	558
栗 lì	351	**8画**		槐 huái	241	榻 tà	561
栾 luán	373	棒 bàng	16	楫 jí	263	*橐 tuó	594
臬 niè	416	椿 chǔ	82	榉 jǔ	307	樹 xiè	656
桤 qī	449	棰 chuí	87	*棜 jǔ	307	榨 zhà	758
栖 qī	449	棣 dì	123	楷 kǎi	316	榛 zhēn	772

檇 zuì	825	榍 xī	627	鬱 yù	737	殭 jiāng	279
11画		樾 yuè	744			殮 liàn	354
標 biāo	31	樵 zuì	825	犬		车(車)	
槽 cáo	51	樽 zūn	826	犬 quǎn	485	车 chē	62
樗 chū	81	**13画**		**6画**		jū	305
樅 cōng	91	檗 bò	38	哭 kū	328	車 chē	62
Zōng	818	檔 dàng	112	**9画**		jū	305
*椶 dōu	134	檜 guì	208	献 xiàn	640	**1画**	
橄 gǎn	179	檟 jiǎ	270	猷 yóu	729	轧 yà	681
横 héng	228	檢 jiǎn	274	**15画～**		zhá	757
hèng	229	檁 lǐn	360	獸 shòu	539	軋 yà	681
槳 jiǎng	280	檁 lǐn	360	獻 xiàn	640	zhá	757
槿 jǐn	295	檬 méng	389			**2画**	
樂 lè	343	檣 qiáng	465	歹		轨 guǐ	208
yuè	743	檀 tán	564	歹 dǎi	105	軌 guǐ	208
*樑 liáng	355	檄 xí	628	**2画**		军 jūn	311
樓 lóu	368	檐 yán	685	死 sǐ	550	軍 jūn	311
槭 qì	457	櫛 zhì	788	**3画**		**3画**	
槧 qiàn	463	**14画**		歼 jiān	272	轫 rèn	493
檣 qiáng	465	檳 bīn	34	**4画**		軔 rèn	493
樞 shū	540	*櫈 dèng	119	殀 yāo	693	轩 xuān	671
樘 táng	566	櫃 guì	208	**5画**		軒 xuān	671
橢 tuǒ	594	檻 jiàn	277	残 cán	49	**4画**	
橡 xiàng	646	kǎn	317	殆 dài	107	轭 è	145
樣 yàng	692	檸 níng	416	殇 shāng	509	軛 è	145
樱 yīng	720	檯 tái	561	殄 tiǎn	575	轰 hōng	229
*樝 zhā	757	檮 táo	568	殃 yāng	689	轮 lún	374
樟 zhāng	762	櫂 zhào	767	**6画**		软 ruǎn	498
樁 zhuāng	806	**15画**		殊 shū	540	軟 ruǎn	498
12画		櫥 chú	81	殉 xùn	678	斩 zhǎn	759
橙 chén	65	櫝 dú	137	**7画**		斬 zhǎn	759
chéng	69	櫟 lì	351	殓 liàn	354	转 zhuǎn	804
橱 chú	81	櫨 lú	369	殍 piǎo	439	zhuàn	805
*叢 cóng	92	簏 lù	370	殒 yǔn	746	**5画**	
*蠹 dù	138	櫚 lú	371	**8画**		钴 gū	196
机 jī	256	**16画**		殘 cán	49	軲 gū	196
橘 jú	306	櫪 lì	349	弹 dān	108	轲 kē	320
橛 jué	311	櫨 lú	369	殖 zhí	783	軻 kē	320
欒 jué	311	*檯 tuò	594	殖 zhí	783	轳 lú	369
橹 lǔ	369	**17画**		**10画**		轻 qīng	474
*擄 lǔ	369	櫸 jǔ	307	殡 bìn	33	轸 zhěn	772
樸 pǔ	448	欄 lán	337	殞 yǔn	746	軫 zhěn	772
橇 qiāo	466	權 quán	483	**11画**		轴 zhóu	795
橋 qiáo	467	*欅 shuān	544	殤 shāng	509	軸 zhóu	795
樵 qiáo	467	樱 yīng	720	**12画**		**6画**	
橢 qín	471	**19画～**		殫 dān	108	较 jiào	285
檠 qíng	477	*欛 bà	9	*殨 huì	251	較 jiào	285
橈 ráo	489	欖 lǎn	338	**13画～**		轿 jiào	286
樹 shù	542	欞 líng	362	殯 bìn	33	辁 quán	484
橐 tuó	594	欒 luán	373	殲 jiān	272		

戈比瓦止支

輇 quán	484	輿 yú	734	戛 jiá	270
軾 shì	533	轅 yuán	740	戚 qī	449
軾 shì	533	轅 yuán	740	8画	
載 zǎi	749	輾 zhǎn	760	裁 cái	47
zài	750	輾 zhǎn	760	幾 jī	256
載 zǎi	749	11画		jǐ	263
zài	750	轆 lù	370	戟 jǐ	264
7画		轆 lù	370	*戞 jiá	270
輔 fǔ	170	轉 zhuǎn	804	9画	
輔 fǔ	170	zhuàn	805	戥 děng	119
輛 liàng	356	12画		戡 kān	317
輕 qīng	474	轎 jiào	286	載 zài	749
輓 wǎn	599	轔 lín	360	zài	750
輒 zhé	768	轔 lín	360	10画	
輒 zhé	768	轍 zhé	768	截 jié	290
8画		轍 zhé	768	戧 qiāng	464
輩 bèi	23	14画~		qiàng	466
輩 bèi	23	蠹 hōng	229	臧 zāng	751
輟 chuò	89	轤 lú	369	11画	
輟 chuò	89	轡 pèi	431	幾 jī	260
輥 gǔn	209			戮 lù	371
輥 gǔn	209	**戈**		*戲 xì	629
輝 huī	247	戈 gē	184	12画~	
輝 huī	247	1画		戳 chuō	88
輌 liàng	356	戊 wù	623	戴 dài	107
輪 lún	374	*戉 yuè	744	馘 guó	211
輦 niǎn	414	2画		戲 xì	629
輦 niǎn	414	成 chéng	66	戰 zhàn	760
輞 wǎng	602	戎 róng	494	**比**	
輞 wǎng	602	戌 shù	542	比 bǐ	25
*輒 zhé	768	戏 xì	629	2画	
輜 zī	813	戍 xū	668	毕 bì	27
輜 zī	813	3画		5画	
9画		戒 jiè	291	毖 bì	27
輻 fú	170	我 wǒ	615	皆 jiē	287
輻 fú	170	或 huò	255	毗 pí	435
轂 gǔ	199	戗 qiāng	464	6画	
轂 gǔ	199	qiàng	466	毙 bì	27
輯 jí	263	戕 qiāng	464	**瓦(瓦)**	
輯 jí	263	5画		瓦 wǎ	595
*輭 ruǎn	498	威 wēi	604	wà	595
輸 shū	541	咸 xián	637	3画	
輸 shū	541	哉 zāi	748	瓩 qiānwǎ	466
輼 wēn	611	战 zhàn	760	瓯 ōu	421
10画		栽 zāi	748	瓮 wèng	614
*輾 niǎn	414	载 zǎi	749	6画	
輼 wēn	611	zài	750	瓷 cí	89
轄 xiá	632	7画			
轄 xiá	632				
輿 yú	734				

瓶 píng	444		
8画			
瓿 bù	45		
瓶 cèi	52		
*甌 gāng	181		
9画			
*甃 cí	89		
甄 zhēn	772		
甃 zhòu	796		
11画			
甌 ōu	421		
*甎 zhuān	804		
12画~			
甕 wèng	614		
甗 yǎn	688		
*甖 yīng	720		
甑 zèng	756		
甗 zèng	756		

止

止 zhǐ	783
1画	
正 zhēng	773
zhèng	776
2画	
此 cǐ	90
3画	
步 bù	45
4画	
肯 kěn	323
歧 qí	451
武 wǔ	622
5画	
歪 wāi	596
9画~	
歸 guī	207
*歷 lì	349
歷 lì	349
歲 suì	558

支

7画	
*攲 xū	670
8画	
攲 duō	143
敊 tǒu	586
9画~	
敊 dù	138
敲 qiāo	466
*敺 qū	480

日贝 **(41)**

日(日)

日 rì	494	
曰 yuē	742	

1画

旦 dàn	109	
电 diàn	125	
旧 jiù	303	

2画

旮 gā	175	
亘 gèn	188	
旯 lá	335	
曲 qū	481	
	qǔ	482
旭 xù	669	
曳 yè	699	
早 zǎo	752	
旨 zhǐ	784	

3画

更 gēng	188	
	gèng	189
旱 hàn	217	
旷 kuàng	332	
时 shí	528	
旸 yáng	691	

4画

昂 áng	5	
昌 chāng	57	
沓 dá	97	
	tà	561
杲 gǎo	183	
昊 hào	222	
昏 hūn	251	
昆 kūn	333	
旻 mín	395	
明 míng	396	
昇 shēng	521	
昙 tán	563	
旺 wàng	603	
昔 xī	626	
昕 xīn	659	
杳 yǎo	695	
易 yì	712	
昀 yún	745	
昃 zè	755	

5画

昶 chǎng	60	
春 chūn	87	
昜 hé	226	
昽 lóng	367	

昴 mǎo	384	
冒 mào	384	
昧 mèi	387	
昵 nì	412	
是 shì	534	
显 xiǎn	638	
星 xīng	661	
昫 xù	670	
*昫 xù	670	
眩 xuàn	673	
映 yìng	722	
昱 yù	737	
昝 Zǎn	750	
昭 zhāo	765	
昼 zhòu	796	
昨 zuó	826	

6画

晁 cháo	61	
晟 Chéng	68	
	shèng	524
晃 huǎng	246	
	huàng	246
晖 huī	247	
晋 Jìn	296	
晋 jìn	296	
晒 shài	506	
晌 shǎng	510	
時 shí	528	
書 shū	539	
晓 xiǎo	651	
晏 yàn	688	
晕 yūn	744	
	yùn	746

7画

晡 bū	38	
曹 cáo	51	
晨 chén	64	
晦 huì	250	
曼 màn	381	
冕 miǎn	392	
晚 wǎn	599	
晤 wù	624	
晞 xī	626	
*昶 xù	670	
晝 zhòu	796	

8画

曾 céng	53	
	zēng	755
晷 guǐ	208	
晶 jīng	300	

景 jǐng	300	
量 liáng	355	
	liàng	356
晾 liàng	356	
普 pǔ	448	
晴 qíng	477	
暑 shǔ	541	
替 tì	572	
晰 xī	626	
*晳 xī	626	
晢 zàn	751	
曾 zēng	755	
智 zhì	789	
最 zuì	825	

9画

暗 àn	4	
暉 huī	247	
會 huì	249	
	kuài	330
暌 kuí	333	
暖 nuǎn	420	
*煖 nuǎn	420	
暇 xiá	631	
*尟 xiǎn	639	
暄 xuān	671	
暘 yáng	691	
暈 yūn	744	
	yùn	746

10画

嗳 ài	3	
暨 jì	266	
暝 míng	398	
暮 mù	403	
暱 nì	412	

11画

暴 bào	19	
*暴 bào	20	
* pù	448
暫 zàn	751	

12画

曆 lì	349	
曇 tán	563	
暾 tūn	592	
曉 xiǎo	651	

13画

嬡 ài	3	
*曌 cháo	61	
曚 méng	389	
曙 shǔ	542	

14画

曦 qī	450	
曛 xūn	676	
曜 yào	697	

15画

曝 bào	20	
	pù	448
*疊 dié	129	
曠 kuàng	332	

16画~

曨 lóng	367	
曩 nǎng	408	
曬 shài	506	
曦 xī	627	

贝(貝)

贝 bèi	21	
貝 bèi	21	

2画

负 fù	172	
負 fù	172	
贞 zhēn	770	
貞 zhēn	770	

3画

财 cái	46	
財 cái	46	
贡 gòng	194	
貢 gòng	194	
员 yuán	740	
	Yùn	746
員 yuán	740	
	Yùn	746

4画

败 bài	12	
敗 bài	12	
贬 biǎn	29	
貶 biǎn	29	
贩 fàn	154	
販 fàn	154	
购 gòu	195	
贯 guàn	204	
貫 guàn	204	
货 huò	255	
貨 huò	255	
贫 pín	440	
貧 pín	440	
贪 tān	562	
貪 tān	562	
贤 xián	637	
责 zé	754	
責 zé	754	

部首

字	拼音	页码	字	拼音	页码	字	拼音	页码	字	拼音	页码
账	zhàng	763	赊	shē	515		**13画**		蚬	tiǎn	575
质	zhì	788	賒	shē	515	赡	shàn	509		**9画**	
贮	zhù	800	赈	zhèn	773	贍	shàn	509	觊	qìn	470
	5画		賑	zhèn	773	赢	yíng	721		qìng	477
贷	dài	106		**8画**		贏	yíng	721		**10画**	
貸	dài	106	赐	cì	91		**14画~**		觏	gòu	195
费	fèi	160	賜	cì	91	赣	Gàn	180	覯	gòu	195
費	fèi	160	赌	dǔ	137	贛	Gàn	180	觊	jì	267
贵	guì	208	賭	dǔ	137	*贑	Gàn	180		**11画**	
貴	guì	208	赋	fù	174	赎	shú	541	觐	jìn	297
贺	hè	226	賦	fù	174	赃	zāng	751	覲	jìn	297
賀	hè	226	赍	jī	260	*臟	zāng	751	觑	qù	481
贱	jiàn	276	赉	lài	337		见(見)		覷	qù	481
贶	kuàng	332	賚	lài	337				*	qù	483
貺	kuàng	332	卖	mài	380	见	jiàn	275	覰	qù	481
买	mǎi	379	赔	péi	429	見	jiàn	275	*	qù	483
贸	mào	384	賠	péi	429	*見	xiàn	639		**12画**	
貿	mào	384	赏	shǎng	510		**2画**		觑	qū	481
贳	shì	532	賞	shǎng	510	观	guān	203		qù	483
賁	shì	532	赎	shú	541		guàn	204		**13画**	
贴	tiē	577	贤	xián	637		**4画**		觉	jiào	285
貼	tiē	577	*赞	zàn	751	规	guī	207		jué	310
贻	yí	707	賬	zhàng	763	規	guī	207	覷	qū	481
貽	yí	707	質	zhì	788	觅	mì	391	*	qù	483
贮	zhù	800		**9画**		覓	mì	391		**14画~**	
	6画		赖	lài	337	*覔	mì	391	觌	dí	120
赅	gāi	175	賴	lài	337	视	shì	533	觐	guān	203
賅	gāi	175		**10画**		視	shì	533	觏	guàn	204
贾	gǔ	198	购	gòu	195		**5画**		览	lǎn	338
	jiǎ	270	赛	sài	501	觇	chān	56	觌	luó	375
賈	gǔ	198	賽	sài	501	覘	chān	56		**父**	
	jiǎ	270	赚	zhuàn	806	觉	jiào	285	父	fù	171
贿	huì	250		zuàn	824		jué	310		**2画**	
賄	huì	250	賺	zhuàn	806	览	lǎn	338	爷	yé	697
赁	lìn	360		zuàn	824	觊	luó	375		**4画**	
賃	lìn	360	赘	zhuì	809	视	sì	552	爸	bà	9
赂	lù	370	贅	zhuì	809	覗	sì	552	斧	fǔ	171
賂	lù	370		**11画**			**6画**			**6画**	
*赒	xù	670	赜	zé	754	觊	jì	267	爹	diē	129
赃	zāng	751	賾	zé	754		**7画**		釜	fǔ	171
贼	zéi	755	赟	zhì	788	觋	xí	628		**9画**	
賊	zéi	755		**12画**		覡	xí	628	爺	yé	697
贽	zhì	788	赝	yàn	688		**8画**			**牛(牜)**	
资	zī	812	贋	yàn	688	觎	dú	120	牛	niú	417
資	zī	812	赟	yūn	745	觐	dǔ	138		**2画**	
赀	zī	813	贇	yūn	745	靓	jìng	301	牟	móu	401
貲	zī	813	赞	zàn	751		liàng	356	牝	pìn	441
	7画		贊	zàn	751	靚	jìng	301		**3画**	
賓	bīn	33	赠	zèng	756		liàng	356	牡	mǎng	382
赉	lài	337	贈	zèng	756	蚬	tiǎn	575			

牡 mǔ	402	氨 ān	4	*毹 róng	494	赦 shè	516
牠 tā	560	氦 hài	215	7画		叙 xù	670
4画		氣 qì	455	毫 háo	219	8画	
耗 máo	384	氩 yà	681	毹 rǒng	495	敞 chǎng	60
牧 mù	403	氧 yǎng	692	8画		敦 dūn	142
物 wù	623	氤 yīn	715	毳 cuì	94	敢 gǎn	179
5画		7画~		毽 jiàn	277	敬 jìng	302
牯 gǔ	197	氮 dàn	110	毯 tǎn	564	散 sǎn	502
牵 qiān	459	氯 lǜ	372	11画		sàn	502
牲 shēng	523	氰 qīng	475	麾 huī	247	9画	
6画		氰 qíng	477	氂 máo	384	数 shǔ	542
特 tè	568	氩 yà	681	12画		shù	543
牺 xī	625			氅 chǎng	60	shuò	549
牸 zì	815	手		氆 pǔ	448	*敭 yáng	690
7画		手 shǒu	536	氄 rǒng	495	11画	
*觕 cū	92	5画		13画~		敵 dí	120
犁 lí	347	拜 bái	11	氍 qú	482	敷 fū	168
牽 qiān	459	bài	12	氈 zhān	759	數 shǔ	542
*挶 wǔ	622	*拏 ná	404	*氊 zhān	759	shù	543
牾 wǔ	622	6画				shuò	549
8画		挛 luán	372	攵		12画	
犊 dú	137	拿 ná	404	2画		整 zhěng	775
犄 jī	258	挈 qiè	469	*攷 kǎo	319	13画~	
犍 jiān	273	拳 quán	485	收 shōu	535	斃 bì	27
qián	462	挚 zhì	788	3画		變 biàn	29
犀 xī	627	8画		改 gǎi	175	斂 liǎn	353
9画~		掰 bāi	9	攻 gōng	190	*斔 yú	734
犢 dú	137	掣 chè	63	孜 zī	812		
犟 jiàng	280	掌 zhǎng	762	4画		片	
犒 kào	319	10画		败 bài	12	片 piān	436
犁 lí	347	摹 mó	399	放 fàng	156	piàn	438
犭 mǎng	382	搴 qiān	460	5画		4画	
犏 piān	437	11画		故 gù	199	版 bǎn	13
犧 xī	625	摩 mó	399	政 zhèng	778	8画	
		挚 zhì	788	6画		牍 dú	137
气		12画		敖 Áo	5	*牋 jiān	273
气 qì	455	擎 qíng	477	敌 dí	120	牌 pái	424
2画		13画~		效 xiào	652	9画	
氘 dāo	113	*擘 bāi	9	致 zhì	786	牒 dié	129
氖 nǎi	406	擘 bò	38	7画		牘 dú	137
3画		擊 jī	257	败 bài	12	牖 yǒu	731
氚 chuān	83	*擧 jǔ	306	敝 bì	27	牐 zhá	757
氙 xiān	635	攣 luán	372	救 chì	73		
4画		攀 pān	424	敢 gǎn	179	斤	
氛 fēn	162			教 jiāo	283	斤 jīn	293
5画		毛			jiào	286	1画	
氡 dōng	133	毛 máo	383	救 jiù	304	斥 chì	72
氟 fú	168	5画		敛 liǎn	353	4画	
氢 qīng	475	毡 zhān	759	敏 mǐn	395	斧 fǔ	171
6画		6画		啟 qǐ	455	所 suǒ	559

爪 月

字	拼音	页
欣	xīn	659
斩	zhǎn	759

5画

| 斫 | zhuó | 811 |

7画

| 断 | duàn | 139 |
| 斩 | zhǎn | 759 |

8画

| 斯 | sī | 550 |

9画~

斷	duàn	139
新	xīn	658
*斲	zhuó	811

爪(爫)

| 爪 | zhǎo | 766 |
| | zhuǎ | 803 |

3画

| 孚 | fú | 169 |
| 妥 | tuǒ | 594 |

4画

采	cǎi	47
觅	mì	391
爬	pá	422
受	shòu	538
争	zhēng	774

5画

| 爰 | yuán | 740 |

6画

爱	ài	2
奚	xī	626
舀	yǎo	695

7画

| 覓 | mì | 391 |

8画~

愛	ài	2
爵	jué	311
爲	wéi	605
	wèi	609

月(⺼)

| 月 | yuè | 743 |

1画

| *肊 | yì | 713 |

2画

肌	jī	257
肋	lèi	345
有	yǒu	729

3画

肠	cháng	59
肚	dǔ	137
	dù	138
肝	gān	177
肛	gāng	181
*肐	gē	185
肓	huāng	244
肘	zhǒu	795

4画

肮	āng	5
肪	fáng	156
肥	féi	159
肺	fèi	159
肤	fū	167
服	fú	169
	fù	172
肱	gōng	193
股	gǔ	197
肩	jiān	272
肯	kěn	323
*胖	pàng	427
*肧	pēi	429
朋	péng	431
肭	ruǎn	498
肾	shèn	520
肽	tài	562
胁	xié	653
肴	yáo	693
*胧	yóu	727
育	yù	737
胀	zhàng	763
肢	zhī	780
肿	zhǒng	793
肫	zhūn	809

5画

胞	bāo	16
背	bēi	20
	bèi	21
胆	dǎn	109
胨	dòng	134
胡	hú	234
胛	jiǎ	270
胫	jìng	301
胧	lóng	367
胪	lú	369
脉	mài	380
	mò	400
胖	pán	425
	pàng	427
胚	pēi	429
胠	qū	481
胊	qú	482
胜	shèng	524
胎	tāi	561
胃	wèi	610
胥	xū	668
胤	yìn	719
胗	zhēn	771
胄	zhòu	796

6画

脆	cuì	94
*脃	cuì	94
胴	dòng	134
胳	gā	175
	gē	185
	gé	186
胱	guāng	206
脊	jǐ	264
胶	jiāo	282
胯	kuà	329
脍	kuài	330
朗	lǎng	339
脉	mài	380
	mò	400
脑	nǎo	409
能	néng	411
脓	nóng	418
*脝	pāng	426
胼	pián	437
脐	qí	443
朔	shuò	549
朓	tiǎo	577
胁	xié	653
*脅	xié	653
胸	xiōng	665
*胷	xiōng	665
胭	yān	682
胰	yí	707
脏	zāng	751
	zàng	751
朕	zhèn	773
脂	zhī	781

7画

脖	bó	37
*脣	chún	88
脞	cuǒ	96
脯	fǔ	170
	pú	448
脚	jiǎo	284
脛	jìng	301
脸	liǎn	353
脶	luó	375
脬	pāo	427
豚	tún	592
脱	tuō	593
望	wàng	603
朢	wàng	603
*脗	wěn	613
脧	zuī	824

8画

朝	cháo	61
	zhāo	765
*脺	cuì	94
腖	dòng	134
腓	féi	159
腑	fǔ	171
腱	jiàn	277
腈	jīng	299
腊	là	335
脾	pí	435
期	qī	449
腔	qiāng	464
腎	shèn	520
勝	shèng	524
腆	tiǎn	575
腕	wàn	601
腌	yān	682
腋	yè	699
腴	yú	734
脹	zhàng	763

9画

肠	cháng	59
膥	chéng	69
腠	còu	92
腭	è	145
腹	fù	173
腳	jiǎo	284
腡	luó	375
腼	miǎn	392
腩	nǎn	408
腦	nǎo	409
腻	nì	413
腮	sāi	501
腾	téng	569
腿	tuǐ	591
腽	wà	596
腺	xiàn	641
腥	xīng	661
腰	yāo	693
媵	yìng	723
腫	zhǒng	793

10画		臚 lú	369	*歎 tàn	564		qiào 468
膀 bǎng	15	騰 téng	569	歔 xū	669	**8画**	
pāng	426	謄 téng	569	*歆 yīn	717	*殽 xiáo	648
páng	427	*臜 yān	682	**12画～**		**9画**	
膊 bó	38	臟 zàng	751	歡 huān	241	殿 diàn	127
膏 gāo	183			歙 Shè	517	彀 gòu	195
膈 gé	186	氏(氐)		*歗 xiào	652	毁 huǐ	249
膂 lǚ	371	氏 shì	532	歈 yú	733	**11画～**	
膜 mó	399	**1画**				榖 gǔ	197
*膆 sù	555	氐 dī	119	风(風)		彀 hú	235
11画		氐 dī	119	风 fēng	164	甌 ōu	421
膘 biāo	32	**3画**		風 fēng	164	毉 yī	706
膵 cuì	94	*氒 zhí	786	**3画**		毅 yì	714
膚 fū	167	**4画**		颺 yáng	691		
膠 jiāo	282	昏 hūn	251	**5画**		毋(母)	
膛 táng	566			颯 sà	501	母 mǔ	402
滕 Téng	569	欠		颯 sà	501	毋 wú	620
膝 xī	627	欠 qiàn	463	颱 tái	561	**2画**	
12画		**2画**		飐 zhǎn	759	每 měi	386
膙 jiǎng	280	次 cì	90	颭 zhǎn	759	**4画**	
膩 nì	413	欢 huān	241	**6画**		毒 dú	136
膨 péng	432	**3画**		颳 guā	200	**9画**	
膳 shàn	509	欤 yú	733	**8画**		*毓 fán	152
縢 téng	569	**4画**		颶 jù	307	毓 yù	739
瞳 tóng	583	欧 Ōu	421	颶 jù	307		
13画		欣 xīn	659	**9画**		水(氵)	
臂 bì	28	**6画**		飕 sōu	554	水 shuǐ	545
膽 dǎn	109	*欱 hē	222	颼 sōu	554	**1画**	
膾 kuài	330	**7画**		颶 sōu	554	*氷 bīng	34
臁 lián	353	欸 ǎi	2	颺 yáng	691	永 yǒng	724
臉 liǎn	353	ē/ēi	145	**11画**		**2画**	
朦 méng	389	é/éi	145	飆 biāo	32	冰 bīng	34
膿 nóng	418	ě/ěi	145	飇 biāo	32	氽 cuān	93
臊 sāo	503	è/èi	145	*飈 biāo	32	求 qiú	479
sào	504	欷 xī	626	飘 piāo	438	氽 tǔn	592
膻 shān	508	欲 yù	737	飄 piāo	438	**3画**	
*膡 shèng	524	**8画**		颿 piāo	438	汞 gǒng	193
謄 téng	569	欻 chuā	83			**4画**	
臀 tún	592	款 kuǎn	331	殳		沓 dá	97
臆 yì	713	欺 qī	450	殳 shū	539	tà	561
膺 yīng	720	**9画**		**4画**		**5画**	
臃 yōng	724	歃 shà	506	殴 ōu	421	泵 bèng	25
14画		歇 xiē	653	**5画**		泉 quán	485
臍 qí	451	歆 xīn	659	段 duàn	139	泰 tài	562
謄 téng	569	歈 yú	734			滎 Xíng	663
15画		**10画**		殺 shā	504	**6画**	
*臕 biāo	32	歌 gē	185	殷 yān	682	浆 jiāng	279
臘 là	335	歉 qiàn	463	yīn	716	*漿 jiàng	280
16画～		**11画**		**7画**		**8画**	
朧 lóng	367	歐 Ōu	421	殼 ké	321	漿 jiāng	279

穴立疒

字	拼音	页码
淼	miǎo	394
滎	Xíng	663

穴

字	拼音	页码
穴	xué	673

2画

| 究 | jiū | 302 |
| 穷 | qióng | 478 |

3画

空	kōng	324
	kòng	326
帘	lián	352
穹	qióng	478

4画

穿	chuān	83
*窍	jīng	300
窃	qiè	469
突	tū	587
窀	zhūn	809

5画

窎	diào	127
窍	qiào	468
窅	yǎo	695
窈	yǎo	695
窄	zhǎi	758

6画

*窗	chuāng	85
窕	tiǎo	577
窑	yáo	694
窒	zhì	787

7画

窗	chuāng	85
窜	cuàn	94
窖	jiào	286
窘	jiǒng	302
窝	wō	615

8画

窦	dòu	136
窠	kē	320
窟	kū	328
窥	kuī	333

9画

窪	wā	595
窝	wō	615
窨	yìn	719

10画

窮	qióng	478
窯	yáo	694
*窨	yáo	694
窳	yǔ	736

11画

*窗	chuāng	85
窵	diào	127
窺	kuī	333
窿	lóng	367
窸	xī	627

12画

| 窾 | kuǎn | 331 |

13画~

窜	cuàn	94
窦	dòu	136
窍	qiào	468
窃	qiè	469
窜	zào	753

立

| 立 | lì | 349 |

4画

亲	qīn	470
	qìng	477
飒	sà	501
竖	shù	542

5画

*竝	bìng	35
竞	jìng	301
站	zhàn	761
*竚	zhù	800

6画

| 竟 | jìng | 301 |
| 章 | zhāng | 762 |

7画

竣	jùn	313
*竢	sì	552
竦	sǒng	553
童	tóng	583

8画

| 靖 | jìng | 301 |
| *竪 | shù | 542 |

9画~

端	duān	138
赣	Gàn	180
赣	Gàn	180
*赣	Gàn	180
竭	jié	290
競	jìng	301
飒	sà	501

疒

2画

| 疔 | dīng | 130 |

| 疖 | jiē | 286 |
| 疗 | liáo | 356 |

3画

疙	gē	184
疚	jiù	304
疠	lì	350
疟	nüè	420
	yào	695
疝	shàn	508
疡	yáng	691

4画

疤	bā	8
疮	chuāng	85
疯	fēng	165
疥	jiè	291
疡	wù	624
疫	yì	712
疣	yóu	727

5画

病	bìng	35
*疸	da	105
疸	dǎn	105
*痱	fèi	160
疳	gān	178
疾	jí	262
痂	jiā	268
痉	jìng	301
疴	kē	320
疱	pào	429
疲	pí	435
疼	téng	569
痃	xuán	672
痈	yōng	723
痄	zhà	757
疹	zhěn	772
症	zhēng	774
	zhèng	778
症	zhù	801

6画

疵	cī	89
痕	hén	228
痊	quán	485
痌	tōng	580
痒	yǎng	692
痍	yí	707
痔	zhì	788

7画

痤	cuó	96
痘	dòu	136
痾	ē	144

痪	huàn	243
痉	jìng	301
痨	láo	340
痢	lì	351
痞	pǐ	436
痧	shā	505
痠	suān	556
痛	tòng	584
痦	wù	624
痫	xián	637
痣	zhì	787

8画

痹	bì	27
*瘪	bì	27
痴	chī	71
瘁	cuì	94
痰	dàn	110
痱	fèi	160
痼	gù	199
瘆	shèn	521
痰	tán	563
痦	tú	588
痿	wěi	609
瘀	yū	733
瘐	yǔ	736
瘃	zhú	798

9画

瘥	chài	56
瘩	da	105
瘋	fēng	165
瘓	huàn	243
瘌	là	335
瘘	lòu	368
瘧	nüè	420
	yào	695
瘦	shòu	539
瘟	wēn	611
瘍	yáng	691
瘗	yì	714
瘖	yīn	716
瘐	yù	738

10画

瘢	bān	13
瘪	biē	32
	biě	33
瘡	chuāng	85
瘠	jí	262
瘤	liú	366
瘼	mò	401
瘫	tān	563

玄 衤 艹 甘 石 (47)

瘗 yì	714	shuài	544	裨 pí	435	荥 Xíng	663
11画		衤		褐 xī	627	荧 yíng	720
瘭 biāo	32	2画		9画		蒺 yíng	720
瘳 chōu	76	补 bǔ	38	褊 biǎn	29	5画	
瘘 lòu	368	初 chū	80	褡 dā	97	莺 yīng	719
瘸 qué	486	3画		複 fù	173	莹 yíng	720
瘆 shèn	521	衩 chà	55	褐 hè	226	莹 yíng	720
瘾 yǐn	718	衬 chèn	65	褛 lǚ	372	6画	
瘿 yǐng	722	衫 shān	507	褪 tuì	591	萤 yíng	720
瘵 zhài	758	4画		tùn	592	萦 yíng	720
瘴 zhàng	764	袄 ǎo	6	10画		营 yíng	720
12画		衿 jīn	292	褫 chǐ	72	萘 yíng	721
癌 ái	2	袂 mèi	387	裤 kùn	329	縈 yíng	721
瘅 dàn	110	衲 nà	406	褴 lán	338	7画	
瘠 láo	340	衽 rèn	493	褥 rù	498	营 yíng	720
癞 lì	350	*祇 zhǐ	784	11画		11画	
療 liáo	356	5画		裢 lián	352	鸎 yīng	719
癎 xián	637	被 bèi	22	褛 lǚ	372		
13画		袢 pàn	426	褶 zhě	769	甘	
癜 diàn	127	*袢 pàn	426	12画		甘 gān	177
癤 jiē	286	袍 páo	428	襖 ǎo	6	2画	
癞 lài	337	袒 tǎn	564	襕 lán	338	邯 hán	216
癖 pǐ	436	袜 wà	596	襁 qiǎng	466	4画	
癔 yì	714	袖 xiù	667	*襍 zá	747	某 mǒu	402
癒 yù	738	6画		13画		*甚 shén	519
14画		裆 dāng	111	襠 dāng	111	6画	
瘪 biē	32	*袷 jiá	270	襟 jīn	294	甜 tián	575
biě	33	裉 kèn	324	14画			
癡 chī	71	袴 kù	329	襤 lán	338	石	
癣 xuǎn	673	袷 qiā	457	襪 wà	596	石 dàn	109
15画		*衽 rèn	493	15画~		shí	527
癢 yǎng	692	袀 yīn	714	襬 bǎi	12	2画	
癥 zhēng	774	7画		襯 chèn	65	矶 jī	257
16画		補 bǔ	38	襴 lán	338	3画	
癫 diān	124	裌 jiá	270	襻 pàn	426	砀 dàng	112
癩 lài	337	裤 kù	329	*襵 zhě	769	矾 fán	151
17画		裡 lǐ	348			矿 kuàng	332
癬 xuǎn	673	裢 lián	352	艹(艸)		码 mǎ	379
癮 yǐn	718	裙 qún	487	2画		矽 xī	624
癭 yǐng	722	裕 yù	737	劳 láo	340	4画	
18画~		8画		勞 láo	340	砭 biān	28
癫 diān	124	裱 biǎo	32	3画		砗 chē	63
癯 qú	482	褚 chǔ	82	茕 qióng	478	砍 kǎn	317
癱 tān	563	zhǔ	799	煢 qióng	478	砒 pī	433
癰 yōng	723	褡 duō	143	荃 yíng	720	砌 qì	457
		褂 guà	200	茔 yíng	720	砂 shā	506
玄		裾 jū	306	4画		砑 yà	681
玄 xuán	671	*裉 kèn	324	荣 róng	494	研 yán	684
6画		裸 luǒ	376	榮 róng	494	砚 yàn	688
率 lǜ	372			荥 Xíng	663	砖 zhuān	804

字	拼音	页码	字	拼音	页码	字	拼音	页码	字	拼音	页码
斫	zhuó	811	*碁	qí	451	**14画**			**3画**		
5画			碕	qí	452	礙	ài	3	盲	máng	382
础	chǔ	82	磺	qì	457	礪	lì	350	盱	xū	668
砥	dǐ	121	碎	suì	558	**15画~**			直	zhí	781
砝	fǎ	150	碗	wǎn	599	礬	fán	151	**4画**		
砺	lì	350	**9画**			礦	kuàng	332	*盹	chǒu	77
砾	lì	351	碧	bì	28	礫	lì	351	眈	dān	77
砻	lóng	367	碴	chá	55	礱	lóng	367	盹	dǔn	142
砲	pào	429	磁	cí	90	*礮	pào	429	盾	dùn	142
砰	pēng	431	磋	cuō	95				看	kān	317
破	pò	445	碭	dàng	112	龙(龍)				kàn	317
砷	shēn	517	碲	dì	123	龙	lóng	366	眍	kōu	326
砣	tuó	594	碟	dié	129	龍	lóng	366	冒	mào	384
砸	zá	748	碱	jiǎn	275	**3画**			眉	méi	385
砟	zhǎ	757	碣	jié	290	宠	chǒng	75	眄	miǎn/miàn	
砧	zhēn	772	碩	shuò	549	寵	chǒng	75			392
6画			碳	tàn	564	垄	lǒng	367	盼	pàn	426
硌	gè	187	磌	zhēn	772	壟	lǒng	367	省	shěng	523
硅	guī	207	**10画**			**5画**				xǐng	663
*硁	hāng	218	磅	bàng	15	砻	lóng	367	眨	zhǎ	757
硭	máng	383		páng	427	礱	lóng	367	**5画**		
硇	náo	409	磋	cuō	95	**6画**			昽	lóng	367
硗	qiāo	466	磙	gǔn	209	龔	gōng	193	眠	mián	391
硕	shuò	549	磕	kē	321	龚	gōng	193	眚	shěng	524
硒	xī	625	磊	lěi	344	龛	kān	317	眩	xuàn	673
硖	xiá	631	碼	mǎ	379	龕	kān	317	眙	yí	707
研	yán	684	碾	niǎn	414	袭	xí	628	眞	zhēn	771
*砦	zhài	758	磐	pán	425	襲	xí	628	**6画**		
硃	zhū	796	*碻	què	486	**7画**			眵	chī	71
7画			磉	sǎng	503	詟	zhé	768	眷	juàn	309
硨	chē	63	磔	zhé	768	讋	zhé	768	眶	kuàng	332
硷	jiǎn	274	**11画**						眯	mī	390
硫	liú	365	磺	huáng	245	业				mí	390
确	què	486	磨	mó	399	业	yè	698	眸	móu	401
硪	wò	615		mò	401	**1画**			眺	tiào	577
硤	xiá	631	磧	qì	457	亚	yà	681	眼	yǎn	686
硝	xiāo	647	磬	qìng	478	邺	Yè	698	着	zhāo	765
硯	yàn	688	磚	zhuān	804	**7画**				zháo	765
硬	yìng	722	**12画**			凿	záo	752		zhe	770
8画			磴	dèng	119		zuò	830		zhuó	811
碍	ài	3	磯	jī	257	**8画**			睁	zhēng	775
碑	bēi	20	礁	jiāo	283	業	yè	698	眦	zì	818
碘	diǎn	124	磷	lín	360	**13画**			*眥	zì	818
碉	diāo	127	磻	pán	425	叢	cóng	92	**7画**		
碇	dìng	132	磽	qiāo	466				睇	dì	123
碓	duì	141	**13画**			目			睑	jiǎn	274
碌	liù	366	礎	chǔ	82	目	mù	403	睏	kùn	334
	lù	370	礀	jiān	274	**2画**			睐	lài	337
硼	péng	432	礞	méng	389	盯	dīng	130	睊	rún	499
碰	pèng	432							睒	shǎn	508

田 皿 (49)

睄 shào	514	瞬 shùn	548	異 yì	711	ba	9
睃 suō	559	瞳 tóng	583	7画		*罰 fá	150
8画		瞩 zhǔ	800	畴 chóu	76	11画~	
睬 cǎi	48	13画~		番 fān	150	羁 jī	260
鼎 dǐng	130	瞽 gǔ	199	畫 huà	240	羁 jì	267
督 dū	136	瞼 jiǎn	274	*畱 liú	365	罹 lí	347
睹 dǔ	138	矍 jué	311	畲 shē	515	羅 luó	375
睫 jié	290	矓 lóng	367	畬 Shē	515	羆 pí	435
睛 jīng	299	矇 mēng	388	8画		罾 zēng	756
*睊 juàn	309	瞿 Qú	482	畸 jī	258	皿	
睐 lài	337	瞻 zhān	759	畹 wǎn	599		
睖 lèng	346	矚 zhǔ	800	9画		皿 mǐn	395
瞄 miáo	394	田(由甲申)		畼 chàng	60	3画	
睦 mù	404			11画~		孟 mèng	389
睨 nì	413	电 diàn	125	疇 chóu	76	盂 yú	733
睥 pì	436	甲 jiǎ	270	疊 dié	129	4画	
*睒 shǎn	508	申 shēn	517	畚 fèn	163	*盃 bēi	20
睡 shuì	547	田 tián	574	纍 léi	344	*盇 hé	226
睢 suī	557	由 yóu	727	*纍 lěi	344	盆 pén	431
睚 yá	680	2画		* lèi	345	盈 yíng	721
睁 zhēng	775	亩 mǔ	402	*疇 shāng	510	盅 zhōng	791
9画		男 nán	406	疃 tuǎn	589	5画	
瞅 chǒu	77	町 tīng	580	罒		盎 àng	5
睽 kuí	333	3画				盍 hé	226
瞜 lōu	368	备 bèi	22	3画		监 jiān	273
睿 ruì	499	畀 bì	27	罗 luó	375	监 jiàn	277
瞍 sǒu	554	畅 chàng	60	4画		*盌 wǎn	599
10画		奋 fèn	163	罚 fá	150	盐 yán	685
瞋 chēn	64	*甿 méng	388	罘 fú	170	益 yì	712
瞌 kē	321	*甽 zhèn	772	5画		盏 zhǎn	759
瞒 mán	380	4画		罢 bà	9	6画	
瞇 mī	390	*畊 gēng	189	罡 gāng	181	盛 chéng	68
mí	390	界 jiè	291	罟 gǔ	197	shèng	524
瞑 míng	398	*毘 pí	435	7画		盗 dào	115
瞎 xiā	631	畎 quǎn	485	詈 lì	351	盖 gài	176
11画		畏 wèi	610	8画		蛊 gǔ	198
瞠 chēng	66	5画		署 shǔ	541	盒 hé	224
瞰 kàn	318	畜 chù	82	蜀 Shǔ	542	盔 kuī	333
瞘 kōu	326	xù	670	罨 yǎn	686	盘 pán	425
瞜 lōu	368	留 liú	365	罩 zhào	767	7画	
瞞 mán	380	畋 tián	402	置 zhì	789	盗 dào	115
瞟 piǎo	439	畔 pàn	426	置 zhì	789	8画	
瞥 piē	439	畛 zhěn	772	罪 zuì	825	盟 méng	388
*瞖 yì	714	6画		9画		míng	397
12画		畢 bì	27	罰 fá	150	盏 zhǎn	759
瞪 dèng	119	累 léi	344	辜 gāo	183	9画	
瞭 liǎo	357	lěi	344	罱 lǎn	338	監 jiān	273
瞭 liào	358	lèi	345	羆 pí	435	jiàn	277
瞧 qiáo	467	略 lüè	373	10画		盡 jìn	295
瞤 rún	499	畦 qí	453	罷 bà	9	10画~	

字	拼音	页	字	拼音	页	字	拼音	页	字	拼音	页
澻	dàng	112	鉅	jù	307	鉗	qián	462	銫	sè	504
蠱	gǔ	198	鉅	jù	307	鉗	qián	462	銫	sè	504
鹽	guàn	205	鈞	jūn	312	鉓	shì	531	鎩	shā	505
盧	lú	369	鈞	jūn	312	鉓	shì	531	鐋	tāng	565
盤	pán	425	钠	nà	406	铄	shuò	549	铤	tǐng	580
鹽	yán	685	鈉	nà	406	铊	tā	560	鋌	tǐng	580
			钮	niǔ	418	鉈	tā	560	铜	tóng	583
钅(釒金)			鈕	niǔ	418	铁	tiě	578	銅	tóng	583
金	jīn	293	*鈀	pá	422	铉	xuàn	673	铣	xǐ	628
2画			钤	qián	461	鉉	xuàn	673		xiǎn	638
钉	dīng	130	鈐	qián	461	铀	yóu	728	銑	xǐ	628
	dìng	131	钦	qīn	470	鈾	yóu	728		xiǎn	638
釘	dīng	130	欽	qīn	470	钰	yù	736	铱	yī	706
	dìng	131	钛	tài	562	鈺	yù	736	銥	yī	706
釜	fǔ	171	鈦	tài	562	钺	yuè	744	铟	yīn	715
钌	liào	357	钭	Tǒu	586	鉞	yuè	744	銦	yīn	715
釕	liào	357	鈄	Tǒu	586	钲	zhēng	774	银	yín	716
钊	zhāo	764	钨	wū	616	鉦	zhēng	774	銀	yín	716
釗	zhāo	764	钥	yào	697	钻	zuān	823	铡	zhá	757
针	zhēn	770	钟	zhōng	791		zuàn	824	铮	zhēng	775
3画						*鉆	zuān	823	铢	zhū	797
钗	chāi	56	5画			*	zuàn	824	銖	zhū	797
釵	chāi	56	*鉋	bào	19	6画			7画		
钏	chuàn	85	钵	bō	36	铲	chǎn	57	鋇	bèi	21
釧	chuàn	85	鉢	bō	36	铛	chēng	66	锄	chú	81
钓	diào	128	铂	bó	37		dāng	111	鋤	chú	81
釣	diào	128	鉑	bó	37	铖	chéng	68	锉	cuò	96
*釬	hàn	218	钹	bó	37	鋮	chéng	68	銼	cuò	96
钎	qiān	459	鈸	bó	37	铳	chòng	75	锋	fēng	166
釺	qiān	459	钿	diàn	126	銃	chòng	75	鋒	fēng	166
钐	shān	507		tián	574	铫	diào	128	*鋏	gǒng	193
	shàn	508	鈿	diàn	126	銚	diào	128	锅	guō	209
釤	shān	507		tián	574	铬	gè	187	銲	hàn	218
	shàn	508	铎	duó	143	鉻	gè	187	鋏	jiá	270
钍	tǔ	589	鈎	gōu	194	铧	huá	239	锔	jū	306
釷	tǔ	589	钴	gǔ	197	铗	jiá	270	鋦	jū	306
4画			鈷	gǔ	197	铰	jiǎo	284	铿	kēng	324
钡	bèi	21	钾	jiǎ	270	鉸	jiǎo	284	锂	lǐ	348
钚	bù	44	鉀	jiǎ	270	铠	kǎi	316	鋰	lǐ	348
鈈	bù	44	鉴	jiàn	278	铐	kào	319	链	liàn	354
钞	chāo	61	铃	líng	361	銬	kào	319	铝	lǚ	371
鈔	chāo	61	鈴	líng	361	铝	lǚ	371	铺	pū	447
钝	dùn	142	铆	mǎo	384	銮	luán	373		pù	448
鈍	dùn	142	鉚	mǎo	384	铭	míng	396	鋪	pū	447
钙	gài	176	铌	ní	412	銘	míng	396		pù	448
鈣	gài	176	鈮	ní	412	铙	náo	409	锓	qīn	471
钢	gāng	180	铍	pí	435	铨	quán	485	鋟	qīn	471
	gàng	181	鈹	pí	435	銓	quán	485	锐	ruì	499
钩	gōu	194	铅	qiān	459	铷	rú	497	銳	ruì	499
*鉅	jù	307	钱	qián	461	鈉	rú	497	锁	suǒ	560

钅 (51)

字	拼音	页	字	拼音	页	字	拼音	页	字	拼音	页
铽	tè	568	錢	qián	461	鏵	huá	239	鐙	dèng	119
鋱	tè	568	锡	xī	627	鋑	juān	308	鐙	dèng	119
锑	tī	570	錫	xī	627	鎧	kǎi	316	鐫	juān	308
銻	tī	570	锨	xiān	636	镰	lián	353	鏗	kēng	324
鋈	wù	624	鍁	xiān	636	鎏	liú	365	镣	liào	358
销	xiāo	647	錾	zàn	751	镏	liú	366	鐐	liào	358
銷	xiāo	647	锗	zhě	769	鎦	liú	366	鐃	náo	409
锌	xīn	658	鍺	zhě	769	镎	ná	404	镨	pǔ	448
鋅	xīn	658	錚	zhēng	775	鎿	ná	404	鐠	pǔ	448
锈	xiù	667	锥	zhuī	808	镍	niè	416	鏹	qiāng	464
锃	zèng	756	錐	zhuī	808	镍	niè	416	镡	Tán	564
鋥	zèng	756	錙	zī	813	鎳	niè	416	鐔	Tán	564
铸	zhù	802	锱	zī	813	*鎒	nòu	418	鍚	tāng	565
*鋜	zhuó	812		9画		*鎗	qiāng	464	鐘	zhōng	791
	8画		镀	dù	138	*鎔	róng	495		13画	
锛	bēn	23	鍍	dù	138	鍛	shā	505	鐺	chēng	66
錛	bēn	23	锻	duàn	139	*鎃	shàn	508		dāng	111
锤	chuí	87	鍛	duàn	139	鎖	suǒ	560	鐸	duó	143
錘	chuí	87	锷	è	145	鎢	wū	616	镬	huò	256
错	cuò	96	鍔	è	145	*鎩	xiá	632	鑊	huò	256
錯	cuò	96	鍋	guō	209	镒	yì	713	*鑞	là	336
锝	dé	117	锴	kǎi	316	鎰	yì	713	镭	léi	344
鍀	dé	117	鍇	kǎi	316	镇	zhèn	773	鐳	léi	344
锭	dìng	131	鍊	liàn	353	鎮	zhèn	773	鐮	lián	353
錠	dìng	131	镂	lòu	368		11画		鐵	tiě	578
鋼	gāng	180	镁	měi	387	鏖	áo	6	鏽	xiù	667
	gàng	181	鎂	měi	387	镖	biāo	32	镯	zhuó	812
鋼	gù	199	鍪	móu	402	鏢	biāo	32	鐲	zhuó	812
錮	gù	199	锵	qiāng	464	鏟	chǎn	57		14画	
键	jiàn	277	锹	qiāo	466	镝	dī	120	鉴	jiàn	278
鍵	jiàn	277	鍬	qiāo	466	鏑	dī	120	鑑	jiàn	278
锦	jīn	295	鎅	qiāo	466	镜	jìng	301	鑄	zhù	802
錦	jīn	295	锲	qiè	469	鏡	jìng	301		15画	
*鋸	jū	306	鍥	qiè	469	鏈	liàn	354	*鑣	bào	19
锯	jù	308	鍶	sī	550	鏤	lòu	368	镳	biāo	32
鋸	jù	308	鍶	sī	550	鏝	màn	382	鑣	biāo	32
锞	kè	323	锼	sōu	554	鏝	màn	382	*鑛	kuàng	332
錁	kè	323	鎪	sōu	554	鏘	qiāng	464	镴	là	336
錄	lù	370	铡	zhá	757	鏹	qiāng	464	鑞	là	336
锣	luó	375	*鍼	zhōng	770	镗	tāng	565	鑠	shuò	549
锚	máo	384	鍾	zhōng	791	鏜	tāng	565		16画	
錨	máo	384		10画			táng	566	鑫	xīn	659
锰	měng	389	鏊	ào	6	镋	tāng	565		17画	
錳	měng	389	*鎚	chuí	87		táng	566	镶	xiāng	643
锘	nuò	420	镐	gǎo	184	*镟	xuàn	673	鑲	xiāng	643
錇	nuò	420		Hào	222	鏞	yōng	723	鑰	yào	697
锫	péi	430	鎬	gǎo	184	鏞	yōng	723		18画	
錇	péi	430		Hào	222	鏨	zàn	751	镊	niè	416
锜	qí	452	镉	gé	186	鏃	zú	822		19画~	
錡	qí	452	鎘	gé	186	鏃	zú	822	镢	jué	311
							12画				

钁	jué 311		huó 252	稞	kē 320	皂	zào 753
鑾	luán 373		huò 255	*稜	léng 345	*阜	zào 753
钃	luó 375	季	jì 266	稔	rěn 492	**3画**	
鑿	záo 752	*秊	nián 413	稙	zhī 781	帛	bó 37
	zuò 830	委	wēi 604	稚	zhī 781	的	de 117
鑽	zuān 823		wěi 608	稚	zhì 789		dī 119
	zuàn 824	*籼	xiān 635	**9画**			dí 120
矢		**4画**		稱	chèn 65		dì 123
		秕	bǐ 26		chēng 65	**4画**	
矢	shǐ 530	种	Chóng 74	*稭	jiē 287	皇	huáng 244
2画			zhǒng 792	*稷	nuò 420	皆	jiē 287
矣	yǐ 710		zhòng 793	穩	wěn 613	**5画**	
3画		*秔	jīng 300	種	zhǒng 792	皋	gāo 183
知	zhī 780	科	kē 320		zhòng 793	皑	ái 2
4画		秒	miǎo 394	**10画**		皇	áo 183
矩	jǔ 307	秋	qiū 478	稻	dào 116	皎	jiǎo 284
矧	shěn 520	秭	zǐ 814	稿	gǎo 184	**7画**	
6画		**5画**		*稾	gǎo 184	皓	hào 222
矫	jiǎo 284	称	chèn 65	穀	gǔ 197	皖	Wǎn 599
7画			chēng 65	稽	jī 260	**8画**	
矬	cuó 96	乘	chéng 68		qǐ 455	皙	xī 626
短	duǎn 139		shèng 524	稷	jì 267	**10画~**	
8画		秤	chèng 69	稼	jià 271	皚	ái 2
矮	ǎi 2	*稱	chèng 69	*稹	zhěn 772	*皞	hào 222
12画		积	jī 258	**11画**		皦	jiǎo 285
矯	jiǎo 284	秘	mì 391	糁	cǎn 50	皤	pó 444
矰	zēng 756	秣	mò 400	積	jī 258	**瓜(爪)**	
生		秦	Qín 471	糨	jì 267		
		秫	shú 541	*穅	kāng 318	瓜	guā 200
生	shēng 521	秧	yāng 689	穆	mù 404	爪	guā 200
6画		秩	zhì 788	穑	sè 504	**6画**	
產	chǎn 57	租	zū 822	**12画**		瓠	hù 236
*産	chǎn 57	**6画**		穗	suì 558	**11画~**	
7画		秽	huì 250	*稺	zhì 789	瓣	bàn 15
甥	shēng 523	秸	jiē 287	**13画**		瓢	piáo 439
甦	sū 554	秾	nóng 418	穢	huì 250	瓤	ráng 488
禾		移	yí 707	穫	huò 255	**鸟(鳥)**	
		7画		穠	nóng 418		
禾	hé 223	程	chéng 68	穡	sè 504	鸟	niǎo 415
2画		稈	gǎn 178	**14画~**		鳥	niǎo 415
私	sī 550	稉	jī 260	*穤	ráng 488	**2画**	
禿	tū 586	*稉	jīng 300	穰	ráng 488	凫	fú 168
秃	tū 586	梢	shāo 513	*穨	tuí 590	鳧	fú 168
秀	xiù 667	税	shuì 547	穩	wěn 613	鸡	jī 258
3画		稀	xī 626	**白**		鸠	jiū 302
秉	bǐng 35	**8画**				鳩	jiū 302
秆	gǎn 178	稗	bài 12	白	bái 9	**3画**	
和	hé 223	稟	bǐng 35	**1画**		鳳	fèng 167
	hè 226	穇	cǎn 50	百	bǎi 11	鸣	míng 397
	hú 234	稠	chóu 77	**2画**			

鳴	míng	397	鹄	gǔ	198	鷟	zhuó	812	皱	zhòu	796
鸢	yuān	739		hú	235	鸑	zhuó	812		6画	
鳶	yuān	739	鹄	gǔ	198		12画		皲	jūn	312
	4画			hú	235	鹪	jiāo	283		7画	
鸨	bǎo	18	鹃	juān	308	鷦	jiāo	283	皴	cūn	95
鴇	bǎo	18	鵑	juān	308	鹫	jiù	305		9画~	
鴃	jué	310	鹀	tí	346	鷲	jiù	305	皸	jūn	312
鴂	jué	310	鹈	tí	570	鸶	sī	550	*皹	jūn	312
鸥	ōu	421	鵜	tí	570	鷥	sī	550	皺	zhòu	796
鸤	shī	526	鹇	xián	637	鹇	xián	637		癶	
鳲	shī	526		8画		鹬	yù	739			
鸦	yā	679	鹌	ān	4	鷸	yù	739		4画	
鴉	yā	679	鵪	ān	4		13画		癸	guǐ	208
*鴈	yàn	688	鹑	chún	88	鹮	huán	242		7画	
鸩	zhèn	773	鶉	chún	88	鶾	huán	242	登	dēng	118
鴆	zhèn	773	鵰	diāo	127	鹭	lù	371	發	fā	148
	5画		鶇	dōng	132	鷺	lù	371		矛	
鸱	chī	71	*鷄	jī	258	鷿	pì	436			
鴟	chī	71	鹏	péng	432	鸊	pì	436	矛	máo	384
鸫	dōng	132	鵬	péng	432	應	yīng	720		4画	
鸰	líng	361	鹐	qiān	460	鷹	yīng	720	矜	jīn	292
鴒	líng	361	鵮	qiān	460		14画			6画	
鸬	lú	369	鹊	què	487	*鸎	yīng	719	務	wù	623
鸲	qú	482	鵲	què	487		16画			正(疋)	
鴝	qú	482	鹉	wǔ	622	鸕	lú	369			
鸶	sī	550	鵡	wǔ	622		17画~		疋	pǐ	435
鸵	tuó	594	*鵶	yā	679	鹳	guàn	205		4画	
鴕	tuó	594		9画		鸛	guàn	205	胥	xū	668
鸭	yā	679	鹕	hú	235	鸝	lí	346		5画	
鴨	yā	679	鹍	jú	306	鸞	luán	373	蛋	dàn	109
鹦	yīng	719	鶪	jú	306	鸚	yīng	720		6画	
鸳	yuān	739	鹈	tí	571		用		蛋	dàn	109
鴛	yuān	739	鷈	tí	571	甩	shuǎi	544		7画	
	6画		鹜	wù	624	用	yòng	724	疏	shū	540
鸽	gē	185	鶩	wù	624		1画		*疎	shū	540
鴿	gē	185		10画		甪	Lù	369		8画	
鸪	gū	200	鹤	hè	227		2画		楚	chǔ	82
鴣	gū	200	鶴	hè	227	甫	fǔ	170		9画	
鸿	hóng	231	鶻	hú	235	甬	Yǒng	724	疑	yí	708
鴻	hóng	231	鶺	jí	263		4画		疐	zhì	789
鸾	luán	373	鷊	jí	263	甭	béng	24		羊(⺷⺶)	
鸺	xiū	666	鷂	yào	697		7画				
鵂	xiū	666	鷁	yào	697	*甯	níng	416	羊	yáng	689
鸷	zhì	788	鷖	yīng	719	*	nìng	416		1画	
	7画			11画		甯	Nìng	417	羌	Qiāng	463
鹁	bó	37	鸥	ōu	421		皮			3画	
鵓	bó	37	鸚	yīng	720				差	chā	53
鹅	é	144	鷓	zhè	770	皮	pí	434		chà	55
鵝	é	144	鷛	zhè	770		5画			chāi	56
*鵞	é	144	鷙	zhì	788	皰	pào	429		cī	89

米齐衣耒耳

字	拼音	页码
姜	jiāng	278
美	měi	386
养	yǎng	691
羑	yǒu	731

4画
差	chā	53
羔	gāo	183
羞	xiū	667

5画
羝	dī	119
羚	líng	361
羟	qiǎng	466
着	zhāo	765
	zháo	765
	zhe	770
	zhuó	811

6画
| *羢 | róng | 494 |
| 羡 | xiàn | 640 |

7画
羥	qiǎng	466
群	qún	487
羣	qún	487
羧	suō	559
羨	xiàn	640
义	yì	710

9画
| 羯 | jié | 290 |
| 養 | yǎng | 691 |

10画~
羹	gēng	189
羸	léi	344
羶	shān	508
羲	xī	627

米

| 米 | mǐ | 390 |

2画
| 籴 | dí | 120 |

3画
类	lèi	345
娄	lóu	368
*籼	shēn	518
籼	xiān	635
籽	zǐ	814

4画
粑	bā	8
*籺	bǐ	26
粉	fěn	162
料	liào	357

| 籵 | mǐ | 391 |

5画
粗	cū	92
粒	lì	350
粘	Nián	414
	zhān	759
*粘	nián	414
粕	pò	445
粜	tiào	577

6画
粪	fèn	163
*粬	qū	481
粟	sù	556
粞	xī	625
粤	Yuè	744
粥	zhōu	795
*粧	zhuāng	806

7画
粲	càn	50
粳	jīng	300
粮	liáng	354
粱	liáng	355

8画
粹	cuì	94
精	jīng	299
糁	shēn	518
粽	zòng	820

9画
糍	cí	90
糊	hū	234
	hú	235
	hù	236
糅	róu	496
糌	zān	750
*糉	zòng	820

10画
糙	cāo	50
糕	gāo	183
糗	qiǔ	480
糖	táng	565

11画
糞	fèn	163
*糡	jiàng	280
糠	kāng	318
糜	mí	390
糁	shēn	518
糟	zāo	752

12画
| 糨 | jiàng | 280 |
| 糧 | liáng | 354 |

14画~
糴	dí	120
糯	nuò	420
糶	tiào	577
鬻	yù	739

齐(齊)

| 齐 | qí | 450 |
| 齊 | qí | 450 |

3画
| 斋 | zhāi | 758 |

7画
| 齑 | jī | 260 |

衣

| 衣 | yī | 705 |

2画
| 表 | biǎo | 32 |

3画
| 哀 | āi | 1 |

4画
衮	gǔn	209
袅	niǎo	415
衾	qīn	471
衰	shuāi	544
衷	zhōng	792

5画
袋	dài	106
袞	gǔn	209
袈	jiā	268
袤	mào	385
袭	xí	628

6画
裁	cái	47
裂	liè	358
	liē	358
裒	póu	446
褒	xiè	655
装	zhuāng	806

7画
*裏	lǐ	348
裊	niǎo	415
裘	qiú	480
裟	shā	505
裔	yì	714
裝	zhuāng	806

8画
裳	cháng	59
	shang	513
裹	guǒ	211

| 裴 | péi | 430 |
| 製 | zhì | 787 |

9画~
褒	bāo	17
*襃	bāo	17
褰	qiān	460
襲	xí	628
襄	xiāng	643
褻	xiè	655

耒(耒)

| 耒 | lěi | 344 |

4画
耙	bà	9
	pá	422
耕	gēng	189
耗	hào	222
耘	yún	745

5画
| 耜 | sì | 552 |

7画
| *耡 | chú | 81 |

8画
| 耥 | tāng | 565 |

9画
| 耧 | lóu | 368 |
| 耦 | ǒu | 421 |

10画
耩	jiǎng	280
耨	nòu	418
耪	pǎng	427

11画
| *耀 | bà | 9 |
| 耬 | lóu | 368 |

耳(耳)

| 耳 | ěr | 146 |

2画
取	qǔ	482
耶	yē	697
	yé	697

3画
| 耷 | dā | 97 |

4画
耻	chǐ	72
耽	chǐ	72
耽	dān	109
耿	gěng	189
聂	Niè	416
耸	sǒng	553

老臣西而页 (55)

5画		臨 lín	359	頒 bān	13	穎 yǐng	721	
聃 dān	109	西(襾)		頓 dùn	142	*穎 yǐng	721	
聊 liáo	357			頓 dùn	142	8画		
聆 líng	361	西 xī	624	煩 fán	151	顆 kē	320	
聋 lóng	367	3画		煩 fán	151	顆 kē	320	
职 zhí	783	要 yāo	693	顧 gù	199	9画		
6画		要 yào	696	頎 qí	451	額 é	145	
聒 guō	209	4画		頎 qí	451	額 é	145	
联 lián	352	贾 gǔ	198	頌 sòng	553	顎 è	145	
7画		贾 jiǎ	270	頌 sòng	553	顎 è	145	
聘 pìn	441	5画		*頑 wán	598	*顋 sāi	501	
聖 shèng	524	票 piào	439	頑 wán	599	題 tí	571	
8画		6画		頑 wán	599	題 tí	571	
*聪 cōng	91	覃 Qín	471	預 yù	737	顏 yán	685	
聚 jù	308	覃 tán	564	預 yù	737	顏 yán	685	
9画		7画		5画		*顏 yán	685	
聪 cōng	91	賈 gǔ	198	頸 jǐng	300	顒 yóng	724	
聩 kuì	333	賈 jiǎ	270	領 lǐng	362	顒 yóng	724	
10画		12画~		領 lǐng	362	顓 zhuān	804	
聱 áo	6	*霸 bà	9	颅 lú	369	顓 zhuān	804	
11画		覆 fù	174	頗 pō	444	10画		
聰 cōng	91	*羈 hé	226	頗 pō	444	顛 diān	123	
聯 lián	352	羈 jī	260	碩 shuò	549	顛 diān	123	
聲 shēng	523	而		碩 shuò	549	類 lèi	345	
聳 sǒng	553			6画		顢 mān	380	
12画		而 ér	146	領 hé	224	顳 niè	416	
聵 kuì	333	3画		領 hé	224	顙 sǎng	503	
聶 Niè	416	耍 shuǎ	543	頰 jiá	270	顙 sǎng	503	
職 zhí	783	4画		頦 kē	320	願 yuàn	742	
13画~		斋 zhāi	758	頦 kē	320	11画		
聾 lóng	367	页(頁)		頲 tǐng	580	顢 mān	380	
聽 tīng	578			頲 tǐng	580	*顖 xìn	659	
*聼 tīng	578	页 yè	698	頠 wěi	609	12画		
老		頁 yè	698	頠 wěi	609	顧 gù	199	
老 lǎo	340	2画		頡 xié	654	顥 hào	222	
4画		顶 dǐng	130	頡 xié	654	顥 hào	222	
耄 mào	385	頂 dǐng	130	穎 Yǐng	721	13画		
耆 qí	452	顷 qǐng	477	穎 Yǐng	721	顫 chàn	57	
6画		頃 qǐng	477	7画		zhàn	761	
耋 dié	129	预 hān	215	頷 hàn	218	顫 chàn	57	
臣		預 hān	215	頷 hàn	218	顫 zhàn	761	
臣 chén	64	顺 shùn	547	頰 jiá	270	14画		
2画		順 shùn	547	頸 jǐng	300	顬 rú	497	
卧 wò	615	项 xiàng	645	頻 pín	440	顬 rú	497	
臥 wò	615	項 xiàng	645	頻 pín	440	顯 xiǎn	638	
8画		须 xū	668	頹 tuí	590	15画~		
臧 zāng	751	須 xū	668	頹 tuí	590	顱 lú	369	
11画		4画		頤 yí	708	顳 niè	416	
		頒 bān	13	穎 yǐng	721	顰 pín	440	
						顰 pín	440	

部首

颧 quán	485	虱 shī	526	*蛔 huí	249	蝇 yíng	721
顴 quán	485	**3画**		蛺 jiá	270	蜮 yù	738
至		虿 chài	56	蛟 jiāo	282	蜘 zhī	781
		虼 gè	187	蛞 kuò	334	**9画**	
至 zhì	786	虹 hóng	231	蛮 mán	380	蝙 biān	29
4画			jiàng	280	蛲 náo	409	蝶 dié	129
致 zhì	786	蚂 mǎ	377	蛴 qí	451	蝠 fú	170
8画			mǎ	379	蛐 qū	479	蝮 fù	173
臺 tái	561		mà	379	蛳 sī	550	蝴 hú	235
10画		虻 méng	388	蜓 tíng	579	蝗 huáng	244
臻 zhēn	772	*虵 shé	515	蛙 wā	595	蝌 kē	320
虎		虽 suī	557	蜒 yán	683	蝲 là	335
		虾 xiā	631	蜇 zhé	768	蝼 lóu	368
2画		蚁 yǐ	710	蛭 zhì	787	*螨 méng	388
虎 hǔ	235	禹 yǔ	736	蛛 zhū	797	蝻 nǎn	408
*虎 hǔ	236	蚤 zǎo	753	**7画**		蝤 qiú	480
虏 lǔ	369	**4画**		蜍 chú	81	蝾 róng	495
3画		蚌 bàng	15	蛾 é	145	*蝡 rú	497
虐 nüè	420	蚕 cán	49	蜂 fēng	166	蝨 shī	526
4画		蚩 chī	71	蜉 fú	169	蝟 wèi	611
虑 lǜ	372	蚪 dǒu	135	蛺 jiá	270	蝦 xiā	631
虔 qián	461	*蠹 dù	138	蜊 lí	347	蝎 xiē	653
5画		蚣 gōng	192	蜣 qiāng	463	**10画**	
彪 biāo	32	蚝 háo	219	蜹 ruì	499	螯 áo	6
處 chǔ	82	*蚘 huí	249	蜃 shèn	521	螭 chī	71
	chù	82	蚍 pí	435	蜕 tuì	591	蠹 dù	138
*處 chǔ	82	蚋 ruì	499	蜗 wō	615	螞 mā	377
*	chù	82	蚊 wén	613	蜈 wú	620		mǎ	379
虚 xū	668	蚬 xiǎn	639	蜆 wú	620		mà	379
6画		蚜 yá	680	蚬 xiǎn	639	蟆 má	378
虛 xū	668	蚓 yǐn	717	蛹 yǒng	724	*蟇 má	378
7画		**5画**		蜇 zhé	768	螨 mǎn	381
號 háo	219	蛏 chēng	66	**8画**		蟒 mǎng	383
	hào	221	蛋 dàn	109	蝉 chán	56	螟 míng	398
虜 lǔ	369	蛄 gū	196	*蜨 dié	129	螃 páng	427
虞 yú	734	蚶 hān	216	蜚 fēi	158	融 róng	495
9画~		蛎 lì	350	蜮 guó	210	螄 sī	550
膚 fū	167	蛉 líng	361	蜾 guǒ	211	螳 táng	565
虢 Guó	211	蚯 qiū	478	蜡 là	336	*螘 yǐ	710
虧 kuī	332	蛆 qū	481	螂 láng	339	螢 yíng	720
臚 lú	369	蚺 rán	488	蜜 mì	391	**11画**	
慮 lǜ	372	蛇 shé	515	*蜺 ní	412	蟛 dì	123
虫		萤 yíng	720	蜱 pí	435	螮 dì	123
		蚰 yóu	728	蜻 qīng	474	蟈 guō	210
虫 chóng	74	蚱 zhà	757	蜷 quán	485	蟥 huáng	246
1画		蛀 zhù	801	蜩 tiáo	576	蟆 lóu	368
虬 qiú	480	**6画**		蜿 wān	598	螺 luó	375
2画		蛤 gé	186	蜗 wō	615	蟎 mǎn	381
虮 jǐ	264		há	213	螆 xī	626	蟊 máo	384
虯 qiú	480	蛔 huí	249			螵 piāo	439

螫	shì	535	蛮	mán	380	舒	shū	540	符	fú	169
蟀	shuài	544	蠼	qú	482	7画			筘	jiā	268
螳	táng	566	蠵	xī	627	辞	cí	90	笺	jiān	273
螅	xī	627	肉			8画			笠	lì	350
螨	xiāo	648	肉	ròu	496	舔	tiǎn	575	笼	lóng	367
璋	zhāng	762	2画			*舖	pù	448		lǒng	367
蜇	zhé	768	肏	cào	52	臼			筻	pǒ	444
螽	zhōng	792	6画			臼	jiù	304	筇	qióng	478
12画			脔	luán	373	2画			笙	shēng	523
蠆	chài	56	8画			兒	ér	146	笥	sì	552
蝉	chán	56	腐	fǔ	171	3画			笤	tiáo	576
蟲	chóng	74	10画～			臾	yú	734	笮	Zé	754
蟪	huì	251	臠	lǘ	264	4画			6画		
蟣	jǐ	264	臠	luán	373	舀	yǎo	695	筆	bǐ	26
蟯	náo	409	缶			5画			筚	bì	27
蟠	pán	425	3画			舂	chōng	74	策	cè	52
蟛	péng	432	缸	gāng	181	6画			答	dā	97
蟮	shàn	509	4画			裒	póu	446		dá	98
蟢	xǐ	629	缺	quē	486	舄	xì	631	等	děng	118
蟫	yín	717	*缽	bō	36	9画～			*戥	děng	119
13画			6画			舅	jiù	304	筏	fá	150
蟾	chán	57	*缾	píng	444	舉	jǔ	306	筋	jīn	294
蟶	chēng	66	8画			*擧	jǔ	306	筘	kòu	328
蠖	huò	256	罂	yīng	720	竹(⺮)			筐	kuāng	331
蠓	měng	389	11画			竹	zhú	797	筌	quán	485
蝎	xiē	653	*罐	guàn	205	竺	Zhú	797	筛	shāi	506
蟹	xiè	656	罄	qìng	478	3画			笋	sǔn	558
*蠏	xiè	656	罅	xià	635	笃	dǔ	137	筒	tǒng	583
蟻	yǐ	710	12画			竿	gān	177	筅	xiǎn	639
蠅	yíng	721	*罈	tán	563	笈	jí	261	筵	yán	683
14画			罇	zūn	826	竽	yú	733	筝	zhēng	775
蠔	háo	219	13画			4画			筑	zhù	802
蠣	lì	350	*甕	wèng	614	笆	bā	8	7画		
蟣	qí	451	14画～			笔	bǐ	26	*筞	cè	52
蠑	róng	495	罐	guàn	205	笄	jī	259	筹	chóu	76
蠕	rú	497	罍	léi	344	笕	jiǎn	274	筧	jiǎn	274
15画			罏	lú	369	笋	sǔn	558	简	jiǎn	275
蠢	chǔn	88	罎	tán	563	笑	xiào	651	節	jié	286
蠟	là	336	罌	yīng	720	笊	zhào	767	筷	kuài	330
蠡	lí	347	舌			笫	zǐ	814	筢	pá	422
	lǐ	348	舌	shé	515	5画			签	qiān	459
16画			4画			笨	bèn	24	筲	shāo	514
*蠹	dù	138	舐	shì	532	笞	chī	71	筮	shì	535
*蠭	fēng	166	5画			笛	dí	120	筭	suàn	556
蠨	xiāo	648	甜	tián	575	第	dì	123	*筩	tǒng	583
17画～			6画						筱	xiǎo	651
蠶	cán	49	舓	shì	532				筠	yún	745
蠹	dù	138							*筯	zhù	802
蠱	gǔ	198							8画		
蠲	juān	308									

筭 bì 27	篼 dōu 134	籬 lí 347	10画~
箔 bó 37	簖 duàn 140	19画~	衡 héng 228
箪 dān 108	簧 huáng 246	籮 luó 375	衢 qú 482
*箇 gè 186	簣 huì 250	蠃 yíng 721	衛 wèi 609
箍 gū 197	簆 kòu 328	籲 yù 736	*衞 wèi 609
管 guǎn 204	簍 lǒu 368		
箕 jī 259	簏 lù 370	自	舟
箋 jiān 273	篾 miè 394	自 zì 815	舟 zhōu 794
箜 kōng 325	簌 sù 556	3画	3画
箓 lù 370	*篠 xiǎo 651	首 shǒu 536	舢 shān 507
箩 luó 375	簀 zé 754	4画	舣 yǐ 710
*箝 qián 462	12画	臭 chòu 77	4画
箧 qiè 470	箪 dān 108	xiù 668	般 bān 13
箬 ruò 500	簟 diàn 127	臬 niè 416	舱 cāng 50
算 suàn 556	簡 jiǎn 275	7画	舩 chuán 84
箨 tuò 594	匱 kuì 333	皋 zuì 825	舫 fǎng 156
箫 xiāo 648	*簰 pái 423	10画	航 háng 219
箦 zé 754	簪 zān 750	臲 niè 416	舰 jiàn 276
筝 zhēng 775	13画	血(血)	5画
箒 zhǒu 795	簸 bǒ 38	血 xiě 655	舶 bó 37
箸 zhù 802	bò 38	xuè 675	船 chuán 84
9画	簿 bù 45	4画	舵 duò 144
範 fàn 154	籁 lài 337	衄 nù 420	舸 gě 186
篁 huáng 245	簾 lián 352	5画	舻 lú 369
箭 jiàn 278	簽 qiān 459	衅 xìn 660	舷 xián 637
簣 kuì 333	*籤 qiān 459	6画	舴 zé 754
篓 lǒu 368	簫 xiāo 648	*衇 mài 380	舳 zhú 798
篇 piān 437	簷 yán 685	衆 zhòng 793	6画
箧 qiè 470	籀 zhòu 796	14画	艇 tǐng 580
箱 xiāng 643	14画	蠛 miè 394	舾 xī 625
篥 yè 698	簒 chóu 76	行	7画
箴 zhēn 772	籍 jí 263	行 háng 218	艄 shāo 514
篆 zhuàn 806	籃 lán 338	xíng 662	8画
10画	籑 zuǎn 824	3画	*艉 zhào 767
篦 bì 28	15画	衍 yǎn 686	9画
篪 chí 72	*藤 téng 569	5画	艘 sōu 554
篡 cuàn 94	籑 zhuàn 806	術 shù 542	10画
篤 dǔ 137	16画	衔 xián 637	艙 cāng 50
篙 gāo 183	籟 lài 337	*衒 xuàn 673	13画
篝 gōu 194	籠 lóng 367	6画	艣 lǔ 369
篮 lán 338	lǒng 367	街 jiē 288	艢 qiáng 465
篱 lí 347	籙 lù 370	7画	艤 yǐ 710
篷 péng 432	籜 tuò 594	衙 yá 680	14画~
*篛 ruò 500	籝 yíng 721	8画	艦 jiàn 276
篩 shāi 506	17画	衕 xián 637	艫 lú 369
篓 suō 559	籤 qiān 459	9画	艪 lǔ 369
築 zhù 802	籑 zhuàn 806	衝 chōng 73	舛
11画	18画	chòng 75	舛 chuǎn 85
筚 bì 27	籪 duàn 140		6画
簇 cù 93			

舜	Shùn	548		qiào	468	*辤 cí	90
8画			翾	xuān	671	**9画**	
舞	wǔ	622	耀	yào	697	辦 bàn	13

色

色	sè	504
	shǎi	506

4画

艳 yàn 688

18画

*艷 yàn 688

羽

羽 yǔ 735

3画

羿 Yì 712

4画

翅 chì 73
*翄 chì 73
翁 wēng 614

5画

翎 líng 361
習 xí 627
翌 yì 712

6画

翘 qiáo 467
　 qiào 468
翕 xī 627
翔 xiáng 644

7画

翛 xiāo 648

8画

翠 cuì 94
翟 dí 120
翡 fěi 159
翥 zhù 802

9画

翦 jiǎn 274
翩 piān 437
翫 wán 598

10画

翱 áo 6
翰 hàn 218
翮 hé 226

11画

翳 yì 714
翼 yì 714

12画~

翻 fān 151
翹 qiáo 467

聿(⺻⺼)

聿 yù 736

4画

隶 lì 351
肃 sù 555

5画

晝 zhòu 796

6画

畫 huà 240

7画

肆 sì 552
肄 yì 714

8画

肅 sù 555
肇 zhào 767
肈 zhào 767

12画

*隸 lì 351

13画

隸 lì 351

艮(⺄)

艮 gèn 188

1画

良 liáng 354

2画

艰 jiān 273

4画

既 jì 266
垦 kěn 324

9画~

暨 jì 266
艱 jiān 273

辛

辛 xīn 658

5画

辜 gū 197

6画

辟 bì 28
　 pī 434
　 pì 436
辞 cí 90

7画

辣 là 336

8画~

辨	biàn	31		
辩	biàn	31		

10画~

瓣 bàn 15
辫 biàn 31
辨 biàn 31
辩 biàn 31
辭 cí 90

麦(麥夌)

麦 mài 379
麥 mài 379

4画

麸 fū 168
麩 fū 168
*麵 miàn 393

6画

麵 miàn 481

7画

*麩 fū 168

8画~

麵 miàn 393
麴 qū 482
麯 qū 482

走

走 zǒu 820

2画

赴 fù 171
赳 jiū 302
赵 Zhào 767

3画

赶 gǎn 178
起 qǐ 453

5画

超 chāo 61
趁 chèn 65
*趂 chèn 65
趄 qiè 470
趋 qū 481
越 yuè 744

6画

趔 liè 358
趑 zī 812

7画

趕 gǎn 178
趙 Zhào 767

趣	qù	483		
趟	tàng	566		

9画~

趨 qū 481
趱 zǎn 750
趲 zǎn 750
*趦 zī 812

赤

赤 chì 72

4画

赧 nǎn 408

5画

*赦 nǎn 408

6画

赪 chēng 66

7画~

赬 chēng 66
赫 hè 226
赭 zhě 769

豆

豆 dòu 135

3画

豇 jiāng 278
豈 qǐ 453

4画

豉 chǐ 72
竖 shù 542
豌 wān 598

9画~

豐 fēng 163
頭 tóu 584
豔 yàn 688

酉

酉 yǒu 731

2画

酋 qiú 480

3画

配 pèi 430
酌 zhuó 810

4画

酚 fēn 162
酕 máo 384
酞 tài 562
酗 xù 670
酝 yùn 746

酞	zhèn	773	釀 niàng	415	**2画**		跻 jī	260
5画			釃 shī/shāi	527	重 chóng	74	跡 jì	266
酣	hān	216	釁 xìn	660	zhòng	794	跤 jiāo	282
酥	sū	554	醺 xūn	676	厘 lí	346	跨 kuà	329
酡	tuó	594	釅 yàn	689	**4画**		跬 kuǐ	333
酢	zuò	830			野 yě	698	路 lù	370
6画			辰		**5画**		跷 qiāo	466
酬	chóu	77	辰 chén	64	量 liáng	355	跫 qióng	478
酱	jiàng	280	**3画**		liàng	356	跳 tiào	577
酪	lào	343	唇 chún	88	**6画**		跹 xiān	636
酩	mǐng	398	辱 rǔ	497	*裏 lǐ	348	跣 xiǎn	639
酰	xiān	636	**4画**		**11画**		跩 zhuǎi	803
酯	zhǐ	786	*脣 chún	88	釐 lí	346	**7画**	
7画			**6画**		*釐 xǐ	629	踌 chóu	76
酵	jiào	286	農 nóng	418			踘 jú	306
酷	kù	329	蜃 shèn	521	足(⻊)		踉 liàng	356
酶	méi	386	**8画**		足 zú	822	踅 xué	674
酿	niàng	415	*襛 nóng	418	**2画**		踊 yǒng	724
釃	shī/shāi	527			趴 pā	422	**8画**	
酸	suān	556	豕(豖)		**3画**		踩 cǎi	48
酴	tú	587	豕 shǐ	531	趵 bào	19	踟 chí	72
酽	yàn	689	**2画**		趸 dǔn	142	踔 chuō	88
8画			象 tuàn	589	趿 tā	560	踳 chuò	89
醇	chún	88	**4画**		**4画**		踧 cù	93
醋	cù	93	豚 tún	592	趼 jiǎn	275	踮 diǎn	125
醅	pēi	429	*独 tún	592	距 jù	307	踝 huái	241
醃	yān	682	**5画**		跂 qì	457	踐 jiàn	277
醉	zuì	825	象 xiàng	646	跄 qiāng	464	踞 jù	308
9画			**6画**		qiàng	466	*踫 pèng	432
醚	mí	390	豢 huàn	244	跀 yuè	743	踡 quán	485
醛	quán	484	象 xiàng	646	跃 yuè	743	踏 tā	561
醍	tí	571	**7画**		趾 zhǐ	783	tà	561
醒	xǐng	663	豪 háo	219	**5画**		*踼 tāng	565
醑	xǔ	669	**8画~**		跋 bá	8	踢 tī	570
10画			豳 Bīn	33	跛 bǒ	38	踒 wō	615
醜	chǒu	77	豫 yù	738	*跕 diǎn	125	踯 zhí	783
醢	hǎi	215	豬 zhū	797	跌 diē	128	踬 zhì	788
醖	yùn	746			跗 fū	168	踪 zōng	819
11画			卤(鹵)		踐 jiàn	277	**9画**	
醬	jiàng	280	卤 lǔ	369	跑 páo	428	踹 chuài	83
醪	láo	340	鹵 lǔ	369	pǎo	428	蹉 cuō	95
醫	yī	706	**9画**		跚 shān	508	蹀 dié	129
12画			醝 cuó	96	跆 tái	562	踱 duó	143
醮	jiào	286	鹺 cuó	96	**6画**		蹁 pián	438
醯	xī	627	鹹 xián	637	*跴 cǎi	48	蹂 róu	496
13画			**13画**		跐 cǐ	90	蹄 tí	570
醵	jù	308	*鹼 jiǎn	274	跺 duò	144	踴 yǒng	724
醴	lǐ	348			跥 duò	144	踵 zhǒng	793
14画~			里		跟 gēn	188	**10画**	
醻	chóu	77	里 lǐ	347	跪 guì	209	蹉 cuō	95

蹈	dǎo	114	躏	lìn	360	*躲	duǒ	144		6画
蹇	jiǎn	275	躔	niè	416	*躬	gōng	191	静	jìng 301
蹑	niè	416	躜	zuān	824		8画			7画
蹒	pán	425	躦	zuān	824	躶	luǒ	376	靓	jìng 301
蹊	qī	450		采		躺	tǎng	566		liàng 356
	xī	626		5画			9画~		靛	diàn 126
跄	qiāng	464	释	shì	535	*騢	hā	213	靜	jìng 301
	qiàng	466	釉	yòu	732	躯	qū	481		雨(⻗)
蹋	tà	561		13画			龟(龜)		雨	yǔ 735
*蹏	tí	570	釋	shì	535	龟	guī	207		yù 737
	11画			豸			jūn	312		3画
蹦	bèng	25					qiū	478	雪	xuě 674
蹰	chú	82	豸	zhì	787	龜	guī	207		4画
蹙	cù	93		3画			jūn	312	雳	lì 349
*蹟	jì	266	豹	bào	19		qiū	478	雯	wén 613
蹣	pán	425	豺	chái	56		角(⻆)		雲	yún 745
蹚	tāng	565		5画		角	jiǎo	283		5画
蹠	zhí	783	貂	diāo	127		jué	310	雹	báo 17
蹤	zōng	819		6画			2画		電	diàn 125
	12画		貉	háo	219	*觔	jīn	294	雷	léi 344
蹭	cèng	53		hé	226		5画		零	líng 361
蹰	chú	81	貊	Mò	400	斛	hú	235	雾	wù 623
蹴	cù	93		7画		觖	jué	310		6画
*蹵	cù	93	貌	mào	385		5画		霁	jì 266
蹿	cuān	93		8画~		觚	gū	197	霆	tíng 579
蹬	dēng	118	貓	māo	383	觞	shāng	509	需	xū 669
蹲	dūn	142	貘	mò	401		6画			7画
蹾	dǔn	142	貔	pí	435	触	chù	82	霉	méi 386
蹶	jué	311		谷		觥	gōng	193	霈	pèi 430
	jué	311	谷	gǔ	197	解	jiě	290	霄	xiāo 647
*蹽	liāo	356		yù	736		jiè	292	霅	Zhà 758
蹼	pǔ	448		2画			xiè	656	震	zhèn 773
蹺	qiāo	466	郤	xì	631	*觧	jiě	290		8画
	13画			10画		*	jiè	292	霏	fēi 159
躁	zào	754	豁	huō	252	觜	zī	813	霍	huò 256
	14画			huò	256		8画		霖	lín 359
躊	chóu	76		身(⾝)		觯	zhì	789	霓	ní 412
躋	jī	260					11画~		霎	shà 506
躏	lìn	360	身	shēn	517	觸	chù	82	霑	zhān 759
躍	yuè	744		3画		觴	shāng	509		9画
躑	zhí	783	躬	gōng	191	觿	xī	627	霜	shuāng 545
	15画			4画		觶	zhì	789	霞	xiá 632
躇	chú	81	*躭	dān	109		青(靑)			10画
踹	chuò	89	躯	qū	481	青	qīng	472	*雳	liù 366
躐	liè	359		5画			4画			11画
躚	xiān	636	*躰	tǐ	571	靓	jìng	301	霭	ǎi 2
躓	zhì	788		6画			liàng	356	霧	wù 623
	16画~		躲	duǒ	144					12画
躥	cuān	93								

霞	xiàn	641	齮	yǐ	710	8画		鲑	guī	207
13画			9画~			雕	diāo	127	鲛	jiāo	282
霸	bà	9	齲	qǔ	483	9画		鮫	jiāo	282
露	lòu	368	龋	qǔ	483	雖	suī	557	鰤	shī	526
	lù	371	齷	wò	616	10画		鮨	wěi	609
霹	pī	434	龌	wò	616	雛	chú	81	鮪	wěi	609
14画~			齾	yǎo	695	雞	jī	258	鲜	xiān	636
靄	ǎi	2				離	lí	346		xiǎn	639
霽	jì	266	黾(黽)			難	nán	407	鮮	xiān	636
靂	lì	349	黾	mǐn	395		nàn	408		xiǎn	639
靈	líng	361	黽	mǐn	395	瞿	Qú	482	鯗	xiǎng	645
霾	mái	379	4画			雙	shuāng	544	鲟	xún	677
			鼋	yuán	739	雝	yōng	723	鮨	yì	712
非(韭)			黿	yuán	739	雜	zá	747	鮨	yì	712
非	fēi	158	5画			15画		7画	
1画			*鼌	cháo	61	*雠	chóu	76	鲠	gěng	189
韭	jiǔ	303	10画~			*讎	chóu	76	鯁	gěng	189
4画			*鳌	áo	6				鲧	Gǔn	209
辈	bèi	23	*鳖	biē	33	鱼(魚)			鯀	Gǔn	209
斐	fěi	159	鼍	tuó	594	鱼	yú	733	鲩	huàn	243
6画			鼉	tuó	594	魚	yú	733	鯇	huàn	243
輩	bèi	23				4画		鲫	jì	267
翡	fěi	159	隹			鲁	lǔ	369	鯽	jì	267
靠	kào	319	隹	zhuī	808	魯	lǔ	369	鲣	jiān	272
靡	mǐ	391	2画			鲀	tún	592	鱺	lí	346
裴	péi	430	隽	juàn	309	魨	tún	592	鲤	lǐ	348
			*隽	jùn	312	鱿	yóu	727	鯉	lǐ	348
齿(齒)			难	nán	407	魷	yóu	727	鲢	lián	352
齿	chǐ	72		nàn	408	5画		鲨	shā	505
齒	chǐ	72	隼	sǔn	558	鲅	bà	9	鯊	shā	505
5画			隻	zhī	780	魬	bà	9	鲥	shí	529
龉	chū	78	准	zhǔn	809	鲍	bào	19	鮝	xiǎng	645
龃	jǔ	306	3画			鮑	bào	19	鳙	yǒng	724
齟	jǔ	306	雀	qiāo	468	*鯀	Gǔn	209	鰫	yǒng	724
龄	líng	361		què	487	鲎	hòu	233	8画	
齡	líng	361	售	shòu	539	鲈	lú	369	鲷	diāo	127
龆	tiáo	576	4画			鲇	nián	414	鯛	diāo	127
齠	tiáo	576	雇	gù	200	鮎	nián	414	鲱	fēi	159
6画			集	jí	263	鲆	píng	443	鯡	fēi	159
*齧	niè	416	雋	juàn	309	鮃	píng	443	鲸	jīng	298
*齩	yǎo	695	雄	xióng	665	鲐	tái	562	鯨	jīng	298
龈	yín	717	雅	yǎ	680	鮐	tái	562	鲲	kūn	334
齦	yín	717	5画			鲫	yìn	719	鯤	kūn	334
龇	zī	813	雏	chú	81	鮣	yìn	719	鲵	ní	412
齜	zī	813	雎	jū	305	鲊	zhǎ	757	鯢	ní	412
7画			雍	yōng	723	鮓	zhǎ	757	*鲶	nián	414
龊	chuò	89	雉	zhì	789	6画		鳍	qí	452
齪	chuò	89	6画			鲛	ān	4	鯕	qí	452
8画			雌	cí	89	鮟	ān	4	鲭	qīng	474
齮	yǐ	710	截	jié	290	鲑	guī	207	鯖	qīng	474

音革面骨香鬼 **(63)**

鯵	shēn	518	鱅	yōng	723	鞍	ān	4	髏	lóu	368
鲻	zī	813		**12画**		鞑	dá	97	髂	qià	457
鯔	zī	813	鳜	guì	209	鞏	gǒng	193		**10画**	
鲰	zōu	820	鱖	guì	209	鞋	xié	654	*髈	bǎng	15
鯫	zōu	820	鳞	lín	360		**7画**		髌	bìn	33
	9画		鱗	lín	360	鞔	mán	380	髋	kuān	331
鲽	dié	129	鳝	shàn	509	鞘	qiào	468	髆	pǎng	427
鰈	dié	129	鱔	shàn	509		shāo	514		**11画**	
鳄	è	145	*鱓	shàn	509		**8画**		髏	lóu	368
鲢	liàn	354	鲟	xún	677	鞠	jū	306		**12画~**	
鰱	liàn	354	*鱏	xún	677	鞡	la	336	髕	bìn	33
鳅	qiū	479	鳟	zūn	826		**9画**		髑	dú	137
鰍	qiū	479	鱒	zūn	826	鞭	biān	29	髖	kuān	331
*鰌	qiū	479		**13画~**		鞫	jū	306	髗	lú	558
鳃	sāi	501	鱷	è	145	鞧	qiū	479	體	tǐ	571
鰓	sāi	501	鱟	hòu	233	鞣	róu	496	髒	zāng	751
鯷	tí	571	鱺	lí	346		**10画**			香	
鳀	tí	571	鱸	lú	369	韃	dá	97			
鳁	wēn	611	鱣	zhān	759	韝	gōu	194	香	xiāng	643
鰛	wēn	611	鱘	zhān	759	*韁	jiāng	279		**9画**	
	10画			音		*鞵	xié	654	馥	fù	173
鳌	áo	6				*韡	xuē	673		**11画**	
鰲	áo	6	音	yīn	715		面		馨	xīn	659
鳏	guān	204		**4画**						鬼(鬼)	
鰥	guān	204	韵	yùn	747	面	miàn	392			
鳑	páng	427		**5画**			**6画**		鬼	guǐ	208
鰟	páng	427	韶	sháo	514	靥	yè	700	鬼	guǐ	208
鳍	qí	453		**10画~**			**13画**			**4画**	
鰭	qí	453	響	xiǎng	644	靨	yè	700	魂	hún	251
鰤	shī	526	韻	yùn	747		骨(骨)		魁	kuí	333
鰣	shí	529		革						**5画**	
鰨	tǎ	561				骨	gū	197	魃	bá	8
鳎	tǎ	561	革	gé	185		gú	197	魅	mèi	387
鳐	yáo	695		**2画**			gǔ	198	魄	pò	445
鰩	yáo	695	勒	lè	343	骨	gǔ	198		**6画**	
	11画			lēi	344		**3画**		魇	yǎn	686
鳔	biào	32		**3画**		骫	wěi	609		**7画**	
鰾	biào	32	*靭	rèn	493		**4画**		魉	liǎng	356
鳖	biē	33	靸	sǎ	500	骯	āng	5		**8画**	
鱉	biē	33		**4画**		骰	tóu	586	魎	liǎng	356
鰹	jiān	272	靶	bǎ	9		**5画**		魍	wǎng	602
鳒	kāng	318	靳	jìn	296	骶	dǐ	121	魏	Wèi	611
鰊	kāng	318	*靸	tā	560	骷	kū	328	*魆	yù	738
鰱	lián	352	靴	xuē	673		**6画**			**10画~**	
鳗	mán	380		**5画**		*骼	gē	185	魑	chī	71
鰻	mán	380	靼	dá	98	骼	gé	186	魔	mó	399
鯵	shēn	518	鞒	Mò	400	骸	hái	214	魘	yǎn	686
鱈	xuě	675	鞅	yàng	692		**8画**				
鳕	xuě	675	鞅	yào	697	髀	bì	27			
鱅	yōng	723		**6画**			**9画**				

髟

3画
髡 kūn 334

5画
髮 fà 150
髯 rán 488
髫 tiáo 576

6画
髻 jì 267
髹 xiū 666
髭 zhēng 775
髭 zī 813

7画
*髯 tì 572
鬏 zhuā 802

8画
鬈 quán 485
鬆 sōng 552
髭 zhēng 775
鬃 zōng 819

10画
鬓 bìn 34
鬍 hú 234
鬐 qí 453
*鬀 tì 572

11画~
鬢 bìn 34
鬟 huán 242
鬘 mán 380
鬚 xū 668

黄(黃)

黄 huáng 245
黃 huáng 245

5画
黉 hóng 231

13画
黌 hóng 231

麻

麻 má 377

3画
麽 me 385
麼 mó 399

4画
麾 huī 247
摩 mó 399

5画
磨 mó 399

麽 mò 401

6画
糜 mí 390
縻 mí 390

8画
靡 mí 391

9画
魔 mó 399

鹿

鹿 lù 370

2画
*麁 cū 92

3画
塵 chén 64

5画
麃 páo 428
麇 qún 487
麈 zhǔ 799

6画
麋 mí 390

8画
麎 áo 6
麗 lí 346
丽 lì 350
麓 lù 370
麒 qí 452
*麇 qún 487

10画~
麤 cū 92
麟 lín 360
麝 shè 516
*麞 zhāng 762

黑

黑 hēi 227

3画
墨 mò 401

4画
默 mò 401
黔 qián 461

5画
黜 chù 83
黛 dài 106
點 diǎn 124
黝 yǒu 731
黠 xiá 632
黟 yī 707

7画

皺 qū 481

8画
黩 dú 137
黎 lí 347
黥 qíng 477

9画~
黯 àn 5
黷 dú 137
黴 méi 386

黍

黍 shǔ 542

3画
黎 lí 347

5画
黏 nián 414

鼓

鼓 gǔ 198

8画
鼙 pí 435

12画
鼟 tēng 569

鼠

鼠 shǔ 542

4画
鼢 fén 162

5画
*鼦 diāo 127
鼬 yòu 732

7画
鼯 wú 620

9画
鼷 xī 626
鼹 yǎn 686
鼴 yǎn 686

鼻

鼻 bí 25

2画
劓 yì 714

3画
鼾 hān 215

4画
齁 nǜ 420

5画
齁 hōu 231

10画~
齉 nàng 408

齆 wèng 614

総画索引

- 部首から検索しにくい漢字を総画順に配列した.
- 右の数字は本文の掲載ページを示す.
- 簡体字は太字, 繁体字は細字, 異体字は*付きの細字で示した.

1画

〇	360

2画

刀	127
乃	406
入	497

3画

才	46
叉	53
	55
飞	157
个	186
及	260
子	288
久	303
孓	309
亏	332
乞	453
千	457
刃	492
丸	598
亡	601
卫	609
习	627
下	632
丫	678
也	697
乂	710
于	733
与	735
	736
丈	763
之	778

4画

巴	7
办	13
币	27
不	39
仓	50
长	58
	762
丑	77
丹	107
反	152
丰	163
夫	167
丐	176
夬	202
互	236
井	300
巨	307
开	313
六	366
内	410
廿	414
区	421
匹	435
壬	480
卅	492
少	501
	514
升	514
书	521
天	539
屯	572
为	592
	605
乌	609
	616
无	623
五	617
午	620
兮	621
牙	624
夭	679
爻	693
以	693
尹	709
友	717
元	729
云	739
仄	745

5画

*市	747
中	789
专	793
	803

凹	5
半	14
*氷	34
布	44
册	52
*冊	52
出	77
刍	81
处	82
	82
丛	92
电	125
东	132
尔	146
发	148
	150
弗	168
生	175
归	207
冉	249
击	257
卡	313
	457
兰	337
乐	343
	743
卢	369
卯	384
民	394
末	400
*末	385
平	441
且	468
丘	478
去	483
冉	488

圣	524
失	524
史	530
市	531
世	532
术	542
	797
甩	544
帅	544
丝	549
四	551
头	584
凸	586
未	609
戊	623
务	623
央	689
永	724
右	731
孕	746
乍	757
主	798
左	826

6画

产	57
丞	68
充	73
此	90
企	93
导	113
丢	132
夺	143
凫	168
夹	175
	268
	270
关	202
后	232
华	238
	240
灰	246
尽	294

	295
	311
军	329
夸	350
吏	379
买	413
年	418
农	441
兵	453
岂	466
乔	481
曲	482
伞	502
杀	504
师	526
式	532
成	542
夙	555
氽	592
危	604
先	635
向	645
兴	660
	663
戌	668
尧	694
爷	697
曳	699
夷	707
异	711
杂	747
再	749
在	749
兆	767
贞	770
众	793
州	794
朱	796

7画

步	45
囱	91

総画索引

島 113
弟 123
兒 141
甫 170
汞 193
系 266
　 630
局 306
壳 321
　 468
来 336
丽 346
　 350
两 355
灵 361
弄 367
　 418
卵 373
免 392
亩 402
启 455
弃 463
羌 479
求 538
寿 542
束 589
*兎 615
我 617
巫 625
希 639
县 684

8画

卑 20
备 22
表 32
采 47
長 58
　 762
畅 60
単 107
　 508
典 124
奉 167
阜 172
乖 201
果 211
函 216
画 240

或 255
哑 261
艰 456
卷 273
隶 309
录 351
卖 370
氓 380
　 382
　 388
其 451
喪 503
虱 526
事 533
肃 555
所 559
态 562
兔 589
卧 615
武 622
幸 664
亞 681
枣 753
直 781
　 781
质 788
周 794

9画

甫 24
差 53
　 55
　 56
　 89
重 74
毒 136
柬 274
将 278
　 280
韭 303
举 306
临 359
南 407
叛 426
亲 470
　 477
甚 521
*甚 519

要 543
歪 596
威 604
韋 605
咸 637
胤 719
幽 726
禹 736
咫 784
奏 822
姐 823

10画

差 53
乘 68
哥 185
旁 426
弱 500
師 526
書 539
*祘 556
璽 566
羞 629
彧 667
袁 738
斎 740
真 758
裹 771
爭 792

11画

匙 72
乾 535
　 176
韋 294
匭 333
率 372
乾 544
雀 462
　 468
嵩 487
商 504
兽 509
孰 539
爽 541
望 545
袭 603
象 605
　 628
　 646

焉 682
專 803

12画

鼎 130
量 355
毂 450
喬 466
傘 502
喪 503
舜 548
犀 627
象 646
粤 744
甾 752
　 830

13画

蜀 542
肆 552
肅 555
業 698
*與 733
與 736
　 809

14画

凳 119
爾 146
孵 168
蝦 197
兢 300
聚 308
壽 538
韜 567
舞 622
兼 406
幹 702
與 734
蔑 751
肇 767

15画

黎 347
豎 542
憂 725
像 738

16画

噩 145
冀 267
融 495
義 627
整 775

17画

鍼 211
隸 351
黏 414
聲 523
襄 643
膺 720

18画

嚚 648

19画

疆 279
攀 424
韜 567

20画

馨 659
耀 697

21画

囅 440
*囌 648

22画〜

*轡 76
躅 308
徽 386
囊 408
豐 660
鹽 685
豔 714
懿 737
鬱 739

日本語音読み索引

- 日本語の漢字で,本辞典に収録した親字と字形がほぼ同じか似通ったものを,その漢字の主だった音読みの五十音順に配列し,該当するピンインを併記した.
- 多音字のピンインは,使用頻度が高いと思われるものから順に配列した.

ア行

ア	亜	yà
アイ	哀	āi
アイ	愛	ài
アク	悪	è, ě, wù
アク	握	wò
アツ	圧	yā
アン	安	ān
アン	庵	ān
アン	暗	àn
アン	案	àn
イ	彙	huì
イ	威	wēi
イ	違	wéi
イ	為	wéi, wèi
イ	維	wéi
イ	偉	wěi
イ	委	wěi, wēi
イ	萎	wěi
イ	偽	wěi
イ	緯	wěi
イ	位	wèi
イ	慰	wèi
イ	胃	wèi
イ	依	yī
イ	衣	yī
イ	医	yī
イ	伊	yī
イ	移	yí
イ	遺	yí
イ	以	yǐ
イ	椅	yǐ
イ	意	yì
イ	易	yì
イ	異	yì
イキ	域	yù
イク	育	yù
イチ	一	yī
イツ	逸	yì
イン	咽	yān, yàn, yè
イン	因	yīn
イン	陰	yīn
イン	姻	yīn
イン	淫	yín
イン	引	yǐn
イン	飲	yǐn
イン	印	yìn
イン	員	yuán, yùn
イン	院	yuàn
ウ	宇	yǔ
ウ	羽	yǔ
ウ	雨	yǔ, yù
ウツ	鬱	yù
ウン	雲	yún
ウン	運	yùn
エイ	栄	róng
エイ	鋭	ruì
エイ	衛	wèi
エイ	英	yīng
エイ	営	yíng
エイ	影	yǐng
エイ	映	yìng
エイ	永	yǒng
エイ	泳	yǒng
エキ	液	yè
エキ	疫	yì
エキ	益	yì
エツ	謁	yè
エツ	悦	yuè
エツ	越	yuè
エツ	閲	yuè
エン	鉛	qiān
エン	煙	yān
エン	延	yán
エン	炎	yán
エン	沿	yán
エン	演	yǎn
エン	宴	yàn
エン	艶	yàn
エン	円	yuán
エン	園	yuán
エン	援	yuán
エン	縁	yuán
エン	猿	yuán
エン	遠	yuǎn
エン	怨	yuàn
オ	汚	wū
オウ	凹	āo, wā
オウ	奥	ào
オウ	横	héng, hèng
オウ	黄	huáng
オウ	欧	ōu
オウ	王	wáng
オウ	往	wǎng
オウ	旺	wàng
オウ	押	yā
オウ	央	yāng
オウ	桜	yīng
オウ	応	yìng, yīng
オク	屋	wū
オク	億	yì
オク	憶	yì
オツ	乙	yǐ
オン	恩	ēn
オン	温	wēn
オン	穏	wěn
オン	音	yīn

カ行

カ	歌	gē
カ	箇	gè, ge
カ	寡	guǎ
カ	果	guǒ
カ	過	guò
カ	河	hé
カ	荷	hé, hè
カ	何	hé
カ	花	huā
カ	華	huá, huà
カ	化	huà, huā
カ	火	huǒ
カ	貨	huò
カ	佳	jiā
カ	加	jiā
カ	家	jiā
カ	架	jià

カ	科	kē	カク	角	jiǎo, jué	カン	刊	kān
カ	可	kě, kè	カク	較	jiào	カン	勘	kān
カ	課	kè	カク	覚	jué, jiào	カン	看	kàn, kān
カ	蚊	wén	カク	確	què	カン	寛	kuān
カ	暇	xiá	ガク	額	é	カン	款	kuǎn
カ	夏	xià	ガク	学	xué	カン	乾	qián, gān
ガ	蛾	é	ガク	岳	yuè	カン	勧	quàn
ガ	餓	è	カツ	割	gē	カン	完	wán
ガ	賀	hè	カツ	活	huó	カン	閑	xián
ガ	瓦	wǎ, wà	カツ	渇	kě	カン	陥	xiàn
ガ	我	wǒ	カツ	括	kuò	ガン	癌	ái
ガ	芽	yá	カツ	闊	kuò	ガン	岸	àn
ガ	牙	yá	カツ	轄	xiá	ガン	含	hán
ガ	雅	yǎ	カン	甘	gān	ガン	頑	wán
カイ	改	gǎi	カン	干	gān, gàn	ガン	丸	wán
カイ	拐	guǎi	カン	肝	gān	ガン	玩	wán
カイ	怪	guài	カン	感	gǎn	ガン	顔	yán
カイ	海	hǎi	カン	幹	gàn, gān	ガン	岩	yán
カイ	懐	huái	カン	官	guān	ガン	眼	yǎn
カイ	壊	huài	カン	観	guān, guàn	ガン	雁	yàn
カイ	回	huí	カン	関	guān	ガン	願	yuàn
カイ	悔	huǐ	カン	冠	guān, guàn	キ	帰	guī
カイ	絵	huì	カン	棺	guān	キ	規	guī
カイ	会	huì, kuài	カン	管	guǎn	キ	軌	guǐ
カイ	階	jiē	カン	館	guǎn	キ	鬼	guǐ
カイ	解	jiě, jiè, xiè	カン	缶	guàn	キ	詭	guǐ
カイ	介	jiè	カン	慣	guàn	キ	貴	guì
カイ	界	jiè	カン	貫	guàn	キ	揮	huī
カイ	戒	jiè	カン	寒	hán	キ	輝	huī
カイ	開	kāi	カン	韓	hán	キ	基	jī
カイ	快	kuài	カン	汗	hàn	キ	机	jī
カイ	潰	kuì	カン	旱	hàn	キ	機	jī
カイ	械	xiè	カン	漢	hàn	キ	飢	jī
ガイ	概	gài	カン	憾	hàn	キ	肌	jī
ガイ	害	hài	カン	歓	huān	キ	寄	jì
ガイ	劾	hé	カン	環	huán	キ	既	jì
ガイ	街	jiē	カン	還	huán, hái	キ	季	jì
ガイ	凱	kǎi	カン	緩	huǎn	キ	紀	jì, jǐ
ガイ	外	wài	カン	喚	huàn	キ	記	jì
ガイ	涯	yá	カン	患	huàn	キ	忌	jì
カク	格	gé	カン	換	huàn	キ	期	qī
カク	隔	gé	カン	間	jiān, jiàn	キ	奇	qí
カク	革	gé	カン	姦	jiān	キ	祈	qí
カク	閣	gé	カン	菅	jiān	キ	旗	qí
カク	各	gè	カン	監	jiān, jiàn	キ	騎	qí
カク	核	hé	カン	簡	jiǎn	キ	岐	qí
カク	画	huà	カン	艦	jiàn	キ	棋	qí
カク	獲	huò	カン	鑑	jiàn	キ	企	qǐ
カク	穫	huò	カン	巻	juǎn, juàn	キ	起	qǐ

読み	漢字	ピンイン
キ	器	qì
キ	棄	qì
キ	気	qì
キ	汽	qì
キ	危	wēi
キ	希	xī
キ	喜	xǐ
キ	毅	yì
ギ	技	jì
ギ	妓	jì
ギ	擬	nǐ
ギ	欺	qī
ギ	偽	wěi
ギ	魏	wèi
ギ	犠	xī
ギ	戯	xì
ギ	儀	yí
ギ	疑	yí
ギ	義	yì
ギ	誼	yì
ギ	議	yì
キク	菊	jú
キチ	吉	jí
キツ	喫	chī
キツ	詰	jié
キツ	橘	jú
キャク	脚	jiǎo
キャク	客	kè
キャク	却	què
ギャク	逆	nì
ギャク	虐	nüè
キュウ	仇	chóu, qiú
キュウ	給	gěi, jǐ
キュウ	弓	gōng
キュウ	宮	gōng
キュウ	及	jí
キュウ	急	jí
キュウ	級	jí
キュウ	究	jiū
キュウ	糾	jiū
キュウ	久	jiǔ
キュウ	救	jiù
キュウ	旧	jiù
キュウ	窮	qióng
キュウ	丘	qiū
キュウ	求	qiú
キュウ	球	qiú
キュウ	吸	xī
キュウ	休	xiū
キュウ	朽	xiǔ
ギュウ	牛	niú
キョ	居	jū
キョ	挙	jǔ
キョ	巨	jù
キョ	拒	jù
キョ	距	jù
キョ	去	qù
キョ	虚	xū
キョ	許	xǔ
ギョ	漁	yú
ギョ	魚	yú
ギョ	御	yù
キョウ	供	gōng, gòng
キョウ	恭	gōng
キョウ	共	gòng
キョウ	矯	jiǎo
キョウ	教	jiào, jiāo
キョウ	叫	jiào
キョウ	京	jīng
キョウ	驚	jīng
キョウ	競	jìng
キョウ	境	jìng
キョウ	鏡	jìng
キョウ	竟	jìng
キョウ	恐	kǒng
キョウ	狂	kuáng
キョウ	況	kuàng
キョウ	強	qiáng, qiǎng, jiàng
キョウ	橋	qiáo
キョウ	僑	qiáo
キョウ	峡	xiá
キョウ	狭	xiá
キョウ	郷	xiāng
キョウ	享	xiǎng
キョウ	響	xiǎng
キョウ	挟	xié
キョウ	協	xié
キョウ	脇	xié
キョウ	脅	xié
キョウ	凶	xiōng
キョウ	胸	xiōng
キョウ	兄	xiōng
ギョウ	凝	níng
ギョウ	暁	xiǎo
ギョウ	仰	yǎng
ギョウ	業	yè
キョク	極	jí
キョク	局	jú
キョク	曲	qū, qǔ
ギョク	玉	yù
キン	斤	jīn
キン	筋	jīn
キン	金	jīn
キン	巾	jīn
キン	襟	jīn
キン	緊	jǐn
キン	謹	jǐn
キン	僅	jǐn
キン	錦	jǐn
キン	禁	jìn, jīn
キン	近	jìn
キン	均	jūn
キン	菌	jūn, jùn
キン	勤	qín
キン	琴	qín
ギン	吟	yín
ギン	銀	yín
ク	狗	gǒu
ク	九	jiǔ
ク	句	jù, gōu
ク	苦	kǔ
ク	区	qū
ク	駆	qū
グ	具	jù
グ	愚	yú
クウ	空	kōng, kòng
グウ	偶	ǒu
グウ	隅	yú
グウ	遇	yù
クツ	掘	jué
クツ	窟	kū
クツ	屈	qū
クン	君	jūn
クン	勲	xūn
クン	薫	xūn
クン	訓	xùn
グン	軍	jūn
グン	郡	jùn
グン	群	qún
ゲ	下	xià
ケイ	桂	guì
ケイ	恵	huì
ケイ	鶏	jī
ケイ	継	jì
ケイ	計	jì

ケイ	揭	jiē		ケン	謙	qiān	ゴ	互	hù
ケイ	経	jīng		ケン	遣	qiǎn	ゴ	護	hù
ケイ	茎	jīng		ケン	圏	quān, juān, juàn	ゴ	碁	qí
ケイ	景	jǐng					ゴ	五	wǔ
ケイ	警	jǐng		ケン	拳	quán	ゴ	午	wǔ
ケイ	頸	jǐng		ケン	権	quán	ゴ	誤	wù
ケイ	径	jìng		ケン	犬	quǎn	ゴ	悟	wù
ケイ	敬	jìng		ケン	券	quàn	ゴ	娯	yú
ケイ	啓	qǐ		ケン	嫌	xián	ゴ	語	yǔ, yù
ケイ	契	qì, xiè		ケン	賢	xián	コウ	鋼	gāng, gàng
ケイ	憩	qì		ケン	険	xiǎn	コウ	綱	gāng
ケイ	傾	qīng		ケン	顕	xiǎn	コウ	港	gǎng
ケイ	軽	qīng		ケン	憲	xiàn	コウ	高	gāo
ケイ	慶	qìng		ケン	献	xiàn	コウ	膏	gāo
ケイ	渓	xī		ケン	県	xiàn	コウ	稿	gǎo
ケイ	系	xì, jì		ケン	軒	xuān	コウ	耕	gēng
ケイ	係	xì		ケン	懸	xuán	コウ	更	gēng, gèng
ケイ	携	xié		ケン	研	yán	コウ	公	gōng
ケイ	刑	xíng		ケン	験	yàn	コウ	功	gōng
ケイ	形	xíng		ゲン	幻	huàn	コウ	工	gōng
ケイ	型	xíng		ゲン	減	jiǎn	コウ	攻	gōng
ケイ	兄	xiōng		ゲン	弦	xián	コウ	貢	gòng
ケイ	蛍	yíng		ゲン	現	xiàn	コウ	溝	gōu
ゲイ	鯨	jīng		ゲン	限	xiàn	コウ	構	gòu
ゲイ	芸	yì		ゲン	厳	yán	コウ	購	gòu
ゲイ	迎	yíng		ゲン	言	yán	コウ	光	guāng
ゲキ	撃	jī		ゲン	元	yuán	コウ	広	guǎng
ゲキ	激	jī		ゲン	原	yuán	コウ	航	háng
ゲキ	劇	jù		ゲン	源	yuán	コウ	杭	háng
ケツ	結	jié, jiē		コ	個	gè, ge	コウ	好	hǎo, hào
ケツ	潔	jié		コ	孤	gū	コウ	恒	héng
ケツ	傑	jié		コ	古	gǔ	コウ	衡	héng
ケツ	決	jué		コ	鼓	gǔ	コウ	洪	hóng
ケツ	欠	qiàn		コ	固	gù	コウ	紅	hóng
ケツ	穴	xué		コ	故	gù	コウ	弘	hóng
ケツ	血	xuè, xiě		コ	雇	gù	コウ	侯	hóu
ゲツ	月	yuè		コ	顧	gù	コウ	後	hòu
ケン	兼	jiān		コ	呼	hū	コウ	后	hòu
ケン	堅	jiān		コ	糊	hū, hú, hù	コウ	厚	hòu
ケン	肩	jiān		コ	湖	hú	コウ	候	hòu
ケン	倹	jiǎn		コ	弧	hú	コウ	慌	huāng
ケン	検	jiǎn		コ	狐	hú	コウ	荒	huāng
ケン	件	jiàn		コ	壷	hú	コウ	皇	huáng
ケン	健	jiàn		コ	虎	hǔ	コウ	甲	jiǎ
ケン	建	jiàn		コ	戸	hù	コウ	江	jiāng
ケン	見	jiàn		コ	己	jǐ	コウ	講	jiǎng
ケン	鍵	jiàn		コ	枯	kū	コウ	降	jiàng, xiáng
ケン	剣	jiàn		コ	庫	kù			
ケン	絹	juàn		コ	誇	kuā	コウ	交	jiāo

コウ	郊	jiāo		サ行		サン	参	cān, shēn, cēn
コウ	絞	jiǎo	サ	差	chā, chà, chāi			
コウ	酵	jiào				サン	餐	cān
コウ	拘	jū	サ	査	chá, zhā	サン	蚕	cán
コウ	康	kāng	サ	沙	shā	サン	惨	cǎn
コウ	抗	kàng	サ	砂	shā	サン	産	chǎn
コウ	考	kǎo	サ	鎖	suǒ	サン	三	sān
コウ	肯	kěn	サ	詐	zhà	サン	傘	sǎn
コウ	坑	kēng	サ	佐	zuǒ	サン	散	sàn, sǎn
コウ	控	kòng	サ	左	zuǒ	サン	山	shān
コウ	口	kǒu	ザ	挫	cuò	サン	酸	suān
コウ	巧	qiǎo	ザ	座	zuò	サン	算	suàn
コウ	香	xiāng	サイ	才	cái	サン	賛	zàn
コウ	向	xiàng	サイ	裁	cái	サン	桟	zhàn
コウ	項	xiàng	サイ	彩	cǎi	ザン	残	cán
コウ	効	xiào	サイ	採	cǎi	ザン	暫	zàn
コウ	孝	xiào	サイ	菜	cài	ザン	斬	zhǎn
コウ	校	xiào, jiào	サイ	催	cuī	シ	弛	chí
コウ	興	xīng, xìng	サイ	祭	jì	シ	歯	chǐ
コウ	行	xíng, háng	サイ	際	jì	シ	詞	cí
コウ	幸	xìng	サイ	妻	qī	シ	雌	cí
コウ	硬	yìng	サイ	歳	suì	シ	刺	cì
ゴウ	傲	ào	サイ	砕	suì	シ	次	cì
ゴウ	剛	gāng	サイ	細	xì	シ	賜	cì
ゴウ	豪	háo	サイ	栽	zāi	シ	師	shī
ゴウ	号	háo, hào	サイ	災	zāi	シ	施	shī
ゴウ	合	hé, gě	サイ	宰	zǎi	シ	詩	shī
ゴウ	拷	kǎo	サイ	載	zài, zǎi	シ	使	shǐ
コク	告	gào	サイ	再	zài	シ	史	shǐ
コク	穀	gǔ	サイ	債	zhài	シ	始	shǐ
コク	谷	gǔ	サイ	最	zuì	シ	矢	shǐ
コク	国	guó	ザイ	材	cái	シ	士	shì
コク	黒	hēi	ザイ	財	cái	シ	市	shì
コク	克	kè	ザイ	剤	jì	シ	氏	shì
コク	刻	kè	ザイ	在	zài	シ	視	shì
コク	酷	kù	ザイ	罪	zuì	シ	試	shì
ゴク	獄	yù	サク	策	cè	シ	仕	shì
コツ	骨	gǔ, gú	サク	錯	cuò	シ	嗜	shì
コン	紺	gàn	サク	索	suǒ	シ	司	sī
コン	根	gēn	サク	削	xiāo, xuē	シ	思	sī
コン	恨	hèn	サク	搾	zhà	シ	私	sī
コン	婚	hūn	サク	昨	zuó	シ	死	sǐ
コン	魂	hún	サク	作	zuò, zuō	シ	四	sì
コン	混	hùn, hún	サツ	冊	cè	シ	飼	sì
コン	今	jīn	サツ	察	chá	シ	支	zhī
コン	墾	kěn	サツ	殺	shā	シ	肢	zhī
コン	懇	kěn	サツ	刷	shuā, shuà	シ	之	zhī
コン	昆	kūn	サツ	札	zhá	シ	枝	zhī
コン	困	kùn	ザツ	雑	zá	シ	脂	zhī

シ	指	zhǐ	シャ	斜	xié	シュウ	羞	xiū
シ	旨	zhǐ	シャ	写	xiě	シュウ	秀	xiù
シ	止	zhǐ	シャ	謝	xiè	シュウ	終	zhōng
シ	紙	zhǐ	シャ	遮	zhē	シュウ	衆	zhòng
シ	址	zhǐ	シャ	者	zhě	シュウ	周	zhōu
シ	志	zhì	シャ	煮	zhǔ	シュウ	州	zhōu
シ	至	zhì	ジャ	蛇	shé	シュウ	週	zhōu
シ	誌	zhì	ジャ	邪	xié	シュウ	宗	zōng
シ	資	zī	シャク	尺	chǐ	ジュウ	充	chōng
シ	姿	zī	シャク	借	jiè	ジュウ	銃	chòng
シ	子	zǐ, zi	シャク	釈	shì	ジュウ	従	cóng
シ	紫	zǐ	シャク	酌	zhuó	ジュウ	柔	róu
ジ	持	chí	ジャク	寂	jì	ジュウ	渋	sè
ジ	磁	cí	ジャク	雀	què, qiǎo	ジュウ	十	shí
ジ	辞	cí	ジャク	若	ruò	ジュウ	獣	shòu
ジ	慈	cí	ジャク	弱	ruò	ジュウ	汁	zhī
ジ	次	cì	シュ	酒	jiǔ	ジュウ	重	zhòng, chóng
ジ	児	ér	シュ	取	qǔ			
ジ	耳	ěr	シュ	趣	qù	ジュウ	住	zhù
ジ	時	shí	シュ	守	shǒu	ジュウ	縦	zòng
ジ	事	shì	シュ	手	shǒu	シュク	粛	sù
ジ	示	shì	シュ	首	shǒu	シュク	宿	sù, xiǔ, xiù
ジ	侍	shì	シュ	狩	shòu	シュク	縮	suō
ジ	似	sì, shì	シュ	殊	shū	シュク	祝	zhù
ジ	寺	sì	シュ	種	zhǒng, zhòng	ジュク	熟	shú, shóu
ジ	治	zhì				ジュク	塾	shú
ジ	痔	zhì	シュ	腫	zhǒng	シュツ	出	chū
ジ	滋	zī	シュ	朱	zhū	ジュツ	術	shù, zhú
ジ	字	zì	シュ	主	zhǔ	ジュツ	述	shù
ジ	自	zì	ジュ	儒	rú	シュン	春	chūn
シキ	識	shí, zhì	ジュ	受	shòu	シュン	竣	jùn
シキ	式	shì	ジュ	寿	shòu	シュン	駿	jùn
ジク	軸	zhóu	ジュ	授	shòu	シュン	瞬	shùn
シチ	七	qī	ジュ	樹	shù	ジュン	純	chún
シツ	疾	jí	ジュ	需	xū	ジュン	盾	dùn
シツ	嫉	jí	ジュ	呪	zhòu	ジュン	潤	rùn
シツ	漆	qī	シュウ	愁	chóu	ジュン	順	shùn
シツ	失	shī	シュウ	酬	chóu	ジュン	旬	xún
シツ	湿	shī	シュウ	醜	chǒu	ジュン	巡	xún
シツ	室	shì	シュウ	臭	chòu, xiù	ジュン	循	xún
シツ	執	zhí	シュウ	集	jí	ジュン	殉	xùn
シツ	質	zhì	シュウ	就	jiù	ジュン	准	zhǔn
シャ	車	chē	シュウ	秋	qiū	ジュン	準	zhǔn
シャ	紗	shā	シュウ	囚	qiú	ジュン	遵	zūn
シャ	捨	shě	シュウ	拾	shí	ショ	初	chū
シャ	舎	shě, shè	シュウ	収	shōu	ショ	処	chǔ, chù
シャ	射	shè	シュウ	習	xí	ショ	且	qiě
シャ	社	shè	シュウ	襲	xí	ショ	書	shū
シャ	赦	shè	シュウ	修	xiū	ショ	暑	shǔ

ショ	署	shǔ		ショウ	照	zhào		シン	深	shēn
ショ	庶	shù		ショウ	召	zhào		シン	申	shēn
ショ	所	suǒ		ショウ	詔	zhào		シン	身	shēn
ショ	諸	zhū		ショウ	症	zhèng, zhēng		シン	娠	shēn
ジョ	除	chú						シン	神	shén
ジョ	女	nǚ		ショウ	証	zhèng		シン	審	shěn
ジョ	徐	xú		ショウ	鐘	zhōng		シン	慎	shèn
ジョ	序	xù		ショウ	粧	zhuāng		シン	心	xīn
ジョ	助	zhù		ショウ	庄	zhuāng		シン	新	xīn
ショウ	償	cháng		ジョウ	常	cháng		シン	信	xìn
ショウ	唱	chàng		ジョウ	場	chǎng, cháng		シン	真	zhēn
ショウ	称	chēng, chèn						シン	針	zhēn
				ジョウ	乗	chéng, shèng		シン	鍼	zhēn
ショウ	承	chéng						シン	診	zhěn
ショウ	衝	chōng, chòng		ジョウ	城	chéng		シン	振	zhèn
				ジョウ	錠	dìng		シン	震	zhèn
ショウ	床	chuáng		ジョウ	浄	jìng		ジン	尽	jìn, jǐn
ショウ	将	jiāng, jiàng		ジョウ	嬢	niáng		ジン	人	rén
ショウ	奨	jiǎng		ジョウ	醸	niàng		ジン	仁	rén
ショウ	匠	jiàng		ジョウ	情	qíng		ジン	甚	shèn
ショウ	醤	jiàng		ジョウ	壌	rǎng		ジン	腎	shèn
ショウ	焦	jiāo		ジョウ	譲	ràng		ジン	尋	xún
ショウ	礁	jiāo		ジョウ	冗	rǒng		ジン	迅	xùn
ショウ	晶	jīng		ジョウ	上	shàng		ジン	陣	zhèn
ショウ	妾	qiè		ジョウ	剰	shèng		ス	須	xū
ショウ	傷	shāng		ジョウ	条	tiáo		スイ	吹	chuī
ショウ	商	shāng		ジョウ	帖	tiē, tiě, tiè		スイ	炊	chuī
ショウ	賞	shǎng		ジョウ	丈	zhàng		スイ	垂	chuí
ショウ	焼	shāo		ジョウ	蒸	zhēng		スイ	錘	chuí
ショウ	少	shǎo, shào		ジョウ	状	zhuàng		スイ	粋	cuì
ショウ	紹	shào		ショク	触	chù		スイ	彗	huì
ショウ	渉	shè		ショク	色	sè, shǎi		スイ	衰	shuāi
ショウ	昇	shēng		ショク	食	shí, sì		スイ	帥	shuài
ショウ	升	shēng		ショク	飾	shì		スイ	水	shuǐ
ショウ	省	shěng, xǐng		ショク	拭	shì		スイ	睡	shuì
				ショク	織	zhī		スイ	遂	suì, suí
ショウ	勝	shèng		ショク	植	zhí		スイ	推	tuī
ショウ	松	sōng		ショク	職	zhí		スイ	錐	zhuī
ショウ	訟	sòng		ショク	嘱	zhǔ		スイ	酔	zuì
ショウ	詳	xiáng		ジョク	辱	rǔ		ズイ	随	suí
ショウ	消	xiāo		シン	臣	chén		ズイ	髄	suǐ
ショウ	硝	xiāo		シン	唇	chún		スウ	崇	chóng
ショウ	小	xiǎo		シン	津	jīn		スウ	数	shǔ, shù
ショウ	肖	xiào		シン	浸	jìn		スン	寸	cùn
ショウ	笑	xiào		シン	進	jìn		セ	施	shī
ショウ	章	zhāng		シン	侵	qīn		セ	世	shì
ショウ	掌	zhǎng		シン	親	qīn, qìng		ゼ	是	shì
ショウ	障	zhàng		シン	寝	qǐn		セイ	成	chéng
ショウ	招	zhāo		シン	森	sēn				

セイ	誠	chéng		セツ	刹	shā, chà		ゼン	全	quán
セイ	精	jīng		セツ	設	shè		ゼン	然	rán
セイ	静	jìng		セツ	摂	shè		ゼン	善	shàn
セイ	凄	qī		セツ	説	shuō, shuì		ゼン	膳	shàn
セイ	清	qīng		セツ	泄	xiè		ソ	礎	chǔ
セイ	青	qīng		セツ	雪	xuě		ソ	粗	cū
セイ	晴	qíng		セツ	折	zhé, zhē, shé		ソ	措	cuò
セイ	請	qǐng						ソ	疎	shū
セイ	牲	shēng		セツ	拙	zhuō		ソ	鼠	shǔ
セイ	生	shēng		ゼツ	絶	jué		ソ	蘇	sū
セイ	声	shēng		ゼツ	舌	shé		ソ	素	sù
セイ	盛	shèng, chéng		セン	川	chuān		ソ	訴	sù
				セン	船	chuán		ソ	溯	sù
セイ	聖	shèng		セン	尖	jiān		ソ	塑	sù
セイ	勢	shì		セン	煎	jiān		ソ	租	zū
セイ	誓	shì		セン	箋	jiān		ソ	祖	zǔ
セイ	逝	shì		セン	剪	jiǎn		ソ	組	zǔ
セイ	西	xī		セン	践	jiàn		ソ	阻	zǔ
セイ	星	xīng		セン	賤	jiàn		ソウ	倉	cāng
セイ	姓	xìng		セン	薦	jiàn		ソウ	操	cāo
セイ	性	xìng		セン	千	qiān		ソウ	槽	cáo
セイ	征	zhēng		セン	遷	qiān		ソウ	草	cǎo
セイ	整	zhěng		セン	銭	qián		ソウ	層	céng
セイ	政	zhèng		セン	潜	qián		ソウ	挿	chā
セイ	正	zhèng, zhēng		セン	浅	qiǎn		ソウ	窓	chuāng
				セン	泉	quán		ソウ	創	chuàng, chuāng
セイ	制	zhì		セン	詮	quán				
セイ	製	zhì		セン	染	rǎn		ソウ	聡	cōng
ゼイ	脆	cuì		セン	煽	shān		ソウ	喪	sàng, sāng
ゼイ	税	shuì		セン	閃	shǎn		ソウ	搔	sāo
セキ	斥	chì		セン	扇	shàn, shān		ソウ	騒	sāo
セキ	赤	chì		セン	栓	shuān		ソウ	掃	sǎo, sào
セキ	積	jī		セン	洗	xǐ		ソウ	僧	sēng
セキ	籍	jí		セン	先	xiān		ソウ	痩	shòu
セキ	脊	jǐ		セン	繊	xiān, qiàn		ソウ	双	shuāng
セキ	績	jì		セン	鮮	xiān, xiǎn		ソウ	霜	shuāng
セキ	跡	jì		セン	仙	xiān		ソウ	爽	shuǎng
セキ	寂	jì		セン	線	xiàn		ソウ	送	sòng
セキ	戚	qī		セン	腺	xiàn		ソウ	捜	sōu
セキ	石	shí, dàn		セン	羨	xiàn		ソウ	相	xiāng, xiàng
セキ	析	xī		セン	宣	xuān				
セキ	昔	xī		セン	旋	xuán, xuàn		ソウ	箱	xiāng
セキ	席	xí		セン	選	xuǎn		ソウ	想	xiǎng
セキ	責	zé		セン	占	zhàn, zhān		ソウ	葬	zàng
セキ	隻	zhī		セン	戦	zhàn		ソウ	遭	zāo
セツ	接	jiē		セン	専	zhuān		ソウ	早	zǎo
セツ	節	jié		ゼン	禅	chán		ソウ	藻	zǎo
セツ	切	qiè, qiē		ゼン	喘	chuǎn		ソウ	燥	zào
セツ	窃	qiè		ゼン	前	qián		ソウ	噪	zào

ソウ	争	zhēng	タイ	逮	dài, dǎi	ダン	段	duàn
ソウ	装	zhuāng	タイ	貸	dài	ダン	男	nán
ソウ	荘	zhuāng	タイ	戴	dài	ダン	暖	nuǎn
ソウ	壮	zhuàng	タイ	堆	duī	ダン	談	tán
ソウ	総	zǒng	タイ	対	duì	ダン	壇	tán
ソウ	走	zǒu	タイ	隊	duì	ダン	団	tuán
ソウ	奏	zòu	タイ	耐	nài	チ	痴	chī
ゾウ	蔵	cáng, zàng	タイ	胎	tāi	チ	遅	chí
ゾウ	象	xiàng	タイ	太	tài	チ	池	chí
ゾウ	像	xiàng	タイ	態	tài	チ	恥	chǐ
ゾウ	造	zào	タイ	泰	tài	チ	地	dì, de
ゾウ	増	zēng	タイ	体	tǐ, tī	チ	知	zhī
ゾウ	憎	zēng	タイ	替	tì	チ	値	zhí
ゾウ	贈	zèng	タイ	腿	tuǐ	チ	治	zhì
ソク	測	cè	タイ	退	tuì	チ	智	zhì
ソク	側	cè, zhāi	タイ	滞	zhì	チ	置	zhì
ソク	促	cù	ダイ	大	dà, dài	チ	致	zhì
ソク	即	jí	ダイ	代	dài	チ	稚	zhì
ソク	塞	sāi, sài, sè	ダイ	第	dì	チク	畜	chù, xù
ソク	束	shù	ダイ	台	tái	チク	蓄	xù
ソク	速	sù	ダイ	題	tí	チク	竹	zhú
ソク	息	xī	タク	託	tuō	チク	逐	zhú
ソク	則	zé	タク	托	tuō	チク	築	zhù
ソク	足	zú	タク	拓	tuò, tà	チツ	秩	zhì
ゾク	属	shǔ	タク	宅	zhái	チツ	窒	zhì
ゾク	俗	sú	タク	濯	zhuó	チャ	茶	chá
ゾク	賊	zéi	タク	卓	zhuó	チャク	嫡	dí
ゾク	族	zú	ダク	諾	nuò	チャク	着	zhuó, zhāo, zháo, zhe
ソン	村	cūn	ダク	濁	zhuó			
ソン	存	cún	ダツ	達	dá	チュウ	虫	chóng
ソン	孫	sūn	ダツ	奪	duó	チュウ	抽	chōu
ソン	損	sǔn	ダツ	脱	tuō	チュウ	厨	chú
ソン	尊	zūn	タン	単	dān, shàn	チュウ	中	zhōng, zhòng
	タ行		タン	担	dān, dàn			
タ	多	duō	タン	丹	dān	チュウ	忠	zhōng
タ	他	tā	タン	胆	dǎn	チュウ	衷	zhōng
タ	汰	tài	タン	誕	dàn	チュウ	昼	zhòu
ダ	打	dǎ	タン	旦	dàn	チュウ	宙	zhòu
ダ	堕	duò	タン	淡	dàn	チュウ	注	zhù
ダ	惰	duò	タン	端	duān	チュウ	鋳	zhù
ダ	舵	duò	タン	短	duǎn	チュウ	柱	zhù
ダ	陀	tuó	タン	鍛	duàn	チュウ	駐	zhù
ダ	駄	tuó, duò	タン	痰	tán	チョ	緒	xù
ダ	妥	tuǒ	タン	坦	tǎn	チョ	猪	zhū
ダ	唾	tuò	タン	嘆	tàn	チョ	著	zhù
タイ	待	dài, dāi	タン	炭	tàn	チョ	貯	zhù
タイ	帯	dài	タン	探	tàn	チョウ	腸	cháng
タイ	怠	dài	ダン	弾	dàn, tán	チョウ	長	cháng, zhǎng
タイ	袋	dài	ダン	断	duàn			

読み	漢字	ピンイン		読み	漢字	ピンイン		読み	漢字	ピンイン
チョウ	超	chāo		テイ	廷	tíng		トウ	悼	dào
チョウ	潮	cháo		テイ	艇	tǐng		トウ	登	dēng
チョウ	嘲	cháo		テイ	偵	zhēn		トウ	灯	dēng
チョウ	懲	chéng		デイ	泥	ní		トウ	等	děng
チョウ	寵	chǒng		テキ	的	de, dí, dì		トウ	冬	dōng
チョウ	彫	diāo		テキ	滴	dī		トウ	東	dōng
チョウ	釣	diào		テキ	敵	dí		トウ	凍	dòng
チョウ	調	diào, tiáo		テキ	笛	dí		トウ	棟	dòng
チョウ	弔	diào		テキ	適	shì		トウ	豆	dòu
チョウ	蝶	dié		テキ	摘	zhāi		トウ	闘	dòu
チョウ	頂	dǐng		テツ	徹	chè		トウ	痘	dòu
チョウ	鳥	niǎo		テツ	迭	dié		トウ	塔	tǎ
チョウ	挑	tiāo, tiǎo		テツ	鉄	tiě		トウ	踏	tà, tā
チョウ	跳	tiào		テツ	哲	zhé		トウ	湯	tāng
チョウ	眺	tiào		テン	典	diǎn		トウ	糖	táng
チョウ	庁	tīng		テン	点	diǎn		トウ	唐	táng
チョウ	聴	tīng		テン	店	diàn		トウ	逃	táo
チョウ	町	tǐng		テン	天	tiān		トウ	陶	táo
チョウ	張	zhāng		テン	添	tiān		トウ	桃	táo
チョウ	帳	zhàng		テン	填	tiě		トウ	淘	táo
チョウ	朝	zhāo, cháo		テン	貼	tiē		トウ	討	tǎo
チョウ	兆	zhào		テン	展	zhǎn		トウ	騰	téng
チョウ	徴	zhēng		デン	電	diàn		トウ	謄	téng
チョク	直	zhí		デン	殿	diàn		トウ	藤	téng
チン	賃	lìn		デン	田	tián		トウ	統	tǒng
チン	珍	zhēn		ト	都	dōu, dū		トウ	筒	tǒng
ツイ	椎	zhuī		ト	斗	dǒu, dòu		トウ	頭	tóu
ツイ	追	zhuī		ト	賭	dǔ		トウ	投	tóu
ツイ	墜	zhuì		ト	渡	dù		トウ	透	tòu
ツウ	通	tōng, tòng		ト	塗	tú		ドウ	導	dǎo
ツウ	痛	tòng		ト	徒	tú		ドウ	道	dào
テイ	呈	chéng		ト	途	tú		ドウ	動	dòng
テイ	程	chéng		ト	吐	tù, tǔ		ドウ	洞	dòng
テイ	低	dī		ト	兎	tù		ドウ	胴	dòng
テイ	堤	dī		ド	度	dù, duó		ドウ	堂	táng
テイ	底	dǐ		ド	奴	nú		ドウ	同	tóng
テイ	抵	dǐ		ド	努	nǔ		ドウ	童	tóng
テイ	邸	dǐ		ド	怒	nù		ドウ	銅	tóng
テイ	帝	dì		ド	土	tǔ		ドウ	働	tòng
テイ	弟	dì		トウ	搭	dā		トク	得	dé, de, děi
テイ	逓	dì		トウ	答	dá, dā		トク	徳	dé
テイ	丁	dīng, zhēng		トウ	当	dāng, dàng		トク	督	dū
テイ	定	dìng		トウ	党	dǎng		トク	匿	nì
テイ	訂	dìng		トウ	刀	dāo		トク	特	tè
テイ	提	tí, dī		トウ	島	dǎo		ドク	毒	dú
テイ	亭	tíng		トウ	倒	dǎo, dào		ドク	独	dú
テイ	停	tíng		トウ	稲	dào		トツ	突	tū
テイ	庭	tíng		トウ	盗	dào		トツ	凸	tū
				トウ	到	dào		トン	豚	tún

ドン	緞	duàn
ドン	鈍	dùn
ドン	貪	tān
ドン	曇	tán
ドン	呑	tūn

ナ行

ナ	奈	nài
ナイ	内	nèi
ナツ	捺	nà
ナン	南	nán
ナン	難	nán, nàn
ナン	軟	ruǎn
ニ	二	èr
ニク	肉	ròu
ニチ	日	rì
ニュウ	乳	rǔ
ニュウ	入	rù
ニョ	如	rú
ニョウ	尿	niào, suī
ニン	忍	rěn
ニン	任	rèn
ニン	妊	rèn
ニン	認	rèn
ネイ	寧	nìng, níng
ネツ	熱	rè
ネン	年	nián
ネン	粘	nián, zhān
ネン	念	niàn
ネン	燃	rán
ノウ	納	nà
ノウ	悩	nǎo
ノウ	脳	nǎo
ノウ	能	néng
ノウ	濃	nóng
ノウ	農	nóng
ノウ	膿	nóng

ハ行

ハ	覇	bà
ハ	波	bō
ハ	派	pài
ハ	破	pò
バ	馬	mǎ
バ	罵	mà
バ	婆	pó
ハイ	拝	bài, bái
ハイ	敗	bài
ハイ	杯	bēi
ハイ	輩	bèi
ハイ	背	bèi, bēi
ハイ	廃	fèi
ハイ	肺	fèi
ハイ	排	pái, pǎi
ハイ	牌	pái
ハイ	胚	pēi
ハイ	配	pèi
バイ	倍	bèi
バイ	貝	bèi
バイ	買	mǎi
バイ	売	mài
バイ	梅	méi
バイ	媒	méi
バイ	煤	méi
バイ	培	péi
バイ	賠	péi
バイ	陪	péi
ハク	白	bái
ハク	薄	báo, bó, bò
ハク	博	bó
ハク	伯	bó
ハク	泊	bó, pō
ハク	舶	bó
ハク	膊	bó
ハク	拍	pāi
ハク	迫	pò, pǎi
バク	爆	bào
バク	駁	bó
バク	縛	fù
バク	麦	mài
バク	漠	mò
バク	莫	mò
バク	寞	mò
バク	瀑	pù
ハチ	八	bā
ハチ	鉢	bō
ハツ	発	fā
ハツ	髪	fà
バツ	抜	bá
バツ	伐	fá
バツ	罰	fá
バツ	閥	fá
ハン	搬	bān
ハン	班	bān
ハン	般	bān
ハン	頒	bān
ハン	斑	bān
ハン	版	bǎn
ハン	伴	bàn

ハン	半	bàn
ハン	絆	bàn
ハン	帆	fān
ハン	藩	fān
ハン	繁	fán
ハン	煩	fán
ハン	反	fǎn
ハン	氾	fàn
ハン	犯	fàn
ハン	販	fàn
ハン	範	fàn
ハン	飯	fàn
ハン	汎	fàn
ハン	泛	fàn
ハン	判	pàn
ハン	畔	pàn
バン	板	bǎn
バン	坂	bǎn
バン	伴	bàn
バン	番	fān
バン	蛮	mán
バン	盤	pán
バン	判	pàn
バン	晩	wǎn
ヒ	罷	bà
ヒ	卑	bēi
ヒ	悲	bēi
ヒ	碑	bēi
ヒ	被	bèi
ヒ	彼	bǐ
ヒ	比	bǐ
ヒ	避	bì
ヒ	庇	bì
ヒ	非	fēi
ヒ	飛	fēi
ヒ	妃	fēi
ヒ	扉	fēi
ヒ	肥	féi
ヒ	誹	fěi
ヒ	費	fèi
ヒ	否	fǒu, pǐ
ヒ	秘	mì
ヒ	泌	mì
ヒ	批	pī
ヒ	披	pī
ヒ	疲	pí
ヒ	皮	pí
ヒ	屁	pì
ビ	備	bèi

ビ	鼻	bí		フ	訃	fù		ページ	頁	yè
ビ	眉	méi		フ	付	fù		ヘキ	壁	bì
ビ	美	měi		フ	婦	fù		ヘキ	璧	bì
ビ	媚	mèi		フ	富	fù		ヘキ	癖	pǐ
ビ	琵	pí		フ	負	fù		ベツ	別	bié, biè
ビ	微	wēi		フ	赴	fù		ベツ	蔑	miè
ビ	尾	wěi, yǐ		フ	父	fù		ヘン	編	biān
ヒキ	匹	pǐ		フ	普	pǔ		ヘン	辺	biān
ヒツ	筆	bǐ		フ	譜	pǔ		ヘン	変	biàn
ヒツ	必	bì		ブ	部	bù		ヘン	遍	biàn
ヒツ	泌	mì		ブ	撫	fǔ		ヘン	返	fǎn
ヒャク	百	bǎi		ブ	葡	pú		ヘン	偏	piān
ビュウ	謬	miù		ブ	侮	wǔ		ヘン	片	piàn, piān
ヒョウ	豹	bào		ブ	武	wǔ		ベン	鞭	biān
ヒョウ	標	biāo		ブ	舞	wǔ		ベン	便	biàn, pián
ヒョウ	表	biǎo		フウ	封	fēng		ベン	勉	miǎn
ヒョウ	氷	bīng		フウ	風	fēng		ベン	娩	miǎn
ヒョウ	漂	piāo, piǎo, piào		フク	伏	fú		ホ	保	bǎo
ヒョウ	票	piào		フク	幅	fú		ホ	捕	bǔ
ヒョウ	評	píng		フク	服	fú, fù		ホ	補	bǔ
ヒョウ	憑	píng		フク	福	fú		ホ	歩	bù
ビョウ	病	bìng		フク	副	fù		ボ	簿	bù
ビョウ	猫	māo		フク	復	fù		ボ	母	mǔ
ビョウ	錨	máo		フク	腹	fù		ボ	牡	mǔ
ビョウ	描	miáo		フク	複	fù		ボ	慕	mù
ビョウ	苗	miáo		フク	覆	fù		ボ	墓	mù
ビョウ	秒	miǎo		フツ	沸	fèi		ボ	暮	mù
ビョウ	廟	miào		ブツ	物	wù		ボ	菩	pú
ヒン	賓	bīn		フン	分	fēn, fèn		ボ	戊	wù
ヒン	貧	pín		フン	雰	fēn		ホウ	邦	bāng
ヒン	頻	pín		フン	墳	fén		ホウ	包	bāo
ヒン	品	pǐn		フン	粉	fěn		ホウ	胞	bāo
ビン	鬢	bìn		フン	憤	fèn		ホウ	褒	bāo
ビン	敏	mǐn		フン	奮	fèn		ホウ	宝	bǎo
ビン	瓶	píng		フン	糞	fèn		ホウ	飽	bǎo
フ	不	bù		フン	噴	pēn, pèn		ホウ	報	bào
フ	布	bù		ブン	文	wén		ホウ	抱	bào
フ	怖	bù		ブン	聞	wén		ホウ	崩	bēng
フ	夫	fū		ヘイ	幣	bì		ホウ	呆	dāi
フ	膚	fū		ヘイ	弊	bì		ホウ	法	fǎ
フ	孵	fū		ヘイ	閉	bì		ホウ	方	fāng
フ	敷	fū		ヘイ	陛	bì		ホウ	芳	fāng
フ	扶	fú		ヘイ	兵	bīng		ホウ	倣	fǎng
フ	浮	fú		ヘイ	丙	bǐng		ホウ	訪	fǎng
フ	符	fú		ヘイ	併	bìng		ホウ	放	fàng
フ	芙	fú		ヘイ	並	bìng		ホウ	峰	fēng
フ	府	fǔ		ヘイ	聘	pìn		ホウ	蜂	fēng
フ	腐	fǔ		ヘイ	平	píng		ホウ	豊	fēng
				ベイ	米	mǐ				

ホウ	縫	féng, fèng	マイ	枚	méi	モウ	猛	měng
ホウ	奉	fèng	マイ	毎	měi	モウ	網	wǎng
ホウ	鳳	fèng	マイ	妹	mèi	モウ	妄	wàng
ホウ	抛	pāo	マイ	昧	mèi	モク	黙	mò
ホウ	泡	pào, pāo	マイ	米	mǐ	モク	木	mù
ホウ	砲	pào, páo	マク	膜	mó	モク	目	mù
ホウ	朋	péng	マク	幕	mù	モン	悶	mēn, mèn
ボウ	傍	bàng	マツ	抹	mā, mǒ, mò	モン	門	mén
ボウ	棒	bàng				モン	紋	wén
ボウ	暴	bào	マツ	末	mò	モン	問	wèn
ボウ	乏	fá	マツ	沫	mò	**ヤ行**		
ボウ	坊	fāng, fáng	マン	満	mǎn	ヤ	爺	yé
ボウ	妨	fáng	マン	慢	màn	ヤ	也	yě
ボウ	房	fáng	マン	漫	màn	ヤ	冶	yě
ボウ	防	fáng	マン	万	wàn	ヤ	野	yě
ボウ	肪	fáng	ミ	魅	mèi	ヤ	夜	yè
ボウ	紡	fǎng	ミ	味	wèi	ヤク	厄	è
ボウ	忙	máng	ミ	未	wèi	ヤク	薬	yào
ボウ	帽	mào	ミツ	密	mì	ヤク	役	yì
ボウ	冒	mào	ミツ	蜜	mì	ヤク	約	yuē
ボウ	貿	mào	ミャク	脈	mài, mò	ヤク	躍	yuè
ボウ	貌	mào	ミョウ	妙	miào	ユ	輸	shū
ボウ	謀	móu	ミョウ	眠	mián	ユ	油	yóu
ボウ	某	mǒu	ミン	民	mín	ユ	愉	yú
ボウ	厖	páng	ム	矛	máo	ユ	癒	yù
ボウ	膨	péng	ム	夢	mèng	ユ	喩	yù
ボウ	剖	pōu	ム	無	wú	ユ	諭	yù
ボウ	亡	wáng	ム	務	wù	ユイ	唯	wéi, wěi
ボウ	忘	wàng	ム	霧	wù	ユウ	融	róng
ボウ	望	wàng	メイ	盟	méng	ユウ	雄	xióng
ホク	北	běi	メイ	謎	mí	ユウ	勇	yǒng
ボク	墨	mò	メイ	迷	mí	ユウ	優	yōu
ボク	牧	mù	メイ	名	míng	ユウ	幽	yōu
ボク	睦	mù	メイ	明	míng	ユウ	悠	yōu
ボク	撲	pū	メイ	冥	míng	ユウ	憂	yōu
ボク	僕	pú	メイ	銘	míng	ユウ	由	yóu
ボツ	没	méi, mò	メイ	酩	mǐng	ユウ	遊	yóu
ホン	奔	bēn, bèn	メイ	命	mìng	ユウ	郵	yóu
ホン	本	běn	メイ	鳴	wū	ユウ	友	yǒu
ホン	翻	fān	メツ	滅	miè	ユウ	有	yǒu
ボン	凡	fán	メン	綿	mián	ユウ	右	yòu
ボン	盆	pén	メン	免	miǎn	ユウ	誘	yòu
マ行			メン	面	miàn	ヨ	余	yú
マ	麻	má	メン	麺	miàn	ヨ	予	yǔ, yú
マ	摩	mó	モ	茂	mào	ヨ	与	yǔ, yù
マ	魔	mó	モ	模	mó, mú	ヨ	誉	yù
マ	磨	mó, mò	モウ	耗	hào	ヨ	預	yù
マイ	埋	mái, mán	モウ	盲	máng	ヨウ	容	róng
マイ	邁	mài	モウ	毛	máo	ヨウ	溶	róng

ヨウ	揚	yáng	リ	裏	lǐ	レイ	礼	lǐ
ヨウ	洋	yáng	リ	里	lǐ	レイ	例	lì
ヨウ	羊	yáng	リ	利	lì	レイ	励	lì
ヨウ	陽	yáng	リ	吏	lì	レイ	隷	lì
ヨウ	楊	yáng	リ	痢	lì	レイ	麗	lì, lí
ヨウ	養	yǎng	リ	履	lǚ	レイ	零	líng
ヨウ	痒	yǎng	リキ	力	lì	レイ	霊	líng
ヨウ	様	yàng	リク	陸	lù, liù	レイ	齢	líng
ヨウ	腰	yāo	リツ	立	lì	レイ	嶺	lǐng
ヨウ	夭	yāo	リツ	律	lǜ	レイ	令	lìng
ヨウ	妖	yāo	リツ	率	shuài, lǜ	レキ	暦	lì
ヨウ	謡	yáo	リャク	略	lüè	レキ	歴	lì
ヨウ	遥	yáo	リュウ	粒	lì	レツ	列	liè
ヨウ	要	yào, yāo	リュウ	溜	liū, liù	レツ	劣	liè
ヨウ	曜	yào	リュウ	流	liú	レツ	烈	liè
ヨウ	葉	yè	リュウ	留	liú	レツ	裂	liè, liě
ヨウ	庸	yōng	リュウ	硫	liú	レン	憐	lián
ヨウ	踊	yǒng	リュウ	瘤	liú	レン	蓮	lián
ヨウ	用	yòng	リュウ	隆	lóng	レン	連	lián
ヨウ	幼	yòu	リュウ	竜	lóng	レン	廉	lián
ヨク	沃	wò	リョ	侶	lǚ	レン	恋	liàn
ヨク	翼	yì	リョ	旅	lǚ	レン	練	liàn
ヨク	抑	yì	リョ	慮	lǜ	ロ	濾	lǜ
ヨク	翌	yì	リョ	虜	lǔ	ロ	炉	lú
ヨク	欲	yù	リョウ	良	liáng	ロ	路	lù
ヨク	浴	yù	リョウ	涼	liáng, liàng	ロ	露	lù, lòu
	ラ行・ワ		リョウ	量	liáng, liàng	ロウ	廊	láng
ラ	羅	luó	リョウ	両	liǎng	ロウ	朗	lǎng
ライ	来	lái	リョウ	僚	liáo	ロウ	浪	làng
ライ	頼	lài	リョウ	療	liáo	ロウ	労	láo
ライ	雷	léi	リョウ	遼	liáo	ロウ	牢	láo
ラク	酪	lào	リョウ	寮	liáo	ロウ	老	lǎo
ラク	絡	luò	リョウ	了	liǎo, le	ロウ	楼	lóu
ラク	落	luò, lào, là	リョウ	料	liào	ロウ	漏	lòu
ラク	楽	yuè, lè	リョウ	領	lǐng	ロウ	弄	nòng, lòng
ラツ	拉	lā, lá	リョウ	漁	yú	ロク	六	liù
ラツ	辣	là	リョク	緑	lǜ	ロク	鹿	lù
ラン	欄	lán	リン	林	lín	ロク	録	lù
ラン	蘭	lán	リン	臨	lín	ロン	論	lùn
ラン	藍	lán	リン	隣	lín	ワ	和	hé, hè, huó, huò
ラン	嵐	lán	リン	燐	lín			
ラン	覧	lǎn	リン	鱗	lín	ワ	話	huà
ラン	濫	làn	リン	倫	lún	ワ	倭	wō
ラン	卵	luǎn	リン	輪	lún	ワイ	賄	huì
ラン	乱	luàn	ルイ	累	lěi, lèi, léi	ワイ	歪	wāi
リ	離	lí	ルイ	涙	lèi	ワク	惑	huò
リ	梨	lí	ルイ	類	lèi	ワン	湾	wān
リ	罹	lí	レイ	冷	lěng	ワン	碗	wǎn
リ	理	lǐ	レイ	黎	lí	ワン	腕	wàn

A

【A 股】A gǔ [名] A 株 ♦人民元によって売買される中国企業株. 中国国内投資家のみが投資可能

【AA 制】AA zhì [名] 割り勘 [同]［分摊］

【AB 角】AB jué [名] ‘AB 制’における, 同一業務を担当する各担当者

【AB 制】AB zhì [名] 複数担当者制度, ダブルキャスト制度 ♦ひとつの業務に対し複数の担当者を設けて, 主担当者 A の不在時には B がその業務を実施できる体制を敷くこと. 舞台演劇で, 主役をダブルキャストにすること

【API 指数】API zhǐshù [名] 大気汚染指数 [同]［空气 kōngqì 污染指数］

【AQ】[名] AQ, 成就指数

【ATM 机】ATM jī [名] ATM, 現金自動預け払い機 [同]［自动取款机］

〖阿〗 ā ⊗① [頭]《方》単音節の名や‘排行 páiháng’などの前につき, 親しみを表わす［～信］お信 ②[頭]《方》単音節の親族名称の前に付く［～哥］兄 ③音訳用字として［～根廷］アルゼンチン［～尔卑斯山］アルプス山脈［～尔法射线］アルファ線(‘α 射线’とも)
⇨ē

【阿昌族】Āchāngzú [名] アチャン族 ♦中国少数民族の一, 雲南省に住む

【阿斗】Ā Dǒu [名] 役立たず, 能なし ♦三国時代劉備の子の幼名に由来

【阿飞】āfēi [名] 不良(青年), ちんぴら(特に服装や行動が奇矯なものをいう)

【阿訇】āhōng [名] (回教·イスラム教の) 導師, 布教師 ♦敬称としても用いる. ‘阿洪’とも

【阿基里斯腱】Ājīlǐsījiàn [名] アキレス腱

【阿拉伯】Ālābó [名] アラビア(アラブ)［～海］アラビア海［～数字］［～数码］アラビア数字

【阿米巴】āmǐbā [名] アメーバ［～痢疾］アメーバ赤痢

【阿摩尼亚】āmóníyà [名] アンモニア [同]［氨 ān］

【阿片】āpiàn [名] (医薬としての) アヘン ♦麻薬としては‘大烟’‘鸦片’‘阿芙蓉’という

【阿 Q】Ā Qiū/Ā Kiū [名] 魯迅『阿 Q 正伝』の主人公 ♦事実を直視せず敗北を勝利と言いくるめて自分をごまかす人を例える

【阿司匹林】āsīpǐlín [名] アスピリン [同]［醋柳酸］

★★【阿姨】āyí [名] ① (親族でない) おばさん, おねえさん ② (保育園·託児所の) 保母さん [同]［保育员］ ③お手伝いさん [同]［保姆］ ④《方》母方のおば

【啊(*呵)】 ā [嘆] ① (驚きの) あっ〘～, 下雨了〙あっ, 雨だ ② (賛嘆の) うわぁ〘～, 你可真了不起呀〙いやあ, 君ほんとにすごいね
⇨á, ǎ, à, a

【啊(*呵)】 á [嘆] (聞き返して) えっ〘～, 什么?〙えっ, 何だって
⇨ā, ǎ, à, a

【啊(*呵)】 ǎ [嘆] (強い驚きの) えええっ〘～, 他到底怎么了?〙えええっ, あいつ一体どうしたんだ
⇨ā, á, à, a

【啊(*呵)】 à [嘆] ① (承諾の) ええ, うん ② (悟ったときの) あっ (そうか)〘～, 原来是这样〙なんだ, そうだったのか
⇨ā, á, ǎ, a

【啊(*呵)】 a [助] ①文末の語気助詞 ♦親しげなあるいはぞんざいな語気を示す. 感嘆文·疑問文·命令文に頻用される ②文中で間(ま)をおくときに使う助詞 ♦ともに直前の字の韻母が a·e·i·o·ü·ai·ei のとき ya の音に, u·ou·ao のとき wa の音に, an·en のとき na の音に変わることが多い. それぞれ‘呀’‘哇’‘哪’と書いてもよい
⇨ā, á, ǎ, à

〖哀〗 āi ⊗①悲しむ, 嘆く［悲～］悲しい ②哀れむ, 同情する ③悼(いた)む, 死を悲しむ［默～］黙悼する

【哀悼】āidào [動] 悼む, 哀悼(あいとう)する〘～烈士〙烈士を悼む

【哀告】āigào [動] 悲しげに告げる〘～自己的苦楚〙自分の苦しみを涙ながらに告げる

【哀号】āiháo [動] 悲しみに号泣する, 泣きくずれる

【哀怜】āilián [動] 気の毒がる, 同情する〘应该～她〙彼女に同情すべきだ

【哀鸣】āimíng [動]《書》悲しげに鳴く

【哀求】āiqiú [動] 哀願する, 涙ながらに頼み込む〘～他不要杀鸡〙鶏を殺さないよう彼に哀願する

【哀思】āisī [名] 哀悼の念〘寄托～〙哀悼の念を託す

【哀叹】āitàn [動] 嘆き悲しむ〘～自己的命运〙自分の巡り合せの悪さを嘆く

【哀痛】āitòng [形] 心が痛むほど悲しい［～欲绝］悲しみに息も絶えそうだ

【哀怨】āiyuàn [形] 切なく恨むような, 涙をのむ

【哀乐】āiyuè [名]〔支·曲〕葬送曲,

哀悼の音楽

【哎】 āi 嘆(驚き・不満・呼び掛けの) まあ、おい ◆'嗳'と書くことも [~，你在这儿干吗？]おい、そこで何してる

【哎呀】 āiyā 嘆(驚き・称賛・非難などの) わあ、まあ ◆程度により[哎呀呀][~～]ともいう

*__【哎哟】__ āiyō 嘆(驚き・痛み・皮肉などの) ああ、おやおや ◆[哎哟哟][~～]ともいう [~，真疼啊！]ああ、痛い

【埃】 āi ⊗ ほこり [尘~]同前

【挨】 āi 動①(順を)追う[~家~户]一軒ごとに 2)(接近して)並ぶ、すぐそばにつく[~着妈妈]お母さんと並んでいる
⇨ái

【挨次】 āicì 副 順番に(⇨[挨个儿])[~发糖]一人ずつに飴を配る

【挨肩儿】 āijiānr 形〔定語として〕(兄弟姉妹が)年齢の順に並んだ多く末っ子とそのすぐ上の兄・姉との関係を表わす[~的哥哥]すぐ上の兄

【挨近】 āijìn 動 寄り添う、そばに寄る[挨不近]近寄れない

【唉】 āi 嘆①(相手に応えて)ああ ②(ため息の) ああ[~声叹气]ため息をつく
⇨ái

【挨(捱)】 ái 動①…の目に遭う、…される [~批评]批判を受ける[~训]叱られる[~打]ぶたれる ②(時間を)引き延ばす[~时间]引き時間かせぎをする ③(辛さに耐えて)時間を過ごす、辛抱する[~到天亮]夜明けまでじりじりと(寝ないで)過ごす
⇨ái

【皑(皚)】 ái ⊗ 白い、真っ白な

【皑皑】 ái'ái 形〔書〕(雪や霜が)真っ白な、白一色の

【癌】 ái (旧読 yán) 图〔医〕癌[癌症][得~]癌になる[胃~]胃癌

*__【癌症】__ áizhèng 图(⇨[癌])

【欸】 ǎi ⊗ [~乃]舟の櫓を漕ぐ音
⇨ē，é，ě，è

【嗳(嗳)】 ǎi 嘆 (不満や否定的な語気の) いや、いえ [~，那怎么行呢？] いやいや、そんなことできる訳ないよ
⇨ài

【矮】 ǎi 形(⊗[高]⇔[低])①(背、高さが)低い ◆人、木、建物など地面から立っているものの高さについていう[他个子~]彼は背が低い ②(地位や等級が)低い

【矮小】 ǎixiǎo 形 低くて小さい (⇔[高大])[身材~]体つきが小さい[~的房间](天井も低く)小さな部屋

【矮子】 ǎizi 图 背の低い人、ちび (⇔[高个儿])

【蔼(藹)】 ǎi ⊗①なごやかな [和~]同前 ②繁茂する

【霭(靄)】 ǎi ⊗ もや、かすみ

【艾】 ài ⊗①ヨモギ[~蒿][~草][蕲 qí~]ヨモギ[~绒]もぐさ ②尽きる ③美しい ④(A-)姓
⇨yì

【艾滋病(爱滋病)】 àizībìng 图〔医〕エイズ(⇨[HIV])[~毒]エイズウイルス

【唉】 ài 嘆(悲しみ惜しむ語気の) あぁ[~，又没买上]あぁ、また買えなかった
⇨āi

【爱(愛)】 ài 動①愛する、好むだ[我~你]君が好きだ[对你的~]君への愛[~恨] ②…しやすい[~发脾气]なにかというと癇癪 cáqを起こす ③〈口〉好きにする[你~吃不吃]食べるかどうか勝手にする

*__【爱不释手】__ ài bú shì shǒu《成》片時も手から放せないほど夢中になる

【爱称】 àichēng 图 愛称、ニックネーム

【爱戴】 àidài 動(上位の人を)敬愛し支持する(⊗[轻慢])[为wéi人民所~]人民から支持される[~领袖]指導者を心から支持する

【爱抚】 àifǔ 動 慈しむ、かわいがる[~孩子]子供をかわいがる

【爱国主义】 àiguó zhǔyì 图 愛国主義

*__【爱好】__ àihào①图 趣味、好み ━━動 愛好する[~和平]平和を愛する[~京剧]京劇を好む[~收集邮票]切手集めが趣味だ

*__【爱护】__ àihù 動 大事に守る、愛護する[~公共财产]公共の財産を守る

【爱克斯射线】 àikèsī shèxiàn 图 エックス線(通常'X射线'と書く)(⇨[爱克斯光])[~片] X線写真

【爱理不理】 ài lǐ bù lǐ《成》(人に対して)よそよそしく冷たい ⇨[爱答不理]

【爱怜】 àilián 動 かわいがる、いとおしむ[对小猫很~]子猫をかわいがる

【爱恋】 àiliàn 動 恋い慕う、熱愛する[~的目光]思慕のまなざし

【爱莫能助】 ài mò néng zhù《成》

助けたいのは山々だがその力がない
【爱慕】àimù [動] 慕う, 憧れる
★★【爱情】àiqíng [名]（男女の）愛情 ［～镜头］ラブシーン
【爱人】àiren [名] ①夫 [同]［丈夫］ ②妻 [同]［妻子］ ♦ともに大陸での言い方
★★【爱惜】àixī [動] いとおしむ, 大切にする 〚～资源〛資源を大事にする
★★【爱心】àixīn [名]〔颗〕愛する心

【嗳(噯)】ài [嘆]（後悔の語気の）あぁ ⇨ǎi

〖媛(嬡)〗ài ⊗ →［令 lìng ～］

〖暧(曖)〗ài ⊗うす暗い, ぼんやりとした
★【暧昧】àimèi [形] ①あいまいな, はっきりしない ②うしろ暗い, うさん臭い 〚～的关系〛（主に男女間の）いかがわしい関係

〖隘〗ài ⊗①せまい ［狭～］同前 ②要害, 天険の地 ［要～］同前
【隘口】àikǒu [名] 山かいの狭い道, 要害の地
【隘路】àilù [名] 狭く険しい道, 難関

【碍(礙)】ài [動]（…の）邪魔をする, 妨げる ［～手～脚］足手まといになる
【碍口】ài▾kǒu [動] 口に出すのがはばかられる
【碍事】ài▾shì [動] ①邪魔になる, 足手まといになる ②〔通常否定形で〕大変なことになる, 大きく影響する 〚不～〛どうということはない
【碍眼】ài▾yǎn [動] ①視界の妨げになる, 目障りである ②（人前で）不都合である

【安】ān [動] ①取り付ける 〚～马达〛モーターを付ける ②（人員を）配置する ③（罪名や題名を）加える, 付ける 〚～个罪名〛（根拠もなしに）罪名を加える ④（考えを）いだく 〚没～好心〛よい考えをもっていない（よからぬ考えをいだく） ━ [量]〚電〛アンペア（'～培' の略）
⊗①いずくんぞ, どうして ②いずくにか, どこに ③安定した, 満ち足りた ④安全な ［～检］セキュリティーチェック
【安瓿】ānbù [名]〚薬〛アンプル
【安步当车】ān bù dàng chē《成》車に乗るよりむしろ歩いて行く
【安插】ānchā [動] ①（人や物を）配置する 〚～亲信〛腹心の者を配置する ②（文章の1節·場面などを）差し込む
【安定】āndìng [形] 安定した, 落ち着いた 〚生活～〛生活が安定している ━ [動] 安定させる 〚～人心〛人心を落ち着かせる
【安顿】āndùn [動]（適当な場所に）落ち着かせる 〚～灾民〛被災者を安全な場所に落ち着かせる ━ [形] 落ち着いた, 平穏な
【安放】ānfàng [動]（一定の場所に）きちんと置く 〚～书籍〛書籍を所定の所へ並べる, 安置する [同]［安置］
【安分】ānfèn [形] 身の程をわきまえた, 分に安んじた 〚～的人〛分をわきまえた人
【安分守己】ān fèn shǒu jǐ《成》身の程をわきまえて生きる
【安抚】ānfǔ [動] 慰撫する, 不安や怒りを鎮める 〚～伤员〛負傷した人（兵士）を見舞う
【安家】ān▾jiā [動] ①（多く転居して）居を定める ［～落户］同前 ［～费］赴任手当 ②《婉》結婚する, 所帯を持つ
★★【安静】ānjìng [形] ①静かな, ひっそりとした 〚教室里～极了〛教室はとても静かだ ②（心が）安らかな, 穏やかな ━ [動] 静かになる 〚请大家～～〛皆さんお静かに
★【安居乐业】ān jū lè yè《成》心安らかに暮らし楽しく働く, 境遇に満足して生きる
【安乐死】ānlèsǐ [動] 安楽死する（させる）
【安乐窝】ānlèwō [名] 快適な住処
【安理会】Ānlǐhuì [名]《略》国連の安全保障理事会 [同]［安全理事会］
【安眠】ānmián [動] ①安眠する, ぐっすり眠る ［～药］睡眠薬 ②《婉》死ぬ, 安らかに眠る
★【安宁】ānníng [形] ①平穏な, 安泰な ②（心が）安らかな, 落ち着いた
★★【安排】ānpái [動] 手配する, 段取りをつける 〚～时间〛時間を割りふる 〚～工作〛仕事の手配をする
【安培】ānpéi [量]〚電〛アンペア（略は'安'）
【安琪儿】ānqí'ér [名]《訳》天使, エンジェル [同]［天使］
★★【安全】ānquán [形] 安全な 〚这儿一定～〛ここはきっと安全だ ［～岛］安全地帯 ［～气囊］エアバッグ
【安然】ānrán [形] ①無事な, 平穏な ［～无事］平穏無事だ ②（心が）安らかな, 心配のない
【安设】ānshè [動] 設置する, 据え付ける 〚～空调〛エアコンを設置する
【安身】ān▾shēn [動] 身を落ち着ける, 居を定める
【安身立命】ān shēn lì mìng《成》暮らしも落ち着き, 心のよりどころもある
【安适】ānshì [形] 静かで快適な, 心地よい安らぎのある
★★【安慰】ānwèi [動] 慰める ━ [形]（気分が）快適な 〚得到～〛慰めを得る

【安稳】ānwěn 形 安定した,穏やかな
【安息】ānxī ① 静かに休む,眠りにつく 同[安眠] ②(死者が)安らかに眠る◆追悼に使う言葉
【安闲】ānxián 形 のんびりした,のどかな
*【安详】ānxiáng 形(態度などが)落ち着いた,ゆったりとした
【安心】ān'xīn ① 心を落ち着ける ②(考えを)いだく,たくらむ〚安的什么心?〛どういう考えなんだ —— ānxīn 形 腰のすわった
【安逸(安佚)】ānyì 形 気楽な,安閑とした
【安营】ān'yíng 動 設営する〚～扎zhā寨〛(軍隊が)設営し駐屯する,(集団で)キャンプを張り滞在する
【安葬】ānzàng 動 埋葬する
*【安置】ānzhì 動(人や物を適当な場所に)配置する
【安装】ānzhuāng 動 取り付ける,設置する,組み立てる

【桉】ān ⊗[植]ユーカリ〚～油〛ユーカリ油
【桉树】ānshù 名[棵]ユーカリの木 同[玉树]

【氨】ān 名[化]アンモニア 同[阿摩尼亚][氨气]
【氨基酸】ānjīsuān 名[化]アミノ酸
【氨水】ānshuǐ 名 アンモニア水

【鮟(鮟)】ān ⊗[～鱇]あんこう 同[老头鱼]

【鞍】ān ⊗ 鞍くら〚～子〛同前〚～马〛(体操の)鞍馬

【谙(諳)】ān ⊗ 熟知する〚～练〛(書)熟練の

【庵(*菴)】ān ⊗①庵いおり,草ぶきの小屋◆人名や号では"广""盦"とも書く ②(尼僧の住む)庵あん〚～堂〛同前

【鹌(鶉)】ān ⊗ 以下を見よ
【鹌鹑】ānchun/ānchún 名[只]ウズラ〚～蛋〛ウズラの卵

【俺】ǎn 代[方]①〚我们〛②同[普][我]

【埯】ǎn 動(豆などを)点播する

【唵】ǎn 動 ほおばる —— 感(文の前後に置き)疑問の語気を表す

【岸】àn 名 岸〚靠～〛岸につける ⊗① 高くそびえる ② いかめしい〚道貌～然〛表情が(あまりに)厳かな
【岸标】ànbiāo 名 岸辺の航路標識

【按】àn 動①(指や手で)押す,押さえる ② 抑制する,押さえつける —— 介 …によって,…に従って(依拠する対象を示す) ⊗① 勘案する ② 按語を加える
【按兵不动】àn bīng bú dòng《成》兵を抑えて動かず,時機を待つ◆行動に慎重であることを例え,転じて,引受けた仕事を実行しないことをもいう
【按部就班】àn bù jiù bān《成》整然と順序通り規則正しく事を運ぶ◆時に,慣例に縛られ融通のきかないやり方をも形容
【按揭】ànjiē 動 担保貸しをする〚～贷款〛住宅ローン
【按劳分配】àn láo fēnpèi《成》労働に応じて分配する◆生活資材分配に関する社会主義の原則
【按理】ànlǐ 副 理屈では,本来なら〚～说〛理屈からいえば
*【按摩】ànmó 動 マッサージする 同[推拿]
【按捺(按纳)】ànnà 動(感情を)抑える,ぐっとこらえる
【按钮】àn'niǔ 動 ボタンを押す —— àn'niǔ 名 押しボタン
【按期】ànqī 副 期限(期日)通りに,日程をたがえず
*【按时】ànshí 副 時間(期日)通りに
*【按说】ànshuō 副 本来なら,道理からすれば
【按图索骥】àn tú suǒ jì《成》手掛りを頼りに探す
【按需分配】àn xū fēnpèi《成》必要に応じて分配する◆[按劳分配]
【按语(案语)】ànyǔ 名 按語◆本文に対する補充説明として編者や著者が加えた言葉
*【按照】ànzhào 介 …に従って,によれば◆依拠・参照する対象を示す —— 同 …に準拠する,…に基づく

【案】àn 名 ①[张]机,作業台 ② 事件,訴訟沙汰 ③ 記録,保存文書 ④(文書となった)提案,試案など
【案板】ànbǎn 名(大きな)まな板,調理台◆主に小麦粉をこねてのばしたり切ったりし,裏側では野菜などを切る
【案秤】ànchèng 名[台]台秤ばかり
*【案件】ànjiàn 名[起]訴訟(裁判)事件〚民事～〛民事事件
【案卷】ànjuàn 名(機関や団体の)保存文書,記録
*【案例】ànlì 名[件・起]事件の実例
【案情】ànqíng 名 事件の詳細,情状
【案头】àntóu 名 机の上
【案子】ànzi 名 ①[块・张](机状の)台◆一般に長方形 ②[件・起](法的意味での)事件

【暗】àn 形 暗い 反[亮] ⊗① ひそかな(に) ② ぼんやりした

【暗暗】àn'àn 副 ひそかに,こっそりと〚~(地)赞叹〛ひとりひそかに感心する

【暗藏】àncáng 動 ひそかに隠す,隠れる(⇔[隐藏])〚~武器〛武器を隠し持つ

【暗娼】ànchāng 名 私娼(⇔[明娼])[野鸡]

【暗潮】àncháo 名〔股〕(政治運動などの)底流,ひそかな潮流

【暗淡(黯淡)】àndàn 形 暗い,暗鬱な

【暗地里】àndìli/àndǐlǐ 人の見ていない所,陰(⇔[暗下里])〚在~干坏事〛陰で悪事を働く — 副 ひそかに,こっそりと[暗地]

【暗度陈仓】àn dù Chéncāng《成》隠密裡に事を運ぶ

【暗沟】àngōu 名 暗渠$\overset{あんきょ}{}$,地下の排水路(⇔[阴沟][阳沟])

【暗害】ànhài 動 ひそかに陥れる,暗殺する(⇔[谋害])

【暗号】ànhào 名(~儿)(音や動作などによる)秘密の合図(⇔[密码])

【暗合】ànhé 動 暗合する,偶然に一致する

【暗记儿】ànjìr 名 秘密の目印

【暗间儿】ànjiānr 名 外と直接はつながらない奥の部屋

【暗礁】ànjiāo 名 ①〔处・块〕暗礁 ②〈転〉内に潜んでいた思わぬ障害

【暗流】ànliú 名 ① 地下や水面下で流動する水 ② ⇔[暗潮]

【暗楼子】ànlóuzi 名 屋根裏の物置部屋 ◆天井に入口があり,はしごで上り下りする

【暗杀】ànshā 動 暗殺する (⇔[暗害])

*【暗示】ànshì 動 暗示する〚~大家快走〛皆に早く行くようそれとなく示す[自我~]自己暗示

【暗事】ànshì 名 うしろ暗いこと,人目をはばかるようなこと

【暗室】ànshì 名 ⇔[间]暗室

【暗算】ànsuàn 動 ひそかに陥れる

【暗锁】ànsuǒ 名 ⇔(ドア・箱・引出しなどの)隠し錠 ◆鍵穴だけが表面に出ている錠

【暗探】àntàn 名 密偵 — 動 ひそかに探る

【暗箱操作】ànxiāng cāozuò《成》職権乱用の不正な取引,操作(⇔[黑箱操作])

【暗笑】ànxiào 動 ① ひそかに喜ぶ,ほくそえむ ② 陰で嘲笑する

【暗中】ànzhōng 名 暗闇の中,見えない所 — 副 ひそかに,陰で

【暗自】ànzì 副(心中)ひそかに,腹の中で

【黯】àn ⊗ 暗い,光の乏しい

【黯淡】àndàn 形 ⇔[暗淡]

【黯然】ànrán 形 ① 暗然とした,気落ちした〚神色~〛顔色が暗い ② 沈んだ,光のない

【肮(骯)】āng ⊗ 以下を見よ

【肮脏】āngzāng 形 ① 汚い,汚れた(⇔[方][腌臜 āza])(⇔[干净]) ② (倫理的に)汚い,卑劣な

【昂】áng 動(顔を)あげる〚头~得很高〛顔を元気よくあげる ⊗ 高まる,高ぶる

【昂昂】áng'áng 形 意気揚々とした,奮い立つような

*【昂贵】ángguì 形 高価な,値の張る

【昂然】ángrán 形〚多く状態として〛昂然とした,怖いもの無しの

【昂首】ángshǒu 顔をあげる(⇔[俯首])〚~挺胸〛顔をあげ胸を張る〚~阔步〛意気揚々と大またで歩く

【昂扬】ángyáng 形 高揚した,意気高らかな〚斗志~〛闘志満々の

【盎】àng ⊗ ① 古代の甕$\overset{かめ}{}$の一種 ② 盛んな,横溢$\overset{おういつ}{}$した

【盎然】àngrán 形 興趣横溢した〚喜气~〛歓喜に満ちあふれる

【盎司】àngsī 量(重量・容積単位の)オンス

【凹】āo 動 へこむ,くぼむ(⇔[凸])〚~进去了一块〛一部分へこんだ ⇒wā

【凹版】āobǎn 名[印]凹版印刷,グラビア印刷[照相~]グラビア写真

【凹面镜】āomiànjìng 名[面]凹面鏡(⇔[凹镜])(⇔[凸面镜])

【凹透镜】āotòujìng 名[面・块]凹レンズ(⇔[发散透镜])(⇔[凸透镜])

*【凹凸】āotū 名 でこぼこ〚~不平〛でこぼこした

【凹陷】āoxiàn 形(地面などが)おちこんだ,くぼんだ〚中间~〛真ん中がくぼんでいる

【熬】āo 動(野菜や肉を)ゆでる ⇒áo

【敖】Áo ⊗ 姓

【嗷】áo ⊗〚~~〛号泣や叫び声の形容

【廒(*廠)】áo ⊗ 穀物倉

【螯】Áo ⊗〚~阳〛螯陽$\overset{ごうよう}{}$(山東省の地名)

【遨】áo 遊ぶ,ぶらぶらする

【遨游】áoyóu 動(広い空や海を)漫遊する,遍歴する〚~太空〛宇宙を駆け巡る

【熬】áo 動 ①(粥などを糊状に)ぐつぐつ煮る ② 煮詰

A

める 〚～药〛 薬を煎せんじ出す ③耐え忍ぶ, 辛抱する 〚～不住〛 我慢できない 〚～出头〛 苦境を脱する
⇨āo

【熬夜】áo'yè [動] 徹夜する, 夜更しする 〚熬了两天夜〛 二晩も徹夜した

〖螯〗 áo [⊗]カニのはさみ

〖謷〗 áo [⊗] →［佶屈 jíqū～牙］

〖鳌(鰲 *鼇)〗 áo [⊗] 伝説の大海亀 ［独占～头］首位の座を占める

〖翱〗 áo [⊗]翼を広げて飛ぶ

【翱翔】áoxiáng [動] (鷹などが) 空に輪を描いて飛ぶ

〖鏖〗 áo [⊗]激しく戦う

【鏖战】áozhàn [動] 死力を尽くして戦う 〚我部正与敌～〛 我が部隊は現在敵と激戦中

【袄(襖)】 ǎo [名] (～儿)〔件〕裏地のある中国式の上着→［棉 mián～］［皮 pí～］

〖媪〗 ǎo [⊗]老婦人

〖岙(嶴)〗 ào [⊗]山間の平地 ♦多く地名に用いられる

〖拗〗 ào [⊗]スムーズでない ［～口］舌がもつれる ♦「折る」の意(方言)では ǎo と発音
⇨niù

〖坳〗 ào [⊗] 山間の平地 ［山～］同前

【傲】 ào [形] 傲慢な, 思い上がった 〚～得很〛 とても傲慢だ

【傲岸】ào'àn [形]《書》傲岸な, 誇り高い

【傲骨】àogǔ [名] 気骨

【傲慢】àomàn [形] 傲慢な, 横柄な 〚态度～〛 態度が横柄だ

【傲气】àoqì [名]〔股〕高慢ちき(な様子), 思い上がり 一[形] 思い上がった

【傲然】àorán [形]〘多く状語として〙 毅然とした, 何物にも屈せぬ 〚～挺立〛 誇り高くそびえ立つ

【傲视】àoshì [動] 横柄に見る, 扱う, 見下す

〖鏊〗 ào [⊗]以下を見よ

【鏊子】àozi [名] '烙饼' を焼く鉄板

〖奥〗 ào [⊗]①奥深い ②音訳用字として ［～地利］オーストリア ［～特曼］ウルトラマン ③(A-)姓

*【奥秘】àomì [名] 神秘 〚生命的～〛 生命の神秘

【奥妙】àomiào [形] 深遠な, 不可思議な 〚～难解〛 奥が深く解し難い 一[名] 深遠な道理, 妙理

【奥运会】Àoyùnhuì [名]《略》オリンピック大会 [同]［奥林匹克运动会］

〖澳〗 ào [⊗]①海湾, 入り江 ②(A-) マカオ ［～门］同前 ［港～］ホンコンとマカオ ③(A-)オーストラリア ［～大利亚］［～洲］同前

〖懊〗 ào [⊗]悔やむ, いらいら悩む

【懊悔】àohuǐ [動] 後悔する 〚～不该说这话〛 それを言わねばよかったと悔やむ

【懊恼】àonǎo [形] 悩みもだえる

【懊丧】àosàng 落胆する, がっくり滅入る 〚～着脸〛 がっかりした顔をしている

〖奡〗 ào [⊗]強健な

B

【B2C】图 BtoC ◆電子商取引のうち,企業(business)と一般消費者(consumer)の取り引き
【B超】B chāo 图 ① 超音波診断 ② 超音波検査機
【B股】B gǔ 图 B株 ◆米ドルによって売買される中国企業株.中国国内投資家以外の投資家も投資可能
【BD】图[蓝光]
【BP机】BP jī 图ポケットベル

【八】bā (他の第4声の字の前ではbáと発音されることも) 数 8 [～月] 8月 [第～] 8番目の

【80后】bālínghòu 图 1980年代に生まれた世代 ◆一人っ子政策の正式開始後に出生し,改革開放政策の進展とともに育っている世代
【八宝菜】bābǎocài 图 クルミ,ヒシ(菱苢),アンズ,キュウリ,ピーナツなどを混ぜて作る醤油味の漬物
【八宝饭】bābǎofàn 图 もち米にナツメ,ハスの実,リュウガン,こしあんなどを加え甘く蒸した食品
【八成】bāchéng 图 ① 8割,80パーセント [～新] 8割がたが新しい 一副(～儿) おおかた [～儿去不了] おそらく行けないでしょう
【八竿子打不着】bā gānzi dǎbuzháo 〈俗〉とてつもなく長い竿でも届かない ◆非常に遠い親戚を形容する
【八哥】bāge 图(～儿)[只]九官鳥
【八股】bāgǔ 图 八股文(科挙の答案に使われた文体.形式上の厳しい制約があった);(転)空虚な文章や講演 [～式的文章] 無内容で紋切型の文章
【八卦】bāguà 图 八卦
【八九不离十】bā jiǔ bù lí shí 〈俗〉十中八九(まちがいなし) [被他猜了个～] 彼に九分どおり言い当てられた
【八路军】Bālùjūn 图 八路軍 ◆抗日戦争期,中国共産党の指導下の国民革命軍第八路軍.主に華北で戦った
【八面光】bāmiànguāng 图 (貶) 八方美人
【八面玲珑】bāmiàn línglóng (成) 八方美人的な,誰ともうまく折り合える
【八旗】bāqí 图 [史] 八旗 ◆清代満洲族の軍事組織,かつ戸籍の編制.蒙古八旗,漢軍八旗もある
【八仙】bāxiān 图 八仙 ◆汉钟离,张果老,吕洞宾,李铁拐,韩湘子,曹国舅,蓝采和,阿仙姑'の8仙人 [～过海,各显其能] 各自が特技を発揮する
【八仙桌】bāxiānzhuō 图(～儿)[张] 1辺に椅子が2脚ずつある,8人掛けの正方形のテーブル
【八一建军节】Bā-Yī jiànjūnjié 图 中国人民解放軍建軍記念日 ◆1927年8月1日の南昌蜂起に由来
【八月节】Bāyuèjié 图 (陰暦8月の) 中秋節 [中秋节]
【八字】bāzì 图 誕生の年月日および時刻を示す干十十二支の8文字 ◆縁談や運勢占いに使われる [生辰～]
【八字儿没一撇儿】bā zìr méi yì piěr 〈俗〉八の字の最初の1画すらも書いていない,まだ目鼻さえついていない状態である

【扒】bā 動 ① へばりつく,すがりつく [～着树枝] 枝にすがる ② 掘る,掘りくずす [～坑] 穴を掘る ③ かき分ける [～开草丛] 草むらをかき分ける ④ はぐ [～皮] 皮をはぐ,ピンはねする ⇨pá

【叭】bā ⊗ 以下を見よ

【叭儿狗(巴儿狗)】bārgǒu 图〔条・只〕狆,ペキニーズ [哈巴狗]

【巴】bā 動 ① くっつく [油漆～在衣服上] ペンキが服につく ② へばりつく,からみつく ③〔方〕開ける 一量(圧力単位の) バール [毫～] (気圧の)ミリバール ⊗ ① 待ち望む [～望] 〔方〕同前 ② くっついたもの [～锅~] ③ (B-) 四川東部の雅名 ④ (B-) 姓 ⑤ 音訳用字 [～黎] パリ [～西] ブラジル [～塞杜氏病] バセドウ病 [～松'(音)] バスーン
*【巴不得】bābude/bābudé 動〈口〉待ち望む,心底から願う [～快点儿回国] 早く帰国したくてたまらない
*【巴结】bājie 動 取り入る,へつらう [～上司] 上司におべっかを使う 一形〔方〕一生懸命の
【巴儿狗(叭儿狗)】bārgǒu 图〔条・只〕狆,ペキニーズ [哈巴狗] バス
【巴士】bāshì 图〔方〕バス
【巴掌】bāzhang 图 平手,手の平 [给了一～] びんたを食らわす

【吧】bā 擬(堅いものが) 折れたり割れたりする音を表わす 一動〔方〕(タバコを) 吸う ⊗(訳) バー,酒場→[酒～] ⇨ba
【吧嗒】bāda 動 唇を開閉して音を出す [吧唧 bājī]

【芭】bā ⊗ 以下を見よ

bā —

【芭蕉】 bājiāo 图 芭蕉(の実)
【芭蕾舞】 bāléiwǔ 图 バレエ[〜剧][跳〜]バレエを踊る

【疤】 bā 图①傷あと,できものの あと[结〜]傷口がかさぶたになる②(器物などの)きずあと

【疤痕】 bāhén 图〔块・条〕傷あと[留下〜]傷あとが残る
【疤瘌(疤拉)】 bāla 图⇨【疤】

【笆】 bā ⊗(竹や籐の)かご[竹篾〜]竹かご

【笆斗】 bādǒu 图(底が平らでなく半月形にふくらんだ)かご◇柳の枝などで編む
【笆篓】 bālǒu 图背負いかごの一

【粑】 bā ⊗→[糍 cí〜]

【捌】 bā 数'八'の大字

【拔】 bá 動①抜く[〜牙]歯を抜く②('拔罐子'などの方法で)吸い出す[〜脓]うみを吸い出す③声を高める[〜嗓子]高い声を出す④攻め落とす[〜掉敌人三个据点]敵の3拠点を奪い取る⑤(方)(冷水で)冷やす⊗①'拔擢'につながる,選抜する→[提 tí〜]②抜きん出る(→[海 hǎi〜])[〜地而起]そそり立つ
【拔除】 báchú 動①根こそぎ抜き取る②攻め落とす
【拔罐子】 bá guànzi 動〔医〕吸い玉で(毒やうみを)吸い出す◆熱した缶を患部に伏せ,瘀血などを起こさせて毒素や,うみを体外に出させる ⓒ《方》[拔火罐儿]
【拔河】 báhé 動 綱引きをする
【拔尖儿】 bájiānr 動①群を抜く,抜きん出る②出しゃばる
【拔节】 bájié 動(イネ,コムギ,コーリャン,トウモロコシなどの)茎が急速に伸びる
*【拔苗助长】** bá miáo zhù zhǎng (成)(苗を引っ張って成長を早めようとする>)焦って事をし損じる ⓒ[揠 yà 苗助长]
【拔取】 báqǔ 動 抜擢する,選抜する
【拔丝】 básī 動①〔工〕金属を線状に引き伸ばす②(あめ状の砂糖が)糸を引く[〜苹果]あめ状の砂糖につけて食べる揚げりんご
【拔腿】 bátuǐ 動①さっと踏み出す[〜就跑]いきなり駆け出す ⓒ[撒退]②(忙中に)抜け出す[拔不出腿来]抜け出せない
【拔擢】 bázhuó 動《书》抜擢する

【跋】 bá 图〔篇〕跋文 (ばつぶん), 後序 ⊗ 山野を行く→[〜涉]
【跋扈】 báhù 图 横暴な,乱暴きわまる[专横〜]横暴を極める
【跋涉】 báshè 動《书》(山河を)跋渉する[长途〜]幾山河にわたる長旅をする
【跋文】 báwén 图〔篇〕跋文

【魃】 bá ⊗→[旱 hàn〜]

【把】 bǎ 動①握る,手に持つ[〜着栏杆]手すりをつかむ②(権力などを)握る,掌握する ⓒ[把持]③(子供をかかえて)尿や便をさせる[〜他尿]彼におしっこをさせる④見張る,番をする ⓒ[把守]⑤(裂け目などを)つなぎとめる[〜住裂缝]裂け目を留め合わせる⑥(口)ぴたりと寄り添う[〜着门口放着一把笤帚]入口のところにほうきが置いてある⑦(既知の)直接目的語を動詞の前に出して処置(や使役)の意味を際立たせる.動詞は補語などなんらかの成分を伴うことが必要[〜信交了](あの)手紙を渡した[不要〜书乱放](それらの)本をあちこち乱雑に置くな[〜门关上](その)ドアを閉めて[〜它翻成中文]それを中国語に訳しなさい[〜他急死了]彼を本当に慌てさせた②動作主を客語に取り不如意な事柄を表わす[〜信偏〜老李病了]折悪しく李さんが病気になってしまった —量①柄のあるもの('伞''椅'など)を数える[一〜菜刀]包丁1本 ひとつかみのものを数える[一〜米]米ひとつかみ③抽象的なものを数える[加一〜劲儿]もうひと頑張りする ④人手を使う[抓了一〜]ぎゅっとつかまえる 一動 '百''千''万'や'里''丈''斤'などの量詞に後置され概数を表わす[千〜人]千人ほどの人[个〜月]1か月ほど
⇨ bà

【把柄】 bǎbǐng 图〈转〉決定的に不利な材料[抓住〜]弱みを握る
【把持】 bǎchí 動①(貶)一手に握る,牛耳る[〜文艺界]文壇を牛耳る②(感情などを)抑える,抑制する
【把关】 bǎ'guān 動①関所を守る②〈転〉一定の規準を守り抜き,厳しくチェックする[把好质量关]品質をしっかり管理する
【把脉】 bǎ'mài 動①脈をとる[号脉]②情勢を把握する
【把势(把式)】 bǎshi 图(口)①武術[练〜]武芸を磨く②武術家,(各分野の)達人[花〜](腕のいい)植木屋
【把守】 bǎshǒu 動(要所を)守る,番をする[〜关口]関所を守る
*【把手】** bǎshou (báshou と発音)图①(たんすなどの)引手,取っ手,(ドアの)ノブ ⓒ[拉手]②(器物の)柄,握り ⓒ[把儿 bàr]

【把头】bǎtou/bǎtóu [名]（土木，運送業などの）ボス，頭（かしら）
【把玩】bǎwán [動]《書》（手にとって）賞玩（しょうがん）する
★【把握】bǎwò [動]①握る，手でつかむ ②（抽象的な意味で）とらえる，つかむ『～时局』時局を把握する — [名] 確信，自信『有～』自信がある
★【把戏】bǎxì [名]①軽業（かるわざ），（小規模の）曲芸『耍～』軽業をやる ②ぺてん，ごまかし［鬼～］同前
【把兄弟】bǎxiōngdì [名] 兄弟分，義兄弟 ♦年長の者を'把兄'，年下の者を'把弟'という [同]［盟兄弟］
【把子】bǎzi [名]①束 ②《演》立ち回りの武器，またその所作『练～』立ち回りの練習をする ③義兄弟のこと［拜～］義兄弟となる — [量]①ひとつかみのものを数える『一～秫秸』コーリャン殻ひとつかみ ②一群の『一～流氓』数人のごろつき ③抽象的なものを数える『加～劲儿』もうひと頑張りする

【屉】bǎ [動]《方》便をする [同]《普》［拉屎］
【屉屉】bǎba [名] うんち

【靶】bǎ ⊗（弓や射撃の）的（まと）［～子］同前

【坝（壩）】bà [名]①〔道〕堤，土手 ②〔座〕堰（せき）［水～］ダム
⊗山間の平地，平野 ♦地名用字としても
【坝子】bàzi [名]①〔道〕堤，土手 ②（西南地方で）山間の平地

【把（*欛）】bà（～儿）①柄，把手 ②（植物の）葉柄［苹果～儿］リンゴのへた
⇨bǎ
【把子】bàzi [名] 柄，把手［刀～］ナイフのつか

【爸】bà [名]《口》お父さん ♦呼掛けにも使う『～的病』お父さんの病気
★【爸爸】bàba [名] お父さん [書]［父亲］

【耙（*耀）】bà [名] まぐわ — [動] まぐわで土をならす，こなす
⇨pá

【罢（罷）】bà ⊗①やめる，停止する ②解雇する，解任する
⇨ba（吧）
★【罢工】bà'gōng [動] ストライキをする［总～］ゼネスト
【罢课】bà'kè [動]（学生が）ストライキをする，授業をボイコットする
【罢了】bàle [助]〔文末に置かれ，常に'不过''只是'などと呼応して〕…だけだ，…にすぎない『不过这样说说～』ちょっと言ってみただけだ
【罢免】bàmiǎn [動] 罷免する，リコールする
【罢市】bà'shì [動] 商人がストライキをする，一斉同盟閉店する
【罢休】bàxiū [動]（中途で）やめる，投げ出す（[同]［甘休］）『决不～』絶対にやめない

【鲅（鮁）】bà ⊗［～鱼（鲌鱼）］サワラ ♦'鲌'（カワヒラ）はbóと発音

【霸（*覇）】bà ⊗①覇者，覇王 ②ボス，圧制者 ③覇を唱える，力で支配する
★【霸道】bàdào [名] 覇権政策，強権政治 [反]［王道］ — [形] 横暴な，力づくの
—— bàdao [形]（酒や薬が）きつい，強烈な『药性～』薬性が強い
【霸权】bàquán [名]《政》覇権 ♦国際政治において強大な軍事力を背景に主導権を握るやり方（[反]［王权］）［～主义］覇権主義
【霸王】bàwáng [名] 覇王，暴君
【霸占】bàzhàn [動]《貶》占拠する，占領する [同]［强占］
【霸主】bàzhǔ [名] 覇者，盟主

【灞】bà ⊗（B-）灞（は）水（陝西省の川）

【吧（罷）】ba [助]①文末で提案，依頼の語気を表わす『走～！』出掛けよう ②文末で同意の語気を表わす『好～！』（それで）いいでしょう ③文末で推量の語気を表す『不会错～』間違いないでしょう ④従文の文末で，仮定やためらいの語気を表わす
⇨'吧'についてはbā，'罷'についてはbà

【掰（*擘）】bāi [動] 両手で割る，折る，押し広げる［～腕子］腕相撲をする

【白】bái [形]①白い ②（字音，字形が）まちがった『把字写～了』（同音の）他の字に書きまちがえた — [副]①無駄に『～忙了一天』むなしく一日を忙しく過ごした ②無料で，無報酬で『～给』ただであげる
⊗①明らかな［真相大～］真相が明白になる ②素地のままの，混ぜ物のない ③葬儀→［～事］ ④劇中のせりふ［独～］独白，モノローグ ⑤述べる［表～］はっきり述べる ⑥反革命の，反共の［～军］反革命軍 ⑦（B-）姓
【白皑皑】bái'ái'ái [形]（～的）（雪などが）真っ白な
【白案】bái'àn [名]（～儿）炊飯係 ♦厨房（ちゅうぼう）での一分担，炊飯のほか'馒头''烙饼'なども担当
【白白】báibái [副] いたずらに，むざむざ『～(地) 花掉』（お金を）無駄に

使ってしまう
【白班儿】báibānr [名]《口》(3交替制の) 日勤([同][日班] [関][中班][夜班])〘上～〙昼間の仕事に出る
【白报纸】báibàozhǐ [名] 新聞印刷用紙
【白璧微瑕】bái bì wēi xiá《成》玉に瑕(きず), ほんのわずかな欠点
【白菜】báicài [名]〔棵〕ハクサイ
【白痴】báichī [名]〘医〙① 白痴 ② 白痴者
【白搭】báidā [動]《口》無駄に費す, 無駄である〘～了五个小时〙5時間を無駄にした〘真是～〙まったくの無駄手間だ
【白地】báidì [名] ① 作物を植えていない田畑 ② さら地, 空地 ③(～儿) 白地, 白, 無地
【白癜风】báidiànfēng [名]〘医〙白斑, しらはだ [同][白斑病]
【白垩纪】Bái'èjì [名]〘地〙白亜紀
【白发】báifà [名]〔根〕しらが
【白矾】báifán [名] 明礬(みょうばん) [同][明矾]
【白饭】báifàn [名] ①(特におかずと対比して)白米のめし ②《転》ただ飯(めし)
【白费】báifèi [動] 無駄に費やす [～唇舌][～唾沫] 一生懸命話したことが無駄骨に終わる
【白干儿】báigānr [名] パイカル ♦コーリャン, トーモロコシなどから造られる蒸留酒 [同][白酒][烧酒]
【白宫】Báigōng [名] アメリカの大統領官邸, ホワイトハウス
【白鹤】báihè [名]〔只〕タンチョウヅル [同][丹顶鹤]
【白喉】báihóu [名]〘医〙ジフテリア
【白花花】báihuāhuā [形](～的) 白く輝く, まぶしい白さの〘～的水面〙きらきらと白く輝く水面
【白话】báihuà [名] ① 口語体, 白話(はくわ)([反][文言]) [～诗] 口語詩 ② 空言, ほら話
【白桦】báihuà [名]〔棵〕シラカバ
【白灰】báihuī [名](白い)石灰 [関][石灰]
【白金】báijīn [名] ① プラチナ, 白金 [同][铂] ②《書》銀
【白净】báijing [形](皮膚などが) 透き通るように白い〘～的脸〙色白の顔
【白酒】báijiǔ [名] 蒸留酒 [同][白干儿][烧酒]
【白驹过隙】bái jū guò xì《成》白馬が隙(すき)間の向こうを(素早く) 走り過ぎる, 光陰矢の如し [同][光阴似箭]
【白卷】báijuàn [名](～儿) 白紙答案〘交～〙白紙答案を出す
【白开水】báikāishuǐ [名] 白湯(さゆ) ♦熱いのを'热～', 湯ざましを'凉～'という
【白蜡】báilà [名] 白蝋(はくろう), 蜜蝋(みつろう)
【白兰地】báilándì [名]《訳》ブランデー
【白梨】báilí [名] ナシの一種
【白莲教】Báiliánjiào [名]〘史〙白蓮(びゃくれん)教 ♦元, 明, 清の3代にわたる秘密結社
【白磷】báilín [名] 黄燐(おうりん) [同][黄磷]
【白领阶层】báilǐng jiēcéng [名] ホワイトカラー
【白露】báilù [名] 白露(はくろ) ♦二十四節気の一. 陽暦の9月7～8日ころに当たる
【白茫茫】báimángmáng [形](～的)(見渡すかぎり)白一色の
【白米】báimǐ [名] ① 白米 [反][糙米] ②(一般的に)米(こめ)
【白面】báimiàn [名] 小麦粉, メリケン粉
【白面书生】báimiàn shūshēng [名] 色白の(文弱な)インテリ
【白面儿】báimiànr [名](麻薬としての)ヘロイン [関][海洛因]
【白内障】báinèizhàng [名]〘医〙白内障
【白皮书】báipíshū [名] 白書, 政府報告書
【白热】báirè [形] 白熱化した([同][白炽]) [～化]《転》白熱化する
【白刃】báirèn [名] さやから抜いた刀, 鋭利な刃物 [～战] 白兵戦
【白日】báirì [名] ① 白日, 太陽 ② 白昼, 日中 [～做梦] 実現不可能なことを妄想する
【白色】báisè [名] 白い色 ― [形]〘定語として〙① 反革命の [～恐怖] 白色テロ ②(報酬などについて) 正規の [～收入] 正規の収入 [関][灰色][黑色]
【白色垃圾】báisè lājī [名] プラスチックごみ
【白食】báishí [名] ただ飯〘吃～〙ただ飯を食う
【白事】báishì [名] 葬事, 葬式 [関][葬礼]
【白手】báishǒu [名] 素手 [～起家] 裸一貫から身を起こす
【白薯】báishǔ [名]〔块·个〕サツマイモ [関][甘薯][红薯]
【白糖】báitáng [名] 白砂糖 ♦グラニュー糖は'白砂糖''纯正砂糖'という [関][红糖]
【白天】báitiān [名] 昼間
【白铁】báitiě [名]《口》トタン [同][镀锌铁]
【白铜】báitóng [名] 白銅
【白头】báitóu [名]《書》白髪(の老人) [～偕老(到老)] 夫婦そろって長生きする
【白文】báiwén [名] ①(注釈つき書籍の) 本文 ②(注釈抜きの) 本文のみの単行本 ③(印章の) 陰文(いんぶん), 白抜きの文字

【白皙】báixī 形〔書〕色白の，色白の
【白熊】báixióng 名〔头〕シロクマ⇔[北极熊]
【白癣】báixuǎn 名〔块〕〔医〕白癬，しらくも
【白血病】báixuèbìng 名 白血病 ◆一般に'血癌'という
【白血球】báixuèqiú 名 白血球⇔[白细胞]⇔[红血球]
【白眼】báiyǎn 名（～儿）白い目，冷たい目付き〖翻～〗白目をむく ── bái'yǎn 動 白い目で見る〖白了他一眼〗彼を冷たい目付きで見た
【白眼珠】báiyǎnzhū 名（眼球の）白目〖～子〗
【白杨】báiyáng 名〔棵〕ハクヨウ，ポプラの一種
【白羊座】báiyángzuò 名 おひつじ座
【白夜】báiyè 名（両極地方の）白夜
【白衣战士】báiyī zhànshì 名《転》医療関係者(医師や看護婦など)
【白蚁】báiyǐ 名〔只〕シロアリ
【白银】báiyín 名（特に貨幣としての）銀
【白纸黑字】bái zhǐ hēi zì（成）白い紙に書かれた黒い字 ◆有無を言わせない明白な証拠や契約書を形容
【白昼】báizhòu 名〔書〕白昼
【白族】Báizú 名 白族 ◆中国少数民族の一，主に雲南省に住む

【拜】bái ⊗ 〔～～〕(口) さよなら(する) ⇨bài

【百】bǎi 数 百(大字は'佰')〖一～〗100〖一～零一〗101 ⊗①百，百の〖～分之三〗100分の3；3パーセント〖～分之一〗100パーセント ②沢山の，もろもろの〖～忙之中〗忙しいところ
【百般】bǎibān 副 いろいろと，あれこれと〖～劝解〗手を尽してなだめる
【百尺竿头，更进一步】bǎichǐ gāntóu, gèng jìn yíbù（成）百尺竿頭 さらに一歩を進め，成果の上にさらに努力を重ねる
【百出】bǎichū 動（貶）百出(頻出)する，ぼろぼろ出てくる〖错误～〗誤りが百出する
【百川归海】bǎi chuān guī hǎi（成）(すべての川は海に流れ込む>)人や物が帰趨するを等しくする
【百度】Bǎidù 名 Baidu ◆検索エンジンの一
【百儿八十】bǎi'er bāshí 名 百ほど，百そこそこ ── 圖 十中八九, 九分九厘〖～是他干的〗十中八九彼がやったことだ
【百发百中】bǎi fā bǎi zhòng（成）①(弓や射撃が) 百発百中だ ②成功まちがいなし，100パーセント大丈夫

【百分】bǎifēn 名 ①（～儿）トランプ遊びの一種 ②(テストの)百点〖得～〗百点を取る
【百分比】bǎifēnbǐ 名 百分比，パーセンテージ
【百分点】bǎifēndiǎn 名 (パーセンテージの) ポイント〖下降3个～〗3% 分下がる
【百分号】bǎifēnhào 名 パーセント記号(%)
【百分率】bǎifēnlǜ 名 百分率，パーセンテージ
【百合】bǎihé 名〔植〕①ユリ〖～花〗ユリの花 ②ユリの鱗茎，ゆり根
【百花齐放】bǎi huā qí fàng（成）様々な芸術が百花のごとく咲き誇る
【百货】bǎihuò 名 百貨，あらゆる日用商品〖～商店〗〖～大楼〗デパート
【百家争鸣】bǎi jiā zhēng míng（成）さまざまな学派が自由に学説を述べ，論争を展開する ◆本来は先秦時代の諸子百家の状況をいう⇔[百花齐放]
【百科全书】bǎikē quánshū 名〔套·部〕百科全書，百科辞典
【百里挑一】bǎi lǐ tiāo yī（成）選りすぐりの
【百年大计】bǎinián dàjì 名 百年の大計，長い将来を見越した計画
【百日咳】bǎirìké 名 百日咳
【百十】bǎishí 数 百前後〖～里地〗100里(50キロメートル)ほどの距離
【百思不解】bǎi sī bù jiě（成）いくら考えてもわからない
【百闻不如一见】bǎi wén bùrú yíjiàn（成）百聞は一見にしかず
【百无聊赖】bǎi wú liáolài（成）退屈極まりない
【百无一失】bǎi wú yì shī（成）万に一つも間違いがない，決してミスは犯さない
【百姓】bǎixìng 名 民衆，庶民〖老～〗一般大衆
【百叶箱】bǎiyèxiāng 名 百葉箱
【百折不挠】bǎi zhé bù náo（成）不撓不屈の，挫けることを知らない⇔[百折不回]

【柏】(*栢) bǎi ⊗ コノテガシワなどの総称〖～树〗'圆柏''侧柏''罗汉柏'などの木 ◆'柏林(ベルリン)'では bó，'黄柏'(キハダ)では bò と発音
【柏油】bǎiyóu 名 アスファルト(⇔[沥青])〖～路〗アスファルト道路

【摆】(擺) bǎi 動 ①ならべる，置く ②見せびらかす〖～资格〗経歴をひけらかす ③振る，揺り動かす〖～手〗手を振る ④(方)話す

⊗(時計などの) 振り子 [钟~] 時計の振り子

【━(襬)】⊗(服の)すそ

【摆布】bǎibu/bǎibù 動①しつらえる,(家具などを) 配置する ②(人を) 操る, 意のままにする〖不要随意~我〗私のことを勝手に決めないで

【摆动】bǎidòng 動 振る, 揺らす, 揺れる〖~双手〗両手を振る〖钟摆~着〗振り子が揺れている

【摆渡】bǎidù 動(船で) 渡る, 渡す〖~乘客〗渡し船で客を渡す 一名〔只・条〕渡し舟〖~船〗

【摆架子】bǎi jiàzi 動 威張る, 格好をつける〖摆臭架子〗威張りくさっている

【摆门面】bǎi ménmian 動 上辺を飾る, 見栄を張る

【摆弄】bǎinòng 動①いじる ②(人を)もてあそぶ, おもちゃにする

【摆平】bǎipíng 動 公平に処理する〖摆不平〗公正な処置ができない

【摆设】bǎishè 動(室内での) 飾りつけをする,(家具や美術工芸品を) 配置する

── bǎishe 名 室内装飾品;(転) (見た目はよいが実用価値のない) お飾り

【摆摊子】bǎi tānzi 動①露店を出す ②(転)(仕事の準備などに) 品物や道具を並べる ◆見栄で機構を拡大することなどにもいう

*【摆脱】bǎituō 動(苦境などから) 抜け出す〖~恶劣的环境〗劣悪な環境を脱する

【摆钟】bǎizhōng 名〔座〕振り子時計

【败(敗)】bài 動①負ける, 敗れる(⊗[胜]⊕[输])〖敌军~了〗敵が負けた ②駄目にする〖这个家让他给~了〗この家は彼のせいで駄目になった ③(植物が)しぼむ〖花儿~了〗花がしおれた
⊗①負かす, 破る[大~]〖敌~大〗大いに破る ②失敗する[~笔](文や絵の失敗部分

*【败坏】bàihuài 動(名誉などを) 損なう, 駄目にする〖~门风〗家名に傷をつける

【败家子】bàijiāzi 名(~儿)放蕩息子, 道楽息子◆しばしば国家財産を浪費する輩を例える

【败类】bàilèi 名(集団の中の) かす, くず, 腐敗分子 [社会~] 社会のくず

【败露】bàilù 動 露顕する, ばれる〖他的阴谋全~了〗彼の陰謀はすべて暴かれた

【败落】bàiluò 動 凋落 ちょうらく する, 没落する

【败诉】bàisù 動 敗訴する, 訴訟に負ける

【败兴】bài'xìng 動 興を殺ぐ, 気分をこわす(⊕[扫兴])〖败了大家的兴〗皆を白けさせた

【败血症】bàixuèzhèng 名 敗血症

【败仗】bàizhàng 名〔次・场〕負け戦(⊗[胜仗])〖打~〗戦いに敗れる

【败子】bàizǐ 名〔書〕放蕩息子

【拜】bài 動①礼(お辞儀)をする, 拝む ②挨拶 あいさつ に伺う〖~街坊〗近所への挨拶回りをする ③(恭しく) 関係を結ぶ, 仰ぐ〖~他为老师〗その人を師と仰ぐ, 弟子になる
⊗①敬う [崇~] 崇拝する ②謹んで, 有難く[~读] 拝読する ③(地位や資格を) 授かる, 拝命する ④(B-)姓
⇒bái

【拜拜】bàibài 動 báibái の旧読

*【拜访】bàifǎng 動〔謙〕訪問する, 伺う〖~老师〗先生を訪ねる [礼节性~] 表敬訪問

【拜会】bàihuì 動〔謙〕(賓客と) 会見する, お目に掛かる

【拜火教】Bàihuǒjiào 名〔宗〕拝火教, ゾロアスター教(⊕[袄 xiān 教])

【拜见】bàijiàn 動〔謙〕(賓客と) 会見する, お目に掛かる

【拜年】bàinián 動 年始の挨拶 あいさつ に行く, 賀年を述べる

【拜扫】bàisǎo 動 墓参する, 墓を清め拝む〖~祖坟〗先祖の墓に詣でる

【拜师】bài'shī 動 師事する, 師と仰ぐ〖拜你为师〗あなたの弟子となります

【拜寿】bài'shòu 動(高齢者の) 誕生日を祝う,(誕生日に) 長寿を祝う

*【拜托】bàituō 動〔謙〕(用事を) お願いする〖~你一件事〗一つ用事をお頼みしたい

【稗】bài ⊗〔植〕ヒエ [~子] 同前

【扳】bān 動(固定しているものを) 引く, 向きを変える〖~着指头算〗指を折って数える

【扳不倒儿】bānbudǎor 名 起き上がりこぼし [不倒翁]

【扳机】bānjī 名(鉄砲の) 引き金〖扳~(扣~,搂~)〗引き金を引く

【扳手】bānshou 名①〔把〕スパナ, レンチ(⊕[扳子]) ②(器物の) 引き手, レバー

【班】bān 名①班, クラス ②仕事の時間, 勤務 [上~] 出勤する ③〔軍〕分隊 一量①一群の人を数える ②交通機関の便数を数える〖这~飞机〗今回の便の飛行機
⊗①定期的(定時)に運行される

② (軍を)動かす，移動させる ③(B-)姓

【班车】bānchē [名]〔次·趟〕定期バス ♦機関や団体が職員用に定時に所定コースを運行する

【班次】bāncì [名] ①交通機関の便数 ②クラスの順

【班房】bānfáng [名] ①牢屋，監獄〚蹲～〛牢屋に入る ②番所，詰め所

【班机】bānjī [名]〔次·趟〕(空の) 定期便

【班级】bānjí [名] 学年とクラス

【班轮】bānlún [名]〔次·趟〕定期船 ♦連絡船，フェリーボートなど

【班门弄斧】Bān mén nòng fǔ《成》(大工の名人魯班の家の前で斧をもてあそぶ>) 釈迦に説法，孔子に道を説く

【班长】bānzhǎng [名] ①班長，級長，チームリーダー ②〚軍〛分隊長

★★【班主任】bānzhǔrèn [名] クラス担任

【班子】bānzi [名] ①(芝居の) 一座［戏～］芝居の一座 ②(任務遂行のための) 組織［领导～］指導グループ

〖颁(頒)〗 bān ⊗公布する，広く配付する

★【颁布】bānbù [動] 公布する

★【颁发】bānfā [動] ①公布する，発布する ②(賞状などを)授与する

【颁行】bānxíng [動] 公布施行する

【般】 bān [助] …のような〚兄弟～的关系〛兄弟のような関係［这～］このような ♦'般若'(はんにゃ)は bōrě と発音

【般配(班配)】bānpèi [動] (結婚相手どうし，服装と身分などが)つりあう

【搬】 bān [動] ①運ぶ，移す ②引越す，移転する［～迁］同前 ③そっくり当てはめる，そのまま引用する［～用］敷き写しにする

【搬家】bān'jiā [動] 引越す，転居する

【搬弄】bānnòng [動] ①(手で) 動かす，いじる ②ひけらかす ③そそのかす［～是非］ごたごたが起きるようしむける

【搬起石头打自己的脚】 bānqǐ shítou dǎ zìjǐ de jiǎo《俗》(相手にぶつけるつもりで石を持ち上げてかえって自分の足をたたく>) 天に唾する

【搬运】bānyùn [動] (多量の貨物を) 運搬する，輸送する［～工人］運送労働者

【瘢】 bān [名] 傷痕，かさぶた [関][瘢痕]

〖斑〗 bān ⊗①斑点，まだら ②斑点のある，まだらの

【斑白(班白·颁白)】bānbái [形]《書》白髪まじりの，ごましお頭の [関][花白]

【斑斑】bānbān [形] 斑点の多い，一面まだらの［血迹～］血痕が点々としている

【斑驳(班驳)】bānbó [形]《書》まだら模様の，ぶちの

【斑点】bāndiǎn [名] 斑点［～病］植物の斑点病

【斑鸠】bānjiū [名]〔只〕〚鳥〛キジバト

【斑斓(斒斓)】bānlán [形]《書》絢爛たる

【斑马】bānmǎ [名]〔匹〕シマウマ

【斑秃】bāntū [名]〚医〛まだら状の脱毛症 [同][鬼剃头]

★【斑纹】bānwén [名] 縞模様

【斑竹】bānzhú [名] 斑竹 ♦表面に褐色の斑文のある竹で杖や筆の軸に使う [同][湘妃竹]

〖坂(*阪)〗 bǎn ⊗坂 ♦「大阪」は'大阪'と表記

【板】 bǎn [名] (～儿) ①〔块〕板 ②店舗の戸板［上～儿］店じまいする ③拍，調子 ④(伝統劇の) 拍子木 — [形] ①杓子定規の，融通の利かない〚做事太～〛やり方が機械的すぎる ②堅い，こちこちの〚脖子发～〛首筋が硬くなる — [動] (表情を) 硬くする〚～着脸〛硬い表情で

〖—(*闆)〗 ⊗店の主人→［老 lǎo～］

【板壁】bǎnbì [名] (間仕切りの) 板壁

【板擦儿】bǎncār [名] 黒板ふき

【板凳】bǎndèng [名]〔条〕(もたれがない) 木製の腰掛け

【板块】bǎnkuài [名]〚地〛プレート［太平洋～］太平洋プレート

【板栗】bǎnlì [名] (大きな) 栗

【板书】bǎnshū [名] 黒板の字 — [動] 板書する

【板眼】bǎnyǎn [名] ①(伝統劇の) 拍子，リズム ②《転》(話や文などの) めりはり

【板子】bǎnzi [名] ①〔块〕板 ②お仕置(体罰)に使う木や竹の板

【版】 bǎn [名]〚印〛〔块〕鉛版，組版〚把～拆掉〛組版をこわす — [量] ①書籍刊行の版〚第一～〛初版 ②新聞の面を数える〚头～新闻〛第1面のニュース ⊗①出版する→［再 zài～］ ②版築(土塀工法の一)用の板

★【版本】bǎnběn [名] ①版本，印刷された書物 ②木版本

【版次】bǎncì [名] (初版，再版などの) 版次

【版画】bǎnhuà [名]〔幅·张〕版画

【版权】bǎnquán [名] 版権，著作権［～页］奥付ページ

【版税】bǎnshuì [名] 印税

【版图】bǎntú [名] 版図，領土

【办(辦)】 bàn [動] ①する，処理する〚怎么

〜?〛どうするか〚〜案子〛刑事事件を処理する ②開設する〚〜工厂〛工場を始める ③買い揃える〚〜粮食〛食糧を買い入れる ④処罰する

☆【办法】 bànfǎ 图 方法、やり方〚没〜〛どうしようもない

【办公】 bàn'gōng 動 執務する、業務を処理する

☆【办公室】 bàngōngshì 图〔间・个〕事務室、オフィス

☆【办理】 bànlǐ 動（業務を）担当する、処理する〚〜日常事务〛日常業務を取り扱う

【办事】 bàn'shì 動（デスクワークの）仕事をする、事務をとる〚〜处〛事務所〚〜员〛下級事務員

【半】 bàn 数 ①半分、0.5〚〜个小时〛30分〚一个〜小时〛1時間半の ②（転）ごくわずか、ほんのちょっぴり〚〜分钱也没有〛びた1文もない ⊗なかば、半々

【半百】 bànbǎi 数〔書〕五十（多く年齢についていう）〚年已〜〛もう50歳だ

【半辈子】 bànbèizi 图 半生〔前(后)〜〕前(後)半生

【半边】 bànbiān 图 半分、片方〚左〜〛左半分

【半边天】 bànbiāntiān 图 ①空の半分、空の一部 ②（転）(新中国の)女性たち◆妇女能顶〜（女性は天の半分を支える）のスローガンに由来

【半成品】 bànchéngpǐn 图 半製品、未完成品〚半制品〛

【半岛】 bàndǎo 图 半島

【半导体】 bàndǎotǐ 图 ①半導体、トランジスター ②（口）トランジスターラジオ

【半点】 bàndiǎn 图（〜儿）〔多く定語となり否定文で使われ〕ほんのちょっと、ごくわずか〚没有〜用处〛なんの使い道もない

【半吊子】 bàndiàozi 图 ①（知識・技術が）生半可な人 ②無責任でだらしない人

【半封建】 bànfēngjiàn 图〔定語として〕半封建的な

【半截】 bànjié 图（〜儿）半分、中途〚说到〜儿〛途中まで話す

【半斤八两】 bàn jīn bā liǎng（成）似たり寄ったり、五十歩百歩◆旧度量衡では1斤が16両、したがって半斤は8両

【半径】 bànjìng 图〔数〕半径

【半空】 bànkōng 图 中空、空中〚抛到〜(中)〛宙に放り上げる

【半拉】 bànlǎ 图（口）半分、2つに分けた1つ〚半拉子〛〚剩下〜〛半分残る

【半劳动力】 bànláodònglì 图 半人分の労働力〔働全劳动力〕

【半路】 bànlù 图（道のりおよび事がらの）中途、途中〚半途儿〛〚〜出家〛途中から転業する

【半票】 bànpiào 图 半額チケット、小人券

【半晌】 bànshǎng 图〔方〕（＝〔普〕半天〕①半日、昼間の半分 ②しばらくの間、かなりの時間〚好〜〛かなり長い間

【半身不遂】 bàn shēn bù suí（成）半身不随(となる)

【半生】 bànshēng 图 半生、生涯の半ば(＝〔半辈子〕)〚前〜〛前半生

【半衰期】 bànshuāiqī 图（放射性元素の）半減期

【半死不活】 bàn sǐ bù huó（成）半分死んだような、なんとも無気力な

【半天】 bàntiān 图 ①半日、昼間の半分〚前(上)〜〛午前中 ②しばらくの間、かなりの時間◆主観的に長いと感じられる時間〚想了〜才回答〛ずいぶん考えてから答えた

☆【半途而废】 bàn tú ér fèi（成）業半ばにしてやめる、中途でへこたれる

【半夜】 bànyè 图 ①一夜の半分〚前〜〛一夜の前半 ②真夜中、深更〚〜三更〛〔三更〕に真夜中

【半月刊】 bànyuèkān 图 月2回発行の雑誌◆誌名にもなる〚新华〜〛新華半月刊〔誌名〕

【半殖民地】 bànzhímíndì 图 半植民地(＝〔半封建〕)

【半制品】 bànzhìpǐn 图 半製品(＝〔半成品〕)

【伴】 bàn 图（〜儿）連れ〚搭〜〛連れとなる
⊗①供をする、付き添う ②連れ

【伴侣】 bànlǚ 图 伴侶、同伴者〚终身〜〛一生の伴侶

☆【伴随】 bànsuí 動 …に伴う、付き従う〚〜着经济的发展…〛経済発展に伴い…

【伴同】 bàntóng 動 連れ立つ、付随する〚小李〜小王去看展览〛李君は王君と連れ立って展覧会へ行く〚〜发生〛付随する形で発生する

【伴奏】 bànzòu 動 伴奏する〚为他〜〛彼の伴奏をする

【拌】 bàn 動 かき混ぜる、攪拌する ⊗する（＝〔〜和 huo/huò〕）

【拌嘴】 bàn'zuǐ 動 口げんかをする、言い争う〚吵嘴〛

【绊（絆）】 bàn 動 つまずく、つまずかせる、邪魔をする〚〜他一交〛（足をからめて）彼をつまずかせる〚〜手〜脚〛足手まといになる

【绊脚石】 bànjiǎoshí 图〔块〕（転）障害物、邪魔物

【扮】 bàn [動] ① 扮装(ふんそう)する，変装する〖～个商人〗商人に扮(ふん)する ② 表情を作る，…の顔をする〖～鬼脸〗あかんべえをする

【扮相】 bànxiàng [名] 扮装，メーキャップ

*【扮演】 bànyǎn [動] 扮装して演じる，(劇中の) 人物に扮する；《転》ある役割を受け持つ

【扮装】 bànzhuāng [動] (役者が) メーキャップする，扮装する

【瓣】 bàn [名] ① (～儿) 花弁，花びら ② (一組のものの) 一片 — [量] (一組のものの) 一片〖一～橘子〗みかんの袋一つ ⊗弁膜

【邦】 bāng ⊗国〔邻～〕隣国

【邦交】 bāngjiāo [名] 国交〖恢复～〗国交を回復する

【帮(幫)】 bāng [動] ① 助ける，手伝う〖～他拿下行李〗彼が荷物を下ろすのを手伝う，彼の代りに荷物を下ろしてやる ②《口》(金銭面で) 助ける〖～他一点儿钱〗(援助の意味で) 彼に少しお金を上げる — [名] ① (～儿) (靴・桶・船などの) 側部〖～儿坏了〗横側が壊れた(破れた) ② (～儿) (結球野菜の) 葉の厚い部分 — [量] (人の) グループ，群れを数える [同]〔帮子〕 ⊗(政治的，経済的) 集団〔搭～〕仲間入りする

【帮倒忙】 bāng dàománg [動] 有難迷惑なことをする，親切があだになる〖帮他的倒忙〗手伝うつもりが(かえって) 彼の迷惑になる

【帮工】 bānggōng [名] (主に農村での) 臨時雇いの作男，日傭(ひやとい) [関]〔短工〕
—— bāng'gōng [動] (主に農作業を) 手伝う，雇われ仕事をする

【帮会】 bānghuì [名] ('青帮'，'红帮'などの) 秘密結社

★【帮忙】 bāng'máng [動] 手伝う〖帮他的大忙〗彼を大いに助ける

【帮派】 bāngpài [名]《貶》分派，派閥〖搞～〗分派活動をする

【帮腔】 bāng'qiāng [動] ① (伝統劇で，舞台の独唱に合わせて舞台裏で大勢が) 伴唱する ②《転》言葉で助勢する，援護発言をする

【帮手】 bāngshou [名] (仕事を) 助けてくれる人，片腕

【帮闲】 bāngxián [動] 権力者や金持ちの太鼓持ちをする〔～文学〕御用文学 — [名] 御用文士

【帮凶】 bāngxiōng [名] 悪の片割れ，共犯者 — [動] 犯行(悪事) の手助けをする

★【帮助】 bāngzhù [動] 助ける，手伝う〖～他们割麦〗彼らが麦刈するのを手伝う〖得到～〗援助を受ける

【梆】 bāng [動] (棒で) たたく〖～了他一下〗彼を棒で1回たたいた — [擬] とんとん(木をたたく音) ♦'哪' とも書く
⊗拍子木

【梆子】 bāngzi [名] ① (夜回りの) 拍子木 ♦竹製もある ② (伝統劇の) 拍子木 ♦主に '～腔' で使う ③ [同]〔～腔〕

【梆子腔】 bāngziqiāng [名] 伝統劇の節回しの一，またそれを使う地方劇の総称

【浜】 bāng [名]《方》〔条〕小川

【绑(綁)】 bǎng [動] 縛る，巻き付ける〖用绷带～起来〗包帯で(きつく) 縛る〔～腿〕ゲートル

【绑匪】 bǎngfěi [名] (身代金目当ての) 人さらい，営利誘拐犯

*【绑架】 bǎng'jià [動] 人をさらう〔～案〕誘拐事件

【绑票】 bǎng'piào [動] (～儿) 身代金目当てに人をさらう，営利誘拐する〔～儿的〕人さらい

【榜】 bǎng [名] (合格者名などの) 掲示〖～上有名儿〗掲示された合格者名簿に名前がのっている〖发～〗合格発表の掲示をする

【榜文】 bǎngwén [名] 御触れ書き，告示

【榜眼】 bǎngyǎn [名]〖史〗殿試(科挙の最終試験) の次席合格者

*【榜样】 bǎngyàng [名] 手本，模範〖树立～〗良い手本を示す

【膀(*髈)】 bǎng ⊗ ① 肩〔肩～〕肩 ② (鳥の) 翼〔翅～〕翼
⇨pāng, páng

【膀臂】 bǎngbì [名] ① 片腕(となる人) ②《方》肩から上腕の部分

【膀子】 bǎngzi [名] ① 肩から上腕の部分〖光着～〗上半身裸で ② (鳥の) 翼 ♦'吊膀子' (女を引っかける) では bàng と発音

【蚌】 bàng [名] カラス貝 ♦地名 '蚌埠' は Bèngbù と発音

【谤(謗)】 bàng ⊗そしる→〔诽 fěi～〕〔毁 huǐ～〕

【傍】 bàng ⊗ ① (水辺に) 沿う ② (時間が) 迫る

【傍岸】 bàng'àn [動] (船が) 岸につく

【傍黑儿】 bànghēir [名]《方》 [同]《普》〔傍晚〕

★【傍晚】 bàngwǎn [名] (～儿) 夕方，日暮れ

【磅】 bàng [名]〔台〕台秤 ([同]〔～秤 chèng〕)〖过～〗台秤にかける — [動] 台秤で量る —

B

圖 ポンド(重さの単位,貨幣の単位は「镑」)
⇨ páng

【棒】bàng 形〔口〕(体力,能力面で)すごい,素晴らしい
⊗ 棒→[~子]

【棒槌】bàngchui 名〔根〕洗濯杵,洗い棒 ♦ 水につけた衣類を石などの上に置き,これでたたいて汚れを落とす

【棒球】bàngqiú 名 ① 野球 [打~]野球をする ② 野球のボール ③ [场·次]野球の試合,ゲーム

【棒子】bàngzi 名 ①〔根〕(短くて太い)棒 =[棍子] ②〔方〕トウモロコシ

【包】bāo 動 ① 包む,くるむ [用报纸~起来]新聞紙で包む [~饺子]ギョーザを作る ② 包囲する,取り巻く ③ 請け負う,全責任を引き受ける [~产量]ある生産高(の達成)を約束する [~在我身上]俺に任せとけ ④ 請け合う,保証する [这个西瓜~甜]このスイカは甘いこと請け合いだ ⑤ 借り切る,買い切る [~一节车厢]車両1台を借りきる [~一间](レストランなどの)貸し切りの部屋 一 图(~儿) ① 包み ② 袋,バッグ ③ こぶ [长了一个~]こぶができた ④ 袋になったものを数える [两~大米]米2袋
⊗ ① 含む ② (B-)姓

【包办】bāobàn 動 ① 全部引き受ける,請け負う [一手~]一手に引き受ける ② 独断専行する,ひとり決めで事を進める [父母~的婚姻]両親が勝手に決めた婚姻

*【包庇】bāobì 動 (悪人や悪事を)かばう,肩をもつ

【包藏】bāocáng 動 (ある感情を)隠し持つ,秘める [~祸心]よからぬ事をたくらむ

【包产】bāo‸chǎn 動 生産を請け負う [~到户]各農家が生産を請け負うこと

【包饭】bāofàn 名 月額契約で供される食事,月決めの賄 ──── bāo‸fàn 上記の食事契約をする,月決めで賄の約束をする

*【包袱】bāofu 名 ① 風呂敷 ⓟ[~皮] ② 風呂敷包み ③ (転)精神的重荷,心の枷 [放下~]心の荷物を下ろす

【包干儿】bāogānr 動 (ある範囲の)仕事を請け負う,任務の達成に責任を負う

【包工】bāo‸gōng 動 (工事などを)請け負う [这栋楼由他们~]この建物の工事は彼らが請け負う ──── bāogōng 名 工事請負人,施工請負業者

【包公】Bāo Gōng 名 北宋の清官,包拯 ♦ 日本の大岡越前のような存在 ⓟ[包青天]

【包管】bāoguǎn 動 請け合う,保証する [~退换]返品,交換できることを保証する

*【包裹】bāoguǒ 名 包み,郵便小包 [寄~]小包で送る 一 動 包む,きちんとくるむ

【包含】bāohán 動 (内に) 含む,含有する [~矛盾]矛盾をはらむ

【包涵】bāohan 動 (敬) 寛恕する [请多~]御寛恕下さい

*【包括】bāokuò 動 (ある範囲を)含む,含める [邮费~在内]郵送料を含む

【包罗万象】bāoluó wànxiàng(成) あらゆるものを網羅している

【包米(苞米)】bāomǐ 名〔方〕トウモロコシ

【包皮】bāopí 名 ① 包装材料 ② (生)(男性性器の) 包皮 [~过长]包茎

【包票】bāopiào 名〔旧〕保証書(=[保单])[打~](絶対大丈夫と)請け負う

【包围】bāowéi 動 包囲する,取り囲む

【包销】bāoxiāo 動 販売を請け負う,一手に販売する [~合同]独占販売契約

【包圆儿】bāo‸yuánr 動 ① (売れ残りや余ったものを)全部買い取る ② すべて引き受ける [剩下的菜我~吧]残りのおかずは僕が片付けよう

【包月】bāo‸yuè 動 (賄ைの費用などを)月決めで契約する

【包扎】bāozā 動 包帯を巻く,包む [~伤口]傷口に包帯を巻く

【包装】bāozhuāng 動 包装する,梱包ょするーー 名 包装材料

*【包子】bāozi 名 ① 中華まんじゅう [肉~]肉まん [豆沙~]あんまん ② 〔冶〕ラドル ♦ 溶けた金属を運ぶ容器

【包租】bāozū 動 ① (家や田畑を)転貸目的で賃借りする ② 借り切る ③ (作柄と無関係に) 定額の小作料(年貢)を払う

【苞】bāo ⊗ つぼみ→[花~]

【孢】bāo ⊗ 胞子 [~子]同前

【胞】bāo ⊗ ① 胞衣 ② はらから [同~]同胞

【剥】bāo 動 (皮や殻を) むく,剥ぐ [~皮]皮をむく
⇨ bō

【煲】bāo 名〔方〕鍋 [~手机粥]携帯で長電話をする

【褒】(＊襃) bāo ⊗①ほめる [～扬] 称贊する ②(服が)たっぷりした, だぶだぶの

【褒贬】bāobiǎn 動《书》(事の)良否の評価をする, (人の)品定めをする
── bāobian 動《けなす, そしる [在背地里～别人] 陰で人をあやする
【褒义】bāoyì 图《语》プラス義, ほめる意 ⇔[贬义]

【雹】 báo ⊗ ひょう [～害] ひょう害

【雹子】báozi 图 雹ひょう ♦'冰雹'の通称 [下～] 雹が降る

【薄】 báo 形①(厚さが)薄い ⇔[厚] ②(人情が)薄い, 冷淡な ⇔[深] ③(味や濃度が)薄い ⇔[浓] ④(土地が)瘠せた, 地味の乏しい ⇔[肥]
⇨ bó, bò

【宝】(寶＊寳) bǎo ⊗ ①たから [传家之～] 家宝 ②貴重な, 価値の高い ♦美称の接頭辞としても使う [～殿] 凡殿などの美称

【宝宝】bǎobao (báobao とも発音) 图 幼児(男女とも)に対する愛称 ⑩[小～]
*【宝贝】bǎobei/bǎobèi 图①〔件・个〕たから, 宝物 ②(～儿) ⑩[宝贝] ③《貶》(变人や無能な人を逆説的に)宝もの, 極めつけの逸品
*【宝贵】bǎoguì 形 (多く抽象的なものを形容して) 貴重な, 得難い [～的贡献] 貴重な貢献 ⑩[珍贵] ── 動《'可'と結び付いて)貴重視する [极可～的性格] 高く評価すべき性格
【宝剑】bǎojiàn 图[把]剑 ♦剑一般をいう. 古くは宝剣の意
【宝卷】bǎojuàn 图 宝卷, 说唱文学の一 ♦多かれ少なかれ仏教的色彩を帯びる
【宝库】bǎokù 图[座] 宝庫(多く比喩的に使う)
【宝瓶座】bǎopíngzuò 图 水瓶座
【宝石】bǎoshí 图[颗・块] 宝石
【宝书】bǎoshū 图 貴重な書物 ♦文革期には毛沢東の著作, 特に『毛主席語録』を指し, '红～'ともいった
【宝塔】bǎotǎ 图[座] 塔 ♦塔一般をいう. 古くは塔の美称
【宝物】bǎowù 图 貴重な物品, 宝物
【宝藏】bǎozàng 图①秘蔵されている宝物 ②地下に眠る鉱脈, 資源の宝庫
【宝重】bǎozhòng 動 貴重視する, 高く評価する
【宝座】bǎozuò 图 玉座, 王座, 神の座

【饱】(飽) bǎo 形①満腹の, 食い足りた ⇔[饿] ②(実などが)ぎっしり詰まっ

た ⊗①たっぷりと, 十分に [～含泪水] 涙を一杯に浮かべる ②満足させる [大～眼福] 大いに目を楽しませる
【饱嗝儿】bǎogér 图 げっぷ, おくび [打～] げっぷが出る
*【饱和】bǎohé 图《理》①飽和 ②飽和点 ⑩[～点] ── 形 飽和状態の
*【饱经沧桑】Bǎojīng cāngsāng (成) 世の移り変わりを多く経験する
【饱经风霜】bǎo jīng fēngshuāng (成) 辛酸をなめ尽くす
【饱满】bǎomǎn 形①たっぷりとした [天庭～](福相として)額が広い ②満ちあふれた [精神～] 元気一杯の
【饱食终日】bǎo shí zhōngrì (成) 無為徒食の日々を過ごす

【保】 bǎo 動①保つ, 保持する [～住自己的地位] 自分の地位を保つ ②請け合う, 保証する [～你没事] 問題ないこと請け合いだ ③旧時の住民管理の制度 '保甲制度' の一单位 ⑩[保甲]
⊗①守る, 保護する ②保証人, 請け人 [作～] 保証人になる

【保安】bǎo'ān 動①治安を守る, 秩序を保つ ②(労働者の)安全を守る [～措施] 安全確保の措置
【保安族】Bǎo'ānzú 图 ボーナン族 ♦中国少数民族の一, 甘粛省に住む
【保镖】bǎobiāo 图 用心棒, ボディーガード ── 動 (用心棒として)護衛する [有我来～] おれが守ってやる
【保不住】bǎobuzhù 動①請け合えない, 保てない ②…しないとは限らない [～要下雨] 雨が降るかもしれない
【保藏】bǎocáng 動 (元のまま)保存する, 貯蔵する
*【保持】bǎochí 動 (原状を)保つ, 維持する [～传统生活习慣] 伝統的な生活習慣を保つ
*【保存】bǎocún 動①保存する ②(力などを)維持する
【保单】bǎodān 图[张]①(品質, 修理などの)保証書 ⑩[保修单] ②保険証書
【保固】bǎogù 图 請負工事の品質保証 ♦一定期間内に生じた故障の修理が保証される
*【保管】bǎoguǎn 動①保管する ②請け合う, 保証する [我～你能学会] マスターできること請け合いだ ── 图 保管係, 倉庫係
*【保护】bǎohù 動 保護する, 護持する [～权利] 権利を守る [～关税] 保護関税
【保甲】bǎojiǎ 图《史》保甲制度 ♦数戸を一'甲', 数'甲'を一'保'とし

【保荐】bǎojiàn 動 推挙する,責任をもって推薦する

【保健】bǎojiàn 名 保健,健康衛生管理[~站]保健室

【保洁】bǎojié 動 清潔を保つ[~箱]ゴミ箱

【保龄球】bǎolíngqiú 名(❶[地滚球])①[体]ボウリング ②ボウリングの球

*【保留】bǎoliú 動①(原形を)保つ,保存する[[~着当年的面貌]]昔の面影を残す ②留保する,保留する ③留めておく,残しておく[~座位]席を取っておく[~剧目](劇団の)レパートリー

*【保密】bǎomì 動 秘密を守る,内緒にしておく[~文件]機密文書

*【保姆(保母)】bǎomǔ 名 家政婦,ベビーシッター

【保暖】bǎo'nuǎn 動 保温する[[能~二十四小时]]24時間温度を保てる

【保全】bǎoquán 動①(損なわれないよう)保つ,守る[~名誉]名誉を保つ ②(機械や設備が)保全する,安全に維持する

【保人】bǎoren 名 保証人,請け人 ⇨[保证人]

【保释】bǎoshì 動 保釈する[[被~出狱]]保釈されて獄を出る

【保守】bǎoshǒu 動(失わないよう)守る[~秘密]秘密を守る — 形 保守的な,古い考え方の

【保送】bǎosòng 動(主に公的機関が)勉学のために推薦派遣する,見込んで送り出す

【保卫】bǎowèi 動 防衛する,警護する[~科](機関内の)保安課

【保温】bǎowēn 動 保温する,(断熱剤で)熱を保つ[~瓶]魔法瓶[~材料]断熱材

*【保险】bǎoxiǎn 名 保険[上~]保険に入る[~公司]保険会社 — 形(信頼度の上で)安全な,信用おける[~刀]安全かみそり[~丝]ヒューズ — 動 請け合う,保証する(⇨[保管])[[~不会出事故]]絶対に事故は起きない

【保险柜】bǎoxiǎnguì 名 耐火金庫 ♦小さなものは '保险箱' という

*【保养】bǎoyǎng 動①保養する[[~身体]]養生する[对皮肤的~]肌の手入れ ②(機械などの)保全に務める[[~汽车]]自動車を整備する

【保佑】bǎoyòu 動(神や仏が)守る,助ける[[愿上帝~我们]]神の御加護がありますよう

【保育】bǎoyù 動 保育する,幼児を育てる[~员]保育士,保母[~院]孤児院

*【保障】bǎozhàng 動 保障する — 名 保障(となる事物)

*【保证】bǎozhèng 動 保証する,請け合う[[一~金]]保証金[~书]念書 — 名 保証(となる事物)

【保值】bǎozhí 動 貨幣や財産の価値を維持する,リスクヘッジする

【保质期】bǎozhìqī 名 品質保持期限,賞味期限

*【保重】bǎozhòng 動 健康に気をつける,自愛する[请多~]お体ご大切に

【堡】bǎo ⊗ とりで,要塞 ♦地名などでpùと読む場合も[地~]トーチカ

【堡垒】bǎolěi 名①[座]堡塁,トーチカ ②(転)とりで[[社会主义的~]]社会主义のとりで

【葆】bǎo ⊗① 保つ ②(B-)姓

【鸨(鴇)】bǎo ⊗①[鸟]ノガン[大~]同前 ②[老~](妓楼の)やりて婆

【报(報)】bào 名[张・份]新聞(⇨[~纸])[[送~]]新聞を配達する — 動 報告する[~户口]戸籍の手続きをする ⊗①(文書や信号による)知らせ,情報[海~]ポスター[电~]電報 ②(恩義に)報いる ③定期雑誌[学~]紀要

*【报仇】bào'chóu 仇 {あだ} をうつ,復讐{ふくしゅう}する

*【报酬】bàochou 名 報酬,謝礼

*【报答】bàodá 動(恩義に)こたえる,報いる[~恩情]恩返しをする

*【报到】bào'dào 動(新入生,新規採用者,会議参加者などがそれぞれの場で)到着を告げる,受付登録を済ませる

*【报道】bàodào 動 報道する — 名[篇]報道記事

【报恩】bào'ēn 動 恩返しをする,恩に報いる

【报废】bào'fèi 動(不合格品や耐用年数切れの器物などを)廃棄する,廃品に回す

*【报复】bàofu/bàofù 動 報復する,復讐{ふくしゅう}する

*【报告】bàogào 動(正式に)報告する[[~大家一个好消息]]皆によいニュースを知らせる — 名(口頭や文書による)報告,講演,レポート[~演]講演[写一篇~]報告書(講演原稿)を一編書く

【报告文学】bàogào wénxué 名[篇]ルポルタージュ

【报关】bào'guān 動 通関手続きをする,税関に申告する

【报馆】bàoguǎn 名(旧)新聞社 ♦現在は '报社' という

【报国】bào'guó 動 お国のために尽くす,国恩に報いる

【报话机】bàohuàjī [名]〔部·台〕(電報と通話の両機能をもつ) 無線通信機
【报捷】bào▾jié [動] 勝利を伝える，成功を報告する
【报警】bào▾jǐng [動] ①警察に通報する ②警報を出す，危険を知らせる
【报刊】bàokān [名] 新聞雑誌〖订阅三种～〗3種の新聞雑誌を購読する
【报考】bàokǎo [動] 受験の手続きをする，出願する〖～大学〗大学を受験する
★★【报名】bào▾míng [動] (参加を) 申し込む，エントリーする〖～参加象棋赛〗将棋大会に参加を申し込む
【报幕】bào▾mù [動] (軽演劇，コンサートなどで) 司会をする，(演目などの) アナウンスをする［～员］司会者
★【报社】bàoshè [名]〔家〕新聞社
【报失】bàoshī [動] 遺失届を出す
【报时】bào▾shí [動] 時間，時刻を知らせる［～钟］時報つきの時計
【报数】bào▾shù [動] (点呼の際) 自分の番号を言う〖～！〗(号令として) 番号！
【报税】bào▾shuì [動] 税金を申告する［～单］納税申告書
【报摊】bàotān [名] (～儿) 新聞売りの露店，新聞スタンド
【报童】bàotóng [名] (通りを売り歩く) 新聞売りの少年
【报务】bàowù [名] 電信業務
【报喜】bào▾xǐ [動] 吉報をもたらす，うれしい知らせを伝える
★【报销】bàoxiāo [動] ①立替分を所属機関に報告し後払いしてもらう〖向财务科～〗経理課で精算する ②(不用品を) 帳簿から抹消する ③《転》(人や物を) 抹殺する，始末する
【报晓】bàoxiǎo [動] (音声で) 夜明けを告げる
【报效】bàoxiào [動] 恩返しのため尽力する
【报信】bào▾xìn [動] 情報を知らせる，通知する
【报应】bàoying/bàoyìng [名] 報い，応報
【报账】bào▾zhàng [動] 決算報告をする，(前払い金などの) 勘定を整理する ♦ときに'报销'の意味にも
★★【报纸】bàozhǐ [名] ①〔份〕新聞(主に日刊紙をいう) [同][报] ②新聞用紙，印刷用紙 [同][白～]

【刨(*鉋 鑤)】bào [動] かんなをかける
⇨ páo
【刨冰】bàobīng [名] かき氷
【刨床】bàochuáng [名] ①〔台〕(金属加工の) 平削り盤 ②かんなの台の部分
【刨工】bàogōng [名]〖工〗①平削り ②平削り工，プレーナー
【刨花】bàohuā [名] かんな屑［～板］(かんな屑や木屑を圧縮して固めた) 合成建材の一
【刨子】bàozi [名]〔把〕(押して削る) かんな〖用～刨〗かんなで削る

【抱】bào [動] ①抱く，かかえる ②(初めての子や孫が) できる〖～娃娃〗赤ちゃんが生まれる ③養子にする ④(心に) 抱く〖～希望〗希望をもつ ⑤(鳥が卵を) かえす ━ [量] ひとかかえ〖三～粗的树〗三かかえもある木
【抱病】bào▾bìng [動] 病をかかえる〖～工作〗病気のままで働く
【抱不平】bào bùpíng [動] (他人への不当な仕打ちに) 義憤を感じる〖打～〗弱者を助けて不正と戦う
【抱粗腿】bào cūtuǐ [動]《貶》太い足にしがみつく，権力者に寄り添う
【抱佛脚】bào fójiǎo《成》〔'平时不烧香，急来～' の形で〕苦しいときの神頼み
★【抱负】bàofù [名] 抱負，理想，野心〖很有～〗大志を抱く
【抱愧】bàokuì [動] 慚愧(ざんき)の念を抱く，恥ずかしく思う
★★【抱歉】bào▾qiàn [動] すまないと思う〖实在～〗本当に申し訳ない
【抱屈】bào▾qū [動] 悔しさを感じる([同][抱委屈])〖向我抱起屈来〗私に恨みごとを言い始める
【抱头鼠窜】bào tóu shǔ cuàn《成》頭を抱えてあたふたと逃げ出す
【抱委屈】bào wěiqu [動] [同][抱屈]
【抱窝】bào▾wō [動] (ひなをかえすため) 卵を抱く，巣につく
【抱薪救火】bào xīn jiù huǒ《成》(たき木を抱えて火消しにかかる>) 火に油をそそぐようなことをする [同][火上浇油]
【抱养】bàoyǎng [動] (他人の子供を養子として) 養育する，もらい子を育てる
★【抱怨】bàoyuan/bàoyuàn [動] 不平を言う，恨みごとを言う([同][埋怨 mányuàn])〖～别人〗他人を恨んでぶつぶつ言う

〖鲍(鮑)〗bào ⊗①あわび［～鱼］同前 ②(B-)姓

〖趵〗bào ⊗跳ねる ♦「蹴る」の意では bō と発音

【豹】bào [名]〔只〕豹(ひょう)［～变］豹変する
【豹子】bàozi [名] [同][豹]

【暴】bào [形] ①(性格が) 荒々しい，気短かな〖脾气很～〗怒りっぽい性格だ ②むごい，凶暴な ━ [動] 膨れ上がる，突起する〖～起青筋〗青筋が立つ
⊗①損なう［自～自弃］やけを起こす ②急激な，にわかの［～死］急

死する [～增] 激増する

【暴病】bàobìng [名] 急病([同][急病]) 『得了一场～』急病にかかった

【暴跌】bàodiē [動] ①(物価が) 暴落する, 値崩れする [反][暴涨] ②(評判が)がた落ちする

【暴动】bàodòng [名] ①暴動 ②武装蜂起 [同][起义]

【暴发】bàofā [動] ①突発する, 勃発(ぼっぱつ)する ②一挙に金持ちになる [～户] 成金(なりきん)

【暴风】bàofēng [名]〔场〕暴風 ♦気象上は風力11の風 [～骤雨] 疾風と豪雨, またその勢い

【暴风雪】bàofēngxuě [名] 猛吹雪, 雪あらし

【暴风雨】bàofēngyǔ [名] 暴風雨 『来了一场～』嵐が来た

【暴虎冯河】bào hǔ píng hé 《成》虎と素手で闘い黄河を歩いて渡る ♦無茶なまねをすることなど無謀な勇気を例える

【暴君】bàojūn [名] 暴君 [反][仁君]

*【暴力】bàolì [名] 暴力, 武力 『诉诸～』暴力に訴える

【暴利】bàolì [名] 暴利 『贪图～』暴利をむさぼる

【暴烈】bàoliè [形] (性格が) 荒々しい, 凶暴な

*【暴露】bàolù [動] 暴露する, 明るみに出す [～文学] 暴露小説

【暴乱】bàoluàn [名] 暴動, 騒乱 『镇压～』反乱を鎮圧する

【暴虐】bàonüè [形] 凶暴な([同][残暴]) [～无道] 暴虐非道な

【暴跳如雷】bàotiào rú léi 《成》烈火のごとく怒る, 怒り狂う

【暴徒】bàotú [名] 暴徒, 無頼漢

【暴雨】bàoyǔ [名] 豪雨, すさまじい雨 ♦気象上は1時間の降雨量が50-100ミリの雨をいう

【暴躁】bàozào [形] 短気な, 怒りっぽい

【暴涨】bàozhǎng [動] ([反][暴跌]) ①(水位が) 急上昇する, 急に水かさが増す ②(物価が) 暴騰(ぼうとう)する, すさまじく値上りする

【暴政】bàozhèng [名] 暴政, 悪政

【暴卒】bàozú [動]《書》(急病で) 突然死する, 急死する

【爆】 bào [動] ①はじける, 炸裂(さくれつ)する 『～出火花』火花が飛び散る ②油でさっと揚げる

*【爆发】bàofā [動] ①(火山などが) 爆発する ②(事変などが) 勃発(ぼっぱつ)する, (潜在していたものが) 突然顕在化する

【爆发力】bàofālì [名] 瞬発力

【爆裂】bàoliè [動] (豆のさやなどが) はじける, (唇などが)ひび割れる

【爆米花】bàomǐhuā [名] ポップコーン

【爆破】bàopò [動] 爆破する, 発破(はっぱ)をかける [～手] 爆破技手

*【爆炸】bàozhà [動] (火薬などが) 爆発する 『～原子弹』原子爆弾を爆発させる

【爆竹】bàozhú [名] 爆竹 ♦普通は'鞭炮 biānpào'という 『放～』爆竹を鳴らす

【曝(*暴)】 bào ⊗ 以下を見よ
⇨pù

*【曝光(暴光)】bào'guāng [動] 感光させる;《転》(秘密を)暴露する

【杯(*盃)】 bēi [量] '杯子'などの容器を単位に液体の量を数える 『一～酒』1杯の酒
⊗コップ, 湯呑, 杯(盃) [玻璃～] ガラスのコップ [酒～] お猪口(ちょこ) [世界～赛] ワールドカップ

【杯水车薪】bēi shuǐ chē xīn 《成》(たった1杯の水で車1台分の薪に着いた火を消す>)焼石に水

**【杯子】bēizi [名] コップ, さかずき

【卑】 bēi ⊗①(位置が) 低い [～不足道] 取るに足りない ②下劣な, 粗悪な

*【卑鄙】bēibǐ [形] 卑劣な, 唾棄すべき [同][恶劣]

【卑躬屈膝】bēi gōng qū xī 《成》身を低くして膝をかがめる ♦阿諛追従(あゆついしょう)するさま [同][卑躬屈节]

【卑贱】bēijiàn [形] ①(身分が) 低い, 卑しい [反][高贵] ②卑劣な, 軽蔑すべき

【卑劣】bēiliè [形] 卑劣な, 下劣な

【卑怯】bēiqiè [形] 卑怯(ひきょう)な, 卑劣な

【卑污】bēiwū [形] (精神的に) 卑しい, 汚い

【碑】 bēi [名]〔块〕石碑 『立～』碑を建てる [～拓 tà] 石碑の拓本

【碑记】bēijì [名] 碑の由来を記した文, 碑文

【碑铭】bēimíng [名]〔篇〕碑文, 碑銘 『刻～』碑銘を彫る

【碑帖】bēitiè [名]〔本·张〕碑文の拓本 ♦多く習字の手本に使う

【碑文】bēiwén [名]〔篇〕碑文 『把～拓 tà 下来』碑文を拓本に取る

【碑阴】bēiyīn [名] 碑の裏面

【碑志】bēizhì [名] [同][碑记]

【背(揹)】 bēi [動] ①背負う, 肩に掛ける 『～孩子』子供をおんぶする ②(責任などを)負う
⇨bèi

【背包】bēibāo [名] リュックサック 『打～』(リュックサックに) 荷作りする

【背带】bēidài [名] ①〔副〕ズボン吊り, サスペンダー ②(カバンなどを肩に掛ける)吊りベルト

【背负】bēifù [動] ①背負う，おんぶする ②(期待などを)担う
【背黑锅】bēi hēiguō [動]《転》人の罪をかぶる，いけにえの羊になる〖我替你背了黑锅了〗お前の代りに叱られておいてやったよ
【背债】bēi▼zhài [動] 借金を背負う，負債を抱える [同][欠债]
【背子】bēizi [名] 背負子(しょいこ)，背負いかご
〖悲〗bēi ⊗悲しむ，哀れむ
★【悲哀】bēi'āi [形] 悲しい，痛ましい〖～的哭声〗悲しげな泣き声
★【悲惨】bēicǎn [形] 悲惨な，痛々しい〖～的结局〗悲惨な結末
【悲愤】bēifèn [名] 悲憤(の念) — [形] 悲しくも憤(いきどお)ろしい［～填膺］悲しみと怒りで胸が一杯になる
【悲歌】bēigē [動] 悲壮に歌う — [名] 悲しげな歌，エレジー
★★【悲观】bēiguān [形] 悲観的な([反][乐观])〖对前途～〗前途を悲観する［～主义］ペシミズム［～主义者］悲観論者
【悲剧】bēijù [名]〔场·出〕悲劇([反][喜剧])〖上演～〗悲劇を演じる［家庭～］家庭の悲劇
【悲苦】bēikǔ [形] 悲しく痛ましい〖～的境遇〗痛ましい境遇
【悲凉】bēiliáng [形] もの悲しい，心寂しい〖～的笛声〗もの悲しい笛の音
【悲鸣】bēimíng [動] 悲しげな声をあげる
【悲伤】bēishāng [形] 辛くて悲しい
【悲酸】bēisuān [形](じーんと) 悲しい，胸締めつけられるような
【悲叹】bēitàn [動] 嘆き悲しむ [同][哀叹]
【悲痛】bēitòng [形] 辛くて悲しい，沈痛な〖化～为力量〗悲しみを力に変える
【悲壮】bēizhuàng [形] 悲壮な〖～地高歌〗悲しみを込めて雄々しく歌う
【北】běi [名]〔介詞句の中で〕北〖往～走〗北へ行く［坐～朝南］南向きの
⊗戦さに負ける，敗北する
【北半球】běibànqiú [名] 北半球
【北边】běibian [名]([反][南边]) ①(～儿)北，北側〖车站的～儿〗駅の北側 ②《口》北方地域 [同][北方]
【北斗星】běidǒuxīng [名] 北斗七星
【北伐战争】Běifá Zhànzhēng [名]〖史〗北伐戦争 ♦1926-27年，国共合作による革命政府が北方軍閥討伐のために起こした戦争
★★【北方】běifāng [名]([反][南方]) ①北方 ②(中国の)北方，黄河流域およびそれ以北の地域
【北方话】běifānghuà 北方方言 ♦中国七大方言の一．長江以北および四川，雲南，貴州などに広く分布 [同][北方方言]
【北国】běiguó [名]《書》中国の北方地域
【北回归线】běihuíguīxiàn [名] 北回帰線，夏至線 [反][南回归线]
★【北极】běijí [名] ①〖地〗北極［～光］北極のオーロラ ②N極
【北极星】běijíxīng [名] 北極星
★★【北京】Běijīng [名] 北京(ペキン) ♦北京市は直轄市［～烤鸭］ペキンダック
【北面】běimiàn [名] 北，北側
【北齐】Běi Qí [名]〖史〗北斉(ほくせい)(A.D. 550-577)
【北宋】Běi Sòng [名]〖史〗北宋(A.D. 960-1127)
【北纬】běiwěi [名] 北緯 [反][南纬]
【北魏】Běi Wèi [名]〖史〗北魏(ほくぎ)(A.D. 386-534)
【北洋军阀】Běiyáng jūnfá [名]〖史〗北洋軍閥 ♦袁世凱およびその流れを汲む人々を指導者とする民国初期の北方軍閥
【北周】Běi Zhōu [名]〖史〗北周(A.D. 557-581)
〖贝(貝)〗bèi ⊗①貝［～丘］貝塚 ②音訳用字として［～克勒尔］ベクレル(Bq)［～塔射线］ベータ線('β射线'とも) ③(B-)姓
【贝雕】bèidiāo [名]〔件〕貝殻細工
★【贝壳】bèiké [名](～儿)〔片〕貝殻
【贝雷帽】bèiléimào [名]〔顶〕ベレー帽
〖狈(狽)〗bèi ⊗→[狼láng～]
【钡(鋇)】bèi [名]〖化〗バリウム
〖邶〗Bèi ⊗古代の国名(今の河南省)
【背】bèi [名] 背中 — [動] ①背にする，背を向ける〖～着窗户〗窓を背にする ②(人に) 隠す，隠れる〖～着父母〗両親に内緒で ③暗誦する〖～书〗本の内容をそらで言う — [形] ①辺鄙な，人気(ひとけ)のない〖地方很～〗辺鄙な場所だ ②《口》(賭事などで) ついていない〖手气很～〗つきが悪い ③耳が遠い〖耳朵～了〗耳が遠くなった
⊗(物の) 背の部分，裏面［手～］手の甲
⇨bēi
【背道而驰】bèi dào ér chí《成》(本道をはずれて)反対方向へと駆け進む
【背地里】bèidìli/-lǐ [名](人のいない)陰〖(在) ～说坏话〗陰で悪口を言う
【背光】bèi▼guāng [動] 日陰になる〖～的地方〗日の当たらない場所
【背后】bèihòu [名] ①背後，裏手 ②(人のいない)陰〖不要～使坏〗陰で

汚いまねをするな
【背脊】bèijǐ 图 後背部,背中 [~骨] 背骨
*【背景】bèijǐng 图 ① (舞台,絵画などの) 背景,バック ② (人物や事件の) 背景,裏の事情 [時代~] 時代背景
【背离】bèilí 动 ① (余儀なく) 離れる,去る 〚~故乡〛故郷を離れる ② 背離する,そむく (⇔[违背]) 〚~原则〛原則から外れる
【背理(悖理)】bèilǐ 动 道理に背く,筋が通らない
【背面】bèimiàn 图 (~儿) 裏く,裏側 (⇔[正面]) 〚信封的~〛封筒の裏
*【背叛】bèipàn 动 裏切る,背く ⇔[叛变]
【背弃】bèiqì 动 裏切る,乗てる [~誓言] 誓いに背く
【背人】bèi'rén 动 ① 内緒にしておきたい,外聞をはばかる 〚~的病〛恥ずかしい病気 ② 人目につかない,人気がない
【背书】bèishū 图〔商〕(手形の) 裏書 [~人] 裏書人
── bèi'shū 动 本(教科書など)を暗誦する
【背水阵】bèishuǐzhèn 图 背水の陣 ♦背水一战 ともいう 〚布下~〛背水の陣を敷く
*【背诵】bèisòng 动 暗唱する,そらで言う
【背心】bèixīn 图 (~儿)〔件〕ランニングシャツなど袖のない衣服,ベストなど
【背信弃义】bèi xìn qì yì〈成〉背信行為をする,信義を踏みにじる
【背眼】bèiyǎn 图 (~儿) 人目に付かない
【背阴】bèiyīn 图 (~儿) 日陰,日の当らぬ場所
【背影】bèiyǐng 图 (~儿) 後ろ姿
【背约】bèi'yuē 动 約束をたがえる,違約する
【背运】bèiyùn 图 不運 [走~] (運が) ついていない
── bèi'yùn 动 運に見離される,不運に見舞われる 〚背了运了〛ついてねえや
【背着手】bèizhe shǒu (~儿) 後ろ手を組む

【备(備)】bèi 动 準備する,用意する 〚给牲口~点草料〛家畜に草を用意した ⊗①(ある性格を) 具える,もっている ②(危機に) 備える,予防策を講じる ③つぶさに,すべて
【备不住】bèibuzhù〔方〕はっきり言えない,…かも知れない (⇔[普][说不定])
【备份】bèifèn 动 (デジタルデータを) バックアップする
【备耕】bèigēng 动 耕作の準備をする [~各种 zhǒng] 作の準備を万端整える
【备荒】bèi'huāng 动 凶作に備える
【备件】bèijiàn 图 予備の部品 〚缺少~〛スペアを切らす
【备课】bèi'kè 动 (教員が) 授業の準備をする
【备料】bèi'liào 动 ① (生産の) 資材を準備する,材料を整える ② 家畜の飼料を用意する,かいばを作る
【备品】bèipǐn 图 予備の部品や工具
【备取】bèiqǔ 动 (入試などで) 補欠を出す ♦入学は保証されない [~生] 補欠の(学生)
【备忘录】bèiwànglù 图 ① (外交の) 覚書,メモランダム ② 備忘録,メモ用ノート
【备战】bèi'zhàn 动 戦争に備える,防衛策を講じる
【备置】bèizhì 动 (事業に備えて物品を) 購入する,買い整えておく ⇔[办]

【惫(憊)】bèi ⊗ 疲れきった

【倍】bèi 图 倍 ♦もとの数と同量の数を表わす 〚六是二的三~〛6は2の3倍だ 〚增加两~〛2倍分増える(3倍になる) 〚增加到原来的三~〛もとの3倍まで増える
⊗2倍分の,倍する [加~] いつもに倍して
【倍率】bèilù 图 倍率
【倍儿】bèir 副〔方〕〔プラス義の形容詞を修飾して〕すごく,きわめて
【倍数】bèishù 图 倍数
【倍增】bèizēng 动 倍増する

【蓓】bèi ⊗ [~蕾 lěi] つぼみ

【焙】bèi 动 あぶる,焙じる

【被】bèi 图〔条〕掛け布団 (⇔[被子]) [~絮] 布団綿 ── 图 …に…される [~风刮掉] 風に吹き落とされる ── 动 …される [~偷了] 盗まれた
⊗① 覆う ②(被害を) 被どる [~灾] 被災する
【被袋】bèidài 图 寝具袋(旅用に布団や衣類を入れる円筒形の袋)
【被单】bèidān 图 (⇔[~子]) ① 〔条〕敷布,シーツ ② 夏用の掛け布団
【被动】bèidòng 形 (⇔[主动]) ① 受身の ② 〔语〕受身の [~句] 受動文 [~式] 受動態
【被服】bèifú 图 (主に軍用の) 衣服や寝具
*【被告】bèigào 图 被告 ⊗[原告]
【被害人】bèihàirén 图 (犯罪行為

の)被害者，犠牲者
【被难】bèinàn [動] 災害や大事故などで死ぬ
【被褥】bèirù [名]〔床〕(薄い) 掛け布団と敷布団〖铺～〗布団を敷く
【被套】bèitào [名] ①掛け布団の袋カバー [同][被罩] ②布団の綿 ③布団袋 ♦旅行時に布団を入れて携帯する
【被窝儿】bèiwōr [名] (保温のため足もとを筒形に畳んだ)掛け布団
【被卧】bèiwo [名]《方》掛け布団
【被选举权】bèixuǎnjǔquán [名] 被選挙権
**【被子】bèizi [名]〔条〕掛け布団 [関][褥子]

【悖(*誖)】bèi [⊗] ①反する，矛盾する ②(道理に) そむく [～谬]《書》でたらめな

【辈(輩)】bèi [量] 世代を表わす〖长 zhǎng (小)一～〗一世代上(下)だ
[⊗] ①(人に関して) グループ，複数を表わすグループ [我～]《書》われら ②(～儿) 一生，生涯 [前半～儿] 前半生
【辈出】bèichū [動]《書》輩出する
【辈分】bèifen [名] (家系図における) 世代の順序([同][辈数儿])〖论起～来，他比我小〗(一族の) 世代から言うと，あの人はおれより下なんだ
【辈子】bèizi [名] 生涯 [一～] 一生 [半～] 半生

【呗(唄)】bei [助] '吧 ba' に諦譴，なげやりなどの語気が加わったもの〖告就告～〗訴えるなら訴えな

【奔】bēn [動] (飛ぶように) 駆ける，急ぐ〖往村里～去〗村へと駆けて行く
[⊗] 逃げる
⇨ bèn
*【奔波】bēnbō [動] 奔走する，駆けずり回る
*【奔驰】bēnchí [動] (車馬が) 疾駆する
【奔放】bēnfàng [形] 奔放な，ほとばしる〖笔势～〗筆勢が奔放だ
【奔赴】bēnfù [動] 駆けつける，急ぎ赴く [同][奔向]
【奔流】bēnliú [名] 激流，急流 — [動] 激しく流れる
【奔命】bēnmìng [動]《書》(君命によって) 奔走する (⇨ bèn▼mìng) [疲于～] 奔命に疲れる
【奔跑】bēnpǎo [動] ①疾走する，速足で走る ②奔走する，駆けずり回る
【奔腾】bēnténg [動] (馬の大群が) 疾駆する，激しい勢いで進む
【奔走】bēnzǒu [動] ①駆ける，走る ②奔走する，駆けずり回る([同][奔忙])〖为救济灾民而～〗被災民救済のため奔走する

【锛(錛)】bēn [動] 手斧で削る
[⊗] 手斧 [～子] 同前

【本】běn [名] (～儿) ①元金，元手 [亏～儿] 元手を擦る ②〔个〕ノート — [量] (～儿) ①書籍類('书''杂志'など) を数える ②映画フィルムの巻数を数える
[⊗] ①本…，今… [～校] 本校，われわれのこの学校 [～文] この文 ②元，根本 ③もともと ④書物，本 [剧～] 脚本 ⑤基づく
【本本】běnběn [名] ①ノート ②書物，本
【本本主义】běnběn zhǔyì [名] 書物第一主義 ♦現実に対応せず，書物の記述や上級の指示に盲目的に従う姿勢をいう
【本部】běnbù [名] 本部，中枢部
【本地】běndì [名] 当地，この地方([関][外地]) [～口音] 当地のお国なまり
【本分】běnfèn [名] 本分，責務〖守～〗本分を守る — [形] 身の程を知っている〖她很～〗彼女は本分をわきまえた人だ
【本行】běnháng [名] 本業，本職〖三句不离～〗《俗》口を開けば仕事の話
【本家】běnjiā [名] 同族，同姓の親戚 [関][亲戚 qīnqi]
【本金】běnjīn [名] ①(利息に対して) 元金 [関][利息] ②元手，資本金
**【本科】běnkē [名] (予科・別科に対して) 大学の本科，学部(課程) [～生] 本科生，学部生
**【本来】běnlái [形]〔定語として〕本来の〖～的颜色〗もとの色 — [副] ①もともと，以前 [同][原先] ②もとより(当然)〖～应该去〗当然行くべきだった
**【本领】běnlǐng [名] 能力，手腕([同][本事])〖练～〗腕を磨く
【本末】běnmò [名] ①(事の) 顚末，いきさつ ②本末 [～倒 dào 置] 本末を転倒する
*【本能】běnnéng [名] 本能 — [形]〔定語・状語として〕本能的な〖～地感到〗本能的に感じる
*【本钱】běnqián [名] ①元手〖损失～〗元手を擦る ②《転》経歴や肩書などの無形の力
*【本人】běnrén [名] ①本人，当人 ②(1人称の) 私
【本色】běnsè [名] 本来の姿 — [形] 本来の姿を保った
—— běnshǎi [名] (～儿) (織物などの，人工的に着色しない) 本来の色
*【本身】běnshēn [名] それ自体，そのもの〖学校～的问题〗学校自体の

問題
【本生灯】běnshēngdēng 图 ブンゼン灯
*【本事】běnshì 图 (詩や小説の) もとになる事実
—— běnshi 图 能力, 腕前 〖他~大〗彼はすご腕だ
【本题】běntí 图 本題, 中心題目 〖离开~〗本題を外れる
【本体】běntǐ 图 ①〖哲〗本体, 物自体 ⑧〖现象〗 ② 機械等の主要部分, 本体
【本土】běntǔ 图 ①('本乡〜'の形で) 生国, 郷里 ⑨〖乡土〗 ② (主に植民地に対して) 本国
【本位】běnwèi 图 ① [〜货币] 本位貨幣 ② 自分の立場, 所属する職場 〖~主义〗自己本位主義
【本息】běnxī 图 元金と利息, 元利 ⑨〖本利〗 [〜合计] 元利合計
【本性】běnxìng 图 本性, 天性 〖~难移〗生まれついての性分は変るものではない
【本义】běnyì 图〖语〗(転義に対して) 本義, もともとの意味 ⑧〖转义〗[引申义]
【本意】běnyì 图 本意, 本来の意図 ⑨〖本怀〗〖那不是我的~〗それは私の本意ではない
【本原】běnyuán 图〖哲〗本源, 根源
【本源】běnyuán 图 根源, 大もと
*【本着】běnzhe 介 …に基づき 〖~平等互利的原则〗互恵平等の原則に基づいて
【本职】běnzhí 图 自分の職務, 専任職 ⑨〖本务〗
*【本质】běnzhì 图 本質 〖~上〗本質的には, 本当のところ —— 厖〖定语として〗本質的な 〖~差别〗本質的な差異
【本子】běnzi 图〖个〗① ノート, 冊子 ② ⑨〖版本〗

【苯】běn 图〖化〗ベンゼン

【奔】bèn 动 ① (目的地に) 向かって行く, まっすぐ赴く 〖你~哪儿?〗 どこへ向かうのか ② (一定の数量に) 近づく 〖~着四十了〗四十 (歳) に手が届く ③ 工面に奔走する 〖去上海~~这种材料〗上海へ行ってこの材料入手のために奔走する —— 介 …に向かって [向]
⇨ bēn
【奔命】bèn'mìng 动〖口〗道を急ぐ, (仕事に) 精を出す
⇨ bēnmìng
【奔头儿】bèntour 图 奔走 (活躍) のしがい, 先行きの希望 〖有~〗やりがいがある

【笨】bèn 厖 ① 間抜けな, 愚かしい ⑨〖傻〗 ② 不器用な, のろまな (⑧〖巧〗) 〖嘴~〗口下手だ ③ 骨の折れる, かさばる 〖~活儿〗力仕事
【笨口拙舌】bèn kǒu zhuō shé〈成〉(~的) 口下手だ ⑨〖笨嘴拙舌〗 ⑧〖能言巧辩〗
【笨鸟先飞】bèn niǎo xiān fēi〈成〉(のろまな鳥は先に飛び立つつ) 能率の悪い人は早めに仕事を始める ♦ 多くは謙遜の意味で使う
【笨重】bènzhòng 厖 ① 重くてかさばる, 鈍重で (⑧〖轻便〗) ② (仕事が) 骨の折れる, 体力の要る ⑨〖费力〗
*【笨拙】bènzhuō 厖 下手な, のろまな ⑧〖灵巧〗

【绷】(繃) bēng 动 ① ぴんと張る 〖~上绷带〗包帯をきつく巻く ② はじけ飛ぶ 〖~鸟〗ぱちんこで鳥に石を当てる ③ ざっと縫う, しけ縫いする, 針で留める ④ (口) 無理して頑張る 〖~场面〗無理して体面を取り繕う
⇨ běng, bèng
【绷带】bēngdài 图〖条〗包帯 〖裹上〖绷上〗包帯を巻く
【绷弓子】bēnggōngzi 图〖口〗(石を飛ばすす) ぱちんこ ⑨〖弹弓〗

【崩】bēng 动 ① 崩れる, 倒壊する 〖山~了〗山が崩れた ② 破裂する, はじける ③ 炸裂したものが当る ④ (口) 銃殺する 〖他昨天给~了〗彼はきのう射殺された 〖挨 āi ~〗銃殺される
⑧ 崩御する
【崩溃】bēngkuì 动 (政治・経済・軍事などが) 崩壊する, 瓦解する
【崩裂】bēngliè 动 破裂する, (西瓜などが) 割れる
【崩龙族】Bēnglóngzú 图 '德昂族'の旧称
【崩塌】bēngtā 动 崩れ落ちる, 倒壊する

【嘣】bēng 擬 跳びはねる音, 破裂する音などを表わす

【甭】béng 助〖方〗…するには及ばない, …するな ♦ '不用' の合音

【绷】(繃) běng 动 ① (表情・脸) をかたくする 〖~脸〗顔をこわばらせる ② こらえる, もちこたえる 〖~住劲儿〗ぐっとこらえる
⇨ bēng, bèng

【迸】bèng 动 ほとばし (らせ) る, 飛び散 (らせ) る 〖~起了几颗火星〗火花が飛び散った
*【迸发】bèngfā 动 ほとばしり出る, 飛び出す 〖~出一阵笑声〗どっと笑声が起きた

【迸裂】bèngliè 動 はじけるように割れる, 炸裂する 働[崩裂]

【泵】bèng 图[台]ポンプ(働[唧筒])[水~]揚水ポンプ

【绷(繃)】bèng 動 裂け目(ひび)が入る 一圈[口]とても, 大変に 働[倍儿] ⇨bēng, běng

【蹦】bèng 動 飛び跳ねる(働[跳])[~~跳跳]跳んだりはねたりする

【蹦跶】bèngda 動 飛び跳ねる;(転)あがく, もがく

【蹦极】bèngjí 图 バンジージャンプ[玩儿~(跳)]同前をする

【屄】bī 图[口]陰門, 女性生殖器

【逼】bī 動 ①無理矢理…させる, 強いる[~他说出来]彼に白状させる ②(支払·返済などを)迫る[~债]借金を返せと迫る ③目前に迫る, 接近する

【逼供】bīgòng 動 (拷問や脅しで)自白を迫る

【逼近】bījìn 動 間近に迫る, 近づく 働[迫近]

*【逼迫】bīpò 動 無理矢理…させる, 強いる 働[强迫]

【逼上梁山】bī shàng Liángshān〈成〉(水滸伝の英雄たちが余儀なく梁山泊に立てこもる>) 外的圧力によりやむなくある行動に出ること

【逼视】bīshì 動 近づいてまじまじと見る

【逼真】bīzhēn 形 ①そっくりな, 迫真の ②はっきりした 働[真切]

【荸】bí ⊗ 以下を見よ

【荸荠】bíqi 图[植]クログワイ(食用また澱粉製造用)

【鼻】bí ⊗ ①鼻[狮子~]しし鼻 ②発端, 起源[~祖](書)開祖

【鼻窦炎】bídòuyán 图[医]副鼻腔炎, 蓄膿症

【鼻孔】bíkǒng 图 鼻孔, 鼻の穴

【鼻梁】bíliáng 图(~儿)鼻筋, 鼻柱 働[~子]

【鼻腔】bíqiāng 图 鼻腔

*【鼻涕】bítì 图 鼻水, 鼻じる[流~]涕を垂らす[擤~]涕をかむ

【鼻息】bíxī 图 鼻息→[仰 yǎng 人~]

【鼻烟】bíyān 图(~儿)嗅ぎたばこ[~壶]嗅ぎたばこ入れの小びん ♦ 内部に彩色意匠を施した工芸品

【鼻翼】bíyì 图 鼻翼, 小鼻 ♦ ふつう'鼻翅儿'という

【鼻音】bíyīn 图 ①[語]鼻音(m, n, ng などの音) ②鼻声, 鼻にかかった声

【鼻韵母】bíyùnmǔ 图[語](an, ang のような)鼻音韵尾を伴う韵母

【鼻子】bízi 图 鼻[~不通气]鼻がつまる

【鼻子眼儿】bíziyǎnr 图 鼻の穴 働[鼻眼儿]

【匕】bǐ ⊗ さじ(匙)

【匕首】bǐshǒu 图[把]あいくち(匕首, 短刀

【比】bǐ 動 ①比べる, 競う, 比べる[跟他~力气]彼と力を比べる, なぞらえる[~做猫]猫に例える ③手まねをする[~画 huà] ④(比例や得点上の)…対…[以四~一赢了]4対1で勝った ⑪(比較の対象をさし出して)…より[他~我小(两岁)]彼は私より(2歳)若い[一天~一天冷]一日と寒くなる ⊗①割合, 比率[反~]反比例 ②並ぶ, くっつく ③近頃[~年]近年

【比比皆是】bǐbǐ jiē shì〈成〉どこにでもある

【比方】bǐfang 图 たとえ, 例[打~]例える 一動 ①例える, 例にとる[~说]例えば ②〈接続詞的に〉仮に, もしも

【比画】bǐhua 動 手まねをする, 身振り手振りをする

【比价】bǐjià 動[商]入札価格を比べる, 値段を比べる ── bǐjià 图 比価, 価格の比率[日元和美元的~]日本円と米ドルとの交換比率

【比肩】bǐjiān 動〈書〉肩を並べる, 一緒に行動する[~而立]並んで立つ

【比肩继踵】bǐjiān jì zhǒng〈成〉肩を並べ踵を接する ♦ 人出の多いさまをいう 働[摩肩接踵]

*【比较】bǐjiào 動 比較する, 対比する 一圈 わりと, 比較的 一⑦(性状や程度を比較して)…よりも, …に比べて 働[比]

*【比例】bǐlì 图 ①[数]比例[正~]正比例 ②割合, 比率

【比例尺】bǐlìchǐ 图(働[缩尺]) ①(製図用具の)縮尺, 梯尺 ②(地図の)縮尺

【比邻】bǐlín 图〈書〉近隣, 隣接する所 働[近邻] 一動 近接する, 隣接する

【比率】bǐlǜ 图[数]比, 比率 働[比值]

【比拟】bǐnǐ 動 擬する, なぞらえる 一图[語]比喩

【比丘】bǐqiū 图[訳]比丘, 僧

【比丘尼】bǐqiūní 图[訳]比丘尼, 尼僧

【比热】bǐrè 图[理]比熱

*【比如】bǐrú 動 ①…を例とする(ならば), 例えば[~说]例え(て言え)ば

B

②同様だ〚～做好事〛善行を施しても同然だ
【比萨饼】bǐsàbǐng [名]〚食〛ピザ
★★【比赛】bǐsài [名]〔场〕試合，競争〚参加～〛競技に参加する ━[動]試合する，競う([同][赛])〚～围棋〛碁で対局する
【比试】bǐshi [動](力を)比べ合う，競う〚～智慧〛知恵比べをする
【比手画脚】bǐ shǒu huà jiǎo《成》身振り手振りをする(しながら話す)
【比特】bǐtè [量](情報量の単位)ビット
【比武】bǐ▼wǔ [動]武芸の腕を競う
【比翼】bǐyì [動]《書》翼を並べる［～鸟］比翼の鳥(仲の良い夫婦の喩え)
★【比喻】bǐyù [名]比喩，喩え ━[動]例える
【比照】bǐzhào [動]①〔介詞的に〕…のとおりに，…にならって ②比較対照する，対比する [同][对比]
【比值】bǐzhí [名]〚数〛比，比率 [同][比率]
★【比重】bǐzhòng [名]①〚理〛比重 ②(事柄が占める)重み，比重
〖妣〗bǐ ⊗亡き母［考～］《書》亡父母
〖秕(*粃)〗bǐ ⊗しいな，皮ばかりで実のないもみ［～子］同前［～糠］しいなと糠(ぬか)(価値のないもの)
〖彼〗bǐ ⊗①あれ，あの [反]'此' ②彼，相手［知己知～］己を知り相手を知る
【彼岸】bǐ'àn [名]①《書》向こう岸，対岸 ②〚宗〛彼岸
★★【彼此】bǐcǐ [名]①双方，お互い，彼我(ひが) ②《挨》〔ふつう'～～'の形で〕お互い様
【彼一时，此一时】bǐ yìshí, cǐ yìshí《成》昔は昔，今は今
【笔(筆)】bǐ [名]〔支･枝〕筆，ペン ━[量]①一定量の金銭またはそれに準ずるものを数える〚一大～钱〛多額の金 ②筆画を数える〚这个字有十二～〛この字は12画だ
⊗①筆法 ②筆画 ③筆で書く
【笔触】bǐchù [名](書画や文章の)筆遣い〚用简洁的～…〛軽いタッチで…
【笔答】bǐdá [名]書面による回答，筆答
【笔底下】bǐdǐxia [名]文章力，書き振り〚他～很好〛彼は筆が立つ
【笔调】bǐdiào [名](文の)筆致，書き振り
【笔法】bǐfǎ [名]筆法，筆運び〚仿春秋的～〛春秋の筆法にならって
【笔锋】bǐfēng [名]①筆の穂先 ②(文の)筆鋒，書画の筆勢
【笔杆子】bǐgǎnzi [名]①〔支･根〕筆軸，ペン軸 [同][笔杆儿] ②筆，ペン [同][笔杆儿] ③文章家，筆の立つ人
【笔画(笔划)】bǐhuà [名]筆画〚十二个～〛12画〚'刘'字的～有六个〛'刘'という字は6画ある
【笔记】bǐjì [名]①筆記，メモ ②〔篇〕(短文を集めた)随筆 ━[動]筆記する，ノートを取る
【笔迹】bǐjì [名]筆跡([同][字迹][笔体])〚～鉴定〛筆跡鑑定
★★【笔记本】bǐjìběn [名](～儿)〔个〕メモ帳，ノート［～电脑］ノートパソコン
【笔架】bǐjià [名](～儿)筆立て，筆置き [同][笔床]
【笔力】bǐlì [名](書画や文章の)筆力，表現力
【笔帽】bǐmào [名](～儿)ペンのキャップ，毛筆のさや〚套上～儿〛(筆に)さやをはめる
【笔名】bǐmíng [名]筆名，ペンネーム
【笔墨】bǐmò [名]①文章〚浪费～〛筆を費す［～官司］紙上の論戦 ②書画の作品
【笔势】bǐshì [名]①(書画の)筆勢，筆遣い ②文の勢い，迫力
【笔试】bǐshì [名]筆記試験([反][口试])
【笔顺】bǐshùn [名](漢字の)筆順
【笔算】bǐsuàn [動]筆算する [反][心算]
【笔挺】bǐtǐng [形]①(立ち方が)まっすぐな，ぴんと上に伸びた ②(衣服が)アイロンがよくきいた，きちんと折り目のついた
【笔误】bǐwù [名]①誤記，書き誤り ②誤字，書き違えた文字
【笔洗】bǐxǐ [名]筆洗 ♦筆の穂先を洗う器
【笔心(笔芯)】bǐxīn [名]〔根〕鉛筆やボールペンの芯(しん)
【笔译】bǐyì [動](筆記で)翻訳する [反][口译]
【笔战】bǐzhàn [名]筆戦，紙上の論戦 [同][笔墨官司] [反][舌战]
【笔者】bǐzhě [名]筆者 ♦多く作者の自称
【笔直】bǐzhí [形]まっすぐな，一直線の([反][弯曲])〚～的街道〛まっすぐ続く道
【笔致】bǐzhì [名](書や文の)筆致，書き振り
〖俾〗bǐ ⊗～せしむ(使役)
〖鄙〗bǐ ⊗①卑しい，俗悪な ②卑しむ，見下す ③謙譲を示す接頭辞［～人］私め［～见］愚見
【鄙薄】bǐbó [動]《書》卑しむ，さげすむ [反][尊重] ━[形]浅薄な，思慮の浅い ♦多く謙遜に使う [同][浅陋]
【鄙陋】bǐlòu [形]浅薄な，皮相的な

【鄙弃】bǐqì [動] 卑しみ嫌う，見下す [同][厌弃]
【鄙视】bǐshì [動] 軽視する，さげすむ [同][轻视]
【鄙俗】bǐsú [形] 卑俗な，俗悪な [同][粗俗]
【鄙夷】bǐyí [動]《書》さげすむ，軽蔑する [同][鄙屑]

【币(幣)】bì [×] 貨幣，通貨［人民～］人民元［日～］日本円［金～］金貨［外～］外貨
【币值】bìzhí [名] 貨幣価値［～变动］通貨相場の変動
【币制】bìzhì [名] 貨幣制度

【必】bì [×] 必ず，きっと，必ず…すべきである〖说来～来〗来ると言ったら必ず来る
【必得】bìděi [動] 是非とも…しなければならない [同][必须]
*【必定】bìdìng [副] 必ず，きっと ♦'一定'より語気が強い
【必恭必敬(毕恭毕敬)】bì gōng bì jìng《成》恭しい，いんぎんな
**【必然】bìrán [形] 必然的な — [副] 必然的に — [名]〖哲〗必然
【必然性】bìránxìng [名] 必然性 [反][偶然性]
【必修】bìxiū [形]〔多く定語として〕必修の([対][选修])［～课］必修科目
**【必须】bìxū [副] 必ず…しなければならない，…する必要がある [反][不必]
**【必需】bìxū [動] 必須である，必要とする，欠くことができない［～品］必需品
**【必要】bìyào [名][形] 必要(な)
【必由之路】bì yóu zhī lù《成》必ず通る道

【闭(閉)】bì [動]（主に目と口について）閉じる〖～上眼睛〗目をつぶる
[×] ふさがる
【闭关自守】bì guān zì shǒu《成》関を閉じてひたすら自分の領域を守る，国交を絶つ
【闭会】bìʼhuì [動] 閉会する [反][开会]
【闭架】bìjià [動]（図書館で）閉架式にする [反][开架]
【闭口】bìkǒu [動] 口を閉ざす，沈黙を守る
【闭门羹】bìméngēng [名]〔次〕門前払い〖吃～〗門前払いを食う
【闭门造车】bì mén zào chē《成》（門を閉じて車を作る＞）客観的現実を無視して，自分勝手な判断で事を運ぶ [同][盲目行事]
【闭目塞听】bì mù sè tīng《成》（目を閉じ耳をふさぐ＞）社会に対して耳目を閉ざす
【闭幕】bìʼmù [動] [反][开幕] ①（舞台）の幕を閉じる ②閉会する［～典礼］［～式］閉会式
*【闭塞】bìsè [動] 塞(ふさ)がる，詰まる〖鼻孔～〗鼻が詰まる — [形] 辺鄙(へんぴ)な，(情報から)隔絶した
【闭月羞花】bì yuè xiū huā《成》（月も隠れ，花も恥じらう＞）絶世の美女の喩え [同][羞花闭月]

【毕(畢)】bì [×] ①終わる，完成する ②すべて，ことごとく ③(B-)姓
**【毕竟】bìjìng [副] 結局，なんと言っても [同][到底]
【毕生】bìshēng [名] 一生，畢生(ひっせい)［～事业］ライフワーク
**【毕业】bìʼyè [動] 卒業する〖在大学～(从大学～)〗大学を卒業する

【筚(篳)】bì [×] 竹の垣根や戸［～路蓝缕(荜路蓝缕)］創業時の苦労［～篥］(笛の)篳篥(ひちりき)('觱篥'とも)

【庇】bì [×] かばう［包～］(悪人などを)かばう
【庇护】bìhù [動] ①(間違った事柄を)かばう，支持する [同][袒护] ②守る，保護する [同][保护]

【毖】bì [×] 謹しむ→[惩 chéng 前～后]

【毙(斃)】bì [動] 銃殺する［枪～］同前
[×] 死ぬ

【陛】bì [×] 宮殿のきざはし［～下］陛下［～见］皇帝に拝謁する

【畀】bì [×] 与える

【痹(*痺)】bì [×] しびれる→［麻～］

【箅】bì [×] 簀の子状のもの［铁～子］(下水道などの)鉄格子状のふた

【敝】bì [×] ①破れた，ぼろぼろの ②謙譲の接頭辞，私めの［～宅］拙宅〖～姓张〗(私は)張と申します
【敝帚自珍】bì zhǒu zì zhēn《成》ちびた箒(ほうき)でも自分には大切な宝だ [同][敝帚千金]

【蔽】bì [×] おおう，遮蔽(しゃへい)する［掩～］蔽い隠す

【弊】bì [×] ①悪弊，弊害 ②不正行為，詐欺行為［作～］不正を働く
*【弊病】bìbìng [名] ①(社会的な) 悪弊，弊害 ②不利，欠点
*【弊端】bìduān [名] 悪弊，弊害〖～丛生〗汚職などが蔓延(まんえん)する

【婢】bì [×] 下女，女中［～女］《旧》同前

【髀】bì [×] 太腿［～肉复生］髀(ひ)肉の嘆

【蓖】bì [×]〖植〗トウゴマ［～麻油］ひまし油

【箆】bì ⊗[～子]すき櫛

【辟】bì ⊗①君主→[复～] ②避ける
⇨ pī, pì

【避】bì 動 避ける, 防ぐ[～雨]雨宿りする
【避风港】bìfēnggǎng 图 避難港；(転)避難場所, 逃げ場
【避讳】bìhuì 動①タブーとして嫌う, 忌む(㊙[忌讳])[～谈死]死を話題にするのを避ける ②回避する, 逃れる
—— bì·hui 動 君主や父祖などの名を書いたり口に出したりすることを避ける◆旧時の社会規範
【避坑落井】bì kēng luò jǐng《成》(穴をよけて井戸に落ちる＞)一難去ってまた一難
【避雷针】bìléizhēn 图[根]避雷針
【避免】bìmiǎn 動(起こらないように)避ける, 防ぐ
【避难】bìnàn 動(災害や迫害から)避難する[～所]避難所
【避世】bìshì 動《書》隠棲する
【避暑】bìshǔ 動①避暑に行く ⊗[避寒] ②暑気中りを防ぐ
【避孕】bìyùn 動避妊する[～套]コンドーム
【避重就轻】bì zhòng jiù qīng《成》(重きを避け軽きにつく＞)安易な方へ流れる, 楽をしようとする ㊙[避难就易]

【壁】bì ⊗①壁[墙～]壁, 塀 ②物の側面部分 ③絶壁, 断崖
【壁报】bìbào 图壁新聞 ㊙[墙报]
【壁虎】bìhǔ 图[动][只]ヤモリ◆漢方薬材とする ㊙[守宫]
【壁画】bìhuà 图[幅]壁画
【壁垒】bìlěi 图①保塁, 塁壁[关税～]関税障壁 ②(転)対立する事物, 陣営
【壁立】bìlì 動(壁の如く)切り立つ
【壁炉】bìlú 图ペチカ, 暖炉
【壁球】bìqiú 图[体]スカッシュ
【壁毯】bìtǎn 图[块・条]壁掛け用の絨毯, タペストリー
【壁钟】bìzhōng 图[座]掛け時計 ㊙[挂钟]

【臂】bì ⊗腕, 上腕(‘胳臂’は gēbei と発音)
【臂膀】bìbǎng 图腕 [胳膊]
【臂膊】bìbó 图《方》腕
【臂章】bìzhāng 图腕章◆上腕部につけるリボンなど ㊙[袖章]

【璧】bì ⊗璧(扁平ドーナツ型の玉器)

【愎】bì ⊗気難しい[刚～] 同前

【弼】bì ⊗輔佐する[辅～] 同前

【碧】bì ⊗①青い石 ②青色, 青緑色
【碧空】bìkōng 图《書》青空[～如洗]雲ひとつない青空
【碧蓝】bìlán 图〔定語として〕深い青色の, 紺碧の
【碧绿】bìlǜ 图〔定語として〕エメラルド色の
【碧血】bìxuè 图《書》正義のため流された血
*【碧玉】bìyù 图[块] 碧玉[小家～]貧しい家の美しい娘

【边】(邊) biān 图①(～儿)ふち, へり ②[数]辺 —副〔他の'边'と呼応して〕…しながら(㊙[一边])[～说～笑]話しながら笑う
⊗①辺境 ②辺り, そば ③限界, 果て ④(B-)姓
—— -bian ⊗(～儿)方位を表わす接尾辞[外～]外[上～]上[右～]右[东～]東
【边地】biāndì 图国境沿いの地, 辺境の地 ㊙[边陲 chuí]
【边防】biānfáng 图〔多く定語として〕国境警備[～建设]国境警備の体制づくり
【边际】biānjì 图果て, 境界(㊙[界限])[望不到～]一望果てしない
*【边疆】biānjiāng 图辺境, 国境地域
*【边界】biānjiè 图(国・省・県などの)境界[越过～]国境を越える
*【边境】biānjìng 图辺境地域(㊙[内地])[～贸易]辺境貿易
【边框】biānkuàng 图(～儿)(鏡などの)枠
【边区】biānqū 图辺区◆内戦期および抗日戦争期に中国共産党支配下にあった, 幾つかの省にまたがる革命根拠地
【边沿】biānyán 图へり, 周り
*【边缘】biānyuán 图周辺, 境界[生活在饥饿的～]飢餓線上に生きる —形〔定語として〕境界線上の, 多面にまたがる[～科学]隣接(学際)的科学
【边远】biānyuǎn 形〔定語として〕僻遠の, 辺境の

【砭】biān ⊗治療用の石の針

【编】(編) biān 動①編む[～篮子]かごを編む ②編成する ③編集する, 編纂する ④つくりだす, 創作する[～话剧]劇を作る —图(書物の)'章'より一段うえの単位[上～]前編
【编程】biānchéng 動(コンピュータの)プログラムを作る
【编次】biāncì 動(順序にそって)配列する, 順番に並べる

【编号】biān'hào [動] 番号を付ける
—— biānhào [名] 通し番号
★【编辑】biānjí [動] 編集する —[名] 編集者 [总～] 編集長
【编剧】biān'jù [動] シナリオを書く，脚色する
—— biānjù [名] 脚本家
【编码】biān'mǎ [動] コードを付ける
—— biānmǎ [名] コード [邮政～] 郵便番号
【编目】biān'mù [動] (図書の) 目録をつくる
—— biānmù [名] 図書目録
【编年体】biānniántǐ [名] 編年体 [関] [纪传体]
【编排】biānpái [動] 配列する，レイアウトする 〖～在头版〗(新聞の) 一面に組む
【编审】biānshěn [動] (原稿を) 編集および審査する —[名] 編集·審査担当者
【编写】biānxiě [動] ① 本や文章にまとめる，編纂する ② (作品を) 創作する，書く
【编译】biānyì [動] 翻訳編集する —[名] (資格としての) 翻訳編集担当者
【编造】biānzào [動] ① (表やリストを) 編集する 〖～报表〗報告資料を作成する ② (想像力で物語を) 創り出す ③ 捏造する
【编者】biānzhě [名] 編者 [～按] 編者より (の言葉)
★【编织】biānzhī [動] (毛糸や針金などを) 編む ([同][编结]) 〖～草席〗ござを編む
【编制】biānzhì [動] ① (毛糸や針金などを) 編んで作る ② (計画や草案などを) 編成する，作成する 〖～预算〗予算案を編成する —[名] (組織機構の) 編制，定員，人員配備
【编纂】biānzuǎn [動] (大部の図書を) 編纂する，編集する
【煸】biān [動] 油でさっと炒める
〖蝙〗biān ⊗ 以下を見よ
【蝙蝠】biānfú [名] 〔只〕コウモリ
【鞭】biān [名] (長くつながった) 爆竹 ([同][鞭炮]) 〖放～〗爆竹を鳴らす 〖一挂～〗ひとつながりの爆竹
⊗ ① むち ② 節のある棒状の昔の武器 ③ むち打つ，むちを当てる
★【鞭策】biāncè [動]《転》鞭撻する 〖～自己〗自らにむち打つ
【鞭打】biāndǎ [動] むちを当てる，むち打つ
★【鞭炮】biānpào [名] 〔串·挂〕爆竹 〖放～〗爆竹を鳴らす
【鞭挞】biāntà [動] ① むち打つ ② (容赦なく) 批判する，非難する
【鞭子】biānzi [名] 〔条·根〕むち 〖用～抽〗むちで打つ
〖贬(貶)〗biǎn ⊗ ① (値打ちを) 下げる，下落する ② けなす，おとしめる [反]'褒'
【贬词】biǎncí [名] [同][贬义词] [反][褒词]
★【贬低】biǎndī [動] おとしめる [反][抬高]
【贬损】biǎnsǔn [動] けなしおとしめる
★【贬义】biǎnyì [名] マイナス義，けなす意味 [反][褒义]
【贬义词】biǎnyìcí [名]〖語〗マイナス義を持つ単語 ♦例えば'勾结'(ぐるになる)
【贬责】biǎnzé [動] (過失を) 責めたてる，非難する [同][责备]
【贬值】biǎn'zhí [動] 貨幣価値が下落する，外貨との交換比率が下がる ([反][升值]) 〖美元～百分之二十〗米ドルが20% 下がる
【扁】biǎn [形] 扁平な，平べったい 〖压～了〗ぺちゃんこになった
⇨ piān
【扁柏】biǎnbǎi [名]〖植〗コノテガシワ
【扁担】biǎndan [名] 〔条〕天秤棒
【扁豆(萹豆·稨豆)】biǎndòu [名] インゲン豆
【扁平足】biǎnpíngzú [名] 扁平足 [同][平足]
【扁桃】biǎntáo [名] 〔颗〕アーモンド [同][巴旦杏]
【扁桃体】biǎntáotǐ [名] 〔对〕扁桃腺 [同][扁桃腺]
【匾】biǎn [名] 〔块〕扁額 (横長の額)
【匾额】biǎn'é [名] 扁額 [同][横匾]
〖褊〗biǎn ⊗ 狭い [～急]《書》心が狭く性急な
〖卞〗biàn ⊗ ① 性急な ② (B-) 姓
〖汴〗biàn ⊗ 河南省開封市の別名
〖弁〗biàn ⊗ 古代の帽子の一種 [～言]〖書〗序文
【变(變)】biàn [動] ① 変わる，変える 〖天气～了〗天候が変わった 〖～了主意〗考えを変えた ② …に変わる，…となる 〖～红了〗赤くなった ③ (…を…に) 変える 〖～言论为行动〗言論を行動にうつす
⊗ 事変，変事 [政～] 政変
【变把戏】biàn bǎxì [動] 手品を使う，マジックを演じる [同][变戏法]
【变产】biàn'chǎn [動] 資産を売りに出す
【变电站】biàndiànzhàn [名] 〔所〕変電所
【变动】biàndòng [動] ① 変動する，変化する ② 変更する，修正する ([同][改变]) 〖随意～〗(文章に) 勝手に

B

B

手を加える
【变法儿】biàn'fǎr [動]《口》手を変え品を変える，別の手を打つ
【变革】biàngé [動] 変革する 〖～现实〗現実を変える
【变更】biàngēng [動] 変える，変更する [同][改变]
*【变故】biàngù [名] 不慮の出来事，思わぬ事故 〖发生了～〗思いもしない事故が生じた
【变卦】biàn'guà [動] ころりと気が変わる，急に前言を翻す
**【变化】biànhuà [動] 変化する(させる) 〖不断地～着〗不断に変化している
【变幻】biànhuàn [動] 目まぐるしく変わる(変える) 〖不断～着颜色和形状〗絶え間なく色と形を変えている
【变换】biànhuàn [動] 変換する，切り換える([同][改换]) 〖～手法〗やり方を変える
【变价】biàn'jià [動] 時価に換算する，価格を相場の変動に合わせる
【变节】biàn'jié [動] 変節する，敵に寝返る [反][守节]
【变脸】biàn'liǎn [動] (別人のように) 冷たい態度に変わる，打って変わって相手にしなくなる [同][翻脸]
【变卖】biànmài [動] (家財を) 売って金に換える，売り払う
*【变迁】biànqiān [名] 変遷(する)
【变色】biàn'sè [動] ①変色する［～龙］カメレオン ②色をなす，顔色を変える
【变速器】biànsùqì [名] 変速器，トランスミッション
【变态】biàntài [名] ①〖動〗変態 ②変則，不正常な状態 [反][常态]
【变态反应】biàntài fǎnyìng [名] アレルギー反応
【变体】biàntǐ [名] 変異体
【变天】biàn'tiān [動] ①天気が変わる ②《転》政変が起こる，政情が(悪い方へ)変わる
【变为】biànwéi [動] …に変わる(変える) 〖由作家～经理〗作家から社長に変わる
【变文】biànwén [名] 〖文〗変文 ♦唐代の説唱文学の一，敦煌(とんこう)で発見されたものが有名
【变戏法】biàn xìfǎ [動] (～儿) 手品をする，マジックを演じる [同][变把戏]
【变相】biànxiàng [形]《多く定語として》形を変えた 〖～的软禁〗実質上の軟禁
【变心】biàn'xīn [動] 心変わりする
【变形】biàn'xíng [動] ①形が変わる，変形する［～虫］アメーバ ②(物語などで)変身する
【变压器】biànyāqì [名]〔台〕変圧器，トランス
【变异】biànyì [名] (地殻や生物の) 変異 〖发生～〗変異が起きる
*【变质】biàn'zhì [動] (事物や人格思想が) 変質する ♦多く悪い方に変わることをいう
【变种】biànzhǒng [名] 変種
【便】biàn [名] (排泄物の) 便［～器］便器 — [副] [同]《口》[就]
⊗①便利な［～携式］携帯に便利な ②日用の，格式ばらない
⇨pián
【便当】biàndang [形] 便利な，たやすい [同][方便][容易]
【便道】biàndào [名]〔条〕①近道，早道([同][便路]) 〖抄～走〗近道する ②歩道 ③(工事中の) 仮設道路
【便饭】biànfàn [名]〔顿〕有り合せの食事，ふだんの食事([同][便餐]) ［家常～］日常の食事
【便服】biànfú [名]〔件·身〕①ふだん着，カジュアルウエア [関][礼服][制服] ②(洋服に対して)中国服
【便函】biànhán [名]〔封〕非公式の手紙 [反][公函]
【便壶】biànhú [名]〔把〕溲瓶(しびん) [同][夜壶]
【便览】biànlǎn [名] ハンドブック，便覧［旅游～］旅行案内
*【便利】biànlì [形] 便利な [同][方便] — [動] 便利になるようにする，便宜をはかる 〖为了～顾客〗買物客に都合のよいように
【便利店】biànlìdiàn [名]〔家·个〕コンビニエンスストア
【便门】biànmén [名] (～儿) 勝手口，通用口，通用門 [関][正门]
【便秘】biànmì [名] 便秘(になる) 〖～了〗便秘になった [同][便闭]
【便盆】biànpén [名] (～儿) おまる，便器 [関][马桶]
【便桥】biànqiáo [名] 仮設の橋
【便人】biànrén [名] ついでの用事のある人 〖托～给你捎个信儿去〗そちらへついでのある人に手紙を言付けるよ
*【便条】biàntiáo [名] (～儿)〔张〕書付け，簡単な手紙，メモ([同][便签]) 〖留～儿〗伝言メモを残す
【便桶】biàntǒng [名] 便器，おまる [関][马桶]
【便鞋】biànxié [名]〔双〕ふだん用の靴 ♦多く布ぐつをいう
【便携式】biànxiéshì [形] 携帯式の，ハンディタイプ
【便宴】biànyàn [名]〔次〕略式の宴会([同][便席]) 〖设～〗格式ばらない宴を催す
【便衣】biànyī [名] ①ふだん着，私服 ②(～儿)私服の警官や軍人
【便宜行事】biànyí xíng shì [成]

(権限を与えられて)臨機応変に処理する
*【便于】biànyú 動 …するのに便利だ、たやすく…できる〖~管理〗管理するのに都合がよい
【便中】biànzhōng 图〈書〉ついでの時〖望~告知〗ご都合よろしき折にお知らせ下さい

【遍(*徧)】biàn 量(一定の過程を要する動作の回数を数えて)(ひと)とおり、(一)回〖请再说一~〗もう一度言ってください 一動 あまねくゆきわたる〖走~天涯海角〗全国すみずみまで歩き回る

*【遍布】biànbù 動 あまねく広がる〖~全国〗全国に広がる
【遍地开花】biàn dì kāi huā《成》至る所に花が咲く、喜ばしいことがあちこちに出現する

【辨】biàn 動 見分ける、識別する〖~不出来〗見分けがつかない

【辨别】biànbié 動 見分ける、識別する ⇨【分辨】
*【辨认】biànrèn 動 判別する、(標識などで)それと知る
【辨析】biànxī 動 分析し差異を区別する

【辩(辯)】biàn 動 ①論議する〖~不过他〗議論では彼にかなわない ②弁解する

【辩白(辨白)】biànbái 動 弁明する
【辩驳】biànbó 動 論駁する、反論する
【辩才】biàncái 图〈書〉弁舌の才〖颇有~〗大いに弁が立つ
*【辩护】biànhù 動 弁護する〖为自己~〗自己弁護する〖~人〗弁護人
【辩解】biànjiě 動 弁解する、言い訳する
*【辩论】biànlùn 動 弁論する、議論する〖~会〗ディベート
【辩证(辨证)】biànzhèng 動 分析考証する 一图 弁証法的な〖~法〗弁証法〖~唯物主义〗弁証法的唯物論

【辫(辮)】biàn ⊗ お下げ、弁髪〖小~儿〗お下げ

*【辫子】biànzi 图 ①〔条・根〕お下げ、弁髪(⇨【发辫】)〖梳~〗お下げに結う ②'辫子'状のもの→〖翘qiào~〗 ③(転)弱み、しっぽ(⇨【把柄】)〖抓~〗しっぽをつかむ

【标(標)】biāo 動(文字、記号で)表示する ⊗ ①こずえ、末梢的なもの〖治~〗(根本から直すのでなく)対症治療をする ②標識〖路~〗道路標識 ③優勝者に与える品〖锦~〗優勝

プ(旗) ④入札、価格〖投~〗入札する
【标榜】biāobǎng 動〈貶〉①(体裁のいい主張、主張を)標榜する ②〔多く'互相~、自我~'の形で〕褒めあげる、もちあげる
*【标本】biāoběn 图 ①標本 ②(漢方で)病気の症状と原因
【标兵】biāobīng 图 ①(群衆が集まる場所で)仕切り線きりべく立っている人 ②(転)模範となる人
【标尺】biāochǐ 图 ①〔把〕高度、水深を測る棒尺、(測量の)標尺 ②〔軍〕(銃の)照尺
【标点】biāodiǎn 图 句読点(を付ける)〖加~〗句読点を付ける
【标点符号】biāodiǎn fúhào 图 句読点 ♦かっこなども含む
【标高】biāogāo 图 標高〖测量~〗標高を測る
【标号】biāohào 图 ①性能表示のための数字、等級、またそのマーク ②(一般の)符号
*【标记】biāojì 图 印、マーク
【标价】biāojià 图 ①表示価格、値札に記した金額 ②入札に記入した金額
—— biāo'jià 動 価格を表示する、値札をつける
【标金】biāojīn ①入札する際の保証金 ②刻印つきの金塊、金の延べ棒(⇨【条金】)
【标明】biāomíng 動 標示する、(記号や文字で)知らせる ⇨【标示】
【标牌】biāopái 图 ラベル、レッテル
【标枪】biāoqiāng 图 ①〔体〕槍ǎ投げ ②〔支〕槍投げ用の槍〖掷~〗槍を投げる ③〔支〕(狩猟、戦闘用の)投げ槍
*【标题】biāotí 图 標題、見出し〖~音乐〗標題音楽
【标新立异】biāo xīn lì yì《成》①〈貶〉新奇なものを打ち出す、奇をてらう ②〈褒〉(古い枠から飛び出して)ユニークなものを打ち出す、独創的なものを生み出す〖独树一帜〗
【标样】biāoyàng 图 標準となる製品、見本
【标语】biāoyǔ 图〔条〕標語、(文字で書かれた)スローガン ♦口で叫ぶのは'口号'〖贴~〗スローガンを貼る
【标志(标识)】biāozhì 图 目印、記号、標識〖交通~〗交通標識 一動 ①…のしるし、標識となる ②…を特徴づける、…を明示する
【标致】biāozhi/biāozhì 图(主に女性の容貌、姿形が)美しい、整っている
*【标准】biāozhǔn 图 標準、基準〖合乎~〗基準に合う〖达到~〗標準に達する 一图 基準となる、標準的な〖~时〗標準時間

B

【彪】biāo ⊗①虎の子［～形大汉］見上げるような大男 ②虎の斑模様［～炳］《書》(文彩が)光り輝く

【彪悍】biāohàn [形] 強く逞しい

【膘(*臕)】biāo [名]（～儿）(家畜の) 脂身［长 zhǎng ～］(家畜が) 太る［～肥］(家畜が)よく太った

【瘭】biāo ⊗瘭疽(ひょうそ)［～疽jū］同上

【镖(鏢)】biāo ⊗手裏剣に似た武器［保～］用心棒

【飙(飆*飈)】biāo ⊗つむじ風

*【飙升】biāoshēng [動]（価格や数値が)急速に上がる

【镳(鑣)】biāo ⊗轡(くつわ)の一部→［分道扬～］

【表】biǎo [名]①〔张〕表，リスト ②〔块〕(携帯できる) 時計［手～］腕時計［～把儿 bàr］竜頭

⊗①計器［温度～］温度計 ②おもて，表面［徒有虚～］見てくればかりで中味がない ③異姓の親戚を示す接頭辞［～哥］年上の男性のいとこ［～妹］年下の女性のいとこ ④表わす，示す ⑤(漢方で) 風邪を薬で退治する［～汗］(薬で)汗を出す

【表白】biǎobái [動]（考え，立場などを)表明する，(言葉で)明らかにする

【表层】biǎocéng [名] 表層，表面

*【表达】biǎodá [動]（言語，文字で思想などを) 表現して相手に伝える，言い表わす〚无法～〛とても言い表せない

*【表格】biǎogé [名]〔张·份〕表，(空所を埋める形式の) 書類〚填写～〛用紙に記入する

*【表决】biǎojué [動] 表決をとる，採決する〚付～〛表決をとる

【表里如一】biǎolǐ rú yī《成》考えと行ないが一致している，裏表(うらおもて)がない [反]［口是心非］

*【表面】biǎomiàn [名] 表面，うわっつら［～文章］口先だけのきれい事［～光］見てくれの良さ

【表面化】biǎomiànhuà [動] 表面化する，顕在化する

【表面张力】biǎomiàn zhānglì [名]〘理〙表面張力

*【表明】biǎomíng [動] 表明する，(考えなどを)はっきりと示す

【表盘】biǎopán [名]（時計，計器の) 文字盤

【表皮】biǎopí [名]〔层〕表皮，外皮

【表亲】biǎoqīn [名] 異姓のいとこ，またいとこの関係にある親戚

*【表情】biǎoqíng [名]①(顔の) 表情〚显出高兴的～〛嬉しそうな顔をする ②演技などによる感情の表現 — [動] 感情を表わす，表情に出す

*【表示】biǎoshì [動]①標示する，印となる(「赤信号」が「止まれ」を意味するように) ②(考え，感情などを) 示す，表現する

【表率】biǎoshuài [名] 手本，模範(同［榜样］)〚起～(的)作用〛皆の手本となる

*【表态】biǎo'tài [動] 自分の立場をはっきり示す，態度を表明する

*【表现】biǎoxiàn [動]①表現する，表(おもて)に現れる ②《貶》目立ちたがる，(自分を)顕示する — [名] 表現，態度言動

【表象】biǎoxiàng [名]〘哲〙観念，表象

*【表演】biǎoyǎn [動]①上演する，演技·演奏する ②実演してみせる，実地に手本を示す — [名]〔场〕公開の催し，公演，興行［～赛］エキシビション

【表演唱】biǎoyǎnchàng [名] 踊りとしぐさを伴った歌唱

*【表扬】biǎoyáng [動]（みんなの前で) 褒めたたえる，表彰する(同［赞扬］)［～信］個人や団体を讃えた公開の手紙(多く掲示される)

【表意文字】biǎoyì wénzì [名] 表意文字 [関]［表音文字］

*【表彰】biǎozhāng [動] 表彰する，顕彰する [同]［表扬］

【表针】biǎozhēn [名]〔根〕計器や時計の針

【婊】biǎo ⊗以下を見よ

【婊子】biǎozi [名] 女郎，遊女

【裱】biǎo [動]①(書画などを) 表装する(同［～褙 bèi］)〚～在绢上〛絹で表装する ②壁(天井)に紙を貼る

【裱糊】biǎohú [動] 壁(天井) に紙を貼る

【摽】biào [動]①(縛って) つなげる〚用铁丝～住〛針金で固定する ②(腕を)しっかりつなぐ ③互いにせりあう［～劲儿］同前 ④《貶》(人と人が) 寄りそう，くっつく

⊗①落ちる ②打つ

【鳔(鰾)】biào [名]①鰾(ふえ)，魚の浮き袋 ②鰾で作ったにかわ — [動]《方》浮き袋から作ったにかわではりつける

【瘪(癟)】biē ⊗以下を見よ

⇨biě

【瘪三】biēsān [名]《方》ごろつき，宿なしのたかり屋

【憋】biē [動]①ぐっとこらえる，抑える〚～住不说〛言葉

【憋闷】biēmen 形 気分が落ちこんだ、気がふさいでいる 反[舒畅]

【憋气】biēqì 形 ①息がつまりそうな、息苦しい ②むしゃくしゃする、腹立たしい

【鳖】(鱉*鼈) biē 名〔只〕スッポン ◆俗に[王八]ともいう 同[甲鱼][团鱼]

【别】bié 形 ('〜的'の形で)別の、ほかの〖〜的书〗ほかの本 一 动 ①(クリップやピンで)留める ②(物を)挟む、差し込む 《方》向きを変える 一 副 ①(禁止を示して)…するな 同[不要] ②'〜是'の形で)(望ましくない事態に対する推測を示して)…ではないだろうな
反 ①別れる ②区別する ③類別、区分 ④(B-)姓
⇨ biè

【别管】biéguǎn …であろうとあるまいと、…であるなしにかかわらず 同[不管][无论]

【别具匠心】bié jù jiàngxīn 《成》(文学芸術面で)独創性を備えている、創意工夫が認められる

【别具一格】bié jù yì gé 《成》独特の趣がある、独自のスタイルを備えている

【别开生面】bié kāi shēng miàn 《成》新生面を開拓する、新機軸を生み出す 同[别出心裁]

【别名】biémíng 名 (〜儿)別名

*【别人】biérén/biérén 代 他人、ひと様、ほかの人一般〖别给〜添麻烦〗他人に迷惑をかけるな
—— biérén 名 ほかの人、ほかの誰か〖屋子里只有他、没有〜〗部屋には彼一人しか臨なし

【别树一帜】bié shù yí zhì 《成》新しい説などを出して自ら一派を形成する、独自の旗を打立てる

*【别墅】biéshù 名〔处〕別荘〖出租〜〗貸し別荘

【别样】biéyàng 形《定語として》別の、ほかの

【别有天地】bié yǒu tiāndì 《成》別世界にいるように景色が(あるいは芸術作品の世界が)素晴らしい 同[别有洞天]

【别有用心】bié yǒu yòngxīn 《成》下心がある、別の魂胆がある

【别针】biézhēn 名 (〜儿)①安全ピン、留めピン ②ブローチ

*【别致】biézhì 形 風変わりな、ユニークな〔新奇〕

【别字】biézì 名 ①あて字、字の読み違い◆'歌舞'を'歌午'と書くとか'扩大'を guǎngdà と読むのの類 ②号、雅号 同[别号]

【瘪】(癟) biě 动 へこむ、しぼむ 反[鼓]
⇨ biē

【别】(彆) biè 动《方》人の意見を変える〖〜不过他〗彼の(頑固な)意見をどうしても変えられない
⇨ bié

*【别扭】bièniu 形 ①(物事が順調にゆかなくて)いら立たしい、頭にくる 反[顺心] ②(気性が)ひねくれている、付合いにくい ③意見がくいちがう、気が合わない ④(話や文章が)通りが悪い、流暢でない

【宾】(賓) bīn 名 ①客（反'主'）国賓 ②《語》客語、賓語 [动〜结构] 動賓(動詞＋客語)構造

*【宾馆】bīnguǎn 名〔所〕①(公的機関の)ゲストハウス、迎賓館 ②ホテル

【宾客】bīnkè 名《書》(総称として)客〖〜盈门〗家が客であふれる

【宾语】bīnyǔ 名《語》客語、目的語

【宾主】bīnzhǔ 名 客と主人

【滨】(濱) bīn 名 ①浜、渚、みぎわ ②(水辺に)近づく、面している

【缤】(繽) bīn 名 以下を見よ

【缤纷】bīnfēn 形《書》(沢山のもの様々な色が)入り乱れた、紛乱たる

【彬】 bīn 名〖〜〜有礼〗優雅で礼儀正しい

【斌】 bīn 名 '彬'と通用

【濒】(瀕) bīn 名 ①…に近づく、…の間際にある〖〜死〗死に瀕する ②(水辺に)ある(いる)、(水に)面している〖东〜大海〗東は大海に臨む

*【濒临】bīnlín 动 同[临近] ①(ある状態に)近づく、間際にある ②(場所などに)臨む、面する

【濒于】bīnyú 动 (悪い状態の)瀬戸際にある、臨む〖〜灭绝〗絶滅の危機にある

【邠】 Bīn 名 豳(今の陝西省彬県一帯の古名)

【摈】(擯) bìn 动 捨てる、取り除く〖〜斥〗排斥する

【殡】(殯) bìn 名 ①棺を安置する、殯する ②棺を墓地へ運ぶ〖出〜〗葬列を作って送る

【殡车】bìnchē 名 霊柩車

【殡仪馆】bìnyíguǎn 名〔家〕葬儀屋、葬儀場

【髌】(髕) bìn 名 ひざの骨 ◆'膑'とも書く

【鬓(鬢)】bìn ⊗鬓ಜ,もみあげ[霜～]ごま塩のもみあげ

【鬓发】bìnfà 图鬓(の毛)

【鬓角(鬢脚)】bìnjiǎo 图(～儿)鬓,もみあげ

【冰(*氷)】bīng 图[块・片]氷 [[结～]]氷が张る [[溜～]]氷上を滑る ―動 ①(水などで)冷却する,冷やす ② 寒さ冷たさを感じさせる[～手]手が凍える

*【冰雹】bīngbáo 图[场・颗・粒]ひょう(⊕[雹子]

【冰川】bīngchuān 图[条]氷河(⊕[冰河])[～期]氷河期

【冰床】bīngchuáng 图[只](～儿)氷上用そり(橇)

【冰袋】bīngdài 图氷囊ಜಿ

【冰刀】bīngdāo 图スケート靴のエッジ

【冰灯】bīngdēng 图氷灯笼◆氷まつりなどの呼び物。氷でさまざまな形を作り,中に明かりをともす

【冰点】bīngdiǎn 图[理]氷点

【冰毒】bīngdú 图[药]メチルアンフェタミン◆覚醒剤の一種

【冰封】bīngfēng 動(川や湖または一地域が)氷で閉ざされる,全面的に结氷する

【冰峰】bīngfēng 图[座]氷雪をまとった山

【冰棍儿】bīnggùnr 图[根・支]アイスキャンディー

【冰壶】bīnghú 图[体]カーリング

【冰激凌】bīngjīlíng 图[杯・盒]アイスクリーム(⊕[冰琪淋])

【冰窖】bīngjiào 图氷室で,氷を贮藏する地下のむろ

【冰冷】bīnglěng 形ひどく寒い,氷のように冷たい[～处理]低温処理

【冰凉】bīngliáng 形(物が)氷のように冷たい

【冰瓶】bīngpíng 图広口の保冷用魔法びん,アイスジャー◆アイスキャンディーなどを入れる

【冰球】bīngqiú 图 ①アイスホッケー[打～]アイスホッケーをする ②アイスホッケー用のパック

【冰山】bīngshān 图[座]①氷山 ②氷雪に閉ざされた山 ③(転)先行き心細い後ろ盾,後援者

【冰释】bīngshì 動(疑念,誤解などが)氷解する,きれいに消える

【冰炭】bīngtàn 图氷と炭[～不相容]水と油のように互いに相容れない

【冰糖】bīngtáng 图[块]氷砂糖(⊕[糖葫芦])[～葫芦]サンザシ等の実を竹串に刺し,氷砂糖や飴でくるんだ菓子

【冰天雪地】bīng tiān xuě dì (成)氷や雪に閉ざされた地,酷寒の地

*【冰箱】bīngxiāng 图 ①冷藏庫 ②アイスボックス

【冰鞋】bīngxié 图[双]スケート靴

【冰镇(冰振)】bīngzhèn 動(氷を入れた水につけて)冷やす

【冰锥】bīngzhuī 图(～儿)つらら(氷柱)(⊕[～子][冰柱][冰溜liù][冰挂儿]

【兵】bīng 图兵队[当～]兵队になる[征～]徵兵する
⊗①兵器,武器 ②戦争,軍事 ③軍隊

【兵法】bīngfǎ 图兵法,戦術

【兵工厂】bīnggōngchǎng 图[家]兵器工場,造兵廠

【兵荒马乱】bīng huāng mǎ luàn (成)戦争で世の乱れた,戦火に踏み荒らされた⊗[天下太平]

【兵火】bīnghuǒ 图戦火,戦争[～连天]戦争が絶え間なく続く

【兵舰】bīngjiàn 图[艘]軍艦(⊕[军舰]

【兵力】bīnglì 图兵力,戦力(⊕[兵势])[加强～]兵力を増強する

【兵乱】bīngluàn 图戦乱,兵乱(⊕[兵灾]

【兵马】bīngmǎ 图兵と軍馬,軍隊

【兵器】bīngqì 图兵器,武器

【兵权】bīngquán 图軍の指揮権,統帥権

【兵士】bīngshì 图(⊕[士兵])①兵士 ②兵と下士官

【兵团】bīngtuán 图[军]①兵团。幾つかの軍団または師団で編制された単位 ②連隊以上の規模の部隊

【兵役】bīngyì 图兵役[服了三年～]3年間兵役に服した

【兵营】bīngyíng 图[处]兵営

【兵站】bīngzhàn 图 兵 站ಜಿ[～线]兵站線

【兵种】bīngzhǒng 图兵種◆歩兵,砲兵,騎兵などの陸軍での種別

【槟(檳)】bīng ⊗[～榔lang/láng]ビンロウジ◆'香槟酒(シャンパン)'の'槟'はbīnと発音

【丙】bǐng ⊗十干の第三,ひのえ,(序数の)第三[～种维生素]ビタミンC

【丙肝】bǐnggān 图[略]C型ウイルス性肝炎(⊕[丙型病毒性肝炎]

【丙纶】bǐnglún 图ポリプロピレン

【邴】Bǐng ⊗姓

【柄】bǐng 圜[方]柄のあるものに使う[[两～斧头 fǔtou]]2本の斧
⊗①柄[刀～]刀の柄 ②花の果実の柄や梗そ ③(非難や嘲笑などの)種 ④権力 ⑤(政権などを)

る,掌握する〖~国〗〘書〙一国の政権を司る

【炳】bǐng ⊗光り輝く

【饼】(餅) bǐng 图〔块・个〕小麦などの粉を練って円盤状にして焼いた食品〖烙lào~〗油と塩を加えて焼いた'饼'⊗(~儿)'饼'のような形のもの〖铁~〗(陸上競技の)円盤

【饼肥】bǐngféi 图 豆かすや落花生かすなどを'饼'型に固めた肥料の総称

*【饼干】bǐnggān 图〔块〕ビスケット,クラッカー〖烧~〗ビスケットを焼く〖小甜~〗クッキー

【饼子】bǐngzi 图 トウモロコシやアワの粉を練って焼いた'饼'

【屏】bǐng 動 (息を)ひそめる〖~住呼吸〗息を殺す ⊗取り除く,捨て去る ⇨ píng

【屏除】bǐngchú 動 除去する,排除する

【屏气】bǐng'qì 動 息をひそめる,息をとめる

【屏弃】bǐngqì 動 放棄する,見捨てる(⇨[抛弃])

【屏息】bǐngxī 動 息を殺す,息を詰める(⇨[屏气])〖~静听〗息を殺して聞く

【秉】bǐng ⊗(手に)取る,握る〖~性〗性格

【禀】(稟) bǐng ⊗①(上位の者に)報告する〖~报〗同前 ②受ける〖~性〗本来の性格

【并】(並*立) bìng 副〔'不'の前で〕なにも(…でない),別に(…でない)〖我~不这么想〗私は別にそうは思わない 一 圈〔2音節の動詞,形容詞,あるいは句や文を並列して〕そして,そのうえ(⇨[并且]②)〖他迅速~准确地回答了问题〗彼は迅速かつ正確に問いに答えた ⊗①ならぶ,ならべる ②ならんで ③…すら

【一】(併) 動 合わせる,一つになる〖把两包书~在一起〗ふた包みの本を一つにまとめる ◆山西省太原の雅称'并'はBīngと発音

*【并存】bìngcún 動 共存する,両立する

【并发】bìngfā 動 ①(病気が)併発する〖~病〗合併症 ②同時に発送する,いっしょにして送る

*【并非】bìngfēi 副 別に…ではない

【并肩】bìngjiān 動 ①肩を並べる;(転)匹敵する〖跟他~〗彼にひけをとらない ②ともに…する,協力して…する

【并举】bìngjǔ 動 (2つのことを)同時に行なう,両方取り上げる

【并立】bìnglì 動 並行する,並列して存在する

【并联】bìnglián 動〘電〙並列に接続する(⇨[串联])〖~电路〗並列回路

【并列】bìngliè 動 並列する,(順序なしに)同列に扱う

【并排】bìngpái 動 横に並ぶ,横並びする〖~骑车〗自転車で併走する

*【并且】bìngqiě 圈①〔しばしば接続詞'不但/不仅'と呼応して〕(…であるばかりか) なお,そのうえ(⇨[而且])〖不要要学习好,~要身体好〗勉強ができるだけでなく体も丈夫でなければならない ②〔2つの動作や状況の並列を示す〕そして,また〖理解~支持我们〗私たちを理解し支持してくれる

【并吞】bìngtūn (他国の領地や他人の財産などを)自分の支配下に加える,併呑する

【并行】bìngxíng 動①ともに歩む,並んで歩く ②同時並行的に行なう〖~不悖〗同時に行なっても衝突しない

【并重】bìngzhòng 動 (2つのものを)同様に重んじる

【摒】bìng ⊗ 排除する〖~除〗除去する〖~弃〗捨て去る

【病】bìng 图〔场〕病気 一 動 病気になる,身体をこわす〖~了五天〗五日間も病気した ⊗①害する,損なう ②欠点 悪弊

【病包儿】bìngbāor 图〘口〙(からかいの気持ちを込めて)病気がちの人,病気の巣(⇨[方][病秧子])

【病虫害】bìngchónghài 图〔场〕病虫害(⇨[防治~])病虫害を退治する

【病床】bìngchuáng 图〔张〕病床,病人用ベッド〖躺在~上〗病床に横たわる

*【病毒】bìngdú 图 ウイルス〖~性肝炎〗ウイルス性肝炎〖电脑~〗コンピュータウイルス

【病房】bìngfáng 图〔间〕病室(⇨[病室])

【病夫】bìngfū 图 (からかいの気持ちを込めて)(男の)病人

【病根】bìnggēn (~儿)①宿痾,持病(⇨[~子])②禍根,災いのもと〖留下~〗禍根を残す

【病故】bìnggù 動 病死する

【病害】bìnghài 图 (農作物の)病害

【病号】bìnghào (~儿)(軍隊,学校など集団内の)病人,病欠者〖泡~〗仮病を使って休む〖老~〗しょっちゅう病気になっている人

【病假】bìngjià 图 病気休暇,病欠

〖请了三天的～〗3日間の病気欠席(欠勤)を届け出る
【病句】bìngjù [名]〖語〗文法的あるいは論理的に誤った文
【病菌】bìngjūn [名] 病原菌
【病况】bìngkuàng [名] 病状([同][病情])〖～严重〗病状が重い
【病历】bìnglì [名] カルテ(の記録), 病歴記録([同][病案]) [～卡] カルテ
【病魔】bìngmó [名] 病魔〖～缠身〗病魔にとりつかれる
【病情】bìngqíng [名] [同][病况]
【病人】bìngrén [名] 病人, 患者
【病入膏肓】bìng rù gāo huāng《成》([同][不可救药]) ①病気が手の施しようのない段階に達する ②《転》事態が取り返しのつかぬところまで悪化する
【病势】bìngshì [名] 病勢, 容態
【病态】bìngtài [名] 病的な状態, 異常な状態 [～心理] 異常心理
【病象】bìngxiàng [名] 症状
【病因】bìngyīn [名] 病因([同][病原])〖查明～〗病気の原因をつきとめる
【病原体】bìngyuántǐ [名] 病原体
【病院】bìngyuàn [名](限られた分野の) 専門病院 ♦病院はふつう'医院'という [精神～] 精神病院 [传染～] 伝染病病院
【病征】bìngzhēng [名] 症状, 他覚症状
【病症】bìngzhèng [名] 病気, 病(やまい) [同][疾病]
【病状】bìngzhuàng [名] [同][病象]
【拨(撥)】bō [動] ①(手足や器具で) 動かす〖把钟～准〗時計を合わす〖～电话号码〗電話番号を回す ②(全体の一部を) 分けて出す〖～一笔款子〗資金を回す ③向きを(回して) 換える, 回れ右する ―[量] 人をグループごとに数える〖轮～儿作业〗班ごとに交代で働く
*【拨打】bōdǎ [動](電話を)かける
【拨付】bōfù [動] 支出する, 発給する
【拨款】bō'kuǎn [動](政府や上級機関が)費用を支出する, 交付する ―― bōkuǎn [名]〔项〕(政府や上級機関が支出した) 費用, 経費 [教育～] 教育への充当金
【拨浪鼓(波浪鼓)】bōlanggǔ [名](～儿)〔只〕でんでん太鼓 ♦行商人の呼び声代りに使った鳴り物
【拨乱反正】bō luàn fǎn zhèng《成》混乱を収拾して正常な状態に戻す, もとの平安を取り戻す
【拨弄】bōnong/bōnòng [動] ①(手足, 棒などで) いじりまわす, (算盤, 弦などを) はじく ②(騒ぎを) 引き起こす, 誘発する [同][挑拨] ③指図する, 思い通りに動かす [同][摆布]
【拨子】bōzi [名] 弦楽器の撥(ばち) ―[量] [同][拨]

【波】bō ⊗①波(→[～浪]) [声～] 音波 ②《訳》(球技の)ボール
【波长】bōcháng [名]〖理〗波長
【波动】bōdòng [動] 揺れ動く, 変動する([反][稳定])〖物价～〗物価が上下する ―[名]〖理〗波動
【波段】bōduàn [名](ラジオの) 周波数帯〖转换～〗バンドを切替える
【波及】bōjí [動] 波及する, 影響を及ぼす〖～世界〗世界に波及する
【波澜】bōlán [名]〔多く比喩的に〕大波〖～壮阔〗(運動や文章などが) 勢い盛んで力強い
*【波浪】bōlàng [名] 波, 波浪 [～起伏] 波形の動き
【波谱】bōpǔ [名]〖理〗スペクトル
【波涛】bōtāo [名] 大波, 天をつく波
*【波涛汹涌】bōtāo xiōngyǒng《成》波濤さかまく
【波纹】bōwén [名] 波紋, さざ波形 [～效果] 波及効果 [～图形] さざ波形模様
【菠】bō ⊗以下を見よ
【菠菜】bōcài [名] ホウレン草
【菠萝】bōluó [名] パイナップル [同][凤梨]
【玻】bō ⊗以下を見よ
**【玻璃】bōli [名]〔块〕①ガラス [雕花～] カットグラス [钢化～] 強化ガラス [磨沙～] すりガラス ②《口》(ガラスのように透明な) ナイロン, プラスティックなど [～线] ビニール糸
【玻璃丝】bōlisī [名] グラスファイバー, ガラスの糸
【玻璃纤维】bōli xiānwéi [名] グラスファイバー
【玻璃纸】bōlizhǐ [名] セロファン([同][透明纸]) [～胶带] セロハンテープ
【玻璃砖】bōlizhuān [名] ①厚板ガラス ②ガラスのタイルやブロック
【钵(鉢 *缽)】bō ⊗(陶器の) 鉢 [～子] 同前
【剥】bō ⊗剥(は)ぐ [～蚀] 侵蝕する ⇨bāo
【剥夺】bōduó [動] 剥奪する, 奪い取る〖～党籍〗党籍を剥奪する
【剥离】bōlí [動] 剥離する, はがれる
【剥落】bōluò [動] 剥落(はくらく)する, はげ落ちる [同][脱落]
*【剥削】bōxuē [動] 搾取する
【饽(餑)】bō ⊗以下を見よ
【饽饽】bōbo [名]《方》①菓子 ②'馒头'またはそれに類する食品

— bó

【播】bō ⊗ ① 伝播する [广~]／放送する ② 種をまく [春~] 春の種まき

*【播放】bōfàng 動 ① (ラジオで) 放送する ⑯[播送] ② (テレビ局から) 放映する ⑯[播映]

【播弄】bōnong/bōnòng 動 ① 指図する，気ままに命令する ⑯[摆布] ② もめ事の種をまく，騒ぎを誘発する

【播送】bōsòng 動 (テレビの) 放送する，放映する『~新闻』ニュースを放送する

【播音】bō'yīn 動 (放送局が) 放送する，番組を流す [~室] 放送スタジオ [~员] アナウンサー

*【播种】bōzhòng 動 (種をまいて) 植物を栽培する
── bōzhǒng 動 種をまく

【伯】bó 图 ① 父の兄，父方の伯父 ② 兄弟の中で最年長の ◆4人の場合'伯仲叔季'の順 ⑯'孟' ③ 伯爵 ◆'大伯子' (夫の兄) は dàbǎizi と発音

【伯伯】bóbo 图(口) 伯父さん ◆呼びかけにも用いる

【伯父】bófù 图 ① 父方の伯父 ⑯(口)[伯伯][大爷] ② おじさん ◆父親と同世代で父より年上の人に対する呼称 ⑯(口)[伯伯]

【伯劳】bóláo 图[鸟] モズ

【伯母】bómǔ 图 ('伯父'の妻) 伯母

【泊】bó ⊗ 停泊する，止まる [飘~] さすらう [~岸] 岸に停泊する ◆湖の意味では pō と発音
⇒ pō

【箔】bó ⊗ ① すだれ，むしろ ② 金属の薄い膜

【帛】bó 图 絹織物 [~画] 絹地に描いた絵

【铂(鉑)】bó 图[化] プラチナ ⑯[白金]

【舶】bó ⊗ 大型の船

【驳(駁,*駮)】bó 動 ① 反駁する，言い返す ② (方) (堤防や岸を) さらに拡張する
⊗ ① 色が混じった [斑~] まだらな ② はしけ舟 ③ はしけで運ぶ

【驳斥】bóchì 動 論駁する，反駁して退ける

【驳倒】bódǎo 動 (人や意見を) 論破する [驳不倒] 言い負かせない

【驳回】bóhuí 動 (申請などを) 却下する

【驳价】bó'jià 動 (~儿) 値切る ⑯[还价]

【驳壳枪】bókéqiāng 图 モーゼル拳銃 ⑯(方)[匣子枪]

【驳运】bóyùn 動 はしけで運ぶ

【驳杂】bózá 图 雑駁な，雑多に混った

【勃】bó ⊗ ① 勢い盛んな，活気あふれる [蓬~] 活力あふれる ② 突然に

【勃勃】bóbó 图 勢い盛んな，旺盛な [生气~] 元気はつらつとした

【勃发】bófā 图(书) ① 活気みなぎる，繁栄する ⑯[焕发] ② 勃発する，突発する

【勃然】bórán 图 ① 勢い盛んな，繁栄した ② 怒って突然顔色を変える，憤然となる [~大怒] 烈火のごとく怒る

【渤】bó ⊗ (B-) [~海] 渤海

【脖】bó 图 (~儿) 首 [~儿长的花瓶] 首長の花びん

【脖颈儿(脖梗儿)】bógěngr 图 首筋，うなじ，えり首

【脖子】bózi 图 首 [卡qiǎ~] 首を締める，(転) 首根っこを押さえる

【鹁(鵓)】bó ⊗ [~鸽 gē] イエバト

【亳】bó 图 (B-) [~县] 亳県 (安徽省)

【钹(鈸)】bó 图[音] 鈸bá, シンバル → [铙 náo~]

【博】bó 图 博識の [他~得很] 彼は博学だ
⊗ ① (物が) 多い，豊かな [地大物~] 土地が広く物資が豊富だ ② 博する，得る ③ 賭博

【博爱】bó'ài 图 博愛 [~主义] 博愛主義

*【博大精深】bódà jīngshēn 《成》 (学問などの領域が) 広大で奥深い

【博得】bódé 動 (名声，賞賛，同情などを) 博す，かちとる ⑯[赢得]

【博古通今】bó gǔ tōng jīn 《成》 広く古今のことに通じている

【博客】bókè 图 ブログ

*【博览会】bólǎnhuì 图 [次] 博覧会 [举办~] 博覧会を催す

【博识】bóshí 图 学識が豊かな [多闻~] 博識だ

*【博士】bóshì 图 博士 [~学位] 博士号 [~后] 博士研究員 (ポスドク)

【博闻强识】bó wén qiáng zhì《成》博覧強記 ⑯[博闻强记]

【博物】bówù 图 博物 [~学] 博物学

*【博物馆】bówùguǎn 图 [座] 博物館 (⑯[博物院]) [自然~] 自然博物館

【博学】bóxué 图 博学な [~多才] 博学多才だ

【博雅】bóyǎ 图 学識が深く広い (⑯[渊博]) [~之士] 博雅の士

【搏】bó ⊗ ① 格闘する，戦う ② とびかかる

【搏动】bódòng [動] ①脈動する，脈打つ ②リズミカルにはねる

*【搏斗】bódòu [動] 組打ちする，格闘する([同][搏战])〚与敌人～〛敵と格闘する

【膊】bó ⊗うで［胳～ gēbo］同前

【薄】bó ⊗①薄い，わずかの［稀～］稀薄な ②情が薄い，冷淡な［刻～］むごい ③軽薄な，浮わついた ④見下す，軽視する［鄙～］見下す ⑤迫る，近づく ⑥(B-)姓
⇨báo, bò

【薄礼】bólǐ [名]《謙》ささやかな贈り物，つまらぬ進物 [同][薄敬]

【薄利】bólì [名] わずかな利潤，薄利［～多销］薄利多売

【薄命】bómìng [形]（多く女性について）幸(さち)薄い，不運な（星を背負った）

【薄情】bóqíng [形]（多く男女間で）薄情な，つれない［～郎］不実な男

*【薄弱】bóruò [形]（力が）弱い，（意志が）薄弱な

【薄田】bótián [名] 地味の乏しい田畑，やせ地 [同][薄地]

【跛】bǒ ⊗足の不自由な［～子］足の悪い人

【簸】bǒ [動] 箕(み)であおって不純物を取り除く
⊗上下に揺れる［～荡］激しく揺れる
⇨bò

【薄】bò ⊗以下を見よ
⇨báo, bó

【薄荷】bòhe [名]〖植〗ハッカ

【檗】bò ⊗→［黄～］

【擘】bò ⊗親指［～画］《書》企画する

【簸】bò ⊗以下を見よ
⇨bǒ

【簸箕】bòji [名] 箕(み)，ちりとり

【逋】bū ⊗①逃げる ②（返済を）引き伸ばす

【晡】bū ⊗申(さる)の刻

【卜】bǔ ⊗①占う ②選ぶ ③(B-)姓 ◆'萝卜'（大根）はluóboと発音

【补(補)】bǔ [動] ①繕う，補修する ②補う，補充する ③（栄養を）補給する
⊗利益，足し［无～于事］何の役にも立たない

【补白】bǔbái [名]（雑誌，新聞などの）埋め草

【补报】bǔbào [動] ①事後に報告する，続報する ②恩に報いる [同][报答]

*【补偿】bǔcháng [動] 埋め合わせる，補償する〚～损失〛損失を補償する〚～失去的时间〛失った時間を取り戻す

**【补充】bǔchōng [動] 補充する，追加する [同][弥补]

【补丁(补钉)】bǔding [名]〔块〕継ぎ〚打～〛つぎを当てる

【补给】bǔjǐ [動]〖軍〗（食糧，弾薬などを）補給する〚缺乏～〛補給が不足する［～线］補給路

【补假】bǔ'jià [動]（残業時間を合算して）振替え休日をとる([同][补休])〚补了三天假〛振替えで3日の休みをとった

*【补救】bǔjiù [動] ①（欠点などを）補う，改善する ②（危機などを）救済する〚获得～〛救済される

【补考】bǔkǎo [動] 追試をする

【补课】bǔ'kè [動] ①補講をする，授業を再度行なう（受ける） ②《転》（出来栄えの悪い仕事を）やり直す

【补苗】bǔ'miáo [動]〖農〗（苗が育っていないところに）苗を補充する

【补偏救弊】bǔ piān jiù bì《成》偏向を直し過誤を正す

【补品】bǔpǐn [名] 滋養になる食物，健康増進薬

【补缺】bǔ'quē [動] ①（欠損，不足額を）補う，補塡(ほてん)する ②欠員を補充する

*【补贴】bǔtiē [動]（経済的に）補助する，援助する，手当を支給する [同][补助] ―[名] 補助金，（給与に加える）手当

【补习】bǔxí [動] 仕事のほかに（講習会などで）勉強する，補習授業をする（受ける）［～学校］社会人教育の学校（カルチャーセンターなど）

【补养】bǔyǎng [動]（食物や薬で）滋養をとる，精をつける

【补药】bǔyào [名] 滋養強壮剤

【补遗】bǔyí [名]（書物，文書の）補遺

【补语】bǔyǔ [名]〖語〗補語 ◆動詞・形容語の意味を補足する成分．ふつう後置される

【补正】bǔzhèng [動]（誤字，脱字を）補足訂正する〚根据勘误表～〛正誤表に従って訂正する

【补助】bǔzhù [動]（多く組織から個人に対して）経済的に補助する，援助金を支給する［生活～］生活補助手当

【补缀】bǔzhuì [動]（主に衣服などを）繕う，継ぎを当てる，パッチワークを作る

【捕】bǔ [動] 捕まえる，逮捕する([同][捉])〚～犯人〛犯人を捉える

【捕房】bǔfáng [名]《旧》租界の警察署 [同][巡捕房]

【捕风捉影】bǔ fēng zhuō yǐng《成》とりとめのない風聞などを根拠にして話したり行動したりする

【捕获】bǔhuò 動 捕獲する,逮捕する
【捕捞】bǔlāo 動 (水生の生物を)捕まえる,漁獲する
【捕拿】bǔná 動 逮捕する,捕まえる
【捕食】bǔshí 動 (動物が)捕食する,つかまえて食う〔~链〕植物連鎖
*【捕捉】bǔzhuō 動 (人や物事を)捕える,つかまえる〖~战机〗戦機をつかむ

【哺】bǔ ⊗ (乳飲み子に)食物をやる,養う〔~乳动物〕哺乳動物
*【哺乳】bǔ'rǔ 動 授乳する
【哺养】bǔyǎng 動 養い育てる 働〔喂养〕
【哺育】bǔyù 動 (書) ① 養い育てる ②(転)養成する,成長させる

【不】bù (他の第4声の字の前ではbú) 副 ①『動詞を否定して』…しない ②『'是'や形容詞を否定して』…でない,…でなかった ③『①②のような否定を単音節で表わす場合』いいえ ④『'用言+不+用言'の形で』反復疑問文をつくる〖好々?〗いいですか ◆ '用言+不'の形をとる方言もある ⑤『多く'什么+名詞+不+名詞'の形で』…であろうとなかろうと〖什么宝贝~宝贝,我不要〗(それが)宝であろうがなかろうが僕はいらない ◆④⑤は軽声 bu
⊗ ①名詞的要素に前置される形容詞をつくる〔~法〕違法な ②動詞+補語の間に挿入され不可能の意を表わす(働〔-得-〕)〔买~到〕(買いたくても)手に入らない ◆ ②は軽声 bu

*【不安】bù'ān 形 ① (心が)不安な,落着かない ② 不安定な ③ (人に迷惑をかけて,何かをしてもらって)心苦しい,すまない
【不卑不亢】bù bēi bú kàng (成) 傲慢でもなく卑屈でもない
【不比】bùbǐ 動 ① …と違う,…と同列には論じられない(働〔不同于〕)〖人~猴子〗人間はサルとは違う ② …の比ではない,…には及ばない 働〔比不上〕
*【不必】búbì 副 ①…するには及ばない,するまでもない〖~挂念〗ご心配には及びません ◆ '必须'の否定. 語気は穏やか,主語の前には置けない ②『応答語として単独で』いや,それには及ばない
【不便】búbiàn 形 ① 不便な,不都合な ② ふさわしくない,不適当な ③(現金の)持ち合わせがない〖手头~〗手元不如意である
【不辨菽麦】bú biàn shū mài (成) 豆と麦の区別もつかない,実用的な知識に乏しい
【不变价格】búbiàn jiàgé 名〔経〕不変価格
【不…不…】bù…bù… ① …でもなく…でもない(ちょうどいい)〔不大不小〕大きすぎず小さすぎずちょうどいい ② …でも…でもない(中途半端だ)〔不死不活〕生きているのだか死んでいるのだか(覇気がない) ③ もし…でなければ…でない〔不见不散 sàn〕顔を見るまでは帰らない ④ 同義の要素を並列した形容詞,例えば'清楚'などを二つに割って否定する ◆ 通常の'不清楚'より少し強調される
【不测】búcè 形〖定語として〗不測の — 名 不測の事態〖如有~〗万一の時には
【不曾】bùcéng 副〖経験・完了の否定〗…しなかった, …したことがない (働〔口〕〔没有〕〔曾经〕)〔~合眼〕まんじりともしなかった
【不成】bùchéng 形 動〔不行 xíng〕 ①② — 動『难道(莫非)…不成'という形で』まさか…ではあるまいな ◆ 推測・反問などを示す
【不成材】bùchéngcái (前途の)見込みのない, 意気地のない
【不成文法】bùchéngwénfǎ 名 不文法, 不文律 ⊗〔成文法〕
【不逞】bùchěng〖定語として〗世の中からはみだした〔~之徒〕不逞 tei のやから
【不耻下问】bù chǐ xià wèn (成) 目下の者や未熟な者に質問することを恥と思わない ◆ 謙虚な姿勢をほめる言葉
【不啻】búchì 動 (書) ① …だけにとどまらない ② …に等しい 働〔如同〕
【不错】búcuò 形 (口) なかなかよい, いける 働〔不坏〕
—— bú cuò 形 間違っていない, 正しい〖你说得一点儿~〗まったくおっしゃる通りです
【不打不成交】bù dǎ bù chéng jiāo (成) けんかしなければ本当のつきあいはできない, 雨降って地固まる 働〔不打不相识〕
【不打自招】bù dǎ zì zhāo (成)(拷問もされないのに白状する>) 語るに落ちる
【不大】búdà 副 それほど…でない〔~好〕余りよくない
【不大离】búdàlí 形(~儿)(方)余り違いがない, まあまあだ 働〔普〕〔差不多〕
【不待】búdài 動 (書)…するまでもない, …するに及ばない〔~言〕言うを俟 ま たない
【不单】bùdān 副〖'不单是'の形で』単に…にとどまらない 働〔不止〕 — 接 …ばかりか,…のみならず 働〔不

但)

【不但】búdàn 副 …のみならず ◆後文では"而且,并且,也,还"などが呼応する〚这种钢笔一式样美观,而且书写流畅〛このペンはデザインが美しいだけでなく書き味もよい

【不当】búdàng 形 妥当でない,穏当でない

【不倒翁】bùdǎowēng 名 起き上がりこぼし ⇨[扳不倒儿]

【不到黄河心不死】bú dào Huánghé xīn bù sǐ 〈成〉〈黄河に着くまではあきらめない〉①目的を達するまではあきらめない ②最後の最後までねばる ⇨[不到黄河不死心][不到黄河心不甘]

【不-得】-bude …してはいけない(⇔[-得])◆可能補語の一,主に不許可を表わす〚吃~〛食べてはいけない

【不得不】bùdébù 副 …せざるをえない,…するしかない〚~说〛言うほかはない

【不得劲】bùdéjìn 形 (⇔[得劲])(~儿)①手になじまない,使いづらい ②気分が悪い,けだるい

【不得了】bùdéliǎo 形 ①大変だ,由々しい〚万一让她知道了,就~了〛万一彼女に知れたら一大事だ ②〖補語として〗程度が大きい,…でたまらない〚急得~〛ひどく焦っている

【不得已】bùdéyǐ やむをえない〚~的办法〛やむをえざる方法

【不等】bùděng 形 違いのある,不ぞろいな〚大小~〛大きさがまちまちである〚~号〛不等号(＞,＜,≠の3種)〚~式〛不等式

【不定】búdìng 副 …かどうかは定かでない〚还~怎样呢〛どうなるかはっきりしない ― 形 不安定な,落ち着かない

【不动产】búdòngchǎn 名 不動産 ⇨[动产]

【不动声色】bú dòng shēngsè 〈成〉声や表情を変えない,冷静沈着な ⇨[不露声色]

【不冻港】búdònggǎng 名〖座〗不凍港

【不独】bùdú 接 ⇨[不但]

【不断】búduàn 副 絶えず,ひっきりなしに

【不对】bú duì 形 ①まちがった,誤りの〚你~〛君が悪い ②〖相手の言を否定して〛いえ,違います ― búduì 形 ①いつもと違った,尋常でない〚神情~〛顔付きが普通でない ②仲が悪い,そりが合わない ⇨[合不来]

【不对茬儿】bú duìchár 形 (その場に)しっくりこない,場違いな ⇨[对茬儿]

【不多久】bù duōjiǔ 副 ほどなく

【不…而…】bù…ér… …しないのに…する[不谋而合]期せずして一致する

【不乏】bùfá 動 …に事欠かない,沢山ある〚~先例〛前例は幾らもある

【不法】bùfǎ 形 不法な,違法な

【不凡】bùfán 形 非凡な,人並みすぐれた ⇨[平庸]

【不妨】bùfáng …して差支えない,なんなら…してもよい〚~告诉他〛彼に話しても構わない ― 形 差支えない,構わぬ〚去见见也~〛会いに行ってもいいんだよ

【不费吹灰之力】bú fèi chuī huī zhī lì 〈成〉〈灰を吹きとばす力すら使わない〉いともたやすいことだ

【不分青红皂白】bù fēn qīng hóng zào bái 〈成〉善悪の見境もない,白も黒も一緒くたにする ⇨[不分皂白]⇨[明辨是非]

【不符】bùfú 形 食い違う,一致しない〚与事实~〛事実と合わない

【不服水土】bù fú shuǐ tǔ 〈成〉(他郷の)水が合わない,土地になじめない

【不甘】bùgān 動〈書〉…に甘んじない(⇔[甘于])〚~示弱〛負けていない

【不敢当】bù gǎndāng 形〈謙〉〈褒められて〉恐れ入ります,いえいえとんでもない

【不共戴天】bú gòng dài tiān 〈成〉共に天を戴かず,不倶戴天の(仇敵)⇨[誓不两立]

【不苟】bùgǒu 形〈書〉おろそかにしない(→[一丝 sī ~])〚临时~〛何事もゆるがせにしない

【不够】búgòu 動 …に欠ける,…に足りない〚~正确〛正確さに欠ける〚~朋友〛友達甲斐がない

【不顾】búgù 動 顧みない,配慮しない〚~生命危险〛生命の危険も顧みない

【不管】bùguǎn 接 …であろうとなかろうと,…かどうかにかかわらず(⇨[不论])〚~你去还是我去〛君と僕のどちらが行くにせよ ◆主文では"都,也,总"などが呼応する

【不光】bùguāng 副〈口〉〖主に"不光是"の形で〗単に…にとどまらない〚~不止〛 ― 接 ⇨[不但]

【不规则】bùguīzé 形 不規則な(⇔[规则])〚~四边形〛不等辺4角形

【不轨】bùguǐ 形 無軌道な,アウトローの〚~之徒〛無法者

【不过】búguò 副 ただ…にすぎない〚~说说罢了〛ちょっと言ってみただけだ ― 接〖主文に前置して〗でも,だが ◆"但是"よりも語気が軽い〚试验失败了,~他并不灰心〛実験は失敗した,でも彼はがっかりしていな

―― buguò 副〔形容詞句に後置されて〕程度が最大であることを表わす『再好~』一番いい

【不过意】bú guòyì 形 済まない(申し訳ない)と思っている 同[过意不去]

【不寒而栗】bù hán ér lì〈成〉恐怖に震える,背筋が冷たくなる 同[毛骨悚然]

【不好】bùhǎo 動 …しにくい『~说明』説明しにくい『~惹』(性格的に)怒らせるとかとが怖い

*【不好意思】bù hǎoyìsi 形 照れ臭い,ばつが悪い ◆謝語を取ることもある『~推謝』断るのは申し訳ない

【不合】bùhé 動①〈書〉…すべきでない ②合致しない,適しない ― 形 (性格が)合わない,仲の悪い

【不和】bùhé 形 仲が良くない

【不讳】búhuì 動〈書〉忌諱しない,タブーとして避けない ― 名〈婉曲に〉死

【不及】bùjí 動①…に及ばない,かなわない 同[不如] ②〈書〉〔動詞句に前置されて〕…する暇がない
―― bùjí 副〔動詞句に後置されて〕時間的(精神的)に余裕がないことを表わす[来―]間に合わない

【不即不离】bù jí bù lí〈成〉不即不離の,つかず離れずの 同[若即若离]

【不假思索】bù jiǎ sīsuǒ〈成〉思慮分別を加えない,躊躇なく(行動する)◆迅速な,あるいは軽率な行動を形容

【不见】bújiàn 動①会わない(でいる)『好久~』お久し振りです ②〔後に'了'を伴って〕見えなくなる,(物が)なくなる

*【不见得】bú jiànde / bú jiànde 動 …とは思われない,…とは見えない『这种工作~对你合适』この仕事は君に向いているとは思えない

【不见棺材不落泪】bú jiàn guāncai bù luò lèi〈俗〉(棺おけを見ないうちは涙を流さない>)のっぴきならない状態にならない限り負けを認めない

【不见兔子不撒鹰】bú jiàn tùzi bù sā yīng〈俗〉(獲物の兎が見えないうちは鷹を放さない>)目的を見定めてから行動に移る

【不解】bùjiě 動〈書〉解けない,理解できない

*【不禁】bùjīn 副 思わず,こらえ切れずに『~哈哈大笑起来』思わず大笑いする

【不仅】bùjǐn 副 …にとどまらない,…ばかりではない 同[不止]― 接 同 [不但]

【不近人情】bú jìn rénqíng〈成〉情理に合わない,人情に背く

【不经一事,不长一智】bù jīng yí shì, bù zhǎng yí zhì〈成〉何事も経験してこそ知識が増える,失敗は成功のもと

【不经意】bù jīngyì 形 気に留めない,不注意な 反[经意]

【不景气】bù jǐngqì 形 不景気な,活気のない 反[景气]

【不胫而走】bú jìng ér zǒu〈成〉(足もないのに走る>)①(うわさが)あっという間に広がる ②(品物が飛ぶように売れる 同[不翼而飞]

【不久】bùjiǔ 副 程なく,やがて

【不拘】bùjū〈書〉①こだわらない,気にかけない 『~小节』小節にこだわらない ― 接 同 [不论]

【不绝如缕】bù jué rú lǚ〈成〉細い糸のように切れそうで切れない◆危うい局面や細く弱く続く声や音を表わす

*【不堪】bùkān〈書〉①耐えられない,支えられない ②とても…できない,…するに堪えない『~设想』想像するだに恐ろしい ― 形①(程度が)甚だしい『污秽~』余りに汚れた ②あくどい,悪質きわまる

【不看僧面看佛面】bú kàn sēngmiàn kàn fómiàn〈成〉坊さんの顔では駄目としても仏様の顔を立てることならできる ◆腹も立とうが…の顔に免じて許して(承知して)ほしいなどの意

【不亢不卑】bú kàng bù bēi〈成〉同[不卑不亢]

【不可】bùkě 動①〈書〉…すべきでない,…できない 〔~同日而语〕同列には論じられない 『~名状』名状し難い ②〔'非…不可'の形で〕絶対に…すべきだ『非看~』見逃してなるものか

【不可救药】bù kě jiù yào〈成〉どんな薬でも治すことはできない ◆救いようもない悪い状況を例える

【不可抗力】bùkěkànglì 名〈法〉不可抗力

*【不可思议】bù kě sīyì〈成〉不可思議な,想像の範囲を超えた

【不可知论】bùkězhīlùn 名〈哲〉不可知論

*【不客气】bú kèqi 形①遠慮しない ②〈挨〉ご遠慮なく,どういたしまして

【不快】búkuài 形①不愉快な ②体調が悪い,気分がすぐれない

*【不愧】búkuì 動〔多く'为 wéi'や'是'の前で〕…たるに恥じない,…の名にふさわしい

【不劳而获】bù láo ér huò〈成〉(他人の成果を)労せずして手に入れる,他人の働きに乗っかる 同[坐享其成]

【不利】búlì 形①不利な ②〔'~于'の形で〕…(するの)に不利だ『~于

健康】身体に悪い

【不良】bùliáng 形《書》良くない, 好ましからぬ〔~动机〕よこしまな動機

【不了】bùliǎo 動《多く'个'を伴う補語として》終わらない〔忙个~〕限りなく忙しい

【-不了】-buliǎo 《及》[-得了] ①…しきれない〔吃~〕食べきれない ②…するわけがない〔错~〕間違いっこない ◆可能補語の一. 相応する結果補語'了liǎo'はない

【不了了之】bù liǎo liǎo zhī《成》終わっていないことをうやむやにしてしまう, (大事なことを) 中途で投げ出して煩かむりする

*【不料】búliào 接 はからずも, ところが 〈及〉[料不到]

【不灵】bùlíng 形《口》役に立たない, 機能しない〔耳朵~了〕耳が駄目になった

【不露声色】bú lù shēngsè《成》口振りや表情に表わさない 〈及〉[不动声色]

【不伦不类】bù lún bú lèi《成》訳の分からぬ, きてれつな

【不论】bùlùn 接 …かどうかにかかわらず ◆主文では'都, 总'などが呼応〔~白天还是黑夜〕昼夜を問わず

【不满】bùmǎn 形 不満

【不毛之地】bù máo zhī dì 図 不毛の地

*【不免】bùmiǎn 副 (どうしても) …とならざるを得ない, …を避けられない 〈及〉[免不了]〔~有点生疏〕慣れないところがあるのも仕方がない

【不妙】búmiào 形 (情況が) よくない, うまくない〔形势~〕雲行きが怪しい

【不摸头】bù mōtóu 形《口》訳が分からない, 様子がつかめない

【不谋而合】bù móu ér hé《成》(見解, 計画, 理想などが) 期せずして一致する

*【不耐烦】bú nàifán 形 うんざりした

【不能不】bù néng bù 副 …せざるを得ない, …せずには済まされない

【不配】búpèi 動 ①…する資格がない, …に値しない〔配不上〕 ②似合わない, 釣合わない

【不偏不倚】bù piān bù yǐ《成》いずれにも偏らない, 公正中立な

【不平】bùpíng 名 不公平, 不公平への不満〔鸣~〕不平を鳴らす ― 形 ①不公平な, 不当な ②(不公平なために) 不満な

【不平等条约】bùpíngděng tiáoyuē 名 不平等条约〔被迫订立~〕不平等条约を結ばせられる

【不期而遇】bù qī ér yù《成》期せずして出会う, 偶然に出くわす

【不期然而然】bù qī rán ér rán《成》そうなるとは思っていないのにそうなる, 思いがけず, 予期せぬことに 〈及〉[不期而然]

【-不起】-buqǐ《及》[-不得起] ①(金額が高くて) …できない〔买~〕(自分の財力では) 買えない ②(能力, 资格, 余裕がなくて) …できない〔对~他〕彼に顔向けができない ◆可能補語の一. 相応する結果補語'起qǐ'はない

【不巧】bùqiǎo 形 あいにく, 運悪く 〈及〉[不凑巧] 〈反〉[恰好]

【不求甚解】bù qiú shèn jiě《成》(読書などの際) ざっと分かればそれでよしとする, 深く理解しようとはしない

【不屈】bùqū 動 屈しない, 不屈の〔宁死~〕死すとも屈せず

【不屈不挠】bù qū bù náo《成》不撓とう不屈の 〈及〉[百折不挠]

*【不然】bùrán 形 そうではない, 違う ― 接 そうでなければ〔幸亏是皮鞋, ~(的话)一定湿透了〕底が革の靴だったからよかったものの, そうでなかったらきっとびしょびしょになっていただろう

【不仁】bùrén 形 ①無慈悲な, 冷酷な ②(体が) 感覚を失った, 麻痺した

【不人道】bùréndào 形 非人道的な

【不忍】bùrěn 動《書》忍びない, がまんならない〔~正视〕見ていられない

【不容】bùróng 動《書》(…するのを) 許さない〔~分说〕つべこべ言わさない

*【不如】bùrú 動 …に及ばない, 劣る〔走路~骑车快〕歩くより自転車で行く方が速い ― 接 …する方がよい〔~改日再去〕やはり別の日に行こう ― 接《'与其…~'の形で》…するより…する方がよい

【不入虎穴, 焉得虎子】bú rù hǔ xué, yān dé hǔ zǐ《成》虎穴に入らずんば虎児を得ず

【不三不四】bù sān bú sì《成》碌ろくでもない, 体を成さない

【不善】búshàn 形 ①《書》よくない, 好ましくない ②《多く'~于'の形で》…が得意でない, 下手だ 〈及〉[善于] ③《方》見事だ 〈及〉[~乎 hu]

【不慎】búshèn 副《書》不注意で, うっかりと

【不胜】búshèng 動 …に耐えない, …しきれない〔~其烦〕余りに煩瑣さに〔~枚举〕枚挙にいとまがない〔读~读〕いくら読んでも読みきれない ― 副 (感情について) 非常に, きわめて〔~遗憾〕甚だ遺憾である

*【不时】bùshí 名 時しも, しょっちゅう 〈及〉[时时] ― 形《定語として》不時の, 予期しない〔~之需〕急時の用

【不识抬举】bù shí táiju《成》目を掛けてもらったのに有難がらない，（折角の好意なのに）身の程を知らない ♦主に上位者が下位者を非難して言う
【不失为】bùshīwéi [動] …たるを失わない，…と言ってよい〖他～一个名医〗あの人はやっぱり名医だ
【不是】búshi [名] 誤り，過失（→［赔péi～］）〖我的～〗私のミス
【不是…就是(便是)…】 búshì…jiùshì(biànshì) … [接] …でなければ…だ，…か…かどっちかだ〖不是下雨就是刮风〗雨が降るかさもなきゃ風だ
【不是…而是…】búshì…érshì… [接] …ではなく…だ〖他不是不知道，而是装糊涂〗彼は知らないのではなく，知らない振りをしているだけだ
【不是玩儿的】búshì wánr de [形] 笑い事ではない，冗談ではすまない ♦'不是闹着玩儿的'の意
【不速之客】bú sù zhī kè《成》招かれざる客
【不停】bùtíng [動]〔多く状語·補語として〕止まらない〖雨～地下（雨下个～）〗雨がこやみなく降る
【不图】bùtú [副]《書》はからずも，思いがけず ━ [動] 求めない，望まない
【不外】búwài [動] …にほかならない，…の範囲を出ない（[同]［～乎］）〖～三个地方〗3つの場所のいずれかしかない
【不息】bùxī [動]《書》休まない，とどまらない〖奔流～〗休みなく激しく流れる
*【不惜】bùxī [動]《書》惜しまない〖～工本〗金と手間を惜しまない
【不暇】bùxiá [動]《書》…するいとまがない，忙しくて…してられない
【不下于】búxiàyú [動] ①（質的に）…に劣らない，匹敵する [同]［不亚于］②量的に…を下回らない [同]［不下］
【不相干】bù xiānggān [動] かかわりがない（[反]［相干］）〖跟我～〗私には関係がない
【不相容】bù xiāngróng [動] 相容れない，両立しない
*【不相上下】 bù xiāng shàng xià《成》甲乙つけ難い，ほぼ同等の
【不祥】bùxiáng [形]《書》不吉な，縁起の悪い
【不详】bùxiáng [形]《書》不詳の，はっきり分からない
【不想】bùxiǎng [接] 思いがけなく，意外なことに
*【不像话】bú xiànghuà [動] ①（言行が） 情理に合わない，筋が通らない ②てんで話にならない，お粗末きわまる
【不肖】búxiào [形]《書》不肖の，親や師に似ず愚かな
【不屑】búxiè [動] ①…するのを潔しとしない，…するに値しないと考える [同]［～于］②〔主に定語として〕軽蔑する〖～的眼光〗さげすみのまなざし
*【不屑一顾】bú xiè yí gù《成》一顧にすら値しない
【不谢】búxiè [動]《挨》どういたしまして，お礼には及びません
【不懈】búxiè [形] 怠らない［坚持～］倦まずたゆまずやり続ける
【不兴】bùxīng [形] はやらない，流行遅れの ━ [動] ①…してはならない ②〔反語的な文の中で〕…できない〖你说话～慢点儿吗？〗もう少しゆっくり話せないのか
【不行】bùxíng [形] ①許可できない，いけない ②役に立たない，無力な ③出来がわるい，へたな ④〔'得' de の後の補語として〕（程度が）きわめて…な〖高兴得～〗嬉しくてたまらない ⑤〔'～了'の形で〕死にかかっている
【不省人事】bù xǐng rénshì《成》①気を失う，知覚を失う ②世間のことをまるで知らない
【不幸】búxìng [形] ①不幸な，不運な ②〔状語として〕不幸にも ━ [名] 不幸，災い
【不休】bùxiū [動]〔補語的に〕休まない，…し続ける〖争论～〗とめどもなく論争する
【不修边幅】bù xiū biānfú《成》身なりをかまわない
【不朽】bùxiǔ [動] 朽ちはてない，生命をもち続ける［永垂～］永遠に不滅である［～之作］不朽の名作
【不锈钢】búxiùgāng [名] ステンレス
【不许】bùxǔ [動] ①…してはならない，…を禁止する〖～停车〗駐車禁止 ②〔反語的な文の中で〕…できない〖～让我看看吗？〗おれに見せられないのか
【不学无术】bù xué wú shù《成》無学無能の
【不逊】búxùn [形]《書》不遜(ふそん)な，傲慢(ごうまん)な
【不亚于】búyàyú [動]（質的に） 劣らない，ひけを取らない [同]［不下于］
*【不言而喻】bù yán ér yù《成》言わずともわかる，自明の [同]［不言自明］
【不要】búyào [副] …するな，…してはいけない（[同]［别］）〖～哭〗泣くんじゃない
*【不要紧】bú yàojǐn [形] 大丈夫だ，気にすることはない [反]［要紧］
【不要脸】bú yàoliǎn [形] 恥知らずの，面(つら)あつかましい
【不一】bùyī [形]《書》〔もっぱら述語として〕一様でない，いろいろである
【不一而足】bù yī ér zú《成》（同類は）ひとつ（1回）どころでなく沢山（何回も）ある
【不一会儿】bù yíhuìr [副] 程なく，暫

【不依】bùyī 动 ① (言うことに)従わない、聞き入れない ②簡単には許さない、やすやすと目こぼしはしない

【不宜】bùyí 动〈書〉…すべきでない、…に適しない

【不遗余力】bù yí yú lì〈成〉余力を残さない、全力を出しきる

【不已】bùyǐ 动〈書〉…してやまない、しきりに…し続ける〖赞叹～〗しきりに称賛する

【不以为然】bù yǐ wéi rán〈成〉そうとは思わない、まちがっていると考える

【不亦乐乎】bú yì lè hū（成）〈口〉〔多く補語として〕程度がひどい、限界に達している〖骂得个～〗けちょんけちょんに言う

【不义之财】bú yì zhī cái〈成〉（賄賂や横領などによる）不浄の財

【不易之论】bú yì zhī lùn〈成〉不易の論、不変の真理(を述べた言葉)⑧[不刊之论]

【不意】búyì 副はからずも、意外にも——动〈書〉思ってもみない、予想だにしない [出其～] 不意をつく

【不翼而飞】bú yì ér fēi〈成〉（翼もないのに飛ぶ）①物が突然なくなる、消え失せる ②伝播が速い、あっという間に広まる

【不用】búyòng 副 …するには及ばない（⑧[甭]）[～着急] 焦ることはない

*【不由得】bùyóude 动 …するのを許さない、…するわけにゆかない（⑧[不容]）[～你不信服] 君は納得せざるをえない——副思わず、ついつい

【不由分说】bù yóu fēn shuō〈成〉つべこべ（有無を）言わせない ⑧[不容分说]

【不由自主】bù yóu zì zhǔ〈成〉思わず知らず、ついつい

【不约而同】bù yuē ér tóng（成）(行動などが)期せずして一致する ⑧[不谋而合]

【不在】búzài 动 ① …に居ない、席を外している ②〈婉〉('了'を伴って)死んだ、亡くなった [早就～了] とっくに亡くなった

【不在乎】búzàihu 动 気にかけない、意に介さない（⑧[在乎]）[我～这个] そんなことを気にはしない

【不在话下】bú zài huà xià〈成〉(その先は)言うまでもない、いともたやすい

*【不择手段】bù zé shǒuduàn（成）手段を選ばない

【不怎么样】bù zěnmeyàng 形 どうと言う程ではない、ごく平凡な

【不折不扣】bù zhé bú kòu〈成〉掛け値なしの、正真正銘の [～地执行] 一点の手抜きもなく執行する

【不振】búzhèn 形〈書〉振るわない、活気がない [国势～] 国に元気がない

【不知】bùzhī 动〈書〉知らない [～进退] (行動の)程をわきまえない [～所措] どうしてよいのか分からない [～所云] 何を言わんとしているのか分からない [～所终] 最後がどうなったかは不明である [～天高地厚] 身の程を知らない

*【不止】bùzhǐ 动 ①…にとどまらない [～他一个人会拉小提琴] バイオリンが弾けるのは彼だけではない [看了～两遍了] 読んだのは2度どころでない ②〈書〉止まらない、…し続ける [流血～] 血が流れ続ける

【不只】bùzhǐ 连 ただ…ばかりではなく、…である上に ⑧[不但]

【不致】búzhì 副 (…ならば)…の結果は招かない [～如此] (備えさえあれば)こんな結果にはならない

【不至于】bùzhìyú 副 …までには至らない [～答不上来] 答えに詰まる所まではゆかない [～吧] それ程じゃないだろう

【不置可否】bú zhì kě fǒu〈成〉賛否をはっきりさせない、自分の意見を言わない

【不治之症】bú zhì zhī zhèng（成）不治の病

【不准】bùzhǔn 动 …するのを許さない、禁じる [～入内] 立入禁止——副 必ずしも…ではない、…とは限らない ⑧[不一定]

【不着边际】bù zhuó biānjì〈成〉①（話が）とりとめもない、雲をつかむような ②本題をひどく外れた、甚だしく脱線した

【不自量】bú zìliàng 身の程を知らない、自分の力を過信する ⑧[不自量力]

【不走回头路】bù zǒu huítóulù〈成〉もと来た道は歩かない(引返さない)、決めたことは変えない、決して後悔はしない

*【不足】bùzú 形 足りない、不足の [营养～] 栄養不足の——动 ①…に満たない [～三百元] 300元に満たない ②…するに足りない、…するに値しない [～道] 言及するに値しない [～为训] 範とするに値しない [～凭] 証拠にはならない

【不作声】bú zuòshēng 动 物を言わない、沈黙する ⑧[做声]

【钚】(鈈) bù 名〈化〉プルトニウム [～堆] プルトニウム原子炉

【布】bù ①〈块〉布〖买了三尺～〗布を3尺買った〖一匹～〗木綿1反 ⊗①古代の貨幣の一種 ②(B-)姓

【布(佈)】⊗①宣告する, 布告する〖公～〗公布する ②分布する, 散布する〖传～〗伝染する ③配置する, 手配りする
【布帛】bùbó 图織物, 生地
【布丁】bùdīng 图〔訳〕プリン
【布尔乔亚】bù'ěrqiáoyà 图ブルジョアジー ◆普通は'资产阶级'という
【布尔什维克】Bù'ěrshíwéikè 图ボルシェビキ
【布防】bù‧fáng 动防備の布陣をする
*【布告】bùgào 图布告〖张贴～〗掲示を貼る〖～栏〗掲示板
【布谷】bùgǔ 图〔鸟〕カッコウ 🔁〖大杜鹃〗〖～鸟〗
【布景】bùjǐng 图①(舞台などの)背景, 書割り ②(中国画の)景物の配置, 構図
【布局】bùjú 图①(文や絵の)構想, 構図 ②(碁の)布石, (将棋の)展開 ③(事業などの)全体的計画, 配置
【布拉吉】bùlājí 图ワンピース ◆ロシア語の音訳
【布朗族】Bùlǎngzú 图ブラン族 ◆中国少数民族の一, 雲南に住む
【布匹】bùpǐ 图(総称としての)布
【布头】bùtóu 图(～儿)〔块〕布切れ, 端切れ
【布衣】bùyī 图〔书〕布衣之 ◆質素な服, またそれを着る平民
【布依族】Bùyīzú 图ブーイー族 ◆中国少数民族の一, 貴州に住む
【布置】bùzhì 动①(家具・置物などを)配置する, しつらえる〖～会场〗会場を飾り付ける ②(仕事や活動について)配置する, アレンジする

【怖】bù ⊗恐れる, 怖がる

【步】bù 量①歩を数える〖走了几～〗数歩歩いた ②段階〖分两～进行〗2段階に分けて行なう — 动〔方〕歩幅で長さを測る
⊗①歩み〖齐～走〗歩調を取る ②(昔の)長さの単位 ◆5'尺'に相当 ③歩く ④(B-)姓
【步兵】bùbīng 图步兵
【步调】bùdiào 图(事を行なう際の)步調, 足並み〖～一致〗足並みがそろう
*【步伐】bùfá 图(隊列の)步調, 足並み ◆比喩としても〖跟上时代的～〗時代の歩みについて行く
【步话机】bùhuàjī 🔁〖步谈机〗
【步履】bùlǚ 图〔书〕歩み〖～蹒跚 pánshān〗よろよろ歩く
【步枪】bùqiāng 图〔支・杆〕步兵銃, 小銃〖气～〗エアライフル
【步人后尘】bù rén hòu chén〔成〕後塵ᶜᵘᵘを拝する, 人のやり方をまねる
【步谈机】bùtánjī 图〔台〕トランシーバー 🔁〖步话机〗
【步行】bùxíng 动徒歩で行く〖～街〗歩行者天国
*【步骤】bùzhòu 图(物事の) 歩み, 段階, 進み具合〖有～地进行工作〗段階的に仕事を進める
【步子】bùzi 图足取り, 歩み(🔁〖脚步〗)〖加快改革的～〗改革の歩みを速める

【部】bù 量①本や映画を数える〖这一书我买了三本〗この本は3冊買った ②〔方〕機械や車両を数える
⊗①部分, 部位〖内～〗内部 ②政府や企業の部門〖卫生～〗厚生省 ③军(中隊以上)の中枢部〖司令～〗司令部 ④部隊 ⑤統轄する ⑥(B-)姓
【部队】bùduì 图〔军〕①〔支〕部隊〖坦克～〗戦車隊 ②'军队'の通称
*【部分】bùfen 图部分(的な), 一部(の)(⇌〖全体〗)〖～同志〗一部の人〖～地改变〗部分的に手直しする
【部件】bùjiàn 图コンポーネント, 組立部品
*【部门】bùmén 图部門, 部署〖有关～〗関係部門
【部首】bùshǒu 图(偏, 冠などの)部首
*【部署】bùshǔ 动(人員や役割を)配置する, プランを立てる(🔁〖布置〗)〖～兵力〗兵力を配備する
【部属】bùshǔ 图🔁〖部下〗
【部位】bùwèi 图部位, (身体上の)位置
【部下】bùxià 图部下, 配下 ⇌〖上司〗

【瓿】bù ⊗小さな瓶ポ

【埠】bù ⊗①(川や海の)埠頭🔁, 埠頭のある町, 港町 ②港
【埠头】bùtóu 图〔方〕埠頭, 波止場 🔁〖码头〗

【簿】bù ⊗帳簿, ノート〖练习～〗練習問題用のノート
【簿籍】bùjí 图〔书〕帳簿, 名簿の類
【簿记】bùjì 图①簿記〖复式～〗複式簿記 ②簿記用の帳簿
【簿子】bùzi 图〔本〕ノート, 帳簿

C

【CCC 认证】CCC rènzhèng [名] 中国制製品認証制度(China Compulsory Certification) ♦'3C'とも言う [同][中国强制性产品认证]
【CD】[名] CD [同][激光唱片]
【CEO】[名](IT 企業の) 最高経営責任者 [同][首席执行官]
【CEPA】[名] 包括的経済連携協定 ♦中国では特に,「中国本土·香港(マカオ) 経済連携緊密化取決め」を指す [同][内地与香港(澳门) 关于建立更紧密经贸关系的安排]
【CMMB】[名] モバイルテレビ ♦日本のワンセグテレビに相当 [同][中国移动多媒体广播]
【COD】[名] COD, 化学的酸素要求量 [同][化学需氧 yǎng 量]
【CPI】[名] 消費者物価指数 [同][消费者价格指数]
【CT】[名] CTスキャン(による診断)

【擦】
cā [動] ① 擦する, こする 〖~破膝盖〗ひざを擦りむく ② 拭く, ぬぐう ③ 掠る, すれすれに通る
【擦屁股】cā pìgu [動]《転》(他人の) 尻ぬぐいをする, 後始末をつける
【擦音】cāyīn [名]〖語〗摩擦音 ♦'普通话'の f, h, x, s, sh など
【擦澡】cā▾zǎo [動](タオルやスポンジで) ごしごし身体を擦する, 垢擦りをする ♦湯槽につからずにする

【嚓】
cā [擬]「きいっ, ぎぎいっ」など鋭い摩擦音を表わす語
⇨ chā

【猜】
cāi [動] ① 推量する, 見当をつける 〖~对啦〗当たりい ② 猜疑心をいだく, 疑う
【猜测】cāicè [動] 推量する, 見当をつける [同][推测]
【猜度】cāiduó [動] 憶測する, 推測する [同][猜忖]
【猜忌】cāijì [動] 猜疑心をいだく, 疑ぐる
【猜谜儿】cāi▾mèir [動] ① なぞ解きをする, なぞなぞを解く [同][猜谜 mí] ② 腹を探る, 憶測を巡らす
【猜拳】cāi▾quán [動] ①(酒席で) 拳を打つ ♦負けた方が一杯飲む [同][划拳] ② じゃんけんをする
【猜透】cāitòu [動](相手の胸の内を) 見通す, 読み切る 〖猜不透〗見通せない
【猜嫌】cāixián [動] 疑ぐる, 猜疑心をいだく
【猜想】cāixiǎng [動] 推測する, 憶測する [同][猜测]
【猜疑】cāiyí [動] あらぬ不安をいだく, 疑ぐる 〖~别人〗他人を疑う

【才】
cái [名] 才能, 能力
⊗ 才能ある人, 有能な人物

【—(*纔)】
[副] ① つい先ほど, たった今 〖~来就走〗来たかと思うともう帰る ②(事が非常に遅れて) やっと, ようやく 〖到三点钟~走〗3時になってようやく帰っていった(文末の'了'不要) ③〔'只有''必须'などと呼応して〕…であってこそ, …であってはじめて 〖总得有笔~能写字〗筆があればこそ字は書ける ④ わずかに, たった 〖今年大米产量~六百万吨〗今年の米はわずか600万トンしか取れなかった ⑤(…を経て) はじめて, やっと 〖听了说明~明白〗説明を聞いてやっとわかった ⑥ まさに, それこそ 〖我~傻呀〗おれって間抜けだなあ
*【才干】cáigàn [名] 能力, 有能さ 〖增长~〗能力を伸ばす
【才华】cáihuá [名](芸術的·文学的) 才能, 才気 [同][才气]
【才略】cáilüè [名] 智謀, 軍略的または政略的才知
【才貌】cáimào [名] 学識と容貌, 頭脳と容貌 〖~双全〗顔も頭も素晴らしい
【才能】cáinéng [名] 才能, 能力
【才女】cáinǚ [名] 才女, 才媛
【才气】cáiqì [名] 才気, 文学的才能([同][才华]) 〖~横溢〗才気あふれる
【才识】cáishí [名] 能力識見, 才知と見識
【才疏学浅】cái shū xué qiǎn《成》《謙》浅学菲才, 無学無能
【才思】cáisī [名](文学的) 想像力, 創造力
【才学】cáixué [名] 学識, 才能と学問
【才智】cáizhì [名] 才知, 知恵
【才子】cáizǐ [名] 才子([同][才人]) [~佳人] 才子佳人

【材】
cái [名]〔口〕棺桶 [同][棺~guāncai]
⊗ ① 木材 [木~] 木材 ② 材料, 原料 [器~] 器材 ③ 資料, 材料 [题~] 題材 ④ 有能な人, 人材 ⑤ 才能, 資質
**【材料】cáiliào [名] ① 材料, 原料 ② 資料, 参考材料 ③ 創作の材料, 著述のねた ④ 適役の人材, 打ってつけの人

【财(財)】
cái [名] 財貨, 物と金 〖发了一笔~〗かなりの産を成す, 金持ちになる
【财宝】cáibǎo [名] 財宝
**【财产】cáichǎn [名]〔份·批〕財産 [公共~] 公共財産
【财产权】cáichǎnquán [名] 財産権 [同][产权]

【财大气粗】cái dà qì cū《成》金を笠に着て鼻息があらい,財産を鼻に掛けて大きな顔をする

【财阀】cáifá 图財閥,独占金融資本家

*【财富】cáifù 图富む,財産

【财货】cáihuò 图財貨,財物

【财经】cáijīng 图財政経済

【财会】cáikuài 图財務会計［～人员］経理係

【财礼】cáilǐ 图《分》結納の♦男子側から女子側に贈る 回[彩礼]

【财力】cáilì 图財力,資金力

【财贸】cáimào 图財政貿易

【财迷】cáimí 图金の亡者,守銭奴

【财权】cáiquán 图①財産権 回[产权]②財政上の大権,経済大権

【财神】cáishén 图福の神,金もうけの神［～爷］

【财团】cáituán 图財団

【财务】cáiwù 图財務［～科］財務課

【财物】cáiwù 图財物,財産

【财源】cáiyuán 图財源［开辟～］財源を開拓する

*【财政】cáizhèng 图財政［重建～］財政を再建する［～资本］金融資本

【财主】cáizhu 图富豪,金持ち

【裁】cái 动①裁断する,切断する［～衣服］服の裁断をする 动②不要部分を切り捨てる,削減する〚～了一批人〛まとまった人数を解雇した 一图紙を等分した数を示す〚八～纸〛八つ切りの紙 动①判断する,裁定する ②抑止する,制御する ③殺す［自～］〈书〉自殺する

【裁并】cáibìng 动(機構を)縮小合併する

【裁撤】cáichè 动(機構を)解散する,廃止する 回[取消]

【裁定】cáidìng 动(裁判所が)裁定する

【裁断】cáiduàn 动熟慮決断する,裁断を下す

【裁夺】cáiduó 动裁断を下す,熟慮決断する 回[裁断]

【裁缝】cáiféng 动衣服を仕立てる —— cáifeng 图仕立屋,裁縫師

【裁减】cáijiǎn 动(機構や装備などを)削減する,縮小する

【裁剪】cáijiǎn 动《衣》裁たつ,裁断する

【裁决】cáijué 动決裁する,裁定を下す［作出～］紛争の裁定をする

【裁军】cái'jūn 动軍備を縮小する,兵力を削減する

【裁可】cáikě 动許可の決定を下す,認可を決める

*【裁判】cáipàn 图《体》審判員,アンパイア,レフェリー 回[～员] 一 动①《法》判決を下す,裁定する〚～纠纷〛紛争の裁定をする ②《体》審判する,ジャッジをする

*【裁员】cáiyuán 动人減らしをする,人員を削減する

【采】cǎi ⊗ 表情,顔色［神～］表情の輝き♦'采地'(古代の卿大夫の封地)ではcàiと発音

【——(採)】动①摘む,もぐ［～茶］茶摘みをする ②採集する,集める［～标本］標本を採集する ⊗①採掘する,掘り出す［开～］掘削する ②選び取る,採用する

【——(*彩)】图'彩'に同じ

【采伐】cǎifá 动伐採する,伐きり出す

【采访】cǎifǎng 动取材する,探訪する［电话～］電話インタビュー

【采风】cǎi'fēng 动《书》民謡を採集する

【采购】cǎigòu 动買い付ける,調達する 回[采买] 一 图購入係 回[～员]

【采光】cǎiguāng 图①《建》自然採光 ②照明

*【采集】cǎijí 动収集する,採集する

【采掘】cǎijué 动(鉱物を) 採掘する,掘り出す［开~]

【采矿】cǎi'kuàng 动鉱石や石炭を採掘する［露天～］露天堀り

【采录】cǎilù 动採集かつ記録する,採録する

【采煤】cǎi'méi 动石炭を掘る［～工人］坑夫

【采纳】cǎinà 动受け入れる,採用する 回[接受]

*【采取】cǎiqǔ 动(方法・措置などを)採用する,実施する

【采样】cǎi'yàng 动標本抽出する,サンプルを採る,見本を集める［～检查］抜取り検査

【采用】cǎiyòng 动採用する,採り入れる

【采摘】cǎizhāi 动(花や果実を) 摘む,もぐ 回[摘取]

【采种】cǎi'zhǒng 动種を採取する

【彩】cǎi 图くじや賭け事の賞品や景品〚得了～〛賞品をもらう〚中zhòng～〛宝くじに当たる ⊗①色彩［～云］あかね雲［五～］多色 ②賛賛の声,喝采〚喝采 hè～〛喝采する ③光彩,輝き［文～］きらめく文才 ④戦傷による流血,流血のけが［挂～］戦いで負傷する

【——(*綵)】⊗色絹,色リボン［剪～］テープカットをする

【彩车】cǎichē 名〔辆〕色絹で飾りたてた自動車 ◆慶祝行進の際に仕立てる

【彩绸】cǎichóu 名 色どり鮮やかな絹織物,色絹 💡結んで装飾に使う

【彩灯】cǎidēng 名〔盏〕飾り提灯

【彩电】cǎidiàn 名〔台〕カラーテレビ 働[彩色电视]

【彩号】cǎihào 名(〜儿) 負傷兵

【彩虹】cǎihóng 名〔道・条〕虹

【彩画】cǎihuà 名 彩色画,絵の具を使った絵

【彩绘】cǎihuì 名 (陶磁器や道具などに描かれた) 色つきの絵〔〜瓷器〕彩色画の描かれた磁器

【彩礼】cǎilǐ 名〔件・份〕結納💡 ◆男方から女方に贈る 働[聘金]

【彩排】cǎipái 動 本番前の衣装をつけたリハーサルをする

【彩棚】cǎipéng 名 色絹,色紙,松柏の枝などで飾り立てた慶祝時の小屋掛け ◆誕生・婚礼の祝いなどの会場とし,色は赤が基調となる

【彩票】cǎipiào 名〔张〕宝くじ,富くじ(働[奖券][彩券])〔中 zhòng〜〕くじに当たる

【彩旗】cǎiqí 名〔面〕彩色旗

【彩色】cǎisè 名 色,色彩〔〜笔〕パステル〔〜片〕カラー映画

【彩声】cǎishēng 名 喝采の声,賞賛の声

【彩霞】cǎixiá 名〔道〕朝焼け,夕焼け

【彩印】cǎiyìn 名 カラー印刷,色刷

【睬】(*保) cǎi 動 相手にする,かまう〔理〜〕同前

【踩】(*跴) cǎi 動 踏みつける (比喩的にも)〔〜别人的脚〕他人の脚を踏む

【菜】cài 名 ①〔样・道〕料理,おかず〔做〜〕料理をする〔〜肴 yáo〕おかず〔荤〜〕なまぐさ料理〔咸〜〕漬物 ②〔棵〕野菜,蔬菜💡 働[青菜]

【菜场】càichǎng 名〔方〕野菜市場,食品マーケット 働[普][菜市]

【菜畜】càichù 名 食肉用の家畜

【菜单】càidān 名(〜儿)〔张〕料理のメニュー 働[菜谱]

【菜刀】càidāo 名〔把〕庖丁💡

【菜墩子】càidūnzi (丸太を輪切りにした) 中国風のまな板

【菜馆】càiguǎn 名〔家〕レストラン,料理店 働[饭馆]

【菜花】càihuā 名(〜儿) ①菜の花 ②〔棵〕カリフラワー

【菜篮子】càilánzi 名 野菜カゴ;(転) 副食品の供給

【菜牛】càiniú 名 肉牛,食用牛

【菜农】càinóng 名 野菜農家

【菜圃】càipǔ 名 菜園,野菜畑 働[菜园]

【菜谱】càipǔ 名 ①料理のメニュー,献立表 働[菜单] ②料理の本,クッキングの手引き ◆書名に多く使う 働[食谱]

【菜色】càisè 名 栄養不良の顔色,飢えて血の気のない顔色

【菜市】càishì 名〔家〕食品マーケット,食料品市場

【菜油】càiyóu 名 菜種油 働[菜子油]

【菜园】càiyuán 名 菜園,野菜畑

【菜子】càizǐ 名(〜儿) ①菜種,アブラナの種 働[油〜] ②野菜の種

【蔡】cài ⊗ ①(C-) 姓 ②(C-) 古代の国名 ◆前11-前5世紀 ③大亀

【参(參)】cān ⊗ ①(旧白話などで)弹劾する〔〜他一本〕奏上して彼を弹劾する ②参加する,関与する ③参考にする,参照する ④洞察する,看破する ⑤謁見する,まみえる ⇨ cēn, shēn

【参拜】cānbài 動 ①お目にかかる,謁見する ②参拝する

【参半】cānbàn 動〔书〕半ばする,五分五分である〔毁誉〜〕毁誉💡相半ばする

【参观】cānguān 動 参観する,見学する

【参加】cānjiā 動 ①参加する,加入する ②(意見を)提起する

【参军】cānjūn 動 軍隊に入る,兵役に就く

【参看】cānkàn 動 参照する,参考に見る

【参考】cānkǎo 動 参考にする,参照する〔〜书〕参考図書

【参谋】cānmóu 名 ①〔军〕参謀 ②ブレイン,助言役 — 動 知恵をす,相談にのる

【参赛】cānsài 動 競技に参加する,試合に出場する

【参天】cāntiān 動 (樹木などで) 高くそびえる,天をつく

【参与(参预)】cānyù 動 参画する,加わる

【参杂】cānzá 動 入り混じる,ごちゃにする 働[搀杂]

【参赞】cānzàn 名 (大使館) 参事官〔文化〜〕文化アタッシェ

【参战】cānzhàn 動 参戦する

【参照】cānzhào 動 参照する,参考にする

【参政】cānzhèng 動 政治に関与する,政治機構に身を置く〔〜权〕参政権

【餐】(*飡飱) cān 量 食事の回数を示す〔三〜〕三度の食事

⊗①食事［早～］朝食［日～］和食［正～］ディナー ②食べる，食事をとる［聚～］会食する

【餐车】cānchē [名]〔节〕食堂車，車内ビュッフェ

【餐馆】cānguǎn [名]〔家〕レストラン，料理店 [同][饭馆]

【餐巾】cānjīn [名]〔条·块〕ナプキン［～纸］紙ナプキン

【餐具】cānjù [名]〔套·件〕食器類〚摆～〛食卓を整える

★★【餐厅】cāntīng [名]〔间·家〕レストラン，食堂

【餐桌】cānzhuō [名]（～儿）食卓

【残(殘)】

cán [形] 不完全な，欠落のある
⊗①傷つける，壊す［致～］身障者となる ②残りの，終り間近の［～敌］生き残った敵 ③残忍な，乱暴な［凶～］凶悪な

【残暴】cánbào [形] 凶悪な，残忍な [関][残酷]

【残喘】cánchuǎn [動] 最期の喘(あえ)ぎをする［苟延～］虫の息で命をつなぐ

【残存】cáncún [動] 残存する，生き残る〚～的敌人〛残った敵

【残毒】cándú [名]（食品に残る）残留有毒農薬，残留汚染物質

【残羹剩饭】cán gēng shèng fàn《成》料理の残り，残飯

【残骸】cánhái [名] 死骸(しがい)，（建物や機械の）残骸

【残害】cánhài [動] 殺傷する，傷つける〚～百姓〛民衆を殺傷する

【残货】cánhuò [名] 欠陥品，不合格品

★★【残疾】cánji/ cánjí [名] 身体障害［～人］身体障害者［～人奥运会］パラリンピック（略称'残奥会'）

★【残酷】cánkù [形] ①残酷な，残忍な ②（生活などが）過酷な

★【残留】cánliú [動] 残留する，残る［～影像］残像

【残年】cánnián [名] ①晩年，人生の黄昏(たそがれ) ②年の暮れ，歳末

【残虐】cánnüè [動] 虐待する，酷(むご)い扱いをする — [形] 残虐な，酷たらしい

【残篇断简】cán piān duàn jiǎn [名] 断簡(だんかん)残編 ♦欠けて不完全な書物や文章 [同][断编残简]

【残品】cánpǐn [名] 欠陥品，疵物(きずもの)

【残破】cánpò [形] 壊れた，おんぼろの

【残缺】cánquē [形] 不完全な，欠けた（[反][完整]）〚这套丛书～不全〛この叢書は揃っていない

★【残忍】cánrěn [形] 残忍な，冷酷な [反][仁慈]

【残杀】cánshā [動] 虐殺する，容赦なく殺す

【残余】cányú [名] 残りかす，なごり，残留物 [関][糟粕]

【残垣断壁】cán yuán duàn bì《成》崩れ落ちた塀や壁，荒廃した家屋 [同][颓垣断壁]

【残月】cányuè [名] ①残月(ざんげつ) ②沈みかかっている月，没する前の月 ③（旧暦月末の）三日月

【残渣余孽】cán zhā yú niè《成》生きのびている悪党ども，残存するよからぬ輩(やから)

【残照】cánzhào [名] 残照，日没の輝き

【蚕(蠶)】

cán [名]〔条〕カイコ（[同]《方》[蚕宝宝]）〚养～〛カイコを飼う［家～］（桑を食べて成長する）カイコ

【蚕豆】cándòu [名]〔颗·粒〕そら豆 [同][胡豆]

【蚕茧】cánjiǎn [名] 繭(まゆ)

【蚕眠】cánmián [動] カイコが休眠する

【蚕食】cánshí [動] 蚕食(さんしょく)する，じわじわ侵略を重ねる

【蚕丝】cánsī [名]〔根〕生糸(きいと)，真綿糸

【蚕蛹】cányǒng [名] カイコの蛹(さなぎ)

【蚕纸】cánzhǐ [名] カイコの種紙(たねがみ)，蚕卵紙 [同][蚕连纸]

〘惭(慚 *慙)〙

cán ⊗恥じる，恥じ入る

★★【惭愧】cánkuì [形]（自分のミスや無力について） 恥ずかしい，きまり悪い〚感到很～〛なんとも面目ない

【惨(慘)】

cǎn [形] ①悲惨な，気の毒な ②程度がひどい，手痛い〚输得很～〛ぼろ負けする
⊗酷(むご)い，残忍な

【惨案】cǎn'àn [名] ①（政治的） 流血の弾圧，権力による虐殺 ②惨殺事件

【惨白】cǎnbái [形] ①（顔色が） 青ざめた，血の気の失せた [同][苍白] ②（光景が） うす暗い，不透明な [同][暗淡]

【惨败】cǎnbài [動] 惨敗する，壊滅的打撃を被る

【惨不忍睹】cǎn bù rěn dǔ《成》あまりに悲惨で見るも痛ましい [同][目不忍睹]

【惨淡】cǎndàn [形] ①うす暗い，うすら明りの ②苦労の多い，困難な ③物さびしい，惨めな

【惨祸】cǎnhuò [名] 痛ましい事故，恐ろしい災難

【惨境】cǎnjìng [名] 悲惨な境遇，苦境

【惨剧】cǎnjù [名]《転》悲劇，惨劇

【惨杀】cǎnshā [動] 惨殺する [同][残杀]

【惨痛】cǎntòng [形] 苦痛に満ちた，痛ましい

【惨笑】cǎnxiào [動] 泣いているような

C

笑顔を見せる、弱々しい作り笑いを浮かべる

【惨重】cǎnzhòng 形（損失が）重大、壊滅的な

【惨状】cǎnzhuàng 名 惨状、痛ましい情景 ⇨[惨況]

【穆(穆)】cǎn 名〜子]ヒエの一種

【灿(燦)】càn [*〜烂]光きらめく、輝かしい

【粲】càn 名 明るい、美しい

【仓(倉)】cāng 名①倉庫、倉 ②(C-)姓

【仓储】cāngchǔ 動 倉庫に貯蔵する [〜费]倉庫費

*【仓促(仓猝)】cāngcù 形 慌ただしい、あたふたとした

【仓房】cāngfáng 名 倉庫、貯蔵室

【仓皇】cānghuáng 形 うろたえた、大慌ての ⇨[仓黄][苍黄]

*【仓库】cāngkù 名[间・座]倉庫 [〜交货][商]倉庫渡し

【仓租】cāngzū 名 倉敷料、倉庫保管料

【伧(傖)】cāng 名 粗野な、荒っぽい [〜俗]（書）俗っぽい

【苍(蒼)】cāng 名①青空、天空 ②(C-)姓 ③濃緑の、青い [〜天]青空 ④灰色の、グレーの

*【苍白】cāngbái 形①青白い、血の気のない ②生気のない、弱々しい

【苍苍】cāngcāng 形①灰色の、白味がちの ⇨[灰白] ②広大無辺の、どこまでも広い

【苍翠】cāngcuì 形 濃緑の、青々とした ⇨[苍绿]

【苍劲】cāngjìng 形①(樹木が)年を経て力強い、強靭さみなぎる ②(書画の筆勢が)雄渾な、雄勁な

【苍老】cānglǎo 形①年寄りじみた、年老いた ②(書画の筆勢が)雄勁な、雄渾な

【苍茫】cāngmáng 形 茫漠たる、見渡すかぎりの

【苍穹】cāngqióng 名（書）天空、蒼穹 ⇨[穹苍]

【苍生】cāngshēng 名（書）庶民、民百姓

【苍天】cāngtiān 名①大空、青空 ⇨[苍空] ②(宇宙の主宰者たる)神、天 [〜作证]天が知っててくれている

【苍鹰】cāngyīng 名[只]オオタカ

【苍蝇】cāngying 名 ハエ

【苍蝇不抱没缝的蛋】cāngying bú bào méi fèng de dàn（俗）（ハエは割れ目のない卵にはたからない＞）己を厳しく持している者には悪人が近づかない ⇨[苍蝇叮破蛋]

【苍蝇拍子】cāngying pāizi 名〔个〕ハエ叩たき ⇨[苍蝇拍]

【沧(滄)】cāng 名 海の青さ

【沧海桑田】cāng hǎi sāng tián（成）世の移り変りの激しさをたとえる

【舱(艙)】cāng 名 船倉、船室、(飛行機の)客室（⇨[〜室]）[货〜]船倉

【舱位】cāngwèi 名（船や飛行機の）座席、寝台席

【藏】cáng 動①隠れる、隠す ②貯蔵する、蓄える ⇨zàng

【藏躲】cángduǒ 動 隠れる、身を隠す ⇨[躲藏]

【藏垢纳污】cáng gòu nà wū（成）（垢や汚れを内蔵する＞）悪人や悪事を内部に抱える ⇨[藏污纳垢]

【藏猫儿】cángmāor 動（口）隠れんぼをする ⇨[藏猫猫]

【藏匿】cángnì 動 隠す、隠匿する

【藏身】cángshēn 動 隠れる、身を潜める

【藏书】cángshū 動 蔵書 —— cáng'shū 動 図書を収蔵する [〜家]蔵書家、図書コレクター

【藏头露尾】cáng tóu lù wěi（成）（頭隠して尻尾を見せる＞）事の一部を語るのみで全貌を明らかにしない

【藏掖】cángyē 動 隠蔽ぃする、包み隠す

【糙】cāo 形 粗雑な、きめの粗い [〜米]玄米 [粗〜]粗雑な

【操】cāo 動（外国語や方言）を操る、しゃべる 名①手にとる、握る ②従事する、行なう ③訓練、鍛練 [体〜]体操 ④品行、行ない [节〜](書)節操 ⑤(C-)姓

【操办】cāobàn 動 取り仕切る

*【操场】cāochǎng 名①運動場、グラウンド ②練兵場

【操持】cāochí 動①処理する、対応する ⇨[料理] ②計画する、準備する ⇨[筹划]

*【操劳】cāoláo 動①あくせく働く、苦労して働く ②世話をやく、面倒をみる

*【操练】cāoliàn 動（軍事や体育の）訓練をする

【操神】cāo'shén 動 心を砕く、気を遣う ⇨[劳神]

*【操心】cāo'xīn 動①心配する、気に病む ⇨[担心] ②心を砕く、苦心する

【操行】cāoxíng 名（学生の学校にお

ける)品行, 操行

【操之过急】cāo zhī guò jí《成》事を急ぎすぎる, 性急すぎる

*【操纵】cāozòng [動] ① 操縦する, 操作する [～杆] 操縦桿 [远距离～] リモートコントロールする ② 不正に操る, 不当な操作をする〚～股票市场〛株価を操作する

*【操作】cāozuò [動] 操縦する, 操作する

〘曹〙cáo ⊗ ① 輩(やから), 同類の人びと [吾～]《書》我ら ②(C-)姓

〘漕〙cáo ⊗ 旧時の水路による食糧運送 [～河] 食糧運送用の水路

【漕粮】cáoliáng [名] 旧時の水路で運ばれる食糧

【漕运】cáoyùn [名] 旧時の水路による食糧運送

〘嘈〙cáo ⊗ [*～杂] うるさい, 騒がしい

【槽】cáo [名] (～儿)〔条・道〕溝状にくぼんだ部分〚开～〛溝を切る

⊗ ①(横長の) かいば桶(おけ), まぐさ桶 [跳～] ライバル陣営に移籍する ② 水槽・酒樽(たる)など液体を入れる器具 [水～] 水槽 [～车] タンクローリー

【槽坊】cáofang [名]〔家〕①(旧式の) 酒造所, 醸造所 ② 紙漉(す)き作業所

【槽钢】cáogāng [名]〖工〗U 字鋼 [同] [槽铁]

【槽头】cáotóu [名] (家畜の) 細長いかいば桶(おけ), 家畜小屋の中のえさ場

【草(*艸)】cǎo [名] ①〔棵〕草 ②〔根〕わら [麦～] ムギわら 一 [形] そそくさとした, ぞんざいな

⊗ ① 草書(そうしょ) ② ローマ字の筆記体 ③ 草稿 [起～] 起草する ④ 起草する ⑤(C-)姓

〘一(*騲)〙⊗ 雌(めす)の ♦家畜・家禽についていう [～驴] 雌のロバ

*【草案】cǎo'àn [名] 草案, 下書き [宪法～] 憲法草案

【草包】cǎobāo [名] ① わらで編んだ袋 [同] [草袋] ②《転》能なし, 愚か者

【草本植物】cǎoběn zhíwù 草本植物

【草编】cǎobiān [名] わらや草の細工物 ♦かご・袋・帽子など

【草草】cǎocǎo [形] そそくさとした, せかせかとした([同] [匆忙])〚～了事〛いい加減に済ませる

【草测】cǎocè [名] (工事に先立つ) 大ざっぱな測量, 概略的調査

【草场】cǎochǎng [名] 牧草地, 放牧場

【草创】cǎochuàng [動] 創始する, 創設に取りかかる

【草丛】cǎocóng [名] 草むら, 草の茂み [同] [草棵]

【草地】cǎodì [名] ① 草原, 牧草地 ② 芝生, 草地(くさち)

【草垫子】cǎodiànzi [名] わらや蒲(がま)で編んだ座ぶとん

【草房】cǎofáng [名] わら葺(ぶ)き(草葺き)の家

【草稿】cǎogǎo [名] 草稿, 下絵〚打～〛下書きする〚拟定～〛草稿をつくる

【草荒】cǎohuāng [形] (田畑が) 草ぼうぼう

【草菅人命】cǎo jiān rénmìng《成》人命を塵芥(ちりあくた)のごとく疎略に扱う

【草荐】cǎojiàn [名] (寝台用の) わらのマット, わらぶとん

【草芥】cǎojiè [名] ごみ同然の無価値なもの, 塵芥(ちりあくた)

【草料】cǎoliào [名] 秣(まぐさ), かいば

【草绿】cǎolǜ [形]〔定語として〕草色の, 青緑色の [～色] 草色

【草马】cǎomǎ [名]《方》〔匹〕牝馬(ひんば) [同] [母马]

【草帽】cǎomào [名]〔顶〕麦わら帽子, 草編みの帽子〚戴～〛麦わら帽をかぶる

【草莓】cǎoméi [名] イチゴ [～酱] イチゴジャム

【草棉】cǎomián [名] 綿花, 綿 [同] [棉花] [関] [木棉]

【草木灰】cǎomùhuī [名] 草木の灰, 植物を焼いた灰 ♦手近に取れるカリ肥料

【草木皆兵】cǎo mù jiē bīng《成》不安の目で敵陣を見ると草も木もみな兵隊に見える ♦疑心暗鬼に脅(おび)える心理を例える

【草拟】cǎonǐ [動] 草案を作る, 下絵を描く [同] [起草]

【草皮】cǎopí [名] 芝生, 土つきのままに切り取った芝, 切り芝〚铺～〛切り芝を張る

【草坪】cǎopíng [名]〔块・片〕芝生, 芝地〚修剪～〛芝を刈る

【草绳】cǎoshéng [名]〔条・根〕わら縄, 草を編んだひも [同] [草索]

【草食】cǎoshí [形]〔定語として〕草食の [～动物] 草食動物 [～男] 草食系男子

【草书】cǎoshū [名] 草書 [同] [草体]

*【草率】cǎoshuài [形] (仕事が) いい加減な, やっつけの〚～了事〛そそくさと処理する

【草体】cǎotǐ [名] ① 草書 [同] [草书] ② ローマ字の筆記体

【草图】cǎotú [名]〔张〕概略図, ラフスケッチ([同] [草样])〚画～〛ラフを描く

【草鞋】cǎoxié [名]〔双〕わらじ, 草作りのくつ ♦日本のわらじのような鼻

緒はない 〚穿～〛わらじをはく

【草药】cǎoyào [名]〔剂·服〕(漢方の)薬草, 薬草を干した煎じ薬

【草鱼】cǎoyú [名]〖魚〗〔条〕ソウギョ [同][鲩 huàn 鱼]

【草原】cǎoyuán [名]〔片〕草原, ステップ

【草约】cǎoyuē [名] 未調印の条約, 未署名の契約

【草纸】cǎozhǐ [名] ① わらなどを原料として作った紙, わら半紙, ざら紙 ② トイレットペーパー ③〖考〗パピルス

【肏】 cào [動]《口》性交する ♦ '～你妈' は相手への罵語

【册(*冊)】 cè [量] 書物の冊数を数える([同]《口》[本]) 〚印了三千～〛3000部刷った
⊗ 製本ずみの冊子, 綴じて本となったもの [画～] 画集

【册子】cèzi [名] 冊子本, 綴じ本 [小～] パンフレット

【厕(廁)】 cè ⊗ ① 便所, 手洗い [公～] 公衆便所 ② 参加する [～身]《書》(集団内に)身を置く

★★【厕所】cèsuǒ [名] 便所, 手洗い 〚上～〛トイレに行く

【侧(側)】 cè [動] 傾ける, かしげる 〚把头～过来〛顔をこちらに傾ける
⊗ 横, 側面 [两～] 両側
⇨ zhāi

【侧柏】cèbǎi [名]〖植〗〔棵〕コノテガシワ [同][扁柏]

【侧耳】cè'ěr [名]〖植〗ヒラタケ ♦ 漢方薬の材料 — [動] 耳をそばだてる, 聞き耳を立てる [～而听] 耳を澄ませて聞く

【侧记】cèjì [名] 行事の本筋ではない側面的報道 ♦ 報道の標題に多く使われる. スタンド風景·観戦レポートの類

【侧门】cèmén [名] 通用口, 通用門 [同][旁门]

★【侧面】cèmiàn [名] 側面, 横がわ 〚从～了解〛間接的に探り出す [～图] 側面図

【侧目】cèmù [動]《書》(正視できなくて) 横目を使う, 斜めに見る([同][侧视]) 〚～窥视〛ちらちら見る

【侧身】cè▼shēn [動] ① 体を横にねじる, 体を横向きにする [～而过] (狭い所を) 体を横にして通過する [～像] プロフィール ② 参加する, 身を置く

【侧视】cèshì [動] 横目で見る, 斜めに見る [同][侧目]

【侧卧】cèwò [動]《書》横向きに寝る, 側臥する

【侧影】cèyǐng [名] 横からの姿, 横顔

【侧重】cèzhòng [動] 偏重する, 特に重視する [同][着重]

【测(測)】 cè [動] ① 測量する, 計測する 〚～了～高度〛高度を計った [航～] 航空測量 ② 推測する, 推量する

【测定】cèdìng [動] 測定する

【测度】cèduó [動] 推測する, 推定する [同][揣度]

【测候】cèhòu [動]《書》天文·気象の観測をする

【测绘】cèhuì [動] 測量と製図をする, 実測と地図作製をする

★【测量】cèliáng [動] 測量する, 測定する

【测试】cèshì [名] (能力や性能を) テスト(する), 試験(する)

★★【测验】cèyàn [動] ① (性能などを) 検査する, 試験する ② (学力を) テストする, 考査する

【恻(惻)】 cè ⊗ 痛ましい, 悲しみを誘う

【恻隐】cèyǐn [形] 同情する, 哀れみを寄せる [～之心] 惻隠の情

【策(*筞)】 cè ⊗ ① (馬に) 鞭を当てる [鞭～] 鞭撻する ② (古代の) 木簡, 竹簡 ③ 方策, 対処の方法 [献～] 知恵を貸す ④ 昔の馬を走らせるための鞭 ⑤ 旧時の科挙における文体の一 ♦ 問答形式の議論文 ⑥ (C-)姓

【策动】cèdòng [動] ① 策動する, 陰で火をつける ② (ある行動に) 駆り立てる, 励ます

★【策划】cèhuà [動] たくらむ, 画策する [同][谋划]

【策励】cèlì [動] 勉励する, 督励する [同][策勉]

★【策略】cèlüè [名] 策略, 戦術 — [形] 機転がきく, 戦術にたける

【策士】cèshì [名] 策士, 知謀の人

【策源地】cèyuándì [名] (革命や運動の)発祥の地, 発端の地

【䇲】 cèi [動]《方》(磁器などを) 粉々に割る

【参(參)】 cēn ⊗ 以下を見よ
⇨ cān, shēn

【参差】cēncī [形] (長さ·大きさなどが) ふぞろいな, まちまちの [～不齐] ふぞろいな

【岑】 cén ⊗ ① 小高い山 ② (C-)姓

【噌】 cēng [擬] すばやい動きなどを表す [～～] ぼりぼり (体を掻く音) — [動]《方》叱る 〚挨～〛叱られる

【层(層)】 céng [量] ① 積み重なった物を数える 〚十～大楼〛10階建てのビル ② 段階を示す 〚还有一～意思〛なおも

隠された意味がある ③表面から剥がすことのできる物（拭き取れる物）を数える 一物乙烯薄膜ビニールフィルム1枚
⊗①階層,段階,層を成すもの[阶～]階層 ②重なり合った ㊥[～叠]

【层层叠叠(迭迭)】céngcéngdiédié ㊥幾болも重なった,重なり合った

*【层出不穷(穷)】céng chū bù qióng〈成〉次から次へと現われる,尽きることなく生まれ出る

【层次】céngcì 图①機構内の級,段階[减少～]機構を簡素化する ②（談話や文章の）順序,構成 ③レベル,地平,層[在更深的～上理解]もっと深いレベルで理解する

【层峦】céngluán 图〈書〉重なる山々

【层面】céngmiàn 图あるレベルでの範囲,面

【层见叠出】céng xiàn dié chū〈成〉度たび現れる,何度も何度も繰り返される ⇒[层出叠见]

【曾】céng 副[動作や状況が過去に属することを示して]かつて,以前 [曾经] ⇒zēng

*【曾经】céngjīng 副かつて,以前

【蹭】cèng 動①擦る,擦りつける [～破]擦りむく ②（塗料などに）うっかり触れる,かすった拍子にべっとりつける ③ゆっくりと行動する,のろのろと歩く ④〈方〉ただでせしめる,無料で便宜を受ける [～饭]ちゃっかり飯をたかる [看～戏]ただで芝居を見る

【蹭蹬】cèngdèng 厖〈書〉不遇で志を得ないさま

【叉】chā 图（～儿）①[把](箸),フォーク,刺股 [餐～]食事用フォーク ②ペケ(バツ)印(×) [打～儿]ペケをつける
― 動 やすで突く,フォークや刺股で取る ⇒chá

【叉腰】chā'yāo 動（両）手を腰に当てがう

*【叉子】chāzi 图[把] ①食事用のフォーク ②農業用フォーク

【杈】chā 图[把]農業用フォーク ⇒chá

【差(差)】chā 图[数]差 ㊥[差数]
⊗①違い,差 [时～]時差 ②やや,わずかに ⇒chà, chāi, cī

*【差别】chābié 图差違,格差 [缩小男女～]男女格差を縮小する

【差错】chācuò 图①間違い,ミス [出～]ミスをしでかす ②思わぬ事故,不時の災難 [出～]不慮の災難に見舞われる

【差额】chā'é 图差額,不均衡 [～表]バランスシート

*【差距】chājù 图開き,ギャップ [缩小～]ギャップを埋める

【差可】chākě 副〈書〉辛うじて…しうる,どうにか…出来る (㊥[差勘]) [～告慰]せめてもの慰めである

【差误】chāwù 图誤り,ミス ㊥[错误]

【差异】chāyì 图違い,差 ㊥[差别]

【差之毫厘, 谬以千里】chā zhī háo lí, miù yǐ qiān lǐ〈成〉開始時のわずかなミスが,やがて大きな誤謬をもたらすという喩え ♦第一歩を誤ることの危険性を戒しめる

【喳】chā ⊗以下を見よ
⇒zhā

【喳喳】chāchā 擬ひそひそ声を示す [喊喊～]ひそひそべちゃくちゃ
― chāchā 動ひそひそ話 [打～]囁きかける ― 動囁く,ひそひそ話す

【插】chā 動①差込む,突っ込む ②挟み込む,間に入れる

【插班】chā'bān 動クラスに編入する [～生]編入生

【插戴】chādài 图髪飾り,頭部の装飾品 ♦主として旧時男が結納として贈ったものをいう ㊥[首饰]

【插队】chā'duì 動①列に割込む,順番を乱す（人の先に出る） ㊥[加塞儿 sāir] ②（文革期の都市の知識青年が）農村の生産隊の一員となる

【插花】chā'huā 花を生ける,生け花をする

【插画】chāhuà 图[张・副]挿絵,イラスト ㊥[插图]

【插话】chāhuà 图①エピソード,挿話 ②（他人の談話中の）口出し
― chā'huà 動（人が話している時に）口を挟む,口出しする ㊥[插言]

【插脚】chā'jiǎo 動①足を踏み入れる,中に入る [人太多, 几乎无处～]人が多すぎて足の踏み場もない ②（活動に）参画する,加わる

【插口】chākǒu 图差込み穴,ソケット
― chā'kǒu 動口を差し挟む,人の話に割り込む ㊥[插嘴]

【插曲】chāqǔ 图①[首・支]（劇などの）挿入歌,間奏曲 ②エピソード,挿話

【插入】chārù 動差込む,挿入する

【插手】chā'shǒu 動（他人の活動などに）割り込む,首を突っ込む [～股票]株に手を出す

【插条】chātiáo 图挿し木 働[插枝]
【插头】chātóu 图プラグ, 差込み［插销］働[插頭]
【插图】chātú 图〔张・页〕挿絵, イラスト
【插销】chāxiāo 图①プラグ, 差込み『插〜』プラグを差込む ②(ドアや窓の)差込み錠, 閂働[門閂]
【插秧】chā'yāng 働田植えをする
【插页】chāyè 图書物の中に差し挟まれた図表や写真のページ
【插足】chāzú 働①(活動に) 参加する, 関与する『参与』②足を踏み入れる, 中に入る 働[插脚]
【插嘴】chā'zuǐ 働(人の話に) 割り込む, 口出しする 働[插口]
【插座】chāzuò コンセント, 差込み口

【嚓】chā ⊗擬声音 ♦瞬間的な音の一部を構成する[喀〜]がちゃん
⇨cā

【茬】chá 量作付け回数を数える『第二〜』二番作『一年能种两〜水稻』米が二期作できる
⊗①(穀物などを刈取った後の)根株, 刈り株［麦〜儿］麦の切り株 ②'碴儿'に同じ

【茬口】chákou / chákǒu 图①輪作する作物とその順序 ②作物を取り入れた後の土壌

【茶】chá 图①茶の木 ②お茶, 茶の葉飲料［喝〜］お茶を飲む［沏〜］お茶を入れる ⊗①'茶'と名のつく飲料［杏仁〜］アンニン茶 ②茶色
【茶杯】chábēi 图湯呑み, ティーカップ
【茶匙】cháchí 图（〜儿）[把]茶さじ, ティースプーン
【茶点】chádiǎn 图お茶と軽食, 茶と茶菓子『吃〜』(3時などの) お茶にする
【茶房】cháfang/ cháfáng 图《旧》ボーイ, 給仕
【茶缸子】chágāngzi 图取っ手のあるふた付きの大きな湯呑み
【茶馆】cháguǎn 图（〜儿）〔家・座〕中国風の喫茶店 ♦喫茶・飲食・演芸・娯楽などを兼ねた民衆の憩いの場。гч下で栄えた 働[茶居]
【茶褐色】cháhèsè 图茶色 働[茶色]
【茶壶】cháhú 图〔把〕急須, ティーポット
【茶花】cháhuā 图ツバキの花, サザンカの花 ♦広義では茶の木の花も含む
【茶话会】cháhuàhuì 图〔次〕茶話会『举办〜』茶話会を催す
【茶会】cháhuì 图〔次〕ティーパーティー, お茶の会
【茶几】chájī 图（〜儿）〔张〕サイドテーブル, 茶器を置く小卓
【茶镜】chájìng 图茶色の眼鏡, サングラス
【茶具】chájù 图〔套・件〕茶器, 茶飲み道具
【茶楼】chálóu 图 2 階のある '茶馆' ♦多く '茶馆' の店名に使った
【茶盘】chápán 图（〜儿）(急須や湯呑みをのせる)お盆 働[茶盘子]
【茶钱】cháqián 图①茶代 ②チップ, 心付け 働[小费][小账儿]
【茶青】cháqīng 图黄色味をおびた濃緑色, 茶の葉色
【茶色】chásè 图茶色, 褐色 働[茶褐色]
【茶社】cháshè 图〔家〕①[茶馆儿] ②露店の茶店, お茶売り場 働[茶座儿] ♦①②ともに店名に多く使う
【茶食】cháshi 图茶菓子, 茶受け ♦果実の砂糖漬け・甘味の菓子類を含む
【茶水】cháshuǐ 图湯茶, お茶あるいは白湯
【茶摊】chátān 图（〜儿）街角のお茶売り, 路傍の喫茶 ♦スタンドに茶を入れたコップを並べている
【茶亭】chátíng 图(公園などの) 茶店, 茶を飲ませる小屋掛けの店
【茶碗】cháwǎn 图湯呑み, 茶飲み茶碗儿
【茶锈】cháxiù 图茶渋 働
【茶叶】cháyè 图(加工済みの) 茶の葉
【茶资】chází 图茶代 働[茶钱]
【茶座】cházuò 图（〜儿）①(屋外の)茶店, 茶を供する露店 ②茶店や茶館などの座席

【搽】chá 働(皮膚に)塗る, 擦り込む『〜药』薬をつける

【查】chá 働①検査する, 点検する ②調査する, 探る ③検索する『〜词典』辞書をひく
⇨Zhā
【查办】chábàn 働(罪状や過失を)調査し処分する, 糾明し処置を決める
【查抄】cháchāo 働犯罪者の財産を精査し没収する
【查点】chádiǎn 働数を検める, いちいちチェックする
【查对】cháduì 働照合する, 付き合わせる
【查访】cháfǎng 働(事件について)聞き込み調査する, 聞いて回る
【查封】cháfēng 働①封印して使用を禁じる, 差押さえる ②(企業や団体の) 閉鎖を命じる, 業務活動を禁止する 働[封閉]

碴察叉岔杈衩侘诧姹刹差拆　一 chāi　55

- 【查获】cháhuò 動（犯罪者を）捜査して捕える，（盗品・禁制品などを）見付け出して押収する
- 【查禁】chájìn 動禁止する，禁制する
- 【查勘】chákān 動現地で調べる，実地調査する
- 【查看】chákàn 動調べる，検査する
- 【查考】chákǎo 動突き止める，解明する
- 【查明】chámíng 動究明する，探り出す 同[查清]
- 【查票】chá'piào 動検札する，切符を調べる
- 【查清】cháqīng 動調べて明らかにする 同[查明]
- 【查税】cháshuì 名（税関における）税務調査
- 【查私】chásī 動密輸を捜査する
- 【查问】cháwèn 動 ①問い合わせる 同[查询] ②尋問する
- 【查验】cháyàn 動（真偽を）調べる，検査する
- 【查阅】cháyuè 動（文献・資料を）調べる，参照する
- 【查证】cházhèng 動調べて証明する，確かめる
- 【碴】chá 動〔方〕破片で傷つける，けがをする
- 【碴儿(茬儿)】chár 名 ①小さな破片，かけら［冰～］氷のかけら ②（器物の）鋭い割れ目，欠けた部分［碗～］茶わんの欠けたところ ③反目，恨み ④話題に持出したこと，言い終ったばかりの言葉［接～］（相手の言葉に）即応して話す
- 【察】chá ⊗細かに観察する，よく調べる［观～］観察する
- 【察觉】chájué 動気づく，察知する 同[发觉]
- 【察勘】chákān 動（地質などを）実地調査する
- 【察看】chákàn 動観察する，見守る
- 【察言观色】chá yán guān sè〔成〕顔色を見る，言葉や表情から腹の中を探る
- 【叉】chǎ 動「やす」形に開く［～着腿站着］足を開いて立つ ◆「さえぎる」の意では chá と発音
  ⇨chá
- 【岔】chà 動 ①（本筋から）それる，横道に入る ②（話を）そらす［～开话题］話題をそらす ③（時間を）ずらす，ぶつからぬようにする［～开时间］時間をずらす ⊗分かれ道
- 【岔口】chàkǒu 名分かれ道，分岐点
- 【岔路】chàlù 名枝分かれした道，分かれ出た道 同[岔道儿]［三～］三叉路
- 【岔气】chà'qì 動（呼吸の際）脇腹が痛む
- 【岔儿】chàr 名事故，もめ事 同[岔子]
- 【岔子】chàzi 名 ①わき道，分かれ出た道 同[岔路] ②事故，もめ事［出～］事故を起こす ③過失，誤り［找～］あら探しをする
- 【杈】chà ⊗（枝分かれした）枝
  ⇨chā
- 【杈子】chàzi 名（枝分かれした）枝，木のまた［打～］枝払いする
- 【衩】chà ⊗（服のわきの）スリット ◆"裤衩"（パンツ）では chǎ と発音
- 【侘】chà ⊗［～傺 chì］〔書〕失意のさま
- 【诧(詫)】chà ⊗驚き怪しむ，訝かる
- *【诧异】chàyì 動訝る，変だと思う 同[诧怪]
- 【姹】chà ⊗美しい［～紫嫣 yān 紅］色とりどりの花
- 【刹】chà ⊗仏教寺院，お寺［古～］古寺
  ⇨shā
- *【刹那】chànà 名刹那, 一瞬の間 同[瞬间]
- 【差】chà 形 ①隔たった，異なった［性格～得很远］性格がとても違う ②まちがった，誤まった ③劣る，基準以下の ― 動 欠ける，不足する［～一个人］ひとり足りない
  ⇨chā, chāi, cī
- *【差不多】chàbuduō 形 ①ほぼ等しい，ほとんど差のない ②まあまあの，ほぼ満足できる ― 副 ほとんど，ほぼ
- 【差不离】chàbulí 形 ⇨[差不多]
- 【差点儿】chà'diǎnr 形 やや劣る，少し及ばない ― 副 もう少しで（…するところだった），すんでのところで（…せずにすんだ），もう少しのところで（…しそこねた）◆(a)事が起こらなくて幸いだった場合は，後に'没'が来ても来なくても意味に変りはない［～撞车（～没撞车)］もう少しで車がぶつかるところだった (b)きわどいところで実現してよかったという場合は後を否定形にする［～没赶上］もう少しで遅れるところだった (c)もう少しだったのに実現せず，惜しかったという場合は後を肯定形にする．このとき，動詞の前に'就'を置くことが多い［～就赶上了］あと一歩で間に合ったのになあ
- 【差劲】chàjìn 形 よくない，質の劣った
- 【差生】chàshēng 名 劣等生，成績の悪い学生
- 【拆】chāi 動 ①解体する，ばらばらに壊す ②はがす，引

離す
【拆除】chāichú 動 解体除去する，取り壊す ⇨[拆掉]
【拆穿】chāichuān 動 暴露する，暴き出す ⇨[揭露]
【拆东墙，补西墙】chāi dōngqiáng, bǔ xīqiáng〈俗〉(東の塀を崩して，そのレンガで西の塀を繕う>)背に腹はかえられない苦境 ◆応急の対応で一時凌ぎをする状況を例える
【拆毁】chāihuǐ 動 取り壊す，解体除去する ⇨[拆除]
【拆卖】chāi'mài 動 (セットで売るべき物を)ばら売りする，分売する
【拆迁】chāiqiān 動（区画整理などで）立ち退く［～户］立ち退き住民
【拆墙脚】chāi qiángjiǎo〈転〉(悪どい手段で)土台を壊す，立ちゆかないようにする
【拆散】chāisàn 動（婚姻·家庭·団体などを）瓦解させる，解体する
【拆台】chāi'tái 動（あくどい手段で）足をすくう，失脚させる

【钗】(釵) chāi ⊗ かんざし［金～］金のかんざし

【差】chāi 動 派遣する，出張させる［这件事可以～他去做］この件は彼にやらせると良い ⊗ ①役目，出張して果たす用件［出～］出張する ②旧時の役所の使用人 ⇨[一役]
⇨chā, chà, cī
【差旅费】chāilǚfèi 名 出張旅費 ⇨[旅费费]
【差遣】chāiqiǎn 動 派遣する，出張させる ⇨[派遣]
【差使】chāishǐ 動 派遣する，出張させる ⇨[差遣]
【差事】chāishi 名 出張の用向き，派遣の任ずる仕事［办～］（出張の）用件に取組む

【侪】(儕) chái ⊗ 同輩，同類の人［吾～］〈書〉われら

【柴】chái 名［把·捆］たき木，（植物）燃料［砍～］たき木を切る ⊗ (C-)姓
【柴草】cháicǎo 名 たき物，燃料用の木や草 ⇨[柴火]
【柴火】cháihuo 名［把·捆］たき木，燃料用の木や草
【柴米】cháimǐ 名 たき木と米:〈転〉生活必需品
*【柴油】cháiyóu 名 ディーゼル油，重油［～机］ディーゼルエンジン

【豺】chái ⊗ ヤマイヌ，ジャッカル ⇨[～狗]
【豺狗】cháigǒu 名［只］ヤマイヌ，ジャッカル
【豺狼】cháiláng 名〈転〉豺狼のご
とき人間，冷酷きわまりない輩

【虿】(蠆) chài ⊗ サソリの一種［水～］ヤゴ
【瘥】chài ⊗ 病気が治る ◆「病気」の意では cuó と発音

【觇】(覘) chān ⊗ 覗く，観測する

【掺】(摻) chān 動 混ぜる，混ぜ合わせる

【掺兑】(摻兑) chānduì 動 混ぜ合わせる，混合する
【掺和】(摻和) chānhuo ①かき混ぜる，混合する ②かき乱す，じゃまをする
【掺假】(摻假) chān'jiǎ ⊗ 不純物（不良品·にせ物など）を混入する，混ぜ物をする［～货］不良品の混ざった商品
【掺杂】(摻杂) chānzá 動 ごちゃ混ぜにする(なる)，混合する［新思想中～着旧思想］新しい思想に古い思想が混在している

【搀】(攙) chān 動 ①(倒れないように) 手をかす，横から支える ②混ぜる，混ぜ合わせる('掺'とも書く)
【搀扶】chānfú 動 手を貸す，手で支える

【婵】(嬋) chán ⊗ ［～娟 juān］〈書〉(女性や月が) 美しい

【禅】(禪) chán ⊗ ①(仏教で) じっと座っていること，静座［坐～］坐禅を組む ②仏教にかかわる事物
⇨shàn
【禅房】chánfáng 名 僧坊，仏教寺院
【禅林】chánlín 名 仏教寺院，お寺
【禅师】chánshī 名 仏教僧侶に対する敬称
【禅宗】chánzōng 名 禅宗

【蝉】(蟬) chán 名 セミ〈口〉[知了]［～衣］セミのぬけ殻

【谗】(讒) chán ⊗ 中傷する，陰口をたたく
【谗害】chánhài 動 讒言する，誹謗中傷で陥れる
【谗言】chányán 名 讒言，誹謗

【馋】(饞) chán ①口いやしい，意地きたない［～鬼］［～猫］食いしん坊 ②(好きな事物には)きりがない，しきりに欲しがる［眼～］ほしくてたまらなくなる

【缠】(纏) chán 動 ①巻き付ける，ぐるぐる巻く ②まつわりつく，つきまとう ③〈方〉(人を)あしらう，相手をする
【缠绵】chánmián 形〈書〉①つきま

とって離れない、いつまでも断ち切れない〖～病榻〗病床に臥し続ける ②心を打つような、感動を誘うような

*【缠绕】chánrào 動 ①ぐるぐる巻き付く(巻き付ける)、からみつく ②つきまとう、手足まといになる ⑩[缠搅]

【缠手】chánshǒu 厄介な、手のかかる

【缠足】chánzú 纏足にする、(纏足にするために)足をきつく縛る ⑩[裹脚]

【廛】chán ⊗庶民の家

【潺】chán ⊗水の流れる音〖～～〗谷川や泉水の流れる音(さらさら、ひたひた)〖～湲 yuán〗(書)水がゆっくり流れるさま

【澶】Chán ⊗〖～渊〗澶淵<small>ダン</small>(河南省の古地名)

【蟾】chán ⊗ヒキガエル、ガマ〖～宫〗(書)月

【蟾蜍】chánchú 图(書) ①ヒキガエル、ガマ ⑩(口)[癞蛤蟆] ②(転)月の別称

【蟾酥】chánsū 图[薬]ガマの油

【产(產*产)】chǎn 動 ①(主に家畜や昆虫について)生む、出産する ②生産する、産み出す ⊗①物産、産出品[土特～]地元の特産品 ②財産、資産[破～]破産する

【产地】chǎndì 图 産地、とれた場所

【产儿】chǎn'ér 图 新生児、生まれての赤ん坊

【产妇】chǎnfù 图 産婦

【产假】chǎnjià 图 産休、出産休暇〖请～〗産休をとる

【产科】chǎnkē 图[医]産科

【产量】chǎnliàng 图 産量、生産高

*【产品】chǎnpǐn 图 生産品、製品

【产婆】chǎnpó 图(旧)取上げ婆さん、産婆<small>バ</small>

【产权】chǎnquán 图 財産権、所有権(⑩[财产权])[知识～]知的所有権

*【产生】chǎnshēng 動 ①生み出す、生む ②生まれる、生じる ⑩[发生]

【产物】chǎnwù 图 産物、結果

*【产业】chǎnyè 图 ①私有財産(不動産)、資産 ②工業、産業[～革命]産業革命

【产院】chǎnyuàn 图[家]産院

【产值】chǎnzhí 图 生産額、産出額

【铲(鏟*剷)】chǎn 動 スコップ・シャベルなどですくい取る、きれいにさらい取る〖～沙子〗砂をさらう ⊗スコップ・シャベルの類[锅～儿]フライ返し

【铲车】chǎnchē 图[辆]フォークリフト ⑩[叉车]

【铲除】chǎnchú 動 根絶する、根こそぎにする ⑩[根除]

【铲子】chǎnzi 图[把]シャベル・スコップの類

【谄(諂)】chǎn ⊗ 諂<small>ヘツラ</small>う、おもねる[～笑](卑屈な)愛想笑い

【谄媚】chǎnmèi 動 諂う、ご機嫌とりをする ⑩[奉承]

【谄谀】chǎnyú 動 媚び諂う、おべんちゃらを言う ⑩[谄媚]

【阐(闡)】chǎn ⊗ 明らかにする、はっきり説明する

【阐明】chǎnmíng 動(深い道理を)わかりやすく解説する、説明する ⑩[说明]

【阐释】chǎnshì 動 解釈し解説する、説明する

【阐述】chǎnshù 動(難しい問題を)詳述する、論述する ⑩[论述]

【蒇(蕆)】chǎn ⊗ 済ませる、完成する

【忏(懺)】chàn ⊗ 懺悔<small>ザンゲ</small>する、罪を悔いる

【忏悔】chànhuǐ 動 懺悔する、罪を悔いる

【颤(顫)】chàn ⊗ 震える、振動する[发～]震える[～音琴]ビブラフォン ⇨ zhàn

【颤动】chàndòng 動 ぶるぶる震える、細かく振動する ⑩[颤抖]

*【颤抖】chàndǒu 動(身体や声が)ぶるぶる震える、身震いする ⑩[发抖]

【羼】chàn ⊗ 混ざる[～杂] 雑に混ざる

【伥(倀)】chāng ⊗ 悪人の手先、悪魔の露払い[～鬼]同前[为虎作～]悪人に加勢する

【昌】chāng ⊗ ①元気盛んな、活力あふれる ②(C-)姓

【昌明】chāngmíng 厖 繁栄した、発達した

*【昌盛】chāngshèng 厖 勢い盛んな、繁栄した[兴盛] 図[衰败]

【猖】chāng ⊗ 猛々<small>タケダケ</small>しい、凶暴な

【猖獗】chāngjué 厖 猛り狂った、のさばり放題<small>ホウダイ</small>の ⑩[猖狂] ― 動(書)つまずく

【猖狂】chāngkuáng 厖 狂気じみた、猛り狂った ⑩[疯狂]

【娼】chāng ⊗ 女郎、娼妓<small>ショウギ</small>[暗～] 私娼

【娼妓】chāngjì 图 女郎、売春婦

【菖】chāng ⊗[～蒲][植]ショウブ

【阊(閶)】chāng ⊗[～阖 hé]伝説上の天の門

【长(長)】cháng [形](時間的·空間的に)長い [反][短] — [名]長さ 〚有三百米～〛長さが300メートルある
⊗①長所，優れた点 ②(C-)姓 ③長じる，得意とする
⇨zhǎng

【长安】Cháng'ān [名]〚史〛長安 ♦前漢·隋唐などの都，今の西安
【长臂猿】chángbìyuán [名]〔只〕テナガザル
★★【长城】Chángchéng [名]〔座·道〕①万里の長城 ②《転》乗り越えがたい障壁，難攻不落の勢力
【长虫】chángchong [名]《口》〔条〕ヘビ [同][蛇]
【长处】chángchù [名]長所，すぐれた点 [同][优点] [反][短处]
【长此以往】cháng cǐ yǐ wǎng《成》(好ましくない事態が)このままでゆけば，この状況が続くなら [同][长此下去]
【长笛】chángdí [名]〔支·管〕フルート 〚吹～〛フルートを吹く
【长度】chángdù [名]長さ
【长短】chángduǎn [名]①(～儿)長さ [同][长度] ②(多くの場合，生命にかかわるような)災難，事故 ③好し悪し，善悪([同][是非]) 〚议论老师的～〛教師のうわさをする
【长方形】chángfāngxíng [名]長方形，長四角 [同][矩形]
【长工】chánggōng [名](年極めの)作男 ♦年間を通して，あるいは多年にわたって住込みで働く雇農 [反][短工]
【长号】chánghào [名]〔支·管〕トロンボーン
【长河】chánghé [名]①長い川 ②《転》長い過程，終りのない流れ
【长活】chánghuó [名]①'长工'の仕事，作男の作業 〚扛～〛作男を務める ②《方》(年極めの)作男，雇農 [同][长工]
【长技】chángjì [名]特技，得意芸
★★【长江】Chángjiāng [名]長江
【长颈鹿】chángjǐnglù [名]〚動〛〔只〕キリン
【长久】chángjiǔ [形]〚多く定語·状語として〛長期間にわたる，長い間の 〚～不忘〛いつまでも忘れない
【长眠】chángmián [動]永遠の眠りにつく，永眠する [同][长逝]
【长年】chángnián [副]一年じゅう，年がら年じゅう [同][整年] — [名]①《方》(年極めの)作男 [同][长工] ②《書》長寿，長生き
【长年累月】cháng nián lěi yuè《成》多年にわたって，長い年月をかけて
【长袍儿】chángpáor [名]〔件〕(綿入れあるいは袷の)男子用の長い中国服 [関][长衫]
【长跑】chángpǎo [名]長距離競走 [反][短跑]
【长篇】chángpiān [名][形]長編(の)([反][短篇]) [～小说]長編小説 [～大论]長々と続く話や文章
【长期】chángqī [形]〚定語·状語として〛長期にわたる，長い年月の [反][短期]
【长驱】chángqū [動]《書》(目標に向かって)長駆する，長い距離を一気に走る 〚～千里〛千里を一気に駆け抜ける
【长衫】chángshān [名]〔件〕(ひとえの)男子用の長い中国服 [関][长袍儿]
【长舌】chángshé [名]《転》おしゃべり，うわさ好き
【长生】chángshēng [動]永久に生きる，生命を保ち続ける [～不死]不老不死の
【长逝】chángshì [動]永眠する，永遠の旅に出る [同][长眠]
【长寿】chángshòu [形]長寿の，長生きの [反][夭折]
【长叹】chángtàn [動]長いため息をつく 〚一声～〛長嘆息する
【长筒袜】chángtǒngwà [名]〔双〕ストッキング
★★【长途】chángtú [名]長距離，遠い道のり [～电话]長距離電話
【长线】chángxiàn [形]①〚定語として〛供給過剰の([反][短线]) [～产品]同前の製品 ②長期型の
【长项】chángxiàng [名]得意な分野，種目
【长性】chángxìng [名]こらえ性，粘り [同][常性]
【长于】chángyú [動]長じる，得意とする 〚他～书法〛彼は書道が巧みだ
【长圆】chángyuán [名]楕円，長円 [～形]楕円形
【长远】chángyuǎn [形]遠い先の，長い未来の([同][久远]) 〚从～的观点看〛長い目で見る
【长征】chángzhēng [名]①遠征，長い旅 ②長征 ♦中国労農赤軍が1934年から36年にかけて，江西省瑞金から陝西省北部まで国民党軍と戦いつつ大移動した'二万五千里～' — [動]長旅をする 〚～于千里之外〛千里のかなたへと旅をする
【长足】chángzú [形]《書》長足の，急速な 〚取得～的进展〛長足の発展を遂げる

【场(場*塲)】cháng [名]①農家のかたわらの平らな空き地，つまりは脱穀場 〚～上正忙着呢〛脱穀場は今大

忙しだ［打～］庭先の広場で脱穀する［打麦～］小麦の脱穀場 ②《方》市，定期市（[同]［集］）［赶～］市へ行く ━ [量]時間のかかる出来事や自然現象に使い，前にくる数字は通常'一'〖下了一～大雪〗大雪が降った〖害了一～大病〗大病に苦しんだ
⇨chǎng

【场院】chángyuàn [名]〔处〕塀で囲った平らな空地，脱穀場 [同]［场园］

【肠(腸)】cháng [名]腸，腹わた ♦一般に'～子'という [同]［～管］

【肠梗阻】chánggěngzǔ [名]腸閉塞 [同]［肠阻塞］

【肠管】chángguǎn [名]腸

【肠儿】chángr [名]〔根〕腸詰め，ソーセージ [同]［香～］

【肠炎】chángyán [名]腸炎，腸カタル

【肠子】chángzi [名]〔根·条〕(通称として)腸

【尝(嘗 *嚐)】cháng [動]食べてみる，味をみる；《転》体験する，身をもって知る

〖一(嘗)〗 ⊗かつて，今までに［未～］いまだかつて…したことがない

*【尝试】chángshì [動]試みる，やってみる（[同]［试验］）［～错误］試行錯誤

【尝受】chángshòu [動]身をもって知る，じかに体験する

【尝新】cháng'xīn [動]初物を食べる，走りを味わう [同]［尝鲜］

〖偿(償)〗 cháng ⊗①償う，補償する ②(要求などを)満たす，かなえる

*【偿还】chánghuán [動]返済する，償還する [同]［偿付］

【常】cháng [副]しょっちゅう，よく〖不～去〗よくは行かない
⊗①普通の，ふだんの ②変わることのない，恒常的な ③(C-)姓

【常备军】chángbèijūn [名]常備軍

【常常】chángcháng [副]しばしば，たびたび [同]［时常］

【常规】chángguī [名]日常のルール，きまり事（[同]［惯例］）［～武器］通常兵器

【常轨】chángguǐ [名]通常の方法，ふだんの筋道

【常会】chánghuì [名]定例会議，例会

【常见】chángjiàn [形]ありふれた，どこにでもある [反]［罕见］

【常客】chángkè [名]常連客，よく訪れる人

【常理】chánglǐ [名]（～儿）世間の道理，常識

【常量】chángliàng [名]定量，定数 [同]［恒量］ [反]［变量］

【常绿植物】chánglǜ zhíwù [名]常緑植物

*【常年】chángnián [名]通常の年，平年 ━ [副]①年じゅう，年間を通して [同]［终年］ ②長期にわたって，何年も

【常情】chángqíng [名]世間の道理，常識〖不合～〗道理に合わない

【常人】chángrén [名]普通の人，一般人

【常任】chángrèn [形]〖定語として〗常任の

【常设】chángshè [形]常設の [反]［临时］

**【常识】chángshí [名]常識，一般的知識〖缺乏～〗常識に欠ける

【常数】chángshù [名]〖数〗定数，コンスタント [反]［变数］

【常态】chángtài [名]常態，通常の姿（[反]［变态］）〖恢复～〗常態に戻る

【常谈】chángtán [名]世間ばなし，雑談

【常委】chángwěi [名]常務委員，常任委員（［常务委员］の略）［～会］常務委員会［人大～会］全国人民代表大会常務委員会

【常温】chángwēn [名]常温，平常の温度 ♦一般に15℃-25℃をいう

*【常务】chángwù [形]〖定語として〗日常業務の［～委员会］常務委員会（執行委員会に相当）［～副馆长］常務副館長（実質的な館長）

【常性】chángxìng [名]持続する心，こらえ性〖没有～〗粘りがない

【常言】chángyán [名]格言·ことわざの類〖～说〗ことわざに言う

〖嫦〗 Cháng ⊗［～娥 é］嫦娥（月に暮らす仙女） [同]［姮 héng 娥］

〖徜〗 cháng ⊗［～徉 yáng（倘佯）］《書》ゆったりと散策する

〖裳〗 cháng ⊗スカート ♦'衣裳'は yīshang と発音
⇨shang

【厂(廠 *厰)】chǎng [名]〔家〕①工場（[同]［工厂］）［印刷～］印刷工場 ②保管庫と加工場を兼ねた商店，作業所 [同]［厂子］

【厂规】chǎngguī [名]工場(就業)規則〖遵守～〗就業規則を守る

【厂家】chǎngjiā [名]工場

【厂休】chǎngxiū [名]工場の定休日，工場で定めた休日

【厂长】chǎngzhǎng [名]工場長 ♦一般に工場は一つの企業体であり，工場長は経営責任者である

【厂子】chǎngzi [名]①《口》工場 ②保管庫と加工場を兼ねた商店，作業所

chǎng 一

【场】(場*塲) chǎng
① 文化体育活动的回数を数える〖办了三~音乐会〗コンサートを3ステージ催した ②(剧・芝居の)場〖三幕五~〗三幕五場 ㊧① 人が集まり, 何かの活動が行なわれる場所〖广~〗広場〖林~〗営林場 ② その場, 特定の場所〖在~〗その場に居合わせる ③ 舞台, 競技の場〖上~〗出場する ④〔理〕場〖磁~〗磁場 ⇨cháng

【场次】chǎngcì 图 公演回数, 上演回数

【场地】chǎngdì 图〔处〕(活动が行なわれる)場所, スペース〖本方~〗ホームグラウンド

*【场合】chǎnghé 图 場面, 状況〖庄严的~〗厳粛な場合

【场景】chǎngjǐng 图 ① 劇中の場面, シーン ② 情景, 光景

【场面】chǎngmiàn 图 ① 劇などの場面, 文学作品の場面 ② 情景, 光景 ③ 体裁, 飾られた外見〖撑~〗見栄を張る〖~话〗その場限りのうまい話〖~上〕社交の場〖~人〕社交上手

*【场所】chǎngsuǒ 图〔处〕行動の場所, 活動施設

【场子】chǎngzi 图 (ホール・体育施設など)人が集まる広い場所

【昶】chǎng
㊧① のびやかな ②(C-)姓

【敞】chǎng 動 開く, 開ける
㊧ 広々とした〖宽~〗ゆったりと広い

【敞车】chǎngchē 图〔辆〕① オープンカー ② 無蓋货車

*【敞开】chǎngkāi 動 開け放つ, 開けっぴろげにする〖~思想〗胸の内をさらけ出す

【敞开儿】chǎngkāir 副 存分に, 思いきり ㊥〖尽量〗

【敞亮】chǎngliàng 形 ① 広くて明るい ②(胸中が)晴れ晴れとした, からりとした

【氅】chǎng
㊧ 外套〖大~〗オーバーコート

【怅】(悵) chàng
㊧ がっかりした, 気の滅入る→〖惆 chóu~〗

【怅恨】chànghèn 形 気落ちしかつ腹立たしい, 悔しい

【怅然】chàngrán 形 がっくりきた, しょんぼりした ㊥〖怅恨〗

【怅惘】chàngwǎng 形 しょんぼりした, 元気のない

【畅】(暢) chàng
㊧① 順調な, 滞りのない ② 胸のすくような, 思う存分の〖~饮〗痛飲する

【畅快】chàngkuài 形 のびのびとした, 晴れ晴れとした

【畅所欲言】chàng suǒ yù yán (成) 言いたいことを思いきり言う, 思うところを自由に述べる

【畅谈】chàngtán 動 心ゆくまで語り合う, 存分に語らう

*【畅通】chàngtōng 動 (交通や通信が)順調にゆく, すいすいと通じる

*【畅销】chàngxiāo 動 (商品が)よく売れる, 順調に出回る〖~国外〗外国でよく売れる〖~书〗ベストセラー

【畅行】chàngxíng 動 順調に進行する, すらすらと運ぶ

【畅游】chàngyóu 動 ① 心ゆくまで遊覧を楽しむ, 存分に観光を楽しむ ② すいすい泳ぐ, 思いきり泳ぐ〖~大海〗広い海で存分に泳ぐ

【倡】chàng ㊧ 提唱する, 音頭を取る ㊥〖提~〗

*【倡导】chàngdǎo 動 音頭を取る, 先頭に立って提唱する

【倡首】chàngshǒu 動 運動や事業を呼び掛ける, 音頭を取る ㊥〖倡始〗

*【倡议】chàngyì 動 提唱する, 発起する

【唱】chàng 動 ① 歌う〖合~〗合唱する ② 叫ぶ, 大声を出す 一 图 (~儿)歌, 伝統劇の歌 ㊧(C-)姓

【唱独角戏】chàng dújiǎoxì 動 ひとり芝居を演じる; (転)たったひとりで何かをする, 孤立無援で取組む

【唱对台戏】chàng duìtáixì 動 ライバル一座と同じ芝居を演じる; (転)相手を破滅に追いやるべく相手と同じことをして張り合う

【唱反调】chàng fǎndiào 動 (転)正反対の意見を出し, 正反対の行動をする, ことごとに対立する

【唱高调】chàng gāodiào 動 (~儿)口先だけのうまい話をする, 何もしない調子のよいことを言う

*【唱歌】chàng gē 動 歌を歌う

【唱和】chànghè 動 ① 唱和する ♦ 他人の詩に対し, 同じ韻で詩を作って答える ㊥〖唱酬〗 ② 人が歌っている歌を一緒になって歌う

【唱机】chàngjī 图 レコードプレーヤー ㊥〖电唱机〗〖立体声〗

【唱片】chàngpiàn 图〔张〕レコード盤 (〔口〕〖唱片儿 chàngpiānr〗) 〖放~〗レコードをかける

【唱戏】chàng*xì 動〔口〕芝居を演じる ♦ 伝統劇は歌が中心であるためこのようにいう

【唱针】chàngzhēn 图 レコード針

【抄】chāo 動 ① 書き写す, 写し取る('钞'とも書く) ②

钞弨超绰焯晁巢朝 — cháo 61

盗作する, 剽窃する ③捜索し没収する ④持ち去る, さらう ⑤近道する 〚~近路〛近道する ⑥両手を胸の前で互いに袖に突っ込む ⑦引ったくる, 取り上げる ⑧さっと茹でる, 湯掻く (⇨[焯])

【抄本】 chāoběn 图〔本・册〕写本, 抄本

【抄查】 chāochá 動 禁制品を捜索し押収する

【抄道】 chāodào 图(~儿)〔口〕近道, 最短コース〚走~去〛近道する── chāo'dào 動 近道する, 最短コースをとる

【抄获】 chāohuò 動 捜索して手に入れる, 捜し出す

【抄家】 chāojiā 動 家宅捜索し財産を没収する, 家探しする

【抄件】 chāojiàn 图(~儿)写し, コピー

【抄近儿】 chāojìnr 動 近道する, 最短コースをとる (⇨[抄道])

【抄录】 chāolù 動 書き写す, 書き取る (⇨[抄写])

【抄身】 chāo'shēn 動 (持ち物を)身体検査する

【抄袭】 chāoxí 動 ①剽窃する, 盗作する ♦「剿袭」とも書く ②無批判に他人の経験を踏襲する ③〔軍〕回り道して奇襲をかける

【抄写】 chāoxiě 動 書き写す, 書き取る (⇨[抄录])

【钞】(鈔) chāo ⊗ ①紙幣, 札〚現~〛現金 ②書き写す [抄]

*【钞票】 chāopiào 图〔张〕紙幣, 札〚大面额的~〛高額紙幣

【弨】 chāo ⊗ ①弓が弛んださま ②弓

【超】 chāo 動 (跨いで)超す, 抜く
⊗ ①(基準を)超える, 上回る ②超越の, 範囲の外の〚~自然〛超自然 ③とびきりの〚~短波〛超短波〚~薄型〛超薄型の

【超标】 chāobiāo 動 標準値を超える, 基準値を上回る

【超产】 chāochǎn 動 計画以上に生産する, 割当高を超えて生産する

【超车】 chāo'chē 動 前を行く車を追い越す

【超出】 chāochū 動 (ある範囲・数量を)超える, はみ出る (⇨[超出])〚~预料〛予想を越える

【超导体】 chāodǎotǐ 图〔理〕超伝導体 (⇨[超导电体])

【超低温】 chāodīwēn 图 超低温

【超短波】 chāoduǎnbō 图 超短波

【超额】 chāo'é 動 規定・計画などの基準値を上回る, 割当さを越える

【超凡】 chāofán 形 非凡な, ずば抜けた

【超过】 chāoguò 動 ①追い越す ②超過する, 越える

【超级】 chāojí 形〔定語として〕とび抜けた, 超越的な〚~大国〛超大国〚~市场〛スーパーマーケット

【超龄】 chāolíng 動 年齢制限を越える, 標準年齢を過ぎる〚~船〛老朽船

【超前消费】 chāoqián xiāofèi 動 ①実際の経済水準や収入を上回る額を消費する, 過剰消費する ②クレジットカードやローンなどにより, 金銭の支払い前に商品やサービスを受ける

【超群】 chāoqún 形 群を抜く, とび抜けた

【超然】 chāorán 形 無関心な, 超然たる〚~物外〛世俗に関わりをもたない

【超人】 chāorén 图 超人, スーパーマン 一形 超人的な, 常人の域を超えた

【超声波】 chāoshēngbō 图〔理〕超音波

【超市】 chāoshì 图〔略〕スーパーマーケット (⇨[超级市场])

【超脱】 chāotuō 動 (現実を)超越する, 遊離する 一形 型にはまらない, (形や決まりに)とらわれない

【超逸】 chāoyì 形 世俗離れした, 規範や因習を超越した

【超音速】 chāoyīnsù 图 超音速〚~客机〛超音速旅客機

【超员】 chāo'yuán 動 定員を超過する人, 人員が過剰になる

*【超越】 chāoyuè 動 踏み越える, 乗り越える (⇨[超出])

【超支】 chāozhī 動 赤字を出す, 支出超過になる (⇨[结存])

【超重】 chāo'zhòng 動 積荷が重くなりすぎる, 制限重量を超える

【绰】(綽) chāo 動 急いで手に取る
⇨ chuò

【焯】 chāo 動 (野菜を)さっと茹でる, 湯掻く [抄]
♦「明らか」の意の文語では zhuō と発音

【晁】(*鼂) cháo ⊗ (C-)姓

【巢】 cháo ⊗ 巣, 巣窟〚蜂~〛ハチの巣〚筑~〛巣を作る

【巢穴】 cháoxué 图 (野獣の)巣, (悪人の)巣窟 (⇨[巢窟])

【朝】 cháo 動 向く, 面する〚~着东方〛東を向く 一⌐〔向き・方向を示して〕…の方に, …に向かって (⇨[向])〚~他跑过去〛彼をめがけて駆けて行く〚~东走〛東に向かう
⊗ ①朝廷, 権力の座 (⇨[野])〚在~党〛政権党 ②王朝 ③天子の在位

期間［乾隆～］乾隆期 ④ 天子にまみえる，朝見する ⑤ (C-)姓 ⇨zhāo
【朝拜】cháobài 動 ① 朝見する，参内し跪拝する ②（信徒が）礼拝する，参詣する
*【朝代】cháodài 名 王朝［改換～］王朝がかわる
【朝貢】cháogòng 動 朝貢する
【朝見】cháojiàn 動 朝見する，天子にまみえる
【朝聖】cháoshèng 聖地に詣でる［去麦加～］メッカ巡礼の旅に出る
【朝廷】cháotíng 名 朝廷
【朝鮮】Cháoxiān 名 朝鮮［～战争］朝鮮戦争［～泡菜］キムチ［～族］朝鮮族（東北三省に住む中国少数民族）
【朝向】cháoxiàng 名（建物の）向き，方位 動 向く，向き合う ⇨[面対着]
【朝阳】cháoyáng 形 ① 太陽に向きあった［～花］ヒマワリ ② 南向きの，日当りのよい
【朝野】cháoyě 名 朝野，政府と民間［～的知名人士］朝野の名士

【潮】cháo 名 潮［退～］［涨～］潮が引く［寒～］寒波 一形 ① 湿った，湿気の多い（⇔[干])［受～］湿気を帯びる ②（方）技術の劣った，へたな ③（方）うしろ暗い［底儿～］前歴がある ④ 社会の潮流や運動の高まり［学～］学生運動のうねり
【潮呼呼】cháohūhū 形（～的）しっとり湿った，湿りを帯びた
【潮解】cháojiě 動［理］潮解する
*【潮流】cháoliú 名 ① 潮の流れ，海流 ② 時代的，また社会的潮流［赶～］時流に乗る
【潮气】cháoqì 名 湿気，空気の湿り
【潮润】cháorùn 形 ①（空気や土が）湿りを帯びた，しっとり湿った ②（目が）涙でうるんだ，涙にぬれた
*【潮湿】cháoshī 形 湿っぽい，じめついた ⇔[干燥]
【潮水】cháoshuǐ 名 潮水
【潮位】cháowèi 名 潮位，潮の干満にともなう水位
【潮汐】cháoxī 名 潮の満ち引き，干満［～涨落］潮が満ち引きする［～电站］潮力発電所
【潮汛】cháoxùn 名 一年の決まった時期にくる大潮
【潮涌】cháoyǒng 動（転）どっと押し寄せる，潮のごとくに襲いかかる

【嘲】(*謿) cháo ⇔ 嘲る，嘲笑する
【嘲讽】cháofěng 動 嘲り皮肉る，せせら笑う ⇨[讥笑]
【嘲弄】cháonòng 動 小ばかにする，笑いものにする
*【嘲笑】cháoxiào 動 嘲笑する，笑いものにする

【吵】chǎo 動 ① 騒ぎ立てる，うるさく邪魔をする ② 口論する，どなり合う ◆「がやがや騒ぐ」意の方言 '吵吵' は chāochao と発音
【吵架】chǎo'jià 動 口論する，言い争う［=争吵]
【吵闹】chǎonào 動 ① 大声で言い争う，怒鳴り合う ② 騒ぐ，うるさくする 一形 騒がしい，うるさい ⇔[寂静]
【吵嚷】chǎorǎng 動 騒ぎ立てる，叫び散らす
【吵嘴】chǎo'zuǐ 口論する，口げんかする ⇨[吵架]

【炒】chǎo 動 ① 炒める，煎る［～饭吃］御飯を炒めて食べる［～饭］チャーハン［糖～栗子］甘栗 ② 売り買いしてもうける［～股］～股票］（投機的に）株を売買する ◆'一买一卖' とも言う
【炒冷饭】chǎo lěngfàn 動（転）（文学作品など）焼直しをする，二番煎じをする
【炒米饭】chǎomǐfàn チャーハン，ピラフ ⇨[炒饭]
【炒面】chǎomiàn 名 ① 焼きうどん，焼きそば ② 煎り粉 ● 携帯食糧にする
【炒鱿鱼】chǎo yóuyú 動（転）解雇する，首にする ◆原義は「イカを炒める」で，イカが丸くなる姿がふとんを巻く（荷物をまとめる）形に通じる
【炒作】chǎozuò 動 ① 大規模な投機的売買をする ② 誇大なキャンペーンをする

【车】(車) chē 名 ①〔辆〕車類，車両［开～］車を運転する［公共汽～］バス［鸡公～］一輪車 ②〔部(停)～］機械を動かす（止める） 一動 ① 旋盤で削る ② 水車で水を汲み上げる［～水］同前 ③ 車輪を応用した器具［滑～］滑車［水～］水車 ②(C-)姓 ⇨jū
【车把】chēbǎ 名（自転車などの）ハンドル，（人力車などの）かじ棒
【车厂】chēchǎng 名〔家〕① 人力車や輪タクの車宿［=车厂子］ ② 人力車や輪タクの製造工場
【车床】chēchuáng 名〔台〕旋盤 ⇨[旋床]
【车次】chēcì 名 ① 列車番号「かり5号」「あずさ2号」のような愛称はなく，すべて番号で表示される ② 長距離バスの運行順
【车刀】chēdāo 名 旋盤用たがね，バイト
【车到山前必有路】chē dào shān qián bì yǒu lù〈成〉ぎりぎりの所ま

で来れば必ず道が開ける
【车道】chēdào [名]〔条〕車道([反][人行道])［单向～］一方通行路
【车灯】chēdēng [名] 車両のランプ，ライト
【车夫】chēfū [名] 人力車夫，荷車の運び屋，御者，自動車の運転手
【车工】chēgōng [名] ① 旋盤作業 ② 旋盤工
【车轱辘】chēgūlu [名]《口》車輪 ［～话］くどくどと繰り返される話
【车祸】chēhuò [名]〔起·次〕交通事故，自動車事故
【车间】chējiān [名] 一工場内の生産過程の一単位としての職場，作業場 ［装配(焊接) ～］(大工場の一部としての)組立(溶接)工場
【车捐】chējuān [名] 自動車税など車両にかかる税金
**【车库】chēkù [名] 車庫，ガレージ
【车辆】chēliàng [名] 車類の総称，車両〘禁止～通行〙車両通行止め
【车铃】chēlíng [名] 自転車などのベル
【车轮】chēlún [名] 車輪([同][车轮子][车轱辘])［～战］車がかり(入れかわりたちかわり)の戦法
【车马费】chēmǎfèi [名] 出張旅費，足代
【车皮】chēpí [名]〔节〕鉄道車両 ♦貨車をいうことが多い
【车前】chēqián [名]〘植〙オオバコ
【车钱】chēqián [名]《口》乗車賃，車代 [同][车费]
【车身】chēshēn [名] 車のボディー
【车水马龙】chē shuǐ mǎ lóng《成》車や馬の流れがひきもきらない ♦交通量の多さをいう
【车胎】chētāi [名] タイヤ([同][轮胎])〘装～〙タイヤを取り付ける
【车头】chētóu [名] ① 機関車 [同][机头] ② 車両の前部 ［～灯］ヘッドライト
**【车厢(车箱)】chēxiāng [名]〔节〕客車，有蓋貨車，バス(の内部)［头等～］一等車
【车辕】chēyuán [名] 馬車などの轅(ながえ)
【车载斗量】chē zài dǒu liáng《成》(車に積み枡(ます)で量る(ほどに多い)>)ごくごくありふれている
【车闸】chēzhá [名] (車両の)ブレーキ
【车站】chēzhàn [名]〔座〕駅，停留所
【车照】chēzhào [名] ① 運転免許証，車のライセンス ② 車検証，運行許可証
【车辙】chēzhé [名] 轍(わだち)，車輪の跡〘留下～〙轍を残す
【车轴】chēzhóu [名] 車軸，シャフト
【车子】chēzi [名]〔辆〕①(おもに小型の)車 ② 自転車

〖砟(硨)〗chē ⊗［～磲 qú］〘貝〙シャコガイ

【扯(*撦)】chě [動] ① 引っ張る [同][拉] ② 引きちぎる，引き裂く ③ とりとめもなくしゃべる〘～远〙話を脱線させる
【扯淡(扯蛋)】chěˇdàn [動]《方》無駄話をする
【扯后腿】chě hòutuǐ [動] (他人の)足を引っ張る，前進を妨げる [同][拉后腿]
【扯谎】chěˇhuǎng [動] 嘘(うそ)をつく [同][撒谎]
【扯皮】chěˇpí [動] (つまらぬことで)言い争う，いがみ合う
【扯顺风旗】chě shùnfēngqí《俗·贬》情勢次第で態度を変える，形勢の有利な方につく

〖彻(徹)〗chè ⊗ 突き通る，徹底する
**【彻底】chèdǐ [形] 徹底的な，完全な([同][澈底])〘～决裂了〙完全に決裂した
【彻骨】chègǔ [形] 骨身にしみる，骨まで達する
【彻头彻尾】chè tóu chè wěi《成》純然たる，完全な [同][彻上彻下]
【彻夜】chèyè [副] 徹夜で，夜通し [同][整夜]

〖坼〗chè ⊗ 裂ける

【掣】chè [動] ① 引っ張る，引き寄せる [同][拉] ② 引き抜く，抜き取る [同][抽]
⊗ 閃(ひら)めく，一瞬光る
【掣肘】chèzhǒu [動]《書》妨げる，妨げを受ける

【撤】chè [動] ① 除去する，取除く ② 後ろに下げる，撤退させる ③《方》(分量を) 減らす，(味を)薄める
【撤兵】chèˇbīng [動] 撤兵する [同][撤军] [反][出兵]
【撤除】chèchú [動] 除去する，撤廃する，取り消す [同][撤消]
【撤换】chèhuàn [動] 交替させる，取り換える
【撤回】chèhuí [動] ① 呼び戻す，引き上げる [同][招回] ② 撤回する，取り消す [同][收回]
【撤离】chèlí [動] (～から)撤退する
【撤诉】chèˇsù [動] (原告が) 訴訟を取り下げる，訴えを取り消す
*【撤退】chètuì [動] 撤退する，退却する〘～了全部人马〙全兵力を撤収させた
*【撤销(撤消)】chèxiāo [動] 撤廃する，撤回する([同][取消])〘～诉讼〙訴訟を取り下げる
【撤职】chèˇzhí [動] 解任する，罷免する

〖澈〗chè ⊗ 清らかな

【押(*拱)】chēn 動(口)伸ばす, 平らにする

【梛】chēn ⊗(C-) 梛州(湖南省)

【琛】chēn ⊗珍しい宝

【嗔】chēn ⊗怒る [～怪] 怒って責める

【瞋】chēn ⊗目を怒らせる

【臣】chén ⊗①(君主の下の)官僚, 臣下 [君～] 君臣 [～民] (君主の下の) 役人と庶民 ⑪[～子] 臣下が君主に対するときの自称
【臣僚】chénliáo 名(君主の下の)文武百官, 諸役人

【尘(塵)】chén ⊗①塵埃 ②俗世, この世
【尘埃】chén'āi 名 埃, 塵 ⑪[坐土] [打扫～] ほこりを払う
【尘暴】chénbào 名 砂あらし [沙暴]
【尘肺】chénfèi 名[医] 塵肺症
【尘世】chénshì 名[宗] 俗世, 現世 ⑪[尘海]
【尘土】chéntǔ 名 埃, 塵 ⑪[灰尘] [扬起～] ほこりを立てる
【尘务】chénwù 名 世事, 俗事 ⑪[尘事]
【尘嚣】chénxiāo 名 騒音, 騒がしさ ⑪[尘喧]

【沉(*沈)】chén 動①(水中に)沈む, 水没する ⑫[浮] ②(抽象的な事物について)抑える, 鎮める [[～不住气] 怒りを抑えられない ③(方)休む, 休息する 一形①(重量が)重い, 目方のある ②程度が大きい, 甚だしい [あるい, 鈍い
【沉沉】chénchén 形①ずっしり重い, 重量のある ②うち沈んだ, 重苦しい
【沉甸甸】chéndiàndiàn/chéndiān-diān 形(～的)ずっしり重い, 重量感のある
*【沉淀】chéndiàn 名 沈殿物, 澱 一動 沈殿する, 澱がたまる
【沉积】chénjī 動 堆積(する) [～岩] 堆積岩
【沉寂】chénjì 形 静かな, ひっそりとした :(転)何の知らせも入ってこない, 便りの途絶えた
【沉降】chénjiàng 動 沈下する, 沈降する [地面～] 地盤が沈下する
【沉浸】chénjìn 動(境地・雰囲気に)浸る, 耽る [[～在悲痛之中] 悲しみに沈む
【沉静】chénjìng 形①静かな, ひっそりとした ⑪[寂静] ⑫[热闹] ②(態度・性格などが)穏やかな, 物静かな

【沉沦】chénlún 動 淪落する, 零落する ⑪[沉溺]
【沉落】chénluò 動 落ちる, 沈む [太阳～下去] 日が沈む
*【沉闷】chénmèn 形①(天候・雰囲気などが)うっとうしい, 重苦しい ②(気分が)憂鬱な, むしゃくしゃする ⑫[舒畅] ③(性格が) じめついた, 引っ込み思案の ⑫[爽朗]
【沉迷】chénmí 動 耽る, 溺れる
【沉没】chénmò 動 沈没する, 水没する, (霧の中などに)沈む
【沉默】chénmò 動 沈黙する, 黙る [～权] 黙秘権 一形 無口な, 寡黙な
【沉溺】chénnì 動(悪習に) 耽る, 溺れる ⑪[书] [沉湎 miǎn]
【沉睡】chénshuì 動 熟睡する, ぐっすり眠る ⑪[沉眠]
*【沉思】chénsī 動 考え込む, 熟考する ⑪[深思]
【沉痛】chéntòng 形①悲痛な, 沈痛な ②辛い, 痛ましい
【沉稳】chénwěn 形①沈着な, 落ち着いた ⑪[稳重] ②(眠りなどが)安らかな, 深い ⑪[安稳]
【沉陷】chénxiàn 動 陥落する, 沈下する
【沉抑】chényì 形 沈鬱な, うち沈んだ ⑪[沉郁]
【沉毅】chényì 形 落ち着いた, 沈着な
【沉吟】chényín 動 思い迷う, 決めかねてぶつぶつ呟く
【沉郁】chényù 形 ふさぎ込んだ, 憂鬱な
*【沉重】chénzhòng 形 重たい, 重苦しい ⑪[～儿](口)責任, 負担
【沉浊】chénzhuó 形①(声が)野太い, がらがら声の ②(书)淀んみ濁った
【沉着】chénzhuó 形 沈着な, 冷静な ⑪[从容] ⑫[浮躁] 一動(色素などが)沈殿付着する
【沉醉】chénzuì 動 陶酔する, 浸りきる ⑪[陶醉]

【忱】chén ⊗(誠実な)気持ち

【辰】chén ⊗①干支の5番目, たつ [～时] たつの刻(午前7～9時) ②日, 月, 星の総称 [星～] 星 ③昔の1日の12分の1の長さ ◆1日を'12～'に分けた ④時, 日 ⑪[诞～] 誕生日
【辰砂】chénshā 名 朱砂, 辰砂

【宸】chén ⊗①奥深い部屋 ②帝の居処

【晨】chén ⊗朝, 午前 [早～] 朝 ⑪[清～] 早朝
【晨光】chénguāng 名 夜明けの陽光, 曙光 ⑪[曙光] [晨曦]
【晨星】chénxīng 名①夜明けのま

ばらに残る星；《転》わびしい数しかないもの ②金星，水星 ♦夜明けの空に輝く

【陈(陳)】 chén [形]古い，長時間を経た〖放～了〗古くなった
⊗①並べる，置く ②述べる，話す ③(C-)姓 ④(C-)王朝名［～朝］陳(A. D. 557-589)

【陈病】 chénbìng [名]持病，長年の病〖犯～〗持病が出る

【陈词滥调】 chén cí làn diào《成》古くさく決まりきった表現，陳腐な決まり文句

【陈腐】 chénfǔ [形]古くさい，陳腐な [同][陈旧] [反][新颖]

【陈谷子，烂芝麻】 chén gǔzi, làn zhīma《俗》(古いアワと腐ったゴマ>)陳腐な話題，愚にもつかぬ事柄

【陈规】 chénguī [名]時代遅れの制度や規範，すでに廃れた決まり

【陈货】 chénhuò [名]長年の在庫品，古くなった商品

【陈迹】 chénjì [名]過去の事柄，過ぎた日の出来事

*****【陈旧】** chénjiù [形]古い，時代遅れの [同][陈腐] [反][崭新]

【陈粮】 chénliáng [名]長く備蓄した食糧，古米·古麦の類

*****【陈列】** chénliè [動]陳列する，展示する［～柜］ショーケース

【陈年】 chénnián [形]〔定語として〕長年貯えてきた，年代ものの

【陈皮】 chénpí [名]〖薬〗陳皮 ♦ミカンやダイダイの皮を干したもので，咳止め·健胃剤になる

【陈设】 chénshè [名](室内の)家具備品，装飾品，インテリア家具 — [動]家具調度を配置する，配列する [同][摆设]

*****【陈述】** chénshù [動]陳述する，述べる [同][叙述][陈说]

【陈诉】 chénsù [動](心中の苦しみなどを)訴える，語り聞かせる

〖谌(諶)〗 chén ⊗①(C-)姓 ♦'Shèn'と名乗る人もいる ②確かに，まことに

〖—(*訦)〗 ⊗信じる

〖橙〗 chén ⊗chéngの旧読 ⇨chéng

【衬(襯)】 chèn [動]①裏貼りする，裏打ちする ②(衣類に)裏を付ける，内に着込む ③引立たせる，際立たせる — [名](～儿)(衣類の汚れを防ぐ)裏，内カバー
⊗上着の下に着る

【衬裤】 chènkù [名]〔条〕ズボン下，股引の類 [同][底裤]

【衬裙】 chènqún [名]〔条〕ペチコート，スリップ

******【衬衫】** chènshān [名]〔件〕ワイシャツ，ブラウス［女～］ブラウス

【衬托】 chèntuō [動](背景·対照物によって)際立たせる，引立てる

【衬衣】 chènyī [名]〔件〕下着，肌着 ♦ワイシャツをいうこともある

〖称(稱)〗 chèn ⊗ぴったり合う，マッチする ⇨chēng, chèng

【称身】 chèn'shēn [動](衣服が)身体にぴったり合う [同][合身]

【称心(趁心)】 chèn'xīn [動]思い通りになる，満足がゆく [同][称意]

*****【称心如意】** chèn xīn rú yì《成》すべて思い通りだ

【称愿】 chèn'yuàn [動](多く憎い相手が不幸に見舞われて)満足する，願いがかなう

【称职】 chèn'zhí [動](能力·識見が)職務にかなう，職責を担い得る

【趁(*趂)】 chèn [介]〔ある時間を利用することを示して〕…に乗じて，…のうちに，…しない間に〖～着雨还没下来〗雨が降らないうちに〖～热吃〗熱いうちに食べる — [動]《方》(財産について)…に富む
⊗追う

【趁便】 chèn'biàn [副]ついでに [同][顺便]

【趁火打劫】 chèn huǒ dǎ jié《成》火事場泥棒を働く，他人の不幸を食いものにする [同][混水摸鱼]

【趁机】 chènjī [副]それを機に，チャンスに乗じて [同][趁机会]

【趁热打铁】 chèn rè dǎ tiě《成》鉄は熱いうちに打て，好機は逸すべからず

【趁势】 chèn'shì [副]勢いに乗じて，そのままの勢いで [同][趁坡]

【趁早】 chènzǎo [副](～儿)早いうちに，手遅れになる前に

【谶(讖)】 chèn ⊗予言，予兆

【称(稱)】 chēng [動]①称する，(名を…と)呼ぶ〖～他(为)活字典〗彼のことを生き字引という ②言う，述べる ③計量する，目方を計る
⊗①名称，呼び名［别～］別名 ②褒める，称賛する ③(杯を)挙げる
⇨chèn, chèng

【称霸】 chēng'bà [動]牛耳る，力で支配権を握る

【称病】 chēng'bìng [動]病気と言い立てる，病気を口実にする

【称道】 chēngdào [動]述べる，褒める，称賛する [同][称赞]

【称得起】 chēngdeqǐ [動]…の名に値する，…と称するにふさわしい

【称孤道寡】 chēng gū dào guǎ《成》

指導者面(づら)をする，トップのごとくに振る舞う ♦君主は‘孤’‘寡人’と自称した

★【称号】chēnghào [名] 称号

★★【称呼】chēnghu [名] 呼称，呼び方 [同][称谓] — [動]（人を…と） 呼ぶ〖该怎么～您〗何とお呼びすればよろしいでしょうか〖～我四叔〗私を四番目の叔父さんと呼ぶ

【称量】chēngliáng [動] 目方を計る，計量する

【称赏】chēngshǎng [動] 称賛する，褒(ほ)める

【称颂】chēngsòng [動] 褒めたたえる，賞揚する [同][颂扬] [反][诋毁]

【称叹】chēngtàn [動] 賛嘆する，盛んに褒める

【称为】chēngwéi [動] 名を…という，…と呼ぶ〖这种现象～日全食〗この現象を皆既日食という

【称谓】chēngwèi [名] 呼称，呼び方 [同][称呼]

【称羡】chēngxiàn [動] 称賛し羨望(せんぼう)する，褒め上げうらやましがる

【称兄道弟】chēng xiōng dào dì《成》兄，弟と呼び合う，兄弟づきあいする

【称许】chēngxǔ [名] 賞賛，好評〖博得～〗称賛を浴びる

【称誉】chēngyù [動]《書》賞賛する，礼賛する [同][称赞]

★★【称赞】chēngzàn [動] 賞賛する，礼賛する [同][赞颂]

【琤(琤)】chēng ⊗[～～]《書》玉の触れあう音，琴の音，水の流れる音などを形容

【铛(鐺)】chēng [名] 浅い鍋 [関][锅 guō]
⇨dāng

【蛏(蟶)】chēng ⊗[～子] マテ貝

【赪(赬)】chēng ⊗赤色

【撑(撐)】chēng [動] ①支える，突っかい棒をする ②（船で）竿(さお)さす，竿を突っ張る〖～船〗竿で船を進める ③持ちこたえる，我慢する ④開く，広げる〖～伞〗傘を差す ⑤いっぱいに入れる，ぎっしり詰める

【撑场面】chēng chǎngmiàn [動] 見栄を張る，上辺を飾る [同][撑门面 mian]

【撑持】chēngchí [動] 持ちこたえる，なんとか支える

【撑杆跳高】chēnggān tiàogāo [名]〖体〗棒高跳び

【撑腰】chēng'yāo [動] 後ろ楯になる，後押しする［～打气］支え励ます

【瞠】chēng ⊗目を見はる，まじまじと見る

【瞠乎其后】chēng hū qí hòu《成》（はるか後ろで目を見はる＞）はるかに取り残される，完全におくれをとる

【瞠目结舌】chēng mù jié shé《成》（目を見はり舌をもつれさせる＞）驚いて声も出ない

【成】chéng [動] ①成就する，達成する〖～了大事〗大事業を成しとげた [反][败] ②（…に） なる，変わる〖～了朋友〗友達となった ③〖動詞＋‘成’の形で〗動作の結果ほかのものに変える（変わる）〖把它看～鬼〗それをおばけと見てしまう — [形] ①〖‘真～’の形で〗有能な，やり手の ②よい，問題がない〖那怎么～？〗そりゃだめだよ〖～，就让他去吧〗よかろう，あいつに行かせよう — [量] 10分の1を示す〖减少三～〗3割減った
⊗①成果，成績 ②（C-）姓 ③（大きな数や長い時間に） 達する，及ぶ［～年累月］幾(いく)年月(としつき) ④成熟した，一丁前の［～虫］成虫 ⑤既成の，すでにでき上った［现～饭］据え膳(ぜん)

【成败】chéngbài [名] 成功か失敗か，成就と挫折，勝つか負けるか

【成倍】chéngbèi [動] 倍増する，2倍に増える

★【成本】chéngběn [名] 原価，コスト［～核算］原価計算

【成虫】chéngchóng [名] 成虫

【成堆】chéng'duī [動] 山積する，積み上がる

★★【成分(成份)】chéngfen/ chéngfèn [名] ①組成成分，構成要素 [同][因素] ②（社会を構成する成分としての） 階級成分，出身区分（[同][个人～]）［工人～］労働者出身［地主～］地主出身

【成风】chéng'fēng [動] 社会の通常のこととなる，ごく普通の現象となる

★★【成功】chénggōng [動] 成功する [反][失败]

【成规】chéngguī [名] 既成の決まり，固定観念 [同][陈规]

★★【成果】chéngguǒ [名]〔项〕成果，実り [同][成绩][成就]

【成婚】chéng'hūn [動] 結婚する，夫婦になる [同][结婚]

★★【成绩】chéngjì [名] 成果，成績 [同][成就][成果]

【成家】chéng'jiā [動] ①（男子が） 結婚する，世帯を構える ②（専門分野で）一家を成す，一本立ちする

【成见】chéngjiàn [名] 先入観，偏見

★【成交】chéng'jiāo [動] 売買契約が成立する，商談がまとまる

★★【成就】chéngjiù [名] 成果，成績〖取得～〗成果を収める [同][成果] —

動 達成する, 成就する ⑧[完成]

【成立】 chénglì 動 ① 設立する, 結成する ⑧[建立] ②（理論が理論として）成立する, 筋が通る

【成例】 chénglì 名 前例, 慣例

【成名】 chéng'míng 動 名を揚げる, 有名になる

【成年】 chéngnián 動 成年に達する, 成人する — 副（口）一年じゅう, 年間を通して

【成品】 chéngpǐn 名〔件〕完成品, 製品 ［~粮］(米・メリケン粉など）加工ずみの食糧

【成器】 chéngqì 動 役立つ人間になる, ものになる

【成千上万】 chéng qiān shàng wàn 《成》幾千幾万にも達する, おびただしい数の ⑧[上千上万][千成万]

【成亲】 chéng'qīn 動 結婚する, 夫婦になる ⑧[成婚]

【成全】 chéngquán 動 人を助けて成就させる, 全うさせる

【成群结队】 chéng qún jié duì 《成》群をなす, 大挙する

【成人】 chéngrén 名 成人, おとな ⑧[成年人]

—— chéng'rén 動 成人する, おとなになる

【成事】 chéng'shì 動 成し遂げる, 成就する ⑧[成功]

【成事不足, 败事有余】 chéngshì bùzú, bàishì yǒuyú《俗》（事を成し遂げる力はないが, 事をぶち壊す力は十二分にある）何をやってもぶち壊すような無能の極みである

*【成熟】** chéngshú 動 成熟する, 熟れる — 形 成熟した

【成数】 chéngshù 名 ①（千, 千五百など）端数のつかない整数, 切りのよい数字 ② 比率, パーセンテージ

【成算】 chéngsuàn 名 成算, 事前の見通し

【成套】 chéng'tào 動 組み合わせてセットにする, セットになる ［~设备］プラント

*【成天】** chéngtiān 副（口）一日じゅう, 日がな一日 ⑧[整天]

*【成为】** chéngwéi 動（…に）なる, 変わる ［~笑柄］物笑いの種になる

【成文】 chéngwén 名 成文, 書き記された文書 ［抄袭~］旧套を墨守する — 動 文章化する, 文字に記す ［~法］成文法

【成问题】 chéng wèntí 動 問題となる, 危ぶまれる ［不~］大丈夫

【成效】 chéngxiào 名 効果, 効能

*【成心】** chéngxīn 副 わざと, 故意に ⑧[故意]

【成型】 chéngxíng 動（加工して）形づくる, 形を与える

【成形】 chéngxíng 動 ① 形づくる, 形になる ②〔医〕形成する, 整形する ③〔医〕正常な形を保つ

【成药】 chéngyào 名（丸薬や錠剤など）すでに調剤ずみの薬

【成夜】 chéngyè 副 一晩じゅう, 夜通し ⑧[成宿][整夜]

【成衣】 chéngyī 名 ①〔件〕既製服, レディーメード服 ⑧[成服] ②〔旧〕仕立職, 仕立屋 ［~铺］仕立屋（店）

【成议】 chéngyì 名（協議の結果の）合意, まとまった協議

【成因】 chéngyīn 名 成因, 原因

*【成语】** chéngyǔ 名 成語, 慣用句

*【成员】** chéngyuán 名 メンバー, 構成員

【成约】 chéngyuē 名 締結ずみの条約, 既存の約定ごと

*【成长】** chéngzhǎng 動 成長する, 大きく育つ

【成者王侯败者贼】 chéngzhě wáng-hóu bài zhě zéi 《俗》（戦乱期に勝者は王侯となり敗者は賊の汚名をきる）勝てば官軍負ければ賊軍 ⑧[成则王侯败则贼][成者为王, 败者为寇]

【诚（誠）】 chéng ⓧ① 誠実な, 真心こめた ② 本当の, まちがいのない

【诚恳】 chéngkěn 形 真心こめた, 誠実な ⑧[恳切] ⓧ[虚伪]

【诚然】 chéngrán 副 ① 確かに, まことに ⑧[实在] ②《逆接の文中で》もとより, いかにも

*【诚实】** chéngshi/chéngshí 形 誠実な, まっ正直な ⑧[诚恳] ⓧ[狡猾]

【诚心】 chéngxīn 名〔片〕誠心, 真心 — 形 誠実な, まっ正直な ⑧[诚意]

【诚意】 chéngyì 名〔片・番〕誠意, 真心 ［缺乏~］誠意を欠く

*【诚挚】** chéngzhì 形 真心あふれる, 心のこもった ⑧[真挚]

【城】 chéng 名 ①〔道・座〕城壁(全体) ［~外］城壁の外 ②〔座〕城壁の内部すなわち都市, 市街地 ♦ 城壁がなくなったあとも同様 ［进~］町へ行く ⓧ 都市の ⓧ'乡'

*【城堡】** chéngbǎo 名〔座〕砦とりふうの小さな町

【城根】 chénggēn 名（~儿）城壁沿いの地域, 城壁の根方

【城关】 chéngguān 名 城門のすぐ外の地域

【城郭】 chéngguō 名 城壁;（転）都市

【城壕】 chénghào 名 城壁の周囲の堀, 都市を取りまく堀 ⑧[护城河]

【城郊】 chéngjiāo 名 郊外, 都市の周縁地域 ［~农业］近郊農業

【城楼】 chénglóu 名〔座〕城門の上にたつ建造物, 城楼, 城門櫓

C

【城门失火，殃及池鱼】chéngmén shī huǒ, yāng jí chí yú《成》無関係な事件の巻き添えになる，そば杖を食う ♦城門が火事になれば(濠の水を消火に使って水がかれ)災いが魚に及ぶ

【城墙】chéngqiáng [名]〔道〕城壁

【城区】chéngqū [名]市街区域 ♦城壁内部と城壁外のすぐ近くの地域を含む [反][郊区]

★★【城市】chéngshì [名]〔座〕都市，都会 [～规划] 都市計画

【城头】chéngtóu [名]城壁の上

【城下之盟】chéng xià zhī méng [名]城下の盟 ♦敵に屈服して結ぶ盟約

【城乡】chéngxiāng [名]都市と農村，町と村

【城厢】chéngxiāng [名]城内と城門すぐ外の地域

【城镇】chéngzhèn [名]都市と町

〖晟〗Chéng ⊗姓 ⇨shèng

〖铖(鋮)〗chéng ⊗人名用字 ♦明末の姦臣阮大鋮が有名

【盛】chéng [動]①盛る，食器に入れる〖～汤〗スープを器に注ぐ ②収納する，収容する〖能～四万人〗4万人を収容できる ⇨shèng

【盛器】chéngqì [名]容器，入れ物

〖丞〗chéng ⊗①補佐官，次長 ②助ける，補佐する

【丞相】chéngxiàng [名](皇帝の下での)宰相，丞相

【呈】chéng [動]①(様相を)呈する，(形式を) 具える〖～正方形〗正方形を成す ②《敬》進呈する，贈呈する ⊗上申書→[～文]

【呈报】chéngbào [動]上申する，公文書で上部に報告する

【呈请】chéngqǐng [動]公文書で上部に申請する，申請書を提出する

【呈文】chéngwén [名]《旧》上部に提出する文書，上申書 [同][呈子]

★【呈现】chéngxiàn [動](ある様相を)呈する，現わす [同][显出]

〖程〗chéng ⊗①決まり，規定 [章～] 憲章 ②順序，手続き [议～] 議事日程 ③道のり，道の一区切り [启～] 旅立つ ④里程，道の長さ [行～] 道のり ⑤(C-)姓

★★【程度】chéngdù [名]程度，レベル [同][水平]

【程式】chéngshì [名]一定の形式，様式，パターン

★★【程序】chéngxù [名]①順序，手順 ②(コンピュータの) プログラム [～员] プログラマー

〖承〗chéng ⊗①…していただく，…を蒙る〖～您过奖〗お褒めにあずかって恐縮です ②支える，持ちこたえる [～得住] 持ちこたえうる ③引き受ける，請け負う [～造] 建築·製造を請け負う ④引き継ぐ，継承する

★【承办】chéngbàn [動]請け負う，引き受ける

★【承包】chéngbāo [動](工事·生産事業などを) 請け負う，請け負い契約を結ぶ [～合同] 請け負い契約

★★【承担】chéngdān [動](義務·責任等を)引き受ける，負担する [同][担负]

【承管】chéngguǎn [動]責任をもつ，管掌する

【承继】chéngjì [動]①息子のいない伯(叔)父の息子になる ②兄弟の息子を自分の息子にする，親族から養子をとる ③相続する，受け継ぐ

【承接】chéngjiē [動]①(液体を) 容器に受ける，容器にためる ②(…から) 続く，(…を) 受け継ぐ〖～上文〗承前 ③下から支える

【承揽】chénglǎn [動]引き受ける，請け負う [同][承包]

【承蒙】chéngméng [動]《謙》…していただく〖～招待〗おもてなしいただく

★【承诺】chéngnuò [動](実行に) 同意する，やると約束する [同][答应] [反][推辞]

★★【承认】chéngrèn [動]①そうだと認める，肯定する [同][同意] ②(法的に)承認する

【承上启下(承上起下)】chéng shàng qǐ xià《成》文章の前後をつなぐ，上文を承け下文を書き継ぐ

★★【承受】chéngshòu [動]①耐える，持ちこたえる [同][经受] ②(財産等を)継承する

【承先启后】chéng xiān qǐ hòu《成》(学問や事業について) 前代を引き継ぎ発展させる，前人の成果を受け継ぎ新たな成果を積み上げてゆく [同][承前启后]

【承想(成想)】chéngxiǎng [動]思い至る〖没～〗(…だとは) 思いもよらなかった

【承续】chéngxù [動]継承する，受け継ぐ [同][继承]

【承载】chéngzài [動]重量を支える，重い物を載せる

【承制】chéngzhì [動]請け負い製造する，製造を引き受ける

【承重】chéngzhòng [動]重量に耐える，重量を支える [～能力] 荷重能力

【承转】chéngzhuǎn [動](下級または上級へ)公文書を転送する

【乘】chéng [動]①乗る ([同][坐])〖～船〗船に乗

る ②(機会を)利用する,乗じる ⑩
[趁] ③〖数〗掛ける〖六～七等于
四十二〗6×7＝42
⊗①仏教の教義［大～］大乗仏教
② (C-)姓
⇨shèng

【乘便】chéngbiàn 副 ついでに
⑩[順便]

【乘法】chéngfǎ 图 掛算,乗法

【乘风破浪】 chéng fēng pò làng
〈成〉目標に向かって勇猛邁進する,事業が急速に発展する

【乘号】chénghào 图 乗法記号(×)

【乘机】chéngjī 副 機に乗じて

【乘警】chéngjǐng 图 列車乗務警官
[～队] 鉄道警察官のチーム

【乘客】chéngkè 图 乗客

【乘凉】chéng'liáng 動 涼む,涼をとる ⑩[乘风凉]

【乘人之危】chéng rén zhī wēi〈成〉
火事場泥棒を働く,人の不幸につけ込む ⑩[乘虚而入]

【乘数】chéngshù 图〖数〗乗数

*【乘务员】chéngwùyuán 图 乗務員

【乘隙】chéngxì 動 隙を衝く,ミスにつけ込む

【乘兴】chéngxìng 動 興に乗る,気分が昂揚する

*【乘坐】chéngzuò 動 (客として)乗

【惩】(懲) chéng ⊗①罰する,懲らしめる
②戒める,警告する

【惩办】chéngbàn 動 処罰する,ペナルティを科す ⑩[惩治]

【惩处】chéngchǔ 動 処罰する,処分する ⑩[惩办]

【惩恶扬善】 chéng è yáng shàn
〈成〉勧善懲悪,悪を懲らしめ善を励ます ⑩[惩办]

【惩罚】chéngfá 動 懲罰にかける,厳しく処分する ⑩[处罚]

【惩羹吹齑】chéng gēng chuī jī〈成〉羹に懲りて膾を吹く

【惩戒】chéngjiè 動 懲戒する,罰して戒める

【惩前毖后】 chéng qián bì hòu
〈成〉過去の失敗を教訓として今後繰り返さぬよう努める

【惩一警百】chéng yī jǐng bǎi〈成〉
一罰百戒 ⑩[杀鸡吓猴]

【惩治】chéngzhì 動 懲罰する,懲らしめる ⑩[惩办]

【塍】 chéng ⊗[田～][方]あぜ

【澄】(*澂) chéng ⊗①澄ませる,純化する
②曇りのない,透明な
⇨dèngqīng

【澄彻】(澄澈) chéngchè 形 澄みきった,澄明な ⑩[澄明]

【澄净】chéngjìng 形 (空気が)澄みわたってさわやかな

*【澄清】chéngqīng 動①明らかにする,はっきりさせる ②浄化する,純正化する ― 形 澄みきった,清らかな
⇨dèngqīng

【橙】 chéng ⊗①ダイダイ,オレンジ[～子] 同前 ②ダイダイ色,オレンジ色
⇨chén

【橙黄】chénghuáng 形〔多く定語として〕オレンジ色の

【橙子】chéngzi（旧読 chénzi）图
〖颗〗ダイダイ,オレンジ

【逞】 chěng ⊗①誇示する,ひけらかす ②放任する,気ままにさせる ③(悪い企みを)達成する[得 dé～する]

【逞能】chěng'néng 動 能力を誇示する,才能をひけらかす

【逞强】chěng'qiáng 動 力をひけらかす,強さを誇示する

【逞性】chěngxìng 動 わがままに振舞う,勝手放題にする[逞性子]

【逞凶】chěngxiōng 動 凶悪な行為をする,荒っぽいまねをする

【骋】(騁) chěng ⊗ 馳せる
→[驰 chí～]

【秤】(*称) chèng (重量を計る) 秤 ♦
多く竿秤ばかりをいう。単位は竿秤は'杆',台秤は'台'〖用～称 chēng〗
秤ではかる[弹簧～]ばね秤
⇨'称'についてはchèn, chēng

【秤锤】chèngchuí 图 秤の重り,分銅[秤砣]

【秤杆】chènggǎn 图 (～儿)[根]竿秤ばかりの竿

【秤盘子】chèngpánzi 图 竿秤の皿

【秤星】chèngxīng 图 (～儿) 竿秤の目盛り

【吃】(*喫) chī 動①食う,吸う,飲む〖～药〗薬をのむ ②生計を立てる,食ってゆく〖～教堂〗教会を食いものにする ③(戦争や将棋などで)相手の兵力を削ぐ,駒を取る ④消耗する,エネルギーを食う ⑩[耗费] ⑤やられる,被害を被る(⑩[挨])〖～一枪〗一発射たれる
⊗どもる→[口～kǒuchī]

【吃白饭】chī báifàn 動[方]①おかずなしで主食だけ食う ②ただ飯を食う,無銭飲食する ③寄食する,居候する

【吃饱的猫不咬耗子】chībǎo de māo bù yǎo hàozi〈俗〉(満腹した猫はネズミをとらない>) 人は食い足りると努力を忘れる

【吃不服】chībufú 胃が受けつけない,口に合わない〖她总～生鱼片〗あのひとはどうしても刺身が食えないんだ

【吃不开】chībukāi 動 通用しない、受容されない 回[行不通]

【吃不来】chībulái 動 食べ慣れない、食べられない 回[吃不惯]

【吃不了, 兜着走】chībuliǎo, dōuzhe zǒu《俗》〈食べ残したら包んで持ち帰る〉事が起きたら全責任を負わされる羽目になる

【吃不上】chībushàng 動 ① 食ってゆけない、暮らしが立たない ② 飯にありつけない、食事時間に間に合わない

【吃不消】chībuxiāo 動〈苦労に〉耐えられない、持ちこたえられない 回[受不了]

【吃不住】chībuzhù 動〈重量を〉支えられない

【吃醋】chī▾cù 動〈転〉〈男女が〉 嫉妬する、やきもちを焼く『吃他的醋』彼にやきもちを焼く

【吃大锅饭】chī dàguōfàn《俗》大鍋で全員が同じ物を食う ◆悪平等主義を例える

【吃得开】chīdekāi 動 もてる、人気がある

【吃得来】chīdelái 動 胃が受け付ける、苦痛なく食える ⊗[吃不来]

【吃得消】chīdexiāo 動 持ちこたえられる、耐えられる ⊗[吃不消]

【吃得住】chīdezhù 動〈重量を〉支えられる ⊗[吃不住]

【吃定心丸子】chī dìngxīn wánzi《俗》〈心を締める丸薬を飲む〉ほっと安心する

【吃耳光】chī ěrguāng 動〈方〉びんたを食らう、横っ面を張られる

【吃饭】chī▾fàn 動 ① 飯を食う、食事をする ② 生活する、生計を立てる『靠写作～』物書きで食っている

【吃官司】chī guānsi 動 訴えられる、訴訟沙汰に巻込まれ〔て牢に入〕る

【吃馆子】chī guǎnzi 動 レストランで外食する

【吃喝玩乐】chī hē wán lè《成》飲んで食って遊んで暮らす、酒食と遊興の日々を送る

【吃皇粮】chī huángliáng 動 国の機関で働く 回[吃公家]

【吃货】chīhuò 動〈貶〉無駄飯食い、食うしか能のないやつ

【吃紧】chījǐn 形 ① 〈情勢が〉切迫した、緊迫した 回[紧张] ② 重要な、急を要する

【吃劲】chījìn 形〈~儿〉力を使う、骨が折れる 回[吃力]

★【吃惊】chī▾jīng 動 びっくりする、仰天する 回[受惊]

★【吃苦】chī▾kǔ 動 苦労する、苦しみに耐える 回[一耐劳] 辛苦を耐え忍ぶ

【吃苦头】chī kǔtou 動 ひどい目に遭う、つらい思いをする

【吃苦在前, 享受在后】chī kǔ zài qián, xiǎngshòu zài hòu《俗》〈苦労の心配りは人の先、楽しみは人の後〉一点の私心もなく人の為を優先する姿勢をいう、先憂後楽 ◆後半は'享乐在后'とも

★【吃亏】chī▾kuī 動 ① 損をする、割りを食う ② 不利な条件を背負う、ハンディを抱える

【吃老本】chī lǎoběn 動〈~儿〉〈元手を食う〉過去の成果や経歴にあぐらをかく

【吃了豹子胆】chīle bàozi dǎn《俗》〈ヒョウの胆を食った〉全身が胆っ玉であるかのように大胆である

【吃了迷魂药】chīle míhúnyào《俗》〈魂をとろかす薬を飲んだ〉誤った観念にとりつかれて目が覚めない

【吃里爬外】chī lǐ pá wài《成》一方の世話になりながらその敵方に手をかす、恩を仇返で返す

★【吃力】chīlì 形 苦労する、骨の折れる 回[费力]

【吃请】chīqǐng 動 食事の招待を受ける、ただ酒を振舞われる

【吃儿】chīr 名〈口〉食い物、餌

【吃人不吐骨头】chī rén bù tǔ gǔtou《俗》〈人間を食って骨を吐き出さない〉貪婪この上ない 回[吃人带皮骨]

【吃软不吃硬】chī ruǎn bù chī yìng《俗》穏やかに相談ずくでくる相手には妥協もするが、強圧的に出てくる相手には拒否を貫く 回[服软不服硬]

【吃食】chīshi/chíshí 動〈~儿〉餌を食う、ついばむ

【吃水】chīshuǐ 名 船の喫水 [~线] 喫水線 一 動 水分を吸収する、水を吸い取る

【吃顺不吃呛】chī shùn bù chī qiàng《俗》穏やかに出る相手には応じるが強硬な相手には応じない、話を合わせる相手には応じるが批判する相手は拒絶する

【吃素】chīsù 動 精進食を食べる、菜食する ⊗[吃荤]

【吃闲饭】chī xiánfàn 動 働かずに飯だけ食う、ぶらぶら寄食する

【吃现成饭】chī xiànchéngfàn《俗》〈自分で炊事せずにすでにでき上がった飯を食う〉労せずして甘い汁を吸う、働かずに得る

【吃香】chīxiāng 形〈口〉もてる、人気がある

【吃鸭蛋】chī yādàn 動〈試験で〉零点をとる、〈試合で〉零敗する 回[吃鸡蛋][吃零蛋]

【吃哑巴亏】chī yǎba kuī《俗》被害にあっても訴えようのないこと ◆泣き寝入りするほかないことを例える、'哑巴'は聾唖の者

【吃一堑, 长一智】chī yí qiàn, zhǎng

yí zhì《成》(挫折ざせつを味わえば，その分経験が豊かになる＞) 失敗すればそれだけ利口になる [同][吃一次亏，长一次见识]
【吃斋】chī▼zhāi [動] 菜食する，精進食をとる [同][吃素] [反][吃荤]
【吃着碗里，看着锅里】chīzhe wǎn lǐ, kànzhe guō lǐ《俗》(皿の物を食べながら鍋なべの食物をうかがっている＞) 貪欲どんよくこの上ないさまである
【哧】chī [擬] ちっ，びりっ，くすくすなど抑えた笑い声や布·紙などを鋭く引き裂く音に使う
〖蚩〗chī [×] おろかな
〖嗤〗chī [×] せせら笑う
【嗤笑】chīxiào [動] せせら笑う，嘲あざけり笑う [同][讥笑]
【嗤之以鼻】chī zhī yǐ bí《成》鼻であしらう，まるで小馬鹿にする
〖鸱(鴟)〗chī [×] ハイタカ→[鹞子 yàozi]
〖眵〗chī [×] [眼～] 目やに
〖笞〗chī [×] 鞭打つ
【痴(癡)】chī [形]《方》頭がおかしい，気のふれた
[×] ① 愚かしい，智恵の足りない ② マニア(になる)，(趣味などの) とりこ(になる) [书～] 本の虫
【痴呆】chīdāi [形] 愚かな，知能が弱い [同][愚笨]
【痴呆症】chīdāizhèng [名]〖医〗認知症
【痴肥】chīféi [形] 太りすぎの，異常に肥えた
【痴情】chīqíng [名] 痴情，恋のとりこ ━ [形] …のとりこになった，…に夢中の
【痴人说梦】chī rén shuō mèng《成》(愚か者が夢を語る＞) およそ現実性のない荒唐無稽の言葉を吐く
【痴想】chīxiǎng [名] ばかげた考え，愚かな空想 [同][痴念]
【痴笑】chīxiào [動] 愚鈍に笑う，無表情に笑う [同][傻笑]
【痴心】chīxīn [名]〔片〕盲目の恋情，魅入られた心
〖螭〗chī [×] 角のない竜，みずち
〖魑〗chī [×] 以下を見よ
【魑魅】chīmèi [名]《書》山に棲すむ妖怪 [～魍魉] 魑魅魍魎ちみもうりょう
〖池〗chí [×] ① 池，プール [游泳～] 水泳プール ② 池のように窪くぼんだ場所，周りを取り囲まれた場所 [乐 yuè ～] オーケストラボックス ③ 旧時の劇場の正面席 [～座] 同前 ④ 城壁の外をめぐる堀 [城～] 同前 ⑤ (C-) 姓
【池汤】chítāng [名] ふろ屋の大浴槽，大きな湯ぶね ([同][池堂][池塘]) 〖洗～〗ふろを浴びる
*【池塘】chítáng [名] ① 池 ② ふろ屋の大浴槽
【池沼】chízhǎo [名] 天然の池
**【池子】chízi [名]〔口〕① 池 ② 大浴槽，ふろ屋の湯ぶね ③ ダンスフロア [同][舞池]
【池座】chízuò [名] 劇場の正面席
〖弛〗chí [×] 緩和する，緊張が解ける [～禁]《書》解禁する
【弛废】chífèi [動] (風紀·綱紀などが) たるむ，だれる [同][废弛]
【弛缓】chíhuǎn [動] 緊張が解ける，気分がほぐれる
〖驰(馳)〗chí [×] ① (車馬が) 疾走する(させる)，疾駆する [奔～] 同前 ② 伝播する，広く伝わる ③ 憧あこがれる，思いをはせる [心～神往] 同前
【驰骋】chíchěng [動]《書》疾駆する，騎馬で駆けめぐる〖～球坛〗球界で大活躍する
【驰名】chímíng [動]《書》名を馳はせる，名がとどろく ([同][驰誉]) 〖～内外〗内外に名がとどろく
【驰驱】chíqū [動] 馬で早駆けする，疾駆する
【驰思】chísī [動]《書》思いをはせる，憧れる [同][驰念]
【驰行】chíxíng [動] (汽車や自動車が) 疾走する，ハイスピードで走る
【驰援】chíyuán [動] 救援に駆けつける
【迟(遲)】chí [形] ① のろい，ゆっくりした [同][慢] ② 遅い，手間どった [同][晚]
[×] (C-) 姓
【迟迟】chíchí [形]〔多く状語的に〕ぐずぐずした，時間のかかる〖～不来〗なかなか来ない
**【迟到】chídào [動] 遅刻する，到着が遅れる [反][早到]
【迟钝】chídùn [形] のろい，鈍い [反][灵敏]
*【迟缓】chíhuǎn [形] 緩慢な，ぐずぐずした [同][缓慢] [反][敏捷]
【迟暮】chímù [名]《書》夕暮れ，たそがれ;《転》晩年，人生のたそがれ
【迟延】chíyán [動] 手間どる，遅延する [同][拖延]
*【迟疑】chíyí [動] ためらう，逡巡しゅんじゅんする ([同][犹豫]) [～不决] ぐずぐずと煮え切らない
【迟早】chízǎo [副] 早晩そうばん，いずれは
【迟滞】chízhì [動] 遅らせる，延期させる ━ [形] のろい，緩慢な

【茌】 Chí ⊗ [～平] 茌平(山东省)

【持】 chí 動 ① 握る, 持つ [拿] ② (態度・見解を)持する, 保持する ⊗ ① 管轄する, 切り盛りする ② 支持する, 維持する ③ 対抗する, 対立する

*【持久】 chíjiǔ 動 長続きする(させる), 持続する(させる) ― 形 持続的な, 長く続く [打～战] 持久戦を戦う

【持平】 chípíng 形 ①〖書〗公平な, 偏しない [～之论] 公正な意見 ② (2つの時期, 2つの商品の)数字が等しい, 価格が同じである

【持球】 chíqiú 图 (バレーボールの)ホールディング

【持身】 chíshēn 動〖書〗己れを持する([持己]) [～严正] 己れを厳しく律する

*【持续】 chíxù 動 持続する, 継続する [物价在～上升] 物価があがり続ける

【持之以恒】 chí zhī yǐ héng 〈成〉長く継続する, 根気よく続ける

【持重】 chízhòng 形〖書〗思慮深い, 慎重な 匐[谨慎]

【匙】 chí ⊗ さじ, スプーン [汤～] ちりれんげ
⇨shi

【匙子】 chízi 图[把] さじ, スプーン

【踟】 chí ⊗ 以下を見よ

【踟蹰(踟躕)】 chíchú 動 ためらう, 躊躇ちゅうちょする [～不前] ぐずぐずして煮え切らない

【墀】 chí ⊗ きざはし, 階段

【篪】 chí ⊗ 古代の竹の笛

【尺】 chǐ 图 [把] 物差し, 尺 (匐[～子] [折～] 折り尺 [卷～] 巻尺 ― 圏 尺 ▸長さの単位, 現在の1尺は3分の1メートル ⊗ ① 尺形をした製図用具 [丁字～] T形定規 ② 尺形のもの [计算～] 計算尺 ▸中国民族音楽の音階'工尺'は gōngchě と発音

【尺寸】 chǐcun/chǐcùn 图 ① 寸法, サイズ [量～] 採寸する ②〖口〗節度, しまり
― chǐcùn 图 ごく少ない [～之地] 猫の額ほどの場所

【尺度】 chǐdù 图 尺度, 規準

【尺短寸长】 chǐ duǎn cùn cháng 〈成〉('尺'でも短い場合があり,'寸'でも長い場合がある>)人にも物事にも長所もあれば欠点もある 匐[尺有所短, 寸有所长]

【尺骨】 chǐgǔ 图〖医〗尺骨

【尺蠖】 chǐhuò 图 尺取り虫

【尺码】 chǐmǎ 图 (～儿) ① (靴や帽子の)サイズ, 寸法 ② サイズの単位, 測定基準

【尺子】 chǐzi 图[把] 物差し [尺]

【齿(齒)】 chǐ ⊗ ① 歯→[牙] (～儿) 歯の形をした部分, 歯 [梳～儿] 櫛の歯 ③ 歯のついた ④ 年齢 ⑤ 言及する, 話題にする

【齿唇音】 chǐchúnyīn 图〖語〗唇歯音 匐[唇齿音]

【齿轮】 chǐlún 图 歯車, ギア (匐[牙轮]) [～箱] ギアボックス

【耻(恥)】 chǐ ⊗ ① 不名誉, 恥辱 (匐'荣') [知～] 恥を知る

【耻辱】 chǐrǔ 图 恥辱, 不名誉 匐[羞耻] ⊗[光荣]

【耻笑】 chǐxiào 動 嘲笑する, せせら笑う 匐[嗤笑]

【侈】 chǐ ⊗ ① 浪費する, 贅沢だくする [奢～] 同前 ② 誇張する, 大げさに語る

【豉】 chǐ ⊗ →[豆 dòu ～]

【褫】 chǐ ⊗ はぎ取る, 奪う [～夺] 剥奪する

【叱】 chǐ ⊗ 大声でしかる, 怒鳴りつける

【叱呵】 chìhē 怒鳴りつける, 大声でしかる

【叱喝】 chìhè 動 匐[叱呵]

【叱骂】 chìmà 動 罵倒ばとうする, しかりとばす 匐[责骂]

【叱责】 chìzé 言葉はげしく責めたてる, 難詰する 匐[斥责]

【叱咤】 chìzhà 動〖書〗叱咤しったする, 怒号する [～风云] 気勢溢れるさま

【斥】 chì ⊗ ① 責める, 非難する ② 退ける, 排斥する [排～] 排斥する ③ 拡張させる, 広げる ④ 斥候せっこうを務める, 偵察する

【斥候】 chìhòu 图 動 斥候(を務める)

【斥力】 chìlì 图〖理〗斥力せきりょく ⊗[引力]

【斥退】 chìtuì 動 ① しかりつけて退去させる, 厳しい声で退かせる ②(旧) 役人を免職する, 学生を退学処分にする

【斥责】 chìzé 言葉はげしく非難する, 難詰する 匐[叱责]

【赤】 chì ⊗ ① 赤 匐[红 hóng] ② 忠実な, 忠誠の ③ (裸の, 剥き出しの 匐[光] ④ 何もない, すっからかんの

【赤背】 chì▸bèi 動 もろ肌脱ぐ, 上半身裸になる

【赤膊】 chìbó 图 肌ぬぎになった上半身 [打～] もろ肌脱ぐ
― chì▸bó もろ肌脱ぐ, 上半身裸になる

【赤潮】chìcháo 名 赤潮[紅潮]
【赤忱】chìchén 名〔書〕真心
【赤誠】chìchéng 形 赤誠,心あふれた,真心のある
*【赤道】chìdào 名 ①地球の赤道 ②天体の赤道
【赤脚】chìjiǎo 名 はだし,素足[赤脚]
—— chì'jiǎo 動 はだしになる,素足のままでいる
【赤脚医生】chìjiǎo yīshēng 名 はだしの医者◆文革中に農村地域で養成された速成の医者
【赤金】chìjīn 名 純金[純金]
【赤露】chìlù 動 (身体を)剥き出しにする,(肌を)さらす
【赤裸】chìluǒ 動 裸になる,(身体を)剥き出しにする〖~着脚下地〗はだしで野良に出る
【赤裸裸】chìluǒluǒ 形 (~的) ①素っ裸の ②(転)あからさまな,公然の
【赤贫】chìpín 形 貧乏のどん底の,この上なく貧しい〖~如洗〗赤貧洗うがごとし
【赤手空拳】chì shǒu kōng quán (成)徒手空拳[手无寸铁]
【赤松】chìsōng 名 アカマツ
【赤条条】chìtiáotiáo すっぽんぽんの,丸裸の
【赤县】Chìxiàn 名 中国の別称
【赤小豆】chìxiǎodòu 名 アズキ[小豆][红小豆]
【赤心】chìxīn 名 真心,赤心
*【赤字】chìzì 名 赤字,欠損

【饬】(飭) chì ⊗ ①整える ②(下位の者に)…させる [~令]〔書〕同前

【炽】(熾) chì ⊗ 炎のような,熱く燃えた
【炽热】chìrè 形 灼熱とした,火のような
【炽盛】chìshèng 形 勢い盛んな,燃えさかる

【翅】(*翄) chì ⊗ ①虫や鳥の羽根,翼 ②フカ(鱶)のひれ
*【翅膀】chìbǎng 名〔只・对・双〕(虫や鳥また飛行機などの)翼,羽
【翅子】chìzi 名 ①フカ(鱶)のひれ[鱼翅] ②〔方〕翼,羽

【敕】 chì ⊗ 詔勅

【啻】 chì ⊗ ただ…のみ,単に[不~]〔書〕…だけではない,…に等しい

【充】 chōng 動 なりすます,振りをする〖~内行〗玄人ぶる
⊗ ①(C-)姓 ②満ちる,足る ③たす,詰め込む ④担当する,務める

【充斥】chōngchì 動(貶)溢されかえる〖冒牌商品~了市场〗にせ物が市場に氾濫している
*【充当】chōngdāng 動(役割を)務める,(職務に)就く〖~[充任])〖~裁判〗審判を務める
【充电】chōng'diàn 充電する
*【充电器】chōngdiànqì 名 充電器
【充耳不闻】chōng ěr bù wén (成)(耳をふさいで聞かない>)他人の意見に耳をかさない態度〖置若罔闻〗[洗耳恭听]
*【充分】chōngfèn 形 (抽象的な事柄が)十分な,十二分の 副〔足够〕——圖 十分に,存分に 動〔尽量〕
【充公】chōnggōng 動 没収する
【充饥】chōng'jī 動 腹を満たす,飢えをしのぐ 動〔解饿〕
【充军】chōng'jūn 動 罪人を辺地に移送して兵隊にする◆封建時代の流刑の一種
【充满】chōngmǎn 動 満ち溢れる,みなぎる〖烟味~了屋子(屋子里~了烟味)〗タバコのにおいが部屋にたちこめる
【充沛】chōngpèi 形 満ち足りた,潤沢な
【充其量】chōngqíliàng 副 最大限,多くとも 動〔充其极〕
【充任】chōngrèn 動 担当する,任に就く 動〔充当][担任]
*【充实】chōngshí 動 充実させる,強化する〖~一点儿内容〗内容を充実させる —— 形 充実した,豊かな
【充数】chōng'shù 動 員数合わせをする,間に合わせに使う
【充血】chōngxuè 動 充血する
【充溢】chōngyì 動 満ち溢れる,みなぎる 動〔充满〕
【充盈】chōngyíng 形 ①満ち満ちた,いっぱいの ②〔書〕肉づきのよい,豊満な
【充裕】chōngyù 形 潤沢な,有り余るほどの 動〔充分][紧张]
【充值】chōng'zhí 動(プリペイドカードなどに)チャージする
【充值卡】chōngzhíkǎ 名 チャージ式プリペイドカード
*【充足】chōngzú 形 十分な,ふんだんな ⊗〔缺少〕

【冲】(衝*沖) chōng
動 ①(熱湯や熟した液体を)注ぐ ②(強い水の力で)洗い流す,押し流す ③突進する,攻撃をかける ④(意志・感情などが)衝突する,ぶつかる ⑤現像する ⑥相殺する,差引きゼロにする ⑦(survivors がいるとき)悪魔払いをする,厄除けをする
⊗ 要衝とする
⇨ chòng

【─(*冲)】 名《方》山間の平地，盆地
【冲冲】 chōngchōng 形〔多く接尾辞的に〕感情の程度が激しい［怒気～］かっかしている［急～(的)］大急ぎの［興～(的)］大喜びの
【冲刺】 chōngcì 動《体》スパートをかける［最后～］ラストスパート
【冲淡】 chōngdàn 動①（液体濃度を）薄める, 希釈する ②弱める, 希薄にする
【冲荡】 chōngdàng 動（水流が）激しくぶつかる, 激浪が打つ
*【冲动】 chōngdòng 動 かっとなる, 興奮状態になる〔抑制～〕衝動を抑える
【冲犯】 chōngfàn 動（相手を）怒らせる, 機嫌を損なう
【冲锋】 chōngfēng 動《軍》突撃する, 敵陣に切り込む⇔[冲锋]〔～枪〕マシンガン
【冲锋陷阵】 chōng fēng xiàn zhèn《成》敵陣に躍り込む；(転)正義のために勇敢に戦う
【冲服】 chōngfú 動（薬を）湯や酒で溶いて飲む
*【冲击】 chōngjī 動①（水流や波が）激しくぶつかる, 激突する ②突撃する, 敵陣に切り込む⇔[冲锋] ③（競争の中で）攻撃をかける, 追い上げる ④ショックを与える, 影響を与える［在那些作品一下］それらの作品の影響を被って
【冲积】 chōngjī 名《地》冲積［～扇］扇状地
【冲击波】 chōngjībō 名《理》①核爆発による衝撃波 ⇔[爆炸波] ②超音速機などによる衝撃波
【冲剂】 chōngjì 名 湯で溶かして飲む顆粒状の漢方薬
【冲决】 chōngjué 動 突き破る, 粉砕する［～堤防］堤防を決壊させる
【冲口而出】 chōng kǒu ér chū《成》口を衝いて出る
【冲垮】 chōngkuǎ 動 粉砕する, 押し破る
【冲浪】 chōnglàng 動 サーフィンをする
【冲破】 chōngpò 動 突破する, 打破する
【冲散】 chōngsàn 動 追い散らす, 解散させる
【冲杀】 chōngshā 動（敵陣に）突進する, 突撃する
【冲刷】 chōngshuā 動①（ブラシなどで）洗い流す, 洗い清める ②（洪水などが）地表を削る, 土石を押し流す
【冲天】 chōngtiān 動（激情が）天を衝く, 意気燃えさかる
【冲田】 chōngtián 名 丘陵の谷間に広がる水田, 山間部の田んぼ

*【冲突】 chōngtū 動 衝突する, 対立する［利害～］利害の衝突
【冲洗】 chōngxǐ 動①洗浄する, すすぐ ②（フィルムを）現像する
【冲要】 chōngyào 形 戦略上重要な, 要衝に位置した
【冲撞】 chōngzhuàng 動①激しくぶつかる, 体当たりする ⇔[撞击] ②怒らせる, 機嫌を損なう

【舂】 chōng 搗く, (乳鉢で)つぶす
【憧】 chōng ⊗以下を見よ
【憧憬】 chōngjǐng 動 憧れる, 切望する ⇔[向往]

【虫(蟲)】 chóng 名〔只・条〕(～儿)虫 ⇔[～子]〔长～〕ヘビ〔大～〕トラ〔毛～〕毛虫〔昆虫〕〔网～〕インターネットマニア
【虫害】 chónghài 名 虫害［防治～］虫害を防ぐ
【虫情】 chóngqíng 名 虫害の進行状況, 害虫の活動状況［预报～］虫害予報を出す
【虫蚀】 chóngshí 動 虫が食う, 虫に食われる［防止～］虫食いを防ぐ
【虫牙】 chóngyá 名《口》虫歯 ⇔[龋齿]
【虫灾】 chóngzāi 名 大規模な虫害, 虫による農業災害
【虫豸】 chóngzhì 名《書》虫
【虫子】 chóngzi 名〔只・条〕虫

【种】 Chóng 名 姓 ⇨zhǒng, zhòng

【重】 chóng 一 動 重複する, ダブる 一 圖〔ふつう単音節の動詞を修飾して〕もう一度, 再び［～说一遍］同じことをもう一度言う 一 圖 重なりあった層を数える, 層, 重［万～山］重なる山々〔五～塔〕五重の塔 ⇨zhòng

【重版】 chóngbǎn 動 再版する, 重版する
【重播】 chóngbō 動①再放送する ♦ラジオ・テレビともにいう ②種まきをやり直す, もう一度種をまく
【重唱】 chóngchàng 動 重唱する［二～］デュエット
【重重】 chóngchóng 形 幾重にも重なった, 果てもない
【重蹈覆辙】 chóng dǎo fù zhé《成》覆った前車の轍を踏む, 同じ失敗を繰り返す
【重叠】 chóngdié 動 重なり合う, 積み重なる
【重返】 chóngfǎn 動 立ち戻る, 帰る
【重犯】 chóngfàn 動 過ちを繰り返す, 罪を重ねる［～错误］過ちを重ねる
【重逢】 chóngféng 動《書》再会する

[与他~了]彼と再会した
*【重复】chóngfù 動①重複する、ダブる ②もう一度繰り返す
【重婚】chónghūn 動 重婚する
【重茧】chóngjiǎn 图（手足にできる）まめ、たこ
【重建】chóngjiàn 動 再建する、建て直す、復興する
【重九】Chóngjiǔ 图 陰暦9月9日 ⇨[重阳]
【重起炉灶】chóng qǐ lúzào《成》(新たにかまどを築く＞)新規まき直しを図る、一から再出発する
【重庆谈判】Chóngqìng tánpàn《史》重慶会談 ♦1945年10月、中国共産党と中国国民党が重慶で第2次大戦後の中国の運営をめぐって開いた会談
【重申】chóngshēn 動 再度述べる、同じ言を繰り返す
【重审】chóngshěn 動《法》(上級裁判所で)再審する
【重孙(子)】chóngsūn(zi) 图《口》(男系の)ひ孫、曽孫 ♦息子の息子の息子 ⇨[曽孙]
【重孙女】chóngsūnnü 图（～儿）女のひ孫 ♦息子の息子の娘 ⇨[曽孙女]
【重围】chóngwéi 图 幾重もの包囲、十重二十重の囲み [杀出～]厚い包囲を突破する
【重温】chóngwēn 動 復習する、学び直す
【重现】chóngxiàn 動 再現する
*【重新】chóngxīn 副①再び、もう一度 ②新たに、一から(やり直す)
【重修】chóngxiū 動①(建物などを元通りに)作り直す、建て替える ②修訂する、新たに書き直す
【重演】chóngyǎn 動①(演劇・映画などを)再演する ②(同じ事を)繰り返す、またも引き起こす
【重眼皮】chóngyǎnpí 图（～儿）二重まぶた
*【重阳节】Chóngyángjié 图 重陽節 ♦陰暦9月9日、秋の真っ盛りで、昔はこの日高い所に登った ⇨[重九][重阳]
【重译】chóngyì 動①幾重もの通訳を経る、多重通訳を介する ②重訳する ③新たに訳し直す
【重印】chóngyìn 動 再版する、重版する
【重圆】chóngyuán 動 もとの鞘に納まる、団欒を取り戻す
【重整旗鼓】chóng zhěng qígǔ《成》(敗北や失敗のあと)陣営を立て直す、捲土重来を図る ⇨[东山再起]
【重奏】chóngzòu 图 重奏 [三～](器楽の)トリオ

【崇】chóng ⊗①(C-)姓 ②高い [～山峻岭]高くて険しい山々
*【崇拜】chóngbài 動 崇拝する、敬慕する ⇨[崇敬]
【崇奉】chóngfèng 動 信仰する、崇拝する
*【崇高】chónggāo 形 崇高な、高貴な ⇨[卑屈]
【崇敬】chóngjìng 動 崇める、いたく尊敬する ⇨[尊崇]
【崇尚】chóngshàng 動 尊重する、擁護する ⇨[推崇]
【崇洋】chóngyáng 動《貶》外国を崇拝する、外国を有難がる (⇨[崇外]⇨[排外]) [～思想]外国崇拝の思想

【宠(寵)】chǒng 動 偏愛する、特に目をかける [～坏]甘やかしてだめにする [得～]目をかけられる [～用]寵用する
【宠爱】chǒng'ài 動 かわいがる、偏愛する ⇨[疼爱]
【宠儿】chǒng'ér 图 寵児、お気に入り [影坛的～]映画界の売れっ子
【宠惯】chǒngguàn 動 (子供を)やたら甘やかす、ちやほやする
【宠物】chǒngwù 图 ペット
【宠信】chǒngxìn 動《貶》お気に入りを盲目的に信頼して使う

【冲(衝)】chòng 形《口》①力あふれた、エネルギッシュな ②においが強烈な、つんとくる — 介《多く'着'を伴い》①…に向かって、…に対して ②…に基いて、…によって — 動 金属板にプレス加工(型押しや穴あけ)する [～床]ポンチプレス ⇨chōng
【冲压】chòngyā 動 (金属板に)プレス加工する [～机]プレス
【冲子】chòngzi 图《機》ポンチ、穿孔機 ⇨[铳子]

【铳(銃)】chòng ⊗ (旧式の)銃砲

【抽】chōu 動①(挟まっている物を)抜き取る、取り出す ②(一部分を)抽出する、抜き出す ③吸引する、吸い込む ④縮む、収縮する ⑤(細長い物で)ぴしりとたたく、薙ぐように打つ ⑥(植物が)伸びる、生長する
【抽测】chōucè 動 抜き打ちに計測する、抽出計測する
【抽查】chōuchá 動 抽出検査する、抜き取り調査する
【抽搐】chōuchù 動 痙攣する、ひきつる ⇨[抽搦]
【抽打】chōudǎ 動 (むちなどで)ひっぱたく

—— chōuda 動（衣類に）はたきをかける、ほこりをはたく
【抽搭】chōuda 動（口）しゃくり上げる、むせび泣く
【抽调】chōudiào 動（一部の人や物を）配置替えする、転属させる
【抽动】chōudòng 動 ① 痙攣する、激しく身を震わせる ② 転用する、収用する
【抽风】chōufēng 動 ① ひきつけを起こす ②（転）常軌を逸する ③（器具で）風を吸い込む
【抽奖】chōujiǎng 動 抽選で当選者を決める
【抽筋】chōujīn 動 ① 腱を抜き取る、筋を抜き出く ②（口）（〜儿）痙攣する、筋がつる［腿〜］こむら返りが起こる
*【抽空】chōukòng（〜儿）時間を割く、ひまを作る 類［抽功夫］［抽闲］
【抽冷子】chōu lěngzi 動（方）隙を衝いて、出し抜けに 類［抽个冷子］
【抽泣】chōuqì 動 むせび泣く、しゃくり上げる
【抽气机】chōuqìjī 名 真空ポンプ、エアポンプ 類［抽气泵］
【抽签】chōuqiān 動（〜儿）くじを引く、抽選する
【抽纱】chōushā 名 ① 抜きかがり刺繍、レース編み（織り） ② ①で作った製品（カーテン・ハンカチなど）
【抽身】chōushēn 動 その場を離れる、関係を断つ
【抽水】chōushuǐ 動 ① ポンプで水をくみ上げる［〜马桶］水洗便器 ②（衣料が）水にぬれて縮む 類［缩水］
【抽水机】chōushuǐjī 名〔台〕吸水ポンプ 類［水泵］
【抽穗】chōusuì 動（穀物の）穂が出る、穂を出す
【抽薹】chōutái 動（葉野菜の）薹が立つ、茎が伸びる
*【抽屉】chōuti 名 引出し［拉开〜］引出しを開ける
*【抽象】chōuxiàng 形 抽象的な（⇔［具体］）［〜概念］抽象概念 ― 動 抽象する［〜出一个结论］ある結論を引き出す
【抽芽】chōuyá 動（植物の）芽が出る、芽をふく
*【抽烟】chōuyān 動 タバコを吸う 類［吸烟］
【抽验】chōuyàn 動（性能をみるために）抜き取り検査する、抽出試験する
【抽样】chōuyàng 動 サンプルを取る
【抽噎】chōuyē 動 むせび泣く、しゃくり上げる 類［抽搭］［抽咽 yè］
【抽绎(绎)】chōuyì 動（書）（糸口を）引き出す
【抽印】chōuyìn 動 抜刷りをとる、別刷りする［〜本］抜刷り本

【瘳】chōu ⊗ ① 病気が治る ② 損なう

【仇(*雠 讎)】chóu 名 憎しみ、恨み［没有〜］恨みはない［记〜］恨みを抱く［报〜］恨みを晴らす
⊗ 仇敵、敵対者 ◆「文字の対校」の意では'雠'のみ
⇨ Qiú（'仇'のみ）
【仇敌】chóudí 名 仇敵、敵
【仇恨】chóuhèn 動 恨み、敵意
憎悪する、敵視する
【仇人】chóurén 名 仇敵、仇人
【仇视】chóushì 動 敵視する、憎悪する
【仇怨】chóuyuàn 動 憎悪、恨み

【俦(儔)】chóu ⊗ 仲間、同類［〜侣］（書）連れ

【畴(疇)】chóu ⊗ ① 農地、田畑［田〜］（書）同前 ② 種類、区分［范〜］範疇

【筹(籌)】chóu 動 工面する、調達する［〜了一笔款子］資金を調達した
⊗ ①（竹や木などで作った）点数などを数える札、チップ［竹〜］竹製の点数札 ② 計画する、思案する
*【筹备】chóubèi 動 準備する、手筈を整える
【筹措】chóucuò 動（資金を）調達する、工面する
【筹划(筹画)】chóuhuà 動 計画する、企画を進める
【筹集】chóují 動（資金を）集める、調達する 類［筹募］
【筹建】chóujiàn 動 建設計画を進める、設立を準備する
【筹款】chóukuǎn 動 資金(基金)を調達する、金を集める
【筹商】chóushāng 動 相談する、協議する 類［筹议］

【踌(躊)】chóu ⊗ 以下を見よ
*【踌躇】chóuchú 動 ① ためらう、ぐずぐずする ② 留まる、居残る ― 形（書）得意満面の、手柄顔の［〜满志］同前

【惆】chóu ⊗ 以下を見よ
【惆怅】chóuchàng 形（書）しょんぼりした、元気のない

【绸(綢 *紬)】chóu ⊗ 柔らかな絹織物、薄絹［丝〜之路］シルクロード
【绸缎】chóuduàn 名 絹織物
【绸缪】chóumóu 形（書）つきまとって離れない、(情緒) 纏綿たる→［未雨〜］
【绸子】chóuzi 名 薄絹、柔らかな絹

織物

【稠】chóu 形①(溶液などが)濃い，濃度が高い 反[稀] ②密度が高い

*【稠密】chóumì 形稠密な

〖酬(醻)〗chóu ×①報酬，給金 ②お返しをする，返礼する ③交際する[应～ yìngchou]交際 ④実現する，達成する ⑤酒を酌み交わす，互いに献盃する

【酬报】chóubào 動返礼する，お返しする

【酬答】chóudá 動①謝礼をする，お礼の贈物をする ②詩やスピーチで応答する

【酬和】chóuhè 動(詩に) 詩で答える，詩の応酬をする

【酬金】chóujīn 名謝礼金，報酬

【酬劳】chóuláo 名報酬，謝礼 同[酬庸] — 動報酬を払う，謝礼を出す

【酬谢】chóuxiè 動謝礼を贈る，感謝の贈物をする 同[酬答]

【愁】chóu 動心配する，気に病む〖别～〗心配すんな〖真～死我了〗(私は) 本当に気がかりだったよ

【愁肠】chóucháng 名苦悩，胸一杯の憂い

【愁烦】chóufán 形いらいら気に病む，じりじり心配する

【愁苦】chóukǔ 形愁いと苦悩に満ちた

【愁虑】chóulǜ 動心配する，憂慮する 同[忧虑]

【愁眉苦脸】chóu méi kǔ liǎn《成》心痛の面持ちの，憂いに沈んだ

【愁眉锁眼】chóu méi suǒ yǎn《成》苦悩の色を滲ませた，憂慮に沈んだ

【愁容】chóuróng 名心痛の表情，憂慮の色[～满面]いかにも心配げな

【愁郁】chóuyù 形[愁闷]

【丑】chǒu 名(鼻のあたりを白く塗った，伝統劇の) 道化役，滑稽役 同[～角][小～儿][小花脸][三花脸]
×①干支の2番目「うし」 ②(C-)姓

【—(醜)】形醜い，不器量な 反[美]
×みっともない，恥ずべき[出～]物笑いになる

【丑表功】chǒubiǎogōng 動臆面もなく自分の手柄を吹聴する

*【丑恶】chǒu'è 形(抽象的な事柄について)醜悪な，胸の悪くなるような

【丑化】chǒuhuà 動醜悪に見せる，(中傷誹謗で) 評判を悪くする 反[美化]

【丑话】chǒuhuà 名①汚い言葉，がさつな物言い ②(ふつう，注意や警告の気持ちを込めて)ずけずけ言う言葉，遠慮会釈のない発言[～说在头里]嫌な話は先に話そう(警告や悪い結果への予測などは事前に出すべしということ)

【丑剧】chǒujù 名《転》〔出〕道化芝居，猿芝居〖演～〗とんだ猿芝居を演じる

【丑角】chǒujué 名(同[小丑]) ①〖演〗道化役，ピエロ ②《転》ピエロ役，笑い物になる役どころ

【丑劣】chǒuliè 形醜悪な，卑劣な

【丑陋】chǒulòu 形醜い，不器量な 同[难看]

【丑态】chǒutài 名〔副〕醜態，みっともない格好

【丑闻】chǒuwén 名〔条·件〕スキャンダル，醜聞

【丑行】chǒuxíng 名醜悪な行為，恥ずべき行ない

【瞅(*瞁)】chǒu 動《方》見る，目にする(同[看])〖～了他一眼〗彼をちょっと見た[～见]見かける

【臭】chòu 形①臭い，悪臭のある ②嫌味な，鼻もちならない[～名]悪名 — 副〖単音節の動詞の前で〗こてんぱんに，こっぴどく
⇨xiù

【臭虫】chòuchong 名〔只〕ナンキンムシ 同[床虱]

【臭豆腐】chòudòufu 名〔块〕塩水につけ発酵させた独特のにおいをもつ豆腐 ♦ゆでたり揚げたりして食べる

【臭烘烘】chòuhōnghōng 形(～的)悪臭ふんぷんの，鼻のもげそうな 同[臭熏熏]

【臭骂】chòumà 動こっぴどくしかる，さんざん罵倒する

【臭名远扬】chòumíng yuǎn yáng《成》悪名高い，悪評が天下にひろまる 同[臭名昭著]

【臭味相投】chòuwèi xiāng tóu《成》《貶》類は友を呼ぶ

【臭氧】chòuyǎng 名〖化〗オゾン[～层]オゾン層[～洞]オゾンホール

【出】chū 動①(中から外に)出る，出す(反[进])〖～了大门〗門を出た ②(範囲を) 越える，はみ出る〖不～三年〗3年もしないうちに ③提出する，発行する〖～主意〗アイデアを出す ④産出する，生み出す ⑤生じる，起きる ⑥(内にこもったエネルギーや毒などが)発散する，漏れ出る ⑦支出する，支払う ⑧…から引用されている，出典は…にある
—— -chū/-chu〖方向補語として〗(a)動作が中から外に向かって行

われること，(b)隠れていたものが現れること，(c)ある結果を成就することなどを表わす〖拿～〗取り出す〖看～〗見抜く〖做～〗仕出かす

〖—(齣)〗chū [量] 伝統劇の大きな段落・場，芝居の演目を数える〖唱三～戏〗芝居を3場(3つ)演じる

★【出版】chūbǎn [動] 出版する〖～了十种书〗本を10種類出版した

【出榜】chū'bǎng [動] ① 合格発表をする，合格者名を貼り出す ②《旧》役所の告示を貼り出す，御触れを出す

【出奔】chūbēn [動] 家出する，出奔する

【出殡】chū'bìn [動] 棺を墓地(安置所)まで運ぶ

【出兵】chū'bīng [動] 出兵する，軍隊を派遣する

【出岔子】chū chàzi [動] 手違いを生じる，手筈が狂う

★【出差】chū'chāi [動] 出張する

【出产】chūchǎn [動] (資源が) 産出する，(製品を)生産する — [名] 産物

【出厂】chū'chǎng [動] 工場から出荷する [～日期] 出荷月日

【出场】chū'chǎng [動] [反][退场] ① (舞台に)登場する，出演する ② (競技に)出場する

【出超】chūchāo [名] 出超，輸出超過 — [動] 出超を記録する，貿易が黒字になる [反][入超]

【出车】chū'chē [動] ① (業務で) 車を出す，自動車が業務につく ② 車で出掛ける

【出丑】chū'chǒu [動] 恥をかく，笑い者になる [当众～] 人前で恥をさらす [同][出洋相]

【出处】chūchǔ [名]《書》出処進退
—— chūchù [名] 出典，出処 [同][出典]

【出典】chūdiǎn [名] 出典，出処

【出点子】chū diǎnzi [動] 知恵を貸す，案を出す

【出动】chūdòng [動] ① (部隊が) 出動する ② (軍隊を) 派遣する，出動させる ③ (皆で)一斉に取り掛かる

【出尔反尔】chū ěr fǎn ěr《成》自分の言葉に背く，言うことがくるくる変る ♦元来は「身から出たさび」の意 [同][言之无信]

★【出发】chūfā [動] ① 出発する [同][启程] ② (…の視点から) 発想する〖从你们的幸福～〗お前たちの幸せという点から考えれば

【出发点】chūfādiǎn [名] 起点，出発点

【出访】chūfǎng [動] 外国を訪問する

【出份子】chū fènzi [動] 金を出し合って祝儀や香奠にする，割前を集めて進物を贈る

【出风头】chū fēngtou [動] 出しゃばる，目立ちたがる

【出港】chū'gǎng [動] 出港する，港を出る

【出格】chū'gé [動] ① 常軌を逸する，人並みはずれる [同][出圈儿] ② 抜きん出る，人並みすぐれる [同][出众]

【出阁】chū'gé [動] 嫁ぐ，嫁にゆく [同][出嫁]

【出工】chū'gōng [動] 作業に出る，仕事にゆく [同][上工] [反][收工]

【出恭】chū'gōng [動] 大便をする，脱糞する〖出虚恭〗屁をひる

【出轨】chū'guǐ [動] ① (汽車などが) 脱線する，軌道を外れる ② 常軌を逸する，常識外れの行動をする

【出国】chū'guó [動] 国を出る，出国する

【出海】chū'hǎi [動] (船が，人が船で) 海に出る，沖に出る

【出汗】chū'hàn [動] 汗をかく，汗が出る〖出了一身汗〗全身びっしょり汗をかいた

【出航】chū'háng [動] [反][回航] ① (船が) 出航する，港を出る [同][出港] ② (飛行機が) 飛立つ，出発する

【出乎】chūhū [動] ① …から発する，…に基づく ② …をはみ出す，…の範囲を越える

【出乎意料】chūhū yìliào《成》思いがけない，予想を裏切る [反][不出所料]

【出活儿】chū'huór [動] ① 物を作り出す，製品を生み出す ② 能率を上げる，効率よく生産する

【出击】chūjī [動] ① 出撃する，打って出る [反][迎击] ② (競争や闘争の中で)攻勢に出る，攻撃を仕掛ける

【出嫁】chū'jià [動] 嫁ぐ，嫁にゆく [同][出阁]

【出家人不说在家话】chūjiārén bù shuō zàijiā huà《俗》(出家は在家のような口をきかない>) 人はとかく身分や立場に縛られる

【出界】chū'jiè [動] (球技で球が) ラインの外に出る，アウトになる

【出境】chū'jìng [動] ([反][入境]) ① 出国する，国境の外に出る [～游] 海外旅行 ② 地域(行政単位) の境界線の外に出る

【出局】chū'jú [動] (野球・ソフトボールで) アウトになる

★【出口】chūkǒu [名] [处] 出口 [反][入口][进口]
—— chū'kǒu [動] ① 口に出す，しゃべる ② (船が) 出港する，港を離れる ③ 輸出する([反][进口])〖～大米〗米を輸出する [～货] 輸出商品

【出口成章】chū kǒu chéng zhāng《成》(しゃべる言葉がそのまま文章に

なる>)弁舌がさわやかである,文才が豊かである

【出来】chūlai/chúlái 動 ①(中から外に)出てくる〚出不来〛出て来られない ②現れる,生まれる 嚠[出現]

—— -chūlai/-chulai/-chūlái〚複合方向補語として〛①動作が中から外へ,かつ話し手の方向に行なわれることを示す〚跑出一只狗来(跑出来一只狗)〛犬が1匹飛び出してきた ②動作が達成された(実現した)ことを示す〚想出一个好办法来了〛いい手を思い付いた ③隠されていたものが明らかになることを示す〚看出他的意思来〛彼の腹を読み取る

【出栏】chūlán 動(豚や羊などを成長後)食肉用にまわす,屠殺に出す

【出蓝】chūlán 動〔書〕弟子が師匠を乗り超える,門弟が先生以上の力をつける

【出类拔萃】chū lèi bá cuì (成)抜きん出る,傑出する

【出力】chūlì 動力を出す,貢献する

【出溜】chūliu 動〔方〕つるりと滑る,滑りつつ進む 嚠[滑]

【出笼】chūlóng 動 ①(蒸しあがった食品を)蒸籠から取り出す ②(貶)出回る,どっと世に出る

*【出路】chūlù 图〔条〕①出口,抜け道 ②活路,発展の道

【出乱子】chū luànzi 動 トラブルを生じる,まずい事態になる 嚠[出毛病]

【出马】chū mǎ 動 ①乗り出す,陣頭に立つ〚亲自～〛自ら乗り出す ②(方)往診する

【出卖】chūmài 動 ①売る,売りに出す 嚠[出售] ②(貶)裏切る,(味方を敵に)売る,密告する

【出毛病】chū máobìng 動 故障する,欠陥を生じる 嚠[出事故]

【出门】chū mén 動 ①(~儿)外出する,出掛ける ②(~儿)遠くに旅立つ 嚠[出远门] ③(方)嫁ぐ,嫁にゆく 嚠[出门子]

【出面】chū miàn 動 表に立つ,窓口になる

【出名】chū míng 動 ①世に名を知られる,有名になる ②(~儿)名義を使う,名を出す〚由校长～〛校長の名で

【出没】chūmò 動 出没する,しばしば姿を現す

【出谋划策】chū móu huà cè (成)策を巡らす,知恵を絞る

【出纳】chūnà 名 ①(経理の)出納業務〚～科〛出納課〚出納係〚～员〛②(図書館などの)貸出しと返還業務〚～台〛(図書館などの)カウンター

【出品】chūpǐn 名 製品,生産品

—— chū'pǐn 動 製造する,生産する

【出其不意】chū qí bú yì (成)不意打ちを食わせる,意表を衝く

【出奇】chūqí 形 尋常でない,一風変わった 嚠[奇特]

【出奇制胜】chū qí zhì shèng (成)奇策によって敵に勝つ,意表を衝いて勝利を得る

【出气】chū'qì 動 憂さを晴らす,怒りや恨みをぶちまける〚拿孩子～〛子供に八つ当たりする〚可detteration我出了一口气〛お陰で胸がすかっとした

【出气口】chūqìkǒu 图 排気口

【出去】chūqu/chúqù 動(中から外へ)出て行く,外出する〚出不去〛出て行けない

—— -chūqu/-chuqu/-chūqù〚複合方向補語として〛動作が中から外へ行なわれ,話し手から遠ざかることを示す〚跑出大门去〛正門から駆け出して行く

【出人头地】chū rén tóu dì (成)一頭地を抜く,衆にすぐれる

【出人意料】chū rén yìliào (成)思いがけない,予想だにせぬ 嚠[出人意表]

【出入】chūrù 動 出入りする〚～证〛通行証 —— 图 くい違い,矛盾

【出赛】chūsài 動(試合に)出場する

【出丧】chū sāng 動 出棺する 嚠[出殡]

【出色】chūsè 形 出色の,とりわけ優れた 逆[逊色]

【出身】chūshēn 名 家柄,出身,前歴 —— 動(''于''を伴って)…の出身である,…の家の出である

*【出神】chū shén 動 ぼんやり我を忘れる,恍惚となる

*【出生】chūshēng 動 生まれる,出生する(嚠[诞生])〚～率〛出生率

【出生入死】chū shēng rù sǐ (成)生命の危険を冒す,命知らずのまねをする

【出师】chū'shī 動 ①(弟子が)修業を終える,年季を勤め上げる ②〔書〕軍隊を派遣する,出兵する

【出使】chū shǐ 動 外交使節として外国を訪れる

【出世】chūshì 動 ①生まれる,誕生する〚~作〛出世作 ②世を捨てる,世俗を忘れる

【出示】chūshì 動(取り出して)見せる,(手にして)示す〚~执照〛免許証を提示する

【出事】chū'shì 動 事故が起きる,まずい事態が生じる

【出手】chū'shǒu 動(品物が売れて)手を離れる

—— chūshǒu 图 ①袖丈 ②腕前

【出首】chūshǒu 動〔書〕他人の悪事

【出售】chūshòu 動 売る, 売りに出す ⇔[出卖]
【出台】chūtái 動 ① 登場する, 舞台に出る ② (転)乗出す, 表立って活動する
【出挑】chūtiao/chūtiāo 動 (技術などが)向上する, 成長する
【出头】chūtóu 動 ① (苦境から)脱けける, うだつが上る ② 乗出す, 陣頭に立つ ③ (~儿)〖整数の後につけて〗端数が出る, ちょっぴり上回る
【出头露面】chū tóu lòu miàn〖成〗① 皆の前に姿を見せる, 大っぴらに行動する ⇔[隐姓埋名] ② 表に立つ, 窓口になる
【出土】chūtǔ 動 ① 出土する, 発掘される〖~了一批竹简〗かなりの竹簡が出た〖~文物〗出土品 ② (植物が)土中から芽を出す, 土の下から萌え出る
【出亡】chūwáng 動 逃亡する, 行方をくらます
*【出息】chūxi 名 ① 将来の見込み, 前途〖没~的〗意気地なし ② (方) 収益, 実入り 一 動(方)よい方に変る, 成長を遂げる ◆容貌がよくなる, 技能が進歩するなど
:【出席】chū˙xí 動 出席する, 参会する ⇔[缺席]〖~会议〗会議に出席する
【出险】chūxiǎn 動 ① (人が)危険から逃れる, 危機を脱する ② 危険を生じる, 危機を招く
【出现】chūxiàn 動 現れる, 姿を見せる ⇔[呈现] ⇔[消失]
【出项】chūxiàng/ chūxiāng 名 支出, 出費 ⇔[支出]
【出血】chū˙xuè 動 出血する, 血が出る〖~不止〗出血が止まない ◆より口語的にはchū xiěと発音
【出芽】chūyá 動 芽が生える, 発芽する ⇔[抽芽]
【出演】chūyǎn 動 演じる, 扮する ⇔[扮演]
*【出洋相】chū yángxiàng 動 赤っ恥をかく, 醜態をさらす ⇔[出丑]
【出于】chūyú 動 …から出る, 原因は…にある〖~忌妒〗妬みから来ている
【出院】chū˙yuàn 動 退院する ⇔[住院]
【出月子】chū yuèzi 動 (女性が)出産して満1か月を経る
【出诊】chūzhěn 動 往診する, 出張治療する
【出征】chūzhēng 動 戦争に赴く, 出征する
【出众】chūzhòng 形 傑出した, 抜きん出た
【出自】chūzì 動 …から出る, …にある ⇔[出于]

【出走】chūzǒu 動 逃亡する, (その土地を)ひそかに離れる
【出租】chūzū 動 賃貸しする, 有料で貸す〖按月~房屋〗月ぎめで家を貸す
:【出租车】chūzūchē 名〖辆〗タクシー ⇔[的dī士] ⇔[出租汽车]

【初】chū ⊗ ⊙ 圓〖陰暦の月初めの10日間に用いて〗[~一]ついたち ② 初め(の), 初頭(の)[起~]最初のころ ③ 最初の, 一番目の [~婚] 最初の結婚 [~会] 初対面 ④ 初めの, 基本的な ⑤ もとの, 当初の ⑥ (C-) 姓
【初版】chūbǎn 名 初版
【初步】chūbù〖定語・状語として〗手始めの, 予備的な〖据~调查〗予備的な調査によれば
【初出茅庐】chū chū máolú〖成〗(初めて茅屋ести出たばかり>) 仕事についたばかりの新人である, ほんの駆出しである ⇔[久经世故]
【初次】chūcì 副 初めて (⇔[第一次])〖~见面〗はじめまして
【初冬】chūdōng 名 初冬 (陰暦10月をいう)
【初伏】chūfú 名 初伏 ҥ ÷ 夏至から数えて3度目の'庚(かのえ)'から4度目の'庚'までの間の10日間, 酷暑の始まりの時期 ⇔[头伏]
【初稿】chūgǎo 名 初稿, 未定稿
:【初级】chūjí 形〖定語として〗初級の, 初歩の [~班] 初級クラス
【初级中学】chūjí zhōngxué 名 初級中学 (日本の中学校に当たる. 略 '初中') ⇔[高级中学]
【初见】chūjiàn 動 ① (人に) 初めて会う ② (事物を) 初めて目にする
【初交】chūjiāo 名〖位〗新たに知り合った人, つき合って日の浅い間柄
【初来乍到】chū lái zhà dào〖成〗(その場所に)到着したばかりの
【初露头角】chū lù tóujiǎo〖成〗初めて頭角を現わす, 初めて才能を人前に示す ⇔[初露锋芒]
【初期】chūqī 名 初期, 初めのうち ⇔[末期]
【初日】chūrì 名(書) 昇り始めた太陽, 夜明けの太陽
【初审】chūshěn 名〖法〗初級審, 第一審 ⇔[~法庭] 一審法廷
【初生牛犊不怕虎】 chū shēng niú dú bú pà hǔ〖成〗(生まれたばかりの子牛は虎を恐れない>) 経験の乏しい若者はこわさを知らないがゆえに無鉄砲なまねをする ⇔[初生之犊不畏虎]
【初试】chūshì 名 ① 第一次試験 ⇔[复试]〖通达~〗一次に通る ② 最初のテスト, 実験
【初头】chūtóu 名(方)年や月の初め

〖四月～就开花〗4月初めには花が咲く
【初学】chūxué [名] 初心者 — [動] 初めて学ぶ，手ほどきを受ける
【初雪】chūxuě [名] 初雪 〖下～〗初雪が降る
【初旬】chūxún [名] 初旬
【初叶】chūyè [名] 世紀の最初の一時期 〖二十世纪～〗20世紀初頭
【初战】chūzhàn [名]（戦争における）第一戦，緒戦 [同][序战]
【初绽】chūzhàn [動]《書》(花が) 咲き始める，初めて咲く
【初诊】chūzhěn [名] 初診 [反][复诊]
【初中】chūzhōng [名]（'初级中学' の略）〖念～〗中学で学ぶ
【初衷】chūzhōng [名] 初志，初心（[同][初心]）〖不改～〗初志を貫く

〖樗〗chū ⊗［～蒲 pú］双六(すごろく)に似た古代の遊び

〖刍(芻)〗chú ⊗ ① 秣(まぐさ)，家畜に食わせる草［～秣］同前 ② 草を刈る
【刍荛】chúráo [名]《書》① 草刈り，柴刈り，草(柴) 刈りをする人 ②《謙》自分の卑称［～之言］浅薄な私論
【刍议】chúyì [名]《書》《謙》愚見，浅薄なる議論

〖雏(雛)〗chú ⊗ ① ひな，ひな鳥 ② ひなの，かえりたての［～鸡］ひよこ［～燕］子ツバメ
【雏鸟】chúniǎo [名] ひな，ひな鳥
【雏儿】chúr [名]《口》《転》若僧，青二才
【雏形】chúxíng [名] ① 雛型(ひながた)，縮小模型 ② 萌芽(ほうが)，初期形態

〖除〗chú [動] ① 除去する，取り除く ② 除外する，排除する ③〖数〗割る，除する〖九～以三得三／用三～九等于三〗9割る3は3〖～不开〗割切れない — [介]《書》…を除いて，…のほかに
⊗ ①（家屋敷の入口の） 階段［阶～］《書》同前［庭～］《書》中庭 ②（官職を）授ける
【除草剂】chúcǎojì [名] 除草剤
【除尘】chúchén [動] 空気を浄化する，浮塵を取り除く［～器］クリーナー
【除掉】chúdiào [動] 取り除く，除去する〖除不掉〗取り除けない
【除法】chúfǎ [名]〖数〗割り算，除法
☆【除非】chúfēi [接]〔唯一の条件を示して〕①〔'才' が呼応する場合〕…しない限り…しない，…してこそ…する（[同][只有]）〖～下雨，才在家〗雨が降らない限り家にいることはない ②〔'否则，不然' が呼応する場合〕…しなければ…しない〖～现在就抓紧，否则怕来不及〗今頑張らなければ間に合わないぞ ③〔複文の後文に使われて〕…しない限りは〖他从不缺勤，～生重病〗大病でもしない限り彼は欠勤したことがない — [介]〔除外を示して〕…を除けば，…のほかには（[同][除了]）〖～你，都没看过〗君以外には誰も読んでいない
【除根】chú▼gēn [動]（～儿）根絶する，根治する
【除旧布新】chú jiù bù xīn《成》(古きを除き新しきを立てる＞) 抜本的に改革する
☆【除了】chúle [介] ①〔除外・例外を示して〕…を除けば，…以外には ♦賓語の後に '之外，以外' がついてもよい．後文で '也，都' が呼応することが多い〖～我(以外)，大家都知道〗私のほかは皆知っている ②〔補足・添加を示して〕…に加えて，…以外にも ♦賓語の後に '之外，以外' がついてもよい．後文で '还，也' が呼応する〖～日语(以外)，还会汉语〗日本語のほかに中国語もできる ③〔後に '就是' が呼応して〕…かまたは…か二つに一つである〖～下雨，就是刮风，真讨厌〗雨や風の日ばかりで嫌になる
【除名】chú▼míng [動] 除名する [同][开除]
【除去】chúqù [動] ① 除去する，取り除く ② [同][除了]
【除外】chúwài [動] 除外する，対象外とする
☆【除夕】chúxī [名] 大晦日(みそか)(の夜)
【除夜】chúyè [名] 除夜，大晦日の夜 [関][年夜]

〖滁〗chú ⊗［～州］滁州(じょしゅう)(安徽省)

〖蜍〗chú ⊗ →［蟾 chán ～］

〖厨(廚 *厨)〗chú ⊗ 台所，炊事場［☆～房］同前［～具］炊事道具
【厨师】chúshī [名] コック，シェフ，板前 [同]《口》[厨子]

〖橱(櫥)〗chú [名]（～儿）戸棚，キャビネット〖放碗的～〗食器を入れる棚［壁～］作りつけの戸棚［衣～］洋服だんす
【橱窗】chúchuāng [名] ① ショーウィンドウ，ショーケース ② 陳列用ガラスケース，ガラス張りの掲示板
【橱柜】chúguì [名]（～儿）① 食器戸棚 ② テーブル兼用の戸棚

〖蹰(躕)〗chú ⊗ →［踟 chí ～］

〖锄(鋤 *耡)〗chú [名]〔把〕鋤(すき) ♦草削りと土こなし用 — [動] 鋤で草を削り，あるいは土をこなす〖～地〗鋤で耕す

【锄奸】chújiān 動 スパイを根こそぎにする、国賊を退治する
【锄头】chútou 图[把] ①唐鍬 ②(方)鋤
【蹰】chú ⊗→[踌 chóu～]
【处(處*処處)】chǔ 動 ①(人と)折り合う、うまく付き合う〖不好～〗付き合いにくい ②存在する、いる〖我们一在和平的日子里〗我々は平和な時代に生きている ③処刑する、処分する〖～死刑〗死刑に処する
⊗①居住する、住む ②処理する、取り扱う
⇨chù
【处罚】chǔfá 動(政治上あるいは経済的に)罰する、処分する〖～学生〗学生を処罰する
【处方】chǔfāng 图[张]処方箋[药方] 一 (薬を)処方する 回[开药方]
*【处分】chǔfèn 图動 処分(する)、処罰(する)〖受到～〗処分を受ける〖～了几名工人〗数人の労働者を処罰した
*【处境】chǔjìng 图 置かれている(不利な)状況、(苦しい)立場
【处决】chǔjué 動 死刑を執行する、処刑する ②処理する、処断する
*【处理】chǔlǐ 動①処理する、片付ける ②(商品を)処分する、安売りする〖～品〗ディスカウント商品 ③〖工〗化学的(工学的)に加工する、処理する〖用开水～〗熱湯で処理する
【处女】chǔnǚ 图 処女、生娘〖～作〗処女作〖～地〗処女地〖～航〗処女航海
【处身】chǔshēn 動(ある状況下に)生きる、身を置く
【处世】chǔshì 動 世に生きる、世を渡る〖～之道〗処世術
【处暑】chǔshǔ 图 処暑 ◆二十四節気の一、8月22～24日ころに当たる
【处死】chǔsǐ 動 死刑に処する、死刑を執行する
【处刑】chǔxíng 動 実刑を宣告する、有罪判決を下す
【处于】chǔyú 動(ある地位・位置・状態に)ある、存在する〖～战火之中〗戦火の下に置かれている
【处治】chǔzhì 動 罰する、懲らしめる 回[处分]
*【处置】chǔzhì 動①処置する、処理する 回[处理] ②懲らしめる、罰する 回[惩治]
【杵】chǔ 图〔根〕(臼用の)杵、(洗濯用の)たたき棒 一 動 細長い物でつつく

【础(礎)】chǔ ⊗ 土台石、礎石〖～石〗同前[基～]基礎
【储(儲)】chǔ ⊗①(C-)姓 ②蓄える、貯める
*【储备】chǔbèi 動 備蓄する〖～粮食〗食糧を備蓄する〖～粮〗備蓄食糧
【储藏】chǔcáng 動①貯蔵する、保存する 回[保藏] ②(資源を)埋蔵する 回[蕴藏]
*【储存】chǔcún 動 貯める、蓄える
【储户】chǔhù 图 預金者
【储量】chǔliàng 图 埋蔵量〖储藏量〗
*【储蓄】chǔxù 图 貯金、備蓄〖定期～〗定期預金 一 動 預金する、備蓄する
【楮】chǔ ⊗①〖植〗カジノキ〖～树〗同前 ②紙
【褚】Chǔ ⊗ 姓
【褚】⇨zhǔ
【楚】chǔ ⊗①(C-)春秋戦国期の国、楚 ②(C-)湖北省から湖南省を含む地域 ③(C-)姓 ④苦痛、苦難〖苦～〗同前 ⑤はっきりとした、よく整った〖清～〗はっきりした

【处(處*処處)】chù 图 機関の一部門、'局'の下、'科'の上〖外事～〗外事部〖～长〗部長 一 量 場所を数える〖三～遗址〗遺跡3か所
⊗①場所、所〖到～〗到るところ〖好～〗よいところ ②部門、担当部所〖问讯～〗案内所〖办事～〗事務所
⇨chǔ
【处处】chùchù 副 到るところに、どこもかしこも 回[到处]
【怵(忧)】chù ⊗ おびえる、ひるむ
【畜】chù ⊗ 家畜類〖牲～〗家畜
⇨xù
【畜肥】chùféi 图 肥料にする家畜の大小便 回[厩肥]
【畜力】chùlì 图 役畜の力
【畜生】chùsheng 图 家畜、禽獣 ◆人をののしるときにも使う 回[畜类 chùlèi]
【畜疫】chùyì 图 家畜の伝染病
【搐】chù ⊗ ひきつる、痙攣する〖～搦 nuò〗〖書〗同前→[抽 chōu～]
【搐动】chùdòng 動 ひきつける、痙攣する
【触(觸)】chù ⊗①さわる、ぶつかる〖抵～〗矛盾する ②心を動かす、感動する
【触电】chùdiàn 動 感電する
【触动】chùdòng 動①ぶつかる、触

れる ②触発する, 感動する(させる) [~我的心] 私の心を動かす

【触发】chùfā 動 引火点になる, 触発する [~地雷] 地雷を触発させる

*【触犯】chùfàn 動 侵犯する, 人の感情を害する ⇔[冒犯][侵犯]

【触及】chùjí 動 触れる, 言及する [~问题的本质] 問題の本質に触れる

【触角】chùjiǎo 图[根] 触角

【触觉】chùjué 图 触覚

【触类旁通】chù lèi páng tōng〈成〉類推を働かせる, 一事を知って万事を察する

【触摸】chùmō 動 さわる, 撫でる [~屏] タッチパネル

【触目】chùmù 動 ①目に触れる, 目に入る [~皆是] あらゆる場所に満ち満ちている ②目立つ, 目を引く ⇔[显眼][触眼]

【触目惊心】chù mù jīng xīn〈成〉見るだに痛ましい, 見るからに衝撃的な

【触怒】chùnù 動 怒らせる, 憤激させる

【触须】chùxū 图 触毛, 触角, (魚や獣の)ひげ

【憷】chù 動 おびえる, ひるむ [发~] 同前 [~场] (舞台や壇上で)気後れする

【黜】chù 動 罷免[ひめん]する, 解雇する [罢~] 同前

【黜免】chùmiǎn 動〈書〉罷免する, 免職にする ⇔[罢免]

【矗】chù ⊗ 直立する, そびえ立つ [~立] 同前

【欻】chuā 擬 颯爽と歩くさま, 紙を裂く音を形容

【搋】chuāi 動 衣服の中にしまう, ポケットなどにしまう [把孩子~在怀里] 子供を懐に抱えこむ
⇨chuǎi

【搋手儿】chuāi shǒur 両手を袖に差し入れる(腕を胸の前で組むようにする)

【㧐】chuāi 動〈方〉①(下水やトイレの詰まりを)'㧐子'(スポイト)で押し流す ②押し揉みする

【揣】chuǎi ⊗ ①(C-) 姓 ②憶測する, 推量する [~度 duó]〈書〉同前
⇨chuāi

【揣测】chuǎicè 動 推測する, 見当をつける ⇔[推测]

【揣摩】chuǎimó 動 推量する, あれこれ憶測する ⇔[揣度]

【踹】chuài 動 ①(足の裏で)蹴[け]る, 足をとばす ⇔[踢] ②踏む, 踏みつける ⇔[踩]

【川】chuān ⊗ ① 川 ② 平野, 平地 ③ (C-) 四川省の略称 [~菜] 四川料理

【川剧】chuānjù 图 川劇(四川を中心とする地方劇)

*【川流不息】chuān liú bù xī〈成〉通行が引きも切らない, (車や人の)往来が絶え間ない

【川资】chuānzī 图 路銀[ろぎん], 旅費 ⇔[路费]

【氚】chuān 图〈化〉トリチウム

【穿】chuān 動 ①突通する, 穿[うが]つ [墙上~了一个洞] 塀に穴があいた ②通り抜ける, 突っ切る ③(衣服を)着る, (靴, 靴下などを)はく [~毛衣] セーターを着る [~裤子] ズボンをはく ④糸や紐を通して数珠[じゅず]状につなぐ

【穿插】chuānchā 图〈段〉(小説や劇の)わき筋, 挿話 一動 ①交互に行なう, 織り交ぜる ②挟み込む, 挿入する

【穿戴】chuāndài 图 衣装, 身につける物 [讲究~] 身なりに気を遣う

【穿耳】chuān'ěr 動 (ピアス用に)耳たぶに穴をあける

【穿过】chuānguò 動 横切る, 突っ切る ⇔ [穿越] [穿不过] 突っ切れない

【穿山甲】chuānshānjiǎ 图〈動〉センザンコウ ♦うろこを漢方薬に使う ⇔[鲮鲤]

【穿梭】chuānsuō 動〈転〉頻繁に往来する [~来往] 引きも切らず通行する

【穿堂儿】chuāntángr 图 '院子'から'院子'へ通り抜ける部屋

【穿小鞋】chuān xiǎoxié 動 (ふつう '给+人+~'の形で) (~儿) 意地悪する, いびる

【穿行】chuānxíng 動 通り抜ける, 突っ切る ⇔[通过]

【穿衣镜】chuānyījìng 图〈面・块〉姿見, ドレッサー

*【穿越】chuānyuè 動 貫いて超える [~时空] 時空を超える

【穿凿】chuānzáo 動 (旧読 chuān-zuò) こじつける, 屁理屈をこねあげる [~附会] 柄のない所に柄をすげる, 牽強付会

【穿针】chuānzhēn 動 針に糸を通す [~引线] 仲介の労をとる

【穿着】chuānzhuó 图 服装, 身なり ⇔[衣着]

【传】(傳) chuán 動 ①渡す, 引き継ぐ [~球] ボールをパスする ②伝授する, 教え伝える [~技] (技芸を)人に伝授する ③伝播[でんぱ]する, 伝達する [~消息] 知らせを伝える ④伝導する [~热] 熱を伝える ⑤(人を)呼

びつける，出頭させる〚～被告〛被告を召喚する ⑥伝染する，うつる，うつす〚～上流感〛インフルエンザにかかる
⇨zhuàn

★★【传播】chuánbō [動] ①伝播でんぱする，普及する ②まき散らす，広く散布する

【传布】chuánbù [動] 伝播する，普及する [同][传播]

★【传达】chuándá [名]（機関の）受付け業務，受付け係［～室］受付け ━[動] 伝達する，伝える

★【传单】chuándān [名]〔张・份〕びら，散らし〚散～〛びらを撒まく

【传导】chuándǎo [動] ①〘理〙（熱・電気を）伝導する ②〘生〙（知覚を）伝導する，伝達する

★★【传递】chuándì [動] 伝達する，次から次へと渡す

【传呼】chuánhū [動] ①（電話局や電話管理人が）電話に呼出す［～电话］（管理人のいる公設の）呼出し電話 ②出頭を命じる

【传话】chuán▾huà [動] ①メッセージを伝える，伝言する ②《貶》言い触らす

【传唤】chuánhuàn [動]（裁判所などが）召喚する，喚問のために呼出す

【传家宝】chuánjiābǎo [名] 伝来の家宝，先祖代々の宝物

【传教士】chuánjiàoshì [名] キリスト教宣教師，伝道師 ♦新教・旧教ともに含む

【传媒】chuánméi [名] マスメディア

【传奇】chuánqí [名] ①唐代に始まる短篇文語小説 ②明清時代の長篇戯曲 ③奇想天外の物語

【传情】chuán▾qíng [動]（男女間で）胸の内を伝える，艶つやな気持ちを通じさせる

★★【传染】chuánrǎn [動]（病気が）伝染する，うつる〚这种病～人〛この病気はうつる〚蚊子能～疾病〛蚊は病気をうつす［～病］伝染病

【传人】chuánrén [名]（学術・技能の）継承者，伝承者

【传神】chuánshén [形]（文学・芸術作品が）真に迫った，実物そっくりの

【传声筒】chuánshēngtǒng [名] ①メガホン [同][话筒] ②《転》他人の言をなぞるのみで自分の意見をもたない人

★【传授】chuánshòu [動]（学問・技芸を）伝授する，教え授ける

★★【传说】chuánshuō [名] 伝説，言い伝え ━[動] 取沙汰とりざたする，あれこれうわさする

【传送】chuánsòng [動] 送り届ける，伝達する［～带］ベルトコンベアー

【传诵】chuánsòng [動] 万人が称賛する，広く世に読まれる

★★【传统】chuántǒng [名] 伝統〚发扬～〛伝統を発展させる ━[形] ①〔定語として〕伝統的な ②保守的な

【传闻】chuánwén [名]〔件〕うわさ話，伝聞 ━[動] うわさによれば…である，伝え聞く

【传销】chuánxiāo [動] マルチ商法の販売をする

【传信】chuán▾xìn [動] ①手紙を届ける ②（～儿）消息を知らせる

【传讯】chuánxùn [動]（司法機関等が）喚問する，出頭させて尋問する [同][传审]

【传扬】chuányáng [動]（話が）広まる，広く伝わる [同][传播]

【传译】chuányì [動] 通訳する［同声～］同時通訳

【传阅】chuányuè [動] 順送りに読む，回覧する [同][传观]

★★【传真】chuánzhēn [名] ファクシミリ，ファックス［～机］ファックス（の機器）━[動] ①ファックスで送る ②肖像画を描く

【传种】chuán▾zhǒng [動]（動植物の）種を残す，繁殖させる

【船（*舩）】

chuán [名]〔只・条・艘〕船〚坐～〛船に乗る［油～］タンカー

*【船舶】chuánbó [名] 船舶せんぱく

【船埠】chuánbù [名]〔座〕船着き場，桟橋

【船舱】chuáncāng [名] 船室，船倉

【船到江心补漏迟】chuán dào jiāngxīn bǔ lòu chí《俗》後の祭り，後悔先に立たず

【船夫】chuánfū [名]（木造船の）水夫かこ，船頭 [同][船手]

【船工】chuángōng [名] ①水夫，船員 ②（木造船の）船大工

【船户】chuánhù [名] ①（自前の木造船で生計を立てる）旧時の船頭 [同][船家] ②《方》水上生活者 [同][船民]

【船篷】chuánpéng [名] ①船の苫とま ♦葦あしなどを編んで作り，かまぼこ型に船を覆う ②（小船の）帆

【船钱】chuánqián [名] 船賃

【船艄（船梢）】chuánshāo [名] 艫とも，船尾 [同][船尾] [反][船头]

【船台】chuántái [名]（造船用の）船台

【船头】chuántóu [名] 舳先へさき，船首 [同][船首] [反][船艄]

【船坞】chuánwù [名] ドック，造船所（[同][船渠]）［浮～］浮きドック

【船舷】chuánxián [名] 船ばた，舷げん

【船员】chuányuán [名] 船員，船乗り

【船闸】chuánzhá [名]（川や運河の）閘門こうもん，堰せき

【船长】chuánzhǎng [名] 船長，キャプテン

【船只】chuánzhī [名] 船舶，（総称と

【船主】chuánzhǔ 图 ① 船長 ② 船主,船元締め 〖日本語〗[船床]

【遄】chuán ⊗ ① 速い[～往]《書》…に急行する ② 往来が頻繁だ

【椽】chuán ⊗ たる木

【椽子】chuánzi 图〔根〕たる木 ⓐ[椽条]

【舛】chuǎn ⊗ ① 誤り,間違い[～误] 同前 ② そむく,反する

【喘】chuǎn 動 ぜいぜい息をする,喘ぐ
⊗ 喘息ぜんそく

*【喘气】chuǎn'qì 動 ① 深く息をつく,喘ぐ ② ⓐ[喘息]

【喘息】chuǎnxī 動 ① 息を切らす,喘ぐ ② ひと息入れる,小休止する

【喘吁吁（喘嘘嘘）】chuǎnxūxū 形 (～的) ぜいぜい喘ぐさま

【串】chuàn 動 ① 串刺しにする,数珠じゅず状につなぐ[～烧] 串焼 ② ごっちゃにする,接続をまちがえる〖～线〗混線する ③ あちこちとび回る,訪ね回る〖～亲戚〗親戚回りをする 一 (～儿) 串刺しになった物,数珠つなぎになった物,一繋つながりにまとまった物を数える〖一～葡萄〗一房のブドウ
⊗ ① 結託する,ぐるになる ② 芝居を演じる,出演する

【串供】chuàn'gòng 動 口裏を合わせての供述をする

【串联（串连）】chuànlián 動 ① 次々と連絡をつける,渡りをつける ② 交流して回る,同志の間を訪問する ③〖電〗直列につなぐ

【串铃】chuànlíng 图 ① (役畜の首に掛ける) 幾つもの鈴を1本につないだ環 ② 金属の球を入れた中空の金属の環 ♦ 振ると音が出て,旧時流しの易者や薬売りが客寄せに使った

【串门子】chuàn ménzi 動 他人の家へ出掛けて世間話をする,ぶらり訪ねて閑談する ⓐ[串门儿]

【串气】chuànqì 動 気脈を通じる,ぐるになる ⓐ[串通]

【串通】chuàntōng 動 (貶) ① 結託する,ぐるになる〖跟土匪～一气〗土地のゴロツキと結託する ② 連絡をつける,渡りをつける ⓐ[联合]

【串味儿】chuàn'wèir 動 (食品に他の物の) においが移る

【串戏】chuànxì 動 アマチュアがプロの芝居に出演する

【串演】chuànyǎn 動 出演する,扮ふんする ⓐ[扮演]

【钏（釧）】chuàn ⊗ 腕輪,ブレスレット[手～] 同前

【创（創）】chuāng ⊗ ① 傷,傷口[～痛]傷の痛み ② 殺傷される[重～] 手痛い損害を与える
⇨ chuàng

【创痕】chuānghén 图〔处·条〕傷あと ⓐ[伤痕]

【创口】chuāngkǒu 图〔处·块〕傷口 ⓐ[伤口]

【创伤】chuāngshāng 图〔处〕外傷,けが〖精神上的～〗心の傷

【疮（瘡）】chuāng 图 できもの,潰瘍かいよう[长～] できものができる
⊗ 外傷[金～] 切り傷

【疮疤】chuāngbā 图 傷あと,できものの跡[好了～忘了疼] のど元過ぎれば熱さ忘れる

【疮痕】chuānghén 图 傷あと,できものの跡

【疮口】chuāngkǒu 图 傷口,できものの破れ目

【疮痍（创痍）】chuāngyí 图《書》① 傷,けが ② (転) 壊滅的な打撃,被害

【窗（*窻 窗）】chuāng 图 (～儿)〔扇〕窓[纱～] 網戸[～外有耳] 壁に耳あり

【窗格子】chuānggézi 图 窓格子

*【窗户】chuānghu 图〔個〕窓[(～窗)][开(关)～]窓を開ける(閉める)〖趴 pā ～〗窓から身を乗り出す

【窗口】chuāngkǒu 图 ① (～儿) 窓ぎわ,窓のそば ② 窓口,カウンター〖第三号～〗3番窓口[～业务] 窓口業務 ③ (転) 外部と接続連絡する径路,窓,窓口

【窗帘】chuānglián 图〔块〕(～儿) カーテン,ブラインド〖拉开～〗カーテンを開ける

【窗棂】chuānglíng 图《方》窓格子,窓の連子れんし ⓐ[窗棂子]

【窗纱】chuāngshā 图 網戸に張った金網や寒冷紗かんれいしゃ

【窗台】chuāngtái 图 (～儿) 窓敷居,窓の下の平面部分

【窗子】chuāngzi 图《方》〔扇〕窓

【床（牀）】chuáng 图〔张〕ベッド,寝台[上～] 床とこに就く〖单人～〗シングルベッド 一 量 ふとんをセットで数えるのに使う〖定两～铺盖〗ふとんを二組注文する
⊗ ① 寝台状の機器道具[车～] 旋盤 ② 寝台状に広がった地面[苗～] 苗床なえどこ

【床单】chuángdān 图 (～儿)〔条〕シーツ,敷布[铺～] シーツを敷く

【床铺】chuángpù 图 寝台,寝床 ♦ 板を渡した簡便な寝台もいう

C

【床头柜】chuángtóuguì [名] ①ベッド脇のテーブル ②'床头跪'との音通から)恐妻家
【床位】chuángwèi [名] (病院・宿泊所・船などの) ベッド, 寝台 ♦幾床あるかなどと数を問題にする場合にいう
【床罩】chuángzhào [名] (～儿) ベッドカバー
【床子】chuángzi [名] ①〔架・台〕工作機械 [同][机床] ②《方》商品台

【噇】chuáng [動]《方》がつがつ貪り食う

【闯(闖)】chuǎng [動] ①突進する, 躍り込む ②(困難に打ちかって) 自分を鍛える, 努力して作り出す〘～天下〙世の中でもまれる ③(ある目的のために) 駆けずり回る, 奔走(ほんそう)する ④しでかす, 引き起こす〘～大祸〙大変な事をしでかす
【闯祸】chuǎng'huò [動] (不注意から) 事故を引き起こす, 厄介事をしでかす
【闯江湖】chuǎng jiānghú/ jiānghu [動] (芸人, 香具師(やし), 薬売り, 遊俠の徒などが) 各地を渡り歩く ♦'闯荡江湖'とも
【闯将】chuǎngjiàng [名] 勇将, 猛将;《転》がむしゃらながんばり屋, 猛進する挑戦者
【闯劲】chuǎngjìn [名] (～儿)〔股〕がむしゃらさ, 勇猛心
【闯练】chuǎngliàn [動] 世間でもまれる, 実社会で自分を鍛える
【闯路】chuǎng'lù [動] 道を開拓する, 進路を切り開く

【创(創 *刱)】chuàng [動] ①創始する, 始める ②創造する, 生み出す〘～纪录〙新記録を作る
⇨chuāng
【创办】chuàngbàn [動] 創業する, 設立する
【创见】chuàngjiàn [名] 創見, 独創的な考え方 [富于～] 創見に満ちている
【创建】chuàngjiàn [動] 創立する, 創設する [同][创立]
【创举】chuàngjǔ [名] 最初の試み, 先駆的事業
【创刊】chuàng'kān [動] 創刊する [～号] 創刊号
*【创立】chuànglì [動] 新たに設立する([同][创树])〘～学说〙学説を初めて打出す
【创始】chuàngshǐ [動]〔ふつう目的語なしで〕創立する, 創始する [～人] 創立者
*【创新】chuàng'xīn [動] 新アイデアを生み出す, 新たな道を開拓する
*【创业】chuàng'yè [動] 創業する, 事業を始める [～公司] ベンチャー企業
**【创造】chuàngzào [動] 創造する, 生み出す [～力] 創造エネルギー [～性] 創造性, 創造的
*【创作】chuàngzuò [名] 創作, 文学芸術作品 — [動] 創作する, 作品を書く(描く)

【沧(滄)】chuàng [×] 寒い, 冷たい
【怆(愴)】chuàng [×] 悲しむ

【吹】chuī [動] ①(息を強く) 吹く, 吹きかける ②(管楽器を) 奏でる, 吹き鳴らす〘～口琴〙ハーモニカを吹く ③(風が) 吹く, 吹きつける ④《口》ほらを吹く, 自慢する [～法螺] 同前 ⑤《口》ふいになる, 話がこわれる〘他们俩～了〙あの二人は別れてしまった
【吹打】chuīdǎ [動] ①(チャルメラやドラなどの楽器で) にぎやかに奏でる [吹吹打打] 同前 [～乐] 笛と鼓による音楽 ②(風雨が) 吹きつける, 横なぐりに襲う
—— chuīda [動] ①(ほこりなどを) 吹き払う, ふっと吹く〘～～桌上的灰尘〙机のほこりを吹きとばす ②《方》ほらを吹く, 大ぶろしきを広げる
【吹动】chuīdòng [動] ①(風が) 吹く ②(風が物を) 吹き動かす, 吹き揺らす
【吹风】chuī'fēng [動] ①風に吹かれて冷える ②(洗髪後) ドライヤーをかける [～机] ドライヤー ③《口》(～儿) わざと(意図的に) 情報を流す
【吹拂】chuīfú [動] ①(そよ風などが) 撫でる, そよ吹く〘微风～着她的头发〙そよ風が彼女の髪を撫でている ②《書》ほめる, 推挙する
【吹胡子瞪眼睛】chuī húzi dèng yǎnjing《俗》かんかんに怒る, 恐ろしい剣幕でがなりたてる [同][吹胡子瞪眼]
【吹喇叭】chuī lǎba [動] ①ラッパを吹く ②《転》他人の提灯(ちょうちん)持ちをする, 人をほめ評判を高める
【吹冷风】chuī lěngfēng [動]《転》水をさす, 冷水を浴びせる
【吹毛求疵】chuī máo qiú cī《成》(毛を吹いて疵(きず)を探す>) ことさらにあら探しをする
*【吹牛】chuī'niú [動] ほらを吹く, 大口を叩く [同][吹牛皮]
*【吹捧】chuīpěng [動] やたらほめ上げる, 散々よいしょする
【吹弹】chuītán [動] (色々な) 楽器を奏でる
【吹嘘】chuīxū [動] 大げさにほめる, 誇大に宣伝する
【吹奏】chuīzòu [動] 管楽器を演奏す

る［～乐］吹奏楽

【炊】chuī ⊗炊事する，煮たきする［～沙作饭］無駄骨を折る

【炊具】chuījù [名] 炊事道具，台所用品

【炊事】chuīshì [名] 炊事，台所仕事［～员］炊事係

【炊烟】chuīyān [名]〔缕〕かまどの煙，炊煙

【垂】chuí [動] 垂れる，垂らす

⊗①〖動詞の前に置いて〗(目上の人の好意的行動に敬意を表わして)…してくださる［～念］《書》気にかけてくださる ②近づきつつある，間近に迫る［～老］《書》老いが近づく ③語り継がれる，後世に伝わる［永～不朽］永遠に語り継がれる

【垂范】chuífàn [動]《書》規範となる

【垂泪】chuílèi [動] (悲しくて) 涙を流す，はらはらと涙をこぼす

【垂帘听政】chuí lián tīng zhèng《成》簾のうしろで政事を聞く，女性が権力を握る

【垂柳】chuíliǔ [名]〔棵〕シダレヤナギ [同]［垂杨柳］

【垂暮】chuímù [動]《書》①黄昏(たそがれ)迫る，日暮れが近づく ②老境に近づく，年老いる

【垂手】chuíshǒu [動] 両手を(腰の両側に)垂らす ♦恭しさを示す姿勢. でもある［～可得］ごく容易に入手できる

【垂死】chuísǐ [動] 死に瀕(ひん)する，死期が近づく [同]［垂危］

【垂头】chuí'tóu [動] うなだれる，俯(うつむ)く [同]［垂首］

【垂头丧气】chuí tóu sàng qì《成》がっくり落ち込む，ひどく気落ちする [同]［无精打彩］

【垂亡】chuíwáng [動] 滅亡の時が近づく，正に滅びんとしている

【垂危】chuíwēi [動] ①いまわの際(きわ)にさしかかる，危篤に陥る [同]［垂死］ ②(国家·民族が) 滅亡の危機に瀕(ひん)する

【垂涎】chuíxián [動] むしょうにうらやましがる，羨望(せんぼう)の涎(よだれ)を垂らす［～欲滴］［～三尺］同前

【垂线】chuíxiàn [名]〔条〕〖数〗垂線，垂直線 [同]［垂直线］

*【垂直】chuízhí [形] 垂直な［～线］垂線

【陲】chuí ⊗辺境の地［边～］同前

【捶(*搥)】chuí [動] 拳(こぶし)やたたき棒でたたく，小突く('椎' とも書く)〖～腰〗(だるい)腰をたたく

【捶拓】chuítà [動] 拓本を取る

【捶胸顿足】chuí xiōng dùn zú《成》胸をたたき地団太を踏む ♦怒りや悲しみの激しさを表わす

【棰】chuí ⊗①棍棒(でたたく) ②鞭(で打つ) ♦'箠' とも書く ③'槌' と通用

【锤(錘*鎚)】chuí [名] (～儿) ハンマー，金づち［铁～］同前 ━[動] ハンマーでたたく，金づちでたたいて作る〖～金箔〗(金をたたいて) 金箔を作る

⊗秤(はかり)の分銅，重り [同]［秤锤］

【锤炼】chuíliàn [動]([同]［磨炼］)《転》①鍛える，鍛錬する ②(芸や技を)磨く，練る

【锤子】chuízi [名]〔把〕金づち，ハンマー [同]［榔头］

【槌】chuí [名](～儿)〔把〕たたき棒，撥(ばち)('椎' '棰' とも書く)［棒～］洗濯棒

【春】chūn ⊗①春(→［～天］)［孟～］陰暦一月 ②情欲，恋情［～药］催淫剤 ③生命力，活気 ④(C-)姓

【春分】chūnfēn [名] 春分 ♦二十四節気の一. 陽暦の3月20日か21日

【春风】chūnfēng [名] ①春風，春のそよ風 ②《転》和やかな顔，心なごむような表情［满面～］［～满面］喜び一杯の表情をしている

【春风化雨】chūn fēng huà yǔ《成》草木を育てる穏やかな風や細かな雨のように，人を伸ばすすぐれた教育や訓戒

【春耕】chūngēng [名] 春の田おこし

【春宫】chūngōng [名] 春画([同]［春画儿］)

【春光】chūnguāng [名]〔片·派〕春景色 [同]［春景］

【春洪】chūnhóng [名] 雪解け水による洪水，雪消(ゆきげ)の出水

【春花作物】chūnhuā zuòwù [名] 春に開花する作物(小麦·ナタネなど)

【春华秋实】chūn huá qiū shí《成》①(春の花と秋の実＞)外見の美しさと内面の豊かさ，才能の豊かさと志操の堅固さ ②(春に花咲き秋に実を結ぶ＞)季節の巡行

【春荒】chūnhuāng [名] 春の端境(はざかい)期の食糧欠乏，麦の取り入れを前にした時期の飢饉(ききん)

【春季】chūnjì [名] 春，春季

【春假】chūnjià [名] 春休み〖放～〗(学校が)春休みに入る

【春节】Chūnjié [名] 陰暦の元日，またはその日を含む数日間，旧正月

【春卷】chūnjuǎn [名](～儿)〖食〗春巻き

【春雷】chūnléi [名] 春雷，春を告げる雷鳴 ♦大事を予告する出来事を例える

【春联】chūnlián [名](～儿)〔副〕'春

节'(旧正月)に門や戸口に貼るめでたい対句 [同][春帖]
【春令】chūnlìng [名]①春，春季 ②春の気候
【春梦】chūnmèng [名]《転》うたかたの夢，はかない幻想
【春情】chūnqíng [名]春情，情欲
【春秋】chūnqiū [名]①春と秋 ②一年『已有十五个～』すでに15年になる ③年齢［～已高］もう若くはない ④(C-)春秋時代 ♦一般にB. C. 770–B. C. 476 ⑤(C-)古代の歴史書
【春色】chūnsè [名]①春の眺め，春景色 ②(酒などで) 赤らんだ顔，うれしげな表情
【春天】chūntiān [名]春，春季『～的气息』春の気配
【春小麦】chūnxiǎomài [名]春播き小麦 [同][春麦] [反][冬小麦]
【春心】chūnxīn [名]《書》(多く女性の)春情，情欲 [同][春情]
【春意】chūnyì [名]①〔分〕春の息吹き，春らしさ ②春情，なまめく心
【春游】chūnyóu [名](一般に団体で出掛ける)春季遠足，春のピクニック
【春雨贵如油】chūn yǔ guì rú yóu《俗》春の雨は油ほどに価値がある，春雨は油にまさる ♦北方の春は雨が少なく，農村では水の確保に苦労する
【春装】chūnzhuāng [名]春の服装，春着はるぎ

〖椿〗chūn [⊗]①『植』チャンチン ♦センダン科の落葉高木［香～］同前 ②(C-)姓

【纯(純)】chún [形]①純粋な，夾雑物のない ②熟練の，練達の
*【纯粹】chúncuì [形]純粋な，混じりけのない 一[副]単に，単純に
【纯度】chúndù [名](物質の)純度
【纯化】chúnhuà [動]純化する，浄化する［～剂］浄化剤
*【纯洁】chúnjié [動](組織などを) 浄化する，純正化する『～党的队伍』党の体質を浄化する 一[形]汚けがれのない，清浄な
【纯利】chúnlì [名]純益，純利([反][纯损])［～率］純益率
【纯熟】chúnshú [形]熟達した，熟練の
【纯损】chúnsǔn [名]正味しょうみの欠損，掛値かけねなしの赤字 [反][纯利]
【纯真】chúnzhēn [形]純真な，無垢むくな
【纯正】chúnzhèng [形]①純正な，混じりけのない ②公正な，真っ正直な

〖莼(蒓*蓴)〗chún [⊗]以下を見よ
【莼菜】chúncài [名]『植』ジュンサイ

〖唇(*脣)〗chún [⊗]唇くちびる［嘴～］同前［下～］下くちびる
【唇齿相依】chún chǐ xiāng yī《成》歯と唇のように密接な相互依存の関係にある，利害関係が密接である
【唇膏】chúngāo [名]口紅，ルージュ ♦ふつう'口红'という
【唇枪舌剑】chún qiāng shé jiàn《成》鋭い舌戦，激しい論争 [同][舌剑唇枪]
【唇舌】chúnshé [名]《転》言辞，弁舌『白费～』しゃべり損に終わる
【唇亡齿寒】chún wáng chǐ hán《成》(唇亡ほろばば歯寒し>)利害関係が緊密である
【唇音】chúnyīn [名]『語』唇音しんおん

〖淳〗chún [⊗]純朴な，正直な［～美］心を洗われるような
【淳厚】chúnhòu [形]純朴な，人情素朴で心温かい [同][淳朴]
【淳朴(纯朴)】chúnpǔ [形]純朴な，素朴な

〖鹑(鶉)〗chún [⊗]ウズラ［鹌ān～］ウズラ

【醇】chún [名]『化』アルコール類［甲～］メチルアルコール［乙～］エチルアルコール
[⊗]①濃い酒，うまい酒 ②純粋な，混じりけのない
【醇厚】chúnhòu [形]①芳醇ほうじゅんな，濃厚な香りの ②純朴な，飾りけのない [同][淳厚]
【醇化】chúnhuà [動]純化する，浄化する
【醇酒】chúnjiǔ [名]芳醇な酒，うま酒

【蠢(*惷)】chǔn [形]①愚かしい，間の抜けた［愚～］同前［～事］愚挙 ②不器用な，不格好な［～笨］同前
[⊗]蠢うごめく，虫が這はう［～～欲动］敵や悪人が蠢く
【蠢材】chǔncái [名](人をののしって)ばか者，とんま野郎
【蠢动】chǔndòng [動]①(眠りからさめた虫が)這はう，のたくり動く ②蠢動しゅんどうする，敵対活動や非合法活動などをする
【蠢话】chǔnhuà [名]ばかげた言い草，ナンセンス
【蠢货】chǔnhuò [名]愚か者，間抜け [同][蠢材]

〖踔〗chuō [⊗]跳ぶ，超す［～厉］《書》意気が揚がる

【戳】chuō [動]①突き刺す，突き破る『～破旧伤口』古傷を破る(苦い過去を思い出させる) ②《方》突き刺した方が逆に損傷を被る ③《方》立てる
【戳穿】chuōchuān [動]①突き通す，突き破る [同][刺穿] ②暴露する，暴

く [同]［揭穿］
【戳祸】chuō▾huò [動] 厄介事を引き起こす，事故を起こす [同]［惹祸］
【戳记】chuōjì [名]〔枚·方〕(团体や組織の)印鑑，はんこ
【戳儿】chuōr [名]《口》はんこ，認印([同]［戳子］)〖盖～〗判を押す
〖惙〗chuò ⊗［～～］愁いに沈むさま
〖啜〗chuò ⊗①飲む，すする ♦'歠'とも ②すすり泣く，しゃくり上げる ♦姓はChuàiと発音
【啜泣】chuòqì [動] すすり泣く，むせび泣く [同]［抽噎］
〖辍(輟)〗chuò ⊗ 中断する，やめる［～笔］《書》(途中で)筆を置く
【辍学】chuòxué [動] 中途退学する，学校をやめる
〖绰(綽)〗chuò ⊗ 広々とした，ゆとりのある［宽～］同前
⇨chāo
【绰绰有余】chuòchuò yǒu yú《成》有り余っている，たっぷりゆとりがある
【绰号】chuòhào [名] あだ名，ニックネーム([同]［外号］)〖起～〗あだ名をつける
【绰约(婥约)】chuòyuē [形]《書》(女性の)たおやかで美しいさま
〖龊(齪)〗chuò ⊗→［龌～ wòchuò］
〖差〗cī ⊗→［参～ cēncī］
⇨chā, chà, chāi
【呲】cī [動](～儿)《口》しかる，譴責する〖不要～儿他了〗彼をもうしかるな〖挨～儿〗しかられる
〖疵〗cī ⊗ 欠点，短所［吹毛求～］ことさらあら探しをする［瑕～］わずかな欠陥
【疵点】cīdiǎn [名](製品の)傷，欠陥
【疵品】cīpǐn [名] 欠陥製品，きず物
【词(詞)】cí [名]①(～儿)〖語〗単語［单音～］単音節語 ②(～儿)せりふや挨拶など［致～］集会などで挨拶する ③〔首〕詞 ♦特に宋代に栄えた韻文の一形式，詩と区別するため日本では一般に中国音で「ツー」と称する
★★【词典(辞典)】cídiǎn [名]〔本·部〕辞書，辞典〖编纂～〗辞典を編纂する〖查～〗辞書を引く
【词法】cífǎ [名]〖語〗形態論
【词根】cígēn [名]〖語〗語根 ♦'孩子'の'孩'や'骨头'の'骨'など
【词话】cíhuà [名]①明代に栄えた文芸形式，詞話 ♦随所に韻文が折込まれる ②詞(ツー)の作品や作者について論じた書物

★【词汇】cíhuì [名] 語彙，ボキャブラリー［经济～］経済用語［～学］語彙論
【词句】cíjù [名] 語句，語とセンテンス
【词类】cílèi [名]〖語〗品詞
【词素】císù [名]〖語〗形態素(意味を有する最小単位) [同]［语素］
【词头】cítóu [名]〖語〗接頭辞 [同]［前缀］
【词尾】cíwěi [名]〖語〗接尾辞 [同]［后缀］
【词性】cíxìng [名]〖語〗単語がもつ文法上の機能 ♦それに基づいて品詞が決まる
【词序】cíxù [名]〖語〗語順，文中における語の位置
【词义】cíyì [名]〖語〗語義，単語の意味［～学］意味論
★★【词语】cíyǔ [名] 語句，字句
【词组】cízǔ [名]〖語〗連語 ♦複数の単語が組合わさってできる語句
〖祠〗cí ⊗ 一族の位牌堂，御霊屋［宗～］同前
【祠堂】cítáng [名] 祠堂，一族の位牌堂
〖雌〗cí ⊗ 雌の([反]'雄' [関]'母')［～狗］めす犬
【雌伏】cífú [動]《書》①身を隠す，隠遁する ②雌伏する，忍従する
【雌花】cíhuā [名] 雌花 [反]［雄花］
【雌黄】cíhuáng [名]〖鉱〗雌黄(古代，修正液の材料としても使われた)［妄下～］勝手な議論をする
【雌蕊】círuǐ [名] めしべ，雌蕊 [反]［雄蕊］
★【雌雄】cíxióng [名]①雄と雌 ②《転》勝敗，上下
〖茨〗cí ⊗①カヤやアシで葺く ②イバラ
【瓷(*甆)】cí [名] 磁器('磁'と書くことも)［青～］青磁［陶～］陶磁器［电～］碍子
【瓷公鸡】cígōngjī [名]《転》爪に火をともす輩，どけち
【瓷瓶】cípíng [名] 磁器の花びんなど
【瓷器】cíqì [名] 磁器
【瓷实】císhi [形]《方》(基礎などが)しっかりしている
【瓷土】cítǔ [名] 磁土 ♦磁器の原料にする土
【瓷窑】cíyáo [名] 磁器を焼く窯〖烧～〗窯に火をいれる
【瓷砖】cízhuān [名]〔块〕タイル
〖慈〗cí ①母［家～］《謙》母 ②慈しむ，かわいがる ③優しい，慈悲深い ④(C-)姓
【慈爱】cí'ài [形] 慈愛にみちた
【慈悲】cíbēi [形] 慈悲深い〖发～〗慈悲心を起こす
【慈姑】cígu [名] クワイ [同]［茨菇］ [関]［荸荠］

C

【慈善】císhàn 形 慈悲深い、情け深い
*【慈祥】cíxiáng 形 (老人の表情が)優しげな、情け深げな
【慈心】cíxīn 名 慈悲の心、情け「发～」仏ごころを起こす ― 情け深い、慈悲深い

【磁】cí 〇 磁性、磁石 [起～] 磁化する
【磁暴】cíbào 名〔理〕磁気あらし
【磁场】cíchǎng 名〔理〕磁場
*【磁带】cídài 名〔盘·盒〕磁気テープ、録音録画テープ [～盒] カセット
【磁钢】cígāng 名 永久磁石
【磁化】cíhuà 動 磁化する、磁石にする
【磁极】cíjí 名 磁石の極、N極とS極
【磁卡】cíkǎ 名〔张〕磁気カード
【磁力】cílì 名 磁力 [～线] 磁力線
【磁石】císhí 名 ① 磁石、マグネット 類〔吸铁石〕[磁铁] ② 磁鉄鉱
【磁体】cítǐ 名 磁性体
【磁铁】cítiě 名 (鋼または合金製の)磁石 類〔磁石〕〔吸铁石〕
【磁性】cíxìng 名 磁性
【磁悬浮列车】cíxuánfú lièchē 名 リニアモーターカー 類〔磁浮列车〕
【磁针】cízhēn 名 磁針じん

【糍】(餈) cí 〇 以下を見よ
【糍粑】cíbā 名 (西南少数民族が食する餅米を搗ついて作った)餅 類〔糍团〕

【辞】(辭 *辤) cí 動 ① 辞職する、仕事をやめる ② 解雇する、やめさせる 〇 ① 美しい言葉、文辞 [修～] レトリック ② 別れを告げる、さようならを言う ③ 避ける、逃れる [不～劳苦] 苦労をいとわない ④ 辞退する、断わる
【辞别】cíbié 動 別れを告げる、さようならを告げる [～老师] 先生に別れを告げる
【辞呈】cíchéng 名 辞表、辞職願 [提出～] 辞表を出す
【辞工】cígōng 動 ① 解雇する、やめさせる ② 仕事をやめる、暇をもらう 類〔辞活儿〕
【辞灵】cílíng 動 (出棺前に)死者に最後の別れを告げる
【辞令】cílìng 名 交際の場での言葉、応対の言葉遣い (類〔词令〕) [外交～] 外交辞令
【辞让】círàng 動 遠慮する、他に譲る
【辞世】císhì 動 (書)死ぬ、世を去る 類〔去世〕
【辞书】císhū 名 辞典 ◆"字典""词典"などの総称
【辞岁】císuì 動 年越しの儀式をする

◆旧時の習俗で大みそかの夜に祖先を祭り、目下の者が目上の者に叩頭トウの礼をして互いの平安を祈る 類〔辞年〕
【辞退】cítuì 動 ① 解雇する ② 丁重に断わる
【辞谢】cíxiè 動 丁重に断わる、謝絶する
【辞行】cíxíng 動 旅立ちを前に別れを告げる、暇乞ごいをする
【辞藻】(词藻) cízǎo 名 詞藻しそう 類〔堆砌ツィ〕美しい言葉を綴る
*【辞职】cízhí 辞職する、仕事をやめる

【此】cǐ 〇 ① これ、この (類〔彼〕) [～地] この場所、ここ [～书] この本 ② この時、この場所 [从～] これ以来
【此地无银三百两】cǐ dì wú yín sān bǎi liǎng (俗) 隠そうと努めて、かえって馬脚を現わす喩え
【此后】cǐhòu 名 その後、それ以来 [～的情况] その後の情況
【此刻】cǐkè 名 その時、この時 類〔此时〕
【此起彼伏】cǐ qǐ bǐ fú (成) (こちらで立てばあちらで倒れ、あちらで立てばこちらで倒れる>) 同様の行動や現象が絶え間なく起こる 類〔此伏彼起〕
【此外】cǐwài そのほか、その上
【此一时, 彼一时】cǐ yì shí, bǐ yì shí (成) (あの時はあの時、今は今>) 以前とは事情がすっかり変わっている

【泚】cǐ 動 ① 明るく澄みきった ② 汗が出る ③ (筆に)墨を含ませる

【跐】cǐ 動 ① 踏みつける ② 爪先立つ

【次】cì 量 質の劣った、二流の ― 去過 回数を示す [去過三～] 3度行った [第二～谈判] 第2回会議 〇 ① 順序、序列 [依～入场] 順々に入場する ② 旅の宿、宿泊先 [旅～] (書) 旅の宿 ③ 2番目の、次の [～日] 翌日 ④ {化} 次 ⑤ (C-) 姓
【次大陆】cìdàlù 名 亜大陸
【次等】cìděng 名〔定語として〕二流の、レベルの低い [～舱] 3等船室、エコノミー席
【次第】cìdì 名 順序、順番 (類〔次序〕) [按者～发言] 順序に従って発言する ― 副 順番に、順序に従って
【次货】cìhuò 名 二流品、安物
*【次品】cìpǐn 名 欠陥製品、不良品
【次数】cìshù 名 回数
【次序】cìxù 名 順序、順番 [按照～跳] 順序に従って跳ぶ
【次要】cìyào 形〔定語として〕副次

的な，さほど重要でない［～人物］小物こもの

【佽】cì ⊗助ける

【伺】cì ⊗以下を見よ
⇨sì

*【伺候】cìhou [動]そばに仕える，身の回りの世話をする

【刺】cì [名]〔根〕(～儿) とげ，針状の物〖话里有～儿〗言葉にとげがある — [動]①突刺す，さ さる〖～伤了〗刺されてけがをした ②刺激する［～鼻］つんとくる ③(ちくちくと)皮肉る〖用这些话来～我〗その話題で私を皮肉る
⊗①名刺 ②暗殺する ③探る，偵察する ♦滑る音，かする音などを表わす'刺'はcīと発音

【刺刀】cìdāo [名]〔把〕銃剣(同[枪刺])〖上(下) ～〗銃剣を着装する(外す)

【刺耳】cì'ěr [形]耳障りな，聞き苦しい

【刺骨】cìgǔ [動](寒さ·厳しさが) 骨身にしみる，骨を刺す

【刺槐】cìhuái [名]〔棵〕〖植〗アカシア，ハリエンジュ 同[洋槐]

**【刺激】cìjī [動]刺激する〖～植物生长〗植物を刺激して生長を促す

【刺客】cìkè [名]刺客，殺し屋

【刺目】cìmù [形](同[刺眼]) ①まぶしい，ちかちかする ②目障りな，見苦しい

【刺儿话】cìrhuà [名]皮肉，嫌味〖说～〗当てこすりを言う

【刺杀】cìshā [動]①突き殺す，刺殺する ②暗殺する

【刺探】cìtàn [動]ひそかに探る，スパイする

【刺猬】cìwei [名]〔只〕ハリネズミ

【刺绣】cìxiù [名][動]刺繍ししゅう(する)［～架］刺繍の枠

【刺眼】cìyǎn [形](同[刺目]) ①まぶしい，ちかちかする ②目障りな，見苦しい

【赐(賜)】cì ⊗①賜り物，下され物 ②賜わる，下しおかれる［赏～］［～予］同前

【赐教】cìjiào [動]《敬》お教えを賜わる，お教え下さる

【从(從)】cōng ⊗'从容 cóngróng' における'从'の旧読
⇨cóng

【枞(樅)】cōng [名]モミ［～树］同前('冷杉'とも)
⇨Zōng

【匆(*怱 悤)】cōng ⊗慌あわただしく，せかせかと

【匆匆】cōngcōng [形]気ぜわしい，慌ただしい〖～告辞〗せわしく辞去する

【匆促】cōngcù [形]慌ただしい，大急ぎの 同[匆忙]

**【匆忙】cōngmáng [形]慌ただしい，気ぜわしい 同[急忙]

【葱(蔥)】cōng [名]〔棵·根〕ネギ［洋～］タマネギ
⊗緑色，グリーン

【葱白】cōngbái [名]ごく薄い緑色

【葱葱】cōngcōng [形]緑あふれる，青々とした

【葱翠】cōngcuì [形]緑したたる，青々とした

【葱花】cōnghuā [名](～儿)ネギのみじん切り，細かに刻んだネギ

【葱茏】cōnglóng [形](草木が) 青々と茂るさま

【葱绿】cōnglǜ [形]①浅緑色の，萌黄もえぎ色の ②(草木が) 青々とした，緑したたる

【囱】cōng ⊗→［烟～ yāncong］

【骢(驄)】cōng ⊗あし毛の馬

【聪(聰 *聡)】cōng ⊗①聴覚，聴力 ②耳ざとい，聴覚が鋭い ③賢い，頭がよい［～慧］同前

**【聪明】cōngming/cōngmíng [形]賢い，頭がよい

【聪明一世，糊涂一时】cōngmíng yí shì, hútu yì shí《成》弘法も筆の誤り，賢者も時に愚者となる

【从(從)】cóng [介]①起点·出発点を示す〖～学校回来〗学校から帰ってくる〖～今天起〗きょうから〖～实际出发〗現実から出発する ②通過する場所を示す〖～门前走过〗門前を通り過ぎる — [副]《否定詞に前置され》断じて，決して(同[从来])〖～不骄傲〗全く威張ったことがない
⊗①ある方針や態度で臨む［～严处理］厳しく処置する ②つき従う，ついて行く ③命令に従う，言われる通りにする［听～］従う ④従事する，参加する［～军］従軍する ⑤お供，お付きの者［侍～］侍従 ⑥副次的な，附随的な ⑦父方の［～兄弟］父方のいとこ ⑧(C-)姓
⇨cōng

【从长计议】cóng cháng jì yì《成》時間をかけて協議する，ゆっくり相談する

**【从此】cóngcǐ [副]①この時から ②この場所から

**【从而】cóng'ér [接]従って，その結果として

【从犯】cóngfàn [名]従犯，幇助ほうじょ者 [反][主犯]

【从简】cóngjiǎn [動]簡単に済ませる，手間を省く

C

【从井救人】cóng jǐng jiù rén《成》〈井戸に飛び込んで人を救い出すり〉我が身をかえりみず人を助ける◆本来は、他人のために命を張って無謀なことをすることの例えた

【从来】cónglái 副 ずっと、これまで〖~没有听说过〗今まで聞いたことがない

【从略】cónglüè 動 省略する

【从前】cóngqián 名 以前、むかし〖~当过教师〗以前教師をやったことがある〖跟一样〗むかしと同じだ

【从容】cóngróng 形 ①落ちついた、ゆったり構えた ②(時間的・経済的に)ゆとりのある、潤沢な

【从容不迫】cóngróng bú pò《成》悠揚〈迫らざる

【从戎】cóngróng 動《書》従軍する

【从事】cóngshì 動 従事する、身を投ずる

【从属】cóngshǔ 動〖'~于'の形で〗…に従属する、付随する 類〖附属〗反〖独立〗

【从速】cóngsù 副 至急、速やかに 類〖赶快〗

【从头】cóngtóu 副 (~儿) ①初めから、一から ②もう一度、あらためて 類〖重新〗

【从小】cóngxiǎo 副 (~儿) 幼いころから、子供の時から

【从新】cóngxīn 副 もう一度、あらためて 類〖重新〗

【从征】cóngzhēng 動《書》出征する、戦場に赴く

【从中】cóngzhōng 副 間に入って、その中から

【丛】(叢 *藂) cóng 图 群生した草木を数える ⊗ 茂み〖草~〗草むら ②群れ ③群がる、集まる ④(C-)姓

【丛林】cónglín 图 ①林、森 ②仏教寺院

【丛山】cóngshān 图 重なる山々、連峰

【丛生】cóngshēng 動 ①(植物が)群生する ②同時に多発する、幾つもの事が一度に起こる

【丛书】cóngshū 图 叢書、全集

【丛杂】cóngzá 雑然とした、雑多な

【淙】cóng ⊗ 以下を見よ

【淙淙】cóngcóng 擬《書》水の流れる音、さらさら、ひたひた

【琮】cóng ⊗ 古代の玉器の一、角柱形で中が丸い穴となっているもの

【凑】(湊) còu 動 ①集まる、集める〖~钱〗(基金などの) 金集めをする ②近づく、近づける〖往前~~〗もっと前へ近づく ③(機に)乗ずる、タイミングよく(悪く)つかむ

【凑份子】còu fènzi 割り前を集める、金を出し合う◆共同で何かをしたり買ったりするため

【凑合】còuhe 動 ①集まる、集合させる 類〖聚集〗②かき集める、寄せ集める 類〖拼凑〗③間に合わせる、我慢して使う〖将就〗

【凑集】còují 動 (人や物を)寄せ集める、集合させる、集まる

【凑巧】còuqiǎo 形 タイミングのよい、好都合な

【凑热闹】còu rènao 動 (~儿) ①遊びの輪に入る、一緒になって遊ぶ ②(方)足手まといになる、迷惑をかける

【凑数】còu·shù (~儿) ①員数を合わせる、数をそろえる ②不合格者で欠員を埋める、不良品で穴埋めする

【腠】còu ⊗〖~理〗《書》皮膚と筋肉の間の隙間

【粗】(*觕麤麁) cū 形 ①太い◆声、神経についてもいう ②粗忽な、不注意な ③目の粗い、ごつごつした ◆①②③とも 反〖细〗④(仕事が)粗い、大雑把な 反〖精〗⑤粗野な、乱暴な 反〖文〗⊗ ざっと、おおよそ

【粗暴】cūbào 形 荒々しい、粗暴な 類〖鲁莽〗反〖温柔〗

【粗笨】cūbèn 形 ①野暮ったい、不器用な 類〖笨拙〗②(物が)ごつごつした、粗大で重い 類〖笨重〗

【粗布】cūbù 图 ①目の粗い綿布、シート地 ②(ごつごつした)自家織り綿布、手織り綿布 類〖土布〗

【粗糙】cūcāo 形 ①ざらついた、木目の粗い 反〖细腻〗②(仕事ぶりなどが)いい加減な、粗雑な 反〖精细〗

【粗茶淡饭】cū chá dàn fàn《成》質素な飲食、粗末な食事 反〖山珍海味〗

【粗恶】cū'è 形 ①(容貌などが)凶悪な、恐ろしい ②粗悪な、手を抜いた 類〖粗糙〗

【粗豪】cūháo 形 ①明けっぴろげな、率直な 類〖豪爽〗②雄壮な、豪快な 類〖豪壮〗

【粗话】cūhuà 图 ①粗野な言葉、荒っぽい物言い ②下ねたの話、下司な言葉

【粗活】cūhuó 图 (~儿)力仕事、重労働 反〖细活〗

【粗粮】cūliáng 图 米と小麦粉を除く主食類、雑穀 反〖细粮〗

【粗劣】cūliè 形 安っぽい、お粗末な 反〖精巧〗

【粗鲁】 cūlu/cǔlǔ 形 粗暴な, がさつな

【粗略】 cūlüè 形 おおまかな(に), 大雑把な(に) 同[仔细]

【粗朴】 cūpǔ 形 朴訥な, 飾り気のない 同[质朴]

【粗浅】 cūqiǎn 形 浅薄な, 単純な 反[深刻]

【粗率】 cūshuài 形 ① 大雑把な, いい加減な 同[草率] ② 粗末な, 質の落ちる

【粗俗】 cūsú 形 下司っぽい, 野卑な

【粗细】 cūxì 名 ① 太さ, 粒の大きさ ② 仕事の質, 丁寧さの度合

【粗心】 cūxīn 形 粗忽な, 思慮の足りない 同[疏忽] [~大意] そそっかしく不注意だ

【粗野】 cūyě 形 無作法な, がさつな 同[粗鲁] 反[文雅]

【粗枝大叶】 cū zhī dà yè (成) (仕事ぶりが)大雑把な, 木目の粗い 同[粗心大意]

【粗制滥造】 cū zhì làn zào (成) 粗製乱造する, 安物をわんさと作り出す

【粗重】 cūzhòng 形 ①(声や音が)低くて強い, どすのきいた ②(手足が)太くたくましい ③ 太くて色の濃い, くっきりとした ④(仕事が)骨の折れる, 力の要る ⑤(物が)かさばって重い 同[笨重]

【粗壮】 cūzhuàng 形 ①(身体が)頑丈な, がっしりとした ②(物が)太くて丈夫な ③(声が)野太い, どら声の

【徂】 cú ⑧ ① 行く, 去る ② ('殂'とも)死ぬ

【卒】 cù '猝 cù' に同じ ⇒zú

【卒中】 cùzhòng (同[中风]) 名 卒中, 中風 — 名 卒中で倒れる, 中風を患う

【猝】 cù ⑧ 突然の, 予期せぬ [~不及防] あまりに急で防ぎきれない [~死] 急死する

【促】 cù 動 ① 促す, はかどらせる [督~] 督促する [~销] 販売を促進する ② 近づく(ける) ③ 急な, 切迫した [急~] 切迫した

【促成】 cùchéng 動 ① 促進する, 成就に導く ②(農)促成栽培する, 成熟を早める [~温室] 促成栽培用ハウス

*【促进】 cùjìn 動 促進する, 推進する(同[推动]) [~两国早日恢复邦交] 両国の一日も早い国交回復を推進する

【促使】 cùshǐ 動 しむける, …するよう迫る(同[督促]) [~我们改变计划] 計画を変えるよう我々に迫る

【促膝】 cùxī 動(書)膝つき合わせる [~谈心] 膝を交えて語り合う

【醋】 cù 名 酢 ⊗(転)(男女関係の)嫉妬心, 焼きもち [~意] 同前 [吃~] 焼きもちを焼く

【醋罐子】 cùguànzi 名(転)焼きもち焼き, 嫉妬深い人 同[醋坛子]

【醋劲儿】 cùjìnr ⑧ 嫉妬心

【醋酸】 cùsuān 名 酢酸 同[乙酸]

【蹴】 cù ⊗ [~踏jí](書)かしこまり不安なさま

【簇】 cù 量 群れや1つにまとまっているものを数える [一~人群] 人の群れ ⊗ ① 群れ, 堆積 ② 群がる, 一かたまりになる

【簇聚】 cùjù 動 群がる, 一かたまりになる 同[聚集]

【簇新】 cùxīn 形(服装などが)真新しい, 新品の 同[崭新]

【簇拥】 cùyōng 動 (大勢で)びっしり取り囲む(同[蜂拥]) [果树~着小学]果樹が小学校を取囲んでいる

【蹙】 cù ⊗ ①(眉を)攣める, 皺を寄せる [~额](書) 眉をしかめる ② 切迫した, 追い詰められた

【蹴】(*蹙) cù ⊗ ① 蹴る ② 踏む, 踏みつける

【氽】 cuān 動 ① 料理法の一, 沸騰した湯でさっと煮てスープにする [~点儿丸子吃]肉だんごをスープにして食べよう [~丸子] 肉だんごスープ ②(方) '~子' で湯を沸かす

【氽子】 cuānzi 名 ブリキ製の細長い湯沸かし ♦ 煜炉の火焚き口に入れて素早く湯を沸かす

【撺】(攛) cuān 動(方) ① 投げる ② 慌てて作る ③(~儿)怒る

【撺掇】 cuānduo 動(口)(…するよう)勧める, そそのかす

【蹿】(躥) cuān 動 ① 跳ぶ, ジャンプする(同[跳]) [~上树去] 木の上に跳びあがる ②(方)噴き出す(出る), ほとばしる 同[喷射]

【蹿个儿】 cuān'gèr 動 (急劇に)背が伸びる

【蹿红】 cuānhóng 動 一躍人気者となる

【攒】(攢) cuán 動 集める, 集めまとめる [~钱] 金を集める ⇒zǎn

【攒聚】 cuánjù 動 群がる, 密集する 同[攒集]

【攒三聚五】 cuán sān jù wǔ (成)

(一つの場所内の) あちらこちらに数人ずつかたまる, 幾つもの小さなグループに分かれる

【窜(竄)】 cuàn 動 やみくもに突進する, 逃げ回る [到处乱~] やみくもに逃げ回る [东逃西~] クモの子を散らすように逃げる ⊗① 追い払う, 放逐する ② 改竄する, 書き換える

【窜改】 cuàngǎi 動 書き換える, 改竄する 働[篡改]

【窜扰】 cuànrǎo 動 (小規模な賊などが) 出没し騒がせる, 騒擾する 働[窜犯]

【篡】 cuàn ⊗① 地位を奪う, 奪取する ②[臣下が君位・帝位を奪う, 簒奪する

【篡夺】 cuànduó 動 (地位や権力を) 乗っ取る, 不当に奪う 働[夺取]

【篡改】 cuàngǎi 動 改竄する, 曲解する 働[窜改] [~帐目] 帳簿をごまかす

【篡权】 cuànquán 動 政権を乗っ取る, 小細工を弄して権力の地位につく

【爨】 cuàn ⊗① かまどで飯を炊く) [分~] [書] 分家する ② (C-) 姓

【崔】 cuī ⊗① (C-) 姓 ② 高い [~嵬 wéi] [書] (山などが) 高く大きい

【崔巍】 cuīwēi 形 [書] 高くそびえる, そそり立った

【催】 cuī 動 ① 促す, 急きたてる [~我早睡] 私に早く寝るよう促す ② 変化を起こさせる, 早くさせる

【催促】 cuīcù 動 促す, 強く勧める 働[督促] [~我们赶快完成任务] 早く任務を達成するよう我々を急きたてる

【催化剂】 cuīhuàjì 名 [化] 触媒

【催眠】 cuīmián 動 催眠状態にする [~药] 睡眠薬 [~术] 催眠術

【催眠曲】 cuīmiánqǔ 名 [首・段] 子守歌 働[摇篮曲]

【催生】 cuīshēng 動 出産を早める (働[催产]) [~剂] 出産促進剤

【催讨】 cuītǎo 動 返済を迫る

【摧】 cuī ⊗ へし折る, 打ち砕く [~折] へし折る

*【摧残】 cuīcán 動 虐げる, 踏みにじる (働[蹂躏]) ⊗[培育]) [~身体] 体を損なう

【摧毁】 cuīhuǐ 動 打ち砕く, 破壊する 働[粉碎]

【缞(縗)】 cuī ⊗ 麻の喪服

【榱】 cuī ⊗ たる木

【璀】 cuǐ ⊗ [~璨 càn] (珠玉などが) 光り輝く

【伜】 cuì ⊗ 副の

【淬(*焠)】 cuì ⊗ 金属に焼きを入れる

【淬火】 cuìhuǒ 動 (金属に) 焼きを入れる 働[蘸火]

【悴】 cuì ⊗ →[憔 ~ qiáocuì]

【萃】 cuì ⊗① 群れ, 群落, 集団 ② 集まる, 群がる [~聚] [書] 同前 ③ (C-) 姓

【脺(*脺)】 cuì zàng 膵臓 ('胰' の旧称)

【啐】 cuì 動 (痰などやつばを) 吐き出す [~他一口] やつにつばを吐きかける

【瘁】 cuì ⊗ 疲れ果てた, 過労の [心力交~] 心身ともにくたびれる

【粹】 cuì ⊗① 精華, エッセンス [精~] 同前 ② 純粋な, 混じりけのない [~白] [書] 純白の

【翠】 cuì ⊗① カワセミ [翡 ~] 同前 ② 翡翠 [翡 ~] 同前 ③ (C-) 姓 ④ 青緑色の, エメラルドグリーンの [苍 ~] ダークグリーン

【翠绿】 cuìlǜ 形 青緑色の, エメラルドグリーンの

【翠鸟】 cuìniǎo 名 [只] カワセミ

【翠竹】 cuìzhú 名 青竹

【脆(*脆)】 cuì 形 ① もろい, 崩れやすい ⊗[韧] ② (食品が) 歯ごたえがよい, さくさくする ③ (声が) 澄んだ, はっきりとした ④ [方] きびきびしため, はりのきいた

【脆骨】 cuìgǔ 名 食品としての軟骨

*【脆弱】 cuìruò 形 (精神的に) 脆弱な, もろい [软弱] ⊗[坚韧]

【脆性】 cuìxìng 名 もろさ, 壊れやすさ

【毳】 cuì ⊗ 鳥獣のうぶ毛

【村(*邨)】 cūn 名 (~儿) [座] 村 働[村子] 一 形 田舎じみた, 粗野な [~野] 同前 [~气] 田舎っぽさ

【村话】 cūnhuà 名 (貶) 田舎言葉, 野暮ったい話しぶり

【村俗】 cūnsú 形 田舎くさい, 野暮ったい 働[土气]

【村长】 cūnzhǎng 名 村長

【村镇】 cūnzhèn 名 町村, 村落と小さな町

【村庄】 cūnzhuāng 名 [座] 村 働[村子] [村落]

【皴】cūn [名]《方》厚くたまった垢(あか)［起～］垢がたまる ━[動] ひび(あかぎれ)が切れる, 寒さで皮膚がひび割れる([同][～裂])〖手背～了〗手の甲があかぎれになった ⊗中国画の画法, 皴法(しゅんぽう)

【皴法】cūnfǎ [名]〖美〗皴法 ♦中国画で山や石のひだを描く画法

【存】cún [動] ①保存する, 貯蔵する〖～小麦〗小麦を貯蔵する ②溜める(まる), 集める(まる) ③貯金する, 金を預ける〖～进银行〗銀行に預ける ④預ける, 保管を頼む［～车处］自転車預り所 ⑤残す, 留める［求同～异］相違点を残しつつ一致点を追求する ⑥心に懐く, 念頭におく〖～着很大的希望〗希望に胸をふくらませている

⊗①残余, 剰余［～余］同前［结～］余った物や金 ②生存する, 存在する［生～］生存する

【存案】cún'àn [動](公的機関に)登録する, 記録に残す

【存查】cúnchá [動] 資料として残しておく, 後日の調査のためにファイルしておく

【存储】cúnchǔ [動] 貯える, ストックする([同][存贮])［～器］(コンピュータの) メモリ［快闪～卡］フラッシュメモリカード

【存单】cúndān [名]〔张〕預金証書

【存放】cúnfàng [動] ①預ける, 保管を頼む［～处］荷物一時預り所 ②預金する, 貯金する

【存根】cúngēn [名](小切手・為替・証書類の)控え

【存户】cúnhù [名] 預金者

【存货】cúnhuò [名] 在庫商品, ストック［～管理］在庫管理

【存款】cúnkuǎn [名] 貯金, 預金〖提取～〗預金をおろす［定期～］定期預金

—— cún'kuǎn [動] 預金する

【存盘】cún'pán [動](コンピュータの)データをディスクに保存する

【存食】cún'shí [動] 胃がもたれる, 消化不良になる

【存亡】cúnwáng [名]《書》存亡, 生きるか死ぬか［～之秋］危急存亡の危機

【存息】cúnxī [名] 預金の利子

【存心】cúnxīn [副] わざと, 意図的に [同][故意]

—— cún'xīn [動] 下心をもつ, 考えをもつ〖不知存的什么心〗何をもくろんでいるんだか

【存蓄】cúnxù [名] 貯えた金や物

【存疑】cúnyí [動] 疑問のまま残す, 決定を先延ばしにする

★★【存在】cúnzài [名][動] 存在(する), 実在(する)〖～着问题〗問題がある［～主义］実存主義

【存折】cúnzhé [名]〔本〕預金通帳

〖刌〗cǔn ⊗切り裂く

〖忖〗cǔn ⊗推量する, 思案する

【忖度】cǔnduó [動] 推量する, 思案する [同][揣度]

【忖量】cǔnliàng [動] ①推測する, 推量する [同][揣度] ②思案する, 思いめぐらす [同][思量]

【寸】cùn [量] 寸 ♦長さの単位, 30分の1メートル([同][市寸])［英～］インチ

⊗①ごく小さい, ごく短い［～步难行］一歩も歩けない ②(C-)姓

【寸草不留】cùn cǎo bù liú《成》草一本残っていない ♦災害や破壊のひどさを形容

【寸断】cùnduàn [動]《書》寸断する, ずたずたに分断する

【寸功】cùngōng [名] 微々たる功労

【寸进】cùnjìn [名] 微々たる進歩［～尺退］進歩がほとんどなくて後退するばかり

【寸刻】cùnkè [名] 寸刻, 瞬時［～不离］瞬時も離れない

【寸铁】cùntiě [名] わずかな武器［手无～］身に寸鉄も帯びぬ

【寸土】cùntǔ [名] わずかな土地［～不让］寸土も譲らず

【搓(搓)】cuō [動] ①手をすり合わせる, 手で揉(も)む ②(縄を)なう, (こよりなどを)撚(よ)る〖～纸捻〗こよりを撚る

【搓板】cuōbǎn [名](～儿)〔块〕洗濯板

【搓手顿脚】cuō shǒu dùn jiǎo《成》居ても立ってもいられぬ様子やいらいらと落ち着かぬ様子をいう

【搓洗】cuōxǐ [動] 揉み洗いする, 手洗いする

〖磋(磋)〗cuō ⊗①磨く［～磨］《書》切磋琢磨(せっさたくま)する ②協議する, 相談する

*【磋商】cuōshāng [動] 協議を重ねる, じっくり話し合う〖就住宅问题进行～〗住宅問題について討論を重ねる

〖蹉(蹉)〗cuō ⊗以下を見よ

【蹉跌】cuōdiē [動]《書》つまずく, 足を滑らす;《転》失敗する

【蹉跎】cuōtuó [動]《書》時を無為に過ごす, 時機を逃がす〖不让岁月～〗歳月を無駄に流れさせない

【撮】cuō [動] ①(かき集めた物を)掬(すく)い上げる〖把垃圾～起来〗(ちりとりで)ごみを掬い上げる ②《方》指で抓(つま)み上げる ━[量] ①《方》指で抓む量をいう〖一～盐〗一つまみの塩 ②ごく少数の悪人をいう〖一小～盗匪〗ほんの一にぎり

の強盗ども ③容量単位の一 ♦'1～'は1ccに相当 [同][市～]
⊗①寄せ集める ②要約する
⇨zuǒ

【撮合】cuōhe [動]取りもつ, 縁結びをする『别～他们了』彼らを取りもつのはもうやめろ

【撮弄】cuōnong/cuōnòng [動]①からかう, おもちゃにする [同][戏弄] ②焚きつける, 唆かす [同][教唆]

【撮要】cuōyào [名]要点, 要旨 — [動]要約する

【痤】cuó ⊗[～疮] にきび ♦ふつう'粉刺'という

【矬】cuó [形]《方》背が低い

【嵯(嵳)】cuó ⊗[～峨 é]《書》山が高くて険しいさま

【醝(醝)】cuó ⊗塩, 塩辛い

【鄼(鄼)】Cuó ⊗[～城] 鄼城(河南省) ♦Zàn と発音する古地名(湖北)も

【脞】cuǒ ⊗細かい [丛～]《書》細かく煩瑣な

【厝】cuò ⊗置く ♦閩方言では「家」の意で単用

【措】cuò ⊗①処置する, 手配する ②計画する, 策を講じる

【措辞(词)】cuòcí [動]言葉を選ぶ, 文を綴る『～得体』措辞が巧みだ

【措大】cuòdà [名]《貶》貧乏書生 ♦'醋大'とも

★【措施】cuòshī [名]措置, 処置

【措手】cuòshǒu [動]手を下す, 対処する, 処理する([同][应付]) [～不及](急場のことで) 対処のいとまがない

【措置】cuòzhì [動]処置する, 手はずを決める『～失当』手はずを誤る

【错(錯)】cuò [形]①誤った, まちがった ②〔否定形で用いて〕よからぬ, 劣った『很不～』なかなかのもんだ — [名](～儿) 誤り, まちがい『出～儿』へまをしでかす — [動]①こすれ合う, (睡眠中に) 歯ぎしりする ②(時間などを)ずらす, かち合わないようにする『～一～位置』ちょっと位置をずらす ③行き違う, 折悪しく…し損う
⊗①玉を磨く砥石 ②玉を磨く ③象眼する ④交錯した, 入り組んだ

【错案】cuò'àn [名]〔件·起〕冤罪事件, 誤審事件

【错别字】cuòbiézì [名]誤字と当て字

【错车】cuòchē [動](電車·自動車などが)やり過ごす, すれ違う

【错怪】cuòguài [動]誤解してしかる, 思い違いして悪意にとる

【错过】cuòguò [動](チャンスを) 逃がす, (タイミングを)失う『～汽车』バスを逃がす

【错简】cuòjiǎn [名]《図》錯簡 ♦古代の図書に見られる文章の乱れ, 乱丁

【错觉】cuòjué [名]錯覚, 思い違い『引起～』錯覚を起こす

【错乱】cuòluàn [形]錯乱した, 秩序も何もない

【错落】cuòluò [形]入り乱れた, 入り混じった [～有致] 巧みな配置の

【错失】cuòshī [名]過失, ミス

【错时】cuòshí [動]時差をつける, 互いに時間をずらす『～上下班』時差通勤をする

【错位】cuòwèi [動](関節などが) 外れる, ずれを生じる

★★【错误】cuòwù [名]誤ち, まちがい『犯～』過誤を犯す — [形]まちがった, 誤った

【错杂】cuòzá [形]入り混じった, ごちゃ混ぜの

【错字】cuòzì [名]①誤字 ②誤植, ミスプリント

【错综】cuòzōng [形]錯綜した, 入り組んだ [～复杂] 複雑に入り組んだ

【挫】cuò ⊗①くじく(ける), 失敗する(させる) [受～] 挫折を味わう ②抑制する, 鈍らせる

【挫败】cuòbài [動]①失敗する ②打ち負かす

【挫伤】cuòshāng [名]打ち身, 打撲傷 — [動](意気を) 削ぐ, 萎えさせる [同][损伤]

★【挫折】cuòzhé [動]挫折する(させる), 失敗する(させる)『遭受～』敗北の憂目を見る

【锉(銼)】cuò [名]〔把〕やすり [同][～刀] — [動]やすりで削る

D

【DVD】名DVD 働[数字激光视盘]

【耷】 dā ⊗以下を見よ

【耷拉(搭拉)】dāla 動垂れ下がる，力無く垂らす〚～着脑袋〛頭を垂れている

【答(荅)】 dā ⊗以下を見よ ⇨dá

【答理(搭理)】dāli 動〔多く否定文に用いて〕人に応対する，相手にする（働[理睬]）[別～他]彼にかまうな

*【答应】dāying 動①返事をする ②承諾する，うんと言う〚他～给我买一本书〛彼は私に本を買ってやると約束した

【嗒(*噠)】 dā 擬〔ふつう重ねて〕銃声や馬の足音などを表わす ⇨tà

【搭】dā 動①組み立てる，架ける(働[架])〚～帐篷〛テントを張る ②(やわらかい物を)つるす，掛ける〚肩上～着一条浴巾〛肩にバスタオルを掛けている ③持ち上げて運ぶ ④つなぐ，つながる〚～上关系〛(人との)関係をつける ⑤(乗物に)乗る，搭乗する(働[坐])〚～飞机〛飛行機に乗る ⑥加える，つぎ足す(働[凑])〚～上这些钱还不够〛この金額を加えてもまだ足りない

【搭伴】dā·bàn 動(～儿)道連れになる，連れ立つ〚咱们搭个伴儿吧〛いっしょに行こうよ

【搭车】dā·chē 動車に便乗する；(転)(何かの事に)便乗して利益を得る

【搭乘】dāchéng 動(飛行機・車・船などに)乗る，搭乗する

*【搭档(搭当)】dādàng 名相方，相棒 ——dā·dàng 動相方を務める，協力する

【搭话】dā·huà 動①話を交わす，口をきく ②言付ける，伝言をもたらす〚我儿子～来了，说…〛息子から…と言付してきた

【搭伙】dā·huǒ 動①組になる，仲間に加わる(働[结伴]) ②共同で食事をする，(割勘で)賄いを一つにする

【搭架子】dā jià·zi 枠組みを作る，(文章などの)大体の構想を作る

【搭建】dājiàn 動①(簡単な建物を)建てる，組み立てる(働[搭盖]) ②(組織や機構を)設立する，開設する

【搭救】dājiù 動救助する，助け出す(働[营救])

*【搭配】dāpèi 動①配合する，組み合わせる〚～好每天该吃的蔬菜〛毎日食べる野菜の取り合わせを考える ②調和する

【搭腔】dā·qiāng 動①言葉をはさむ ②言葉を交わす

【搭桥】dā·qiáo 動①橋を架ける(働[架桥]) ②(転)橋渡しをする，仲介する(働[搭线])

【搭讪(搭讪)】dāshan/dāshàn 動(ばつの悪さをとりつくろったり見知らぬ人と近づきになるため)何か話しかける

【搭售】dāshòu 動(不人気商品を人気商品と)抱き合わせで売る

【褡】 dā ⊗以下を見よ

【褡裢】dālian 名①(～儿)肩掛け式の布製物入れ ②(～儿)旧時の金入れ袋，財布 ♦両端に金を入れ，中央に口があり，腰帯につける〚～[钱～儿]〛③'摔跤 shuāijiāo(中国ずもう)'の競技用上着

【打】 dá 量ダース〚一～铅笔〛鉛筆1ダース ⇨dǎ

【达(達)】 dá ⊗①通じる〚直～火车〛直通列車〚四通八～〛四方八方に通じる ②(目標などに)到達する，達成する ③詳しく理解する，通暁する〚通情～理〛道理をわきまえた ④(意向を)伝える，表明する ⑤(D-)姓

*【达成】dáchéng 動(合意に)達する，漕ぎこぎつける〚～协议〛合意をみる〚～交易〛取り引きが成立する

*【达到】dádào 動(目標・目的に)到達する，達する〚～世界先进水平〛世界の先端レベルに達する〚达不到〛達成できない

【达观】dáguān 形(うまくいかない事について)達観した，楽観的な見方の

【达斡尔族】Dáwò'ěrzú 名ダフール族 ♦中国少数民族の一，主に内蒙古・黒竜江・新疆に住む

【达意】dáyì 動〈書〉(言葉で)考えを伝える〚表情～〛気持ちを表わし伝える

【鞑(韃)】 dá ⊗以下を見よ

【鞑靼】Dádá 名ダッタン，タタールもと漢族が北方諸民族を指す名称であったが，明代に東蒙古人を指す呼称となった

【沓】 dá 量(～儿)紙など薄いものの重なりを数える ⇨tà

【怛】 dá 動①悲しむ ②恐れる

【妲】 dá ⊗人名に使う〚～己〛妲己dájǐ(殷の纣zhòu王の寵妃)

〘靼〙 dá ⊗ →[鞑～ Dádá]

【答】 dá [動] 答える, 解答する 〚～了一半〛 半分答えた [一问一～] 一問一答
⊗ (好意に) 報いる, 応こたえる
⇨ dā

★★【答案】 dá'àn [名] 解答, 答え

【答拜】 dábài [動] 答礼訪問をする [同][回拜] [回访]

★【答辩】 dábiàn [動] (疑問·非難などに) 答弁する, 応酬する

【答词】 dácí [名] 答辞, 謝辞 〚致～〛 答礼のあいさつをする

【答对】 dáduì [動] 〔多く否定文に用いて〕 質問に答える 〚没法～〛 答えられない

【答非所问】 dá fēi suǒ wèn 《成》 答えが質問内容に合わない

★【答复】 dáfu/dáfù [動] (正式に) 回答する, 返答する 〚～她一连串的问题〛 一連の質問に対し彼女に答える

【答话】 dáʼhuà [動] 〔多く否定文に用いて〕 返答する, 返事する 〚答不上话来〛 答えられない

【答卷】 dájuàn [名] 答案, 解答紙 [同] [试卷]
—— dáʼjuàn [動] 答案を書く, 試験問題に解答する [同] [答题]

【答谢】 dáxiè [動] (好意やもてなしを受けて) 返礼する, 謝意を示す 〚不知如何～他〛 どのように彼にお礼すべきかわからない [～宴会] 答礼宴

【打】 dǎ [動] ① (手または器物を使って) 打つ, たたく 〚～门〛 ドアをたたく 〚～人〛 人を殴る 〚～字〛 タイプを打つ ② けんかや戦争をする 〚不～不成交〛 けんかをしなければ仲良くなれない ③ ぶつけてこわす 〚碗～了〛 茶碗がこわれた [鸡飞蛋～] 鶏は逃げるわ卵はこわれるわ (散々だ) ④ 編む 〚～毛衣〛 セーターを編む 〚～草鞋〛 わらじを編む ⑤ はなつ, 発する 〚～雷〛 雷が鳴る 〚～电报〛 電報を打つ 〚～电话〛 電話をかける ⑥ くくる, 縛る 〚～行李〛 荷造りする ⑦ かかげる 〚～伞〛 傘をさす 〚～灯笼〛 ちょうちんをかかげて持つ ⑧ 掘る, うがつ 〚～井〛 井戸を掘る 〚～炮眼〛 発破の穴を開ける ⑨ 買う 〚～酒〛 酒を買う 〚～醋〛 酢を買う 〚～票〛 切符を買う ⑩ (水を) 汲む 〚～水〛 水を汲む ⑪ (禽獣を) 捕る, (農作物を) 取り入れる 〚～鱼〛 魚を捕る 〚～粮食〛 穀物を取り入れる ⑫ 塗る, 書く, 捺印する 〚～蜡〛 蠟ろうを塗る 〚～问号〛 疑問符を打つ 〚～戳子〛 判子を押す ⑬ 計算する, 見積もる ⑭ ある種の行為 (活動) をする 〚～喷嚏〛 くしゃみをする 〚～手势〛 手まねをする 〚～哈欠〛 あくびをする ⑮ スポーツや遊戯をする 〚★～篮球〛 バスケットをする 〚～扑克〛 トランプをする 〚～麻将〛 マージャンをする
— [介] 《方》 …から, …より 〚～心眼儿〛 心の底から 〚～南京到上海〛 南京から上海まで
⇨ dá

【打靶】 dǎʼbǎ [動] 〚軍〛 射撃訓練をする [～场] 射撃場

【打败】 dǎbài [動] 勝つ, 打ち負かす 〚～敌人〛 敵に打ち勝つ 〚打不败我们〛 我々を打ち負かすことはできない

★★【打扮】 dǎban [動] 装う, 化粧する, 着飾る — [名] 装い, 身なり 〚一身学生～〛 学生の格好

★【打包】 dǎʼbāo [動] ① 紙や布で包む, 梱包する [～机] 梱包機 ② 荷をほどく, 包みを開ける

【打苞】 dǎbāo [動] 穀物が穂をはらむ, 穂がふくらむ

【打抱不平】 dǎ bàobùpíng [動] 弱きを助けて強きに立ち向かう, 弱者を助けて不正と戦う

【打比】 dǎbǐ [動] 〔賓語なしで〕 ① なぞらえる, 例える ② 《方》 比べる, 比較する

【打草惊蛇】 dǎ cǎo jīng shé 《成》 (草を打って蛇を驚かす>) 軽率な行動で相手に警戒心を起こさせる

【打岔】 dǎʼchà [動] 人の話の腰を折る, (仕事や話の) 邪魔をする

【打场】 dǎʼcháng [動] (脱穀場で) 穀物を干し脱穀する

【打成一片】 dǎ chéng yí piàn 《成》 気持ちが一つになる, 一つにまとめる 〚和群众～〛 大衆と一体となる

【打春】 dǎʼchūn [動] 《旧》 立春の日を迎える ♦ この日には泥製の牛をむちうって豊作を祈る

【打倒】 dǎdǎo [動] 打倒する, 覆す 〚打不倒〛 打倒できない

【打的】 dǎʼdī [動] 《口》 タクシーを拾う

【打底子】 dǎ dǐzi [動] ① 下絵や下書きをかく, 草稿を作る ② 基礎を固める, 基盤を作る

【打点】 dǎdian (dádian と発音) [動] ① (荷物などを) 準備する ② 賄賂を送る

★★【打电话】 dǎ diànhuà [動] 電話をかける 〚给他～〛 彼に電話する

【打动】 dǎdòng [動] 感動させる, 心を揺さぶる 〚～人心〛 人の心を打つ

【打赌】 dǎʼdǔ [動] 賭ける, 賭け事をする

【打断】 dǎduàn [動] ① (関係などを) 断ち切る, (話などを) 中断させる ② 折る, 折れる 〚我～你的腿〛 お前の足をへし折るぞ

【打盹儿】 dǎʼdǔnr [動] 《口》 うたた寝する, 居眠りする [同] [打瞌睡]

【打发】 dǎfa [動] ① 派遣する, 使いにやる 〚～我去找哥哥〛 私に兄を探し

に行かせる ② 追いやる, 立ち去らせる ③ (時間を)過ごす, つぶす
【打榧子】dǎ fěizi [動] (親指と中指で)指を鳴らす
【打稿】dǎ▼gǎo [動] 草稿を作る, 下絵をかく [同][打草稿]
【打嗝儿】dǎ▼gér [動] ① しゃっくりを出す ② おくびが出る, げっぷが出る
☆【打工】dǎ▼gōng [動] ① 雇われて肉体労働する, 力仕事に従事する ② アルバイトをする [同][做工]
【打鼓】dǎgǔ [動] ([同][敲鼓]) ① 太鼓を打つ, ドラムをたたく ② 《転》胸がどきどきする, 不安に震える 〖心里直～〗胸がしきりにどきどきする
*【打官司】dǎ guānsi [動] 訴訟を起こす, 告訴する 〖跟他～〗彼を相手に訴訟を起こす 〖打肚皮官司〗腹に納めて口に出さない
【打光棍儿】dǎ guānggùnr [動] やもめ暮らしをする, 独身で生活する
【打滚】dǎ▼gǔn [動] (～儿) 横になってごろごろ転がる 〖疼得直～〗痛くてのたうち回る
【打哈哈】dǎ hāha [動] 冗談を言う, ふざける([同][开玩笑]) 〖拿他～〗あいつをからかう
【打夯】dǎ▼hāng [動] (基礎固めの) 地突きをする [～歌] よいとまけの歌
【打诨】dǎhùn [動] (伝統劇で) ギャグを飛ばす, 滑稽なアドリブを入れる
【打火机】dǎhuǒjī [名] ライター 〖用～点烟〗ライターでタバコに火をつける
*【打击】dǎjī [動] ① たたく, 打つ [～乐器] 打楽器 ② 攻撃する, 挫(くじ)けさせる 〖～歪风邪气〗不健全な風潮に歯止めをかける
【打家劫舍】dǎ jiā jié shè 《成》賊が徒党を組んで民家を襲い略奪する, 集団強盗を働く
【打假】dǎ▼jiǎ [動] にせブランド商品などを一掃する
*【打架】dǎ▼jià [動] (殴り合いの) けんかをする 〖跟他～〗彼とけんかをする
【打尖】dǎ▼jiān [動] ① (旅の途中で) 休息し食事をとる, (休憩所で) 一服する ② 〖植〗摘心する, 芽を摘む [同][打顶]
☆【打交道】dǎ jiāodao [動] 《口》付き合う, 行き来する
【打搅】dǎjiǎo [動] 邪魔をする, 騒がせる([同][打扰]) 〖～您了!〗お邪魔いたしました
【打劫】dǎ▼jié [動] (金品を)略奪する, 強奪する [趁火～] 火事場どろぼうを働く
【打结】dǎ▼jié [動] ① (紐(ひも)などに)結び目を作る, こぶ状の節を作る ② (舌が)もつれる
【打开】dǎkāi [動] 開ける, 開く, (事態を) 切り開く 〖～书〗本を開く 〖～眼界〗視野を広げる 〖～局面〗局面を打開する 〖打不开〗開かない
【打开天窗说亮话】 dǎkāi tiānchuāng shuō liànghuà 《俗》腹打ち割って話をする, 胸の内をさらけ出す
【打瞌睡】dǎ kēshuì [動] [同][打盹儿]
【打捞】dǎlāo [動] 水中から引き上げる 〖～尸体〗水死体を引き上げる
【打雷】dǎ▼léi [動] 雷が鳴る
【打冷战(打冷颤)】dǎ lěngzhan [動] (寒さや恐れで) 身震いする, ぶるっと震える [同][打寒战]
*【打量】dǎliang [動] ① (人を) 推し量るように観察する, じろじろ見る ② (間違って)…と思う, 推測する
*【打猎】dǎ▼liè [動] 狩りをする
【打乱】dǎluàn [動] かき乱す, 混乱させる 〖～计划〗プランをめちゃくちゃにする
【打落水狗】dǎ luòshuǐgǒu [動] (水に落ちた犬を打つ＞) 敗れた敵を徹底的に打ちのめす
【打埋伏】dǎ máifu [動] ① 待ち伏せする, 伏兵を置く ② 隠匿する, 秘密にする
【打泡】dǎ▼pào [動] (手足に) まめができる, 水ぶくれができる
☆【打喷嚏】dǎ pēntì [動] くしゃみをする
【打平手】dǎ píngshǒu [動] 〖体〗引き分ける, 勝負預かりとなる
【打破】dǎpò [動] 打ち破る, こわす 〖～平衡〗均衡を破る 〖～饭碗〗失業する 〖打不破〗打ち破れない
【打破沙锅问到底】 dǎpò shāguō wèn dào dǐ 《成》徹底的に追求する [囮]'璺 wèn'
【打谱】dǎ▼pǔ [動] ① 棋譜どおりに石(駒) を並べて稽古をする ② (～儿) 概略の計画をまとめる, 大筋を決める
【打气】dǎ▼qì [動] ① (タイヤなどに) 空気を入れる 〖给车胎～〗タイヤに空気を入れる [～筒] 空気入れ ② 《転》元気づける, 励ます
【打前站】dǎ qiánzhàn [動] 本隊に先行して食住の準備をする, 先発隊を務める
【打枪】dǎ▼qiāng [動] 発砲する, 銃を撃つ. ([同][开枪]) 〖打一枪〗一発撃つ
—— dǎqiāng (試験に) 替え玉を使う [同][枪替]
【打秋风】dǎ qiūfēng [動] 賄賂を要求する ♦'打抽丰'とも
【打趣】dǎ▼qù [動] からかう, ひやかす 〖别老～他〗彼をなぶるのはよせ
【打圈子】dǎ quānzi [動] ① ぐるぐる回る, 旋回する [同][转圈子] ② 遠回しに言う, もって回った言い方をする

【打群架】dǎ qúnjià 動 大勢でけんかする、集団で殴り合う

【打扰】dǎrǎo 動 ⇨[打搅]

【打扫】dǎsǎo 動 掃除する、片付ける［～垃圾］ごみを掃き出す

【打闪】dǎ'shǎn 動 稲妻が光る

【打手】dǎshou (dǎshǒuと発音) 名 用心棒（役のごろつき）

【打算】dǎsuàn 動 心積もり、もくろみ〚我有我的～〛私には私の考えがある ― 動 …するつもりである、計画する〚你～怎么办？〛君はどうするつもりだ？

【打算盘】dǎ suànpán / dǎ suànpán 動 そろばんで計算する；(転)損得を考える、そろばんをはじく

【打胎】dǎ'tāi 動 (口) 子をおろす、人工流産させる

【打铁】dǎ'tiě 動 鉄を打つ、鍛冶屋をする［趁热～］鉄は熱いうちに打て

【打听】dǎting 動 (物事を) 尋ねる、問い合わす〚跟人～他的下落〛彼の行方を人に尋ねる

【打通】dǎtōng 動 (障害を除去して) 通じさせる〚电话～了〛電話が通じた〚～思想〛正しく理解させる〚打不通〛通じさせられない

【打通宵】dǎ tōngxiāo 動 徹夜で取り組む、夜通し働く

【打头】dǎ'tóu 動 (～儿) 率先してやる、リードする
―― dǎtóu 副 (～儿)(方)初めから、一から

【打头阵】dǎ tóuzhèn 動 先頭に立って戦う、先陣を切る

【打退堂鼓】dǎ tuìtánggǔ 動 (転)(困難を前にして) 中途で撤退する、途中で断念する

【打弯】dǎ'wān 動 (～儿) ①(手足を) 曲げる ②(転)考えを変える、方向転換する ③遠回しに話す、もって回った言い方をする

【打响】dǎxiǎng 動 ①戦端を開く、銃撃を始める ②(転)'炮'と呼応して) (物事の) 最初がうまく行く、順調な一歩を踏みだす〚第一炮就～了〛幸先のよいスタートを切った

【打雪仗】dǎ xuězhàng 動 雪合戦をする

【打牙祭】dǎ yájì 動 (方)たまのご馳走を食べる

【打掩护】dǎ yǎnhù 動 ①(軍) 援護する ②(悪事・悪人を) かばう

【打眼】dǎ'yǎn 動 ①(～儿) 穴をあける ②(方) 欠陥品を(気づかずに)買う、にせ物をつかむ ③(方)注意を引く、目立つ

【打样】dǎ'yàng 動 ①設計図を書く ②校正刷りを出校する〚～纸〛ゲラ刷り

【打烊】dǎ'yàng 動 店じまいをする

【打夜作】dǎ yèzuò 動 夜なべをする、夜勤につく 動[打夜工]

【打印】dǎyìn 動 タイプ印刷する、プリントアウトする［～机］プリンター
―― dǎ'yìn 動 判を押す

【打游击】dǎ yóujī 動 ①ゲリラ戦を戦う ②(転)ゲリラ的に行動する、あちこちに移動しつつ活動(仕事)する

【打油诗】dǎyóushī 名［首］ざれうた、狂詩、滑稽詩

【打圆场】dǎ yuánchǎng 動 丸く収める、円満解決に導く 動[圆盘]

【打杂儿】dǎ'zár 動 (口)雑用をする、雑役夫を務める

【打造】dǎzào 動 鍛造する；(転)建設する、造り始める

【打颤(打战)】dǎzhàn 動 ぶるぶる震える、身震いする 動[打冷战]

【打仗】dǎ'zhàng 動 戦争をする、争う〚打嘴仗〛口げんかする

【打招呼】dǎ zhāohu 動 ①声をかける、あいさつする(身振りによるあいさつを含む) ②(事前に) 知らせておく、注意を促しておく

【打折】dǎ'zhé 動(動[打折扣]) ①(値段を) 割引く、値引き販売する ◆例えば「1割値引きする」は'打九折'という ②融通をきかせて処理する、大目に見る

【打针】dǎ'zhēn 動 注射する

【打肿脸充胖子】dǎzhǒng liǎn chōng pàngzi (俗) ((自分の) 顔をなぐって腫らし太った体に見せかける＞) 自分を能力以上に見せようと無理をする

【打主意】dǎ zhǔyi (dǎ zhúyiとも発音) 動 ①打つ手を考える、対策を練る ②(利益を得るため) ねらいをつける

【打住】dǎzhù 動 (話を) 打ち切る〚打不住〛(話が)止まらない

【打转】dǎzhuàn 動 (～儿) 余りをる、旋回する

【打字机】dǎzìjī 名〔架・台〕タイプライター

【打坐】dǎzuò 動 座禅を組む、結跏趺坐する

【大】dà 形 (体積・数量・程度・範囲などが) 大きい、強い〚好～的箱子〛とても大きな箱〚年纪～〛年がいっている〚声音太～〛音が大きすぎる〚风很～〛風が強い ― 副 大いに、ひどく〚～有希望〛大いに見込みがある〚～吃一惊〛ひどく驚く〚不～好看〛きれいではない〚质量～提高〛質が大いに高まった
⊗ ①最も年上の〚～哥〛いちばん上の兄〚老～〛長男、長女 ②おとな ③尊敬の接頭辞〚～名〛御芳名 ④日時を強調する〚～夏天〛夏〚～白天〛真っ昼間

⇨dài
【大白】dàbái 明白である,明らかになる〖真相已~于天下〗真相はすでに天下に明白となった
【大白菜】dàbáicài 图〔棵〕白菜(形は長くて大きい)[山东~]山東白菜
【大白天】dàbáitiān/ dàbáitian 图真っ昼間,昼日中〖~说瞎话〗突拍子もないことを言う
【大伯子】dàbǎizi 图 夫の兄,義兄
【大班】dàbān 图 幼稚園の年長組⇔[小班][中班]
【大板车】dàbǎnchē 图〔辆〕大八車,手押し車
【大半】dàbàn 图 大部分,過半〖~是青年人〗大半は青年たちだ ━ 副 おおかた,たいてい〖他~不会来了〗彼は多分来ないだろう
【大本营】dàběnyíng 图〔军〕大本営;(転)活動や運動の本拠,中枢部
【大便】dàbiàn 图 大便(をする)
【大兵】dàbīng 图 ①〔贬〕(旧時の)兵隊 ②大軍
【大兵团】dàbīngtuán 图 大兵団
【大饼】dàbǐng 图 ①〔张・块〕小麦粉を練って鉄板で丸く平らに焼いた大型の'饼' ②〔方〕⇔[普][烧饼]
【大伯】dàbó 图(⇔[大爷]) ①伯父,おじ ②(年配の男性に対する尊称としての)おじさん
*【大不了】dàbuliǎo 副 どんなに悪くても,せいぜい〖~开个夜车〗最悪の場合でも徹夜をすれば済むことだ ━ 形〔多く否定文に用いて〕たいした,格別の〖没有什么~的〗別に大したことはない
【大材小用】dà cái xiǎo yòng《成》優れた人物につまらぬ仕事をさせる,貴重な人材のつかいどころを誤る
【大菜】dàcài 图 ①大きな碗や皿に盛られた料理,メインディッシュ ②西洋料理
【大肠】dàcháng 图〔生〕大腸
【大氅】dàchǎng 图〔方〕〔件〕オーバーコート
【大车】dàchē 图〔辆〕(家畜に引かせる)荷車 ②汽車や汽船の機関士に対する尊称 ◆'大伙'とも書く
*【大臣】dàchén 图(君主国の)大臣
【大虫】dàchóng 图〔方〕〔動〕トラ⇔[普][老虎]
【大处落墨】dà chù luò mò《成》(絵や文章で大事なところに墨を入れる>)要所に精力を集中する
【大吹大擂】dà chuī dà léi《成》大ぼらを吹く,鳴物入りで宣伝する
【大春】dàchūn 图〔方〕(稲やトウモロコシなどの)春播きの作物 ⇔[~作物]
【大醇小疵】dà chún xiǎo cī《成》大体よいが若干の欠点はある,小さなきずはあるもののまず満足できる
【大葱】dàcōng 图〔植〕〔根〕フトネギ
【大…大…】dà…dà… 単音節の名詞・動詞・形容詞の前において,規模・程度が大きいことを示す[大鱼大肉]魚や肉がいっぱい[大吃大喝]大いに飲み食いする[大红大绿]色あでやかな
【大咧咧】dàdaliēliē 形(~的)(性格や作風が)おおまかな,細かいことにこだわらない
【大胆】dàdǎn 形 大胆な,思いきった
【大刀阔斧】dà dāo kuò fǔ《成》大なたを振るう〖~地修改〗大胆に直す
【大抵】dàdǐ 副 おおよそ,ほぼ〖~有一百公里〗ほぼ100キロメートルある
【大地】dàdì 图 大地
【大典】dàdiǎn 图(国家的な)重大式典
【大动脉】dàdòngmài 图〔生〕〔条〕大動脈;(転)(交通の)大動脈,主要幹線
【大豆】dàdòu 图〔植〕大豆
【大都】dàdū/ dàdōu 副 大部分,ほとんど
【大杜鹃】dàdùjuān 图〔鸟〕カッコウ
【大肚子】dàdùzi 動〔口〕妊娠する ━ 图 ①腹部がでっぷりとした人 ②大飯食らい(の人)
【大队】dàduì 图 ①〔军〕大隊('营'ないし'团'に相当) ②人民公社の生産大隊
【大多】dàduō 副 ほとんど,大部分
【大多数】dàduōshù 图 大多数〖在~情况下〗ほとんどの場合
【大而无当】dà ér wú dàng《成》大きいだけで役に立たない
【大发雷霆】dà fā léitíng《成》激怒して大声で怒鳴る,雷を落とす
【大法】dàfǎ 图 憲法,国家の根本の規範
【大凡】dàfán 副〔文頭に置き,'总'や'都'と呼応して〕概して,一般に〖~用功的学生,总喜欢逛书店〗勉強熱心な学生は概して本屋めぐりが好きだ
*【大方】dàfang 形 ①(態度が)自然な,ゆったりとした ②けちけちしない,気前がいい ③(色や形が)上品な,落ち着いた
━━ dàfāng 图〔書〕学者,識者〖贻笑~〗識者の笑いものになる
【大粪】dàfèn 图 人糞,下肥とす
【大风】dàfēng 图 ①強風,激しい風[~警报]強風警報 ②〔天〕風力8の風
【大风大浪】dà fēng dà làng《成》

大きな風と浪(大きな困難, 激しい闘争, 社会の激動なども例える)

【大夫】dàfū 图 古代の官職(卿の下, 士の上)→[大夫 dàifu]

＊【大概】dàgài 图 あらまし, 大体の内容 ― 形《定語として》おおよその, 概略の ― 副 おおよそ, たぶん

【大纲】dàgāng 图 大綱, 要旨

【大哥】dàgē 图 ①いちばん上の兄, 長兄 ②《口》同年配の男子に対する尊敬と親しみをこめた呼称

【大革命】dàgémìng 图〔场・次〕①大規模な革命運動［法国～］フランス革命［无产阶级文化～］プロレタリア文化大革命 ②中国の第1次国内革命戦争(1924-1927)

【大公无私】dà gōng wú sī〔成〕すべて公のためにやり, 一点の利己心ももたない 反《假公济私》②一方に偏せず公正に対処する 反《徇情枉法》

【大姑子】dàgūzi 图《口》夫の姉, 義姉ねさん

【大鼓】dàgǔ 图 ①《音》太鼓, ドラム ②《演》小太鼓を打ちながら語る謡いものの一種('三弦'などの伴奏がつく.'京韵～''山东～'など)

【大褂儿】dàguàr 图〔件〕膝下まである中国風のひとえの長衣

【大鬼】dàguǐ 图 (トランプの) ジョーカー

【大锅饭】dàguōfàn 图 大なべで煮たく食べ物, 共同の食事 ♦多く悪平等の喩え［吃～］悪平等的に同じ待遇を受ける, 採算を無視して国家に寄りかかる

【大海捞针】dà hǎi lāo zhēn〔成〕大海から針をすくう(不可能な事の喩え) 同[海底捞针]

【大寒】dàhán 图 大寒 ♦二十四節気の一. 太陽暦の1月20·21日ころに当たる

【大汉】dàhàn 图〔条・个〕大男［彪形～］がっしりした大男

【大汉族主义】dà-Hànzú zhǔyì 图 漢族ショービニズム ♦漢民族を第一とし, 少数民族を同化させようとする民族主義思想

【大旱望云霓】dàhàn wàng yúnní《成》日照りに雨雲を渇望する(苦境から脱したい切実な心情に例える)

【大好】dàhǎo 形 ①《定語として》素晴らしい, 非常によい［～河山］素晴らしい山河(祖国) ②《方》(病気が)すっかり直った, 全快した

【大号】dàhào 图 ①《音》チューバ ― 形《定語として》Lサイズの

【大亨】dàhēng 图 大金持ち

【大红】dàhóng 形《多く定語として》深紅色の

【大后方】dàhòufāng 图 ①抗日戦期に国民党支配下にあった地域, 主に西南・西北地区 ②戦線を遠く離れた地域, 銃後

【大后年】dàhòunián 图 明々後年

【大后天】dàhòutiān 图 明々後日, しあさって

【大户】dàhù 图 ①大家, 資産家 ②大家族, 多人数の一族

【大话】dàhuà 图 大ぼら, 大ぶろしき［说～]話をする

【大环境】dàhuánjìng 图 社会環境

【大荒】dàhuāng 图 ①ひどい飢饉, 大凶作［遭受～]大飢饉に見舞われる［～年]大凶作の年 ②果てしない荒野, 広大な荒地

【大会】dàhuì 图〔届・次〕大会, 総会

＊【大伙儿】dàhuǒr 代《口》みんな 同[大家伙儿]

【大计】dàjì 图 遠大な計画［百年～]百年の大計

【大蓟】dàjì 图《植》ノアザミ ♦漢方薬材にも使う 同[蓟]

【大家】dàjiā 代 みんな, 皆さん［谢谢～]皆さん有難う［我们～]我々みんな ― 图 ①大家, 巨匠 ②名家, 名門［～闺秀]良家の令嬢

【大建】dàjiàn 图 陰暦の大の月 同[大尽]

【大将】dàjiàng 图《军》①大将 ②高級将校

【大街】dàjiē 图〔条〕大通り, 街路［逛～]街をぶらつく［～小巷]大通りと路地(の至るところ)

【大捷】dàjié 图 大勝利

【大姐】dàjiě 图 ①いちばん上の姉, 長姉 ②女性の友人・知人に対する尊称

【大解】dàjiě 图 大便をする 同[小解]

【大惊小怪】dà jīng xiǎo guài〔成〕ちょっとしたことに驚き騒ぎたてる

【大舅子】dàjiùzi 图 妻の兄, 義兄さん

【大局】dàjú 图 大局, 大勢［(从)～着想]大局的に考える［顾全～]大局をわきまえる

【大举】dàjǔ 副 大挙して, 大規模に

【大卡】dàkǎ 图《理》キロカロリー 同[千卡]

【大考】dàkǎo 图〔次〕学期末試験, 学年末試験 ♦"全国一考试"などの重要な試験をいうこともある

【大快人心】dà kuài rén xīn〔成〕(悪人が処罰されて) みんなの胸がすかっとする, 誰もが大満足する

【大牢】dàláo 图《口》牢屋, 刑務所［坐～]牢獄に入れられる

【大理石】dàlǐshí 图 大理石 ♦雲南省の'大理'が有名でこの名がある

【大力】dàlì 副 強力に, 大いに［～发展]大いに発展させる ― 图 大きな力

【大丽花】dàlìhuā [名]〘植〙ダリア
【大殓】dàliàn [名]納棺の儀式
【大梁】dàliáng [名]①(建物の) 梁はり ②《転》中心的役割, 柱となる働き〘挑 tiǎo ～〙大黒柱となる
【大量】dàliàng [形]〔定語·状語として〕大量の, 多くの〘～(的) 事实〙多くの事実〘农民～流入城市〙農民が大量に都市に流入する
【大陆】dàlù [名]①大陸［欧亚～］ユーラシア大陸［～架］大陸だな ②(香港や台湾の立場から) 中国大陸
【大路】dàlù [名]〔条〕広い道, 大通り
【大路货】dàlùhuò [名]一般人気商品
【大略】dàlüè [名]①あらまし, 概略 ②《書》遠大な計略 ━ [形]〔定語·状語として〕おおまかな, 大づかみな〘～的情况〙大体の情況〘～相同〙ほぼ同じだ
【大妈】dàmā [名]①伯母(父の兄の妻) ②(年配の婦人に対する親しみをこめた敬称としての)おばさん
【大麻】dàmá [名]①〔棵〕麻, ヘンプ [同][线麻] ②大麻, マリファナ
【大麻哈鱼】dàmáhǎyú [名]〘魚〙〔条〕サケ('鲑鱼'の俗称) [同][大马哈鱼]
【大麦】dàmài [名]オオムギ
【大忙】dàmáng [形]〔ふつう定語として〕大変忙しい, 超多忙の〘～季节〙大忙しの季節
【大猫熊】dàmāoxióng [名] [同][大熊猫]
【大门】dàmén [名](～儿) 門, 正門(通用門や各部屋の出入口と区別していう)
【大米】dàmǐ [名](脱穀してある)コメ
【大民族主义】dàmínzú zhǔyì [名]大民族主義, ショービニズム
【大名】dàmíng [名]①名声［～鼎鼎］名声が高い［臭～］悪名 ②お名前［久仰～］かねて御高名は承っております［尊姓～］御尊名
【大明大摆】dà míng dà bǎi《成》人目もはばからぬ, おおっぴらな
【大模大样】dà mú dà yàng《成》これ見よがしの, 横柄な
【大拇指】dàmǔzhǐ [名]《口》親指〘竖起～叫好〙親指を立てて褒める
【大脑】dànǎo [名]〘生〙大脳［～半球］大脳半球［～炎］脳炎
【大鲵】dàní [名]オオサンショウウオ [同][娃娃鱼]
【大年】dànián [名]①豊作の年, 当り年 [反][歉岁] ②旧暦で12月が30日ある年 [反][小年] ③春節, 旧正月［～初一］旧暦の元旦［～三十］大晦日
【大年夜】dàniányè [名]《方》旧暦の大晦日の夜, 除夜 [同]《普》[除夕]
【大娘】dàniáng [名]《方》[同]《普》[大妈]
【大炮】dàpào [名]①〔尊·门〕大砲 ②《口》《転》ほら吹き, 大きなことや激しい意見を言う人
【大批】dàpī [形]〔定語·状語として〕大量の, 大口の〘～货物〙大量の貨物
【大谱儿】dàpǔr [名]大まかな考え
【大气】dàqì [名]①大気［～污染］大気汚染［～压］大気圧 ②(～儿) 荒い息〘喘～〙はあはあ息をつく
—— dàqi/dàqì [形]①度量の大きい ②(形や色が)上品な
【大器晚成】dà qì wǎn chéng《成》大器晩成
【大前年】dàqiánnián [名]先おととし, 一昨々年
【大前天】dàqiántiān [名]先おととい, 一昨々日
【大枪】dàqiāng [名]〔枝〕歩兵銃, 小銃 ♦拳銃などと区別して用い, ふつう'长枪'という
【大庆】dàqìng [名]①(多く国家的な) 大慶事, 大がかりな慶祝行事〘一百年～〙百周年の祝賀 ②老人の誕生日の敬称 ③(D-) 大慶油田(黒竜江省内)
【大秋】dàqiū [名]秋の収穫(期)［～作物］春に種を蒔き秋に収穫する作物(コウリャン·トウモロコシ·アワなど)
【大曲】dàqū [名]①酒こうじ ②焼酎('白酒')の一種 [同][～酒]
【大权】dàquán [名]大権, 支配権(多く政権を指す)〘掌好～〙政権を握る
【大人】dàrén [名]《敬》(多く書翰しょかん文で) 世代が上の人に対する呼称〘父亲～〙お父上
—— dàren [名]①おとな, 成人 [反][小孩儿] ②旧時, 高官に対する呼称
【大肉】dàròu [名]ブタ肉
【大嫂】dàsǎo [名]①長兄の妻, 兄嫁 ②(自分とほぼ同年輩の既婚婦人に対する尊称として)奥さん
【大扫除】dàsǎochú [名]大掃除〘进行一次～〙一度大掃除をする
*【大厦】dàshà [名]〔座〕ビル, マンション［上海～］上海マンション
【大少爷】dàshàoye [名](金持ちの家の) 一番上の息子, 若旦那［～作风］放蕩息子的な生き方
【大赦】dàshè [動]大赦を行なう
【大婶儿】dàshěnr [名]《口》(母と同年輩の婦人に対する尊称として)おばさん
【大师】dàshī [名]①学問·芸術面の大家, 巨匠［钢琴～］ピアノの巨匠 ②〘宗〙(僧侶に対する敬称として) 大師

D

【大师傅】dàshīfu [名]《敬》和尚様 —— dàshifu [名]《口》コック，板前

【大使】dàshǐ [名] 大使

★★【大使馆】dàshǐguǎn [名] 大使館

【大事】dàshì [名] ①〔件〕重大な出来事，重要な事柄〖关心国家～〗国家の大事を気にかける［终身～］一生の大事，結婚問題［～记］大事記(重要な出来事を年月ごとに記した記録) ②大勢，全般の情況

【大势】dàshì [名]（主に政治的な）大勢，全体の流れ［～所趋，人心所向］大勢の赴くところ，人心の向かうところ

【大手大脚】dà shǒu dà jiǎo《成》金遣いが荒い，浪費癖のある

【大叔】dàshū [名] ①《口》(父と同年輩の中年男性に対する尊称として）おじさん ②父のすぐ下の弟

【大暑】dàshǔ [名] 大暑 ♦二十四節気の一．太陽暦の7月22～24日ころに当たる

★【大肆】dàsì [副]《貶》なにはばかることなく，ほしいままに〖～宣扬〗臆面もなく宣伝する

【大蒜】dàsuàn [名]〖植〗〔头〕ニンニク ♦(割ったあとの）一かけらは‘一瓣儿’，編んで一つなぎにしたものは‘一辫’で数える [同][蒜]

【大踏步】dàtàbù [副] 大またに〖～(地)前进〗大きく前進する

【大…特…】dà…tè 同じ動詞の前に置いて程度が大であることを示す［大错特错］大間違いをする［大吃特吃］大いに食べる

【大提琴】dàtíqín [名]〖音〗〔把〕チェロ〖拉～〗チェロを弾く

★【大体】dàtǐ [副]〔多く‘～上’の形で〕だいたい，ほぼ — [名]《書》全体の利益，重要な道理〖不识～〗全体の利益を考えない

【大天白日】dà tiān bái rì [名]《口》真っ昼間，昼日中(ひるひなか)

【大田】dàtián [名]〖農〗広い畑，大規模な農地［～作物］‘大田’に作付けする作物(小麦・コウリャン・トウモロコシ・綿花・牧草など)

【大厅】dàtīng [名]〔间〕ホール，広間

【大庭广众】 dà tíng guǎng zhòng《成》みんなが注目する場所，公開の場〖～之中〗公衆の面前で

【大同】dàtóng [名]（理想社会としての)大同の世，ユートピア

【大同小异】dà tóng xiǎo yì《成》大同小異，ほぼ同じ

【大头】dàtóu [名] ①民間遊戯に用いる頭でっかちのかぶり物 ②民国初年の銀貨 ♦袁世凱の肖像がはいっていた [同][袁～] ③(～儿)いいかもにされるお人好し，甘ちゃん [同][冤～] ④(～儿)主要な部分〖得～〗いちばん多く取る

【大头针】dàtóuzhēn [名]〔根〕虫ピン〖拿～别纸〗ピンで紙を留める

【大团圆】dàtuányuán [名] 大団円，ハッピーエンド — [動] 一家団欒(だんらん)する

【大腿】dàtuǐ [名]〔条〕太もも，大腿(だいたい)

【大腕儿】dàwànr [名]（文学・芸術界の)有力者，実力派

【大王】dàwáng [名] 王者，巨頭，キング［煤油～］石油王［足球～］サッカーの神様
⇨dàiwang

【大为】dàwéi [副] 大いに，はなはだ〖～失望〗がっくりくる

【大尉】dàwèi [名]〖軍〗大尉 ♦尉官の最上位で‘上尉’の上

【大无畏】dàwúwèi [形]〔定語として〕何ものも恐れない，恐れを知らない〖～的英雄气概〗果敢な英雄的気概

【大喜】dàxǐ [動] 喜びに値する〖～的日子〗(結婚などの)めでたい日

【大喜过望】dà xǐ guò wàng《成》期待以上の結果で大喜びする，望外の喜びを得る

【大显身手】dà xiǎn shēnshǒu [動] 思う存分腕を揮(ふる)う，遺憾なく実力を発揮する [同][大显神通]

★★【大象】dàxiàng [名]〔头〕ゾウ [同][象]

【大小】dàxiǎo [名] ①(～儿)大きさ，サイズ ②世代の上下，大人と子供 ③規模や程度の大と小〖不论～〗大小(老若)にかかわらず

【大校】dàxiào [名]〖軍〗大佐 ♦佐官の最上位．‘上校’の上

【大写】dàxiě [名] ①（アルファベットの）大文字 ②帳簿や書類等に用いる漢数字 ♦壹・贰・参・肆・伍・陆・柒・捌・玖・拾・佰・仟など

【大兴土木】dà xīng tǔmù [動] ①大規模な土木工事をする ②多くのビルを建てる

【大猩猩】dàxīngxing [名]〔只〕ゴリラ

★★【大型】dàxíng [形]〔定語として〕大型の［～运输机］大型輸送機

【大行星】dàxíngxīng [名]〖天〗太陽系の九大惑星

【大熊猫】dàxióngmāo [名]〖動〗〔只〕ジャイアントパンダ [同][猫熊]

【大选】dàxuǎn [名]〔次〕総選挙

【大学】dàxué [名]〔所・个〕大学(一般に総合大学をいい，専科大学は‘学院’)〖考上～〗大学に合格する［电视～］放送大学

【大学生】dàxuéshēng [名] 大学生

【大雪】dàxuě [名] 大雪(たいせつ) ♦二十四節気の一．太陽暦の12月6～8日ころに当たる

【大牙】dàyá [名]〔颗〕①臼歯，奥歯 ②門歯，前歯(ふつうは‘大门牙’と

いう）〖叫人笑掉～〗物笑いになる
【大烟】dàyān [名]（通称として）アヘン（[書][鸦片]）〖抽～〗アヘンを吸う［～鬼］アヘン中毒患者
【大雁】dàyàn [名]〖鳥〗〔只〕ガン，カリ〖一行 háng ～〗カリの列
【大洋】dàyáng [名] ①大洋，海洋 ②〔块〕旧時の1元銀貨の通称
【大洋洲】Dàyángzhōu [名] オセアニア
【大摇大摆】dà yáo dà bǎi《成》誰はばかることなく，大手を振って ♦一般に副詞的に使う [反][蹑手蹑脚]
【大要】dàyào [名] 要点，骨子〖文章的～〗文章の要旨
【大爷】dàyé [名] 旦那さま［～作风］旦那風をふかす態度
—— dàye [名]《口》①伯父さん，父の兄 [同][伯父] ②（年長の男子に対する尊称として）おじさん
【大业】dàyè [名] 偉大な事業，大業〖创～〗大事業を興す
【大衣】dàyī [名]〔件〕オーバーコート，外套がいとう
【大姨子】dàyízi [名] 妻の姉，義姉ねえさん ♦'大姨儿' は母の一番上の姉
*【大意】dàyì [名] 大意，趣旨
—— dàyi [形] 不注意な，そこつな〖不要～〗不注意は禁物だよ［粗心～］大ざっぱでそそっかしい
【大义凛然】dà yì lǐnrán《成》毅然と正義を貫き通す
【大有可为】dà yǒu kě wéi《成》大いにやりがいがある，先行き大いに希望がもてる
【大有作为】dà yǒu zuòwéi《成》大いに力が発揮できる，存分に腕を揮える
【大雨】dàyǔ [名]〔场〕大雨［～倾盆］しのつく雨が降る
**【大约】dàyuē [副] ①（数量について）おおよそ，約〖～占三分之一〗ほぼ3分の1を占める ②たぶん，おそらく — [形]〔定語として〕おおよその〖～的数字〗おおよその数
【大月】dàyuè [名] 陽暦で31日，陰暦で30日ある月，大の月 [反][小月]
【大跃进】dàyuèjìn [名] 大躍進，特に1958年の農工業の大躍進運動
【大杂烩】dàzáhuì [名] ごった煮；《転》《貶》寄せ集め，ごちゃ混ぜ
【大杂院儿】dàzáyuànr [名] 中庭を囲んだ伝統的住居に幾世帯もが住む中国風長屋
【大灶】dàzào [名]（共同炊事・給食の）並の食事，大衆食（[書][中灶][小灶]）〖吃～〗みんなと同じ安飯を食べる
【大张旗鼓】dà zhāng qí gǔ《成》大がかりに，威勢よく
【大丈夫】dàzhàngfu [名] ますらお，立派な男子〖～言出如山〗男子に二言はない［男子汉～］男いっぴき
【大旨】dàzhǐ [名] 要旨，概要
*【大致】dàzhì [形]〔定語として〕大体の，おおまかな — [副] 大体，おおよそ
【大智若愚】dà zhì ruò yú《成》真の賢者は表面的には愚者にみえる，大知は愚のごとし
【大众】dàzhòng [名] 大衆 ♦あまり単用されない．単用されるのは '群众'［文艺～化］文芸の大衆化［～文化］大衆文化
【大轴子】dàzhòuzi [名] 公演のトリとなる芝居
【大主教】dàzhǔjiào [名]〖宗〗大主教，大司教
【大专】dàzhuān [名] ①大学（総合大学と専科大学の総称） ②《略》大学に相当する専門学校（'专科学校' の略）♦高校（'高中'）を出て入る学校で，中学（'初中'）を出て入る '中专' と区別する
【大篆】dàzhuàn [名] 大篆だいてん（漢字の書体の一）
【大字报】dàzìbào [名]〔张・篇〕壁新聞（多くは批判や自己批判を書出したもの）
【大自然】dàzìrán [名] 大自然，自然界

【汏】dà [動]《方》洗う ♦呉方言など

〖瘩（*疸）〗da ⊗→［疙 gē ～］

【呆】dāi [形] ①愚かな，にぶい ②（表情が）ぽんやりした，ぽかんとした — [動]《口》とどまる，滞在する（'待' とも書く）
【呆板】dāibǎn（áibǎn は旧読）[形] 杓子定規な，ぎこちない [同][死板]
【呆笨】dāibèn [形] ①愚かな，間抜けな [同][呆傻] ②不器用な，のろまな
【呆若木鸡】dāi ruò mùjī《成》（驚きや恐れで）ぽんやりする，呆然ぼうぜん自失する ♦'木鸡' は木彫のニワトリ
【呆头呆脑】dāi tóu dāi nǎo《成》うすぼんやりとした，いかにも愚鈍な
【呆账】dāizhàng [名] 回収不能の貸し付け，こげ付き，貸倒れ
【呆滞】dāizhì [形] 生気のない，動きのにぶい〖目光～〗目に輝きがない〖市场～〗市場に活気がない
【呆子】dāizi [名] ばか(者)，間抜け

【待】dāi [動]《口》留まる，滞在する（'呆' とも書く）〖～一会儿吧〗ちょっとしてからね，あとでね〖～几天再走吧〗2，3日してから行こう
⇨dài

〖歹〗dǎi ⊗ 悪い，よからぬ［～人］《方》悪人［好～］善し悪し［为非作～］悪事を働く
*【歹徒】dǎitú [名]〔帮・个〕悪党，悪者

106 dǎi 逮傣大代岱玳贷袋黛迨骀带

【逮】 dǎi 動 つかまえる,捕える〚~住了罪犯〛犯人をつかまえた
⇨dài

【傣】 dǎi ⊗ 以下を見よ
【傣族】 Dǎizú 图 タイ族 ◆ 中国少数民族の一,雲南省に住む

【大】 dài ⊗ 大きい ◆ 限られた単語のみに使われる〚~王 wang〛王様,お頭
⇨dà
【大夫】 dàifu 图〔口〕医者(=〔医生〕)〚白求恩~〛(カナダ人医師)ベチューン先生
⇨'dàfu' dàfū

【代】 dài 動 …に代わる,代理で…する〚~子女做作业〛子供の替わりに宿題をする — 圖 世代を表わす〚第二~〛第二世代〚我们这一~〛我々の世代 ⊗ ①(歴史の)時代〚汉~〛漢代 ②(地質学の)時代〚古生~〛古生代 ③(D-)姓
【代办】 dàibàn 動 代理する,代行する〚请他~〛彼に代行してもらう〚~处〛代理事務所,取次店 — 图 代理大使,代行
【代笔】 dàibǐ 動 代筆する〚这封信由他~〛この手紙は,彼が代筆します
*【代表】** dàibiǎo 動 代表する,成り代わる〚~我儿子道谢〛息子に成り代わってお礼申し上げる〚~全体成员的意愿〛全員の願いを代表する — 图 代表(人や物)
【代称】 dàichēng 图 (正式名称に代わる)別名
【代词】 dàicí 图〔语〕代詞 ◆ 人称代詞(你,他など),疑問代詞(怎么,谁など),指示代詞(这,那など)の3種がある
【代沟】 dàigōu 图 ジェネレーションギャップ,世代間のずれ〚填平~〛世代の溝を埋める
【代号】 dàihào 图 略号,暗号名,コードネーム
*【代价】** dàijià 图 代価,代償〚付出~〛代価を払う
【代课】 dài'kè 動 代講する
【代劳】 dàiláo 動 代わりに骨を折る〚我的事情请您~〛僕の用事を代わりにやって下さい
*【代理】** dàilǐ 動 代理する,代行する〚~班主任工作〛クラス担任を代行する〚~人〛代理人
【代码】 dàimǎ 图 コード(番号)
【代名词】 dàimíngcí 图 別の言い方,代用語句
【代数】 dàishù 图〔数〕代数
*【代替】** dàitì 動 交代する〚用低劣的~优质的〛粗悪なもので

優良なものの代わりにする
【代销】 dàixiāo 動 代理販売する〚~香烟〛たばこの代理販売をする〚~店〛販売代理店
【代谢】 dàixiè 動 (新旧)交替する→〚新陈~〛
【代言人】 dàiyánrén 图 代弁者,スポークスマン
【代议制】 dàiyìzhì 图 代議制度〚~议会制〛
【代用】 dàiyòng 動 代用する〚拿这种工具~一下〛この道具で代用しよう〚~品〛代用品

【岱】 Dài ⊗ 泰山(山東省の名山)の別名('岱宗''岱岳'ともいう)

【玳(＊瑇)】 dài ⊗〚~瑁 mào〛〔動〕タイマイ(ウミガメの一種)

【贷(貸)】 dài ⊗ ①貸し付ける,借り入れる〚~方〛貸し方〚信~〛クレジット ②(責任を)押しつける,なすりつける〚责无旁~〛責任は転嫁できない ③容赦する,目こぼしする
*【贷款】** dài'kuǎn 融資する,借款を供与する
— dàikuǎn 图 貸し金,ローン,借款〚专项~〛特定目的のための借款

【袋】 dài 图(~儿)袋〚装在~里〛袋に詰める〚衣~〛ポケット — 圖 ①(~儿)袋入りのものを数える〚一~面粉〛1袋の小麦粉 ②キセルたばこや水たばこの1服分を数える〚一~烟的工夫〛(キセル)たばこを一服する間
【袋鼠】 dàishǔ 图〔動〕〔只〕カンガルー
【袋子】 dàizi 图 袋,バッグ〚纸~〛紙袋

【黛】 dài ⊗ (青黒色の)眉墨

【迨】 dài ⊗ 及ぶ,乗じる

【骀(駘)】 dài ⊗ 以下を見よ
⇨tái
【骀荡】 dàidàng 形〔書〕駘蕩ӟたる,(春の景色が)のどかな〚春风~〛春風駘蕩

【带(帶)】 dài 图(~儿)〔条〕ベルト,おび,ひも〚腰~〛腰を締めるバンド〚皮~〛皮ベルト〚录~〛録音テープ — 動 ①身に着けて持つ,携帯する〚~行李〛旅行荷物を携帯する〚~雨伞〛傘を携帯する ②ついでにする〚请你~个口信〛ついでに言付けをお願いします ③帯びる,含む〚~点酸味〛ちょっと酸っぱみがある〚面~笑容〛顔に笑みを浮かべる ④

率いる，連れていく〚～队〛隊を率いる〚～孩子上公园玩儿〛子供を連れて公園へ遊びに行く ⑤世話する，養育する〚～孩子〛子供の面倒をみる〚～博士生〛博士課程の院生を指導する
⊗①タイヤ［车～］タイヤ ②区域，ゾーン［绿化地～］グリーンベルト

【带操】dàicāo [名]〖体〗リボン(新体操の種目の一)

【带刺儿】dài▾cìr [動]（植物などが）とげを持つ，はりが生えている;《転》(言葉に)とげを持つ，皮肉を込める

【带动】dàidòng [動]①(物が物を)動かす，動力で動かす〚机车～货车〛機関車が貨車を動かす ②(人が人を)率いて動かす，前進へと導く〚～学生参加义务劳动〛学生たちを率いて労働奉仕に参加する

【带分数】dàifēnshù [名]〖数〗帯分数

【带劲】dàijìn [形]①(～儿)力強い，エネルギッシュな ②興味がわく，エキサイティングな

【带菌者】dàijūnzhě [名]〖医〗保菌者，キャリアー

【带累】dàilěi [動]巻添えにする，(被害に)巻き込む [同][连累]

*【带领】dàilǐng [動]①引率する〚老师～大家去郊游〛先生が皆を引率してピクニックに行く ②導く，案内する

【带路】dài▾lù [動]道案内をする [同][带道(儿)]

【带头】dài▾tóu [動]率先してやる，先頭に立って導く [同][领头(儿)]

【带徒弟】dài túdi [動]弟子を育てる，見習い(工)の教育を受持つ ♦多く工場の熟練労働者が新人の技術教育を受持つことをいう

【带孝(戴孝)】dài▾xiào [動]喪に服する，喪章を着ける(髪を白いひもで縛る，袖に黒い布を巻く，白い喪服を着るなど)

【带鱼】dàiyú [名]〖魚〗〔条〕タチウオ(太刀魚)

【带子】dàizi [名]〔条〕帯^{おび}，ひも，ベルト，テープ，リボン

【待】

dài [動]遇する，扱う，もてなす〚～他好〛彼を好遇する
⊗①待つ［等～］同前［～岗］(失業して)求職中である ②…しようとする
⇨dāi

【待到】dàidào [接]〔時点を表わす語句の前に置かれて〕…してから，…した時には〚～樱花烂漫时…〛桜が咲き満ちる時には…

【待考】dàikǎo [動](疑問箇所について)今後の考証に待つ

【待理不理】dài lǐ bù lǐ《成》(～的)まともに応対しない，冷たくあしらう [同][待搭不理]

【待命】dàimìng [動]命令を待つ，待命する([同][待令])〚～出发〛出動命令を待つ

【待业】dàiyè [動](学校を出て)就職の配分を待つ，職にあぶれる(失業がないことを建前とした時期に'失业'を言いかえた表現)［～青年］失業中の青年

**【待遇】dàiyù [動]待遇する，応対する〚冷淡的～〛冷淡な応対［最惠国～］最恵国待遇

【戴】

dài [動](頭·顔·胸·手などに)のせる，掛ける，付ける〚～眼镜〛眼鏡をかける〚～手套〛手袋をはめる
⊗①尊敬し支持する［拥～］推戴^{すいたい}する ②(D-)姓

【戴帽子】dài màozi [動]([反][摘帽子])①帽子をかぶる〚戴高帽子〛おだてる，お世辞を言われていい気になる〚戴绿帽子〛女房を寝取られる ②《転》人に政治的レッテルをはる，(反人民的)罪名を加える〚戴上右派分子的帽子〛右派分子の罪名を負わされる

【戴孝】dài▾xiào [動][同][带孝]

〖绐(紿)〗

dài ⊗欺く

〖怠〗

dài ⊗①怠ける，怠る ②怠惰な，ぐうたらな［懒～lǎndai］怠惰な

【怠工】dài▾gōng [動]怠業する，サボタージュする [関][罢工]

*【怠慢】dàimàn [動]①(人を)冷淡にあしらう〚别～了客人〛お客を粗末に扱わないように ②《挨》(接待が)不行き届きで恐縮です

〖殆〗

dài ⊗①危うい，危険な［危～］《書》最大の危機 ②ほとんど，ほぼ

〖逮〗

dài ⊗達する，及ぶ
⇨dǎi

*【逮捕】dàibǔ [動]逮捕する

〖丹〗

dān ⊗①朱色［～砂］辰砂^{しんしゃ} ②顆粒および粉末の漢方薬［灵～妙药］万能薬 ③(D-)姓

【丹顶鹤】dāndǐnghè [名]〖鳥〗〔只〕タンチョウヅル

【丹青】dānqīng [名]《書》①赤と青の顔料 ②《転》絵画［～妙笔］絶妙の画術

【丹心】dānxīn [名]〔颗〕赤心，真心

【单(單)】

dān [形]([反][双])〔多く定語として〕①一つの［～人床］シングルベッド ②奇数の〚～的日子〛奇数の日 ― [名](～儿)書き付け，リスト，請求書 ― [副]単に，ただ〚～靠这点材料…〛これだけの材料によるだけでは…

⊗①単純な,簡単な［简～］単純な ②ひよわな,薄弱な［～弱］(体が)弱い
⇨Shàn

【单薄】dānbó 形 ①(重ね着が)薄い,薄着をした ②(体が)ひ弱な,か細い ③(力・論拠が)弱い,薄弱な

【单产】dānchǎn 名 単位面積あたりの収穫高

【单车】dānchē 名《方》自転車 働[普][自行车]

【单程】dānchéng 名 片道(反[来回])［～票］片道切符

★【单纯】dānchún 形 ①(良い意味で)単純な,純粋な ②(貶)《定語・状語として》単なる,単純な,やみくもな〖～地追求数量〗やみくもに量のみを追求する

【单词】dāncí 名〔語〕①単純語 働[单纯词] ②(合成詞) 単語

【单打】dāndǎ 名〔体〕(テニス・卓球などの)シングルス 反[双打]

【单打一】dāndǎyī 動 ①一つのことに専念する,力を集中する ②一面的に物を見る,硬直した考え方をする

【单单】dāndān 副 ただ単に,ただ一つだけ〖～剩下了一个〗たった一つだけ残った

【单刀直入】dān dāo zhí rù (成)単刀直入に話す

【单调】dāndiào 形 単調な,一本調子な

★【单独】dāndú 副 単独に,独自に,自分だけで

【单峰驼】dānfēngtuó 名〔動〕〔匹〕ひとこぶラクダ 働[双峰驼]

【单干】dāngàn 動 共同作業に加わらず単独でやる［～户］(協同化時代の)単独経営の農家.;(転)他との協力を拒み自分ひとりで働く人

【单杠】dāngàng 名〔体〕鉄棒 ◆器具と種目の両方をいう 働[双杠]

【单个儿】dāngèr 形《多く状語として》①一人だけで ②(組になったものの)片方だけの,ひとつだけの

【单轨】dānguǐ 名 ①単線(鉄道) ②モノレール 反[双轨]

【单簧管】dānhuángguǎn 名〔音〕〔支〕クラリネット 働[黑管]

【单价】dānjià 名〔経〕単価〖铅笔的单价是一毛〗(この)鉛筆の単価は1角です

【单间】dānjiān 名 (～儿) ①ひと間だけの住まい,ワンルーム ②(旅館・レストランなどの)仕切られた部屋,個室

【单句】dānjù 名〔語〕単文 働[分句][复句]

【单口相声】dānkǒu xiāngsheng 名〔演〕〔段〕一人漫才,漫談,落語〖说～〗漫談を演じる

【单利】dānlì 名〔経〕単利 反[复利]

【单宁酸】dānníngsuān 名〔化〕タンニン酸 働[鞣酸]

【单枪匹马】dān qiāng pǐ mǎ (成)(1本の槍と1頭の馬で)誰の助けも借りず独力でやる 働[匹马只枪]

【单身】dānshēn 名 単身,独身［～在外］一人他郷で暮らす［～汉］独身男性［～贵族］独身貴族

【单数】dānshù 名 ①(プラスの)奇数 反[双数] ②〔語〕単数 反[复数]

★【单位】dānwèi 名 ①計量単位 ②機関や団体およびその下部の事業体,すなわち勤労者が所属する場〖你是哪个～的？〗どこにお勤めですか?

【单线】dānxiàn 名 ①〔交〕(鉄道の)単線(反[复线])［～铁路〕単線鉄道 ②1本だけの線,1筋だけの繋がり［～联系］1本しかない連絡系統

【单相思】dānxiāngsī 名 片思い(働[单思][单恋])［害～］片思いをする('害单思病'ともいう) — 動 片思いをする〖你别～了〗片思いなんかやめておけよ

【单行本】dānxíngběn 名 ①単行本 ②抜刷り 働[抽印本]

【单行线】dānxíngxiàn 名 一方通行の道路 働[单行道]

【单眼皮】dānyǎnpí 名 (～儿)一重まぶた 反[双眼皮]

【单一】dānyī 形 単一の,ただ一種の〖工作很～〗仕事が単調だ［～种植]単一作物栽培

【单衣】dānyī 名〔件〕ひとえの着物

【单元】dānyuán 名 ①単元,ユニット ②集合住宅で入口(階段)を共有する区画,ブロック〖四号楼三～202室〗4号棟3ブロック202号室

【单子】dānzi 名〔张〕①シーツ 働[床单儿] ②書き付け,一覧表,請求書〖开～〗リストを作る,勘定書を出す

【殚】(殫) dān ⊗ 尽くす［～精竭虑］精根を傾ける

【箪】(簞) dān ⊗ (古代の)竹の丸い器

【担】(擔) dān 動 肩に担ぐ,(天秤棒で)担ぐ;(転)(責任や任務を)担当する,引き受ける
*⇨dàn

【担保】dānbǎo 動 保証する,請け合う〖我～不会出问题〗問題ないことを保証します

【担待】dāndài 動〔口〕①許す,了解する ②責任を負う,引き受ける

【担当】dāndāng 動 (責任を)引き受ける,担う［～任务］任務を担当

する
【担负】dānfù 動〔責任·仕事·費用を〕担当する
【担搁】dānge 動 ⇨【耽搁】
【担架】dānjià〔副〕担架だん〚抬~〛担架で運ぶ
*【担任】dānrèn 動〔役職や任務を〕受け持つ, 担当する
*【担心】dān·xīn 動 心配する, 案ずる〚她~别人不理解自己〛人が自分を理解してくれないのではと彼女は不安だった
【担忧】dānyōu 動 心配する, 憂える〚为儿子的生死~〛息子の安否を気遣う

【眈】dān ⊗ 以下を見よ
【眈眈】dāndān 形〘書〙じっと狙いをつけている, 貪欲な目付きの
【耽】dān ⊗〔酒色に〕ふける〚~溺〛(悪習に)溺れる
【耽 (*躭)】⊗ 手間どる, 遅れる
【耽搁 (耽擱)】dānge 動 ① 滞在する, 留まる ② 遅れる, 長びく
*【耽误】dānwu 動 遅れる, 遅らせる, 暇取ってしくじる〚~时间〛無駄にする
【聃】dān ⊗ 人名用字〚老~〛老聃, 老子
【儋】Dān ⊗〚~县〛儋だ県〔海南島の地名〕
【胆 (膽)】dǎn 名 ①〔通称として〕胆のう ②〔~儿〕肝っ玉, 度胸〚~儿真大〛肝っ玉が本当に太い〚壮~〛勇気づける ③ 器物の水·空気などを容れる部分〚热水瓶的~〛魔法瓶の内壁〔'瓶胆'とも〕
【胆敢】dǎngǎn 副 大胆にも, 図々しくも
【胆固醇】dǎngùchún 名 コレステロール〚~增高〛コレステロールがたまる
【胆寒】dǎnhán 形 びくびくおびえた, 怖くてたまらない
【胆力】dǎnlì 名 ⇨【胆量】
【胆量】dǎnliàng 名 度胸, 胆力
【胆略】dǎnlüè 名 勇気と知略
【胆囊】dǎnnáng 名〘生〙胆囊
【胆怯】dǎnqiè 形 臆病な, 気の小さい
【胆识】dǎnshí 名 胆力と見識
【胆石病】dǎnshíbìng 名〘医〙胆石症 ⇨【胆结石】
【胆小】dǎnxiǎo 形 臆病な, 気の小さい ⇨【胆大】
【胆小鬼】dǎnxiǎoguǐ 名 臆病者
【胆战心惊】dǎn zhàn xīn jīng〖成〗恐怖にふるえる〚心惊胆战〛
【胆汁】dǎnzhī 名〘生〙胆汁 ⇨【胆液】
【胆子】dǎnzi 名 肝っ玉, 度胸〚~大〛肝っ玉が大きい

【疸】dǎn ⊗ →〚黄huáng~〛
【亶】dǎn ⊗ 誠に
【掸 (撣*撢担)】dǎn 動〔はたきなどで〕はたく, 払い落とす
【掸子】dǎnzi 名 はたき〚鸡毛~〛羽根で作ったはたき
【石】dàn 量 石こく〔容量の単位, 1石は100'升〕⇨ shí
【旦】dàn 名〘演〙京劇の女形 ⓕ〚~角儿 juér〛
⊗ ① 早朝, 夜明け ②〚元~〛元旦
【旦夕】dànxī 名〘書〙① 朝夕〚~相处〛日常的に付き合う ②〈転〉短い時間〚危在~〛危機が目前に迫る
【但】dàn 接 しかし, だが ⓕ〚~是〛
⊗ ① ただ, 単に〚~愿如此〛そうであるようただただ願う ②〚D-〛姓
【但凡】dànfán 副 すべて, おしなべて〚~熟识他的人, 没有不称赞他的〛およそ彼をよく知っている人で彼をほめない者はいない
*【但是】dànshì 接〘しばしば従文の'虽然''尽管'などと呼応して〛だが, しかしながら ⓕ〚可是〛
【担 (擔)】dàn 量 ① 100'斤' ② ひと担ぎ, ひと荷〚一~水〛天びん棒ひと担ぎの水(水桶2杯分)⇨ dān
【担担面】dàndànmiàn 名 タンタンめん〔辛味のきいた四川風うどん〕
【担子】dànzi 名 ①〔副〕天びん棒とその荷〚挑~〛(天びん棒で)荷を担ぐ ②〈転〉重荷, 責任〚卸下~〛肩の荷を下ろす
【诞 (誕)】dàn ⊗ ① 生まれる, 誕生する〚寿~〛老人の誕生日の祝い ② でたらめな, 根も葉もない〚荒~文学〛不条理の文学
*【诞辰】dànchén 名〘敬〙誕生日
*【诞生】dànshēng 動 誕生する(ⓕ〚出生〛)〚中华人民共和国~于1949年〛中華人民共和国は1949年に誕生した
【疍 (蜑)】dàn ⊗〚~民〛水上生活者の旧称
【蛋】dàn 名 ① 卵〚下~〛卵を産む〚鸡~〛鶏卵 ②〔~儿〕卵状のもの〚把泥捏成(~儿)〛泥を団子に丸める〚山药~〛ジャガイモ
【蛋白】dànbái 名 ① 卵白 ② 蛋白

質
【蛋白石】dànbáishí [名] オパール
*【蛋白质】dànbáizhì [名] 蛋白質
【蛋粉】dànfěn [名] 鶏卵の黄身の粉末, 乾燥卵
**【蛋糕】dàngāo [名]〔块〕ケーキ, カステラ風洋菓子［生日～］バースデーケーキ
【蛋黄】dànhuáng [名]（～儿）卵黄, 黄身
【蛋品】dànpǐn [名] 卵類を用いた食品の総称（'皮蛋''咸鸭蛋''蛋粉'など）

【惮（憚）】dàn ⊗ 恐れはばかる［*肆无忌～］何らはばかるところがない

【弹（彈）】dàn [名]（～儿）〔颗〕（はじき弓（ぱちんこ）などの）たま
⊗（銃砲の）たま［子～］弾丸［炮～］砲弾［原子～］原子爆弾
⇨tán
【弹道】dàndào [名] 弾道［～式洲际导弹］大陸間弾道弾, ICBM
【弹弓】dàngōng [名] はじき弓,（ゴムひもでとばす）ぱちんこ
【弹壳】dànké [名] ① 薬莢（きょう） [同][药筒] ② 爆弾の外殻
【弹坑】dànkēng [名]〔处·溜〕砲弾·爆弾の破裂でできた穴
【弹头】dàntóu [名]〔颗〕弾頭
【弹丸】dànwán [名] ①（土や石または鉄製の）'弹弓'のたま ② 銃弾 ③《書》狭い土地［～之地］猫の額ほどの土地
【弹药】dànyào [名] 弾薬［～库］弾薬庫
【弹子】dànzi/dànzǐ [名] ① '弹弓'のたま [同][弹丸] ②《方》ビリヤード, 撞球（[同]《普》[台球]）［～房］玉突き場

【瘅（癉）】dàn ⊗ ① 疲労による病気 ② 憎む［彰善～恶］善を顕彰し悪を憎む ♦ '瘅疟'（マラリアの一種）は dānnüè と発音

【淡】dàn [形] ①（液体·気体の濃度が）薄い, 軽い [反][浓] ②（味が）薄い, 淡白な [反][咸] ③（色が）淡い, 薄い [反][深] ④ 無関心な, 冷淡な〖～～地说了一句〗冷ややかに一言しゃべった
⊗ ①（商売が）振るわない ②《方》つまらない, 無駄な［～话］無駄話［扯～］無駄話をする
【淡泊（澹泊）】dànbó [形] 名利を求めない, 無欲な
【淡薄】dànbó [形] ①（液体·気体·味などが）薄い, 希薄な ②（感情や興味が）薄い, 弱い〖法律观念比较～〗法についての観念がやや希薄だ ③（印象が）薄い, あいまいな
【淡出】dànchū [動]〖映〗フェードアウトする [同][渐隐]
*【淡季】dànjì [名] 売上げ不振の時期（二, 八月など),（商品が）品薄になる時期 [反][旺季]
【淡漠】dànmò [形] ① 冷淡な, 無感情な ②（印象·記憶が）あいまいな, かすかな
【淡青】dànqīng [形]〔定語として〕緑がかった, 薄青色の
【淡入】dànrù [動]〖映〗フェードインする [同][渐显]
*【淡水】dànshuǐ [名] 淡水（[反][咸水]）［～鱼］淡水魚［～湖］淡水湖
【淡雅】dànyǎ [形]（色や柄が）あっさりして上品な, 簡素で優雅な

【啖】dàn ⊗ ① 食べる, 食べさせる ♦'啗'とも書いた ②（D-）姓

【氮】dàn [名]〖化〗窒素［～氧化物］窒素酸化物
【氮肥】dànféi [名] 窒素肥料

【当（當）】dāng [動] ① …になる,（役·任務を）務める, 引き受ける〖～老师〗教師となる ② 管理する, 取り仕切る ━ [能] …すべきである〖～说不说〗言うべきなのに言わない ━ [介] ①〔'当…的时候'の形で〕…した（する）時に ② 場所や位置を示す〖～着人家的面儿〗人様の前で［～场］その場で ━ [擬] 金属製の器物をたたく音〖～～的钟声〗かんかんという鐘の音
⊗ 当たる, 相応する［相～］相当する
⇨dàng
【当差】dāngchāi [名] 旧時の下役人, 下僕
── dāng▾chāi [動] 同上の仕事をする, 使い走りする
*【当场】dāngchǎng [副] その場で, 現場で〖～抓住〗現行犯で逮捕する〖～的电影票〗当日売りの映画のキップ
*【当初】dāngchū [名] ①〔多く状語として〕初め, 最初〖～你就不该这么做〗最初からそうすべきではなかったのだ ② 以前, かつて
**【当代】dāngdài [名] 今の世, 当代, 同時代 ♦時代区分上では中華人民共和国時代をいう
【当道】dāngdào [名] ①（～儿）道の真ん中〖站在大～〗道の真ん中に立つ ②《旧》権力者, 当路の人 ━ [動]《貶》権力を握る, 政権の座につく
**【当地】dāngdì [名] 現地, 現場［～时间］現地時間
【当归】dāngguī [名]〖植〗当帰（とうき） ♦根が漢方薬となる［土～］ウド
【当机立断】dāng jī lì duàn《成》機をのがさず決断する [反][当断不断]
【当即】dāngjí [副] 直ちに, 即刻 [同][立即]

【当家】dāng'jiā 動①家事を切り盛りする,一家を取りしきる[～作主](一家の)主人となる ②(転)(組織・団体を)運営する,経営する
【当间儿】dāngjiànr 名〔方〕真ん中,中央
【当街】dāngjiē 名①通りに面した方 ②〔方〕街頭,通り
【当今】dāngjīn 名現今,目下
【当局】dāngjú 名当局(者)[政府～]政府当局
【当局者迷，旁观者清】dāng jú zhě mí, páng guān zhě qīng〈成〉当事者は目がくもり傍観者はよく見える,岡目八目
【当口儿】dāngkour 名〔口〕…の時[就在这个～]ちょうどその時
【当量】dāngliàng 名〔化〕当量
【当令】dānglìng 動時節となる,(食物の)旬 を迎える[西瓜正～]ちょうどスイカのシーズンだ
*【当面】dāng'miàn 動(～儿)〔多く状語として〕面と向かう[有意见～提]意见があれば面と向かって言え
【当年】dāngnián 名①当時,あの頃 ②血気盛りの頃,働き盛り[她正在～]あの人はまさに女盛りだ
⇨ dàngnián
【当前】dāngqián 名今現在,目下[～的任务]当面の任務
【当权】dāng'quán 動権力を握る[～派]実権派
【当儿】dāngr 名〔口〕①…の時[当口儿] ②間隔,透き間 ⇨〔当子〕
【当然】dāngrán 形当然の,当たり前の[理所～]理の当然である ― 副もちろん,言うまでもない
【当仁不让】dāng rén bú ràng〈成〉なすべきことは進んでやる,人たる道に背を向けない
【当日】dāngrì 名(出来事があった)その時,当日
⇨ dàngrì
*【当时】dāngshí 名(過去の)その時,当時
⇨ dàngshí
【当事人】dāngshìrén 名①〔法〕(訴訟)当事者(原告または被告) ②関係者,当事者
【当头】dāngtóu 動目前に迫る,頭上に襲いかかる[国难～]国難が目前に迫っている ― 副真っ向から,真正面から[～一棒][～棒喝]頭に一撃,痛棒を食らわす(覚醒を促すこと)
*【当务之急】dāng wù zhī jí〈成〉当面の急務,焦眉の急
【当先】dāngxiān 動〔多く成語の表現の中で〕先頭に立つ,先駆けで[奋勇～]勇躍先駆する
*【当心】dāngxīn 動気をつける,注意する[～钱包！]財布をとられ(落とさ)ないよう気をつけろ ― 名〔方〕(胸の)真ん中
*【当选】dāngxuǎn 動当選する(⇔[落选])[～为市长]市長に選ばれる
【当政】dāngzhèng 動政権を握る⇔[执政]
【当中】dāngzhōng 名①真ん中,中央 ②…の中,間[在这些人～]この人たちの中で…
【当众】dāngzhòng 副公衆の面前で[～出丑]満場の中で恥をかく

【珰】(璫) dāng ⊗ ①耳飾り ②宦官
【铛】(鐺) dāng 擬〔多く重ねて〕金属をたたく音を表わす
⇨ chēng

【裆】(襠) dāng 名①ズボンの股,まち[开～裤]幼児の股あきズボン ②股[从人的～下爬过去]人の股の下をくぐる

【挡】(擋*攩) dǎng 動阻む,さえぎる,覆う[～路]道をふさぐ[～阳光]日射しをさえぎる ― 名(～儿)覆い,カバー,囲い(⇨[～子])[窗～]ブラインド ②(車の)ギヤ（'排～'の略）◆文語の'搪挡'(とりしきる)は bìngdàng と発音
【挡横儿】dǎng'héngr 動横槍を入れる,傍らから口出しして邪魔をする
【挡箭牌】dǎngjiànpái 名①盾 ②(転)後ろ盾となる人 ②(転)(批判をかわす)口実,言い訳[把孩子当成～]子供を言い訳に使う

【党】(黨) dǎng 名党,政党(大陸では中国共産党を指す)[～报]党機関紙⊗ ①徒党,朋党[死～]一味 ②親族 ③(D-)姓
【党纲】dǎnggāng 名党綱領
【党籍】dǎngjí 名党員であること,党籍[开除～]党籍を剥奪する
【党纪】dǎngjì 名党の規律,党紀[遵守～]党紀を守る
【党派】dǎngpài 名政党,党派[结成～]党派を組む
【党旗】dǎngqí 名〔面〕党旗
【党同伐异】dǎng tóng fá yì〈成〉(貶量に)自分と同じ派を弁護し,異なる派を攻撃する
【党徒】dǎngtú 名〔貶〕①徒党,一味 ②子分,取り巻き
【党团】dǎngtuán 名①政党と団体 ◆大陸では中国共産党と共産主義青年団を指す ②議会の党議員団
【党委】dǎngwěi 名(中国共産党の各級)党委員会の略称[～书记]党委員会書記(機関のトップである)

D

【党务】dǎngwù [名] 党務〖～繁忙〗党務で多忙だ
【党校】dǎngxiào [名]〔所〕党学校(中国共産党の幹部養成機関)
【党性】dǎngxìng [名] 党派性
【党员】dǎngyuán [名] 党員［预备～］予備党員(正式入党の前, 仮入党の段階の党員)
【党章】dǎngzhāng [名] 党規約
【党证】dǎngzhèng [名] 党員証
〖谠(讜)〗dǎng [⊗] 公正で率直な(議論)
【当(當)】dàng [動] ①(…に)匹敵する, 相当する〖一个人～两个人用〗ひとり(の力)をふたり分に使う ②…とする, …とみなす [同]［～做］③思い込む [同]［以为］④質に入れる
[⊗]①ふさわしい, ちょうどよい［恰～］適当である ②事柄が発生する時を示す［～晩］その夜 ③質草［赎～］質草を請け出す
⇨dāng
【当当】dàng▾dàng [動] 質に入れる
【当年】dàngnián [名] その年, 同年〖～投资, ～见效〗投資したその年に効果が現れる
⇨dāngnián
【当票】dàngpiào [名](～儿) 質札
【当铺】dàngpù [名]〔家〕質屋
【当日】dàngrì [名] [同]［当天 dàngtiān］
【当时】dàngshí [副] 直ちに, 早速
⇨dāngshí
【当天】dàngtiān [名] その日, 同日〖～的事, ～做完〗その日のことはその日のうちにやりなさい
【当头】dàngtou [名] 質草, かた
⇨dāngtóu
【当月】dàngyuè [名] その月, 同月〖～的任务～完成〗その月の任務はその月のうちに達成せよ
【当真】dàng▾zhēn [動] 真に受ける, 本気にする〖当起真来了〗本気にしだした
—— dàngzhēn [形] 確かな〖此话～?〗その話は確かか — [副] はたして, 本当に〖这件事你～能办?〗このことを君は本当にできるの?
【当作(当做)】dàngzuò [動] …とみなす〖把我～亲儿子对待〗私を実の息子として扱ってくれる
【档(檔)】dàng [名] ①(小仕切りのついた)書類だな, 整理だな［归～］(書類を)ファイルする ②分類保管されている書類［查～］保管書類を調べる ③(～儿)家具などの揺れ止めの木材［横～儿］(机などの)横木
[⊗]等級［高～商品］高級品
*【档案】dàng'àn [名]〔份・部〕(機関や企業などが分類保管する)保存書類, 資料, 公文書 ♦多く個人に関わる'人事～'(身上調書)をいう［～馆］公文書館
*【档次】dàngcì [名] 等級, グレード
【档子】dàngzi [量]《方》事柄を数える
〖砀(碭)〗dàng [⊗]［～山］碭山(安徽省の地名)
【荡(盪 *蕩)】dàng [動] ①揺れる, 揺り動かす〖～秋千〗ぶらんこをこぐ ②ぶらつく〖～马路〗通りをぶらぶらする［游～］のらくら過ごす
[⊗]①洗う［冲～］洗い落とす ②一掃する［～除］同前［扫～］掃討する
〖—(蕩)〗[⊗]①ほしいままな, ふしだらな［放～］気ままである ②浅い湖, 沼沢
【荡然】dàngrán [形]《書》跡形もない, 何ひとつ残らぬ［～无存］全部なくなる
【荡漾】dàngyàng [動] 波打つ, うねる〖湖水～〗湖水が波打つ〖歌声～〗歌声が流れる
〖宕〗dàng [⊗]①引き延ばす ②→［跌 diē～］
【刀】dāo [名]〔把〕かたな・ナイフ・包丁などの刃物〖磨 mó～〗刀を研ぐ［菜～］包丁［小～儿］ナイフ［铅笔～儿］鉛筆削り — [量] 紙の一まとまり(通常100枚)
[⊗]①刃物状のもの［冰～］スケート靴のエッジ ②(D-)姓
【刀把儿】dāobàr [名]([同]［刀把子］) ①刃物のつか, 柄 ②《転》権柄, 武力〖握着～〗権力を握る
【刀笔】dāobǐ [名] 古代, 竹簡の誤字を削るのに使った小刀と筆;《転》(多く貶義)訴状を作成すること, またその人
【刀兵】dāobīng [名] 武器, 兵器;《転》いくさ, 戦争〖动～〗いくさを起こす
【刀叉】dāochā [名]〔副〕ナイフとフォーク
【刀耕火种】dāo gēng huǒ zhòng《成》焼畑農法のこと [同]［火耨刀耕］
【刀具】dāojù [名]《機》切削工具の総称 [同]［刃具］［切削工具］
【刀口】dāokǒu [名] ①刃物の刃 ②(多く'～上'の形で)ここぞという場合
【刀片】dāopiàn [名] ①《機》切削具の刃 ②(～儿)かみそりの刃, 安全かみそり
【刀刃】dāorèn [名](～儿) 刃物の刃 [同]［刀口］
【刀山火海】dāo shān huǒ hǎi《成》剣の山, 火の海 ♦極めて危険な場所・過酷な状況を例える〖闯～〗火

中に身を投じる

【刀削面】dāoxiāomiàn 图 麺類の一。小麦粉をこねた塊を包丁で一片一片削ぐように熱湯に入れる

【刀子】dāozi 图〔把〕小刀ﾅｲﾌ、ナイフ［～嘴,豆腐心］口はきついが心は優しい

【叨】dāo ⊗ 以下を見よ ◆'叨咕'(ぶつぶつ言う) は dáogu と発音
⇨ tāo

【叨叨】dāodao 動〔口〕〔ふつう賓語なしで〕くどくどしゃべる［～没完］果てしなくくどくどしゃべり続けた

【叨唠】dāolao 動〔口〕くどくどしゃべる(⇨〔唠叨 láodao〕)［别总～那件事〕そのことばかりくどく言うのはやめろ

【氘】dāo 图〔化〕デューテリウム(⇨〔重氢〕)

【捯】dáo 動①(ひもや縄を)たぐる［把风筝～下来］空中の凧をたぐり寄せる ②原因を探る［～出个头绪来］糸口を探り当てた

【导】(導) dǎo ⊗ ①導く,案内する［教～］教え導く［领～］先頭に立って指導する［～盲犬］盲導犬 ②伝導する［～热］熱を伝える

*【导弹】dǎodàn 图〔軍〕〔颗·枚〕ミサイル［发射～］ミサイルを発射する［核～］核ミサイル［洲际～］大陸間弾道ミサイル

【导电】dǎodiàn 動 電気を伝導する

【导航】dǎoháng 動 (レーダーなどで)航行を誘導する［无线电(雷达)～］無線(レーダー)ナビゲーション

【导火线】dǎohuǒxiàn 图①〔根·条〕導火線(⇨〔导火索〕)［点着～］導火線に火をつける ②〈転〉導火線,きっかけ

【导热】dǎorè 動〔理〕熱を伝導する

【导师】dǎoshī 图 指導教員,リーダー

【导体】dǎotǐ 图〔理〕導体［超～］超伝導体

【导线】dǎoxiàn 图〔条〕導線,コード

*【导向】dǎoxiàng 图 動向［舆论～］与論の動向 — 動 ～へと導く

【导言】dǎoyán 图〔篇〕緒言,序言

【导演】dǎoyǎn 图 (映画・演劇の)演出家,監督 — 動 演出する,監督する［～话剧］現代劇の演出をする

*【导游】dǎoyóu 图 旅行ガイド,ツアーコンダクター — 動 旅行のガイドを務める,観光案内をする［由他给你们～］彼に君たちのガイドをさせる［～图］観光マップ

【导源】dǎoyuán 動〔'～于…'の形で〕…を源とする,…に始まる［黄河～于青海］黄河は青海を源とする

*【导致】dǎozhì 動 …に導く,…の結果を招く［～他犯罪］(結果として)彼を犯罪に導く

【岛】(島) dǎo 图〔座〕島(⇨〔海 hǎi～〕)

【岛国】dǎoguó 图 島国

【岛屿】dǎoyǔ 图 島々(島の総称)

【捣】(搗＊擣) dǎo 動 ①(棒の先などで)搗く,つつく［～米］米をつく［～他一下］彼をつつく ②たたく［～衣］(砧ぎぬで)衣を打つ ③かき乱す,撹乱する［直～匪巣］まっしぐらに匪賊の巣窟をたたく

【捣蛋】dǎo'dàn 動 引っかき回す,からむ［调皮～］あれこれいたずらをする

【捣鬼】dǎo'guǐ 動 陰で悪さをする,ひそかにトリックを使う,いたずらをもくろむ

【捣毁】dǎohuǐ 動 たたき壊す,ぶっつぶす［～敌巣］敵の巣窟をたたきつぶす

【捣乱】dǎoluàn 動〔ふつう賓語なしで〕かき乱す,邪魔をする［别跟我～］僕の邪魔をするな［～分子］攪乱分子

【捣麻烦】dǎo máfan 動〔口〕面倒を起こす,ごねる

【倒】dǎo 動 ①倒れる［墙～了］塀が倒れた［摔～］つまずいて倒れる ②(事業が)失敗する,倒産する ③(役者の声が)つぶれる［嗓子～了］のどがつぶれた ④換える,交替する［～车］乗りかえる ⑤移る,動かす［～不开身子］(狭くて)体を動かせない ⑥(店や会社を)譲り渡す
⇨ dào

【倒把】dǎobǎ 動 投機売買する,やみ商売で稼ぐ［投机～］投機商売,さや稼ぎ

【倒班】dǎo'bān 動 勤務を交替する,交替制で勤務する［昼夜～］昼夜交替で勤務する

*【倒闭】dǎobì 動 (企業や商店が)破産する,倒産する

【倒车】dǎo'chē 動 (列車やバスを)乗りかえる
⇨ dào'chē

【倒伏】dǎofú 動〔農〕(穂の重みまたは風雨のために作物が)倒れる

【倒戈】dǎo'gē 動 敵側に寝返る

【倒换】dǎohuàn 動 ①順番に交替する,輪番でやる［～做饭］輪番で炊事する ②順番を替える,配列しなおす

【倒买倒卖】dǎo mǎi dǎo mài〈成〉安値で買い入れ高値で売ってぼろもうけをする

【倒卖】dǎomài 動 (多く不法に)転

売する

★【倒霉(倒楣)】dǎoméi 形 運が悪い、ついていない『真～！』なんてこった！
—— dǎo•méi 動 不運な目にあう、ばかをみる

【倒手】dǎo•shǒu 動 (商品を)転売する、転がす『专干～贩卖的事』もっぱら転売による荒稼ぎを事とする『倒几次手多挣几个钱』一度転売しただけでぼろもうけができる

【倒塌】dǎotā 動 (建物が) 倒壊する、崩れ落ちる 働[倒坍 tān]

【倒腾(捣腾)】dǎoteng(dáotengとも発音)動 (口) ①動かす、ひっかきまわす ②転売する

【倒替】dǎotì 動 代る代る行う、輪番でやる『～着看护』交替で看護する

【倒胃口】dǎo wèikou 動 食べあきる；(転)うんざりする

【倒爷】dǎoyé 名 闇屋、違法ブローカー

【倒运】dǎoyùn 動 (不法に) 商品を動かし転売する、闇で荒稼ぎする
—— dǎo•yùn 動(方) 働(普)[倒霉]

【倒账】dǎozhàng 名 貸し倒れ、焦げつき『吃～』焦げつきを出す

【祷(禱)】dǎo ⊗ ①祈る『祈～』祈禱する ②(書) 切望する『是所至～』切にお願いいたします

【祷告】dǎogào 動〖ふつう賓語なしで〗祈りをささげる『虔诚地～』敬虔な気持ちをささげている『做～』お祈りする

【蹈】dǎo ⊗ ①踏む『赴汤～火』水火も辞せず ②飛び跳ねる、踊る『舞～』踊る

【蹈袭】dǎoxí 動 (書) 踏襲する『～覆辙』前車の轍を踏む

【到】dào 動 ①着く、到達する『～上海』上海に着く『～！』(点呼の返事として) はい『～场』参席する ②〖結果補語として〗…しあてる、♦目標の達成を示す『找～了』探しあてた『说～做～』言ったことは成し遂げる —— 分 ①地点・時点や一定の程度への到達を示す『～哪儿去了』どこへ行くの ②〖結果補語として〗…まで…する『学～哪里』どこまで学んだか『学～几点？』何時まで勉強したか『活～老, 学～老』人間死ぬまで勉強だ
⊗ ①行き届いた [周～] 周到な ②(D-) 姓

★【到处】dàochù 副 至る所、どこもかしこも『～流浪』あちこちさすらう

★【到达】dàodá 動 到着する『～北京』北京に到着する『～理想的境界』理想の境地に達する

[～站台] 列車の到着ホーム

【到底】dào•dǐ 副 最後まで、徹底的にする、終点まで行く『打～』最後まで戦う
—— dàodǐ 副 ①ついに、とうとう『～成功了』ついに成功した ②〖疑問文に用いて〗一体、結局『你～去不去？』いったい行くのか行かないのか ③さすがに、なんといっても『～是亲爸爸』さすがは父親だ

【到点】dàodiǎn 動 予定の時間になる

【到家】dàojiā 動 高度の水準に達する、堂に入る『他的书法已练～了』彼の書は今や達人の域に達している

【到来】dàolái 動 到来する、やってくる

【到了儿】dàoliǎor 副 (方) 結局のところ

【到期】dàoqī 動 期限が来る、時期になる『护照已经～了』パスポートが期限切れになった

【到手】dào•shǒu 動 手に入れる

【到头】dàotóu (～儿) 端 (限界)に達する、果てまで届く『走～』行き止まりの所まで歩く
—— dàotóu 来

【到头来】dàotóulái 副 (多く結果が悪い場合に用いて) 結局のところ、最後には

【到位】dào•wèi 動 予定の場所にぴったり収まる —— 形 ぴったりした、きれいに決まった

【到职】dào•zhí 動 着任する、就任する

【倒】dào 動 ①(上下や前後が) 逆さになる、逆になる『次序～了』順序が逆になった『～叙』(今から昔へと) 倒叙する ②反対方向に移動させる『～带』(録音機などの) テープを巻き戻す ③(容器から)あける、注ぐ『～茶』茶をつぐ —— 副 働[倒是] ①(予想に反したことを表わしつつ) むしろ、ところが、反対に『都春天了, ～下起雪来了』もう春なのになんと雪が降ってきた ②(事実に反するとして、とがめる気持ちを表わす)『你说得～容易…』君は簡単なように言っているが… ③(譲歩を表わす) …ではあるが 『东西～不坏…』品物は悪くはないが… ④じれったい気持ちを表わす『你～说呀』(黙っていないで)言いなさいよ
⇨ dǎo

【倒彩】dàocǎi 名 (劇場や競技場での) やじ、ブーイング『喝～』やじを飛ばす

【倒车】dào•chē 動 車をバックさせる『开历史的～』歴史に逆行するようなことをする

⇨dǎo‛chē
【倒打一耙】dào dǎ yì pá《成》自分の誤りは棚上げにして相手を責める、責任(や罪)を他になすりつける
【倒好儿】dàohǎor 名 (劇場や競技場での)やじ〖叫~〗やじを飛ばす
【倒计时】dàojìshí 動 カウントダウンする
【倒立】dàolì 動 ①(人が) 逆立ちする、倒立する ②(物が) 逆さになる、逆さに立つ
【倒流】dàoliú 動 逆流する(人員や物資の流れについてもいう)
【倒数】dàoshǔ 動 逆から数える〖~第五行〗終りから5行目 —— dàoshù 名〖数〗逆数
【倒退】dàotuì 動 後退する、(時間を)後戻りする〖~了好几步〗何歩も後退した
【倒行逆施】dào xíng nì shī《成》社会正義や時代の進歩に背く行為をする、歴史に逆行する
【倒悬】dàoxuán 動〖書〗①逆さにぶら下げる、宙づりになる ②〈転〉極めて苦しい立場にある、血を吐く思いをさせられる
【倒影】dàoyǐng 名 (~儿)(水面などに) 映った像
【倒栽葱】dàozāicōng 名 頭から転ぶこと、もんどり打って倒れること ♦ 譏謔味を混じえて言う〖摔了个~〗頭からすっころんだ
【倒置】dàozhì 動〖ふつう賓語なしで〗逆さに置く、順序を逆にする〖本末~〗本末を転倒する
【倒转】dàozhuǎn 動 逆に回す、逆にする〖~潮流〗(世の中の)流れを逆にする —— 副〖方〗かえって、反対に —— dàozhuàn 動 逆回転する(させる)

【帱】(幬) dào ⊗ 覆う ♦「とばり」の意の文語は chóu と発音

【盗】(盜) dào ⊗ ① 盗む〖~取〗盗み取る〖~卖〗(公共品を) 盗んで売る ②盗賊、強盗〖~匪〗盗賊・匪賊
【盗版】dàobǎn 名 海賊版(を出す)、海賊出版(する) 〖~侵权行为〗海賊版による著作権侵害
【盗汗】dàohàn 名 寝汗〖出~〗寝汗をかく
【盗劫】dàojié 動 盗み取る、掠奪取る
【盗墓】dào‛mù 動 墓を荒らす、墓を盗掘する
*【盗窃】dàoqiè 動 盗む、掠める〖~国家机密〗国家機密を盗む
【盗用】dàoyòng 動 盗用する、横領する〖~名义〗名義を盗用する〖~公款〗公金を横領する
【盗贼】dàozéi 名 盗賊、盗っ人

【悼】dào ⊗ いたむ、哀しむ〖哀~〗哀悼する
【悼词】(悼辞) dàocí 名 弔辞、追悼文〖致~〗弔辞を述べる
【悼念】dàoniàn 動 哀悼する〖沉痛~○○先生〗○○さんに心より哀悼申しあげる

【道】dào 名 (~儿)〔条〕① 道、道路(⇔〖路〗)〖小~儿〗小道〖~子〗② 線、すじ〖画一条~儿〗一本線を引く —— 動 ①(多く旧白話で) 言う、話す〖常言~〗ことわざに曰く…〖~别〗別れを告げる ②思う、思い込む ⇨〖以为〗—— 量 ①筋状のものに使う〖一~缝儿〗一筋の透き間〖几~皱纹〗何本ものしわ ②門や塀に使う〖三~门〗3つの門 ③問題や命令に使う〖十~题〗10問の問題 ④回数に使う〖换两~水〗水を2回かえる —— ⊗ ①水の流れ〖下水~〗下水道 ②方法、道理、道徳〖医~〗医術〖养生之~〗養生の道〖孔孟之~〗孔孟の道 ③道教、道家〖~教〗道教〖~观〗道教寺院
【道白】dàobái 名〖演〗(伝統劇の)せりふ ⇨〖念白〗
【道班】dàobān 名 (鉄道や道路の)保修チーム、保線班
【道岔】dàochà 名 (鉄道の) ポイント、転轍機〖扳~〗ポイントを切り替える
【道场】dàochǎng 名 ①(僧侶や道士が) 法事を執り行う場所 ②法事の儀式〖做~〗法事をする
【道德】dàodé 名 道徳〖讲~〗モラルを重んじる —— 形〖多く否定の形で〗道徳的な
【道地】dàodì 形 本場の、生粋の ⇨〖地道〗
【道钉】dàodīng 名 犬釘、枕木用のくぎ
【道姑】dàogū 名 女道士
【道观】dàoguàn 名〔座〕道教の寺院
【道贺】dàohè 動 祝いを述べる ⇨〖道喜〗
【道家】Dàojiā 名 道家 ♦老子・荘子の説を祖述する一思想流派
【道教】Dàojiào 名 道教
【道具】dàojù 名〔件・套〕(演劇・映画用の)大道具、小道具
【道口】dàokǒu 名 ①通りの入口(または出口)〖路口〗② 踏切〖过~〗踏切を渡る
【道理】dàoli/dàolǐ 名 ①原理、法則 ②道理、条理〖讲~〗道理を説く〖在~〗理にかなっている
【道路】dàolù 名〔条〕① 道、道路〖修~〗道を造る ② 進路、路線〖两条~〗2つの路線

【道破】dàopò 動 ずばりと指摘する, (見破り) 暴く [[一语～其中奥秘]] 隠された秘密をひと言で喝破する
【道歉】dào'qiàn 動 わびる, 陳謝する [[向他～]] 彼に謝る
【道人】dàoren 名 ① 道士に対する尊称 ②《史》仏教徒 ③《方》寺の雑役夫, 寺男
【道士】dàoshi 名 道士, 道教の僧
【道听途说】dào tīng tú shuō《成》街のうわさ, 受け売り話
【道统】dàotǒng 名 道統, 儒家の正統
【道喜】dào'xǐ 動 祝いを述べる, (言葉で) 祝福する [[向他～]] 彼におめでとうと言う
【道谢】dào'xiè 動 礼を言う, 有難うを言う [[向他～]] 彼に礼を言う
【道学】dàoxué 名 宋代儒家の哲学思想 一 形 (定語として)(転)頭が固く世事に暗い [～先生] 融通のきかぬ頑迷な学者
【道义】dàoyì 名 道徳と正義, 道義 [～之交] 道義に基づく交わり
【道藏】dàozàng 名 道蔵 (道教経典の集大成)

【稻】dào ⊗ イネ [水～] 水稲 [旱～] おかぼ [双季～] 2期作のイネ
【稻草】dàocǎo 名 [根] 稲わら [捞～] (溺れる者は) わらをもつかむ [～人] かかし
*【稻谷】dàogǔ 名 籾米
【稻糠】dàokāng 名 籾がら
【稻子】dàozi 名 イネ ♦一般に水稲をいう [种～] 米作りをする

【得】dé 動 ① 得る, (病気に)かかる [～冠guàn军] 優勝する [～感冒] かぜをひく ② (計算した結果) …になる [三三～九] (掛け算) 三三が九 ③(口)完成する, でき上がる [衣服～了] 服ができ上がった 一 嘆 ① 同意や禁止を表わす [～了, 别说了] もういい, 何も言うな ② (まずい事態になって) ちぇっ, それ見ろ [～, 这下子完了!] それ見ろ, 今度はもうおしまいだ ⊗ …してよい [不～] …してはいけない [不～不] …せざるをえない [只～] …するしかない
⇨ de, děi
【得病】dé'bìng 動 病気になる
*【得不偿失】dé bù cháng shī《成》得るものより失うものの方が多い, 割に合わない
【得逞】déchěng 動(貶)(悪企みが)うまくいく, 実現する [[敌人的阴谋未能～]] 敵の陰謀は実現しなかった
【得寸进尺】dé cùn jìn chǐ《成》一寸を得れば一尺をと望む ♦欲に限りがないことを例える

【得当】dédàng 形 当を得た, 適切な
【得到】dédào 動 得る, 手に入れる [[得不到机会]] 機会が得られない [[～改进]] 改善される
【得法】défǎ 形 方法が適切な, 当を得た [[处理～]] 処理が適切である
【得分】dé'fēn 動 得点する, ポイントを稼ぐ [[连得四分]] 4点を連取する
—— défēn 名 ポイント
【得过且过】dé guò qiě guò《成》いいかげんに日を送る, その場しのぎのごまかしで生きる
【得济】dé'jì 動 おかげを蒙る
【得劲】déjìn 形 (～儿) ①(体調が) 順調な, 快適な ② 使いやすい, 具合のよい
【得空】dé'kòng 動 (～儿) ひまができる, ひまになる, からだが空く ⓔ [得闲]
*【得力】dé'lì 動 助けを受ける, 利益を得る
—— délì 形 ① 有能な, 役に立つ ② 頼りになる, 力強い
【得了】déliǎo 動 '不得了'(大変だ)の肯定形 (反語として使う) [[这还～?]] これが大変なことでないって (とんでもない)
—— déle 動(口)そこまでとする (ⓔ[算了]) [～吧你] やめておけ 一 文末に置き肯定の語気を強める [[你走, 别等他了]] 彼を待つのはやめて, 先に出かけなさい
【得陇望蜀】dé Lǒng wàng Shǔ《成》隴を得て蜀を望む ♦欲に限りがないことを例える
【得人心】dé rénxīn 人心を得る, 大勢の人に支持される
【得失】déshī 名 利害得失 [权衡～] 損得を秤にかける
【得时】dé'shí 動 時機に恵まれる, 運が向く
【得手】dé'shǒu 動 事が順調に運ぶ [[你的买卖～了吗?]] 商売は順調ですか
【得体】détǐ 形 (言動が) 当を得た, 適切な [[讲话很～]] 話の内容が当を得ている
【得天独厚】dé tiān dú hòu《成》特によい条件 (環境・天分) に恵まれている
【得闲】dé'xián 動 ひまができる, からだが空く ⓔ[得空]
【得宜】déyí 形 適切な, 当を得た ⓡ[失当]
【得以】déyǐ 動 (…のおかげで) …することができる [[由于事先作好充分准备, 这项任务～顺利完成]] 事前に準備したので, 今回の任務は順調に達成できた
*【得意】déyì 形 得意になる, のぼせあがる [～洋洋][～扬扬] 得意満面

【得意忘形】dé yì wàng xíng《成》のぼせて我を忘れる,有頂点になる

【得鱼忘筌】dé yú wàng quán《成》(魚を獲って筌を忘れる>)目的を達成したらその元を忘れる⑲《饮水思源》

【得知】dézhī 動 分かる,知ることができる〖从信上所说～…〗手紙の内容から…ということが分かる

*【得罪】dézuì 動 機嫌を損ねる,怨みをかう〖～了她〗彼女の機嫌を損ねた

【锝(鍀)】dé 名《化》テクネチウム

【德(＊悳)】dé ⊗ ①徳,道徳〖道德〗〖品～〗道徳の品性〖公～〗公徳 ②考え,気持ち〖同心同～〗一心同体 ③恩恵〖D-〗'德国'(ドイツ)の略 ⑤〖D-〗姓

【德昂族】Dé'ángzú 名 トーアン族 ♦ 中国少数民族の一,雲南省に住む.旧称'崩龙族'

【德高望重】dé gāo wàng zhòng《成》徳が高く声望が大である,名望ひとしおの

【德行】déxíng 名 道徳と品行,徳行 —— déxing 名《方》(多く女性が用いて)実にいやな振舞い,むかつくような振舞い〖看你那～!〗あんたって本当にいやらしいんだから

【德育】déyù 名 道育 ♦ 政治思想面での教育も含まれる ⑲ 〖智育〗〖体育〗

【地】de 助 多音節の動詞・形容詞(句)などに後置され,前の語句が状語であることを示す〖拼命～跑〗懸命に走る
⇨ dì

【的】de 助 ①前の語句が定語であることを示す〖普通～劳动者〗一般の勤労者〖你买～票〗君が買った切符 ②〖名詞の代りとなって〗…のもの(人)〖吃～〗食べるもの〖我～不多〗私のは多くない〖大～五岁〗上の子は5歳です〖送报～〗新聞配達の人 ③述語動詞の後に置いて,既に発生した動作についてその行為者・時間・地点・方法などを強調する〖谁买～票?〗誰が切符を買ったのか〖(是)昨天来～〗昨日来たのだ ④文末に用いて断定・確認の語気を添える
⇨ dī, dí, dì

【的话】de huà 助〖仮定を表わす文節の末尾で〗(もし)…なら ♦〖如果〗'要是'などと呼応させたり,'否则''不然'の直後に付けることもある〖(如果)不能来～〗もし来られないのなら…〖不然～〗そうでないと…

【得】de 助 ①可能・許可を表わす(否定は'不得')〖吃～〗食べられる〖哭不～笑不～〗泣くことも笑うこともできない ②動詞と補explainer(結果補語・方向補語)の間に置いて可能を示す〖回～来〗帰ってこられる〖听～懂〗聞いてわかる ♦ '得'を'不'にかえると不可能の意になる ③動詞や形容詞の後に付けて様態や程度を表わす補語を導く〖跑～很快〗走り方が速い〖写～不好〗書き方がよくない〖说～大家都笑起来了〗その話にみな笑い出した〖好～很〗とてもよい
⇨ dé, děi

【得】děi 動 ①(時間・費用・人手などが)かかる,必要だ ②…しなければならない,…するしかない ♦ 否定は'无须''不用'(…には及ばない)〖有错误就～批评〗誤りがあれば批判しなければならない ③きっと…のはずだ〖他准～高兴〗彼はきっと喜ぶ
⇨ dé, de

【扽(＊掼)】dèn 動《方》物の両端を持って強く引く ♦ たとえば洗濯物など

【灯(燈)】dēng 名〖盏〗明かり,灯火〖点～〗明かりをともす〖电～〗電灯〖油～〗ランプ〖口〗ラジオの真空管 ⑲〖电子管〗

【灯草】dēngcǎo 名 ランプの灯心,'灯心草'(イグサ)の茎の中心部分を用いる

【灯光】dēngguāng 名 ①明かり;《理》光度 ②照明〖舞台～〗舞台照明〖～球场〗夜間照明グラウンド

【灯会】dēnghuì 名 '元宵节'にちょうちんを楽しむ集い ♦ さまざまな意匠のちょうちんやなぞなぞのほか,高足踊りなどの出しものが加わることもある

【灯火】dēnghuǒ 名 明かり,灯火〖万家～〗街の華やかな夜景

【灯节】Dēng Jié 名 ⑲〖元宵节〗

*【灯笼】dēnglong 名〖盏〗ちょうちん,ランタン〖悬挂～〗ちょうちんを下げる

【灯笼裤】dēnglongkù 名 ニッカーボッカーズ

【灯谜】dēngmí 名 ちょうちんに書いたなぞなぞ(中秋や元宵の夜などに人出の多い場所に並ぶ)〖猜～〗同前のなぞ当てを楽しむ

【灯泡】dēngpào 名(～儿)電球 ⑲〖电～〗

【灯伞】dēngsǎn 名 電灯やランプのかさ

【灯市】dēngshì 名 飾りちょうちんが張りめぐらされた元宵節の商店街

【灯塔】dēngtǎ 名〖座〗①灯台 ②

【灯台】dēngtái 图 ランプ台, 燭台
【灯心(灯芯)】dēngxīn 图 灯心〔~草〕イグサ
【灯心绒】dēngxīnróng 图 コールテン〔条绒〕
【灯盏】dēngzhǎn 图 ほやのない油ランプ
【灯罩】dēngzhào 图 ランプのほや, 電灯のかさ

【登】dēng 動 ①登る, 上がる〔~上泰山〕泰山に登る〔~基〕(书)即位する ②登載する〔~广告〕広告をのせる〔~报〕新聞にのる ③(ペダルなどを)踏む⇨[蹬] ④(方)(靴やズボンを)はく⇨[蹬]

【登场】dēng‧cháng 動 採った穀物を田畑から脱穀場(村落の広場)に運ぶ
【登场】dēng‧chǎng 動 (俳優が舞台に)登場する(比喩的にも使う) ⇔退場
【登峰造极】dēng fēng zào jí 《成》学問や技術が最高峰を極める, 悪事がその極に達する
【登基】dēng‧jī 動 (帝王が)即位する〔登极〕
＊【登机牌】dēngjīpái 图〔张〕搭乗券
＊【登记】dēngjì 動 (面会, 受診, 宿泊などで, 用紙に記入して)登録する
＊【登陆】dēng‧lù 動 上陸する〔台风~〕台風が上陸する
【登陆艇】dēnglùtǐng 图〔只·艘〕上陸用舟艇
＊【登录】dēnglù 動 (コンピュータに)ログインする ◆「登録する」は'注册'
【登门】dēng‧mén 動 (人のお宅を)訪問する
【登攀】dēngpān 動 登攀する(⇨[攀登])〔一名山〕名峰に登る〔一把一把地往上~〕(縄を)よじのぼる
【登山】dēng‧shān 動 登山する〔~运动员〕登山家
【登时】dēngshí 副 (多く過去のことに用いる)直ちに, 即刻
【登台】dēng‧tái 動 (演壇·舞台に)登場する, 登壇する(比喩的にも使う)
【登堂入室】dēng táng rù shì 《成》学問·技能の奥義を究める ⇨[升堂入室]
【登载】dēngzǎi 動 (新聞·雑誌などに)掲載する(⇨[刊登])〔在头版上~了他的发言〕(新聞は)彼の発言を第一面で報じた

【噔】dēng 擬 どしん, ごつん ◆物がぶつかったり, 重い物が落ちたときの音

【蹬】dēng 動 (ペダルなどで)踏む, 足を掛ける〔~水车〕(灌漑用の)水車を踏む⇨[登]

【等】dēng 動 ①待つ〔~一下〕ちょっと待つ ②(…まで)待って, …してから ◆単独では述語にならない〔~明天(再谈)〕明日のことにしよう 一 等級〔分成三~〕三つの等級に分ける〔~一级品〕一級品 一 動 ①…など('~~'と重ねても使う)〔北京, 天津, 上海~城市〕北京, 天津, 上海などの都市(その他の都市を含む) ②列挙した名詞を締めくくる〔北京, 天津, 上海~三个直辖市〕北京, 天津, 上海の3直轄市(3市以外を含まない) ⊗ ①人について複数を表わす〔我~〕(书)我ら ②…のような〔此~〕(书)このような ③等しい, 等しく〔相~〕等しい

【等比数】děngbǐ jíshù 图【数】等比級数
【等边】děngbiān 形【数】〔定語として〕等辺の, 正(…形の)〔~三角形〕正三角形〔~多边形〕正多边形
【等差数】děngchā jíshù 图【数】等差級数
【等次】děngcì 图 (物の)等級, 序列〔划分~〕等級に分ける
＊【等待】děngdài 動 待つ, 待ち受ける〔~消息〕知らせを待つ
【等到】děngdào 接〔従文の文頭に置き〕…してから〔~他来, 我们就一起去〕彼が来てからいっしょに行こう
【等等】děngděng 動 (主要なものだけを列挙した後に置いて)など, エトセトラ ◆'等'と同じだが, それより語気が重い
【等高线】děnggāoxiàn 图【地】等高線
【等号】děnghào 图【数】等号, イコール符号(=)〔划~〕等号でつなぐ
＊【等候】děnghòu 動 (多く具体的な対象を)待つ, 待ち受ける(⇨[等待])〔~开车〕発車を待つ
【等级】děngjí 图 等級, ランク, 身分差〔分~〕ランク付けする
【等价】děngjià 形 価値が等しい〔~物〕等価物
【等离子体】děnglízǐtǐ 图【理】プラズマ
【等量齐观】děng liàng qí guān 《成》同等に評価する, 対等に扱う
【等同】děngtóng 動 同一視する, 同列に扱う〔把两者一起来~〕両者を同一視する
【等外】děngwài 形〔定語として〕標準以下の, 規格外れの〔~品〕不合格品
【等闲】děngxián 形(书) ①ごく普通の, ありふれた ②うかうかとした, いいかげんな〔~视之〕おざなりに見

【等腰三角形】děngyāo sānjiǎoxíng 图 二等辺三角形
*【等于】děngyú 動 …に等しい〖～零〗イコールゼロ,ゼロに等しい〖～白扔〗どぶに捨てたも同然だ

【戥】(*等) děng 動'戥子'(小さなはかり)で重さを量る

【邓】(鄧) dèng ⊗(D-)姓

【凳】(*櫈) dèng 图(～儿)(背のない)腰掛け〖长～儿〗細長い板の腰掛け
【凳子】dèngzi 图(背のない)腰掛け♦長い形のものは'条'で数える

【澄】 dèng 動(液体を)澄ませる,不純物を沈澱させる ⇨chéng
【澄清】dèngqīng 動(かすを沈澱させて)澄ます〖水～了〗水が澄んだ〖怎么也澄不清〗どうしても澄まない ⇨chéngqīng
【澄沙】dèngshā 图(小豆などの)こしあん

【瞪】 dèng 動①目を大きく見張る ②にらむ,目を怒らす〖～了我一眼〗私をじろりとにらんだ
【瞪眼】dèng'yǎn 動①目を見張る〖瞪着眼看〗大きな目でじっと見詰める ②にらみつける,怒りや不満の表情をする〖跟别人～〗人に眼をむく

【磴】 dèng 量(～儿)(階段の)段

【镫】(鐙) dèng ⊗〖马～〗あぶみ

【氐】(氐) dī ⊗①(D-)氐族♦中国古代西北の民族の一 ②二十八宿の一

【低】 dī 图 低い〖高～〗〖～矮〗〖飞得很～〗低空を飛ぶ〖地势～〗地形が低い〖～声〗小さい声〖～年级〗低学年 一動(頭を)低くする,下げる〖～着头〗うつむく
【低产】dīchǎn 图 収穫の乏しい,生産高の低い(⊗〖高产〗)〖～田〗瘦せた田畑
【低潮】dīcháo 图(⊗〖高潮〗)①干潮,引き潮 ②低調な状態,沈滞の時期〖处于～〗退潮期にある
【低沉】dīchén 图 ①どんよりした,陰うつな ②(声が)低い,くぐもった ③意気の上がらぬ,落ち込んだ
【低调】dīdiào 图 低いトーン 〖(転)おさえた論調 一 图 ひかえめな
【低估】dīgū 動 安く見積る,見くびる〖高估〗
【低谷】dīgǔ 图 谷底,低迷状態
【低级】dījí 图 ①初歩的,初等の ② 低級な,俗悪な
【低廉】dīlián 图(価格が)安い
【低劣】dīliè 图 質の劣る,粗悪な
【低落】dīluò 動 下降する,下がる〖情绪～〗気分が落ち込む
【低能儿】dīnéng'ér 图 知恵遅れの子供,低能児
【低频】dīpín 图〖電〗低周波(⊗〖高频〗)〖～电波〗低周波電波
【低气压】dīqìyā 图〖天〗低気圧 ⊗〖高气压〗
【低三下四】dī sān xià sì〖成〗卑しい,(人に)ぺこぺこする
【低声波】dīshēngbō 图〖理〗可聴下音波♦20ヘルツ以下の音波
【低声下气】dī shēng xià qì〖成〗従順でへりくだった,おとなしく卑屈な
【低头】dītóu 動①頭を下げる,うなだれる ②屈伏する,降参する
【低洼】dīwā 图 低地の〖地势～〗地形がくぼ地になっている〖～地〗くぼ地
【低微】dīwēi 图 ①(音や声が)かすかな,か細い ②(身分や地位が)低い,小身の
【低温】dīwēn 图 低温〖～贮藏〗低温貯蔵
【低下】dīxià 图(生産性や経済力などが)低い,劣った〖生产水平～〗生産力のレベルが低い
【低音提琴】dīyīn tíqín 图〖音〗コントラバス
【低语】dīyǔ 動 ひそひそ話す,ささやく

【羝】 dī ⊗ 雄羊

【的】 dī ⊗《訳》タクシー〖～士〗同前〖打～〗タクシーを拾う ⇨de, dí, dì

【堤】(*隄) dī 图〖条・道〗堤,土手
【堤岸】dī'àn 图〖条・道〗堤,堤防,土手〖沿着～走〗堤防沿いの道を歩く
*【堤坝】dībà 图 堰堤,小さなダム
【堤防】dīfáng 图 堤防〖加固～〗堤防を補強する〖～工程〗堤防工事

【提】 dī ⊗ 以下を見よ ⇨tí
【提防】dīfáng 動 警戒する,用心する〖～摔倒〗転ばないよう気を付ける

【滴】 dī 動(ぽたぽたと)垂れる,垂らす,滴(らす)〖～眼药〗目薬をさす 一 量(ひと)しずく〖一～水〗一滴の水 ⊗〖雨～〗雨滴 ②ごく少量〖点～〗ほんのわずか
【滴答】(嘀嗒) dīdā 動(水滴の)ぽた,(時計の)チクタクなどの音を表

わす〖~~(滴滴答答)〗〘地响〙〖(時計の音が)〙チクタクと聞こえる
—— dīda 滴り落ちる〖屋檐下~着雨水〗軒から雨のしずくがぽたぽた垂れる

【滴滴涕】dīdītì 图〖薬〗〖訳〗DDT

【滴溜儿】dīliūr 形〖多く状语として〗①真ん丸い ②ころころした、くるくるした〖眼睛～地一转 zhuàn〗目をくりくりとさせると…

【滴水不漏】dī shuǐ bú lòu〖成〗①(びっしり囲んで) 蟻のはい出る透き間もない ②(話が理詰めで) 一点の隙もない、間然するところがない

【滴水穿石】dī shuǐ chuān shí〖成〗雨だれ石をうがつ、微力でもたゆまず続ければ成就する⇨〖水滴石穿〗

【嘀】dī〘以下をみよ〙
　⇨dí

【嘀里嘟噜】dīlidūlu 形〖(～的)〗話し方が早くて不明瞭なさま

【镝(鏑)】dī 图〖化〗ジスプロシウム ◆〖矢じり、矢」の意の文語ではdíと発音

【狄】Dí ⊗①姓 ②中国北方民族に対する古代の総称

【狄塞耳机】dísāi'ěrjī 图〖訳〗ディーゼルエンジン⇒〖柴油〗

【荻】dí 图〖植〗オギ

【籴(糴)】dí 動〖食糧を〗買い入れる 反〖粜〗

【迪(廸)】dí ⊗①教え導く、道を示す〖启～〗教え導く ②音訳字の一〖～斯科 dísīkē〗ディスコ〖～斯尼乐园〗ディズニーランド

【笛】dí 图〖(～儿)〗〖支・管〗笛、横笛⇒〖～子〗 ⊗鋭い音を発する器具〖警～〗サイレン

【笛子】dízi 图〖支・管〗横笛〖吹～〗笛を吹く

【的】dí ⊗確かな、本当の〖～款〗確かで当てになる金⇨de、dī、dì

＊【的确】díquè 副 確かに、本当に

【的确良】díquèliáng 图〖衣〗ダクロン(ポリエステル繊維の一種、主に)ダクロン製の織物

【涤(滌)】dí ⊗ 洗う〖洗～〗洗う

【涤荡】dídàng 動 洗い落とす(の〖荡涤〗)〖～恶习〗悪習を取り除く

【涤纶】dílún 图〖衣〗ポリエステル系繊維の一種、ダクロン⇒〖的确良〗

【敌(敵)】dí ⊗①敵〖～我矛盾〗敵味方の矛盾(敵対矛盾) ②向かい合う、対抗する〖所向无～〗向かうところ敵なし ③匹敵する、同等の力をもつ〖势均力～〗勢力が拮抗する

【敌对】díduì ⊗〖定語として〗敵対する、敵対関係の〖～情绪〗敵意

【敌国】díguó ⊗ 敵国

【敌后】díhòu ⊗ 敵の後方、敵の支配地〖～武工队〗敵の後方に潜入して戦う武装ゲリラ(抗日戦争期のものが有名)

【敌寇】díkòu ⊗ 武装侵略軍、侵攻してきた敵軍◆憎悪を込めた呼称

【敌情】díqíng ⊗〖発现～〗敵の不穏な動きに気付く

＊【敌人】dírén ⊗ 敵(個人と集団の双方を指す)

【敌视】díshì ⊗ 敵視する、憎悪する〖持着～的态度〗敵対する態度をとる

【敌探】dítàn ⊗ 敵のスパイ、密偵

【敌特】dítè ⊗ 敵のスパイ、密偵 ◆機密を探るほか、内部からの破壊攪乱工作に従事

【敌我矛盾】díwǒ máodùn ⊗ 敵味方(階級間)の矛盾、敵対矛盾

【敌意】díyì ⊗ 敵意、憎しみ〖怀有～〗敵意を抱く

【觌(覿)】dí ⊗ 会う〖～面〗〖書〗会う、と向かって

【嘀(＊啲)】dí ⊗ 以下をみよ
　⇨dī

【嘀咕】dígu 動 ①ささやく、ひそひそと話す〖～了半天〗しばらく小声で話した〖你们在～什么？〗君達はなにをひそひそ話しているの ②疑いを持つ〖犯～〗あれこれとためらう

【嫡】dí ⊗①正妻、本妻〖～出〗正妻からの生出〖庶出〗〖～子〗嫡子 ②直系の、正統の、血統を継いだ

【嫡传】díchuán 動 直伝する、父子相伝する

【嫡派】dípài ⊗①⇒〖嫡系〗 ②直系の弟子、直弟子

【嫡亲】díqīn 形〖定语として〗血縁の、血を分けた〖～姐姐〗実の姉

【嫡系】díxì ⊗ 直系の子孫や党派〖～部队〗直属の軍隊

【翟】dí ⊗①尾の長い雉 (D-)姓 ◆Zháiと発音する姓も

【诋(詆)】dǐ ⊗ そしる、罵る〖～毁〗けなす

【邸】dǐ ⊗①邸宅、官舎(官～)〖公邸〗 ②(D-)姓

【底】dǐ ⊗①〖(～儿)〗底〖海～〗海底 ②〖(～儿)〗内情、真相〖露～儿〗底が割れる〖～儿〗草稿、控え〖留～儿〗控えを取っておく 〖下地〗〖红～黄星〗赤の地に黄色の星 ⊗①末、終わり〖年～〗年末 ②至る ③なに、どんな

【底版】dǐbǎn [名] [同][底片]
【底本】dǐběn [名] ①底本 ②[同][底稿]
【底册】dǐcè [名] 原簿,(ファイルされた)控え
【底肥】dǐféi [名]〖農〗元肥 [同][基肥]
【底稿】dǐgǎo [名](～儿)〔份〕(保存)原稿
【底工】dǐgōng [名](演技の)基本技,基本訓練
【底襟】dǐjīn [名](ボタンが右側にある)中国服の下前おくみ
【底牌】dǐpái [名](トランプの)持ち札〖亮～〗持ち札を見せる;《転》手の内(奥の手)を見せる
【底盘】dǐpán [名](自動車の) 車台,シャーシー
【底片】dǐpiàn [名](写真の) ネガフィルム [同][底版][负片] [反][正片]
【底数】dǐshù [名]①真相,事のいきさつ ②〖数〗基数
【底细】dǐxì [名](人物や事柄の) 内情,一部始終,裏表〖摸清～〗詳細をつかむ
【底下】dǐxia [名]①下([同][下面])〖树～〗木の下 [～人] 使用人,手下 [手～] 手もと ②〔状語として〕あと,次,以下〖我们～再谈吧〗あとでまた話しましょう
【底薪】dǐxīn [名] 基本給(ふつう'基本工资'という)
【底蕴】dǐyùn [名]《書》詳細,委細
【底子】dǐzi [名]①底〖木箱的～〗木箱の底 [鞋～] 靴底 ②基礎力〖中文的～很厚〗中国語の基礎がしっかりしている ③内情,いきさつ [同][底细] ④下書き,控え ⑤残り,残余
【底座】dǐzuò [名](～儿)台座,台石
【坻】dǐ ⊗[宝～] 天津の地名 ♦「中洲」の意の文語はchíと発音
【抵】dǐ [動]①支える,突っ張る〖用手～着下巴〗手を下あごに当てる ②相当する,匹敵する ⊗①至る,到着する ②防ぐ,抵抗する ③抵当にする→[～押] ④相殺する→[～消]
【抵偿】dǐcháng [動](同価値のもので) 償う,弁償する〖用产品来～损失〗製品で損害を弁償する
【抵触(牴触)】dǐchù [動] 抵触する,矛盾する〖与文件精神相～〗文書にうたわれた精神と抵触する
*【抵达】dǐdá [動] 到着する〖正点～北京〗時間通り北京に到着する
【抵挡】dǐdǎng [動](物理的・精神的圧力に)抵抗する,持ちこたえる〖～不住敌军的攻势〗敵軍の攻勢に抗しきれない
【抵交】dǐjiāo [動] 代替物で納入する,等価物納する〖用…～〗代りに…で納入する
*【抵抗】dǐkàng [動](多く軍事侵略や病気に対して) 抵抗する〖～侵略者〗侵略者に抵抗する
【抵赖】dǐlài [動](過失や罪を)否認する,白を切る〖～罪行〗罪を言い逃れる
【抵消】dǐxiāo [動] 相殺する,帳消しにする
【抵押】dǐyā [動] 抵当にする〖以衣物～现钱〗服や身の回りの品物を抵当に現金に換える〖拿房产作为～〗家屋を抵当に入れる
【抵用】dǐyòng [動] 役に立つ,使いものになる [同][顶用]
【抵御】dǐyù [動] 防ぐ,抵抗する〖～外侮〗外敵の侵略に抵抗する
*【抵制】dǐzhì [動](有害物の侵入を)阻止する〖～敌货〗敵国商品をボイコットする
【砥】dǐ ⊗細い砥石 [～砺]《書》磨き鍛える,励ます
【骶】dǐ ⊗尾骶骨 [～骨] 同前
【地】dì [名]①地球,大地 ②〔块〕田畑,農地〖下～〗野良に出る ③床,土間 ④道のり〖走了十里～〗5キロメートル歩いた ⑤(～儿)地,下地〖红～黄字〗赤地に黄色い文字
⊗①地下の,地中の ②境地 ③地点 ④行政単位'地区'の略
⇨de
【地板】dìbǎn [名]①床板,床〖拖～〗床板を(モップで) ふく [水泥～] セメントの床 ②《方》田畑
【地堡】dìbǎo [名]〖軍〗トーチカ
【地表】dìbiǎo [名] 地表
*【地步】dìbù [名]①有様,事態〖怎么会弄到这种～?〗どうしてこんな事になったんだ ②程度〖发展到彼此敌视的～〗互いに敵視するまでになった ③ゆとり〖留～〗余地を残す
【地层】dìcéng [名]〖地〗地層
【地产】dìchǎn [名](私有の)地所,土地 [～税] 土地保有税
【地磁】dìcí [名]〖理〗地磁気 [～场] 磁場,磁界 [～极] 磁場のN極とS極
【地大物博】dì dà wù bó《成》土地は広大,物資は豊か ♦中国を形容する常用句
【地带】dìdài [名] 地帯,地域
**【地道】dìdào [名]〔条〕(多く軍事用の) 地下道,トンネル〖挖～〗地下道を掘る
—— dìdao [形]①本場の,生粋の〖～的北京话〗生粋の北京語 ②(仕事などが)良質の,充実した
【地点】dìdiǎn [名] 位置,場所〖会见

D

(的)～〗会見の場所
【地洞】dìdòng [名] 地下の穴ぐら，地下倉〖挖～〗地下倉を掘る
【地段】dìduàn [名] 一区画，区域［～医院］地区病院
★★【地方】dìfang [名] ① 場所，ところ［什么～］どんなところ，どこ ② 部分〖电影里最精彩的～〗(この)映画のいちばん素晴らしい場面
—— dìfāng [名] ①(中央に対して)地方［～戏］地方劇，郷土劇［～民族主义］地方民族主義 ② 当地，地元
【地方时】dìfāngshí [名] (標準時に対して)ローカルタイム
【地府】dìfǔ [名] あの世，冥府
【地瓜】dìguā [名]《方》① サツマイモ [同]《普》［甘薯］② クズイモ [同]《普》［豆薯］
【地核】dìhé [名]〖地〗地核
【地积】dìjī [名] 土地の広さ，地積
【地基】dìjī [名] (家の) 基礎，土台〖打～〗家の基礎工事をする
【地价】dìjià [名] 地価〖抬高～〗地価をつり上げる
【地脚】dìjiǎo [名] ページの下の空白部
—— dìjiao/dìjiǎo [名]《方》家の基礎，土台
【地窖】dìjiào [名] 地下の食糧貯蔵室，穴蔵
【地牢】dìláo [名] 土牢，地下牢〖坐～〗土牢に入る
【地雷】dìléi [名]〔颗〕地雷〖埋了一排～〗地雷を1列埋めた
★★【地理】dìlǐ [名] ① 地理 ② 地理学
【地力】dìlì [名] 土地の肥えぐあい，地力(ちりょく)
【地利】dìlì [名] ① 地の利，有利な地理的条件［天时不如～］天の時は地の利にしかず ② 土地の生産性，耕作適合性
【地面】dìmiàn [名] ① 地面，地上〖空出一块～〗空地をひとつ作る ② 床(ゆか)，フロア ③《口》地域，領域 ④(～儿)《口》その土地〖～上很有名气〗地元では有名だ
【地盘】dìpán [名] (～儿) 地盤，勢力範囲〖扩张～〗縄張りを広げる
【地陪】dìpéi [名] 現地ガイド
【地皮】dìpí [名] ①〔块〕建築用の地所，建設用地 ② 地面，地表
【地痞】dìpǐ [名] 土地のごろつき，地まわり［～流氓］ごろつきやチンピラ
【地平线】dìpíngxiàn [名]〔条〕地平線
【地契】dìqì [名]〔份〕土地売買の契約書，土地の権利書
【地壳】dìqiào [名]〖地〗地殻［～变动］地殻変動
【地勤】dìqín [名] (航空部門の) 地上勤務 [関]［空勤］
★★【地球】dìqiú [名] 地球［～仪］地球儀［～物理学］地球物理学
★★【地区】dìqū [名] ① 地区，地域 ② 中国の行政単位の一 ♦省の下，県や市の上に位置する．もと'专区'といった
【地权】dìquán [名] 土地所有権
【地热】dìrè [名] 地熱［～发电厂］地熱発電所
★【地势】dìshì [名] 地勢，地形
【地税】dìshuì [名] 土地保有税〖征收～〗土地税を徴収する
【地摊】dìtān [名] (～儿)(地面に直接品物を並べる)露店
★★【地毯】dìtǎn [名]〔块〕じゅうたん，カーペット〖铺 pū ～〗じゅうたんを敷く
★★【地铁】dìtiě [名]〔条〕地下鉄 [同]［地下铁道］
【地头】dìtóu [名] ①(～儿) 田畑のへり，畑の端 ②《方》目的地 ③(～儿)《方》当地，地元 ④ 書籍のページ下端の空白部
【地头蛇】dìtóushé [名] 土地のごろつき，地付きのやくざ
★★【地图】dìtú [名]〔张·本〕地図〖绘制～〗地図を作製する
★★【地位】dìwèi [名] 地位，ステイタス〖确立～〗地位を築く
【地峡】dìxiá [名]〖地〗地峡
【地下】dìxià [名] ① 地下［～室］地下室［～水］地下水 ②《転》秘密(非合法) の活動場所〖转入～〗地下に潜行する
—— dìxia [名] 地べた，地面
【地线】dìxiàn [名]〔条·根〕〖電〗アース〖接上～〗アースをつなぐ
【地心说】dìxīnshuō [名] 天動説 [反]［日心说］
【地形】dìxíng [名] 地形，地勢［～图］地形図
【地学】dìxué [名] 地学
【地衣】dìyī [名] 地衣類，苔(こけ)類
【地域】dìyù [名] ① 地域，領域 ② 地方，郷土
【地狱】dìyù [名] 地獄 ([反]［天堂］)［人间～］［活～］生き地獄
★★【地震】dìzhèn [名] 地震〖闹～(发生～)〗地震が起こる［～烈度］震度［～仪］地震計
【地支】dìzhī [名] 十二支，えと [同]［十二支］[関]［天干］［干支］
★★【地址】dìzhǐ [名] 住所，あて先
【地志】dìzhì [名]〔部〕地誌
★【地质】dìzhì [名] 地質
【地轴】dìzhóu [名]〖天〗地軸
【地主】dìzhǔ [名] ① 地主([関]［佃农］)［～阶级］地主階級 ②《書》(遠来の客を迎える) 地元の人，主人側［～之谊］地元の人間としてなすべきこと
【地租】dìzū [名] 小作料，借地料〖缴～〗地代を納める

〖弟〗dì [⊗]①弟 [小～] 末の弟 ②同世代の親戚で下の男子 [堂～] (同族で年下の男の) いとこ ③(男性の) 友人間の書信に使う謙称 ④(D-)姓
★★【弟弟】dìdi [名]弟
【弟妹】dìmèi [名]①弟と妹 ②《口》弟の妻 [同][弟妇]
【弟兄】dìxiong [名]①兄弟('兄弟 xiōngdì'より口語的) [関][姐妹] ②(兄弟のような)仲間達
【弟子】dìzǐ [名]《書》弟子, 門下生 [孔门～] 孔子の門人達

【递(遞)】dì [動]手渡す, 送り届ける 〖～个口信〗伝言を伝える 〖～给我盐〗塩をとってくれ
[⊗]順次, 順を追って [～加] 逓増する
【递加】dìjiā [動]次第に増える, 漸増する
【递减】dìjiǎn [動]逓減する, 次々と減って行く
【递交】dìjiāo [動](公式な場で) 手渡す 〖～国书〗国書を手渡す
【递送】dìsòng [動](郵便物・文書を) 送り届ける, 配達する
【递眼色】dì yǎnsè [動]目配せする, 目で合図する
★【递增】dìzēng [動]逓増する, 次第に増える

〖睇〗dì [⊗]横目で見る ♦粤方言などでは「見る」の意で単用

〖第〗dì [⊗]①[頭]序数詞に冠して順序を示す [～一] 第一, 一番め [～二] 第二, 二番め ②科挙試験の成績順 [及～] (試験に) 合格する ③貴顕の邸宅 [府～] 貴族・高官の邸 ④ただし, しかし
【第二】dì'èr [数]第二, 二番め [～天] 翌日, 二日め [～年] 翌年, 二年め [～世界] '三个世界' 論における第二世界(先進国を指す) [～次世界大战] 第二次世界大戦('二战'とも)
【第三】dìsān [数]第三, 三番め [～世界] 第三世界(発展途上国を指す) [～产业] 第三次産業
【第三者】dìsānzhě [名]①第三者, 部外者 ②《転》夫婦いずれかの愛人, 不倫相手 〖～插足〗愛人ができ(てもめ)る
★★【第一】dì yī [数]一番め, 第一 [～次] 最初(の), 初めて(の) [～夫人] ファーストレディ [～流] 最上級(の) [～名] 首位, トップ [～线] 第一線, 最前線
【第一把手】dìyī bǎ shǒu [名]最高責任者, 組織のトップ
【第一时间】dìyī shíjiān [名](事件が発生して)最も早い時間, 直後
【第一手】dìyīshǒu [形]〔定語として〕じかの, 直接得た [～材料] 直接入手した材料

〖的〗dì [⊗]的(まと), 標的 [目～] 目的
⇨de, dī, dí

〖帝〗dì [⊗]①天帝 [玉皇大～] (道教の最高神) 玉帝 [上～] 上帝 ②君主, 皇帝 ③帝国主義の略称
【帝国】dìguó [名]帝国 [～主义] 帝国主義 [罗马～] ローマ帝国
【帝王】dìwáng [名]帝王, 君主 [～将相] 皇帝と最高首脳たち
【帝制】dìzhì [名]帝制, 君主独裁制

〖谛(諦)〗dì [⊗]①仔細に [～视]《書》じっくり見る ②(仏教で)道理 [真～] 絶対的真理

〖蒂(蔕)〗dì [⊗]〖植〗(瓜や果物の) へた([同][把 bà 儿]) [瓜熟～落] (瓜が熟せばへたが落ちる>) 条件が整えば事は自然と成就する

〖缔(締)〗dì [⊗]結ぶ, 締結する
【缔交】dìjiāo [動]①外交関係を結ぶ ②《書》友人となる
【缔结】dìjié [動]締結する 〖～条约〗条約を締結する
【缔约】dìyuē [動]〔多く定語として〕条約を結ぶ [～国] 条約の当事国
【缔造】dìzào [動](偉大な事業を) 創設する, 創始する

【碲】dì [名]〖化〗テルル

【棣】dì [⊗][～棠 táng]〖植〗ヤマブキ

〖蝃(蝃)〗dì [⊗][～蝀 dōng]《書》虹

【嗲】diǎ [形]《方》①(声などが) 甘ったれた [～声～气] 甘ったれた声で ②すばらしい

【掂】diān [動]手のひらに載せて重さを量る 〖用手～一～〗手のひらに載せてちょっと量ってみる
【掂斤播两】diān jīn bō liǎng 《成》みみっちく計算する, 小事にこだわり過ぎる [同][掂斤簸 bǒ 两]
【掂量】diānliang [動]《方》①手のひらで重さを量る ②とくと考える, じっくり思案する

〖滇(滇)〗Diān [⊗]雲南省の別称 [～剧] 滇劇(てんげき)(雲南一帯の地方劇)

【颠(顛)】diān [動]①がたがた揺れる ②(～儿)《方》出掛ける, 走り去る
[⊗]①頭頂, 頂上 [山～] 山頂 ②始め [～末]《書》顛末(てんまつ), 事の経緯

D

③倒れる

★【颠簸】diānbǒ [動] 上下に揺れる，もまれるように揺れる

★【颠倒】diāndǎo [動] ①（上下，前後を）引っ繰り返す，逆にする ②気が動転する

【颠倒黑白】diāndǎo hēibái《成》（白黒を転倒する＞）サギをカラスと言いくるめる

【颠倒是非】diāndǎo shìfēi《成》是非を転倒する

【颠覆】diānfù [動]（組織・政権を内部から）覆す，転覆させる

【颠沛流离】diānpèi liúlí《成》落ちぶれて流浪する

【颠扑不破】diān pū bú pò《成》（論が正しくて）けっして論破できない

【颠三倒四】diān sān dǎo sì《成》筋道が立たない，支離滅裂の

〖巅（巔）〗 diān ⊗山頂［泰山之～］泰山の頂

〖癫（癲）〗 diān ⊗気がふれた［疯～］精神異常

【癫狂】diānkuáng [形] ①気がふれた，狂気の ②軽薄な，浮わついた

【癫痫】diānxián [名]〖医〗てんかん（ふつう‘羊痫风’‘羊角风’という）

〖典〗 diǎn ⊗①基準，法則→［～范］②式典 ③書物，典籍 ④典故 ⑤（職務を）担当する ⑥（不動産を）抵当に入れる ⑦（D-）姓

【典范】diǎnfàn [名] 手本（となる人物や事柄），鑑

【典故】diǎngù [名] 典故，故事

【典籍】diǎnjí [名]《書》典籍，古典

★【典礼】diǎnlǐ [名] 儀式，式典〖举行～〗式典をとり行う［开幕～］開幕式

★【典型】diǎnxíng [名] 典型，代表例 — [形] 典型的な，代表的な

【典押】diǎnyā [動] 質に入れる，抵当に入れる

【典章】diǎnzhāng [名] 法令制度

【碘】 diǎn [名]〖化〗ヨウ素［～盐］ヨード含有食塩

【碘酊】diǎndīng [名]〖薬〗ヨードチンキ [同]［碘酒］

【点（點）】 diǎn [名] ①〖数〗点〖一个～〗点1つ ②（～儿）小数点 ♦例えば3.1は‘三～一’と読む ③（～儿）漢字の点《、》〖‘点’字底下有四～〗「点」の字の下には点が4つある ④（～儿）点のように小さなもの［雨～儿］雨つぶ ⑤定められた時刻〖到～〗（予定の）時間になる — [動] ①点を打つ〖～三个点〗点を3つ打つ ②うなずく〖～了一下头〗ちょっとうなずいた ③軽く触れる〖蜻蜓用尾巴～了一～水〗とんぼはしっぽを水にさっとつけた ④（液体を）垂らす〖～眼药水〗目薬をつける ⑤点播する〖～豆子〗豆をまく ⑥一つ一つ確認する〖把钱～清楚〗お金を数えて確かめなさい ⑦選ぶ，注文する〖～菜〗料理を注文する〖～歌〗曲をリクエストする ⑧こつを教える，啓発する ⑨（火を）つける，ともす ⑩[同]［踮］— [量] ①（～儿）少量を表わす ♦数詞は‘一’と‘半’に限る．‘一’はよく省略される〖吃(一)～儿东西〗（量的に）ちょっと食べる ②（～儿）程度の微小なことを表わす ♦数詞は‘一’に限る．‘一’はよく省略される〖大(一)～儿〗ちょっと大きい〖有(一)～儿大〗ちょっと大きすぎる ③意見，要求など抽象的な事柄を数える〖提三～意见〗3点にわたる意見を出す ④時刻の単位，時〖两～(钟)〗2時
⊗①位置，地点，しるし［据～］拠点［沸～］沸点 ②部分，事物の一面［特～］特色 ③あしらう［装～］飾り付ける ④軽食［早～］朝の軽食

【点播】diǎnbō [動] ①〖農〗点播する [同]［点种 diǎnzhòng］②（放送局に）リクエストする

【点滴】diǎndī [名]〖医〗点滴〖打～〗点滴を打つ — [形]〔多く定語として〕わずかな〖～意见〗ささいな意見

【点火】diǎn▾huǒ [動] ①点火する，着火させる ②《転》扇動する，騒動を起こす

【点饥】diǎn▾jī [動] ちょっと食べて飢えをしのぐ，軽く食べる

【点击】diǎnjī [動]（コンピュータで）クリックする［～率］（インターネットの）アクセス数

【点名】diǎn▾míng [動] ①点呼をとる，出席をとる ②指名する（[同]［指名］）〖～攻击〗名指しで非難する

【点破】diǎnpò [動] 単刀直入に指摘する，暴く〖一语就～了事情的实质〗一言でずばりと事の本質を指摘した

【点球】diǎnqiú [名] ペナルティーキック

【点燃】diǎnrán [動] 燃やす，点火する〖～革命斗争的烽火〗革命の火の手をあげる

【点收】diǎnshōu [動] 数量をチェックして受け取る，査収する

【点铁成金】diǎn tiě chéng jīn《成》仙人が鉄を触わっただけで金にかえる；《転》つまらぬ詩文に手を入れて立派なものにする [同]［点石成金］[反]［点金成铁］

★★【点头】diǎn▾tóu [動]（～儿）うなずく [反]［摇头］

【点头哈腰】diǎntóu hāyāo《口》へいこらする，こびへつらう

★★【点心】diǎnxin [名]軽食，おやつ
—— diǎn▾xīn [動]《方》一時しのぎにちょっと食べる
【点种】diǎnzhòng [動]〖農〗点播する [同][点播]
—— diǎn▾zhǒng [動]〖農〗種を点播する
★【点缀】diǎnzhuì [動]①（引き立てるために）あしらう，飾りつける〖种些花草，～校园〗草花を植えて校庭を飾る ②見場(みば)を飾るだけに使う，（お付き合いに）参加する
【点字】diǎnzì [名]点字(てんじ)（[同][盲字][盲文]）〖摸读～〗点字を読む
【点子】diǎnzi [名]①しずく ②しみ，汚れ ③〖音〗拍子，ビート ④要点，急所〖抓住～〗ポイントをつかむ ⑤考え，方法〖出～〗アイディアを出す 一 [量]《方》少量 [同]《普》[点儿]
【踮(*跕)】diǎn [動]つま先で立つ（'点'と書くことも）〖～起脚尖(～着脚)〗つま先で立つ
【电(電)】diàn [名]電気〖有～〗電気が通じている 一 [動]感電する〖～了我一下〗ちょっとビリッときた
⊗①電報・電信（を打つ）［～告］電報で知らせる［唁～］弔電 ②雷
【电棒】diànbàng [名]（～儿）《方》懐中電灯 [同]《普》[手电筒]
【电报】diànbào [名]〔份・封〕電報〖打～〗電報を打つ［传真～］ファクシミリ電報
【电表】diànbiǎo [名]①各種電気計器の総称 ②（電気）メーター
【电冰箱】diànbīngxiāng [名]〔台〕電気冷蔵庫（ふつう'冰箱'という）
【电波】diànbō [名]電磁波 [同][电磁波]
【电场】diànchǎng [名]〖電〗電界，電場
【电唱机】diànchàngjī [名]〔台〕レコードプレーヤー（ふつう'唱机'という）
【电车】diànchē [名]〔辆〕①電車 ②トロリーバス [同][无轨～]
★★【电池】diànchí [名]（～儿）〔节〕電池［太阳能～］太陽電池［～车］電気自動車
【电传】diànchuán [動]テレックスやファックスで送る
【电磁波】diàncíbō [名]電磁波 [同][电波]
【电灯】diàndēng [名]電灯，ライト〖开(关)　～〗電灯をつける(消す)［～泡(儿)］電球
【电动机】diàndòngjī [名]電気モーター [同][马达]
【电镀】diàndù [動]電気メッキする
【电饭锅】diànfànguō [名]電気炊飯器，電気釜
【电镐】diàngǎo [名]電気削岩機
【电工】diàngōng [名]①電気工 ②電気工学 [同][～学]
【电光】diànguāng [名]電光，稲妻(いなずま)
【电焊】diànhàn [動]電気溶接する〖～了几根钢管〗何本かの鋼管を電気溶接した
【电贺】diànhè [動]祝電を打つ（[関][贺电]）〖～创刊四十周年〗創刊40周年を電報で祝う
【电话】diànhuà [名]①電話（による会話）〖给他打了三次～〗彼に3度電話をかけた〖(有)你的～〗君に電話だよ ②〔台・架〕電話(機)［～号码］電話番号［～卡］テレホンカード［～亭］電話ボックス
【电化教学】diànhuà jiàoxué [名]視聴覚教育，LL教育（略は'电教'）[同][电化教育]
【电汇】diànhuì [動]電信為替で送金する〖～现款〗電信為替で送金する
【电极】diànjí [名]電極
【电解】diànjiě [動]〖化〗電気分解する
【电介质】diànjièzhì [名]〖電〗不導体，絶縁体 [同][绝缘体]
【电缆】diànlǎn [名]〔根〕電気通信ケーブル，送電線，ケーブル［海底～］海底ケーブル
【电离】diànlí [名]〖化・理〗イオン化［～层］電離層
【电力】diànlì [名]電力［～网］電力網
【电疗】diànliáo [動]〖医〗電気治療する〖这种病可以～〗この病気は電気治療で直る
【电料】diànliào [名]電気器具・材料の総称
【电铃】diànlíng [名]ベル，電鈴〖摁一下～〗ベルを押す
【电流】diànliú [名]〔股〕電流［～表］アンペア計
【电炉】diànlú [名]①（家庭用）電気コンロ，電気ストーブ ②〔座〕（工業用の）電気炉
【电路】diànlù [名]〔条〕電気回路
【电码】diànmǎ [名]電信符号，電報コード［～本］コードブック［莫尔斯～］モールス信号
【电鳗】diànmán [名]〖魚〗〔条〕電気ウナギ
【电门】diànmén [名]《口》(電気の)スイッチ [関][开关]
★★【电脑】diànnǎo [名]〔台〕コンピュータ，電算機（[同][电子计算机]）［～病毒］コンピュータウイルス［～程序］コンピュータプログラム
【电能】diànnéng [名]電気エネルギー
【电钮】diànniǔ [名]（電気器具の）スイッチ，つまみ〖摁～〗ボタンを押す

D

【电气】diànqì [名] 電気 〔～化〕電化
【电器】diànqì [名] 電気設備, 電気器具
【电热供应系统】 diànrè gōngyìng xìtǒng [名] コージェネレーション
【电容】diànróng [名] 電気容量 〔～器〕コンデンサー
【电扇】diànshàn [名]〔架・台〕扇風機, 換気扇 ([同]〔电风扇〕) 〖开(关)～〗扇風機を回す(止める)
【电石】diànshí [名]〖化〗カーバイド 〔～气〕アセチレン 〔～灯〕アセチレン灯
★★【电视】diànshì [名] ①テレビ 〖看～〗テレビをみる 〔～台〕テレビ局 〔～剧〕テレビドラマ 〔～直销〕テレビショッピング ②〔台・架〕テレビ(受像機) [同]〔～机〕〔～接收机〕
【电视大学】diànshì dàxué [名] (テレビによる)放送大学(略称は'电大')
★★【电台】diàntái [名] ① 無線電信局 ②(ラジオ)放送局 〔广播～〕同前
【电烫】diàntàng [動] 電気パーマをかける [反]〔冷烫〕
★★【电梯】diàntī [名] エレベーター([同]〔升降机〕) 〖乘～(坐～)〗エレベーターに乗る
【电筒】diàntǒng [名] 懐中電灯 [同]〔手～〕
【电文】diànwén [名] 電文
【电线】diànxiàn [名]〔根〕電線 〔～杆〕電柱
【电信】diànxìn [名] 電信
【电讯】diànxùn [名] ① 電話・電報・電信によるニュース 〖发～〗電報(など)を発信する ②無電信号
【电压】diànyā [名] 電圧 〔～变量器〕トランス
【电唁】diànyàn [動] 弔電を打つ [同]〔唁电〕
【电椅】diànyǐ [名] (死刑用の)電気椅子
★★【电影】diànyǐng [名]〔部〕映画 〖拍摄～〗映画を撮影する 〖放映～〗映画を上映する 〔～剧本〕映画シナリオ 〔～院〕映画館
★【电源】diànyuán [名] 電源 〖切断～〗電源を(完全に)切る
【电灶】diànzào [名] 電気こんろ
【电钟】diànzhōng [名]〔座〕電気時計
【电珠】diànzhū [名] 豆電球
【电子】diànzǐ [名] 電子 〔～管〕真空管 〔～货币〕電子マネー 〔～机票〕Eチケット 〔～计算机〕コンピュータ 〔～琴〕エレクトーン
★★【电子邮件】diànzǐ yóujiàn [名]〔封〕Eメール [同]〔电子函件〕〔电邮〕 ♦'伊妹儿 yīmèir' は俗称
【电阻】diànzǔ [名]〖電〗抵抗 〔～元件〕(電気器具の)発熱部分
【电钻】diànzuàn [名]〔把〕電気ドリル

【佃】 diàn ⊗小作をする
【佃户】diànhù [名] (特定地主の) 小作人
【佃农】diànnóng [名] 小作農
【佃租】diànzū [名] 小作料, 年貢 〖缴～〗年貢を納める

【甸】 diàn ⊗①郊外 ②放牧地(多く地名に使う)
【甸子】diànzi [名]《方》放牧地

【钿(鈿)】 diàn ⊗螺鈿らでん→〔螺 luó ～〕
⇨ tián

【店】 diàn [名]〔家〕(小規模の)商店, 宿屋
【店家】diànjiā [名] ①《旧》宿屋(飯屋・飲み屋) のあるじ ②《方》店舗, 商店
【店铺】diànpù [名]〔家〕店舗, 商店
【店员】diànyuán [名] 店員, 売り子

【玷】 diàn ⊗① 白玉のきず ②汚す
【玷辱】diànrǔ [動] 辱める, (名を) 汚す 〖～名声〗名を汚す
【玷污】diànwū [動] (名誉を)汚す

【惦】 diàn [動]〖'～着' の形で〗気にかける
★【惦记】diànji/diànjì [動]〖ふつう '～着' の形で〗気にかける, 心配する [同]〔挂念〕
【惦念】diànniàn [動] [同]〔惦记〕

【垫(墊)】 diàn [動] ① 敷く, 当てがう 〖拿一块木片～一下〗木片をちょっと下に敷こう ②(金を) 立替える ③小腹を満たす — [名] (～儿) 当てがう物, 敷物, クッション
【垫底儿】diàn'dǐr [動] ①底に物を敷く ②小腹を満たす ③基礎を作る
【垫付】diànfù [動] (金を) 立替える 〖～费用〗費用を立替える
【垫肩】diànjiān [名] (荷担ぎ用の) 肩当て, (上着に入れる)肩パット
【垫脚石】diànjiǎoshí [名]《転》(出世のための)踏み台, 足掛かり
【垫用】diànyòng [動] (金を) 一時流用する, しばし他の費目に使う
【垫子】diànzi [名]〔块〕敷物, クッション, マット 〖垫～〗クッションを使う

【淀】 diàn ⊗浅い湖 (多く地名として用いる)
【—(澱)】 ⊗沈でんする, おりがたまる
【淀粉】diànfěn [名] デンプン

【靛】 diàn ⊗①インジゴ(暗青色の染料) ②濃い藍あい色, インジゴブルー
【靛蓝】diànlán [名] インジゴ, 藍からとった染料
【靛青】diànqīng [形] 濃い藍色の — [名]《方》インジゴ, 染料の藍

【奠】diàn ⊗① 供物を供えて死者を祭る[祭~]供養する ② 建てる,定める[~都]建都する
*【奠定】diàndìng 動(土台を)固める,打ち立てる[~基础]基礎を築く
【奠基】diànjī 建造物の基礎を定める[~典礼]定礎式[~人]創立者
【奠仪】diànyí ⊗香典,供物

【殿】diàn 图宏壮な建造物,御殿 ⊗しんがり(の),最後尾(の)
【殿军】diànjūn 图① 行軍のしんがり部隊 ②(試合などの)びり,どんじり
【殿试】diànshì 图〔史〕科挙制度の最終試験 ◆'会试'合格者に対して行われ,首席合格者を'状元',次席を'榜眼',第3席を'探花'という

【癜】diàn ⊗→[白 bái ~风]

【簟】diàn ⊗《方》竹のむしろ[~子]同前

【刁】diāo 形ずるい,悪らつな[这个人真~]この人は本当に悪らつだ[放~]難くせをつける
⊗(D-)姓
【刁滑】diāohuá 狡猾な,ずるい
【刁难】diāonàn 動 いやがらせをする,困らせる[故意~他]ことさらに彼を困らせる
【刁顽】diāowán 形あくどくしたたかな

【叼】diāo 動 口にくわえる[~了一支烟]たばこを1本くわえる

【凋】(*彫) diāo ⊗しぼむ,枯れる
【凋零】diāolíng 動①(草木が)枯れしぼむ,散り果てる ② 没落する,うらぶれる
【凋落】diāoluò 動⊚[凋谢]
【凋谢】diāoxiè 動①(植物が)しおれる,枯れる ②(人が)老いて死ぬ

【碉】diāo ⊗以下を見よ
【碉堡】diāobǎo 图〔座〕トーチカ(俗に'炮楼'という)
【碉楼】diāolóu 图(軍事用の)望楼,物見やぐら

【雕】(*彫) diāo 動(木・竹・玉・石・金属などに字や絵を)彫る,刻む
⊗① 彫刻作品[浮~]レリーフ ② 彩色を施した

【一】(鵰) 图[鸟]ワシ[老~][鹫]
【雕花】diāo'huā (木などに)図案・模様を彫る[~玻璃]カットグラス
── diāohuā 图彫り入れた模様
*【雕刻】diāokè 图 動 彫刻(する)[~刀]彫刻刀
【雕梁画栋(栋)】diāo liáng huà dòng 彫刻彩色が施された豪華な建物
【雕漆】diāoqī 图 堆朱⊚[漆雕][剔红]
*【雕塑】diāosù 图彫塑
【雕琢】diāozhuó 動①(玉石を)彫刻し磨く ②(文を)飾りたてる,凝りすぎる[~词句]字句に凝る

【鲷】(鯛) diāo 图〔鱼〕タイ[~鱼]同前[真~]マダイ[黑~]クロダイ

【貂】(*貂) diāo 图〔動〕[只]テン([~鼠]とも)[水~]ミンク

【屌】diāo 图〔口〕男性生殖器 ◆'鸟'とも書く

【窎】(窵) diāo 動深く遠い

【吊】(弔) diāo 動① つるす,ぶら下げる ②(縄やロープに結んで)つり上げる(下げる)[把桶~上来]桶をつり上げる ③(衣服に毛皮などの)裏地をつける[~个绸里儿]絹の裏地をつける ── 量旧時の通貨で穴あき銭千文
⊗① 回収する ② 弔う[~客]弔問客
【吊车】diàochē 图〔台〕起重機,クレーン⊚[起重机]
【吊带】diàodài 图 靴下留め,ガーターベルト⊚[吊袜带]
【吊儿郎当】diào'erlángdāng 〔口〕ちゃらんぽらんな,ふまじめな
【吊环】diàohuán 图〔体〕つり輪(器具と種目の両方をいう)
【吊扣】diàokòu 動(免許・証明書類を)差し押さえる,一時取り上げる[~驾驶执照]運転免許を停止する
【吊楼】diàolóu 图①水面にせり出した高床式家屋⊚[吊脚楼] ② 山間地域の板あるいは竹製の高床式家屋 ◆はしごで上り下りする
【吊铺】diàopù 图〔床〕ハンモック(⊚[吊床])[搭~]ハンモックをつるす
【吊桥】diàoqiáo 图①(城の)はね橋 ② つり橋⊚[悬索桥]
【吊丧】diào'sāng 動弔問する
【吊嗓子】diào sǎngzi 動 伴奏に合わせて発声練習する,のどを鍛える
【吊扇】diàoshàn 图 天井扇風機
【吊梯】diàotī 图(縄などの) 簡易なはしご
【吊桶】diàotǒng 图 つるべ,井戸の水汲み桶
【吊销】diàoxiāo 動(証明書などを)回収し無効にする,撤回する[~营

业执照]]営業許可書を取り消す
【吊唁】diàoyàn 動 お悔やみを言う，弔問する

【钓】(釣) diào 動 (魚を)釣る［～鱼]]魚を釣る ⊗(名利を)せしめる
【钓饵】diào'ěr 名 釣りのえさ，(人を誘うための)えさ，おとり［以住房为～]]住宅をえさにして…
【钓竿】diàogān 名 (～儿)[根] 釣りざお［钓鱼竿儿]
【钓钩】diàogōu 名 (～儿) 釣り針;《転》人を引っかけるわな
【钓丝】diàosī 名[根] 釣り糸

【调】(調) diào 動 (人員や物資を)動かす，異動する［～他街班主任]]彼をクラス担任とする — 名 (～儿) ①節, メロディー ②(音楽の) 調, キー［是什么～?]] なに調ですか ⊗① 調査［函～]]通信調査 ② 言葉の調子 ③ 格調
⇨ tiáo
【调拨】diàobō 動 (物資や資金を) 配分する，振り分ける
★【调查】diàochá 動 調査する
★【调动】diàodòng 動 ①(位置や用途を) 換える, 部署を替える ②(人を) 動員する［～干部去支援]] 幹部たちを支援のため動員する
【调度】diàodù 動 (作業・人員・車両などを)管理配備する — 名 (配車係など)管理配備員
【调号】diàohào 名[語] 中国語の声調符号 (主母音の上につける¯, ´,ˇ, ˋ)
【调虎离山】diào hǔ lí shān〈成〉敵を(不利な位置へと) おびき出す, 根城から外に誘い出す
【调换】diàohuàn 動⇨[换]
【调集】diàojí 動 (人や物資を) 集合(集積) させる, 召集する［～部队]] 軍隊を召集する
【调离】diàolí 動 転出させる, (命令により) 離任する［～该校]] 同校から転出させる
【调令】diàolìng 名 転勤命令, 移籍指令
【调门儿】diàoménr 名(口) ① 声の調子, 高低［～高]] 声がかん高い ② 論調
【调派】diàopài 動 (人を) 割り当てる, 派遣する［～干部充实教育部门]] 幹部を派遣し教育部門を充実させる
【调配】diàopèi 動 振り当てる, 割り振る［合理～劳动力]] 人員を合理的に配置する
⇨ tiáopèi
【调遣】diàoqiǎn 動 (割り当てて) 派遣する［～他们到灾区工作]] 彼ら

を被災地作業に派遣する
【调任】diàorèn 動 転任する, 異動する
【调研】diàoyán 動 調査研究する［进行～]] 調査研究を進める
【调运】diàoyùn 動 振り分け輸送する
【调职】diào'zhí 動 転任する, 転出する
【调子】diàozi 名 ① 調子, メロディー ② 話し振り, 語調［带着悲痛的～]] 悲痛な響きがこもっている

【掉】 diào 動 ①(物が) 落ちる, 落とす［～饭粒儿]] 飯粒をこぼす［～点儿]] 雨がパラつく ② 脱落する［～在队伍后头]] 隊列の後ろに取り残される ③ なくす, 抜け落ちる［～钱]] お金をなくす ④ 減る, 下がる［体重～了十斤]] 体重が5キログラム減る ⑤ 逆方向に, 向きを変える［～头]] 振り向く, Uターンする ⑥ 互いに取り替える, 入れ替える［～房间]] 部屋を取り替える ⑦(結果補語として)…してしまう, …し尽くす［洗～]] 洗い落とす
【掉包(掉包)】diào'bāo 動 (～儿) (にせ物や不良品に)すり替える
【掉队】diào'duì 動 落伍する, 脱落する
【掉过儿】diào'guòr 動 互いに位置を取り替える
【掉换(调换)】diàohuàn 動 ① 互いに交換する, 入れ替える 動[换] ② 別のものに取り替える［更换]
【掉价】diào'jià 動 ①(～儿) 値下がりする, 値がくずれる ② 社会的地位や評価が下がる, 個人の値打ちが下がる
【掉色】diào'shǎi 動 (～儿) (衣服などの)色が落ちる, 色あせる
【掉头】diào'tóu 動 ① 振り向く, 振り返る ②(車・船・飛行機などが) 逆方向に向きを変える, Uターンする
【掉以轻心】diào yǐ qīng xīn〈成〉軽く考えて油断する
【掉转(调转)】diàozhuǎn 動 180 度転換する, がらりと方向を変える［～话题]] がらりと話題を変える

【铫】(銚) diào 名 (～儿) (土瓶状の) 湯わかし［药～儿]] 薬を煎じる土瓶 ◆「大型の鍬」の意の文語は yáo と発音
【铫子(吊子)】diàozi 名 湯わかし, 薬煎じの土瓶

【跌】 diē 動 ① 転ぶ, つまずく［～下来]] つまずいて転がり落ちる［～跟头]] (もんどり打つように) 転ぶ ②(物価や水位などが)下がる(⇔[涨])［日元又～了]] 日本円がまた下がった
【跌宕(跌荡)】diēdàng 形〈書〉(性

【跌跌撞撞】diēdiēzhuàngzhuàng 形 (～的)〖足元が〗よろついた
【跌价】diējià 動 値下りする,下落する ⇨〖涨价〗
【跌跤】diējiāo 動 ①つまずいて倒れる〖跌了一跤〗すってんころりと転んだ ②〈転〉〖人生に〗つまずく,失敗する
【跌落】diēluò 動 ①〖物が〗落ちる,落下する ②〖価格や生産が〗下落する,下降する

【爹】diē 名〖口〗お父さん,父ちゃん⇔〖普〗〖爸〗〖～娘〗両親
【爹爹】diēdie 名〖方〗①父,お父さん⇔〖普〗〖爸爸〗 ②〖父方の〗祖父,おじいさん⇔〖普〗〖爷爷〗
【迭】dié ⊗①順次代わる,とって代わる〖更～〗交替する ②しばしば〖～起〗〖事が〗たびたび起きる ③及ぶ〖忙不～〗忙しくて手が回らない
【迭次】diécì しばしば,何度も
【垤】dié ⊗〖蚁～〗〖書〗蟻塚
【耋】dié ⊗ 七・八十歳の年齢〖老年を指す〗〖耄 mào ～〗〖書〗非常な高齢
【谍(諜)】dié ⊗①諜報活動をする ②スパイ,諜報員〖间～〗スパイ
【谍报】diébào ⊗ スパイ活動で得た情報〖～员〗諜報員
【堞】dié ⊗〖城壁の〗姫垣ひめがき
【喋】dié ⊗ 以下を見よ
【喋喋】diédié 副〖書〗ぺちゃくちゃ〖～不休〗ぺちゃくちゃしゃべり続ける
【牒】dié ⊗ 文書〖最后通～〗最後通牒
【碟】dié 名(～儿)小皿 — 量 小皿に盛ったものを数える〖一～菜〗小皿一つ分の料理
【碟子】diézi 名 小皿
【蝶(*蜨)】dié ⊗ チョウ〖蝴～〗チョウ
【蝶泳】diéyǒng 名〖水泳の〗バタフライ
【蹀】dié ⊗〖～躞 xiè〗〖書〗行ったり来たりするさま
【鲽(鰈)】dié カレイ〖比目鱼〗
【叠(疊*疉)】dié 動 ①積み重ねる〖～五层〗五階に重ねる〖重～〗重なる ②折り畳む〖～衣服〗服を畳む
【叠床架屋】dié chuáng jià wū〈成〉ベッドにベッドを重ねる,屋上屋を重ねる,重複する⇔〖床上叠床〗〖屋上架屋〗
【叠罗汉】dié luóhàn 動〖体〗人間ピラミッドを作る
【叠印】diéyìn 動 ①〖映〗オーバーラップさせる,多重映像を作る ②〖印〗重ね刷りする
【叠韵】diéyùn 名〖語〗畳韻じょういん ◆ 主に二字熟語の韻母が等しいこと.‘螳螂 tángláng’‘酩酊 mǐngdǐng’など

【丁】dīng 名(～儿)賽の目に切ったもの〖把黄瓜切成～儿〗きゅうりを賽の目切りにする
⊗①成年男子〖壮～〗同前 ②人口〖人～〗同前 ③使用人,働き手〖门～〗門番〖园～〗園丁 ④十干の第四,ひのと ⑤(D-)姓 ⇨zhēng
【丁当】dīngdāng 擬〖叮当〗
【丁东】〖丁冬・叮咚〗dīngdōng 擬 玉石や金属が触れ合う音〖ちーん,こーんなど〗〖～响〗ちんちんと音をたてる
【丁克家庭】dīngkè jiātíng 名 DINKS,共働きで子供を作らない夫婦
【丁零】dīnglíng 擬 鈴や小さな金属品が触れ合う音〖りーん,こちんなど〗
【丁零当郎】dīnglingdānglāng 擬 金属や磁器が連続して触れ合う音
【丁宁(叮咛)】dīngníng 動 よくよく言い聞かせる,何度も念を押す〖～他小心些〗よく気を付けるよう彼に言い聞かせる
【丁是丁,卯是卯(钉是钉,铆是铆)】dīng shì dīng, mǎo shì mǎo〈成〉何事にもきちょうめんで,少しでもゆるがせにしない
【丁香】dīngxiāng 名 ①ライラック,リラ⇔〖～花〗 ②チョウジ⇔〖丁子香〗
【丁字街】dīngzìjiē 名 丁字路

【仃】dīng ⊗ →〖伶 líng ～〗
【叮】dīng 動 ①〖蚊やノミが〗刺す,かむ〖被蚊子～了一下〗蚊に刺された ②問い詰める,しつこく尋ねる〖～了她一句〗念を押すように彼女に尋ねた
【叮当(丁当・玎珰)】dīngdāng 擬 金属や磁器などが触れ合う音〖ちりん,かーんなど〗
【叮咛】dīngníng 擬〖丁宁〗
*【叮嘱】dīngzhǔ 動 繰り返し言い聞かせる,何度も念を押して頼む〖命じる〗〖～他不要去池塘边儿〗池のそばに行かないよう彼によく言い聞かせる

D

【钉(釘)】dīng [名]（～儿）〔根·颗〕くぎ〖钉dìng～儿〗くぎを打つ ━[動]①相手にぴったり密着する，ぴったりマークする ②催促する〖～着他快办〗早くやるよう彼をせっつく ③見詰める [同][盯]
⇨dìng

【钉耙】dīngpá [名]まぐわ

【钉鞋】dīngxié [名]〔双〕スパイクシューズ

【钉子】dīngzi [名]〔根·颗〕くぎ〖钉dìng～〗くぎを打つ［碰～］(比喩的に)壁にぶつかる

【盯】dīng [動]見詰める，注視する([同][钉])〖紧紧地～着他〗じっと彼を見詰める

【盯梢(钉梢)】dīngʼshāo [動]尾行する，つけ回す〖那个人好像在盯你的梢〗あいつは君をつけているようだ

【疔】dīng [名]はれもの，疔(ちょう) [同][～疮]

【顶(頂)】dǐng [名]（～儿）(人·物の)てっぺん，(事柄の)ピーク〖到～儿〗ピークに達する ━[動]①(頭の上に)のせる〖～水缸〗水がめを頭にのせる ②(頭で)突く〖把球～进球门〗ヘディングでボールをゴールに入れる〖嫩芽～出土来了〗芽が土の中から出てきた ③(雨や風に)逆らう，たえる〖～着雪走〗降る雪を冒して進む ④支える〖用杠子～着门〗つっかえ棒で戸を開かないようにする ⑤担当する，持ちこたえる〖这种活儿我～不了〗こんな仕事は私には荷が重すぎる ⑥相当する，当たる〖一个人能～两个人〗一人で二人分にも相当する ⑦替わる〖让他～我的工作〗彼に私の仕事を替わってもらう ━[介]《方》…(の時間)まで〖～下午两点才吃午饭〗2時になってようやく昼食を食べた ━[量]帽子や蚊帳など頂点をもつものを数える〖一～帽子〗帽子一つ ━[副]《口》最も，いちばん〖～好〗いちばん良い〖～多买一斤就够了〗多くても(せいぜい)500グラム買えば十分だ

【顶点】dǐngdiǎn [名]頂点，極点〖事业达到～〗事業が絶頂に達する(絶好調だ)

【顶端】dǐngduān [名]①てっぺん，ピーク〖桅杆的～〗マストのてっぺん ②末端，端っこ〖走到～〗(道の)行き止まりまで歩く

【顶风】dǐngfēng [名]向かい風，逆風 [反][顺风]
—— dǐngʼfēng [動]〔多く状語として〕風に逆らう

【顶峰】dǐngfēng [名](山の)頂上；《転》最高の到達点

【顶级】dǐngjí [形]〔定語として〕最高級の

【顶梁柱】dǐngliángzhù [名]《転》大黒柱，中心人物(勢力)

【顶门儿】dǐngménr [名]頭のてっぺんの前部，額の上

【顶名】dǐngʼmíng [動]①名をかたる，他人の名を使う([同][冒名])〖～出国〗人の名をかたって国を出る ②(中味がないのに)表向き…の看板をかかげる，名義だけ使う

【顶牛儿】dǐngʼniúr [動]角突き合わせる，ぶつかり合う

【顶棚】dǐngpéng [名]天井 [類][天花板]

【顶事】dǐngʼshì [動]（～儿）役に立つ，助けになる [同][抵事]

【顶替】dǐngtì [動]①肩代わりする，替え玉になる〖他的工作由你～〗彼の仕事は君に代わってもらう ②(退職する父母の職場にその子女が)替わりに就職する

【顶天立地】dǐng tiān lì dì《成》(天を支え地に立つ＞)天地の間にすっくと立つ ♦英雄の気概を示す

【顶头上司】dǐngtóu shàngsi [名]直属の上司，または機関

【顶用】dǐngʼyòng [動]役に立つ，使いものになる〖顶什么用呢？〗何の役に立つだろうか

【顶针】dǐngzhen [名]（～儿）指ぬき〖戴～〗指ぬきをはめる

【顶撞】dǐngzhuàng [動](強い言葉で)目上にたてつく，逆らう

【顶嘴】dǐngʼzuǐ [動]《口》(多く目上に)言い返す，口答えする

【顶罪】dǐngʼzuì [動]他人の罪をひきかぶる，身代わりで犯人になる

【鼎】dǐng [⊗]①(古代の青銅製)かなえ ♦閩方言では「鍋」の意で単用 ②まさに，ちょうど→[～盛]

【鼎鼎】dǐngdǐng [形]〔主に成語の中で〕鳴り響いた，盛んな［～大名］高名な

【鼎力】dǐnglì [副]《書》(貴方の)お力添えで，お世話により〖尚祈～相助〗お力添えをお願いする次第です

【鼎立】dǐnglì [動]鼎立(ていりつ)する，三つの勢力が対立し合う

【鼎盛】dǐngshèng [形]真っ盛りの〖～(的)时期〗最盛期

【鼎足】dǐngzú [名]《転》対立し合う三つの勢力，三すくみで均衡を保つ勢力

【订(訂)】dìng [動]①(条約·契約·計画などを)締結する，策定する〖～合同〗契約を結ぶ ②予約する〖～房间〗(宿の)部屋を取る ③製本する，綴じる［～书器］ホチキス
[⊗](文中の誤りを)改める，正す［校～］校訂する

【订购(定购)】dìnggòu 動 予約購入する

【订户(定户)】dìnghù 图 (新聞・雑誌・牛乳などの)定期購読者,予約購入者

【订婚(定婚)】dìngʰhūn 動 縁談を決める,婚約する〖跟她~〗彼女と婚約する

【订货(定货)】dìngʰhuò 動 商品を注文する,予約注文する

【订立】dìnglì 動 締結する ⑲〖签订〗

【订阅(定阅)】dìngyuè 動 (新聞・雑誌を)予約購読する〖~《方言》〗《方言》誌を予約購読する

【订正】dìngzhèng 動 (文中の誤りを)訂正する,修訂する

【钉(釘)】dìng 動 ① (くぎやねじなどを)打ち込む〖~钉子〗くぎを打つ ② 縫い付ける〖~扣子〗ボタンを付ける ⇨dīng

【定】dìng 動 ① 決める,定める〖~计划〗計画を決める ② 注文する,予約する〖~订〗 ③ 静まる,安定する〖立~!〗(行進時に)止まれ ⊗ ① 必ず,きっと [必~] 必ず ② 定まった,規定の ③ (D-) 姓

【定案】dìng'àn 图 (訴訟・事件・計画などに関する)最終決定 ― dìng'àn 動 最終決定を下す

【定单(订单)】dìngdān 图〔张・份〕注文書

【定额】dìng'é 图 定額,規定数量 [生产~] (生産の)ノルマ

【定稿】dìnggǎo 图〔篇〕定稿,最終原稿 ― 動 決定稿を作る

【定购】dìnggòu 動 ⇨〖订购〗

【定规】dìngguī 图 決まり,取り決め ― 副〈方〉きっと,必ず ― 動〈方〉決める

【定婚】dìngʰhūn 動 ⇨〖订婚〗

【定货】dìngʰhuò 動 ⇨〖订货〗

【定价】dìngjià 图 定価 ― dìngjià 動 売り値を決める,価格を設定する

【定见】dìngjiàn 图 定見,揺るがぬ見解

【定金(订金)】dìngjīn 图〔笔〕手付け金

【定睛】dìngjīng 動〖多く状語として〗目をこらす〖~一看〗目をこらして見てみると

【定居】dìngjū 動 定住する〖在北京定了居〗北京に定住する〖~日本〗日本に定住する〖~点〗(牧民・漁民の)定住地

【定局】dìngjú 图 確定した局面,揺るがぬ大勢〖已成~〗もはや局面は定まった ― 動 最終的に定まる,最終決定を下す

【定理】dìnglǐ 图〔条〕定理

【定例】dìnglì 图 定例,慣例〖成~〗慣例になる

【定量】dìngliàng 图 定量,規定の数量 ― 動〖化〗成分を測定する〖~分析〗定量分析

【定律】dìnglǜ 图 (科学上の)法則〖牛顿万有引力~〗ニュートンの万有引力の法則

【定论】dìnglùn 图 定説,最終結論

【定评】dìngpíng 图 定評,社会的に定まった評価

*【定期】dìngqī 形〖定語・状語として〗定期的な,期日を決めた〖~访问顾客〗顧客を定期的に訪問する〖~刊物〗定期刊行物〖~存款〗定期預金

【定钱】dìngqian/ dìngqián 图 ⑲〖定金〗

【定亲】dìngʰqīn 動 (多く親の意思により)婚約する ⑲〖订婚〗

【定神】dìngʰshén 動〖多く状語として〗① 注意を集中する〖~一看〗注意してよく見てみると… ② 気を静める,落ち着く

【定时器】dìngshíqì 图 タイマー,タイムスイッチ

【定时炸弹】dìngshí zhàdàn 图 ① 時限爆弾〖安放~〗時限爆弾を仕掛ける ② (転)潜在する危機

【定说】dìngshuō 图 定説,確定的な説明〖推翻~〗定説を覆す

【定息】dìngxī 图 定額利息,定額配当

【定弦】dìngʰxián 動(~儿)① 〖音〗弦の音を合わせる,調律する ② (転)考えを決める,思案を固める

【定向】dìngxiàng 形〖多く状語として〗方向を定めた,目的指向的な

【定心丸】dìngxīnwán 图〔颗〕鎮静剤;(転)人の心を落ち着かせる言動〖吃~〗すっかり安心する

*【定义】dìngyì 图 定義〖下~〗定義を下す ― 動 定義する〖被~为…〗…と定義される

【定音鼓】dìngyīngǔ 图 ケトルドラム,ティンパニー

【定影】dìngyǐng 動 (写真を)定着させる〖~液〗定着液

【定语】dìngyǔ 图〖語〗限定語,連体修飾語

【定员】dìngyuán 图 定員

【定阅】dìngyuè 動 ⇨〖订阅〗

【定做】dìngzuò 動 あつらえる,注文してつくる(⑲〖现成〗)〖~的衣服〗オーダーメイドの服

【锭(錠)】dìng 图(~儿)塊状の金銀や薬物〖金~〗金塊〖~剂〗錠剤 ― 量 塊状のものを数える〖一~银子〗銀塊一個
⊗ 紡錘ぼう

【锭子】dìngzi 图〔支〕紡錘,錘ぼう

［纱锭］

【碇】dìng [名]（石の） いかり［下～］いかりをおろす

【丢】diū [動] ①なくす，失う〖～了钱包〗財布をなくした ②投げる，投げ捨てる〖～烟头〗（タバコの）吸いがらを捨てる ③放っておく，棚上げにする〖～下工作〗仕事をほっぽらかす

【丢丑】diū▾chǒu [動] 醜態をさらす，恥をかく

【丢掉】diūdiào [動] ①（忘れたり落としたりして）なくしてしまう，なくす ②（思想·習慣などを） 振り捨てる，捨て去る〖～幻想〗幻想を捨て去る

【丢脸】diū▾liǎn [動] 恥をかく，面目を失う〖给公司～（丢公司的脸）〗会社の面子をつぶす

【丢面子】diū miànzi [動] [同]［丢脸］

【丢弃】diūqì [動] 放棄する，振り捨てる

*【丢人】diū▾rén [動] 恥をかく，面目をなくす［～现眼］恥をさらす

*【丢三落四】diū sān là sì《成》物忘れがひどい，忘れ物が多い

【丢失】diūshī [動] 紛失する

【丢手】diū▾shǒu [動] 手を引く，見限る〖丢开手〗（完全に）手を引く

【丢眼色】diū yǎnsè [動] 目配せする，目で合図する

【东（東）】dōng [名] ①〔介詞句の中で〕東〖往～去〗東へ行く ②（～儿）招待主，ホスト（[同]［东道］）〖做～〗主人役を務める，御馳走する
⊗あるじ［房～］家主

【东北】dōngběi [名] ①北東〖朝～飞〗北東に向かって飛ぶ ②（D-）中国の東北地区（旧満州）

【东边】dōngbian [名]（～儿）東，東側 [同]［东面］

【东不拉（冬不拉）】dōngbùlā [名] トンプラー（カザフ族の民族弦楽器）

*【东道主】dōngdàozhǔ [名] 主人役，ホスト（[同]［东（儿）］［东道］）〖做～〗主人役を務める，おごる

【东方】dōngfāng [名] ①東，東方 ②（D-） アジア，オリエント［～学］東洋学 ③（D-）姓

【东风】dōngfēng [名] ①東の風，春風［～吹马耳］馬耳東風 ②《転》社会主義陣営の勢力

【东汉】Dōng Hàn [名]〖史〗後漢（A. D. 25-220年）

【东家】dōngjia [名] 雇い主，主人，資本主，（小作人にとって）地主

【东晋】Dōng Jìn [名]〖史〗東晋（A. D. 317-420年）

【东经】dōngjīng [名]〖地〗東経

【东南】dōngnán [名] ①東南 ②（D-）中国の東南沿海地区（上海·江蘇·浙江·福建·台湾）

【东南亚】Dōngnán Yà [名] 東南アジア［～国家联盟］アセアン（ASEAN，'东盟'と略称）

【东欧】Dōng Ōu [名] 東ヨーロッパ

【东三省】Dōng Sān Shěng [名] 東北の遼寧·吉林·黒竜江三省

【东山再起】Dōngshān zàiqǐ 《成》一から盛り返す，返り咲く

【东施效颦】Dōng Shī xiào pín《成》（醜女しこめが美女の真似をして眉をひそめる>）猿まねをする

**【东西】dōngxi [名] ①〔件〕物（具体的なものから抽象的なものまで）〖买～〗買物をする ②（人や動物に対して嫌悪あるいは親愛を込めて）やつ〖你这老～〗このおいぼれめ
—— dōngxī [名] ①東西，東と西 ②東西の距離，東端から西端まで〖～长20米〗東西20メートルの長さがある

【东…西…】dōng…xī… あちらこちら［～奔～跑］東奔西走する［～拉～扯］とりとめなくしゃべる［～倒～歪］よろよろ歩く，だらしなく散らかっている

【东乡族】Dōngxiāngzú [名] トゥンシャン族 ♦中国の少数民族の一，主に甘粛省に住む

【东亚】Dōng Yà [名] 東アジア

【东洋】Dōngyáng [名] 日本（清末民国時代の呼称）［～人］日本人［～车］人力車［～鬼］（抗日戦争期の）日本軍将兵

*【东张西望】 dōng zhāng xī wàng《成》あちこち見回す

【东正教】Dōngzhèngjiào [名] ギリシャ正教 [同]［正教］

【东周】Dōng Zhōu [名]〖史〗東周（B. C. 770-B. C. 256年）

〖鸫（鶇）〗dōng〖鳥〗ツグミ［斑～］同前

【冬】dōng [名]〔量詞的に〕冬〖住了两～〗ふた冬暮らした
⊗①冬（→［～天］）［深～］真冬［～泳］寒中水泳［过～］冬を過ごす ②（D-）姓 ③[同]'咚'

【冬菜】dōngcài [名] ①塩漬けした白菜や芥菜からしなを乾燥したもの ②秋に取り入れて冬に食べる野菜（大根·白菜など） [同]［过冬菜］

【冬虫夏草】dōngchóng-xiàcǎo [名]〖薬〗冬虫夏草 ♦蛾の幼虫に菌類が寄生したもの．漢方薬や食材となる

【冬菇】dōnggū [名] 冬に収穫するシイタケ

【冬瓜】dōnggua/dōngguā [名] トウガン［～条儿］（短冊に切った）トウガンの砂糖漬け

【冬灌】dōngguàn [名] 冬季の灌漑 ♦春の乾燥に備える．麦畑にも冬遊ばせておく畑にも行なう

【冬季】dōngjì 图 冬季 [～运动] ウィンタースポーツ

【冬眠】dōngmián 動 冬眠する [青蛙～了] カエルが冬眠した

【冬天】dōngtiān 图 冬

【冬闲】dōngxián 图 冬の農閑期

【冬小麦】dōngxiǎomài 图 秋播き小麦

【冬至】dōngzhì 图 冬至 ⑧[夏至]

【冬装】dōngzhuāng 图 冬服,防寒着 ⑭[冬衣]

【咚】dōng 擬 太鼓やドアなどをたたく音,太い振動音を表わす語 ◆'冬'と書くことも [～地敲门] とんとんとドアをノックする

【氡】dōng 图《化》ラドン

【董】dǒng ⊗ ① 取り締まる,監督する ② 理事,取締役 [校～] 学校の理事 ③ (D-)姓

【董事】dǒngshì 图 理事, 取締役 [～会] 理事会, 取締役会

*【董事长】dǒngshìzhǎng 图 理事長

【懂】dǒng 動 分かる, 理解する [～礼貌] 礼儀をわきまえている [～日语] 日本語が分かる

【懂得】dǒngde 動 分かる, 理解する

【懂事】dǒngshì 形 道理をわきまえている, 分別をそなえている [～的孩子] 聞き分けのよい子供

【动】(動) dòng 動 ① 動く, 動かす ② 行動する [大家立即～起来了] 皆すぐに行動に移った ③ 働かす, 使う [～脑子] 頭を使う ④《結果補語・可能補語として》位置・状態を変える [走不～] 一歩も動けなくなる [劝不～他] いくら説得しても彼の気持ちは変えさせられない ⑤《方》食べる ◆ 多く否定文に使う ⊗ ややもすれば

【动兵】dòng'bīng 動 戦いをする, 部隊を出動させる

【动不动】dòngbudòng 副《多く'就'と呼応して》ややもすると, 何かと言えば ◆ うんざりする気分を伴う [～就哭] 何かと言うと泣く

【动产】dòngchǎn 图 動産 (金銭・宝石など) ⑧[不动产]

【动词】dòngcí 图《語》動詞 [及物～] 他動詞 [不及物～] 自動詞

*【动荡】dòngdàng 動 (情勢などが) 揺れ動く [社会～不安] 社会情勢が不穏である

【动工】dòng'gōng 動 ① 着工する ⑭[开工] ② 工事をする, 施工する (⑭[施工]) [这儿正在～] ここはいま工事中だ

【动滑轮】dònghuálún 图 動滑車

*【动画片】dònghuàpiàn 图〔部〕アニメーション, 動画 ◆'～儿 dòng-huàpiānr'とも発音

【动火】dòng'huǒ 動 (～儿) 怒る, かっとなる

【动机】dòngjī 图 動機, 意図

*【动静】dòngjing 图 ① 気配, 物音 ② (敵方や相手側の) 動静, 動向

【动力】dònglì 图 動力, 原動力 [保环运动的～] 環境保護運動の原動力 [～堆] 動力型原子炉

【动乱】dòngluàn 图〔场〕動乱, 騒乱 [发生～] 騒動が起きる [十年～] 10年の騒乱 (文化大革命を指す) — 動 動乱する, 大いに乱れた [社会～] 社会が麻のごとく乱れる

*【动脉】dòngmài 图《医》〔条〕動脈

【动漫】dòngmàn 图 アニメと漫画

【动怒】dòng'nù かっと怒る, 激怒する

【动气】dòng'qì 動 (～儿)《方》腹を立てる, 怒る ⑭《普》[生气]

【动人】dòngrén 形 感動的な, 心を揺さぶる [～的故事] 感動的な物語

*【动身】dòng'shēn 動 旅立つ, 出発する

*【动手】dòng'shǒu 動 ① 着手する, 始める ② 手で触れる, さわる ③ 手を出す, なぐる

*【动态】dòngtài 图 動態, 活動状況, 変化の状態

【动弹】dòngtan 動 身動きする, (物が) 動く, 動かす [～不得] 身動きがとれない [～一下胳膊] 腕をちょっと動かす

【动听】dòngtīng 形 聞いてうっとりするような, (音や話が) 興味深い

【动土】dòngtǔ 動 鍬 を入れる, 着工する

【动窝】dòng'wō 動 (～儿) (職場など) 古巣を離れる, 元いた場所を去る ⑭[挪窝]

【动武】dòng'wǔ 動 武力や腕力に訴える, 実力を行使する

【动物】dòngwù 图 動物 [～园] 動物園 [食肉～] 肉食動物

【动向】dòngxiàng 图 動向

【动心】dòng'xīn 動 心が動く, 興味がわく, 欲が出る

【动摇】dòngyáo 動 動揺する (させる), 揺れ動く, 揺さぶる [谁也～不了他的决心] 誰も彼の決心を揺さぶることはできない [～不定] 迷いに迷う

【动议】dòngyì 图〔条〕動議 [通过～] 動議を採択する

【动用】dòngyòng 動 (資金や物資, 人員などを) 使う, 投入する [～公款] 公金を投入する

*【动员】dòngyuán 動 動員する, ある活動に参加するよう呼び掛ける [～他们去献血] 彼らを説いて献血に行かせる

【动辄】dòngzhé 副〔書〕ややもすれば、とかく
【动嘴】dòngzuǐ 動 しゃべる、ものを言う⇨【动口】
*【动作】dòngzuò 名 動作、動き — 動 動く〖十个指头要~〗10本の指がよく動かなければいけない

【冻】(凍) dòng 動 ①凍る、凍結する〖河水还没~〗川はまだ凍っていない ②凍える、冷える〖~一坏身体〗凍えて体をこわす — 名(~儿)煮こごり
【冻疮】dòngchuāng 名 霜焼け〖长~〗霜焼けができる
【冻豆腐】dòngdòufu 名〔块〕凍り豆腐、高野豆腐
*【冻结】dòngjié 動 ①凍る、凍結する ②(転)(人員や資金を)凍結する、変動を禁止する〖人员暂时~〗人事をしばらく凍結する
【冻伤】dòngshāng 名 霜焼け、凍傷 — 動 凍傷にかかる〖我~了〗凍傷になった

【栋】(棟) dòng 量 家屋を数える〖一~房屋〗家屋一棟 ⊗栋木等

【栋梁】dòngliáng 名(転)国家の柱石

【胨】(腖) dòng 名 ペプトン◆'蛋白胨'の略

【侗】 dòng ⊗以下を見よ⇨tóng
【侗族】Dòngzú 名 トン族、カム族◆中国の少数民族の一. 貴州, 湖南, 広西に住む

【洞】 dòng 名 ①(~儿)穴〖挖~〗穴を掘る〖山~〗ほら穴 ②数字のゼロを言うときの代用語
⊗透徹した→〖~见〗
【洞察】dòngchá 動 洞察する、見抜く
【洞彻】dòngchè 動 余すところなく知る、完全に理解する
【洞房】dòngfáng 名 新婚夫婦の部屋〖闹~〗新婚の夜, 夫婦の部屋に押し掛けて, 騒々かしいながら祝う
【洞黑】dònghēi 形 暗い, うす暗い
【洞见】dòngjiàn 動 見抜く, 洞察する
【洞若观火】dòng ruò guān huǒ〈成〉はっきりと把握する、十二分に理解する
【洞天福地】dòng tiān fú dì〈成〉仙人の住むところ;(転)仙境のような名所
【洞悉】dòngxī 動 知り抜く, 知り尽くす
【洞晓】dòngxiǎo 動 通暁する, 知り尽くす
*【洞穴】dòngxué 名 洞穴, 洞窟

【恫】 dòng ⊗恐れる, おびえる⇨tōng
【恫吓】dònghè 動 恫喝する

【胴】 dòng ⊗①胴〖~体〗胴体 ②大腸

【都】 dōu 副 ①みんな, すべて〖他们~来了〗彼らはみんな来た〖他每天~来〗彼は毎日来る ②〖多く'连'と呼応して〗…さえ, …までも〖连我~不知道〗僕でさえ知らない ③すっかり, もう〖~秋天了, 还这么热〗もう秋なのにまだこんなに暑いとは ④〖"~是"の形で〗ほかならぬ…のせいで, …であればこそ〖~是我不懂事, 才惹他生气〗僕が無分別だったばかりに, 彼を怒らせてしまった⇨dū

【兜】 dōu 名(~儿)袋状のもの, ポケット〖网~〗網ぶくろ — 動 ①包み込む, くるむ ②一回りする, 巡る ③請け負う, 引き受ける〖有问题我~着〗問題があれば私が責任を負う ④(客を)引き寄せる ⑤さらけ出す, 手の内を見せる
【兜底】dōudǐ 動(~儿)(方)(秘密を)暴く, 内幕をさらけ出す
【兜兜裤儿】dōudoukùr 名 子供の腹掛けズボン, ロンパース
【兜肚】dōudu 名(子供用の)腹掛け
【兜风】dōufēng 動 ①(帆などが)風をはらむ, 風を捕らえる ②(方)ドライブする, 馬で遠乗りする, 船遊びする
【兜揽】dōulǎn 動 ①(客を)引き付ける, 勧誘する ②(他人のなすべき事を)引き受ける
【兜圈子】dōu quānzi 動(〖绕圈子〗)①ぐるぐる回る, 旋回する ②回りくどく言う, 遠回しに言う
【兜子】dōuzi 名 袋状のもの, ポケット

【蔸】(*兜) dōu〈方〉名 植い茎の部分 — 量 植物の株を数える〖一~白菜〗白菜一株

【篼】 dōu ⊗(竹・籐・柳などで編んだ)かご, バスケット
【篼子(兜子)】dōuzi 名〈方〉(竹のいすを2本の竹に縛りつけ二人でかつぐ山かご

【斗】 dǒu 量(容量単位の)斗と, 10升(10リットル) — 名 1斗ます
⊗(~儿)ます形のもの〖风~〗換気孔〖烟~〗パイプ ②渦状の指紋 ③'北斗星'の略 ④二十八宿の一,'南斗'を指す⇨dòu
【斗车】dǒuchē 名 トロッコ
【斗胆】dǒudǎn 形(謙)〖多く状語として〗大胆な

【斗拱(枓拱)】dǒugǒng/ dòugǒng [名]〖建〗斗組(ますぐみ) ♦中国建築で，柱と梁の接続部からせり出している弓形の木

【斗箕(斗记)】dǒuji [名](円形の) 指紋

【斗笠】dǒulì [名]笠

【斗篷】dǒupeng [名]①マント，ケープ ②《方》笠(かさ) [同]《普》[斗笠]

【斗室】dǒushì [名]《書》きわめて小さい部屋

【抖】dǒu [動]①震える [发～] 身震いする ②振るう，打ち払う〖把地毯～干净〗じゅうたんを払ってきれいにする ③鼓舞する，奮い起こす〖～起精神〗元気を奮い起こす ④〘'～出来'の形で〙暴き出す，さらけ出す ⑤〘'～起来'の形で〙羽振りがよくなる

【抖动】dǒudòng [動]①震える ②揺らす，打ち払う

【抖搂】dǒulou [動]《方》①打ち払う，払い落とす ②〘'～出来''～出去'の形で〙暴く，さらけ出す ③浪費する

【抖擞】dǒusǒu [動]奮い立つ，鼓舞する〖～精神〗元気を奮い起こす

〖蚪〗dǒu ⊗→[蝌～ kēdǒu]

【陡】dǒu [形](傾斜が)急な，険しい
⊗急に [～变] 急変する

【陡壁】dǒubì [名]断崖(だんがい)，絶壁

【陡峻】dǒujùn [形](地形が)高く険しい，そびえるような

【陡立】dǒulì [動](山や建物が) そそり立つ

★【陡峭】dǒuqiào [形](山が) 切り立った，きわめて険しい

【斗(鬥 *鬦 鬭)】dòu [動]①闘争する〖～地主〗地主と闘争する ②勝敗を競う〖～不过他〗彼にはとてもかなわない ③(動物を) 闘わす〖～鸡〗闘鶏をする ④寄せ合わせる，一つにまとめる
⇨dǒu

【斗牌】dòu▼pái [動]マージャンやトランプなどで勝負する

【斗气】dòu▼qì [動]意地になって張り合う

【斗趣儿】dòuqùr [動](面白い言動で)人を笑わせる [同][逗趣儿]

【斗心眼儿】dòu xīnyǎnr [動](相手をいじめるため)あれこれ策をめぐらす

【斗眼】dòuyǎn [名](～儿)寄り目，内斜視

★【斗争】dòuzhēng [動]①闘争する〖跟侵略者～〗侵略者と戦う ②批判し吊し上げる〖～坏分子〗悪者を吊し上げる ③奮闘する，努力する

【斗志】dòuzhì [名]闘志，戦意 [～昂扬] 闘志をみなぎらせる

【斗智】dòu▼zhì [動]知恵で闘う，頭で勝負する

【斗嘴】dòu▼zuǐ [動](～儿) ①口論する，口げんかする ②減らず口をたたく，からかい合う

【豆】dòu [名]①豆科植物 ②(～儿)〔颗〕まめ〖两颗～儿〗豆二粒 ♦'荳'とも書いた
⊗①豆状のもの [土～儿] じゃがいも ②(食物を盛る古代の) たかつき ③(D-)姓

【豆瓣儿酱】dòubànrjiàng [名]大豆や空豆を発酵させて作ったみそ

【豆饼】dòubǐng [名]大豆の油を搾った残りかす ♦肥料や飼料にする

【豆豉】dòuchǐ [名]浜納豆の類(調味料にする)

★★【豆腐】dòufu [名]〔块〕豆腐

【豆腐干】dòufugān [名](～儿)〔块〕豆腐に香料を加えて蒸し，半乾燥させたもの

【豆腐脑儿】dòufunǎor [名]〔碗〕豆乳を煮たあと半固形にしたもの ♦たれをかけて食べる

【豆腐皮】dòufupí [名]湯葉(ゆば)

【豆荚】dòujiá [名]①豆のさや ②さや豆，さやいんげん

【豆浆】dòujiāng [名]豆乳

【豆角儿】dòujiǎor [名]《口》さや豆，さやいんげん

【豆秸】dòujiē [名]豆がら

【豆蔻】dòukòu [名]〖植〗ビャクズク [～年华](13歳ほどの)少女の年頃

【豆绿】dòulǜ [形]〘定語として〙(えんどう豆のような)緑色の [同][豆青]

【豆蓉】dòuróng [名]豆あん ♦緑豆，えんどう豆等をゆでて干し，碾(ひ)いた粉から作る

【豆乳】dòurǔ [名]①豆乳 [同][豆浆] ②《方》[同]《普》[腐乳]

【豆沙】dòushā [名](主に小豆(あずき)の) こしあん [～馅儿] 小豆のあんこ [～包] あんまん

【豆芽儿】dòuyár [名]もやし [同][豆芽菜]

【豆油】dòuyóu [名]大豆油

【豆渣】dòuzhā [名]豆腐かす，おから ♦家畜のえさにする

【豆汁】dòuzhī [名](～儿) ①ハルサメを作ったあとに残る緑豆の汁を発酵させた飲料 ②《方》[同]《普》[豆浆]

【豆子】dòuzi [名]①〔颗〕豆 ②豆状のもの

【逗】dòu [動]①からかう，かまう，あやす ②誘う，招く〖～人发笑〗人を笑わせる ③《方》笑わせる 一 [形]面白い，おかしい〖你这个人真～〗あなたって本当に面白い
⊗留まる

D

【逗哏】dòu'gén 動（漫才で）滑稽なせりふで笑わせる

【逗号】dòuhào 图（句読点の）コンマ(,)〘=[逗点]〙

【逗乐儿】dòu'lèr 動ふざけて人を笑わせる

【逗留(逗遛)】dòuliú 動滞在する、留まる〘在北京～了四天〙北京に4日滞在した

【逗弄】dòunong 動①からかう、ふざける ②誘う〘～他笑起来〙彼を笑わせた

【逗情】dòuqíng 動（男女が互いに）気を引き合う、恋心を誘い合う

【饾(餖)】dòu ⊗〘～饤 dìng〙(書)華麗な字句を連ねる

【痘】dòu 图①天然痘〘=[天花]〙②天然痘や種痘による疱疹 ③痘苗 dòumiáo、種痘のたね〘种～〙種痘する

【痘苗】dòumiáo 图 痘苗〘=[牛痘苗]〙〘接种～〙種痘する

【窦(竇)】dòu ⊗①穴、くぼみ ②(D-)姓

【都】dū 图①みやこ、首都〘=[京]〙②国都 ②都市、都会 ③(D-)姓
⇨dōu

【都会】dūhuì 图大都市、都会

*【都市】dūshì 图大都市、都会

【嘟】dū 動（方）口をとがらす〘～着嘴〙口をとがらしている —图自動車のクラクションや口笛の音の形容

【嘟噜】dūlu 图垂れさがる〘口袋一着〙ポケットが(中味の重さで)垂れさがっている —量〘(口)〙つながって束や房状になったものを数える〘一～钥匙〙一束のかぎ —图(～儿)舌(または口蓋垂)を震わせて出す声、震え音のr音〘打~儿〙巻き舌でルルルと響かせる

【嘟囔】dūnang 動ぶつぶつつぶやく〘嘟嘟囔囔 dūdunāngnāng 地不知道说些什么〙ぶつぶつと何やら言っている

【督】dū ⊗監督する、指揮管理する〘=[监]〙同前

*【督促】dūcù 動督促する〘～他把地扫干净〙しっかり掃除するよう彼にはっぱをかける

【毒】dú 图毒、害毒〘有～〙毒がある〘中～〙中毒する —動毒で殺す、薬殺する 〘形〙悪辣な、ひどい、(日差しが)きつい ⊗'病毒'(ウイルス)の略〘杀～软件〙ウイルス対策ソフト

【毒草】dúcǎo 图〘棵〙毒草 ②(転)有害な言論や作品 ⊗〘香花〙

【毒打】dúdǎ 動こっぴどく殴る〘挨～〙散々殴られる

【毒饵】dú'ěr 图毒入り餌（猫いらずの類）〘撒～〙毒餌をまく

【毒害】dúhài 動(人を)毒で害する、(悪に)染まらせる —图人心への害毒、有害な事物

【毒计】dújì 图〘条〙悪巧み、悪辣な手段

【毒剂】dújì 图毒物、化学兵器

【毒辣】dúlà 形悪辣な、陰険な

*【毒品】dúpǐn 图麻薬(アヘン、ヘロインなど)

【毒气】dúqì 图①有毒ガス ②(化学兵器としての)毒ガス〘=[毒瓦斯]〙〘～弹〙毒ガス弾

【毒杀】dúshā 動毒殺する、一服盛る・人・動物いずれにも用いてもいう

【毒蛇】dúshé 图〘条〙毒蛇〘被～咬了〙毒蛇に咬まれた

【毒手】dúshǒu 图残酷な手段〘下～毒手を下す、殺害する

【毒素】dúsù 图①毒素 ②(転)言論や著作物の有害要因

【毒刑】dúxíng 图残酷な刑罰

【毒药】dúyào 图毒薬

【毒瘾】dúyǐn 图麻薬中毒

【独(獨)】dú 形〘口〙(子供が)みんなと仲よくしない、一人遊びが好きな〘这个孩子很～〙この子は一人遊びが好きだ —副ただ…のみ〘～有他还没来〙彼だけが来ていない ⊗①一つの、一人の ②単独で

【独白】dúbái 图〘演〙独白、モノローグ

*【独裁】dúcái 動独裁する〘=[专政]〙〘～者〙独裁者

【独唱】dúchàng 图独唱〘男中音～〙バリトン独唱

【独创】dúchuàng 图独創〘～性〙独創性

【独当一面】dú dāng yí miàn（成）単独で一部門の責任を負う

【独到】dúdào 形〘定語として〙独特の、独創的な

【独断独行】dúduàn dúxíng（成）独断専行する〘=[独断专行]〙

【独二代】dú'èrdài 图 一人っ子第二世代・一人っ子政策第一世代(1980年代出生)の子供で、2000年以降に生まれた世代

【独根】dúgēn 图(～儿)一人っ子、一家の血筋を受け継ぐただ一人の子供〘=[独苗]〙

【独孤】Dúgū 图姓

【独角戏】dújiǎoxì 图①一人芝居 ②(転)本来数人でするべき仕事を一人ですること〘唱～〙(仕事の上で)一人芝居を演じる ③(江南の)漫才、漫談

【独具只眼】dú jù zhī yǎn（成）抜きん出た見識を持つ、人の見えないものを見てとる〘=[独具双眼]〙〘独具慧

【眼】
【独揽】dúlǎn 动 独占する［～大权］権力を一手に握る
【独力】dúlì 副 独力で,自力で
*【独立】dúlì 动 ① 独立する［宣布～］独立を宣言する［～地生活］自力で生活する ② ［书］一人で…に立つ
【独龙族】Dúlóngzú 名 ドゥルン族 ◆中国少数民族の一,雲南省に住む
【独轮车】dúlúnchē 名［辆］一輪の手押し車 ◆形態と車輪の大きさはさまざま。多く両柄に結んだひもを首に掛けつつ押す
【独木不成林】dúmù bù chéng lín《成》(1本の木では林にならない>)一人では大事を成し遂げられない
【独木难支】dúmù nán zhī《成》(1本の木では傾いた家を支えられない>)一人の力では退勢を挽回できない
【独木桥】dúmùqiáo 名 丸木橋,一本橋
【独幕剧】dúmùjù ［出・场］一幕劇
【独辟蹊径】dú pì xījìng《成》独自の道を切り開く
【独生子】dúshēngzǐ 名 一人息子 ◆一人娘は'独生女',一人っ子は'独生子女'という 働［独子］
【独树一帜】dú shù yí zhì《成》独自に旗を挙げた,(思想・学説などで)一家を成す
*【独特】dútè 形 独特な,特別な［～的民族风格］独特の民族的風格
【独一无二】dú yī wú èr《成》唯一無二の,並ぶもののない
【独占】dúzhàn 动 独占する(働［垄断］)［～爱情］愛情を独り占めする［～鳌头］(競技やコンテストで)首位に輝く
【独自】dúzì 副 一人で,自分だけで［～谋生］自活する
【独奏】dúzòu 动 独奏する［～会］リサイタル

【读(讀)】dú 动 ① 音読する,読み上げる ② 読む,目を通す［～小说］小説を読む［默～］黙読する ③ (学校で)勉学する［～大学］大学で勉強する ◆'句读'(句読)の'读'はdòuと発音
【读破】dúpò 动 通常の読音と違う音で読む ◆'长'をzhǎngで読む類
【读书】dú·shū 动 ① 読書する,本を読む ② 学校で勉強する［你读过书吗?］学校へ行ったことがありますか
【读物】dúwù 名 読み物［儿童～］子供向けの読み物
【读音】dúyīn 名 読音,字音
【读者】dúzhě 名 読者,読み手

【渎(瀆)】dú ⊗ ① けがす［～职］職をけがす

② 水路
【犊(犢)】dú 名(～儿)小牛［初生之～不怕虎］生まれたての牛は虎を恐れない ◆経験不足の青年の蛮勇を例える
【犊子】dúzi 名［头］子牛
【椟(櫝)】dú ⊗ 小箱
【牍(牘)】dú ⊗ 木簡;(転)公文書,書簡［尺～］(书)書簡
【黩(黷)】dú ⊗ ① 汚す ②(书)武力を乱用する［～武］
【髑】dú ⊗ 以下を見よ
【髑髅】dúlóu 名 どくろ,されこうべ 働［骷髅 kūlóu］

【肚】dǔ 名(～儿)働［肚子］⇨dù
【肚子】dǔzi 名 食用となる動物の胃袋［猪～］ブタの胃⇨dùzi

【笃(篤)】dǔ ⊗ ① 真心込めた,篤い［～志于学］篤く学問に志す ②(病気が)重い［危～］(书)危篤な,状態の
【笃厚】dǔhòu 形 誠実で人情に厚い,情義深い
【笃实】dǔshí 形 ① 誠実で真面目な,篤実なる ②(多く学識が)堅実な,信頼するに足る
【笃信】dǔxìn 动 心から信じる［～不疑］深く信じて疑わない
【笃学】dǔxué 形 学問に熱心な,学究的な［～之士］篤学の士

【堵】dǔ 动 ① ふさぐ,さえぎる［把墙上的洞一死了］壁の穴をしっかりふさいだ ②(気が)ふさぐ,鬱屈する［心里～得慌］とてもふさぐ ― 量 塀を数える ⊗ 塀,垣
*【堵车】dǔ·chē 动 交通渋滞になる
*【堵塞】dǔ·sè 动 (穴や通りを) ふさぐ,埋める［交通～］交通渋滞になる)
【堵嘴】dǔ·zuǐ 动 口止めする,口をふさぐ［拿钱堵证人的嘴］金銭で証人の口をふさぐ

【赌(賭)】dǔ 动 賭け事をする［～了一个晚上］一晚中ギャンブルをする［～鬼］ギャンブル狂 ― 名 賭け［打～］賭ける
【赌本】dǔběn 名 賭博の元手
*【赌博】dǔbó 动 賭博をする［买跑马票～］競馬で賭博をする
【赌局】dǔjú 名 賭博場,ばくち場
【赌气】dǔ·qì 动 向かっ腹を立てる,腹立ちまぎれに勝手なことをする［他一～就回家了］彼は向かっ腹を立てて帰ってしまった

【赌钱】dǔ▾qián [動] 金を賭ける，ばくちを打つ
【赌咒】dǔ▾zhòu [動]（神かけて）誓う，誓って…だと言う〖向你～〗神かけて君に誓うよ

【睹（覩）】dǔ ⊗見る［目～］じかに見る

【杜】dù ⊗①ヤマナシ［～树］同前 ②（D-）姓

【—（𣪘）】⊗ふせぐ，阻む［～门］《書》門を閉ざす
【杜鹃】dùjuān [名]①〔只〕ホトトギス [同]［小～］②カッコウ [同]［大～］［布谷］③〔棵〕ツツジ，シャクナゲ，アザレア [同]［映山红］
*【杜绝】dùjué [動] 断ち切る，根絶する
【杜撰】dùzhuàn [動]《貶》いいかげんに作る，でっちあげる [関]［虚构］

【肚】dù [名]（～儿）腹
⊗①腹に似たもの［腿～子］ふくらはぎ ②内心［～量］度量，気前
⇨dǔ
【肚带】dùdài [名]（馬などの）腹帯〖系jì～〗腹帯を締める
【肚皮】dùpí [名]①腹の皮膚 ②《方》腹，腹部
【肚脐】dùqí [名]（～儿）へそ [同]［～眼儿］
**【肚子】dùzi [名] 腹，腹部〖～疼〗腹が痛い
⇨dǔzi

【妒（*妬）】dù ⊗ねたむ，嫉妬する［～恨］嫉妬する［～火］嫉妬の炎
【妒忌】dùjì [動] ねたむ，嫉妬する（[同]［忌妒］）〖很～他〗とても彼に嫉妬する

【度】dù [量]①角度や温度などを表わす〖摄氏一百～〗100℃ ②回数を表わす ♦'一，再，三…'と結びつき主に状語となる〖再～声明〗再び声明いたします〖三～公演〗3回公演する
⊗①[尾] 形容詞のあとにつき度合を表わす名詞を作る［高～］高度［浓～］濃度 ②[尾] 名詞・動詞のあとにつき度合を表わす名詞を作る［坡～］勾配［倾斜～］傾斜度 ③[尾]'年，季，月'のあとにつき時間の段落を表わす［年～］年度 ④長さを計る［～量衡］度量衡 ⑤度量，器量［气～］器量 ⑥思惑，考慮［置之～外］全く気に掛けない ⑦過ごす［～假］休日を過ごす
⇨duó
**【度过】dùguò [動]（時間を）過ごす〖～余生〗余生を送る
【度量】dùliàng [名] 度量，器量〖～大〗度量が大きい — [動] 計測する，計る〖～布的宽度〗布の幅を計る
【度量衡】dùliànghéng [名] 度量衡
【度日】dùrì [動] 日を過ごす ♦多く苦しい日々を送る場合に使う
【度数】dùshu [名]（計器などの）度数，目盛り

【渡】dù [動]①（川や海を）渡る ②（難関を）通り抜ける〖～过难关〗難関を突破する
⊗渡し，渡し場
【渡船】dùchuán [名]〔只・条〕渡し船，フェリーボート [関]［摆渡］
【渡口】dùkǒu [名] 渡し場，渡船場
【渡轮】dùlún [名]〔只・条〕フェリーボート，連絡船

【镀（鍍）】dù [動] めっきする〖～银〗銀をめっきする［电～］電気めっき（する）
【镀金】dù▾jīn [動]①金めっきする ②《転》箔を付ける〖把留学当～〗留学を箔付けの手段と考える
【镀锡铁】dùxītiě [名] ブリキ [同]［马口铁］[関]［洋铁］
【镀锌铁】dùxīntiě [名] トタン板 [同]［铅铁］［白铁］[関]［洋铁］

【蠹（*蠧蝕蠹）】dù ⊗①衣類・木材・紙などを食う虫，シミ［～虫］同前［书～］（本を食う）シミ［～鱼］（衣類の）シミ（[同]［衣鱼］）②虫が食う→［户枢shū不～］

【端】duān [動] 両手で平らに持つ，持ち運ぶ〖～饭上菜〗食事を運ぶ
⊗①端(はし)，端緒［开～］始まり ②（問題とすべき）点，事柄 ③わけ，理由［无～］わけもなく ④きちんとした，乱れのない［～正］端正な ⑤（D-）姓
【端丽】duānlì [形] 上品で美しい
【端量】duānliang [動] しげしげと見る [同]［端详］
【端木】Duānmù [名] 姓
【端倪】duānní [名]《書》糸口，手掛かり〖略有～〗ほぼ見当がついた
*【端午（端五）节】Duānwǔjié [名] 端午(たんご)の節句（陰暦5月5日）[同]［端午］
【端详】duānxiáng [名] 詳しい事情，委細 [同]［详情］— [形] ゆったり落ち着いた，落ち着いて威厳のある
—— duānxiang [動] 仔細に見る，しげしげ眺める
【端绪】duānxù [名] 糸口，手掛かり〖毫无～〗まったく手掛かりがない
【端砚】Duānyàn [名] 端溪(たんけい)すずり ♦広東省高要県端溪地方産の名硯
*【端正】duānzhèng [形]①均整のとれた，きちんとした ②（品行が）正しい，礼儀正しい — [動]（態度・心構えを）正しくする，引き締める〖～工作作风〗仕事振りをきちんとさせる
【端坐】duānzuò [動] 端坐(たんざ)する

【短】duǎn 形 短い ⇔［长］ 一 動《方》不足する，欠ける 〖只一个人〗一人だけ足りない 〖～你三块钱〗君に3元借りがある ⊗ 欠点，短所〖揭～(儿)〗(人の)欠点をあばく

【短兵相接】duǎn bīng xiāng jiē《成》白兵戦をやる，火花を散らして対立する

【短波】duǎnbō 名 短波 〖～广播〗短波放送

【短不了】duǎnbuliǎo ① 欠かせない，なくてはすまない ⇔［少不了］② 免れない，避けられない ⇔［免不了］

【短处】duǎnchù 名 短所，欠点 (⇔［缺点］⇔［长处］)〖弥补～〗短所を補う

*【短促】duǎncù 形 (時間が)ごく短い，切迫した〖～的一生〗短い一生

【短笛】duǎndí 名《音》〔支·管〕ピッコロ

【短工】duǎngōng 名 臨時雇い，季節労働者 (⇔［长工］)〖打～〗臨時雇いで働く

【短见】duǎnjiàn 名 ① 短慮，浅はかな考え ② 自殺〖寻 xún～〗自殺する

【短路】duǎnlù 動 ①《電》ショートする ②《方》追いはぎを働く

【短跑】duǎnpǎo 名 短距離競争(をする) (⇔［长跑］)〖～运动员〗スプリンター

【短评】duǎnpíng 名〔篇〕短評

【短气】duǎnqì 動 自信をなくす，弱気になる

【短缺】duǎnquē〔ふつう目的語なしで〕不足する，乏しくなる (⇔［缺乏］)〖大米～〗米不足

【短视】duǎnshì 形 (⇔［近视］) ① 近視の〖眼有些～〗ちょっと近視な ② 近視眼的な，目先に捕らわれた

【短途】duǎntú 形〔定語として〕近距離の，ほど近い (⇔［长途］)〖～运输〗近距離輸送

【短线】duǎnxiàn 形〔定語として〕① 供給不足の，需要に応じきれない (⇔［长线］)〖～产品〗需要に追いつかぬ製品 ② 短期型の

【短项】duǎnxiàng 名 不得意な分野，種目

【短小精悍】duǎnxiǎo jīnghàn《成》小柄で精悍な，(文章が)簡潔で力強い

*【短信】duǎnxìn 名 ①〔封〕短い手紙 ②〔条〕(携帯電話の) メール (⇔［短信息］)〖发～〗メールを送る

【短暂】duǎnzàn 形 (時間が)短い，短期間の，暫時の

【段】duàn 量 長いものの一区切り，段落〖一～话〗発言中の1節〖一～时间〗一定の時間，いっとき
⊗ (D-)姓

【段落】duànluò 名 段落，区切り〖告一～〗一段落する

【缎(緞)】duàn (缎子)，サテン (→［～子］)〖绸～〗絹織物

【缎子】duànzi 名 どんす，サテン

【锻(鍛)】duàn 動 鍛える，鍛造する〖～铁〗鉄を鍛える

【锻锤】duànchuí 名 鍛造ハンマー

【锻工】duàngōng 名 ① 鍛造加工の仕事 ② 鍛造工，鍛冶工

*【锻炼】duànliàn 動 (身体や精神を)鍛える

【锻造】duànzào 動 鍛造する

【断(斷)】duàn 動 ① 折れる，切れる〖骨头～了〗骨が折れた ② 断絶する〖～水〗断水する〖～了退路〗退路を断たれた〖断交〗絶交する ③ (習慣などを)断つ，やめる〖～酒〗酒を断つ
⊗ ① 判断する，決定する ② 断じて〖～不可信〗決して信じてはいけない

【断案】duàn'àn 動 案件に裁決を下す〖断哪个案？〗どの案件を処理するのか
—— duàn'àn 名 (三段論法の) 結論

【断编残简】duàn biān cán jiǎn《成》残欠のある書物や文章 ⇔［断简残编］〖残篇断简〗

【断层】duàncéng 名 断層

【断肠】duàncháng 形《書》胸が張り裂けるような

【断炊】duàn'chuī 動 食うに事欠く，顎が干上がる

【断代】duàndài 動 時代区分する〖～史〗王朝史，特定の時代の歴史

*【断定】duàndìng 動 断定する，結論を下す〖我能～这是赝品〗私にはこれがにせものだと断定できる

【断断续续】duànduànxùxù 形〔定語·状語として〕断続的な，途切れ途切れの

【断根】duàn'gēn 動 (～儿) ① 根絶する，完全に除去する ② 子孫が絶える，跡継ぎがいなくなる

【断简残编】duàn jiǎn cán biān《成》⇔［断编残简］

【断绝】duànjué 動 断絶する，途切れる〖～联系〗連絡を絶つ

【断粮】duàn'liáng 動 食糧が尽きる，食糧の供給が途絶える

【断奶】duàn'nǎi 動 ① 乳離れする，離乳する ② 母乳が出なくなる

【断气】duàn'qì 動 息が絶える，死ぬ

【断然】duànrán 形〔定語·状語として〕断固たる，きっぱりとした〖～的

措施〗断固たる措置〖~反对〗断固として反対する —〖主に否定詞の前で〗絶対に、断じて〖~不能接受〗絶対に受け入れられない
【断送】duànsòng 動（命を）失う，（前途などを）ふいにする
【断头台】duàntóutái 图 断头台，ギロチン〖押上~〗断头台に上がる
【断弦】duàn′xián 動 妻を亡くす(®〖续弦〗)〖~再续〗妻に先立たれて再婚する
【断线】duàn′xiàn 動 糸が切れる；（転）（事柄が）中断する、途絶える
【断线风筝】duàn xiàn fēngzheng〈成〉糸の切れた凧で ♦行ったきり戻らぬ人や物を例える
【断言】duànyán 動 断言する、言い切る
【断语】duànyǔ 图 結論、断定〖下~〗断定を下す
【断章取义】duàn zhāng qǔ yì〈成〉文章や発言の一部を切り取って利用する（文意を歪曲する）、断章取義
【断子绝孙】duàn zǐ jué sūn〈成〉〔多く罵語として〕子孫が絶える、あとつぎなし

【簖】（籪）duàn Ⓧ〖梁と「鱼~」〗同前

【堆】duī 動 積む〖~成山〗山のように積み上げる —量（~儿）積み上げたもの、山（®~子）〖故纸~〗反故の山 —量ひと山、ひと群れ〖一~垃圾〗ごみの山 Ⓧ小山
【堆叠】duīdié 動（一枚一枚）積み重ねる、積み上げる（®〖堆垒〗）
【堆肥】duīféi 图 堆肥⇨
*【堆积】duījī 動 積み上がる、堆積する〖~如山〗山積みする〖~平原〗冲積平原
【堆砌】duīqì 動（れんがなどを）積み重ねる〖~词藻〗ごてごてと華麗な字句を連ねる
【堆笑】duī′xiào 動 笑顔をつくる〖满脸~〗満面に笑みを浮かべる
【堆栈】duīzhàn 图 倉庫、貯蔵所

【队】（隊）duì 图 ❶ 隊、チーム〖我们国家的~〗我が国のチーム —量 隊列をなす人馬を数える Ⓧ① 行列〖排~〗列を作って並ぶ ② 少年先鋒隊、ピオニール
*【队伍】duìwu 图 ❶〔支〕隊列、行列〖排army整齐的~〗整然たる隊列をなす ❷（転）（一般社会の）組織された集団〖文艺~〗文学芸術界の隊列

【对】（對）duì 動 ❶ 対応す
る、対処する、対抗する〖严格~他吧〗彼に厳しく対して下さい〖~着干〗張り合う、対抗する ② …に向ける、向かい合わす〖背~着墙〗背中は壁に向けている ③ 適合する〖~胃口〗口に合う ④（2つのものを）突き合わせる〖和原文~一~〗原文と照合する ⑤ 合わせる、調整する〖~表〗時計を合わせる ⑥（液体などを）混ぜる（〖兑〗とも書く）〖~水〗水で薄める —形 ❶ 合っている、正しい(®〖错〗)〖你说得~〗君の言う通りです ② 正常な〖味道不~〗味がおかしい —介 …に対して、…について、…にとって〖~他说〗彼に言う〖~身体好〗体に良い —量（~儿）一対◌〖一~夫妻〗ひと組の夫婦 Ⓧ① 答える ② 相対する〖~岸〗対岸 ③ 対句〖~联〗対聯⇨
【对白】duìbái 图〈演〉対話、ダイアローグ
【对半】duìbàn 图（~儿）① 半分、折半〖~分〗半分ずつ分ける ② 倍〖~利〗元金と同額のもうけ
*【对比】duìbǐ 動 対比する、引き比べる —图 比率〖男女人数的~〗男女の人数の比率
【对不起】duìbuqǐ 動 申し訳が立たない、顔向けできない；〈挨〉ごめんなさい（®〖对不住〗）(®〖对得起〗)
【对策】duìcè 图 対策〖采取~〗策を講じる
*【对称】duìchèn 形 対称的な〖十分~〗とてもシンメトリカルだ
【对冲基金】duìchōng jījīn 图《経》ヘッジファンド
【对答】duìdá 動〖目的語なしで〕（問いに）答える(®〖回答〗)〖~如流〗すらすらとよどみなく答える
*【对待】duìdài 動（人や事柄について）対応する、取り扱う〖认真~工作〗まじめに仕事に対応する
【对得起】duìdeqǐ 動 申し訳が立つ、顔向けできる (®〖对得住〗) (®〖对不起〗)
【对等】duìděng 形〔定語・状語として〕対等の
【对调】duìdiào 動（互いに）交換する、入れ替わる〖~工作〗仕事を交換する
*【对方】duìfāng 图 相手方 (®〖对方〗)〖~付款电话〗コレクトコール
*【对付】duìfu 動（主に厄介なものに）対処する、うまく処理する〖~荒年〗凶作に対処する ② 間に合わせる、我慢する〖~着穿吧〗間に合わせで（それを）着ておきなさい
【对歌】duìgē 图（男女の口頭で歌う）問答形式の歌、歌垣
【对光】duì′guāng 動 カメラなどのピント（絞り）を合わせる、光線を調節する
【对过儿】duìguòr 图（道などを隔てた）向い側
【对号】duì′hào 動 番号を合わせる

[~入座] 指定の席に座る(こと)
—— duìhào 图 (~儿) チェック符号 (✓、○など)

【对话】 duìhuà 图 (小説などの)対話 — 動 対話する〖直接跟他们~〗直接彼らと対話する〖进行~〗対話をする

【对换】 duìhuàn 動 互いに取り替える

【对角线】 duìjiǎoxiàn 图 対角線

【对接】 duìjiē 動〖航〗ドッキングする

【对劲】 duì'jìn 動 (~儿) ①心にかなう、気に入る〖对我的劲儿〗私の気持ち)にぴったりだ〖不~〗しっくりこない ②意気投合する〖他们俩谈得很~〗あの二人は話のうまが合うようだ

【对局】 duìjú 動 (碁・将棋などで)対局する〖跟他~〗彼と対局する

【对抗】 duìkàng 動 ①対抗する〖~赛〗対抗試合 ②抵抗する、反対する〖~改革〗改革に抵抗する

【对口】 duìkǒu 形 ①〔定語として〕掛け合いで書かれた中国語または文◆〖~相声〗掛け合い漫才〖~山歌〗掛け合い歌 ②(業務などが)適合した、ぴったりの〖工作不~〗仕事が(自分の専門と)合わない

【对立】 duìlì 動 対立する〖闹~〗対立を引き起こす

【对联】 duìlián 图 (~儿)〔副〕対偶法で書かれた一対の語句または文◆旧正月の'春联'、追悼の'挽wǎn联'などもある

【对流】 duìliú 動 (熱などの)対流

【对路】 duìlù 形 ①要求に合った ②心にかなった

【对门】 duì'mén 動 (~儿) (家の門が道を挟んで)向かい合う
—— duìmén 图 向かいの一軒、向こう側の家

【对面】 duìmiàn 图 (~儿) 向かい側、正面
—— duì'miàn 動 (~儿)〖多く状語として〗面と向かう、顔を突き合わせる〖对着面儿说话〗顔を突き合わせて話す

【对牛弹琴】 duì niú tán qín《成》(牛に琴を弾いて聞かせる>)馬の耳に念仏

【对偶】 duì'ǒu 图〖語〗対偶(法)、対句

【对手】 duìshǒu 图 ①(試合の)相手 ②強敵、力が拮抗する相手〖我远不是你的~〗とても君にはかなわないよ〖好~〗好敵手

【对台戏】 duìtáixì 图 二つの劇団が、向こうを張って同時に芝居を上演すること〖唱~〗張り合う、対抗する

【对头】 duìtóu 形〖多く否定文に用い〗①正しい、適切な ②正常な、まともな〖神色不~〗顔色が悪い ③息が合う、伸がよい

—— duìtou 图 ①かたき〖死~〗仇敵 ②対戦相手

【对外贸易】 duìwài màoyì 图 対外貿易〖~顺差〗貿易黒字

【对象】 duìxiàng 图 ①対象〖批评的~〗批判の対象 ②恋愛や結婚の相手、恋人〖找~〗恋人探しをする

【对消】 duìxiāo 動 相殺する

【对眼】 duì'yǎn 動 (~儿) ①目にかなう、気に入る〖对上眼儿了〗気に入った ②寄り目をする、内斜視になる
—— duìyǎn 图 (~儿) 寄り目、内斜視

【对应】 duìyìng 動 対応する〖彼此~的概念〗対応し合う概念〖~词〗(他言語の)同義の単語

【对于】 duìyú 介 …に対して、…について〖~数学的兴趣〗数学に対する興味

【对仗】 duìzhàng 图 (古典詩文の)韻律

【对照】 duìzhào 動 対照する、突き合わせる〖~原文进行修改〗原文と対照しながら手直しをする —— 图 対比、コントラスト

【对折】 duìzhé 图 半値、5 割引き〖打~出售〗半値で売り出す

【对着干】 duìzhegàn 動 (相手と同じ領域で)張り合う

【对证】 duìzhèng 動 (事実を対照して)確かめる、照合する

【对症下药】 duì zhèng xià yào《成》病症に応じて投薬する、状況に応じて適切な措置を講じる

【对峙】 duìzhì 動 対峙する、(静かに)向かい合う〖南北~着〗南北に対峙する

【对子】 duìzi 图 ①対句、対聯〖对~〗対句を作る ②対、ペア

【怼】(懟) duì ⊗ 恨み〖怨~〗〖书〗의前

【兑】(兌) duì 動 (他国の貨幣に)換える、両替する、(小切手などを)換金する〖~一点钱〗少し両替する〖把支票~成现款〗小切手を現金に換える ⊗ 八卦の一、☱

【兑换】 duìhuàn 動 兑换dùihuànする〖把日元~成人民币〗日本円を人民元に換える

【兑现】 duìxiàn 動 ①(小切手・証券類を)現金に換える ②〖転〗(約束を)実行する、現実化する

【碓】 duì 图 唐白笑〖~房〗米つき小屋

【吨】(噸) dūn 圈 (重量単位の)トン

【吨位】 dūnwèi 图 (船舶の)容積トン数〖~税〗トン税

【惇】 dūn ⊗ 誠実な

【敦】dūn ⊗① 心からの、ねんごろな ② (D-) 姓 ◆古代の球形の器の意での働きが違う

【敦促】dūncù 動 (ねんごろに) 促す〖~他也发言〗彼にも発言するよう促す

【敦厚】dūnhòu 形 誠実な、篤実な

【敦睦】dūnmù 動〔書〕親密にする、友好を促進する〖~邦交〗国交を親密化する

【敦请】dūnqǐng 動〔書〕懇請する、手厚く招く

【墩】dūn 量 植物の叢分や株を数える〖三~猫脸花〗三色スミレ3株
⊗① 土盛り、小山 ② (~儿) ずんぐりした台状のもの、台座、礎石、(木の) 株など〖桥~〗橋脚(をのせる) 井筒〖门~〗門の(歪みを防ぐ) 土石

【墩子】dūnzi 名 ずんぐりした台状のもの、台座、礎石、(木の) 株など⑨〔方〕〖不子 dǔnzi〗〖菜~〗厚く輪切りにした木のまな板

【蹲】dūn ⊗① しゃがむ、うずくまる〖~在火边〗しゃがんで火にあたる ② 留まる、滞在する〖~监狱〗監獄暮らしをする◆「(足を) くじく」の意の方言では cún と発音

【蹲班】dūn'bān 動 留年する、原級に留まる

【蹲膘】dūn'biāo 動 (~儿) ①〔家畜を太らせる ②〔貶〕(人が) ぬくぬく肥え太る

【蹲点】dūn'diǎn 動 幹部が一定期間農村や工場に滞在し、現場の仕事に従事しながら研究調査を行う

【蹲窝】dūn'wō 動 (~儿) ①〔鳥獣が〕巣にこもる; (転) (人が) 家に引きこもる

【盹】dǔn ⊗ 居眠り、うたた寝〖打~儿〗居眠りする

【趸】(躉) dǔn ⊗① 大量に、卸しで〖~卖〗卸売りする ② 大量に買い入れる〖~货〗商品をまとめて仕入れる〖打~儿〗まとめて

【趸船】dǔnchuán 名〔岸に固定した〕浮栈橋用の平底船

【趸批】dǔnpī 形〔多く状語として〕〔売買について〕大口の、大量の、卸売りの〖~买进〗大量に買い入れる

【沌】dùn ⊗→〖混 hùn~〗◆湖北の地名"沌口""沌阳"では zhuàn と発音

【炖】(燉) dùn 動 ①〔肉などを〕とろ火でぐつぐつ煮る ②〔酒などに〕燗をする

【钝】(鈍) dùn 形 ①〔切れ味が〕鈍い、なまくら(⊗[快])〖那把菜刀太~了〗あの包丁は切れ味が悪い
⊗ のろま、鈍感な〖迟~〗反応や頭の働きが鈍い

【顿】(頓) dùn 動 ①一息つく、間をとる〖書道で〕ちょっと筆を止める ②〔足を〕地面にとんとつける〖~脚〗地団太を踏む 一 量 食事・叱責・忠告などの回数を数える〖三~饭〗3度の食事
⊗① 整える〖整~〗整頓する ② 疲れる〖劳~〗疲労する ③ ぬかずく〖~首〗同前 ④ たちまち、にわかに〖~然〗突然、にわかに〖~开茅塞〗忽然と目からうろこが落ちる ⑤ (D-) 姓 ◆古代匈奴族の王の名"冒顿"は Mòdú と発音

【顿挫】dùncuò 動〔語調・音律などが〕停頓し曲折する〖抑扬~〗抑揚に富みめりはりがある

【顿号】dùnhào 名 標点符号の一(、) ◆文中で主に名詞の並列関係を示す

＊【顿时】dùnshí 副 直ちに、たちまち

【顿足】dùn'zú 動 ①地団太を踏む(⑨〖踩脚〗)〖~捶胸〗地団太踏み胸打ちたたいて悔しがる(悲しむ) ②足を止める

【盾】dùn 名 盾(⑨〖~牌〗)〖矛~〗矛盾 一 量 ① ギルダー (オランダ通貨) ② ルピア (インドネシア通貨)

【遁】(* 遯) dùn ⊗ 逃げる〖逃~〗逃亡する〖~世〗〔書〕隠遁する

【遁词】dùncí 名 逃げ口上

【多】duō 形 ① 多い、たくさんの(⊗[少])〖很~的人〗たくさんの人◆"多人""多的人"とは言えない ② (その形容詞のもつ意味の程度が) 甚だしい〖好~了〗ずっとよくなった 一 動 増える、超す〖~了一个人〗一人多すぎた 一 数 端数を示す〖两年~〗2年余り〖十~年〗10数年 一 副 ① 程度や数を尋ねる〖你~大岁数?〗あなた幾つですか〖~远?〗どれほどの距離ですか ②〔感嘆文で〕なんと〖~不简单〗なんて大したもんだ ③ どんなに(…でも)〖不管~忙〗いかに忙しくても…
⊗① 余計な →〖~嘴〗 ② 2以上を表わす〖~年生〗多年生の ③ (D-) 姓

【多半】duōbàn 数 (~儿) 大半、大部分〖这儿的留学生~是日本人〗ここの留学生は大半が日本人だ 一 副 多分、大抵〖他~不会来了〗彼は恐らくもう来そうにない

【多边】duōbiān 形 多面的な、多国間の〖~形〗多角形〖~贸易〗多国間貿易

【多才多艺】duō cái duō yì《成》多芸多才の

【多长时间】duō cháng shíjiān 代 どれほどの時間

【多愁善感】duō chóu shàn gǎn《成》多感な、感傷的な

【多此一举】duō cǐ yì jǔ《成》余計なことをする

【多多益善】duō duō yì shàn《成》多ければ多いほどよい

【多寡】duōguǎ 图 数量の大小、多少

【多国公司】duōguó gōngsī 图 多国籍企業 ⇨【跨国公司】

【多会儿】duōhuìr/duōhuǐr 代《口》いつ、いつか

【多久】duō jiǔ 代 どれほどの時間

【多口相声】duōkǒu xiàngsheng 图 数人で演じる漫才

*【多亏】duōkuī 動 おかげを蒙る、恩義を受ける〚~你打来电话〛君が電話をくれたおかげで助かりました

【多么】duōme 副 ①〔感嘆文で〕なんと、どんなにか〚~快呀〛なんて速いんだろう ②どんなに(…でも)〚不管~冷〛いかに寒くても… ③〔程度を尋ねて〕どれくらい〚~长?〛長さはどれくらいか ◆②③はふつう '多' を使う

【多米诺骨牌】duōmǐnuò gǔpái 图 ドミノ〚~效应〛ドミノ現象

【多媒体】duōméitǐ 图 マルチメディア

【多面手】duōmiànshǒu 图 多才な人

【多面体】duōmiàntǐ 图 多面体

【多幕剧】duōmùjù 图 2幕以上ある劇 ⇨【独幕剧】

【多年生】duōniánshēng 形〔定語として〕多年生の(植物)⇨【一年生】

【多情】duōqíng 形 多情な、恋多きな〚自作~〛愛されていると一人合点する

*【多少】duōshao 代 ①どれくらい、いくつ〚~钱?〛いくらですか ②〔不定の量を表わして〕どれだけか〚要~给~〛ほしいだけあげよう—— duōshǎo 图 数の大小・多い少ないかの程度を表わす〚不论~〛多少にかかわらず… —— 副 多少とも、幾分か〚~有点冷了〛幾分か寒くなった

【多神教】duōshénjiào 图 多神教 ⇨【一神教】

【多事】duōshì 形 事件の多い、多事の〚~的一年〛多事多難の年—— duōˈshì 動 余計なことをする、おせっかいをやく

【多数】duōshù 形〔多く定語として〕多数の(⇨【少数】)〚~(的)人〛多数の人〚~表决〛多数決

【多谢】duōxiè 動〈挨〉感謝する、ありがとう〚~您指教〛ご教示ありがとうございます

【多心】duōˈxīn 動 気を回す、いらぬ事を考える〚你多哪儿子心啊?〛なにを余計な気を回しているんだ

【多疑】duōyí 形 疑い深い

【多义词】duōyìcí 图《語》多義語

*【多余】duōyú 形 余分な、余計な —— 動 余分が出る

【多元】duōyuán 形〔定語として〕多様な、多元化した〚~化〛多元化する

【多咱】duōzan 代《方》いつ、いつか ⇨《普》【什么时候】

【多种多样】duō zhǒng duō yàng《成》多種多様な

【多嘴】duōˈzuǐ 動 余計な事を言う、口出しをする

哆 duō ⊗ 以下を見よ

*【哆嗦】duōsuo/duōsuō 動 (寒さ・怒りで)ぶるぶる震える〚打~〛ぶるぶる震える〚冻得直~〛寒さにぶるぶる震える

咄 duō ⊗ 以下を見よ

【咄咄】duōduō 厭《書》驚きいぶかる声、また、恐ろしげな音などを表わす〚~怪事〛さてもおかしなことよ〚~逼人〛すごい剣幕で迫る

掇(*裰) duō ⊗ 拾う[拾~]きちんと片付ける[~弄]修理する ♦呉方言では「両手で運ぶ」の意で単用

裰 duō ⊗ ほころびを繕う[补~]同前

夺(奪) duó 動 ① 奪う、ひったくる〚把枪~过来〛銃を奪い取る〚~权〛権力を奪う ② 勝ち取る〚~丰收〛豊作を勝ち取る ⊗ ① 決定する[定~]決裁する ②(文字が)脱落する[讹~]《書》誤脱する

【夺标】duóˈbiāo 動 ① 優勝を勝ち取る ②(入札で)落札する

【夺冠】duóˈguàn 動 優勝する、第一位になる

【夺目】duómù 形(華やかで)目を奪うような

【夺取】duóqǔ 動 ① 戦い取る、奪取する ②(努力して)勝ち取る〚~胜利〛勝利を勝ち取る

度 duó ⊗ 推測する、見当をつける[忖~]推し測る ⇨dù

踱 duó 動 ゆっくり歩く[~来~去]ゆっくりと行ったり来たりする

铎(鐸) duó ⊗ 大きな鈴

朵

【朵】(*朶) duǒ 量 花や雲を数える 〖一~花〗一輪の花 ×(D-) 姓

【垛】(*垜) duǒ × 以下を見よ ⇨duò

【垛口】duǒkǒu 名 城壁上部の凹凸型の壁 即[垛垛]

【垛子】duǒzi 名 控壁、城壁や塀の柱状に厚くなっている部分〖门~〗門枠左右の柱状部分

【躲】(躱) duǒ 動 隠れる、避ける〖~车〗車をよける

【躲避】duǒbì 動 隠れる、(人を)避ける、回避する〖她故意~我〗彼女はことさら僕を避ける

★【躲藏】duǒcáng 動 身を隠す、隠れる

【躲闪】duǒshǎn 動 素早く避ける、さっと身をかわす〖~不及〗身をかわす間もない

【躲债】duǒ'zhài 動 借金取りを避ける

【驮】(駄) duò × 荷駄〖~子〗同前 ⇨tuó

【剁】(剁) duò 動 (刃物を振り下ろして)切る、切断する〖~肉〗肉をぶつ切りにする

【垛】(*垜) duò 動 きちんと積み上げる、山積みする〖~稻草〗わらを山積みする 一 量 山積みされたものを数える〖~砖〗ひと山のれんが ×積み重ねた山〖麦~〗ムギわらの山 ⇨duǒ

【跺】(*跥) duò 動 強く足踏する〖~脚〗地団太踏む

【舵】(*柁) duò 名 舵〖把~(掌~)〗舵を取る

【舵轮】duòlún 名 (船の)舵輪、(自動車の)ハンドル

【舵手】duòshǒu 名 舵手、舵取り;(転)指導者、リーダー

【堕】(墮) duò 動 落ちる(⇔落)[掉]〖~在地上〗地面に落ちる

★【堕落】duòluò 動 堕落する、退廃する

【堕胎】duò'tāi 動 堕胎する 即[打胎][人工流产]

【惰】 duò 動 怠惰な、ものぐさな

【惰性】duòxìng 名 ①【理】慣性 ②怠け心

E

【e化】e huà 動 電子化する

【ECFA】名 両岸経済協力枠組協議 ◆両岸とは、中国本土と台湾のこと 即[海峡 xiá 两岸经济合作框 kuàng 架协议]

【阿】 ē × ①こびる、おもねる〖~附〗(書)こびへつらう ②山の隅 ③地名用字 ◆例えば山東省東阿県 ④(E) 姓 ⇨ā

【阿弥陀佛】Ēmítuófó 名 阿弥陀仏、ナムアミダブツ(唱え言葉)

【阿谀】ēyú 動 こびへつらう〖~有权势的人〗権力者におもねる

【婀】 ē × 以下を見よ

【婀娜】ēnuó 形(書)(女性の物腰が)しなやかな

【屙】 ē 動(方)大小便をする

【痾】 ē × 病

【讹】(訛) é 動 ゆする〖~去 2000 元〗2000 元をゆすり取る

【 — 】(譌) é × 誤り、間違った〖~外〗(書)(文字などの)間違い

【讹传】échuán 名 誤ったうわさ

【讹谬】émiù 名 誤り、間違い

【讹脱】étuō 動 (文字が)間違ったり脱落したりする〖~了几个字〗何字か誤脱がある 一 名 (文字の)誤りや脱落

【讹误】éwù 名 (文字・記載の)誤り

【讹诈】ézhà 動 (人を)ゆする、恐喝する〖~珠宝〗宝石をゆすり取る

【囮】 é 名 〖~子〗おとり(の鳥)

【俄】 é × ①にわかに〖~而〗(書)やがて、にわかに ②(É) ロシア〖~国〗同前〖~语〗ロシア語 即[~罗斯联邦] ロシア連邦

【俄罗斯族】Éluósīzú 名 ロシア族、中国少数民族の一、主に新疆に住む

【俄顷】éqǐng 副(書)ほどなく、やがて

【哦】 é × 詩歌を小声で歌う ⇨ó, ò

【娥】 é × ①美しい ②美女

【娥眉】(蛾眉)éméi 名 ①弓なりの美しい眉 ②美女

【峨】 é × 高い〖巍 wēi ~〗高くそびえる

【鹅】(鵝 *鵞) é 名 〖只〗ガチョウ

【鹅黄】éhuáng 形《多く定語として》淡黄色の
【鹅卵石】éluǎnshí 名〔块〕丸石,玉砂利
【鹅毛】émáo 名 ガチョウの羽毛;(転)羽毛のように軽いもの

【蛾】é ⊗蛾が→〔~子〕

【蛾眉(蛾眉)】éméi 名 ① 弓なりの美しい眉 ② 美女
【蛾子】ézi 名〔只〕蛾

【额(額)】é ⊗① ひたい→〔~头〕②(書画などの)額 ③(規定の)数,額
【额角】éjiǎo 名 こめかみ 同〔太阳穴〕
【额头】étou/étóu 名 ひたい 同〔脑门子〕
*【额外】éwài 形《定語・狀語として》規定外の,割増しの 〖~照顾〗特別に配慮する

【恶(噁*惡)】ě ⊗以下を見よ
⇨ è, wù
*【恶心】ěxīn 動 ① 吐き気がする,むかつく ②(吐き気がするくらい)嫌う

【厄(阨)】è ⊗要害の地〖~险~〗門前

【厄(戹)】⊗災難,苦しみ〖~运〗不運
【厄尔尼诺现象】è'ěrnínuò xiànxiàng 名 エルニーニョ現象

【扼(*搤)】è ⊗ぐっとつかむ,しっかり握る
【扼杀】èshā 動 締め殺す,息の根をとめる 〖~新生事物〗新生の事物をひねりつぶす
【扼要】èyào 形(文章の発言が)要領を得た
【扼制】èzhì 動 抑制する
【扼住】èzhù 動 ぐっとつかむ

【呃】è ⊗驚きや相手への提示を表す
【呃逆】ènì 動 げっぷが出る ◆ふつう'打嗝儿'という

【轭(軛)】è ⊗くびき

【垩(堊)】è ⊗白亜〖白~〗同前

【恶(惡)】è 形(道徳的に)悪い,凶悪な,乱暴な 〖~得很〗とてもあくどい〖~骂〗ひどくののしる ⊗悪事
⇨ ě, wù
【恶霸】èbà 名 悪辣な地方ボス
【恶毒】èdú 形 あくどい,悪辣な
【恶棍】ègùn 名 悪党,ごろつき
【恶狠狠】èhěnhěn 形(~的)毒々しい,凶悪な 〖~地骂了一顿〗憎々しげに毒づいた
*【恶化】èhuà 動 悪化する,悪化させる 〖~了双方的关系〗双方の関係を悪化させた
【恶疾】èjí 名 悪疾,直りにくい病気
*【恶劣】èliè 形 劣悪な,悪質な
【恶魔】èmó 名 悪魔,邪鬼;(転)悪人
【恶人】èrén 名 悪人
【恶习】èxí 名 悪癖,悪習
【恶性】èxìng 形 邪悪な本性 一 形《定語・狀語として》《場》悪性の,悪質な 〖~循环〗悪循環
【恶意】èyì 名 悪意 反〖善意〗
【恶作剧】èzuòjù 名《場》悪ふざけ,いたずら〖搞~〗悪ふざけをする

【饿(餓)】è 形 ひもじい,腹がへった 反〖饱〗一 動 腹をすかせる〖~着肚子〗おなかをすかせる

【鄂】È ⊗① 湖北省の別称 ② 姓
【鄂伦春族】Èlúnchūnzú 名 オロチョン族 ◆中国少数民族の一.黒竜江省と内蒙古に住む
【鄂温克族】Èwēnkèzú 名 エヴェンキ族 ◆中国少数民族の一.主に黒竜江省に住む

【愕】è ⊗驚く
【愕然】èrán 形(書)愕然とした

【萼】è ⊗花のがく〖花~〗同前

【腭】è ⊗口蓋(ふつう'上腭'という)〖软~〗軟口蓋

【锷(鍔)】è ⊗刀剣の刃

【颚(顎)】è ⊗①(ある種の昆虫の)顎,あご〖上~〗うわあご ②'腭'と同じ

【鳄(鱷)】è ⊗以下を見よ
【鳄鱼】èyú 名〔只〕ワニ〖~眼泪〗悪人のにせの情け

【遏】è ⊗とめる,さえぎる,抑える
【遏止】èzhǐ 動 抑える,阻止する
*【遏制】èzhì 動 抑止する

【噩】è ⊗恐ろしげな〖~梦〗悪夢
【噩耗】èhào 名(親しい人や敬愛する人の)訃報

【欸(*誒)】ē/ēi 嘆(呼び掛けの)おい,ねえ
⇨ ǎi, é, ě, è

【欸(*誒)】é/éi 嘆(いぶかって)おや,あれ
⇨ ǎi, ē, ě, è

【欸(*誒)】ě/ěi 嘆(不同意の気分で)いや
⇨ ǎi, ē, é, è

【欸(*誒)】è/èi 嘆(同意したり返事をして)ええ,はい

【恩】ēn ⊗①恩 ②(Ē-)姓
【恩爱】ēn'ài 形〔夫婦の仲が〕むつまじい〔～夫妻〕おしどり夫婦
【恩赐】ēncì 動たまわる, 恵む ◆しばしばマイナス義を帯びる〖谁要你来～〗誰が恵んでくれと頼んだか
【恩惠】ēnhuì 名恩恵
【恩将仇报】ēn jiāng chóu bào〈成〉恩を仇で返す
【恩情】ēnqíng 名恩, なさけ
【恩人】ēnrén 名恩人
*【恩怨】ēnyuàn 名①人から受けた恩と恨み ②恨み

【摁】èn 動〔手や指で〕押す〖～电铃〗ボタンを押す
【摁扣儿】ènkòur 名スナップ, ホック 同〖子母扣儿〗

【儿(兒)】ér 名(親族名称としての)子 ◆親と息子・娘の間で使う〖我的～啊〗息子よ(娘よ)
⊗①息子(→)〖～子〗〖一～一女〗一男一女 ②子供〖幼～〗幼児
③若者〖健～〗健児 ④雄 ——r 名前の音と融合して'儿化'する(前の音節の-nと-iは落ち, -ngは鼻母音化する)①小さいものであることを示す〖小猫～〗子猫〖鱼～〗小魚 ②本来の意味を変える〔頭〕起点, 終点〖信～〗消息 ③動詞・形容詞を名詞化する〖画～〗絵〖盖～〗ふた〖明～〗明かり ④ごく少数の動詞の要素となる〖玩～〗遊ぶ〖火～〗かっとなる
【儿歌】érgē 名童謡
【儿化】érhuà 動〖語〗儿化する ◆接尾辞の'儿'が前の音節と融合し, 文法的にさまざまな働きをする
【儿马】érmǎ 名〔口〕雄の馬 同〖公马〗
【儿女】érnǚ 名①子女 ②男女
【儿孙】érsūn 名①子と孫 ②子孫
*【儿童节】Értóng Jié 名国際児童日(6月1日)
【儿媳妇】érxífu 名(～儿)息子の嫁
【儿戏】érxì 名児戯, 下らない事
*【儿子】érzi 名息子 同〖女儿〗

【而】ér 接 単語(主に形容詞か動詞)や連語・文をつなぐ
①並列関係を表わす〖真实～感人〗真実にして感動的な ②相反する関係を表わす〖艳～不俗〗派手だが俗っぽくない ③さらに一歩進めた関係を表わす〖取～代之〗とって代わる
④原因・目的を示す語句を動詞につなぐ〖为胜利～奋斗〗勝利のために奮闘する ⑤仮定を表わす〖理论～不与实践相结合…〗理論がもし実践と結びつかないなら…

⇨ǎi, ē, é, ě
【而后】érhòu 接〔前の文を受けて〕そのあと, それから
【而况】érkuàng 接ましてや
【而立之年】ér lì zhī nián〈成〉30歳(の年)
【而且】érqiě 接①並列関係を表わす〖柔软～光滑〗柔らかくてすべすべている ②('不但''不仅'などと呼応して)さらに一歩進んだ事態を示す〖不但宽敞, ～明亮〗(部屋が)広いうえに明るい
*【而已】éryǐ 助〔文末に用いて〕…にすぎない, …のみ〖我不过说说～〗ちょっと言ってみただけだ

【尔(爾)】ěr ⊗①なんじ(汝) ②かくのごとし〖そ(其)の, あ(彼)の ③~のみである, …にすぎない ⑤形容詞の接尾辞〖莞～而笑〗にっこり笑う
【尔后】ěrhòu〈書〉接そのあと, それから
【尔虞我诈】ěr yú wǒ zhà〈成〉互いにだましあう

【迩(邇)】ěr ⊗近い〖～来〗〈書〉近ごろ

【耳】ěr ⊗①耳〖～朵〗同耳 ②耳状のもの〖木～〗クラゲ〖～房〗'正房'の左右に付いている室 ③…にすぎない
【耳背】ěrbèi 形耳が遠い
【耳边风】ěrbiānfēng 名馬耳東風 同〖耳旁风〗〖当～〗どこ吹く風と聞き流す
【耳垂】ěrchuí〔対〕耳たぶ
【耳聪目明】ěr cōng mù míng 形①(年取っても)耳も目もしっかりしている ②耳ざとく事情に通じている
*【耳朵】ěrduo 名〔対〕耳〖一只～〗片方の耳〖～垂〗耳たぶ
【耳朵软】ěrduo ruǎn 形〈貶〉すぐ受ける, 信じやすい
【耳朵眼儿】ěrduoyǎnr 名耳の穴, (ピアス用にあけた)耳たぶの穴
【耳垢】ěrgòu 名耳あか
【耳光】ěrguāng 名〔记〕横面 同〖耳光子〗;(転)びんた〖打～〗平手打ちをくらわす
*【耳环】ěrhuán 名〔副・対〕イヤリング, 耳輪
【耳机】ěrjī 名①〔副〕(両耳に当てる)イヤホーン ②受話器 同〖听筒〗
【耳孔】ěrkǒng 名耳の穴
【耳麦】ěrmài 名ヘッドセット
【耳鸣】ěrmíng 動耳鳴りがする
【耳目】ěrmù 名①見聞きすること, 見聞〖一～新〗見るもの聞くものすべて新鮮だ ②〈貶〉通報者, 密告者
【耳濡目染】ěr rú mù rǎn〈成〉いつも見聞きすることに自然に影響されること
【耳软心活】ěr ruǎn xīn huó〈成〉定見なく他人の意見に左右されやす

いこと
【耳塞】ěrsāi [名] ①(片耳の)イヤホーン ②耳せん
【耳生】ěrshēng [形] 耳なれない [反][耳熟]
【耳屎】ěrshǐ [名]《口》耳あか
【耳熟】ěrshú [形] 耳なれた, 聞きなれた [反][耳生]
【耳提面命】ěr tí miàn mìng《成》じかに厳しく丁寧に教える
【耳挖子】ěrwāzi [名] 耳かき [同][耳勺儿]
【耳闻】ěrwén [動] 耳にする [～不如目见]《成》百聞は一見にしかず
【耳语】ěryǔ [動] 耳打ち話をする, ささやく〖私下～〗そっと耳打ちする
【耳坠子】ěrzhuìzi [名](垂れ下りのついた)耳飾り [同][耳坠儿]
【耳子】ěrzi [名] 器物の耳, 取っ手
〖饵(餌)〗ěr [⊗]①米粉や小麦粉などで作った食品 [果～]《書》お菓子 ②魚釣りのえさ [鱼～] 同前 ③(利益をえさに)誘う
〖洱〗Ěr [⊗][～海] 雲南にある湖の名
【二】èr [数] 2([同][两])〖一加一等于～〗1プラス1は2 [第～] 第2 [～月] 2月
[⊗]①第2の, 劣った ②異なる, 別の [不～法门] 唯一無二の方法 [～话] 別の意見 [毫无～致] まったく違いがない
【二把刀】èrbǎdāo [名]《方》①生かじり ②未熟者
【二百五】èrbǎiwǔ [名] ①《口》間抜け, あほう ②《方》生半可な知識しかない人 [同][半瓶醋]
【二道贩子】èr dào fànzi [名](転売で儲ける)ブローカー
【二噁英】èr'èyīng [名]〖化〗ダイオキシン
【二房东】èrfángdōng [名] 又貸し家主 [関][房东]
【二副】èrfù [名] 二等航海士
【二锅头】èrguōtóu [名] コウリャンを原料とした北京特産の'白酒' ♦2度目の蒸留液からとる比較的純度の高い酒で, アルコール分は60-70%
【二胡】èrhú [名]〖音〗〔把〕2弦の胡弓(こきゅう)([同][南胡])〖拉～〗'二胡'を演奏する
【二郎腿】èrlángtuǐ [名] 足を組んで座る姿勢〖跷起～〗足を組む
【二流】èrliú [形]〔定語として〕二流の
【二流子】èrliúzi [名] のらくら者, 与太者
【二门】èrmén [名](大きな屋敷の)'大门'の内側にある門
【二拇指】èrmǔzhǐ [名] 人差し指 [同][食指] [関][大拇指]
【二奶】èrnǎi [名] お妾さん
【二十八宿】èrshíbā xiù [名]〖天〗古代中国で, 天空の星を東西南北各7組, 計28組に分け, 二十八宿と称した
【二十四节气】èrshísì jiéqì [名] 陰暦の季節区分の二十四気 ♦立春・雨水・啓蟄・春分・清明・穀雨・立夏・小満・芒種・夏至・小暑・大暑・立秋・処暑・白露・秋分・寒露・霜降・立冬・小雪・大雪・冬至・小寒・大寒をいう
【二十四史】èrshísì shǐ [名] 中国の正史とされる史記, 漢書から元史・明史に至る24の史書
【二十五史】èrshíwǔ shǐ [名]'二十四史'に新元史を加えたもの
【二手】èrshǒu [名]〔定語として〕中古の [～房] 中古住宅
【二手烟】èrshǒuyān [名] 副流煙
【二心】èrxīn [名] ふたごころ, 心の迷い [怀有～] ふたごころを抱く
【二氧化】èryǎnghuà [名]〖化〗二酸化 [～硫] 二酸化硫黄
*【二氧化碳】èryǎnghuàtàn [名] 炭酸ガス
【二元论】èryuánlùn [名]〖哲〗二元論
【二战】Èrzhàn [名]'第二次世界大战'の略称
〖贰(貳)〗èr [数]'二'の大字
[⊗]変節した
【贰臣】èrchén [名]《書》二君に仕える臣

F

【发(發)】 fā 動 ① 送り出す, 引き渡す, 交付する(⊗[收])[[~货]]出荷する[[~他一份工资]]彼に1回分の給料を渡す ② 発する, まき散らす[[~臭]]臭気をまき散らす ③(感情を)あらわにする, 表に出す[[~脾气]]かんしゃくを起こす ④ 発表する, 表明する[[~命令]]命令を出す ⑤ 発射する[[~炮]]大砲を撃つ ⑥ 生じる, 発生する[[~芽]]芽が出る ⑦(発酵したり水にもどしたりして)大きく膨れる[[~海蜇]]クラゲを戻す ⑧《形容詞を客語にとり》…の状態になる, …の感じがする[[~黄]]黄色くなる[[~霉]]しびれる[[~胖]]太る ─ 量 銃弾, 砲弾を数える[[一~子弹]]1発の弾
⊗ ① ひらく, 暴く[揭~]暴露する ② 拡大する, ふえる ③ 行動を開始する
⇨fà

【发榜】 fā'bǎng 動 合格者の氏名を発表する

＊【发表】 fābiǎo 動 発表する, 公表する

【发病】 fā'bìng 動 発病する

＊【发布】 fābù 動 (命令・指示・重要ニュースなどを)公布する, 発表する

【发财】 fācái 動 財を成す, 金持ちになる[发了一笔财]大金をもうける[[发国难财]](戦争などの)国難に乗じて巨利を得る

【发车】 fā'chē ① 発車する ② 車を差し向ける

＊【发愁】 fā'chóu 動 愁える, 気に病む(⊗[犯愁])

【发出】 fāchū 動 ① (命令・通知などを)発表する, 出す ② (音・においなどを)発する ③ (文書などを)発送する, 送り出す

【发憷】 fāchù 動 〈方〉おじける, あがる

＊【发达】 fādá 形 発達した[[交通~]]交通が発達している[[~国家]]先進国 ─ 動 発達する, 発展させる[[~贸易]]貿易を振興させる

【发呆】 fā'dāi 動 ほんやりする, ぼかんとなる

【发电】 fā'diàn 動 ① 発電する[[~站]]発電所[[~机]]発電機 ② 電報を打つ[[~祝贺]]電報で祝う

＊【发动】 fādòng 動 ① 始める, 起こす[[~攻击]]攻撃を仕掛ける ② 行動を呼び掛ける[[~农民养猪]]豚を飼うよう農民に働きかける ③ (機械を)動かす[[~汽车]]車を動かす

【发动机】 fādòngjī 名 〔台〕モーター, エンジン

【发抖】 fādǒu 動 (寒さや恐怖で)震える

【发端】 fāduān 〈書〉名 発端, 始まり ─ 動『'~于'の形で』…に端を発する

【发放】 fāfàng 動 (資金や物資を)発給する, 放出する

【发奋】 fāfèn 動 やる気を出す, 奮起する ⇨[发愤]

【发愤】 fāfèn 発奮する[[~图强]]大いに意気込んで富強をはかる

【发疯】 fā'fēng 動 ① 気が狂う, 狂気する ② (転)常軌を逸する

【发福】 fā'fú 〈婉〉福々しくなる, 太る ♦ 主に中年以上の人に対していう

【发稿】 fā'gǎo 動 原稿を送る, 出稿する ♦ 通信社から新聞社へ, また編集部から印刷所へ

【发给】 fāgěi 動 発給する[[~护照]]パスポートを発給する

【发光】 fā'guāng 動 ① 発光する, 光を放つ[[~体]]発光体[[二极管]]LED ② 光沢をもつ, つやつやする

【发汗】 fā'hàn 動 (薬などで)発汗させる, 汗を出す(⊗[出汗])[[~药]]発汗剤

【发号施令】 fā hào shī lìng 《成》あれこれ指図(号令)する

【发狠】 fā'hěn 動 ① きっぱり決心する ② かっとなる, 怒る

【发花】 fā'huā 動 (目が)かすむ

【发话器】 fāhuàqì 名 (電話の)送話器 ⊗[话筒] ⇨[受话器]

【发还】 fāhuán 動 (下位の者へ)返す, 差し戻す[[~作业]](生徒などに)宿題を返す

【发慌】 fā'huāng あわてる, うろたえる

＊【发挥】 fāhuī 動 ① (能力・特長を)発揮する, 機能させる[[~积极性]]積極性を発揮する ② 自分の考え(感情)を十分に表明する

【发昏】 fā'hūn 動 ① 頭がぼうっとする, 目まいがする ② 〈転〉分別を失う, 正気の沙汰でなくなる

＊【发火】 fā'huǒ 動 ① 発火する, 燃え出す ② (~儿)怒る, 癇癪を起こす

【发急】 fā'jí 動 いらだつ, 焦る

【发迹】 fā'jì 動 出世する

【发家】 fā'jiā 動 家を興す, 家を富ます

【发酵(醱酵)】 fā'jiào 動 発酵する

＊【发觉】 fājué 動 気が付く, 発見する

＊【发掘】 fājué 動 発掘する, 掘り起こす[[~人才]]人材を発掘する

【发刊词】 fākāncí 名 発刊の辞

【发狂】 fā'kuáng 動 発狂する, 気がふれる

【发牢骚】 fā láosao/fā láosāo 動 ぶ

つぶつ文句を言う,不満を並べる
【发愣】fā lèng 動（口）ぼんやりする,ぽかんとする
【发亮】fāliàng 動 明るくなる,光る,ぴかぴかになる〚东方～了〛東の空が明るくなってきた
【发令】fā lìng 動 命令を下す,号令を掛ける
【发令枪】fālìngqiāng 图（競技の）スタート合図のピストル〚放～〛スタートの号砲を撃つ
【发毛】fā'máo 動 ①（口）びくびくする,おびえる ②（方）怒る,かっとなる
【发霉】fā'méi 動 かびが生える
【发面】fā'miàn 動 小麦粉を発酵させる
── fāmiàn 発酵した小麦粉
*【发明】fāmíng 動 発明する ─ 图 発明(されたものや方法)〚这是个新～〛これは新発明だ
【发腻】fānì 動（人や食物に）うんざりする,嫌気がさす
【发怒】fā'nù 動 怒る,かっとなる
【发排】fāpái 動 原稿を（編集から）植字に回す
【发脾气】fā píqi 動 癇癪{かんしゃく}を起こす,人にあたる
*【发票】fāpiào 图〔张〕領収書,レシート(⑩[收据])〚开～〛領収書を書く
【发起】fāqǐ 動 ①発起する,主唱する〚～成立一个小组〛グループの結成を提唱する〚～国〛主催国 ②（事を）起こす,始める〚～反攻〛反撃を開始する
【发情】fāqíng 動 発情する,盛りがつく
【发球】fā'qiú 動〔体〕サーブする〚～得分〛サービスエース
【发热】fārè 動 ①熱を発する〚发光～〛光と熱を発する ②かっかとする〚头脑～〛頭に血が上る ③（方）[发烧]
【发人深省（发人深醒）】fā rén shēn xǐng（成）人を深く考えさせる,深い内省を誘う ⑩[发人深思]
【发轫】fārèn 動（書）①止め木をはずして車を前進させる ②（転）新事業に着手する,新たな局面が始まる
【发丧】fā'sāng 動 ①家人の死亡を告げる,喪を発する ②葬儀を執り行う
*【发烧】fā'shāo 動（体温に関して）熱が出る(⑩[退烧])〚发高烧〛高熱を出す
*【发射】fāshè 動 発射する〚～人造卫星〛人工衛星を打ち上げる
【发身】fāshēn 動（思春期になり）身体が大人びる
*【发生】fāshēng 動（ある事態が）生じる〚～新的情况〛新しい事態が起

こる
【发誓】fā'shì 動 誓う〚向老天爷～〛神かけて誓う〚～要完成任务〛任務の達成を誓う
【发售】fāshòu 動 発売する,売り出す
【发水】fā'shuǐ 動 大水が出る,水害が起こる
【发送】fāsòng 動（無線信号を）発信する,（文書や貨物を）発送する
── fāsong 葬儀を行う ♦主に野辺の送りや埋葬をいう
【发酸】fāsuān 動 ①（食物が）酸っぱくなる ②（涙を催して）じんとなる,つんとくる ③（疲れなどで）けだるくなる,力が入らなくなる
【发条】fātiáo 图〔根〕ばね,スプリング〚上～〛ぜんまいを巻く
【发问】fāwèn 動〔客語なしで〕（口頭で）質問する,問い掛ける
*【发现】fāxiàn 動 発見する,気が付く
【发祥地】fāxiángdì 图 発祥の地
【发笑】fāxiào 動 笑う,吹き出す
【发泄】fāxiè 動（感情を）発散させる,はき出す〚～不满〛不満をぶちまける
【发薪】fā'xīn 動 給料を払う（が出る）〚～日〛給料日
*【发行】fāxíng 動（書籍・新貨幣などを）発行する
【发芽】fāyá 動 発芽する
【发言】fā'yán 動 発言する〚～人〛スポークスマン
── fāyán 图（会議での）発言,発表
*【发炎】fā'yán 動 炎症を起こす
【发扬】fāyáng 動 ①（優れた考え・態度・伝統などを）盛んにする,発展高揚させる〚～民族文化〛民族文化を発展させる ②発揮する,作用を起こさせる
【发音】fā'yīn 動 発音する
── fāyīn 图 発音,発せられた音
【发育】fāyù 動 発育する〚促进～〛発育を促進する
【发源】fāyuán 動（川の）源流が始まる,源を発する〚～地〛発源地
【发愿】fā'yuàn 動 願をかける ⑩[许愿]
【发晕】fā'yūn 動 目まいがする,気が遠くなる
*【发展】fāzhǎn 動 発展する(させる)〚～生产〛生産を拡大する〚～中国家〛発展途上国
【发作】fāzuò 動 ①（病気などが）突発的に起こる,（薬や酒などが）効いてくる ②癇癪{かんしゃく}を起こす,怒り狂う

乏 fá 图 ①疲れた,くたびれた(⑩[累])〚走～了〛歩き疲れた ②（方）力の抜けた,役に

立たない [~话] ろくでもない言葉 ⊗不足する, 乏しい
【乏味】fáwèi 形 味気ない, 面白味がない

【伐】fá 動 伐る, 伐採する [~树] 木を伐る
⊗攻める [讨] 討伐する

【垡】fá ⊗ [~子] (方) 掘り出した土の塊

【阀】(閥) fá 名 (訳) バルブ, 弁 (普通は'活门'という) 🈴 [~门]
⊗閥 [军~] 軍閥

【筏】fá いかだ [木~] (木材を組んだ) いかだ

【筏子】fázi 名 [只] いかだ [羊皮~] 羊の皮のいかだ

【罚】(罰*罸) fá 動 罰する ⊛ [赏]
[~他喝两杯酒] 彼に罰として2杯飲ませる [~他一百块钱] 彼から100元罰金をとる

【罚不当罪】fá bù dāng zuì 〈成〉 (罪と罰が釣り合わない〉不当な罰を科される

*【罚款】fá'kuǎn 動 罰金を科する [违者~二十元] 違反者には20元の罰金を科す
── fákuǎn 名 [笔] 罰金

【罚球】fá'qiú 名 [体] ペナルティー (キックやシュート) を科す

【法】fǎ 名 ①[条] 法, 法律 [合~] 合法である ②(~儿) 方法, 手段 ③ (電気容量の単位) ファラド 🈴 [法拉]
⊗①規準, 手本 ②仏教の道理 ③法術 ④ (F-) フランス [~语] フランス語 ⑤ (F-) 姓

【法案】fǎ'àn 名 法案 [通过~] 法案を可决する

【法办】fǎbàn 動 法によって裁く

【法币】fǎbì 名 法幣 ♦1935年以降国民党政権下の紙幣

【法典】fǎdiǎn 名 法典, 法規集

【法定】fǎdìng 形 [定語として] 法定の [~人数] 定足数 [~继承人] 法定相続人

【法官】fǎguān 名 司法官, 裁判官

【法规】fǎguī 名 法規 [交通~] 交通法規

【法国】Fǎguó 名 フランス [~法郎] フランスフラン [~梧桐] スズカケノキ, プラタナス

【法家】Fǎjiā 名 法家 ♦儒教を批判して法治を唱えた中国古代の思想流派の一

【法兰绒】fǎlánróng 名 フランネル

【法郎】fǎláng 名 (貨幣単位の) フラン [瑞士~] スイスフラン

【法令】fǎlìng 名 [条・项] 法令

*【法律】fǎlǜ 名 [条・项] 法律 [制定~] 法律を制定する [~咨询] 法律相談

【法盲】fǎmáng 名 法律に無知な人

【法权】fǎquán 名 法的権利 [治外~] 治外法権

*【法人】fǎrén 名 法人 🈴 (自然人) [~税] 法人税

【法帖】fǎtiè 名 法帖 ♦鑑賞用・手本用の有名書家の拓本や印本

【法庭】fǎtíng 名 [座] 法廷

【法网】fǎwǎng 名 緻密な法律制度 [落入~] 法の網に引っ掛かる

【法西斯】fǎxīsī 名 (訳) ファシスト, ファッショ [~主义] ファシズム

【法学】fǎxué 名 法学

【法医】fǎyī 名 法医, 監察医 [~学] 法医学

【法院】fǎyuàn 名 裁判所 [向~控告] 裁判所に訴える

【法则】fǎzé 名 [条・项・个] 法規, 法則 [自然~] 自然法則

【法治】fǎzhì 名 法治, 法律による統治 ⊛ [人治] [~国家] 法治国家

【法制】fǎzhì 名 法制, 法律と制度

【法子】fǎzi (fázi とも発音) 名 方法, やり方 [想~] 方法を考える, なんとかして

【砝】fǎ ⊗ [~码 mǎ] (はかりの) 分銅, 重り

【发】(髮) fà ⊗ 頭髪, 髪の毛 [头~ fa] 同前 [理~] 理髪する
⇒ fā

【发夹】fàjiā 名 ヘアピン

【发蜡】fàlà 名 ポマード

【发刷】fàshuā 名 ヘアブラシ

【发网】fàwǎng 名 ヘアネット [用~罩头发] ヘアネットで髪を包む

【发型】fàxíng 名 髪型, ヘアスタイル 🈴 [发式]

【珐】(琺) fà ⊗ 以下を見よ

【珐琅】fàláng 名 エナメル, ほうろう [~质] (歯の) ほうろう質

【帆】fān 名 帆 [扬~] 帆をあげる

【帆板运动】fānbǎn yùndòng 名 ウインドサーフィン, ボードセイリング

【帆布】fānbù 名 帆布, ズック [~鞋] ズック靴

【帆船】fānchuán 名 [只] 帆船, ヨット, ジャンク

【番】fān 量 ①'一番'のみで用い, 景色や味わいなどの種類をいう [另有一~风味] ひと味違った味わいがある ②比較的時間や労力が掛かる行為の回数に使う [思考一~] じっくり考える ③動詞'翻'の後にでつ倍増を示す [翻了两~] 4倍になった ④繰り返される回数 [三~五次] 何度も
⊗外国, 異民族 ♦'蕃'とも

【番茄】fānqié 名 トマト (🈴 [西红

【番薯】fānshǔ 图(方)サツマイモ 働(普)[甘薯][红薯][白薯]

【幡】fān ✕ 細長い旗

【藩】fān ✕ ①垣根 ②諸侯の国

【翻】fān 動①引っ繰り返る,反転する『船～了』船が引っ繰り返った ②(物を捜して)引っ繰り返す『～箱子』箱をかき回す『～书』ページをめくる ③(前言,既決事項などを)覆す,翻絞する ④乗り越える『～山』山を越える ⑤翻訳する,通訳する『把中文～成日语』中国語を日本語に訳す ⑥倍増する『～一番』倍になる ⑦(態度が)突然冷たくなる『闹～了』関係が悪くなった

【翻案】fān'àn 動 原判決を覆す,従来の決定や評価を逆転する

【翻白眼】fān báiyǎn 動(～儿)(不満・怒り・重体のときなど)白目をむく

【翻版】fānbǎn 图 複製版,リプリント;(转)焼き直し,引き写し

【翻车】fānʹchē 動①車両が転覆する ②(转)(仕事が)頓挫する,失敗する ③(方)口論する,言い争う

【翻斗车】fāndǒuchē 图[辆]ダンプカー

【翻飞】fānfēi 動①(蝶や鳥が)ひらひら飛ぶ ②(リボンなどが)ひらひらなびく,風に舞う

【翻覆】fānfù 動①転覆する ②ごろごろ寝返りを打つ,輾転反側する

【翻跟头】fān gēntou 動 とんぼ返りを打つ,宙返りする 働[翻筋斗 jīn-dǒu]

【翻供】fānʹgòng 動 供述を覆す,自供を翻す

【翻滚】fāngǔn 動①(波が)逆巻く,うねる,(湯が)たぎる ②転げ回る

【翻悔】fānhuǐ 動(前言,約束を)後悔して取り消す

【翻检】fānjiǎn 動(書類などを)引っ繰り返して調べる

【翻江倒海】fān jiāng dǎo hǎi(成)怒濤の勢いに,天地を呑まんばかりの 働[倒海翻江]

【翻旧账】fān jiùzhàng 動 過ぎた事(けんかや不仲)を蒸し返す 働[翻老账]

【翻来覆去】fān lái fù qù(成)①度度寝返りを打つ ②何度も繰り返す『～地说』口を酸っぱくして言う

【翻脸】fānʹliǎn 動 急によそよそしくなる,そむく『～不认人』親しかった人に突然冷たくなる

【翻领】fānlǐng 图(～儿)折り襟

【翻然(幡然)】fānrán 副(心を変えるとき)たちまちのうちに,きっぱりと,翻然 はんと

【翻砂】fānshā 图 鋳造,鋳物の作り 働 鋳造場

【翻身】fānʹshēn 動①(横臥の状態で)体の向きを変える,寝返りを打つ ②抑圧から解放されて立ち上がる『～农奴』解放された農奴 ③苦境から脱する,後進状態を脱却する

【翻腾】fānténg 動①(波が)逆巻く,たぎる ②(人が)空中回転する —— fānteng ①(心が)千々に乱れる ②(上下左右に)引っかき回す,引っ繰り返す

【翻天覆地】fān tiān fù dì(成)天地を引っ繰り返す(働[天翻地覆])『～的变化』世の中が引っ繰り返るほどの大きな変化

【翻新】fānxīn 動①(衣服などを)縫い直して新しくする,作り直す ②一新する,新機軸を出す

【翻修】fānxiū 動(家屋,道路などを)全面修復する,元通りに再建する

*【翻译】fānyì 動 翻訳する,通訳する —— 图 翻訳者,通訳

【翻印】fānyìn 動 翻刻する,復刻する『～本』復刻版

【翻阅】fānyuè 動(本や書類に)目を通す,ざっと調べる『～资料』資料に目を通す

【翻云覆雨】fān yún fù yǔ(成)①人の心の当てにならないこと ②巧みに手段を弄すること

【凡(*凢)】fán 图 中国民族音楽の音階符号の一 ✕①すべて,およそ『～事开头难』万事初めが難しい ②平凡な,ありきたりの ③現世,俗世 ④要略,概要

【凡例】fánlì 图 凡例

【凡人】fánrén 图①(書)(偉人に対し)凡人,普通の人 ②(仙人に対し)俗世間の人

*【凡是】fánshì 副(多く'都'と呼応して)すべて,およそ(…なものはみな)『～你不要的,我都要』君がいらないものはすべてもらいたい

【凡士林】fánshìlín 图(訳)ワセリン

【凡庸】fányōng 形(人間について)平平凡凡な,凡庸な

【矾(礬)】fán 图[化]明礬

【烦(煩)】fán 動①煩わす,手数を掛ける『～您办一件事』お手数ですが頼まれて下さいませんか ②しゃくしゃくさせる『真～人！』全くいやになる — 形 ①いらいらする,むしゃくしゃする ②あきあきする(働[腻])『听～了』(くどくて)聞きあきた ③やたら繁雑な

【烦劳】fánláo 動 お手を煩わす,面倒を掛ける『～您带几本书给他』

すみませんが, あの人に本を何冊か届けてくれませんか

【烦闷】fánmèn 形 気が晴れない, くさくさする 〖~地喝酒〗鬱々と酒を飲む

【烦恼】fánnǎo 形 いらいらした, 腹立たしい 〖为小事~〗小さなことでいらいら(くよくよ)する

【烦腻】fánnì 形 うんざりする, あきあきする 働〖腻烦 nìfan〗

【烦扰】fánrǎo ① うるさがらせる, 妨げる(働〖搅扰〗)〖别去~他了〗彼の邪魔をしないように ② 邪魔されていらだつ

【烦冗(繁冗)】fánrǒng 形 ① 煩雑, 煩わしい ② (話や文章が) 冗漫な

【烦碎(繁碎)】fánsuì 形 こまごました, 煩瑣な

【烦琐(繁琐)】fánsuǒ 形 (話や文章が) くだくだしい, 煩瑣な 〖~哲学〗スコラ哲学

【烦躁】fánzào 形 (事がうまく運ばず)いらただしい, 落ち着かない

【樊】fán ⊗ ① まがき, 垣根 〖~篱〗越えがたい垣根 〖~笼〗(比喩としての)鳥篭 ② (F-) 姓

【蕃】fán ⊗ 茂る 〖~息〗(書) 繁殖する

【繁】(*緐) fán 形 込み入っている, 複雑な ⊗ (生物を) 繁殖させる ♦姓は Pó と発音

【繁多】fánduō 形 種々の, 雑多な
【繁复】fánfù 形 多くて複雑な
*【繁华】fánhuá 形 (市街地が) にぎやかな 〖~的城市〗繁華な都市
*【繁忙】fánmáng 形 多忙な, 気忙しい
【繁茂】fánmào 形 (草木が) 繁茂している, よく繁った
【繁难(烦难)】fánnán 形 厄介な, 骨の折れる
*【繁荣】fánróng 動 繁栄させる, 盛んにする 〖~经济〗経済を繁栄させる ― 形 盛んな, 繁栄している
【繁盛】fánshèng 形 ① (草木が) よく繁った ② 富み栄えた, 繁華な
*【繁体字】fántǐzì 名 繁体字, 旧漢字 働〖简体字〗
【繁文缛节】fán wén rù jié 〈成〉煩わしい儀礼, 煩雑な慣習 働〖繁文缛礼〗
【繁嚣】fánxiāo 形 騒がしい, (雑多な物音が)うるさい
【繁衍(蕃衍)】fányǎn 動 次第に増える
【繁育】fányù 動 繁殖させる 〖~良种〗優良品種を繁殖させる
【繁杂(烦杂)】fánzá 形 煩雑な, 多岐にわたる ⊗〖简易〗

【繁征博引】fán zhēng bó yǐn 〈成〉博引旁証
*【繁殖】fánzhí 動 繁殖する, 繁殖させる 〖~鱼苗〗稚魚を繁殖させる
【繁重】fánzhòng 形 (仕事や任務が)負担の大きい, 骨が折れる

【反】fǎn 動 背く 〖他~了〗彼は謀反を起こした ― 形 反対の, 逆の ⊗〖正〗〖穿~了〗逆に着た ― 副 かえって ⊗① 反対する, 反抗する ② 引っ繰り返す, 転ずる ③ 反動派, 反革命

【反比】fǎnbǐ 名 ⊗〖正比〗① 反比例の関係 〖成~〗反比例をなす ②〖数〗'反比例'の略
【反比例】fǎnbǐlì 名〖数〗反比例 ⊗〖正比例〗
*【反驳】fǎnbó 動 反駁する, 論駁する(働〖批驳〗)〖~他的意见〗彼の意見に反論する
【反常】fǎncháng 形 異常な, 異例の ⊗〖正常〗
【反冲力】fǎnchōnglì 名 (銃などの)反動力, はね返り, 反動の衝撃
【反刍】fǎnchú 動 反芻する(普通は'倒嚼 dǎojiào'という) 〖~动物〗反芻動物
【反倒】fǎndào 副 かえって, 反対に 働〖反而〗
【反动】fǎndòng 形 反動的な 〖~派〗反動派 ― 名 反動, (受けた圧力に)相反する動き
*【反对】fǎnduì 動 反対する 〖~官僚主义〗官僚主義に反対する
*【反而】fǎn'ér 副 逆に, かえって 働〖反倒〗
*【反复】fǎnfù 動 ① 何度も繰り返す, 反復する ② 前言を翻す, (考えが)変わる 〖决不~〗決して考えを変えません 〖无常~〗くるくる変わる ― 形〖多く状語として〗何度も, 繰り返される 〖~修改〗何度も直す
*【反感】fǎngǎn 名 反感 〖抱有~〗反感を抱く 一 形 不満な, 不愉快な 〖对他的态度很~〗彼の態度を不愉快に思う
【反革命】fǎngémìng 名 反革命 ― 反革命分子
【反攻】fǎngōng 動 反攻する, 反撃に出る 〖向敌人~〗敵に反撃を加える
【反躬自问】fǎn gōng zì wèn 〈成〉我が身を振り返る 働〖抚躬自问〗
【反光】fǎn'guāng 動 光を反射する 〖~镜〗反射鏡
【反话】fǎnhuà 名 反語, アイロニー 働〖反语〗
【反悔】fǎnhuǐ 動 前言(約束)を取り消す 働〖翻悔〗
【反击】fǎnjī 動 反撃する(働〖回击〗) 〖~侵略者(对侵略者加以~)〗侵略者に反撃を加える

- **【反抗】** fǎnkàng 動 反抗する,抵抗する〖～侵略〗侵略に抵抗する
- **【反客为主】** fǎn kè wéi zhǔ《成》主客転倒する
- **【反馈】** fǎnkuì 動 フィードバックする
- **【反面】** fǎnmiàn 图[正面]① 反面,裏側 ②(事柄の)裏側 — 形〔定語として〕否定的な,悪い面の〖～教員〗反面教師
- **【反面人物】** fǎnmiàn rénwù 图(小説や戯曲の中の)否定的人物,悪玉 图[正面人物]
- **【反目】** fǎnmù 動 (夫婦が)反目する,仲たがいする
- **【反扑】** fǎnpū 動《賓語なしで》(敵が)逆襲してくる,反撃して来る
- **【反切】** fǎnqiè 图《語》反切♦ある漢字の音を他の漢字2字を借りて示す伝統的な標音法.例えば,'德 dé'と'公 gōng'の2字で'东'の音(dōng)を示す
- **【反求诸己】** fǎn qiú zhū jǐ《成》(責任を転嫁せず)自らを反省する,誤りの原因を自分の中に求める
- **【反射】** fǎnshè 動 反射する〖～炉〗反射炉[条件～]条件反射
- **【反身】** fǎn'shēn 動 身を翻す,回れ右をする 图[转身]
- **【反思】** fǎnsī 動 反省する
- **【反弹】** fǎntán 動 リバウンドする,跳ね上がる
- **【反胃】** fǎn'wèi 動 吐き気がして胃が食物を拒む
- **【反问】** fǎnwèn 動 反問する,訊き返す〖他～了我一个问题〗彼は私に反問してきた
- **【反响】** fǎnxiǎng 图 反響,反応〖引起～〗反響を呼ぶ
- **【反省】** fǎnxǐng 動 反省する〖～自己〗自分を反省する
- **【反义词】** fǎnyìcí 图《語》反意語,反対語 图[同义词]
- **【反应】** fǎnyìng 图 ①(生物学的な)反応 ②(事柄に対する)反響 ③(薬の)副作用 — 動 反応する
- **【反应堆】** fǎnyìngduī 图 原子炉 图[原子反应堆]
- **【反映】** fǎnyìng 動 ① 反映する,写し出す ②(情況や人々の意見を上級に)伝える,報告する〖～群众的要求〗大衆の要求を伝える,評判(人や事柄に対する)意見,評判
- **【反映论】** fǎnyìnglùn 图《哲》反映論
- **【反语】** fǎnyǔ 图 本心と違う言葉,皮肉
- **【反正】** fǎnzhèng 動 ① 正常に戻る ②(敵方から)味方につく
- —— fǎnzheng/fǎnzhèng 副 どっちみち,とにかく〖～我不去〗いずれにせよ僕は行かない
- **【反证】** fǎnzhèng 图 反証 — 動 反証する〖～了改革的必要性〗改革の必要性を反対側から証明した
- **【反之】** fǎnzhī 接 これに反して,反対に
- **【反作用】** fǎnzuòyòng 图 反作用,反動

【返】 fǎn ⊗ 戻る,返る〖～沪〗上海に戻る[一去不～]二度と返(帰)らぬ

- **【返场】** fǎn'chǎng 動 アンコールにこたえる
- **【返潮】** fǎn'cháo 動 湿気る,湿る
- **【返程】** fǎnchéng 動 帰途,帰りの旅程 图[归程][归途]
- **【返工】** fǎn'gōng 動 (不出来な仕事を)やり直す,作り直す
- **【返航】** fǎn'háng 動(船舶や飛行機が)出発地に戻る,帰港する
- **【返还】** fǎnhuán 動 返還する,返却する 图[归还][退还]
- **【返回】** fǎnhuí 動 引き返す,(元の場所に)戻る〖～港口〗帰港する
- **【返青】** fǎn'qīng 動(越冬作物や移植苗が)緑になる,根付く

【犯】 fàn 動 ①(法律などを)犯す,抵触する ②(誤りや罪を)〖～错误〗過ちを犯す ③(よくない事や病気が)起こる〖～脾气〗癇癪を起こす ④ 侵犯する ⊗ 犯人[战～]戦犯

- **【犯病】** fàn'bìng 動 (以前の)病気がぶり返す
- **【犯不着】** fànbuzháo 動《口》…する必要がない,…に値しない 图[犯不上]〖～这样发愁〗そんなに心配するまでもない
- **【犯愁】** fàn'chóu 動 心配する,気に病む 图[发愁]
- **【犯法】** fàn'fǎ 動 法を犯す,法律に違反する
- **【犯规】** fàn'guī 動 ① 規則を破る,決まりに背く ②《体》反則を犯す,ファウルする
- **【犯讳】** fàn'huì 動 忌言葉を口にする,げんの悪いことをする
- **【犯忌】** fàn'jì 動 禁忌(タブー)を犯す,忌諱に触れる
- **【犯禁】** fàn'jìn 動 禁を犯す,禁令に背く
- **【犯境】** fàn'jìng 動 国境を侵犯する
- **【犯人】** fànrén 图(主に逮捕された)犯人,囚人 图[罪犯]
- **【犯疑】** fàn'yí 動 疑いを抱く,怪しむ 图[犯疑心]
- **【犯罪】** fàn'zuì 動 罪を犯す〖犯了天大的罪〗大きな罪を犯した[经济～]経済犯罪

【泛】(*汜) fàn (色が)さす,みなぎる〖脸上～红〗顔に赤みがさす ⊗ 浮かぶ,浮かべる〖～舟〗《書》

饭販范梵方

【—(氾)】⊗氾濫する ◆姓の'氾'はFánと発音

【泛濫】fànlàn 動 (水や物が)あふれる〚河水~〛川が氾濫する

【泛神论】fànshénlùn 名 汎神論

【饭(飯)】fàn 名 ①飯(多く米飯をいう)〚一碗~〛飯一杯〚米~〛米飯 ②食事〚吃三顿~〛三度の食事をとる

【饭菜】fàncài 名 ①ご飯とおかず,食事 ②(酒菜に対して)ご飯のおかず

【饭店】fàndiàn 名〔家〕①ホテル〚住~〛ホテルに泊まる ②《方》飲食店

*【饭馆】fànguǎn 名 (~儿)〔家〕料理店,レストラン 働〖饭馆子〗

【饭盒】fànhé 名 (~儿)弁当箱 働〖盒饭〗

【饭局】fànjú 名 会食や宴会(の予定)

【饭铺】fànpù 名 (~儿)〔家〕飯屋,小さな飲食店

【饭食】fànshi 名 (多く食事の質についていう時の)食べ物,めし

【饭厅】fàntīng 名〔间〕食堂,ダイニングホール(ルーム) 働〖餐厅〗

【饭桶】fàntǒng 名 ①飯びつ ②(貶)大食いの能なし,穀つぶし

【饭碗】fànwǎn 名 ①ご飯茶わん ②(転)めしの種,生業〚丢~〛職を失う〚铁~〛(親方日の丸的な)食いっぱぐれのない職業

【饭庄】fànzhuāng 名〔家〕(規模の大きく大宴会が可能な)レストラン,料亭

【販(販)】fàn 動 (商品を)仕入れる〚~了一批布〛布を一荷仕入れた ⊗商人〚小~〛行商人

*【販卖】fànmài 動 販売する,(仕入れて)売りさばく〚~毒品〛麻薬を売りさばく

【販私】fànsī 動 密輸品を売りさばく〚走私~〛密売品を扱う

【販运】fànyùn 動 (商品を)仕入れて運搬する〚~商品〛仕入れた商品をよそで売りさばく

【販子】fànzi 名 (旧時の)商人,売人 ◆貶義に用いることが多い〚战争~〛戦争屋

【范】fàn ⊗(F-)姓

【—(範)】⊗①型,模型 ②模範,手本〚示~〛手本を見せる ③範囲〚就~〛(支配や規制に)服従する

【范本】fànběn 名 (習字や絵の)手本

【范畴】fànchóu 名 範疇,カテゴリー

【范例】fànlì 名 模範事例,典型例

【范围】fànwéi 名 範囲,区域〚超出~〛範囲を超える —動〔書〕枠にはめる,概括する

【梵】fàn ⊗ インド・仏教に関するもの〚~宫〛仏寺〚~文〛〚~语〛《語》サンスクリット,梵語

【方】fāng 形 方形の,四角な —名 ①(~儿)(薬の)処方〚开~(儿)〛処方箋を書く ②《数》累乗,乘方〚六的三次~〛6の3乘 —量 ①四角なものを数える〚一~砚台〛すずり一面 ②平方または立方〚一~木材〛木材1立方メートル

⊗①ちょうど,今しがた〚~今〛ただ今〚年~二十〛年まさに20歳 ②累乘,乘方〚立~〛立方 ③方面,方向〚东~〛東方〚双~〛双方 ④方法〚千~百计〛あらゆる手を尽くす ⑤地域,地方 ⑥(F-)姓

*【方案】fāng'àn 名 案,計画〚制定~〛プランを策定する〚汉语拼音~〛漢語ローマ字表記方式

【方便】fāngbiàn 形 ①便利な ②都合がいい〚这儿说话不~〛ここでは話しにくい〚~面〛即席めん ③金銭の余裕がある〚手头儿不~〛手元不如意だ —動 ①便利になるようにする〚~群众生活〛大衆の生活を便利にする ②用を足す,トイレへ行く

【方才】fāngcái 名 さっき,今しがた 働〖刚才〗 —副 ①やっと,ようやく ◆'才'より語気が強い

【方程】fāngchéng 名《数》方程式 (働〖方程式〗)〚二次~〛2次方程式

*【方法】fāngfǎ 名 方法,やり方 (働〖办法〗)〚~论〛方法論

【方方面面】fāng fāng miàn miàn 名 いろいろな面

【方块】fāngkuài 名 (トランプの)ダイヤ

【方块字】fāngkuàizì 名 四角い字 ◆漢字のことをいう

【方框】fāngkuàng 名 ①四角な枠 ②(~儿)(部首の)国構え

【方略】fānglüè 名 総合プラン

*【方面】fāngmiàn 名 方面,側面,分野〚好的~〛よい面〚文学~的成就〛文学の領域での業績

【方士】fāngshì 名 方術士,神術士にたけた人

*【方式】fāngshì 名 方式,仕方

*【方位】fāngwèi 名 方位,方角,位置〚~词〛《語》方位詞

*【方向】fāngxiāng 名 方向,進行の目標〚迷失~〛方向を見失う

—— fāngxiang 名《方》情勢〚看

【方向盘】fāngxiàngpán 名（自動車などの）ハンドル〔驾驶盘〕
【方兴未艾】fāng xīng wèi ài（成）まさに発展しつつある，隆盛の途上にある
*【方言】fāngyán 名〔語〕方言 ◆方言音は'方音'という
【方圆】fāngyuán 名①周囲の長さ〖～三百公里〗周囲300キロメートル ②周辺〖～左近的人〗この近辺の人
【方丈】fāngzhàng 名一丈平方——fāngzhang 名住職，住職の居室
*【方针】fāngzhēn 名方針
*【方正】fāngzhèng 形①正方形の，一点の歪みない ②（人柄が）きまじめな，真っ正直な
【方志】fāngzhì 名〔部〕地方誌 ⇨［地方志］
【方子】fāngzi 名処方，薬の調合法（⇨［药方］）〖开～〗処方箋を書く

【邡】fāng ⊗〖什～〗四川省の地名

【芳】fāng ⊗①よい香りの〖～芳〗芳しい ②立派な〖～名〗御芳名 ③（F-）姓
【芳菲】fāngfēi 形〔書〕（花が）馥郁(ふくいく)たる，香しい
【芳香】fāngxiāng 名芳香，よい香り〖散发出～〗芳香を放つ——形香しい

【坊】fāng ⊗ちまた（巷），小路 ◆多く地名に用いる ⇨fáng

【防】fáng ①防ぐ，防備する〖～病〗病気を防ぐ〖～敌人偷袭〗敵の奇襲を防ぐ ②（'着'を後置して）用心する〖对他应该～着点儿〗彼には用心しなければならない ⊗①守り，防衛〖国～〗国防 ②堤防
【防备】fángbèi 動防備する，用心する〖～敌人进攻〗敵の進攻に備える
【防波堤】fángbōdī 名〔条・道〕防波堤〖修建～〗防波堤を築く
【防不胜防】fáng bú shèng fáng（成）とても防ぎきれない
【防潮】fángcháo 動①湿気を防ぐ ②高潮を防ぐ〖～堰堤〗防潮堤
【防毒】fángdú 動防毒する，毒ガスを防ぐ〖～面具〗防毒マスク
【防范】fángfàn 動防範する
【防风林】fángfēnglín 名〔道・片〕防風林
【防洪】fánghóng 動洪水を防ぐ，洪水に備える
【防护】fánghù 動防護する〖～林〗防護林〖～堤〗洪水に備えた堤防
【防患未然】fáng huàn wèi rán（成）災害を未然に防ぐ
【防火墙】fánghuǒqiáng 名①〔道〕防火壁 ②（コンピュータの）ファイアウォール
【防空】fángkōng 動空襲に備える〖～壕〗防空壕．〖～洞〗防空壕．；（転）隠れ蓑(みの)
【防凌】fánglíng 動流氷が水路を塞ぐのを防ぐ
【防砂林】fángshālín 名〔道・片〕防砂林
*【防守】fángshǒu 動備えを固める，守備する〖～边疆〗辺境を守る
【防霜林】fángshuānglín 名（農作物保護の）防霜林
【防水表】fángshuǐbiǎo 名〔块〕防水時計
【防微杜渐】fáng wēi dù jiàn（成）過ちを芽のうちに摘み取る，大事に至る前に禍根を絶つ
【防卫】fángwèi 動防衛する
【防线】fángxiàn 名〔条〕防御線，防衛ライン
【防汛】fángxùn 動（河川増水期に）洪水を防ぐ，洪水防止の措置をとる
*【防疫】fángyì 動伝染病を防ぐ〖～针〗予防注射
【防御】fángyù 動防御する〖～敌人入侵〗敵の侵入を防ぐ〖～战〗防衛戦
【防止】fángzhǐ 動防ぐ，防止する〖～发生事故〗事故の発生を防ぐ
*【防治】fángzhì 動予防し治療する

【坊】fáng ⊗仕事場，作業小屋〖油～〗搾油場〖粉～〗粉ひき場 ⇨fāng

【妨】fáng ⊗妨げる，さえぎる〖无～〗差し支えない〖不～〗…してよい
*【妨碍】fáng'ài 動妨げる，邪魔をする〖～交通〗交通を妨害する〖～他人休息〗他人の休憩の邪魔をする
【妨害】fánghài 動損なう，害をもたらす〖～健康〗健康を損ねる

【房】fáng 名①〔所〕家屋（⇨［房子］）②〔间〕部屋（⇨［房间］）——量家庭や部屋を単位として数える〖一～家具〗一部屋分の家具〖两～媳妇〗嫁二人 ⊗①部屋に似たもの〖蜂～〗蜂の巣 ②（F-）姓
【房舱】fángcāng 名乗客船室，キャビン
【房产】fángchǎn 名（不動産としての）建物，家屋〖拿～作为抵押〗家を抵当に入れる
【房贷】fángdài 名住宅ローン
【房地产】fángdìchǎn 名不動産
【房顶】fángdǐng 名屋根
*【房东】fángdōng 名家主，大家(おおや)(⇨［房客］)〖二～〗また貸し家主

【房荒】fánghuāng [名] ひどい住宅不足

【房基】fángjī [名] 建物の基礎, 土台

★★【房间】fángjiān [名]〔间〕(ホテルやアパートの) 部屋([関][屋子]) 〖一套～〗一続きの部屋 〖订～〗部屋を予約する

【房客】fángkè [名] 借家人, 店子(たなこ) [反][房东]

【房奴】fángnú [名] 住宅ローン返済に苦しむ人

【房事】fángshì [名] 閨房の営み, 夫婦の交り

【房屋】fángwū [名]〔幢·栋〕家屋, 建物

【房檐】fángyán [名] (～儿) 軒(のき)

【房子】fángzi [名] ①〔所〕(建物としての) 家, 家屋 〖盖～〗家を建てる ②《方》〔间〕(ホテルやアパートの) 部屋 [同]《普》[房间]

【房租】fángzū [名] 家賃, 部屋代 〖付～〗家賃を払う

〖肪〗 fáng ⊗→[脂 zhī～]

〖访(訪)〗 fǎng ⊗① 訪ねる, 訪問する [来～] 訪れる ② 捜し求める, 調べる [采～] 取材する

【访查】fǎngchá [動] 聞き込み調査をする, 尋ね歩く

【访求】fǎngqiú [動] 捜し求める 〖～名医〗名医を捜し求める

★★【访问】fǎngwèn [動] 訪問する 〖～日本〗日本を訪れる 〖进行～〗(公式に)訪問する

【仿(*倣)】 fǎng [動] まねる, 模倣する 〖～着这个样子〗このスタイルをまねて… [～古] 古代の文物を仿製する — [名] 手本を見て書いた字
⊗① 似ている [相～] よく似た ② →[～佛]

【仿单】fǎngdān [名]〔份·张〕(商品の)説明書, 効能書き

★★【仿佛(彷彿·髣髴)】fǎngfú [動] 類似する, 似ている 〖两人情况相～〗二人の状況は類似している — [副] まるで(…のようだ) 〖～在听童话似的〗まるで童話を聞いているようだ

【仿生学】fǎngshēngxué [名] 生物工学

【仿效】fǎngxiào [動] 模倣する, まねる 〖～别人的做法〗他人のやり方をまねる

【仿造】fǎngzào [動] 模造する, 手本にならって作る

【仿照】fǎngzhào [動] 見習う 〖～着做〗見習って作る(する)

【仿真】fǎngzhēn [動] シミュレーションする — [形]〔定語として〕本物そっくりに作られた [～手枪] モデルガン

【仿制】fǎngzhì [動] 模造する [～品] 模造品

〖彷〗 fǎng ⊗→[仿佛 fǎngfú]
⇨ páng

【纺(紡)】 fǎng [動] 糸に縒(よ)る, 紡ぐ 〖～棉花〗綿花を紡ぐ
⊗薄絹 [杭～] 杭州産の薄絹

【纺车】fǎngchē [名]〔架〕糸紡ぎ車

【纺锤】fǎngchuí [名]〔只〕紡錘(ぼうすい), 錘(つむ)

★【纺织】fǎngzhī [動] 糸を紡ぎ織る, 紡織をする 〖～丝绸〗絹を紡いで織る [～厂] 紡織工場

【纺织娘】fǎngzhīniáng [名]〔只〕クツワムシ

〖舫〗 fǎng ⊗船 [石～] 船の形の石造建築

【放】 fàng [動] ① 置く, 置いたままにする 〖桌子上～着一本书〗机の上に本が1冊置いてある 〖～在箱子里〗箱の中に入れる ② (液体や粉を) 入れる, 加える 〖～一点儿盐〗塩を少し入れる ③ 拘束を解く, 自由にする 〖～回战俘〗捕虜を元の軍に返す ④ 休みにする 〖～你们十天婚假〗君たちに10日の結婚休暇をやろう ⑤ 放牧する, 放し飼いする 〖～羊〗羊を草地に放つ ⑥ (鉄砲を) 発する, 放つ, (火を) つける 〖～排炮〗(大砲の) 一斉射撃をする ⑦ 放映する, 上映する 〖～电影〗映画を上映する ⑧ 金を貸して利息をとる 〖～高利贷〗高利貸をする ⑨ 大きくする, 広げる 〖～照片〗写真を引き伸ばす ⑩ (速度や態度を) 適当な状態にする 〖～老实点儿!〗もっとまじめに
⊗① 花が咲く [百花齐～] 百花が一斉に咲く ② 放逐する, 追放する [流～] 流刑に処す ③ 気ままにする →[～肆]

【放步】fàng'bù [動] 大またで歩く

★【放大】fàngdà [動] 拡大する, 引き伸ばす([反][缩小]) 〖～照片〗写真を引き伸ばす

【放大镜】fàngdàjìng [名] 拡大鏡, ルーペ [同][凸透镜]

【放胆】fàng'dǎn [動] 肝っ玉を大きくする, 大胆になる

【放诞】fàngdàn [形] 言動がでたらめな

【放荡】fàngdàng [形] 放らつな, 野放図な

【放刁】fàng'diāo [動] 無理難題で困らせる, 難くせをつける

【放毒】fàng'dú [動] ① (飲食物に) 毒を入れる, 毒ガスをまく ② 有害な思想や図書などを流す

【放风】fàng'fēng [動] ① 風を通す ② 囚人を庭に出して運動させる ③ ニュースを漏らす, うわさを広める

【放虎归山】fàng hǔ guī shān 《成》

（虎を山に戻す＞）禍根を残す [同][纵虎归山]

【放荒】fànghuāng [動] 野焼きする，野火を燃やす

【放火】fàng▾huǒ [動] ①放火する，火をつける〖放了一把火〗火をつけた ②騒動をあおる，紛争を起こす

【放假】fàng▾jià [動] 休暇になる（する）〖放了三天假〗3日間休みになった

【放宽】fàngkuān [動]（規制，基準などを）緩和する

【放款】fàng▾kuǎn [動]（銀行が）金を貸付ける〖放了一笔款〗ある金額を貸付けた

【放冷风】fàng lěngfēng [動]（中傷の）デマを流す，（ありもせぬ）悪いうわさを広める

【放冷箭】fàng lěngjiàn [動]《転》ひそかに中傷する，闇討ちを仕掛ける

【放疗】fàngliáo [名] 放射線治療

【放牧】fàngmù [動] 放牧する

【放盘】fàng▾pán [動]（～儿）①値引きして売る ②高値で買い取る

【放炮】fàng▾pào [動] ①大砲を撃つ ②（タイヤが）パンクする，破裂する ③発破をかける，爆薬を爆発させる ④（言論を）まくしたてる，ぽんぽんしゃべりまくる〖放大炮〗大ぶろしきを広げる

【放屁】fàng▾pì [動] ①屁をひる，おならをする ②（多くののしり語として）たわごとを言う〖～！〗馬鹿抜かせっ

★★【放弃】fàngqì [動]（権利，意見，主張などを）放棄する

【放青】fàng▾qīng [動]（家畜を）草地で放し飼いする，草地で存分に草を食わせる

【放晴】fàng▾qíng [動] 空が晴れる

【放任】fàngrèn [動] 放任する〖～孩子在外面胡闹〗子供が外で騒ぎ回るままにほうっておく

【放哨】fàng▾shào [動] 歩哨に立つ，（巡邏して）見張る

★【放射】fàngshè [動] 放射する〖～光芒〗光芒を放つ［～病］放射能障害［～线］放射線［～性污染］放射能汚染

【放声】fàngshēng [副] 思いきり声を出して〖～大笑〗腹の底から笑う

★【放手】fàng▾shǒu [動] ①（握っていたものから）手を離す ②〔状語として〕（関与していた事から）手を引く〖～不管〗完全に関係を絶つ ③〔状語として〕意のままに…する，存分に…する〖～干〗思う存分にやれ

★★【放暑假】fàng shǔjià [動] 夏休みになる

【放肆】fàngsì [形] 気ままな，はばかるところのない〖别太～了〗余り勝手な振舞いをするな〖～的行为〗勝手な行動

★★【放松】fàngsōng [動] 緩める，気を抜く〖～裤腰带〗ベルトを緩める〖～注意力〗注意を怠る

【放送】fàngsòng [動]（狭い範囲で）放送する [類][播送]

【放下】fàngxià [動] 置く，下ろす，捨てる〖～武器〗武器を捨てる〖放不下〗（場所がなくて）置くに置けない

★★【放心】fàng▾xīn [動] 安心する〖请你～〗ご安心下さい〖我对他很～〗彼のことは安心している〖不～儿子〗息子のことが心配だ

【放行】fàngxíng [動]〔客語なしで〕（審査や検問を）通過させる

【放学】fàng▾xué [動] ①学校が退ける，下校時になる〖下午三点～〗午後3時に授業が終わる ②学校が休みになる

【放血大卖】fàngxuè dàmài [動] 出血大サービスで売る

【放眼】fàngyǎn [動] 視界を広げる〖～未来〗未来に目を向ける

【放养】fàngyǎng [動]（魚やカイコなどを）飼う，（ハスやノリを）養殖する，増殖させる

【放映】fàngyìng [動] 上映する〖～幻灯片〗スライドを映す［～机］映写機

【放债】fàng▾zhài [動] 金貸しをする

【放置】fàngzhì [動] 置いておく

【放纵】fàngzòng [動] ①放任する，甘やかす ②勝手気ままに振舞う

【飞(飛)】

fēi [動] ①（鳥・虫などが）飛ぶ ②（飛行機などが）飛ぶ〖从北京直～东京〗北京から東京へノンストップで飛ぶ ③（空中を）舞う，漂う〖～柳絮〗柳のわたが飛ぶ ④飛び散る，はね散る ⑤《口》揮発する
[✕] ①飛ぶように（速い）②思い掛けない［～祸］不慮の災難

【飞奔】fēibēn [動] 疾走する，全速で走る [同][飞跑]

【飞驰】fēichí [動]（車馬が）疾走する，飛ぶように走る

【飞地】fēidì [名]（行政区画上の）飛び地

【飞碟】fēidié [名] ①UFO [同][不明飞行物] ②（射撃の）クレー

【飞短流长(蜚短流长)】fēi duǎn liú cháng《成》あれこれデマをとばす，とやかく取り沙汰する

【飞蛾投火】fēi é tóu huǒ《成》飛んで火に入る夏の虫 [同][飞蛾扑火][飞蛾赴火]

【飞蝗】fēihuáng [名]〔只〕トノサマバッタ

【飞黄腾达】fēihuáng téngdá《成》とんとん拍子に出世する

★★【飞机】fēijī [名]〔架〕飛行機〖坐～〗飛行機に乗る［直升～］ヘリコプ

ター［～场］空港［～乘务员］フライトアテンダント
【飞溅】fēijiàn [動]（水などが）四方に飛び散る，はね散る
【飞快】fēikuài [形] ①飛ぶように速い ②（刃物が）鋭利な，よく切れる
【飞毛腿】fēimáotuǐ [名] 韋駄天走り，足の速い人［～导弹］スカッドミサイル
【飞禽】fēiqín [名] 空を飛べる鳥，鳥類
★【飞禽走兽】fēiqín zǒushòu《成》あらゆる鳥や獣
【飞逝】fēishì [動]（時間などが）あっという間に過ぎてゆく，瞬時に通り過ぎる
【飞速】fēisù [形]〔主に状語として〕非常に速い，フルスピードの〚～前进〛迅速に前進する
【飞腾】fēiténg [動] 速やかに上昇する，ぐんぐん舞い上がる
【飞天】fēitiān [名] 飛天，天女 ♦多く仏教壁画に描かれる
【飞艇】fēitǐng [名]〔只・艘〕飛行船 [同]［飞船］
【飞舞】fēiwǔ [動] 空中に舞う，ひらひら漂う
★【飞翔】fēixiáng [動] 空中を旋回する，輪を描いて飛ぶ
【飞行】fēixíng [動] 飛行する，空を飛ぶ［～员］パイロット
【飞檐走壁】fēi yán zǒu bì《成》軒を飛び壁を伝って身軽に走る
【飞扬】fēiyáng [動] 空高く舞い上がる
【飞鱼】fēiyú [名]〔条〕トビウオ
【飞语(蜚语)】fēiyǔ [名] デマ，根拠のないうわさ［流言～］流言飛語［～中伤］デマを流して傷つける
★【飞跃】fēiyuè [名]〚哲〛飛躍 [同]［突变］［质变］ — [形]〔定語・状語として〕飛躍的な
【飞涨】fēizhǎng [動]（物価や水位が）高騰する，急激に上昇する

〖妃〗fēi ⊗ ①天子の妃［～子］同前 ②太子，王侯の妻

【非】fēi [副]〔多く‘不可’と呼応して〕ぜひとも…しなければならない〚～说不可〛ぜひ言わねばならぬ
⊗ ①…でない ②非…［～会员］非会員 ③非，誤り［是～］是非 ④…に反する［～法］不法な ⑤非とする［～笑］嘲笑する ⑥（F-）アフリカ（‘～洲’）の略［南～］南アフリカ共和国
★★【非常】fēicháng [形]〔多く定語として，名詞を直接修飾〕非常な，特別な〚～措施〛緊急措置 — [副] 非常に，きわめて〚～有意思〛大変面白い
【非但】fēidàn [接]〔後文の‘而且’‘还’‘也’などと呼応して〕ただ…のみでなく，…ばかりか [同]［不但］
【非得】fēiděi [副]〔一般に‘不可’‘才行’などと呼応して〕必ず…でなければならない〚这病～马上开刀不可〛この病気はすぐに手術が必要だ
【非典】fēidiǎn [名]〚医〛新型肺炎，SARS [同]［非典型肺炎］［萨斯］
【非独】fēidú [接]《書》ただ…のみならず
★【非法】fēifǎ [形]〔定語・状語として〕違法な，非合法な（[反]［合法］）〚～(的)活动〛非合法活動〚～关押〛不法に拘禁する
【非凡】fēifán [形] 非凡な，並々でない
【非…非…】fēi…fēi… …でもなければ…でもない，どっちでもない［非亲非故］親戚でも友人でもない
【非分】fēifèn [形]〔定語として〕分不相応な，大それた
【非…即…】fēi…jí… …でなければ…である，…か…のどちらかだ ♦口語の‘不是…就是…’に相当［非此即彼］これでなければあれだ
【非礼】fēilǐ [形]〔多く定語として〕非礼な，無礼な
【非驴非马】fēi lǘ fēi mǎ《成》（ロバでも馬でもない＞）どっちつかずで捕らえがたい [同]［不伦不类］
【非卖品】fēimàipǐn [名] 非売品
【非命】fēimìng [名]《書》不慮の死〚死于～〛非業の死を遂げる
【非难】fēinàn [動]〔多く否定に用いて〕非難する，責める〚无可～〛非難するに当たらない
【非同小可】fēi tóng xiǎo kě《成》ただごとではない，尋常の沙汰ではない
【非刑】fēixíng [名] 不当な拷問，違法な酷刑
【非议】fēiyì [動]〔多く否定に用いて〕とがめる，非難する〚无可～〛非難するには当たらない

〖啡〗fēi ⊗→［咖 kā ～］［吗 mǎ～］

〖菲〗fēi ⊗ ①花が美しく芳しい［芳～］花の香り ②音訳用字として［～律宾］フィリピン
⇨fěi

〖绯(緋)〗fēi ⊗ 緋色［～红］真っ赤な
【绯闻】fēiwén [名]（男女間の）スキャンダル [同]［桃色新闻］

〖扉〗fēi ⊗ とびら［柴～］草屋，粗末な家［心～］心のとびら
【扉画】fēihuà [名] 書物の扉絵
【扉页】fēiyè [名] 書物の扉 ♦書名，著者名などを表示するページ

〖蜚〗fēi ⊗ 飛ぶ ♦ゴキブリの意の古語‘蜚蠊’は fěilián

と発音
【蜚短流长】fēi duǎn liú cháng《成》[同][飞短流长]
【蜚语】fēiyǔ [名][同][飞语]
【霏】fēi [×](雨や雪が) 降りしきるさま,(雲や霞が) たなびくさま
【霏霏】fēifēi [形]《書》降りしきる〖大雪～〗雪が小止みなく降る
【鲱(鯡)】fēi [名]〖魚〗ニシン
【肥】féi [形]([反][瘦]) ①(動物が) 肥えている, 脂肪分が多い [関][胖 pàng] ②地味豊かな, 肥沃な ③(衣服などが) だぶだぶの, ゆるい ━ [動]①(私腹を) 肥やす〖～了自己〗私腹を肥やした ②→[～田]
[×]肥料 [化～] 化学肥料 [施～] 肥料を施す
【肥大】féidà [形]①(衣服などが) だぶだぶの, ぶかぶかの ②(生物体あるいはその一部が) よく肥えた, 丸々とした ③〖医〗肥大した [心脏～] 心臓肥大
【肥分】féifèn [名]肥料が含む養分の割合
【肥料】féiliào [名]肥料, こやし [有机～] 有機肥料
【肥美】féiměi [形]①肥沃な, 地味豊かな ②(牧草や家畜が) よく育った, よく肥えた
【肥胖】féipàng [形]よく太った
【肥肉】féiròu [名]脂肉 [反][瘦肉]
【肥硕】féishuò [形]①(果実が) 大きくて果肉が多い, よく実の入った ②(家畜などが) 大きくて肥えた, たっぷり肉のついた
【肥田】féitián [名]肥沃な田畑
── féi▾tián [動]土地を肥やす [～粉] 硫安
*【肥沃】féiwò [形]肥沃な, 地味豊かな [反][贫瘠]
【肥效】féixiào [名]肥料の効果
**【肥皂】féizào [名]〔块〕石けん
【肥壮】féizhuàng [形]肉付きがよい, 太って丈夫な
【淝】Féi [×][～河] 安徽省の川
【腓】féi [×]①ふくらはぎ(口語は'腿肚子') ②枯れる, 萎しおれる
【诽(誹)】fěi [×]そしる(譏る)
*【诽谤】fěibàng そしる, 中傷する〖遭到～〗誹謗される
【匪】fěi [×]①盗賊, 強盗 [土～] 土匪 ②…にあらず
【匪患】fěihuàn [名]匪賊がもたらす災い
*【匪徒】fěitú [名]〔帮〕①盗賊, 強盗 ②悪党, 世間に害をもたらすやから
【菲】fěi [×]わずかな, 粗末な [～材]《書》非才
⇨fēi
【菲薄】fěibó [形]《書》粗末な, わずかな ━ [動]軽んじる, 見下す
【菲仪】fěiyí [名]粗品
【斐】fěi [×][～然]《書》目にもあやな, 顕著な
【翡】fěi [×]以下を見よ
【翡翠】fěicuì [名]①〔块〕ひすい, エメラルド [同][硬玉] ②〖鳥〗〔只〕カワセミ
【吠】fèi [×](犬が) 吠える
【吠形吠声】fèi xíng fèi shēng《成》(一犬虚に吠えれば万犬それに和す>) 真相も知らずに付和雷同する [同][吠影吠声][一犬吠形, 百犬吠声]
【废(廢)】fèi [動]やめる, 廃棄する〖这些规定应该～了〗これらの決まりはやめるべきだ
[×]①無駄な, 無用の [～纸] 紙くず ②身体障害のある [残～] 重度障害(の人)
【废弛】fèichí [動](法令や規律が) 廃れる, 実効を失う〖纪律～〗規律がたるむ
*【废除】fèichú [動]廃止する, 廃棄する〖～条约〗条約を廃棄する
**【废话】fèihuà [名]無駄話, 余計な話〖说～〗下らないことを言う ━ [動]無駄話をする〖少～!〗下らん話をするな
【废料】fèiliào [名]①廃材, 廃棄物 [工业～] 産業廃棄物 ②《転》役立たず [同][废物]
【废品】fèipǐn [名]〔件〕①不合格品, 不良品 ②廃品, スクラップ〖回收～〗廃品を回収する
【废弃】fèiqì [動]廃棄する, 放棄する〖～不合格的零件〗粗悪な部品を廃棄処分にする
【废气】fèiqì [名]排気, 排気ガス
【废寝忘食】fèi qǐn wàng shí《成》寝食を忘れて没頭する [同][废寝忘餐]
【废水】fèishuǐ [名]廃水, 廃液〖处理～〗廃液を処理する
【废物】fèiwù [名]廃物, 廃品 [～利用] 廃物利用
── fèiwu [名]役立たず, ろくでなし
*【废墟】fèixū [名]廃墟〖变成一片～〗一面の廃墟と化す
【废渣】fèizhā [名](金属などの) 残りかす, 残滓ざんし
【废止】fèizhǐ [動](制度, 法令などを) 廃止する, 取りやめにする〖～合同〗契約を取り消す
【肺】fèi [名]肺, 肺臓 [～痨] (中国医学で)肺結核

【肺病】fèibìng 图 肺病, 肺結核
【肺腑】fèifǔ 图〔書〕〔転〕心底, 真心 [～之言] 誠意のこもった言葉 [感人～] 人の心を揺さぶる
【肺活量】fèihuóliàng 图 肺活量
【肺結核】fèijiéhé 图 肺結核
【肺泡】fèipào 图 肺胞
【肺吸虫】fèixīchóng 图 肺ジストマ 働[肺蛭]
【肺炎】fèiyán 图 肺炎
【肺脏】fèizàng 图 肺臓 働[肺]

【沸】fèi 冈 沸く, 煮えたつ, 沸騰する

【沸点】fèidiǎn 图 沸騰点 働[冰点]
【沸反盈天】fèi fǎn yíng tiān〈成〉人の声が騒々しい, 入り乱れて騒ぎたてる
【沸沸扬扬】fèifèiyángyáng 圈 湯がたぎるように騒々しい, がやがやとけたたましい
*【沸腾】fèiténg 動 ①(液体が) 沸騰する ②(気分が) 沸き立つ [热血～] 血がたぎる

【狒】fèi 冈 [～～]【動】マントヒヒ

【费(費)】fèi 動 費やす, (手間が) 掛かる [～工夫][～省 shěng][～了好多钱] お金を沢山使った
 冈 ①費用, 料金 [收～] 料金を取る [伙食～] 食費 ②(F-) 姓
【费话】fèihuà 動 多くの言葉を費やす, 散々話をする
【费解】fèijiě 圈 理解するのに骨の折れる, わかりにくい [～的诗] 難解な詩
【费劲】fèi·jìn 動 (～儿) 苦労する, 骨を折る [费了多大的劲儿啊] いやはや苦労したよ
【费力】fèi·lì 動 骨を折る, 手間取る [～不讨好] 骨折り損のくたびれもうけ
【费神】fèi·shén 動 気を使う, 神経を使う;(挨)(人に依頼するときなどに) お手数ですが
【费时】fèishí 圈 時間が掛かる, ひどく手間取る
【费事】fèi·shì (冈[省事])動 手間を掛ける (働[费手脚]) [不费什么事] なんの手間もいらない
── fèishì 圈 面倒な, 厄介な
【费心】fèi·xīn 動 気を使う, 心配する;(挨)(人に依頼するときなどに)ご面倒ですが
*【费用】fèiyong 图〔筆〕出費, 費用, 経費

【痱(*疿)】fèi 冈 以下を見よ

【痱子】fèizi 图 あせも [起～] あせもが出る [～粉] あせも用のパウダー, 汗知らず

【分】fēn 動 ①分ける (働[合]) [对半～] 折半する ②分配する [～任务] 任務を割り当てる ③見分ける, 区別する [是非不～] 是非をわきまえない
 冈 ①(～儿) 点数 ②区分したものの一部 [三～之一] 3分の1 [七～成绩, 三～错误] 成果7分に過ち3分 ── 量 ①長さ, 面積, 重量の単位 ♦'10～' がそれぞれ '1寸''1亩''1钱' に相当 [公～] センチメートル ②貨幣の単位 ♦1元の100の1 ③分 ♦時間, 角度, 経度, 緯度の単位 ④利率の単位 ♦'1～' といえば年利ならば10%, 月利ならば1%を示す
 冈 分岐した [～会] 分会 [～局] 支局 [～册] 分冊 [～公司] 子会社
 ⇨ fèn
【分贝】fēnbèi 量 デシベル(音の強さの単位)
【分辨】fēnbiàn 動 弁別する, 識別する [～真假] 真偽を見分ける
【分辩】fēnbiàn 動 弁解する, 言い訳する [不容～] 弁解の余地がない
【分别】fēnbié 動 ①別れる [跟朋友们～] 友人達と別れる ②区別する, 弁別する [～好坏] よしあしを区別する ── 圈 別々に, それぞれ
*【分布】fēnbù 動 分布する [～在东南亚] 東南アジアに分布する
【分寸】fēncun 图 分別, けじめ [没有～] 程をわきまえない
【分担】fēndān 動 (役割を) 分担する [～家务] 家事を分担する
【分道扬镳】fēn dào yáng biāo〈成〉それぞれ自分の道を進む, 各人各様の目標を目指す 働[分路扬镳]
【分店】fēndiàn 图〔家〕支店
【分队】fēnduì 图〔支〕分隊, 分遣隊
【分发】fēnfā 動 ①分け与える, 配付する ②割り当てる, 個別に派遣する [～他们到农村工作] 彼らを農村へ仕事に行かせる
【分肥】fēn·féi 動 (不正手段で得た) 利益を山分けする
【分割】fēngē 動 分割する, 分離する [～财产] 財産を分割する
【分隔】fēngé 動 切り離す, 隔てる
【分工】fēn·gōng 動 分業する
【分光镜】fēnguāngjìng 图 分光器
【分毫】fēnháo 图 ほんのわずかの量, 寸毫 [～不差] 寸分も違わない
【分号】fēnhào 图 ①セミコロン(;) ②支店
*【分红】fēn·hóng 動 利益を配分する, (株を) 配当する
【分化】fēnhuà 動 ①分化する ②分裂する(させる) [～敌人] 敵を分裂させる ── 图〔生〕分化
【分家】fēn·jiā 動 分家する;(転)

（物が）ばらばらになる

【分解】 fēnjiě 動 ①分解する ②仲裁する,調停する ③解説する(章回小説の用語)［欲知后事如何,且听下回～］この後の成り行きを知りたくば,まずは次回のお楽しみに

【分界】 fēn'jiè 動 境界を分ける,区切る ［～线］境界線 —— fēnjiè 名 境界

【分居】 fēnjū 動 (夫婦や家族が)別居する,分かれて住む ⇔［同居］

【分句】 fēnjù 名『語』分句(複文を構成するそれぞれの節) ⇔［复句］

【分开】 fēnkāi 動 ①離れる,別れる ②分ける ［分不开］切り離せない

【分类】 fēn'lèi 動 分類する,仕分けする ［分成若干类］いくつかの類に分ける

【分离】 fēnlí 動 ①分離する,切り離す ②別れる,離ればなれになる

【分裂】 fēnliè 動 分裂する(させる) ［国家～了］国が分裂した ［～国家的阴谋］国を分裂させようとする陰謀

【分馏】 fēnliú 動『化』分溜する

【分袂】 fēnmèi 動『書』たもとを分かつ,関係を絶つ

【分门别类】 fēn mén bié lèi (成) 分類する,類別する

****【分泌】** fēnmì 動 分泌する ［～毒液］毒液を分泌する

【分娩】 fēnmiǎn 動〔客語なしで〕分娩する,出産する ◆家畜などにもいう

【分秒】 fēnmiǎo 名 分秒,束(つか)の間 ［～必争］一寸の光陰も無駄にしない

【分明】 fēnmíng 形 明らかな,はっきりしている ［敌我～的立场］敵味方がはっきりした立場 —— 副 明らかに,疑いもなく ［～是他干的］明らかに彼の仕業だ

【分母】 fēnmǔ 名『数』分母 ⇔［分子 fēnzǐ］

【分派】 fēnpài 動 ①(仕事を)割り当てる ［～他去干］彼に割り当ててやらせる ②(費用の分担を)割り当てる ［～你二十元］君には20元を割り当てる

****【分配】** fēnpèi 動 ①分配する,割り当てる ［～他一套房子］彼に(居住用の)部屋を分け与える ②配属する,人材を配置する ［～他当教师］彼を教員として配属する ［统一～］(卒業生に対し) 国の主導で職場を決めること

****【分歧】** fēnqí 形 (思想・意見が)一致しない —— 名 不一致 ［大家的意见有～］皆の意見がまちまちだ

【分清】 fēnqīng 動 はっきり区別する,明確に区分する ［～责任］責任(の分担)をはっきりさせる ［分不清］明確に区分できない

【分润】 fēnrùn 動 利益(主として金銭)を分ける

****【分散】** fēnsàn 動 ①分散させる,ばらばらにする ⇔［集中］ ②気を散らす ③配る,ばらまく —— 形 分散した,散り散りの ⇔［集中］ ［～活动］分散して活動する

【分身】 fēn'shēn 動 体をあける,時間を割く ［无法～］時間がとれない

【分神】 fēn'shén 動 心配りする,注意を他にも振り向ける;(挨)恐れ入りますが ［请～修改一下］恐縮ですが直して下さい

****【分手】** fēn'shǒu 動 別れる,さよならする

【分数】 fēnshù 名 ①成績点,得点 ［得了好～］高得点を得た ②『数』分数 ［带～］帯分数

【分水岭】 fēnshuǐlǐng 名 ①分水嶺 ⇔［分水线］ ②(転)境界線,分かれ目

【分说】 fēnshuō 動 言い訳する,釈明する ［无须～］釈明には及ばない ［不由～］有無を言わせない

【分摊】 fēntān 動 (主に費用を)分担する,割り勘で払う ［～十元］10元ずつの割り勘にする

【分头】 fēntóu 名 左右に分けた髪型 ［梳～］分けた髪型にする ［小～］横分け —— 副 手分けして,それぞれ,個別に ［～联系］手分けして連絡する

【分文不取】 fēn wén bù qǔ (成)びた一文受け取らない,一文(の報酬)も要らない

****【分析】** fēnxī 動 分析する (⇔［综合］) ［～问题］問題を分析する ［～化学］分析化学 ［～语］『語』分析的言語

【分晓】 fēnxiǎo 名 ①結果,成り行き ［见～］判明する ②〔多く否定の形で〕道理 ［没～的话］道理に合わない話 —— 形 明らかな,はっきりした ［问个～］はっきりと聞き出す

【分野】 fēnyě 名 領域,分野

【分赃】 fēn'zāng 動 盗品や分捕り品を山分けする,不正な利益を配分する

【分之】 fēnzhī 名 助 …分の… ［五～三］5分の3

【分支】 fēnzhī 名 枝分かれした学派・語派など,分流 ［～机构］支部,支局

【分钟】 fēnzhōng 量 名 …分間 ［十～］10分間

【分子】 fēnzǐ 名 ①『数』(分数の)分子 ②『理』分子 ［～结构］分子構造 ［～式］分子式
⇨ fènzǐ

【芬】 fēn ⊗いい香り，芳香

【芬芳】fēnfāng [名]《書》香り，芳香 ━[形]かぐわしい，香りのよい

【吩】 fēn ⊗以下を見よ

*【吩咐】fēnfu/fēnfù [動]言い付ける，(口頭で) 命じる〚~他打扫房间〛彼に部屋を掃除するように言う

【纷(紛)】 fēn ⊗多い，乱雑な，入り乱れた［纠~］もめ事

【纷繁】fēnfán [形]多くて複雑な，繁雑な

**【纷纷】fēnfēn [形]（議論が） 種々雑多な，(降る雪などが) 入り乱れた〚议论~〛議論が百出する ━[副]次々に，ひっきりなしに〚~报名〛次々と応募の申込みがある

【纷乱】fēnluàn [形]入り乱れた，混乱した

【纷扰】fēnrǎo [形]（多く気持ちが）混乱した，千々に乱れた

【纷纭】fēnyún [形]（諸説が） 入り乱れた，(糸口が)錯綜した

【纷争】fēnzhēng [動]争う，もめる ━[名]紛争〚发生~〛もめ事が起きる

【纷至沓来】fēn zhì tà lái《成》（多くよくない事が） 次々に到来する，どんどん集まる

【氛】 fēn ⊗気分，ムード，状況［气~］気分，雰囲気

【氛围(雰围)】fēnwéi [名]雰囲気，その場の空気

【酚】 fēn [名]〚化〛フェノール，石炭酸［~酞 tài］フェノールフタレイン

【坟(墳)】 fén [名]〔座〕墓〚上~〛墓参をする〚把~掘开〛墓を掘り起こす

【坟地】féndì [名]〔块〕墓地，墓場 [同]［坟场］

*【坟墓】fénmù [名]〔座〕墓，墳墓

【坟头】féntóu [名]（~儿）土まんじゅう(土を盛り上げた墓)

【坟茔】fényíng [名]《書》墓，墓地

【汾】 Fén ⊗'汾河'(山西省にある川)のこと

【汾酒】Fénjiǔ [名]山西省汾陽産の'白酒'(中国名酒の一)

【鼢】 fén ⊗［~鼠］モグラネズミ

【焚】 fén ⊗焼く［自~］焼身自殺する

【焚膏继晷】fén gāo jì guǐ《成》（灯油に火を点し夜を日に継いで勤める>）昼夜を分かたず精励する

【焚化】fénhuà [動]（遺体，神像などを）焼く，火葬する〚~纸钱〛'纸钱'を焼く

【焚毁】fénhuǐ [動]焼き尽くす，焼却する([同]［烧毁］)〚~村庄〛村を焼き尽くす

【焚烧】fénshāo [動]焼く，燃やす〚~树林〛森を焼く

【焚香】fénˇxiāng [動]①線香をあげる，焼香する [同]［烧香］②香を焚(た)く

【粉】 fěn [名]①粉，粉末〚把小麦磨 mò 成~〛小麦を粉にひく ②おしろい〚搽~〛おしろいを塗る ━[動]①白く塗る〚刚~过的墙〛塗りたての壁 ②粉々になる ━[形]桃色の，ピンク色の
⊗①澱粉製の食品［凉~］澱粉からつくったプリン状の食品 ②白い粉のついた［~蝶］白チョウ

【粉笔】fěnbǐ [名]〔支〕白墨，チョーク

【粉尘】fěnchén [名]粉塵

【粉刺】fěncì [名]にきび(正しくは'痤疮 cuóchuāng'という)〚生了一脸~〛顔中ににきびがでた

【粉底】fěndǐ [名]ファンデーション [同]［~霜］

【粉红】fěnhóng [形]〔多く定語として〕桃色の，ピンク色の〚~的小脸〛うす桃色のかわいい顔

*【粉末】fěnmò [名]（~儿）粉末，パウダー〚弄成~〛粉末にする

【粉墨登场】fěn mò dēng chǎng《成》《貶》(メーキャップして登場する>)(悪人が)政治の舞台に出てくる

*【粉色】fěnsè [形]桃色の，ピンク色の

【粉身碎骨】fěn shēn suì gǔ《成》粉骨砕身，目的のために生命を奉じる [同]［粉骨碎身］

【粉饰】fěnshì [動]①白くきれいに塗る〚~墙壁〛壁を白く塗る ②うわべを飾る，取り繕う〚~现实〛現実を糊塗する

【粉刷】fěnshuā [動]（壁を） 白く塗る，しっくいを塗る

【粉丝】fěnsī [名]①〚食〛春雨(はるさめ) ②ファン，追っかけ

*【粉碎】fěnsuì [動]粉砕する，粉々にする〚~阴谋〛陰謀を砕く ━[形]粉々の，打ち砕かれた

【粉条】fěntiáo [名]（~儿）〚食〛春雨の一種 ♦平たい帯状のものは'粉皮'という

【粉蒸肉】fěnzhēngròu [名]糯米(もちごめ)の粉をまぶした豚肉の蒸し料理

【分】 fèn ⊗①成分［盐~］塩分 ②自分の務め，本分，限度［过~］行き過ぎだ ③予想する
⇨fēn

*【分量】fènliang/fènliàng [名]重さ，重み，重量〚有~的话〛重みのある言葉

【分内】fènnèi [形]〔定語として〕任務のうちの，本分内の([反]［分外］)〚自己~的工作〛自分がやるべき仕事

【分外】fènwài [形]〔定語として〕本分（本務）外の — [副]とりわけ，特に『～高兴』殊の外嬉しい
【分子】fènzǐ [名]（社会の）分子，構成要因［知识～］知識分子
⇨fēnzǐ
【份】fèn [名]全体の中の一部『也有你的～儿』君の分もある — [量]（～儿）① 新聞·雑誌·書類などを数える『一～报纸』新聞一部 ② ひとそろい，一人前『一～菜』料理一人前 ③ 心情を数える『我这～心境』私のこの気持ち ⊗ 区分した一単位［三月～］3月分，3月中に
【份儿饭】fènrfàn [名]定食（一人前が定量になっている食事）[関][客饭]
【份子】fènzi [名]①（共同で贈り物などをする際の）割り前，分担金『凑～』（贈呈のために）拠金する ② 慶弔金，祝儀
【忿】fèn ⊗ ほぼ'愤'に同じ［不～］不満な
【奋(奮)】fèn ⊗ ①（力を）奮う，元気を出す ②（腕を）揮う，挙げる［～袂而起］袖を払ってさっと立つ
【奋不顾身】fèn bú gù shēn《成》我が身を顧みず奮闘する [反][畏缩不前]
★【奋斗】fèndòu [動]奮闘する，努力する『为振兴教育事业而～』教育事業振興のため尽力する
【奋发】fènfā [形]奮い立った，発奮した［～图强］国家繁栄のために奮闘努力する
【奋力】fènlì [副]全力を尽して『～反抗』全力を投じて反抗する
【奋勉】fènmiǎn [形]奮起した，やる気十分な『他工作很～』彼はとても仕事熱心だ
【奋起】fènqǐ [動]〔多く状語として〕① 奮い立つ，やる気を出す『～直追』奮起して追いつく ② 力一杯持ち上げる
【奋勇】fènyǒng [形]〔多く状語として〕勇気あふれる『～前进』勇気を奮って前進する
【奋战】fènzhàn [動]奮戦する，勇敢に戦う『～到底』最後まで力一杯戦う
【偾(僨)】fèn ⊗ だめにする，こわす［～事］《書》事を誤る
【愤(憤)】fèn ⊗ 憤る，怒る［气～］怒る
【愤愤(忿忿)】fènfèn [形]憤慨している，かっかしている［～而出］ぷりぷりしながら出て行く
【愤恨】fènhèn [動]憤慨する，怒り憎む
【愤激】fènjī [形]憤慨している，かんかんに怒った
【愤慨】fènkǎi [形]（不公正なことで）憤慨にたえない『感到～』怒りを覚える
【愤懑】fènmèn [形]《書》憤懣やるかたない
★【愤怒】fènnù [形]憤怒した，怒り狂った
【愤然】fènrán [形]〔多く状語として〕怒り激しい，憤然とした『～离去』憤然として去る
【粪(糞)】fèn [名]糞便（[同][屎]）『掏～』こやしを汲む
⊗ 肥料を施す［～地］畑に肥料を入れる
【粪便】fènbiàn [名]糞便，糞尿［～学］スカトロジー
【粪肥】fènféi [名]下肥(しもごえ)
【粪坑】fènkēng [名]（便所や野良の）肥溜め
【粪土】fèntǔ [名]糞尿と土 ♦値打ちのないものに例える
【丰(豐)】fēng ⊗ ① 豊かな，満ち足りた ② 大きな，偉大な ③（F-）姓
【一】⊗ 容姿が美しい，端麗な［～采］優雅な振舞い
【丰碑】fēngbēi [名]〔块〕① 大きな石碑 ② 偉大な功績『立下～』不朽の業績を残す
【丰产】fēngchǎn [名]豊作
★【丰富】fēngfù [形]（物·知識·経験などが）豊かな（[反][贫乏]）『资源～』資源が豊かだ［～多采］豊富多彩な — [動]豊かにする，充実させる『～知识』知識を広げる
【丰功伟绩】fēng gōng wěi jì《成》偉大な功績，多大の貢献
【丰厚】fēnghòu [形]① 厚みのある，分厚い『绒毛～』毛皮がふっくらしている ②（主に贈る金や物が）たっぷりの『～的礼物』気前のいい贈り物
★【丰满】fēngmǎn [形]① 豊かな，満ち足りた ②（身体·顔付きが）ふっくらしている，豊満な
【丰年】fēngnián [名]豊年，当り年 [反][荒年][歉年]
【丰饶】fēngráo [形]豊饒(ほうじょう)な，肥沃(ひよく)な
【丰润】fēngrùn [形]豊かで潤いがある，ふっくらして瑞々しい
★【丰盛】fēngshèng [形]（宴席や物産が）豊かで盛り沢山な『～的筵席』料理が多く豪華な宴席
★【丰收】fēngshōu [動]豊作になる（[反][歉收]）『今年小麦～』今年は小麦が豊作だ『获得～』豊作をかちとる［～年］豊年
【丰硕】fēngshuò [形]（果実，成果が）多くて大きい，実り豊かな

F

【丰沃】fēngwò 形 肥沃な,地味豊かな 例[肥沃]
【丰衣足食】fēng yī zú shí〈成〉衣食が満ち足りる,生活が豊かである 反[饥寒交迫]
【丰盈】fēngyíng 形〈書〉①(体つきが)豊満な 例[丰腴] ②富裕な,豊かな
【丰足】fēngzú 形(衣食などが)満ち足りている,豊富な

【风(風)】fēng 名 ①〔股・阵・场〕風[刮~] 風が吹く ②(~儿)うわさ,消息[听到一点~]うわさを小耳にはさむ ③ありさま,情景,態度[~景]風景[作~]作風,態度 ④風潮,気風[成~]風習となる ⑤民歌[采~]民間歌謡を採集する ⑥根拠のない,伝聞の[~闻]風聞 ⑤風のように速い ⑥空気乾燥させた[~肉]陰干しの塩漬の鶏肉 ⑦(F-)姓
*【风暴】fēngbào 名〔场〕①暴風,嵐 ②(転)嵐のような出来事[革命的~]革命の嵐
【风波】fēngbō 名〔场〕風波;(転)もめごと[闹了一场~]騒ぎを起こした
【风采(丰采)】fēngcǎi 名〈書〉優雅な風貌,物腰,態度
【风潮】fēngcháo 名 争議,大衆運動[闹~]騒ぎが起こる
【风车】fēngchē 名 ①〔架〕風車 ②唐箕 ③〔扇车〕 ③(~儿)(玩具の)かざぐるま
【风尘】fēngchén 名 ①旅疲れ,長旅の苦労[~仆仆]長旅でやつれる,奔走して疲れる ②(転)乱れた社会,汚れた生活環境[沦落~]落ちぶれ流浪する,苦界に身を落とす
【风驰电掣】fēng chí diàn chè〈成〉電光石火のように速い
【风吹雨打】fēng chuī yǔ dǎ〈成〉①(家が)風雨にさらされる,窓が破れ雨が吹き込む ②外からの打撃,降りかかる困難[经不起~]困難に耐えられない
【风灯】fēngdēng 名(雨風にも耐える一種の)龕灯,かんてら
【风斗】fēngdǒu 名(~儿)風抜き(冬期に窓に取り付ける)
*【风度】fēngdù 名(人の)風格,上品な物腰,態度(例〈書〉[风范])[他有学者的~]彼には学者の風格がある
【风范】fēngfàn 名〈書〉①風格 ②模範
*【风风火火】fēngfēnghuǒhuǒ 形(~的)①せわしない ②威勢のいい
*【风格】fēnggé 名 ①品格,流儀 ②(文学,芸術の)作風,スタイル[文章~]文体
【风骨】fēnggǔ 名 ①気骨,気概 ②(書画,詩文の)迫力,力強さ
*【风光】fēngguāng 名 風景,景色[好~]素晴らしい景色 —— fēngguang/fēngguāng 形〈方〉光栄な[好不~!]なんとも名誉なことだ
【风害】fēnghài 名 風害
【风和日丽】fēng hé rì lì〈成〉うららかな(春の)日和
【风斛】fēnghù 名 風力による揚水道具
【风花雪月】fēng huā xuě yuè〈成〉花鳥風月,文字に凝って内容貧弱な詩文の喩え
【风化】fēnghuà 名 美風,公序良俗 —— 動 風化する
【风火墙】fēnghuǒqiáng 名〈道〉防火壁 例[防火墙]
【风纪】fēngjì 名 規律,風紀[~扣]詰めえりのホック
*【风景】fēngjǐng 名 風景,景色(例[景致])[欣赏~]眺望を楽しむ
【风镜】fēngjìng 名 ゴーグル,風砂よけ眼鏡
【风浪】fēnglàng 名 ①風浪,風波 ②(転)世の荒波[顶着~前进]苦難と戦いつつ進む
【风雷】fēngléi 名 疾風迅雷,激烈な嵐 ◆猛烈な勢いを例える
【风力】fēnglì 名 ①風力,風速 ②風による動力[~发电]風力発電
【风凉话】fēngliánghuà 名 当てこすり,皮肉[说~]皮肉を言う
【风铃】fēnglíng 名 風鈴,風鐸だ
【风流】fēngliú 形〈書〉①あっぱれな,傑出した ②風流な,洒脱な ③色事にかかわる,情事がらみの
【风马牛不相及】fēng mǎ niú bù xiāng jí〈成〉互いになんの関係もない
【风帽】fēngmào 名 ①〔顶〕防寒帽 ②フード
【风貌】fēngmào 名 ①様相,状況 ②(人の)風貌,相貌
【风门子】fēngménzi 名(冬,戸の外に取り付ける)寒風よけの戸
【风靡】fēngmǐ 動 風靡する,なびかせる[~一时]一世を風靡する[~全国]国中を流行の渦に巻込む
【风磨】fēngmó 名 風力ひき臼,風車小屋の臼
【风平浪静】fēng píng làng jìng〈成〉四海波静かな,何事もなく平和な
【风起云涌】fēng qǐ yún yǒng〈成〉(大風が吹き黒雲がわき立つ>)事物が急速に発展する
*【风气】fēngqì 名(社会の)風潮,ムード[滋长不良的~]よくない風

潮をはびこらせる［社会〜］社会の気風
【风琴】fēngqín 图〔架〕オルガン［弹〜］オルガンを弾く［管〜］パイプオルガン
【风情】fēngqíng 图① 風土人情，風情。②〖貶〗恋愛の情，色ごとめいた気分［卖弄〜］媚を売る ③ 風の具合（風力・風向など）
*【风趣】fēngqù 图 味わい，趣き—形 ウィットに富む，ユーモアあふれる［说话very〜］話にユーモアがある
【风骚】fēngsāo 图（女の振舞いが）あだっぽい，軽はずみな —图〖書〗詩文（の才）
【风色】fēngsè 图① 風向き，天気 ②（転）風向き，情勢［看〜］成り行きを見守る
【风沙】fēngshā 图 風と砂塵［春天〜很大］春は風砂がひどい
【风尚】fēngshàng 图（社会的な）風潮，気風 ◆多くプラス義をおびる
【风声】fēngshēng 图① 風の音［〜鹤唳］風の音と鶴の鳴き声（にもびくびくする）② うわさ，風の便り［外面〜很紧］物騒なうわさが飛び交う［泄漏〜］情報を漏らす
【风湿病】fēngshībìng 图 リューマチ
【风势】fēngshì 图① 風の強さ，風の勢い ②（転）情勢，雲行き［〜不对］状況不明，形勢が悪い
【风霜】fēngshuāng 图 旅や生活の苦難，風雪［饱经〜］あらゆる辛酸をなめる
【风水】fēngshui/fēngshuǐ 图 風水，家屋や墓地の地相［看〜］地相を占う［〜先生］地相占い師
*【风俗】fēngsú 图 風俗，風習［〜画］風俗画［〜习惯］風俗習慣
【风速】fēngsù 图 風速［量〜］風速を計る［〜表］風速計
【风调雨顺】fēng tiáo yǔ shùn《成》作物にとって天候が順調であること
【风头】fēngtou 图① 風向き，風の動き ② 形勢，情勢〖貶〗出しゃばり［爱出〜］目立ちたがる
【风土】fēngtǔ 图 風土
*【风土人情】fēngtǔ rénqíng《成》土地柄と人情
*【风味】fēngwèi 图①（独特の）味，風味 ② 趣き，味わい，地方色［民歌（的）〜］民謡風の趣
【风闻】fēngwén 動 うわさで知る，耳にする
【风物】fēngwù 图 風物 ◆その土地特有の風景，習俗，特産をいう
*【风险】fēngxiǎn 图（起こりうる）危険，リスク［冒〜］危険を冒す［〜管理］危機管理
【风箱】fēngxiāng 图 ふいご［拉〜］ふいごを動かす，ふいごで風を送る
【风向】fēngxiàng 图① 風向［〜标］風向計［〜袋］（風向をみる）吹き流し ②（転）動向［看〜行事］情勢を見て行動する
【风信子】fēngxìnzǐ 图〖植〗ヒヤシンス
【风行】fēngxíng 動 流行する［〜一时］一時すごくはやる
【风雨】fēngyǔ 图① 風雨 ②〔番〕困難，辛苦
【风雨飘摇】fēngyǔ piāoyáo《成》（嵐に激しく揺れ動く〉情勢がきわめて不安定である
【风雨同舟】fēng yǔ tóng zhōu《成》苦難を共にする［同同舟共济］
【风云】fēngyún 图 風雲，激動する情勢［〜突变］情勢が激変する
【风韵(丰韵)】fēngyùn 图①（多く女性について）優雅な物腰，滲み出る上品さ ②（詩文・書画の）風格と味わい
【风灾】fēngzāi 图 風害
【风障】fēngzhàng 图〖農〗（葦やコウリャンがらなどで編んだ）風よけ，防風屏
【风疹】fēngzhěn 图〖医〗風疹
【风筝】fēngzheng 图〔只〕凧［放〜］凧を揚げげる［糊〜］凧を作る
【风致】fēngzhì 图① 美しい容姿と上品な振舞い ②（景観などの）風趣，味わい
【风中之烛】fēng zhōng zhī zhú《成》風前のともしび
【风烛残年】fēng zhú cán nián《成》余命いくばくもないこと
【风姿(丰姿)】fēngzī 图 優雅な容姿，上品な姿

疯(瘋) fēng

圖①気の狂った，ばかげた［你〜了？］気は確かか［发〜］発狂する ②（農作物が）育ち過ぎで実を結ばない［棉花长〜了］綿花が徒長した
【疯疯癫癫】fēngfengdiāndiān 形（〜的）気がふれている，どうかしている
【疯狗】fēnggǒu 图〔条・只〕狂犬［〜乱咬人］悪人は見さかいなしに善人を陥れる
【疯狂】fēngkuáng 形 気がふれている，気違いじみた［〜叫骂］狂ったように怒鳴り散らす
【疯牛病】fēngniúbìng 图〖医〗狂牛病
【疯人】fēngrén 图 精神病患者，精神障害者
【疯人院】fēngrényuàn 图〔所〕精神病院
【疯枝】fēngzhī 图（綿花などの）実を結ばない枝，徒長枝
【疯子】fēngzi 图 狂人，精神異常者

枫(楓) fēng

⊗ トウカエデ［〜树］［〜香

树]同前の木 ♦葉先が3つに分かれている

【封】fēng 動①封をする,閉じる［把信～上］手紙の封をする［大雪～山］大雪が山を閉ざす ②封ずる,授ける［～他为大将军］彼を大将軍に封ずる —量手書を数える［一～信］1通の手紙 ⊗①紙の包み［信～］封筒 ②(F-)姓

【封闭】fēngbì 動①密封する,堅く閉ざす ②封鎖(閉鎖)する［～机场］空港を封鎖する

【封存】fēngcún 動封をして保存する,(資金などを)凍結する

【封底】fēngdǐ 图裏表紙 ♦現代風の装丁では裏表紙を'封四',その裏(つまり前)を'封三'という ⇔【封面】

【封河】fēng'hé 動氷で川が閉ざされる,川が凍結する

【封火】fēng'huǒ 動火を鈍くする,火を灰の中に埋ける

*【封建】fēngjiàn 图封建［～主义］封建主義 —形封建的な［～头脑～］頭が古い

【封禁】fēngjìn 動①封鎖(閉鎖)する ⇒【封闭】 ②(発行や閲覧を)禁止する,お蔵入りにする

【封口】fēng'kǒu 動①(手紙の)封をする ②(傷口や瓶の口などについて)ふさぐ,ふさがる ③口を閉ざす,沈黙する

【封面】fēngmiàn 图表紙 ♦現代風の装丁では表紙を'封一',その裏を'封二'という

*【封锁】fēngsuǒ 動封鎖する［～港口］港を封鎖する［～线］封鎖線［经济～］経済封鎖

【封套】fēngtào 图(～儿)(書類用の)大型封筒

【封条】fēngtiáo 图(差し押さえの)封印紙,封緘紙

【封嘴】fēng'zuǐ 動①口を閉ざす,沈黙する ⇒【封口儿】 ②口をふさぐ［～钱］口止め料

【葑】fēng ⊗'芜菁 wújīng'(カブラ)の古語

【峰(*峯)】fēng ⊗①峰,山頂［高～］高峰,ピーク［顶～］頂上［～会］サミット ②山峰に似たもの［驼～］ラクダのこぶ —量旧時ラクダを数える量詞としても用いたが,現在は'匹'を使う

【烽】fēng ⊗のろし

【烽火】fēnghuǒ 图①のろし火 ⇒【狼烟】［～台］のろし台 ②戦火［～连天］戦火が全土に広がる

【烽烟】fēngyān 图のろし ⇒【～四起】各地に戦火ののろしがあがる

【锋(鋒)】fēng ⊗①刃先,先端［刀～］刀の切っ先［笔～］筆の穂先［～锐］鋭利な,鋭敏な ②先鋒,前衛 ③[天]前線［冷～］寒冷前線

*【锋利】fēnglì 形①(刃物が) 鋭利な,鋭い［这把宝剑很～］この剣はよく切れる ②(言論が) 鋭い,辛辣な

【锋芒(鋒鋩)】fēngmáng 图①矛先,切っ先［斗争的～］闘争の矛先 ②才気,才能［不露～］(有能な者が)爪を隠す

【蜂(*蠭蠭)】fēng 图〔只〕ハチ［蜜～］ミツバチ［养～场］養蜂場 ⊗群をなして,大勢で［～拥而入］どっとなだれ込む

【蜂巢】fēngcháo 图ハチの巣(普通は'蜂窝'という)

【蜂房】fēngfáng 图ミツバチの六角形の巣房

【蜂聚】fēngjù 動(書)(多人数が)詰め掛ける,蝟集する

【蜂蜜】fēngmì 图はちみつ ⇒【蜜】

【蜂窝】fēngwō 图①ハチの巣 ②ハチの巣状に多くの穴が開いたもの［～煤］煉炭

【蜂响器】fēngxiǎngqì 图ブザー ⇒【蜂鸣器】［蜂音器］［按～］ブザーを押す

【蜂拥】fēngyōng 動群れをなして押し寄せる,どっと押し掛ける

【酆】fēng ⊗(F-)姓

【冯(馮)】Féng ⊗姓 ⇒píng

【逢】féng 動逢う,出会う ⇒【见】［～人就说］逢う人ごとに言う［每～下雨］雨が降るたびに…［久别重～］久々に再会する

【逢集】féngjí 動市が立つ日になる［二八～］2と8の日に市が立つ

【逢迎】féngyíng 動(貶)迎合する,取り入る［善于～］取り入るのがうまい

【缝(縫)】féng 動縫う［～衣服］服を縫う［～线］縫い糸 ⇒fèng

【缝补】féngbǔ 動つぎを当てる,繕う［～旧衣］古着を繕う

【缝合】fénghé 動(傷口を)縫う,縫合する［～线］［～丝线］縫合用の糸

【缝纫机】féngrènjī 图〔架〕ミシン

【讽(諷)】fěng ⊗①あてこする,皮肉る［讥～］皮肉る ②(詩文などを) 朗読する,唱える

*【讽刺】fěngcì 動風刺する,当てこ

する

【讽喻】fěngyù [名] 風喩，アレゴリー ━ [動] 風喩する，たとえ話で諭す

〖凤(鳳)〗fèng ⊗ ① 鳳凰 ② (F-)姓

【凤凰】fènghuáng [名] 鳳凰 ♦伝説上の鳥王，不死鳥. 雄を'凤'，雌を'凰'という ［～座］ほうおう座(南天の星座) ［～竹］ホウオウチク

【凤梨】fènglí [名] パイナップル [同]［菠萝］

【凤毛麟角】fèng máo lín jiǎo《成》(鳳凰の羽毛と麒麟の角＞) きわめて珍しく貴重な人や物

【凤仙花】fèngxiānhuā [名] ホウセンカ(根や種は漢方薬にする) [同]［指甲花］

【奉】fèng [動] ① 受ける，頂く 〚～到命令〛命令を受ける ② 献呈する 〚～上〛差し上げる ⊗ ① 謹んで行う ［～还］お返しする ② お世話する，付き添う ［侍～］同前 ③ (F-)姓

【奉承】fèngcheng [動] お世辞を言う，へつらう 〚～他两句好话〛彼に二言三言お世辞を言う ［～话］お世辞

【奉告】fènggào [動]《敬》申し上げる ［无可～］ノーコメント(です)

【奉命】fèng'mìng [動] 命令を受ける，命令を遵守する([同]［奉令］) 〚奉上级之命而来〛上司の命に従い参上しました

【奉陪】fèngpéi [動]《敬》お供する，おつきあいする

【奉送】fèngsòng [動]《敬》贈呈する，差し上げる 〚～您拙著一册〛拙著を差し上げます

★【奉献】fèngxiàn [動] 献上する，謹呈する

【奉行】fèngxíng [動] (政策や原則を)遵奉する，固く守り通す 〚～故事 gùshì〛昔からのしきたりを遵奉する

〖俸〗fèng ⊗ ① 給料 ［～禄］旧時官吏の俸給 ［薪～］俸給 ② (F-)姓

【缝(縫)】fèng [名] (～儿) 〔条・道〕 ① 継ぎ目，合わせ目 ② 割れ目，すき間 〚裂了一条～儿〛1本ひびが入った 〚溜 liù ～〛目貼りする ［门～儿］戸のすき間
⇨féng

【缝隙】fèngxì [名] 〔条・道〕すき間，裂け目

【缝子】fèngzi [名] すき間，割れ目 [同]［缝儿］

【佛】fó [名] ① 仏陀，釈迦 ② 〔尊〕仏像 ⊗ 仏教 ［～家］仏門 ［信～］仏教を信じる
⇨fú

【佛教】Fójiào [名] 仏教 〚信仰～〛仏教を信じる

【佛经】fójīng [名] 〔部〕仏教の経典，お経

【佛龛】fókān [名] (～儿) 〔座〕仏像を安置する仏具，厨子

【佛烧一炷香，人争一口气】fó shāo yí zhù xiāng, rén zhēng yì kǒu qì《俗》人は高く気概を持たねばならぬ

【佛堂】fótáng [名] 〔间〕仏堂，仏間

【佛头着粪】fó tóu zhuó fèn《成》(仏頭に糞がつく＞) 優れた物を汚す，冒瀆する

【佛像】fóxiàng [名] 〔尊〕仏像

【佛爷】fóye [名] 仏様，お釈迦さま

【佛珠】fózhū [名] (～儿) 〔串〕数珠 ([同]［数珠］) 〚捻～〛数珠をつまぐる

〖否〗fǒu ⊗ ① いな，いいえ ② (疑問を表わして)…であるのかないのか 〚能～完成〛完成できるかどうか ③ 否定する，否認する
⇨pǐ

★★【否定】fǒudìng ([反]［肯定］) [動] 否定する，否認する 〚～一切〛すべてを否定する ━ [形]〔定語として〕否定的な ［～判断］否定的判断

★【否决】fǒujué [動] 否決する([反]［通过］) ［～权］拒否権

★★【否认】fǒurèn [動] 否認する 〚～抄袭〛盗作を否認する

★★【否则】fǒuzé [接] さもなくば，そうでなければ [同]［不然］ ♦口語の'要不'に相当

〖夫〗fū ⊗ ① おっと ［～妻］夫妻 ② 成年男子 ［匹～］平凡な男 ③ 肉体労働に従事する人 ［船～］船頭 ［樵～］《旧》きこり ④ 労役に服する人 ［拉～］《旧》(軍隊が) 人夫狩りをする ♦古代の指示詞(それ)，語気助詞は fú と発音

★【夫妇】fūfù [名] 〔对〕夫妻 ［大总统～］大統領夫妻

【夫妻】fūqī [名] 〔对〕夫婦 ［～店］夫婦二人だけで営む小商店

【夫妻没有隔夜仇】fūqī méiyǒu gé-yè chóu《俗》(夫婦の間に宵越しの恨みはない＞) 夫婦の争いはたやすく片が付く

★【夫人】fūren/fūrén [名] 夫人，奥様 ♦外交の場などで使われる一種の敬称 〚问你～好〛奥様によろしく

【夫子】fūzǐ [名]《書》① 学者・長者・師に対する尊称 ②《貶》学者先生 ［老～］世事に疎い老学者

【夫子自道】fūzǐ zì dào《成》他人のことを言っているのに，実際は自分のことに当てはまる，ついつい己を語っている

〖肤(膚)〗fū ⊗ ① 皮膚 ［皮～］皮膚 ② 表面

的な
【肤泛】fūfàn [形] 浅薄な，皮相な
【肤浅】fūqiǎn [形]（学識が） 浅い，（認識が）皮相な
【肤色】fūsè [名] 皮膚の色

〖麸（麩 *麬）〗 fū ⊗以下を見よ
【麸子】fūzi [名]（小麦の） ふすま [同][麸皮]

〖跗〗 fū ⊗足の甲 ［～骨］跗(ふ)骨

【孵】 fū [動] 卵をかえす 〚～鸡〛鶏の卵をかえす
【孵化】fūhuà [動] 孵(ふ)化する 〚～小鸡〛ひよこを孵化させる
【孵化器】fūhuàqì [名] 孵化器；《転》（企業の創設や改善を支援する）インキュベーター

【敷】 fū [動]（薬などを） 当てる 〚～上药布〛湿布を当てる ［冷～］冷湿布する
⊗①敷く，広げる ②足りる ［入不～出］収入が支出に足りない
【敷设】fūshè [動] 敷設する 〚～管道〛パイプラインを敷く
【敷衍（敷演）】fūyǎn [動]《書》敷衍(ふえん)する
*【敷衍】fūyan/fūyǎn [動] ①適当にあしらう，おざなりに済ます 〚～他几句〛いい加減なことを言って彼をあしらう ②どうにかこうにか持ちこたえる
【敷衍了事】fūyǎn liǎo shì《成》適当にお茶を濁す，いい加減にごまかす
【敷衍塞责】fūyǎn sè zé《成》いい加減に対応する，手抜き仕事で済ませる

〖弗〗 fú ⊗文語の否定詞 ♦ '不' と似るが，多く他動詞を修飾

〖佛〗 fú ⊗①意に背く，違反する ［～戾］同前 ②→［仿佛 fǎngfú］
⇨fó

【拂】 fú [動] ①払い落とす 〚～去灰尘〛ほこりを払う ②かすめる，そっと撫でる ［春风～面］（春風が）顔を軽く撫でる
⊗①（意に）背く，反する ［～耳］耳に逆らう ②振り動かす ［～袖］袖をさっと払う
【拂尘】fúchén [名]《書》払子(ほっす)，ちり払い [同][拂子]
【拂拂】fúfú [形]《書》風がそよそよ吹くさま
【拂拭】fúshì [動]（塵を）払う，拭う
【拂晓】fúxiǎo [名] 夜明け方，払暁 [同][凌晨]

【氟】 fú [名]〚化〛フッ素
【氟氯烷】fúlǜwán [名]〚化〛フロン [同][氟利昂]

【伏】 fú [動] 伏せる，うつ伏せになる — [量]（電圧の） ボルト（'伏特' の略）
⊗①へこむ，沈下する ②隠れる ③（罪を） 認める，屈服する ④→［～天］［三～］ ⑤（F-）姓
【伏案】fú'àn [動]〔状語として〕机に向かう 〚～读书〛机に向かって読書する
【伏笔】fúbǐ [名]（文章中の） 伏線，暗示 [同][伏线]
【伏法】fúfǎ [動]（罪人が）死刑を執行される
【伏击】fújī [動] 待ち伏せて攻撃する
【伏输】fú▾shū [動] [同][服输]
【伏暑】fúshǔ [名] 夏の最も暑い時期，'伏天' の時期 [関][三伏]
【伏特】fútè [量]（電圧の）ボルト（略は '伏'）
【伏特加】fútèjiā [名] ウォッカ
【伏天】fútiān [名] 1年で最も暑い '三伏' の日々 ♦夏至から3番目の庚(かのえ)の日から始まる30-40日間をいう [関][三伏]
【伏罪（服罪）】fú▾zuì [動] 自分の罪を認める

〖茯〗 fú ⊗以下を見よ
【茯苓】fúlíng [名]（サルノコシカケ科の）ブクリョウ ♦漢方で利尿・鎮痛に用いる

〖凫（鳧）〗 fú ⊗①〚鳥〛カモ（口語では '野鸭' という） ②泳ぐ

〖芙〗 fú ⊗以下を見よ
【芙蓉】fúróng [名] ①フヨウ，モクフヨウ ♦北京ではネム（合歓木） をいう ②ハスの花（[同][荷花]） ［～国］湖南省の別称

【扶】 fú [動] ①手で支える 〚～他去看病〛彼を支えて病院へ連れて行く ②手でつかまる 〚～好栏杆〛手すりにちゃんとつかまる ③助け起こす，手を貸して立たせる
⊗①救済する，援助する ［～贫］貧困救済 ②（F-）姓
【扶持】fúchí [動] 扶助する，援助する 〚～乡镇企业〛郷鎮企業を援助する
【扶老携幼】fú lǎo xié yòu《成》老人や子供を引き連れる，家族ぐるみで行動する
【扶桑】fúsāng [名] ①〚植〛ハイビスカス，ブッソウゲ [同][朱槿] ②神話で東海の日の出る所にあるという神木 ③（F-）日本国の別称
【扶手】fúshǒu [名] 手すり，欄杆(らんかん)の横木，（椅子の）ひじ掛け
【扶养】fúyǎng [動] 扶養する，養育する 〚～子女〛子供を扶養する
【扶掖】fúyè [動]《書》援助する，育成

する
【扶植】fúzhí [動]育成する，養成する
【扶助】fúzhù [動]援助する，扶助する
〖芇〗fú [⊗]草木が茂る，生長の盛んな
〖孚〗fú [⊗]信服させる
【俘】fú [動]捕虜にする ♦単音節語と結合〚敌人被～了〛敵は捕虜となった
[⊗]捕虜［战～］戦争捕虜
*【俘虏】fúlǔ [名]捕虜 — [動]捕虜にする〚～300余人〛300人余りを捕虜にする
【浮】fú [動]① 浮く，浮かべる（[反][沉]）〚木头～在水上〛木が水に浮かんでいる ②（表情を）浮かべる〚～着微笑〛ほほえみを浮かべる ③《方》泳ぐ — [形]軽々しい，浮わついた
[⊗]① 表面的な，上っ面の ② 一時的な，仮の ③ 空虚な，内容のない ④ 超過した，過剰な
【浮标】fúbiāo [名]〔处〕ブイ［～灯］浮き灯台
【浮财】fúcái [名]（現金，家財などの）動産 [同][动产]
【浮沉】fúchén [動]浮き沈みする，根なし草の状態にある〚与世～〛世の流れとともに漂う
【浮词】fúcí [名]根拠のない言辞，現実離れした言い草 [同][浮言]
【浮荡】fúdàng [動]（水面や空中で）漂う
【浮雕】fúdiāo [名]レリーフ，浮彫り
【浮动】fúdòng [動]①（水面や空中で）漂う ② 浮動する，変動する［～汇率］変動為替相場
【浮华】fúhuá [形]派手な，見栄を張った
【浮夸】fúkuā [形]誇張した，大げさな
【浮力】fúlì [名]浮力
【浮名】fúmíng [名]虚名，実力以上の名声
【浮皮潦草】fúpí liǎocǎo《成》ぞんざいでいい加減である，およそ熱意のない [同][肤皮潦草]
【浮萍】fúpíng [名]〚植〛ウキクサ科の薬草（発汗利尿作用をもつ） [同][水萍][紫萍]
【浮浅】fúqiǎn [形]浅薄な，薄っぺらな [同][肤浅]
【浮桥】fúqiáo [名]〔座〕浮き橋〚搭～〛浮き橋をかける
【浮尸】fúshī [名]〔具〕水面に浮かんでいる死体，土左衛門(どざえもん)
【浮石】fúshí [名]軽石(かるいし)
【浮土】fútǔ [名]① 表層の土，表土 ② 衣服や家具に付着するほこり
【浮现】fúxiàn [動]①（過去の光景などが）目に浮かぶ，浮かび出る〚～在眼前〛まぶたに浮かぶ ②（表情を）浮かべる〚～出微笑〛笑みを浮かべる
【浮想】fúxiǎng [名]胸に浮かぶ想い，様々な感想 — [動]回想する，思い出す〚～起许多往事〛昔のことが色々思い出される
【浮游】fúyóu [動]浮遊する［～生物］浮遊生物，プランクトン［～资金］流動資金
【浮云】fúyún [名]〔朵〕浮き雲，流れ雲
【浮躁】fúzào [形]せっかちで落ち着きのない
【浮肿】fúzhǒng [名]むくみ [同][水肿]
〖桴〗fú [⊗]小さい筏(いかだ)
〖—（*枹）〗[⊗]太鼓のばち
【桴鼓相应】fú gǔ xiāng yìng《成》（ばちでたたけば太鼓が鳴る＞）打てば響く
〖蜉〗fú [⊗]以下を見よ
【蜉蝣】fúyóu [名]〚虫〛〔只〕カゲロウ
〖苻〗fú [⊗]（F-）姓
【符】fú [名]〔张〕護符，守り札
[⊗]① 割り符［虎～］（古代の）虎形の割り符 ② 符号，記号［音～］音符 ③ 一致する，符合する ④（F-）姓
*【符号】fúhào [名]① 符号，記号［～逻辑］記号論理［～学］記号論 ② 記章（[同][徽章]）〚佩带～〛記章をつける
**【符合】fúhé [動]符合する，ぴったり合う〚～要求〛要求に合致する
【服】fú [動]①（薬を）服用する〚～药〛薬を服用する〚日～三次〛日に3度服用する ② 服する，従う〚～兵役〛兵役に服する［～刑］刑に服する ③ 心服する，納得させる
[⊗]① 衣服 ② 着る ③ 心服させる［说～］説得する ④ 適応する［不～水土］風土に慣れない ⑤（F-）姓
⇨fù
**【服从】fúcóng [動]服従する，従う
【服毒】fú▾dú [動]服毒する，毒を仰ぐ
【服老】fúlǎo [動]〘多く否定形で用い〙自分が年老いたと認めて行動を控える
*【服气】fúqì [動]信服する，納得する
【服软】fú▾ruǎn [動]（～儿）自分の負け（間違い）を認める，シャッポを脱ぐ
【服丧】fúsāng [動]喪に服する
【服饰】fúshì [名]服飾，衣服と装身具
【服侍（伏侍）】fúshi [動]そばにいて世話をする，付き添う
【服输（伏输）】fú▾shū [動]敗北を認め

る，(参ったと)頭を下げる
【服帖】fútiē 形 ① 従順な [伏帖] ② 穏当な
【服务】fúwù 動 (他のために) 働く，奉仕する [为人民～] 人民に奉仕する [～器] (コンピューターの) サーバー [～台] サービスカウンター，フロント
*【服务员】fúwùyuán 名 (ホテル・料理店などの) サービス係，ボーイ，メイド
【服役】fúyì 動 兵役に服する，兵隊にゆく ⇨[退役]
【服膺】fúyīng 動〘書〙服膺する，しっかり心に留める ◆'膺'は胸のこと
【服用】fúyòng 動〘書〙服や身の回りの品一 (薬を) 服用する [～中药] 漢方薬を服用する
*【服装】fúzhuāng 名 服装 (～[时装]) ～模特 ファッションモデル [～设计] ファッションデザイン
【服罪(伏罪)】fúzuì 動 罪を認める

【罘】 fú ⊗ [芝～] 山東の地名

【匐】 fú ⊗→[匍 pú～]

【幅】 fú 名 (～儿 fúr とも発音) 生地の幅 [单(双)～] シングル(ダブル) 幅 — 量 (～儿 fúr とも発音) 布，毛織物，書画等を数える [一～画] 一枚の絵 ⊗ 広さ，幅 [～员] 領土の広さ

*【幅度】fúdù 名 振度や変動の大きさ，程度 [增产的～很大] 増産の程度がすごい [大～] 大幅(に)

【福】 fú 名 幸福，幸せ [这是我的～] これは私の幸せです [托您的～] おかげさまで — 動 (旧) 婦人が'万福'の礼をする ⊗ (F-) 姓

【福地】fúdì 名 [块] 道教でいう神仙の地，(転) 極楽
【福尔马林】fú'ěrmǎlín 名 (訳) ホルマリン
*【福利】fúlì 名 福利，福祉 [谋～] 福利を図る — 動〘書〙生活の向上をもたらす，福利を得させる [～人民] 人民の生活を向上する
*【福气】fúqi 名 幸せになる運命，幸運 (⇨[福分 fúfen]) [有～] 幸運に恵まれる
【福无双降, 祸不单行】fú wú shuāng jiàng, huò bù dān xíng〈俗〉よい事は重ならないが悪い事は重なるのだ ◆'福无双至'とも
【福星】fúxīng 名 福の神
【福音】fúyīn 名 キリスト教の教義；(転) よきおとずれ, 喜ばしい知らせ

【辐(輻)】 fú 名 (車輪の) 輻 ^{こや}，スポーク

【辐辏(輻輳)】fúcòu 動〘書〙一点に集まる，収斂する，輻輳する

【辐射】fúshè 動 放射する, 輻射する [～热] 輻射熱

【蝠】 fú ⊗→[蝙 biān～]

【涪】 fú ⊗ [～陵] 四川の地名

【甫】 fǔ ① 古代，男子の字 ^{あさな} の下に加えた美称('父'とも書く) ② 人の字 ^{あさな} [台～]〘書〙あなたの字 ③ 今しがた…したばかり，やっと ④ (F-) 姓

【辅(輔)】 fǔ ⊗ 助ける，補佐する

【辅币】fǔbì 名 ('辅助货币'の略) 小額通貨，補助貨幣 ◆人民元では'角' '分'を指す
【辅导】fǔdǎo 動 (課外に) 助言指導する，補習する [～他学数学] あの子の数学の勉強を見てやる [～员] 指導員
【辅音】fǔyīn 名〘語〙子音 (⇨[子音] ⇨[元音])
*【辅助】fǔzhù 動 助ける，補佐する [～他做好工作] 彼の仕事を傍で支える — 形〘定語として〙補助的な，二次的な
【辅佐】fǔzuǒ 動〘書〙(多く政治の場で) 補佐する

【脯】 fǔ ⊗ ① 干し肉 ② 蜜漬け果実の干したもの [杏～] 乾燥アンズ ⇨ pú

【抚(撫)】 fǔ ① なでる，そっと押さえる ② 慰める，なだめる ③ 養育する，保護する ④ ⇨'拊'

【抚今追昔】fǔ jīn zhuī xī〈成〉眼前の事物に触発されて回想にふける
【抚摩】fǔmó 動 なでる，さする (⇨[抚摸])
【抚慰】fǔwèi 動 慰める，元気づける
【抚恤】fǔxù 動 弔慰する [～他 1000 元] 彼に1000 元の救済補償金を出す [～金] 救済補償金, 弔慰金，見舞金
【抚养】fǔyǎng 動 慈しみ育てる，養育する
【抚育】fǔyù 動 (子供や生物を) 養成する，大切に育てる

【拊】 fǔ ⊗ たたく [～膺]〘書〙(悲しみに) 胸をたたく

【拊掌(抚掌)】fǔzhǎng 動〘書〙手をたたく, 拍手する

【府】 fǔ ⊗ ① 旧時の行政区画の一 (県と省の中) ② 官庁，行政機関 ③ 旧時の貴族や大官の邸宅 [王～] 皇族の邸宅 ④ 旧時の文書や財物の貯蔵庫 [天～之国] 天然資源の豊かな地

【府邸】fǔdǐ 名 ⇨[府第]
【府第】fǔdì 名〔旧〕邸宅，官邸
【府上】fǔshàng 名〘敬〙① お宅

【俯】 fǔ ⊗ うつむく ⑩'仰'

【俯冲】 fǔchōng 動 (飛行機や鳥が)急降下する

【俯瞰】 fǔkàn 動 俯瞰する，見下ろす [～摄影] 上空からの撮影

【俯拾即是】 fǔ shí jí shì 〈成〉至る所で拾える，ざらにある ⑩【俯拾皆是】

【俯视】 fǔshì 見下ろす，俯瞰する [～图] 俯瞰図

【俯首】 fǔshǒu 動〈書〉① 下を向く，うつむく ⑩[昂首] ② 人の言うなりになる [～听命] おとなしく命令に従う [～帖耳(贴耳)] 卑屈に服従する

【俯卧】 fǔwò 動 腹ばう，伏せる (⊗[仰卧]) [～撑] 腕立て伏せ

【俯仰】 fǔyǎng 動 下を見て上を見る ♦ 動作全般を指す

【俯仰由人】 fǔ yǎng yóu rén 〈成〉すべての人の言いなりになる，他人に鼻面当られる

【俯仰之间】 fǔ yǎng zhī jiān 〈成〉瞬く間に，あっという間に

【腑】 fǔ ⊗ 人体内の臓器(→[六腑]) [脏～] (中国医学で)臓器，内臓

【腐】 fǔ ⊗ ① 腐る，(思想行為が)腐敗する ② '豆腐'の略

*【腐败】 fǔbài 動 (ものが)腐る，腐敗する ― 形 (思想的，道德的に)腐敗した，堕落した

【腐化】 fǔhuà 動 (主に思想，行動が)腐敗(堕落)する(させる)，変質(劣化)する(させる) [人の魂を腐らせる] [～分子] 堕落分子

*【腐烂】 fǔlàn 動 腐る，腐爛する ― 形 (組織，機構などが)腐敗した，堕落しきった

【腐儒】 fǔrú 名 世事に疎く役立たずの学者，腐儒

【腐乳】 fǔrǔ 名 発酵豆腐の塩漬け ♦ 酒の肴や粥の添え物などにする

*【腐蚀】 fǔshí 動 ① (化学作用で)腐食する ② (人を)むしばむ，堕落させる

*【腐朽】 fǔxiǔ 形 ① (木材などが)腐った，朽ちた ② (思想，制度などが)陳腐で，効力を失った

【斧】 fǔ ⊗ ① 斧f ② 古代の武器の一

【斧头】 fǔtou/fǔtóu 名 [把] 斧

【斧凿痕】 fǔzáohén 名〈書〉斧との跡，わざとらしく不自然な詩文や表現

【斧子】 fǔzi 名 [把] 斧 [拿～砍树] 斧で木を切る

【釜】 fǔ ⊗ 古代の鍋 [破～沉舟]〈成〉(戦さを前にして鍋を割り舟を沈める＞) 背水の陣を敷く

【釜底抽薪】 fǔ dǐ chōu xīn 名〈成〉(鍋の下の薪を抜き取る＞) 断固とした措置をとる，抜本的な解決を図る

【釜底游鱼】 fǔ dǐ yóu yú〈成〉(鍋の中で泳ぐ魚＞) 滅亡の危機にある人や集団

【父】 fù ⊗ ① 父 [家～] 私の父 ② 親族関係で世代が上の男性 [伯～] (父方で父より年上の)おじ

【父母】 fùmǔ 名 父母，両親

*【父亲】 fùqin/fùqīn 名 父，父親 ♦ 呼び掛けや自称には用いない ⑩[爸爸]

【父兄】 fùxiōng 名〈書〉① 父と兄 ② 家長，年長者

【父子】 fùzǐ 父親と息子

【讣】(訃) fù ⊗ 死を知らせる

【讣告】 fùgào 名[份] 訃報 ― 動 死亡を通知する [向亲友～] 親戚友人に訃報を出す

【讣闻(訃聞)】 fùwén 名 [篇] 死亡通知 ♦ 多く故人の経歴が記されている

【赴】 fù ⊗ ① 赴く，行く [～宴] 宴会に行く ② 泳ぐ ③ '讣'に同じ

【赴难】 fùnàn 動〈書〉困難に赴く，国の危急を救いに行く

【赴任】 fùrèn 動 赴任する

【赴汤蹈火】 fù tāng dǎo huǒ〈成〉水火も辞さない，たとえ火の中水の中

【付】 fù 動 (金を)払う [～钱] 金を払う [预～] 前払いする ― 量 組み合わせで1セットになるものを数える ⑩[副] ⊗ ① 付す，渡す，まかせる [～表决] 表決に付す [交～] 渡す ② (F-) 姓

【付出】 fùchū 動 ① (金を) 支払う ② (代償，犠牲を) 払う，差し出す [～不少心血] 多くの心血を注ぐ

【付方】 fùfāng 名 貸し方 ⑩[贷方] ⊗[收方]

*【付款】 fùkuǎn 動 代金を支払う

【付排】 fùpái 動 原稿を植字に回す

【付托】 fùtuō 動 ゆだねる，委託する [～他一件事] 彼に用事を託す

【付型】 fùxíng 動[印] 紙型をとる

【付印】 fùyìn 動 (校正を終わって)印刷に回す，(広義には) 原稿を出版社に渡す

【付账】 fùzhàng 動 勘定を支払う，会計を済ませる

【付之一笑】 fù zhī yí xiào〈成〉一笑に付す，まるで気に留めない

【付诸东流】fù zhū dōng liú《成》(東に流れる河に投げる＞)苦労が水の泡となる, 望みがうたかたと消える

【附】fù [動]①(ついでに) 付け加える, 添える〖信中～着两张照片／随信～上两张照片〗手紙に写真を2枚同封する ②近づく, 付着する〖～在他耳朵旁边说悄悄话〗彼の耳もとでひそひそと話す

[⊗]①付け加えられた ②従う, 従属する

【附带】fùdài [形]〔定語として〕補足的な, つけ足しの〖～的任务〗二次的な任務 ― [動]〔多く状語的に〕付随する〖～说一下〗ついでに言わせてもらえば…

【附耳】fù'ěr [動]〔多く状語的に〕耳に口を寄せる〖～交谈一会儿〗しばらくひそひそと語り合った

*【附和】fùhè [動]《貶》(人の意見, 行動に) 追随する, 雷同する〖～别人的意见〗他人の意見に追随する

【附会(傅会)】fùhuì [動]こじつける [牵强～] 牽強付会する

【附骥】fùjì [動]《書》驥尾(きび)に付す, 優れた先達のあとに従う

【附加】fùjiā [動]付け加える, 書き添える〖～两项说明〗説明を2条付け加える [～条件] 付帯条件

*【附件】fùjiàn [名]①付属文書, 添付ファイル ②〖機〗付属品, 部品

**【附近】fùjìn [名]付近, 近所

【附录】fùlù [名]本文の後ろに加えられる文書や資料, 付録

【附设】fùshè [動]付設する〖～一所小学〗付属小学校をつくる

*【附属】fùshǔ [動]付属する, 帰属する〖这所学校～于师范学院〗この学校は師範大学に付属する [～小学] 付属小学校

【附小】fùxiǎo [名]《略》付属小学校

【附载】fùzǎi [動]付録として掲載する, 補足的に載せる

【附则】fùzé [名]〖法〗付則

【附中】fùzhōng [名]《略》付属中学・高校

【附注】fùzhù [名]〔条〕付注, 注

【附着】fùzhuó [動]付着する, くっつく〖窗户上～着很多水珠〗窓に沢山の水滴がついている

【咐】fù/fu [⊗]→[吩～ fēnfu] [嘱～ zhǔfu]

【驸(駙)】fù [⊗][～马] 皇帝の婿

【负(負)】fù [動](責任などを) 負う, 負担する〖～责任〗責任を負う ― [形]〔定語として〕〖数〗負の, マイナスの [反][正]

[⊗]①敗れる, 負ける [胜～] 勝敗 ②背負う [～荆请罪] いばらの杖を背負って許しを請う ③依る, 頼りにする [～隅顽抗] 険要の地に拠って抵抗する ④こうむる, 受ける→[～伤] ⑤享受する ⑥背く, たがえる [～约] 違約する

*【负担】fùdān [名]負担, 重荷〖减轻～〗負担を軽減する ― [動](責任・費用などを) 引き受ける, かぶる〖姐姐～我上学〗姉は私が学校に通う費用を負担してくれる

【负号】fùhào [名](～儿)〖数〗マイナス符号 [反][正号]

【负荷】fùhè [名]負荷, 荷重([同][负载]) [～容量] 負荷許容量 ― [動]《書》担う

【负疚】fùjiù [動]《書》すまなく思う, やましさを感じる〖深感～〗心より申し訳なく思う

【负离子】fùlízǐ [名]マイナスイオン

【负面】fùmiàn [形]〔定語として〕マイナス面の

【负片】fùpiàn [名]ネガフィルム [同][底片] [反][正片]

【负气】fùqì [動]向かっ腹を立てる, かっかする

【负伤】fù▼shāng [動]負傷する [同][受伤]

【负数】fùshù [名]〖数〗負数, マイナスの数 [反][正数]

**【负责】fùzé [動]責任を負う, 担当管理する〖由我负责〗僕が責任をとる〖对后果～〗(悪い) 結果について責任を負う〖～布置会场〗会場準備の責任者になる ― [形]責任感の強い, (仕事に)誠実な

【负债】fù▼zhài [動]借金がある, 債務を負う〖负了一笔债〗かなりの借金がある

―― fùzhài [名]負債, 借金

【负重】fùzhòng [動]重荷を背負う [～训练] ウエイトトレーニング

【妇(婦)】fù [⊗]①婦人, 既婚女性 ②妻 ③(広く)女性

【妇产科】fùchǎnkē [名]産婦人科

【妇科】fùkē [名]婦人科 [～病] 婦人病

【妇联】fùlián [名]《略》婦女連合会

**【妇女】fùnǚ [名]婦人, (成人) 女性 [～节] 国際婦人デー(3月8日) [～解放运动] ウーマンリブ

【妇人】fùrén [名]既婚の女性

【妇幼】fùyòu [名]〔多く定語として〕婦人と児童 [～保健中心] 母子保健センター

【阜】fù [⊗]①山, 丘 ②(物が)多い

【服】fù [量]漢方薬の一服 ⇨fú

【复(復)】fù [⊗]①向きを変える [翻来～去] 何度も寝返る ②返事(回答) する

腹蝮馥副 — fù

【复(複)】fù ①重複する，重ねる ②複合の，複雑な

【复辟】fùbì 動 復辟する，(君主の地位に)返り咲く 〖～帝制〗帝制を復活させる

【复查】fùchá 動 再検査する，再調査する

【复仇】fùchóu 動 報復する，復讐する

【复发】fùfā 動 (病気が)再発する

【复工】fùgōng 動 (ストライキ後)仕事を再び始める，(レイオフの後)職場復帰する

【复古】fùgǔ 動 復古する，昔風に戻す

【复合】fùhé 動 複合する，結合する 〖～肥料〗混合肥料 〖～元音〗複合母音

【复核】fùhé 動 ①点検する，照合する ②〖法〗(死刑判決の出た事件を)再審する

*【复活】fùhuó 動 復活する，生き返る 〖～节〗イースター

【复句】fùjù 图〖語〗複文 (反)〖分句〗

【复刊】fùkān 動 復刊する，刊行を再開する

【复课】fùkè 動 (学生がストをやめ)学業に戻る，(学校が休校のあと)授業を再開する

【复利】fùlì 图 複利 (反)〖单利〗

【复赛】fùsài 動〖体〗1回戦('初赛')と決勝戦('决赛')の間，2回戦から準決勝までの試合をする

【复审】fùshěn 動 ①再審査する ②(裁判所が)再審する

【复试】fùshì 图 第2次試験 (反)〖初试〗

【复数】fùshù 图〖語〗複数

【复苏】fùsū 動〖書〗①蘇る，活気を取り戻す ②蘇らせる

*【复习】fùxí 動 復習する 〖做完～〗復習を済ます

【复线】fùxiàn 图 (鉄道の) 複線 (反)〖单线〗 〖～铁路〗複線鉄道

【复写】fùxiě 動 複写する 〖～纸〗カーボン紙

【复信】fùxìn 图 返信 (反)〖回信〗
—— fùxìn 動 返事を出す

*【复兴】fùxīng 動 復興する(させる)

*【复姓】fùxìng 图 2字の姓('司马' '欧阳' '诸葛' など)

【复学】fùxué 動 復学する，学校に戻る 〖休学〗

【复眼】fùyǎn 图〖動〗複眼

【复业】fùyè 動 ①本業に戻る，旧職に復帰する ②(商店が)営業を再開する

【复议】fùyì 動 (既決事項を)再討議する，再議する

【复音词】fùyīncí 图 多音節語

*【复印】fùyìn 動 複製する，コピーする 〖～机〗複写機 〖～纸〗コピー用紙

【复原】fùyuán 動 (=〖复元〗) ①復元する，元の姿を取り戻す ②(健康を)回復する，元気になる

【复员】fùyuán 動 ①復員する ②(戦時体制から)平時の体制に戻る

*【复杂】fùzá 形 複雑な，入り組んだ (反)〖简单〗

【复诊】fùzhěn 動 再診する，再診を受ける

【复职】fùzhí 動 復職する，元のポストに返り咲く 〖解职〗

*【复制】fùzhì 動 複製する，(書物を)復刻する 〖～品〗複製品，コピー

【复种】fùzhòng 图〖農〗二毛作，多毛作

【腹】fù ①腹，腹部 ②容器の胴

【腹背受敌】fù bèi shòu dí《成》腹背ともに敵を受ける，前後から敵の攻撃を受ける

【腹部】fùbù 图 腹部

【腹稿】fùgǎo 图 (原稿の) 腹案，構想

【腹腔】fùqiāng 图〖生〗腹腔

*【腹泻】fùxiè 動 下痢をする，腹を下す ◆普通'拉稀' '泻肚' '闹肚子'という (同)〖水泻〗

【腹心】fùxīn 图 ①〖書〗誠意，本心 ②腹心(となる人)，取巻き ③中心部分，急所

【蝮】fù 以下を見よ

【蝮蛇】fùshé 图〔条〕マムシ

【馥】fù 芳香

【馥郁】fùyù 形〖書〗馥郁たる，芳しい

【副】fù 対やセットになっているもの，または顔の表情に使う 〖一～手套〗ひと組の手袋 〖一～伪善的面孔〗偽善的な顔付き ①第2の，副の (反)〖正〗 〖～校长〗副校長 ②予備の，付随的な ③符合する，一致する 〖名～其实〗名実相伴う

【副本】fùběn 图〔份〕写し，副本 (反)〖正本〗 〖留～〗コピーを取っておく

【副产品】fùchǎnpǐn 图 副産物 (同)〖副产物〗

【副词】fùcí 图〖语〗副词

【副教授】fùjiàoshòu 图 助教授

【副刊】fùkān 图 新聞の文芸・学術欄 ◆独立性が強く，しばしば欄自体が独自の名をもつ

【副品】fùpǐn 图 (工業製品の) 不合格品，二級品 (同)〖次品〗

【副食】fùshí 图 副食，おかず (反)〖主

食]) [～商店] 食料品店

【副手】fùshǒu [名] 助手, アシスタント

【副题】fùtí [名] 副題, サブタイトル([同] [副标题]) 〖加～〗 副題を付ける

【副业】fùyè [名] 副業, サイドビジネス 〖忙于～〗 内職に忙しい

*【副作用】fùzuòyòng [名] 副作用 〖产生～〗 副作用が起きる

【富】 fù [形] 富んだ, 金持ちの ⊗① 富(とみ), 財産 [致～之道] 豊かさへの道 ②(F-)姓

【富贵】fùguì [形] 富貴な 〖～人家〗 富と名誉に恵まれた家

【富豪】fùháo [名] 富豪, 権勢家

【富丽】fùlì [形] 華麗な, 壮麗な [～堂皇] 豪壮華麗な

【富农】fùnóng [名] 富農 ♦多くの農地を有して自作する一方で小作にも出す農家, 特に年貢収入の比重の大きい農家をいう

【富强】fùqiáng [形] (国家が) 豊かで強大な

【富饶】fùráo [形] 物産が豊かな, 豊穣(ほうじょう)な

【富翁】fùwēng [形] 富豪, 大金持ち

【富有】fùyǒu [動] …に富む 〖～感情〗 感情が豊かである — [形] 富んでいる, 大資産を抱えた

【富于】fùyú [動] …に富む, 豊かにもつ 〖～营养〗 栄養豊かである

*【富裕】fùyù [形] (生活が) 富裕な, 裕福な

【富余】fùyu [形] 余り, 余裕 〖有～〗 余分がある — [動] あり余る, 余分にある, 余らせる 〖～了一笔钱〗 お金を余らせた

【富足】fùzú [形] (財産や物質が) 豊富な, 満ち足りた

【傅】 fù ⊗① 補佐する, 教える ② 付く, くっつく ③ 師匠, 先生 [师～ fu] 師匠 ④(F-)姓

【缚(縛)】 fù ⊗しばる [束～] 束縛する

【赋(賦)】 fù ⊗①(下位の者に) 与える, 授ける [天～] 天から授かる, 生まれつき ②(詩を) 作る, 吟ずる [～诗] 詩を作る [～词] 詞を作る ③田地に対する税, 年貢 ④賦(ふ)(古代の文体の一)

【赋税】fùshuì [名] 租税

【赋性】fùxìng [名] 天性, もって生まれた資質

【赋有】fùyǒu [動] (性格, 気質などを)具える, 生来持つ

*【赋予】fùyǔ [動] (任務や使命を) 与える, 授ける

【覆】 fù ⊗① おおう, かぶせる ② 覆(くつがえ)す, 覆る ③'复(復)' ①② に同じ

【覆巢无完卵】fù cháo wú wán luǎn 《成》(巣が落ちれば卵はすべて壊れてしまう>) 全体がやられれば中の個人も災厄を逃れられない

*【覆盖】fùgài [動] (直接くっつくように) 覆う, かぶさる 〖用布～在上面〗 布で上を覆う — [名] (土壌を保護するための) 地表を覆う植物

【覆灭】fùmiè [動] ①(軍隊が) 全滅する, 潰滅する ② 全滅させる, 滅ぼす

【覆没】fùmò [動] ①《書》(船が) 転覆して沈む ②(軍隊が) 全滅する, 潰滅する

【覆水难收】fù shuǐ nán shōu 《成》 覆水盆に返らず ♦多く別れた夫婦についていう

【覆辙】fùzhé [名] 転倒した車のわだち (前者の失敗を例える) [重蹈～] 前車の轍(てつ)を踏む

G

【GB】[名]（中国の） 国家基準 [同][国家标准]

〖夹(夾)〗 gā ⊗以下を見よ ⇨jiā, jiá

【夹肢窝(胳肢窝)】gāzhiwō [名] わきの下〖胳肢 gézhi～〗わきの下をくすぐる

〖旮〗 gā ⊗以下を見よ

【旮旯儿】gālár [名]《方》①片隅，端っこ〖打扫～〗（部屋の） 隅を掃除する ②狭くてへんぴな地域

〖咖〗 gā ⊗音訳に多く使われる字 ⇨kā

【咖喱】gālí [名]《訳》カレー（英：curry）［～牛肉］ビーフカレー ［～粉］カレー粉 ［～饭］カレーライス

〖胳〗 gā ⊗以下を見よ ⇨gē, gé

【胳肢窝】gāzhiwō [名][同][夹肢窝]

【嘎】 gā [擬]（短くてよく透る音を表わして）きいっ，がきっ〖～的一声〗ぎいっと音がして ［～～］（アヒルの声など） があがあ，くわっくわっ ［～巴 bā］（枝などが折れて）ぽきっ

【尕】 gǎ [形]《方》①性格が悪い ②いたずらな

【该(該)】 gāi [動]①…でなくてはならない，当然…である〖～他排第一〗当然彼が先頭になる ②番が回る，順番が来る〖～你（唱）了〗君の（歌う）番だよ ③当然の報いである〖～！～！〗いい気味だ ④（金銭の）借りがある〖～（他）多少钱？〗（彼に）いくら借りてるんだい ━[能]①（道理上） …すべきである，…でなくてはならない〖我～走了〗もうおいとましなくては ②…に違いない，きっと…するはずだ ♦後に'会'や'可以'が続くこともある〖老婆又～唠叨了〗また女房に文句を言われるな ③〖'～（+有）+多…'の形で〗感嘆の語気を強める〖那～多好啊〗そうなったらどんなに素晴らしいだろう ━[代]前述の［～校］（前述の）その学校

【该当】gāidāng [能]…すべきだ [同][应该]

【该死】gāisǐ [形]《口》いまいましい，けしからん〖你这～的东西！〗この大ばかめが

〖垓〗 Gāi ⊗［～下］垓下(がいか)（安徽省の古地名）

〖赅(賅)〗 gāi ⊗①兼ねる，含む ②欠けるところのない，万全の

【赅博(该博)】gāibó [形]博識の，学の深い [同][渊博]

【改】 gǎi [動]①変える，変換する [同][变] ②修正する，手直しする ③（誤りを）改める ⊗（G-）姓

【改扮】gǎibàn [動]変装する〖～成一个警察〗警官に変装する

【改编】gǎibiān [動]①（原作に基づいて他の形式に） 作りかえる ♦脚色など〖～成剧本〗脚色する ②〖軍〗編制変えする

*【改变】gǎibiàn [動]（客観的事物や思想意識などについて）変わる，変える〖～计划〗計画を変える

【改朝换代】gǎi cháo huàn dài《成》旧王朝が倒れて新王朝が始まる，政権が交代する

【改称】gǎichēng [動]改称する，名称を変える〖汉城～首尔〗'汉城'は'首尔'（ソウル）と名を改めた

【改窜】gǎicuàn [動]（文書を）改竄(かいざん)する [同][窜改]

【改订】gǎidìng [動]改訂する，修訂する〖～规则〗規則を改める

【改动】gǎidòng [動]（比較的具体的なものについて） 変える，動かす〖～一些词句〗多少字句をいじくる〖作一些～〗多少手を加える

*【改革】gǎigé [動]改革する〖～制度〗制度を改革する ［土地～］土地改革

【改过】gǎiguò [動]過ちを改める，行いを改める〖～不嫌迟〗過ちを改めるのに遅すぎるということはない

【改行】gǎi'háng [動]転業する，他の職種につく [同][改业]

【改换】gǎihuàn [動]変更する，切り換える〖～名称〗改名（称）する

【改悔】gǎihuǐ [動]悔い改める

【改嫁】gǎi'jià [動]（婦人が） 再婚する [同][再嫁]

【改建】gǎijiàn [動]（企業などを）再建する，（建物を）改築する

*【改进】gǎijìn [動]改善する，進歩させる〖～书法〗書道の腕を上げる

【改口】gǎi'kǒu [動]（[同][改嘴]） ①言い直す，前言を改める ②口調を変える，語気を改める

*【改良】gǎiliáng [動]改良する，改善する〖～方法〗方法を改良する

【改判】gǎipàn [動]（裁判所が） 原判決を変える〖由死刑～无期徒刑〗死刑を無期懲役に減刑する

【改日】gǎirì [名]後日，近日（[同][改天]）〖～再谈吧〗話の続きは後日としよう

*【改善】gǎishàn [動]改善する〖～生活环境〗生活環境を改善する

【改天】gǎitiān [名]後日，近日〖～再商量吧〗いずれまた相談しよう

G

【改天换地】gǎi tiān huàn dì《成》大自然を変貌させる、天地を覆すほどの社会之変革をやってのける 🔁[改地换天]

【改头换面】gǎi tóu huàn miàn《成》《貶》うわべだけを変える、形式だけの改革をする 🔁[新瓶旧酒]

【改弦易辙】gǎi xián yì zhé《成》方向を転換する、事に臨む方法や姿勢を変える

【改邪归正】gǎi xié guī zhèng《成》悔い改めて立ち直る、悪の道から正道に戻る 🔁[弃暗投明]

【改写】gǎixiě 動 書き直す、リライト

【改选】gǎixuǎn 動 改選する

【改造】gǎizào 動① 改造する、手直しする [~城市]都市を改造する ② 一新する、新たに作り上げる [~犯人]犯罪者を立ち直らせる

*【改正】gǎizhèng 動 改める、是正する [~缺点]欠点を改める

【改装】gǎizhuāng 動① 服装を変え、装束をえる ② 包装を変える ③ 装置（機械）をつけ替える

【改锥】gǎizhuī 名[把]ねじ回し、ドライバー 🔁[螺丝刀][螺丝起子]

【改组】gǎizǔ 動 改組する、編制変えする [~内阁]内閣を改造する

【丐】gài ㊀① 乞食をする、物乞い [乞~]乞食 ② 物乞いする、恵みを求める ③ 施しをする、与える

【钙】(鈣) gài 名 カルシウム

【盖】(蓋) gài 名①（～儿）ふた、ふた状の物[盖上~儿]ふたをする ②（動物）の甲羅[螃蟹~儿]カニの甲羅 ㊀① かぶせる、覆う、ふたをする [~被子]ふとんを掛ける ②（はんこを）押す [家屋を]建築する [~房子]家を建てる ④ 圧倒する、凌ぐ [风声~过他的叫声]風の音が彼の叫びをかき消した ⑤《方》素晴らしい、見事な[~了!]いかすぜ
㊁① おそらく、おおよそ ② (G-) 姓 Gèと発音する姓も

【盖饭】gàifàn 名[碗·盘]（中華ふう）どんぶり飯 ♦皿や鉢に盛った米飯の上におかずを乗せてあるもの 🔁[盖浇饭]

【盖棺论定】gài guān lùn dìng《成》（棺桶にふたをした後にようやく議論はまとまる＞）人の評価は死後に定まる

【盖然性】gàiránxìng 名 蓋然性

【盖世】gàishì《書》（能力や功績が）世を圧する、天下にとどろく

【盖世太保】Gàishìtàibǎo 名《訳》ゲシュタポ(ヒットラー時代の秘密警察

独：Gestapo) 🔁[盖斯塔波]

*【盖章】gài zhāng 動 判を押す

【盖子】gàizi 名① ふた、覆い [揭~]ふたを開ける ②（動物の）甲羅

【溉】(漑) gài ㊀① 水を注ぐ[灌~]灌溉する ② 洗う、浄化する

【概】(*槩) gài ㊀① 一律に、一様に [~不退款]取り替えには一切応じられません [一~]おしなべて ② 概略、あらまし [梗~]粗筋 ③ 表情、態度 [气~]気概

【概观】gàiguān 名 概観（する） [~经济史]経済史を概観する

【概况】gàikuàng 名 概況、概観

*【概括】gàikuò 動 概括する、大まかにまとめる [~结论]結論を要約する

【概略】gàilüè 名 概略、概要 [故事的~]物語のあらまし

【概论】gàilùn 名 概論（多く書名に使う）

*【概念】gàiniàn 名 概念 [产生~]概念を生み出す [抽象~]抽象概念

【概念化】gàiniànhuà 動（文学作品が）概念的（図式的）になる

【概数】gàishù 名 概数

【概算】gàisuàn 名（多くは予算編成に先立つ）概算、大まかな見積り

【概要】gàiyào 名 概要、概略（多く書名に使う）🔁[纲要]

【干】(乾) gān 形① 水気のない、乾いた 🔁[湿] ② すっからかんの、うつろな [输~了]すってんてんになった ③《方》言いがかり、ぶっきらぼうな、不作法な ㊀名（～儿）加工した乾燥食品[葡萄~儿]干しブドウ ㊁副① 虚しく、無駄に [~等你三天了]君を3日も虚しく待っていた ② わずかに、ただ単に [~靠这点钱]これっぽっちの金で ㊂動①《方》叱りつける、なじる ② 放置する、冷たくあしらう [把他~在那儿]彼をその場にほうっておく
㊃① 水を使わない ② 形だけの ③ 義理の親族関係を結んだ [~女儿]（親子の杯を交わした）義理の娘
⇨ gàn（'乾'については⇨ qián）

【干】㊀①（古代の）楯 ② 岸辺、川べり [河~]川岸 ③ 十干 [天~]十干 ④ (G-) 姓 ⑤ 干犯にする、冒おかす ⑥ 関わる、関係が及ぶ [与我无~]私には関わりがない [不~你事]君には関係ない ⑦（地位や禄を）追求する、要求する

【干巴】gānba 形《口》① 干からびて、乾いて）こちこちに固まった ②（皮膚が）かさかさの、潤いを失った

【干巴巴】gānbābā [形]（～的） ①（土地などが） 干上がった，乾燥した ②（文章や議論が）無味乾燥な

★★【干杯】gān▼bēi [動]乾杯する〖为你们的健康～〗諸君の健康を祝して乾杯

【干贝】gānbèi [名]乾燥した貝柱

【干瘪】gānbiě [形]①干からび縮んだ，乾いて皺(しわ)のよった ②（文章などが）無味乾燥な，内容の乏しい

【干冰】gānbīng [名]ドライアイス

【干菜】gāncài [名]乾燥野菜

【干草】gāncǎo [名]干し草 ♦多くアワの干した茎をいい，飼料にする

★★【干脆】gāncuì [形]（言動が） さっぱりとした，率直な〖～否认〗きっぱり否定する ━[副]いっそのこと [同][索性]

【干打雷，不下雨】 gān dǎ léi, bú xià yǔ《俗》(雷が鳴るばかりで雨が降らない＞）掛け声ばかりで実行しない

【干瞪眼】gāndèngyǎn [動]傍らで気をもむばかりで何もできない

【干电池】gāndiànchí [名]乾電池

【干犯】gānfàn [動]（法規を） 犯す，（領域，領分を）侵犯する

【干肥】gānféi [名]糞尿を土と混ぜて乾かした肥料

【干戈】gāngē [名]武器；《転》戦争〖动～〗開戦する

【干果】gānguǒ [名]①乾果，堅果（クリやクルミなど） ②干した果実（干し柿など）

★【干旱】gānhàn [形]（気候，土壌が）乾燥しきった，からからに乾いた〖战胜～〗旱魃(かんばつ)を克服する

【干涸】gānhé [形]（川や池が） 干上がった，涸れた

【干货】gānhuò [名]（商品としての）干した果実

【干季】gānjì [名]乾季 [反][雨季]

【干结】gānjié [動]水気が少なくて固くなる

★★【干净】gānjìng [形]①汚れのない，清潔な〖扫～〗きれいに掃除する ②すっからかんの，何もない〖喝～〗一滴余さず飲んでしまう

【干咳】gānké [動]乾いた咳（から咳）をする

【干枯】gānkū [形]①（草木が） 枯れた，干からびた [同][枯萎] ②（皮膚が）かさかさの，潤いが失せた ③（川や池が） 干上がった，涸れた [同][干涸]

【干酪】gānlào [名]固形チーズ

【干冷】gānlěng [形]乾燥して寒い [同][干寒]

【干礼】gānlǐ [名]（～儿）品物代わりに贈る現金，現金のプレゼント（[関][折干][水礼]）〖送份～儿〗（品物代わりに）お金を贈る

【干粮】gānliang [名]携帯用の乾燥させた主食（煎り米やマントウなど）

★【干扰】gānrǎo [動]邪魔する，かき乱す [同][扰乱] ━[名]〖電〗電波障害，妨害［～台］妨害電波発信局

【干扰素】gānrǎosù [名]〖医〗インターフェロン

★【干涉】gānshè [動]不当に口出しする〖～内政〗内政に干渉する ━[名]〖理〗（電波の）干渉，妨害

【干洗】gānxǐ [動]ドライクリーニングする [反][水洗]

【干系】gānxi/gānxì [名]関わり，（責任ある）関与〖有～〗関わり合う

【干笑】gānxiào [動]作り笑いを浮かべる，無理に笑顔を作る

★【干预（干与）】gānyù [動]関与する，口出しする〖～别人的生活〗他人の暮らしに口を出す

★★【干燥】gānzào [形]①（空気が） からからの，乾燥した ②無味乾燥な，面白味のない

【干支】gānzhī [名]えと，十干(じっかん)十二支

【杆】 gān ⊗竿(さお)，ポール［旗～］旗竿
⇨gǎn

【杆塔】gāntǎ [名]送電線の支柱（鉄塔や電柱など）

【杆子】gānzi [名]①〔根〕ポール，竿 ②（運動の） 旗上げ人，首謀者 ③（地方の）強盗団，匪族集団

【肝】 gān [名]肝臓［心～儿］目に入れても痛くないほどの人（子供）

【肝癌】gān'ái [名]肝臓癌(がん)

【肝肠】gāncháng [名]①肝と腸 ②《転》胸の思い，激しい感情［～寸断］はらわたがちぎれるほどに悲しい

【肝胆】gāndǎn [名]①肝臓と胆囊(たんのう) ②《転》真心，誠心 ③《転》勇気，血気〖～过人〗ひときわ胆が据わっている

【肝胆相照】 gāndǎn xiāng zhào《成》肝胆相照らす

【肝火】gānhuǒ [名]怒気，かんしゃく〖动～〗かんしゃくを起こす

【肝脑涂地】gān nǎo tú dì《成》大目的のために命を投げ出す，命を犠牲にして尽くす

【肝儿】gānr [名]（食用の） 豚，牛などの肝臓，レバー

【肝炎】gānyán [名]肝炎［病毒性～］ウイルス性肝炎［甲型～］A型肝炎

【肝硬变】gānyìngbiàn [名]肝硬変

【肝脏】gānzàng [名]肝臓

【竿】 gān ⊗竿(さお)，ロッド［钓鱼～］釣り竿

【竿子】gānzi [名]〔根〕竹竿

【甘】 gān ⊗①（自分に不利な事を） 喜んで行う，甘んじ

る ②甘い，うまい ③素晴らしい，好ましい［～雨］恵みの雨 ④(G-)姓

【甘拜下风】gān bài xià fēng《成》(甘んじて下風に立つ＞)自分が及ばないことを謙虚に認める [反][不甘示弱]

【甘当】gāndāng [動]①(処罰を)甘んじて受け入れる ②(役割を)喜んで引き受ける，甘んじて務める〖～学生〗進んで教えを請う

【甘苦】gānkǔ [名]①苦楽，よい思いと辛い思い〖同～，共患难〗苦楽を共にする ②人生の味，特に苦労の味

【甘蓝】gānlán [名]〖植〗①カンラン(総称)［结球～］キャベツ ②カブカンラン

【甘受】gānshòu [動]甘受する，望んで引き受ける〖～其苦〗苦しみを甘受する

【甘薯】gānshǔ [名]サツマイモ ♦一般に'红薯''白薯'という

【甘甜】gāntián [形]甘い

★【甘心】gānxīn [動]①自ら願う，喜んで…する〖～站第二线〗喜んで控えに回る ②満足する，気が済む〖非得冠军，绝不～〗優勝するまでは決して満足しない

【甘休】gānxiū [動]手をひく，断念する([同][罢手])〖决不～〗決して諦めない

【甘油】gānyóu [名]グリセリン

【甘于】gānyú [動]喜んで…する

【甘愿】gānyuàn [動][同][甘心]

【甘蔗】gānzhe [名]〔根・节・段〕サトウキビ，サトウキビの茎［～没有两头甜］(サトウキビは両端とも甘いわけではない＞)ふた股かけるのはいけない

【甘紫菜】gānzǐcài [名](海草の)のり ♦一般には'紫菜'という

〖泔〗gān ⊗以下を見よ

【泔水】gānshui [名]米のとぎ汁，野菜を洗った水，鍋(なべ)や茶わんを洗った水など，一度使った水 ♦家畜のえさ等にする

〖坩〗gān ⊗［～埚 guō］るつぼ

【柑】gān [名]ミカン ♦マンダリンなど実が大ぶりの種類をいう [同][柑子]

【柑橘】gānjú [名]柑橘(かんきつ)類

【疳】gān [名]〖医〗(漢方で)小児がやせて腹がふくらむ状態 ♦一般に'～积'という

〖尴(尷*尲)〗gān ⊗以下を見よ

★【尴尬】gāngà [形]①厄介な，気まずい〖处境～〗(板ばさみなどで)動きが取れない ②《方》(態度，表情が)不自然な，ぎこちない

【杆(桿)】gǎn [名](～儿)器物の棒状の部分([同][杆子])［枪～(子)］銃身 ━[量]棒状の部分をもつ物を数える〖一～秤〗竿秤(さおばかり)一さお
⇨gān

【杆秤】gǎnchèng [名]竿秤(さおばかり)

【杆菌】gǎnjūn [名]〖医〗杆菌(かんきん)

【秆(稈)】gǎn [名](～儿)(農作物の)茎，わら([同][秆子])［麦～儿］麦わら

【赶(趕)】gǎn [動]①追い掛ける，追い付く〖～上时代〗時代に追い付く ②急ぐ，急(せ)く〖～火车〗汽車に遅れまいと急ぐ〖～活儿〗仕事を急ぐ ③(馬車などを)御する，(役畜を)使う ④追い払う ⑤賑やかな場所へ出掛ける ⑥(ある状況，チャンスに)出くわす，ぶつかる〖～上好天〗よい天気に恵まれる ━[介]…の時まで待って，…になってから〖～考中了再谈吧〗合格してからのことにしよう

【赶不及】gǎnbují [動](時間に)間に合わない [同][来不及] [反][赶得及]

【赶不上】gǎnbushàng [動]①追い付けない，ついてゆけない ②間に合わない [同][来不及] ③(ある状況やチャンスに)出あわない，恵まれない([同][遇不着])〖每场好戏，我都～〗いい芝居をいつも見逃している

【赶超】gǎnchāo [動](あるレベルを)追い越す〖～他们的水平〗彼らのレベルを追い抜く

【赶车】gǎn▾chē [動]役畜の引く車を御す［～的］御者

【赶得及】gǎndejí [動](時間に)間に合う [同][来得及]

【赶得上】gǎndeshàng [動]①追い付ける，ついてゆける ②間に合う([同][来得及])〖还～报名〗まだ申し込みに間に合う

【赶工】gǎngōng [動](期日に間に合うよう)作業を早める，仕事を急ぐ

【赶集】gǎn▾jí [動]農村地域で市(いち)に出掛ける

★★【赶紧】gǎnjǐn [副]急いで，すぐさま

★★【赶快】gǎnkuài [副]急いで，素早く

【赶浪头】gǎn làngtou [動]時流に合わせる

【赶路】gǎn▾lù [動]道中を急ぐ

【赶明儿】gǎnmíngr [副]([同][赶明儿个])《口》①明日になれば，近いうちに ②やがては，将来〖～长大了…〗やがて大きくなったら…

【赶跑】gǎnpǎo [動]追い払う，追い出す [同][赶走]

【赶热闹】gǎn rènao [動](～儿)賑やかな場所へ遊びに行く，盛り場へ出掛ける

【赶上】gǎnshang/gǎnshàng [動]①

追い付く【⇨[追上]】『赶不上』追い付けない ②(ある情況やチャンスにめぐりあう)『正~大地震』折りしも大地震にぶつかった ③間に合う『~吃晚饭』夕食に間に合う『还没～回答就…』答えるいとまもなく… ④駆り立てる,追い立てる『~战场』戦場に駆り立てる

【赶时髦】gǎn shímáo 動 流行を追う,流行にかぶれる

【赶趟儿】gǎn'tàngr 動(口)(時間に)間に合う『马上去还~』すぐ出掛ければまだ間に合う

【赶鸭子上架】 gǎn yāzi shàng jià《俗》(アヒルを止まり木に追い上げる＞)当人にはできるはずのないことをやらせようとする ⇨[打鸭子上架]

【赶早】gǎnzǎo 副 (～儿)早めに,早うちに ⇨[趁早]

【赶走】gǎnzǒu 動 追い払う,たたき出す『赶不走』たたき出せない

【擀(*扞)】gǎn 動 ①(のし棒で)のばす,細かく砕く『~饺子皮儿』ギョーザの皮を作る ②《方》磨く,丹念にふく ⇨扞についてはhàn

【擀面杖】gǎnmiànzhàng 名〔根〕麺棒めんぼう

【敢(敢)】gǎn 能 ①…する勇気がある,思い切って…する『不~说』言うのをはばかる ②確信をもって…する,確かな判断のもとに…する『我~说…』請け合って言うが… ⊗(依頼するときに謙遜して)恐縮ながら,失礼ですが『~烦』お手数掛けて恐縮ですが『~请你转告一声』恐縮ながら伝言をお願いします ③大胆な,勇敢な〔果~〕果敢な

【敢保】gǎnbǎo 動 保証する,請け合う ⇨[管保]『他~不知道』あいつは知りっこないさ

【敢当】gǎndāng 動〔多く否定形で〕(謙遜のあいさつとして) 堂々と対応する,大胆に受けて立つ『哪里~』(ほめられて)とんでもありません『不~』恐れいります

【敢情】gǎnqíng 動《方》①(気が付いて驚く気分を示して) なんと,もともと ②(納得する気分を示して) いかにも,なるほど

【敢死队】gǎnsǐduì 名〔支〕決死隊『组成~』決死隊を組織する

【敢于】gǎnyú 動 思い切って…する,果敢に…する ◆普通二音節の動詞に前置する

【橄】gǎn ⊗以下を見よ

【橄榄】gǎnlǎn 名 カンラン,オリーブ〔~球〕ラグビー(ボール)〔~油〕オリーブ油

【感】gǎn ⊗①感じる〔深~内疚〕大変すまなく思う〔预~〕予感する ②感謝する,有難く思う ③感動する,感激する ④かぜをひく ⑤(フィルム等が)感光する ⑥感じ,感触〔好~〕好感

【感触】gǎnchù 名 ①感慨,感動 ②感触,感覚〔凭~分辨〕感覚で見分ける

【感到】gǎndào 動 感じる〔~精力不足〕体力不足を実感する

:※:【感动】gǎndòng 動 感動する,感動する〔深受~〕深く感動する

【感恩】gǎn'ēn 動 恩義に感謝する,有難く思う〔~莫名〕お礼の言葉もございません

【感奋】gǎnfèn 動 感動し奮いたつ,熱く燃える

【感光】gǎn'guāng 動 感光する〔~纸〕感光紙〔~胶片〕撮影用フィルム

【感化】gǎnhuà 動 (人をよい方向に)感化する

【感怀】gǎnhuái 動 (感傷的に)懐かしむ,思い出に浸る

:※:【感激】gǎnjī 動 (好意を受けて) 感激する,感謝する〔~不尽〕心底から感謝する〔~涕零〕涙を流すほど感謝する

:※:【感觉】gǎnjué 名 感覚,感じ〔唤起奇异的~〕奇妙な感じを抱かせる — 動 感じる,気がする ⇨[觉得]〔你~怎么样？〕気分はどうだい

【感觉器官】gǎnjué qìguān 名 感覚器官 ⇨[感官]

【感慨】gǎnkǎi 動 感慨に浸る〔~流涕〕思いにとらわれ涙する

【感冒】gǎnmào 名 かぜ(をひく),インフルエンザ(にかかる)〔患~〕かぜをひく〔~了〕かぜにやられた

:※:【感情】gǎnqíng 名 ①感情,情緒〔动~〕興奮する ②愛情,情宜よしみ〔产生~〕好きになる

【感情用事】gǎnqíng yòng shì《成》(理性を失って)一時の感情で事に当たる,衝動的に振舞う

:※:【感染】gǎnrǎn 動 ①(病気が)感染する,うつる〔~流行性感冒〕流感がうつる ②(人の気分や気持を自分と同じに)染まらせる,感化する ⇨[感化]〔她的笑脸~了我〕彼女の笑顔に私まで引き込まれた〔~力〕(芸術作品などの)影響力

【感人肺腑】gǎn rén fèifǔ《成》深い感動を呼び起こす

【感伤】gǎnshāng 動 悲しむ,感傷的になる〔~小说〕センチメンタルな小説

:※:【感受】gǎnshòu 名 (体験を通して)感じとったこと,わかったこと〔这次地震的~〕今回の地震の体験 — 動 感じとる,(影響を)受ける〔~到

【感叹】gǎntàn 動 感嘆する [～句] 感嘆文 [～号] 感嘆符(！)
★【感想】gǎnxiǎng 图 感想, 印象
★【感谢】gǎnxiè 動 感謝する, 有難く思う [～你给我带来了喜讯] 吉報をもたらしてくれて有難う
【感性】gǎnxìng 图 感性(⊗[理性]) [～认识] 感性的認識
【感应】gǎnyìng 图 ① [理] 誘導(⊕[诱导]) [～圈] 誘導コイル ② 感応, 反応

【干(幹)】gàn 動 (ある事, 仕事を)する, 担当する(⊕[做]) [～事] 働く, 用事を済ませる ⊗ ① 幹, 胴, 主要部 ② '干部'(幹部)の略 [高～] 高級幹部
⇨ gān
【干部】gànbù 图 ① 幹部 ●指導的立場, 管理者の地位にある人 ② (上級)公務員
【干才】gàncái 图 ① 能力, 腕前(⊕[才干]) [有～] 有能である ② [位]やり手, 有能な人
★【干活儿】gàn'huór 動 力仕事をする, 身体を動かして働く ⊕[做工]
【干劲】gànjìn 图 [～儿][股] 意気込み, やる気(⊕[劲头]) [～十足] やる気十分だ
【干警】gànjǐng 图 公安部門の幹部と一般警官
【干练】gànliàn 形 腕利きの, 練達の [精明～] 聡明で腕利きの
【干流】gànliú 图 [条] 本流, 主流 ⊕[主流] ⊗[支流]
【干吗】gànma 口語[干什么]
【干什么】gàn shénme 動 何をする ♦多く「なぜ, どうして」の意味に使う, ⊕[干吗] [你～来了(你来～)？] 君は何しに来たんだ [你～不上班？] 何だって出勤しないんだ
【干事】gànshi 担当幹事, 担当者
【干线】gànxiàn 图 [条] 本線, 幹線 ⊗[支线]

【绀(紺)】gàn 形 やや赤みがかった黒の [～青] 紺青

【淦】Gàn ⊗ ① [～水] 淦水(江西省の川) ② (G-) 姓

【赣(贛·贑·灨)】Gàn ⊗ 江西省の別称 [～江] 江西省を流れる川 [～语] 贛方言(中国七大方言の一, 主に江西省に分布)

【冈(岡·崗)】gāng ⊗ 山の背, 尾根 [山～] 丘
⇨ gǎng (岗)
【冈陵】gānglíng 图 丘陵

【刚(剛)】gāng 形 (性格が) 強い, 屈しない 一副 ① ちょうど, ぴったり [～好] ちょうどいい ② やっと, 辛うじて ③ …したばかり, …したと思ったら [～来就走了] 来たと思ったらもう行ってしまった ⊗ (G-) 姓
【刚愎自用】gāngbì zì yòng (成) 頑固で一人よがりの
【刚才】gāngcái たった今, ついさっき [～的电话] さっきの電話 [～还在这儿] 先ほどまでここにいた
【刚刚】gānggang / gānggāng 副 ちょうど, …したばかり, たった今 [～烤好的白薯] 焼きたてのイモ
【刚好】gānghǎo 副 折りよく, 都合のよいことに [正要找他, ～他来了] 彼を訪ねようとしたちょうどその時彼が来た
【刚健】gāngjiàn 形 (性格, 態度が) 力強い, 強健な
【刚强】gāngqiáng 形 (性格, 意志が) 強い, 剛直な ⊗[柔弱]
【刚性】gāngxìng 图 [理] 不可変性, 剛性
【刚毅】gāngyì 形 意志堅固な, 不屈の [～果决] 剛毅果断な
【刚正】gāngzhèng 形 (道徳的に) 真っ直ぐな, 志操が正しい
【刚直】gāngzhí 形 剛直な [～不阿] 真っ直ぐでお世辞一つ言わない

【纲(綱)】gāng 图 ① 大綱, 大要 [以…为～] …を要かなめとする [提～] レジュメ ② [生] 綱(生物分類上の単位)
【纲纪】gāngjì 图 (書) 綱紀, 国家の法
【纲领】gānglǐng 图 [条·项] 綱領, 指導原則 [制定～] 綱領を定める
【纲目】gāngmù 图 大要と細目(多く書名に使う)
【纲要】gāngyào 图 概要(多く書名に使う)

【钢(鋼)】gāng 图 鋼はがね [炼～] 鋼を造る
⇨ gàng
【钢板】gāngbǎn 图 ① 鋼板 ② (自動車の)スプリング ③ 謄写版のやすり板 [～蜡纸] (謄写版の)原紙
【钢笔】gāngbǐ 图 [支] ① 万年筆 ⊕[自来水笔] ② ペン ⊕[蘸水笔]
【钢材】gāngcái 图 鋼材
【钢锭】gāngdìng 图 鋼鉄インゴット
【钢管】gāngguǎn 图 鋼管 [无缝～] 継ぎ目無し鋼管
【钢轨】gāngguǐ 图 [条] (鉄道などの)レール, 軌道 ⊕[铁轨]
【钢花】gānghuā 图 (熔鉱炉から取り出す際に) 飛び散る鉄溶液
【钢化玻璃】gānghuà bōli 图 強化ガラス

【钢筋】gāngjīn [名] 鉄筋（[同]［钢骨］）［～混凝土］［～水泥］鉄筋コンクリート
【钢盔】gāngkuī [名]〔顶〕鉄かぶと，ヘルメット〖戴～〗同前をかぶる
【钢琴】gāngqín [名]〔架〕ピアノ〖☆弹～〗ピアノを弾く［～协奏曲］ピアノコンチェルト
【钢丝】gāngsī [名]〔根·条〕鋼線，針金，ワイヤ［～锯 jù］糸のこぎり［～绳］ワイヤロープ
★★【钢铁】gāngtiě [名] ①はがねと鉄，鋼鉄［～厂］製鉄所 ②《転》〔定語として〕鋼鉄（のような）〖～的意志〗不屈の志

【扛】gāng [動]《方》二人で物を担ぐ
⊗（両手で）重い物を差し上げる
⇨káng

〖肛〗gāng ⊗ 肛門［脱～］脱肛［～门］肛門［～瘘］痔瘻（じろう）

【缸（*瓨）】gāng [名]（～儿）〔口〕（底が小さく口が大きい円筒状の）かめ〖一口～〗かめ一つ［水～］水がめ［鱼～］金魚鉢
【缸管】gāngguǎn [名]〔根·条〕土管
【缸砖】gāngzhuān [名]〔块〕硬質レンガ

〖罡〗gāng ⊗［天～］《書》北斗七星

【岗（崗）】gǎng [名]（～儿）①小山，丘 ②隆起，盛り上がり
⊗持ち場，部署［站～］歩哨に立つ［换～］歩哨を交替する
【岗楼】gǎnglóu [名] 望楼，監視塔
【岗哨】gǎngshào [名] ①歩哨位置，持ち場 ②歩哨
【岗亭】gǎngtíng [名] 歩哨小屋，ポリスボックス
★【岗位】gǎngwèi [名]（軍や警察の）部署；《転》持ち場，職場［～责任制］持ち場責任制
【岗子】gǎngzi [名] ①小山，丘 ②（筋状の）隆起

〖港〗gǎng ⊗ ①河川の支流 ②港［出～］出港する ③（G-）《略》香港［～式］香港スタイル［～台］香港と台湾
【港币】gǎngbì [名] 香港ドル（香港の通貨）[同]［港元］
★【港口】gǎngkǒu [名] 港［～税］入港税
★【港湾】gǎngwān [名] 港湾［～城市］港湾都市

【杠（槓）】gàng [名]（～儿）〔条〕（目印の）傍線，横線〖画红～〗赤線を（字の横や下に）引く ━[動] 傍線を引く，線を引いて削除する
⊗やや太い棒［铁～］鉄の棒［单～］《体》鉄棒
【杠房】gàngfáng [名] 旧時の葬儀屋
★【杠杆】gànggǎn [名]（～儿）〔根〕てこ［～支点］てこの支点
【杠铃】gànglíng [名]《体》バーベル〖高举～〗バーベルを高々と差し上げる
【杠子】gàngzi [名] ①〔根〕やや太い棒 ②〔条〕（訂正や目印の） 傍線，下線〖打上～〗（横や下に） 線を引く ③《体》鉄棒，平行棒のバー

【钢（鋼）】gàng [動] ①（刃物を）研（と）ぐ〖～菜刀〗包丁を研ぐ ②刃を打ち直す
⇨gāng

【高】gāo [形] ①高い [反]［低］ ②背が高い [反]［矮］ ③高さがある〖身～一米八〗身長が1.8メートルある ④平均水準を超えている，程度が大きい〖体温～〗体温が高い ⑤等級が上の［～年级］高学年
⊗ ①年齢が上の［～龄］高齢 ②《敬》尊敬の意を添える［～见］御意見 ③（G-）姓
【高矮】gāo'ǎi [名]（背丈や木などの）高さ
【高昂】gāo'áng [動]（頭を） 高く挙げる〖～着头〗頭を高く挙げる ━[形] ①（気分が） 高揚している，たかぶった [反]［低沉］ ②（物価が） 高い [反]［低廉］
【高傲】gāo'ào [形] 高慢な，横柄な［～自大］高慢ちきな
【高保真】gāobǎozhēn [名] ハイファイ，hi-fi ［～电视］ハイファイテレビ
【高不成，低不就】 gāo bù chéng, dī bú jiù《俗》（高望みも成らず，さりとて低きにも就きたくない＞）帯に短したすきに長し ♦多く職業や配偶者選択のときに使う
【高不可攀】gāo bù kě pān《成》（程度が高くて）とても追いつけない，とうてい手が届かない
【高才生（高材生）】gāocáishēng [名] 成績優秀な学生，優等生
【高产】gāochǎn [名] 高い収穫高，豊かな生産量［～作物］収量の多い作物
★【高超】gāochāo [形] ずば抜けた，卓越した
★【高潮】gāocháo [名]（[反]［低潮］） ①満潮 ②高まり，クライマックス〖掀起运动的新～〗運動の新たな高まりをつくり出す
【高大】gāodà [形] ①高くて大きい [反]［矮小］ ②気高い，高遠な
★★【高档】gāodàng [形] 高級な，高品質の（[反]［低档］）［～服装］高級服
【高等】gāoděng [形]〔定語として〕

高等な［～教育］(大学や高等専門学校の)高等教育［～师范学校］高等師範学校('师范大学, 师范学院, 师范专科学校, 教育学院'を含む)
【高等学校】gāoděng xuéxiào [名] 大学レベルの学校(大学, 高等専門学校等の総称. 略は'高校')
【高低】gāodī [名] ①高低, 高さ ②上下, 優劣〖争个～〗優劣を争う ━[副]《方》①どうしても, どうあっても ②ついに, とうとう
【高低杠】gāodīgàng [名]〖体〗段違い平行棒(器具と種目の両方)
【高调】gāodiào [名] (～儿) ①高い調子 ②《貶》(言説が) 上っ調子, きれいごと〖唱～〗絵空事ばかり言う
【高度】gāodù [名] 高度, 高さ ━[形]〘定語·状語として〙高度な, 高い〖～评价〗高く評価する
【高端】gāoduān [形]〘定語として〙ハイレベルの, 先端的な
【高尔夫球】gāo'ěrfūqiú [名] ゴルフ, ゴルフボール〖打～〗ゴルフをする［～场］ゴルフ場［～棒］ゴルフクラブ
【高分子化合物】gāofēnzǐ huàhéwù [名] 高分子化合物, ハイポリマー [同]［高聚物］
*【高峰】gāofēng [名] 高峰, ピーク［交通～时间］ラッシュアワー［～会议］サミット
【高干】gāogàn [名] ('高级干部'の略) 高級幹部 ♦行政職でいえば13級以上の幹部［～子弟］(特権を享受する)高級幹部の子弟
【高高在上】gāo gāo zài shàng《成》お高くとまる
【高歌猛进】gāo gē měng jìn《成》高らかに歌いつつ勢いよく前進する
【高阁】gāogé [名]《書》①高い楼閣 ②高い棚［束之～］棚上げする
【高跟儿鞋】gāogēnrxié [名]〔双〕ハイヒール
【高个儿】gāogèr [名] のっぽ [同]［高个子］[反]［矮个子］
【高贵】gāoguì [形] ①高貴な [反]［卑贱］②気高い
【高寒】gāohán [形] 高地で寒い
【高喊】gāohǎn [動] 大声で叫ぶ, 喚く
【高呼】gāohū [動] 高らかに叫ぶ〖～口号〗スローガンを叫ぶ
**【高级】gāojí [形] ①〘定語として〙(段階や等級が) 高級な, ランクの高い［～干部］高級幹部 ②質の高い, 上等の [反]［低级］
【高级小学】gāojí xiǎoxué [名] (略は'高小') 高等小学校 ♦過去の一時期, 小学校は'初级小学'(略は'初小')と'高级小学'(略は'高小')の2級に分かれていた. 現在の'高小'は小学5, 6年生に相当する
【高级中学】gāojí zhōngxué [名] 高級中学(略は'高中') ♦日本の高等学校に相当
【高价】gāojià [名] 高値, 高い価格([反]［廉价］)〖～出售〗高値で売り出す
【高架桥】gāojiàqiáo [名]〔座〕陸橋, 高架橋
【高见】gāojiàn [名]《敬》ご高見, ご卓見 [反]［愚见］
【高峻】gāojùn [形] 高くて険しい, 険しくそびえ立った
【高亢】gāokàng [形] ①(声が) 高くてよく響く ②(地勢が) 高い ③《書》高慢な
*【高考】gāokǎo [名] 大学入試 ♦夏に全国共通問題で統一的に実施される〖参加～〗同前を受験する
【高科技】gāokējì [名] ハイテク [同]［高新技术］
【高空】gāokōng [名] 高空, 高所［～飞行］高空飛行［～吊车］ゴンドラ
【高丽参】Gāolíshēn [名]〔根〕朝鮮ニンジン
【高利贷】gāolìdài [名] 高利貸付〖放～〗高利貸しをする
【高粱】gāoliang [名] コーリャン［～米］殻を取ったコーリャン［～酒］コーリャン酒
【高龄】gāolíng [名] 高齢, 老齢〖进入～化社会〗高齢化社会に入る
【高楼大厦】gāolóu dàshà [名] ビルディング, そびえ立つ高層建築群
【高炉】gāolú [名]〔座〕高炉
【高论】gāolùn [名]《敬》優れた言論, ご高説〖恭听～〗ご高説を承る
【高帽子】gāomàozi [名] ①高い三角帽子 ♦犯罪者などにかぶせて見せしめにする ②《転》おべっか, お世辞([同]［高帽儿］)［戴～］おだてる
【高妙】gāomiào [形] 名人芸の, 巧妙な
*【高明】gāomíng [形] (見解·技能が) 一際優れた, 才能あふれる ━[名] 優れた人物
【高能】gāonéng [名] 高エネルギー
【高频】gāopín [名] 高周波［甚～］VHF［超～］UHF
【高气压】gāoqìyā [名] 高気圧([反]［低气压］)［～区］高気圧域
【高跷】gāoqiāo [名]〔副〕高足 ♦一種の木製の竹馬で旧正月や村の祝い事の際, 扮装をこらし, これを足に縛りつけて踊る〖踩～〗高足踊りをする
【高清晰度电视】gāoqīngxīdù diànshì [名] ハイビジョンテレビ
【高热】gāorè [名] (体温について) 高熱 [同]［高烧］
【高人一等】gāo rén yì děng《成》(自分が) 他の人々より一際抜きんでる, とりわけ優れている [反]［低人一等］

【高山病】gāoshānbìng 图高山病,高山反応 ⑩[高山反应][山晕]

【高山族】gāoshānzú 图高山族 ◆中国少数民族の一,主に台湾に居住する

*【高尚】gāoshàng 圈高尚な,高潔な ⑱[庸俗]

【高烧】gāoshāo 图(体温について)高熱〖发~〗高熱を出す

【高深】gāoshēn 圈(学問への造詣が)深い,深遠な

【高师】gāoshī 图《略》'高等师范学校'

【高手】gāoshǒu 图(~儿)〔名〕名手〖象棋~〗将棋の名手

【高寿】gāoshòu 图①長寿,長命 ②《敬》(老人に年齢を聞くときの)お年〖您~?〗おいくつですか

【高耸】gāosǒng 動高くそびえる,そびえ立つ

【高速】gāosù 圈〔定語·状語として〕高速の,高速度の〖~发展〗急速に発展する〖~档〗トップギヤ

【高速出入口】gāosù chūrùkǒu (高速道路などの)ランプ ⑩[匝 zā 道]

*【高速公路】gāosù gōnglù 图〔条·段〕高速道路

【高抬贵手】gāo tái guì shǒu《成》お手やわらかに(お願いします)

【高谈阔论】gāo tán kuò lùn《成》《貶》大いに議論する,空論にふける

【高汤】gāotāng 图豚·鶏·アヒルなどを煮てとった具のないスープ ⑩[清汤]

【高温】gāowēn 图高温

【高屋建瓴】gāo wū jiàn líng《成》(屋根の上から瓶の水を落とす>)高みから下を見おろす

【高下】gāoxià 图上下,優劣〖难分~〗優劣つけがたい

【高小】gāoxiǎo 图([高级小学]の略)高等小学校

【高校】gāoxiào 图《略》'高等学校'

【高薪】gāoxīn 图高額の給料〖~聘用〗高給で迎える

*【高兴】gāoxìng 圈うれしい,愉快な〖玩儿得很~〗楽しく遊ぶ 一動 ①心楽しくなる,うれしがる ②楽しく…する,喜んでする〖不~去〗行きたくない

【高血压】gāoxuèyā 图高血圧

【高压】gāoyā 图電圧·気圧·血圧などが高いこと〖~电〗高圧電力〖~锅〗圧力がま〖~线〗高圧線

【高原】gāoyuán 图高原〖~铁路〗高原鉄道〖~病〗高山病

【高瞻远瞩】gāo zhān yuǎn zhǔ《成》(高みに立って遠くを眺める>)遠い将来までも視野に入れる

*【高涨】gāozhǎng 動(物価·運動·気分などが)高揚する,高まる

【高招(高着)】gāozhāo 图(~儿)[手]いい方法,いいアイディア

【高枕】gāozhěn 動枕を高くする[~而卧][~无忧]枕を高くして眠る

【高中】gāozhōng 图《略》'高级中学'

【高足】gāozú 图《敬》(相手の)お弟子さん,御高弟

【膏】gāo ⊗ ①脂肪,油 ②ペースト状のもの[牙~]練り歯みがき[剃须~]シェービングクリーム ◆「潤滑油をさす」の意ではgàoと発音

【膏血】gāoxuè 图(人の)脂肪と血〖人民的~〗国民の血と汗

【膏药】gāoyao 图膏薬

【篙】gāo 图〔支·根〕(船を操る)棹 zào[撑~]棹を差す

【篙子】gāozi 图《方》船の棹,物干し竿

【羔】gāo ⊗子羊,動物の子(子鹿·子豚など)[羊~]子羊

【羔羊】gāoyáng 图〔只〕子羊;(転)か弱き者

【羔子】gāozi 图子羊,動物の子 ⑩[羔儿]

【糕(*餻)】gāo 图〔块〕米や小麦の粉を他の成分とまぜて蒸し固めた食品[蛋~]カステラ[年~](米の粉で作った)旧正月に食べる団子

【糕点】gāodiǎn 图'糕'と'点心',菓子類の総称

【皋(皐)】gāo ⊗①岸辺の台地,土手 ②(G-)姓

【睾】gāo ⊗睾丸 wán,きんたま[~丸]同前

【杲】gǎo ⊗①明るい ②(G-)姓

【搞】gǎo 動①(物事を)する,やる(⑩[做][干])[~工作]仕事をする[~清楚](事を)はっきりさせる[~唐诗]唐詩を研究する[~笑](方)笑わせる[恶~]悪ふざけをする ②作り出す,生み出す[~计划]プランを策定する[~对象]恋人を作る[~关系]コネをつける ③設立する,創設する[~工厂]工場を作る ④なんとか手に入れる[~了两张票]切符を2枚手に入れた

【搞鬼】gǎo'guǐ 動こっそり悪巧みをする,いんちきを働く

【搞活】gǎohuó 動てこ入れする,活気付ける〖~经济〗経済を活性化する

【搞头】gǎotou 图(~儿)やりがい,行うだけの値打ち〖没有~〗やりがいがない

【缟(縞)】
gǎo ⊗ 白い絹 [~衣] 喪服

【槁(*藁)】
gǎo ⊗ 枯れた、萎んだ [枯~] 同前

【槁木死灰】gǎo mù sǐ huī〈成〉(枯れ木と冷えた灰>)すべてに無感動無関心である

【镐(鎬)】
gǎo 图[把]つるはし [鹤嘴~] 同前
⇨Hào

【镐头】gǎotou 图[把]つるはし

【稿(*藁)】
gǎo 图(~儿) ①下書き、草案 [写~] 下書きをする ②原稿 [心里积り、腹案 [心里还没有~儿]] まだ心積りができていない ⊗穀類の茎、わら

【稿费】gǎofèi 图[笔]原稿料、版下代 (⇨[稿酬])[付~]原稿料を支払う

*【稿件】gǎojiàn 图[篇·份]作品原稿 [交~](編集者に)原稿を渡す

【稿纸】gǎozhǐ 图[张]原稿用紙

【稿子】gǎozi 图 ①下書き、草案 ②[篇]原稿 ③心積り、腹案

【藁】
gǎo ⊗ [~城]藁城(河北省)

【告】
gào 動 ①告発する、宣言する、公に知らせる [~一段落]一段落を告げる ⊗①告げる ②求める、頼む ③表明する

【告白】gàobái 图 (公衆への)告知、通知

*【告别】gàobié 動 ①別れる、離れる [~了美丽的故乡]美しい故郷をあとにした ②いとまを告げる、さよならを言う(⇨[辞行])[向他~]彼に別れを告げる ③死者と別れを告げる

*【告辞】gào'cí 動 いとまごいをする、辞去する [跟他~]彼に辞去の挨拶をする

【告吹】gàochuī 動 (口)ふいになる、おじゃんになる

【告贷】gàodài 動(書)借金を頼む [~无门]借金の当てがない

【告发】gàofā 動 告発する [~罪行]罪状を告発する

【告急】gào'jí 動 急を告げる、緊急に救援を求める

【告假】gào'jià 動 休暇をもらう、休みをとる

【告捷】gào'jié 動 ①勝つ、勝利をおさめる ②勝利を告げる [向同志们~]同志たちに戦勝を告げる

*【告诫(告戒)】gàojiè 動 (上の者が下の者を)戒める [~他们不要贪污]汚職をしないよう彼らを戒める

【告竣】gào'jùn 動 (工事が)完成する、竣工する

【告密】gào'mì 密告する [向警察~]警察に密告する

【告饶】gào'ráo わびる、許しを請う (⇨[讨饶])

【告示】gàoshi 图[张]告示 (⇨[布告])[安民~]民心安定のための告示

*【告诉】gàosu 動 告げる、知らせる (⇨[方][告送(告诵) gàosong])[~你一件喜事]君に吉報を教えよう

【告枕头状】gào zhěntouzhuàng 動 妻が寝物語に他人の悪口を夫に言ってもめ事をひき起こす

【告知】gàozhī 動 知らせる

【告终】gàozhōng 動 終わりを告げる、終結する [以失败而~]失敗(敗北)に終わる

【告状】gào'zhuàng 動 (口) ①(司法機関に)告発する、訴訟を起こす ②(苦情·訴えを)申し出る、告げ口する [告他的状]彼について苦情を申し立てる

【诰(誥)】
gào ⊗ ①(上から下へ)告げる ②皇帝から臣下への命令

【郜】
Gào 图 姓

【戈】
gē ⊗ ①古代の兵器、青銅あるいは鉄製の矛 [倒~](兵が)寝返る ②(G-)姓

【戈壁】gēbì 图 ゴビ、砂漠(蒙古語から)

【仡】
gē ⊗ 以下を見よ

【仡佬族】Gēlǎozú 图 コーラオ族 ♦中国少数民族の一、主として貴州省に住む

【圪】
gē ⊗ 以下を見よ

【圪垯(圪嗒)】gēda 图 ①[疙瘩] ②小さな丘

【疙】
gē ⊗ 以下を見よ

*【疙瘩(疙疸)】gēda 图 ①おでき、いぼ [长~(起~)]同前ができる ②球状のもの、固まり(「纥纴」とも書く) [系成~]結び目を作る [~汤]すいとん ③心のしこり、わだかまり

【疙疙瘩瘩】gēgedādā 形 (~的) (口)①こぶだらけの、でこぼこした、手の焼ける (⇨[疙里疙瘩]

【咯】
gē ⊗ 乾いた物音、堅い物が触れ合う音、めんどりの声などを表わす [~~](鶏の)こっこっ、(笑い声の)けらけら
⇨kǎ, lo

【咯吱】gēzhī 擬 ぎしぎし、かちかち、きーきー [~~响]ぎしぎしと音をたてる

【格】gē ⊗以下を見よ ⇨gé
【格格】gēgē [擬]（～的）①笑い声〖～地笑〗けらけらと笑う ②機関銃の発射音
【胳】(*肐 骼) gē ⊗以下を見よ ⇨gā, gé
【胳臂】gēbei [名][同][胳膊]
★★【胳膊】gēbo [名]腕(肩から手首までの部分)［～腕子］腕［～肘子］肘(ひじ)［～拧不过大腿］(腕は太ももをひねれない＞)力ではとうていかなわない
【搁】(擱) gē [動]①置く，入れる〖～醋〗酢を入れる ②放っておく，棚上げにする ⇨gé
【搁笔】gē▾bǐ [動]《書》筆を置く，擱筆(かくひつ)する
【搁浅】gē▾qiǎn [動]①(船が)浅瀬に乗り上げる〖～了三小时〗浅瀬で3時間も立ち往生した ②《転》挫折する，暗礁に乗り上げる
【搁置】gēzhì [動]棚上げする，放置する
【哥】gē [名](ふつう呼び掛けとして)兄［大～］長兄 ⊗①親戚中の同世代で年長の男子［表～］(母方の)いとこ［堂～］(父方の) いとこ ②同年輩の男子を親しく呼ぶ［杨大～］楊兄さん ③音訳用字として［～伦布］コロンブス［～白尼］コペルニクス
★★【哥哥】gēge [名]①兄，にいさん ②年上のいとこ
【哥们儿】gēmenr [名]([同][哥儿们])《口》①兄弟たち ②(友人間で親しみを込めて呼んで)仲間，相棒
【哥萨克人】Gēsàkèrén [名]コサック人
【歌】gē [名](～儿)〔首・支〕歌〖唱～〗歌をうたう ⊗うたう［放声高～］大声で歌う
【歌唱】gēchàng [動]①歌をうたう［～家］歌手 ②たたえる，称揚する〖～祖国〗歌で祖国をたたえる
【歌词】gēcí [名]歌詞〖给～谱曲〗歌詞に曲をつける
【歌功颂德】gē gōng sòng dé《成》(多くは追従として)為政者の功績や徳をたたえる
【歌会】gēhuì [名]歌謡コンサート ♦ジャンルにかかわらず歌手が歌う集い
【歌剧】gējù [名]オペラ，歌劇
【歌诀】gējué [名]〔首〕(仕事のこつや要領，事柄の要点などを口調よくまとめた)文句，口訣(くけつ)
【歌谱】gēpǔ [名]〔张・份〕歌の楽譜
【歌曲】gēqǔ [名]〔首・支〕歌，歌曲［爱情～］ラブソング
【歌手】gēshǒu [名]歌手
★【歌颂】gēsòng [動]賛美する，たたえる
【歌坛】gētán [名]歌謡界，声楽界
【歌舞】gēwǔ [名]歌と踊り［～剧］歌舞劇，ミュージカル［～团］歌舞団
【歌星】gēxīng [名]スター歌手
【歌谣】gēyáo [名]伴奏なしに歌われる素朴な歌 ♦民歌，わらべ歌など
【歌咏】gēyǒng [動]歌う〖～宫廷生活的诗〗宮廷生活をうたった詩［～队］コーラス団［～比赛］歌謡コンテスト
【歌子】gēzi [名]〔支・首〕歌([同][歌曲])［哼～］歌を口ずさむ
【鸽】(鴿) gē ⊗鳩［信～］伝書鳩［～哨］鳩笛(鳩の尾に取り付け，飛ぶと空気の摩擦で音が出る)
★★【鸽子】gēzi [名]〔只〕鳩〖养～〗鳩を飼う［～棚］鳩小屋
【割】gē [動]切る，刈る［～麦子］麦を刈る
【割爱】gē'ài [動]割愛する，惜しみつつ手放す
【割除】gēchú [動]切除する，摘出する〖～肿瘤〗腫瘍(しゅよう)を取り除く
【割地】gē▾dì [動]領土を割譲する
【割断】gēduàn [動]断ち切る〖～绳子〗縄を切断する〖～联系〗連絡(関係)を断つ
【割鸡焉用牛刀】gē jī yān yòng niúdāo《成》(鶏を割くのに何で牛刀を用いる必要があろうか＞)小さな事に大げさな方法を用いる必要はない
【割据】gējù [動]国土の一部を武力で占拠する，割拠する
【割裂】gēliè [動]切り離す，分断する ♦多く抽象的な事柄に用いる
【割让】gēràng [動]割譲する
【割舍】gēshě [動]手放す，捨て去る〖～对她的感情〗彼女への思いを捨てる
【革】gé ⊗①革(かわ)［皮～］皮革 ②改める，改造する［变～］変革する ③罷免する，放逐する ④(G-)姓 ♦「危篤」の意の文語ではjíと発音
【革出】géchū [動](…から) 除名する，追放する
【革除】géchú [動]①取り除く，廃止する〖～陋习〗陋習(ろうしゅう)を取り除く ②除名する，罷免する
【革故鼎新】gé gù dǐng xīn《成》古きを除き，新しきを立てる
★★【革命】gémìng [名]〔场〕革命〖闹～〗革命を起こす ―[形]革命的な ―― gé▾mìng [動]革命を起こす〖革旧制度的命〗旧制度を変革する
【革新】géxīn [名]革新(する)

gé 一

【阁】(閣) gé ❶高殿 [楼～]楼閣 ❷内閣 [倒～]内閣を倒す [～員]閣僚

【阁下】 géxià （敬）閣下

【搁】(擱) gé 堪える、もちこたえる ⇨gē

【搁不住】 gébuzhù 堪えられない、もたない 〔禁受不住〕

【格】 gé ❶(～儿)格子、ます目 [～子]規格、標準 [出～](言動が)常軌を逸す ❸《語》(文法の)格 ❶妨げる、制約する ❷打つ、たたかう [～斗]格闘する [～杀](ぶち)殺す ❸窮める、探究する [～物]事物の道理を窮める ❹(G-)姓 ⇨gē

【格调】 gédiào ❶(作品の)格調、作風 ❷《書》(人の)品格

【格格不入】 gé gé bú rù （成）互いにしっくりしない、息が合わない 〔方枘圆凿〕

***【格局】** géjú 枠組、構成

【格林尼治时间】 Gélínnízhì shíjiān グリニッジ時間 ♦以前は"格林威治时间"といった 〔世界时〕

【格律】 gélǜ 格律、詩の格律

【格式】 géshi 一定の方式、規格、フォーマット [书信～]手紙の形式 [～化]フォーマットする

***【格外】** géwài とりわけ、ことのほか ❷予定外に、ほかに

【格言】 géyán 格言

【胳】 gē 以下を見よ ⇨gā, gē

【胳肢】 gézhi （方）くすぐる [～夹肢窝 gāzhiwō]わきの下をくすぐる

【骼】 gé →[骨 gǔ～]

【葛】 gé 《植》クズ [～布]葛布(横糸にクズの繊維を用いた丈夫な布) ⇨Gě

【葛藤】 géténg ❶《植》クズ、クズの蔓 ❷もつれ、もめ事

【隔】(*隔) gé ❶隔てる、仕切る [两个村～着一条河]2つの村は川で仕切られている ❷隔たる、間をあける [每～五分钟…]5分ごとに… [～三差五]3日に上げず [～～联系]つながりを断つ ── géduàn/géduàn (部屋の中を仕切る)仕切り

【隔行如隔山】 gé háng rú gé shān （成）自分と違う職業(専門)のことは分からないものだ

***【隔阂】** géhé 〔道〕(感情や見解の)隔たり、みぞ [消除～]わだかまりを取り除く

【隔绝】 géjué 隔絶する、遮断する [与世～]世の中と隔絶する [～空气]空気を遮断する

***【隔离】** gélí 隔離する、接触を禁ずる [～有病的牲畜]病気の家畜を隔離する [～医院]隔離病院

【隔膜】 gémó ❶《层》隔たり ── ❶互いの理解が欠けている ❷事情に暗い、門外漢の

【隔年皇历】 gé nián huánglì 《俗》(去年のこよみ＞)時代遅れの事物や方法

【隔墙】 géqiáng 〔道〕隔壁

【隔墙有耳】 gé qiáng yǒu ěr （成）壁に耳あり

【隔热】 gé'rè 断熱する [～材料]断熱材

【隔扇(槅扇)】 géshan/géshàn (室内を仕切る)仕切り板 ♦何枚か連ねて使い、一般に上部は装飾窓状

【隔靴搔痒】 gé xuē sāo yǎng （成）隔靴搔痒(靴の上からかゆいところをかく＞)文章や発言が肝心なところに届かずもどかしい

【隔夜】 gé'yè ひと晩経る、翌日まで残す [～的菜]宵越しの料理

【隔音】 gé'yīn ❶防音する、音を遮断する ❷音を隔てる [～符号](音節の区切りを示す)隔音符号

【嗝】 gé (～儿)げっぷ、しゃっくり [打～]げっぷをする、しゃっくりをする

【槅】 gé ❶格子窓のあるドア ❷仕切り

【膈】 gé 《横隔膜 [～膜][横～膜]同前

【镉】(鎘) gé 《化》カドミウム

【蛤】 gé 以下を見よ ⇨há

【蛤蜊】 gélí/géli 《贝》❶シオフキ ❷ハマグリ

【合】 gě 合("升"の10分の1) ～1合ます ⇨hé

【舸】 gě 大きな船

【葛】 Gě 姓 ⇨gé

【个】(個 *箇) gè （ふつう ge と発音） ❶広く用いて人や事物を数える [两～人]ふたり [三～西瓜]

3個のスイカ〖一 yí～星期〗1週間 ②〔概数の前に用いて〕軽い感じを添える〖每星期来～一两遍〗週に一二度は来る ③〔動詞と賓語の間に入れて〕軽い感じを添える〖洗～澡〗ひと風呂浴びる〖睡～好觉〗たっぷり眠る ④動詞と補語の間に用いる('得'の用法に近い)〖忙～不停〗休む間もなく忙しい〖打了～半死〗殴って半殺しにした 一 [名](～儿)体格, 大きさ
⊗個々の, 単独の［～人］個人［～性］個性 ♦'自个儿(自各儿)'ではgěと発音

【个把】gèba/gèbǎ [数]ほぼ一, 一ないし二([同][个把子])〖生后～月了〗生まれて約1か月になる

★★【个别】gèbié [形]①個々の, 個別の, 単独の〖～照顾〗個別に配慮する ②ごく一部の, ほんの一二の〖这是～情况〗これはまれなケースだ

【个个】gègè [量](～儿)(集団内の)一人ひとりみんな, 各人全員〖～都是好学生〗どの人もみな立派な学生だ

【个儿】gèr [名]①人や物の大きさ(かさ), 背丈([同][个头儿])〖～很大〗体が大きい ②一人, 一つ〖论～卖〗一ついくらで(目方でなく個数単位で)売る

★★【个人】gèrén [名]①個人([反][集体])［～迷信］個人崇拝 ②(自称として)私 ♦あらたまった場面で用いる

★【个体】gètǐ [名]個体, 個人［～户］個人事業主［～所有制］個人所有制

★★【个性】gèxìng [名]個性

★★【个子】gèzi [名]体の大きさ, 背丈 [同][个儿]

【各】 gè [代]おのおの, それぞれ〖～民族〗各民族〖～位〗皆さん〖～就～位〗(競技で)位置について

【各别】gèbié [形]①個々別々の, それぞれに異なった〖～对待〗それぞれ異なった対応をする ②一風変わった, ユニークな

【各得其所】gè dé qí suǒ《成》(それぞれに所を得る＞)各人が自分なりに満足のゆく境遇にある

【各个】gègè [形]〔多く定語として〕それぞれの, めいめいの 一 [副]各個に, 一つ一つ順番に

【各人自扫门前雪】gè rén zì sǎo mén qián xuě《俗》(各人が自分の家の前だけ雪かきをする＞)自分のやるべき事だけをやり, 他人のことには関わらない

【各色】gèsè [形]〔定語として〕各種各様の, さまざまな

【各式各样】gè shì gè yàng《成》各種各様の

★【各抒己见】gè shū jǐjiàn《成》おのおの自分の考えを述べる

【各行其是】gè xíng qí shì《成》(各自正しいと思うことをやる＞)各々好きなようにやる, 思想や行動が一致しない

【各有千秋】gè yǒu qiānqiū《成》各人それぞれ長所がある, 誰でもそれなりの貢献をしている

【各有所长】gè yǒu suǒ cháng《成》人にはそれぞれ取柄がある, 誰にも得意な分野がある

【各有所好】gè yǒu suǒ hào《成》誰にもそれぞれ好みがある, 人それぞれに好き嫌いが違う

【各种各样】gè zhǒng gè yàng《成》種々さまざまな, 各種各様の [同][各式各样]

★★【各自】gèzì [代]各自, それぞれ〖大家都～回家了〗各人めいめいに帰って行った〖人们～的能力〗人それぞれの能力

【硌】 gè [動]《口》(体の一部が)突起物にぶつかる〖～得慌〗(足などが)何かに当たって嫌な感じだ ♦「山の岩」の意の文語はluòと発音

【铬(鉻)】 gè [名]〔化〕クロム

【铬钢】gègāng [名]クロム鋼

【虼】 gè ⊗以下を見よ

【虼蚤】gèzao [名]〔只〕蚤(^{のみ}) [同][跳蚤]

【给(給)】 gěi [動]①与える, あげる, くれる〖～你〗君にあげる〖～我一个〗一つくれ ②〔結果補語として〕「確かに渡す」意味を表わす〖还 huán～我〗私に返してくれ〖送～了他一支钢笔〗彼に万年筆をあげた 一 [介]①…のために, …に代わって〖衣服都～你洗好了〗服はみんな洗濯してあげたよ ②…に対して, …に向かって〖～他道个歉〗彼におわびする ③…される〖杯子～人家打破了〗コップを人に割られた [同][被] 一 [助]'把''被''叫''让'に呼応して動詞の前に置く〖我把这件事～忘了〗そのことをすっかり忘れていた〖我的饭叫猫～吃了〗猫に飯を食われちゃった
⇨jǐ

【给小鞋穿】gěi xiǎoxié chuān《俗》(小さい靴をはかせる＞)わざと人を困らせる

【给以】gěiyǐ [動]〔2音節の動詞を賓語として〕与える ♦'给…以…'で用いることもある〖～支持〗支持する〖给小张以很大的帮助〗張くんに大きな援助を与えた

【根】 gēn [名](～儿)根〖连～拔〗根っこごと引き抜く

［树～］木の根 —[量]（～儿）細長いものを数える〚一～绳子〛1本のひも ⊗①根もと，つけ根［墙～］塀のきわ［牙～］歯の根 ②根源，事の起こり［寻～］ルーツを尋ねる

★★【根本】gēnběn [名]根本，根源［～上］根本的に —[形]〘多く定語として〙最も重要な，根本的な〚～原因〛根本的な原因 —[副]①徹底的に，根本的に〚～解决〛徹底的に解決する ②（多く否定的意味で）まるっきり，ぜんぜん〚～不知道〛全く知らない

【根除】gēnchú [動]根こそぎにする

【根底（根柢）】gēndǐ [名]①基礎，土台 ②いきさつ，仔細しさい

【根基】gēnjī [名]基礎，土台〚打～〛土台を固める

【根茎】gēnjīng [名]〚植〛根茎

【根究】gēnjiū [動]徹底的に究明する〚～事情的真相〛事の真相を究明する

★★【根据】gēnjù [名]拠りどころ〚理论的～〛理論的根拠 —[動]根拠とする，基づく（介詞としても使う）〚～节约的原则〛節約の原則に基づく〚～大家的意见…〛みんなの意見に基づいて…

【根据地】gēnjùdì [名]根拠地 ♦特に1920年以来の革命の根拠地

【根绝】gēnjué [動]根絶する，絶滅させる

【根苗】gēnmiáo [名]①根と芽 ②根源，そもそもの原因 ③子孫，後継ぎ

★【根深蒂固】gēn shēn dì gù《成》根が深く張っていて崩れない，土台がしっかりしている [同][根深柢固]

【根性】gēnxìng [名]本性

【根由】gēnyóu [名]由来，原因〚查明～〛原因を明らかにする

★【根源】gēnyuán [名]根源，根本原因 —[動]〘'～于'の形で〙…に根ざす

【根治】gēnzhì [動]（病や災害を）根治する，徹底的に退治する

【根子】gēnzi [名]①《口》根 ②原因〚车祸的～〛交通事故の原因

【跟】gēn [名]（～儿）かかと〚～儿太高〛（靴の）かかとが高すぎる［脚～］かかと［高～鞋］ハイヒール —[動]①後に従う，つく〚～我来〛私についてきなさい ②嫁ぐ —[介]①…と（ともに）〚～你一起去〛君といっしょに行く ②…に（対して），…から〚我～你说过〛君に話したことがある〚～他学习〛彼から学ぶ —[接]…と〚小张～我都是上海人〛張さんと僕はともに上海人です

【跟班】gēn▾bān [動]ある集団とともに労働（または学習）する

【跟不上】gēnbushàng [動]（[反][跟得上]）①ついてゆけない，落伍する（[同][追不上]）〚～时代〛時代の流れについてゆけない ②及ばない，かなわない（[同][比不上]）〚人～电脑吗？〛人間はコンピュータに及ばないのか

★【跟前】gēnqián [名]（～儿）面前，そば，間近〚在我～〛私の目の前で —— gēnqian [名]（父母の）そば，身近〚他～没有子女〛彼には（同居中の）子女がいない

★【跟随】gēnsuí [動]付き従う，後について行動する —[名]随行員，お供

【跟头】gēntou [名]転倒，もんどり〚摔～〛転ぶ〚翻～〛とんぼ返りを打つ

【跟着】gēnzhe [動]後に続く〚弟弟～姐姐〛弟が姉にくっついている —[副]〘'就'を伴って〙続いて，引き続き〚上完课，～就做实验〛授業に引き続き実験をする

【跟追】gēnzhuī [動]すぐ後を追う

★【跟踪】gēnzōng [動]ぴったり尾行する（監視する），追跡する［～研究］追跡調査

【哏】gén《方》[形]おもしろい，笑わせる —[名]滑稽なせりふやしぐさ［逗～］ツッコミ［捧～］ボケ

〖艮〗gèn ⊗①八卦の一 ②（G-）姓 ♦「硬い」の意の口語ではgěnと発音

〖亘（*亙）〗gèn ⊗（空間的，時間的に）ずっと続く，連なる［～古至今］古今を通じて

【更】gēng [量]《旧》夜7時ごろから翌朝5時ごろまでを5分した1つ ♦それぞれを'初～''二～'…'五～'という〚现在是几～天？〛今何更ですか［打～］時を知らせる［深～半夜］真夜中
⊗①変える，取り替える［变～］変更する ②経る，経験する
⇨gèng

【更迭】gēngdié [動]《書》更迭する，交替する

【更动】gēngdòng [動]変更する，（人事）異動する

【更改】gēnggǎi [動]（計画，意見などを）変更する，手直しする

【更换】gēnghuàn [動]取り替える，交換する

【更仆难数】gēng pú nán shǔ《成》数人交替で数えても数えきれない ♦人や物の多さを形容

【更生】gēngshēng [動]①復活する，よみがえる［自力～］自力更生 ②（廃品を）再生する［～纸］再生紙

【更替】gēngtì [動]入れ替わる，交替する [同][替换]

★【更新】gēngxīn [動]更新する，一新する〚～技术〛技術を一新する

【更衣】gēngyī 動①〔書〕服を着替える［～室］更衣室 ②〔婉〕便所に行く

*【更正】gēngzhèng 動（文章などを）訂正する，修正する

【庚】gēng 名①十干の第七，かのえ ②年齢［年～］同前 ③(G-)姓

【庚帖】gēngtiě 名〔張〕（縁談で相性を見るのに）生年月日時間を干支で記した書き付け 働［八字帖儿］

【賡（賡）】gēng 文①続ける ②(G-)姓

【耕（*畊）】gēng 動耕す［～田］田畑を耕す［春～］春の耕作(をする)［休～地］休耕田

【耕畜】gēngchù 名耕作用の家畜（牛，馬，ラバなど）

*【耕地】gēngdì 名〔块〕耕地，田畑 —— gēng‵dì 動田畑を耕す，すき返す

【耕牛】gēngniú 名〔头〕農耕用の牛

【耕耘】gēngyún 動①耕して草をとる［～机］耕耘機 ②〔転〕努力する，精進する

【耕种】gēngzhòng 動耕して種をまく，耕作する〖～了十亩地〗10ムー(66.6アール)の畑を耕作した

【耕作】gēngzuò〔目的語をとらず〕耕作する

【羹】gēng 名(とろっとした)スープ［豆腐～］豆腐汁

【羹匙】gēngchí 名〔把〕ちりれんげ，スープ用スプーン 働［調羹］

【耿】gěng 文①明るい，まばゆい ②気概がある，公正な ③(G-)姓

【耿耿】gěnggěng 形①誠実な，忠実な［忠心～］忠義に篤い ②気掛かりな，不安な［不寐］気掛かりで眠れぬ［～于怀］ずっと気に掛けている，根に持つ

【耿直(梗直・鲠直)】gěngzhí 形性格が真っ直ぐな，率直な

【埂】gěng 名①あぜ［～子］同前［田～儿］あぜ ②堤，土手

【哽】gěng 動①(食物で) のどを詰まらせる ②(感情が高ぶり) 声を詰まらせる［～塞 sè］同前［～咽 yè］(涙に)むせぶ

【绠（綆）】gěng 文つるべの綱

【梗】gěng 名①(～儿)植物の茎，軸（働［梗子］)［菠菜～］ホウレンソウの葉の茎 —— 動真っ直ぐにする〖～着脖子〗首筋を真っ直ぐにして 文①率直な，真っ直ぐな ②妨げる，邪魔する［作～］妨害する ③頑固な

【梗概】gěnggài 名梗概，粗筋

【梗塞】gěngsè 動①ふさぐ，(流れを) 妨げる〖～了交通〗交通がまひになる ②〔医〕［梗死］

【梗死】gěngsǐ 動〔医〕梗塞による状態になる［心肌～］心筋梗塞

【梗阻】gěngzǔ 動ふさぐ，渋滞させる，さえぎる，通せんぼする

【鲠（鯁）】gěng 文魚の骨

【更】gèng 副①一層，もっと〖～大的成績〗もっと大きな成果 ②その上なお，更に［～上一层楼］更に一段上に上がる ⇨gēng

*【更加】gèngjiā 副一層，もっと ◆'更'と同じだが，多く2音節の動詞・形容詞の前に用いる〖～清楚了〗一層はっきりした

【更为】gèngwéi 副一層，なおさら［～困难］ますます難しい

【工】gōng 名①ひとり1日の労働量〖做了一天～〗1日分の仕事をした ②中国民族音楽の音階の一［～尺 chě］工尺たく，音階の総称 —— 〔書〕〖客語をとり〗…に巧みだ，長じる ⇨[～于] 文①工業，工程，工事［动～］着工する ③労働者［女～］女性労働者 ④技術，技能 ⑤精巧な，精緻な

【工本】gōngběn 名生産原価，コスト［減低～］生産コストを下げる

【工笔】gōngbǐ 名〔美〕中国画の細密画法(働［写意］)［～画］同前による絵

【工兵】gōngbīng 名工兵 働［工程兵］

*【工厂】gōngchǎng 名〔家〕工場〖办～〗工場を経営する ◆'工场'は手工業の作業場をいう

【工潮】gōngcháo 名労働争議〖闹～〗同前を起こす

【工程】gōngchéng 名(土木建築，製造部門などの) 工事，工程，プロジェクト［水利～］水利事業［～兵］工兵［～学］工学

【工程师】gōngchéngshī 名技師，エンジニア

【工地】gōngdì 名工事現場，作業地点

【工读】gōngdú 動〖多く定語として〗働きながら学校に行く［～生］勤労学生［～学校］少年院

【工段】gōngduàn 名①(工事の)工区 ②('车间'を幾つかに分けた)工場内の部門，セクション

【工分】gōngfēn 名(～儿)(農業協同化時代の)労働点数［评～］労働点数を評定する

【工蜂】gōngfēng 名〔只〕働きバチ

*【工夫(功夫)】gōngfu 名①(～儿)

時間，ひま ②(～儿)《方》時 [同][时候] ③努力，精力 〚下～〛努力を注ぐ
—— gōngfū [名]《旧》臨時雇いの作男
【工会】gōnghuì [名]労働組合 [～主义]サンジカリズム
【工价】gōngjià [名]人件費，労働コスト
【工间】gōngjiān [名]勤務時間内の休憩時間
【工件】gōngjiàn [名](機械加工の)部品 [同][作件]
【工匠】gōngjiàng [名]職人
★★【工具】gōngjù [名]①道具 [～箱]道具箱 [～书]辞典や参考書類 ②《転》手段
【工科】gōngkē [名](専攻学科の)工科
【工料】gōngliào [名]労働力と材料，人件費と材料費
【工龄】gōnglíng [名]勤続年数 〚有二十五年～〛25年勤めた
【工棚】gōngpéng [名]〔间·座〕工事場の小屋，飯場 〚搭～〛飯場を建てる
【工期】gōngqī [名]工期 〚缩短～〛工期を短縮する
【工钱】gōngqian/gōngqián [名]①手間賃，労賃 ②《口》給料，賃金 [同][工资]
★★【工人】gōngrén [名]労働者(多く肉体労働者をいう) [～阶级]労働者階級 [～运动]労働運動
【工日】gōngrì [名]勤務者一人1日の仕事量 〚十个～〛延べ10日分の勤労
【工伤】gōngshāng [名]業務上の傷病，労働災害 [～保险]労災保険
【工时】gōngshí [名]マンアワー ♦一人1時間の労働量
【工事】gōngshì [名]〔道·座〕《軍》(トーチカ，塹壕(ざんごう)，バリケードなどの)防御物 〚构筑～〛同前を作る
【工头】gōngtóu [名](～儿)(労働現場の)親方，職長
【工稳】gōngwěn [形]《書》(詩文が)整っている，まとまりのよい
【工效】gōngxiào [名]労働効率 〚～不高〛仕事の能率が良くない
【工薪】gōngxīn [名]給料，賃金 [～阶层][～族]サラリーマン
【工序】gōngxù [名]製造工程 [～自动化]工程のオートメ化
★★【工业】gōngyè [名]工業，産業 [～病]産業労働者の職業病
【工艺】gōngyì [名]①生産技術，テクノロジー ②手工芸 [～美术]工芸美術
★【工艺品】gōngyìpǐn [名]手工芸品
【工友】gōngyǒu [名](学校や機関の)用務員，労務員
【工整】gōngzhěng [形](字などが)きちんと整っている，乱れのない
【工致】gōngzhì [形](絵画·手芸品などが)精緻を極めた，精巧な
【工种】gōngzhǒng [名](工鉱業の)職種(旋盤工·プレス工など)
★★【工资】gōngzī [名]〔份·笔〕賃金，給料 〚拿～〛給料を受け取る [计时～]時間給
【工字钢】gōngzìgāng [名]H型鋼
★★【工作】gōngzuò [動]働く，仕事をする 〚努力～〛がんばって働く ━ [名]①職業 〚找～〛職を探す ②仕事，作業，勤務，労働 [～服]作業服 [～母机]工作機械 [～日]労働日数 [～证]身分証明書 [～站]ワークステーション

【功】 gōng [名]功労，手柄 〚他的～最大〛彼の功績が一番大きい
⊗①効果，功績 ②技術，修練 [基本～]基本的な技術
【功败垂成】gōng bài chuí chéng 《成》成功を目前にして失敗する
【功臣】gōngchén [名]功臣，特別功労者
【功德】gōngdé [名]①功績と徳行 ②(仏教で)功徳(くどく) 〚做～〛功徳を施す
【功底】gōngdǐ [名]基本的技術(の基礎)
★★【功夫】gōngfu [名]①本領，腕前 ②[同][工夫]
【功过】gōngguò [名]功績と過失，功罪 〚～相抵〛功罪相半ばする
【功绩】gōngjì [名]功績，功労
★【功课】gōngkè [名]学校の勉強，授業，学業 〚做～〛(宿題などの)勉強をする
【功亏一篑】gōng kuī yí kuì 《成》九仞(じん)の功を一簣(き)に欠く，成功直前わずかな手違いで失敗する
★【功劳】gōngláo [名]功労，貢献 〚立下～〛手柄を立てる
【功利】gōnglì [名]功利，実利 [～主义]功利主義
【功率】gōnglǜ [名]《理》仕事率
★★【功能】gōngnéng [名]効能，機能
★【功效】gōngxiào [名]効能，効率 [～学]人間工学
【功勋】gōngxūn [名](国家社会に対する)勲功，大なる貢献 〚建立～〛勲功を建てる
【功用】gōngyòng [名]効用，用途
【功罪】gōngzuì [名]功罪

【攻】 gōng [動]攻撃する([反][守]) 〚～下难关〛難関を攻め落とす
⊗①責める，論難する ②研究する，学ぶ [专～]専攻する
【攻打】gōngdǎ [動](占領すべく)攻撃する 〚～敌军阵地〛敵の陣地を

攻める
【攻读】gōngdú [動]（明確な目的をもって）学ぶ〖～博士学位〗博士学位取得のため学ぶ
★【攻击】gōngjī [動] ①攻撃する，戦いを仕掛ける ②(悪意を持って）非難する，批判する〖蓄意～别人〗意図的に人を悪く言う
【攻坚】gōngjiān [動] 堅固な敵陣を攻撃する
★【攻克】gōngkè [動]（敵の拠点を）攻略する，攻め落とす
【攻其不备】gōng qí bú bèi《成》敵の不意を衝(つ)く
【攻势】gōngshì [名] 攻勢([反][守势])〖发动～〗攻勢に出る
【攻守同盟】gōng shǒu tóngméng [名] 攻守同盟〖订立～〗同前を結ぶ
【攻研】gōngyán [動] 研鑽(けんさん)を積む，鋭意研究する [同][钻研]
【攻占】gōngzhàn [動] 攻撃占領する

【弓】gōng [名] ①〔张·把〕弓〖拉～〗弓をひく［～箭］弓と矢 ②（～儿）弓状のもの，弦楽器の弓 ③《旧》土地測量の器具 — [動] 曲げる，かがめる〖～着背走〗背を丸めて歩く
⊗（G-）姓
【弓子】gōngzi [名] 弦楽器の弓，弓状のもの［胡琴～］胡弓の弓

〖躬(*躳)〗gōng ⊗ ①自ら，親しく［～逢］《書》親しく体験する ②体を曲げる，かがめる［鞠～］お辞儀する
【躬行】gōngxíng [動]《書》身をもって行う

【公】gōng [形] 雄の([反][母])〖这只猫是～的〗この猫は雄だ［～牛］雄牛
⊗ ①国家や集団に属した，公共の［～款］公金 ②共同の，共通の［～认］公認する ③国際間の［～海］公海 ④公平な，公正な ⑤公にする，公表する ⑥公用，公務 ⑦公爵 ⑧夫の父，しゅうと ⑨（G-）姓 ⑩二字姓の要素［～孟］公孟［～孙］公孫［～羊］公羊
【公安】gōng'ān [名] 公安，社会の治安［～部］公安省
★【公安局】gōng'ānjú [名] 公安局
【公报】gōngbào [名] ①コミュニケ，声明［联合～］共同声明 ②官報，公報［政府～］官報
★★【公布】gōngbù [動]（政府機関の法令や文書を）公表する，公布する
【公厕】gōngcè [名] 公衆便所
【公差】gōngchāi [名]〔项〕①公用出張〖出～〗公用で出張する ②公用の使者，出張者
【公产】gōngchǎn [名] 公共財産 [反][私产]
【公尺】gōngchǐ [量] メートル ♦'米mǐ'の旧称
【公出】gōngchū [動] 公用で外出する
【公畜】gōngchù [名] 雄の家畜，特に種付け用の雄(おす)
★【公道】gōngdào [名] 正義，正しい道理〖主持～〗正義を守る
—— gōngdao [形] 公正な，適正な [同][公平]
【公德】gōngdé [名] 公衆道徳，社会倫理［～心］公徳心
【公敌】gōngdí [名] 公共(共通)の敵
【公法】gōngfǎ [名] 公法 [反][私法]
【公房】gōngfáng [名] 公有の家屋，公共建築物
【公费】gōngfèi [名] 公費([反][自费])〖～出国留学〗公費で外国に留学する［～医疗］公費医療
【公愤】gōngfèn [名] 大衆の(世論の)怒り〖引起～〗世間の怒りを買う
★【公告】gōnggào [名] 公告，通知
【公共】gōnggòng [形]〔定語として〕公共の，公衆の［～卫生］公衆衛生
★★【公共汽车】gōnggòng qìchē [名]〔辆〕バス
【公公】gōnggong [名] ①夫の父，しゅうと，義父 [関][婆婆] ②《方》祖父 ③《方》老齢の男子に対する敬称
★【公关】gōngguān [名]（'公共关系'の略）企業や団体の渉外活動
【公馆】gōngguǎn [名]《旧》公邸，大邸宅
【公海】gōnghǎi [名] 公海
【公害】gōnghài [名] 公害〖造成～〗公害をもたらす
【公积金】gōngjījīn [名] 公共積立金，企業の内部留保金
【公家】gōngjia [名]《口》おおやけ，公共 [反][私人]
【公交】gōngjiāo [名] 公共交通（機関）［～车］路線バス
★★【公斤】gōngjīn [量] キログラム
【公决】gōngjué [動] 皆で決める〖经大家讨论～〗皆で議論して決める
★★【公开】gōngkāi [動] 公開する，明るみに出す〖～了自己的秘密〗自分の秘密をさらけ出した — [形] 公然たる，おおっぴらな([反][秘密])〖～的斗争〗公然たる闘い［～信］公開状
【公筷】gōngkuài [名]〔双〕取箸(とりばし)，菜箸(さいばし)
【公款】gōngkuǎn [名] 公金〖挪用～〗公金を横領する
★★【公里】gōnglǐ [量] キロメートル
【公理】gōnglǐ [名] ①〖数〗公理 ②社会公認の正しい道理
【公历】gōnglì [名] 西暦，太陽暦 [同][阳历][格里历]
【公粮】gōngliáng [名] 国家に農業税として納める穀物〖交纳～〗同前を納める

【公路】gōnglù 图〔条〕(市街地外の)自動車が通れる道路,幹線道路
【公论】gōnglùn 图①公論 ②公正な世論
*【公民】gōngmín 图 公民 〖~权〗公民権
【公亩】gōngmǔ 量 (面積単位の)アール
【公墓】gōngmù 图 共同墓地
【公派】gōngpài 动 国費により派遣する
*【公平】gōngpíng 形 公平(公正)な 〖~秤〗基準ばかり
【公婆】gōngpó 图 しゅうと・しゅうとめ
【公仆】gōngpú 图 公僕,公務員
【公顷】gōngqǐng 量 ヘクタール
*【公然】gōngrán 副 公然と,おおっぴらに
【公认】gōngrèn 动 公認する 〖大家一致~他是考古研究的权威〗彼が考古学の権威であることは皆の認めるところだ
【公伤】gōngshāng 图 公傷 ⇔〖工伤〗
【公社】gōngshè 图①(略)'人民公社' ②コミューン 〖巴黎~〗パリコミューン
【公审】gōngshěn 动 公開裁判をする 〖~一起重大犯罪案〗重大な犯罪事件について公開裁判をする
【公使】gōngshǐ 图 公使(正式には'特命全权公使'という) 〖~馆〗公使館
*【公式】gōngshì 图 公式,数式 〖~化〗公式化する,画一化する
【公事】gōngshì 图〔件〕公務,公用 (⇔〖私事〗) 〖~公办〗公務は私情をはさまず厳正に処理する
*【公司】gōngsī 图〔家〕会社,公司 〖创办~〗会社をつくる
【公诉】gōngsù 动 公訴,起訴する 〖~人〗検察官 〖提起~〗起訴する
【公孙树】gōngsūnshù 图〔植〕イチョウ ⇔〖银杏〗
【公堂】gōngtáng 图①旧時の法廷 ②(一族共同の)祠堂,みたまや ⇔〖祠堂〗
【公推】gōngtuī 动 みんなで推薦する (⇔〖公举〗) 〖~他当代表〗皆で彼を代表として推薦する
【公文】gōngwén 图〔件・份〕公文書,書類 〖~包〗書類カバン
*【公务】gōngwù 图〔件〕公務,公的用件 〖~员〗公務員
【公演】gōngyǎn 动 公演する 〖~了新编歌剧〗新作オペラの公演をした
【公益】gōngyì 图 公益,公共の利益 〖~金〗文化・福利事業のための資金
【公意】gōngyì 图 大衆の意思,民衆の総意

【公营】gōngyíng 形〔定語として〕公営の(⇔〖私营〗) 〖~企业〗公営企業
【公用】gōngyòng 形〔定語として〕公用の,共同使用の(⇔〖私用〗) 〖~电话〗公衆電話
【公有】gōngyǒu 形〔定語として〕公有の,国有の ⇔〖私有〗
【公寓】gōngyù 图①アパート,共同住宅 ②長期滞在用の宿屋(月ぎめで宿賃を払う),下宿
*【公元】gōngyuán 图 西暦紀元 〖~前〗紀元前
*【公园】gōngyuán 图 公園
*【公约】gōngyuē 图①(普通3か国間以上で締結される)約定,条約 ②規則,申し合わせ
【公债】gōngzhài 图 公債,国債 〖发行(偿还)~〗国債を発行(償還)する
【公章】gōngzhāng 图 公印(⇔〖私印〗) ◆量詞は四角い印には'方',丸い印には'枚'を用いる 〖盖~〗公印を押す
*【公正】gōngzhèng 形 公正な,偏らない 〖~的舆论〗公正な世論
【公证】gōngzhèng 动 公証をする
*【公制】gōngzhì 图 メートル法 〖折成~〗メートル法に換算する
【公众】gōngzhòng 图 公衆,大衆 〖向~呼吁〗大衆にアピールする
【公诸于世】gōng zhū yú shì (成) 世間に公表する ⇔〖公诸于众〗
*【公主】gōngzhǔ 图 皇女,王女,姫
【公转】gōngzhuàn 动〔天〕公転する
【公子】gōngzǐ 图 貴公子,若様,令息 〖~哥儿〗(富豪や高官の甘やかされた)息子,お坊ちゃん

【蚣】gōng ⊗→〖蜈 wú ~〗
【供】gōng 动①供給する 〖~不上〗供給が間に合わない ②(利用に)供する 〖~读者参考〗読者の参考に供する ⇒gòng
*【供不应求】gōng bú yìng qiú (成) 供給が需要に追いつかない
【供给】gōngjǐ 动 供給する 〖~学生学习材料〗学生に学習資料を与える
【供求】gōngqiú 图 需要と供給 〖~失调〗需給のアンバランス
【供销】gōngxiāo 图 供給と販売 〖搞~的〗同前を扱う 〖跑~〗同前のため奔走する 〖~合作社〗購買販売協同組合
【供养】gōngyǎng 动 (老人を)扶養する 〖~父母〗両親を養う
【供应】gōngyìng 动 供給する,提供する 〖~学校教师宿舍〗学校に教員住宅を供与する

【恭】gōng ⊗ ① うやうやしい, 礼儀正しい [不～](书)失敬な [～请]謹んでお願いする ② 大小便 [出～]用をたす ③ (G-)姓
【恭贺】gōnghè 動 謹んで祝う〚～新禧 xǐ〛恭賀新年
*【恭敬】gōngjìng 形 うやうやしい, 礼儀正しい
【恭桶】gōngtǒng 名 便器, おまる⑩[马桶]
【恭维(恭惟)】gōngwei/gōngwéi 動 おべっかを使う, へつらう
【恭喜】gōngxǐ〚挨〛おめでとう〚～～〛同前〚～发财〛お金もうけができますように(商売繁昌おめでとう)

【龚(龔)】gōng ⊗ (G-)姓

【肱】gōng ⊗ ひじから肩の部分, 上膊 [股～](书)頼りになる人

【宫(宮)】gōng 名 ① 宮殿〚皇上要回～了〛帝が皇居にお戻りになります [皇～]皇居, 王宮 [龙～]龍王の宮殿 ② 寺廟の名 [雍和～]雍和～宮 ◆北京にあるラマ教寺院 ③ 文化娯楽の場所 [文化～]文化館 [少年～]児童·少年文化センター ⊗ ① 宮刑 ② 古代音楽の五音のひとつ ③ (G-)姓
【宫灯】gōngdēng 名〔盏〕八また六角形の絹張り(ガラス張り)のランタン ◆祝日に軒下につるす
【宫殿】gōngdiàn 名〔座〕宮殿
【宫廷】gōngtíng 名 ① 宮廷, 王宮 ② 宮廷内の統治集団 [～政变]宮廷クーデター
【宫刑】gōngxíng 名 宮刑 ◆男子の生殖器を除去する古代の刑 ⑩[腐刑]

【觥】gōng ⊗ 古代の酒器 [～筹交错]酒席がにぎやかだ

【巩(鞏)】gǒng ⊗ ① 強固な, 確固たる ② (G-)姓
*【巩固】gǒnggù 形 強固な, 揺るぎない 一 動 強固にする, 強化する〚～基础知识〛基礎知識を固める

【汞(*錄)】gǒng 名〔化〕水銀 [～电池]水銀電池 [～灯]水銀灯 [～污染]水銀汚染 [～溴 xiù 红]マーキュロクロム

【拱】gǒng 動 ① 胸の前で手を組み合わせる ② めぐらす, 囲む ③ 肩をすくめる, 体を動かす ④ (手以外の)体をぶつけて開ける, 障害物を押しのける〚用肩膀把门～开〛肩でドアを押し開ける ⑤ (植物が)土を押し上げる(芽を)出す ⊗ アーチ(式)
【拱门】gǒngmén 名 アーチ形の門やドア
【拱桥】gǒngqiáo 名〔座〕アーチ形の橋
【拱手】gǒng'shǒu 動 拱手する, (左手のこぶしを右手で包み)両手を胸の前で組み合わせてお辞儀する
【拱卫】gǒngwèi 動 取り囲む〚～京师〛(山などが)都を守るように取り囲む

【共】gòng 副 全部で, 合わせて〚～收十卷〛全部で10巻を収める ⊗ ① 共に, 一緒に〚～进晚餐〛夕食を共にする ② 共にする, 共有する ③ 共通の ④ (略)'共产党'[中～]中国共産党
【共产党】gòngchǎndǎng 名 共産党
【共产国际】Gòngchǎn Guójì 名 コミンテルン ⑩[第三国际]
【共产主义】gòngchǎn zhǔyì 名 共産主義 [～青年团]中国共産主義青年団(略は'共青团', 中国共産党の青年組織)
【共处】gòngchǔ 動 共存する [和平～]平和共存(する)
【共存】gòngcún 動 共存する, ともども生きる
【共犯】gòngfàn 名 ① 共犯, 2人以上による犯罪 ② 共犯者
【共和】gònghé 名〔多く定語として〕共和(制)
*【共和国】gònghéguó 名 共和国
【共计】gòngjì 動 ① 合計する〚～100本〛合計100冊 ② 協議する
【共居】gòngjū 動 (多く抽象的事物について)同時に存在する
*【共鸣】gòngmíng 動 共鳴する, 共感する〚引起群众的～〛大衆の共感を喚起する
【共青团】gòngqīngtuán 名 (略)'共产主义青年团'
【共生】gòngshēng 名〔生〕共生
【共时】gòngshí 形〔定語として〕共時的な ⑩[历时]
【共识】gòngshí 名 共通認識, コンセンサス
【共事】gòng'shì 動 共に仕事をする
【共通】gòngtōng 形〔多く定語として〕共通の, いずれにも当てはまる〚～的道理〛共通の道理
*【共同】gòngtóng 形〔多く定語として〕共通の, 共同の〚～的目标〛共通の目標 [～点]共通点 [～语]共通語 — 副 皆共に, 一緒に〚～努力〛一緒に頑張る
【共性】gòngxìng 名 共通性, 普遍性 ⑩[个性]
【共振】gòngzhèn 名〔理〕共振, 共

鳴

【供】gòng 動 ①(神仏に)供える 〖把祭品～在佛像前〗お供え物を仏像の前に並べる ②供述する,自白する 〖～出了罪行〗犯行を自白する
⊗①お供え 〖～品〗同前 ②供述,自白 〖诱～〗自供を誘い出す
⇨gōng

【供词】gòngcí 图 供述,自白内容
【供认】gòngrèn 動 自白する,供述する 〖～不讳〗洗いざらい白状する
【供养】gòngyǎng 動 (神仏·祖先に)お供えする,供養する 〖～祖先〗祖先を祀る
【供职】gòng'zhí 動 勤務する

【贡(貢)】gòng 動 ①貢ぎ物,献上品 〖进～〗貢物を献上する ②(G-)姓
【贡品】gòngpǐn 图 貢ぎ物,献上品
＊【贡献】gòngxiàn 動 貢献する 〖对体坛作出～〗体育界に貢献する ― 图 貢献する,寄与する,ささげる 〖～力量〗力を尽くす

【勾(＊句)】gōu 動 ①(線を引いたりチェックして)取り消す,削除する 〖～去了三个字〗3字削除した ②線で輪郭をとる,ふちどる (セメント等で)建物の透き間を埋める 〖～墙缝〗壁の透き間をふさぐ ④引き起こす,引き出す 〖～起回忆〗過去の記憶を呼び戻す ⑤(G-)姓
⊗ 結託する
⇨gòu

【勾搭】gōuda 動〈貶〉①誘惑する 〖～上了坏女人〗悪い女を引っ掛ける ②ぐるになる,手を組む ◆①②とも'勾勾搭搭'の形もとる
【勾画】gōuhuà 動 (線または短い文で)描き出す
＊【勾结】gōujié 動 ぐるになる,結託する 〖～恶势力〗悪い勢力と結託する
【勾勒】gōulè 動 ①(輪郭を)描く 〖～一幅人物画的轮廓〗人物画の輪郭を描き出す ②(短い語句や文で)描き出す
【勾通】gōutōng 動 気脈を通じる,ひそかに結託する 〖～敌人〗敵と内通する
【勾销】gōuxiāo 動 取り消す,抹消する 〖一笔～〗一切帳消しにする 〖～了对他的怨恨〗彼への恨みを消し去った
【勾引】gōuyǐn 動〈貶〉誘惑する,(悪事に)引き込む

【沟(溝)】gōu 图〔条·道〕①(人工の)みぞ,水路 〖开了一条沟〗水路を作った 〖暗～〗暗渠 ②(～儿)みぞ型のくぼみ 〖开～播种〗みぞをきって種をまく ③(～儿)谷川,小川

【沟壑】gōuhè 图 谷間,山峡 ⑳〖山沟〗
【沟渠】gōuqú 图(灌溉や排水のための)水路,溝
＊【沟通】gōutōng 動 通じさせる,道をつける 〖～南北〗南北をつなぐ 〖～信息〗情報を疎通させる
【沟沿儿】gōuyánr 图 水路の両岸,溝の両側

【钩(鈎)】gōu 图(～儿)①(引っ掛ける)かぎ 〖钓鱼～〗釣り針 ②(照合·採点のときの)チェックマーク(✓) ③漢字の筆画の一(丨,亅,乚,などの) ― 動 ①かぎ状のもので引っ掛ける ②かぎ針で編む
⊗(G-)姓

【钩虫】gōuchóng 图〔条〕鉤(こう)虫,十二指腸虫 〖～病〗十二指腸虫病
【钩(勾)心斗角】gōu xīn dòu jiǎo〈成〉相手を排斥すべくあれこれ計略をめぐらす
【钩子】gōuzi 图(物を引っ掛ける)かぎ,フック 〖火～〗火搔(か)き

【句】Gōu ⊗ 人名·地名に用いる 〖～践〗句践(こうせん) 〖高～骊lí〗高句麗(こうくり)
⇨jù

【佝】gōu ⊗ 以下を見よ

【佝偻】gōulou/gōulóu 動(口)(背を)曲げる 〖～着腰〗腰を曲げる 〖～病〗くる病 ⑳〖软骨病〗

【缑(緱)】gōu ⊗ ①刀の柄に巻く縄 ②(G-)姓

【篝】gōu ⊗ かご

【篝火】gōuhuǒ 图 かがり火,キャンプファイヤー 〖生～〗かがり火をたく

【鞲】gōu ⊗〖～鞴bèi〗(旧)ピストン

【苟】gǒu 動 ①いい加減にする,無とんちゃくな 〖一丝不～〗少しもゆるがせにしない ②一時的に,かりそめに ③仮に,もし

【苟合】gǒuhé 動(書)(男女が)私通する,野合する
【苟活】gǒuhuó 動 一時的に生き延びる,いい加減に生きる
【苟且】gǒuqiě 厖 ①いい加減な 〖～偷安〗目先の安逸をむさぼる ②(男女の関係について)いかがわしい 〖～之事〗いかがわしいこと
【苟延残喘】gǒu yán cán chuǎn〈成〉辛うじて余命を保つ,虫の息で生命をつなぐ

【狗】gǒu 图〔条·只〕犬 〖～粮〗ドッグフード 〖野～〗野犬,野良犬 〖走～〗(悪人の)手先

【狗急跳墙】gǒu jí tiào qiáng〈成〉

(追いつめられると犬は塀を跳び越える＞) 窮鼠きゅう猫をかむ
【狗屁】gǒupì [名] (話や文章が) 下らぬこと, ばかげたこと (罵語として使う) [～不通] 下らないたわごとだ
【狗屎堆】gǒushǐduī [名] 犬の糞の山;《転》下らぬ奴, 見下げ果てた奴
【狗腿子】gǒutuǐzi [名]《口》(悪徳ボスの)手先, 取り巻き [関][走狗]
【狗尾草】gǒuwěicǎo [名]〖植〗ネコジャラシ, エノコログサ
【狗熊】gǒuxióng [名]〔只・头〕ツキノワグマ
【狗血喷头】gǒuxuè pēn tóu《成》罵詈雑言を浴びせる〖骂得～〗口を極めて罵る
【狗仗人势】gǒu zhàng rén shì《成》主人の勢力を笠に人をいじめる, 虎の威を借る [同][狐假虎威]
【狗嘴长不出象牙】gǒu zuǐ zhǎngbuchū xiàngyá《俗》(犬の口に象牙は生えぬ＞)悪人の口から立派な言葉が出る訳がない

〘枸〙 gǒu [×] [～杞 qǐ]〖植〗クコ ♦実が漢方薬になる. '枸橘'(カラタチ)は gōujú と発音

〘勾(*句)〙 gòu [×] ① 以下を見よ ②(G-)姓
⇨gōu
【勾当】gòudang/gòudàng [名] (よくない) こと, 仕事〖干了见不得人的～〗人に言えないようなことを仕出かした

〘构(構)〙 gòu [×] ① 組み立てる, 作り上げる, 構える [虚～] でっちあげる, フィクションで書く ② 文芸作品 ③〖植〗コウゾ
★★【构成】gòuchéng [動] 構成する, 組み立てる〖由三个部分～〗3つの部分から成る
【构件】gòujiàn [名]〖建〗構材, 部材,〖機〗部材
★【构思】gòusī [動] 構想する, 腹案を作る([同][构想])〖～一篇论文〗論文の構想を練る
【构图】gòutú [名]〖美〗構図, 画面構成
【构造】gòuzào [名] 構造([同][结构])〖句子的～〗文の構造
【构筑】gòuzhù [動] (多く軍事施設を)構築する

〘购(購)〙 gòu [×] 買う [采～] 買い付ける [赊～] 付けで買う
【购并】gòubìng [動] 買収合併をする
【购买】gòumǎi [動] 購入する, 仕入れる [～欲] 購買欲
★★【购物】gòuwù [動] 買い物をする [～中心] ショッピングセンター
【购销】gòuxiāo [名] 購入と販売
【购置】gòuzhì [動] (耐久品を) 購入する [同][购办]

〘诟(詬)〙 gòu [×] ① 恥辱, 屈辱 ② 辱める, 罵倒する
【诟骂】gòumà [動]《書》辱める, 激しく罵る

〘垢〙 gòu [×] ① 汚い, 汚れた ② 汚れたもの, あか [牙～] 歯垢 ③ 恥辱, 屈辱

〘够(夠)〙 gòu [動] ① 足りる, 充分にある〖有三个人就～了〗3人いれば十分だ〖时间不～用〗時間が足りない〖～三天吃〗食べ物は3日分は十分ある ② 達する, 届く〖～标准〗規準に達している ③ あきる〖听～了〗聞きあきた ― [副]〖'的', '了' を伴って〗充分に, たっぷり〖～累的〗くたくただ〖～快了〗実に早い
【够本】gòu▾běn [動] ①(～儿) 元がとれる, 損得なしになる ②《転》得失が引き合う
【够不上】gòubushàng [動] (ある基準に) 達しえない, 届かない [反][够得上]
【够不着】gòubuzháo [動] (位置が離れていて手が) 届かない [反][够得着]
【够格】gòu▾gé [動] (～儿) ある基準や条件を満たす, 資格をそなえる
【够劲儿】gòujìnr [形]《口》① もう十分だ, あんまりだ ② 程度が強い〖这茅台酒真～〗このマオタイ酒はほんとに強い
【够朋友】gòu péngyou [動] 友達甲斐がいがある [同][够交情]
【够戗(够呛)】gòuqiàng [形]《方》(耐えがたい程度にまで) ひどい, たまらない〖热得真～〗暑くてたまらん
【够受的】gòushòude [形] 耐えられない, たまらない〖累得～〗もうくたくただ
【够味儿】gòuwèir [形]《口》味がある, なかなか面白い
【够意思】gòu yìsi [形]《口》① なかなかのものだ, けっこういける〖他写得可真～〗彼の書くものは実にいいね ② [同][够朋友]

〘媾〙 gòu [×] ① 交わる, 結び付く ② 婚姻する ③ 性的に交わる [交～] 性交する
【媾和】gòuhé [動] 講和する

〘觏(覯)〙 gòu [×] 出会う

〘彀〙 gòu [×] 弓を引く [～中]《書》弓の射程範囲, ワナ

〘估〙 gū [動] 見積もる, 評価する ♦'估衣'(古着) は gùyi と発音 [低～] 低く評価する
★★【估计】gūjì [動] 見積もる, 推量する
【估价】gū▾jià [動] (商品を) 評価する, 値ぶみする〖请你估估价〗ちょっと

値をつけて下さい

—— gūjià [動]（人物や事物を）評価する〖正确地～历史人物〗歴史上の人物を正しく評価する

【估量】gūliang [動] 見積もる，見当をつける〖你～一下这个有多重〗これの重さを当ててみて

【估摸】gūmo [動]《口》…と思う，見当を付ける〖我～着他不会来〗（私が見るところ）彼は来ないと思う

〖沽〗 gū [×]①買う［～酒］酒を買う ②売る ③（G-）天津の別称

【咕】 gū [擬] めんどりや鳩などの鳴き声

【咕咚】gūdōng [擬]①（重い物が落ちる音の形容）ごとん ②（物が揺れた音の形容）がたんがたん

【咕嘟】gūdū [擬]①（わき水がわいたり，湯がたぎるさまの形容）こんこん，ぐらぐら ②（水などを飲むときの音の形容）ごくごく

—— gūdu [動]①ぐつぐつ煮る〖～嘟地斟满白酒〗どくどくと'白酒'を杯いっぱいについだ〖～了半天〗一しきりぐつぐつと煮た ②《方》（口を）とがらす〖～着嘴〗口をとがらしている

【咕唧（咕叽）】gūjī [擬]（水音の形容）ぴちゃぴちゃ

—— gūji [動] ひそひそささやく，ぶつぶつ独り言を言う

【咕噜】gūlū [擬]①（空腹で腹の鳴る音の形容）ぐうぐう ②（物が転がる音の形容）ごろごろ ③（小声でつぶやく音の形容）ぶつぶつ

—— gūlu [動] ぶつぶつ言う，つぶやく

【咕哝】gūnong [動]（不満で独り言を）ぶつぶつ言う，つぶやく〖你～什么？〗なにをぶつぶつ言っているんだ

【姑】 gū [名]（～儿）父の姉妹 [回]［姑姑］

[×]①夫の姉妹［小～儿］夫の妹 ②未婚の女子［村～］村のむすめ ③尼^{あま}［尼～］同前 ④しばらく，暫時

【姑夫（姑父）】gūfu [名] 父の姉妹の夫

☆【姑姑】gūgu [名]《口》父の姉妹，おばさん

【姑妈】gūmā [名]《口》父の（既婚の）姉妹，おばさん

【姑母】gūmǔ [名] 父の姉妹，おばさん

【姑奶奶】gūnǎinai [名]《口》①嫁いだ娘（実家がいう呼称）②父の'姑母（おば）'

☆【姑娘】gūniáng [名]《方》①[回]《普》［姑母］②夫の姉妹

—— gūniang [名]①未婚の女子［小～］小娘，娘さん ②《口》（親族名称としての）娘［大～］一番上の娘，長女

*【姑且】gūqiě [副] しばらく，ひとまず〖～不提〗（この話は）ひとまず措^{お}く

【姑妄听之】gū wàng tīng zhī《成》（信じる信じないにかかわらず）聞くだけ聞いておく

【姑息】gūxī [動]《貶》甘くする，大目にみる［～养奸］悪人や悪事を（甘い顔をして）のさばらせる

〖菇〗 gū [×] キノコ［蘑～ mógu］同前［香～］シイタケ

〖轱（軲）〗 gū [×] 以下を見よ

【轱辘（轱轳·毂辘）】gūlu [名]《口》車輪［～鞋］ローラースケート靴 ー [動] ごろごろ転がる〖木桶～过来了〗桶が転がってきた

〖蛄〗 gū [×]→［蝼 lóu ～］

〖孤〗 gū [×]①みなし子，孤児［～儿］孤児 ②独り，単独の ③古代の王侯の自称

【孤傲】gū'ào [動]《貶》超然として傲慢な，孤高づらをした

【孤本】gūběn [名]《書》1冊しか現存しない珍しい書籍

☆【孤单】gūdān [形]①（身寄りもなく）独りぼっちの ②力が弱い，無力な，手薄な

*【孤独】gūdú [形] 独りぼっちの，孤独な〖感到很～〗孤独で寂しい思いをする

【孤独症】gūdúzhèng [名] 自閉症

【孤儿】gū'ér [名]①孤児，みなし子 ②父を失った子

【孤芳自赏】gū fāng zì shǎng《成》孤高をもって自ら任じ，自分自身に酔いしれる

【孤高】gūgāo [形]《書》独り超然としている，孤高の

【孤寡】gūguǎ [名] 父を失った子と夫に先立たれた女，孤児と寡婦 ー [形] 孤独な，身よりのない [回]［孤独］

【孤寂】gūjì [形]《書》孤独で寂しい

【孤军】gūjūn [名] 孤軍［～奋战］孤軍奮闘する

【孤老】gūlǎo [名] 身寄りのない老人，独り残された年寄り ー [形] 老いて孤独な，年老いて身寄りのない

*【孤立】gūlì [形] 孤立した，単独の ー [動] 孤立させる〖～敌人〗敵を孤立させる［～案件］（他と関わりのない）単独の事件

【孤立语】gūlìyǔ [名]〖語〗孤立語（'汉语'はその代表的言語）[回]［词根语］

【孤零零】gūlínglíng [形]（～的）独りぽつんとした

【孤孀】gūshuāng [名] 寡婦，やもめ

【孤掌难鸣】gū zhǎng nán míng《成》（片手では手をたたけない>）一人では何もできない

【孤注一掷】gū zhù yí zhì 〈成〉最後のかけに出る、いか八かの勝負に出る

【觚】gū 〈名〉① 古代の酒器 ② 文字を書く木製の多角柱

【骨】gū 〈又〉以下を見よ ⇨ gú, gǔ

【骨朵儿】gūduor 〈名〉(花の)つぼみ

【骨碌】gūlu 〈動〉ころころ転がる〖皮球在地上～着〗ゴムボールが地面を転がっている

【辜】gū 〈又〉① 罪〖無～〗罪のない ②(G-)姓

*【辜负(孤负)】gūfù〈動〉(好意・期待などを)無にする、背く〖～期望〗期待に背く

【箍】gū 〈動〉たがをはめる、固くつなぎ止める〖～桶〗桶のたがをはめる —〈名〉(～儿)たが

【骨】gú 〈又〉gǔの旧読 ⇨ gū, gǔ

【古】gǔ 〈形〉古びた、年を経た〖[旧]〗〖这座庙～得很〗この寺は古めかしい 〈名〉いにしえ、昔〖仿～〗古代の(芸術)作品をまねる

【古板】gǔbǎn 〈形〉かたくなな、頭が固い

★【古刹】gǔchà 〈名〉古刹、古い寺

*【古代】gǔdài 〈名〉古代 ◆ 中国ではアヘン戦争以前の時代を総称する

【古典】gǔdiǎn 〈名〉① 古典〖～音乐〗クラシック音楽 ② 典故

*【古董(骨董)】gǔdǒng 〈名〉(～儿) ① 骨董、古物 ②(転)時代おくれの物、頑固者

【古尔邦节】Gǔ'ěrbāngjié 〈名〉クルバンイスラム教徒の犠牲祭、イスラム暦12月10日に行われる

*【古怪】gǔguài 〈形〉奇怪な、風変わりな〖脾气～〗性格が変わっている

【古话】gǔhuà 〈名〉昔の人の言葉〖～说,…〗昔から…と言い継がれている

【古籍】gǔjí 〈名〉古籍、古代の書籍

【古迹】gǔjì 〈名〉旧跡、遺跡〖名胜～〗名勝旧跡

【古今】gǔjīn 〈名〉古今、昔から今まで〖～中外〗古今東西

【古柯碱】gǔkējiǎn 〈名〉コカイン ⒼⒻ[可卡因]

【古来】gǔlái 〈名〉古来、昔から

【古兰经】Gǔlánjīng 〈名〉〈宗〉コーラン(イスラム教の経典)ⒼⒻ[可兰经]

*【古老】gǔlǎo 〈形〉古めかしい、長い年月を経た

【古老肉】gǔlǎoròu 〈名〉酢豚

【古色古香】gǔ sè gǔ xiāng 〈成〉古くて優雅な趣がただよう

【古书】gǔshū 〈名〉昔の本、古籍

【古玩】gǔwán 〈名〉骨董品

【古往今来】gǔ wǎng jīn lái 〈成〉昔から今までの、あらゆる時代にわたる

【古为今用】gǔ wéi jīn yòng 〈成〉古い文化遺産を(批判的に)継承し、精髄だけを吸収して)現代のために生かそうという政策や姿勢

【古文】gǔwén 〈名〉① 文言文(狭義には駢儷文に対する古文)②〈語〉古文(隷書すなわち今文に対し先秦のある種の字体を指す)

【古物】gǔwù 〈名〉古美術品、古文物

【古稀】gǔxī 〈名〉古稀、70歳〖年已～〗古稀となった

【古雅】gǔyǎ 〈形〉(器物について)古めかしく優雅な、古風でおもむきのある

【古谚】gǔyàn 〈名〉古くからの諺

【古拙】gǔzhuō 〈形〉古拙だ、古くて技巧は拙いが趣がある

【诂(詁)】gǔ 〈名〉現代の用語で古語を解釈する〖训～〗訓詁

【牯】gǔ 〈名〉雄牛〖～牛〗同前

【钴(鈷)】gǔ 〈化〉コバルト〖～线疗法〗コバルト照射療法

【罟】gǔ 〈名〉魚網

【嘏】gǔ/jiǎ 〈名〉福、幸い

【汩】gǔ 〈名〉水が流れるさま

【汩汩】gǔgǔ 〈擬〉水が流れる音

【汩没】gǔmò 〈動〉〈書〉埋もれる、埋没する

【谷】gǔ 〈名〉① 谷〖山～〗谷 ② 窮まる〖进退维～〗進退窮まる ③(G-)姓 ⇨ yù

【一(穀)】gǔ 〈名〉① アワ〖～子〗同前 ②〈方〉稲、籾米 ③ 穀物〖五～〗五穀 ◆「良い」の文語は'穀'と表記

【谷草】gǔcǎo ①〈名〉アワのわら ②〈方〉稲わら ⒼⒻ[普][稻草]

【谷地】gǔdì 〈名〉谷

【谷歌】Gǔgē 〈名〉グーグル ◆ 検索エンジンの一

【谷类作物】gǔlèi zuòwù 〈名〉穀類 ◆ 稲・麦・アワ・コーリャン・トウモロコシをいう

【谷物】gǔwù 〈名〉穀物

【谷雨】gǔyǔ 〈名〉二十四節気の一、穀雨ⒼⒻ ◆ 太陽暦4月19日から21日頃に当たる ⒼⒻ[二十四节气]

【谷子】gǔzi 〈名〉アワ、籾すり前のアワの実 ◆ 文語は'粟'、脱穀したあとは'小米'という

【股】gǔ 〈名〉①(～儿)出資金、株〖～份〗株価 ②(～儿)(ひも・縄の)縒より〖把线拴成一～儿〗糸を縒ってひもにする〖三～绳〗三つよりの縄 —〈量〉(～儿)① 糸状に長いもの〖一～线〗一筋の糸〖两

〜小道〗二筋の小道 ②におい·気体·力などを数える〖一〜书生味儿〗書生っぽさ ③人の集団〖一〜土匪〗一団の匪賊ひぞく
⊗①(役所·団体の) 係［人事〜］人事係 ②股もも, ふともも
【股本】gǔběn [名](株式会社や共同経営事業の)資本, 資本金
*【股东】gǔdōng [名]株主, 共同出資者［〜大会］株主総会［大〜］大株主
*【股份(股分)】gǔfèn [名]株［〜公司］株式会社［〜红利］(株の) 配当
【股肱】gǔgōng [名]《書》頼りとなる人, 片腕
【股骨】gǔgǔ [名]大腿骨
【股金】gǔjīn [名]出資金, 株金
**【股票】gǔpiào [名]株券
【股市】gǔshì [名]('股票市场'の略) 株式市場, 証券市場
【股息】gǔxī [名]株配当, 株式利息 [同]［股利］
【股子】gǔzi [名]株, 持株 — [量]におい·気体·力などを数える

〖骨(骨)〗gǔ ⊗①骨［接〜］接骨(する)［〜髓 suǐ］骨髄 ②骨状のもの, 骨組［钢〜］鉄筋, 鉄骨 ③気概, 人間の品性［媚〜］人にこびる性格
⇨gū, gú
【骨董】gǔdǒng [名]骨董こっとう [同]［古董］
*【骨干】gǔgàn [名]①〖生〗骨幹 ②中心的役割を果たす人(事物), 中核, 基幹〖起〜(的) 作用〗中核的役割を果たす
【骨骼】gǔgé [名]骨格
【骨灰】gǔhuī [名]①(火葬後の)遺骨 ②動物の骨灰(肥料)
【骨架】gǔjià [名]骨組み〖高楼的〜〗ビルの骨組み
【骨力】gǔlì [名]雄渾な筆力, 毛筆文字の力強さ
【骨牌】gǔpái [名]骨牌こっぱい ♦骨·象牙·竹製などの32枚のパイから成る
【骨牌效应】gǔpái xiàoyìng [名]ドミノ効果
【骨气】gǔqì [名]①気骨, 気概 ②毛筆の力強い筆勢〖他很有〜〗あいつはじつに骨っぽい
【骨肉】gǔròu [名]骨肉, 肉親［亲生〜］血のつながった肉親［〜相残］骨肉の争い
【骨殖】gǔshi [名]骸骨
【骨瘦如柴】gǔ shòu rú chái《成》枯れ木のごとくに痩やせている, がりがりに痩せた
**【骨头】gǔtou [名]①骨 ②気骨, 気概［硬〜］骨のある男 ③《方》言葉に含まれる皮肉や嫌味, とげ
【骨血】gǔxuè [名]骨肉, 肉親 ♦多く子女をいう
【骨折】gǔzhé [動]骨折する〖右臂〜了〗右腕を骨折した
【骨子】gǔzi [名]骨組み, フレーム［伞〜］傘の骨［扇〜］扇の骨［〜里］《転》心の中, 実質

〖贾(賈)〗gǔ ⊗①店舗を構えた商人(これに対し'商'の本義は行商人)［商〜］《書》商人(総称) ②商う ③買う ④《書》売る
⇨jiǎ

〖蛊(蠱)〗gǔ ⊗伝説上の毒虫
【蛊惑】gǔhuò [動](人の心を) むしばむ, 惑わせる

〖鹄(鵠)〗gǔ ⊗弓の的(口語は'箭靶子')［中〜］《書》命中する, 的を射る
⇨hú

【鼓】gǔ [名]〔面〕鼓〖敲〜〗太鼓を打つ — [動]①(楽器などを) たたく, 弾く ②奮い起こす, 元気づける〖〜起勇气〗勇気を奮い起こす ③(ふいごなどで) 風を送る〖〜了一阵子风〗一しきり風を送り込む ④膨らます〖〜着嘴〗膨れっ面をする — [形]膨らんだ〖书包装得〜〜的〗詰め込みすぎでカバンが膨らんでいる
【鼓板】gǔbǎn [名]一種の拍子木 [同]［拍板］
【鼓吹】gǔchuī [動]①鼓吹する, 宣伝する ②《貶》ほらを吹く〖〜自己的成绩〗自分の成績を誇大に宣伝する
【鼓点子】gǔdiǎnzi [名]①太鼓のリズム ②(伝統劇の伴奏で) 他の楽器をリードする'板子'(カスタネットに似た楽器)のリズム
*【鼓动】gǔdòng [動]奮い立たせる, 扇動する ♦悪い意味にも使う〖〜大家前进〗皆を励まし前進させる
【鼓风机】gǔfēngjī [名]〔台〕送風機
【鼓鼓囊囊】gǔgunāngnāng (gú-gu-と発音) [形](〜的) ぱんぱんに膨れた, 膨れあがった
【鼓劲】gǔ▾jìn [動](〜儿) 元気付ける, 奮起させる
**【鼓励】gǔlì [動]励ます, 激励する〖〜他进行试验〗彼を励まして実験を行わせる
【鼓楼】gǔlóu [名]鼓楼 ♦太鼓で時刻を知らせる
【鼓膜】gǔmó [名]鼓膜〖〜穿孔〗鼓膜が破れる
【鼓手】gǔshǒu [名]太鼓打ち, ドラマー
【鼓书】gǔshū [名]小太鼓を打ちながら韻文の物語をうたう演芸の一種 [同]［大鼓］
**【鼓舞】gǔwǔ [動]奮い立たせる, 元気付ける〖〜人心〗人心を鼓舞する

— 形 奮起した，興奮した
*【鼓掌】gǔ'zhǎng 拍手する，手をたたく〖~欢迎〗拍手で迎える
【鼓胀】gǔzhàng 動（体の一部が）ふくれる

【瞽】gǔ ⊗ 目が見えない，識別能力がない〖~者〗(書)盲人〖~说〗(書)でたらめな言説

【毂(轂)】gǔ ⊗ こしき，車軸の中心

【固】gù ⊗ ①固い，固める ②丈夫な，しっかりした〖年~〗しっかりしした ③きっぱりと，断固として〖~辞〗(書)固辞する ④もともと〖~有〗もとからある ⑤もとより，むろん ⑥(G-)姓
*【固定】gùdìng 形 固定した，不変の〖~节目〗定時番組〖~汇率〗固定為替レート〖~资金〗固定資本 ― 動 固定させる，定着させる
【固陋】gùlòu 形(書)見聞が狭くかたくなな
*【固然】gùrán 副 むろん，確かに◆後に反転する言葉が続く〖这个办法~好，但目前还行不了〗この方法は確かにいいが，いまはまだ実行できない
【固沙林】gùshālín ⊗ (砂漠などの)砂防林
【固守】gùshǒu 動①固守する，守り抜く②固執する
*【固体】gùtǐ ⊗ 固体
【固有】gùyǒu 形〖定语として〗固有のもの，もとからある〖~的矛盾〗もとからある矛盾
*【固执】gùzhi 固執する，こだわる ― 形 かたくなな，片意地な〖性情~〗性格がかたくなだ
【固执己见】gù zhí jǐ jiàn(成)自分の意見に固執する

【痼】gù ⊗ いつまでも直らない，長く染みついてしまった〖~疾jí〗持病〖~习〗根深い悪習

【锢(錮)】gù ⊗ ①溶かした金属で透き間をふさぐ ②閉じ込める，監禁する〖禁~〗禁錮

【故】gù ⊗ ①意外な事，事故〖变~〗変事 ②原因，わけ〖无缘无~〗何の理由もなく ③友人，旧知〖一见如~〗初対面で旧知のごとくに打ち解ける ④死ぬ，世を去る〖病~〗病死(する) ⑤過去の，もとの，古い〖~书〗(書)親友 ⑥故意に，わざと ⑦だから，それゆえに
【故步自封(固步自封)】gù bù zì fēng(成)現状に甘んじて進歩を求めない(同)[墨守成规]
【故地】gùdì ⊗ かつて住んだ土地〖~重游〗想い出の地を再訪する
【故都】gùdū ⊗ 古都
【故宫】gùgōng ⊗ 昔の皇宮(特に北京の紫禁城)
【故旧】gùjiù ⊗(書)旧友，旧知〖~不弃〗昔の友を忘れてはならね
【故居】gùjū ⊗ 旧居，かつての住い(同)[旧居]〖茅盾(的)~〗(小説家の)茅盾máodùnの旧居
【故去】gùqù 動(年長者が)亡くなる
【故人】gùrén ⊗ ①旧友(同)[故交]②故人
【故杀】gùshā 動 故意に人を殺す，故殺する
*【故事】gùshì ⊗ 慣行，ならわし ―― gùshi ⊗ 物語，話，事の筋〖讲~〗物語を話す〖民间~〗民話〖~片〗劇映画
【故土】gùtǔ ⊗(書)故郷
【故乡】gùxiāng ⊗ 故郷(同)[家乡][老家]〖怀念~〗ふるさとを懐しむ
【故意】gùyì 形 故意に(同)[有意]〖~作对〗ことさらに逆らう〖不是~的〗わざとやったのではない ― ⊗ (法)故意
【故友】gùyǒu ⊗ ①亡くなった親友，亡き友 ②旧友
*【故障】gùzhàng ⊗ (機械器具の)故障(同)[毛病]〖出~〗故障が起きる

【顾(顧)】gù 動 配慮する，気を配る〖不~别人〗他人のことを気に掛けない〖~不上关门〗ドアを閉じる余裕もない⊗ ①振り返る，見る〖回~〗顧みる ②訪問する，訪れる〖光~〗ご光来 ③商いの客〖主~〗お得意さん ④しかし，ただ ⑤(G-)姓
【顾此失彼】gù cǐ shī bǐ(成)こちらを立てればあちらが立たず
【顾及】gùjí 動 …にまで気を配る〖~别人的利益〗他人の利益にも気を配る〖无暇~〗顧みる暇がない◆'顾不及'(気を配るゆとりがない)の形もある
【顾忌】gùjì 動 はばかられる，(気がとがめて)ためらう〖无所~〗何らはばかるところがない
【顾家】gù'jiā 動 家庭のことを気に掛ける，家族を扶養する
【顾客】gùkè ⊗ 顧客，買物客〖~盈门〗客が大入りである
【顾脸】gùliǎn 動 メンツにとらわれる，体面にこだわる
【顾恋】gùliàn 動 気に掛ける，心をひかれる(同)[顾念][留恋]
【顾虑】gùlǜ 動 危惧する，心配する〖他~上不好课〗彼は授業がうまくできないことを恐れる〖~重重〗心配事が多い

【顾名思义】gù míng sī yì《成》(事物の) 名を聞いて内容の見当を付ける
【顾全】gùquán 動 不利にならぬよう気を配る〚～大局〛全体の利益に配慮を払う
*【顾问】gùwèn 名 顧問〚当～〛顧問となる
【顾惜】gùxī 動 (損なわれないよう)大切にする〚～身体〛体をいたわる
【顾影自怜】gù yǐng zì lián《成》自分の影を見て我が身をいとおしむ◆孤独を嘆く意と自己陶酔の意がある

【梏】gù ⊗ 手かせ〚桎zhì～〛(書)足かせと手かせ、桎梏

【雇】(僱) gù 動 雇う〚～保姆〛お手伝いさんを雇う〚～车〛車を雇う
【雇工】gùgōng 動 人手を雇う
—— gùgōng 名 雇い人、農村の日傭とり
【雇农】gùnóng 名 雇農、作男◆'长工、月工、零工'の別がある
*【雇佣】gùyōng 動《多く定語として》雇用する、雇う〚～观点〛雇われ人根性
【雇用】gùyòng 動 雇う

【瓜】(苽) guā 名 ウリ〚西～〛スイカ〚黄～〛キュウリ〚南～〛カボチャ〚种～得~〛ウリの蔓にナスビはならぬ
【瓜分】guāfēn 動 (物や領土を) 分割する
【瓜葛】guāgé 名 (ウリやクズの蔓がからまるように) 互いにかかわりあうこと、相互関連〚有～〛繋がりがある
【瓜皮帽】guāpímào 名 (～儿)〚顶〛おわん帽(スイカを半切りした形に似る)
【瓜熟蒂落】guā shú dì luò《成》(ウリが熟すとへたから落ちる>) 条件が整えば事は自然に成就する 同【水到渠成】
【瓜田李下】guātián lǐxià《成》(「瓜田に履を入れず、李下に冠を正さず」の句から) 人の嫌疑を受けやすい場所
【瓜蔓】guāwàn 名 ウリの蔓
【瓜子】guāzǐ 名(～儿)〚颗〛(塩煎りした) カボチャあるいはスイカの種〚嗑kè～〛種をかじる
【瓜子脸】guāzǐliǎn 名〚张〛瓜実顔

【呱】guā ⊗ 以下を見よ
【呱嗒】guādā 名 硬いもの同士がぶつかる音
【呱呱】guāguā 擬 ① アヒルや蛙の声があーがあー、ぐわっぐわっ ② 赤ちゃんの泣き声
【呱呱(刮刮)叫】guāguājiào 形

(口) 飛び切り上等の、最高の

【刮】guā 動 ① 刃物などで表面のものを削る、削ぎ落とす〚～胡子〛ひげを剃る〚～皮〛皮をむく ②(のりなどを) 塗り付ける〚～石灰〛石灰を塗る ③(財物を)搾り取る、かすめ取る

——(颳) 動 (風が)吹く
【刮地皮】guā dìpí 動 民百姓から搾り取る、やたら収奪する
【刮风】guā'fēng 動 風が吹く
【刮脸】guāliǎn 動 顔にあたる、ひげを剃る〚～刀〛かみそり
【刮脸皮】guā liǎnpí 動(方)人差指で自分の頬を軽くこする◆相手をさげすむ動作で、同時に口で'羞xiū羞羞！'(恥ずかしくないのか)と言うことも多い
【刮目相看】guā mù xiāng kàn《成》(先入観を捨てて) 期待の目で人に対する、人を見直し高く評価する 同【刮目相待】
【刮痧】guāshā 名 民間療法の一、銅貨などに水や油をつけて患者の胸や背中をこすり、皮膚を充血させて、内部の炎症を軽減する

【鸹】(鴰) guā ⊗ →【老lǎo～】

【剐】(剮) guā 動 鋭利なもので裂く、引っかく ⊗(刑として) 体を切り刻む〚千刀万～〛同前

【寡】guǎ ⊗ ① 少ない、欠ける〚～不敌众〛衆寡敵せず〚多～不等〛多い少ないがある ② やもめ(の)〚～妇 fu〛やもめ、寡婦、未亡人
【寡廉鲜耻】guǎ lián xiǎn chǐ《成》強欲で恥知らず
【寡情】guǎqíng 形 薄情な、情け知らずの〚～薄义〛情義を欠いた
【寡头】guǎtóu 名 一握りのボス、少数独裁者〚～政治〛寡頭政治
【寡味】guǎwèi 形 味気ない、面白くない〚索然～〛無味乾燥な
【寡言】guǎyán 形 寡黙なく、口数の少ない

【诖】(詿) guà ⊗ だます
【诖误】(詿误) guàwù 動(書)連座する、巻き添えをくう〚为人～〛人の罪に連座する

【卦】guà 名 易きの卦り、八卦〚占卜一～〛易を立てる

【褂】guà 名(～儿)〚件〛中国式ひとえ上衣〚～子〛同前〚大～子〛同前の長いもの〚小～儿〛短いひとえ上衣

【挂】(掛) guà 動 ① 掛ける、つるす〚～地图〛地図を掛ける〚～灯笼〛ちょう

ちんをつるす ②電話を切る,受話器を置く〖别~电话〗電話を切らないで ③電話をかける(普通'打'を使う)〖~长途〗長距離電話をかける ④引っ掛ける〖衣服被钉子~上了〗服がくぎに引っ掛かった ⑤登録する,受付に申し込む〖~内科〗内科の診察を申し込む ⑥(方)(心に)掛かる,案じる ⑦(方)(表面に)付着する〖~油〗油が付く ━量 一そろい,また一繫がりのもの〖十多~鞭炮〗十数連の爆竹

【挂碍】guà'ài 名 気掛かり,懸念

【挂彩】guà'cǎi 動 (祝い事で)赤い絹布を掛ける;(転)戦闘で負傷する〖肩膀上~了〗肩を負傷した

【挂齿】guàchǐ 動 口にする,言及する〖何足~〗取り立てて言うほどのことはない

【挂灯】guàdēng 名 つり下げた灯火

【挂钩】guà'gōu 動 ①(列車を)連結する ②わたりをつける,リンクする〖跟工厂挂好了钩〗工場と繋がりをつけた

【挂果】guà'guǒ 動 果実がなる,実を結ぶ 働[结果]

*【挂号】guà'hào 動 ①申し込む,登録する〖请排队~〗並んで手続きして下さい ②書留にする [~信] 書留郵便

【挂花】guà'huā 動 戦闘で負傷する 働[挂彩]

【挂记】guàjì/guà'jì 動 気に掛ける,心配する 働[记挂]

【挂累】guàlěi 動 巻添えにする(働[连累])〖别~他〗彼を巻添えにするな

【挂历】guàlì 名 壁掛けカレンダー

【挂零】guàlíng 動 (~儿)端数がつく,…を少し上回る〖四十~〗40あまり

【挂虑】guàlǜ 動 気に掛ける,心配する 働[挂念]

【挂面】guàmiàn 名 乾麺,干しうどん 働[切面]

【挂名】guà'míng 動 (~儿)名前だけ連ねる,(実務を伴わず)肩書きだけをもつ

【挂念】guàniàn 動 気に掛ける 働[挂心]

【挂牌】guà'pái 動 看板を掲げる,開業する〖~行医〗医者として開業する

【挂失】guà'shī 動 (小切手や証券などの)紛失届を出す,無効を発表する

【挂帅】guà'shuài 動 全体の指揮をとる,すべてを統括する

【挂图】guàtú 名〔张·幅〕掛け図

【挂相】guà'xiàng 動 (感情に)顔に出す,顔色を変える

【挂孝】guà'xiào 動 喪服を着る,喪に服す 働[带孝]

【挂羊头卖狗肉】guà yáng tóu mài gǒu ròu 《成》(羊頭をかかげて狗肉〈を売る〉)立派な看板を掲げるものの内容が伴わない

【挂一漏万】guà yī lòu wàn《成》遺漏が多い,あれこれ手抜かりがある

【挂钟】guàzhōng 名〔座·只·台〕掛け時計

【挂轴】guàzhóu 名 (~儿)掛け軸

乖

guāi 形 ①(子供が)おとなしい,素直な〖这孩子真~〗この子は本当に素直だ ②賢い,利口な[~觉]機敏で賢い ⊗①非常識な,道にもとる[~舛]間違った ②ひねくれた

【乖乖】guāiguāi (~儿的)おとなしい,ききわけがよい〖~地呆在家里〗おとなしく家にいる ━━ guāiguai/guāiguāi 名 (幼児に対していい子,お利口さん

【乖戾】guāilì 形 ひねくれた,つむじ曲がりの

【乖僻】guāipì 形 偏屈な,風変わりな〖性情~〗性格がねじけている

【乖巧】guāiqiǎo 形 ①人に好かれる ②賢い,頭のめぐりが早い

掴(摑)

guāi/guó 動 平手でたたく〖~对方一巴掌〗相手に平手打ちを食らわせる

拐

guǎi 動 ①曲がる〖向左~〗左へ曲がる ②かどわかす,持ち逃げする〖~小孩子〗子供を誘拐する ③びっこをひく,足を引きずる〖走路一瘸一~〗足を引きずって歩く ━ 名 '七' の別の呼び方

━━(枴) 名 杖,松葉杖[~杖] 同前[丁字~]松葉杖

【拐带】guǎidài 動 誘拐する,人さらいを働く〖~妇女〗婦女を誘拐する

【拐棍】guǎigùn 名 (~儿)(根)柄の曲がった杖,ステッキ;(転)手助け[拄~]杖をつく

【拐角】guǎijiǎo 名 (~儿)曲がり角〖往左拐的~〗左に曲がる角

【拐卖】guǎimài 動 (人を)さらってきて売り飛ばす〖~人口〗人をさらい売りとばす

【拐骗】guǎipiàn 動 騙し取る,誘拐する

*【拐弯】guǎi'wān 動 (~儿)角を曲がる,方向を変える〖由这儿~〗ここから曲がる

━━ guǎiwān 名 (~儿)曲がり角 働[拐角]

【拐弯抹角】guǎi wān mò jiǎo《成》①くねくね曲がる,遠回りする ②回りくどい,遠回しに言う

*【拐杖】guǎizhàng 名〔根〕柄の曲がった杖,ステッキ(働[拐棍])[拄

〜』杖をつく
【拐子】guǎizi 图①くるぶし ②びっこ ③人さらい、持ち逃げ犯 ④糸巻き(道具)

【夬】guài ⊗六十四卦のひとつ

【怪】(*恠) guài 彫①奇妙な、変な『脾气很〜』性格が変わっている『奇〜』奇妙な ②とがめる、責める『不要〜别人』人を責めるな — 圖(口)たいへん、とても『〜不错的』なかなかのものだ
⊗①驚く、いぶかる ②怪しいもの(こと)『鬼〜』妖怪、お化け『大惊小〜』小さな事で大騒ぎする

【怪不得】guàibude 圖道理で、それもそのはず『下雪了，〜这么冷』雪が降ってきた、道理でこんなに寒いわけだ — 圖とがめることができない『〜他』彼を責められない

【怪诞】guàidàn 彫怪しげな、奇怪な

【怪话】guàihuà 图奇妙な話、でたらめな議論、不平不満『说〜』むちゃを言う

【怪模怪样】guài mú guài yàng(成)(〜儿的)変な格好の、グロテスクな

【怪癖】guàipǐ 图奇癖、変な癖

【怪僻】guàipì 彫偏屈な、ひねくれた

【怪事】guàishì 图〔件〕奇怪なこと、不思議

【怪物】guàiwu 图①妖怪、怪物 ②変人、変わり者

【怪异】guàiyì 彫奇怪な、怪しい — 图(書)不思議な出来事、怪奇現象

【怪怨】guàiyuàn 圖恨む、とがめる (圖(怪罪))『〜别人』人に文句を言う

【关】(關*关) guān 圖①閉める、閉じる『〜门』ドアを閉める『〜收音机』ラジオを消す ②閉じ込める、監禁する『〜在监牢里』牢に入れる ③倒産する、店じまいする ④かかわる、関連する『不〜你的事』君に関係のない事だ ⑤(旧)(給与を)支給する、受け取る『〜饷』(兵隊が)俸給を受け取る — 图関門、関所『突破这一〜』この難関を突破する『海〜』税関
⊗①事物を繋いだり方向を転換したりする部分『机〜』(機械の)装置『〜节』関節 ②(G-)姓

【关闭】guānbì 圖①閉める、閉じる (図開放) ②休業する、店じまいする

【关东】Guāndōng 图山海関以東の地 (圖[关外])

【关东糖】guāndōngtáng 图東北地方産の麦芽糖、白あめ♦旧暦歳末のかまど祭りなどに珍重する

【关怀】guānhuái 圖(多く上位の人が)気遣う、心配りをする♦ふつう否定形は使わない『〜青少年的成长』青少年の成長を心から気遣う

【关键】guānjiàn 图(物事の)キーポイント — 彫かなめとなる、決定的意味をもつ『这一点很〜』この点は重要だ『〜词』キーワード

【关节】guānjié 图①(身体の)関節 ②要所、かなめ ③(旧)賄賂ぁ

【关口】guānkǒu 图①[道]要衝、関所 ②転機、決定的な時機 (圖[关头])

【关联】guānlián 圖関連する『这些问题互相〜着』これらの問題は互いに関連しあっている

【关门】guānmén 图関門、関所の通行口
—— guān'mén 圖①閉店する、廃業する ②門を閉ざす『〜主义』閉鎖主義 ③(転)協議を打切る、相談の余地をなくする

【关内】Guānnèi 图山海関以西または嘉峪関ぁぁ以東の地♦長城の東端が山海関、西端が嘉峪関である (圖[关里])[关外]

【关卡】guānqiǎ 图①(徴税や警備のための)関所、検問所『设立〜』検問所を設ける ②(製品や作品の審査における)関門

【关切】guānqiè 彫思いやり深い、配慮の行き届いた『对这件事非常〜』この事をとても気遣っている — 圖気遣う、心を寄せる『这么〜着我』こんなに私のことを心配してくれる

【关涉】guānshè 圖('〜到'の形で)…に関連する、…にかかわる

【关税】guānshuì 图〔项〕関税『征收〜』関税を徴収する

【关停并转】guān tíng bìng zhuǎn 图経営不振の企業や工場に対する4つの措置、閉鎖・営業停止・合併・事業転換

【关头】guāntóu 图重大な時機、転機『紧要〜』運命の時

【关外】Guānwài 图①[关东] ②嘉峪関以西の地

【关系】guānxi/guānxì 图①関係、間柄『〜户』互いにコネでつながる団体や個人 ②影響、重要性『没(有)〜』大したことはない ③原因『由于时间的〜』時間の都合で — 圖('到'・'着'を伴って)…に関係する『〜到全局』全体にかかわる

【关心】guān'xīn 圖気遣う、関心をもつ『〜孩子』子供のことに気を配る

【关押】guānyā 圖(獄に)収監する、牢に入れる『〜犯人』犯人を獄に入れる

- **【关于】** guānyú 苁 …に関して, 関する, …について(の) 〖~这个问题, 我没什么意见〗この問題について, 私は何も異議がない
- **【关张】** guān¹zhāng 動 閉鎖する, 休業する 〖铺子~了〗店を畳んだ
- **【关照】** guānzhào 動 ① 世話をする, 面倒を見る 〖请多~〗どうぞよろしくお願いします ② (口頭で) 知らせる 〖~他明天早点来〗明日早めに来てくれるよう彼に言っておきなさい
- **【关中】** Guānzhōng 名 関に囲まれた地, 陝西省一帯
- **【关注】** guānzhù 動 注意を払う, 関心をもつ 〖~着事态的发展〗事態の発展に注目する

【观（觀）】 guān ⊗ ① 見る 〖坐井~天〗(井戸の中から天を見る>) 視野が狭い ② 景観, 眺め 苁 外見 ③ 見解, 認識 〖世界~〗世界観
⇨ guàn

- **【观测】** guāncè 動 観測する, (情況を)探る
- **【观察】** guānchá 動 観察する, (動きや変化を)見守る 〖~现场〗現場を観察する 〖~家〗(国際問題などの)ウォッチャー 〖~员〗(会議の) オブザーバー
- **【观潮派】** guāncháopài 名 傍観者, 岡目八目気取りの人 ◆貶ヘンという語感を伴う
- **【观点】** guāndiǎn 名 観点, 視点, (政治的)立場 〖阐明~〗見解を明らかにする
- **【观风】** guān¹fēng 動 見張る, 目を光らせる
- **【观光】** guānguāng 動 観光する 〖~团〗観光団
- **【观看】** guānkàn 動 参観する, 観察する 〖~球赛〗球技を観る
- **【观摩】** guānmó 動 相互に研究し学び合う 〖~演出〗同上のための公演, 試演
- **【观念】** guānniàn 名 観念, 考え 〖~形态〗[哲]イデオロギー ([意识形态]とも)
- **【观赏】** guānshǎng 動 観賞する, 見て楽しむ 〖~植物〗観賞用植物
- **【观望】** guānwàng 動 ① 成り行きを見守る, 静観する ② 見渡す 〖~远山景色〗遠くの山々を眺める
- **【观象台】** guānxiàngtái 名 観測所 ◆天文台・気象台・地震観測所などもいう
- **【观音】** Guānyīn 名 (略)観世音, 観音さま ('观世音' の略) 〖~土〗飢餓のとき飢えをしのいで食べた白土
- **【观战】** guānzhàn 動 (戦争やスポーツ競技について)観戦する
- **【观众】** guānzhòng 名 観衆, 観客

【官】 guān 名 (~ル)官, 役人 〖当~〗役人になる 〖罢~〗免官にする 〖外交~〗外交官
⊗ ① お上の, 公の 〖~办〗国営の ② 官, 器官 〖五~〗五官 ③ (G-)姓

- **【官兵】** guānbīng 名 将兵, 将校と兵士
- **【官场】** guānchǎng 名 (旧)官界, 役人世界 ◆貶ヘンしていう語感がつよい
- **【官邸】** guāndǐ 名 [所]官邸 ◆多くは外交官の住居をいう 〖私邸〗
- **【官方】** guānfāng 名 (多く定語として)政府側, 当局側 〖~代表〗政府側を代表する 〖~(的) 消息〗政府筋からのニュース
- **【官府】** guānfǔ 名 (旧)(地方の) 役所
- **【官官相护】** guān guān xiāng hù (成)役人同士はかばい合う 卑[官官相卫]
- **【官话】** guānhuà 名 ① '普通话'(共通語)の旧称, マンダリン, 公的言葉 〖别说~〗役人口調でしゃべるな ③ 北方方言の下位区分 ◆'北方官话''西北官话''西南官话''江淮官话'の4種
- **【官架子】** guānjiàzi 名 [副]役人風, 官僚の気取り 〖摆~〗役人風を吹かす
- **【官吏】** guānlì 名 (旧)官吏の総称
- **【官僚】** guānliáo 名 官僚 〖耍~〗官僚風を吹かす 〖~主义〗官僚主義 〖~资本〗官僚資本
- **【官名】** guānmíng 名 ① (旧)(幼名に対して) 正式の名前 甲(普)[学名] ② 官職名
- **【官能】** guānnéng 名 感覚能力 〖~症〗機能障害
- **【官气】** guānqì 名 [股]官僚臭, 役人風 〖~十足〗官僚臭ふんぷんの
- **【官腔】** guānqiāng 名 役人口調 〖打~〗御前同前で話す ◆規制を盾にあれこれ言う場合などにいう
- **【官商】** guānshāng 名 ① 政府と民間企業家, 役所と商人 ② 国営(公営)の商業 ③ 役人風を吹かし, 官僚的なサービス精神のない商業活動
- **【官署】** guānshǔ 名 (旧)官庁, 役所
- **【官司】** guānsi 名 (口)[狱]訴訟, 裁判沙汰 〖打~〗訴えを起こす
- **【官厅】** guāntīng 名 (旧)官庁
- **【官样文章】** guānyàng wénzhāng (成)形式ばって内容のない文章, お役所の文章
- **【官员】** guānyuán 名 官員, (上級)公務員 ◆今日では多く外交官についていう
- **【官职】** guānzhí 名 (旧)官職

【倌】 guān ⊗(旧) ① 家畜の世話係 〖牛~儿〗牛飼い

②飲食店の給仕［堂～儿］ボーイ

【棺】guān ⊗ひつぎ、棺桶［盖～论定］［成］人の評価は死後に定まる

【棺材】guāncai 图［口·具］棺おけ

【棺木】guānmù 图［棺材］

【冠】guān ⊗冠かんむり、帽子、冠状のもの［怒发冲～］怒りで髪が冠を突き上げる、怒髪天を衝く［免～照片］無帽の写真［鸡～］鶏のとさか
⇨guàn

【冠冕堂皇】guānmiǎn tánghuáng［成］（外面は）荘厳としている、仰々しい

【冠子】guānzi 图（鳥の）とさか［鸡～］鶏のとさか

【鳏（鰥）】guān ⊗男やもめ［～寡］連れ合いを失った男と女

【鳏夫】guānfū 图男やもめ 回［寡妇］

【馆（館）】guǎn 图①公共的建物、施設［图书～］図書館［大使～］大使館 ②サービス関係の店［旅～］旅館［照相～］写真店 ③私塾

【馆藏】guǎncáng 图（図書館・博物館等の）館蔵品、収蔵物 — 動館蔵する、館で収蔵する

【馆子】guǎnzi 图［家］料理屋、レストラン［下～］料理屋へ食べに行く

【管】guǎn 图（～儿）［根］管、管状の物、パイプ［钢～］鋼管［笔～］筆の軸［电子～］電子管 一量管状の物を数える［一～笛］1本の笛 一動①管理する、とりしまる［～仓库］倉庫を管理する［中央直接～三个城市］中央政府が3つの都市を直接する ②口出しする、かまう、しつける［～孩子］子供をしつける［別～我］ほっといてくれ ③保証する、提供を請け合う［～吃～住］食住面は提供する 一④［叫］と呼ぶ［～他叫大哥］彼を兄貴と呼ぶ 一⑤（口）…にかかわらず（回［不管]）［～你说什么…］君が何と言おうとも…
⊗①管楽器［单簧～］クラリネット ②(G-)姓

【管保】guǎnbǎo 動保証する、自信をもって言う［～你吃个够］腹一杯になること請け合いだ

【管材】guǎncái 图（鋼管、ポリ管など）パイプ状の工業材料

【管道】guǎndào 图［根·段］パイプ、導管［煤～］ガス管［～工］配管工

【管风琴】guǎnfēngqín 图［架］パイプオルガン［弹～］パイプオルガンを弾く

【管家】guǎnjiā 图①(旧)（お屋敷の）執事、使用人頭 ②（集団や家庭の）切盛り役、会計役

【管见】guǎnjiàn 图(谦)狭い見識、管見『容陈～』愚見を述べさせていただくら

【管教】guǎnjiào 動しつける、規律に従わせる『～小孩学好』子供がちゃんと勉強するようしつける［～所］(少年)刑務所

【管井】guǎnjǐng 图地下水にパイプを通した井戸

【管窥蠡测】guǎn kuī lí cè［成］（竹の管から天をのぞき、貝殻で海を測る）見識が狭い

*【管理】guǎnlǐ 動①管理する、切り回す［～图书］図書を管理する ②保護下におく［～牲口］家畜の面倒をみる

【管事】guǎnshì 動①担当する、切盛りする（～儿）(口)役に立つ 回[管用]

【管束】guǎnshù 動拘束する、締める

*【管辖】guǎnxiá 動管轄する［～几个县］数県を管轄する［～权］管轄権

【管弦乐】guǎnxiányuè 图管弦楽、オーケストラ［～队］管弦楽団

【管线】guǎnxiàn 图管状の物の総称 ♦水道管、地下ケーブル、電線など

【管用】guǎn'yòng 動役に立つ

【管乐器】guǎnyuèqì 图管楽器

【管制】guǎnzhì 動①管制する［～灯火］燈火管制を敷く ②（身柄を）拘束する［～罪犯］犯人の身柄を拘束する 一 图 規制［交通～］交通規制

【管中窥豹】guǎn zhōng kuī bào［成］（管の中から豹を見る＞）①見識が狭い ②一斑を見て全体を知る

*【管子】guǎnzi 图［根］管、筒、パイプ

【观（觀）】guān 图道教の寺院［道～］同前 ⊗(G-)姓
⇨guàn

【贯（貫）】guàn ⊗①貫く、突き通す ②繋ぐ、連結する［鱼～］続々とつづく ③1千文を単位とする旧時の量詞 ④(G-)姓

*【贯彻】guànchè 動貫徹する、やり抜く［～方针］方針を貫く

【贯穿】guànchuān 動①貫通する、通り抜ける［～全县的水渠］県全体を貫流する水路 ②回[贯串]

【贯串】guànchuàn 動（多くの抽象的な事柄について）貫く、一貫している『这部电影里～着一个基本思想』この映画はある思想に貫かれている

【贯通】guàntōng [動] ①(広範囲にわたり) 精通する〖～中西医学〗中国と西洋の医学に通暁する ②連結する, 貫く〖～南北〗南北を繋ぐ〔～伤口〕貫通創

【贯注】guànzhù [動] ①(精神を) 集中する, (全力を) 注ぎ込む〖～全部精力〗全精力を注ぎ込む ②(文意などが) 一貫している, 連続する

【惯(慣)】guàn [動] ①慣れる ②〘結果補語として〙…し慣れる〖写～〗書き慣れる ③甘やかす, 気ままを許す〖～孩子〗子供を甘やかす〖～坏〗甘やかして駄目にする

【惯犯】guànfàn [名] 常習犯

【惯技】guànjì [名]《貶》常套手段, いつもの手口

*【惯例】guànlì [名] 慣例, 通例〖违背～〗慣例に背く

【惯窃】guànqiè [名] 窃盗常習者 [同]〔惯偷〕〔惯盗〕

【惯性】guànxìng [名]〖理〗慣性

【惯用】guànyòng [動] 常用する, 使い慣れる ♦通常貶すひびきをもつ〔～手法〕手慣れたやり口

【惯于】guànyú [動] …することに慣れている〖～夜间工作〗夜働くのに慣れている

【惯纵】guànzòng [動] 甘やかす, わがままに育てる [同]〔娇惯〕

【掼(摜)】guàn [動]《方》①投げる, 放りだす〖～纱帽〗(官職帽を投げる>) 怒って辞職する ②つまずく, 転ぶ

【冠】guàn [動] 冠する, 最初に置く〖～上职称〗職名を冠する
⊗①第一位(となる)〖～于天下〗天下第一となる ②(G-)姓
⇨guān

**【冠军】guànjūn [名] 優勝者, チャンピオン([反]〔亚军〕)〖赢得～〗チャンピオンの座につく

【冠军赛】guànjūnsài [名]〔场〕トーナメント, 選手権大会 [同]〔锦标赛〕

〖盥〗guàn ⊗洗う〔～漱〕顔を洗い口をすすぐ〔～洗室〕化粧室

【灌】guàn [名] ①(液体·気体·粒状のものを) 注ぐ, 流し込む〖～酒〗酒を流し込む;(転) 酒をむりやり飲ませる ②灌漑する, 水をやる〖～田〗田に水を引く ③(レコードに音を)吹き込む

【灌肠】guàn▾cháng [動] 灌腸する

【灌肠】guànchang/guàncháng [名]〔根〕ソーセージの一種 [同]〔香肠〕

*【灌溉】guàngài [動] 灌漑する〖～农田〗田畑を灌漑する

【灌米汤】guàn mǐtāng [動] 甘言で人を惑わす, 甘い言葉でたらし込む

【灌木】guànmù [名] 灌木

【灌区】guànqū [名] (ある水路の) 灌漑区域

【灌输】guànshū [動] ①(灌漑のため) 水を引く ②(思想·知識などを) 注ぎ込む

【灌音】guàn▾yīn [動] (レコードに) 音を吹き込む

【灌注】guànzhù [動] 注ぎ込む, 流し込む〖～混凝土〗コンクリートを流し込む

〖鹳(鸛)〗guàn ⊗〔白～〕コウノトリ

【罐(*鑵)】guàn [名] ①(～儿) びん, つぼ, 缶〖我要～儿的〗缶入りのがほしい〔茶～〕茶缶 ②(炭鉱の) 石炭運搬トロッコ

【罐车】guànchē [名]〔辆〕タンクローリー

**【罐头】guàntou [名]〔听〕缶詰め〔牛肉～〕缶詰めの牛肉

【罐子】guànzi [名] 缶, びん, かめ, つぼ

【光】guāng [名]〔道〕光, 光線〖～的传播速度〗光の伝わる早さ —[形] ①〘多く結果補語として〙何もない, 少しも残らない〖烧～〗焼き尽くす ②滑らかな, すべすべした〔油～〕つやつやした —[動] (身体を) むき出しにする, さらす〖～脚〗素足になる —[副] ただ…だけ, ばかり([同]〔只〕〔单〕)〖～顾谈话〗話にかまける〔不～〕…のみならず
⊗①景色〔风～〕風景 ②輝き, 名誉〔争～〕栄光を勝ち取る ③輝かす ④(G-)姓

【光标】guāngbiāo [名] (コンピュータの) カーソル

*【光彩】guāngcǎi [名] 光彩, 色彩と光沢〖～夺目〗目もあやな —[形] 名誉ある, 晴れがましい

【光赤】guāngchì [動] (身体を) むき出しにする, 素裸になる

【光电池】guāngdiànchí [名] 光電池

【光度】guāngdù [名]〖理·天〗光度

【光风霁月】guāng fēng jì yuè《成》雨あがりのすがすがしいさま, 晴れやかな心境, 一点のくもりもない境地

【光复】guāngfù [動] (国家, 領土を) 回復する, 取り返す〖～失地〗失地を回復する

【光顾】guānggù [動]《敬》ご来顧下さる

【光怪陆离】guāngguài lù lí《成》色や形がきらびやかな様子

【光棍】guānggùn [名] ①ごろつき, ちんぴら ②《方》賢い人

【光棍儿】guānggùnr [名]〔条〕男の独身者([同]〔单身汉〕)〖打～〗独身生活をする

【光合作用】guānghé zuòyòng [名]

光合成

【光滑】 guānghuá 形 滑らかな,すべすべした ⇄[粗糙]

【光环】 guānghuán 图 (土星などの)輪,惑星のリング,(聖像の)光輪

【光辉】 guānghuī 图 光輝,輝き — 形 輝かしい,光まばゆい

【光洁】 guāngjié 形 ぴかぴかの,つややかで汚れのない [~工] 研磨工

【光景】 guāngjǐng 图 ①光景,情景 ②生活状態 [好~] よい暮らし ③(時間や数量について) …ぐらい,…ほど [有五公里~] 5キロメートルぐらい — 副〈方〉どうやら,おそらく

【光亮】 guāngliàng 形 明るく光沢のある

【光疗】 guāngliáo 图《医》光線療法 [施行~] 同前を施す

【光临】 guānglín 動〈敬〉ご来訪くださる [敬请~] ご光臨をお願い致します

【光溜】 guāngliu 形〈口〉つるつるした,滑らかな

【光溜溜】 guāngliūliū 形 (~的) ①すべすべした,つるつるの ②むき出しの,露出した

【光芒】 guāngmáng 图 光芒,光の矢 [发出~] 光芒を放つ [~万丈] 四方に光を放つ

【光面】 guāngmiàn 图 具の入っていない素麺,素うどん

【光明】 guāngmíng 图 光明,希望の光 — 形 ①輝かしい,明るい ②心に曇りのない,公明な [~正大] 公明正大な

【光年】 guāngnián《天》光年

【光盘】 guāngpán 图〔张〕ＣＤ（ＲＯＭ）⇨[光碟]

【光谱】 guāngpǔ 图《理》スペクトル [~分析] スペクトル分析

【光圈】 guāngquān 图 (カメラの)絞り ⇨[光孔]

【光荣】 guāngróng 图 光栄ある,名誉の [~榜] 表彰掲示板

【光润】 guāngrùn 形 (肌が)すべすべした,つやつやした

【光速】 guāngsù 图《理》光速

【光天化日】 guāng tiān huà rì《成》白昼,真っ昼間の人々の面前

【光头】 guāngtóu 图 ①丸坊主,坊主頭 ②はげ頭 —— guāng'tóu 動 頭をむき出しにする,無帽にする

【光秃秃】 guāngtūtū 形 (~的) (山や木が)はげ上がった,つるっぱげの

【光纤】 guāngxiān 图〈略〉光ファイバー (⇨[光导纤维]) [~通信] 光ファイバー通信

【光线】 guāngxiàn 图〔道・条〕光線,光

【光学】 guāngxué 图 光学 [~玻璃] 光学ガラス

【光耀】 guāngyào 图 輝き,まばゆい光 — 图 光栄ある,栄光の — 動 輝かせる [~门庭] 家門に栄誉をそえる

【光阴】 guāngyīn 图 光陰,時間 [~似箭] 光陰矢のごとし

【光源】 guāngyuán 图 光源

【光泽】 guāngzé 图 光沢,輝き [失去~] 輝きを失う

【光照】 guāngzhào 图 光の照射,照明

【光宗耀祖】 guāng zōng yào zǔ《成》功績を立てて祖先の名をあげる

【胱】 guāng ⊗ → [膀~] pángguāng

【广(廣)】 guǎng 形 (面積,範囲が)広い,大きい [流传得很~] 広く伝わる [地~人稀] 土地が広く人口が少ない — 图 幅,間口 [宽~] ⊗ ①拡充する,広げる [推~] おし広める ②多い,沢山の ③(G-)姓 ④(G-)広東省,広州の略称

【广播】 guǎngbō 動 放送(する) [~新闻] ニュースを放送する [听~] 放送を聞く [~电台] 放送局 [~剧] ラジオドラマ [~体操] ラジオ体操 [~员] アナウンサー

【广博】 guǎngbó 形 博学な,博識な [学识~] 学識豊かな

【广场】 guǎngchǎng 图〔片〕広場 [天安门~] 天安門広場

【广大】 guǎngdà 形 ①広大な,広範な [多么~] なんと広いのだろう [~农村] 広大な農村 ②〈主に定語として〉人数の多い [~群众] 広範な大衆

【广泛】 guǎngfàn 形 広範囲な [~宣传] 広く宣伝する

【广告】 guǎnggào 图 広告 [做~] 広告する [登~] 広告を載せる

【广角镜头】 guǎngjiǎo jìngtóu 広角レンズ ⇨[广角透镜]

【广阔】 guǎngkuò 形 広大な,広々とした [~天地] 広大な天地 [前途~] 前途は広々としている

【广漠】 guǎngmò 形《多く定語として》広漠たる,広大無辺の

【广谋从众】 guǎng móu cóng zhòng《成》大勢の人と相談し多数意見に従う

【广土众民】 guǎng tǔ zhòng mín《成》土地が広く人口が多い

【广义】 guǎngyì 图 広義の (⇄[狭义]) [~地说] 広い意味で言う

【广域网】 guǎngyùwǎng 图 広域ネットワーク

【犷(獷)】 guǎng ⊗ 粗野な [~悍] 粗野で荒っぽい

【逛】 guàng 動 ぶらつく,当てもなく歩く [~大街] 繁

華街をぶらつく
【逛荡】guàngdang 動〈貶〉ぶらぶらする、のらくらして過ごす

【归(歸)】 guī 動 ①まとめる、一点に集中する〖把书～在一起〗本を一箇所にまとめる ②…に属する、(の所有)に帰する〖房子～了哥哥〗家屋は兄のものとなった ― 介(責任の所在を示して)…により〖～你管〗君にまかせる ⊗①帰る、戻す [无家可～]帰る家がない [物～原主]物が元の持主に返る ② (G-)姓

【归案】guī'àn 動 (犯人を)司法機関に引き渡す、法の裁きにかける
【归并】guībìng 動 合併する、合わせる〖～到一起〗1つにまとめる
【归程】guīchéng 图 (旅の) 帰路、帰り旅
【归队】guī'duì 動 ①〖軍〗原隊に復帰する ⑧[离队] ② (転)元の部署に戻る、本来の職業に復帰する
【归附】guīfù 動帰順する
【归根到底】guī gēn dào dǐ〈成〉結局、詰まるところ ⑧[归根结底][归根结柢][归根结蒂]
【归功】guīgōng 動〖'～于'の形で〗功績を…に帰する、…の手柄にする
*【归还】guīhuán 動 返却する、返還する〖要按时～〗期日通りに返却すること〖～原处〗元の場所に返す
【归回】guīhuí 動帰る、戻る ⑧[返回]
【归结】guījié 動締めくくる、総括する ― 图 結末 ⑧[结局]
【归咎】guījiù 動〖'～于'の形で〗…のせいにする、…に罪を着せる〖～于别人〗人のせいにする
*【归纳】guīnà 動 帰納する (⑧[演绎])〖～大家的意见〗皆の意見を集約する
【归期】guīqī 图 帰りの日取り
【归侨】guīqiáo 图 ([归国华侨]の略)帰国華僑
【归属】guīshǔ 動 帰属する、所属する〖～中央机关〗中央機関に属する
【归宿】guīsù 图 最終的に落ち着く所、着着点
【归天】guī'tiān 動 昇天する、死ぬ ⑧[归西]
【归田】guītián 動〈書〉職を辞して帰郷する、郷里に隠棲する
【归途】guītú 图〈書〉帰途、復路 (⑧[归路])〖踏上～〗帰途につく
【归向】guīxiàng 動 (政治上望ましい方向へ)向かう、近づく
【归心似箭】guī xīn sì jiàn〈成〉帰心矢の如し
【归(皈)依】guīyī 動帰依する
【归于】guīyú 動 ①…に帰属する、所属する〖～另一范畴〗別の範疇に入る ②…に向かう (⑧[趋向于])〖逐渐～平静〗次第に鎮静に向かう
【归着】guīzhe 動⑧[归置]
【归置】guīzhi 動〈口〉片付ける、整頓する〖～屋子〗部屋を片付ける
【归罪】guīzuì 動 罪を着せる、…のせいにする ⑧[归咎]

【圭】 guī ⊗①古代の玉器 ②古代の天文計器 [～表] 同前 [～臬 niè]〈書〉基準

【邦】 guī ⊗①[下～]下邦(陝西省) ② (G-)姓

【闺(閨)】 guī ⊗①小門 ② 婦人の居室 [深～]婦人の私室

【闺房】guīfáng 图 婦人の私室 ⑧[闺阁]
【闺女】guīnü 图①未婚の女子、娘さん ②〈口〉(親族名称として)娘

【硅】 guī 图〖化〗ケイ素、シリコン

【硅肺】guīfèi 图〖医〗珪肺(症)
【硅钢】guīgāng 图珪素鋼
【硅谷】Guīgǔ 图 (アメリカの)シリコンバレー
【硅藻土】guīzǎotǔ 图珪藻土
【硅砖】guīzhuān 图〖块〗珪石れんが(耐火れんがの一)

【鲑(鮭)】 guī ⊗〖魚〗サケ [～鱼]サケ('大麻哈鱼'ともいう)

【龟(龜)】 guī〖只〗カメ [乌～]同前 [海～]ウミガメ
⇨ jūn, qiū

【龟趺】guīfū 图 石碑を支える亀形の台座
【龟甲】guījiǎ 图亀の甲
【龟缩】guīsuō 動 (亀が首を甲らにすくめるように)隠れひそむ、縮こまる

【妫(媯)】 Guī ⊗姓

【规(規)】 guī ⊗①コンパス [圆～]同前 ②規則、規定 [犯～]反則 ③諭す、たしなめる ④決める、プランを作る

【规程】guīchéng 图 (条文化した)規則、規定
*【规定】guīdìng 動 規定する、定める ― 图〖项・条〗規定、決められた内容〖按～办手续〗規定に従って手続きをする
*【规范】guīfàn 图 規範 [～化]規範化する ― 图 規範に合った、標準的な
*【规格】guīgé 图 規格、基準〖不合～〗規格に合わない
*【规划】guīhuà 图〖项〗長期の計画〖作出～〗プランを作る〖生产～〗生産計画 ― 動 企画する、案を練る〖～城市建设〗都市建設のプランを

練る

＊【規矩】 guīju 图〔条〕決まり，基準，紀律〔立~〕を打ち立てる－〔振舞いを~〕きちんとした，折り目正しい

＊【規律】 guīlǜ 图〔条〕① 法則，定律（働〔法则〕）〔客观~〕客観法則 ② (日常の) 規律，秩序〔有~的生活〕規律正しい正活

＊【规模】 guīmó 图 規模〔缩小~〕規模を縮小する〔大~的起义〕大規模な蜂起

【规劝】 guīquàn 働 忠告する，戒める〔~他放弃这种权力〕そんな権力を放棄するよう彼に忠告する

【规约】 guīyuē 图 規約，取り決め

＊【规则】 guīzé 图 ① 規則，ルール〔制定~〕規則を作る － 規則的な，整然とした〔脉搏不~〕脈搏が不規則だ

＊【规章】 guīzhāng 图 (書面化された) 規則，規定〔~制度〕規則と制度

【瑰】 guī ⊗ 珍しい〔~宝〕貴重な宝〔~丽〕非常に美しい〔玫~〕バラ

【轨(軌)】 guī 图 ① 軌道，レール〔双~〕複線〔脱~〕脱線する ② 人の道，法の〔常~〕常軌

＊【轨道】 guǐdào 图〔条〕①〔交〕〔天〕〔理〕軌道 ②（転）正常な道，コース〔偏离~〕道をそれる

【轨迹】 guǐjì 图〔数〕軌跡〔天〕軌道

【轨辙】 guǐzhé わだち，車輪の跡；（転）他人の経験，先人の歩んだ道

【轨枕】 guǐzhěn 图 枕木

【庋】 guī 图 ① 棚 置く〔~藏〕〔書〕保存する

【诡(詭)】 guǐ 图 ① ずるい，偽りの ② 奇妙な，怪しい〔~异〕謎めいた

【诡辩】 guǐbiàn 图 詭弁ৼん〔进行~〕詭弁を弄する － 働 まやかしの議論をする

【诡怪】 guǐguài 图 怪しげな，奇怪な

【诡计】 guǐjì 图 詭計，トリック，策略〔~多端〕あれこれ術策を弄する

【诡秘】 guǐmì 图 (行動や態度が) とらえ難い，秘密めいた

【诡诈】 guǐzhà 图 ずるい，悪賢い 働〔狡诈〕

【鬼(鬼)】 guǐ 图 ① 亡者，幽霊〔闹~〕お化けが出る〔恶~〕悪鬼 ② (好ましからぬ物への蔑称として) かやつ ♦ 親しみを込める場合もある〔酒~〕飲み助〔懒~〕怠け者〔色~〕好き〔小~〕ちび，がき ③ やましいこと，悪巧み〔心里有~〕心にやましいところがある〔捣~〕こそこそやる

－ 图 ① 〔定语として，直接名詞を修飾する〕いまいましい，ひどい〔~天气〕いやな天気 ②《口》すばしこい，利口な ⊗ 陰険な，人目をはばかる

【鬼把戏】 guǐbǎxì 图 悪巧み，からくり，いんちき〔耍~〕詭計を弄する

【鬼斧神工】 guǐ fǔ shén gōng（成）(建築や彫刻などについて) 神業さながら，入神の技の冴え 働〔神工鬼斧〕

【鬼怪】 guǐguài 图 妖怪 働〔鬼魔〕

【鬼鬼祟祟】 guǐguǐsuìsuì 图〔~的〕こそこそした，後ろ暗い

【鬼话】 guǐhuà 图 うそ，でたらめ〔谁相信他的~〕誰が彼のでたらめを信じるか

【鬼混】 guǐhùn 働 ① ぶらぶらと暮らす，目的もなく生きる ② まともでない生活をする，世の裏の街道に生きる

【鬼脸】 guǐliǎn 图〔~儿〕①〔张〕お面，おもちゃの仮面 ② おどけ顔 働〔鬼脸〕おどけた顔をする

【鬼迷心窍】 guǐ mí xīn qiào（成）魔がさす

【鬼祟】 guǐsuì 图 こそこそした，後ろ暗い

【鬼胎】 guǐtāi 图 悪巧み，下心〔心怀~〕やましい考えをいだく

【鬼头鬼脑】 guǐ tóu guǐ nǎo（成）こそこそ立ち回る

【鬼蜮】 guǐyù 图《書》禍をもたらすもの，妖怪

【鬼子】 guǐzi 侵略者を罵る語〔日本~〕日本のやつら〔~兵〕侵略兵〔洋~〕毛唐ᵗ

【癸】 guǐ ⊗ 十干の第十，みずのと

【晷】 guǐ ⊗ ① 日影，時間 ② 日時計

【柜(櫃)】 guì 图 ①〔~儿〕戸だな，たんす〔书~〕本箱〔橱~〕茶だんす ② カウンター，商店〔~上〕帳場，店

【柜房】 guìfáng 图 商店の帳場，経理室

＊【柜台】 guìtái 图〔张〕(商店の) カウンター〔站~〕カウンターに立つ(働く)

【柜子】 guìzi 图 戸だな，たんす

【刽(劊)】 guì 图 ① 切り落とす，切断する〔~子手〕首切り役人

【桧(檜)】 guì ⊗ ヒノキ，イブキ，ビャクシン ♦ 南宋の人'秦桧'の'桧'はhuìと発音

【贵(貴)】 guì 图 値段が高い，高価な(⊗〔便宜〕〔贱〕)〔三毛一斤不~〕1斤で30銭なら高くない
⊗ ① 貴い，身分が高い，貴重な〔名

～］貴重な［～族］貴族 ②接頭辞的に使って相手への敬意を示す［～公司］貴社 ③貴ぶ ④(G-)姓
【贵宾】guìbīn [名] 貴賓，特別待遇の客 ♦多く外国からの客をいう
【贵庚】guìgēng [名]《挨》あなたのお年 ♦相手の年齢をきく丁寧な表現〖您～？〗お幾つでいらっしゃいますか
【贵金属】guìjīnshǔ [名] 貴金属
【贵姓】guìxìng [名]《挨》あなたの姓 ♦相手の姓をきく丁寧な表現〖您～？〗お名前は何とおっしゃいますか
【贵重】guìzhòng [形] 貴重な，珍重すべき
*【贵族】guìzú [名] 貴族

〖桂〗 guì ⊗ ①モクセイ ②ニッケイ［肉～］同前 ③(G-) 広西の別称［～剧］桂劇(広西の地方劇) ④(G-)姓
【桂花】guìhuā [名] モクセイの花［～陈酒］ぶどう酒にモクセイの花の香りをつけた酒
【桂皮】guìpí [名] ①桂皮(けいひ)，ニッケイの皮 ♦薬用，香料とする ②ニッケイの木 [同]［锡兰肉桂］

【跪】 guì [動] ひざまずく(片膝または両膝を地につける)〖～在地上〗地面にひざまずく
【跪拜】guìbài [動] 膝をつき頭を地につけて拝む，叩頭(こうとう)する

〖鳜(鱖)〗 guì ⊗〖魚〗ケツギョ，ケイギョ［～鱼］同前

〖衮(袞)〗 gǔn ⊗古代君主の礼服［～服］同前

【滚】 gǔn [動] ①転がる〖乱～〗あちこち転がる ②(命令的に使って)出る，去る〖～出去！〗出て失せろ ③(湯が) たぎる，(水が) 逆巻く〖壶里的水～了〗やかんの湯がたぎった ④[同]［绲］
【滚蛋】gǔn'dàn [動] (叱りののしる際に使って)出て失せる，立ち去る〖你快～〗とっとと消えろ
【滚动】gǔndòng [動] 転がる〖～着泪珠〗涙をたたえている
【滚杠】gǔngàng [名] ローラー，ころ，転がし棒
【滚瓜烂熟】gǔn guā làn shú《成》(読書や暗誦の面で) 大変こなれている〖背 bèi 得～〗すらすらと暗誦する
【滚滚】gǔngǔn [形] (流動しうるものが) 激しく動きまわるさま〖波涛～〗波が沸き立つ〖～的黄沙〗激しく舞い立つ黄塵
【滚开】gǔnkāi [動] (液体が) ぐらぐら沸きたつ，煮えたぎる〖滚不开〗沸騰できない
—— gǔnkāi [動] [同]［滚蛋］
【滚热】gǔnrè [形] (飲み物や体温が) ひどく熱い，焼けつくような [同]［滚烫］
【滚水】gǔnshuǐ [名] 沸きたぎる熱湯，煮え湯
【滚淌】gǔntǎng [動] (汗や涙が) ぼろぼろこぼれ落ちる，だらだら流れ落ちる
【滚烫】gǔntàng [形] [同]［滚热］
【滚梯】gǔntī [名] エスカレーター
【滚雪球】gǔn xuěqiú [動] 雪球を転がす，雪だるま式に増大してゆく
【滚圆】gǔnyuán [形] 真ん丸な
【滚珠】gǔnzhū [名]〔颗〕〖機〗鋼の玉 ([同]［钢珠］)［～轴承］ボールベアリング

【磙】 gǔn [動] ローラーをかける〖～地〗地面にローラーをかける
⊗ローラー［～子］同前［石～］(脱穀・地ならし用の)石製ローラー

【绲(緄)】 gǔn [動] 衣服にへりをつける〖～花边〗レースの縁をつける
⊗帯，ひも

〖辊(輥)〗 gǔn ⊗ 以下を見よ
【辊子】gǔnzi [名]〖機〗ローラー [同]［罗拉］

〖鲧(鯀 *鮌)〗 Gǔn ⊗ 夏王朝，禹(う)の父の名

【棍】 gùn [名] (～儿)〔根〕棒［木～］木の棒［三节～］(武術)三節棒
⊗ごろつき，悪人［恶～］悪党［土～］地元のならず者
*【棍棒】gùnbàng [名] ①武術用のこん棒 ②器械体操用の棒
【棍子】gùnzi [名]〔根〕棒

〖过(過)〗 Guō ⊗姓
⇨guò

〖郭〗 guō ⊗ ①城壁のさらに外側に巡らせた土壁［城～］城郭(二重の城壁) ②(G-)姓

〖聒〗 guō ⊗音がうるさい，耳ざわりな［絮～］口うるさくする
【聒噪】guōzào [形]《方》やかましい，騒々しい

【锅(鍋)】 guō [名]〔口〕なべ［沙～］土鍋［压力～］圧力鍋
⊗鍋状の部分［烟袋～儿］キセルの雁首(がんくび)
【锅巴】guōbā [名] おこげ
【锅饼】guōbing [名] 厚くて大きい'烙饼'
【锅炉】guōlú [名]〔座〕ボイラー〖烧～〗ボイラーをたく
【锅台】guōtái [名] かまどの上の物が置ける平らな所

G

【锅贴儿】guōtiēr 焼きギョーザ⑱〔饺子〕

【锅子】guōzi ①しゃぶしゃぶ(⑱〔火锅〕〖涮～〗(羊肉の)しゃぶしゃぶ ②なべ状をした部分〖烟袋～〗キセルの雁首 ③〔方〕なべ

【蝈】(蟈) guō Ⓧ 以下を見よ

【蝈蝈儿】guōguor 图〔只〕キリギリス

【国】(國) guó 图 国, 国家〖哪～〗どの国 Ⓧ ①自国の〖～产〗国产国家の, (その)国を表わす〖～旗〗国旗 ③(G-)姓

【国宾】guóbīn 图 国賓〖～馆〗迎賓館

【国策】guócè 图〔项〕国策

※【国耻】guóchǐ 图 国辱, 国の恥〖洗～〗国家の恥辱を雪ぐ

【国粹】guócuì 图 国粋, 一国の固有文化の粋 ♦貶とする意を含む

【国度】guódù 图〔书〕(区域としての)国

【国法】guófǎ 图 国法〖为～所不容〗国法の許さざるところである

＊【国防】guófáng 图 国防〖巩固～〗国防を强化する〖～力量〗防衛力

【国歌】guógē 图〔首〕国歌

【国故】guógù 图 一国固有の文化, 古典, 文化遺産〖整理～〗古典を分析的に評価しなおす

【国号】guóhào 图 国号(唐, 宋など)

【国徽】guóhuī 图 国章, 国家の紋章 ♦中国の国章は中央が五星に輝く天安門, 周囲に稻穂と歯車を配する

【国会】guóhuì 图 国会, 議会

＊【国籍】guójí 图 国籍

＊【国际】guójì 图〔多く定語として〕国際〖～上〗国際的に〖～儿童节〗(G-)国際児童節(6月1日)〖～妇女节〗(G-)国際婦人デー(3月8日)〖～歌〗(G-)インターナショナル(歌)〖～公制〗メートル法〖～劳动节〗(G-)メーデー(5月1日)〖～联盟〗(G-)国際連盟〖～日期变更线〗日付け変更線〖～象棋〗チェス〖～音标〗国際音声記号

【国计民生】guó jì mín shēng (成)国家経済と人民の生活

＊【国家】guójiā 图 ①(機構としての)国家 ②(区域としての)国

【国家裁判】guójiā cáipàn〔体〕国家認定の一級審判員('国家级裁判员'の略)

【国脚】guójiǎo 图〔名〕国家代表サッカーチームの選手

【国界】guójiè 图 国境, 国境線

【国境】guójìng 图 ①国境〖～线〗国境線〖～站〗国境の駅 ②国の領土範囲

【国库券】guókùquàn 图〔张〕国債, 政府証券〖发行～〗国債を発行する

【国民】guómín 图 国民〖～收入〗国民所得〖～生产总值〗国民総生産, GNP

【国民党】Guómíndǎng 图 国民党 ♦1919年孫文指導下にこの名称で新発足. 正式には'中国～'という

【国难】guónàn 图 国難(特に外国からの侵略によるものをいう)〖发～财〗国難に乗じて荒稼ぎする

【国旗】guóqí 图〔面〕国旗〖升～〗国旗を掲揚する

【国情】guóqíng 图 国情

【国庆】guóqìng 图 建国記念日

＊【国庆节】Guóqìngjié 图 国慶節(10月1日)

【国史】guóshǐ 图〔书〕①一国または一王朝の歴史 ②古代の史官

【国是】guóshì 图〔书〕国家の大計, 根本方針

【国书】guóshū 图(大使などの)信任状〖呈递～〗信任状を呈上する

【国体】guótǐ 图 ①国家体制 ②国家の名誉〖有损～〗国家の体面を損なう

【国统区】guótǒngqū 图 抗日戦争・解放戦争期の国民党支配地区⑱〔边区〕〔解放区〕

【国土】guótǔ 图 国土, 領土〖捍卫～〗国土を防衛する

【国王】guówáng 图 国王

【国文】guówén 图〔旧〕国語国文

【国务】guówù 图 国務, 国事〖～委员〗国務委員(閣僚のメンバーに当たる)

【国务卿】guówùqīng 图 (アメリカの)国務長官

＊【国务院】guówùyuàn 图 国務院(中国の中央政府)

【国宴】guóyàn 图 外国の元首クラスをもてなす国(または政府)主催の宴会

【国营】guóyíng 形〖定語として〗国営の(⑱〔私营〕)〖地方～〗地方政府経営の

【国有】guóyǒu 働 国家が所有する(⑱〔私有〕)〖～化〗国有化する

【国语】guóyǔ 图〔旧〕①標準語(⑱〔普〕〖普通话〗)♦台湾では今もこの語を用いる ②(教科としての)国語

【国葬】guózàng 图 国葬

【国贼】guózéi 图 国賊, 売国奴

【国债】guózhài 图 ①国が抱える負債, 国家の債務 ②国債 ⑱〔国库券〕

【帼】(幗) guó Ⓧ 古代の婦人の髪飾り→〖巾

jīn ～]

【虢】Guó ⊗① 周代の国名 ②姓

【馘】guó ⊗(敵の)耳を切る

【果】guǒ ⊗① 果実［水～］果物 ②結果，結末［因～］因果 ③果たして，案の定［～如所料］果たして予想通り ④きっぱり，断固として ⑤(G-)姓

【果冻】guǒdòng [名]（～儿）ゼリー

★【果断】guǒduàn [形] きっぱりした，断固とした

【果脯】guǒfǔ [名] 桃，アンズ，ナツメなどの砂糖漬

【果干儿】guǒgānr [名] 干した果実，乾燥果実

【果敢】guǒgǎn [形] 果敢な，決断力がある

【果酱】guǒjiàng [名] ジャム（[同]［果子酱］）〖抹上～〗ジャムを塗る

【果决】guǒjué [形] 決断の早い，思い切りのよい

【果料儿】guǒliàor [名] 菓子の上にまぶすもの（松の実，干しぶどう，'青丝' '红丝' など）

【果木】guǒmù [名]（総称としての）果樹［～园］果樹園

【果农】guǒnóng [名] 果樹農家

【果品】guǒpǐn [名]（干したものを含めた）果物類［干鲜～］乾燥果肉と生の果物

★★【果然】guǒrán [副] 果たして，案の定〖～名不虚传〗果たせるかなその名に恥じない 一 [接]〘多く主文の'就'と呼応して〙もし本当に…なら

★★【果实】guǒshí [名] ① 果実〖结～〗実がなる ②成果，収穫

【果树】guǒshù [名]〔棵〕果樹

【果园】guǒyuán [名]〔片〕果樹園

【果真】guǒzhēn [副] 果たして，たしかに 一 [接]〘多く主文の'就'と呼応して〙もし本当に…なら

★★【果汁】guǒzhī [名]（～儿）果汁，ジュース〖压榨～〗果汁をしぼる

【果子】guǒzi [名] ① 果物，果実〖结～〗実がなる［～酱］ジャム［～酒］果実酒［～狸］ハクビシン ②[同]［馃子］

【馃（餜）】guǒ ⊗ 以下を見よ

【馃子】guǒzi [名] ① 小麦粉をこねて油で揚げた食品 ②《方》'点心' の総称

【裹】guǒ [動] ①（紙や布で）くるむ，包む，巻く〖～行李卷儿〗旅行用ふとん巻き荷物を作る［～扎 zā］巻いて縛る ②（人をある事態に）巻き込む〖别把我～进去〗僕を巻き込まないでくれ

【裹脚】guǒ'jiǎo [動] 纏足(てんそく)する
—— guǒjiao（guójiao と発音）[名] 纏足用の細長い布 [同]［～布］

【裹腿】guǒtui（guótui と発音）[名] 巻脚絆(きゃはん)，ゲートル〖缠～〗ゲートルを巻く

【裹胁】guǒxié [動] 脅して従わせる

【裹足不前】guǒ zú bù qián《成》たじろぐ，ひるむ，足が前に進まない [反]［勇往直前］

【蜾】guǒ ⊗［～蠃 luǒ］〖虫〗ジガバチ

【椁（槨）】guǒ ⊗ 柩を収納する外棺

【过（過）】guò [動] ① 渡る，通る，横切る〖～桥〗橋を渡る〖～马路〗大通りを横断する ②（時間を）経る，過ごす，暮らす〖～几个月〗数か月経つ〖～生日〗誕生日を過ごす（祝う） ③（境界，限界を）越える〖～下班时间〗退勤時間をオーバーする［～劳死］過労死 ④ある処理を経る〖～秤〗はかりにかける〖～油〗（料理で）油通しする
⊗過ち，過失［改～］過ちを改める［记～］（人事記録に）過失の事実を記載する
—— -guò/-guo [動]〘方向補語として〙① 一方から一方へ移る，動く〖递～毛巾〗タオルを渡してよこす〖回～头〗（顔を）振り向ける ②（適当な段階を）越える〖睡～了时间〗寝過ごした ③ 勝(まさ)る〖能说～他〗彼を言い負かすことができる
⇨Guō

【过半数】guòbànshù [名] 過半数

【过不去】guòbuqù [動]（[反]［过得去］）①（障害があって）通れない ②困らせる，たてつく〖老跟他～〗いつも彼にたてをつく ③すまなく思う〖心里有点儿～〗ちょっと申し訳ない気持ちだ

★★【过程】guòchéng [名] 過程，プロセス（[類]［历程］）［全～］全過程

【过错】guòcuò [名] 過失，誤り [同]［过失］

【过道】guòdào [名]〔条〕（建物内の）通路，廊下

【过得去】guòdeqù [動] ① 通れる〖卡车～〗トラックが通れる ②まずまずいける，まあまあ満足できる〖身体还～〗体調はまあまあだ ③（多く反語に用いて）負い目を感じないで済む〖怎么～〗どうして平気でいられよう

★【过度】guòdù [形] 度を越した，ゆき過ぎた〖饮酒不能～〗酒は飲みすぎてはいけない［～疲劳］過労

★【过渡】guòdù [動] 移行する〖从终身制～到退休制〗終身雇用制から定年退職制に移行する 一 [形]〘定語として〙過渡的な［～时期］過渡期

★★【过分】guò'fèn [動] 行き過ぎる〖～的要求〗法外な要求 一 [副] 過分に

〖~客気了〗あまりに遠慮しすぎだ

【过风】 guòfēng 動（口）風がよく流れる、空気がよく流れる 📖〖通风〗

【过关】 guòguān 動 ① 税関、検問所などを通過する〖~手续〗通関手続き ②（転）関門を通り過ぎる、パスする、クリアーする〖过技术关〗技術の難関を突破する

【过堂风】 guòtángfēngr 動 風に吹かれる、涼む 📖〖乘凉〗

【过河拆桥】 guò hé chāi qiáo（成）(川を渡ってから橋を壊す＞) 恩を仇で返す

【过后】 guòhòu 副 その後、のちほど

【过活】 guòhuó 動 生活する、暮らしを立てる〖靠送报~〗新聞配達をして暮らす

【过火】 guò'huǒ 動（言動が）度を越す、オーバーになる〖话说得太~了〗言い過ぎだよ

【过激】 guòjī 形 過激な、極端な

【过家家儿】 guòjiājiār 動（子供が）ままごとをして遊ぶ 📖〖过家景〗

*【过奖】 guòjiǎng 動（はめすぎる;（挨）(ほめられて謙遜し)とんでもない、過分なお言葉です〖你~了〗ほめすぎです

【过街老鼠】 guò jiē lǎoshǔ 名 皆の嫌われ者、憎まれっ子、恨みの的

【过街楼】 guòjiēlóu 名（下が通行になる）街路や路地にまたがった建物

【过街天桥】 guò jiē tiānqiáo 名 歩道橋

【过节】 guò'jié 動 祭祀日を過ごす（祝う）

【过景】 guò'jǐng 動 時機を逸する、流行に遅れる

【过客】 guòkè 名 旅人、よそから来て通りがかった人

【过来】 guòlai/guòlái 動 ① あちらからこちらに来る〖快~吧〗早くこっちへ来いよ〖过不来〗こちらへ来られない ②（日を）過ごしてくる、(試練などを)経てくる

—— -guòlai/-guolai/-guòlái 〖方向補語として〗① あちらからこちらへ移ってくる、動いてくる〖跑~〗駆け寄ってくる〖跳过沟来〗水路を跳び越えてくる〖回过头来〗振り返る ② 正常な状態に戻る〖醒~〗目ざめる ③〖'得''不'を伴って〗「もれなく···できる、できない」ことを表わす〖照顾不~〗世話しきれない

【过来人】 guòláirén/guòlairén 名（その道の）経験者

【过量】 guò'liàng 動（飲酒などで）量(度)を越す、多くなりすぎる

【过路】 guòlù 動 通りかかる〖~的人〗通りがかりの人

【过虑】 guòlǜ 動 余計な心配をする、思い過ごしをする

【过滤】 guòlǜ 動 濾過する、濾す〖用纱布~汤汁〗ガーゼで(漢方薬の)汁を濾す

【过门】 guò'mén 動（~儿）嫁入りする、嫁ぐ

【过门儿】 guòménr 名〖音〗（歌の）出だしまたは間奏部

*【过敏】 guòmǐn 名 アレルギー〖~性反应〗アレルギー症状 —— 形 過敏な〖你太~了〗神経質すぎるよ

【过目】 guò'mù 動 目を通す、点検する〖~成诵〗一読して暗誦できる（記憶力の良いことをいう）

【过年】 guò'nián 動（主に旧正月について）年を越す、新年を祝う

—— guònian/guònián 名（口）来年 📖（普）【明年】

*【过期】 guò'qī 動 期日が過ぎる、切れる〖~作废〗期限が切れると無効になる

*【过去】 guòqù 名 過去 📖〖现在〗〖将来〗〖回顾~〗過去を振り返る

【过去】 guòqu/guòqù 動 ① こちらからあちらへ行く、通り過ぎる〖我~看看〗ちょっと行って見てやる〖过不去〗あちらへ行けない ②（時間が）過ぎ去る、(ある状態が)消えゆく〖半年~了〗半年が過ぎた ③〖'了'を伴って〗亡くなる、世を去る

—— -guòqu/-guoqu/-guòqù 〖方向補語として〗① こちらからあちらへ移ってゆく、動いてゆく〖飞~〗飛んで行く〖转过身去〗くるりとむこう向きになる〖翻~〗裏返す ② 正常な状態から遠ざかる〖昏~〗気を失う ③（動作を）やり通す〖瞒不~〗だまし通せない ④〖'得''不'と結び付いて〗ある状況を超えることができる（できない）〖高不过富士山去〗富士山より高いはずがない

【过人】 guòrén 形 人並みすぐれた、抜きんでた

【过日子】 guò rìzi 動 生活する、暮らす

【过筛子】 guò shāizi 動（粉や砂などを）篩にかける;(転）細かに選択する、篩にかける

【过山车】 guòshānchē 名 ジェットコースター

【过剩】 guòshèng 動 過剰になる、あり余る〖~的商品〗過剰になった商品〖生产~〗生産過剰

*【过失】 guòshī 名 過失、ミス〖~杀人〗過失致死

【过时】 guò'shí 動 ① 時代（流行）に遅れる ②（約束の）時間に遅れる〖~不候〗時間を過ぎると待たない、時間厳守だ

【过世】 guò'shì 動 死ぬ、世を去る 📖〖去世〗

【过手】 guò'shǒu 動（金銭を）取り扱う、出し入れする

【过堂】 guò'táng 動〖旧〗法廷に出

【过厅】guòtīng 图 通り抜けのできる広間
【过头】guòtóu 動 (～ル)限度を越える,度を越す〖你说得～了〗君は言い過ぎだ
【过屠门而大嚼】guò túmén ér dà jué〈俗〉(肉屋の前を通って盛んに噛むまねをする〉)かなわぬ願いをごまかしてわが身を慰める
【过望】guòwàng 動〈書〉本来の望みを越える,望外の結果を得る〖大喜～〗望外の喜びだ
*【过问】guòwèn 動 関与する,口出しする〖无人～〗誰も関心をもたない〖～女儿的婚事〗娘の縁談に口出しする
【过细】guòxì 形 綿密な,細かな
【过眼云烟】guò yǎn yúnyān〈成〉あっというまに消え去る,うたかたと消える
【过氧化氢】guòyǎnghuàqīng 图〖化〗過酸化水素(漂白剤や消毒剤に用いる)
【过夜】guò'yè 動 ① 夜を過ごす,外で一泊する ② 一晩過ぎる,宵を越す
【过意不去】guòyìbúqù 動 すまなく思う,恐縮に思う
*【过瘾】guò'yǐn 動 十分に満足する,堪能する
【过硬】guòyìng 形 厳しい試練に耐えた,厳正な検査を経た
【过犹不及】guò yóu bù jí〈成〉過ぎたるはなお及ばざるがごとし
*【过于】guòyú 副〖多く2音節形容詞を修飾して〗過度に,あまりに…すぎる〖～激烈〗激しすぎる
【过逾】guòyu 形〈方〉度が過ぎる,法外な 同〖过分〗
【过载】guòzài 動 ① (貨物の)積み替える ◆'过徙'とも ② 荷を積みすぎる,超荷重となる 同〖超载〗
【过账】guò'zhàng 動 帳簿の転記をする,記帳する
【过招】guò'zhāo 動 力較べをする
【过重】guò'zhòng 動〈方〉(荷物や郵便物が)重量オーバーとなる,制限重量を超える 同〖超重〗

H

【H股】H gǔ 图 香港市場に上場されている中国企業株 ♦ 中国国内投資家以外の投資家も投資可能.香港ドルによって売買される
【HSK】图 HSK 同〖汉语水平考试〗

哈

哈 hā 動 息を吹き掛ける〖～一口气〗ひと息はく ― 擬 笑い声を表わす(ふつう重ねて使う)〖～～大笑〗わははと大笑いする ― 感 得意や満足の気分を表わす(ふつう重ねて使う)

一(*虾) ⊗→[～腰] ⇨ hǎ

【哈哈镜】hāhājìng 图 マジックミラー
【哈喇】hāla 形〈口〉(食用油の)味が変わる〖这瓶油～了〗この油は味がおかしくなった
【哈雷彗星】Hāléi huìxīng 图〖天〗ハレー彗星
【哈密瓜】hāmìguā 图 ハミ瓜 ♦ 新疆産の楕円体状の甘い瓜
【哈尼族】Hāní zú 图 ハニ族 ♦ 中国少数民族の一,雲南省に住む
【哈欠】hāqian 图 あくび〖打～〗あくびする
【哈日族】hārìzú 图 熱狂的な日本ファン
【哈萨克族】Hāsàkèzú 图 ① カザフ族 ♦ 中国少数民族の一,新疆に住む ② ロシアのカザフ(カザーク)族
【哈腰】hā'yāo 動〈口〉① 腰を折る,かがむ 同〖弯腰〗② 軽くお辞儀する

蛤 há ⊗ 以下を見よ ⇨ gé

【蛤蟆(虾蟆)】háma/hámá 图 カエルとガマガエルの総称〖癞～〗ガマガエル
【蛤蟆跳井】háma tiào jǐng〈俗〉(カエルが井戸に飛び込む;その音pūtōngは bùdǒng(不懂)に通じて)わからない

哈 hǎ 動〈方〉叱りつける,どなりつける〖～他一顿〗彼を一度叱る ⊗(H-)姓 ⇨ hā

【哈巴狗】hǎbagǒu 图 ①(～ル)チン,ペキニーズ 同〖狮子狗〗〖巴儿狗〗②〈転〉おべっか使い,追従者

哈 hāi ⊗① あざ笑う ② 喜び笑う

咳(*咍) hāi 嘆 後悔,いぶかしさ,あるいは滅入った気分を表わす〖～,我怎

么这么糊涂』ちくしょう,俺ってなんでこんなにばかなんだ
⇨ké

【嗨】hāi ⊗ 以下を見よ

【嗨哟】hāiyō 嘆 集団で重労働するときの掛け声,えーんやこーら,そーれ,よいしょの類

【还(還)】hái 副 ① なお,依然として 〖～在工作〗まだ働いている ② さらに,その上 〖今天比昨天～冷〗今日は昨日よりもっと寒い ③ (程度が) まずまず,けっこう 〖收拾得倒～干净〗けっこうきれいに片付いている ④ (後に反問の句を伴って)…でさえ 〖你～赶不上,何况我呢〗君でさえ追いつけないのに,僕なんかとうてい無理です ⑤ 意外·驚き·自慢の気持ちなどを表わす 〖他～真有办法〗あいつ大したやり手なんだなあ
⇨ huán

*【还是】háishi 副 ① 依然として,なおも ② 「…するほうがよい」という希望·勧告を表わす 〖～少吃点儿吧〗あまり食べないほうがいいよ ③ さすがに,やはり 一 圈 (あれかこれかを選択して) それとも 〖你去～他去?〗君が行くの,それとも彼が行くの 〖不论天气冷～不冷…〗寒い暖かいにかかわらず

【孩】hái (～儿)子供 〖小～儿〗子供 〖女～儿〗女の子

【孩提】háití 图〈書〉幼年期,幼い頃
【孩童】háitóng 图 児童,子供
*【孩子】háizi 图 ① 子供,児童 〖小～〗子供 ② 子女,息子や娘
【孩子气】háiziqì 图 子供っぽさ,あどけなさ 一 形 子供っぽい 〖别这么～〗大人みたいなことを言うな
【孩子头】háizitóu (～儿) 图〖孩子王〗① ガキ大将 ② 子供と遊びたがる大人

【骸】hái ⊗① 骨 〖～骨〗骸骨 ②体 〖形～〗人の体 〖遗～〗死体

【海】hǎi 图 ① 海 〖出～〗海に出る 〖黄～〗黄海 ② 大きな湖 〖青～〗青海 ⊗ ① 同種の物の沢山の集まり 〖火～〗火の海 〖人～〗人波 ② (容量が)きわめて大きい ③ (H-)姓

【海岸】hǎi'àn 图 海岸 〖～线〗海岸線
*【海拔】hǎibá 图 海抜,標高 ⑱〖拔海〗
【海报】hǎibào 图〔张〕ポスター
【海豹】hǎibào 图 アザラシ
*【海滨】hǎibīn 图 海辺,浜辺
【海菜】hǎicài 图 食用になる海藻,昆布,ワカメなど
【海产】hǎichǎn 图 海産物 〖～植物〗海の植物
【海潮】hǎicháo 图 潮,潮の干満
【海带】hǎidài 图 昆布
【海胆】hǎidǎn 图 ウニ
【海岛】hǎidǎo 图〔个·座〕(海の)島
【海盗】hǎidào 图 海賊 〖～版〗海賊版
【海底】hǎidǐ 图 海底 〖～电缆〗海底ケーブル 〖～油田〗海底油田
【海底捞月】hǎi dǐ lāo yuè (成) (海中から月を掬う>) 無駄骨を折るだけで,実現不可能な試み ⑱〖水中捞月〗
【海底捞针】hǎi dǐ lāo zhēn (成) (海の底から針を拾う>) とうてい見つけられそうもないこと ⑱〖大海捞针〗
【海防】hǎifáng 图 海の守り,沿岸防備 〖～部队〗沿岸防衛部隊
【海港】hǎigǎng 图 海の港
【海沟】hǎigōu 图 海溝
【海狗】hǎigǒu 图〔只〕オットセイ ⑱〖海熊〗〖膃肭兽〗
*【海关】hǎiguān 图 税関 〖通过～检查〗税関の検査を通る
【海龟】hǎiguī 图〔只〕① ウミガメ ② アオウミガメ
【海涵】hǎihán 動〈敬〉お許し下さる
【海疆】hǎijiāng 图 沿岸部,沿海地方
【海禁】hǎijìn 图〈史〉鎖国令
【海军】hǎijūn 图 海軍 〖～陆战队〗海兵隊,海軍陸戦隊
【海口】hǎikǒu 图 ① 湾内の港 ② 大ぼら,大ぶろしき 〖夸～〗大口をたたく
【海枯石烂】hǎi kū shí làn (成) 海が涸れ石が朽ちはてようとも… ♦永遠不変の誓いの場で使う
【海阔天空】hǎi kuò tiān kōng (成) 広大な大自然の形容;(転) 話や想像が限りなく広がる
【海里】hǎilǐ 量 海上の距離の単位,海里(1852メートル)
【海量】hǎiliàng 图 ①〈敬〉(相手の)寛大な度量 〖望您～包涵〗どうぞご寛恕下さいますよう ② 大酒飲み,酒豪
【海流】hǎiliú 图 海流
【海轮】hǎilún 图〔只·艘〕外洋汽船
【海螺】hǎiluó 图 ホラガイ
【海洛因】hǎiluòyīn 图 ヘロイン ♦麻薬としては「白面儿」という
【海马】hǎimǎ 图 タツノオトシゴ
【海米】hǎimǐ 图 剥いて乾かした小エビ ⑱〖虾米〗
【海绵】hǎimián 图 ① 海綿 ② 海綿の骨格 ③ (化学製品の)スポンジ 〖～底鞋〗スポンジ底の靴
【海面】hǎimiàn 图 海面
【海难】hǎinàn 图 海難 〖～信号〗

エスオーエス
【海内】hǎinèi [名] 国内, 四海^{しかい}の内
【海鸥】hǎi'ōu [名] カモメ
【海派】hǎipài [名] 上海派 ♦京劇·文学などの分野で, 上海在住の人々の傾向や特徴を一つの流派としてとらえた呼称 [関][京派]
【海参】hǎishēn [名] ナマコ
【海深不怕鱼大】hǎi shēn bú pà yú dà《俗》(海が深ければ魚がどんなに大きかろうと平気だ>) 人間の度量が大きいさまをいう
【海狮】hǎishī [名]〔只·头〕アシカ
【海市蜃楼】hǎishì shènlóu [名] ①蜃気楼 [同][蜃景] ②幻のように実体のない事柄
【海事】hǎishì [名] ①海事 ②船舶事故, 海難
【海誓山盟】hǎi shì shān méng《成》男女の愛の誓い ♦海や山のごとく永遠に変わらないことを表わす [同][山盟海誓]
【海损】hǎisǔn [名] 海損 [共同~] 共同海損 [~理算] 海損精算
【海獭】hǎitǎ [名] ラッコ [同][海龙]
【海滩】hǎitān [名] 浜辺, 砂浜
【海棠】hǎitáng [名]〖植〗①カイドウ ②カイドウの実
【海塘】hǎitáng [名] 防潮堤
【海图】hǎitú [名] 海図
【海豚】hǎitún [名]〔只〕イルカ [同][海猪]
【海豚泳】hǎitúnyǒng [名]〖体〗ドルフィンキック泳法, バタフライ [同][蝶泳]
【海外】hǎiwài [名] 国外, 海外 [~奇谈] とてつもないでたらめ話
【海湾】hǎiwān [名] 湾
【海碗】hǎiwǎn [名] 大碗^{わん}, どんぶり鉢
【海王星】hǎiwángxīng [名] 海王星
【海味】hǎiwèi [名] 海産の珍味, 海の幸 [山珍~] 海の幸山の幸
【海峡】hǎixiá [名] 海峡
★【海鲜】hǎixiān [名] 新鮮な海の魚介類, シーフード
【海象】hǎixiàng [名]〖動〗セイウチ
【海啸】hǎixiào [名] 津波
【海蟹】hǎixiè [名] (海の) カニ
【海星】hǎixīng [名] ヒトデ
【海盐】hǎiyán [名] 海水から作った塩 [関][井盐][岩盐]
【海燕】hǎiyàn [名] ①ウミツバメ ②イトマキヒトデ
★【海洋】hǎiyáng [名] 海洋 [~生物] 海洋生物 [~性气候] 海洋性気候
【海域】hǎiyù [名] 海域
【海员】hǎiyuán [名] (外洋船の) 船員, 船乗り [~俱乐部] 海員クラブ
【海月水母】hǎiyuè shuǐmǔ [名] ミズクラゲ
【海运】hǎiyùn [名] 海運 [関][陆运]
【海葬】hǎizàng [名] 水葬
【海藻】hǎizǎo [名] 海藻, 海草
【海战】hǎizhàn [名] 海戦
【海蜇】hǎizhé [名] クラゲ (食用にする)

〖醢〗 hǎi ⊗ひしお

〖亥〗 hài ⊗十二支の最後 (い, いのしし) [~时] 亥の刻^{いのこく} (夜の9時から11時)

〖骇(駭)〗 hài ⊗ 驚く, ぎょっとする [惊~]《書》慌ておびえる
【骇怪】hàiguài [動]《書》驚きいぶかしむ
【骇人听闻】hài rén tīngwén《成》聞く人を驚かす, ショッキングな ♦多く社会の不祥事についていう

【氦】 hài [名]〖化〗ヘリウム (普通'~气'という)

【害】 hài [動] ①人に害を及ぼす ②殺す〖~了三条人命〗3人の命を奪った [遇~] 殺される ③病気にかかる, 病む〖~了急性病〗急病にかかった ④落ち着かない気分にかられる→[~怕][~羞]
⊗ ([反]'益') ①災い, 害 [虫~] 虫害 ②有害な [~鸟] 害鳥
【害病】hài▼bìng [動] 病気になる, 病む
【害虫】hàichóng [名] 害虫 [反][益虫]
【害处】hàichù [名] 不利な点, 弊害 [反][益处][好处]
【害鸟】hàiniǎo [名] 害鳥 [反][益鸟]
★【害怕】hàipà [動] 恐れる, おびえる〖~考试不及格〗試験で不合格になるのを恐れる
【害群之马】hài qún zhī mǎ《成》仲間に害を及ぼす者, 獅子身中の虫
【害人虫】hàirénchóng [名] 民衆の敵, 社会の毒虫 ♦集団にもいう
【害人之心不可有, 防人之心不可无】hài rén zhī xīn bù kě yǒu, fáng rén zhī xīn bù kě wú《成》他人を陥れようなどと考えてはならないが, 他人から陥れられないよう警戒心を失ってはならない
【害臊】hài▼sào [動] 恥ずかしがる, 恥じる
【害兽】hàishòu [名] (狼, ヒグマなど) 人間に有害なけもの
【害喜】hài▼xǐ [動] つわり (悪阻) になる
★【害羞】hài▼xiū [動] 恥じる, 恥じらう
【害眼】hài▼yǎn [動] 目を患う

【嗐】 hài [嘆] (同情や悲しい気分を表わす) やれやれ, 何てこったい

【顸(頇)】 hān [形]《方》太い

〖鼾〗 hān ⊗いびき [打~] いびきをかく [~睡] 高いびきで寝る

【鼾声】hānshēng 图 いびき(の音)[～如雷]ごうごうといびきをかく

【蚶】hān ⊗[～子]【貝】アカガイ

【酣】hān 動①十分に酔った[半～]なま酔い[～饮]心ゆくまで飲む ②たけなわの,真っ最中の ③心ゆくまで,存分に[～战]存分に戦う

【酣梦】hānmèng 图 甘やかな夢
【酣睡】hānshuì 動 ぐっすり眠る,熟睡する

【憨】hān 形(方)愚かな,愚鈍な ⊗純朴な,真っ正直な[～态可掬]無邪気さの漂う姿

【憨厚】hānhòu 形 純朴な,実直な
【憨笑】hānxiào 動①無邪気な笑いを浮かべる ②愚鈍なにたにた笑いをする

【邗】Hán ⊗[～江]邗ᵏᵃⁿ江(江蘇省)

【汗】hán ⊗ 'ｋě‐hán'の略称
⇨hàn

【邯】hán ⊗ 以下を見よ

【邯郸】Hándān 图 河北省南部の市名および県名

【含】hán 動①口に含む [嘴里～着一块糖]口にあめを含む ②含有する,内蔵する (感情や気持ちを)胸に抱く

【含苞】hánbāo 動(書)つぼみを持つ,つぼみを膨らませる

*【含糊(含胡)】hánhu 形①あいまいな,はっきりしない[话说得很～]話し方があいまいだ[～其辞]言辞をあいまいにする ②いい加減な,ふまじめな ③〔多く否定形で〕弱みのある,弱腰の[不～]弱みを見せない,(腕前が)素晴らしい

【含混】hánhùn 形 あいまいな,はっきりしない(⊗[清晰])[言辞～]言葉があいまいだ

【含量】hánliàng 图 含有量
【含怒】hánˈnù 動 怒気を含む,忿懣ᶠᵘⁿᵐᵃⁿを抱える

【含沙射影】hán shā shè yǐng(成)暗に誹謗ˢˡᶠᵒᵘ中傷する,それとなく悪口を言う⊕[暗箭伤人]

【含漱剂】hánshùjì 图 うがい薬 ⊕[含漱剂]

【含笑】hánˈxiào 動 笑みを浮かべる,ほほ笑む[含着笑说话]ほほ笑みながら話す

【含辛茹苦】hán xīn rú kǔ(成)苦労に耐える,艱難辛苦を耐え忍ぶ⊕[茹苦含辛][千辛万苦]

【含羞】hánˈxiū 動 はにかむ,恥じらう[～草]オジギソウ,ネムリソウ

【含蓄(涵蓄)】hánxù 形①(言葉や詩文について)言外の意味を持った,含蓄のある ②(思想感情を)内に秘めた,顔に出さない

【含血喷人】hán xuè pēn rén(成)でたらめを言い触らして人を陥れる,根も葉もない言い掛かりをつける

*【含义(涵义)】hányì(語句の)含意,意味,含蓄

【含意】hányì 图(詩や言葉の)含意
【含冤】hánˈyuān 動 いわれのない被害を受ける,無実の罪に泣く

【函】(*凾) hán 圖 ケースや軼ᴸᵘᴳᴵに入ったものを数える ⊗①箱,峡,ケース ②手紙,通信[来～]貴信

【函购】hángòu 動 通信販売で買う
【函件】hánjiàn 图 手紙,郵便物 ⊕[信件]

【函授】hánshòu 動 通信教育をする
【函售】hánshòu 動 通信販売をする
【函数】hánshù 图【数】函数

【涵】hán ⊗①含む,中にもつ ②暗渠,地下水路[～洞](道路や鉄道を横切る)地下用水路

【涵盖】hángài 動(広い範囲を)おおう,含む

【涵容】hánróng 動(書)寛大に許す,大目に見る(⊕[包容][包涵])[尚望～]お目こぼしを願います

【涵养】hányǎng 图①修養,自制心[很有～]心が練れている ②(水を)蓄積・保存する[～水源]水源を保全する

【寒】hán ⊗①寒い[受～]かぜをひく ②おびえる,おののく[心～]がっくりする ③貧しい[贫～]貧乏な ④(謙遜して)みすぼらしい[～舍]拙宅

【寒潮】háncháo 图【天】寒波 ⊕[寒流]

【寒碜(寒伧)】hánchen 動 恥をかかせる,笑いものにする[让人～了一顿]人から笑いものにされた 一 形 ①醜い,不体裁ᵗᵉⁱˢᵃⁱな ②面汚しの,恥ずかしい

【寒带】hándài 图 寒帯
【寒冬】hándōng 图 厳冬,真冬[～腊月]同前
【寒风】hánfēng 图 寒風,北風
*【寒假】hánjià 图 冬休み(⊕[暑假])[放～]冬休みになる
【寒噤】hánjìn 图 身震い(⊕[冷战][寒战])[打了个～]ぶるっと震えた
【寒苦】hánkǔ 形 貧困の,貧しい
【寒冷】hánlěng 形 寒冷な,寒い(⊕[冷])[气候～]気候が寒冷である
【寒流】hánliú 图①寒流(⊗[暖流])②寒波 ⊕[寒潮]
【寒露】hánlù 图 寒露 ♦二十四節気

の一．陽暦の10月8·9日頃に当たる
【寒毛】hánmao/hánmáo [名]〔根〕うぶ毛 [同][汗毛]
【寒气】hánqì [名]寒気，寒さ
【寒秋】hánqiū [名]晩秋 [同][深秋]
【寒热】hánrè [名](漢方医学で)悪感と発熱の症状〖～往来〗悪感に震えたりかっかと火照ったりを繰り返す
【寒色】hánsè [名]寒色 [同][冷色] [反][暖色]
【寒食】Hánshí [名]節句の一，寒食節 ♦清明節の前日．昔はこの日から3日間食事に火を使わなかった
【寒暑表】hánshǔbiǎo [名]〔只〕寒暖計
【寒酸】hánsuān [形]みすぼらしい，貧相な［～相］(貧乏書生のような)みすぼらしい様子
【寒微】hánwēi [形]《書》(出身や身分が)卑しい，社会的地位が低い
【寒心】hán▼xīn [動]①がっくり落ち込む，ひどく落胆する ②おびえる
★【寒暄】hánxuān [動]日常のあいさつを交わす，暑い寒いのあいさつをする〖～了几句〗二言三言あいさつを交した［～话］あいさつの言葉
【寒衣】hányī [名]冬服，防寒着
【寒战(寒颤)】hánzhàn [名]身震い([同][寒噤])〖打了几个～〗ぶるぶるっと震えた

【韩(韓)】Hán ⊗①戦国時代の国名 ♦河南省から山西省にかけて位置した ②‘韩国’(韓国)の略［～流］韓流 ③姓

【罕】hǎn ⊗①ごく少ない，珍しい［稀～］珍しい ②(H-)姓
★【罕见】hǎnjiàn [形]めったにない，まれな

【喊】hǎn [動]①叫ぶ〖～口号〗スローガンを叫ぶ ②(人を)呼ぶ〖～他进来〗(部屋に)入るよう彼に声を掛ける
【喊叫】hǎnjiào [動]叫ぶ，わめく

【汉(漢)】hàn ⊗①(H-)漢(前漢と後漢，B. C. 206-A. D. 220)［～朝］漢王朝［西～］前漢［东～］後漢 ♦五代の後漢は‘后～’(A. D. 947-950) ②(H-)漢族 ③男子［老～］老人 ④銀河［银～］銀河
【汉白玉】hànbáiyù [名]白大理石
【汉堡包】hànbǎobāo [名]ハンバーガー
【汉奸】hànjiān [名]売国奴 ♦侵略者の手先となって中国の利益を損なう者をいう
【汉人】Hànrén [名]①漢族，漢族人 ②漢代の人
【汉姓】hànxìng [名]①漢族の姓 ②漢族以外の人が使う漢族の姓
【汉学】hànxué [名]①中国の伝統的学問，すなわち経史の学，小学，考証学など ②外国人による中国研究，中国学，シノロジー
★★【汉语】Hànyǔ [名]漢語，(一般にいう) 中国語［～拼音方案］漢語のローマ字表記法
【汉字】Hànzì [名]漢字
【汉子】hànzi [名]①〔个·条〕男，男子 ②《方》夫，亭主
【汉族】Hànzú [名]漢族

【汗】hàn [名]汗〖出一身～〗大汗を流す［～马功劳］汗馬の労
⇨hán
【汗背心】hànbèixīn [名]〔件〕ランニングシャツ，袖なし肌着
【汗碱】hànjiǎn [名]汗のしみ [同][汗斑]
【汗孔】hànkǒng [名]毛穴 [同][毛孔]
【汗流浃背】hàn liú jiā bèi《成》(恐れや恥ずかしさで) ぐっしょり汗をかく，冷汗三斗
【汗牛充栋】hàn niú chōng dòng《成》蔵書の量がおびただしいことをいう
【汗衫】hànshān [名]〔件〕①肌着のシャツ，Tシャツ ②《方》ワイシャツ
【汗水】hànshuǐ [名](たっぷりかいた)汗〖～湿透了衣衫〗汗でシャツがぐっしょりだ
【汗腺】hànxiàn [名]〖生〗汗腺
【汗颜】hànyán [動]《書》恥ずかしく汗をかく;《転》恥じる，恥じ入る
【汗珠子】hànzhūzi [名]〔颗·滴〕汗の玉，汗のしずく [同][汗珠儿]

【扞】hàn ⊗①［～格］《書》抵触する ②‘捍’と通用
⇨gǎn

【旱】hàn [形]日照りの，雨の降らない([反][涝 lào])〖这冬天太～了〗この冬は特に雨が少ない［抗～］旱魃対策を講ずる
⊗①水と無縁の ②陸地の，水のない場所［起～］陸路をゆく
【旱魃】hànbá [名]《書》日照りの神
【旱船】hànchuán [名]①民間の踊り‘跑～’に使う船の模型 ②《方》船に似た水辺の庭園建築
【旱稻】hàndào [名]陸稲，おかぼ
【旱地】hàndì [名]([反][水地]) ①畑 ②水利の届かない耕地
【旱季】hànjì [名]乾期 [反][雨季]
【旱井】hànjǐng [名]〔口·眼〕①(日照りに備えた)雨水をためる井戸 ②から井戸(冬の野菜貯蔵用)
【旱路】hànlù [名]陸路〖走～〗陸路を行く
【旱桥】hànqiáo [名]陸橋，高架橋
【旱情】hànqíng [名]旱魃の被害状況
【旱伞】hànsǎn [名]〔把〕日傘，パラ

ソル(回[阳伞])[[打~]]日傘をさす

【旱田】hàntián 图[[~]畑] 回[水田] ②水利の届かない耕地

【旱烟】hànyān 图キセルで吸うタバコ,刻みタバコ[[~袋]]キセル

【旱鸭子】hànyāzi かなづち(泳げない人)

【旱灾】hànzāi 图旱魃ばつ,日照り

【悍】hàn 厖①勇猛な,大胆な[[强~]][[~勇]]勇猛果敢な ②凶暴な,荒っぽい[[凶~]]狂暴な

【悍然】hànrán 副横暴にも[[~入侵]]無法にも侵攻する

【扞(扞)】hàn 動守る,防ぐ
⇨扞についてはgǎn

*【捍卫】hànwèi 動防衛する,護衛する[[~人权]]人権を守る

【焊(銲*釬)】hàn 動溶接する,はんだ付けする[[~水管]]水道管を溶接する[[气~]]ガス溶接[[电~]]電気溶接

【焊工】hàngōng 图①溶接,はんだ付け ②溶接工

【焊接】hànjiē 動溶接する,はんだ付けする

【焊枪】hànqiāng 图[[機]]溶接トーチ,溶接ガン

【焊锡】hànxī 图はんだ

【菡】hàn ⊗[[~萏dàn]](書)ハスの花

【颔(頷)】hàn ⊗①あご ②頷ねくく

【翰】hàn ⊗羽毛;(転)毛筆・文字・書簡など[[~墨]](書)筆と墨,文章や書画[[华~]](書)貴信

【翰林】hànlín 图[[史]]翰林ん学士[[~院]]翰林院(唐中期以降の役所で皇帝に直属して詔書の起草などに当たった)

【瀚】hàn ⊗広大な[[~海]](書)大砂漠[[浩~]]広大な,おびただしい種類の

【憾】hàn ⊗無念(な),心残り(な)[[遗~]]心残りの,遺憾な

【憾事】hànshì 残念な事柄

【撼】hàn 動揺さぶる,揺らす[[~摇]]揺さぶる[[蚍蜉~大树]]羽アリが大木を揺ぶろうとする(あまりに身のほどを知らないこと)

【撼动】hàndòng 動揺さぶる,震動させる[[~大树]]大樹を揺さぶる

【夯(*碴)】hāng 图土を突き固める道具 一動①(同前を用いて)地固めする[[~地]]地固めする[[~实]]突き固める[[打~机]]地固めの機械,ランマー ②(方)強く打ちつける[[用大板米~]]板でバンバン打つ

【夯歌】hānggē 图よいとまけの歌

【行】háng 图①(人や物の)列[[~和~之间]]列と列の間 ②職,職業[[干一~,爱一~]]これと決めた自分の職業を大切にする[[~~出状元]]どんな職種にもその道の大家がいるものだ 一量①兄弟姉妹の年令順を表す[[我一三]]私は3番目の子供です 一量列や行ぎを数える[[排成两~]]2列に並ぶ[[一~树]]一列に並んだ樹木[[十四~诗]]ソネット
⊗商店,会社[[银~]]行[[分~]]支店
⇨xíng

【行帮】hángbāng 图旧時の同業組合[[结~]]同前をつくる

【行辈】hángbèi 图家族あるいは一族の系譜の中での世代 ♦例えば兄弟,姉妹,いとこ,はとこは同じ'~'に,伯父,叔母の世代は1代上の'~'に属する 回[辈分]

【行当】hángdang 图①(口)(~儿)職業,商売 ②伝統劇の役柄('丑'(道化)'旦'(女形)など)

【行东】hángdōng 图(旧)商店主や作業場の持ち主

【行販】hángfàn 图(~儿)小商人,行商人 回[小販]

【行话】hánghuà 图業者間の専門語,隠語 回[行业语]

【行会】hánghuì 图旧時の都市におけるギルド[[~制度]]ギルド制度

【行货】hánghuò 图①商品 ②粗悪品

【行家】hángjia 图くろうと,通ぢ 回[内行] 一厖(方)精通している,くろうとである

【行间】hángjiān 图行ぎ間,列と列の間,畝と畝の間など

*【行列】hángliè 图列,行列[[排成~]]一列に並ぶ

【行情】hángqíng 图相場,市況(回[行市])[[~表]]相場表

【行市】hángshi 图相場,市況 回[外汇~]外国為替相場

*【行业】hángyè 图業種,職業

【行业语】hángyèyǔ 图 回[行话]

【行栈】hángzhàn 图倉庫業を兼ねる仲買業

【行长】hángzhǎng 图銀行の頭取

【绗(絎)】háng 動とじ縫いをする[[~被子]]掛け布団をとじつける

【吭】háng ⊗のど,声[[引~高歌]]高らかに歌う
⇨kēng

【杭】Háng ⊗①浙江省杭州[[~州]]杭州 ②姓

【杭纺】hángfǎng 图杭州産の緞子

【杭绸】⇨[杭绸]
【杭育】hángyō 嘆(みんなで)力を出すときの掛け声,よーいしょ,こらしょ,えーんやこら

【航】háng ⊗①船 ②航行す

*【航班】hángbān 图(飛行機の)フライト,船の運行 [～公司]船会社 [～保险]船荷保険
【航标】hángbiāo 图航路標
【航程】hángchéng 图航程
【航船】hángchuán 图(国内の)定期船 ◆特に江蘇浙江一帯を運航する木造船
【航次】hángcì 图①船や飛行機の出航順,フライトナンバー ②船あるいは飛行機の航行回数
【航道】hángdào 图〔条〕航路
【航海】hánghǎi 图航海 [～日志]航海日誌
*【航空】hángkōng 图①航空 [～保险]航空保険 [～工程]航空工学 [～母舰]航空母艦(航母'とも) ②航空便 [寄～]航空便で送る
【航空信】hángkōngxìn 图航空郵便『寄～』エアメールを出す
【航路】hánglù 图〔条〕(海や川の)航路 [～标志]航路標識
【航模】hángmó 图飛行機や船の模型
【航天】hángtiān 图宇宙飛行 [～飞机]スペースシャトル [～舱]宇宙船カプセル [～站]宇宙ステーション [～员]宇宙飛行士
【航务】hángwù 图航海業務,水上運輸にかかわる業務
【航线】hángxiàn 图(水上および空の)航路 [内河～]内陸航路
【航向】hángxiàng 图針路,コース(比喩的にも使う)『改变～』コースを変更する
*【航行】hángxíng 動航行する [～权]航行権 [～灯]航行灯
【航运】hángyùn 图水上運輸 [～公司]船会社 [～保险]船荷保険

【沆】hàng ⊗ 大水の形容 [～瀣]夜の露,夜霧
【沆瀣一气】hàng xiè yí qì〈成〉ぐるになる,結託する

【巷】hàng ⊗以下を見よ ⇨xiàng
【巷道】hàngdào 图(鉱山の)坑道

【蒿】hāo ⊗ヨモギ
【蒿子】hāozi 图ヨモギ

【嚆】hāo ⊗[～矢]〈書〉かぶら矢;物事の始まり,嚆矢

【薅】hāo 動①手で引っこ抜く,むしる『～草』草むしりをする ②〈方〉つかむ,握る
【薅锄】hāochú 图除草ぐわ

【号】(號) háo ⊗①叫ほえる,叫ぶ ②大声で泣く [哀～]よよと泣く ⇨hào
【号叫】háojiào 動叫ぶ ◆同音の'嗥叫'は山犬などが叫えるの意
【号哭】háokū 動泣き叫ぶ
【号丧】háo·sāng 動(旧時の葬儀の際,遺族や弔問客が)死者の前で泣き声をあげる
—— háosang 動〈方〉〈貶〉泣きわめく [～鬼]泣き虫
【号啕(号咷·嚎啕·嚎啕)】háotáo 動〖多く状語として〗号泣する,おいおい泣く [～痛哭]号泣する

【蚝】(蠔) háo 图 '牡蛎mǔlì(カキ)'の別称 [～壳]カキがら
【蚝油】háoyóu 图オイスターソース,カキ油

【毫】háo 量長さ・重量の単位,'厘'の10分の1 ⊗①ほんのわずか [～发fà] ②動物の細く長い毛 [羊～笔]羊の毛の筆 ③筆 [挥～]〈書〉書や画をかく ④ある単位の千分の一を表わす
【毫不】háobù 副少しも…でない [～利己]少しも利己的でない
【毫克】háokè 量ミリグラム
【毫毛】háomáo 图〔根〕うぶ毛,細毛;(転)ほんのわずかな量『无损于我一根～』私には毛ほどもこたえない,屁とも思わない
*【毫米】háomǐ 量ミリメートル
*【毫末】háomò 图〈書〉細い毛の先っぽ;(転)ごく小さいもの,ごくわずかの量
【毫升】háoshēng 量ミリリットル
【毫微米】háowēimǐ 量ミリミクロン 嘆[微米]
*【毫无】háowú 副少しも…がない,全く…でない [～二致]寸分の違いもない

【貉】háo ⊗ [～子]タヌキ ⇨hé

【豪】háo ⊗①傑出した人 [文～]文豪 ②豪快な,気迫雄大な [～语]勇ましい言葉 ③横暴な,権勢ずくの
【豪放】háofàng 形豪放な
【豪富】háofù 图《旧》金も力もある(人)
【豪横】háohèng 形(力を頼んで)横暴な,悪どい
*【豪华】háohuá 形豪華な,ぜいたくな 嘆[简朴]
【豪杰】háojié 图英雄的な人物,傑出した人物 [英雄～]英雄豪傑
【豪迈】háomài 形気概あふれた,豪胆な
【豪门】háomén 图《旧》財力,勢力

を誇る家，豪族 [同]［豪家］

【豪气】háoqì [名] 英雄的気概

【豪强】háoqiáng [名] 悪徳ボス，力で人を苦しめる者

【豪情】háoqíng [名] 大いなる気概〚满怀～〛気概にあふれる，闘志を燃やす

【豪爽】háoshuǎng [形] 豪快な，豪放磊落な

【豪侠】háoxiá [形][名] 義に厚い(人)，侠気に富む(人)

【豪言壮语】háo yán zhuàng yǔ [名] 気概あふれる言葉，勇ましい発言

【豪壮】háozhuàng [形] 勇壮な，雄々しい

〖壕〗 háo ⊗ ① 都市や城を囲む堀 ♦'濠'とも書く ② 壕［防空～］防空壕［掘～］壕を掘る

【壕沟】háogōu [名]〔条〕① 塹壕 ② 溝，用水路

【嚎】 háo [動] 大声で叫ぶ〚狼～〛オオカミが吼える ⊗泣き叫ぶ

【嚎啕(嚎咷)】háotáo [動] [同]［号啕］

〖濠〗 háo ⊗堀→［城～］

【好】 hǎo [形] ① よい，好ましい〚～孩子〛よい子〚唱得很～〛歌がうまい〚你还是不去的～〛やはり行かないほうがいいよ ② 構わない，差し支えない〚让我看看，～不～？〛ちょっと見せてくれませんか〚这样也～吧〛これでもいいでしょう ③ 健康な〚他的病～了〛彼は病気が直った ④ 仲がよい，友好的な〚～朋友〛親友〚又～起来了〛また仲良しになった ⑤〔結果補語として〕ちゃんと…し終わる ♦動作の完成を示す〚吃～了〛食べ終わった ⑥〔動詞の前に置いて〕そうするのに好都合であること，そうするのがたやすいことを示す〚路不～走〛道が悪い〚别忘了留地址，回头我～联系〛あとで連絡がとれるように，ちゃんと住所を書いておいてね ⑦〔主に感覚的な動詞の前に置いて〕満足度が高いことを示す［～闻］いい香りだ 一[名]（～儿）① 恩恵 ② 利点 ③「よろしく」との言葉 一[副] ①〔'多''久''几'などの前で〕数が多いこと，時間が長いことを強調する〚～几个人〛いく人もの人〚～一会儿〛長い間 ② 程度が大きいことを感嘆を込めて示す〚～冷啊〛寒いなあ〚～忙了一阵〛目の回る忙しさだった 一[嘆] ① 同意や賛成の語気を示す〚～，就这么办吧〛よし，そうしよう ② 終了·打切りの語気を示す〚～了，别再说了〛わかった，それ以上言うな ③〔反語として〕不満の語気を示す〚～，这一下可麻烦了〛やれやれ，厄介なことになった
⇨hào

【好办】hǎobàn [形] やりやすい，処理がたやすい〚这事不～〛これは簡単にはゆかない

【好半天】hǎobàntiān [名]（主観的に）長い時間〚等了～〛ずいぶん待った

【好比】hǎobǐ [動] …に例えられる，ちょうど…のようなものだ〚～鱼和水的关系〛ちょうど魚と水の関係にある

【好不】hǎobù [副] なんと，どんなにか ♦2音節の形容詞の前に置き，感嘆の語気を伴う．大体の場合'好'と置き替えてもよい〚～热闹〛なんともにぎやかだ

【好不容易】hǎoburóngyì [副] やっとのことで，ようやく([同]［好容易］)〚～才找到他〛やっとのことで彼を探しあてた

★★【好吃】hǎochī [形] うまい，おいしい ♦飲み物の場合は'好喝'

★★【好处】hǎochù [名] ① 利点，益するところ〚对我没有～〛私には役に立たない ② 利益，得〚得不到任何～〛何の利益も得られない

【好歹】hǎodǎi [名] ① 善し悪し〚不知～〛是と非がわからない，分別を欠く ②（～儿）万が一のこと，生命の危険〚万一我有个～〛私にもしもの事があったら 一[副] ① どうにか，なんとか〚～吃点儿就得了〛ありあわせの物を食べればそれでよい ② いずれにせよ，どうであれ〚～试试看〛とにかくやってみよう

【好端端】hǎoduānduān [形]（～的）とても立派な，ごく良好な

【好多】hǎoduō [数] 沢山，多量〚来了～～人〛本当に大勢の人が来た〚瘦了～〛随分やせた 一[代]《方》(数量を尋ねて)どれほど

【好感】hǎogǎn [名] よい印象〚对他有～〛彼に好感をもつ

【好过】hǎoguò [形] ① 暮らし向きが楽な ② 体の具合や気分が楽な

【好汉】hǎohàn [名]〔条〕立派な男［英雄～］英雄豪傑［～不吃眼前亏］できる男は不利とわかっている事は避けて通る

【好好儿】hǎohāor [形]（～的）立派な，具合のよい 一[副]（～地）しっかりと，存分に

【好好先生】hǎohǎo xiānsheng [名] 事なかれ主義の人

【好话】hǎohuà [名]〔句〕① ためになる言葉［～不留情(，留情没～)］本当にためになる批判は手心を加えたりしない ② 耳に心地よい言葉

【好家伙】hǎojiāhuo [嘆] やるもんだなあ，すごいなあ ♦人の行為や成果についての驚嘆·賛嘆を表わす

【好景不长(好景不常)】hǎojǐng bù cháng《成》月にむら雲花に風, 得意の時期はすぐに去る
【好久】hǎojiǔ [名](主観的に)長い間〖～没见了〗ごぶさたしました
【好看】hǎokàn [形]①美しい, きれいな ②引き立つ, 見栄えのする ③〔多く'要……的～'の形で〕みっともない, 困り果てた〖你让我上台讲话, 不是要我的～吗？〗壇上で話をさせるなんて私に恥をかかせようというのか
【好了伤疤忘了疼】hǎole shāngbā wàngle téng《俗》のどもと過ぎれば熱さ忘れる [同][好了疙瘩忘了疼]
【好马不吃回头草】hǎomǎ bù chī huítóu cǎo《俗》(立派な馬は後ろを向いて自分が踏んだ草を食べたりしない>)人たるもの過ぎたことに未練を残すな
【好评】hǎopíng [名]好評〖获得～〗好評を博す
【好气儿】hǎoqìr [名]《口》〔多く否定文の中で〕よい気分〖一看见他我就没有～〗彼を一目見ただけで胸がむかつく
【好人】hǎorén [名]①立派な人 [反][坏人] ②おひとよし, 好人物 ③健康な人
【好容易】hǎoróngyì [副]やっとのことで, ようやく [同][好不容易]
【好肉上生蛆】hǎoròu shang shēng qū《俗》(上肉に蛆をわかせる>)いわれのない中傷をして立派な人に疵をつける
【好生】hǎoshēng [副]①(多く旧白話で)非常に, 極めて ②《方》しっかりと, 思い切り
【好事不背人, 背人没好事】hǎoshì bú bèi rén, bèi rén mé hǎoshì《俗》(よい事は人に隠れてやらぬもの, 人に隠れてやる事にろくな事はない>)事はすべからく堂々と行うべし
【好事不出门, 坏事传千里】hǎoshì bù chū mén, huàishì chuán qiānlǐ《俗》好事門を出でず, 悪事千里を走る [同][好事不出门, 恶事行千里]
【好事多磨】hǎoshì duō mó《成》好事魔多し [同][好事多磨难]
【好手】hǎoshǒu [名]〔把〕名手, 上手者
【好受】hǎoshòu [形]体や気持ちが楽な, 快適な〖～多了〗大分楽になった
【好说】hǎoshuō [形]①話しやすい, 相談しやすい〖价钱～〗値段は相談に応じましょう ②《挨》(謙遜して)どういたしまして, とんでもない ♦普通二度重ねて使う
【好说歹说】hǎo shuō dǎi shuō《成》言葉を尽くして頼む, 説得する
【好死不如赖活】hǎosǐ bùrú làihuó《俗》(格好よく死ぬより惨めに生きるがまし>)死んで花実が咲くものか
【好似】hǎosì [動]まるで…のようだ
【好天儿】hǎotiānr [名]よい天気
【好听】hǎotīng [形]①(声や音が)美しい, 聞いて楽しい ②(言葉が)巧みな, 心をくすぐる
【好玩儿】hǎowánr [形]面白い, 楽しい, おかしい
【好戏在后头】hǎoxì zài hòutou《俗》(面白い芝居はあとにある>)事はまだ済んではいない, 勝負はこれからだ, この後が見ものだ
☆☆【好像(好象)】hǎoxiàng [動]まるで…のようだ〖～晚上明媚的月亮〗まるで夜の明るい月のようだ — [副]どうやら(…のようだ)〖他的病～很重〗彼の病気はどうもかなり重いらしい ♦動詞, 副詞とも文末に'似的 shìde'を呼応させることができる
【好笑】hǎoxiào [形]おかしい, 滑稽な
【好些】hǎoxiē [数]沢山, 多数, 多量([同][好些个])〖～书〗大量の本〖胖了～〗随分太った
【好心】hǎoxīn [名]〔片〕好意, 親切
【好心不得好报】hǎoxīn bù dé hǎobào《俗》恩を仇で返す(返される)
【好心当成驴肝肺】hǎoxīn dāngchéng lǘ gānfèi《俗》(上等の心臓をロバの肝や肺だとみなす>)好意が悪意に受け取られる
【好样儿的】hǎoyàngrde [名]《口》見上げた人間, 硬骨漢
【好一句, 歹一句】hǎo yí jù, dǎi yí jù《俗》なだめたりすかしたりする [同][好说歹说]
【好意】hǎoyì [名]〔番〕親切, 好意 [好心～]親切心(の)
【好意思】hǎoyìsi [動](…しても)平気である, 恥ずかしいと思わない ♦詰問の語気を帯びる場合や'不～'の形で使われる場合が多い〖亏他还～说呢〗あいつよくもぬけぬけと言えるもんだ〖我们～拒绝吗？〗平気で断われるか
【好在】hǎozài [副]幸い, 折良く
【好转】hǎozhuǎn [動]好転する〖形势～〗形勢が好転する

〔郝〕Hǎo [姓]姓

【号(號)】hào [名]①号〖五柳先生是陶潜的～〗五柳先生とは陶淵明の号だ ②ラッパ〖吹～〗ラッパを吹く [小～]トランペット ③(～儿)信号, 記号, 目じるし [暗～]合図 ④(～儿)番号, 順番〖挂～〗番号を登録する, 書留にする ⑤(～儿)サイズ [中～]Mサイズ ⑥日付け〖三月八～〗3月8日 — [動]①番号を付ける, 印を付ける ②脈を診る

〖～脉〗脉をとる 一量①人を数える〖有多少～人？〗何人いるか ②(～儿)取り방の回数を数える ③人や物を軽蔑をこめて分類するのに使う〖像他这～儿人〗あいつのような手合ぁ

【号】①名称〖国～〗国名〖绰～〗あだ名 ②命令〖～令〗号令 ③商店〖分～〗支店 ④集団の中の人を表わす〖病～〗病人、病欠者〖彩～〗戦傷者
⇨hǎo

【号兵】hàobīng 图〖軍〗ラッパ手働〖号手〗

【号称】hàochēng 働①…として有名である、…とうたわれる ②表向きと称する、豪語する〖～五十万大军〗公称50万の大军とはいえ…

【号角】hàojiǎo 图 昔の軍隊で使ったラッパ、ラッパによる信号〖冲锋的～〗突撃ラッパ

【号令】hàolìng 图 号令〖发布～〗号令を発する 一働〖書〗号令する

【号码】hàomǎ 图(～儿)番号〖电话～〗電話番号〖～牌〗ナンバープレート〖～机〗ナンバリング

【号手】hàoshǒu 图〖号兵〗

*【号召】hàozhào 働(広く大衆に)呼び掛ける、アピールする〖～大家发展生产〗生産を高めるようみんなに呼び掛ける〖～书〗呼び掛け、アピールの文書) 一图 アピール(の言葉や文書)

【号子】hàozi 图①大勢で働くときの仕事うたや掛け声 ♦音頭取りの歌に唱和する〖喊～〗掛け声を掛ける〖打夯～〗よいとまけの歌 ②〖方〗目じるし、記号

【好】hào 働①(…するのを)好む、(…の状態が)好きである〖～管闲事〗せっかいをやきたがる〖～色〗好色だ ②よく…する、とかく…しがちである〖～伤风〗よくかぜをひく
⇨hǎo

【好高务远(好高骛远)】hào gāo wù yuǎn《成》高望みする、身の程知らずに理想ばかりを追い掛ける

*【好客】hàokè 形 客好きの

*【好奇】hàoqí 形 好奇心が強い、もの好きだ〖～心〗好奇心

【好强】hàoqiáng 形 向上心が強い、頑張り屋の

【好胜】hàoshèng 形 負けず嫌いの、向こうっ気が強い

【好事】hàoshì 形 もの好きな、おせっかいな〖～之徒〗おせっかい屋

【好恶】hàowù 图 好き嫌い、好み

【好逸恶劳】hào yì wù láo《成》楽をしたがる、労を逃れたがる

【昊】hào ⊗①果てしなく広い ②空

【耗】hào 働①費やす、無駄に使う ②〖方〗時間を引き延ばす、ぐずぐずして時間を取る ⊗悪い知らせ〖噩è～〗(身近な人や敬愛する人の)死亡の知らせ

【耗费】hàofèi 働 消費する、浪費する〖～精力〗精力を消耗する

【耗损】hàosǔn 働 消耗する、ロスを出す〖减少～〗ロスを減らす

【耗子】hàozi 图〖方〗ネズミ(働〖普〗〖老鼠〗)〖～药〗ねこいらず

【浩】hào ⊗①広大な、大規模な ②多い、沢山の

【浩大】hàodà 形①大規模な、巨大な ②勢い盛んな、盛大な

【浩荡】hàodàng 形 広大で力強い、大規模で勢いさかんな〖～的长江〗滔々と流れる長江

【浩瀚】hàohàn 形〖書〗①広大な〖～的沙漠〗広大な砂漠 ②おびただしい、数多い〖典籍～〗書物が途方もなく多い

【浩劫】hàojié 图 大規模な災害、広範囲にわたる災禍〖十年～〗10年にわたる災禍(文化大革命をいう)

【浩然之气】hàorán zhī qì 图 浩然の気

【浩如烟海】hào rú yān hǎi《成》書物や資料が無数にあるさま

【皓】(*皜) hào ⊗①白い髪頭 ②明るい〖～首〗〖書〗白髪頭 ②明るい〖～月〗明月

【镐】(镐) Hào ⊗〖～京〗镐京(西周の都、今の西安市付近)
⇨gǎo

【颢】(颢) hào ⊗ 白く光る

【呵】hē 働 息を吹き掛ける、ぷっと吹く〖～手〗手に息を吹き掛ける 一働[嗬 hē]

【一】(訶) ⊗叱る、なじる

【呵斥(呵叱)】hēchì 働 大声でなじる、がみがみ叱る

【呵呵】hēhē 图 笑い声を表わす、はは、ほほほ〖～大笑〗わははと笑う

【呵护】hēhù 働 大切に守る

【呵欠】hēqian 图 あくび(働[哈欠])〖打～〗あくびする

【喝】(*欱) hē 働①飲む〖～茶〗お茶を飲む ②酒を飲む〖爱～〗酒好きだ〖～醉〗酒に酔う
⇨hè

【喝了迷魂汤】hēle míhúntāng《俗》(迷い薬を飲まされた＞)判断力を失った様子、目をくらまされているさま

【喝凉水塞牙缝】hē liángshuǐ sāi yáfèng《俗》(水ですら歯にはさまる＞)不運もここに極まれりという状況

【喝水不忘掘井人】hē shuǐ bú wàng jué jǐng rén《俗》（水を飲むとき、井戸を掘った人を忘れてはならぬ＞）幸せのもとを作った人の恩を忘れてはならぬ 嗯[过河不忘修桥人]

【喝西北风】hē xīběifēng《俗》（真冬にからっ風を飲む＞）食うに事欠くこと、飢えに苦しむこと

【嗬】(*呵) hē 嘆 驚きを表わす、ほう、あ、りゃあ

【禾】hé ⊗①穀類の苗 ②稲 ③《古書で》粟

【禾苗】hémiáo 名 穀物の苗

【和】hé 名《数》和ª（嗯[～数]）《2つの数の和 — 動 引き分ける[～了]勝負なし — 介 動作や比較の対象を示す（嗯[跟][同]）[他～你一样高]彼は身長が君と同じくらいだ[～他一起去]彼と一緒に行く — 圏 語と語、句と句が並列でつながることを示す[城市～农村]都市と農村[狗～猫]犬と猫 ⊗①(H-)姓 ②(H-)日本[～文]日本文 ③…もろとも、…ごと[～衣而眠]服を着たまま寝る ④争いをやめる[讲～]講和する[说～]仲裁する ⑤穏やかな、和やかな ⑥仲むつまじい、よく調和のとれた ◆④⑤⑥は古代'龢'とも書いた
⇨hè, hú, huó, huò

*【和蔼】hé'ǎi 形（人柄、態度などが）和やかな、優しい（嗯[和气]①）[～可亲]（人柄が）和やかで親しみやすい

【和畅】héchàng 形（風が）穏やかな、のどかな

【和风】héfēng 名 そよ風、のどかな風[～细雨]そよ風や小ぬか雨のように穏やかなやり方

【和光同尘】hé guāng tóng chén《成》目立たず角を立てず世間とうまく折り合ってゆく（処世態度）嗯[和光同俗]

【和好】héhǎo 動 仲直りする[～如初]仲直りする 反[翻脸]

【和会】héhuì 名 講和会議、平和会議

*【和解】héjiě 動 和解する、仲直りする

【和局】héjú 名（球技や碁などで）引き分け[打成～]引き分ける

*【和睦】hémù 形 仲むつまじい、融和した[～相处]仲むつまじく暮らす[民族～]民族同士融和する

【和盘托出】hé pán tuō chū《成》洗いざらい言う、すべてをさらけ出す

【和平】hépíng 名 平和（な）[～解决]平和的に解決する[～利用原子能]原子力を平和利用する[～谈判]和平交渉 — 形 穏やかな、お

となしい[～抵抗]非暴力による抵抗をする

【和平共处】hépíng gòngchǔ《成》(国際間で)平和共存(する)、(個人や団体の間で)互いに仲良くやってゆく

【和平共处五项原则】hépíng gòngchǔ wǔ xiàng yuánzé 名 平和五原則 ◆相互間の(i)主権の尊重と領土の保全.(ii)不可侵.(iii)内政不干渉.(iv)平等互恵.(v)平和共存

*【和气】héqi 形 ①和やかな、穏やかな（嗯[和蔼]）[说话～]言葉遣いが穏やかだ ②仲むつまじい（嗯[和睦]） — 名 親しさ、仲のよさ[伤～]仲が悪くなる

【和亲】héqīn 動 和親政策を行う[～政策]和親政策

【和善】héshàn 形 和やかな、人なつこい 嗯[和蔼]

【和尚】héshang 名 僧侶、坊さん

【和尚打伞(无法无天)】héshang dǎ sǎn (wú fǎ wú tiān)《俗》(坊主が傘をさす)むちゃくちゃをやる、やりたい放題にやる ◆'无发无天'（髪が無く空が見えない）との音通に基づく

【和尚没儿孝子多】héshang méi ér xiàozǐ duō《俗》(坊主は息子がいなくても、孝子(供物を捧げてくれる信徒)が多い＞)困ったときに助けてくれる人がいる

【和事老】héshìlǎo 名 もめ事の仲裁人、調停役

【和数】héshù 名《数》和

【和谈】hétán 名 和平交渉、平和会談 嗯[和平谈判]

*【和谐】héxié 形 調和のとれた、よく息の合った（嗯[协调]）[～社会]調和のとれた社会

【和颜悦色】hé yán yuè sè《成》表情のにこやかなさま、和やかなさま

【和约】héyuē 名 平和条約、講和条約[订立～]同前を結ぶ

【和衷共济】hé zhōng gòng jì《成》一致協力する、心を一つに助け合う 嗯[同心协力][同舟共济]

【合】hé 動 ①閉じる、閉める[～上书]本を閉じる ②合わせる、一つに集める（⊗[分]）[临时～一个班]臨時に一つのクラスにまとめる[～办]共同経営する ③ 合致する、適合する[～胃口]好みに合う ④相当する、総計…になる[一米～三market]1メートルは3尺に当たる 量（旧白話で）中国民族音楽の音階の一 — 量（旧白話で）交戦の回数を数える
⊗①…すべきである[理～如此]かくあるべきだ ②すべての[～村]村を挙げて
⇨gě

【合并】 hébìng 動 ①合併する, 一つにまとめる 〚~成一个大班〛大きなクラスの形にまとめる 〚~讨论〛まとめて議論する ②併発する 〚~症〛合併症

【合不来】 hébùlái 気が合わない, 一緒にやって行けない(⇔[合得来])〚我和他总~〛あいつとはどうにもうまく行かない喩え

【合不上嘴】 hébùshàng zuǐ (俗)(口が閉じられない>)嬉しくてたまらないさま

【合唱】 héchàng 動 合唱する 〚~队〛合唱団

【合唱一台戏】 hé chàng yì tái xì (俗)(一緒に芝居を演じる>)ぐるになって悪いことをする喩え

【合成】 héchéng 動 ①構成する, 組合わせて作る 〚~词〛複合語 ②化学合成する 〚~洗涤剂〛合成洗剤 〚~纤维〛合成繊維 〚~橡胶〛合成ゴム

【合穿一条裤子】 hé chuān yì tiáo kùzi (俗)(一本のズボンを一緒に穿く>)一心同体の仲である

【合得来】 hédelái 動 気が合う, 仲良くやって行ける(⇔[合不来])

【合法】 héfǎ 形 合法的な, 法にかなった 〚~权益〛合法的権益

【合格】 hégé 動 ①規格に合う, 基準に達する 〚产品~〛製品が合格する ②試験に合格する, 及第する ⇔[及格]

【合股】 hégǔ (多く状語的に)資本を出し合う 〚~经营〛資本を出し合って経営する 〚~公司〛合資会社

【合乎】 héhū 動 …に合致する, …にかなう 〚~事实〛事実に合う

【合欢树】 héhuānshù 名 ネムノキ

【合伙】 héhuǒ 動 (~儿)列を組む, 共同して当たる 〚~经营〛共同経営する 〚~人〛共同経営者, パートナー

【合计】 héjì 動 合計する, 合わせて…になる 〚~90人〛合計90人になる —— héji 動 ①思案する, (対応策を)あれこれ考える 〚~盘算〛〚心里~着孩子留学的事〛子供の留学の事であれこれ考える ②相談する, 協議する ⇔[商量]

【合金】 héjīn 名 合金 〚~钢〛合金鋼

【合口】 hékǒu 動 ①(味が)口に合う 〚合我的口〛私の好きな味です ②傷口がふさがる

【合理】 hélǐ 形 合理的な, 理にかなった 〚~的价格〛公正な値段 〚~解决〛合理的に解決する 〚~化〛合理化する

【合流】 héliú 動 ①(川が)合流する ②(思想, 行動面で)一致に向かう, 協力する ③異なる学派や流派が一つにまとまる

【合龙】 hélóng 動 堤防や橋梁などの工事で, 両端から伸びてきたものが中間で接合する

【合拢】 hélǒng 動 一まとめにする 〚合不拢嘴〛開いた口がふさがらない

【合情合理】 hé qíng hé lǐ 〔成〕情理にかなう

【合身】 héshēn 形 (~儿)(衣服が)体にぴったり合う, フィットした

【合适】 héshì 形 適切な, 都合のよい, (サイズなどが)合う

【合算】 hésuàn 形 採算が合う, 割に合う —— 動 あれこれ考える

【合同】 hétong/ hétóng 名 契約 〚订~(签订~)〛契約する 〚暂行~〛仮契約

【合叶(合页)】 héyè 名 蝶つがい 〚单簧~〛バネ入り蝶つがい

【合议】 héyì 動 ①合議する 〚~制〛合議制(裁判) ②協定する

【合营】 héyíng 動 共同経営する ◆特に国家と個人との共同経営'公私~'を指すことが多い

【合影】 héyǐng 名 〔张〕(2人以上で)一緒に撮った写真 —— hé'yǐng 動 (2人以上で)一緒に写真を撮る 〚~留念〛記念撮影する ⇔[合照]

【合用】 héyòng 動 共同で使用する, 一緒に使う —— 形 使用に手ごろな, 便利な

【合于】 héyú …に合致する

【合辙】 hézhé 動 (~儿) ①一致する ②韻を踏む

【合奏】 hézòu 動 合奏する

【合作】 hézuò 動 協力する, 提携する, 合作する 〚技术~〛技術協力 〚~化〛協同組合化する, (特に農村で)合作社に組織がえする

【合作社】 hézuòshè 名 ①協同組合 〚消费~〛生協, 学校などの購買部 ②特に農漁村における'生产~' ◆'人民公社'の前段階

【盒】 hé 名 (~儿)小さな箱, 小箱型の容器 〚铅笔~儿〛筆箱 〚墨~儿〛墨つぼ —— 量 マッチ・タバコなど小箱に入ったものを数える

【盒饭】 héfàn 名 (販売用)弁当

【盒式录音机】 héshì lùyīnjī 名 カセットテープレコーダー

【盒子】 hézi 名 ①小さな箱, 小箱型の容器 ②花火の一種 ③モーゼル拳銃 ⇔[~枪]

【盒子枪】 hézǐqiāng 名 〔把・支〕モーゼル拳銃 ⇔[驳壳枪]

【颔(頷)】 hé ⊗ あご 〚上~〛上あご 〚下~〛下あご

纥(紇) hé ⊗ → [回～Huíhé]

【何】 hé ①なに [～人] だれ, なに者 [有～见教] どういうご用件でしょうか ②どこ [～往] いずこへ行くのか ③[疑問と反問の両方に使って] なぜ, どうして, なんで [有～不可] なにが不都合なものか [于心～忍] どうして我慢できようか ④ (H-)姓

*【何必】 hébì 副 [ふつう文末に '呢' を伴って] どうして…する必要があろうか [～当真呢] 本気にすることないじゃないか

【何不】 hébù なぜ…しないのか, …してみようではないか [～早说?] なんで早く言わないんだ

【何尝】 hécháng 副 どうして…であるのか(=何曾) [～不想去] 行きたいのはやまやまです [～不是呢] そうですとも

【何等】 héděng 代 いかなる, どのような [～人物] どういう人物 — 囮 なんと, いかに…であることか(=(口)[多么]) [～幸福!] なんと幸福なことか

【何妨】 héfáng 副 [書] …すればよいではないか, …しない手はなかろう [～一试] やってみることだよ

【何苦】 hékǔ わざわざ…することはない, なぜわざわざ…するのか [～这样担心呢] そんなに心配することはないだろう [花那么多钱请客, ～呢?] 大枚をはたいて人に御馳走するなんて, よすよ

*【何况】 hékuàng 接 まして, いわんや [连小伙子都累坏了, ～老人呢?] 若者でさえ疲れ果ててしまうのに, まして老人ではね

【何乐而不为】 hé lè ér bù wéi (成) やらない手があるものか, 喜んでやるとも (=[何乐不为])

【何如】 hérú 代 [書] ①どのようであるか, どうか [你来做一下, ～?] 君がやるというのはどうだね ②どんな [～人] どんな人 — 囮 [書] …するほうがよいではないか [与其你来, ～我去] 君が来るより私がそちらに行くほうがよいのでは

【何首乌】 héshǒuwū 名 [植] ツルドクダミ, カシュウ ◆漢方薬の材料

【何谓】 héwèi 動 [書] ①…とは何か [～人生?] 人生とは何か ② [後に '也' を伴って] どういう意味か, 何のことか [此～也?] これはいかなる意味か

【何以】 héyǐ 副 [書] ①いかにして, 何によって [～教我?] どのようにお教え下さいますか ②なぜ, どうして [～见得?] どうして分かるのですか

【何止】 hézhǐ 動 [書] とても…にとどまらない, …どころかもっとある(=[何啻 chì]) [例子～这些?] 例はこのほかまだまだある

【荷】 hé ⊗ ① (H-) オランダ ('～兰 lán') の略称 [～兰牛] ホルスタイン ②ハス [～塘] ハス池
⇒ hè

【荷包】 hébao/hébāo 名 ①小さな袋, ポシェット, 巾着ホャㇺィニのの類 [烟袋～] タバコ入れ [～蛋] (調理した) アヒルの玉子 ②ポケット, かくし

【荷尔蒙】 hé'ěrméng 名 ホルモン (=[激素])

【荷花】 héhuā 名 ①ハス ②ハスの花(=[君子花]) [～池] ハス池

【荷叶】 héyè 名 ハスの葉

【河】 hé 名 [条・道] 川, 水路, 壕¯⊗ ① (宇宙の)銀河系 ② (H-) 黄河

【河北梆子】 Héběi bāngzi 名 河北省一帯に行われる地方劇の一

【河槽】 hécáo 名 川床ઽセஇ(=[河床] [河яや])

【河川】 héchuān 名 (総称として) 川, 河川

【河床】 héchuáng 名 川床, 河床ઽセஇ (=[河槽] [河яや])

【河道】 hédào 名 [条] 川筋 ◆一般に船が航行できる川をいう

【河防】 héfáng 名 ①治水, 水害防止の事業 ◆特に黄河の治水をいう [～工程] 治水工事 ②黄河の軍事的防衛

【河谷】 hégǔ 名 川と川べり ◆両岸の斜面を含めて, 平地より低い部分をいう

【河汉】 héhàn 名 [書] ①銀河, 天の川 ②大ぼら, 大うそ

【河口】 hékǒu 名 川口, 河口

【河狸】 hélí 名 [只] ビーバー

【河流】 héliú 名 [条・道] 河川, 川

【河马】 hémǎ 名 [只] カバ

【河漫滩】 hémàntān 名 河川敷

【河南坠子】 Hénán zhuìzi 名 河南で生まれ北方各地に広まった大衆芸能の一 ◆胡弓の伴奏で定形の語り物をうたう

【河清海晏】 hé qīng hǎi yàn (成) (黄河の水が澄み, 大海の波が静まる>) 天下太平である(=[海晏河清])

【河渠】 héqú 名 水路, 川や用水

【河山】 héshān 名 ①山河 ②国土, 祖国の領土 [锦绣～] 美わしき祖国の山河

【河滩】 hétān 名 河原, 川の砂州 ◆季節により水没したり現われたりする部分をいう

【河套】 hétào 名 ①大きく弧を描いて蛇行する川筋, また, その弧に囲まれた地域 ② (H-) 黄河が甘粛から寧夏, 内蒙古を経, 陝西にかけて大

きく曲がっている地域一帯，オルドス地方
【河豚】hétún [名] フグ [同][鲀 tún]
【河网】héwǎng [名] 水路網
【河蟹】héxiè [名] 川ガニ [関][海蟹]
【河心】héxīn [名] 川の流れの中ほど
【河沿】héyán [名]（～儿）川沿い，川辺
【河运】héyùn [名] 河川による運送，内河運輸 [関][海运][水运][航运]

【劾】 hé ⊗ 罪状を暴く ［弾～］弾劾(だんがい)する

【阂(閡)】 hé ⊗ 隔絶する ［隔～］隔たり

【核】 hé [名] ① 果実の種 ［桃～］桃の種 ② 中核，中心をなすもの ［细胞～］細胞核 ③ 原子核および原子核に関連するもの ［～电站］原子力発電所 ［～裁军］核軍縮 ［～讹诈］核兵器による脅し ［～辐射］原子核放射

【一(*覈)】 ⊗照合する，細かく対照する
⇨hú
【核弹头】hédàntóu [名] 核弾頭
【核导弹】hédǎodàn [名]〔枚·颗〕核ミサイル
【核对】héduì [動] 照合する，細かく突き合わせる 〚～账目〛帳簿を照合する
【核反应堆】héfǎnyìngduī [名]〔座〕原子炉 [同][原子反应堆]
【核计】héjì [動] 見積もる，算出する 〚～成本〛原価を計算する
【核减】héjiǎn [動] 照合審査のうえ削減する，細かく調べて削る
【核能】hénéng [名] 原子力エネルギー [同][原子能]
【核潜艇】héqiántǐng [名]〔只·艘〕原子力潜水艦
【核实】héshí [動] 点検確認する，調べて事実を確かめる，チェックする
【核算】hésuàn [動] 見積もる，算出する ［成本～］原価計算 ［独立～］独立採算
【核桃】hétao [名]（[同][胡桃]）①〔颗〕クルミ ②〔棵〕クルミの木
【核武器】héwǔqì [名] 核兵器
【核销】héxiāo [動] 審査照合の上帳簿から消す，なかったものとして処理する
★【核心】héxīn [名] 中心，核心 〚问题的～〛問題の核心 ［～作用］中心的役割
【核准】hézhǔn [動] 審査し認可する

【曷】 hé ⊗① どうして ② いつ

【盍(*盇)】 hé ⊗ なぜ…しないのか

【阖(闔*閤)】 hé ⊗ ① 閉じる ［～口］口を閉ざす ② すべて，全部 ［～家］一家全員

【涸】 hé ⊗ 水がかれる，干あがる
【涸辙之鲋】hé zhé zhī fù《成》（水たまりが干上がって苦しんでいるフナ>）危急の状況で助けを求めている人，轍鮒(てっぷ)の急

【貉】 hé ⊗〚動〛タヌキ→［貉 háo子］［一丘之～］同じ穴のムジナ
⇨háo

【翮】 hé ⊗ ① 鳥の羽の茎 ② 翼

【吓(嚇)】 hè [嘆] 不満な気持ち，舌打ちする気分を示す
⊗脅(おど)す ［恐～］恫喝(どうかつ)する
⇨xià

【和】 hè [動]（他人の詩歌に）和する ♦中国文言詩の作法の一つで，他人の詩の題材，形式，韻に合わせて詩を作ることをいう 〚～韵〛（人の詩に）韻を合わせて詩を作る 〚～了一首诗〛和韻詩を一首作った
⊗唱和する，ついて歌う
⇨hé, hú, huó, huò

【贺(賀)】 hè ⊗ ① 祝う，祝いの辞を述べる ［道～］お祝いを言う ②（H-）姓
【贺词】hècí [名] 祝いの言葉 〚致～〛祝辞を述べる
【贺电】hèdiàn [名]〔封〕祝電
【贺函】hèhán [名]〔封〕祝いの手紙，祝い状 [同][贺信]
【贺礼】hèlǐ [名]〔个·件〕祝いの品，祝賀の進物
【贺年】hè'nián [動] 新年の祝いを言う ［～片］年賀状
【贺喜】hè'xǐ [動] 祝いを述べる，おめでとうと言う [同][道喜]

【荷】 hè ⊗ ① かつぐ，になう ② 負担，責任 ③（書簡文で）恩にきる，有難く思う ［为～］（…して頂けると）幸甚です
⇨hé

【喝】 hè ⊗ 大声で叫ぶ ［吆～ yāohe］同前 ［大～一声］大喝する
⇨hē
【喝彩】hè'cǎi [動] 喝彩(かっさい)する 〚齐声～〛やんやの喝采を送る 〚博得全场～〛満場の喝采を浴びる
【喝倒彩】hè dàocǎi [動] やじる [同][喊倒好儿]

【褐】 hè ⊗ ① 粗(あら)い布，粗い布で作った衣服 ② 褐色 ［～煤］亜炭
【褐色】hèsè [名] 褐色

【赫】 hè ⊗ ① 名高い，盛んな ［显～］権勢かくれもない ② ヘルツ（'～兹'の略）［千～］キロ

ヘルツ［兆～］メガヘルツ ③（H-）姓

【赫赫】hèhè 形 名高い、かくれもない［～战功］赫赫たる戦功［～有名］非常に名高い

【赫哲族】Hèzhézú 名 ホジェン族◆中国少数民族の一、黒龍江省に住む

【赫兹】hèzī 量〔理〕ヘルツ

【鹤（鶴）】hè ⊗ ツル［仙～］ツル［丹顶～］タンチョウヅル

【鹤发童颜】hè fà tóng yán〈成〉白髪童顔（老人の血色のよさをいう）

【鹤立鸡群】hè lì jī qún〈成〉鶏群の一鶴、はきだめの鶴

【鹤嘴镐】hèzuǐgǎo 名［把］つるはし

【壑】hè ⊗ 谷間、山あいの池［千山万～］重なり連なる山と谷

【黑】hēi 形 ①黒い（⊗［白］）［～发］黒髪 ②暗い［天～了］日が暮れた ③あくどい、腹ぐろい［他的心很～］彼は腹黒い — 动 ハッカー行為をする ⊗①秘密の、非合法の、やみの［～市］ブラックマーケット ②（H-）黒龍江省（黑龙江）の略 ③（H-）姓

【黑暗】hēi'àn 形 ①暗い［～的角落］暗い片隅 ②（社会や政治面で）暗黒の、救いのない［～势力］暗黒勢力

【黑白】hēibái 名 ①黒と白［～电视］白黒テレビ ②善と悪、正と邪［颠倒～］黒を白と言いくるめる

【黑白片】hēibáipiàn 名〔部〕白黒映画（黑白片儿 hēibáipiānr' ともいう）⑲［彩色片］

【黑斑】hēibān 名 黒斑こくはん［～蚊］シマ蚊［～病］黒斑病

【黑板】hēibǎn 名［块］黒板

【黑板报】hēibǎnbào 名 黒板新聞◆黒板に白墨で簡潔に情報を記した壁新聞のごときもの。延安時代に始まる

【黑帮】hēibāng 名 ①反社会的の秘密組織 ②反動的政治集団、またそのメンバー

【黑沉沉】hēichénchén 形（～的）（空の色が）どんより暗い

【黑道】hēidào 名（～儿）①真っ暗な夜道［走～］暗がりを行く ②悪の道、どろぼう稼業［走～］盗みを働く

【黑地】hēidì 名 ①隠し田（畑）⑲［黑田］②（～儿）黒地ぢ、黒無地

【黑洞洞】hēidòngdòng/hēidōngdōng 形（～的）真っ暗やみの ⑲［黑漆漆］

【黑洞】hēidòng 名〔天〕ブラックホール ⑲［坍缩星］

【黑更半夜】hēigēng-bànyè 名（～的）真夜中、夜の夜中なか

【黑咕隆咚】hēigulōngdōng 形（～的）〔口〕真っ暗な、やみに包まれた

【黑光】hēiguāng 名 紫外線 ⑲［紫外线］

【黑乎乎(黑糊糊)】hēihūhū 形（～的）①真っ黒な、黒く汚れた ②真っ暗な、暗がりの ③（沢山集まっているものが）遠くてはっきりしない、黒くぼやけた

【黑货】hēihuò 名 やみ物資（脱税品や密輸品など）

【黑客】hēikè 名 ハッカー

【黑马】hēimǎ 名 ダークホース

【黑名单】hēimíngdān 名 ブラックリスト

【黑幕】hēimù 名 内幕、陰の政策など［揭穿～］内幕を暴く

【黑钱】hēiqián 名 悪銭、不正に得た金◆多く賄賂じ

【黑人】hēirén 名 ①(H-)黒人 ②やみ人口、戸籍に登録されていない人

【黑色】hēisè 名 黒［～火药］黒色火薬［～素］メラニン

【黑色金属】hēisè jīnshǔ 名 ①鉄、マンガン、クロムの総称 ②鉄合金 ⑲［铁金属］⑫［有色金属］

【黑色收入】hēisè shōurù 名 闇の収入、裏金

【黑社会】hēishèhuì 名 反社会的組織、暴力団

【黑市】hēishì 名 ブラックマーケット、やみ取り引き［～价格］やみ相場

【黑死病】hēisǐbìng 名 ペスト、黒死病 ⑲［鼠疫］

【黑穗病】hēisuìbìng 名〖农〗黒穂病 ⑲［黑粉病］［黑疸］

【黑桃】hēitáo 名（トランプの）スペード

【黑陶】hēitáo 名〔史〕(新石器時代の)黒陶［～文化］黒陶文化

【黑箱】hēixiāng 名 ブラックボックス

【黑心】hēixīn 名 悪心、邪悪な根性［起～］悪い了見を起こす —形 陰険な、腹黒い

【黑信】hēixìn 名〔封〕匿名の手紙（密告書など）

【黑猩猩】hēixīngxing 名〔只〕チンパンジー

【黑熊】hēixióng 名［头・只］ツキノワグマ ⑲［狗熊］［黑瞎子］

【黑魆魆】hēixūxū 形（～的）真っ暗な、真っ黒な

【黑压压】hēiyāyā 形（～的）黒山のような、びっしり集まった◆人や物が密集したさまをいう

【黑眼珠】hēiyǎnzhū 名（～儿）黒目、黒い瞳ひ ⑫［白眼珠］

【黑夜】hēiyè 名 やみ夜、暗夜

【黑油油】hēiyóuyóu / hēiyōuyōu 形 (～的) 黒光りした, (髪などが) 黒くつややかな

【黒黝黝】hēiyǒuyǒu / hēiyōuyōu 形 (～的) ①[黑油油] ②真っ暗な [黑幽幽]

【黑种】Hēizhǒng 名 黒色人種 [黄种]

【黑子】hēizǐ 名 ①ほくろ, 黒あざ [黑痣] ②太陽の黒点 ③(～儿) 碁の黒石 [白子儿]

【嘿】(*嗨) hēi 嘆 ①(呼びかけたり注意をうながして) おいおい, よう [～, 快走吧!] さあ, 急ぐんだ ②(得意な気持ちを表わして) どうだい ③(驚きの気持ちを表わして) やや, ほほう [～, 下雪了!] ありゃありゃ, 雪になったぜ

【嘿嘿】hēihēi 擬 (笑い声を表わして) へっへっへ, うふふ

【痕】hén 名 痕跡籠, あと [泪～] 涙のあと [伤～] 傷跡

*【痕迹】hénjì 名 ①あと, 痕跡 [轮子的～] 車輪の跡 ②過去の面影, 名残り [留下～] 跡を残す, 名残りを留める

【很】hěn 副 ①とても, 大変 ◆'他～好'のような肯定形の単純な形容詞述語文においては, 程度の大きいことを表わす働きをほとんど失う [～有道理] いかにももっともだ [不～好] 余りよくない [～不好] とてもよくない ②('得'を伴う補語として) とても, 大変に [好得～] 大いに結構だ

【狠】hěn 形 ①残忍な, むごい ②(多く補語や状語として) 断乎たる, 厳しい [～～地批评他] 彼をきつく批判する 動 腹をくくる, 感情を抑える [～着心…] 心を鬼にして…する

【狠毒】hěndú 形 残忍な, 悪らつな

【狠狠】hěnhěn 副 (～地) 憎々しげに, 情け容赦なく

【狠命】hěnmìng 副 全力で, 懸命に [～地洗了一天衣服] 一日中必死に洗濯した

*【狠心】hěn'xīn 動 心を鬼にする, 情を捨てる ── 形 残忍な, むごい

【恨】hèn 動 憎む, 恨む [我真～自己太粗心] 自分の粗忽が恨めしい [～入骨髓] [～之入骨] 恨み骨髄に徹す 名 悔やむ, 残念に思う [悔～] 残念がる

*【恨不得】hènbude 動 …できないのが残念でならない, …したくてならない ([恨不能]) [～马上见到她] すぐにでも彼女に会いたい [～长 zhǎng 翅膀] 翼のないのが恨めしい [～一口吞下去] ひと飲みに飲んでやりたい (好きなものや憎いものに対して言う)

【恨铁不成钢】hèn tiě bù chéng gāng (成) 〈鉄が鋼にならないことが恨めしい〉期待をかけた人間が進歩しないことにいら立つ

【亨】hēng 文 ①順調にゆく ②(H-) 姓

【亨通】hēngtōng 形 順調な, すらすら運ぶ [万事～] すべてが順調に進む

【哼】hēng 動 ①うなる, 鼻で声を出す ('～～ hēngheng'とも) ②鼻歌をうたう, (詩を) 吟じる [～着唐诗] 唐詩を吟じる
⇨ hng

【哼哧】hēngchī 擬 (荒い息づかいや苦しげな息を表わして) はあはあ, ふうふう ◆ 普通'～～'と重ねて使う

【哼唧】hēngji 動 〖賓語なしで〗低い声で話す (歌う), ぼそぼそ言う [～～地读] ぼそぼそ低い声で読む

【哼唷】hēngyō 嘆 (集団で力仕事をするときの掛け声) よいしょ, こらしょ ◆ 普通'～～'と重ねて使う

【恒】héng 文 ①恒心, 不変の志 ②永遠に, 変わることのない ③ふだんの, 平生の ④(H-) 姓

【恒产】héngchǎn 名 恒産懿, 不動産 [不动产]

【恒齿】héngchǐ 名 [颗] 永久歯 [恒牙] [乳齿]

【恒久】héngjiǔ 形 永遠の, いつまでも変わらない [～的友谊] 永遠の友情 [～不变] 永久に変わることがない

【恒温】héngwēn 名 定温, 恒温 [～器] サーモスタット [～动物] 温血動物

【恒心】héngxīn 名 [条] 恒心 [有～] 不変の志を持つ

【恒星】héngxīng 名 [颗] 恒星 [～年] 恒星年

【桁】héng 文 桁☆ [桁木]

【桁架】héngjià 名 [建] トラス, 橋梁や家屋の桁, 骨組み

【衡】héng 文 ①(重さをはかる) 秤諀, さお秤 ②目方をはかる [～器] 秤 ③考慮する, 判定する ④(H-) 姓

【衡量】héngliáng 動 ①評定する, 価値をはかる [～得失] 損と得をはかりにかける ②考慮する, 思案する

【横】héng 名 ①(縦に対して) 横の, 横方向の (形 竖) [直] [纵] [我画的线是～的] 僕の書いたのは横の線だ [～写] 横書

きする［人行～道］横断步道［～剖面］横断面 ②（地理上の）東西方向の（→［一贯］；⊗［纵］）［纬线是～的］緯度線とは東西方向のものだ — 动（反［竖］［直］［纵］）① 横になる，横たわる［面前～着一条大河］目の前に大きな川が横たわる ② 横に倒す，ねかす［把钓鱼竿～过来放］釣ざおを横にして置く — 名（～儿）（方）漢字の筆画で真横にひく"一"，よこい［画一～儿］横棒を1本書く — 副（方）どっちみち，いずれにせよ ⑯［普］［反正］⊗①めちゃくちゃに，乱雑に→［～生］②乱暴に，不当に ⇨hèng

【横不是,竖不是】héng bú shì, shù bú shì（俗）(横もいけない，縦もいけない)どのようであろうとまずい

【横冲直撞】héng chōng zhí zhuàng（成）縦横に暴れ回る，やりたい放題にむちゃくちゃをする ⑯［乱冲乱闯］

【横渡】héngdù 动（川や海を）渡る，横断する［～长江］長江を渡る

【横断】héngduàn 动 横に切断する［～面］横断面

【横幅】héngfú 名［条·幅］横長の書画，旗，横断幕など

【横亘】hénggèn 动（书）(橋や山脈が)横たわる，横にまたがる

【横贯】héngguàn 动 東西に貫く，横断する（反［纵贯］）［～大陆］大陸を横断する

【横加】héngjiā 动 不当に加える，不当に行う［～指责］不当に責める

【横眉怒目】héng méi nù mù（成）けわしい顔つき，怒りの表情の形容 ⑯［横眉瞪眼］［横眉立目］

【横七竖八】héng qī shù bā（成）乱雑極まる，ごたごた入り乱れた

【横肉】héngròu 名 人相を悪く見せる顔の肉，悪相［一脸～］見るからの悪人面

【横扫】héngsǎo 动 一掃する，打ち破る

【横生】héngshēng 动 ①（草木が）ぼうぼうに生える ②思い掛けず生じる［～枝节］思わぬことが次々と生じる ③次から次へと現われる［逸趣～］興趣が尽きない

【横竖】héngshù 名 縦と横 — 副（口）とにかく，いずれにしたって

【横心】héng'xīn 动 腹をくくる，やけっぱちで度胸を決める［横下心去做］ええいとばかりにやってのける

【横行】héngxíng 动 のさばる，暴れ回る，横行する［～一时］わが物顔にのさばり反る

【横行霸道】héngxíng bàdào（成）力を頼んでのさばり反る，わが物顔に無法を通す

【横征暴敛】héng zhēng bào liǎn（成）苛斂誅求 かれんちゅうきゅう する，むちゃくちゃに税を取る ⑯［苛捐杂税］

【横】 hèng 形 荒っぽい，粗暴な
⊗思い掛けない，不吉な
⇨héng

【横暴】hèngbào 形 乱暴な，横暴な

【横财】hèngcái 名［笔］不正なもうけ，悪銭 あくせん［发～］汚れた金をつかむ

【横祸】hènghuò 名 思わぬ災難，突然の不幸 ⑯［横灾］

【横死】hèngsǐ 动 横死する，不慮の死を遂げる

【嗷】 hm 叹（不満や叱責の語気の）ふん

【哼】 hng 叹（不満·不信や相手にせぬ気持ちを示して）ふん，へへん
⇨hēng

【轰】(轟) hōng 动 ①雷が鳴る，②（大砲や爆弾などで）爆破する — 拟 巨大な爆発音，ドカン

【—】(*撀) 动 追い払う，追う［～麻雀］スズメを追い払う

*【轰动】(哄动) hōngdòng 动 世間を驚かす，センセーションを巻き起こす［～全国］全国の話題となる［～一时］世を騒がせる

【轰轰】hōnghōng 拟 轰々 ごうごう たる ♦音が大きい形容

【轰轰烈烈】hōnghōnglièliè 形 天をつく勢いの，地を揺るがすような［～的政治运动］激しく大規模な政治運動

【轰隆】hōnglōng 拟（爆発音·雷鳴·機械音などを表わす）どかーんどかーん，ごうごう

【轰鸣】hōngmíng 动（爆発音や機械音など）激しい音をたてる，轰々 ごう とうなりをたてる

【轰响】hōngxiǎng 动（爆発音や機械音など）激しく鳴り響く，どかーんどかん（ごうごう）と響きわたる

【轰炸】hōngzhà 动 爆撃する［～城市］都市を爆撃する［～机］爆撃機

【哄】 hōng 动 大勢の人が大笑いしたり騒いだりする声［～的一声笑了起来］どっと笑い声があがった
⊗どっと騒ぐ，一斉に声をあげる
⇨hǒng, hòng

【哄动】hōngdòng 动 ⑯［轰动］

【哄然】hōngrán 形 大勢が騒ぐさま

【哄堂大笑】hōng táng dà xiào（成）(部屋中に)どっと笑いの渦が起こる

【烘】 hōng 动（火で）暖める，乾かす［把衣服～干］服を火に当てて乾かす［～箱］（主に

工業用の)乾燥機 ⊗ 際立たせる, 引き立たせる

【烘焙】hōngbèi 動 (茶やタバコなどを)火で乾燥させる

【烘篮】hōnglán 图 小さな火鉢を入れた竹かご, 手あぶり

【烘托】hōngtuō 動 引き立てる, 際立たせる 働[陪村][烘村] — 图 中国画の技法の一 ◆ 輪郭を水墨や色彩で際立たせる

【訇】hōng 擬 声や音が大きい形容
⊗→[阿～hōng]

【薨】hōng ⊗ 薨ずる

【弘】hóng ⊗ ① 広げる, 拡充する ② 雄大な, 壮大な ③ (H-)姓

【弘扬(宏扬)】hóngyáng 動 大いに発揚する

【泓】hóng ⊗ ① 水が深くて広い ② 澄んだ水の流れや広がりの単位

【红】(紅) hóng 形 ① 色が赤い ② 大人気の, 順調な [～人(儿)]人気者, 寵児 ③ (マルクス主義の立場から)革命的な ― 動 赤くする [～了脸]顔を赤らめた
⊗ ① 配当, ボーナス [分～]配当を分ける ② めでたさを象徴する赤い布 [披～] (赤い布を掛けて)祝う, 栄光をたてる ③ めでたい, 慶事ごとの [一事]婚礼など '女红'(針仕事)は nǚgōng と発音

【红白喜事】hóng bái xǐshì 图 結婚と葬儀, 祝儀不祝儀, 冠婚葬祭 働[红白事]

【红榜】hóngbǎng 图〔张〕① 表彰される人々を発表する掲示板 働[光荣榜] ② 合格者発表の掲示板

＊【红包】hóngbāo 图 ご祝儀

【红宝石】hóngbǎoshí 图〔颗・块〕ルビー

【红茶】hóngchá 图 紅茶

【红蛋】hóngdàn 图 赤卵 ◆ 赤く染めた卵で, 旧俗では, 子供が生まれて3日目に親しい人に配る

【红豆】hóngdòu 图 ① トウアズキ ◆亜熱帯産の木になる赤い豆で, 古典では恋の象徴として使われる 働[相思豆] ② トウアズキの木

【红火】hónghuo 形 生気盛んな, にぎやかな

【红角】hóngjué 图 (～儿)人気俳優

【红军】Hóngjūn 图 ① 紅軍 ぇん ◆ 中国人民解放軍の前身で, 国内革命戦争に勝利した軍隊, '中国工农～'の略称 ② 同前の将兵 ③ ソ連の赤軍

【红利】hónglì 图 ① (出資金に対する)配当 ② ボーナス, 賞与

【红脸】hóngliǎn 動 ① (恥ずかしくて)顔を赤らめる, 赤面する ② (怒りで)紅潮する, 顔面を朱に染める —— hóngliǎn 图 (顔を赤く塗った)京劇の忠誠の人物の役 (働[红净])[唱～]同前を演じる

【红领巾】hónglǐngjīn 图 ①〔条〕赤いネッカチーフ ◆ 少年先鋒隊(ピオニール)の象徴 ② 少年先鋒隊員

【红绿灯】hónglǜdēng 图 交通信号灯

【红模子】hóngmúzi 图 (子供用の)習字用紙 ◆ 赤く印刷した文字の上を筆でなぞって練習する

【红木】hóngmù 图 マホガニー

【红男绿女】hóng nán lǜ nǚ 图 美しく着飾った青年男女

【红娘】hóngniáng 图 ① (H-) 縁結びの神, 仲人 ◆『西廂記』で縁結びに尽力する女性の名から ② テントウムシ 働[红娘虫][红娘子][花大姐]

【红牌】hóngpái 图〔张〕① (サッカーなどの)レッドカード ② 営業停止命令

【红扑扑】hóngpūpū 形 (～的)顔が真っ赤な

【红旗】hóngqí 图〔面〕① 赤旗 ② (社会主義建設期の) 生産競争などの優勝旗 ③ (同時期の) 建設の模範 [～手]同前の人物や団体

【红青】hóngqīng 形〔定語として〕赤味をおびた黒の 働[绀青]

【红壤】hóngrǎng 图 紅土ぞ, ラテライト 働[红土]

【红润】hóngrùn 形 (皮膚が) バラ色をした, 赤くつややかな

【红色】hóngsè 图 ① 赤 ② (マルクス主義の立場から) 革命的であること [～政权]赤色政権

【红烧】hóngshāo 動 料理法の一 ◆ 肉や魚に油と砂糖を加えて炒め, 醬油で煮込む

【红十字】hóngshízì 图 赤十字 [～会]赤十字社 [～章]赤十字章

【红薯】hóngshǔ 图 サツマイモ 働[甘薯]

【红树林】hóngshùlín 图〔植〕マングローブ

【红糖】hóngtáng 图 黒砂糖

【红通通】hóngtōngtōng 形 (～的)真っ赤な

【红彤彤】hóngtóngtóng/hóngtōngtōng 形 (～的)真っ赤な, 赤々とした

【红土】hóngtǔ 图 ①[红壤] ② ベンガラ(赤い顔料) 働[铁丹]

【红外线】hóngwàixiàn 图 赤外線 (働[红外光][热线]) [～照片]赤外線写真

【红卫兵】Hóngwèibīng 图 紅衛兵

♦文化大革命初期の中高生を主体とした組織
【红小豆】hóngxiǎodòu [名] アズキ
【红心】hóngxīn [名]（トランプの）ハート
【红星】hóngxīng [名] 赤い星 ♦中国人民革命の象徴［～帽徽］赤い星の帽章(軍帽など)
【红血球】hóngxuèqiú [名] 赤血球 [同][红细胞] [反][白血球]
【红眼病】hóngyǎnbìng [名] ①人を羨しがること ②結膜炎(による赤目)
【红艳艳】hóngyànyàn [形]（～的）目のさめるように赤い，赤く鮮やかな
【红样】hóngyàng [名] 赤を入れたゲラ(校正刷)
【红药水】hóngyàoshuǐ [名]〖薬〗赤チン，マーキュロクロム溶液
【红叶】hóngyè [名] 紅葉
【红运(鸿运)】hóngyùn [名] 好運，つき〖走～〗好運に恵まれる
【红晕】hóngyùn [名]（顔に浮かぶ）赤み〖脸上泛出～〗顔がぽっと赤らむ
【红肿】hóngzhǒng [動] 赤く腫れ上がる
【红装(红妆)】hóngzhuāng [名]《書》①女性の華やかな服装 ②若い女性

【虹】hóng ⊗虹［彩～］虹 ⇨jiàng
【虹吸管】hóngxīguǎn [名] サイフォン

【宏】hóng ⊗①(H-)姓 ②広大な，壮大な［宽～］度量が大きい［～愿］大きな夢
【宏大】hóngdà [形] 巨大な，雄大な
*【宏观】hóngguān [名] マクロ，巨視的な見方([反][微观])［～世界］マクロコスモス
【宏论(弘论)】hónglùn [名] 知性豊かな見解，教養に満ちた言論
【宏图(弘图)】hóngtú [名] 雄大な計画，遠大な志 [同][鸿图]
*【宏伟】hóngwěi [形] 雄大な，壮大な〖～的计划〗壮大な計画
【宏旨(弘旨)】hóngzhǐ [名] 主旨

【闳(閎)】hóng ⊗①町の門 ②広大な ③(H-)姓

【洪】hóng ⊗①洪水［防～］洪水防止 ②大きな［～钟］つり鐘［～大］(音が) 大きい ③(H-)姓
【洪帮】Hóngbāng [名] 旧時の秘密結社の一，洪幇
【洪峰】hóngfēng [名]〔次〕①(河川·洪水の) 増水のピーク ②河川が増水し始めてから元に戻るまでの過程
【洪亮(宏亮)】hóngliàng [形]（声が）大きくてよく透る，朗々たる
【洪量(宏量)】hóngliàng [名] ①寛大さ，大きな度量 ②大酒飲み，酒量がすごいこと
【洪流】hóngliú [名]〔股〕大きな流れ，巨大な水流〖时代的～〗時代の大潮流
*【洪水】hóngshuǐ [名]〔次·场〕洪水
【洪水猛兽】hóng shuǐ měng shòu《成》洪水と猛獣，すさまじい災禍の喩え
【洪灾】hóngzāi [名] 水害，洪水の被害

【鸿(鴻)】hóng ⊗①オオカリ，ヒシクイ ②手紙，書信［来～］《書》おたより ③大きな，雄大な［～儒］《書》大学者 ④(H-)姓
【鸿沟】hónggōu [名]〔条〕大きな水路；《転》明確な境界線
【鸿鹄】hónghú [名]《書》白鳥 ([反][燕雀])［～之志］青雲の志
【鸿毛】hóngmáo [名]《書》オオカリの毛；《転》取るに足りないつまらぬもの
【鸿雁】hóngyàn [名]〔只〕オオカリ，ヒシクイ [同][大雁]

【黉(黌)】hóng ⊗［～门］《書》学校

【哄】hǒng [動] ①だます ②あやす，機嫌をとる〖～孩子睡觉〗子供をあやして寝かす ⇨hōng, hòng
【哄骗】hǒngpiàn [動] だます，ぺてんにかける

【讧(訌)】hòng ⊗いさかい，混乱［内～］内紛

【哄(鬨)】hòng [動] 騒ぐ，からかう［起～］大騒ぎする ⇨hōng, hǒng

【齁】hōu [形]（甘すぎて，または塩からすぎて）のどが不快な 一[副]《方》とても，やけに ⊗鼻息［～声］いびき

【侯】hóu ⊗①侯爵［～爵］同前 ②高官，貴人 ③(H-)姓 ♦福建の地名'闽侯'では hòu と発音

【喉】hóu ⊗のど［白～］ジフテリア［咽～］咽喉［～结］のどぼとけ
*【喉咙】hóulong/hóulóng [名] のど［～里冒烟］(煙が出るほど)のどがからからだ
【喉头】hóutóu [名] のど，喉頭

【猴】hóu [名] ①(～儿) 猿 [同][猴子] ②《転》賢い人 一[動]《方》猿のような姿勢でしゃがむ 一[形]《方》(子供が) よく知恵がまわる，賢い [同][猴儿精]
【猴戏】hóuxì [名] 猿芝居，猿まわし ([同][猴把戏])〖耍～〗同前をする
**【猴子】hóuzi [名]〔只〕猿

H

【吼】 hǒu 動 ① ほえる、いななく ②（人が）大声で叫ぶ、怒鳴る ③（風や大砲などが）とどろく、うなる

【吼叫】 hǒujiào 動 怒鳴る、雄叫びをあげる

【吼声】 hǒushēng 雄叫び

【后】(後) hòu 图〘介詞句の中で〙後ろ、あと〔朝～看〕後方を見る→〔～边〕— 形 ①〘定語として〙（順序について）あとの、後ろの（⇔〔前〕）〔～五名〕あと（次）の5名 〔～现代〕ポストモダン ②〘ふつう状語として〙（時間について）あとの〔他是～到的〕彼はあとに来たのだ ⊗ ①…の後ろ、…のあと〔吃饭～〕食事したあと〔门～〕戸の後ろ〔事～〕事後 〔子孙，後継ぎ〔无～〕後継ぎがない

【—】 hòu ⊗ ① 皇后、きさき ②（H-）姓

【后半夜】 hòubànyè 图 真夜中から夜明けまでの時間 ⇔〔下半夜〕⇔〔前半夜〕

【后备】 hòubèi 图 ① 予備（の人や物）、保留分〔留有～〕予備をとっておく〔～军〕予備役〔～金〕準備金 ② 補欠、後づめ

【后背】 hòubèi 图 背中〔挠 náo ～〕背中を掻く

【后辈】 hòubèi 图 ① 子孫 ② 後の世代 ⇔〔先辈〕③ 後輩 ⇔〔前辈〕

【后边】 hòubiān 图（=〔后面〕〔后头〕）（1）（空間的に）後ろ〔车～〕車の後ろ〔～的车〕後ろの車 （2）（時間や順序の）あと、のちほど〔～还要谈谈〕（文章や話などの）あとでまた触れます

【后尘】 hòuchén 图〘書〙後塵〔步人～〕他人の後塵を拝する

*【后代】 hòudài 图 ① 後世、後の時代 ② 子孫、後世の人々〔没有～〕後継ぎがない

【后盾】 hòudùn 图 後ろ盾

【后方】 hòufāng 图 ① 後方 ⇔〔前线〕〔～勤务〕後方勤務 ② 後ろ

【后跟】 hòugēn 图（～儿）靴や靴下のかかと〔鞋～〕靴のかかと

【后顾】 hòugù 動〘書〙①（他人を気づかって）振り返る ② 過去を振り返る、回顧する

*【后顾之忧】 hòugù zhī yōu〈成〉後顧の憂い

*【后果】 hòuguǒ 图 最終的な結果（一般に悪い結果をいう）〔承担～〕結果について責任を負う

【后汉】 Hòu Hàn〘史〙① →〔东汉〕② →〔五代〕〔汉〕

【后患】 hòuhuàn 图 後々の禍い、将来の禍根〔根除～〕禍根を取り除く

*【后悔】 hòuhuǐ 動 後悔する〔～自己迟到〕自分が遅刻したことを悔やむ〔～莫及〕後悔先に立たず

【后记】 hòujì 图 後記、あとがき

【后进】 hòujìn 图 ① 後進、後輩 ② 遅れている人や団体

【后劲】 hòujìn 图 ① じわりじわりと効いてくる力、後になって出てくる効果 ② 後半ないし最後に残しておく力

【后景】 hòujǐng 图 背景、遠景

*【后来】 hòulái 副（過去の事について）そのあと、それから〔～怎么样？〕それで、どうなった — 形〘定語として〙① そのあとの〔～的事情〕そのあとの事 ② 遅れてきた、あとから成長した〔～人〕次の世代、後継者

【后来居上】 hòu lái jū shàng〈成〉後の雁が先になる、後進が先輩を追い越す

【后浪推前浪】 hòulàng tuī qiánlàng〈成〉（後の波が先の波を押す〉人材の新陳代謝を怠らず前進を続ける

【后路】 hòulù 图〔条〕① 退路 ②（～儿）融通をきかせる余地

【后妈】 hòumā 图〘方〙(=〔后娘〕)

【后门】 hòumén 图（～儿）① 裏門、裏口 ② コネ、裏取引〔走～〕コネに頼る

*【后面】 hòumian 图（～儿）⇔〔后边〕

【后母】 hòumǔ 图 継母、まま母 ⇔〔继母〕

【后脑勺儿】 hòunǎosháor 图〘口〙後頭部（のつき出た部分）⇔〔后脑勺子〕

【后脑勺长眼】 hòunǎosháo zhǎng yǎn〘俗〙頭の後ろに目がついている

【后年】 hòunián 图 再来年

【后期】 hòuqī 图 後期 ⇔〔前期〕

【后起】 hòuqǐ〘定語として〙後から現われた、新進の〔～之秀〕優れた新人

*【后勤】 hòuqín 图 後方勤務、後方活動〔～基地〕後方施設

【后人】 hòurén 图 ① 後世の人々 ⇔〔前人〕② 子孫、後裔

【后晌】 hòushǎng 图〘方〙午後 — hòushang 图〘方〙夜、晩

【后身】 hòushēn 图 ①（～儿）後ろ姿 ②（～儿）建物などの裏手、背後 ③（～儿）衣服の背後の部分、後ろみごろ ⇔〔前身（儿）〕④ 後身、生まれ変わり；〈転〉（機構などの）後身 ⇔〔前身〕

【后生】 hòushēng / hòushēng 图〘方〙若者 — 形（見た目が）若い

【后生可畏】 hòushēng kě wèi〈成〉後生恐るべし、若い人はたやすく先

輩を超えてしまう
【后世】hòushì 图後世,後の時代
【后台】hòutái 图①舞台裏 ②黒幕,背後で糸をひく者〖～老板〗黒幕
【后天】hòutiān 图①あさって,明後日〖大～〗しあさって ②《多く状態として》後天的であること,生まれおちた後(⊗〖先天〗)〖～获得的〗後天的に得るもの
【后头】hòutou 图①(空間的に)後ろ,後方〖车站～〗駅の後ろ ②(時間的に)あと,のちほど ―圀〖后来〗
【后退】hòutuì 動後退する,後戻りする◆比喩的にも使う〖～了四里〗2キロメートル後退した
【后卫】hòuwèi 图(⊗〖前卫〗)①〖軍〗後衛,しんがり ②(スポーツで)バックス
【后学】hòuxué 图〈謙〉後学
【后遺症】hòuyízhèng 图後遺症◆比喩的にも使う
【后裔】hòuyì 图子孫,後裔ミミ
【后影】hòuyǐng 图(～儿)後ろ姿
【后账】hòuzhàng 图裏帳簿
【后者】hòuzhě 图後者(⊗〖前者〗)
【后肢】hòuzhī 图(脊椎動物や昆虫の)後肢ミヘ(⊗〖前肢〗)
【后缀】hòuzhuì 图接尾辞◆'椅子'の'子','科学家'の'家'のように,語根の後ろについて単語を構成する要素 圀〖词尾〗

【逅】hòu ⊗〖邂～ xièhòu〗巡り会う

【厚】hòu 圏①厚い(⊗〖薄 báo〗)〖～木板〗厚板 ②思いが深い〖交情很～〗心が通い合っている ③味が濃い,こくのある ④値打ちのある,巨額の ―图厚さ〖一尺～的雪〗一尺積もった雪
⊗①重視する〖～待〗大切に扱う ②誠実な ③(H-)姓
【厚薄】hòubó 图厚さ 圀〖厚度〗
【厚此薄彼】hòu cǐ bó bǐ〈成〉えこひいきする,不公平な扱いをする
【厚道】hòudao 圏優しい,誠実な〖为人～〗人柄が誠実だ
【厚度】hòudù 图厚さ 圀〖厚薄〗
【厚古薄今】hòu gǔ bó jīn〈成〉(学術研究の分野で)古い時代ばかりを重視して現代を軽視する(⊗〖厚今薄古〗)
【厚颜】hòuyán 圏あつかましい,面の皮が厚い〖～无耻〗厚顔無恥な
【厚意】hòuyì 图厚意,親切〖多谢你的～〗ご厚情感謝にたえません
【厚谊】hòuyì 图厚情,情誼

【候】hòu 動待つ◆多く他の単音節語と連用〖请稍～〗少々お待ち下さい
⊗①とき,時候〖季～〗季節 ②加減,具合〖火～〗火加減 ③あいさつする,ご機嫌を伺う〖问～〗ご機嫌を伺う
【候补】hòubǔ 動〘多く定語として〙(定数のある委員会などの)補欠となる,候補となる〖～委员〗候補委員〖～军官〗士官候補生
【候车】hòuchē 動汽車やバスを待つ〖～室〗駅の待合室
【候鸟】hòuniǎo 图渡り鳥(⊗〖留鸟〗)
*【候选】hòuxuǎn 動選ばれるのを待つ
【候选人】hòuxuǎnrén 图〖名〗選挙の候補者〖～名单〗候補者名簿
【候诊】hòuzhěn 動診察を待つ〖～室〗病院の待合室

【鲎】(鱟) hòu 图①〖動〗カブトガニ〖～鱼〗同前 ②〈方〉虹

【乎】hū ⊗①文語の助詞◆疑問,推測,感嘆などを表わす ②動詞,形容詞,副詞につく接尾辞〖出～意料〗意表に出る〖确～〗確かに〖似～〗…らしい

【呼】hū 動①息をはく(⊗〖吸〗)〖～一口气〗ひと息はく ②(よく響く声で)叫ぶ〖～口号〗スローガンを叫ぶ ③(携帯電話などで相手を)呼ぶ ―擬ひゅー,ふー◆風の音・息の音など
【呼哧(呼蚩)】hūchī 擬はあはあ,ぜいぜい◆荒い息づかい,あえぐ息など〖～～地直喘〗ぜいぜいとあえぐ
【呼喊】hūhǎn 動叫ぶ,大声を出す〖～着口号〗スローガンを叫ぶ
【呼号】hūháo 動号泣する,助けを求めて泣き叫ぶ
―― hūhào 图①コールサイン ②(組織の)スローガン,合言葉
【呼呼】hūhū 擬ひゅーひゅー,ぐーぐー◆強い風,いびきなどの音〖～直响〗ひゅーひゅーと鳴る
【呼唤】hūhuàn 動呼び掛ける(圀〖召唤〗)〖时代在～我们前进〗時代が我々に更なる前進を呼び掛けている
【呼救】hūjiù 動助けを呼ぶ
【呼噜】hūlū 擬ぐるぐる,ぐうぐう◆鼻やのどの音 圀〖～噜〗
―― hūlu 图〈口〉いびき〖打～〗いびきをかく
【呼哨(嗯哨)】hūshào 图指笛,口笛,ひゅーっといううなり〖打～〗指(口)笛を吹く
【呼声】hūshēng 图①叫び声〖千万人的～〗大群衆の歓呼の声 ②世論,民衆の声
【呼天抢地】hū tiān qiāng dì〈成〉(天に呼び掛け地に頭をぶつける>)悲嘆に暮れる

【呼吸】 hūxī 動 呼吸する〚～新鮮空气〛新鮮な空気を吸う
***【呼啸】** hūxiào 動（風や弾丸などが）ひゅーっと鋭いうなりをあげる
【呼延】 Hūyán 图 姓
【呼应】 hūyìng 動 呼応する〚与上文～〛前の文と呼応する
***【呼吁】** hūyù 動 アピールする，（正義や支援などを）訴え掛ける〚～大家团结〛皆に団結を呼び掛ける
【呼之欲出】 hū zhī yù chū《成》呼べば出てきそうだ◆多く肖像画や小説中の人物についていう

【忽】 hū ⊗① にわかに，いきなり〚～听〛ふと聞こえる ②（二者が呼応して）…したかと思うとたちまち…〚～冷～热〛急に寒気がするかと思えば，こんどはかっーと熱くなる ③ゆるがせにする，おろそかにする
【忽地】 hūdì 副 いきなり，突然
【忽而】 hū'ér 副 にわかに，急に ◆二つのよく似た意味あるいは相反する意味の動詞または形容詞の前に置かれて，二つの動作や状態がくるくる入れ替わることを示す〚～主张这个，～主张那个〛いまこう言ったかと思うと，こんどはああ言う
【忽忽】 hūhū 形《書》（時間のたつのが）速い，たちまちに過ぎる〚时光～〛時の流れは速い
*【忽略】** hūlüè 動 見落とす，なおざりにする
*【忽然】** hūrán 副 急に，ふと
*【忽闪】** hūshǎn 形〚多く状語として〛ピカッ(と輝く)，キラリ(と光る)〚天上的星星～～地眨着眼睛〛空の星がきらきらとまばたく
—— hūshan 動 ぴかぴか輝く，きらきら光る〚～着大眼睛〛大きな目をきらきらさせる
*【忽视】** hūshì 動 軽視する，見過ごす〚～锻炼身体〛健康のための運動を軽んずる
【忽悠】 hūyou 图 詐欺師 — 動 ①揺れ動く ②人をペテンにかける

【恗】 hū ⊗→〚恍 huǎng～〛

【糊】 hū 動 のり状の液を塗りつける（穴や透き間を塗ってふさぐ）〚～一层灰〛石灰を塗る ⇨hú, hù

【囫】 hú 以下を見よ
【囫囵】 húlún 形〚多く状語として〛まるごとの〚～呑下去了〛まるまるすっぽり呑み込んだ
【囫囵吞枣】 húlún tūn zǎo《成》(ナツメを種ごとまる呑みするう) 聞いたことや読んだことなど，情報をまるのみにすること

【狐】 hú ⊗① キツネ〚赤～〛アカギツネ ②(H-) 姓
【狐步】 húbù 图（ダンスの）フォックストロット〚跳～(舞)〛同前を踊る
【狐臭（胡臭）】 húchòu 图 わきが（=〚狐臊〛）〚患～〛わきがある
【狐假虎威】 hú jiǎ hǔ wēi《成》虎の威を借る狐（=〚狗仗人势〛）
【狐狸】 húli 图 ①キツネ〚～精〛男をたぶらかす女〚～尾巴〛悪いやつの)正体(本性)
【狐媚】 húmèi 動《書》甘い言葉でたぶらかす，お世辞でだます
【狐群狗党】 hú qún gǒu dǎng《成》悪人集団，悪党の一味（=〚狐朋狗党〛）
【狐疑】 húyí 動 あれこれ疑う，猜疑心を働かせる〚～的眼光〛疑いのまなざし

【弧】 hú 图 弧〚括～〛丸かっこ〚～度〛《数》ラジアン
【弧光】 húguāng 图《理》アークライト〚～灯〛アーク灯
【弧形】 húxíng 图 弧状，弓形曲線

【和】 hú 動（マージャンなどで）上がる ⇨hé, hè, huó, huò

【胡】 hú ⊗① むやみに，でたらめに ②北方および西方の少数民族に対する古称 ③北方および西方の少数民族の地域，さらには広く国外渡来物であることを示す接頭辞〚～桃〛クルミ〚～琴〛胡弓 ④ なにゆえ，なんで ⑤(H-) 姓

【（髯）】 ⊗ ひげ（→〚～子〛）〚～茬〛無精ひげ
【胡扯】 húchě 動 あれこれおしゃべりをする，でたらめを言う〚～！〛そんな馬鹿な
【胡蝶】 húdié 图⇨【蝴蝶】
【胡蜂】 húfēng 图〔只〕スズメバチ（ふつう'马蜂'という）
【胡话】 húhuà 图〔通 tōng〕うわ言，たわ言
【胡椒】 hújiāo 图 コショウ〚～粉〛〚～面儿〛コショウの粉
【胡搅】 hújiǎo 動 ①やたらふざける，場をかき乱す ②むちゃを言う，強弁する
【胡搅蛮缠】 hú jiǎo mán chán《成》むちゃを言って邪魔をする
【胡来】 húlái 動 ①（手順を無視して）でたらめにやる ②騒ぎを起こす，むちゃをしでかす（=〚胡闹〛）
【胡里胡涂】 húlihútu 形⇨【糊里糊涂】
*【胡乱】** húluàn 形〚多く状語として〛①（身を入れず）いい加減な，ふまじめな ②自分勝手な，でたらめな
【胡萝卜】 húluóbo 图〔根〕ニンジン
【胡闹】 húnào 動 でたらめをやる，筋

【胡】 hú

*【胡说】húshuō いい加減なことを言う，むちゃくちゃを言う 〖瞎说〗— 图 馬鹿げた話，でたらめ

【胡说八道】húshuō bādào《成》でたらめを言う，出まかせ放題を言う

【胡思乱想】hú sī luàn xiǎng《成》あれこれでたらめに考えを巡らす

*【胡同(衚衕)】hútòng 图(～儿)〖条〗路地，横町 ♦町名の場合はhútong(儿化しない)

【胡涂】hútu 形 ⇨【糊涂】

【胡须】húxū 图 ひげ◆顔面のひげすべてを含み，'胡子'より長い感じがある

【胡言乱语】hú yán luàn yǔ《成》でたらめ(を言う)，たわごと(を吐く)

【胡子】húzi 图 ① 〖根・把・撮 zuǒ〗ひげ ♦ 鼻下，あご，ほほ，すべてのひげを含む ② 〖方〗匪賊ホン，野盗集団

【胡子拉碴】húzilāchā 形(～的)ひげもじゃの，ひげぼうぼうの

【胡作非为】hú zuò fēi wéi《成》散々悪事を働く，非道の限りを尽くす

【湖】 hú 图 みずうみ

⊗(H-)① 湖南・湖北両省をいう ② 湖州(呉興)をいう

【湖滨】húbīn 图 湖畔，湖岸

【湖广】Húguǎng 图 湖南・湖北両省 ♦ もともとは明代の省名

*【湖泊】húpō 图 湖の総称

【湖田】hútián 图(一般に周りを堤で囲って)湖の周辺に開拓した水田

【湖泽】húzé 图 湖沼

【湖沼】húzhǎo 图 湖沼

【葫】 hú ⊗ 以下を見よ

【葫芦】húlu 图 ヒョウタン [～头]つるつる頭 [～嘴]おちょぼ口

【葫芦里卖的是什么药】húlu lǐ mài de shì shénme yào《俗》(ヒョウタンに詰めて売っているのはどんな薬か>)一体何を企んでいるのか

【煳】 hú 動 焦げる [饭～了]飯が焦げた

【瑚】 hú ⊗ →[珊～ shānhú]

【糊】 hú 動 ①のりづけする，貼りつける [～窗户]格子窓に紙を貼る ② 形⇨【煳】
⊗ のり → [糨～ jiànghu]
⇨ hū, hù

【——(*餬)】 ⊗ かゆ

【糊口】húkǒu 動 なんとか食いつなぐ，辛うじて食ってゆく

【糊里糊涂】húlihútu 形 愚かしい，余りに物がわからない

*【糊涂(胡涂)】hútu 形 ① 愚かしい，間の抜けた [～虫]間抜け ② 内容ができたらめな，いい加減な

【糊涂人算糊涂账】hútúrén suàn hútuzhàng《俗》(馬鹿がこんがらがった勘定を整理する>)愚かな人間には愚かな考えしか浮かばない

【蝴】 hú ⊗ 以下を見よ

*【蝴蝶(胡蝶)】húdié 图〖只〗チョウ [～结]蝶チョゥ結び

【蝴蝶花】húdiéhuā 图 三色スミレ 〖三色堇〗[猫脸花]

【壶(壺)】 hú 图〖把〗ポット◆金属や陶製の，口と取っ手ないしつるが付いた液体入れ [暖～]ポット [水～]やかん [夜～]しびん
⊗(H-)姓 □ 壶 単位として液体を数える [一～酒]酒一本

【核】 hú 图(～儿)〖口〗果実の種
⇨ hé

【斛】 hú ⊗ 古代の升

【鹄(鵠)】 hú ⊗ 白鳥(口語は'天鹅')[～立]鹤首して待つ
⇨ gǔ

【鹘(鶻)】 hú ⊗ ハヤブサ ♦'鹘鹘'(鳥の名)はgǔzhōuと発音

【縠】 hú ⊗(絹織物の)ちぢみ

【虎】 hǔ 图〖只〗トラ 形⇨【老虎】— 動 ①〖方〗恐ろしい形相ギョゥになる [～着脸]恐ろしい顔をする ②〖口〗⇨【唬】
⊗ ① 勇ましい [～威]威風 ②(H-)姓 [虎不拉(百舌鸟ᅮ)]はhù-bulāと発音

【虎符】hǔfú 图〖史〗虎符 ♦ 虎の形をした銅製の割符ヮップ

【虎骨酒】hǔgǔjiǔ 图 虎の骨を浸した薬酒 ♦ リューマチ等に効くという

【虎将】hǔjiàng 图〖名・员〗勇将，猛将

【虎踞龙盘】hǔ jù lóng pán《成》(虎や竜が陣取る>)地勢が極めて険しい

【虎口】hǔkǒu 图 ① 危地キチ，虎口ココゥ(〖虎穴〗)[～脱生]虎口を脱する [～余生]九死に一生を得る ② 親指と人差し指の間のふくらむ部分 ♦ 鍼はりのつぼの一

【虎口拔牙】hǔ kǒu bá yá《成》(虎の口から牙を抜く>)猫の首に鈴を付ける

【虎狼】hǔláng 图 トラとオオカミ；《転》残虐な人間 [～世界]むごい世の中

【虎视眈眈】hǔ shì dāndān《成》虎視眈眈ダン

【虎头虎脑】hǔ tóu hǔ nǎo《成》(主

に子供の)無邪気で元気一杯の様子

【虎头蛇尾】hǔ tóu shé wěi 《成》(頭は虎で尾は蛇>)尻すぼみで終わる ⇔【龙头蛇尾】

【虎穴】hǔxué 图 危地, 虎穴⇔(⇔【虎口】)[不入~, 焉得虎子] 虎穴に入らずんば, 虎子を得ず

【唬】(*虎) hǔ 動 (口) (虚勢で) おどかす, ごまかす

【琥】hǔ ⊗ 以下を見よ

【琥珀(琥魄)】hǔpò 图 琥珀

【浒】(滸) hǔ ⊗ 水辺 [水~传] 水滸伝 ◆江蘇省の地名 '浒墅关''浒浦' では xǔ と発音

【户】hù 图 ①《量词的に》世帯, 一家 [三十~] 30戸 [家家~] 各家庭 [用~] ユーザー [农~] 農家 ②(銀行などの)預金者, 口座(⇔【户头】)[开个~] 口座を開く
⊗ ①とびら, 出入口 [足不出~] たえて外出しない ②家柄 [门当~对] (縁談など)家柄がつりあう

【户口】hùkǒu 图 ①戸籍 [报~] 戸籍をつくる, 入籍する ⇔【户籍】②世帯と人口の総称

【户口簿】hùkǒubù 图 戸籍簿, 住民簿 ◆住人の姓名・原籍・年齢のほか職業も記されている

【户枢不蠹】hù shū bú dù 《成》→[流水不腐, ~]

【户头】hùtóu 图 (銀行などの) 取引先, 預金口座 [开~] 口座を開く

【户型】hùxíng 图 間取り ⇔【房型】

【户主】hùzhǔ 图 世帯主, 戸主

【沪】(滬) Hù ⊗ 上海の別名 [~宁杭地区] 上海・南京・杭州地区

【沪剧】hùjù 图 滬劇(上海を中心とする地方劇)

【护】(護) hù 動《多く '着' を伴い》かばう, ひいきする [别~着孩子] 子供をかばうんじゃない
⊗ 守護する, 保護する [爱~] 愛護する

【护岸】hù'àn 图 護岸施設, 堤防など [~林] 護岸林

【护城河】hùchénghé 图 [条・道] 城壁を巡って流れる川, 外堀

【护短】hùduǎn 動 言い訳をする, 欠点をかばう

【护耳】hù'ěr 图 [个・副] (防寒用の)耳当て [戴~] 同前を付ける

【护理】hùlǐ 動 ①看護する, (病人の) 世話をやく ②保護管理する [~庄稼] 作物の手入れをする

【护路】hùlù 動 ①道路や鉄道を警護する ②道路を維持管理する [~林] (道路の両側の)保安林

【护目镜】hùmùjìng 图 ゴーグル, 防護眼鏡 [戴~] 同前を掛ける

【护身符】hùshēnfú 图 ①護符, お守り ②後ろ盾, 保護者 ⇔【护符】

*【护士】hùshi 图 看護人 (ふつう看護婦を指す) [男~] 看護士 [~长 zhǎng] 婦長

【护送】hùsòng 動 (武装して) 護送する, 安全に送り届ける [~学生过马路] 生徒たちが安全に道を渡るよう助ける

【护田林】hùtiánlín 图 (防風林・防砂林など)農地保安林

【护膝】hùxī 图 ひざ当て, ひざパッド [戴~] 同前を付ける

*【护照】hùzhào 图 [本・册] ①旅券, パスポート [发给~] 同前を発給する ②(旧) 出張・旅行・貨物輸送に際しての証明書や許可証

【戽】hù 動 '戽斗' で水を送る

【戽斗】hùdǒu 图 小さな桶型の灌漑用農具 ◆水車にたくさん取り付けて田に水を送る

【扈】hù ⊗ ①随行する ②→[跋bá ~]

【互】hù ⊗ たがいに [~换] 交換する

【互动】hùdòng 動 互いに影響しあう [~电视] インタラクティブテレビ ('交互式电视' とも)

【互惠】hùhuì 動《多く定語として》互いに利益を与え合う, 互恵的な [~关税] 互恵関税 [~待遇] 互恵待遇

【互利】hùlì 動 互いに利益を得る [平等~] 平等互恵

【互联网】hùliánwǎng 图 インターネット ⇔【互联网络】[因特网]

【互让】hùràng 動 譲り合う

【互相】hùxiāng 副 互いに [~帮助] 助け合う, 相互に援護する [~之间] 互いの間

【互助】hùzhù 動 助け合う [~了很长时期] 長い間助けあった

【互助组】hùzhùzǔ 图 ①(仕事や学習など) 互いに助け合うグループ, 互助会 ②('农业生产~' の略) 互助組 ◆農業協同化の初期形態

【冱】hù ⊗ ①凍える ②ふさがる

【怙】hù ⊗ 依る, 頼る [~恶不悛 quān] 悔い改めることなく悪事を続ける

【祜】hù ⊗ 福, 幸い

【瓠】hù ⊗ [~子] (植) ユウガオ

【糊】hù 图 かゆ状のどろどろした食物 [玉米~] トウモロコシ粥

⇨hū, hú

【糊弄】hùnong 動〈方〉①だます，ごまかす『別～』ごまかすんじゃない ②いい加減にやる，適当に済ませる 働〈普〉『将就』

【化】huā 動（金や時間などを）使う，消費する 働〖花〗
⇨huà

【化子】huāzi 图 乞食，物乞い 働〖叫〗

【花】huā 图①（～儿）〖朵〗花〖养～〗花を育てる ②（～儿）紋様，柄 ③綿花〖弹～〗綿打ちをする 一動①（金や時間を）費やす，消費する 働〖化huā〗 ②〈方〉だます 一形①まだらの，色とりどりの『这块布太～』この布はカラフルすぎる〖～猫〗三毛猫 ②（目がかすんだ，ぼんやりした ✕①花に似たもの〖浪～〗波しぶき ②天然痘，疱瘡〖种～〗種痘をする ③戦傷〖挂～〗（戦場で）負傷する ④花火の一種〖礼～〗祝賀花火 ⑤妓女(に関する)〖～街柳巷〗花柳の巷 ⑥(H-)姓

【花白】huābái 形（ひげや髪が）ごましおの，黒白半ばする

*【花瓣】huābàn 图 花弁，花びら

【花苞】huābāo 图 つぼみ

【花边】huābiān 图（～儿）①飾り縁取り，ぎざぎざの縁 ②レース編み物や刺繍〖镶 xiāng～〗レースで縁取りする ③〖印〗飾り罫

【花不棱登】huābulēngdēng 形〈口〉(～的)色がごたごたしている，ごてついた色の

【花草】huācǎo 图①（鑑賞用の）花と草 ②〈方〉レンゲ

【花茶】huāchá 图 花の香をたきこめた緑茶（働〖香片〗〖茉莉～〗ジャスミン茶

【花车】huāchē 图（慶祝行事や貴賓送迎用の）花や布で飾りたてた乗物

【花池子】huāchízi 图 花壇

【花丛】huācóng 图 花咲く茂み，群がり咲く花

【花旦】huādàn 图 伝統劇（京劇など）の色女形で，元気のよい若い娘役

【花灯】huādēng 图〖盏〗飾り提灯 ♦多く元宵節（旧暦1月15日）に眺めて楽しむ〖闹～〗同前を楽しむ

【花雕】huādiāo 图 紹興酒の一種♦"老酒"の上質の酒で花模様を彫ったかめに貯蔵するのでこう呼ぶ

【花朵】huāduǒ 图（総称としての）花

【花房】huāfáng 图 花用の温室

【花费】huāfèi 動 費やす，使う〖～金钱〗金を使う
——huāfei 图 費用，経費『要不少～』ずいぶん金が掛かる

【花粉】huāfěn 图 花粉

【花岗岩】huāgāngyán 图 御影石，花崗岩（ふつう"花岗石"という）〖～脑袋〗石あたま，頑固もの

【花糕】huāgāo 图 菓子の一種 ♦米や小麦の粉で作った皮の間に砂糖をつけ，干した果実をはさむ

【花骨朵儿】huāgūduor 图 つぼみ 働〖花蕾〗

【花鼓戏】huāgǔxì 图 湖北・湖南・安徽地方で行なわれる戯曲

【花好月圆】huā hǎo yuè yuán〈成〉花かおり月みちる ♦夫婦の素晴らしい和合，至上の幸せを象徴する言葉，新婚への祝辞に多く使う

【花花公子】huāhuā gōngzǐ 图 道楽息子，プレイボーイ

【花花绿绿】huāhuālǜlǜ 形（～的）色とりどりの，色入り乱れた

【花环】huāhuán 图 花輪，レイ ♦葬儀用の花輪は"花圈"

【花卉】huāhuì 图①（鑑賞用の）草や花 ②草花を描いた中国画

【花会】huāhuì 图①旧暦正月に行なわれる賑やかな祭 ②春に行なわれる花市

【花甲】huājiǎ 图 還暦，満60歳〖年逾～〗還暦を過ぎた

【花椒】huājiāo 图 サンショウ（山椒）

【花轿】huājiào 图〖乘・顶〗（旧時の）花嫁かご ♦全体が赤い色で飾られている 働〖彩轿〗

【花镜】huājìng 图 老眼鏡

【花卷】huājuǎn 图（～儿）"馒头"の一種，飾りマントウ ♦発酵させたリボン状の小麦粉を丸くまとめる

【花魁】huākuí 图 名花の中の名花（多く梅の花）；〈転〉名の売れた遊女

【花蕾】huālěi 图〖朵〗つぼみ 働〖花骨朵〗

【花脸】huāliǎn 图 伝統劇（京劇など）で特殊な隈取りをする役 ♦一般に激しい性格や粗暴な人物を演ずる

【花柳病】huāliǔbìng 图 性病 働〖性病〗

【花蜜】huāmì 图 花の蜜

【花面狸】huāmiànlí 图〖只〗ハクビシン 働〖果子狸〗

【花名册】huāmíngcè 图〖本〗名簿，人名録

【花木】huāmù 图（鑑賞用の）花や木

【花鸟】huāniǎo 图①花と鳥 ②〖幅〗花鳥画（花や木に鳥を配した中国画）

【花农】huānóng 图 花作り農家，園芸農家

【花炮】huāpào 图 花火（爆竹を含む）

【花盆】huāpén 图（～儿）植木鉢

【花瓶】huāpíng 图（～儿）〖个・只〗花びん ♦旧時は飾り物同前の女性

をこう呼んだ
【花圃】huāpǔ 图 花畑
【花期】huāqī 图 開花期
【花墙】huāqiáng 图 飾り塀 ♦ 上部をレンガや瓦で透かし模様に仕立てた塀
【花圏】huāquān 图 葬儀用の花輪〖送~〗花輪を贈る
【花儿洞子】huārdòngzi 图 半地下式の温室,花むろ
【花儿匠】huārjiàng 图 ①園芸家,花作りの職人 ②造花職人
【花儿针】huārzhēn 图〔根〕刺繡針
【花蕊】huāruǐ 图 花のしべ
【花色】huāsè 图 ①色と紋様,柄と色 ②(同一品目について)デザイン・サイズ・色などの区分,また種類〖~繁多〗様々な品がある
【花哨】huāshao 形 派手な,カラフル
★【花生】huāshēng 图 落花生,南京豆 ⓓ〖落花生〗
【花生米】huāshēngmǐ 图 殻をむいた落花生,ピーナッツ ⓓ〖花生仁儿〗
【花生油】huāshēngyóu 图 落花生油 ♦食用のほか石けんや化粧品の原料
【花市】huāshì 图 花の市
【花束】huāshù 图〔把〕花束,ブーケ
【花坛】huātán 图〔处・座〕花壇
【花天酒地】huā tiān jiǔ dì《成》飲む・打つ・買うに明け暮れる
【花纹】huāwén 图 (~儿)紋様,模様
【花销(花消)】huāxiao 图 ①費用,経費 ②(旧)取引手数料や税金
【花押】huāyā 图 花押ᵒᵘ,書き判〖画~〗花押を書く
【花言巧语】huā yán qiǎo yǔ《成》甘い言葉,巧みな口車〖别再~了〗これ以上巧言ᵏᵒᵘɢᵉⁿを弄ろうさないでくれ
【花眼】huāyǎn 图 老眼 ⓓ〖老花眼〗
── huāˇyǎn 動 目がかすむ
【花样】huāyàng 图 (~儿) ①柄ᵍᵃʳᵃ,模様の種類〖~滑冰〗フィギュアスケート ②いんちき,トリック〖玩儿~〗だましの手を使う
【花椰菜】huāyēcài 图 カリフラワー (ふつう '菜花'という)
★【花园】huāyuán 图 (~儿)〔座・处〕(花や木のある)庭園(ⓓ〖花园子〗)〖逛~〗庭を散歩する
【花账】huāzhàng 图〔本・笔〕二重帳簿,水増し勘定〖开~〗水増しの勘定をする
【花招(花着)】huāzhāo 图 (~儿)①武術や芸を上手に見せるための小細工,飾りで入れる動き ②いんちき〖耍~〗小細工をする

【花枝招展】huāzhī zhāozhǎn《成》(花咲く枝が風に揺れる>)婦人の装いが目もあやに美しい
【花烛】huāzhú 图 (旧風の)婚礼の際にともす赤いろうそく ♦ 竜や鳳凰などの模様がついている〖洞房~夜〗新婚の夜
【花子(化子)】huāzi 图 乞食ᵏᵒᵈᶻⁱ ⓓ〖乞丐〗

【哗(嘩)】huā 擬 (大きな水音,物がぶつかる音など)がしゃん,ざあざあ
⇨huá
【哗哗】huāhuā 擬 ざあざあ,がらがら ♦水の音や物がぶつかるにぎやかな音を形容
【哗啦】huālā 擬 がらがら,ずしーん,ざあざあ ♦大きく響く音を形容

【划】huá 動 ①水をかく,漕ぐ〖~子〗ボート ②損得勘定が合う,割りが合う〖~得来〗引き合う

【──(劃)】動 鋭く引っかく,傷をつける〖~火柴〗マッチを擦る
⇨huà
【划船】huáˇchuán 動 舟を漕ぐ
【划拳(豁拳・搳拳)】huáˇquán 動 ①(酒席で)拳ᵏᵉⁿを打つ ♦負けた方が一杯飲む ②じゃんけんをする
【划算】huásuàn 動 ①そろばんをはじく,考慮する〖不止一次~过这件事〗この事について一度ならず思案した ②割りが合う,引き合う ⓓ〖合算〗
【划艇】huátǐng 图〔体〕カヌー

【华(華)】huá 区 ①精華,最良のもの〖才~〗才能 ②(H-)中国〖中華〗〖~语〗中国語〖访~团〗訪中団 ③(H-)姓 ♦本来は Huàと読む ④まばゆい,きらびやかな ⑤勢い盛んな,繁栄した ⑥派手な,贅沢な ⑦白髪まじりの〖~发fà〗(書)ごましお頭 ⑧相手を敬って加える接頭辞〖~翰〗貴信
⇨huà
【华北】Huáběi 图 華北 ♦河北・山西・河南・北京・天津一帯をいう
【华表】huábiǎo 图〔个・座〕華表ᵏᵃʰʸᵒᵘ ♦宮殿や陵墓などの前に立つ装飾用の大石柱
【华达呢】huádání 图〔衣〕ギャバジン ⓓ〖斜纹呢〗
【华灯】huádēng 图〔盏〕飾り灯,きらびやかでまばゆい明かり
【华东】Huádōng 图 華東 ♦山東・江蘇・浙江・安徽・江西・福建・台湾・上海の七省一市をいう
【华而不实】huá ér bù shí《成》(花は咲いても実はならない>)外見はよくても中味がない,利口そうに見えて

【华尔街】Huá'ěr Jiē 图（ニューヨークの）ウォール街

【华尔兹】huá'ěrzī 图 ワルツ（の踊り）(働[圆舞曲])[跳～]ワルツを踊る

【华里】huálǐ 量長さの単位、華里ホ
♦'一～'は500メートル、日常的には単に'里'という (働[公里])

【华丽】huálì 形 華麗な、きらびやかな

【华美】huáměi 形 [华丽]

【华南】Huánán 图華南 ♦広東・広西地方をいう

*【华侨】huáqiáo 图華僑[旅日～]在日華僑

【华人】Huárén 图華人[美籍～]中国系アメリカ人（アメリカ籍をもつ中国人）

【华氏温度表】Huáshì wēndùbiǎo 图華氏温度計

【华西】Huáxī 图華西 ♦長江上流から四川一帯の地域をいう

【华夏】Huáxià 图中国の古称

*【华裔】huáyì 图 ① 中国および その周辺諸国 ② 華僑の子孫でその国の国籍をもつ者、中国系二世三世など

【华中】Huázhōng 图華中 ♦湖北・湖南一帯をいう

【哗】(嘩*譁) huá ⊗ ① うるさわがやうるさい[～变]軍隊の反乱[～众取宠]民衆に迎合して支持を得る、人気取りをする ⇨huā

【哗然】huárán 形がやがや騒がしい[舆论～]世論の厳しい声がある

【铧】(鏵) huá 图[张]犁スキの刃(働[犁*])[双～犁]2枚刃の犁

【滑】(滑) huá 動 すべる[～下梯]すべり台を滑る — 形 ① つるつるの、すべすべの、なめらかな ② 狡猾な[办事～得很]やり方がとてもずるい[耍～]ずるい手を使う ⊗ (H-)姓

【滑板】huábǎn 图 スケートボード[～滑雪]スノーボード

*【滑冰】huá·bīng 動 ① 氷上を滑る ② スケートをする[速度～]スピードスケート[～场]スケート場

【滑车】huáchē 图滑車きゃ(働[滑轮])

【滑动】huádòng 動なめらかに滑る

【滑稽】huájī/huájí（文言では gǔjī と発音）形 滑稽なっな、おかしい[～片]喜劇映画 — 图 上海一帯の寄席芸能

【滑熘】huáliū 動くず煮にする（肉や魚の料理法の一）

【滑溜】huáliu 形《口》すべすべした、つるつるの

【滑轮】huálún 图滑車 (働[滑车])

【滑腻】huánì 形（皮膚が）すべすべで肌理が細かい

【滑坡】huápō 图地滑り、山崩れ — 動（転）（経済などについて）地滑りを起こす

【滑梯】huátī 图[架]滑り台

【滑头】huátóu 图 狡猾な（人間）、信用ならない(やつ)

【滑头滑脑】huá tóu huá nǎo《成》 狡猾で信用ならない

【滑翔】huáxiáng 動滑空する

【滑翔机】huáxiángjī 图[架]グライダー

【滑行】huáxíng 動 ① 滑る、滑走する[～下坡]坂道を滑りおりる ② （自動車など）エンジンが空回り状態で進む

【滑雪】huá·xuě 動 スキーを滑る[～板]スキー板[～站][～场]スキー場

【猾】(猾) huá ⊗ ずるい、悪賢い[狡～]悪賢い

【化】huà 動 ① 溶ける、溶かす[冰～了]氷が溶けた[～了十吨生铁]10トンの銑鉄を溶かした ②（食物を）消化する、（体から）取り除く ⊗ （性質や状態の転化を示す）…化する[简～]簡略化する[绿～]緑化する ② 変わる、変える[～悲痛为力量]悲しみを力に変える ③ 感化する、教化する ④ 火で焼く[火～]火葬にする ⑤（仏教・道教で）死ぬ[羽～]道士が亡くなる ⑥ '化学'の略[理～]物理と化学 ⇨huā

*【化肥】huàféi 图《略》化学肥料 (働[化学肥料])

【化工】huàgōng 图《略》化学工業 (働[化学工业])[～厂]化学工場

【化合】huàhé 動 化合する[氧和铁～成氧化铁]酸素と鉄は化合して酸化鉄となる

【化合物】huàhéwù 图化合物

【化疗】huàliáo 動化学療法を施す

【化名】huàmíng 图 偽名、変名 — huà·míng 動偽名を使う

【化脓】huànóng 動化膿するう

【化身】huàshēn 图 ① 権化、典型[智慧和勇敢的～]知恵と勇気の権化 ② 化身、（神仏の）生まれ変わり

【化石】huàshí 图化石

【化外】huàwài 图《書》文化果つるところ、化外がの地

【化纤】huàxiān 图《略》化学繊わせん、化学繊維 (働[化学纤维])

*【化学】huàxué 图 ① 化学[～变化]化学変化[～反应]化学反応

[~符号]化学记号 [~肥料]化学肥料 [~工业]化学工业 [~式]化学式 [~纤维]化学繊維 [~武器]化学兵器 ②セルロイド('賽璐珞')の俗称

*【化验】huàyàn 動化学分析(検査)をする 〖~血液〗血液を検査する 〖~单〗化学分析表,化学検査報告

*【化妆】huà'zhuāng 動化粧する 〖~品〗化粧品

【化装】huà'zhuāng 動①(俳優が)メーキャップする,顔をつくる 〖~成关羽〗関羽に扮する 〖~师〗化粧係 ②仮装する,変装する

【华】(華) huà ㊇①(H-)姓 ◆近年は Huá と読む人もいる ②地名 〖~山〗華山(陝西の名山) ⇨huá

【桦】(樺) huà ㊇〖植〗カバノキ科の木 〖白~〗シラカバ

【桦树】huàshù〖棵〗㊇カバノキの木

【划】(劃) huà 動①区切る,分割する 〖~地界〗境界を決める ②分け与える,移譲する ③線を引く,印を付ける ㊥〖画〗— ㊇漢字の筆画 ㊥〖画〗
④計画する 〖筹~〗計画を立てる ⇨huá

【划策(画策)】huàcè 動対策を練る

*【划分】huàfēn 動①分割する,区画する ②区別する,識別する

【划清】huàqīng 動区切りを明確にする 〖跟他~界线〗あの男とははっきり一線を画す 〖划不清〗画然と区別できない

【划时代】huàshídài 形〖多く定語として〗時代を画する 〖~的作品〗画期的な作品

【划一不二】huà yī bú èr〖成〗画一的な,変動不可能な 〖价钱~〗定価取売,値引きご辞退

【话】(話) huà ㊇(~儿)〖句·段〗言葉 ◆しゃべる言葉と記録した文字の両方を含む 〖说~〗ものを言う,しゃべる 〖土~〗土着の方言 〖一里有~〗いわくありげに話す
㊅話す,語る 〖~别〗別れを前に語り合う 〖~家常〗世間話をする

【话本】huàběn ㊇話本㊈ ◆宋元時代に始まった講談の記録ないし台本

【话柄】huàbǐng ㊇笑いぐさ,話の種 ㊥〖话把儿〗

【话茬儿(话碴儿)】huàchár ㊇〖方〗①話の糸口,つぎ穂 〖接上~〗話をつなぐ ②話し振り

【话旧】huàjiù 動思い出を語る,懐旧談にふける

【话剧】huàjù ㊇〖出〗新劇,話劇

*【话题】huàtí ㊇話題 〖转~〗話題を変える 〖成为~〗話題になる

【话筒】huàtǒng ㊇①メガホン ㊥〖传声筒〗②マイクロホン ㊥〖微音器〗③電話の受話器

【话头】huàtóu ㊇(~儿)話の糸口,つぎ穂 〖打断~〗話をさえぎる,話の腰を折る

【话务员】huàwùyuán ㊇電話交換手,オペレーター

【话匣子】huàxiázi ㊇〖方〗①(昔の)蓄音機 ㊥(普)〖留声机〗②ラジオ ③おしゃべり,話し好き 〖打开~〗しゃべり始める

【话音】huàyīn ㊇(~儿)①話している声 〖~未落〗まだ言い終わらぬうちに ②〖口〗話し振り 〖听他的~…〗あの口振りからすると

【话语】huàyǔ ㊇口にする言葉 ㊥〖言语〗〖~不多〗口数が少ない

【画】(畫) huà 動①絵をかく,描く ②(筆などで)線または印となる文字をかく (㊥〖划 huà〗)〖~出一条线〗線を1本かく 〖~到〗出席の記名をする — ㊇(~儿)〖张·幅〗絵,絵画 〖~~儿〗絵をかく 〖油~儿〗油絵 ②漢字の筆画(㊥〖划 huà〗)〖'人'字两~〗「人」は2画である ㊇絵画で飾った 〖~屏〗絵屏風
びょうぶ

【画板】huàbǎn ㊇画板

【画报】huàbào ㊇〖本〗グラフ,画報,写真を主にした新聞雑誌

【画笔】huàbǐ ㊇〖枝〗絵筆

【画饼充饥】huà bǐng chōng jī〖成〗(絵に描いた'饼'で空腹を満たす>)根拠のない幻想で自分を慰める

【画布】huàbù ㊇画布,キャンバス

【画册】huàcè ㊇〖本〗画集,画帳

【画稿】huàgǎo ㊇(~儿)〖张·幅〗画稿,下絵 〖留~〗下絵を残す

【画虎类狗】huà hǔ lèi gǒu〖成〗(虎を描いて犬に似る>)高望みをしたあげく,物笑いの種になる ㊥〖画虎类反犬〗〖画虎不成反类犬〗

【画家】huàjiā ㊇画家,絵かき

【画架】huàjià ㊇イーゼル

【画卷】huàjuàn ㊇絵巻㊈,巻物になった絵;㊋息をのむような大自然の光景や胸をうつ合戦の場面

【画廊】huàláng ㊇①飾り絵の描かれた廊下や回廊 ②画廊,ギャラリー

【画龙点睛】huà lóng diǎn jīng〖成〗(竜を描いて目をかき入れる>)最後に一つ手を加えて完璧㊈なものにする(文章や演説など)

【画面】huàmiàn ㊇(絵画の)画面,(映画等の)映像

【画皮】huàpí [名]（妖怪が美女に化けるための）人間の皮;《転》偽装, 仮面〖剥～〗化けの皮を剥ぐ
【画片】huàpiàn（'画片儿 huàpiānr' ともいう）[名]〔张〕印刷した小さな絵, 絵画カード
*【画蛇添足】huà shé tiān zú《成》（蛇を描いて足をつけたす＞）蛇足(だそく)を加える, 余計なことをして事をぶちこわす
【画师】huàshī [名] 絵師, 画家
【画十字】huà shízì [動] ①（キリスト教徒が）十字を切る ②（文字を知らない人がサイン代わりに）'十'を書く
【画室】huàshì [名]〔间〕アトリエ
【画图】huà'tú [動] 図形や地図をかく ── huàtú [名]（多く比喩としての）絵, 画像〖一幅山地生活的～〗山の暮らしを描く一幅の絵（というべき文章）
【画像（画象）】huàxiàng [名]〔张・幅〕肖像画, 似顔絵［自～］自画像 ── huà'xiàng [動] 肖像画をかく
【画页】huàyè [名] グラビアページ
【画展】huàzhǎn [名] 絵画展〖举办～〗絵画展を開く
【画轴】huàzhóu [名]（絵の）掛軸

【怀（懷）】huái [名] 胸, ふところ〖抱在～里〗胸中に抱く ─ [動] ① 胸中にもつ,（考えを）抱く〖～着极大的兴趣〗大きな興味をもつ ② 身ごもる, はらむ［～胎］身ごもる
⊗① 思い, 胸のうち［开～］打ち解ける ② 懐(なつ)かしむ, 偲(しの)ぶ ③（H-）姓
【怀抱】huáibào [名] 胸, ふところ ─ [動] ① 胸に抱く ② 胸中にもつ,（考えを）抱く〖～着理想〗理想を抱く
【怀表】huáibiǎo [名]〔块・只〕懐中時計 [関][手表]
【怀鬼胎】huái guǐtāi [動] 悪事をたくらむ, 胸中に後ろ暗い事がある
【怀恨】huái'hèn [動] 恨みをもつ〖～别人〗他人を恨む
【怀旧】huáijiù [動]《書》昔を懐しむ, 思い出にひたる
**【怀念】huáiniàn [動] 懐しむ, 恋しく思う〖～故乡〗ふる里を恋う
【怀柔】huáiróu [動] 懐柔する, 手なずける［～政策］懐柔政策
**【怀疑】huáiyí [動] ① 疑う, 怪しむ（[同][疑惑]）〖～她的能力〗彼女の能力を疑う〖引起～〗疑念をもたせる ② 推測する [同][猜测]
*【怀孕】huái'yùn [動] 妊娠する, 身ごもる [同][怀胎]

【徊】huái ⊗→[徘 pái～] ⇨huí

【淮】Huái ⊗ 淮河(わいが)［～河］淮河 ♦河南から安徽を経て江蘇にいたる大河
【淮北】Huáiběi [名] 淮北(わいほく)地方 ♦淮河以北の地域. 特に安徽省の北部をいう
【淮海】Huái-Hǎi [名] 淮海(わいかい)地方 ♦淮河以北, 徐州市から連雲港市にかけての地域をいう
【淮剧】huáijù [名] 淮(わい)劇 ♦江蘇省淮陰・塩城一帯の地方劇
【淮南】Huáinán [名] 淮南(わいなん)地方 ♦淮河と長江にはさまれた地域, 特に安徽省中部をいう

【槐】huái ⊗① エンジュ［～豆］エンジュの実［洋～］アカシア ②（H-）姓
【槐树】huáishù [名]〔棵〕エンジュ

【踝】huái ⊗ くるぶし［～子骨］同前

【坏（壞）】huài [形]（[反][好]）① 悪い〖他脾气～〗彼は性格がよくない ② 悪質な, 害になる［～事］悪事 ─ [動] ① 悪くなる, こわれる〖鱼～了〗魚が腐った ②〔賓語を伴い〕悪くする〖～了肚子〗お腹をこわす ③〔補語として〕心身が極限状態になる〖忙～了〗目がまわるほど忙しい〖乐～了〗有頂天になる ─ [名]〔多く賓語として〕よからぬ考え, 不正な方策〖使～〗汚い手を使う
【坏处】huàichù [名]（他に対する）害, 欠点 [反][好处]
【坏蛋】huàidàn [名]《口》（人をののしって）ろくでなし, 悪(わる)
【坏分子】huàifènzǐ [名]（盗み・殺人などの）悪質分子 ♦かつては政治的身分の一つ
【坏话】huàihuà [名]〔句〕悪口
【坏人】huàirén [名] ① 悪人, 悪いやつ ② [同][坏分子]
【坏死】huàisǐ [動]《医》壊死(えし)する
【坏血病】huàixuèbìng [名] 壊血病

【欢（歡 *懽）】huān [形]《方》〔多く補語として〕勢い盛んな, 元気な〖庄稼长得正～〗作物がよく育っている
⊗ 喜ぶ, 楽しむ［～心］喜び好む気持ち
【欢蹦乱跳】huān bèng luàn tiào《成》元気はつらつ, 元気にとびはねている
【欢度】huāndù [動] 楽しく過ごす〖～佳节〗祝日を楽しく過ごす
【欢呼】huānhū [動] 歓呼の声をあげる〖～万岁〗バンザイを叫ぶ
【欢快】huānkuài [形] 心弾むような, 陽気で軽やかな
*【欢乐】huānlè [形] うきうき楽しい
【欢声】huānshēng [名] 歓呼の声〖～雷动〗歓声が天をどよもす
【欢送】huānsòng [動] 歓送する〖～外宾〗外国からの客を見送る［～会］歓送会
【欢腾】huānténg [動] 喜びに沸く

〖举国~〗国中が喜びに沸き返る

【欢天喜地】huān tiān xǐ dì〈成〉有頂天になって大喜びするさま

【欢喜】huānxǐ 厖 嬉しい,楽しい [快乐] — 動[方]好む 働[普][喜欢]

【欢笑】huānxiào 動 楽しげに笑う

【欢欣】huānxīn 厖 嬉しさ一杯の [~鼓舞]喜びに舞いあがる,踊りあがって喜ぶ

【欢迎】huānyíng 動 ① 歓迎する,喜んで迎える [夹道~]道に並んで出迎える ② 喜んで受け入れる [~你提出意见]ぜひ意見を聞かせて下さい

【獾】huān ⊗[猪~][狗~]アナグマ

【还】(還) huán 動 ① (借りたものを)返す [~他十块钱]彼に10元返す ⊗ ① (もとの状態,場所に)戻す,帰る [~乡]故郷に戻る ② お返しする,仕返しする [以牙~牙]歯には歯を ③ (H-)姓 ⇨ hái

【还本】huán'běn 動 元金を返済する [~付息]借金を利息をつけて返す

【还击】huánjī 動 反撃する 働[回击][反击]

【还价】huán'jià 動(~儿)値切る [讨价~](売り手と買い手が)値段を駆け引きする

【还手】huán'shǒu 動 殴り返す,やり返す,手向かいする

【还席】huán'xí 動(宴会に招かれたあと)返礼の宴会をする 働[回席]

*【还原】huán'yuán 動 ① もとの状態に戻る,原状に復す ②[化]還元する [~剂]還元剤

【还愿】huán'yuàn 動 ①(願いがかなったあと神仏に)お礼参りする,願ほどきする 働[许愿] ② 約束を履行する

【还债】huán'zhài 動 借金を返す,負債を返済する 働[借债]

【还嘴】huán'zuǐ 動 口答えする

【环】(環) huán 图(~儿)輪,輪状のもの [耳~]イヤリング — 圖 射撃やアーチェリーなどの得点を表わす単位 [命中九~]9点(の輪)に命中した ⊗ ① 連鎖の一環,関連しあったものの中の一部 [一~]一環,一部分 ② 囲む,取り巻く [四面~山]四方を山に囲まれている ③(H-)姓

【环靶】huánbǎ图(弓や射撃などの)同心円をいくつかかいた的,丸い標的

【环保】huánbǎo 图(略)環境保護

【环抱】huánbào 動(山などの自然が)囲む,取り巻く [群山~着主峰]山々が主峰を取り巻く

【环顾】huángù 動[書]見回す [~四周]四方を見渡す

【环节】huánjié 图 ① 重要な一環,繋がりあうものの中の大事な一部分 働[关键] [主要~]キーポイント ②[生]環節 [~动物]環節動物

*【环境】huánjìng 图 環境,周囲の状況 [保护~]環境を護る [~保护]環境保護 [~标志]エコマーク [~激素]環境ホルモン [~污染]環境汚染

【环球】huánqiú图 全地球,全世界 働[寰球] — 動(多く状語として)地球を一周する,世界を巡る [~旅行]世界一周旅行

【环绕】huánrào 動 取り巻く,周りを回る 働[围绕] [~地球一圈]地球を一回りする

【环食】huánshí 图[天]金環食 [日~]

【环视】huánshì 動 ぐるりと見回す

【环行】huánxíng 動 周りを回る,輪状のコースを進む [~电车]環状線

【环形】huánxíng 厖 輪状の,環状の [~山]月のクレーター

【环子】huánzi 图 輪,環状のもの [门~]門扉に取りつける金属製で輪状のノッカー

【洹】Huán ⊗ 河南省の川の名

【桓】Huán ⊗ 姓

【寰】Huán ⊗ 広域 [人~]《書》人の世 [~海]四方の海

【寰球(环球)】huánqiú图 全地球,全世界 働[寰宇]

【缳】(繯) huán ⊗ ① ひもや縄で結んだ輪 [投~]《書》首をつる ② 絞め殺す [~首]《書》絞首刑に処す

【鹮】(䴉) huán ⊗[朱~]トキ

【鬟】huán ⊗ 丸髷

【缓】(緩) huǎn 動 ① 遅らせる,先に延ばす [~几天]二三日延ばす ② 蘇生する,元気を取り戻す [蔫 niān 了的苗又~过来了]しおれた苗がまた元気になった ⊗ ① ゆっくりした,ゆるやかな [~不济急]遅い動作は急場の用に間に合わない,泥縄式では間に合わぬ ② 緊張が解かれた

【缓冲】huǎnchōng 動 衝突を和らげる [~剂]緩衝剤 [~地带]緩衝地帯 [~作用]ショックを和らげる働き,緩衝効果

*【缓和】huǎnhé 動 和らぐ(らげる),緩和する(させる)働[和緩] [~空

気〕その場の空気を和らげる〚风势慢慢～下来了〛風は次第に収まってきた
【缓缓】huǎnhuǎn〔多く状語として〕ゆるゆるとした,ゆっくりした〚～地散步〛ゆっくり散歩する
【缓急】huǎnjí 名 ①緩と急,穏やかな状況と切迫した状況〚轻重～〛事柄の軽重と緩急 ②緊急事態,急場
★【缓解】huǎnjiě 動 緩和する
【缓慢】huǎnmàn 形 のろい,緩慢な
【缓期】huǎn'qī 動 延期する,日延べする〚～三年执行〛執行猶予3年〚～付款〛支払いを延期する
【缓气】huǎn'qì 動 ほっとひと息つく,(休んで)息を整える〚缓了一口气〛ほっとひと息ついた
【缓刑】huǎnxíng 動 執行猶予とする〚判～〛同前の判決を下す
【缓征】huǎnzhēng 動 徴発や徴税を延期する

【幻】huàn 区 ①不思議な変化をする〚风云变～〛天下の情勢が目まぐるしく動く ②幻の,実体のない〚～影〛幻の光景
【幻灯】huàndēng 名 ①幻灯〚放～〛幻灯を映す〚一片〛スライドフィルム ②〔台〕スライドプロジェクター 国〚～机〛
【幻景】huànjǐng 名 幻の光景,幻影 国〚幻影〛
【幻境】huànjìng 名 幻想の世界〚走进～〛夢の国に踏み込む
【幻觉】huànjué 名 幻覚,幻想
【幻灭】huànmiè 動 幻滅する,(希望が)夢まぼろしと消え失せる
★【幻想】huànxiǎng 名 幻想,空想〚抱有～〛幻想を抱く ━ 幻想する,夢見る
【幻象】huànxiàng 名 幻影,幻覚

【宦】huàn 区 ①役人,官吏 ②宦官 ③役人になる,官途につく〚仕～〛《書》同前 ④(H-)姓
【宦官】huànguān 名 宦官 国〚太监 tàijiàn〛
【宦海】huànhǎi 名 官界,役人の世界

【涣】(渙) huàn 区 消え失せる〚～然冰释〛(疑念などが)きれいさっぱり氷解する
【涣散】huànsàn 形 (士気や規律が)たるんだ,だらけた

【换】(換) huàn 動 ①交換する〚以西瓜～大米〛スイカを米と交換する ②取り替える〚～车〛乗り換える〚～衣服〛着替える ③両替えする
【换班】huàn'bān 動 ①(時間交替制で)勤務を交替する,交替で勤務につく ②〔转〕(多く指導層が)世代交替する
【换工】huàn'gōng 動 農家同士が労働力を交換する ♦人と人,牛と牛,人と牛等の労働交換がある 国〚变工〛
【换钱】huàn'qián 動 ①両替えをする ②(売って)金に換える,換金する
【换取】huànqǔ 動 交換する,引き替えに受け取る〚用画儿～书〛絵を本と取り替える
【换算】huànsuàn 動 換算する〚用日元～人民币〛日本円を人民元に換算する
【换汤不换药】huàn tāng bú huàn yào《俗》二番煎じ ♦形式だけ変えて内容を変えないことを例える
【换文】huànwén 名 (国家間の)交換公文
━━ huàn'wén 文書を取り交わす
【换洗】huànxǐ 動 (衣服やシーツなどを)取り替えて洗う〚～的衣服〛洗い替え
【换牙】huàn'yá 歯が生えかわる

【唤】(喚) huàn 動 大声で呼ぶ,叫ぶ ♦相手を呼んだり注意を喚起したりする〚～狗〛犬を呼ぶ〚呼～〛呼び掛ける
【唤起】huànqǐ 動 ①元気づける,奮い立たせる ②(注意や記憶を)呼び起こす,喚起する
【唤醒】huànxǐng 動 呼び醒ます〚～群众起来斗争〛大衆を闘争に立ち上がらせる

【焕】(煥) huàn 区 明るい,輝かしい〚～然一新〛面目を一新する
【焕发】huànfā 動 ①光り輝く,きらめく〚容光～〛健康美に輝く ②奮い起こす,かきたてる〚～青春的活力〛青春の活力を奮い起こす

【痪】(瘓) huàn 区 →〔瘫tān～〕

【浣】(*澣) huàn 区 ①洗う〚～熊〛アライグマ ②ひと月を三分する古代の単位〚上～〛上旬

【鲩】(鯇) huàn 区 〚～鱼〛ソウギョ

【患】huàn 動 患う,病気になる〚～肝炎〛肝炎にかかる
区 ①災難,禍〚水～〛水害 ②気に病む,心配する
【患病】huàn'bìng 動 患う,病気にかかる
【患处】huànchù 名 患部
【患得患失】huàn dé huàn shī《成》個人の利害得失に汲汲とする

* **【患者】** huànzhě 图 患者, 病人
* **【逭】** huàn ⊗ 逃げる
* **【豢】** huàn ⊗ 以下を見よ
* **【豢养】** huànyǎng 动 (家畜を) 飼育する;〈転〉(手先となる人間を) 飼う, 養う
* **【肓】** huāng ⊗ →［病入膏肓～］
* **【荒】** huāng 动 ① (土地が) 荒れる, 草ぼうぼうになる〖～了几十亩地〗何十ムーもの土地が荒れ果てた ② (技術や学業が) 鈍る, 荒れる
  ⊗ ① 荒地, 耕されていない土地［开～］未開の土地を開墾する ② 作柄の悪い, 不作の［备～］凶作に備える ③ ひどく足りない［房～］深刻な住宅難 ④ 理屈にもとる, でたらめな ⑤ 野放図な, 気ままな
* **【荒诞】** huāngdàn 形 でたらめな, 常軌を逸した［～无稽］［～不经］荒唐無稽な［～文学］不条理の文学
* **【荒地】** huāngdì 图 [块・片] 荒れ地, 耕作されていない土地
* **【荒废】** huāngfèi 动 ① 土地を (耕さずに) 放っておく ② (技術や学業が) 鈍る, 荒れる (🔁 [荒疏])［～了学业］学業をおろそかにした ③ 利用せずに放っておく, (時間を) 無駄にする
* **【荒凉】** huāngliáng 形 さびれた, もの寂しい［一片～］荒涼たる風景
* **【荒谬】** huāngmiù 形 でたらめ極まる, 余りに非常識な
* **【荒漠】** huāngmò 图 砂漠, 荒野［～化］砂漠化する 形 荒漠たる
* **【荒年】** huāngnián 图 凶作の年, 飢饉の年 反 [丰年]
* **【荒僻】** huāngpì 形 辺鄙な
* **【荒歉】** huāngqiàn 形〚多く定語として〛凶作の, 飢饉の〖～的年头儿〗凶作の年
* **【荒唐】** huāngtang/ huāngtáng 形 ① (言動が) ばかげた, むちゃくちゃな ② (行ないが) だらしない, 締まりがない
* **【荒无人烟】** huāng wú rényān (成) 住む人もなく荒涼たるさま
* **【荒芜】** huāngwú 形 (田畑が) 草ぼうぼうの, 荒れるにまかせた
* **【荒野】** huāngyě 图 [片] 荒れ地, 荒野
* **【荒淫】** huāngyín 形 酒色におぼれた, 放蕩三昧の
* **【荒原】** huāngyuán 图 荒野, 未墾地
* **【慌】** huāng 形 慌てた, 落ち着かない, 浮足立った 动 慌てさせる〖～了手脚〗ばたばたと慌てる〖～了神儿〗うろたえる

——huang 形 (口) 《"…得～"の形で補語として》耐え難いほど…である［累得～］ぐったり疲れた

* **【慌里慌张】** huāngli huāngzhāng 形 慌てふためいている, 取り乱した
* **【慌乱】** huāngluàn 形 あたふた慌てる, 取り乱した
* **【慌忙】** huāngmáng 形 慌ただしい (🔁 [急忙])［～赶到车站］急いで駅に駆けつける
* **【慌张】** huāngzhang/ huāngzhāng 形 心が落ち着かない, あたふたしている 反 [沉着]
* **【皇】** huáng ⊗ ① 皇帝, 君主［女～］女帝 ② 盛んな (H-) 姓
* **【皇朝】** huángcháo 图 (自分が生きているときの) 王朝, 朝廷
* **【皇帝】** huángdì 图 皇帝
* **【皇甫】** Huángfǔ 图 姓
* **【皇宫】** huánggōng 图〔座〕皇居, 宮殿
* **【皇后】** huánghòu 图 皇后
* **【皇家】** huángjiā 图 皇室, 皇帝の家族 (🔁 [皇室])
* **【皇上】** huángshang 图 (口) 皇帝陛下
* **【皇太子】** huángtàizǐ 图 皇太子
* **【皇子】** huángzǐ 图 皇子, 皇帝の男子
* **【隍】** huáng ⊗ 城壁を取り巻く空堀
* **【凰】** huáng ⊗ →［凤 fèng ～］
* **【徨】** huáng ⊗ →［彷 páng ～］
* **【惶】** huáng ⊗ 恐れる, 不安がる［惊～］浮足立つ
* **【惶惶(皇皇)】** huánghuáng 形 (書) おどおどしている, びくびく落ち着かない［～不可终日］終日不安におびえている
* **【惶惑】** huánghuò 形 (事情が分からなくて) ひどく不安な, 心まどう〖～的心情〗不安な気持ち［～不安］落ち着かないことおびただしい
* **【惶恐】** huángkǒng 形 ひどく恐縮した, 恐れあわてた〚神色十分～〛恐縮した表情をしている［～万状］恐れおののく
* **【遑】** huáng ⊗ ひま［不～…］…する暇がない［何～…］どうして…していられよう［～～］慌ただしく
* **【煌】** huáng ⊗ 明るい［辉～］輝かしい
* **【煌煌】** huánghuáng 形 (書) 輝かしい, きらきらまばゆい［明星～］星がきらめく
* **【蝗】** huáng ⊗ イナゴ［飞～］ハネナガイナゴ［灭～］イナゴ退治

【蝗虫】huángchóng [名]〔只〕イナゴ
【蝗灾】huángzāi [名] イナゴによる災害 [同][蝗害]
〖篁〗 huáng ⊗①竹やぶ，竹林 ②竹［修～］高く伸びた竹
【黄(黃)】huáng [形] 黄色い ♦色の幅が広く，赤土色まで含む ━ [動]《口》おじゃんになる，ふいになる
⊗①(H-) 黄河 ②(H-) 姓 ③猥褻(わいせつ)な［～片］ポルノ映画［扫～］ポルノ一掃
【黄包车】huángbāochē [名]《方》〔辆〕人力車([同]《普》[洋车][人力车])〚拉～〛人力車を引く
【黄檗(黄柏)】huángbò [名]〚植〛キワダ，オウバク [同][黄波椤]
【黄灿灿】huángcàncàn [形]（～的）黄金色をした，まばゆい黄色の
【黄疸】huángdǎn [名]①黄疸(おうだん) [同][黄病] ②〚農〛(小麦などの)キサビ病 [同][黄锈病]
【黄道吉日】huángdào jírì [名] 黄道吉日 [同][黄道日]
【黄澄澄】huángdēngdēng [形]（～的）山吹色の，金色に輝く
【黄豆】huángdòu [名]〔粒・颗〕大豆(だいず)［～粉］きな粉
★★【黄瓜】huánggua/ huángguā [名]〔根・条〕キュウリ [同][胡瓜]
【黄海】Huánghǎi [名] 黄海
【黄河】Huánghé [名] 黄河［不到～心不死］やると決めたら最後までやり通す
【黄褐色】huánghèsè [名] 黄褐色
【黄花】huánghuā [名]①菊の花 [同][菊花] ②(～儿)〚植〛カンゾウ，ワスレナグサ [同][金针菜][黄花菜] ━ [形]《口》〘定語として〙性体験のない，おぼこの，童貞の
【黄花地丁】huánghuā dìdīng [名] タンポポ [同][蒲公英]
【黄花女儿】huánghuānǚr [名] おぼこ，生娘 [同][黄花闺女]
★【黄昏】huánghūn [名] たそがれ，夕暮れ [同][傍晚]
★★【黄金】huángjīn [名] 金，黄金(こがね)［～市场］金市場［～储备］正貨準備 ━ [形]〘定語として〙この上なく貴重な［～季节］最良の季節［～时间］ゴールデンタイム［～周］ゴールデンウィーク
【黄金时代】huángjīn shídài [名]①繁栄をきわめた時期，黄金時代 ②人生最良の時期
【黄酒】huángjiǔ [名] もち米やうるちから醸造した酒 ♦色はウイスキーに似て，アルコール度は日本酒なみ．'绍兴酒' に代表される．([同][老酒] [関][白酒])〚酿～〛同前をつくる
【黄口小儿】huáng kǒu xiǎo ér《成》くちばしの黄色い小僧
【黄鹂】huánglí [名]〔只〕コウライウグイス [同][黄莺][鸧鹒 cānggēng]
【黄连】huánglián [名]〚植〛オウレン(漢方薬となる)
【黄粱梦】huángliángmèng [名] 邯鄲(かんたん)の夢，はかない夢 [同][黄粱美梦][一枕黄粱]
【黄栌】huánglú [名]〔棵〕マルバハゼ，オウロ
【黄绿色】huánglǜsè [名] 黄緑色，きみどり
【黄毛丫头】huángmáo yātou [名] 小娘，尼っ子
【黄梅季】huángméijì [名] 梅雨期，つゆどき [同][黄梅天]
【黄梅戏】huángméixì [名] 黄梅戯 ♦安徽中部の地方劇
【黄梅雨】huángméiyǔ [名]〔场〕梅雨，つゆ [同][梅雨][霉雨]
【黄牛】huángniú [名]①〔头・条〕牛 ♦水牛と区別していい，あか牛，くろ牛の両方を含む ②《方》ダフ屋
【黄牌】huángpái [名]〔张〕イエローカード
【黄泉】huángquán [名] あの世，黄泉(よみ)の国［命归～］あの世へ旅立つ
【黄壤】huángrǎng [名] あか土 ♦特に中国南方から西南地域に多い土壌
【黄色】huángsè [名]①黄色［～炸药］TNT(火薬) ②〘定語として〙腐敗堕落(した)［～工会］御用組合 ③〘定語として〙猥褻(わいせつ)(な)［～文学］ポルノ小説
【黄熟】huángshú [動](作物が)黄熟(こうじゅく)する〚谷子～了〛粟が実った
【黄鼠狼】huángshǔláng [名]〔只〕イタチ([同][黄鼬])［～给鸡拜年］(イタチが鶏に年賀を言う>)黒い下心がある
【黄铜】huángtóng [名] 真鍮(しんちゅう)
【黄土】huángtǔ [名] 黄土(こうど) ♦中国西北地域の土壌［～高原］黄土高原
【黄锈病】huángxiùbìng [名]〚農〛(小麦などの)キサビ病 [同][黄疸]
【黄杨】huángyáng [名]〚植〛ヒメツゲ ♦彫刻や細工物の材料にする
【黄油】huángyóu [名]①バター([同][奶油])〚抹～〛バターを塗る［人造～］マーガリン ②〚工〛グリース
【黄鼬】huángyòu [名]〔只〕イタチ [同][黄鼠狼]
【黄种】Huángzhǒng [名] 黄色人種 [関][黑种]
〖潢〗 huáng ⊗→［装 zhuāng～］
〖磺〗 huáng ⊗イオウ［硫～］イオウ
【磺胺】huáng'àn [名]〚薬〛スルファミン［～剂］サルファ剤

【簧】 huáng 图 ①（管楽器などの）リード ②ばね状のもの［弾～］ばね

【蟥】 huáng ⊗→［蚂mǎ～］

【恍】 huǎng ⊗① はっと，突然に（悟る）②［'如'や'若'と結びついて］まるで…のようだ［～隔世］正しく隔世の感がある

【恍惚（恍忽）】 huǎnghu/ huǎnghū 形 ①意識がぼやけた，うっとりとした ②［多く状態として］ぼんやりとした，おぼろげな［～听见有人叫我］誰かが呼ぶのが聞こえたような気がする

【恍然】 huǎngrán 副 はたと，突然に（悟る）

*【恍然大悟】 huǎngrán dà wù〈成〉はたと悟る

【晃】 huǎng 動 ①（光が）きらめく，まぶしく光る［～眼］目を射る，眩しい ②一瞬現われる，さっと過ぎる［一～就不见了］さっと目をかすめて消えた
⇒huàng

【幌】 huǎng ⊗ 幔幕まん

【幌子】 huǎngzi 图 ①（旧風の）商店の看板・大きな商品模型，商品の絵をかいた板などを使う ⑲〈望子〉②〈転〉名目，隠れ蓑［打着支援的～］支援を名目にして…

【谎】(謊) huǎng 图 ［'说''撒''扯'などの賓語として］うそ，偽り［撒 sā～］うそをつく

【谎报】 huǎngbào 動 虚偽の報告をする，うそを教える［～年龄］年齢を偽る

【谎花】 huǎnghuā 图（～儿）徒花あだ，むだ花［开～］徒花が咲く

【谎话】 huǎnghuà 图〈句〉うそ，偽り（⑲〈谎言〉）［他爱说～］あいつはうそが多い

【谎价】 huǎngjià 图（～儿）掛け値［要～］掛け値を言う

【晃】(*提) huàng 動 揺れ動く，揺さぶる［～来～去］ゆらゆらと揺れる［～～手说］手をゆらゆらさせて言った
⇒huǎng

【晃荡】 huàngdang 動（同じ方向で）ゆらゆら揺れる

【晃动】 huàngdòng 動 ゆらゆら揺れる［摇晃］

【晃悠】 huàngyou 動 ゆらゆら揺れる［在微风里～］そよ風に揺れる［走路晃晃悠悠 huànghuangyōuyōu］歩き方がふらついている

【灰】 huī 图 ①灰は［一堆～］ひと山の灰［烟～］たばこの灰 ②ほこり［积了一层～］ほこ

りが積もった ③石灰［和 huó～］石灰を練る 一 形 灰色の［布の顏色是～的］布の色は灰色だ［～毛衣］灰色のセーター
⊗ しょんぼりする，がっかりする［心～意懒］意気消沈する

【灰暗】 huī'àn 形 薄暗い，どんよりした

【灰白】 huībái 形 灰白色の，青白い［脸色～］顔色が青ざめている［～色］薄ネズミ色

*【灰尘】 huīchén 图 ほこり，ちり［掸掉～］ほこりを払う

【灰浆】 huījiāng 图 ①しっくい［抹～］しっくいを塗る ②モルタル

【灰烬】 huījìn 图 燃えかす，灰燼かい［化为～］灰燼に帰す

【灰溜溜】 huīliūliū 形（～的）①（色が）陰気くさい，くすんだ ②元気がない，しょんぼりした

【灰蒙蒙】 huīmēngmēng 形（～的）どんよりした，暗くぼやけた

【灰色】 huīsè 图 灰色，ネズミ色 一 形［定語として］①灰色の，ネズミ色の ②悲観的な，希望のない［～的人生］灰色の人生 ③曖昧あいな，はっきりしない［～收入］不透明な収入，副業収入

【灰沙】 huīshā 图 土ぼこり，砂塵

【灰土】 huītǔ 图 土ぼこり，ほこり［扬起一片～］土ぼこりが舞い上がる

*【灰心】 huīxīn 動 がっくりくる，意気沮喪する［失败不～］失敗してもくじけない

【诙】(詼) huī ⊗ 滑稽だいな，ふざけた

【诙谐】 huīxié 形 滑稽な，ユーモラスな［～曲］ユモレスク

【恢】 huī ⊗ 大きな，広々とした

*【恢复】 huīfù 動 元の状態に戻る，取り戻す，回復する［秩序～了］秩序が戻った［～权利］権利を回復する

【恢弘（恢宏）】 huīhóng〈書〉動 発揚する，盛んにする［～士气］士気を高める 一 形 大きな，広々とした

【恢恢】 huīhuī 形〈書〉広大無辺の，極めて大きい→［天网～］

【挥】(揮) huī 動 振る，揮う振り回す［～笔］揮毫きを する［～大刀］刀を振り回す
⊗ ① 汗や涙を手でぬぐう［～汗如雨］汗びっしょりになる ② 軍隊を指揮する［～师］軍を率いる ③ まき散らす，分散させる［～金如土］湯水のごとくに金を使う

【挥动】 huīdòng 動 振る，揮う［～着手臂］手を振っている

【挥发】 huīfā 動（ガソリン，アルコールなどが）揮発する［～性］揮発性［～油］揮発油

【挥毫】huīháo 動〈書〉揮毫する
*【挥霍】huīhuò 動〈貶〉湯水のごとくに金を使う ― 形〈書〉洒脱な
【挥手】huīˇshǒu 動 手を振る〚他一~, 把猫打下桌子〛彼は手を振って猫をテーブルからはたき落とした
【挥舞】huīwǔ 動（手にした物を）振る, 振りかざす〚~花束〛花束を振る

【晖(暉)】huī ⊗ 陽光, 日の光〚朝~〛朝の光

【辉(輝)】huī ⊗ ①輝き, 光 ②照り輝く
*【辉煌】huīhuáng 形 輝かしい〚~的文化〛壮麗な文化〚灯火~〛灯火まばゆい
【辉映(輝映)】huīyìng 動 照り輝く, 照らし合う〚交相~〛（灯などが）輝きあっている

【麾】huī ⊗ ①昔の軍の指揮用の旗〚~下〛〈書〉部下 ②軍隊を指揮する

【徽】huī ⊗ ①集団の標識, 印〚~校~〛校章 ②美しい, 素晴らしい〚~号〛立派な称号 ③(H-)徽州（現在の安徽省歙県）の略称
【徽记】huījì 名（組織や団体の）マーク, 標識 ⑲[标记]
【徽剧】huījù 名 徽劇⇨ ◆安徽一帯の地方劇, '徽調'ともいう
【徽墨】huīmò 名 徽州産の墨 ◆墨の中では代表的な製品とされる
【徽章】huīzhāng 名〔顆・枚〕記章, バッジ〚佩带~〛バッジを付ける

【回(*囘 回)】huí 動 ①帰る, 戻る〚~家〛帰宅する ②向きを変える〚~过身来〛こちらに向き直る ③（行為を）返す, 答える ④断わる, キャンセルする ⑤（方向補語として（軽声になることも））本来の場所（有利な状況）に戻す, 戻る(→〚~来〛〚~去〛)〚放~原处〛もとの場所に戻す ― 量 ①事柄や動作の回数を数える〚去过三~〛3度行った〚这是怎么~事?〛これはどういうことだ ②講談の区切りや旧小説の章を数える〚这部小说有七十~〛この小説は70回本だ
⊗ ①(H-)回族の略称 ②(H-)姓

【—(廻 *廻)】huí 動 めぐる, ぐるぐる曲がる〚巡~〛巡回する

【回拜】huíbài 動（多く下位の者が上位の者に）答礼訪問する
*【回报】huíbào 動 ①復命する, 任務に関して報告する ②報いる, 恩返しする ⑲[报答] ③仕返しする, 報復する ⑲[报复]
*【回避】huíbì 動 ①よける, 回避する ②〈法〉回避する
【回驳】huíbó 動 反駁はげきする
【回肠荡气】huí cháng dàng qì〈成〉（文章や楽曲などが）心を揺さぶる, 感動を誘う ⑲[荡气回肠]
【回潮】huícháo 動 ①（いったん乾燥していたものが）再び湿る ②（悪癖などが）ぶり返す, （旧習などが）息を吹き返す
【回车键】huíchējiàn 名 リターンキー, エンターキー
【回程】huíchéng 名 帰路, 旅の帰り 劣[去程]
【回春】huíchūn 動 ①春が戻ってくる〚大地~〛春ふたたび ②（医術や医薬が）重病人を蘇らせる, 生き返らせる〚妙手~〛神業のごとき医術で瀕死の病人を蘇らせる
*【回答】huídá 動 回答する, 返答する〚请~我一个问题〛一つ質問に答えて下さい
【回电】huídiàn 名〈封〉返電
── huíˇdiàn 動 電報で返事を伝える, 返電を打つ
【回跌】huídiē 動（価格が一度上がったあと）また下落する〚物价~〛物価が再び下落する
【回访】huífǎng 動 答礼訪問する
【回复】huífù 動 ①（多く書信によって）返事する, 回答する ②原状に戻し, 回復する ⑲[恢复]
*【回顾】huígù 動 回顧する〚~我这一辈子〛私の生涯を振り返る
【回光返照】huíguāng fǎnzhào〈成〉（日が沈んだ直後の照り返し）滅びる寸前のつかの間の隆盛や死の直前のつかの間の元気を例える
【回光镜】huíguāngjìng 名 反射鏡
【回归】huíguī 動 ①後退する, 逆戻りする ②復帰する〚~祖国〛祖国に復帰する
【回归线】huíguīxiàn 名 回帰線〚北~〛北回帰線
【回锅】huíˇguō 動 煮なおす, 再加熱する〚~肉〛四川料理の一（いったん塊で煮た豚肉を切って油で炒める）
【回合】huíhé 名 試合の手合せ
【回纥】Huíhé 名〈史〉古代の民族名. のちの '维吾尔族' (ウイグル族)と関係 ⑲[回鹘 hú]
【回话】huíhuà 名（~儿）返答, 返事の言葉〚请你给他带个~〛彼に返事を伝えといてよ
── huíˇhuà 動 返答する, （目上に対して）お答えする
【回击】huíjī 動 反撃する, やり返す ⑲[还击]〚~敌人的进攻〛敵の進攻に反撃する
【回见】huíjiàn 動〈挨〉ではまた後刻お目にかかりましょう, じゃあまた後で ⑲[回头见]
【回教】Huíjiào 名〈旧〉イスラム教,

回教 ⑧《普》[伊斯兰教]
【回敬】huíjìng 動 ①あいさつや礼を返す 〖~你一杯酒〗君にもお返ししよう ②やり返す,仕返しする 〖~一拳〗ぽかり一発お返しする
【回绝】huíjué 動 断る,拒否回答する 〖~别人的邀请〗他人の招きを断る
【回扣】huíkòu 名〖笔〗リベート
【回馈】huíkuì 動 (社会に)フィードバックする ⑧〖反馈〗
【回来】huílai/ huílái 動 帰ってくる 〖从上海~〗上海から帰ってくる 〖回来了〗家に帰ってきた 〖回不来〗戻ってこられない
—— -huílai/ -huílai -huílái 動《方向補語として》本来の場所に戻ってくる 〖叫~〗呼び戻してくる 〖买~一本词典〗辞書を買って帰ってきた 〖拿回来〗家に持って帰ってくる 〖带不~〗持ち帰ってこられない
【回廊】huíláng 名 回廊,折れ曲がった廊下
【回礼】huí˙lǐ 動 ①答礼する,敬礼やあいさつに答える 〖向门卫~〗守衛の敬礼に答える ②(物を贈られて)お返しする,返礼する
—— huílǐ 名 返礼の品
【回历】Huílì 名 イスラム暦,回教暦 ◆西暦622年7月16日から起算
【回路】huílù 名〔電流の〕回路
【回落】huíluò 動 (水位や物価等が上がったあと)また下がる,反落する ⑧〖回跌〗⑧〖回涨〗
【回门】huí˙mén 動 (新婚夫婦が妻の実家に)里帰りする ◆多くは挙式から3日目,遅くても1ケ月以内
【回民】Huímín 名 回族の人
【回暖】huínuǎn 動 (寒かった天気が)また暖かくなる
【回请】huíqǐng 動 (招待された)お返しに招待する ⑧〖还席〗
【回去】huíqu/ huíqù 動 帰って行く 〖从北京~〗ペキンから帰って行く 〖回宿舍去了〗寮に帰って行った 〖回不去〗戻って行けない
—— -huíqu/ -huiqu/ -huíqù 動《方向補語として》本来の場所に戻って行く 〖寄~〗(差出人に)返送する,故郷などに郵送する 〖飞回北方去了〗北へと飛び帰って行った
【回升】huíshēng 動 (生産・温度等が一度下がって)また上がる
【回生】huíshēng 動 ①(一度身につけた技や知識を)忘れる,元の状態や水準に後戻りする ②生き返る,蘇生する→〖起死~〗
【回声】huíshēng 名 こだま,エコー
【回师】huíshī 動《書》部隊を戻す,軍を返す 〖~中原〗中原に軍を戻す
*【回收】huíshōu 動 (廃物等を)回収する 〖~废纸〗反故紙を回収する 〖~站〗廃品回収所
【回手】huíshǒu 動 ①〖多く状語的に〗手を後ろに伸ばす,振り向いて手を伸ばす 〖~关灯〗振り向きがてら電灯を消す ②殴り返す,仕返しする ⑧〖还手〗
【回首】huíshǒu 動《書》①振り向く,振り返る ②回想する 〖~往事〗昔を回顧する
【回填】huítián 動〖建〗(掘り返した土を)埋め戻す
【回条】huítiáo 名 (~儿)(使いの者に手渡す手紙や荷物の)受け取り,受領メモ ⑧〖回单儿〗
【回头】huítóu 副 あとで,後ほど 〖~再谈吧〗あとでまた話そう
—— huí˙tóu 動 ①振り向く,振り返る 〖回过头来看看吧〗振り返って見てごらん ②リピーター ③改心する,非を悔いる 〖现在~还不晚〗改めるなら今からでも遅くはない
【回味】huíwèi 動 あとあと 思い出して熟考する 〖~她说的话〗あの人の言葉をじっくりかみしめる
【回响】huíxiǎng 名 ①こだま ②反応,反響 —— 動 こだまする,反響する 〖总不断地~在我的耳边〗いつも私の耳元に聞こえてくる
【回想】huíxiǎng 動 回想する,思い起こす
【回心转意】huí xīn zhuǎn yì (成) 機嫌を直す,(よい方に)気が変わる
【回信】huíxìn 名 ①〔封〕返信,返事 〖写~〗返事を書く ②(~儿)(口頭での)返事,答え 〖办完了,给我个~儿吧〗終わったらそう言ってくれよ
—— huí˙xìn 返事を書く,返信を出す 〖回了他一封信〗彼に返信を出した
【回旋】huíxuán 動 ①旋回する,ぐるぐる巡る 〖~曲〗ロンド ②変動ないし調整できる(余地がある),(縛られずに)動ける 〖还有~的余地〗まだ相談の余地がある
*【回忆】huíyì 動 思い出す,回想する ⑧〖回想〗〖~过去〗昔を思い出す 〖引起~〗思い出を誘う 〖~录〗回想録
【回音】huíyīn 名 ①こだま,エコー ⑧〖回声〗 ②返信,返事 〖等候~〗返事を待ちうける
【回涨】huízhǎng 動 (水位や物価が一度下がったあと)また上がる ⑧〖回落〗
【回转】huízhuǎn 動 ①向きを変える 〖~马头〗馬の向きを変える ②回転する 〖~仪〗ジャイロスコープ
【回族】Huízú 名 回族 ◆中国少数民族の一.華北・西北を中心として全国に住む.イスラム教を信仰

【回嘴】huízuǐ 動 口答えする、ののしり返す

【徊】(*回) huí ✕[低~]《書》去りがたく歩き回る ⇨huái

【洄】 huí ✕ 水流がぐるりと回る

【洄游(回游)】huíyóu 動 回遊する［产卵~］産卵回遊

【茴】 huí ✕ 以下を見よ

【茴香】huíxiāng 图《植》ウイキョウ◆茎と葉は食用に、実は香料と薬用に供する

【蛔】(*蚘 蛕) huí ✕ 回虫［~虫］同前

【悔】 huǐ 動 後悔する、悔いる［~罪］罪を悔いる［~之无及］後悔しても遅い

【悔改】huǐgǎi 動〈ふつう賓語なしで〉悔い改める

【悔过】huǐguò 動 過ちを悔いる［~书］始末書

*【悔恨】huǐhèn 動 ひどく悔やむ、深く後悔する［他~得罪了朋友］友人の機嫌をそこねたことを悔やむ

【悔婚】huǐhūn 動〈一方から〉婚約を解消する ⑯[悔亲]

【悔悟】huǐwù 動〈自分の〉誤りに気づき悔いる

【毁】 huǐ 動 ① 破壊する、駄目にする［这场大雨把麦子~了］今度の雨で小麦がやられてしまった ②《方》仕立て直す、改造する

【―(燬)】 ✕ 焼く、燃やす［焚~］焼き払う

【―(譭)】 ✕ 中傷する、そしる［诋~］誹謗する

【毁谤】huǐbàng 動 誹謗する（⑯[诽谤]）［对我的~］私に対する誹謗

【毁坏】huǐhuài 動 壊す、悪くする［一个引擎已~了］一方のエンジンはもう駄目になった［~名誉］名誉を損なう

【毁灭】huǐmiè 動 壊滅させる、消滅させる［~罪证］犯罪の証拠を〈徹底的に〉隠滅する［~性打击］壊滅的打撃

【毁伤】huǐshāng 動 壊す、傷つける［~名誉］名誉を傷つける

【毁损】huǐsǔn 動 損傷する、破損する［~古代建筑］古代の建築物を破損する

【毁誉】huǐyù 動 毀誉する、好評と悪評［不计~］世評に惑わされない

【汇】(匯 *滙) huì 動 ① 為替を組む、〈銀行や郵便局から〉送金する［给儿子~点儿钱］息子に送金する［电~］電報為替 ② 一つに集まる［~成巨流］細流が集まって大河となる

【―(彙)】 ✕① 集める、一つにまとめる ② まとめられたもの、集合物［词~］語彙

*【汇报】huìbào 動〈資料をまとめて〉報告する［向委员会~调查结果］委員会に調査結果を報告する

【汇兑】huìduì 動 為替を組む、為替で送金する

【汇费】huìfèi 图 送金手数料（⑯[汇水]）［收~］同前を取る

【汇合】huìhé 動 一つにまとまる、〈川が〉合流する

【汇集】huìjí 動 集める、集まる［~资料］資料を集める［~东京］東京に集まる

【汇款】huìkuǎn 图〔笔〕送金［收到一笔~］〈為替〉送金を受け取る ―― huì'kuǎn〈為替などで〉送金する

*【汇率】huìlǜ 图 為替相場、外貨交換レート（⑯[汇价]）［固定~］固定レート

【汇票】huìpiào 图〔张〕為替手形（⑯[汇单]）［邮政~］郵便為替

【卉】 huì 图〈観賞用の〉草［花~］花卉、草花［奇花异~］珍しい草花

【讳】(諱) huì ✕① 忌み避ける事柄や言葉、タブー［犯~］忌諱に触れる ② 諱 ③ 忌む、忌諱する［~言］口に出すのを憚る

【讳疾忌医】huì jí jì yī〈成〉〈病気がばれるのが嫌で医者にかからない〉欠点を自覚しながら直そうとしない

【会】(會) huì 图 ① 会合、集まり［开~］会議を開く ② 縁日［赶~］〈廟〉の縁日に行く ③〈旧〉頼母子講、無尽 ④ 短い時間→［~儿］― 動 ① 集まる ② 会う、会見する ③ 熟達する、巧みにできる［~英文］英語ができる ④ 理解する、分かる ⑤ 支払う ― 能①〈訓練を積んだ結果〉できる［~开车］車を運転できる ②巧みである［~写文章］文章がうまい ③…にちがいない、…するはずである［他不~来］彼は来るはずがない

✕① 団体［工~］労働組合［香~］山登りの講 ② 都会［省~］省都 ③ 時機、潮どき［适逢其~］チャンスにめぐり会う ④ ちょうど ⇨kuài

【会餐】huìcān 動 会食する

【会场】huìchǎng 图 会場、会議場

【会党】huìdǎng 图《史》会党◆反清秘密結社 '哥老会' '三合会' などの総称

【会的不忙，忙的不会】huì de bù máng, máng de bú huì《俗》できる人は落ち着いている，じたばたするのはできない人
【会馆】huìguǎn 图《旧》大都市にあった同郷人・同業者の会合や宿泊用の施設
【会合】huìhé 動 集まる，合流する
【会话】huìhuà 動（多く外国語学習の一環として）会話をする⇨［对话］［谈话］/用英语～/英語で会話する
【会见】huìjiàn 動（多く外交の場で）会見する，面会する
【会聚(汇聚)】huìjù 動（多く人が）集まる
【会客】huì'kè 動 客に会う［～室］応接室［～时间］面会時間
【会面】huìmiàn 動 会う⇨［见面］
【会儿】huìr/huǐr 图 ごく短い時間，ほんの一とき［一～］［等～］ちょっと待って
【会商】huìshāng 動（集まって）協議する，談合する
【会师】huì'shī 動 ①（独立に行動していた部隊どうしが）合流する ②（共通の目的，共同の事業のために，多くの人が）結集する，寄り集まる
【会水】huì'shuǐ 動 泳げる，泳ぎがうまい
【会谈】huìtán 動 会談する［两国～］2国間の会談
【会同】huìtóng 動（関連部門と）合同で…する［[～办理]］合同で処理する
*【会晤】huìwù 動《書》（外交などの場で）会う，面談する
【会心】huìxīn 動（言外の意味を）悟る，理解する（⇨［会意]）［～的微笑］（相手の意を）了解したことを示すほほえみ
【会意】huìyì 图《語》会意◆漢字のでき方の分類の一⇨［六书］— 動（言外の意味を）悟る，理解する（⇨［会心］）
*【会议】huìyì 图 ①《次》会議［召开～］会議を催す ②常設の協議機構［中国人民政治协商～］中国人民政治協商会議
【会员】huìyuán 图 会員
【会战】huìzhàn 動 ①会戦する［台儿庄～］台児荘会戦 ②力を結集して一気に事業を成しとげる，大規模な生産事業に総力をあげる［石油大～］油田開発大作戦
【会长】huìzhǎng 图 会長［任第一届～］第一期会長を務める
【会集】huìzhàng 動 勘定を払う（料理屋，飲み屋などで）勘定を払う◆多く，みんなの分を一人で払うことをいう

【荟(薈)】huì ⊗ 草木が繁る［～萃 cuì］（すばらしい人や物が）集まる

【绘(繪)】huì ⊗ 絵をかく［～声～色］真に迫った，描写が生きている
【绘画】huìhuà 图〔幅〕絵，絵画 — 動 絵をかく
【绘图】huìtú 動 製図する，図面を引く ⇨［制图］
【绘制】huìzhì 動（青写真を）描く，作図する［［～设计图]］設計図を作る

【烩(燴)】huì 動《食》①材料をいためたあと，少量の水と片栗粉を溶いた汁で煮る ②米飯などに肉や野菜を加えて煮込む

【海(誨)】huì ⊗ 教え導く［～人不倦］倦まずたゆまず指導する
【海淫海盗】huì yín huì dào《成》人を色ごとや盗みに誘いこむ，悪の道に引きこむ

【晦】huì ⊗ ①陰暦の毎月の最後の日，みそか ②夜，暗夜 ③暗い，ぼんやりとした［隐～］不明瞭な
【晦暝(晦冥)】huìmíng 形《書》暗い，うす暗い
【晦气】huìqi/huìqì 形 ついていない，不運な
【晦涩】huìsè 形（文学や音楽が）難解な，晦渋な［［～难懂］］チンプンカンプンだ

【贿(賄)】huì ⊗ ①財貨 ②賄賂［行～］賄賂を贈る［受～］賄賂を受ける
*【贿赂】huìlù 動 賄賂を贈る［［～当事人］］当事者に賄賂を贈る — 图 賄賂
【贿选】huìxuǎn 動 選挙で買収する［进行～］買収運動をする

【恚】huì ⊗ ①怨む［～恨］（書）同前

【彗(篲)】huì(旧読 suì) ⊗ ほうき(箒)
【彗星】huìxīng 图〔颗〕彗星，ほうき星（一般に'扫帚星'という）

【慧】huì ⊗ 聡明な，利口な［智～］智恵［～心］智恵

【秽(穢)】huì ⊗ ①汚い，汚れた［污～］同前 ②醜い，醜悪な
【秽土】huìtǔ 图 ごみ
【秽闻】huìwén 图《書》悪名◆多く淫乱による悪評
【秽行】huìxíng 图《書》（多く淫乱行為などの）醜行，汚らわしい行為

【惠】huì ⊗ ①恩恵，恩恵［受～］世話になる，恩恵を蒙る ②恵む，恩恵を与える［互～］相互に利益を与えあう ③（相手の自

分に対する行為への敬辞［～鉴］ご高覧を乞う［～赠］お贈り下さる［～顾］ご来顧下さる［～书］お手紙 ④(H-)姓
【惠存】huìcún [動]《敬》長くお留め下さいますよう ♦本や写真などを贈るときに記す言葉
【惠临】huìlín [動]《敬》ご光臨下さる〘敬请～〙どうぞご来臨賜りますよう
〖蟪〗huì ⊗［～蛄 gū］〖虫〗ニイニイゼミ
〖喙〗huì ⊗①鳥獣の口 ②人の口［不容置～］口出しを許さない
〖溃(潰 *殨)〗huì ⊗［～脓］化膿する
⇨kuì
【昏】hūn [動]①目を回す，意識を失う〘～过去了〙気を失った ②頭が混乱した，意識がぼやけた［发～］正気を失う
⊗①たそがれ，夕闇［黄～］たそがれ ②暗い，(暗くて)ぼやけた
【昏暗】hūn'àn [形]薄暗い
【昏沉】hūnchén [形]①薄暗い ②頭がぼやけた，意識が乱れた [同]［昏乱］
【昏黑】hūnhēi [形]薄暗い，暗くどんよりした
【昏黄】hūnhuáng [形]（空や灯火が）ほの暗い，ぼんやりした
【昏厥】hūnjué [動]気絶する [同]［晕厥］
【昏乱】hūnluàn [形]①意識が乱れた，朦朧(もうろう)とした ②《書》(社会が)乱れに乱れた，混乱した
★【昏迷】hūnmí [動]昏迷する，意識が遠のく [反]［苏醒］
【昏死】hūnsǐ [動]気を失う，失神する
【昏天黑地】hūn tiān hēi dì《成》①(光がなくて) 暗い，真っ暗闇の ②意識がぼやけた，目まいのする ③(世の中が) 乱れきった，光明のない ④(生活が)すさんだ，荒廃しきった
【昏头昏脑】hūn tóu hūn nǎo《成》頭が混乱した，思考力を失った状態の
【昏庸】hūnyōng [形]暗愚な，間抜けな [反]［贤明］
【昏晕】hūnyūn [動]目が回る，意識が遠のく
〖婚〗hūn ⊗①婚姻［订～］婚約する ②結婚する［～纱］ウェディングドレス
★★【婚礼】hūnlǐ [名]結婚式〘举行～〙挙式する［～蛋糕］ウエディングケーキ
【婚龄】hūnlíng [名]①(法定の) 結婚年齢 ♦現行の婚姻法では男子22歳，女子20歳〘到～〙結婚年齢に達する ②適齢期，年ごろ
【婚期】hūnqī [名]結婚の日，挙式の日取り〘～定于五月三日〙挙式は5月3日と決まった
【婚事】hūnshì [名]①縁談，縁組み ②結婚式その他結婚をめぐる諸行事〘安排～〙婚礼の手筈を決める
【婚外恋】hūnwàiliàn [名]不倫，婚外の情事
★★【婚姻】hūnyīn [名]婚姻，夫婦関係［买卖～］売買婚［～介绍所］結婚紹介所
【婚姻法】hūnyīnfǎ [名]〖法〗婚姻法
【婚约】hūnyuē [名]婚約〘解除～〙婚約を破棄する
【荤(葷)】hūn [名]①なまぐさ物，肉や魚(の料理)([反]［素］)〘吃～〙なまぐさ物を食べる ②(ニラ·ニンニクなど) 匂いの強い野菜
【荤菜】hūncài [名]なまぐさ料理，肉や魚を使った料理 [反]［素菜］
【荤油】hūnyóu [名]ラード
【浑(渾)】hún [形]([同]［混 hún］) ①濁った，混濁した ②愚かな，ばかげた
⊗①天然の，自然のままの ②まるごとの，全体の ③(H-)姓
【浑蛋(混蛋)】húndàn [名]（罵倒に使って)ばかもん，間抜け野郎
【浑厚】húnhòu [形]①(人柄が) 純朴誠実な，温かさのにじみ出た ②(書画などが)素朴で力強い，小細工のない
【浑浑噩噩】húnhún'è'è [形]まるで物を知らない，無知蒙昧(もうまい)な
【浑然】húnrán [形]まるごと一体の，欠けるところのない［～一体］渾然一体とした ━ [副]まったく，完全に［～无成］何一つ成果がない
★【浑身】húnshēn [名]全身〘～上下〙頭のてっぺんから足の先まで［～是胆］勇気の塊だ
【浑身是嘴说不清】húnshēn shì zuǐ shuō bu qīng《俗》(全身が口であってもはっきり説明できない>) どう弁明しても濡れ衣を晴らせない
【浑水摸鱼(混水摸鱼)】hún shuǐ mō yú《成》(水の濁りに乗じて魚を捕まえる>) 火事場どろぼうを働く [同]［浑水摸泥鳅］
【浑圆】húnyuán [形]真ん丸い
【浑浊】húnzhuó [形]濁った，混濁した [同]［混浊 hùnzhuó］
【混】hún [形][同]［浑 hún］
⇨hùn
〖馄(餛)〗hún ⊗以下を見よ
【馄饨】húntun [名]ワンタン
【魂】hún [名]①(～儿) 霊魂，たましい([同]［灵魂］)［招～］死者の魂を呼び寄せる ②心，精神〘吓掉了～〙胆(きも)をつぶす
⊗国家民族の精神［民族～］民族

の魂
【魂不附体】hún bú fù tǐ《成》胆をつぶす、震え上がる⇨【魂飞魄散】
【魂不守舍】hún bù shǒu shè《成》①抜けがらのようにぼんやりしている、心ここにあらずの状態でいる ②恐れおののく、震え上がる
【魂魄】húnpò 图 魂魄、たましい

【诨(諢)】hùn ⊗ お笑い、冗談［打~］(芝居で即興の)ギャグを入れる
【诨号】hùnhào 图 あだ名、ニックネーム⇨[诨名][绰号]

【混】hùn 動①混ぜる、ごっちゃにする［~在一起］混同する ②(偽物を)つかませる、ごまかす ③無為に生きる、適当に暮らす［~日子］いい加減に暮らす ④(よからぬ)つき合いをする、仲間になる［和他们~得很熟］彼らと仲よくやっている
⇨hún
【混沌】hùndùn 图 混沌、カオス ー 形 何も知らない、無知蒙昧な
【混纺】hùnfǎng 图 混紡生地［~织物］混紡織物
*【混合】hùnhé 動①【化】混合する(⇔[化合])［~物］混合物 ②混合する、混ぜ合わせる［~菌苗］混合ワクチン［~动力汽车］ハイブリッドカー
【混进】hùnjìn 動(団体や地域に)もぐり込む、まぎれ込む
*【混乱】hùnluàn 形 混乱した［引起~］混乱を引き起こす［陷入~］混乱に陥る
【混凝土】hùnníngtǔ 图 コンクリート［~搅拌机］コンクリートミキサー［钢筋~］鉄筋コンクリート
【混事】hùn'shì 動(食うために)何とか働く⇨[混饭]
【混同】hùntóng 動 混同する、ごっちゃにする［把大米和小米~起来］米と粟を混同ている
【混为一谈】hùn wéi yì tán《成》同日に論じる、(まるで異なる事柄を)一緒にして扱う
*【混淆】hùnxiáo 動(異質なものを)ごっちゃにする、混淆する［~是非］是非善悪を混同する
【混血儿】hùnxuè'ér 图 混血児
【混杂】hùnzá 動 混ざり合う、混ぜ合わせる、ごっちゃになる(する)(⇔[搀杂])［大米里~着很多沙子］米の中に沢山の砂がまざっている
【混战】hùnzhàn 图《场》混戦、もつれた戦い ー 動 混戦する
【混账】hùnzhàng 形(罵倒に使って)恥知らずな［~东西！］このろくでなし
*【混浊(溷濁)】hùnzhuó 形 濁った、混濁した(⇔[澄彻])［眼珠~］目

が濁っている

【溷】hùn ⊗①便所 ◆‵圊'も書く ②濁った、混乱した
【溷厕】hùncè 图《书》便所、はばかり

【嚄】huō 國 驚きを表わす、ほうっ、ややっ［~！你也来啦！］ありゃりゃ、君まで来たのか
⇨ǒ

【豁】huō 動 ①裂ける、割れ目ができる［~口子］割れ目ができる ②(腹をくくって)捨て去る、犠牲にする［把生命都~出去］命さえ投げ出す
⇨huó

【豁出去】huōchuqu 動 いかなる犠牲も惜しまずにやる、捨て身でかかる
【豁口】huōkǒu 图(~儿)欠けた所、ぽっかり開いた口［碗边上的~］茶碗の欠けたところ
【豁子】huōzi 图《方》①欠けた所 ②三つ口の人
【豁嘴】huōzuǐ 图(~儿)①(口)三つ口⇨《普》[兔唇] ②三つ口の人

【和】huó 動(粉末に水を加えて)こねる、かき混ぜる［~面］メリケン粉をこねる
⇨hé, hè, hú, huò

【活】huó 動 ①生きる、生存する ⓐ(⇔[死])②命を救う、死から引き戻す ー 形 ①生き生きとした、活発な［脑子很~］頭が切れる ②取りはずしのきく、移動可能な ー 图(~儿)①仕事、作業 ◆主に力仕事をいう［干~儿](身体を使って)働く ②製品、生産品［铁~儿]鉄製品
【活报剧】huóbàojù 图 ニュース劇、時事劇 ◆街角あるいは劇場で演じる大衆工作のための劇
【活到老, 学到老】huó dào lǎo, xué dào lǎo《俗》人間死ぬまで勉強だ、命ある限り学び続ける
【活地狱】huódìyù 图 生き地獄
*【活动】huódòng 图《项》活動、催し［参加~］活動に加わる ー 動 ①動く(かす)、動き回る(らせる)［出去~］外に出て体を動かす ②ぶらつく、がたがた動く ③(コネ、袖の下などで)働き掛ける、裏工作する ー 形 取り外しのきく、固定されていない［~舞台]回り舞台
【活动断层】huódòng duàncéng 图 活断層
【活泛】huófan 形 ①機敏で融通のきく ②(経済的に)余裕がある
*【活该】huógāi 形（口)(ひどい目に遭っても)当然な［~！]ざまあ見ろ
【活话】huóhuà 图(~儿)不確かな約束、本決まりでない話
【活火】huóhuǒ 形《多く状語とし

て〗生きながらの，(生きているものを)みすみす〘～地被打死了〙むざむざ殴り殺された ― [副] まるで(…だ)

【活火山】huóhuǒshān [名]〔座〕活火山 [関][死火山]

【活计】huóji [名] ① 手仕事，職人仕事〔针线～〕針仕事 ② 細工物，手工芸品 ③ 力仕事，肉体労働

【活结】huójié [名] (蝶結びなどの) 引き結び，引けばすぐ解ける結び方([同][活扣儿] [反][死结])〘系 jì～〙引き結びにする

【活口】huókǒu [名] ①(殺人事件で生き残った)生き証人 ②(捕虜や犯罪者の中の)情報提供者 ③ 不確かな口振り，あいまいな話し方 [同][活话] ― [動] 食いつなぐ，暮らしを維持する

★【活力】huólì [名] 活力，生命力〘恢复(失去)～〙元気を取り戻す(失う)

【活灵活现】huó líng huó xiàn《成》真に迫った，目の前に見るような [同][活龙活现]

【活路】huólù [名] ① 生きる手だて，生活の手段〘找～〙生計の道をさがす ② 有効な方法，うまい解決策
―― huólu [名] 力仕事，肉体労働

【活埋】huómái [動] 生き埋めにする

【活门】huómén [名] バルブ('阀 fá' の通称)〘开(关)～〙バルブを開く(閉じる)

【活命】huó▾mìng [動] ① 生きる，食いつなぐ〘靠卖文～〙物書きで食いつなぐ ②《書》命を救う，命が助かる
―― huómìng [名] 生命，命 [同][性命]

★★【活泼】huópo/huópō [形] ① 元気のよい，生き生きとした ②〘化〙反応しやすい，化合しやすい

【活期】huóqī [形]〘定語として〙定期でない，当座の〔～存款〕普通預金

【活气】huóqì [名] 活気，溌刺とした空気〘充满一片～〙活気がみなぎる

【活塞】huósāi [名] ピストン(旧称'鞲鞴 gōubèi')〔～运动〕ピストン運動

【活生生】huóshēngshēng [形] (～的) ① 現実にある，生々しい〘～的例子〙実際の例 ②〘多く状語として〙生きながらの，(生きているものを)みすみす [同][活活]

【活现】huóxiàn [動] 生き生きと表現する，生けるがごとくに現われる

【活像】huóxiàng [動] そっくりである，酷似した([同][活似])〘～真的一样〙本物そっくりだ

【活性】huóxìng [名]〘化〙活性〔～炭〕活性炭〔～染料〕活性染料

【活页】huóyè [名] ルーズリーフ〔～夹〕ルーズリーフ用のバインダー

★★【活跃】huóyuè [形] 活発な，活気あふれる ― [動] ① 活発にする，活気を与える〘～经济〙経済を活性化する ② 精力的に活動する

【活着干，死了算】huózhe gàn, sǐ le suàn《俗》生きている限り働き続ける

【活捉】huózhuō [動] (主に敵兵を) 生け捕りにする

【活字】huózì [名] 活字 [関][铅字]

【活字典】huózìdiǎn [名] 生き字引

【活罪】huózuì [名] 生きながら味わう苦しみ，苦難〘受尽～〙辛酸をなめる

【火】

huǒ [名] ① 火〘生～〙火をたく〔文～〕とろ火 ②(～儿) 怒り，かんしゃく〘动～儿〙腹を立てる ― [動] (～儿) 怒る，立腹する
⊗ ① 銃砲，弾薬〔开～〕火ぶたを切る ② 真っ赤な，燃えるような色の ③ 緊急の，火急の ④(漢方でいう)のぼせ〔上～〕熱を伴い，鼻腔，口腔などに炎症を起こす症状

【火把】huǒbǎ [名] たいまつ〘点～〙たいまつをともす

★★【火柴】huǒchái [名]〔根〕マッチ([同][洋火])〘擦～〙マッチをする

【火场】huǒchǎng [名] 火事場，火災の現場

【火车】huǒchē [名]〔列·辆〕汽車，列車〘坐～〙汽車に乗る

【火车头】huǒchētóu [名] ①〔台〕機関車 [同][机车] ②《転》牽引車，先頭に立って引っぱる人

★★【火车站】huǒchēzhàn [名] (列車の) 駅

【火成岩】huǒchéngyán [名] 火成岩

【火电】huǒdiàn [名]《略》火力発電 [同][火力发电] [関][水电]

【火毒】huǒdú [形] 火のように激しい，焼けつくような〘～的太阳〙灼熱の太陽

【火堆】huǒduī [名] たき火，積み上げた燃料が燃える火

【火攻】huǒgōng [名] 火攻め〘向…发起～〙…に火攻めを仕掛ける

【火光】huǒguāng [名] 炎の輝き，火の光〘～冲天〙炎が天を灼く

【火锅】huǒguō [名] (～儿) 火鍋(フオークオ)
♦下部に炭火をたく釜のついた鍋，なべ物やシャブシャブ用

【火海】huǒhǎi [名]〔片〕火の海，大火災〘闯进～〙火の海に躍り込む

【火红】huǒhóng [形] 真っ赤な，火のように赤い〘～的晚霞〙燃えるような夕焼け〘～的年代〙(社会全体が)燃えあがる時代

【火候】huǒhou [名] ① 火加減，火の回り具合 ② 修練の程度(の高さ) ③ 大切な時機

【火花】huǒhuā [名] ① 火花(ひばな)〘打出

〜〕（物をたたいて）火花を飛ばす ②マッチのレッテル
【火化】huǒhuà 動 火葬にする 例［火葬］
【火鶏】huǒjī 名［鳥］シチメンチョウ 例［吐綬鶏］
【火急】huǒjí 形（多く通信用語として）火急の［十万〜］緊急事態の
*【火箭】huǒjiàn 名［枚］ロケット［発射〜］ロケットを打ち上げる［〜筒］バズーカ砲
【火箭炮】huǒjiànpào 名［门・座］ロケット砲
【火井】huǒjǐng 名 天然ガス噴出坑
【火镜】huǒjìng 名 凸レンズ 例［凸透镜］⊗[凹透镜]
【火把】huǒbǎ 名 たいまつ 例［火把］
【火坑】huǒkēng 名〔転〕この世の地獄、苦界［跳出〜］生き地獄から抜け出す
【火筷子】huǒkuàizi 名［双］火ばし
【火辣辣】huǒlàlà 形（〜的）①（太陽や気温が）焼けるように暑い、かっかと熱い ②（やけどや打撲で）ひりひりする、ずきずき痛い ③（焦りや羞恥などで）いても立ってもいられない、平静ではいられない
【火力】huǒlì 名 ①（石炭や石油による）火力［〜发电］火力発電 ②火薬の破壊力、火器の殺傷力［集中〜］砲火を集中する
【火镰】huǒlián 名 火打ちがね◆鎌に似た形をした鋼製の火打ち石
【火龙】huǒlóng 名〔条〕火の龍◆農道上の万灯や高炉から流れ出す鉄などを例えていう
【火炉】huǒlú 名（〜儿）ストーブ、こんろ 例［火炉子］
【火冒三丈】huǒ mào sān zhàng（成）烈火のごとく怒る、湯気を立てて怒る
【火媒（火煤）】huǒméi 名（〜儿）たきつけ、つけ木などの引火材
【火苗】huǒmiáo 名（〜儿）炎、火焰 例［火苗儿］
【火磨】huǒmò 名 動力で動く碾臼、電動製粉機
【火盆】huǒpén 名 火ばち
【火气】huǒqì 名 ①怒り、かんしゃく［消除〜］怒りを鎮める ②（漢方で）炎症や腫れものなどの原因
【火器】huǒqì 名 火器、銃砲
【火枪】huǒqiāng 名［枝・条］旧式銃、火縄銃
【火热】huǒrè 形 火のような、白熱した［〜的心］熱く燃える心
【火山】huǒshān 名［座］火山
【火伤】huǒshāng 名 火傷 例
【火上加油】huǒ shàng jiā yóu（成）（火に油を注ぐ〉事態をいっそう悪くする 例［火上浇油 jiāo yóu］
【火烧眉毛】huǒ shāo méimao（成）焦眉の急、尻に火のついた 例［火烧屁股］
【火烧云】huǒshāoyún 名 夕焼け、朝焼け、茜あかね雲
【火舌】huǒshé 名 高くのびる炎、火焰［吐着红红的〜］紅蓮ぐれんの炎を吐き出している
【火绳】huǒshéng 名 ①（点火用の）火縄 ②蚊いぶし用の縄◆ヨモギ等をよって作り、煙でいぶす
【火石】huǒshí 名 ①火打ち石◆'燧 suì 石'の通称 ②（ライター等に内蔵する）发火金
【火势】huǒshì 名 火勢、火の燃え具合［控制〜］火勢を抑える
【火速】huǒsù 副 大至急、緊急に［〜办理］緊急に対処する
【火头】huǒtóu 名 ①（〜儿）炎、火焰 ②（〜儿）火加減、火の回り具合（例［火候］）［看〜儿］火加減を見る ③（〜儿）怒り、腹立ち［压〜儿］怒りを抑える ④（火事の）火元もと、火を出した家 例［火主］
【火头上】huǒtóushang/-shàng 名 腹立ちの真っ最中 例［气头上］
【火腿】huǒtuǐ 名 ハム
【火险】huǒxiǎn 名 火灾保険［加入〜］火災保険に入る
【火线】huǒxiàn 名 砲火を交える最前線、火線
【火星】huǒxīng 名 ①火星［〜探測器］火星探査ロケット ②（〜儿）火花、スパーク［打出〜儿］（たたいて）火花を散らす
【火性】huǒxìng 名 短気、怒りっぽさ［〜很大］すぐかっとなる ― 形 怒りっぽい、かっとなりやすい
*【火焰】huǒyàn 名 火焔◆一般に'火苗'という［〜冲天］炎が天を焦がす
*【火药】huǒyào 名 火薬、爆薬［〜爆炸了］火薬が爆発した
【火印】huǒyìn 名 烧印やき［烙 lào〜］烧印を押す
【火灾】huǒzāi 名〔次・场］火災［〜报警器］火炎探知器
【火葬】huǒzàng 動 火葬にする［〜场］火葬場
【火中取栗】huǒ zhōng qǔ lì（成）（火中の栗を拾う〉だまされ利用されて危険を冒す
【火种】huǒzhǒng 名〔颗〕火種ひだね［留下〜］火種を残す
【火主】huǒzhǔ 名 火元もと、火事を出した家 例［火头］
【火砖】huǒzhuān 名〔块］耐火れんが 例［耐火砖］

【伙】(*火夥) huǒ 量 グループや人の群を数える［一〜人］一群の人 ⊗ ①仕事仲間、相棒［大〜儿］みんな ②仲間で作る組、グループ

［散 sàn ～］グループを解散する ③仲間になる，グループを組む

〖—（*火）〗 ⊗定額を出し合う共同炊事，給食［包～］月ぎめで食事を供する［入～］共同炊事の仲間に入る

【伙伴（火伴）】 huǒbàn [名]（～儿）相棒，仕事仲間

【伙房】 huǒfáng [名]（学校など集団の）炊事場

【伙计】 huǒji [名]①《旧》（見習いを終えた） 店員，職人 ②相棒，共同事業の仲間

【伙食】 huǒshi/huǒshí [名]給食，集団に提供する食事［～费］（寮などでの）食費

【伙同】 huǒtóng [動]結托けったくする，集団を組む〖～他们〗彼らとぐるになる

〖夥〗 huǒ ⊗①多い，おびただしい ②[同]［伙 huǒ］

〖或〗 huò ⊗①あるいは…かもしれない，たぶん〖～可出国〗海外に行けるかもしれない ②あるいは，もしくは〖诗～小说都行〗詩または小説のいずれでもよい ③ある者〖～曰〗ある人は言う ④少しばかり，些か〖不可～忽〗些かの油断も許されない

【或是】 huòshì [副][同]［或许］— [接][同]［或者］

【或许】 huòxǔ [副]あるいは…かもしれない（[同]［也许］）〖他～不能来〗彼は来られないかもしれない

【或者】 huòzhě [副][同]［或许］— [接]あるいは，もしくは〖坐火车去～坐船去都行〗汽車で行ってもよいし船で行ってもよい

〖惑〗 huò ⊗①惑う，疑いにかられる［疑～］疑う ②惑わす［诱～］誘惑する

【和】 huò [動]（粉状·粒状の物を）かき混ぜる，（水を加えて） かき回す〖饺子馅儿里～点儿盐〗ギョーザの具ぐに塩を少し混ぜる — [量]①洗濯ですすぎをする回数を数える〖洗了三～〗3度すすいだ ②（漢方で） 同じ薬を煎じる回数を数える〖二～药〗二番煎じ
⇨hé, hè, hú, huó

【货（貨）】 huò [名]①〔批〕商品，貨物〖交～〗納品する ②（ののしって） 人，野郎［笨～］とんま野郎
⊗①貨幣，かね［通～］通貨 ②（物を）売る

【货币】 huòbì [名]貨幣，かね［～升值］平価切り上げ

【货舱】 huòcāng [名]（船や飛行機の）貨物室

【货车】 huòchē [名]①〔列〕貨物列車 ②貨車 ③〔辆〕トラック，運送車

【货船】 huòchuán [名]〔只·艘〕貨物船

【货机】 huòjī [名]〔架〕貨物輸送機

【货架子】 huòjiàzi [名]①商品棚 ②（自転車の）荷台

【货款】 huòkuǎn [名]商品代金〖交付～〗購入代金を支払う

【货郎】 huòláng [名]日用品の行商人，かつぎの小間物屋 ♦農山村や都会の路地を売り歩いた［～鼓］（行商人が呼び声代わりに使う）でんでん太鼓

【货轮】 huòlún [名]〔只·艘〕貨物船 [同]［货船］

【货色】 huòsè [名]①商品の種類と品質［好～］上もの［上等～］一級品 ②《貶》（人柄·思想言動などを念頭に置きながら） 人間，手合い〖他是什么～？〗あいつはどういう人間なんだ

【货声】 huòshēng [名]（物売りなどの）呼び声，売り声

【货物】 huòwù [名]商品，貨物〖运输～〗商品を運送する

【货箱】 huòxiāng [名]コンテナ [同]［货运集装箱］

【货样】 huòyàng [名]商品見本，サンプル

【货运】 huòyùn [名]貨物運送，輸送［～机］貨物輸送機［～公司］運送会社

【货栈】 huòzhàn [名]〔家〕（貸し） 倉庫

〖获（獲）〗 huò ⊗①捕える，捕獲する［捕～］つかまえる ②獲得する，勝ち取る［～释］釈放される

〖—（穫）〗 ⊗収穫する，取り入れする［收～］収穫する

【获得】 huòdé [動]（多く抽象的に）取得する，獲得する（[反]［丧失］）〖～成功〗成功を勝ち取る

【获奖】 huòjiǎng [動]受賞する，入賞する［～作品］受賞作品

【获救】 huòjiù [動]救われる，助かる [同]［得救］

【获取】 huòqǔ [動]獲得する，手に入れる [同]［取得］

【获悉】 huòxī [動]《書》（通信や報道で） 承知する，聞いて知る〖从报纸上～〗新聞で知る

【获准】 huòzhǔn [動]許可を得る，認可される

【祸（禍）】 huò [名]〔场〕災難，災害（[反]［福］）〖惹～〗禍いを引き起こす［车～］交通事故
⊗災禍をもたらす，損なう

【祸不单行】 huò bù dān xíng《成》（災いは単独ではやってこない＞）悪いことは重なるもの

H

【祸从口出】huò cóng kǒu chū〈成〉（災いは口から出る＞）口は災いのもと　ときに'祸从口入(病は口から入る)'を後に続ける ⇨〔祸从口生〕

【祸根】huògēn 图 禍根, 災いのもと〔铲除~〕禍根を絶つ

【祸国殃民】huò guó yāng mín〈成〉（国を損ない民を苦しめる＞）天下国家に災いをもたらす

【祸害】huòhài 图① 災害, 災禍〔引起~〕災害をもたらす ② 災害のもと, 元凶 ⇨〔祸种〕— 動 損害を与える, 災いをもたらす〔~庄稼〕作物を荒らす

【祸患】huòhuàn 图 災難, 災害

【祸起萧墙】huò qǐ xiāoqiáng〈成〉（災いは身の中で起こる＞）争いが内部で起こる

【祸首】huòshǒu 图 元凶, 主犯

【祸祟】huòsuì 图 天罰, 祟り

【祸殃】huòyāng 图 災害, 災難

【霍】huò ⊗① さっと, いきなり〔~地 dì〕いきなり ②(H-)姓

【霍乱】huòluàn 图① コレラ〔~菌苗〕コレラワクチン ②（漢方で）下痢·嘔吐·腹痛を伴う胃腸病の総称

【霍然】huòrán 形〈書〉（病が）さっと消える, たちまち治る — 副 突然に, いきなり〔~大怒〕いきなり怒りだす

【藿】huò 豆類の葉

【嚯】huò 嘆（驚きや感嘆を表わす）ほうっ, あれれ

【豁】huò ⊗①（税などを）免除する, 許す〔~免〕免除する ② 心の広い, わだかまりのない ⇨huō

【豁达】huòdá 形① 明けっ広げな, 明朗な ② 度量の大きい, 心の広い

【豁亮】huòliàng 形①（場所が）広くて明るい ②（声が）よく通る, 朗々とした

【豁然】huòrán 形① わだかまりのない, 晴ればれとした ②〈状語として〉目の前がぱっと開けるような, 豁然たる〔~贯通〕はっとすべてを悟る

【镬】(鑊) huò ⊗ 鍋

【蠖】huò ⊗ →〔尺 chǐ~〕

I

【IP电话】IP diànhuà 图 IP電話 ⇨〔网络电话〕

J

【几】jī ⊗ 小机, 低く小さいテーブル〔茶~儿〕茶卓

【一】(幾) ⊗ ほとんど, ほぼ〔~达百次〕ほぼ100回に達する ⇨jǐ

*【几乎】jīhū 副① ほとんど, ほぼ(…に近い)〔~有三万人〕3万人近くいる ② もう少しで, すんでのところで(⇨〔几几乎〕)〔~(没) 摔倒〕危うく転ぶところだった

【讥】(譏) jī ⊗ 嘲ける, 皮肉をいう〔~(書)同前

【讥讽】jīfěng 動 皮肉る, 嘲ける

【讥诮】jīqiào 動 辛辣に皮肉を言い, そしる

*【讥笑】jīxiào 動 笑いものにする, 嘲けりそしる〔别~初学者〕初心者を笑ってはいけない

【机】(機) jī ⊗① 機械〔电视~〕テレビ — 飛行機〔客~〕旅客機 ② 機会, チャンス〔乘~〕機をのがさず ④ 変化の要, 決定的な部分〔转~〕転機 ⑤ 生きる機能〔有~体〕有機体 ⑥ 敏な, 素早い

【机舱】jīcāng 图① 船の機械室 ② 飛行機の客室および貨物室

【机场】jīchǎng 图 空港, 飛行場〔~费〕空港使用料

【机车】jīchē 图〔辆·台〕機関車 ♦ 一般に'火车头'という〔电力~〕電気機関車

【机床】jīchuáng 图① 工作機械 ② 金属切削機械(旋盤など)

【机电】jīdiàn 图 機械と電力設備

*【机动】jīdòng 形①〈定語として〉機械で動く, 機械じかけの〔~船〕モーターボート ②〈多く定語·状語として〉機動的な, 臨機の〔~处理〕臨機に対応する ③〈定語として〉予備の, 緊急用の〔~费〕予備費

【机帆船】jīfānchuán 图〔只〕機帆船

【机耕】jīgēng 動〈多く定語として〉機械耕作をする〔~地〕機械耕作の田畑〔~船〕水田用トラクター

*【机构】jīgòu 图① 機械の内部構造 ② 組織, 機構〔宣传~〕宣伝機

③ 組織,内部構造
- **【机关】** jīguān 图 ① 機関,役所［行政~］行政機関 ② ギア,伝導装置 ③ からくり,陰謀［识破~］からくりを見破る — 图《定語として》機械仕掛けの
- **【机关报】** jīguānbào 图 機関紙
- **【机关刊物】** jīguān kānwù 图 機関誌
- **【机关枪】** jīguānqiāng〔挺〕機関銃(⇔［机枪］)［高射~］対空機銃
- **【机会】** jīhuì 图 チャンス,時機［抓住~］チャンスをつかむ
- **【机会主义】** jīhuì zhǔyì 图 日和見主義,オポチュニズム
- **【机井】** jījǐng 图 モーターで汲み上げる井戸
- **【机警】** jījǐng 形（危険や情況の変化に）敏感な,反応が素早い
- **【机具】** jījù 图 機械と道具,機器
- **【机灵(机伶)】** jīling 形 頭がよい,利口な［~的眼睛］賢そうな目
- **【机密】** jīmì 图 機密［保守~］機密を守る — 形《多く定語として》機密の
- **【机敏】** jīmǐn 形 機敏な,素早い
- **【机能】** jīnéng 图（生物の器官や社会組織の）機能,作用
- **【机票】** jīpiào 图〔张〕航空券
- **【机器】** jīqi / jīqì 图 ①〔架・台〕機械［安装~］機械を据え付ける［~人］ロボット ② 機関,機構
- **【机枪】** jīqiāng 图〔挺〕機関銃(⇔［机关枪］)［轻~］軽機関銃
- **【机巧】** jīqiǎo 形 賢く器用な［这个机器人非常~］このロボットはとても賢い
- **【机体】** jītǐ 图 ① 有機体 ②（飛行機の）機体
- **【机械】** jīxiè 图 機械,装置［~工学］機械工学［~人］ロボット — 形 機械的な［~地摹仿］機械的にまねをする
- **【机械化】** jīxièhuà 動 機械化する［农业~］農業の機械化をする — 形（思考や行動が）機械的な
- **【机械手】** jīxièshǒu 图 マジックハンド,自動操縦装置
- **【机要】** jīyào 图《多く定語として》機密の,内密を要する［~文件］機密文書
- **【机宜】** jīyí 图 対処法,対策［面授~］対処法を授ける
- **【机油】** jīyóu 图 エンジンオイル,マシンオイル
- **【机遇】** jīyù 图 チャンス,機会
- **【机缘】** jīyuán 图 機縁,巡り合わせ
- **【机制】** jīzhì 图 構造,メカニズム,システム
- **【机智】** jīzhì 形 機知に富んだ,機転がきく
- **【机子】** jīzi 图《口》① 機械 ♦電話や織機など ②（銃の）引き金
- **【机组】** jīzǔ 图 ① 飛行機の乗員チーム,フライトクルー ② セットになった機械装置,ユニット

【**叽(嘰)**】 jī 图 小鳥の声や話し声などを表わす［小鸡~~地叫着］ひよこがぴよぴよ鳴いている
- **【叽咕(唧咕)】** jīgu 動 ひそひそ話す
- **【叽叽(唧唧)喳喳(喳喳)】** jījigāzhā 擬（にぎやかに談笑する声など）がやがや,わいわい
- **【叽里旮旯儿】** jīligālár 图 隅々,至る所
- **【叽里咕噜】** jīligūlū 擬 ①（よく聞き取れない他人の声が）がやがや,ぺちゃぺちゃ ② 物が転がる音,ごろごろ

【**饥(飢)**】 jī ⊗ ひもじい,空腹の［如~似渴］むさぼるように

【**——(饑)**】 ⊗ 饑饉 jǐn,凶作［大~］大飢饉
- **【饥不择食】** jī bù zé shí《成》（ひもじい時には何でも食う＞）緊急の際にはあれこれ選んでいられない（⇔［~,寒不择衣］
- **【饥饿】** jī'è 形 ひもじい,空腹の［受~］餓えに苦しむ
- **【饥寒】** jīhán 图 飢えと寒さ［~交迫］貧苦にあえぐ
- **【饥荒】** jīhuang 图 ①〔场〕饑饉,凶作 ②《口》貧窮 qióng,食ってゆけないこと［家里闹~］一家が干乾しになる ③《口》食うための借金［拉~］同韻をする
- **【饥馑】** jījǐn 图《書》饑饉,凶作
- **【饥民】** jīmín 图 食料欠乏に苦しむ人びと,饑饉による難民
- **【饥者易为食,寒者易为衣】** jīzhě yì wéi shí, hánzhě yì wéi yī《成》(空腹に苦しむ者に食事を供するのはやすく,寒さにふるえる者に着物を供するのはやすい＞）切羽つまれば人はたやすく満足してしまう

【**肌**】 jī ⊗ 筋肉［随意~］随意筋［~注］筋肉注射
- **【肌理】** jīlǐ 图《書》きめ［~细膩］肌がきれいだ
- **【肌肉】** jīròu 图 筋肉(⇔［筋肉］)［~萎缩症］筋ジストロフィ
- **【肌体】** jītǐ 图 ① からだ ②（転）組織機構［党的~］党の組織

【**矶(磯)**】 jī 图 水辺の岩場,水辺に突き出した岩 ♦多く地名に使う

【**击(擊)**】 jī ⊗ ① たたく,打つ ② 攻撃する［袭 xí~］襲撃する ③ 触れる,ぶつかる［目~］目撃する
- **【击败】** jībài 動 打ち負かす,撃退す

【击毙】jībì 動 (銃で)射撃する
【击沉】jīchén 動 撃沈する
【击毁】jīhuǐ 動 打ち砕く,撃破する
【击剑】jījiàn 名 フェンシング(をする)
【击溃】jīkuì 動 (敵を) 潰滅させる,総くずれにする
【击落】jīluò 動 撃墜する,打ち落とす [～一架敌机]敵機を撃墜する
【击破】jīpò 動 打ち負かす [各个～]各個撃破する
【击球】jīqiú 動 (球技で)ボールを打つ,バッティングをする [～员]打者,バットマン
【击乐器】jīyuèqì 名 打楽器,パーカッション
【击掌】jīzhǎng 動 拍手する,手をたたく ⇨[鼓掌][拍手]

【圾】jī ⊗→[垃圾~]
【芨】jī ⊗[白~]【植】シラン♦止血剤として使われる
【乩】jī ⊗[扶乩(扶箕)] 道教の占いの方法の一(砂と棒を使う)

【鸡(雞*鷄)】jī 名 [只] 鶏 ⇨[家鸡] [公～]オンドリ [母～]メンドリ
【鸡巴】jība 名 (口) [根]男根,ちんぽこ
★【鸡蛋】jīdàn 名 鶏卵,たまご [～黄]黄身 [～糕]ケーキ,カステラ
【鸡蛋里挑骨头】jīdànli tiāo gǔtou 《俗》(卵の中に骨を探す>)ありもせぬ欠点を見つけようとすること,あら探しをする
【鸡蛋碰石头】jīdàn pèng shítou 《俗》(卵で岩を砕く>)はるかに強い相手に攻撃しかけて自滅する,蟷螂の斧とも ⇨[鸡蛋往石头上碰]
【鸡飞蛋打】jī fēi dàn dǎ 《成》(鶏は飛んで逃げ,卵は割れる>) 元も子もなくなる,すべてがふいになる ⇨[鸡也飞了,蛋也打了]
【鸡飞狗跳墙】jī fēi gǒu tiào qiáng 《俗》(鶏が飛び立ち犬が垣根を跳び越える>) 驚き慌てるさまをいう
【鸡公车】jīgōngchē 名《方》(四川地方の)手押し一輪荷車
【鸡冠】jīguān 名 とさか ⇨[～子] [～花]ケイトウ
【鸡奸(㚻奸)】jījiān 動 男色にふける
【鸡叫三遍天大亮】jī jiào sān biàn tiān dà liàng 《俗》すっかり夜が明けきったことをいう
【鸡口牛后】jī kǒu niú hòu 《成》鶏口となるとも牛後となるなかれ ⇨[鸡尸牛从]
【鸡肋】jīlèi 名《書》(鶏肋と,鶏の肋骨>) 捨てるには惜しいが,あったとしても役には立たぬもの
【鸡毛掸子】jīmáo dǎnzi 名 鶏の羽根で作ったはたき
【鸡毛飞不上天】jīmáo fēibùshàng tiān《俗》(鶏の毛は天まで昇れない>) 無能な人間が大事をなしうるものではない
【鸡毛蒜皮】jīmáo suànpí 名 鶏の毛やニンニクの皮;(転)取るに足りない小事,つまらぬ物
【鸡毛信】jīmáoxìn 名 旧時の急ぎの手紙や緊急の公文書 ♦鶏の毛を手紙の肩にさして火急の印とした
【鸡皮疙瘩】jīpí gēda 名 鳥はだ [起～]鳥はだが立つ
【鸡舍】jīshè 名 とり小屋,鶏舎
【鸡尾酒】jīwěijiǔ 名 カクテル [～会]カクテルパーティー
【鸡窝里出凤凰】jīwōli chū fènghuáng《俗》(鶏の巣から鳳凰が生まれる>) 劣悪な環境の中からすぐれた人物が出る
【鸡心】jīxīn 名 ①鶏の心臓 ②ハート型 [～领]Vネック ③ハート型の装身具
【鸡眼】jīyǎn 名 うおの目 [～膏]眼前用の塗り薬
【鸡一嘴鸭一嘴】jī yì zuǐ yā yì zuǐ《俗》てんでに口を出す,勝手に発言して収拾がつかない
【鸡杂】jīzá 名 (～儿)鳥もつ
【鸡子儿】jīzǐr 名《口》鶏卵,卵 ⇨(慣)[鸡蛋]

【奇】jī ⊗ ①奇数 ⇨'偶' ②端数。[三十有～] 30いくつか
⇨ qí
【奇数】jīshù 名 奇数 ⇨[单数] 反[偶数]

【剞】jī ⊗ [～厥 jué]《書》(書籍の)版刻

【犄】jī ⊗ 以下を見よ
【犄角】jījiǎo 名 (～儿)《口》①隅,[屋子(的)～儿]部屋の隅 ②角 [桌子(的)～儿]テーブルの角
—— jījiao 名《口》[对]つの [牛～]牛のつの

【畸】jī ⊗ ①端数。⇨ ② アブノーマルな,正常ならざる ③偏った
【畸形】jīxíng 形 奇形の,奇形の [～现象]アブノーマルな現象

【积(積)】jī 動 積む,集積する [～了好多钱]沢山の金をためた —— 名《数》積 ⇨[乘～] 同前
⊗ ①積もりつもった,多年にわたる ②(漢方で)子供の消化不良
【积弊】jībì 名 積弊。[除去～] 積弊を一掃する

【积储】jīchǔ [動] 蓄える，貯める [同][积存]
【积存】jīcún [動] 蓄える，貯める〖～钢材〗鋼材を蓄える
【积肥】jī▾féi [動] 堆肥を作る
【积分】jīfēn [名] ① 積分（[関][微分]）［～方程］積分方程式 ② 合計点，ポイント［～卡］ポイントカード
★★【积极】jījí [形]（[反][消极]）① 肯定されるべき，建設的な〖作出～贡献〗たしかな貢献をする ② 熱心な，積極的な〖～工作〗熱心に働く
【积极分子】jījí fènzǐ [名] ①（政治面での）活動家 ②（文化スポーツ面での）愛好家，マニア
【积极作用】jījí zuòyòng [名] プラス効果
【积聚】jījù [動] こつこつ貯める，蓄積する [同][积攒 zǎn]〖～资金〗資金を蓄える
★★【积累】jīlěi [名] 資本の蓄積 ━ [動] 蓄積する，蓄える〖～经验〗経験を積む
【积木】jīmù [名]〔套〕積木
【积年累月】jī nián lěi yuè《成》長い年月がたつ
【积欠】jīqiàn [名] 未払い金，多年の借金〖还清～〗多年の借りを清算する ━ [動] 借金をためる，滞納を重ねる
【积习】jīxí [名] 長年の（よからぬ）習慣，くせ〖～难改〗多年のくせは直らぬもの
【积蓄】jīxù [名] 蓄え，預貯金 ━ [動] 貯金する，蓄積する〖～了一笔钱〗かなりの金をためた
【积压】jīyā [動] 長期間手付かずにしておく，寝かせておく
【积羽沉舟】jī yǔ chén zhōu《成》（羽毛でも積み上げれば船を沈める重さになる＞）みんなが心を一つにすれば，とてつもない力が生まれる
【积重难返】jī zhòng nán fǎn《成》悪習は改め難し

【屐】jī ⊗ ① 木靴［木～］木靴，下駄 ② 靴［～履］《書》はきもの

【姬】jī ⊗ ① 女性の美称 ②（J-）姓

【笄】jī ⊗ 髪を結うかんざし

【唧】jī [動]（液体を）噴射する，吹き出す〖～他一身水〗（ホースなどで）彼めがけて水をあびせる ━ [擬] 細く小さい声を表わす〖秋虫～～～地叫着〗秋の虫がか細く鳴いている
【唧唧（叽叽）喳喳】jījizhāzhā [擬] 虫や小鳥などの細く小さい声が入り混じった声を表わす，ちぃちぃぴぃぴぃなど
【唧哝】jīnong [動] 小声で話す
【唧筒】jītǒng [名]〔台〕ポンプ [同][泵]

【基】jī ⊗ ① 基礎，土台［路～］路盤 ② もとになる，基本の［～数］基数 ③〖化〗基，根［氢氧～］水酸基
★★【基本】jīběn [名] 基本，大もと ━ [形] ①〔定語として〕基本的な，基礎的な ② 主要な，主だった ━ [副] だいたい，ほぼ〖工作～结束了〗仕事がほとんど片付いた
【基本功】jīběngōng [名] 基礎的な知識や技能〖练～〗同前の習得に努める
【基本粒子】jīběn lìzǐ [名] 素粒子
【基本上】jīběnshang/ -shàng [副] ① 基本的に，主として ② だいたい，一応
【基层】jīcéng [名] 組織の末端，最下部［～干部］末端組織の幹部
★★【基础】jīchǔ [名] 建物の土台，物ごとの基礎〖奠定～〗基礎を固める［经济～］下部構造
【基础课】jīchǔkè [名] 基礎科目
★【基地】jīdì [名] 基地
【基点】jīdiǎn [名] ①（活動の）基点 ② 物ごとの基礎
【基调】jīdiào [名] ① 基調，主旨 ②〖音〗主調音，基音
【基督教】Jīdūjiào [名] キリスト教 ♦ 一般に新教（'耶苏教'とも）を指す．旧教は'天主教'
【基尔特】jī'ěrtè [名]《訳》ギルド
【基肥】jīféi [名]〖農〗本肥 [同][底肥] [関][追肥]
【基干】jīgàn [名] ① 中軸，基幹 ② 中堅幹部，中核幹部
【基建】jījiàn [名]（'基本建设'の略）基本建設 ♦ 国民経済の各部門における固定資産の再生産
★【基金】jījīn [名] 基金，ファンド
【基诺族】Jīnuòzú [名] ジーヌオ族 ♦ 中国少数民族の一，雲南に分布
【基尼系数】jīní xìshù [名] ジニ係数
【基期】jīqī [名]（統計指数などの）基準時 ♦ 指数を100とする時期
【基石】jīshí [名] 礎石，礎 ♦ 比喩に使われることが多い〖奠下～〗礎を築く
【基数】jīshù [名] ① 基数 ♦ 序数と区別していうふつうの整数 ② 計算の基準となる数字
★【基因】jīyīn [名]〖生〗遺伝子［～工程］遺伝子工学［～组］ゲノム
【基于】jīyú [動] …にもとづく，根拠にする〖～这三个理由…〗以上3つの理由から…
【基准】jīzhǔn [名] 基準，標準

【箕】jī ⊗ ① 箕，ちりとり ② 箕の形の指紋 ③ 二十八宿の一 ④（J-）姓

J

【嵇】jī ⊗姓

【稽】jī ⊗①調べる，検査する［～查］同前 ②留まる，留める［～迟不进］いっこうに先に進まない ③引き延ばす，遅らせる［～延时日］期日を延ばす ④言い争う ⑤(J-)姓
⇨qǐ

【稽核】jīhé [動]（帳簿類を）突き合わせる，検査する

【缉(緝)】jī ⊗犯罪者を捕える［通～］指名手配する
⇨qī

【缉查】jīchá [動]捜査する〖挨户～〗しらみつぶしに捜査する

【缉拿】jīná [動]（捜査の結果）逮捕する（[同]［缉捕］）〖～凶犯〗殺人犯を逮捕する

【缉私】jīsī [動]密輸などを取り締る，密売人を捕らえる

【赍(齎)】jī ⊗①（気持ちを）抱く ②（物を）もたらす

【跻(躋)】jī ⊗登る［～身］《書》身を置く

【畿】jī ⊗都の周辺地区

【激】jī [動]①たかぶらせる，興奮させる〖拿话～他〗言葉で彼をあおる〖～他说这句话〗彼をたきつけてその言葉をいわせる〖～活〗活性化させる ②冷たい雨や水で身体をこわす〖被大雨～着 zháo 了〗大雨にぬれて病気になった ③水が（物にぶつかって）はね上がる，ふき上がる〖～起浪花〗波しぶきを上げる ④《方》冷たい水で冷やす
⊗①感情がたかぶる，興奮する［感～］感激する ②激しい，強烈な〖～剧〗激しい，急劇な

【激昂】jī'áng [動]激昂(げきこう)する，エキサイトする

【激荡】jīdàng [動]①うねる，波うつ ♦心の状態にも使う ②うねらせる，波うたせる〖暴风～着湖水〗暴風が湖面を激しく波うたせる

★★【激动】jīdòng [動]①心を揺さぶる，奮い立たせる〖～人心〗人の心を揺さぶる ②感情がたかぶる

★【激发】jīfā [動]発奮させる，心を燃え立たせる〖～大家加倍努力〗一層努力するようみんなを奮い立たせる

【激光】jīguāng [名]レーザー光線（[同]［莱塞 sè］）［～束］レーザービーム［～打印机］レーザープリンタ［～视盘］VCD

【激化】jīhuà [動]激化する（させる）

【激浪】jīlàng [名]激しい波

★★【激励】jīlì [動]激励する，元気付ける

★★【激烈】jīliè [形]激しい，白熱した

【激流】jīliú [名]〔股〕急流，激流

【激怒】jīnù [動]怒らせる

★【激情】jīqíng [名]〔股〕激情，情熱〖满怀～〗情熱をもやす

【激素】jīsù [名]ホルモン［性～］性ホルモン［生长～］生長ホルモン

【激战】jīzhàn [名]激戦 — [動]激戦を展開する，激しく戦う

【激浊扬清】jī zhuó yáng qīng《成》（汚れた水を押し流して，きれいな水を引き入れる＞）悪い人間や事柄を排除して，正しい人間や事柄を奨励する [同]［扬清激浊］

【羁(羈)】jī ⊗①馬のおもがい ②束縛する，つなぎとめる［～押］拘留する ③留まる，留める［～留］滞在する

【羁绊】jībàn [動]《書》つきまとう，束縛する〖挣脱～〗束縛をのがれる

【羁旅】jīlǚ [動]《書》他郷に長く逗留(とうりゅう)する〖～他乡〗異郷に暮らす

【及】jí ⊗①および，並びに〖电视～电影明星〗テレビおよび映画のスター ②達する，及ぶ［力所能～］力の及ぶ限り ③間に合う［来不～］間に合わない ④(J-)姓

★★【及格】jí'gé [動]合格する，及第する〖英语～了〗英語で合格点を取った［～赛］予選

★★【及时】jíshí [形]時宜にかなった，タイムリーな［～雨］恵みの雨 — [副]即刻，ただちに〖～汇报〗即時報告されたい

★【及早】jízǎo [副]早めに，手遅れにならないうちに

【及至】jízhì [接]《書》…になってから，…の段階に及んで〖～三点比赛才开始〗3時になってようやく試合が始まった

【汲】jí（旧読 jī）[動]水を汲みあげる〖～水〗同前
⊗(J-)姓

【汲汲】jíjí [形]《書》汲汲(きゅうきゅう)とした，…に必死の〖～于利益〗利益ばかりを追いかける

【汲取】jíqǔ [動]汲みとる，消化吸収する〖～教训〗教訓を汲みとる

【岌】jí ⊗山の高いさま［～～可危］累卵の危きにある

【级(級)】jí [名]①等級，レベル〖我们的工资是一个～的〗私たちの給料は同じ等級だ［初～］初級［科～］課長クラス ②学年（→［年 nián ～］）〖同～不同班〗同学年だがクラスは違う［留～］留年する — [量]階段の段数，等級・段階などを数える〖走上十三～台阶〗13段の階段をのぼる［多～火箭］多段式ロケット
⊗階段［石～］石段

★【级别】jíbié [名]等級の区分，職務上

の等級［工资～］給与の等級
【级任】jírèn [名]《旧》クラス担任（現在は‘班主任’という）
【级数】jíshù [名]〘数〙級数［等差～］算術級数［等比～］幾何級数

【极(極)】jí [副] 極めて，この上なく ♦‘～了’の形で補語ともなる〚～快〛極めて速い〚～有成效〛とても効き目がある〚好～了〛非常に良い
⊗① 極(きょく)，頂点［北～］北極［阴～］陰極 ② 極める，極まる
【极地】jídì [名]〘地〙極地
【极点】jídiǎn [名] 極度，限界〚感动到了～〛この上なく感動した
【极度】jídù [名]〔多く定語として〕極度，最高度〚～的困乏〛極度の困窮 — [副] この上なく，極度に〚～疲劳〛疲れ果てる
*【极端】jíduān [名] 極端〚走到另一个～〛もう一方の極端に走る — [形] 極端な，この上ない〚～的个人主义〛極端な個人主義〚～腐败〛腐りきる
【极光】jíguāng [名] オーロラ，極光
【极乐世界】jílè shìjiè [名] 極楽 [同]［西天］
【极力】jílì [副] 極力，できる限り〚～避免发生事故〛事故防止に全力を尽くす
【极目】jímù [副] 目の届く限り，見渡す限り〚～远望〛はるかかなたまで見渡す
**【极其】jíqí [副]〔2音節語を修飾して〕極めて，この上なく [同]［极为］
【极圈】jíquān [名] 極圏［北～］北極圏［南～］南極圏
*【极限】jíxiàn [名] ① 極限，限界〚达到～〛限界に達する ②〘数〙極限
【极刑】jíxíng [名] 極刑，死刑〚处以～〛極刑に処する

〔笈〕jí ⊗ 本を入れて背負う箱［负～从师］異郷へ遊学する

〔吉〕jí ⊗① めでたい，幸いな（[反]‘凶’）［凶多～少］まず望みはない，嫌な結果となりそうだ ②（J-）姓
【吉卜赛人】Jíbǔsàirén [名] ジプシー（‘茨冈人’ともいう）
【吉利】jílì [形] めでたい，験(げん)のよい
【吉普】jípǔchē [名]〔辆〕ジープ [同]［吉普车］
【吉期】jíqī [名] 吉日，結婚の日
【吉人自有天相】　jírén zì yǒu tiānxiàng《俗》善人には天の助けがある，正直の頭(こうべ)に神宿る [同]［吉人天相］
【吉他】jítā [名] ギター（[同]［六弦琴］）〚弹～〛ギターをひく
*【吉祥】jíxiáng [形] めでたい，縁起(えんぎ)のよい［～话］縁起のよい言葉［～物］マスコット
【吉凶】jíxiōng [名] 吉凶，運のよし悪し［～未卜］吉と出るか凶と出るか
【吉兆】jízhào [名] 吉兆(きっちょう)，めでたい前ぶれ [同]［吉征］[反]［凶兆］

〔佶〕jí ⊗ 健やかな，丈夫な
【佶屈聱牙(诘屈聱牙)】　jíqū áoyá《成》（文章が）ごつごつして読みづらい，舌をかみそうな書き方の

〔姞〕jí ⊗ 姓

〔即〕jí ⊗① すなわち…である，…にほかならない〚李世民～(是)唐太宗〛李世民が唐の太宗である ② ただちに，すぐに〚两天～可见效〛2日もすれば効き目が現われる ③ たとえ…であろうとも ④ 近づく，触れる［不～不离］つかず離れず ⑤ 地位につく，役割を引き受ける［～位］即位する
*【即便】jíbiàn [接] たとえ…であろうとも，仮に…でも（[同]［即使］）〚～如此〛たとえそのようであっても…
*【即将】jíjiāng [副]《書》ほどなく，すぐにも
【即景】jíjǐng [動]《書》眼前の光景に即して詩や文を書き，あるいは絵を描く［～诗］同前の詩
【即刻】jíkè [副] ただちに，すぐさま〚～开始〛ただちに始める
【即令】jílìng [接]《書》たとえ…であろうとも，仮に…でも [同]［即便］
【即日】jírì [名] ① 即日，その日のうち〚自～起生效〛即日発効する ② 近日中
【即时】jíshí [副] ただちに，即刻 [同]［立即］
**【即使】jíshǐ [接]〔通常後に‘也’‘都’が呼応して〕たとえ…であろうとも，仮に…でも（[同]［就是］［即便］）〚～下雨，我们也去〛雨が降っても出かけます
【即席】jíxí《書》[動] 席につく，着座する [同]［入席］ — [副] その場で，即席で〚～讲话〛即席でスピーチをする
【即兴】jíxìng [動] 興に乗る〚～表演〛即興で演じる［～曲］即興曲

〔亟〕jí ⊗ 緊急に，さし迫って，心底から〚～待解决〛早急に解決を要する
⇨ qì

【急】jí [動] ① 焦る，逸(はや)る〚别～〛落ち着けよ〚～着要见〛しきりに会いたがる ② 焦らせる，気をもませる〚他真～死人〛まったく気をもませるやつだ — [形] ① せっかちな，怒りっぽい〚脾气很～〛性格がせっかちだ ② 速く激しい，せわしない〚水流很～〛水の流れが急だ ③ 緊急の，切迫した［～事］急用

⊗① 緊急事態，急を要する事柄［救～］急場を救う ② 人の難儀を急いで助ける［～人之难］災難に見舞われた人々を緊急援助する
【急赤白脸】jí chi bái liǎn《成》(～的) 青筋を立てる
【急促】jícù [形] ① 慌ただしい，せきたてるような〖～的敲门声〗慌ただしく戸をたたく音 ② 時間が迫っている
【急电】jídiàn [名] 至急電報〖发～〗同前を打つ
【急风暴雨】jífēng bàoyǔ《成》ふき荒れる風雨，激しい革命運動などを形容する〖经历～的考验〗嵐のごとき試練を経る
【急公好义】jí gōng hào yì《成》公益を増進し，積極的に人びとを援助する [反]［见利忘义］
*【急功近利】jí gōng jìn lì《成》すぐにも功や利を得ようと焦る
【急进】jíjìn [形] 急進的な([反]［稳健］)［～派］急進派
【急救】jíjiù [動] 緊急治療する〖须要～〗緊急治療が必要だ［～站］救急センター
【急救包】jíjiùbāo [名] 救急袋
【急就章】jíjiùzhāng [名]〔篇〕やっつけ仕事，にわかの間に合わせ(の作品) ♦本来は漢代の書名で，漢代に編まれた初等教科書．'急就篇' ともいう
*【急剧】jíjù [形]〖多く状語として〗急速な，急激な〖～恶化〗急速に悪化する
【急流】jíliú [名]〔股·条〕急流
【急流勇退】jí liú yǒng tuì《成》① 最も華やかな時に引退する ② 複雑な争い事から身を引く
**【急忙】jímáng [形] 慌ただしい，大急ぎの〖～吃饭〗あたふたと飯をかっこむ
【急迫】jípò [形] 切迫した，急を要する [同]［紧迫］
【急起直追】jí qǐ zhí zhuī《成》素早く行動を起こして先進的レベルに追いつくこと
*【急切】jíqiè [形] ① 切迫した，のどから手が出るほどの([同]［迫切］)〖～的目光〗すがるようなまなざし ② 慌ただしい，急場の [同]［仓促］
【急速】jísù [形] 急速な，ハイスピードの
【急弯】jíwān [名] ①(道路の) 急カーブ，突然の曲がり角〖前有～〗前方に急カーブあり ②(飛行機や船などの) 急ターン，突然の方向変換〖拐个～〗急ターンする
【急务】jíwù [名] 急務〖当前(的)～〗当面の急務
【急先锋】jíxiānfēng [名] 急先鋒(となる人)〖运动的～〗運動の推進者
【急性】jíxìng [名](～儿) せっかち，短気者 [同]［～子］— [形]〖定語として〗急性の([反]［慢性］)［～病］急性の病気
【急性子】jíxìngzi [名] [形] せっかち(な)，短気(な) [反]［慢性子］
【急需】jíxū [動] 緊急に必要とする〖～住院治疗〗緊急の入院治療が必要だ〖应～〗緊急の需要を満たす
【急于】jíyú [動]〖後に動詞を伴って〗…しようと焦る，急いで…しようとする
*【急于求成】jíyú qiú chéng《成》成果を出そうと焦る
*【急躁】jízào [形] ① せっかちで怒りっぽい ② 性急な，逸(はや)りたつ
【急诊】jízhěn [名] 急診〖看～〗急診にかかる — [動] 急診にかかる
【急症】jízhèng [名] 急病 [同]［急病］
【急中生智】jí zhōng shēng zhì《成》急場によい手を思いつく，とっさの場面で知恵が湧く
【急骤】jízhòu [形] 速い，せわしげな〖～的脚步声〗せわしげな足音
【急转直下】jí zhuǎn zhí xià《成》急転直下

【疾】jí ⊗① 病気［积劳成～］無理がたたって病に倒れる［眼～］眼病 ② 苦しむ，痛む［～首蹙 cù 额］心を痛め眉をしかめる ③ 憎む，怨む ④ 速い，激しい［～驰而过］風のごとく過ぎ去る
*【疾病】jíbìng [名] 病気〖防治～〗病気を予防し，治療する
【疾恶如仇】jí è rú chóu《成》仇敵のごとくに悪を憎む，正義の一念に燃える
【疾风】jífēng [名] 激しい風，強風
【疾风劲草】jí fēng jìng cǎo《成》(強風が吹きあれるとき，はじめて強い草がわかる>) 苦境におかれてはじめて人の真価があらわれる
【疾苦】jíkǔ [名] 生活上の困難，苦労
【疾言厉色】jí yán lì sè《成》荒々しい言葉と厳しい表情，怒りの形相をいう

【蒺】jí ⊗以下を見よ
【蒺藜(蒺蔾)】jíli [名]〖植〗ハマビシ［～丝］有刺鉄線

【嫉】jí ⊗① 妬(ねた)む，羨(うらや)む ② 憎む，忌み嫌う
*【嫉妒】jídù [動] 妬む，やきもちを焼く([同]［妒忌］［忌妒］)〖～他的成功〗彼の成功を妬む
【嫉恨】jíhèn [動] 妬んで憎む

【瘠】jí ⊗① 身体がひよわな，やせこけた ② 地味がやせた
【瘠薄】jíbó [形] 地味がやせた，養分のない [反]［肥沃］
【瘠田】jítián [名] やせた田畑

J

〖鹡(鶺)〗 jí [×]以下を見よ
【鹡鸰】jílíng [名]〔只〕セキレイ
〖棘〗 jí [×]①サネブトナツメ [関][酸枣] ②針のようなとげ [荆～] いばら
【棘刺】jícì [名]針のようなとげ
【棘手】jíshǒu [形]手のやける，一筋縄ではゆかない [同][辣手]
【集】 jí [名]市いち ♦農村地域で定期的に開かれる市場 〖到～上去卖〗市で売る [赶～] 市へ行く 一 [量]書物やテレビドラマなどを幾つかに分けた一部，段落 〖分为上下两～〗上下2集に分ける
[×]①集める，集まる [收～] 収集する ②著作や作品を集めて本にしたもの，アンソロジー [诗～] 詩集 ③(J-)姓
【集成电路】jíchéng diànlù [名]〖電〗集積回路，IC
【集大成】jí dàchéng [動]集大成する〖集文人画之大成〗文人画を集大成する [～者] 集大成者
★★【集合】jíhé [名]〖数〗集合 一 [動]集まる，集める 〖～队伍〗隊列を集合させる 〖～！〗集合！
【集会】jíhuì [動]集会を開く，会合する 〖人们纷纷～〗人々があちこちで集会を開く 一 [名]集会 〖举行～〗集会を催す
【集结】jíjié [動](軍隊などの集団について)集結する，集合する 〖～兵力〗兵力を集結する
【集锦】jíjǐn [名]絵画や詩文の精華せいかを集めた書物，傑作集 ♦一般に本の表題に使う
【集聚】jíjù [動]集まる，集める 〖～钱财〗金銭財物を集める
【集刊】jíkān [名]学術機関や団体が出す逐次刊行物または論文集
【集权】jíquán [名]中央集権
【集市】jíshì [名](農村地域の)定期市いち
【集思广益】jí sī guǎng yì 《成》(衆人の英知を集めてより大きな成果を得る>)三人寄れば文殊の知恵
★★【集体】jítǐ [名]集団，団体([反][个人][个体]) [～经济] 集団経済
【集体所有制】jítǐ suǒyǒuzhì [名]集団所有制 [関][个体所有制][全民所有制]
★【集团】jítuán [名]集団 [统治～] 支配集団 [贸易～] 貿易グループ
【集训】jíxùn [動]集団訓練をする，合宿練習する 〖把他们～一下〗彼らを集めて訓練しよう
【集腋成裘】jí yè chéng qiú 《成》(キツネの脇の下の皮を何枚も集めると一枚の着物が作れる>)塵ちりも積もれば山となる
【集邮】jíyóu [動]切手を収集する [～家] 切手マニア [～簿] 切手アルバム
【集约】jíyuē [形]〖農〗集約的な([反][粗放]) [～农业] 集約農業
【集镇】jízhèn [名]町まち
★★【集中】jízhōng [動]集約する，まとめる 〖～力量〗力を結集する 一 [形]集中した 〖这一带书店非常～〗この辺は書店が集中している
【集中营】jízhōngyíng [名]〔座〕(政治犯などの)収容所 〖被关在～〗同前に入れられる
【集装箱】jízhuāngxiāng [名]コンテナー([同]《方》[货柜]) [～运输] コンテナー輸送
【集资】jízī [動]〘多く状語的に〙資金を集める 〖～创办了一座工厂〗資金を集めて工場を始めた
【集子】jízi [名]〔本・套〕文集，詩集など
〖楫〗 jí [×]櫂かい，オール [舟～] 《書》船
【辑(輯)】 jí [量]集しゅう ♦書籍や資料などを区分した際の各部分 〖第一～〗第一集
[×]編集する，資料を収集する [编～] 編集する
【辑录】jílù [動](集めて)書物にまとめる，(資料などを)収録する
〖蕺〗 jí [×][～菜] ドクダミ
〖藉〗 jí [×]①(J-)姓 ②→[狼 láng～]
⇨jiè(借)
〖籍〗 jí [×]①書籍，本 [书～] 同前 ②戸籍，原籍，学籍など [党～] 党籍 ③(J-)姓
★【籍贯】jíguàn [名]本籍，父祖の地
【几(幾)】 jǐ [代]疑問の代詞で，ほぼ1桁けたと予想される数を尋ねる．‘亿，万，千，百，十’などの前や‘十’のあとにも使う．([関][多少]) 〖来了～年了？〗こちらに来て何年になりますか 〖有～百个？〗何百個ありますか 一 [数]1桁の不定数を示す 〖～个人〗数人 〖十～个人〗10数人
⇨jī
【几何】jǐhé [名]幾何学きかがく [～学] 幾何学 [～级数] 幾何級数 一 [代]《書》(数量を尋ねて)いくら，いかほど [関][多少]
【几儿】jǐr [代]《口》日付け，日取りを尋ねる，いつ，何日 〖今儿是～？〗今日は何日だい
【几时】jǐshí [代]いつ([同]《口》[什么时候]) 〖你～走？〗いつお立ちですか
【几十年如一日】 jǐ shí nián rú yí rì 《成》(数十年一日のごとし>)倦うまずたゆまず，一つの仕事に長年励み続ける

【虮】(蟣) jǐ ⊗ [~子 zi] シラミの卵

【己】 jǐ ⊗ ①十干の6番目,つちのと ②自分,おのれ [~见]自分の意見 [~任]自らの務め

【纪】(紀) jǐ ⊗ 姓 ♦ jì と発音することも多い ⇨ jì

【济】(濟) jǐ ⊗ むかしの川の名 [~水]済水 ♦ 現在の黄河の下流が'~水'のもとの川すじ [~南]済南(山東省の省都) ⇨ jì

【济济】jǐjǐ 形(書)おおぜいいる,人がいっぱいの [人才~]多士済済

【挤】(擠) jǐ 形①(人や物が)ひしめきあった,混んでいる [~得要死]混んで身動きがとれない ②(事柄が)集中した —— 動①ひしめきあう,混みあう ②(混んだ中に)押しのけて入る,割り込む [人太多,~不进去]人が多くて入り込めない ③絞り出す [~牛奶]牛乳をしぼる ④(絞るように)ひねり出す [~出一点儿钱]お金を無理にひねり出す

【挤鼻子弄眼睛】jǐ bízi nòng yǎnjing(俗)(鼻にしわをよせ目をぱちぱちさせる〉)ふざけた顔をし,まじめな態度を取る

【挤兑】jǐduì 動(預金者が)取り付け騒ぎを起こす

【挤对】jǐduì 動(方)①無理に言うことを聞かせる ②いじめる,締め出す

【挤压】jǐyā 動(外側から)圧力を加える [~心脏]心臓マッサージをする

【挤牙膏】jǐ yágāo 動〈チューブ歯みがきを絞り出す〉追及されてぽつりぽつり語る

【挤眼】jǐ*yǎn (~儿)目くばせする

【给】(給) jǐ ⊗ ①供給する,提供する [自~自足]自給自足 [~水]給水する ②満ちたりた,豊かな ⇨ gěi

【给养】jǐyǎng 图 軍隊における糧秣りょうまつなど

*【给予】(给与) jǐyǔ 動(書)与える ♦直接の客語は多く動詞 [~我们很大的支持]私たちに力強い支援を与えてくれる

【脊】 jǐ(旧読 jí) ⊗ ①背骨,脊柱ちゅう [~椎]脊椎つい ②脊柱状に盛り上がっている部分 [山~]尾根 [屋~]棟むね

【脊背】jǐbèi 图 背中なか

【脊梁】jǐliang (旧読 jíliang) 图(方)背中

【脊梁骨】jǐlianggǔ (旧読 jíliang-gǔ) 图(方)背骨,脊椎

【脊髓】jǐsuǐ 图 脊髄 [~灰质炎]小児麻痺 [~炎]脊髄炎

【脊柱】jǐzhù 图 背骨,脊柱

【掎】 jǐ ⊗ ①引く,引きとめる ②支える

【戟】 jǐ ⊗ 古代の武器(矛に似たもの)

【计】(計) jì 動①(介詞 '按' '以' と呼応して)計算する,数える [以每人五元~]各人5元出すものとして計算する ②…の数や内容がある [参观者~十万人次]参観者数は延べ10万を数えた ③(多く否定形で)こだわる [不~个人得失]個人の損得を気にかけない ④('为…~'の形で)…のためを考える

⊗ ①計略,方案 [脱身之~]脱け出す方策 [三十六~走为上~]三十六計逃げるにしかず ②計器,メーター類 [雨量~]雨量計 ③姓
(J-)姓

【计步器】jìbùqì 图 万歩計
【计策】jìcè 图 策略,計画
‡【计划】jìhuà 图 計画,プロジェクト [~生育]育児制限 [五年~]五か年計画 —— 動(…することを)計画する [~盖一栋七层楼房]7階建ビルの建設を計画する

【计划经济】jìhuà jīngjì 图 計画経済
【计件工资】jìjiàn gōngzī 图 出来高払い,能率給
*【计较】jìjiào 動①計算高くする,損得にこだわる [不~利害]利害にとらわれない ②言い争う,論争する(《争论》) [~跟他~]彼と言い争う —— 图(方)考え,計画 [作~]思いめぐらす

【计量】jìliàng 動①計測する,計る ②量定する,見積る
【计谋】jìmóu 图 策略,術策
【计时工资】jìshí gōngzī 图 時間給
‡【计算】jìsuàn 動①計算する,算出する [~面积]面積を計算する [~中心]電算センター ②人をはめる,陰謀で陥れる [~别人]他人を陥れる —— 图 もくろみ,計画 [做事不能没个~]プランもなしに始めてはいけない

【计算尺】jìsuànchǐ 图[把]計算尺
【计算机】jìsuànjī 图 計算機 [电子~]コンピュータ('电脑'とも) [微型~]マイコン
【计议】jìyì 動 協議する,相談する [~下周的工作]次週の仕事について協議する

【记】(記) jì 動①記憶する,覚える [~公式]公式を覚える [~起来]想い出す

②書き記す,書き入れる〚~日記〛日記を付ける 一图①あざ〚脸上有一块~〛顔にあざがある (~儿)目じるし,記号 一圖〚方〛人をぶつ回数を数える〚打一~耳光〛びんたを一つ食らわす
⊗書物や文章(題名に使う)

【记吃不记打】jì chī bú jì dǎ 《俗》(食うことだけを覚えていて,殴られたことを覚えていない>)利益を追うことだけを考えて,痛い教訓を忘れている

【记仇】jì'chóu 動根にもつ

*【记得】jìde 動覚えている,記憶している〚~很清楚〛はっきり覚えている

【记分】jì'fēn (~儿)スコアをつける,点数を記入する

【记功】jì'gōng 動 (褒賞の一形式として)功績を(人事に)記録に残す

【记过】jì'guò 動 (処分の一形式として)過失を(人事に)記録に残す

【记号】jìhao 图マーク,印〚做~〛印をつける

【记恨】jìhen/jìhèn 動根にもつ〚谁也不~谁〛誰もお互いに根にもたない

*【记录(纪录)】jìlù 图①記録〚会议~〛議事録 ②記録係 ③〚项〛最高の成績,記録〚打破世界~〛世界記録を破る 動記録する〚~了代表们的发言〛代表たちの発言を記録した

【记录片(纪录片)】jìlùpiàn〚部〛記録映画,ドキュメンタリー

【记取】jìqǔ 動 (教訓などを)しっかり記録する,肝に銘ずる〚~嘱咐〛言い付けを肝に銘ずる

【记事儿】jìshìr 動物心がつく

*【记性】jìxing 图記憶力,物覚え〚~好〛物覚えがよい

【记叙】jìxù 動記叙する,(文字で)述べる ⇨〚记述〛

*【记忆】jìyì 图動記憶(する)〚~犹新〛記憶になお新しい〚~力〛記憶力

*【记载】jìzǎi 動 (文章の形で)記録する 一图記載,記録文

【记者】jìzhě 图記者〚随军~〛従軍記者〚~招待会〛記者会見

【纪(紀)】 jì ⊗①規律〚风~〛風紀 ②年代〚世~〛世紀 ◆昔は12年を「一~」といった ③記す〚~元〛紀元 ⇨Jǐ

*【纪录】jìlù 图動⇨〚记录〛

*【纪律】jìlù 图規律,風紀〚遵守~〛規律を守る

【纪念】jìniàn 图記念の品,記念の日〚做个友谊的~〛友情の記念とする〚三十周年~〛30周年記念 一動記念する〚~创刊二十周年〛創刊20周年を記念する〚~册〛記念アルバム

【纪念碑】jìniànbēi 图〚座〛記念碑〚建立~〛同ժを立てる

【纪念日】jìniànrì 图記念日

【纪实】jìshí 图事実をありのままを記した文章〚~小说〛ノンフィクション小説

【纪行】jìxíng 图紀行文,旅行記

*【纪要(记要)】jìyào 图要約,要旨〚会谈~〛会談要録

【纪传体】jìzhuàntǐ 图紀伝体 ◆歴史記述の伝統的な形態の一つ

【忌】 jì 動①(悪習などを)絶つ,やめる(🔵〚戒〛)〚~烟〛禁煙する ②忌む,避ける〚这种病~辛辣〛この病気は辛いものを避ける〚~嘴〛〚~口〛食べ合わせを避ける
⊗①妬む,憎む〚猜~〛邪推する ②恐れる,おびえる〚顾~〛はばかる〚肆无~惮〛少しもはばかるところがない

【忌妒】jìdu 動妬む,嫉む〚非常~他〛とても彼を妬む

*【忌讳】jìhui/jìhuì 图①(社会的および個人的な)タブー,禁忌〚犯~〛タブーを破る 一動①タブーとする,忌み避ける〚最~这件事〛この事が一番のタブーだ ②(ためにならない事であるから)避ける

【忌刻(忌克)】jìkè 图〚書〛嫉妬深い,意地が悪い

【忌食】jìshí 動①(宗教上の理由で)食べない,(特定の食品を)タブーとする ②(健康上の理由で) 食べない,(特定の食品を)避ける〚明天开刀,今天要~一天〛あしたは手術なので今日は絶食だ

【伎】 jì ⊗①技能,わざ(🔵'技')②むかしの歌姫,舞姫

【伎俩】jìliǎng 图インチキ,騙しの手〚惯用的~〛いつもの手

【技】 jì ⊗技能,腕前〚绝~〛比類ない技

【技法】jìfǎ 图(絵画彫刻などの)技法

【技工】jìgōng 图技術工,熟練労働者

*【技能】jìnéng 图技能,腕前

*【技巧】jìqiǎo 图技巧,テクニック〚掌握~〛技巧をきわめる

【技师】jìshī 图技師 ◆技術系の職称の一つで,'初级工程师'や'高级技术员'に相当する

【技士】jìshì 图技師補 ◆技術系の職称の一つで,'工程师'の下位

*【技术】jìshù 图①技術〚科学~〛科学技術〚~水平〛技術水準 ②機器設備

【技术革新】jìshù géxīn 图技術革新 🔵〚技术改革〛

【技术员】jìshùyuán 图 技術員 ◆技術系の職称の一,'工程師'の下で技術的な仕事をする

【技痒】jìyǎng 動 腕が鳴る,技をふるいたくてむずむずする

【技艺】jìyì 图 すぐれた芸,たくみな技

【妓】jì ⊗ 娼妓,遊女 [娼~][~女]同前 [~院]妓楼

【芰】jì ⊗ 菱

【际】(際) jì ⊗ ①'之'のあとで)…の時,…の頃 [临别之~]別れの時 [秋冬之~]秋から冬に移る頃 ②…に際して,…の時に当たって [~此典礼…]この式典に際し…
⊗ ①端,際 [一望无~]一望果てなし ②中,内がわ [脑~]頭の中 ③間 [国~]国際 ④めぐり合わせ,運 [~遇]《書》同前

【际会】jìhuì 图 遭遇,めぐり会い [风云~]動乱の最中でのめぐり会い

【系】(繫) jì 動 繫ぐ,結ぶ [~鞋带]靴の紐を結ぶ [~领带]ネクタイをする
⇨xì

【剂】(劑) jì 图 幾種類かの薬を調合した煎じ薬の量に使う(動[服]) [一~药] 1回分の煎じ薬
⊗ ①薬,薬 [麻醉~]麻酔薬 ②化学的ないし物理的変化を起こす物質 [杀虫~]殺虫剤

【剂量】jìliàng 图 薬名の使用量 ②医療用放射線の使用量

【剂子】jìzi 图 マントウやギョウザを作る際,こねて棒状にのばした粉から1個分ずつちぎったもの

【济】(濟) jì ⊗ ①川や海を渡る [同舟共~]運命をともにする ②救う,援助する [行医~世]医業を通じて世人を救う ③役に立つ,成就に益する [无~于事]何らの役に立たない
⇨jǐ

【济贫】jìpín 動 貧窮者を救済する [劫富~]金持ちから物物を奪い貧者を救う

【济事】jìshì 動 (多く否定形で)役に立ち,事を成しうる [不~]役に立たない

【荠】(薺) jì ⊗ [植]ナズナ [~菜]同前
⇨qí

【霁】(霽) jì ⊗ ①雨や雪がやんで空が晴れる [雪~]《書》雪がやんで青空になる ②怒りが消える [~颜]《書》怒りの去った穏やかな顔

【霁色】jìsè 图《書》雨上がりの空のような青色

【季】jì 图[量词的に] ①季節 [一年有四~] 1年には季節が4つある [春夏两~]春夏の2季 [春~]春季 ②作物の収穫の時節 [两种~]二期作をする (~儿)時期 [这一~儿很忙]この時期は忙しい
⊗ ①末,最後 [清~]清朝末期 [~秋]陰暦九月 ②兄弟の順で末の [~弟]末弟 (動['伯'孟'] ③(J-)姓

*【季度】jìdù 图 四半期 ◆3か月を単位とする区切り [(第)二~]第二四半期

【季风】jìfēng 图 季節風,モンスーン (動季候风)

*【季节】jìjié 图 季節 [农忙~]農繁期 [~工]季節労働者

*【季军】jìjūn 图 順位戦の第3位 (動冠 guàn 军][亚军]

【季刊】jìkān 图 季刊誌

【悸】jì ⊗ 心臓がドキドキする,動悸がする [~动]おびえてドキドキする [心有余~](恐怖が去っても)まだ胸の動悸がおさまらない

【既】jì 圖 後に'又'也'などが呼応して,二つの状況が同時に存在することを示す [~聪明又漂亮]頭がよくて(そのうえ)きれいだ [~馋且懒]食いしん坊でなまけ者だ
— 圏 …である以上,…であるからには [~要成功,就要学习]成功を望むなら勉強しなくてはいけない
⊗ すでに,もはや [~得权利]既得権 [~定方针]既定方針

*【既然】jìrán 圏 後に'就'や'还'などの副詞が呼応して…であるからには,…である以上 [你~不愿意,我也不勉强你]君が嫌いだという以上,私も無理強いはしない

【既是】jìshì 圏 動[既然]

【既往】jìwǎng 图《書》①過去,従来 ②過ぎたこと,過去のあやまちなど [~不咎]過ぎたことは咎めない

【暨】jì ⊗ ①及…と,および [~今](書》今日まで ③(J-)姓

【迹】(跡*蹟) jì(旧読 jī) ⊗ ①あと [血~]血痕 ②遺跡,遺物 [古~]旧跡 ③形跡,徴候

*【迹象】jìxiàng 图 徴候,示唆するものや事柄 [有~表明…]…と思われるふしがある

【洎】jì ⊗ 至る

【继】(繼) jì ⊗ ①['~…之后'の形で]…に引き続き ②引きつぐ,受けつぐ [~子]養子

【继承】jìchéng 動①(遺産を)相続する〖~遗产〗遺産を相続する〖~权〗相続権 ②(事業を)引きつぐ, 受けつぐ

【继承人】jìchéngrén 图①相続人 ②王位(皇位)継承者

【继而】jì'ér 副すぐ続いて, つぎに

【继父】jìfù 图継父, まま父

【继母】jìmǔ 图継母, まま母

【继配】jìpèi 图後添い, 後妻

【继往开来】jì wǎng kāi lái《成》先人の事業を受けつぎ, さらに前途を開拓する

【继续】jìxù 動継続する, 休まず続ける〖~试验〗実験を続ける〖~提高质量〗質を高め続ける —图継続事業, 引きつぐ事柄

【勋(勳)】jì ⊗功績

【绩(績)】jì(旧読 jī) ⊗ ①功績, 業績〖成~〗成果 ②(麻糸を)紡ぐ〖纺~〗紡績

【觊(覬)】jì ⊗(ほしいと)望む〖~觎 yú〗《書》ほしがる

【寂】jì ⊗①静かな, ひっそりとした〖~无一人〗人っ子一人いない ②寂しい, わびしい

【寂静】jìjìng 圈静まりかえった, 物音一つない〖~无声〗同前

【寂寞】jìmò 圈①寂しい, 孤独な ②静まりかえった, ひっそりとした

【寂然】jìrán 圈《書》〖多く状語として〗静まりかえった, 音の途絶えた

【寄】jì 動①郵送する, 託送する〖~他一个包裹〗彼に小包を送る ②託する, 預ける〖~希望于下一代〗次の世代に希望を託す
⊗ ①依存する, くっつく〖~食〗寄食する〖~人篱下〗(自立できずに)人の世話になる ②義理の(親族) ◆杯を交すなどして結んだ擬似親族関係をいう〖~父〗誓いをたてて親子関係を結んだ父

【寄存】jìcún 動預ける(⇔[寄放])〖行李~处〗手荷物預り所

【寄放】jìfàng 動一時的に預ける〖把行李~在他家里〗荷物を彼の家に預ける

【寄居】jìjū 動(⇔[寄住]) ①寄留する, 身を寄せる〖~蟹〗ヤドカリ ②異郷に暮らす〖~广州〗広州に寄寓する

【寄卖】jìmài 動委託販売する ◆これを行う店は'信托商店' '~商店' ⇔[寄售]〖寄销〗

【寄生】jìshēng 動①(動物が)寄生する ②《多く定語として》(人間が)寄生する, 他人を搾りとって生きる〖~生活〗寄生生活

【寄生虫】jìshēngchóng 图①寄生虫 ②社会の寄生虫, 世間のダニ

【寄宿】jìsù 動①宿を借りる, 滞在する ②(学生が)学校の寮に居住する(⇔[走读])〖~生〗寄宿生

【寄托】jìtuō 動①預ける, 委託する ②(思いを)託する〖希望~在你们身上〗希望は君たちに託されている

【寄养】jìyǎng 動他人に預けて育ててもらう, 里子に出す〖把女儿~在朋友家〗娘を友人の家で預かってもらう

【寄予(寄与)】jìyǔ 動①(思いを)託する(⇔[寄托])〖~希望〗希望を託す ②(心を)寄せる, 与える〖~同情〗共感を寄せる

【寄主】jìzhǔ 图(寄生生物の)宿主(⇔[宿主])

【祭】jì 動天や神などを祭る ◆供物を捧げて祈る〖~祖宗〗祖先を祭る〖~器〗祭器
⊗死者への追悼の儀式〖公~〗公けの機関が主催する追悼式 ◆姓はZhàiと発音

【祭奠】jìdiàn 死者を祭る

【祭礼】jìlǐ 图①祭りの儀式, 追悼の儀式 ②供物

【祭祀】jìsì 動天, 神, 祖先などを祭る, 祭祀ネ゙を行う〖~祖先〗先祖を祭る

【祭坛】jìtán 图祭壇, 供物壇

【祭灶】jìzào 動(旧時) かまどの神を祭る ◆陰暦12月23日の祭りで, この日, かまどの神が天に昇って一家の状況を天帝に報告するウルチ黍ポ

【穄】jì ⊗〖~子〗ウルチ黍ポ

【偈】jì ⊗(仏教の)偈ゲ

【蓟(薊)】jì ⊗〖植〗アザミ〖大~〗同前

【稷】jì ⊗①キビあるいはアワの古名 ②五穀の神〖社~〗国家

【鲫(鯽)】jì ⊗フナ〖~鱼〗同前

【髻】jì ⊗まげ〖发 fà~〗まげ〖绾 wǎn~〗まげを結う

【冀】jì 動①願う〖~望〗《書》希望する ②(J-) 河北省の別称 ③(J-) 姓

【骥(驥)】jì ⊗①良馬, 千里の馬 ②賢能, 優秀な人材〖附~〗驥尾ビに付す

【罽】jì ⊗毛織の絨毯

【加】jiā 動①加える, 足す〖三~四等于七〗3足す4は7だ ②増やす, 程度を強める〖~工资〗給料を上げる〖~快速度〗スピードアップする ③(何もない所に)つけ加える, 入れる〖~上罪

名〕罪名をかぶせる ④動作を加える〔不～考慮〕考慮しない ⊗(J-)姓
【加班】jiā▼bān 動 超過勤務する〔～费〕超勤手当
【加倍】jiā▼bèi 動倍増する,2倍にする —— jiābèi 副 旧に倍して〔～努力〕旧に倍して頑張る
【加点】jiā▼diǎn 動 残業する
【加法】jiāfǎ 图 足し算,加法 ⊗〔减法〕
*【加工】jiā▼gōng 動 加工する,手を加える
【加号】jiāhào 图 プラス記号《＋》⊗〔减号〕
【加紧】jiājǐn 動 加速する,強化する〔～复习功课〕復習に力を入れる
【加劲】jiā▼jìn 動 頑張る,いっそう努力する〔加把劲儿！〕がんばれ！
*【加剧】jiājù 動 悪化する(させる),深刻化する(させる)
【加快】jiākuài 動 加速する,促進する〔～脚步〕足を速める〔～轴〕(自転車の)変速ギア
【加仑】jiālún 量 ガロン
【加强】jiāqiáng 動 強める,効果を高める〔～教育〕教育を強化する
【加热】jiā▼rè 動 加熱する〔～器〕ヒーター
【加入】jiārù 動①加える,繰り入れる〔～蜂蜜〕蜂蜜を入れる ②加入する〔～工会〕組合に加入する
【加塞儿】jiā▼sāir 動〔口〕行列に割り込む
【加上】jiāshàng 接〔前の文を受けて〕そのうえ,加えて
【加深】jiāshēn 動 深める(深まる)〔～矛盾〕矛盾を深める
【加速】jiāsù 動 加速する,促進する〔～能源的开发和利用〕エネルギー源の開発と利用を促進する〔回旋～器〕サイクロトロン
【加压釜】jiāyāfǔ 图〔工〕圧力釜,加圧釜 ⓐ〔热压釜〕[高圧釜]
【加以】jiāyǐ 動 動作を加える ◆複音節の動詞ないし動詞から転じた名詞を伴う〔～修改〕修正を加える —— 接 そのうえ,加えて
【加意】jiāyì 副 よく気をつけて,注意深く
【加油】jiā▼yóu 動①給油する,油をさす ②(～儿)頑張る,さらに努力する〔～,～〕がんばれ,がんばれ〔～队〕応援隊
【加油添醋】jiā yóu tiān cù《俗》話に尾ひれをつける ⓐ〔加油加醋〕
*【加油站】jiāyóuzhàn 图 ガソリンスタンド
【加之】jiāzhī 接〔前の文を受けて〕そのうえ,それだけでなく
【加重】jiāzhòng 動 重くする(なる),ひどくなる(する)〔～语气〕語気を強める

【茄】jiā ⊗→〔雪～xuějiā〕⇨ qié
【迦】jiā ⊗音訳用字
【枷】jiā ⊗ 首かせ〔～板〕首かせ
【枷锁】jiāsuǒ 图〔転〕束縛,抑圧〔摆脱～〕抑圧からのがれる
【痂】jiā かさぶた〔结～〕かさぶたとなる
【笳】jiā〔胡～〕(古代北方民族の笛の一種
【袈】jiā ⊗ 以下を見よ
【袈裟】jiāshā 图〔件〕袈裟
【嘉】jiā ⊗①讃える,ほめる ②素晴らしい,すぐれた ③(J-)姓
【嘉宾(佳宾)】jiābīn 图 ゲスト,貴賓
【嘉奖】jiājiǎng 動 ほうび,褒賞 動 ほめ讃える,ほめ励ます
【嘉言懿行】jiā yán yì xíng《成》みんなの手本となるすぐれた言行
【夹(夾)】jiā 動①はさむ〔～在中间〕間にはさむ〔～菜〕料理を箸で取る〔～着尾巴逃走〕しっぽを巻いて逃げる ②脇の下にかかえる ③混じる,混ぜる —— 图(～儿)物をはさむ道具,クリップ,フォルダーの類〔文件～〕フォルダー〔发fà～〕ヘアピン ⇨ gā, jiá
【夹板】jiābǎn 图①〔医〕〔块〕副木〔上～〕副木をあてる ②物をはさむ板〔受～气〕板挟みになって苦しむ
【夹壁墙】jiābìqiáng 图 二重壁(間に物を隠すことができる)ⓐ〔夹壁〕[夹墙]
【夹层玻璃】jiācéng bōli 图〔破片が飛散しないよう加工した〕安全ガラス
【夹带】jiādài 動 ひそかに持ち込む —— 图 カンニングペーパー
【夹道】jiādào 图(～儿)壁や塀にはさまれた狭い道 動 道の両側に並ぶ〔～欢迎〕道の両側に並んで迎える
【夹缝】jiāfèng 图(～儿)隙間すき,はざま
【夹攻】jiāgōng 動 挟み撃ちにする,両面から攻撃する ⓐ〔夹击〕
【夹克(茄克)】jiākè 图〔件〕ジャンパー,ブルゾン
【夹七夹八】jiā qī jiā bā《俗》話の筋が通らない,こんがらがった
【夹生】jiāshēng 图①生煮えの〔～饭〕生煮え飯 ②未熟な,中途半端な
【夹丝玻璃】jiāsī bōli 图 網入りガラ

【夹馅】jiāxiàn 形（～儿）〖定語として〗餡入りの［～馒头］餡入りマントウ

*【夹杂】jiāzá 動混じる，混ぜる［心里没有一丝邪念〗少しの邪念も持たない

【夹桃枕】jiāzhútáo 名〖棵〗キョウチクトウ

【夹注】jiāzhù 名割り注［～号〗同前用のかっこ（《［　］〈　〉など）

*【夹子】jiāzi 名①クリップ類［头发～〗ヘアピン〖弹簧～〗クリップ ②物挟み［点心～〗菓子挟み ③紙挟み，フォルダー，札入れの類［皮～〗皮の札入れ

【浃（浹）】jiā 〇（水が）しみ透る→［汗流～背］

【佳】jiā 形①良好な，素晴らしい［学业甚～〗学業がとても良好である ②美しい［～丽〗美麗な，麗人

【佳话】jiāhuà 名①広く知られた美談 ②話題をよんだ面白い話

【佳境】jiājìng 名佳境［渐入～〗次第に佳境に入る

【佳偶】jiā'ǒu 名〖書〗琴瑟相和した夫婦，幸せなカップル

【佳人】jiārén 名〖書〗佳人，美しい女性［才子～〗才子佳人

*【佳肴】jiāyáo 名素晴らしい料理，ご馳走［～美酒〗うまい料理とうまい酒

【家】jiā 名家庭，家（＝〖房子〗）［回～〗家に帰る — 形〖方〗〖多く補語として〗飼いならされた〖养～了〗飼いならした — 量商店・会社などを数える［一～医院〗一軒の病院 〇①ある業種に従事する人や家族［船～〗船乗り ②専門家〖科学～〗科学者 ③学術流派［儒～〗儒家 ④〈謙〉年長の親族名称につく接頭辞［～父〗うちの父 ⑤飼育された［～鸭〗アヒル ⑥(J-)姓
—— jia 尾〖口〗①その類に属することを示す［小孩子～〗子供 ②男の名の後に加えてその妻を表わす［大珠～〗大珠のかみさん

【家蚕】jiācán 名カイコ（＝〖桑蚕〗）

【家产】jiāchǎn 名一家の財産，家産〖荡尽～〗家産をつぶす

*【家常】jiācháng 名家庭のふだんのこと，ふだんの暮らし〖扯～〗世間話に興じる［～便饭〗ふだんの家庭の食事

【家丑】jiāchǒu 名家の恥，家の中のもめごと〖～不可外扬〗内部の紛糾は外部に漏らすな

【家畜】jiāchù 名家畜

【家底】jiādǐ 名（～儿）（長い間に積上げてきた）財産〖～厚〗財産が多い

【家访】jiāfǎng 動家庭訪問をする

*【家伙（傢伙）】jiāhuo 名〖口〗①〖把〗道具，武器 ②〈軽蔑，からかい，親しみなどの感情を含めて〉やつ，野郎〖你这个～〗お前ってやつは ③家畜

【家计】jiājì 名〖書〗家計

【家家户户】jiājiāhùhù 名各戸，家ごと〖～都有电视〗どこの家にもテレビがある

【家境】jiājìng 名暮らしむき，家の経済状態（＝〖家景〗）［～困难〗暮らしが苦しい

【家居】jiājū 名（職につかず）家でぶらぶらする，閑居する（＝〖闲居〗）

【家具】jiājù 名〖件〗家具，家財道具類〖置几件～〗幾つかの家具を買う

【家眷】jiājuàn 名①妻子，家族 ②妻

【家懒外头勤】jiā lǎn wàitou qín〈俗〉家ではぐうたら外では勤勉

【家累】jiālèi 名家族のための負担，家の中の悩みごと

【家里】jiāli 名①家の中，家庭〖～有客〗家に客が来る［～事一了 liǎo〗内部の問題は内部で処理する ②女房，内人（＝〖家里的〗）③（出張先で言う自分の会社，団体などの）うち，わたしの社

【家谱】jiāpǔ 名系図，系譜

【家禽】jiāqín 名家禽 ◆鶏，アヒル，ガチョウなど

【家事】jiāshì 名①家庭内の事柄 ②〖方〗暮らしむき

*【家属】jiāshǔ 名（世帯主以外の）家族〖军人～〗軍人の家族

【家私】jiāsī 名〖口〗家産，身代

【家庭】jiātíng 名家庭，世帯〖成立～〗世帯を構える［～妇女〗専業主婦［～作业〗宿題［～影院〗ホームシアター［～园艺〗ガーデニング

*【家务】jiāwù 名家事〖做～〗家事をする

【家乡】jiāxiāng 名郷里，いなか（＝〖故乡〗）［～话〗国言葉

【家小】jiāxiǎo 名〖口〗①妻子 ②妻

【家信】jiāxìn 名〖封〗家族からの，および家族への手紙（＝〖家书〗）

【家燕】jiāyàn 名〖只〗ツバメ（軒下に巣を作る種類）（＝〖燕子〗）

【家业】jiāyè 名家産，身代（＝〖家产〗〖家私〗）

【家用】jiāyòng 名①一家の生活費，生計費 — 形〖定語として〗家庭用の，家で使う

*【家喻户晓】jiā yù hù xiǎo〈成〉世間の誰もが知っている，知らぬ者のない

【家长】jiāzhǎng [名]①世帯主，家長 [～制] 家父長制 ②児童生徒の保護者，父母 [～会] 父母会
【家族】jiāzú [名]一族，同族
【夹(裌*夾袷)】jiá [形]〔定語として〕あわせの [～袄]（中国風の）あわせの上着
⇨gā, jiā
【荚(莢)】jiá ⊗豆類のさや [豆～] 豆のさや
【铗(鋏)】jiá ⊗①金ばさみ ②剣
【颊(頰)】jiá ⊗ほお [两～] 両のほほ [面～] ほっぺ
【蛱(蛺)】jiá ⊗[～蝶] アゲハチョウ
【戛(*戞)】jiá ⊗そっとたたく [～然而止] はたと音が止む [～然长鸣]（鳥の）鳴き声が響きわたる
【甲】jiǎ [名]（動物の） 甲殻(こうかく) 〚乌龟的～〛カメの甲羅 [龟～] 亀甲
⊗①十干の第一，きのえ ②一位の座を占める，首位にある 〚～天下〛天下第一である ③手足のつめ [指～]（手の） つめ ④よろい [～胄]《書》よろいかぶと [装～车] 装甲車 ⑤旧時の保甲制度における100戸 [保～] 保甲制 ⑥(J-)姓
【甲板】jiǎbǎn [名]甲板(かんぱん)，デッキ
【甲虫】jiǎchóng [名]〔只〕カブトムシ，コガネムシの類
【甲醇】jiǎchún [名]メチルアルコール，メタノール [同][木精]
【甲骨文】jiǎgǔwén [名]甲骨(こうこつ)文字 [同][龟甲文]
【甲壳】jiǎqiào [名]カニ等の甲殻(こうかく) [～动物] 甲殻動物
【甲烷】jiǎwán [名]メタンガス
【甲午战争】Jiǎwǔ Zhànzhēng [名]（1894年の）日清(にっしん)戦争
【甲型肝炎】jiǎxíng gānyán [名]A型肝炎
【甲鱼】jiǎyú [名]スッポン [同][鳖]
【甲状腺】jiǎzhuàngxiàn [名]甲状腺
【甲子】jiǎzǐ [名]①十干と十二支 ②60年 ♦十干と十二支の組合わせは60年で一巡し，その一巡を'一个～'という ③（十干十二支の）きのえね
【岬】jiǎ ⊗①岬(みさき) [～角] 同前 ②狭い谷間
【胛】jiǎ ⊗[～骨] 肩胛骨(けんこうこつ) [同][肩胛骨]
【钾(鉀)】jiǎ [名]カリウム [～肥] カリ肥料
【贾(賈)】jiǎ ⊗(J-)姓
⇨gǔ
【槚(檟)】jiǎ ⊗ヒサギ ♦'榎'とも書く

【假】jiǎ [形]にせの，うその 〚一点也不～〛少しもうそがない 〚～积极〛積極的なふりをする [～话] うそ [～腿] 義足
⊗①借りる [不～思索] 考えるまでもない ②仮に，もしも
⇨jià
【假扮】jiǎbàn [動]変装する，仮装する 〚～老人〛年寄に化ける
【假钞】jiǎchāo [名]にせ札(さつ) [同][伪钞]
【假充】jiǎchōng [動]なりすます，ふりをする([同][冒充]) 〚～好人〛善人のふりをする
【假道学】jiǎdàoxué [名]えせ君子，にせ紳士 [同][伪君子]
【假定】jiǎdìng [名][同][假设] — [動]仮定する，想定する，仮に…だとする ♦接続詞的にも使う 〚～这是真的〛これが本当だと仮定すると…
【假公济私】jiǎ gōng jì sī《成》公事の名を借りて私利をはかる
【假借】jiǎjiè [名]〚語〛六書(りくしょ)の一の仮借(かしゃ) [参][六书] — [動]かこつける，ことよせる 〚～公司的名义…〛会社の名にかこつけて…
【假冒】jiǎmào [動]なりすます [～商品] にせ商品
【假寐】jiǎmèi [動]《書》うたた寝する，仮眠する 〚闭目～〛目を閉じてうとうとする
【假面具】jiǎmiànjù [名]〔副〕([同][假面]) ①芝居の仮面，玩具の面 ②偽りの姿，仮面 〚戴～〛仮面をかぶる
★★【假如】jiǎrú [接]もしも，仮に [同][假若][假使]
【假嗓子】jiǎsǎngzi [名]裏声，作り声
【假山】jiǎshān [名]〔座〕（主に岩を積み上げた）築山(つきやま)
★【假设】jiǎshè [名]仮説，仮定 — [動]仮定する，仮に…だとする ♦接続詞的にも使う
★【假使】jiǎshǐ [接][同][假如]
【假释】jiǎshì [動]仮釈放する
【假说】jiǎshuō [名]仮説，仮定 [同][假设]
【假死】jiǎsǐ [動]①仮死状態になる，人事不省になる ②死んだふりをする
【假托】jiǎtuō [動]①かこつける，口実にする([同][推托]) 〚～有病不来上班〛病気を口実に出勤してこない ②他人の名を使う，なりすます [同][假冒] ③仮託する，ことよせる([同][凭借]) 〚～故事来说明〛物語に託して説く
【假想】jiǎxiǎng [動]〔多く定語として〕仮想する，想像する 〚～的对手〛仮想の相手 [～敌] 仮想敵
【假惺惺】jiǎxīngxīng [形]〔状語·定語として〕おためごかしの，わざとらし

い

【假牙】jiǎyá [名] 入れ歯（[同][义齿]）〚镶～〛入れ歯をする［全口～］総入れ歯

【假造】jiǎzào [動] ① 捏造する，でっちあげる [同][捏造] ② 偽造する

★★【假装】jiǎzhuāng [動] 見せかける，ふりをする〚～不知道〛知らないふりをする

〖斝〗jiǎ ⊗古代の酒器（三足）

【价（價）】jià [名]（～儿）価格，値段〚不值这个～〛この値段に値しない［物美～廉］品がよくて値が安い
⊗① 価値，値うち［评～］評価する
②〖化〗'原子～'（原子価）の略
⇨jie

★★【价格】jiàgé [名] 価格，値段［零售～］小売り価格［批发～］卸売り価格

【价码】jiàmǎ [名]（～儿）《口》表示価格（[同][价目]）〚开个～〛値段を表示する

【价钱】jiàqian/jiàqián [名] 価格，値段

★★【价值】jiàzhí [名] 価値，値うち［～观念］価値観［交换～］交換価値

【架】jià [名]（～儿）棚，…掛け，骨組み［书～］本だな 一 [動] ① 組立てる，組上げる〚～桥〛橋をかける ② 支える，持ちこたえる 一 [量] 支柱のあるものや機械類に使う〚一～飞机〛飛行機一機〚这～梯子〛このはしご
⊗① なぐり合う，言い争う［打～］けんかする［劝～］仲裁する ② 誘拐する［绑～］人をさらう

【架不住】jiàbuzhù [動]《方》（[反][架得住]）① 支えきれない，持ちこたえられない ② かなわない，及ばない

【架空】jiàkōng [動] ①（建物などを）支柱で持ち上げる，脚柱で支える ②《転》根拠を持たない〚～的东西〛架空のもの ③《転》（実質を）骨抜きにする，実権のない飾りものにする

【架设】jiàshè [動] 架設する，（支柱を立てて空中に）かけわたす

【架势（架式）】jiàshi [名]《口》姿勢，ポーズ〚摆出老虎的～〛トラの格好をする

【架子】jiàzi [名] ①（物をのせる） 枠，棚 ②（事業や作品の）枠組み，大綱〚搭～〛大枠を作る ③ 尊大ぶり，威張りかえる態度〚摆～〛えらぶる ④ 姿勢，ポーズ

【架子车】jiàzichē [名]〔辆〕（人力の）荷車（大八車に似ている）

【驾（駕）】jià [動] ①（牛馬に車や農具を） 引かせる，つなぐ〚～牛耙 pá 地〛牛に農具をつけて畑をならす ② 操縦する，運転する
⊗「乗物」の意から転じて敬意を表わす［劳～］恐れいりますが…［～临］御光臨下さる

【驾轻就熟】jià qīng jiù shú《成》（軽い車を走らせて慣れた道を行く>）手慣れた仕事でたやすく処理できる

★★【驾驶】jiàshǐ [動]（自動車・船などを）操縦する，運転する〚～飞机〛飛行機を操縦する［～员］操縦士，運転手［～盘］自動車のハンドル［～执照］［～证］運転免許証（'驾照'とも）

【驾御（驾驭）】jiàyù [動] ①（馬車などを）御する，走らせる ② 服従させる〚～自然〛自然界を制御する

【假】jià [名] 休暇，休日［请～］休暇をとる［放～］休みに入る［暑～］夏休み
⇨jiǎ

【假期】jiàqī [名] 休暇期間

【假日】jiàrì [名] 休日，休暇をとった日〚虚度～〛休日を無為に過ごす

【假条】jiàtiáo [名]（～儿）〔张〕休暇願（届），欠席（勤）届

【嫁】jià [動] 嫁ぐ（がせる）（[反][娶]）〚她～了个上海人〛彼女は上海の人と結婚した
⊗ 転嫁する，他人に押しかぶせる［转～］同前［～祸于人］災いを他人に押し付ける

【嫁接】jiàjiē [動] つぎ木する

【嫁人】jià▾rén [動] 嫁ぐ，嫁入りする

【嫁妆（嫁装）】jiàzhuang [名]〔件・套〕嫁入り道具，花嫁の荷物（[同][嫁奁]）〚办～〛同前を準備する

〖稼〗jià ⊗① 穀物［庄～］作物 ② 作付ける，穀物を栽培する

【稼穑】jiàsè [名]《書》農事，農作業

【尖】jiān [形] ① 尖った，先の鋭い ② 声がかん高い，きんきん声の ③（目や耳が）さとい，感覚が鋭い 一 [動] 声をかん高くする〚～着嗓子喊〛きんきん声を張り上げる 一 [名]（～儿） ① 尖った先端［针～儿］針の先 ② 抜きんでた人や物〚三个里头就数他是个～儿〛3人の中で彼がとびぬけて優秀だ［～儿货］特上品

【尖兵】jiānbīng [名] ① 尖兵 ②《転》事業の先鋒，道ならし役

【尖刀】jiāndāo [名] ① 鋭い刃物 ②《転》敵陣に突入すること

★【尖端】jiānduān [名] 切っ先，尖った先っぽ 一 [形]〘多く定語として〙（科学技術などの）最先端をゆく，最も進んだ［～技术］先端技術

【尖刻】jiānkè [形]（言葉が） 辛辣な，骨に刺さるような

【尖利】jiānlì [形] 鋭い，ぐさり突きさ

すような〖～的叫声〗絹を裂くような悲鳴
【尖脐】jiānqí オス蟹♦オス蟹は腹の甲羅がとがっていることから ⑫[団脐]
*【尖锐】jiānruì 圈 ① (刃物などが)鋭い, よく尖った ② (物事を見る目が)鋭い, 鋭敏な ③ (声が)鋭い, 耳をさすような ④ (言論や争いが)激しい, 尖鋭な 〖～的批评〗鋭い批評
【尖酸】jiānsuān 圈 (言葉が)とげとげしい, 辛辣な 〖～刻薄〗辛辣で容赦のない
【尖子】jiānzi ① 尖った先端 ② 抜きんでた人や物 ③ 芝居で急に声を高くしてうたう部分
【尖嘴薄舌】jiān zuǐ bó shé 《成》物言いが辛辣きわまる, 皮肉たっぷり嫌味たっぷりの

【奸】jiān 圈 ずるい, 身勝手な 〖这个人真～〗こいつは本当にずるい
⊗① 売国奴, 国家民族の裏切者 [内へ] 内通者 ② 不忠の, 国や君主に有害な 〖～臣〗奸臣 ③ 腹黒い, 陰険な

【―(姦)】⊗① 姦淫する 〖通～〗姦淫する

【奸夫】jiānfū 图 不倫相手の男, 男 ⑫[奸妇]
【奸猾(奸滑)】jiānhuá 圈 悪賢い, 腹黒い ⑫[奸狡]
【奸计】jiānjì 图 悪だくみ, 奸計
【奸佞】jiānnìng 图《書》腹黒い追従者 ─ 圈 腹黒いおべっか使いの, 悪賢く諂いのうまい
【奸商】jiānshāng 图 奸商, 悪徳商人
【奸私】jiānsī 图 不正な隠し事, ひそかな不正 〖揭发～〗同前をあばく
【奸污】jiānwū 動 強姦する, レイプする 〖～妇女〗婦女を強姦する
【奸细】jiānxì 图 回し者, スパイ
【奸雄】jiānxióng 图 悪知恵にたけた豪傑, 奸雄
【奸淫】jiānyín 動 ① 姦淫する, 不倫する ② 強姦する
【奸诈】jiānzhà 腹黒い, ずる賢い

【间】(間*閒) jiān 图 部屋数に使う 〖两～卧室〗寝室ふた部屋
⊗① あいだ, 中間 〖父子之～〗父と子の間 (ある時間あるいは空間の) なか, あいだ 〖人～〗世の中 部屋, 屋内 〖房～〗部屋
⇨前, xián

【间不容发】jiān bù róng fà 《成》(間に髪の毛を入れるだけの隙間もない>) 情勢が逼迫して一刻の猶予も許されない

【歼】(殲) jiān 殲滅する 〖～击〗打ち滅ぼす

【歼击机】jiānjījī 图〔架〕戦闘機
【歼灭】jiānmiè 動 殲滅する 〖～敌人〗敵を殲滅する

【坚】(堅) jiān ⊗① 堅くて硬いもの, 不落の陣地 ② 硬い, 堅固な ③ 断固たる, 揺るぎない ④ (J-) 姓

【坚壁清野】jiān bì qīng yě 《成》焦土籠城作戦♦城壁内の防御をかため, 城壁周辺の家屋や作物を焼き払って, 一切残さない作戦
【坚持】jiānchí 動 (方針や見解を)堅持する, 断固行い続ける 〖～原则〗原則を堅持する
【坚定】jiāndìng 圈 (意志, 主張などが)揺るぎない, 確固たる ─ 動 不動にする, 確固たるものにする 〖～决心〗決心を不動のものとする
*【坚固】jiāngù 圈 堅固な, 丈夫な ⑫[牢固] 〖结构～〗構造が堅固な
【坚决】jiānjué 圈 断固たる, きっぱりとした 〖态度坚～〗態度がきっぱりとしている 〖～要求〗断固として要求する
【坚苦卓绝】jiānkǔ zhuójué《成》忍耐強い, どんな苦労にもめげない
【坚牢】jiānláo 圈 堅固な, 頑丈な ⑫[坚固][牢固]
*【坚强】jiānqiáng 圈 強固な, 確固たる ⑫[软弱] ─ 動 強化する, 揺るぎなくする
【坚忍不拔】jiān rěn bù bá《成》堅忍不抜の ⑫[坚韧不拔]
【坚韧】jiānrèn 圈 強靭な, 粘りづよい
【坚实】jiānshí 圈 ① しっかりとした, 堅実な ② 丈夫な, 元気な
【坚信】jiānxìn 動 確信する 〖～能够胜利〗勝利できると確信する
【坚毅】jiānyì 圈 毅然とした, 断固たる
【坚硬】jiānyìng 圈 硬い
【坚贞】jiānzhēn 圈 節操が固い, 節を曲げない 〖～不屈〗同前

【鲣】(鰹) jiān ⊗ カツオ 〖～鱼〗同前

【肩】jiān 图 肩 〖挑在～上〗肩にかつぐ 〖左～〗左肩 〖并～〗肩を並べる
⊗① 担う, 請け負う 〖身～重任〗重責を担う

*【肩膀】jiānbǎng 图 (～儿) 肩
【肩不能挑, 手不能提】jiān bù néng tiāo, shǒu bù néng tí《俗》(肩は物をかつげず, 手は物を持てない>) 箸より重たい物が持てない
【肩负】jiānfù 動 担う (⑫[担负]) 〖～重任〗重任を担う
【肩胛骨】jiānjiǎgǔ 图 肩胛骨

【肩摩轂擊】jiān mó gǔ jī《成》(肩が擦れあい車がぶつかりあう>)人や車の往来が激しいさまをいう 働[摩肩击毂]

【肩头】jiāntóu 图①《書》肩の上,肩さき ②《方》肩

【肩章】jiānzhāng 图《副》肩章けんぽう

【艰(艱)】jiān ㊀難しい,困難な

*【艰巨】jiānjù 形困難きわまる,恐ろしく骨の折れる [～的任务]重大かつ困難な任務

*【艰苦】jiānkǔ 形苦労にみちた,困難きわまる [～的生活]苦労にみちた生活

*【艰难】jiānnán 形困難な,難しい [～行动～]体を動かすのにすら骨が折れる

【艰涩】jiānsè 形 (文章などが) 難解な,晦渋かいじゅうな 働[晦涩]

【艰危】jiānwēi 形 (国家民族が) 艱難かんなんの危機にある

【艰辛】jiānxīn 形 艱難辛苦 [历尽～] 艱難辛苦をなめつくす

【兼】jiān 動兼ねる,同時に…する [他是党委书记～校长]彼は党委員会の書記と校長の職を兼任している [～听则明]いろいろな意見を聞けば正しい判断ができる
㊁2倍の [～旬]《書》20日間

【兼并】jiānbìng 動 兼併けんぺいする,併呑へいどんする

【兼顾】jiāngù 動 (複数の事柄に) 同時に気を配る,あわせて配慮する [～劳资双方]労資双方に気を配る

【兼课】jiānˇkè 動 (教師が) 授業を兼担する,(本務校の外に) かけ持ちする

【兼任】jiānrèn 動兼任する,兼務する ― 形《定語として》兼任の,非常勤の [～教员]非常勤講師

*【兼职】jiānzhí 形《定語として》兼任の,かけ持ちの
― jiānˇzhí 動兼務する,兼職する

【搛】jiān 動 (料理を) 箸で取る 働[夹jiā]

【蒹】jiān ㊀ [～葭jiā]《書》アシやヨシの類

【缣(縑)】jiān ㊀ きめ細かな上質の絹

【缣帛】jiānbó 图古代のうす絹 ◆紙のない時代はこれに字を書いた

【监(監)】jiān ㊀①牢屋,監獄 [收～]収監する ②監視する,見張る [～考]試験監督(をする)
⇨jiàn

【监测】jiāncè 動 (機器を使って) 監視測定する [～卫星]衛星を追跡する [污染～]汚染監視

【监察】jiānchá 動 監察する,監査する

【监督】jiāndū 動 監督する,指揮管理する [～人犯劳动]囚人の労働を監督する ― 图監督者,管理者

【监犯】jiānfàn 图囚人,刑務所内の罪人

【监工】jiānˇgōng 動 作業を監督する,現場で監視する
― jiāngōng 图現場監督,作業監視人

【监管】jiānguǎn 動 (罪人を) 監督管理する [～犯人]囚人を管理する

【监禁】jiānjìn 動 拘禁する,拘置する 働[监押]

【监牢】jiānláo 图《口》牢獄,刑務所 [坐～]牢獄に入る

【监视】jiānshì 動監視する,見張る

【监狱】jiānyù 图刑務所,監獄 働[监房]

【渐(漸)】jiān ㊀流れこむ,浸みこむ [西学东～]西洋の学術が東洋に流入する
⇨jiàn

【渐染】jiānrǎn 動《書》じわじわ影響されてゆく,徐々に染まる [～了不良习惯]悪い習慣に染まった

【笺(箋)】jiān ㊀ 注釈を加える [～注]古典の注釈

【—(*牋)】jiān ㊀①書簡箋,便箋びん [信～]同前 ②書簡,手紙 [～札]《書》同前

【菅】jiān ㊀①《植》カルカヤ→[草 cǎo～人命] ②(J-)姓

【湔】jiān ㊀洗う,そそぐ [～雪]《書》《冤罪を》晴らす

【煎】jiān ①油で焼く,いためる ◆鍋に少量の油を入れて,こんがり焦げる程度にいためる [～鱼]魚をあぶらでいためる [～面包]フレンチトースト ②煎ぜんじる,ゆでる [～药]薬を煎じる ― 量漢方薬を煎じる回数を示す [吃两～药]薬を2回ほど煎じて飲む [二～]二番煎じ

【煎熬】jiān'áo 動 さいなむ

【煎饼】jiānbing 图穀物の粉を水にといて,薄く平たく焼きあげたもの

【煎迫】jiānpò 動 追いつめる,迫る 働[煎逼] [贫困～]貧乏に追いつめられる

【缄(緘)】jiān ㊀閉じる,封をする ◆多く封筒の差出人名に使う [上海～]上海の李より [～口]《書》口を結ぶ

【缄默】jiānmò 動 押し黙る,沈黙する

【犍】jiān ㊀去勢した雄ウシ
⇨qián

【犍牛】jiānniú 图[头] 去勢した雄

274　jiǎn 一　　　　　　　　　団拣束茧佥检检硷睑笕剪剪谫蹇减

ウシ ◆おとなしくて使役しやすい

【囝】 jiǎn ⊗[方] ①息子,せがれ ②息子と娘,子供

【拣】(揀) jiǎn 動 ①選ぶ(⊕[挑])[~选]選ぶ ②拾う,拾い集める(⊕[捡])

【束】 jiǎn ⊗ 書簡,名刺などの総称

【茧】(繭) jiǎn 名 繭⁵[[结~]]繭を作る[蚕~](カイコが作る)繭 ⊗皮膚にできるたこ ⊕'趼'

【茧子】 jiǎnzi 名 ①[方]繭 ②[块・层](皮膚にできる)たこ,まめ('趼子'とも書く)

【佥】(儉) jiǎn ⊗つましい,倹約の(倹約家の[省吃~用]暮らしを切りつめる

【佥朴】 jiǎnpǔ 形 質素な,飾らない

【佥省】 jiǎnshěng 動 倹約する,むだを省く

【佥约】 jiǎnyuē 形[書]つましい,(生活が)質素な

【捡】(撿) jiǎn 動 拾う,拾い集める(⊕[拣])[[~贝壳]]貝殻を拾う[[~破烂儿]]屑拾いをする

【捡漏】 jiǎnlòu 雨もりを調べて直す

【检】(檢) jiǎn ⊗①調べる,点検する ②身を慎しむ,言動に注意する ③(J-)姓

＊【检查】 jiǎnchá 動 ①検査する,点検する[[~身体]]健康診断をする ②調査する,究明する ⊕[查考] 自己点検する,自己批判する ⊕[检讨] 一 名[份]自己批判の文

【检察】 jiǎnchá 動 検察挙された犯罪事実を審理する[~员]検事

【检察院】 jiǎncháyuàn 名 検察院(日本の検察庁に相当)

【检点】 jiǎndiǎn 動 ①点検する,チェックする ②言動に注意する,気をつける[[~自己的言行]]自分の言動に注意する

【检定】 jiǎndìng 動 検定する

【检举】 jiǎnjǔ 動 告発する,摘発する[[~了科长的贪污行为]]課長の汚職を告発した

【检视】 jiǎnshì 動 検査する,調べる[[~飞机]]飛行機を点検する

【检试】 jiǎnshì 動 (性能を)テストする,試験する

【检索】 jiǎnsuǒ 動 検索する

＊【检讨】 jiǎntǎo 動 ①自己点検する,自己批判する ②自己批判し,研究する 一 名[份]自己批判の文

【检修】 jiǎnxiū 動 点検修理する,オーバーホールする

＊【检验】 jiǎnyàn 動 (品質,規格などを)検査する,検証する

【检疫】 jiǎnyì 動 検疫する[[进行~]]検疫を行う[~站]検疫所

【检阅】 jiǎnyuè 動 ①観閲する,閲兵する ②[書](書籍や文書を)あちこちめくって調べる

【硷】(礆・鹼) jiǎn ⊗[碱]に同じ

【睑】(瞼) jiǎn ⊗→[眼 yǎn ~]

【睑腺炎】 jiǎnxiànyán 名[医]ものもらい ⊕[麦粒肿][针眼]

【笕】(筧) jiǎn ⊗笕ʰⁿ[~]

【剪】 jiǎn 動 はさみで切る

⊗①はさみ ②はさみ状の道具[火~]火ばさみ ③除去する,根絶させる

【剪裁】 jiǎncái 動 ①(生地を)裁断する,裁つ ②(転)(文章を書く際)材料を取捨選択する

＊【剪彩】 jiǎn'cǎi 動 (開幕式などで)テープカットする

【剪除】 jiǎnchú 動 (悪人などを)根絶させる,全滅させる ⊕[剪灭]

＊【剪刀】 jiǎndāo[把]はさみ

【剪辑】 jiǎnjí 名 編集した映画フィルムや録音テープ,モンタージュ 一 動(選択,裁断した材料を)つなぎ合わせて編成する,編集する

【剪票】 jiǎn'piào 動 キップを切る,キップにパンチを入れる[~处]改札口

【剪贴】 jiǎntiē 名(子供の)切紙細工,貼り絵 一 動 ①切りぬきを作る[[~了不少资料]]沢山の資料を切りぬいた[~簿]スクラップブック

【剪纸】 jiǎnzhǐ 名(中国の民間工芸の)切紙細工[~片]切紙によるアニメーション映画

【剪子】 jiǎnzi[把]はさみ(⊕[剪刀])[[~,石头,布]](じゃんけんの)チョキ,グー,パー

【谫】(謭) jiǎn ⊗ 浅薄な[~陋][書](見識・学識が)浅く乏しい

【蹇】 Jiǎn ⊗姓

【减】(減) jiǎn 動 減らす,引く(⊕[加])[[五~三等于二]]5引く3は2 [~价]値引きする

⊗衰える,下がる[不~当年]昔に劣らない

【减产】 jiǎn'chǎn 減産する,生産が下がる ⊗[增产]

【减低】 jiǎndī 動 下が(げ)る,減(らす)(⊕[降低])[[~了百分之五]]5%下がった

【减肥】 jiǎn'féi 動 ダイエットする

【减号】 jiǎnhào 名 マイナス記号(-) ⊗[加号]

【减轻】 jiǎnqīng 動 軽減する,減る

〖~负担〗負担を減らす
【减弱】jiǎnruò 動 弱まる,衰える〖风势~〗勢いが弱まる
【减色】jiǎnsè 動 精彩を欠く,輝きを失う
*【减少】jiǎnshǎo 動 減る,減らす〖~财政赤字〗財政赤字を減らす
【减退】jiǎntuì 動 減退する,程度が下がる
【减薪】jiǎn‛xīn 動 減給する,賃金を下げる〖裁员~〗人員を整理し賃金を引き下げる
【减刑】jiǎn‛xíng 動 減刑する

【碱(*鹼)(城)】jiǎn 名 ①アルカリ〖~土〗アルカリ土壌 ②ソーダ,炭酸ナトリウム 一 動 アルカリに侵蝕される〖金属が腐ったり,レンガの表面が剥げ落ちたりする〗〖围墙都～了〗塀がアルカリでだめになった
【碱荒】jiǎnhuāng 名 アルカリ土壌の荒地

【趼(*繭)】jiǎn 名 手や足のたこ,まめ
【趼子(茧子)】jiǎnzi 名 手や足のたこ,まめ 🔄[老趼]

【简(簡)】jiǎn 名 ①竹簡〖~册〗同前の本 ②書簡,手紙〖书~〗同前 ③(人材を)選ぶ〖~拔〗(書)選抜する ④簡素化する,単純化する ⑤簡素な,簡単な ⑥(J-)姓
【简报】jiǎnbào 名 簡報,短い報道〖新闻~〗簡略ニュース報道
【简便】jiǎnbiàn 形 簡便な,手軽な
【简称】jiǎnchēng 名動 略称(する)
*【简单】jiǎndān 形 ①単純な,簡単な(🔄[复杂])〖~再生产〗単純再生産 ②(能力などが)平凡な,並みの ◆多く否定形で使う〖他真不~〗やつは只者じゃない ③大ざっぱな,軽率な
【简单劳动】jiǎndān láodòng 名 単純労働 🔄[复杂劳动]
【简短】jiǎnduǎn 形 簡潔な,簡単で短い
*【简化】jiǎnhuà 動 簡素化する,単純化する〖~手续〗手続を簡素化する
【简化汉字】jiǎnhuà Hànzì 動 漢字を簡略化する 一 名 簡体字 ◆今日の中国で日常で使われている漢字.1950年代に始まる文字改革で制定された 🔄[简体字]
【简洁】jiǎnjié 形 簡潔な,短く要領をえた 🔄[简要]
【简捷(简截)】jiǎnjié 形 直截な,ずばり表現した 🔄[直截了当]
【简介】jiǎnjiè 動 簡単な内容紹介をする ◆多く書名などに使う〖事业~〗事業案内
*【简历】jiǎnlì 名 略歴

【简练】jiǎnliàn 形 簡潔な,よく練れた
*【简陋】jiǎnlòu 形 (家屋や設備が)粗末な,足りないだらけの
【简略】jiǎnlüè 形 (文章などが)簡略な
【简明】jiǎnmíng 形 簡明な,短く要領をえた
【简谱】jiǎnpǔ 名〖音〗略楽譜 ◆音譜をアラビア数字に置きかえた楽譜.例えばド,レ,ミ…を1,2,3…のように,長短は数字の上下に直線を加えて示す
【简朴】jiǎnpǔ 形 質素な,素朴な
【简体字】jiǎntǐzì 名 簡体字 🔄[简化汉字] 🔄[繁体字]
【简讯】jiǎnxùn 名〖则·条〗短信,短いニュース
【简要】jiǎnyào 形 簡潔な,短く要をえた 🔄[简洁]
【简易】jiǎnyì 形 簡易な,速成の
【简章】jiǎnzhāng 名 略則,簡略規定〖招生~〗学生募集要項
*【简直】jiǎnzhí 副 ①まったく,じっさい ②(方)いっそのこと 🔄(普)[索性]

【蹇】jiǎn ⊗ ①順調でない〖时乖运~〗時運にめぐまれない ②(J-)姓

【见(見)】jiàn 動 ①見る,目にする ②会う,面会する ③触れる,でくわす〖~风〗風に当たる ④明らかになる,現われる〖~好〗よくなる ⑤…に出ている,…を参照せよ.🔄(见于)〖~《庄子》〗『荘子』に見える
—— -jiàn/-jian 動〔結果補語として〕感覚の出現を表わす〖看~〗見える,目に入る〖听不~〗聞こえない
⊗ ①動詞の前に置いて受身を示す〖~问〗問われる ②動詞の前に置いて敬語の表現を作る〖~教〗御教示くださる〖~谅〗お許し下さる ③見解,意見〖成~〗先入観
【见报】jiàn‛bào 動 新聞に載る
【见不得】jiànbude/jiànbudé 動 ①出会ってはならない,接触するのはまずい〖冰~热〗氷は熱にひとたまりもない ②人前に出せない,人に見せられない ③顔むけできない〖~人〗人前に出られない
【见得】jiàndé 動 わかる,間違いなしと見定めうる ◆否定文および疑問文にのみ使う〖何以~〗何故わかるのか
【见地】jiàndì 名 見解,見地 🔄[见解]〖很有~〗なかなかの見識だ
*【见多识广】jiàn duō shí guǎng(成)経験豊富で知識が広い
【见方】jiànfāng 名 平方〖3米~〗3メートル平方

【见风使舵】jiàn fēng shǐ duò《成》《贬》(風向きを見て舵をとる＞)情勢次第で態度を変える，風見鶏をきめこむ [同][见风转舵][看风使舵]

【见风是雨】jiàn fēng shì yǔ《俗》(風がくれば雨だと騒ぐ＞)早とちりする，先走りの判断をする

【见缝插针】jiàn fèng chā zhēn《俗》(隙あれば針をさす＞)あらゆる空間(時間)を(も)利用する

【见怪】jiànguài [動] とがめる(とがめる対象はふつう‘我’)，悪く思う〚请不要～〛悪く思わないでください

【见鬼】jiàn▼guǐ [動] ①《口》信じがたい事に出会う，とんでもない目にあう〚真～〛そんなばかな ②(軽蔑の意をこめて)死ぬ，滅びる

【见好】jiànhǎo [動] (病状が) 好転する，よくなる

*【见解】jiànjiě [名] 見解，見方 [同][见地]

**【见面】jiàn▼miàn [動] 会う，顔を合わせる〚跟他～〛彼と会う［～礼］初対面の際の贈り物

【见情】jiàn▼qíng [動] 恩に着る，厚意に感謝する

【见世面】jiàn shìmiàn [動] 世間を知る，世の中の経験を積む

【见识】jiànshi [名] 見識，見聞〚长～〛見聞を広める — [動] 見聞を広める，(新事物に触れて)知識を増す

【见天】jiàntiān [名] (～儿)《口》毎日

【见外】jiànwài [動] 他人行儀に振舞う，よそよそしくする

【见微知著】jiàn wēi zhī zhù《成》一を聞いて十を知る，一を以って万を察す

*【见闻】jiànwén [名] 見聞〚增长～〛見聞を広める

【见效】jiànxiào [動] 効いてくる，効果が現われる([同][见功])〚一吃就～〛飲めばたちまち効く

【见笑】jiànxiào [動] ①《謙》笑われる〚～～〛お恥ずかしいことで ②(私を)笑う〚您可别～〛どうか笑わないでください

【见异思迁】jiàn yì sī qiān《成》(違ったものを見るとたちまち気が変わる＞)移り気である，意志が定まらぬ

*【见义勇为】jiàn yì yǒng wéi《成》正しい事なら敢然と行う

【见证】jiànzhèng [名] 目撃証人，物証 — [動] (目撃して)証言できる［～人］証人

〖舰(艦)〗 jiàn ⊗軍艦［军～］軍艦［～只 zhī］艦隻

【舰队】jiànduì [名]〔支〕艦隊

*【舰艇】jiàntǐng [名]〔艘·只〕艦艇

【件】 jiàn [量] 事柄，衣服，文書，書信に使う〚一～小事〛小さな出来事〚三～毛衣〛セーター3枚

⊗①(～儿)数えることのできる事物［零～儿］部品 ②文書，書類［密～］秘密書類

【间(間 *閒)】 jiàn [動] (苗を) 間引く〚～秧苗〛苗を間引く

⊗①隙間(すきま)，間(あい)［乘～］隙をつく ②引離す，隔てる ③離間する，仲違いさせる

⇨jiān, xián (閒)

【间壁】jiànbì [名] 隣家，壁隣り [同][隔壁]

*【间谍】jiàndié [名] スパイ，間諜(かんちょう)［～网］諜報網［～卫星］スパイ衛星

【间断】jiànduàn [動] とぎれる，中断する〚一刻也没有～过〛一瞬も中断したことはない

*【间隔】jiàngé [名] 間隔，隔たり — [動] 間隔をおく，間をとる〚每行～一厘米〛行間を1センチとる

【间或】jiànhuò [副]《書》時おり，たまに

*【间接】jiànjiē [形]〖多く定語·状語として〗間接の([反][直接])［～税］間接税［～选举］間接選挙

【间苗】jiàn▼miáo [動] 苗を間引く

【间色】jiànsè [名] 間色(かんしょく)，中間色 [反][原色]

【间隙】jiànxì [名] 隙間(すきま)，間隙(かんげき)([同][空隙])〚利用工作的～〛仕事の合い間を利用する

【间歇】jiànxiē [動] 一定の時間でとぎれる［～泉］間歇(けっ)泉［～热］間歇熱

【间作】jiànzuò [動] 間作する([同][间种])〚～豌豆〛エンドウを間作する

〖涧(澗)〗 jiàn ⊗谷川［溪～］渓流［山～］谷川

〖饯(餞)〗 jiàn ⊗①送別の宴をはる ②果実を(蜜などに)漬ける［蜜～］果実の砂糖漬け

【饯行】jiànxíng [動] 送別の宴をはる，旅立つ人を一杯やって送り出す([同][饯别])〚为他～〛彼の歓送会をする

【贱(賤)】 jiàn [形] ①値が安い([同][便宜] [反][贵])〚水果～了〛果物が安くなった［～卖］安売りする ②げびた，唾棄すべき〚行为太～〛やり方が汚い［～脾气］下司(げす)根性

⊗①身分が低い([反]‘贵’)［卑～］卑賤な ②旧時の謙譲の接頭辞［～内］愚妻

【贱骨头】jiàngǔtou [名] くず野郎，ろくでなし

【贱货】jiànhuò [名] ①安物 ②下司

野郎,ろくでなし

【溅(濺)】jiàn 動 (液体が)はねる,とびちる〖~了一身泥〗全身に泥がはねた〖~落〗(宇宙船などが予定通りに)着水する

【践(踐)】jiàn ⊗ ① 踏む ② 実行する,履行する〖实~〗実践する

*【践踏】jiàntà 動踏みつぶす,踏みつける(働[踩])〖请勿~草地〗芝生を踏み荒らさないでください;(転)踏みにじる〖~主权〗主権を踏みにじる

【践约】jiàn'yuē 動(面会などに関する)約束を履行する

【建】jiàn 動 ① 建てる,築く〖~大楼〗ビルを建てる ② 設立する,創設する〖新~了两个小班〗新たにふたつの班を設けた〖~都〗都を置く ⊗ ① 提起する,提唱する ② (J-)福建省〖~漆〗福建産の漆ぅぉびおよび漆器

【建材】jiàncái 图建築材料

【建功】jiàn'gōng 動手柄を立てる,功績をあげる

【建交】jiànjiāo 動国交を開く

*【建立】jiànlì 動 ① 建設する,開設する〖~工业基地〗工業基地を建設する ② 樹立する,形成する〖~友谊〗友情を結ぶ

*【建设】jiànshè 動建設する,作りあげる〖~工厂〗工場を作る〖~性意见〗建設的意見

【建议】jiànyì 動建議する,提案する ― 图〔条〕建議,提案

【建造】jiànzào 動建造する,建てる

*【建筑】jiànzhù 動建築する,築く ― 图 建物,建造物(働[建筑物])〖上层~〗上部構造〖~学〗建築学

【建筑物】jiànzhùwù 图建物,建造物 働[建筑]

【健】jiàn ⊗ ① 丈夫にする,健康にする ② 丈夫な,健康な ③ …にすぐれた,程度の高い

【健将】jiànjiàng 图 ① 闘将,第一人者 ② スポーツマスター ◆国家から運動選手に授与される最高の称号

*【健康】jiànkāng 形 ① 健康な〖注意~〗健康に気をつける ② 健全な,正常な

【健美】jiànměi 形 健やかで美しい ― 图 エアロビクス 働[~操]

*【健全】jiànquán 形 健全な ― 動 健全化する,欠陥をなくする

*【健身房】jiànshēnfáng 图 スポーツジム,トレーニング室

【健谈】jiàntán 形 よくしゃべる,話しずきな

【健忘】jiànwàng 形 忘れっぽい

【健旺】jiànwàng 形 丈夫な,元気さかんな

【健在】jiànzài 動 (一般に年配者が)健在である,元気で暮らしている

【健壮】jiànzhuàng 形 丈夫な,壮健な

【腱】jiàn 图腱ゖん〖肌~〗同前〖~子〗ふくらはぎ〖阿基里斯~〗アキレス腱〖~鞘qiào炎〗腱鞘炎

【毽】jiàn 图(~儿) 働[毽子]

【毽子】jiànzi 图 日本の蹴鞠まぁに似た遊び道具で,銅銭あるいは金属片を布で包み,鶏の羽をさして作る。足でぽんぽんと連続的に蹴り上げて遊ぶ〖踢~〗同前で遊ぶ

【键(鍵)】jiàn 图 ① ピアノやコンピュータ等のキー〖黑~〗黒鍵〖回车~〗エンターキー ② (シャフトと車輪を固定させる)くさび,シャフトキー〖轴~〗同前 ③〖化〗ボンド ◆構造式の中の元素の原子価を表わす短い線

*【键盘】jiànpán 图鍵盤ゖばん,(コンピュータの)キーボード〖~乐器〗鍵盤楽器

【荐(薦)】jiàn ⊗ ① 推薦する,推挙する〖引~〗(書)推薦する ② 草 ③ むしろ,ござ〖草~〗ベッドに敷くござ

【荐举】jiànjǔ 動 推薦する,推挙する 働[推荐]

【剑(劍*劒)】jiàn 图〖把・口〗剣,つるぎ〖~柄〗剣の柄ぅか〖~鞘qiāo〗剣の鞘さや

【剑拔弩张】jiàn bá nǔ zhāng《成》(剣は抜き弓は矢をつがえたか)情勢が極度に緊迫し,一触即発の状況にある

【剑侠】jiànxiá 图剣客,剣俠 ◆弱きを助け正義を守る義俠の剣士

【监(監)】jiàn ⊗ ① 昔の役所の名〖国子~〗国子監＝王朝時代の最高学府〖~生〗(明清時代の)国子監生 ② (J-)姓
⇨ jiān

【槛(檻)】jiàn ⊗ ① 手すり,欄杆らかん ② 動物を閉じこめる檻をり〖~车〗昔の囚人護送車
⇨ kǎn

【谏(諫)】jiàn ⊗ 諫いさめる,諫言する〖进~〗〖劝~〗(書)同前

【谏诤】jiànzhèng 動(書)直諫ちょくかんする,ずばずば諫める

【渐(漸)】jiàn ⊗ 次第に,だんだん〖日~〗日に日に
⇨ jiān

【渐渐】jiànjiàn 副 次第に, だんだん ♦'一儿 jiànjiānr' とも

【渐进】jiànjìn 動 漸進する, 少しずつ前進する

【鉴(鑒鑑)】jiàn ⊗ ① (昔の銅製の)鏡 ② 教訓, 戒め ③ じっくり観察する, 細かに点検する ④ (鏡などに)姿をうつす ⑤《書》'台～''钧～''惠～'の形で冒頭の相手の名の後に加えて「ご高覧を乞う」の意を示す 〖○○公司台～〗○○会社殿

*【鉴别】jiànbié 動 鑑別する, 弁別する

*【鉴定】jiàndìng 動 鑑定する, 検定する 〖～人〗鑑定人 — 图 鑑定書, 評定書

【鉴戒】jiànjiè 图 戒め, 教訓 〖把他的失败引为～〗彼の敗北を自らの戒めとする

【鉴赏】jiànshǎng 動 鑑賞する 〖～书法〗書を鑑賞する

*【鉴于】jiànyú 接〔従文の冒頭に置き〕…であることにかんがみて,…であることを考慮して 〖～她平时表现不错…〗彼女の日頃の態度がよいことにかんがみて… — 介 …にかんがみて 〖～这种情况…〗このような状況にかんがみて…

【僭】jiàn ⊗ 本分を越える, 下級者が上級者の名義などを使う 〖～越〗本分を越えて非礼をおかす

【箭】jiàn〔支〕矢 〖射了三支～〗矢を3本射た 〖光阴似～〗光陰矢のごとし 〖火～〗ロケット

【箭靶子】jiànbǎzi (弓の)的

【箭步】jiànbù 图〔通常'一个'を前に置いて〕すばやい歩み, 一気に駆けぬける足取り 〖一个～冲上去了〗矢のように突進していった

【箭楼】jiànlóu 图 箭楼ᅟᅟ♦城楼の外側に築かれたもう一つの城楼で, 戦時に備えて弓射用の四角い窓が並ぶ

【箭头】jiàntóu 图 (～儿) ① 矢じり ② (方向を示す)矢印

【箭在弦上】jiàn zài xián shàng〔成〕(矢はつがえられた>) すでにのっぴきならない段階に入って, 後戻りがきかない

【江】jiāng 图〔条・道〕大きな川

⊗ ① 长江, 扬子江 〖～河〗长江と黄河 ② (J-)姓

【江河日下】jiāng hé rì xià〔成〕(川の水は日に日に下流に下る>) 物ごとが日ごとに衰える, 状況が日ごとに悪くなる

【江湖】jiānghú 图 ① 天下各地, 広い世間 〖走～〗世の中を渡り歩く ② 諸方をさすらう芸人, 香具師ᅟᅟや薬売りなど, およびその仕事

【江湖骗子】jiānghú piànzi 图 ぺてん師, 詐欺師

【江轮】jiānglún 图〔条・艘〕河川を航行する汽船

【江米】jiāngmǐ 图 もち米 ⓤ【糯米】

【江南】jiāngnán 图 ① 江南地方 ♦長江下流の南側一帯, 江苏, 安徽, 浙江省にまたがる穀倉地帯をいう ② 長江以南の地域

【江山】jiāngshān 图 山河, 国土 〖打～〗天下を取る

【江山易改, 本性难移】jiāngshān yì gǎi, běnxìng nán yí〔成〕(山河のかたちはやすく変わるが, 持って生まれた性分は変わるものではない>) 三つ子の魂百まで

【江豚】jiāngtún 图【動】スナメリ ♦長江に棲む川イルカ ⓤ【江猪】

【江珧柱】jiāngyáozhù 图 タイラギの貝柱ᅟᅟ, 乾燥貝柱

【豇】jiāng ⊗ 〖～豆〗【植】サゲ

【姜(薑)】jiāng 图〔块〕ショウガ 〖～是老的辣〗(ショウガは古く土中にあった方がからい>) 亀の甲より年の功

— ⊗ (J-)姓

【姜太公钓鱼】Jiāng tàigōng diào yú〔俗〕(太公望が魚を釣るの意>) 自分から望んで釣られてくる

【将(將)】jiāng 動 ① 挑発する, たきつける 〖拿话～他一下〗言葉で彼を刺激する ② (将棋で)王手をかける ③ 〖家畜が〗子を生む — 動 もしなく, …しようとする, 近く…なる — 介 目的语を前に引き出す働きをする, …を ⓤ〈口〉【把】〖～书拿出来〗本を取り出す

⊗ ① (J-)姓 ② 休める, 養生する ③ 引き連れる, 案内する ④ 行う, 事をはかる ⑤ …をもって (手段を表す)

⇨ jiàng

【将功补过】jiāng gōng bǔ guò 功績を立てて以前の失敗を帳消しにする

【将计就计】jiāng jì jiù jì〔成〕相手の策を逆手にとる, 裏をかく

【将将】jiāngjiāng 副 ようやく, なんとか

*【将近】jiāngjìn 副 (数量について)ほぼ, …に近い 〖～一百年的历史〗百年近い歴史

【将就】jiāngjiu 動 なんとか間に合わせる, 我慢して…する

【将军】jiāngjūn 图 ① (軍人の)将官 ⓤ【将官】② 高級軍人 ⓤ【将领】

—— jiāng'jūn 動 ① (将棋で) 王手

をかける ②無理を言って困らせる, 立往生させる

★★【将来】jiānglái [名] 将来 〖在不远的~〗遠からず

【将心比心】jiāng xīn bǐ xīn《成》他人の身になって考える

【将信将疑】jiāng xìn jiāng yí《成》半信半疑

【将养】jiāngyǎng [動] 休息する, 養生する〖~身体〗体を休める

【将要】jiāngyào [副] まもなく, もうすぐ

【浆(漿)】jiāng [名] 濃い液体 [豆~] 豆乳 ━[動](布地や衣類に) 糊づけする〖~衣服〗服に糊をする

⇨jiàng (糨)

【僵】jiāng [動]《方》面を改める, 表情をひきしめる ━[形] 膠着状態の, にっちもさっちもゆかない

【━(殭)】[形] 硬直した, こわばった〖手冻~了〗手がかじかんだ

【僵持】jiāngchí [動] 相譲らない, がっぷり四つで互いに譲らない

【僵化】jiānghuà [動] 柔軟性を失う, 進歩がなくなる

【僵局】jiāngjú [名] 膠着状態, 手づまりの局面〖陷入(打破)~〗同前に陥る(を打破する)

【僵尸】jiāngshī [名]〔具〕硬直した死体(比喩的にも使う)

★【僵硬】jiāngyìng [形] ①(身体が) こわばった, 自由がきかない ②融通がきかない, 硬直した

【僵滞】jiāngzhì [形](本来滑らかに動いているものが) 動きがない, 生気がない〖舌头变得~了〗舌が回らなくなった

〖缰(繮 *韁)〗jiāng ⊗手綱 [~绳 sheng/shéng] 同前

〖疆〗jiāng ⊗①境界, 国境 [边~] 辺境 ②極限, 果て

【疆界】jiāngjiè [名] 国境, 境界

【疆土】jiāngtǔ [名] 領土, 境域

【疆域】jiāngyù [名](特に面積を意識して) 領土, 国土

【讲(講)】jiǎng [動] ①話す, 語る〖~故事〗物語を話す ②解釈する, 説明する ③重視する, 追求する〖~卫生〗衛生に注意する ④協議する, 交渉する〖~价钱〗値段を交渉する ⑤…について言えば, …に関しては〖~棒球谁都不如他呢〗野球にかけちゃあいつにかなう者はいないさ ━[名]〖量詞的に〗講座や講話の回数を示す〖第一~〗第一講

【讲法】jiǎngfa/jiǎngfǎ (jiángfa と発音) [名] ①話し方 ②言い分, 意見

【讲稿】jiǎnggǎo [名](~儿) 講義や講演などの原稿, 話の下書き

【讲和】jiǎng▼hé [動] 講話する, 和解する

【讲话】jiǎng▼huà [動] 演説する, スピーチをする

── jiǎnghuà [名] ①演説, スピーチ, 講演 ②書名に用いて入門書, 概説書であることを示す [新文学史~] 新文学史概説

【讲解】jiǎngjiě [動] 解説する, 説明する [~员] 説明係

★★【讲究】jiǎngjiu [動] ①重んじる, 追求する ②凝る, こだわる〖不~吃穿〗衣食にこだわらない ③噂する, あれこれ言う ━[形] 凝った, 洗練された ━[名] ①(~儿) 追求すべき点, 凝るだけの内容 ②意味, 道理〖有什么~〗いったい何の意味があるのか

【讲课】jiǎng▼kè [動] 授業をする, 講義をもつ

【讲理】jiǎng▼lǐ [動] ①道理に従う, 常識を守る ②道理を主張する, 白黒をつける

【讲情】jiǎng▼qíng [動](人のために) 取りなしをする, 情に訴え許しを乞う [同][说情儿]

【讲求】jiǎngqiú [動] 追求する, 重んじる [同][讲究]

【讲师】jiǎngshī [名] 講師 ♦一般に大学の専任講師をいう

【讲述】jiǎngshù [動](まとまった内容の話を) 述べる, 語る [同][讲叙]

【讲台】jiǎngtái [名] ステージ, 教壇

【讲堂】jiǎngtáng [名] 教室, 講義室

【讲习】jiǎngxí [動] 講習する [~所] 講習所

【讲学】jiǎng▼xué [動] 講義する, 学術講演する

【讲演】jiǎngyǎn [動] 講演する〖作~〗講演をする

【讲义】jiǎngyì [名] 講義プリント, テキスト

★★【讲座】jiǎngzuò [名] 講座〖听日语广播~〗ラジオ日本語講座を聞く

【奖(獎)】jiǎng [名] 賞, 褒美〖得(发)~〗賞を受ける(出す) [领~台] 表彰台 ━[動] 奨励する, 表彰する〖~了他一千块钱〗賞として彼に1000元を与えた

【奖杯】jiǎngbēi [名]〔只〕カップ, 賞杯

【奖惩】jiǎngchéng [名] 賞罰

★★【奖金】jiǎngjīn [名] 報奨金, 賞与 [~刺激] 報奨金で意欲を誘いだすこと

★【奖励】jiǎnglì [動](名誉や金銭などを与えて) 奨励する, 表彰する

【奖牌】jiǎngpái [名]〔枚〕(賞として

J

の)メダル
【奖品】jiǎngpǐn [名] 賞品
★【奖赏】jiǎngshǎng [動] 表彰する，賞を与える
【奖台】jiǎngtái [名] 表彰台 [同][领奖台]
【奖学金】jiǎngxuéjīn [名] 奨学金 ♦ 成績優秀者への賞金的意味合いを持つ [類][助学金]
【奖章】jiǎngzhāng [名]〔枚〕勲章，メダル，褒章など受賞の印 〖佩带～〗同前をつける
【奖状】jiǎngzhuàng [名]〔张〕賞状，表彰状
【桨(槳)】jiǎng [名]〔双·支〕櫂，オール 〖划～〗オールを漕ぐ
〖蒋(蔣)〗Jiǎng [⊗] 姓
【耩】jiǎng [動] ‘耧 lóu’（種まきすき）で種をまく
〖膙〗jiǎng [⊗] 以下を見よ
【膙子】jiǎngzi [名]《方》（手足にできる）まめ，たこ（[同][趼子]）〖起～〗同前ができる
〖匠〗jiàng [⊗] ① 職人［木～］大工 ② その道の大家，達人［名～］名人 ③ 技の巧みさ［意～］意匠［别具～心］（文学芸術作品などが）独創性に富んでいる
【匠人】jiàngrén [名]《旧》職人，技能労働者
【降】jiàng [動]（[反][升]）① 下がる，くだる 〖体温～了〗体温が下がった ② 下げる，おろす 〖～他一级工资〗彼の給料を一級下げる［～格］降格する
[⊗]（J-）姓
⇨xiáng
★★【降低】jiàngdī [動] ① 下がる，下降する（[反][升高]）〖物价～了〗物価が下がった ② 下げる，低める（[反][提高]）〖～质量〗質を落とす
【降价】jiàng'jià [動] 値下げする 〖～处理〗割引き大処分
★【降临】jiànglín [動] ①（天から地上に）やってくる ②（賓客が）おいでになる [同][光临]
★★【降落】jiàngluò [動] ① 着陸する，舞い下りる [反][起飞] ② 下がる，低下する
【降落伞】jiàngluòsǎn [名] 落下傘，パラシュート [類][跳伞]
【降旗】jiàng'qí [動] 旗を下ろす [反][升旗]
【降水量】jiàngshuǐliàng [名] 降水量
【降温】jiàng'wēn [動] ①（作業場などの）温度を下げる ② 気温が下がる
〖绛(絳)〗jiàng [⊗] 濃い赤，深紅［～紫（酱紫）］紫紺

【虹】jiàng [名]《口》〔条〕にじ
⇨hóng
【将(將)】jiàng [名]（将棋の）王 ♦ 相手の王は‘帅’
[⊗] ① 将官 ♦‘大～，上～，中～，少 shào～’の4ランクある［～官］同前［～帅］高級指揮官 ② 統率指揮する［～兵］兵をひきいる
⇨jiāng
【将领】jiànglǐng [名] 将官，将軍 [同][将官]
【将士】jiàngshì [名] 将兵 ♦ 指揮官とその配下の兵を総括していう
【将校】jiàngxiào [名] 将官と佐官，高級将校 ♦‘将官’と‘校官’を一語に合わせたもの，日本でいう将校ではない
【酱(醬)】jiàng [名] ① 味噌 ②（野菜の）味噌漬け，醤油漬け，（肉の）醤油煮 — [動] 野菜を味噌や醤油漬けにする
[⊗] 味噌状，糊状の食品［果～］ジャム
【酱菜】jiàngcài [名] 野菜の味噌漬けや醤油漬け
【酱坊】jiàngfáng [名] [同][酱园]
★★【酱油】jiàngyóu [名] 醤油 〖放～〗（料理に）醤油を入れる
【酱园】jiàngyuán [名]〔家〕味噌·醤油·味噌漬け·醤油漬けの製造所および販売店 [同][酱坊]
〖强(*強 彊)〗jiàng [⊗] 片意地な，強情な［倔 jué～］同前
⇨qiáng, qiǎng
【强嘴(犟嘴)】jiàng'zuǐ [動] 口答えする，へりくつをこねる [同][强辩]
【犟(*勥)】jiàng [形] 片意地な，強情な
【犟劲】jiàngjìn [名] 頑固さ，意地っぱりぶり
【糨(*糡 粮)】jiàng [形]（粥などが）粘っこい，ねっとりした
⇨jiāng（浆）
【糨糊】jiànghu [名]（メリケン粉等から作った）糊 [同][糨子]
【糨子】jiàngzi [名]《口》糊 〖打～〗糊を作る
【交】jiāo [動] ① 引き渡す，納める 〖～税〗納税する ② 任せる，移管する 〖～给他一项任务〗彼に一つの任務を与える ③ 時が変わる，ある時になる 〖明天就～中秋了〗明日はもう中秋だ ④ 交差する，交わる ⑤ 交際する，往来する 〖～朋友〗友人づきあいする — [名] ① かわり目，つながっている所 〖三省之～〗3省が接する場所 ② [同][跤 jiāo]
[⊗] ① 交際［一面之～］一面識（しかない人）② 性交する［～媾］同

— jiāo

前 ③こもごも，一度に〔饥寒~迫〕飢えと寒さが同時に迫る

【交白卷】jiāo báijuàn 動（~儿）（試験で）白紙答案を提出する；(転)何らの成果なく終わる，お手上げに終わる

【交班】jiāobān 動 勤務を交替する，役目を次の人に引きつぐ

*【交叉】jiāochā ① 交差する ② ふたつの動作を交互に進める

【交差】jiāo'chāi (任務を終えて)復命する，報告する

【交错】jiāocuò 動 錯綜する，交錯する〔犬牙~〕境界が(犬の歯のように)複雑に入り組む

*【交代】jiāodài 動 ① 交替する，次に引きつぐ〔~工作〕仕事を引きつぐ ② 命じる，言いつける〔~他一件事〕彼に仕事を申しつける ③ 話して聞かせる，説明する ④ (罪や誤りを)告白する

【交道】jiāodào 名 交際，付き合い〔打~〕付き合う，交際する

【交付】jiāofù 動 ① 支払う，渡す〔~租金〕借り賃を払う ② ゆだねる，引き渡す

【交感神经】jiāogǎn shénjīng 名《生》交感神経

【交割】jiāogē 動 決済する，取り引きを完了する

【交工】jiāo'gōng (工事を完成して注文主に)引き渡す

【交互】jiāohù ① 交互に，互いに，インタラクティブに 同〔互相〕② 互い違いに，代わる代わる

【交还】jiāohuán 動 返還する，返却する

*【交换】jiāohuàn 動 交換する，取り替える

【交换机】jiāohuànjī 名〔架〕電話交換台

【交火】jiāo'huǒ 交戦する，砲火を交える 同〔书〕〔交兵〕

【交集】jiāojí 動 (いろいろな感情や事柄が)一度にやってくる，どっと押しかけてくる〔百感~〕万感胸に迫る

【交际】jiāojì 動 交際する，コミュニケーションをとる〔~舞〕社交ダンス

【交际花】jiāojìhuā 名（貶）社交場の花，社交界のヒロイン

【交加】jiāojiā 動《书》(二つの事物が)同時に現われる，いっしょくたになる〔拳足~〕殴る蹴るの乱暴をする

【交接】jiāojiē 動 ① つながる，連結する 同〔连接〕② 引き継ぐ，交替する ③ 交際する，付き合う 同〔结交〕

【交界】jiāojiè 動 境を接する〔三省~的地方〕3省の境界が接するところ

【交卷】jiāo'juàn 動（~儿）（試験で）答案を提出する；(転)任務を果たす

【交口】jiāokǒu 副 口々に〔~称誉〕口々にほめそやす
—— jiāo'kǒu 動 口をきく，話を交わす

*【交流】jiāoliú 動 交流する〔~经验〕経験を出し合う〔文化~〕文化交流

【交流电】jiāoliúdiàn 名〔电〕交流 反〔直流电〕

【交纳】jiāonà 動 納入する，支払う（缴纳）〔~会费〕会費を払う

【交配】jiāopèi 動 交配する

【交情】jiāoqing 名 友情，交情〔讲~〕友情を重んじる

【交涉】jiāoshè 動 交渉する，折衝する

【交谈】jiāotán 動 語り合う，会話を交わす

【交替】jiāotì 動 交替する，入れ替わる —— 副 かわるがわる，交代で

*【交通】jiāotōng 動 ① 交通（を妨碍~〕交通を妨げる（日中戦争および解放戦争の時期の）通信連絡業務〔~员〕地下連絡員 —— 動《书》① (道が)通じあう ② 取り入る，近づきになる（同〔勾结〕）〔~敌国〕敵国と通じる

【交通工具】jiāotōng gōngjù 名 交通手段，交通機関

【交头接耳】jiāo tóu jiē ěr《俗》互いにひそひそ話をする，内緒話をする

*【交往】jiāowǎng 動 互いに往き来する，人づきあいをする

【交尾】jiāowěi 動 交尾する，交配する

【交相辉映】jiāo xiāng huī yìng《成》五色の光がまばゆく輝くさまをいう

【交响诗】jiāoxiǎngshī 名《音》交響詩

【交响乐】jiāoxiǎngyuè 名《音》交響楽，交響曲 同〔交响曲〕

【交易】jiāoyì 名〔笔・宗〕取り引き，商い〔做~〕商取引をする —— 動 (商品の)取り引きをする

【交易所】jiāoyìsuǒ 名 取引所〔证券~〕証券取引所

【交战】jiāozhàn 動 交戦する，戦火を交える 同〔书〕〔交兵〕

【交账】jiāo'zhàng ① 帳簿を引き渡す，会計事務を次に引き継ぐ ② 責任をとる，(自分がやったことに関して)報告する

【交织】jiāozhī 名 交織 混ぜ織り —— 動 入り混じる，錯綜する

【郊】jiāo ⊗ 郊外，都市周辺

*【郊区】jiāoqū 名 郊外地区 ◆行政区画上は市に属する 同〔市区〕〔西~〕西の郊外

【郊外】jiāowài 名 郊外

【郊游】jiāoyóu 动 (郊外へ) 遠足に行く, ピクニックをする 〖去~〗ピクニックに出かける

【茭】jiāo ⊗ [~白]〖植〗マコモダケ

【胶(膠)】jiāo 名 ニカワ [~原病] 膠原病 —动 ニカワで貼り付ける ⊗ ①植物ゴム, 樹脂 [橡~] ゴム ②ねばねばした, よく粘る

【胶版】jiāobǎn 名 オフセット印刷の底版, ゴムブランケット 惯[橡皮版]
【胶布】jiāobù 名①ガムテープ, ビニールテープ ②〘口〙絆創膏ばんそう 惯[橡皮膏]
【胶合板】jiāohébǎn 名 ベニヤ板
【胶结】jiāojié 动 のりがくっつく, 膠着こうする
【胶卷】jiāojuǎn 名 (~儿)〔卷・盒〕フィルム ◆ロール状になったもの
【胶囊】jiāonáng 名〖薬〗カプセル
【胶皮】jiāopí 名 ①ゴム ②〘方〙人力車 (天津地方での旧称)
【胶片】jiāopiàn 名 (未使用の) フィルム 惯[软片]
*【胶水】jiāoshuǐ 名 (~儿) (液状の) のり 惯[糨糊]
【胶鞋】jiāoxié 名〔只・双〕ゴム靴, ゴム底の靴 惯[橡皮鞋]
【胶靴】jiāoxuē 名〔只・双〕ゴム長靴, ゴムブーツ
【胶印】jiāoyìn 名 オフセット印刷
【胶原病】jiāoyuánbìng 名 膠原病
【胶原蛋白】jiāoyuán dànbái 名 コラーゲン
【胶柱鼓瑟】jiāo zhù gǔ sè 〖成〗(琴柱をニカワで固定して瑟を弾く〉一つの方式に固執して, まったく融通がきかない, 変化に対応できない
【胶着】jiāozhuó 动 膠着する, 動きがとれなくなる [~状态] 膠着状態

【蛟】jiāo ⊗ミズチ, 蛟竜こう
【蛟龙】jiāolóng 名 ミズチ, 蛟竜 ◆伝説上の動物で, 波をうねらせ, 洪水を起こすことができる竜だという

【跤(*交)】jiāo 名 転ぶこと [摔 shuāi 了一~] すてんと転んだ

【鲛(鮫)】jiāo ⊗サメ ◆一般に'沙(鯊)鱼'という

【浇(澆)】jiāo 动 ①ふりかける, 撒まく [~水] 水をまく ②灌漑する, 田畑に水をやる ③型に流し込む [~铅字] 紙型に鉛を流し込む
⊗薄情な, 冷たい [~薄] 同前
【浇灌】jiāoguàn 动 ①型に流し込む ②灌漑する, 田畑に水をやる
【浇冷水】jiāo lěngshuǐ 〖成〗冷水を浴びせる, 水をさす ◆やる気をそぐ行為を例える
【浇头】jiāotou 名〘方〙メンやご飯にかける具
【浇筑】jiāozhù 动 (土木建築で) コンクリートを流しこんで所定の形に作りあげる 〖~纪念碑〗コンクリートで記念碑を作る

【娇(嬌)】jiāo 动 甘やかす, 猫かわいがりにかわいがる 〖~坏孩子〗子供を甘やかして駄目にする —形 わがままな, 気難しい
⊗①愛くるしい ②虚弱な
【娇滴滴】jiāodīdī 形 〈多く定語・状語として〉みずみずしく愛らしい
【娇惯】jiāoguàn 动 甘やかす, 過保護に育てる [~孩子] 子供を甘やかす
【娇贵】jiāogui/jiāoguì 形 ①(甘やかされて) 弱々しい, ちょっとした苦労にも耐えられない ②もろい, すぐ壊れる
【娇丽】jiāolì 形 色鮮やかで美しい
【娇绿】jiāolǜ 形 みずみずしい緑の, 緑あざやかな
【娇媚】jiāomèi 形 ①なまめかしい, あでやかな 惯[妩媚] ②色気たっぷりの, 媚びをふりまく
【娇嫩】jiāonen 形 もろい, 弱々しい 惯[柔嫩]
【娇娜】jiāonuó 形 (若い女性が) たおやかな, 美しくかわいらしい
*【娇气】jiāoqi/jiāoqì 甘ったれた, お坊ちゃん風な
【娇柔】jiāoróu 形 あでやかでやさしい
【娇生惯养】jiāo shēng guàn yǎng 〖成〗さんざん甘やかされて育つ, 蝶よ花よと育てられる
【娇小玲珑】jiāoxiǎo línglóng 〖成〗小柄で利発な, 美しく愛らしい
【娇艳】jiāoyàn 形 あでやかな, なまめいた
【娇纵】jiāozòng 动 甘やかして放任する, (子供を) わがまま気ままに育てる

【骄(驕)】jiāo ⊗①うぬぼれる, 驕ぎる ②激しい, 猛烈な
*【骄傲】jiāo'ào 名 誇り(とすべき人物), 自慢 (の事物) 〖他是我们家乡的~〗あの方は我々郷土の誇りだ —形 ①うぬぼれた, 思い上がった 惯[虚心] ②誇らしい, 自慢したい 惯[自豪]
【骄气】jiāoqi/jiāoqì 名 増上慢, うぬぼれ
【骄奢淫逸】jiāo shē yín yì 〖成〗贅沢三昧ざんまいでやりたい放題
【骄阳】jiāoyáng 名〖書〗烈日, 酷熱の太陽
【骄子】jiāozǐ 名 寵児じょう 〖时代的

~〗時代の寵児
【骄纵】jiāozòng [形] 思い上がって我がまま気ままな，うぬぼれて手の付けられない

【教】jiāo [動] 教える〖~儿子下棋〗息子に将棋を教える
⇨jiào
【教书】jiāoˇshū [動] 教師をする，学校で教える [反][念书][读书]

【椒】jiāo [×] ぴりりとする実がなる植物 [花~] サンショ [胡~] コショウ [辣~] 唐辛子

【焦】jiāo [名] コークス〖炼~〗コークスを作る [煤~] コークス ━ [形] 焦げた，かりかりになった
[×]①焦る，苛立つ ②(J-)姓
★【焦点】jiāodiǎn [名] 焦点，核心〖问题的~〗問題の核心
【焦干】jiāogān [形] からからに乾いた，干上がった
【焦糊糊】jiāohūhū [形] (~的) 黒焦げの
★【焦急】jiāojí [形] 焦る，苛立った〖~万分〗居ても立ってもいられない
【焦距】jiāojù [名] 焦点距離
【焦渴】jiāokě [形] のどがからからの，渇きに渇いた
【焦虑】jiāolǜ [動] ひどく心配する，じりじり気をもむ
【焦念】jiāoniàn [動] ひどく心配する，心配でやきもきする
【焦思】jiāosī [動] 気をもむ，肝を砕く [同][焦虑]
【焦炭】jiāotàn [名] コークス
【焦头烂额】jiāo tóu làn é《成》さんざんな目に合う，打ちのめされる
【焦土】jiāotǔ [名] 焦土(しょうど) ♦特に戦火に焼かれた情景をいう
【焦忧】jiāoyōu [動] 肝を砕く，ひどく心配する [同][焦虑][焦愁]
【焦油】jiāoyóu [名] タール ♦コールタールと木タールの総称
【焦躁】jiāozào [形] いらいらやきもきする，居ても立ってもいられない
【焦灼】jiāozhuó [形] 焦慮にかられた

【蕉】jiāo [×] バショウのような葉の大きい植物 [香~] バナナ [美人~] カンナ
⇨qiáo
【蕉麻】jiāomá [名] マニラ麻 [同][马尼拉麻]

【礁】jiāo [×]①暗礁 [~石] 同前 [触~] 座礁する ②サンゴ礁

【鹪(鷦)】jiāo [×][~鹩 liáo]〖鳥〗ミソサザイ

【嚼】jiáo [動] かむ，かみ砕く ♦'倒嚼'(反芻(はんすう)する) は dǎojiào と発音
⇨jué
【嚼裹儿】jiáoguor [名]《方》食いぶち，生活費
【嚼舌】jiáoshé [動] ([同][嚼舌头][嚼舌根]) ①出まかせを言う，つまらぬ口をきく ②下らぬいさかいをする，つまらぬことで言い争う

【角】jiǎo [名]①〔只·对〕動物のつの〖鹿的~〗シカの角 ②(~儿) かど，すみ〖四个~〗4つかど〖拐~儿〗かどを曲がる [眼~儿] 目じり ③角(かく) [锐~] 鋭角 ━ [量] 貨幣単位で'元'の10分の1 [同]《口》[毛]
[×]①昔の軍隊で使ったラッパ [号~] 同前 ②角(つの)状の物 [菱~] ヒシの実 ③岬(みさき)(地名用字)
⇨jué
【角尺】jiǎochǐ [名]〔把〕かね尺，さしがね [同][曲尺][矩尺]
★★【角度】jiǎodù [名]①角度 ②視点，観点
【角钢】jiǎogāng [名] L形鋼，山形鋼 [同][角铁]
【角楼】jiǎolóu [名] 城壁の角に設けた望楼，隅櫓(すみやぐら)
★【角落】jiǎoluò [名]①(屋敷や部屋の)隅(すみ) ②辺鄙な土地，世間の片隅
【角膜】jiǎomó [名] 角膜(かくまく)
【角票】jiǎopiào [名]'角'札(さつ) ♦額面が'角'単位の紙幣で，1，2，5角の3種がある [同][毛票]
【角球】jiǎoqiú [名]〖体〗コーナーキック
【角质】jiǎozhì [名]〖生〗角質(かくしつ)

【佼】jiǎo [×] すばらしい [~~者] 特に秀でた人

【狡】jiǎo [×] ずるい，悪賢い
【狡辩】jiǎobiàn [動] 詭弁(きべん)を弄する，言葉巧みに言いぬける
★★【狡猾(狡滑)】jiǎohuá [形] ずるい，悪賢い
【狡计】jiǎojì [名] 奸計，ずるい計略
【狡兔三窟】jiǎo tù sān kū《成》(ずるいウサギは巣を3つ持っている>) 逃げ道をいくつもつくり用意周到である
【狡诈】jiǎozhà [形] 悪賢い，狡猾(こうかつ)きわまる

【饺(餃)】jiǎo [×] ギョウザ [水~儿] ゆでギョウザ
★★【饺子】jiǎozi [名] ギョウザ ♦一般に'水~'のこと，焼いたギョウザは'锅贴儿'という〖包~〗ギョウザを作る

【绞(絞)】jiǎo [動]①縒(よ)る，(縄などを) 綯(な)う ②ねじる，絞る〖~毛巾〗タオルを絞る ③(シャフトを回転させて) 巻き上げる，ワイヤを巻きとって物を持ち上げる ④(金属を) リーマーで削

る ―[量]毛糸や綿糸を数える〖一～毛线〗毛糸ひとかせ
⊗くびり殺す，絞首刑にする〔～索〕絞首台のロープ
【绞车】jiǎochē [名]〖機〗ウインチ，巻上げ機 [同]〔卷扬机〕
【绞架】jiǎojià [名]絞首台，死刑台
【绞脑汁】jiǎo nǎozhī [動]知恵を絞る，頭を使う [同]〔费思虑〕〔费脑筋〕
【绞杀】jiǎoshā [動]絞殺する，ひもで締め殺す
【绞痛】jiǎotòng [動]（内臓の）締めつけられるような痛みがある，差し込みがする〔心～〕狭心症
【绞刑】jiǎoxíng [名]絞首刑
〖皎〗jiǎo ⊗①（J-）姓 ②まっ白い，白く輝く
【皎皎】jiǎojiǎo [形]白く輝く〖～的月光〗冴えわたる月の光
【皎洁】jiǎojié [形]（月が）照り輝いている，皓皓たる [同]〔皎白〕
【铰(鉸)】jiǎo [動]①はさみで切る ②（金属を）リーマーで削る
〖侥(僥)〗jiǎo ⊗以下を見よ
【侥幸(儌幸·儌倖)】jiǎoxìng [形]思いがけない幸運に恵まれた〖～获胜〗つきに恵まれて勝った〖～心理〗僥倖を願う気持ち
〖矫(矯)〗jiǎo ⊗①正す，矯正する ②かこつける，偽る ③たくましい，勇ましい ④（J-）姓 ♦'矫情'（無理をいう）はjiáoqingと発音
【矫健】jiǎojiàn [形]力強い，たくましい
【矫揉造作】jiǎo róu zào zuò《成》わざとらしさが過ぎること，過度に大げさに振舞うこと
【矫饰】jiǎoshì [動]外面を作って内心を隠す，（本心が見えないように）芝居をする〖～内心的虚弱〗心の弱みを隠す
【矫枉过正】jiǎo wǎng guò zhèng《成》悪い点を直そうとしてやり過ぎることをいう
【矫正】jiǎozhèng [動]矯正する，誤りを正す
【脚(腳)】jiǎo [名]〔只·双〕①足 ♦足首から先の部分をいい，足首から上は'腿 tuǐ' ②物の最下部〖桌子的～〗机の足〔山～〕山のふもと ―[量]足の動作に使う〖踢了他一～〗彼を蹴った
⊗荷担ぎ，担ぎ人〔～力〕旧時の荷担ぎ人
【脚背】jiǎobèi [名]足の甲 [同]〔脚面〕
【脚本】jiǎoběn [名]脚本，シナリオ，台本
【脚步】jiǎobù [名]①歩み，足どり〖加快～〗足を早める〖赶不上时代的～〗時代の歩みについてゆけない ②歩幅
【脚灯】jiǎodēng [名]〖演〗フットライト
【脚夫】jiǎofū [名]《旧》①荷担ぎ人 ②馬，牛，ロバ等の引く車もろともに雇われた運送屋
【脚跟(脚根)】jiǎogēn [名]かかと〖站稳～〗しっかりと立つ [同]〔脚后跟〕
【脚踝】jiǎohuái [名]くるぶし
【脚迹】jiǎojì [名]足あと〖留下～〗足あとを残す [同]〔脚印〕
【脚尖】jiǎojiān [名]（～儿）爪さき，足の先端〖踮着～跳舞〗爪先立ちで踊る
【脚镣】jiǎoliào [名]〔副〕足枷〖戴～〗同前をかける
【脚轮】jiǎolún [名]キャスター
【脚蹼】jiǎopǔ [名]スキンダイビング用の足ひれ〖戴～〗同前をつける
【脚气】jiǎoqì [名]①脚気 ②《口》水虫〖生～〗水虫ができる
【脚手架】jiǎoshǒujià [名]（建築現場の）足場〖搭～〗同前を組む
【脚踏车】jiǎotàchē [名]《方》自転車 [同]《普》〔自行车〕
【脚踏两只船】jiǎo tà liǎng zhī chuán《俗》ふた股かける [同]〔脚踩两只船〕
【脚踏实地】jiǎo tà shídì《成》堅実な，地に足のついた
【脚腕子】jiǎowànzi [名]足首 [同]〔脚腕儿〕《方》〔脚脖子〕
【脚心】jiǎoxīn [名]土ふまず
【脚癣】jiǎoxuǎn [名]水虫 [同]《口》〔脚气〕
【脚丫子(脚鸭子)】jiǎoyāzi [名]《方》足（足首から先の部分）
【脚印】jiǎoyìn [名]（～儿）足あと，足跡 [同]〔脚踪〕〔脚痕〕〔脚迹〕
【脚掌】jiǎozhǎng [名]足の裏
【脚趾】jiǎozhǐ [名]足の指 [同]《口》〔脚指头〕
【脚指头】jiǎozhǐtou/jiǎozhítou [名]《口》足の指
【脚注】jiǎozhù [名]〔条〕脚注
【搅(攪)】jiǎo [動]①かきまわす，攪拌する〖～匀〗均等にかきまぜる ②かき乱す，邪魔をする〖你不要再～〗これ以上うるさくしないでくれ〔～闹〕騒ぎたてる
*【搅拌】jiǎobàn [動]かきまわす，攪拌する
【搅拌机】jiǎobànjī [名]ミキサー〔混凝土～〕コンクリートミキサー
【搅缠】jiǎochán [動]うるさくつき纏う，纏わりついて離れない
【搅和】jiǎohuo [動]《口》①混ぜ合わす（さる），入り混じる ②かき乱す，

混乱させる

【搅局】jiǎo'jú 動 (すべてにお膳立ての済んでいる事を)ぶちこわす、ひっかきまわす

【搅乱】jiǎoluàn 動 ① 事をぶちこわす、台なしにする 〚~捣乱〛混乱させる 〚~秩序〛秩序をかき乱す

【搅扰】jiǎorǎo 動 (人の心を)かき乱す、(うるさくして)邪魔をする

【湫】jiāo ⊗ 地勢が低い ◆「池」の意の文語では qiū と発音

【剿(*勦)】jiǎo ⊗ 討伐する、討ち滅ぼす [~匪] 匪賊を討伐する [围~] 包囲討伐する ◆「掠め取る」の意の文語は chāo と発音

【剿灭】jiǎomiè 動 全滅させる、平らげる 働[剿除]

【缴(繳)】jiǎo 動 ① 渡す、納入する [~学费] 学費を納める [~税] 税を納める [上~] 上納する ② (武器を)差し出させる、取り上げる [~枪] (投降などに際し)武器を差し出す ⇨zhuó

【缴获】jiǎohuò (武器や凶器を)取り上げる、捕獲する

*【缴纳】jiǎonà 動 納入する、納める (働[缴付][交纳]) [~学费] 授業料を納める

【缴销】jiǎoxiāo 動 (免許や鑑札を)返納し廃棄する、返納し無効手続きをする

【缴械】jiǎo'xiè 動 ① 武装解除する、武器を差し出させる ② (敵が)武器を差し出す、投降する

【敫】jiāo ⊗① (玉が)白く光る、清らかな ② (J-)姓

【叫】jiào 動 ① 叫ぶ、大声をあげて泣く、(動物や昆虫が)鳴く ② 声をかける、呼ぶ ③ 注文する、オーダーする 〚~菜〛料理を注文する ④ 名を…という、…と称する 〚~我叔叔〛ぼくをおじさんと呼びなさい 〚你~什么名字?〛あなたの名前は何というの?〚这真~好〛これこそ素晴らしいってもんだ ⑤〘[让]〙(使役を示して)…させる、…するよう命じる ◆ 通常「~＋動作をするもの＋動詞」の形をとるが、動作をするものがすでに明らかな場合は、'叫'が直接動詞に結びつくこともある 〚~他快点走〛あの子をさっさと歩かせろよ 〚连电视也不~看〛テレビを見させない ⑥〘[被]〙(受身を示して)…される ◆「~＋動作をするもの＋動詞」の形と「~＋動作をするもの＋给＋動詞」の形の両方が可能で、意味は変わらない 〚~蚊子咬了〛蚊に刺された 〚~猫给吃了〛猫に食われた

【叫喊】jiàohǎn 動 叫ぶ、わめく

【叫好】jiào'hǎo (~儿) 動 喝采を送る、賞賛の掛け声をかける ◆ 観客は口々に'好 hǎo'と叫んで感動を表わす

【叫吼】jiàohǒu 動 吼える、空気をつんざく音を出す

【叫花子(叫化子)】jiàohuāzi 名〚口〛乞食 ${}_{\text{じき}}$、物乞い 働[花子(化子)]

【叫唤】jiàohuan ① (人が)叫ぶ、わめく ② (動物が)鳴く、吠える

【叫绝】jiào'jué 動 絶賛する、喝采する 働[叫好]

【叫苦】jiào'kǔ 動 泣き言をいう、弱音を吐く 〚暗暗~〛人知れず苦しむ

【叫骂】jiàomà 動 どなりつける、大声で罵 ${}_{\text{のの}}$ る

【叫卖】jiàomài 動 呼び声を上げながら売る、(販売人が)声を張り上げて客を引きよせる

【叫屈】jiào'qū 動 身の被害を人に訴える、いわれなくひどい目に会った口惜しさを訴える

【叫嚷】jiàorǎng 叫ぶ、わめく ◆ '叫叫嚷嚷'の形も可能

【叫嚣】jiàoxiāo 動〚貶〛大声で騒ぐ、わめき立てる

【叫做(叫作)】jiàozuò 動 (名を)…という、…と称する (働[称为]) 〚这就~现代主义〛これをモダニズムという

【觉(覺)】jiào 名 (1 回分の) 眠り、睡眠 ◆ ふつう動詞'睡'と呼応する 〚睡了一~〛ひと眠りする 〚午~〛昼寝 ⇨jué

【校】jiào 動 訂正する、校正する 〚~稿子〛原稿を見直す [~注] 校訂し注をつける ⇨xiào

【校点】jiàodiǎn 校訂し標点を施す

【校订】jiàodìng 動 校訂する

【校对】jiàoduì 動 ① 原稿と突き合わせる、校正する ② (基準に合っているかどうか)点検する、検査する — 名 校正員

【校勘】jiàokān 校勘 ${}_{\text{かん}}$ する

【校样】jiàoyàng 名 [篇] ゲラ刷り、校正刷り

【校阅】jiàoyuè 校閲 ${}_{\text{えつ}}$ する

【校正】jiàozhèng 動 ① 校正する ② 点検修正する、正しい位置に直す

【珓】jiào ⊗ 占い用具 ◆ 合わせた貝のような形、'杯~'ともいう

【较(較)】jiào 介…と比べて [比] — 副 比較的、多少とも 働[较为] [比较] ⊗ ① 言い争う、やりあう ② 明らかな(に)

【较劲(叫劲)】jiào▼jìn [動]（～儿）①力較べをする ②いやがらせする，たてつく ③力を発揮する
★【较量】jiàoliàng [動]①(能力を) 争う，競う ②言い争う，口論する
【较真(叫真)】jiàozhēn [形]（～儿）《方》まじめな
〖轿(轎)〗jiào ⊗（中国風の）駕籠かご，輿こし [抬～] 同前を担ぐ [花～] 花嫁駕籠
【轿车】jiàochē [名]〔辆〕①乗用車，セダン〖坐～〗同前に乗る ②旧時の乗用馬車など
【轿子】jiàozi [名]〔顶·乘〕(中国風の) 駕籠，輿〖坐～〗同前に乗る〖抬～〗同前を担ぐ
【教】jiào [動]（使役の動詞）…させる [同][叫] — [介]（受身の介詞）…される [同][叫]
⊗①教え(る)，指導(する) [请～] 教示を仰ぐ ②宗教 [信～] 宗教を信じる ③(J-)姓
⇨jiāo
【教案】jiào'àn [名]（授業のための）教案，授業プラン
★★【教材】jiàocái [名]教材
【教程】jiàochéng [名]（ある分野の）教学課程（一般に書名に使う）
【教导】jiàodǎo [動]教える，指導する〖～学生要珍惜时间〗時間を大切にするよう学生を指導する〖在老师的～下〗先生の指導のもとに [～员] 政治指導員
【教规】jiàoguī [名]宗教規律
【教皇】jiàohuáng [名]（カトリックの）法王，ローマ教皇
【教会】jiàohuì [名]（組織としての）キリスト教会
【教诲】jiàohuì [動]《書》教え諭さとす，教授する
【教具】jiàojù [名]〔套〕教育器材
【教科书】jiàokēshū [名]〔本〕教科書 [同][课本]
★★【教练】jiàoliàn [動]コーチする，技術を教える [～兼队员] プレーイングコーチ [～机] 練習機 — [名]コーチ，インストラクター，技術分野の教員
【教师】jiàoshī [名]教員，教師
★★【教室】jiàoshì [名]〔间·个〕教室
【教士】jiàoshì [名]（キリスト教の）宣教師 [同][传教士]
★★【教授】jiàoshòu [名]教授 [副～] 助教授 [客座～] 客員教授 — [動]教授する，教える
【教唆】jiàosuō [動]教唆きょうさする，唆そそのかす〖～孩子去偷窃〗子供に盗みを唆す
【教坛】jiàotán [名]教育界
【教堂】jiàotáng [名]（キリスト教の）教会，聖堂
【教条】jiàotiáo [名]①(宗教上の) 教義，ドグマ ②無批判に盲従する原理原則 [～主义] 教条主義
【教徒】jiàotú [名]信者，教徒
【教务】jiàowù [名]教務，教学事務
【教学】jiàoxué [名]①教育，教えること [～大纲] シラバス ②教育と学習 ♦'jiāoxué'は「教える」の意
【教学相长】jiào xué xiāng zhǎng《成》教える過程を通して，学生はもとより教師自身も向上することをいう
★★【教训】jiàoxun/jiàoxùn [名]教訓，教え〖吸取～〗教訓を汲みとる — [動]①教え諭さとす，説教する〖～孩子不要浪费时间〗時間を無駄にしないよう子供を諭す ②こらしめる
【教研室】jiàoyánshì [名]①教研室 ♦教育部門や学校での教育問題研究組織 ②研究室，教員室
★【教养】jiàoyǎng [名]教養，文化的素養 [類][文化] — [動]（次の世代を）育てる，養成する
【教义】jiàoyì [名]教義
【教益】jiàoyì [名]（指導されて得る）教訓，身に付く知識や知恵〖得到～〗啓発される
★★【教育】jiàoyù [名]（主として） 学校教育 [电化～] 視聴覚教育 — [動]①教育する ②教え諭す，啓発する〖用事实～〗事実をもってわからせる〖接受～〗教訓を受け入れる
【教员】jiàoyuán [名]教員，教師 [同][教师]
【教职员】jiàozhíyuán [名]教職員
【窖】jiào [名]貯蔵用の穴倉，むろ — [動]むろに入れる，穴倉に貯蔵する〖～冰〗氷をむろに貯蔵する
〖酵〗jiào ⊗発酵はっこうする [发～] 同前 [～素] 酵素
【酵母】jiàomǔ [名]酵母こうぼ [同][酵母菌][酿母菌]
〖斠〗jiào ⊗①マスをならす用具 ②校訂する
〖噍〗jiào ⊗噛む，食べる [～类]《書》人間
〖醮〗jiào ⊗①古代の婚礼の儀式の一 [再～]《書》再嫁する ②道教の儀式 [打～] 道士が法事を行う
〖藠〗jiào ⊗[～头]〖植〗ラッキョウ
〖节(節)〗jiē ⊗以下を見よ
⇨jié
【节骨眼】jiēguyǎn [名]（～儿）《方》決定的な時機，(物事の) 急所〖抓住～儿〗勘所かんどころを押さえる
【节子】jiēzi [名]材木の節ふし
〖疖(癤)〗jiē ⊗以下を見よ
【疖子】jiēzi [名]吹出物，腫物はれもの〖生

了个～〗腫物ができた

〖阶(階*堦)〗jiē ⊗①階段［台～］(門前などの)階段 ②等級［军～］軍隊における階級

★【阶层】jiēcéng [名]階層

★★【阶段】jiēduàn [名]段階［过渡～］移行段階

【阶级】jiējí [名]階級［资产～］ブルジョワジー［无产～］プロレタリアート［～斗争］階級闘争

【阶梯】jiētī [名]①階段と梯子(はしご)［～教室］階段教室 ②《転》(出世などのための)踏み台，足がかり

【结(結)】jiē [動](植物が)実を結ぶ，結実する〖～果儿〗実がなる〖～子儿〗種(たね)ができる
⇨jié

【结巴】jiēba [名]どもり，吃音者 ━[形]どもりの [同][口吃]

★★【结实】jiēshi [形]①頑丈な，丈夫な ②(身体が)たくましい，タフな

〖秸(*稭)〗jiē ⊗脱穀した後の作物の茎［～秆］同前［麦～］麦わら［豆～］豆がら

〖皆〗jiē ⊗すべて，みな［人人～知］誰もがみんな知っている

〖喈〗jiē ⊗［～～］《書》①調和のとれた音 ②鳥の鳴き声

【接】jiē [動]①つながる，つなぐ〖～电线〗電線をつなぐ ②受け止める，つかむ〖把球～住了〗ボールを受け止めた ③受け取る〖～电话〗電話に出る ④迎える〖～朋友〗友人を出迎える ⑤引き継ぐ，交替する
⊗①近づく，触れる［～壤 rǎng］境を接する ②(J-)姓

【接班】jiē▼bān [動](～儿) ①勤務を交替する，業務を引き継ぐ ②《転》(社会的，国家的な使命をこめて)後を継ぐ

【接班人】jiēbānrén [名]後継者 ◆本来は勤務交替者の意．比喩的用法が一般化した〖培养农业的～〗農業の後継者を養成する

【接茬儿】jiē▼chár [動]《方》①話の穂をつぐ ②引き続き他の事をする

★★【接触】jiēchù [動]①触れる，接触する ②(人と人が) 付き合う，触れ合う ③(軍事的に)衝突する

★★【接待】jiēdài [動]もてなす，迎える［～室］応接室［～站］(集会などの)受付

【接地】jiēdì [名]①〖電〗アース ②〖航〗着地，接地 ━[動]アースをつける

【接二连三】jiē èr lián sān《成》(～地)次から次へと，続々と

【接风】jiēfēng [動]遠来の客や長旅を終えた人にご馳走する

【接合】jiēhé [動]接合する，つなぎ合わせる

【接济】jiējì [動](物質的に)援助する，救援する〖～物资〗援助物資を送る［～粮食］救援食糧

【接见】jiējiàn [動]客に会う，(来訪者と)会見する

★★【接近】jiējìn [動]近づく，接近する([同][靠近])〖不容易～的人〗近よりがたい人物 ━[形]近い，すぐそばの〖他们俩脾气很～〗あの二人は性格が似ている

【接境】jiējìng [動]隣接する，境を接する [同][交界][接界]

【接口】jiē▼kǒu [動]①他人の発言にすぐ続いて発言する [同][接腔] ②接合する，つながる

【接力】jiēlì [動]リレーする，次々引き継ぐ［～赛跑］リレー競走［八百米～］800メートルリレー

【接力棒】jiēlìbàng [名]〔根〕(リレー競走の)バトン

★【接连】jiēlián [副]続けざまに，連続して〖～好几天〗何日もの間

【接纳】jiēnà [動](組織や団体への加入を) 承認する，受け入れる〖～新会员〗新会員の加入を認める

【接洽】jiēqià [動]打ち合わせる，手配する

【接任】jiērèn [動](地位や職務を)引き継ぐ，後任となる〖～总经理〗社長の座を継ぐ

【接三】jiēsān [名]《旧》人が死んだ3日目に死者の成仏を祈る [同][送三]

【接生】jiē▼shēng [動]赤ん坊を取り上げる，出産を助ける［～员］助産婦

【接收】jiēshōu [動]①受け取る，受領する [同][收受] ②接収する ③(加入を) 承認する，受け入れる [同][接纳]

【接手】jiē▼shǒu [動](仕事を)引き継ぐ，交替する

★★【接受】jiēshòu [動]受け入れる，受容する〖～批评〗批判を受け入れる

【接替】jiētì [動](仕事を) 交替する，取って代わる [同][代替]

【接头】jiē▼tóu [動]①(二つの物体を)接合する，つなぐ ②《口》打ち合わせる，連絡協議する ③内情に通じる，熟知する

【接头儿】jiētóur/ jiētour [名]継ぎ目，接合部

【接吻】jiē▼wěn [動]キスする，口づけする [同][亲嘴]

【接线】jiēxiàn [名]電気コード
── jiē▼xiàn [動]①配線する〖接一根线〗コードを1本つなぐ［～图］配線図 ②(交換台で)電話をつなぐ

【接线员】jiēxiànyuán 图 交換手 ⓟ〔话务员〕

*【接着】jiēzhe 動〔投げられた物を〕手で受ける、キャッチする ― 副 引き続いて、すぐ後に

【接踵】jiēzhǒng〔書〕踵を接する、引きも切らずに〔人が〕来る〔~而来〕陸続と現われる

【接种】jiēzhòng 動〔医〕接種する〔~疫苗〕ワクチンを接種する

【揭】jiē ① はがす〔~下墙上的画儿〕壁の絵をはがす ②〔覆いを〕開く、あける〔~开锅盖〕鍋のふたをあける ③ 暴露する、摘発する〔~底儿〕内幕をばらす
⊗ ① 揭げる、かざす ②〔J-〕姓

【揭不开锅盖】jiēbùkāi guōgài〔俗〕〔鍋のふたが開けられない〉食ってゆけない

【揭穿】jiēchuān 動〔にせの姿やぺてんを〕暴き出す〔~谎言〕うそを暴き出す

*【揭发】jiēfā 動〔人の悪事を〕暴露する、摘発する

【揭锅】jiē'guō 動 ① 鍋のふたを取る、料理した食物を取り出す ② 公開する、発表する

【揭露】jiēlù 動〔真相や本質を〕明るみにする、〔人の悪事を〕暴露する、摘発する

【揭幕】jiēmù 動 ① 除幕する〔~式〕除幕式 ②〔転〕〔大事件の〕幕があく、始まりを告げる

【揭破】jiēpò 動〔真相を〕明らかにする、暴き出す

【揭示】jiēshì 動 ① 掲示する、公示する〔~牌〕掲示板 ② 明らかにする、明快に示す

【揭晓】jiēxiǎo 動 公開発表する、人々に知らせる

【嗟】jiē (旧読 juē) ⊗ 嘆息する、吐息をもらす〔~叹〕同前

【嗟来之食】jiē lái zhī shí〔成〕無礼な施し、くれてやる式の救済〔不吃~〕人の施しは受けぬ

【街】jiē 图 ①〔条〕街路、街路市〔上~〕街へ出る ②〔方〕市ⓟ〔集〕〔赶~〕市へ行く

*【街道】jiēdào 图 ①〔条〕街路、通り ② 町内〔都市における '区' の下の行政単位〕〔~办事处〕〔行政機能をもつ〕町会事務所

【街灯】jiēdēng 图 街灯

【街坊】jiēfang 图〔口〕近所の人、隣人〔~邻居〕隣り近所

【街门】jiēmén 图〔屋敷の通りに面した〕門

【街谈巷议】jiē tán xiàng yì 图 世間のうわさ、巷でのゴシップ

【街头】jiētóu 图 街角、通り〔十字~〕十字路

【街头巷尾】jiētóu xiàngwěi 图 通りという通り、すべての通りと路地ⓟ〔大街小巷〕〔~都是人〕通りも路地も人また人

【孑】jié ⊗ 孤独な、ひとりぼっちの〔~然〕〔書〕同前〔~立〕〔書〕孤立無援の

【孑孓】jiéjué 图 ボウフラ ⓟ〔跟头虫〕

【孑遗】jiéyí〔書〕〔大災害後に〕生き残った少数者〔~生物〕生きた化石

【节(節)】jié 图〔~儿〕節、つなぎ目〔竹~〕竹の節 ― 量 区切りのあるものに使う〔上三~课〕3コマ授業に出る〔第四~〕第4節
⊗ ① 段落、まとまり〔音~〕シラブル ② 祝祭日、記念日、節気〔国庆~〕建国記念日〔过~〕祭日を楽しむ ③ 事柄、事項〔不拘小~〕小節に拘わらない ④ 節操、操 ⓐ〔变~〕変節する ⑤〔余計な部分を〕削除する、省略する〔删~本〕節録本 ⑥ 節約する、切りつめる〔~能〕エネルギーを節約する〔~电〕節電する ⑦〔J-〕姓
⇨ jiē

【节减】jiéjiǎn 動 切りつめる、節減する

【节俭】jiéjiǎn 形 つましい

【节录】jiélù 图 抜き書き、要録 ― 動 重要部分を抜き書きする、要所を抜き出す

【节目】jiémù 图 ① 演目、番組〔下一个~〕次の出し物〔~单〕プログラム ② 項目、項

【节气】jiéqi/jiéqì 图 節気♦中国の伝統の暦法による時の区分で、1年が24節気に分かれるⓟ〔二十四~〕

*【节日】jiérì 图 記念日、祝祭日

*【节省】jiéshěng 動 節約する、切りつめるⓟ〔节约〕〔浪费〕

【节食】jiéshí 動 節食する、減食する〔~减肥〕ダイエットする

【节育】jiéyù 動('节制生育'の略)産児制限をする、計画出産をする

*【节约】jiéyuē 動 節約する、切りつめるⓟ〔节省〕

【节肢动物】jiézhī dòngwù 图 節足動物

*【节奏】jiézòu 图 リズム〔有~的脚步〕リズミカルな足音

【讦(訐)】jié ⊗ 他人の過失を責める〔攻~〕〔書〕同前

【劫(*刼刦刧)】jié ⊗ ① 災難、災害〔十年浩~〕10年にわたる大災害(文化大革命のこと) ② 強

诘洁结拮桔杰 — jié　289

る)、結合する(させる) ②夫婦となる、結ばれる

奪する[打~]同前 ③無理やり迫る、脅迫する[~机]ハイジャックする

【劫持】jiéchí 動 脅して奪う
【劫道】jié'dào 動 道をふさいで強奪する、辻強盗を働く ⑫[截道]
【劫夺】jiéduó 動 (武力で) 強奪する、強盗を働く
【劫匪】jiéfěi 名 匪"賊
【劫掠】jiélüè 動 強奪する、略奪する
【劫难】jiénàn 名 災難、災厄 ⑫[灾难][灾祸]
【劫数】jiéshù 名 運命付けられていた災難、逃れられぬ非運

【诘(詰)】jié ⊗ 詰問する、なじる[~责]難詰する
【诘问】jiéwèn 動《書》詰問する、なじる

【洁(潔)】jié ⊗ 清潔な、すっきりとした[整~]きちんと片付いた
【洁白】jiébái 形 真っ白な、汚れのない
【洁净】jiéjìng 形 汚れのない、清潔な ⑫[干净]
【洁癖】jiépǐ 形 潔癖な、きれい好き過ぎる

【结(結)】jié 動 ①結び目を作る、(ひもを) 結ぶ ②終結する、結着をつける[[这事儿不~了吗?]]この事はそれでいいじゃないか ③凝結する(させる)、作り出す[[~冰]]氷が張る — 名 結び目[打一个~]結び目を作る[死~]丸結び ⊗ 結びつく、ある関係を作る[~社]団体を結成する ⇨jiē

【结案】jié'àn 判決を下す、結末をつける
【结伴】jié'bàn 動 (~儿)《多く状語的に》連れ立つ、道連れになる[~出国]連れ立って外国へ行く
【结彩】jié'cǎi 動 (花やリボン等で)飾りつけをする、装飾を施す
【结仇】jié'chóu 動 仲違いする、仇同士となる ⑫[结怨]
【结党营私】jié dǎng yíng sī (成)徒党を組んで私利をはかる、派閥を作って利をあさる
*【结构】jiégòu 名 ①構造、構成 [经济~]経済構造 [~式]構造式 [~工资]基本給、職務給、経験給、奨励給の4要素から成る給与 ②建築構造 [钢筋混凝土~]鉄筋コンクリート構造
*【结果】jiéguǒ 名 結果、結着 ⑫[原因] — 動《多く旧白話で》(人を)殺す、ばらす ♦jiē'guǒ は「実がなる」の意 — 副 けっきょく、そのあげくに
*【结合】jiéhé 動 ①結びつく(つけ

【结核】jiéhé 名 ①結核[~菌素]ツベルクリン ②《鉱》団塊
【结婚】jiéhūn 動 結婚する、夫婦になる(⑫[离婚])[跟她~]彼女と結婚する
【结伙】jiéhuǒ 動 仲間になる、集団を組む ♦多く貶義
【结交】jiéjiāo 動 交際する、交わりを結ぶ
*【结晶】jiéjīng 名 ①結晶(体)[~体]同前 ②(転)(貴重な成果、努力の賜物を表わし)結晶 — 動 結晶する
*【结局】jiéjú 名 最終局面、結末[小说的~]小説の結末
【结论】jiélùn 名 結論、最終判断[下~]結論を下す
【结盟】jiéméng 動 同盟を結ぶ
【结膜炎】jiémóyán 名 結膜炎
【结幕】jiémù 名 (芝居の) 終幕、最後の一幕;(転)クライマックス、最後の盛り上り
【结亲】jiéqīn 動 ①結婚する、夫婦になる ②姻戚関係になる
【结球甘蓝】jiéqiú gānlán 名 キャベツ、甘藍^{らん} ⑫[圆白菜]《方》[卷心菜]
【结舌】jiéshé 動 (恐怖や緊張で) 舌がこわばる、物が言えなくなる
【结石】jiéshí 名《医》結石
【结识】jiéshí 動 知り合いになる、近付きになる[~了许多著名人物]多くの有名人と知り合った
【结束】jiéshù 動 終わる、終わらせる(⑫[开始])[告~]終了を告げる[~发言]発表を終える
【结算】jiésuàn 決算する、清算する
【结尾】jiéwěi 名 結末、締め括り — 動 終わる
【结业】jiéyè 動 (短期研修などの)学習を終える、コースを修了する
【结余】jiéyú 動 剰余残高(が出る)[结存]⑫[超支]
【结语】jiéyǔ 名 まとめ、結語 ⑫[结束语]
【结账】jiézhàng 動 勘定をする、決算する、帳簿を締める
【结子】jiézi 名 結び目

【拮】jié ⊗ [~据 jū]手元不如意な

【桔】jié ⊗ [~梗 gěng]《植》キキョウ [~槔 gāo](井戸の)はねつるべ ⇨jú

【杰(傑)】jié ⊗ ①傑物、英雄 [俊~]英傑 ②傑出する、抜きん出る
*【杰出】jiéchū 形 傑出した、とび抜けた

【杰作】jiézuò 图 傑作, 秀作

【桀】Jié ⊗ 桀┇ ♦夏王朝最後の君主で, 中国古代の最大の暴君と伝えられる

【桀犬吠堯】Jié quǎn fèi Yáo《成》(暴君桀の飼犬は〈堯に吠えつく〉) 子分がひたすら親分のために尽くす ♦堯は古代の代表的聖王

【桀紂】Jié Zhòu 图 桀紂┇ ♦紂は殷王朝最後の君主. 二人とも代表的暴君で, 悪虐無道の支配者の代名詞

【捷】(*捿) jié 動①戦勝, 勝利┇ [报~] 勝利を伝える ②敏速な, すばやい [敏~] 機敏な

【捷报】jiébào 图 勝利の知らせ, 成功の報告┇ [~频传 chuán] 同前が次々届く

【捷径】jiéjìng 图 近道, 便利な方法┇ [走~] 近道を行く

【睫】jié ⊗ まつ毛 [目不交~] 寝もやらぬ

【睫毛】jiémáo 图 [根] まつ毛

【截】jié 動①(細長い物を)切断する, 断ち切る┇ [~开木料] 木材を切る ②阻止する, 留める 一量 (~儿) 区切りや段落を数える ⊗ 時を区切る, 締切る→ [~至]

【截长补短】jié cháng bǔ duǎn《成》長所によって短所を補う, 弱点を補いあう

【截断】jiéduàn 動① 切断する, 断ち切る┇ [~钢骨] 鉄骨を切断する┇ [~退路] 退路を絶つ┇ [截不断] 断ち切れない ②(人の動作を) 遮る, 中断する ⑱[打断]

【截夺】jiéduó 動 追剥┇ぎを働く, 路上で強奪する

【截门】jiémén 图 バルブ

【截然】jiérán 副 はっきりと, 完全に

【截瘫】jiétān 動[医](全体あるいは部分的に)下肢が麻痺┇する

【截止】jiézhǐ 動 締切る, 期限を切る┇ [到二月底~] 2月末に締切る

*【截至】jiézhì 图 (期日を) …までに(とする), (時間を) …まで/で区切る)┇ [~今天为止] 今日まで区切る

【竭】jié ⊗ 尽きる, 尽くす [精疲力~] 精根尽き果てる [尽心~力] 精根尽くす

*【竭尽全力】jiéjìn quánlì《成》全力を尽くす

【竭力】jiélì 副 力を尽くして, 全力で┇ [~反对] 極力反対する

【竭泽而渔】jié zé ér yú《成》(池を干して魚を取る>) 目先の利益をあさって, 長期的利益を失う

【碣】jié ⊗ 石碑, いしぶみ [墓~] 墓石

【羯】jié ⊗①(J-)中国古代民族の一 ♦山西省東南部に住み, 4世紀に後趙国を建てた ②去勢された羊 [~羊] 同前

【姐】jiě 图 姉 [大~] 同前 ⊗① 同じ世代で自分より年上の女性の親類に対する呼称 [表~] 母方の従姉┇ ②年長の女性に対する親しみと尊敬をこめた呼称 [江~] 江ねえさん ③ 若い女性に対する呼称

【姐夫】jiěfu 图 姉の夫 ⑱[姐丈]

【姐姐】jiějie 图① 姉, 姉さん ②同じ世代で自分より年上の女性の親類

【姐妹】jiěmèi 图① 姉妹, 姉と妹 ♦当人を含めると含まぬ場合と両方可能 ②兄弟姉妹, はらから

【解】(*觧) jiě 動①(縛ったものなどを)解く, ほどく┇ [~扣子] ボタンをはずす ②方程式を解く, 解を求める┇ [~不出这道题] この問がどうしても解けない 一图 (方程式の) 解┇ ⊗①分離する, 分解する [瓦~] 瓦解する ②説明する, 解釈する ③理解する, わかる [不~] わからない ④大小便をする [大(小)~] 大(小)便をする
⇒ jiè, xiè

【解除】jiěchú 動 取り除く, 解除する┇ [~职务] 解任する

【解答】jiědá 動 解答する, 答えを出す

【解冻】jiěˈdòng 動① 雪や氷が解ける, 雪解けの時節になる [~季节] 雪解け時分 ②(資金などの)凍結を解除する

【解读】jiědú 動①解読する┇ [~易经] 易経を読みとく ②分析する ③理解する

【解毒】jiěˈdú 動① 毒を消す, 解毒┇する(⊗[中毒]) [~药] 解毒剤 ②(漢方医学で)のぼせや熱を取り除く

*【解放】jiěfàng 動①(束縛から) 解放する, 自由にする ②(政治的に)解放する ♦特に人民革命による中華人民共和国の成立を指すことが多い

【解放军】jiěfàngjūn 图 解放軍, (特に)中国人民解放軍

【解放区】jiěfàngqū 图 解放区 ♦日中戦争期およびそれに続く国共内戦期に, 中国共産党指導下に人民政権を樹立した地域をいう

【解雇】jiěˈgù 動 解雇する, クビを切る

【解恨】jiěˈhèn 動 憎しみを解消する, 恨みを晴らす

【解救】jiějiù 動 救う, 助け出す ⑱[挽救]

- 【解決】jiějué 動 ①解決する，結着をつける ②(口)(敵を) 壊滅する，片づける
- 【解開】jiěkāi 動 ①ほどく，外す〖解不開〗ほどけない〖～上衣〗上着のボタンをはずしてくつろぐ ②(心のつかえ等を)解消する，取り除く〖～疙瘩〗わだかまりを解く
- 【解渇】jiě'kě 動 ①渇きをいやす，のどを潤す ②満足する，気が晴れる
- 【解鈴系鈴】jiě líng jì líng〔成〕((虎の首に)鈴を結びつけた者に鈴を解かせよ)種を播いた者に刈り取らせよ
- 【解悶】jiě'mèn 動 (～儿) 憂さを晴らす，退屈をまぎらす
- 【解嚢】jiěnáng 動 (人のために) 金を使う，ポケットマネーをぽんと出す〖慷慨～〗気前よく金を出す〖～相助〗人助けに金を使う
- 【解聘】jiě'pìn 動 解雇する，解任する 回〔招聘〕
- *【解剖】jiěpōu 動 解剖する〖活体～〗生体解剖〖～学〗解剖学
- 【解勧】jiěquàn 動 慰める，なだめる
- 【解任】jiě'rèn 動〔書〕解任する，免職する 回〔解職〕
- *【解散】jiěsàn 動 ①(人の群れが)解散する，ちりぢりになる ⇔〔集合〕 ②(団体や集会を) 解散させる，つぶす 回〔遣散〕
- *【解釈】jiěshì 動 ①解明する，解釈する ②弁明する，説明する
- 【解手】jiě'shǒu 動 (～儿) 大小便をする，用を足す〖解小手儿〗小便をする
- *【解説員】jiěshuōyuán 名 解説者，コメンテーター
- 【解体】jiětǐ 動 ばらばらになる，崩解する
- 【解囲】jiě'wéi 動 ①敵軍に包囲を解かせる，包囲から救い出す ②苦境から救う，助け舟を出す
- 【解析几何】jiěxī jǐhé 名 解析幾何学
- 【解約】jiě'yuē 動 解約する，キャンセルする
- 【解職】jiě'zhí 動 解任する，免職する 回〔解任〕

【介】jiè ⊗①二つのものの間に位置する，介在する〖媒～〗媒介する ②気にかける，気にする ③気骨がある，剛直である ④(伝統劇の)しぐさ ⑤(J-)姓

- 【介詞】jiècí 名〔語〕介詞が，前置詞 ◆'在，从，把'等々，名詞や代名詞の前に置かれて方向や場所，時間，対象，目的などを示す語．多く動詞に由来
- 【介入】jièrù 動 介入する，首をつっこむ〖～这场纠纷〗このもめ事にかかわる
- *【介紹】jièshào 動 ①(人を) 紹介する，引き合わせる ②導入する，引き入れる〖～一个朋友入会〗友人を一人入会させる ③説明する，話して聞かせる
- 【介意】jiè'yì 動〔多く否定形で〕気にする，意に介する〖毫不～〗まったく気にしない
- 【介質】jièzhì 名〔理〕媒質ばっ

【芥】jiè ⊗ カラシ菜〖～子〗カラシ菜の種〖～子气〗イペリットガス
- 【芥菜】jiècài 名 カラシ菜 ◆'gàicài'と読めばカラシ菜の一変種
- 【芥末】jièmo 名 辛子からの粉，辛子〖搽～〗辛子をぬる

【疥】jiè 名 疥癬ホムん〖～疮〗同前〖～虫〗〖～螨 mǎn〗カイセンダニ

【界】jiè ⊗①〖動・植・鉱〗界ポ〖动物～〗動物界 ②〖地〗界〖古生～〗古生界 ③境界，区切り目〖国～〗国境〖交～〗境を接する ④範囲，領域〖眼～〗視界 ⑤社会，分野〖戏剧～〗演劇界
- 【界碑】jièbēi 名〔块〕界標ひょう ◆境を示す碑
- 【界河】jièhé 名 境界となっている川
- 【界划】jièhuà 動 区切る，境界線を引く
- 【界面】jièmiàn 名 インターフェース
- 【界限】jièxiàn 名 ①境界，区切り〖划清～〗一線を画す ②限界，限度
- 【界线】jièxiàn 名 ①境界線，仕切り線 ②境界，区切り 回〔界限〕 ③周縁，ふち
- 【界约】jièyuē 名 国境条約

【戒】jiè 動 (嗜好やくせを) 断つ，やめる ⊗①指輪〖钻 zuān～〗ダイヤの指輪 ②(仏教の)戒律 ③教訓，戒しめ ④禁止事項〖破～〗禁を犯す ⑤警戒する，備える ⑥戒める，警告する〖'诫 jiè'に同じ〗
- *【戒備】jièbèi 動 警戒する，用心する〖～十分森严〗警戒が厳重だ
- 【戒除】jièchú 動 (悪いくせを) やめる，断つ 回〔戒烟〕
- 【戒惧】jièjù 動 警戒し不安にかられる，びくびく用心する
- 【戒律】jièlù 名〔条・项〕戒律 回〔戒条〕
- 【戒烟】jiè'yān 動 禁煙する
- 【戒严】jièyán 動 戒厳体制をしく，戒厳令を施行する〖宣布～〗戒厳令を発する
- *【戒指】jièzhi 名 (～儿)〔只・枚〕指輪〖戴上～〗指輪をはめる

【诫(誡)】jiè ⊗ 警告する，戒める〖告～〗警告する〖十～〗(キリスト教の)十誡

【届(屆)】 jiè [量] 定期的な行事などの回数に使う〘第十三～三中全会〙第13期第3回中央委員会総会〘本～联大〙今期国連総会
⊗(時が) 到達する [～期] その日時になる

【届满】jièmǎn [動] 任期満了となる，任期が切れる

【届时】jièshí [副] その時になって

【借】 jiè [動] ①借りる，借用する〘～了他一本书〙彼に本を借りた〘跟他～三百块〙彼に300元借りる ②貸す，貸与する〘～了他一本书〙彼に本を貸した〘～给他三百块〙彼に300元貸す

【一(藉)】 [動] 利用する，乗じる〘～此机会〙この機会に
⊗かこつける，口実にする
⇨jí(藉)

J

【借刀杀人】jiè dāo shā rén《成》(人の刀を借りて人を殺す＞) 自分は表面に出ず，他人を操って，目指す相手を害する

【借调】jièdiào [動] (よそからこちらに)出向させる，人を借りる

【借风使船】jiè fēng shǐ chuán《成》(風を借りて船を出す＞) 他人の力を利用して自分の目的を達する [同][借水行舟]

【借古讽今】jiè gǔ fěng jīn《成》昔の事にかこつけて現在の問題を批判する

【借故】jiègù [副] 口実をもうけて，事にかこつけて〘～拖延〙口実をもうけて引き延ばす

【借光】jiè▾guāng [動]《口》①おかげを蒙る，助けにあずかる〘借你的光〙あなたのおかげです ②《挨》ちょっとすみません，はいごめんよ ♦ものを尋ねたり，道を通してもらうときなどのあいさつ

【借花献佛】jiè huā xiàn fó《成》もらい物を使って返礼する

【借记卡】jièjìkǎ [名] デビットカード

★【借鉴】jièjiàn [動] (他人の経験から) 教訓を得る，参考にする〘～别人的长处〙他人の長所を参考にする

【借据】jièjù [名]〔张〕借用証，証文 ([同][借字儿])〘立～〙借用証を書く

★★【借口】jièkǒu [名] 口実，言い訳〘拿远做～〙遠いことを口実にする ━ [動] 口実にする，言い訳にする〘～美元贬值〙ドル安を口実にする

【借款】jièkuǎn [名]〔笔〕借入金，ローン〘偿还～〙借金を返済する
── jiè▾kuǎn [動] ①借金する，融資を受ける ②金を貸す，融資する

【借契】jièqì [名] 借用契約書，貸借契約書([同][借约])〘立～〙同前を書く

【借宿】jiè▾sù [動] 宿を借りる，泊めてもらう〘～一夜〙一晩厄介になる

【借题发挥】jiè tí fāhuī《成》他の話題に託して真意を示す

【借以】jièyǐ [副]〔前の文を受けて〕それによって，それを根拠にして

【借用】jièyòng [動] ①借用する，借りて使う ②転用する，流用する

【借债】jiè▾zhài [動] 借金する，借りを作る [同][借钱][借账]

【借支】jièzhī [動] ①(給料を) 前借りする ②(給料を)先払いする

★【借助】jièzhù [動] ①助けを借りる，頼る〘～于望远镜〙望遠鏡の助けを借りる ②金銭的に援助する，金を貸して苦境を救う

【解(*觧)】 jiè [動] 護送する
⇨jiě, xiè

【解送】jièsòng [動] (犯人や財物を) 護送する [同][押送]

【价(價)】 jie [助]《方》多く否定副詞に後置され語気を強める〘别～〙やめなさいよ
⊗[尾] いくつかの副詞の要素となる('家'とも書く) [成天～] 一日中
⇨jià

【巾】 jīn ⊗布きれ，小布 [手～] 手ぬぐい [餐～] ナプキン

【巾帼】jīnguó [名] 婦人，女性 ♦'帼'は昔の女性のかぶり物 [～丈夫] 男まさり

【今】 jīn ⊗①今，現在 [当～] 同前 ②今の，さしあたりの [～秋] 今秋 [～晚] 今夜

【今后】jīnhòu [名] 今後，これから〘～的计划〙今後の計画

【今年】jīnnián [名] 今年，本年

【今儿】jīnr [名]《方》きょう，本日 [同][今儿个]

【今人】jīnrén [名] 現代の人，当代の人 [反][古人]

【今日】jīnrì [名] 本日，きょう [同]《口》[今天]

【今日有酒今日醉】jīnrì yǒu jiǔ jīnrì zuì《俗》(きょう酒があればきょう酔う＞) 明日は明日の風が吹く [同][今朝有酒今朝醉]

★★【今天】jīntiān [名] ①きょう，本日 ②現在，今日(こんにち)〘～的兴旺〙今日の繁栄

【今昔】jīnxī [名] 今と昔，現在と過去

【今译】jīnyì [名] 古典の現代語訳 ♦《诗经～》のように書名に使われることが多い

【衿】 jīn ⊗①'襟'と通用 ②衣帯

【矜】 jīn ⊗①哀れむ，不憫(ふびん)がる ②いばる，偉(え)らぶる [～骄][骄～]《書》傲慢 ③慎み深い，打ち解けない

【矜持】jīnchí [形] 打ち解けない，控え

【矜夸】jīnkuā 動《書》驕り高ぶる,これを誇る

【斤】jīn 量 斤 ◆1～は500グラム,旧制は597グラム [公～] キログラム
⊗①'～'で数える物の後について,その物の総称とする [煤～] 石炭 ②手斧

【斤斤】jīnjīn 形《書》瑣末な事にこだわるさま,小さな事に目くじら立てるさま [～于形式] 形式にとらわれる [～計較] 重箱の隅をつつく

【斤两】jīnliǎng 图 ①重量,目方 ②(転)重み,確かな内容 [他的话很有～] あの人の言葉はずっしり重い

【金】jīn 图 金(⇔[金子][黄金])[～币] 金貨 [～银财宝] 金銀財宝 [～牌] 金メダル
⊗①金属 [五～] 金属 ②金銭 [奖～] 奨励金 ③昔の金属製打楽器 [～鼓] 鐘と太鼓 ④貴い ⑤金色の ⑥(J-) 姓 ⑦(J-) 王朝名 [～朝] 金朝(A.D.1115-1234)

【金镑】jīnbàng 图(イギリス等の貨幣の)ポンド ⇔[镑]

【金碧辉煌】jīnbì huīhuáng《成》(建築物が)きらびやかな,絢爛たる

【金箔】jīnbó 图 金箔

【金灿灿】jīncàncàn 形 光まぶしい,金色きらめく

【金蝉脱壳】jīnchán tuō qiào《成》(セミが殻を脱ぐ~)相手を欺いてこっそり逃げ出す,もぬけのから

【金额】jīn'é 图 金額

【金刚石】jīngāngshí 图〔块・颗〕ダイヤモンド,金剛石 ◆研磨したものは'钻石 zuànshí'[～婚] ダイヤモンド婚

【金工】jīngōng 图 金工,金属加工

【金龟子】jīnguīzi 图〔只〕コガネムシ ◆地方により'金壳郎'という

【金贵】jīngui/jīnguì 形《口》貴重な,得難い

【金合欢】jīnhéhuān 图《植》アカシア

【金煌煌】jīnhuánghuáng 形 (～的)黄金色の,金色にぴかぴか光る ⇔[金晃晃 huǎng]

【金黄】jīnhuáng 黄金色の,金色にまばゆい

【金婚】jīnhūn 图 金婚

【金科玉律】jīn kē yù lǜ 图 金科玉条

【金库】jīnkù 图 国庫 ⇔[国库]

【金块】jīnkuài 图 金塊,金の地金

【金铃子】jīnlíngzǐ 图〔只〕鈴虫

【金木犀】jīnmùxī 图 キンモクセイ

【金牛座】jīnniúzuò 图 おうし座

【金钱】jīnqián 图 貨幣,お金

【金枪鱼】jīnqiāngyú 图《魚》〔条〕マグロ

*【金融】jīnróng 图 金融 [～资本] 金融資本

【金属】jīnshǔ 图 金属 [有色～] 非鉄金属 [～探伤] 非破壊検査

【金丝猴】jīnsīhóu 图《動》〔只〕キンシコウ,コバナテングザル

【金丝雀】jīnsīquè 图〔只〕カナリヤ ⇔[黄鸟]

【金丝燕】jīnsīyàn 图〔只〕アナツバメ ◆その巣が高級料理の材料 '燕窝 yànwō'となる

【金条】jīntiáo 图〔根・块〕金の延棒

【金文】jīnwén 图 金文 ◆古代青銅器に鋳込まれた文字,甲骨文に次いで古い ⇔[钟鼎文]

【金星】jīnxīng 图 ①金星 ②金色の星形 ③目まいがするとき目の前に散乱する点々 [冒～] 星が飛ぶ

【金钥匙】jīnyàoshi 图《転》〔把〕(万能の)鍵,有効な方法

【金鱼】jīnyú 图〔条〕金魚 [养～] 金魚を飼う

【金玉良言】jīnyù liángyán《成》貴重な教え,得難い忠告 ⇔[金玉之言]

【金元】jīnyuán 图 ①金銭 ②米ドル ⇔[美圆][美金]

【金针】jīnzhēn 图 ①《書》裁縫や編物用の針 ②〔根〕鍼灸治療用の針 ⇔[毫针] ③'金针菜'の花(食用)

【金针菜】jīnzhēncài 图 ユリ科のカンゾウ,キスゲ類の総称 ◆開花前の蕾を蒸してから乾燥し,食用とする

【金枝玉叶】jīn zhī yù yè《成》高貴な家柄の子女

【金砖五国】Jīnzhuān wǔguó (経済発展の著しい)BRICS,すなわちブラジル・ロシア・インド・中国・南アフリカ

【金字塔】jīnzìtǎ 图 ①〔座〕ピラミッド ②(転)不滅の業績,金字塔 [树立～] 同前を打ち立てる

【金子】jīnzi 图 金,黄金

【津】jīn ⊗①つば,唾液 ⇔[~液]《書》同前 ②汗 ③渡し場,渡船場 [~渡] 同前 ④(J-) 天津の略称 ⑤潤った,水気のある

【津津】jīnjīn 形 ①〔状語として〕おもしろう ②(汗や水が) あふれるさま,流れるさまの形容 [浑身汗～的] 全身汗びっしょりだ

*【津津有味】jīnjīn yǒu wèi《成》興味あふれる

【津梁】jīnliáng 图《書》道案内(となる物や手段)

【津贴】jīntiē 图 (本給以外の)手

筋禁襟仅尽紧堇谨

当,ボーナス 一 勔 同前を支給する〚~他一些钱〛彼にいくらか手当を出す

【筋】(*觔) jīn 图〚根·条〛
①(~儿)(口)腱シヒ,靱帯ネネミ,筋ネ ②(口)皮下静脈血管,青筋
⊗①'肌'の旧称,筋肉 ②腱や筋に似たもの〚叶~〛葉脈〚钢~〛鉄筋

【筋斗】jīndǒu 图(方)(⇔(普)[跟头])①とんぼ返り,でんぐり返り ②転倒,転ぶこと〚摔了个~〛すっころんだ

【筋骨】jīngǔ 图 筋骨ネシ,体格〚锻炼~〛体を鍛える

【筋疲力尽】jīn pí lì jìn〘成〙疲労困憊シミする,疲れ果てる ⇔【精疲力竭】

【筋肉】jīnròu 图 筋肉〚肌肉〛

【禁】jīn 勔 耐える,凌ガぐ〚~洗〛何度も洗濯がきく
⊗我慢する,忍ぶ〚不~〛思わず
⇨jìn

【禁不住】jīnbuzhù 勔 耐えられない,踏みこたえられない(⇔[禁不起])〚~别人提意见〛他人の批評に耐えられない 一 勔 思わず,こらえきれず

【禁得住】jīndezhù 勔 耐えうる,踏みこたえる(⇔[禁得起])⊗[禁不住]

【襟】jīn ⊗①〘衣〙前身ごろ,服の前ボタンの並ぶ部分〚对~儿〛前ボタン式の上衣 ②婿同士〚连~儿〛同前(姉妹の夫同士)〚~兄〛妻の姉の夫

【襟怀】jīnhuái 图 胸の内,度量〚胸怀〛

【仅】(僅) jǐn ⊗ ただ単に,わずかに〚不~如此〛そればかりか ♦'近い'の意の古語は jìn と発音

【仅仅】jǐnjǐn 副 たった,わずかに〚~三天就看完了〛たった3日で読んでしまった

【尽】(盡) jǐn 勔〚多く'~着'の形で〛①限度内にすませる,範囲内におさめる ②優先する,まず先にする〚~老人上车〛老人を真っ先に乗車させる ③最大限にする,尽くす〚~着力气〛力いっぱい ④(方)継続する,やり続ける〚~着干〛やり続ける 一 副〚方位詞の前に置いて〛最も〚~底下〛いちばん下 ⑤(方)いつも,いつまでも
⇨jìn

【尽管】jǐnguǎn 副 ①気がねなく,思うままに ②(方)いつも,いつまでも 一 圈 …ではあっても,…ではあるが,しかし ♦後に'但是''然而'などが対応することが多い

【尽可能】jǐnkěnéng 副 できる限り,最大限に

*【尽快】jǐnkuài 副〚時に'~地'を伴って〛できるだけ速く

【尽量】jǐnliàng 副 できる限り,せいいっぱい ♦'jìnliàng'と発音する人も多い
⇨jìnliàng

【尽先】jǐnxiān 副 まず先に,優先的に

【尽早】jǐnzǎo 副 できるだけ早期に

【紧】(緊) jǐn (⊗)〘松〙① つくろぎ,引き締める〚~一~腰带〛ベルトを締めなおす 一 圉 ①ピンと張った,たるみのない ②固定した,ゆるがない ③ぴったりついた,隙間ミの ない〚~隔壁ネニ〛壁隣おチ ④金づまりの,手もとが苦しい ⑤(時間的に)切れ目のない,切迫した〚抓~时间〛寸刻を惜しむ

【紧绷绷】jǐnbēngbēng 圉(~的)①(縛り方が)きつい,固く縛った〚~捆梆〛②(表情が)固い,緊張した

【紧凑】jǐncòu 圉 無駄のない,まとまりのう

【紧促】jǐncù 圉 切迫した,さし迫った〚呼吸~〛呼吸がはやい

【紧箍咒】jǐngūzhòu 图 泣き所,他人の手に握られた致命的な弱点〚念~〛締めつけを行う

*【紧急】jǐnjí 圉 緊急の,切迫した

【紧密】jǐnmì 圉 ①緊密な,密接な ②頻繁な,集中的な

【紧迫】jǐnpò 圉 緊迫した,切迫した

【紧身】jǐnshēn 圉(~儿)(衣服が)ぴったり身を包んだ,ぴっちりした

【紧缩】jǐnsuō 勔 縮小する,削減する

【紧严】jǐnyán 圉 ぴったり閉じた,隙間のない

【紧要】jǐnyào 圉 重大な,決定的な〚无关~〛どうということはない

*【紧张】jǐnzhāng 圉 ①(精神状態が)固くなった,緊張した〚不要~〛気楽にいけよ ②張りつめた,切迫した〚日程表~〛スケジュールがびっしりだ ③物不足の,金づまりの

【堇】jǐn ⊗スミレ〚~菜〛スミレ〚~色〛スミレ色

【谨】(謹) jǐn ⊗①謹んで…する,厳粛に…を行う〚~向您表示感谢〛謹んで感謝の意を表わします ②用心深い,慎重な〚勤~〛勤勉な

【谨防】jǐnfáng 勔 用心する,十分注意する〚~扒手〛スリにご用心

*【谨慎】jǐnshèn 圉 慎重な,注意深い〚说话~〛言葉に気をつける

【谨严】jǐnyán 圉 厳密な,正確な

【馑(饉)】jǐn [文]→[饥jī～]

【槿】jǐn [文]ムクゲ［木～］同前

【瑾】jǐn [文]美しい玉

【锦(錦)】jǐn [文]① 錦(にしき) ② あでやかな，色あざやかな

【锦标】jǐnbiāo [名]（優勝旗，カップ，メダル等）優勝者のしるし

【锦标赛】jǐnbiāosài [名]（スポーツの）選手権大会

【锦纶】jǐnlún [名]ナイロン [同]《旧》［尼龙］

【锦囊妙计】jǐnnáng miàojì [名]起死回生の妙手，即効の秘策

【锦旗】jǐnqí [名]〔面〕（厚い絹地の）旗，ペナント類 ♦表彰，感謝や表敬に使う〖送～〗同前を贈る

【锦上添花】jǐn shàng tiān huā《成》錦上(きんじょう)花を添(そ)える

【锦绣】jǐnxiù [名]錦織(にしきおり)，金襴緞子(きんらんどんす) ━[形]〔定語として〕麗(うるわ)しい，素晴らしい

★【锦绣前程】jǐnxiù qiánchéng《成》耀かしい前途

【尽(盡)】jìn [動]① 尽きる，無くなる〖油～了〗（灯の）油が尽きた ② 使いきる，やり尽くす［一言难～］一言では語れない ③ 全うする，達成する〖～责任〗責任を果たす ━[副]すべて，ことごとく〖～说废话〗無駄話ばかりだ

[文]究極まで行く，極限に達する

⇨jǐn

★★【尽力】jìn▾lì [動]全力をあげる〖～帮助你〗極力君を助ける［～而为wéi］ベストを尽くす

【尽量】jìnliàng [動]（酒食の量が）限界に達する，いっぱいになる

⇨jǐnliàng

【尽情】jìnqíng [副]心ゆくまで，思いきり〖～歌唱〗心ゆくまで歌う

【尽人皆知】jìn rén jiē zhī《成》すべての人が知っている

【尽人事】jìn rénshì [動]人事を尽くす，あらゆる努力をする

【尽善尽美】jìn shàn jìn měi《成》非の打ちどころのない，完璧(かんぺき)な

【尽数】jìnshù [副]すべて，欠けることなく〖～归还〗完済する

【尽头】jìntóu [名]果て，終点

【尽心】jìn▾xīn [動]心を尽くす

【尽兴】jìnxìng [動]存分に楽しむ，歓を尽くす [同]［尽欢］

【尽意】jìnyì [動]① 意を尽くす，十分に心意を表わす ② 存分に楽しむ，歓を尽くす [同]［尽兴］［尽欢］

【尽职】jìn▾zhí [動]職責を全うする，職務を果たす

【烬(燼)】jìn [文]燃えかす，燃え残り［余～］余燼［～余］災害のあと

【进(進)】jìn [動]①（中に）入る，踏み込む（[反]［出］）〖～大学〗大学に入る ②（サッカー等で）ゴールする，球が入る〖～了！〗ゴール！ ③ 進む，前に動く [反]［退］ ④ 受け取る，入れる〖～货〗仕入れる

[文]① 飲食する，口に入れる［共～晩餐］夕食を共にする ② 呈上する，差し上げる［～言］進言する ━[量]旧式の屋敷を構成する'院子'の数を数える

—— -jìn/-jin [動]〔方向補語として〕動作が外から中に移ることを示す〖走～教室〗教室に歩み入る

★★【进步】jìnbù（[反]［落后］）[動]進歩する，向上する ━[形]進歩的な，先進的な

【进程】jìnchéng [名]過程，プロセス

【进出】jìnchū [名]資金の回転，収入と支出 ━[動]出入りする

【进出口】jìnchūkǒu [名]① 輸出入［～公司］貿易商社 ② 出入口

【进度】jìndù [名]① 進度，進み具合〖加快～〗ペースを早める ② 進行計画，スケジュール

★【进而】jìn'ér [副]一歩進んで，その上さらに

【进发】jìnfā [動]発進する，歩み出す

【进犯】jìnfàn [動]（敵軍が）侵犯する，侵攻する [同]［侵犯］

★【进攻】jìngōng [動]① 進攻する，敵陣を攻める [反]［退却］ ②《転》攻勢をかける，攻めにまわる [反]［退守］

★【进化】jìnhuà [動]進化する（[反]［退化］）［～论］進化論

【进军】jìnjūn [動]進軍する，進撃する（多く比喩的に使われる）〖向现代化～〗近代化を目指して進撃する

★★【进口】jìnkǒu [名]入口 [反]［出口］

—— jìn▾kǒu [動]（[反]［出口］）①（船が）港に入る，入港する ② 輸入する〖～汽车〗自動車を輸入する［～货］輸入品

【进款】jìnkuǎn [名]《口》収入，実入り

【进来】jìnlai/jìnlái [動]入ってくる（[反]［出去］ [関]［进去］）〖请～〗どうぞお入りください〖进不来〗入ってこられない

—— -jìnlai/-jinlai/-jìnlái [動]〔複合方向補語として〕中にいる話し手から見て，動作が外から行われることを示す〖跑～了〗駆け込んできた〖搬进教室来〗教室に運び入れる

【进路】jìnlù [名]進路，行く手（[反]［退路］）〖阻挡～〗進路を阻む

【进门】jìn▾mén [動]① 門を入る，入口から入る ② 初歩を学ぶ，学び始

J

める ③嫁ぐ，嫁入りする
【进前】jìnqián 動①近づく，歩み寄る ②進み出る，歩み出る
【进取】jìnqǔ 動 向上を目指す [～心] 進取の精神
【进去】jìnqù 入ってゆく ([出来] ↔[进来])[进得去]入ってゆける
──jìnqu/-jìnqù 動[複合方向補語として]外にいる話し手の目から見て，動作が外から中に向かって行われることを示す(⇔[进来])[扔～](外から)投げ込む[搬进屋子去](外から)部屋に運び込む
【进入】jìnrù (ある範囲や段階に)入る，踏みこむ [～新的发展时期]新たな発展段階に入る
【进食】jìnshí 動 食事をとる，飯を食う
【进士】jìnshì [史]進士ん ♦ 科挙の最終試験(殿試)の合格者
【进退维谷】jìn tuì wéi gǔ [成]進退きわまる，動きがとれない ⇔[进退两难]⇔[进退自如]
【进项】jìnxiang/jìnxiàng [筆]収入，実入り ⇔[进款]
*【进行】jìnxíng 動①(持続的あるいは正式的行為を)行う，実施する[～访问](公的に)訪問する ②行進する [～曲] 行進曲
【进修】jìnxiū 動 研修を受ける(する)[～外语]外国語の研修を受ける [业务～] 業務研修
【进一步】jìnyíbù 一歩進んだ，さらに踏みこんだ [～的打算] 一歩進んだもくろみ [～研究] さらに深く研究する
*【进展】jìnzhǎn 動 進展する，前進する ⇔[停顿]
【进账】jìnzhàng 収入 [收入] ⇔[出账]

【近】jìn 形①近い(⇔[远])[～的臭,远的香]身近な者は欠点ばかりが目につく ②親しい，関係深い ── 動 近づく，迫る[年～六十] 60歳近い ⇔わかりやすい，平易な
*【近代】jìndài 近代 ♦1840年のアヘン戦争から1919年の五四運動までの時期
【近道】jìndào (他と比べて)より近い道，早道(⇔[近路])[走～]近道を行く
【近东】jìndōng 近東 ♦ アラビア半島，トルコからアフリカ東北部にかけての地域 ⇔[远东]
【近古】jìngǔ 近古❁ ♦ 一般には宋から清，11世紀終盤から19世紀中葉まで
【近海】jìnhǎi 近海(⇔[远洋]) [～渔业] 近海漁業
【近郊】jìnjiāo 近郊，郊外
【近景】jìnjǐng ①近景，近くの光景 ②[映]クローズアップ，大写し ③当面の状況，見通し
【近况】jìnkuàng 近況，最近の様子[不知～如何?]いかがお過ごしでしょうか
*【近来】jìnlái 最近，近ごろ
【近邻】jìnlín 隣人，隣り近所[远亲不如～]遠くの親戚より近くの他人
【近年】jìnnián 近年，この数年 [～来] 近年来
【近旁】jìnpáng 近く，そば ⇔[附近] [旁边]
【近期】jìnqī 近いうち，近日(⇔[远期]) [～预报] 短期予報
【近亲】jìnqīn 近親，血縁の近い親族 ⇔[远亲]
【近视】jìnshì 近視，近眼 [～眼] 同前 [～眼镜] 近眼メガネ
【近水楼台先得月】jìn shuǐ lóutái xiān dé yuè [成] (水辺の建物ではよそより先に月が見られる>) 有利な位置にいる，近くにいる(ある)ために得をする
【近似】jìnsì 形 よく似た，近似の [～值] 近似値
【近因】jìnyīn 近因 ⇔[远因]
【近朱者赤，近墨者黑】jìn zhū zhě chì, jìn mò zhě hēi [成] 朱に交われば赤くなる

【靳】Jìn ⇔姓

【劲】(勁) jìn [把・股] ①(～儿)力 [加～] 頑張る ②(～儿)活力，元気 [鼓虚～的] 元気を出す ③おもしろ味，興趣 [没～] つまらない ④(～儿)態度，表情，外への現われ具合を表わす [高兴～] 喜びよう [苦～儿] 苦しさ
⇨jìng
【劲头】jìntóu (～儿)[口][股]①力，強さ ②やる気，積極性

【妗】jìn 母の兄弟の妻，おば [～子] 同前

【晋】(晉) Jìn ①(春秋時代の一国) 晋 ②(3～5世紀の王朝) 晋→[西Xī～][东Dōng～] ③五代の後晋(A.D. 936-946) ④山西省の別称 ⑤姓 (j-) 進む，前に出る[～见](指導者に)面会する
【晋级】jìn'jí 動 昇進する，ランクが上がる ⇔[降级]
【晋剧】jìnjù 晋劇 ♦ 山西省中部で盛んな地方古典劇 [山西梆子] [中路梆子]
【晋升】jìnshēng 動 昇進する，職務上の地位が上がる

【缂(縞)】jìn ⊗赤い絹 [~绅]《书》官僚及び郷紳

【浸】jìn 动①浸す,ふやかす ②(液体が)染しみる,染み込む

【浸渐】jìnjiàn 副《书》次第に,漸次
*【浸泡】jìnpào 动(液体につけて)ふやかす,浸す
【浸染】jìnrǎn 动①(悪いものに)じわじわ染まる,汚染される [~上了不良习气] 悪い風習に染まった ②(液体が)染み込む,浸透する
【浸透】jìntòu 动①ぐっしょり濡らす,びしょびしょにする ②染み通る,浸透する ③(転)(考え方,感じ方などが)ゆきわたる,染みわたる
【浸种】jìn'zhǒng 动 (発芽を早めるために)種子を水などに浸す
【浸渍】jìnzì 动 浸す,ふやかす

【祲】jìn ⊗妖気

【禁】jìn 动 禁止する,差しとめる
⊗①禁止事項,禁令 [犯~] 禁を犯す ②皇居,宮中 [紫~城] 紫禁城 ③閉じ込める,監禁する ⇨jīn
【禁闭】jìnbì 动 (罰として) 禁固する,幽閉する 一名 禁固刑 [关~] 禁固刑に処する
【禁地】jìndì 名 立入り禁止区域
【禁忌】jìnjì 动 タブーとして嫌う,忌む 一名 ①タブー,禁忌 ②《医》禁忌
【禁例】jìnlì 名 禁止条例,禁令
【禁令】jìnlìng 名 [道·条] 禁令
【禁区】jìnqū 名 ①立入り禁止区域 ②(転)(政治的,社会的)聖域,タブー [犯~](社会的)タブーを犯す ③自然保護地区 ④《医》手術や針治療をしてはならない部位 ⑤《体》サッカーのペナルティエリアなどの制限区域
【禁书】jìnshū 名 発禁図書,禁書
【禁物】jìnwù 名 禁制品,禁令違反の品
【禁押】jìnyā 动 拘禁する,拘留する
【禁运】jìnyùn 动 (ある国に対して)禁輸措置をとる,輸出入を禁止する
**【禁止】jìnzhǐ 动 禁止する,差し止める (⇔[准许])[~吸烟] 禁煙
【禁制品】jìnzhìpǐn 名 禁制品

【噤】jìn ⊗①(寒さからくる)身震い [寒~] ぶるっとくる震え ②口を噤む,押し黙る
【噤若寒蝉】jìn ruò hán chán (成)(寒冷期のセミのごとくに黙し通す>)押し黙ったまま声一つ立てられないさま

【觐(覲)】jìn ⊗(君主に)拝謁する

【京】jīng 名①都みやこ,首都 [~师]《书》同前 [进~]上京する ②(J-) 北京 ③(昔の数の単位で)1千万 ④(J-)姓
【京城】jīngchéng 名(旧)国都,首都
【京剧】jīngjù 名 京劇きょうげき
【京派】jīngpài 名 ①京派,北京派 ◆京劇の一派で,北京の芸風が特長.'海派'(上海派) と対比される ②(文学史上で) 北京派 ◆30年代,北京の傾向の似た沈従文,蕭乾,廃名などの作家たちの総称
【京戏】jīngxì 名《口》京劇
【京族】Jīngzú 名 京族 ◆中国少数民族の一,広西に住む

【惊(驚)】jīng 动①驚く,ぎょっとする ②驚かす,脅えさせる [别~了孩子] 子供を驚かしちゃいけない ③(馬やラバが)脅えて暴れる,狂奔する
【惊诧】jīngchà 动 驚き怪しむ,びっくりする
*【惊动】jīngdòng 动 驚かす,安静を乱す
【惊愕】jīng'è 动《书》驚愕きょうがくする,あっけにとられる 働[惊呆]
【惊弓之鸟】jīng gōng zhī niǎo 名 (弓音に脅える鳥>)1度の失敗に懲りて,ちょっとした事にもびくびく脅える人
【惊怪】jīngguài 动 不思議さにおののく,驚き怪しむ 働[惊讶][惊异]
【惊慌】jīnghuāng 形 慌てふためいた,おろおろした
【惊惶】jīnghuáng 形 不安にかられた
【惊叫】jīngjiào 动 驚き叫ぶ,ぎゃあっと声をあげる 働[惊呼]
【惊恐】jīngkǒng 动 恐れおののく,恐怖に脅えた 働[惊惧]
*【惊奇】jīngqí 形 あっけにとられた,驚嘆すべき
【惊扰】jīngrǎo 动 (人心を) 騒がせる,かき乱す 働[惊搅]
【惊人】jīngrén 形 驚異の,驚くべき
【惊叹】jīngtàn 动 驚嘆する [~号] 感嘆符(!)
【惊涛骇浪】jīng tāo hài làng (成) ①さかまく怒濤,うねりくる激浪 ②(転)きびしい状況,苦しい環境 働[惊风骇浪]
【惊天动地】jīng tiān dòng dì (成) 驚天動地の,天地を揺るがすほどの
【惊悟】jīngwù 动 はっと気付く,愕然と悟る
【惊喜】jīngxǐ 动 驚喜する,とび上がって喜ぶ
【惊险】jīngxiǎn 形 スリルに満ちた,はらはらどきどきさせる [~小说] ス

リラー小説

【惊心动魄】jīng xīn dòng pò《成》魂を揺さぶるような，深い感動を誘う

【惊醒】jīngxǐng [動] はっと目覚める(させる)，突然眠りを破る(られる) [同][惊觉]

—— jīngxing [形] 眠りが浅い，目ざとい

★【惊讶】jīngyà [動]（不思議さに）まさかと思う，仰天する [同][惊异]

【惊疑】jīngyí [動] 驚き怪しむ，ひどくとまどう

【惊异】jīngyì [動] [同][惊讶]

【惊蛰】jīngzhé [名] 啓蟄(けいちつ) ♦二十四節気の一．新暦の3月6日前後に当たる [対][二十四节气]

【鲸(鯨)】

jīng ⊗ 鯨 [～鲨] ジンベイザメ [～须] ナガスクジラのひげ

【鲸吞】jīngtūn [動]《転》(領土や財産を)併呑する，呑みこんでしまう

【鲸鱼】jīngyú [名]〔条·头〕鯨

【泾(涇)】

Jīng ⊗①涇河(けいが)（寧夏(ねいか)に発して陝西(せんせい)に流れる）②（安徽(あんき)省の）涇県

【泾渭分明】Jīng Wèi fēnmíng《成》境界がはっきりしている，区分が明確である ♦澄んだ涇水と濁った渭水の合流のさまから

【茎(莖)】

jīng [名] くき ━ [量]《書》細いすじ状のものに使う〖数～白发〗数本の白髪(しらが)
⊗くき状の物 [刀～] 刀の柄(つか)

【经(經)】

jīng [動] ①経過する，通りすぎる ②経験する ③耐える，持ちこたえる〖～不住〗耐えきれない [～放] 日持ちする ━ [介] …を経て，…の結果〖～专家鉴定…〗専門家の鑑定の結果…
⊗①織物のたて糸 [反]'纬' ②経度 [东～] 東経 ③（漢方医学の）経絡(けいらく) ④管理する，経営する ⑤不変の，正常な [荒诞不～] 荒唐無稽の ⑥経典 ⑦月経，メンス ⑧(J-)姓 ♦「たて糸を準備する」の意では jìng と発音

★★【经常】jīngcháng [副] しょっちゅう，常々 ━ [形] 日常的な，ふだんの [～费] 経常費

★★【经典】jīngdiǎn [名] ①（宗教上の）経典(きょうてん) ②経書(けいしょ)，権威をもつ古典 ━ [形]〖多く定語として〗（人や著作について）権威ある，規範となるような

【经度】jīngdù [名] 経度 [対][纬度]

★【经费】jīngfèi [名] 経費，費用

★★【经过】jīngguò [動] 通り過ぎる，経る ━ [介] …を通じて，…を経て ━ [名] 経過，過程〖事情的～〗事のなりゆき

★★【经济】jīngjì [名] ①経済 [～规律] 経済法則 [～特区] 経済特区 ②個人の経済状態，家計 ━ [形] 経済的な，効率のよい [～实惠] お買い得な

【经济基础】jīngjì jīchǔ [名]《経》下部構造 [対][上层建筑]

【经济危机】jīngjì wēijī [名] 経済恐慌，パニック [同][经济恐慌]

【经济作物】jīngjì zuòwù [名] 工業材料用農作物，現金収入になる農作物 ♦綿花·タバコ·麻·菜種等 [同][技术作物]

【经纪】jīngjì [名] 仲買人，ブローカー [同][经纪人] ━ [動]《書》①経営する，運営する ②《書》切盛りする，処理する

【经见】jīngjiàn [動] ①自分の目で見る，身を持って体験する ②ふだんに現われる，しょっちゅう見かける

【经久】jīngjiǔ [形] 長持ちする，耐久性を持つ ━ [動]〖多く状語として〗長時間に亙る〖掌声～不息〗拍手が鳴りやまない

★★【经理】jīnglǐ [名] 支配人，経営者 [总～] 社長 ━ [動]《書》経営管理する

★★【经历】jīnglì [名] 経歴，経験 ━ [動] 経験する，身を持ってくぐり抜ける

【经络】jīngluò [名]《医》経絡(けいらく)

★【经商】jīng'shāng [動] 商売をする，商業活動をする

【经史子集】jīng shǐ zǐ jí [名]《図》経史子集(けいししじゅう) ♦漢籍の伝統的な四部分類法

【经手】jīng'shǒu [動] 手を経る，扱う

【经受】jīngshòu [動] よく耐える，持ちこたえる([同][禁受])〖～考验〗試練に耐える

【经售】jīngshòu [動] 発売を扱う，取次ぎ販売する [同][经销]

【经书】jīngshū [名] 経書(けいしょ) ♦詩経，書経，論語など儒教の基本テキスト

★【经纬】jīngwěi [名]《書》①たて糸と横糸 ②規範

【经纬度】jīngwěidù [名] 経度と緯度

【经线】jīngxiàn [名] ①織物のたて糸，経(たて) [対][纬线] ②《地》経線，子午(しご)線

【经销】jīngxiāo [動] 取次ぎ販売する，発売を扱う [同][经售]

【经心】jīngxīn [動] 気にとめる，注意を払う [同][在意][留心][经意]

【经学】jīngxué [名] 経学(けいがく)

★★【经验】jīngyàn [名][動] 経験(する) [～主义] 経験主義

★★【经营】jīngyíng [動] ①経営する [～项目] 営業品目 ②（計画，組織，進行を）運営する

【经用】jīngyòng [形] 長持ちする，耐久性を持つ ━ [動]《書》常用する，ふ

だんに使う
【经由】jīngyóu [介] 経由して
〔荆〕jīng ⊗①イバラ ②(J-)姓
【荆棘】jīngjí [名] イバラ(トゲをもつ小灌木の総称)［～载途］苦難に満ちている
【荆条】jīngtiáo [名](かご等を編む)イバラの枝
【旌】jīng [名] 旌(せい) ♦昔の旗で竿の先に五色の羽毛を飾る
【旌旗】jīngqí [名](さまざまな)旗(はた)
〔菁〕jīng ⊗〔多く重ねて〕草木の茂るさま［～华］精華, エッセンス
【腈】jīng [名]〚化〛ニトリル［～纶］アクリル
〔睛〕jīng ⊗ 目の玉, 眼球［目不转～］まばたきもせずに見つめる［眼～jing］目
【精】jīng [形] ①聡明な, 賢い ②精通した, 詳しい ③きめこまやかな, 精選された
⊗①精華, エッセンス［酒～］アルコール ②精神, 精力 ③精子, 精液［受～］受精する ④お化け, 妖怪 ⑤最良の, 非の打ちどころのない ⑥非常に, 極めて［～薄］薄っぺらな
【精兵简政】jīng bīng jiǎn zhèng《成》機構と人員の削減
★★【精彩】jīngcǎi [形] 素晴らしい, 見事な〚～的节目〛出色の出し物
★【精打细算】jīng dǎ xì suàn《成》(人や物を使う上で) 細かく計算する, 事細かに算盤をはじく
【精到】jīngdào [形](目配り気配りが)ゆき届いた, きめ細かな
【精读】jīngdú [動] 精読する, 熟読する [同]［熟读］
【精度】jīngdù [名] 精度, 精確さ
【精干】jīnggàn [形] 有能な, やり手の [同]［精悍］
【精光】jīngguāng [形] ①すっからかんの, 無一物の〚卖得～〛きれいさっぱり売り切れた ②ぴかぴかの, 一点の曇りもない [同]［光洁］
【精悍】jīnghàn [形] ①(人が) 有能な, やり手の [同]［精干］ ②(文章が) 鋭い, 犀利(さいり)な
★【精华】jīnghuá [名] 精華(せいか), エッセンス [同]［精英］ [反]［糟粕］
★【精简】jīngjiǎn [動] 無駄を省く, 簡素化する〚～会议〛会議を減らす
【精绝】jīngjué [形] みごとな, 素晴らしい [同]［绝妙］
★★【精力】jīnglì [名](気力と体力を合わせた) 活力, 精力〚集中～〛全力を注ぐ
【精练】jīngliàn [形](文章や話に) 無駄がない, 簡潔な
【精灵】jīngling/jīnglíng [名] お化け［宠物小～］ポケモン ━ [形]《方》かしこい
【精美】jīngměi [形] 精美な, 精巧美麗な
★【精密】jīngmì [形] 精密な, 綿密な［～度］精度
【精明】jīngmíng [形] 聡明な, 明敏な
【精囊】jīngnáng [名] 精嚢(せいのう)
【精疲力竭】jīng pí lì jié《成》精根つき果てる, くたくたになる [同]［精疲力尽］［筋疲力尽］
【精辟】jīngpì [形](見解や理論が) 鋭い, 洞察の深い
【精品】jīngpǐn [名] 傑作, 入魂の作品
【精巧】jīngqiǎo [形] 精巧な, 精妙な
★【精确】jīngquè [形] 精確な, 誤りのない
【精锐】jīngruì [形]〚軍〛戦闘力抜群の, 精鋭を集めた［～部队］精鋭部隊
★★【精神】jīngshén [名] ①精神, 意識〚作好～准备〛心構えをする ②主旨, 眼目〚传达文件的～〛文書の主旨を伝える
── jīngshen [名] 元気, 活力 ([同]［精气神儿］)〚振作～〛元気を出す ━ [形] 生き生きとした, 活気あふれる
【精神病】jīngshénbìng [名] 精神病［～医生］精神科医
【精瘦】jīngshòu [形] ひどく痩せた, がりがりの
★【精通】jīngtōng [動] 精通する
【精卫填海】jīngwèi tián hǎi《成》深い恨みを抱いて復讐を目ざすこと, 困難にたじろがず奮闘努力することの喩え
【精细】jīngxì [形] 細工が細かい, 緻密な
【精详】jīngxiáng [形] 綿密な, 緻密(ちみつ)周到な
★【精心】jīngxīn [形]〔多く状語として〕精根込めた, 念入りな〚～培植〛心を込めて栽培する
【精选】jīngxuǎn [動] 精選する
【精液】jīngyè [名] 精液
★【精益求精】jīng yì qiú jīng《成》あくなき進歩を目指す, どこまでも精進を続ける
【精英】jīngyīng [名] ①精華, エッセンス [同]［精华］ ②俊英, 優秀な人物
【精于】jīngyú [動](…に) 精通する〚～管理〛管理を得意とする
★【精致】jīngzhì [形] 精緻(せいち)な, 技をこらした [同]［精工］
【精制】jīngzhì [動] 精製する [反]［粗制］
【精装】jīngzhuāng [名](書籍の)ハードカバー [反]［平装］
【精子】jīngzǐ [名] 精子［～库］精子バンク

【晶】jīng ⊗① 水晶 [～状]水晶体 [墨～]黒水晶 ②結晶体 [结～]結晶 ③きらきら光る, 輝いている
【晶亮】jīngliàng 形 きらきら光った, 光をたたえた 団[晶明]
【晶体】jīngtǐ 名 結晶体 働[结晶]
【晶体管】jīngtǐguǎn 名 トランジスター [硅～]シリコントランジスター
【晶莹】jīngyíng 形 きらきら光って透明な, きらめき輝く

【粳(*秔)】jīng ⊗ ウルチ米 [～米]ウルチ米

【兢】jīng ⊗ 以下を見よ
*【兢兢业业】jīngjīngyèyè 形 注意深い, 落度のないよう慎重な

【井】jīng 名 [口・眼]井戸 [打～]井戸を掘る ⊗① 井戸に似たもの [油～]油井 ②整然とした, きちんと片付いた [～然](書)整然たる ③ (J-)姓
【井底之蛙】jǐng dǐ zhī wā (成) 井の中の蛙 働(俗)[井里蛤蟆(没见过大天)]
【井井有条】jǐngjǐng yǒu tiáo 形 整然とした, 秩序立った
【井绳】jǐngshéng 名 つるべ縄 [一遭被蛇咬,十年怕～](一度蛇に咬まれると10年もこわがる>) 羹に懲りて膾を吹く
【井水】jǐngshuǐ 名 井戸水 [打～]井戸水を汲む
【井水不犯河水】jǐngshuǐ bú fàn héshuǐ (成) (井戸の水は川の水の領分を侵さない>) 互いに相手に干渉しない
【井盐】jǐngyán 名 井塩 ◆塩分の濃い井戸水を汲上げ, 煮つめて作る塩, 四川, 雲南地方に多い

【阱(*穽)】jǐng ⊗ (獣を捕える) 落とし穴, わな [陷～]同前

【刭(剄)】jǐng ⊗ 刀で首を切る

【颈(頸)】jǐng ⊗ 首, のど [长～鹿]キリン ◆'脖颈儿'(首筋)はbógěngrと発音
【颈项】jǐngxiàng 名 のど, 首 働[脖子]
*【颈椎】jǐngzhuī 名 頸椎

【景】jǐng 名 (劇一幕中の) 場 [第一幕第一～]第1幕第1場 ⊗①(～儿)風景, 眺め [夜～]夜景 ②(映画, 劇の) 背景, 道具立て ③状況, 情勢 [好～不长]よい事ばかりは続かない ④慕う, 尊敬する [～慕](書)同前 ⑤ (J-)姓
【景点】jǐngdiǎn 名 観光スポット
【景况】jǐngkuàng 名 状況, 景気
【景颇族】Jǐngpōzú 名 景頗(チンポー)族 ◆中国少数民族の一, 主に雲南省に住む(カチン族ともいう)
【景气】jǐngqì 形 (経済が) 繁栄した, 景気の良い [不～]不景気な 一 名 風景, 光景
【景区】jǐngqū 名 景致地区, 景勝地
*【景色】jǐngsè 名 風景, 眺め 働[景致]
【景泰蓝】jǐngtàilán 名 七宝(焼き)
【景物】jǐngwù 名 見もの, 光景
【景象】jǐngxiàng 名 場面, 情景 [呈现出欢乐的～]喜びにわく情景が現われる
【景仰】jǐngyǎng 動 敬う, 慕う 働[仰慕][景慕]
【景致】jǐngzhì 名 風景, 景色 働[景色]

【憬】jǐng ⊗ 悟る, 覚醒 する [～悟]同前

【儆】jǐng ⊗ 戒めとする

【警】jǐng ⊗① 警察官 [交通～]交通警官 ② 緊急事態, 危険情報 [火～]火事 ③ 警戒させる, 注意を促す ④ 警戒する, 警備する ⑤ 勘が鋭い, 鋭敏な
【警报】jǐngbào 名 警報, サイレン [解除～]警報を解除する
*【警察】jǐngchá 名 ① 警察 ② 警官 [女～]婦人警官
【警车】jǐngchē 名 [辆]パトカー
*【警告】jǐnggào 名 警告処分 ◆行政処分の軽いもの [给与～处分]警告処分に処する 一 動 ① 注意を促す [～大家不可在昏暗的光线下看书]暗いところで読書しないようみんなに注意する ② 警告する
【警官】jǐngguān 名 上級警察官, 警察幹部 ◆軍隊の将校に相当する, キャリア組
【警棍】jǐnggùn 名 [根]警棒
【警戒】jǐngjiè 動 ①(軍隊が) 警戒する, 警備する ② 警告する, 注意を促す 働[警诫][儆戒]
【警句】jǐngjù 名 警句, 金言 働[警语]
【警觉】jǐngjué 名 (危険や変化に対する) 鋭い勘, 鋭敏な警戒心 [引起～]警戒心を引き起こす 一 動 鋭敏に感じる
【警铃】jǐnglíng 名 非常ベル
【警犬】jǐngquǎn 名 [只・条]警察犬
*【警惕】jǐngtì 動 警戒する, 用心する [提高～]警戒心を高める
【警卫】jǐngwèi 名 警備員, 護衛 一 動 警備する, 護衛する
【警钟】jǐngzhōng 名 (比喩的に使って) 警鐘 [敲～]警鐘を鳴らす

【劲(勁)】jìng ⊗ 力強い, 頑強な [～旅]強い軍隊→[疾jí风～草]

⇨jìn
【劲敌】jìngdí [名] 強敵
【劲风】jìngfēng [名] 強風, 激しい風
【劲射】jìngshè [動]〘体〙強烈なシュートを放つ, 力を込めてシュートする

【径(徑)】jìng ⊗ 直径［直～］直径［半～］半径

【一(徑 *逕)】⊗ ① 直接, じかに〚～向对方联系〛直接相手と連絡をとる ② 小道, せまい道;《転》早道, 効果的方法
【径赛】jìngsài [名]（陸上競技の）トラック競技 [反]［田赛］
【径庭】jìngtíng（旧読 jìngtìng）[名]《書》大きな隔たり, 径庭(けいてい)［大相～］差異が甚しい
【径直】jìngzhí [副] ①（寄り道せずに）直接, まっすぐ ②（準備なしに）ぶっつけで, じかに
【径自】jìngzì [副] 断りなしに, 無断で

【胫(脛)】jìng ⊗ 下肢（[同]［小腿］）［～骨］脛骨(けいこつ)

【痉(痙)】jìng ⊗ 以下を見よ
【痉挛】jìngluán [動] 痙攣(けいれん)する, ひきつる [同]［抽搐］

【净(淨 *淨)】jìng [形]〘多く補語として〙① 清潔な, 汚れのない〚洗～〛洗い清める ② すっからかんの, 何も残らない〚喝～〛飲みつくす ━ [動] 清潔にする〚～～身子〛体をきれいにする ━ [副] ① ただ…だけ, …ばかり〚这几天～下雨〛このところ雨ばかりだ ② 純粋に, 正味〚～赚三万元〛正味3万元もうかった
【净化】jìnghuà [動] 浄化する, 清浄にする
【净价】jìngjià [名] 正味の値段 ♦ 販売マージンなどを除いた価格
【净利】jìnglì [名] 純益
【净重】jìngzhòng [名] 正味の重量 [反]［毛重］

【竞(競)】jìng ⊗ ① 競う, 競争する ② 強靭(じん)な, 力強い
【竞渡】jìngdù [動] 競漕する, 競泳する
【竞技体操】jìngjì tǐcāo [名]（競技種目としての）体操
★【竞赛】jìngsài [動] 競争する, 試合をする（[同]［比赛］）［田径～］陸上競技
★【竞选】jìngxuǎn [動]（選挙に）立候補する〚～会长〛会長選に打って出る
★★【竞争】jìngzhēng [動]（経済活動などで）競争する, 競い合う〚可以自由～〛自由に競争してよい
【竞走】jìngzǒu [名]〘体〙競歩

【竟】jìng [副] ① なんと, 驚いたことに〚他～会做菜〛なんと, あいつ料理ができるんだ ② ただ…だけ [同]［净］
⊗ ① 終了する, 完成する ② まるごと, すべて［～日］終日 ③ ついに, 結局のところ
★★【竟然】jìngrán [副] なんと, 驚いたことに [同]［竟自］［竟而］
【竟自】jìngzì [副] [同]［竟然］

【境】jìng ⊗ ① 境界, 境目［越～］越境する ② 区域, 場所［环～］環境 ③ 境遇, 状況［苦～］苦境
【境地】jìngdì [名] 状況, 境遇（[同]［处境］）〚陷入悲惨的～〛悲惨な状況に陥る
★【境界】jìngjiè [名] ①（土地の）境界, 境目 ② 境地, レベル〚达到理想～〛理想の境地に達する
【境域】jìngyù [名] ① 状況, 境遇 [同]［境地］② 領分, 領域
【境遇】jìngyù [名] 境遇

【镜(鏡)】jìng ⊗ ① 鏡(かがみ) ② レンズ［眼～］めがね［墨～］サングラス
【镜花水月】jìng huā shuǐ yuè《成》（鏡に映った花や水に映った月＞）絵にかいた餅, 実体のないもの [同]［空中楼阁］
【镜框】jìngkuàng [名]（～儿）① ガラスをはめた額縁(がくぶち) ② メガネのフレーム
【镜片】jìngpiàn [名]〔块·片〕レンズ
【镜台】jìngtái [名]〔架〕鏡台
★【镜头】jìngtóu [名] ① カメラや映写機のレンズ［远摄～］望遠レンズ ②（映画の）シーン, 場面［特技～］特撮シーン ③ 写真の画面, ショット
★★【镜子】jìngzi [名] ①〔面·块〕鏡 ②《口》〔副〕メガネ [同]［眼镜］

【靓(靚)】jìng ⊗ よそおう［～妆］《書》美しいよそおい
⇨liàng

【靖】jìng ⊗ ①（J-）姓 ② 平定する, 安定させる ③ 安らかな, 平和な

【静(靜)】jìng [形] 静かな, 音のしない（[同]［安静］）〚～了下来〛静かになった ━ [動] 落ち着く, 静かになる〚～下心来〛心を落ち着ける
⊗（J-）姓
【静电】jìngdiàn [名] 静電気［～计］電気計［～感应］静電誘導
【静脉】jìngmài [名] 静脈（[反]［动脉］）［～注射］静脈注射
【静默】jìngmò [動] ① 沈黙する, 押し黙る ② 黙禱(もくとう)する

J

【静穆】jìngmù 形 静粛な、厳粛で静まり返った
【静悄悄】jìngqiāoqiāo 形（～的）静まり返った、ひっそりとした
【静物】jìngwù 名 静物〚画～〛静物を描く
【静心】jìng'xīn 動 心を静める
【静养】jìngyǎng 動 静養する
【静止】jìngzhǐ 動 静止する、じっとしている〚～运动〛
【静坐】jìngzuò 動 ①静座する◆目をつぶり、何も考えずにじっと座る ②座りこみをする〚～示威〛座りこみ(をする)

【敬】jìng 動 差し上げる、献じ上げる〚～你一杯酒〛一献差し上げたい ⊗①尊敬する、敬意をいだく〚致～〛敬意を表わす ②うやうやしく、敬意を込めて〚～请〛どうぞ…して頂けますよう
*【敬爱】jìng'ài 敬爱する
【敬辞】jìngcí 名 ていねい語、敬語
【敬而远之】jìng ér yuǎn zhī（成）敬して遠ざける、敬遠する
【敬奉】jìngfèng 動〈敬〉献ずる、差し上げる〈他〉〚兹一册〛ここに1冊お贈り申し上げます
*【敬礼】jìng'lǐ 動 ①敬礼する〚向团长～〛連隊長に対して敬礼する ②〈书〉手紙の最後に記すあいさつ〚此致～〛敬具
【敬佩】jìngpèi 動 敬服する〈他〉〚敬服〛〚钦佩〛
【敬仰】jìngyǎng 動 敬慕する、敬い慕う〈他〉〚敬慕〛〚景仰〛
【敬意】jìngyì 名 敬意、尊敬の念〚表示衷心的～〛心から敬意を表わします
【敬语】jìngyǔ 名 敬語〚讲～〛敬語を使う
【敬重】jìngzhòng 動 敬い大切にする、敬愛する

【扃】jiōng ⊗①（外からの）かんぬき ②門（を閉ざす）
【囧】jiǒng ⊗（窓の）光◆メールなどで'窘'の意の顔文字として使われる
【迥】jiǒng ⊗かけ離れた、差異の大きな〚～别〛〚～异〛甚だ異なる
【迥然】jiǒngrán 副 甚だ異なって〚～不同〛まるっきり異なる
【炯】jiǒng ⊗以下を見よ
【炯炯】jiǒngjiǒng 形〈书〉（目が）きらきら光った、炯炯たる〚炯然〛
【窘】jiǒng 形 ①貧しい、生活が苦しい ②困惑した、動きがつかない〚～境〛苦境 — 動 困らせる、窮地に立たせる
【窘况】jiǒngkuàng 名 苦境、窮地〚窘境〛
【窘迫】jiǒngpò 形〈他〉〚窘急〛①ひどく貧しい、窮迫した ②困りきった、動きがとれない
【窘态】jiǒngtài 名 困惑しきった表情、困りきった様子〚窘相〛

【纠（糾）】jiū ⊗①纏き、足手まといになる ②人を集める、糾合する ③正す、改める
【纠察】jiūchá 動（大衆運動の）秩序維持に当たる、スト破りを監視する〚～线〛ピケットライン — 名（大衆運動の際の）秩序維持係、ピケ要員
【纠缠】jiūchán 動 ①もつれる、混乱する ②じゃまをする、つきまとう
【纠纷】jiūfēn 名 紛争、争いごと
【纠葛】jiūgé 名 もめ事
【纠合（鸠合）】jiūhé 動（多くは貶し意味で）糾合する、仲間を集める
【纠偏】jiū'piān 動 偏りを正す
*【纠正】jiūzhèng 動（欠点や誤りを）改める、正す〚改正〛

【赳】jiū ⊗〚雄～～〛勇ましいさま
【究】jiū ⊗①探求する、調査する〚研～〛研究する ②結局、つまるところ
【究竟】jiūjìng 名 最終局面、結着に到るまでのいきさつ〚问个～〛いつめる — 副 ①〚疑問文に用いて〛結局のところ、つまるところ◆是非疑問文には使わない〚他～去不去？〛結局彼は行くのか行かないのか ②何といっても、しょせんは〈他〉〚到底〛〚毕竟〛
【究问】jiūwèn 動 問いただす、つっこんで尋ねる

【鸠（鳩）】jiū ⊗ハト〚雉～〛キジバト〚斑～〛ヤマバト

【阄（鬮）】jiū 籤〚抓～儿〛籤をひく

【揪】jiū つかむ、引っぱる〚～绳子〛ひもを引っぱる
【揪辫子】jiū biànzi 動〈転〉弱味につけこむ、弱点をにぎる〈他〉〚抓辫子〛
【揪痧】jiū'shā 動 充血斑を作る◆民間療法の一つ

【啾】jiū ⊗〚～～〛小鳥たちのさえずりや亡者の凄惨な声を表す
【啾啾】jiūjiū 動 ①多くの小鳥が同時にさえずる音、ちゅんちゅん ②絹をさくような悲鳴、ひーっ、きゃーっ

【九】jiǔ 数 9〚～一歌〛九九の歌 — 名 冬至から起算した81日間を9分して、それぞれの9日間を'～'という、各'～'を順に'一～''二～'…'九～'と呼ぶ〚数 shǔ～〛冬になる
⊗多くの数、多くの回数を表わす

【90后】jiǔlínghòu 图1990年代に生まれた世代 ◆改革開放政策の成果が現れ、情報化社会への急速な発展期に出生し育っている世代
【九流三教】jiǔ liú sān jiào 图 三教九流 ◆儒教・道教など古代のさまざまな思想流派の総称。後に転じて、宗教・学術、さらには各種業界の多様な流派を例える ⇨[三教九流]
【九牛二虎之力】jiǔ niú èr hǔ zhī lì〈成〉(九頭の牛と二頭の虎を合わせた力>)とてつもなく強い力
【九牛一毛】jiǔ niú yī máo〈成〉九牛の一毛、取るに足りない小さなこと ⇨[沧海一粟]
【九死一生】jiǔ sǐ yì shēng〈成〉九死に一生を得る ⇨[死里逃生]
【九霄云外】jiǔ xiāo yún wài〈成〉空のかなた、天空の果て
【九一八事变】Jiǔ-Yībā shìbiàn 满洲事変 ◆1931年9月18日、日本軍が中国東北部へ武力侵攻を開始した事件
【九州】jiǔzhōu 图 中国の別称 ◆伝説の時代の中国が9州から成っていたとされることから

【久】jiǔ 厖 ①時間が長い、久しい 一图時間の長さ『住多~?』どれくらい滞在するの
【久别】jiǔbié 长期にわたって别れる(⇨[久阔])[~重逢]久方ぶりに再会する
【久等】jiǔděng 動 長いこと待つ『叫你~了』お待たせしました
【久而久之】jiǔ ér jiǔ zhī〈成〉月日が経つうちに、長時間を経るにつれ
【久经】jiǔjīng 多年に亘って…を経験する、長時間…を経る
【久久】jiǔjiǔ 厖 長いこと、いつまでも
【久违】jiǔwéi 動〈挨〉お久しぶりです、暫くでした ◆ふつうには'好久没见'という
【久仰】jiǔyǎng 動〈挨〉(初対面のとき) かねてからお会いしたく思っていました『~~】[~大名]ご高名はかねがねうかがっていました
【久远】jiǔyuǎn 厖 長い間の、久しい ⇨[长久]

【灸】jiǔ 图 灸ぎゅうをすえる『用艾火~一下』もぐさで灸をすえる『针~】鍼灸『~治】灸治療

【玖】jiǔ〔数〕'九'の大字

【韭】(*韮) jiǔ ⊗ニラ [~黄] 冬ニラ
【韭菜】jiǔcài 图ニラ

【酒】jiǔ 图 酒『喝~』酒を飲む『酿~』酒を造る ⊗ (J-)姓
*【酒吧】jiǔbā バー、酒場 ⇨[酒吧间]

【酒菜】jiǔcài 图(⇨[酒肴])①酒と料理 ②酒のさかな
【酒馆】jiǔguǎn 图〔家〕居酒屋
【酒鬼】jiǔguǐ 图(悪口として使い)大酒呑み、呑み助
【酒会】jiǔhuì 图 酒つきのパーティー、カクテルパーティー、ビアパーティーなど
*【酒精】jiǔjīng 图 アルコール(特にエチルアルコール)
【酒量】jiǔliàng 图 酒量(⇨[酒力])[~很大]いける口だ
【酒囊饭袋】jiǔ náng fàn dài〈成〉(酒や飯の入れ物>)無駄飯食い、無能な人間
【酒器】jiǔqì 图 酒器
【酒色】jiǔsè 图 ①酒色『沉溺于~』酒色に溺れる ②酒の色 ③〈書〉酔った様子、酩酊ざんの表情
【酒食】jiǔshí 图 酒と食事、酒食
【酒徒】jiǔtú 图 酒好き、呑み助
【酒窝(酒涡)】jiǔwō 图(~儿)えくぼ(⇨[酒坑儿])『露出~』えくぼが出る
【酒席】jiǔxí 图〔桌儿〕宴席、酒席 ◆酒とテーブルに並んだ料理をいう。⇨[酒筵][酒宴]『摆了四桌儿~』四卓の宴席を設けた
【酒意】jiǔyì 图 ほろ酔い気分、微醺びん『已有几分~了』ちょっぴり酒が回ったな
【酒糟】jiǔzāo 图 酒粕ホケ
【酒盅(酒钟)】jiǔzhōng 图 酒杯、おちょこ
【酒醉】jiǔzuì 图 ①酒に酔う、酔っぱらう ②(料理法の一つとして食品を)酒に漬ける

【旧】(舊) jiù 厖(⊗[新]) ①時を経た、古い ②時代遅れの、過去の ⊗旧友、長い友"情(⇨[老~])旧友
【旧病】jiùbìng 图 持病⇨[宿疾]
【旧的不去, 新的不来】jiù de bú qù, xīn de bù lái〈俗〉(物を失ったり壊したりした人を慰めて)古いのが無くならなければ、新しいのは手に入らない
【旧调重弹】jiù diào chóng tán〈成〉(昔の調べをもう一度奏でる>)時代遅れの理屈をむし返す⇨[老调重弹]
【旧都】jiùdū 图 古都、かつての国都
【旧交】jiùjiāo 图旧友、昔の仲間 ⇨[老朋友][旧好]
【旧教】jiùjiào 图 旧教、カトリック ⇨[天主教][基督教]
【旧居】jiùjū 图〔所・座〕旧居 ⇨[故居]
【旧历】jiùlì 图 旧暦、陰暦 ⇨[农历][夏历]
【旧例】jiùlì 图 前例、過去の事例
【旧瓶装新酒】jiù píng zhuāng xīn

jiǔ《俗》(古い酒がめに新酒を入れる>)旧形式を利用して新しい内容を表現する

【旧诗】jiùshī [名]〔首〕旧詩, 文言詩 ♦絶句·律詩など古典形式による文語詩 [反][新诗]

【旧时】jiùshí [名] 昔, かつての時代 [同][从前]

【旧事】jiùshì [名]〔件〕昔の出来事, 過ぎた事柄 [同][往事]

【旧书】jiùshū [名]〔本〕①古書, 古本 ②古典籍, 昔の本 [同][古书]

【旧俗】jiùsú [名] 旧習, 古い風俗習慣

【旧套】jiùtào [名] 古いあり方, 旧套 〖摆脱～〗旧套を脱する

【旧闻】jiùwén [名] 旧聞, 過去の話

【旧址】jiùzhǐ [名] かつての所在地, 旧址

J

【臼】jiù ⊗①臼 [石～] 石臼 ②形が臼に似たもの [～齿] 臼歯 ③関節 [脱～] 脱臼

【舅】jiù ⊗①母の兄弟, おじ [大～] 一番上のおじ ②妻の兄弟 [小～子] 妻の弟 ③夫の父, 舅

【舅父】jiùfù [名] 母の兄弟, 母方のおじ

★【舅舅】jiùjiu [名]《口》母方のおじ ♦呼びかけにも使う

【舅母】jiùmu [名] '舅父'の妻, おば [同]《口》[舅妈]

【咎】jiù ⊗①過ち, 罪 ②咎める, 責める ③凶

【咎由自取】jiù yóu zì qǔ《成》自業自得, 自分で播いた種

【疚】jiù ⊗疚しく思う, 忸怩たる思いを抱く [～痛] 同前 [～歉] 後ろめたい思い

【柩】jiù ⊗柩, 棺桶 [灵～] 柩 [～车] 霊柩車

【厩(*廄廐)】jiù ⊗馬屋, 家畜小屋

【厩肥】jiùféi [名] 厩肥 [同][圈 juàn 肥]

【救】jiù [動] 救う, 助ける 〖～～我!〗助けて!

【救兵】jiùbīng [名] 援軍, 救援隊

【救国】jiù▾guó [動](滅亡から) 国を救う [抗日～运动] 抗日救国運動

【救护】jiùhù [動](生命が危い傷病者を)救護する [～所] 救護所

★【救护车】jiùhùchē [名]〔辆〕救急車

【救荒】jiù▾huāng [動](水害, 旱魃等に際し) 飢饉対策を講ずる, 飢饉を救済する

【救火】jiù▾huǒ [動] 火事を消す, 消火活動をする [～车] 消防車

【救急】jiù▾jí [動] 急場を救う, 緊急援助(救助)する

★【救济】jiùjì [動] 救済する, 救援する 〖～灾区〗災害地を救済する [～粮] 救援食糧

【救命】jiù▾mìng [動] 命を助ける, 人命を救う [～恩人] 命の恩人

【救难】jiù▾nàn [動] 危難を救う [～船] 救難船

【救生】jiùshēng [動]〘多く定語として〙命を救う [～衣] ライフジャケット [～圈] 救命ブイ [～艇] 救命ボート

【救亡】jiùwáng [動] 国を滅亡から救う, 亡国の危機を救う [～运动] 救国運動

【救星】jiùxīng [名]〔颗〕救いの星, 大恩人

【救援】jiùyuán [動] 救援する, 救済する [同][救应 yìng]

【救灾】jiù▾zāi [動] ①罹災者(地)を救済する ②災害を片付ける

【救治】jiùzhì [動] 患者を救う, 治療を施す

【救助】jiùzhù [動] 救助する, 救援する

【就】jiù [動] つけ合わせて食う, あるいは飲む 〖咸菜～稀粥〗漬物で粥を食う 一 [副] ①すぐに, ほどなく 〖我～看完〗すぐ読み終ります ②すでにもう, 早くも 〖二十岁～成家了〗20歳でもう所帯を持った ③…したら(すぐ)…, …すればただちに… 〖吃了早饭～走〗朝食をとったら出かける 〖一看～生气〗見るなり怒りだす ④まさしく, ほかでもない 〖他～在这儿死的〗かれはまさにここで死んだのだ ⑤あくまで, 断固として 〖不给, ～不给〗いやだ, やるもんか ⑥ただ, わずかに, …だけ 〖村里～那几个人〗村にはその数人だけだった 〖他～跑了一公里…〗かれは1キロメートルしか走らず… ⑦こんなにも(多く) 〖他～跑了三公里…〗かれは3キロメートルも走って… 〖一写～几封〗書くとなったら何通も書く ⑧(仮定や既定の条件, 因果関係などを示す文の中で結論を導いて)それならば, そういうわけで 〖如果你去, 我们～不去了〗君が行くなら, ぼくら行かないことにするよ 一 [介] ①…について, …をめぐって 〖～农业而论〗農業について言えば ②…にとっては, …からすれば 〖～他们来说〗彼らにしてみれば ③…に近づいて, …を借りて 〖～着油灯打袜子〗灯明のそばで靴下を編む ♦後に多音節の目的語がくるときは'～着'となる ④…に乗じて, …を利用して 〖～着战争发横财〗戦争に乗じて汚い金を儲ける 一 [接]〘主文に'也'が呼応して〙たとい…であろうとも, かりに…でも([同][就是][即使]) 〖你～不去, 我也去〗君が行かなくても, ぼくは行くよ

【就便】jiù▾biàn [副](～儿) ついでに

[同][顺便]
【就此】jiùcǐ [副]ここで，この場で，この段階で
【就地】jiùdì [副]その場で，現地で
【就范】jiùfàn [動]服従する，屈服する
【就教】jiùjiào [動]（相手に）教えを乞う，教えてもらう〘向大家～〙皆さんにお教えいただきたい
★【就近】jiùjìn [副]すぐそばで，近辺で
【就聘】jiù'pìn [動]（あるポストの）招請に応ずる，迎えられる
【就寝】jiùqǐn [動]就寝する，床につく [同][就枕]
【就是】jiùshì [副]①まさしく，ほかでもない ②あくまで，断固として ③ただ，わずかに，…だけ ④こんなにも（多く） ━[形]同意を示す．そうだ，その通りだ〘～，～，真是我不该〙その通りだ，いかにも私が間違っていた ━[接]〔主文に'也'が呼応して〕たとい…であろうとも，かりに…だとしても〘～下雪，我们也去〙たとい雪でも出かけます ━[助]〔文末に置かれ，かつ'了'を伴って〕①…すればよい，それでよい〘我一定按期完成，你放心～了〙必ず期限どおり完成するから，心配しなくていいよ ②〔'只是''不过'と対応して〕ただ…だけのこと（[同][罢了]）〘不过问问～了〙ただ聞いてみただけだよ
【就势】jiùshì [副]（ある動作をして）そのまま，その勢いで
【就事论事】jiù shì lùn shì《成》事実に即して議論する，事柄のあるがままを土台に考える
【就手】jiù'shǒu [副]（～儿）〔多く状語的に〕動作の流れに従う（[同][顺手]）〘～把门锁上〙ついでにドアを閉める
【就算】jiùsuàn [接]《口》〔後に'也'が呼応して〕かりに…でも，たとい…でも [同][即使][就是]
【就席】jiù'xí [動]（会や式で）席につく
【就绪】jiùxù [動]目鼻がつく，準備が整う
★【就业】jiù'yè [動]就職する，仕事につく
【就义】jiùyì [動]正義のために命を落とす
【就诊】jiù'zhěn [動]医者に見てもらう，治療を受ける
★【就职】jiù'zhí [動]（高いポストに）就任する，地位に就く [同][就任]
【就中】jiùzhōng [副]①間に立って，中に入って ②中でも，取りわけ

〖僦〗jiù ⊗（有料で）借りる

【鹫(鷲)】jiù [名]〘鳥〙ワシ

【车(車)】jū [名]（中国将棋の駒の一つ）車 ♦日本将棋の飛車とほぼ同じ動きをする
⇨chē

〖狙〗jū ⊗①猿の一種 ②機を伺う，隙をねらう
【狙击】jūjī [動]狙撃する，狙(ねら)い撃つ［～手］狙撃兵

〖苴〗jū ⊗［～麻］アサの雌株

〖雎〗jū ⊗ある種の猛禽類の古名（多く人名に使う）

〖拘〗jū ⊗①逮捕する，拘留する ②制約する，しばる ③固執する，とらわれる
【拘捕】jūbǔ [動]逮捕する [同][逮捕][拘拿]
【拘谨】jūjǐn [形]堅苦しい，謹厳な
【拘禁】jūjìn [動]拘禁する，拘置する [同][拘押]
★【拘留】jūliú [動]拘留する，留置する
【拘泥】jūnì [動]とらわれる，拘泥(こうでい)する（[同][拘执]）〘～于形式〙形式にとらわれる
★【拘束】jūshù [動]制約する，束縛する〘受～〙束縛される ━[形]堅苦しい，堅くなった
【拘押】jūyā [動]拘禁する，拘置する [同][拘禁]
【拘执】jūzhí [動]拘泥する，とらわれる [同][拘泥]

【驹(駒)】jū [名]（～儿）1歳未満の馬，ロバ，ラバ（[同][驹子]）〘怀～〙（馬等が）子を孕む
⊗若くて元気な馬［千里～］千里の馬

〖居〗jū ⊗①住居，居宅［迁～］転居する ②住む，居住する ③位置する，場所を占める ④自任する，…を気取る→［自～］ ⑤蓄える，ストックする ⑥留まる，固定する ⑦（J-）姓
【居安思危】jū ān sī wēi《成》（安きに居て危うきを思う＞）平穏な状況下でもたえず危機に対処する心構えをもつ
【居多】jūduō [動]多数を占める
【居高临下】jū gāo lín xià《成》高い所から下を見る，有利な位置を占めている
【居功】jūgōng [動]功臣面をする，手柄を鼻にかける
【居留】jūliú [動]居留する，寄留する［～权］居留権
【居民】jūmín [名]住民
★★【居然】jūrán [副]なんと，驚いたことに（[同][竟然]）〘她～考中了〙あの娘なんと合格しちゃったよ
【居首】jū'shǒu [動]首位を占める，トップに立つ
【居心】jū'xīn [動]企む，魂胆がある〘～不良〙よからぬ企みをする
【居于】jūyú [動]（ある地位，ポスト

に)ある，占める

【居中】jūzhōng [名] 真ん中 — [副] 間に立って，中に入って

*【居住】jūzhù [動] 住む，居住する

〖琚〗 jū ⊗古代の佩玉 ♦身につける装飾用の玉

〖裾〗 jū ⊗すそ，前身ごろ

〖掬(*匊)〗 jū ⊗両手ですくう，(表情や様子が) 手に取るようだ [～诚相待] 誠意を尽くして応待する

〖鞠〗 jū ⊗①昔の鞠(まり) ②(J-)姓 ③養育する

*【鞠躬】jū'gōng [動] おじぎをする，最敬礼する 〚深深地鞠了个躬〛深々とお辞儀をした

【鞠躬尽瘁】jūgōng jìn cuì《成》全力をあげて任務を遂行する，一身を捧げて使命達成に尽くす

【锔(鋦 *鋸)】 jū [動] かすがいで接合する [～子] かすがい

〖鞫〗 jū ⊗審問する [～问]《書》同前

【局】 jú [名] (機関の一単位の)局 [～长] 局長 — [量] 碁，将棋や試合の回数，セットを数える 〚下一～棋〛1局囲む

⊗①碁盤，将棋盤 ②形勢，状況 [战～] 戦局 ③人間の大きさ，器量 ④旧時のある種の集まり [赌～] 賭場 ⑤ある種の機構 [邮～] 郵便局 ⑥わな，計略 [骗～] ペテン ⑦部分 ⑧制約する，束縛する

*【局部】júbù [名] 一部分，局部

【局促(侷促·跼促)】júcù [形] ①狭苦しい [同][狭小] ②《方》慌ただしい，時間がない ③ぎこちない，堅苦しい

*【局面】júmiàn [名] 局面 〚打开～〛局面を打開する

*【局势】júshì [名] (政治，軍事的な)情勢，局面 [国际～] 国際情勢

【局外人】júwàirén [名] 局外者，部外者 [反][局内人]

*【局限】júxiàn [動] 限定する，範囲を狭く設定する

【局域网】júyùwǎng [名] ローカルエリアネットワーク，LAN

【焗】 jú [動]〚食〛《方》蒸す

〖跼〗 jú ⊗腰が曲がった，背中が丸まった [～蹐jí]《書》おどおどした

〖鶪(鵙)〗 jú ⊗〚鳥〛モズ ♦口語では'伯劳 bóláo'

〖桔〗 jú ⊗'橘'の俗字 ⇨jié

〖菊〗 jú ⊗①キク [～花] 同前 ②(J-)姓

〖橘〗 jú ⊗ミカン [～树] ミカンの木 [～农] ミカン農家

**【橘黄】júhuáng [形]〔多く定語として〕ミカン色の，オレンジ色の

**【橘子】júzi [名] ミカン

〖沮〗 jǔ ⊗①阻む，邪魔立てする ②しょげる，がっくりする ♦古語'沮洳'(沼の一種) は jùrù と発音

*【沮丧】jǔsàng [動] ①しょげ返る，意気沮喪(そそう)する ②意気沮喪させる，気を萎えさせる

〖咀〗 jǔ ⊗よく噛む，噛んで味わう

*【咀嚼】jǔjué [動] ①(食物を) 咀嚼(そしゃく)する，よく噛む ②思い巡らす，(頭の中で)噛みしめる

〖龃(齟)〗 jǔ ⊗以下を見よ

【龃龉(鉏铻)】jǔyǔ [動]《書》齟齬(そご)を生じる

【举(舉 *擧)】 jǔ [動] ①上にあげる，高く差しあげる ②推薦する，推挙する 〚～他作代表〛彼を代表に推す ③提起する，提示する 〚～个例子〛例を挙げる

⊗①行動，行為 [义～] 義挙 ②行動を起こす，始める ③子供を生む ④すべての，まるごとの [～国] 全国，国全体

**【举办】jǔbàn [動] 開催する，実行運営する 〚～学术讲座〛学術講座を開く

【举措】jǔcuò [名] 振舞い，行動

*【举动】jǔdòng [名] 行動，活動

【举发】jǔfā [動] 告発する，摘発する [同][揭发]

【举荐】jǔjiàn [動] 推薦する，推挙する

【举例】jǔ'lì [動] 例を挙げる

【举棋不定】jǔ qí bú dìng《成》(手にした碁石(将棋の駒) をどこに打つかが決まらない>) なかなか決断がつかない

【举人】jǔrén [名] 挙人(きょじん) ♦科挙の試験の'乡试'(省の試験) の合格者 [関][秀才][进士]

【举世】jǔshì [名] 全世界，世の中全体 [*～闻名] 世界に知れわたっている

*【举世瞩目】jǔshì zhǔmù《成》世界中が注目する

【举手】jǔ'shǒu [動] 手を挙げる，挙手する 〚～表决〛挙手で決める

**【举行】jǔxíng [動] 挙行する，開催する 〚～表演〛公演を行う

【举一反三】jǔ yī fǎn sān《成》一を聞いて十を知る

【举止】jǔzhǐ [名] 挙措(きょそ)，態度，物腰

【举重】jǔzhòng [名] 重量挙げ，ウエイトリフティング

*【举足轻重】jǔ zú qīng zhòng《成》

(その人の) 一挙手一投足が全局面を左右する

【榉(欅)】 jǔ ⊗[光叶～]ケヤキ [山毛～]ブナ

【矩(*榘)】 jǔ ⊗①定規(じょうぎ) [～尺]曲尺(かねじゃく) ②規則, 決まり [规～ju]決まり

【矩形】jǔxíng [名]矩形(くけい), 長方形, 長四角

【莒(莒)】 Jǔ ⊗莒(きょ)県(山東省)

【蒟】 jǔ ⊗以下を見よ

【蒟蒻】jǔruò [名]コンニャクイモ

【巨(*鉅)】 jù ⊗大きい, 巨大な [～款]巨額の金

【巨变】jùbiàn [名]激変, 大きな変化

【巨擘】jùbò [名]《書》親指;《転》大物, 大人物

★★【巨大】jùdà [形]巨大な, とてつもなく大きな

【巨额】jù'é [形]〔定語として〕巨額の〖～逆差〗膨大(ぼうだい)な貿易赤字

【巨富】jùfù [名]①巨大な富, 莫大な財産 ②大富豪, 大金持ち

【巨匠】jùjiàng [名]《書》巨匠, 大家(たいか)

【巨流】jùliú [名]①大河 ②抗し難い時代の潮流, 時代のうねり

【巨轮】jùlún [名]①(比喩で言う) 巨大な車輪, 大きな歯車〖历史的～〗歴史の歯車 ②大型汽船

【巨人】jùrén [名](童話などの) 大男, ジャイアント;《転》偉人, 巨人

【巨商】jùshāng [名]豪商, 大商人 [同][巨贾]

【巨头】jùtóu [名]巨頭, 大物

【巨万】jùwàn [形]《書》巨万の, 莫大(ばくだい)な

【巨蟹座】jùxièzuò [名]かに座

【巨著】jùzhù [名]〔部〕大著, 名著

【讵(詎)】 jù ⊗いずくんぞ, どうして

【苣】 jù ⊗→[莴 wō～]

【拒】 jù ⊗①阻む, 抵抗する [抗～]同前 ②拒否する, 拒む [～载]乗車拒否する

【拒谏饰非】jù jiàn shì fēi《成》忠告を拒否して己れの誤りを正当化する

★★【拒绝】jùjué [動]拒否する, 拒絶する

【炬】 jù ⊗松明(たいまつ) [火～]同前

【钜(鉅)】 jù ⊗①鉄 ②鉤 ③'巨'と通用

【距】 jù ⊗①離れる, 距離をとる〖～今已有十载〗今からもう10年前のことだ ②間隔, 隔たり

★★【距离】jùlí [名]距離, 隔たり — [動](時間的空間的に) 隔たる, 距離がある

【句】 jù [量]ことばを数える〖一～话〗一言〖听了一～就明白〗一言聞けばわかる
⊗文, センテンス [疑问～]疑問文
⇨Gōu

【句法】jùfǎ [名]①文の構造, センテンスの作り方 ②〖語〗シンタックス, 統語論

【句号】jùhào [名]句点, ピリオド

★★【句子】jùzi [名]〖語〗文, センテンス

【具】 jù [量]棺桶, 死体その他器物に使う〖三～尸体〗三体の屍(しかばね)
⊗①用具, 道具 ②具(そな)える, 有する ③供する, 用意する

★★【具备】jùbèi [動]有する, 具え持つ

【具领】jùlǐng [動]受け取る, 受領する〖～稿费〗原稿料を受け取る

【具名】jù'míng [動]書類にサインする, 署名する

★★【具体】jùtǐ [形]①具体的な, 曖昧(あいまい)さのない [反][抽象] ②特定の, はっきりした〖～的日程〗具体的な日程 — [動]〔'到'を伴って〕(理論や方針を) 具体的事物に結びつける, 具体化する

【具文】jùwén [名]死文, 空文

【具有】jùyǒu [動](多く抽象的事柄について)具え持つ, 有する

【俱】 jù ⊗すべて, 全部 [～全]すべてがそろう ♦姓は Jū と発音

★★【俱乐部】jùlèbù [名]《訳》クラブ(団体と場所の両方に使う)

【惧(懼)】 jù ⊗恐れる, 脅える [恐～]同前 [～内]《書》かかあ天下 [面无～色]臆した色がない

【惧怕】jùpà [動]恐れる, 脅える [同][惧怯]

【飓(颶)】 jù ⊗以下を見よ

【飓风】jùfēng [名]ハリケーン [関][台风]

【倨】 jù ⊗傲慢な [～傲]同前

【剧(劇)】 jù ⊗①劇, 芝居 ([関][戏]) [话～]新劇 ②(J-) 姓 ③激しい, 猛烈な [加～]いっそうひどくなる [～变]劇変する [～增]急増する

★【剧本】jùběn [名]脚本, 台本

【剧场】jùchǎng [名]〔家・座〕劇場, 芝居小屋

【剧毒】jùdú [名]猛毒, 激しい毒性

★【剧烈】jùliè [形]激しい, 猛烈な

【剧目】jùmù [名]劇の題名リスト, 外題(げだい)一覧 [保留～]レパートリー

【剧情】jùqíng [名]劇の筋書き, ストーリー

【剧坛】jùtán 图 演劇界,芝居の世界

【剧团】jùtuán 图 劇団

【剧院】jùyuàn 图 劇場(劇団の名称としても) ⇨[剧场]

【剧照】jùzhào 图〔张〕舞台写真,スチール写真

【据(據)】jù 介 …に従って,…に基づいて〖~他说〗彼の話だと〖~报道〗報道によれば
⊗① 証拠,拠り所〖收~〗領収書 ② 占拠する,占有する〖割~〗割拠する ③ 依存する,頼みとする◆'拮据'(手元不如意なる)はjiéjū と発音

【据点】jùdiǎn 图〔处〕拠点,砦〖安~〗拠点を構える

【据实】jùshí 副 事実に基づいて,ありのままに(⇨[据情])〖~报告〗ありのままに報告する

*【据说】jùshuō 動 聞くところによると,…とのことだ〖~他已经好了〗あの人もう治ったんだって

【据悉】jùxī 動 情報により(次のことが)わかる

【锯(鋸)】jù 图〔把〕鋸 (⇨[锯子]) 〖拉 lá ~〗鋸で切る〖电~〗電動鋸〖链~〗チェーンソー ―― 動 鋸を引く,鋸で切る◆木工用金工用とも押すときに力を入れる〖~木头〗鋸で木材を切る

【锯齿】jùchǐ 图(~儿)鋸の歯〖~形〗ぎざぎざ

【锯末】jùmò 图 おがくず ⇨[锯屑]

【锯木厂】jùmùchǎng 图 製材所,材木工場

【踞】jù 動 ① 蹲 (うずくま) る,腰を下ろす ② 不法に占拠する〖盘~〗同前

【聚】jù 動 集まる,集める〖~在一起〗一緒に集まる

【聚变】jùbiàn 图〔理〕核融合が起こる〖~反应〗核融合反応

【聚餐】jù'cān 動 会食する,ディナーパーティを開く

【聚光灯】jùguāngdēng 图〔盏〕スポットライト

【聚合】jùhé 動 ① 集まる,集める ②〔化〕集合する〖~物〗重合体

*【聚会】jùhuì 動 (人が) 寄り合う,会合する

【聚伙】jùhuǒ 動 徒党を組む,グループを作る

【聚积】jùjī 動 少しずつ積上げる,蓄積する

【聚集】jùjí 動 集まる,集める ⇨[集合]

【聚焦】jùjiāo 動 光などを一点に集める

*【聚精会神】jù jīng huì shén (成) 精神を集中して,一心不乱に ⊗〖心不在焉〗

【聚居】jùjū 動 群れて住む,一か所に集まって住む

【聚敛】jùliǎn 動〔书〕(民衆の富を)収奪する,重税で吸い上げる

【聚落】jùluò 图 集落,村落

【聚齐】jùqí 動 (指定の場所に) 集合する,顔をそろえる〖聚不齐〗顔ぶれがそろわない

【聚乙烯】jùyǐxī 图 ポリエチレン

【聚议】jùyì 動 集まって相談する,合議する

【遽】jù ⊗① 慌てふためく,おろおろする〖惶~〗〔书〕同前 ② あたふたと,慌てて〖匆~〗〔书〕同前

【遽然】jùrán 副〔书〕突然に,にわかに〖~变色〗さっと顔色を変える

【醵】jù ⊗ 拠金 (きょきん) する,拠出する〖~金〗同前

【涓】juān 動 小さな水流,ちょろちょろ流れる水〖~~〗〔书〕水がちょろちょろ流れるさま

【涓埃】juān'āi 形〔书〕ささやかな,僅かばかりの〖~之力〗微力

【涓滴】juāndī 图〔书〕① ほんの少しの水(または酒)〖~不饮〗一滴の酒も飲まない ②(転)一文の金,僅少の品

【捐】juān 動 寄附する,カンパする〖~一笔钱〗お金を寄付する〖~资〗資金や物資を寄付する〖募~〗寄附を募る
⊗①(旧時の)税金〖车~〗車両税〖苛~杂税〗さまざまな名目の過酷な税金 ② 捨てる,放棄する〖~生〗命を投げ出す

【捐款】juānkuǎn 图〔笔・项〕寄付金,奉加金
―― juān'kuǎn 動 (金を)寄付する,カンパする

【捐躯】juānqū 動 生命を捧げる,わが身を犠牲にする

【捐税】juānshuì 图〔旧〕租税,賦課金

【捐赠】juānzèng 動 (国や団体に)献納する,寄附する ⇨[捐献]

【捐助】juānzhù 動 カンパする,(金銭や物で) 援助する

【娟】juān ⊗ 美しい,麗しい〖~秀〗〔书〕麗しい

【鹃(鵑)】juān ⊗→〖杜 dù ~〗

【圈】juān 動 ①(家畜を)柵で囲う ②〔口〕犯人を拘禁する,ぶち込む
⇒ juàn, quān

【镌(鐫)】juān ⊗ 刻む,彫る〖~刻〗同前

【蠲】juān ⊗ 免除する〖~免〗〔书〕同前

【卷(捲)】juǎn 動 ①筒形に丸める，ぐるぐる輪に巻く ②巻きこむ(まれる)，巻き上げる(られる) ― 名 (〜儿)筒形に丸めたもの〖裹成〜儿〗(平たい物を)筒形に丸める ― 量 (〜儿)筒形に巻いた物に使う〖1〜儿手纸〗トイレットペーパー1巻き

【―(*餕)】名 (〜儿)→[〜子]'银丝〜儿' '花〜儿'など
⇨juàn

【卷尺】juǎnchǐ 名 巻尺 はかり
【卷发】juǎnfà 名 巻毛 まきげ
【卷铺盖】juǎn pūgai ふとんを巻く；(転)くびになる，職を離れる
【卷入】juǎnrù 動 巻きこまれる，飲みこまれる〖〜漩涡〗渦に呑まれる
【卷逃】juǎntáo 動 金目の物を洗いざらい持ち逃げする
【卷土重来】juǎn tǔ chóng lái《成》捲土重来 けんどちょうらい，敗者が再び勢いを盛り返す 同[东山再起]
【卷心菜】juǎnxīncài 名《方》キャベツ 同《普》[圆白菜]
【卷烟】juǎnyān 名〔支・根〕①巻きタバコ 同[烟卷儿][香烟] ②葉巻き，シガー 同[雪茄]
【卷扬机】juǎnyángjī 名 起重機，ウインチ，巻上げ機
【卷子】juǎnzi 名 メリケン粉をこねて薄くのばし，加工し，くるくる巻いて作る食品
⇨juànzi

【卷】juàn 名 (〜儿)答案，解答用紙〖交〜儿〗答案を出す〖白〜〗白紙答案 ― 量 書籍の巻数をいう〖第三〜〗第三巻 ― 名 ①書画の巻物，書籍〖披〜〗本を開く ②機関に分類保存された書類や記録〖案〜〗同前
⇨juǎn

【卷轴】juànzhóu 名《書》巻軸 まきじく，巻物仕立ての書籍や書画
【卷轴装】juànzhóuzhuāng 名 巻軸装 ◆図書を巻物に仕立てる装訂法
【卷子】juànzi 名 ①〔份・张〕答案，解答用紙〖交〜〗答案を提出する ②巻物形式の古抄本 こしょうほん
⇨juǎnzi

【卷宗】juànzōng 名 ①(役所の)分類済みの保存文書 ②文書保存用のファイル

【倦】juàn ⊗ ①疲れる，くたびれる [疲〜]同前 ②飽きる，倦う[厌〜]同前

【倦容】juànróng 名 くたびれた表情，疲れの色 同[倦色]

【圈】juàn ⊗ ①(小屋と柵囲いのある)家畜小屋[猪〜]豚小屋
⊗ (J-)姓
⇨juān, quān

【圈肥】juànféi 名 厩肥 きゅうひ，うまやごえ 同[厩肥]
【圈养】juànyǎng 動 (家畜を) 小屋の中で飼う

【桊】juàn 名 (〜儿)牛の鼻輪〖穿〜儿〗牛に鼻輪をつける

【眷】juàn ⊗ 親族，家族[家〜]家族

【―(*睠)】⊗ 思いやる，気にかける[〜注](書)思いやる
【眷恋】juànliàn 動《書》強く惹ひかれる，愛着を覚える
【眷念】juànniàn 動 懐かしむ 同[想念][怀念]
【眷属】juànshǔ 名 家族，親族

【狷(*獧)】juàn ⊗ ①せっかちな，気短かな[〜急](書)同前 ②狷介なる，人と折り合わない[〜介](書)同前

【绢(絹)】juàn 名 薄く丈夫な絹織物，シルク[手〜儿]ハンカチ[〜花]絹の造花
【绢本】juànběn 名 絹本 けんぽん(絹にかいた書画)

【隽(雋)】juàn ⊗ ①(言葉や詩文の)意味が深い[〜永](書)同前 ②(J-)姓

【鄄】Juàn ⊗ [〜城]鄄城 けんじょう(山东省)

【撅】juē 動 ①ぴんと立てる，尖らせる〖〜尾巴〗しっぽを立てる ②けんつくを食らわす，ひどく逆らう

【―(*撧)】動《口》ぽきっと折る〖〜成两段〗二つに折る

【噘】juē 動《口》(口を)尖らせる
【噘嘴】juē'zuǐ 動 (不满で)口を尖らせる

【孑】jué ⊗→[孑〜jiéjué]

【决(決)】jué 副〖否定詞の前で〗決して，絶対に[〜不后退]決して後退しない
⊗ ①決定する，決断する ②最終的な勝敗を決する ③死刑を執行する[枪〜]銃殺する ④決壊 けっかいする[溃〜]同前

*【决策】juécè 名〔项〕決定済みの政策戦略 ― 動 政策を決める，方策を決定する
【决雌雄】jué cíxióng 動 雌雄 しゆうを決する，勝敗の片を付ける

‡【决定】juédìng 動 ①決定する，決心する ②規定する，決定する ― 名〔项〕決定(されたこと)，決定内容

【決定論】juédìnglùn 図『哲』決定論
【決定性】juédìngxìng 形『定語として』決定的な
【決断】juéduàn 動 決断する, 決定を下す ― 図 決断力
【決計】juéjì 動 決意を固める, 決心する ― 副 (強い肯定の気分を込めて)必ず, きっと
【決口】jué'kǒu 動 (堤防が) 決潰する
【決裂】juéliè 動 決裂する, 袂を分かつ
【決然】juérán 副 ① きっぱりと, 決然と ② きっと, 必ず
*【決賽】juésài 動『体』決勝戦をする, 優勝決定戦をする [半~] 準決勝 [四分之一~] 準々決勝
【決死】juésǐ 形『定語として』決死の, 死ぬか生きるかの
【決算】juésuàn 図 決算 (⇔[預算]) [年度~] 年度決算
*【決心】juéxīn 動 決心する, 決意 [下定~] 決意を固める ― 図 決心する [~不休息] 決して休まないぞ
【決疑】juéyí 動『書』疑惑を解く, 疑いを晴らす
【決意】juéyì 動 決意する, 決心する [~辞職] 辞職を決意する
【決議】juéyì 図 決議 [联合国~] 国連決議
【決戦】juézhàn 図 決戦, 天下分け目の戦い

【诀(訣)】jué ⊗ ① ある内容を唱えやすく覚えやすい歌の形に綴った言葉 [歌~] 歌の形の口訣 ② 秘訣, こつ [~窍 qiào] 秘~] 同前 ③ 別れる [永~] 永遠の別れを告げる
【诀别】juébié 動 別れる, 別れを告げる ♦一般に再会が難しい別れに使う

【抉】jué ⊗ 剔出する, 抉り出す
【抉择】juézé 動『書』選択する, 選び出す

【珏】jué ⊗ 半環形の玉器

【鴂(鴃)】jué ⊗ [鳥] モズ [~舌]『書』理解しがたい言語の喩え

【觖】jué ⊗ 不満を

【角】jué 図 (~儿) ① (芝居の) 役, 人物 [主~] 主役 ② 俳優, 役者 [名~] 名優 ③ 劇中人物の性格, 類型 [丑~] 道化 ⊗ ① 古代の酒器 ② 古代音楽の五音のひとつ ③ 競う, 争う [口~] 言い争う ④ (J-) 姓
⇨ jiǎo
【角力】juélì 動 強さを競う, (力を競って)格闘する
*【角色】juésè 図 劇中の人物, 役
【角逐】juézhú 動 武力で争う, 角逐する

【觉(覺)】jué 動 感じる, 感知する [~出苦味来了] 苦みを感じた [听~] 聴覚 [不知不~] 知らず知らずに ⊗ ① 覚める ② 自覚する
⇨ jiào
【觉察】juéchá 動 察知する, 見てとる ⑯[发觉]
【觉得】juéde 動 ① 感じる [~咸点儿] ちょっとしょっぱいようだな ② 思う, 判断する [你~怎么样?] どう思いますか
*【觉悟】juéwù 図 意識, 自覚 [提高~] 意識を高める ― 動 悟る, はっきり認識する
【觉醒】juéxǐng 動 悟る, 迷いから覚める

【绝(絕)】jué 形 ① 最高の, 腕前の, 他を寄せつけぬ [你这个办法真~] 君のこの方法は素晴らしい ② (多く結果補語として) 尽きた, 極めた [杀~了] 皆殺しにした ― 副 (否定詞の前で) 絶対に, 決して [~不让步] 絶対に譲歩しない
⊗ ① 絶つ, 断ち切る [根~] 根絶する ② 行き止まりの, 出口のない ③ 最も, きわめて [~好] 絶好の ④ 絶句 [七~] 七言絶句
【绝版】juébǎn 動 絶版にする
【绝笔】juébǐ 図 絶筆, 最後の文字
【绝壁】juébì 図 絶壁, 断崖
【绝唱】juéchàng 図 絶唱, [千古~] 古今の絶唱
【绝倒】juédǎo 動『書』大笑いする [令人~] 抱腹絶倒させる
*【绝对】juéduì 形 ① (多く定語として) 絶対の, 無条件の ②『理』ある条件を唯一の基準にした [~温度] 絶対温度 ― 副 ① 全く, 絶対に [~要保密] 絶対に秘密に ② 最も, きわめて
【绝对值】juéduìzhí 図『数』絶対値
【绝后】juéhòu 動 ① 子孫が絶える, 血筋を絶やす [绝根儿] ② 今後二度と現われない, 後にも先にもこれきりの [空前~] 空前絶後の
【绝迹】juéjì 動 絶跡する, 絶滅する
【绝技】juéjì 図 卓越した技, 至芸
【绝交】jué'jiāo 動 絶交する, 断交する
【绝境】juéjìng 図 ① 行きづまりの状態, 絶望的な状況 ② 世間と隔絶された状態
【绝句】juéjù 図『首』絶句 ♦ 4句から成る近体詩 (⇔[律诗]) [五言~] 五言絶句
【绝口】juékǒu 動 ① ('不~' の形で)

黙る，話をやめる ［骂不～］口をきわめて悪口を言う ②口を閉ざす，言及を避ける
【绝路】juélù [名]〔条〕破滅への道，行き止まりの道 [同]［死路］
—— jué▼lù [動]活路を失う，道が絶える
【绝门】juémén [名]①子孫のとだえた家，跡継ぎのいない家 ②（～儿）後継者のいない仕事 — [形]（～儿）桁はずれの，途方もない
【绝密】juémì [形]最高機密に属する，極秘の
【绝妙】juémiào [形]絶妙の，素晴らしい
【绝灭】juémiè [動]絶滅する，消滅する [同]［灭绝］
【绝品】juépǐn [名]（一般に美術品が）絶品，無二の佳品
【绝群】juéqún [形]抜群の，比類のない [同]［超群］［绝伦］
【绝热】juérè [動]断熱する，熱を遮る ［～材料］断熱材
【绝食】jué▼shí [動]（抗議のため）食を断つ，ハンガーストライキをする
【绝收】juéshōu [形]（災害などで農業の）収穫ゼロの，何ひとつ収穫できない
*【绝望】jué▼wàng [動]絶望する，望みを捨てる
【绝无仅有】jué wú jǐn yǒu《成》二つとない，他には見られぬ
【绝响】juéxiǎng [名]《書》失われた音楽，伝承のとだえた事物
【绝艺】juéyì [名]卓越した技，至芸
【绝育】jué▼yù [動]不妊にする，断種する
【绝缘】juéyuán [動]①絶線する，接触を断つ ②〖理〗絶縁する，電流を遮断する ［～体］絶縁体 ［～子］碍子(がいし)
【绝招儿(绝着儿)】juézhāor [名]①絶妙の技，至芸 [同]［绝技］ ②奇想天外の方策，あっと驚く手
【绝种】jué▼zhǒng [動]（生物の）種が滅びる，絶滅する

〖倔〗 jué ⊗偏屈な，ぎすぎすした
⇨juè
【倔强(倔犟)】juéjiàng [形]頑固な，打ち解けない

【掘】 jué [動]掘る 〖～井〗井戸を掘る ［发～］発掘する
【掘进】juéjìn [動]掘鑿(くっさく)する，坑道を掘り進む
【掘土机】juétǔjī [名]〔台〕パワーシャベル，掘鑿機 [同]［电铲］

〖崛〗 jué ⊗以下を見よ
【崛起】juéqǐ [動]《書》①（山などが）にょっきり聳える，（平地から急に）高く盛上る ②興(おこ)る，立上る 〖新制度正在～〗新しい体制が興りつつある

〖厥〗 jué ⊗①気を失う ［昏～］［晕 yūn ～］同前 ②（文語の指示詞）その，彼の

〖蕨〗 jué ⊗ワラビ ［～菜］ワラビ（食用になる部分）

〖獗〗 jué ⊗→［猖 chāng ～］

〖橛(*橜)〗 jué ⊗木製のくい，くさび ［～子］［木～儿］同前

〖蹶(*蹷)〗 jué ⊗①転ぶ，ひっくり返る ②《転》失敗する，挫折する
⇨juě

〖谲(譎)〗 jué ⊗だます，ぺてんにかける
【谲诈】juézhà [形]《書》ずる賢い，悪知恵の働く [同]［奸诈］

〖爵〗 jué ⊗①（3本足の）古代の酒器 ②爵位
【爵禄】juélù [名]《書》爵禄(しゃくろく)
【爵士乐】juéshìyuè [名]ジャズ，ジャズ音楽 〖奏～〗ジャズを演奏する
【爵位】juéwèi [名]爵位(しゃくい)

〖嚼〗 jué ⊗（食物を）嚙む ［咀～］咀嚼(そしゃく)する
⇨jiáo

〖矍〗 jué ⊗まじまじと見るさま，驚きの目で見るさまをいう
【矍铄】juéshuò [形]《書》かくしゃくたる，老いてなお元気さかんな

〖攫〗 jué ⊗つかむ，捕える
【攫取】juéqǔ [動]奪い取る，強奪する

〖镢(鐝)〗 jué ⊗［～头 tou］《方》つるはしに似た農具

〖蹶〗 juě ⊗以下を見よ
⇨jué
【蹶子】juězi [名]馬やラバが後足を蹴り上げる動作 ［尥 liào ～］同前の動作をする

【倔】 juè [形]偏屈(へんくつ)な，頑固な
⇨jué
【倔头倔脑】juè tóu juè nǎo《成》言動が角ばったさま，ぎすぎすして協調を欠くさまをいう

【军(軍)】 jūn [名]軍（数個師団から成る軍隊の編制単位）〖两个～〗2個軍団 〖第三～〗第三軍
⊗軍事，軍隊 ［我～］わが軍 ［裁～］軍縮する
【军备】jūnbèi [名]軍備
*【军队】jūnduì [名]〔支〕軍隊
【军阀】jūnfá [名]軍閥(ぐんばつ) ［北洋～］北洋軍閥
【军法】jūnfǎ [名]軍法，軍の刑法 ［～审判］軍法会議

【军费】jūnfèi [名] 軍事費
【军服】jūnfú [名]〔件・套〕軍服 [同][军装]
【军港】jūngǎng [名]〔座〕軍港
【军官】jūnguān [名] 将校, 士官 [関][军士][兵]
【军国主义】jūnguó zhǔyì [名] 軍国主義
【军号】jūnhào [名] 軍用ラッパ
【军婚】jūnhūn [名] 一方が軍人である者の結婚 ♦法的に有利な保護を受ける
【军火】jūnhuǒ [名]〔批〕武器弾薬, 兵器〔～商〕武器商人
【军机】jūnjī [名] ① 軍事機密 ② 軍事計画, 軍事方針
【军籍】jūnjí [名] 軍籍, 軍人身分〖开除～〗軍籍から除名される

J

【军纪】jūnjì [名]〔条・项〕軍規([同][军规])〖遵守～〗軍規を守る
【军舰】jūnjiàn [名]〔艘・条〕軍艦
【军粮】jūnliáng [名] 軍隊の糧食
【军龄】jūnlíng [名] 軍隊における在職年数〖我有十年～了〗軍務について10年になる
【军令】jūnlìng [名] 軍事命令, 軍令〔～如山〕軍令は絶対である
【军民】jūnmín [名] 軍隊と民衆
【军旗】jūnqí [名]〔面〕軍旗〖～飞扬〗軍旗はためく
【军情】jūnqíng [名] 軍事情勢, 軍事情報〖刺探～〗同前をひそかに探る
【军区】jūnqū [名] 軍区 ♦中国全土に七つの'大～'がある
【军人】jūnrén [名] 軍人
【军士】jūnshì [名] 下士官 [関][兵][军官]
★★【军事】jūnshì [名] 軍事
【军事法庭】jūnshì fǎtíng [名] 軍事法廷〔远东国际～〕東京裁判
【军属】jūnshǔ [名] 現役軍人の家族
【军统】Jūntǒng [名] 軍統 ♦'国民政府军事委员会调查统计局'の略. 蒋介石政権下の, '中统'と並ぶ特務組織
【军务】jūnwù [名] 軍務
【军衔】jūnxián [名] 軍隊の階級〔～制〕階級制
【军校】jūnxiào [名]〔所〕軍幹部養成学校 [同][军事院校]
【军需】jūnxū [名] 軍需〔～工厂〕軍需工場 [同][军资]
【军训】jūnxùn [名] 軍事訓練
【军医】jūnyī [名] 軍医
【军用】jūnyòng [形] 軍用の, 軍事用の
【军援】jūnyuán [名] 軍事援助
【军政】jūnzhèng [名] ① 軍事と政治 ② 軍事行政 ③ 軍隊と政府
【军种】jūnzhǒng [名] 軍の類別 ♦一般に陸軍, 海軍, 空軍の三つ
【军装】jūnzhuāng [名]〔件・套〕軍服 [同][军服]

〖**皲**(皸 *皹)〗jūn ⊗ 以下を見よ
【皲裂】jūnliè [動]《書》ひびができる, あかぎれになる [同][龟裂]

〖**均**〗jūn ⊗① すべて, こぞって〖～已收到〗すべて受け取りました ② 均等な, ばらつきのない
【均分】jūnfēn [動] 均等に配分する, 平等に分ける
【均衡】jūnhéng [形] 均衡を保った, バランスのとれた
【均势】jūnshì [名] 力の均衡, 勢力バランス〖保持～〗均衡を保つ
【均摊】jūntān [動] 均等に負担する〖按人～〗頭割りにする
【均一】jūnyī [形] 均一の, 均質の
★★【均匀】jūnyún [形] 平均している
【均值】jūnzhí [名] 平均値

〖**钧**(鈞)〗jūn ⊗① 古代の重量単位 ♦'一～'は'三十斤' ②(接頭辞的に) 尊敬を表わす

〖**龟**(龜)〗jūn ⊗ 以下を見よ
⇨guī, qiū
【龟裂】jūnliè [動] ① [同][皲裂] ②(地面に) 亀裂が走る, 縦横にひびが入る

〖**君**〗jūn ⊗① 君主, 殿様 ② 尊称の一〔诸～〕皆さん方
【君主】jūnzhǔ [名] 君主, 国王や皇帝
【君主立宪】jūnzhǔ lìxiàn [名] 立憲君主制
【君主制】jūnzhǔzhì [名] 君主制
【君子】jūnzǐ [名] 君子 ([反][小人])〔～协定〕紳士協定
【君子动口不动手】jūnzǐ dòng kǒu bú dòng shǒu《俗》(君子は口論はしても, 殴り合うことはない>) 紛争は議論を通して解決すべきである

【**菌**】jūn [名] 菌〔细～〕細菌〔～肥〕細菌肥料
⇨jùn

【**俊**(*儁)】jùn [形] 美貌の, 顔のきれいな
〖**一**(*雋)〗⊗ 才知あふれる, 才能豊かな
⇨juàn (隽)
【俊美】jùnměi [形] 美貌の, 見目うるわしい [同][俊秀]
【俊俏】jùnqiào [形]《口》ハンサムな, 美人の
【俊秀】jùnxiù [形] 美貌の, 容貌すぐれた

【**浚**(*濬)】jùn [動] 浚渫する, 水の流れ道をつける〖～渠〗水路をさらう〔～泥船〕浚渫船 ♦河南省の'浚县'ではXùnと発音

【峻】jùn ⊗①(山が)険しい,そそり立った〚~拔〛同前 ②厳しい,峻厳$_{げん}$な〚严~〛同前
【峻峭】jùnqiào 形(山が)高く険しい,峻険$_{けん}$な〚峻险〛

【骏(駿)】jùn ⊗よい馬,良馬〚~马〛駿馬

【竣】jùn ⊗完成する,完了する
【竣工】jùngōng 動竣工$_{しゅんこう}$する,工事が完成する

【郡】jùn ⊗郡 ◆古代の行政単位〚~县制〛郡県制

【捃(*攟)】jùn ⊗拾う

【菌】jùn ⊗〚~子〛《方》キノコ
⇨jūn

K

【K歌】K gē 图カラオケでよく歌われる歌,カラオケヒット曲 ◆Kは'卡拉OK'の略
【K金】K jīn 图金を含む合金 🔁〚开金〛
【K线】K xiàn 图(株式の)罫線
【KTV】图カラオケテレビ ◆音だけでなく画像つきのカラオケ

【咔】kā 擬堅い物が触れる音,かちゃっ,がちっ,など
【咔嚓(喀嚓)】kāchā 擬物が折れたり割れたりする音,がちゃっ,ばきっ,など
【咔哒(喀哒)】kādā 擬堅い物が触れる音,かたん,がちゃり,など

【咖】kā ⊗以下を見よ
⇨gā
*【咖啡】kāfēi 图コーヒー〚喝~〛同前を飲む〚~馆〛喫茶店〚~树〛コーヒーの木〚~色〛褐色
【咖啡因】kāfēiyīn 图カフェイン 🔁〚咖啡碱〛〚茶素〛

【喀】kā 擬せきの音,嘔吐$_{おう}$の音など

【卡】kǎ 图〔张〕磁気カード ― 動人や物を取り押さえる,阻む〚~住退路〛退路をたつ ― 量カロリー ◆'卡路里'の略称 ⊗音訳用字として(カード,カセットなど)〚~拉OK〛カラオケ
⇨qiǎ
【卡宾枪】kǎbīnqiāng 图カービン銃
*【卡车】kǎchē 图〔辆〕トラック
【卡路里】kǎlùlǐ 量(訳)カロリー
【卡那霉素】kǎnàméisù 图〔薬〕(抗生物質の一)カナマイシン
【卡片】kǎpiàn 图〔张〕カード
【卡钳】kǎqián 图〔工〕カリパス
【卡特尔】kǎtè'ěr 图カルテル〚~协定〛カルテル協定
*【卡通】kǎtōng 图(訳)①動画,アニメーション ②漫画

【佧】kǎ ⊗以下を見よ
【佧佤族】Kǎwǎzú 图'佤族'(ワ族)の旧称

【咯】kǎ 動せきをして吐き出す〚~痰 tán〛痰$_{たん}$を吐く
⇨gē, lo
【咯血】kǎ'xiě 動喀血$_{かっけつ}$する

【开(開)】kāi 動①開く,あく,あける〚~锁〛錠を開ける ②切り開く,開削する〚~水田〛水田を開拓する ③(くっついている物が)ばらばらになる,離れる〚扣儿~了〛ボタンが外れた〚~线〛縫目がほどける ④氷がとける,

解凍する ⑤(軍が) 出発する ⑥(機械類が) 作動する(させる), 運転する〚～车〛車を運転する〚～枪〛発砲する ⑦開設する〚～工厂〛工場をつくる ⑧始める〚～先例〛先例を開く ⑨催す, 開催する〚～舞会〛ダンスパーティーを催す ⑩伝票や書類を書く〚～药方〛処方箋を書く ⑪支払う, 支給する〚～工钱〛労賃を払う ⑫沸騰する, 沸く, 沸かす〚水～了〛湯が沸いた ⑬十等分して比例配分する〚三七～〛三七(3割と7割) に分ける ⑭(料理を) 並べて食べる〚～了六桌〛6テーブル分料理を並べた ━ [量] ①金合金中の金の含有量を示す単位(カラット)〚十四～金〛14金 ②印刷用紙の全紙の何分の1かを表わす単位〚三十二～〛全紙の32分の1の大きさ, 32ページがけ

—— -kāi/-kai [動]〔結果補語として〕①もとの場所から離れることを示す〚躲～〛よける〚拉～〛(戸などを) 引きあける ②収容しうることを示す〚人多了坐不～〛人数が多いと座りきれない ③広がること, 広まることを示す〚传～〛(うわさが) 広がる ④始まることを示す〚干gàn～〛やり始める

[×]解く, 解除する〔～禁〕禁令を解く〔～释〕釈放する

【开办】kāibàn [動] 設立する, 開業する〚～医院〛病院を始める

【开本】kāiběn [名] 印刷物の判型の大きさ, 全紙の何分の1かを示す〚三十二～〛32ページがけ(の判型の書籍)

【开标】kāi'biāo [動] 入札を開票する

*【开采】kāicǎi [動] 採掘する

【开场】kāichǎng [動] 開幕する, 開演する〔～铃〕開演のベル

【开场白】kāichǎngbái [名] ①芝居などの前口上(まえこうじょう) ②文章や演説の前置き

【开场锣鼓】kāichǎng luógǔ《成》(芝居の幕開けの前に打ちならすドラ太鼓>) 事件や運動などの序章, 発端

【开诚相见】kāi chéng xiāng jiàn《成》誠意を込めて人に接することをいう

【开秤】kāi'chèng [動] (季節ものについて)買い付けを始める

*【开除】kāichú [動] 除名する, くびにする, 退学処分にする〚～党籍〛党から除名する

【开创】kāichuàng [動] 創立する, 創業する〚～新纪元〛新時代を創り出す

【开春】kāi'chūn [動] (～儿) 春になる ♦一般に旧正月あるいは立春のころについていう

【开裆裤】kāidāngkù [名] しゃがむと尻が開く子供用のズボン

【开刀】kāi'dāo [動] ①手術する ②まず槍玉にあげる, 血祭りにあげる〚拿他～〛あいつをまずやっつけよう

【开导】kāidǎo [動] 言って聞かせる, 教え導く〚耐心～〛辛抱づよく教え導く

【开倒车】kāi dàochē [動] 歴史に逆らう, 後戻りする

【开顶风船】kāi dǐngfēng chuán《俗》(逆風をついて船を出す>) 困難に立ち向かうこと, 苦難を承知で挑戦すること

【开动】kāidòng [動] ①運転する, 作動させる〚～机车〛機関車を動かす〚～脑筋〛頭を働かす ②(ある場所から)出発する, 前進する

【开端】kāiduān [名] 発端, 始まり

**【开发】kāifā [動] 開発する, 開拓する〚～油田〛油田を開発する

—— kāifa [動] 支払う, 支出する〚～车钱〛(個人が立替えた) バス代(タクシー代)を支払う

【开饭】kāi'fàn [動] ①食事を並べる ②食堂で食事を出し始める〚～了〛ご飯ですよ

【开方】kāi'fāng [動] ①(～儿) 処方箋を書く ②平方根を開く

**【开放】kāifàng [動] ①花が開く ②開放する, 禁令や封鎖を解く ③閉鎖を解く, 一般利用に供する〚每天～〛毎日開いている〔～时间〕利用時間

【开革】kāigé [動] 除名する, くびにする

【开工】kāi'gōng [動] ①(工場が) 操業を始める〔～率〕稼働率 ②着工する, 工事を始める

【开弓不放箭】kāi gōng bú fàng jiàn《俗》(弓を引いて矢を放たない>) 格好だけで実行しない

【开关】kāiguān [名] ①スイッチ〚开～〛スイッチを入れる ②バルブ, コック〚关～〛バルブを閉める

【开国】kāiguó [動]〔多く定語として〕新国家を建てる

【开航】kāi'háng [動] ①(船や飛行機が新たな航路で) 航行を始める ②出航する

【开河】kāi'hé [動] ①河道(運河) を切り開く ②川の氷がとける

【开户】kāi'hù [動] 銀行に口座を開く

【开花】kāi'huā [動] (～儿) ①花が咲く, 花を咲かせる ②はじける, 破裂する〚炮弹～〛砲弾がさく裂する ③事業が栄える

【开化】kāihuà [動] ①開化する, 開ける ②《方》凍っていた川や大地がとける

【开怀】kāihuái [動] いい気分になる, あけっぴろげになる〚～畅饮〛心ゆく

【开怀儿】kāi'huáir 動〔口〕婦人が初めて子を生む
【开荒】kāi'huāng 動 荒地を開墾する
【开会】kāi'huì 動 会議あるいは集会を開く，会議あるいは集会に出席する〖他～去了〗彼は会議に出掛けた〖开了三天会〗3日に渡って会議が開かれた
【开火】kāi'huǒ 動（～儿）① 火ぶたをきる，戦端をひらく ② 発砲する，発射する
【开豁】kāihuò 形 ① 広々としている ② 心が広い
【开价】kāi'jià 動（～儿）値段を決める
【开架式】kāijiàshì 图 開架式
【开讲】kāijiǎng 動 講義を始める，講談を語り始める
【开交】kāijiāo 動〔通常否定形で〕けりをつける，解決する〖忙得不可～〗手の打ちようがないほど忙しい
【开解】kāijiě 動（悲嘆にくれている人を）慰める
【开掘】kāijué 動 掘る，開削する〖～机〗井戸掘り機，鑿井機
【开课】kāikè 動 ① 授業が始まる（を始める）② （大学の）講義を担当する
【开垦】kāikěn 動 開墾する〖～荒地〗荒地を開く
【开口】kāi'kǒu 動 ① 口に出して言う，話す ② 刃をとぐ ⇨〖开刃儿〗
【开口子】kāi kǒuzi 動 堤防が決潰する，あかぎれが切れる
【开快车】kāi kuàichē 動 ① 機械のスピードを上げる ② 仕事を急ぐ，作業のピッチを速める
*【开阔】kāikuò 形（⇔〖狭窄〗）① 広々とした〖～的天空〗広い大空 ② 心が広い，のびやかな ③ 広くする〖～眼界〗視野を広げる
*【开朗】kāilǎng 形 ① 広々として明るい ② （人物が）からりとした，のびのびと明るい〖性情～〗気性が明るい
【开犁】kāi'lí 動 ① その年の耕作を始める，春の最初の鋤を入れる ② 田畑を耕す際，耕す方向を示す基準として，初めに鋤で一すじみぞを作ることをいう ⇨〖开墒 shāng〗
【开例】kāi'lì 動 前例を作る，先例を開く
【开镰】kāi'lián 動 刈入れを始める
【开路】kāi'lù 動 ① 道路を切り開く，道をつける ② 先導する
【开门】kāi'mén 動（⇔〖关门〗）① 戸（ドア）を開ける ② 門戸を開く ③ 店を開ける，営業を始める
【开门见山】kāi mén jiàn shān〈成〉単刀直入にものを言う，ずばり切り出す ⇨〖直截了当〗
【开门揖盗】kāi mén yī dào（〈成〉）（戸を開けて強盗を招き入れる＞）悪人を引入れて災いを招く
*【开明】kāimíng 形 思想が開けた，時代に目ざめた〖～人士〗開明的知識人
【开幕】kāi'mù 動 （芝居・会議・事業などが）始まる，幕を開ける（⇔〖闭幕〗）〖～词〗開会の辞
【开幕式】kāimùshì 图 開会式
【开盘】kāi'pán 動（～儿）〔経〕寄り付く（⇔〖收盘〗）〖～汇率〗寄り付きレート
【开炮】kāi'pào 動 ① 大砲を撃つ ② 厳しく批判する，非難をあびせる
*【开辟】kāipì 動 開拓する，切り開く〖～新领域〗新しい領域を開拓する
【开票】kāi'piào 動 ① 開票する ② 領収書（伝票類）をきる
【开启】kāiqǐ 動 開く〖自动～〗自動的に開く
【开腔】kāi'qiāng 動 口を開く，しゃべる
【开窍】kāi'qiào 動（～儿）① 納得がゆく，道理が飲み込める ② （子供に）知恵がつき始める，世間がわかりだす
【开山】kāi'shān 動 ① 山を切り開く ② 立入禁止の山を一時的に開放する ③〔宗〕寺院を創始する
【开山祖师】kāishān zǔshī 图（⇨〖开山〗）①〔宗〕開基，開山 ② 学派・流派・事業の創始者，開祖，元祖
【开设】kāishè 動 ① （事業体を）設立する，開設する ② （課程を）設置する
*【开始】kāishǐ 動 ① 始まる，始める〖～生效〗効き始める ② 着手する〖～新事业〗新たな事業を始める 一 名 始めのうち，最初の段階
【开市】kāi'shì 動 ① 一日の最初の商いが成立つ，口あけの取引きをする ② （商店や作業所が）営業を再開する
【开涮】kāishuàn 動〔方〕からかう，冗談をいう
*【开水】kāishuǐ 图 湯，熱湯〖温～〗ぬるい湯〖凉～〗湯ざまし
【开司米】kāisīmǐ 图〔衣〕〔訳〕カシミヤ
【开天窗】kāi tiānchuāng 動 ① 梅毒で鼻が欠ける ② 検閲による記事削除で，新聞紙面に空白が残る（を残す）
【开天辟地】kāi tiān pì dì〈成〉開闢以来，天地始まってこの方〖～第一回〗有史以来始めてだ
【开庭】kāi'tíng 動 開廷する
【开通】kāitōng 動 ① 開通する（させる）〖航线～了〗航路が通じた ② （閉鎖的な気風などの）壁をやぶる，

開けたものにする
—— kāitong [形] 開けた，進んだ
【开头】kāi▾tóu [動]（～儿）始まる，緒につく
—— kāitóu [名]（～儿）始めのうち，最初の段階〚万事～难〛何事でも始めが難しい
【开脱】kāituō [動]（罪や責任を）免除する，赦免する，見逃してやる〚～罪责〛罪を許してやる
★【开拓】kāituò [動] ①開拓する，拡大発展する ②鉱山採掘のための施設を整備する
【开外】kāiwài [助]〔数量詞のあとで〕…以上〚七十～〛70歳以上
★★【开玩笑】kāi wánxiào [動] ①からかう，冗談を言う〚跟他～〛彼をからかう ②ふざける，冗談ごとにする
【开往】kāiwǎng [動]（汽車や船などが）…に向かう〚～上海的特快〛上海ゆき特急
【开胃】kāiwèi [動] ①食欲が出る ②《方》からかって楽しむ
【开销】kāixiao/kāixiāo [名]〔笔〕出費，費用〚日常的～〛経常費，生活費 ━[動] 支払う
【开小差】kāi xiǎochāi [動]（～儿）①（兵隊が）脱走する ②サボる，ずらかる ③気が散る，精神集中を欠く〚思想～〛心はうわの空だ
★★【开心】kāixīn [形]（気持ちが）晴れ晴れした，愉快な ━[動] からかって楽しむ〚拿人家～〛人をからかう
【开学】kāi▾xué [動] 学期が始まる
【开演】kāiyǎn [動] 開演する
【开眼】kāi▾yǎn [動] 視野を広める，見聞を広げる
【开夜车】kāi yèchē [動]（仕事や勉強で）夜業をする，寝ずに頑張る
【开业】kāi▾yè [動]（個人が）開業する，（事業体が）営業を始める [反][停业]
【开源节流】kāi yuán jié liú《成》（収支について）入るを計り出ずるを制する
【开凿】kāizáo [動]（川やトンネル等を）掘る，開削する〚～隧 suì 洞〛トンネルを掘る
【开斋】kāi▾zhāi [動] ①精進落としをする ②（イスラム教徒が）断食を終える〔～节〕イスラム教の断食（ラマダン）あけの祭日
★【开展】kāizhǎn [動] 展開する，発展する（させる）[同][展开] ━[形]（心が）からりとした，素直で明るい
【开战】kāi▾zhàn [動]（[同][开仗]）①開戦する ②（比喩的に）戦いを仕掛ける〚向自然界～〛大自然に戦いを仕掛ける
【开绽】kāizhàn [動] ほころびる
【开张】kāizhāng [動] ①（商店等が）開業する，創業する ②商店の一日の最初の商いが成立つ [同][开市] ③（物事が）始まる ④《書》開放する ━[形] 雄大な，堂々たる
【开账】kāi▾zhàng [動] ①勘定書きを作る，請求書を書く ②（料理店や宿屋などで）勘定を支払う
★【开支】kāizhī [動] ①支払う，支出する（[同][开销]）〚由我方～〛当方から支払う ②《方》給料を支払う ━[名] 支払い（の費用）〚节省～〛出費を抑える
【开宗明义】kāi zōng míng yì《成》文章や発言の冒頭で主旨を明らかにすることをいう〚～第一章〛冒頭部分

【揩】kāi [動]《方》拭く，ぬぐう [同]《普》[擦]
【揩油】kāi▾yóu [動]（公金などを）くすねる，うまい汁を吸う〚揩公司的油〛会社の金をごまかす

〖凯（凱）〗kǎi ⊗ ①勝利の楽曲，凱歌 ②音訳用字として〔～蒂〕〔～迪〕（ハロー）キティ
【凯歌】kǎigē [名]〔阵・曲〕凱歌
【凯旋】kǎixuán [動] 凱旋(がいせん)する

〖剀（剴）〗kǎi ⊗〔～切 qiè〕《書》適合した，適切な

【恺（愷）】kǎi ⊗ ①楽しい ②音訳用字として〔～撒〕（ローマの）カエサル

〖铠（鎧）〗kǎi ⊗よろい〔铁～〕鉄製のよろい
【铠甲】kǎijiǎ [名] よろい

〖慨〗kǎi ⊗①憤る〔愤～〕憤慨する ②心を揺さぶられる〔感～〕感慨をもよおす ③気前がよい〔～允〕快諾する
【慨然】kǎirán [副] ①感慨を込めて ②気前よく，快く〚～相赠〛気前よくプレゼントする
【慨叹】kǎitàn [動] 感慨深げにため息をつく〚～身世〛身の上を嘆く

〖楷〗kǎi ⊗①手本，模範 ②楷書〔正～〕楷書
【楷模】kǎimó [名] 模範，手本 [同][模范][榜样]
【楷书】kǎishū [名] 楷書 [同][楷体]

〖锴（鍇）〗kǎi ⊗良質の鉄

〖忾（愾）〗kài ⊗怒る，憎む〔敌～〕《書》敵への憎しみ，敵愾心

〖刊〗kān ⊗①雑誌，定期刊行物〔月～〕月刊誌 ②版木や石に彫る ③印刷出版する〔创～〕創刊する ④削除修正する〔～误〕校正する
★【刊登】kāndēng [動] 掲載する（[同][刊载]）〚～广告〛広告を載せる
★【刊物】kānwù [名] 雑誌，定期または

不定期の継続刊行物［文艺～］文芸雑誌
【刊行】kānxíng [動] 刊行する
【刊载】kānzǎi [動] 掲載する（[同]［刊登］）〚～散文〛随筆を載せる
【看】kān [動] ①見守る，世話をする ②監視する〚～俘虏〛捕虜を見張る
⇨kàn
【看管】kānguǎn [動] ①監視する，監督する〚～犯人〛囚人を監視する ②番をする，見守る〚～行李〛荷物の番をする
【看护】kānhù [動] 看護する，世話をする〚～病人〛病人を介抱する
【看家】kān▾jiā [動] 留守番をする，門番をする［～狗］番犬，役人や地主の家の執事
—— kānjiā [名] 得意技，十八番［～戏］役者や劇団の十八番の演目［～本领］個人の得意技
【看门】kān▾mén [動] ①出入口を守る，門番をする［～的］門番 ②家の番をする
【看青】kān▾qīng [動]（作物が実るころに）田畑を見張る
【看守】kānshǒu [名] 看守，牢番 — [動] ①守る，番をする〚～仓库〛倉庫番をする［～内阁］選挙管理内閣 ②囚人を監視管理する［～所］留置場
【看押】kānyā [動] 留置する，拘留する〚～嫌疑犯〛容疑者を拘留する
【龛(龕)】kān ⊗ 神仏を祭る厨子(ずし)状のもの，仏壇や神棚の類［佛～］仏龕(ぶつがん)
【堪】kān ⊗①…できる〚～当重任〛重責を担いうる［～称］…と称するに値する ②我慢できる，支えうる［难～］忍びがたい［不～一击］一発でつぶれてしまう
【勘】kān ⊗①校訂する，突き合わせる［校 jiào ～］校正する ②実地調査する
【勘测】kāncè [動]（地形地質などの）調査と測量をする
【勘察(勘查)】kānchá [動]（地形·地質·資源などを）事前に探査する
★【勘探】kāntàn [動]（地下資源や地質などを）踏査する，探鉱する［～队］資源探査団［～船］石油探査船
【勘误(刊误)】kānwù [動] 校正する，誤字を正す［～表］正誤表
【戡】kān ⊗征伐する［～乱］反乱を平定する
【坎】kǎn ⊗①坎(かん)（八卦の一，水を表わす）②階段状の土地［田～］あぜ
【—(*埳)】⊗土地の窪み，穴
【坎肩】kǎnjiān [名]（～儿）（中国風の）チョッキ，袖なし ♦あわせ，綿入れ，毛糸のもの等がある
【坎坷(轗轲)】kǎnkě [形] ①（道や土地が）でこぼこの［～不平］でこぼこがひどい ②《書》失意の，不遇の［～一生］失意の一生
【坎壈】kǎnlǎn [形]《書》生活が苦しい
【坎儿井】kǎnrjǐng [名] カレーズ ♦新疆地方の灌漑用水路で，横穴によって井戸をつなぎ，山の雪解水を乾燥した平地に引入れる
【砍】kǎn [動] ①（斧など重い刃物で）たたき切る〚～柴〛たき木を切る ②《方》物を投げつける
【砍大山】kǎn dàshān [動] [同]［侃大山］
【砍刀】kǎndāo [名]〔把〕なた
【砍伐】kǎnfá [動]（樹木·枝を）切り倒す，伐採する
【砍价】kǎn▾jià [動] 値切る
【侃】kǎn ⊗①剛直な ②仲むつまじい
【侃侃】kǎnkǎn [形]《書》筋道立てて堂々と物を言う様子をいう［～而谈］堂々と議論を展開する
【侃大山(砍大山)】kǎn dàshān [動]《方》大いにおしゃべりする
【侃儿(坎儿)】kǎnr [名]《方》隠語［调 diào ～］隠語で話す
【槛(檻)】kǎn ⊗しきい（門や戸口のまたいで入る部分）［门～］同前
⇨jiàn
【看】kàn [動] ①見る，読む〚～电视〛テレビを見る〚～书〛本を読む ②観察する〚～清形势〛情勢を見きわめる ③訪れる〚～朋友〛友人を訪問する ④診察治療する〚～急诊〛急患を見る ⑤世話を焼く，面倒を見る ⑥…如何による，…で決まる〚要～天气〛天気次第だ ⑦気を付ける，注意する（相手の注意を喚起し，命令の口調を帯びる）〚别跑，～车〛走るんじゃない，車が来るよ ⑧判断する，考える〚你～怎么样〛どう思うね — [助]〔重ねた動詞の後に付いて〕「やってみる」意を示す〚你先尝尝～〛まず食べてごらんよ
⇨kān
【看病】kàn▾bìng [動] ①（医師が）診療する ②（患者が）診療を受ける
【看不惯】kànbuguàn [動] 目ざわりに思う，我慢ならない
★★【看不起】kànbuqǐ [動]《口》軽視する，ばかにする [同]［瞧不起］[反]［看得起］
【看菜吃饭，量体裁衣】kàn cài chī fàn, liàng tǐ cái yī《俗》（おかずに合わせて飯を食い，身体を計って服を作る＞）具体的状況に合わせて事

を行う
【看成】kànchéng [動]…と見なす([同][看做])〖你把我～什么人了？〗おれを何者だと思ってるんだ
【看穿】kànchuān [動]見抜く，見破る([同][看透][看破])〖～诡计〗いんちきを見破る〖看不穿〗見抜けない
*【看待】kàndài [動]扱う，遇する([同][对待])〖一律～〗一律に扱う
【看得起】kàndeqǐ [動]《口》(人物を)高く買う，敬意を払う [反][看不起]
【看点】kàndiǎn [名]見どころ，ハイライト
**【看法】kànfa/kànfǎ [名]見方，見解
【看风使舵】kàn fēng shǐ duò《成・貶》(風向きに応じて方向を変える＞)情勢に応じてころころと姿勢を変える [同][见风转舵][看风驶船]
【看顾】kàngù [動]介抱する，世話をする〖～孩子〗子供の面倒を見る
**【看见】kànjiàn [動]見掛ける，目に入る〖～他了吗？〗彼を見掛けたかい〖看不见〗見えない
**【看来】kànlai [挿]見たところ〖～他不想来了〗彼は来たくなくなったようだ
【看破】kànpò [動]①見破る，見抜く([同][看穿][看透])〖看不破〗見抜けない ②見切りを付ける，諦め(の境地にな)る〔～红尘〕現世の虚しさを悟る
【看齐】kànqí [動]①(整列のとき)基準に合わせてまっすぐ並ぶ〖向右～！〗右へならえ ②見ならう，手本にする〖向他～〗彼に見ならう
【看轻】kànqīng [動]軽視する
【看上】kànshàng [動]気に入る〖看不上〗好きになれない
【看台】kàntái [名]観覧席，スタンド
【看透】kàntòu [動]見抜く，見破る([同][看穿][看破])〖看不透〗見抜けない
【看图识字】kàn tú shí zì [動]絵を見て字をおぼえる(識字教材の題名ともなる)
*【看望】kànwàng [動](目上や友人などを)訪問する，見舞う
【看相】kànˇxiàng [動]人相を見る〔～的〕人相見，手相見
【看中】kànzhòng [動]気に入る，目を付ける，「これだ」と決める([同][看上])〖看不中〗気に入らない
【看重】kànzhòng [動]重んじる，重要視する [同][重视]

〖阚(闞)〗kàn [×]姓

〖瞰〗kàn [×]見下ろす，俯瞰する〔鸟～〕鳥瞰する

〖康〗kāng [×]①安らかな，健康な ②(K-)姓
【康拜因】kāngbàiyīn [名]〖機〗《訳》コンバイン [同][联合收割机]
【康采恩】kāngcǎi'ēn [名]〖経〗コンツェルン('康采因'ともいう)
【康复】kāngfù [動]健康を回復する
【康乐】kānglè [形]楽しく安らかな，平和で幸せな
【康乃馨】kāngnǎixīn [名]〖植〗カーネーション
【康庄大道】kāngzhuāng dàdào [名]〔条〕広く平らかな道，幹線道路

〖慷〗kāng [×]以下を見よ
*【慷慨】kāngkǎi [形]①意気盛んな，気概に燃える〔～激昂〕熱情あふれるさま，気概に燃えるさまをいう ②気前がよい，物惜しみしない〔～解囊〕人助けのために気前よく金を出す ③胆がすわった

【糠(*穅)】kāng [名]①(イネ，ムギ，アワ等の)糠ぬか，ふすま ②(同じく)もみ殻 ━[形](主に大根について)すかすかになった，すが通った〖萝卜～了〗大根にすが通った
【糠秕】kāngbǐ [名]([同][秕糠])①糠，ふすま，しいな ②役に立たぬもの，くず

〖鱇(鱇)〗kāng [×]→[鮟 ān～]

【扛】káng [動]①肩でかつぐ ②(責任や任務を)引受ける，担当する
⇨gāng
【扛长工】káng chánggōng [動](年決めで)作男として働く [同][扛活][扛长活]

〖亢〗kàng [×]①高い〔高～〕声がよく響く ②傲慢な〔不卑不～〕傲慢でもなく卑屈でもない ③過度の，極端な ④(K-)姓
【亢旱】kànghàn [名]大干ばつ
【亢进】kàngjìn [動]〖医〗亢進する〔心悸～〕心悸亢進

〖伉〗kàng [×]①(配偶者が)似つかわしい ②高大な ③(K-)姓
【伉俪】kànglì [名]《書》〔对〕夫婦

〖抗〗kàng [×]①抵抗する，反抗する〔～癌药〕抗癌がん剤〔～灾〕災害とたたかう ②拒否する，はねつける〔～税〕納税拒否 ③対等に争う，対抗する
【抗辩】kàngbiàn [動]抗弁する
【抗毒血清】kàngdú xuèqīng [名]免疫血清〔白喉～〕ジフテリア血清
【抗旱】kàngˇhàn [動]干ばつに対処する，干ばつに耐える〔～措施〕干ばつ対策〔～品种〕水不足に強い品種
【抗击】kàngjī [動]抵抗し反撃する，迎え撃つ〖～敌人〗敵を迎え撃つ
【抗拒】kàngjù [動]拒否する，逆らう

【抗菌素】kàngjūnsù 名 '抗生素'の旧称
【抗菌血清】kàngjūn xuèqīng 名 抗菌性血清
【抗命】kàngmìng 命令に逆らう,命令を拒否する
【抗日战争】kàng Rì Zhànzhēng 抗日戦争,(⇨[抗战])◆1937年7月—45年8月の日中全面戦争をいう
【抗生素】kàngshēngsù 名 抗生物質
【抗体】kàngtǐ 名 [医]抗体
【抗药性】kàngyàoxìng 名 薬物への耐性,抵抗力
*【抗议】kàngyì 動 抗議する［～欺压弱小国家］弱小国への威圧行為に抗議する［提出～］抗議をする
【抗原】kàngyuán 名 [生]抗原
【抗战】kàngzhàn 動 侵略に抵抗して戦う ⇨ [抗日战争]
【抗震】kàngzhèn 動 ① 耐震性を持つ［～结构］耐震構造 ② 地震災害に対処する［～救灾］地震災害救援活動

【炕】kàng 名（中国風）オンドル ― 動[方]あぶる,焼く
【炕桌儿】kàngzhuōr 名[张]オンドルの上で使う低いテーブル

【尻】kāo ⊗ 尻［～子］[方] 同前

【考】(*攷) kǎo 動 試験する,試験を受ける［～数学］数学の試験をする(がある)［～大学］大学を受験する［大～］学年末試験［～分 fēn］試験の点［～期］試験日程 ⊗ ① 点検する,調べる ② 研究する,推理を進める

【一】⊗ 亡父,先父［先～］同前［～妣 bǐ］亡父母

*【考察】kǎochá ① 視察する,実地調査する ② 綿密に観察する
【考查】kǎochá 動 查考する,試験する
*【考古】kǎogǔ 動 考古学の研究をする
【考古学】kǎogǔxué 名 考古学
*【考核】kǎohé 動（人物や能力などを）査定する,審査する［技术～制度］技術評定制度
【考绩】kǎo'jì 動 勤務評定する
【考究】kǎojiu 動 ① 研究する,調査する ② 凝る,選り好みする ― 形 凝った,精巧で美しい
【考据学】kǎojùxué 名 考証学
【考卷】kǎojuàn 名[份・张]試験の答案 (⇨[试卷])
【考拉】kǎolā 名[只]コアラ［树袋熊］
*【考虑】kǎolǜ 動 考慮する,思案する［～不周］配慮が足りない［让我一下］ちょっと検討させてください
*【考勤】kǎoqín 動 出勤状況を点検する,勤務評定をする
【考取】kǎoqǔ 動 試験をして採用する(される),入学試験・採用試験に合格する［～大学］大学に合格する［考不取］合格できない
【考生】kǎoshēng 名 受験生
*【考试】kǎo'shì 動 試験をする(受ける,テストを行なう ⇨[口试][笔试])［明天～］あしたのテストがある［入学～］入学試験
【考题】kǎotí 名［道］試験問題 (⇨[试题])［出～］問題を出す
*【考验】kǎoyàn 動 試練を与える,(人を)テストする［久经～］長い試練に耐えてきた
【考证】kǎozhèng 動 考証する

【拷】kǎo ⊗（刑として）たたく,打つ
【拷贝】kǎobèi 名(訳) ① 映画のプリント (⇨[正片]) ② コピー,複写［～机］複写機,コピー機［～纸］コピー用紙 ― 動 コピーする (⇨[复印])
【拷打】kǎodǎ 動 拷問する
【拷问】kǎowèn 動 拷問にかけて訊問する

【烤】kǎo 動 火であぶる,火にあたる［～肉］肉をあぶる［～面包］パンを焼く［～煳了］焼きこがした
【烤火】kǎo'huǒ 動 火にあたる［围炉～］ストーブを囲んで暖を取る
【烤炉】kǎolú 名 オーブン,天火
【烤面包】kǎomiànbāo 名 トースト
【烤肉】kǎoròu 名 あぶり肉,焼肉
【烤箱】kǎoxiāng 名 オーブン
【烤鸭】kǎoyā 名 炉の上に吊して焼いたアヒル［北京～］北京ダック

【栲】kǎo ⊗ マングローブ［～树］同前
【栲栳(筹筹)】kǎolǎo 名 柳の枝で編んだじょうご型のかご (⇨[笆斗])

【铐】(銬) kào 動 手錠をかける ⊗ 手錠［手～］同前

【犒】kào ⊗ 酒食や賞金でねぎらう［～师］部隊を慰労する
【犒劳】kàolao/kàoláo 動 酒食を供して慰労する
【犒赏】kàoshǎng 動[書](戦勝部隊などに)賞金を与えて労をねぎらう

【靠】kào 動 ① 立てかける,もたせかける ② もたれる,寄りかかる ③ 近寄る［～右边走］右側を通行する ④ 近くにいる,そばにある［～海］海辺にある ⑤ 依存する,頼る［～文笔生活］文筆で食う ⑥ 信頼する
【靠背】kàobèi 名 椅子のもたれ［～

椅］もたれのある椅子
【靠边】kào'biān [動] ①（～儿）端に寄る〚～！～！〛どいた，どいた ②《方》道理にかなう，すじが通る
【靠边儿站】kàobiānr zhàn [動] わきに立つ；《転》主流を外れる，窓際に退く
【靠不住】kàobuzhù [動] 当てにならない，信頼できない [反]［靠得住］
【靠得住】kàodezhù [動] 頼りになる，信用できる
【靠垫】kàodiàn [名] 背もたれ，ソファーのクッションなど
【靠近】kàojìn [動] ①近づく，接近する（[同]［挨近］［靠拢］）〚～码头〛波止場に近づく ②隣接する，近くにいる（ある）〚坐得太～了〛座り方が近すぎる
*【靠拢】kàolǒng [動] ①近づく，歩み寄る〚靠不拢〛近づけない ②詰める，密集する〚向前～〛前に詰める
【靠旗】kàoqí [名] 伝統劇で武将が背中に挿している三角の旗
【靠山】kàoshān [名] 後押し，後ろ立て，バック，パトロン
【靠山吃山，靠海吃海】kào shān chī shān, kào hǎi chī hǎi《俗》（山に近ければ山で，海に近ければ海で生計を立てる＞）地の利を活かした生活をする ♦前半は'靠山烧柴'，後半は'靠水吃水'ともいう
【靠手】kàoshǒu [名] 椅子のひじかけ

【苛】kē [形] 過酷な，厳しい〚待人太～〛人あしらいがひどすぎる
⊗わずらわしい，煩瑣な
【苛待】kēdài [動]（人に）ひどいあしらいをする
【苛捐杂税】kējuān záshuì《成》多岐にわたる賦課徴税，あれやこれやと雑多な税金
【苛刻】kēkè [形] あまりに厳しい，ひどすぎる〚～的条件〛過酷な条件
【苛求】kēqiú [動] 過度に要求する，注文をつけすぎる〚别再～他〛これ以上彼に無理な注文をするな
【苛责】kēzé [動] 手ひどく批判する，あまりに厳しく叱責する
【苛政】kēzhèng [名] 暴政，苛酷な政治［～猛于虎］苛政は虎より猛なり

【珂】kē ⊗①玉に似た石 ②馬のくつわの飾り
【珂罗版（珂珞版）】kēluóbǎn [名]〘印〙コロタイプ [同]［玻璃版］

【柯】kē ⊗①草木の茎や枝 ②斧の柄 ③（K-）姓
【柯尔克孜族】Kē'ěrkèzīzú [名] キルギス族 ♦中国少数民族の一，主に新疆に住む

【轲（軻）】kē ⊗人名に使われる字，例えば'孟～（孟子）'，'荆～（荊軻けいか）'など

【疴】kē ⊗病気

【科】kē [名] ①（学術，専門分野の）科［理～］理科［眼～］眼科 ②（機関の）課［财务～］財務課 ③（生物分類の）科［猫～］ネコ科 ④（伝統劇の）しぐさ〚做饮酒～〛酒を飲むしぐさをする
⊗科す〚～以罚金〛罰金を科す［～处 chǔ］（刑に）処する
【科白】kēbái [名] 芝居のしぐさとせりふ [同]［做白］
【科班出身】kēbān chūshēn [名] 正規の教育を受けた者
【科幻】kēhuàn [名]（［科学幻想］の略）SF
【科技】kējì [名]（［科学技术］の略）科学技術
【科教片】kējiàopiàn [名]（［科学教育影片］の略）科学教育映画
【科举】kējǔ [名] 科挙
*【科目】kēmù [名] ①学科目 ②勘定科目
【科普】kēpǔ [名]（［科学普及］の略）科学普及［～读物］科学知識啓蒙書
**【科学】kēxué [名] 科学［社会～］社会科学（人文科学を含んでいう）［～家］科学者［～幻想小说］SF小説 ━ [形] 科学的な〚不～〛科学的でない
【科学院】kēxuéyuàn [名] ①科学院 ♦中央と地方に種々ある ②アカデミー，学士院
【科研】kēyán [名]（［科学研究］の略）科学研究［～考察船］観測船

【蝌】kē ⊗以下を見よ
【蝌蚪（科斗）】kēdǒu [名]〔条〕オタマジャクシ（[同]《口》［蛤蟆骨朵］）［～文］周代の文字

【颏（頦）】kē ⊗あご，下顎［下～］［下巴～儿］あご ♦'红点颏'（こまどり）などの'颏'は ké

【棵】kē [量] 植物を数える〚一～草〛1本の草〚三～松树〛3本の松

【稞】kē ⊗［～麦］［青～］〘植〙ハダカムギ

【窠】kē [名] 巣，ねぐら（[同]［窝］）〚做～〛巣をつくる
【窠臼】kējiù [名]《書》《貶》（文章や芸術作品について）紋切り型，旧来のパターン［不落～］枠にはまらない

【颗（顆）】kē [量]'珠子''红豆''炸弹''星星'など粒状のもの，および球状のものを数える ♦'粒'より大きいものに使う
*【颗粒】kēlì [名] ①顆粒かりゅう，つぶつぶ ②穀物の一粒一粒［～无收］一粒の収穫もない

磕 kē

【磕】 kē 動 ①硬いものにぶつける、こつんとぶつかる〖～破了皮〗ぶつかって擦りむいた ②(付着している物を取除くため)ごつごつ打ち付ける、はたく〖～烟袋〗キセルをはたく

【磕打】 kēda 動 (容器の類を硬いものに) とんとん打ち付けて中の物をはたき落とす

【磕磕绊绊】 kēkebànbàn 形 (～的) ①道がでこぼこしている ②(足が悪くて)足もとがおぼつかない、よろめき歩きの

【磕磕撞撞】 kēkezhuàngzhuàng 形 (～的)(酒に酔うなどして)千鳥足の、足もとがふらふらした

【磕碰】 kēpèng 動 ①(物と物が)ぶつかる ②言い争う、衝突する〖出现一些～〗いさかいが生じる ③(方)(人と物が)ぶつかる

【磕头】 kē'tóu 動 叩頭する(⇒叩头)〖～虫〗ぺこぺこ頭を下げてばかりいる手合、米つきバッタ

【磕头碰脑】 kē tóu pèng nǎo《俗》人や物が多くて、人と人、人と物がとぶつかり合うさまをいう

瞌 kē

【瞌】 kē ⊗ 以下を見よ

【瞌睡】 kēshuì 動 居眠り状態になる〖打～〗居眠りする

壳(殼) ké

【壳(殼)】 ké 名(口)(～儿)殻、堅い外皮〖鸡蛋～儿〗卵の殻
⇨ qiào

咳 ké

【咳】 ké 動 せきをする〖～了几声〗何回かせきをした〖百日～〗百日ぜき
⇨ hāi

★【咳嗽】 késou 動 せきをする〖～糖浆〗せき止めシロップ

可 kě

【可】 kě 副 ①〖強調の語気を示して〗まったく、実に〖～不简单〗一すじ縄ではいかない〖～上哪儿去找啊?〗いったいどこへ探しに行けばいいんだ〖你～不能粗心大意啊〗くれぐれもポカはいけないよ ― 接 しかし、けれども(⇒可是) ― 動 適合する、よく合う〖～了他的心了〗彼の心にぴったりかなった〖～体〗〖～身〗体によく合う ― 助 …に値する、…するに足る〖没什么～介绍的〗説明するほどのことはない〖～看的东西〗一見の価値あるもの ⊗ ①…してよい、…できる〖牢不～破〗びくともしない ②〖単音節動詞に前置され〗心理活動を表わす形容詞を作る〖～怕〗こわい ③(K-)姓
⇨ kè

【可爱】 kě'ài 形 ①愛くるしい、かわいい ②敬愛に足る、人をひきつける

【可鄙】 kěbǐ 形 いやしい、軽蔑すべき〖行为～〗やり方が汚い

【可乘之机】 kě chéng zhī jī 名 乗ずる隙、チャンス

【可持续发展】 kě chíxù fāzhǎn 動 持続可能な発展をする

【可耻】 kěchǐ 形 恥ずかしい、不面目な〖～的失败〗恥ずべき敗北

【可歌可泣】 kě gē kě qì《成》感動的な、心が揺さぶられるような

★【可观】 kěguān 形 ①一見の価値がある、見るべきものがある ②(数値や程度が)相当な、たいした

【可贵】 kěguì 形 貴い、ありがたい

【可好】 kěhǎo 副 折よく、タイミングよく〖～你来了〗ちょうどよいところへ来てくれたよ

【可恨】 kěhèn 形 憎い、恨めしい

★【可见】 kějiàn 接〖主文に前置して〗考えてみれば…だ、…であることがよくわかる ― 動 わかる、想像がつく〖由此～…〗ここから明らかなように…だ

【可见光】 kějiànguāng 名 可視光線

【可卡因】 kěkǎyīn 名(訳)コカイン⇔[古柯硷]

★【可靠】 kěkào 形 ①頼りになる、信頼できる ②確かな、間違いない〖～的消息〗確かなニュース、信頼すべき情報

【可可】 kěkě 名(訳)ココア

★【可口】 kěkǒu 形 (～儿)口に合う、おいしい〖这盘菜很～〗これはうまい料理だ

【可乐】 kělè 名〖瓶·听〗コーラ

★【可怜】 kělián 形 ①かわいそうな、気の毒な〖～虫〗哀れなやつ(貶する語気)〖～巴巴〗本当に気の毒な様子 ②(少なくて、あるいは安っぽくて)まるで話にならない、論外の ― 動 憐れむ、同情する

★【可能】 kěnéng 名 可能性(⇔[～性])〖没有这种～〗そうような見込みはない ― 形 可能な、ありうる〖不～〗ありえない ― 副 たぶん、…かもしれない(⇒[也许][或许])〖他～不来〗彼はたぶん来ないよ

【可逆反应】 kěnì fǎnyìng 名《化》可逆反応〖不～〗

【可怕】 kěpà 形 こわい、恐ろしげな

【可巧】 kěqiǎo 副 ①折よく、タイミングよく ②折悪しく、間の悪いことに

【可取】 kěqǔ 形 好ましい、取入れてよい〖有～之处〗長所をそなえている

【可燃冰】 kěránbīng 名 メタンハイドレート⇔[甲烷水合物]

★【可是】 kěshì 接〖主文に前置されて〗しかし、けれども(⇒[但是])

【可塑性】 kěsùxìng 名 ①塑性、可塑性 ②《生》適応性、順応性

【可望而不可即】kě wàng ér bù kě jí《成》(眺めることはできるが近づくことができない)高嶺の花,絵にかいた餅 ⑩[可望不可即][可望不可亲]
*【可恶】kěwù 形 憎い,憎むべき
*【可惜】kěxī 形 惜しい,残念な
【可喜】kěxǐ 形 喜ばしい,嬉しい
【可笑】kěxiào 形 おかしい,こっけいな,ばかばかしい ⑩[好笑]
【可信度】kěxìndù 名 信頼度
【可行】kěxíng 形 やってよい,実行可能な [是否～] 実行可能かどうか
【可行性】kěxíngxìng 名 実行可能性 [～报告] フィージビリティリポート [～调查] フィージビリティスタディ
【可疑】kěyí 形 怪しい,疑わしい
【可以】kěyǐ 能 (⑩[能][会]) ①…できる,可能である ◆否定は'不能' ②…してよい,許される ◆否定は'不～''不能' [这儿～打球] ここではボール遊びをしてもよい ③…するに値する ◆否定は'不值得' — 形 ①けっこうな,なかなかよい [写得还～] なかなかうまく書けている ②ひどい [忙得真～] 忙しくて目が回る
【可意】kěyì 形 気に入った,満足のゆく
【可有可无】kě yǒu kě wú《成》あっても無くてもよい,無くても差支えない

【坷】kě ✕→[坎～ kǎnkě]

【岢】kě ✕ [～岚] 岢嵐(山西省の地名)

【渴】kě 形 のどが乾いた [～坏了] のどがからからだ [解～] 渇きをいやす
✕ 切に,心底から [～念] 思い慕う,心から案じる
【渴慕】kěmù 動 心から慕う
【渴求】kěqiú 動 心底から願う
*【渴望】kěwàng 動 切望する [～战争早日结束] 戦争の早期終結を切に願う
【渴想】kěxiǎng 動 心から懐しむ,痛切に会いたく思う

【可】kě ✕ 以下を見よ ⇨kè
【可汗】kèhán 名《史》カーン,かつてのモンゴル,ウイグル,突厥などの諸民族の最高支配者の称号

【克】kè 量 グラム ⑩[公分]
✕ ①克服する,抑制する ②できる

【—(*尅尅)】✕ ①戦いに勝つ,攻め落とす [攻必～] 攻めれば必ず勝つ ②消化する ③厳しく期限を区切る [～期(刻期)][～日(刻日)] 日限をきる
⇨kēi(剋)
【克服】kèfú 動 ①克服する,打ち勝つ [～困难] 困難に打ち勝つ ②《口》苦労に耐える,抑制する
【克复】kèfù 動 (被占領地を)奪回する,奪い返す [～失地](武力で)失地を回復する
【克格勃】Kègébó 名《訳》旧ソ連の秘密情報機構KGB
【克己】kèjǐ 動《書》己れに打ち勝つ,私心を抑える [～奉公] 滅私奉公する — 形 ①つましい,倹約家の ②(旧)(値段を)安くおさえた
【克扣】kèkòu 動 ピンはねする,上前をはねる
【克拉】kèlā カラット
【克里姆林宫】Kèlǐmǔlín Gōng (モスクワの)クレムリン宮殿
【克隆】kèlóng 動 クローンを作る
【克食】kèshí 動 消化を助ける [山楂能～] サンザシは消化をよくする
【克星】kèxīng 名 災いをもたらす人
【克制】kèzhì 動(感情を)抑制する [～自己的感情] 自分の感情を抑える

【刻】kè 動 刻む,彫る [～图章] はんこを彫る — 量 時間の15分 [三点一～] 3時15分 [三一钟] 45分間
✕ ①刻まれ,彫られた字や絵 [木～] 木版画 [石～] 石彫 ②時,時間 [立～] ただちに [此～] 今のこの時 ③程度が大であるさまをいう [深～](内容が)深い ④非情な,冷酷な [苛～] むごい,無慈悲な
【刻本】kèběn 名《図》木版本,刻本
【刻薄】kèbó 形 不人情な,薄情な [为人～] 性格が冷酷だ
*【刻不容缓】kè bù róng huǎn《成》一刻の猶予も許さぬ,寸刻を争う
【刻刀】kèdāo 名[把] 彫刻刀
【刻毒】kèdú 形 悪意に満ちた,悪らつな [～的语言] 毒のある言葉
【刻骨】kègǔ 動 肝に銘じた,骨髄までの [～的仇恨] 骨の髄までの憎しみ [～铭心] 肝に銘じる,終生忘れない
【刻画】kèhuà 動(人物像を文字や芸術形式で)描き出す,表現する
*【刻苦】kèkǔ 形 ①ひたむきに努力する,勤勉この上ない [～钻研] ひたすら研究に没頭する ②質素な,つましい [～的生活] 質素な暮らし
【刻意】kèyì 副 心を尽くして
【刻舟求剑】kè zhōu qiú jiàn《成》(船から剣を落としたとき,船ばたに剣をつけて探した故事から)情勢の変化に対応するすべを知らない,旧来の方法にしがみつく

kè — kěn

【课】(課) kè 图 ①〔节・堂〕授業, 授業時間〖上~〗授業をする, 授業に出る〖有三节~〗3コマ授業がある〖~时〗(授業の) コマ ②〖门〗授業科目〖必修~〗必修科目 ③機関や学校などの行政単位の課〖会计~〗会計課 — 量 教材の一区切りの課〖第三~〗第3課〖两~课文〗2分の本文 — 動 (旧)課する, 徴収する〖~税〗税金を取る ⊗ 占いの一種〖起~〗占いをする

【课本】 kèběn 图〔本・册〕教科書

【课程】 kèchéng 图 カリキュラム, 課程〖~表〗時間割

【课堂】 kètáng 图 教室, 教場

【课题】 kètí 图 ① (解決を要する) 課題 ②(討論や研究の)主題

【课外】 kèwài 图 課外, 授業外の時間〖~作业〗宿題〖~補导〗補習

【课文】 kèwén 图〔课・篇〕教科書の本文

【课业】 kèyè 图 学業, 勉強

【课余】 kèyú 图 課外, 学業の余暇

【锞】(錁) kè ⊗〖~子〗小型の金塊・銀塊

【客】 kè 图〔位〕① 客 (来訪者)〖普通'~人'という〗(反[主])〖来~了〗客が来た〖会~〗客に会う〖请~〗宴に招く, おごる ②客 (消費者, 顧客など)〖房~〗間借人, 借家人〖~满〗満席, 大入り — 量〖方〗飲食品の一人前をいう〖三~烧饭〗定食3つ — 形 ①旅客 ②行商人, 渡り職人 ③特殊な分野に従事する人〖政~〗政客〖刺~〗刺客, テロリスト ④異郷に滞在あるいは寄留する(人)〖~居〗異郷に暮らす〖~场 chǎng〗アウェー(の試合) ⑤意識の外に独立存在する〖~体〗客体

【客车】 kèchē 图〔辆・列〕① 客車 ◆食堂車や郵便車, 小荷物車なども含む ②〔辆〗バス, マイクロバス 回〖货车〗

【客船】 kèchuán 图〔只・艘〕客船

【客串】 kèchuàn 動 ゲスト出演する

【客店】 kèdiàn 图〔家〕宿屋, 木賃宿〖住~〗宿屋に泊る

【客队】 kèduì 图 ビジター(チーム) 反〖主队〗

【客房】 kèfáng 图〔间〕客室

【客观】 kèguān 图 客観(的な)(反〖主观〗)〖~规律〗客観的法則〖~真理〗客観的真理

【客观主义】 kèguān zhǔyì 图 客観主義 反〖主观主义〗

【客户】 kèhù 图 得意先, 顧客

【客货船】 kèhuòchuán 图〔只・艘〕貨客船 回〖客货船〗

【客机】 kèjī 图〔架〕旅客機

【客籍】 kèjí 图 ① (原籍を離れている人の) 寄留先, 現住地 反〖原籍〗② 寄留者, よそ者

【客家】 Kèjiā 图 客家はっか ◆黄河流域から南方に移住してきたといわれる漢族の一派〖~话〗〖~方言〗客家方言(中国七大方言の一)

【客轮】 kèlún 图〔只・艘〕客船 回〖客船〗回〖货轮〗

【客满】 kèmǎn 形 満員の, 満席の

【客票】 kèpiào 图〔张〕① 乗物のキップ, 乗車券, 乗船券, 搭乗券など ② 劇場の無料優待券

【客气】 kèqi 形 ① 礼儀正しい, ていねいな ② 遠慮深い, へり下った〖不要~〗(主人から) ご遠慮なく, (客から) おかまいなく〖~话〗謙そんした言葉 — 動 遠慮する, 慎み深く振舞う

【客人】 kèren/kèrén 图 ① 客, 来訪者 反〖主人〗② 旅客, 宿泊客 ③ 旅商人

【客商】 kèshāng 图 旅商人

【客套】 kètào 图 他人行儀なあいさつ〖用不着讲~〗あいさつはいらない — 動 紋切り型のあいさつを言う

【客套话】 kètàohuà 图〔句〕あいさつ語 ◆'劳驾'(ちょっとすみません), '慢走'(お気を付けてお帰りください)の類

【客厅】 kètīng 图〔间〕応接室, 客間

【客土】 kètǔ 图 ①〖農〗客土 ②〖书〗寄留地, 異郷 回〖客地〗

【客运】 kèyùn 图 旅客運輸〖~列车〗旅客列車

【客栈】 kèzhàn 图〔家〕粗末な宿屋 回〖客店〗

【恪】 kè ⊗ 謹しみ畏まる〖~守〗〖书〗厳しく遵守する

【缂】(緙) kè ⊗〖~丝〗〖刻丝〗色糸で模様を織り出した織物

【嗑】 kè 動 (前歯で) 咬み割る〖~瓜儿〗'瓜儿'をかじる ◆'話'の意 (の方言) では kē と発音

【溘】 kè ⊗ 忽然と〖~逝〗〖书〗急逝する

【剋】(*尅) kēi 動 (口) ①(けんかで) ぶつ, なぐる ②罵る, 叱る ⇨ kè (克)

【肯】 kěn 能 ① 自分の意志で…すること, (要望を受け入れて) …する気になる意を表す〖不~说〗言おうとしない〖他才~了〗彼はやっとうんと言った ◆反語文や否定文の中では形容詞とも結び付く〖不~马虎〗ぞんざいなことはしない ②〖方〗…しやすい ⊗ ① 骨に近い筋肉 ②かなめ, 要点〖中 zhòng ~〗勘所かんどころをつく

【肯定】 kěndìng 動 肯定する,認める(⑳[否定])[～成績]成果を評価する 一圈 ① 肯定的な,承認するような ⑳[否定] ② 明確な,確実な[～的回答]確かな返事 一圖 確実に,きっと[～有]必ずあるはずだ
【肯綮】 kěnqìng 图〈書〉物事の急所,勘所 ◆本来は骨と肉がつながる所の意

【啃】 kěn 動 かじる[～骨头]骨をかじる[～书本]机にかじりつく,本ばかり読む[～老族]親のスネをかじる者たち

【垦(墾)】 kěn ⊗ 土を掘り返す,開墾する[～户]入植者
【垦荒】 kěnhuāng 動 荒地を開拓する
【垦殖】 kěnzhí 動 開墾して耕作する

【恳(懇)】 kěn 動 ① 頼む,願う[敬～]謹んでお願い申し上げる ② 真心こもった,ねんごろな[勤～]勤勉誠実な
***【恳切】** kěnqiè 形 ねんごろで親切な,やさしくていねいな
【恳求】 kěnqiú 動 懇願する,ひたすら頼みこむ(⑳[恳请])[～领导批准]指導層に対し承認を懇請する

【掯】 kèn 動〈方〉押さえつける

【裉】(*裎) kèn ⊗〔衣〕袖付け部分

【坑】 kēng 图(～儿)穴,くぼみ[挖～]穴を掘る[水～]水たまり 動 (人を)陥れる[～人]人をだます[～骗]ぺてんにかける
⊗ ① 地下道,ほら穴[矿～]坑道 ② 生埋めにする[焚书～儒]焚書坑儒
【坑道】 kēngdào 图[道・条] ① 坑道 ② (軍事用などの) 地下道[～战]地下道戦
【坑井】 kēngjǐng 图 坑道と竪坑
【坑坑洼洼】 kēngkēngwāwā 形 (～的)でこぼこした,穴ぼこの多い

【吭】 kēng 動 ものを言う,声を出す[一声也不～]もの一つ言わない
⇨háng
【吭气】 kēng'qì 動 (～儿)[多く否定形で]ものを言う,声を出す[不～]押し黙る
【吭声】 kēng'shēng 動 (～儿)[多く否定形で]ものを言う,声を出す[不～]押し黙る

【铿(鏗)】 kēng 擬「こーん」,「かちーん」など澄んでよく響く音を表わす[～～地响]かんかんと響く[～然]〈書〉力強く響くさま
【铿锵】 kēngqiāng 形 リズミカルに響き渡る音を表わす[～有力]力強く響き渡る

【空】 kōng 彫 空きの,内容のない,空疎な 一動 空にする[～着手去]手ぶらで出掛ける 一副 無駄に,空しく(⑳[白])[～忙]無駄骨を折る
⊗ 空き,空中[天～]大空
⇨kòng
【空包弹】 kōngbāodàn 图 空包(⑳[实包弹])
【空城计】 kōngchéngjì 图 空城の計 ◆自分に力がないのにあるように見せかけて,相手をだます策略[演～]空城の計を使う
【空挡】 kōngdǎng 图〔機〕ニュートラル(ギア)
【空荡荡】 kōngdàngdàng 形 (～的)がらんとした,(広い場所に何もなくて)もの寂しい
***【空洞】** kōngdòng 图(物体内部の)空洞[肺～]肺結核の空洞 一形 内容のない,空虚な[写得很～]無内容な文だ
【空泛】 kōngfàn 形 内容がない,空虚な(⑳[空虚])⑳[充实])[～的议论]空しい議論
【空谷足音】 kōng gǔ zú yīn(成)〈人跡まれな谷間で聞く足音〉得がたい便りや見解など
【空喊】 kōnghǎn 動 口から念仏をとなえる,大口をたたくばかりで実行しない(⑳[空唤][空嚷]
【空话】 kōnghuà 图 口から念仏,中味のない話(⑳[空论])[说～]空論を並べる
【空架子】 kōngjiàzi 图 (文章や組織機構などについて) 形ばかりで実質のないもの,見かけ倒し,こけおどし[成了个～]見かけ倒しとなる
***【空间】** kōngjiān 图 ① 空間 ② 宇宙(⑳[航天])[～站]宇宙ステーション
【空降】 kōngjiàng 動 空中投下する,落下傘で下ろす[～兵]落下傘兵[～救灾物资]救援物資を落とす
【空军】 kōngjūn 图 ①〔支〕空軍(⑳[海军][陆军])[～基地]空軍基地 ② 空軍の軍人
【空口说白话】 kōngkǒu shuō báihuà《俗》① 出まかせの口約束をする,空手形を切る ② 証拠も出さずにやっていないと言い張る
【空口无凭】 kōngkǒu wú píng(成)口先で言うばかりで確かな証拠がない,口約束だけで書面がない
【空旷】 kōngkuàng 形 広々とした,(遮る物がなく)だだっ広い(⑳[空阔])[～的草原]広い草原
【空阔】 kōngkuò 形(⑳[空旷])
【空廓】 kōngkuò 形 広々とした,だだっ広い[～的大厅]広いホール

【空论】kōnglùn [名] 空論, 中味のない言辞([同][空话])〖发了一通～〗ひとしきり空論を述べた

★★【空气】kōngqì [名] ① 空気〖呼吸新鲜～〗新鮮な空気を吸う［～污染］大気汚染 ② 雰囲気([同][气氛])〖～紧张〗空気が張りつめる

【空前】kōngqián [形] 空前の, いまだかつてない〖～的发展〗空前の発展〖盛况～〗前代未聞の盛況ぶり

★【空前绝后】kōng qián jué hòu《成》空前絶後の, 非凡きわまる

【空勤】kōngqín [名] 空中勤務([反][地勤])［～人员］フライトクルー

【空疏】kōngshū [形]《書》(文章·学問·議論などが) 空疎な, 内容に乏しい

【空谈】kōngtán [名] 空論, 現実ばなれした言論［纸上～］紙上の空論 ━ [動] 空論にふける, から念仏をとなえる

★★【空调】kōngtiáo [名] エアコン

【空头】kōngtóu [名] (株式取引の) から売り, 思惑売り([同][多头])〖做～〗同前をする ━ [形]〔定語として〕名ばかりの, いかさまの

【空头支票】kōngtóu zhīpiào [名] ① 空手形, 不渡り小切手 ② (比喩的に) 空手形, 口先だけの約束〖开～〗空手形を出す

【空投】kōngtóu [動] 空中投下する〖～物资〗物資を投下する

【空文】kōngwén [名] 空文［一纸～］一片の紙きれ(無視された協約, 条約等)

【空袭】kōngxí [動] 空襲する〖～了敌人的基地〗敵の基地を空襲した〖第二轮～〗2回目の空襲

★【空想】kōngxiǎng [名] 空想, 現実ばなれした考え［～社会主义］空想的社会主義 ━ [動] 根拠もなしに考える, 空想する〖～出一个计划〗現実ばなれしたプランを考え出す

【空心】kōng'xīn [動] 樹木の幹や野菜のしんが空洞になる〖大白菜空了心了〗白菜のしんがすかすかだ

―― kōngxīn [形]〔定語として〕物の内部がからの, 中空の [反][实心]

【空心砖】kōngxīnzhuān [名] コンクリートブロック, 空洞れんが

★【空虚】kōngxū [形] ([反][充实]) ① 空虚な, 内容がない [同][空洞] ② 手うすな, 充実していない

【空穴来风】kōngxué lái fēng《成》(透き間があるから風が入る>) 火のないところに煙は立たぬ

【空运】kōngyùn [名] 空輸(する)([関][陆运][海运])〖～救灾物资〗救援物資を空輸する［～货物］航空貨物

【空中】kōngzhōng [名] 空中［～小姐］スチュワーデス(略は'空姐')［～服务员］キャビンアテンダント［～加油］空中給油

【空中楼阁】kōngzhōng lóugé《成》空中楼閣, 砂上の楼閣

【空竹】kōngzhú [名] 鼓型の玩具 ◆2本の棒と紐を使って中空で回す [同][空钟 zhong]

【箜】kōng ⊗［～篌 hóu］箜篌(くご)(ハープに似た古代の楽器)

【孔】kǒng [名] 穴, 穴状のもの［鼻～］鼻の穴 ━ [量]《方》'窑洞'(黄土地帯の横穴式住居) を数える

⊗ (K-) 姓

【孔道】kǒngdào [名] ①〔条〕交通の要路, 要衝(ようしょう) ② (K-) 孔子の教え

【孔洞】kǒngdòng [名] (器具類についている) 穴

【孔方兄】kǒngfāngxiōng [名]《俗》金(かね) ◆ふざけた言い方〖～不爱我〗文なしのぴいぴいだ

【孔夫子搬家(净是书)】Kǒng fūzǐ bān jiā (jìng shì shū)《俗》(孔子が引越しをする>本ばかりだ>'书'が'输(勝負ごとに負ける)'と同音であることから>) 負けてばかり

【孔夫子唱戏(出口成章)】Kǒng fūzǐ chàng xì (chū kǒu chéng zhāng)《俗》(孔子が芝居を演じる>口から出る言葉が立派な文章になる>) 話がうまくて文才豊かだ

【孔雀】kǒngquè [名]〔只〕クジャク

【孔隙】kǒngxì [名] 小さな穴, 隙間(すきま)

【孔穴】kǒngxué [名] 穴, 隙間

【孔子学院】Kǒngzǐ xuéyuàn [名] 孔子学院 ◆中国政府が中国語普及のために各国で開設している中国語教育施設

【恐】kǒng ⊗ ① おそらく, たぶん〖～另有原因〗おそらく他に原因があるのだろう ② 恐れる, おびえる［惊～］恐れおののく ③ 脅かす, 怖がらせる

★★【恐怖】kǒngbù [形] 恐怖の, 恐ろしげな〖我心里～极了〗恐ろしくてたまらない［～统治］恐怖政治［～行动］テロ［白色～］白色テロ

★【恐吓】kǒnghè [動] 脅迫する, 脅かす［～信］脅迫状

【恐慌】kǒnghuāng [形] 恐慌状態にある, パニック状態の〖经济十分～〗経済が恐慌状態だ

★【恐惧】kǒngjù [動] 恐れる, 不安におののく〖感到～〗恐れを感じる

【恐龙】kǒnglóng [名] 恐竜

★★【恐怕】kǒngpà [動] (…するのではないかと) 心配する, 不安に思う〖～遭人暗算〗人の毒牙にかかるのを恐れる ━ [副] ① 恐らく, …ではあるまいか〖～不行〗だめなんじゃないかなあ〖～要下雨〗雨になりそうだ ②

K

(多く数量について)だいたい,およそ〖~有二公斤吧〗約20キログラムほどありそうだ

【恐水病】kǒngshuǐbìng 图 狂犬病(㊌[狂犬病])

【倥】kǒng ㊀[~偬 zǒng](書)緊迫·困窮のさま

【空】kòng 图(~儿)空いている時間や場所〖今天没~〗きょうは暇がない〖下脚的~〗脚の踏場 — 動 場所を空ける,からにする〖每段开头要一两格〗段落の始めは2字空けなさい〖~格键〗スペースキー — 形 使われていない,空いている〖车厢很~〗客車の座席がガラガラだ〖~房〗空き家〖~地〗空き地
⇨kōng

*【空白】kòngbái 图[块·处]空白〖填补科技上的~〗科学技術上の空白を埋める〖~支票〗未記入の小切手

【空额】kòng'é 图 欠員,不足額〖~已经补上〗欠員はすでに補充した

【空缺】kòngquē 图 空席,欠員

*【空隙】kòngxì 图 ①すき間 ②空き時間〖利用战斗~〗戦闘の合い間を縫って

*【空闲】kòngxián 图 暇,空き時間(㊌[闲暇])—動 暇である,空いている(㊌[空余])〖~的时候〗暇な時〖~的机器〗遊んでいる機械

【空子】kòngzi 图 ①すき間,空き時間〖抽个~〗暇を見つけて〖乘虚而~〗隙,好機〖钻 zuān~〗隙につけこむ

【控】kòng 動 ①身体や身体の一部を宙に浮かせる,支えを失った状態におく ②(容器などを)逆さにする〖把瓶子一~一〗びんを空にする
㊀①告発する,告訴する〖被~〗告発される ②制御する,支配する〖遥~〗リモートコントロールする

【控告】kònggào 動(国家機関や司法機関に)告発する,告訴する〖向法院~了他的罪行〗彼の犯罪行為を裁判所に訴えた

【控股】kònggǔ 動 支配できる一定量の株式を保有する〖~公司〗持ち株会社

【控诉】kòngsù 動(関係機関や公衆に向かって)告発する,被害を訴える

*【控制】kòngzhì 動 支配下におく,操作する,制御する〖必要时〗要things術を押さえる〖~不住自己的感情〗感情の抑えがきかない

【控制论】kòngzhìlùn 图[理]サイバネティクス

【抠】(摳)kōu 動 ①ほじくる ②(紋様を)彫りつける ③過度に詮索する,小さなことを深追い探求する — 形(方)けちな,物惜しみがひどい

【抠搜】kōusou 動(口)ほじくる — 形 ①けちけちした ②のろい,スローモーな

【抠字眼儿】kōu zìyǎnr 動 一字一句をあげつらう,一字一字の意味にこだわる

【眍】(瞘)kōu 動 目が落ちくぼむ(㊌[~䁖 lou])〖眼睛一进去了〗目が落ちくぼんだ

【口】kǒu 图 ①口(主に言葉をしゃべる道具としての口)(㊌[嘴])〖开~〗ものを言う ②(~儿)容器などの口〖瓶~〗口 ③(~儿)出入口,関門〖胡同~〗路地の入口 ④(~儿)[条]裂け目,切れ目〖收~儿〗傷口がふさがる〖创 chuāng~儿〗傷口 ⑤刃物の刃〖开~〗刃を立てる〖卷~〗刃がつぶれる ⑥馬,ロバ等の年齢〖这匹马~还轻〗この馬はまだ若い — 量 ①家族の人数に使う〖一家三~〗一家3人〖两~儿〗若夫婦 ②豚に使う〖四~猪〗4頭の豚 ③口のある物〖井'锅'缸'など〗 ④口に入れたもの,口から出したものの〖喝一~水〗水を一口飲む〖叹~气〗大きな息をつく ⑤刃物に使う〖一~刀〗一振りの刀
㊀①万里の長城の関所(多く地名に使われる) ②張家口の略称〖~外〗張家口の北(内蒙古)

【口岸】kǒu'àn 图 港(㊌[港口])

【口碑】kǒubēi 图 世間で称揚されること〖~载 zài 道〗世間で褒めそやされる

【口北】Kǒuběi 图 張家口の北,河北省の長城以北と内蒙古中部(㊌[口外])

【口吃】kǒuchī 動 どもる(㊌[结巴])〖他说话有点~〗彼は少しどもる

【口齿】kǒuchǐ 图 ①歯切れ,発音〖~清楚〗歯切れがよい ②話す能力〖~伶俐〗弁が立つ

【口臭】kǒuchòu 图 口臭〖除~〗口臭を取る

【口传】kǒuchuán 動 口頭で伝授する(㊌[口授])

【口袋】kǒudai 图(~儿)①ポケット(㊌[衣兜])〖有四个~儿的制服〗4ポケットの人民服 ②ふくろ〖纸~儿〗紙袋〖面~儿〗小麦粉袋

【口福】kǒufú 图 うまいものにありつける幸せ,食運のよさ(㊌[眼福])〖有~〗ごちそう運に恵まれる

【口腹】kǒufù 图(書)飲食〖~之欲〗食い意地〖不贪~〗食い物に執着がない

【口供】kǒugòng 图[句·份]自供,供述

【口号】kǒuhào [名]〔句·个〕(口で叫ぶ)スローガン([関][标语])〚喊～〛スローガンを叫ぶ

【口红】kǒuhóng [名] 口紅, ルージュ〚抹 mǒ ～〛口紅をぬる

【口技】kǒujì [名] 声帯模写, 声色

【口角】kǒujiǎo [名] 口もと, 口角(こうかく)［～流涎 xián］(よだれを垂らして)羨ましがる［～炎］口角炎, カラスのお灸
⇨kǒujué

【口紧】kǒujǐn [形] 口が固い, 物言いが慎重な

【口径】kǒujìng [名] ① 口径［小～步枪］小口径ライフル ② 規格, 仕様など〚～不合〛規格に合わない ③ 筋書き, 口裏〚对～〛口裏を合わせる

【口诀】kǒujué [名] 事柄の要所を伝える, 覚えやすい文句 ♦算数の'九九'など

【口角】kǒujué [動] 言い争う, 口論する
⇨kǒujiǎo

【口口声声】kǒukoushēngshēng(kóukou…と発音) [副] 口々に

【口粮】kǒuliáng [名] ① 軍隊で各人に支給される食糧 ② 個人の日常の食糧

【口令】kǒulìng [名] ① 号令〚发～〛号令を掛ける ② 合言葉

【口蜜腹剑】kǒu mì fù jiàn《成》(口には蜜, 腹には剣＞)口ではうまいことを言いながら, 腹の中では相手を陥れる策を講じている [同][笑里藏刀]

★【口气】kǒuqì [名] ① 口調, 言葉つき([同][口吻])〚严肃的～〛厳しい口調 ② 口振り(言葉ににじむ暗示), 含み〚听他的～, 好象…〛あの口振りだと, どうやら…

★【口腔】kǒuqiāng [名] 口腔［～科］歯科［～炎］口内炎

【口琴】kǒuqín [名] ハーモニカ〚吹～〛同前を吹く

【口轻】kǒuqīng [形] ① 味が薄い, 塩気が足りない [反][口重] ② 薄味が好きな [反][口重] ③ 馬, ロバ等が若い([同][口小])〚～的骡子〛若いラバ

【口若悬河】kǒu ruò xuán hé《成》立板に水 [同][滔滔不绝]

【口哨儿】kǒushàor [名] 口笛, 指笛〚吹～〛口笛を吹く

【口舌】kǒushé [名] ①(言葉の行違いが引き起こす) いさかい, いざこざ〚发生～〛いさかいが生じる ② 論争, 交渉などで費す言葉([関][笔墨])〚费～〛言葉を費す

【口实】kǒushí [名]《書》口実, うわさの種［贻 yí 人～］人に口実を与える

【口试】kǒushì [名] 口頭試問(をする), 面接試験(をする) [反][笔试]

【口是心非】kǒu shì xīn fēi《成》(口ではイエス, 心はノー＞)言うことと考えることとが違う [同][阳奉阴违]

【口授】kǒushòu [動] ① 口頭で伝授する [同][口传] ② 口述筆記させる

【口水】kǒushuǐ [名] ① つば, 唾液 [同][唾沫] ② よだれ〚流～〛よだれを垂らす［～有三尺长］他人の物を羨しがるさま

【口蹄疫】kǒutíyì [名]〖動〗口蹄疫(こうていえき) ♦牛·豚·羊等の伝染病

【口条】kǒutiao/kǒutiáo [名](食用の)牛や豚の舌, タン

★【口头】kǒutóu [名] ① 口頭([反][书面])〚～翻译〛通訳する〚～通知〛口頭で通知する ② 口先, 言葉［～革命派］口先だけの革命派

【口头禅】kǒutóuchán [名] 口ぐせ, 決まり文句 [同][口头语]

【口头语】kǒutóuyǔ [名] ①(～儿)口ぐせ, 決まり文句 ② 口頭語, 話しことば [同][口语]

【口外】Kǒuwài [名] [同][口北]

★★【口味】kǒuwèi [名](～儿) ① 味, 風味［湖南～］湖南の味(料理) ② 自分の味, 好み〚合～〛好みに合う

【口吻】kǒuwěn [名] ① 口振り, 口調 [同][口气] ② 魚などの口まわり

【口香糖】kǒuxiāngtáng [名]〔块〕チューインガム

【口信】kǒuxìn [名](～儿)伝言, 言付け([反][书信])〚捎个～〛伝言を伝える

【口译】kǒuyì [動] 通訳する [反][笔译]

★【口音】kǒuyin/kǒuyīn [名] ① 発音, 声音(こわね)〚是他的～〛あの人の声だ ② なまり, 地方音〚带山东～〛山東なまりがある

【口语】kǒuyǔ [名] 口語, 話し言葉 [反][书面语]

【口罩】kǒuzhào [名] マスク〚戴～〛マスクをかける

【口重】kǒuzhòng [形]([反][口轻]) ① 塩気が強い, 味が濃い ② 辛いのが好きな

【口子】kǒuzi [名] ①(谷や川といった) 大きな裂け目 ② 表面のひび, 割れ目, 傷口〚手上拉 lá 了个～〛手の皮が破れた ③《口》連れあい, 夫あるいは妻〚我家那～〛うちの亭主(女房) ━ [量] 人数を数える〚你家有几～？〛お宅は何人家族？

【叩】 kòu ⊗ ① こつこつたたく［～打］同前［～门］ドアをたたく ② 叩頭(こうとう)する［～拜］叩頭のお辞儀をする ③ 尋ねる, 問う

【叩头】kòu▾tóu [動] 叩頭する [同][叩首][磕头]

【叩头虫】kòutóuchóng [名]([同][磕头虫]) ① コメツキムシ ② ぺこぺこする人物, 米つきバッタ

K

【扣】kòu [名](～儿) ①ボタン ♦'釦'とも書いた [衣～] 衣服のボタン ②結び目 〖系个～儿〗結び目をつくる ━[動]①(ボタンや掛け金の類を)掛ける，留める 〖～扣子〗ボタンを掛ける 〖把门～上〗ドアに掛け金を掛ける ②容器を伏せる，かぶせる ③拘留する，差し押さえる [～发] 給付·発行をやめさせる ④差し引く 〖～工资〗給料から差し引く ⑤(ピンポンやバレーボールで) 強打する，スマッシュする，スパイクする ━[量]①ねじの山を数える ②割合を表わす 〖打九～〗1割値引きする，九掛けにする

【扣除】kòuchú [動] 差し引く 〖～伙食费〗食費を差し引く

【扣留】kòuliú [動] 拘留する，差し押さえる 〖～行车执照〗運転免許証を取り上げる

【扣帽子】kòu màozi [動] (調査も根拠もなしに) 人にレッテルを貼る

【扣杀】kòushā [名] (球技で) スマッシュ(する)

【扣押】kòuyā [動] ①拘留する，留置する ②差し押さえる

【扣子】kòuzi [名] ①結び目 ②ボタン ([同][纽扣]) 〖扣～〗ボタンを掛ける ③旧小説や講談で，山場を迎えていきなり話を打ち切る所

【筘(簆)】kòu [名]〖機〗織機の筬(おさ) [同][杼 zhù]

〔寇〕kòu ⊗①侵略者，強盗 [海～] 海賊 [敌～] 侵略してきた敵 ②敵が侵略する [入～] 敵が攻めこむ ③(K-) 姓

〔蔻〕kòu ⊗[～丹 dān] マニキュア ('指甲油'とも)

〔刳〕kū ⊗えぐり削る，くり抜く 〖～木为舟〗木をくり抜いて舟にする

【枯】kū [形] ①(植物が) 枯れた 〖草～了〗草が枯れた [～叶] 枯葉 ②(川や井戸が) 涸(か)れる [～井] 涸れ井戸

⊗①〖方〗絞りかす [菜～] 菜種の絞りかす ②おもしろくない，退屈な

【枯肠】kūcháng [名]〖書〗乏しい思考，貧弱な頭 [搜索～] (詩文の言葉を求めて) 無い知恵を絞る

【枯槁】kūgǎo [形]〖書〗①枯れしぼんだ，ひからびた ②やつれた，憔悴した

【枯黄】kūhuáng [形] 枯れて黄ばんだ

*【枯竭】kūjié [形] 涸れた，枯渇した

【枯井】kūjǐng [名]〔口〕涸(か)れ井戸

【枯木逢春】kūmù féng chūn〖成〗(枯れ木に花が咲く＞) 絶体絶命の状況から蘇る [同][枯树生花]

【枯水期】kūshuǐqī [名] 渇水期

【枯萎】kūwěi [形] 枯れしぼんだ，干からびた

*【枯燥】kūzào [形] (文章や話，あるいは生活が) 退屈な，無味乾燥な

〔骷〕kū ⊗以下を見よ

【骷髅】kūlóu [名]〔副·具〕①頭蓋骨，しゃれこうべ ②骸骨(がいこつ)，白骨体

【哭】kū [動] 泣く ([反][笑]) 〖放声大～〗おいおいと泣く

【哭哭啼啼】kūkūtítí [動] いつまでも泣き続ける，めそめそする

【哭泣】kūqì [動] むせび泣く，すすり泣く

【哭丧着脸】kūsangzhe liǎn [動] しけた面(つら)をしている，泣きっ面でいる

【哭诉】kūsù [動] 涙ながらに訴える，泣きごとを言う

【哭天抹泪】kū tiān mǒ lèi〖成〗〖貶〗いつまでもめそめそするさま，泣きの涙でいるさま

【哭笑不得】kū xiào bù dé〖成〗(泣くにも泣けず笑うにも笑えず＞) 対応に窮する [同][哭不得笑不得]

〔窟〕kū ⊗①洞窟，横穴 [石～] 岩穴 ②悪人のたまり場 [赌～] 賭場

【窟窿】kūlong [名] ①穴 ([同][洞]) [耗子～] ねずみ穴 〖挖～〗穴を掘る ②欠損，あな ([同][亏空]) 〖掏～〗穴を空ける

【窟窿眼儿】kūlongyǎnr [名] 小穴

【苦】kǔ [形] ①苦(にが)い [反][甜] ②苦しい，つらい ━[副] 懸命に，辛抱強く 〖～劝〗ことばを尽くして忠告する ━[動] 苦しめる，苦労をかける 〖可～了你了〗苦労をかけたなあ

⊗…に苦しむ

【苦差】kǔchāi [名] 割に合わない仕事，つらい役目

【苦楚】kǔchǔ [名] (苦しい境遇がもたらす) 苦しみ，苦労

【苦处】kǔchù [名] つらさ，苦痛

【苦功】kǔgōng [名] 苦しい努力，丹誠(たんせい) 〖下～〗努力を傾ける

【苦瓜】kǔguā [名]〖植〗ニガウリ

【苦海】kǔhǎi [名] 苦難の底，苦しい境遇 〖脱离～〗地獄から抜け出す

*【苦尽甘来】kǔ jìn gān lái〖成〗苦あれば楽あり，嵐のあとに凪(なぎ)

【苦境】kǔjìng [名] 苦境，逆境

【苦口婆心】kǔ kǒu pó xīn〖成〗(親切心から) くどくど忠告する [同][苦口相劝]

【苦力】kǔlì [名]〖旧〗クーリー

【苦闷】kǔmèn [形] 苦悩に満ちた，くよくよとふさぎこんだ

【苦命】kǔmìng [名] つらい運命 [～人] 不幸な人

【苦难】kǔnàn [名] 苦難，悲惨な境遇 〖遭受～〗苦難に見舞われる

【苦恼】kǔnǎo [形] 苦悩に満ちた，思い悩んだ

【苦涩】kǔsè 形 ①(味が)苦くて渋い ②苦渋に満ちた,つらい
【苦水】kǔshuǐ 名 ①苦い水,飲用にならない硬水 反〖甜水〗②(病気で)込みあげてきた胃液やへど ③苦痛,苦難〖吐～〗苦しい思いを吐露する
【苦痛】kǔtòng 名苦痛 同〖痛苦〗
【苦头】kǔtóu 名(～儿)苦味 —— kǔtou/kǔtóu 名(～儿)苦しみ,苦難〖吃尽～〗数々の苦難をなめる
【苦夏】kǔxià 動 夏負けする,夏ばてする
【苦笑】kǔxiào 動 苦笑する
【苦心】kǔxīn 名苦心〖煞 shà 费～〗苦心惨憺たんする
【苦心孤诣】kǔ xīn gū yì《成》①ひたすら研鑽けんを積んで独自の境地を開拓する ②苦心を重ねて運営に当たる
【苦于】kǔyú 動 …に苦しむ,…に悩む〖～时间紧〗時間不足に悩む —— 形 …より苦しい
【苦雨】kǔyǔ 名 じとじと降り続く雨,被害をもたらす長雨
【苦战】kǔzhàn 名 苦闘する,奮闘努力する
【苦衷】kǔzhōng 名苦衷,苦しい胸の内〖体谅～〗苦衷を察する

【库(庫)】kù ⊗ ①倉,貯蔵庫〖水～〗ダム〖汽车～〗車庫〖入～〗国庫に入れる,倉庫に入れる ③(K-)姓
【库藏】kùcáng 動 倉庫に貯蔵する〖～图书三十万册〗蔵書30万冊を数える
⇨kùzàng
【库存】kùcún 名在庫,ストック,現金残高〖～量〗在庫量
【库房】kùfáng 名〔座・间〕倉庫,貯蔵室
【库藏】kùzàng 名《書》倉(の貯蔵品)
⇨kùcáng

【裤(褲*袴)】kù ⊗ ズボン〖短～〗半ズボン〖棉～〗綿入れズボン〖毛～〗毛糸のズボン下〖游泳～〗水泳パンツ
【裤衩】kùchǎ 名(～儿)〔件〕パンツ,短パン〔三角～〕ブリーフ
【裤裆】kùdāng 名 ズボンのまち
【裤脚】kùjiǎo 名(～儿)①ズボンのすそ ②《方》ズボンの筒
【裤腿】kùtuǐ 名(～儿)ズボンの筒
【裤腰】kùyāo 名 ズボンのウエスト
*【裤子】kùzi 名〔条〕ズボン

【绔(袴)】kù 同じ→〖纨 wán ～〗

【酷】kù 形《口》かっこいい,すばらしい
⊗ ①残酷な,むごい〖～吏〗酷吏ぞく ②ひじょうに,ひどく〖～似〗本物そっくりである
【酷爱】kù'ài 動 大好きである
【酷热】kùrè 形 ひどく暑い,酷熱の〖天气～〗暑さが厳しい
【酷暑】kùshǔ 名 酷暑,酷熱の夏
【酷刑】kùxíng 名 むごい処罰,酷刑

【夸(誇)】kuā 動 ①誇張する,大げさに言う〖～嘴〗〖～海口〗大ぶろしきを広げる ②褒める,持ち上げる〖～他聪明〗彼の賢さを褒める〖～赞〗称賛する
【夸大】kuādà 動 誇張する,大げさに言う〖～成绩〗成果を大仰に言い立てる
【夸奖】kuājiǎng 動 褒める,称賛する〖～他唱得好〗彼の歌のうまさを褒める
【夸克】kuākè 名《理》(素粒子のグループのひとつ)クォーク
【夸口】kuā//kǒu 動 ほらを吹く,大ぶろしきを広げる 同〖夸嘴〗
【夸夸其谈】kuākuā qí tán《成》派手な空論を並べ立てる
【夸示】kuāshì 動 見せびらかす,ひけらかす
【夸饰】kuāshì 動 誇張して描く
【夸耀】kuāyào 動(主に言葉により)自分をひけらかす,自慢する 同〖炫耀〗
【夸张】kuāzhāng 名(修辞としての)誇張 —— 動 誇張する,大げさに言う

【侉(*咵)】kuā 形《方》①発音が土地の言葉と違う,なまりがある ②でかい,かさばって不格好な

【垮】kuǎ 動 ①崩れる,倒れる,ふいになる〖这堵墙要～了〗塀が崩れそうだ〖累～身体〗過労で倒れる〖打～〗打ち倒す
【垮台】kuǎ//tái 動 瓦解する,崩壊する,失脚する

【挎】kuà 動 ①腕にかける〖～胳膊〗腕を組む〖～篮子〗かごを腕に提げる ②肩や首から提げる
【挎包】kuàbāo 名(～儿)ショルダーバッグ,肩から提げる袋

【胯】kuà ⊗ 股間,また〖～骨〗寛骨かん〖～股〗また

【跨】kuà 動 ①またぐ,大きく踏み出す〖～进大门〗門を入る〖～过小沟〗小川をまたぐ ②またがる〖～马〗馬にまたがる ③(時間・数量・地域の)境界を越える〖～国公司〗多国籍企業,世界企業

【跨度】kuàdù 图【建】径間たり、スパン(支柱間の距離)
【跨栏】kuà'lán ハードルを越える〔~赛跑〕ハードル競争
【跨年度】kuà niándù 動 年度をまたがる、翌年度にまたがる〔~工程〕同前の工事
【跨越】kuàyuè 動 (時期や地区の)境界を越える、またがる

【扩(擓)】kuǎi 動〖方〗① 爪で掻く ② 腕にかける ③ 汲む

【蒯】kuǎi ⊗ ①〖植〗アブラガヤ〔~草〕同前 ② (K-)姓

【会(會)】kuài ⊗ 合計する ⇨huì

*【会计】kuàijì/kuàijì 图 ① 会計(業務)〔~年度〕会計年度 ② 会計(担当者)

【会计师】kuàijìshī 图 ① (公認)会計士 ② 機関や企業の高級会計人員

【侩(儈)】kuài ⊗ ブローカー、仲買人〔市~〕同前

【郐(鄶)】Kuài ⊗ ① 周代の小国名 ② 姓

【狯(獪)】kuài ⊗〔狡 jiǎo ~〕〖書〗狡猾な

【脍(膾)】kuài ⊗ ① 細かく切った肉や魚、なます ② 魚や肉を薄切りにする

【脍炙人口】kuài zhì rén kǒu〖成〗人口に膾炙なする、広く世に知れ渡る

【块(塊)】kuài 图〔~儿〕かたまり〔形成~儿〕かたまり状に切る〔糖~〕あめ玉 —量 ① かたまり状のもの、区切られた平面状のものを数える〔一面包〕パン一切れ〔一~田〕畑一枚 ②〖口〗貨幣単位で'元'に同じ〔两~二毛二〕2.22元〔~儿er八毛〕1元そこそこの金

【快】kuài 形 ① (スピードが)速い、急速な(⊗〖慢〗)〔跑得很~〕足が速い〔你~点儿〕早くしろよ〔我的表~五分钟〕僕の時計は5分進んでいる〔~讯〕ニュース速報 ② 機敏な、反応がすばやい〔脑子~〕頭がきれる ③〔刃物が〕よく切れる、鋭利な(⊗〖钝〗)〔菜刀不~了〕包丁が切れなくなった —副〖多く文末の'了'と呼応して〗まもなく…する、もうすぐ…になる〔天~黑了〕もうすぐ日が暮れる〔~三年了〕やがて3年になる〔~到站的时候〕まもなく駅に着く頃 ⊗ ① さっぱりとした、率直な ② 愉快、快い〔大~人心〕みんなの心を楽しくする

【快班儿】kuàibānr 图〖演〗大衆芸能の一、竹板を打って拍子を取りつつ語る韻文形式の語り物
【快报】kuàibào 图 速報(刷り物や壁新聞)
【快餐】kuàicān 图 ファーストフード
【快车】kuàichē 图 (列車やバスの)急行(⊗〖慢车〗)〔特别~〕特急
【快刀斩乱麻】kuàidāo zhǎn luànmá〖成〗快刀乱麻を断つ
【快感】kuàigǎn 图 快感、喜び
【快活】kuàihuo 形 心はずむ、愉快な
*【快乐】kuàilè 形 (幸福感・満足感があって)楽しい、うれしい ⊕〖高兴〗
【快慢】kuàimàn 图 速度、スピード
【快门】kuàimén 图 (カメラの)シャッター〔按~〕同前を切る
【快速】kuàisù 形〖定語として〗高速度の、迅速な〔~照相机〕ポラロイドカメラ
【快信】kuàixìn 图 速達便〔寄~〕速達を出す
【快讯】kuàixùn 图 ニュース速報
【快要】kuàiyào 副〖多く文末の'了'と呼応して〗もうすぐ、まもなく〔~结束了〕まもなく終わる
【快意】kuàiyì 形 快適な、快い〔觉得非常~〕とても快く感じる
【快嘴】kuàizuǐ 图 おしゃべり、口の軽い人

【筷】kuài ⊗ 箸せ〔牙~〕象牙の箸
【筷子】kuàizi 图〔双〕箸

【宽(寬)】kuān 形 ① (幅や面積が)広い(⊗〖窄〗)〔眼界~〕見晴らしがいい ② 寛大な、度量の大きい(⊗〖严〗) ③ (経済的に)豊かな、金まわりのよい(⊗〖紧〗)〔手头~〕懐が暖かい —图 横幅、広さ〔有十米~〕10メートルの幅がある —動 ゆるめる、広げる〔限期不能再~〕これ以上期限は延ばせない

【宽畅】kuānchàng 形 心のどかな
*【宽敞】kuānchang 形 面積が広い、広々とした〔~的房子〕広々とした家
【宽绰】kuānchuo 形 ① 広々とした ② ほっとした、緊張のない ③ 懐が豊かな、金まわりのよい ⊕〖宽裕〗
【宽大】kuāndà 形 ① 面積が広い、(空間が)ゆったりした(⊗〖窄小〗) ② 寛大な、度量の大きい ⊗〖苛严〗—動 (犯罪者などを)寛大に扱う、温情を示す
【宽带】kuāndài 图 広帯域(ブロードバンド)
【宽待】kuāndài 動 寛大に扱う
【宽度】kuāndù 图 広さ、幅
【宽泛】kuānfàn 形 意味が広い、広い範囲にわたる

【宽广】kuānguǎng 形 広々とした, 広大な 〚~的田野〛広い田野 〚心胸~〛度量が大きい

【宽宏(宽洪)】kuānhóng 形 心の広い 〚~大度〛〚~大量〛度量が大きい

【宽厚】kuānhòu 形 ① 広くて厚い 〚~的胸膛〛ぶあつい胸板 ② 寛大な, 親切な(⇔[刻薄])〚~待人〛温く人を遇する

【宽解】kuānjiě 動 (人の) 心をほぐす, 落ち着かせる

【宽阔】kuānkuò 形 広い, 広々とした 〚~的林阴道〛広い並木道

【宽容】kuānróng 動 寛大に許す, 大目に見る 〚~自己〛自分に対して甘い

【宽恕】kuānshù 動 寛大に許す, 目こぼしする 〚~恶人〛悪人を許す

【宽松】kuānsōng/kuānsong 形 ① (空間が)ゆったりした ② 気が楽な

【宽慰】kuānwèi 動 慰める, 気を楽にさせる 〚~她几句〛彼女に慰めの言葉を掛ける

【宽限】kuānxiàn 動 期限を延ばす 〚~一星期〛一週間の猶予を与える

【宽心】kuānxīn 動 落ち着かせる, 安心させる 〚宽她的心〛彼女を安心させる 〚~话〛慰めの言葉

【宽心丸儿】kuānxīnwánr 名 慰めの言葉, 気の晴れる言葉 〚让他吃~〛あいつの気分を晴らしてやれよ

【宽银幕】kuānyínmù 名 ワイドスクリーン 〚~电影〛シネマスコープ

【宽裕】kuānyù 形 ゆとりがある, 豊かな 〚时间很~〛時間はたっぷりある 〚生活~〛暮らしが豊かだ

【宽窄】kuānzhǎi 名 (~儿)広さ, 縦横のサイズ 〚~正合适〛大きさがぴったりだ

【宽纵】kuānzòng 動 放任する, 気ままにさせる 〚~自己〛自分を甘やかす

【髋(髖)】kuān ⊗〚~骨〛寛骨(ふつうは'胯 kuà 骨'という)

【款】kuǎn 名 ① 法令・規約などの条文中の下位項目 〚第三条第一~〛第3条第1項 ② 金銭, 経費 〚汇一笔~〛送金する 〚公~〛公金 ③ (~儿)書画に記す名 〚落~〛落款 ⊗① 款待する 〚~客〛客をもてなす ② 誠実な, 心からの 〚~留〛(客を)心から引きとめる ③ ゆっくりとした, 緩やかな 〚~步〛落ち着いた足どり

*【款待】kuǎndài 動 歓待する, 心からもてなす 〚盛情~〛真心込めて歓待する

*【款式】kuǎnshì 名 デザイン, 様式 ⇔[式样]

【款项】kuǎnxiàng 名 ①〔笔〕(機関団体等の大きな)経費, 費目 ②(法令, 規約等の)条項

【款识】kuǎnzhì 名 ① 青銅器類に刻まれた文字 ② 落款

【款子】kuǎnzi 名 経費, 金銭 〚来一笔~〛まとまった金を送ってくる

【窾】kuǎn ⊗ 空の

【匡】kuāng ⊗① 誤りを正す 〚~谬〛(書)同前 ② 助ける, 手伝う 〚~助〛(書)同前 ③ ざっと見積もる, 概算する ④ (K-) 姓

【匡救】kuāngjiù 動 正しい道に引き戻す, 迷いや混乱から助け出す

【匡正】kuāngzhèng 動 誤りを正す, 改める

【诓(誆)】kuāng 動《方》だます, ぺてんにかける 〚~人〛人をだます

【诓骗】kuāngpiàn 動 だます

【哐】kuāng 擬 ぶつかって響く音, かーん, がーんの類

【哐啷】kuānglāng 擬 物がぶつかる音, がちゃん, ばたんの類

【筐】kuāng 名 (~儿)(竹, 柳の枝などで編んだ)かご 〚竹~儿〛竹かご

【筐子】kuāngzi 名 小さめのかご 〚菜~〛野菜かご

【狂】kuáng 形 ひどく高慢な 〚说得太~〛思い上がった言い草だ 〚~言〛たわごと ⊗① 気の狂った, 精神の異常な(⇔[疯])〚~发〛発狂する ② 激しい, 猛烈な 〚~跌〛暴落する

【狂暴】kuángbào 形 凶暴な, 猛り狂った 〚~的山洪〛凄まじい鉄砲水

【狂飙】kuángbiāo 名 あらし, 暴風;(転)激しい運動や力 〚~运动〛18世紀ドイツの疾風怒濤の時代

【狂放】kuángfàng 形 わがまま放題の, 野放しの

【狂风】kuángfēng 名〔场〕暴風, あらし 〚~暴雨〛激しいあらし

【狂欢】kuánghuān 動 ばか騒ぎをする, お祭り騒ぎをする 〚~节〛カーニバル

【狂澜】kuánglán 名 荒波;(転)激動する局面, 激しい時代の潮流

【狂犬病】kuángquǎnbìng 名 狂犬病 ⇔[恐水病]

【狂热】kuángrè 形 熱狂的な, 狂信的な 〚~的信徒〛狂信者

【狂人】kuángrén 名 ① 狂人, 精神異常者 ② 異常に思い上がった輩, 高慢ちき

【狂妄】kuángwàng 形 身の程知らずの, 思い上がった 〚~的野心〛身の程知らずの野望

【狂喜】kuángxǐ 形 狂喜する

【狂想曲】kuángxiǎngqǔ 图[音]ラプソディ,狂詩曲
【狂笑】kuángxiào 动 激しく笑う,大笑いする

【诳】(誑) kuáng ⊗ だますある ♦単用する方言もある

【夼】 kuǎng ⊗(方)低地

【邝】(鄺) Kuàng ⊗ 姓

【圹】(壙) kuàng ⊗ ①墓穴 [打~]墓穴を掘る ②原野

【旷】(曠) kuàng 形 ①広々とした[[这个地方太~了]]だだっぴろい ②だぶだぶの,サイズが大きすぎる —动 さぼる,怠る ⊗ 気持ちがのびやかな [心~神怡]心がゆったりとする

【旷费】kuàngfèi 动 浪費する,無駄にする [[~时间]]時間を無駄にする
【旷工】kuàng'gōng 动 無断で仕事を休む,仕事をさぼる
*【旷课】kuàng'kè (学生が)授業をさぼる [旷三天课]学校を3日さぼる
【旷日持久】kuàng rì chí jiǔ 〈成〉だらだらと時間を費やす,やたら長引かせる [~的谈判]埒の明かない交渉
【旷野】kuàngyě 图 荒野,広大な野原
【旷职】kuàng'zhí 动 (職員が)無断欠勤する,仕事をさぼる

【矿】(礦*鑛) kuàng 图 ①鉱床,鉱石 [挖了十年~]鉱山で10年働いた [采~](鉱石や鉱炭を)採掘する ②鉱山,鉱坑 [到~上去]鉱山へ行く [煤~]炭坑

【矿藏】kuàngcáng 图 地下資源
【矿产】kuàngchǎn 图 鉱産物
【矿尘】kuàngchén 图 鉱石粉塵,鉱塵
【矿床】kuàngchuáng 图 鉱床([⇔矿体])[海底~]海底鉱床
【矿灯】kuàngdēng 图 キャップライト,坑内灯
【矿工】kuànggōng 图 坑夫,鉱山労働者
【矿井】kuàngjǐng 图 坑道,竪坑·斜坑の総称 [~火灾]坑内火災
【矿脉】kuàngmài 图 鉱脈
【矿泉】kuàngquán 图 鉱泉
**【矿泉水】kuàngquánshuǐ 图 ミネラルウォーター
【矿山】kuàngshān 图[座]鉱山
【矿石】kuàngshí 图 ①鉱石 [~收音机]鉱石ラジオ用の鉱石 [~收音机]鉱石ラジオ(一般に'~机'という)
【矿物】kuàngwù 图 鉱物 [~棉]石綿
【矿业】kuàngyè 图 鉱業

【况】(況) kuàng ⊗ ①様子,状態 [情~]状況 ②例える,比べる [以古~今]昔を今に例える ③まして,いわんや ④(K-)姓
*【况且】kuàngqiě 接 その上,まして

【贶】(貺) kuàng ⊗ 贈る

【框】 kuàng 图 ①(~儿)門や窓の枠 ♦扉や窓を取り付けるために壁にはめ込んだ枠 ②(~儿)(器物の)枠,縁 [镜~儿]額縁 [无~眼镜]ふちなし眼鏡 ③(旧読 kuāng)(活動を制約する)枠,(文字や図を囲む)囲み —动 ①(旧読 kuāng)①枠で囲む [用红线~起来]赤線で囲む ②(思想や行動を)制約する,枠をはめる [~得太死]厳しく縛りすぎる

【框架】kuàngjià 图 枠,枠組
【框框】kuàngkuang(旧読 kuāng-kuang)图 ①(字や図を囲む)枠 [画~]枠で囲む ②(制約する)枠組 [老~]旧来の枠
【框子】kuàngzi 图 小さめの枠 [眼镜~]めがねのフレーム

【眶】 kuàng ⊗ 目の縁 [眼~子]同前 [夺~而出](涙が)どっとあふれ出る

【亏】(虧) kuī 动 ①損をする,欠損を出す [~了二百元]200元損をする ②欠く,不足する [理~]道理を欠く,筋が通らない ③そむく,苦しめる [~不了liǎo 你]君をだましたりするもんか [~损]損失 [吃~]損をする [盈~]満ち欠け,利益と損失 —圃 ①さいわい,…のおかげで [~你提醒了我]君が注意してくれたおかげで… ②(冷やかし,あきれた感情を示して)よくもまあ [~你说得出口]よくそんなことが言えたもんだ
【亏本】kuī'běn 动 元手を割る,欠損を出す(圃[赔本])[[~订货]]出血受注(をする)
*【亏待】kuīdài 动 冷遇する,意地悪する
【亏得】kuīde 圃 ①さいわい,…のおかげで(圃[多亏])[[~大家帮忙]]さいわいみんなが手伝ってくれて… ②(冷やかし,あきれた感情を示して)…のくせに,よくもまあ [~你长这么大]いい年をしながら…
【亏负】kuīfù 动 (恩,期待,好意などに)そむく,義理を欠く,不満を与える
【亏空】kuīkong 图 赤字,借金 [拉~]借金をつくる [弥补~]赤字を埋める —动 赤字を出す,借金をつくる

【亏累】kuīlěi 动 赤字を重ねる, 欠損を続ける〚～了十万元〛累計赤字が10万元となった
【亏折】kuīshé 动 欠損を出す〚～本钱〛元手を割る
【亏蚀】kuīshí 动 ①月食が起こる, 日食が起こる ②欠損を出す, 元手を割る
*【亏损】kuīsǔn 动 ①欠損を出す, 赤字になる⇔赢利 ②身体をこわす, 虚弱になる
【亏心】kuīxīn 动 気がとがめる, やましく思う〚～事〛うしろめたい事柄

【岿(巋)】kuī ⊗ 〜然〛(书)高くそびえるさま

【盔】kuī ⊗ かぶと, ヘルメット〚钢～〛鉄かぶと〚帽～〛おわん帽
【盔甲】kuījiǎ 名〚身・副〛甲冑, よろいかぶと

【窥(窺*闚)】kuī ⊗ のぞき見る, ひそかにうかがう
【窥测】kuīcè 动(贬)ひそかに探る
【窥见】kuījiàn 动 見てとる, うかがい知る
【窥伺】kuīsì 动(贬)(动静などを)ひそかにうかがう
【窥探】kuītàn 动 スパイする, ひそかに探る〚～军事秘密〛軍事機密を探る

【奎】kuí ⊗ ①二十八宿の一, 奎宿(とかき星) ②(K-)姓
【奎宁】kuíníng 名【薬】キニーネ 同[金鸡纳霜]

【逵】kuí ⊗ 道路

【馗】kuí ⊗ '逵'に同じ, 多く人名に用いる

【葵】kuí ⊗ ①ヒマワリ〚向日～〛同前 ②アオイ〚蜀～〛タチアオイ
【葵花】kuíhuā 名 ヒマワリ 同[向日葵]
【葵花子】kuíhuāzǐ 名(～儿)ヒマワリの種 ◆庶民の日常的なおやつ

【揆】kuí ⊗ ①推測する〚～度 duó〛(书)推し量る

【暌】kuí ⊗ 隔たる, 離れる
【暌违】kuíwéi 动(书)遠く離れる, 離れて暮らす〚～数载〛一別以来数年がたちました

【睽】kuí ⊗ ①たがえる ②→〚众 zhòng 目～～〛

【魁】kuí ⊗ ①第一人者, 首座にある者〚罪～〛元凶 ②身体が大きい
【魁首】kuíshǒu 名 第一人者, 最も才能すぐれた者〚文章～〛文豪
【魁伟】kuíwěi 形 身体が大きく背が高く強そうな, 魁偉な
【魁梧】kuíwu 形同[魁伟]

【夔】Kuí ⊗ ①姓 ②夔州(現在の四川省奉節県一帯)

【傀】kuǐ ⊗ 以下を見よ
【傀儡】kuǐlěi 名 人形芝居の人形;(転)操り人形, 傀儡かいらい
【傀儡戏】kuǐlěixì 名 人形芝居 同[木偶戏]

【跬】kuǐ ⊗ 半歩〚～步〛(书)同前(多く比喩として)

【匮(匱)】kuì ⊗ 不足する〚～乏〛欠乏する

【溃(潰)】kuì ⊗ ①(水が堤防を)突き崩す〚～堤〛決壊する ②(包囲を)突破する〚～围〛(书)包囲を突破する ③(部隊が)敗れて散り散りになる, 壊滅する〚～败〛総崩れとなる ④(身体の組織が)ただれる, 腐る ⇨huì
【溃决】kuìjué 动 決壊する
【溃烂】kuìlàn 动 化膿する, 潰瘍かいようになる
【溃灭】kuìmiè 动(部隊が)全滅する, 壊滅する
【溃散】kuìsàn 动(部隊が)敗れて散り散りになる
【溃疡】kuìyáng 名 潰瘍かいよう〚胃～〛胃潰瘍

【馈(饋*餽)】kuì ⊗ 贈り物をする
【馈赠】kuìzèng 动 贈り物をする 同[馈送]

【篑(簣)】kuì ⊗ もっこ, 土運びかご〚功亏一～〛九仞の功を一簣きに欠く

【聩(聵)】kuì ⊗ 耳が聞こえない

【愧(*媿)】kuì ⊗ 恥じる, 良心に責められたらる〚～汗〛(书)汗顔の至りだ〚羞～〛恥じ入る
【愧恨】kuìhèn 动 自分を恥じ悔む
【愧疚】kuìjiù 形(书)やましい, 忸怩じくじ
【愧色】kuìsè 名 慚愧ざんきの表情, 恥じ入る風〚面有～〛恥じ入った面持ちを浮かべる

【喟】kuì ⊗ 嘆息する〚～然长叹〛長いため息をつく
【喟叹】kuìtàn 动(书)慨嘆する

【坤】kūn ⊗ ①坤えん(八卦はっかの一, 地を表わす)◆人名で'堃'と書くこともある ②女性〚～表〛婦人時計〚～角儿 juér〛旧時の芝居の女優

【昆】kūn ⊗ ①兄〚～弟〛(书)兄弟 ②子孫, 跡継

ぎ [后~] 跡継ぎ
*【昆虫】kūnchóng 图 [只] 昆虫
【昆曲】kūnqǔ 图 地方劇の一, 昆曲
【昆仲】kūnzhòng 图 《敬》(他人の) 兄弟

【崑】 Kūn ⊗ [~仑 lún] 崑崙山脈(今は'昆仑'と書く)

【琨】 kūn ⊗ 美しい玉

【鲲】(鯤) kūn ⊗ 古代伝説の中の巨大な魚, 鯤

【鲲鹏】kūnpéng 图 伝説中の巨大な魚と巨大な鳥

【髡】 kūn ⊗ 古代の刑罰のひとつ, 男子の髪を剃る

【捆】(*綑) kǔn 動 束ねる, 縛る [[~麦子] 麦を束ねる [~行李] 荷物を縛る 一量 薪など束になったもの, 縛ったものを数える

*【捆绑】kǔnbǎng 動 (人を) 縛る
【捆扎】kǔnzā 動 (物を) 一つに縛る, 束ねる

【悃】 kǔn ⊗ 真心の [谢~]《書》心からの謝意

【阃】(閫) kǔn ⊗ ① 敷居 ② 女性の部屋

【困】 kùn 動 ① 困る, 窮する [~在外地] 異郷で困り果てる ② 困らせる, 苦しめる [为病所~] 病気に苦しむ ③ 包囲する, 囲いこむ [~守] (包囲の中で) 死守する

【—】(睏) 動《方》眠る [~觉 jiào] 眠る 形 (疲れて) 眠い [~死我了] 眠くてたまらない [发~] 眠くなる

【困惫】kùnbèi 形《書》くたびれ果てた, 疲労困憊した
【困处】kùnchǔ 動 動きがとれずにいる, 困難な状況下にある [~一隅] にっちもさっちも行かない状態でいる
【困顿】kùndùn 形 ① くたびれ果てた, ひどく疲れた ② 生活が苦しい, よくよく困った
【困乏】kùnfá 形 ① 疲れた ② 暮らしが苦しい
【困惑】kùnhuò 動 困惑する, とまどう [~不解] わけがわからない
【困境】kùnjìng 图 困境, 苦しい立場 [陷入~] 苦境に陥る
【困倦】kùnjuàn 形 (疲れて) 眠い
【困苦】kùnkǔ 形 生活が苦しい
*【困难】kùnnan 图 困難, 難儀 [克服~] 困難を克服する 一形 ① 困難な, 難しい ② 貧しい, 暮らしが苦しい
【困扰】kùnrǎo 動 困らせる
【困兽犹斗】kùn shòu yóu dòu《成》(動物が追いつめられてもなお歯向かう >) 追いつめられての悪あがき

【扩】(擴) kuò ⊗ 拡大する, 広げる

*【扩充】kuòchōng 動 拡充する [~设备] 設備を拡充する
【扩大】kuòdà 動 拡大する (⊗ [缩小]) [~范围] 範囲を広げる
【扩建】kuòjiàn 動 (事業施設を) 拡張する [~校舍] 校舎を拡張する [~工程] 拡張工事
【扩军】kuòjūn 動 軍備を拡充する
【扩散】kuòsàn 動 拡大分散する, 拡散する [~谣言] デマをまき散らす
【扩胸器】kuòxiōngqì 图《体》エキスパンダー ⑩ [拉力器]
【扩音机】kuòyīnjī 图 [台・只] 拡声機, ラウドスピーカー
【扩展】kuòzhǎn 動 拡大する, 拡張する (⊗ [收缩])
*【扩张】kuòzhāng 動 (領土・勢力等を) 拡大する, 拡張する [~势力] 勢力を広げる [~主义] 領土拡張主義

【括】 kuò ⊗ 包括する, 一つにまとめる [总~] 総括する

【括号】kuòhào 图 ① 《数》かっこ, ( ) [ ] { }の3種 ②《语》かっこ, ブラケット ◆( ) [ ] などの
【括弧】kuòhú 图 ① 丸がっこ ②《语》⑩ [括号]
【括约肌】kuòyuējī 图《生》括約筋 ⑩ [括约筋]

【蛞】 kuò ⊗ 以下を見よ

【蛞蝓】kuòyú 图 [只] ナメクジ ⑩ [鼻涕虫]

【阔】(闊*濶) kuò 形 豊かな, 金のある, 豪勢な ⊗ ① 広い [辽~] 広々とした ② 時間・距離が長い

【阔别】kuòbié 動 長く別れる [~多年] 一別以来はや幾歳
【阔步】kuòbù 動 闊歩する, 大またに歩く [昂首~] 胸を張って歩く
【阔气】kuòqi 形 豪勢な, ぜいたくな [摆~] 金持ちをひけらかす
【阔少】kuòshào 图 金満家の子弟, 金持ちのお坊ちゃま
【阔叶树】kuòyèshù 图《植》広葉樹 ⑩ [针叶树]

【廓】 kuò ⊗ ① 物のへり, ふち [轮~] 輪郭 ② 広々とした

【廓落】kuòluò 形《書》広々として静まり返った, がらんとした
【廓清】kuòqīng 動 ① (混乱状態を) 粛正する ② (事実などを) はっきりさせる

L

〘垃〙 lā ⊗以下を見よ

【垃圾】 lājī [名] ごみ，塵芥 〚倒 dào～〛ごみを捨てる ［～邮件］スパムメール

★**【垃圾桶】** lājītǒng [名] ごみ箱 [同]［垃圾箱］

【拉】 lā [動] ① 引き寄せる，引きつける ② 荷車で運ぶ ③ 部隊などを引率して移動する ④（胡弓，アコーディオンなどを）奏でる〚～小提琴〛バイオリンを演奏する ⑤ 引き伸ばす ⑥ 巻き添えにする ⑦ 手助けをする〚要～他一把〛彼に救いの手を ⑧ 人を引き込む，コネをつける〚～买卖〛顧客をつくる ⑨ 大便をする［～屎］同前
⇨lá

【拉扯】 lāche [動] ①《口》引き留める ② 苦労して育てる〚把他～大了〛彼を育てあげた ③ 結託する，仲間に引き入れる ④ 世間話をする ⑤ 巻き添えにする ⑥ 引き立てる，援助する

【拉倒】 lādǎo [動]《口》打ち切る，ご破算にする

【拉丁】 Lādīng [名]《訳》ラテン［～美洲］ラテンアメリカ［～字母］ローマ字

【拉肚子】 lā dùzi [動]《口》腹を下す

【拉钩】 lā'gōu [動] 指切りする

【拉关系】 lā guānxi [動]〘一般に悪い意味で〙近づきになる，コネをつける

【拉后腿】 lā hòutuǐ [動] 足を引っぱる，お荷物になる

【拉祜族】 Lāhùzú [名] ラフ族 ♦中国少数民族の一，雲南省に住む

【拉家带口】 lā jiā dài kǒu《成》一家を抱えて苦労する

【拉交情】 lā jiāoqing [動] 取り入る，懇意になろうとする

【拉脚】 lā'jiǎo [動] 荷車で人や物を運ぶ

【拉锯】 lā'jù [動] ①（二人用の）のこぎりを引く（一人が押すときもう一人が反対側で引っぱる）② 双方で取ったり取られたり（押したり押されたり）を繰り返す［～战］シーソーゲーム

【拉拉队】 lālāduì [名]〔支〕応援団

【拉力】 lālì [名] ①〖理〗引っぱり強さ ② 物にかかる引っぱる力［～器］エキスパンダー

【拉链】 lāliàn [名] ファスナー，チャック（[同]［拉锁］）〚拉开（扣上）～〛チャックを開ける（閉める）

【拉拢】 lālong/lālǒng [動]《貶》仲間に引き込む

【拉平】 lāpíng [動] 平均する，（得点などが）均等になる〚拉不平〛均等にできない

【拉纤】 lā'qiàn [動] ① 船を岸から綱で引く（主に川を遡るとき）② 仲介する，斡旋する

【拉手】 lā'shǒu [動] ① 握手する ② 手を結ぶ
—— lāshou [名]（ドアなどの）取っ手

【拉锁】 lāsuǒ [名]（～儿）ファスナー，チャック [同]［拉链］

【拉稀】 lā'xī [動] 腹を下す

【拉下脸】 lāxià liǎn [動] ①《口》情実をはさまない，他人の気持ちを顧みない ② 不機嫌な顔をする，仏頂面をする

【拉洋片】 lā yángpiān [動] のぞき眼鏡を見せる ♦民間の娯楽の一

【拉杂】 lāzá [形] まとまりがない，乱雑である〚拉拉杂杂谈了很多〛よもやま話をした

〘啦〙 lā ⊗→［哩哩～～ līlilālā］
⇨la

〘邋〙 lā ⊗［～遢 ta］だらしない，きびきびしていない

〘旯〙 lá ⊗→［旮 gā～儿］

【拉（*剌）】 lá [動]（刃物で）割くように切る，切り傷をつける
⇨lā

〘喇〙 lǎ ⊗以下を見よ

★**【喇叭】** lǎba [名] ① ラッパ〚吹～〛ラッパを吹く ② ラウドスピーカー［～筒］メガホン

【喇叭花】 lǎbahuā [名] アサガオ

【喇嘛】 lǎma [名]〖宗〗ラマ教の僧侶

【喇嘛教】 Lǎmajiào [名]〖宗〗ラマ教，チベット仏教 ♦正式には‘藏 zàng 传佛教’という

〘剌〙 là ⊗（性格などが）ひねくれた［～戾］同前

〘瘌〙 là ⊗［～痢 lì/li］《方》しらくも（白癬）

〘蝲〙 là ⊗［～蛄 gǔ］ザリガニ［～～蛄（拉拉蛄）］ケラ

【落】 là [動] ① 言い落とす，書き落とす ② 置き忘れる ③ 遅れる〚别～下〛落伍するなよ
⇨lào, luò

〘腊（臘）〙 là ⊗ ① 旧暦12月の別称 ② 冬（多くは旧暦12月）につくった魚，豚肉，鳥肉等の干物や薫製 ③（L-）姓

【腊八】 Làbā [名]（～儿）旧暦12月8日のこと ♦旧暦による生活ではこの日から歳末が始まる

【腊八粥】 làbāzhōu [名]〖食〗米や豆などの穀類とナツメ，クリ，ハスの実などを煮て作った粥〚喝～〛‘腊八粥’を食べる

【腊肠】làcháng [名] ソーセージ，腸詰
【腊梅】làméi [名]〖植〗臘梅
【腊月】làyuè [名] 旧暦の12月

【蜡(蠟)】là [名] ① 蠟(動物性，植物性両方を含む)［～人］蠟人形 ②〔支〕ろうそく

【蜡版】làbǎn [名] ガリ版用の切り終えた原紙
【蜡笔】làbǐ [名]〔支·根〕クレヨン
【蜡黄】làhuáng [形] 土気色の(顔色など)，淡い黄色の(琥珀など)〖脸色～～的〗顔が土気色だ
【蜡疗】làliáo [名]〖医〗パラフィン療法
【蜡扦】làqiān [名] (～儿) ろうそく立て
【蜡染】làrǎn [名] ろうけつ染め
【蜡纸】làzhǐ ①[名] パラフィン紙 ② ガリ版原紙
★【蜡烛】làzhú [名]〔支〕ろうそく〖点上～〗ろうろくをともす

L

【辣】là [形] ① 味がぴりぴり辛い ② 辛くて(口や鼻などが)ひりひりする ③ 残忍な，無情な

【辣乎乎】làhūhū [形] (～的) ① 焼けるように辛い ② 焦りや心配でじりじりする
【辣酱】làjiàng [名] 辛子味噌
★【辣椒】làjiāo [名] 唐辛子
【辣手】làshǒu [名] むごいやり方，あくどい仕掛け〖下～〗悪辣な手を使う ━ [形]《方》手にあまる，(対処するのが)厄介きわまる
【辣子】làzi [名] 唐辛子

【镴(鑞 *鑞)】là [名]〖工〗はんだ(通常'锡～ xīla''焊锡 hànxī'という)

【啦】la [助] 語気助詞の'了 le'と'啊 a'が複合したもの，状況の変化の語気に親しみ，感嘆，疑問などの語気が加わる．また列挙する場合にも使う〖着火～！〗火事だ！〖书～，报纸～，杂志～…〗本やら新聞やら雑誌やら…
⇨lā

〖鞡〗la ⊗［靰 wù～］防寒靴 [同]［乌 wù 拉］

【来(來)】lái [動] ① 来る([反]［去］)〖～日本〗日本に来る〖～客人了〗客が来た ② (問題や事柄が) 生じる ③ 具体的な動作を表わす動詞の代わりをする〖又～了〗(いつもの癖が) また始まった〖再～一个〗もう一丁，アンコール ④〔他の動詞の前で〕積極的にある事をしようとする姿勢を示す〖大家～想办法〗みんなで知恵を絞ろう ⑤〔他の動詞句の後で〕その動詞句の動作をするために来たことを示す〖我们报喜～了〗いい知らせを持ってきたよ ⊗ ① 理由を列挙する〖一～…二～…〗一つには…のため，二つには…のため ② (L-) 姓
—— -lái/-lai [動] ①〔方向補語として〕話し手に近づく動作を示す〖过～〗こっちへおいで〖进教室～〗教室に入ってくる〖借～一本书〗本を一冊借りてくる ②〔'…来…去'の形で〕動作の反復を表わす〖飞～飞去〗飛びかう ③〔結果補語として〕「…してみると」の意を表わす〖说～话长〗話せば長いことになる ④〔可能補語として〕能力があるか否か，また感情的に打ち解けうるか否かを示す〖唱不～〗歌えない〖谈得～〗話が合う

【来宾】láibīn [名]〔位〕来賓，招待客
【来不得】láibude [動] あってはならない，許されない〖～半点的虚伪〗いささかの虚偽も許されない
★【来不及】láibují [動] (時間的に) 間に合わない〖已经～了〗もう間に合わないよ〖～坐车了〗バスに間に合わない
【来潮】lái▾cháo [動] ① 潮が満ちてくる ② 月経が始まる
【来到】láidào [動] 到着する，やって来る〖你们终于～了〗やあ，とうとう来たね
★【来得及】láidejí [動]〔多く'还，都，也'を前置して〕(時間的に) 間に合う
【来复枪】láifùqiāng [名]〔支〕ライフル銃
【来函】láihán [名]《書》貴信，お手紙
【来亨鸡】láihēngjī [名]〖鳥〗レグホン種の鶏(産卵用に飼う)
【来回】láihuí [動] ① 往復する ② 何度も行き戻りする ━ [名] (～儿) 往復〖每天打两个～儿〗毎日2往復する
【来回来去】lái huí lái qù [動] 同じ動作や言葉を繰り返す〖～地说〗同じことをくどくどと言う
【来回票】láihuípiào [名] 往復切符 [同]［往返票］[反]［单程票］
【来劲儿】lái▾jìnr [動]《方》勢いづく，調子が出る
★【来历】láilì [名] 人の経歴や素性，事物の歴史や背景，いわく，来歴〖～不明〗素性が知れない
【来临】láilín [動] やって来る
【来龙去脉】lái lóng qù mài《成》事のてんまつ，詳しいいきさつ
【来路】láilù [名] ① こちらへ来る道筋 ② 物の出どころ
—— láilu [名] 来歴，素性〖～不明〗素性が知れない，怪しい
【来年】láinián [名] 来年 [同]［明年］
【来人】láirén [名] (話し手が派遣した) 使いの者
【来日方长】láirì fāng cháng《成》まだ先は長い ♦ 事を成すに十分な時

間があるという語気を持つ
【来势】láishì [名] 勢い
【来头】láitou [名] ①（～儿）経歴や背後の力〖～不小〗強いバックがついている ②（発言などの背後にある）動機や原因 ③（～儿）おもしろ味
【来往】láiwǎng [動] ①往来する，通行する ②交際する，接触を持つ
【来信】láixìn [名]〔封〕よそから来た手紙
—— lái▾xìn [動] 手紙を寄こす
【来意】láiyì [名] 来意，用向き
【来由】láiyóu [名] 原因，理由
*【来源】láiyuán [名] 来源，出どころ —[動]〔'～于' の形で〕～に起源がある
【来者不善，善者不来】 lái zhě bú shàn, shàn zhě bù lái《成》やって来たのはろくな用向きじゃない ♦借金取りや苦情の申し入れなど，話し手に不都合な来訪者があった場面に使う
【来着】láizhe [助]〔文末に置いて回顧の気分を示し〕…であった，…していた〖那时他们怎么受苦～〗あの頃彼らはどんなに苦労していたことか
【来之不易】lái zhī bú yì《成》（この成果は）あだな辛苦で手に入れたのではない
**【来自】láizì [動]〔出発点を表わす名詞を伴い〕…から来る〖～上海〗上海より到来

〖莱(萊)〗 lái [×] 以下を見よ
【莱塞】láisài [名]《訳》レーザー光線 ♦今は '激光' という

〖徕(徠)〗 lài [×] 労をねぎらう ♦'招徕'（招き寄せる）では lái と発音

【赉(賚)】 lài [×] 賜る

【睐(睞)】 lài [×] 見る→［青 qīng 睐］

【赖(賴)】 lài [動] ①居据わる，その場にへばりつく ②責任逃れをする，ミスを認めない ③言いがかりをつける，誣いる ④責める，叱る —[形]《口》悪い〖味道也不～〗味もなかなかだ
[×] ①頼る，依存する ②（L-）姓
【赖皮】làipí [名] やくざな行為，恥知らずな手口〖耍～〗ごろつきじみた真似をする
【赖账】lài▾zhàng [動] ①借金を踏み倒す ②否認する，前言を翻す

〖濑(瀨)〗 lài [×] 早瀬

【癞(癩)】 lài [名]〖医〗①らい病 ②《方》しらくも [同]［瘌痢］
【癞蛤蟆】làihámá [名]〖動〗〔只〕ガマ
【癞蛤蟆想吃天鹅肉】làihámá xiǎng chī tiān'é ròu《俗》（ガマが白鳥の肉を食いたがる＞）身のほど知らずの野望を起こす
【癞皮狗】làipígǒu [名]〔条・只〕①疥癬かいせんかきの犬 ②鼻持ちならぬ奴，恥知らず

〖籁(籟)〗 lài [×] ①古代の管楽器の一 ②音（主に穴を通して出る）［天～］風の音

【兰(蘭)】 lán [名]〖植〗ラン
【兰草】láncǎo [名]〖植〗①フジバカマ ②シュンラン（春蘭）の俗称
【兰花】lánhuā [名]〖植〗①シュンラン（春蘭） ②スルガラン

【拦(攔)】 lán [動] 阻む，遮る〖把他～住〗彼の行く手を阻む
【拦道木】lándàomù [名] 遮断機，通行止めの横棒
【拦柜】lánguì [名] 営業カウンター，ショーケース
【拦河坝】lánhébà [名]〔道・座〕（川に築いた）ダム
【拦截】lánjié [動] 通過を阻む，途中でくい止める
【拦路】lán▾lù [動] 通行を遮る
【拦路虎】lánlùhǔ [名] ①追いはぎ ②前進・進歩を阻むもの，障害物
【拦网】lánwǎng [動]（バレーボールで）ブロックする
【拦鱼栅】lányúzhà [名] 生け簀すの囲い
【拦阻】lánzǔ [動] 阻む，遮る

【栏(欄)】 lán [名]〔量詞的に〕新聞雑誌の欄，表や書類の欄〖第一版共分六～〗第1面は6個の欄に分かれている［广告～］広告欄［专～］コラム
[×] ①欄干，手すり，ハードル ②家畜を囲う柵
【栏杆】lángān [名]〔副・排〕欄干，手すり
【栏柜】lánguì [名] 営業カウンター [同]［拦柜］
*【栏目】lánmù [名] 新聞雑誌の欄

〖岚(嵐)〗 lán [×] 山中の霧，霞かすみ，靄もや［晓～］朝もや

〖婪〗 lán [×]→［贪 tān ～］

〖阑(闌)〗 lán [×] ①（1年や1日などの時の区切りの）終わりに近い，遅い ②欄干 ③遮る
【阑珊】lánshān [形]《書》尽きる寸前の，衰えがひどい
【阑尾炎】lánwěiyán [名]〖医〗盲腸炎 [同]《口》［盲肠炎］

lán 一

【谰】(讕) lán ① 誣いる, 誹謗する ② しらを切る

【澜】(瀾) lán ⊗ 大波, 波浪 [力挽狂~] 危機的状況を立て直す

【斓】(斕) lán ⊗ →[斑 bān ~]

【襕】(襴) lán ⊗ (古代の) 上下ひとつながりの服

【蓝】(藍) lán 圏 青色の 一圏 [植] アイ ⊗ (L-) 姓

【蓝宝石】lánbǎoshí 图 [鉱] サファイア

【蓝本】lánběn 图 [文] 藍本, 底本

【蓝点颏】lándiǎnké 图 [鳥] オガワコマドリ ♦ 雄は特に声が美しい, 一般に'蓝靛颏儿'という

【蓝靛】lándiàn 图 ① 藍色の染料.'靛蓝'の通称 ② 藍色

【蓝光】lánguāng 图 ブルーレイ (Blu-ray)

【蓝皮书】lánpíshū 〔份〕青書 (イギリス議会などのブルーブック) 卿 [白皮书]

【蓝色】lánsè 图 青色

【蓝田猿人】Lántián yuánrén 图 [考] 藍田人 ♦ シナントロプス・ランティエンシス. 陝西省藍田県で化石が発見された

【蓝图】lántú 图 ①[张・份] 青写真, 青焼き ②[幅] 建設プラン ③ 未来の構想

【蓝牙】lányá 图 ブルートゥース (Blue tooth)

【褴】(襤) lán ⊗ 以下を見よ

【褴褛】(蓝缕) lánlǚ 圏 [書] (衣服が) おんぼろである [~不堪] ほろぼろの身なりをしている

【篮】(籃) lán ⊗ ① 手かご [菜~儿] 買物かご ② バスケットボールのゴールネット [投~儿] シュートする

【篮球】lánqiú 图 [体] バスケットボール

【篮子】lánzi 图 手かご

【览】(覽) lǎn ⊗ 見る [游~] 遊覧する

【揽】(攬) lǎn 動 ① 抱き寄せる [怀里~着孩子] 子供を胸に抱く ② (一つに) しばる ③ 引き受ける [~生意] 注文を取ってくる [~活儿] 仕事を引き受ける ④ 掌握する, 独占する [~权] 権力を握る

【缆】(纜) lǎn 图 ① [条・根] ともづな, 係留ロープ [解~] ともづなを解く ② ケーブル 一動 ロープで係留する

【缆车】lǎnchē 图 [辆] ケーブルカー

【榄】(欖) lǎn ⊗ →[橄 gǎn ~]

【漤】 lǎn 動 ① (生の魚, 肉, 野菜を) 塩などに加えてかきまぜる ②(柿を石灰水につけて) 渋抜きする

【罱】 lǎn 图 魚や川底の泥, また水草をすくう網 (交差した 2 本の竹竿の先に網が貼り付けてあり, 両手で操作する) 一動 同上の網ですくう [~河泥] '罱'で川底の泥をすくう

【罱泥船】lǎnníchuán 图 川底の泥くいに使う船 ♦ 泥は肥料にする

【懒】(懶 *嬾) lǎn 圏 ① 怠惰な, 無精な ② だるい, ものうい

【懒虫】lǎnchóng 图 [口] 怠け者

【懒得】lǎnde 動[動詞の前で] …するのがおっくうだ [~出去] 外出がおっくうだ

【懒惰】lǎnduò 圏 怠惰な, 無精な

【懒汉】lǎnhàn 图 怠け者, 無精者

【懒婆娘的裹脚布】(, 又臭又长) lǎnpóniáng de guǒjiǎobù(, yòu chòu yòu cháng) 《俗》(ぐうたら女の纏足布) <くさくて長い> (話や文章が) 長くておまけにくだらない

【懒散】lǎnsǎn 圏 だらけた

【懒洋洋】lǎnyángyáng 圏 (~的) 元気がない, だらだらしている

【烂】(爛) làn 動 腐る 一 圏 ①(煮すぎ, あるいは水を吸って) ふにゃふにゃした ② おんぼろの ③ 乱雑な

【烂漫】(烂熳) lànmàn 圏 ① 色美しく輝いている ②(人柄が) 飾り気がない [天真~] 天真爛漫な

【烂泥】lànní 图 どろ

【烂熟】lànshú 圏 ① よく煮えている ② よく知っている, 熟達している

【烂摊子】làntānzi 图 めちゃめちゃでどうしようもない状態 (あるいは会社など)

【烂醉】lànzuì 圏 へべれけに酔った

【滥】(濫) làn 圏 度を越えている, 決まりがない ⊗ 氾濫する

【滥调】làndiào 图 (~儿) 浮ついて中味の乏しい言辞や論調

【滥觞】lànshāng 图 [書] 物ごとの始まり, 起源 ♦ 本来は河川の源の意 一動 [~于]'~干'の形で] …に起源する [~于唐] 唐代に始まる

【滥用】lànyòng 動 乱用する

【滥竽充数】làn yú chōng shù 《成》素人が専門家集団にまぎれ込んだり, 不良品を上製品に混入したりして, 員数を合わせること ♦ 斉の宣王のとき, 南郭先生が竽 (楽器の一種) を吹けないのに楽隊に加わって人員

を満たした故事から

【啷】lāng ⊗ → [哐 kuāng～]

【郎】láng ⊗ ❶ 女性から夫や恋人に対する旧時の呼称 ♦伝統အや俗曲の中では単用 ❷ 老い人に対する旧時の呼称 [牛～] 牛飼い [女～] 若い女性 ❸ 昔の官名 [礼部侍～] 礼部侍郎 ❹(L-) 姓 ♦ '屎壳郎 (センチコガネ)' は shǐkelàng と発音することも

【郎才女貌】láng cái nǚ mào 《成》男は才能，女は美貌；似合いのカップル

【郎当】lángdāng 形 ❶ 服が身体に合わない ❷ しょぼくれている ― 擬 金属がぶつかる音を表わす ('锒铛' とも書く)

【郎猫】lángmāo 名《口》雄猫

【郎中】lángzhōng 名《方》漢方医

【廊】láng ⊗ ❶ 屋根のある通路 [走～] 廊下

【廊子】lángzi 名 軒下の通路，屋根のある通路

【榔】láng ⊗ 以下を見よ

【榔槺】lángkang 形《方》(器物が) 重くてかさばる

【榔头(鄉头)】lángtou 名 とんかち，金づち

【螂】láng ⊗ → [螳 táng～] [蟑 zhāng～] [蜣 qiāng～]

【狼】láng ⊗ 〔条・只〕オオカミ

*【狼狈】lángbèi 形 動きがとれない，困り切っている

【狼狈为奸】lángbèi wéi jiān《成》結託して悪事をはたらく

【狼奔豕突】láng bēn shǐ tū《成》(悪い連中が) さんざん乱暴する

【狼毫】lángháo 名〔支〕イタチの毛で作った毛筆

【狼藉(狼籍)】lángjí 形《书》乱雑きわまる

【狼吞虎咽】láng tūn hǔ yàn《成》がつがつむさぼり食う，貪欲に領地や財貨を奪う

【狼心狗肺】láng xīn gǒu fèi《成》心根が険険残忍きわまりない

【狼烟四起】lángyān sì qǐ《成》(のろしが四方からあがる>) あちこちで戦雲が急を告げる

【狼子野心】lángzǐ yěxīn《成》(オオカミは子供でも野獣の本性を持つ>) 悪人の凶悪な本性は改まらない

【琅(瑯)】láng gān ⊗ [～玕]《书》美しい石→ [琳 lín～]

【朗】lǎng ⊗ ❶ 明るい，光が満ちている ❷ 声がよく通る

*【朗读】lǎngdú 動 朗読する

【朗诵】lǎngsòng 動 朗誦する

【烺】lǎng ⊗ 明朗な

【浪】làng 動《方》《贬》あちこちぶらつく ⊗ ❶ 波浪 [波～] 波 ❷ 波浪状に起伏するもの ❸ 拘束されない，放蕩気ままな

【浪潮】làngcháo 名 社会的気運，大衆行動の高まり

【浪荡】làngdàng 動 ぶらぶら暮らす，遊びほうける ― 形 だらしない，勝手気ままである

【浪费】làngfèi 動 浪費する

【浪花】lànghuā 名 ❶ 波しぶき ❷ 生活の中で起こる波風

【浪迹】làngjì 動《书》漂泊する

*【浪漫】làngmàn 形 ❶ ロマンチックである ❷ 男女関係がだらしない

【浪漫主义】làngmàn zhǔyì 名 ロマンチシズム，浪漫主義

【浪涛】làngtāo 名 大波，波涛はうとう[～滚滚] 怒濤さかまく

【浪头】làngtou 名 ❶《口》波浪 ❷ 社会の風潮，潮流 [赶～] 流行を追う

【浪游】làngyóu 動 あちこち遊び回る

【浪子】làngzǐ 名 不良息子，放蕩児

【浪子回头金不换】làngzǐ huí tóu jīn bú huàn《俗》放蕩息子の改心は金に換え難い

【阆(閬)】Làng ⊗ [～中] 閬中 (四川省)

【捞(撈)】lāo 動 ❶ (水その他の液体から) すくう，とり得る [～一把] 不正にひと儲けする ❸《方》ついでに (手に) 取る

【捞本】lāo*běn 動 (～儿) ❶ 賭博で負けを取り返す ❷ 手段を弄して損失を埋め合わせる

【捞稻草】lāo dàocǎo 動《贬》わらにすがる，最後のあがきをする

【牢】láo 名 監獄，牢屋 [关进～里] 牢に入れる [坐～] 牢につながれる ― 形 長持ちする，しっかりしている [～～记住] しっかり記憶する ⊗ 家畜の囲い

【牢不可破】láo bù kě pò《成》牢固として破りがたい

【牢房】láofáng 名〔间・座〕牢屋，監獄

【牢固】láogù 形 堅固である，揺るぎない

【牢记】láojì 動 銘記する，しっかり覚える

【牢靠】láokào 形 ❶ しっかりできている，頑丈である ❷ 危なげない，信頼してよい

【牢笼】láolóng 名 ①鳥獣用の檻、かご；(転)因習や通念など人を束縛するもの ②わな『堕入～』わなにはまる 一動『書』①束縛する ②籠絡する、丸め込む

*【牢骚】láosao/láosāo 名 むしゃくしゃした気分(を吐き出す)、不平不満(を言う)『发～』ぐちをこぼす

【牢狱】láoyù 名［所・座］牢屋、監獄

【劳(勞)】láo 動(挨)煩わせる『～你帮个忙』ちょっと手伝ってくれないか ①働く ②労苦 ③功労、貢献 ④(L-)姓

【劳保】láobǎo 名［労動保険］の略

【劳瘁】láocuì 形［書］くたびれている、過労状態にある

*【劳动】láodòng 名 ①労働(する) ②肉体労働(をする)

【劳动保险】láodòng bǎoxiǎn 名 労働保険(失業、疾病、養老等を含めていう)

【劳动改造】láodòng gǎizào 名 労働と教育を通じて受刑者を更生させる制度

【劳动节】Láodòng Jié 名 メーデー(中国では祝日)囫［五一］［五一劳动节］

【劳动力】láodònglì 名 ①労動能力 ②(おとな一人の)労動力、人手『～不足』人手が足りない

【劳动模范】láodòng mófàn 名 労働模範(業務成績が優秀な人物に与えられる称号)

【劳动日】láodòngrì 名 ①働く日、出勤日 囫［休息日］ ②就業日数、労働日(労働時間の計算単位で、一般に8時間)

【劳乏】láofá 形 くたびれている、過労でけだるい

【劳方】láofāng 名 (労使関係の)労働者がわ 囫［资方］

【劳改】láogǎi 名(略)［労動改造］

*【劳驾】láo'jià 動(挨)「御出馬を願う」の意から)お手数ですが…、ご苦労さん『～, 请让让路』すみません、ちょっと道をあけてください

【劳军】láo'jūn 動 軍隊を慰労する

【劳苦】láokǔ 形 疲れてつらい

【劳累】láolèi 形 過労でぐったりの

【劳力】láolì 名 ①労働力、人手 ②労力『省 shěng～』労力を省く

【劳碌】láolù 動 あれやこれやに追い回される、忙殺される

【劳民伤财】láo mín shāng cái (成) 民を苦しめ財貨を涸らす、金と労働力を浪費する

【劳模】láomó 名(略)［労動模范］

【劳神】láo'shén 動 気を遣う、頭を悩ませる

【劳役】láoyì 名 労役『服～』労役に服する 一動 (牛馬などを)使役する『这匹马还能～一两年』この馬はあと1、2年は使える

【劳资】láozī 名 労働者と資本家、労働者がわと使用者がわ『～关系』労使関係

【劳作】láozuò 動 体を動かして働く、肉体労働をする 一名(旧)(小学校の課目の)手芸、工作

【唠(嘮)】láo ⊗ 以下を見よ ⇨lào

*【唠叨】láodao ぺちゃくちゃしゃべる、くどくど話す

【崂(嶗)】Láo ⊗ 以下を見よ

【崂山(嶗山)】Láoshān 山東省青島近くにある山『～水』"崂山"から湧く良質のミネラルウォーター

【痨(癆)】láo ⊗ 结核［肺～］肺結核［肠～］腸結核

【痨病】láobìng 名(中国医学で)結核

【醪】láo ⊗ 濁り酒

【老】lǎo 形 ①年をとっている 囫［年轻］ ②(古くからあって、年季が入って)価値が増す 囫［新］『～朋友』親友 ③古いことで価値が落ちる、古くさい、古びている 囫［新］『～脑筋』硬化した頭 ④(野菜が)育ち過ぎている 囫［嫩］ ⑤火かげんが強い『炒得太～』炒め過ぎる ⑥兄弟順が一番年下の『～儿子』末っ子『～姑娘』末娘 一副 ①長いあいだ『～没见他了』久しく彼に会わない『～惦念着你们』いつも君たちの身を案じている ③(方)非常に、大変 一動(口)(「～了」の形で)亡くなる、死ぬ 一名 ①囫姓、兄弟姉妹の順や一部の動植物名の前に加える『～赵』趙さん『～大』長男または長女 ②老人◆老に後置すると敬意を帯びる ③(L-)姓

*【老百姓】lǎobǎixìng 名(口)民衆、一般大衆

*【老板】lǎobǎn 名 商店や工場など私企業の所有者、また経営者

【老板娘】lǎobǎnniáng 名 "老板"の妻、おかみさん

【老伴】lǎobàn 名 (～儿)老年夫婦の一方、連れ合い

【老辈】lǎobèi 名 年長者、老世代の人 囫［长辈］囫［晚辈］

【老本】lǎoběn 名 (～儿)元手『输光～』すってんてんに元手をする

【老鼻子】lǎobízi (方)『～了』の形で)とても多い

【老兵】lǎobīng 名 古参兵、ベテラン、年季の入った人

【老病】lǎobìng 图 持病
【老巢】lǎocháo 图 ① 鳥の古巣 ② 匪賊ゾなどの根じろ
【老成】lǎochéng 老成している,落ち着きがある
【老搭档】lǎodādàng 图 多年の同僚,気心知れた仕事仲間
【老大】lǎodà 图 ① 総領,長子(男女を問わない) ②《方》(木造船の)船頭 一 图《書》年老いている
【老大哥】lǎodàgē 图 兄貴 ◆同年代の年長の男子に対する親しい敬称
【老大娘】lǎodàniáng / lǎodàniáng 图《口》(多く知り合いでない老婦人への尊称)おばあさん,ご隠居さん
【老大爷】lǎodàye 图《口》(多く知り合いでない老人男子への尊称)おじいさん,ご隠居さん
【老旦】lǎodàn 图 伝統劇のふけ女形
【老当益壮】lǎo dāng yì zhuàng《成》老いてますます盛ん
【老底】lǎodǐ 图 (〜儿)個人の内情,後ろ暗い過去,事の内幕
【老弟】lǎodì 图 ① 年下の男子に対する親しみを込めた呼称 ②《方》弟
【老调】lǎodiào 图 聞きあきた議論,決まり文句
【老调重弹】lǎo diào chóng tán《成》(古い調べの弾き直し>)古くさい理論や主張を再び持ち出す 𠇋[旧調重弾]
【老掉牙】lǎodiàoyá 形 ① 古くさい,時代遅れの,古ぼけた ② 老いぼれた
【老豆腐】lǎodòufu 图 (にがりで固めたふつうの)とうふ
【老公】lǎogōng 图《方》夫
【老古董】lǎogǔdǒng (lǎogúdǒng と発音) 图 骨董品,古物;(転)時代遅れの石頭
【老鸹】lǎogua 图《方》[只] カラス 𠇋[普][乌鸦]
【老鸹窝里出凤凰】lǎoguā wō lǐ chū fènghuáng《俗》(カラスの巣から鳳たきが生まれる>) トンビがタカを生む
【老汉】lǎohàn 图 ① 年をとった男 ② 老年男子の自称
【老好人】lǎohǎorén 图《口》お人好し
【老狐狸】lǎohúli 图 ずる賢い人,たぬき
★【老虎】lǎohǔ 图〔只〕トラ
【老虎凳】lǎohǔdèng 图 (旧) 長い腰かけ型の拷問道具
【老虎钳】lǎohǔqián 图 ①〔機〕万力 𠇋[台钳][虎钳] ②〔把〕ペンチ
【老虎嘴里拔牙】lǎohǔ zuǐ lǐ báyá《俗》(虎の口から歯を抜く>)きわめて危険な状態にある 𠇋[老虎嘴上拔毛]
【老花眼】lǎohuāyǎn 图 老眼 𠇋[老视眼]

【老化】lǎohuà 動 ①《化》(ゴムやプラスチックなどが)老化する,劣化する ② 老朽化する
【老话】lǎohuà 图〔句〕① 言い伝えられた言葉 ② (〜儿) (聞きあきた) 昔のこと,古い話
【老黄牛】lǎohuángniú 图《転》ひたすら世のため人のために尽くす人
【老几】lǎojǐ 图 '排行'の何番目 ◆多く相手を軽蔑する場合に使う〖你算一啊?〗何様だと思っているの
【老骥伏枥】lǎo jì fú lì《成》(名馬は老いて馬小屋に伏せっていても,なお千里を駆ける意気込みから>)年はとっても雄志を失わない
【老家】lǎojiā 图 ① 故郷の実家 ② 原籍
【老奸巨猾】lǎo jiān jù huá《成》老練でずるがしこい(人)
【老趼(老茧)】lǎojiān 图 (皮膚にできる)まめ,たこ 𠇋[趼子]
【老茧】lǎojiǎn 图 𠇋[老趼]
【老江湖】lǎojiānghú 图 広く世間を渡り歩いて世故にたけた人(マイナス意義を持つことも)
【老境】lǎojìng 图 老境,老年期
【老酒】lǎojiǔ 图《方》酒,特に紹興酒
【老辣】lǎolà 图 老練で悪どい
【老老】lǎolao 图 𠇋[姥姥]
【老脸】lǎoliǎn 图 ① (老人が言う)自分の体面,メンツ ② 厚顔,面皮かましさ 𠇋[老脸皮][老面皮]
【老练】lǎoliàn 形 老練だ
【老妈子】lǎomāzi 图 女中(軽んじるひびきがある) 𠇋[老妈儿]
【老马识途】lǎo mǎ shí tú《成》(老馬は道を知っている>) 経験者は後進をうまく指導できる
【老迈】lǎomài 形 老いぼれた,老けこんだ
【老谋深算】lǎo móu shēn suàn《成》深慮遠謀,老練で抜け目がない
【老奶奶】lǎonǎinai 图 ① 父方の曽祖母,ひいおばあさん ② おばあさん(子供が老婦人を呼ぶ敬称)
【老年】lǎonián 图 老年(一般に六,七十歳から上をいう) 〖〜人〗老人 〖〜痴呆症〗老年性認知症
【老娘】lǎoniáng 图 ① 年老いた母 ②《方》既婚の中年ないし老年の婦人の自称
【老牛破车】lǎo niú pò chē《成》年老いた牛がほろ車をひくように,仕事が遅々として進まない 𠇋[老牛拉破车]
【老农】lǎonóng 图 年老いて経験豊かな農夫
【老牌】lǎopái 形 (〜儿)〖多く定語として〗① 老舗𠇁として名高い,ブランドの ② 年季の入った 〖〜特务〗年季の入ったスパイ

【老婆】lǎopo 图《口》女房, おっかあ 働［妻子］［爱人］

【老婆儿】lǎopór 图（親しみを込めて）年をとった婦人, おばあちゃん

【老婆子】lǎopózi ①（嫌悪の情を込めて）年とった婦人, ばばあ ②じばあさん(老夫婦の夫が妻をいう呼称)

【老气】lǎoqi/lǎoqì 厖 ①老成した ②（服装などが）年寄りじみた, 地味な

【老气横秋】lǎo qì héng qiū（成）①老輩風を吹かせて偉そうに振舞うさま ②活気がなく年寄りじみているさま

【老前辈】lǎoqiánbèi 图 大先輩(経験豊かで年配の同業者への敬称)

【老人】lǎorén/lǎoren 图 ①老人, 年寄り ②老いた親ないし祖父母, うちの年寄り

【老人家】lǎorenjia 图《口》①ご隠居さん, ご老体(老人への敬称) ②自分あるいは相手の親

【老少】lǎoshào 图 年寄りと若者

【老生】lǎoshēng 图〔演〕伝統劇の男のふけ役

【老生常谈】 lǎo shēng cháng tán（成）新味のない見解, ありふれた話

★【老师】lǎoshī 图〔名・位〕先生, 師と仰ぐ人

【老式】lǎoshì 厖（～儿）《固定として》旧式の, 古風なつくりの 働［旧式］⃝［新式］

★【老实】lǎoshi 厖 ①誠実だ, 正直だ［～说］正直に言う ②おとなしい, 行儀がよい ③（婉曲に）だまされやすい, 頭が弱い

【老实巴交】lǎoshibājiāo 厖 きまじめな

【老是】lǎoshi/lǎoshì 副 いつでも, 常に［～说那句话］いつもその言葉を言う

【老视】lǎoshì 图 老眼 働［老花眼］［花眼］

【老手】lǎoshǒu 图（～儿）ベテラン, 熟練者［开车的～］ベテランドライバー

★【老鼠】lǎoshǔ 图〔只〕ネズミ(一般に家ネズミ)

【老鼠过街(, 人人喊打)】lǎoshǔ guò jiē(, rénren hǎn dǎ)《俗》(ネズミが通りをよぎる＞みんながやっつけろと叫ぶ＞みんなに憎まれる, 非難の的になる

【老太婆】lǎotàipó 图 老婆, おばあさん

【老太太】lǎotàitai 图 ①ご隠居さま(老婦人への敬称) ②他人の母への敬称, お母上 ③（他人に対して言う自分の）母, しゅうとめ

【老太爷】lǎotàiyé 图 ①ご老体, ご隠居さま(老年男子への敬称) ②ご尊父, お父上(他人の父への敬称) ③（他人に対していう自分の）父, しゅうと

【老天爷】lǎotiānyé 神さま, お天道さま（働［老天］）［～有眼］（お天道さまはちゃんと見ている＞）この世は結局悪が滅び, 善が栄える

【老头儿】lǎotóur 图 じいさん, おやじさん(老年男子への親しみを込めた呼称)

【老头子】lǎotóuzi 图 ①（嫌悪の情を込めて）年とった男, じじい, おやじ ②じいさん(老夫婦の妻が夫をいう呼称)

【老外】lǎowài 图 ①しろうと ②外国人

【老顽固】lǎowángù 旧弊のこりかたまり, 時代遅れの石あたま

【老王卖瓜(, 自卖自夸)】Lǎo Wáng mài guā(, zì mài zì kuā)《俗》(王さんが瓜を売る＞自分で売りつつ自分で褒める＞）自画自賛する, 手前味噌を並べる

【老翁】lǎowēng 图《書》〔位〕年老いた男子

【老乡】lǎoxiāng 图 ①同郷人 ②名前のわからない農民への呼称,「おじさん」「もしもし」などに相当

【老小】lǎoxiǎo 图 ①老人と子供 ②老人から子供までを含む全員［全村～］村中の老若男女

【老兄】lǎoxiōng 图 親しい男性どうし相互の尊称

【老朽】lǎoxiǔ 厖 老いぼれた, よぼよぼの 图《謙》老人の自称, 老いぼれ

【老鸦】lǎoyā 图《方》〔只〕カラス 働《普》［乌鸦］

【老爷】lǎoye 图 ①《旧》旦那さま(役人や旦那衆に対して) ②《旧》旦那さま(使用人が主人に対して) ③《方》母方の祖父 働［姥姥］

【老爷爷】lǎoyéye 图 ①おじいさん(子供が老年男子をよぶ敬称) ②曽祖父

【老爷子】lǎoyézi 图《方》①じいさま, とっつぁま(老年男子に対する敬称) ②自分あるいは相手の年老いた父

【老一辈】lǎoyíbèi 图 古い世代, 上の世代

【老一套】lǎoyítào 图 相も変わらぬやり方, ワンパターン(の方法)

【老鹰】lǎoyīng 图〔只〕トンビ［～抓小鸡］(トンビがひよこを捕まえる＞）むりやり連れ去る

【老营】lǎoyíng 图《旧》①軍隊の駐屯地 ②盗賊などの根城

【老油子】lǎoyóuzi 图 海千山千, 世故にたけたずるい人間, 世渡りのうまい人間 働［老油条］

【老账】lǎozhàng 图〔笔〕①古い借金, 長い間のつけ ②昔の出来事

［翻～］昔の事をむし返す

【老者】lǎozhě [名] 年老いた男子

【老着脸皮】lǎozhe liǎnpí [動] 恥ずかしげもなく，面厚かましく

【老资格】lǎozīge [名] ベテラン，その道の練達の人

【老子】lǎozi [名]《口》①おやじ，父親 ②おれさま，我輩(怒ったとき，あるいはふざけた際の自称)

【老子英雄儿好汉】lǎozi yīngxióng ér hǎohàn《俗》(親が英雄なら息子も立派＞) 蛙の子は蛙

【老总】lǎozǒng [名] ①《旧》軍人，兵士に対する敬称 ②人民解放軍の一部の高級指導者に対する敬称(今は社長などにも)〖朱～〗朱将軍(朱徳のこと)

〖佬〗lǎo ⊗《貶》(主におとなの)男［阔～］金持ちの旦那方

〖姥〗lǎo ⊗以下を見よ ♦mǔ と読めば老婆の意の古語

★【姥姥(老老)】lǎolao [名] ①《口》母方の祖母 ②《方》産婆 [同]《普》[收生婆]

〖栳〗lǎo ⊗→［栲～ kǎolǎo］

〖络(絡)〗lào ⊗［～子］小さな網袋
⇨luò

【烙】lào [動] ①アイロンや火のしをかける ②焼印を押す〖～上了一个印〗焼印を一つ押した ③パン類を焼く ♦古代の酷刑'炮～'は páoluò と発音

【烙饼】làobǐng [名]〔张〕小麦粉をこねて薄くのばし，油をぬった鉄板などで焼いたもの ♦北方の常食の一
—— lào▾bǐng [動]'烙饼'を焼く

【烙铁】làotie [名]〔只〕①火のし，焼きごて ②〔把〕はんだごて

【烙印】làoyìn [名] ①焼印〖烫～〗焼印を押す ②《転》消し難い痕跡や印象

【落】lào [動]《口》〔特定の語に使われて〕落ちる，落とす［～价儿］値引きする
⇨là, luò

【落色】lào▾shǎi [動] 衣料の色が落ちる [同][退色]

【落枕】lào▾zhěn [動] 寝違える

〖酪〗lào ⊗①牛，羊，馬の乳を半ば凝固させた食品［干～］チーズ ②果実やその種の核をのり状に煮た食品

【涝(澇)】lào [動] 水びたしになる([反][旱])〖庄稼～了〗作物が冠水した
⊗雨が多すぎて田畑にたまった水［排～］冠水農地から排水する

【涝害】làohài [名] 冠水による被害

【涝灾】làozāi [名] 冠水による農業災害

【唠(嘮)】lào [動]《方》話す，おしゃべりする［～嗑 kē］話をする
⇨láo

〖仂〗lè ⊗［～语］〘語〙フレーズ，連語

〖叻〗lè ⊗地名漢字［石～］［～埠］シンガポール(現在はふつう'新加坡')［～币］シンガポール貨幣

〖泐〗lè ⊗①石が筋に沿って割れる ②書写する ③彫る

【勒】lè [動] 手綱を絞る，引き留める〖～住了牲口〗(あばれる)家畜を手綱で抑えた
⊗①彫る，刻みつける ②強制する，無理やり…させる
⇨lēi

【勒克司】lèkèsī [名]《訳》〘理〙ルックス ♦'勒'と略す

【勒令】lèlìng [動] 命令する，強制的に…させる〖～(他)检查〗(彼に)検査を命令する

【勒索】lèsuǒ [動] 脅して奪う，ゆすり取る

【勒抑】lèyì [動] 脅して値切る

【乐(樂)】lè [形] 楽しい，うれしい — [動]《口》笑う，うれしがる — [名](L-) 姓 ♦同じ字の姓 Yuè とは別
⇨yuè

【乐不思蜀】lè bù sī Shǔ《成》楽しくて帰ることを忘れてしまう，他事に浮かれて本業を忘れてしまう [同][乐而忘返]

【乐得】lèdé [動] 喜んで…する

★【乐观】lèguān [形] 楽観的な

【乐呵呵】lèhēhē [形](～的) にこにこ楽しげな，上機嫌な

【乐极生悲】lè jí shēng bēi《成》楽は苦の種，楽しみ尽きて悲しみ来たる [反][苦尽甜来]

★【乐趣】lèqù [名] 楽しみ，喜び

【乐天】lètiān [形] のんきな，悩み知らずの，楽天的な［～派］楽天家

★【乐意】lèyì [動]〔多く動詞句を賓語にとり〕喜んで…する〖～帮忙〗喜んで手助けする — [形] 満足な，心楽しい

【乐于】lèyú [動]〔動詞句を賓語にとり〕…することを楽しむ，喜んで…する

【乐园】lèyuán [名] 楽園，パラダイス

【乐滋滋】lèzīzī [形]《口》(～的) うれしくてたまらない様子

【了】le [助] ①〔アスペクト助詞として〕動詞や形容詞の後について，動作なり変化なりの完了を表わす ♦動作あるいは変化がすでに完了した場合と，未来あるいは仮定

の中で完了する場合と両方ある〖吃～三碗饭〗ご飯を3杯食べた〖他来～我就走〗彼が来てたら出掛けます〖低～两米〗2メートル低くなった ②《語気助詞として》文末ないし句末について,変化が生じたこと,新たな状況が生じたこと,ある状況が必ず生じることを表わす〖脸红～〗顔が赤くなった〖你也是爸爸～〗お前ももう父親だ〖我不去～〗行くのはやめた〖我走～〗もう行かなくては ③《アスペクト助詞と語気助詞が併用されて》動作の完了と新たな状況の発生を同時に示す ◆ただし以上のことを文末の'了'ひとつで表わす場合もある〖吃～三碗饭〗(現時点で)ご飯を3杯食べたところだ〖上一当 dàng ～(上当)〗だまされてしまった〖他走～〗彼は行ってしまった ◆否定は'他没有走'催促,禁止の語気を表わす〖别说话～〗お静かに ⑤強い肯定の語気を表わす〖那太好～〗そいつはすばらしい〖热极～〗なんとも暑い
⇨liǎo

【勒】lēi 動 ひも等できつく縛る,しめる〖～紧裤腰带〗ベルトをきつくしめる(空腹に耐える)
⇨lè

【累(纍)】léi ⊗ 以下を見よ
⇨lěi, lèi

【累累】léiléi 形《書》①げっそりつれた,がっくりしょげた ②鈴なりにつながった〖硕果～〗実がたわわになる(大きな成果がある)
⇨lěilěi

【累赘】léizhui 形 ①煩わしい,じゃまな ②《文章が》くどい,冗長な 一動 煩わせる〖太～你们了〗ずいぶんお手数をかけました 一名 荷やっかい,余計なお物

【雷】léi 名 かみなり〖打～〗雷が鳴る
⊗①爆破兵器〖布～〗地雷や機雷を仕掛ける ②(L-)姓
*【雷达】léidá 名《訳》〖座〗レーダー
【雷电】léidiàn 名 雷と稲妻
【雷公】léigōng 名 雷神,かみなりさま
【雷汞】léigǒng 名《化》雷酸水銀,雷汞 圖〖雷酸汞〗〖雷水〗
【雷管】léiguǎn 名《工》雷管
【雷击】léijī 動 落雷する〖遭到～〗落雷の被害に遭う
【雷厉风行】léi lì fēng xíng（成>）政策や法などを厳格かつ迅速に執行する
【雷鸣】léimíng 動 ①雷が鳴る ②(拍手が)鳴りひびく
【雷鸟】léiniǎo 名《鸟》〖只〗雷鸟
【雷声大,雨点小】léishēng dà, yǔ

diǎn xiǎo《俗》(雷鳴激しく雨わずか>)掛け声ばかりで実行を伴わない 圖〖雷声甚大,雨点全无〗
【雷霆】léitíng 名《書》①かみなり ②(転)激しい怒り〖大发～〗激怒する
【雷同】léitóng 動 ①附和雷同する ②(文章などが)類型に堕する
【雷雨】léiyǔ 名〖场〗雷雨

【擂】léi 動（太鼓などを）たたく〖～鼓〗太鼓をたたく
⇨lèi

【镭(鐳)】léi 名《化》ラジウム
【镭疗】léiliáo 名《医》ラジウム療法
【羸】léi ⊗①痩せた ②疲れた
【罍】léi ⊗ 古代の酒器
【耒】lěi ⊗ 古代の農具
【诔(誄)】lěi ⊗ 死者へのしのびごと
【垒(壘)】lěi 動 れんがや石を積み上げて(壁や囲いを)つくる〖～墙〗壁を積み上げる 一名《体》ベース〖二～〗2塁 ⊗軍事用の防御塁,とりで
【垒球】lěiqiú 名 ソフトボール(競技とボール両方をいう)

【累(*纍)】lěi 動 巻き添えになる(する),連座する(させる)〖～你受罪了〗君を巻き添えにしてしまった
⊗①積み重ねる ②幾度も繰り返す,連続する〖～次〗繰り返し,何度も〖～犯〗累犯
⇨léi, lèi
【累积】lěijī 動 累積する,積み上げる〖～了不少资料〗資料がかなりたまった
【累及】lěijí 動 累を及ぼす,巻き添えにする〖～他人〗他人を巻き添えにする
【累计】lěijì 動 累計する
【累进】lěijìn 動 累進する〖～税〗累進課税
【累累】lěilěi 形《書》おびただしい,数えきれない 一副《書》繰り返し繰り返し
【累卵】lěiluǎn 名《書》積み上げた卵；(転)不安定きわまりない情勢〖危如～〗累卵の危うさ
【累年】lěinián 副 年々,毎年

【磊】lěi ⊗ 以下を見よ
【磊落】lěiluò 形 さっぱりとしてこだわりがない〖胸怀～〗気が大きく朗らかである

【蕾】lěi 名 花のつぼみ
【蕾铃】lěilíng 名 綿のつぼみと実

【儡】 lěi ⊗→[傀～ kuǐlěi]

【肋】 lèi ⊗胸の両わき，あばら

【肋骨】lèigǔ [名]〔根·対〕肋骨(ろっこつ)，あばら骨

【肋膜炎】lèimóyán [名]〖医〗肋膜炎 [同][胸膜炎]

【泪(涙)】 lèi ⊗涙 [眼～] 同前 [流～] 涙を流す

【泪痕】lèihén [名]〔道〕涙のあと

【泪花】lèihuā [名]（～儿）瞼(まぶた)にたまってこぼれ落ちそうな涙

【泪水】lèishuǐ [名]〔滴〕涙 〖擦～〗涙をぬぐう

【泪汪汪】lèiwāngwāng [形]（～的）目が涙にぬれている，涙をいっぱいたたえている

【泪腺】lèixiàn [名]〖生〗涙腺

【泪珠】lèizhū [名]（～儿）〔滴·串〕涙の粒，涙のしずく

【类(類)】 lèi [名] 類，種類 〖按～分别〗類別する 〖几～书〗何種類かの本 ⊗似る

【类比】lèibǐ [名]〖哲〗類推(する)

【类别】lèibié [名]類別

【类毒素】lèidúsù [名]〖医〗変性毒素，トキソイド

【类人猿】lèirényuán [名]類人猿

【类书】lèishū [名]〖図〗類書

*【类似】lèisì [形]類似の，同じような 〖形状～猫〗形が猫に似ている 〖跟他～〗彼と似ている

【类推】lèituī [動]類推する

【类型】lèixíng 類型

【累(*纍)】 lèi [形] 疲れた 〖～死了〗(疲れて) クタクタだ — [動]① 疲れさせる 〖～坏了身体〗疲労で体をこわした ② 苦労する，辛い労働をする ⇨léi, lěi

【擂】 lèi ⊗(太鼓などを)たたく ⇨léi

【擂台】lèitái [名]（武芸くらべの台から転じて）スポーツの試合や競争の場 [打～] 試合に参加する [摆～] 試合を挑む

【嘞】 lei [助]〔語気助詞として〕軽く注意を喚起する語気を表わす

【棱(*稜楞)】 léng [名]（～儿）① 稜(りょう)，物のかど ②（幾すじも並んだ）線状の突起

【棱角】léngjiǎo [名]①（多面体などの）稜と角，物のかど ② 人柄や言葉のかど，鋭さ，辛辣(しんらつ)さ 〖露～〗かどを立てる 〖有～〗ひねくれている

【棱镜】léngjìng [名]〖理〗プリズム [同][三～][三角镜]

【棱柱体】léngzhùtǐ [名]〖数〗角柱

【棱锥】léngzhuī [名]〖数〗角錐

【冷】 lěng [形]寒い，冷たい [反][热] — [動]《方》冷やす，さます [同]《普》[凉 liàng]
⊗① 冷淡な，冷ややかな ② 人けがない，ひっそりした ③ 人気がない，顧みられない ④ 不意打ちの，だしぬけの ⑤ (L-)姓

【冷冰冰】lěngbīngbīng [形]（～的）① 冷ややかな ②（物が）冷たい

【冷布】lěngbù [名]〖織〗紗，ガーゼ状の布 ♦夏に窓にはり付けて網戸にする

【冷不防】lěngbufáng [副]出し抜けに，思いがけず [同]《方》[冷不丁][冷丁]

【冷藏】lěngcáng [動]冷蔵する [～库] 冷蔵倉庫

【冷嘲热讽】lěng cháo rè fěng《成》辛辣(しんらつ)に嘲(あざけ)りかつ皮肉ることをいう [同][冷讽热嘲]

*【冷淡】lěngdàn [形]① さびれた，活気のない ② 冷淡な，無関心な — [動]冷遇する，すげなくする

【冷冻】lěngdòng [動]冷凍する [～厂] 冷凍工場 [～干燥] 凍結乾燥

【冷风】lěngfēng [名]寒風;《転》背後でふりまく中傷や批判，冷水を浴びせるような言論 [吹～] 冷水をかける，非難や中傷を流す

【冷锋】lěngfēng [名]〖天〗寒冷前線

【冷汗】lěnghàn [名]冷や汗 〖出～〗冷や汗をかく

【冷荤】lěnghūn [名]〖食〗冷たいままで食べるなまぐさ料理

【冷货】lěnghuò [名]不人気商品，売れ行きの悪い品

【冷箭】lěngjiàn [名]《転》暗夜のつぶて，闇打ち [放～] 闇打ちをかける

**【冷静】lěngjìng [形]① 冷静な，沈着な ②《方》人けのない，静かな

【冷库】lěngkù [名]冷蔵倉庫 [同][冷藏库]

*【冷酷】lěngkù [形]冷酷な，無情な

【冷落】lěngluò [形]さびれた，閑散とした — [動]冷遇する，すげなくする

【冷门】lěngmén [名]（～儿）① 日の当たらぬ部門や分野，時流に外れた仕事 ② 番狂わせ，予期せぬ勝利者 〖出～〗番狂わせを演じる

【冷漠】lěngmò [形]冷淡な，無関心な

【冷盘】lěngpán [名]中華料理のオードブル，'凉菜'の盛り合わせ

【冷僻】lěngpì [形]① 辺鄙な ②（字や典故などが）見なれない

【冷气】lěngqì [名]① 冷却空気 ② 冷房設備 〖开～〗クーラー(のスイッチ) をつける [～机] クーラー ③《転》消極的な言論

【冷气团】lěngqìtuán [名]〖天〗寒気

团

【冷枪】lěngqiāng 图 物かげから不意にとんでくる銃弾;(転)闇夜のつぶて [打~]不意打ちを食わせる

【冷清】lěngqing 形 ものさびしい,人けのない,さびれた

【冷清清】lěngqīngqīng 形 (~的)ひっそりとした,ものさびしい

*【冷却】lěngquè 動 冷える,冷やす [~剂]冷却剂

【冷若冰霜】lěng ruò bīng shuāng (成) ①人あしらいが冷たい様子 ②態度が厳しくて近寄り難い様子

【冷森森】lěngsēnsēn 形 ひんやりした,ぞくりとくるような

【冷食】lěngshí 图 (アイスクリームやアイスキャンデーなど)冷たい食品

【冷水】lěngshuǐ 图 ①冷たい水(⇔[凉水]) [泼~]冷水を浴びせる;(転)水をさす ②なま水

【冷飕飕】lěngsōusōu 形 (~的)風が冷たい

【冷烫】lěngtàng 動 コールドパーマをかける(⇔[电烫])

【冷笑】lěngxiào 動 冷笑する

【冷血动物】lěngxuè dòngwù 图 ①[动]冷血动物(⇔[变温动物]) ②冷酷な人,冷血漢

【冷言冷语】lěng yán lěng yǔ (成) 冷やややかな皮肉や嘲りの言

【冷眼旁观】lěng yǎn páng guān (成) 冷ややかに眺める,高見の見物をきめこむ

【冷饮】lěngyǐn 图 (ジュース,サイダーなど)冷たい飲みもの

【冷遇】lěngyù 图 冷遇,冷たいあしらい [遭到~]すげなくされる,冷たくあしらわれる

【冷战】lěngzhàn 图 冷たい戦争 [热战]

—— lěngzhan 图 (口) (寒さや恐怖による突然の) 身震い(⇔[冷噤]) [打了个~]ぶるっと震えた

【愣】lèng 動 呆然となる,我を失う [别～在那儿]そんなところでぼけっとしていないで — 形(口)後先を考えない,乱暴な

【愣头愣脑】lèng tóu lèng nǎo (俗) 無鉄砲な,向こう見ずな,がさつな

【睖】lèng ⊗以下を見よ

【睖睁(愣怔)】lèngzheng 動 ぽかんとなる,呆然とする

【哩】lī ⇨⊗以下を見よ

【哩哩啦啦】līlīlālā 形 (多く状語として)ばらばらと,途切れ途切れの

【丽(麗)】lí ⊗ ①浙江省の県 [~水]のこと ②朝鮮の王朝'高~'のこと ⇨lì

【骊(驪)】lí ⊗黒い馬

【鹂(鸝)】lí ⊗→[黄 huáng ~]

【鲡(鱺)】lí ⊗→[鳗 mán ~]

【厘(釐)】lí 量 ①長さ,重量,地積量単位の一('毫'の10倍,'分'の10分の1) ②利率の単位('分'の10分の1) [年利一~]年利1パーセント [月利一~]月利0.1パーセント ③一部計量単位の100分の1を示す [~升]センチリットル(10cc) ⊗きっちり整理する,正しく管理する [~定]整理して決める

*【厘米】límǐ 量 センチメートル (旧)[公分]

【厘米波】límǐbō 图 [理]センチ波(波長10センチメートルから1センチメートルまでの電波)

【狸】lí ⊗[~子皮]ヤマネコの毛皮 [花面~]ハクビシン [狐~húlí]キツネ

【狸猫】límāo 图 [只]ヤマネコ (⇔[豹猫]

【喱】lí ⊗→[咖 gā ~]

【离(離)】lí 動 ①はなれる,別れる (⇔[~开]) [~家]家を出る,故郷をはなれる ②欠く [这项工作~不了你]この仕事には君が欠かせない — 介 距離や時間の長短をいうときの起点を示す,…から,…まで [~车站很近]駅から近い [~比赛只有三天了]試合までもう3日しかない ⊗離',八卦の一つ

【离岸价格】lí'àn jiàgé 图 [商]FOB価格,本船渡し値段

【离别】líbié 動 別れる,離れる [~父母]親もとを離れる

【离队】lí'duì 動 隊列を離れる,任務を離れる

【离格儿】lí'gér 動 (発言や行動が)妥当を欠く,ルールを外れる

【离宫】lígōng 图 [座]離宮

【离合器】líhéqì 图 [机]クラッチ,接合器

*【离婚】lí'hūn 動 離婚する

【离间】líjiàn 動 仲たがいさせる,仲を裂く [挑拨~]仲たがいするようそそのかす [~我们的关系]我々の仲に水をさす

*【离开】líkāi 動 はなれる,別れる [~本题]本題を外れる [离不开手儿]仕事の手が抜けない

【离谱儿】lípǔr 動 [离格儿]

【离奇】líqí 形 風変わりな,とっぴな [~的故事]不思議な物語

【离散】lísàn 動 (多く親族が)離散する,離ればなれになる

【离弦走板儿】lí xián zǒu bǎnr《俗》〈歌が調子っぱずれになる〉発言や仕事のやり方がずれをきる

【离乡背井】lí xiāng bèi jǐng《成》(戦火、迫害などのため) 故郷を遠く離れて異郷で暮らす ⇨[背井离乡]

【离心机】líxīnjī 名[機]遠心分離機

【离心力】líxīnlì 名[理]遠心力 ◉[向心力]

【离休】líxiū 動 (革命に貢献した幹部が) 退職する、引退する ◆現職なみの給与と待遇を受ける ◉[退休]

【离辙】líˇzhé 動《口》道筋を外れる、本題からそれる

【离职】líˇzhí 動 ①一時的に職を離れる、休職する ②職を去る

【离子】lízǐ 名[化]イオン [正~][阳~]陽イオン [负~][阴~]陰イオン、マイナスイオン

【离子交换】lízǐ jiāohuàn 名[化]イオン交換 [~树脂]イオン交換樹脂

【漓】lí ⊗ →[淋~línlí]

【漓(＊灕)】Lí 名 漓"江 (広西にある川)

【璃(瓈)】lí ⊗ →[玻~ bōli][琉~liúli]

【篱】lí ⊗ →[笊zhào~]

【篱(籬)】⊗ 垣根 [绿~]生垣

【篱笆】líba 名[道・圏] (竹や木の枝を編んで作った)垣根、囲い

【梨(＊棃)】lí 名 ①[棵]ナシの木 ②ナシの実

【梨膏】lígāo 名[薬]ナシの絞り汁に砂糖を加えて煮つめたもので、咳止めの薬

【梨园】líyuán 名 伝統劇の劇場や劇団の別称 ◆唐代玄宗のときの史実に由来

【犁】lí 名[農] [把・张] すき、プラウ ── 動 すきで耕す、鋤すく

【犁铧】líhuá 名[農]すきの刃

【蜊】lí ⊗ →[蛤~ géli]

【黎】lí ⊗ ①民衆、大衆 ②(L-)姓

【黎民】límín 名《書》民衆、庶民

*【黎明】límíng 名 夜明け、黎明

【黎族】Lízú 名 リー族 ◆中国少数民族の一、海南島に住む

【藜】lí 名[植]アカザ [~藿huò]粗末な食事

【蟸】lí ⊗黒い

【犛】lí ⊗ヤク →[牦máo牛]

【罹】lí ⊗ (災難や病気などに)見舞われる、遭遇する

【罹难】línàn 動《書》不慮の災難で死ぬ、殺される

【蠡】lí ⊗①貝がら ②貝がらで作ったひしゃく ⇨lǐ

【蠡测】lícè 動《書》浅薄な考えで物ごとを判断する

【礼(禮)】lǐ 名 ①礼儀、エチケット [行~]お辞儀する ②[份]贈りもの、プレゼント [送~]プレゼントする、贈りものをする ⊗儀礼、儀式

【礼拜】lǐbài 名 礼拝(する) ── 名 ①週(◉[星期]) [上~]先週 ②(数字や'天''日'と結びついて)曜日 [~日]日曜日 [~一]月曜日 ③日曜日

【礼拜寺】lǐbàisì 名 回教寺院 ◉[清真寺]

【礼拜堂】lǐbàitáng 名 キリスト教の礼拝堂 ◉[教堂]

*【礼拜天】lǐbàitiān 名 日曜日 ◉[礼拜日][星期天]

【礼服】lǐfú 名[件・套]礼服、式服

【礼花】lǐhuā 名 慶祝の花火 [放~]慶祝の花火をあげる

【礼教】lǐjiào 名 (封建社会の) 儒教的倫理、礼節、道徳

*【礼节】lǐjié 名 礼節、礼儀

【礼金】lǐjīn 名 祝い金、現金の贈りもの

【礼貌】lǐmào 名 礼儀、マナー [有~]礼儀正しい ── 形 礼儀正しい

【礼炮】lǐpào 名〔响〕礼砲、祝砲 [鸣~]礼砲を撃つ

【礼让】lǐràng 動 (礼節を考え深く思慮して)譲る、相手を立てる ── 名 礼譲、礼儀 [国际~]国際礼譲

【礼尚往来】lǐ shàng wǎnglái《成》〈礼は往来をたっとぶ〉①日頃の交際には贈答やもてなしも大切だ ②相手の非難、攻撃などに同様の手でやり返す

【礼俗】lǐsú 名 冠婚葬祭の儀礼

【礼堂】lǐtáng 名〔个・座〕講堂

【礼物】lǐwù 名[件・份]贈りもの、プレゼント(◉[礼品]) [送~]贈りものをする

【礼遇】lǐyù 名 礼遇、特別待遇

【李】lǐ ⊗①スモモ ②(L-)姓

【李子】lǐzi 名 ①[棵]スモモの木 ②スモモの実

【里】lǐ 量 長さの単位(500メートル) [公~]キロメートル

⊗①郷里 ②居住地の一角、町内 ③(L-)姓

【一(裡*裏)】[名] ①〔介詞句の中で〕中がわ, 内部([反]'外')〖往～走〗中へと行く［～屋］奥の部屋［手～］手の中 ②(～儿)衣服などの裏
⊗〔指示詞の後について〕その場所を表わす［这～］ここ［哪～］どこ
【里边】lǐbian [名](～儿)(ある時間・空間・範囲の) 中, 内側([同][里面][里头] [反][外边])〖～的屋子〗奥の部屋〖屋子～〗部屋の中〖一年～〗1年のあいだ
【里程】lǐchéng [名] ①道のり ②発展の道筋
*【里程碑】lǐchéngbēi [名]〔块〕里程標, マイルストーン;《転》歴史発展の指標となる出来事
【里出外进】lǐ chū wài jìn《成》物の表面や列が不ぞろいである, でこぼこしている
【里脊】lǐji [名] 牛, 豚, 羊のヒレ肉
【里间】lǐjiān [名](～儿)奥部屋 ♦外への出入りは'外间'を通る [同][里屋] [反][外间][外屋]
【里弄】lǐlòng [名]《方》①〔条〕路地, 横町(南方での名称, 北方の'胡同'に相当) ②都市の最小の行政区画, 町内
【里面】lǐmiàn [名] [同][里边] [反][外面]
【里手】lǐshǒu [名] ①(～儿)(運転者の座席位置から見て) 車や機械の左がわ [反][外手] ②《方》くろうと, 専門家 [同]《普》[内行]
【里头】lǐtou [名] 内がわ, 中
【里外】lǐwài [名] ①中と外〖院子～〗屋敷の内外 ②概数を表わす, …くらい, 程度〖三十岁～〗ほぼ30歳
【里屋】lǐwū [名] [同][里间]
【里巷】lǐxiàng [名]《書》路地, 横町
【里应外合】lǐ yìng wài hé《成》内外呼応する(他者の呼び掛けに応じて共同歩調をとる場合にも使う)
【里子】lǐzi [名] 衣服などの裏

【俚】lǐ ⊗通俗的な, 庶民の
【俚俗】lǐsú [形] 俗っぽい, 野卑な
【俚语】lǐyǔ [名]〔句〕スラング, 俗語

【浬】lǐ/hǎilǐ [量] 海里の古い用法 ♦1海里は1852メートル. 今は'海里'を使う

【哩】lǐ [量] マイル(現在は［英里］と書く)
⇨lī, li

【娌】lǐ ⊗→[妯～ zhóuli]

【理】lǐ [名] 道理, 事の筋〖～在他那边〗理は彼にある(彼が正しい) 一 [動] ①整理する ②〔一般に否定形で〕他人の言動に注意を払う〖别～他〗彼にかまうな［置之不～］放っておく, 取りあわない
⊗①自然科学, 特に物理学 ②きめ［木～］木目 ③管理する, 取りしきる ④(L-)姓
【理财】lǐcái [動] 財政・財務を管理する ♦「財テク」の意も
*【理睬】lǐcǎi [動]〔一般に否定の形で〕注意を払う, 関心を示す
**【理发】lǐfà [動] 髪を刈る, 理髪する［～店］床屋［～师］理髪師
【理化】lǐhuà [名] 物理と化学
【理会】lǐhuì [動] ①わかる, 理解する ②〔一般に否定の形で〕留意する, かまう
【理货】lǐhuò [動](税関で積荷を) 検査する, 照合する［～员］検査係
**【理解】lǐjiě [動] わかる, 理解する
【理科】lǐkē [名](教科, 学問分野としての)理科
【理疗】lǐliáo [名]〖医〗物理療法 一 [動] 物理療法で治す
【理路】lǐlù [名] ①理路, 思考の筋道〖～不清〗話の筋がつながらない ②《方》道理
**【理论】lǐlùn [名] 理論
【理念】lǐniàn [名] 理念
【理事】lǐshì [名] 理事 [同][董事]
*【理所当然】lǐ suǒ dāng rán《成》理の当然である〖～的要求〗当たり前の要求
**【理想】lǐxiǎng [名] 理想 一 [形] 申し分のない, 満足のゆく〖最～的环境〗最も理想的な環境
【理性】lǐxìng [名] 理性 [反][感性]
【理应】lǐyīng [能] 当然…すべきである〖～帮助〗当然援助すべきである
**【理由】lǐyóu [名] 理由, 論拠, 原因〖毫无～〗まるで理由がない
*【理直气壮】lǐ zhí qì zhuàng《成》正当な理由(正しい道理)を備えているため言動が堂々としているさま
*【理智】lǐzhì [名] 理知, 理性〖丧失～〗理性を失う, 分別を失う

【锂(鋰)】lǐ [名]〖化〗リチウム
【锂离子电池】lǐlízǐ diànchí [名] リチウムイオンバッテリー

【鲤(鯉)】lǐ ⊗コイ
【鲤鱼】lǐyú [名]〔条〕コイ［～跳龙门］(コイが竜門を飛び越える>)難関を突破する, 一大出世する

【澧】Lǐ ⊗［～水］澧水(湖南省)

【醴】lǐ ⊗甘酒

【蠡】lǐ ⊗①人名に使う(例えば'范～') ②(L-)河北省の'～县'
⇨lí

【力】lì [名](物理的な)力
⊗①能力, 力量［人～］人力［说

服～］説得力 ②体力，筋肉の力［用～］力を出す ③努力する，力を尽くす ④(L-)姓

【力不从心】lì bù cóng xīn《成》心はやれど力及ばず

【力畜】lìchù [名]役畜．牛，馬のほかラバ，ロバ，ラクダ，ヤクなど

【力点】lìdiǎn [名]〖理〗力点 [関]［作用点］［支点］

【力竭声嘶】lì jié shēng sī《成》声を涸らして必死に呼ぶ [同]［声嘶力竭］

**【力量】lìliang/lìliàng [名]①力 ②能力 ③効力，働き

【力偶】lì'ǒu [名]〖理〗偶力

**【力气】lìqi [名]腕力，体力〖卖～〗肉体労働で稼ぐ［～活儿］力仕事

【力求】lìqiú [動]〔動詞句を賓語に〕…するよう極力務める，懸命に努力する

*【力所能及】lì suǒ néng jí《成》力の及ぶ限り

*【力图】lìtú [動]〔動詞句を賓語に〕…するよう懸命に努力する，極力務める

【力行】lìxíng [動]《書》努力する，しっかり努める

【力学】lìxué [名]力学

【力战】lìzhàn [動]必死に戦う

*【力争】lìzhēng [動]①（…を達成すべく）全力で取り組む ②懸命に論争する，激しく言い争う

〖历(歷)〗lì ⊗①経る ②一つひとつ，あまねく〖～访各国〗各国を歴訪する ③過去の各回全て

〖—(曆*厤歴)〗⊗①暦法［阳～］太陽暦 ②カレンダー，こよみ［日～］日めくりカレンダー

【历程】lìchéng [名]歴程，経てきた歩み〖战斗的～〗戦いの過程

【历次】lìcì [形]〔定語として〕過去の各回の〖～比赛〗過去の全ての試合

*【历代】lìdài [名]過去の各王朝，歴代〖～名画〗歴代名画

【历法】lìfǎ [名]暦法

*【历来】lìlái [形]従来の，これまでの

【历历】lìlì [形]〔多く状語として〕はっきりとした，くっきり見分けられる［～可数］一つひとつはっきり数えられる［～在目］ありありと目に浮かぶ

【历年】lìnián [名]歴年

【历时】lìshí [動]時日を経過する，時を費やす〖～六十天的战役〗60日にわたる戦役 — [形]〔定語として〕通時的な [関]［共时］

**【历史】lìshǐ [名]①歴史（発展の過程，過去の事実及びその記録）②個人の経歴 ③(学科としての)歴史

【历史剧】lìshǐjù [名]〔出〕史劇，時代劇

【历史唯物主义】lìshǐ wéiwù zhǔyì [名]〖哲〗史的唯物論，唯物史観

【历书】lìshū [名]〔本〕本の形になった暦

【沥(瀝)】lì [動]濾こす ⊗滴らす［～血］血を滴らす

【沥青】lìqīng [名]〖化〗アスファルト（[同]［柏油］）〖铺～〗アスファルトで舗装する［～路］アスファルト道路

【沥水】lìshuǐ [名]雨のあとの水溜り

〖枥(櫪)〗lì ⊗馬のかいば桶

〖雳(靂)〗lì ⊗→［霹～ pīlì］

【立】lì [動]①立つ [関]［站］ ②立てる，立て掛ける〖把竹竿～起来〗竿を立てる ③樹立する，定める，設立する〖～合同〗契約書を作る

⊗①生きる，一本立ちする［自～］自立する ②たちまち，すぐさま ③(L-)姓

【立案】lì'àn [動]①機関に登録する，登記する ②〖法〗捜査訴追すべき案件とする

*【立场】lìchǎng [名]立場，視点〖丧失～〗自己の立場を見失う

【立春】lìchūn [名]〖天〗立春 ♦'二十四节气'の一つで，2月3〜5日ころに当たる

—— lì'chūn [動]立春になる

【立地】lìdì [副]直ちに，即座に

【立冬】lìdōng [名]〖天〗立冬 ♦'二十四节气'の一つで，11月7，8日ころに当たる

—— lì'dōng [動]立冬になる

【立法】lì'fǎ [動]法律を制定あるいは修正する［～机关］立法機関

**【立方】lìfāng [名]①〖数〗立方［～根］立方根 ②立方体の略称 — [量]立方メートル

【立方体】lìfāngtǐ [名]立方体 [同]［正方体］

【立竿见影】lì gān jiàn yǐng《成》(竿を立てればすぐ影が生じる＞)ある措置がたちまち効果を生む

【立功】lì'gōng [動]手柄を立てる，功績を上げる

【立功赎罪】lì gōng shú zuì《成》手柄を立てて罪をあがなう，功績を上げて失敗を帳消しにする [同]［立功自赎］

【立户】lì'hù [動]①世帯を持つ，戸籍をつくる ②銀行に口座をつくる

**【立即】lìjí [副]直ちに，すぐさま

*【立交桥】lìjiāoqiáo [名]（'立体交叉桥'の略)立体交差

【立脚点】lìjiǎodiǎn [名]①立脚点，立場 ②生きる足場，確たる地位 [同]［立足点］

【立刻】lìkè 副 直ちに，即刻 ⇨〔方〕[立马]
【立克次体】lìkècìtǐ 名〔医〕リケッチア
【立论】lìlùn 動 立論する，見解を提示する
【立面图】lìmiàntú 名〔建〕立面図，正面図 [画～]立面図をかく
【立秋】lìqiū 名〔天〕立秋 ◆'二十四节气'の一つで，8月7〜9日ごろに当たる
── lì‵qiū 動 立秋になる
【立时】lìshí 副 直ちに，即刻
*【立体】lìtǐ 名 立体 [～电影]立体映画 [～交叉]立体交差 [～图]立体図
【立体声】lìtǐshēng 名 ステレオ，立体音響 ⇨[立体音响][音响]
【立夏】lìxià 名〔天〕立夏 ◆'二十四节气'の一つで，5月5〜7日ごろに当たる
── lì‵xià 動 立夏になる
【立宪】lìxiàn 名 立憲制 [君主～]立宪君主制 [～政体]立宪政体
【立正】lìzhèng 動 直立する，不動の姿勢をとる 〖～！〗(号令として) 気をつけ
【立志】lì‵zhì 動 志を立てる，決意を固める
【立轴】lìzhóu 名 ①(縦長の)掛け軸 ②〔機〕垂直シャフト
【立锥之地】lì zhuī zhī dì〔成〕〔一般に否定の形で〕錐を立てるほどの極めて小さな場所 〖无～〗立錐の余地もない
*【立足】lìzú 動 立脚する 〖～市场〗市場に軸足を置く
【立足点】lìzúdiǎn 名 ⇨[立脚点]

【粒】lì 量 粒状のものを数える ⇨〔颗〕 〖一～麦子〗一粒の麦
⊗ 小さな粒状のもの [豆～儿]豆粒
【粒选】lìxuǎn 名〔農〕種子の選り分け ◆大豆，トウモロコシ，棉花など粒の大きな作物の場合にいう
【粒子】lìzi 名〔理〕素粒子
── lìzi 名⇨〔颗〕⇨[粒]

【笠】lì ⊗ 笠 [竹～]竹で編んだ笠 [草～]麦わらや草で編んだ笠

【莅】(*涖 蒞) lì ⊗ 到る，臨む，列席する
【莅临】lìlín 動〔書〕(一般に貴賓が)臨席する

【厉】(厲) lì ⊗ ①厳格な，厳しい ②厳粛な，いかめしい ③激しい，猛々しい ④(L-)姓
*【厉害】lìhai 形 耐え難い，ひどい(⇨[利害]) 〖这个人可～〗本

当にひどい人だ
【厉声】lìshēng 副 声を張り上げて，厳しい声で 〖～呵斥〗声を荒らげて叱る
【厉行】lìxíng 動 励行する，厳格に実施する 〖～节约〗節約を励行する

【励】(勵) lì ⊗ ①はげむ，努力する ②(L-)姓
【励精图治】lì jīng tú zhì〔成〕心をふるい立たせてよりよい国政に務める

【疠】(癘) lì ⊗ 疫病
【砺】(礪) lì ⊗ ①砥石 ②とぐ
【蛎】(蠣) lì ⊗ →[牡～mǔ-]
【吏】lì ⊗ ①旧時の小役人 [胥～]小役人 ②官吏，役人 [贪官污～]汚職役人
【丽】(麗) lì ⊗ 美しい [～人](書)美女，麗人 [风和日～]うららかな
⇨ lí
【俪】(儷) lì ⊗ ①対になった，ペアの ②夫婦 [伉～](書)夫婦 [～影]夫婦並んで写した写真
【郦】(酈) Lì ⊗ 姓 ◆漢の郦食其はは Lì Yìjī と発音

【利】lì ⊗ ①利益 〖～令智昏〗欲に目がくらむ ②利息，利润 ③利する，利益をもたらす ④(刃物が) よく切れる，鋭い ⑤有利な，順調な ⑥(L-)姓
【利弊】lìbì 名 有利な点と不利な点，利害 〖权衡～〗利害損失を秤にかける
【利害】lìhài 名 利益と損害，利害 [～关系]利害関係
── lìhai 形 耐え難い，激しい，ひどい(⇨[厉害]) 〖天热得很～〗暑くてやりきれない
【利己主义】lìjǐ zhǔyì 名 利己主義，エゴイズム
【利率】lìlǜ 名 利率，金利
【利落】lìluo 形 ①きびきびした，敏捷な ②きちんとした，よく整った 〖干净～〗清潔できちんとしている ③始末がついた，片づいた
【利尿剂】lìniàojì 名〔薬〕利尿剤
【利权】lìquán 名 経済的権益，利権 〖挽回～〗利権を取り戻す
*【利润】lìrùn 名 利潤，営業利益 〖取得～〗利潤を収める
【利索】lìsuo 形 ⇨[利落]
*【利息】lìxī 名〔笔〕利息，利子 ⇨(口)[利钱]
【利益】lìyì 名 利益
【利用】lìyòng 動 ①活用する，有効に使う 〖～废料〗廃品材料を生かして使う ②利用する，都合よく奉仕

させる〚～职权〛職権を利用する

【利诱】lìyòu [動] 利益で勧誘する，甘い汁で誘う

【利于】lìyú [動] …の役に立つ，有利に働く

【利欲熏心】lì yù xūn xīn《成》欲に目がくらむ，欲に惑わされて物が見えない

〖俐〗lì ⊗→[伶 líng～]

〖莉〗lì ⊗→[茉 mò～]

〖痢〗lì ⊗下痢を伴う伝染病 [赤～] 赤痢

【痢疾】lìji [名] 下痢を伴う伝染病 [阿米巴～] アメーバ感染による伝染病

〖戾〗lì ⊗①罪，とが [罪～]《書》罪過，罪悪 ②不当な，ひねくれた [暴～]《書》凶悪無残な

〖唳〗lì ⊗鳥が鳴く→[风声①]

【例】lì [名]〔量詞的に〕事例〚十五～中，八～有…〛15例のうち8例は…
⊗①例（→[～子]）[举～] 例を挙げる ②先例，前例 [援～] 前例を引く ③規則，決まり ④定例の

【例会】lìhuì [名]〔次〕例会

【例句】lìjù [名] 例文

★★【例如】lìrú [動] 例えば… [同][比如][譬如]

★【例外】lìwài [名] 例外 — [動]〔一般に否定に使い〕例外になる，例にはずれる〚谁都不能～〛誰であれ例外ではありえない

【例言】lìyán [名]〚図〛例言，凡例

【例证】lìzhèng [名] 例証

【例子】lìzi [名] 例〚举个～〛例を挙げる

〖隶（隸 *隷）〗lì ⊗①所属する ②旧社会の奴隷 ③旧時の役所の下っ端 ④隷書（漢字の書体の一）

【隶书】lìshū [名] 隷書 [同][隶字]

【隶属】lìshǔ [動] 管轄下に入る，従属する〚～国务院〛国務院の管轄下にある

〖荔〗lì ⊗以下を見よ

【荔枝】lìzhī [名] ①〔棵〕荔枝(れいし)の木 ②〔颗〕荔枝の実，ライチ

〖栎（櫟）〗lì ⊗クヌギ（ふつう'麻栎''柞 zuò 树'という）♦陕西省の地名'栎阳'では Yuè と発音

〖砾（礫）〗lì ⊗小石，細かく砕けた石 [～岩] 礫岩(れきがん)

【砾石】lìshí [名] 水流で角のとれた砂利 [～路] 砂利道

〖栗〗lì ⊗クリ→[～子]

〖—（慄）〗⊗ふるえる [战～] 戦慄が走る，恐れで身震いする

【栗然】lìrán [形]〔多く状語として〕恐れおののくさま，慄然たる

【栗色】lìsè [名] クリ色

【栗子】lìzi [名] ①〔棵〕クリの木 ②〔颗〕クリの実 [糖炒～] 甘栗

〖傈〗lì ⊗以下を見よ

【傈僳族】Lìsùzú [名] リス族 ♦中国少数民族の一，雲南，四川省に住む

〖溧〗Lì ⊗溧(り)水（江蘇省の地名）

〖詈〗lì ⊗罵る [～辞]《書》罵語

【哩】li [助]《方》①普通話の'呢'にほぼ同じ，ただし疑問文には使わない ②列挙する場合に使う（[同]《普》[啦]）〚碗～，筷子～，…〛茶碗だの箸だの，…
⇨lī, lǐ

【俩（倆）】liǎ [数]《口》ふたつ（2，3個），二人（2，3人）（'两个'の縮約形）〚咱～〛おれ達二人〚这么～人〛これっぽっちの人数
⇨liǎng

〖奁（奩 *匲匳籢）〗lián ⊗昔の婦人の化粧箱

【连（連）】lián [動] つなぐ，連なる〚心～着心〛心と心がつながっている〚～成一片〛一つながりにする — [副]〔単音節の動詞の前で〕連続して〚～发三封电报〛続けざまに3通の電報を打った — [介] ①〔後置の'也''都'と呼応して〕…でさえも〚～他也笑了〛あの人まで笑った〚～小孩子都知道〛子供でさえ知っている ②…も含め〚～皮三十斤〛風袋ともで15キログラム — [名]〚軍〛中隊 [～长] 中隊長
⊗（L-）姓

【连鬓胡子】liánbìn húzi [名]〔口〕頬ひげ [同][络腮胡子]

【连词】liáncí [名]〚語〛接続詞

【连…带…】lián…dài… ①…から…まで含めて〚～人～马〛人馬もろともに〚～老～小〛老弱まとめて ②…したり…したり〚～蹦～跳〛跳んだりはねたり〚～说～比划〛身振り手振りを交えて話す

【连裆裤】liándāngkù [名]〔条〕股が開いていないズボン [反][开裆裤]

【连队】liánduì [名]〚軍〛中隊，あるいは中隊に相当する部隊

【连个屁也不放】lián ge pì yě bú fàng《俗》（屁一つひらない＞）文句

L

一つ言わず、言葉一つ返さない
【连贯(連貫)】liánguàn 動①つながる、つなぐ〖~东西〗東西をつなぐ ②筋が通る、首尾一貫する
【连环画】liánhuánhuà 名［本］(中国風の)劇画、子供向きの絵物語
【连枷(槤枷)】liánjiā 名〖農〗殻竿、くるり棒
【连接(聯接)】liánjiē つながる、つなぐ
【连累】liánlei 動 巻き添えにする、累を及ぼす〖~你受罪了〗僕のせいで君をひどい目に遭わせてしまった
【连连】liánlián 副 しきりに、続けざまに
*【连忙】liánmáng 副 大急ぎで、直ぐさま〖一道歉〗急いで謝る
【连绵(聯綿)】liánmián 形 どこまでも続く、いつまでも止まない〖阴雨~〗いつまでもうっとうしい雨が止まない
*【连年】liánnián 形〖多く状語として〗連年の、いく年も続く〖~干旱〗連年の干ばつに見舞われる
【连篇】liánpiān 形①一編また一編と文を連ねた［~累牍］長ったらしい(あるいは大量の)文章を綴るさま ②全編にあふれている〖空话~〗全篇ほらばかり
【连翩】liánpiān 形→［联翩］
【连任】liánrèn 動 連任する、重任する〖~了两届主席了〗2回続けて議長に選ばれた
【连日】liánrì 副 連日
【连声】liánshēng 副 続けざまに言葉を発して〖~称赞〗しきりに褒めそやす
*【连锁】liánsuǒ 形〖多く定語として〗(鎖状に)つながった
【连锁反应】liánsuǒ fǎnyìng 名 連鎖反応 働［链式反应］
【连锁商店】liánsuǒ shāngdiàn 名 チェーン店 働［连锁店］
【连天】liántiān 形 天に達する、天に連なる 一副 連日〖~下雨〗連日の雨だ
*【连同】liántóng 介 …を含めて、ともに〖把译稿~原文一起寄到编辑部〗訳を原文と一緒に編集部に送る
【连续】liánxù 連続する、途切れず続く〖~几天刮大风〗数日続けて大風が吹く〖~翻了几个跟斗〗続けざまに数回とんぼをきった
【连续光谱】liánxù guāngpǔ 名〖理〗連続スペクトル
*【连续剧】liánxùjù 名 連続ドラマ
【连夜】liányè 副①その夜のうちに ②連夜、いく晩も続けて
【连衣裙】liányīqún 名［套・件］女性用ワンピース 働［连衫裙］
【连载】liánzǎi 動 連載する〖分期~这篇小说〗何期かに分けてこの小説

を連載する
【连长】liánzhǎng 名 中隊長
【连珠】liánzhū 名 じゅず状に連なったさま ♦切れめなく続く音や声などを例える［~炮］連射砲
【连缀】liánzhuì 動 連結する、一つにつなぐ
【连坐】liánzuò 動 連座する〖全家~〗一家族全員が連座する
【连作】liánzuò 動〖農〗連作する 働［连种 zhòng］

【涟(漣)】lián ⊗①さざ波 ②涙がとまらないさま［~~］同前
【涟漪】liányī 名〖書〗さざ波、波紋

【莲(蓮)】lián ⊗ ハス
【莲花】liánhuā 名［朵］ハスの花 働［荷花］［芙蓉］
【莲花落】liánhuālào 名 竹板を打って拍子を取りつつ唱う大衆芸能
【莲蓬】liánpeng 名 ハスの実を包む円錐状の花托
【莲蓬头】liánpengtóu 名〖方〗シャワーやじょうろの先端部分、ノズル
【莲子】liánzǐ 名［颗・粒］ハスの実

【裢(褳)】lián ⊗→［褡 dālian］

【鲢(鰱)】lián ⊗ レンギョ、ハクレン［~鱼］［白~］同前

【帘(簾)】lián 名（~儿）［张・挂］カーテン、すだれ、みす［窗~］窓辺のカーテン［门~］冬季、入口に垂らす防寒用の厚い幕、または暖簾 ⊗ 店の目印の旗 働［望子］
【帘子】liánzi 名［张・挂］カーテン、すだれ、みす［竹~］竹すだれ

【怜(憐)】lián ⊗①哀れむ ②いとおしむ、愛する
【怜爱】lián'ài 動 かわいがる、いとおしむ 働［疼爱］
【怜悯】liánmǐn 動 哀れむ、同情する
【怜惜】liánxī 動 哀惜する、守ろうとする
【怜恤】liánxù 動 哀れむ、同情する

【联(聯)】lián ⊗① 対句、聯［对~］同前［喜~］結婚のときに使う'对联' ②連合する、結合する［~办］共催する
【联邦】liánbāng 名 連邦［~政府］連邦政府［英~］イギリス連邦
【联播】liánbō 名 ネットワークによりラジオ、テレビ放送の形式［~节目］ネットワーク番組
【联电】liándiàn 名 連名による通電 ♦報道手段が未発達の時代に多用された
【联贯】liánguàn 動→［连贯］

*【联合】liánhé 连合する, 団結する, 手を結ぶ ― 形〔定語・状語として〕合同の, 連合した［~公报］共同コミュニケ［~政府］連合内閣, 連合政府［~战线］統一戦線

【联合国】Liánhéguó 国連

【联合收割机】liánhé shōugējī (農業用)コンバイン 俚[康拜因]

*【联欢】liánhuān 動 みんなで交歓する［~会］交歓会, コンパ［~节］みんなで楽しむフェスティバル

【联机】liánjī オンライン接続する 俚[在线]

【联接】liánjiē 動 [连接]

【联结】liánjié 動 結び付ける, つなぐ〖~这两点〗この2点を結ぶ

【联军】liánjūn 名 連合軍

【联立方程】liánlì fāngchéng 名 連立方程式

*【联络】liánluò 動 連絡をとる, 接触する 俚[联系]〖~感情〗親しくなる〖~处〗連絡所〖~网〗連絡網

*【联盟】liánméng 名 (国家, 団体, 個人などのレベルの)同盟, 連盟

【联绵】liánmián 形 [连绵]

【联翩(联翩)】liánpiān 形〔書〕絶え間がない〖浮想~〗次々へと思いがわく

【联赛】liánsài 名 リーグ戦

*【联系】liánxì 動 関係づける, 結びつける, 連絡する〖理论~实际〗理論を実際に結びつける〖取得~〗関係をつける〖保持~〗接触を保つ〖跟他~〗彼と連絡する

【联想】liánxiǎng 動 連想する〖~到那次水灾〗あの時の洪水を思い出した

【联运】liányùn 名〔交〕連絡輸送〖~票〗(汽車と船, AとBの社線などの)連絡キップ

【廉】lián ⊗ ①廉潔な［清~］清く正しい ②値段が安い ③(L-)姓

【廉耻】liánchǐ 名 廉恥, 清い行いと恥を知る心

【廉价】liánjià 形〔定語・状語として〕値が安い, 安価な〖~出售〗安売りする

【廉洁】liánjié 形 清廉な, 公正な

*【廉正】liánzhèng 形 廉直な, 清廉公正な〖~无私〗廉直で私心を持たない

【濂】Lián ⊗ ①濂江(江西省) ②姓

【臁】lián ⊗ 脛の両側

【镰(鐮)】lián ⊗ 鎌〖开~〗刈り入れを始める

【镰刀】liándāo 名［把］鎌

【敛(斂)】liǎn ⊗ ①引っ込める［收~］(笑顔などを) おさめる ②集める, 取り立てる

【敛财】liǎn'cái 財貨を収奪する

【敛迹】liǎnjì 動〔書〕身を隠し, 隠れておとなしくする

【敛容】liǎnróng 動〔書〕笑顔をおさめ, 表情を引き締める

【脸(臉)】liǎn 名 ①(~儿)〖张〗顔 ②(~儿)表情〖笑~〗笑顔 ③体面, メンツ［丢~］面目を失う ④(~儿)物の前部分

【脸蛋儿】liǎndànr 名 (多く子供の)ほっぺた, 顔 俚[脸蛋子]

【脸红脖子粗】liǎn hóng bózi cū〔俗〕(顔が赤く首が太い＞)いきり立ち, かなり立てる

【脸颊】liǎnjiá 名 ほっぺた, 頬

【脸面】liǎnmiàn 名 ①顔 ②メンツ, 面目〖看我的~〗私に免じて…

【脸盘儿】liǎnpánr 名［张］顔立ち

【脸庞】liǎnpáng 名 面ざし, 顔立ち 俚[脸盘儿]

【脸盆】liǎnpén 名 洗面器 俚[洗~]

【脸皮】liǎnpí 名 ①情実, メンツ ②つらの皮, 羞恥心の程度〖~厚〗つらの皮が厚い, 厚かましい〖~薄báo〗恥ずかしがり, 内気な

【脸谱】liǎnpǔ 名 伝統劇の役者の隈どり〖勾~〗隈どりを描く

【脸色】liǎnsè 名 ①顔色, 血色 ②表情

【脸膛儿】liǎntángr 名〔方〕①顔〖黑~〗色黒の顔 ②顔立ち〖四方~〗四角い顔立ち

【脸子】liǎnzi 名〔方〕①容貌 (一般に美貌を軽い口調で言う) ②不快な表情, いやな顔

【琏(璉)】liǎn ⊗ 古代の宗廟でキビなどを盛る器

【练(練)】liàn 動 ①練習する, 鍛える〖~字〗習字をする ②生糸や麻を練る ⊗ ①白絹 ②経験豊かな, 年季の入った［~达］熟達する ③(L-)姓

【练兵】liàn'bīng 動 ①兵隊を訓練する ②(一般的に)訓練する

【练功】liàn'gōng 動 練習する, 技を練る［~房］けいこ場

【练习】liànxí 名 学校の練習問題〖做~〗練習問題をする［课外~］宿題 ― 動 練習する〖~唱歌〗歌をけいこする

【炼(煉*鍊)】liàn 動 ①(加熱して)精製する, 精錬する ②焼く ⊗ ①(文や言葉を)練る

【炼丹】liàn'dān 名 (道士が)丹薬を練る, 不老長寿の薬をつくる

【炼钢】liàn'gāng 動 鋼鉄をつくる〔～厂〕製鋼所
【炼乳】liànrǔ 練乳, コンデンスミルク ⑩〔炼奶〕
【炼油】liàn'yóu 動 ① 石油を分留する ② 油をある物質から加熱して油を分離する ③ 動植物油を加熱して食用油に仕上げる
【炼制】liànzhì 動 精製する, 精練する

【恋】(戀) liàn ⊗ ① 恋〔初～〕初恋 ② 恋しがる, 別れがたく思う〔～家〕家を恋う, ホームシックにかかる〔～情〕恋心
★【恋爱】liàn'ài 名動 恋愛(する)〔谈～〕恋愛する
【恋歌】liàngē 名 恋歌
【恋恋不舍】liànliàn bù shě (成) 名残り尽きない, 去り難い
【恋慕】liànmù 動 恋い慕う

【殓】(殮) liàn ⊗ 納棺する〔入～〕納棺する

【楝】liàn ⊗ オウチ, センダン

【鲢】(鰱) liàn ⊗ ニシン →〔鲱 fēi〕

【链】(鏈) liàn 名 ①（～儿）〔条・根〕くさり〔项～〕ネックレス ② 海洋上の距離の単位の一(1海里の10分の1)
【链轨】liànguǐ キャタピラ ⑩〔履带〕
【链接】liànjiē 動 リンクする
【链锯】liànjù チェーンソー
【链霉素】liànméisù 名〔薬〕ストレプトマイシン
【链球】liànqiú 名〔体〕ハンマー投げ(競技と用具をともにいう)〔掷 zhì～〕ハンマーを投げる
【链式反应】liànshì fǎnyìng 名〔理・化〕連鎖反応 ⑩〔连锁反应〕〔链反应〕
【链条】liàntiáo 名〔条・根〕(自転車その他大型機械の)チェーン
【链子】liànzi 名〔条・根〕① くさり ②〈口〉(自転車やオートバイの)チェーン

【潋】(瀲) liàn ⊗〔～滟 yàn〕〈書〉水が満ちあふれるさま, 波がたゆたうさま

【良】liáng ⊗ ① よい, 優れた ② 良民, 善人 ③ 非常に, 大変 ④ (L-) 姓
【良好】liánghǎo 形 良好な, 満足のゆく
【良久】liángjiǔ 形〈書〉ずいぶんと久しい, 長きに渡る
【良善】liángshàn 名〈書〉善良な人, 良民〔欺压～〕良民をいじめる —形 善良な
【良师益友】liáng shī yì yǒu (成) よき師よき友
★【良心】liángxīn 名 良心〔没～〕破廉恥な〔～话〕公平な言葉
【良药】liángyào 名 良薬(多くの忠言の比喩としていう)〔～苦口利于病, 忠言逆耳利于行〕(成) 良薬は口に苦く, 忠言は耳に逆らう
【良友】liángyǒu 名 よき友
【良莠不齐】liáng yǒu bù qí (成) 善人悪人入り交じる, 人さまざま
【良种】liángzhǒng 名 (家畜や作物の)優良品種〔～马〕優良馬

【粮】(糧) liáng 名 食糧, 穀物類〔缺～〕食糧が不足する〔～仓〕穀物倉 ⊗ 農業税として納める食糧〔征～〕同価を徴収する
【粮草】liángcǎo 名 軍用の食糧と飼料
【粮库】liángkù 名 食糧倉庫
【粮秣】liángmò 名 ⑩〔粮草〕
【粮票】liángpiào 名 食糧切符, 主食用クーポン券
★【粮食】liángshi 名〔包・袋〕食糧(穀類, 芋類を含む)
【粮税】liángshuì 名 食糧で納める農業税〔交～〕同価を納める
【粮站】liángzhàn 名 食糧の管理と配分に当たる下級機関, 食糧事務所
【粮栈】liángzhàn 名〔家〕食糧問屋, 食糧倉庫業

【凉】(涼) liáng 形 ①(気候が) はだ寒い, (水が) 冷たい, (料理などが) 冷めた ⑩〔冷〕② がっかりする, 気が滅入る〔～了半截儿〕がっくりきた
⇒ liàng
【凉拌】liángbàn 冷たい食品で和え物料理を作る〔～菜〕和え物
【凉菜】liángcài 名 冷たいままで食べる料理, 前菜
【凉碟】liángdié 名（～儿）皿に盛った'凉菜', 前菜
【凉粉】liángfěn 名（～儿）緑豆の粉から作る食品 ♦ ところてん状に切り, 酢や唐辛子をまぶして食べる
【凉快】liángkuai 形 涼しい —動 涼む〔～一下身子〕体を涼しくする
【凉棚】liángpéng 名 ① 夏の庭や路上に組み上げるアンペラ等を張った日よけ ⑩〔天棚〕〔～搭〕同上をたてる ②（転）(ひたいの前にかざす)小手〔手搭～〕小手をかざす
【凉爽】liángshuǎng 形 涼しい
【凉水】liángshuǐ 名 ⑩〔冷水〕①(多く飲用の)冷たい水 ② 生水
【凉丝丝】liángsīsī 形（～的）スーッと涼しい
【凉飕飕(凉嗖嗖)】liángsōusōu （～的）① 風が冷たい ② 薄ら寒い
【凉台】liángtái 名 テラス, バルコ

ニー
【凉亭】liángtíng [名] 亭, あずまや
【凉席】liángxí [名]〔张〕夏用の寝ござ ♦竹ひごや葦を編んだものが多い
【凉鞋】liángxié [名]〔双〕サンダル

【椋】liáng ⊗［灰～鸟］ムクドリ

【梁(*樑)】liáng [名]〔根〕梁(はり)〖架～〗梁を渡す
⊗①橋 ②物の真ん中の長く盛り上がった部分［鼻～］鼻筋［山～］尾根

【—】⊗(L-) ①戦国時代の国名 ②王朝の名［～朝］梁(りょう)(A. D. 502-557)［后～］後梁(こうりょう)(A. D. 907-923) ③姓
【梁上君子】liáng shàng jūnzǐ《成》(梁上の君子>)こそ泥

【粱】liáng ⊗①優良品種の粟(あわ) ②上等な穀物［膏～］御馳走, 美食

【量】liáng [動] 計測する, はかる〖～地〗測量する〖～体温〗体温を計る〖～米〗米を(計りで)買う［～具］計量具
⊗推測する, 見積もる
⇨liàng
【量杯】liángbēi [名] 計量カップ, メスシリンダー, メートルグラス
【量度】liángdù [動] 測定する, 計測する
【量角器】liángjiǎoqì [名] 分度器 [同][量角规][分度规]
【量瓶】liángpíng [名] 計量フラスコ
【量热器】liángrèqì [名] 熱量計
【量筒】liángtǒng [名] メスシリンダー, 計量カップ
【量雨筒】liángyǔtǒng [名] 雨量計

【两(兩)】liǎng [数] ①2, 二 ♦量詞及び数詞'半, 百, 千, 万, 亿'と結びつけて使う. ([関][二èr])〖～只猫〗2匹の猫〖分成～半儿〗ふたつに分ける〖～百〗200('二百'とも)〖～千块〗2千元〖～万块〗2万元(ただし2万2千元は'～万二千块') ②2から5程度の不定の数〖过～天再说〗2, 3日してからのことにしよう — [量] 重量の一単位(50グラムに相当) ♦'十钱qián'が'一～', '十～'が'一斤jīn', なお旧制では'一～'は31.25グラムで'十六～'が'一斤'に相当
⊗双方［势不～立］両雄並び立たず［～便］双方に都合の良い
【两败俱伤】liǎng bài jù shāng《成》争いの双方ともに傷を負う, 両方互いに痛い目に遭う
【两边】liǎngbiān [名] ①両側, 二つの場所 ②両端 ③双方
【两边倒】liǎngbiāndǎo [形] 風の吹くまま右ひだり ♦板挟みにあって自分の立場や主張が定まらないことをいう [関][一边倒]
【两抵】liǎngdǐ [動] 相殺する〖收支～〗収支が差し引きゼロになる
【两广】Liǎng Guǎng [名] 広東(カントン)と広西(カンシー)を合わせた呼称
【两汉】Liǎng Hàn [名]〖史〗'西汉'と'东汉'を合わせた呼称, 両漢
【两湖】Liǎng Hú [名] 湖北省と湖南省を合わせた呼称
【两回事】liǎnghuíshì [名] 全く別の事柄
【两极】liǎngjí [名] ①地球の南極と北極 ②電池の陰極と陽極 ③磁石の南極と北極 ④両極端, 鋭く対立する両側
【两江】Liǎng Jiāng [名] 江蘇省·安徽省と江西省を合わせた呼称
【两可】liǎngkě [形] どっちつかずの, どちらでもかまわない〖在～之间〗いずれともつかない〖～的态度〗どっちつかずの態度
【两口子】liǎngkǒuzi [名] 夫婦ふたり ([同][两口儿])［小～］若夫婦
【两面】liǎngmiàn [名] ①事物の両面, 裏おもて ②両側
【两面派】liǎngmiànpài [名] ①裏おもてを使い分ける人物 ②対立する双方とうまくやっている人物, 二股膏薬
【两面性】liǎngmiànxìng [名] 二面性
【两难】liǎngnán [形] (二つの選択肢の)どちらを取るのも難しい, ジレンマに陥った〖～的境地〗にっちもさっちもゆかない［进退～］進みも退きもできない
【两旁】liǎngpáng [名] 左右両側
【两栖】liǎngqī [動]〖多く定語として〗水中と陸上の両方に住む［～动物］両棲動物［～作战］水陸両面作戦
【两讫】liǎngqì [動]〖商〗商品引き渡しと代金支払いの両方が済む
【两全】liǎngquán [動] 双方を満足させる, 両方ともによい結果を得させる
【两全其美】liǎng quán qí měi《成》双方に花を持たせる, 両方を満足させる
【两手】liǎngshǒu [名] ①両手, 双手(もろて) ②腕前, 技量〖露lòu～〗腕前のほどを見せる
【两头】liǎngtóu [名] (～儿) ①両はし ②当事者の双方
【两下里】liǎngxiàli [名] ①双方 ②2箇所
【两下子】liǎngxiàzi [名] 優れた能力, 技量〖他真有～〗あいつは全くのやり手だぜ
【两相情愿】liǎng xiāng qíngyuàn《成》双方が望む, 互いに納得ずくである
【两袖清风】liǎng xiù qīng fēng《成》(両袖を清らかな風が吹き抜け

L

る＞）役人が清廉であるさま ♦昔賄賂を袖に入れたから
【两样】liǎngyàng [形] 異なった〖没什么～〗何も違うところはない
【两用】liǎngyòng [動] 両用する，二つの用途を持つ［～雨衣］リバーシブルのレインコート
【两用机】liǎngyòngjī [名]〔架〕（'收录～'の略）ラジカセ
【两院制】liǎngyuànzhì [名] 二院制
【两造】liǎngzào [名] 原告と被告 [同]［两曹］
〖俩(倆)〗liǎng ⊗→［伎～ jìliǎng］
⇨liǎ
〖魉(魎)〗liǎng ⊗→［魍～ wǎngliǎng］
【亮】liàng [形] ①明るい，ぴかぴかしている [反]［暗］ ②（胸の内，考え方などが）からりとしている 一[動]①光る〖还～着灯〗まだ明かりがついている ②（声を）高める〖～起嗓子〗声を高める ③明らかにする，はっきり見せる〖～杯底〗（乾杯して）酒杯の底を見せる
⊗（声や音が）よく響く［洪～］朗々と響く
【亮底】liàngʼdǐ [動] ①手の内を見せる ②結果を出す
【亮点】liàngdiǎn [名] ①特に注目を集める人や事物 ②際立つ長所
【亮度】liàngdù [名]〖理〗輝度，明るさ
【亮光】liàngguāng [名]（～儿）〔道〕①光線，光の条 ②暗闇の中の光
【亮晶晶】liàngjīngjīng [形]（～的）きらきら光っている
【亮儿】liàngr [名] ①灯火，明かり〖拿个～来〗明かりを持って来てくれ ②光〖一点～〗かすかな光
【亮堂堂】liàngtángtáng [形]（～的）昼のように明るい
【亮堂】liàngtang [形] ①明るい ②（胸の内，考え方が）からりとしている，迷いがない
【亮相】liàngʼxiàng [動] ①芝居で見得をきる ②態度（見解）を表明する ③姿を見せる
【亮铮铮】liàngzhēngzhēng [形]（～的）きらきら光る，ぴかぴかの
〖喨〗liàng ⊗→［嘹 liáo ～］
【凉(涼)】liàng [動] 冷ます〖～一盆开水〗容器1杯分の湯冷ましを作る
⇨liáng
〖谅(諒)〗liàng ⊗①思うに，おそらく〖～你不敢〗おそらく君には実行できないだろう ②許す，了解する［～察］了察する
*【谅解】liàngjiě [動] 了解する，理解して許す

【晾】liàng ①日に干す〖～衣服〗服を干す ②陰干しにする ③[同]［凉 liàng］
【辆(輛)】liàng [量] 車両類を数える〖一～公共汽车〗バス1台〖三～自行车〗自転車3台
〖量〗liàng ⊗①容量の限度［气～］度量 ②数量［产～］生産高 ③評価する，計る［～力而行］おのれの能力をわきまえて事を進める
⇨liáng
【量变】liàngbiàn [動]〖哲〗〔多く定語·賓語として〕量的変化を起こす [反]［质变］
【量词】liàngcí [名]〖語〗量詞，助数詞，単位名詞
【量力】liànglì [動] おのれの能力を正しくはかる，身の程を知る［不自～］おのれを過信する，身の程を知らない
【量入为出】liàng rù wéi chū《成》収入の額に合わせて支出の限度を設定する
【量体裁衣】liàng tǐ cái yī《成》（身体に合わせて服をつくる＞）実情に合わせて事をはかる
【量子】liàngzǐ [名]〖理〗量子［～力学］量子力学
【靓(靚)】liàng [形]《方》美しい［～妹］美しい娘
⇨jìng
〖踉〗liàng ⊗以下を見よ
【踉跄(踉蹌)】liàngqiàng [形] 足がふらついた，よろよろした
【撩】liāo [動] ①からげる，まくりあげる〖～长裙〗長いスカートをからげる ②手ですくって水をまく
⇨liáo
【蹽】liāo [動]《方》①思いきり走る ②こっそり逃げ出す
〖辽(遼)〗liáo ⊗①遠い ②（L-）王朝名［～朝］遼（A. D. 907-1125） ③（L-）遼寧省の略称
⊗遠い
【辽东】Liáodōng [名] 遼東，遼寧省の遼河以東
*【辽阔】liáokuò [形] 広大な，果てしなく広い
【辽远】liáoyuǎn [形] 果てしなく遠い〖～的天空〗遙かなる空
〖疗(療)〗liáo ⊗治療する［理～］物理療法［医～］医療
【疗法】liáofǎ [名] 治療法［物理～］物理療法
【疗效】liáoxiào [名] 治療効果
【疗养】liáoyǎng [動] 療養する［～

【聊】 liáo

動 ①おしゃべりする, 雑談する ㊧ ①しばらく, 差し当たり [〜以自慰] いささか自らを慰める [〜且(書)] とりあえず ②わずかに ③頼りにする [〜赖] 頼る ④(L-)姓

【聊胜于无】 liáo shèng yú wú《成》ないよりまし

★【聊天儿】 liáo'tiānr 動 世間話をする, 無駄話をする, チャットする

【聊以卒岁】 liáo yǐ zú suì《成》どうにかこうにか暮らしが立つ

【寥】 liáo

㊧ ①僅かしかない, ごく少ない ②寂しい, がらんとしている

【寥寥】 liáoliáo 形《書》極めて少ない [〜无几] 数えるほどしかない

【寥落】 liáoluò 形《書》ごく少ない, まばらになっている

【寥若晨星】 liáo ruò chén xīng《成》夜明けの星ほどに数が乏しい

【僚】 liáo

㊧ ①官吏, 役人 《字ں》同じ役所で働く官吏 [同〜] 同僚 [官〜] 官僚

【潦】 liáo（旧読 lǎo）

㊧ 以下 ♦「大雨による水たまり」の意では lǎo と発音
⇨liáo

【潦草】 liáocǎo 形 ①(文字が)乱雑な [字迹〜] 文字が乱れている ②(仕事振りなどが)がさつな, いい加減な

【撩】 liáo

動 挑発する [〜逗 dòu] [〜拨 bō] 同前
⇨liāo

【嘹】 liáo

㊧ 以下を見よ

【嘹亮(嘹喨)】 liáoliàng 形 (音声が)よく透る, よく響く

【獠】 liáo

㊧ ①(面相が) 獰猛 dōng な, 凶悪な

【獠牙】 liáoyá 名 むきだしの牙 [青面〜] 恐ろしい面相

【寮】 liáo

㊧ 小さな家

【缭(繚)】 liáo

動 (縁を)まつる, かがる [〜贴边] 縁をかがる
㊧ 絡みつく, まつわる

【缭乱(繚亂)】 liáoluàn 形《書》入り乱れた [心绪〜] 心が千々に乱れている

【缭绕】 liáorào 動 ぐるぐる回るように昇る, 周りを巡る [歌声〜] 歌声がこだまする

【燎】 liáo

㊧ 焼く, 延焼する
⇨liǎo

【燎泡】 liáopào 名 やけどによる水ぶくれ, 火ぶくれ ⇨[烫泡] [燎浆泡]

【燎原】 liáoyuán 動《書》野火が盛んに燃え広がる [星火〜] 小さな力が天下を揺るがす勢力に発展する

【了】 liǎo

① 終わる, 終える [〜一手续] 手続きを終える ②《可能補語になって》動作, 状態が完成段階まで達しうるか否かを表わす [来不〜] 来られない [干 gān 不〜] (服などが)乾ききらない ㊧《否定の形で》全く, 少しも [〜无惧色] 毫も臆する色がない

【—(瞭)】

㊧ よく分かる [明〜] 明らかだ [一目〜然] 一目瞭然 [不甚〜〜] あまりよく分からない
⇨le

【了不得】 liǎobude/liǎobudé 形 ①程度が尋常でない, とび抜けた [真〜!] 全く大したもんだ ②(事態が)ひどい, 深刻な [可〜] 大変だ [没什么〜] 大したことはない

★【了不起】 liǎobuqǐ 形 素晴らしい, ただものでない

【了得】 liǎode/liǎodé 形《'还〜'の形で》大変だ, 取り返しがつかない [你竟然打老师, 这还〜] 先生を殴るなんて君大変だよ

【了结】 liǎojié 動 解決する, 片付ける

★【了解】 liǎojiě 動 ①理解する, のみこむ ②実地に調べる, 人に尋ねる

【了然】 liǎorán 形《書》明瞭な, はっきりした [〜于胸] よくわかっている

【了如指掌】 liǎo rú zhǐ zhǎng《成》掌を指すがごとくに熟知している

【了事】 liǎo'shì 動 (中途はんばに, あるいはやむを得ず) 事を終わらせる [含糊〜] うやむやに幕を引く

【了账】 liǎo'zhàng 動《転》おしまいとする, 終える

【蓼】 liǎo

名《植》タデ

【蓼蓝】 liǎolán 名《植》アイ(青色染料をとる) ⇨[蓝]

【潦】 liǎo

㊧ liáo の旧読
⇨liáo

【燎】 liǎo

動 (毛などを)火に近づけて焼く
⇨liáo

【尥】 liào

㊧ 以下を見よ

【尥蹶子】 liào juězi 動 (ラバや馬が)後ろ足をはね上げて蹴る

【钌(釕)】 liào

㊧ [〜铞儿 diàor] (一方が輪の形の)掛けがね

【料】 liào

名 ①(〜儿)[块]材料, 原料;《転》人材 [不是块当领袖的〜] 指導者のガラではない ②家畜の飼料 ③ガラス製品や燃料の原料 ― 量 ①漢方丸薬の一度にする調剤量 ②(旧)木材の単位
㊧ 予測する, 推定する [不出所〜] 予想を外れない

【料到】liàodào 動 予測する、見越す〖没～的困难〗予期せぬ困難〖料不到〗予測できない
【料定】liàodìng 動 予測し断定する
【料及】liàojí 動〖書〗予測する
【料酒】liàojiǔ 图 料理用の'黄酒'
【料理】liàolǐ 動 処理する、取り仕切る〖～丧事〗葬儀の段取りをする
【料器】liàoqì 图 色ガラス工芸品
【料想】liàoxiǎng 動 予測する、見越す、考える〖～不到的事情〗思い掛けないこと
【料子】liàozi 图 ①〖块・段〗服地生地(地方によってはウール地をいう) ②木材 ③〖口〗〖块〗適任の人材、ぴったりの人物 ®〖料〗

【廖】Liào ⊗ 姓

【撂】(*撩) liào 動〖口〗①置く〖把书～在桌子上〗本を机の上に置く ②倒す、引っ繰り返す ③捨てる、投げる〖～在脖子后头〗(首の後ろに捨て去る>)きれいさっぱり忘れる
【撂手】liào'shǒu 動 手を退く、(途中で)投げ出す
【撂挑子】liào tiāozi 動 仕事を途中で投げ出す ®〖撩担子〗

【镣】(鐐) liào ⊗ 足かせ〖脚～〗足かせ
【镣铐】liàokào 图 足かせと手かせ(手錠)〖带上～〗同前をはめる

【瞭】liào 動 高みから眺める、遠望する
⇨liǎo(了)
【瞭望】liàowàng 動 高所あるいは遠くから眺める〖～敌人的动静〗敵の動きを見張る〖～台〗見張り台、展望台

【咧】 liē ⊗ 以下を見よ
⇨liě、lie
【咧咧】liēlie 動〖方〗①しゃべりまくる ②子供が泣きじゃくる

【咧】liě 動 口をゆがめる〖～着嘴笑〗にやりとする
⇨liē、lie

【裂】liě 動〖方〗両側に開く〖～着怀〗(服の)胸がはだけている
⇨liè

【列】liè 動 ①並べる、連ねる〖～队〗隊列をつくる〖出理由〗理由を述べたてる ②ある部類に入れる、組み込む〖～为重点项目〗重点プロジェクトの一つとする
—— 圖 列になったものを数える〖一～火车〗ひと列車
⊗ ①列〖行～〗列、隊列 ②めいめい、多くの〖～国〗列国 ③(L-)姓
【列车】lièchē 图〖次・趟〗列車〖～长 zhǎng〗(列車の)車掌〖上行～〗上り列車〖直达～〗直通列車
【列车员】lièchēyuán 图 旅客列車乗務員、乗客係
【列岛】lièdǎo 图 列島
*【列举】lièjǔ 動 列挙する
【列宁主义】Lièníng Zhǔyì 图 レーニン主義 ®〖马列主义〗
【列强】lièqiáng 图 列強
【列入】lièrù 動 組み入れる、(ある部類に)含める〖～日程〗スケジュールに加える
【列席】liè'xí 動 オブザーバーとして会議に出席する
【列传】lièzhuàn 图〖史〗列伝

【冽】liè ⊗ 寒い〖～风〗〖書〗寒風〖凛 lǐn～〗身を切るほどに寒い

【烈】liè 動 ①激しい、強烈な〖～酒〗きつい酒 ②剛直な、厳正な ③正義や革命に殉じた〖～士〗烈士
【烈度】lièdù 图 強度、激しさ
【烈火】lièhuǒ 图 烈火、猛火〖斗争的～〗闘争の炎
【烈火见真金】lièhuǒ jiàn zhēnjīn〖成〗(猛火に焼かれて初めて本当の黄金かどうかわかる>)厳しい試練を経て初めて人の真価がわかる
【烈日】lièrì 图 焼けつく太陽
【烈士】lièshì 图 烈士、戦死者
【烈属】lièshǔ 图 烈士の遺族 ♦戦死者、殉死者の遺族をいい、優遇措置がとられている
【烈性】lièxìng 形〖多く定語として〗①気性が激しい、勝ち気な〖～汉子〗気性の激しい男 ②強烈な、きつい〖～酒〗きつい酒

【裂】liè 動 裂ける、割れる〖杯子～了〗コップにひびが入った
⇨liě
【裂变】lièbiàn 图〖理〗核分裂
【裂缝】lièfèng 图(～儿)〖条・道〗ひび、割れ目〖走～〗ひびが入る
—— liè'fèng 動(～儿)ひびが入る、割れ目ができる〖裂了一条缝〗ひと筋ひびが入った
【裂痕】lièhén 图〖道〗器物のひび、人間関係のひび〖他们之间的～消除了〗彼らの間のひびは解消された
【裂口】lièkǒu 图(～儿)裂け目、割れ目
—— liè'kǒu 動(～儿)裂け目ができる〖冻得～了〗あかぎれができた
【裂纹】lièwén 图〖道〗(器物の)ひび、割れ目
—— liè'wén 動 ひびが入る
【裂隙】lièxì 图〖道〗ひび、割れ目

【趔】liè 動〖～趄 qie〗(体が)よろめく

【劣】liè 動 悪い、劣る(®'优')〖恶～〗あくどい、劣悪な

【劣等】lièděng [形] 低級な, 劣等の〚成绩～〛成績が悪い
【劣根性】liègēnxìng [名] 骨までしみこんだ悪習, 腐った性根
【劣迹】lièjì [名] 悪事, 醜行 [～昭彰] 悪事が世に知れ渡る
【劣绅】lièshēn [名] 品行よからぬ'紳士' [土豪～] 旧中国の農村における悪質地主たち
【劣势】lièshì [名] 劣勢, 不利な状況 ([反][优势])〚处于～〛劣勢に立つ
【劣种】lièzhǒng [名] ①〚農〛家畜や作物の不良品種 [反][良种] ②悪いやつ, 不良

〖埒〗 liè ⊗①等しい ②畔などの低い境界

〖猎(獵)〗 liè ⊗①狩猟をする [～虎] 虎狩りをする [打～的] 猟師 ②狩猟用の [～枪] 猟銃
【猎豹】lièbào [名]〔只〕チーター
【猎刀】lièdāo [名]〔把〕狩猟刀
【猎狗】liègǒu [名]〔只·条〕猟犬 [同][猎犬]
【猎户】lièhù [名] 猟師(の家)
【猎奇】lièqí [動] 奇妙なもの(尋常でないもの)を追い求める
【猎潜艇】lièqiántǐng [名]〚軍〛潜水艦駆逐艇 [同][驱潜艇]
【猎枪】lièqiāng [名]〔枝〕猟銃
【猎取】lièqǔ [動] ①狩猟で仕留める ②《貶》奪い取る〚～名利〛名利を手に入れる
【猎人】lièrén [名] 猟師, 狩人
【猎手】lièshǒu [名] ハンター, 狩人
【猎物】lièwù [名] 獲物

〖捩〗 liè ⊗向きを変える [转～点] 転換点

〖躐〗 liè ⊗①超える [～等]《書》順序を守らない ②踏む

【咧】 lie [助]《方》語気助詞の'了''啦'と同じように使われる〚好～〛よっしゃ〚来～〛ほいきた
⇨liē, liě

【拎】 līn [動]《方》手に提げる〚～着桶去打水〛バケツを提げて水汲みにゆく
⇨līng

〖邻(鄰 *隣)〗 lín ⊗①近所, 隣人 [近～] 近隣, 近所の人 ②隣接した, 近隣の [～家] 隣の家
【邻邦】línbāng [名] 隣国
【邻接】línjiē [動] 隣接する〚中国的东北部～着朝鲜〛中国の東北部は朝鮮と隣接している
【邻近】línjìn [名] 近辺, 付近〚～没有医院〛近くには病院がない 一 [動] 隣り合う, 隣接する〚跟中国～〛中国と隣り合っている
**【邻居】línjū [名] ①隣人 ②近隣

【邻舍】línshè [名]《方》近隣

〖林〗 lín ⊗①林 [树～] 同前 [竹～] 竹やぶ ②《略》林業 ③同類の人や事物の集合体 [碑～] (西安市にある) 碑林(ひりん)(博物館) ④(L-)姓
【林产】línchǎn [名] 林業生産物 ♦山林でとれる動植物を広い範囲に渡って含む
【林场】línchǎng [名] ①国営の営林機構, 林場 ②造林地
【林地】líndì [名] 森林地域, 林地
【林海】línhǎi [名] 広大な森林, 樹海
【林立】línlì [動] 林立する
【林木】línmù [名] ①林 ②林木
【林区】línqū [名] 森林地帯, 山林地域
【林业】línyè [名] 林業
【林荫道(林阴道)】línyīndào [名]〔条〕並木道 [同][林阴路]
【林子】línzi [名]《口》〔片〕林, 森, 木立

【淋】 lín [動] 水を掛ける, びしょぬれにする〚浑身都～湿了〛全身びしょぬれだ
⇨lìn
【淋巴】línbā [名] リンパ液([同][～液]) [～结] リンパ腺
【淋漓】línlí [形] ①ぬれて滴るさま〚大汗～〛汗がぽたぽた垂れている ②心のびやかなさま〚痛快～〛晴れ晴れとした気分だ
【淋漓尽致】línlí jìn zhì《成》文章や談話が意を尽くしていること, あるいは余す所なく暴露していることをいう
【淋浴】línyù [名] シャワー〚洗～〛シャワーを浴びる

〖琳〗 lín ⊗以下を見よ
【琳琅】línláng [名]《書》美玉;《転》美しく貴重な品 [～满目] (一般に書籍や工芸品が) 逸品ぞろいだ, 素晴らしい物が集まっている

〖霖〗 lín ⊗長雨 [甘～] (日照りの後の) 恵みの雨 [秋～] 秋の長雨
【霖雨】línyǔ [名]〔场〕長雨

【临(臨)】 lín [動] ①向き合う, 近くにいる〚～河〛川に臨む [面～] 直面する ②(書画を) 模写する〚～画〛絵を模写する [～帖 tiè] 手本通りに練習する 一 [介] …しようとして, まもなく…する時に〚～睡〛寝る前に〚～开车时〛車が出ようとする時
⊗①来る, 到る〚亲～现场〛自ら現場に赴く ②(L-)姓
【临本】línběn [名] (書画の) 模写品
【临别】línbié [動]〘多く定語·状語として〙別れに臨む [～纪念] 別れの記念
*【临床】línchuáng [動] 臨床医の仕事

をする [～教学] 臨床教育 [～医生] 臨床医

【临机】línjī 動《多く状語的に》場面に応ずる [～应变] 臨機応変 [～立断] 事態に応じて即断する

【临界点】línjièdiǎn 名《理》臨界点

【临近】línjìn 動 近づく, 近くにいる [～黎明] 夜明けが近い

【临渴掘井】lín kě jué jǐng〈成〉(のどが渇いてから井戸を掘る>) 泥縄式のやり方をする

【临了】línliǎo 副《口》結局, 最後に（⇨[临末了儿]) [～只好由他决定] 結局やむなく彼が決めた

【临摹】línmó 動 模写する ◆'临'は実物をまねて,'摹'は実物の上に薄紙を置いてなぞること

【临盆】línpén 動 出産する, 分娩する

★【临时】línshí 副 いざとなって, その期に及んで [～着急] いざとなって慌てる 一 形《多く定語として》臨時の, 一時的な [～借用一下] とりあえず借りておく [～工] 臨時工 [～住宅] 仮設住宅

【临时抱佛脚】lín shí bào fójiǎo〈俗〉→[平时不烧香,～]

【临死】línsǐ 動 死に臨む, 死を迎える（⇨[临终]) [～的时候] 死ぬ間際に

【临危】línwēi 動 ①危篤に陥る ②生命の危険にさらされる

【临危授命】lín wēi shòu mìng〈成〉危急存亡の際に勇んで生命を投げ出す

【临渊羡鱼】lín yuān xiàn yú〈成〉(水辺に立って魚を欲しがる>) 望むばかりで実行しない

【临月】línyuè 動 (～儿) 臨月となる

【临阵磨枪】lín zhèn mó qiāng〈成〉(戦場へ来てから武器をみがく>) 泥縄式でやる

【临阵脱逃】lín zhèn tuō táo〈成〉(軍人が戦さを前に逃走する>) 大事な場面で逃げ出す

【临终】línzhōng 動 死に臨む, 臨終を迎える [～遗言] 臨終の遺言

【潾】lín ⊗ [～～]《書》清らかな水を形容

【嶙】lín ⊗ [～峋 xún]《書》山や岩のゴツゴツしたさま, 痩せているさま

【遴】lín 動 慎重に選ぶ [～选] (人材などを) 選ぶ

【璘】lín ⊗ 玉の光

【辚】(轔) lín ⊗ [～～]《書》車の音

【磷】(*燐) lín ⊗《化》リン [黄～] 黄リン

【磷肥】línféi 名 リン酸肥料

【磷火】línhuǒ 名 鬼火, ひとだま, 火の玉 [鬼火]

【磷酸】línsuān 名《化》リン酸

【鳞】(鱗) lín 名 [片] うろこ (⇨[鳞片]) [鱼～] 魚のうろこ 一 形 うろこ状の [遍体～伤] 全身傷だらけ

【鳞次栉比】lín cì zhì bǐ〈成〉(魚のうろこや櫛の歯のようにびっしり並ぶ>) 家屋などが密集している

【鳞伤】línshāng 名 魚のうろこのような身体中の傷

【鳞爪】línzhǎo〈成〉うろこと爪 事柄のごく一部, 断片を例える

【麟】lín ⊗ 麒麟 qílín のめす (おすは'麒') [～凤龙龙] 世に仰がれる人びと [凤毛～角] 貴重で極上品

【凛】(凜) lín ⊗ ①寒い ②厳しい, 厳格な ③心配している, おびえている ◆②③は'懔'とも書く

【凛冽】lǐnliè 形 身を切るように寒い

【凛凛】línlín 形 ①(風が) 寒い [寒风～] 風が身を切る ②厳しい, いかめしい [威风～] 威厳に満ちている

【凛然】lǐnrán 形 厳粛な, いかめしい

【廪】(廩) lín ⊗ ①穀物倉 ②食糧

【檩】(檁) lín 名《建》〔根・条〕けた (桁) (⇨[檩条]

【檩子】lǐnzi 名《方》《建》けた

【吝】lìn ⊗ けちな, しみったれた

★【吝啬】lìnsè 形 けちくさい, しみったれた [～鬼] けちん坊, 守銭奴

【吝惜】lìnxī 動 (自分の力や物を) 出ししぶる, けちる

【赁】(賃) lìn 動 賃借りする, 賃貸しする (⇨[租]) [～费] 借り賃 [出～] 賃貸しする [租～] 借りる, 貸す

【淋】lìn 動 濾過する, 濾こす [用纱布～一下] ガーゼで濾す
⇨lín

【淋病】lìnbìng 名 淋病

【蔺】(藺) Lìn ⊗ 姓

【躏】(躪) lìn ⊗ →[蹂 róu ～]

【拎】līng 動 lìn の旧読
⇨līn

【〇】líng 数 ゼロ, 零 línɡ《多く漢数字の中で使う》(⇨[零]) [公历二〇〇〇年] 西暦2000年

【伶】líng 名 旧時の役者, 俳優 [～人] 同前

【伶仃(零丁)】língdīng 形 独りぼっちの, 孤独な [孤苦～] 天涯孤独で

ある

★【伶俐】língli/línglì [形] 賢い，頭が切れる〚口齿～〛弁が立つ

〖泠〗 líng ⊗①涼やかな ②(L-)姓

〖苓〗 líng ⊗→[茯～ fúlíng]

〖囹〗 líng ⊗以下を見よ

【囹圄(囹圉)】língyǔ [名]《書》監獄〚身陷～〛獄中の人となる

〖玲〗 líng ⊗以下を見よ

【玲珑】línglóng [形]〘多く他の二音節語と複合して〙①細工が細かく美しい［小巧～］精巧で美しい ②敏捷で頭が切れる

【铃(鈴)】 líng [名]①(～儿)すず ②ベル［门～］入口のベル
⊗①鈴状のもの［哑～］ダンベル ②綿の実

【铃虫】língchóng [名]〔只〕鈴虫 [同][金钟儿]

【铃铛】língdang [名]すず

【铃兰】línglán [名]スズラン

〖鸰(鴒)〗 líng ⊗→［鹡 jí～］

〖羚〗 líng ⊗①カモシカ ②カモシカの角(漢方薬の材料にする)

【羚羊】língyáng [名]〔只〕カモシカ ◆一般に新疆の‘赛加～’(サイガ)をいう

〖翎〗 líng ⊗(鳥の翼や尾の長い)羽根［～子］同前

【翎毛】língmáo [名]①〔根〕(大きな)羽根 ②〔幅〕鳥類を題材とした中国画

〖聆〗 líng ⊗拝聴する，話を伺う［～教 jiào］《書》ご高説を伺う

【聆听】língtīng [動]《書》拝聴する

〖蛉〗 líng ⊗→[螟 míng～]

【零】 líng [数]①ゼロ〚三减三等于～〛3－3＝0 ②大きな位の数の後にとんで小さな位の数がつくことを示す印〚一百～一〛101〚一千～三个人〛1003人 ━[名](～儿)端数，はした〚二十挂～儿〛20とちょっと ━[形]〘多く単音節動詞の前で〙まとまっていない，小口の [反][整]
⊗枯れ落ちる，衰える

【零点】língdiǎn [名]夜の12時，零時

【零工】línggōng [名]①日雇い仕事〚打～〛日雇いに出る，臨時工になる ②臨時工，日雇い取り

【零花】línghuā [動](金を)小出しに使う，小遣い銭にする ━[名](～儿)小遣い銭

【零活儿】línghuór [名]〔件〕雑用，こまごました仕事〚做～〛同前をする

★★【零件】língjiàn [名]部品，パーツ

【零落】língluò [動]①花や葉が枯れ落ちる ②事物が衰退する，すたれる ━[形]まばらな〚～的枪声〛まばらな銃声

【零卖】língmài [動]([同][零售])①小売りする ②ばら売りする

【零七八碎】língqībāsuì [形](～的)こまごました，細かく雑然とした ━[名](～儿)こまごまして脈絡もない事柄，役に立たない物

★★【零钱】língqián [名]①小銭 ②小遣い銭

【零敲碎打】líng qiāo suì dǎ《成》ちびりちびり断続的に事を行う，五月雨式的にやる

【零散】língsan/língsǎn [形]散らばった，ばらばらな

★★【零食】língshí [名]おやつ，間食

【零售】língshòu [動]①小売りする([反][批发])［～店］小売店［～价格］小売価格 ②ばら売りする

【零数】língshù [名]端数，はした([同][零头])〚抹 mǒ 去～〛端数を切り捨てる

【零碎】língsuì [形]こまごました，まとまりのない［～活儿］雑務 ━[名](～儿)こまごました事物〚拾掇～儿〛小物を片付ける

【零头】língtou/língtóu [名](～儿)①端数，はんぱ〚剩下三斤～儿〛3斤の余りが出た ②材料の余り［～儿布］端ぎれ

【零下】língxià [名]零下〚降 jiàng 到～十五度〛零下15度まで下がる

★【零星】língxīng [形]〘定語·状語として〙①わずかな，ばらばらな〚～材料〛断片的な材料 ②まばらな，分散した〚～的战斗〛まばらな戦闘

【零用】língyòng [動](金を)小出しに使う，細かな費用に使う ━[名]小遣い銭，雑費

〖龄(齡)〗 líng ⊗①年齢［年～］年齢 ②年数［工～］在職年数

【灵(靈)】 líng [形]①機能が優れている〚耳朵很～〛耳ざとい［失～］故障を起こす ②賢い，頭がよく回る ③よく効く，効果が大きい［～药］妙薬
⊗①精神，魂 ②神仙 ③ひつぎ，死者にかかわるもの

【灵便】língbian [形]①(手足や五官の)働きがよい〚手脚～〛手足がきびきび動く〚耳朵不～〛耳がよく聞こえない ②(道具が)便利である

【灵车】língchē [名]〔辆〕霊柩車

【灵丹妙药】líng dān miào yào《成》万能の妙薬；《転》あらゆる問題を解決しうる妙策 [同][灵丹圣药]

L

*【灵感】línggǎn 图 インスピレーション, 霊感
【灵魂】línghún 图 ①たましい, 魂魄 ②(精神的な意味での)霊魂, 良心〖纯洁的~〗汚れなき魂〖出卖~〗魂を売る ③(転)指導的, 決定的な働きをする要因
*【灵活】línghuó 形 ①働きがよい, 動きが速い〖脑筋~〗頭の回転が早い ②柔軟性や融通のきく〖~运用〗弾力的に運用する
【灵机】língjī 图 突然の霊感, 心のひらめき〖~一动, 计上心来〗はっとひらめいて良い考えが浮かんだ
【灵柩】língjiù 图〔个/副〕遺体を納めた柩
*【灵敏】língmǐn 形 敏感な, 鋭敏な〖反应~〗反応が速い〖~度〗感度
【灵巧】língqiǎo 形 ①精妙な, 手際のよい〖~的手〗器用な手 ②発想の優れた〖心思~〗着想が豊かだ
【灵堂】língtáng 图 ①柩を安置した部屋 ②位牌や遺影が飾ってある部屋
【灵通】língtōng 形 ①耳が早い, 消息通である〖他消息特別~〗彼は格別情報が早い ②(方)役に立つ, 使いものになる
【灵位】língwèi 图 位牌 ⇨【灵牌】
【灵性】língxìng 图 動物の利口さ
【灵验】língyàn 形 ①効果が大きい, よく効く ②(予言などが)よく当たる
【灵长目】língzhǎngmù 图【動】霊長目
【灵芝】língzhī 图【植】マンネンタケ, ヒジリダケ ◆漢方薬の貴重な材料 ⇨【~草】

【棂】(欞) líng ⊗ 窓の格子〖窗~〗同前
【棂子】língzi 图 窓格子〖窗~〗同前

【凌】 líng 图(方)氷〖冰~〗つらら〖冰激~〗アイスクリーム

【一】(*淩) ⊗ ①侮る, 威圧する ②近づく, 迫る ③高くのぼる, 飛み上がる〖~霄〗雲に届く ④(L-)姓
*【凌晨】língchén 图 夜明け前, 早朝
【凌驾】língjià 動 しのぐ, 圧倒する〖~一切〗すべてを圧倒する
【凌空】língkōng 動 天空にそびえる, 天空に舞い上がる〖飞机~而过〗飛行機が空高く飛んで行く
【凌乱】língluàn 形 乱れた, 無秩序な〖~的脚步声〗入り乱れた足音
【凌虐】língnüè 動(書)虐待する, 侮辱する
【凌辱】língrǔ 動 辱める, 凌辱する
【凌霄花】língxiāohuā 图【植】ノウゼンカズラ ⇨【紫葳wēi】
【凌汛】língxùn 图 河川の氷が溶けて起こる洪水
【凌云】língyún 動 雲に届く〖壮志~〗大志を抱く

【陵】 líng ⊗ ①丘陵 ②陵墓〖十三~〗十三陵(北京北郊にある明朝諸帝の陵墓)
【陵墓】língmù 图 ①陵墓, みささぎ ②革命烈士や指導者の墓
【陵替】língtì 動(書) ①綱紀が緩む, たるむ ②衰える, 没落する
【陵园】língyuán 图 '陵墓'を主体とした園林

【菱】 líng 图 ①ヒシ ②ヒシの実
【菱角】língjiāo 图 ヒシの実
【菱镁矿】língměikuàng 图【鉱】マグネサイト
【菱锌矿】língxīnkuàng 图【鉱】菱亜鉛鉱 ◆漢方医学では'炉甘石'という
【菱形】língxíng 图 ひし形

【绫】(綾) líng ⊗ あや絹〖~被〗あや絹の布団
【绫罗绸缎】líng luó chóu duàn 图 上等絹織物の総称
【绫子】língzi 图〔尺/段/匹〕あや絹, 絹子

【酃】 Líng ⊗〖~县〗酃県(湖南省)

【令】 líng 圖(訳)連, 印刷用紙を数える ◆'一~'は全紙500枚 ⇨líng

【岭】(嶺) líng 图【道】峰, 尾根〖那~上有人家住〗あの尾根には人が住んでいる ⊗ 山脈〖五~〗五嶺(湖南・江西と広東・広西の境に位置する5つの高峰)
【岭南】Lǐngnán 图 嶺南 ◆五嶺以南の地域, すなわち広東, 広西一帯をいう

【领】(領) lǐng 图 ①(~儿)服のえり, カラー ②えりぐり, 首回り〖尖~〗Vネック 一量 衣冠, ござなどを数える〖一~席子〗ござ一枚 一動 ①率いる, 引き連れる〖~道〗道案内をする ②受け取る〖工资〗給料を受け取る〖你的心意我~了〗お気持ち(厚意)ありがたく頂きます ⊗ ①首, うなじ ②要点, 大綱〖不得要~〗要領を得ない ③指導者 ④領有する〖占~〗占領する ⑤受ける ⑥わかる, 理解する
【领带】lǐngdài 图〔条〕ネクタイ〖*系jì~〗ネクタイを結ぶ
*【领导】lǐngdǎo 動 指導する, 先頭に立ってみんなをある方向に導く〖~

我们走向胜利〛我々を勝利へと導く［～权］指導権［集体～］集団指導 — [名] 指導者, 指導部, 管理職
【领队】lǐngduì [動] 隊列·集団を引率する — [名] ①引率者 ②隊長 ③チームの監督
【领港】lǐnggǎng [動] 水先案内をする — [名] パイロット, 水先案内人［～员］同前［～船］水先案内船, パイロットボート
【领海】lǐnghǎi [名] 領海 [反]［公海］
【领航】lǐngháng [動]（船や航空機の）進路を導く — [名] 航空士, ナビゲーター, 航海士 [同]［～员］
★【领会】lǐnghuì [動] 理解する, のみこむ（[同]［体会］）〚～文件的精神〛文献の主旨をよく理解する
【领江】lǐngjiāng [動] 河川航行の水先案内をする — [名] 河川航行の水先案内人, 内陸航路のパイロット
【领教】lǐngjiào [動] ①教えを乞う〚有点小事向您～〛ちょっとお教えいただきたいのですが ②《挨》勉強させていただく（いただいた）〚你说得很对, ～～！〛いかにもおっしゃる通りで, 勉強になりました
【领巾】lǐngjīn [名]〔块·条〕ネッカチーフ, スカーフ〚带～〛ネッカチーフをつける［红～］赤いネッカチーフ（少年先鋒隊員の印）
【领空】lǐngkōng [名] 領空〚侵犯～〛領空を侵犯する
【领路】lǐng'lù [動] 道案内する [同]［带路］［领道儿］
【领略】lǐnglüè [動]（感覚的に）理解する,（味わいなどが）わかる
【领情】lǐng'qíng [動] 厚意を有難く思う
【领取】lǐngqǔ [動]（支給·発給される物を）受領する, 受け取る〚～护照〛パスポートを受け取る
【领事】lǐngshì [名] 領事
★【领事馆】lǐngshìguǎn [名] 領事館
【领受】lǐngshòu [動]（人の厚意を）有難く受ける
【领头】lǐng'tóu [動]（～儿）《口》音頭をとる, 先頭に立って引っぱる [同]［带头］
★【领土】lǐngtǔ [名] 領土
★【领悟】lǐngwù [動] 理解する, のみこむ [同]［领会］
★【领先】lǐng'xiān [動] 先頭を切る, リードする〚客队～五分〛ビジターが5点リードしている
★【领袖】lǐngxiù [名]〔位〕指導者［国家～］国家指導者
【领养】lǐngyǎng [動] 他人の子を引き取り, 自分の子として育てる
★★【领域】lǐngyù [名] ①主権の及ぶ区域 ②（専門の）領域, 分野［科学～］科学の分野

【领子】lǐngzi [名] 衣服のえり, カラー

【另】lìng [副]〘多く単音節動詞の前で〙他に, 別に〚～想办法〛他に手を考える — [代] 他の, 別の〚～一个人〛別の一人
【另寄】lìngjì [動] 別便で送る
【另类】lìnglèi [名] 独特の性格を持つ人や事物
【另起炉灶】lìng qǐ lúzào《成》(別にかまどを築く＞) ①一から出直す, 新規まき直しでやる ②独立して一家を構える, 独自に事を行う
★★【另外】lìngwài [代] 他の, それ以外の〚～的事情〛その他の事 — [副]〘多くあとに‘再, 又, 还’などを伴い〙他に, 別に〚～再找时间谈吧〛他に時間を見つけて話そう — [接] その他
【另行】lìngxíng [動]〘二音節動詞の前で〙別に…を行なう
【另眼相看】lìng yǎn xiāng kàn《成》特別の目で見る, 別扱いする ♦敬意を込めて遇する場合と蔑視する場合と両方を含む

★★【令】lìng [動] …に…させる（[同]《口》［叫］［让］）〚～人喷饭〛噴飯ものだ〚～人深思〛考えさせられる
⊗①命令［下～］命令を下す［口～］合言葉［法～］法令 ②古代の官名［县～］県令 ③時候, 季節［夏～时间］サマータイム ④酒令（酒席の遊びで負けた方が一杯飲む）⑤立派な, 優れた［～名］ご高名 ⑥相手の家族に対する敬称の接頭辞 ♦二字姓‘令狐’は Línghú と発音
⇨lǐng
【令爱(令嫒)】lìng'ài [名] お嬢さん（相手の娘への敬称）
【令箭】lìngjiàn [名]〚史〛軍隊で伝令に持たせた矢形の印
【令郎】lìngláng [名] 坊ちゃん, ご子息（相手の息子への敬称）
【令堂】lìngtáng [名] お母上, ご母堂（相手の母への敬称）
【令尊】lìngzūn [名] お父上, ご尊父（相手の父への敬称）

【溜】liū [動] ①滑る, 滑るように動く ②抜け出す, ずらかる
⊗すべすべの, 滑らかな
⇨liù
【溜冰】liū'bīng [動] アイススケートをする, ローラースケートをする
【溜达】liūda [動]《口》散歩する, ぶらぶら歩く
【溜号】liū'hào [動]（～儿）《方》ずらかる, さぼって抜け出す
【溜须拍马】liū xū pāi mǎ《俗》ご機嫌取りをする, ごまをする

【熘(*溜)】liū [動]〚食〛あんかけ炒めにする

L

[～肝尖] あんかけレバー炒め

【刘】(劉) liú ⊗(L-)姓

【刘海儿】liúhǎir 图 (婦人や子供が)額の前に垂らした前髪 [留～] 前髪を垂らす
—— Liú Hǎir 图 伝説中の仙童(前髪を垂らしていた)

【浏】(瀏) liú ⊗水が清い

【浏览】liúlǎn 動 ざっと目を通す [～器] ビューア(viewer)

【流】liú ⊗①流れる,流す〚水往下～〛水が下へと流れる〚人才外～〛人材が外国へと流出する ②悪い方に変わる〚～于形式〛形式に流れる 一量 等級を示す〚第一～产品〛一級品 ⊗①(水などの)流れ〚河～〛川の流れ〚电～〛電流 ②流動する〚～通〛流通する ③伝わる,広がる〚～芳〛名声が広がる ④流派や学派 ⑤流刑

【流布】liúbù 動 流布する
【流产】liúchǎn 動 ①流産する 同 [小产] ②(事業が)お流れになる,計画倒れに終わる
【流畅】liúchàng 形 (多く文章が)滑らかである,よどみがない
【流程】liúchéng 图 ①生産工程 ②河川の水の流れる距離
【流传】liúchuán 動 (作品や事蹟が)伝わる,広まる
【流荡】liúdàng 動 ①流浪する,さすらう〚～四方〛各地を放浪する ②移ろう,流動する
【流动】liúdòng 動 ①(液体や気体が)流れる〚～体〛絶えず移動する [～人口] 流動人口 [～图书馆] 移動図書館 [～资金] 流動資金
【流毒】liúdú 图 悪影響,弊害〚被～拜金主义的〛拝金思想に毒される 一動 毒する,悪影響を与える
【流放】liúfàng 動 ①原木を川に流して運ぶ [～木材] 木材を筏に組んで運ぶ ②流刑にする,追放する
【流感】liúgǎn 图 流感,はやり風邪
【流会】liúhuì 動 流会になる
【流寇】liúkòu 图 流賊,移動を繰り返す匪賊
*【流浪】liúlàng 動 放浪する,さすらう [～者] 流れ者,さすらい人
*【流泪】liú'lèi 動 涙が出る,涙を流す
【流离】liúlí (書) (災害や戦乱で)離散放浪する [～失所] 離散して家を失う
【流丽】liúlì 形 (詩文や文字が)よどみなく美しい,流麗な
*【流利】liúlì 形 ①(文章や会話が)滑らかな [～的英语] 流暢な英語 ②動きが滑らかな

【流连忘返】liúlián wàng fǎn (成) 名残り惜しく去り難い
【流量】liúliàng 图 ①流量 [管道的～] パイプの流量 ②交通量
*【流露】liúlù 動 発露する,無意識に外に現われる [～出内心的喜悦] 胸の内の喜びが現われる
【流落】liúluò 動 うらぶれて流浪する [～他乡] 食いつめて異郷をさすらう
*【流氓】liúmáng 图 ①ごろつき,ちんぴら ②不良じみた振舞い,ぐれた格好 [耍～] 与太者風を吹かす,ぐれたまねをする
【流民】liúmín 图 難民
【流明】liúmíng 图 ルーメン
【流派】liúpài 图 学派,流派
【流沙】liúshā 图 ①砂漠の流砂 ②川底や川口に堆積した砂 ③地下水に運ばれる砂
【流失】liúshī 動 流失する [～了大量原油] 大量の原油が流れ出た
【流食】liúshí 图 流動食
【流逝】liúshì 動 (歳月が) 瞬くまに消え去る,つかの間に過ぎ去る
【流水】liúshuǐ 图 ①流れる水 ②(転)(流れる水のように)休みなく続けられる事柄 [～作业] 流れ作業 [～线] (流れ作業の)組立てライン ③(旧)商店の売り上げ高 [做了一万元的～] 1万元の売り上げがあった
【流水不腐,户枢不蠹】 liúshuǐ bù fǔ, hùshū bú dù (成) (流れる水は腐らず,戸の枢には虫がつかない>) 活動を続けるものは腐敗することがない
【流水席】liúshuǐxí 图 客が勝手に来て勝手に食い,そして勝手に帰る方式の宴会
【流水账】liúshuǐzhàng 图 ①旧式の出納簿 ◆現金や商品の日ごとの出入りを分類仕分なしに記述 ②(転)単に現象を羅列しただけの記述あるいは陳述
【流俗】liúsú 图 (貶) 世間の風習,流行の風俗
【流速】liúsù 图 流速 [～表] 流速計
【流体】liútǐ 图 流体 [～力学] 流体力学 [～控制] 流体制御
*【流通】liútōng 動 流通する [空气～] 空気がよく通る [～货币] 通貨 [～手段] 流通メディア
【流亡】liúwáng 動 (災害や政治的理由で) 異郷に逃げる,亡命する [～政府] 亡命政府
【流线型】liúxiànxíng 图 流線型 [做成～] 流線型につくる
【流星】liúxīng 图 [颗] 流れ星 [～群] 流星群 [～雨] 流星雨
*【流行】liúxíng 動 流行する [街上～红裙子] 町では赤いスカートがは

やっている ［～歌曲］流行歌

【流行病】liúxíngbìng [名] 流行病，急速に広がる伝染病 ［～学］疫学

【流行性】liúxíngxìng [形]〔定語として〕流行性の ［～感冒］インフルエンザ（[同]［流感］）［～脑脊髓膜炎］脳膜炎（[同]［流脑］）［～腮腺炎］おたふくかぜ（[同]［痄腮 zhàsai］）［～乙型脑炎］日本脳炎（[同]［乙脑］）

【流血】liúxuè [動]（運動や闘争のために）血を流す ［～斗争］流血の闘争

【流言】liúyán [名] 流言，デマ 〖散布～〗デマを飛ばす ［～飞语］流言飛語

【流域】liúyù [名] 流域 〖黄河～〗黄河流域 ［～面积］流域面積

【流质】liúzhì [名]〖医〗流動食，液体食品 ［半～膳食］半流動食

【流转】liúzhuǎn [動] ①流転する，さすらう ②（商品や資金が）流通する，循環する

〖鎏〗 liú ⊗①純度の高い金 ♦'镠'とも書く ②金メッキする

〖琉（*瑠）〗 liú ⊗以下を見よ

【琉璃】liúli [名] うわぐすりの名．アルミニウムとナトリウムの珪酸化合物を焼いて作る

【琉璃瓦】liúliwǎ [名] 琉璃瓦 ♦色は緑と黄金色の2種で宮殿等に使う

【硫】 liú [名] 硫黄（一般に'～磺'という）

【硫化橡胶】liúhuà xiàngjiāo [名] 硫化ゴム ♦通常にいうゴム．一般に'橡皮''胶皮'という

【硫黄（硫磺）】liúhuáng [名] 硫黄 ［～泉］硫黄泉

【硫酸】liúsuān [名] 硫酸

【硫酸铵】liúsuān'ǎn [名] 硫安（俗に［肥田粉］という）

【留（*畱）】 liú [動] ①ある場所や地位に留まる 〖～在原单位〗もとの職場に残る ②引留める，とどめる 〖～他吃饭〗彼を引留めてご馳走する 〖～他做徒弟〗彼を弟子にする ③取っておく，残しておく，保持する 〖～头发〗髪を伸ばす 〖～底稿〗下書きを取っておく ［～一手］（伝えるべき）技能を一部出しおしみする

⊗①留学する ［～美学生］アメリカ留学生 ②（L-）姓

【留步】liúbù [動] その場に留まる ♦見送ろうとする主人に客が言う挨拶語 〖请～〗どうぞそのまま（お見送りには及びません）

【留传】liúchuán [動]（後の世に）伝える 〖祖先～下来的〗先祖から伝えられたもの

【留存】liúcún [動] ①（多く他人のために）取っておく 〖～资料〗資料を保存する ②現存する，残存する

【留得青山在，不怕没柴烧】liú dé qīngshān zài, bú pà méi chái shāo《俗》（青山さえ残っていれば，たき木の心配はいらない>）力を残しておきさえすれば，将来かならず目標を達成できる [同]［留得青山在，依旧有柴烧］

【留后路】liú hòulù [動]（～儿）（失敗に備えて）退路を残しておく，逃げ道を考えておく

【留后手】liú hòushǒu [動]（～儿）（将来の困難を避けるため）余裕のある措置をとる，さらに手を打つ余地を残しておく

【留话】liú'huà [動]（～儿）伝言を残す，言づてを託しておく

【留级】liú'jí [動] 留年する

*【留恋】liúliàn [動] ①名残り惜しく思う，未練を残す ②懐かしむ，懐旧の情にかられる 〖～过去〗昔を懐かしむ

*【留念】liú'niàn [動] 記念に残す ♦別れに際して贈り物をするときに多く使う。

【留情】liú'qíng [動] 情をかける，仏心を出す 〖毫不～〗いささかも容赦しない

【留任】liúrèn [動] 留任する

*【留神】liú'shén [動] 気をつける，注意する 〖～汽车〗自動車に注意する

【留声机】liúshēngjī [名]〔台・架〕蓄音機 [反]［唱机］

【留守】liúshǒu [動]（部隊や機関で）留守を預かる ［～处］留守部隊事務所

【留心】liú'xīn [動] 気をつける，注意を払う 〖～路滑〗滑らぬように気をつける

**【留学】liú'xué [動] 留学する 〖在中国留了两年学（～两年）〗中国に2年間留学した ［～生］留学生

【留言】liú'yán [動]（書面で）伝言する，書き置きを残す ［～牌］伝言板

【留意】liú'yì [動] 気をつける，用心する 〖～他的一举一动〗彼の挙動に注意する 〖～听讲〗まじめに講義を聞く

【留影】liú'yǐng [動]（景色や物を背景にして）記念写真を撮る

【留种地】liúzhǒngdì [名] 種子用の作物を育てる畑 [同]［种子地］

【留驻】liúzhù [動] 駐留する 〖～原地〗元の場所に駐留する

〖遛〗 liú ⊗→［逗 dòu～］
⇨liù

〖馏（餾）〗 liú ⊗→［蒸 zhēng～］
⇨liù

〖榴〗 liú ⊗ザクロ ［石～］ザクロ ［～弹炮］曲射砲

L

【镏】(鎦) liú ⊗以下を見よ '镏子'(《方》指輪)はliùziと発音

【镏金】liújīn 動 (中国伝統の方法で)金メッキする,金で塗装する 喩[镀金]

【瘤】 liú 图(~儿)こぶ,腫れもの 〚长 zhǎng~〛こぶができる 〚毒~〛悪性腫瘍 〚~牛〛こぶ牛

【瘤子】liúzi 图〔口〕こぶ,腫れもの

【柳】 liǔ ⊗①柳 〚~树〛柳 ②二十八宿の一 ③(L-)姓

【柳罐】liǔguàn 图 柳の枝で編んだ釣瓶桶

【柳眉】liǔméi 图 女性の細くて長い眉,柳眉 (喩[柳叶眉]) 〚~倒竖〛柳眉を逆立てる

【柳条】liǔtiáo 图(~儿)〔根・枝〕柳の枝,特に'杞柳(イヌコリヤナギ)'の枝(かごなどを編む) 〚~箱〛柳行季

【柳条帽】liǔtiáomào 图〔顶〕柳の枝で編んだヘルメット

【柳絮】liǔxù 图 柳絮,柳の種子の綿毛

【绺】(綹) liǔ 量 糸,頭髪,ひげなどの糸状のものの束を数える 〚一~头发〛髪の毛ひと筋

【六】 liù 数①6 〚~本书〛本6冊 〚第一~本书〛6冊目の本 ②民族音楽の音階符号の一

【六朝】Liù Cháo 图 ❸世紀から6世紀にかけて建康(今の南京)に都を置いた六つの王朝すなわち呉,東晋,宋,斉,梁,陳の総称 ②南北朝時代(4-6世紀)

【六畜】liùchù 图 豚,牛,羊,馬,鶏,犬の総称 〚~不安〛口論がすさまじい

【六腑】liùfǔ 图(漢方医学で)胃,胆,三焦(舌の下から腹腔にいたる部分),膀胱,大腸,小腸の総称

【六六六】liùliùliù 图〔薬〕BHC(殺虫剤の一種)

【六亲不认】liù qīn bú rèn〔成〕きわめて非情な

【六神无主】liù shén wú zhǔ〔成〕呆然自失の

【六书】liùshū 图〔語〕六書. 後漢の許慎が定めた漢字分類法で,指事,象形,形声,会意,転注,仮借の6つをいう

【六仙桌】liùxiānzhuō 图〔张〕6人用の真四角のテーブル('八仙桌'より小さく'四仙桌'より大きい)

【六弦琴】liùxiánqín 图 ギター 喩[吉他]

【六一儿童节】Liù-Yī Értóng Jié 图 国際児童デー(6月1日)

【陆】(陸) liù '六'の大字 ⇨lù

【溜】 liù 形①急流 ②(~儿)近辺,周辺 〚这~〛このあたり 一 動〔方〕目貼りする,透き間をふさぐ 一 量(~儿)並んでいるもの,列になっているものを数える 〚一~树〛一列の並木

【—】(*霤) liù 图①雨垂れ,軒から落ちる雨水 〚~檐〛同前 ②雨どい 〚水~〛同前 ⇨liū

【遛】 liù 動①そぞろ歩く,散歩する 〚~大街〛大通りをぶらつく ②馬や小鳥などを伴ってそぞろ歩く ⇨liú

【遛马】liù'mǎ 動 馬を引いてぶらぶら歩く ◆馬の疲れをとったり病気を軽くしたりする

【遛鸟】liù'niǎo 動 小鳥を連れて静かな場所を散歩する

【遛弯儿】(蹓弯儿)liù'wānr 動 散歩する

【馏】(餾) liù 動 蒸しなおす

【碌】 liù ⊗以下を見よ ⇨lù

【碌碡】(碌碡) liùzhou 图〔農〕石製のローラー 喩[石磙]

【咯】 lo 助 文末に置いて変化や新しい状況の出現を示し,同じ用法の'了'よりも語気がやや強い 〚当然~〛当り前さぁ ⇨gē, kǎ

【龙】(龍) lóng 图〔条〕(想像上の)竜 ⊗①帝王の象徴として帝王の使う物の名称に加える 〚~袍〛帝服 ②恐竜 ③(L-)姓 ◆地名などで'竜'の字体を使うことも

【龙船】lóngchuán 图〔只・条〕船首に竜頭を飾った船,ペーロン(端午の節句にこれで競漕する) 喩[龙舟]

【龙胆】lóngdǎn 图 リンドウ

【龙灯】lóngdēng 图 竜の形をした張り子の提灯 ◆幾つもの繋ぎ目ごとについた棒を幾人もで支えつつ踊る

【龙宫】lónggōng 图〔座〕竜宮 喩[水晶宫]

【龙骨车】lónggǔchē 图 竜骨車 ◆水田に水を揚げる一種の水車

【龙睛鱼】lóngjīngyú 图〔尾〕出目金

【龙井】lóngjǐng 图 ロンジン茶 ◆浙江省の竜井一帯で産する上質の緑茶

【龙卷】lóngjuǎn 图 竜巻 喩[~风]

【龙门吊】lóngméndiào 图〔机〕門形クレーン 喩[桥式吊车]

【龙山文化】Lóngshān wénhuà [名]〖史〗竜山文化, 黒陶文化 ♦新石器時代後期

【龙舌兰】lóngshélán [名]〖植〗リュウゼツラン

【龙潭虎穴】lóng tán hǔ xué《成》(竜や虎の巣窟のように) 危険きわまりない場所

【龙腾虎跃】lóng téng hǔ yuè《成》雄壮で生き生きと活動するさま

【龙头】lóngtóu [名] ① 水道の蛇口 ([同][水龙头])〖打开(关上)~〗蛇口を開く(閉める) ②《方》自転車のハンドル

【龙虾】lóngxiā [名]〔只〕イセエビ, ロブスター

【龙眼】lóngyǎn [名]〖植〗竜眼(りゅうがん) [同][桂圆]

【龙争虎斗】lóng zhēng hǔ dòu《成》竜虎相打つ, 両雄の死闘

【龙钟】lóngzhōng [形]《書》よぼよぼの [老态~] 老いさらばえた姿

【泷(瀧)】lóng ⊗ 早瀬(多く地名用字) ♦広東の地名 '泷水' では Shuāng と発音

【咙(嚨)】lóng ⊗ →[喉~ hóulong]

【珑(瓏)】lóng ⊗ 以下を見よ

【珑玲】lónglíng《書》[擬] 金属や玉石がぶつかる澄んだ音(ちんちん, こんこん等) — [形] 明るい, 輝いている

【昽(曨)】lóng ⊗ →[曚 méng~]

【胧(朧)】lóng ⊗ →[朦 méng~]

【砻(礱)】lóng [名]〔副〕籾(もみ)すり臼 ♦多く木製で石臼に似る — [動] 同前で籾すりをする

【砻糠】lóngkāng [名] 籾がら

【眬(矓)】lóng ⊗ →[蒙 méng~]

【聋(聾)】lóng [形] 耳が聞こえない, 耳が遠い〖耳朵~了〗耳が聞こえなくなった

*【聋哑】lóngyǎ [形]〖定語として〗聾唖(ろうあ)の [~人] 聾唖者 [~学校] 聾唖学校

【聋子】lóngzi [名] 耳の聞こえない人 [同][聋人]

【笼(籠)】lóng [動]《方》両手を袖口に入れる
⊗① 鳥かご, 虫かご [~中鸟] かごの中の鳥 ② 蒸篭(せいろう) [出~] 蒸篭から出す
⇨lǒng

【笼屉】lóngtì [名]〔副·格〕蒸篭

【笼子】lóngzi [名] 鳥かご, 虫かご ♦ 'lǒngzi' は大きめの衣裳箱

【笼嘴】lóngzui [名] おもがい([同][笼头])〖戴上~〗同前をはめる

【隆】lóng ⊗① 膨らむ, 高まる [~胸] 豊胸 ② 盛大な, 壮大な ③ 勢い盛んな [兴~] 栄えている ④ 深い [~情] 厚情

【隆冬】lóngdōng [名] 真冬, 厳冬

【隆隆】lónglóng [擬] 激しい震動音を表わす〖雷声~〗雷がごろごろ鳴る

【隆起】lóngqǐ [動] 隆起する

*【隆重】lóngzhòng [形] 盛大かつ壮重な〖~的典礼〗壮重な式典

【窿】lóng [名]《方》炭鉱の坑道 [废~] 廃坑

【陇(隴)】Lǒng ⊗① 甘粛省の別称 ②(陝西, 甘粛省境に位置する)隴(ろう)山

【垄(壟*壠)】lǒng [名] 畑のうね
⊗① あぜ ② うねに似たもの [瓦~] 甍(いらか)の波

*【垄断】lǒngduàn [動] 独占する, 一手に操る〖~市场〗市場を独占する [~价格] 独占価格

【垄断资本】lǒngduàn zīběn [名] 独占資本 [同][独占资本]

【拢(攏)】lǒng [動] ① 合わせる, まとめる〖笑得~不上嘴〗笑いで口がしまらない〖~账〗帳簿をしめる ② 離れぬようにする, 一つに集める〖~柴火〗薪を束ねる ③(髪を) とかす〖~头发〗髪をとかす ④ 到着する, 近づく

【拢岸】lǒngʼàn [動](船が) 岸に着く, 岸に着ける

【拢子】lǒngzi [名]〔把〕歯の細かい櫛(くし)

【拢总】lǒngzǒng [動]〖多く状語として〗合計する([同][拢共])〖~只有十个人〗全部で10人しかいない

【笼(籠)】lǒng ⊗① 大きめの衣裳箱 [~子] 同前 ② 覆う, 包み込む
⇨lóng

【笼络】lǒngluò [動] 丸め込む〖~人心〗人心を籠(ろう)絡する

【笼统】lǒngtǒng [形] 具体性がない, 漠然とした〖说得非常~〗話が全く曖昧だ

*【笼罩】lǒngzhào [動] すっぽり覆う〖暮色~着大地〗暮色が大地を包み込む

【弄】lòng ⊗《方》路地, 横町. 多く路地の名に使う
⇨nòng

【弄堂】lòngtáng [名]《方》〔条〕路地, 横町([同]《普》[胡同]) [~口] 路地の入口

【搂(摟)】lōu [動] ①(手や道具で) かき集める〖~柴火〗たきぎを集める ②(金などを)収奪する ③《方》(銃の)引き金を引く
⇨lǒu

【䁖(瞜)】lōu 動(方)見る

【娄(婁)】lóu 形(方)体が弱い ⊗①二十八宿の一 ②もめ事、騒ぎ[出~]問題を起こす ③(L-)姓

【偻(僂)】lóu ⊗①→[佝gōu ~] ②→[喽lóu罗(~偻)]

【喽(嘍)】lóu ⊗以下を見よ ⇨lou

【喽罗(嘍儸)】lóuluo 名(旧)悪い奴の手先、山賊や海賊の子分

【楼(樓)】lóu 名①[座・栋]2階建て以上の建物[办公~]事務棟 ②建造物の上にさらに加えた建物[城~]城門のやぐら 一量建物の階数を数える[二~]2階 ⊗(L-)姓

【楼房】lóufáng 名[座]2階以上の建物
【楼盘】lóupán 名分譲住宅
【楼上】lóushàng 名(2階建ての)2階、階上[楼下]
【楼梯】lóutī 名[级](建物の中の)階段[~平台](階段の)踊り場
【楼下】lóuxià 名1階、階下

【耧(耬)】lóu 名種まきすき ◆家畜に引かせて、溝を切りながら同時に種をまく⇨[耧子jiǎngzi]
【耧播】lóubō 動'耧'で種をまく

【蝼(螻)】lóu ⊗①[虫]ケラ[~蚁]ケラとアリ;(転)取るに足らぬ人物
【蝼蛄】lóugū 名[虫][只]ケラ(一般には'蜥蜴蝲 làiliǎogǔ'と呼ぶ)

【髅(髏)】lóu ⊗①→[髑 dú~] ②[骷 kū~]

【搂(摟)】lǒu 動腕に抱く、抱き締める[~在怀里]胸に抱く 一量大木などの太さを表わすのに使う[两~粗]ふたかかえもある ⇨lōu

【搂抱】lǒubào 動抱き締める

【篓(簍)】lǒu 名深いかご[字纸~儿]くずかご[鱼~]びく
【篓子】lǒuzi 名(深い)かご

【陋】lòu ⊗①みにくい、みっともない[丑~]同前 ②狭苦しい、みすぼらしい[~室]粗末な部屋 ③不合理な、非文化的な[~习]よからぬ風習 ④見聞が狭い[~见]浅薄な見解
【陋俗】lòusú 名よからぬ風俗

【漏】lòu 動①(液体や気体が)漏れる、漏る[水~光了]水が漏れて空になった[房子~了]雨漏りするようになった ②(情報などが)漏れる、漏らす[~风声]消息を漏らす[走~](情報を)漏らす[~嘴]口を滑らせる ③抜け落ちる、見落とす[~了两个字]2字脱落がある
⊗漏壶(昔の水時計)、時刻の意を表わす

【漏电】lòu·diàn 動漏電する⇨[跑电][走电]
【漏洞】lòudòng 名①ものが漏れる穴、透き間 ②(仕事、談話、計画などの)ずさんな点、手抜かり、あな
【漏斗】lòudǒu 名じょうご
【漏风】lòu·fēng 動①透き間風が入る、ふいごの風が漏れる ②(歯が抜けていて)しゃべるとき息が漏れる ③秘密が漏れる
【漏勺】lòusháo 名穴あき杓子
【漏税】lòu·shuì 動脱税する
【漏网】lòu·wǎng 動(犯罪者などが)網を逃れる[~之鱼]網を逃れた魚(逮捕を免れた犯罪者など)
【漏子】lòuzi 名①[口]じょうご ②ずさんな点、あな

【镂(鏤)】lòu ⊗彫る、刻みつける[~空]透し彫りにする[~花]模様を刻む
【镂骨铭心】lòu gǔ míng xīn〔成〕肝に銘ずる、深く感銘する⇨[刻骨铭心]

【瘘(瘻)】lòu ⊗[管]痔瘘

【露】lòu 動(口)表わす、現われる、あらわにする(なる)[~在外边]外に現われる[~一手]腕前を見せる
⇨lù
【露底】lòu·dǐ 動内情を漏らす、内幕をばらす
【露马脚】lòu mǎjiǎo 馬脚を現わす、ぼろを出す
【露面】lòu·miàn 動(~儿)姿を現わす、人前に出る
【露苗】lòu·miáo 動(地表に)芽が出る(芽を出す)⇨[出苗]
【露怯】lòu·qiè 動(方)(知識不足で)恥をさらす、ぼろを出す
【露头】lòu·tóu 動①(~儿)(隠れていて)頭をのぞかせる ②兆しが現われる、新たに生じる
【露馅儿】lòu·xiànr 動ぼろが出る、底が割れる
【露一手】lòu yìshǒu 腕前を披露する

【喽(嘍)】lou 助('了'の変種)①[アスペクト助詞として]予期した動作あるいは仮定の動作に使う[吃了~饭就走]食事がすんだらすぐ出掛ける ②[語気助詞として]注意を喚起する語気を持つ[水开~]湯がわいたぞ
⇨lóu

〖卢(盧)〗 lú ⊗(L-)姓

【卢比】 lúbǐ [量] ルピー(インド·パキスタン等の諸国の貨幣単位)

【卢布】 lúbù [量] ルーブル(ロシアの貨幣単位)

〖泸(瀘)〗 Lú ⊗[～州] 濾(ろ)州(四川省)

〖垆(壚)〗 lú ⊗黒色土壌, 腐食土 [～土] 同前 [～坶 mǔ] ローム

〖—(壚 *罏)〗 ⊗酒屋で土を盛り上げて作った酒がめ置場;《転》酒屋 [当～] 酒を売る

〖胪(臚)〗 lú ⊗並べる, 列挙する

〖栌(櫨)〗 lú ⊗→[黄～]

〖轳(轤)〗 lú ⊗→[辘～ lùlu]

〖鸬(鸕)〗 lú ⊗以下を見よ

【鸬鹚】 lúcí [名]〖鳥〗〔只〕ウ(一般に'鱼鹰 yúyīng'という)

〖颅(顱)〗 lú ⊗頭蓋 [～骨] 頭蓋骨

〖舻(艫)〗 lú ⊗→[舳 zhú～]

〖鲈(鱸)〗 lú ⊗〖魚〗スズキ [～鱼] 同前

〖芦(蘆)〗 lú ⊗〖植〗①アシ, ヨシ→[～苇] ②(L-)姓

⇨lǔ

【芦柴】 lúchái [名] アシ(葦)の茎

【芦根】 lúgēn [名] アシの地下茎(漢方で利尿剤や解毒剤に使う)

【芦花】 lúhuā [名] アシの花(密生した白い毛で, 薬用になる)

【芦荟】 lúhuì [名] アロエ

【芦笋】 lúsǔn [名] アスパラガス [同][石刁柏]

【芦苇】 lúwěi [名]〔根·株〕アシ [同][苇子]

【芦席】 lúxí [名]〔张·领〕アシで編んだ敷物

〖庐(廬)〗 lú ⊗①粗末な家 ②(L-)姓

【庐山真面目】 Lú Shān zhēn miànmù《成》(江西の名山廬山の本当の姿＞) 事柄の本質, 人の本来の姿 [同][庐山真面]

〖炉(爐)〗 lú ⊗こんろ, ストーブ, 炉 [电～] 電気ストーブ, 電気こんろ

【炉箅子】 lúbìzi [名] (こんろやストーブ等の)火格子

【炉衬】 lúchèn〖工〗溶鉱炉の内壁

【炉火】 lúhuǒ [名] (暖炉, ボイラー, 溶鉱炉など)炉で燃える火

【炉火纯青】 lúhuǒ chúnqīng《成》学術, 芸術, 技術などの最高の水準, 完成の域〚达到～的地步〛同前の域に達する

【炉台】 lútái [名] (～儿) ストーブなどの上部の物を置く平たい部分

【炉膛】 lútáng [名] (～儿) ストーブ·かまど·炉などの火の燃える部分

***【炉灶】** lúzào [名] かまど, レンジ

【炉渣】 lúzhā [名] ①〖工〗鉱滓(さい), スラグ ②石炭がら

【炉子】 lúzi [名]〔座·个〕こんろ, かまど, ストーブ, 炉など

〖芦(蘆)〗 lǔ ⊗→[油葫～ yóuhulǔ]

⇨lú

〖卤(鹵 *滷)〗 lǔ [名] ①にがり ②〖化〗ハロゲン [同][～族][～素] ③〖食〗肉や卵のスープにでんぷんを加えた, どろりとした液 [打～面] 具入りあんかけうどん ④(～儿) 濃い飲料 [茶～儿] 濃い茶 — [動]〖食〗(丸ごとの鶏, アヒルなど, また肉塊を)香料を加えた塩水や醤油で煮る

【卤莽】 lǔmǎng [形] そそっかしい, 軽率な [同][鲁莽]

【卤水】 lǔshuǐ [名] ①にがり ②塩水から取った塩水

【卤味】 lǔwèi [名] '卤' の方法で煮た前菜 [同][卤菜]

〖虏(虜)〗 lǔ ⊗①捕虜 [俘～] 同前 ②昔の奴隷 ③昔漢族が北方民族を呼んだ蔑称 ④捕虜にする [～获] 同前

〖掳(擄)〗 lǔ ⊗人をさらう, 誘拐する

【掳掠】 lǔlüè [動] 人をさらい物を奪う, 略奪する

〖鲁(魯)〗 lǔ ⊗①愚かしい, のろくさい [～钝] 間抜けな ②そそっかしい, 荒っぽい ③(L-) 春秋戦国期の国名 ④(L-) 山東省の別称 ⑤(L-)姓

【鲁班门前弄大斧】 Lǔbān ménqián nòng dàfǔ《成》→[班门弄斧]

【鲁莽(卤莽)】 lǔmǎng [形] そそっかしい, 軽率な

【鲁鱼亥豕】 lǔ yú hài shǐ《成》(鲁を魚と書き亥を豕と書く＞) 写したり印刷したりする過程で, 文字を間違える [同][乌焉成马]

〖橹(櫓 *艣 艪 艫)〗 lǔ [名]〔支〕櫓(ろ)〚摇～〛櫓をこぐ

〖甪〗 Lù ⊗[～直] 角直(ろくちょく)(江蘇省)

〖陆(陸)〗 lù ⊗①陸地 [登～] 上陸する ②(L-)姓

⇨liù

【陆稻】 lùdào [名] 陸稲, おかぼ [同][旱稻] [反][水稻]

【陆地】 lùdì 图 陸地

【陆军】 lùjūn 图《支》陸軍

【陆离】 lùlí 形 色どりまばゆい［光怪～］色入り乱れて華やかな

【陆路】 lùlù 图 陸路（働［旱路］［水路］）［走～］陸路を行く［～交通］陸上交通

【陆续】 lùxù 副 続々と、次々と〖～发表意见〗何人も次ぎに意见を述べる

【陆运】 lùyùn 動 陸上運送する（働［水运］［海运］［空运］）

【陆战队】 lùzhànduì 图 (海军) 陸戦隊，海兵隊

【录(錄)】 lù ㊈ ① 書き記す，記録する ② 録音する，録画する ③ (人員を) 採用する ④ 事実を記録した書物［回忆～］回想録［备忘～］覚え書き

【录供】 lùgòng 動《法》尋問調書をとる

【录取】 lùqǔ 動 採用する，合格させる［～通知书］採用通知，合格通知

【录像(录相)】 lùˇxiàng 動 録画する，ビデオにとる［～机］ビデオレコーダー［～带］ビデオテープ
── lùxiàng 图 録画(されたもの)〖看～〗ビデオを见る

【录音】 lùˇyīn 動 録音する，吹き込む［～机］テープレコーダー［盒式～带］カセットテープ
── lùyīn 图 録音(されたもの)

【录用】 lùyòng 動 雇用する，任用する［量 liàng 材～］能力に応じて任用する

【逯】 Lù ㊈ 姓

【绿(綠)】 lù 以下を見よ ⇒lǜ

【绿林】 lùlín 图 山賊集団，山にたてこもる反乱集団［～好汉］山寨の好漢達

【禄】 lù 图 ① 昔の役人の俸給［高官厚～］高い地位と高い俸給 ② (L-) 姓

【碌】 lù ㊈ ①（人間が）平凡な，凡庸な［庸～］同前 ② やたら忙しい［忙～］同前 ⇒liù

【碌碌】 lùlù 形《书》① 凡庸な，取りえのない［～无能］およそ役に立たない ② やたら忙しい

【箓(籙)】 lù ㊈［符～］道教のお札

【赂(賂)】 lù ㊈ → [贿 huì ～]

【鹿】 lù 图［只］シカ［公～］雄ジカ ㊈ (L-) 姓

【鹿角】 lùjiǎo 图 ① シカの角，特に雄ジカの角（漢方薬につかう）② バリケード，鹿寨 zhài 働［鹿砦］

【鹿茸】 lùróng 图《薬》鹿茸

【漉】 lù 動 濾す［～酒］酒を濾す

【辘(轆)】 lù ㊈ 以下を見よ

【辘轳】 lùlu 图 ろくろ ◆ 一般に井戸に取りつけ釣瓶を上下させるものをいう

【簏】 lù 图 ① 竹の箱 ②《方》（円筒形の）かご

【麓】 lù ㊈ 山のふもと［山～］同前

【路】 lù 图 ①［条］道〖你走哪条～？〗君はどの道を行くの？［公～］幹線道路 ② 道のり〖走了十里～〗10キロメートル歩いた ── 图 ① バス等のコース番号に使う〖坐六～公共汽车〗6番コースのバスに乗る ② 種類，等級に使う〖头～货〗一級品〖哪一～病？〗どういう病気？
㊈ ① 脈絡，条理［思～］思考の筋 ② 地区，方面［外～人］よそ者 ③ 手段，方法［生～］活路 ④ (L-) 姓

【路标】 lùbiāo 图 ① 交通標識，道しるべ ②《軍》行軍コース上の連絡標識

【路不拾遗】 lù bù shí yí (成)（〖路に拾わず〗道に落ちている物をネコババしない＞) 優れた政治が行われた結果，社会がきわめて健全であることを例える 働［道不拾遗］〖夜不闭户〗

【路程】 lùchéng 图［段］道のり，行程〖三天～〗3日の行程

【路灯】 lùdēng 图［盏・排］街灯

【路费】 lùfèi 图［笔］旅費 働［旅费］

【路轨】 lùguǐ 图 レール，軌道 働［铁路］

【路过】 lùguò 動（途中ある場所を）通り過ぎる〖～上海〗(途中) 上海を通る

【路径】 lùjìng 图 ① 道筋，（目的地までの）道 ② 手順，筋道

【路局】 lùjú 图 鉄道や道路の管理機構

【路口】 lùkǒu 图（～儿）交差点，分かれ道［十字～］十字路［三岔～］三叉路

【路矿】 lùkuàng 图 鉄道と鉱山を合わせた呼び方

【路面】 lùmiàn 图 路面

【路人】 lùrén 图 ① 通行人 ② 関わりのない人〖视若～〗部外者扱いする

【路上】 lùshang 图 ① 路上 ② 道中〖～不要耽搁〗道中手間取らないように

【路数】 lùshù 图 ① 方法 ② 内情 ③ 働［着 zhāo 数］

【路途】lùtú [名] ①道路, 道筋 ②道のり, 行程〚～遥远〛道は遙かに遠い
【路线】lùxiàn [名] ①コース, ルート〚旅行的～〛旅行コース ②政治, 事業等の方針, 路線［～斗争］路線闘争
【路由器】lùyóuqì [名] ルーター
【路子】lùzi [名] ①手づる, コネ ②方法, 手順〚～不对〛手段を間違う

〔潞〕Lù ⊗地名用字

〔璐〕lù ⊗美しい玉

〔鹭(鷺)〕lù ⊗サギ［白～］シラサギ［朱～］トキ
【鹭鸶】lùsī [名]〔只〕シラサギ [同]［白鹭］

【露】lù [動] あらわにする, 露呈する〚～出原形〛正体を現わす
⊗①露→［～水］ ②果実酒やシロップ類の呼称［枇杷～］ビワから作ったのどの薬の名 ③むき出しの, 屋根のない［～营］キャンプ(する), 露営(する)
⇨lòu
【露骨】lùgǔ [形] 露骨な
【露水】lùshui [名]〔滴〕露〚下～〛露が降りる
【露宿】lùsù [動] 野宿する
【露天】lùtiān [名] 屋外〚放在～里〛屋外に出す［～剧场］屋外劇場［～浴池］露天風呂
【露天矿】lùtiānkuàng [名] 露天掘り鉱山
【露头角】lù tóujiǎo [動] 頭角を現わす
【露珠】lùzhū [名]〔滴·颗〕露の玉

〔戮〕lù ⊗殺す［杀～］殺戮りくする

〔一(*勠)〕⊗協力する, 団結する［～力同心］一致協力する

【驴(驢)】lǘ [名]〔头〕ロバ［～条子］ロバの子［～肺肝］鼻持ちならないやつ［～脸］馬づら
【驴唇不对马嘴】lǘchún bú duì mǎzuǐ《成》(ロバの口は馬の口に合わない>)(話などが) つじつまが合わない [同]［牛头不对马嘴］
【驴打滚】lǘdǎgǔn [名]（～儿）①《旧》雪だるま式にふくらむ高利の金〚放～的账〛(短期複利で) 高利貸しをする ②北方の食品の一種 ♦キビの粉に砂糖を加えて蒸し, 黄な粉をまぶしたもの
【驴骡】lǘluó [名]〔头〕牡馬と牝ロバとの間に生まれたラバの一種 [同]［驮骒 juétí］
【驴子】lǘzi [名]《方》ロバ

〔闾(閭)〕lǘ ⊗①路地の入口の門［依～而望］路地の入口にもたれて(帰りを) 待ちわびる ②路地, 近隣 ③(25戸より成る)昔の行政単位
【闾里】lǘlǐ [名]《書》郷里
【闾巷】lǘxiàng [名]《書》路地, 小路

〔榈(櫚)〕lǘ ⊗→［棕～ zōnglǘ］

〔吕(呂)〕lǚ ⊗①→［律 lù～］ ②(L-)姓

〔侣(侶)〕lǚ ⊗仲間, 連れ［情～］恋人［伴～］連れ, 伴侶

【铝(鋁)】lǚ [名] アルミニウム [同]［钢精］［钢钟］
【铝箔】lǚbó [名] アルミ箔, アルミホイル
【铝锅】lǚguō [名] アルミ鍋
【铝土矿】lǚtǔkuàng [名]〚鉱〛ボーキサイト [同]［铝土岩］［铝矾土］

【旅】lǚ [名]〚軍〛旅団［～长］旅団長
⊗①軍隊［强兵劲～］強力な軍隊 ②旅をする ③一緒に
【旅程】lǚchéng [名] 旅程, 旅行コース
【旅店】lǚdiàn [名]〔家〕旅館, 宿屋
【旅费】lǚfèi [名]〔笔〕旅費, 路銀
【旅馆】lǚguǎn [名]〔家〕旅館, 宿屋
【旅居】lǚjū [動] 他郷に住む, 異郷に滞在する〚～海外〛海外に居住する
【旅客】lǚkè [名] 旅行客, 旅人
【旅社】lǚshè [名]〔家〕旅館, 宿屋 ♦多く旅館名に使う
【旅途】lǚtú [名] 道中, 旅の途次
【旅行】lǚxíng [動] 旅行する, 遠出する〚去中国～〛中国旅行に出掛ける［春季～］春の遠足, 春の旅行［～社］旅行社
*【旅游】lǚyóu [動] 観光に出掛ける〚到香港～了一趟〛香港観光に行った［～事业］観光事業

〔膂(*膐)〕lǚ ⊗背骨
【膂力】lǚlì [名]《書》体力, 腕力［～过人］抜きん出た体力を持つ

【捋】lǚ [動] 指でなでつける, なでて伸ばす〚把纸～平〛紙を平らに伸ばす〚～胡子〛ひげをなでる
⇨luō

〔屡(屢)〕lǚ ⊗たびたび, 何度も［～战～胜］連戦連勝
*【屡次】lǚcì [副] 何度も, たびたび〚～打破全国记录〛何度も国内記録を破る
【屡次三番】lǚ cì sān fān [副] 何度も何度も, 繰り返し繰り返し〚～提醒他〛彼にくどいほど注意した

L

【屡见不鲜】lǚ jiàn bù xiān《成》(よくある事で) 珍しくもない [同][数shuò见不鲜]

【屡教不改】lǚ jiào bù gǎi《成》何度教え諭しても悔い改めない [同][累教不改]

【屡试不爽】lǚ shì bù shuǎng《成》テストするたびに結果は上々である

【缕(縷)】lǚ [量] '麻''炊烟''头发'などすじ状のものを数える〖几～头发〗数本の髪の毛

⊗① 糸 [不绝如～] 音が細く長く続く [金～玉衣] 金縷玉衣(漢代の帝王級の葬服) ② 詳細に, 一すじ一すじ

【缕缕】lǚlǚ [形] 次から次と絶え間ない〖炊烟～上升〗炊煙が立ちのぼる

【缕述】lǚshù [動]《書》詳しく述べる

〖褛(褸)〗lǚ ⊗ → [褴～ lánlǚ]

〖履〗lǚ ⊗① 靴, はき物 [削足适～] (足を削って靴に合わせる>) 無理やりつじつまを合わせる ② 歩み, 歩行 [步～艰难] 歩行が困難である ③ 歩む, 踏む [如～薄冰] 薄氷を踏む思い ④ 履行する, 実行する

【履带】lǚdài [名]〔条〕キャタピラ, 無限軌道 [同][链轨]

【履历】lǚlì [名] ① 履歴, 経歴 ②〔份〕履歴書([同][～表][～书])〖填～〗履歴書に記入する

★【履行】lǚxíng [動] (契約, 約束, 義務などを) 履行する, 実践する〖～合同〗契約を履行する

〖律〗lǜ ⊗① 法律, 規則 [规～] 法則 ② 律詩 [七～] 七言律詩 ③ 律する, 規制する [严以～己] 厳しく己を律する

【律吕】lǜlǚ [名]《書》音律

★★【律师】lǜshī [名] 弁護士

【律诗】lǜshī [名] 律詩 ♦文言詩の一形式で五言あるいは七言の八句から成る

〖虑(慮)〗lǜ ⊗① 考える, 思案する [深思熟～] じっくりと思案をめぐらす ② 心配する, 憂慮する [过～] 気にしすぎる

【滤(濾)】lǜ [動] 濾す, 濾過する〖用纱布～一下〗ガーゼで濾す [过～] 濾過する

【滤器】lǜqì [名] 濾過器

【滤色镜】lǜsèjìng [名] (レンズの) フィルター [同][滤光镜]

【滤纸】lǜzhǐ [名]〔张〕濾過紙

〖率〗lǜ ⊗ 比率, 率 [出勤～] 出勤率 [废品～] 製品の不合格率

⇨shuài

【绿(綠)】lǜ [形] 緑色の〖树都～了〗木々が緑になった [～叶] 緑の葉 [嫩～] さみどり

⇨lù

【绿宝石】lǜbǎoshí [名] エメラルド

【绿茶】lǜchá [名] 緑茶(中国では'龙井'が代表的) [関][乌龙茶]

【绿灯】lǜdēng [名] ① 青信号 ②《転》許可, 便宜をはかること〖开～〗ゴーサインを出す

【绿豆(菉豆)】lǜdòu [名]〔粒・颗〕緑豆 ♦大豆の一種で, 食用および酒の原料

【绿肥】lǜféi [名] 緑肥 [～作物] (レンゲ, クローバーなど) 緑肥作物

【绿化】lǜhuà [動] 緑化する〖～校园〗学校内の緑化に努める

【绿卡】lǜkǎ [名] グリーンカード, 外国人永住許可証

【绿篱】lǜlí [名]〔排・道〕生け垣

【绿内障】lǜnèizhàng [名] 緑内障 [同][青光眼][青盲]

【绿茸茸】lǜrōngrōng [形] (～的) 緑の草や作物がびっしり生えているさま

【绿色】lǜsè [名] 緑色 [～标志] エコマーク

【绿松石】lǜsōngshí [名] トルコ石

【绿阴】lǜyīn [名]〔片〕緑陰, 緑の木かげ

【绿莹莹】lǜyíngyíng [形] (～的) 緑鮮やかなさま

【绿油油】lǜyóuyóu/ lǜyōuyōu [形] (～的) 緑濃くつややかなさま

【绿洲】lǜzhōu [名]〔块・处〕オアシス

【氯】lǜ [名]《化》塩素 [同][～气]

【氯丁橡胶】lǜdīng xiàngjiāo [名] クロロプレンゴム(合成ゴムの一種)

【氯仿】lǜfǎng [名]《化》クロロフォルム [同][哥罗仿]

【氯化铵】lǜhuà'ǎn [名] 塩化アンモニウム(天然産のものは'硇砂 náoshā')

【氯纶】lǜlún [名] ポリ塩化ビニール

【氯霉素】lǜméisù [名]《薬》クロロマイセチン(抗生物質の一)

〖娈(孌)〗luán ⊗ 美しい

〖峦(巒)〗luán ⊗ 連山, 連なる峰々 [峰～] 同前

〖孪(孿)〗luán ⊗ 双子, 双生児([同][双胞胎]) [～子] 同前

【孪生】luánshēng [形]〔多く定語として〕双子の, 一緒に生まれた〖～姐妹〗双子の姉妹

〖挛(攣)〗luán ⊗ 曲がったまま伸びない [痉～] 痙攣(する) [～缩] 痙攣して縮む

〖栾(欒)〗 luán ⊗① 〖植〗［～树］モクゲンジ ②(L-)姓

〖滦(灤)〗 Luán ⊗［～河］灤河らんが(河北省)

〖圞(圝 *圞)〗 luán ⊗［团～ tuánluán］①月の丸いさま ②家族が集まる

〖鸾(鸞)〗 luán ⊗(鳳凰に似た)伝説中の鳥

〖脔(臠)〗 luán ⊗こま切れの肉

〖銮(鑾)〗 luán ⊗鈴

【卵】 luǎn 〖生〗①卵細胞，卵子 [同]［卵子 zǐ］ ②受精卵
⊗①(動物や昆虫の)卵 [同]［蛋］ ②睾丸，きんたま

【卵巢】luǎncháo [名]卵巣

【卵石】luǎnshí [名]栗石くりいし，丸石 ♦風化あるいは水流に削られ丸くなった小石で，建築材料や道路舗装に使う

【卵翼】luǎnyì [動]《書》①鳥が卵を抱いてひなをかえす ②庇護し育てる

【卵子】luǎnzǐ [名]卵子らんし
—— luǎnzi [名]《方》きんたま

【乱(亂)】 luàn [形]①乱れている，無秩序な 〖屋里很～〗部屋の中が散らかっている［～杂］乱雑な ②情緒不安定な，頭が混乱している 〖心里很～〗心が落ち着かない — [副]むやみに，勝手に 〖～讲〗いい加減なことを言う 〖～作决定〗気まぐれに事を決める — [動]乱す 〖不要～了队伍〗隊列を乱すな［～纪］規律を乱す
⊗戦乱，騒乱［内～］内乱［作～］反乱を起こす

【乱纷纷】luànfēnfēn [形](～的)入り乱れた，混乱している 〖心里～的〗心が乱れに乱れている

【乱哄哄】luànhōnghōng [形](～的)がやがや騒がしい，わいわいうるさい

【乱离】luànlí [動]《書》戦火に追われて離散する

【乱伦】luànlún [動]人倫を乱す行為をする，近親相姦をする

【乱码】luànmǎ [名]文字化け

【乱蓬蓬】luànpéngpéng/luànpēngpēng [形](～的)髪やひげ，あるいは草がぼうぼうに生えているさま

【乱七八糟】luànqībāzāo [形]乱れに乱れているさま 〖文章写得～〗文の書き方がめちゃめちゃだ

【乱世】luànshì [名]乱世

【乱弹琴】luàntánqín [動]でたらめを言う，むちゃくちゃをする

【乱套】luànˇtào [動](整然たる状態が乱れて) めちゃめちゃになる，混乱する

【乱腾腾】luànténgténg/ luàntēngtēng [形](～的)混乱した，騒然とした 〖心里～的〗心がひどく乱れている

【乱葬岗子】luànzàng gǎngzi [名]無縁墓地 ♦誰でも勝手に埋葬してよい [同]［乱坟岗］

【乱糟糟】luànzāozāo [形](～的)ひどく乱れているさま 〖屋子里～的〗部屋の中がひどく散らかっている

【乱子】luànzi [名]騒ぎ，ごたごた 〖闹～〗騒ぎを引き起こす

【掠】 lüè [動]かすめて過ぎる，かるくなでる 〖燕子～过树梢〗ツバメが梢をかすめる［凉风～面］涼風がほおをなでる
⊗①略奪する，かすめ取る ②責め打つ ♦「ついでに取る」の意では lüě と発音(方言)

*【掠夺】lüèduó [動]略奪する，奪い取る 〖～资源〗資源を略奪する

【掠美】lüèměi [動]他人の功名を横取りする

【掠取】lüèqǔ [動]強奪する，略奪する

〖略〗 lüè ⊗①わずかに 〖～高一些〗ほんの少し高い［～胜一筹］わずかに勝っている［～知一二］少しは知っている ②簡単な，簡単に［～述］略述する ③概略［史～］歴史の概略 ④省く［～去］省略する ⑤(領地を) 奪取する［～地］(他国の)領土を占拠する

【略略】lüèlüè [副]〔後に‘点’‘几’など少量を表わす要素を伴って〕少しばかり，わずかに 〖～听了几句〗ほんの少し聞いただけだ 〖～修改一下〗ほんの少し直す

【略图】lüètú [名]略図

*【略微】lüèwēi [副]〔後に‘点’‘几’など少量を表わす要素を伴って〕少しばかり，わずかに [同]［略为］〖～有点儿感冒〗少々風邪気味だ

【略语】lüèyǔ [名]略語

【抡(掄)】 lūn [動](力を込めて) 振り回す 〖～起大铁锤〗ハンマーを振るう 〖～拳〗拳を振り回す ♦「選ぶ」の意の文語は lún と発音

〖仑(侖)〗 lún ⊗条理

〖论(論)〗 Lún ⊗［～语］論語
⇨lùn

〖伦(倫)〗 lún ⊗①人倫，人の道［五～］五倫 ②条理，筋道 ③同類，同等のもの［绝～］《書》無比，無類［不～不类］さまにならない

【伦巴】lúnbā [名]〖音〗《訳》ルンバ 〖跳～(舞)〗ルンバを踊る

【伦常】lúncháng [名]（封建社会における）人の守るべき道 ♦特に君臣，父子，夫婦，兄弟，朋友間の五つの関係を'五伦''五常'と呼んで強調した
【伦次】lúncì [名] 筋道，論理性［语无～］話の筋がつながらない
【伦理】lúnlǐ [名] 倫理，道徳原理［～学］倫理学

〖沦（淪）〗lún [⊗] ① 沈む［沉～］堕落する ②没落する，(不本意な状態に)落ちる
【沦落】lúnluò [動] 落ちぶれる，零落する〖～街头〗落ちぶれて街をさまよう(乞食，街娼などをすること)
【沦亡】lúnwáng [動] 国が滅びる，滅亡する
【沦陷】lúnxiàn [動] 陥落する，占領される〖～于敌手〗敵の手に落ちる［～区］被占領地区

〖囵（圇）〗lún [⊗] →［囫 hú ～］

〖纶（綸）〗lún [⊗] ① 黒い絹のひも ② 釣り糸 ③ 合成繊維の名称に使う［锦～］ナイロン［涤～］ダクロン ♦'纶巾'(頭巾の一種)は guānjīn と発音

【轮（輪）】lún [名]（～儿）車輪，車輪状に回転するもの［飞～儿］はずみ車［齿～儿］歯車 — [動] 順に巡る，順番が回る〖下一个就～到你了〗次は君の番だ — [量] ①（～儿）順次行われるものの回数を数える〖头～影片〗封切り映画〖第一～比赛〗一回戦 ② 太陽や満月を数える〖一～明月〗一輪の明月
[⊗] ① 汽船［江～］河川を航行する汽船［客～］客船 ② 丸い輪になったもの［年～］年輪［光～］光輪
【轮唱】lúnchàng [名]〖音〗輪唱
*【轮船】lúnchuán [名]〔只·条〕汽船
【轮带】lúndài [名] [同]［轮胎］
【轮渡】lúndù [名] フェリーボート，連絡船［火车～］列車乗り入れの連絡船
【轮番】lúnfān [副] 順番に，かわるがわる [同]［轮流］
【轮换】lúnhuàn [副]（～着）交代で，かわるがわる〖～着看护病人〗交代で病人の世話をする
【轮回】lúnhuí [動]〖宗〗輪廻する
*【轮廓】lúnkuò [名] ① 輪郭〖画～〗輪郭を描く ② 概況，アウトライン
**【轮流】lúnliú [副] 順番に，かわるがわる〖～值夜班〗交代で夜勤につく
*【轮胎】lúntāi [名] タイヤ，タイヤとチューブ [同]［车胎］［轮带］
【轮休】lúnxiū [動] ① 交代で休む ②（地力回復のため）田畑を順次休耕する
【轮训】lúnxùn [動] 交代で訓練を受ける〖～干部〗幹部たちに順次訓練を施す
【轮椅】lúnyǐ [名] 車椅子〖推～〗車椅子を押す
【轮值】lúnzhí [動] 交代で担当する，かわるがわる務める
【轮轴】lúnzhóu [名] ① 車軸，シャフト ② 車軸と車輪
【轮子】lúnzi [名] 車輪
【轮作】lúnzuò [名] 輪作 [同]［轮栽］［轮种］［倒茬 dǎochá］

【论（論）】lùn [介] ①〔量詞を目的語にとり〕…によって，…に応じて〖～斤卖〗1斤いくらで売る〖～天付利息〗1日いくらで利子を払う ②〔名詞や動詞を目的語にとり〕…について言えば〖～力气，要数小张最大〗腕っぷしと言えば何と言っても張君が一番強い
[⊗] ① 議論する，論ずる［讨～］討論する［相提并～］同列に論ずる ② 判定する ③ 学説，理論［进化～］進化論 ④ 意見，見解［社～］社説［高～］ご意見 ⑤（L-）姓
⇨Lún
【论处】lùnchǔ [動] 判定し処分する〖以违反纪律～〗規律違反で処分する
【论点】lùndiǎn [名] 論点
【论调】lùndiào [名]《貶》見解，議論の傾向〖过分乐观的～〗あまりに甘い見方
【论断】lùnduàn [名] 論断，命題〖作出～〗判断を引き出す
【论据】lùnjù [名] 論拠〖～不足〗論拠が弱い
【论理】lùnlǐ [副] ものの筋道から言えば，本来なら([同]［论说］)〖～我不该来…〗本当は来るべきではないのだが… — [名] 論理 [類]［逻辑］
—— lùn▼lǐ [動] 道理を主張する，理非をただす，黒白をはっきりさせる〖跟他～〗彼と言葉で決着をつける
【论难】lùnnàn [動] 論難する〖互相～〗論難し合う
【论述】lùnshù [動] 論述する〖～这次运动的特点〗今回の運動の特長について論述する
*【论坛】lùntán [名] 論壇，意見を論述する場(会議，新聞など)，フォーラム
**【论文】lùnwén [名]〔篇〕論文
【论战】lùnzhàn [名]〔场·次〕論戦，論争〖挑起～〗論争を引き起こす — [動] 論争する
【论争】lùnzhēng [動] 論争する，議論する〖～得十分激烈〗激しく論争する
*【论证】lùnzhèng [名] ① 論証 ② 論拠 — [動] 論証する
【论著】lùnzhù [名]〔本·部〕研究書，

学問的著作
【论资排辈】lùn zī pái bèi《成》年功序列
【论罪】lùn'zuì 動 罪状を判定する〖按暴乱～〗暴動の罪に問う

【捋】luō 動 しごく(⑪《方》[撸lū])〖～掉叶子〗葉をしごき落とす〖～起袖子〗袖をたくしあげる
⇨lǚ

【捋胳膊】luō gēbo 動 袖をたくしあげて腕をむき出す◆腕をさすって身構えること、そういう意気込みを例える

【捋虎须】luō hǔxū 動〈虎のひげをしごく>〉危険をおかす

【啰(囉)】luō ⊗ 以下を見よ
⇨luo

*【啰唆(啰嗦)】luōsuo 形 ①くどくどしゃべる、話が長たらしい〖他说话太～〗あいつは話がくどすぎる ②煩雑な、煩わしい〖手续真～〗手続きが全く厄介だ

【罗(羅)】luó 图 篩ふ〖过～〗篩にかける〈绢～〉絹の篩 — 動 篩にかける〖～面〗粉を篩にかける — 量 グロス ⊗ ①絽ろ、うす絹〖～扇〗うす絹の扇 ②鳥を捕る網 ③網をはって鳥を捕る、人材や物を広く集める ④並べる、ひろげる ⑤(L-) ルーマニア('～马尼亚')、ローマなどの略称 ⑥(L-)姓

【罗锅】luóguō 图 (～儿)せむし、猫背の人 ⑪[～子] — 图 ①(～儿)背中が曲がった、猫背の ②アーチ型の〖～桥〗アーチ型の橋
—— luóguo 動 (腰を) 曲げる〖～着腰走路〗腰を曲げて道を歩く

【罗汉】luóhàn 图 羅漢ぁん〖～松〗イヌマキ

【罗汉豆】luóhàndòu 图《方》空豆 ⑪《普》[蚕豆]

【罗列】luóliè 動 ①並ぶ、分布する〖～在山坡上〗丘に立ち並んでいる ②列挙する、羅列する〖～事实〗事実を並べる

【罗马】Luómǎ 图 ローマ〖～数字〗ローマ数字〖～字〗ローマ字〖～教皇〗ローマ法王

【罗曼语族】Luómànyǔzú 图《语》ロマンス語派

【罗曼史】luómànshǐ 图《訳》[段] ロマンス、愛情物語、冒険物語 ⑪[罗曼司]

【罗盘】luópán 图 羅針盤、コンパス ⑪[罗盘仪] ⑪[指南针]

【罗圈腿】luóquāntuǐ 图 がにまた

【罗网】luówǎng 图[张] ①鳥を捕る網と魚を捕る網 ②わな、計略〖陷在～里〗計略にかかる〖自投～〗自分からわなにはまる

【罗致】luózhì 動 (主に人材を) 探し求める、招聘する〖～人材〗人材を集める

【逻(邏)】luó ⊗ 見回る〖巡～〗パトロールする

*【逻辑】luóji/luójí 图 論理、ロジック〖～上的错误〗論理的の誤り〖～思维〗論理的思考〖～学〗論理学

【萝(蘿)】luó ⊗ 蔓性植物〖藤～〗フジ〖茑～〗ツタ

【萝卜(蘿蔔)】luóbo 图〔棵·根〕大根〖～丝〗大根の千切り〖胡～〗ニンジン〖～泥〗大根おろし

【锣(鑼)】luó 图〔面〕銅鑼ぉ〖敲～〗銅鑼をたたく〖～槌〗銅鑼のばち

【锣鼓】luógǔ 图 銅鑼と太鼓

【箩(籮)】luó 图〔只〕竹かご◆底が四角で口が丸い、一般に大きいものは穀物入れに、小さいものは米とぎに使う

【箩筐】luókuāng 图〔只〕竹あるいは柳の枝で編んだかご

【视(覶)】luó ⊗〖～缕 lǚ〗詳述する

【胴(腡)】luó 图 (手の) 指紋

【骡(騾*蠃)】luó ⊗ ラバ〖～马〗ラバと馬

【骡子】luózi 图〔匹〕ラバ

【螺】luó ⊗①マキガイ、ニナ、サザエなど螺旋状の殻を持つもの〖田～〗タニシ〖海～〗ホラガイ ②指紋〖～纹(螺纹)〗指紋

【螺钿】luódiàn 图 らでん〖～漆盘〗らでんの皿

【螺钉】luódīng 图〔根·个〕雄ねじ、ねじ釘 (⑪[螺丝钉])〖木～〗木ねじ

【螺号】luóhào 图 ほら貝〖吹～〗ほら貝を吹く

【螺母】luómǔ 图 (ボルトに対する) ナット、めねじ ⑪[螺帽][螺丝母][螺丝帽]

【螺栓】luóshuān 图 ボルト、雄ねじ

【螺丝】luósī 图 雄ねじ、ねじ釘 (⑪[～钉])〖～刀〗〖～起子〗ドライバー〖～帽〗〖～母〗ナット

*【螺丝钉】luósīdīng 图 雄ねじ、ねじ釘

【螺旋】luóxuán 图 ①らせん〖～形〗らせん形〖～梯〗らせん階段 ②ねじの原理による(金属) 器具の総称(ボルト、ナット、ジャッキなど)〖阳～〗ボルト〖阴～〗ナット ③⑪[～桨]

【螺旋桨】luóxuánjiǎng 图 スクリュー、プロペラ ⑪[螺旋推进器]

【裸】(*骒) luǒ ⊗ 裸の, 剥きだしにする [赤~~] 真っ裸の [~照] ヌード写真

【裸露】luǒlù 動 露出する, 剥き出しになる [[~的煤层] 剥きだしの炭層

【裸体】luǒtǐ 名 裸体, はだか [~舞] ストリップショー

【裸线】luǒxiàn 名 裸線

【蓏】luǒ ⊗ 瓜

【洛】Luò ⊗ ① 川の名 [~水] 洛水 [~河] 洛河 ② 姓 ♦ ①②ともに'雒'と書くことも

【洛阳纸贵】Luòyáng zhǐ guì〈成〉(洛陽で紙が値上がりする>) 書物が飛ぶように売れる

【骆】(骆) luò ⊗ ① ラクダ ② (L-) 姓

【骆驼】luòtuo 名 [匹] ラクダ [单峰~] ひとこぶラクダ [双峰~] ふたこぶラクダ [~队] キャラバン, 隊商

【骆驼绒】luòtuoróng 名 ラクダ色の毛織物

【络】(络) luò 動 ① 網状のもので包む, 網をかぶせる [用发网~住头发] 髪をネットで包む ② からむ, まといつく ⊗ ① (漢方医学で) 絡 [经~] 経絡 ② 網状のもの [丝瓜~] ヘチマの筋 [橘~] ミカンの筋
⇨ lào

【络腮(落腮)胡子】luòsāi húzi 名 頬ひげ 〔同〕[连鬓胡子]

*【络绎不绝】luòyì bù jué〈成〉(人, 車, 船などの流れが) 絶え間なく続く, 途絶えることがない 〔同〕[络绎不断]

【珞】luò ⊗ 以下を見よ

【珞巴族】Luòbāzú 名 ロバ族 ♦ 中国少数民族の一, チベットに住む

【落】luò 動 ① 落ちる, 落下する [帽子~在地上了] 帽子が地面に落ちた ② 下がる, 下降する [水位~下来了] 水位が下がった ③ とり残される, 人より遅れる [~在群众后头] 大衆に取り残される ④ とどまる, 留める, 残す ⑤ …の手に入る, …のものになる [~在他们手里了] 彼らの手に握られた ⑥ 得る, 受け取る [~褒贬] あれこれ言われる ⊗ ① 集落 ② 衰える, 落ちぶれる [衰~] 衰える
⇨ là, lào

【落笔】luòbǐ 動 書き始める, 描き始める, 筆をおろす

【落膘】luò'biāo 動 (~儿) (家畜が) 瘦せる

【落泊】luòbó 形〈書〉① 落ちぶれた, 失意の ② 豪放磊落な

【落差】luòchā 名 水位の差, 落差

【落潮】luò'cháo 潮が引く 〔同〕[退潮]

【落成】luòchéng 動 落成する, 竣工する [~典礼] 落成式

【落得】luòde 動〈貶〉…の結果に終わる, …という始末になる [~一场空] すべてが夢と消える

【落地】luò'dì 動 ① 床や地面に落ちる ② 子供が生まれる ③ (飛行機が) 着地する ─ 形〔定語として〕床まで届く

【落发】luò'fà 動 剃髪する, 出家する

*【落后】luò'hòu 動 遅れる, 引き離される [思想~于现实] 思想が現実より遅れている [1点リードされている ─ 形 立ち遅れている [~进步] [~的工具] 時代遅れの道具 [~地区] 後進地区

【落户】luò'hù 動 異郷に住み着く, 定住する [在农村~] 農村に住みつく

【落花流水】luò huā liú shuǐ〈成〉さんざんな目に遭わされる(遭わせる)さまを例える [被打得~] さんざんに打ちのめされる

【落花生】luòhuāshēng 名 ①〔棵・株〕落花生 ②〔颗・粒〕落花生の実, ピーナッツ

【落价】luò'jià 動 値段が下がる 〔同〕[降价]

【落脚】luò'jiǎo 動 (~儿) 滞在する, 宿をとる [在客店~] 宿屋に泊まる

【落井下石】luò jǐng xià shí〈成〉(人が井戸に落ちたとき上から石を投げ落とす>) 人の落ち目につけこんで苦しめる 〔同〕[投井下石]

【落空】luò'kōng 動 無に帰する, ふいになる [一年的辛苦~了] 一年の苦労が水の泡になる

【落款】luò'kuǎn 動 (~儿) 落款を書き入れる

【落雷】luòléi 名 落雷 〔霹雳〕

【落泪】luò'lèi 動 涙をこぼす

【落难】luò'nàn 動 災難に遭う, 危難に陥る

【落魄】luòpò 形〔同〕[落泊]

【落日】luòrì 名 夕陽, 落日

*【落实】luòshí 動 ① 確実にする, 決める [日期还没~了] 日取りは未定だ ② 実行する, 実現させる; 実際的である [~政策] 政策を実行する ─ 形〈方〉心が落ち着いている

【落水】luò'shuǐ 動 ① 水に落ちる [~捞水泡] 溺れる者はわらをもつかむ ② 堕落する

【落水狗】luòshuǐgǒu 名〔只・条〕(水に落ちた犬>) 勢力を失った悪玉

【落汤鸡】luòtāngjī 名〔只〕(熱湯に

落ちた鶏>) 全身ずぶぬれ、ぬれねずみ
【落拓】luòtuò 形〔書〕⇨〔落泊〕
【落网】luò'wǎng 動 (犯罪者が)網にかかる、捕らえられる
【落伍】luò'wǔ 動 ①落伍する、隊列から遅れる ②(考え方や物事が)時代に取り残される
【落选】luò'xuǎn 動 選挙に落ちる、選にもれる ⇔〔当选〕〔入选〕
【落叶】luòyè 名〔片〕落葉
—— luò'yè 動 葉が落ちる〔~树〕落葉樹〔~松〕カラマツ
【落照】luòzhào 名 落日の輝き
【落座】luò'zuò 動 着席する、座る

【摞】luò 動 積み上げる、積み重ねる〔把砖~起来〕れんがを積む —— 量 積み重ねられた物(皿や本など)を数える

【漯】Luò ⊗〔~河〕漯河(河南省)◆山東省の同表記の川は Tàhé と発音

【啰（囉）】luo 動〔語気助詞として〕軽く肯定する語気を表わす
⇨luō

M

【呒（嘸）】ḿ 動〔方〕ない(⇨〔普〕〔没有〕)〔~啥 shá〕何もない、何でもない

【呣】ḿ 嘆 (いぶかって)うん？
⇨ḿ

【呣】m̀ 嘆 (承諾して)うん
⇨ḿ

【妈（媽）】mā 名〔口〕母さん
⊗上の世代または年上の既婚女性に対する呼称〔姑~〕おばさん(父の姉妹)〔姨~〕おばさん(母の姉妹)
【妈妈】māma 名〔口〕お母さん〔母亲〕
【妈祖】māzǔ 名 中国東南部で信仰される海の女神

【蚂（螞）】mā ⊗〔~螂 lang〕(方)トンボ
⇨mǎ, mà

【抹】mā 動 ふく(⇨〔擦〕)〔~柜台〕カウンターをふく
⇨mǒ, mò

—（*擩）動 下へずらす〔~袖子〕(まくった)袖をおろす
⇨mǒ, mò

【抹布】mābù 名〔条・块〕ぞうきん、ふきん〔用~擦〕ぞうきんでふく
【抹脸】mā'liǎn 動〔口〕表情をこわばらせる

【吗（嗎）】má 代〔方〕なに、どんな(⇨〔普〕〔什么〕)〔你干~来了？〕君は何をしに来たのだ
⇨mǎ, ma

【麻】má 動 しびれる、まひする ◆'痳'とも書く —— 形 (表面が)ざらざらの、あばたの
⊗(M-)姓

—（*蔴）名〔植〕麻
⊗ゴマ〔芝~ zhīma〕同前

*【麻痹（麻痺）】mábì 名 まひ —— 動①(身体、精神的に)まひする、無感覚になる〔~大意〕油断する ②まひさせる〔~大家的思想〕皆の思想をまひさせる
【麻布】mábù 名 麻布、リンネル
【麻袋】mádài 名 麻袋
*【麻烦】máfan 形 面倒だ、煩わしい〔~事儿〕面倒な一件 —— 動 面倒をかける、煩わす〔~别人〕人に面倒をかける〔~你〕お手数をかけます —— 名 面倒〔添~〕迷惑をかける
【麻风（麻风）】máfēng 名〔医〕ハンセン病
【麻花】máhuā (~儿) 名 ねじりカリントウ ◆小麦粉をこね、ねじり合わせ

【麻将】májiàng 名 マージャン [打～] マージャンをする
【麻酱】májiàng 名 ゴマみそ 同[芝麻酱]
【麻利】máli 形 動きが速い,手際がよい
【麻脸】máliǎn 名 あばた面
【麻麻黑】mámahēi/(口)māmahēi 形(方)夕暮になる
*【麻木】mámù 形(身体,精神的に)しびれた,無感覚になる
【麻木不仁】mámù bù rén〔成〕無感覚(無関心)である
【麻雀】máquè 名①〔只〕スズメ ② マージャン 同[麻将]
【麻纱】máshā 名① 麻糸 ② 薄地の麻布
【麻绳】máshéng 名 麻ひも,麻縄
【麻酥酥】másūsū 形(～的)ちょっとしびれる
【麻线】máxiàn 名(～儿)麻糸
【麻药】máyào 名 麻酔剤
【麻油】máyóu 名 ゴマ油
【麻疹(痲疹)】mázhěn 名 はしか 同[疹子]
【麻子】mázi 名① あばた ② あばたのある人
*【麻醉】mázuì 名〔医〕麻酔〔～药〕麻酔剤 ― 動 麻酔をかける,まひさせる

【蟆】(*蟇) má ⊗→[蛤～hámá]

【马】(馬) mǎ 名①〔匹〕馬[骑～]馬に乗る ② 中国将棋の駒の一 ⊗(M-)姓
【马鞍子】mǎ'ānzi 名 馬の鞍
【马帮】mǎbāng 名 荷馬隊,キャラバン
【马表】mǎbiǎo 名 ストップウォッチ 同[跑表][停表]
【马鳖】mǎbiē 名〔動〕〔只〕ヒル 同[蚂蟥][水蛭]
【马车】mǎchē 名〔辆〕馬車,荷馬車
【马达】mǎdá 名〔機〕〔台〕モーター
【马大哈】mǎdàhā 形(口)軽率な,ぞんざいな ― 名 間抜けな,いいかげんな人 同[糊涂虫]
【马刀】mǎdāo 名 サーベル
【马到成功】mǎ dào chénggōng〔成〕(馬で駆けつければたちまち勝つ＞)着手すれば直ちに成果をあげる
【马灯】mǎdēng 名 手提げ用石油ランプ,カンテラ
【马镫】mǎdèng 名 あぶみ(鐙)
【马店】mǎdiàn 名(旧)荷馬隊用のはたご屋
【马粪纸】mǎfènzhǐ 名 ボール紙
【马蜂(蚂蜂)】mǎfēng 名〔只〕スズメバチ 同[胡蜂]
【马夫】mǎfū 名(旧)馬丁,馬方
【马褂】mǎguà 名(～儿)(男子の)長衣の上に着る袖長の上着 ♦礼服用
【马锅头】mǎguōtóu 名 荷馬隊のリーダー
【马赫数】mǎhèshù 名〔理〕マッハ
【马后炮】mǎhòupào 名(将棋用語から)後の祭り
*【马虎(马糊)】mǎhu 形 いい加減だ,そそっかしい,まあまあだ ♦重ね型の'马马虎虎'はmǎmǎhūhū と発音
【马脚】mǎjiǎo 名 馬脚,はたん [露出～] 馬脚を現わす
【马厩】mǎjiù 名 馬小屋
【马驹子】mǎjūzi 名(口)子馬
【马克思主义】Mǎkèsī zhǔyì 名 マルクス主义
【马裤】mǎkù 名 乗馬ズボン
【马拉松】mǎlāsōng 名(訳)〔体〕マラソン [～赛跑]同前
【马力】mǎlì 名〔理〕馬力
【马列主义】Mǎ-Liè zhǔyì 名 マルクスレーニン主义
【马铃薯】mǎlíngshǔ 名 ジャガイモ 同[土豆儿][山药蛋]
【马路】mǎlù 名〔条〕大通り,自動車道路
【马骡】mǎluó 名〔匹〕ラバ
【马尼拉麻】mǎnílámá 名〔植〕マニラ麻 同[蕉麻]
【马匹】mǎpǐ 名 馬の総称
【马前卒】mǎqiánzú 名(将棋用語から)お先棒,手先
【马枪】mǎqiāng 名 騎兵銃
【马球】mǎqiú 名〔体〕ポロ
【马赛克】mǎsàikè 名(訳)モザイク(タイル)
*【马上】mǎshàng 副 直ちに,今すぐ [～就回来]すぐに戻る
【马勺】mǎsháo 名(ご飯や粥をつぐ)大きめのしゃもじ
【马术】mǎshù 名 馬術
【马蹄】mǎtí 名① 馬のひづめ ②〔植〕クログワイ 同[荸荠]
【马蹄铁】mǎtítiě 名 蹄鉄もぐ
【马蹄形】mǎtíxíng 名 馬蹄形
【马桶】mǎtǒng 名〔只〕(ふた付き)便器,おまる
【马戏】mǎxì 名 サーカス [～团]曲馬団
【马靴】mǎxuē 名 乗馬靴
【马扎(马劄)】mǎzhá 名(～儿)折りたたみ式の携帯用腰かけ
【马掌】mǎzhǎng 名① 馬のひづめ ② 蹄鉄
【马桩】mǎzhuāng 名 馬をつなぐ柱
【马鬃】mǎzōng 名 馬のたてがみ

【吗】(嗎) mǎ ⊗ 以下を見よ ⇨ má, ma
【吗啡】mǎfēi 名〔薬〕モルヒネ

【玛(瑪)】mǎ ⊗ 以下を見よ
【玛瑙】mǎnǎo 图 めのう

【码(碼)】mǎ 量 ①事柄を数える〖两~事〗別の事柄 ②ヤード(長さの単位) 一動(口)積み重ねる ⊗数字を表す[号~]番号[数~]数字[~子]数を表す符号
*【码头】mǎtou/mǎtóu 图〔座〕波止場, 港

【妈(媽)】mā ⊗ 以下を見よ
⇨ mā, mà
【蚂蟥】mǎhuáng 图〔虫〕〔只〕ヒル ⓜ〔水蛭〕〔马鳖〕
【蚂蚁】mǎyǐ 图〔虫〕〔只〕アリ〖~搬泰山〗(アリが泰山を動かす>)みんなが力を合わせれば大きな事ができる〖~啃 kěn 骨头〗(アリが骨をかじる>)こつこつ努力して事を成就させる

【蚂(螞)】mà ⊗ 以下を見よ
⇨ mā, mǎ
【蚂蚱】màzha 图(方)〔虫〕イナゴ ⓜ(普)〔蝗虫〕

【骂(罵)】mà 動 ののしる, 叱る〖~孩子〗子供を叱る
【骂架】màjià 動 口げんかする
【骂街】màjiē 動 路上でさんざん悪口を言う, ののしり散らす
【骂名】màmíng 图 悪名, 汚名

【吗(嗎*么)】ma 助 ①文末に用いて疑問を表わす〖你是学生~?〗君は学生ですか〖有什么消息~?〗何か知らせがあるか ②文中に用いてポーズを置き話題を提起する〖特殊情况~〗特殊な対応が必要な状況ではね, 特殊な対処法をとらなければならないのだ
⇨ má, mǎ

【嘛(*么)】ma 助 ①文末に用いて明らかな道理である語気を表わす〖该做的就做~〗やるべき事はやりなさい〖有意见可以提~〗意見があれば言えばいいじゃないか ②文中に用いてポーズを置く働きをする

【埋】mái 動 埋める, 隠す〖~地雷〗地雷を埋める〖~在树底下〗木の下に埋める
⇨ mán
【埋藏】máicáng 動 埋蔵する, 隠す〖~着仇恨〗恨みを胸の内に隠している
【埋单】máidān 動(方)(勘定を)支払う ⓜ〔买单〕
【埋伏】máifu/máifú 動 待ち伏せする〖设下~〗同前〖在丛林中~〗林の中で待ち伏せする
*【埋没】máimò 動 ①うずめる〖~在沙漠中了〗砂漠の中に埋まった ②(人材などが)埋没する, 埋もれる〖不要~人才〗人材を埋もれさせてはならない
【埋汰】máitai (方)彨 汚い 一動 皮肉る
【埋头】mái‵tóu 動 没頭する, 打ち込む〖~读书〗読書に没頭する〖~于改革〗改革に専念する
*【埋葬】máizàng 動 埋葬する〖~封建王朝〗封建王朝を葬る

【霾】mái ⊗(土曇りの)もや, 煙霧

【买(買)】mǎi 動 買う(⊗[卖])〖~票〗切符を買う〖~一件衣服〗服を一着買う〖~一送一〗おまけをつける ⊗(M-)姓
【买办】mǎibàn 图 買弁 ♦旧中国で外国企業に雇われた代理人
【买椟还珠】mǎi dú huán zhū(成)(箱を買って中の珠玉を返す>)見る目がない
【买方】mǎifāng 图(経)買い手
【买关节】mǎi guānjié 動 買収する
【买好儿】mǎi‵hǎor 動 取り入る, ご機嫌をとる
【买空卖空】mǎi kōng mài kōng 空売買する, 投機的売買をする
【买卖】mǎimai 图 商い, 商売〖今天~怎么样?〗今日の商売はどうだ〖这笔~挺合算〗この商売は大いに採算に合う[~人]商人
【买通】mǎitōng 動 買収する
【买账】mǎi‵zhàng 動(多く否定文に用いて)相手の長所や能力を認める〖不买他的账〗あいつなんか認めない
【买主】mǎizhǔ 图 買い手 ⊗〔卖主〕

【迈(邁)】mài 動 足を踏み出す〖门坎太高, ~不过去〗しきいが高過ぎてまたげない〖~步〗歩を進める 一量 マイル(約1.6キロメートル) ⊗老いる[老~]老けこむ
【迈进】màijìn 動 突き進む, 邁進する〖向前~了一大步〗大きく前進した

【麦(麥)】mài ⊗ ①〔植〕麦[小~]小麦[大~]大麦[黑~]ライムギ ②(M-)姓
【麦茬】màichá 图 麦の切り株[~地]麦の後作の畑
【麦秸】màijiē 图 麦わら
【麦精】màijīng 图 麦芽エキス
*【麦克风】màikèfēng 图(訳)マイクロホン
【麦浪】màilàng 图 麦の穂波
【麦粒肿】màilìzhǒng 图〔医〕'睑腺

炎´(ものもらい)の旧称
【麦片】màipiàn 图 ひき割りカラスムギ,オートミール用のムギ[～粥]オートミール
【麦秋】màiqiū 图 麦秋,麦の収穫期(夏季)
【麦收】màishōu 图 麦の収穫
【麦芽糖】màiyátáng 图 麦芽糖
【麦子】màizi 图 麦

【卖(賣)】mài 動 ① 売る(⇔[买])[～光了]売り切れた ② 裏切る[～友]友人を裏切る ③ 力を出す[～劲儿]精を出す
⊗ 見せびらかす[～功]手柄をひけらかす
【卖唱】mài·chàng 動 歌を歌って生計をたてる[～的]歌い手
【卖点】màidiǎn 图 セールスポイント
【卖狗皮膏药】mài gǒupí gāoyao (俗)うまい口でべてんにかける
【卖乖】mài·guāi 利口ぶる
【卖关子】mài guānzi 要点などをいいところで打ち切り相手をじらす
【卖国】màiguó 動 国を売る[～贼]売国奴
【卖好】mài·hǎo 動 いいところを見せる,こびを売る
【卖力气】mài lìqi 労を惜しまず働く(⇔[卖劲儿])
【卖命】mài·mìng 動 (生活のため,あるいは命令されて)命がけで働く,しゃにむに働く
【卖弄】màinong 動 ひけらかす,自慢する[喜欢～自己的才气]自分の才気をひけらかしたがる
【卖俏】màiqiào 動 こびを見せる,しなをつくる
【卖艺】mài·yì 動 芸で生計をたてる[～的]芸能人
【卖淫】mài·yín 動 売春をする ⇔ [卖春]
【卖主】màizhǔ 图 売り手 ⇔[买主]
【卖座】màizuò 動(～儿)(劇場,飲食店などで)入場券を売る[～不佳]客の入りがよくない ― 形 客の入りがよい

【脉(脈*衇)】mài 图 ① 脉 ② 脉拍[号～]脉をとる
⊗ 脉状のもの[叶～](植物の)葉脉[山～]山脉
⇨ mò
*【脉搏】màibó 图 脉拍
【脉动】màidòng 動 脉打つ
【脉络】màiluò 图 ①【医】脉絡 ◆静脉と動脉 ② 筋道

【颠(顚)】mān ⊗ [～顸 hān]ぼけっとして馬鹿な

【埋】mán ⊗ 以下を見よ
⇨ mái

*【埋怨】mányuàn 動 不平を言う,ぐちをこぼす,恨む[向～领导]指導部に不満を持つ[他自己不小心,还～别人]自分が不注意だったくせに,人に文句を言う

【蛮(蠻)】mán 形 (方)とても,非常に(⇔[普])[很][挺][～聪明]とても賢い
⊗ ① 粗野な,荒々しい[～劲]ものすごい力 ② 南方の異民族
【蛮不讲理】mán bù jiǎng lǐ (成)道理をわきまえない,理不尽だ
【蛮干】mángàn 動 向う見ずにやる,やみくもにやる[不能～]考えもなしにやってはならない
【蛮横】mánhèng 形 横暴な,理不尽な[～的态度]横暴な態度[他～地骂了起来]彼はむちゃくちゃにわめき出した

【馒(饅)】mán ⊗ 以下を見よ
*【馒头】mántou 图 マントウ,中国式蒸しパン ◆主食とする,あんは入っていない(⇔[包子])

【蔓】mán ⊗ [～菁 jing]【植】カブ,カブラ
⇨ màn, wàn

【鳗(鰻)】mán ⊗ ウナギ[～鲡 lí][～鱼]同前

【鬘】mán ⊗ 髪の美しさの形容

【瞒(瞞)】mán 動 隠す,ごまかす[～了他一件事]彼に一つ隠し事がある[不～你说]本当のことを言うと[什么事也～不住她的眼睛]何事も彼女の目をごまかせない
【瞒哄】mánhǒng 動 だます,欺く
【瞒上欺下】mán shàng qī xià (成)上をだまし下をいじめる

【鞔】mán 動 革や布で包み込む

【满(滿)】mǎn 形 ① いっぱいの,満ちている[放～了水]水をいっぱいに入れた ②【定语として】全ての[～脸大汗]顔中汗まみれだ[～身是泥]体中泥だらけだ ― 動 満ちる,限度に達する[不～一年]1年に満たない ― 副 とても[～不错]なかなかよい
⊗ ① 満足する[不～]不満だ ② (M-)満洲族[～族]同前 ③ [姓]
【满不在乎】mǎn bú zàihu (成)全く気にしない
【满城风雨】mǎn chéng fēng yǔ (成)町中のうわさになる ◆多く貶す意に用いる[闹出～的事]大騒ぎを引き起こす
【满分】mǎnfēn 图 満点[得～]満

【满额】mǎn'é 動 定員に達する［招生已经～了］新入生募集はもう定員に達した

【满腹】mǎnfù 動 胸(や腹)が一杯となる［牢骚～］不平不満で一杯だ［～经纶］政治的才能(或いは学問)が胸に満ちている

【满怀】mǎnhuái 動 胸にあふれる［～信心］自信に満ちている — 名 胸全体［撞了个～］真正面からぶつかった

【满坑满谷】mǎn kēng mǎn gǔ〈成〉至る所に満ちている

【满口】mǎnkǒu 名① 口全体 ② 話全部 — 副［～谎言］言うことはでたらめばかりだ

【满面】mǎnmiàn 動 顔にあふれる ⑲［满脸］

【满面春风】mǎnmiàn chūnfēng〈成〉満面に笑みを浮かべる［～地回到家里］上機嫌で帰宅した

【满腔】mǎnqiāng 動 胸にあふれる［～热忱］あふれんばかりの情熱を持つ

【满堂】mǎntáng 名 会場全体(の人) — 動 (人や物で)広間や会場が一杯になる

【满心】mǎnxīn 副 胸いっぱいに［～欢喜］喜びで胸が一杯だ

【满眼】mǎnyǎn 名① 目の中全体［～红丝］目がすっかり充血している ② 視野全体

*【满意】mǎnyì 動 満足する［不～这件事］この事には不満だ［你到底～不～？］君は一体満足なのか不満なのか

【满员】mǎn'yuán 動 定員になる

【满月】mǎnyuè 名 満月
—— mǎn'yuè 動 赤ん坊が誕生して満一か月になる

【满载】mǎnzài 動 満載する［～粮食的卡车］食糧を満載したトラック［～而归］満載して帰る(収穫が多いことをいう)

【满洲】Mǎnzhōu 名〈旧〉① 満洲族 ② 中国東北地区

*【满足】mǎnzú 動① 満足する［～已有的成绩］これまでの成果に満足する ② 満たす［～希望］希望を満たす［～条件］条件を満たす

【满族】Mǎnzú 名 満洲族 ◆中国少数民族の一,主に東北や河北に住む

【满座】mǎn'zuò 動 (～儿)満席になる

【螨(蟎)】mǎn 名 節足動物の一種 ◆疥癣ダニなど ⑲[～虫]

【曼】màn ⊗① 優美な［～舞］優雅に踊る ② 引き伸ばした,長い

【曼德琳】màndélín 名〈訳〉〈音〉マンドリン ⑲[曼陀铃]

【曼荼罗】màntúluó 名〈宗〉マンダラ

【蔓延】mànyán 動 長々と続く［～曲折的小路］延々と続く曲がりくねった小道［～滋长］広くはびこってゆく

【谩(謾)】màn ⊗ 無礼な ◆「欺く」の意ではmánと発音

【谩骂】mànmà 動 あなどり罵る

【漫】màn 動 あふれ出る,ひたす［水～出来了］水があふれ出た
⊗① いたるところ［～天］空一面の ② とらわれない,気ままな［散sǎn～］締まりがない

【漫笔】mànbǐ 名 漫筆,随筆

【漫步】mànbù 動 そぞろ歩きする［～林间］林を散策する

【漫不经心】màn bù jīngxīn〈成〉無とんちゃくだ,少しも気にしない［装做～的样子］少しも気にしない振りをする

*【漫长】màncháng 形 (時間,道路が)果てしなく長い［～的岁月］きわめて長い歳月［前面的道路多么～］前途の道のりはなんと長いことか

【漫反射】mànfǎnshè 名〈理〉乱反射

*【漫画】mànhuà 名〔幅・张〕漫画 ⑲[卡通]

【漫漶】mànhuàn 形 (字や絵が)年を経てかすれた

【漫骂】mànmà 動 わめき散らす,さんざん悪口を言う［满口～］さんざん罵り散らす

【漫漫】mànmàn 形 (時間,空間が)果てしない［～白雪,一望无际］見渡すかぎり雪が積もっている

【漫山遍野】màn shān biàn yě〈成〉野山一面に広がる,至る所［～都是映山红］山一面にツツジの花が咲いている

【漫谈】màntán 動 自由に話し合う,放談する［～国际形势］国際情勢について自由に話し合う

【漫天】màntiān 形① 空いっぱいの［～大雪］降りしきる大雪 ②《多く状语・定语として》途方もない［这简直是～大谎］それは全くとんでもない大うそだ

【漫无边际】màn wú biānjì〈成〉① 果てしなく広い ② 話に締まりがない,とりとめない

【漫溢】mànyì 動〈書〉あふれる

【漫游】mànyóu 動 気ままに遊覧する［～全国各地］全国各地を遊覧

【慢】màn 形①(速度が)遅い,のろい(⑳[快])［钟～了］時計が遅れている［动作～得要

命〕動作がおそろしくのろい ②余裕のある、ゆったりした〔～点儿告诉他,免得他担心〕彼に心配させないよう,知らせるのは後にしよう ⊗①冷淡な,横柄な〔傲～〕傲慢な ②…してはならない,するなかれ

【慢车】mànchē 图〔列・辆〕普通列車,鈍行〖快车〗

【慢待】màndài 動冷たくあしらう

【慢慢】mànmàn 形〔～的〕ゆっくりと,次第に ♦'～儿'は mànmānrと発音〖別着急,～说〗あわてないで,ゆっくり話しなさい

【慢慢腾腾】mànmantēngtēng 形〔～的〕ゆっくりと,のろのろ(⇔〖慢慢吞吞〗)〖他～地走进屋来〗彼はゆっくりと部屋に入ってきた

【慢坡】mànpō 图ゆるやかな坂,だらだら坂

【慢腾腾】màntēngtēng 形〔～的〕ゆっくりと,のんびり(⇔〖慢条吞〗)〖你这么～的,什么时候能做完呢？〗こんなにゆっくりやっていて,いつになったら終わるんだね

【慢条斯理】màntiáo sīlǐ 《成》ゆっくりした,落ち着いた様子〖一字一句～地读起来〗一字一句ゆっくりと読み始める

*【慢性】mànxìng 形〖定語·状語として〗慢性〖～病〗慢性病

【慢性子】mànxìngzi 图ぐずな人,のんびり屋

【慢悠悠】mànyōuyōu 形〔～的〕ゆったりした,悠然とした(⇔〖慢慢悠悠〗)

【慢走】mànzǒu 動①ゆっくり歩く ②〖命令形で〗ちょっと待て ③《挨》(客を見送るとき)お気をつけて

【蔓】màn ⊗以下を見よ ⇨ mán, wàn

蔓草 màncǎo 图つる草

【蔓延】mànyán 動広がる,はびこる〖野草～〗野草がはびこる

【幔】màn ⊗幕,カーテン〔～子〕《方》カーテン

【幔帐】mànzhàng 图〔条〕(仕切り)の幕,カーテン

【镘(鏝)】màn ⊗〔左官〕のコテ→〖抹 mǒ 子〗

【牤(牪)】māng ⊗以下を見よ

【牤牛】māngniú 图《方》雄牛(普)〖公牛〗

【邙】máng ⊗〖北 Běi～〗河南省洛陽にある山の名

【忙】máng 形忙しい〖你最近～不～？〗最近忙しいですか〖大～〗大いに忙しい ―― せわしくする,忙しい思いをする〖～什么？〗何をばたばたしているの〖～了一天〗1日せわしく働いた〖白天～工作,晚上～家务〗昼間は仕事,夜は家事で忙しい〖～活儿〗急いで仕事をする

【忙活】mánghuó 图〔～儿〕急ぎの仕事
―― máng'huó 動〔～儿〕忙しく仕事をする

【忙里偷闲】mánglǐ tōuxián《成》忙しい中から時間を見つける

*【忙碌】mánglù 形忙しい

【忙乱】mángluàn 形ばたばたと忙しい〖工作～极了〗仕事がやたらに忙しい

【忙于】mángyú 動…に忙しい,…に没頭する

【芒】máng 图〔～儿〕〖植〗のぎ〔～草〕ススキ ⊗のぎ状のもの〖光～〗光芒

【芒刺在背】máng cì zài bèi(成)(背中にのぎやとげがささる)いらいらと落ち着かない

【芒果(杧果)】mángguǒ 图〖植〗マンゴー

【芒种】mángzhòng 图芒種 ♦二十四節気の一.穀物を播く時期,陽暦6月6日頃

【杧】máng ⊗〖～果(芒果)〗〖植〗マンゴー

【盲】máng ⊗目が見えない〔～人〕盲人〔文～〕読み書きができない(人)〔～打〕ブラインドタッチ

【盲肠炎】mángchángyán 图〖医〗盲腸炎 ⇔〖阑尾炎〗

【盲从】mángcóng 動言われるままに従う〖要认真思考,不应该～〗真剣に考えなければならない,盲従すべきではない

【盲点】mángdiǎn 图〖生〗(網膜上の)盲点,盲斑

【盲动】mángdòng 動是非の分別なく行動する

【盲干】mánggàn 動やみくもにやる

*【盲目】mángmù 形〖多く定語·状語として〗目が見えない〖～的行动〗無批判な行動

【盲棋】mángqí 图盤面を見ずに口頭で指す将棋

【盲人摸象】mángrén mō xiàng《成》(群盲象をなでる)一部の事で全体を判断する

【盲人骑马】mángrén qí mǎ(成)(盲人が馬に乗る)極めて危険なこと

【盲文】mángwén 图点字,点字の文章

【盲字】mángzì 图点字

【氓】máng ⊗→〖流～liúmáng〗⇨méng

【茫】máng ⊗①果てしない〔苍～〕広々とした ②何も知らない

★【茫茫】mángmáng [形] 果てしなく広い『～草原』茫々たる草原

★【茫然】mángrán [形] 事情が全くわからない『～不知所措』どうしてよいか全くわからない［～若失］茫然自失する

【茫无头绪】máng wú tóuxù《成》何から手をつければいいのかわからない

〖硭〗 máng ⊗以下を見よ

【硭硝】mángxiāo [名]〖化〗硫酸ナトリウム ♦下剤として漢方薬に用いる

〖莽〗 mǎng ⊗①軽率な ②はびこる草［丛～］草むら ③(M-)姓

【莽苍】mǎngcāng [形]（原野の）景色がぼうっとかすむ ━[名]《書》原野

【莽汉】mǎnghàn [名] がさつな男

【莽原】mǎngyuán [名] 草が繁茂する原野

【莽撞】mǎngzhuàng [形] 無分別な，がさつな『～的性格』がさつな性格『他做事很～』彼はやることが無鉄砲だ

〖蟒〗 mǎng ⊗ウワバミ，大蛇

【蟒蛇】mǎngshé [名]〔条〕大蛇，ニシキヘビ [同][蚺蛇]

【猫(貓)】 māo [名]〔只〕猫『～捉老鼠』猫がネズミをつかまえる［～粮］キャットフード［山～］ヤマネコ［波斯～］ペルシャネコ ━[動]《方》隠れる

【猫儿腻】māornì [名]《方》うしろめたい事

【猫儿眼】māoryǎn [名]①猫目石，キャッツアイ [同][猫睛石] ②猫の目『～，时时变』猫の目のようにころころ変わる

【猫头鹰】māotóuyīng [名]〔只〕フクロウ

【猫熊】māoxióng [名]〔只〕パンダ [同][熊猫]

【毛】 máo [名]①〔根〕毛［奶～］うぶ毛［羽～］羽毛 ②かび『长 zhǎng ～』かびが生える ━[形] うろたえた，ろうばいした［发～］びくびくする ━[動]《方》怒る ━[量]《口》1元の10分の1 [同][角]
⊗①小さい［～孩子］がき ②総体の，グロス［～利］粗利益 ③粗い，未加工の［～铁］銑鉄 ④(M-)姓

【毛笔】máobǐ [名]〔支·枝·管〕毛筆

【毛边纸】máobiānzhǐ [名] 竹が原料の毛筆用の紙

★★【毛病】máobing/máobìng [名]①故障『汽车又发生～了』車がまた故障した ②欠点，弱点『克服～』欠点を克服する ③《方》病気

【毛玻璃】máobōli [名] くもりガラス [同][磨砂玻璃]

【毛糙】máocao [形] 粗い，ぞんざいな

【毛虫】máochóng [名] 毛虫 [同][毛毛虫]

【毛豆】máodòu [名] 枝豆

【毛发】máofà [名] 毛髪

【毛骨悚然】máo gǔ sǒngrán《成》身の毛がよだつ『令人～』ぞっとさせられる

【毛烘烘】máohōnghōng [形]（～的）毛がふさふさした

★★【毛巾】máojīn [名]〔条〕タオル［～被］タオルケット

【毛举细故】máo jǔ xì gù《成》細かな点まであげつらう

【毛孔】máokǒng [名] 毛穴 [同][汗孔]

【毛料】máoliào [名] 毛織物

【毛驴】máolǘ [名]〔头〕小さいロバ

【毛毛虫】máomaochóng [名] 毛虫 [同][毛虫]

【毛毛雨】máomaoyǔ [名] 細かい雨，霧雨 ♦'毛毛细雨'ともいう

【毛南族】Máonánzú [名] マオナン族 ♦中国少数民族の一，広西に住む

【毛坯】máopī [名] 未加工品，半製品［～房］コンクリート打ち抜きのままの部屋

【毛茸茸】máoróngróng [形]（～的）（細い毛が）ふわふわした

【毛瑟枪】máosèqiāng [名] モーゼル銃

【毛手毛脚】máo shǒu máo jiǎo《成》そそっかしい，いい加減だ『做事要认真，不能～』仕事はまじめにやらなければならず，いい加減にやってはいけない

【毛遂自荐】Máo Suì zì jiàn《成》自薦する，まず自分が名乗りを上げる

【毛笋】máosǔn [名]（孟宗竹の）タケノコ

【毛桃】máotáo [名] 野生の桃

【毛细管】máoxìguǎn [名] 毛細管，毛細血管

【毛细现象】máoxì xiànxiàng [名] 毛細(管)現象

【毛线】máoxiàn [名] 毛糸［～活儿］編み物［～针］編み棒

【毛腰(猫腰)】máo▾yāo [動]《方》腰を曲げる

【毛衣】máoyī [名]〔件〕セーター

【毛躁】máozào [形]①気が短い ②そそっかしい

【毛织品】máozhīpǐn [名] 毛織物，ニットウエア

【毛重】máozhòng [名] 風袋込みの重量，総重量 [反][净重]

【毛猪】máozhū [名]（売り物としての）生きたままの豚

【毛竹】máozhú [名] 孟宗竹

【毛装】máozhuāng [名]（書籍の）化粧裁ちをしない装丁

〖牦(犛)〗 máo ⊗以下を見よ

【牦牛】máoniú [名]〖動〗〔头〕ヤク ♦主に青蔵高原に生きる役畜

〖旄〗 máo ⊗ヤクの尾を飾りとした古代の旗 [同][耄]

〖酕〗 máo ⊗[～醄 táo]《書》ひどく酒に酔ったさま

〖矛〗 máo ⊗古代の武器の一，ほこ

★★【矛盾】máodùn [名][動]矛盾(する)〖一切事物都存在着～〗事物はすべて矛盾を含んでいる [自相～] 自己矛盾

【矛头】máotóu [名](攻撃の)ほこ先

〖茅〗 máo ⊗①カヤ，チガヤ [白～] 同前 [～塞 sè 顿开] 目からうろこが落ちる ②(M-) 姓

【茅草】máocǎo [名]チガヤ

【茅厕】máoce/《方》máosi [名]《方》便所

【茅房】máofáng [名]《口》かわや，便所

【茅坑】máokēng [名]①便つぼ ②《方》便所

【茅庐】máolú [名]《書》茅屋(ぼうおく)，かやぶきの家

【茅棚】máopéng [名]かやぶき小屋

【茅台酒】máotáijiǔ [名]マオタイ酒．貴州省仁懐県茅台鎮産の'白酒'

【茅屋】máowū [名]〔间〕かやぶき小屋，粗末な家 [同][草屋]

〖蟊〗 máo ⊗根を食う虫

【蟊贼】máozéi [名]国や人民に有害な人物

【锚(錨)】 máo [名]錨(いかり)〖抛～〗錨をおろす

【卯】 mǎo [名](～儿)ほぞ穴 [～眼] 同前 ⊗卯(う)，十二支の第四 [～时] 卯の刻

【卯榫】mǎosǔn [名](部材を接合するための)ほぞの突起と穴

〖昴〗 mǎo ⊗二十八宿の一，すばる

【铆(鉚)】 mǎo [動]リベットを打つ

【铆钉】mǎodīng [名]リベット〖铆～〗リベットを打つ [～枪] リベット打ち機

【铆接】mǎojiē [動]リベットでつなぐ

〖茂〗 mào ⊗①茂る ②豊かだ

【茂密】màomì [形](草木が)びっしり茂っている〖～的树林〗うっそうとした林

★【茂盛】màoshèng [形]繁茂した，よく茂った〖～的枝叶〗よく茂った枝葉

【冒】 mào [動]①(煙，汗，泡などが) 出る，噴き出す，立ち昇る〖～出一身汗〗全身に汗が出る ②(危険などを)冒す〖～雨前进〗雨をものともせず前進する ⊗①かたる，偽る ②そそっかしい ③(M-) 姓 ♦古代匈奴の単于の名'冒顿'(ボクトツ)はMòdúと発音

★【冒充】màochōng [動](本物だと)偽る，見せかける〖～好人〗善人振る〖～学者〗学者の振りをする

【冒犯】màofàn [動]無礼を働く，感情を害する〖～上司〗上司に無礼を働く

【冒号】màohào [名]〖語〗標点符号のコロン(:)

【冒火】mào▼huǒ [動](～儿)かっとなる，腹が立つ

【冒尖】mào▼jiān [動]①山盛りになる，一定の数量を少し超過する〖仓里的粮食已经～了〗倉庫の穀物はもう満杯になった〖十斤刚～〗10斤を少しオーバーする ②現われる，兆しが出る〖问题一～，就要及时地解决〗問題が出たら直ちに解決しなければならない ③ずば抜ける〖他的成绩最～〗彼の成績は誰よりも抜きん出ている

【冒进】màojìn [動]やみくもに進む，早まって行う

【冒昧】màomèi [形]《謙》礼をわきまえない，ぶしつけな〖请原谅我的～〗失礼をお許しください〖～地拜访〗いきなりお訪ねする

【冒名】mào▼míng [動]名をかたる，偽称する

【冒牌】mào▼pái [動](～儿)商標を盗用する，にせブランドをつける

【冒失】màoshi [形]そそっかしい，軽率な [～鬼] そこつ者，慌てん坊

★★【冒险】mào▼xiǎn [動]危険を冒して行う〖不要～〗危険なことをしないように [～主义] 冒険主義

【帽】 mào [名]①(～儿)帽子〖戴～儿〗帽子をかぶる [礼～] 礼装用帽子 ②(～儿)帽子状のもの，キャップ [钢笔～] 万年筆のキャップ [钉～] くぎの頭

【帽徽】màohuī [名]帽子の記章

【帽舌】màoshé [名]帽子のひさし

【帽檐】màoyán [名](～儿)帽子のふち，つば

★★【帽子】màozi [名]〔顶〕①帽子〖戴～〗帽子をかぶる ②《転》レッテル，(政治面の) 罪名〖扣 kòu ～〗レッテルを貼る [～戏法] (サッカーの)ハットトリック

〖瑁〗 mào ⊗→[玳～ dàimào]

〖贸(貿)〗 mào ⊗①財物を交換する [外～] 外国貿易 ②軽率な

M

【贸然】màorán [形] 軽率な，無分別な

★★【贸易】màoyì [名] 交易，(国内，外国)貿易

〖耄〗 mào ⊗老齢，8，90歳の年齢 [老～] 老いぼれる

〖袤〗 mào ⊗(南北の)長さ

〖貌〗 mào ⊗① 容貌，顔つき [美～] 美貌 ② 様相，外観 [全～] 全貌

【貌合神离】mào hé shén lí《成》表面的は一致していても内心は離れている

〖懋〗 mào ⊗① 励ます ② 盛んな

【么(麽 *末)】me [助] ① 前半の文の後に置いてポーズをとる〖要去～，就赶快去〗行きたいなら早く行け ② 歌詞の口調をそろえる
⊗代詞の接尾辞 [什～] なに [怎～] どのように
⇨mó (麽)

【没】méi ([関][没有]) [動] ① ない，持っていない〖～钱〗金がない〖屋里～人〗部屋に誰もいない ② 達しない，及ばない〖事情～那么容易〗事はそれほどたやすくない ―[副](まだ) していない，しなかった〖天还～亮〗まだ夜が明けていない
⇨mò

★★【没关系】méi guānxi [動]《挨》構わない，差し支えない，大丈夫だ

【没好气】méi hǎoqì [形](～儿) 不機嫌な，むしゃくしゃした

【没精打采】méi jīng dǎ cǎi《成》意気消沈した，しょげかえった [同][无精打采]

【没脸】méi▼liǎn [動] 顔が立たない，面目ない〖～见他〗彼に会わせる顔がない

【没…没…】méi…méi… ①〔類似の二形態素を並べて〕'没有'を強調する [没着 zhuó 没落] 落ち着きがない [没完没了 liǎo] 切りがない ②〔対立する二形態素を並べて〕その区別もないことを示す [没死没活] 命がけだ [没日没夜] 夜も昼もない

【没门儿】méi▼ménr [動]《方》① すべがない，不可能だ ② 絶対だめだ，許されない

【没命】méi▼mìng [動]〔多く状語として〕命がない，命がけで…する〖～地逃跑〗懸命に逃げる〖玩儿起来～〗遊び出すと見境がない

【没谱儿】méi▼pǔr [動]《方》(心に) 何のあてもない

【没趣】méi▼qù [形] 不面目な，恥じ入る，面白くない [自讨～] 自分でばかを見る

【没什么】méi shénme [動] 何もない；《挨》何でもない，構わない，どういたしまして

【没事】méi shì [動](～儿) 用がない；《挨》大したことはない [～找事] 余計な事をする

【没戏】méi▼xì [動]《方》見込みがない

【没有】méiyou/ méiyǒu [動] ① ない，持っていない〖家里有～人？〗家に誰かいますか〖我～空儿〗私は暇がない〖～不透风的墙〗(風を通さぬ壁はない＞) 必ずばれるものだ ②(ある数量，程度に) 達していない〖还～三天〗まだ3日たたない〖～这么热〗こんなに暑くはない ―[副]…しなかった，(まだ)…していない〖我～去〗私は行かなかった〖他回来了～？〗彼は帰ってきたか

【没有说的】méiyǒu shuōde [動] 申し分がない，言うまでもないことだ，問題にならない [同][没说的][没的说]

★【没辙】méi▼zhé [動] お手上げだ，万事休す

【没治】méizhì [形]《方》① 挽回の余地がない ② どうしようもない〖我真拿你～〗君にはお手あげだ ③ とてもすばらしい

【没准儿】méi▼zhǔnr [動] はっきり言えない，当てにならない，…かも知れない

【枚】méi [量](バッジやコインなど) 小さくて丸い物を数える ♦ミサイルなども〖一～纪念章〗1個の記念バッジ〖三～硬币〗コイン3枚
⊗(M-)姓

〖玫〗 méi ⊗以下を見よ

【玫瑰】méigui [名]〖植〗バラ，ハマナス

〖眉〗 méi ⊗① まゆ [愁～] 愁いでひそめた眉 ② 本のページ上部の余白 [书～] 同前

【眉飞色舞】méi fēi sè wǔ《成》喜色満面だ

【眉峰】méifēng [名] まゆ，眉根

【眉睫】méijié [名]《書》目と睫(まつげ)；《転》目前

【眉开眼笑】méi kāi yǎn xiào《成》にこにこうれしそうな顔をする

【眉来眼去】méi lái yǎn qù《成》互いに目配せする，流し目をおくる

★★【眉毛】méimao [名]〔道·双〕まゆ毛

【眉目】méimù [名] ① 容貌 [～清秀] 眉目秀麗 ② 文脈，筋道
―― méimu [名] 糸口，見通し〖计划有了～〗計画に目鼻がついた

【眉梢】méishāo [名] 眉尻

【眉头】méitóu [名] 眉根〖～一皱，计上心来〗ちょっと眉間(みけん)を寄せると，名案が浮かぶ

【眉眼】méiyǎn [名] 眉目(びもく)，容貌

M

【眉宇】méiyǔ 名《書》まゆのあたり

【嵋】méi ⊗［峨 É ～］峨嵋山(四川省の名山)

【湄】méi ⊗岸辺,水辺

【楣】méi ⊗門や扉の上に渡した横木［门～］同前

【莓】(*苺) méi ⊗イチゴ［草～］同前

【娒】méi ⊗人名用字

【梅】(*楳槑) méi ⊗ ①ウメ［～花儿］ウメの花［腊～］ロウバイ ② (M-)姓

【梅毒】méidú 名《医》梅毒

【梅花】méihuā 名(トランプの)クラブ

【梅花鹿】méihuālù 名ニホンジカ

【梅雨(霉雨)】méiyǔ 名 梅雨。同[黄梅雨]

【梅子】méizi 名①梅の木 ②梅の実

【酶】méi 名《生》酵素

【霉】méi 動かびる,かびて腐る［倒～］運が悪い,ついていない

【—(黴)】名かび［～菌］同前

【霉烂】méilàn 動かびて腐る

【霉雨(梅雨)】méiyǔ 名梅雨

【媒】méi ⊗ ①仲人［做～］仲人をする ②仲立ちする

【媒介】méijiè 名媒介,媒介するもの

【媒婆】méipó 名(～儿)仲人業の女

【媒人】méiren 名仲人

*【媒体】méitǐ 名メディア

【煤】méi 名［块］石炭［泥～］泥炭

【煤尘】méichén 名煤塵ぱい

【煤焦油】méijiāoyóu 名コールタール 同[煤黑油]

【煤气】méiqì 名①石炭ガス,ガス ②石炭の不完全燃焼によって発生する一酸化炭素 同[煤毒]

【煤球】méiqiú 名(～儿)豆炭,たどん

【煤焦】méitǎ 名コールタール 同[煤焦油]

【煤炭】méitàn 名［块］石炭

【煤田】méitián 名炭田

【煤烟子】méiyānzi 名煤煙,すす

【煤油】méiyóu 名灯油

【煤渣】méizhā 名(～儿)石炭の燃えがら

【煤砟子】méizhǎzi 名細かく割った石炭

【每】měi 代おのおの,一つ一つ［～次］毎回［～年］毎年［～个月］毎月［～个星期］毎週［～天］毎日 一副 …ごとに［～隔五米种一棵树］5メートルごとに木を植える［～当］［～逢］…のたびに

【每况愈下】měi kuàng yù xià 《成》情況がますます悪くなる

【每每】měiměi 副 いつも(ふつう恒常的に行われたことについていう)［他埋头钻研,～工作到深夜］彼は研究に打ち込んで,いつも夜中まで仕事をした

【美】měi 形①美しい［这里的风景真～］ここの景色は本当に美しい ②よい,素晴らしい［味道很～］味が素晴らしい［～酒］美酒 ③《方》得意がる［～得不得了］有頂天になる ⊗①美しくする［～容］美容 ②(M-)アメリカ［～洲］(南北)アメリカ［～国］アメリカ合衆国

【美差】měichāi 名お得な出張

【美德】měidé 名美徳

【美感】měigǎn 名美に対する感覚,審美眼［～人人都有］誰にもその人の美に対する感覚がある

【美工】měigōng 名①映画製作等の美術(セット,道具,衣裳など) ②美術スタッフ

*【美观】měiguān 形(様式が)美しい,目を楽しませる［～的家具］きれいな家具

【美好】měihǎo 形(前途や生活などが)うるわしい,素晴らしい［～的将来］輝かしい未来

【美化】měihuà 動美化する［～自己］自分を美化する

*【美丽】měilì 形(容貌,景色,心情などが)美しい,うるわしい［非常～的仙女］とても美しい仙女［～的城市］美しい都市

*【美满】měimǎn 形幸せな,満足な［～的生活］幸福な暮らし

【美貌】měimào 名美貌

*【美妙】měimiào 形素晴らしい,見事な［～的青春］素晴らしい青春［～的诗句］美しい詩句

【美女】měinǚ 名美女

【美人】měirén 名(～儿)美人［～计］美人局ぼくたち

【美人蕉】měirénjiāo 名《植》カンナ

【美容】měiróng 動容貌を美しくする［～师］美容師［～院］美容院

【美食家】měishíjiā 名グルメ

*【美术】měishù 名美術,造形芸術,絵画［～片］アニメーション映画［～明信片］絵はがき［～字］図案文字,装飾文字

【美味】měiwèi 名おいしい料理

【美学】měixué 名美学

【美言】měiyán 動ほめ言葉を言う［～我几句吧］僕のことをほめておい

てね 一 图《书》美言
【美意】měiyì 图《书》ご好意, 厚情
【美育】měiyù 图 美術教育, 情操教育
【美元(美圓)】měiyuán 图 米ドル
【美中不足】měi zhōng bù zú《成》玉に瑕 xiá
【美洲虎】měizhōuhǔ 图《动》ジャガー
【美洲狮】měizhōushī 图《动》ピューマ
【美滋滋】měizīzī 圈 (〜的) うれしくて浮き浮きする

【镁(鎂)】měi 图《化》マグネシウム
【镁光】měiguāng 图 マグネシウムの光,(写真の) フラッシュ(働[闪光])『点〜』フラッシュをたく
【镁砂】měishā 图 マグネシア

【浼】měi ⊗①汚す ②頼む

【妹】mèi ⊗ 妹, 年下の女性[姊〜]姉妹 [表〜]従妹 zǐ
【妹夫】mèifu 图 妹の夫
★【妹妹】mèimei 图 ①妹 ②年下のいとこの女子
【妹子】mèizi 图《方》①妹 ②女の子

【昧】mèi ⊗ ①隠す [〜良心] 良心に背く ②暗い, 愚かな [暗〜] はっきりしない, 愚かな
【昧心】mèixīn 圈 良心に背く

【寐】mèi ⊗ 眠る [梦〜以求] 寝ても覚めても慕い求める

【魅】mèi ⊗ 化け物, 妖怪 [鬼 chī〜]《书》魑魅 chīmèi, 山林に棲む妖怪
★【魅力】mèilì 图 魅力『产生〜』魅力を生む『文学的〜』文学の魅力

【袂】mèi 图 袖 tè [分〜] たもとを分かつ

【谜(謎)】mèi ⊗ 以下を見よ ⇨ mí
【谜儿】mèir 图《方》なぞなぞ [猜〜] なぞなぞを解く

【媚】mèi ⊗ ①こびる, へつらう [谄〜] 惑わす ②美しい, うっとりする
【媚骨】mèigǔ 图 こびへつらう様子
【媚外】mèiwài 圈 外国にこびる

【闷(悶)】mēn 圈 ① 通気が悪い, 蒸し暑い(動[〜气]) ② (声 が) くぐもっている, はっきりしない 一 動 ①蒸らす, しっかり蓋をする『茶刚泡 pào 上, 要一会儿再喝』お茶は入れたばかりだから, ちょっと蒸らしてから飲みなさい ② (部屋に) 閉じこ

もる [老〜在家里看书] 家に閉じこもって本ばかり読んでいる
⇨ mèn
【闷气】mēnqì 圈 通気が悪くうっとうしい
【闷热】mēnrè 圈 蒸し暑い『今天〜得要命』今日は蒸し暑くてたまらない
【闷头儿】mēntóur 動 わき目もふらず行う, 黙々と努力する『〜干』黙々と働く

【门(門)】mén 图 ① (〜儿)〔扇·道〕出入口, ドア [大〜] 表門 [便〜] 通用門 [后〜] 裏口 [车〜] 車のドア ② (〜儿) 装置, 器物の開閉部 [水〜] 水門, コック [快〜] (カメラの) シャッター ③ (〜儿) 方法 [窍〜] こつ, 妙案 ④ (生物分類上の区分) 門 一 圖 ①大砲を数える『一大炮』大砲一門 ②学科, 技術を数える『一〜功课』一科目 ⊗ ①宗教, 学術上の流派 ② (M-)姓
【门巴族】Ménbāzú 图 メンパ族 ◆ 中国少数民族の一, チベット南部に住む
【门板】ménbǎn 图 [块] (農家の) 入口の扉, 戸板 ◆ 取り外しができる
【门钹】ménbó 图 (ドアの) ノッカー
【门插关儿】ménchāguānr 图 (門戸の) かんぬき [插上〜] かんぬきをかける
【门齿】ménchǐ 图 門歯 (働[门牙])
【门当户对】mén dāng hù duì《成》(縁談で) 家柄が釣り合っている
【门第】méndì 图 家柄, 門地
【门洞儿】méndòngr 图 表門の出入口の通路 (奥行が深くトンネル状になっている)
【门墩】méndūn 图 (〜儿) 門の回転軸を支える木や石の土台 ◆ 一般に装飾を兼ねる
【门房】ménfáng 图 (〜儿) ①門番小屋, 守衛室 ②門番, 門衛
【门岗】méngǎng 图 衛兵, 門衛
【门户】ménhù 图 ①門 [看守〜] 留守番をする ②出入り口, 関門 [对外交往的〜] 外国との交流の出入口 [〜开放] 門戸開放 ③家柄 ④流派 [〜之见] 党派的見解
【门环】ménhuán 图 ドアノッカー(働[〜子])
【门禁】ménjìn 图 門の警備
【门警】ménjǐng 图 出入り口警備の警官や警備員
【门径】ménjìng 图 解決の手掛かり, 糸口 [找到〜] 糸口をつかむ
【门槛(门坎)】ménkǎn 图 (〜儿) ①敷居 ②《方》こつ, 勘所 (働[普])[窍门]
【门可罗雀】mén kě luó què《成》

mén 一

(門の前に網を張れば雀が捕れる>) ろくろく人が訪ねて来ない, 門前雀羅をはる

【门口】ménkǒu 图 (~儿) 出入り口, 戸口, 玄関

【门框】ménkuàng 图 門やドアの木枠, かまち

【门类】ménlèi 图 部門別の類

【门帘】ménlián 图 (~儿)〔挂〕部屋の出入口に掛ける垂れ幕 ⇨[门帘子]

【门联】ménlián 图 (~儿)〔副·对〕入口の左右に張る対句

【门铃】ménlíng 图 入口·玄関のベル, ブザー

【门楼】ménlóu 图 (~儿) ① 門の上についた屋根 ② 城門のやぐら

【门路】ménlù 图 ① こつ, 秘訣〔打通~〕こつがわかる ② コネ, ひき〔走~〕つてを頼る

【门面】mémmian 图 ① 商店の表側, 店口 ② 外見, 上辺〔~话〕上辺だけの言葉, リップサービス

【门牌】ménpái 图 表札, 番地札 ◆家屋番号(番地)を記したプレート. 住人の名は記さない〔你家~几号?〕お宅は何番地ですか

【门票】ménpiào 图〔张〕入場券

【门球】ménqiú 图 ゲートボール

【门神】ménshén 图 旧正月に門に張る魔除けの神像

【门市】ménshì 图 店頭, 小売り〔~部〕売店, 小売り部門

【门闩(门栓)】ménshuān 图 門のかんぬき

【门厅】méntīng 图 玄関内の広間, ロビー

【门庭若市】mén tíng ruò shì〔成〕門前市をなす, 訪れる人が多い

【门外汉】ménwàihàn 图 門外漢, 素人

【门卫】ménwèi 图 門衛, 守衛

【门牙】ményá 图 前歯 ⇨[门齿]

*【门诊】ménzhěn 動 外来の診察をする〔看~〕外来患者を診る〔~部〕(病院の) 外来診療部〔~时间〕外来診察時間

【扪】(捫) mén 動 手を当てて, 押さえる

【扪心自问】mén xīn zì wèn〔成〕胸に手を当てて反省する

【闷】(悶) mèn 厖 ① 退屈だ, 気がふさぐ, くさくさする〔~得慌〕退屈でたまらない〔~~不乐〕鬱々として楽しめない ② 密閉している〔~子车〕有蓋貨車
⇨mēn

【闷葫芦】mènhúlu 图 ① なぞ, 不可解なこと〔~罐儿〕(口) 貯金用の素焼きのつぼ ② 無口な人

【闷酒】mènjiǔ 图 うさ晴らしの酒, やけ酒

【闷气】mènqì 图 うっぷん〔生~〕むかっぱら
⇨mēnqì

【焖】(燜) mèn 動 ふたをしたままとろ火で煮る〔~饭〕ご飯をたく〔~牛肉〕ビーフシチュー

【懑】(懣) mèn ⊗ →〔愤fèn~〕

【们】(們) men 尾 人称代詞や名詞の後について複数を表わす(具体的な数量があるときはつけない)〔我々~〕〔孩子~〕子供たち ◆吉林の地名"图们"は Túmén

【蒙】(矇) mēng 動 ぼうっとする〔脑袋~了〕頭がぼうっとなった
⇨méng, Měng

【一】動 だます, ごまかす〔别想~人〕人をだまそうなんて考えるな ② 当てずっぽうで言う〔别瞎~〕当てずっぽうを言うな

【蒙蒙亮】mēngmēngliàng 厖 (~儿)(夜が明けきらず) 空がぼんやり明るい

【蒙骗】mēngpiàn 動 だます, ごまかす〔~群众〕大衆をだます

【蒙头转向】mēng tóu zhuàn xiàng 動 頭がぼうっとして方向がわからない

【尨】méng ⊗ 以下を見よ ◆「むく毛の犬」の意の古語は máng と発音

【尨茸】méngróng 厖〔書〕(毛が) ふわふわしている

【氓】(*甿) méng ⊗ 一般の民〔愚~〕愚かな人
⇨máng

【虻】(*蝱) méng 图〔虫〕アブ〔牛~〕(ウシ)アブ

【萌】méng ⊗ 芽が出る, 始まる

【萌发】méngfā 動 芽が出る〔~幼芽〕若い芽が出る

【萌生】méngshēng 動 芽生える, 生じる〔~邪念〕邪念が起こる

*【萌芽】méngyá 動 芽を出す〔文字在人民间~〕文字は人民の中から芽生えた
—— méngyá 图 萌芽, 物事の始まり

【盟】méng 图 盟(内蒙古自治区の行政単位) ⊗ ①(国家, 集団の) 盟約〔联~〕同盟 ② 義兄弟の契りを結んだ間柄〔~兄弟〕義兄弟 ③ (旧読 míng) 誓う〔~誓〕同前
⇨míng

【盟邦】méngbāng 图 同盟国

【盟友】méngyǒu 图 誓いあった友, 盟友
【盟约】méngyuē 图 盟约
【盟主】méngzhǔ 图 盟主, 同盟の領袖

【蒙】 méng 動 (物に) 覆いをする, かぶせる 〖～头〗頭を覆いかくす ⊗ ① 無知, 無学〖启～〗啓蒙 ② 受ける, 被る〖～受〗同前 ③ (M-) 姓
⇨ měng, Měng

【蒙蔽】méngbì 動 (真相を隠して人を) 欺く 〖～人〗人を欺く
【蒙哄】ménghǒng 動 ぺてんにかける, 惑わす
【蒙混】ménghùn 動 ごまかす, 欺く
【蒙眬(矇眬)】ménglóng 形 朦朧とした, ぼんやりした
【蒙昧】méngmèi 形 未開だ, 愚かな 〖～落后〗無知で立ち後れている 〖～的社会〗未開社会
【蒙蒙(濛濛)】méngméng 形 霧雨が降るさま 〖水雾～〗もやが深い 〖～细雨〗しとしとと降る霧雨
【蒙受】méngshòu 動 受ける 〖～耻辱〗恥辱を受ける 〖～恩惠〗恩恵を被る
【蒙太奇】méngtàiqí 图 (訳) (映画の) モンタージュ
【蒙药】méngyào 图 (口) 麻酔剤
【蒙在鼓里】méng zài gǔlǐ 動 実情を知らない状態にある

【檬】 méng ⊗ →[柠～ níng-méng]

【朦】 méng ⊗ 以下を見よ

【朦胧】ménglóng 形 ① (月が) おぼろだ 〖月色～〗月の光がおぼろだ ② ぼんやりした, 光沢のにぶい 〖～诗〗朦朧詩 (1980年代舒婷らの詩に付けられた名称)

【曚】 méng 〖～昽 lóng〗 (書) 日が薄暗い

【礞】 méng 〖青～石〗鉱石の一種 (薬用される)

【猛】 měng 形 激しい, すさまじい 〖火力很～〗火力が強い ― 副 突然, いきなり 〖～地站起来〗突然立ち上がる

【猛不防】měngbufáng 副 ふいに, 出し抜けに 〖～背后有人打了他一掌〗いきなり背後から誰かにどんとたたかれた
【猛劲儿】měngjìnr 图 (口) 強い力, 激しい勢い 〖他干活有股子～〗彼は仕事をするとき猛烈に取り組む ― 動 力を込める
*【猛烈】měngliè 形 猛烈な, すさまじい 〖～的泥石流〗すさまじい土石流 〖～地冲击〗激しく突撃する
【猛犸】měngmǎ 图 (動) マンモス象 ◉〖毛象〗
【猛然】měngrán 副 いきなり, 突然 〖汽车～停住〗車が突然止まった
【猛士】měngshì 图 勇士
【猛兽】měngshòu 图 猛獣
【猛醒(猛省)】měngxǐng 動 はっと気がつく

【锰(錳)】 měng 图 〖化〗マンガン 〖～钢〗マンガン鋼

【蒙】 Měng ⊗ モンゴル族の略称 〖～古〗モンゴル, モンゴル国 〖～语〗モンゴル語
⇨ méng, měng

【蒙古包】měnggǔbāo 图 パオ, ゲル ◆モンゴル人など遊牧民の移動式住居
【蒙古人种】Měnggǔ rénzhǒng 图 モンゴロイド
【蒙古族】Měnggǔzú 图 モンゴル族 ◆中国少数民族の一, 内蒙古自治区の他, モンゴル国, シベリア等に住む

【蠓】 měng ⊗ 〖～虫儿〗(蚊より小さな) ヌカカ ◆文語で'蠓 miè～'という

【懵(*懜)】 měng ⊗ ぼんやりしている, 無知だ 〖～懂〗同前

【孟】 mèng ⊗ ① 四季の最初の月 〖～春〗春の最初の月 (陰暦1月) ② 兄弟姉妹の一番上 ◆'孟仲季'の順 ◉'伯' ③ (M-) 姓

【孟德尔主义】Mèngdé'ěr zhǔyì 图 メンデリズム, メンデルの法則
【孟加拉】Mèngjiālā 图 ベンガル 〖～国〗バングラデシュ

【梦(夢)】 mèng 图〖场〗夢 〖我做了一个～〗夢を一つ見た 〖～遗〗夢精 ⊗ 夢に見る 〖～见〗同前

【梦话】mènghuà 图 ① 寝言 〖说～〗寝言を言う ② (転) 空言
【梦境】mèngjìng 图 夢の世界
【梦寐以求】mèngmèi yǐ qiú (成) 夢の中でも追い求める, 切望する
【梦乡】mèngxiāng 图 夢の国, 夢路 〖进入～〗夢路に入る
*【梦想】mèngxiǎng 動 夢想する, 渇望する 〖这是～不到的事〗これは夢想だにしなかったことだ ― 图 夢物語, 妄想 〖不能实现的～〗実現できない夢物語
【梦行症】mèngxíngzhèng 图 夢遊病
【梦魇】mèngyǎn 图 夢でうなされること
【梦呓】mèngyì 图 寝言, たわ言

【咪】 mī ⊗ 以下を見よ

【咪咪】mīmī 擬 猫の鳴き声

【眯(瞇)】 mī 動 ① 目を細める［~着眼睛］目を細めて見る ② 《方》うとうとする
⇨mí

【眯缝】 mīfeng 動 目を細める［她是近视眼,老是~着眼睛瞧人］彼女は近视で,いつも目を細めて人を見る

【弥(彌)】 mí ⊗ 動 ① 満ちる,満たす［~天］天に満ちる,前代未闻の ② いっそう,更に ③ (M-) 姓

*【弥补】** míbǔ 動 補う,(欠陥を)埋める［~损失］损失を埋める
【弥缝】 míféng 動 (失败,欠点を)取り繕う
【弥勒】 Mílè 图《宗》弥勒菩薩
*【弥漫(瀰漫)】** mímàn 動 一面に満ちる［山上雾气~］山に雾が立ち込める［歌声~整个广场］歌声が広場全体に広がる
【弥撒】 mísa 图《宗》《訳》ミサ
【弥陀】 Mítuó 图《宗》阿弥陀仏

【祢(禰)】 Mí ⊗ 姓

【猕(獼)】 mí ⊗ 以下を见よ

【猕猴】 míhóu 图《動》アカゲザル［~桃］キウイフルーツ

【迷】 mí 動 ① 迷う,判断力を失う［千万别~了方向］決して方向を見失ってはならない ② やみつきになる,熱中する［入~］同前 ③ 迷わす［被人~住了］うっとりさせられる ⊗ ① マニア,ファン,熱狂者［影~］映画マニア ② 意识を失う［昏~］気を失う

【迷航】 míháng 動 (航空機や船が)航路を見失う
【迷糊】 míhu 形 (意识や目が)ぼんやりする［醉得~了］酔って意识がはっきりしなくなった
【迷魂汤】 míhúntāng 图 人を惑わす言葉や行為,殺し文句［灌~］甘い言葉で人を惑わす
*【迷惑】** míhuo/míhuò 動 当惑する,惑う,惑わす［~群众］大衆を惑わす
【迷离】 mílí 形 ぼんやりしている［睡眼~］寝ぼけまなこだ
【迷恋】 míliàn 動 夢中になる,うつつを抜かす［~音乐］音乐に夢中になる
*【迷路】** mí'lù 動 道に迷う ── mílù 图《生》内耳
【迷漫】 mímàn 動 (雾や煙が)立ちこめる,一面に満ちる
【迷茫】 mímáng 形 広々と果てしなく,茫漠としている［~的烟雾］もうもうたる煙霧［迷迷茫茫的大雪］果てしなく広がる雪原

【迷你】 mínǐ 形《定語として》小型の,ミニ［~裙］ミニスカート［~计算机］小型計算機

*【迷人】** mí'rén 動 人をうっとりさせる
*【迷失】** míshī 動 見失う［~道路］道に迷う［~了方向］方向を見失った
【迷惘】 míwǎng 形 途方に暮れる,困惑する［~的神情］とまどった表情
【迷雾】 míwù 图〔片〕濃霧;(転)方向や判断を迷わせるもの
*【迷信】** míxìn 图 迷信［相信~］迷信を信じる ─ 動 ① 迷信を信じる ② 盲信する［~权威］権威を盲信する［不要~外国］無批判に外国を信じてはならない

【谜(謎)】 mí 图 ①［道・条］なぞなぞ［猜~］なぞなぞを解く ② 謎,不可解なこと［这是一个~］これは一つの謎だ
⇨mèi

【谜底】 mídǐ なぞなぞの答,真相
*【谜语】** míyǔ 图［道・条］なぞなぞ,判じ物

【醚】 mí 图《化》エーテル［乙~］エチルエーテル

【眯(瞇)】 mí 動 (ほこりなどが)目に入る
⇨mī

【麋】 mí ⊗《動》シフゾウ,ヘラジカ

【麋鹿】 mílù 图《動》シフゾウ 俗［四不像］

【糜】 mí ⊗ ① かゆ(粥) ② ただれる ③ 浪費する ④ (M-) 姓 ◆'糜子'(キビの一種)は méizi と発音

【糜费(靡費)】 mífèi 動 浪費する
【糜烂】 mílàn 動 ただれる

【縻】 mí ⊗ つなぐ［羁 jī~］《書》籠絡する

【米】 mǐ 图［粒］コメ 量 メートル 俗《旧》［公尺］⊗ ① もみ殻や外皮を取り去った穀物や実［大~］米［小~］アワ［花生~］ピーナッツ［虾~］むきエビ ② 音訳用字として［~妮］ミニー［~奇］［~老鼠］ミッキーマウス ③ (M-) 姓

【米波】 mǐbō 图 超短波
【米醋】 mǐcù 图 (米やアワを原料として造った)酢
【米饭】 mǐfàn 图 米やアワの飯(ふつうは米飯を指す)
【米粉】 mǐfěn 图 ① 米の粉,しんこ［~肉］下味をつけた豚肉に米の粉をまぶして蒸した料理 ② ビーフン
【米泔水】 mǐgānshuǐ 图 米のとぎ汁
【米酒】 mǐjiǔ 图 もち米やもちアワで

造った酒
【米糠】mǐkāng 图 米ぬか
【米色】mǐsè 图 黄色がかった白、クリーム色
【米汤】mǐtāng/mitāng 图 ① 重湯 ② かゆ
【米珠薪桂】mǐ zhū xīn guì（成）（米は珠、薪は桂のように高価だ>）物価が高く、生活が苦しい

【敉】mǐ ⦻ 安んずる ［～平］（書）平定する

【芈】mǐ ⦻ ① 羊の鳴き声 ② (M-)姓

【弭】mǐ ⦻ ① 止む、なくす ［～兵］《書》戦いをやめる ② (M-)姓

【靡】mǐ ⦻ ① 風に靡く ② 美しい ③ ない ◆「浪費する」の意の文語では mí と発音
【靡靡之音】mǐmǐ zhī yīn（成）退廃的な音楽

【汨】mì ⦻ 以下を見よ
【汨罗】Mìluó 湖南省にある地名 ［～江］汨羅ゑ江

【宓】mì ⦻ ① 静かな ② (M-)姓

【泌】mì ⦻ 分泌する ［～尿器］泌尿器 ◆河南省の地名 '泌阳' では Bì と発音

【秘】(*祕) mì ⦻ ① 秘密の ［奥～］神秘 ② 秘密にする ③ 秘書の略 ◆国名 '秘鲁'（ペルー）は Bìlǔ と発音
〖秘方〗mìfāng 图 秘方
〖秘籍〗mìjí 图 珍しい書籍
〖秘诀〗mìjué 图 秘訣、こつ ［应考的～］受験のこつ
★【秘密】mìmì 图 形 秘密(の) ［～任务］秘密の任務 ［泄露～］秘密を漏らす
★【秘书】mìshū 图 秘書 ［～长］事務長、幹事長

【密】mì 形 密である、透き間がない ［茂～］びっしり茂った
⦻ ① 関係が密な ［亲～］親密な ② 精密な ［周～］綿密な ③ 秘密(の) ［保～］秘密を守る ［绝～］極秘(文書) ［～报］密告する ④ (M-)姓
〖密闭〗mìbì 動 密閉する、密封する
〖密布〗mìbù 動 透き間なく広がる ［阴云～］黒雲が広がる ［工厂～］工場がびっしり建っている
★【密度】mìdù 图 密度 ［控制～］密度をコントロールする ［人口～］人口密度
〖密封〗mìfēng 動 密封する ［～文件］密封した文書
〖密告〗mìgào 動 秘かに報告する ⦿［密报］⦿［告密］
〖密集〗mìjí 動 密集する、集中する ［小蚂蚁～在一起］小さなアリが一箇所に密集して集まっている ［～轰炸］集中爆撃
〖密件〗mìjiàn 图 機密書類
〖密令〗mìlìng 图 秘密の命令や指令
【密码】mìmǎ 图 ① 暗証番号、パスワード ② (電用用の) 暗号(⦿［明码］) ［～电报］暗号電報
〖密密层层〗mìmicéngcéng 形 (～的)密集している、幾重にも重なる ［～的人群］ぎっしり集まった人の群れ
〖密密麻麻〗mìmimámá 形 (～的)小さなものがびっしり並んでいる ［停满了～的船只］びっしりと船が停泊している
〖密匝匝〗mìzāzā 形 (～的)びっしり詰まっている ⦿［密匝匝］
〖密谋〗mìmóu 動 陰謀、秘密のはかりごと ━ 動 ひそかに企む
★〖密切〗mìqiè 形 ① 密接な(⦿［疏远］) ［关系很～］関係が深い ② 仔細な ［～注意］細かく注意を払う ━ 動 密接にする ［～军民关系］軍と民衆の関係を親密にさせる
〖密实〗mìshi 形 細密な、びっしりとした
〖密探〗mìtàn 图 (旧) スパイ、密偵
〖密友〗mìyǒu 图 親友
〖密植〗mìzhí 動 密植する

【蜜】mì 图 ① ハチミツ ② (口)女（愛人など）［小～］若い愛人
⦻ 甘い、甘いもの ［甜～］甘い、幸せな
★〖蜜蜂〗mìfēng 图 (只)ミツバチ
〖蜜柑〗mìgān 图 《植》ミカンの一種
〖蜜饯〗mìjiàn 動 果物を蜜漬けまたは砂糖漬けにする ━ 图 同前の果物
〖蜜月〗mìyuè 图 ハネムーン ［度～］ハネムーンを過ごす

【谧】(謐) mì ⦻ 静かな、安らかな

【觅】(覓*覔) mì ⦻ 捜す、求める ［～求］同前

【幂】(冪) mì 图 《数》冪ぐき
⦻ 物を覆う布

【眠】mián 動 (動物が)休眠する ［冬～］冬眠する
⦻ 眠る ［睡～］睡眠 ［失～］不眠

【绵】(綿*緜) mián ⦻ ① 真綿 ［丝～］同前 ② 長々と続く ［连～］同前 ［缠～］つきまとう ③ 柔らかい ［软～～］ふわふわした
〖绵绸〗miánchóu 图 つむぎ
〖绵亘〗miángèn 動 (山脈などが)連綿と続く ［喜马拉雅山～在中国西部边境］ヒマラヤ山脈が中国の西部

国境に延々と続いている

【绵里藏针】mián lǐ cáng zhēn〈成〉（真綿に針を隠す〉表面は柔らかだが内心は毒がある

【绵密】miánmì 形 綿密な

【绵绵】miánmián 形 長く続く〖秋雨～〗秋雨が長く続く

【绵软】miánruǎn 形 ① 柔らかい〖～的羊毛〗ふわふわした羊毛 ② 弱々しい

【绵延】miányán 動 延々と続く〖～的海岸线〗延々と続く海岸線〖～不断〗いつまでも続く

【绵羊】miányáng 名〔只〕羊, メンヨウ

【棉】mián 名 綿た, 綿も〖草～〗綿花〖木～〗ワタノキ, パンヤ

【棉袄】mián'ǎo 名〔件〕綿入れの上着

【棉布】miánbù 名〔块・匹〕綿布, 木綿

【棉纺】miánfǎng 名 綿糸紡績

【棉猴儿】miánhóur 名 フード付きの綿入れ上着, アノラック

*【棉花】miánhua/miánhuā 名 ①〔棵〕綿花 ②〔朵・丝〕綿

【棉裤】miánkù 名〔条〕綿入れズボン

【棉农】miánnóng 名 綿花栽培農民

【棉纱】miánshā 名 綿糸

【棉桃】miántáo 名 ワタの実

【棉套】miántào 名（保温用の）綿入れカバー

【棉线】miánxiàn 名 木綿糸

【棉鞋】miánxié 名〔双〕綿入れ布靴

【棉絮】miánxù 名 ① 綿花の繊維 ② 衣類などに詰める綿, 詰め物

【棉衣】miányī 名〔件・套〕綿入れ服, 木綿の衣服

【免】miǎn 動 ① 除く, 免じる〖俗礼一概都～了吧〗堅苦しい礼儀は抜きにしよう〖～试〗試験を免除する ② 免れる〖难～〗免れない〖幸～〗運よく免れる, 除する ⊗ …してはいけない〖闲人～进〗部外者立入るべからず

【免不了】miǎnbuliǎo 動 避けられない 同〖免不得〗

【免除】miǎnchú 動 ① 起こらないようにする, 避ける〖兴修水利, ～水旱灾害〗水害や干害が起こらないように水利工事を興す ② 免除する〖～处分〗処分を免除する

*【免得】miǎnde 動 免れる, …しないですむ〖到了就来信, ～我担心〗心配させないよう, 着いたら手紙を寄越しなさい

*【免费】miǎn'fèi 動 無料にする, ただにする〖～入场〗入場無料

【免票】miǎnpiào 名 無料券, フリーパス ー 動 無料にする〖～入园〗入園無料

【免税】miǎn'shuì 動 免税にする〖～货物〗免税商品

【免验】miǎnyàn 動 検査を免除する〖～产品〗検査免除の製品

*【免疫】miǎnyì 動 免疫になる

【免职】miǎn'zhí 動 免職にする

【免罪】miǎn'zuì 動 罪を免ずる

【勉】miǎn ⊗ ① 努力する〖勤～〗勤勉だ ② 励ます〖劝～〗激励する ③ 力量以上のことに努める〖～为其难〗力は及ばないが引き受ける

*【勉励】miǎnlì 動 励ます, 激励する〖～学生努力学习〗よく勉強する学生を励ます

【勉强】miǎnqiǎng 動 無理強いする, むりやりする〖不要～他〗彼に無理強いしてはいけない ー 形 ① しぶしぶ, 気が進まない〖～同意〗しぶしぶ同意する ② 無理だ, 納得しにくい〖你的理由很～〗君の理由はこじつけだ

【娩】(*挽) miǎn ⊗ 分娩する〖分～〗同義

【冕】miǎn ⊗ 冠かん〖加～礼〗戴冠たいかん式

【沔】Miǎn ⊗〖～水〗沔水（陕西省）

【眄】miǎn/miàn ⊗ 横目で見る

【渑】(渑) Miǎn ⊗〖～池〗渑池（河南省の地名）◆古代山東の川'渑'(じょう)はShéngと発音

【湎】miǎn ⊗〖沉～〗(書)（酒色などに）溺れる

【愐】miǎn ⊗ ① 思う ② 勤勉な

【缅】(緬) miǎn ⊗ ① 遙か な ②〖～甸 diàn〗ミャンマー

【缅怀】miǎnhuái 動 遙かに偲ぶ〖～革命先烈〗革命のため犠牲になった烈士を偲ぶ

【腼】miǎn ⊗ 以下を見よ

【腼腆】miǎntiǎn('觍覥'とも書く) 形 恥ずかしがりの, 内気な〖～的小伙子〗はにかみやの若者

【面】(*靣) miàn 名 ①（～儿）表面, 面めん ②〔数〕面 ー 量 ① 平たいものを数える〖一～旗子〗1枚の旗〖两～镜子〗2面の鏡 ② 人と会う回数〖见过一～〗1度会ったことがある ⊗ ① 方位词につく接尾辞〖前～〗前〖上～〗上〖出头露～〗顔出しする ③ 向かう, 面と向かう〖～壁〗壁に向かう〖～谈〗面談する

【―(麵*麪)】 图 ①穀物をひいた粉，小麦粉［白～］小麦粉［玉米～］トウモロコシの粉 ②（～儿）粉末［胡椒～］こしょうの粉 ③めん類［～食］小麦粉食品（うどん，そばのほかマントウなども含む）［挂～］乾めん［切 qiē～］生うどん［汤～］タンメン ―― 形（方）（食物で）繊維が少なく柔らかい

*【面包】miànbāo 图〔块・片〕パン［烤～］パンを焼く［烤～］トースト［～炉］トースター［～圈儿］ドーナツ［～车］マイクロバス
【面部】miànbù 图顔，顔面
*【面对】miànduì 动直面する［应该～现实］現実に正面から向かうべきだ［～任何困难都没有动摇过］どんな困難に直面しても動揺したことがない
【面额】miàn'é 图額面価格（貨幣の1単位form）［各种～的纸币］各額面の紙幣
【面坊】miànfáng 图粉ひき屋
【面粉】miànfěn 图小麦粉
【面红耳赤】miàn hóng ěr chì（成）（羞恥や怒りで）顔を真っ赤にする
【面糊】miànhù 图①小麦粉を練ったもの，ペースト ②（方）のり
―― miànhu 形（食物が）柔らかくふっくらしている
【面黄肌瘦】miàn huáng jī shòu（成）顔色悪くやつれている
【面积】miànjī 图面積［测量～］面積を測量する［耕地～］耕地面積
【面颊】miànjiá 图ほほ
【面筋】miànjīn 图生麩ふ
【面具】miànjù 图①顔にかぶるマスク，お面［戴～］お面をかぶる ②（比喩としての）仮面［假面具］
【面孔】miànkǒng 图（副）顔，顔つき（働）（普）［脸］［绷着～］顔をこわばらせる［冰冷的～］氷のように冷やかな顔つき
*【面临】miànlín 动直面する，面している［～困境］苦境に立つ［～倒闭］破産にひんする
*【面貌】miànmào 图①顔つき，容貌［～端正］容貌が端正だ ②様相，状況［改变落后的～］立ち後れた状況を変える
【面面相觑】miàn miàn xiāng qù（成）（判断がつかず）互いに顔を見合わす
【面目】miànmù 图①顔つき ②様相，面目［真正的～］本当の姿［～一新］面目一新する［～全非］見る影もなくなる
【面庞】miànpáng 图顔立ち，顔の形［圆圆的～］真ん丸な顔
【面盆】miànpén 图（方）洗面器（普）［脸盆］
【面洽】miànqià 动（书）面談する
【面前】miànqián 图面前，目の前［我们～的任务是十分艰巨的］我々の前にある任務は並大抵ではない
【面容】miànróng 图（副）顔つき，容貌［疲倦的～］疲れた顔つき
【面色】miànsè 图（副）顔色［～红润］ほおが赤みを帯び健康そうだ
【面纱】miànshā 图（顔をおおう）ネット，ベール
【面善】miànshàn 形①見覚えがある ②面差しの優しい
【面商】miànshāng 动じかに相談する
【面生】miànshēng 形面識がない（反）［面熟］
【面世】miànshì 动（作品・商品などが）世に出る
【面试】miànshì 动面接試験をする（働）［口试］
【面熟】miànshú 形顔に見覚えがある（反）［面善］
【面塑】miànsù 图しんこ細工
【面汤】miàntāng うどんのゆで汁
―― miàntang 形（方）タンメン
*【面条】miàntiáo 图（～儿）うどん，そば，めん類
【面无人色】miàn wú rén sè（成）（恐怖で）顔に血の気がなくなる
【面向】miànxiàng 动①顔を向ける ②（…の）要求を満たす
【面誉背毁】miàn yù bèi huǐ（成）面と向かってほめ，陰でけなす
【面罩】miànzhào 图顔の防具，マスク
*【面子】miànzi 图①物の表面［大衣的～］オーバーの表地 ②体面，メンツ，知名度［爱～］体裁にこだわる［丢～］顔をつぶす［～大］顔が広い［顾～］顔を立てる，体面にこだわる ③（方）粉末

【喵】miāo 拟（多く重ねて）猫の声を表わす，ニャー
【苗】miáo 图①（～儿）苗，新芽［秧～］（水稲）の苗［豆～］（エンドウの）新芽［蒜～］ニンニクの若い茎 ②子孫 ⊗①（～儿）苗状のもの［灯～］ランプの炎 ②幼いもの［鱼～］稚魚 ③（M-）姓
【苗床】miáochuáng 图苗床なえ
【苗木】miáomù 图苗木
【苗圃】miáopǔ 图苗畑
【苗条】miáotiao 形（女性が）ほっそりした，きゃしゃな［身材～］すらりとして美しい
【苗头】miáotou 图（～儿）兆し，傾向，端緒［有物价飞涨的～］インフレの兆しが見える
【苗族】Miáozú 图ミャオ族 ♦中国

少数民族の一，貴州·雲南·湖南などに住む

【描】miáo [動]①敷き写す，模写する〖～花样〗下絵を写す〖～红模子〗習字の手本を模写する［～红］同前［～金］蒔絵の ②なぞる

*【描绘】miáohuì [動]描く〖～大自然〗大自然を描く [同][描画]

【描摹】miáomó [動]模写する，描写する

【描述】miáoshù [動]叙述する〖～战争的经过〗戦争の経過を叙述する

**【描写】miáoxiě [動]描写する〖～风景〗風景を描く

【瞄】miáo [動]ねらう，ねらいをつける

【瞄准】miáozhǔn [動]（～儿）照準を合わせる〖把枪口～敌人〗銃口をぴったり敵に合わせる〖瞄不准〗照準が合わない

〖杪〗miǎo ⊗①こずえ ②年月や季節の末尾

【秒】miǎo [名]秒〖一～钟〗1秒間［～表］ストップウォッチ

【秒针】miǎozhēn [名]秒針

〖渺〗miǎo ⊗①果てしなく広い［～～］遙かに遠い ②ささいな

【渺茫】miǎománg [形]①遙かに遠い，ぼんやりしてはっきりしない〖～的烟雾〗遙かにかすむ煙霧 ②見通せない〖希望～〗余り希望が持てない

*【渺小】miǎoxiǎo [形]ちっぽけな，つまらぬ〖～得不值一提〗ちっぽけで取るに足らない

〖淼〗miǎo ⊗水面が果てしない［～茫］果てもなく広い

〖藐〗miǎo ⊗①小さい，ささいな ②軽視する

【藐视】miǎoshì [動]軽視する，あなどる〖～敌人〗敵をあなどる

【藐小】miǎoxiǎo [形]ちっぽけな [同][渺小]

〖邈〗miǎo ⊗遥か遠くの［～远(渺远)］同前

【妙】miào [形]①素晴らしい，すてきな，美しい〖不～〗まずい，芳しくない［～龄］妙齢の［美～］麗しい ②見事な，巧みな〖这机器人～极了〗このロボットは実に見事だ［绝～］絶妙な［～计］巧妙な策［莫名其～］何が何だかわからない

【妙诀】miàojué [名]巧妙なやり方，妙策，こつ

【妙趣横生】miào qù héng shēng 《成》（言語，文章，美術品などについて）とても味わいがある

【妙手】miàoshǒu [名]達人，名人［～回春］名医の腕で健康を回復する

【妙药】miàoyào [名]妙薬［灵丹～］万能薬

【妙语】miàoyǔ [名]気の利いた言葉，警句

【庙(廟)】miào [名]〔座〕①廟，祖先の霊を祭る所［宗～］皇帝，諸侯の祖廟 ②神仏や人物を祭る所，寺［圣～］［文～］孔子廟［武～］関羽(または関羽と岳飛)を祭る廟
⊗縁日［赶～］縁日に行く

【庙会】miàohuì [名]寺の縁日

〖缪(繆)〗Miào ⊗姓 ♦'绸缪'(情緒纏綿たる)はchóumóu，'纰缪'(誤り)はpīmiùと発音

〖乜〗miē ⊗以下を見よ ♦姓ではNièと発音

【乜斜】miēxie [動]①(不満げに)横目で見る ②(眠くて)目が半ば閉じる

【咩(*哶)】miē [擬]羊の鳴き声

【灭(滅)】miè [動]①(火や明かりが)消える，消す〖灯～了〗明かりが消えた〖～火〗火を消す ②消滅する，なくす，滅ぼす〖～蚊子〗蚊を退治する〖～良心〗良心を失う
⊗水中に埋没させる

【灭顶之灾】miè dǐng zhī zāi 《成》死を招く災厄 ♦'灭顶'は溺死のこと

【灭火器】mièhuǒqì [名]消火器

【灭迹】miè▼jì [動](悪事の)痕跡をなくす

【灭绝】mièjué [動]①絶滅する〖～的动物〗絶滅した動物 ②完全に失う〖～人性〗全く人間性を失った，非人間的な

【灭口】miè▼kǒu [動]秘密が漏れないよう人を殺して口止めする

*【灭亡】mièwáng [動]滅亡する，滅ぼす〖脱不了～的命运〗滅びる運命から逃れられない［自取～］自ら滅亡を招く

〖蔑〗miè ⊗①小さい，取るに足りない ②ない

〖—(衊)〗⊗→[诬wū～]

*【蔑视】mièshì [動]軽視する

【篾】miè [名](～儿)竹ひご，アシやコウリャンの茎を細く裂いたもの([同][篾子])［～条］細長いひご［～席］ひごで編んだむしろ

【篾匠】mièjiàng [名]竹細工師

〖民〗mín ⊗①民，庶民，人民［公～］公民 ②民族，職業，居住地などで分類された成員［回～］回族の人［牧～］牧民［居～］住民 ③(軍や公的なも

のに対し）民間 [～航] 民間航空 [～歌] 民歌, 民謡 [～营] 民営

【民办】 mínbàn 動 民間で運営する [～企业] 民営企業 [～小学] 村営(町営)小学校

【民变】 mínbiàn 图 民衆暴動

【民兵】 mínbīng 图 民兵

【民不聊生】 mín bù liáo shēng 《成》（社会不安で）人民が安心して暮らせない

【民法】 mínfǎ 图《法》民法

【民房】 mínfáng 图 民家

【民工】 míngōng 图 ① 公共の土木工事や軍の仕事に動員される民間人 ② 都会に出稼ぎに来る農民

*__【民间】__ mínjiān 图 民間, 大衆に伝承されているもの [～贸易] 民間貿易 [～文学] 民間文学 (主に口承文芸) [～音乐] 民間音楽

【民警】 mínjǐng 图 人民警察

【民力】 mínlì 图 人民の財力

【民情】 mínqíng 图 ① 人民の生活状態 ② 民心

【民生】 mínshēng 图 人民の生活 [国计～] 国家経済と人民の生活

【民事】 mínshì 图《法》民事 [～诉讼] 民事訴訟

【民俗学】 mínsúxué 图 民俗学

【民团】 míntuán 图《解放前の地主による》自警団

【民校】 mínxiào 图 ① 成人学校 ② 民間経営の学校

【民心】 mínxīn 图 人心 〚～不可悔〛民心は侮れない

【民谣】 mínyáo 图〔首・支〕民謡

【民意】 mínyì 图 民意, 世論 〚反映～〛民意を反映する [～测验] 世論調査

*__【民用】__ mínyòng 图〔定语として〕（軍用に対する）民用の, 民間の [～机场] 民間飛行場

【民政】 mínzhèng 图 民政 [～机关] 民政関係の役所

【民众】 mínzhòng 图 民衆（働〔群众〕）〚为广大～服务〛広汎な民衆のために奉仕する

*__【民主】__ mínzhǔ 图 民主, デモクラシー [～改革] 民主的改革 [～集中制] 民主集中制 ━ 形 民主的である 〚我们校长的作风～得很〛我々の校長のやり方はとても民主的だ

【民主党派】 mínzhǔ dǎngpài 图 民主諸党派

*__【民族】__ mínzú 图 民族 [～区域自治] 民族地域の自治 [～主义] 民族主義 [～同化] 民族の同化 [～风味] 民族の味わい

【岷】 Mín ⊗[～山] 四川省と甘粛省境の山名 [～江] 四川省にある川の名

【珉】 mín ⊗ 玉に似た石

【缗】(緡) mín ⊗ ① 貫, 銭貨の単位でひもに通した1千文の銅銭 ② 銅銭を通すひも

【旻】 mín ⊗（秋の）空

【忞】 mín ⊗ 勉める

【皿】 mǐn ⊗ 容器 [器～] 日常用いる食器類

【冺】(閔) mǐn ⊗ ① '悯' ② (M-) 姓

【悯】(憫＊憨) mǐn ⊗ ① 哀れむ [怜 lián ～] [～恤 xù] 哀れみ同情する ② 憂える

【泯】 mǐn ⊗ 消失する, 喪失する

【泯灭】 mǐnmiè 動 消滅する

【泯没】 mǐnmò 動 消え失せる

【抿】 mǐn 動 ①（髪を）なでつける [～子（筒子）] 小さなヘアブラシ（口や翼などを）すぼめる, たたむ [～着嘴笑] 口をすぼめて笑う ③ 口をすぼめて少し飲む, すする 〚～一口酒〛酒を一口する

【黾】(黽) mǐn ⊗ [～勉（僶俛）]《書》努める

【闽】(閩) Mǐn ⊗ 福建省の別称 [～剧] 福建省東北部の地方劇 [～江] 福建省にある川の名 [～语] 閩方言(中国七大方言の一)

【敏】 mǐn ⊗ ① 素早い, 敏感な [机～] 機敏なる [灵～] 敏感な ② (M-) 姓

*__【敏感】__ mǐngǎn 形 敏感な 〚狗是十分～的动物〛犬はとても敏感な動物だ

*__【敏捷】__ mǐnjié 形 （動作が）素早い, すばしこい 〚～得像只猴子〛猿のようにすばしこい

*__【敏锐】__ mǐnruì 形 感覚が鋭い [～的听觉] 鋭い聴覚

【名】 míng 图 ① (~儿) 名, 名前 [给孩子取个～儿] 子供に名前をつける [点～] 点呼をとる [～牌] ペンネーム ② 名目, 口実 〚以参观为～〛参観を名目にする ③ 名声, 名誉 [出～] 有名になる ━ 動 …という名だ 〚姓李～白〛姓は李, 名は白だ ━ 量 ① 人数を数える 〚三十多～〛30数名 ② 順位を表わす 〚第二～〛第2位 ⊗① 名高い [～人] [～流] 名士 [～句] 名文句 ② 表明する 〚莫名其妙〛訳がわからない ③ (M-) 姓

【名不副实】 míng bú fù shí 《成》名実相伴わない, 名ばかりだ 働[名不符实] ⊗[名副其实]

【名不虚传】 míng bù xū chuán 《成》その名に背かぬ

【名册】míngcè 图〔本〕名簿〔学生~〕学生名簿
【名产】míngchǎn 图 名产,有名な産物〔大理石是云南省的~〕大理石は雲南省の有名な産物だ
【名称】míngchēng 图 名称〔专用的~〕特定の名称
【名词】míngcí ①《语》名詞 ②術語,用語〔新~〕新語,流行語
【名次】míngcì 图 名前の順序,序列〔我们参加比赛不是为了争~〕我々が試合に参加するのは順位を競うためではない
【名存实亡】míng cún shí wáng 〈成〉名ばかりで実体を失っている,有名無実だ
【名单】míngdān (~儿)〔张〕名簿,リスト〔候选人~〕立候補者名簿〔黑~〕ブラックリスト
*【名额】míng'é 图 定員,定数〔~有限〕定員が制限されている
【名副其实】míng fù qí shí〈成〉名実相伴う,その名に恥じない〔他决心做一个~的好医生〕彼は名に恥じない立派な医者になる決意だ
【名贵】míngguì 厖 有名で高価な,貴重な〔~的药材〕高価な生薬
【名家】míngjiā 图 ①名家,著名人 ②(M-)〔诸子百家の〕名家
【名将】míngjiàng 图 名将,ヒーロー〔足球~〕サッカーの花形選手
【名教】míngjiào 图 儒家に基づく名分を明らかにする教え,名教
【名利】mínglì 图 名利,名誉と利益〔追求~〕名利を求める
【名列前茅】míng liè qiánmáo〈成〉(合格者や候補者の)席次が前の方にある
【名落孙山】míng luò Sūn Shān〈成〉試験に落第する
【名目】míngmù 图 事物の名称,種目〔~好听〕名目は立派だ〔酬金的~〕謝礼金の名目
*【名牌】míngpái 图 ①有名ブランド〔~产品〕ブランド製品 ②名札,タグ
*【名片】míngpiàn 图 (~儿)〔张〕名刺〔留下了一张~〕名刺を一枚置いてきた
【名气】míngqi 图 〔口〕名声,評判〔~很大〕名声が高い
【名声】míngshēng 图 評判,名声〔~很好〕評判がいい〔败坏~〕名を傷つける
【名胜】míngshèng 图 名勝,名所〔参观了~鼓楼〕名勝の'鼓楼'を見物した
【名胜古迹】míngshèng gǔjì《成》名所旧跡
【名手】míngshǒu 图 名手,達人
【名堂】míngtang 图 ①名目,種類,事柄〔搞什么~?〕なにをしでかすのか ②成果,結果〔什么~也搞不出来〕なんの成果も出せない ③道理,内密〔他的话什么~也没有〕彼の話にはなんの道理もない
【名望】míngwàng 图 名声,人望〔~很大〕人望が高い
【名言】míngyán 图 名言
【名义】míngyì 图 名義,名目〔~上的夫妻〕名義上の夫婦〔~工资〕名目賃金
【名誉】míngyù 图 名誉〔保护~〕名誉を大事にする〔~会长〕名誉会長
【名正言顺】míng zhèng yán shùn〈成〉名分が正しければ道理も通る
【名著】míngzhù 图〔本〕名著
【名状】míngzhuàng 働 言葉で形容する〔难以~〕形容しがたい
*【名字】míngzi 图 ①名前,姓名〔你叫什么~?〕あなたのお名前は何ですか ②(事物の)名称

【茗】míng ⊗ 茶〔品~〕〈書〉茶を味わう

【铭(銘)】míng ⊗ ①器物や石に刻んだ文字〔碑~〕碑文 ②器物に文字を刻む,銘記する〔~心〕心に刻む
【铭记】míngjì 働 銘記する,深く心に刻む〔永远~在心〕永遠に肝に銘じる
【铭刻】míngkè 働 ①器物に銘文を彫る ②銘記する
【铭文】míngwén 图 銘文,器物に記された文字
【铭心】míngxīn 胸に刻む〔~刻骨〕〔刻骨~〕感激や恨みを胸に刻みつける

【明】míng 厖 ①明るい,明るく輝いている(働〔亮〕⊗〔暗〕)〔天~了〕夜が明けた〔~月〕明月 ②明白な〔去向不~〕行方不明 ③公開の,あからさまな〔~说〕ずばりと言う〔~枪暗箭〕正面からと陰からの攻撃〔~着zhe抢〕乱棒を引ったくりをする ⊗①目ざとい,さとい〔聪~〕賢い ②わかる,理解する ③視覚〔失~〕失明する ④次の〔~天〕明日 ⑤(M-)王朝名〔~朝〕明(A. D. 1368-1644) ⑥(M-)姓
*【明白】míngbai 厖 ①明白な,はっきりしている,率直な〔这段话的意思很~〕このくだりの意味ははっきりしている〔跟他讲~〕彼にははっきり話す ②道理をわきまえた〔~人〕物わかりのいい人 — 働 わかる,理解する〔~你的意思〕君の考えはわかる
【明摆着】míngbǎizhe 働〔事実が〕ありありとしている〔事情已经~〕事はもう明白だ

【明辨是非】míng biàn shì fēi《成》白黒をはっきりさせる
【明察秋毫】míng chá qiū háo《成》どんなささいなことも見逃さない
【明畅】míngchàng 形 言語が明解でよどみがない
【明澈】míngchè 形 澄みきっている〖～的湖水〗清く澄んだ湖水
【明处】míngchù 名 明るい所, 公開の場
【明达】míngdá 形 道理をわきまえている
【明断】míngduàn 動 明快公正に裁く
【明矾】míngfán 名 明礬みょうばん
【明晃晃】mínghuǎnghuǎng 形 (～的)ぴかぴかの
【明胶】míngjiāo 名 ゼラチン
【明教】míngjiào 名《敬》ご教示, ご指導〖恭请～〗ご教示のほどよろしく
【明净】míngjìng 形 明るく澄んでいる〖～的天空〗澄み渡った空〖～的橱窗〗明るくきれいなショーウィンドウ
【明快】míngkuài 形 ①(言葉や文章が)明快な, 軽快な ②(性格が)さわやかだ, 朗らかだ〖～的性格〗さっぱりした性格
【明来暗往】míng lái àn wǎng《成》公然あるいはひそかに接触する
【明朗】mínglǎng 形 ①明るい〖～的天空〗明るい空 ②(態度などが)はっきりした, 明らかな ③朗らかな
【明丽】mínglì 形 (景色が)明るく美しい〖～的春光〗明るく美しい春景色
【明亮】míngliàng 形 ①(光が満ちて)明るい〖～的房间〗明るい部屋 ②輝いている〖清澈～的大眼睛〗澄んできらきら光る大きな目
【明了】míngliǎo 動 わかる, はっきりする〖这些道理我都～〗私はそういう道理はよくわかっている ━ 形 明瞭な, はっきりした〖简单～〗簡単明瞭だ
【明令】mínglìng 名 明文による命令
【明媒正娶】míng méi zhèng qǔ《成》(仲人, 結納など)正規の手続きを経て結婚する
【明媚】míngmèi 形 清らかで美しい〖～的山河〗美しい山河〖风光～〗風光明媚である
*【明明】míngmíng 副 (多く相手の意見に反駁するときに) 明らかに, はっきり〖这事～是他干的〗これは明らかに彼がやったことだ
【明目张胆】míng mù zhāng dǎn《成》(悪事や途方もないことを) 公然と(やる), 大っぴらな〖～的迷信活动〗大っぴらな迷信活動
【明年】míngnián 名 来年

【明器(冥器)】míngqì 名 副葬品
【明枪易躲, 暗箭难防】míngqiāng yì duǒ, ànjiàn nán fáng《成》正面からの攻撃は避け易いが, 不意打ちは防ぐすべがない
*【明确】míngquè 形 明確な〖～的方针〗明確な方針 ━ 動 明確にする〖～自己的态度〗自分の態度をはっきりさせる
【明儿】míngr 名《口》あす 同〔明天〕
【明日】míngrì 名 明日〖～黄花〗(盛りを過ぎた菊>) 新鮮味のない事物, 古人
*【明天】míngtiān 名 ①あす ②近い将来〖光辉灿烂的～〗明るく輝く将来
【明文】míngwén 名 (法令, 規則の)明文〖～规定〗明文で規定する
【明晰】míngxī 形 明晰な, はっきりした
【明显】míngxiǎn 形 はっきりしている, 明白な〖～的效果〗明らかな効果〖～地改善〗明らかに改善される
【明信片】míngxìnpiàn 名〔张〕郵便はがき〖寄～〗はがきを出す
*【明星】míngxīng 名 ①金星 ②スター〖电影～〗映画スター
【明眼人】míngyǎnrén 名 見識のある人
【明喻】míngyù 名 直喩
【明月】míngyuè 名〔轮〕明るい月
【明哲保身】míng zhé bǎo shēn《成》世故に長けて保身をはかる〖我们应该反对～〗我々は保身をはかる態度に反対すべきだ
【明争暗斗】míng zhēng àn dòu《成》陰に陽に戦う
【明证】míngzhèng 名 明らかな証拠
【明知】míngzhī 動《後に逆説の表現を伴って》はっきり知る〖你～他不会来, 为什么还去叫他？〗彼が来るはずがないことを知っていながら, なぜ呼びに行くのか〖～故问〗わかっていながらわざわざ問う
【明珠】míngzhū 名《転》寵愛する人, 素晴らしい事物〖掌上～〗掌中の珠, 寵愛する娘〖～暗投〗善人から悪党に転じる, 立派な人物が世に認められない

【盟】míng ✕ méngの旧読 ⇒méng

【鸣(鳴)】míng 動 ①(鳥獣や虫が) 鳴く〖秋虫夜～〗秋の虫が夜鳴く ②鳴る〖汽笛三鸣〗汽笛が3回鳴った〖耳～〗耳鳴りがする ✕ 表明する, 言葉に表わす〖～不平〗不平を言う〖百家争～〗百家争鳴, 各学派が主張を競いあう
【鸣镝】míngdí 名 かぶら矢
【鸣放】míngfàng 動 ①(銃弾, 爆竹

などを)放つ ②大衆が大いに意見を出す

【鸣叫】míngjiào 動 (鳥や虫が)鳴く〚秋蝉~〛秋ゼミが鳴く

【鸣锣开道】míng luó kāi dào 〈成〉(ドラを鳴らして行列の先導をする)(新事物のために)世論づくりをする

【冥】míng ⊗ ①暗い〚幽~〛薄暗い ②奥深い〚~思苦索〛沈思黙考する ③愚かな〚~顽〛頑迷だ ④あの世〚~府〛冥土

【冥钞】míngchāo 图 (死者のために燃やす)紙銭

【冥器】míngqì 图 副葬品 ⇨[明器]

【冥想】míngxiǎng 動 冥想する,心の奥深く思う

【溟】míng ⊗ 海

【溟濛(冥蒙)】míngméng 形〈書〉くもって暗い

【瞑】míng ⊗ ①日が落ちる,暮れる〚天已~〛すでに日が暮れた ②たそがれ

【瞑】míng ⊗ 目を閉じる

【瞑目】míngmù 動 目を閉じる,安らかに死ぬ〚死不~〛死んでも死にきれぬ

【螟】míng ⊗〈虫〉ズイムシ,メイチュウ♦髄に食い入る害虫〚~虫〛同前

【螟害】mínghài 图 (稲やトウモロコシを食う)メイチュウの害

【螟蛉】mínglíng 图〈書〉養子〚~之子〛同前

【酩】míng ⊗ 以下を見よ

【酩酊】mǐngdǐng 動 酩酊する〚~大醉〛へべれけに酔う

【命】mìng ⊗ ①〚条〛命〚饶~〛助命する〚人~〛人の生命 ②運命〚他的~真苦〛彼は本当に悲運だ〚算~〛運勢を占う 動 ①命じる ②命名する〚~名〛同前 ⊗ 命令〚抗~〛命令に逆らう〚受~〛命令を受ける

【命案】mìng'àn 图〚件・起〛殺人事件

【命根】mìnggēn 图 命の綱,何よりも大切なもの ⊕〚~子〛

**【命令】mìnglìng 動 命令する〚他们听从指挥〛指揮に従うよう彼らに命令する〚~的口气〛命令の口調 ⊗〚道・条〛命令〚下达~〛命令を下へ伝達する

【命脉】mìngmài 图 命脈,重要な要〚~切断了〛命脈を断たれた〚交通~〛交通の要

*【命名】mìng'míng 動 命名する〚~仪式〛命名式

【命题】mìng'tí 動 題目を出す
mìngtí 图 命題,テーマ

*【命运】mìngyùn 图 運命〚占卜自己的~〛自分の運命を占う

【命中】mìngzhòng 動 命中する〚~率〛命中率

【谬(謬)】miù ⊗ 誤り〚荒~〛でたらめだ〚乖~〛まともでない〚大~不然〛大間違いだ

【谬论】miùlùn 图 誤った議論〚批驳敌人的~〛敵の謬論に反駁する

【谬误】miùwù 图 誤り,間違い〚纠正~〛誤りを正す

【谬种】miùzhǒng 图 ①でたらめな言論(またはそれを流す連中) ②ろくでなし

【摸】mō 動 ①触る,なでる〚~孙女的头发〛孫娘の髪をなでる〚勿~展品〛展示物に触れないで下さい ②探る,手探りする,手探りで取る〚~口袋〛ポケットを探る〚~鱼〛手探りで魚を捕る〚从兜里~出十块钱〛ポケットから10元を取り出す ③(情况を)探る,探ってみる〚他的想法我都~来了〛彼の考え方はすっかりつかんだ〚~不着 zháo 头脑〛さっぱりわからない ④暗闇の中で行動する〚~黑儿〛暗闇の中を手探りする

【摸底】mōdǐ 動 詳しく知る,内情を探る〚你们的想法,我都~〛君たちの考え方はみなよく知っている

*【摸索】mōsuo / mōsuǒ 動 ①手探りする〚在黑暗中~着往前走〛暗闇の中を手探りで進む ②模索する〚在实践中~出了一个经验〛実践の中から模索して一つの経験を得た

【谟(謨)】mó ⊗ 計略,はかりごと

【馍(饃*饝)】mó 图〈方〉マントウ⊕〚馍馍〛〚蒸~〛マントウをふかす

【模】mó ⊗ ①型,規範,標準〚~规〛規模〚航~〛飛行機や船の模型 ②模範〚劳~〛模範労働者 ③モデル〚名~〛有名モデル ④まねる〚~仿〛模倣する ⇨mú

*【模范】mófàn 图 模範,手本〚~教师〛模範的な教師〚~行为〛模範的な行い

*【模仿(摹仿)】mófǎng 動 まねる,模倣する〚~外国人的动作〛外国人のジェスチャーをまねる

*【模糊(模胡)】móhu 形 ほんやりした,はっきりしない〚记得有点儿~〛記憶がちょっとぼけている〚轮廓~〛輪郭がぼやけている 動 ぼやかす〚~历史内容〛歴史的内容をあいまいにする

【模棱两可】móléng liǎngkě《成》(態度が)どっちつかずの,曖昧な
【模拟(摹拟)】mónǐ 動まねる,模倣する [～鸟叫的声音] 鳥の鳴き声をまねる [～试验] 模擬テスト
*【模式】móshì 图モデル,パターン [摆脱～] 類型化を脱する [公文～] 公文書の様式
【模特儿】mótèr 图(訳)(美術や文学の作品の)モデル,(ファッション)モデル
*【模型】móxíng 图① 模型 [轮船的～] 汽船の模型 ② 鋳型 [做零件的～] 部品の鋳型を作る

【摹】mó ⊗ まねる,なぞる [临～] 臨写する,まねて書く [描～] 模写する
【摹仿】mófǎng 動⇨[模仿]
【摹写(模写)】móxiě 動模写する,描写する [～景物] 風物を描く
【摹妆】mózhuàng 動敷き写しをする 動[描摹]

【膜】mó 图(～儿) 膜 [耳～] 鼓膜 [黏～] 粘膜 ⊗ 薄皮,膜状のもの [笛～] 笛のリード

【麽】mó ⊗ [ㄠ yāo～]《書》ちっぽけな ⇨me(么)

【嬷】mó ⊗ [嬷嬷 mómo]《方》①おばあさん ②(父方の)祖母

【摩】mó ⊗ ① こする,触る [抚～] なじる ② 探求する,研究する [揣 chuǎi～] 推測する
*【摩擦(磨擦)】mócā 動① 摩擦する [～双手] 両手をこすりあわせる ② 軋轢が起こる
【摩登】módēng 形モダンな 動 [时髦]
【摩抚】mófǔ 動なでる 動 [抚摩]
【摩肩接踵】mó jiān jiē zhǒng《成》肩が触れ足がぶつかる,人が込み合う
【摩揭座】mójiézuò 图やぎ座
【摩拳擦掌】mó quán cā zhǎng《成》手ぐすねをひいて待ちかまえる
【摩挲】mósuō 手でさする ♦ māsā／māsa と発音するのも
【摩天】mótiān 形(多く定語として)天に達するほど(高い) [～楼] 摩天楼
【摩托】mótuō 图《訳》モーター・(～[马达]) [～艇] モーターボート
*【摩托车】mótuōchē 图[辆] オートバイ
【摩崖】móyá 图崖に刻んだ文字や仏像

【磨】mó 動① 摩擦する,こする,研ぐ,磨く [～嘴皮子] 口をすっぱくして説く [～剪子] はさみを研ぐ [～玻璃] ガラスを磨く ② 苦しめる [这病很～人] この病気は人を苦しめる [～瘦了] やつれた ③ つきまとう,ぐずる [～妈妈] お母さんにまといつく ④ 時間を空費する,遅らせる [～洋工] 仕事をサボタージュする ⊗ 磨滅する [消～] 消耗する
⇨mò
【磨擦】mócā 動⇨[摩擦]
【磨蹭】móceng 動① こすりつける ② ぐずぐずする [别～了] ぐずぐずするな [～得真急人] ぐずで本当にいらいらする ③ まつわりつく,ねだる [～也没用] ごねても無駄だ
*【磨床】móchuáng 图《機》研削盤,グラインダー [平面～] 平面研削盤
【磨合】móhé 動① 磨きならす ② (考えを)すり合わせる
【磨砺】mólì 動《書》磨きあげる,錬磨する
【磨炼(磨练)】móliàn 動錬磨する [社会～人] 社会が人を鍛える
【磨灭】mómiè 動磨滅する [他的功绩是不可～的] 彼の功績は不滅だ
【磨难(魔难)】mónàn 图苦難
【磨损】mósǔn 動磨損する,すり減る [齿轮～了] 歯車がすり減った

【蘑】mó ⊗ キノコ [口～] (中国北方草原に産する) シメジ,モウコシメジ
【蘑菇】mógu 图キノコ [～云] キノコ雲 — 動からむ,ぐずる

【魔】mó ⊗ ① 悪魔,魔物,魔力 [病～] 病魔 [入～] やみつきになる [睡～] 睡魔 ② 魔術的な,不思議な [～法] 妖術
*【魔鬼】móguǐ 图妖怪,悪魔
【魔力】mólì 图魔力,魅力
*【魔术】móshù 图奇術
【魔王】mówáng 图魔王;(転)暴君,専制君主
【魔掌】mózhǎng 图悪魔の手,魔手 [逃出敌人的～] 敵の魔の手から逃れる
【魔爪】mózhǎo 图魔の手,悪の爪 [斩断～] 魔の手を断ち切る

【抹】mǒ 動① 塗る [～口红] 口紅を塗る ② ぬぐう [～眼泪] 涙をふく [用抹 mā 布～桌子] 雑巾でテーブルをふく ③ 消す,切り捨てる [～去两个字] 2文字を抹消する
⇨mā, mò
【抹脖子】mǒ bózi 動首を切る;(転)自殺する
【抹黑】mǒ hēi 動顔をつぶす,中傷する [给父亲脸上～] 父の顔に泥を塗る
*【抹杀(抹煞)】mǒshā 動抹殺する [他的贡献是谁也～不了的] 彼の貢献は誰も否定できない

【抹一鼻子灰】mǒ yì bízi huī《成》御機嫌をとろうとして却って白けた結果となる
【抹子】mǒzi 图 (左官の)こて ⇨[抹刀]

【末】mò 图①(~儿)粉末(⇨[~子])[芥~]からし粉[茶叶~儿]粉茶[肉~]ひき肉 ②伝統劇で中年の男を演じる役 ⊗①先端,末端,微小[~梢]先っぽ[本~倒置]本末転倒 末尾,最後[~班车]終列車,最終バス[周~]週末
【末班车】mòbānchē 图 終列車,終電,終バス ⇨[末车]
【末伏】mòfú 图 末伏记◆'三伏'の一,立秋後最初の庚かのえの日(またはその日からの10日間)
【末后】mòhòu 图 最後,終わり
【末了】mòliǎo 图(~儿)最後,大詰め(⇨[末末了])[~不了之]結局はうやむやにしてしまう
【末路】mòlù 图 末路[穷途~]落ちぶれた末路
【末年】mònián 图 末年[明朝~]明朝の末年
【末期】mòqī 图 末期,終期[十八世纪~]18世紀末葉
【末日】mòrì 图 世界終末の日,死亡あるいは滅亡する日[~审判](キリスト教の)最後の審判
【末世】mòshì 图《書》ある時代の最終段階,晩期[封建~]封建時代の晩期
【末尾】mòwěi 图 末尾,終わり[排在队伍的~]隊列の尻に並ぶ
【末叶】mòyè 图 終わりの頃,末葉[十三世纪~]13世紀末葉

【妹】mò ⊗[~喜]妹喜(ばつき)(夏の桀王の妃)

【沫】mò 图 (~儿)泡[~子]同前[唾~]つば[白~]白い泡[啤酒~]ビールの泡

【茉】mò ⊗以下を見よ
【茉莉】mòli/mòlì 图《植》マツリカ,ジャスミン[~花茶]ジャスミン茶

【抹】mò 動①(泥や塗料を)塗りつける[~墙]壁を塗る[~水泥]セメントを塗る ②(角を)曲がる(⇨[拐])[~角]角を曲がる
⇨mā, mǒ

【秣】mò ⊗①まぐさ,かいば[粮~]兵糧とまぐさ ②家畜に飼をやる

【鞨】Mò ⊗[~鞨 hé]靺鞨(まつかつ)(古代東方の民族)

【没】mò 動①没する,沈む[~在水中]水の中にもぐっている[出~]出没する ②水が浸す,(水かさが)越える[~到脖子]首まで埋まる[几乎~顶]背丈が隠れるほどだ ⊗①没収する ②終わる[~世]一生 ③死ぬ('殁'とも書く)
⇨méi
【没齿不忘】mò chǐ bú wàng《成》生涯忘れない ⇨[没世不忘]
【没落】mòluò 動 没落する[~的贵族]没落貴族
【没奈何】mònàihé 副 やむなく,どうしようもなく[无可奈何]
【没收】mòshōu 動 没収する[~现款]現金を没収する

【陌】mò ⊗あぜ道[阡 qiān ~]同前
【陌路】mòlù 图《書》路上で出会う人,見知らぬ人 ⇨[陌路人]
*【陌生】mòshēng 厖 よく知らない,なじみがない[~的街道]不案内な大通り[~人]見知らぬ人

【貊】Mò ⊗ 貊(古代東方の民族)

【脉(脈)】mò ⊗[~~(眽眽)]黙って(目などで)気持ちを伝えようとするさま
⇨mài

【莫】mò ⊗①…するなかれ[请~见笑]お笑い下さるな[闲人~入]無用の者入るべからず ②…でない[一筹~展]手も足も出ない ③一つもない[~不]…でないものはない ④推測や反語に用いる[~非] ⑤(M-)姓
【莫不是】mòbúshì 副[莫非]①多分…に違いない ②まさか…ではなかろうか
【莫大】mòdà 厖《定語として》この上ない,最高の[~的光荣]無上の光栄
【莫非】mòfēi 副(推測・疑いの意味で)…ではないだろうか,(反語に用いて)まさか…ではあるまい[~他生病了]ひょっとして彼は病気になったのかな[~是我错了不成]まさか私が間違ったのじゃないだろうな
【莫过于】mòguòyú 動《書》…に勝るものはない
*【莫名其妙】mò míng qí miào《成》訳がわからぬ[感到有些~]なんだか訳がわからぬ感じだ[她~地笑起来了]彼女はなんの訳もなく笑い出した
【莫逆之交】mò nì zhī jiāo《成》莫逆ばくぎゃくの交わり,極めて親密な間柄
【莫如】mòrú 動 …には及ばない,…に越したことはない(⇨[莫若])[与其你去,~他来]君が行くより,彼が来るほうがいい
【莫须有】mòxūyǒu《成》根拠のない,でっち上げの[~的罪名]同前

【莫衷一是】mò zhōng yí shì《成》一致した結論が出せない

【漠】mò 名 ① 砂漠［沙~］同前［大~］大砂漠 ② 無関心な［冷~］冷淡な

【漠不关心】mò bù guānxīn《成》全く無関心である

【漠然】mòrán 形《書》冷ややかな、無関心な［~置之］冷淡に放置する

【漠视】mòshì 動 冷淡に対処する、無視する〖~的态度〗無視する態度

【寞】mò 形 ① 静かだ、寂しい［寂~］寂しい［落~］物寂しい

【蓦(驀)】mò 副 突然、いきなり

【蓦地】mòdì 副 突然、いきなり（＝蓦然）〖她的脸~变红了〗彼女の顔は突然赤くなった

【瘼】mò 文 病、困苦

【貘(*獏)】mò 名〔動〕バク

【墨】mò 名 ① 〔块・锭〕墨［翰~］筆と墨、文章や書画 文 ① 書画の顔料、インク［~汁］墨汁［红~水］赤インク ② 黒い［~菊］花弁が紫色の菊 ③ 教養、学問［~宝］貴重な書画 ⑤ (M-) 墨家、墨子学派 ⑥ (M-) '墨西哥'(メキシコ)の略 ⑦ (M-) 姓

【墨斗】mòdǒu 名 (大工の) 墨つぼ（＝黑线斗子）

【墨斗鱼】mòdǒuyú 名 イカ［~鱼］[鳥賊]

【墨盒】mòhé (~儿) 毛筆用の墨つぼ

【墨迹】mòjì 名 ① 筆の跡 ② 肉筆の書や絵画

【墨家】Mòjiā 名 墨家 ◆諸子百家の一つで兼愛説を説いた学派

【墨镜】mòjìng 名〔副〕サングラス、黒めがね

【墨绿】mòlǜ 形《多く定語として》深緑色の

【墨守成规】mò shǒu chéng guī《成》古い習慣を固く守る、融通がきかない

*【墨水】mòshuǐ 名 (~儿) ① 墨汁 ② インク［~池］インクスタンド ③ 〈転〉学問、知識

【墨线】mòxiàn 名 (大工仕事の) 墨なわ、墨糸

【墨鸦】mòyā 名〔鳥〕カワウ（＝鸬鹚 lúcí）

【墨鱼】mòyú 名〔只・条〕イカ（＝墨斗鱼）[鳥賊]

【默】mò 動 何も見ず記憶で書く［~写］同前 文 ① 黙る、声を出さない［沉~］沈黙(する)［~不作声］うんともすんとも言わない

【默哀】mò'āi 動 黙禱する

【默祷】mòdǎo 動 心の中で祈る、黙禱する

*【默默】mòmò 副 おし黙って、黙々と［~告别］無言のまま別れる〖低着头，~地坐着〗うつむいたままじっと座っている［~无闻］黙々と誰にも知られることもない

【默契】mòqì 秘密の条約、黙約［~形成了］秘密の約束が成立した 形 互いに理解しあっている、心が通じる〖~地合作〗心を合わせ協力しあう

【默然】mòrán 副 黙ったまま、無言で［~无语］黙ったままものを言わない

【默认】mòrèn 動 黙認する

【默想】mòxiǎng 動 思いにふける、黙考する

【默许】mòxǔ 動 黙認する〖~婚事〗婚姻を黙認する

【磨】mò 名〔盘・眼〕臼［石~］石臼［推~］臼でひく 動 ① 臼でひく［~面］粉をひく ② 方向を変える［~过脸来］顔を振り向ける
⇨mó

【磨不开(抹不开)】mòbukāi 動 ① ばつの悪い思いをする ② 《方》行き詰まる

【磨坊】mòfáng 名 粉ひき場

【磨盘】mòpán 名 ひき臼の台

【哞】mōu 擬 牛の鳴き声

【牟】móu 文 ① 得ようとする、むさぼる［~利］利益をむさぼる ② (M-) 姓 ◆地名 '牟平' 中の '牟' ではmù と発音

【牟取】móuqǔ 動 むさぼり取る［~暴利］暴利をむさぼる

【侔】móu 文 等しい

【眸】móu 文 ひとみ、目［~子］同前［凝~］《書》目をこらす

【谋(謀)】móu 動 図る、求める［~利益］利益を図る［~职］職を求める 文 ① もくろみ、はかりごと［阴~］陰謀［计~］計略 ② 相談する［不~而合］はからずも意見が一致する

【谋反】móufǎn 動 反乱を企てる

【谋害】móuhài 動 (たくらんで) 殺害する、陥れる〖妄图~要人〗要人の殺害をたくらむ

【谋划】móuhuà 動 計画する、手筈を考える

【谋略】móulüè 名 策略

*【谋求】móuqiú [動] 追求する，図る〖～出路〗活路を求める〖～两国关系正常化〗両国関係の正常化を図る
【谋取】móuqǔ [動] 獲得しようとする〖～利益〗利益を獲得しようとはかる
【谋杀】móushā [動]（たくらんで）殺害する
【谋生】móushēng [動] 生活の道を求める〖～的能力〗生計を立てる能力
【谋事】móushì [動] ①事を計画する ②職を求める

〖鍪〗móu ⊗［兜 dōu～］《書》かぶと

【某】mǒu [代] ①某，なにがし〖赵～〗趙なにがし ②ある…〖～～工厂〗ある工場［～人］ある人 ③〔姓の後に置き〕自称として〖我王～〗私王は…
【某些】mǒuxiē [代] 幾つかの〖～地方〗幾つかの箇所

〖模〗mú ⊗型，鋳型［字～儿］活字の母型
⇨mó
【模板】múbǎn [名]〖建〗コンクリートを流し込む枠，堰板
【模具】mújù [名] 物を作る時の模型，型
*【模样】múyàng [名]（～儿）①顔形，容貌〖～漂亮〗容貌が美しい ②格好，様子〖学生～〗学生風 ③（年齢や時間について）頃あい〖一个五岁～的孩子〗5歳ぐらいの子供〖大概半小时～〗約半時間ほど
【模子】múzi [名] 型，鋳型

【母】mǔ [形]〔定語として〕（動物の）雌の［～猪］雌豚［～鸡］めんどり
⊗①母親［父～］父母［后～］継母［～乳］母乳 ②上の世代の女性［姑～］父の姉妹［岳～］妻の母 ③何かを生み出すもと，物事の源［～校］母校 ④はめ込むときの凹部のもの［螺～］ナット ⑤（M-）姓
【母机】mǔjī [名]〖機〗工作機械
【母女】mǔnǚ [名] 母と娘
**【母亲】mǔqin/mǔqīn [名] 母，母親（呼び掛けには'妈''妈妈'）［～节］母の日［～河］母なる河
【母权制】mǔquánzhì [名] 母権制度
【母体】mǔtǐ [名]（人や動物の）母体
【母系】mǔxì [名] ①母方（[反]［父系］）［～亲属］母方の親戚 ②母系［～社会］母系社会
【母性】mǔxìng [名] 母性
*【母语】mǔyǔ [名] ①母語 ②祖語，共通基語
【母子】mǔzǐ [名] 母子

〖姆〗mǔ ⊗→［保～］

〖拇〗mǔ ⊗親指
【拇指】mǔzhǐ [名] 親指（[同]《口》［大拇指］）［外翻～］外反母趾

【亩（畝）】mǔ [量] ムー（土地面積の単位．1'亩'は6.667アール）［公～］アール

〖牡〗mǔ ⊗雄の（[反]'牝'）［～牛］雄牛
【牡丹】mǔdan [名]〖植〗ボタン，ボタンの花
【牡蛎】mǔlì [名]〖貝〗カキ [同]［蚝］［海蛎子］

【木】mù [形] しびれている，無感覚な［发～］しびれる
⊗①樹木，木材，木製［花～］観賞用の花と木［伐～］木を切る［红～］マホガニー［枕～］（鉄道の）枕木［棺～］棺おけ ②（M-）姓
【木板】mùbǎn [名] ①板［～房］板張りの家 ②木刻
【木版】mùbǎn [名] 木版［～画］木版画
【木菠萝】mùbōluó [名]〖植〗パラミツ，ハラミツ [同]［菠萝蜜］
【木材】mùcái [名] 木材，材木
【木柴】mùchái [名] たきぎ，柴
【木耳】mù'ěr [名] キクラゲ［黑～］クロキクラゲ［白～］シロキクラゲ
【木筏】mùfá [名] いかだ [同]［木筏子］
【木工】mùgōng [名] 木工，木工師，建具師
【木瓜】mùguā [名]〖植〗①ボケ，ボケの実 ②カリン ③《口》パパイア
【木屐】mùjī [名]〔双〕下駄
【木匠】mùjiang/mùjiàng [名] 大工
【木焦油】mùjiāoyóu [名]〖化〗木タール（木材防腐剤）[同]［木溚 tǎ］
【木槿】mùjǐn [名]〖植〗ムクゲ
【木刻】mùkè [名] 木版画，木刻
【木兰】mùlán [名]〖植〗モクレン [同]［辛夷］［木笔］
【木料】mùliào [名] 木材，板材
【木马】mùmǎ [名]〖体〗木馬，（遊戯用）木馬［～计］トロイの木馬
【木棉】mùmián [名] ①インドワタノキ [同]［红棉］ ②パンヤ，カポック
【木乃伊】mùnǎiyī [名] ミイラ
【木偶】mù'ǒu [名] 木偶［～戏］人形芝居
【木排】mùpái [名] いかだ
【木器】mùqì [名] 木製家具，木製品
【木然】mùrán [形] 呆然とした，あっけにとられた
【木炭】mùtàn [名]〔块〕木炭
**【木头】mùtou [名]〔块·根〕木，木ぎれ，丸太
【木樨（木犀）】mùxi [名] ①〖植〗モクセイ [同]［桂花］ ②炒り卵料理［～汤］卵スープ［～肉］卵，肉，キクラゲを炒めた料理
【木星】mùxīng [名]〖天〗木星

【木已成舟】mù yǐ chéng zhōu（成）（木はすでに舟となる＞）事柄はすでに定まった
【木贼】mùzéi 名〔植〕トクサ
【木桩】mùzhuāng 名木のくい

【沐】 mù ⊗①髪を洗う ②(M-)姓

【沐猴而冠】mùhóu ér guàn（成）（冠をかぶった猿＞）見せ掛けばかりで実体がない
*【沐浴】mùyù 動（書）①入浴する ②浴びる，（恩恵を）受ける〚花草树木都～在阳光里〛花草樹木が太陽の恵みを受けている ③ひたる〚大家都～在节日的欢乐中〛みんな祭日の喜びにひたっている

【目】 mù ⊗①目（⑩［眼睛］）〚闭～〛目を閉じる ②見る〚一～了然〛一目瞭然 ③項目，目録〚节～〛プログラム〚题～〛表題，テーマ

*【目标】mùbiāo 名①（射撃，攻撃の）目標，的〚瞄准～〛的にねらいを定める〚军事～〛軍事目標 ②（到達すべき）目標，ゴール〚达到～〛目標に到達する
【目不识丁】mù bù shí dīng（成）全く文字を知らない
【目不转睛】mù bù zhuǎn jīng（成）目をこらす，まばたきもしない〚～地注视着窗外〛まばたきもせず窓の外に目をこらす
【目瞪口呆】mù dèng kǒu dāi（成）呆然として口もきけない，あっけにとられる
*【目的】mùdì 名目的〚我们的～可以达到〛我々の目的は達成できる
【目睹】mùdǔ 動目撃する〚亲眼～〛自分の目で見る
*【目光】mùguāng 名眼光，見識，視線〚期待的～〛期待のまなざし〚～狭隘〛視野が狭い〚～如炬〛見識が高い
【目击】mùjī 動目撃する
【目见】mùjiàn 動目で見る〚耳闻不如～〛耳で聞くより目で見るにしたことはない
【目空一切】mù kōng yíqiè（成）一切眼中になく，おごり高ぶっている
*【目录】mùlù 名目録，目次
【目视飞行】mùshì fēixíng 名有視界飛行
【目前】mùqián 名目下，現在〚到～为止〛今までのところ〚～的形势非常好〛現在の情勢は非常によい
【目送】mùsòng 動目を離さず見送る，目送する
【目无法纪】mù wú fǎjì（成）法律を無視する
【目无全牛】mù wú quán niú（成）技術がきわめて熟達している
【目眩】mùxuàn 動目がくらむ〚令人～〛目がくらむ
【目语】mùyǔ 動（書）目で語る
【目中无人】mù zhōng wú rén（成）眼中に人なし（⑩［目无余子］）

【苜】 mù ⊗以下を見よ

【苜蓿】mùxu 名〔植〕ムラサキウマゴヤシ，アルファルファ

【仫】 mù ⊗以下を見よ

【仫佬族】Mùlǎozú ムーラオ族◆中国少数民族の一，広西に住む

【牧】 mù ⊗①放牧する〚～羊〛羊を放牧する〚游～〛遊牧 ②(M-)姓

【牧草】mùcǎo 名牧草
【牧场】mùchǎng 名〔块・片〕牧場
【牧放】mùfàng 動放し飼いする
【牧民】mùmín 名牧畜民
【牧师】mùshī 名牧師
【牧童】mùtóng 名牧童
【牧畜】mùxù 名牧畜
【牧业】mùyè 名牧畜業

【募】 mù ⊗募集する，募る〚招～〛（人員を）募集する〚应～〛応募する〚～款〛募金

【募集】mùjí 動募集する〚～捐款〛寄附金を募る
【募捐】mùjuān 動募金する，寄附金を募る

【墓】 mù 名〔座〕墓〚坟～〛墓，墳墓〚公～〛共同墓地〚扫～〛墓参り

【墓碑】mùbēi 名〔块・座〕墓碑
【墓地】mùdì 名墓地（⑩［坟地］）
【墓葬】mùzàng 名（考古学での）墓，古墳
【墓志】mùzhì 名墓誌〚～铭〛墓誌銘

【幕】 mù 名①幕，スクリーン〚～已拉开〛幕が開いた〚揭～〛幕を切って落とす〚张～〛天幕，テント〚银～〛スクリーン〚谢～〛カーテンコールに応える〚内～〛内幕 ②（芝居の）一幕〚独～剧〛一幕劇

【幕布】mùbù 名〔块・幅〕舞台の幕，カーテン
【幕后】mùhòu 名舞台裏〚～操纵〛陰で操る
【幕友】mùyǒu 名（明清時代の）地方官の私的輔佐役

【慕】 mù ⊗①羨む，慕う〚～名〛名を慕う〚羨～〛羨む ②(M-)姓

【暮】 mù ⊗①(日が)暮れる，夕暮れ〚朝三～四〛朝三暮四 ②末に近い頃〚岁～〛（書）年の暮れ〚垂～之年〛老年

【暮霭】mù'ǎi 名夕もや〚～沉沉〛夕もやが立ちこめる
【暮春】mùchūn 名晩春

【暮年】mùnián 图晚年
【暮气】mùqì 图無気力，意欲がない様子 〖~沉沉〗ひどく無気力だ
【暮色】mùsè 图暮色，夕暮れ 〖~昏暗〗夕闇が迫って暗くなる

【睦】mù ×图①むつまじい［和~］同前 ②(M-)姓
【睦邻】mùlín 图善隣〖~友好政策〗善隣友好政策

【穆】mù ×图①うやうやしい，厳かだ［静~］静かで厳かな ②(M-)姓
【穆斯林】mùsīlín 图【宗】ムスリム，イスラム教徒

N

【嗯】(*唔) ń/ńg 嘆(疑問の気持ちを表わして)えっ
【—】(*唔) ň/ňg 嘆(意外，驚きの気分を表わして)おや
【—】(*唔) ǹ/ǹg 嘆(承諾した気分を表わして)うん

【拿】(*拏) ná 動①手に持つ，取る，受け取る〖~茶杯〗湯飲みを手に取る〖~工资〗給料を受け取る〖手里~着两本书〗手に2冊の本を持っている ②捕まえる，つかむ〖猫~耗子〗猫がネズミを捕まえる ③掌握する，考え出す，決める〖~权〗権力を握る〖~不出好主意来〗よい考えが思いつかない ④困らせる，つけいる〖他~了我一把〗彼は私の弱みにつけこんだ〖别~把〗出し惜しみするな —介①(道具・材料・方法等)…で，…を用いて〖~眼睛看〗目で見る〖~刀削〗ナイフで削る ②…を，…に対して〖~他开玩笑〗彼をからかう〖~他没有办法〗彼にはお手上げだ
【拿大】ná'dà 動〖方〗威張る，お高くとまる
【拿获】náhuò 動(犯人を)逮捕する
【拿架子】ná jiàzi 動威張る，気取る 同[摆架子]
【拿乔】ná'qiáo 動もったいぶる
【拿人】ná'rén 動人を困らせる，つけこむ
【拿事】ná'shì 動事をさばく，取りしきる〖父母去世后，家里没有~的人〗両親が死んでから，家を取りしきる人がいない
*【拿手】náshǒu 图確信，自信〖有~〗自信がある —形得意な〖唱民歌他很~〗民謡を歌うのは彼のおはこだ〖~好戏〗お得意の演目
【拿主意】ná zhǔyi 動考えを決める〖你自己~吧〗自分で決めなさい〖拿不定主意〗考えが決められない

【镎】(鎿) ná 图【化】ネプツニウム

【哪】nǎ 代①(疑問を表わして)どの，どれ〖~本书〗どの本〖~天〗どの日，いつ ②(不特定のものを表わして)どれかの〖~天到游乐园去玩儿〗いつか遊園地へ遊びに行く ③(任意の指示を表わして)どれ(でも)〖~个都行〗どれでもいい ④(反語を表わす)どうして〖~有这样的事？〗そんなことがあろうか
⇨ na, nǎi, něi(中国神話の神 '哪

吒' はNézhaと発音)
【哪个】nǎge/něige 代 どれ,どの (⇨[哪一个]) 〖~的人〗どの人
【哪会儿】nǎhuìr/něihuìr 代 ①いつ 〖那是~的事〗それはいつの事？ ②いつでも
【哪里】nǎli (nálǐと発音)/nǎlǐ 代 ①(場所)どこ 〖他是~人?〗彼はどこの人ですか 〖他住~?〗彼はどこに住んでいますか ②どこか,どこでも 〖无论到~,他都给我写信〗どこへ行っても彼は私に手紙を書く ③〖反語として〗どうして…であろうか ④(挨)〖~~〗どういたしまして
【哪门子】nǎ ménzi / něi ménzi 《方》〔いわれのないことを反語で表わして〕なに事,どうして…なんだ〖你说~话？〗何を言ってるんだ
★【哪怕】nǎpà 接〔後に'都''也''还'などが呼応して〕たとえ…でも,いくら…でも 〖~是一粒米也不应该浪费〗一粒の米も浪費してはならない
★【哪儿】nǎr 代《口》(⇨[哪里]) ①どこ〖你到~去？〗どこへ行くのですか〖你想去~,就去~〗行きたいところへ行きなさい ②〔反語用法で〕どうして…だろうか〖我~知道〗私がなんで知っているれだ
【哪些】nǎxiē/něixiē 代 どれら(の) (⇨[哪一些]) 〖~是你的？〗どれらが君のですか
【哪样】nǎyàng/něiyàng 代 (~ル) どんな,どのような 〖你喜欢~颜色的？〗君はどんな色のがお好きですか 〖~都行〗どんなのでもいい

【那】nà (口語では nèi とも) 代 (比較的遠い人・時間・場所・事物などを指示して)あの,あれ,それ 〖~是谁？〗あれは誰ですか 〖~只猫〗その猫 (量詞の前では nèi とも発音) ─ 接 それなら,それでは (⇨[那么]) ◆姓は Nā と発音
⇨nèi

【那边】nàbiān/nèibiān 代 (~ル) そこ,あそこ,向こう側 〖放在~吧〗あちらに置きなさい 〖山~〗山の向こう側
【那程子】nàchéngzi/ nèichéngzi 名《方》そのころ,あのころ
【那达慕】nàdámù 名 ナーダム (モンゴル語で遊び,娯楽の意味) ◆モンゴル族の年1度夏に行われる祭り,競馬,相撲,弓射などの競技や物品交易会が開かれる
【那个】nàge/nèige 代 ①あの,あれ,それ 〖~人〗あの人 〖~比这个便宜〗あれこれより安い 〖他~人可不好惹〗あの人はなかなか手に負えない ②〔動詞,形容詞の前に置いて〕誇張を表わす 〖大伙儿喝得~高兴啊〗みんななんと楽しく飲んでることか ③名詞の代わりに事物,情况,原因などを指す 〖~你甭担心〗あのことは心配しなくていい ④あからさまには言わないときの形容詞の働きをする 〖你刚才的态度也太~了〗君のさっきの態度はちょっとなあ
【那里】nàli/nèli 代 (比較的遠い所を指して) あそこ,そこ 〖他不在~〗彼はそこにはいない
【那么(那末)】nàme/nème (性質・状態・方式・程度を表わし) あんなに,そんなに 〖你不该~做〗君はそのようにしてはいけない 〖我没有你~傻〗私は君ほどバカではない 〖~一种人〗そんなタイプの人 〖~一点儿〗それっぽっち 〖~一些〗あれだけの ─ 接 それでは,それなら 〖~你为什么干这种事〗それなら君はどうしてこんなことをしたんだ
【那么着】nàmezhe 代〔動作や方式を指して〕そういうふうに(する),あんなふうに(する) 〖我看你还是~好〗君はやはりあんなふうにしたほうがいいと思うよ 〖好,就~吧〗よし,そういうことにしよう
【那儿】nàr 代 ①《口》そこ,あそこ (⇨[那里]) ②〔介詞'打''从''由'の後に用いて〕その時,あの時 〖打~起〗その時から
【那些】nàxiē/nèixiē 代 それら(の),あれら(の) 〖~人〗あれらの人 〖~事〗あれらの事
【那样】nàyàng/nèiyàng 代 (~ル) そんな,あんな,そのよう(である),あのよう(である) 〖~的人〗そのような人 〖~疼她行吗〗そんなに彼女を可愛がって大丈夫？ 〖他不像你~胆小〗彼は君のように臆病じゃない 〖别~〗そのようにしないで

【娜】nà ⊗ 人名に用いる 〖安~〗アンナ
⇨nuó

【呐】nà ⊗ 以下を見よ

【呐喊】nàhǎn 動 叫ぶ,大声で叫ぶ 〖大声で叫ぶ〗

【纳(納)】nà 動 刺子に縫う 〖~鞋底子〗靴の底を刺し縫いする
⊗①入れる,受け取る 〖出~〗出納(する) ②納める 〖~税〗税金を納める ③(N-)姓
【纳粹】Nàcuì ⊗《訳》ナチス,ナチ
【纳福】nàfú 動《旧》安楽に暮らす
【纳罕】nàhǎn 動 いぶかる,意外に思う
【纳贿】nà'huì 動 ①賄賂を取る ②賄賂を贈る
【纳凉】nàliáng 動 涼をとる,涼む (⇨[乘凉])
★【纳闷儿】nà'mènr 動《口》いぶかる,頭をひねる 〖心里很~〗腑に落ちない

【纳米】nàmǐ 量ナノメートル〔～技术〕ナノテクノロジー
【纳入】nàrù 動(ある計画や方針に)入れる, 組み込む〔～计划〕計画に組み込む
【纳税】nà'shuì 動納税する 例〔上税〕
【纳西族】Nàxīzú 名ナシ族 ◆中国少数民族の一, 主に雲南, 四川に住む
【纳降】nàxiáng 動投降を受け入れる
【纳新】nàxīn 動新しい空気を入れる, 新人を入れる

【衲】nà 名 ①つぎをあてる〔百～衣〕袈裟 ②僧衣, 僧の自称

【钠(鈉)】nà 名【化】ナトリウム

【捺】nà 動押さえる, 抑制する〔～住心头的怒火〕込み上げる怒りをこらえる 一 名(～儿)漢字筆画の右払い《乀》

【哪(*吶)】na 助 '啊'に同じ ◆前の字の韻尾nの同化による〔天～！〕ああ神様
⇨nǎ, nǎi, něi

【乃(*迺廼)】nǎi ⊗ ①すなわち…である ②汝〔～父〕汝の父 ③そこで ④初めて

【乃尔】nǎi'ěr 代【書】かくのごとくである

【乃至】nǎizhì 接【書】ひいては, 更に〔他在文学、历史学一心理学都有丰富的知识〕彼は文学・歴史学更には心理学にも豊かな学識がある

【芳】nǎi ⊗ →〔苈～yùnǎi〕

【奶(*嬭)】nǎi 名 ①乳〔羊～〕羊の乳〔喂～〕乳をやる〔吃～的劲儿都拿出来了〕全力を出しきった ②乳房 一 動子供に乳を飲ませる〔～孩子〕

【奶茶】nǎichá 名乳茶 ◆円形の'砖茶'を砕いて鍋で煮出してから塩を入れ, 牛か羊の乳をまぜた茶. 主にモンゴル族が好んで飲む

【奶疮】nǎichuāng 名(俗)乳腺炎

【奶粉】nǎifěn 名粉ミルク

【奶酒】nǎijiǔ 名馬乳酒, クミス ◆乳酸発酵させた酒, '奶子酒'とも. モンゴル族など遊牧民が愛飲する

【奶酪】nǎilào 名 ①チーズ ②ヨーグルト

【奶妈】nǎimā 名乳母 例〔奶娘〕

【奶名】nǎimíng 名(～儿)幼名

★【奶奶】nǎinai 名 ①おばあさん(父方の祖母) ②おばあさん(年取った婦人)

【奶牛】nǎiniú 名〔头〕乳牛

【奶皮】nǎipí 名(～儿)牛乳を沸かしたとき表面に出来る膜, 乳皮 ◆'奶皮子'ともいう. 干して保存用にもなる

【奶水】nǎishuǐ 名(口)ミルク

【奶头】nǎitóu 名(～儿) ①乳首 ②(哺乳瓶の)乳首 例〔奶嘴〕

【奶牙】nǎiyá 名乳歯

【奶羊】nǎiyáng 名搾乳用の羊

【奶油】nǎiyóu 名 ①クリーム ②バター〔黄油〕

【奶罩】nǎizhào 名ブラジャー 例〔乳罩〕

【奶子】nǎizi 名 ①(口)ミルク ②(方)乳房

【奶嘴】nǎizuǐ 名(～儿)(哺乳瓶の)乳首

【氖】nǎi 名【化】ネオン〔～灯〕ネオンサイン 例〔霓虹灯〕

【哪】nǎi ⊗ '哪nǎ'の口語音
⇨nǎ, na, něi

【奈】nài ⊗どのように〔怎～〕〔无～〕いかんとも

【奈何】nàihé 動【書】どうするか〔无可～〕どうしようもない

【萘】nài 名【化】ナフタリン

【柰】nài【書】リンゴの一種

【耐】nài 動耐える, 持ちこたえる〔～穿〕(衣服や靴などが)持ちがいい, 丈夫だ〔～寒〕(植物などが)寒さに強い

【耐烦】nàifán 形我慢強い〔不～的口气〕うんざりした口振り

【耐火】nàihuǒ 形火に強い, 耐火性の〔～砖〕耐火煉瓦

【耐久】nàijiǔ 形長持ちする〔结实～的鞋〕丈夫で長持ちする靴

【耐劳】nàiláo 動労苦に耐える〔吃苦～〕苦しみに耐える

【耐力】nàilì 名耐久力, スタミナ

【耐人寻味】nài rén xún wèi (成)味わい深い, 大いに考えさせられる

【耐心】nàixīn 形我慢強い, 辛抱強い〔～地等待〕辛抱強く待つ 一 名我慢強い性格〔有极大的～〕きわめて我慢強い

【耐性】nàixìng 名我慢強い性格, 根気〔缺乏～〕忍耐力に欠ける〔需要～〕忍耐心が必要だ

【耐用】nàiyòng 形持ちがよい, 丈夫だ〔十分～的材料〕とても長持ちする材料

【鼐】nài ⊗大きな鼎

【囝(*囡)】nān ⊗(方)子供〔小～〕同前

【囡囡】nānnān 名(方)子供に対する愛称

【男】nán 形【定語として】男の, 男性の〔～孩子〕男

の子［～的］男
⊗①男 ②息子［长zhǎng～］長男 ③男爵
【男儿】nán'ér [名] 男子，男らしい男 [同][男子汉]
【男方】nánfāng [名] 男性側，花婿側
【男工】nángōng [名] 男性労働者
【男家】nánjiā [名] 新郎または夫側の家族
【男男女女】nánnánnǚnǚ [名] 男も女もみな
【男女】nánnǚ [名] 男性と女性［～平等］男女平等
**【男人】nánrén [名] 男，男性
—— nánren [名]《口》夫，亭主
【男生】nánshēng [名] 男子学生 [反][女生]
【男声】nánshēng [名]〖音〗男声［～合唱］男声合唱
【男性】nánxìng [名]（性別としての）男性
【男子】nánzǐ [名] 男子
【男子汉】nánzǐhàn [名] 一人前の男，男らしい男［～大丈夫］強くたくましい男，ますらお

【南】nán [名]〔介詞句の中で〕南〚汽车往～开〛自動車は南へ向かう［～边］南［指～］指針
⊗(N-) 姓 ♦仏教用語の'南无'はnāmóと発音
【南半球】nánbànqiú [名] 南半球
【南北】nánběi [名] 南北［～朝］南北朝(4世紀末から6世紀末まで)
【南边】nánbiān [名]（～儿）南，南の方，南側
【南昌起义】Nánchāng Qǐyì [名] 南昌蜂起 ♦1927年8月1日中国共産党軍の武装蜂起，8月1日は建軍記念日になっている
【南朝】Nán Cháo [名] 南朝 ♦宋，斉，梁，陳の四朝(A. D. 420-589)
【南方】nánfāng [名] 南の方，南部地方
【南瓜】nángua/ nánguā [名] カボチャ [同]《方》[北瓜][倭瓜]
【南国】nánguó [名]《書》中国の南部地方
【南寒带】nánhándài [名] 南半球の寒帯
【南胡】nánhú [名]〖音〗二胡の別名
【南回归线】nánhuíguīxiàn [名] 南回帰線
【南货】nánhuò [名] 南方の特産品 ♦海産物，干し竹の子，ハムなど
【南极】nánjí [名] 南極［～光］南極のオーロラ
【南柯一梦】Nánkē yí mèng《成》南柯(なんか)の夢，はかないこと
【南面】nánmiàn [名]（～儿）南側
【南齐】Nán Qí [名]〖史〗(南朝の)斉(せい)(A. D. 479-502)
【南腔北调】nán qiāng běi diào《成》あちこちの方言が混じっている
【南式】nánshì [形]〔定語として〕(中国国内の)南方風の，南方スタイルの
【南宋】Nán Sòng [名] 南宋(A. D. 1127-1279)
【南天竹】nántiānzhú [名]〖植〗南天
【南纬】nánwěi [名] 南緯
【南味】nánwèi [名] 南方風の味
【南洋】nányáng [名] ①南洋諸地域 ②清末では江蘇，浙江，福建，広東などの沿海地区を指した
【南辕北辙】nán yuán běi zhé《成》(轅(ながえ)は南に車は北に>) 行動と目的が相反する

【喃】nán ⊗以下を見よ
【喃喃】nánnán [擬]（話し声が）ぶつぶつ，ひそひそ［～自语］ぶつぶつ独り言を言う

【楠(*柟)】nán ⊗以下を見よ
【楠木】nánmù [名]〖植〗クスノキ

【难(難)】nán [形] ①難しい〚解决问题很～〛問題解決は難しい ②…しにくい，容易でない〚很～说明〛説明しにくい〚～对付〛扱いにくい ③感じがよくない，…しづらい［～听］聞きづらい，耳障りだ — [動] 困らせる〚把我～住了〛私は(それには) 困ってしまった
⇨nàn
【难保】nánbǎo [形] 保証し難い，…とも限らない〚这班车～不误点〛このバスは遅れないとは保証できない
【难产】nánchǎn [形] 難産である
【难处】nánchǔ [動] 付き合いにくい
—— nánchù [名] 困難，難点
**【难道】nándào [副]〔多く文末に'吗''不成'を置いて〕まさか…ではあるまい〚这～还不明白吗？〛これがまだわからないというわけじゃあるまいね
*【难得】nándé [形] 得難い，貴重な〚～的好机会〛貴重なチャンス — [副] めったにない〚我们～见面〛我々はめったに会えない
【难点】nándiǎn [名] 難点，難事
【难度】nándù [名] 難度，困難の程度〚降低～〛難度を下げる
**【难怪】nánguài [副]（原因が明らかになったときに用いて）道理で，…なのも無理はない([同][怪不得])〚～这么热〛こんなに暑いのも当然だ — [形]〔述語として〕もっともだ，不思議じゃない
【难关】nánguān [名]〔道〕難関，障壁〚闯过～〛難関を突破する
**【难过】nánguò [形] ①生活が苦しい([反][好过])〚～的日子〛苦しい暮らし ②つらい，悲しい〚不要～〛気を落とさないで〚我们心里非常

N

～]我々は内心とても悲しい

*【难堪】nánkān 形 ①耐えられない,我慢できない [[几秒钟～的沉默]]数秒間の耐え難い沈黙 ②恥ずかしい [[面子～]]体裁が悪い

【难看】nánkàn 形 ①みにくい,みっともない(⇔[好看]) [[这座楼房很～]]この建物はみっともない [[脸色～]]顔色が悪い ②体裁が悪い,恥ずかしい

*【难免】nánmiǎn 动 避け難い,免れない,…しがちだ [[犯错误是～的]]間違いは避けられない [[我～要和他见面]]彼と顔を合わせないわけにはいかない

*【难能可贵】nán néng kě guì 〈成〉困難な事をよくやった,大したものだ

【难人】nánrén 形 厄介な,困難な [[这种～的事,你办得了吗？]]こういう厄介な事が君にできるか—图 厄介な事を背負わされた人

【难色】nánsè 图 難色,困難な表情 [[面有～]]困惑した表情だ

*【难受】nánshòu 形 ①(体調が悪く)つらい ②(心理的に)つらい,不快だ [[听了非常～]]それを聞いてやりきれなかった

【难说】nánshuō 形 言いにくい,断言できない [[谁对谁不对很～]]どちらが正しくどちらが間違っているか言いにくい

【难题】nántí 图〔道〕難題 [[遇上～]]難題に出くわす

【难听】nántīng 形 聞き苦しい,耳障りだ [[这首歌真～]]この歌はとても聞き苦しい

【难为】nánwei 动 ①困らせる [[他既然不想去,你就别～他了]]彼は行きたくないのだから,無理を言うなよ ②(挨)苦労を掛ける,手数を煩わせる [[这么远的路～您来]]遠路はるばるお越しいただき恐れ入ります

【难为情】nánwéiqíng 形 恥ずかしい,気まずい [[别～]]恥ずかしがることはない

【难兄难弟】nán xiōng nán dì 〈成〉(兄たり難く弟たり難し>)似たり寄ったりだ ⇨ nàn xiōng nàn dì

【难言之隐】nán yán zhī yǐn 〈成〉人に言えない内情

【难以】nányǐ 副〔後に二音節の動詞を取り〕…するのが難しい [[～想像]]想像しにくい

【难于】nányú 副 …するのが難しい [[～收效]]効果を収めるのが難しい

【赧】(*赦) nǎn ⊗ 赤面する [[～然]]〈書〉恥じるさま [[～颜]]〈書〉恥じて顔を赤らめる

【腩】nǎn ⊗ →[牛～]

【蝻】nǎn ⊗ イナゴの幼虫 [[～子]][蝗]同前

【难】(難) nàn 图 ①災い,災難 [[灾～]]同前 [[患～]]苦難 [[危～]]危難 ②責める [[责～]]非難する [[非～]]非難(する) ⇨ nán

【难胞】nànbāo 图 難民となっている同胞

【难民】nànmín 图 難民

【难兄难弟】nàn xiōng nàn dì 〈成〉苦難を共にした仲間 ⇨ nán xiōng nán dì

【难友】nànyǒu 图 受難者同士,罹災者仲間

【囊】nāng ⊗ 以下を見よ ⇨ náng

【囊膪】(囊揣) nāngchuài 图 豚のバラ肉

【曩】nāng ⊗ 以下を見よ

【囔囔】nāngnang 动 ぶつぶつ言う

【囊】náng ⊗ ①袋 [革～]皮製の袋 ②袋状の物 [气～](鳥類の)気囊 [智～]知恵袋 ⇨ nāng

【囊空如洗】náng kōng rú xǐ 〈成〉囊の中一物もなし,すっからかんだ

【囊括】nángkuò 动〈書〉すべてを取り込む,包括する [[～天下]]天下を統一する

【囊中物】nángzhōngwù 图 たやすく手に入れられる物,袋の中の物

【囊肿】nángzhǒng 图〔医〕囊腫

【馕】(饢) náng 图 ナン,ウイグル族,カザフ族やイラン文化圏の主食。発酵させた小麦粉を平たい円盤状にまとめ,熱したかまどの側壁に貼りつけて焼いたパン。「食物をほおばる」の意では nǎng と発音

【曩】nǎng ⊗ 昔,以前

【攮】nǎng 动 (刃物で) 刺す [[～了一刀]]刃物で刺した

【攮子】nǎngzi 图 あいくち

【齉】(齈) nàng 形 鼻声になる [发～]同前

【齉鼻儿】nàngbír 动 鼻声になる

【孬】nāo 形 ①悪い,よくない ②臆病だ [～种] [～包]臆病者,意気地なし

【呶】(譊) náo 动 言い争う

【挠】(撓) náo 动 搔く [[～痒痒]]かゆいところを搔く ⊗ ①たわむ [不屈不～]不撓不屈 ②妨げる [[～乱]]騒がす

【挠度】náodù 图〔建〕たわみ

【挠钩】náogōu [名] とび口，柄のついた鉤かぎ
【挠头】náotóu [動] 頭を掻く，てこずる，苦慮する〖这可是～的事〗これはとても厄介な事だ
〖铙(鐃)〗náo ⊗① 鐃鈸にょうばち ♦シンバル状の打楽器［～钹］大型の鈸，シンバル ②(N-)姓
〖蛲(蟯)〗náo ⊗以下を見よ
【蛲虫】náochóng [名]〖虫〗ギョウチュウ
〖呶〗náo ⊗騒ぐ
【呶呶】náonáo [動]《書》いつまでもしゃべる［～不休］くどくどしゃべり続ける
〖硇〗náo ⊗［～砂］天然の塩化アンモニウム
〖猱〗náo ⊗猿の一種 ♦'夒'とも書く
【恼(惱)】nǎo [動]① 怒る〖又急又～〗いらいらするやら腹が立つやら［惹～］怒らせる ②怒らせる
⊗悩む［烦～］悩み，思い悩む
【恼恨】nǎohèn [動] 恨む，不快に思う〖你别～他〗彼のことを悪く思うな〖他非常～儿子懒得用功〗彼は息子が勉強したがらないことに腹を立てている
*【恼火】nǎohuǒ [動] かっとなる，怒る〖干吗动不动就～〗どうしてちょっとしたことで腹を立てるんだ
【恼怒】nǎonù [動] 怒る，腹を立てる〖～地走开〗腹を立てて立ち去る
【恼人】nǎo'rén [形] いらだたしい，悩ましい
【恼羞成怒】nǎo xiū chéng nù《成》恨みと恥ずかしさで怒りだす
【脑(腦)】nǎo [名] 脳，頭の働き［大～］大脳［电～］コンピュータ
⊗① 脳みそに似たもの［豆腐～儿］柔らかい豆腐の食品 ②主要なもの［首～］首脳
**【脑袋】nǎodai [名]《口》①頭〖耷拉dāla着～〗頭を垂れている ②頭脳 [同]［脑筋］
【脑电波】nǎodiànbō [名] 脳波
【脑瓜儿】nǎoguār [名]《方》頭 [同]［脑瓜子］［脑袋瓜儿］
【脑海】nǎohǎi [名] 脳裏〖掠过～〗脳裏をかすめる
【脑积水】nǎojīshuǐ [名]〖医〗脳水腫
【脑际】nǎojì [名] 脳裏〖浮上～〗脳裏に浮かぶ
【脑浆】nǎojiāng [名] 脳漿のうしょう
【脑筋】nǎojīn [名]（知的活動の）頭，頭脳〖动～〗頭を使う〖～聪明〗頭がいい〖～僵化了〗頭が硬化している
【脑壳】nǎoké [名]《方》頭
【脑力】nǎolì [名] 頭脳の働き［～劳动］頭脳労働
【脑满肠肥】nǎo mǎn cháng féi《成》(脳は満ち足り腸は太る＞) 不労飽食のぼて腹
【脑门儿】nǎoménr [名]《口》ひたい [同]［脑门子］
【脑门子】nǎoménzi [名]《口》ひたい
【脑膜】nǎomó [名] 脳膜［～炎］脳膜炎
【脑勺】nǎosháo [名]《方》後頭部［后～］同前
【脑神经】nǎoshénjīng [名] 脳神経
【脑死亡】nǎosǐwáng [名] 脳死
【脑髓】nǎosuǐ [名] 脳髄
【脑炎】nǎoyán [名]〖医〗脳炎 [同]［大脑炎］
【脑溢血】nǎoyìxuè [名]〖医〗脳溢血 [同]［脑出血］
【脑汁】nǎozhī [名] 脳みそ〖绞～〗脳みそを絞る
【脑肿瘤】nǎozhǒngliú [名]〖医〗脳腫瘍
【脑子】nǎozi [名]《口》脳，頭脳〖没～〗頭が悪い〖他～真好〗彼は本当に頭がいい
〖瑙〗nǎo ⊗→［玛～ mǎnǎo］
【闹(鬧)】nào [形] 騒がしい〖这房间太～〗この部屋はとても騒がしい〖音乐～得要命〗音楽がやかましくてたまらない
━[動]① 騒ぐ，うるさくする〖他喝醉了酒就～〗彼は酔っ払うと騒ぐ ②(感情を) 漏らす，発する〖～脾气〗かんしゃくを起こす ③(病気，災害が) 起こる〖～病〗病気になる〖～地震〗地震が起きる〖～矛盾〗対立する ④やる，する〖～罢工〗ストライキをやる〖把问题～清楚〗問題を明らかにする
【闹别扭】nào bièniu [動] 仲たがいする，いやがらせする，へそをまげる〖你为什么尽跟他～?〗君はどうして彼と悶着ばかり起こしているの
【闹肚子】nào dùzi [動] 下痢をする，腹を下す
【闹房】nào'fáng [動] 新婚の夜，友人たちが新居で新婚夫婦をからかい祝福する [同]［闹新房］
【闹鬼】nào'guǐ [動]① お化けが出る，幽霊が出る ②陰で悪事を働く
【闹哄】nàohong [動] 騒ぎたてる，わいわい騒ぐ〖有话好好儿说，～什么!〗言いたいことがあるならちゃんと言え，なにを騒いでいるんだ
【闹哄哄】nàohōnghōng [形]（～的）騒々しい〖～的人声〗がやがや騒がしい人声
【闹饥荒】nào jīhuang [動]① 飢饉に

N

見舞われる ②(方)経済的に困窮する,金に困る

【闹架】nào'jià 動(方)けんかする
【闹剧】nàojù 動①どたばた喜劇 働[趣剧][笑剧] ②(転)茶番,お笑いぐさ
【闹乱子】nào luànzi 動トラブルを起こす,事故を起こす
【闹气】nào'qì 動(～儿)(方)人とけんかする
【闹情绪】nào qíngxù 動 気分を悪くする,不満を抱く〖情绪闹得很厉害〗ひどく気分を損なっている
【闹嚷嚷】nàorāngrāng 形(～的)騒々しい〖外面～的,什么事呀〗外が騒々しいが,何事だろう
【闹市】nàoshì 名盛り場,繁華街
【闹事】nào'shì 動騒動を起こす
【闹腾】nàoteng 動①騒ぐ〖他瞎～了很久,可是谁也没理他〗彼は長いこと騒ぎまくっていたが,誰も相手にしなかった ②ふざける,興じる〖他们又唱又跳—得挺欢〗彼らは歌ったり踊ったりとても楽しそうに騒いだ
【闹笑话】nào xiàohua 動(～儿)へまをして笑われる,しくじる 働[出洋相]
【闹意见】nào yìjiàn 動 意見が合わず互いに不満を持つ,折り合いが悪くなる
【闹灾】nàozāi 動災害が起こる
【闹着玩儿】nàozhe wánr 動冗談でやる,ふざける〖这可不是～的〗これは冗談事じゃない
【闹钟】nàozhōng 名〔只・座〕目覚まし時計

【淖】nào ⊗泥

【讷】(訥) nè ⊗言葉が重苦しい[木～]質朴だ[～～](書)口が重い,訥々と(話す)

【呢】(*呐) ne 助①疑問の気分を表わす〖谁去～？〗誰が行くんだね〖我的皮包～？〗私のかばんはどこ？ ②確認,誇張の語気を表わす〖时间早得很～〗時間は早いよ ③持続,進行を表わす〖他们上课～〗彼らは授業中だ ④文中にポーズをとるのに用いる〖现在～,跟从前不相同了〗いまはね,以前とは違うんだ
⇨ní

【哪】něi 代「哪 nǎ」の口語音〖～本书是你的？〗どの本が君のだ〖～个〗どれ
⇨nǎ, na, něi

【馁】(餒) něi ⊗①飢える ②気落ちする,しょげる[气～]弱気になる[胜不骄,败不～]勝っておごらず,負けて

気落ちせず ③魚が腐る

【内】nèi ⊗①内側,内部〖请勿入～〗中に立ち入らないで下さい[海～]国内 ②妻または妻の親族
【内部】nèibù 名内部,内側[～消息]内部情報[～刊物](非公開の)内部刊行物
【内出血】nèichūxuè 名〖医〗内出血
【内存】nèicún 名①内部メモリ 働[内存储器] ②内部メモリ容量
【内地】nèidì 名奥地,内陸
【内弟】nèidì 名妻の弟
【内定】nèidìng 動(人事が)内定する
【内耳】nèi'ěr 名〖生〗内耳
【内分泌】nèifēnmì 名〖生〗内分泌
【内服】nèifú 動内服する
【内阁】nèigé 名内閣
【内功】nèigōng 名身体の内部器官を鍛練する武術や気功 ⊗[外功]
【内果皮】nèiguǒpí 名〖植〗内果皮,種子を包む果皮
【内海】nèihǎi 名内海,領海
*【内涵】nèihán 名〖論〗内包 ⊗[外延]
【内行】nèiháng(⊗[外行]) 名玄人 — 形精通している〖对种稻子很～〗稲作りには詳しい
【内河】nèihé 名国内河川
【内讧】nèihòng 名内部抗争,内乱 働[内争]
【内奸】nèijiān 名内部の裏切り者,敵の回し者
【内景】nèijǐng 名(映画,テレビの)セット,(舞台の)室内場面
【内镜】nèijìng 名〖医〗内視鏡 働[内窥镜]
【内疚】nèijiù 形やましい〖感到有些～〗いささかやましさを感じる
【内科】nèikē 名〖医〗内科[～医生]内科医
【内力】nèilì 名〖理〗内力 ⊗[外力]
【内陆】nèilù 名内陸[～国]内陸国[～河]内陆河川
【内乱】nèiluàn 名内乱
*【内幕】nèimù 名内幕,内情
【内亲】nèiqīn 名妻側の親戚
【内勤】nèiqín 名内勤(者)
【内情】nèiqíng 名内情,内部事情
【内燃机】nèiránjī 名内燃機関[～车]ディーゼル機関車
【内人】nèiren/nèirén 名(旧)(人に対して言うとき)自分の妻 働[内子]
【内容】nèiróng 名内容〖这本书的～非常丰富〗この本の内容は豊かだ[～提要](記事の) リード,(書籍の)要点紹介
【内伤】nèishāng 名〖医〗内部器官の傷,内臓の障害
【内胎】nèitāi 名タイヤ内のチューブ 働[里胎]

【内外】nèiwài 图 ① 内部と外部 [～交困] 内外で苦境に直面する ② 概数 [五十年～] 50年前後
【内务】nèiwù 图 ① 国内の政務,民政 ② 軍隊など集団生活における日常の仕事 (掃除,整頓,衛生など)
【内线】nèixiàn 图 ① 間諜,スパイ ②[军] 敵包囲下の戦線 ③ (電話の) 内線
【内详】nèixiáng 動[翰] 委細は中に
【内向】nèixiàng 形 内気な,内向的な
【内心】nèixīn 图 ① 心のうち [～的打算] 内心のもくろみ [～深処也] 心の奥 [～世界] 内心世界 ②[数] 内心
【内兄】nèixiōng 图 妻の兄
【内衣】nèiyī 图 下着,肌着 [换～] 下着を換える
【内因】nèiyīn 图 内因 ⑥[外因]
【内应】nèiyìng 图 内応(者)
【内忧外患】nèi yōu wài huàn〖成〗内憂外患
【内在】nèizài 形〖多く定語として〗内在の,固有の [～因素] 内在的要因 [～矛盾] 内在的矛盾
【内脏】nèizàng 图 内臓
【内宅】nèizhái 图[旧] 屋敷の後方の居室,女たちの部屋
【内战】nèizhàn 图 内戦
【内政】nèizhèng 图 内政 [互不干涉～] 相互内政不干渉(の原則を守る)
【内侄】nèizhí 图 妻の甥 [～女] 妻の姪
【内中】nèizhōng 图 内部,裏面 [～必有道理] 内部には必ず道理がある
【内助】nèizhù 图〖書〗妻

【那】nèi 代『那nà』の口語音 ⇨nà

【恁】nèn 代[方] ① その [～时] その時 ② そんなに,あんなに [～大] そんなに大きい [～般] そのような [～地 dì] そんなに

【嫩】nèn 形 ① (植物などが) 若い,柔らかい ⑥[老] [鲜～的黄瓜] 新鮮でみずみずしいキュウリ [～叶] 若葉 [～姜] 新ショウガ ② 料理が半熟で柔らかい [肉要炒得～些,不要炒老了] 肉はもっと柔らかく炒めること,火を通しすぎてはいけない ⊗ (色が) 浅い [～绿] 浅緑
【嫩黄】nènhuáng〖多く定語として〗浅黄色の
【嫩手】nènshǒu 图 新米,未熟者

【能】néng 图 エネルギー [～量] [热～] 熱エネルギー [太阳～] 太陽エネルギー [原子～] 原子力 ─ 助動 ① (能力があっ

て) できる [～看中文书] 中国語の本が読める [～游一百米] 100メーター泳げる [～说会道] 口が達者だ ② (条件・環境の上から) できる [明天不～去] あすは行けない ③ 許される [不～抽烟] 吸ってはいけない [这儿～吸烟吗?] ここでタバコを吸っていいですか ④ 可能性がある [他～不知道?] 彼が知らないことがあろうか ⊗ ① 能力,才能 [无～] 無能な [一专多～] 一つの専門を持つほか多くの才能がある ② 有能な [～人] 才能のある人
【能动】néngdòng 形 能動的な,積極的な [～地争取胜利] 積極的に勝利を勝ち取る
*【能干】nénggàn 形 有能だ [～的小伙子] 有能な若者 [她～得很,什么都能做] 彼女はとてもやり手で,どんな事でもできる
【能工巧匠】néng gōng qiǎo jiàng〖成〗腕のいい職人,名工
【能够】nénggòu ① (能力があって) できる ② (条件・環境の上から) できる [不～答应] 承諾できない ③ 許される
【能级】néngjí 图[理] エネルギー準位
【能见度】néngjiàndù 图 可視度,視程
*【能力】nénglì 图 能力 [～太差] 能力がひどく劣る [提高～] 能力を高める
*【能量】néngliàng 图 エネルギー
【能耐】néngnai 图[口] 技能,腕前 [有～] 腕がいい [说谎的～] うそつきの能力
【能事】néngshì 图〖書〗能力,手腕 [竭尽挑拨离间之～] あらゆる手を使って仲間割れを画策する
【能手】néngshǒu 图 やり手,名手 [围棋～] 囲碁の名手 [节约的～] 節約の名人
【能说会道】néng shuō huì dào〖成〗口達者な
*【能源】néngyuán 图 エネルギー源 [节约～] エネルギーを節約する [～危机] エネルギー危機 [天然气～] 天然ガスエネルギー

【嗯】(*唔) ńg 嘆 ⇨ń
【—】(*吪) ňg ⇨ň
【—】(*吪) ǹg ⇨ǹ

【妮】nī 图[方] (~儿) 女の子 [～子] 同前

【尼】ní ⊗ 尼,尼僧
【尼姑】nígū 图 尼,尼僧
【尼古丁】nígǔdīng 图 ニコチン

【尼龙】nílóng [名] ナイロン(今はふつう'锦纶'という)[～袜]ナイロン靴下

【泥】ní [名] 泥 [～娃娃] 泥人形
⊗泥状の半固体物 [印～] 印肉 [蒜～] ニンニクのすりつぶし
⇨nì

【泥大佛也大】ní dà fó yě dà《俗》(泥が多ければ仏像も大きい＞) 人手が多ければ大きな仕事ができる

【泥工】nígōng [名]《方》左官 [同][瓦工][泥水匠]

【泥浆】níjiāng [名] 泥水, マッド [～泵] 泥水ポンプ

【泥金】níjīn [名](書画用)金泥きんでい

【泥坑】níkēng [名] 泥沼;《転》苦境『陷在～里』泥沼に陥る

【泥淖】nínào [名] 泥沼, 沼地

【泥泞】nínìng [名] ぬかるみ『轱辘陷在～里』車輪がぬかるみにはまる — [形] ぬかっている『～的路面』ぬかるんだ路面

【泥牛入海】ní niú rù hǎi《成》(泥で作った牛が海に入る＞) 二度と戻らぬ

【泥菩萨过河, 自身难保】ní púsà guò hé, zìshēn nán bǎo《俗》(泥で作った菩薩が川を渡るようなもので, (とけて) 自分の身が危ない＞) 他人のことなどかまっておられない

【泥鳅】níqiu [名]〔条〕ドジョウ

【泥人】nírén [名](～儿) 土人形, 泥人形

【泥沙】níshā [名] ① 泥と砂, 土砂 ② 沈泥

【泥石流】níshíliú [名] 土石流

【泥水匠】níshuǐjiàng [名] 左官 [同][泥瓦匠]

【泥塑】nísù [名] 土人形, 泥人形 [～木雕] (泥人形と木彫り人形＞) 人形のように表情がない

【泥胎】nítāi [名] 色付け前の泥人形

【泥潭】nítán [名] 泥沼

【泥炭】nítàn [名] 泥炭 [同][泥煤]

【泥塘】nítáng [名] 泥沼, 沼地

【泥土】nítǔ [名] 土壌, 粘土

〖怩〗ní ⊗→[忸～ niǔní]

〖呢〗ní ⊗毛織物 [～子] ラシャ [～料] ラシャの服地, 毛織物
⇨ne

【呢绒】níróng [名] 毛織物, ウール

【铌(鈮)】ní [名]〖化〗ニオブ, ニオビウム

〖倪〗ní ⊗① 端はし, 際きわ [端～] 糸口, 暗示 ② (N-)姓

〖霓(*蜺)〗ní ⊗〖天〗副虹, 外がわの虹

【霓虹灯】níhóngdēng [名] ネオン, ネオンサイン

〖鲵(鯢)〗ní ⊗〖動〗サンショウウオ([同][娃娃鱼]) [大～] オオサンショウウオ

【拟(擬)】nǐ [動] ① 起草する, 立案する [～稿] 草稿を書く ② (…する) つもりである, 予定である『～于下周前往南京』来週南京に行く予定だ
⊗なぞらえる [模～] 模擬 [～声词] 擬声語

【拟订】nǐdìng [動] 案を作る, 立案する

*【拟定】nǐdìng [動] 作成する, 制定する『～计划』計画を立てる『～条文』条文を作成する

【拟古】nǐgǔ [動] 古代のスタイルを模倣する

【拟人】nǐrén [名]〖語〗擬人法

【拟态】nǐtài [名] 擬態 [～词] 擬態語

【拟议】nǐyì [名] もくろみ, 計画, 提議『这个～提得很及时』この計画はタイミングよく提出された — [動] 起草する

【拟于不伦】nǐ yú bù lún《成》比較できない物で比べる

【拟作】nǐzuò [名] 他人を模倣した作品, 模作

【你(*儞)】nǐ [代] ① あなた, 君, おまえ『～爸爸』あなたのお父さん ② 任意の人『～追我赶』互いに追いかける

【你好】nǐ hǎo《挨》こんにちは

【你们】nǐmen [代] あなたたち, 君たち『～大学』君たちの大学

【你死我活】nǐ sǐ wǒ huó《成》生きるか死ぬかの激烈な(戦い)

【泥】nì [動](泥やパテを) 塗る『～墙』壁を塗る
⊗固執する [拘～] 拘泥する [～古] 古いものに固執して, 融通がきかない
⇨ní

【泥子(腻子)】nìzi [名] パテ

〖昵(暱)〗nì ⊗親しい [～称] 愛称

【逆】nì [動] 逆らう『～时代潮流而动』時代に逆らって動く『～着风走』向かい風の中を行く [忠言～耳] 忠言耳に逆らう
⊗① 逆の [～风] 逆風 ② 反逆(者) [叛～] 同前 ③ 事前の [～料] 予測する

【逆差】nìchā [名] 輸入超過, 逆ざや([反][顺差]) [贸易～] 貿易赤字

【逆产】nìchǎn [動] 逆子さかごで生む [同][倒 dào 产]

【逆定理】nìdìnglǐ [名]〖数〗逆定理

【逆耳】nì'ěr [形] 耳に逆らう, 聞いて不愉快な

【逆光】nìguāng [名] 逆光

【逆境】nìjìng [名] 逆境

N

【逆来顺受】nì lái shùn shòu 《成》逆境や抑圧におとなしく従う

【逆流】nìliú 勢 逆流 ― 流れに逆らう〚～而上〛流れに逆らって進む

【逆水】nì'shuǐ 動 流れに逆らう〚～行舟〛流れに逆らって舟を進める('不进则退'と続き,努力しなければ後退する意を表わす)

【逆行】nìxíng 動 逆行する〚单行道,不得～〛一方通行の道では逆方向に進むことはできない

【逆转】nìzhuǎn 動 (情勢が)悪化する〚局势～〛情勢が引っ繰り返る

【逆子】nìzi 名 親不孝の息子

【匿】nì ⊗ 隠す,隠れる [逃～] 逃げ隠れる

【匿迹】nìjì 動 姿を隠す,痕跡を消す

【匿名】nìmíng 動 名を隠す〚～信〛匿名の手紙

【匿影藏形】nì yǐng cáng xíng《成》姿をくらます,存在を隠す

【溺】nì ⊗ ① 溺れる [～死] 溺死する ② ふける [～爱] 溺愛する

【睨】nì ⊗ 横目で見る [～视] 《書》同前

【腻】(膩) nì 形 ① 脂っこい〚汤太～了〛スープは脂っこすぎる [油～] 同前 [肥～] 脂っこい,しつこい ② 飽き飽きする,うんざりする〚听～了〛聞き飽きる ③ ねばねばする;(転)親しい [～友] 親友
⊗ ① 細かい [滑～] すべすべしている ② 垢

【腻虫】nìchóng 名《虫》アブラムシ,アリマキ

【腻烦】nìfan 形《口》飽き飽きする〚不觉得～〛飽きない〚阴雨连绵,真叫人～〛長雨が続いて全くうんざりする 動 嫌う,うんざりする〚我真一这个曲调〛私はこのメロディーは本当に嫌いだ

【腻味】nìwei 形《方》飽き飽きする ⇒【腻烦】

【拈】niān 動 つまむ,指先ではさむ〚～阄儿〛くじを引く〚～花〛花を摘む [～香] (お寺で)香を焚く

【拈轻怕重】niān qīng pà zhòng《成》苦しい仕事を避け楽な仕事を選ぶ

【蔫】niān (～儿)動 しおれる〚菠菜～了〛ホウレンソウがしおれた ― 形 元気がない,活気がない〚他今天有点儿～〛彼は今日ちょっと元気がない

【蔫不唧】niānbùjī 形 (～儿的)《方》元気がない,黙ったままの〚他今天～的,不知怎么回事〛彼は今日元気がない,どうしたんだろう

【蔫呼呼】niānhūhū 形 (～的) はきはきしない

【蔫儿坏】niānrhuài 形《方》腹黒い

【年】(*季) nián 名 ① (単位としての)年〚十～〛10年間〚六四五～〛A. D. 645年 [去～] 去年 [～报] 年刊,年報 ② 新年〚过～〛新年を祝う
⊗ ① 時期,時代,年齢〚往～〛往年,昔 [童～] 幼年 ② 1年の収穫 [荒～] 凶作年 ③ (N-)姓

【年表】niánbiǎo 名 年表

【年成】niánchéng/niánchéng 名 1年の収穫,作柄〚今年又是个好～〛今年もいい作柄だ

【年初】niánchū 名 年の初め

*【年代】niándài 名 年代,時代〚久远的～〛古い年代〚太平的～〛太平の時代〚五十～〛50年代

【年底】niándǐ 名 年末,年の暮れ

*【年度】niándù 名 年度〚财政～〛財政年度 [会计～] 会計年度

【年份】niánfèn 名 年,年度〚那两次大地震发生在一个～〛その2度の大地震は同じ年に発生した

【年富力强】nián fù lì qiáng《成》若くて力がある,働き盛りだ

【年高德劭】nián gāo dé shào《成》高齢で徳が高い

【年糕】niángāo 名 もち米の粉を蒸した食品(春節に調理して食べる)

【年庚】niángēng 名 生まれた年,月,日,時

【年关】niánguān 名 年の瀬,年の暮れ,◆借金の返済に追われる年末を関門に例えた〚过～〛年の瀬を越す

【年号】niánhào 名 年号,元号〚洪武是明太祖的～〛洪武は明の太祖の年号である

【年华】niánhuá 名《書》年月,年齢〚美好的～〛素晴らしい年月〚浪费～〛歳月を無駄にする

【年画】niánhuà 名 年画(春節のとき室内に貼る縁起のいい絵)

【年货】niánhuò 名 正月用品,年越し用の品物 ◆菓子,年画,爆竹など

*【年级】niánjí 名 学年〚一 yī～〛1年生

【年集】niánjí 名 年末の市〚赶～〛年の市に行く

*【年纪】niánjì 名 年齢(⇔[岁数])〚上了～〛年をとった〚多大～?〛年齢はお幾つですか〚很轻的～〛若い年ごろ

【年鉴】niánjiàn 名 年鑑

【年景】niánjǐng 名 ① その年の収穫,作柄 ⇒【年成】② 正月風景

【年酒】niánjiǔ 名 新年の祝い酒,新年会

【年历】niánlì 名 (1年分が1枚に印刷された)カレンダー〚～卡〛カレンダーを刷ったカード

*【年龄】niánlíng 名 (人や動植物の)

年齢〖性别和～〗性別と年齢［～限制］年齢制限
【年轮】niánlún [名]〘植〙年輪
【年迈】niánmài [形] 老齢の, 高齢である［～力衰］年をとり力が衰える
【年貌】niánmào [名] 年齢と容貌
【年年】niánnián [名]（～儿）毎年, 年々〖～获奖〗毎年賞を受ける
【年谱】niánpǔ [名] 年譜
【年青】niánqīng [形]（青少年の時期で）年が若い［～人］若者
★★【年轻】niánqīng [形]（相対的に）年が若い〖～的姑娘〗若い娘〖～的一代〗若い世代
【年三十】niánsānshí [名] 大晦日 [同]［大年三十］
【年收】niánshōu [名] 年収 [同]［年薪］
【年岁】niánsuì [名] ①年齢〖他～虽然大了, 可是眼力还是好的〗彼は年をとっているけれども, 視力はまだいい ②年月〖～久远〗長い年月がたっている
【年头儿】niántóur [名] ①年数〖三个～〗3年 ②多年 ③時代〖那大灾荒的～〗あの大飢饉のころ ④作柄〖今年的～不大好〗今年の作柄はあまりよくない ⑤年初
【年息】niánxī [名] 年利
【年限】niánxiàn [名] 年限［修业～］修業年限
【年宵】niánxiāo [名] [同]［年夜］
【年夜】niányè [名] 大晦日の夜
【年月】niányuè [名] ①年月 ②時代
【年终】niánzhōng [名] 年末〖～评比〗年末の成績評定〖进行～结账〗年末決算を行う
【年尊】niánzūn [形]《書》年長の

〖粘〗 Nián ⊗姓
⇨zhān

【黏（*粘）】 nián [形] 粘っこい, ねばねばする［～米］もち米, もちアワ〖这浆糊不～〗この糊はくっつかない
【黏度】niándù [名] 粘度
【黏附】niánfù [動] 粘着する
【黏合剂】niánhéjì [名] 粘着剤
【黏糊】niánhu [形] ①粘りけがある〖这大米粥又～又好吃〗このお米のかゆは粘りけがあっておいしい ②はきはきしない
【黏结】niánjié [動] 接着する［～力］粘着力
【黏米】niánmǐ [名] もち米, もちアワ
【黏膜】niánmó [名] 粘膜
【黏土】niántǔ [名] 粘土
【黏液】niányè [名] 粘液
【黏着】niánzhuó [動] 粘着する［～力］粘着力［～语］〘語〙膠着語

〖鲇（鲶 *鯰）〗 nián ⊗ナマズ［～鱼］同前

【捻（撚）】 niǎn [動] 指でひねる, なう〖～绳子〗なわをなう〖～纸捻儿〗こよりを作る〖～针〗鍼(はり)をひねる — [名]（～儿）紙や布でよったもの［纸～］こより［灯～］灯心［火～］火付け用こより
【捻军】Niǎnjūn [名]〘史〙捻軍(ねんぐん)（清末の農民蜂起軍）
【捻子】niǎnzi [名] こより

〖辇（輦）〗 niǎn ⊗輦(れん) ♦天子が乗る車

【撵（攆）】 niǎn [動] ①追い払う〖把人～走〗人を追い払う〖我被他们～出了门〗私は彼らに外へ追い出された ②《方》追いかける

【碾（*輾）】 niǎn [動] 臼でひく〖～米〗精米する〖～玉米〗トウモロコシをひく〖～成粉〗臼でひいて粉にする
⊗臼, ローラー［石～子］石臼［药～子］薬研(やげん)
【碾坊】niǎnfáng [名] 精米所, 精粉所
【碾磙子】niǎngǔnzi [名] 石臼のローラー [同]［碾砣 tuó］
【碾米机】niǎnmǐjī [名] 精米機
【碾盘】niǎnpán [名] ローラーを受ける石臼の平面部分, 臼台 [同]［碾台］
【碾子】niǎnzi [名] ひき臼 ♦家畜を使ってローラーを回す [同]［石碾子］

【廿】 niàn [数] 20

【念】 niàn [動] 心にかける, 懐かしく思う［怀～］しのぶ — [名] 20の大字
⊗①考え［邪～］邪念［私心杂～］私心, 雑念 ②（N-）姓

【—（*唸）】 [動] ①音読する〖把这封信～给妈妈听〗この手紙をお母さんに読んで聞かせる ②学校で勉強する〖～小学〗小学校で勉強する〖～过大学吗？〗大学を出ていますか
【念白】niàn'bái [動] せりふを言う
【念叨（念道）】niàndao [動] ①いつも口にする, よく話題にする〖她就是我们常～的李大妈〗彼女がいつもおうわさしている李おばさんです ②《方》話す
【念佛】niànfó [動] 仏の名を唱える［吃斋～］精進潔斎して念仏する
【念经】niàn'jīng [動] お経を読む
【念旧】niànjiù [動] 旧交を忘れない, 昔のよしみを重んじる
【念念不忘】niànniàn bú wàng《成》いつも心に留めている
【念念有词】niàn niàn yǒu cí《成》口のなかでぶつぶつつぶやく, 呪文を唱える
【念书】niàn'shū [動] ①本を読む ②（学校で）勉強する, 学問をする〖他

現在は~呢,还是工作呢?』彼はいま学校で勉強しているのですか,それとも仕事に就いているのですか
【念头】niàntou 图 考え,心づもり〖可怕的~〗恐ろしい考え〖打消这个~〗その考えを捨てる
【念想儿】niànxiangr 图〖方〗①思い出(の品)働[念物]②思い、考え
【念珠】niànzhū 图(~儿)〔串〕数珠

【埝】niàn 图 田畑の畔筹

【娘】(*孃) niáng 图(口)母親,お母さん[爹~]父母 ⊗①世代が上の女性〖大~〗伯母,おばさん〖老大~〗おばあさん ②若い女性〖新~〗花嫁〖姑~〗娘さん
【娘家】niángjia/niángjiā 图 (嫁の)里,実家(働[婆家])〖回~去了〗里帰りしている
【娘舅】niángjiù 图〖方〗おじさん,母の兄弟 働[舅父]
【娘娘】niángniang 图 ①皇后 ②(子授けの)女神〖~庙〗同前をまつる廟
【娘娘腔】niángniangqiāng 图 女っぽい口調
【娘儿】niángr 图 上の世代の女性と下の世代の男女との組み合わせをいう,例えば母とその子,おばと甥・姪など〖~俩〗母と子ふたり
【娘儿们】niángrmen 图 ① 働[娘儿]②(方)(貶)女 ◆単数にも複数にも使う ③〖方〗女房
【娘胎】niángtāi 图 母胎
【娘姨】niángyí 图〖方〗保母
【娘子】niángzi/niángzǐ 图 ①〖方〗妻,女房 ②年少または中年の婦人に対する敬称〖~军〗女性部隊

【酿】(釀) niàng 動 ①かもす,醸造する〖~黄酒〗'黄酒'を造る ②醸成する,次第に形成する〖小错不改就会~成大错〗小さな誤りを正さないと大きな誤りを招く ⊗酒〖佳~〗美酒
【酿热物】niàngrèwù 图〖農〗発酵によって熱を発する有機物
【酿造】niàngzào 動 醸造する

【鸟】(鳥) niǎo 图〔只〕鳥〖养~〗鳥を飼う〖候~〗渡り鳥〖水~〗水鳥 ◆diǎoと発音すると罵語となる
【鸟尽弓藏】niǎo jìn gōng cáng〖成〗(鳥がいなくなれば弓をしまい込む>)事が成就すれば功労者をないがしろにする
【鸟瞰】niǎokàn 動 鳥瞰ぢ゚ゔする,高みから見渡す〖~图〗鳥瞰図
【鸟枪】niǎoqiāng 图〖枝・杆〗①鳥銃,猟銃〖~换炮〗《転》悪条件などが大きく改善される ②空気銃 働[气枪]
【鸟雀】niǎoquè 图 鳥類

【茑】(蔦) niǎo ⊗〖植〗ツタ〖~萝〗ルコウソウ(メキシコ原産の花)

【袅】(裊*嫋嬝) niǎo ⊗か細い,弱々しい
【袅袅】niǎoniǎo 形 ①(煙などが)ゆるゆる立ち昇っている〖~腾腾〗同前 ②しなやかに揺れている〖垂杨~〗しだれ柳がたおやかに揺れている ③音が長く響いて絶えない〖歌声~〗歌声がいつまでも続く
【袅娜】niǎonuó (旧読 niǎonuǒ) 形〖書〗①(草木が)しなやかな ②(女性の姿が)たおやかな

【嬲】 niǎo ⊗①なぶる,からかう ②からむ

【尿】(*溺) niào 图 尿,小便〖这儿不推撒~〗ここで小便をするな〖~性〗意気地なし 一動 小便をする〖~尿 suī (niào とも)〗おしっこをする ⇨ suī
【尿崩症】niàobēngzhèng 图〖医〗尿崩ぼう症
【尿布】niàobù 图〔块〕おしめ,おむつ
【尿床】niào chuáng 動 寝小便をする〖小孩子又~了〗子供がまた寝小便した
【尿道】niàodào 图〖生〗尿道
【尿毒症】niàodúzhèng 图〖医〗尿毒症
【尿炕】niào kàng 動 ('炕'(オンドル)の上で)寝小便をする
【尿盆】niàopén 图(~儿)しびん
【尿素】niàosù 图〖化〗尿素 働[脲niào]
【尿酸】niàosuān 图 尿酸

【捏】(*揑) niē 動 ①指先でつまむ,はさむ〖手里~着一枝笔〗手に筆を持つ ②指でつまんで作る〖~饺子〗餃子を作る〖泥人~得像〗泥人形は本物みたいにできている ③でっち上げる,捏造ぢ゚ゔする
【捏合】niēhé 動 ①寄せ集める ②仲介する ③でっち上げる
【捏一把汗】niē yì bǎ hàn 慣(心配や緊張から)手に汗を握る,はらはらする
【捏造】niēzào 動 捏造する〖~罪证〗犯罪の証拠をでっち上げる〖~的谣言〗捏造されたうわさ

【茶】 nié 形〚方〛元気がない、疲れている［发～］ぐったりする

【聂】(聶) Niè 名姓

【嗫】(囁) niè ⊗以下を見よ
【嗫嚅】nièrú 形〚書〛口ごもるさま

【镊】(鑷) niè 動(ピンセットで)挟む
【镊子】nièzi 名［把］ピンセット、毛抜き

【颞】(顳) niè ⊗以下を見よ
【颞骨】niègǔ 名側頭骨
【颞颥】nièrú 名こめかみ

【蹑】(躡) niè 動 ①そっと足を運ぶ［～着脚步走出去］足を忍ばせて出て行く ⊗②跡をつける［～踪］〚書〛追跡する ③足を踏む
【蹑手蹑脚】niè shǒu niè jiǎo〚成〛(～的)抜き足差し足

【臬】 niè ⊗①(弓の)標的（日時計の棒の意から）標準、基準

【镍】(鎳) niè 名〚化〛ニッケル

【臲】 niè ⊗［～卼 wù (臬兀)］〚書〛危うい、不安定な

【涅】(*湼) niè ⊗①黒色染料になるミョウバン石 ②黒く染める
【涅槃】nièpán 名〚宗〛涅槃はん

【啮】(嚙 *齧) niè 動 ⊗かじる、かむ［～合］かみ合う

【孽】(*孼) niè ⊗①邪悪［妖～］妖怪 ②罪悪［造～］悪事を働く ⊗罪業
【孽障】nièzhàng 名罰あたり、罪業

【蘖】 niè ⊗ひこばえ

【您】 nín 代あなた('你'の敬称)［老师，～早］先生、おはようございます

【宁】(寧 *甯) níng 形 ①安らかである［安～］穏かだ、安泰だ ②(N-) 南京の別称 ③(N-) 寧夏回族自治区の略称
⇨nìng
【宁靖】níngjìng 形〚書〛(治安が)安定している
【宁静】níngjìng 形 ①(環境が)静かだ［～的草原］静かな草原 ②心安らかだ［心情十分～］気持ちはとても安らかだ

【拧】(擰) níng 動 ①絞る、ねじる［～毛巾］タオルを絞る［～麻绳］麻なわを

なう ②つねる［～耳朵］耳をつねる［～屁股］尻をつねる
⇨nǐng, nìng

【狞】(獰) níng ⊗性質が悪い［狰～］凶悪な
【狞笑】níngxiào 動ぞっとするような笑い方をする［歪着嘴巴］口元をゆがめてにたっと笑う

【柠】(檸) níng ⊗以下を見よ
【柠檬】níngméng 名〚植〛レモン［～酸］クエン酸

【凝】 níng 動固まる、凝固する ⊗注意を集中する
*【凝固】nínggù 動凝固する、固まる［水泥都～了］セメントが固まった［血液的～］血液の凝固［～点］凝固点［～汽油弹］ナパーム弾［～剂］凝固剤
【凝集】níngjí 動(液体や気体が)凝集する
【凝结】níngjié 動凝結する、固まる［水蒸气～成露珠］水蒸気が凝結して露になる
*【凝聚】níngjù 動凝集する［～成团］丸く固まる［～着时代的精神］時代の精神を凝集している
【凝练】níngliàn 形簡潔でこなれている
【凝神】níngshén 動精神を集中する［～倾听］精神を集中して耳を傾ける［～思考］一心に考える
*【凝视】níngshì 動凝視する［～远方］遠くを見つめる［出神地～着天空］うっとりして大空を見つめている
【凝思】níngsī 動じっと考える
【凝望】níngwàng 動じっと眺める［～美丽的星星］美しい星をじっと眺める
【凝滞】níngzhì 動滞って動かない［～的目光］じっと動かない視線

【拧】(擰) nǐng 動 ①ねじる［～开瓶盖］瓶のふたを開ける［～笔帽］ペンのキャップを回してとる ②逆にする、あべこべにする［说～了］あべこべに言った ③仲たがいする、こじれる
⇨níng, nìng

【宁】(寧 *甯) nìng ⊗①むしろ、いっそ ②どうして…であろうか
⇨níng

*【宁可】nìngkě 副むしろ…のほうがよい(⇨［不如］［宁肯］)［与其在这儿等公共汽车，～走着去］ここでバスを待つより、むしろ歩いて行ったほうがいい［～少睡点觉，也要把这本书看完］睡眠時間を減らしてでもこの本を読み終わるつもりだ
*【宁肯】nìngkěn 名⊜［宁可］
【宁缺毋滥】nìng quē wú làn〚成〛

いたずらに量が多いよりむしろ欠けているほうがよい
【宁死不屈】níng sǐ bù qū（成）屈服するならむしろ死を選ぶ
*【宁愿】nìngyuàn 圓 いっそ…したい〖我～回去,也不愿留着受辱〗ここにいてばかにされるより帰ってしまいたい

【泞】(濘) nìng ⊗ 泥 ［泥～〗ぬかるみ

【拧】(擰) nìng 形〖方〗強情な,つむじ曲がりの〖～脾气〗ひねくれた性格
⇨ níng, nǐng

【佞】nìng ⊗ ①口先がうまい,人にへつらう〖～人〗同前の人 ②才知がある〖不～〗（謙）わたくし

【甯】Nìng ⊗ 姓

【妞】niū 图 (～儿)〖口〗女の子〖～子〗同前

【妞妞】niūniu/niūniū 图〖方〗女の子

【牛】niú 图〖头・只〗牛〖黄～〗赤牛 一 形 ①頑固な ②〖口〗(腕まえが)すごい
⊗ ①二十八宿の一 ②(N-) 姓

【牛蒡】niúbàng 图〖植〗ゴボウ('黑萝卜'とも)

【牛鼻子】niúbízi 图（転)(物事の)かなめ〖牵住～〗かなめをおさえる

【牛刀】niúdāo 图 牛刀,牛を切る刃物〖割鸡焉用～〗(鸡を割くのにどうして牛刀を用いるのか>)小さな事を大がかりにやるのは無駄だ

【牛痘】niúdòu 图〖医〗牛痘

【牛犊】niúdú 图 子牛

【牛倌】niúguān 图 (～儿)牛飼い

【牛鬼蛇神】niú guǐ shé shén（成）妖怪変化

【牛黄】niúhuáng 图〖薬〗(生薬の)牛黄

【牛角】niújiǎo 图 牛の角

【牛角尖】niújiǎojiān 图 (～儿) ①ささいな問題,取るに足らぬ事柄 ②解決できない問題,厄介きわまる事柄

【牛劲】niújìn 图 (～儿) ①大きな力,苦労 ②強情

【牛郎星】niúlángxīng 图 牽牛星,彦星,アルタイル

【牛毛细雨】niúmáo xìyǔ 图 霧雨,こぬか雨

【牛虻】niúméng 图〖虫〗〖只〗アブ

*【牛奶】niúnǎi 图 牛乳

【牛腩】niúnǎn 图〖方〗牛の腰肉の一部,サーロイン

【牛排】niúpái 图 厚めに切った牛肉,ビフテキ

【牛棚】niúpéng 图 ①牛小屋 ②(文革時代の)牢

【牛皮】niúpí 图 ①牛の皮 ②柔軟で強いもの〖～纸〗クラフト紙,ハトロン紙 ③ほら〖吹～〗ほらを吹く

【牛脾气】niúpíqi 图 強情な性質

【牛肉】niúròu 图 牛肉〖～干儿〗味付けした干し牛肉

【牛市】niúshì 图（株式の）上げ相場⊗〖熊市〗

【牛头不对马嘴】niú tóu bú duì mǎ zuǐ（俗）つじつまが合わない

【牛头马面】Niútóu Mǎmiàn（成）閻魔の二人の手下,反動的な人物,醜悪な人物

【牛蛙】niúwā 图 ウシガエル,食用ガエル

【牛瘟】niúwēn 图 牛痘

【牛膝】niúxī 图〖薬〗イノコズチ,牛膝

【牛性】niúxìng 圖 頑固な性質

*【牛仔裤(牛崽裤)】niúzǎikù 图〖条〗ジーパン

【妞】niǔ ⊗ 以下を見よ

【忸】niǔ

【忸怩】niǔní 圖〖書〗恥じ入る,きまりが悪い

【扭】niǔ 圖 ①向きを変える〖～身子〗身体をねじる〖～头〗振り返る ②ねじる,ひねる〖～断〗ねじ切る ③くじく,筋を違える〖脚～了〗足をくじいた〖～伤〗捻挫する ④身体を揺する〖～屁股〗尻を振る〖～摆〗くねらせる ⑤つかむ〖～在一起〗つかみ合いをする

【扭搭】niǔda 圖〖口〗身体を揺すって歩く

【扭动】niǔdòng 圖 身体を左右に揺する

【扭结】niǔjié 圖 (糸などが) もつれる,こんがらがる

【扭捏】niǔnie 圖 もじもじする〖别扭扭捏捏的〗niǔniǔniēniē啦,有话干脆说吧〗もじもじしないで,言いたいことがあるなら,さっさと言いなさい

【扭秧歌】niǔ yāngge 圖 ヤンコ踊りを踊る

*【扭转】niǔzhuǎn 圖 ①向きを変える,回す〖～身子〗体の向きを変える ②情況を転換する〖～历史车轮〗歴史の歯車を転換する

【狃】niǔ ⊗ なじむ,こだわる〖～于成见〗先入感にとらわれる

【纽】(紐) niǔ ⊗ ①つまみ,取っ手〖秤 chèng ～〗竿ばかりのひも ②ボタン〖衣～〗同訓 ③ひも,かせめ

【纽带】niǔdài 图 ①紐帯 chūdài,二つを結びつけるもの〖成为～〗きずなとなる ②帯ひも

*【纽扣】niǔkòu 图〖颗・粒〗(～儿)ボタン〖～式电池〗ボタン型電池

【纽襻】niǔpàn 图 (～儿)中国服の

布製ボタンを留める輪
【纽子】niǔzi 名ボタン 囮[纽扣]
【钮(鈕)】niǔ 名①→[电钮 diàn~] ②(N-)姓
【拗(*抝)】niù 形頑固な, 意固地な [脾气很~]性格がひねくれている ⇨ào
【拗不过】niùbuguò 動説得できない,(相手の気持ちを変えさせられない 反[拗得过]

【农(農*辳)】nóng 名①農業 ②農民 ③(N-)姓
【农产】nóngchǎn 名農業生産 [~品]農産物
【农场】nóngchǎng 名[所]農場 [国营~]国営農場
*【农村】nóngcūn 名農村
【农贷】nóngdài 名農民への貸し付け
【农夫】nóngfū 名(旧)農夫
【农妇】nóngfù 名農婦
【农工】nónggōng 名①農民と労働者 ②農業労働者の略
【农户】nónghù 名農家
【农会】nónghuì 名農民協会
【农活】nónghuó 名野良仕事, 農作業
【农机】nóngjī 名農業機械 [~厂]農機工場
【农家】nóngjiā 名農家 [~活儿]農作業
【农具】nóngjù 名農具, 農機具
*【农历】nónglì 名旧暦, 陰暦 囮[夏历][阴历]
【农忙】nóngmáng 名農繁(期)
【农贸市场】nóngmào shìchǎng 名自由市場 囮[自由市场]
【农民】nóngmín 名農民
【农牧业】nóngmùyè 名農業と牧畜業
【农奴】nóngnú 名農奴
【农时】nóngshí 名農作業時期
【农事】nóngshì 名農業の仕事
【农田】nóngtián 名[片・块]農地
【农闲】nóngxián 名農閑(期)
【农学】nóngxué 名農学
【农谚】nóngyàn 名農業に関する諺
【农药】nóngyào 名農薬
*【农业】nóngyè 名農業 [~工人](農場で働く) 農業労働者 [~机械]農業用機械 [~户口]農業者戸籍 [~税]農業税
【农艺】nóngyì 名農芸 [~师]農芸師, 農業技術者
【农作物】nóngzuòwù 名農作物

【侬(儂)】nóng 代①[方]あなた ②[普][你] ②私(旧詩文の自称) ③(N-)姓

【浓(濃)】nóng 形(反[淡])①濃い [这杯茶太~]この茶は濃すぎる [~云]厚い雲 ②濃厚だ, 程度が強い [香味很~]香りが強い [兴味很~]興味が深い
【浓淡】nóngdàn 名濃淡, 濃さ
【浓度】nóngdù 名濃度
*【浓厚】nónghòu 形濃い, 濃厚な [~的雾气]濃い霧 [带有~的地方色彩]濃厚な地方色がある
【浓眉】nóngméi 名濃い眉毛
【浓密】nóngmì 形濃密な, びっしりの [~的枝叶]びっしり茂った枝葉 [头发很~]髪の毛が多い
【浓缩】nóngsuō 動濃縮する [~铀 yóu]濃縮ウラン
【浓艳】nóngyàn 形(色彩が)濃くて鮮やかだ
【浓郁】nóngyù 形濃厚だ, 濃い, 程度が強い [发出~的茶香]濃いお茶の香りを放つ
【浓重】nóngzhòng 形(煙・霧・香り・色などが)濃い [夜色~]夜の気配が深い [一口~的上海口音]強い上海なまり

【哝(噥)】nóng 反つぶやく [嘟~dūnong]同前
【哝哝】nóngnong 動つぶやく

【脓(膿)】nóng 名[化~]化膿(する)
【脓包】nóngbāo 名①[医]おでき, 膿疱 ②役立たず, 能なし
【脓肿】nóngzhǒng 名[医]膿腫, はれ物

【秾(穠)】nóng 反草木が茂っている様子

【弄】nòng 動①いじる [孩子爱~沙土]子供は砂いじりが好きだ ②する, やる, つくる [~饭]ご飯をつくる [我不会~鱼]私は魚をさばけない [~坏]壊す [~明白]はっきりさせる ③手に入れる [想办法~点儿吃的]なんとかして食を工面する ④もてあそぶ [~手段]手段を弄する [舞文~墨]字句をいじくり回す, 文章を曲げる ⇨lòng
【弄鬼】nòng'guǐ 動[方]いんちきをする 囮[捣鬼]
【弄假成真】nòng jiǎ chéng zhēn (成)うそから出たまこと
【弄巧成拙】nòng qiǎo chéng zhuō (成)うまくやろうとしてかえってへまをする
【弄虚作假】nòng xū zuò jiǎ (成)欺まん行為をする, 人をだます

【耨(*鎒)】nòu 反①除草する ②除草用具 ③農具

【奴】nú ⊗ ① 奴隷, しもべ [农～] 農奴 [亡国～] 亡国の民 [洋～] 無批判な外国崇拝者 ② 奴隷のように扱う ③ (旧) わたくし (若い女性の自称)

【奴才】núcai 图 ① 卑屈な追随者, 悪の手先 ② (旧) 明, 清代の宦官の皇帝に対する自称, あるいは清代の満族と武官の自称

【奴化】núhuà 動 奴隷化する [～教育] 奴隷化教育

*【奴隷】núlì 图 奴隷 [权力的～] 権力の奴隷 [～社会] 奴隷社会

【奴仆】núpú 图 奴僕, しもべ

【奴颜婢膝】nú yán bì xī 〈成〉卑屈に追随するさま ⓟ[奴颜媚骨]

【奴役】núyì 動 奴隷のようにこき使う [～士兵] 兵士を奴隷のように酷使する

【孥】nú ⊗ ① 子女 ② 妻と子供

【驽】(駑) nú ⊗ ① 駑馬と, 歩みののろい馬 ② 駑才, 才の鈍い人

【努】(*呶 唠) nǔ 動 力を入れすぎて身体を傷める ⊗ 力を出す, 精を出す [～劲儿] 努力する

【—】(*拗) 動 突き出す [～着眼睛] 目を見張る

*【努力】nǔlì 形 一生懸命な [学习很～] 一生懸命に勉強する ──nǔlì 動 努力する

【努嘴】nǔ'zuǐ 動 (～儿) 口をとがらせて合図する [我向他努努嘴, 让他先发言] 私は口を突き出して合図し, 彼に先に発言させた

【弩】nǔ ⊗ 弩ど, 大弓 [～弓] 同前

【怒】nù ⊗ ① 怒る [动～] [发～] 腹を立てる, かんしゃくを起こす [迁～] 当たりちらす ② 勢いが強い [狂风～号] 強風がふきすさぶ [百花～放] 様々な花が勢いよく咲き出す

【怒不可遏】nù bù kě è 〈成〉怒りを抑えられない [他～地责问妻子] 彼は腹にすえかねて妻をなじった

【怒潮】nùcháo 图 激しい潮流;〈転〉激しい抵抗運動

【怒冲冲】nùchōngchōng 形 (～的) かんかんに怒っている

【怒发冲冠】nù fà chōng guān 〈成〉怒髪天を衝つく, 激しい怒りの形相

【怒号】nùháo 動 怒号する, 大声で叫ぶ

【怒吼】nùhǒu 動 ① 猛獣がほえる [传来野兽的～声] 野獣がほえる声が聞こえてくる ② 風雲や怒号がとどろく [～的狂风] ふきすさぶ強風

【怒火】nùhuǒ 图 怒りの炎 [燃起～] 怒りの炎を燃やす [满腔～] 胸いっぱいの怒り

【怒骂】nùmà 動 怒ってののしる

【怒目】nùmù 動 目を怒らす [～横眉] 目を怒らせ眉をつり上げる [～而视] 目を怒らせてにらむ

【怒气】nùqì 图 怒りの気持ち [～冲天] かんかんに怒る

【怒容】nùróng 图 怒りの顔付き [～满面] 顔じゅう怒りを表わす

【怒色】nùsè 图 怒りの表情

【怒视】nùshì 動 〈書〉怒りの目でにらむ

【怒涛】nùtāo 图 怒濤どう [～澎湃] 怒濤逆巻く, 盛んな勢いで起こる

【怒族】Nùzú ⊗ ヌー族 ♦ 中国少数民族の一, 雲南に住む.

【女】nǚ 形 〈定語として〉女の, 女性の [～的] 女 ⊗① 女性 [男～] 男女 [妇～] 婦人 ② 女の子, 娘 [独生～] 一人娘 [侄～] めい ③ 二十八宿の一, 女宿じょ

【女大十八变】nǚ dà shíbā biàn 〈成〉女は成長するまでに度々変わる

【女低音】nǚdīyīn 图 〖音〗アルト

*【女儿】nǚ'ér 图 (親族名称の) 娘 [大～] 長女 ⓟ[儿子]

【女方】nǚfāng 图 女の側, 花嫁側 ⓟ[男方]

【女高音】nǚgāoyīn 图 〖音〗ソプラノ

【女工】nǚgōng 图 ① 女性労働者 ② (旧) 女性の仕事 ('女红' とも書く)

【女孩儿】nǚháir 图 女の子, 娘 ⓟ[女孩子]

【女眷】nǚjuàn 图 〈書〉女性の身内

【女郎】nǚláng 图 若い女性 [赛车～] レースクイーン

【女流】nǚliú 图 〈貶〉女ども [～之辈] 女のやから

【女仆】nǚpú 图 メイド [～咖啡厅] メイド喫茶

【女墙】nǚqiáng 图 凸凹型の城壁, ひめ垣

*【女人】nǚrén 图 (成人の) 女, 女性 [～家] 女たち ── nǚren 图 〈口〉女房, 妻

【女色】nǚsè 图 女の魔力, 色香

【女神】nǚshén 图 女神

【女生】nǚshēng 图 女子学生, 女生徒

【女声】nǚshēng 图 〖音〗女声 [～合唱] 女声コーラス

【女史】nǚshǐ 图 (旧) 女史

*【女士】nǚshì 图 女史 (婦人に対する敬称, 特に外国人に対して) [～们, 先生们] 淑女, 紳士のみなさん

【女王】nǚwáng 图 女王

【女性】nǚxìng 图 女性 [～激素] 女性ホルモン

【女婿】nǚxu 图①娘婿 ②(口)夫
【女佣】nǚyōng 图女性使用人，女中
【女真】Nǚzhēn 图女真(じょしん) ♦古代東北の民族，のちの満洲族と関係
【中中音】nǚzhōngyīn 图【音】メゾソプラノ
【女主人】nǚzhǔren/ nǚzhǔrén 图奥さん(主婦または客の敬称)
【女子】nǚzǐ 图女子，女性［～单打］女子シングルス［～双打］女子ダブルス

【衄】(衂) nù 图①出血する，鼻血が出る［鼻～］同前 ②戦に敗れる［败～］同前

【暖】(*煖煗暝) nuǎn 形①暖かい［温～］暖かい，暖かい［取～］暖まる ②暖める，温める［～酒］酒を温める［～手］手を暖める
【暖房】nuǎn′fáng 图新婚(または新居)祝いをする — 图寝室
【暖锋】nuǎnfēng 图【天】温暖前線 ⓔ[冷锋]
【暖烘烘】nuǎnhōnghōng 形(～的)ぽかぽか暖かい
【暖壶】nuǎnhú 图①魔法瓶，ポット ⓔ[暖水瓶] [暖瓶] ②綿などのカバーで保温する水筒 ③湯たんぽ ⓔ[汤壶]
*【暖和】nuǎnhuo 形(気候や環境が)暖かい［～的阳光］暖かい日ざし［心里～］胸の中が暖かい［～的被子］暖かい布団 — 图暖める［～一下］ちょっと暖める
【暖帘】nuǎnlián 图(防寒用に入口に掛ける)綿入れのカーテン
【暖流】nuǎnliú 图暖流，(胸に込み上げる)熱いもの［心里涌起一股～］胸に熱いものが込み上げてくる
【暖瓶】nuǎnpíng 图魔法瓶，ポット ⓔ[暖水瓶] [暖壶]
【暖气】nuǎnqì 图①スチーム，暖房設備 ②【天】暖気［～团］暖気団
【暖色】nuǎnsè 图暖色(赤，だいだい色など)
【暖水瓶】nuǎnshuǐpíng 图魔法瓶，ポット ⓔ[热水瓶]
【暖洋洋】nuǎnyángyáng 形(～的)ぽかぽかと暖かい

【疟】(瘧) nüè ⊗【医】おこり，マラリア［～疾nüèji］同前
⇨ yào

【虐】nüè ⊗ むごい，非道な［凶～］凶暴な［助桀为～］悪人を助けて悪事を働く
*【虐待】nüèdài 動 虐待する，残酷に扱う［～小孩儿］子供を虐待する
【虐杀】nüèshā 動 虐殺する
【虐政】nüèzhèng 图虐政，苛政

【挪】nuó 動(物を)動かす，(場所を)移動する［往那边～～］そちらへ場所を移そう ⊗音訳用字として［～威］ノルウェー［～亚方舟］ノアの箱舟('诺亚方舟'とも)
【挪动】nuódòng 動移動する，場所を移す［请把椅子～一下］椅子をちょっと動かして下さい
【挪用】nuóyòng 動①流用する ②私用に使う［公款可～不得］公金は私用に使ってはならぬ

【娜】 nuó ⊗ → [婀ē～] [袅niǎo～]
⇨ nà

【傩】(儺) nuó ⊗ 追儺ついな，悪鬼を払う儀式［～神］悪疫を払う神

【诺】(諾) nuò ⊗①承諾する，許す［应yīng～］承諾する［允～］承知する，引き受ける ②承諾の言葉［唯唯～～］はいはいと言いなりになる
【诺贝尔奖金】Nuòbèi′ěr jiǎngjīn 图ノーベル賞 ⓔ[诺贝尔奖]
【诺言】nuòyán 图約束，約定［遵守～］約束を守る［不能违背自己的～］自分が約束したことに背いてはならない

【喏】 nuò 感(方)(人に注意を促して)ほら，ねえ ♦'喏喏'(発声しつつ拱手の礼をする)では rě と発音

【锘】(鍩) nuò 图【化】ノーベリウム

【搦】 nuò ⊗①持つ，握る［～管］[～书]筆を執る ②挑む［～战］挑戦する

【懦】 nuò 形 臆病な［怯～］気が弱い
【懦夫】nuòfū 图臆病者，意気地なし［～懒汉］意気地なしや怠け者
【懦弱】nuòruò 形意気地がない，軟弱な［～的性格］軟弱な性格

【糯】(*稬秫) nuò ⊗粘りけのある(穀類)［～谷］もち米
【糯稻】nuòdào 图もち米の稲
【糯米】nuòmǐ 图もち米('江米'とも)［～纸］オブラート

O

【OLED】图 有機EL 働[有机发光二极管]

【噢】ō 嘆（相手の意図や事情がわかって）ああ，そうか（'喔'とも）[～,原来是他！]ああ，彼だったのか

【哦】ó 嘆（はてなという気持ちで）えっ，へえ[～,这件事是他做的？]へえ，これはあの人がやったの？
⇨é, ò

【嚄】ǒ 嘆（いぶかる気持ちで）おや，へえ
⇨huō

【哦】ò 嘆（事情がわかったり，思い当たったりして）ああ，おお[～,想起来了]ああ,思い出したよ
⇨é, ó

【区(區)】Ōu ⊗姓
⇨qū

【讴(謳)】ōu ⊗①歌う[～歌]謳歌する ②民謡[吴～]呉地方の民謡

【瓯(甌)】ōu ⊗①[方]碗[茶～]湯飲み ②(O-)姓

【欧(歐)】Ōu ⊗①ヨーロッパ[＊～元]ユーロ[西～]西欧 ②姓
【欧化】ōuhuà 動 欧化する
【欧椋鸟】ōuliángniǎo 图[鳥]ムクドリ
【欧盟】Ōuméng 图 欧州連合, EU
【欧姆】ōumǔ 图[理]オーム
【欧体】Ōutǐ 图[字]唐の欧陽詢の書体
【欧阳】Ōuyáng 图 欧陽（複姓の一）

【殴(毆)】ōu 嘆（驚き・感嘆などの）ああ，おお
◆状況によりóu, ǒu, òuとも ━（多く重ねて）泣き声を表わす

【殴(毆)】ōu ⊗ 殴る[斗～]殴り合いをする[～伤]殴って負傷させる
*【殴打】ōudǎ 動 殴る[被人～]人に殴られる[～小偷儿]こそ泥を殴る

【鸥(鷗)】ōu ⊗[鳥]カモメ[海～]同前

【呕(嘔)】ǒu ⊗ 吐く[～血 xuè]吐血する[作～]吐き気がする(ほど憎む)
*【呕吐】ǒutù 動 嘔吐おうとする
【呕心沥血】ǒu xīn lì xuè《成》心血を注ぐ

【怄(慪)】ǒu 動①(薪などが燃えにくくて)大量の煙を出す ②(ヨモギなどの)煙で虫を追い払う

【偶】ǒu ⊗①人形[木～]木彫り人形 ②偶数, 対のもの[无独有～]単独ではなく同類の者がいる[佳～]よき伴侶 ③偶然, たまたま[～一为wéi之]たまに一度やる
*【偶尔】ǒu'ěr 副①たまに, ときたま ②たまたま[昨天～遇见了老朋友]昨日たまたま親友に出会った
【偶发】ǒufā 形[定語として]偶発的な[～事件]偶発事件
【偶合】ǒuhé 動 符合する, 暗合する
*【偶然】ǒurán 形 偶然の, たまたまの[～的巧合]偶然の一致[这可不是～的事]それは決して偶然のことではない[～性]偶然性
【偶数】ǒushù 图 偶数 働[双数]
【偶蹄目】ǒutímù 图[動]偶蹄ぐう類, ウシ目
【偶像】ǒuxiàng 图 偶像[崇拜～]偶像を崇拝する

【耦】ǒu ⊗二人が並んで耕す
【耦合】ǒuhé 图[理]カップリング, 結合

【藕(＊蔤)】ǒu 图[植]レンコン
【藕断丝连】ǒu duàn sī lián《成》(レンコンはちぎっても糸がつながっている)(男女が) 別れたのになお関係を断ち切れずにいる
【藕粉】ǒufěn 图 レンコンの澱粉 ◆くず湯のように溶いて食べる
【藕荷(藕合)】ǒuhé 形[定語として]赤みがかった淡紫色の
【藕节儿】ǒujiér 图 レンコンの節 ◆黒くてひげがあり漢方薬になる
【藕色】ǒusè 图 赤みがかった灰色

【沤(漚)】òu 動 長時間水に浸して変質させる(「泡」の意ではōuと発音)[～麻](繊維を取るために)麻を水に漬ける
【沤肥】òuféi 图 水肥 ◆雑草, わら, 葉っぱ, 糞尿などを水に浸し分解発酵させた肥料

【怄(慪)】òu 動[方]①むしゃくしゃする, いらいらする ②怒らせる, いらいらさせる
【怄气】òu'qì 動 腹を立てる, むしゃくしゃする[不要～]そうふくれるな

P

【POS机】POS jī 名 POSシステム
【PPI】名 生産者物価指数 ⊕[工业品出厂价格指数]
【PSC】名 普通话水平测試 ◆中国人の母語力試験 ⊕[普通话水平测试]

【趴】pā 動 ① 腹ばいになる，うつ伏せる 〖～在地上看书〗床に腹ばいになって本を読む ② (前にかぶさるように) もたれる (⊕[伏])〖～在桌子上看地图〗テーブルに身を乗り出して地図を見る

【啪】pā 擬 ぱん，ぱたん(鉄砲，拍手などの音)
【啪嚓】pāchā 擬 がちゃん(物が落ちたり，ぶつかったり，割れたりする音)
【啪嗒】pādā 擬 ばたり，ぽとん(物が落ちたり，ぶつかったりする音)〖～地跑下去〗ばたばたと駆け下りた
【啪啦(啪喇)】pālā 擬 ぐしゃ，がちゃん(器物にひびなど入ったときの音)

【葩】pā ⊗ 花〖奇～异草〗美しい花と珍しい草

【扒】pá 動 ① (手や熊手で) かき集める，かき寄せる 〖～草〗草をかき寄せる ② (方)(かゆい所を手で) かく〖～痒〗かゆい所をかく ③ とろ火で長時間煮る，ぐつぐつ煮こむ 〖～羊肉〗羊のシチュー ④ 掏する ⇨ bā
【扒糕】págāo そば粉に砂糖を加えて蒸した菓子
【扒灰】pá'huī 名 ⊕[爬灰]
【扒拉】pála 動 (方)(箸で) 飯をかきこむ 〖往嘴里～饭〗飯を口へとかきこむ ◆ bāla と発音すると「はじく」の意
【扒犁(爬犁)】páli 名 (方) 雪ぞり ⊕(普)[雪橇]
【扒窃】páqiè 動 掏る，掏りとる
【扒手(掱手)】páshǒu 名 すり (方)[三只手]〖谨防～〗すりにご注意

【杷】pá ⊗ →〖枇～pípa〗

【爬】pá 動 ① (動・植物や人など)はう，はい上がる ② 何かにつかまって登る，よじ登る ③ 起き上がる
【爬虫】páchóng 名 爬虫類の旧称
【爬得高，跌得重】pá de gāo, diē de zhòng ② 高い地位にあるほど，失脚すればみじめである
【爬灰(扒灰)】pá'huī (灰の上をはう～膝を汚す＞) 舅ジュウが息子の妻を犯す，息子の嫁と通じる ◆「膝 xī」と「媳 xí」の音通による
【爬犁(扒犁)】páli 名 (方)[副]雪ぞり ⊕(普)[雪橇]
◆【爬山】pá'shān 動 山に登る
【爬山虎】páshānhǔ 名 ①〖植〗〖根〗ツタ ②(方)(2本の竿を椅子をくくりつけた) 山道用のかご
【爬行】páxíng 動 ① はう，はって移動する (⊕[匍匐 púfú]) 〖～动物〗爬虫類 ②(転)(旧来のやり方を固守して) のろのろと行う，牛の歩みを続ける 〖～主义〗人の後からのろのろついてゆく姿勢
【爬泳】páyǒng 名 クロール ⊕[自由泳]

【耙】(*鈀) pá 動 (まぐわで) かき集める，かきならす 〖～地〗地面をならす ⊗ 名 熊手〖钉～〗鉄の歯のついたまぐわ ⇨ bà
【耙子】pázi 名 [把]熊手，まぐわ

【琶】pá ⊗ →〖琵～pípa〗

【筢】pá ⊗ 以下を見よ
【筢子】pázi 名 [把](多くは竹製の)熊手，落葉かき

【怕】pà 動 ① 恐れる，怖がる 〖～老婆〗女房が怖い ② 耐えられない，禁物である 〖～水〗湿気が禁物である ③ 心配する，案じる 〖我～打扰你…〗おじゃましてはいけないので… ④ 副 多分，おそらく 〖他～不来了〗多分彼は来ないだろう
【怕人】pàrén 動 ① 人を恐がる ② 人を恐がらせる
【怕生】pàshēng 動 (子供が) 人見知りする ⊕[认生]
【怕事】pà'shì 動 もめ事を起こすのを恐れる，小心翼々とする 〖胆小～〗気が小さく，事なかれ主義だ
【怕死鬼】pàsǐguǐ 名 (貶)弱虫，臆病者
【怕羞】pà'xiū 動 恥ずかしがる，はにかむ ⊕[害臊]

【帕】pà ⊗ 顔や手をふいたり頭を包んだりする布 [手～]ハンカチ
【帕金森病】pàjīnsēnbìng 名 パーキンソン病 ⊕[帕金森氏病][震颤麻痹]
【帕斯卡】pàsīkǎ 量 (圧力の単位) パスカル

【拍】pāi 動 ① 手で軽くたたく 〖～肩膀〗ぽんと肩をたたく ② 撮影する，カメラに収める 〖～照片〗写真をとる 〖～戏〗映画やテレビドラマを撮る ③ (電報を) 打つ，発する 〖～电报〗電報を

打つ ④《俗》ごまをする，お世辞を言う〖吹吹～～〗ほらを吹きごまをする ━ [名] ①（～儿）物をたたく道具［蝇～儿］ハエたたき ②リズム，拍子［二分之一～］2分の1拍子

【拍案】pāi'àn [動]（怒り，驚き，賞賛などで）テーブルをたたく〖～称快〗テーブルをたたいて快哉を叫ぶ

【拍板】pāi'bǎn [動] ①打楽器をたたいて拍子をとる ②《商》（かつての競売で）買い手の決定を木板をたたいて知らせる；《転》最終決断を下す〖这事儿得由他来～〗この件は彼が最後の決断を下さねばならない

【拍打】pāida/pāidǎ [動] 軽くはたく，ぱたぱたと打つ

【拍发】pāifā [動]（電報を）打つ〖～电报〗電報を打つ

【拍马屁】pāi mǎpì [動]《俗》ごまをする，お世辞を言う（[同]［拍马］）〖拍他的马屁〗彼にごまをする

【拍卖】pāimài [動] ①競売する，オークションにかける［～价］オークション価格（'拍价'とも） ②たたき売りする，投げ売りをする [同]［甩卖］

【拍摄】pāishè [動] 撮影する，写真にとる〖～影片〗映画を撮る

【拍手】pāi'shǒu [動] 拍手する，手をたたく〖～叫好〗拍手喝采する

【拍照】pāi'zhào [動] 写真をとる [同]［照相］

【拍纸簿】pāizhǐbù [名] 一ページごとにはぎとって使うノート，便箋，レポート用紙の類 ♦'拍'は英語padの音訳

【拍子】pāizi [名] ①物をたたく道具，ラケット［羽毛球～］バドミントンのラケット ②拍子，リズム〖打～〗拍子をとる

【俳】pái ⊗ ①昔の滑稽(こっけい)芝居の名称［～优］同前の役者 ②滑稽な，ユーモラスな

【俳谐】páixié [形]《書》風刺，諧謔(かいぎゃく)味のある

【排】pái [名] ①列［后～］後列 ②《軍》小隊 ━ [動] ①列を作る，並べる〖把酒杯～整齐〗グラスを整然と並べる ②リハーサル（稽古）をする ③排除する，押しのける〖把水～入河里〗水を川に押し流す ④押し開ける〖～门而出〗ドアを押し開けて出る ━ [量] 列になったものを数える〖一～汽车〗一列に並んだ自動車

⊗《食》パイ状のもの［苹果～］アップルパイ［牛～］ステーキ

【—（*簰）】⊗ 筏(いかだ)，筏に組んだ木材や竹

⇨pǎi

【排版】pái'bǎn [動]《印》組版をする

【排笔】páibǐ [名] 数本の筆を一列に並べてくくった刷毛(はけ)状の筆，刷毛

【排比】páibǐ [名] 類似した語句を繰り返し用いる修辞法 ♦一句ごとに印象を強め深めてゆく ━ [動] 並べる

【排场】páichang/ páichǎng [名] 見栄，体裁〖讲～〗体裁にこだわる ━ [形] 見栄を張った，体裁を飾った〖～阔气〗見栄を張り豪勢にする

*【排斥】páichì [動] 排斥する〖～异己〗異分子を排斥する

*【排除】páichú [動] 取除く，排除する〖～万难〗万難を排する

【排挡】páidǎng [名] 車のギア [同]［挡］

**【排队】pái'duì [動] 列を作る，順に並べる〖～等车〗行列してバスを待つ

【排筏】páifá [名] 木や竹を並べて作った筏

*【排放】páifàng [動]（排気，廃水などを）排出する，放出する〖～废水〗廃液をたれ流す

【排风扇】páifēngshàn [名] 換気扇 [同]［换气扇］

【排骨】páigǔ [名] スペアリブ，骨付き肉［～牛］痩せて骨ばかりの牛

【排灌】páiguàn [名] 排水と灌漑(かんがい)

【排行】páiháng [動] 兄弟姉妹の順序に並べる〖～第几？〗兄弟順は何番目ですか〖我～老二〗私は2番目の子供です

【排号】páihào [動]《口》番号札で順番を決める

【排挤】páijǐ [動]（競争相手等を）押しのける，締め出す，追い落とす〖互相～〗互いに追い落としをはかる

【排解】páijiě [動] ①和解させる，調停する [同]［调解］ ②[同]［排遣］

【排涝】pái'lào [動]（田畑の冠水を）排水する，水を退(ひ)かせる

【排练】páiliàn [動] 稽古する，リハーサルをする

**【排列】páiliè [名]《数》順列 ━ [動] 順序に従って並べる，列を作る〖按大小次序～〗大きい順に並べる

【排卵期】páiluǎnqī [名]《生》排卵期

【排难解纷】pái nàn jiě fēn《成》もめ事を調停する，仲裁して事を収める

【排炮】páipào [名] ①同じ目標に向いた一斉砲撃 ②（山などを切りひらくための）一斉連続爆破

【排遣】páiqiǎn [動] 寂しさや憂いを晴らす，気を紛らす [同]［排解］

【排枪】páiqiāng [名]（銃の）一斉射撃〖放～〗一斉射撃をする

**【排球】páiqiú [名]《体》①バレーボール，排球〖打～〗同前をする ②バレーボール用ボール

【排山倒海】pái shān dǎo hǎi《成》（山を押しのけ，海をひっくり返す＞）勢いがすさまじい

【排水】pái'shuǐ [動] ①（物体の体積によって）水を排除する，水を押しのける ②（汚水，排水，たまり水など

を）排水する，よそへ流す〔～泵〕排水ポンプ
【排水量】páishuǐliàng 图 ①船舶の排水量 ②河川の流水量
【排他性】páitāxìng 图 排他性
【排头】páitóu 图 列の先頭の人〔向～看齐〕前へならえ
【排外】páiwài 動 外国人や外部の者を排除する
【排尾】páiwěi 图 列の後尾の人，しんがり ⇔〔排头〕
【排泄】páixiè 動 ①雨水や汚水を流す，排水する〔～泵〕排水ポンプ ②排泄する
【排演】páiyǎn 動 舞台げいこする，リハーサルする
【排印】páiyìn 動〔印〕版に組む，印刷する
【排长】páizhǎng 图〔軍〕小隊長

【徘】pái ⊗以下を見よ

*【徘徊】páihuái 動 ①同じ場所を行ったり来たりする，うろうろさまよう ②〈転〉ああだこうだと迷い，決断を先へ先へと延ばす〔～歧路〕岐路に踏み迷う

【牌】pái 图（～儿）①看板，表札，プレート〔自行车～〕自転車のナンバープレート ②ブランド，商標〔冒～儿〕偽ブランド品 ③札，牌〔扑克～〕トランプ ④(古典の)詞や曲の調子
【牌匾】páibiǎn 图〔块〕①横書きの看板，横額，扁額 ⇔(⇨〔牌額〕)〔挂～〕扁額を掛ける
【牌坊】páifang/páifāng 图〔座〕旧時，孝子や貞女などを顕彰して建てた鳥居状の門
【牌号】páihào 图（～儿）①商店の屋号 ②商標，トレードマーク
【牌价】páijià 图 公布された価格，正札値〔外汇～〕外貨の売買価格
【牌楼】páilou 图 ①旧時，街の中心や名勝地に建てられた，2本または4本の柱の上にひさしがある建物 ②慶祝行事用のアーチ
【牌位】páiwèi 图 位牌
【牌照】páizhào 图 ①自動車などの鑑札，ナンバープレート ②営業許可証
【牌子】páizi 图 ①〔块〕看板，札 ②商標，ブランド（⇨〔商标〕）〔老～〕有名ブランド ③(古典の)詞曲の調子
【牌子曲】páiziqǔ 图〔演〕既成の民謡などを用いて，幾つかの組曲を作り，歌詞をつけて歌う語り物

【迫】pǎi ⊗以下を見よ
⇨ pò
【迫击炮】pǎijīpào 图〔軍〕〔门〕迫撃砲〔放～〕迫撃砲を撃つ

【排】pǎi 動〔方〕(足に合うように)靴型で靴皮を広げる〔把这双鞋一～一〕この靴を靴型で少し広げてくれ
⇨ pái
【排子车】pǎizichē 图〔辆〕人力で引く荷車，大八車 ⊕〔大板车〕

【派】pài 图 派閥，流派〔分成好几～〕幾つもの党派に分かれる〔党～〕党派 一量 ①流派，派〔三～学者〕3つの派の学者 ②（'一～'の形で）景色，情勢，音，言葉などに用い，意味を強める〔一～春色〕一面の春景色〔一～胡言乱语〕全くのでたらめ 一動 ①(仕事を) 割り当てる，派遣する〔～他出席〕彼を出席させる ②(他人の過失を) 数え立てる，指摘する ♦'派司'(通過する，通行証) は pāsi と発音
⊗ ①やり方，気風〔气～〕気風 ②川の支流
【派别】pàibié 图 派閥，流派，党派〔～斗争〕派閥争い
【派不是】pài búshi 動 (他人の) 過ちを数え立てる，ミスを言い立てる
【派差】pàichāi 動 公務出張させる，公用で派遣する
【派出所】pàichūsuǒ 图 警察署 ♦戸籍管理も担当する
【派对】pàiduì 图〔訳〕パーティー
【派活】pài//huó 動（～儿）仕事(主に肉体労働)を割り当てる
【派遣】pàiqiǎn 動 派遣する
【派生】pàishēng 動 派生する，分かれ出る〔～词〕派生語
【派头】pàitóu 图（～儿）(貶) 気取り，偉そうな態度〔耍～〕もったいぶる，気取る
【派系】pàixì 图 (政治集団内の) 派閥，セクト〔～斗争〕派閥争い
【派性】pàixìng 图 派閥性，分派性〔闹～〕党派党略に走る

【湃】pài ⊗→〔澎 péng～〕

【潘】Pān ⊗姓

【攀】(*扳) pān 動 ①よじ登る〔～树〕木によじ登る〔～岩〕ロッククライミング ②(上位の人に) 取り入る，関係を結ぶ〔～交情〕取り入って懇意になる ③引き込む，巻き添えにする
【攀缠】pānchán 動 つきまとう，からみつく
【攀扯】pānchě 動 引っ張りこむ，巻き添えにする〔把他也～上了〕彼をも巻き添えにした
*【攀登】pāndēng 動 よじ登る〔～峭壁〕切り立ったがけをよじ登る
【攀高枝儿】pān gāozhīr 地位の高い人と友人あるいは姻戚関係を結

【攀龙附凤】pān lóng fù fèng《成》権力者に取り入って出世する⑲[趋炎附势]

【攀亲】pān'qīn 動①(身分の高い人と)姻戚関係を結ぶ ②婚約する,縁談を進める

【攀谈】pāntán 動話し込む,雑談に興じる

【攀缘(攀援)】pānyuán 動①よじ登る⑲[攀爬] ②(転)実力者に取り入って出世しようとする

【攀折】pānzhé 動(草木を)引っ張ってから折る,引きちぎる〚请勿～花木〛花や木を折らないで下さい

【爿】pán 量〚方〛①田畑の一区画をいう ②商店,工場などを数える
⊗竹や木のかけらに割った一片〚柴～〛〚方〛薪

【胖】pán ⊗ゆったりと快適である →〚心 xīn 广 体～〛
⇨pàng

【盘(盤)】pán 图〚只〛大皿,盆〚━〛動①回転する,ぐるぐる回る〚～杠子〛鉄棒で回転をする ②(オンドル,かまどを)築く〚～炕〛オンドルを築く ③(商品や帳簿を)細かく調べる〚～货〛棚卸しをする ④運ぶ,移す ⑤〚旧〛(店や工場を)譲渡する〚出～〛店を売りに出す ━ 量①機械を数える〚一～机器〛一台の機械 ②ゲーム,試合を数える〚一～棋〛一局の碁 ③盤状のものを数える〚一～石磨〛石臼一つ ④皿一杯の量を示す〚两～菜〛2皿の料理
⊗①形や用途が盆に似た物,皿状の物〚算～〛そろばん ②商品相場,交易市場〚开～儿〛寄りつき〚平～儿〛持ち合い ③(P-)姓

【盘剥】pánbō 動(金を貸して)搾取する,搾り取る〚重利～〛高い利子で搾取する

【盘查】pánchá 動検査尋問する〚～行人〛通行人を検問する

【盘缠】pánchán 動ぐるぐる巻きつく(つける)
── pánchan 图〚口〛旅費,路銀⑲[盘费]

【盘秤】pánchèng 图〚杆〛皿秤 ⇔ばかり

【盘川】pánchuān 图〚方〛旅費,路銀

【盘存】páncún 動〚商〛棚卸し検査を行う

【盘错】páncuò 動①木の根や節がからみ合う ②(転)事柄が複雑に入り組む⑲[盘根错节]

【盘道】pándào 图〚条〛曲がりくねった(山)道

【盘费】pánfèi/pánfèi 图〚口〛旅費,路銀

【盘根错节】pán gēn cuò jié《成》(木の根や枝が複雑にからみ合う>)事態が複雑で入り組んでいる

【盘根问底】pán gēn wèn dǐ《成》根掘り葉掘り尋ねる⑲[盘根究底][刨 páo 根问底]

【盘古】Pángǔ 图盤古ばん ♦中国の神話における天地創造者

【盘桓】pánhuán 動〚書〛①滞在する,逗留する ②歩き回る,徘徊する ③うねる,曲がりくねる

【盘货】pán'huò 動棚卸しをする

【盘诘】pánjié 動(容疑者を)尋問追及する,問い詰める

【盘踞(盘据)】pánjù 動不法に占拠する,巣くう

【盘库】pán'kù 動(倉庫の)在庫品を調べる,棚卸しする

【盘儿菜】pánrcài 图〚份〛総菜セット(すぐ調理できるよう盛り合わせた副食品)

【盘绕】pánrào 動からまる,巻きつく

【盘算】pánsuan 動(腹の中で)計算する,思案を練る

【盘梯】pántī 图らせん階段

【盘腿】pán'tuǐ 動足を組む,あぐらをかく ♦'炕'の上など,婦人もこの姿勢で座る〚～坐〛足を組んで座る

【盘问】pánwèn 動尋問する,問い詰める⑲[查问]

【盘香】pánxiāng 图渦巻き線香

*【盘旋】pánxuán 動①旋回する,ぐるぐる回る〚鸽子在天上～〛鳩が上空を旋回する ②留まる,ぶらぶらする

【盘羊】pányáng 图華北や西北で産する野生の羊の一種 ♦太く湾曲した形の角を持つ

【盘账】pán'zhàng 動帳簿を点検する

*【盘子】pánzi 图①皿,盆〚耍～〛皿回し(をする) ②〚旧〛商品相場,市況

【磐】pán ⊗以下を見よ

【磐石(盘石)】pánshí 图厚くて大きな岩〚坚如～〛磐石のごとく揺るぎない

【蹒(蹣)】pán ⊗以下を見よ

【蹒跚(盘跚)】pánshān 图(足元が)よろよろおぼつかない,千鳥足の

【磻】pán ⊗〚～溪〛磻渓はん(浙江省)

【蟠】pán ⊗曲がりくねる,とぐろを巻く〚龙～虎踞〛竜虎がうずくまる ♦地勢が険しく堅固な都市(特に南京)の形容

【蟠桃】pántáo 图①水蜜桃の一種 ②3千年に一度結実するという西王母の桃(食べると不老長寿になるとい

う) 🔲[寿桃]

【判】pàn 🔲 ①評定する,判定する[~卷子]答案を採点評価する ②判決を下す[他被~五年徒刑]彼は懲役5年の判決を受けた
⊗ ①区別する,見分ける ②違いが歴然としている[~若两人]まるで別人のようだ
【判别】pànbié 🔲 違いを区別する,識別する[~真假]真偽を見分ける
【判处】pànchǔ 🔲 刑を言い渡す,有罪判決を下す[~徒刑三年]懲役3年の刑に処する
【判定】pàndìng 🔲 判定する,判断する
★【判断】pànduàn 🔲[哲] 判断 — 🔲 判断する,判定する[~是非]是非を判断する
【判罚】pànfá 🔲[体] (球技で)ペナルティーを科す,反則をとる
★【判决】pànjué 🔲 判決を下す[~无罪]無罪判決を下す — 🔲[体] 判定,ジャッジ
【判例】pànlì 🔲[法] 判例
【判明】pànmíng 🔲 明らかにする[~是非]是非を明らかにする
【判若云泥】pàn ruò yún ní (成) 雲泥の差がある,違いが甚だしい 🔲[判若天渊]
【判罪】pàn'zuì 🔲 有罪判決を下す[被判有受贿罪]収賄で有罪を言い渡される

【泮】pàn ⊗ 学校 ◆清代,科挙で秀才(生員)となることを'入~'と称した
⊗ ①分散する,分解する ②(P-)姓

【叛】pàn ⊗ 背く,裏切る[众~亲离]大衆も側近も離反する
【叛变】pànbiàn 🔲 (自分の属する国家や集団を)裏切る,寝返る
【叛匪】pànfěi 🔲 反逆者,賊徒
【叛军】pànjūn 🔲 反乱軍,賊軍
【叛离】pànlí 🔲 離反する,(主義などに)背反する
【叛乱】pànluàn 🔲 武装反乱を起こす,蜂起する[煽动~]謀反をあおりたてる
【叛卖】pànmài 🔲 敵から利益を提供されて(祖国や革命を)裏切る
【叛逆】pànnì 🔲 反逆者,裏切り者 — 🔲 反逆する,謀反を起こす
【叛徒】pàntú 🔲 (主に祖国や革命への)裏切り者,逆賊[揭发~]裏切り者を摘発する

【袢】pàn ⊗→[袷 qiā~]

【畔】pàn ⊗ ①ほとり,へり[河~]川のほとり ②田畑のあぜ,境

【拚】pàn ⊗ 棄てて顧ない
【盼】pàn ⊗ ①切望する,焦れる[切~]切望する ②見る[左顾右~]左右を見回す
【盼头】pàntou 🔲 見込み,望み[这事有~了]これは見込みが出てきた
★【盼望】pànwàng 🔲 待ち焦がれる,待ち望む 🔲[祈望]

【襻(*袢)】pàn 🔲(~儿) ①'旗袍'などの中国服のボタン留めの輪(布製)[纽~]同前 ②形や機能がボタン留めに似たもの[鞋~儿]靴ひも — 🔲(ひも,糸で)留める,かがる[~上几针]何針かかがる

【乓】pāng 擬 銃声,ドアの閉まる音,物の割れる音などの形容[门~地一声关上了]ドアがばたんと閉まった[乒~球]ピンポン

【滂】pāng ⊗ 水の湧き出るさま
【滂沱】pāngtuó (雨が)どしゃ降りの,(涙が)ぼたぼた流れる[涕泗~]泣いて顔がぐしゃぐしゃにぬれる

【膀(*髈)】pāng 🔲 むくむ[~肿]同前
⇒ bǎng, páng

【彷(徬)】páng ⊗ 以下を見よ
⇒ fǎng
【彷徨(旁皇)】pánghuáng 🔲 (どちらへ行こうか)うろうろ迷う,道の選択にとまどう[~歧路]分かれ道でためらう

【旁】páng 🔲(~儿) 漢字の偏[立人~儿]にんべん — 🔲 その他の[没有~的话]他に言うことはない
⊗ かたわら,そば[路~]道端[窗~]窓ぎわ
【旁白】pángbái 🔲[演] 傍白 🔲 かたわら,そば[邮局~儿]郵便局のそば
★【旁边】pángbiān 🔲(~儿)
【旁观】pángguān 🔲 傍観する[袖手~]高見の見物を決め込む
【旁观者清】páng guān zhě qīng (成) 傍観者の方が事態をよく見ている,岡目八目 ◆'~,当事者迷'ともいう
【旁及】pángjí 🔲 ①…にまで関わりをもつ,…にも及ぶ[他写小说,~评论]彼は小説を書き,評論まで手がけている ②巻き添えにする,とばっちりを食わせる
【旁门】pángmén 🔲(~儿) 横門,通用門
【旁敲侧击】páng qiāo cè jī (成) 婉曲な言い回しで当てこする,皮肉を言う 🔲[指桑骂槐]
【旁人】pángrén 🔲 他人,他の人

【旁若无人】páng ruò wú rén《成》傍若無人な人、人もなげな

【旁听】pángtīng 動①(会議に)オブザーバーとして出席する、傍聴する ②聴講する〚～生〛聴講生

【旁系亲属】pángxì qīnshǔ 图 傍系の親族(兄弟姉妹、おじおばなど)

【旁征博引】páng zhēng bó yǐn《成》博引旁証する〚～引经据典〛

【旁证】pángzhèng 图 傍証〚充实～〛傍証を固める

【旁支】pángzhī 图 傍系 ⊗〖正支〗

【膀】páng ⊗ 以下を見よ ⇨bǎng, pāng

【膀胱】pángguāng 图 膀胱 ⓂⓇ(方)〖尿脬 suīpao〗

【磅】páng ⊗ 以下を見よ ⇨bàng

【磅礴】pángbó 動 満ち渡る、みなぎる 二 勢い盛んな

【螃】páng ⊗ 以下を見よ

【螃蟹】pángxie 图〚只〛カニ〚他属～〛あいつはカニの年生れだ(とかく横車を押す)

【鳑】(鰟)páng ⊗〚～鲏 pí〛フナに似た淡水魚

【庞】(龐)páng ⊗ ① 顔〚面～〛顔 ② (P-)姓

【庞】(龐 厖)⊗① (形や数字が)やたらに大きい、厐大 ldà ② 多くて乱雑な〚～杂〛同He

*【庞大】pángdà 形 ばかでかい、不相応に大きい〚机构～〛機構が肥大化している

【庞然大物】páng rán dà wù《成》独活の大木、見てくれだけの大物

【逄】Páng ⊗ 姓

【耪】pǎng 動 鍬で耕す、(畑、土を)こなす

【膀】pǎng 图(方)腿

【胖】(*肨)pàng 形 (人間が)太った、肉づきのよい ⊗〖瘦〗 ⓂⓇ〖肥〗⇨pán

【胖墩墩】pàngdūndūn 形(～的)ずんぐりした、背が低くてでっぷりした

【胖乎乎】pànghūhū 形(～的)(主に子供が)ぽっちゃりした、丸々と太った

【胖头鱼】pàngtóuyú 图‘鳙鱼 yōngyú’の俗称 ◆長江流域で多くとれる淡水魚、頭が大きく脂肪分に富む

【胖子】pàngzi 图 太った人、でぶ

【抛】(拋)pāo 動① 投げる、ほうる(ⓂⓇ〖扔〗)〚～球〛球を投げる ② 捨て去る、置き去りにする〚～下妻子儿女〛妻子を捨て去る ⊗ 投げ売りする

【抛光】pāoguāng 動 つや出しをする、研磨する

【抛荒】pāohuāng 動① 耕作せず農地が荒れるにまかせる ②(学業、仕事を)おろそかにする、怠る

【抛锚】pāo'máo 動① 投錨する、いかりをおろす ⓂⓇ〖拔锚〗 ②(自動車が)エンストする、路上で立往生する ③《方》(事業などが)途中で中止となる

*【抛弃】pāoqì 動 放棄する、見捨てる〚被妻子～〛妻に捨てられる

【抛却】pāoquè 動 捨て去る、投げ捨てる〚～幻想〛幻想を捨てる

【抛售】pāoshòu 動 投げ売りする、ダンピングする

【抛头露面】pāo tóu lù miàn《成》①(旧)女性が人前に顔を出す ②(貶)でしゃばる、顔をさらす

【抛物线】pāowùxiàn 图〚条〛放物線

【抛掷】pāozhì 動《書》投げる、ほうる

【抛砖引玉】pāo zhuān yǐn yù《成》(謙)(れんがを投げて玉を引き出す>)自分のつまらぬ意見から相手の素晴らしい意見を引き出す

【泡】pāo 图(～儿)柔らかくふくらんだもの〚眼～儿〛上まぶた 二(方)ふかふかした、かすかの 一 量 大小便の回数を数える(ⓂⓇ〖脬〗)〚拉一～屎〛糞をたれる ⊗(方)小さな湖(主に地名に用いられる)〚莲花～〛黒竜江省の地名 ⇨pào

【泡桐】pāotóng 图 桐

【泡子】pāozi 图(方)小さな湖(地名に多く用いる)◆'電球'の意味ではpàoziと発音

【脬】pāo 量 大小便の回数を数える(ⓂⓇ〖泡〗)〚撒一～尿〛さぁっと放尿する ⊗ 膀胱〚尿suī～〛(方)膀胱

【刨】páo 動① 掘る ◆ 鍬で掘るときのように、方向からこちらの方向に力が働く(ⓂⓇ〖挖〗)〚～坑儿〛穴を掘る ②(口)引く、除く〚三去十，还剩下六个〛3個減ってもまだ6個残る ⇨bào

【刨除】páochú 動 引く、減じる

【刨分儿】páo'fēnr 動(試験などで)減点する〚刨五分儿〛5点引きにする

【刨根儿】páo'gēnr 動 根掘り葉掘り尋ねる、とことん問い詰める ◆'刨根问底儿'ともいう

【咆】páo ⊗ 猛獣がほえる
【咆哮】páoxiào 動①猛獣がほえる；(転)怒号する,どなる ②(転)水がごうごうと流れる

【狍(麅)】páo ⊗〔動〕ノロジカ〔～子〕同前

【庖】páo ⊗①台所,調理場 ②調理師,コック〔～丁〕料理人
【庖厨】páochú 名〔書〕台所,調理場
【庖代】páodài 動〔書〕代理で物事を処理する,身代わりをつとめる

【炮】páo 動〔薬〕生薬を鉄鍋でいためる(漢方薬の製法の一)〔～姜〕同前の方法で作るショウガ
⇨pào「火でいためる,あぶる」の意ではbāoと発音
【炮烙】páoluò(旧読páogé)名古代の酷刑の一
【炮制】páozhì 動①薬草から漢方薬を製剤する ②(貶)(論文,文書等を)でっちあげる,こねあげる

【袍】páo 名(～儿)中国の長衣〔旗～儿〕チャイナドレス
【袍笏登場】páo hù dēng chǎng(成)(貶)(衣冠束帯を身にまとい登場する>)権力者となる
【袍泽】páozé 名〔書〕軍隊の同僚〔～同僚〕戦友
【袍子】páozi 名〔件〕中国式の長衣

【匏】páo ⊗以下を見よ
【匏瓜】páoguā 名〔植〕ユウガオの変種◆果実を二つ切りにして柄杓じゃくを作る

【跑】páo 動動物が足で地面を掘る〔虎～泉〕杭州の地名
⇨pǎo

【跑】pǎo 動①走る,駆ける ②逃げる〔老虎～了〕虎が逃げた ③(方)歩く ④奔走する,駆けずり回る〔～了五家商店,才…〕店を5軒回ってやっと… ⑤漏れる,抜け出る〔～气〕空気が抜ける ⑥(液体が)揮発する〔汽油都～了〕ガソリンが全部揮発した〔(結果補語として)元の場所から離れることを表わす〔给大水冲～〕大水に押し流される
⇨páo
【跑表】pǎobiǎo 名〔块〕ストップウォッチ(働〔马表〕)〔摁～〕ストップウォッチを押す
*【跑步】pǎo'bù 動駆け足で進む,走る〔～走！〕駆け足,進め(号令)
【跑车】pǎochē 名①レース用自転車,バイク,自動車 ②木材切り出し用の車両
—— pǎo'chē 動①(坑内の事故で)車両が暴走する ②(列車乗務員が)車中勤務につく,車内で働く
【跑道】pǎodào 名①滑走路〔～视程〕滑走路の視界 ②運動場のトラック,スケートリンク
【跑电】pǎo'diàn 漏電する(働〔漏电〕)
【跑调儿】pǎo'diàor 動(歌の)調子がはずれる(働〔走调儿〕)
【跑江湖】pǎo jiānghú 動(旧)流しの芸人が各地を渡り歩く,渡り鳥の暮らしをする
【跑警报】pǎo jǐngbào 動空襲警報を聞いて(防空壕に)避難する
【跑了和尚跑不了庙】pǎo le héshàng pǎobuliǎo miào(俗)(坊主は逃げられても,寺までは逃げられぬ>)どうしたって逃げられない(働〔走了和尚走不了庙〕)
【跑龙套】pǎo lóngtào 動①〔演〕(竜の模様の衣装で)端役や端役を務める ②(転)(人の下で)陣笠を務める,どうでもいい役割を受け持つ
【跑马】pǎo'mǎ 動①馬を走らせる,馬に乗って走る ②(旧)馬を競走させる,競馬をする(働〔赛马〕)
【跑买卖】pǎo mǎimai 動あちこち商売して回る,旅行商する(働〔跑生意〕)
【跑跑颠颠】pǎopǎodiāndiān 形(～的)忙しく駆け回る,こまネズミのような
【跑堂儿的】pǎotángrde 名(旧)(食堂,レストランの)給仕人,ウエーター
【跑腿儿】pǎotuǐr 動(口)使い走りする,雑用仕事を務める
【跑外】pǎowài 動(営業で)外回りする〔～的〕外交員
【跑鞋】pǎoxié 名競走用スパイクシューズ

【泡】pào 名(～儿)①泡〔冒～儿〕泡立つ〔肥皂～儿〕シャボン玉 ②泡に似た物〔灯～儿〕電球〔起～〕マメができる —— 動①液体にひたす,ふやかす〔用开水～茶〕熱湯でお茶をたてる ②時間をつぶす,油を売る
【泡菜】pàocài 名漬物の一種◆キャベツ,大根などを塩,酒,唐辛子で漬けこむ〔朝鲜～〕〔韩国～〕キムチ
【泡饭】pàofàn 名スープや熱湯でひたした飯,おじや
—— pào'fàn 動米飯にスープや湯をぶっかける
【泡蘑菇】pào mógu 動①ごねて時間を引き延ばす,からみ粘る〔你再这么～的话,那就不管了〕まだごねるのなら,勝手にしろ ②サボる〔在

炮疱呸胚醅陪培赔 — péi

家~]家でサボっている
*【泡沫】pàomò 图泡沫,あぶく[啤酒~]ビールの泡 [~经济]バブル経済
【泡泡糖】pàopàotáng 图風船ガム
【泡汤】pào˙tāng 水の泡になる,ふいになる [~落空]
【泡影】pàoyǐng 图(転)水の泡,画餅 [希望已成为~]希望はもはや水泡に帰した

【炮(砲*礮)】pào ①[门]砲,大砲 [大~]大砲 [高射~]高射砲 ②爆竹 [鞭~]爆竹 ③発破㌽
⇨ páo

【炮兵】pàobīng 图砲兵
【炮弹】pàodàn 图[颗]砲弾
【炮灰】pàohuī 图砲火のえじき◆義のない戦いに駆り出されて落命した兵士をたとえる
【炮火】pàohuǒ 图砲火 [冒着~前进]砲火を冒して前進する
【炮击】pàojī 動砲撃する
【炮舰】pàojiàn 图[只・艘]砲艦 [~外交]砲艦外交
【炮楼】pàolóu 图[座]四方を展望できる砲塔,砲を備えたやぐら
【炮手】pàoshǒu 图砲手
【炮塔】pàotǎ 图(戦車,軍艦などの)砲塔
【炮台】pàotái 图[座]砲台
【炮艇】pàotǐng 图小型の砲艦,砲艇
【炮筒子】pàotǒngzi 图(転)せっかちでぽんぽんものを言う人
【炮位】pàowèi 图①砲座,砲床 ②(戦闘または演習時の)火砲の位置
【炮眼】pàoyǎn 图①(トーチカの)大砲発射口,砲眼 ②岩石などに爆薬を仕掛ける穴
【炮衣】pàoyī 图大砲の覆い
【炮仗】pàozhang 图爆竹(㊎[爆竹]) [放~]爆竹を鳴らす

【疱(皰)】pào 图皮膚にできた水ぶくれ,まめ
【疱疹】pàozhěn 图[医]疱疹㌯,ヘルペス [带状~]帯状ヘルペス

【呸】pēi 嘆(軽蔑,叱責を示して)ふん,ちえっ!

【胚(*肧)】pēi 图[生]胚芽㌓,胚子
【胚层】pēicéng 图[生]胚葉(㊎[胚叶])
【胚胎】pēitāi 图①妊娠初期の胎児 ②(転)事物の始まり,萌芽
【胚芽】pēiyá 图①[植]胚芽 ②事物の萌芽
【胚珠】pēizhū 图[植]胚珠

【醅】pēi ⊗漉していない酒,もろみ

【陪】péi 動伴をする,付き添う [~病人]病人に付き添う [~~外宾参观]外国からのお伴をして参観に行く [~酒]酒の伴をする
⊗傍らで助ける
【陪伴】péibàn 動同行する,伴をする [~太太去看画展]奥方に付き合って絵画展に出向く
【陪绑】péibǎng 動(自白に追い込むため,死刑に該当しない犯人を)死刑囚と一緒に刑場へ連行する;(転)巻き添えにされる,連座して処分される
【陪衬】péichèn 動①引き立たせる,目立たせる ②[衬托])[绿叶~着红花]赤い花を緑の葉が引き立てている
【陪嫁】péijià 图嫁入り道具(㊎[嫁妆])
【陪客】péikè 图主賓へのもてなしとして招かれた客,陪席の客
—— péi˙kè 客の伴をする,客に付き合う
【陪审】péishěn 動(裁判の)陪審員を務める,陪審に加わる [~员]陪審員
【陪送】péisong 《口》图嫁入り道具(㊎[嫁妆]) 動実家が花嫁に(嫁入り道具を)持たせる
—— péisòng 動(帰る人,旅立つ人などを)送ってゆく
【陪同】péitóng 動(活動に)付き添う
【陪葬】péizàng 動①殉死者や副葬品を死者といっしょに葬る(㊎[殉葬]) ②臣下や妻妾の棺を帝や夫の傍らに葬る

【培】péi 動①(植物や堤防の根元に)土を盛り上げる ②(人材を)養成する,育成する [~干]幹部を養成する
【培土】péi˙tǔ 動(農作物の根元に)土を盛る(㊎[壅土])
【培修】péixiū 動(堤防などを)土を盛り固めて補強する [~堤坝]堤防を補強する
*【培训】péixùn 動(専門分野の人材を)養成する,訓練する [作家~班]作家養成の研修コース
【培养】péiyǎng 動①培養する [~酵母]イースト菌を培養する ②養成する,訓練育成する [~他当教师]彼を教員に養成する
*【培育】péiyù 動育てる,大きくする [~新品种]新種を育てる [~人材]人材を育てる
【培植】péizhí 動①栽培する,植え育てる(㊎[培种]) ②(人材,勢力を)育成する,養う

【赔(賠)】péi 動①弁償する,償う ②(商売で)損をする,赤字を出す(㊉[赚]) [~本]元手をする

【赔不是】péi búshi 動 詫びる, 謝る〔同[賠罪]〕〖你先给她赔个不是吧〗あの人に君からまず謝りなさい
【赔偿】péicháng 動 弁償する, 償う
【赔还】péihuán 動〔借金を〕返す, 償還する〖～欠债〗借金を返済する
【赔款】péikuǎn 名 賠償金, 弁償金 —— péi*kuǎn 動〔敗戦国が〕賠償する,〔個人が〕弁償する
【赔礼】péi*lǐ 動 陳謝する, 詫びる〖向客人～一道歉〗客に詫びる
【赔钱】péi*qián 動 ①元手を食い込む, 欠損を出す ②〔与えた損害を〕金銭で弁償する, 補償金を払う
【赔笑】péi*xiào 笑顔で対応する, 愛想笑いする, 〔同[赔笑脸]
【赔罪】péi*zuì 動 陳謝する, 詫びる 〔同[赔礼]

【锫(錇)】péi 名〔化〕バークリウム（放射性元素の一）

【裴】péi 名 ①(P-) 姓 ②長衣がだらりと垂れた

【沛】pèi 名 盛んな, 勢いのよい〖～然〗沛然と〔雨が降る〕

【霈】pèi 名 ①大雨, 豪雨 ②雨の激しい, 雨降りしきる

【旆(*斾)】pèi 名 ①末端がツバメの尾のように割れた旗 ②旗の総称

【帔】pèi 名 古代の女性の刺繍しゅうつきの肩掛け

【佩】pèi 名 ①〔腰に結んで〕携帯する,〔腰にさげる〖腰～手枪〗腰に拳銃を携える〖～剑〗（フェンシングの）サーブル ②敬服する, 感服する〖十分可～〗見上げたものだ

【——(珮)】名 昔衣服の腰につけた玉飾り

【佩带】pèidài 動〔バッジなどを〕身につける,〔武器を〕身に帯びる
【佩服】pèifu/pèifú 動敬服する, 感服する〖我真～他的才华〗彼の才能にはほとほと感心する

【配】pèi 名 ①結婚する, 男女が結ばれる〖许～〗（女子の）婚約が整う ②〔家畜を〕交配させる ③適切に調和させる, 取り合わせる〖药～好了〗薬が調合できた ④〔計画的に〕 配備する, 配分する〖～售〗配給販売する ⑤欠けている物を補う〖纽扣─了〗ボタンは取りつけた ⑥効果的な配合により, 引き立てる〖颜色不～〗色が合わない ⑦〔人が〕…に値する, …する資格がある〖她不～当一名代表〗彼女は代表たるにふさわしくない 名 犯罪者を流刑にして軍務につかせる〖刺～〗〔史〕入墨を施したうえで流刑にする

*【配备】pèibèi 名 装備, 設備〖现代化的～〗近代化された装備 動 ①〔人材, 物資を〕配分供給する〖～教师〗教員を割り当てる ②〔兵力を〕配置する
【配比】pèibǐ 名 成分比, 成分の混合比率
【配餐】pèicān 名（機内食やモーニングセットのように）組合わせになった食品
【配搭】pèidā 動（主要なものと組んで）補助的役割を務める,（調和のある）組合わせを作る〖他们俩～得很和谐〗あの二人はよく息が合っている
【配搭儿】pèidar 名 引き立て役, 添え物〔同[衬]
【配殿】pèidiàn 名（宮殿や寺院の本殿や本堂の）両わきの建物
【配对】pèi*duì 動 ①（～儿）対にする(なる)〖把袜子配成对儿〗靴下を１足にそろえる ②（口）（動物が）交尾する
【配方】pèifāng 名 ①〔薬〕処方〔同[药方] ②化学製品の薬剤調合法〔同[方子] —— pèi*fāng 動〔薬〕処方箋により調合する
【配合】pèihé 動 ①分業して協力する, 組んで効果を上げる〖由双方～〗両者で呼吸を合わせて… 〖色彩～得很好〗色の取り合わせがいい ②（部品などが）一つに繋がる, 組合わさる —— pèihe 形（取り合わせが）似合う, マッチした
【配件】pèijiàn 名 ①〔套〕部品, パーツ ②（～儿）取り換え部品
【配角】pèijué 名（～儿）①わき役, 助演俳優 ②（転）補助的な役割をする人 —— pèi*jué 動（主役級で）共演する, コンビを組む
【配料】pèi*liào 動 原料を配合する
【配偶】pèi'ǒu 名〔法〕配偶者
【配曲】pèiqǔ 動〔歌詞に合わせて〕曲をつける, 作曲する
【配色】pèisè 色彩を取り合わせる, 配色をこらす ◆'～儿' は pèi-shǎir と発音
*【配套】pèi*tào 動１セットにまとめる, 一つに組合わせる〖～成龙〗組立てて完成品にする
【配伍】pèiwǔ 動〔薬〕２種以上の薬品を併用する〖～禁忌〗併用不適合
【配戏】pèi*xì 動 主役と共演する, わき役を演じる
【配演】pèiyǎn 名 わき役, 助演 動 わき役として演じる, 助演する〖在《骆驼祥子》里～小福子〗『ラ

【配药】pèi▼yào 動【薬】処方箋に従い調剤する
【配音】pèi▼yīn 動【演】①(映画などの)吹き替えをする ②アフレコをする
【配乐】pèi▼yuè 動 バックグランドミュージックをつける, 音響効果を加える
【配制】pèizhì 動 (薬などを)調合する, 混ぜ合わせて作る 〖~颜料〗絵の具を混ぜる
【配置】pèizhì 動 配備する, 配置する
【配种】pèi▼zhǒng 動 (動物を)交尾させる, 種つけする 〖~站〗種つけ場
【配子】pèizǐ 图【生】生殖細胞(精子や卵子), 配偶体

【辔】(轡) pèi 形 くつわと手綱 〖~头〗同前

【喷】(噴) pēn 動 ①噴き出す, ほとばしり出る 〖血从伤口~出来〗口が傷口からほとばしり出た ②(液体を)噴き掛ける, 振り掛ける 〖给花~水〗花に水をやる
⇨pèn

【喷薄】pēnbó 形 (勢い激しく) ほとばしり出る, 噴出する 〖~而出〗どっと流れ出る
【喷灯】pēndēng 图【機】バーナー
【喷饭】pēnfàn 動 (食事中に笑って)口の中のものを吹き出す 〖令人~〗噴飯ものだ
【喷灌】pēnguàn 動 スプリンクラーによる散水 〖~器〗スプリンクラー
【喷壶】pēnhú 图 じょうろ 働〈方〉〖喷桶〗
【喷火器】pēnhuǒqì 图 火炎放射器
【喷漆】pēnqī 图 ラッカー ── pēn▼qī 吹きつけ塗装をする 〖~器〗塗装用スプレー
【喷气】pēnqì 動 気体を噴射する 〖~(式)飞机〗ジェット機 〖~(式)发动机〗ジェットエンジン
【喷泉】pēnquán 图〔眼〕噴泉, 噴水
【喷洒】pēnsǎ 動 (ノズルから)散布する, 振りまく 〖~农药〗農薬を散布する 〖~器〗スプリンクラー
【喷射】pēnshè 動 噴射する, 噴き出させる(働〖喷放〗) 〖~泉〗ジェットポンプ
【喷水】pēnshuǐ 動 水を噴き出す, 散水する 〖~车〗散水車 〖~池〗噴水池
【喷嚏】pēntì 图 くしゃみ(働〖嚏喷〗) 〖打~〗くしゃみをする
【喷头】pēntóu 图 シャワー, スプリンクラー 働〈方〉〖莲蓬头〗
【喷雾器】pēnwùqì 图 噴霧器, スプレー
【喷子】pēnzi 图 スプレー, 噴霧器
【喷嘴】pēnzuǐ 图(~儿)〔機〕噴霧器やスプリンクラーなどのノズル

【盆】pén 图(~儿) たらい, ボウル, 鉢 働〖脸~〗洗面器 〖~花〗鉢植えの花 〖~浴〗湯船につかる入浴
*【盆地】péndì 图 盆地 〖吐鲁番~〗トルファン盆地
【盆景】pénjǐng 图(~儿)盆栽, 箱庭
【盆汤】péntāng 图 バスタブのある一人用の浴室(働〖盆塘〗働〖池汤〗〖淋浴〗)〖洗~〗湯船のふろに入る
【盆栽】pénzāi 图 鉢植えの花や木, 盆栽 ── 動 鉢植えする
【盆子】pénzi 图 たらい, ボウル, 鉢

【溢】 pén ⊗ 水が湧きあがる

【喷】(噴) pèn 图(~儿)〈口〉生鮮食品の盛り, 旬 〖正在~上〗今が旬だ ② 実をつける回数やその収穫の回数を数える 〖头~棉花〗初摘みの綿花
⇨pēn

【喷香】pènxiāng 形 うまそうな匂いのする 〖饭菜~〗料理のうまそうな匂いがする

【怦】 pēng 擬 (胸が)どきどき, どきんどきん 〖心~~地跳着〗心臓がどきんどきんと跳びはねている

【抨】 pēng ⊗ 批判する, 弾劾する
【抨击】pēngjī 動 批判する, 糾弾する 〖在报纸上受到~〗新聞紙上で攻撃される

【砰】 pēng 擬 ばたん, どしん(物がぶつかる音, 重い物が落ちる音)

【烹】 pēng 動 油で少し炒めてから早く調味料を加える ⊗ (茶や食物を)煮る
*【烹饪】pēngrèn 動 料理する 〖~学校〗料理学校
【烹调】pēngtiáo 動 調理する, 料理する 〖日本菜~法〗日本料理の作り方

【嘭】 pēng 擬〔多く重ねて〕とんとん(ドアをたたく音) など

【澎】 pēng 動〈方〉(水や泥が)はね散る, はねかける(働〈普〉〖溅〗) 〖~了一身泥〗全身に泥をはね上げた
⇨péng

【朋】 péng ⊗ ①友人, 仲間 ② 結党結社 ③ 匹敵する, 肩を並べる

【朋比为奸】péng bǐ wéi jiān《成》徒党を組んで悪事を働く

【朋党】péngdǎng [名] 派閥，党派

★【朋友】péngyou [名] ①友人〖交～〗友人づきあいする ②恋人〖谈～〗恋人とつきあう［男～］ボーイフレンド

【棚】péng [名] ①(～儿) 日差し，雨風を避ける棚(たな)［凉～］日よけ棚 ②粗末な家，掘建小屋〖搭～〗小屋を建てる

【棚子】péngzi [名] 粗末な小屋，バラック［草～］茅(かや)ぶき小屋

【硼】péng [名]〖化〗ホウ素

【硼砂】péngshā [名] 硼砂(ほうしゃ) ♦漢方薬の一種としても使い，解熱，解毒，せき止めなどに効く

【硼酸】péngsuān [名] 硼(ほう)酸

〖鹏(鵬)〗péng ⊗ 伝説上の最も大きい鳥

【鹏程万里】péng chéng wàn lǐ《成》前途洋々 [同]［前途似锦］

〖彭〗Péng ⊗姓

〖澎〗péng ⊗以下を見よ ⇨pēng

【澎湖列岛】Pénghú lièdǎo [名] 台湾海峡にある列島

【澎湃】péngpài [形] ①大波がぶつかりあうさま ②勢い激しい，たぎるような〖心潮～〗ふつふつと胸がたぎる

〖蟛〗péng ⊗以下を見よ

【蟛蜞】péngqí [名]〖動〗ベンケイガニ

〖膨〗péng ⊗膨(ふく)れる

【膨大】péngdà [動] 膨脹する，膨らむ

【膨胀】péngzhàng [動] ①〖理〗膨脹する([反]［收缩］)［线～］線膨脹 ②〖転〗拡大する，増大する〖机构～〗機構が膨らむ

【蓬】péng [動] 散り乱す〖～着头〗髪振り乱して［～乱］(草や髪が) 伸びすぎて乱れた 一 [量] 草花の茂みを数える〖一～菊花〗一かたまりの菊
⊗〖植〗ヤナギヨモギ［飞～］同前

【蓬勃】péngbó [形] 活気あふれる，勢い盛んな〖正在～开展〗力強く進展中である

【蓬蒿】pénghāo [名] ①《方》〖植〗シュンギク ②草ぼうぼうの野原

【蓬莱】Pénglái [名] 蓬莱(ほうらい) ♦神話で仙人が住むとされる山

【蓬松】péngsōng [形] (草花，頭髪などが) ぼさぼさの，ぼうぼうの〖～的头发〗ぼさぼさ頭

【蓬头垢面】péng tóu gòu miàn《成》髪は乱れ顔は垢(あか)だらけの

【篷】péng [名] ①(～儿)(車や船などで使う) おおい，日よけ［雨～］(駅などの) 雨よけ屋根 ②船の帆［～布］防水シート［扯(落)～］帆を上げる(下ろす)

【篷车】péngchē [名] ①有蓋(がい)貨車 ②〔辆〕幌(ほろ)つきのトラック

【篷帐】péngzhàng [名] テント〖过～生活〗テント暮らしをする

【捧】pěng [動] ①両手でささげ持つ〖手～奖杯〗手に賞杯をささげ持つ ②おだてる，持ち上げる〖～他当演员〗彼をおだてて役者にした 一 [量] 両手ですくったものを数える〖一～枣儿〗ひとすくいのナツメ

【捧场】pěngˇchǎng [動] おだてる，持ち上げる〖警惕～吧〗おだてに気をつけろよ

【捧臭脚】pěng chòujiǎo [動]《口》お世辞たらたら持ち上げる

【捧腹】pěngfù [動] 腹を抱えて笑う〖令人～〗なんともおかしい

【捧哏】pěngˇgén [動] (掛合漫才で) 突っ込みを引き立て人を笑わせる，ぼけを演じる

【碰(*掽踫)】pèng [動] ①ぶつかる，ぶつける〖头～在门上〗ドアに頭がぶつかる［～伤］打撲傷 ②偶然に出会う，出くわす〖～过两次〗2度出会ったことがある ③試しにやってみる，当たってみる〖～～运气〗運試しにやってみる

【碰杯】pèngˇbēi [動] (乾杯のとき) グラスを軽くかち合わせる

【碰壁】pèngˇbì [動] 壁にぶつかる，困難に遭遇する

【碰钉子】pèng dīngzi [動] 出鼻をくじかれる，断られる

★【碰见】pèngjiàn [動] 出くわす，偶然出会う〖我在医院～他〗彼に病院でばったり会った〖碰不见〗出会えそうにない

【碰面】pèngˇmiàn [動] (人に) 会う，面会する

【碰巧】pèngqiǎo [副] 偶然にも，折よく([同]［凑巧］)〖～你来了〗(…していたところへ) 折よく君が来たんだ

【碰头】pèngˇtóu [動] 顔を合わせる，出会う([同]［碰面］)〖决定下次～的时间〗次回顔合わせの日取りを決める

【碰头会】pèngtóuhuì [名] 簡単な打ち合わせや情報交換の会合，短いミーティング

【碰一鼻子灰】pèng yì bízi huī《俗》冷たく断られる，ひじ鉄をくう

〖丕〗pī ⊗ 巨大な，偉大な［～业］《書》偉業

〖邳〗Pī ⊗ ①［～县］邳(ひ)県 (江蘇省) ②姓

【坯(*坏)】pī [名] ①(れんがや陶器の火入れ

前の)白地$^{しら}_{じ}$［砖～］れんがの生地$^{き}_{じ}$ ②泥れんが〘打～〙型にはめて泥れんがを作る〘脱～〙泥れんがを型から取り出す
【坯布】pībù [名]未加工の布
【坯子】pīzi [名]①れんがや陶器の白地 ②(工業の)半製品

【批】pī [動]①下級からの提出書類に指示を記す，答案や文章にコメントを記す〘我可～不了〙私では決裁しかねる〘你的申请～下来了〙君の申請は認可された ②批判する〘～他的错误〙彼の誤ちを批判する ━[名](～儿) ①指示，コメント〘在文后加了一条小～儿〙文末に寸評を記した ②まだ紡ぎあげていない麻や綿 ━[量]大量の人や商品を数える〘一～学生〙一団の学生
[×]①平手で殴る〘～颊〙びんたを食らわす ②大量に，卸売りで
【批驳】pībó [動]①(下級部門の要請を)却下する，否決する〘提案遭到～〙提案は否決された ②論駁^{ろんばく}する，批判する [類][批评]
【批点】pīdiǎn [動]文章に圏点を打ったり，書き込みや寸評を加えたりする
【批斗】pīdòu [動]批判闘争にかける ♦文革期には特に暴力を伴うつるし上げとなった
*【批发】pīfā [動](一括して大量に)まとめ売りする，卸売りする([同][批销] [反][零售])［～价格］卸値
【批复】pīfù [動]下級部門から上がってきた書類に意見や指示を書き記して返す [同][批答]
【批改】pīgǎi [動](作文や宿題などに)添削し，短評を記す
*【批判】pīpàn [動]批判する([類][批评])〘～错误思想〙誤った考えを批判する［～现实主义］批判的リアリズム
**【批评】pīpíng [動]①(欠点や誤ちを)批判する，叱る ♦主として日常生活上の誤ちに対して用い，思想的に重大な誤ちには'批判''批驳'を用いる([反][表扬])〘被爸爸～了〙お父さんに叱られた ②長所と短所を指摘する，批評する〘用～的眼光去研究〙批判的に研究する
【批示】pīshì [名][動]〔句·条〕(上級部門から下級部門に)公文書による指示(を与える)，見解(を示す)〘遵照市长的～〙市長の(書面)決裁に従う
【批条】pītiáo [名](～儿)(長^{ちょう}や主管者が発行する簡単な)指示書，命令書
【批条子】pī tiáozi [動]'批条'を発行する，指示書を振り出す ♦コネを使って物品を入手したり，就職させたりする場合に使われることが多い
【批语】pīyǔ [名]〔句·条〕①(文章に対する)寸評，所見 ②(公文書に記入された)上級部門からの指示，意見 [同][批示]
【批阅】pīyuè [動]文書に訂正，指示やコメントを書き込む
【批注】pīzhù [名][動]評語と注釈(を書き加える)
【批转】pīzhuǎn [動]'批示'したあと文書を関連部門に回す
**【批准】pīzhǔn [動]上級部門が認可する，承認する，批准する〘已经～的工程〙すでに許可済みの事業〘～条约〙条約を批准する〘批不准〙許可できない

【纰(紕)】pī [動]布や糸がぼろぼろになる，ほつれる
【纰漏】pīlòu [名]不注意による過失，小さなミス〘出～〙ささいなミスを仕出かす
【纰缪】pīmiù [名]《書》誤ち，過失

【砒】pī [×]①ヒ素 ②亜ヒ酸
【砒霜】pīshuāng [名]亜ヒ酸 [同][红矾][信石]

【披】pī [動]①背に掛ける，羽織る〘～一件黑大衣〙黒のオーバーを羽織る ②裂ける，割れる〘木板～了〙板が割れた
[×]開く，ばらばらにする［～卷］《書》書物を開いて読む
【披风】pīfēng [名]〔件〕マント，袖なし外套 [同][斗篷]
【披肝沥胆】pī gān lì dǎn《成》胸の内をさらけ出す，真心を尽くす [同][开诚相见] [反][勾心斗角]
【披挂】pīguà [名][動](旧白話で)よろいかぶと(を身につける)
【披红】pīhóng [動]赤い絹地を人の肩に掛ける(祝賀や表彰を表わす)［～戴绿］派手に着飾る
【披肩】pījiān [名]〔件〕肩掛け，ショール，ケープ
【披坚执锐】pī jiān zhí ruì《成》(よろいを身につけ武器を持つ>)戦場に赴く
【披荆斩棘】pī jīng zhǎn jí《成》茨^{いばら}の道を切り開く，さまざまな障害や困難を克服して進む
【披露】pīlù [動]①公表する，披露する [同][公布] ②(心中を)吐露する，披瀝する
【披靡】pīmǐ [動]①(草木が)風になびく，吹き倒される ②(軍隊が)潰^{かい}走する，総崩れになる
【披散】pīsan [動](髪の毛が)乱れて垂れる，ばさばさに垂らす〘～头发〙ざんばら髪を垂らす
【披沙拣金】pī shā jiǎn jīn《成》(砂利の中から砂金を選^{よ}る>)多くの物の中から良い物を選ぶ

【披头散发】pī tóu sàn fà《成》長い髪を振り乱した，ざんばら髪の
【披星戴月】pī xīng dài yuè《成》（朝は星を戴(いただ)き夜は月光を浴びる＞）朝から夜まで働きに働く，朝から夜まで苦しい道中を続ける
【披阅】pīyuè [動] 書物をひもとく（[同]［披览］）〖～群书〗群書に目を通す

〖辟(闢)〗pī ⊗以下を見よ ⇨bì, pì
【辟头(劈头)】pītóu [副] 真っ先に，冒頭に

【劈】pī [動] ①刀や斧で割る〖～成两半〗二つに割る〖～出一条路〗道を一すじ切り開く ②雷が襲う（動物や樹木が死ぬ）〖老牛被雷～死了〗牛が雷に打たれて死んだ
⊗①くさびのようなもの［刀～］刀身［尖～］くさび ②（顔や胸を）目がけて，真正面から
⇨pǐ
【劈刺】pīcì [動] 軍刀で斬る，銃剣で刺す
【劈刀】pīdāo [名] ①〔把〕なた ②剣技，刀による闘い
【劈里啪啦(噼里啪啦)】pīlipālā [擬] 小さな爆発や拍手が連続して鳴る音，ぱんぱん，ぱちぱち
【劈脸】pīliǎn [副] 顔を目がけて，真っ向から〖～就是一巴掌〗いきなり顔に平手打ちがとんだ
【劈啪(噼啪)】pīpā [擬] 物をたたく音やはじける音，ぱんぱん，ぱちぱち〖劈劈啪啪的枪声〗ぱんぱんという遠くの銃声
【劈山】pīshān [動]（人力や爆破で）山を切り開く〖～改河〗山を崩し川筋を変える
【劈手】pīshǒu [副] すばやく（手を出す）〖～抢来〗さっとひったくる
【劈头(辟头)】pītóu [副] ①最初に，冒頭に〖一进门～就问〗入ってくるなり尋ねた ②出会い頭に，真正面から〖～就打〗いきなりなぐりかかる
【劈头盖脸】pī tóu gài liǎn《成》真っ向から，頭を目がけて〖～地骂〗真っ向から罵声を浴びせる
【劈胸】pīxiōng [副]（いきなり）胸ぐら目がけて，胸板をねらって

〖噼〗pī ⊗はじけるような音の表現に使う［～里啪啦 pīlipālā］ぱちぱち，ぱらぱら
【噼啪(劈啪)】pīpā [擬] 手でたたいたり物がはじけたりする音，ぱちぱち，ぱらぱら

〖霹〗pī ⊗以下を見よ
【霹雳】pīlì [名]〔声〕雷，落雷［晴天～］晴天の霹靂(へきれき)

【皮】pí [名] ①皮膚，（果実などの）皮〖擦破一块～〗肌をすりむいた ②皮革，なめし革［～鞋］革靴 ③（～儿）包むもの，カバー［书～儿］本のジャケット ④（～儿）表面，上っ面［地～］地表 ⑤（～儿）薄片状のもの［铅～］トタン板 — [形] ①弾力のある ②（湿気を帯びて食物が）軟らかい，ふやけた ③やんちゃな，わんぱくな ④（叱られることに慣れて）面の皮が厚い，図太い
⊗①ゴム［橡～］同前 ②（P-）姓
【皮袄】pí'ǎo [名]〔件〕毛皮を裏地に使った中国式の上着
【皮包】píbāo [名] 革鞄［～公司］ペーパーカンパニー，幽霊会社
【皮包骨】pí bāo gǔ《成》〘多く補語として〙がりがりに痩(や)せた〖瘦得～了〗痩せて骨と皮になってしまった
【皮层】pícéng [名]〘生〙①皮層，皮質 ②《略》大脳皮質
【皮尺】píchǐ [名]〔根〕巻き尺，メジャー
【皮带】pídài [名]〔根·条〕①（機械の力を伝導する）ベルト（[同]［传动带］）［～运输机］ベルトコンベア［～轮］プーリー ②皮ベルト，帯皮
【皮蛋】pídàn [名]〘食〙ピータン [同]［松花］
【皮筏】pífá [名] 牛や羊の皮を縫い合わせて作る筏(いかだ)
★★【皮肤】pífū [名] 皮膚
★【皮革】pígé [名] 皮革，なめし皮
【皮猴儿】píhóur [名]〔件〕フード付きオーバー ♦一般に裏が毛皮，なお綿入れのそれは‘棉猴儿’という
【皮黄(皮簧)】píhuáng [名]〘演〙京劇等の伝統劇の主要な旋律‘西皮’‘二黄’の合称 ♦‘西皮’は喜びや怒りなどの激しい感情を，‘二黄’は悲しみなどの静かな感情を表現する
【皮货】píhuò [名] 毛皮，毛皮製品
【皮夹子】píjiāzi [名] 皮製の小物入れ，札入れなど [同]［皮夹儿］
【皮匠】píjiang/píjiàng [名] ①《旧》靴職人 ②皮細工職人，なめし職人
【皮筋儿】píjīnr [名]《口》ゴムひも（[同]［猴皮筋儿］）〖跳～〗（女児の遊び）ゴムとび
【皮毛】pímáo [名] ①毛皮の総称 ②《転》浅薄な知識，通りいっぺんの心得〖略知～〗上っ面の心得しかない
【皮棉】pímián [名]（種を取っただけで）未加工の綿花，繰り綿 [同]［皮花］
【皮囊】pínáng [名]（[同]［皮袋］）①皮袋 ②《貶》人間の体［臭～］いやな奴
【皮球】píqiú [名] ゴムまり〖拍～〗ゴムまりをつく
【皮软骨头硬】pí ruǎn gǔtou yìng《俗》やさしい顔はしているが実は手ごわい，外柔内剛
【皮实】píshi [形] ①（身体が）丈夫な，

頑健な ②(器物が) 丈夫な, 長持ちする

【皮桶子】pítǒngzi [名] (オーバーやジャケットなどの裏地にする) 1着分の毛皮 [同][皮桶儿]

【皮线】píxiàn [名] ゴムで包んだ電気コード, 被覆電線 [同][橡皮线]

【皮箱】píxiāng [名] トランク

【皮相】píxiàng [形]〔多く定語として〕上っ面の, 表面的な [～评价] 表面だけを見た評価

【皮笑肉不笑】pí xiào ròu bú xiào《成》作り笑いする, 腹に一物ある

★★【皮鞋】píxié [名]〔双〕革靴

【皮影戏】píyǐngxì [名]〖演〗影絵芝居 ♦人形の材料は牛やロバの皮

【皮张】pízhāng [名] (皮革製品の原材料となる) 毛皮, 獣皮

【皮疹】pízhěn [名]〖医〗皮疹しん, 発疹〖出～〗発疹が出る

【皮之不存, 毛将焉附】pí zhī bù cún, máo jiāng yān fù《成》(皮がなくて毛はどこに付こうか>) 物事は土台なしでは成りたたぬ

【皮脂腺】pízhīxiàn [名]〖生〗皮脂腺

【皮质】pízhì [名]〖生〗([同][皮层]) ①皮質 ②大脳皮質の略称

【皮重】pízhòng [名] 風袋ふうたい, 包装の重量

【皮子】pízi [名] 毛皮, 皮革

〖陂〗pí ⊗[黄～] 黄陂ひ(湖北省) ♦「池」「坂」の意では bēi, '陂陀' (平らでない) は pōtuó と発音

〖疲〗pí ⊗疲れる, くたびれる [筋～力尽] 疲れ果てる

★【疲惫】píbèi [動] 疲れさせる, 消耗させる ─[形] 非常に疲れた, くたくたの

【疲敝】píbì [形] 疲弊した, 人も物も不足した

【疲乏】pífá [形] 疲れた, くたびれた ([同][疲怠])〖感到～〗ひどく疲れを覚える

★【疲倦】píjuàn [形] 疲れた, だるい〖拖着～的步子〗疲れた足をひきずって…

★★【疲劳】píláo [形] くたびれた, 疲れた, 疲労した [肌肉～] 筋肉疲労 [金属～] 金属疲労

【疲软】píruǎn [動]《旧》相場が下がる, 価格が低落する〖日元～〗円安になる ─[形] 疲れてだるい

【疲塌(疲沓)】píta [形] だれた, たるんだ

【疲于奔命】pí yú bēn mìng《成》奔命に疲れる, 駆けずり回ってぐったりとなる

【铍(鈹)】pí [名]〖化〗ベリリウム ♦「針」「矛」の意では pī と発音

〖枇〗pí ⊗以下を見よ

【枇杷】pípa [名] ビワの木, ビワの実

〖毗(*毘)〗pí ⊗①隣接する, 連なる ②助ける, 補助する

【毗连】pílián [動] 隣接する, 境を接する

〖蚍〗pí ⊗以下を見よ

【蚍蜉】pífú [名]〔只〕大アリ

【蚍蜉撼大树】pífú hàn dà shù《成》(アリが大木を揺り動かそうとする>) 身の程知らず [同][螳臂当车]

〖琵〗pí ⊗以下を見よ

【琵琶】pípa [名] 琵琶びわ〖弹～〗琵琶を弾く [～骨]《方》肩甲骨

〖郫〗Pí ⊗[～县] 郫ひ県(四川省)

〖啤〗pí ⊗以下を見よ

★★【啤酒】píjiǔ [名] ビール〖酿～〗ビールを仕込む [～花] ホップ

【脾】pí [名]〖生〗脾臓ひぞう [同][脾脏]

★★【脾气】píqi [名] ①性格, 気性〖～暴躁〗気性が荒々しい ②かんしゃく〖发～〗かんしゃくを起こす

【脾脏】pízàng [名]〖生〗脾臓

〖裨〗pí ⊗(正に対する) 副の [～将 jiàng] (昔の軍制の) 副将 ♦'裨益' (裨益ひえきする) は bìyì と発音

【蜱】pí [名] ダニ [同][壁虱]

〖鼙〗pí ⊗昔の軍隊が馬上で用いた鼓 [～鼓] 同前

〖罴(羆)〗pí ⊗ヒグマ→[棕 zōng 熊]

〖貔〗pí ⊗中国伝説上の熊に似た野獣 [～子]《方》イタチ

【貔貅】píxiū [名] ①中国伝説上の熊に似た野獣 ②《転》勇猛な軍隊 [同][貔虎]

【匹】pǐ [量] 馬, ロバなどを数える〖两～驴〗ロバ2頭 ⊗①匹敵する, 比肩しうる ②ひとりきりの, 単独の

【─(疋)】[量] 絹や綿の生地を数える〖一～布〗木綿一匹

【匹敌】pǐdí [動] 匹敵する, 伯仲する〖没有人能与他～〗彼と肩を並べうる者はいない

【匹夫】pǐfū [名] ①一介の庶民, ただの人 [～匹妇] ふつうの人々 ②《貶》(白話で) 無学, 無知の徒 [～之勇] 匹夫の勇

【匹马单枪】pǐ mǎ dān qiāng《成》単騎出陣する, 単独行動をとる [同][单枪匹马]

【匹配】pǐpèi [動]《書》婚姻を結ぶ, 夫

婦になる

〖圮〗 pǐ ⊗壊れる，崩れる

〖仳〗 pǐ ⊗以下を見よ

【仳离】pǐlí [動]《書》夫婦が別れる，特に妻が夫に捨てられる

〖否〗 pǐ ⊗①悪い，悪質な ②非難する，酷評する［臧～人物］人物の優劣を論じる
⇨fǒu

【否极泰来】pǐ jí tài lái《成》(不運が極みに達すれば，次は好運がめぐってくる＞)嵐のあとには凪(なぎ)がくる ◆'否，泰'は易(えき)の卦(け)の名称

〖痞〗 pǐ ⊗①ごろつき，不良［地～］土地のごろつき ②腹中にできる硬いしこり

【痞块】pǐkuài [名]（漢方で）腹中にできた硬いしこり

【痞子】pǐzi [名]ごろつき，不良

〖噽〗 pǐ ⊗大きい

【劈】 pǐ [動]①分ける，分割する ②ちぎり取る，もぎとる [同]［擗］③足や指の股を裂けるほどに開く
⇨pī

【劈叉】pǐchà [動]〖体〗両足を開いて尻を地面につける，股割りをする

【劈柴】pǐchai/pǐchái [名]たきぎ，薪(まき)〖劈 pī ～〗薪を割る

【擗】 pǐ [動]ちぎり取る，もぎ取る〖～白菜叶子〗白菜の葉をはがす
⊗(悲しみで) 胸を手で打つ［～踊顿足］胸をたたき地団太を踏む

〖癖〗 pǐ ⊗病的なほどのくせ

【癖好】pǐhào [名]（のめり込んでいる）趣味，愛好

【癖性】pǐxìng [名]（個人の）愛好，性癖

【屁】 pì [名]屁(へ)，おなら〖放～〗屁をひる
⊗①尻(しり)［拍马～］へつらう［～眼］尻の穴 ②下らぬ(もの)，取るに足らぬ(こと)［～事］ほんのささいな事柄

*【屁股】pìgu [名]①《口》尻［～眼］尻の穴 ②（動物の）尻 ③《転》物の末端，端っこ［报～］新聞のべた記事

【屁股蹲儿】pìgudūnr [名]《方》尻もち〖摔了个～〗尻もちをつく

【屁滚尿流】pì gǔn niào liú《成》あわてふためくさま

【屁话】pìhuà [名]ばかげた言い草，ろくでもない話

〖睥〗 pì ⊗以下を見よ

【睥睨】pìnì [動]《書》睥睨(へいげい)する，横目で見る（ながら形勢をうかがう）

〖媲〗 pì ⊗比肩する，匹敵する

【媲美】pìměi [動]美しさを競う，同じように素晴らしい〖与名牌货相～〗ブランド品にひけを取らない

【辟(闢)】 pì [動]開拓する，開始する〖新～了一块菜地〗新たに野菜畑を作った［开～］切り開く
⊗①(デマや邪説を) 排除する，退ける ②理解の深い，洞察の鋭い

〖—〗 ⊗刑法［大～］《書》死刑
⇨bì, pī

【辟谣】pì'yáo [動]デマを退ける，中傷に論駁する

〖僻〗 pì ⊗①人里離れた，辺鄙(へんぴ)な［偏～］辺鄙な ②偏屈な，一風変わった［性～］偏屈な ③(主に文字が) めったにない，珍しい［～字］珍しい文字

【僻静】pìjìng [形]辺鄙な，人けのない

【僻壤】pìrǎng [名]辺鄙な所，僻地 [同]［僻地］

〖䴙(鷿)〗 pì ⊗［～鹈 tī］〖鳥〗カイツブリ

〖譬〗 pì ⊗たとえ，比喩

*【譬如】pìrú [動]①(例を挙げて) 例える([同]［例如］［比如］)〖～茅盾、巴金〗例えば茅盾，巴金は〖～说吧〗例を挙げよう ②(比喩を示して仮定する) 例えば…だとする，仮に…だとする([同]［比如］)〖～我是猴子〗例えば私が猿だとして

【譬喻】pìyù [名]比喩，たとえ([同]［比喻］)〖打个～〗たとえ話をする

〖片〗 piān ⊗フィルム，写真など［大～(儿)］大作映画
⇨piàn

【片儿】piānr [名]平たく薄いもの

【片子】piānzi [名]〔部〕①映画フィルム，映画〖换～〗上映映画が変わる ②〖医〗X線フィルム〖拍～〗X線写真を撮る ③〔张〕レコード [同]［唱片］
⇨piànzi

〖扁〗 piān ⊗小さな［～舟］小船
⇨biǎn

【偏】 piān [動]①傾く，横を向く〖～过头去〗そっぽを向く〖中间～右〗中央の右寄り ②《挨》〔多く'了'を伴って〕先に食事等を済ませる〖我～过了，…〗お先に済ませましたから… — [形]①偏った，偏向した ②傾いた，ずれた [反]［正］ — [副]（我(が)を張って）どうしても，あくまで([同]［偏偏］)〖干吗～问他〗何だってわざわざあいつに尋ねるんだ(他に人はいるのに)

【偏爱】piān'ài [動]偏愛する，えこひ

P

いきする [反][博爱]

*【偏差】piānchā [名] ① ずれ，誤差〖～减为一毫米〗誤差が1ミリに減る ② 仕事上の偏向，行き過ぎ〖出～〗偏向を生じる

【偏待】piāndài [動] 一方だけを優遇する，えこひいきの待遇をする

【偏方】piānfāng [名]（～儿）漢方薬の民間処方

【偏废】piānfèi [動] 一事のみを重んじて他をおろそかにする

【偏护】piānhù [動] えこひいきする

【偏激】piānjī [形]（意見などが）過激な，極端な [同][过火]

*【偏见】piānjiàn [名] 偏見，偏った考え（[同][成见]）〖抱～〗偏見を抱く

【偏枯】piānkū [動]〖医〗（漢方で）半身不随となる — [形]《転》（発展などが）均衡を欠いた，偏った

【偏劳】piānláo [動]《挨》お手数を掛ける，ご苦労をお掛けする（人に用事を頼んだり礼を言う時に用いる）〖请你～吧〗お手数ですがお願いします

【偏离】piānlí [動] 逸脱する，ずれる〖～航向〗針路をそれる

【偏门】piānmén [名] ① 通用門，わき門 [同][旁门] ② 不正なルート，コネ

【偏旁】piānpáng [名]（～儿）漢字の偏(へん)と旁(つくり)

*【偏僻】piānpì [形] 辺鄙(へんぴ)な，人里離れた

*【偏偏】piānpiān [副] ①（我を張って）あくまで，どうしても ② あいにく，折りあしく〖～我出差了〗あいにく私は出張していた ③（よりによって）…だけ〖为什么～你不来？〗どうして肝心の君が来ないんだ

【偏颇】piānpō [形]《書》一方に偏した，公平を欠いた [反][公正]

【偏巧】piānqiǎo [副] ① 折よく，うまい具合に（[同][恰巧]）〖～他来了〗（彼を捜しているところへ）ちょうど彼が来た ② あいにく，折り悪しく（[同][偏偏]）〖刚要出门，～下雨了〗出掛けようとしたとき，あいにくの雨が降ってきた

【偏衫】piānshān [名] 袈裟(けさ)

【偏食】piānshí [名] ①〖天〗部分日食，部分月食の総称［月～］部分月食 ② 偏食

【偏瘫】piāntān [動]〖医〗半身不随となる [同][半身不遂 suí]

【偏听偏信】piān tīng piān xìn《成》一方の言い分ばかりを鵜呑みにする

【偏狭】piānxiá [形] 偏狭な，了見の狭い [反][宽容]

【偏向】piānxiàng [名]（政策などの）偏向，（仕事での）偏重〖纠正～〗偏向を正す — [動] えこひいきする〖～自己的儿子〗自分の息子の肩を持つ

【偏心】piānxīn [動] えこひいきする〖对他～〗彼にひいきする

【偏远】piānyuǎn [形] 辺鄙(へんぴ)で遠い

【偏振光】piānzhènguāng [名]〖理〗偏光（[同][偏光]）［～显微镜］偏光顕微鏡

【偏执】piānzhí [形] 偏狭で頑固な

【偏重】piānzhòng [動] 偏重する

【偏转】piānzhuǎn [動]〖理〗（磁針計器の針が）ぶれる，揺れる

〖犏〗 piān ⊗ 以下を見よ

【犏牛】piānniú [名] '黄牛'（赤牛）の雄と'牦牛'（ヤク）の雌との雑種 ♦ヤクより従順で，赤牛より力が強い

【篇】 piān [名] ① 篇(へん)，ひとまとまりの文章 ②（～儿）とじていない紙片で，文字などが記されているもの［单～儿讲义］1枚のプリント教材 — [量]（～儿）文章，紙，本の1枚(2ページ) を数える〖三～小说〗3編の小説

【篇幅】piānfu/piānfú [名] ① 文章の長さ，記事の分量〖你的论文～太长〗君の論文は長すぎる ② 本や雑誌のスペース〖节省～〗紙面を節約する

【篇目】piānmù [名] ① 掲載された文章の題目，篇の題名 ② 題目の目録，目次

【篇章】piānzhāng [名] ① 篇と章，文章 ②《転》歴史的な事業〖写下灿烂的～〗（歴史に）輝かしい1ページを書き加える

〖翩〗 piān ⊗ 速く飛ぶ

【翩翩】piānpiān [形] ① ステップも軽やかな，（鳥などが） ひらひらと舞う ②《書》（青年の）立居振舞いが垢(あか)抜けした，挙措(きょそ)の落ち着いた

【翩然】piānrán [形]《書》足取りの軽やかな，動きが軽快な

〖骈（駢）〗 pián ⊗ 並列の，対(つい)になった［～句］対句

【骈俪】piánlì [名] 文章の対偶句法，駢儷(べんれい)

【骈体】piántǐ [名] 文章に対偶句法を用いた文体（[反][散体]）［～文］四六駢儷文

【骈文】piánwén [名] 四六駢儷文

【骈枝】piánzhī [名]《書》'骈拇'（親指と第2指がくっついた足）や'枝指'（6本の指がある手）

〖胼〗 pián ⊗ 以下を見よ

【胼胝（跰胝）】piánzhī [名]（手足にできる） たこ（[同][趼子]）〖磨起～〗たこができる

〖便〗 pián ⊗ 以下を見よ ⇨ biàn

**【便宜】piányi [形] 値が安い（[同][贱] [反][贵]）［～货］安物 — [名] けちな

P

利益,小ずるい得［占～］甘い汁を吸う ━動 見逃してやる,得をさせる［这次～了你］今度は勘弁してや
⇨biànyí

【梗】pián ⊗人名用字

【蹁】pián ⊗足取りがふらついた,千鳥足の
【蹁跹】piánxiān 形〘書〙くるくると舞う,(踊る姿の)軽やかな

【片】piàn 名①(～儿)平たく薄いもの［明信～儿］はがき ②(～儿)大きな地区を区切った小地区 ━動(肉などを)薄切りにする,スライスする［～鱼片儿］魚を薄切りにする 量①平たく薄いものを数える［一～树叶］ひとひらの木の葉［三～儿药］丸薬3錠 ②広く広がった土地や水に用いる［一～荒地］一面の荒れ地 ③情景,音声,気持ちに用いる［四周一～沉寂］あたりは静まりかえっている ⊗不完全な,わずかな［只 zhī 言一语］片言隻語
⇨piān

【片段(片断)】piànduàn 名(文章,生活の)一こま,一段落
*【片断】piànduàn 形〘定語として〙こまごまとした
*【片刻】piànkè 名 わずかな時間,ひととき(≡[片时])［休息～］ひと息入れる
*【片面】piànmiàn 形①一方の,一方的な［～之词］一方的言い分 ②偏った,一面的な(⊗[全面])［～的看法]一面的な見方
【片儿警】piànrjǐng 名 おまわりさん
【片儿汤】piànrtāng 名 小麦粉をこねたものを小さな薄片に切ってゆで,汁といっしょに食べる料理
【片时】piànshí 名 ≡[片刻]
【片瓦无存】piàn wǎ wú cún〈成〉(まともな瓦が一枚も残らぬ>)家屋が全壊する
【片言】piànyán 名 わずかな言葉,片言［～九鼎］一言が千鈞ぇの重みを持つ
【片纸只字】piàn zhǐ zhī zì〈成〉文書の切れ端,小さなメモや手紙など ≡[片言只字]
【片子】piànzi 名①平たく薄いもの［铁～］鉄片 ②名刺≡[名片]
⇨piānzi

【骗(騙)】piàn 動①だます,ぺてんにかける［受～］だまされる ②だまし取る,詐取する［～了他五只鸡］彼から鸡を5羽だまし取る［～取］だまし取る
【骗局】piànjú 名 詐欺ぎ,ぺてん［揭穿～］ぺてんを暴く
【骗术】piànshù 名 詐欺,だまし［施行～］詐欺を仕組む
【骗子】piànzi 名 詐欺師,ぺてん師 ≡[方][骗子手]

【剽】piāo ⊗①奪う,略奪する ②機敏な,敏捷な
【剽悍(慓悍)】piāohàn 形 敏捷で荒々しい,剽悍ぇき
【剽窃】piāoqiè 動 他人の文章を盗用する,剽窃ぐ

【漂】piāo 動 水に浮ぶ,漂う［～洋过海］海を隔てた遠い異国に行く
⇨piǎo, piào

【漂泊(飘泊)】piāobó 動 流浪する,さすらう
*【漂浮(飘浮)】piāofú 動①(水に)浮ぶ,ただよう ━形(仕事振りが)浮ついた,頼りない
【漂流(飘流)】piāoliú 動①漂流する,水に漂う ②≡[漂泊]
【漂移】piāoyí 動 水に漂う,漂流する

【飘(飄*飃)】piāo 動 風にたなびく,ひらひら舞う［外面～着小雪］外は雪が散らついている
【飘尘】piāochén 名 浮遊塵芥ぉん,大気中のほこり［～污染］塵芥による大気汚染
【飘荡】piāodàng 動①風にたなびく,流れにただよう(≡[飘动])［迎风～］風にたなびく ②さすらう,さまよう ≡[漂泊]
【飘忽】piāohū 動①(風や雲が)流れてゆく ②揺れ動く,漂う［～不定］ゆらゆら漂う
【飘零】piāolíng 動①(花びらなどが)ひらひら落ちる,散る ②うらぶれさまよう,失意のままさすらう［～外乡］異郷をさすらう
【飘渺(缥缈)】piāomiǎo ほんやりとかすかな,有無がはっきりしない
【飘飘然】piāopiāorán 形〈貶〉いい気の,有頂天の［夸他几句,他就～了］ちょっとほめたら彼は有頂天になった
【飘然】piāorán 形 ひらひらした,風に浮ぶような［～而下］ゆったりと下りてくる
【飘洒】piāosǎ 動 風に舞う,空を漂う ━形 振舞いが自然な,洒脱ばな
【飘散】piāosàn 動(気体や香りが)ただよう,風に乗って広がる
【飘舞】piāowǔ 動 風になびく,そよぐ ≡[飘曳]
*【飘扬(飘颺)】piāoyáng 動 空にはためく,風にひるがえる
【飘摇(飘颻)】piāoyáo 動 風に揺れる,風になびく
【飘溢】piāoyì 動(香りなどが)一面に漂う,満ちあふれる

【飘逸】piāoyì 形 飄逸ひょう。洒脱な ―動 風に散る、漂う

【螵】 piāo ⊗［~蛸 xiāo］カマキリの卵

【朴】 piáo ⊗姓 ⇨pō, pò, pǔ

【嫖】(*闞) piáo 動 妓女と遊ぶ、女郎買いをする［~妓女］同前［~客］遊廓で遊ぶ男

【瓢】 piáo 图（~儿）ひしゃく（フクベや木で作る）

【瓢虫】piáochóng 图［只］テントウ虫

【瓢泼】piáopō 形 土砂降りの、車軸を流す［~大雨］土砂降りの雨

【殍】 piǎo ⊗［饿~］［書］餓死した人

【漂】 piǎo 動 ①さらす、漂白する［~白］漂白する ②水ですすぐ、ゆすぐ［~洗］すすぎ洗いをする ⇨piāo, piào

【缥】(縹) piǎo ⊗薄い藍色 ◆'缥缈'（ほんやりとかすかな）はpiāomiǎoと発音

【瞟】 piǎo 動 横目で見る

【票】 piào 图［张］①切符や証書の類［支~］小切手［车~］乗車券［股~］株券［邮~］郵便切手 ②（~儿）紙幣、通貨［零~儿］小額紙幣 ③（~儿）誘拐された人質［绑~］金銭目的の人さらい ④（投票の）票［反対~］反対票を投じる ― 量（方）取り引きを数える［一~生意］1回の取り引き ⊗（京劇など伝統劇の）素人芝居

【票额】piào'é 图 額面金額
【票贩子】piàofànzi 图 ダフ屋
【票房】piàofáng 图 ①（~儿）(口)（劇場、駅などの）切符売場 ②（~儿）《旧》素人芝居の稽古場
【票匪】piàofěi 图 金銭目当ての誘拐犯 ◉［绑匪］
【票根】piàogēn 图 小切手や領収証などの控え、入場券などの半券
【票价】piàojià 图（鉄道、劇場などの）切符代金、入場料
【票据】piàojù 图［张］①小切手、手形など ②領収書、貨物などの控え伝票
【票面】piàomiàn 图 紙幣や証券などに記された金額、額面金額［小~的钱］小額紙幣
【票戏】piàoxì 图 '票友'による芝居
【票友】piàoyǒu 图 素人で自ら演じる芝居好き、素人役者
【票子】piàozi 图［张・叠］紙幣、札

【漂】 piào 動（方）おじゃんになる、お流れになる ⇨piāo, piào

*【漂亮】piàoliang 形 ①美しい、きれいな［衣服穿得很~］服がいかにも美しい ②（行為や技が）見事な、鮮やかな［字写得很~］字が実に見事

【骠】(驃) piào ⊗①（馬が）速い、飛ぶような ②勇ましい、勇壮な［~勇］勇敢な ◆'黄骠马'（栗毛ぶちの馬）はhuángbiāomǎと発音

【撇】 piē 動 ①捨て去る、放置する［~下妻子儿女］妻子を捨てて顧みない ②液体の表面をすくう［~去泡沫 pàomò］泡をすくいとる ⇨piě

【撇开】piēkai/piěkāi 動 捨て置く、差し置く［先~这个问题］この問題はあと回しにしよう［撇不开］捨て置けない

【撇弃】piēqì 動 投げ捨てる、放りだす［~家庭］家庭を捨てて顧みない

【瞥】 piē 動 ちらりと見る、視線を投げる［~了我一眼］私をちらっと見た

【瞥见】piējiàn 動 ちらりと見掛ける、ふと目に入る［在机场~了他］空港で彼を見掛けた

【苤】 piě ⊗以下を見よ

【苤蓝】piělan 图［植］コールラビ、キュウケイカンラン（特にその茎は食用）［酱~］同前の茎の漬物

【撇】 piě 動 漢字の左へはらう筆形（ノ）― 動 力いっぱい（前方に）投げる ― 量（~儿）漢字のはねに似た形のもの、ひげなどに用いる［两~儿黑胡子］2本の黒ひげ ⇨piē

【撇嘴】piěʼzuǐ 動 口をへの字にする

【拼】(*拚) pīn 動 ①一まとめにする、寄せ集める［七・八凑］あれこれ寄せ集める ②死に物狂いに行う、懸命になる［我跟他~了］あいつとはとことん争うぞ

【拼板】pīnʼbǎn 動 組版する、製版する

*【拼搏】pīnbó 動 必死に戦う

【拼刺】pīncì 動［軍］（訓練で）木銃で突き合う ②白兵戦を演じる、銃剣で死闘する

【拼凑】pīncòu 動 寄せ集める、一つにまとめる［~一笔款子］金をかき集める

*【拼命】pīnʼmìng 動 命を投げ出す、命がけで取り組む［~必死で子供を救い出す ― 副 一所懸命に、精魂込めて［~用功］必死に勉強する

【拼盘】pīnpán 图（～儿）前菜, オードブル
【拼死】pīnsǐ 動命をかける, 死に物狂いでやる〚～干活〛必死で働く〚～拼活〛死に物狂いで
【拼写】pīnxiě 動'拼音'で発音を記す
【拼音】pīnyīn 图子音や母音を組み合わせて音節につづる〚～字母〛アルファベットなどによる表音文字, 特に現行の中国式表音ローマ字

【姘】pīn ⊗男女が野合する, 同棲する
【姘居】pīnjū 動同棲する, 内縁の暮らしをする
【姘头】pīntou 图内縁関係の男女, あるいは, その一方

【贫(貧)】pín 彫(方)話がくどい〚他的嘴真～〛あの人は本当に話がくどい ⊗①貧しい ⊗'富' ②足りない, 乏しい
*【贫乏】pínfá 彫①貧しい, 貧乏な ②足りない, 乏しい ⊗'丰富'
【贫寒】pínhán 彫貧しい, 困窮した
【贫瘠】pínjí 彫土地がやせた, 地味の乏しい〚～地〛やせ地
【贫贱】pínjiàn 彫貧しく地位が低い〚～之交〛貧乏時代の仲間
【贫苦】pínkǔ 彫貧しい, 貧乏な
【贫困】pínkùn 彫貧しい, 窮迫した
【贫民】pínmín 图貧民〚～窟〛スラム
【贫农】pínnóng 图小作農, 貧農
【贫穷】pínqióng 彫貧しい, 困窮した ⊕'贫困' ⊗'富裕'
【贫弱】pínruò 彫（国家や民族が）衰えた, 活力のない
【贫下中农】pín-xiàzhōngnóng 图'贫农'と'下中农'を合わせた呼称, すなわち解放前には貧農, 下層中農であった人々 ◆解放後の土地改革の際に各世帯の所属区分を決めた
【贫血】pínxuè 图貧血〚患～〛貧血を患う〚脑～〛脳貧血
【贫嘴】pínzuǐ 彫減らず口の好きな, 口数の多い〚耍～〛減らず口をたたく〚斗 dòu ～〛同前
【贫嘴薄舌】pín zuǐ bó shé 〈成〉やたら憎まれ口をたたく, いやがらせを言う〚贫嘴贱舌〛

【频(頻)】pín ⊗①振動数, 周波数〚声～〛可聴周波数 ②しきりに, 頻繁に〚～发〛頻発する
【频次】píncì 图頻度
*【频道】píndào 图テレビのチャンネル
*【频繁】pínfán 形頻繁な
*【频率】pínlǜ 图①(理)周波数⊕'周率' ②頻度〚～高〛頻度が高い

【频频】pínpín 副頻繁に, しきりに

【蘋(蘋)】pín ⊗水草の一種

【颦(顰)】pín ⊗眉をひそめる〚效～〛〈書〉顰みにならう
【颦蹙】píncù 動〈書〉(愁いのために)眉をひそめる, 眉根をとざす

【嫔(嬪)】pín ⊗①宮廷の女官 ②皇帝の側室

【品】pǐn 動①優劣を見分ける, 品評する〚～茶〛茶の品定めをする ②〈書〉管楽器(主に簫 xiāo)を吹く
⊗①物品, 製品〚产～〛製品 ②等級, ランク〚上～〛上等 ③性質, 品性〚人～〛人格 ④種類 (P-)姓
【品尝】pǐncháng 動味をよく吟味する, しっかり味わう ⊕'品味'
【品德】pǐndé 图品性, 人格〚培养～〛品性を高める
【品格】pǐngé 图①品格, 品行 ②文学, 芸術作品の質, 作風〚～高雅(粗俗)〛上品な(品のない)作品だ
【品红】pǐnhóng 图(多く定語として)やや薄い赤色の
【品级】pǐnjí 图①王朝時代の官吏の位階 ②製品, 商品の等級, グレード
【品酒】pǐn'jiǔ 動利き酒をする, 酒の味を鑑定する
【品蓝】pǐnlán 形(多く定語として)やや赤みがかった青色の
【品类】pǐnlèi 图種類, 部類
【品绿】pǐnlǜ 形(多く定語として)新緑の, 草色の
【品貌】pǐnmào 图①容貌〚～端正〛整った顔をしている ②人品骨柄 がら, 人柄と容貌
【品名】pǐnmíng 图物品の名称, 品名
【品牌】pǐnpái 图ブランド(品)
【品评】pǐnpíng 動品定めする, 品評する
【品头论足】pǐn tóu lùn zú 〈成〉〈貶〉〚评头论足〛①女性の容姿について品定めをする ②ささいなことにもけちをつける, 粗探しをする
【品位】pǐnwèi 图〈鉱〉品位
【品味】pǐnwèi 動 ⊕'品尝'
*【品行】pǐnxíng 图品行, 行い〚～端正(恶劣)〛品行方正(不良)
【品性】pǐnxìng 图人格, 品性〚陶冶～〛品性をみがく
【品月】pǐnyuè 形(多く定語として)薄青色の
【品质】pǐnzhì 图①人の資質, 品性〚政治～〛政治的資質 ②商品の質, 品質〚提高～〛質を高める
【品种】pǐnzhǒng 图①植物, 家畜

などの品種 ②銘柄，種類

〖牝〗pìn ⊗鳥獣の雌(めす)（[反]'牡'）[～牛] 雌牛

【牝鸡司晨】pìn jī sī chén《成》(牝鶏(ひんけい)時を告ぐる＞) 女が天下を取る [同][母鸡报晓]

【聘】pìn [動]①招く，招聘(へい)する〚～他为顾问〛彼を顧問に招く［待～］採用を待つ ②《口》嫁にゆく，嫁がせる〚～姑娘〛娘を嫁がせる ③婚約する，縁組を決める〚定～〛正式に婚約する
⊗使節として友好国を訪問する

【聘请】pìnqǐng [動]招聘する〚～他当经济顾问〛彼を経済顧問に迎える

【聘用】pìnyòng [動]招聘任用する

【乒】pīng [擬]ぽん，ぱん，さく裂する音
⊗卓球，ピンポン［～赛］卓球の試合［～坛］卓球界

【乒乓】pīngpāng [名]卓球，ピンポン ━[擬]ぽんぽん，ぱんぱん

★★【乒乓球】pīngpāngqiú [名]①卓球，ピンポン〚打～〛卓球をする［～台］卓球台 ②ピンポンの球

〖娉〗pīng ⊗以下を見よ

【娉婷】pīngtíng [形]《書》(婦人の姿や振舞いが)優雅な，美しい

【平】píng [形]平らな，平坦な ━[動]①平坦にする，平たくする ②同じ高さに達する，優劣がなくなる〚～亚洲记录〛アジアタイ記録を出す ③怒りを抑える，感情を静める
⊗①同点，引き分け〚打成三～〛3対3になる ②(古漢語の) 平声 ③(武力で) 平定する，鎮圧する［扫～］平定する ④公平な，偏りのない ⑤落ち着いた，平穏な［和～］平和な ⑥普通の，一般的な

【平安】píng'ān [形]安らかな，平穏無事な〚一路～〛《挨》道中御無事で

【平板】píngbǎn [形]平板な，単調な ━[名]《機》平板，プレート

【平板电脑】píngbǎn diànnǎo [名]タブレット端末

【平辈】píngbèi [名]自分と系図上の世代が同じ親戚(いとこなど)

【平步青云】píng bù qīng yún《成》一足跳びに高い地位を得る [同][平步登天]

【平产】píngchǎn [動]平年並みの収穫をあげる

★★【平常】píngcháng [名]ふだん，平時〚～很少用〛ふだんほとんど使わない ━[形]ありふれた，普通の

【平川】píngchuān [名]平野，平地 [同][平川地]

【平淡】píngdàn [形](事物，文章が)平凡な，変哲のない［～无味］味もそっけもない

★★【平等】píngděng [形]平等な［～互利］平等互恵

【平地】píngdì [名]①平地，平坦な地域 ②何事もない所，平穏な場所［～风波］平地に乱を起こす
── píng▾dì [動]土地を平らにする

【平定】píngdìng [動]①落ち着く，静まる ②反乱を鎮める，平定する [同][平息]

★【平凡】píngfán [形]平凡な，ありふれた [反][不凡]

【平反】píngfǎn [動](多く個人に対する)誤った政治的決定や冤(えん)罪を正し名誉を回復する ♦例えば右派分子，反革命分子などの判定についていう

★★【平方】píngfāng [名]《数》平方，2乗［～米］平方メートル［～根］平方根

【平房】píngfáng [名]①平屋，1階建ての建物 [同]《方》[平屋] ②《方》平屋根の家

【平分】píngfēn [動]均等に分配する，平等に分ける

【平分秋色】píngfēn qiūsè《成》(秋の景色を平等に分ける＞) 折半する

【平复】píngfù [動]①落ち着きを取り戻す，平穏に戻る ②病気やけがが治る，回復する

【平光】píngguāng [形](眼鏡，レンズが)度のない，素通しの

【平和】pínghé [形]①(性格が) 温和な，おとなしい ②(薬物の) 作用が穏やかな，刺激の少ない

★★【平衡】pínghéng [形]バランスのとれた，均衡を保った〚保持～〛平衡を保つ〚收支～〛収支のバランスがとれている［～木］(体操の) 平均台 ━[動]バランスをとらせる

【平滑】pínghuá [形]平らで滑らかな

【平话(评话)】pínghuà [名]平話(へいわ) ♦主に歴史を題材とした語り物で，宋代に流行した

【平缓】pínghuǎn [形]①(地勢が) 平坦な ②(気持ちが) 落ち着いた，(語気が) 穏やかな ③(動きが) 緩やかな，ゆっくりとした

【平价】píngjià [名]①通常の価格，公定価格 ②《経》平価 ━[動]インフレを抑止する，値上がりを抑える

★★【平静】píngjìng [形](動きがなく) 穏やかな，落ち着いた

【平局】píngjú [名](球技，碁などの) 引き分け，互格の勝負〚打成～〛引き分ける

★★【平均】píngjūn [動]平均する［～值］平均値 ━[形]均等な〚～发展〛均等に発展する

【平列】píngliè [動](一律に) 並べる，同列に扱う

【平流层】píngliúcéng [名]《天》成層圏 [関][対流层]

【平炉】pínglú 图〔工〕平炉,マーティン炉 働[转炉]
【平落】píngluò 動 物価高が沈静する,通常の値段まで下がる
*【平面】píngmiàn 图 平面 〖~测量〗平面測量 〖~镜〗平面鏡
【平面图】píngmiàntú 图 平面図,投影図
【平民】píngmín 图 平民,庶民
【平年】píngnián 图 ①閏う年でない年,平年 働[闰年] ②収穫が例年通りの年,平年
【平平】píngpíng 形 可もなく不可もない,並みの 〖成绩~〗成績がパッとしない
【平铺直叙】píng pū zhí xù《成》簡明直截に書く(話す),飾らずストレートに書く(話す)
【平起平坐】píng qǐ píng zuò《成》地位や権力が対等な
【平日】píngrì 图 平日,ウィークデー 働[节日][假日]
【平生】píngshēng 图 ①一生,生涯 ②日常,ふだん 〖他~不吃药〗彼はふだん薬を飲まない
【平声】píngshēng 图〔語〕平声 へい ◆古漢語の四声の一,現在の'普通话'の一声と二声に分化した
*【平时】píngshí 图 ①ふだん,平生 へい ②(戦時や非常時に対しての)平時
【平时不烧香, 临时抱佛脚】píngshí bù shāo xiāng, línshí bào fójiǎo《俗》(ふだん線香も上げないで, いざとなると仏の足にすがる>) 苦しいときの神頼み
【平手】píngshǒu 图 (~儿)引き分け 〖打成~〗引き分けに終わる
【平顺】píngshùn 形 平穏な,平穏な
【平素】píngsù 图 日頃,ふだん
【平台】píngtái 图 ①屋上の物干台 働[晒台] ②〔方〕平屋根の家 働[平房] ③〔工〕作業台, プラットホーム ④(ある活動を進めるのに必要な)環境・条件
*【平坦】píngtǎn 形 (主に地勢が) 平坦な, 起伏のない 反[坎坷]
【平头】píngtóu 图 (男性の髪型の) 角刈り 〖留~〗角刈りにする — 形 〔方〕〔数字の前に置いて〕ぴったりの,端数のない 〖~四十岁〗40歳ちょうど
【平头百姓】píngtóu bǎixìng 图 普通の人々,庶民
【平稳】píngwěn 形 平穏な, 安定した 〖物价~〗物価は安定している
【平西】píngxī 動 (太陽が)西に傾く
【平昔】píngxī 图 きょうまでの日常,過ぎた日々 〖~很少去他家〗平素ほとんど彼の家に行っていない
【平息】píngxī 動 ①紛争,感情,暴風などが)静まる,鎮静する ②武力で鎮める,鎮圧する

【平心而论】píng xīn ér lùn《成》冷静に論ずる,公平に言う
【平心静气】píng xīn jìng qì《成》心穏やかな,冷静な
【平信】píngxìn 图 普通郵便 働[挂号信][快信]
*【平行】píngxíng 動 平行する 〖~线〗平行線 — 形〔定語として〕①同等の, 対等な 〖~机关〗同格の機関 ②同時進行の,並行する 〖~施工〗同時に施工する
【平野】píngyě 图 平原,平野
【平抑】píngyì 動 抑制する, 落ち着かせる 〖~物价〗物価を安定させる
【平易】píngyì 形 ①(人柄が) 親しみやすい,和やかな ②(文章が) 平易な,わかりやすい
【平易近人】píngyì jìn rén《成》①(人柄が) 和やかで近づきやすい 働[和蔼可亲] ②(文章が)平易でわかりやすい
【平庸】píngyōng 形 平凡な,凡庸な 反[不凡]
*【平原】píngyuán 图 平原
【平月】píngyuè 图 平年の(28日しかない)2月
【平仄】píngzè 图 平仄ひょうそく ◆古漢語における平声と仄声(上声, 去声, 入声), また文言詩文の韻律をいう.'普通话'の第1・2声(古入声を除く) が平声,第3・4声が仄声に対応
【平展】píngzhǎn 形 ①(地勢が)平らで広い ②しわのない,平らに広がった
【平整】píngzhěng 動 整地する,平らにする 〖~土地〗地ならしする — 形 (形が) きっちり整った,(土地が)きれいに整地された
【平正】píngzheng 形 歪ゆがみのない,整然とした
【平装】píngzhuāng 图 (書籍の)紙装, ペーパーバック 働[精装] 〖~本〗ペーパーバックの書籍

【评(評)】píng 動 ①評定する, 判定する 〖你来~~谁写得好〗誰の文章がよく書けているか判定してくれよ ②評論する,批評する 〖短~〗寸評
【评比】píngbǐ 動 (比較して優劣を)判定する,評定する 〖~技术〗技術を評定する
【评定】píngdìng 動 (審査して優劣を)査定する, 評定する 〖~级别〗ランクを評定する
【评断】píngduàn 動 (検討して) 判断する,決着をつける
【评分】píng'fēn 動 (~儿)(仕事,学習,運動等の成績に) 点をつける,採点する 〖给试卷~〗試験の答案を採点する — 图 点数
【评工】pínggōng 動 労働点数をつける,仕事を点数で評価する ◆特に

人民公社の生産隊で行われた
【评功】píng▾gōng [動] 功績を評定する〖～授奖〗勲功を評定して表彰する
*【评估】pínggū [動] 評価する
【评话】pínghuà [名] ① [同]［平话］ ② 大衆芸能の一で，方言による講釈
【评级】píng▾jí [動]（給料，待遇などの）等級を査定する
**【评价】píngjià [名] 評価〖对作品中的人物给以很高的～〗作中人物に高い評価を与える ― [動] 値踏みする，評価する
【评奖】píng▾jiǎng [動]（評定を経て）表彰する
【评介】píngjiè [動] 批評を書いて紹介する［新书～］新刊書評
【评剧】píngjù [名] 評劇(ひょうげき)（華北，東北等で行われる地方劇）[同]［评戏］
【评理】píng▾lǐ [動] どちらが正しいか判定する，是非を決める
*【评论】pínglùn [名][動] 論評（する），評論（する）〖不加～〗論評を加えない〖写～〗評論を書く
【评判】píngpàn [動]（勝敗，優劣を）判定する，審査する［～员］審判（査）員
【评书】píngshū [名] 主に歴史を題材とした語り物，講談〖表演～〗講談を語る
【评弹】píngtán [名] ① 江蘇，浙江省一帯で盛んな語り物（歌と語りを合わせ持つ） ② '评话' と '弹词' の合称 [関]［弹词］
【评头论足】píng tóu lùn zú《成》婦人の品定めをする，取るに足らぬ粗を探す [同]［品头论足］［评头品足］
【评选】píngxuǎn [動] 比較評定して選抜する〖被～为最佳九人〗ベストナインに選ばれる
【评议】píngyì [動] 協議のうえ評定する〖请大家～一下〗皆さんで評定していただきましょう
【评语】píngyǔ [名] 評語，コメント〖作简短的～〗寸評を述べる
【评阅】píngyuè [動]（答案や作品を）読んで評価する，判定する
【评注】píngzhù [動] 批評と注釈を加える〖～杜诗〗杜甫の詩に評注を加える
【评传】píngzhuàn [名]〔篇〕評伝

〖坪〗píng ⊗ 平地（もともと山間部や黄土高原の平地をいい，多く地名に用いる）［草～］芝生［停机～］（空港の）駐機場
【坪坝】píngbà [名]《方》平坦な空地

〖苹(蘋)〗píng ⊗ 以下を見よ
**【苹果】píngguǒ [名] リンゴ［～酱］リンゴジャム［～树］リンゴの木

〖萍(*蓱)〗píng ⊗〖植〗ウキクサ［浮～］同前
【萍水相逢】píng shuǐ xiāng féng《成》（浮き草が漂いつつ触れ合う＞）偶然に見ず知らずの者が出会う
【萍踪】píngzōng [名]《書》浮き草の足取り（行方定めぬことの比喩）［～无定］定めなくさすらう

〖鲆(鮃)〗píng ⊗〖魚〗ヒラメ［牙～］同前

〖冯(馮)〗píng ⊗ →［暴虎～河 bào hǔ píng hé］
⇨Féng

【凭(憑 *凴)】píng [動] ① 寄りかかる，もたれる ② 頼る，すがる〖只～双手来办〗2本の腕だけを頼りに行う ― [介] …を根拠として，…に基づいて〖～常识判断〗常識で判断する〖就～着这一点线索…〗このささいな手掛かりから… ♦後続の名詞が比較的長い時は，'着' をつけてもよい ― [接]〔必ず疑問詞を伴って〕例え…でも，どんなに…でも（[同]［任凭］）〖～我怎样劝说…〗私がどんなに言って聞かせても
⊗ 証拠，証明〖口说不足为～〗口先の言葉だけでは当てにならない［文～］卒業証書
【凭单】píngdān [名] 証書，引き換え伝票［支付～］支払い伝票
【凭吊】píngdiào [動]（遺跡，墓の前で故人や往時を）しのぶ，慰霊する〖～古战场〗古戦場で往時をしのぶ
【凭借】píngjiè [動] 依存する，頼る（[同]［依靠］）〖～想像力〗想像力に頼る
【凭据】píngjù [名] 証拠品，証明となる物（[同]［证据］）〖拿出～〗証拠を示す
【凭空(平空)】píngkōng [副] 根拠もなしに〖～怀疑〗訳もなく疑う
【凭眺】píngtiào [動]（高みから）遠くを眺める，遠くの景色に見入る
【凭险】píngxiǎn [動] 要害の地に頼る，天険を頼みとする
【凭信】píngxìn [動] 信じる，信頼する〖不足～〗信ずるに足らぬ
【凭依】píngyī [動] 基づく，根拠とする〖无所～〗根拠がない
【凭仗】píngzhàng [動] 頼みとする，依存する〖～权势〗権勢をかさに着る
【凭照】píngzhào [名] 鑑札(かんさつ)，免許証
【凭证】píngzhèng [名]〔张〕証拠書類，証明書

【屏】píng [名]（～儿）組になった縦長の掛物（一般に4枚で1組）
⊗ ① 屏風(びょうぶ)，衝立(ついたて)［画～］絵屏風 ② さえぎる
⇨bǐng

P

【屏蔽】píngbì [名] ① [同][屏障] ② 〖電〗遮蔽(しゃへい), シールド ━ [動] (山や島が一地方を) 障壁となって守る, さえぎって守る 〖～着这一带地方〗この地域を守っている
【屏风】píngfēng [名] 屏風, 衝立 〖四扇～〗四曲屏風 〖竖起～〗衝立を立てる
【屏极】píngjí [名] 〖電〗プレート
【屏门】píngmén [名] (伝統的な構造の屋敷で) '正院' と '跨院' をつなぐ門(4枚の門扉から成る)
【屏幕】píngmù [名] スクリーン, ブラウン管画面 〖电视～〗テレビ画面 〖在～上放映〗銀幕に映写する
【屏条】píngtiáo [名] (～儿) 組になった縦長の掛物(一般に4枚で1組)
*【屏障】píngzhàng [名] 《書》防壁や障壁(となる) 〖筑起～〗障壁を築く

【瓶(*缾)】píng [名] (～儿) びん, ボトル [花～儿] 花びん [～装] びん詰めの ━ [量] びんが容器になっている物を数える 〖三～威士忌酒〗ウイスキー3本
【瓶颈】píngjǐng [名] (物事の障害となる) ネック
**【瓶子】píngzi [名] びん, ボトル

【朴】pō ⊗以下を見よ ⇨piáo, pò, pǔ
【朴刀】pōdāo [名] 朴刀(ぼくとう) ♦昔の刀の一, 柄(つか)が長くてやや薙刀(なぎなた)に似る

【泊】pō ⊗湖(多く湖名に使う) ♦'泺' と書くことも [湖～] 湖 [梁山～] 梁山泊(りょうざんぱく)(水滸伝で名高い山東省の昔の湖) ⇨bó

【坡】pō [名] (～儿) 〔道〕坂道, 斜面 〖上～〗坂をのぼる ━ [形] 傾いた, 勾配(こうばい)のついた
【坡地】pōdì [名] 傾斜地の畑 ([同][坡田]) 〖把～变成梯田〗斜面の畑を段々畑にする
【坡度】pōdù [名] 勾配, 傾斜率 〖～大(小)〗勾配が大きい(小さい)

【颇(頗)】pō ⊗① 非常に, きわめて 〖～不以为然〗大いに異議がある ② 偏った, 不公平な [偏～] 偏った
【颇为】pōwéi [副] 大いに, 甚だ 〖～重要〗きわめて重要である

【泼(潑)】pō [動] (水などを) まく, ぶちまける 〖～水〗水をまく ━ [形] 《方》気迫のこもった, やる気十分の
⊗道理をわきまえない, 手に負えない [撒～] むちゃをする
【泼妇】pōfù [名] じゃじゃ馬, 口やかましい女 [～骂街] あばずれ女のように人なかで口汚くののしる
【泼剌】pōlà [擬] ぱちゃん(魚が水面ではねる音) 〖鱼～地踏出水面〗魚が水面にぱちゃんとはねあがった
【泼辣】pōlà [形] ① あばずれでむちゃをする, 手に負えない ② 気迫のこもった, 溌剌(はつらつ)とした 〖她工作很～〗彼女は生き生きと働いている ③(文章が) 力強い, 辛辣(しんらつ)な 〖文章写得很～〗なかなか鋭い文章だ
【泼冷水】pō lěngshuǐ [動] 水をさす, 冷や水をぶっかける 〖给他的热情～〗彼のやる気に水を掛ける
【泼墨】pōmò [動] 溌墨(はつぼく)する ♦山水画の技法の一, 筆にたっぷり墨を含ませて物の形を描く
【泼水节】Pōshuǐ Jié [名] 水掛け祭 ♦タイ族などの伝統的な祭り, 陽暦4月, 盛装して水を掛け合う
【泼野】pōyě [形] わがまま放題の, 乱暴な

【婆】pó ⊗① 老女, 年とった婦人 [老太～] おばあさん ② (～儿) 《旧》特定の仕事をする女性 [收生～] 産婆(さんば) ③ 夫の母親, 姑(しゅうとめ) [公～] 舅(しゅうと)と姑
【婆家】pójia/pójiā [名] 夫の家, 婚家 [同][婆婆家] [関][娘家]
【婆罗门教】Póluóménjiào [名] バラモン教
【婆娘】póniang/póniáng [名] 《方》([同][婆姨]) ① 既婚の若い女性, 若い嫁 ② 妻, 女房
【婆婆】pópo [名] ① 姑, 夫の母 [同][婆母] ② 《方》父方, 母方の祖母
【婆婆妈妈】pópomāmā [形] (～的) ① 動作がのろくて話がくどい, 下らぬことをくどくど言う ② 涙もろい, 情にもろい
【婆媳】póxí [名] 嫁と姑
【婆姨】póyí [名] 《方》[同][婆娘]

【鄱】Pó ⊗地名に使う [～阳湖] 江西省の湖

【皤】pó ⊗① 白い [～然] (髪や顔色が) 白い ② 大きな(腹)

【叵】pǒ ⊗…し難い, …できない [～耐] 我慢ならない
【叵测】pǒcè [動] 《貶》はかり難い, 窺(うかが)い知れない [居心～] 腹の中で何を企んでいるのかわからぬ

【笸】pǒ ⊗以下を見よ
【笸箩】pǒluo [名] 柳の枝や竹で編んだ浅いざる

【朴】pò ⊗〖植〗エノキ [～树] 同前 ⇨piáo, pō, pǔ

【迫(*廹)】pò [動] 無理に…させる, 強いる 〖为饥寒所～〗飢えと寒さに迫られて
⊗① 近づく ② 慌ただしい, 気のせいた [从容不～] 悠々落ち着いている

⇨pǎi
【迫不得已】pò bù dé yǐ《成》やむをえず，どうにも避けるすべがなくて
★【迫不及待】pò bù jí dài《成》寸時の遅れも許されず，寸刻の猶予もならず [同][刻不容缓]
【迫促】pòcù [動] 強く促す，(…せよと)突き上げる — [形] 切迫した，差し迫った〖呼吸～〗呼吸が早い
★【迫害】pòhài [動] (多く政治的に) 迫害する〖遭受～〗迫害される
【迫近】pòjìn [動] (時間的，空間的に) 間近に迫る，接近する([同][逼近])〖日益～〗日ごと近づく
【迫临】pòlín [動] 迫る，接近する
★★【迫切】pòqiè [形] 差し迫った，切実な〖～需要粮食〗緊急に食糧を必要としている
【迫使】pòshǐ [動] 無理やり…させる〖～他们减价〗彼らを値下げに追い込む
【迫在眉睫】pò zài méi jié《成》焦眉の急にある，緊急を要する

〖珀〗pò ⊗→[琥～ hǔpò]

〖粕〗pò ⊗ 穀物のかす [糟～] 酒かすや豆の搾りかす(下らぬ物の喩えに使う)

〖魄〗pò ⊗① 霊魂，たましい [魂～] 魂魄(こんぱく) [～散魂飞] 肝(きも)をつぶす ② 精神力，気力 [落～] 落ちぶれる
★【魄力】pòlì [名] 精神力，気力

【破】pò [動] ① 壊れる，破れる〖玻璃杯～了〗コップが壊れた ② 壊す，破損する ③ 切る，割る ④〔結果補語'成'を伴って〕小銭にくずす〖十元的票子～成十张一元的〗10元札を1元札10枚にくずす ⑤(旧来のものを) 打破する，突破する〖～世界记录〗世界記録を破る ⑥ 打ち負かす，攻め落とす〖大～敌军〗敵をさんざん打ち破る ⑦(時間，金銭を) 費やす ⑧《口》〔多く'着'を伴って〕投げ打つ，惜しまず…する〖～着性命…〗命を投げ出して… ⑨ 真相を明らかにする，暴(あば)く〖～密码〗暗号を解読する — [形] ① 壊れた，おんぼろの ② 下らない，安物の〖～电影〗下らない映画
【破案】pò'àn [動] 刑事事件を解決する，事件の全容を解明する
【破败】pòbài [動] 荒れ果てる，おんぼろになる〖～不堪〗荒れ果てて見る影もない
【破冰船】pòbīngchuán [名]〔艘〕砕氷船
【破财】pò'cái [動] (盗難や災害などで)思い掛けぬ損をする
★★【破产】pò'chǎn [動] ① 破産する，財産すべてを失う〖宣告～〗破産を宣告する ②《貶》失敗する，破局に終わる〖阴谋～了〗陰謀はくずれた
【破除】pòchú [動] (悪習や迷信などを) 打破する，排除する〖～情面〗情実を排除する
【破读】pòdú [名] →[读破]
【破费】pòfèi [動] ①(金銭を) 費やす([同][破钞])〖叫你～了〗散財させてすみません(ご馳走になった時などのあいさつ) ②(時間を) 費やす〖～工夫〗時間を費やす
【破釜沉舟】pò fǔ chén zhōu《成》背水の陣をしく，不退転の決意で取り組む
【破格】pògé [動] 規定を踏み越える，決まりを突き破る〖～提拔〗異例の抜擢をする〖～的名额〗定員外の採用枠
★★【破坏】pòhuài [動] ①(建造物を) 破壊する，打ち壊す ② 抽象的なものを破壊する，傷つける〖～名誉〗名誉を損なう ③(制度，慣習等を) 変革する，打破する ④ 規約等を破る，背く〖～协定〗協定に違反する ⑤ 物質の組織や構造を破壊する
【破获】pòhuò [動] 事件を解明し犯人を逮捕する，暴露摘発する
【破击】pòjī [動] 襲撃し破壊する
【破解】pòjiě [動] ①(難問や謎を) 解く，解きあかす ② 法術で災いを除く
【破戒】pò'jiè [動] ① 宗教戒律を破る [反][持戒] ② 禁酒禁煙などの誓いを破る
【破镜重圆】pò jìng chóng yuán《成》(割れた鏡がもと通りにつながる＞) 夫婦が離散の後に再会する，復縁する
【破旧】pòjiù [形] 古ぼけた，ぼろの
【破旧立新】pò jiù lì xīn《成》古いものを廃し新しいものを打ち立てる
【破口大骂】pò kǒu dà mà《成》口汚くののしる
【破烂】pòlàn [名] (～儿)《口》廃品，くず〖收～儿〗廃品を回収する — [形] 使い古した，おんぼろの
★【破例】pò'lì [動] 例外を作る，規定を踏みこえる
【破脸】pò'liǎn [動] (相手の体面も考えず)面と向かって言い争う
【破裂】pòliè [動] ① 裂ける，割れる〖血管～了〗血管が破れた ② 決裂する，物分かれになる〖谈判～了〗交渉が決裂した
【破落】pòluò [動] 零落する，落ちぶれる [～户] 没落世帯
【破谜儿】pò'mèir [動] ①《口》なぞなぞを解く ②《方》なぞなぞを出す
【破门】pòmén [動] ① ドアを壊す〖～而入〗ドアを押し破って入る ②〖宗〗破門する ③(球技で) シュートを決める
【破灭】pòmiè [動] (幻想，希望が) 失

【破伤风】pòshāngfēng 图【医】破傷風

【破碎】pòsuì 動粉々にする,粉砕する ── 形粉々の,ばらばらの

【破损】pòsǔn 動破損する,損壊する

【破天荒】pòtiānhuāng 形【多く定語として】破天荒な[～的事]前代未聞の出来事

【破土】pòtǔ 動①着工する,鍬を入れをする ②春の耕作を始める ③(土の下から種が)芽を出す

【破相】pò'xiàng 動(けがなどで)人相が変わる

【破晓】pòxiǎo 動夜明けの,白みかかった⇨【拂晓】;夜が明ける,空が白む[天将～]もうすぐ夜が明ける

【破鞋】pòxié 图(転)浮気女,尻軽女 ⇨【破衣】

【破颜】pòyán 動笑顔に変わる,にっこり笑う[～一笑]破顔一笑

【破约】pò'yuē 動約束を破る,協定や契約を反古にする

【破译】pòyì 動(暗号や隠された謎などを)見破って訳出する,解読する

【破绽】pòzhàn 图①衣服のほころび ②(転)論理の矛盾,言行の中のほろ[发现学说的～]学说のほころびに気づく[～百出]次々ほろが出る

【破折号】pòzhéhào 图【语】ダッシュ(━)

【剖】pōu 動①切開する[～开西瓜]スイカを切る[～腹自杀]切腹する ②分析する,明らかにする

【剖白】pōubái 動弁明する,申し開きをする[～心迹]胸の内をさらけ出す

【剖腹藏珠】pōu fù cáng zhū《成》(腹を切開して真珠を隠す>)王より飛車をかわいがる ⇨【因小失大】

【剖腹产】pōufùchǎn 動帝王切開をする ⇨【剖宫产】

【剖解】pōujiě 動分析する,(比喩的に)解剖する

【剖面】pōumiàn 图切断面(⇨【截面】【切面】【断面】)[横～]横断面[～图]断面図

【剖视图】pōushìtú 图(立体を仮想の平面で切断し)内部構造を示す断面図

【剖析】pōuxī 動分析する,解析する[～问题的实质]問題の本質を分析する

【抔】póu 量両手ですくい取る,両手を容器にして持つ[一～土]一すくいの土(墓をいう)

【裒】póu 動①集める[～辑](书)资料を編集する ②取り出す

【掊】pǒu 動①擊つ,攻擊する ◆「集める」「掘る」の意の文語ではpóuと発音

【掊击】pǒujī 動(言論によって)攻擊する,糾弾する ⇨【抨击】

【仆】pū 動 ⊗前へ倒れる[前～后继]先人が倒れてもすぐに後の者が続く,親の屍読を越えて進む
⇨pú

【扑】(撲)pū 動①体当たりする,飛びかかる ②(仕事等に)全力を傾ける,献身する[一心～在教育事业上]教育事業に専心している ③攻め掛かる,平たい物で打ち掛かる ④軽くたたく,はたく[～翅膀]羽ばたく ⑤(方)(…の上に)身を乗り出す,覆いかぶさる[～在桥栏上…]欄干からもたれつて…

【扑奔】pūbèn 動①一目散に駆けつける,まっしぐらに目的地を目指す ②(事業や仕事に)全力を傾注する,専心する[～在办刊物上]雑誌の刊行に全力を注いでいる

【扑鼻】pūbí 動(においが)鼻をつく,強烈ににおう

【扑哧(噗嗤)】pūchī 擬ぷっ,ぶしゅっ(笑い声,水や気体が漏れる音)[～一笑]ぶっと吹き出す

【扑打】pūdǎ 動平らな物で叩く[～蝗虫]イナゴをはたく
── pūda 動そっとたたく,軽くはたく[～身上的尘土]体のほこりを払う

【扑跌】pūdiē 图中国武術における組み打ち ── 動つまずき倒れる

【扑粉】pūfěn 图①粉おしろい ②シッカロール,パウダー
── pū'fěn 動おしろいやパウダーをはたく

【扑救】pūjiù 動火事を消して人や家財を守る

【扑克】pūkè 图【訳】トランプ(ポーカーの音訳)[打～]トランプをする[～牌]トランプのカード ◆ダイヤは「方块」,ハートは「红桃」,スペードは「黑桃」,クラブは「梅花」

【扑空】pū'kōng 動(相手が留守で)無駄足を踏む

【扑棱】pūlēng 擬ばたばた(鳥のはばたく音)
── pūleng 動はばたく,ばっと開ける

【扑满】pūmǎn 图貯金つぼ ◆陶製の貯金箱,たまったお金は割って取り出す

【扑面】pūmiàn 動(風などが)頬をなでる ⇨【扑脸儿】

【扑灭】pūmiè 動撲滅する[～苍蝇]ハエを撲滅する

【扑朔迷离】pūshuò mílí（成）入り乱れて見分けがつかない
【扑簌】pūsù 形 涙がこぼれるさま［眼泪～地落下来］涙がぽろぽろこぼれる
【扑腾】pūtēng 拟 どすん,すとん（重いものが落ちる音）［～一声…］どすんと音がして…
—— pūteng 動①とび跳ねる,鼓動する（⇔[跳动]）［心里直～］心臓がどきどき打ち続ける ②（泳ぐとき）足で水をたたく,ばた足で泳ぐ ③浪費する,散財する
【扑通(噗通)】pūtōng 拟 どすん,どぼん,ぽちゃん（地面や水面に落ちる音）

【铺(鋪)】pū 動①広げる,延べる［～被褥］ふとんを敷く ②敷設する,敷きつめる［～铁轨］レールを敷く［～路］舗装する,（事業の）道を敷く ——量（方）オンドルやベッドを数える［一～炕］オンドル一つ
⇨pù
【铺陈】pūchén 動①（方）陳列する,（器物を）配置する ②詳しく述べる,微細に記述する 働[铺叙] —名（方）寝具（枕,ふとんなど）
【铺衬】pūchen 名（つぎあてや靴底に用いる）こぎれ,古布
【铺床】pūchuáng 動 ベッドにふとんを敷く
【铺垫】pūdiàn 名①（～儿）敷物,ベッドの敷物 ②（話の）伏線,引き立て役をする物（働[陪衬]）［为故事的高潮作～］山場を盛り上げる伏線とする ——動 敷く,延べる［～了五条褥子］敷ぶとんを5枚敷いた
【铺盖】pūgài 動（一面に）かぶせる,覆う
—— pūgai 名［套］ふとん（掛ぶとん（被子）と敷ぶとん（褥子）の両方を含む）
【铺盖卷儿】pūgaijuǎnr 名［件］持ち運びのために巻いたふとん,ふとん包み ◆近年まで移動する時には携帯した（働[行李卷儿]）［打～］（携帯用に）ふとんを荷造りする
【铺轨】pū'guǐ 動 レールを敷く
【铺砌】pūqì 動（地面や建物の壁に石やれんがを）敷き詰める,舗装する
【铺设】pūshè 動（レールや道路を）敷設する,（鉄道や道路を）建設する
【铺天盖地】pū tiān gài dì（成）天地を覆う勢いの,天地をのまんばかりの
【铺叙】pūxù 動 詳しく記述する,言葉を費して陳述する 働[铺陈]②
【铺展】pūzhǎn 動 四方へ伸び広がる,一面に広げる［～地毯］じゅうたんを広げる
【铺张】pūzhāng 動 見栄をはってぜいたくをする［～浪费］派手に散財する

【噗】pū 拟 ぷうっ,しゅうっ,ぱっ（鋭く破裂する音,つよく噴出する音）
【噗哧】pūchī 拟 ぷっ,しゅっ 働[扑哧]
【噗噜噜(噗碌碌)】pūlūlū 形 ぽろぽろ,はらはら（涙がこぼれるさま）［眼泪～地往下掉］涙がぽろぽろこぼれる

【潽】pū 動（口）（液体が）噴きこぼれる

【仆(僕)】pú ⊗①下僕,召使い［女～］下女,メイド ②（謙）古代の男子の自称
⇨pū
【仆从】púcóng 名①(旧)従僕,従者 ②(転)子分,従属する個人や団体［～国家］属国
【仆仆】púpú 形 旅やつれした,長旅に疲れた
【仆人】púrén 名 下男,女中 働[仆役]

【匍】pú ⊗ 以下を見よ
【匍匐(匍伏)】púfú 動①はって進む,匍匐する 働[爬行] ②はう,平伏する［～在主子脚下］主人の足下にひれ伏す

【葡】pú ⊗①ブドウ ②（P-）ポルトガル（'～萄牙'）の略称
*【葡萄】pútao 名 ブドウ［一棵～］1本のブドウの木［两颗～］2粒のブドウ［三串儿～］3房のブドウ［～干儿］干しブドウ［～酒］ブドウ酒,ワイン
【葡萄糖】pútaotáng 名 ブドウ糖 働[葡糖]

【莆】pú ⊗①福建省莆田県のこと ②（P-）姓

【蒲】pú ⊗①【植】ガマ［香～］ガマ ②蒲州（山西省の地名）［～剧］蒲州一帯の地方劇 ③（P-）姓
【蒲包】púbāo 名（～儿）①ガマの葉で編んだ袋,かます ②(旧)ガマの葉の袋で包んだ果物や菓子の贈り物
【蒲草】púcǎo 名①ガマの茎や葉 ②（方）【植】ジャノヒゲ,リュウノヒゲ
【蒲公英】púgōngyīng 名【植】タンポポ ◆根や茎は漢方の解熱剤になる 働[黄花地丁]
【蒲葵】púkuí 名【植】ビロウ ◆葉で団扇を作る
【蒲柳】púliǔ 名①【植】川柳 働[水杨] ②(旧)（謙）自分の虚弱体質
【蒲绒(蒲茸)】púróng 名 ガマの穂の白毛 ◆枕の詰め物にする

【蒲扇】púshàn 图（~儿）[把]ガマの葉で作った団扇
【蒲式耳】púshì'ěr 量ブッシェル
【蒲团】pútuán 图ガマの葉や麦わらで編んだ丸い敷物

【脯】pú ⊗胸,胸の肉 ⇨ fǔ
【脯子】púzi 图鶏やアヒルの胸肉 [鸡~]鶏のささみ

【菩】pú ⊗以下を見よ
【菩萨】púsa/ púsà 图① 菩薩 [观音~]観音さま ②広く神仏一般 ③（転）慈善心に富む人,仏のような人
【菩提】pútí 图〖宗〗悟りの境地,正覚
【菩提树】pútíshù 图〖植〗ボダイジュ

【璞】pú ⊗未加工の玉 [~玉]浑金 〖成〗飾りけのない美しさ

【濮】Pú ⊗①[~阳]濮陽（河南省）②姓

【朴（樸）】pǔ ⊗素朴な [俭~]質素な ⇨ piáo, pō, pò
【朴实】pǔshí 形①地味な,素朴な 囲[朴素]〖华丽〗②着実な,堅実な 囲〖浮夸〗
【朴素】pǔsù 形①（色や柄が）地味な,落ち着いた ②（生活が）つつましい,質素な
【朴质】pǔzhì 形飾りけがない,質朴な

【浦】pǔ ⊗①川辺,河口（多く地名に使う）②(P-)姓

【溥】pǔ ⊗①広大な ②普遍的な ③(P-)姓

【埔】pǔ ⊗地名用字 [黄~]広東省の地名 ♦同じく広東の'大埔'は Dàbù と発音

【圃】pǔ ⊗畑,菜園 [花~]花壇 [菜~]菜園 [~地]苗圃

【普】pǔ ⊗①全体に及ぶ,全面的な ②(P-)姓
*【普遍】pǔbiàn 形普遍的な,全体にゆき渡った [[~流行]]全土で流行している
【普查】pǔchá 图全国的な調査 [人口~]全国人口調査
【普洱茶】pǔ'ěrchá 图プーアール茶 ♦雲南西南部に産する茶
*【普及】pǔjí 動①普及する,広まる [[~全国]]全国に行き渡っている ②普及させる,広める [[~教育]]教育を普及させる
【普米族】Pǔmǐzú 图プミ族 ♦中国少数民族の一,主に雲南省に住む
【普天同庆】pǔ tiān tóng qìng 〖成〗国中（あるいは世界中）で祝う,全土を挙げて喜びに浸る
【普通】pǔtōng 形普通の,一般的な [~[特殊]] [[~人]]ただの人 [[~服务]]ユニバーサルサービス
*【普通话】pǔtōnghuà 图現代中国の共通語 ♦北京音を標準とし,北方方言を基礎方言とする
【普选】pǔxuǎn 動普通選挙で選ぶ
【普照】pǔzhào 動すみずみまで照らす [[阳光~大地]]大地を隈なく太陽が照らす

【谱（譜）】pǔ 图①楽譜 ②大体の目安,腹づもり [[心里没个~]]何の腹案もできていない ― 動①歌詞に曲をつける,作曲する [~曲]（歌詞に）曲をつける ⊗①系統的に分類整理した書籍や冊子 [年~]年譜 ②練習や指導用の図型など [棋~]棋譜
【谱系】pǔxì 图①家系 ②物事の発展系統
【谱写】pǔxiě 動①作曲する [[~（[谱制]）]] [[~曲子]]曲を作る ②（転）（詩を）つづる,歌いあげる

【镨（鐠）】pǔ 图〖化〗プラセオジム

【氆】pǔ ⊗以下を見よ
【氆氇】pǔlu 图（訳）プル ♦チベット産の毛織物

【蹼】pǔ 图（カエル,鴨などの足の水かき

【铺（鋪・舖）】pù 图（~儿）〖家〗小規模な店,商店 [饭~儿]飯屋 [当 dàng ~]質屋 ②板ベッド [搭~]板で寝床を臨時に作る ⊗旧時の宿場 ♦今も地名に残る。地方により'堡'と書く ⇨ pū
【铺板】pùbǎn 图ベッド代わりにする板,寝板
【铺户】pùhù 图商店,商家
【铺面】pùmiàn 图商店の店先,店頭 [~房]（通りに面した）商売向きの家屋
【铺位】pùwèi 图（船中や車内の）旅客用の寝台,寝台席 [[没有~]]（満員で）寝台がない
【铺子】pùzi 图〖家〗小規模な店,商店

【瀑】pù ⊗滝 [飞~]同前
*【瀑布】pùbù 图滝

【曝（*暴）】pù ⊗日にさらす,虫干しする ⇨ bào
【曝露】pùlù 動〖书〗野ざらしにする

Q

【Q版】Q bǎn 图「キュート版」の意・人物・生物・物などをデフォルメし，「ことさらに可愛く」したデザインやその商品
【QQ】㊙QQ ◆騰訊公司が無償提供・運営しているインスタントメッセンジャー(チャット)ソフト．中国本土において最も普及しているコミュニケーションツールであり，とくに若者の間で支持されて，携帯やメールと同じ感覚で使用されている

【七】qī 数7 [第～]7番目 ◆他の第4声の字の前で第2声に変わることもある
【七…八…】qī…bā… (…の部分に1字の名詞あるいは動詞が入って四字句を作り) 沢山の，入り乱れた [七折八扣](値段を) 大まけにまける [七手八脚]多人数で一斉に(取り掛かる)
【七绝】qījué 图[首]七言絶句 [赋～一首]七言絶句を1篇つくる
【七律】qīlǜ 图[首]七言律詩
【七七】qīqī 图 四十九日 ◆旧習では人の死後7日ごとにまつり(それを'七'という)，7回目の'七'で一区切りとした ⇒[满七][尽七]
【七七事变】Qī-Qī Shìbiàn 图 1937年7月7日に北京近郊で起きた日中両軍の軍事衝突 ◆日中全面戦争の発端となる ⇒[卢沟桥事变]
【七窍】qīqiào 图 頭部の7つの穴 ◆両目，両耳，鼻孔と口 ⇒[～生烟][～里冒火(, 五脏里生烟)]頭から湯気を立てて怒る
【七情六欲】qī qíng liù yù《成》様々な感情や欲望
【七十二行】qīshí'èr háng 图 職づくし，あらゆる職業
【七夕】qīxī 图 七夕
【七言诗】qīyánshī 图 七言詩 ◆一句七文字の文言詩で，七言古詩，七言律詩，七言絶句を含む
【七一】Qī-Yī 图 中国共産党創立記念日 ◆1921年7月1日を創立の日と定める
【七嘴八舌, 遇事没辙】qī zuǐ bā shé, yù shì méi zhé《俗》船頭多くして船山にのぼる

【柒】qī 数 '七'の大字 [[～拾肆圆]]74元 ㊙(Q-)姓
【沏】qī 動 熱湯を注ぐ，熱湯でふやかす [[～茶]]茶をいれる
【妻】qī ㊙妻 [夫～]夫婦 ◆「妻あわせる」の意の文語は qì と発音
【妻儿老小】qī ér lǎo xiǎo 图 家族全員，父母妻子
*【妻子】qīzǐ 图 妻子 ── qīzi 图 妻 ㊙[丈夫]

【凄（淒）】qī ㊙①寒い，冷え冷えする ②もの寂しい，うらさびれた
【──(悽)】がる 悲しい，胸ふさがる
【凄惨】qīcǎn 形 痛ましい，悲惨な
【凄楚】qīchǔ 形《書》痛ましい，悲惨な
【凄怆】qīchuàng 形《書》胸ふさがる，痛ましい
【凄风苦雨】qī fēng kǔ yǔ《成》風雨吹き荒れる；(転)悲惨な境遇にある
*【凄凉】qīliáng 形 もの寂しい，うらさびれた ⇒[凄冷]
【凄切】qīqiè 形(声や音が)もの悲しい，滅入るような
【凄然】qīrán 形《書》悲しみにひしがれた，痛ましい
【凄惘】qīwǎng 形 しょんぼりとした，途方に暮れた ⇒[怅惘]

【郪】Qī ㊙[～江]郪江(四川の川の名)
【萋】qī 以下を見よ
【萋萋】qīqī 形《書》草ぼうぼうの，生い茂った

【桤（榿）】qī ㊙[植]ハンノキ [～木]同前 [～林]ハンノキ林

【栖（棲）】qī ㊙①鳥がとまる，ねぐらにつく ②住む，滞在する [两～动物]両生類
【栖身】qīshēn 動《書》滞在する，身を寄せる
【栖息】qīxī 動(鳥が)とまる，憩う

【戚】qī ㊙①親戚，親類 [～友]親戚友人 ②(Q-)姓
【──(*慼)】悲しい，愁い [哀～]悲しみ
【嘁】qī 以下を見よ
【嘁哩喀喳】qīlikāchā 形 てきぱきとした，歯切れのよい
【嘁嘁喳喳】qīqichāchā 擬(小声で)ぺちゃくちゃ，ひそひそ [～地说坏话]ひそひそ陰口をきく

【期】qī ㊙定期刊行物，雑誌，定期的に行う活動などを数える [[办了三～就完了]]3号出して終わっちゃった ㊙①期日，期限 [过～]期限を過ぎる ②(学期の)[学～]学期 ③(面会の)日取りを決める，日時を約束する ④待ち望む，期待する [[～于]]…を期する ◆[1年間」[1

か月」の意の文語はjīと発音
★★【期待】qīdài [動] 期待する，待望する [同][期望]
【期货】qīhuò [名]〖商〗先物［～合同］先物契約
★★【期间】qījiān [名] 期間〖奥运会～〗オリンピック期間中
【期刊】qīkān [名] 定期雑誌，逐次刊行物〖订阅～〗(先払いで) 雑誌を購読する
【期考】qīkǎo [名]〔次〕期末試験，定期試験〖参加～〗期末試験を受ける
【期满】qīmǎn [動] 年季が明ける，期間が満了する〖合同～〗契約切れになる
【期票】qīpiào [名]〖商〗約束手形
【期求】qīqiú [動]（実現や獲得を）望む，願う
【期市】qīshì [名] 先物取引市場(の相場)
★【期望】qīwàng [動] 期待する，待望する([同][期待])〖辜负了朋友们的～〗友人たちの期待を裏切った
★【期限】qīxiàn [名] 期限，限られた時期〖延长～〗期限を延ばす

〖欺〗qī [⊗] ① 騙す，欺く ② いじめる，押さえつける［谄 chǎn 上～下］上にはおべっか下には威張る
★【欺负】qīfu [動] いじめる，踏みつけにする
【欺凌】qīlíng [動] 踏みつけにする，屈辱を与える [同][欺辱]
【欺瞒】qīmán [動] 騙す，目をくらます〖～公众耳目〗大衆の耳目をあざむく
★【欺骗】qīpiàn [動] 騙す，ぺてんにかける
【欺软怕硬】qī ruǎn pà yìng《成》弱い者をいじめ強い者にはぺこぺこする
【欺世盗名】qī shì dào míng《成》世間を騙して虚名を得る
【欺侮】qīwǔ [動] いじめる，踏みつけにする [同][欺负]
【欺压】qīyā [動] 踏みつけにする，抑圧する

〖攲〗qī [⊗] 傾く［～侧］《書》一方に傾く

【缉(緝)】qī [動] 細かい縫い目で縫う
⇨jī

【漆】qī [名] 漆，ニス，ラッカー〖上～〗漆を塗る［生～］生漆［油～］ペンキ 一 [動] 漆を塗る，漆をかける
[⊗](Q-)姓
【漆布】qībù [名] レザークロス，リノリウム
【漆工】qīgōng [名] ① 塗装作業，塗り仕事 ② 塗装工，塗り師
【漆黑】qīhēi [形] 真っ黒の，真っ暗な〖天一片～〗墨を流したような闇である
【漆黑一团】qīhēi yì tuán《成》① 真っ暗闇の，一点の希望もない ② 何ひとつ知らない，無知に包まれた [同][一团漆黑]
【漆匠】qījiang [名] 塗物師，漆器工
【漆皮】qīpí [名] ①（～儿）漆器の表面の漆層 ② シェラック(塗料)
【漆器】qīqì [名]〔件〕漆器
【漆树】qīshù [名]〔棵〕ウルシの木

〖蹊〗qī [⊗] 以下を見よ
⇨xī
【蹊跷】qīqiao [形] 怪しげな，奇妙な [同][奇怪]

【嘁】qī [形] 半乾きの 一 [動]（砂で）水分を吸い取る

〖亓〗Qí [⊗] 姓

【齐(齊)】qí [動] ①…と同じ高さに達する〖河水～了岸〗川が岸の高さまで増水した ②（ある点や線に合わせて）そろえる，合わせる〖～着边儿剪下来〗へりにそろえて切る 一 [形] ①（程度や形が）よくそろった，ばらつきのない ②（あるべきものが）そろった，漏れのない〖～了吗？〗全員そろったか
[⊗] ① 同じくする，一つにする ② いっしょに，一斉に ③ 治める ④（Q-）周代の国名 ⑤（Q-）王朝名→［南 Nán ～］［北 Běi ～］⑥（Q-）姓
【齐备】qíbèi [形]（必要な物が）すべてそろった，完備した
【齐步走】qíbù zǒu [動] 歩調をそろえて行進する ♦行進の際の号令，「歩調とり前へ，進め！」
【齐唱】qíchàng [動] 斉唱する，ユニゾンで歌う
【齐楚】qíchǔ [形]（服装が）きちんと整った，乱れのない [同][整齐]
【齐集】qíjí [動] 参集する，つめかける([同][集拢])〖～在广场上〗広場に集まる
【齐名】qímíng [動]（…と）同じく高名である
★【齐全】qíquán [形]（必要な物が）すべてそろった，欠ける物のない
【齐声】qíshēng [副] 声をそろえて，一斉に(口を開く)〖大家～大笑〗みんなはどっと笑った
【齐心】qíxīn [動] 心を一つにする
★【齐心协力】qíxīn xiélì《成》一致協力する
【齐整】qízhěng [形]（高さ，大きさなど）よくそろった，均一に整った [同][整齐]
【齐奏】qízòu [動] 斉奏する，ユニゾンで演奏する

〖荠(薺)〗qí [⊗]→［荸～ bíqi］
⇨jì

Q

【脐(臍)】 qí ⊗ ① 臍 [肚~]へそ ② カニのへそ [腹団~] 雌ガニ

【脐带】 qídài 図 へその緒 [剪~] その緒を切る

【脐风】 qífēng 図 (漢方で) 嬰児の破傷風 ◆一般に出生後4〜6日で発症する 囮 [四六风]

【蛴(蠐)】 qí ⊗ 以下を見よ

【蛴螬】 qícáo 図 [只] ネキリムシ・コガネムシ('金龟子')の幼虫 囮 [方] [土蚕] [地蚕]

【祁】 qí ⊗ (Q-)姓

【祁红】 qíhóng 図 安徽省'祁门'産の紅茶

【祁剧】 qíjù 図 祁劇。◆湖南省'祁阳'一帯で行われている地方劇

【岐】 qí ⊗ ① (Q-)姓 ② '歧' ③ 地名用字 [~山] 岐山 (陝西省の県)

【岐黄】 qíhuáng 図 (転)漢方医学。◆本来は黄帝と岐伯の二人をいう

【歧】 qí ⊗ ① 分かれ出た (道) [~路] 分かれ道 ② 異なった, 違った

【歧路亡羊】 qílù wáng yáng 《成》 多岐亡羊, 事柄が入り組んでいて本筋を見失うこと

*【歧视】 qíshì 圓 差別する, 不平等な扱いをする [种族~] 人種差別

【歧途】 qítú 図 ① [条] 分かれ道 囮 [歧路] ② (転)誤');"の道, 良からぬ道 [误入~] 道を踏み外す

【歧义】 qíyì 図 (一つの言葉に含まれる) 二つ以上の意味, (可能な) 二つ以上の解釈 [有~] 多義的である

【圻】 qí ⊗ 境界 ◆'垠'の異体字としては yín と発音

【祈】 qí ⊗ ① 祈る, 祈祷いりする ② 願う, 希望する ③ (Q-)姓

【祈祷】 qídǎo 圓 祈る, 祈祷する

【祈求】 qíqiú 圓 切望する, 祈念する [~平安] 無事を祈る

【祈使句】 qíshǐjù 図 [語] 命令文

【祈望】 qíwàng 圓 願う, 望む 囮 [盼望]

【颀(頎)】 qí ⊗ 大柄の, 身体の大きい [~长 cháng] 背の高い

【蕲(蘄)】 qí ⊗ ① 願う, 望む [~求] [書] 希求する ② (Q-)姓

【其】 qí ⊗ ① 彼 (の), 彼ら (の), 彼女 (の), 彼女たち (の), それ (の), それら (の), その, そのような [~特点] その特徴 [各尽~力] 銘々が全力を尽くす [任~自流] 成り行きに任せる ② 自身, 己 [自食~力] 自活する ③ 推

測·反問·命令の語気を示す文語の副詞 [汝~勿悲] 歎くでない ④ 特定の副詞の後につく [尤~] とりわけ

*【其次】 qícì 氏 (順序が) 二番目, (重要度が) 二の次 [技术问题还在~] 技術問題などは二の次だ [首先…~再考虑经济问题] まず…してその上で経済問題を考えよう [~的问题] 二次的な問題

【其间】 qíjiān 氏 その中, その範囲内, その期間内

【其实】 qíshí 圖 ところが実は, けれども本当のところは ◆前の文の内容をくつがえしたり, 補充したりする [~不然] ところがそうではない

【其他】 qítā 氏 (人や事物について) その他, それ以外 [~的人] それ以外の人 [~国家] その他の国 ◆事物の場合 '其它' とも書く

【其余】 qíyú 氏 それ以外 (の人や事物), その他 [~的不用说了] 後はもう言わなくてよい

【其中】 qízhōng 氏 その中, その範囲内 [~有一半是进口的] その内の半分は輸入品だ

【淇】 Qí ⊗ 川の名 [~河] (河南省の) 淇河

【萁】 qí ⊗ [方] 豆がら [豆~] 同前

【骐(騏)】 qí ⊗ 黒馬, 黒毛 [~骥] [書] 駿馬

【祺】 qí ⊗ 幸福, めでたさ [~祥] 幸運

【棋(*碁 棊)】 qí 図 [局·盘] 将棋, 囲碁, および類似のゲーム [下~] 将棋を指す, 碁を打つ [象~] 将棋 [围~] 囲碁

【棋逢对手】 qí féng duìshǒu 《成》 好敵手に出会う, 龍虎相まみえる 囮 [棋逢敌手]

【棋迷】 qímí 図 将棋や囲碁のマニア

【棋盘】 qípán 図 将棋盤, 碁盤

【棋谱】 qípǔ 図 棋譜

【棋子】 qízǐ 図 (~儿) [颗·枚] 碁石, 将棋の駒 [摆~] 駒を並べる

【琪】 qí ⊗ ① 玉の一種 ② 音訳用字 [安~儿] エンジェル

【旗(*旂)】 qí 図 ① 内蒙古自治区の行政単位 ◆'县'に相当する ② (清朝の) 八旗に属する, 満族の [~人] 旗人

【旗—(*旂)】 図 (~儿) [面] 旗 [挂~] 旗を掲げる

【旗杆】 qígān 図 [根] 旗竿経

【旗鼓相当】 qí gǔ xiāng dāng 《成》 (軍と軍が拮抗するシ) 甲乙つけ難い, 実力が拮抗している

【旗号】 qíhào 図 ① 旗印はじ ②

《転》名目,目標 ◆多く悪い意味を持つ〚打着世界和平的～…〛世界平和を旗印にして…

【旗开得胜】qí kāi dé shèng 《成》はなから好成績を収める

【旗袍】qípáo 图（～儿）〔件〕旗袍(チーパオ), チャイナドレス ◆ハイネック, ハイスリットのワンピースで, もとは満洲族女性の服装

【旗人】Qírén 图 旗人 ◆清朝の軍団編制「八旗」に属した人. 特に満洲族

【旗手】qíshǒu 图 旗手;《転》指導者, 主唱者

【旗鱼】qíyú 图〔鱼〕〔条〕カジキ

【旗语】qíyǔ 图 手旗信号〚打～〛手旗で通信する

*【旗帜】qízhì 图 ①〔面〕旗〚高举～〛旗を高く掲げる ②《転》模範, 手本〚他为我们树立了一面～〛彼は我々の手本となった ③《転》《影響力の大きな》思想, 主張〚打出～〛主張を掲げる（共鳴を呼び掛け）

【旗子】qízi 图〔面〕旗 ◆小旗や横断幕を含む〚挂～〛旗を掲げる

【綦】qí ⊗①極めて, 非常に ②(Q-)姓

【鲯（鯕）】qí ⊗以下を見よ

【鲯鳅】qíqiū 图〔鱼〕シイラ

【麒】qí ⊗①以下を見よ ②(Q-)姓

【麒麟】qílín 图 古代の想像上の動物 キリン ◆聖王の世に現れるという

【奇】qí 形①怪しむ, 不思議がる ②珍しい, 尋常ならざる ③思い掛けない, 不意の ④(Q-)姓
⇨jī

【奇才（奇材）】qícái 图 奇才

【奇耻大辱】qí chǐ dà rǔ 《成》最大の屈辱, この上ない恥辱

【奇功】qígōng 图 特別の功績, 大した手柄〚屡建～〛度々大きな手柄を立てる

*【奇怪】qíguài 形 珍しい, 不思議な 動 いぶかしむ, 変だと思う

【奇观】qíguān 图 奇観, 珍しい光景

【奇祸】qíhuò 图 奇禍, 思い掛けない災禍〚遇到～〛奇禍に遭う

*【奇迹】qíjì 图 奇跡〚创造～〛奇跡を生む

【奇计】qíjì 图 奇計, 奇策〔◎计策〕〚想出～〛奇計を編み出す

【奇景】qíjǐng 图 絶景, 見事な光景

【奇丽】qílì 形 比類なく美しい, 不思議なほどきれいな

*【奇妙】qímiào 形 不思議な, 奇妙な

【奇巧】qíqiǎo 形（工芸品が）精巧な, 実に手の込んだ

【奇缺】qíquē 形 特に品不足の, 欠乏甚だしい

【奇谈】qítán 图 奇談, 珍しい話

【奇特】qítè 形 不思議な, 世に珍しい

【奇闻】qíwén 图〔件〕不思議な話, 驚くべき事柄〚千古～〛世にも不思議な物語

【奇袭】qíxí 動 奇襲をかける, 不意を襲う〚～敌人〛敵に不意討ちをかける

【奇形怪状】qí xíng guài zhuàng 《成》不思議な形, 珍しい姿

【奇异】qíyì 形①不思議な〔◎奇怪〕〚～的景象〛不思議な光景 ②いぶかしげな, 驚きあやしむような

【奇遇】qíyù 图①奇遇, 思い掛けない出会い ②異常な体験, 危い場面

【奇志】qízhì 图 大志, 高い理想

【奇装异服】qí zhuāng yì fú 《成》おかしな服装, 異様な身なり

【埼（琦）】qí 图 岬, 曲がりくねった岸

【崎】qí ⊗以下を見よ

【崎岖】qíqū 形（山道の）起伏の激しい;《転》苦難に満ちた〚～不平的人生道路〛苦難続きの生涯

【骑（騎）】qí 動 騎乗する, 跨がって乗る〚～摩托车〛オートバイに乗る ⊗①騎乗用の馬（などの動物）〚坐～〛同前 ②騎兵, 馬に乗っている人 ③二つの物に跨がる〚～月雨〛月末から翌月にかけて降る雨

【骑兵】qíbīng 图〔队・个〕騎兵隊, 騎兵

【骑虎难下】qí hǔ nán xià 《成》（虎に乗ったら下りられない＞）中途でやめたくてもやめられない

【骑驴看唱本（走着瞧）】qí lǘ kàn chàngběn (zǒuzhe qiáo)《俗》（ロバに乗って歌本を読む＞先に進みながら見る＞）あとで吠え面かくなよ

【骑马找马】qí mǎ zhǎo mǎ《俗》（馬に乗って馬を探す＞）①すぐそばにある物を探し回る ②ある職につきながらもっとよい職を探す

【骑墙】qíqiáng 動 ふた股かける〚采取～的态度〛風見鶏を決め込む

【骑在脖子上拉屎】qí zài bózishang lā shǐ《俗》（首に跨って糞をたれる＞）人を踏みつけにする

【琦】qí ⊗①玉の一種 ②非凡な, 素晴らしい〚～行〛《书》篤行

【锜（錡）】qí ⊗古代の鍋の一種

【祇】qí ⊗地の神〚神～〛天地の神々

【耆】qí ⊗60歳以上の(人)

【耆老】qílǎo 图《书》老人, 高齢者

【耆宿】qísù [名]《書》声望高い老人，耆宿(きしゅく)

〖鳍(鰭)〗qí ⊗魚のひれ［背～］背びれ

〖鬐〗qí ⊗馬のたてがみ

【畦】qí [量] 畦(あぜ)で囲まれた田畑の数を数える〖种一～菠菜〗畑一枚にホウレンソウを作る
⊗畦で囲まれた田畑［～田］同前［菜～］菜園

〖乞〗qǐ ⊗①乞(こ)う，懇願する［行～］物乞いする ②(Q-)姓

★【乞丐】qǐgài [名] 乞食(こじき)，物もらい [同]［花子］

【乞怜】qǐlián [動] 憐れみを乞う，泣きをいれる

【乞巧节】qǐqiǎojié [名] 七夕

【乞求】qǐqiú [動] 嘆願する，恵んでくれと懇願する〖～宽恕〗許しを乞う

【乞讨】qǐtǎo [動] 物乞いする，乞食する〖向人～钱物〗金やものをねだる

〖企〗qǐ ⊗①つま先立って見る，背伸びして見る ②切望する［～祷］同前

【企鹅】qǐ'é [名]〔只〕ペンギン

【企及】qǐjí [動]《書》達成を目指す，追いつきたいと思う

【企求】qǐqiú [動] 望む，願う〖～发财〗金持ちになりたくてうずうずする

★★【企图】qǐtú [動] もくろむ，企(たくら)む〖～逃跑〗逃亡を企てる

【企望】qǐwàng [動] 切望する，待ちこがれる([同]［盼望］)〖～和你谈谈〗あなたと語り合いたくて仕方がない

★★【企业】qǐyè [名]〔家〕企業，経済事業体［合资～］合資企業

〖芑〗qǐ ⊗薬草の一種

〖岂(豈)〗qǐ ⊗〔反語を示して〕どうして…でありえようか，…である道理があろうか

【岂不】qǐbù [副]〔反語の形をとりつつ強い肯定を示す〕…でない訳がなかろう，…でないとでも言うのか〖这样做～更好些？〗こうすればもっとよいじゃないか

【岂但】qǐdàn [接]〔後に'而且''也''还'などが呼応して〕…ばかりでなく，…のみならず〖～你不会，就连他也不会吧〗君ばかりじゃない，彼にだってできないだろう

【岂非】qǐfēi [副] …にほかならないではないか，…でないとでも言うのか〖～可怜〗なんともかわいそうだなあ

【岂敢】qǐgǎn [副]《謙》①(私ごときに)どうして…できましょうか，…できる訳がない〖我～说这样的话〗そんなこと私に言える訳がありません ②《挨》(相手の好意や謝意に対して)どういたしまして，とんでもないことです

★【岂有此理】qǐ yǒu cǐ lǐ《成》そんな無茶な，冗談ではない

〖杞〗qǐ ⊗①(Q-)杞(き) ♦西周の一国で，現在の河南省杞県に位置した［～人忧天］取越し苦労をする ②(Q-)姓 ③クコ［枸 gǒu～］同前

【起】qǐ [動]①起きる，立ち上がる ②(できもの，鳥肌などが)身体に生じる〖～痱子〗あせもができる ③取出す，外に出す〖～钉子〗釘を抜く ④生じる，生じさせる〖～作用〗効果を現わす ⑤起草する，案を作る→［～草］⑥建てる，築く［另～炉灶］一から出直す ⑦(証明書の類を)受け取る，受領する ⑧〔'从，自，由'などと呼応して〕始まる，始める〖从今天～〗今日から
━ [量] ①出来事，事件を数える([同]［件］)〖这一～事故〗今度の事故 ②集団，グループを数える([同]［批］)〖分两～出发〗2班に分かれて出発する
⊗移動する，離れる［～飞］離陸する
── -qǐ/-qi [動]〔補語として〕①動作の始まりを示す〖从哪儿说～〗どこから話そうか ②動作の始まりと持続を示す〖点～油灯〗灯明に火をともす ③動作が下から上に向かって行われることを示す〖拿～笔〗筆を取って ④能力があること，耐えうることを示す ♦動詞との間に必ず'不'あるいは'得'が入る〖买不～〗(自分の財力では)買えない〖称得～大师〗巨匠と呼ばれるにふさわしい

【起岸】qǐ'àn [動] 荷揚げする，陸揚げする

【起爆】qǐbào [動] 爆発させる［～药］起爆剤

【起笔】qǐbǐ [名]①漢字の第一画(かく) ②(書道で)各筆画の書き始め

【起步】qǐbù [動]①歩き出す［～价］(タクシーの) 初乗り料金 ②(物事が)始まる

★【起草】qǐcǎo [動] 起草する，草稿を作る〖～决议〗決議文を起草する

【起程】qǐchéng [動] 出発する，旅立つ [同]［上路］［启程］

★【起初】qǐchū [副] 最初は，初めの内は [同]［起先］♦後に'后来'が呼応する

★★【起床】qǐchuáng [動] 起床する，(多く朝に)起きる［～号］起床ラッパ

【起点】qǐdiǎn [名] [反]［终点］①出発点，起点〖东海道以日本桥为～〗東海道は日本橋からスタートする ②(競技の)スタート地点

★★【起飞】qǐfēi [動]①飛び立つ，離陸する [反]［降落］②(事業，経済などが)飛躍発展を始める

★【起伏】qǐfú [動] 起伏する，高まってはしぼむ〖思潮～〗様々な思いがわい

Q

ては消える

【起稿】qǐ'gǎo 動 草稿を書く,起稿する

【起航】qǐháng 動 出航する,船出する,(飛行機が)飛び立つ

*【起哄】qǐ'hòng 動 ①大勢で騒ぐ,わいわい騒ぐ〚起什么哄呢?〛何を騒いでいるんだい ②みんなでからかう,大勢で冷やかす

【起火】qǐ'huǒ 動 ①炊事する,飯をつくる ②火事が起こる,火を出す ③(方)かっとなる,怒りだす
── qǐhuo (qǐhuoと発音) 图 花火の一種 ♦火花を吹きつつ空に飛び上がる 同[起花]

【起鸡皮疙瘩】qǐ jīpí gēda 動 (不快感や恐怖などで)鳥肌が立つ

【起家】qǐ'jiā 動 事業を興す,成功する

【起价】qǐjià 图 タクシーや電車の初乗り料金,競売などのスタート価格

【起见】qǐjiàn 图〚'为～~'の形で〛…のために,…の目的で〚为争取胜利～〛勝利を得るために

【起降】qǐjiàng 動 (飛行機が)離着陸する

【起劲】qǐjìn 形 (～儿)大張り切りの,興が乗った〚谈得很～〛話に花が咲く

【起居】qǐjū 图 起居,日常の暮らし〚～无时〛不規則な生活をする

*【起来】qǐlai / qǐlái 動 ①起床する ②立ち上がる,起き上がる〚起不来〛起き上がれない ③(転)決起する,奮起する
── -qilai / -qilái / -qīlái〔補語として〕① 動作が下から上に向かうことを示す〚拿～〛手に取る〚站不～〛立ち上がれない ② 動作が始まり持続することを示す〚唱起歌来〛歌いだす〚冷～〛寒くなる ③ ばらばらの人や物が一つにまとまるなど,ある結果が達成されることを示す〚团结～〛結束する ④ 挿入句の一部となり,条件を作りだす ♦可能補語の形にはできない〚说～话长〛話せば長いことながら

【起立】qǐlì 動 起立する,立ち上がる ♦多く号令に使う

【起落】qǐluò 動 昇り降りする,離着陸する

*【起码】qǐmǎ 形 最低限の,最少限の〚～要五天〛少なくとも5日はかかる〚～的要求〛ぎりぎりの要求

【起锚】qǐ'máo 動 錨を上げる,出航する

【起名】qǐ'míng 動 (～儿)命名する,名前をつける〚给刊物起个名儿〛雑誌に名前をつける

【起跑】qǐpǎo 動 (競争種目で) スタートする〚～线〛スタートライン

【起色】qǐsè 图 好転の気配,進歩や回復ぶり〚很有～〛随分回復してきた

【起身】qǐ'shēn 動 ①出発する,出立する(同)[动身]〚明天～去吐鲁番〛明日トルファンに向けて出発する ②起床する,起き出す

【起事】qǐshì 動 一揆いっきを起こす,武装闘争を始める

【起誓】qǐ'shì 動 誓う,宣誓する(同)[发誓]〚我敢～…〛誓って言うか…

【起首】qǐshǒu 副 最初,はじめのうちは

【起死回生】qǐ sǐ huí shēng 〈成〉死者をも蘇らせる,起死回生の ♦一般に医者の腕をほめる際に使う

【起诉】qǐsù 動 訴えを起こす,裁判所に訴える〚～赔偿损失〛損害賠償の訴えを起こす〚向法院～〛裁判所に訴える

【起跳】qǐtiào 動 (跳躍で)踏み切る〚～线〛踏み切り線〚～板〛踏み切り板

【起头】qǐtóu 图 (～儿)最初,始まり〚万事～难〛何事も出だしが難しい ── 動 (～儿)最初の内は,初めは
── qǐ'tóu 動 …から始める,口火を切る〚谁起个头呢?〛誰から始めるかね

【起先】qǐxiān 副 初めの内は,最初(同)[起首] ♦後に'后来'が呼応する

【起行】qǐxíng 動 出発する,出立する(同)[起程]

【起眼儿】qǐyǎnr 動〚多く否定文に用いて〛(一見) 見栄えがする,立派に見える〚不～的人〛目立たない人

【起夜】qǐ'yè 動 夜中に小便に起きる

【起疑】qǐ'yí 動 疑いを持つ,怪しいと思う

*【起义】qǐyì 動 蜂起する,反乱を起こす〚秋收～〛(特に1927年の毛沢東指導下の)秋期農民暴動

【起意】qǐ'yì 動 悪い了見を起こす,良からぬことを考える

【起因】qǐyīn 图 起因(する),原因(が…にある)♦動詞は後に'于'を伴う〚～于劳累过度〛過労に原因がある〚火灾的～〛火災の原因

【起用】qǐyòng 動 ①(退職あるいは免職になった役人を) 再び雇用する,復職させる ②抜擢ばってきする,起用する〚～新秀〛将来有望な若手を登用する

*【起源】qǐyuán 图 起原,始まり── 動 起源となる,…に起原を持つ〚马拉松～于古希腊〛マラソンは古代ギリシャに起原がある

【起赃】qǐ'zāng 動 (盗賊の巣から)盗まれた金品を探し出す

【起早贪黑】qǐ zǎo tān hēi 〈俗〉(朝は早起き夜は夜を更かす〉朝から

晚まで働きづめに働く 働[起早摸黑]

【起重机】qǐzhòngjī 名[台]クレーン, 起重機 [开~]クレーンを操作する

【起子】qǐzi 名[把] ①栓抜き ②(方)ねじ回し, ドライバー — 量(方)人を数える

【启(啟*啓)】qǐ ⊗ ①短い手紙 [谢~]礼状 ②開く, 開ける [开~]開く ③指導する, 教える [~发]始める, 開始する [~行]出発する ⑤(書)申し述べる [敬~]拝啓 ⑥(Q-)姓

【启禀】qǐbǐng 動(上司や上級機関に)報告申し上げる, お知らせする

【启程】qǐchéng 動 出発する, 出立する 働[起程]

【启齿】qǐchǐ 動(頼み事を) 切り出す, 口に出す 働[开口]

【启迪】qǐdí 動(書)啓発する

【启碇】qǐ'dìng 動 錨をあげる, 出航する 働[起锚]

【启动】qǐdòng 動(機械類が) 始動する, スイッチを入れる [~键]始動キー

*【启发】qǐfā 動 啓発する, 目覚めさせる [得到很多~]随分教えられた 『你能不能~他们？』あの人たちに教えてやってくれないか

【启封】qǐ'fēng 動(手紙を) 開封する, 封印を解く

【启航】qǐháng 動 出航する, 錨をあげる 働[起航]

【启蒙】qǐméng 動[多く定語として] ①手ほどきする, 基礎を教える [~教育]基礎教育 ②啓蒙する, 目を覚めさせる

*【启示】qǐshì 動 啓示を与える 『得到很大的~』大きな啓示を得た

【启事】qǐshì 名[条]告示, 告知 [招考~]採用試験のお知らせ

【启衅】qǐxìn 動(書)(争いを)挑発する, 火をつける

【启用】qǐyòng 動(正式に) 使用を始める

【绮(綺)】qǐ ⊗ ①紋様や図柄を織り込んだ絹織物 [~罗]どんす ②美しい, あでやかな

【绮丽】qǐlì 形(景色が) 美しい, 目を奪うような

【稽】qǐ ⊗ 額ずく [~首](一種の)叩頭の礼
⇨jī

【气(氣)】qì 名 ①[股]気体, ガス [沼~]メタンガス ②[股]空気 [打~](タイヤに) 空気を入れる ③(~ル)息, 呼吸 [没~了]息を引き取った — 動 ①怒る, 腹を立てる ②怒らせる 『别~他了』あいつを怒らせるな [~话]腹立ちまぎれの言葉 ⊗ ①気象, 天候 [天~]天気 ②におい, 香り [膻~]生臭いにおい ③精神, 元気 [打~]元気づける ④態度, 気風 [书生~]世間知らずのインテリ振り ⑤いじめ, 抑圧 [受~]踏みつけにされる ⑥生命のエネルギー, 活力のもと [生~]生命力 ⑦(漢方で)ある種の病状 [湿~]皮膚病 ⑧運命 [运~]運

【气昂昂】qì'áng'áng 形(~的)意気盛んな, 気力充実した

【气不过】qìbuguò 動 怒りを抑えられない, 我慢ならない

【气冲冲】qìchōngchōng 形(~的)かんかんに怒った, 頭から湯気を立てた

【气喘】qìchuǎn 名[医]喘息(働[哮喘][喘]) [患~]喘息を患う

【气窗】qìchuāng 名 通風窓, 排気窓 ♦一般に屋根のてっぺんについている

【气垫】qìdiàn 名 ①空気枕, エアクッション ②ホバークラフトの高圧空気 [~船]ホバークラフト

【气度】qìdù 名 気概と度量, 人間の大きさ [~不凡]人間が大きい

【气短】qìduǎn 動 ①落ち込む, 落胆する ②息切れする, 喘ぐ

*【气氛】qìfēn/qìfēn 名 雰囲気, 空気 [~很紧张]重苦しい空気に包まれている

【气愤】qìfèn 形 憤慨した, 怒った (働[愤恨])[非常~]激しく憤る

*【气概】qìgài 名 気概(働[气魄]) [缺乏~]気概に欠ける

【气功】qìgōng 名 気功(きこう) [练~]気功を練習する

【气管炎】qìguǎnyán 名 ①気管支炎 ②(音が'妻管严'に通じることから)恐妻家

【气焊】qìhàn 名 ガス溶接する 働[电焊]

*【气候】qìhòu 名 ①気候 [大陆性~]大陸性気候 ②(転)風潮, (精神的)風土 [政治~]政治状況 ③成果, 結果 [成不了~]何もできはしない

【气呼呼】qìhūhū 形(~的)(怒りで)息が荒い, ぜいぜい喘いでいる

【气急败坏】qìjí bàihuài(成)(怒りや驚きで)我を忘れた, 前後の見境を失った

【气节】qìjié 名 気節, 気骨 [失去~]気骨を失う

【气孔】qìkǒng 名 ①[植]気孔 ②[動]気門, 気孔 働[气门] ③[工]ガスホール 働[气眼] ④[建]通気孔, エアホール 働[气眼]

【气力】qìlì 名 気力, 体力 [用全身~]全身の力を込めて

【气量】qìliàng 图 器量,度量 〖～小〗心が狭い
【气流】qìliú 图 ①〔股〕気流 ②〖語〗息
【气门】qìmén 图 ①(昆虫の)気門,気孔,㊣〖气孔〗 ②(タイヤなどの)バルブ,空気注入孔 ③〖機〗通気孔,排気孔
【气恼】qìnǎo 動 立腹する,怒る ㊣〖恼怒〗
【气馁】qìněi 動 めいる,気落ちする
【气派】qìpài 图 在り方,外面に現われた精神〖中国の気派〗中国的特色を備えた絵 ― 形 りっぱで,堂々たる
【气泡】qìpào 图 気泡,泡〖从水底冒出～〗水の底から泡が出る
*【气魄】qìpò 图 ①気魄,胆力〖很有～〗気魄あふれる ②迫力,威圧感
【气枪】qìqiāng 图〔枝〕空気銃,エアガン〖放～〗空気銃を撃つ
【气球】qìqiú 图 気球,風船〖放～〗気球を揚げる
*【气色】qìsè 图 顔色,外観〖～很好〗血色がいい
*【气势】qìshì 图 気魄,迫力〖～汹汹〗(怒りの)形相が凄まじい
【气数】qìshu 图 命運
【气体】qìtǐ 图 気体〖～燃料〗気体燃料
【气头上】qìtóushang/ -shàng 图 怒っている最中
【气团】qìtuán 图〖理〗気団〖冷～〗寒気団
*【气味】qìwèi 图 ①〔股〕におい,香り〖闻闻～〗においを嗅ぐ ②(転)志向や性格,趣〖失去艺术家的～〗芸術家の気風を失う〖～相投〗(多く悪い意味で)気が合う
【气温】qìwēn 图 気温〖～下降(上升)〗気温が下がる(上がる)
【气息】qìxī 图 ①息 ②におい〖泥土～〗土のにおい (転)息吹〖时代～〗時代の息吹
*【气象】qìxiàng 图 ①気象,大気の現象〖～台〗気象台〖～预报〗天気予報 ②(転)〔派・片〕情景,状況 (㊣〖景象〗)〖节日的～〗祝日の情景
【气象万千】qìxiàng wànqiān (成)一大絵巻のような壮観極まりないさま
【气性】qìxing 图 ①性格,気性 ②癇癪,怒りっぽさ (㊣〖脾气〗)〖～大〗怒りっぽい
【气胸】qìxiōng 图〖医〗気胸
【气虚】qìxū 图〖医〗(漢方で) 虚脱症状の,脱力状態の
【气吁吁】qìxūxū 形 (～的) ぜいぜい息を切らせた,息せききった ㊣〖气咻咻〗

*【气压】qìyā 图 気圧〖～表〗気圧計
【气焰】qìyàn 图(貶) 気炎,鼻息〖～嚣张〗鼻息が荒い
【气质】qìzhì 图 気質,気風〖缺乏科学家的～〗科学者たる気質に欠ける
【气壮山河】qì zhuàng shān hé (成)意気天を衝つく,天地をのむ勢いの ㊣〖气吞山河〗

汽

【汽】qì 图 蒸気,水蒸気〖～化器〗キャブレター
【汽车】qìchē 图〔輛〕自動車〖开～〗自動車を運転する〖公共～〗バス
【汽船】qìchuán 图〔只・条〕①(小型) 汽船,蒸気船 ②モーターボート,快速艇
【汽灯】qìdēng 图 ガス灯〖点～〗ガス灯に点火する
【汽笛】qìdí 图〔声〕汽笛㊣〖鸣～〗汽笛を鳴らす ◆音の形容は"呜呜 wūwū"
【汽缸】qìgāng 图〖機〗シリンダー
【汽暖】qìnuǎn 图 スチーム暖房
【汽水】qìshuǐ 图 (～儿)(泡の出る)ソフトドリンク,ソーダ水
【汽艇】qìtǐng 图〔只・条〕モーターボート,快速艇㊣〖快艇〗
*【汽油】qìyóu 图 ガソリン〖～机〗ガソリンエンジン

讫(訖)

qì 形 ①終わり,終了〖起～〗始めと終わり ②片がつく,…し終わる〖收～〗全額領収済み

迄

qì 副 ①ずっと,一貫して〖～无音信〗絶えて音さたがない ②到る,…まで〖～今〗今に到るも

*【迄今为止】qìjīn wéizhǐ (成)今までのところ

弃(棄)

qì 動 ①投げ捨てる,放棄する〖抛～〗投げ捨てる

【弃暗投明】qì àn tóu míng (成)〈闇を離れて光につく〉悪い勢力と手を切って正しい側に移る ㊣〖弃邪归正〗
【弃权】qì'quán 動 棄権する
【弃世】qìshì 動 死亡する,世を去る ㊣〖去世〗
【弃置】qìzhì 動 うっちゃっておく,捨てて顧みない〖～不用〗同前

泣

qì 動 ①涙〖饮～〗(書)涙に暮れる ②しくしくと泣く,声をのんで泣く〖哭～〗泣く
【泣诉】qìsù 動 涙ながらに訴える

亟

qì 副 ①しばしば,度々 ⇨jí

契(契)

qì 图 ①(不動産の)買売証書,権利書〖房～〗家屋の権利書 ②刻

まれた文字，刀で彫った文［书～］文字 ③彫る，刻みつける ④気が合う，一致する［默～］黙約
⇨Xiè
【契丹】Qìdān [名] 契丹(きったん) ♦かつて東北で栄えた民族の一．10世紀に契丹国を作り，のちに遼と改称
【契合】qìhé [動] ①ぴったり合う，符合する [同][符合] ②意気投合する
【契机】qìjī [名] 契機(けいき)，転機〖以这次的会议为～〗今回の会議を契機として
【契据】qìjù [名] 契約書，借用証，領収証等の書類の総称
【契税】qìshuì [名] 不動産取引税〖缴纳～〗同前を納める
【契友】qìyǒu [名]《書》気心の知れた友人，親友
【契约】qìyuē [名]〔张・份〕(不動産をめぐる) 契約書([同][契券])〖订立～〗契約を交わす

【砌】qì [動] (モルタル，れんが，石などを) 積み上げる，築く〖～灶〗かまどを築く
⊗階段 ♦「(伝統劇の) 小道具・背景」の意の '砌末' は qièmò と発音

【跂】qì ⊗爪先立つ，背のびする［～望］《書》背のびして見る；《転》待ち望む ♦「足指の奇形」「虫の這うさま」の意では qí と発音

【葺】qì ⊗①草で尾根を葺(ふ)く ②家屋を修理する［修～］同前

【碛(磧)】qì ⊗①小石の積み上がった浅瀬 ②砂漠［沙～］同前

【槭】qì ⊗カエデ［～树］カエデ，モミジ

【器(*噐)】qì ⊗①器具，道具［乐 yuè～］楽器 ②器官［循环～］循環器 ③器量，度量［大～］大器 ④目をかける，器量を重んじる→［～重］
*【器材】qìcái [名] 器材〖备齐～〗器材をそろえる
*【器官】qìguān [名] 器官［呼吸～］呼吸器官
【器件】qìjiàn [名] (機械器具の) 主要部品［电子～］電子部品
【器具】qìjù [名]〔件〕器具，道具［日用～］日常の道具
【器皿】qìmǐn [名] 器(うつわ)，皿鉢類
【器械】qìxiè [名] ①器械［光学～］光学器械 ②武器，兵器
【器宇】qìyǔ [名]《書》物腰，風采(ふうさい)〖～高雅〗優雅な落ち着きを見せている
【器乐】qìyuè [名] 器楽 [反][声乐]
【器重】qìzhòng [動] (後輩や部下を) 高く評価する，能力を買う

【憩(*憇)】qì ⊗休息する，休憩する［～息］《書》休憩する

【掐】qiā [動] ①つねる，つまむ〖～花〗花を摘み取る ②ぎゅっとつかむ，手で締めつける〖～死〗(手で) 締め殺す
【掐尖儿】qiā▾jiānr [動] 作物の芽を摘む，芽止めする
【掐算】qiāsuàn [動] 指折り数える
【掐头去尾】qiā tóu qù wěi《俗》(頭と尻尾を取除く>) 大事な所だけ残して後は削除する

【袷】qiā ⊗［～袢 pàn］ウイグル族などの着る長い服

【卡】qiǎ [動] ①(物が) 挟まる ②(旧読 kǎ) (親指と人差し指の間で) 締めつける；《転》(動きが取れないよう) 押さえる
⊗①クリップ，紙挟みなど挟む道具［发 fà～］ヘアピン ②見張り所，検問所［关～］同前
⇨kǎ
【卡脖子】qiǎ bózi [動] ①(両手で) 首を締める ②《転》首根っこを押さえる，動きをとれなくする
【卡壳】qiǎ▾ké [動] ①弾倉が塞(ふさ)がる，薬莢(やっきょう)が詰まる ②《転》(仕事が) 一時ストップする，一頓座(とんざ)をきたす ③《転》言葉がつかえる
【卡子】qiǎzi [名] ①挟む道具，クリップなど［头发～］ヘアピン ②検問所，見張り所

【洽】qià ⊗①仲良くする，協調する［融～］睦(むつ)まじくする ②打合わせる，協議する ③該博な，広範な
*【洽谈】qiàtán [動] 協議する

【恰】qià ⊗①適切な，妥当な→［～当］ ②ちょうど，ぴったり
*【恰当】qiàdàng [形] 適切な，妥当な
*【恰到好处】qià dào hǎochù《成》(話や事柄が) ちょうどよいところにぴったりと決まる
【恰好】qiàhǎo [形]〘多く状語・補語として〙タイミングのよい，都合のよい([同][正好])〖我～在那儿〗折りよく私はその場に居合わせた
【恰恰】qiàqià [副] ぴったり，ちょうど〖～在这个时刻〗まさにその時
*【恰巧】qiàqiǎo [副] うまい具合に，まずいことに，折りよく(悪しく)([同][凑巧])〖～在街上遇到了他〗折りよく通りで彼に出会った
【恰如】qiàrú [動] …そっくりに見える，まるで…のようだ〖～所料〗予想に違わず

【髂】qià ⊗［～骨］骨盤の一部

【千】qiān [数] 千〖一～个〗1000個

Q

⊗①大量，おびただしい数［成～上万］万を数える［～仇万恨］恨みの数々 ②(Q-)姓

【千不该，万不该】qiān bù gāi, wàn bù gāi《俗》ああ誤てり誤てり，悔んでも悔みきれない

【千疮百孔】qiān chuāng bǎi kǒng《成》①おんぼろの，傷だらけの ②病気の巣のような，身体ががたがたの

【千锤百炼】qiān chuí bǎi liàn《成》(鉄を幾度も鍛えに鍛える>) ①度かさなる戦いや試練，苦難に次ぐ苦難 ②(詩文を) 練りに練る，何度も手を入れる

【千叮咛，万嘱咐】qiān dīngníng, wàn zhǔfu《俗》何度も何度も言ってきかせる，念入りに念入りに言い付ける

【千儿八百】qiān'er bābǎi [数]《口》一千そこら，千そこそこ ♦千を超えない

*【千方百计】qiān fāng bǎi jì《成》あらゆる手を尽くして，万策を講じて

【千古】qiāngǔ [名] 永遠の時間［～奇冤］世にも不思議な濡衣(ぬれぎぬ)話 — [動] 永久不滅である，いつまでも記念される ♦死者への哀悼の言葉で葬儀の花輪などに書く〖〇〇先生～〗〇〇先生永遠なれ

【千斤】qiānjīn [形] 千斤(せんきん)の重みの，肩にのしかかる ♦責任の重さを表わす［～重担 dàn］のしかかる重責 —— qiānjin [名]①〖工〗ジャッキ [同][千斤顶] ②〖機〗(歯車の軸にかませる)つめ，歯止め ♦逆回転を防ぐ

【千金】qiānjīn [名]①巨額の金，千金［～难买寸光阴］時は金なり［～难买一口气］命は金では買えない(命を粗末にするな) ②《敬》(他人の娘への敬称)お嬢様，令嬢

【千钧一发】qiān jūn yí fà《成》(千鈞の重みが髪一本に繋がれている>) 危険この上ない状況にある ♦1鈞は30斤 [同][一发千钧]

【千里鹅毛】qiān lǐ émáo《成》(千里のかなたから鵞鳥(がちょう)の羽を届ける>) 贈物自体は些少でも真心がこもっている [同][千里送鹅毛]

【千里马】qiānlǐmǎ [名] 駿馬，駿足 ♦一日に千里を走りうる馬の意

【千里眼】qiānlǐyǎn [名]①千里眼，遠目のきく人 ②《旧》望遠鏡，双眼鏡

【千里之堤，溃于蚁穴】qiān lǐ zhī dī, kuì yú yǐxué《成》アリの穴から堤も崩れる

【千里之行，始于足下】qiān lǐ zhī xíng, shǐ yú zú xià《成》千里の道も一歩から

【千虑一得】qiān lǜ yì dé《成》(愚者も千慮に一得あり>) 凡人の思案にも時にはよい考えが含まれている ♦もっぱら謙遜に使う

【千虑一失】qiān lǜ yì shī《成》千慮の一失

【千篇一律】qiān piān yí lǜ《成》千篇一律の，型にはまった

【千奇百怪】qiān qí bǎi guài《成》様々な不思議，奇怪の数々

【千秋】qiānqiū [名]①千年，千秋［～万代］末代の後まで ②《敬》(他人の)誕生日

【千日红】qiānrìhóng [名]〖植〗千日紅

【千瓦】qiānwǎ [量]〖電〗キロワット ♦かつては'瓩'とも書いた

**【千万】qiānwàn [副] くれぐれも，必ず必ず〖～不要忘记〗くれぐれも忘れないように

【千…万…】qiān…wàn… ①きわめて多いさまを形容する［千山万水］道をさえぎる無数の山や谷 ②強調を示す［千真万确］正真正銘の

【千载一时】qiān zǎi yì shí《成》千載一遇の，二度とはめぐり来ぬ [同][千载难逢]

【千张】qiānzhāng [名]〖食〗豆腐を薄く切って乾燥したもの

【千周】qiānzhōu [量]〖電〗キロサイクル

【仟】qiān [数]'千'の大字〖肆～圆〗4000元

【阡】qiān ⊗①南北に走るあぜ道 [反]'陌' ②墓へ行く道，墓参道

【阡陌】qiānmò [名]《書》あぜ道，農道

【迁(遷)】qiān [動] 移転する，場所を移す〖～户口〗戸籍を移す ⊗変転する，変化する［变～］変遷する

【迁都】qiān'dū [動] 遷都する，首都を移転する

*【迁就】qiānjiù [動] 妥協する，折り合う〖对这样的错误不能～〗こういう過ちは目こぼしするわけにゆかない〖～儿子〗息子に甘い顔をする

【迁居】qiānjū [動] 転居する，引っ越す〖～郊区〗郊外に引っ越す

【迁怒】qiānnù [動] 八つ当たりする，怒りを転嫁する〖～于人〗無関係な人に怒りをぶつける

*【迁徙】qiānxǐ [動] 移転する，移住する

【迁延】qiānyán [動] (時間を) 引き延ばす，ぐずぐず遅らせる([同][拖延])〖～三天〗3日間引き延ばす

【迁移】qiānyí [動] 移転する，移住する〖～海外〗海外に移住する〖～工厂〗工場を移す

【扦】qiān [名] (～儿) ①串状の物，先端が尖った物([同][～子])［蜡～儿］ろうそく立て

Q

②米刺し ━ 動(方)差し込む(⑥(普)[插])〚~蜡烛〛ろうそく立てにろうそくを立てる
【扦插】qiānchā 動〚植〛挿木する
【扦子】qiānzi 名①串状の物、釘状の物〚竹~〛〚钉~〛②米刺し

【芊】qiān ⊗ [~绵(~眠)]〚書〛草木の茂るさま

【钎(釬)】qiān ⊗ 鏨, ドリル[钢~][~子]同前

【佥(僉)】qiān ⊗ みな、すべて

【签(簽)】qiān 動①署名する、サインする→[~名]②短く意見や要点を記す

【━(籤*簽)】(~儿)①签竹なんど、文字や符号を刻んだ細い長い竹や木[抽~]くじを引く②ラベル、ステッカーの類[书~]しおり、題簽ぴ③(竹や木で作った)串や楊枝など[牙~]つま楊枝⑥[签子]━ 動仮縫いする、ざっと縫い合わせる

【签到】qiān'dào 動(出勤簿や参会者名簿に)記名する、出席を登録する◆あらかじめ記された名前の下に'到'と記入する場合が多い[~处]参会者受付

*【签订】qiāndìng 動(条約や契約を)締結かつ調印する〚~协定〛協定に調印する

【签发】qiānfā 動発給する、署名発行する〚~护照〛旅券を発給する

【签名】qiān'míng 動署名する、サインする〚~盖章〛署名捺印する

【签收】qiānshōu 動署名して受け取りのサインをする、署名して受け取る〚~挂号信〛(サインして)書留を受け取る

【签署】qiānshǔ 動(重要書類に)署名する〚~法案〛法案に署名する

【签条】qiāntiáo 名①おみくじ、荷札など簡単な文字を記した細長い紙片②しおり⑥[书签]〚在书里夹上~〛本にしおりを挟む

*【签证】qiānzhèng 名ビザ[出(入)境~]出(入)国ビザ ━ 動ビザを出す

【签注】qiānzhù 動①(原稿や書籍に)書き込みをした付箋ぴを付ける②(上司に送る書類に)簡単な意見を注記する③証明書類の表紙にコメントをつける

*【签字】qiān'zì 動(文書に)署名する〚在协定上~〛協定に調印する

【牵(牽)】qiān 動①引く、引き連れる〚~着狗散步〛犬を連れて散歩する⊗関わり合う、巻き込まれる

【牵缠】qiānchán 動つきまとう、巻き添えにする

【牵肠挂肚】qiān cháng guà dù〚成〛ひどく心配する、居ても立ってもいられない気持ちになる⑥[牵心挂肠]

*【牵扯】qiānchě 動①巻き添えにする、引っ張り込む(⑥[牵连])[~别人]他人を巻き込む②関わり合う、巻き込まれる〚~丑闻〛スキャンダルに巻き込まれる

【牵掣】qiānchè 動①動きをしばる、妨げる②(軍事面で)牽制する

【牵动】qiāndòng 動①巻き添えにする、影響を与える[~各地]各地に影響を及ぼす②触発する、引き起こす

【牵挂】qiānguà 動心配する、気にかける(⑥[挂念])[~父母]両親の安否を気遣う〚没有任何~〛気掛かりなことはなにもない

【牵累】qiānlèi 動①束縛する、足手まといになる〚受孩子们~〛子供たちが足枷ぴになる②巻き添えにする、累を及ぼす⑥[连累]

【牵连】qiānlián 動①巻き込む、累を及ぼす(⑥[牵扯])[~子女]子供に迷惑を掛ける②関連する、繋がり合う

【牵牛】qiānniú 名①朝顔⑥[牵牛花][喇叭花]②牽牛星、彦星ぴ⑥[牵牛星][牛郎星]

【牵强】qiānqiǎng 動こじつける、柄のない所に柄をすげる[~附会]牽強付会ぴ

【牵涉】qiānshè 動影響を及ぼす、関わりを持つ(⑥[牵惹])〚~家属〛家族にまでとばっちりが掛かる

【牵线】qiān'xiàn 動①陰で操る、背後で糸を引く[~人]黒幕②(口)仲立ちする、取り持つ(⑥[牵头])[~搭桥]縁結びをする

【牵一发而动全身】qiān yí fà ér dòng quánshēn〚成〛(髪の毛一本引っ張ると全身が動く>)ほんの一部を動かすことが全局面に影響する

【牵引】qiānyǐn 動牽引する、引っ張る[~车]トレーラー

【牵着鼻子走】qiānzhe bízi zǒu〚俗〛((牛のように)鼻を引っ張られて歩く>)鼻面を引き回される、思うままに使われる

*【牵制】qiānzhì 動(敵軍を)牽制する、動きを封じる〚~敌人〛敵の動きを封じる

【悭(慳)】qiān ⊗①欠く、欠ける②けちな、しみったれな

【悭吝】qiānlìn 形けちな、しみったれた⑥[吝啬]

【铅(鉛)】qiān 名 鉛なび◆江西の地名'铅山'ではYánと発音

【铅版】qiānbǎn 名〚印〛鉛版ぴ

[~印刷]ステロ版印刷

‡【铅笔】qiānbǐ 名【文・根】鉛筆［削~］鉛筆を削る［~芯］鉛筆の芯

【铅垂线】qiānchuíxiàn 名【建】錘線ホムラ,鉛直線

【铅丹】qiāndān 名【化】鉛丹タム

【铅球】qiānqiú 名【体】①砲丸［推~］砲丸を投げる ②砲丸投げ

【铅丝】qiānsī 名（亜鉛メッキをした）針金

【铅铁】qiāntiě 名 トタン ◆'镀锌铁 dùxīntiě'の通称［白铁］

【铅印】qiānyìn 名 活版印刷する

【铅字】qiānzì 名（合金製の）活字［~盘］活字ケース［大号~］ポイントの大きな活字

【谦(謙)】qiān ⊗ 謙虚な,へりくだった［自~］謙遜ジする

【谦卑】qiānbēi 形（目下から目上に対して）慎み深い,謙遜な

【谦辞】qiāncí 名 謙譲語 — へりくだり辞退する

【谦恭】qiāngōng 形 へりくだった,謙虚でていねいな 反［倨傲］

【谦让】qiānràng 動 謙虚に辞退する,（他人に譲って）遠慮する(反［争持］)［彼此~］譲り合う

‡【谦虚】qiānxū 形 謙虚な,思い上がりのない 反［骄傲］— 謙遜する,へりくだる

*【谦逊】qiānxùn 形 へりくだった,謙虚な

【愆】qiān ⊗ ①罪とが,過ち［~忒 tè］罪とが ②時期を違える,機を逸する

【愆期】qiānqī 動【書】期日を違え,期日に遅れる

【鹐(鹐)】qiān 動（鳥が）嘴でついばむ

【搴(搴)】qiān ⊗ 高く挙げる

【褰(褰)】qiān ⊗（服の裾などを）からげる

【前】qián 名【介詞句の中で】（空間的,時間的な）前［往~走］前へと進む→［~边］［~所未闻］前代未聞の［~不见头,后不见尾］行列がぞろぞろ長いこと — 形（反［后］）［定語として］①（順序が）前の,初めの［~三名］先頭の3人 ②［時間的に］先立つ,過去の［~三百年］過去300年間［~几天］数日前 ⊗ ①元の,前の［~校长］前校長 ②（ある事物に）先立つ［~资本主义］プレ資本主義 ③未来の,今後の［~程］前途 ④前へ進む

【前半晌】qiánbànshǎng 名（~儿）【方】午前【普】［上午］反［后半晌儿］

【前半天】qiánbàntiān 名（~儿）午前 反［上半天］反［后半天］

【前半夜】qiánbànyè 名 夜の前半（日没から真夜中まで）反［后半夜］

【前辈】qiánbèi 名（反［后辈］）①上の世代 ②その道の先輩［革命~］革命を戦った先人たち

【前臂】qiánbì 名 下膊カホ（肘から手首まで）反［上臂］

【前边】qiánbian 名（~儿）(反［后头］［前头］)反［后边］）①（空間的な）前,前の方［房子~］家の前［~的工厂］前方の工場 ②（文章や談話の）すでに述べた部分,前の部分,（時間的な）前［~已经讲过］前述した

【前程】qiánchéng 名 前途,将来［前途］

【前导】qiándǎo 動 先導する(人),案内する(人)［~旗］道しるべの旗

【前敌】qiándí 名【軍】前線

【前额】qián'é 名 額ヒタイ

【前方】qiánfāng 名 ①前方,前面（反［前面］)［注视~］前方を見詰める ②【軍】前線,作戦地域 反［后方］

【前锋】qiánfēng 名【軍】先鋒ホキ,前衛;［体］フォワード

【前夫】qiánfū 名 前夫,元の夫

【前赴后继】qián fù hòu jì《成》（前の者が突進し,後の者がすぐ続く＞）大目標に向かって次々と後継者が現われ,力強い歩みが続く

【前功尽弃】qián gōng jìn qì《成》従来の功績が無に帰する,今日までの努力が無駄になる

【前后】qiánhòu 名 ①前後の時間,…のころ［开战~］開戦前後 ②（空間的な）前後［房屋~］家の前や裏手 ③始めから終わりまでの時間,全期間［~去过六次］前後6回訪れた

【前…后…】qián…hòu… ２つの事柄が時間的,空間的に前と後になることを示す［前倨后恭］始めいばって後でぺこぺこ［身体が前後に動くさまを示す

【前后脚儿】qiánhòujiǎor 副【口】踵カカトを接して,次々と［~走进去］踵を接して入ってゆく

【前脚走,后脚到】qiánjiǎo zǒu, hòujiǎo dào《俗》（前足が去れば後足が来る＞）①甲と乙がほとんど同時にやってくる ②甲と乙が入れ違いにやってくる

【前襟】qiánjīn 名（中国服の）前襟ゥォ゙マ［前身］

【前进】qiánjìn 動 前進する,発展する 反［后退］

*【前景】qiánjǐng 名 ①（絵画や舞台の）前景,近景 ②将来の展望,見通し［农业的~］農業の前途

【前科】qiánkē 名 前科［犯す］

【前来】qiánlái 動〖通常後に動詞を伴って〗進み出る,やって来る〖～献花〗進み出て花を捧げる
【前例】qiánlì 图 前例
【前列】qiánliè 图 前列,先頭〖站在运动的～〗運動の先頭に立つ
【前门】qiánmén 图 ①正門,表の入口 ⑧[后门] ②(転)正規のルート,正面から進む筋道(⑧[后门])〖走～〗正面から事を進める ③(Q-)北京の正陽門(北京内城の正門)の通称
*【前面】qiánmiàn 图(～儿)働[前边]
【前年】qiánnián 图 一昨年,おととし〖大～〗先おととし
【前怕狼,后怕虎】qián pà láng, hòu pà hǔ〖俗〗(前に進むには狼が怖い,後に下がるには虎が怖い>)びくびく心配ばかりして行動に出られないさま 働[前怕龙,后怕虎]
【前仆后继】qián pū hòu jì〖成〗(前の者が倒れると直ちに後の者が突進してゆく>)大目標のために次々と後続の者が参加する
【前期】qiánqī 图 前期
【前妻】qiánqī 图 先妻
【前人】qiánrén 图 昔の人,先人
【前任】qiánrèn 图 前任者,先代 ― 图〖定語として〗前任の〖～市长〗前任の市長
【前日】qiánrì 图〖方〗一昨日,おとといい 働[普][前天]
【前晌】qiánshǎng 图〖方〗午前
【前哨】qiánshào 图〖軍〗前哨〖～战〗前哨戦
【前身】qiánshēn 图 ①前身 ②(～儿)〖衣〗前身頃 働[前襟]
【前事不忘,后事之师】qián shì bú wàng, hòu shì zhī shī〖成〗過去の経験は忘れなければ,将来に対するよき指針となる
【前所未有】qián suǒ wèi yǒu〖成〗かつてなかった〖～的困难〗未曾有の困難
【前台】qiántái 图 ①〖演〗前舞台(幕とオーケストラ席との間) ②〖演〗舞台額縁の前 ③(貶)表舞台,公開の場 ⑧[幕后]
*【前提】qiántí 图 ①〖哲〗前提〖大～〗大前提 ②前提条件,先決条件
【前天】qiántiān 图 一昨日,おととい〖大～〗先おととい
【前头】qiántou 图 前,前方,先(働[前边])〖走在时代～〗時代の先を歩む
【前途】qiántú 图 前途,未来(働[前程])〖很有～〗前途洋々だ
【前往】qiánwǎng 動 行く,出向く〖～车站迎接代表团〗駅に出向いて代表団を迎える
【前卫】qiánwèi 图〖軍〗前衛;〖体〗ハーフバック ― 图 前衛的な
【前无古人】qián wú gǔrén〖成〗かつて誰も成しえなかった,前人未到の
【前夕】qiánxī 图 ①前夜,前の晩〖决赛～〗決勝戦の前夜 ②(転)直前の時期,前夜〖回归～的香港〗復帰前夜の香港
【前线】qiánxiàn 图 前線(⑧[后方])〖上～〗前線に赴く
【前言】qiányán 图 ①前書き,序文 ②先ほど話したこと,前述したこと ③〖書〗かつて語ったこと
【前沿】qiányán 图 最前線〖～科学〗最先端科学
【前仰后合】qián yǎng hòu hé〖成〗(大笑いして)身体が前後に大揺れする 働[前俯后仰]
【前夜】qiányè 图 前夜(働[前夕])〖入学～〗入学前夜
【前因后果】qiányīn hòuguǒ 图 原因と結果,事の顛末(働[前情后尾]
【前有车,后有辙】qián yǒu chē, hòu yǒu zhé〖俗〗(車のあとには轍が残る>)前例に照らして行えばよい
【前兆】qiánzhào 图 前兆,前触れ〖地震的～〗地震の前兆
【前瞻】qiánzhān 動 前を見る,展望する
【前者】qiánzhě 图 前者 ⑧[后者]
【前肢】qiánzhī 图 前足,前肢
【前缀】qiánzhuì 图〖語〗接頭辞 ◆例えば'老虎'の'老' 働[词头]
【前奏】qiánzòu 图 ①前奏,前奏曲〖～曲〗序曲 ②(転)大事件の幕開けとなる小事件,前触れ

【钤(鈐)】qián ⊗ ①印鑑(を押す) ②鎖

【黔】qián ⊗ ①(Q-)貴州省の別称 ②黒,黒い色
【黔驴之技】Qián lǘ zhī jì〖成〗見掛け倒し,乏しい技量
【黔首】qiánshǒu 图〖書〗庶民,人民 働[黔黎]

【荨(蕁*蘝)】qián ⊗ 以下を見よ ⇨ xún
【荨麻】qiánmá 图 ①〖植〗イラクサ ②イラクサから採る繊維
【荨麻疹】qiánmázhěn 图 xúnmázhěn の旧読

【虔】qián ⊗ 敬虔な,誠実な
【虔诚】qiánchéng 形 (信仰の姿勢が)敬虔な,真実の 働[虔心]
【虔敬】qiánjìng 形 敬虔な,慎しい

【钱(錢)】qián 图 ①金,財貨〖挣～〗金を稼ぐ ②貨幣 ③銅銭 ④金額,費

用［房～］家賃 — [量] 重量単位で'两'の10分の1 ♦1'钱'は5グラム
⊗①(～儿)銅銭に似た形の物［榆～儿］ニレの実 ②(Q-)姓

【钱包】qiánbāo [名](～儿)財布，紙入れ〚捡～〛財布を拾う

【钱币】qiánbì [名]金，貨幣 ♦多く硬貨をいう

【钱财】qiáncái [名]金銭，財貨〚拥有～〛金満家である

【钱粮】qiánliáng [名]《旧》地租，土地税〚纳～〛地租を納める

【钱票】qiánpiào [名]《口》紙幣

【钱庄】qiánzhuāng [名]《旧》銭荘(せんそう) ♦旧時の私設銀行，両替屋

【钳(鉗 *拑)】qián [動] 挟みつける〚～住螺丝〛ボルトで挟む

〖—(鉗 *箝)〗⊗①ペンチ，やっとこの類［老虎～］ペンチ ②制約する，束縛する→［～制］

【钳工】qiángōng [名]①(ペンチ，やすりなど手仕事の道具を使った)機械の組み立て，修理 ②機械組み立て工，取り付け工

【钳口结舌】qián kǒu jié shé《成》(難を恐れて)黙して語らず，口を貝にする [同]［钳口不言］

【钳制】qiánzhì [動]封じ込める，抑圧する〚～舆论〛世論を封じ込める

【钳子】qiánzi [名]①〔把〕ペンチ，やっとこ，鉗子(かんし)類 ②《方》耳輪

【掮】qián [動]《方》肩で担ぐ，担いで運ぶ

【掮客】qiánkè [名]《旧》仲買人，ブローカー

〖乾〗qián ⊗①乾(けん)(八卦(はっけ)の一，天を表わす) ②旧時の婚姻における男性がわ［～造］男子の'八字'
⇨gān(干)

【乾坤】qiánkūn [名]天と地，宇宙 ♦'坤'も八卦の一つ〚扭转～〛天下の形勢を覆(くつが)えす

〖墘〗qián ⊗地名用字

〖犍〗qián ⊗［～为 wéi］犍為(けんい)(四川省)
⇨jiān

〖潜(潛)〗qián ⊗①水に潜る，水中に潜む ②隠れる，潜む→［～伏］③ひそかに，人知れず→［～逃］

【潜藏】qiáncáng [動]①隠れる，身を潜める [同]［隐藏］②隠す，内部にかかえる〚～逃犯〛逃亡者をかくまう〚～着危险〛危険をはらんでいる

【潜伏】qiánfú [動]隠れる，潜伏する〚～在国外〛国外に隠れている［～期］潜伏期間

*【潜力】qiánlì [名]潜在能力，潜在エネルギー〚发挥～〛潜在能力を発揮する

【潜流】qiánliú [名]①地下水，水脈 ②《転》心の奥に潜む感情

【潜热】qiánrè [名]〚理〛潜熱

【潜入】qiánrù [動]①潜入する，忍びこむ ②潜水する，水に潜る〚～水中〛水中に潜る

*【潜水】qiánshuǐ [動]潜水する，水中で行動する［～艇］潜水艦［～衣］潜水服

【潜台词】qiántáicí [名]①〚演〛言外のせりふ ♦せりふはなくても観客にそれとわかる意味 ②言外の意味，無言の言

【潜逃】qiántáo [動](犯罪者が)逃亡する，行方をくらます

【潜艇】qiántǐng [名]〔只·艘〕潜水艦([同]［潜水艇］)［核～］原子力潜水艦

【潜望镜】qiánwàngjìng [名]潜望鏡

【潜心】qiánxīn [副]一心不乱に，わき目もふらず〚～写作〛著作に没頭する

【潜行】qiánxíng [動]①水中で行動する，潜行する ②《転》潜行する，ひそかに外部で行動する

*【潜移默化】qián yí mò huà《成》(なんらかの影響のもと)性格などが知らず知らずに変わる

【潜意识】qiányìshí/qiányìshi [名]潜在意識 [同]［下意识］

【潜在】qiánzài [形]〔定語として〕潜在的な，内に潜む［～意识］潜在意識

【浅(淺)】qiǎn [形]([反]［深］)①浅い ②平易な，易しい ③浅薄な，薄っぺらな ④(感情が)淡泊な，冷たい ⑤(色彩が)淡い，薄い ⑥(時間が)短い [反]［久］

【浅薄】qiǎnbó [形]浅薄な，薄っぺらな([同]［肤浅］)〚～的议论〛底の浅い議論

【浅尝辄止】qiǎn cháng zhé zhǐ《成》初歩をかじって止めてしまう

【浅淡】qiǎndàn [形]①(色が)薄い，淡い ②(感情が)あっさりとした，淡泊な

【浅见】qiǎnjiàn [名]浅はかな見方，貧しい見解([反]［卓见］)〚依我～〛愚考いたしますに

【浅近】qiǎnjìn [形]平易な，わかりやすい [同]［浅显］

【浅陋】qiǎnlòu [形](見識が)乏しい，薄っぺらな〚学识～〛学識が乏しい

【浅露】qiǎnlù [形](言葉遣いが)あけすけな，含蓄のない

【浅说】qiǎnshuō [動]入門的な解説をする ♦書名や文章の題名にも使う〚《电脑～》〛コンピュータ早わかり

【浅滩】qiǎntān [名]浅瀬

遣遣缱欠芡纤茜倩堑椠嵌歉羌蜣 　　　　　　— qiāng　　**463**

【浅显】qiǎnxiǎn 形 平易な,わかりやすい ⑧[艰深]

【浅学】qiǎnxué 形 浅学の,学識の乏しい [～菲才] 浅学非才

【浅易】qiǎnyì 形 平易な,わかりやすい [难解]

【遣】qiǎn ⊗①派遣する,送り出す [派～] 派遣する ②(憂いなどを)追い散らす,発散する [消～] 暇をつぶす

【遣返】qiǎnfǎn 動 送還する,(人を)送り返す

【遣闷】qiǎnmèn 動 (書)憂さを晴らし,胸のつかえを取り去る

【遣散】qiǎnsàn 動 (機関,軍隊などを解散して人員を)解職する,除隊させる

【遣送】qiǎnsòng 動 (不法残留者を)送還する,送り返す [～出境] 国外退去させる

【谴(譴)】qiǎn ⊗ 叱責する,責める

*【谴责】qiǎnzé 動 譴責する,厳しく叱る [受到～] 叱責される

【缱(繾)】qiǎn ⊗ 以下を見よ

【缱绻】qiǎnquǎn 形 (書)(男女の仲が)固く結ばれた,離れ難い [～之情] 固い愛のきずな

【欠】qiàn 動 ①借りを作る,返済を滞らす [～十块钱] 10元の借りがある [～债] (借金負債)がある [赊～] つけで買う ②欠ける,不足する [～周密] 周到さに欠ける [～佳] あまり良くない ③上半身や足などを少し動かす [～身] ④伸びをする,あくびをする [哈～] あくび

【欠产】qiànchǎn 動 生産量が不足する,ノルマを下回る

【欠据】qiànjù 名 借用証,借金の証文 ⑧[借据]

【欠款】qiànkuǎn 名 [笔] 借金 [还清～] 借金を完済する
―― qiànkuǎn 動 借金する,金を借りる ⑧[欠债]

【欠情】qiànqíng 動 義理を欠く

【欠缺】qiànquē 動 不足する,欠ける [～创见] 創見に欠ける ―― 名 短所,欠落

【欠伸】qiànshēn 動 あくびする,腰を伸ばす

【欠身】qiànshēn 動 (会釈すべく)腰を浮かせる,前かがみになる

【欠条】qiàntiáo 名 (～儿) [张] 借用書 ⑧[借条]

【欠资】qiànzī 名 郵便不足料金 [～信] 料金不足の手紙

【芡】qiàn 名 ①片栗粉,くず粉 [勾～儿] あんかけにする ②[植] オニバス ⑧[鸡头]

【芡粉】qiànfěn 名 片栗粉,くず粉 ♦本来は「芡实」から作った粉

【芡实】qiànshí 名 オニバスの実 ♦あんかけスープの材料を作る ⑧[鸡头米]

【纤(縴)】qiàn 名 船を引く綱 ♦竹を綯って作ったものが多い [拉～] (川上に向かって)船を引く [～歌] 船引き歌
⇨xiān

【纤夫】qiànfū 名 船引き人夫

【纤手】qiànshǒu 名 不動産仲介人,不動産屋 ⑧[拉纤的]

【茜(蒨)】qiàn ⊗①[植] アカネ [～草] 同前 ②茜さす色,赤 ♦外国人名の音訳ではxī と発音

【倩】qiàn ⊗①代行させる,代わってもらう [～人代笔] 代筆してもらう ②美しい,きれいな [～影] (女性の)美しい姿

【堑(塹)】qiàn ⊗①堀,塹壕 [～壕] [军] 塹壕 ②[转] 挫折,失敗 [吃一～,长一智] 失敗をすればそれだけ賢くなる

【堑壕】qiànháo 名 [军] 塹壕

【椠(槧)】qiàn 名 木版本 [宋～] 宋版

【嵌】qiàn 動 嵌め込む,象眼する [镶～] 象眼する
♦「赤嵌」(台湾の地名) ではkànと発音

【嵌镶】qiànxiāng 動 象眼する,嵌め込む ⑧[镶嵌]

【歉】qiàn ⊗①凶作,不作 [～年] 凶年 ②すまないと思う気持ち,遺憾の意 [抱～] 申し訳なく思う

【歉疚】qiànjiù 動 気がとがめる,良心がうずく

【歉收】qiànshōu 動 凶作に見舞われる (⑧[丰收])[因水灾而～] 水害にやられて凶作となる

【歉意】qiànyì 名 わびる気持ち,すまないという思い [深致～] 深くおわび申しあげる

【歉仄】qiànzè 動 気がとがめる,申し訳なく思う ⑧[歉疚]

【羌】Qiāng ⊗①羌族 ♦古代民族の一,かつて「后秦国」を建てた ②羌族

【羌活】qiānghuó 名 [植] キョウカツ ♦発汗,利尿等の効果を持つ漢方薬の材料

【羌族】Qiāngzú 名 羌(チアン)族 ♦中国少数民族の一,四川省に住む

【蜣】qiāng ⊗ 以下を見よ

【蜣螂】qiānglang 名 [虫] クソムシ,フンコロガシ ⑧[方][屎壳郎 shǐkeláng]《書》[蛣qī螂]

【呛(嗆)】qiāng [動] むせる，むせて(食べた物を)ふき出す
⇨qiàng

〖抢(搶)〗qiāng ⊗触れる，ぶつかる
⇨qiǎng

【枪(槍 *鎗)】qiāng [名]〔支・杆 gǎn〕①銃〖开～〗発砲する［手～］ピストル ②槍(やり)［投～］手投げの槍

〖一(槍)〗⊗替玉受験する→［～手］

【枪毙】qiāngbì [動] 銃殺する，銃殺刑を執行する；《転》ボツにする [同]［枪决］

【枪刺】qiāngcì [名]〔把〕銃剣([同]［刺刀］)〖安～〗着剣する

【枪弹】qiāngdàn [名]〔颗・粒〕銃弾，弾丸([同]［子弹］)〖发射～〗銃弾を発射する

【枪法】qiāngfǎ [名] ①射撃の腕前〖学到了一手好～〗射撃の腕を身につけた ②槍術

【枪杆】qiānggǎn [名] (～儿)([同]［枪杆子］) ①銃身，鉄砲 ②《転》武力，武器〖～握得紧〗武器をしっかりと握る

【枪决】qiāngjué [動] 銃殺する，銃殺刑を執行する [同]［枪毙］

【枪林弹雨】qiāng lín dàn yǔ《成》弾丸飛び交う激戦場

【枪炮】qiāngpào [名] 銃砲

【枪杀】qiāngshā [動] 射殺する，打ち殺す

【枪手】qiāngshǒu [名] ①射手，ガンマン ②《旧》槍を武器とする兵 ③替玉となって受験する者，身替わり受験者

【枪膛】qiāngtáng [名] 弾倉

【枪替】qiāngtì [動] 身代わり受験する，受験者の替玉になる([同]［打枪］)〖请人～〗替玉になってもらう

【枪托】qiāngtuō [名] 銃床(じゅうしょう)，台尻(だいじり) [同]［枪托子］

【枪械】qiāngxiè [名] 銃砲，小火器

【枪眼】qiāngyǎn [名] ①銃眼(じゅうがん)，射撃用のぞき窓 ②(～儿)銃弾が貫通してできた穴

【枪支】qiāngzhī [名] 銃砲，小火器 [同]［枪械］

【枪子儿】qiāngzǐr [名]《口》〔颗〕銃弾，弾(たま) [同]［子弹］

【戗(戧 *搶)】qiāng [動] ①逆行する，逆に進む〖～风走〗向かい風の中を進む ②意見がぶつかる，対立する［说～］言い争う
⇨qiàng

〖跄(蹌)〗qiāng ⊗以下を見よ
⇨qiàng

【跄跄(蹡蹡)】qiāngqiāng [形] (歩く姿が)優雅な，品のよい

〖戕〗qiāng ⊗殺す，殺害する［自～］《書》自殺する

【戕贼】qiāngzéi [動] 傷つける，損なう〖～身体〗体を壊す

【腔】qiāng [名] (～儿) ①楽曲の調子〖唱走～儿〗調子っぱずれに歌う ②言葉のなまり，アクセント［京～］北京なまり
⊗①身体や道具の内部の空洞部分［口～科］歯科 ②言葉，話すこと［开～］しゃべる

【腔调】qiāngdiào [名] ①言葉のなまり，アクセントやイントネーション ②伝統芝居の曲調

【锵(鏘)】qiāng [擬] 金属を叩いて出る音，じゃーん，ごーん ♦一般に‘～～’と重ねて使う

〖镪(鏹)〗qiāng ⊗以下を見よ ♦「銭」の意の文語は qiǎng と発音

【镪水】qiāngshuǐ [名] 強酸 ♦塩酸，硝酸，硫酸の総称

【强(強 *彊)】qiáng [形] ([反]［弱］) ①力強い，活力あふれる〖能力很～〗能力が高い［～国］強国 ②意志が強い，頑張り屋の ③〔多く比較に用い〕よりよい，ましな ④〔分数や小数の後について〕…強(きょう)〖百分之二十八～〗2割8分強
⊗①凶暴な，横暴な ②力づくで，無理やり ③(Q-)姓
⇨jiàng, qiǎng

【强暴】qiángbào [名] 暴力でのさばる輩，凶暴な連中 — [形] 凶暴な，横暴な

【强大】qiángdà [形] 強大な，力強い

【强盗】qiángdào [名] 強盗，山賊，海賊 ♦比喩としても多用する

**【强调】qiángdiào [動] 強調する，力説する〖～困难〗難しさを力説する

【强度】qiángdù [名] 強度，強さ〖测定～〗強度を測定する

【强攻】qiánggōng [動] 強襲する，力攻めする [反]［智取］

【强固】qiánggù [形] 堅固な，揺るぎない [同]［坚固］

【强悍】qiánghàn [形] 勇猛果敢な，恐れを知らない

【强横】qiánghèng [形] 横暴な，暴君的な

【强化】qiánghuà [動] 強化する，堅固にする

【强加】qiángjiā [動] (見解や方法などを)強制する，押しつける〖把这种罪名～在他头上〗こんな罪名をむりやり彼にかぶせた

【强奸】qiángjiān [動] ①強姦(ごうかん)する，

レイプする ②〘'~民意'の形で〙(支配者が) 自分の意志を民意と言いくるめ強行する

【强健】qiángjiàn 囮 (身体が) 丈夫な, 逞ましい ◉[强壮]

【强劲】qiángjìng 囮 強力な, 力強い 〚~的部队〛強力な部隊

【强力】qiánglì 图 ① 強制力, 束縛する力 〚用一压下感情〛込み上げるものをぐっとこらえる ②(物体の)抵抗力, 耐える力 ━ 囮 強力に

*【强烈】qiángliè 囮 強烈な, 激しい 〚~的谴责〛激しい非難

【强弩之末】qiáng nǔ zhī mò 〈成〉(力強く放たれた矢の最後>) 勢い衰えたものの末路

【强权】qiángquán 图 (他国を圧する)力, 支配力 〚~政治〛パワーポリティクス

【强盛】qiángshèng 囮 (国家が) 勢い盛んな, 強大な

【强手】qiángshǒu 图 有能な人物, 優秀な人材

【强似】qiángsì 勴 勝る, やや上回る (◉[强如]) 〚今年的产量~去年〛今年の生産高は昨年を上回る

【强项】qiángxiàng 图 得意種目, 得意科目

【强心药】qiángxīnyào 图 強心剤

【强行】qiángxíng 勴 強行する, 力ずくで実行する 〚~表决〛強行採決する

【强硬】qiángyìng 囮 強硬な, 断固引き下がらない (⇔[软弱]) 〚口气~〛断固たる口調である

【强有力】qiángyǒulì 囮 力強い, 活力に満ちた 〚~的一击〛強力な一撃

【强占】qiángzhàn 勴 ① 武力で占領する ② 暴力で占拠する, 力ずくで奪う 〚~民房〛民家を強奪占拠する

【强直】qiángzhí 图〘医〙筋肉や関節の硬直症

*【强制】qiángzhì 勴 強制する 〚~劳动〛強制労働 〚~降价〛値下げを強いる

【强壮】qiángzhuàng 囮 (身体が) 丈夫な, 逞ましい ◉[结实 jiēshi] ━ 勴 丈夫にする

【墙(牆*墻)】 qiáng 图 〔堵·道〕塀, 壁 〚砌~〛(石やれんがで) 塀(壁)を築く

【墙报】qiángbào 图 壁新聞 ◉[壁报]

【墙壁】qiángbì 〔堵·道〕壁, 塀

【墙根】qiánggēn 图 (~儿)壁や塀の土台部分, 城壁の根方

【墙角】qiángjiǎo 图 塀や壁の角 ◆ 2枚の塀または壁からできる角の部分

【墙脚】qiángjiǎo 图 ① 塀や壁の土台部分 ◉[墙根] ②〈転〉物事の基盤, 土台 〚挖~〛(事業などを) 台なしにする

【墙裙】qiángqún 图〘建〙腰羽目 ◉[护壁]

【墙头】qiángtóu 图 (~儿) ① 壁や城壁のてっぺん ② 低く短い塀

【薔(薔)】 qiáng ⊗ 以下を見よ

【蔷薇】qiángwēi 图 ①〔棵〕バラ, 野バラ ◉[野蔷薇] ②〔朵〕バラの花

【樯(檣*艢)】 qiáng ⊗ 帆柱, マスト [桅 wéi~] マスト

【抢(搶)】 qiǎng 勴 ① ひったくる, 奪い取る ②〘多く'着'を伴って〙先を争う, 我勝ちに行う 〚~着报名〛争って申し込む ③ 削り取る, こすり落とす 〚~锅底〛鍋底をこそげる ⊗ 大急ぎで, 突貫作業で ⇨ qiāng

【抢白】qiǎngbái 勴 (面と向かって) 非難する, 皮肉る, やり返す

【抢渡】qiǎngdù 勴 (川を) 一気に渡る

【抢夺】qiǎngduó 勴 強奪する, ひったくる

【抢购】qiǎnggòu 勴 我勝ちに買う, 先を争って買う

【抢建】qiǎngjiàn 勴 突貫工事で建造する, 大至急建設する

【抢劫】qiǎngjié 勴 強奪する, 略奪する 〚~银行〛銀行強盗を働く

*【抢救】qiǎngjiù 勴 緊急救助する, 応急保護の手を打つ (◉[急救]) 〚~文物〛文化財を(破壊から)緊急に保護する

【抢掠】qiǎnglüè 勴 略奪する, 強奪する

【抢亲】qiǎng'qīn 勴 略奪結婚する ◉[抢婚]

【抢收】qiǎngshōu 勴 一気に収穫する, 寸秒を争って(作物を) 取り入れる 〚~麦子〛小麦を一気に取り入れる 〚~抢种 zhòng〛一気に取り入れから作付けする

【抢先】qiǎng'xiān 勴 (~儿) 先を争う, 我先に名乗りを上げる (◉[争先]) 〚~发言〛真っ先に発言する

【抢险】qiǎngxiǎn 勴 (危険を前にして) 緊急救助する, (危険個所に) 応急措置を施す 〚~救灾〛災害の緊急救助に当たる

【抢修】qiǎngxiū 勴 緊急修理する 〚~铁路〛鉄道を突貫工事で復旧させる

【抢运】qiǎngyùn 勴 緊急輸送する, 大急ぎで運ぶ 〚~疫苗〛ワクチンを緊急に輸送する

【抢占】qiǎngzhàn 動 ①先に占領する、先陣を争う ②ぶん取る、不法に占拠する

【抢种】qiǎngzhòng 動（天候をにらんで）一気に種まきをする

【羟】(羥) qiǎng ⊗［～基］水酸基（'氢氧根'とも）

【强】(強*彊) qiǎng 動 ①強いる、無理に押しつける→［～求］ ②無理に、努めて［勉～］無理に ⇨jiàng, qiáng

【强逼】qiǎngbī 動 圧力をかけて従わせる、強要する 同［强迫］

【强辩】qiǎngbiàn 動 強弁する、こじつける

【强词夺理】qiǎng cí duó lǐ（成）へりくつを並べ立てる、サギをカラスと言い張る 同［入情入理］

*【强迫】qiǎngpò 動 圧力をかけて従わせる、強要する（同［强逼］）［～对方达成协议］相手を力で脅して合意にもち込む

【强求】qiǎngqiú 動 無理強いする、固執する

【强人所难】qiǎng rén suǒ nán（成）出来ないことをやれという、無理難題を押しつける

【强使】qiǎngshǐ 動 強制する、無理強いする（同［强迫］）［～让步］無理やり譲歩させる

【强笑】qiǎngxiào 動 作り笑いする、無理に笑顔を作る

【襁】(*繦) qiǎng ⊗ おぶい紐、子供を背負う帯

【襁褓】qiǎngbǎo 图 産着、赤子をくるむ衣類

【呛】(嗆) qiàng 動（刺激臭で）むせ返る、鼻をつく［味儿～鼻子］においが鼻を刺す ⇨qiāng

【炝】(熗) qiàng 動［食］ ①さっと茹でた後、油や酢などで和える ②油で炒めた後、調味料と水を加えて煮

【戗】(戧) qiàng 图 ①支柱、突っかい棒 ②斜めにかけられた梁 ― 動 突っかい棒（支柱）を当てがう ⇨qiāng

【跄】(蹌) qiàng ⊗ 以下を見よ ⇨qiāng

【跄踉】(蹌踉) qiàngliàng 動 足元がふらつく、千鳥足で歩く 同［踉跄］

【瓩】qiānwǎ 图［電］キロワットを表わす旧式文字記号

【悄】qiāo ⊗ 以下を見よ ⇨qiǎo

*【悄悄】qiāoqiāo 副（～儿地） ①ひっそりと、音もなく ②こっそりと、内密に［～话］内緒話

【硗】(磽*墝) qiāo ⊗ 以下を見よ

【硗薄】qiāobó 图（農地が）固くて痩せた、地味不良の 同［瘠薄］

【跷】(蹺) qiāo 動 ①足を上げる、膝を上げる［～着腿坐］膝を組んで座る ②指を立てる［～大拇指］親指を立てる ③爪先で立ち、伸び上がる［～着脚走］爪先で歩く ⊗ 高足踊り［高～］高足踊り

【跷蹊】qiāoqi 形 怪しい、変な 同［蹊跷 qīqiao］

【跷跷板】qiāoqiāobǎn 图［副］シーソー（图［翘板］）［玩儿～］シーソーで遊ぶ

【敲】qiāo 動 ①叩いて音を出す、（固い物、響く物を）叩く［～门］ドアをノックする ②（口）ふんだくる、巻き上げる［他～了我十块钱］そいつは僕から10元巻き上げた

【敲边鼓】qiāo biāngǔ 動 口添えする、応援する 同［打边鼓］

【敲打】qiāoda / qiāodǎ 動 ①（固い物、響く物を）叩く 同［敲击］ ②〈方〉皮肉を言う、気に障ることを言う［～他］皮肉を言って彼をいじめる

【敲骨吸髓】qiāo gǔ xī suǐ（成）骨の髄までしゃぶり尽くす、血の一滴まで絞り取る

【敲门砖】qiāoménzhuān 图（門を叩く煉瓦のかけら＝）（目的達成のための）踏み台、単なる手段

【敲诈】qiāozhà 動 ゆすり取る、脅し取る［～老百姓］庶民からゆすり取る［被他～一百元］彼に100元脅し取られた

【敲竹杠】qiāo zhúgàng 動 ふんだくる、巻き上げる［别向我～］俺からふんだくるのはやめてくれ

【锹】(鍬*鍫) qiāo ［把］スコップ、シャベル［铁～］シャベル［挖～土］シャベル1杯の土を掘る

【劁】qiāo 動 去勢する 同［阉割］［～猪］豚を去勢する

【橇】qiāo ⊗ 橇［雪～］（雪上の）橇

【缲】(繰) qiāo 動 縫い目が表に出ないように縫う、紡ける ⇨sāo（缲）

【乔】(喬) qiáo ⊗ ①変装する、扮する［～扮］同前 ②高い、そびえ立った ③（Q-）姓

【乔木】qiáomù [名] 喬木
【乔迁】qiáoqiān [動] (他人が) 適地に転居する，よい地位につく ♦一般に転居や昇進を祝うときに使う
【乔装】qiáozhuāng [動] 変装する，なりすます 〖～成记者〗新聞記者になりすます

〖侨(僑)〗qiáo ⊗①(国籍を本国に持つ) 国外在留者［华～］華僑［日～］日僑 ②外国に居住する［～民］海外在留者(2世3世をも含む)［～居］'侨民'として暮らす
【侨胞】qiáobāo [名] 外国に在留する同胞
【侨眷】qiáojuàn [名] 華僑が本国に残した妻子や家族 [同]［侨属］
【侨资】qiáozī [名] 華僑(が本国内に投じた) 資本［～企业］華僑資本による企業

〖峤(嶠)〗qiáo ⊗山が高く鋭い ♦「山道」の意では jiào と発音

〖荞(蕎)〗qiáo ⊗以下を見よ
【荞麦】qiáomài [名]〖植〗ソバ

【桥(橋)】qiáo [名]〔座〕橋〖架～〗橋を架ける［铁～］鉄橋［独木～］丸木橋 ⊗(Q-)姓
【桥洞】qiáodòng [名] (～儿)《口》橋の下のトンネル部分
【桥墩】qiáodūn [名]〔座〕橋脚の土台
【桥孔】qiáokǒng [名] 橋の下のトンネル部分，橋脚と橋脚の間の空間 [同]《口》［桥洞］
【桥栏】qiáolán [名] 橋の欄干(らんかん)
*【桥梁】qiáoliáng [名] ①〔座〕橋，橋梁 ②《転》橋渡しをする人や事物〖为媾和起～作用〗講和の橋渡しをする
【桥牌】qiáopái [名] (トランプの) ブリッジ〖打～〗ブリッジする
【桥头】qiáotóu [名] 橋の両端
【桥头堡】qiáotóubǎo [名] ①《軍》橋頭堡(きょうとうほ) ②《転》攻撃の拠点，足掛かり ③橋の両端のタワー状のビル

【翘(翹)】qiáo [動] ①(頭を) 起こす，上げる ②(乾燥して) 反り返る，たわむ
⇨qiào
【翘楚】qiáochǔ [名]《書》傑物，偉才〖医中～人材〗医学界の偉才
【翘企】qiáoqǐ [動]《書》待望する，渇望する([同]［翘盼］)〖～以待〗首を長くして待つ
【翘首】qiáoshǒu [動]《書》見上げる，ふり仰ぐ〖～星空〗星空を仰ぎ見る
【翘足引领】qiáo zú yǐn lǐng《成》(爪先立ち首を伸ばす＞) 待ちわびる，待ち望む

〖谯(譙)〗qiáo ⊗①望楼，鼓楼 ②(Q-)姓
⇨qiào (诮)

〖憔〗qiáo ⊗以下を見よ
【憔悴(蕉萃)】qiáocuì [形] ①やつれた，憔悴(しょうすい)した ②(植物が) 色あせた，枯れしぼんだ

〖蕉〗qiáo ⊗以下を見よ
⇨jiāo
【蕉萃】qiáocuì [形] [同]［憔悴］

〖樵〗qiáo ⊗①たき木，薪(まき) ②たき木を取る，柴刈りをする
【樵夫】qiáofū [名] 木こり，たき木取り

【瞧】qiáo [動]《口》見る，会う，読む，見舞う([同]［看］)〖等着～吧〗今に見てろ〖～病〗診察を受ける〖你～着办吧〗君の裁量に任せるよ
【瞧不起】qiáobuqǐ [動] 見下す，ばかにする [同]［看不起］
【瞧得起】qiáodeqǐ [動] 敬意を払う，一目おく [同]［看得起］
【瞧见】qiáojiàn [動] 見る，目にする〖瞧不见〗見えない

【巧】qiǎo [形] ①巧妙な，器用な [反]［笨］ ②偶然一致した，うまく同時に起こった〖来得真～〗いいところへ来たよ
⊗実(じつ)のない，偽りの(言葉)
【巧辩】qiǎobiàn [動] 言いつくろう，巧みに言い訳する
【巧夺天工】qiǎo duó tiān gōng《成》(美術工芸品など) 人工の技が天然の美を越えている，神業というにふさわしい [同]［鬼斧神工］
【巧妇难为无米之炊】qiǎofù nán wéi wú mǐ zhī chuī《俗》(賢い主婦でも米がなければ飯は炊けない＞) 無い袖は振れない
【巧合】qiǎohé [形] 偶然に一致した，たまたま同じになる
【巧计】qiǎojì [名] 巧妙な策略，巧みな手口
**【巧克力】qiǎokèlì [名]《訳》〔块〕チョコレート［～糖］同前［酒心～］ウイスキーボンボン
【巧立名目】qiǎo lì míngmù《成》あれこれ名目をつける，名分を並べ立てる
**【巧妙】qiǎomiào [形] 巧妙な，賢い([反]［笨拙］)〖～的比喻〗巧みな比喩〖～躲避〗巧みに逃れる
【巧取豪夺】qiǎo qǔ háo duó《成》(だましや力で奪い取る＞) 汚い手口で手に入れる
【巧手】qiǎoshǒu [名] ①器用な手，精妙な技 ②名手，達人
【巧言令色】qiǎo yán lìng sè《成》巧言令色，甘い言葉と優しい笑顔

qiǎo 一

【巧遇】 qiǎoyù 動 巡り会う, 偶然に出会う

【悄】 qiǎo ⊗ ① 静まりかえった, 音のない ② 物悲しい, 憂うつな
⇨ qiāo

【悄然】 qiǎorán 形 ① しょんぼりと, 悲しげに ② ひっそりと, 音もなく

【悄声】 qiǎoshēng 音もなく, ひそやかに 〖～谈话〗ひそひそ語り合う

【雀】 qiǎo ⊗ スズメ 〖家～儿〗 〖～盲眼〗など少数の語彙に使われる音
⇨ què

【雀盲眼】 qiǎomangyǎn 图〔方〕鳥目, 夜盲症 〔普〕〖夜盲〗

【愀】 qiǎo ⊗ 以下を見よ

【愀然】 qiǎorán 形〔書〕①（表情が）不快げな ② 厳粛な, 重々しい

【壳（殼）】 qiào ⊗ 殻, 固い外皮 〖地～〗地殻
⇨ ké

【壳菜】 qiàocài 图〔貝〕イガイ（の肉）

【俏】 qiào 形 ① 垢抜けした, 気のきいた 〖写得真～〗歯切れのよい文章だ ② 売れ行きがよい, 需要の高い 〖～货〗人気商品 — 動〔方〕（料理に薬味を）加える 〖一点儿辣椒〗トウガラシを少々加える

【俏丽】 qiàolì 形 美貌の, ハンサムな 働〖美〗

【俏皮】 qiàopi/qiàopí 形 ① 器量のよい, 見栄えのする ②（言葉が）機知に富んだ,（動きが）きびきびした

【俏皮话】 qiàopíhuà／qiàopíhuǎr（～儿）① 才気あふれる言葉, 機知に富む言葉 ②働〖歇后语 xiēhòuyǔ〗

【诮（誚）】 qiào ⊗ 責める, 非難する 〖～呵〗叱責する

【峭（*陗）】 qiào ⊗ ①（山が）高く険しい, 切り立った 〖陡～〗険しい ② 手厳しい, 厳格な 〖冷～〗厳しい

【峭拔】 qiàobá 形 ①（山が）高く険しい, 切り立った 働〖峭峻〗 ②（文筆が）活力に満ちた, 力強い

【峭壁】 qiàobì 图 断崖絶壁, 切り立った崖 〖悬崖～〗断崖絶壁

【峭立】 qiàolì 動 屹立する, そびえ立つ 働〖陡立〗

【鞘】 qiào 图（刀の）鞘 〖刀～〗刀の鞘
⇨ shāo

【鞘翅】 qiàochì 图（昆虫の）翅鞘, さやばね

【窍（竅）】 qiào ⊗ ① 穴 〖心～〗心の働き

② キーポイント, 鍵となる一点 〖一～不通〗まるで不案内だ 〖诀～〗秘訣

【窍门】 qiàomén 图（～儿）（問題解決の）鍵, こつ 〖找～儿〗（どうすればうまくゆくか）勘どころを探る

【翘（翹*翻）】 qiào 動 ぴんと立つ, 上に反り返る
⇨ qiáo

【翘板】 qiàobǎn 图 シーソー 働〖翘翘板〗〖跷跷板〗

【翘辫子】 qiào biànzi 動〔俗〕くたばる, あの世へ行く ◆ 人の死を茶化す語気を持つ

【翘尾巴】 qiào wěiba 動〔転〕うぬぼれる, ふんぞり返る

【撬】 qiào 動 こじる 〖～开窗户〗窓をこじ開ける 〖～石头〗ここで石を動かす

【撬杠】 qiàogàng 图〔根〕てこ, バール 働〖撬棍〗

【切】 qiē 動 切る, 切断する 〖～肉〗肉を薄切りにする
⇨ qiè

【切除】 qiēchú 動〔医〕切除する 〖～阑尾〗盲腸を切除する

【切磋琢磨】 qiē cuō zhuó mó〔成〕切磋琢磨 qièzhuómó する, 互いに鍛え合い高め合う

【切割】 qiēgē 動（金属を）切断する

【切换】 qiēhuàn 動 切り替える 〖～画面〗画面を切り替える

【切口】 qiēkǒu 图 書籍のページの余白

【切面】 qiēmiàn 图 ① 生うどん, 切り終えたうどん ② 断面, 切り口 働〖断面〗〖剖面〗

【切片】 qiēpiàn 图〔理〕〔块〕（顕微鏡検査のための）切片 piàn, スライス —— qiē'piàn 動 薄片に切る, スライスする

【切削】 qiēxiāo 動〔機〕カッティングする, 切削する

【伽】 qié ⊗ 以下を見よ ◆ 〖伽马射线〗（ガンマー線,'γ 射線'とも）では gā,〖伽倻琴〗（朝鮮の楽器）は jiāyéqín と発音

【伽蓝】 qiélán 图 仏教寺院, お寺

【茄】 qié ⊗ ナス 〖番～〗トマト
⇨ jiā

【茄子】 qiézi 图 ナス, ナスビ 〖一小块儿～〗小さなナス一つ 〖一棵～〗ナス1かぶ

【且】 qiě 副 ① 暫く, ちょっとの間 働〖暂且〗〖～听听他的意见〗まあまあ彼の考えを聞こうよ ②〔方〕〔文末に '呢' を伴って〕長い間, いつまでも 〖～用呢〗長持ちするよ — 圈 ①〔多くあとに '况' を伴って〕…でさえ, …すら 〖死～不

【且慢】qiěmàn 動 まあ待て、まあまあ落ち着いて〚~,先让我说完〛慌てるな、俺にしまいまでしゃべらせろ
【且…且…】qiě…qiě… 副 '…'の部分に動詞をとり、2つの動作が同時に進行することを示す、…しながら…する〚且歌且写〛飲みながら書く

【切】qiè 動〚多く否定の形で〛ぴったり合う、符合する〚译文不~原文〛訳文が原文と合わない ⊗ ① 必ず、きっと〚~不可…(~勿…)〛決して…してはならない ② 親しい、切り離せぬ〚亲~〛親しみあふれる ③ 切なる、心からの〚心~〛切なる思いの
⇨ qiē

【切齿】qièchǐ 動(悔しくて)歯がみをする〚咬牙~〛切歯扼腕する
【切肤之痛】qiè fū zhī tòng 〚成〛身にこたえる痛さ、身にしみる辛さ
【切骨之仇】qiè gǔ zhī chóu 〚成〛骨髄に達する怨み、断ち難い憎しみ
【切合】qièhé ぴったり合う、合致する〚~要求〛注文通りだ
【切记】qièjì 動 しっかりと記憶する、脳裡に刻みつける
【切忌】qièjì 動 しっかり防ぐ、確実に抑制する〚~饮酒过度〛飲み過ぎは断固禁物ですです
【切近】qièjìn ① 身近な、手近な ②(状況が)近い、隔たりのない ━━動(状況が)近づく、接近する
【切脉】qièmài 動(漢方で)脈をみる、脈診する
【切末(砌末)】qièmò 名(伝統劇の)小道具と簡単な背景
【切盼】qièpàn 動 切望する、渇望する(⊕〚切望〛)〚~你早日回来〛一日も早くお帰りを待っていますよう
【切切】qièqiè 副 ① くれぐれも、必ず(⊕〚千万〛)〚~不可过分〛くれぐれも度を過ごさぬように ② 心から、切実な声で(⊕〚恳切〛) ③ ひそひそと、小さな声で(⊕〚窃窃〛)
【切身】qièshēn 形〚定語・状語として〛①(自分と)関わりが深い、直接関わる〚~利害〛直接の利害 ②自らの、身をもってした(⊕〚亲身〛)〚~体会〛身をもって会得する
*【切实】qièshí 形 実際的な、現実的な━━副 本気で、実際に〚~解决〛本気で解決に乗り出す
【切题】qiètí 動(文章の内容が)題目に則する、本題を外れない
【切要】qièyào 形 緊要な、すぐにも必要な
【切中】qièzhòng 動(言辞や措置が)的を射る、急所を衝く

【窃(竊)】qiè 動 ① 盗む、くすねる〚行~〛盗みを働く ②こっそりと、ひそかに ③(意見を述べる際に謙遜を示して)わたくし思いますが
【窃案】qiè'àn 名〚起〛盗難事件、窃盗事件
【窃据】qièjù 動(地位や土地などを)不当に奪う、横取りする〚~要职〛要職をかすめ取る
【窃密】qiè'mì 動 機密を盗む、情報をスパイする
【窃窃(切切)】qièqiè 副 ひそひそと、声をひそめて〚~私语〛ひそひそ話をする
【窃取】qièqǔ 動 盗む、横取りする ◆ 多く比喩的に使う〚~荣誉〛名誉を盗む
【窃听】qiètīng 動 盗聴する、盗み聞きする〚~器〛盗聴機
【窃贼】qièzéi 名 こそ泥、盗人

【妾】qiè 名 ① 妾(⊕〚口〛〚二奶〛)〚纳~〛妾を入れる ②〚謙〛昔の女子の自称

【怯】qiè 形〚方〛(北京人から見て)〚北方〛なまりがある〚~子〛地方なまりのある人 ②やぼったい、泥くさい ⊗ 臆病な、おずおずした〚胆~〛臆病な

【怯场】qiè'chǎng 動(緊張で)あがる、こちこちになる
【怯懦】qiènuò 形 臆病な、引っ込み思案の
【怯弱】qièruò 形 臆病な、胆っ玉の小さい(⊕〚勇敢〛)
【怯生】qièshēng 動〚方〛人見知りする、知らない人におびえる(⊕〚普〛)〚怕生〛
【怯声怯气】qiè shēng qiè qì 形 話し振りがおずおずとした、緊張で声が上ずった
【怯生生】qièshēngshēng 形(~的)おずおずとした、臆病げな
【怯阵】qiè'zhèn 動 ① 戦さに臨んで恐くなる、いざとなって怯む ②(転)あがる、固くなる(⊕〚怯场〛)

【郄】Qiè ⊗ 姓 ◆ 古代'郄'xì と通用

【挈】qiè ⊗ ① 手に取る、持ち上げる ② 引き連れる、同伴する
【挈带】qièdài 動(⊕〚携带〛) ① 引き連れる、帯同する〚~家眷〛家族を帯同する ② 携帯する、手に携える

【锲(鍥)】qiè ⊗ 刻む、彫る
*【锲而不舍】qiè ér bù shě 〚成〛(休みなく彫り続ける>)強固な意志で持続する(⊕〚坚持不懈〛)

惬

【惬(愜*悥)】 qiè ⊗満足に思う, 意にかなう [~怀] 満足する

【惬意】 qièyì 形 心にかなった, 満足な

箧

【箧(篋)】 qiè ⊗小さな衣装箱 [行~] 旅行用衣装ケース

趄

【趄】 qiè 動 傾く (ける), 傾斜する (させる) [~着身子] 身を傾ける [~坡儿] 坂道

慊

【慊】 qiè ⊗満足する ♦「恨む」の意ではqiàn と発音

亲(親)

【亲(親)】 qīn 動 口づけする, キスする [~孩子的脸] 子供の顔にキスする — 形 親密な, 仲のよい ⊗①親, 父母 [双~] 両親 ②婚姻, 結婚 [定~] 縁談を決める ③花嫁, 新婦 [娶~] 嫁をもらう ④親戚(関係の), 縁者(に連なる)→ [~属] ⑤血を分けた, 血のつながった [~女儿] 実の娘 ⑥自らの, 本人の→ [~手] ⇨qing

***【亲爱】** qīn'ài 形 親愛なる, 最愛の

【亲笔】 qīnbǐ 图 親筆, 本人の筆跡 — 形《定語·状語として》自ら書いた, 本人自筆の [~信] 自筆の手紙

***【亲近】** qīnjìn 形 仲がよい, 親しい — 動 親しくする, 近づきになる [~她] あの娘と近づきになる

【亲眷】 qīnjuàn 图 ①親戚 [亲戚], ②血族, 家族 ⇨[眷属]

【亲口】 qīnkǒu 副 自分の口から, 本人がじかに(話す)

【亲临】 qīnlín 動 自ら出向く, 自分でその場に立つ [~指导] その場に出向いて指導に当たる

【亲密】 qīnmì 形 (互いに) 親しい, 仲のよい

【亲昵】 qīnnì 形 昵懇の, ごく親しい

***【亲戚】** qīnqi 图 親戚, 縁者 ⇨[本家]

***【亲切】** qīnqiè 形 ①身近な, 親しみ深い ②(他人に対して) 熱心な, 親身ん及ばぬ

【亲热】 qīnrè 形 親しみあふれる ⊗[冷淡] — 動 親しさいっぱいに話しかける

【亲人】 qīnrén 图 ①直系親族と配偶者, 家族 ②(転)親しい人, 肉親も同然の人

【亲善】 qīnshàn 形 仲の良い, 友好関係にある

***【亲身】** qīnshēn 副 身をもって, 自分じかに [~经验] 自ら経験する

【亲生】 qīnshēng 動 自分が生む, 血を分ける — 形《定語として》①自分が生んだ, 血を分けた(子) [~子女] 自分の腹を痛めた子 ②自分を生んだ, 生みの(親)

【亲事】 qīnshì 图 [门] 縁組み, 結婚

【亲手】 qīnshǒu 副 自分の手で, 手ずから

【亲属】 qīnshǔ 图 親族

【亲痛仇快】 qīn tòng chóu kuài《成》(親族が涙し敵が笑う>) 味方が傷つき敵が喜ぶ ⊗[亲者痛, 仇者快]

【亲王】 qīnwáng 图 親王殿下, 殿下 ♦ 皇帝あるいは国王の一族で王に封ぜられた人

【亲信】 qīnxìn 图 取り巻き, 腹心 ♦ 一般に悪いイメージを伴う — 動 信頼して側に置く, 側近として使う

【亲眼】 qīnyǎn 副 自分の目で, 自分でじかに(見る) [我~看到了] この目でしかと見た

【亲友】 qīnyǒu 图 親戚と友人 ⇨[亲朋]

【亲有远近, 邻有里外】 qīn yǒu yuǎn jìn, lín yǒu lǐ wài《俗》親戚にも血の繋がりの濃い薄いの差があり, 隣人にもつきあいの深い浅いの差がある

【亲缘】 qīnyuán 图 血縁関係, 親子関係

***【亲自】** qīnzì 副 自分で, 自ら [~迎接] 自ら出迎える

【亲族】 qīnzú 图 (家族を含む) 一族, 同族 ⇨[家族]

【亲嘴】 qīn'zuǐ 動 (~儿) 接吻する, キスする [跟他~] 彼にキスする

钦(欽)

【钦(欽)】 qīn ⊗①尊敬する, 敬服する ②皇帝が自ら行う [~定宪法] 欽定憲法 ③(Q-)姓

【钦差】 qīnchāi 图 勅命を帯びて派遣される役人, 勅使

【钦敬】 qīnjìng 動 尊敬する, 敬服する

***【钦佩】** qīnpèi 動 敬服する, 感服する [~他的努力] 彼の頑張りには頭が下がる

【钦仰】 qīnyǎng 動《書》仰ぎ見る, 敬い称える ⇨[钦赞]

侵

【侵】 qīn ⊗①侵す, 侵入する ②(夜明けに) 近づく [~晓] 払暁

【侵晨】 qīnchén 图 夜明け前, 黎明 ⇨[拂晓]

【侵犯】 qīnfàn 動 ①(領土を) 侵犯する, 侵す [~领土] 領土を侵犯する ②(権利を) 侵害する [~人权] 人権を侵害する

【侵害】 qīnhài 動 ①食い荒らす, 侵食する ②侵害する [~权利] 権利を侵害する

***【侵略】** qīnlüè 動 侵略する [~别国领土] 他国の領土を侵略する [经济~] 経済侵略

【侵染】 qīnrǎn 動 (病原菌が) 感染する, 侵入する

【侵扰】qīnrǎo [動] 侵犯し攪乱する，攻撃し悩ませる〖受老鼠的～〗ネズミに荒らされる
【侵入】qīnrù [動] 侵入する〖～领空〗領空に侵入する
【侵蚀】qīnshí [動] ①侵食する，じわじわ悪くする〖～肺部〗肺を侵す ②少しずつ横領する〖～公款〗公金をくすねる
【侵吞】qīntūn [動] ①武力で併合する，侵略併呑する ②着服する，不法に我が物にする〖～公款〗公金を横領する
【侵袭】qīnxí [動]（外から来て）襲撃する，攻撃をしかける〖病菌～儿童〗病原菌が子供を襲う
【侵占】qīnzhàn [動] ①（他国領を）侵略占領する ②（他人の財産を）横領する，奪い取る

【骎(駸)】qīn ⊗［～～］《書》（馬が）疾駆するさま

【衾】qīn ⊗①掛けぶとん［～枕 zhěn］《書》夜具 ②納棺のとき死体に掛ける覆い

【芹】qín ⊗セロリ［药～］セロリ
【芹菜】qíncài [名] セロリ ♦日常の野菜で西洋種より小さい

【秦】Qín ⊗①王朝名［～朝］秦（B. C. 221-206）［～始皇］秦の始皇帝 ②陕西，甘粛の二省，特に陕西省の別称 ③姓
【秦吉了】qínjíliǎo [名]〔只〕九官鳥 [同]［八哥儿］［吉了鸟］
【秦椒】qínjiāo [名]《方》（細長い）トウガラシ
【秦艽】qínjiāo [名]〖植〗オオバリンドウ（薬草）
【秦腔】qínqiāng [名] 西北各地で行われている地方劇 [同]［陕西梆子］
【秦篆】qínzhuàn [名] 小篆（漢字の字体の一）

【覃】Qín ⊗姓
⇨tán

【禽】qín ⊗①鳥類［家～］家禽［～流感］鳥インフルエンザ ②鳥獣の総称
【禽兽】qínshòu [名] 鳥獣，（卑劣な人間を例えて）犬畜生

【擒】qín ⊗捕える，摑まえる［生～］生けどりにする
【擒拿】qínná [動] 捕える，摑まえる

【噙】qín [動]（口や目に）含む〖～着眼泪〗涙を浮かべて［～化］丸薬を口の中で溶かす

【檎】qín ⊗［林～］リンゴの一種

【琴】qín [名]〔张〕古琴，七弦琴〖弹～〗琴を奏でる
⊗①弦楽器やリード楽器の総称［风～］オルガン［小提～］バイオリン ②（Q-）姓
【琴键】qínjiàn [名]（鍵盤楽器の）キー
【琴师】qínshī [名] 伝統劇の楽隊の胡弓弾き
【琴书】qínshū [名] 琴書 ♦大衆芸能の一，弦楽器で伴奏しながら物語を語り歌う

【勤】qín [形] ①勤勉な，骨惜しみしない〖～写〗せっせと書く ②頻繁な，度々の〖来往很～〗行き来が頻繁だ
⊗①勤務，定時の仕事［出～］出勤する ②（Q-）姓
*【勤奋】qínfèn [形] 勤勉な，たゆみない [反]［怠慢］
【勤工俭学】qín gōng jiǎn xué《成》働きつつ学ぶ，勤労学生として学ぶ ♦特に1920年前後に左翼青年がフランスに留学した際の学習方式
*【勤俭】qínjiǎn [形] 勤勉でつましい，よく働きかつ無駄遣いをしない
*【勤恳】qínkěn [形]（仕事振りが）熱心で堅実な，念入りな
【勤苦】qínkǔ [形] 勤勉な，骨身を惜しまぬ [同]［勤劳］
【勤快】qínkuai [形] 働き者の，仕事好きな [反]［懒惰］
*【勤劳】qínláo [形] 勤勉な，よく働く [同]［辛勤］
【勤勉】qínmiǎn [形] 勤勉な，手を抜くことを知らない [同]［勤奋］
【勤务】qínwù [名] ①（割り当てられた）公共の任務，勤労奉仕〖派～〗任務を割り振る ②軍隊内の雑務係［～兵］《旧》軍隊における当番兵
【勤务员】qínwùyuán [名]（軍隊や機関の）雑役係，用務員
【勤学】qínxué [動] 勉学に励む，熱心に勉強する
【勤杂】qínzá [名] ①雑役，雑用 ②用務員，雑役係 [同]［勤杂工］

【锓(鋟)】qǐn ⊗（木を）彫る

【寝(寢)】qǐn ⊗①寝室，眠る場所［就～］床につく ②帝王の墓［～宫］墓室 ③眠る［～车］寝台車 ④やめる，静まる［～兵］停戦する
【寝具】qǐnjù [名]〔套〕寝具
【寝食】qǐnshí [名]《書》寝食，日常生活 [同]［寝馈］
【寝室】qǐnshì [名]〔间〕（一般に寮や寄宿舎の中の）寝室 [同]［卧室］

【沁】qìn [動] ①しみ込む，滲み出る〖从墙里～出〗壁からしみ出る ②《方》うなだれる，俯向く〖～头〗うなだれる
【沁人心脾】qìn rén xīn pí《成》（芳香や飲料が五臓にしみ込む＞）（すぐれた芸術に触れて）すがすがしい気分になる

【吣】qìn [動] ①(猫や犬が)吐く ②(口汚く)罵る

【揿(撳 *搇)】qìn [動]《方》(ベルなどを)押す

【青】qīng [形] ①青色の，緑色の([関][蓝]) [返～](植物が) 蘇る ②(衣類や馬が) 黒色の [～布] 黒木綿
⊗①若草，まだ青い作物 [放～] 草地に放牧する ②若い，年のゆかない [年～] 若い ③(Q-)姓

【青帮】Qīng Bāng [名] 青帮(チンパン) ♦清代に始まった秘密結社．後に暗黒組織となる

【青菜】qīngcài [名] ①野菜，青物 [同][蔬菜] ②パクチョイ(白菜に似た野菜) [同][小白菜]

【青草】qīngcǎo [名] 青草，緑の草

【青出于蓝】qīng chū yú lán《成》出藍(しゅつらん)の誉れ

★★【青春】qīngchūn [名] 青春，青年期 〖～不再来〗若い日は二度とない [～期] 思春期

【青瓷】qīngcí [名] 青磁(せいじ)

【青葱】qīngcōng [形] (植物が) 濃緑の，青々とした

【青翠】qīngcuì [形] 鮮やかな緑色の [～欲滴] 緑滴る

【青豆】qīngdòu [名] 緑色の大豆

【青冈(青枫)】qīnggāng [名]〖植〗クヌギ [同][槲栎 húlì]

【青工】qīnggōng [名] 若い職人，青年労働者

【青光眼】qīngguāngyǎn [名] 緑内障

【青红皂白】qīng hóng zào bái《成》(青赤黒白＞) 是非善悪，物事のけじめ 〖不分～〗物事のけじめをわきまえない

【青黄不接】qīng huáng bù jiē《成》端境(はざかい)期に入る，一時的な物不足に陥る

【青椒】qīngjiāo [名] ピーマン [同][柿子椒]

【青筋】qīngjīn [名]〔根・条〕青筋(あおすじ) 〖暴起～〗青筋を立てる

【青稞】qīngkē [名] ハダカムギ ♦チベット，青海地方で栽培する

【青空】qīngkōng [名] 紺碧(こんぺき)の空，瑠璃(るり)の大空

【青睐】qīnglài [名]《書》好意的な目，期待の目([同][青盼]) 〖获得老师的～〗先生に目を掛けられる

【青联】qīnglián [名]《略》'中华全国青年联合会'の略

【青莲色】qīngliánsè [名] 薄紫色

【青绿】qīnglǜ [形]〘多く定語として〙濃緑の，深緑の [同][深绿]

【青梅】qīngméi [名] 青い梅，未熟な梅 [～竹马] 男女の幼な子が無邪気に遊ぶこと

【青霉素】qīngméisù [名]〖薬〗ペニシリン([同]《旧》[盘尼西林]) [～过敏] ペニシリンアレルギー

【青面獠牙】qīng miàn liáo yá《成》(緑の顔にむき出た牙＞) 恐ろしい形相

【青苗】qīngmiáo [名] 未熟の作物，実がつく以前の麦や稲など

【青年】qīngnián [名] 青年，若い人 [～节] 青年の日(5月4日)

【青纱帐】qīngshāzhàng [名]《転》一面に広がるトウモロコシやコーリャン畑

★★【青少年】qīng-shàonián [名] 青少年

【青石】qīngshí [名] 緑斑の混じる黒石(建築や石畳に使う)

【青史】qīngshǐ [名]〔部〕青史(せいし)，年代記 〖永垂～〗青史に語りつがれる

【青丝】qīngsī [名] ①《書》婦人の黒髪 ②千切りにした青梅(菓子などの色どりに使う)

【青饲料】qīngsìliào [名] 青草の飼い葉，緑の秣(まぐさ)

【青松】qīngsōng [名]〔棵〕松

【青蒜】qīngsuàn [名] ニンニクの若い葉と茎(食用とする)

【青苔】qīngtái [名] 苔(こけ)

【青天】qīngtiān [名] ①青空 ②《転》名奉行，民の救いのお役人 [～大老爷] 一点の曇りなきお役人様

【青天白日】qīngtiān báirì《成》真っ昼間，白昼 〖～的，竟敢喝醉〗真っ昼間から酔っ払うとはいい度胸だ

【青天霹雳】qīngtiān pīlì《成》青天の霹靂(へきれき) [同][晴天霹雳]

【青铜】qīngtóng [名] 青銅，ブロンズ [～器] 青銅器

【青蛙】qīngwā [名]〔只〕カエル，トノサマガエル [同][田鸡]

【青虾】qīngxiā [名] (淡水の) テナガエビ

【青眼】qīngyǎn [名]《転》好意の眼ざし，期待をこめた目([反][白眼]) [～相视] 好意的な目で見る

【青杨】qīngyáng [名]〖植〗ネコヤナギ [同][水杨]

【青衣】qīngyī [名] ①黒い衣服，ふだん着 [同][青衫] ②昔の下女，女中 ③〖演〗伝統劇の立女形(たておやま) ♦黒い衣裳で重厚な中年婦人や若い婦人を演ずる役柄

【青油油】qīngyóuyóu [形] (～的) ①青々とした，緑濃い ②黒々として艶(つや)のある 〖～的头发〗緑の黒髪

【青鱼】qīngyú [名] アオウオ ♦'四大家鱼'の一，1メートル近くまで育つ美味な淡水魚

【青云】qīngyún [名] 高い地位，高官ポスト [～直上] 出世の階段を駆け上る

【清】qīng [形] ①澄んだ，濁りのない [反][浊] ②〘多く

【清】
補語として〕はっきりした,明確な〔看不〜〕はっきり見えない —動 ①債務を清算する,借金を完済する ②点検する,一つ一つ確かめる ⊗①純粋な,混入物のない ②静まり返った,静寂の ③公正な,清廉な ④何も残っていない,さっぱりとした ⑤純化する,余計なものを取り除く〔〜仓〕倉庫を整理する (Q-) 王朝名〔〜朝〕清ん(A.D.1616-1911) ⑦(Q-) 姓

【清白】qīngbái 形 ①清らかな,汚れのない ⊕[纯洁] ②(方)はっきりとした,明らかな

【清册】qīngcè 名[本]台帳,原簿

【清茶】qīngchá 名 ①(緑茶でたてた,虱つぶしに調べる お茶 ②茶菓子のつかないお茶〔〜淡饭〕粗末な食事

【清查】qīngchá 動 厳密に点検する,虱つぶしに調べる(⊕[清检])〔〜账目〕帳簿を点検する〔〜奸细〕スパイを摘発する

【清偿】qīngcháng 動 (債務を) 完済する,全額返済する〔〜欠債〕借金をすっかり返す

【清唱】qīngchàng 名 扮装なしで歌う伝統劇のうたの歌 —動 同前を歌う♦芝居好きの楽しみ

*【清澈(清彻)】qīngchè 形 澄みきった,澄明な ⊗[浑浊]

【清晨】qīngchén 名 早朝,夜明け

【清澄】qīngchéng 形 澄み渡った,透明な ⊕[清澈]

【清除】qīngchú 動 一掃する,除去する(⊕[扫除][铲除])〔〜垃圾〕ごみを除去する〔〜腐败〕汚職を退治する

【清楚】qīngchu 形 ①はっきりとした,明確な(⊗[模糊])〔发音不〜〕発音がはっきりしない ②(頭が) 明晰な,しっかりとした —動 はっきり理解する,きちんとわかる〔还不〜这个问题〕この問題がまだわかっていない

【清脆】qīngcuì 形 (声が)澄んできれいな,歯切れのよい ⊕[沙哑]

*【清淡】qīngdàn 形 ①(色や香りが)さわやかな,すがすがしい ②(食物が) 油気のない,あっさりとした ⊗[油腻] ③(商いが) 振るわない,不景気な

【清点】qīngdiǎn 動 整理点検する,(数量などを)チェックする

【清炖】qīngdùn 動[食](肉や魚を)味をつけずにぐつぐつ煮る

【清风】qīngfēng 名 さわやかな風,涼風〔両袖〜〕一文無し

【清高】qīnggāo 形 脱俗的な,俗事になじまない

【清稿】qīnggǎo 名 清書した原稿

【清歌】qīnggē 名 ①[書]無伴奏の歌,アカペラ ②伸びやかな歌声

【清官】qīngguān 名 清廉潔白な役人,公正無私な人

【清官难断家务事】 qīngguān nán duàn jiāwù shì《俗》(家庭内のもめ事は名判官にも裁きがつかぬ>)内輪もめに部外者は口出し無用

【清规戒律】qīngguī jièlǜ《成》①宗教上の戒律 ②人を縛る規則や制度,規則ずくめの拘束

【清寒】qīnghán 形 ①清貧の,困窮した ②(月光などが) 澄んで冷気を帯びた,冴え渡った

【清还】qīnghuán 動 完済する,きれいに返す

【清剿】qīngjiǎo 動 殲滅する,一掃する〔〜毒品贩〕麻薬の売人を一掃する

*【清洁】qīngjié 形 清潔な,汚れのない〔〜工人〕道路清掃人

【清结】qīngjié 動 清算する,完全にけりをつける

【清净】qīngjìng 形 ①静寂の,ひっそりとした ②(水が澄みきった

【清静】qīngjìng 形 (環境が) 静かな,落ち着いた ⊗[嘈杂]

【清朗】qīnglǎng 形 ①清朗な,晴れ渡った ⊕[清明] ②(声が) よく透る,響きのよい

【清冷】qīnglěng 形 ①ひんやりとした,肌寒い(⊕[清凉]) ②人気のない,ひっそりとした ⊕[冷清]

*【清理】qīnglǐ 動 片付ける,整理をつける〔〜破产企业〕倒産会社の始末をつける

【清廉】qīnglián 形 清廉な,利得に惑わされない

【清凉】qīngliáng 形 ひんやりとさわやかな,涼やかな〔〜剂〕清涼剤

【清凉油】qīngliángyóu 名[薬]メントール,ハッカ油 ⊕[万金油]

【清亮】qīngliàng 形 (声が) 透きとおった,よく透る
── qīngliang 形《口》(水が) 澄みきった,透明な

【清冽】qīngliè 形 肌寒い,ひんやりとした ⊕[清冷]

【清明】qīngmíng 名 清明節 ♦二十四節気の一,新暦4月4〜6日ころに当たる,墓参りの日でもある —形 ①(政治が) 公明な,秩序立った ⊗[腐败] ②(心が) 落ち着いた,平穏な ③(月が) 澄み渡った,皓々 tたる

【清贫】qīngpín 形 貧しい,窮迫した♦多く知識人についていう

【清漆】qīngqī 名 ニス,ワニス〔涂〜〕ニスを塗る

【清气】qīngqì 名 ①すがすがしい空気 ②さわやかな香り

【清欠】qīngqiàn 動 借金を完済する,借りを清算する

【清癯】qīngqú 形[書]瘦身の,

瘦せこけた
【清潤】qīngrùn 形①（声が）艶やかな、澄んで潤いのある ②（空気などが）ひんやり湿った ③（石材などが）湿って艶のある
【清瘦】qīngshòu 形 瘦せこけた、ほっそりした
【清刷】qīngshuā 動 刷毛で洗い、ごしごし洗い流す
【清爽】qīngshuǎng 形①（空気、環境が）さわやかな、すがすがしい ②（気分が）爽快な、晴ればれとした ③（方）清潔な、きちんと片付いた ④（方）明らかな、はっきりした
【清算】qīngsuàn 動（①[算账]）清算する、決算する ②（転）（罪や過ちに）片を付ける、処断する
【清谈】qīngtán 名 空論、実地に即さぬ議論 同[清言]
【清汤】qīngtāng 名 具のないスープ、コンソメスープ
*【清晰】qīngxī 形 はっきりとした、明瞭な
【清洗】qīngxǐ 動①きれいに洗う、洗浄する ②（有害な人間などを）追い出す、排除する 同[清除]
【清鲜】qīngxiān 形（水や空気が）新鮮な、清らかな
【清闲】qīngxián 形 暇な、する事もない〖～的生活〗暇を持て余す暮らし
【清乡】qīngxiāng 動（旧）（政府が反乱を退治するために）農村を捜査する、農村の抵抗者を一掃する
【清香】qīngxiāng 名〔股〕さわやかな香り、ほんのりとした匂い
【清新】qīngxīn 形 すがすがしい、フレッシュな
*【清醒】qīngxǐng 動 蘇生する、意識を取り戻す〖～过来〗（失神から）気が付く 一形（頭が）冷静な、醒めた 同[清楚]
【清秀】qīngxiù 形 垢抜けした、優美な〖长 zhǎng 得～〗優雅な顔立ちをしている
【清样】qīngyàng 名〔印〕〔份〕校了ゲラ、清刷り
【清一色】qīngyīsè 形 全く同じの、…一色の ◆本来はマージャン用語〖～的回答〗判で押したような答え
【清音】qīngyīn 名①〔語〕清音 反[浊音] ②四川省の大衆芸能の一つで、琵琶や胡弓で伴奏する歌いもの
【清幽】qīngyōu 形（景色が）静かで美しい
【清早】qīngzǎo 名〔口〕早朝、夜明け〖一～就上班〗夜明けとともに出勤する
【清账】qīngzhàng 名〔篇〕明細書、締めを終えた勘定〖开～〗勘定書きを作る

―qīng'zhàng 動 決算する、勘定を締める
*【清真】qīngzhēn 形〖定語として〗イスラム教の〖～教〗イスラム教 ②（書）純朴な
【清真寺】qīngzhēnsì 名〔座〕イスラム教寺院、モスク 同[礼拝寺]
【清蒸】qīngzhēng 動〔食〕（魚や肉）味をつけずにただ蒸す

【蜻】qīng ⊗以下を見よ
【蜻蜓】qīngtíng 名〔只〕トンボ
【蜻蜓点水】qīngtíng diǎn shuǐ（俗）（トンボが水をつついては飛ぶ>）仕事振りが上っ面をなでるだけで、深みのない

【鲭（鯖）】qīng ⊗サバ科の魚〖～鱼〗サバ ◆「魚と肉を入れた鍋料理」の意の文語は zhēng と発音

【轻（輕）】qīng 形①（重さについて）軽い 反[重] ②（年齢が）若い ③軽度の、軽微な ④大したことない、重要でない ⑤力を入れない、（動作が）穏やかな
⊗①軽んずる、軽視する ②軽々しい、軽率な→〖～信〗 ③軽快な、軽やかな ④（装備が）身軽な
【轻便】qīngbiàn 形①軽便な、手軽の ②たやすい、楽な
【轻薄】qīngbó 形（多く女性が）軽薄な、浮わついた
【轻车熟路】qīng chē shú lù（成）（軽快な車で通い慣れた道を走る>）手慣れた仕事ですいすい片付く
【轻淡】qīngdàn 形①淡い、かすかな〖～地笑一笑〗にっと笑う ②軽い気持ちの、何気ない〖～地谈起〗何気なく話題にする
【轻敌】qīngdí 動 敵を見くびる、相手を甘く見る
*【轻而易举】qīng ér yì jǔ（成）いともたやすい、簡単至極な
【轻浮】qīngfú 形（言動が）浮わついた、軽々しい
【轻歌曼舞】qīng gē màn wǔ（成）軽やかな歌と美しい舞い 同[清歌妙舞]
【轻工业】qīnggōngyè 名 軽工業
【轻轨】qīngguǐ 名 電車
【轻忽】qīnghū 動 うっかり見過ごす、注意を怠る
【轻活儿】qīnghuór 名 軽作業、手軽な仕事
【轻减】qīngjiǎn 動 軽減する、軽くなる 同[减轻]
【轻贱】qīngjiàn 動 見下す、侮る 同[小看] 一形 下賤な、身分がいやしい 同[下贱]
【轻捷】qīngjié 形 軽快な、素早い〖脚步～〗足取りが軽やかだ

【轻金属】qīngjīnshǔ 图 軽金属 ♦ 通常比重が4以上の金属

【轻举妄动】qīng jǔ wàng dòng《成》軽挙妄動する，軽はずみに行動する

【轻看】qīngkàn 動 軽視する，侮る 回[小看]

【轻口薄舌】qīng kǒu bó shé《成》無神経に口が軽い，人を傷つける言葉を平気で言う 回[轻嘴薄舌]

【轻快】qīngkuài 形 ①軽快な，はしっこい ②心楽しい，胸弾むような［感到～］浮き浮きする

【轻狂】qīngkuáng 形 軽薄きわまる，あまりに不まじめな

【轻慢】qīngmàn 動 粗略に扱う，軽んじる［～客人］客を侮る

【轻描淡写】qīng miáo dàn xiě《成》(重要な問題に)簡単に触れる，通り一遍の言及で済ます

【轻蔑】qīngmiè 動 軽蔑する，ばかにする 回[轻视]

【轻诺寡信】qīng nuò guǎ xìn《成》安請合いするものが当てにならない

【轻飘飘】qīngpiāopiāo 形 (～的) ①ひらひら飛んでゆきそうな，風に舞うような ②(動きが) 軽やかな，(心が) 浮き立つような

【轻巧】qīngqiǎo/qīngqiāo 形 ①軽くて便利な，手軽で性能のよい ②器用な，手際のよい ③簡単な，たやすい［说起来～］口で言うのはたやすいが

【轻取】qīngqǔ 動 楽勝する，一蹴する［狮子队以4比0～巨人队］ライオンズがジャイアンツを4対0で一蹴した

【轻柔】qīngróu 形 柔和な，柔らかな［～的歌声］やさしい歌声

【轻声】qīngshēng 图《語》軽声 —— qīng·shēng 動 声をひそめる，小声になる

★【轻视】qīngshì 動 見くびる，侮る［受人～］見くびられる

【轻率】qīngshuài 形 軽率な，軽々しい［～地下结论］軽々しく結論を出す

【轻爽】qīngshuǎng 形 さわやかで気持ちのよい

★【轻松】qīngsōng 形 気楽な，緊張のない［～的差使］気軽な使い —— 動 緊張をほぐす，リラックスする

【轻佻】qīngtiāo 形 浮わついた，軽薄な

【轻微】qīngwēi 形 軽微な，わずかばかりの［～的过失］小さなミス

【轻侮】qīngwǔ 動 侮る，ばかにする

【轻闲】qīngxián 形 気楽な，のんびりとした

【轻心】qīngxīn 形 不注意な，粗忽な 回[粗心]

【轻信】qīngxìn 動 軽信する，迂闊に信用する［～闲言］(他人についての)悪口を真に受ける

【轻易】qīngyì 形 ①たやすい，ごく簡単な ②《多く状語として》軽々しい，軽率な［～赞成］うかうかと賛成する

【轻音乐】qīngyīnyuè 图 軽音楽

【轻盈】qīngyíng 形 ①(女性の身体が)しなやかな，軽やかな ②気のおけない，陰気のない［～的乐曲］陽気な音楽

【轻油】qīngyóu 图 軽油

【轻于鸿毛】qīng yú hóngmáo《成》人の命は死に方によっては，鳥の羽毛より軽い ♦無意味な死，価値のない死を批判的に言うときに使う

【轻重】qīngzhòng 图 ①目方，重量 ②重要度，重大さの程度［看灾情～来决定］災害の程度によって決める ③(発言や行為の) 適度，加減，分別［不知～］分別を欠く

【轻重倒置】qīng zhòng dào zhì《成》事の軽重を見誤まる，重要度を逆に把握する

【轻重缓急】qīng zhòng huǎn jí《成》事の重要度，緊急度，大切な事と二義的な事，急ぐ事と急がぬ事，などの区別［按～…］緊急の度合いに応じて…

【轻装】qīngzhuāng 图 軽装，身軽な出立ち［～潜水］スキューバダイビング

【氢】(氫) qīng 图 水素

【氢弹】qīngdàn 图〔颗〕水素爆弾 回[热核武器]

【倾】(傾) qīng 動 傾斜する，かしぐ［房屋向左～得厉害］家が左に大きくかしいだ
㊁①(ある方向に)片寄る，偏向する ②倒れる，崩壊する ③逆さにして中味をぶちまける，中味を空にする ④(全力を)傾ける，傾注する ⑤傾慕する，敬慕する

【倾城倾国】qīng chéng qīng guó《成》(国の屋台骨を揺るがせる＞)絶世の美女

【倾倒】qīngdǎo 動 ①傾倒する，敬慕する［为她的美貌所～］彼女の美貌のとりこになる ②傾き倒れる —— qīngdào 動 (容器を傾けたり引っ繰り返したりして)ぶちまける［～垃圾］ごみをぶちまける

【倾耳】qīng'ěr 動《書》耳を傾ける，傾聴する 回[倾听]

【倾覆】qīngfù 動 ①(物が) 倒れる ②(国や政権を) 転覆させる，失敗させる［～政权］政権を倒す

【倾家荡产】qīng jiā dàng chǎn《成》家産を食いつぶす，蕩尽する

【倾慕】qīngmù 動 慕う，敬愛する

【傾囊相助】qīng náng xiāng zhù〈成〉有り金はたいて援助する
【傾佩】qīngpèi 動 敬服する,心服する
【傾盆】qīngpén 動 盆を覆す〖~大雨〗篠突く雨
【傾訴】qīngsù 動 思いの丈を訴える,腹の底をぶちまける〖~苦水〗つらい思いを訴える
【傾塌】qīngtā 動 倒壊する,崩壊する⇨[倒塌]
【傾談】qīngtán 動 存分に語り合う,腹打ち割って歓談する
*【傾聽】qīngtīng 動(下の声に)耳を傾ける,傾聴する
【傾吐】qīngtǔ 動 洗いざらい話す,(思いを)ぶちまける⇨[傾訴]
*【傾向】qīngxiàng 图 傾向,趨勢 一動(対立する2つの内の)一方に傾く,一方を支持する〖~于前者的意見〗前者の意見に肩入れする
【傾銷】qīngxiāo 動 投げ売りする,安売りする〖向国外~农产品〗海外に農産物を安売りする
【傾斜】qīngxié 動 傾く,傾斜する(⇨[歪斜])〖~度〗勾配
【傾瀉】qīngxiè 動(大量の水が)流れ落ちる,どっと流れる
【傾卸】qīngxiè 動 台を傾けてすべり下ろす
【傾心】qīngxīn 動 ①傾倒する,恋い慕う ②〔多く状語として〕胸襟を開く〖~交談〗腹打ち割って語り合う
【傾軋】qīngyà 動 派閥争いをする,内輪でせめぎ合う〖互相~〗派閥同士で争い合う〖~异己〗異分子を排斥する
【傾注】qīngzhù 動 ①流れ込む,流入する〖小河~到大川里〗小川が大川に注ぐ ②(感情やエネルギーを)注ぐ,投入する

【卿】qīng ⊗〈古〉①昔の大官〖三~〗三卿 ②外国の貴族や高官〖国务~〗(アメリカの)国務長官 ③昔,君主が臣下を呼んだ呼称 ④昔,夫婦や友人間で互いに呼んだ呼称〖~~我我〗(男女が)仲良く呼び合う ⑤(Q-)姓

【情】qíng ⊗〈古〉①感情〖爱慕之情〗恋慕の情〖心~〗心情〖~有独钟〗(ある人や事物に対し)とてもご執心である ②情実,好意〖说~〗とりなす ③愛情〖偷~〗密通する ④情欲〖发~〗色気づく ⑤情況,様子〖详~〗詳しい状況

*【情报】qíngbào 图〔件・项〕情報 多く機密情報をいう(⇨[信息])〖搜集~〗情報を集める
【情不自禁】qíng bú zì jīn〈成〉(~地)思わず,こらえきれずに
【情操】qíngcāo 图 情操〖培养~〗情操を育む
【情敌】qíngdí 图 恋仇,恋のライバル
【情调】qíngdiào 图 情緒,情調〖感伤的~〗感傷的な気分
【情窦初开】qíngdòu chū kāi〈成〉(少女が)春に目覚める,色気づく
【情分】qíngfèn 图 情宜,よしみ〖伤~〗仲を気まずくする
【情夫】qíngfū 图 情夫,間男
【情妇】qíngfù 图 愛人である女性,情婦
【情感】qínggǎn 图 感情,情緒〖激发~〗感情を突き動かす
【情歌】qínggē 图〔首〕恋の歌,ラブソング
【情急】qíngjí 動 焦る,かっかする〖~智生〗切羽詰まってとっさに知恵が浮かぶ
*【情节】qíngjié 图 ①物語の筋,プロット ②事の成り行き,事情〖掌握~〗事情をよくつかむ
【情结】qíngjié 图(心の底に蟠る)深い思い〖恋母~〗マザーコンプレックス
*【情景】qíngjǐng 图(具体的な場面の)情景,光景
*【情况】qíngkuàng 图 状況,情勢(⇨[情形])〖介绍~〗状況を説明する
【情郎】qíngláng 图 恋愛中の男
*【情理】qínglǐ 图 情理,人情と道理〖违背~〗情理に背く
【情侣】qínglǚ 图 恋人同士,恋する二人〖~漫步〗アベックで歩く
【情面】qíngmiàn 图 情実,同情,面子〖顾~〗相手の顔を立てる
【情趣】qíngqù 图 ①好み,気性〖~相投〗気が合う ②面白味,趣〖富有~〗味わい深い
【情人】qíngrén 图 恋人,愛人
【情诗】qíngshī 图〔首〕恋愛詩,恋のうた
【情势】qíngshì 图 情勢,雲行き〖估计~〗情勢をはかる
【情书】qíngshū 图〔封〕ラブレター,恋文〖写~〗同前を書く
【情死】qíngsǐ 動 心中する,情死する
【情随事迁】qíng suí shì qiān〈成〉人の心は世の移ろいとともに変わる
【情态】qíngtài 图 態度表情,(人が持つ)雰囲気(⇨[神态])
【情同手足】qíng tóng shǒuzú〈成〉兄弟のように仲が良い
【情投意合】qíng tóu yì hé〈成〉意気投合する,ぴったり息が合う
*【情形】qíngxing 图 状況,様相(⇨[情况])〖按现在的~看…〗今日の状況から考えて…
*【情绪】qíngxù 图 ①情緒,気分の

高まり 〖～烦躁〗いらいら落ち着かない 〖学习～〗学習意欲 ②いやな気分, 不快感 〖闹～〗すねる
【情意】qíngyì [名] 人への思い, 情
【情谊】qíngyì [名] 友情, 情宜 〖结下～〗友情を結ぶ
【情义】qíngyì [名] 連帯の情, 信義
【情由】qíngyóu [名] 事のいきさつ, 原因と経過
【情欲】qíngyù [名] 性欲, 情欲
【情愿】qíngyuàn [動] 喜んで…する, 心から願う([同][甘心]) 〖～协助〗喜んで協力する ━ [副] (…するよりも)むしろ…する [同][宁愿]
【情状】qíngzhuàng [名] 状況, 様相 [同][情形]

【晴】qíng [形] 晴れた([反][阴]) 〖阴转～〗曇りのち晴れ
【晴和】qínghé [形] 晴れて暖かい, うららかな
【晴空】qíngkōng [名] 晴れ渡った空, 抜けるような青空 [～万里] 雲一つない青空
*【晴朗】qínglǎng [形] 雲一つない, 晴れ渡った [同][晴明]
【晴天霹雳】qíngtiān pīlì 《成》 [同][青天霹雳]
【晴雨表】qíngyǔbiǎo [名] ①晴雨計, 気圧計 ②《転》(動向を反映する)バロメーター

【氰】qíng [名]〖化〗シアン

〖檠〗qíng [⊗] 灯や蝋燭の台 [鬼灯～] ヤグルマソウ

【擎】qíng [動] 持ち上げる, 差し上げる [同][举]

〖黥(*剠)〗qíng [⊗] ①入れ墨する ②(刑罰として)顔に入れ墨する

【顷(頃)】qǐng [量] 面積の単位 ♦1'顷'は100'亩'で6.667ヘクタール [公～] ヘクタール
[⊗] ①ごく短い時間, 暫くの間 [少～] 暫くして ②つい先ほど, 今しがた
【顷刻】qǐngkè [名] ほんのひと時, つかの間 〖～之间〗つかの間

【请(請)】qǐng [動] ①求める, 乞う 〖～他讲几句话〗彼にひと言お願いする ②招聘(しょうへい)する, 招待する 〖～他吃饭〗彼を食事に招く ③《敬》(a)〔動詞の前に置いて〕命令形をていねいにする 〖～进〗お入り下さい(b)〔単独で用いて〕相手に行動を促す 〖～, ～〗さあ, どうぞ ④《旧》(仏像, 線香などを)買う
【请安】qǐng'ān [動] ご機嫌を伺う, お元気ですかと挨拶を送る
【请便】qǐngbiàn [動]《挨》どうぞご随意に
**【请假】qǐng'jià [動] 休暇を願い出る, 休みをとる 〖请病假〗病欠届を出す 〖请五天的假〗5日間の休みをとる
*【请柬】qǐngjiǎn [名] 招待状 [同][请帖]
*【请教】qǐngjiào [動] 教えを乞う, 相談にのってもらう 〖～内行〗その道の人に相談する 〖向你～一个问题〗一つ教えていただきたい
【请君入瓮】qǐng jūn rù wèng 《成》(君が考案した拷問用のかめに, まず君に入ってもらおう>) 相手が編み出した策で相手を攻略する
**【请客】qǐng'kè [動] (食事などに) 招待する, おごる 〖这次由我～〗今日は僕が持つよ
【请命】qǐngmìng [動] ①他人の命乞いをする, 人のために救済を頼む ②《旧》上司に指示を求める
**【请求】qǐngqiú [動] 願い出る, 要請する 〖～他们救援〗彼らに救援を頼む ━ [名]〔项〕願い事, 要請事項
*【请示】qǐngshì [動] 指示を仰ぐ, 指図を求める 〖向上级～〗上部の指示を仰ぐ
*【请帖】qǐngtiě [名]〔张・份〕招待状 〖发～〗招待状を発送する [同][请柬]
【请托】qǐngtuō [動] 請託する, 頼み込む
【请问】qǐngwèn [動]《挨》ちょっとお尋ねしますが, お教えいただきたいのですが
【请愿】qǐng'yuàn [動] (集団行動で) 請願する, 陳情する 〖向部长～〗大臣に請願する
【请罪】qǐng'zuì [動] ①謝る, 詫(わ)びる ②(誤りを認めて)自ら処分を願い出る

〖謦〗qǐng [⊗] 以下を見よ
【謦欬】qǐngkài [動]《書》①咳払いをする ②談笑する 〖亲承～〗謦咳(けいがい)に接する

〖庆(慶)〗qìng [⊗] ①祝う, 慶賀する [～寿] (老人の) 誕生日を祝う ②慶祝記念日 [国～] 建国記念日 ③(Q-)姓
【庆典】qìngdiǎn [名] 祝典
【庆贺】qìnghè [動] 祝う, (当事者に) おめでとうと言う
【庆幸】qìngxìng [動] (望外の結果を得て)喜ぶ, めでたいと思う
**【庆祝】qìngzhù [動] 祝う, 慶祝活動をする 〖～成功〗成功を祝う

〖亲(親)〗qìng [⊗] 以下を見よ
⇨qīn
【亲家】qìngjia [名] ①婿や嫁の親, 親元 ♦婿と嫁の親が互いの呼称としても使う [～公] (婿や嫁の) 舅(しゅうと)

Q

【綮】qìng ⊗→[肯 kěn~]

【磬】qìng ⊗①〈古代の打楽器〉磬♦「磬」の字型をした玉あるいは石の板 ②〈仏教の打楽器〉磬♦碗型をした銅製品

【罄】qìng ⊗使い切る、空になる(する)[告~]空になる

【罄尽】qìngjìn 動〈書〉使い尽くす、すっかりなくなる

【罄竹难书】qìng zhú nán shū (成)事実(一般に悪事)が多くて語りきれない♦'竹'は'竹筒'

【邛】qióng ⊗[~崃 lái~]邛崃〈四川の山の名〉

【筇】qióng ⊗竹の一種(杖となる)

【穷(窮)】qióng 形貧しい、困窮した⇔[富] ⊗①尽きる、限度に達する[~期]〈書〉終わりの時 ②徹底する、とことん ③極端に、この上なく

【穷乏】qióngfá 形貧乏な、困窮した

【穷骨头】qiónggǔtou ⟨貶⟩貧乏性、神め、しみったれめ

【穷光蛋】qióngguāngdàn 名〈口〉⟨貶⟩貧乏人、文無し

【穷尽】qióngjìn 名果て、限界[尽头]—動果てまで行きつく

【穷苦】qióngkǔ 形貧苦にあえぐ、どん底暮らしの 動[貧苦]

【穷困】qióngkùn 形困窮した、貧苦の[~户]貧窮世帯

【穷忙】qióngmáng 形①貧乏ひまなしの、暮らしに追われて忙しい ②用事がやたらと多い、やみくもに忙しい

【穷年累月】qióng nián lěi yuè 〈成〉年から年じゅう、来る年も来る年も

【穷人】qióngrén 名貧民、貧乏人⇔[富翁]

【穷山恶水】qióng shān è shuǐ 〈成〉(不毛の山と洪水の多い川)自然条件が厳しく貧しい土地柄

【穷奢极侈】qióng shē jí chǐ 〈成〉贅沢三昧の 動[穷奢极欲]

【穷途】qióngtú 名道の行き止まり、〈転〉あがきの取れない状況[~末路]絶体絶命の窮地

【穷乡僻壤】qióng xiāng pì rǎng 〈成〉貧しくわびしい片田舎

【穷凶极恶】qióng xiōng jí è 〈成〉極悪非道な、凶悪無類の

【穷原竟委】qióng yuán jìng wěi 〈成〉原因経過を十分に調査する、事の根源を解明する

【穹】qióng ⊗①天空、大空[~苍]〈書〉青空 ②アー

チ型天井(屋根)、ドーム [~庐](蒙古族などの)丸屋根テント住宅の古称

【穹苍】qióngcāng 名〈書〉天空、蒼穹

【穹隆】qiónglóng 名アーチ型天井(屋根)、ドーム、(半球状の)天空

【茕(煢*惸)】qióng ⊗①孤独な、ひとりぼっちの ②元気のない、打ち沈んだ

【茕茕】qióngqióng 形〈書〉ひとりぼっちの、孤影悄然たる

【琼(瓊)】qióng ⊗①美しい玉、美しい物[~阁]まばゆい御殿 ②(Q-)海南島♦別称'~'の略

【琼脂】qióngzhī 寒天♦一般に'洋菜''洋粉'と呼ぶ 動[石花胶]

【跫】qióng 足音を表わす[~然]〈書〉同前

【丘】qiū 仮葬する♦棺を地面に置いたまま、れんがなどで覆う ⊗①小高い所、小丘[沙~]砂山 ②墓[坟~](土を盛り上げた) ③(Q-)姓

—(坵)量〈方〉水田の枚数を数える[一~田]1枚

【丘八】qiūbā 名〈旧〉⟨貶⟩兵隊♦'兵'の字を分解すると'丘八'になる

【丘陵】qiūlíng 名[片]丘陵

【邱】qiū ⊗①(Q-)姓 ②'丘'と通用

【蚯】qiū ⊗以下を見よ

【蚯蚓】qiūyǐn 名[条]ミミズ 動〈口〉[曲蟮 qūshan]

【龟(龜)】qiū ⊗以下を見よ ⇒guī, jūn

【龟兹】Qiūcí 名亀茲♦古代西域の国

【秋】qiū ⊗①秋[晚~]晩秋[~高气爽]晴れ渡り爽やかな秋の日 ②収穫期、実りの時[麦~]秋 ③一年[一日三~]一日千秋の思い ④(多くは好ましくない)時期、時[多事之~]多事の秋 ⑤(Q-)姓

【秋波】qiūbō 名美女の流し目、秋波[送~]色目を使う

【秋播】qiūbō 動秋の種まきをする 動[春播]—[~作物]秋まき物

【秋菜】qiūcài 名秋野菜

【秋分】qiūfēn 名秋分

【秋风过耳】qiūfēng guò ěr 〈成〉(秋風が耳もとを吹き過ぎる)全く意に介さない

【秋海棠】qiūhǎitáng 名[植]ベゴニア、秋海棠

【秋毫】 qiūháo [名] 鳥や獣の秋に抜け変わる細かい毛;《転》微小なもの, わずかな量［～无犯］(民衆を) 少しも侵犯しない

【秋后】 qiūhòu [名] 秋の収穫後, 秋の終わり

【秋后算账】 qiū hòu suàn zhàng《成》〈秋の収穫の後に貸借を清算する〉 ①後でたっぷり仕返しをする ②結果が見えてから是非を判断する

【秋季】 qiūjì [名] 秋季［～作物］秋作物

【秋老虎】 qiūlǎohǔ [名] 立秋後の猛暑, 残暑

【秋凉】 qiūliáng [名] 秋の涼しい時期, 秋冷の候

【秋粮】 qiūliáng [名] 秋に収穫する穀物

【秋令】 qiūlìng [名] ①秋 ②秋の気候

【秋千(鞦韆)】 qiūqiān [名]〔副〕ぶらんこ〖荡～〗ぶらんこに乗る

【秋色】 qiūsè [名]〔片〕秋景色

【秋收】 qiūshōu [名] 秋に取り入れる農作物 —[動] 秋の取り入れをする

【秋天】 qiūtiān [名] 秋

【秋汛】 qiūxùn [名] 秋の大水

【秋游】 qiūyóu [動]（一般に団体で）秋の遠足に行く〖到香山去～〗秋の遠足で香山へ行く

【秋庄稼】 qiūzhuāngjia [名] 秋に取り入れる作物

【萩】 qiū ⊗ヨモギに似た植物の古称

【楸】 qiū ⊗［花～］〖植〗ナナカマド

【鳅(鰍 *鰌)】 qiū ⊗ →［泥 ní～］

【鞧】 qiū [動]《方》縮める〖～着眉头〗眉をひそめる
⊗［后～］しりがい(馬具)

【仇】 Qiú ⊗姓
⇨chóu

【犰】 qiú ⊗以下を見よ

【犰狳】 qiúyú [名]〖動〗アルマジロ

【囚】 qiú ⊗①拘禁する, 牢に入れる〖～于监牢〗獄につながれる ②囚人, 入牢者［死～］死刑囚

【囚车】 qiúchē [名]〔辆〕犯人護送車

【囚犯】 qiúfàn [名] 囚人, 罪人 [同]［囚徒］

【囚禁】 qiújìn [動] 牢に入れる, 拘置する

【囚笼】 qiúlóng [名]（昔の木製の）護送用, 拘禁用の檻

【囚首垢面】 qiú shǒu gòu miàn《成》〈垢だらけの顔とざんばら髪〉むさ苦しい限りの姿

【囚徒】 qiútú [名] 囚人, 受刑者

【泅】 qiú [動] 泳ぐ〖他会～水〗彼は泳げる［～渡］泳いで渡る

【求】 qiú [動] ①乞う, 頼む〖～他帮忙〗彼に手伝いを頼む［～助］支援を乞う ②求める, 追求する〖不～名, 不～利〗名声もいらぬ利もいらぬ
⊗①需要［供 gōng 不应～］供給が需要に追いつかない ②(Q-)姓

【求得】 qiúdé [動] 追求する,（努力して）獲得する

【求和】 qiúhé [動] ①（敗者の側から）和議を申し出る, 停戦を願い出る ②（形勢不利な試合を）引き分けに持ち込む

【求婚】 qiú'hūn [動] 求婚する, プロポーズする〖向她～〗あの娘にプロポーズする

【求教】 qiújiào [動] 教えを請う, 助言を求める([同]［请教］)〖向老师～〗先生に相談する

【求解】 qiújiě [動]〖数〗解を求める

【求借】 qiújiè [動] 借用を申し込む, 借金を頼む

【求救】 qiújiù [動] 助けを呼ぶ, 救助を求める〖向警察～〗警察に助けを求める［～信号］SOS

【求乞】 qiúqǐ [動] 乞食をする, 救済を乞う([同]［讨饭］)〖沿门～〗一軒一軒物乞いして回る

【求签】 qiú'qiān [動] おみくじを引く

【求亲】 qiú'qīn [動] 縁談を申し込む,（家から家へ）求婚する

【求情】 qiú'qíng [動] 許しを乞う, 懇請する

【求全】 qiúquán [動] ①完璧を求める, 完全な結果を要求する［～思想］完全主義 ②成就を目指す, 完成に努める

【求饶】 qiú'ráo [動] 許しを求める

【求人不如求己】 qiú rén bù rú qiú jǐ《成》他人に頼るより自分でやるのが一番である

【求生不生, 求死不死】 qiú shēng bù shēng, qiú sǐ bù sǐ《俗》〈生きたくても生きられず, 死にたくても死ねない〉散々苦しい目に遭う [同]［求生不得, 求死不能］

【求索】 qiúsuǒ [動] ①探求する, 捜し求める〖～再生的路子〗再生の道を求める ②（金銭を） 取り立てる, 巻き上げる

【求同存异】 qiú tóng cún yì《成》相違は残しておいて, 一致点を得るべく努める

【求学】 qiúxué [動] ①学校に上がる, 学校で勉強する ②学問に励む, 知識を求める

【求雨】 qiú'yǔ [動] 雨乞いする

【求援】 qiúyuán [動] 支援を乞う, 救援を求める〖向他们～〗彼らに応援

を頼む
【求知】qiúzhī [動] 知識を求める, 勉強する［～欲］知識欲
【求之不得】qiú zhī bù dé《成》願ってもない, ふつうでは実現不可能な ♦一般に棚ぼた式に事が実現したときに使う
【屎】qiú [名]《方》男性生殖器
〖逑〗qiú ⊗連れ合い, 配偶者
【球】qiú [名] ① 球(きゅう), 球体 ②（～儿）球状のもの, たま［雪～］雪玉 ③ 球技のボール〚传～〛ボールをパスする ④ 球技〚看～〛球技のゲームを見る〚打～〛球技をする［～星］球界(ある球技界)のスター
⊗地球［寰～］地球
【球场】qiúchǎng [名] 球技場, コート, スタジアム
【球门】qiúmén [名]（サッカーやアイスホッケーの）ゴール〚射进～〛ゴールを決める
★★【球迷】qiúmí [名] 球技の熱狂的ファン ♦プレーする人と見物する人の両方を含む
【球面】qiúmiàn [名] 球面
【球拍】qiúpāi [名] ラケット
【球儿】qiúr [名] ① 小さいボール, まり ② ビー玉, ガラス玉
【球赛】qiúsài [名]〔次・局〕球技の試合 ♦'局' はピンポン, バレーなどのセットを数えるとき
【球体】qiútǐ [名] 球体
【球鞋】qiúxié [名]〔双〕運動靴, スニーカー, 各種球技用の靴
【球形】qiúxíng [名] 球形［～轴承］ボールベアリング
【球艺】qiúyì [名] 球技の腕前 [同]［球技］
〖裘〗qiú ⊗① 皮衣(かわごろも), 毛皮の服［集腋成～］ちりも積もれば山となる ②（Q-）姓
〖虬(虯)〗qiú ⊗ミズチ ♦想像上の動物で小型の龍のごときもの
【虬龙】qiúlóng [名] ミズチ
【虬髯】qiúrán [名]《書》もじゃもじゃの頬ひげ
〖酋〗qiú ⊗① 酋長(しゅうちょう)［～长］酋長 ② 盗賊の首領, 親分［敌～］敵の大将
〖遒〗qiú ⊗力強い, 丈夫な
【遒劲】qiújìng [形]《書》雄渾な, 力強い〚笔力～〛雄渾の筆勢だ
〖蝤〗qiú ⊗［～蛴 qí］《書》カミキリムシの幼虫
〖艽〗qiú ⊗迫る

【糗】qiǔ [動]《方》米飯や小麦粉食品が糊状, 塊状になる — [形]《方》きまりが悪い, 恥ずかしい
⊗昔の乾燥携帯食糧
【区(區)】qū [名] ①（大都市内の行政単位の）区 ②（'县, 自治县' の下の行政単位の）区
⊗① 区域, 地区［山～］山間地区 ② 区分する, 区別する
⇨ Ōu
★★【区别】qūbié [名] 差違, 異同〚没有～〛違いはない — [動] 区別する, 差をつける([同]［辨别］)〚～好坏〛(物の)良し悪しを区分する
★【区分】qūfēn [動] 区分する, 区別する [同]［区别］［分别］
【区区】qūqū [形]〔定語として〕わずかばかりの, 取るに足りない〚～小事〛微々たる事柄 — [名]《旧》《謙》私め
【区委】qūwěi [名]（中国共産党）○○区委員会
★【区域】qūyù [名] 地区, 区域
【区长】qūzhǎng [名] 区長
〖岖(嶇)〗qū ⊗ →［崎 qí～］
〖驱(驅 *駈 敺)〗qū ⊗ ①（牛や馬などを） 進ませる, 車を引かせる ② 疾駆する, 速く走る［驰～］疾駆する ③ 追い払う, 駆除する
【驱策】qūcè [動]《書》①（馬や車を）鞭(むち)をふるって走らせる, 駆る ②（人を）こき使う, 意のままに使う [同]［驱使］
【驱车】qūchē [動] 車を飛ばす, 自動車を駆る
【驱虫剂】qūchóngjì [名] 虫下し, 駆虫剤
【驱除】qūchú [動] 追い出す, 除去する〚～害虫〛害虫を駆除する〚～暑气〛暑気を払う
【驱迫】qūpò [動]（圧力をかけて） 行動させる, 意に従わせる [同]［逼迫］
【驱遣】qūqiǎn [動] ① こき使う [同]［驱使］ ② 追い払う [同]［赶走］ ③（感情を）振り払う, 排除する
【驱散】qūsàn [動] ①（集団を）退散させる, 追い散らす ②（感情や雰囲気を）なくする, 消えさせる [同]［消除］
【驱使】qūshǐ [動] ① こき使う, 意のままに使役する〚受人～〛人にいいように使われる ② つき動かす, 駆り立てる([同]［推动］)〚为 wéi 愤怒所～〛怒りに駆られる
【驱邪】qūxié [動] 厄除けをする, 悪魔払いをする〚～降 jiàng 福〛厄を払って福を招く
★【驱逐】qūzhú [動] 駆逐する, 追放する〚～出境〛国外退去処分にする［～舰］駆逐艦

【驱走】qūzǒu [動] 追い払う，追い出す『～杂念』邪念を追い払う
【躯(軀)】qū ⊗ 身体［身～］体
【躯干】qūgàn [名]（人の）胴体 [同][胴 dòng]
【躯体】qūtǐ [名] 身体 [同][身躯]
【曲】qū ⊗① 湾曲した部分，曲がった個所［河～］川の大曲がり ② 曲げる，湾曲させる ③ 曲がった，湾曲した [反]'直' ④ 道理に反した，誤った ⑤（Q-）姓
【—(*麯 粬)】[名] 麹(こうじ)［酒～］酒こうじ
⇨qǔ
【曲尺】qūchǐ [名]〔把〕曲尺(かねじゃく) [同][矩尺][角尺]
【曲棍球】qūgùnqiú [名] ① ホッケー『一场～』ホッケー1試合 ② ホッケー用の球
【曲解】qūjiě [動] 曲解する，ねじ曲げて解釈する [同][歪曲]
【曲里拐弯】qūliguǎiwān [形]（～儿的）《口》曲がりくねった，ジグザグの『～地通往山上』(道が) うねうねと山に続く
【曲霉】qūméi [名] 麹菌 [同][曲菌]
【曲曲弯弯】qūqūwānwān [形]（～的）曲がりくねった
【曲蟮(蛐蟮)】qūshan/ qūshàn [名]《口》ミミズ
【曲射炮】qūshèpào [名] 曲射砲 ◆迫撃砲，榴弾(りゅうだん)砲など
【曲突徙薪】qū tū xǐ xīn《成》(煙突を曲げ薪(まき)を移す＞) 事前に危険防止の手をうつ
【曲线】qūxiàn [名]〔条・根〕曲線，カーブ［～球］(野球の) カーブ
【曲意逢迎】qū yì féng yíng《成》心ならずも人に合わせる
★【曲折】qūzhé [名] 曲折，面倒な局面 ― [形] 曲がりくねった『～的谈判』曲折をたどる交渉
【曲直】qūzhí [名] 理非曲直，是非善悪『分清～』正邪のけじめをはっきりさせる
【曲轴】qūzhóu [名]《機》クランクシャフト，クランク軸
【蛐】qū ⊗ 以下を見よ
【蛐蛐儿】qūqur [名]《方》〔只〕コオロギ [同][蟋蟀]
【诎(詘)】qū ⊗① 縮める ② '屈' と通用 ③（Q-）姓
【屈】qū [動] ① 曲げ(が)る ([反][伸])『～着腰向人行礼』腰を曲げて挨拶する［～膝］膝(ひざ)を折る(屈服する) ② 不当に責める，いわれなき罪を着せる『谁～了你？』誰が罪もない君を責めたの
⊗① 屈服する，服従する［宁死不～］死んでも屈しない ② 道理を欠く，理がない ③（Q-）姓
【屈才】qū'cái [動] 不遇をかこつ，才能を腐らせる
【屈从】qūcóng [動] 屈従する，心ならずも下につく
【屈打成招】qū dǎ chéng zhāo《成》拷問に屈して無実なのに自白する
★【屈服(屈伏)】qūfú [動] 屈服する，膝を折る『～于压力』圧力に屈する『向占领军～』占領軍に屈服する
【屈节】qūjié [動] 節を曲げる，節操を失う
【屈就】qūjiù [動]《敬》曲げてご就任くださる『不知您肯否～』曲げてご就任いただけますでしょうか
【屈辱】qūrǔ [名] 屈辱，恥辱『洗刷～』恥を雪(そそ)ぐ
【屈死】qūsǐ [動]（不当な扱いを受けて）恨みをのんで死ぬ，歯がみしながら死ぬ
【屈折语】qūzhéyǔ [名]《語》屈折語
【屈指】qūzhǐ [動] 指折り数える［～可数］(指を折って数えられるほどに) 数少ない
【屈尊】qūzūn [動]《敬》身分を落としておいでくださる『您～到此…』御光臨くださり…
【祛】qū ⊗ 除去する，取り除く［～痰］痰(たん)をとる
【祛除】qūchú [動]（病気や魔物などを）取り除く，駆除する
【胠】qū ⊗① 横腹，脇腹 ② 横から手を出して開く『～箧』《書》くすねる
【蛆】qū [名]〔条〕ウジ，ウジムシ［～虫］蛆虫(うじむし)（悪人を例えていう）
【焌】qū ⊗[動]（燃えているものを）水にジュッと入れる
【黢】qū ⊗ 黒い［～黑］真っ黒の
【趋(趨)】qū ⊗① 向かう，赴く『～于稳定』安定に向かう ② 急ぐ，早足で進む
【趋奉】qūfèng [動] へつらう，おもねる
【趋附】qūfù [動] 迎合する，ご機嫌取りをする
★★【趋势】qūshì [名] 趨勢(すうせい)，発展の方向『舆论的～』世論の流れ
【趋向】qūxiàng [名] 趨勢，発展の方向 ― [動]（ある方向に）向かう，傾く『局势～和平』局面は平和に向かっている
【趋炎附势】qū yán fù shì《成》強い者にしっぽを振る
【趋之若鹜】qū zhī ruò wù《成》(アヒルのように群がり走る＞) 多くの人が(良くない事に) 殺到する
【觑(覷 *覻 覰)】qū [動]《口》

目を細めて注視する, 細目でじっと見る〖~着眼睛仔细看〗目を細めてしげしげと見る ⇨qù

【麴】(麴) qū ①(Q-) 姓 ②'曲'(麵ぎ)と通用

【劬】 qú ①仕事のきつい ②勤勉な〖~劳〗〔書〕働き疲れた

【朐】 qú ⊗〔临~〕臨朐於(山東省)

【鸲】(鴝) qú ⊗〔~鸰 yù (鸲鹆)〕九官鳥

【渠】 qú 图〔条〕(人工の) 水路〔沟~〕灌溉用水路 ⊗①大きな ②(Q-)姓 ⒁〔方〕彼, 彼女

【—】(*佢)

*【渠道】 qúdào 图①〔条〕灌溉用, 排水用に掘った水路 ②〔転〕道筋, 手段〖外交(的)~〗外交チャンネル〔流通~〕流通ルート

【璩】 qú ⊗①玉の環 ②(Q-)姓

【蘧】 qú ⊗①〔~然〕〔書〕驚き喜するさま ②(Q-)姓

【瞿】 Qú ⊗姓

【氍】 qú ⊗〔~毹 shū〕芝居の舞台(の毛氈)

【癯】 qú ⊗瘦せた, ほっそりした〔清~〕〔書〕同前 ◆'臞'とも書く

【衢】 qú ⊗大通り, 街路〖通~〗幹線道路

【蠷】 qú ⊗〔~螋 sōu〕ハサミムシ

【曲】 qū 图〔首・支〕①韻文の一形式, 曲ぎ ◆元代に特に盛んで, 芝居(歌劇) にも使われた〔元~〕元曲ぎ ②(~儿)歌, 俗謡〖唱~〗歌をうたう ③楽曲〖作~〗作曲する〔圆舞~〕ワルツ ⇨qū

【曲调】 qǔdiào 图メロディー, 節ご

【曲高和寡】 qǔ gāo hè guǎ (成)(曲が難しすぎて, ついて歌える人がろくにいない>) 言論や芸術作品が高踏に過ぎて, 大衆に受け入れられない

【曲剧】 qǔjù 图新中国成立後, 民間の歌いものから発展してでき上がった新式歌劇, 特に'北京~'を指すことが多い ⑭〔曲艺剧〕

【曲牌】 qǔpái 图韻文'曲'の節の名称

【曲谱】 qǔpǔ 图①'戏曲'の楽譜 ②'曲牌'の各種様式や唱法を集めた本 ◆多く書名に使われる

【曲艺】 qǔyì 图寄席演芸 ◆'弹词' '大鼓' '快板' '相声' 等々の形式がある

*【曲子】 qǔzi 图〔支〕歌, 楽曲〖吹奏一支美丽的~〗美しい調べを奏でる

【取】 qǔ 働①受け取る, 手に取る ②採用する, 選びとる〖~一个名儿〗名前をつける〔采~〕採用する ⊗得る, もたらす〖自~灭亡〗自ら滅亡への道をたどる

【取材】 qǔcái 働取材する, 材料を得る〖~于传说〗伝説から題材を取っている

【取长补短】 qǔ cháng bǔ duǎn 〈成〉(他人の)長所を学んで(自分の)短所を補う

【取代】 qǔdài 働(他を押しのけて)取って代わる〖唐朝~了隋朝〗唐が隋に取って代わった

【取道】 qǔdào 働経由する, …回りの道をとる〖~上海回东京〗上海経由で東京に帰る

【取得】 qǔdé 働得る, 獲得する〖~学位〗学位を取る

【取缔】 qǔdì 働禁止する, 取り締まる〖~走私〗密輸を取り締まる

【取而代之】 qǔ ér dài zhī 〈成〉取って代わる

【取经】 qǔ·jīng 働〔転〕他人のすぐれた経験に学ぶ, よその成功例から知恵を借りる〖向他们~〗彼らの経験に学ぶ

【取决】 qǔjué 働〖'~于…'の形で〗…で決まる, …如何による〖~于设计水平〗デザインのレベルで決まる

【取闹】 qǔnào 働①(人を相手に)騒ぎ立てる, けんかを仕掛ける ②からかう, ふざける〖拿他~〗彼をからかう

【取暖】 qǔnuǎn 働暖を取る, 身体を暖める〔~器〕暖房器具

【取巧】 qǔ·qiǎo 働ずるく立ち回る, 裏技を使う

【取舍】 qǔshě 働取捨選択する, 残すものは残し捨てるものは捨てる

【取胜】 qǔshèng 働勝つ, 勝利を得る〖以智~〗頭を使って勝つ

*【取消(取銷)】 qǔxiāo 働無効にする, 廃止する〖~资格〗資格を剥奪する

【取笑】 qǔxiào 働からかう, 笑いものにする〖~老头儿〗年寄りを笑いものにする

【取悦】 qǔyuè 働〖'~于…'の形で〗機嫌を取る, 取り入る

【取之不尽, 用之不竭】 qǔ zhī bú jìn, yòng zhī bù jié 〈成〉無尽蔵な, 尽きることのない

【娶】 qǔ 働妻に迎える, めとる (⑭〔嫁〕)〖~媳妇〗嫁をもらう〔~亲〕男が結婚する

【龋(齲)】qǔ ⊗ 虫歯[~齿]虫歯

【去】qù 動 ❶行く,赴く(⇨[来])[~车站]駅へ行く ❷[他の動詞句の前で]その動作を積極的に行う気分を示す[自己一想想吧]自分で考えよなよ ❸[他の動詞句の後で]「…しに行く」ことを示す[他看棒球~了]あの人は野球を見に行った ❹[動詞句または介詞句と他の動詞句の間で]後の動詞の動作が目的であることを示す[拿毛笔~写字]毛筆で字を書く ❺除去する,取り去る[~了皮再吃]皮を取ってから食べる ❻(伝統劇で)役を演じる ❼(方)['大''多''远'などの形容詞+了→+~+'的形で']程度がきわめて大であることを示す[可重了~了]いや重いのなんの ⊗❶(時間,距離的に)隔たる,離れる[~今三十余年]今を去ること30余年 ❷去る,離れる[~留]去るか留まるか,進退[~职]官職を辞す[去年,過ぎ去った[~岁]去年 ❹去声 ⇨[~声]

── -qù/-qu [方向補語として]❶動作が話し手から遠ざかることを示す(⇨[来])[向石像跑~]石像めがけて駆けてゆく[带了三个人~]3人連れていった[进不~]入って行けない ❷動作とともに人や物が元の場所から離れてゆくこと,あるいはそう感じられることを示す[死~]死ぬ[失~]失う ❸動作をそのまま継続することを示す[你说~吧]話を続けたまえ

【去处】qùchù 图 ❶行き先,行方 [~不明]行方が知れない ❷場所,ところ 旧[地方]
【去火】qùʰhuǒ 動(漢方で)のぼせを冷ます 旧[上火]
【去路】qùlù 图 進路,経路[挡住~]進路をふさぐ
*【去年】qùnián 图 去年,昨年 旧[去岁]
【去声】qùshēng 图[語]❶去声 ◆古代の四声の一 ❷'普通话'の第四声 旧[四声]
*【去世】qùshì 動 死ぬ,世を去る 旧[逝世]
【去暑】qùʰshǔ 動 暑気を払う,暑さを忘れさせる
【去向】qùxiàng 图 行方,足取り[~不明]行方不明
【去职】qùʰzhí 動 離職する,ポストを去る

【阒(闃)】qù ⊗ ひっそりしたさま[~然]〈書〉同前
【趣】qù ⊗❶面白み,味わい[没~儿]くだらない ❷面白い,興深い[~闻]面白いうわさ ❸志向,興味[志~]志向
【趣味】qùwèi 興趣,面白み 旧[兴趣][没有~]つまらない
【觑(覷*覻覰)】qù ⊗ 見る,見詰める[冷眼相~]冷ややかに見る ⇨ qū
【悛】quān ⊗ 悔い改める[怙恶不~]悔悟することなく悪業を重ねる
【圈】quān 图(~儿)❶輪,丸[画了一个~儿]丸を1つ書いた,圏[出~了]範囲をはみ出している ── 動 ❶囲む,囲いこむ[~牧场]牧場を(柵で)囲う ❷丸で囲む,丸に印をつける[~错字]誤字に丸印を付ける ── 量 輪になった物に使う[一~人]ぐるりと取り巻いた人々 ⇨ juān, juàn
*【圈套】quāntào 图(人をだます)わな,計略[上~]策にはまる
【圈椅】quānyǐ 图[把]肘掛けと背もたれが半円形につながった椅子
【圈阅】quānyuè 動 書類に目を通したことを示すため自分の名前に丸印をつける
【圈子】quānzi 图 ❶輪,円[围成~]ぐるっと取り囲む ❷範囲,領域[走出家庭~]家庭の枠の外に出る ❸わな,計略 旧[圈套]

【权(權)】quán ❶権力,権限 ❷権利[人~]人権 ⊗❶仮に,一時的に→[~且] ❷秤のおもり ❸有利な位置[主动~]イニシアチブ ❹秤で計る→[~衡] ❺臨機の対応をする,方便をつかう→[~变] ❻(Q-)姓
【权变】quánbiàn 動〈書〉臨機応変の対応をする,その場その場で変わり身を見せる 旧[随机应变]
【权柄】quánbǐng 图 手中の権力,権限[掌握~]権限を握る
【权臣】quánchén 图 権臣,専横の大臣
【权贵】quánguì 图 権官,顕官
*【权衡】quánhéng 動(バランスを)考える,(得失を)計る[~得失]得失を計る
*【权力】quánlì 图 ❶権力[贪求~]権力の座をねらう ❷権限[交~]権力を与える
*【权利】quánlì 图 権利(⇨[义务])[剥夺~]権利を剥奪する
【权略】quánlüè 图(政治的)権謀,機略 旧[权谋]
【权门】quánmén 图 権門,顕官[依附~]権門に取り入る
【权谋】quánmóu 图[套](政治的)権謀,策略

【权能】quánnéng [名] 職能と権限
【权且】quánqiě [副] 差し当たり，とりあえず [同]［暂且］
【权势】quánshì [名] 権勢，権限と実力〚丧失～〛権勢を失う
【权术】quánshù [名]〔套〕権謀，術策([同]［权谋］)〚玩弄～〛権謀を弄(もてあそ)ぶ
★【权威】quánwēi [名] ①威望，揺るぎない信望〚失去～〛権威を失う ②権威ある人や物 一 [形] 権威のある
【权限】quánxiàn [名] 権限，職権の範囲〚扩大～〛権限を拡充する
【权宜】quányí [形]〔定語として〕一時しのぎの，間に合わせの([同]［权便］)〚～措施〛応急の措置
★【权益】quányì [名] 権益〚维护～〛権益を保護する

【全】quán [形] ①すべて揃(そろ)った，欠けるところのない〚花已开～了〛花はもう咲き揃った ②〔定語として〕全体の，まるごとの ♦'的' はつけない〚～世界〛全世界 一 [副] 全く，完全に，すべて ⊗①全うする，完全なものにする ②(Q-)姓
★★【全部】quánbù [形]〔定語・状語として〕全部の，まるごとの〚～(的) 力量〛あらゆる力〚～结束〛すべて終わる
【全才】quáncái [名] 多芸の士，オールラウンドプレイヤー
【全长】quáncháng [名] 全長
【全程】quánchéng [名] 全行程，全コース〚跑完～〛全行程を完走する
【全都】quándōu [副] すべて，完全に〚～来了〛全員揃った
【全副】quánfù [形]〔定語として〕すべて揃った，あらゆる〚～力量〛全力
【全乎】quánhu [形]（～儿）〔口〕すべて揃った
【全会】quánhuì [名]〔次・届〕総会，全体会議 ♦'全体会议' の略〚三中～〛第3回中央委員会総会
【全集】quánjí [名]〔部・套〕全集
【全家福】quánjiāfú [名] ①〔张〕家族全員で撮った写真 ②(中華風)寄せ鍋，ごった煮
【全歼】quánjiān [動] 全滅させる，殲滅(せんめつ)する
★【全局】quánjú [名] 全局面，全体の状況 ♦囲碁将棋にも使う〚控制～〛全局面をコントロールする
【全力】quánlì [名]〔多く状語として〕全力〚～支持〛全力で支持する
★【全力以赴】quánlì yǐ fù〔成〕全力を尽くす
【全麻】quánmá [名] 全身麻酔 [反]［局麻］
【全貌】quánmào [名] 全貌，全体の様相〚弄清～〛全貌を明らかにする
★★【全面】quánmiàn [形] 全面的な，あらゆる側面からの([反]［片面］)〚～战争〛全面戦争〚～看问题〛あらゆる角度から問題を捉える 一 [名] あらゆる側面
【全民】quánmín [名] 全国民，全人民［～所有制］全人民所有制(国有制のこと)
【全能】quánnéng [形]〔多く定語として〕万能の，オールラウンドの［十项～运动］十種競技
【全盘】quánpán [形]〔定語・状語として〕全般的な，全体にわたる([同]［全面］)〚～西化〛全般にわたって西洋化する
【全勤】quánqín [名] 皆勤，無欠勤〚出～〛皆勤する
【全球】quánqiú [名] 全世界，全地球([同]［寰球］)〚～战略〛地球規模の戦略［～定位系统］GPS
【全权】quánquán [名] 全権〚～办理〛全権をもって事に当る
【全然】quánrán [副] 全く，全然 ♦一般に否定形が後に続く〚～不同〛まるで違う
【全身】quánshēn [名] 全身
【全神贯注】quán shén guàn zhù〔成〕(～地) わき目も振らずに，一心不乱に
【全盛】quánshèng [形]〔定語として〕全盛の，いちばん栄えた〚～时期〛全盛期
【全始全终】quán shǐ quán zhōng〔成〕首尾一貫やり遂げる，最後までやり通す
【全体】quántǐ [名] 全体，全員〚～老师〛全先生方
【全天候】quántiānhòu [形]〔定語として〕全天候型の［～公路］雨が降っても通れる道路
【全托】quántuō [動] 全托(ぜんたく)にする ♦保育園や託児所に，幼児を月曜の朝に預けて土曜の夜に引き取る方式 [関]［日托］
【全线】quánxiàn [名] ①全戦線 ②(道路や鉄道の) 全線〚～通车〛全線開通する
【全心全意】quán xīn quán yì〔成〕全精力を傾けて，心の底から
【全音】quányīn [名]〔音〕全音
【全知全能】quán zhī quán néng〔成〕全知全能の

【诠(詮)】quán ⊗説明する，解き明かす［～注］注解

【荃】quán ⊗香草の一種

【醛】quán [名]〔化〕アルデヒド［乙～］アセトアルデヒド

【辁(輇)】quán ⊗①スポークのない(板状の)車輪 ②浅薄(せんぱく)な，薄っぺらな

【痊】quán ⊗病気が治る，本復(ほんぷく)する［～愈 yù］全快する

【铨(銓)】quán ⊗①選抜する，選考する ②重さを計る，人物を評定する［～衡］評定する［～叙］(役人を) 審査選考する

【筌】quán ⊗→［得 dé 鱼忘～］

【泉】quán ⊗①泉(いずみ)，泉水［温～］温泉 ②泉の水が湧き出る穴 ③古銭，昔の貨幣［～币］古銭 ④(Q-)姓

【泉水】quánshuǐ [名]〔眼・口〕泉，湧水(わきみず)

【泉下】quánxià [名]あの世，黄泉(よみ)の国 [同]［黄泉］［泉世］

【泉眼】quányǎn [名]泉の水が湧き出す穴，湧出口

【泉源】quányuán [名]①水源，源 ②《転》(エネルギーなどの) 源泉，出どころ〖活力的～〗元気のもと

【拳】quán [名]①握り拳(こぶし)，げんこつ([同]［拳头］)〖挥～〗拳を振り回す ②拳法［太极～］太極拳 ━[量]拳で殴る回数を数える〖打了一～〗ぽかり一発くらわせた ⊗曲がる→［～曲］

【拳棒】quánbàng [名]武芸，武術 [同]［武术］

【拳击】quánjī [名]ボクシング［～台］(ボクシングの)リング

【拳脚】quánjiǎo [名]①拳と足 ②拳法，空手，カンフー [同]［拳术］

【拳曲】quánqū [動]①(物体が) 曲がる，曲げる ②(髪などが) 縮れる，縮らす

【拳拳(惓惓)】quánquán [形]《書》懇切なさま

【拳拳服膺】quánquán fú yīng《成》拳拳服膺(けんけんふくよう)する，誠実に信奉する

【拳师】quánshī [名]拳法師範，拳法家

【拳术】quánshù [名]拳法，空手，カンフー [同]［拳脚］

【拳坛】quántán [名]ボクシング界，拳法界〖初登～〗ボクシング界にデビューする

*【拳头】quántou/quántóu [名]〔只〕拳，げんこつ

【拳头不认人】quántou bú rèn rén《俗》(げんこつは人を識別しない>) 俺のげんこつは遠慮しないぞ

【蜷(踡)】quán [動]縮こまる，丸くなる〖～做一团〗とぐろを巻く

【蜷伏】quánfú [動]丸くなって寝る，身を縮めて寝る [同]［蜷卧］

【蜷曲】quánqū [動]縮こまる，(足を縮めて) 丸くなる〖把身体～成一团〗体を丸める

【蜷缩】quánsuō [動]縮こまる，小さく丸まる

【鬈】quán [形](髪が) 縮れた，カールした［～发 fà］縮れ毛

【颧(顴)】quán ⊗以下を見よ

【颧骨】quángǔ [名]顴骨(かんこつ)，頬骨(ほおぼね)〖～突起〗頬骨が出っ張っている

【犬】quǎn ⊗犬［警～］警察犬［丧 sàng 家之～］喪家の犬(みじめな人間)［～子］豚児

【犬齿】quǎnchǐ [名]〔颗〕犬歯，糸切り歯 [同]［犬牙］

【犬马之劳】quǎn mǎ zhī láo《成》犬馬の労

【犬儒】quǎnrú [名]犬儒(けんじゅ)，世をすねた人［～主义］シニシズム

【犬牙交错】quǎnyá jiāocuò《成》(犬の歯が咬(か)み合ったような>) ①境界線が入り組んでいる ②局面が錯綜している

【甽】quǎn ⊗農地の間を流れる小川，小さな水路［～亩］《書》田畑，田園

【绻(綣)】quǎn ⊗→［缱 qiǎn～］

【劝(勸)】quàn [動]①説得する，助言する〖～他不要辍学〗彼に学校をやめないよう説いた ②励ます，勉励する

【劝导】quàndǎo [動]言って聞かせる，補導する

【劝告】quàngào [名]忠告，説諭 ━[動]言って聞かせる，説諭する

【劝和】quànhé [動]仲裁する，和解に手を貸す

【劝架】quàn▾jià [動]けんかに割って入る，仲裁に入る

【劝解】quànjiě [動]①なだめる，安心させる ②けんかを仲裁する

【劝诫(劝戒)】quànjiè [動]説教する，訓戒する〖～他别跟人打架〗人とけんかしないよう彼に説教する

【劝酒】quàn▾jiǔ [動](宴席で) 酒を勧める

【劝说】quànshuō [動]説得する，勧める〖听从～〗勧告を聞き入れる

【劝慰】quànwèi [動]なだめる，慰める〖～他们不要悲伤〗あまり歎かないよう彼らをなだめた

【劝诱】quànyòu [動]勧誘する，説得する〖～他买汽车〗車を買うよう彼を勧誘する

【劝阻】quànzǔ [動]止めるよう説得する，(…しないよう)引き止める [同]［劝止］

【券】quàn ⊗券，チケット［入场～］入場券 ♦‘拱券’(アーチ)は gǒngxuàn とも発音

Q

【炔】quē ⊗［乙 yǐ～］〖化〗アセチレン ♦姓は Guì と発音

【缺】quē [動] ①不足する，欠乏する ②(一部が) 欠ける，破損する ③欠席する，欠勤する 一 [名] 欠員，空席〖补～〗欠員を埋める

【缺德】quē▼dé [形] 下劣な，不道徳な，けしからぬ

**【缺点】quēdiǎn [名] 欠点，欠陥 ([反][优点])〖掩饰～〗欠点を取り繕う

【缺额】quē'é [名] 欠員，空きポスト ([同][空额])〖补充～〗欠員を補充する

**【缺乏】quēfá [動] 欠乏する，不足する〖～信心〗信念に欠ける

【缺憾】quēhàn [名] 物足りない所，惜しい疵

【缺货】quēhuò [名] 品切れの商品，市場に出回らない商品

—— quē▼huò [動] 供給が絶える，品切れになる

【缺课】quē▼kè [動] 学校を休む，授業を欠席する〖缺了三天课〗3日欠席する

*【缺口】quēkǒu [名] ①(～儿) (器物の) 破損個所，欠けた所〖碰了个～〗ぶつかって欠けた ②突破口〖打开～〗突破口を開く

—— quē▼kǒu [動] (ぶつかって) 欠ける，破損する〖缺了个口儿〗ぶっ欠いた

【缺漏】quēlòu [名] 遺漏，欠陥，手抜かり

【缺欠】quēqiàn [名] 欠点，不足 一 [動] 欠く，不足する

【缺勤】quē▼qín [動] 欠勤する，仕事を休む [反][出勤]

**【缺少】quēshǎo [動] 不足する，欠乏する〖不可～〗欠かせない

【缺位】quēwèi [名] 空きポスト，空席〖补上～〗空席となっているポストを埋める 一 [動] ポストが空く，空席となる

*【缺席】quē▼xí [動] 欠席する ([反][出席])［～审判］欠席裁判

*【缺陷】quēxiàn [名] 欠陥，欠落〖补救～〗欠陥を補う

【阙(闕)】quē ⊗①過失，誤ち ②'缺'と通用 ③(Q-)姓
⇨què

【阙疑】quēyí [動] 難問を未解決のまま残す，判断を先送りする

【瘸】qué [動]《口》足を引きずる，びっこを引く〖～腿〗足を引きずる［～子］足の不自由な人

【却(卻)】què [副] 逆接の関係を示す ♦'虽然'と呼応すること，'但是''可是'などと並用されることも多い．含意としては「ところが，けれども」など．語気は'倒''可'ほどに強くはない〖天下雪，～不冷〗雪が降っているが寒くはない〖个子虽然小，～很有力气〗身体は小さいが力は強い〖夏天早已到了，可是天气～还不热〗夏はとっくに来ているのに，いつまでも暑くならない

⊗①後退する，後ずさりする ②退ける，追い返す［～敌］敵を撃退する ③拒否する，辞退する［推～］同前 ④(動作の結果) 失う，なくなる［了～］片を付ける

【却步】quèbù [動] (おびえて) 後ずさりする

【却说】quèshuō [副] さて，ところで ♦旧小説の話の切り出しの言葉 [同][且说]

【却之不恭】què zhī bù gōng《成》お断りするのは失礼に当たります ♦物を贈られたり招きを受けたりした際，受け入れるときの挨拶．多く後に'受之有愧'(お受けするのはおこがましい)という，遠慮の一言が続く

【埆】què ⊗土地が瘠せた

【确(確 *塙碻)】què ⊗①本当の，間違いのない〖～属困难〗確かに困難だ［的～］確かに［～证］確証 ②しっかりと，揺るぎなく

*【确保】quèbǎo [動] 確保する，請け合う〖～质量〗品質を保証する

【确当】quèdàng [形] 適切な，当を得た [同][适当]

**【确定】quèdìng [動] 確定する，きっちり決める〖～日期和地点〗時間と場所を確定する 一 [形] 確かな，間違いのない

【确乎】quèhū [副] 確かに，間違いなく

【确据】quèjù [名] 確証，確かな根拠

*【确立】quèlì [動] 確立する，うち立てる〖～地位〗地位を確立する

*【确切】quèqiè [形] ①正確な，的確な〖～的记录〗誤りのない記録 ②信頼しうる，偽りのない〖～的数字〗確かな数字

**【确认】quèrèn [動] 確認する

**【确实】quèshí [形] 確かな，間違いのない 一 [副] 確かに，本当に

*【确信】quèxìn [名] (～儿) 確かな情報 一 [動] 確信する，固く信じる〖～你能够成功〗君ならできると信じている

【确凿】quèzáo (旧読 quèzuò) [形] この上なく確かな，明確な〖～的数据〗正確なデータ

【确诊】quèzhěn [動] 確かな診断を下す

【确证】quèzhèng [名] 確証，動かぬ

【雀】què ⊗スズメ［麻~］スズメ［孔~］クジャク
⇨qiāo

【雀斑】quèbān 图〔片〕そばかす ⑭《方》[雀子 qiāozi]

【雀鹰】quèyīng 图〔只〕〔鸟〕ハイタカ ⑭[鹞子][鹞鹰]

【雀跃】quèyuè 動 小躍りする、躍り上がって喜ぶ

【悫】(愨) què ⊗誠実な

【阕】(闋) què 量① 歌謡、詞 cí を数える『填一~词』詞を一首作る ② 一首の詞の中の区切りを数える ⊗終わる、完結する

【阙】(闕) què ⊗帝王の宮殿、皇居
⇨quē

【鹊】(鵲) què ⊗カササギ［喜~］カササギ［~巢鸠占 zhàn］（転）他人の家や土地を乗っ取る

【鹊桥】quèqiáo 图 カササギの橋 ♦ 七夕 の夜、織姫と彦星を会わせるためにカササギがかける橋［~相会］別れ別れになっていた夫婦や恋人同士が久々振りに会う

【榷】 què ⊗専売する、販売税を取る

【—】(*搉) ⊗協議する、討論する［商~］(特に学説を巡って)討論する

【囷】qūn ⊗古代の円形の穀倉

【逡】qūn ⊗退く、譲歩する

【逡巡】qūnxún 動 逡巡する、ぐずぐずためらう

【宭】qún ⊗群居する

【裙】(*帬) qún 图 ①〔件〕スカート［连衣~］ワンピース［百折~］ギャザースカート［超短~］[迷你~]ミニスカート ② スカートに似たもの［围~］（ズボンの上に着用する）エプロン

【裙钗】qúnchāi 图《旧》婦人、婦女子

【裙带】qúndài 图 ①（中国風）スカートのひも ②（転）妻や姉妹など女の親族とのつながり［~关系］同前［~官］同前のコネを通じて得た官職

【裙带菜】qúndàicài 图 ワカメ

★【裙子】qúnzi 图〔件〕スカート『穿~』スカートをはく

【群】(*羣) qún 量 群をなした人や物を数える『一~骆驼』ラクダの群 ⊗①群、集団［鱼~］魚の群 ②群をなした、集団になった［~居］群居する

【群策群力】qún cè qún lì （成）みんなで知恵を出し合い力を出し合う ⑭[通力合作] ⊗[独断专行]

【群岛】qúndǎo 图 群島

【群芳】qúnfāng 图 美しく香ぐわしい草花の数々［~竞艳］百花咲き競う

【群集】qúnjí 動 群れ集う、どっと人が出る『~在广场上』広場に詰め掛けた

【群口】qúnkǒu 图 3人以上が交替で語りあるいは歌う演芸 ⊗[群唱]

【群龙无首】qún lóng wú shǒu（成）（竜の群に引率する竜がいない＞）リーダーのいない集団、烏合の衆

【群落】qúnluò 图〔植〕群落；（転）同類の事物の集合

【群魔乱舞】qún mó luàn wǔ（成）（悪鬼の群が乱舞する＞）悪人どもがのさばり返る

【群青】qúnqīng 图〔化〕群青 ♦鮮やかな青色の染料

【群情】qúnqíng 图 大衆感情、世間の気分［~激奋］みんながわっと興奮する

【群山】qúnshān 图 山なみ、連なる山々

【群体】qúntǐ 图 ①〔生〕群体、コロニー ② 同種のものの集合体、グループ

【群雄】qúnxióng 图 群雄、波乱の時代の実力者たち

【群言堂】qúnyántáng 图 指導者が大衆の声を十分に取り入れる政治のあり方、民主的指導方式 ⊗[一言堂]

【群英会】qúnyīnghuì 图 英傑の集い；（転）先進的な人物の会合

★【群众】qúnzhòng 图 ①大衆、民衆［~运动］大衆運動 ②共産党、共青団に属さない人々 ③管理職でない人、ひら

【麇】(*麏) qún ⊗群がる、集団になる［~集］《书》群れる

R

【蚺】rán [書]［～蛇 shé］ウワバミ，大蛇→［蟒 mǎng 蛇］

【髯】rán [書]ほおひげ(広くひげを指す)［美～］立派なひげ

【然】rán [書]①正しい［不以为～］正しいとは思わない ②そのようだ［不～］そうではない，そうでなければ ③しかし ④[尾]状態を表わす［忽～］突然［当～］もちろん

★【然而】rán'ér [接]しかし，しかるに [同]《口》［但是］

★【然后】ránhòu [接]その後，それから(前段に'先''首先'，後段に'再''又''还'などを伴うことが多い)〘先研究一下，～再作出决定〙検討してから決めることにする

【然诺】ránnuò [動]《書》承諾する

【然则】ránzé [接]《書》それならば，それでは

【燃】rán [書]燃える，火をつける［点～］燃やす［～灯］明かりをともす

【燃点】rándiǎn [名]発火点 [同]［着火点］― [動]灯をともす

【燃料】ránliào [名]燃料［～库］燃料庫

【燃眉之急】rán méi zhī jí《成》焦眉の急，緊迫した状態

★【燃烧】ránshāo [動]燃える，燃焼する〘野火在～〙野火が燃えている〘～的怒火〙激しい怒りの炎

【冉(*冄)】rǎn [書]①［～～］《書》ゆっくり進むさま，柔らかく垂れるさま ②(R-)姓

【苒】rǎn [書]→［荏 rěn ～］

【染】rǎn [動]①染める〘～毛线〙毛糸を染める ②染まる〘～上了坏习惯〙悪習に染まった［污～］汚染(する)

【染病】rǎn▼bìng [動]病気に感染する

【染坊】rǎnfáng [名]〔家〕染物屋，染物工場

【染料】rǎnliào [名]染料

【染色】rǎnsè [動]染色する［～体］染色体

【嚷】rāng [書]以下を見よ ⇨rǎng

【嚷嚷】rāngrang [動]《口》①口げんかする，大声でわめく〘外头～什么？〙外では何を騒いでいるのだ ②言い触らす

【瀼】ráng [書]［～河］瀼(じょう)河(河南省の地名) ♦四川の'瀼水'では ràng と発音

【蘘】ráng [書]［～荷］〘植〙ミョウガ

【禳】ráng [書]厄除けのお払いをする

【穰】ráng [名](～儿)《方》①稲や麦の茎，わら［～草］同前 ②'瓤'と通用

【瓤】ráng [名](～儿)(ウリ類の)種子を含んだ柔らかい部分，なかご([同]［瓤子］)〘冬瓜～儿〙トウガンのなかご ― [形]《方》良くない，弱い

【壤】rǎng [書]①耕作できる土地［土～］土壌 ②大地［天～］天地 ③地区［僻～］辺地

【壤土】rǎngtǔ [名]〘農〙ローム(砂と粘土からなり農耕に適する)

【攘】rǎng [書]①排斥する［～外］《書》外国を排斥する ②奪う ③(袖を)まくる('纕'とも)

【攘臂】rǎngbì [動]《書》腕まくりする

【攘除】rǎngchú [動]《書》排除する

【攘夺】rǎngduó [動]《書》奪取する

【嚷】rǎng [動]①大声で叫ぶ〘不要大～大叫〙大声で叫んではいけない ②言い争う ③《方》叱る，責める
⇨rāng

【让(讓)】ràng [動]①譲る〘～路〙道を譲る ②譲り渡す ③もてなす，すすめる〘～酒〙酒をすすめる ④…させる ♦兼語文をつくる．'叫'と似るが，'让'は多く「…するのを放任する」の意味を伴なう〘爸爸不～我去〙父が行かせない〘～我们想想〙皆で考えてみよう ― [介]…に…される([同]［被］)〘行李～雨淋湿了〙荷物は雨でずぶ濡れになった ♦'被'と異なり'让淋湿'とは言えない

★【让步】ràng▼bù [動]譲歩する〘双方终于～了〙両者はついに譲歩し合った

【让价】ràng▼jià [動]値引きする

【让位】ràng▼wèi [動]①地位を譲る ②座席を譲る〘让一个位给孕妇坐〙妊婦に席を譲る

【让座】ràng▼zuò [動](～儿)席を人に譲る〘给一位抱孩子的妇女～〙子供を抱いた婦人に席を譲る

【饶(饒)】ráo [動]①許す〘～他这一次吧〙今回は彼を大目にみよう ②添える，加える〘再～上一个〙あと一つおまけだ［～头 tou］おまけ(の物) ― [接]《口》…なのに，…にもかかわらず〘～这么困难，他也不认输〙こんなに困難でも，彼は降参しない
[書]①豊かな［丰～］豊饒(ほうじょう)な ②(R-)姓

【饶命】ráo▼mìng [動]死を免ずる，命を助ける〘～啊〙命だけはお助けを

R

【饶舌】ráoshé [形] 口数が多い，おしゃべりな

*【饶恕】ráoshù [動] 大目にみる，許す 〖～罪犯〗犯人を許す

〖娆(嬈)〗ráo ⊗［娇 jiāo～］［妖 yāo～］《書》あでやかでなまめかしい ♦「かき乱す」の意では rǎo と発音

〖荛(蕘)〗ráo ⊗ たきぎ→［刍 chú～］

〖桡(橈)〗ráo ⊗ 船の櫂^{かい}

【扰(擾)】rǎo [動] ごちそうになる，世話になる 〖我～了他一次〗私は一度彼の接待を受けた
⊗乱す［干～］妨害をする［打～］邪魔をする

【扰动】rǎodòng [動] 騒動を起こす，騒がす

*【扰乱】rǎoluàn [動] かき乱す，邪魔する 〖～睡眠〗安眠を妨げる 〖～社会秩序〗社会の秩序を乱す

【扰攘】rǎorǎng [形] 混乱した，騒がしい

〖绕(繞)〗rǎo ⊗［缠～］［围～］［环～］などにおける rào の旧読
⇨rào

【绕(繞)】rào [動] ① 巻く，巻きつける 〖～毛线〗毛糸を巻く ② めぐる，まわる（'遶' とも）〖～三圈〗3周する ③ 回り道する（'遶' とも）〖～小道〗小道を遠回りする ④ からみつく，こんがらがる 〖这些事情～了我半天〗それらの事に長いこと時間をくわれた
⇨rǎo

【绕脖子】rào bózi [動] ① 遠回しに言う ②（表現が）込み入っている

【绕道】rào▼dào [動]（～儿）回り道をする 〖～走吧〗回り道をして行こう

【绕口令】ràokǒulìng [名]（～儿）〔句〕早口言葉

【绕圈子】rào quānzi [動] ① 回り道をする ② 回りくどく言う

【绕弯儿】rào▼wānr [動] ① ぶらつく ② 遠回しに言う（[同][绕弯子]）〖说话不要～〗遠回しに言わないで

【绕远儿】rào▼yuǎnr [動] 回り道をする，遠回りする 〖有点儿～〗少々遠回りだ

【绕嘴】ràozuǐ [形] 舌がもつれる，言いにくい 〖这句话很～〗この言葉は舌がもつれる

【惹】rě [動] ①（よくない事を）引き起こす 〖～来不少麻烦〗いろいろ面倒を引き起こした ② 感情を害する，気に障ることを言う 〖不要～他〗彼を怒らせるようなことを言うな ③ 注意を引く，ある反応を引き起こす 〖～人讨厌〗人に嫌われる［～眼］人目をひく

【惹不起】rěbuqǐ [動] 相手にできない，逆らえない（[反][惹得起]）〖我～他〗私は彼に逆らえない

【惹火烧身】rě huǒ shāo shēn《成》自分で災いを招く，我が身を滅ぼす

*【惹祸】rěhuò [動] 災いを起こす

【惹气】rě▼qì [動] 怒らせる

【惹事】rě▼shì [動] 面倒を引き起こす，トラブルを起こす

【惹是非】rě shìfēi [動] いさかいを起こす

【惹是生非(惹事生非)】rě shì shēng fēi《成》あれこれともめ事を起こす

【热(熱)】rè [形] 熱い，暑い（[反][冷]）〖～得要命〗暑くてやりきれない — [動] 熱くする，温める 〖粥～在炉子上了〗お粥^{かゆ}はコンロの上に温めてある — [名]〖物〗熱
⊗① 情が深い［亲～］親密な［～心肠］とても親切な性分 ② 人気がある，欲しがる［～货］人気商品 ③ ブームを表わす［足球～］サッカーブーム

**【热爱】rè'ài [動] 心から愛する 〖～祖国〗祖国を愛する 〖～和平〗平和を熱愛する

【热泵】rèbèng [名] ヒートポンプ

【热潮】rècháo [名] 盛り上がり，ブーム 〖掀起～〗ブームを巻き起こす

【热忱】rèchén [名] 熱情，真心 〖满怀～〗熱情が胸にあふれる — [形] 熱烈な，真心からの 〖～的态度〗真心のこもった態度

【热诚】rèchéng [形] 心がこもっている，誠意に満ちた 〖她待人十分～〗彼女は真心こめて人に接する

【热带】rèdài [名] 熱帯 [同][回归带]

【热岛效应】rèdǎo xiàoyìng [名] ヒートアイランド効果

【热点】rèdiǎn [名] 注目の的，人気の中心

【热电厂】rèdiànchǎng [名] 火力発電所 [同][电热厂]

【热敷】rèfū [動] 温湿布する

【热狗】règǒu [名] ホットドッグ

【热锅上的蚂蚁】règuō shàng de mǎyǐ《俗》（熱い鍋の上の蟻＞）いても立ってもいられない

【热核反应】rèhé fǎnyìng [名] 熱核反応

【热烘烘】rèhōnghōng [形]（～的）非常に温かい，ほかほかしている

【热乎(热呼)】rèhu [形] [同][热和]

【热乎乎(热呼呼)】rèhūhū [形]（～的）温かい，ほかほかしている 〖～的饭菜〗ほかほかのご飯とおかず 〖今天有点感冒，身上感到～的〗今日は風邪ぎみで，体が熱っぽい

【热火朝天】rè huǒ cháo tiān《成》熱気にあふれている

【热火】rèhuo [形] ① 熱っぽい，熱気

がある〚～的气氛〛熱気がこもった雰囲気 ②仲がよい，親密な [同][热和]
【热和】rèhuo [形]([同][热乎])《口》①(心地よく) 温かい〚～的包子〛ほかほかしたパオズ〚～得舒服〛暖かくて気持ちがいい ②仲がよい，親密な〚～的夫妻〛仲がいい夫婦
【热加工】rèjiāgōng [名]高温加工，熱間加工
【热辣辣】rèlàlà [形](～的) じりじりと熱い，焼けつくほど熱い〚脸上～的〛顔がほてる
【热浪】rèlàng [名]熱波，熱気
【热泪】rèlèi [名]感動の涙
*【热泪盈眶】rèlèi yíng kuàng《成》熱い涙があふれる
【热力】rèlì [名]熱エネルギー〚浪费～〛熱エネルギーを浪費する
【热恋】rèliàn [動]熱烈に愛する〚～草原〛草原を熱愛する
【热量】rèliàng [名]熱量，熱カロリー〚三千卡～〛3千カロリー〚消耗～〛カロリーを減らす
**【热烈】rèliè [形]熱烈な，心からの〚～地欢迎〛熱く歓迎する〚～的争论〛熱っぽい論争
【热流】rèliú [名]〔股〕感動の波
*【热门】rèmén [名](～儿) 人気のあるもの([反][冷门])［～货］人気商品
**【热闹】rènao [形]にぎやかな〚节日很～〛祝日はにぎやかだ〚～地谈笑〛にぎやかに談笑する ━[動]にぎやかにする〚～到天亮〛夜明けまでにぎやかに過ごす ━[名](～儿) にぎわい，騒ぎ〚看～〛騒ぎを見物する
【热能】rènéng [名]熱エネルギー
【热气】rèqì [名]①湯気〚～腾腾的馒头〛ほかほかのマントウ ②熱気，生気
【热切】rèqiè [形]熱がこもった，切実な
**【热情】rèqíng [名]情熱，熱意〚生产～〛生産意欲 ━[形]心がこもっている，親切な〚他对我们～极了〛彼は私達にとても親切だ〚～地招待〛心からもてなす
【热水】rèshuǐ [名]お湯〚放～〛(風呂の) お湯を入れる〚喝～〛お湯を飲む［～袋］ゴム製湯たんぽ［～瓶］魔法瓶，ポット
【热腾腾】rèténgténg/ rètēngtēng [形](～的) ほかほかの，熱々の〚～的汤面〛湯気のたった熱々のタンメン
【热望】rèwàng [動]《書》熱望する
【热线】rèxiàn [名]①熱線，赤外線 ②ホットライン
**【热心】rèxīn [動]①(…に) 熱意がある〚～医学〛医学に熱心だ ②思いやりがある〚～地鼓励〛心から励ます
【热心肠】rèxīncháng [名](他人や事業に対する)熱い心
【热学】rèxué [名]熱学
【热血】rèxuè [名]熱血，熱情［～男儿 nán'ér］熱血漢
【热药】rèyào [名](漢方で) 体を温める薬
【热饮】rèyǐn [名]温かい飲み物 [反][冷饮]
【热源】rèyuán [名]熱源
【热战】rèzhàn [名]熱い戦争，本格戦争 [反][冷战]
【热障】rèzhàng [名]〘理〙熱障壁
【热衷(热中)】rèzhōng [動]熱中する，血眼になる〚～金钱〛金銭欲に目がくらむ〚～于教学事业〛教育事業に熱中する

【人】

rén [名]①〔个·口〕人，人間(書面語では量詞不要)〚四口～〛4人家族 ②各人，みんな〚受～尊敬〛みんなから尊敬される ③他人［自欺欺～］自分をだまし人をだます ④誰か，ある人〚有～找你〛誰か君を訪ねてきている ⑤彼，彼女〚～去哪儿了？〛あいつはどこだ ⑥人柄〚他～很好〛彼は人柄がいい ⑦身体，健康〚最近～不大舒服〛この頃体調があまりよくない ⑧人手〚～真不好找〛人手を見つけるのは本当に楽じゃない
【人不人，鬼不鬼】rén bù rén, guǐ bù guǐ《俗》得体が知れない
**【人才(人材)】réncái [名]①人材〚～如云〛人材が豊かだ ②《口》器量〚～出众〛人並み優れて器量がいい
【人称】rénchēng [名]〘語〙人称［～代词］人称代名詞
【人次】réncì [名]延べ人数〚三百万～〛延べ3百万人
*【人道】réndào [名]人道［～主义］人道主義 ━[形]人道的な
【人地生疏】rén dì shēngshū《成》知人もいないし土地にも不案内だ
【人定胜天】rén dìng shèng tiān《成》人間は必ず大自然に勝てる
【人多好办事】rén duō hǎo bànshì《俗》人が多ければ物事がしやすい
【人贩子】rénfànzi [名]人買い
【人浮于事】rén fú yú shì《成》仕事に対して人員が多すぎる
*【人格】réngé [名]人格〚侮辱～〛人格を辱める
*【人工】réngōng [形]〘定語·状語として〙人工の［～呼吸］人工呼吸［～授精］人工授精 ━[名]①人力，労働力 ②1日分の労働
【人公里】réngōnglǐ [名]〘交〙旅客1人を1キロ運ぶ量
【人海】rénhǎi [名]黒山の人［人山～］黒山の人だかり〚逃出～〛人込みから逃れる
【人和】rénhé [名]人の和

R

人 — rén 491

【人祸】rénhuò 图 人災
【人迹】rénjì 图 人の足跡〖～罕至的地区〗人跡まれな地域
【人际关系】rénjì guānxi 图 人間関係
*【人家】rénjia 代 ①他人,ひとさま(⇔[别人])〖～能做,我也能做〗人にできることは私にもできる ②あの人,彼(彼女)〖向～赔礼〗彼(彼女)に謝る ③(親しみやふざけた感じで)私〖～等你半天了〗私ずいぶん待ったのよ
―― rénjiā 图(～儿)①人家〖全村共五十户～〗全村で50戸の家 ②家庭〖和睦～〗仲がいい家庭 ③(これからの)嫁ぎ先〖许了～〗いいなずけ(男性)がいる
*【人间】rénjiān 图 現世,人間社会〖～地狱〗この世の地獄
【人精】rénjīng 图(～子)①老練な人 ②賢すぎる子供
*【人口】rénkǒu 图 ①人口〖控制～〗人口を抑制する ②家族の人数〖每家的～〗各家族の人数
【人困马乏】rén kùn mǎ fá《成》疲労困憊する,疲れきる
【人类】rénlèi 图 人類〖～的进化〗人類の進化
【人类基因图谱】rénlèi jīyīn túpǔ 图 ヒトゲノム
【人力】rénlì 图 人力,人の労力〖精简～〗労働力を節減する〖～资源〗人的資源
【人流】rénliú 图 人の流れ〖～不断〗人の流れが絶えない
【人伦】rénlún 图 人倫,人と人との関係
【人马】rénmǎ 图 軍隊,(全体の)要員,陣容〖公司的～〗会社のスタッフ
【人马座】rénmǎzuò 图 いて座
【人们】rénmen 图 人々
【人面兽心】rén miàn shòu xīn《成》人間の顔をしたけだもの
【人民】rénmín 图 人民〖～大会堂〗人民大会堂〖～法院〗人民法院(中国の司法機関,裁判所)〖～代表大会〗人民代表大会(中国の立法機関)
*【人民币】rénmínbì 图 人民元,人民幣 ♦中国の法定貨幣,RMBとも
【人民公社】rénmín gōngshè 图 人民公社 ♦農漁村の生産協同体(80年代初めに解消)
【人名】rénmíng 图(～儿)人名
【人命】rénmìng 图〖条〗人命
【人莫予毒】rén mò yú dú《成》何ものも眼中にない
【人品】rénpǐn 图 ①人品,人柄〖～的培养〗品性の涵養 ②(口)容貌,立ち居振舞い
【人气】rénqì 图 ①人気 ②(方)人柄,品位
【人情】rénqíng 图 ①人間としての感情〖讲究～〗人の情を重んずる〖～味〗人情味 ③情実,コネ〖利用～〗コネを利用する ③恩恵,義理 ④贈り物〖婚礼的～〗結婚式の贈り物
【人情世故】rénqíng shìgù《成》世渡りの知恵
【人穷志不穷】rén qióng zhì bù qióng《成》貧しくても志は高い ⇔[人穷志不短]
【人权】rénquán 图 人権
【人群】rénqún 图 人の群れ〖逛街的～〗街をぶらつく大勢の人
【人人】rénrén 图 すべての人,みんな
【人山人海】rén shān rén hǎi《成》黒山の人,人の波
【人身】rénshēn 图 人身,人格〖～事故〗人身事故
【人参】rénshēn 图(薬用の)ニンジン〖～酒〗ニンジン酒
*【人生】rénshēng 图 人生〖～无常〗人生に定めなし
【人生地不熟】rén shēng dì bù shú《成》知人はいないし土地にも不案内だ ⇔[人地生疏]
【人声】rénshēng 图 人の声,話し声
【人士】rénshì 图 人士,名士〖进步～〗進歩的な人士〖各界～〗各界の名士
【人世】rénshì 图 この世〖～的悲剧〗人の世の悲劇〖告别～〗この世に別れを告げる
*【人事】rénshì 图 ①人間関係のこと〖复杂的～〗複雑な人間関係 ②人事〖～处〗人事課 ③世間的常識,義理〖懂～〗常識をわきまえる ④意識〖不省 xǐng～〗人事不省 ⑤人の能力〖尽～〗人事を尽くす
【人手】rénshǒu 图 ①人手,労力〖～和工具〗人の手と道具〖安排～〗人手を手配する〖～齐了〗人手が揃った
【人寿保险】rénshòu bǎoxiǎn 图 生命保険 ⇔[生命保险]
【人寿年丰】rén shòu nián fēng《成》人は長寿で,作物は豊作
【人体】réntǐ 图 人体〖～秤 chèng〗体重計
【人同此心,心同此理】rén tóng cǐ xīn, xīn tóng cǐ lǐ《成》みんなの考えに変わりはない
【人头】réntóu 图 ①人数,頭数〖～税〗人頭税 ②(～儿)人との関係 ③(～儿)人柄
【人望】rénwàng 图 人望
【人微言轻】rén wēi yán qīng《成》地位の低い者の言論は軽んじられる
*【人为】rénwéi 形〖定語として〗人為の,人為的な〖～的困难〗人為的な困難 ― 動《書》人の力で成し

遂げる→[事在～]
【人为刀俎，我为鱼肉】rén wéi dāo zǔ, wǒ wéi yú ròu《成》(ひとは包丁まな板に，わたしは魚や肉になる>)まな板の上のコイの状態
【人文科学】rénwén kēxué 図 人文科学
★【人物】rénwù 図① 人物〚卓越的～〛卓越した人物〚他是个～〛彼はなかなかの人物だ ②（作品中の）人物〚～画〛人物画〚典型～〛典型的人物
【人像】rénxiàng 図 肖像(画)，画像
【人心】rénxīn 図 人心，民心〚得～〛人心を得る，人々に支持される〚～向背〛人心の支持と離脱〚大快～〛人々に快哉 $_{がら}$ を叫ばせる，痛快至極だ
【人形】rénxíng 図（～儿）人の姿，人間らしい様子
【人行道】rénxíngdào 図〔条〕歩道，人道
【人行横道】rénxíng héngdào 図 横断歩道
【人性】rénxìng 図 人の本性，人間性〚～化〛ヒューマンケアな——rénxing/rénxìng 図 人間らしさ〚不通～〛人間味がない
【人选】rénxuǎn 図 人選，選ばれる人〚主席团的～〛議長団の人選
【人烟】rényān 図 人煙，人家〚～稀少〛人家がまばらだ
【人仰马翻】rén yǎng mǎ fān《成》ひどい騒ぎになる，てんやわんやだ @[马仰人翻]
【人影儿】rényǐngr 図 人影，人の姿〚连个～也不见〛人影さえない
★【人员】rényuán 図 人員，要員〚分配～〛人員を配置する〚财会kuài～〛経理係
【人缘儿】rényuánr 図 人気，人受け〚～不错〛人受けがいい
【人云亦云】rén yún yì yún《成》他人の意見をそのまま言う，定見がない
【人造】rénzào 圏〚多く定語として〛人造の，人工の〚～革〛レザー〚～卫星〛人工衛星〚～花〛造花
【人证】rénzhèng 図〚法〛人証 @[物证]
★【人质】rénzhì 図 人質〚关押～〛人質を拘禁する
【人中】rénzhōng 図 人中 $_{じんちゅう}$，鼻みぞ
【人种】rénzhǒng 図 人種

【壬】 rén 図 十干の第9，壬 $_{みずのえ}$ ②（R-）姓

【任】 Rén 図①〔一县〕任丘県（河北省）②姓
⇨rèn

【仁】 rén 図（～儿）果実の核にある種子（多く食べられる），仁 $_{にん}$，中身〚杏～〛キョウニン（アンニン）〚虾～〛エビのむき身
⊗①仁，慈愛〚杀身成～〛身を殺して仁を成す，正義のために死ぬ ② 感じやすい〚麻木不～〛無感覚な ③（R-）姓
【仁爱】rén'ài 図 仁愛，優しさ
*【仁慈】réncí 図 慈悲深い，親切な〚～善良的人〛慈悲深く善良な人
【仁厚】rénhòu 図 情け深く寛大な
【仁人志士】rénrén zhìshì 図 仁愛深く高い志を持つ人物
【仁兄】rénxiōng 図〚書〛友人に対する敬称
【仁义】rényì 図 仁愛と正義——rényi 図〚方〛穏やかな，優しい
【仁政】rénzhèng 図 仁政
【仁至义尽】rén zhì yì jìn《成》善意と手助けを最大限行う

【忍】 rěn 働 耐える，こらえる〚～着眼泪〛涙をこらえている〚～痛〛心痛に耐える⊗むごい，容赦ない〚残～〛残忍な
*【忍不住】rěnbuzhù 我慢できない，こらえられない @[忍得住]
【忍冬】rěndōng 図〚植〛忍冬 $_{にんどう}$，スイカズラ
【忍俊不禁】rěn jùn bù jīn《成》笑いをこらえられない
*【忍耐】rěnnài 働 忍耐する〚～痛苦〛苦しみをこらえる
【忍气吞声】rěn qì tūn shēng《成》怒りをじっとこらえる
【忍让】rěnràng 働 我慢して譲歩する〚互相～〛互いに我慢して譲り合う
【忍辱负重】rěn rǔ fù zhòng《成》（大事を前に）屈辱に耐え重責を担う
【忍受】rěnshòu 働 辛抱する，我慢する〚～折磨 zhémó〛いじめに耐える
【忍无可忍】rěn wú kě rěn《成》我慢の限度を越える
【忍心】rěn'xīn 働 思い切ってやる，心を鬼にする〚不～自己先走〛自分だけ先に行くに忍びない

【荏】 rěn ⊗①〚植〛エゴマ（シソ科，ふつう'白苏'という）② 軟弱な〚软～〛同前
【荏苒】rěnrǎn 図〚書〛(時間が)過ぎてゆくさま

【稔】 rěn ⊗①年〚三～〛〚書〛3年 ② 作物が実る ③ 熟知する

【刃】（*刄） rèn 図（～儿）刃物の刃〚刀～〛同前
⊗①刀〚白～〛鋭利な刀 ②刀で殺す

【仞】 rèn ⊗仞 $_{じん}$ ♦（中国古代の）長さの単位，1'仞'は7尺または8尺

【纫(紉)】rèn [動]針に糸を通す〖～针〗同前 ⊗縫う［缝 féng～］針仕事

【轫(軔)】rèn ⊗車輪の止め木→［发 fā～］

【韧(韌 *靭)】rèn ⊗しなやかで強い［柔～］同前［～性］粘り強さ

【韧带】rèndài [名]靭帯

【韧劲】rènjìn [名](～儿)〔股〕音をあげない粘り強さ

【认(認)】rèn [動]①見分ける，識別する〖～字〗字を覚える〖不～路〗道筋がわからない ②人とある関係を結ぶ〖～你做老师〗あなたに先生になってもらう ③認める［～输］敗北を認める

【认错】rèn▼cuò [動](～儿)誤りを認める，謝る

【认得】rènde [動]見知っている，見分けがつく〖不～是哪一个人〗どの人かわからない

*【认定】rèndìng [動]はっきり認める

【认购】rèngòu [動]購入を申し出る

*【认可】rènkě [動]認可する，承認する〖得到～〗認可を得る

【认领】rènlǐng [動](遺失物などを)確認して受け取る

【认命】rèn▼mìng [動]運命と認める

【认生】rèn▼shēng [動](子供が)人見知りをする

**【认识】rènshi [名]認識〖提高～〗認識を高める［～论］認識論 ―[動]見知っている〖不～他家〗彼の家を知らない〖我们俩～了两年了〗私達二人は知り合って2年になる

【认同】rèntóng [動]①同一感を持つ ②(それで良いと)認める，承認する

**【认为】rènwéi [動]…と考える，…と思う〖你～怎么样？〗君はどう思う〖不这样～〗そうは思わない

【认贼作父】rèn zéi zuò fù《成》(悪党を父と見なす>)敵を味方と見なす

【认账】rèn▼zhàng [動]①負債を認める ②自分の言動を認める

**【认真】rèn▼zhēn [動]本当にする，真に受ける〖对笑话～了〗冗談を真に受ける

―― rènzhēn [形]まじめな，真剣な〖他教书很～〗彼は真剣に授業する〖～的态度〗まじめな態度

【认证】rènzhèng [動]認証する

【认知科学】rènzhī kēxué [名]認知科学

【认罪】rèn▼zuì [動]罪を認める〖坦白地～〗正直に罪を認める

【任】rèn [動]①任ずる，任命する〖～他为主席〗彼を主席に任ずる ②担当する〖～课〗授業を担当する ③するに任せる，放任する〖～你挑选〗自由に選んで下さい〖～人摆布〗人の言いなりになる ―[接]《方》たとえ…でも〖～他跑到天边…〗たとえ彼が空の果てまで逃げても… ―[量]在任の回数を数える

⊗職務［兼～］兼任する

⇨Rén

【任便】rèn▼biàn [動]都合のいいようにする

**【任何】rènhé [代]いかなる，どんな〖～人〗どんな人でも〖遇到～事情都要问个为什么〗どんな事にぶつかってもなぜそうなるのかと疑問を持たなくてはいけない

【任教】rèn▼jiào [動]教鞭を執る

【任免】rènmiǎn [動]任免する

*【任命】rènmìng [動]任命する〖～局长〗局長に任命する

【任凭】rènpíng [動]…に任せる〖～你自己拿主意〗君自身の考えに任せる ―[接]…であろうと〖～你是谁，都不能违反制度〗誰であろうと，制度に違反してはならない

【任期】rènqī [名]任期

【任情】rènqíng [動]存分にする，気が済むようにする

**【任务】rènwu [名]〔个·项〕任務，使命〖完成～〗任務を達成する

*【任性】rènxìng [形]気ままな，わがままな〖这孩子～得很〗この子はとてもわがままだ

*【任意】rènyì [形]〔定語として〕任意の ―[副]気ままに，ほしいままに〖～诬蔑〗ほしいままに中傷する

【任用】rènyòng [動]任用する〖～干部〗幹部を任用する

【任职】rèn▼zhí [動]職に就く，勤める〖在公安部门～〗公安部門に勤めている

*【任重道远】rèn zhòng dào yuǎn《成》(任重く道遠し>)誠に責任重大である

【饪(飪)】rèn ⊗煮炊きする［烹～］料理を作る

【妊(姙)】rèn ⊗妊娠する

【妊妇】rènfù [名]妊婦 [同]［孕妇］

【妊娠】rènshēn [動]妊娠する

【衽(*袵)】rèn ⊗①服の衽(おくみ) ②しとね
◆睡眠用の敷物

【扔】rēng [動]①投げる，ほうる〖～砖头〗れんがを投げる ②投げ捨てる，捨てる〖～废纸〗紙くずを捨てる

【仍】réng ⊗やはり，依然として〖病～不见好〗病気はやはりよくならない

*【仍旧】réngjiù [副]依然として，相変わらず〖白天变得温暖，夜晚～寒

冷]昼間は暖かくなってきたが,夜は相変わらず寒い 一 圖元のままだ

*【仍然】réngrán 圖 依然として,元通り〖他的性格～没有改变〗彼の性格は依然として変わらない

【日】rì ⊗①日,太陽[～落]日が沈む ②昼間[～班]日勤 ③一日(24時間) ◆書面語では量詞としても使用〖二十一〗20日,21日目 ④一昼一夜,ある時期[节～]祭日[往～]昔 ⑤毎日,日々 ⑥(R-)日本

【日报】rìbào 图[份]日刊新聞[人民～]人民日報

【日不暇给】rì bù xiá jǐ〈成〉毎日忙しくて暇がない

*【日常】rìcháng 形《定語として》日常の[～生活]日常生活

【日场】rìchǎng 图マチネー,昼の部

【日程】rìchéng 图日程,スケジュール[～表]日程表

【日工】rìgōng 图①昼間の仕事 ②日雇い仕事,日雇い労働者

【日光】rìguāng 图日光[～浴]日光浴[～灯]蛍光灯

【日后】rìhòu 图後日,将来

【日积月累】rì jī yuè lěi〈成〉長い間に積み重ねる

*【日记】rìjì 图日記,日誌[记～]日記をつける

【日间】rìjiān 图昼間

【日见】rìjiàn 副日に日に(…となる)〖～起色〗日に日に好転する

【日渐】rìjiàn 副日ごとに

【日久天长】rì jiǔ tiān cháng〈成〉長い年月を経る

【日来】rìlái 图ここ数日来

*【日历】rìlì 图日めくり,カレンダー[～手表]カレンダー入り腕時計

【日暮途穷】rì mù tú qióng〈成〉(日暮れて道窮まる>)前途に望みがない

【日内】rìnèi 图数日の内,近々

*【日期】rìqī 图期日,日付[启程的～]出発の期日

【日前】rìqián 图先日,数日前

【日趋】rìqū 副日増しに(…になる)〖～繁荣〗日増しに繁栄する

【日上三竿】rì shàng sān gān〈成〉日がすでに高く昇っている ◆朝寝坊をした場合にいう

【日食】rìshí 图日食

【日头】rìtou 图〈方〉太陽

【日托】rìtuō 图(保育園や幼稚園に子供を)日毎に預ける[全托]

【日文】Rìwén 图日本語

*【日新月异】rì xīn yuè yì〈成〉日進月歩

【日夜】rìyè 图昼夜[～商店]昼夜営業の商店

【日以继夜】rì yǐ jì yè〈成〉夜を日に継いで 圖[夜以继日]

*【日益】rìyì 副日に日に,日増しに〖情况～恶化〗状況は日に日に悪化する

【日用】rìyòng 形《定語として》日用の[～费]日常生活の費用

*【日用品】rìyòngpǐn 图日用品

*【日语】Rìyǔ 图日本語(圖[口][日本话])[说～]日本語を話す

【日圆(日元)】Rìyuán 图日本円

【日月】rìyuè 图暮らし,生活

【日晕】rìyùn 图〈天〉日暈だ,ひがさ,ハロ

【日照】rìzhào 图日照[～时间]日照時間

【日志】rìzhì 图日誌[工作～]作業日誌

【日子】rìzi 图①日,期日[改变～]日にちを変える ②日数[前些～]先日 ③暮らし,生活[过～]暮らし

【戎】róng ⊗①軍事,軍隊[兵～]〈書〉兵器,軍隊 ②(R-)戎ヒ゛ゥ ◆中国古代西方の民族の一 ③(R-)姓

【戎马】róngmǎ 图〈書〉軍馬,軍隊

【戎装】róngzhuāng 图〈書〉軍装

【绒(絨*羢毧)】róng(～儿)刺繍じゅう用の細糸 ⊗①綿毛,ダウン[鸭～]アヒルのダウン ②表面を毛羽だてた織物[天鹅～]ビロード

【绒布】róngbù 图フランネル

【绒花】rónghuā 图(～儿)ビロードで作った鳥や花

【绒花树】rónghuāshù 图〈植〉ネムノキ 圖[合欢]

【绒裤】róngkù 图[件]厚手メリヤスのズボン下,スウェットパンツ

【绒毛】róngmáo 图①綿毛 ②織物表面の毛羽

【绒头绳】róngtóushéng 图(～儿)髪をくくる紐じ,元結ほひ

【绒线】róngxiàn 图①[根・条]刺繍用の太目の糸 ②〈方〉毛糸

【绒衣】róngyī 图[件]厚手のメリヤスのシャツ,スウェットシャツ

【荣(榮)】róng ⊗①繁茂する[繁～]繁栄する ②光栄,誉れ[光～]光栄な ③(R-)姓

【荣华】rónghuá 图栄華

【荣获】rónghuò 動光栄にも獲得する[～冠军]優勝の栄誉に浴する

【荣辱】róngrǔ 图光栄と恥辱

*【荣幸】róngxìng 形光栄な,幸運な[感到～]光栄に思う

【荣耀】róngyào 图光栄,誉れ

*【荣誉】róngyù 图栄誉[无比的～]この上ない栄誉[～勋章]名誉勲章

【嵘(嶸)】 róng ⊗ →[崢 zhēng～]
【嵘(嶸)】 róng ⊗ 以下を見よ
【蝾螈】róngyuán 名〘動〙イモリ

【茸】 róng ⊗ ①柔らかい,ふかふかした〖绿～～〗柔らかで青々とした ②鹿茸(鹿の袋角)[鹿～]同前
【茸茸】róngróng 形(草や毛が)ふかふかした〖毛～的一头黑发〗ふさふさした黒い髪の毛

【容】 róng ⊗ ①容れる,収容する〖这间屋子能～二十人〗この部屋には20人を収容できる ②許す,容認する〖～不得 bu-de 人〗(心が狭く)他人を許容しない〖不～置疑〗疑いを差し挟む余地がない
⊗①顔,容貌,様子〖笑～〗笑顔〖市～〗街の様子 ②(R-)姓
【容光】róngguāng 名顔色〖～焕发〗顔がつやつやと血色がいい
【容积】róngjī 名容積
【容量】róngliàng 名容量〖增加～〗容量を増やす
*【容貌】róngmào 名容貌〖秀气的～〗きれいな顔かたち
【容纳】róngnà 動収容する,受け入れる〖这个房间只能～两张床〗この部屋はベッドを2つしか入れられない
*【容器】róngqì 名容器
【容情】róngqíng 動〘多く否定文に用いて〙容赦する,温情を与える〖对违法行为决不～〗違法行為に対して決して容赦しない
【容忍】róngrěn 動我慢する,許す〖～现状〗現状を受け入れる
【容身】róng'shēn 動身を置く〖无～之地〗身の置き場所がない
【容受】róngshòu 動受け入れる
【容许】róngxǔ 動許容する,許す〖～部分人先富起来〗一部の者が先に豊かになることを許容する ―副あるいは…かもしれない〖以前～有过〗以前はあったかもしれない
*【容易】róngyì 形①容易な,やさしい〖说起来～做起来难〗言うのは簡単だがやってみると難しい ②…しやすい〖～上当〗だまされやすい

【溶】 róng ⊗ 動溶ける〖～不了〗溶けない〖～于水〗水に溶ける
【溶化】rónghuà 動水の中に溶ける〖在水里～〗水の中に溶ける
【溶剂】róngjì 名〘化〙溶剂
*【溶解】róngjiě 動溶解する
【溶溶】róngróng 形〘書〙(水や月光が)ゆったりとたゆたうさま
【溶液】róngyè 名〘化〙溶液

【蓉】 róng ⊗ ①→[芙 fú～] ②(R-) 四川省成都の別称

【熔(*鎔)】 róng ⊗ (熱で)溶ける,溶かす〖(堆芯)～毁(duīxīn)rónghuǐ〗メルトダウン
【熔点】róngdiǎn 名融解点
【熔化】rónghuà 動融解する,溶ける〖加速～〗融解を速める
【熔炼】róngliàn 動溶融して精錬する〖～矿石〗鉱石を溶かして精錬する
【熔炉】rónglú 名溶鉱炉;(転)るつぼ〖火热的～〗燃えさかるるつぼ
【熔融】róngróng 動溶解する ⇒[熔化]
【熔岩】róngyán 名溶岩

【榕】 róng ⊗ ①〘植〙榕樹,ガジュマル [～树] 同前 ②(R-)福建省福州の別称

【融】 róng ⊗ ①融ける ②融合する [交～] 解け合う ③流通する [金～] 金融 ④(R-)姓
【融合】rónghé 動融合する,解け合う〖～在一起〗一つに解け合う
*【融化】rónghuà 動(氷や雪が)解ける〖雪人～了〗雪だるまが解けた
【融会】rónghuì 動(ひとつに)解け合う
【融解】róngjiě 動(凍結物が)解ける〖经过加热～〗加熱によって溶解する
*【融洽】róngqià 形打ち解けた,むつまじい〖～的气氛〗打ち解けた雰囲気
【融融】róngróng 形〘書〙①仲むつまじい ②暖かい

【冗(*宂)】 rǒng ⊗ ①余計な〖～员〗むだな人員 ②煩わしい〖烦～〗同前〖多忙〖拔～〗万障お繰りあわせのうえ…
【冗长】rǒngcháng 形冗長な,長ったらしい〖～的文章〗長ったらしい文章
【冗杂】rǒngzá 形煩雑な

【氄(毪)】 rǒng ⊗ (毛が)柔らかい〖发～〗ふかふかだ [～毛] (鳥などの)綿毛

【柔】 róu ⊗ ①柔らかい〖轻～〗軽くてしなやかな ②柔らかくする ③和な〖温～〗優しい ④(R-)姓
【柔道】róudào 名柔道〖～服〗柔道着
【柔和】róuhé 形柔和な,穏やかな〖声音很～〗優しい声だ〖～的目光〗柔和な視線
【柔媚】róumèi 形穏やかで愛らしい,優しい〖～的姑娘〗愛らしい娘

さん
【柔嫩】róunèn 形 柔らかい,か弱い〖～的小草〗小さく柔らかな草〖～的面頬〗柔らかい頬
【柔情】róuqíng 名 優しい心〖～満怀〗優しい心情にあふれている
【柔韧】róurèn 形 しなやかな
【柔软】róuruǎn 形 柔らかい,柔軟な〖～的地毯〗柔らかなじゅうたん〖～体操〗柔軟体操
【柔弱】róuruò 形 軟弱な,か弱い〖～的身体〗弱々しい身体
【柔顺】róushùn 形 柔順な,柔和な,素直でおとなしい〖性格～〗性格が柔順だ

【揉】róu 動 ①こする,もむ,する〖～眼睛〗目をこする ②こねる,丸める〖～面〗小麦粉をこねる

【揉搓】róucuo 動 ①もむ,こする〖～衣服〗洗濯物をもむ ②(方)いじめる

【糅】róu ⊗ 入り混じる〖～合〗同前〖～杂〗ごちゃまぜになった

【蹂】róu ⊗ 以下を見よ

【蹂躏】róulìn 動 踏みにじる〖～老百姓〗民衆を蹂躙する

【鞣】róu 動 (皮を)なめす〖～皮子〗皮をなめす

【鞣料】róuliào 名 なめし用剤

【肉】ròu 名〔块・片〕①肉〖肌～〗筋肉〖羊～〗マトン〖肥～〗脂身肉 ②果肉〖果～〗同前 — 形 ①(方)歯切れが悪い〖这西瓜瓤儿rángr太～〗このスイカは歯ざわりがさくさくしない ②(方)のろまだ,動作がにぶい〖他做事真～〗彼はぐずな男だ

【肉搏】ròubó 動 徒手や短刀のみで戦う〖～战〗肉弾戦
【肉包子】ròubāozi 名 肉まん,豚まん〖～打狗,一去不回头〗肉まんを犬に投げつける,(人などが)行ったきり戻らない
【肉豆蔻】ròudòukòu 名〖植〗ニクズク,ナツメグ
【肉干】ròugān 名 干し肉
【肉感】ròugǎn 形 セクシーな
【肉冠】ròuguān 名 (鳥類の)とさか
【肉桂】ròuguì 名〖植〗ニッケイ
【肉瘤】ròuliú 名 肉腫み
【肉麻】ròumá ひどくいやな,むかむかする〖～的恭惟〗歯が浮くようなお世辞
【肉糜】ròumí 名 (方)ひき肉
【肉皮】ròupí 名〖食〗豚肉の皮
【肉色】ròusè 名 肌色
【肉食】ròushí〖定语として〗肉食の〖～动物〗肉食動物 — 名 肉食品

【肉松】ròusōng 名〖食〗肉の田麩
【肉体】ròutǐ 名 肉体
【肉头】ròutóu 形 (方)①意気地がない ②馬鹿な,おろかな ③のろまな
—— ròutou 形 (方)ふっくらして柔かい
【肉丸子】ròuwánzi 名 肉団子
【肉馅】ròuxiàn 名 (～儿)〖食〗あん,肉入りの具
【肉刑】ròuxíng 名 身体刑
【肉眼】ròuyǎn 名 肉眼
【肉月】ròuyuè 名 (～儿)(漢字の偏旁の)にくづき 例〖肉月旁〗
【肉中刺】ròuzhōngcì 肉に刺さったトゲ;(転)目のかたき〖眼中钉〗

【如】rú ⊗ ①似ている,…のようだ〖胆小～鼠〗ネズミのように臆病だ ②及ぶ,匹敵する〖不～〗及ばない ③例えば ④もしも〖～不能来,请先通知〗来られないなら,先に知らせて下さい ⑤…の通りにする〖～愿〗願い通りになる ⑥行く ⑦(R-)姓

【如常】rúcháng 動 いつものとおりだ〖一切～〗すべて変わりがない
【如出一辙】rú chū yì zhé (成)(一つの轍dừから出てきたような>)(言論や事柄が)そっくりだ
【如此】rúcǐ 代 この(その)ようだ 例〖口〗〖这样〗〖理应～〗当然そうあるべきだ〖～而已〗それだけのことだ
【如次】rúcì 代 以下の通りである
【如法炮制】rú fǎ páozhì (成)型通りに行う
【如故】rúgù 動 ①元通りだ〖故乡的景色依然～〗故郷の景色は昔のままだ ②旧友のようだ〖一见～〗会ったとたん旧友のように打ち解ける
*【如果】rúguǒ 接〖多く'那''那么''就''便'などと呼応して〗もしも…なら〖～你坚持己见,那就不对了〗君が自分の考えを譲らないなら,それは正しくない
*【如何】rúhé 代〖书〗どのようであるか,どのように〖～办理〗どう処理するか〖家里的情况～？〗家の様子はどうですか
【如虎添翼】rú hǔ tiān yì (成)(虎に翼が付く>)鬼に金棒
【如火如荼】rú huǒ rú tú (成)(火のように赤い軍団とチガヤの穂のように白い軍団が勢ぞろいする>)勢いすさまじい
【如饥似渴】rú jī sì kě (成)飢えたように,しきりに
*【如今】rújīn 名 (過去に対して)今,今頃,近ごろ〖～的年轻人〗近ごろの若者
【如雷贯耳】rú léi guàn ěr (成)名

声を轟とどろく

【如鸟兽散】rú niǎo shòu sàn《成》(驚いた鳥や獣のように) 散り散りになる

【如期】rúqī 副 期限通りに〖货物已～运到〗商品はすでに期限通りに運んである

【如日中天】rú rì zhōng tiān《成》日が中天にあるようだ,真っ盛りである

【如若】rúruò 圈《书》もしも (⇔[如其])〖～不然〗もしそうでないなら

【如上】rúshàng 副《书》以上の通りである

【如实】rúshí 副 ありのままに,如実に〖要～报告上级〗ありのまま上部に報告しなければならない

【如释重负】rú shì zhòng fù《成》重荷を降ろしたようだ

【如数家珍】rú shù jiāzhēn《成》(家宝を数えるように) 手慣れている

【如汤沃雪】rú tāng wò xuě《成》(雪に熱湯をかけるように) 容易に片付く

【如同】rútóng 副《多く'一样'と呼応して》…と同じようだ〖灯光照耀,～白昼〗電灯が明るく輝き,真昼のようだ〖对待我们～罪犯一样〗我々を犯罪者同様に扱う

【如下】rúxià 副 以下の通りである〖全文～〗全文以下の通り

【如许】rúxǔ 囧《书》このような,このように

【如意】rú'yì 動 思い通りになる〖～地工作〗思い通りに仕事をする〖～算盘〗都合のいい皮算用
── rúyì 图《把》如意

【如影随形】rú yǐng suí xíng《成》(影が形に添うように) いつも一緒である

【如鱼得水】rú yú dé shuǐ《成》水を得た魚のようである

【如愿】rú'yuàn 動 思い通りになる〖～的婚姻〗思い通りの結婚

【如坐针毡】rú zuò zhēnzhān《成》(針のむしろに座っているように) いたたまれない

【茹】rú ⊗ ①食べる〖～素〗《书》菜食する〖～毛饮血〗原始的生活をする ②(R-)姓

【铷(銣)】rú 图《化》ルビジウム

【儒】rú ①儒家 ②読書人,学者

【儒艮】rúgèn 图《動》ジュゴン

【儒家】Rújiā 图 儒家 ♦先秦時代の思想学派の一

【儒教】Rújiào 图 儒教

【儒生】rúshēng 图 儒者,学者,書人

【儒学】rúxué 图 ①儒家の学説 ②(元明清の)府学・県学などの学校

【孺】rú ⊗ 子供〖～子〗《书》幼児,子供

【濡】rú ⊗ ①ぬらす,浸す〖～笔〗墨をつける ②滞る

【嚅】rú ⊗ 〈～动 dòng〉(話そうとして)唇が微かに動く

【蠕(*蝡)】rú(又読 ruǎn) ⊗ うごめく,のたくる

【蠕动】rúdòng 動 うごめく,ゆっくり動く〖蜗牛～〗カタツムリがのろのろ動く

【蠕蠕】rúrú 形《多く状语として》うごめいている,のたくっている

【蠕形动物】rúxíng dòngwù 图 蠕形動物

【颥(顬)】rú ⊗ →[颞 niè～]

【汝】rǔ ⊗ ①なんじ ②(R-)姓

【乳】rǔ ⊗ ①乳房 ②乳〖炼～〗コンデンスミルク ③乳状のもの〖豆～〗豆乳〖～臭 xiù 未干〗乳離れしたばかりの,青二才の ④乳をやる ⑤生まれたばかりの(動物)〖～猪〗子豚

【乳白色】rǔbáisè 图 乳白色

【乳钵】rǔbō 图 乳鉢

【乳齿】rǔchǐ 图 乳歯 ⇔[乳牙][奶牙]

【乳儿】rǔ'ér 图 乳児,赤ん坊

【乳房】rǔfáng 图《对》乳房

【乳化】rǔhuà 動《化》乳化する〖～剂〗乳化剤

【乳胶】rǔjiāo 图 乳状液

【乳酪】rǔlào 图 チーズ

【乳名】rǔmíng 图 幼名 ⇔[小名]

【乳母】rǔmǔ 图 乳母 ⇔[奶妈]

【乳牛】rǔniú 图〔头〕乳牛 ⇔[奶牛]

【乳酸】rǔsuān 图 乳酸

【乳糖】rǔtáng 图 乳糖,ラクトース

【乳头】rǔtóu 图 乳首 ⇔[奶头]

【乳腺】rǔxiàn 图《生》乳腺

【乳罩】rǔzhào 图 ブラジャー ⇔[奶罩][胸罩]

【乳汁】rǔzhī 图 乳 ⇔[奶]

【辱】rǔ ⊗ ①恥辱,不面目〖～盖〗恥をかかされる ②辱める ③《谦》かたじけなくも〖～承指教〗ご教示いただく

【辱骂】rǔmà 動 侮辱する,ののしる〖放肆地～外地人〗無礼な言葉でその土地の者をののしる

【辱没】rǔmò 動 辱める,汚す〖～名声〗名声を汚す

【擩】rǔ 動《方》挿し込む

【入】rù ⊗ ①入る〖禁止～内〗進入禁止〖投～〗投入する ②加わる〖～团〗入団する ③収入〖～不敷出〗収入が支出に

足りない［量～為出］収入に応じて支出する ④［語］入声ホョシ
【入超】rùchāo 動 入超，輸入超過 ⑧［出超］
【入耳】rù'ěr 形 耳に心地よい［不一的话］耳の痛い話
【入伏】rù'fú 動 三伏ホシに入る，酷暑の時期になる
【入港】rù'gǎng 形（旧白话で）意気投合した，気の合った
【入骨】rùgǔ 動 骨身にしみる［恨之～］恨み骨髄に徹する
【入画】rùhuà 動［書］絵になる
【入伙】rù'huǒ 動 ①仲間に加わる ②（単身赴任者などが）集団給食に加わる
【入境】rùjìng 動 入国する［～签证］入国ビザ［～登记卡］入国記録カード
★【入口】rùkǒu 図 入り口 ⑧［出口］—— rù'kǒu 動 ①口に入れる ②輸入する ⑧［进口］
【入寇】rùkòu 動［書］侵入する
【入殓】rùliàn 動 納棺する
【入梅】rùméi 動 梅雨になる
【入门】rùmén 図 入門，手引き［书法～］書道入門 — 動 入門する［～不难，深造不易］初歩は難しくないが，奥を究めるのはたやすくない
【入迷】rùmí 動 病みつきになる，夢中になる［～了］切手収集のマニアになる［玩儿得～］遊びに夢中になる
【入魔】rùmó 動 魅せられる，うつつを抜かす
【入木三分】rù mù sān fēn［成］（板に字を書くと墨が3分の深さまで浸み渗ると）議論が深く鋭い
【入侵】rùqīn 動（敵が）侵入する，攻め入る
【入情入理】rù qíng rù lǐ［成］情理にかなっている
【入射角】rùshèjiǎo 図［理］入射角
【入神】rù'shén 動 夢中になる，心を奪われる［～地听ホ］うっとりと聞く — rùshén 形 絶妙な，素晴らしい［文章写得～了］絶妙な文だ
【入声】rùshēng 図［語］入声ホシ◆古代の四声の一．現代でも独立した入声を保持する方言がある
【入时】rùshí 形 流行に合っている［～的首饰］流行のアクセサリー
【入手】rùshǒu 動 ①着手する ②手に入れる
【入睡】rùshuì 動 寝つく，寝入る
【入微】rùwēi 動［多く補語として］非常に細かい，行き届いている［体贴～］きめ細かく思いやる
【入味】rùwèi 形 ①味がいい ②興味深い
【入伍】rù'wǔ 動 入隊する
【入席】rù'xí 動 席に着く

【入乡随俗】rù xiāng suí sú［成］郷に入っては郷に従え ⑧［入乡随乡］［随乡入乡］
【入选】rùxuǎn 動 入選する
【入学】rù'xué 動 入学する［～考试］入学試験
【入眼】rùyǎn 動 見て気に入る［看得～］気に入る［看不～］気に入らない
【入夜】rùyè 動 夜になる
【入狱】rù'yù 動 入獄する
【入院】rù'yuàn 動 入院する ⑧［住院］
【入账】rù'zhàng 動 記帳する
【入赘】rùzhuì 動 婿入りする
【入座（入坐）】rù'zuò 動 座席に着く［对号～］指定席に着く

【溽】rù ⊗ 湿っぽい［～暑］蒸し暑い

【蓐】rù ⊗ ござ，しとね ◆多く産褥ホシを指す

【缛（縟）】rù ⊗ 手のこんだ，凝った［繁文～节］繁雑な礼儀作法

【褥】rù ⊗ 敷布団［～子］同前［被～］掛布団と敷布団

【褥疮】rùchuāng 図 床ずれ
【褥单】rùdān 図（～儿）シーツ ⑧［～子］
【褥套】rùtào 図（旅行用）布袋袋

【挼】ruá 動［方］①（紙などが）皱ホシになる ②（布などが）すりへる ◆「さする」の意の文語はruó と発音

【阮】ruǎn ⊗ ①'阮咸'の略称 ②(R-)姓

【阮咸】ruǎnxián 図［音］阮咸ホシシ（月琴に似た弦楽器）

【朊】ruǎn 図［化］'蛋白质'（蛋白質）の旧称

【软（軟*輭）】ruǎn 形 ①柔らかい［这件睡衣又～又合身］この寝巻きは柔らかいし体にぴったりだ ②軟弱な，力がない［酸～］体がだるい ③動揺しやすい，情にもろい［心～］情に弱い［耳朵～］人の意見に左右されやすい ④弱い，臆病な ⊗ (R-)姓

【软磁盘】ruǎncípán 図 フロッピーディスク ⑧［软盘］
【软刀子】ruǎndāozi〔把〕痛みを与えないで相手をやっつける手段
【软缎】ruǎnduàn 図 繻子ヌス織の絹織物
【软腭】ruǎn'è 図 軟口蓋
【软膏】ruǎngāo 図 軟膏
【软骨】ruǎngǔ 図 軟骨
【软骨病】ruǎngǔbìng 図［医］骨軟化症，くる病
【软骨头】ruǎngǔtou （旧読 ruǎn-

gútou) 名 意気地なし，気骨がない奴 (反)[硬骨头]
【软管】ruǎnguǎn 名 ①ホース ②(タイヤの) チューブ(ふつう'内胎'という)
【软化】ruǎnhuà 動 軟化する〖态度逐渐～〗態度が次第に軟化する
【软和】ruǎnhuo 形《口》柔らかい〖～的毛衣〗ふんわりしたセーター〖～的态度〗柔軟な態度
★【软件】ruǎnjiàn 名 ソフトウエア (反)[硬件]
【软禁】ruǎnjìn 動 軟禁する
【软绵绵】ruǎnmiánmián 形 (～儿)(～的) ①ふわふわした〖～的枕头〗ふんわりした枕 ②弱々しい〖身体～的〗体がぐったりしている
【软磨】ruǎnmó 動 やさしい言葉で頼みこむ，ごく穏やかにつきまとう [～硬抗] 硬軟両用の手段で対抗する
【软木】ruǎnmù 名 コルク [～塞] コルク栓 [～雕] コルクの彫刻
【软盘】ruǎnpán 名 フロッピー (同)[软磁盘]
【软片】ruǎnpiàn 名 フィルム (同)[胶片]
【软弱】ruǎnruò 形 軟弱な，弱い〖四肢～无力〗手足が弱々しい [～可欺] 意気地がなく人になめられる
【软食】ruǎnshí 名 柔らかい食べ物
【软水】ruǎnshuǐ 名 軟水 (反)[硬水]
【软梯】ruǎntī 名 ①《口》縄ばしご (同)[绳梯] ②(旅客機の) 脱出シュート
【软体动物】ruǎntǐ dòngwù 名 軟体動物
【软卧车】ruǎnwòchē 名 1等寝台車 (関)[硬卧车]
【软席】ruǎnxí 名 (列車の) 1等席 (同)[软座]
【软饮料】ruǎnyǐnliào 名 ソフトドリンク
【软硬不吃】ruǎn yìng bù chī《成》飴も鞭も効果がない
【软硬兼施】ruǎn yìng jiān shī《成》飴と鞭の両方の方法を使う
【软玉】ruǎnyù 名〖鉱〗軟玉(玉の一種)
【软脂】ruǎnzhī 名〖化〗パルミチン
【软着陆】ruǎnzhuólù 動 軟着陸する
【软座】ruǎnzuò 名 (列車の) 柔らかい座席(1等席) (関)[硬座]

〖蕊(*蕋 蘂)〗ruǐ ⊗ 花のしべ [雄～] 雄しべ [雌～] 雌しべ

〖芮〗Ruì ⊗姓

〖枘〗ruì ⊗ ほぞ [～凿 záo] くい違い

【蚋(*蜹)】ruì 名〖虫〗ブヨ

〖锐(銳)〗ruì ⊗ ①鋭い [尖～] 先鋭な ②鋭気 ③急激に
【锐不可当】ruì bù kě dāng《成》勢いが猛烈で食い止められない
【锐角】ruìjiǎo 名〖数〗鋭角
【锐利】ruìlì 形 鋭利な，鋭い〖～的剪刀〗よく切れるはさみ〖笔锋～〗筆鋒(ほう)が鋭い
【锐气】ruìqì 名 鋭気，気力〖挫～〗気勢をくじく
【锐意】ruìyì 副《書》鋭意(…する)

〖瑞〗ruì ⊗ ①めでたい [祥～] めでたい兆し ②(R-) 姓
【瑞香】ruìxiāng 名〖植〗ジンチョウゲ(沈丁花)
【瑞雪】ruìxuě 名 瑞雪(ずいせつ)，めでたい予兆の雪

〖睿(*叡)〗ruì ⊗ 先見の明がある [～智]《書》英知

〖瞤(瞤)〗rún ⊗ まぶたがピクピクする

〖闰(閏)〗rùn ⊗ 余分の，うるう [～年] うるう年 [～月] うるう月 [～日] うるう日(2月29日)

【润(潤)】rùn 動 潤す，湿らす〖喝点水～～嗓子〗水を飲んでのどを潤す ━ 形 潤いがある，しっとりしている〖墨色很～〗(書画の) 墨の色がしっとりしている
⊗ ①潤色する [删～] 添削する ②利潤，利益
【润笔】rùnbǐ 名《旧》揮毫(きごう)料，執筆料
【润滑】rùnhuá 動 潤滑にする [～油] 潤滑油
【润色】rùnsè 動 (文章を) 潤色する，飾る〖加以～〗(文章に) 手を加える
【润饰】rùnshì 動 潤色する ((同)[润色])〖这篇文章请你帮我～～〗この文章を推敲(すいこう)して下さいませんか
【润泽】rùnzé 動 潤す，湿らす〖～禾苗〗苗を潤す ━ 形 湿っている，潤いがある〖皮肤～〗肌がしっとりしている

〖若〗ruò ⊗ ①もしも〖人～犯我，我必犯人〗人我を侵さば，我必ず人を侵す ②…のようだ((同)'如') [大智～愚] 大智は愚のごとし
【若虫】ruòchóng 名 (カゲロウ，トンボなどの) 幼虫
【若非】ruòfēi 接《書》もし…でなければ
★【若干】ruògān 代 (概数を表わして) 若干〖～人〗何人かの人〖～天〗

R

数日間
【若即若离】ruò jí ruò lí《成》不即不離，付かず離れず
【若是】ruòshì [接]もし…なら [同]《口》[如果]
【若无其实】ruò wú qí shí《成》何事もなかったように
【若有所思】ruò yǒu suǒ sī《成》何か考えるところがあるようだ
【偌】ruò ⊗(旧白話で) この(その)ように〖～大〗こんなに大きい
【箬(*篛)】ruò ⊗①クマザサ［～竹］同前 ②クマザサの葉，竹の皮［～帽］笠
【弱】ruò [形]①弱い，劣る〖小时候，他身体很～〗幼い頃，彼は体が弱かった ②(ある数字より少ない) 弱〖五分之一～〗5分の1弱
⊗①若い［老～］老人と若者 ②失う，死ぬ
【弱不禁风】ruò bù jīn fēng《成》風が吹いても倒れてしまうほど弱々しい
*【弱点】ruòdiǎn [名]弱点，弱み〖揭露～〗弱点を暴く
【弱冠】ruòguàn [名]《書》弱冠，男子の20歳
【弱碱】ruòjiǎn [名]〖化〗弱アルカリ
【弱肉强食】ruò ròu qiáng shí《成》弱肉強食
【弱视】ruòshì [名]弱視
【弱酸】ruòsuān [名]〖化〗弱酸
【弱小】ruòxiǎo [形]弱小な〖～的国家〗弱小国家〖～的孩子〗幼い子供
【爇(*焫)】ruò ⊗燃やす

S

【SMS】[名]ショートメッセージサービス [同][短信][短信息服务]
【仨】sā [数]《口》三つ([同][三个])〖～人〗3人
【撒】sā [動]①放す，投げる〖～网〗投網を打つ，網をはる〖～传单〗ビラをまく ②思いのままにする〖～酒疯〗酒に酔って乱れる
⇨sǎ
【撒旦】sādàn [名]《訳》サタン，悪魔
【撒刁】sā▾diāo [動]ずるく振舞う，すねる
*【撒谎】sā▾huǎng [動]うそをつく
【撒娇】sā▾jiāo [動](～儿)甘える〖女儿经常～〗娘はいつも甘える
【撒拉族】Sālāzú [名]サラール族 ◆中国少数民族の一，青海，甘粛に住む
【撒赖】sā▾lài [動]ごねる，ごまかす，言いがかりをつける
【撒尿】sā▾niào [動]《口》小便をする
【撒泼】sā▾pō [動]聞き分けがなく泣きわめく，だだをこねる
【撒气】sā▾qì [動]①(ボール・タイヤの) 空気が抜ける ②八つ当りする，うっぷん晴らしする〖气都撒在我身上来了〗うっぷんをみな私に向けた
【撒手】sā▾shǒu [動]手を放す，手放す〖一～他就要倒〗手を放したら彼は倒れてしまう〖～不管〗全く面倒を見ない
【撒腿】sā▾tuǐ [動]ぱっと足を踏み出す(駆け出す)([同]《方》[撒丫 yā 子(撒鸭子)])〖他～就跑了〗彼はぱっと逃げ出した
【撒野】sā▾yě [動]乱暴に振舞う〖这个人经常～〗この人はいつも粗暴な振舞いをする
【洒(灑)】sǎ [動]①(液体などを) まく，ばらまく〖～水〗水をまく ②こぼす，こぼれる〖墨水～了〗インクがこぼれた
⊗(S-)姓
【洒泪】sǎ▾lèi [動]涙をこぼす
【洒落】sǎluò [動]ぱらぱら落ちる — [形]こだわらない，さっぱりしている [同][洒脱]
【洒扫】sǎsǎo [動]《書》水をまいて掃除する
【洒脱】sǎtuō [形](言葉や態度に) こだわりがない，自然だ〖～的举止〗自然な振舞い
【靸】sǎ [動]《方》(靴を) 突っ掛ける→[趿拉 tāla]
【撒】sǎ [動]①まき散らす，振りまく〖～胡椒面〗こしょうを掛ける〖～化肥〗化学肥料をまく

②こぼす,こぼれる
⊗(S-)姓
⇨sā

【撒播】sǎbō 动(種子を)ばらまく
【撒施】sǎshī 动肥料をまく

【卅】sà ⊗三十

【飒(颯)】sà ⊗以下を見よ

【飒飒】sàsà ざわざわ,さらさら(風の音の形容)
【飒爽】sàshuǎng 形《書》さっそうたる[～英姿]さっそうとした雄姿

【萨(薩)】sà ⊗(S-)姓

【萨克斯管】sàkèsīguǎn 名《音》《文》サキソホン
【萨满教】Sàmǎnjiào 名《宗》シャーマニズム
【萨其马】sàqímǎ 名 満洲族伝来の菓子の一種,サチマ◆卵を入れた粉を練ってから細かく切って油で揚げ,糖蜜で固めてから四角に切る,「おこし」に似る

【塞】sāi 动 ふさぐ,詰め込む[～耳朵]耳をふさぐ[～在抽屉里]引き出しに突っ込む[～车]渋滞になる 一(～儿)栓 $_{shuān}$,詰め[～子]同前[瓶～]瓶の栓
⇨sài, sè

【腮(*顋)】sāi 名 頬 $_{jiá}$[～帮子]《口》ほっぺた[～颊jiá]ほお

【鰓(鰓)】sāi 名(魚の)えら

【塞】sài ⊗要害の地[～外]長城以北の地[边～]国境の要塞
⇨sāi, sè

【塞翁失马】sàiwēng shī mǎ《成》人間万事塞翁 $_{wēng}$ が馬,人生は何が幸せで何が災いになるかわからない

【赛(賽)】sài 动 ①競う,比べる[～质量]質を競う ②優る,匹敵する ③神を祭る
⊗競技,試合[田径]陸上競技

【赛车】sàichē 动 自転車(または自動車・オートバイ)競技をする
—— sàichē 名 競技用自動車
【赛过】sàiguò 动 …に勝る[他一个人～三个]彼は一人で3人分以上だ
【赛璐玢】sàilùfēn 名《訳》セロハン
【赛璐珞】sàilùluò 名《訳》セルロイド
【赛马】sàimǎ 动 競馬をする[～场]競馬場
【赛跑】sàipǎo 动 競争をする[接力～]リレー競争
【赛艇】sàitǐng 动 競艇をする,ボートレースをする
—— sàitǐng 名 レース用のボート

【三】sān 数 3,三つ
⊗数度[再～]再三,何度も

【三八妇女节】Sānbā Fùnǚ Jié 名 国際婦人デー(3月8日)
【三宝】sānbǎo 名(仏教で)仏法僧の三つ[～鸟]ぶっぽうそう(鳥)
【三不管】sānbùguǎn 名 どこも管轄しない(責任を負わない)箇所
【三岔路口】sānchà lùkǒu 名 三叉路
【三长两短】sān cháng liǎng duǎn《成》不慮の事故,災い(特に人の死),もしものこと
【三从四德】sān cóng sì dé《成》婦人が従うべき三つの道と守るべき四つの徳目
【三废】sānfèi 名 三つの公害源(廃ガス,廃水,廃棄物)
【三伏】sānfú 三伏 $_{shuō}$,真夏◆夏至のあと3番目の庚 $_{gēng}$ の日から30日間 圈[初伏][中伏][末伏]
【三纲五常】sāngāng wǔcháng《成》三纲五常◆儒教で人の守るべき君臣,父子,夫婦の道と仁義礼智信
【三个臭皮匠,赛过诸葛亮】sān gè chòu píjiàng, sàiguò Zhūgě Liàng《俗》(三人の革職人は諸葛亮に勝る>)三人寄れば文殊の知恵◆'赛过'は'顶个'とも
【三个代表】sān ge dàibiǎo 名「三つの代表」◆中国共産党は「先進的生産力の要請」「先進的文化の発展」「広範な人民の根本的利益」の3つの代表であるべきだとするスローガン
【三个世界】sān ge shìjiè 名 三つの世界◆(冷戦期の)米ソの超大国が第一世界,先進国が第二世界,途上国が第三世界
【三顾茅庐】sān gù máo lú《成》(三度茅廬を訪れる>)三顧の礼をとる
【三光政策】sān guāng zhèngcè 名 三光政策◆日中戦争中,日本軍が進めた'杀光(殺し尽くす)''抢光(奪い尽くす)''烧光(焼き尽くす)'作戦
【三国】Sān Guó 三国時代◆魏(A.D. 220-265),蜀(A.D. 221-263),呉(A.D. 222-280)
【三好学生】sān hǎo xuésheng 名 身体,学業,思想ともに優秀な学生
【三合板】sānhébǎn 名 ベニヤ板
【三级跳远】sānjí tiàoyuǎn 名《体》三段跳び 圈[跳远]
【三季稻】sānjìdào 名 稲の三期作
【三焦】sānjiāo 名(漢方で)舌の下部から胸腔に沿って腹腔に至る部分◆'上焦''中焦''下焦'に分かれる
*【三角】sānjiǎo 名 三角[～关系]

[〜恋爱]三角関係 [〜枫]トウカエデ [〜裤]ブリーフ,ショーツ [〜洲]三角洲,デルタ
【三脚架】sānjiǎojià 图 三脚
【三教九流】sān jiào jiǔ liú《成》儒,仏,道の三宗教と学術面の各流派及び社会の各職業の総称
【三节棍】sānjiégùn 图 武術で用いる棒◆三本の短い棒が鎖で縦につながっている
【三棱镜】sānléngjìng 图 プリズム
【三六九等】sān liù jiǔ děng《成》多くの等級,ランク
【三轮车】sānlúnchē 图 (運搬用)三輪自転車
【三昧】sānmèi 图【宗】三昧 $\breve{\text{,}}$ 精神を集中し雑念を去ること
【三民主义】sānmín zhǔyì 图 三民主義◆孫文が提唱した民族,民権,民生主義
【三明治】sānmíngzhì 图《訳》サンドイッチ
【三七】sānqī 图【植】三七草(根に止血作用がある)⇒[田七]
【三秋】sānqiū 图 秋の農作業(収穫,耕作,種まき)
【三三两两】sān sān liǎngliǎng《成》三三五五,二三人ずつ
【三色堇】sānsèjǐn 图【植】パンジー
【三天打鱼,两天晒网】sān tiān dǎ yú, liǎng tiān shài wǎng《俗》《三日漁をし,二日網を干す》三日坊主,気まぐれな
【三天两头儿】sān tiān liǎng tóur《成》三日に上げず,ほとんど毎日
【三头六臂】sān tóu liù bì《成》非凡な才能,並はずれた力量 ⓟ[三头八臂]
【三围】sānwéi 图 スリーサイズ
【三维动画】sānwéi dònghuà 图 立体アニメーション,3Dアニメ
【三位一体】sān wèi yì tǐ《成》三位一体
【三峡工程】Sānxiá gōngchéng 图 三峡ダムプロジェクト
【三夏】sānxià 图 夏季の農作業(収穫,植付け,田畑管理)
【三下五除二】sān xià wǔ chú èr《俗》てきぱきやる(物事を手早く行う様子)
【三弦】sānxián 图(〜儿)(弦楽器の)三弦
【三心二意】sān xīn èr yì《成》あれこれ迷う,優柔不断だ
【三言两语】sān yán liǎng yǔ《成》二言三言,わずかな言葉
【三灾八难】sān zāi bā nàn《成》さまざまな災難
【三资企业】sānzī qǐyè 图 中国における3種類の外資系企業◆'中外合资经营企业'(中外合弁企業),'中外合作经营企业'(中外提携企業),

'外商独资经营企业'(100% 外資企業)の総称
【三座大山】sān zuò dàshān 图 三つの大きな山◆解放前中国人民を抑えつけていた三つの勢力,帝国主義,封建主義,官僚資本主義

叁(*弍) sān 图 '三'の大字

伞(傘) sǎn 图[把]かさ [雨〜]雨がさ [灯〜]電灯やランプのかさ ⊗ (S-)姓
【伞兵】sǎnbīng 图 落下傘兵

散 sǎn 動 ばらける,ほどける [木箱〜了]木箱がばらけた ― 形 ばらばらだ,しまりがない [纪律很〜]規律がゆるんでいる
⊗ 粉薬
⇒ sàn
【散光】sǎnguāng 图【医】乱視
【散剂】sǎnjì 图 散剤,粉薬
【散架】sǎn'jià 動(組み立てられていたものが)ばらばらになる
【散居】sǎnjū 動 分散して住む
【散漫】sǎnmàn 形 散漫だ,秩序がない [自由〜的毛病]だらしなく欠点ままな欠点
【散曲】sǎnqǔ 图 韻文の一形式,散曲◆元明清の時代に盛行,セリフは伴わない.小令と散套(組曲)がある
【散射】sǎnshè 動【理】乱反射する
*【散文】sǎnwén 图 散文 [〜诗]散文詩
【散装】sǎnzhuāng 形《定語として》ばら荷の,ばら売りの
【散座儿】sǎnzuòr 图 ①(劇場の)自由席,(料理店の)一般席 ②(タクシーや人力車の)振りの客

撒(繖) sǎn ⊗ 以下を見よ
【撒子】sǎnzi 图 サンザ◆ウイグル族などの祝祭日の食品,ひも状の小麦粉を巻いて油で揚げる

散 sàn 動 ①散る,ばらばらになる [〜电影]映画がはねる ②ばらまく,まき散らす [〜传单]ビラをまく [〜酒味儿]酒のにおいがする ③払いのける,(憂さなどを)晴らす
⇒ sǎn
【散播】sànbō 動 ばらまく [〜谣言]デマを振りまく
*【散布】sànbù 動 ばらまく,散らす [〜种子]種をまく [〜流言]デマを振りまく
*【散步】sàn'bù 動 散歩する [〜半小时(散半小时的步)]30分散歩する
【散场】sàn'chǎng 動(芝居・映画が)はねる
*【散发】sànfā 動 配布する,発散す

る〚～文件〛文献を配布する〚花儿～着清香〛花がすがすがしい香りを放っている
【散会】sàn▼huì [動] 散会する
【散伙】sàn▼huǒ [動] 解散する
【散落】sànluò [動] ①ばらばらに落ちる〚花瓣～了一地〛花が一面に散り落ちている ②散り散りになる〚～异地〛他郷に流浪する
【散闷】sàn▼mèn [動] 憂さを晴らす
【散热】sàn▼rè [動] 放熱する［～器］ラジエーター
【散失】sànshī [動] ①散逸する〚图书～〛図書が散逸する ②(水分などが)なくなる
【散水】sànshui [名]〖建〗雨落(あまおち)(軒の雨だれが落ちる所)
【散心】sàn▼xīn [動] 気晴らしをする

〖丧(喪)〗sāng ⊗ 喪，死者に関する事［治～］葬儀を執り行う［出～］出棺する
⇨sàng
【丧服】sāngfú [名] 喪服
【丧家】sāngjiā [名] 喪家，忌中の家
【丧礼】sānglǐ [名] 葬儀の礼法
【丧门神】sāngménshén [名] 死神，厄病神
【丧事】sāngshì [名] 葬儀〚办～〛葬儀を行う
【丧葬】sāngzàng [名] 葬儀と埋葬
【丧钟】sāngzhōng [名] 弔いの鐘

〖桑〗sāng ⊗①〖植〗桑［～树］桑の木 ②(S-)姓
【桑巴】sāngbā [名]〖音〗《訳》サンバ
【桑白皮】sāngbáipí [名] ソウハクヒ，桑の根皮(薬用)
【桑蚕】sāngcán [名] カイコ［～丝］蚕糸
【桑拿浴】sāngnáyù [名] サウナ [同]［桑那浴］
【桑葚】sāngshèn [名] 桑の実 ♦口語では'～儿 sāngrènr'と発音
【桑榆暮景】sāng yú mù jǐng《成》(夕日が桑やニレの木を照らす>)老年時代
【桑梓】sāngzǐ [名]《書》故郷

【搡】sǎng [動]《方》ぐいと押す〚推推～～〛押したり突いたりする

【嗓】sǎng [名](～儿)声［倒dǎo～］(役者の)声が出なくなる，しゃがれ声になる
⊗のど
【嗓门儿】sǎngménr [名] のど，声〚提高～〛声を高める
【嗓音】sǎngyīn [名](話や歌の)声
★★【嗓子】sǎngzi [名] ①のど ②声

〖磉〗sǎng ⊗柱の土台となる石 ♦口語では'柱脚石'という

〖颡(顙)〗sǎng ⊗額

〖丧(喪)〗sàng ⊗なくす，失う［～尽天良］良心を失う
⇨sāng
【丧胆】sàng▼dǎn [動] 胆をつぶす
【丧魂落魄】sàng hún luò pò《成》恐れおののく
【丧家之犬】sàng jiā zhī quǎn《成》宿なし犬，寄る辺なくさまよう人 [同]［丧家之狗］
【丧命】sàng▼mìng [動](不慮の事故や急病で)命を落とす
【丧气】sàng▼qì [動] 気落ちする［垂头～］しょげこんだ(表情)
—— sàngqi [形] 不吉な，縁起が悪い
【丧权辱国】sàng quán rǔ guó《成》主権を失い国が恥辱を受ける
*【丧失】sàngshī [動] 失う〚～立场〛立場を失う〚～信心〛自信を失う
【丧心病狂】sàng xīn bìng kuáng《成》血迷っている，正気を失う

【搔】sāo [動](指で)かく〚～头皮〛頭をかく〚～痒〛かゆい所をかく

【骚(騷)】sāo [形]①(多く女性が)軽佻浮薄な，尻軽な〚～娘儿们〛ふしだらな女 ②《方》〔定語として〕(家畜の)雄の［～马］雄の馬
⊗①騒ぐ ②屈原の『離騒』，広く詩文を指す
【骚动】sāodòng [動] 騒動を起こす〚停止～〛騒ぎをやめる
【骚客】sāokè [名]《書》詩人
【骚乱】sāoluàn [動] 騒乱を起こす，混乱に陥る〚～结束〛騒乱が終息する
【骚扰】sāorǎo [動] 攪乱する〚～社会秩序〛社会の秩序を乱す
【骚人】sāorén [名]《書》詩人

【缫(繅 *繰)】sāo [動] まゆから糸を繰る〚～丝〛まゆから糸を繰る［～车］糸車

【臊】sāo [形](尿や狐などの)むっとする臭いの，小便くさい［腥～］生臭いにおい［～气］小便のにおい
⇨sào

【扫(掃)】sǎo [動]①掃く〚～院子〛中庭を掃く［打～］掃除する［～黄］ポルノを一掃する ②さっと動かす，見渡す〚～他一眼〛彼に視線を走らせる ③一つに集める
⇨sào
【扫除】sǎochú [動] 掃除する，一掃する〚～垃圾〛ゴミを掃除する〚～障碍〛障害を取り除く

【扫荡】sǎodàng [動]掃討する〚～土匪〛匪賊を掃討する
【扫地】sǎo▾dì [動]①地面·床を掃く［～出门］無一文で追い出す ②地に落ちる〚威信～〛威信が地に落ちる
【扫盲】sǎo▾máng [動]文盲を一掃する［～运动］文盲一掃運動
【扫灭】sǎomiè [動]掃滅する，一掃する
【扫墓】sǎo▾mù [動]墓参りする
【扫平】sǎopíng [動]平定する，平らげる
【扫射】sǎoshè [動]（機銃）掃射する〚用机枪～〛機関銃で掃射する
【扫视】sǎoshì [動]さっと見渡す〚～听众〛聴衆を見渡す
【扫数】sǎoshù [名]全部，すべて
【扫尾】sǎo▾wěi [動]後始末する，片を付ける
【扫兴】sǎo▾xìng [動]興ざめする，がっくりする〚既～又失望〛興ざめだし，がっかりもする

〖嫂〗sǎo ⊗①兄嫁 ②既婚の若い女性〚祥林～〛シァンリンねえさん
*【嫂子】sǎozi [名]兄嫁，ねえさん [同]《方》［嫂嫂］

〖扫(掃)〗sào ⊗以下を見よ
⇨sǎo
【扫帚】sàozhou [名]〔把〕竹ぼうき［～星］ほうき星，彗星［～眉］太くて長い眉

【臊】sào [動]恥じる［害～］恥ずかしがる［～人］恥ずかしい
⇨sāo

〖色〗sè ⊗①色［颜～］色 ②顔色，様子，表情［满面喜～］喜色満面 ③種類［各～］各種の ④景色，情景 ⑤品質，純度［足～］純粋だ ⑥女性の容色 ⑦色欲［好～］好色だ
⇨shǎi
*【色彩】sècǎi [名]色彩，色合い，傾向〚～鲜艳〛色彩があでやかだ［民族～］民族色
【色调】sèdiào [名]色調，トーン［暖～］暖色系統〚改变～〛色調を変える
【色鬼】sèguǐ [名]色気違い，色情狂
【色拉】sèlā [名][同]［沙拉］
【色厉内荏】sè lì nèi rěn《成》外見は強そうだが中身は弱い，見掛け倒し
【色盲】sèmáng [名]色盲
【色情】sèqíng [名]色情［～文学］エロ文学，ポルノ
【色素】sèsù [名]〖生〗色素［～沉着 chénzhuó］色素沈着
【色泽】sèzé [名]色つや〚鲜明的～〛鮮やかな色つや

【铯(銫)】sè [名]〖化〗セシウム

【涩(澀*澁)】sè [形]①しぶい ②滑らかでない［～滞］同前 ⊗（文章が）難解だ［生～］文章がこなれていない

〖啬(嗇)〗sè ⊗けちな→［吝 lìn～］

〖穑(穡)〗sè ⊗収穫→［稼 jià～］

〖塞〗sè ⊗ふさぐ［堵～］ふさぐ，詰まる
⇨sāi, sài
【塞擦音】sècāyīn [名]〖語〗破擦音 ♦'普通话'のj, z, zhなど
【塞音】sèyīn [名]〖語〗閉鎖音，破裂音 ♦'普通话'のb, d, gなど

〖瑟〗sè ⊗25弦の古代楽器
【瑟瑟】sèsè [擬]かさこそ，ひゅうひゅう（風の音の形容）
【瑟缩】sèsuō [動]（寒さ·驚きで）縮み上がる

〖森〗sēn ⊗①森 ②多い，おびただしい ③陰気な，薄暗い［～人］無気味だ，ぞっとする［阴～］薄暗くて気味が悪い
**【森林】sēnlín [名]森林［～浴］森林浴
【森然】sēnrán [形]《書》①（樹木が）びっしり茂っている ②無気味な，恐ろしげな
【森森】sēnsēn [形]①（樹木が）茂っているさま〚林木～〛林の木がびっしり生い茂っている ②無気味な，薄暗い
【森严】sēnyán [形]（警戒，防備が）厳重だ，厳しい〚～的警卫〛厳しい警備

〖僧〗sēng ⊗僧，和尚［削发为～］頭を丸めて僧となる［～不～，俗不俗］僧でも俗人でもない，どっちつかずだ，まともでない
【僧侣】sēnglǚ [名]僧侶
【僧尼】sēngní [名]僧と尼
【僧俗】sēngsú [名]僧侶と一般人
【僧徒】sēngtú [名]僧徒，和尚

【杀(殺)】shā [動]①殺す〚～敌人〛敵を殺す［～机］殺したいという思い ②戦う，突撃する〚～向敌人〛敵に突撃する ③減じる，そぐ〚～威风〛威厳をそぐ ④（薬が）しみる，ひりひりする ⑤締める ⑥《方》〔補語として〕程度が甚だしいことを示す〚闷～人〛ひどく気がめいる
【杀虫剂】shāchóngjì [名]殺虫剤
【杀毒】shā▾dú [動]消毒する，（コンピュータの）ウイルスを駆除する
【杀毒软件】shādú ruǎnjiàn [名]ワク

チンソフト
【杀风景(煞风景)】shā fēngjǐng [形] 殺風景な，興ざめな
【杀害】shāhài [動] 殺害する 〖～人质〗人質を殺害する
【杀鸡取卵】shā jī qǔ luǎn《成》(卵を取るため鶏を殺す＞)目先の利益に目がくらんで，長期的利益を失う
【杀鸡吓猴】shā jī xià hóu《成》(鶏を殺して猿を脅す＞)見せしめの処罰をする [同][杀鸡给猴看]
【杀价】shā▾jià [動] 買いたたく，値切る
【杀菌】shā▾jūn [動] 殺菌する
【杀戮】shālù [動] 大虐殺する
【杀气】shāqì [名] 殺気
—— shā▾qì [動] 憂さを晴らす [同][出气]
【杀人】shā▾rén [動] 人を殺す ［～不见血］人を殺しても血を見せぬ，陰険な手段で殺す ［～越货］人を殺して物を奪う ［～不眨眼］まばたき一つせず(平然と)人を殺す
【杀伤】shāshāng [動] 殺傷する ［～力］(兵器の)殺傷力
【杀身成仁】 shā shēn chéng rén《成》正義のために身を犠牲にする
【杀一儆百(杀一警百)】 shā yī jǐng bǎi《成》一人を殺して大勢の見せしめにする

【刹】 shā [動] ブレーキを掛ける，(機械を)止める
⇨chà
*【刹车】shā▾chē [動] (車の) ブレーキを掛ける

〖铩(鎩)〗 shā [×] ① 矛(ほこ)の一種 ② へし折る
［～羽而归］失意の中に帰る

〖杉〗 shā [×]杉 ［～木］杉，杉材
⇨shān
【杉篙】shāgāo [名] 杉の棹(さお)

【沙】 shā [形] (声が) しゃがれた 〖嗓子又～又哑〗声がかすれる
[×] ① 砂→［～子］ ② 砂状のもの ［豆～］あずきあん ③ (S-) 姓 ♦「不純物をふるい落とす」意の方言では shà と発音
【沙场】shāchǎng [名] 砂原(古くは戦場を指した)
【沙袋】shādài [名] ① 土のう，バラスト ② (ボクシングの)サンドバッグ
【沙丁鱼】shādīngyú [名] イワシ(英: sardine)
【沙俄】Shā'é [名] 帝政ロシア
**【沙发】shāfā [名]《訳》ソファ
【沙肝儿】shāgānr [名] 牛，羊，豚などの脾臓を調理した食品
【沙锅】shāguō [名] 土鍋(鍋料理も指す) ［什锦～］寄せ鍋
【沙果】shāguǒ [名] (～儿) リンゴの一種(小さく酸味が強い) [同][花红]
【沙荒】shāhuāng [名] 耕作不能の砂地
【沙皇】Shāhuáng [名] ツァー(ロシア皇帝)
【沙鸡】shājī [名]〖鳥〗サケイ ♦草原地帯に住むハトに似た鳥，食用になる
【沙金】shājīn [名] 砂金
【沙拉】shālā [名] サラダ [同][色拉]
【沙梨】shālí [名] ナシの一種(果肉に粒々がある)
【沙里淘金】shā lǐ táo jīn《成》(砂の中から金をさらい出す＞)労多くして功少なし ♦「多くの材料の中から精華を取り出す」の意味ともなる
【沙砾】shālì [名] 砂礫(れき)
【沙龙】shālóng [名]《訳》サロン(英: salon)
【沙漏】shālòu [名] 砂時計
**【沙漠】shāmò [名] 砂漠 〖～扩大〗砂漠が広がる
【沙盘】shāpán [名] 砂盤(砂で作った地形模型)
【沙丘】shāqiū [名] 砂丘
【沙沙】shāshā [擬] ① さらさら，ざあざあ(風，雨，水などの音の形容) ② さっさっ，かさかさ(砂の上を歩く音，草木が風にそよぐ音の形容)
【沙参】shāshēn [名] シャジン(ツリガネニンジンの根，薬用)
**【沙滩】shātān [名] 砂浜，砂州 ［～排球］ビーチバレー
【沙土】shātǔ [名] 砂地
【沙文主义】 Shāwén zhǔyì [名] ショービニズム
【沙哑】shāyǎ [形] (声が)しわがれている，かすれている 〖嗓子都～了〗声がすっかりかすれてしまった
【沙眼】shāyǎn [名]〖医〗トラコーマ
【沙鱼】shāyú [名] [同][鲨鱼]
【沙枣】shāzǎo [名] ナツメの一種(砂地に育ち日照りに強く，耐寒性がある)
【沙洲】shāzhōu [名] 砂州
【沙子】shāzi [名] 〔粒〕砂，砂状のもの
【沙嘴】shāzuǐ [名] 砂嘴(さし)(海中に突き出た砂州)

〖莎〗 shā [×] 人名および地名用字
⇨suō

〖痧〗 shā [×] (漢方で) コレラ，暑気あたり，腸カタルなどの急性病

〖裟〗 shā [×]→［袈～ jiāshā］

〖鲨(鯊)〗 shā [×]サメ，フカ ［～鱼］同前

【纱(紗)】 shā [名] 紡ぎ糸，ガーゼ ［棉～］綿糸 ［面～］ベール

【纱布】shābù 名 ガーゼ
【纱厂】shāchǎng 名 紡績工場
【纱橱】shāchú 名 網戸付きの戸棚
【纱窗】shāchuāng 名 網戸
【纱灯】shādēng 名 薄布張りのちょうちん
【纱锭】shādìng 名 紡錘(ぼうすい)
【纱笼】shālóng 名 サロン(腰巻き風のスカート)
【纱罩】shāzhào 名 ①蠅帳(はいちょう) ②ランプのマントル

【砂】 shā ×砂 熟'沙'

【砂布】shābù 布やすり, 金剛砂布
【砂轮】shālún 名【機】グラインダー, 回転砥石(といし)
【砂糖】shātáng 名 ざらめ
【砂型】shāxíng 名 鋳造の鋳型
【砂岩】shāyán 名 砂岩
【砂纸】shāzhǐ 名 サンドペーパー, 紙やすり

【煞】 shā 動 ①終わる,とめる [~脚]足をとめる ②締める [~腰带]ベルトを締める ⇨shà

【煞笔】shābǐ 動 筆をおく
—— shābǐ 名 文章の結筆
【煞车】shāchē 動 ①⇨[刹车] ②積み荷をしっかり縛る
【煞尾】shāwěi 名 結末, 結び
—— shā'wěi 動 結末をつける

【啥】 shá 代(方)なに 熟(普)[什么]

【傻(*儍)】 shǎ 形 ①愚かな, ばかな [装~]とぼける ②気が利かない, 機械的だ [~干]くそまじめにやる

【傻瓜】shǎguā 名 ばかもの, あほう 熟[傻子][傻蛋]
【傻呵呵】shǎhēhē 形 (~的)ぼやっとしている, 鈍い 熟[傻乎乎]
【傻劲儿】shǎjìnr 名 ①間抜け加減, ばかさ加減 ②ばか力
【傻气】shǎqi 形 間が抜けている, ばかげている
【傻笑】shǎxiào 動 ばか笑いする
【傻眼】shǎyǎn 動 あっけにとられる, あぜんとする
【傻子】shǎzi 名 ばか, 間抜け

【厦(廈)】 shà ×①大きな建物 [大~]ビル ②ひさし(庇) ⇨xià

【煞】 shà ×①きわめて, 非常に ②凶神, 悪鬼 ⇨shā

【煞白】shàbái 形 (顔面が)蒼白だ, 血の気がない [脸一下子变得~]顔が急に蒼白になった
【煞费苦心】shà fèi kǔxīn (成)散々苦労する, 頭をしぼる

【煞有介事】shà yǒu jiè shì (成)もっともらしい, まことしやかだ 熟[像煞有介事]

【歃】 shà ×吸う [~血 xuè] (書)(同盟の証として)血をすする

【霎】 shà ×短い時間 [~眼]瞬く間に [~时][~时间]一瞬の間

【筛(篩)】 shāi 動 ①ふるいに掛ける [~沙子]砂をふるいに掛ける ②酒を温める (酒を)つぐ

【筛糠】shāi'kāng 動《口》(恐怖, 寒さで)身震いする
*【筛选】shāixuǎn 動 ふるいに掛ける, 選別する [~人员]人員を選別する
【筛子】shāizi 名 ふるい

【色】 shǎi 名 (~儿)(口)色 [走~]色がさめる ⇨sè

【色子】shǎizi 名 さいころ [掷~]さいころを振る

【晒(曬)】 shài 動 ①日が照りつける [~黑了]日焼けした [西~]西日が照りつける ②日に干す, 日に当てる [~被子]掛けぶとんを干す

【晒台】shàitái 名 物干し台, ベランダ

【山】 shān 名 [座]山 [爬~]山に登る [江~]山河 ×①山状のもの ②(S-)姓

【山坳】shān'ào 名 山あいの平地, (尾根の)コル
【山崩】shānbēng 名 山崩れ
【山茶】shānchá 名【植】ツバキ [~花]サザンカ, ツバキ
【山丹】shāndān 名【植】ヒメユリ
【山地】shāndì 名 ①山岳地 ②山上の農地
【山东】Shāndōng 名 山東省 [~菜]山東料理 [~梆子]山東の地方劇 [~快书]'曲艺 qǔyì'の一. 山東, 華北, 東北で盛ん
【山峰】shānfēng 名 山の峰, 山頂 [屹立的~]高くそびえる峰
【山旮旯儿】shāngālár 名《方》山間僻地
【山冈】shāngāng 名 小山, 丘
【山高水低】shān gāo shuǐ dī (成)万一の事, 不幸な出来事(特に人の死)
【山高水远】 shān gāo shuǐ yuǎn (成)遥かなる山河
【山歌】shāngē 名 [支・首](南方)農山村の民謡
【山根】shāngēn 名 (~儿)(口)山のふもと, 山すそ
【山沟】shāngōu 名 ①[条]谷川 ②谷間, 山あい

【山谷】shāngǔ 图 谷，谷間 〚幽静的～〛ひっそりと静かな谷間

【山河】shānhé 图 山河，故郷，国 〚祖国的锦绣～〛我が麗しい祖国

【山核桃】shānhétao 图 〖植〗クルミの一種，オニグルミ

【山洪】shānhóng 图 山津波，鉄砲水

【山货】shānhuò 图 ①山でとれる産物 ②竹，木，麻，素焼きなどで作った日用品，ほうき，かご，麻縄，土鍋の類

【山鸡】shānjī 图〈方〉〔只〕キジ(雉)

【山脊】shānjǐ 图 山の尾根，山の背

【山涧】shānjiàn 图〈条〉渓流，谷川

【山脚】shānjiǎo 图 山麓，ふもと

【山口】shānkǒu 图 峰と峰の間の低くなっている所，山越えの道

【山里红】shānlǐhóng 图 〖植〗サンザシ ⇨[山楂]〔红果〕

【山梁】shānliáng 图 山の背，尾根

【山林】shānlín 图 山林

【山岭】shānlǐng 图 山の峰，連峰 〚～连绵〛山の峰が連綿と続く

【山麓】shānlù 图 山麓

【山峦】shānluán 图 山並み 〚～起伏〛山並みが高く低く続く

*【山脉】shānmài 图 山脈

【山猫】shānmāo 图〔只〕山猫

【山毛榉】shānmáojǔ 图 〖植〗ブナ

【山门】shānmén 图 ①寺の門 ②〈転〉仏門，仏教

【山盟海誓】shān méng hǎi shì 《成》永遠の愛を誓うこと ⇨[海誓山盟]

【山南海北】shān nán hǎi běi《成》はるか遠い各地，津々浦浦

【山炮】shānpào 图〖军〗山砲

【山坡】shānpō 图 山腹，山の斜面

【山墙】shānqiáng 图 切り妻造りの壁 ⇨[房山]

【山清水秀】shān qīng shuǐ xiù《成》山水が美しい，山紫水明 ⇨[山明水秀]

【山穷水尽】shān qióng shuǐ jìn《成》山水のきわまる所，絶体絶命の境地

【山区】shānqū 图 山岳地区 ⇨[牧区][市区]

【山雀】shānquè 图〖鸟〗〔只〕ヤマガラ

【山水】shānshuǐ 图 ①山の水 〚～清甜可口〛山の水は清らかでおいしい ②山水，山や水がある風景 〚桂林～甲天下〛桂林の風光は天下一だ ③〖绘〗山水画 ⇨[山水画]

【山头】shāntóu 图 ①山の頂上 ②派閥，分派 〚～主义〛セクト主義

【山窝】shānwō 图 辺鄙な山間地区

【山西梆子】Shānxī bāngzi 图 山西省の地方劇

【山系】shānxì 图 山系

【山峡】shānxiá 图 山峡，山と山に挟まれた谷間

【山响】shānxiǎng 動 大きな音をたてる，とどろく

【山魈】shānxiāo 图①〖動〗マンドリル，大ひひ ②伝説中の妖怪

【山崖】shānyá 图 切り立った山のがけ

【山羊】shānyáng 图〔只〕ヤギ

【山腰】shānyāo 图 山腹

【山药】shānyao 图 山芋 〚～蛋〛〈方〉ジャガイモ

【山野】shānyě 图 山と原野，野山

【山樱桃】shānyīngtao 图 〖植〗ユスラウメ(の実)

【山雨欲来风满楼】shānyǔ yù lái fēng mǎn lóu《成》(豪雨が近づいて風が建物に吹き込んでくる)大変事が起こりそうで緊張感がみなぎっている

【山芋】shānyù 图〈方〉サツマイモ

【山楂(山查)】shānzhā 图 サンザシ(の実) ♦【山里红】〔红果〕ともいう．生食の他,〚～糕〛ジャム，果汁，酒，"冰糖葫芦"などに加工される

【山寨】shānzhài 图 山のとりで，山村

【山珍海味】shānzhēn hǎiwèi 图 山海の珍味 ⇨[山珍海错]

【山茱萸】shānzhūyú 图 〖植〗サンシュユ

【山庄】shānzhuāng 图 ①山村 ②山荘

【山嘴】shānzuǐ 图（～儿）山麓で平地に突き出た所

【舢】shān ⊗ 以下を見よ

【舢板(舢版)】shānbǎn 图 サンパン，小舟，はしけ

【芟】shān ⊗ 草を刈る〚～除〛削除する

【杉】shān ⊗ 杉〚水～〛メタセコイア〚云～〛トウヒ ⇨shā

【衫】shān ⊗ ひとえの上衣〚衬～〛シャツ，肌着〚长～〛ひとえの長上着

【钐(釤)】shān 图〖化〗サマリウム ⇨shàn

【删(刪)】shān 動 削る，削除する

*【删除】shānchú 動 削除する〚～键〛デリートキー

【删改】shāngǎi 動 添削する〚～书稿〛原稿に手を入れる

【删节】shānjié 動 削って簡略にする，要約する〚～文章〛文章を削って簡潔にする〚～本〛簡約版

【姗(姍)】shān ⊗ 女性がしゃなりしゃなり歩

【珊(珊)】shān ⊗ 以下を見よ
【珊瑚】shānhú 図 サンゴ〔~虫〕サンゴチュウ〔~礁〕サンゴ礁〔~树〕サンゴ樹
【栅(柵)】shān ⊗ 以下を見よ ⇨zhà
【栅极】shānjí 図〖電〗グリッド(電子管の電極)
【跚】shān ⊗ →〔蹒~ pán-shān〕
【苫】shān ⊗ こも, むしろ, とま〔草~子〕同前 ⇨shàn
【扇(搧)】shān 動 ①あおぐ〔~扇子〕扇子であおぐ〔~火〕火をあおる〔~动〕(扇のように)動かす ②平手でなぐる〔~他一记耳光〕彼にびんたを食らわす ⇨shàn
【煽】shān ⊗ あおる〔~情〕心をかきたてる
【煽动(扇动)】shāndòng 動 扇動する
【煽风点火】shān fēng diǎn huǒ (成)あおりたてる
【煽惑】shānhuò 動 唆す
【潸】shān ⊗ 涙を流すさま〔~然〕(書)さめざめと(泣く)
【膻(羶)】shān 形(羊肉について)生臭い〔~味儿〕羊肉のにおい
【闪(閃)】shān 動 ①ぱっと光る〔~红光〕赤い光が輝く ②身をかわす, よける〔往路边~〕道のわきによける ③(身体が)ゆらぐ〔~了腰〕ぎっくり腰になる ⑤突然現われる〔~一个念头〕ある考えがひらめく — 図 稲妻〔打~〕稲妻が光る ⊗(S-)姓
【闪避】shǎnbì 動 身をよける, 避ける
【闪存】shǎncún 図 フラッシュメモリ 働〔闪存盘〕(优盘〕
*【闪电】shǎndiàn 図〖道〗稲妻〔~战〕電撃戦
—— shǎn'diàn 動 稲妻が光る
【闪动】shǎndòng 動(光, 物体が)ひらめく, きらめく〔~的火苗〕ゆらぐ炎
【闪躲】shǎnduǒ 動 よける, 体をかわす 働〔躲闪〕
【闪光】shǎnguāng 図〖道〗閃光〔~灯〕フラッシュ, ストロボ
【闪击战】shǎnjīzhàn 図 電撃戦
【闪亮】shǎnliàng 動 きらきら光る

【闪闪】shǎnshǎn 形 きらめく, ぴかぴか光っている〔~发光〕きらきら光る〔金光~〕金色の光がさんさんと輝く
【闪身】shǎn'shēn 動 ひらりと体をかわす, 身を斜にする〔很快地闪过身去了〕すばやく身をかわした
【闪失】shǎnshī 図 急な事故, (意外な)まちがい
*【闪烁】shǎnshuò 動 ①きらめく, ちらつく〔泪光~〕涙がきらきら光る ②(言葉を)あいまいにする〔闪闪烁烁地回答〕言葉を濁して答える
【闪现】shǎnxiàn 動 (眼前に)ぱっと現われる〔~出喜悦的光芒〕ぱっと喜びの光が現われた
【闪眼】shǎnyǎn 形 まぶしい
【闪耀】shǎnyào 動 きらめく(働〔闪烁〕)〔~着阳光〕陽の光が輝いている
【陕(陝)】Shǎn ⊗ 陝西省〔~西〕同前
【陕西梆子】Shǎnxī bāngzi 図 陝西, 甘粛など西北各省の地方劇
【睒(*睒)】shǎn 動 まばたきする
【讪(訕)】shàn ⊗ ①あざ笑う〔~笑〕(書)②照れくさい様子〔搭~〕照れ隠しをする
【汕】Shàn ⊗〔~头〕広東省の汕頭Sヒ
【疝】shàn ⊗ ヘルニア〔~气〕同前
【单(單)】Shàn ⊗〔~县〕単Sヒ県(山東省) ②姓 ◆古代匈奴の王号'単于'は chányú と発音 ⇨dān
【墠(墠)】shàn ⊗〔北~〕北墠Sヒ(山東の地名)
【禅(禪)】shàn ⊗ 禅譲する〔~让〕同前 ⇨chán
【苫】shàn 動 むしろ, 帆布などで覆う ⇨shān
【钐(釤 *鐥)】shàn 動(方)かまを振るって刈る〔~草〕草を刈る ⇨shān
【扇】shàn 図(~儿)〔把〕扇, 扇子〔蒲~〕ガマの葉のうちわ〔电风~〕扇風機 —量 ドアや窓の数を数える〔一~门〕1枚のドア ⇨shān
*【扇子】shànzi 図〔把〕扇子, 扇〔用~扇 shān〕扇子であおぐ
【骟(騸)】shàn 動 去勢する〔~马〕去勢した

马

【善】shàn 形（性格が）良い『心根～』心根が優しい ⊗①…に長じている→［～于］②…しがちだ，よく～する［～忘］よく忘れる ③良い（事）［行～］善行をする ④仲が良い［亲～］親善 ⑤(S-)姓

*【善良】shànliáng 形 善良な『人很和气，心也很～』人柄が穏やかで，心も善良だ
【善男信女】shàn nán xìn nǚ《成》善男善女
【善心】shànxīn 名 慈悲，情け
【善意】shànyì 名 善意，好意［～の批评］善意からの批判
【善有善报，恶有恶报】shàn yǒu shànbào, è yǒu èbào《成》善にはよい報いがあり，悪には悪い報いがある
*【善于】shànyú 動 …に巧みだ，…が上手だ［～歌舞］歌舞が上手だ［～表达］表現するのがうまい

【鄯】Shàn ⊗［～善］鄯善ぜん（新疆の地名）

【缮(繕)】shàn ⊗①修理する，繕う［修～］修繕する ②書き写す［～写］清書する

【膳(*饍)】shàn ⊗ 食事［用～］食事をする

【膳费】shànfèi 名 食費
【膳食】shànshí 名 食事
【膳宿】shànsù ⊗ 食事と宿泊

【蟮】shàn ⊗ ミミズ

【鳝(鱔*鱓)】shàn ⊗『魚』タウナギ［～鱼］［黄～］同前

【擅】shàn ⊗①ほしいままにする［专～］［書］勝手に振舞う［～权］権力を一手に握る ②優れる

*【擅长】shàncháng 動 長じる，優れる［～仰泳］背泳が得意だ
*【擅自】shànzì 副 ほしいままに，勝手に［～修改］勝手に改正する

【嬗】shàn ⊗ 移り変わる［～变］変遷，変化

【赡(贍)】shàn ⊗①助ける［～养］扶養する ②豊かだ，充分である

【伤(傷)】shāng 名〔处・块〕傷［受～］負傷する［烧～］やけど 一 動①傷つける，損なう［～胃口］胃をこわす［～感情］感情を傷つける ②度が過ぎて嫌になる『天天吃红薯，早就吃～了』毎日サツマイモばかりで，もうげんなりだ ③病気になる ⊗①妨げる［有～风化］良俗の妨

げとなる ②悲しむ ③病気になる→［～风］
【伤疤】shāngbā 名 傷跡［～消失了］傷跡が消えた
【伤兵】shāngbīng 名 負傷兵
【伤风】shāng'fēng 動 風邪をひく
【伤风败俗】shāng fēng bài sú《成》公序良俗を乱す
【伤感】shānggǎn 動 感傷的になる，悲しむ［～地回忆］悲しい気持ちで思い出す
【伤害】shānghài 動 傷つける，損なう，(感情を)害する［～眼睛］目を傷める［～自尊心］自尊心を傷つける
【伤寒】shānghán 名 ①腸チフス ②(中国医学で)急性発熱疾患
【伤号】shānghào 名 負傷兵，負傷者
【伤耗】shānghao 名 損耗
【伤痕】shānghén 名 傷跡［心上的～］心の傷跡［～文学］傷痕しょうこん文学(文化大革命中に若者が被った悲劇を描いた文学)
【伤口】shāngkǒu 名〔个・处〕傷口
【伤脑筋】shāng nǎojīn 頭を悩ます［～的问题］厄介な問題
【伤神】shāng'shén 動①神経を消耗する ②悲しむ ⓒ[伤心]
【伤势】shāngshì 名 負傷の程度［～严重］傷が重い
【伤天害理】shāng tiān hài lǐ《成》天理にもとる，人としてあるまじきことをする
【伤亡】shāngwáng 動 死傷する［～的灾民］死傷した被災者 一 名 死傷者［～增加］死傷者が増える
*【伤心】shāng'xīn 動 悲しむ［～地哭起来］悲しんで泣きだす
【伤心惨目】shāng xīn cǎn mù《成》あまりに悲惨で見るに忍びない
【伤员】shāngyuán 名 負傷者，負傷兵

【殇(殤)】shāng ⊗ 夭折する

【觞(觴)】shāng ⊗ 古代の杯→［滥 làn ～］

【商】shāng 名『数』商しょう(割り算の値) ⊗①相談する［协～］協議する ②商い，商業，商人［行～］行商人 ③古代五音の一 ④二十八宿の一 ⑤(S-)王朝名，殷 ⑥(S-)姓

【商标】shāngbiāo 名 商標，トレードマーク
【商埠】shāngbù 名 (旧時の) 開港都市
【商场】shāngchǎng 名 マーケット［自选～］スーパーマーケット
【商船】shāngchuán 名 商船
*【商店】shāngdiàn 名〔个・家〕商店［～的老板］商店の主人

【商队】shāngduì [名] 隊商，キャラバン
【商贩】shāngfàn [名] 小商人
【商港】shānggǎng [名] 貿易港
【商行】shāngháng [名]〔家〕商店，商社
【商会】shānghuì [名] 商業会議所
★★【商量】shāngliang [動] 相談する〖～～怎么办〗どうするか相談しよう〖～处理办法〗処理方法を相談する［没～］相談の余地がない
★★【商品】shāngpǐn [名]〔件・批〕商品〖倒卖～〗商品を転売する［～肥］商品として売られる化学肥料［～粮］商品としての穀物［～房］分譲住宅
【商洽】shāngqià [動]《書》相談する，談合する
【商情】shāngqíng [名] 経済市況，マーケット情況
【商榷】shāngquè [動]《書》論議する，意見を交わす〖虚心地～〗謙虚に検討する
【商人】shāngrén [名] 商人
【商谈】shāngtán [動] 話し合う，協議する〖～程序〗手順を打ち合わせる
【商讨】shāngtǎo [動] 協議する，討議する〖～对策〗対策を協議する
【商务】shāngwù [名] 商業事務，通商［～洽谈］通商協議
★★【商业】shāngyè [名] 商業［～部门］商業部門［～信息］ビジネス情報
【商议】shāngyì [動] 相談する，協議する〖～国家大事〗国家の重大事を討議する
【商酌】shāngzhuó [動] 協議検討する

〖墒(*暘)〗 shāng ⊗ 土壌の湿度，土の湿り気［～土］耕したばかりの湿った土

【熵】 shāng [名]〖理〗エントロピー

〖上〗 shǎng ⊗ 中国語の四声の一 ♦shàngとも読む［～声］上声(現代語では第3声のこと)
⇨shàng

【垧】 shǎng [量] 土地面積の単位 ♦地方によって異同があり，東北では15ムー，西北地区では3ムーか5ムー

【晌】 shǎng [名]（～儿）1日のうちの一区切りの時間〖休息一～〗しばらく休む［前半～］午前［下半～］午後
⊗正午［歇～］昼休みをする
【晌饭】shǎngfàn [名]《方》①昼食 [同][晌午饭] ②農繁期で日中の特別増しの食事
【晌觉】shǎngjiào [名]《方》昼寝
【晌午】shǎngwu/shǎngwǔ (shángwuと発音) [名]《口》お昼，正午

【赏(賞)】 shǎng [動] ①（褒美として）与える〖老板～她很多钱〗店主が彼女に沢山金を与えた［～钱 qian］褒美の金 ②鑑賞する〖～雪〗雪見をする
⊗①たたえる，褒める ②賞，賞金 ③(S-)姓
【赏赐】shǎngcì [動] 授ける，下賜する ━[名] 下賜品，褒美
【赏罚】shǎngfá [名] 賞罰〖～严明(～分明)〗賞罰がはっきりしている
【赏光】shǎng'guāng [動]《敬》ご来訪下さる
【赏鉴】shǎngjiàn [動] 鑑賞する
【赏脸】shǎng'liǎn [動] 顔を立てる ♦相手になにかお願いする時に使う〖请您～收下〗こちらの顔を立てると思ってお収め下さい
【赏识】shǎngshí [動] 真価を認める，才能や作品を高く買う〖～才华〗優れた才能を認める
【赏玩】shǎngwán [動] 賞翫(しょうがん)する，鑑賞する
【赏心悦目】shǎng xīn yuè mù《成》美しい景色に身も心も浸ること
【赏阅】shǎngyuè [動]（詩文を）鑑賞する

【上】 shàng [動] ①上がる，登る〖～车〗乗車する〖～楼〗2階に上がる ②行く〖～街〗街へ行く〖～天津〗天津に行く ③加える，詰める〖～货〗店頭の商品を増やす ④取り付ける〖～锁〗錠を掛ける〖～领子〗襟(えり)を付ける ⑤塗る〖～药〗薬を塗る〖～漆〗塗料を塗る ⑥登載する〖～报〗新聞に載る〖～账〗帳簿に記入する ⑦（ねじなどを）巻く，締める〖～闹钟〗目覚まし時計のねじを巻く ⑧（学校や職場に）通う，(仕事や授業を)始める〖～大学〗大学に通う〖～夜班〗夜勤をする ⑨達する，(年齢が）いく〖～万人〗万に達する人〖～年纪〗年をとる ━[形]〔定語として〕(順序が）前の，先の〖～一次〗前回［～半年］上半期 ━[名] ①民族音楽の音階符号の一 ②〔介詞句の中で〕上〖往～看〗上の方を見る
→[～边]
⊗上級，上司
── shang/shàng ⊗①…の上，…の表面〖桌子～〗テーブルの上〖墙～〗壁面，塀の表面 ②範囲，分野を示す〖世界～〗世界で〖在这个问题～〗この問題で ③…の時〖十六岁～〗16歳の時
── -shang/-shàng [動]〔補語として〕①下から上へ動く〖爬～树〗木によじ登る ②目的の達成を表わす〖送～门〗家まで送り届ける ③密着，存在，添加などの結果を表わす〖把门关～〗ドアを閉める［关

不~〗閉まらない〖穿~毛衣〗セーターを着る〖写~地址〗住所を書き付ける ④あるレベルに達する,成就する〖比不~〗比べられない ⑤動作や状態の開始,継続を表わす〖看~书了〗本を読みだした〖忙~了〗忙しくなってきた
⇨ shǎng

*【上班】shàng'bān 動(~儿)出勤する〖一族〗サラリーマン⦅反⦆〖下班〗
【上半晌】shàngbànshǎng 图(~儿)(口)午前 ⦅同⦆〖上午〗
【上半天】shàngbàntiān 图(~儿)午前 ⦅同⦆〖上午〗
【上半夜】shàngbànyè 图 日没から真夜中前までの時間 ⦅同⦆〖前半夜〗
【上报】shàng'bào 動 新聞に載る〖他的英勇事迹~了〗彼の勇敢な事跡が新聞に載った
── shàngbào 動 上級機関に報告する〖~市委〗(共産党)市委員会に報告する
【上辈】shàngbèi 图(~儿)①祖先 ②(一族の中の)親の世代
【上臂】shàngbì 图 上腕部,肩と肘の間
【上边】shàngbian 图(~儿)うえ,上の方,表面 (⦅同⦆〖上面〗)〖桌子~〗テーブルの上
【上膘】shàng'biāo 動(家畜に)肉が付く,太る
【上宾】shàngbīn 图 上客,大切な客
【上策】shàngcè 图 上策,よい手だて〖三十六策,走为~〗三十六計逃げるにしかず
【上层】shàngcéng 图 ①上層〖~建筑〗上部構造 ②(組織の)上層部
【上场】shàng'chǎng 動 登場する,出場する
【上蹿下跳】shàng cuān xià tiào ⦅成⦆悪事のために策略する
【上党梆子】Shàngdǎng bāngzi 图 山西省東南部の地方劇
*【上当】shàng'dàng 動 だまされる,ぺてんにかかる
【上刀山,闯火海】shàng dāoshān, chuǎng huǒhǎi ⦅俗⦆〈刀の山に登り,火の海に飛び込む〉大義のために身を犠牲にする
【上等】shàngděng 形〖定語として〗上等の〖~料子〗高級布地
【上帝】shàngdì 图 ①上帝,天帝 ②(キリスト教の)神
【上吊】shàng'diào 動 首をつる
【上冻】shàng'dòng 動 凍る,結氷する
【上颚】shàng'è 图 上顎,上あご
【上房】shàngfáng 图 母屋 ⦅同⦆〖正房〗
【上访】shàngfǎng 動(一般人が上級機関に)陳情する
【上坟】shàng'fén 動 墓参りする
【上风】shàngfēng 图 ①風上(の方向)〖浓烟从~刮过来〗黒い煙が風上から吹いてきた ②優勢〖我队占了~〗我がチームが優勢になった
【上告】shànggào 動 ①上告する ②上級機関に報告する
【上工】shàng'gōng 動 仕事に出る
【上钩】shàng'gōu 動 釣り針にかかる,わなにかかる〖敌人~了〗敵がわなにかかった
【上古】shànggǔ 图 上古(中国歴史では殷,周,秦,漢の時代)
【上官】Shàngguān 图 2字の姓(複姓)の一
【上轨道】shàng guǐdào 軌道に乗る,順調に進行する
【上好】shànghǎo 形〖定語として〗上等の,高級な〖~烟叶〗高級タバコの葉
【上火】shàng'huǒ 動 ①〖医〗のぼせる ②〖方〗かっとなる
*【上级】shàngjí 图 上級(者),上司〖~的腐化〗上部の腐敗
【上浆】shàng'jiāng 動(衣服に)のり付けする
【上将】shàngjiàng 图 将官の一(中国では'大将'と'中将'の間)
【上焦】shàngjiāo 图(中国医学で)呼吸と血液循環に関わる器官
【上缴】shàngjiǎo 動 上納する,国家に納入する
【上界】shàngjiè 图 天上界
【上进】shàngjìn 動 向上する,進歩する〖不断~〗絶えず向上する
*【上进心】shàngjìnxīn 图 向上心
【上劲】shàng'jìn 動(~儿)張り切ってやる,打ち込む〖越说越~儿〗話せば話すほど調子が出てくる
【上课】shàng'kè 動 授業を始める,授業に出る,授業をする(⦅反⦆〖下课〗)〖上三节课〗3こまの授業に出る(授業をする)
【上空】shàngkōng 图 上空,空
【上口】shàngkǒu 图 言葉がすらすら出てくる,流暢に読む〖琅琅~〗(詩文が)すらすら口に出る
【上款】shàngkuǎn 图(~儿)(書画や贈り物の)贈り先の名や称号
【上来】shànglai/ shànglái 動 上がってくる,近づいてくる〖从楼下~了〗階下から上がって来た〖大家都~跟我握手〗みんなは近づいて私と握手した〖上山来〗山に登って来る〖上不来〗上がって来られない
── -shànglai/-shanglai/-shàng-lái 動〖方向補語として〗①所から高い所へ,遠い所から近い所へ来る〖钓~〗釣り上げる〖跑上山来〗山を駆け上がる〖追~〗追いあ

げる ②成就する，うまくいく〖背～〗ちゃんと暗唱する ③〔'热''凉''黑'などの形容詞の後で〕その状態が徐々に深まり拡大していくことを示す〖天黑～了〗日が暮れてきた
【上联】shànglián [名]（～儿）'对联duìlián'の前の句 [反][下联]
【上列】shàngliè [形]〔定語として〕上に列挙した，上記の〖～各项〗上記の各事項
【上流】shàngliú [名]上流 [同][上游] 一[形]〔多く定語として〕(社会的地位が)上流の
【上路】shàng'lù [動]①旅立つ，出発する ②《転》軌道に乗る
【上马】shàng'mǎ [動]①馬に乗る ②プロジェクトをスタートさせる〖这项工程今年～〗この工事は今年スタートする
【上门】shàng'mén [動]①家を訪ねる，家まで届ける〖送水～的服务〗飲料水の宅配サービス ②戸締まりする〖铺子已经～了〗店はもう閉まってしまった
【上面】shàngmiàn [名]（～儿）①うえ，上の方〖屋顶～〗屋根の上 ②物の表面〖衣服～〗服の表面 ③(順序で)前の方 ④分野，方面 ⑤上級
【上品】shàngpǐn [名]上等品，高級品 一[形]〔定語として〕上等な
【上坡路】shàngpōlù [名]〔条〕登り坂(比喩的にも)
【上气不接下气】shàngqì bù jiē xiàqì《俗》息が切れる，息が続かない
【上去】shàngqu/ shàngqù [動]上がっていく，登っていく，(話し手から)離れる〖你～看看吧〗上に上がって見てみなさい〖上楼去〗2階へ上がる〖上不去〗登って行けない
―― -shàngqu/ -shangqu/ -shàngqù [動]〔方向補語として〕①低い所から高い所へ，近くから遠くへ離れて行く〖搬～〗運び上げる〖意见反映～〗意見を上に伝える〖跑上前去〗前方へと駆けて行く ②添加，集中を表わす〖螺丝怎么也拧不～〗ねじがどうしても入っていかない
*【上任】shàng'rèn [動]赴任する
―― shàngrèn [名]前任者
【上色】shàngsè [形]〔多く定語として〕上等な，高級の
―― shàng'shǎi [動]色を塗る，着色する
【上山容易下山难】shàng shān róngyì xià shān nán《俗》始めるのは簡単だが始末をつけるのは厄介だ
【上上】shàngshàng [形]〔定語として〕①一番よい［～策］最善の策 ②前の前の時期［～星期］先々週
【上身】shàngshēn [名]①上半身 ②(～儿)上着〖白～〗白い上着
―― shàng'shēn [動]おろしたてを着る
【上升】shàngshēng [動]登る，立ち登る，上昇する〖雾气～〗霧が立ち昇る〖气温～〗気温が上がる〖营业额～〗売上げ高が上昇する
【上声】shàngshēng/ shǎngshēng [名]〖語〗上声(じょうせい) ♦中国語の四声の一．現代語では第3声のこと
【上士】shàngshì [名]〖軍〗曹長
【上市】shàng'shì [動]①(商品が)店頭に出る，出回る〖刚～的哈密瓜〗はしりのハミウリ ②市場に行く
【上市公司】shàngshì gōngsī [名]上場会社
【上手】shàngshǒu [名][反][下手] ①上座 ♦'上首'とも ②仕事の中心人物
―― shàng'shǒu [動]始める，手を下す〖这活儿他一～就干得不错〗この仕事を彼が始めるとうまくいった
【上书】shàng'shū [動]上書する
【上述】shàngshù [形]〔定語として〕上述の〖～意见〗上記の意見
【上水】shàngshuǐ [名]上流 一[動]川を遡る
―― shàngshui [名]《方》食用家畜の臓物
【上税】shàng'shuì [動]納税する
【上司】shàngsi [名]上司〖顶头～〗直属の上司
【上诉】shàngsù [動]上訴する，控訴する
【上算】shàngsuàn [動]採算がとれる([同][合算])〖不～〗採算に合わない
【上岁数】shàng suìshu [動]（～儿）年を取る [同][上年纪]
【上台】shàng'tái [動]①舞台に出る〖～讲话〗演壇に登って話す ②政権を握る
【上天】shàng'tiān [動]①天空へと昇る ②昇天する，亡くなる
―― shàngtiān [名]天，天上の神
【上头】shàngtou [名]上 [同][上面]
**【上网】shàng'wǎng [動]インターネットに接続する
【上尉】shàngwèi [名]将校の一，大尉と中尉の間
【上文】shàngwén [名]前に記した文章
**【上午】shàngwǔ [名]午前〖～很忙〗午前中は忙しい
【上下】shàngxià [名]①(空間や地位，程度などの)上下，上から下まで〖～不通气〗上下の意思疎通がない〖全厂～一条心〗工場全体の心が一つになっている ②概数を示す〖二十岁～〗20歳ほど 一[動]上り下りする〖～楼〗階を上り下りする
【上下其手】shàng xià qí shǒu《成》いんちきをやる

S

【上下文】shàngxiàwén 图 文脈
【上弦】shàngxián 图 上弦 [～月] 上弦の月
—— shàng'xián 動 (時計などの) ぜんまいを巻く
【上限】shàngxiàn 图 上限 ⊗[下限]
【上相】shàngxiàng 形 写真映りがよい
【上校】shàngxiào 图 将校の一, '大校'(大佐)と'中校'(中佐)の間
【上鞋(绱鞋)】shàng'xié 布靴の上部と底を縫い合わせる
【上刑】shàng'xíng 動 拷問にかける
【上行】shàngxíng 動 ①(列車が)上りで運行する ◆中国では上り列車は偶数番号が付く ②上流へ航行する ③公文書を上級機関に送る
【上行下效】shàng xíng xià xiào (成) 上がやれば下も真似てやる
【上学】shàngxué 動 ①学校に行く,登校する ②小学校に上がる〚你孩子～了没有?〛君の子はもう学校に上がっているの
【上压力】shàngyālì 图〖理〗上向きの圧力,浮力
【上演】shàngyǎn 動 上演する,上映する
【上衣】shàngyī 图〚件〛上着
*【上瘾】shàng'yǐn 動 中毒になる,耽る,凝る,病みつきになる〚他抽烟抽上了瘾〛彼はニコチン中毒になっている
【上映】shàngyìng 動 上映する [～新片] 新作映画を上映する
*【上游】shàngyóu 图 ①(川の)上流 ②高い目標 [力争～] 高い目標に向かって努力する
【上载】shàngzài 動 アップロードする ⊛[下载]
【上涨】shàngzhǎng 動 ①(河川の)水位が上がる〚河水～〛川の水位が上がる ②(物価が)高騰する
【上账】shàng'zhàng 動 帳簿に記入する
【上阵】shàng'zhèn 動 出陣する; (転)(試合や仕事に)参加する
【上肢】shàngzhī 图 上肢
【上装】shàng'zhuāng 動 (芝居で) メーキャップする
—— shàngzhuāng 图 上着
【上座】shàngzuò 图 上座,上席
【上座儿】shàng'zuòr 動 (劇場に)客が入る

【尚】shàng ⊗ ①なお,まだ〚为时～早〛時期的にまだ早過ぎる [～未] まだ…ではない ②尊ぶ,重視する [崇～] あがめ尊ぶ ③(S-)姓
【尚且】shàngqiě 接 …さえなお ◆'更''当然''何况'などと呼応し,より一層すすんだ事態を表わす〚这种东西在城里～难买,何况在我们农村〛こういう品物は都会でも買いにくいのだから,私達の農村ではなおさらすら

【裳】shang ⊗ →[衣裳～] ⇨cháng

【烧(燒)】shāo 動 ①燒く,燃やす [～煤] 石炭を焚く [～炉子] ストーブを燃やす ②加熱する,煮る [～饭] 飯を炊く [～水] 湯を沸かす ③油で揚げてから煮込む [红～黄鱼] イシモチのしょう油煮込み ④あぶって燒く [～鸡] ローストチキン ⑤発熱する ⑥(金持ちになり) 舞いあがる
—— 图 (体温の)熱 [发～] 熱が出る [退～] 熱が下がる
【烧杯】shāobēi 图 ビーカー
【烧饼】shāobing 图 シャオピン ◆発酵させた塩味の小麦粉を平らに焼いたもの,多くが表面にゴマを振り掛けてある
【烧化】shāohuà 動 (死体や供え物を)燒却する
【烧荒】shāo'huāng 動 未開墾地の草木を燒く,野燒きする
【烧毁】shāohuǐ 動 燒却する [～森林] 森林を焼き払う
【烧火】shāo'huǒ 動 (炊事のために)火をおこす
【烧碱】shāojiǎn 图〖化〗苛性ソーダ
【烧酒】shāojiǔ 图 コーリャンなどを蒸留した酒,燒酎 ⊛[白酒]
【烧卖】shāomài 图 シュウマイ
【烧瓶】shāopíng 图 フラスコ
【烧伤】shāoshāng 图 やけど ⊛[火伤] —— 動 やけどする [～了指头] 指をやけどする
【烧香】shāo'xiāng 動 香をたく,焼香する
【烧心】shāoxīn 動 ①胸焼けする ②(～儿)(方)野菜の芯が腐って黄ばむ
【烧纸】shāozhǐ 图 紙銭(死者を祭るときに焼く紙の銭)
—— shāo'zhǐ 動 紙銭を焼く
【烧灼】shāozhuó 動 焼き焦がす,やけどする

【捎】shāo 動 ついでに持っていく,言付かる〚替我～一下儿〛代わりに届けてくれ ⇨shào
【捎带】shāodài 動 (ついでに)持って届ける —— 副 ついでに
【捎脚儿】shāo'jiǎor 動 (人や物を)ついでに乗せて運ぶ

【梢】shāo 图 (～儿)梢, 物の先端 [树～] 梢 [眉～] 眉毛の端

【稍】shāo 副 やや,少し,ちょっと〚请～等一下儿〛ちょっと待って下さい [～胜一筹]

やや勝る ♦号令の'稍息'(休め) は shàoxī と発音

【稍稍】shāoshāo [副] やや, 少し

★★【稍微】shāowēi [副] 少し, いささか, ちょっと([同][稍为 wéi])〚今天～有点儿冷〛今日は少しばかり寒い

【筲】shāo [名] (竹や木製の) 水桶 [～箕] 米をといだり野菜を洗う箕

〖艄〗shāo ⊗① 船尾, とも ② かじ [掌～] かじを取る [～公(梢公)] 船頭

〖鞘〗shāo ⊗ 鞭の先の皮ひも [鞭～] 同前
⇨qiào

【勺】sháo [名] (～儿)〔把〕しゃくし ♦'杓'とも書いた. ただし北斗七星の一部を表す文語では biāo と発音 [饭～] しゃもじ [铁～] 鉄しゃくし 一 [量] (容積単位の)勺 ♦'合'の10分の1

★★【勺子】sháozi [名]〔把〕ひしゃく, しゃくし

〖芍〗sháo ⊗以下を見よ

【芍药】sháoyao [名]〖植〗シャクヤク

〖苕〗sháo ⊗《方》サツマイモ [红～] 同前
⇨tiáo

〖韶〗sháo ⊗美しい [～光]《書》うるわしい春;《転》輝かしい青春時代

【少】shǎo [形] ① 数量が少ない([反][多])〚这儿人很～〛ここは人が少ない ②〔状語として〕少なめに([反][多])〚～说几句〛言葉を控える ③〔動詞句の前で〕…することが少ない〚很～听到〛めったに耳にしない 一 [動] ① 欠けている, 足りない([反][多])〚～一本书〛一冊足りない ② なくす, 失う〚～了一条腿〛片足をなくした〚羊群里～了几只羊〛羊が数頭群からいなくなった ③ 借りがある〚～他五块钱〛彼に5元の借りがある
⊗しばらくの間 [～候] しばし待つ
⇨shào

【少安毋躁】shǎo ān wú zào《成》焦らずに落ち着いてしばらく待つ

【少不得】shǎobudé [動] 欠かせない, なくてはならない [同][少不了]

【少不了】shǎobuliǎo [動] 欠かせない〚～你〛君がいなくてはならない

【少见】shǎojiàn [動] あまり見掛けない〚～～〛お久し振りです

【少礼】shǎolǐ [動]《挨》①(相手に) どうかお楽に ②(自分が) 失礼しました

【少陪】shǎopéi [動]《挨》(中座するとき)お相手できず失礼します

【少时】shǎoshí [名]《書》しばしの間 [同][少刻]

【少数】shǎoshù [名] 少数 [～民族] 少数民族

【少许】shǎoxǔ [名]《書》わずか, 少量

〖少〗shào ⊗① 年が若い [～年] 少年 [男女老～] 老若男女 ② 若旦那 [恶～] 道楽息子 ③(S-)姓
⇨shǎo

【少白头】shàobáitóu [名] 若白髪(の人)

【少不更事】shào bù gēng shì《成》若くて経験不足だ, 未熟者

【少妇】shàofù [名] 若い既婚女性

【少将】shàojiàng [名]〖軍〗少将

【少林拳】shàolínquán [名] 少林寺拳法

【少奶奶】shàonǎinai [名]《旧》若奥様

【少年】shàonián [名] 少年(時代), 少年少女 [～宫] 児童生徒のための校外活動施設 [～先锋队] 少年先鋒隊, ピオニール('少先队'と略す)

【少女】shàonǚ [名] 少女

【少尉】shàowèi [名]〖軍〗少尉

【少相】shàoxiang [形] 若く見える

【少校】shàoxiào [名]〖軍〗少佐

【少爷】shàoye [名] 若旦那, 坊ちゃん

【少壮】shàozhuàng [形] 若くて元気がいい

〖邵〗Shào ⊗姓

〖劭〗shào ⊗励ます

〖一(*卲)〗⊗(人品が) 優れている

〖绍(紹)〗shào ⊗① 受け継ぐ ②(S-) 浙江省の紹興 [陈～] 長年寝かせた紹興酒

【绍剧】shàojù [名] 紹興一帯で行われている地方劇

【绍兴酒】shàoxīngjiǔ [名] 紹興酒

【哨】shào [名] ①(警戒) 部署 [放～] 歩哨を立てる [步～] 歩哨 ②(～儿) 笛, 呼び子, ホイッスル [口～] 口笛 一 [動] (鳥が) 鳴く 一 [量] 軍隊を数える

【哨兵】shàobīng [名] 歩哨, 番兵

【哨子】shàozi [名] 呼び子, ホイッスル

〖捎〗shào ⊗退く, (馬車を) 後ろへ下げる [～色 shǎi] 色があせる
⇨shāo

【睄】shào [動]《方》ざっと見る

【潲】shào [動] ① 雨が横なぐりに降る ②《方》水をまく
⊗米のとぎ汁, 糠, 野草などを煮てどろどろした飼料 [猪～] 豚の飼料

【潲水】shàoshuǐ [名]《方》米のとぎ汁

S

【奢】shē ㊂①ぜいたくだ ②度を越えた

*【奢侈】shēchǐ 形 ぜいたくな〖～的宴会〗ぜいたくな宴会

【奢华】shēhuá 形 ぜいたくで派手な〖摆设～〗調度品が豪華だ

【奢靡】shēmí 形 浪費的な、ぜいたくな

【奢求】shēqiú 名 度を越えた要求

【奢望】shēwàng 名 法外な望み、過分な望み ━ 動 途方もないことを望む

【赊】(賒) shē 動 掛けで買う、掛けで売る〖～了两斤酒〗掛けで酒を2斤買った〖～账〗掛けで買う、掛けで売る

【赊购】shēgòu 動 掛けで買う⇔[赊买]

【赊欠】shēqiàn 動 掛けで売り買いする

【赊销】shēxiāo 動 掛け売りする⇔[赊卖]

【畲】shē ㊂焼き畑農業(をする)〖～田〗〈書〉同前の畑

【畲】Shē ㊂ショオ族〖～族〗同前 ◆中国少数民族の一、福建に住む

【猞】shē ㊂以下を見よ

【猞猁】shēlì 名〖動〗オオヤマネコ⇔[林狷yì]

【舌】shé ㊂①舌、しゃべること〖学～〗人の言葉をまねる〖～头〗舌〖长 cháng～〗おしゃべり ②舌状のもの〖鞋～〗靴の舌革〖帽～〗帽子のひさし ③〈鐘や風鈴の〉舌、おもり

【舌敝唇焦】shé bì chún jiāo《成》口をすっぱくして話す

【舌根音】shégēnyīn 名〖語〗舌根音 ◆共通語では'g, k, h'

【舌尖音】shéjiānyīn 名〖語〗舌尖音 ◆共通語では'z, c, s'(舌尖前音)、'd, t, n, l'(舌尖中音)、'zh, ch, sh, r'(舌尖後音)の三つを含む

【舌苔】shétāi 名〖医〗舌苔

*【舌头】shétou 名 ①舌〖大～〗舌のまわりが悪い(人) ②敵情を探るため捕えた捕虜

【舌炎】shéyán 名〖医〗舌炎、舌の炎症

【舌战】shézhàn 動 舌戦を戦わす

【佘】Shé ㊂姓

【折】shé 動 ①(細長いものが)折れる、切れる〖粉笔～了〗チョークが折れた〖电线～了〗電線が切れた ②損をする〖把老本都～光了〗元手まですってしまった
㊂(S-)姓
⇨zhē, zhé

【折本】shé'běn 動(～儿)〈方〉元手をとられる、損をする

【折耗】shéhào 動(商品を輸送またはストックするとき)損耗する、ロスが出る

【蛇】(*虵) shé ㊂〖条〗蛇〖蟒～〗ウワバミ、ニシキヘビ〖～形路〗S字型道路

【蛇麻】shémá 名 ホップ⇔[啤酒花]

【蛇莓】shéméi 名〖植〗ヘビイチゴ

【蛇蜕】shétuì 名 蛇の脱け殻 ◆ひきつけ、痙攣kǔnの薬として用いる

【蛇蝎】shéxiē 名 蛇とサソリ；(転)悪辣な人間〖～心肠〗邪悪な根性

【蛇行】shéxíng 動〈書〉①腹ばいで進む ②(川などが)蛇行する

【蛇足】shézú 名 蛇足、余計、余分なこと

【阇】(闍) shé ㊂〖～梨〗高僧、僧侶 ◆「城門の上の建物」の意の文語ではdūと発音

【舍】(捨) shě ㊂①捨てる〖取～〗取捨する〖四～五入〗四捨五入する ②施す〖施～〗喜捨する
⇨shè

【舍本逐末】shě běn zhú mò《成》本末転倒である〖～的做法〗本末を転倒したやり方

*【舍不得】shěbude 動 離れ難い、惜しくてならない〖～离开北京〗北京を離れるのがつらい〖～扔掉〗捨て去るのが惜しい

【舍得】shěde 動 惜しくない、未練がない〖～一条命〗一命を惜しまない〖～送人〗人にやっても惜しくない

【舍己为公】shě jǐ wèi gōng《成》公共のために個人の利益を犠牲にする

【舍己为人】shě jǐ wèi rén《成》人のために自分の利益を犠牲にする

【舍近求远】shě jìn qiú yuǎn《成》わざわざ遠回りをする

【舍命】shěmìng 動 命を捨てる、必死にやる

【舍弃】shěqì 動 捨てる、放棄する〖～祖国〗祖国を捨てる

【舍身】shěshēn 動 我が身を捨てる

【舍生取义】shě shēng qǔ yì《成》正義のために命を捨てる

【舍生忘死】shě shēng wàng sǐ《成》生命の危険をも顧みない⇔[舍死忘生]

【设】(設) shè 動 ①設ける、設立する〖～了五门新课程〗新カリキュラムを5つ設置した〖～x=2〗x=2と仮定した場合
㊂①もし…ならば〖～若〗〈書〉もし

shè

も, 仮に ②計画する
*【设备】shèbèi 图設備, 施設 [成套～] プラント [空调～] エアコン設備 —動設備する
【设法】shèfǎ 動 [多く状語的に] 方法を講じる, なんとかする [[～挽救]] 挽回策を講じる
【设防】shèfáng 動 防備を固める [[～地带]] 防備地带
*【设计】shèjì 動 設計する, デザインする, プランをたてる [[～一座大桥]] 大橋を設計する [服装～] 服装デザイン [～师] デザイナー
*【设立】shèlì 動 設立する, 開設する [[～研究所]] 研究所を設立する
【设色】shè'sè 動 着色する, 色付けする
【设身处地】shè shēn chǔ dì《成》他人の立場になって考える
【设施】shèshī 图施設, 装置 [防洪～] 水防設備
【设使】shèshǐ 接もしも, 仮に
*【设想】shèxiǎng 動 ①想像する, 構想する [不可～] 想像できない ②…のために考える [[替学生～]] 学生の立場になって考える
*【设置】shèzhì 動 設置する, 備え付ける [[～的骗局]] 仕掛けられたぺてん [[～特区]] 特別区を設ける

【厍(厙)】shè 图 ①《方》村名 ②(S-)姓

【社】shè 图 ①社 (一定の目的のために作られた組織) [报～] 新聞社 [旅～] 旅館 [人民公～] 人民公社 ②やしろ, 土地神を祭る場所またはその祭り
*【社会】shèhuì 图 社会 [～主义] 社会主義 [～风气] 社会風潮 [～学] 社会学
【社火】shèhuǒ 图 (獅子舞や龍踊りなど) お祭りの出し物
【社稷】shèjì 图《書》土地神と五穀の神; (転) 国家
【社交】shèjiāo 图 社交 [～的礼节] 社会のエチケット
【社论】shèlùn 图《篇》社説
*【社区】shèqū 图 地域共同体, 地域社会
【社戏】shèxì 图 祭りに演じる村芝居
【社员】shèyuán 图 (人民公社の) 社員

【舍】shè ⊗ ①家, 小屋 [宿～] 宿舎 [旅～] [《書》宿屋 ②〈謙〉自宅 ③〈謙〉目下の身内のもの [～弟] 私の弟 ④古代の距離の単位 (30里を1'舍'といった) [退避三～] 争いを避けて退く ⑤ (S-)姓
shě
⇨捨

【舍间】shèjiān 图《書》拙宅
【舍亲】shèqīn 图《謙》自分の親戚
【舍下】shèxià 图《書》拙宅

【涉】shè ⊗ ①(川を) 徒歩で渡る [跋～] 山を越え水を渡る ②経る, 経験する [～险] 危ない橋を渡る ③かかわる [干～] 干渉する
*【涉及】shèjí 動 関連する, かかわる [[～很多方面]] 関連する面が広い
【涉猎】shèliè 動 (書物を) 多く読みあさる [广泛地～] 広くあさる
【涉外】shèwài 图《定語として》外国と関連する [～问题] 外交にかかわる問題
【涉嫌】shèxián 動 嫌疑が掛かる [[～受贿]] 賄路を受けとったという嫌疑を掛けられる

【射】shè 動 ①発射する [[～子弹]] 銃弾を撃つう [[～进球里去]] ゴールを決める→[～箭] ② (液体を) 噴出する(させる) [压力小, ～不了很远] 圧力が小さいから遠くへ噴射できない ③ (光, 熱, 電波などを) 放射する [灯光从窗口～出来] 明かりが窓から差してくる ④暗示する [影～] あてこする

【射波刀】shèbōdāo 图 サイバーナイフ
【射程】shèchéng 图 射程
【射电望远镜】shèdiàn wàngyuǎnjìng 图 電波望遠鏡
【射干】shègān 图《植》ヒオウギ (アヤメ科の多年草)
*【射击】shèjī 動 射撃する —图《体》射撃競技
【射箭】shèjiàn 動 矢を射る —图《体》アーチェリー
【射界】shèjiè 图 射撃できる範囲
【射猎】shèliè 動 狩猟する
【射流】shèliú 图 (液体, 気体などの) 噴出流体
【射门】shè'mén 動 (サッカーなどで) シュートする
【射手】shèshǒu 图 射手
【射线】shèxiàn 图《理》放射線

【麝】shè ⊗ ①《動》ジャコウジカ ♦ふつう '香獐 zhāng 子' という ②麝香 xiāng [～香] 同前
【麝牛】shèniú 图《動》ジャコウウシ
【麝鼠】shèshǔ 图《動》ジャコウネズミ

【赦】shè ⊗ 許す, 赦免する [特～] 特赦
【赦免】shèmiǎn 動 罪を許す

【慑(懾*慴)】shè ⊗ 恐れる, 恐れさす [威～] 威嚇する [震～] おびやかす
【慑服】shèfú 動《書》恐怖から服従する(させる)

【摄(攝)】shè ⊗ ①《写真》を撮る [拍～] 撮影する ②吸収する ③摂生する [～生]《書》同前 ④代理する [～政] 摂政

【摄理】shèlǐ [動]《書》代理する
★【摄取】shèqǔ [動] ①(栄養を)摂取する〖～氧气〗酸素を吸収する ②撮影する〖～镜头〗(映画の)シーンを撮る
【摄食】shèshí [動](動物が)食物を摂取する
★【摄氏度】Shèshìdù [名] 摂氏(せっし)温度計の度数 [関][华氏度]
【摄氏温度计】Shèshì wēndùjì [名] 摂氏温度計
【摄像机】shèxiàngjī [名]〔台〕ビデオカメラ
★★【摄影】shèyǐng [動] 写真を撮る，撮影する［～机］撮影機［～师］撮影技師，カメラマン
【摄制】shèzhì [動] 映画を制作する

〖歙〗 Shè ⊗ 歙県(しょうけん)(「きゅうけん」とも，安徽省) ♦「息を吸う」の意の文語は xī と発音

【谁(誰)】 shéi/shuí [代] ①誰〖是～写的？〗誰が書いたの〖您是～？〗どちら様ですか〖～的书〗誰の本 ②誰でも，誰も〖～也不敢开口〗誰も口を開こうとしない〖～先到～买票〗先に着いた人が切符を買うんだよ ③誰か〖好像有～来过〗誰か来た形跡がある
⇨shuí

〖申〗 shēn ⊗ ①十二支の第9，さる ②述べる［重chóng～］重ねて言明する［引～义］派生義 ③(S-)上海の別称 ④(S-)姓
★【申报】shēnbào [動] 上申する，申告する
【申辩】shēnbiàn [動] 弁明する，釈明する
【申斥】shēnchì [動] 叱責する〖～晚辈〗後輩を叱る
【申明】shēnmíng [動] 言明する，公言する〖～自己的立场〗自分の立場を明らかにする
★★【申请】shēnqǐng [動] 申請する〖～入境签证〗入国ビザを申請する
【申时】shēnshí [名]《旧》申(さる)の刻(午後3時から5時まで)
【申述】shēnshù [動] 詳しく説明する
【申说】shēnshuō [動](理由を)説明する
【申诉】shēnsù [動] 訴える，申し立てる〖提出～〗訴えを出す
【申讨】shēntǎo [動] 糾弾する，公然非難する [同][声讨]
【申屠】Shēntú [名] 姓
【申雪(伸雪)】shēnxuě [動](冤(えん)罪を)晴らす
【申冤(伸冤)】shēn▾yuān [動] ①冤(えん)罪を晴らす ②冤罪を申し立てる

【伸】 shēn [動] 伸ばす〖～胳膊〗腕を伸ばす〖～舌头做鬼脸〗舌を出しておどけた顔をする［欠～］あくびと伸びをする
【伸懒腰】shēn lǎnyāo [動] 疲れた腰を伸ばす，伸びをする
【伸手】shēn▾shǒu [動] ①手を伸ばす［～不见五指］一寸先も見えないほど真っ暗だ ②《貶》手を出す，関与する
【伸缩】shēnsuō [動] 伸縮する，伸び縮みする［～性］伸縮性［～臂］伸縮アーム［～操］ストレッチ体操
【伸腿】shēn▾tuǐ [動] ①足を伸ばす ②足を踏み入れる，割り込む ③《口》死ぬ
【伸腰】shēn▾yāo [動] ①腰を伸ばす ②《転》もう人から侮りを受けない
【伸冤】shēn▾yuān [動] [同][申冤]
【伸展】shēnzhǎn [動] 伸び広がる〖～幻想的翅膀〗幻想の翼を広げる
【伸张】shēnzhāng [動] 広げる，発揚する〖～正气〗正しい気風を広める

〖呻〗 shēn ⊗ うめく
★【呻吟】shēnyín [動] うめく，呻吟(しんぎん)する

〖绅(紳)〗 shēn ⊗ ①士大夫が腰に締めていた大帯 ②地方の名士［土豪劣～］地方のボス
★【绅士】shēnshì [名] 旧社会の地方有力者(地主，退職官僚など)

〖珅〗 shēn ⊗ 玉の一種

【砷】 shēn [名]〖化〗ヒ素

【身】 shēn [量](～儿)衣服を数える〖一～制服〗1着の制服
⊗ ①体［翻～］体の向きを変える［上～］上半身 ②生命，身(み)［献～］身を献げる［终～］生涯 ③自分［自～］自分［本～］自身 ④人格［修～］身を修める ⑤胴体，ボディー［车～］車体
【身败名裂】shēn bài míng liè《成》地位も名誉も失う
【身边】shēnbiān [名] ①身の回り，(その人の)そば〖把全家人叫到～〗一家の者をそばに呼び寄せる ②(場所としての)体，身(み)〖～没带钱〗お金を持ち合わせない
★★【身材】shēncái [名] 体つき(背丈や体格についていう)〖～苗条〗(女性の)体つきがスマートだ
【身长】shēncháng [名] ①身長，背丈([同][身高])〖～有一米八〗身長1メートル80センチ ②服の身丈(みたけ)
【身段】shēnduàn [名] ①(女性の)姿，格好〖～秀丽〗体つきがきわめて美しい ②(踊りの)しぐさ
★★【身份(身分)】shēnfen/shēnfèn [名] ①身分〖暴露～〗身分を暴く ②

S

名誉,体面〚失掉～〛体面をなくす
【身后】shēnhòu 图 死後
【身教】shēnjiào 动 身をもって教える〚～重于言教〛言葉で教えるより身をもって教えるほうが大切だ
【身量】shēnliang 图(～儿)〈口〉身長,背丈 ⓐ〔个子〕
【身临其境】shēn lín qí jìng《成》その場に身を置く
【身强力壮】 shēn qiáng lì zhuàng《成》体が頑健だ
【身躯】shēnqū 图 体躯が,体つき
【身上】shēnshang 图 ① 体,身〚～穿一件白衬衫〛白シャツを身につけている〚有点儿不舒服〛体が少し具合が悪い ②(場所としての)体,身が〚～没带笔〛ペンを持ち合わせない
*【身世】shēnshì 图 身の上,境遇〚悲惨的～〛悲惨な境遇
【身手】shēnshǒu 图 腕前,能力(ⓐ〔本领〕)〚显～〛腕前を見せる
【身受】shēnshòu 动 その身に受ける,体験する〚感同～〛(人に代わって)自分が受けたと同様にその好意に感謝する
*【身体】shēntǐ 图 体,身体〚～高大〛体つきが高く大きい〚保重～〛体をいたわる
【身心】shēnxīn 图 心身,身体と精神〚～健康〛心身とも健康〚摧残～〛体と精神を痛めつける
【身形】shēnxíng 图 体の格好,体型
【身影】shēnyǐng 图 人の影,シルエット〚～优美〛姿が美しい
【身孕】shēnyùn 图 妊娠〚有了五个月的～〛妊娠5か月だ
【身子】shēnzi 图〈口〉① 体 ② 妊娠〚有～的人〛妊娠中の人

【参(參)】shēn Ⓧ 唐鋤星(からすき)(二十八宿の一)〚～商〛〈書〉(同じ季節の夜空に共存しない星>) ① 親友どうしが会えないこと ② 仲が悪いこと ⇨cān, cēn

【―(參*蓡葠)】(生薬の)ニンジン〚人～〛同前

【糁(糝*籸)】shēn 图 (～儿)ひき割りの穀類 ◆「飯粒」の意では sǎnと発音(方言)

【鰺(鰺)】shēn Ⓧ アジ

【莘】shēn Ⓧ ①〚～～〛〈書〉(事物が)多いさま ◆'姺''侁''诜''駪'も同音同義 ②(S-) 山東省の県名 ③(S-) 姓

【娠】shēn Ⓧ →[妊 rèn ～]

【深】shēn 形 ① 深い(ⓐ〔浅〕)〚这口井很～〛この井戸は深い ②(内容が) 奥深い,難しい(ⓐ〔浅〕)〚很～的理论〛奥深い理論 ③ 密接な,親密な(ⓐ〔浅〕)〚交情很～〛付き合いが親密だ ④(印象や影響などが) 強い ⑤ 時がたった〚夜～了〛夜がふけた〚～秋〛晩秋 ⑥ 色が濃い(ⓐ〔浅〕)〚颜色变～〛色が濃くなった〚～红〛深紅 一 图 深さ〚有一米多～〛1メートルあまりの深さ 一 副〚多く単音節動詞の前で〛十分に,深く〚～受感动〛とても感動した
*【深奥】shēn'ào 形(内容が) 奥深い,難解な
【深藏若虚】shēn cáng ruò xū《成》深い学識があるのに人前でひけらかさない
【深层】shēncéng 图 深層 一 形〚定語として〛深層の
【深长】shēncháng 形(意味が) 深い,深みがある〚～的用意〛深遠な意図〚意味～〛意味深長である
【深沉】shēnchén 形 ①(程度が) 深い〚最～的哀悼〛最も深い哀悼 ②(声が) 低い,重々しい〚～的汽笛声〛低い汽笛の音 ③ 感情を表に出さない〚～的目光〛なぞめいたまなざし
【深仇大恨】shēn chóu dà hèn《成》深い恨み
【深度】shēndù 图 深さ,深み〚眼镜的～〛眼鏡の度数〚知识的广度和～〛知識の広さと深さ
【深更半夜】shēn gēng bàn yè《成》深夜 ⓐ〔半夜三更〕
【深沟高垒】shēn gōu gāo lěi《成》深い豪(ほり)と高い城壁,堅固な防御
【深广】shēnguǎng 形 深くて広い
【深闺】shēnguī 图〈書〉婦女の居室,深窓
【深厚】shēnhòu 形 ①(感情が) 深い,厚い〚～的友谊〛深い友誼 ②(基礎が) 堅い〚～的基础〛しっかりした基礎
【深呼吸】shēnhūxī 动 深呼吸する
【深化】shēnhuà 动 深化する(させる) 〚～改革〛改革を深化させる
【深究】shēnjiū 动 深く追究する
【深居简出】shēn jū jiǎn chū《成》引きこもって暮らす
*【深刻】shēnkè 形 ① 深い,本質をついた〚～的语言〛意味深い言葉 ②(感情,印象などが) 深い,強い〚～的仇恨〛深い憎悪
【深谋远虑】shēn móu yuǎn lǜ《成》深謀遠慮
【深浅】shēnqiǎn 图 ① 深さ〚测量～〛深さを測る ② 程度,ほど〚不知～〛頃合いを知らない
【深切】shēnqiè 形 心がこもった,深

【深情】shēnqíng 图 厚い感情〚倾注了无限～〛限りない愛情を注いだ ― 形〚多く状語として〛情の深い〚～地点点头〛深い思いでうなずいた
*【深情厚谊】shēnqíng hòuyì（成）深く篤い思いやり 働[深情厚意]
【深入】shēnrù 動 深く入る, 深く掘り下げる〚～了解〛深く理解する〚～基层〛末端組織に深く入る〚～人心〛深く人の心に入り込む
【深入浅出】shēn rù qiǎn chū（成）内容は深いが文章はやさしい
【深山】shēnshān 图 深山〚～老林〛山奥の原始林
【深邃】shēnsuì 形 奥深い〚～的夜空〛深い夜空〚～的洞察力〛深い洞察力
【深通】shēntōng 動 精通する〚～泰语〛タイ語に精通する
【深透】shēntòu 形 透徹している
【深文周纳】shēn wén zhōu nà（成）むりやり罪名を着せる
【深恶痛绝】shēn wù tòng jué（成）ひどく嫌悪する
【深信】shēnxìn 動 深く信じる〚～不疑〛深く信じて疑わない
【深省(深醒)】shēnxǐng 動 深く悟る
【深夜】shēnyè 图 深夜
【深意】shēnyì 图 深い意味
【深渊】shēnyuān 图 深い淵ち〚陷入无底的～〛底知れぬ深淵に落ち込む
【深远】shēnyuǎn 形（影響や意味が）大きい〚～的历史意义〛きわめて大きな歴史的意義
【深造】shēnzào 動 いっそう研鑽けんさんする, 造詣を深める〚出国～〛外国に行ってさらに勉強する
【深宅大院】shēn zhái dà yuàn（成）広大な邸宅
【深湛】shēnzhàn 形 深くて詳しい
【深挚】shēnzhì 形 真心がこもった
【深重】shēnzhòng 形 厳しい, 重大な, ひどい〚灾难～的民族〛ひどい災難を受けた民族〚创 chuāng 伤～〛傷がきわめて重い

什(＊甚) shén ⊗以下を見よ
⇨ shí, shèn（甚）

*【什么】shénme 代 ①（疑問を表して）なに, どんな〚这是～?〛これはなんですか〚你在想～〛何を考えているの〚～人〛どういう人〚～事儿〛なんの用〚～地方〛どこ〚～时候〛いつ ②（不確定なものを表わして）なにか〚想喝点儿～〛何か飲みたい ③〚‘都’‘也’を伴って〛（任意のものを指して）なんでも, なにも〚～书都看〛どんな本でも読む〚～

也看不见〛何も見えない ④〚二つの‘什么’を呼応させて〛後者によって決定される〚有一就说～〛胸のうちにあるものはなんでも言う ⑤驚きや不満を表わす〚～!没有水?〛なんだって! 水がないって? ⑥非難, 反発を表わす〚你笑～?〛なにがおかしいんだ〚～头疼!〛なにが頭が痛いの〚～宝贝不宝贝〛なにが宝だ ⑦列挙するときに用いる〚～弹钢琴啦, 拉二胡啦, 吹笛子啦, 样样都行〛ピアノとか'二胡'とか笛とか, みなできる

【什么的】shénmede 助（口）（列挙した後で）…など, 等々〚电影, 戏剧, 歌舞～, 他都喜欢看〛映画や芝居, 歌舞など, 彼はみな観るのが好きだ

【神】shén 图 ① 神〚鬼～〛鬼神 ②心, 精神〚出～〛ほんやりする〚定～〛気を落ち着かせる ③表情〚有～〛元気一杯の〚～态〛表情, そぶり ― 形〚方〛賢い ⊗①超人的な, 不可思議な〚～速〛驚くほど速い ②(S-)姓

【神不知, 鬼不觉】shén bù zhī, guǐ bù jué（成）誰にも知られずこっそりと 働[人不知, 鬼不觉]
【神采】shéncǎi 图 表情, 顔色, 顔の輝き〚～飞扬〛気持ちが高揚している様子〚～奕奕〛元気はつらつした様子
【神出鬼没】shén chū guǐ mò（成）神出鬼没
【神父】shénfù 图 神父 ♦'司铎'の尊称
【神甫】shénfu 图 神父
【神怪】shénguài 图 神仙と妖怪
【神乎其神】shén hū qí shén（成）きわめて奇妙である
【神话】shénhuà 图 神話, 英雄譚〚～故事〛神話物語〚希腊～〛ギリシャ神話
【神魂】shénhún 图 精神状態〚～不定〛気持ちが不安定だ
【神机妙算】shén jī miào suàn（成）予見力があり機略にすぐれる
*【神经】shénjīng 图 ①〔根・条〕(一筋ごとの）神経 ②（機能としての）神経〚～病〛ノイローゼ(比喩的にも)〚～过敏〛神経過敏, 気短い〚～错乱〛精神錯乱〚～性皮炎〛神経性皮膚炎
【神龛】shénkān 图 神棚, 仏壇 ♦神像や位牌を安置する厨子
【神力】shénlì 图 超人的な力, 不思議な力
【神灵】shénlíng 图 神の総称
*【神秘】shénmì 形 神秘的な〚～地笑〛いわくありげに笑う
【神妙】shénmiào 形 きわめて巧みで

ある[～莫測]計り知れぬほど巧みである
【神明】shénmíng 图 神の総称
【神农】Shénnóng 图 神農のう◆(伝説中の)農業と医薬の神
【神女】shénnǚ 图① 女神 ②(旧)娼妓
*【神奇】shénqí 囲 大変奇妙な, 摩訶不思議な[～的境界]きわめて奇妙な世界
*【神气】shénqi 图 表情, 態度, 感じ[～很认真]真剣な表情だ ― 囲① 元気いっぱいな, 得意だ[神神气气的小伙子]元気はつらつな若者 ② 生意気な, 得意満面な[～地摆摆头]偉そうに首を横に振った
【神枪手】shénqiāngshǒu 图 射撃の名手
*【神情】shénqíng 图 表情, 顔つき[兴奋的～]興奮した面持ち[～木然]呆然とした表情だ
【神曲】shénqū 图 [薬] 神麹しんきく(消化剤に用いる)
【神权】shénquán 图 神の権威, 神権
*【神色】shénsè 图 表情, 顔つき[～慌张]慌てた様子[傲慢的～]傲慢そうな表情
【神神道道(神神叨叨)】shénshendāodāo 囲[口]言行が尋常でないさま
*【神圣】shénshèng 囲 神聖な[～的职责]神聖な職責
【神思】shénsī 图 精神, 気持ち[～不定]気持ちが落ち着かない
【神似】shénsì 囲 (境地, 神韻のうえで)酷似する
【神算】shénsuàn 图 きわめて的確な推測
*【神态】shéntài 图 表情と態度[～生动]生き生きとした様子[严厉的～]厳しい表情
【神通】shéntōng 图 神通力, 優れた腕前[～广大]何事にも優れた腕を持つ
【神童】shéntóng 图 神童
【神往】shénwǎng 動 あこがれる, 思いをはせる[令人～的生活]あこがれの生活
【神威】shénwēi 图 計り知れぬ威力
【神巫】shénwū 图 巫女じょ, 祈祷師
*【神仙】shénxian/ shénxiān 图 神仙, 仙人
【神像】shénxiàng 图[幅・尊] 神仏の像
【神医】shényī 图 名医
【神异】shényì 图 神仙と妖怪 ― 囲 きわめて不思議な
【神勇】shényǒng 囲 並外れて勇猛な
【神韵】shényùn 图[書](文学芸術上の)素晴らしい趣, 味わい
【神志】shénzhì 图 知覚, 意識[～清醒]意識がはっきりしている
【神州】Shénzhōu 图[書] 中国

【沈】 shěn ⊗ (S-)姓 ⇨chén(沉)

【—(瀋)】 ⊗① 汁 ②'沈阳'(遼寧省瀋陽)の略称

【审(審)】 shěn 動 調べる, 取り調べる[～稿子]原稿を審査する[～案子]事件を審理する ⊗①知る ②確かに ③詳しい[精～]詳細な[～视]よく見る
【审查】shěnchá 動 審査する[～资历]資格経歴を審査する
【审处】shěnchǔ 動 審理処分する
【审定】shěndìng 動 審査決定する, 査定する
【审核】shěnhé 動 審査する, 確認する[～预算]予算を審査する
【审理】shěnlǐ 動 審理する[～案件]事件を審理する
【审美】shěnměi 動 美を鑑賞する[～观]審美眼
*【审判】shěnpàn 動 裁く, 裁判する[～长]裁判長[～员]裁判官
【审批】shěnpī 動 審査して認可する
【审慎】shěnshèn 囲 用意周到に, 慎重な
【审时度势】shěn shí duó shì (成)時勢をよく調べた上で状況を判断する
【审问】shěnwèn 動 尋問する[～嫌疑犯]容疑者を尋問する
【审讯】shěnxùn 動 尋問する[～俘虏]捕虜を尋問する
【审议】shěnyì 動 審議する[～协定]協定を審議する
【审阅】shěnyuè 動 (文書を)チェックする, 校閲する[～文稿]草稿をチェックする

【婶(嬸)】 shěn ⊗① おば (父の弟の妻) ② 母より年下で母と同世代の既婚婦人に対する呼び名[大～儿]おばさん

【婶母】shěnmǔ 图 おば('叔父'の妻)
【婶婶】shěnshen 图[方] おばさん
【婶子】shěnzi 图 動[俗母]

【哂】 shěn ⊗ 微笑する[～纳](書)ご笑納下さい

【矧】 shěn ⊗ まして, いわんや

【谂(諗)】 shěn ⊗① 知る ②忠告する

【肾(腎)】 shěn ⊗ 图[生] 腎臓[～脏]腎
【肾上腺】shènshàngxiàn 图 副腎
【肾炎】shènyán 图 腎炎
【肾盂】shènyú 图 腎盂じん

【肾脏】shènzàng 图 腎臓 ⇔(口)[腰子]

【甚】shèn 代《方》なに ⇔(普)[什么]
⊗①甚だ,きわめて〖~好〗大変よい ②勝る,上回る〖日~一日〗日に日にひどくなる ③ひどい,甚だしい

【甚而】shèn'ér 副 さらには,ひどいことには ⇔[甚至]

【甚或】shènhuò 副《书》甚だしくは

【甚为】shènwéi 副〖多く二音節語句を修飾して〗甚だ,きわめて

【甚嚣尘上】shèn xiāo chén shàng《成》議論紛々だ

*【甚至】shènzhì 副 さらには,ひいては,ひどいことには(⇔[甚而至于][甚至于])〖他瘦多了,~我都认不出来了〗彼はひどくやせて,私でさえ見間違えるほどだった

【葚】shèn ⊗→[桑 sāng~]

【渗(滲)】shèn 動 しみ入る,にじむ,漏る〖~油〗油が漏れる〖血往外~〗血が外にしみ出る

【渗入】shènrù 動 しみ込む

【渗炭】shèntàn 图 浸炭

*【渗透】shèntòu 動 浸透する,しみ込む〖~了汗水〗汗がしみ込んだ

【瘆(瘆)】shèn 動《方》人を怖がらせる〖~人〗同前

【慎(愼)】shèn ⊗①注意深い〖谨~〗慎重な ②(S-)姓 ♦人名では'昚'とも書く

*【慎重】shènzhòng 形 慎重な,念入りな〖采取十分~的态度〗きわめて慎重な態度をとる

【蜃】shèn ⊗〖贝〗オオハマグリ〖~楼〗〖~景〗蜃気楼

【升】shēng 图 升ます(容量は'斗'の10分の1)〖~子〗1升ます — 量 ①リットル ⇔(旧)[公~] ②升('斗'の10分の1,'合 gě'の10倍)

【―(昇)】動 昇る〖太阳~起来了〗日が昇った

【―(陞)】動(等級が)上がる〖~了一级〗1級上がる,昇級する〖~任〗昇任する

【升班】shēng'bān 動(旧)進級する

【升格】shēng'gé 動 昇格する

【升官】shēng'guān 動 官職が高くなる〖~发财〗昇進し金持ちになる

【升华】shēnghuá 動〖理〗昇華する

【升级】shēng'jí 動 ①昇級する,進級する ②エスカレートする〖战争进一步~〗戦争が一層エスカレートする

【升降】shēngjiàng 動 昇降する〖~机〗(工場の)リフト

【升旗】shēng'qí 動 旗を揚げる,掲揚する

【升堂入室】shēng táng rù shì《成》学問や技能の奥義を極める

【升腾】shēngténg 動(炎や気体が)立ち昇る

【升天】shēng'tiān 動 昇天する

【升学】shēng'xué 動 進学する

【升涨】shēngzhǎng 動 高まる,高騰する

【升值】shēngzhí 動 平価を切り上げる

【生】shēng 動 ①生む,生まれる〖~孩子〗子供を産む ②育つ,伸びる〖~根〗根が生える ③発生する,起こる→〖~病〗 ④(火を)おこす〖~炉子〗ストーブに点火する — 形 ①熟していない,生の〖~瓜〗未熟な瓜〖半~不熟〗半熟である ②見知らぬ,疎い〖~地方〗見知らぬところ〖~手〗新米 ③加工していない〖~丝〗生糸 ⊗①生活〖谋~〗生計を立てる ②命,命ある,一生 ③学生,生徒〖师~〗教師と学生 ④伝統劇の男役〖老~〗男のふけ役 ⑤無理に,あくまで ⑥(S-)姓

【生搬硬套】shēng bān yìng tào《成》(他人の経験や方法を)実状を無視して強引に当てはめる

:【生病】shēng'bìng 動 病気になる

【生菜】shēngcài 图 ①レタス,チシャ ②生野菜,サラダ〖~油〗サラダオイル

:【生产】shēngchǎn 動 ①生産する〖投入~〗操業を始める〖~关系〗生産関係〖~率〗労働生産性〖~资料〗生産手段 ②子供を産む〖到医院~〗病院で出産する

【生辰】shēngchén 图 誕生日(⇔(口)[LI][生日])〖~八字〗生年月日と時刻の干支え八字

【生成】shēngchéng 動 ①形成する ②生まれつき持つ ⇔(口)[生就]

【生吃】shēngchī 動 生のまま食べる

【生词】shēngcí 图 新出単語,知らない単語

*【生存】shēngcún 動 生存する〖~的愿望〗生存への願望

【生地】shēngdì 图 ①〖農〗未墾地 ②(漢方で)未加工の地黄じおう

:【生动】shēngdòng 形 生き生きした〖~的形象〗生き生きしたイメージ

【生分】shēngfen 形 疎遠な,しっくりしない

【生俘】shēngfú 動 生け捕る

【生花之笔】shēng huā zhī bǐ《成》傑出した文筆の才能

【生荒】shēnghuāng 图〖農〗〖块·

片〕未開墾地 [同][生荒地]
★★【生活】shēnghuó [名] ① 生活〚料理～〛生活を切り盛りする〚穷苦的～〛苦しい暮らし ②《方》仕事 — [動]生活する，暮らす
【生火】shēng▾huǒ [動] 火をおこす〚～做饭〛火をおこしてご飯をつくる
★【生机】shēngjī [名] ① 生存の機会〚一线～〛生存への一縷の望み ② 活力，生気〔～勃勃〕活力に満ちている
【生计】shēngjì [名]生計
【生就】shēngjiù [動] 生まれつき持つ〚～一张讨人喜欢的脸〛生来人に好かれる顔をしている
【生客】shēngkè [名]見知らぬ客
【生恐】shēngkǒng [動]（…することを）ひどく恐れる〚～他不来〛彼が来ないのではないかと心配する
【生拉硬扯】shēng lā yìng chě《成》① 無理矢理言うことをきかせる ② 無理にこじつける [同]〔生拉硬拽 zhuài〕
【生来】shēnglái [副] 生まれつき〚～爱唱歌〛生まれつき歌うのが好きだ
【生老病死】shēng lǎo bìng sǐ《成》（仏教でいう「四苦」，すなわち生まれる，老いる，病む，死ぬ＞）人生で出会う大きな出来事 ♦今は誕生，養老，医療，埋葬を指す
【生离死别】shēng lí sǐ bié《成》永遠の別れ，生き別れや死別
★【生理】shēnglǐ [名] 生理〔～学〕生理学〔～盐水〕リンゲル液
【生力军】shēnglìjūn [名]〔支·批〕新戦力，新手
【生灵涂炭】shēnglíng tú tàn《成》人民が塗炭の苦しみをなめる
【生龙活虎】shēng lóng huó hǔ《成》（生きた竜と虎＞）活力が満ちている
【生路】shēnglù [名]生活の道，活路〚闯出一条～来〛新しい活路を切り開く
【生米煮成熟饭】shēngmǐ zhǔchéng shúfàn《俗》（生米はすでに炊けた＞）事はすでに成って今さら変えられない，後の祭り
★★【生命】shēngmìng [名] 生命，命〚垂死的～〛瀕死の命〚艺术的～〛芸術の生命
【生怕】shēngpà [動]（…することを）ひどく恐れる〚～挨骂〛罵倒されるのではとヒヤヒヤする
【生僻】shēngpì [形]まれな，あまり見かけない〚～的字眼〛あまり見かけない字句
【生平】shēngpíng [名] 一生，生涯〔～事迹〕生涯の事績
【生漆】shēngqī [名]生うるし
★★【生气】shēng▾qì [動] 怒る〚对他～（生他的气）〛彼に対して怒る
—— shēngqì [名]生気，活力
【生前】shēngqián [名] 生前〚～的愿望〛生前の願い
【生擒】shēngqín [動]生け捕りにする
【生趣】shēngqù [名]生活の楽しみ
【生人】shēngrén [名]見知らぬ人
—— shēng▾rén [動]出生する〚他是1945年～〛彼は1945年の生まれだ
★★【生日】shēngrì [名]誕生日〚过～〛誕生日を祝う〚祝您～快乐〛誕生日おめでとう
【生色】shēngsè [動] 輝きをます，精彩を加える
【生涩】shēngsè [形]（言葉·文章が）ぎこちない，滑らかでない
【生杀予夺】shēng shā yǔ duó《成》生殺与奪
【生事】shēng▾shì [動]もめ事を起こす〚造谣～〛デマを飛ばして騒ぎを起こす
【生手】shēngshǒu [名]未熟者，新米
★【生疏】shēngshū [形] ① 慣れない，疎い〚对农村很～〛農村に慣れない〔人地～〕知り合いもいないし土地にも不案内だ ②（感情の面で）疎遠になった
【生水】shēngshuǐ [名]生水
【生死】shēngsǐ [名]生死，活路〔～攸关〕生死存亡に係わる〔～与共〕生死を共にする
★【生态】shēngtài [名] 生態〔～学〕生態学，エコロジー
【生铁】shēngtiě [名]銑鉄 [同][铸铁]〔铣铁〕
【生吞活剥】shēng tūn huó bō《成》（生のまま飲み込み生きたまま皮を剥いでくる＞）（他人の理論や経験を）無批判に当てはめる，鵜呑みにする
★【生物】shēngwù [名] 生物〔～学〕生物学〔～工程〕〔～技术〕バイオテクノロジー〔～质〕バイオマス
【生息】shēngxī [動] 生存する，繁殖する
—— shēng▾xī [動]利息を生む
【生肖】shēngxiào [名] 生まれた年の干支（えと） [同][属相]
★【生效】shēng▾xiào [動]効力が発する
【生性】shēngxìng [名] 生まれながらの性格，天性
★【生锈】shēng▾xiù [動]さびが出る
【生涯】shēngyá [名]生涯，長期に渡る職業生活〚教书的～〛教師生活
【生药】shēngyào [名]生薬，薬材
【生业】shēngyè [名]生業
【生疑】shēng▾yí [動]疑いを持つ
【生意】shēngyì [名]生気，活気
—— shēngyi [名]商売，商い（[同][买卖]）〚做～〛商売をする〚～萧条〛商売が不振だ〔～经〕商売のやり方
【生硬】shēngyìng [形]ぎこちない，かたくなな〚动作太～了〛動作がひど

S

くぎごちない『~的作风』かたくなな仕事のやり方

【生油】shēngyóu 图① 搾ったままの油 ②〘方〙落花生油

*【生育】shēngyù 动 子供を産む『~过一男一女』一男一女を生んだ [计划~]計画出産

【生造】shēngzào 动（新語や表現を）無理に作る『~词语』新語を作る

【生长】shēngzhǎng 动 成長する, 生長する『~在农村』農村育ちだ『山上~着落叶松』山にカラマツが育っている

【生殖】shēngzhí 动 生殖する [~器]生殖器

【生字】shēngzì 图 知らない字

【**牲**】shēng ⊗① 家畜 ②いけにえ [牺~]いけにえ, 犠牲にする

*【牲畜】shēngchù 图 家畜

【牲口】shēngkou 图〔头·匹〕役畜, 家畜

【**笙**】shēng 图 笙しょう

【**甥**】shēng ⊗（異姓の）おい [外~]同前 [外~女]（異姓の）めい

【**声**(聲)】shēng 图（~儿）声, 音(→[一音])[掌~]拍手の音 [欢~]歓声 一量 声や音を出す回数を数える『一~汽笛』汽笛一声 ⊗① 声を出す [不~不响]おし黙っている [~东击西]東を攻めると見せかけて西を攻撃する ②〘语〙声調, 声母

【声辩】shēngbiàn 动（公開の場で）弁解する

【声波】shēngbō 图 音波

【声称】shēngchēng 动 公言する, 言明する

【声带】shēngdài 图①〘生〙声帯 ②〘映〙サウンドトラック

*【声调】shēngdiào 图①〘语〙声調 ②語調, トーン

【声价】shēngjià 图 名声, 評判『~甚高』きわめて評判が高い

【声浪】shēnglàng 图（大勢の）叫び声, (抗議などの)声『抗议的~』抗議の声

【声泪俱下】shēng lèi jù xià〈成〉涙ながらに訴える

【声名】shēngmíng 图〘书〙名声『~狼藉 lángjí』名声が地を掃う

*【声明】shēngmíng 图 动 声明(する)『~自己的态度』自分の態度を表明する『对外交问题的~』外交問題についての声明

【声母】shēngmǔ 图〘语〙声母, 音節の始めの子音 ⇨[韵母]

【声谱】shēngpǔ 图〘理〙音のスペクトル, オシログラフ

【声气】shēngqì 图 消息, 情報

【声腔】shēngqiāng 图（伝統劇の）節回し

【声色】shēngsè 图①（話すときの）声と顔色 [~俱厉]話すときの声も表情も厳しい ②〘书〙歌舞と女色

*【声势】shēngshì 图 気勢, 勢い『~十分浩大』気勢が盛んである [虚张~]虚勢を張る

【声嘶力竭】shēng sī lì jié〈成〉声はかれ力尽きる

【声速】shēngsù 图 音速

【声讨】shēngtǎo 动 糾弾する『~卖国贼』売国奴を糾弾する

【声望】shēngwàng 图 声望, 名声『很有~』声望がある

【声威】shēngwēi 图 威信, 威勢

【声息】shēngxī 图①〔多く否定文に用いて〕物音 [没有一点~]物音一つしない ②消息

【声响】shēngxiǎng 图 音『脚步的~』足音『放大~』ボリューム(音量)を上げる

【声言】shēngyán 动 公言する, 言明する

【声扬】shēngyáng 动 言い触らす

*【声音】shēngyīn 图 声, 音『唱歌的~』歌声,『沙哑的~』かすれ声『敲门的~』ドアをノックする音

【声誉】shēngyù 图 名声, よい評判『追求~』名声を追い求める

【声援】shēngyuán 动 声援する『~示威』デモを声援する

【声乐】shēngyuè 图 声楽

【声韵学】shēngyùnxué 图〘语〙音韻学 ⑩[音韵学]

【声张】shēngzhāng 动 言い触らす『这消息千万不可~』このニュースは決して言い触らしてはならない

【**绳**(繩)】shéng 图（~儿）[根·条]縄, ひも [跳~]縄跳び [~梯]縄ばしご ⊗① 正す, 規制する ②(S-)姓

【绳索】shéngsuǒ〔根·条〕太い綱, ロープ

*【绳子】shéngzi 图〔根·条〕縄, 綱, ひも

【**省**】shěng 图 省(中国の一級行政単位)[~会]省都 一动① 節約する『~了一笔钱』お金を倹約する [一吃一穿]衣食を倹約する ② 省略する, 減らす『~两个字』2文字を省く『~时间』時間を省く ⇨xǐng

【省城】shěngchéng 图 省都 ⑩[省会]

【省得】shěngde 动 …しないで済む『~再去一趟』もう一度行かなくて済む

【省份】shěngfèn 图（行政区画レベ

ルとしての)省
*【省会】shěnghuì 图 省都
【省略】shěnglüè 動 省略する〔~号〕省略記号(……)
【省事】shěng'shì 動 手間を省く——〔~便利だ、手間が掛からない〔〔~的做法〕手の掛からないやり方
【省委】shěngwěi 图 中国共産党省委員会
【省心】shěng'xīn 動 気にかけないで済む〔既~又省力〕気楽だし力が省ける

【眚】shěng ⊗① 天災 ② 誤ち

【圣(聖)】shèng ⊗① 聖人〔~贤〕聖人と賢人 ② 最も崇高な〔~地〕聖地 ③ 学識,技能に傑出していること〔诗~〕詩聖
【圣诞】shèngdàn 图 ① キリストの誕生日〔~节〕クリスマス〔~树〕クリスマスツリー〔~老人〕サンタクロース (2)(旧時は)孔子の誕生日
【圣洁】shèngjié 形 神聖で清潔な
【圣经】shèngjīng 图〔本・部〕聖書,バイブル
【圣母】shèngmǔ 图 ① 聖母(マリア) ② 伝説などに登場する女神
【圣人】shèngrén 图 ① 聖人〔~无不能〕何人たりとも聖人だろうと何でも出来るわけではない
【圣旨】shèngzhǐ 图〔道〕① 皇帝の命令,勅命 ②〈転〉厳命,拒否できない命令

【胜(勝)】shèng 動 ① 勝つ〔⊕以~ying〕〔连~三年〕3年連続勝つ〔得~〕勝利を勝ち取る ②(…に)勝る〔事实~于雄辩〕事実は雄弁に勝る ⊗① 耐える〔~任〕任に堪える ② 優れた〔~景〕絶景
【胜地】shèngdì 图 景勝地〔幽静的~〕閑静な景勝の地
【胜负】shèngfù 图 勝ち負け
*【胜过】shèngguò 動 (…に)勝る
*【胜利】shènglì 動 勝利する,成功した〔北京队~了〕北京チームが勝った〔~地完成〕成功裡に完成する〔获得~〕勝利を収める
【胜似】shèngsì 動 (…に)勝る〔一个~一个〕一つ一つつよくなる
【胜诉】shèngsù 動 勝訴する
【胜仗】shèngzhàng 图 勝ち戦〔打~〕戦に勝つ

【晟】shèng ⊗① 明るい ② 盛んな ♦姓はChéngと発音 ⇨Chéng

【盛】shèng 形 力強い,元気旺盛な〔火气很~〕火勢が強い〔年轻气~〕若くて元気一杯
⊗① 盛んな,盛大な,厚い〔兴~〕盛んだ〔~宴〕盛大な宴会 ② 大いに〔~赞〕大いに讃える ③ (S-)姓 ⇨chéng
【盛产】shèngchǎn 動 大量に産出する
【盛大】shèngdà 形 盛大な〔~的宴会〕盛大な宴会
【盛典】shèngdiǎn 图 盛大な儀式
【盛会】shènghuì 图 盛大な会合
*【盛开】shèngkāi 動 満開になる〔杜鹃花~〕ツツジが満開だ
【盛况】shèngkuàng 图 盛況
【盛名】shèngmíng 图 盛んな名声,高い評判〔~赫赫〕輝かしい名声
【盛气凌人】shèng qì líng rén(成)傲慢な態度で人を威圧する
*【盛情】shèngqíng 〈番〉厚情,親切
【盛世】shèngshì 图 繁栄の時代
【盛事】shèngshì 图 盛大な行事,盛んな事業
【盛暑】shèngshǔ 图 酷暑
【盛夏】shèngxià 图 真夏
*【盛行】shèngxíng 動 はやる,広く行われる〔牛仔zǎi裤目前很~〕ジーンズが流行する
【盛意】shèngyì 图 厚意
【盛誉】shèngyù 图 大きな栄誉
【盛装】shèngzhuāng 图 盛装〔穿着节日的~〕祭日の盛装をしている

【乘】shèng ⊗① 史書 ② 4頭立ての兵車1台を指す ⇨chéng

【剩(*賸)】shèng 動 残る,余る〔~十块钱〕10元残る〔屋里只下三个人〕部屋には3人しか残っていない〔~饭〕残飯〔~人手〕余った人手
【剩余】shèngyú 動 残る,余る〔~一些米〕米がいくらか余る〔~粮食〕余剰食糧

【嵊】shèng ⊗ 嵊xiàn县(浙江省)

【尸(屍)】shī 图 死体〔死~〕人の死体
【尸骨】shīgǔ 图〈具〉骸骨,白骨
【尸骸】shīhái 图 骸骨
【尸首】shīshou 图〈具〉死体
*【尸体】shītǐ 图〈具〉死体
【尸位素餐】shī wèi sù cān(成)(死人のようにただ地位を占め,何もしないで飯を食う>)無駄飯を食らう

【失】shī 動 失う,なくす〔别~了信心〕自信をなくしては駄目だ〔~控〕コントロールを失う〔~血〕出血多量となる ⊗① 背く〔~约〕約束に背く〔~实〕事実に反する ② 失敗する,うっかりする ③ 見失う ④ 誤り〔过~〕過失

【失败】shībài 動 敗北する,失敗する〖考试已经~过三次〗試験にもう3回失敗した〖~是成功之母〗失敗は成功の母

【失策】shīcè 動 誤算だ,見込み違いだ

【失常】shīcháng 形 異常である〖精神~〗精神に異常をきたしている

【失宠】shīchǒng 動 寵愛を失う

【失传】shīchuán 動 伝承が絶える〖秘方~了〗秘伝の処方が絶えた

【失措】shīcuò 動 (多く四字句の中で)我をなくす〖茫然~〗茫然自失する

【失当】shīdàng 形 不適切である〖这个问题处理~〗この問題は処理が当を得ていない

【失地】shīdì 名〖块·片〗失地,失った土地〖收复~〗失地を回復する — 動 領土を失う

【失掉】shīdiào 動 ①なくしてしまう,失う〖~民心〗民心を失う ②逃す〖~机会〗チャンスを逸する

【失魂落魄】shī hún luò pò (成)(驚いたり)気が動転する

【失火】shīhuǒ 動 火事を出す,失火する

【失计】shījì 動 見込み違いをする,失策を演じる

【失节】shījié 動 節操をなくす,貞節をなくす

【失禁】shījìn 動 大小便をもらす

【失敬】shījìng 動 礼を失する〖~了〗(挨)失礼しました

【失口】shīkǒu 動 失言する,口を滑らせる

【失礼】shīlǐ 動 礼に背く,礼を欠く〖当心不要~〗失礼のないよう気をつける

【失利】shīlì 動 負ける,敗北する〖比赛~〗試合に負ける

【失恋】shīliàn 動 失恋する〖~的痛苦〗失恋の苦しみ

【失灵】shīlíng 動 機能を失う,き(利)かなくなる〖开关~〗スイッチがきかない

【失落】shīluò 動 失う,なくす〖~感〗喪失感

【失迷】shīmí 動 (方角や道に)迷う,失う

【失密】shīmì 動 秘密が漏れる

【失眠】shīmián 動 眠れない〖~症〗不眠症

【失明】shīmíng 動 失明する

【失陪】shīpéi 動 (客の相手をせずに)失礼する〖~了〗(挨)失礼いたします

【失窃】shīqiè 動 盗まれる

【失去】shīqù 動 失う,なくす〖~信心〗自信をなくす〖~知觉〗感覚を失う

【失散】shīsàn 動 離散する,離ればれになる

【失色】shīsè 動 ①色を失う,青くなる〖大惊~〗驚いて顔色が変わる ②色があせる

【失闪】shīshan 名 思わぬ災難

【失神】shīshén 動 ①うっかりする,油断する〖一~就出错〗ちょっと油断すると間違いが起こる ②ぼんやりする〖~的眼睛〗うつろな目

【失慎】shīshèn 動 ①慎重さを欠く〖发言~〗発言が不注意である ②〈書〉失火する

【失声】shīshēng 動 ①思わず声を出す〖~大笑〗思わず大声で笑ってしまう ②(悲痛のあまり)泣き声も出ない〖抱着孩子~哭了起来〗子供を抱いて声もなく泣きだした

【失时】shīshí 動 時機を逸する〖播种不能~〗種まきは時機を逸してはならない

【失事】shīshì 動 事故を起こす〖飞机~〗飛行機が事故を起こす

【失手】shīshǒu (うっかり)手を滑らせる〖~打破了一个饭碗〗手が滑って茶わんを割ってしまった

【失守】shīshǒu 動 陥落する〖城市~了〗都市が陥落した

【失速】shīsù 動 失速する

【失态】shītài 動 失態を演じる〖酒后~〗酒に酔って失態を演じる

【失调】shītiáo 動 ①均衡を失う,バランスを失う〖供求~〗需給のバランスがくずれる ②養生が足りない

【失望】shīwàng 動 失望する〖对政治~了〗政治に失望した

【失物】shīwù 名 遺失物〖~招领处〗遺失物取扱所

【失误】shīwù 動 へまをする,ミスをする〖发球~〗サーブミス〖在工作上的~〗仕事上の失策

【失陷】shīxiàn 動 (領土,都市を)攻め落とされる

【失效】shīxiào 動 失効する,効力を失う〖药剂~〗薬剤が効力を失う

【失笑】shīxiào 動 失笑する,吹き出す〖哑yǎ然~〗思わず吹き出してしまう

【失信】shīxìn 動 信頼を裏切る,信用を失う

【失修】shīxiū 動 (建造物を)補修していない〖年久~〗長年補修していない

【失学】shīxué 動 学校へ上がる機会を失う,学業を中断する〖因家庭困难~〗家庭の困窮で学業を中断する

【失言】shīyán 動 失言する〖酒后~〗酔った余りの失言

【失业】shīyè 動 失業する

【失意】shīyì 動 志を得ない,望みを遂げられない

【失迎】shīyíng 動(挨)お出迎えで

きず失礼しました
【失着】shī'zhāo 動 間違った手を打つ,しくじる
【失真】shī'zhēn 動 (音声,イメージ,意味などが)本来のものと違う
【失之交臂】shī zhī jiāo bì〈成〉みすみす好機を逃す
【失职】shī'zhí 動 職務を果たさない〖严重~〗重大な職務怠慢だ
【失主】shīzhǔ 图 落とし主
*【失踪】shī'zōng 動 失踪する,行方不明になる〖寻找~的人〗行方不明者を探す
【失足】shī'zú 動 ①足を滑らせ,足を踏みはずす ②(転)重大な誤りを犯す,悪に染まる

【师(師)】shī 图 軍団〖步兵~〗歩兵軍団 ⊗①教師,師〖老~〗先生〖导~〗教師,指導者〖~从〗〖~に〗師事する ②専門的学識や技術を有する人〖工程~〗技師〖厨~〗コック ③手本,模範 ④軍隊〖百万雄~〗百万の精兵 ⑤(S-)姓
【师表】shībiǎo 图《書》皆の手本となる人
【师承】shīchéng 動 師から伝承する — 图 師伝
【师出无名】shī chū wú míng〈成〉正当な理由もなく出兵する
【师弟】shīdì 图 ①おとうと弟子(自分より年下の)師の息子 ③師と弟子
【师法】shīfǎ 動 ある学派,流派をまねる — 图 師伝の学問や技術
*【师范】shīfàn 图 ①(略)師範学校 ②学ぶべき模範
【师范学校】shīfàn xuéxiào〖所〗師範学校
【师父】shīfu 图 ①=〖师傅〗 ② 僧侶・道士に対する呼称
*【师傅(師父)】shīfu 图 ①師匠,親方 ②熟練技術を持つ人に対する敬称 ◆サービス関係の人に対する呼掛けとして広く用いられる〖老~〗親方,大将〖大~ dàshifu〗料理人,コック
【师母】shīmǔ 图 師の妻に対する尊称
【师兄】shīxiōng 图 ①あに弟子(自分より年上の)師の息子
【师爷】shīye 图《幕友》の俗称
【师长】shīzhǎng 图 ①教師に対する尊称 ②師団長
【师资】shīzī 图 教師になりうる人材

【狮(獅)】shī ⊗《動》シシ(獅子),ライオン〖雄~〗雄ライオン
【狮子】shīzi 图《動》〖头〗シシ,ライオン〖~狗〗チャウチャウ〖~头〗(土鍋料理に入れる)大きめの肉団子〖~舞〗獅子舞

【鲥(鰣)】shī ⊗《魚》ブリ
【鸤(鳲)】shī ⊗《鳥》ゴジュウカラ〖茶腹~〗同前

【诗(詩)】shī 图〖首〗詩〖散文~〗散文詩
【诗歌】shīgē 图 詩歌〖~的形象〗詩歌のイメージ〖创作~〗詩歌を創作する
【诗话】shīhuà 图 ①詩や詩人についての評論または随筆 ②(宋元明時代の)詩をまじえた小説
【诗集】shījí 图〖部・本〗詩集
【诗句】shījù 图 詩句
【诗篇】shīpiān 图 ①(総称的に)詩 ②感動的な事績をうたう叙事詩,史詩
【诗情画意】shī qíng huà yì〈成〉詩や絵のような情趣
【诗人】shīrén 图 詩人
【诗意】shīyì 图 詩情
【诗韵】shīyùn 图 ①詩の韻 ②(詩を作る際に依拠する)韻書 ◆各文字の韻と四声(平上去入)の別がわかる

【虱(蝨)】shī ⊗《虫》シラミ〖龙~〗《虫》ゲンゴロウ
【虱子】shīzi 图《虫》〖只〗シラミ

【施】shī 動 ①与える,施す〖~肥〗肥料を与える〖~斋〗僧に食物を施す ②行う〖~工〗工事をする ③(S-)姓
【施放】shīfàng 動 発射する,放つ〖~催泪弹〗催涙弾を撃つ
*【施加】shījiā 動 (影響や圧力を)加える
【施礼】shī'lǐ 動 礼をする,敬礼する
【施舍】shīshě 動 施しをする,喜捨をする〖~他一碗饭〗彼にご飯の施しをする
【施事】shīshì 图《語》動作の主体㊤〖受事〗
【施行】shīxíng 動 ①(法令,規制を)施行する〖~条例〗条例を施行する ②実行する〖~手术〗手術を行う
*【施展】shīzhǎn 動 (能力を)発揮する〖~才干〗才能を発揮する〖~花招〗手練手管を使う
【施政】shīzhèng 動 〖多く定語として〗政治を行う〖~方针〗施政方針

【湿(濕·溼)】shī 圈 ぬれた,湿った〖潮~〗湿っぽい〖衣服,头发都~透了〗服も髪の毛もびっしょりぬれた〖~毛巾〗ぬれタオル — 動 ぬらす〖~地皮〗地表をぬらす
【湿度】shīdù 图 湿度〖室内的~〗室内の湿度〖调节~〗湿度を調節する

【湿淋淋】shīlínlín/shīlīnlīn [形]（～的）びしょぬれの〚～的衣服〛びしょぬれの服
【湿漉漉】shīlùlù/shīlūlū [形]（～的）じとっとぬれている〚细雨绵绵，屋子里～的〛小雨が降り続き，部屋の中がじとっとしている
【湿气】shīqì [名]①湿気 ②（中国医学で）湿疹，水虫
★★【湿润】shīrùn [形]しっとり潤いがある〚～的眼睛〛うるんだ目〚土壤比较～〛土壌が割合しっとりしている
【湿疹】shīzhěn [名]〚医〛湿疹
〖蓍〗shī ⊗〚植〛ノコギリソウ〔～草〕同前
〖酾（釃）〗shī/shāi ⊗①酒をこす ②酒をつぐ
【嘘】shī [叹]しいっ（静止や追い払うときの声）
⇨xū
【十】shí [数]10〔第～〕10番目〔一yì百一yī～〕110
⊗十分な，完全な〔～成〕10割
【十八般武艺】shíbā bān wǔyì [名]武芸十八般
【十八罗汉】shíbā luóhàn [名]十八羅漢
【十冬腊月】shí dōng là yuè [名]旧暦の十月と十一月と十二月（寒冷期のこと）
【十恶不赦】shí è bú shè《成》許すべからざる極悪非道
【十二分】shí'èrfēn [副]十二分に，非常な
【十二指肠】shí'èrzhǐcháng [名]十二指腸
★★【十分】shífēn [副]十分に，非常に〚这个问题～复杂〛この問題はとても複雑だ〚不～满意〛余り満足ではない
【十拿九稳】shí ná jiǔ wěn《成》（十中九まで間違いがない＞）見通しが確実な [同]〔十拿九准〕
【十年河东，十年河西】shí nián hé dōng, shí nián hé xī《俗》（十年は黄河の東に，十年は黄河の西に＞）（黄河の川筋が変わるように）世の中の変化は激しい
【十年九不遇】shí nián jiǔ bú yù《成》めったにないこと
【十年树木，百年树人】shí nián shù mù, bǎi nián shù rén《成》木を育てるには十年，人材を育てるには百年
【十全十美】shí quán shí měi《成》完全無欠な，完璧（かんぺき）である〚不能把人看成～〛人を完全無欠だと見なしてはならない
【十三经】Shísān Jīng [名]（儒教の）十三経
【十四行诗】shísìhángshī [名]ソネット [同]〔商籁 lài 体〕
【十万八千里】shí wàn bā qiān lǐ《俗》非常にかけ離れていること
【十万火急】shí wàn huǒ jí《成》大至急，差し迫っている，焦眉の急だ
【十一】Shí-Yī [名]《略》10月1日の国慶節
【十指连心】shí zhǐ lián xīn《成》密接な関係がある
【十字街头】shízì jiētóu [名]十字路，四つ辻，街角
【十字路口】shízì lùkǒu [名]（～儿）十字路，（選択の）分かれ道
★【十足】shízú [形]①完全な，完璧な〚～的书呆子〛全くの書生っぽだ〚～的纯金〛完全な純金 ②たっぷりな，十分な〚信心～〛自信満々だ
〖什〗shí ⊗①10〔～一〕10分の1 ②様々な，各種の〔家～〕家財道具
⇨shén
【什件儿】shíjiànr [名]鶏やアヒルの臓物
【什锦】shíjǐn [形]〔定語として〕各種取り合わせた，色々な〔～炒饭〕五目チャーハン〔～火锅〕寄せ鍋 —[名]五目料理
【什物】shíwù [名]〔批〕日用の衣類や雑貨
〖辻〗shí ⊗つじ ♦和製漢字
〖石〗shí ⊗①石〔岩～〕岩石〔陨～〕隕石 ②石刻 ③（S-）姓
⇨dàn
【石板】shíbǎn [名]①板石，敷石〔～桥〕石板橋 ②（筆記用の）石盤
【石版】shíbǎn [名]〚印〛石版〔～印刷〕石版印刷
【石碑】shíbēi [名]〔块·座〕石碑
【石笔】shíbǐ [名]〔支〕（蝋石（ろうせき）などの）石筆
【石菖蒲】shíchāngpú [名]〚植〛セキショウ，ショウブ
【石沉大海】shí chén dà hǎi《成》（石が海に沈む＞）全く消息がない
【石担】shídàn [名]〚体〛石のバーベル
【石刁柏】shídiāobǎi [名]〚植〛アスパラガス [同]〔芦笋〕〔龙须菜〕
【石雕】shídiāo [名]石の彫刻
【石碓】shíduì [名]石うす
【石方】shífāng [名]1立方メートルの石
【石膏】shígāo [名]石膏
【石工】shígōng [名]①石の切り出しと石細工 ②石工，石大工
【石鼓】shígǔ [名]〚考〛石鼓 ♦戦国時代秦国の石製の鼓に似た遺物〔～文〕石鼓に刻まれた銘文またはその字体
【石磙】shígǔn [名]〚農〛石製のローラー
【石斛】shíhú [名]〚植〛セッコク ♦茎

S

【石花菜】shíhuācài 图【植】テングサ
【石灰】shíhuī 图石灰 [～石]石灰石 [～岩]石灰岩 [～质]石灰質
【石级】shíjí 图石段 ㊥[石阶]
【石匠】shíjiang 图石工、石職人
【石坎】shíkǎn 图①石の堤防 ②石の階段
【石刻】shíkè 图石刻、石の彫刻
【石窟】shíkū 图(敦煌、雲崗、龍門などの)石窟
【石蜡】shílà 图パラフィン [～油]パラフィン油
【石栏】shílán 图石の欄干
【石栗】shílì 图【植】(熱帯原産の)アブラギリの常緑高木
【石料】shíliào 图石材
【石榴】shíliu 图【植】ザクロ [～石]ガーネット、ザクロ石
【石绿】shílǜ 图クジャク石で作った緑色の顔料
【石棉】shímián 图石綿、アスベスト
【石墨】shímò 图石墨、グラファイト(炭素の同素体の一)
【石楠】shínán 图【植】オオカナメモチ ♦葉は薬用になる
【石女】shínǚ 图産まず女
【石器】shíqì 图石器 [～时代]石器時代
【石青】shíqīng 图①藍㋐銅鉱 ②同前で作った藍色の顔料
【石蕊试纸】shíruǐ shìzhǐ 图リトマス試験紙
【石首鱼】shíshǒuyú 图【魚】イシモチ、グチなどニベ科の魚
【石松】shísōng 图【植】セキショウ、ヒカゲノカズラ
【石蒜】shísuàn 图【植】ヒガンバナ、マンジュシャゲ
【石笋】shísǔn 图【鉱】(鍾乳洞の)石筍
*【石头】shítou 图[块]石、岩
【石头子儿】shítouzǐr 图[口]小石、石ころ
【石英】shíyīng 图【鉱】石英 [～钟]水晶(クオーツ)時計
【石油】shíyóu 图石油
【石钟乳】shízhōngrǔ 图鐘乳石 ㊥[钟乳石]
【石竹】shízhú 图【植】セキチク
【石柱】shízhù 图鍾乳洞の石柱
【石子儿】shízǐr 图石ころ

【识(識)】shí ⊗ ①知っている、見分けられる [～字]字が読める [不～真假]真偽を見分けられない ②知識、見識 [学～]学識
⇨ zhì
*【识别】shíbié 圗 識別する、見分ける [～文物的真伪]文化財の真偽を見分ける
【识货】shíhuò 圗 品物の良し悪しが見分けられる、目が利く
【识破】shípò 圗 見抜く、見破る [～诡计]ペテンを看破する
【识趣】shíqù 圗 気が利く、物わかりがいい
【识途老马】shí tú lǎo mǎ 《成》(老馬は道を知る〉老人の知恵は貴い ㊥[老马识途]
【识文断字】shí wén duàn zì 《成》文字が読める、多少学がある

【时(時)】shí ⊗ ①しょっちゅう [～有出现]よく現われる ②時には [～冷～热]寒くなったり暑くなったりする ③時、時間 [睡觉～]眠る時は [按～]時間通り ④年代、時期 [现～]現在、当面 [四～]四季 ⑤機会、時機 [失～]時機を失する ⑥現在の [～局]時局 ⑦(S-)姓
【时不时】shíbushí 圗[方]しょっちゅう
*【时差】shíchā 图時差
【时常】shícháng 圗 いつも、よく [这个地方～下雨]この辺はよく雨が降る
【时辰】shíchen 图①旧時の時間単位 ♦1日を12の'～'に分けた ②時、時間
*【时代】shídài 图 時代、時期 [青年～]青年時代
【时而】shí'ér 圗①時には、時として ②〈二つ呼応させて〉時には…、時には… [～晴天～暴雨]晴れたりにわか雨が降ったり
【时分】shífēn 图(多く白話小説などで)とき、頃 [掌灯～]火ともし頃
【时乖运蹇】shí guāi yùn jiǎn《成》時の運に見離された ㊥[时乖命蹇] ㊥[时来运转 zhuǎn]
*【时光】shíguāng 图①時間 [浪费～]時間を無駄にする ②時期、年月 [一生中最美好的～]生涯で一番素晴らしい時期 ③暮らし
*【时候】shíhou 图①時間、時刻、時 [～不早了]時間はもう遅い [小的～]子供の頃 [什么～]いつ
*【时机】shíjī 图時機 [适当的～]適当な頃合い [抓～]時機をつかむ [不要错过～]チャンスを逃してはならない
*【时价】shíjià 图時価
*【时间】shíjiān 图時間、時点、歳月 [耽误 dānwu～]時間を無駄にする [起飞的～]フライトの時間 [过得飞快]時間がたつのはとても早い
*【时节】shíjié 图①季節、時節 [收割的～]刈り取りの季節 ②時、頃 [过去的～]過去の時節
*【时刻】shíkè 图時間、時刻 [关键的～]大切な時 [～表]時刻表 圗 常に、絶えず [～准备着]常備し

【时空】shíkōng 图時空
【时令】shílìng 图季節〚～不正〛季節外れだ
*【时髦】shímáo 形流行している〚～的打扮〛流行の装い〚赶～〛流行を追う
【时期】shíqī 图(ある特定の)時期〚最困难的～〛最も困難な時期〚非常～〛非常時
【时区】shíqū 图時間帯(同一標準時の地帯)
【时日】shírì 图①期日と時間 ②(長い)月日
*【时尚】shíshàng 图流行,風潮
【时时】shíshí 副いつも,しばしば〚～惦念着父母〛いつも両親のことを心配している
【时式】shíshì 形(多く服装について)はやりの格好,最新流行のファッション〚～服装〛流行の服装
*【时事】shíshì 图時事〚关心～〛時事問題に関心を持つ〚～新闻〛時事ニュース
【时势】shíshì 图時勢〚是～造英雄,还是英雄造～〛時勢が英雄を生むのか,それとも英雄が時勢をつくるのか
【时速】shísù 图時速
【时务】shíwù 图目前の重大事,その時の情勢
【时鲜】shíxiān 图旬の食べ物(野菜,果物,魚など)
【时限】shíxiàn 图期限
【时效】shíxiào 图①時効 ②有効期間
【时新】shíxīn 形最新流行の〚～的式样〛流行のスタイル
【时兴】shíxīng 動流行する(⇔[时行])〚最～的办法〛一番もてはやされている方法〚那时～烫头发〛そのころはパーマがはやった
【时样】shíyàng 图最新のファッション⇔[时式]
【时宜】shíyí 動時宜,その時々の必要〚不合～〛時宜に合わない
【时运】shíyùn 图時の運,巡り合わせ〚～不济〛運が悪い
【时针】shízhēn 图〔根〕①時計の針 ②短針
【时钟】shízhōng 图〔座〕(音などで時を告げる)時計
*【时装】shízhuāng 图最新流行の服〚～表演〛ファッションショー〚～模特儿 mótèr〛ファッションモデル

【坩】(墹) shí ⊗(土の壁をけずって作られた)鶏の巣

【鲥】(鰣) shí ⊗〔魚〕ヒラコノシロ〚～鱼〛同前

【实】(實) shí 形①中がいっぱいである,詰まっている(⇔[空])〚里面是～的〛中は詰まっている ②嘘いつわりのない,実際の(⇔[虚])〚我就一说了吧〛私が本当のことを言いましょう ⊗①真実,事実〚名～相符〛名と実が一致する ②果実,種
【实报实销】shí bào shí xiāo《成》実費通り支出する
【实词】shící 图〔语〕実詞 ♦名詞,動詞,形容詞,数詞,量詞,代詞⇔[虚词]
【实打实】shídǎshí 形掛け値なしの,確実な
【实地】shídì 副①現場で〚～考察〛現地視察を行う ②実際に〚～动手〛実際にやってみる
【实干】shígàn 動着実にやる〚～家〛実直に仕事をする人
*【实话】shíhuà 图[句]本当のこと〚说～〛本当の話をする〚～实说〛ありのままのことを言う
【实惠】shíhuì 图実利 — 形実益がある
*【实际】shíjì 图実際〚符合～〛実際と合う〚一切从～上〛すべて実際から出発する〚～上〛実は,本当は — 形①[定語として]実際の,具体的な〚做～工作〛実際的な仕事をする ②実際的な,現実的な〚很不～的想法〛ちっとも現実的でない考え方
【实践】shíjiàn 图実践(する)〚～证明〛実践が証明する〚～自己的主张〛自分の主張を実践する
【实况】shíkuàng 图実況〚～转播〛実況中継
*【实力】shílì 图(軍事,経済などの)実力〚扩充～〛実力を拡充する
【实例】shílì 图実例
【实情】shíqíng 图実情,真相
【实权】shíquán 图実権〚垄断～〛権力を独占する〚～派〛実権派
*【实施】shíshī 動実施する〚～条例〛条例を実施する
【实时】shíshí 图リアルタイム
*【实事求是】shí shì qiú shì《成》事実に基づいて真実を求める
【实物】shíwù 图実物,現物〚用～讲课〛実物を用いて授業する〚～工资〛現物支給の賃金
【实习】shíxí 実習する〚操作的～〛操作の実習〚到田里～〛畑に行って実習する〚～生〛実習生
【实现】shíxiàn 動実現する〚～现代化〛現代化を実現する
【实像】shíxiàng 图〔理〕実像
【实心】shíxīn 图誠実な,心からの〚～实意〛誠心誠意 ②(～儿)[定語として]中身が詰まっている〚～的车胎〛ソリッドタイヤ

- 【实行】shíxíng 動 実行する〖～承包责任制〗請負責任制を実行する
- 【实验】shíyàn 動 実験(する)、〔試験〕〖科学的～〗科学の実験〖～一种新方法〗新しい方法を実験する
- 【实业】shíyè 图 実業、工商企業
- 【实用】shíyòng 動 実際に用いる ― 形 実用的な〖～价值〗実用的価値
- 【实在】shízài 形 本当の、うそ偽りがない、まじめな〖他一辈子很～〗彼は生涯まじめだった〖我看得实实在在的，决没有撒谎〗私は実際に見たのだ、決してうそを言ったのではない ― 副 実は、実際〖他们对我～太好了〗彼らは私に対して実に親切だ〖～讨厌〗本当にいやだ ―― shízai 形〔方〕(仕事が) 確かだ、いい加減でない〖活儿干得很～〗仕事の手抜きがない
- 【实则】shízé 副 その実、実際は
- 【实战】shízhàn 图 実戦
- *【实质】shízhì 图 実質、本質〖问题的～〗問題の本質〖～上〗実質的には
- 【实足】shízú 形〔定語として〕たっぷり、な〖～年龄〗満年齢

- 【拾】shí 動 拾う(⇔[拣])〖～钱包〗財布を拾う〖～牛粪〗牛糞を拾う ― 数 '十' の大字〖伍～肆万〗54万 ㊇ 片付ける〖收～shōushi〗同前 ♦ 文語の '拾级' (階段を一段ずつ登る)は shèjí と発音
- 【拾掇】shíduo 動 ①片付ける〖～房间〗部屋を片付ける ②修理する〖～雨伞〗傘を直す ③(口)こらしめる
- 【拾荒】shíhuāng 動 たき木、落穂、廃品などを拾う、ごみあさりをする
- 【拾金不昧】shí jīn bú mèi《成》金を拾っても猫ばばしない
- 【拾零】shílíng 動 細かな話題を拾った小さな記事、短信 ♦ 多く書名に使う
- 【拾取】shíqǔ 動 拾う、拾い上げる
- 【拾人牙慧】shí rén yáhuì《成》(他人の歯の後えの知恵を拾い>)他人の言葉をそのまま受け売りする
- 【拾遗】shíyí 動〔書〕①遺失物を自分のものにする ②遺漏を補う
- 【拾音器】shíyīnqì 图〔電〕(プレーヤーの)ピックアップ

- 【食】shí 图(～儿)動物のエサ ― ㊇ ①食べる、食事をする〖废寝忘～〗寝食を忘れる ②食べ物〖面～〗粉食 ③食用の〖～油〗食用油 ④日食や月食など ⇨ sì
- 【食槽】shícáo 图 えさ箱
- 【食道】shídào 图 食道
- 【食火鸡】shíhuǒjī 图〔鳥〕ヒクイドリ
- 【食积】shíjī 图(中国医学で) 消化不良
- 【食客】shíkè 图 食客
- 【食粮】shíliáng 图 食料、かて〖粮食〗〖精神～〗精神のかて
- 【食品】shípǐn 图 食品、食料品〖冷冻～〗冷凍食品〖～店〗食料品店
- 【食谱】shípǔ 图 ①〔本〕料理の本、レシピ ②〔张·份〕メニュー、献立
- 【食堂】shítáng 图 食堂
- 【食物】shíwù 图 食べ物〖～中毒〗食中毒
- 【食言】shíyán 動 食言する
- 【食盐】shíyán 图 食塩
- 【食蚁兽】shíyǐshòu 图〔動〕アリクイ
- 【食用】shíyòng 動 食用にする〖～植物油〗食用植物油
- 【食欲】shíyù 图 食欲〖～大减〗食欲がなくなった
- 【食指】shízhǐ 图 ①人差し指(⇔[二拇指]) ②〔書〕家族の人数
- 【食茱萸】shízhūyú 图〔植〕カラスザンショウ ♦ 落葉高木で実は薬剤に使う

- 【蚀(蝕)】shí ㊇ ①蝕むむ、損なう〖侵～〗侵食する ②蝕む ⇨食
- 【蚀本】shíběn 動 元手をする、赤字を出す
- 【蚀刻】shíkè 图 エッチング

- 【寔】shí ㊇ ①置く ②誠に、実にこれ

- 【史】shí ㊇ ①歴史〖通～〗通史 ②(S-)姓
- 【史册】shǐcè 图 歴史記録〖奥运会的～〗オリンピックの歴史記録
- 【史籍】shǐjí 图 歴史書
- 【史迹】shǐjì 图 史跡
- 【史料】shǐliào 图 歴史資料
- 【史前】shǐqián 图 有史以前
- 【史诗】shǐshī 图〔首〕史詩、叙事詩
- 【史实】shǐshí 图 歴史上の事実〖篡改～〗史実を改ざんする
- 【史书】shǐshū 图 歴史書
- 【史无前例】shǐ wú qián lì《成》史上前例がない、未曽有の
- 【史学】shǐxué 图 史学、歴史学

- 【驶(駛)】shǐ ㊇ ①(乗り物を)走らせる、運転する〖驾～〗操縦する、運転する ②(車、船が)走る

- 【矢】shǐ ㊇ ①矢〖无的 dì 放～〗(的がないのに矢を放つ>)目的が不明瞭だ ②誓う ③大便
- 【矢车菊】shǐchējú 图〔植〕ヤグルマギク
- 【矢口】shǐkǒu 動〔書〕誓う、言い張る〖～否认〗あくまでも認めない

【矢志】shǐzhì 動〚書〛心に誓う

【豕】shǐ ㊝ブタ→[狼奔～突 láng bēn shǐ tū]

【使】shǐ 動①使う(㊥[口][用])〚他真会～人〛彼は本当に人使いが上手だ ②…に…をさせる(㊥[让][叫])〚～大家满意〛みんなを満足させる ㊝①もし…なら〚假～〛同前 ②使節〚大～〛大使

【使不得】shǐbude 動使えない〚老办法～〛古いやり方はもう通じない ― 形駄目だ〚这个主意可～〛この考えは駄目だよ

【使得】shǐde 動①使える〚这台缝纫机～使不得？〛このミシンは使えますか ②…に…をさせる〚别～人讨厌〛人に嫌がられるようなことをするな ― 形よい、いける〚你不去如何～？〛君が行かないなんてよくないよ

【使馆】shǐguǎn 名大使館、公使館

【使坏】shǐhuài 動①(口)悪知恵を働かす ②使って壊す〚使不坏〛使っても壊れない

【使唤】shǐhuan 動①人に用事をさせる〚我们家没～过人〛我が家では使用人を使ったことがない ②(口)(道具や家畜を)使う〚～牲口〛家畜を使う

【使节】shǐjié 名使節

*【使劲儿】shǐ'jìnr 動力を入れる〚再使一把劲儿〛もう少し力を入れて

*【使命】shǐmìng 名使命〚承担～〛使命を負う

【使性子】shǐ xìngzi かんしゃくを起こす ㊥[使性]

【使眼色】shǐ yǎnsè 動目くばせをする

*【使用】shǐyòng 動使用する〚～资金〛資金を使う〚～说明〛使用説明、マニュアル

【使者】shǐzhě 名使者

【始】shǐ ㊝①やっと、初めて〚虚心～能进步〛謙虚さがあってこそ進歩できる ②始め、始める〚有～有终〛終始一貫している

【始末】shǐmò 名事の次第、てんまつ

【始业】shǐyè 動〚書〛学期が始まる

*【始终】shǐzhōng 名初めから終わりまでの全過程〚贯穿全文～的基本观点〛文章の初めから終わりまで貫いている基本的観点 ― 副始終、一貫して〚他～一个人生活〛彼はずっとひとり暮らしだ

【始祖】shǐzǔ 名始祖、元祖〚～鸟〛始祖鳥

【屎】shǐ 名大便、糞〚拉两次～〛2回大便をする〚耳～〛耳あか

【市】shì 名市〚直辖～〛直轄市〚～民〛市民 ㊝①市、市場〚夜～〛(屋台の)夜の市〚门庭若～〛門前市をなす ②市街、都市〚～街〛市街 ③(伝統的な)度量衡〚～制〛同前

【市布】shìbù 名木綿生地の一種

*【市场】shìchǎng 名市場、マーケット〚农贸～〛自由市場〚超级～〛スーパーマーケット〚卖方～〛売手市場

【市尺】shìchǐ 量尺(1'市尺'は1メートルの3分の1)

【市寸】shìcùn 量寸(1'市寸'は1'市尺'の10分の1)

【市石】shìdàn 量石ごく(1'市石'は100リットル)

【市担】shìdàn 量担たん(1'市担'は50キログラム)

【市斗】shìdǒu 量斗と(1'市斗'は10リットル)

【市价】shìjià 名相場、市場価格 ㊥[行háng情]

【市郊】shìjiāo 名郊外

【市斤】shìjīn 量斤きん(1'市斤'は500グラム)

【市侩】shìkuài 名ブローカー、俗物〚～的习气〛俗物根性

【市面】shìmiàn 名(～儿)市況、景気

【市民】shìmín 名市民、都市住民

【市亩】shìmǔ 量土地面積単位(1'市亩'は6.667アール)

【市区】shìqū 名市街区

【市容】shìróng 名市街の様子、都市の外観〚美化～〛市街を美化する

【市委】shìwěi 名(略)市の党委員会

【市长】shìzhǎng 名市長

【市镇】shìzhèn 名小都市

【市政府】shìzhèngfǔ 名市役所

【柿】(*柹) shì ㊝柿〚～子树〛柿の木〚西红～〛トマト

【柿饼】shìbǐng 名干し柿

【柿子】shìzi 名柿(の実)〚～蒂〛柿のへた〚～核儿〛柿の種

【柿子椒】shìzijiāo 名ピーマン ㊥[青椒]

【铈】(鈰) shì 名〚化〛セリウム

【室】shì ㊝①部屋、室〚卧～〛寝室〚画～〛アトリエ〚～内乐〛室内楽 ②二十八宿の一

【室女座】shìnǚzuò 名おとめ座

【士】shì ㊝①古代の未婚男子 ②大夫と庶民の間の階層 ③知識人 ④軍人 ⑤曹長 ⑤ある分野の技能者〚护～〛看護婦、看護人 ⑥立派な人物〚烈～〛烈士 ⑦(S-)姓

★【士兵】shìbīng [名] 下士官と兵
【士大夫】shìdàfū [名]（古代の）士大夫(したいふ)
【士敏土】shìmǐntǔ [名]《旧》《訳》セメント [同][水泥]
【士气】shìqì [名] 士気〖～高昂〗士気が高揚する
【士绅】shìshēn [名]《旧》地方の有力者 [同][绅士]

〖仕〗shì ⊗ 官吏になる［～途］《書》官途
【仕女】shìnǚ [名] ①官女 ②美人を題材とした中国画［～图］美人画

〖氏〗shì ⊗①姓，氏［～族］氏族 ②既婚婦人が実家の姓につけて出身を示す〖孙王～〗孫家に嫁いだ王家の女性の呼称 ③敬称の一［神农～］神農氏［摄～温度计］セ氏温度計

〖舐〗shì ⊗なめる

〖示〗shì ⊗示す［暗～］暗示する
【示波器】shìbōqì [名]〖電〗オシログラフ
★【示范】shìfàn [動] 模範を示す〖～表演灭火器的使用〗消火器の使い方を演じてみせる
【示警】shìjǐng [動] 警戒信号を出す，注意信号を与える
【示例】shìlì [動] 例を示す
【示弱】shìruò [動] 弱味を見せる〖谁也不甘心～〗誰も弱味をみせたがらない
★【示威】shìwēi [動] 気勢をみせる，示威する［～游行］デモ行進をする
★【示意】shìyì [動]（表情，動作，合図，図形などで）意図を示す［～图］見取り図，案内図
【示众】shìzhòng [動] 見せしめにする

〖世〗shì ⊗①人の一生［半～］半生 ②代，世代，先祖代々［万～］万世 ③世界，世の中［逝～］逝去する ④時代［近～］近世 ⑤(S-)姓
【世仇】shìchóu [名] 代々の仇，宿怨
【世传】shìchuán [動] 代々伝わる
★【世代】shìdài [名] 代々，年代〖～务农〗代々農業をやっている〖世世代代友好下去〗子々孫々友好的に付き合ってゆく
【世道】shìdào [名] 社会状況
【世故】shìgù [名] 処世経験〖不通～〗世間知らずだ
—— shìgu [形] 世慣れた〖他爹是个很～的人〗彼の父は如才ない人だ
★★【世纪】shìjì [名] 世紀〖二十一～〗21世紀［～末］世紀末
【世家】shìjiā [名] 伝統を受け継ぐ家柄
【世间】shìjiān [名] 世の中
【世交】shìjiāo [名] 2代以上にわたる付き合い（またはその家族）
★★【世界】shìjiè [名] 世界，世の中，分野〖～上的事情〗世の中の事［～博览会］万国博覧会（略称‘世博会’）［～贸易组织］世界貿易機構，WTO［～和平］世界平和［～语］エスペラント語
★【世界观】shìjièguān [名] 世界観
【世面】shìmiàn [名] 世間，世の中の状況
【世人】shìrén [名] 世間の人
【世上】shìshàng [名] 世の中
【世事】shìshì [名] 世間の出来事
【世俗】shìsú [名] ①世の中の風習 ②俗世
【世态】shìtài [名] 世間の状態，世情［～炎凉］金の切れめが縁の切れめの世の中
【世外桃源】shì wài Táoyuán《成》桃源郷
【世袭】shìxí [動] 世襲する
【世系】shìxì [名] 家系

〖贳(貰)〗shì ⊗①貸し出す ②掛けで売り買いする

〖式〗shì ⊗①種類，様式［南～］南方風の［中～］中国式 ②式典［揭幕～］除幕式 ③規格，公式［格～］書式［方程～］方程式
【式样】shìyàng [名] 様式，デザイン，タイプ
【式子】shìzi [名] ①姿勢，構え ②公式

【试(試)】shì [動] 試みる，測る〖～衣服〗試着する〖～水温〗水温を測る〖给病人～表〗（体温計で）病人の体温を測る
⊗試験する［笔～］筆記試験［口～］口頭試験
【试场】shìchǎng [名] 試験会場
【试车】shì▾chē [動] 試運転する
【试点】shì▾diǎn [動] 試験的にやる，予備実験する
—— shìdiǎn [名] 試験（実験）を行う場所
【试管】shìguǎn [名] 試験管［～婴儿］試験管ベビー
【试剂】shìjì [名] 試薬
【试金石】shìjīnshí [名] ①〔块〕試金石 ②（比喩として）試金石
★★【试卷】shìjuàn [名] 答案用紙，試験用紙
【试探】shìtàn [動] 試験的に探索する〖进行～〗探索する〖这次～又失败了〗今回の探索はまた失敗した
—— shìtan [動] 探る，探りを入れる〖～地问〗探るように尋ねる
【试题】shìtí [名]〔道〕試験問題
★【试图】shìtú [動] 試みる，企てる〖～逃脱〗脱走を企てる

— shì

【试问】shìwèn 动 試みに尋ねる〖~谁没错〗ミスのない人がいるだろうか

【试想】shìxiǎng 动 考えてみる〖~你这样干会有好的效果吗？〗考えてみたまえ、そのようにやってよい効果が得られると思うかね

【试销】shìxiāo 动 試験販売する〖~品〗試供品

【试行】shìxíng 名 試みる〖~方案〗試行案

*【试验】shìyàn 名 実験，テスト〖核~〗核実験 — 动 試みる，テストする〖~新疗法〗新しい治療法を試みる

【试用】shìyòng 动 試用する〖~期〗試用期間〖~品〗試供品

【试纸】shìzhǐ 名〖化〗試験紙

【试制】shìzhì 动 試作する〖~汽车〗車の試作をする〖~完成了〗試作が完成した

【拭】shì ⊗ ぬぐう［擦~］ふく

【拭目以待】shì mù yǐ dài《成》(目をこすって待つ＞) 期待を込めて見守る

【轼(軾)】shì ⊗ 古代の車の前部に取付けられた手すり用の横板

【弑】shì ⊗ 弑する，主君・父を殺す

【似】shì ⊗ 以下を見よ ⇨ sì

*【似的】shìde 助〖多く'像''好像''仿佛'などと呼応して〗…のようだ，みたいな〖睡着了~一动不动〗眠っているように身動きしない〖他们俩仿佛非常熟悉~〗彼ら二人はまるでよく知り合った仲みたいだ

【视(視)】shì 动 ① 見る，調べる［近~］近視［审~］詳しく見る［~窗］ウィンドウズ ② 見なす［忽~］軽視する

【视察】shìchá 动 視察する〖~工地〗建設現場を視察する

【视而不见】shì ér bú jiàn《成》実際に目にしていながら気付かない，気にも留めない

【视角】shìjiǎo 名 視角

【视觉】shìjué 名 視覚〖失去~〗視覚を失う

*【视力】shìlì 名 視力〖~表〗視力表〖~检查〗視力検査

【视盘机】shìpánjī 名 ビデオディスク

【视若无睹】shì ruò wú dǔ《成》見ても見ぬふりをする

【视死如归】shì sǐ rú guī《成》死を少しも恐れない

【视听】shìtīng 名 視聴，見ることと聞くこと

【视图】shìtú 名 正面図

【视网膜】shìwǎngmó 名〖生〗網膜

【视线】shìxiàn 名 視線〖躲避对方的~〗相手の視線を避ける

*【视野】shìyě 名 視野〖开阔~〗視野を広める

【侍】shì ⊗ 仕える［服~］面倒を見る

【侍奉】shìfèng 动 仕える，面倒を見る

【侍候】shìhòu 动 仕える〖尽心~老人〗心を尽くして年寄りに仕える

【恃】shì ⊗ 頼る［仗~］頼りにする〖~才傲物〗自分の才能を誇り，他人を軽視する

【事】shì 名（~儿）〖件〗① 事，事柄〖国家大~〗国の運命にかかわる重大事 ② 仕事，用事〖有~〗用がある ③ 出来事〖出~〗事故がある ⊗ 従事する，係わる〖不~生产〗生産にたずさわらない

【事半功倍】shì bàn gōng bèi《成》半分の労力で倍の成果を得る

【事倍功半】shì bèi gōng bàn《成》労力は倍なのに成果は半分

【事必躬亲】shì bì gōng qīn《成》何事でも必ず自分でやる

【事变】shìbiàn 名〖次〗事変〖西安~〗西安事変 (1936年)

【事不过三】shì bú guò sān《成》(同じ事を3度繰り返してはならない＞) 三度目の正直

【事出有因】shì chū yǒu yīn《成》出来事には(必ず)原因がある

【事端】shìduān 名 騒動，紛糾〖造成~〗いざこざを引き起こす

*【事故】shìgù 名〖次・起〗事故〖防止~〗事故を防ぐ［航空~］航空事故

【事过境迁】shì guò jìng qiān《成》事は過ぎ状況も変わった

【事后】shìhòu 名 事後，事が終わった後

*【事迹】shìjì 名 事績，功績〖光辉的~〗輝かしい功績

【事件】shìjiàn 名 事件，出来事〖~的起因〗事件発生の原因

【事理】shìlǐ 名 道理，理屈

【事例】shìlì 名 例，事例〖个别的~〗個別的な事例

【事略】shìlüè 名 略伝

【事前】shìqián 名 事前〖~安排一下〗前もって手配する

*【事情】shìqing 名〖件〗事，事柄，用件〖~不会那样简单〗事はそんなに簡単なはずがない

*【事实】shìshí 名 事実〖摆~〗事実を並べる〖用~说明〗事実によって説明する［~上］事実上

*【事态】shìtài 名 事態〖~的发展〗事態の発展

*【事务】shìwù 名 ① 仕事〖~繁忙〗仕事が忙しい ② 一般事務［行政~］行政事務

★★【事物】shìwù [名] 事物，物事〖～的核心〗物事の核心
★★【事先】shìxiān [名] 事前〖～打个招呼〗あらかじめ声を掛けておく
★【事项】shìxiàng [名] 事項［负责～］責任事項
★【事业】shìyè [名]〔件·项〕事業，仕事〖献身～〗事業に身を捧げる［教育～］教育事業
【事宜】shìyí [名]〘多く公文書用語として〙事柄に関する処置
【事由】shìyóu [名] 事の次第，委細，事項
【事在人为】shì zài rén wéi《成》事の成否は人の努力にかかっている
【事主】shìzhǔ [名] 事件の被害者

【势(勢)】 shì ⊗① 勢力，勢い［权～］権勢［火～］火勢 ②姿，様子，情況［山～］山の地勢［病～］病状 ③雄の生殖器［去～］去勢する
★【势必】shìbì [副] 必ず，勢い…となる〖～要留级〗(このままでは) 必ず留年する
【势不两立】shì bù liǎng lì《成》敵対するものは両立しない
【势均力敌】shì jūn lì dí《成》勢力が拮抗している
★【势力】shìlì [名] 勢力〖扩大～〗勢力を拡大する［敌对～］敵対勢力
【势利】shìli [形] 権威や金銭になびく〖～的商贩〗利になびく小商人［～眼］利にさとい(人)
【势派】shìpai [名]《方》(～儿) 体裁，見栄
【势如破竹】shì rú pò zhú《成》破竹の勢い
【势头】shìtou [名]《口》勢い，形勢〖经济的～〗経済のトレンド〖～紧迫〗情勢が緊迫している

【饰(飾)】 shì [動] (役を)演じる〖～孙悟空〗孫悟空に扮する
⊗飾る，覆う，装飾［妆～］着飾る［首～］アクセサリー
【饰词】shìcí [名] 弁解，口実
【饰物】shìwù [名] アクセサリー，飾り物

【是】 shì [動] ①…である ♦判断，肯定，説明を加える，否定は'不'〖他～个好学生〗彼はいい学生だ ②〘特定の表現や文脈の中で〙…がある，…が存在する〖满身～汗〗全身汗だらけだ ③選択疑問文に用いる〖你～坐车还是走路？〗君はバスに乗るかそれとも歩くか ④(語気を強めて) 確かに…だ〖天气～冷〗ほんとに寒い ⑤(譲歩を示して) …だけれども〖好～好，就是太贵〗いいことはいいが，値段が高すぎる ⑥〘名詞の前に置いて〙'凡是'(すべて) の意味を表わす〖～书他都爱看〗本となったら彼は何でも読みたがる ⑦〘名詞の前で〙ぴったり符合する意味を表わす〖他来得很～时候〗彼はちょうどいい時に来た ⑧《挨》はい(肯定の返事)〖～，这么办〗はい，そうします〖～的〗そうです — [形] 正しい〖说得～〗その通りです
⊗①これ，この［～年］《書》この年［由～可知］これによってわかる ②(S-)姓
★【是非】shìfēi [名] ①事の是非，善し悪し〖颠倒～〗是非を転倒する ②いざこざ，いさかい〖招惹～〗いざこざを起こす
★★【是否】shìfǒu [副] …であるかどうか ([同]《口》[是不是])〖这种说法～有根据呢？〗その見解には根拠があるのか
【是个儿】shì'gèr [動] 相手となるに足りる〖我不是他的个儿〗とても彼にはかなわない
【是味儿】shì'wèir [動] ①味が口に合う ②気持よく感じる

【适(適)】 shì ⊗①適する［合～］ぴったりする ②ちょうど ③気持ちのよい［舒～］心地よい ④行く ⑤先ほど
【适才】shìcái [副] さっき，たったいま ♦多く旧白話に用いる
【适当】shìdàng [形] 適切な，ふさわしい〖选择～的机会〗ふさわしい機会を選ぶ
【适得其反】shì dé qí fǎn《成》ちょうど反対の結果になる〖产生～的作用〗意図とは逆の影響が出る
【适度】shìdù [形] 適度な
【适逢其会】shì féng qí huì《成》ちょうどその機会に出会う
★★【适合】shìhé [動] 合致する〖～实际情况〗実情に合っている
【适可而止】shì kě ér zhǐ《成》適当なところでやめる
【适口】shìkǒu [動] 口に合う
【适龄】shìlíng [形]〘定語として〙(入学，兵役などの) 適齢の［～儿童］学齢児童
【适配器】shìpèiqì [名] アダプター
【适时】shìshí [形] 時機を得た，タイムリーな
★【适宜】shìyí [形] ふさわしい，適当な〖～的营养〗適当な栄養〖～地锻炼〗適度に鍛える
【适意】shìyì [形] 気持ちがいい [同][舒适]
★★【适应】shìyìng [動] 適応する〖～环境〗環境に適応する
【适用】shìyòng [動] 適用できる，使える〖你的皮肤～中性皂〗あなたの肌は中性石けんが向いています
【适中】shìzhōng [形] 適度な，頃合いの〖这所大学规模～〗この大学は

規模が適ят だ〚高矮胖痩都很~〛背の高さ太り具合ともにちょうどいい

【莳(蒔)】shì 動《方》移植する、植える◆'莳萝'(セリ科のイノンド)はshíluóと発音

【逝】shì ㊀①(時間、流れなどが)過ぎる[流~]流れ去る ②死ぬ[长~]永眠する
*【逝世】shìshì 動 逝去する

【誓】shì ㊀①誓い[起~][发~]誓う、宜誓する ②誓う[~不两立]敵と味方のどちらかが滅びるまで徹底的に戦うことを誓う
【誓词】shìcí 图誓いの言葉
【誓师】shìshī 動出陣にあたって誓いを立てる
【誓死】shìsǐ 動命をかけて誓う[~不变]変わらないことを誓う
【誓言】shìyán 图誓いの言葉
【誓约】shìyuē 图誓約

【谥(諡)】shì ㊀おくり名◆貴人の死後に贈る称号

【释(釋)】shì ㊀①説明する、解釈する[解~]解釈する ②取り除く、なくする[冰~]疑问が氷解する ③放つ[~手]手放す[保~]保釈(する) ④釈迦、仏教[~门]仏門
*【释放】shìfàng 動 ①釈放する[取保~]保釈する ②(理)放射する、放出する[~氧气]酸素を放出する
【释然】shìrán 形《书》釈然とした

【嗜】shì ㊀特に好む、たしなむ[~酒]酒をたしなむ
【嗜好】shìhào 图嗜好ǎ、好み[他一点~都没有]彼は何の道楽もない〚养花的~〛花を育てる趣味
【嗜欲】shìyù ㊂(目、耳、鼻、口を通した)感覚的・肉体的な欲求

【筮】shì ㊀蓍木ǎでで占う、筮竹ǎで占う

【噬】shì ㊀噛む[反~]逆なじを食わせる[~脐莫及]悔んでも後の祭り

【奭】shì ㊀①盛んなさま ②(S-)姓

【螫】shì ㊀(虫が)さす

【匙】shi ㊀→[钥~ yàoshi]⇒chí

【收(*収)】shōu 動 ①収穫する[~麦子]麦を取り入れる ②収める、集める、しまう[~废品]廃品を集める[把被单~进来]シーツを取り込む ③受け取る[~邮包]郵便小包を受け取る ④(人を)受け入れる[~他做徒弟]彼を徒弟として受け入れる ⑤(利益を)得る、獲得する ⑥取り戻す ⑦抑制する、抑える[~不住]抑えきれない ⑧拘禁する[~进一名犯人来]犯人を一人収監する ⑨停止する[~工]仕事を終える

【收兵】shōu•bīng 動兵を収める、戦いをやめる
*【收藏】shōucáng 動収集所蔵する〚~古玩〛骨董ǎ品を収蔵する[~家]コレクター
【收场】shōu•chǎng 動終わらせる —— shōuchǎng 图結末
【收成】shōucheng 图收穫、作柄〚今年麦子~很好〛今年の麦の作柄は上々だ
【收发】shōufā 動(機関、学校等の)郵便物・文書の受領と発送をする[~室]同前の部屋、受付 —图受領・発送の係
【收复】shōufù 動奪回する、取り戻す〚~国土〛国土を取り戻す
【收割】shōugē 動刈り取る
【收购】shōugòu 動買い付ける[~站]購買所、買い付け所
【收回】shōuhuí 動回収する、取り戻す〚~贷款〛貸し金を回収する〚钱收不回了〛金の回収が不可能となった
*【收获】shōuhuò 動収穫する〚~得很少〛収穫が少ない〚土豆的~〛ジャガイモの収穫 —图(比喩として)収穫、成果
【收集】shōují 動集める、収集する[~邮票]切手を収集する[~和编写]收集と編纂ǎ
【收缴】shōujiǎo 動接収する、取り上げる
*【收据】shōujù 图〔张〕領収書、レシート
【收看】shōukàn 動(テレビを)見る
【收揽】shōulǎn 動集めとらえる〚~民心〛民心を集める
【收敛】shōuliǎn 動 ①弱まる、消える〚~了笑容〛笑顔を消した ②控え目にする
【收殓】shōuliàn 動納棺する〚~了他〛彼の遺体を納棺した
【收留】shōuliú 動收容して世話する〚~难 nàn民〛難民を収容する
【收拢】shōulǒng 動(分散したものを)集める〚~人心〛人心を集める
【收录】shōulù 動 ①(人を)採用する ②(書物などに)収める ③受信と録音をする[~两用机]ラジカセ
【收罗】shōuluó 動(人材や物を)集める〚~各种人才〛いろんな人材を集める
【收买】shōumǎi 動 ①買い入れる ②買収する〚~民心〛民心を買収する
【收盘】shōupán 图〔商〕引け値
【收清】shōuqīng 動全部(全額)を

受け取る
【收秋】shōu'qiū 動 秋の取り入れをする
【收容】shōuróng 動 収容する〖~伤员〗負傷者を収容する
*【收入】shōurù 〖笔〗収入 — 収金が入る,収入がある
【收生婆】shōushēngpó 名 産婆 ⇔〖接生婆〗
【收视率】shōushìlǜ 名 視聴率
*【收拾】shōushi 動 ①片付ける,整理する〖~房间〗部屋を片付ける ②修理する〖~皮鞋〗皮靴を修理する ③こらしめる〖~流氓〗ごろつきをやっつける
【收束】shōushù 動 ①(気持ちを)集中する ②終わりにする,結末をつける
*【收缩】shōusuō 動 ①縮まる,収縮する ②縮小する〖~开支〗支出を抑える
【收摊儿】shōu'tānr 動 屋台を片付ける,店じまいする
【收条】shōutiáo 〖张〗(~儿)領収書,受取り ⇔〖收据〗
【收听】shōutīng 動 (ラジオを)聴く〖~广播剧〗ラジオドラマを聴く
【收心】shōu'xīn 動 心を引き締める
【收押】shōuyā 動 拘留する
【收养】shōuyǎng 動 引き取って育てる〖~婴孩〗赤子を引き取って育てる
*【收益】shōuyì 名 収益〖提高~〗収益を上げる
【收音】shōuyīn 動 ①(放送を)受信する ②(音響効果をよくするため)音を集める
【收音机】shōuyīnjī 名〖台・架〗ラジオ
【收银台】shōuyíntái レジカウンター ⇔〖收款台〗
【收支】shōuzhī 名 収支〖~压缩了〗収支が減少する

【熟】shóu 形 "熟 shú" の口語的発音
⇨shú

【守】shǒu 動 ①守る〖~边疆〗辺境を守る ②見守る,看護する〖~伤员〗負傷者に付き添う ③遵守する〖~纪律〗規律を守る
【守备】shǒubèi 動 防御する〖严加~〗厳重に守る
【守财奴】shǒucáinú 名 守銭奴
【守敌】shǒudí 名 敵の守備兵
【守寡】shǒu'guǎ 動 やもめ暮らしをする
【守候】shǒuhòu 動 ①待ち構える ②看護する
*【守护】shǒuhù 動 守る,護衛する
【守旧】shǒujiù 形 (考えなどが)保守的な〖~的做法〗保守のなりかた

〖~派〗守旧派
【守口如瓶】shǒu kǒu rú píng 《成》口が固い
【守灵】shǒu'líng 動 通夜をする
【守门员】shǒuményuán 名〖体〗ゴールキーパー
【守势】shǒushì 名 守勢 ⇔〖攻势〗
【守望相助】shǒu wàng xiāng zhù《成》見張りをして互いに助け合う
【守卫】shǒuwèi 動 守る,防御する〖~领土〗領土を防衛する
【守信】shǒu'xìn 動 信義を重んじる
【守夜】shǒuyè 動 夜警する
【守则】shǒuzé 名〖条・项〗規則,規定
【守株待兔】shǒu zhū dài tù 《成》(木株を守ってウサギを待とう>) 努力せずに幸運を待つ

【首】shǒu 量 詩歌を数える〖唱一~歌〗1曲歌う ⊗ ①あたま〖叩~〗叩頭する ② 第一,最初,最高〖~次〗最初 ③ 首領〖匪~〗匪賊の頭 ④罪を告白する〖自~〗自首する ⑤音訳用字〖~尔〗(韓国の)ソウル ⑥ (S-)姓
【首倡】shǒuchàng 動 首唱する
【首创】shǒuchuàng 動 創造する,創始する〖~火药〗火薬を最初に作り出す
*【首都】shǒudū 名 首都
【首恶】shǒu'è 名 悪党の首領,元凶
【首府】shǒufǔ 名 首府,首都
【首级】shǒují 名《書》首級,討ち取った首
【首届】shǒujiè 形《定語として》第1回の,第1期の
【首肯】shǒukěn 動《書》うなずく
【首领】shǒulǐng 名 首領,頭目
【首脑】shǒunǎo 名 首脳〖~会谈〗首脳会談
【首屈一指】shǒu qū yì zhǐ《成》(最初に指を折る>)第一位と見なされる
【首饰】shǒushì/shǒushi 名 装身具〖戴~〗装身具を付ける
【首尾】shǒuwěi 名 始めから終わりまで
【首位】shǒuwèi 名 首位,第一位
【首席】shǒuxí 名 首席〖~代表〗代表代表〖~执行官〗最高経営責任者,CEO
*【首先】shǒuxiān 副 真っ先に,第一に〖~发言〗真っ先に発言する
【首相】shǒuxiàng 名 首相
【首要】shǒuyào 形《定語として》最も重要な〖~任务〗最重要任務
【首长】shǒuzhǎng 名 首脳,上級指導者〖中央~〗中央の首脳

【手】shǒu 名 ①手〖一只~〗片手〖一双~〗両手 — 量 (~儿)能力,技能を数える〖能写

一~好字』書法に長じている ⊗①手にする『人一一冊』各自一冊を持つ ②ハンディな ③手ずから ④ある仕事をする人 [歌~]歌手

【手背】shǒubèi 图(~ㄦ)手の甲

【手笔】shǒubǐ 图(名家の) 自筆 『鲁迅的~』魯迅の自筆 ②名筆

【手臂】shǒubì 图腕

【手边】shǒubiān 图(~ㄦ)手元 『~没有钱』手元に金がない

*【手表】shǒubiǎo 图〔块〕腕時計

【手不释卷】shǒu bú shì juàn 《成》(手から本を放さない>)読書に夢中になる

【手册】shǒucè 图〔本〕ハンドブック, 便覧 『司机~』運転手ハンドブック

【手戳】shǒuchuō 图(~ㄦ)〔个・方〕認め印

【手电筒】shǒudiàntǒng 图〔个・只〕懷中電灯 ⓔ[手电]

【手段】shǒuduàn 图①手段, 腕前 『很有~』なかなかの腕前を持つ ②計略 『~卑鄙』やり口が下劣だ

【手法】shǒufǎ 图①(芸術上の) 手法, 技巧 『蒙太奇的~』モンタージュの手法, てくだ 『流氓的~』ごろつきのやり口

【手风琴】shǒufēngqín 图〔架〕アコーデオン 『拉~』同前を弾く

【手稿】shǒugǎo 图自筆原稿

*【手工】shǒugōng 图①手仕事 『做~』手仕事をする ②手動, マニュアル ③手間賃

【手工业】shǒugōngyè 图手工業

【手工艺】shǒugōngyì 图手工芸, 手細工

【手鼓】shǒugǔ 图〔音〕(ウイグル族などの)手鼓, タンバリン

*【手机】shǒujī 图〔台・架〕携帯電話 ⓔ[手提电话]

【手疾眼快】shǒu jí yǎn kuài《成》抜け目がない, 機敏だ

【手记】shǒujì 图〔份〕手記 一動自分で書く

【手迹】shǒujì 图自筆の文字, 筆跡

【手脚】shǒujiǎo 图①手足の動き, 動作 『~利落liluo』動作がきびきびしている ②小細工 『阴险的~』陰険な策略

【手巾】shǒujin/shǒujīn 图〔块・条〕タオル, 手拭 『~把儿』おしぼり

【手紧】shǒu jǐn 圈締まり屋の, けちな

【手绢】shǒujuàn 图(~ㄦ)〔块・条〕ハンカチ

【手铐】shǒukào 图〔副〕手錠, 手かせ

【手快】shǒu kuài 圈手早い, 機敏な

【手雷】shǒuléi 图対戦車手榴弾

【手榴弹】shǒuliúdàn 图〔颗〕手榴弾

【手炉】shǒulú 图手あぶり用火鉢

【手忙脚乱】shǒu máng jiǎo luàn 《成》てんてこ舞いする

【手帕】shǒupà 图〔块・条〕ハンカチ

【手气】shǒuqì 图賭博やくじ引きでの運

【手枪】shǒuqiāng 图〔支〕ピストル, 短銃

【手巧】shǒu qiǎo 圈器用な

【手勤】shǒuqín 圈手まめな, 勤勉な

【手球】shǒuqiú 图①ハンドボール 『打~』ハンドボールをする ②ハンドボールの球

【手软】shǒu ruǎn 圈手加減をした, 非情になれない 『对敌人不能~』敵に対して優柔不断ではいけない

【手势】shǒushì 图手まね, ジェスチャー 『打~』手まねをする

【手书】shǒushū 图《書》①手書きする ②手紙

*【手术】shǒushù 图手術 『动~』手術をする [移植~]移植手術 [~刀] メス

【手套】shǒutào 图(~ㄦ)〔副・只〕手袋 [连指~] ミトン [皮~] 皮手袋

【手提包】shǒutíbāo 图手提げかばん, ハンドバッグ

【手提箱】shǒutíxiāng 图スーツケース, トランク

【手头】shǒutóu 图(~ㄦ)①手元 『放在~待用』すぐ使えるよう手元に置く ②手元金, 懐ぐあい 『~紧』懐具合が苦しい

【手推车】shǒutuīchē 图〔辆〕手押し車

【手腕】shǒuwàn 图(~ㄦ)①策略, 手管 『要~ㄦ』手管を弄する ②手腕, 能力 [外交~] 外交の手腕

【手腕子】shǒuwànzi 图手首

【手无寸铁】shǒu wú cùn tiě 《成》身に寸鉄も帯びない, 徒手空拳の

【手舞足蹈】shǒu wǔ zú dǎo 《成》踊り上がって喜ぶ

【手下】shǒuxià 图①部下, 配下 『在他~工作』彼の下で働く ②手元 ③懐具合 ④手を下す時 『~留情』手加減をする

【手写】shǒuxiě 動手で書く, 自らに記す

【手心】shǒuxīn 图掌中, たなごころ

*【手续】shǒuxù 图〔道〕手続き 『办~』手続きをする

【手眼】shǒuyǎn 图手管, 計略, 手腕

【手艺】shǒuyì 图(工芸職人の) 技量 『~高明』技量が優れている 『理发的~』理髪の腕前

【手淫】shǒuyín 動手淫をする

【手印】shǒuyìn 图(~ㄦ)手の跡,

拇印,指紋 〚按～〛拇印を押す
【手语】shǒuyǔ 图手話
【手掌】shǒuzhǎng 图手のひら
【手杖】shǒuzhàng 图〔根〕つえ,ステッキ
【手纸】shǒuzhǐ 图ちり紙,トイレットペーパー
*【手指】shǒuzhǐ 图〔个・根〕手の指
【手指头】shǒuzhǐtou/ shǒuzhítou 图〔个・根〕〔口〕手の指
【手重】shǒu zhòng 形手に力が入りすぎている,手荒い
【手镯】shǒuzhuó 图〔个・只〕腕輪,ブレスレット
【手足无措】shǒu zú wú cuò 《成》混乱してどうしてよいかわからない

【寿】(壽 *壽) shòu ⊗① 年齢,長命［长～］長寿 ②誕生日［祝～］誕生日を祝う ③死者に使う物［～衣］死者に着せる衣服,いわば経帷子 ④(S-)姓
【寿斑】shòubān 图老人の顔にできるしみ
【寿材】shòucái 图〔口・具〕(生前に用意する)ひつぎ,棺桶
【寿辰】shòuchén 图(老人の)誕生日
【寿诞】shòudàn 图⇨[寿辰]
【寿礼】shòulǐ 图〔份〕'寿辰'のプレゼント
【寿面】shòumiàn 图誕生日祝いのうどん('长寿面'ともいう)
*【寿命】shòumìng 图寿命,耐用期限〚洗衣机的～〛洗濯機の寿命
【寿数】shòushu 图寿命,天命
【寿桃】shòutáo 图誕生日祝いの桃◆一般に桃をかたどった'馒头'を用いる
【寿星】shòuxing 图①老人星(竜骨座の星) ②長寿の人
【寿终正寝】shòu zhōng zhèng qǐn 《成》天寿を全うする

【受】shòu 動①受ける,受け取る〚～表扬〛表彰を受ける ②被る,…される〚～压迫〛抑圧を受ける〚～批评〛批判される ③耐える〚～得了 liǎo〛我慢できる〚什么样的磨练我都～得住〛私はどのような試練にも耐えられる ④〔方〕合う,心地よい〚很～听〛聞いて心地よい〚不～看〛見栄えが悪い
【受病】shòubìng 動病気になる◆多く症状がすぐに表に出ない場合
*【受不了】shòubuliǎo 動耐えられない,たまらない〚疼得～〛痛くてたまらない
【受潮】shòucháo 動湿る,しける〚防止药品～〛薬品がしけるのを防ぐ
【受宠若惊】shòu chǒng ruò jīng《成》身に余る寵愛を受けて大喜びする

【受挫】shòucuò 動挫折する
*【受到】shòudào 動受ける〚～教育〛教育を受ける〚～启发〛示唆を受ける
【受罚】shòufá 動罰を受ける
【受粉】shòufěn 動〔植〕受粉する
【受害】shòuhài 動害を受ける,殺される〚～人〛被害者
【受话器】shòuhuàqì 图受話器⇨[耳机][听筒]
【受贿】shòuhuì 動賄賂を受け取る〚揭发～〛収賄を摘発する
【受奖】shòujiǎng 動賞を受ける
【受戒】shòujiè 動〔宗〕受戒する
【受惊】shòujīng 動びっくりする〚～的小鸟〛驚いた小鳥
【受精】shòujīng 動受精する
【受窘】shòujiǒng 動苦境に陥る
【受苦】shòukǔ 動苦しみを受ける〚为孩子～〛子供のために辛い思いをする〚～的日子〛苦難の日々
【受累】shòulěi 動巻き添えを食う〚决不叫你～〛決して君を巻き添えにはしない
── shòulèi 動苦労する,気を遣う〚吃苦～〛苦しい目に遭う
【受理】shòulǐ 動受理する
【受凉】shòuliáng 動(体が冷えて)風邪をひく
【受命】shòumìng 動命令を受ける
【受难】shòunàn 動災難を受ける〚～者〛被害者
【受骗】shòupiàn 動だまされる
【受聘】shòupìn 動招聘を受け入れる
【受气】shòuqì 動いじめられる,侮られる〚～包〛憤懣や恨み言のはけ口となる人
【受权】shòuquán 動権限を与えられる
【受热】shòurè 動①暑さにあたる ②高温の影響を受ける
*【受伤】shòushāng 動けがをする〚小心～〛けがに注意する〚～的部位〛けがしたところ
【受事】shòushì 图〔語〕動作の対象⇨[施事]
【受胎】shòutāi 動受胎する,妊娠する
【受托】shòutuō 動委託を受ける
【受刑】shòuxíng 動①拷問を受ける ②刑罰を受ける
【受益】shòuyì 動利益を受ける,ためになる〚～不浅〛大いに利益を得る
【受用】shòuyòng 動役立つ,享受する,利益を受ける〚～美味佳肴〛おいしいごちそうを味わう
── shòuyong 形心地よい〚不～〛具合がよくない
【受孕】shòuyùn 動妊娠する

【受灾】shòuzāi 動 災害を受ける
*【受罪】shòuzuì 動 ひどい目に遭う, 難儀する

【授】shòu ⊗ ①授ける, 与える [~勋]勲章を授ける ②教える [函~]通信教育

【授粉】shòufěn 動[植]授粉する
【授奖】shòujiǎng 動 賞を与える
【授课】shòukè 動 授業をする
【授命】shòumìng 動 ①命令を下す ②(書)命を捧げる
【授权】shòuquán 動 権限を与える
【授意】shòuyì 動 ある考えを吹き込む, 示唆する
*【授予】shòuyǔ 動 授ける, 授与する〖～他奖状〗彼に賞状を授ける

【绶】(綬) shòu ⊗ 印綬 [印~]同前

【绶带】shòudài 名 官印や勲章などを身に付けるための組ひも

【狩】shòu ⊗ 狩りをする

【狩猎】shòuliè 動 猟をする

【兽】(獸) shòu ⊗ ①獣 [走~]獣 ②野蛮な,下劣な [~欲]獣欲

【兽环】shòuhuán 名 獣の頭をかたどった門環(ノッカー)
【兽行】shòuxíng 名 野蛮な行為, 蛮行
【兽性】shòuxìng 名 獣性
【兽医】shòuyī 名 獣医

【售】shòu ⊗ ①売る [出~]売り出す [销~]発売する ②(奸計を)巡らす

【售后服务】shòuhòu fúwù 名 アフターサービス
【售货】shòuhuò 動 販売する [~车]販売車
*【售货员】shòuhuòyuán 名 販売員, 売り子
【售票员】shòupiàoyuán 名 ①切符を売る人 ②バスの車掌

【瘦】shòu 形 ①やせている ⇔[肥] [肥] 脂肪のない, 赤身の(⇔[肥]) [~肉]赤身の肉 ③(衣服などが)きつい, 窮屈な(⇔[肥]) 〖这身衣服太~了〗この服はきつすぎる ④土地がやせている(⇔[肥]) [~地]やせ地

【瘦果】shòuguǒ 名 瘦果そうか ♦乾果の一種でタンポポ, キンポウゲの種子の類
【瘦瘠】shòují 形 ①やせている, ひ弱な ②(土地が)やせた
【瘦弱】shòuruò 形 やせて弱々しい〖～的老人〗やせ衰えた老人
【瘦小】shòuxiǎo 形 ①やせて小さい〖身材～〗体格がやせて小さい ②(衣服が)窮屈だ
【瘦削】shòuxuē 形 やせこけている〖～的手〗やせこけた手
【瘦子】shòuzi 名 やせた人

【殳】shū 名 ①古代の竹製武器 ♦長い竹ざおの先を八角にとがらせたもの ②(S-)姓

【书】(書) shū 名[本・部] 書物, 本〖看～】本を読む〖背bèi～〗本を暗唱する [~虫]本の虫 [~号]ISBN ⊗①書く [大～特～]特筆大写する ②字体 [隶~]隷書 ③文書 [说明~]説明書, マニュアル ④手紙 [家~]家族の手紙

【书包】shūbāo 名 (学生用)かばん
【书报】shūbào 名 書籍と新聞
【书本】shūběn 名 (~ル)書物
【书场】shūcháng 名 ('弹词'などを演じる)寄席
【书呆子】shūdāizi 名 (貶)知識倒れの空論家, 役立たずの読書人
【书店】shūdiàn 名 [家・个]書店, 本屋 [新华~]新華書店
【书牍】shūdú 名 (書)書簡
*【书法】shūfǎ 名 書道 [~家]書家〖～字帖 tiè〗習字の手本, 法帖
【书房】shūfáng 名 [间]書斎
【书函】shūhán 名 (書) ①帙ちつ ②書信
【书画】shūhuà 名 書画 ⇔[字画]
*【书籍】shūjí 名 (総称としての)書籍〖～的装帧 zhēn 设计〗書籍の装丁, デザイン
【书脊】shūjǐ 名 本の背表紙 [~文字]背文字
*【书记】shūjì 名 (党組織の)書記
【书架】shūjià 名 本棚, 書架
【书刊】shūkān 名 書籍と雑誌
【书库】shūkù 名 書庫
【书眉】shūméi 名 (書物の)ページ上部の余白
【书面】shūmiàn 名 書面, 文書〖～通知〗文書で通知する
【书面语】shūmiànyǔ 名 書き言葉 ⇔[口语]
【书名号】shūmínghào 名 書名を示す標点符号(《》 など)
【书目】shūmù 名 図書目録 ⇔[书录]
【书皮】shūpí 名 (~ル)[张]書物の表紙 ⇔[封面]
【书评】shūpíng 名[篇]書評
【书签】shūqiān 名 (~ル) ①(本に挟む)しおり ②題簽だいせん
【书生】shūshēng 名 (書)書生, インテリ [白面~]年若く経験に乏しい書生 [~气]書生っぽさ
【书套】shūtào 名 ブックカバー, 本の帙ちつ
【书亭】shūtíng 名 書物雑誌の売店, 書籍スタンド
【书屋】shūwū 名 (旧)書斎
【书写】shūxiě 動 書く〖～标语〗スローガンを書く

【书信】shūxìn [名] 手紙
【书院】shūyuàn [名] 書院(旧時の地方の学校)
【书斋】shūzhāi [名] 書斎 [同][书房]
【书桌】shūzhuō [名](～儿)〔张〕机

〖抒〗shū ⊗ 表明する, 述べる [发～](意見や心情を)述べる
【抒发】shūfā [動] 表わす, 述べる〚～心情〛心情を述べる
【抒情】shūqíng [動] 感情を述べる〚借景～〛風景を借りて情感を述べる [～诗] 叙情詩
【抒写】shūxiě [動](意見や心情を)記述する, 書き記す

〖纾(紓)〗shū ⊗ ① 除く ② 延ばす, ゆるめる

〖舒〗shū ⊗ ① 伸びる, 伸ばす ② 伸びやかな ③(S-)姓
★【舒畅】shūchàng [形] 伸びやかで楽しい〚心情～〛気持ちがゆったりして愉快だ
★★【舒服】shūfu [形] 気分がいい, 心地よい〚～的生活〛快適な生活〚身体有点儿不～〛なんだか体の具合がよくない
【舒散】shūsàn [動](筋肉を) ほぐす 一 [形]《書》閑散としている
★★【舒适】shūshì [形] 心地よい, 快適な〚～的环境〛快適な環境
【舒坦】shūtan [形] 気分がいい, 快適な
【舒心】shūxīn [形] 心地よい
【舒展】shūzhǎn [動] 広げる, 伸ばす〚～四肢〛手足を伸ばす〚～的枝叶〛伸び広がった枝葉 一 [形](気分が) 伸びやかだ, 快適な〚住在这儿很～〛ここに住んでいると気分がゆったりする
【舒张】shūzhāng [名]〘医〙(心房)拡張

〖枢(樞)〗shū ⊗ ① 旋回軸 ② かなめ, 枢軸 [中～] 中枢, 中心
【枢纽】shūniǔ [名] 枢軸, 中心〚防卫的～〛防衛のかなめ

〖叔〗shū ⊗ ① おじ(父の弟) [～父] 同前 ② おじさん(父と同世代で父より年少の男性に対する呼称)〚刘大～〛劉おじさん ③ 夫の弟 [～嫂] 弟と兄嫁 ④ 兄弟の順で3番目 [関]'伯'
【叔伯】shūbai [形]〔定語として〕同姓のいとこ関係にある [～弟兄] 従兄弟
【叔父】shūfù [名] おじ(父の弟)
【叔母】shūmǔ [名] おば('叔父' の妻) [同]《口》[婶婶]
★★【叔叔】shūshu [名]《口》① おじさん(父の弟) ② おじさん(父と世代は同じだが父より年少の男性)
【叔祖】shūzǔ [名] 父のおじ [～母] 同前の妻

〖淑〗shū ⊗ 善良な, しとやかな [～女] 淑女

〖菽(*尗)〗shū ⊗(総称として)豆類 [不辨～麦](豆と麦の区別もつかない＞)知恵や常識がない

〖姝〗shū ⊗ 美しい(女性)

〖殊〗shū ⊗ ① 異なる [言人人～] 各人の意見がまちまちだ ② 特別な [～勋]《書》殊勲 ③ 極めて
【殊不知】shūbùzhī [動]《書》あにはからんや, 意外にも
【殊死】shūsǐ [形]〔多く定語として〕命をかけた
【殊途同归】shū tú tóng guī《成》方法は違っても結果は同じになる

〖倏(*儵)〗shū ⊗ たちまち
【倏地】shūdì [副] たちまち, あっという間に
【倏忽】shūhū [副] 突然, たちまち

【梳】shū [名](～儿)〔把〕くし 一 [動](髪を) とかす, すく〚～辫子〛お下げに結う〚～羊毛〛羊毛をすく
【梳理】shūlǐ [動] ①(紡績で) 繊維の毛並をそろえる ② くしですく〚～头发〛髪をすく ③(筋道を立てて)整理する
【梳头】shū▼tóu [動] 髪をすく
【梳洗】shūxǐ [動] 髪をすき顔を洗う
【梳妆】shūzhuāng [動] 化粧する, 身支度する [～台] 鏡台
★★【梳子】shūzi [名]〔把〕くし〚用～梳〛くしですく

〖疏〗shū ⊗ ① 箇条書きにして陳述する文書 [上～] 上書する ② 注釈 ♦'注' より詳しい [注～] 注と疏そ

〖一(*疎)〗⊗ ① 通りがよくなるようにする, (土砂を) さらう ② まばらにする, 密接でない [～林] 疎林 [生～] 疎い ③ 怠る [～于] …をおろそかにする ④ 乏しい [才～学浅] 浅学菲ひ才 ⑤(S-)姓
【疏导】shūdǎo [動](土砂などをさらって)流れをよくする
★【疏忽】shūhu [動] おろそかにする, うっかりする〚～小事〛小さな事をおろそかにする
【疏浚】shūjùn [動](土砂を) さらう, 浚渫しゅんせつする
【疏懒】shūlǎn [形] 無精な, 怠惰な
【疏漏】shūlòu [動] 手抜かりする, 見落とす〚消除～〛手落ちをなくす
【疏落】shūluò [形] まばらな
【疏散】shūsàn [形] まばらな〚～的村

S

庄］散在する村々 ― 動 分散する〚～兵力〛兵力を分散する

【疏失】shūshī 名（うっかり）ミス、手落ち

【疏松】shūsōng 形（土が）ふかふかした、柔らかい〚土质～〛土質が柔らかい ― 動（土を）柔らかくする、ほぐす〚～土壤〛土壌を柔らかくする

【疏通】shūtōng 動 ①流れをよくする〚～水沟〛どぶをさらって流れをよくする ②（双方の意思を通じさせて）調停をする〚从中～〛仲に立って取りなす

【疏远】shūyuǎn 形 疎遠な〚我们的关系早已～了〛我々の関係はとっくに疎遠になっている ― 動 疎遠にする

【蔬】shū ⊗野菜、蔬菜〚布衣～食〛木綿の衣服に野菜の食物（質素な暮らし）

★【蔬菜】shūcài 名 野菜、青物〚～市场〛青物市場〚鲜嫩的～〛みずみずしい野菜

【输】(輸) shū 動 ①（試合などで）負ける、敗れる(⊗[赢])〚～给他〛彼に負ける〚认～〛敗北を認める ②（液体、気体、電気などを）送り込む〚～进电脑里〛コンピュータに入力する ⊗献納する

【输出】shūchū 動 ①送り出す、出力する、アウトプットする ②輸出する ⊕[出口]

【输电】shūdiàn 動 送電する

【输理】shūlǐ 動 筋が通らない、道理がたたない

★【输入】shūrù 動 ①入力する、送り込む、インプットする ②輸入する ⊕[进口]

【输送】shūsòng 動 輸送する、送り込む〚～人才〛人材を送り込む〚～带〛ベルトコンベア

【输血】shū`xuè 動 輸血する

【输液】shūyè 動（リンゲル液などを）点滴する

【输赢】shūyíng 名 勝ち負け ◆主にスポーツ、賭け事などで

【摅】(攄) shū ⊗発表する、表わす〚各～己见〛各自意見を出す

【孰】shú ⊗①だれ、どれ ②なに

【塾】shú ⊗塾〚～师〛塾の先生〚私～〛私塾

【熟】shú 形 ①煮えている〚饭煮～了〛ご飯が炊き上がった ②（果実が）熟している〚石榴 shíliu ～了〛ザクロが熟している ③練り上げている〚念得很～〛こなれた朗読をする ④なじんでいる、よく知っている〚这个人我不太～〛その人のことは余りよく知らない ⑤精通している ⊗程度が深い〚～睡〛熟睡する ⇨shóu

【熟菜】shúcài 名（調理済みの）おかず、惣菜

【熟地】shúdì 名 ①耕地 ②よく知っている所 ③[薬]熟地黄 jìhóng（滋養に用いる）

★【熟练】shúliàn 形 熟練している〚～地操作〛巧みに操作する〚运动员的动作十分～〛選手の動きは大変熟達している

【熟路】shúlù 名［条］よく知っている道

【熟能生巧】shú néng shēng qiǎo《成》慣れてくれば上達する

【熟年】shúnián 名 豊作の年

【熟人】shúrén 名 よく知っている人 ⊕[生人]

【熟食】shúshí 名 調理済み食品

【熟识】shúshi 動 よく知っている、熟知している〚～的面孔〛なじみの顔

【熟视无睹】shú shì wú dǔ《成》いつも見ているが関心がなければ見ていないのと同じだ

【熟思】shúsī 動 熟考する

【熟习】shúxí 動（技術や学問に）習熟する〚～业务〛業務に精通している

【熟悉】shúxī 動 熟知する〚～情况〛状況に詳しい〚～的声音〛なじみの声（音）

【熟知】shúzhī 動 熟知する

【熟字】shúzì 名 既習の字 ⊗[生字]

【秫】shú ⊗コウリャン（主にモチコウリャンを指す）

【秫秸】shújiē 名 コウリャン殻

【秫米】shúmǐ 名（脱殼した）コウリャン米

【赎】(贖) shú 動（質草などを）請け出す〚把首饰～回来〛装身具を請け出す ⊗償う、相殺する

【赎当】shúdàng 動 質草を請け出す

【赎金】shújīn 名 身代金

【赎买】shúmǎi 動 買い戻す

【赎身】shú`shēn 動 身請けする

【赎罪】shú`zuì 動 罪を償う〚在监狱～〛刑務所で罪を償う

【暑】shǔ ⊗暑い(⊗[寒])〚避～〛避暑

【暑假】shǔjià 名 夏休み〚放～〛夏休みになる

【暑期】shǔqī 名 夏休み期間

【暑气】shǔqì 名 暑気、熱気

【暑热】shǔrè 名 盛夏の暑い気候

【暑天】shǔtiān 名 夏の暑い日

【署】shǔ ⊗①公務を行う機関〚官～〛官庁 ②割り振る〚部～〛配置する ③代理する ④署名する〚签～〛同前

【署名】shǔ▾míng [動] 署名する
〖薯(*藷)〗 shǔ [⊗]（総称として）イモ［甘～］［白～］［红～］サツマイモ［马铃～］ジャガイモ［～蓣 yù］ヤマイモ
〖曙〗 shǔ [⊗] あけぼの，あかつき［～光］夜明けの光，前途の希望
〖黍〗 shǔ [⊗] キビ［～子］同前
【属(屬)】 shǔ [動] ①属する，帰属する〚通县～北京市〛通県は北京市に属する ②（干支えとで）…生まれである〚～牛〛丑うし年生まれだ
[⊗] ①属，同類［金～］金属［～性］属性 ②身内，家族［亲～］親族［烈～］烈士の家族
⇨zhǔ
【属实】shǔshí [動]《書》事実と合致する〚信息～〛情報が事実と合っている
【属相】shǔxiang [名] 生まれた年の干支えと
★【属于】shǔyú [動] …に属する，…のものである〚光荣～你〛栄誉は君のものだ
【数(數)】 shǔ [動] ① 数える〚～人数〛人数を数える ②（比較して）一番に数えられる，抜きん出ている〚全班要～他最好〛クラスで彼が一番だ
[⊗] 責める，列挙する［～说］誤りを並べたてて非難する
⇨shù, shuò
【数不着】shǔbuzháo [動] 数の内に入らない
【数得着】shǔdezháo [動] ずば抜けている〚～的人物〛指折りの人物
【数伏】shǔ▾fú [動]'三伏'の暑さになる，最も暑い時期になる
【数九】shǔ▾jiǔ [動] 冬至以後の 81 日間を過ごす ♦九つの'九'に分かれ，'一九'は冬至から数えて 9 日間，'二九'は次の 9 日間，同様に'九九'まで数える
【数来宝】shǔláibǎo [名] 民間芸能の一種 ♦鈴をつけた牛骨または竹板で拍子をとりながら即興的に調子よく唱える演芸
【数落】shǔluo [動]《口》（欠点を数えあげて）叱る，非難する〚～儿子〛息子を叱る
【数说】shǔshuō [動] ①並べ立てて言う ②責める，なじる
【数一数二】shǔ yī shǔ èr《成》一，二を争う，指折りの
〖蜀〗 Shǔ [⊗] ①四川省の別称 ②蜀漢（三国の一）
【蜀葵】shǔkuí [名]〚植〛タチアオイ
【蜀犬吠日】Shǔ quǎn fèi rì《成》（蜀犬日に吠ゆ＞）見識の狭い人は正しいことでも疑い非難する
【蜀黍】shǔshǔ [名] コウリャン
〖鼠〗 shǔ [⊗] ネズミ［老～］同前
★★【鼠标】shǔbiāo [名]（コンピュータの）マウス [同]［鼠标器］［滑鼠］
【鼠窜】shǔcuàn [動]（ネズミのように）あわてて逃げる
【鼠目寸光】 shǔ mù cùn guāng《成》（ネズミの眼光は一寸先までしか届かない＞）目先しか見えない，見識が狭い
【鼠曲草】shǔqūcǎo [名]〚植〛ハハコグサ [同]［清明菜］
【鼠蹊】shǔxī [名]〚生〛鼠蹊そけい
【鼠疫】shǔyì [名] ペスト
〖术(術)〗 shù [⊗] ①技術，芸［武～］武術［手～］手術 ②術策［战～］戦術
⇨zhú
【术语】shùyǔ [名] 術語，専門用語
〖述〗 shù [⊗] 述べる［陈～］陳述する
【述评】shùpíng [名]〔篇〕叙述と評論〚经济～〛経済論評 ━ [動] 論評する
【述说】shùshuō [名] 述べる，説明する〚～事实〛事実を述べる
〖沭〗 Shù [⊗]［～河］沭河じゅつが（山東から江蘇へと流れる川の名）
〖戍〗 shù [⊗]（軍隊が） 守備する［～边］国境を守る
【束】 shù [動] くくる，縛る ━ [量] 束たばになったものを数える〚一～鲜花〛一束の生花
[⊗] ①制限する［约～］同前 ②（S-）姓
★【束缚】shùfù [動] 束縛する〚～思想〛思想の自由を奪う
【束手】shùshǒu [動] 手をこまねく［～束脚］（気遣いが過ぎて） 思い切った行動ができない［～无策］全く対策が立たない
【束之高阁】shù zhī gāo gé《成》（物を束ねて高い棚に載せておく＞）放置したまま顧みない
【竖(豎 *竪)】 shù [動] 縦にする，立てる〚～旗杆〛旗ざおを立てる ━ [名]（～儿）漢字筆画の縦棒《丨》
[⊗] ①縦の［～井］竪坑たてこう ②若い下僕
【竖立】shùlì [動] 立てる〚～指路牌〛道標を立てる
【竖琴】shùqín [名] 竪琴，ハープ
【树(樹)】 shù [名]〔棵・株〕木，樹木 [同]［木头］
[⊗] ①植える，育てる ②打ち立てる［独～一帜］（ある分野で）一家を成す ③（S-）姓

【树丛】shùcóng [名]樹林，木立ち
【树大招风】shù dà zhāo fēng《成》(大きい木ほど風を受けやすい＞)目立つ人は妬まれやすい，出る杭は打たれる
【树袋熊】shùdàixióng [名]〔只〕コアラ [同][考拉]
【树倒猢狲散】shù dǎo húsūn sàn《成》(木が倒れてサルが逃げ出す＞)ボスが失脚して手下もみな散り散りとなる
【树墩】shùdūn [名]木株
【树干】shùgàn [名]木の幹
【树挂】shùguà [名]《口》樹氷 [関][雾凇]
【树胶】shùjiāo [名]①生ゴム ②樹脂
【树懒】shùlǎn [名]〖動〗ナマケモノ
★【树立】shùlì [動]打ち立てる〖～榜样〗模範となる
【树凉儿】shùliángr [名]木陰 [同][树荫凉]
【树林】shùlín [名]〔片〕林
【树莓】shùméi [名]〖植〗キイチゴ，ラズベリー [同][木莓]
【树苗】shùmiáo [名]〔棵·株〕苗木
【树木】shùmù [名](総称として)樹木
【树梢】shùshāo [名]木のこずえ
【树叶】shùyè [名]木の葉
【树荫】shùyīn [名]木陰 [同][树阴]
【树脂】shùzhī [名]樹脂
【树桩】shùzhuāng [名]木の切り株

【恕】shù [×]許す，思いやる〖～不招待〗お招きできないことをお許し下さい［宽～］大目に見る

【庶】shù [×]①多い，もろもろ ②妾腹の [反]'嫡' ③どうにか
【庶几】shùjī [副]《書》ほとんど…だ [同][庶乎]
【庶民】shùmín [名]《書》庶民
【庶母】shùmǔ [名]父の妾(めかけ)
【庶务】shùwù [名]庶務，雑務

【数(數)】shù [名]①(～儿)数，数量 ②(～儿)心づもり，あて〖心中有～儿〗自信がある ③〖数〗数 [×]①運命 ②いくつか［～十］数十
⇨shǔ, shuò
【数词】shùcí [名]〖語〗数詞
★【数额】shù'é [名]定数，定額
★★【数据】shùjù [名]データ〖分析～〗データを分析する［～库］データベース
★★【数量】shùliàng [名]数量〖核对～〗数量を突き合わせる
【数量词】shùliàngcí [名]〖語〗数量詞(数詞プラス量詞のこと)
★★【数码】shùmǎ [名](～儿)①数字［～相机］デジタルカメラ('数字相机'とも) ②数，額
★【数目】shùmù [名]数，額
【数位】shùwèi [名](数字の)位(くらい)
★★【数学】shùxué [名]数学
【数值】shùzhí [名]〖数〗数値
【数珠】shùzhū [名](～儿)数珠(じゅず) [同][念珠]
★★【数字】shùzì [名]①数字 ②デジタル［～激光视盘］DVD

【漱】shù [動](口を)すすぐ，うがいをする［～口］口をすすぐ

【墅】shù [×]別荘［别～］同前

【澍】shù [×]恵みの雨

【刷】shuā [名](～儿)刷毛(はけ)，ブラシ［牙～］歯ブラシ — [動]①(ブラシなどで)磨く，はく〖★～牙〗歯を磨く〖用鞋刷～鞋〗靴にブラシをかける ②淘汰する，取り除く〖被～的选手〗選ばれなかった選手 — [擬]物を勢いよく摩擦する音 ♦'唰'とも書く
⇨shuà
【刷卡】shuā▼kǎ [動](機器に)磁気カードを通す，カードで支払う
【刷洗】shuāxǐ [動](刷毛やたわしで)洗う
【刷新】shuā▼xīn [動]一新する，更新する〖～记录〗記録を塗りかえる
【刷子】shuāzi [名]〔把〕ブラシ，刷毛

【耍】shuǎ [動]①操る〖～狮子〗獅子(しし)舞をする〖～大刀〗大刀を操る ②発揮する，弄する〖～手腕〗手練手管を弄する〖～态度〗横柄な態度をとる［～流氓 liúmáng］与太者風を吹かす，下品なことをする ③《方》遊ぶ［～子］同前
【耍把戏】shuǎ bǎxì [動]①軽業(かるわざ)をする ②《方》(人を騙す)小細工を弄する
【耍笔杆】shuǎ bǐgǎn [動]《貶》文筆稼業をする，もの書きをする
【耍猴儿】shuǎ hóur [動]猿に芸をさせる，猿回しをする
【耍花腔】shuǎ huāqiāng [動]うまいことを言って人をだます
【耍花招】shuǎ huāzhāo [動]小細工を弄する，ぺてんにかける
【耍滑】shuǎhuá [動]ずるく振舞う [同][耍滑头]
【耍赖】shuǎ▼lài [動]卑劣な振舞いをする，しらを切る
【耍闹】shuǎnào [動]ふざける，はしゃぐ
【耍弄】shuǎnòng [動]①もてあそぶ〖～花招〗小細工を弄する ②からかう，ふざける
【耍贫嘴】shuǎ pínzuǐ [動]くどくどと話し続ける

刷衰摔甩帅率蟀闩拴栓涮双

【耍无赖】shuǎ wúlài 動 ごねる，汚い手を使う 回[耍赖]
【耍笑】shuǎxiào 動 ふざける，からかう
【耍心眼儿】shuǎ xīnyǎnr 動 悪知恵を働かす，つけ込む
【耍嘴皮子】shuǎ zuǐpízi 動 ① ぺらぺらしゃべる ② 口先だけうまいことを言う

【刷】shuà ⊗ 以下を見よ ⇨ shuā
【刷白】shuàbái 形(方) 青白い

【衰】shuāi ⊗ 衰える [兴 xīng ~] 盛衰 ◆麻の喪服の意味では cuī と発音
【衰败】shuāibài 動 衰える，下り坂になる
【衰减】shuāijiǎn 動 衰える，弱まる
*【衰老】shuāilǎo 形 老衰した 回[衰迈 mài][感到~]年の衰えを感じる
【衰落】shuāiluò 動 衰える，衰微する[~的家境]落ちぶれた暮らし向き
【衰弱】shuāiruò 形 衰弱した，(勢力が)衰えた[~的机能]衰えた機能[神经~]神経衰弱
【衰颓】shuāituí 形 衰退した，衰微した
*【衰退】shuāituì 動 (身体・意志・能力や国の政治・経済が)衰退する，衰える
【衰亡】shuāiwáng 動 衰亡する，滅びる
【衰微】shuāiwēi 形(書) 衰微する，衰える

【摔】shuāi 動 ① 転ぶ [~跟头] 転ぶ，つまずく ② 落ちる，落とす，落として壊す[从树上~在地上]木の上から地面に落ちる[眼镜~了]めがねが落ちた ③ 投げつける，投げ出す[把钱~给顾客] お金を客に投げてよこす
【摔打】shuāida 動 ① (手に持って)はたく[把鞋上的泥~下去]靴についた泥をたたいて落とす ② 鍛える
【摔跤】shuāi'jiāo 動 ① 転ぶ，つまずく ②〖体〗レスリングをする，相撲をとる

【甩】shuǎi 動 ① 振る，ぐるっと回す [~胳膊] 腕を振り回す [~尾巴] しっぽを振る ② 投げる[~小石子儿]小石を投げる ③ 見捨てる，切り離す[把男朋友~了]ボーイフレンドと縁を切った
【甩卖】shuǎimài 動 投げ売りする，大安売りする
【甩手】shuǎi'shǒu 動 ① 手を前後に振る ② うっちゃる，ほったらかしにする

【帅】(帥) shuài 形 いきだ，見事な('率'とも書く)[真~!] 素晴らしい[~哥]イケメン
⊗ ① 軍隊の最高指揮官[元~] 元帥[挂~]全軍を指揮する ②(S-)姓

【率】shuài ⊗ ① 率いる [~师] 軍隊を指揮する ② 従う [~由旧章] 昔のやり方を踏襲する ③ 考えのない，性急な[轻~] 軽率な ④ 率直な[坦~]正直な ⑤ 大体，ほぼ[大~]おおよそ ⇨ lǜ
【率领】shuàilǐng 動 率いる[~参观团]見学者を引率する
【率先】shuàixiān 副 率先して，先に立って
【率真】shuàizhēn 形 率直で誠実な
【率直】shuàizhí 形 率直な，真っ正直な

【蟀】shuài ⊗ →[蟋 xī~]

【闩】(門*閂) shuān 名[根・个] かんぬき[插上~]かんぬきを掛ける[门~](門やドアの)かんぬき 一動 かんぬきを掛ける

【拴】shuān 動 (なわで)つなぐ，縛る [~马] 馬をつなぐ[~绳子]縄を(他の物に)結ぶ

【栓】shuān ⊗ 栓，プラグ，差し込み[枪~]銃の遊底
【栓剂】shuānjì 名 座薬 回[坐药]
【栓皮】shuānpí 名 コルク

【涮】shuàn 動 ① すすぐ，ゆすぐ[~衣服]洗濯物をゆすぐ ② さっと湯通しして食べる[~羊肉]羊のしゃぶしゃぶ
【涮火锅】shuànhuǒguō 名 しゃぶしゃぶ(料理) 回[涮锅子]

【双】(雙*隻) shuāng 量 対になっている物を数える[一~鞋]1足の靴[两~筷子]箸2膳 ⊗ ① 2倍[~份]二人前 ② 二つ，両方[~手]両手[~语]二言語[~重目的语][~学位]ダブルディグリー[~轨](鉄道の)複線 ③ 偶数[~号]偶数番号 ④(S-)姓
*【双胞胎】shuāngbāotāi 名 双子
【双边】shuāngbiān 名《多く定語・状語として》双方，両国 [~贸易] 二国間貿易
【双重】shuāngchóng 形《定語として》二重の[~的包装]二重の包装[~人格]二重人格[~国籍]二重国籍
【双打】shuāngdǎ 名〖体〗(テニス，卓球などの)ダブルス 回[单打]
*【双方】shuāngfāng 名 双方
【双峰驼】shuāngfēngtuó 名〖動〗[头・匹]フタコブラクダ
【双杠】shuānggàng 名〖体〗平行

棒⑩[单杠]

【双关】shuāngguān 图〚語〛1 語句2重の意味を持つこと [一语] かけ言葉, 地口 ♦ 例えば '向前看' (前向きの態度) と '向钱看' (金銭第一) の類

【双簧】shuānghuáng 图〔出・本〕前にいる演者が口を動かし, 実際には背後の人が声を出す演芸の一種, 二人羽織:(转)なれ合いでやる

【双簧管】shuānghuángguǎn 图〚音〛オーボエ

【双季稻】shuāngjìdào 图稲の二期作

【双立人】shuānglìrén 图(～儿)(漢字の)ぎょうにんべん(彳)

【双抢】shuāngqiǎng 图 '抢收' と '抢种'(収穫と作付け)を時を移さず進めること

【双亲】shuāngqīn 图父母, 両親

【双全】shuāngquán 形両方とも備えている〚父母～〛両親とも健在〚文武～〛文武両道に優れる

【双人床】shuāngrénchuáng 图ダブルベッド ⑩[单人床]

【双身子】shuāngshēnzi 图《口》妊婦

【双生】shuāngshēng 图《口》双生児 [～姐妹] 双子の姉妹

【双声】shuāngshēng 图〚語〛双声♦2音節の声母が等しいこと. 例えば '蜘蛛 zhīzhū'

【双数】shuāngshù 图偶数 ⑩[偶数] ⑫[奇j数] [单数]

【双喜临门】shuāng xǐ lín mén《成》めでたい事が一度にふたつも来る

【双星】shuāngxīng 图①双星 ②牵牛星と織女星

【双眼皮】shuāngyǎnpí 图(～儿)二重まぶた

【双氧水】shuāngyǎngshuǐ 图〚薬〛オキシドール

【双赢】shuāngyíng 動双方が利益を上げる

【双鱼座】shuāngyúzuò 图うお座

【双语】shuāngyǔ 图2言語 [～教育] バイリンガル教育

【双职工】shuāngzhígōng 图共働きの夫婦

【双子座】shuāngzǐzuò 图ふたご座

【霜】shuāng 图霜〚结了一层厚厚的～〛厚い霜ができた〚下～〛霜が降りる ⊗霜に似たもの [柿～] 干し柿表面の白い粉 [～鬓] 白いびん

【霜冻】shuāngdòng 图霜害

【霜降】shuāngjiàng 图霜降 ♦二十四節気の一, 10月23日・24日頃に当たる

【孀】shuāng ⊗未亡人, やもめ [～妇] 同前 [～居] やもめ暮らし

【爽】shuǎng ⊗①明るい, 晴れやかな [清～] すがすがしい ②率直な [直～] さっぱりしている ③気分がいい [身体不～] 体調がよくない ④外れる, それる [～约] 約束に背く

【爽口】shuǎngkǒu 形さっぱりしておいしい

*【爽快】shuǎngkuai 形①さわやかな, 気持ちがいい [出了门心里就～多了] 外出すると気分がとてもよくなる ②あっさりしている, 率直な [～的性格] さっぱりした性格

【爽朗】shuǎnglǎng 形①(天気が)晴れやかだ [～的晴空] からりと晴れた空 ②(性格が)明るい, 率直だ [为人～] さばさばと明るい性格だ

【爽利】shuǎnglì 形(言動が)きびきびとしている

【爽性】shuǎngxìng 副あっさりと, いっそのこと(…しよう) ⑩[索性]

【爽直】shuǎngzhí 形率直な, さっぱりした

【垛】shuǎng ⊗日向の高台

【谁】(誰) shuí 代 shéi の文語音 ⇨shéi

【水】shuǐ 图水(沸かした湯も含む)[喝～] 水(白湯)を飲む [跳～] 水に飛び込む ⊗①(陸に対して)河川, 湖沼, 海など [～运] 水運 ②川の名 ③汁, 液体 [汽～] サイダー [墨～] インク ④割り増し金, 規定外の収入 [外～] 特別の収入 ⑤(S-)(少数民族の)水族 ⑥(S-)姓

【水坝】shuǐbà 图ダムの堤防

【水泵】shuǐbèng 图〔台〕ポンプ ⑩[抽水机]

【水笔】shuǐbǐ 图〔支〕①絵筆 ②《方》万年筆

【水表】shuǐbiǎo 图水道メーター

【水鳖子】shuǐbiēzi 图カブトガニ ⑩[鲎 hòu 虫]

【水兵】shuǐbīng 图水兵

【水彩】shuǐcǎi 图水彩, 絵の具 [～画] 水彩画

【水草】shuǐcǎo 图①水と草(がある所)②水草, 藻

【水蚕】shuǐchài 图〚虫〛トンボ類の幼虫, ヤゴ

【水产】shuǐchǎn 图水産(物)[～资源] 水産資源

【水车】shuǐchē 图①[架・台](灌漑用の)水車 ②[辆]給水車

【水成岩】shuǐchéngyán 图水成岩

【水池】shuǐchí 图①(台所の)流し [～子] 流し台 ②池, プール

【水到渠成】shuǐ dào qú chéng《成》条件が熟せば, 自然に成就する

【水道】shuǐdào 图①水路 ②水の

流れる筋 ③プールのコース
【水稻】shuǐdào [名]水稲
【水滴石穿】shuǐ dī shí chuān《成》(わずかな水滴でも長く続けば石にも穴をあける>)絶え間ない努力があれば事を成就できる
【水地】shuǐdì [名]灌漑した耕地, 水田
【水电】shuǐdiàn [名]①水道と電気 ②水力発電
【水电站】shuǐdiànzhàn [名]水力発電所
【水貂】shuǐdiāo [名]『動』〔只〕ミンク
【水痘】shuǐdòu [名]『医』水ぼうそう
【水碓】shuǐduì [名]水力で回す米つき臼
【水分】shuǐfèn [名]①水分 ②水増し, 割り増し
【水浮莲】shuǐfúlián [名]『植』ボタンウキクサ [同][大薸]
**【水果】shuǐguǒ [名]果物 [～刀] 果物ナイフ
【水红】shuǐhóng [名]〔多く定語として〕ピンク(色)(の)
【水壶】shuǐhú [名]①やかん, 湯わかし ②水筒
【水花】shuǐhuā [名]水しぶき
【水葫芦】shuǐhúlu [名]『植』ホテイアオイ [同][风眼莲]
【水患】shuǐhuàn [名]水害
【水火】shuǐhuǒ [名]①火と水 [～不相容] 互いに相容れない ②苦しみ, 災難
【水碱】shuǐjiǎn [名]水あか, 湯あか
【水饺】shuǐjiǎo [名]水ギョウザ, ゆでギョウザ ♦'煮饺子'ともいう
【水晶】shuǐjīng [名]水晶 [～糖] ゼリー [～钟] クォーツ時計
【水井】shuǐjǐng [名]〔口·眼〕井戸
【水酒】shuǐjiǔ [名]《謙》粗末な酒
【水库】shuǐkù [名]〔座·个〕ダム, 貯水池
【水雷】shuǐléi [名]『軍』水雷
【水力】shuǐlì [名]水力 [～发电站] 水力発電所
*【水利】shuǐlì [名]水利, 水利工事
【水淋淋】shuǐlínlín/ shuǐlīnlīn [形](～的)びしょびしょの
【水灵】shuǐling [形]①(果物などが)ジューシーな ②(容貌などが)みずみずしく美しい
【水流】shuǐliú [名]①河川(総称) ②水の流れ
【水龙】shuǐlóng [名]消火用のホース [～带] 同前
*【水龙头】shuǐlóngtóu [名]水道の蛇口, ポンプのホース口
【水陆】shuǐlù [名]水陸 [～两用] 水陸両用 [～坦克] 水陸両用戦車
【水路】shuǐlù [名]水路 [反][陆路][旱路]
【水绿】shuǐlǜ [形]〔定語として〕薄緑の, ライトブルーの
【水轮】shuǐlún [名]『機』水力タービン [～机] 同前
【水落石出】shuǐ luò shí chū《成》(水がなくなり石が現われる>)真相が明らかになる
【水煤气】shuǐméiqì [名]『化』水性ガス
【水门】shuǐmén [名]水門, バルブ
【水米不沾牙】 shuǐmǐ bù zhān yá《俗》何も食べていない, 食べる物がない
【水蜜桃】shuǐmìtáo [名]水蜜桃
【水面】shuǐmiàn [名]①水面 [同]《方》[水皮儿] ②水域面積
【水磨】shuǐmó [動]水を注ぎながら平面を磨く
—— shuǐmò [名]水車で回す臼
【水墨画】shuǐmòhuà [名]水墨画
【水母】shuǐmǔ [名]『動』クラゲ [海月～] ミズクラゲ
*【水泥】shuǐní [名]セメント [～砖] コンクリートブロック [～搅拌 jiǎobàn 车] コンクリートミキサー車
【水碾】shuǐniǎn [名]水車を利用した臼
【水鸟】shuǐniǎo [名]水鳥
【水牛】shuǐniú [名]①〔头〕水牛 ②(～儿)《方》かたつむり
【水疱】shuǐpào [名](～儿)水ぶくれ, まめ『打～』まめができる
**【水平】shuǐpíng [名]①水平 [～线] 水平線 ②水準, レベル『提高表演的～』演技力を高める [技术～] 技術水準 [世界～] 世界的レベル
【水汽】shuǐqì [名]水蒸気
【水枪】shuǐqiāng [名]①『工』水力採掘機, モニター ②消防ホースの筒先 ③水鉄砲
【水球】shuǐqiú [名]『体』水球競技, 水球のボール
【水渠】shuǐqú [名]〔条〕水路
【水乳交融】shuǐ rǔ jiāo róng《成》(水と乳がとけ合う>)すっかり融合する
【水杉】shuǐshān [名]『植』メタセコイア
【水蛇】shuǐshé [名]〔条〕水辺に生息する蛇
【水深火热】shuǐ shēn huǒ rè《成》水火の難, きわめて苦しい生活
【水手】shuǐshǒu [名]水夫
【水塔】shuǐtǎ [名]〔座〕給水塔
【水獭】shuǐtǎ [名]『動』〔只〕カワウソ
【水塘】shuǐtáng [名]池, 貯水池
【水田】shuǐtián [名]〔块·亩〕水田
【水头】shuǐtóu [名]①(洪水時の)最高水位 ②水勢
【水土】shuǐtǔ [名]①水分と土壌『防止～流失』水土の流失を防ぐ ②風土 [～不服] 気候風土に慣れ

S

【水汪汪】shuǐwāngwāng 形（～的）①（ひとみが）きらきら輝いている、みずみずしい ②水がいっぱい溜っている
【水网】shuǐwǎng 名 網状に走っている河川［～地区］河川が網の目のように広がっている地帯
【水位】shuǐwèi 名 水位［～升高了］水位が上がった［～表］河川水量計
【水文】shuǐwén 名【地】水文［～学］水文学
【水螅】shuǐxī 名【動】ヒドラ
【水系】shuǐxì 名【地】水系
【水仙】shuǐxiān 名【植】水仙
【水线】shuǐxiàn 名①（船の）喫水線 ②（印刷で）波罫
【水乡】shuǐxiāng 名 水郷
【水箱】shuǐxiāng 名 水槽, 貯水タンク
【水榭】shuǐxiè 名 水辺のあずまや
【水泄不通】shuǐ xiè bù tōng《成》水も漏らさぬ
【水星】shuǐxīng 名【天】水星
【水性】shuǐxìng 名①泳ぎの術 ②（航路の）水の深さ, 速さなどの特徴
【水性杨花】shuǐxìng yánghuā《成》浮気性の女性の形容
【水锈】shuǐxiù 名 水あか, 水のしみ
【水烟】shuǐyān 名 水タバコ［～袋］水ギセル
【水杨】shuǐyáng 名【植】カワヤナギ
【水翼船】shuǐyìchuán 名 水中翼船 同【水翼艇】
【水银】shuǐyín 名【化】水銀（'汞'の通称）［～灯］水銀灯
【水印】shuǐyìn 名①【美】水印木刻をする ◆中国の伝統的な印刷物で顔料を水で溶く — 名（～儿）①（紙幣の）すかし ②水のにじんだ跡
【水域】shuǐyù 名 水域, 海域［国际～］公海
【水源】shuǐyuán 名①（河川の）水源［黄河的水源］黄河の水源 ②（灌漑や飲料水などの）水源
【水运】shuǐyùn 名 水運, 海運
【水灾】shuǐzāi 名 水害
【水葬】shuǐzàng 名 水葬にする
【水蚤】shuǐzǎo 名【動】ミジンコ（'红虫''鱼虫'とも）
【水藻】shuǐzǎo 名 水草, 水藻
【水闸】shuǐzhá 名 水門, ゲート, せき（堰）
【水涨船高】shuǐ zhǎng chuán gāo《成》（水位が上がれば船も高くなる＞）全体（周囲）につられて自分も向上する
【水蒸气】shuǐzhēngqì 名 水蒸気
【水质】shuǐzhì 名 水質
【水蛭】shuǐzhì 名【動】〔条〕ヒル 同［蚂蟥］

【水中捞月】shuǐ zhōng lāo yuè《成》（水中の月をすくう＞）無駄な（不可能な）ことをする
【水肿】shuǐzhǒng 名 水腫, むくみ 同［浮肿］
【水准】shuǐzhǔn 名①【地】水平面, 水準［～器］水準器 ②水準, レベル
【水族】shuǐzú 名①（S-）スイ族◆中国少数民族の一, 贵州に住む ②水中の生物［～馆］水族館

【说】(説) shuì ⊗ 説得する［游～］遊説する ⇨shuō

【帨】shuì ⊗ 古代のハンカチ

【税】shuì 名 税, 税金［上～］納税する［～额］税额［～率］税率［～收］税収［～务］税务［～制］税制 ⊗(S-)姓
【税款】shuìkuǎn 名 税金 同［税金］

【睡】shuì 動①眠る［～着zháo］寝つく［～懒觉lǎnjiào］朝寝坊する［～午觉］昼寝する ②横になる ③同衾する
【睡袋】shuìdài 名 寝袋, シュラフ
★【睡觉】shuì jiào 動 眠る［睡不着觉］眠れない
【睡懒觉】shuì lǎnjiào 動（朝）寝坊する
【睡莲】shuìlián 名【植】スイレン
【睡帽】shuìmào 名 ナイトキャップ
【睡梦】shuìmèng 名《書》眠り
【睡眠】shuìmián 名 睡眠［～疗法］睡眠療法
【睡熟】shuìshú 動 熟睡する［睡不熟］ぐっすり眠れない
【睡衣】shuìyī 名〔件・套〕寝巻き, パジャマ

【吮】shǔn 動 吸う［～着奶］乳を吸っている［～吸］吸う, 吸い取る

【楯】shǔn ⊗ 手すり ◆'盾'の異体字としてはdùnと発音

【顺】(順) shùn 形①同じ方向の, 流れに沿っている［风～水也～, 船一天就到了］追い風と流れに沿い, 船は1日で着いた ②無理がない, 順調な［字句不太～］字句がぎこちない — 動①（方向を）合わせる, そろえる［～卡片］カードをそろえる ②（'着'を伴って）言う通りにする［什么都～着他］なんでも彼の言うことをきく — 介（…に）沿って, 従って［～着指标前进］指標に沿って進む ⊗①…の機会をとらえる, ついでに［～路］道すがら ②合う, 適応する［～意］意にかなう ③順ぐりに ④(S-)姓

- 【顺便】shùnbiàn 副 ついでに〖你上街～给我买来一本书〗町へ行くついでに1冊本を買ってくれないか
- 【顺差】shùnchā 名 輸出超過, 貿易黒字 ㊉[逆差]
- 【顺畅】shùnchàng 形 順調な, スムーズな〖写得很～〗すらすら書く
- 【顺次】shùncì 副 順番に
- 【顺从】shùncóng おとなしく従う, 服従する〖～你的意见〗君の意見に従う〖～的学生〗従順な学生
- 【顺带】shùndài 副 ついでに 同[顺便]
- 【顺当】shùndang 形(口)順調な, 快調な〖船走得很～〗船が快調に進む
- 【顺道】shùndào 副(～儿)道すがら, ついでに〖下班后～去看姐姐〗仕事がひけた後ついでに姉さんに会いに行く ― 同[顺路]
- 【顺耳】shùn'ěr 形 耳あたりがよい ㊉[逆耳]〖不～〗耳障りだ
- 【顺风】shùnfēng 名 順風, 追い風 ㊉[逆风]
- 【顺风耳】shùnfēng'ěr 名 早耳, 地獄耳
- 【顺和】shùnhe 形(態度などが)穏やかな
- 【顺口】shùnkǒu 形 ①口調がよい ㊉[拗 ào 口] ②(～儿)(方)口に合う ― 副 口から出まかせに, 考えもしないで〖～答应〗二つ返事で承諾する
- 【顺理成章】shùn lǐ chéng zhāng (成)理にかなっている
- ＊【顺利】shùnlì 形 順調な〖一路上都很～〗道中ずっと順調だ
- 【顺势】shùnshì 副 ついでに, はずみで
- 【顺手】shùnshǒu 形 順調な〖这件事办得很～〗その件は順調に運んだ ― 副 ①無造作に ②ついでに〖请把书～递给我〗ついでにその本を取って下さい
- 【顺水】shùn'shuǐ 動 流れに沿う〖～推舟〗勢いに乗じて事を進める
- 【顺藤摸瓜】shùn téng mō guā (成)手掛かりをたどって真相を究明する
- 【顺心】shùn'xīn 動 心にかなう, 満足する〖～的工作〗気に入った仕事
- ＊【顺序】shùnxù 名 順序〖改变～〗順を変える ― 副 順序よく〖～飞〗順次離陸する
- 【顺延】shùnyán 動 順延する〖遇雨～〗雨天順延
- 【顺眼】shùnyǎn 形 見て感じがよい〖不～的事〗目障りな事
- 【顺应】shùnyìng 動 順応する〖～历史发展的潮流〗歴史発展の潮流に順応する
- 【顺嘴】shùnzuǐ 形(～儿)同[顺口]

- 【舜】Shùn ⊗舜(古代の帝王の名)
- 【瞬】shùn ⊗またたく, まばたく〖一～〗一瞬の間
- 【瞬间】shùnjiān 名 瞬間
- 【瞬息】shùnxī 名 またたく間

说(説) shuō 動 ①話す, 言う, 語る〖跟他～英文〗彼と英語で話す〖～评书〗講談を語る ②叱る, 責める〖你应该～～他〗君は彼を叱るべきだ ③仲介する〖～媳妇〗仲人をする ―指す, …のことを言う
⊗说 shuì [学～]学説
⇨ shuì

- 【说白】shuōbái 名(演)セリフ
- ＊【说不定】shuōbudìng 副 はっきり言えない, …かもしれない〖你带着伞吧, ～今天要下雨〗傘を持っていきなさい, 今日は雨になるかもしれないから
- 【说不过去】shuōbuguòqù 動 筋が通らない, 申し開きできない(㊉[说得过去])〖这样做有点儿～〗そのようにするのはちょっと筋道が立たない
- 【说不来】shuōbùlái 動 ①気が合わない(㊉[说得来])〖他们俩～〗彼ら二人は話が合わない ②(方)うまく言えない
- 【说不上】shuōbushàng 動(㊉[说得上])①(わからなくて)言えない〖～是好是坏〗良いか悪いか言えない ②話す値打ちもない〖～什么文学巨著〗文学史上の大作などととても言えない
- 【说曹操, 曹操就到】shuō Cáo Cāo, Cáo Cāo jiù dào (俗)(曹操のことを言うと, 曹操がやって来る>)噂をすれば影
- 【说唱】shuōchàng 名 歌と語りがある演芸 ♦'大鼓''相声 xiàngsheng''弹词 táncí'など
- 【说穿】shuōchuān 動 ずばり言う, すっぱ抜く〖姑娘的心事被他～了〗少女の悩みは彼にずばり言い当てられてしまった
- 【说辞】shuōcí 名 弁解の言葉, 言い訳
- 【说道】shuōdào 動(人の言葉を引用して)…と言う
- ― shuōdao 動(方)①話す ②相談する
- 【说得来】shuōdelái うまが合う
- 【说法】shuōfǎ/shuōfa 名 ①言い方〖改变～〗言い方を変える ②意見〖正确的～〗正しい見解
- ― shuōfǎ 動 仏法を説く
- ＊【说服】shuōfú 動 説得する〖说不服对方〗相手を説得できない
- 【说合】shuōhe 動 ①取り持つ, (双方を)まとめる〖～买卖〗商取引の

きをまとめる ②相談する〖这件事要跟他~~〗この件は彼と相談してみないと

【说和】shuōhé 動 仲裁する,和解させる〖在他的~下,双方互相谅解了〗彼の仲裁で双方は互いに了解しあった

★【说话】shuō‧huà ①話をする〖~算数〗言ったことを守る〖不要~〗話をするな ②世間話をする ③あれこれ言う,非難する
—— shuōhuà 圓(話をする)ちょっとの時間①

【说谎】shuō‧huǎng 動 でたらめを言う,うそをつく(⇔[撒谎])〖别~〗でたらめを言うな

【说开】shuōkāi ①きちんと説明する ②(ある語が)社会の中で使われ出す

【说来话长】shuō lái huà cháng 《成》(前置きとして)話せば長くなるが

【说理】shuō‧lǐ 動 道理を説く〖批判应该是充分~的〗批判は十分に道理にかなったものでなければならない

【说媒】shuō‧méi 動 仲人をする

★【说明】shuōmíng ① 説明する〖~经过〗いきさつを説明する ②立証する〖这恰好~他是正确的〗これはまさに彼が正しいことを証明している — 名 説明(文),解説〖使用~〗使用説明書

【说破】shuōpò 動 ずばり言う,喝破する⇔[说穿]

【说亲】shuō‧qīn 動 仲人をする

【说情】shuō‧qíng 動 (~儿)(人のために)わびる,取りなす

【说三道四】shuō sān dào sì 《成》あれこれ論評する

【说书】shuō‧shū 動 講談を語る〖~的〗講釈師

【说头儿】shuōtour 图 ①話すべきこと〖有~〗話し甲斐がある ②言いわけ

【说笑】shuōxiào 動 談笑する

【说一不二】shuō yī bú èr 《成》言った通り絶対に間違いない

【说嘴】shuōzuǐ 動 ①ほらを吹く,自慢する ②〈方〉口げんかする

【妁】shuò ⊗〖媒~〗〈書〉仲人

【烁(爍)】shuò ⊗ 輝く〖目光~~〗目がきらきら光る〖闪~〗きらきらと輝く

【铄(鑠)】shuò ⊗ ①金属を溶かす ②弱める

【朔】shuò ⊗①(陰曆の)ついたち ②北〖~风〗〈書〉北風

【朔日】shuòrì 图(陰曆)每月の初日

【朔月】shuòyuè 图 陰曆のついたちの月相, 新月

【搠】shuò 動(針などで)刺す

【蒴】shuò ⊗ 蒴果〖~果〗乾果の一 ◆熟すと割れて種子が出る,綿,ゴマ,ホウセンカの類

【槊】shuò ⊗ 古代の武器,長い矛 ◆[矟]とも書く

【硕(碩)】shuò ⊗ 大きい〖丰~〗豊かで大きい

【硕大】shuòdà 形 きわめて大きい〖~超群〗群を抜いて大きい〖~无朋〗比類なく大きい

【硕果】shuòguǒ ⊗ 大きな果実,大きな成果〖研究的~〗研究の一大成果〖~累累 léiléi〗成果が豊かだ

★【硕士】shuòshì 图 修士,マスター

【数(數)】shuò ⊗〖~见不鲜〗しばしば ⇒shǔ, shù

【司】sī ⊗①管掌する〖上~〗上司 ②役所の部局〖教育~〗教育局 ③(S-)姓

【司铎】sīduó 图 神父⇔[神甫]

★【司法】sīfǎ 图 司法〖~警察〗司法警察官

【司机】sījī 图 運転手, 操縦士〖~室〗運転室

【司空见惯】sīkōng jiàn guàn《成》見慣れて珍しく感じない

★【司令】sīlìng 图 司令官⇔[司令员]

【司马】Sīmǎ ⊗ 姓〖~迁〗司馬遷

【司徒】Sītú ⊗ 姓

【司仪】sīyí 图 (儀式の)司会者

【丝(絲)】sī ⊗〖蚕~〗生糸 — 量 ①長さ,重さの単位 ◆10'丝'は1'毫' ②微細なもの〖一~风〗かすかな風 ⊗ 生糸状のもの〖蜘蛛~〗クモの糸〖粉~〗はるさめ(食材)

★【丝绸】sīchóu 图 絹,絹織物〖~之路〗シルクロード〖丝路〗とも

【丝糕】sīgāo 图 アワやトウモロコシの粉で作った蒸しパン

【丝瓜】sīguā 图〖条·根〗ヘチマ〖~络 luò〗ヘチマの繊維(食器洗い用のヘチマ)

【丝毫】sīháo 图 きわめてわずか,寸毫〖~不差〗少しも違わない

【丝棉】sīmián 图 真綿

【丝绒】sīróng 图 ベルベット

【丝弦】sīxián 图 絹糸をよった弦

【丝线】sīxiàn 图 絹糸

【丝织品】sīzhīpǐn 图 絹織物(の衣服)

【丝竹】sīzhú 图 (伝統的な)管弦楽器の総称

【咝(噝)】sī 擬 (銃弾などが)風を切って飛ぶ音を表わす,しゅう,ひゅう

【鸶(鷥)】sī ⊗→[鹭 lù～]

【私】sī ⊗①個人の，私的な［～信］私信［～家车］マイカー ②利己的な［自～］身勝手な ③ひそかな，違法な［～话］内緒話［走～］やみ取り引きする

【私奔】sībēn [動]駆け落ちする

【私弊】sībì [名]不正行為

【私娼】sīchāng [名]私娼，売春婦

【私仇】sīchóu [名]個人的な恨み〖报～〗私怨(しえん)を晴らす

【私党】sīdǎng [名]私事のために組んだ徒党

【私房】sīfang/sīfáng [形]〔定語として〕内緒の［～钱］へそくり［～话］内緒話

【私愤】sīfèn [名]私憤

【私见】sījiàn [名]①先入観，偏見 ②個人的見解

【私交】sījiāo [名]個人間の交際

【私立】sīlì [形]〔定語として〕私立の(⊗[公立])［～学校］私立学校

【私利】sīlì [名]個人的利益

【私了】sīliǎo [動]私的に和解する

【私念】sīniàn [名]利己的な動機

【私情】sīqíng [名]私情，個人的感情

★★【私人】sīrén [名]私人〖～访问〗個人的な訪問 ― [形]〔定語として〕私営の，個人的な，プライベートな［～企业］私営企業

【私商】sīshāng [名]個人経営の商店(商人)

【私生活】sīshēnghuó [名]私生活

【私生子】sīshēngzǐ [名]私生児

【私事】sīshì [名]〔件〕私事

【私塾】sīshú [名]私塾

【私通】sītōng [動]内通する，密通する

【私下】sīxià [副]①ひそかに(‘私下里’とも)〖～交易〗ひそかに取り引きする ②非公式に〖～了结〗個人間で決着をつける

【私心】sīxīn [名]私心［～杂念］自分勝手で打算的な考え

【私刑】sīxíng [名]リンチ

【私蓄】sīxù [名]個人的蓄え

【私营】sīyíng [形]〔定語として〕私営の，個人経営の

【私有】sīyǒu [動]〔多く定語として〕私有する，個人所有する［～财产］私有財産

【私语】sīyǔ [名]内緒話 ― [動]ささやく

【私欲】sīyù [名]私欲

★【私自】sīzì [副]こっそり，無断で〖～拿走许多资料〗無断で多くの資料を持ち出す

【思】sī ⊗①思う，考える［多～多虑］あれこれと考える ②懐かしく思う ③(S-)姓

【思辨】sībiàn [動]思弁する

【思潮】sīcháo [名]①思潮，ある時期の思想傾向 ②次々に浮かんでくる考え［～澎湃 péngpài］次から次へと考えがわき起こる

★★【思考】sīkǎo [動]思考する〖独立～〗自分の頭で考える

【思量】sīliang [動]①考える〖慎重地～〗慎重に考慮する ②《方》気にかける

【思路】sīlù [名]〔条〕考えの筋道〖～改变了〗考えの筋道が変わった〖正确的～〗考え方の正しい筋道

【思慕】sīmù [動]慕う，思慕する

★【思念】sīniàn [動]懐しく思う〖～母亲〗母を懐しむ ♦‘想念’より文章語的

★【思索】sīsuǒ [動]思索する〖～的过程〗思索の過程〖认真地～〗真剣に考える

★【思维(思惟)】sīwéi [名]思惟 ― [動]思考する

★★【思想】sīxiǎng [名]①思想［～教育］思想教育 ②考え〖打通～〗納得させる ― [動]考える

★【思绪】sīxù [名]①考えの筋道〖整理～〗考えを整理する ②気分〖～起伏〗気持ちが激しく揺れる

【偲】sī ⊗［～～］《書》互いに励む

【锶(鍶)】sī [名]《化》ストロンチウム

【斯】sī ⊗①これ，ここ〖～人〗この人 ②そこで ③(S-)姓

★【斯文】sīwén [名]《書》①文化 ②文人〖假冒～〗文人になりすます ―― sīwen [形]上品な〖他待人接物挺～的〗彼は人や物事に接する態度がとても上品だ

【厮(廝)】sī ⊗①下男，奴 ②…し合う［～打］なぐり合う［～杀］戦う

【撕】sī [動](手で)引き裂く，ちぎる，はがす〖～信〗手紙を引き裂く〖从墙上～下一条标语〗壁に貼られたスローガンをはがす

【撕毁】sīhuǐ [動]引き裂く，破る〖～草稿〗草稿を引き裂く〖～协定〗協定を破棄する

【嘶】sī ⊗①馬がいななく［人喊马～］人が叫び馬がいななく ②声がかすれる［力竭声～］力が尽き声がかすれる

【嘶哑】sīyǎ [動]声がしわがれる〖声音～了〗声がかすれた

【澌】sī ⊗尽きる［～灭］消え去る

【蛳(螄)】sī ⊗［螺 luó～］マキガイ

【死】sǐ [動]死ぬ〖七岁上～了父亲〗7歳のとき父に死なれた ― [形]①動かない，かたくな

S

な〖日子别定得太～了〗日程をあまりがちがちに決めないでね［～规矩］杓子定規(な決まり) ②〔多く定語・補語として〕行き止まりの〖把墙上的洞堵～了〗壁の穴をしっかりふさぐ ③〔補語として〕極限に達した〖甜～了〗ひどく甘い 一[副]①必死に,無理に ②かたくなに,絶対に〖～不同意〗あくまで反対する,妥協できない→［～敌］

【死板】sǐbǎn [形]生気がない,融通がきかない〖～生硬〗杓子定規で融通がきかない

【死不瞑目】sǐ bù míng mù《成》死んでも死にきれない

【死产】sǐchǎn [動]死産する

【死党】sǐdǎng [名]徒党

【死得其所】sǐ dé qí suǒ《成》死に場所を得る,有意義な死

【死敌】sǐdí [名]妥協できない敵

【死地】sǐdì [名]窮地

【死对头】sǐduìtou [名]和解できない仇敵

【死鬼】sǐguǐ [名]幽霊,亡者;《貶》死に損ない

【死胡同】sǐhútòng [名](～儿)袋小路,行き止まり

【死灰复燃】sǐhuī fù rán《成》一旦収まっていたものが再燃する ♦多く貶義を含む

【死活】sǐhuó [名]生死,存亡〖我们的～有谁关心〗我々の生死をだれが気に掛けてくれるか 一[副]どうしても,あくまで〖她～不答应〗彼女はどうしても承知しない

【死机】sǐ▾jī [動](コンピュータなどが)フリーズする

【死记】sǐjì [動](無理に) 丸暗記する［～硬背］同前

【死角】sǐjiǎo [名]死角,影響の及ばない所

【死结】sǐjié [名]①こま結び ②《転》解けない問題

【死劲儿】sǐjìnr [名]必死の力 一[副]必死に〖～跑〗必死に逃げる

【死力】sǐlì [名]死力〖出～〗死力を尽くす

【死路】sǐlù [名]〔条〕行き止まりの道［～一条］袋小路に迷い込む

【死面】sǐmiàn [名](～儿)未発酵の小麦粉

【死灭】sǐmiè [動]滅亡する

【死命】sǐmìng [名]死命,死すべき運命 一[副]命をかけて,必死に

【死皮赖脸】sǐ pí lài liǎn《成》(死んだ皮膚とあくどい顔>)厚かましい,鉄面皮だ

【死棋】sǐqí [名]〔步・着〕①勝ち目のない囲碁将棋 ②《転》手の打ちようのない局面,八方塞がり

【死气沉沉】sǐqì chénchén [形]沈滞した,生気がない

【死气白赖(死乞白赖)】sǐqibáilài [形]《方》(～的)執拗にまといつくさま

【死囚】sǐqiú [名]死刑囚

【死去活来】sǐ qù huó lái《成》(悲嘆や激痛で)生きた心地がしない,生きるか死ぬかの思い

【死伤】sǐshāng [動]死傷する

【死神】sǐshén [名]死神

【死尸】sǐshī [名]〔具〕人の死体

【死水】sǐshuǐ [名]〔片・潭〕(池や湖の)流れない水

【死顽固】sǐwángù [名]頑固者,石頭

*【死亡】sǐwáng [動]死亡する〖～的边缘〗死の瀬戸際［～率］死亡率［～线］死線

【死心】sǐ▾xīn [動]あきらめる,断念する〖他对这件事还没～〗彼はこの事ではまだあきらめていない

【死心塌地】sǐ xīn tā dì《成》決心が固いこと

【死心眼儿】sǐxīnyǎnr [形]一途な,頑固な 一[名]頑固者

【死信】sǐxìn [名]①宛先不明の郵便物 ②(～儿)死亡通知

【死刑】sǐxíng [名]死刑〖被判了～〗死刑と決まった

【死讯】sǐxùn [名]〔条・则〕訃報

【死硬】sǐyìng [形]①融通がきかない ②頑固な［～派］頑迷派

【死有余辜】sǐ yǒu yú gū《成》死んでもなお償えない(罪業)

【死于非命】sǐ yú fēi mìng《成》非業の死を遂げる

【死战】sǐzhàn [名]生死を分ける戦い,決戦 一[動]命をかけて戦う

【死罪】sǐzuì [名]死罪

【巳】sì ⊗十二支の第6,み［～时］巳の刻(午前9時から11時まで)

【汜】Sì ⊗［～水］汜水(河南省の川の名)

【祀】sì ⊗祭る［祭～］祭祀

【四】sì [数]4［第～］4番目

【四边】sìbiān [名](～儿)周囲

【四不像】sìbúxiàng [名]①〖動〗シフゾウ(シカ科),トナカイ ②《転》どっちつかずの人や事物

【四处】sìchù [名]あたり一面

【四方】sìfāng [名]四方(東西南北)〖奔走～〗四方を駆けずり回る 一[形]〔定語として〕四角形の,立方体の［～脸儿］四角い顔

【四分五裂】sì fēn wǔ liè《成》四分五裂,ばらばらな

【四海】sìhǎi [名]全国各地,世界各地［～为wéi家］至る所自分の家とする［五湖～］全国津々浦々

【四合房】sìhéfáng [名](～儿)四合院 ♦中庭を囲んで四棟が建つ伝統的な民家 [同][四合院]

S

【四合院】sìhéyuàn [名]（～儿）四合院 [同][四合房]
【四季】sìjì [名] 四季 ［～豆］インゲンマメ ［～海棠］四季咲きベゴニア
【四郊】sìjiāo [名] 都市周辺の土地，近郊
【四脚蛇】sìjiǎoshé [名] トカゲ [同][蜥蜴 xīyì]
【四近】sìjìn [名] 付近
【四邻】sìlín [名] 隣近所
【四面】sìmiàn [名] 四面，周辺 ［～八方］四方八方 ［～楚歌］四面楚歌
【四旁】sìpáng [名] 前後左右，四方
【四平八稳】sì píng bā wěn《成》①やり方がしごく穏当だ ②平凡で独創性がない
【四散】sìsàn [動] 四散する
【四舍五入】sì shě wǔ rù [名] 四捨五入
【四声】sìshēng [名]〖語〗①現代中国語の四声 ②古代中国語の'平声''上 shǎng 声''去声''入声'
【四时】sìshí [名] 四季 ［～气备］（四季の正気が身に備わる＞）気概にあふれる
【四书】Sìshū [名] 四書（大学，中庸，論語，孟子）
【四通八达】sì tōng bā dá《成》四通八達
【四外】sìwài [名] 周辺一帯
【四围】sìwéi [名] 周辺
【四维空间】sìwéi kōngjiān [名] 四次元空間
【四下里】sìxiàli [名] 周り
【四乡】sìxiāng [名] 都市周辺の村落
【四野】sìyě [名] 広い原野
*【四肢】sìzhī [名] 両手両足
【四至】sìzhì [名] 敷地や田畑の境界
【四周】sìzhōu [名] 周囲 〖日月潭的～是山〗日月潭の周りは山に囲まれている

〖驷(駟)〗sì ⊗ 四頭立ての馬車，またその馬 ［一言既出，～马难追］いったん口に出した言葉は決して引っ込められない

〖泗〗sì ⊗ 鼻水

〖寺〗sì ⊗①寺 ［～院］同前 ［清真～］イスラム教寺院 ②古代の役所
**【寺庙】sìmiào [名] 寺，神社，（個人の）廟

〖似〗sì ⊗①似ている ［类～］類似する ②…のようだ 〖～欠妥当〗余り適当ではないようだ 〖～曾相识〗以前どこかで会ったような ③…に勝る 〖一年好～一年〗年々よくなる
⇨shì
【似…非…】sì…fēi…〖四字句を作り〗…のようでもあり…のようでもない 〖似懂非懂〗わかったようなわからないような 〖似笑非笑〗笑っているようないないような
**【似乎】sìhū [副] …のようだ，…らしい 〖他～知道了什么，神色很不对〗彼は何か知ったのか，顔付きが変だ
【似是而非】sì shì ér fēi《成》正しいようだが実は間違いだ

〖姒〗sì ⊗①姉，兄嫁 ［娣 dì～］兄弟の嫁 ②（S-）姓

〖伺〗sì ⊗ 見守る，観察する，ねらう ［～机］時機をねらう ［窥～］（チャンスを）うかがう
⇨cì

〖饲(飼)〗sì ⊗①飼う ［～蚕］蚕(かいこ)を飼う ②飼料
【饲料】sìliào [名] 飼料
*【饲养】sìyǎng [動] 飼育する 〖～鸭子〗アヒルを飼う

〖觇(覘)〗sì ⊗ 窺う，ねらう

〖笥〗sì ⊗ 飯や衣類を入れる竹製のかご

〖嗣〗sì ⊗①受け継ぐ ［～位］《書》位を継ぐ ②子孫
【嗣后】sìhòu [名]《書》その後

〖兕〗sì ⊗ メスの犀(さい)の古称

〖食〗sì ⊗ 人に物を食べさせる
⇨shí

〖俟(*竢)〗sì ⊗ 待つ ［～机］時機を待つ

〖涘〗sì ⊗ 岸，水辺

〖耜〗sì ⊗ 古代の農器具，一種のすき

〖肆〗sì [数] '四' の大字 〖～佰元〗400元
⊗①ほしいままな ［放～］勝手気ままだ ［*～无忌惮］何らはばかるところがない ②商店
【肆虐】sìnüè [動] 残虐な行為をほしままにする
【肆意】sìyì [動] ほしいままにする

〖松〗sōng ⊗①松 ［～树］松の木 ［油～］赤松 ②（S-）姓

〖―(鬆)〗[動] ゆるめる，ほどく ［放～］ゆるめる 〖～腰带〗ベルトをゆるめる ― [形] ①ゆとりがある ［手～］気前がいい ②柔らかい，もろい ［～脆］さくさくして柔らかい
⊗でんぶ ［鱼～］魚のでんぶ
【松柏】sōngbǎi [名] 松柏(しょうはく) ♦広く常緑樹を代表させる
【松弛】sōngchí [形] ゆるんでいる，しまりがない 〖肌肉～〗筋肉がたるんでいる 〖风纪～〗風紀がゆるんでいる ― [動] ゆるめる 〖～紧张的心情〗緊張した気持ちをほぐす ［～心］気

をゆるめる
【松动】sōngdòng [形] すいている, ゆとりがある〚电影院很～〛映画館がすいている — [動] (歯, ねじが) ゆるむ〚牙齿～了〛歯がぐらぐらしている
【松花】sōnghuā [名] ピータン ♦'松花蛋''皮蛋'とも
【松鸡】sōngjī [名]〚鳥〛オオライチョウ, エゾライチョウ ♦黒竜江や吉林では珍味とされる
【松节油】sōngjiéyóu [名]〚化〛テレピン油
【松紧】sōngjǐn [名] きつさ, ゆるさ〔～带(儿)〕ゴムひも
【松劲】sōng▼jìn [動] (～儿) 力をゆるめる
【松口】sōng▼kǒu [動] ① 口にくわえている物を放す ② (主張や意見の) 口調をゆるめる, 軟化する
【松快】sōngkuai [形] 気分がゆったりする, 気楽になる〚吃了药以后身上～多了〛薬を飲んだらずっと気分が楽になった — [動] くつろぐ
【松毛虫】sōngmáochóng [名] マツケムシ
【松明】sōngmíng [名] たいまつ
【松气】sōng▼qì [動] 息を抜く, 気をゆるめる〚才松了一口气〛やっと一息ついた
【松球】sōngqiú [名] 松ぼっくり, 松かさ [同]〚方〛[松塔儿]
【松仁】sōngrén [名] (～儿) 殻をむいた松の実('松子仁(儿)'とも)
【松软】sōngruǎn [形] ふんわりした, 柔らかい〚～的蛋糕〛柔らかいスポンジケーキ
【松散】sōngsǎn [形] 柔らかい, 散漫な〚组织～〛組織がしっかりしていない
—— sōngsan [動] くつろぐ, 気持ちがすっきりする
【松手】sōng▼shǒu [動] 手を放す, 手をゆるめる〚不肯～〛手をゆるめる気はない
【松鼠】sōngshǔ [名] (～儿)〔只〕〚動〛リス
【松松垮垮】sōngsōngkuǎkuǎ [形] (～的) ① ぐらぐらした ② だらけた
【松涛】sōngtāo [名] 松風
【松香】sōngxiāng [名] 松やに
【松懈】sōngxiè [形] だらけている, たるんでいる〚纪律～〛規律がゆるんでいる — [動] ゆるめる, 力を抜く〚～警惕性〛警戒心をゆるめる
【松蕈】sōngxùn [名] マツタケ('松蘑 sōngmó''松口蘑'ともいう)
【松针】sōngzhēn [名] 松葉
【松脂】sōngzhī [名] 松やに
【松子】sōngzǐ [名] (～儿) 松の実, 松の種

〖凇〗 sōng ⊗→[雾 wù ～]

〖淞〗 Sōng ⊗[～江] 上海を通る川の名('吴～江'ともいう)

〖菘〗 sōng ⊗白菜

〖娀〗 sōng ⊗[有～] 古代の国名

〖嵩(*崧)〗 sōng ⊗山が大きく高い [～山] 嵩山(すうざん)(五岳の一つ)

【㞞(屣)】 sóng《口》[名] 精液 — [形] 意気地なしの [～包] 弱虫(な)

【扨(攎)】 sǒng ⊗[動]《方》推す
⊗直立する

〖怂(慫)〗 sǒng ⊗驚く

【怂恿】sǒngyǒng [動] そそのかす〚受坏人的～〛悪者にそそのかされる

【耸(聳)】 sǒng [動] そびえる, そばだてる〚～肩膀〛肩をすくめる〚高～〛高くそびえる
⊗驚かす [危言～听] わざと大げさなことを言って人を驚かす
【耸动】sǒngdòng [動] ① (肩などを) そびやかす ② 驚かす [～视听] 耳目を驚かす
【耸肩】sǒng▼jiān [動] (軽蔑, 疑惑, 驚きの気持ちで) 肩をすくめる
【耸立】sǒnglì [動] そびえ立つ〚前面～着高层大楼〛前方に高層ビルがそびえている
【耸人听闻】sǒng rén tīng wén《成》耳目を驚かす

〖悚〗 sǒng ⊗怖がる [～然] 怖がる様子

〖竦〗 sǒng ⊗① うやうやしい ② '悚''耸'と通用

〖宋〗 Sòng ⊗① 周代の国名 ② 王朝名 [刘～][～朝] (南北朝の) 宋(そう)(A. D. 420-479) ③ 王朝名 [～朝] 宋(A. D. 960-1279) →[北 Běi ～][南 Nán ～] ④ 姓

〖讼(訟)〗 sòng ⊗① 裁判で争う [诉～] 訴訟(を起こす) ② 是非を論じる

〖颂(頌)〗 sòng ⊗① たたえる [歌～] 褒めたたえる ② 祈る [祝～] 祝福する
【颂词】sòngcí [名] 賛辞, 祝辞
【颂歌】sònggē [名] 頌(しょう)歌, 褒め歌
【颂扬】sòngyáng [動] 褒めたたえる〚～光辉业绩〛輝かしい業績をたたえる

〖诵(誦)〗 sòng ⊗① 声を出して読む [朗～] 朗唱する ② 暗誦する [背～] 暗誦する
【诵读】sòngdú [動] 詠誦する

【送】sòng 動 ① 送る、運ぶ〚~报〛新聞を配達する ② 贈る〚~他一件礼物〛彼に贈り物をする ③ 見送る〚~弟弟上幼儿园〛弟を幼稚園に送ってゆく

【送别】sòng'bié 動 見送る、送別する〚特意~〛わざわざ見送る〚~的人可真不少〛見送りする人が実に多い

【送殡】sòng'bìn 動 棺^{ひつぎ}を見送る

【送礼】sòng'lǐ 動 贈り物をする、プレゼントする〚该~的都送到了〛贈り物をしなければならないところはみんな贈った

【送命】sòng'mìng 動 命を断つ、命を落とす

【送气】sòngqì 图〚語〛有気〚~音〛有気音(無気音は'不送气音'という)

【送人情】sòng rénqíng 動 恩を売る、付け届けをする

【送丧】sòng'sāng 動 送葬する、遺体を墓地まで送る

【送死】sòngsǐ 動 自ら死を求める

【送信儿】sòng'xìnr 動 知らせる、伝える

【送行】sòng'xíng 動 送別する、見送る

【送葬】sòng'zàng 動 送葬する、野辺送りをする

【送终】sòng'zhōng 動 (老人の)最後を看取る

【溲】sōu Ⓧ 排尿する

【搜】sōu 動 捜索する〚~腰〛所持品検査する

【—(蒐)】Ⓧ 捜す〚~求〛捜し求める

【搜捕】sōubǔ 動 捜査逮捕する〚~逃犯〛逃亡犯を追跡逮捕する

【搜查】sōuchá 動 捜査する、臨検する〚~罪证〛犯罪の証拠を捜索する

【搜刮】sōuguā 動 収奪する

【搜集】sōují 動 収集する、集める〚~情报〛情報を集める〚~邮票〛切手を収集する

【搜罗】sōuluó 動 収集する、広く探し求める〚~作家的书信〛作家の手紙を集める

【搜身】sōu'shēn 動 (所持品を調べるため)身体検査をする

*【搜索】sōusuǒ 動 捜索する〚~凶手〛凶悪犯人を捜索する

【搜索引擎】sōusuǒ yǐnqíng (インターネットの)検索エンジン ♦'雅虎'(ヤフー), '谷歌'(グーグル), '百度'(Baidu)など

【搜寻】sōuxún 動 捜し求める〚~失散的亲人〛離散した肉親を捜し求める

【廋】sōu Ⓧ 隠す

【嗖】(*颼) sōu 擬 ぴゅう、ひゅう(速く通り過ぎる音)

【馊】(餿) sōu 形 (食物が)すえている;(転)鼻もちならない〚饭菜~了〛ご飯とおかずがすえた〚~主意〛鼻もちならぬ(下らない)考え

【飕】(颼) sōu 動 風が吹く、(衣類や食品が)乾く ― 擬 ぴゅう、ひゅう(風の音)

【锼】(鎪) sōu 動〚方〛木を彫り抜く

【艘】sōu 量 船の数〚一~油船〛1隻のタンカー

【叟】(*叜) sǒu Ⓧ 老人

【瞍】sǒu Ⓧ 盲人

【嗾】sǒu Ⓧ ① 犬をけしかける時の掛け声 ②〚書〛けしかける、そそのかす〚~使〛同前

【薮】(藪) sǒu Ⓧ ① 草が生い茂っている湖 ② 人や物資が集まる場所

【擞】(擻) sǒu Ⓧ →〚抖dǒu~〛♦「炉を掻きまわす」の意ではsòuと発音

【嗽】sòu せきをする〚咳~ késou〛せき(をする)

【苏】(蘇) sū Ⓧ ① 植物の名〚紫~〛シソ ② (S-)蘇州の略 ③ (S-)江蘇省の略 ④ (S-)ソ連 ⑤ 音訳字として〚~丹〛スーダン、(イスラームの)スルタン〚~格兰〛スコットランド ⑥ (S-)姓

【—(甦)】Ⓧ よみがえる、蘇生する

【苏白】sūbái 图 ① 蘇州語 ②('昆曲'中の)蘇州方言のせりふ

【苏打】sūdá 图〚化〛ソーダ

【苏剧】sūjù 图 蘇劇(江蘇省の地方劇)

【苏铁】sūtiě 图〚植〛ソテツ

【苏维埃】Sūwéi'āi 图 ソビエト

【苏醒】sūxǐng 動 (気絶から)意識を取り戻す、気がつく

【苏绣】sūxiù 图 蘇州刺繡^{しゅう}

【苏州码子】Sūzhōu mǎzi 图 蘇州数字 ♦1から10までは'〡, 〢, 〣, ㄨ, 〥, 〦, 〧, 〨, 〩, 十'

【苏子】sūzǐ 图〚植〛エゴマの種子 ♦油を搾る

【酥】sū 图 (食物が)さくさくして柔らかい、砕けやすい ― Ⓧ ① さくさくして柔らかい食品 ② '酥油'の略

【酥脆】sūcuì 形 さくさくする、歯ざわりがいい〚~的饼干〛さくさくしたビスケット

【酥麻】sūmá 形 だるくてしびれる
【酥软】sūruǎn 形 だるくて力が入らない〖双腿~发麻〗両足がだるくてしびれている
【酥油】sūyóu 图 牛や羊の脂肪を固めたバター,バター茶(チベット,モンゴル地方の飲料)

【俗】sú 形 俗っぽい
⊗①風俗〖民~〗民俗 ②大衆的な,通俗的な〖通~〗通俗的でわかりやすい〖~文学〗通俗文学 ③世俗
【俗称】súchēng 图動 俗称(する)
*【俗话】súhuà 图〈口〉(~儿)ことわざ ⇨〖俗语〗
【俗名】súmíng 图(~儿)俗名
【俗气】súqi 形 俗っぽい,卑俗な
【俗体字】sútǐzì 图 俗字 ⇨〖俗字〗
【俗语】súyǔ 图〈句〉ことわざ ⇨〖俗话〗

【夙】sù ⊗①朝早く ②平素の
【夙仇】sùchóu 图 宿敵
【夙兴夜寐】sù xīng yè mèi《成》(早起きして夜遅く寝る>)勤勉に励む
【夙愿(宿愿)】sùyuàn 图 宿願

【诉(訴*愬)】sù ⊗①胸の内を訴える〖泣~〗泣いて訴える ②告げる〖告~ gàosu〗知らせる ③告発する〖控~〗告発する
【诉苦】sù'kǔ 動(被害者が)苦しみを訴える〖从来不~〗これまで苦しみを訴えたことがない
【诉说】sùshuō 動 述べる,切々と訴える〖~身世〗切々と身の上話をする
*【诉讼】sùsòng 動 訴訟(する)
【诉冤】sù'yuān 動 無実を訴える
【诉状】sùzhuàng 图〈张·份〉訴状

【肃(肅)】sù ⊗①謹んで ②厳粛な
【肃反】sùfǎn 動 反革命分子を粛清する
【肃静】sùjìng 形 しんとして静かな〖会场上~无声〗会場は静まりかえっている
【肃立】sùlì 動 恭しく起立する
【肃穆】sùmù 形 厳粛で恭しい〖~的气氛〗厳粛な雰囲気
【肃清】sùqīng 動 粛清する,一掃する〖~坏人〗悪人を一掃する
【肃然】sùrán 形 厳かな〖~起敬〗粛然と襟を正す

【素】sù 图 精進料理(⇨〖荤〗)〖吃~〗精進料理を食べる ― 形 飾りのない,あっさりした
⊗①地の色,白色 ②本来の,本源の ③いつもの,ふだんの
【素不相识】sù bù xiāng shí《成》日ごろ面識のない
【素材】sùcái 图 素材〖搜集~〗素材を集める〖散文的~〗散文の材料
【素菜】sùcài 图 肉類なしの野菜料理,菜食〖~馆〗精進料理店
【素餐】sùcān 图 精進料理 ― 動 精進をする,肉類を断つ
【素常】sùcháng 图 ふだん,平素
【素淡】sùdàn 形 ①(色合いが)地味な,落ち着いた ②(味が)あっさりしている
【素服】sùfú 图 白服(多くは喪服)
【素净】sùjing 形(服装などが)素朴で地味な
【素来】sùlái 副 日ごろから,ずっと〖四川~物产丰富〗四川省はかねてから物産が豊かだ
【素昧平生】sù mèi píngshēng《成》ふだんから面識がない
【素描】sùmiáo 图 素描,デッサン
【素朴】sùpǔ 形 ①素朴な〖~的语言〗飾り気のない言葉 ②(哲学思想について)萌芽の段階にある,未発達の
【素日】sùrì 副 ふだん,平素〖~不爱说话〗ふだんから無口だ
【素食】sùshí 图 肉抜きの食べ物 ― 動 精進料理を食べる
*【素食主义】sùshí zhǔyì 图 菜食主義,ベジタリアニズム
【素馨花】sùxīnhuā 图〈植〉ジャスミンの花
【素养】sùyǎng 图 素養〖很有音乐~〗音楽の素養に富む
【素油】sùyóu 图 植物油
*【素质】sùzhì 图 素質,質〖提高政治~〗政治の質を高める

【嗉(*膆)】sù ⊗ 鳥の喉の袋状の消化器官〖~子〗〖~囊〗同前

【愫】sù ⊗ 誠意〖情~〗〈書〉友情,真心

【速】sù 形 ①速い〖急~〗急速に ②速度〖车~〗車のスピード ③招く〖不~之客〗招かれざる客
【速成】sùchéng 動 速成する〖~班〗速修クラス
*【速度】sùdù 图 速度,速さ〖限制~〗スピードを制限する
【速记】sùjì 图動 速記(する)
【速决】sùjué 動 速決する,すばやく片を付ける〖~战〗一気に勝負を決める戦い
【速率】sùlǜ 图 速度〖冷却~〗冷却速度
【速效】sùxiào 图 速効
【速写】sùxiě 图 ①〖幅·张〗スケッチ ②〖篇〗素描文 ◆事物の概要を描写した報道的な文章

【涑】Sù ⊗ [~水] 涑水(山西省の川の名)

【宿】sù ❶ 泊まる [借~] 宿を借りる [投~] 投宿する ❷ 古くからの [~疾jí] 持病 宿願 [~愿] [~怨] 長年の恨み ❸ 年老いた ❹ (S-) 姓 ⇨ xiū, xiù

【宿论】sùmìnglùn 图 宿命論
★【宿舍】sùshè 图 ❶ [个·栋·幢] 寄宿舎,寮,社宅 [~的住户] 寮の住民 ❷ [间] 寮の部屋
【宿营】sùyíng 動 宿営する

【粟】sù ⊗ ❶ アワ.(口語では'谷子'という) ❷ (S-) 姓
【粟米】sùmǐ 图 [方] トウモロコシ

【谡】(謖) sù ⊗ [~~] [書] (木が) すっくと立つさま

【塑】sù 動 (像を) こねて作る [~像] 像を作る [泥~] 泥人形
【塑料】sùliào 图 プラスチック [~薄膜] ビニールシート [~棚] ビニールハウス [~袋] ビニール袋 [~凉鞋] ビニール製サンダル [~瓶] ペットボトル [~雨衣] ビニールレインコート
【塑像】sùxiàng 图 [尊・座] 塑像
★【塑造】sùzào 動 ❶ 粘土などで人や物の像を作る [~铜像] 銅像を作る ❷ 文学などで人間像を表現する [~了一个英雄形象] 一つの英雄像を描き出した

【溯】(*泝 遡) sù ⊗ (川を) さかのぼる [~源] 源を尋ねる

【蔌】sù ⊗ 野菜,山菜

【簌】sù ⊗ 以下を見よ
【簌簌】sùsù 形 ❶ 葉が落ちる音 [树叶~响] 木の葉がさらさらと音をたてる ❷ 涙がはらはら落ちる様子

【狻】suān ⊗ [~猊 ní] 伝説上の猛獣

【酸】suān 形 ❶ 酸っぱい [怕~] すっぱいのは苦手だ ❷ 悲しい,辛い [心~] 悲しい ❸ 貧乏くさい [寒~] みすぼらしい ❹ 世事に疎い,生活の知恵のない 一 图 [化] 酸 [醋~] 酢酸 [~雨] 酸性雨

【―(痠)】 形 だるい [脚都站~了] 立っていて足がだるくなってしまった

【酸不溜丢】suānbuliūdiū 形 (~的)[方] いやに酸っぱい
【酸菜】suāncài 图 野菜の酢漬け,ピクルス
【酸楚】suānchǔ 图 辛酸,辛苦
【酸溜溜】suānliūliū 形 (~的) ❶ 酸っぱい [~的饮料] 酸っぱい飲み物 ❷ [腿厢胀得有些~的] 足がむくんでちょっとだるい ❸ ねたましい ❹ 世間にうとい
【酸梅】suānméi 图 燻製の梅 [乌梅] [~汤] スアンメイタン('酸梅'を煮出して砂糖を加え冷やした清涼飲料)
【酸奶】suānnǎi 图 ヨーグルト
【酸软】suānruǎn 形 だるくて力が出ない [胳膊~] 腕がけだるい
【酸甜苦辣】suān tián kǔ là 〈 成 〉 (酸っぱい·甘い·苦い·辛い〉) ❶ 色々な味 ❷ 辛酸苦楽
【酸痛】suāntòng 形 (肩や腰が) こって痛い [全身~] 体じゅうだるくて痛い
【酸味】suānwèi (~儿) ❶ 酸っぱい味,酸っぱいにおい ❷ ねたみ,やっかみ
【酸辛】suānxīn 形 つらくて悲しい
【酸性】suānxìng 图 [化] 酸性
【酸雨】suānyǔ 图 酸性雨
【酸枣】suānzǎo (~儿)[植] サネブトナツメ

【蒜】suàn 图 [植] ニンニク (@ [大蒜]) [一瓣儿~] ニンニクの1かけ [两头~] ニンニクの球2個
【蒜瓣儿】suànbànr ニンニク球の1かけ
【蒜黄】suànhuáng 图 (~儿) 日光を避けて育てたニンニクの黄色い葉
【蒜苗】suànmiáo 图 (~儿) [把] ニンニクの芽 @ [蒜薹]
【蒜泥】suànní 图 すりつぶしたニンニク
【蒜薹】suàntái ニンニクの茎(花軸) ('蒜苗'ともいう)
【蒜头】suàntóu (~儿) [瓣·头] ニンニクの球

【筭】suàn ⊗ 文語で'算'と通用

【算】(*祘) suàn 動 ❶ 数える,計算する [~钱] お金を数える ❷ 数の内に入れる [把他~在内] 彼を数の内に含める ❸ 予想する,占う [~卦] 占う ❹ …と見なす,…といえる [不~冷] 寒いとはいえない ❺ やめにする→[~了] ❻ …が一番だ,突出している [班里就~他成绩最好] クラスで成績は彼がトップだ

【算不了】suànbuliǎo 動 計算できない,…とは見なせない [~什么] なんでもない
【算计】suànji/suànjì 動 ❶ 数える [~有多少人] 人数を数える ❷ 考える,もくろむ [我还没~过这件事] 私はまだこの件について考えたことがない ❸ 推し量る ❹ (人を) 陥れる

- **【算了】** suànle 動 やめにしておく ― 副《文末に置かれ》提案や終了の語気を表す『学到这儿～』勉強はこのへんにしておこう
- **【算命】** suàn`mìng 動 運勢を占う
- **【算盘】** suànpán / suàn`pán 图 そろばん『打～』そろばんをはじく『～子儿 zǐr』そろばんの珠『如意～』身勝手な勘定
- **【算是】** suànshì 動 ともかく…だ、…だといえる『任务～完成了』任務はなんとか完了したといえる
- **【算数】** suàn`shù 動 (～儿) 有効とする, 数に入れる『你这话算不算数?』君は今言ったことを守るかね
- **【算术】** suànshù 图 算数, 算術
- **【算学】** suànxué 图 ① 数学 ② 算術
- **【算账】** suàn`zhàng 動 ① 勘定をする『算了一天账』一日の収支を計算した ② 結着をつける, けりをつける『要跟他们～』彼らに片を付けてやる

【尿】 suī 图《泡》小便『～脬 pao』《方》膀胱
⇒ niào

【虽(雖)】 suī
- ⊗ ①《主語の後に置いて》…だけれども, …とはいえ『麻雀～小, 五脏俱全』(雀は小さいが, 五臓は揃っている>) 規模は小さくてもすべてを備えている ② 例え…でも『～死犹生』死にはしたが(人の心の中に)なお生きている

*【虽然】 suīrán 接 …だけれども ◆文頭または主語の後に置かれ, 後段に 但是 可是 还是 却 などが呼応する『～很晚了, 他还继续工作』時間が遅くなったが彼はまだ仕事を続けている
- 【虽说】 suīshuō 接《口》…とはいっても, …ではあるが『他～年轻, 却做得很好』彼は若いけれども, うまくやっている
- 【虽则】 suīzé 接《書》…ではあるが

【睢】 suī
- ⊗ ① →[恣 zì～]
- ② (S-) [～县] 睢县(河南省)
- ③ (S-) 姓

【濉】 suī ⊗ [～河] 濉河(安徽から江蘇に流れる川)

【绥(綏)】 suí ⊗ 安んじる
- 【绥靖】 suíjìng 動《書》(民を) 落着かせる, 地方を安定させる

【隋】 Suí ⊗ ① 王朝名, 隋『(A.D. 581-618) ② 姓

【随(隨)】 suí
- 動 ① 後につく, 従う『我～你』あなたの言う通りにする『入乡要～俗』郷に入っては郷に従わなければならない ② 任せる『～你挑』好きなように選びなさい『～他怎么办』彼がやりたいようにさせる ③《方》似る ⊗ (S-) 姓

- 【随笔】 suíbǐ 图《篇》随筆, エッセー
*【随便】 suí`biàn 動 都合のいいようにする『随你的便』お好きなように ―― suíbiàn 形 気ままな, 行きあたりばったりの『说话～』気軽に話す ― 接 …であろうと関係なく『～你怎么解释, 他总是不相信』君がどんなに説明しようとしても, 彼はどうせ信じない
- 【随波逐流】 suí bō zhú liú《成》(波のままにたゆたい, 流れのままに動く>) 定見がなく周囲の動きに流される
- 【随处】 suíchù 副 至る所に
- 【随从】 suícóng 動 随行する『～的人不多』随行者は多くない ― 图 随員
- 【随大溜】 suí dàliù 動 (～儿) 大勢に従う
- 【随带】 suídài 動 一緒に持って行く, 携行する
- 【随地】 suídì 副 どこでも『请勿～吐痰』みだりにたんを吐かないで下さい
- 【随份子】 suí fènzi 動→[出份子]
- 【随风倒】 suífēngdǎo 動 風になびく, 強い方に付く
- 【随和】 suíhe 形 物柔らかな, 人付き合いがいい『～的脾气』穏やかな気性『待人～』人付き合いがいい
- 【随后】 suíhòu 副 そのあと, すぐに『请你先走一步, 我～就到』一足先に行って下さい, 私はすぐあとに行きますから
- 【随机应变】 suí jī yìng biàn《成》臨機応変
- 【随即】 suíjí 副 直ちに, すぐに
- 【随口】 suíkǒu 副 口任せに, つい口をついて(言う)『～答应了』つい承諾してしまった
*【随身】 suíshēn 形《定語として》身の回りの ― 動 身に着けて『～带着词典』辞書を肌身離さず持つ
- 【随身听】 suíshēntīng 图 ヘッドホンステレオ ◆ウォークマンなど
- 【随声附和】 suí shēng fùhè《成》付和雷同する
:【随时】 suíshí 副 いつでも『可以～开始』いつでも始められます
*【随手】 suíshǒu 副 ついでに『～关门』ドアは必ず閉めること『贵重的东西不要～乱放』貴重品を所かまわず置かないで下さい
- 【随同】 suítóng 動 随行する, お供する
- 【随乡入乡】 suí xiāng rù xiāng《成》郷に入ったら郷に従え ◎[入乡随俗]
- 【随心】 suí`xīn 動 思いのままにする [～所欲] 同前
- 【随行】 suíxíng 動 随行する『～人

员］随行員
【随意】suíyì 圖 意のままに〖～捏造〗勝手にでっち上げる
【随遇而安】suí yù ér ān（成）どんな境遇にも満足する
【随员】suíyuán 图 随員, お供
【随葬】suízàng 動 副葬する［～品］副葬品
*【随着】suízhe 介 …に従って, …するにつれて〖～社会的发展〗社会の発展に伴い…

【遂】 suí ⊗［半身 bànshēn 不～］半身不随となる ⇨suì

【荽】 suī ⊗→［芫 yán～］

【髄】 suǐ ⊗① 髄ﾂｲ, 骨髄［骨～］同前 ② 骨髄に似たもの

【岁（歲*崴岁）】 suì 圖 歳, 年齢を数える〖他比我小三～〗彼は私より3歳年下だ ⊗① 年, 歳月［～入～出］歳入・歳出 ② その年の収穫, 作柄［凶～］凶年

【岁暮】suìmù 图〔書〕年末, 年の暮れ
【岁首】suìshǒu 图〔書〕年初, 年頭
【岁数】suìshu 图（～儿）（口）年齢〖多大～？〗お年はいくつですか〖上～〗年をとる
【岁星】suìxīng 图〔書〕木星
*【岁月】suìyuè 图 歳月, 年月〖难忘的～〗忘れ難い歳月〖～如流〗月日の経つのは早い

【祟】 suì ⊗① たたり, やましいこと［鬼～］こそこそしている［作～］いんちきをする

【遂】 suì ⊗① かなう, 満足させる［～愿］願いがかなう ② 成し遂げる そこで ⇨suí

【隧】 suì ⊗ 以下を見よ

*【隧道】suìdào 图〔孔・条〕トンネル

【燧】 suì ⊗① 火打ち石［～石］同前 ② のろし

【邃】 suì ⊗①（時間, 空間的に）遠い ② 深遠な

【碎】 suì 動 砕ける, ばらばらになる〖茶杯～了〗茶わんが粉々に割れた〖我的心都～了〗僕の心はもう砕けてしまった［～纸机］シュレッダー 一 图 ① ばらばらな, 不完全な, ちぎれた［～布］布切れ ② 話がくどい〖老太太的嘴太～了〗おばあさんの話はなんともくどい

【碎步儿】suìbùr 图 小走り〖迈着～〗小走りで行く
【碎嘴子】suìzuǐzi 图〔方〕くどい話, おしゃべりな人

【穗】 suì ⊗（～儿）穂［麦～］麦の穂 ⊗（S-）图 広州市の別称 姓

【—（繐）】 图（～儿）房ﾌｻ［旗～］旗の房

【穗轴】suìzhóu 图（トウモロコシの）芯ｼﾝ
【穗子】suìzi 图 房, 飾り房〖有～的旗〗房飾りがついた旗

【孙（孫）】 sūn ⊗① 孫［儿～］子供と孫 ② 孫以後の世代［曽 zēng～］ひ孫 ③ 孫と同世代の者［外～］娘の子 ④（S-）姓

【孙女】sūnnǚ 图（～儿）孫娘（息子の娘, 同姓）［外～］娘の娘（異姓）
【孙女婿】sūnnǚxu 图 孫娘の夫
【孙媳妇】sūnxífu 图（～儿）孫の嫁
【孙子】sūnzi 图 孫（息子の男児）一［外孙］一 图〔口〕下劣な「太了」（道徳的に）ひどすぎる

【荪（蓀）】 sūn ⊗ 香草の一種

【飧（*飱）】 sūn ⊗ 夕食

【损（損）】 sǔn 動 いやみを言う, あてこする〖你别太～人了〗人をあてこするのはやめろ 一 形 いやみな, 辛辣ｼﾝﾗﾂな〖这法子太～了〗このやり方は余りにあくどい ⊗① 損なう, 傷つける［～人利己］人に損害を与え自分の利益をはかる ② 減少する［亏～］欠損する

【损害】sǔnhài 動 損なう, 傷める〖～健康〗健康を損なう〖～威信〗威信を傷つける
【损耗】sǔnhào 图 ロス, 目減り〖～增多了〗ロスが増加した 一 動 損耗する
【损坏】sǔnhuài 動 損なう, 壊す〖～车床〗旋盤を壊す
【损伤】sǔnshāng 图 損失 一 動 損なう, 傷つける〖～自尊心〗自尊心を傷つける
【损失】sǔnshī 图 損失, 損害〖带来～〗損失をもたらす 一 動 損をする, なくす〖～了许多资料〗多くの資料を失った
【损益】sǔnyì 图 損益

【笋（筍）】 sǔn ⊗ タケノコ［竹～］同前
【笋干】sǔngān 图（～儿）乾燥タケノコ
【笋鸡】sǔnjī 图 料理用の若い鶏, ブロイラー

【隼】 sǔn 图〔鳥〕ハヤブサ

【榫】 sǔn 图（～儿）ほぞ（柄）［～头］同前［～眼］ほぞの穴

【莎】suō ⊗ ハマスゲ［〜草］同前
⇨shā

【娑】suō ⊗［〜罗双树］2本の沙羅樹(釈尊が涅槃に入った所にあったという)

【杪】suō ⊗［〜椤 luó］【植】ヘゴ

【唆】suō 動 そそのかす［教〜］教唆する

【唆使】suōshǐ 動 そそのかす『〜学生打架』学生をそそのかしてけんかさせる

【梭】suō 图 織機の梭, シャトル

【梭镖】suōbiāo 图 長柄のやり

【梭巡】suōxún 動 巡邏(書)巡警する

【梭鱼】suōyú 图【魚】ボラ

【梭子】suōzi ①梭, シャトル ②(機関銃などの)カートリッジクリップ

【睃】suō 動 横目で見る

【羧】suō 图【化】カルボキシル

【蓑】(*簑) suō 图 みの［〜衣］同前

【嗦】suō 動 →［哆 duō〜］［啰 luō〜］

【嗍】suō 動 吸う, しゃぶる

【缩】(縮) suō 動①縮まる, 縮める『〜了三寸』3寸縮んだ『〜脖子』首を縮める ②後退する『〜在后面』後方に退く ◆'缩砂密'(豆蔲に似た植物)ではsùと発音

【缩短】suōduǎn 動 短縮する『衣服〜了』服が縮んだ『〜期限』期限を短縮する

【缩减】suōjiǎn 動 削減する

【缩手】suōshǒu 動 手を引く, やめる『〜缩脚』手足を縮こめる, 手を引く, おじける

【缩水】suōshuǐ 動 布地が水にぬれて縮む『这种布很〜』こういう布地は水に縮みやすい

【缩头缩脑】suō tóu suō nǎo《成》(頭をひっこめちぢこまる>)臆病である, 尻込みする

*【缩小】suōxiǎo 動 縮小する, 小さくする『〜差距 chājù』格差を縮める

【缩写】suōxiě 動①省略する, 略語で書く ②要約する

【缩印】suōyìn 動 縮小印刷する, 縮刷する

【缩影】suōyǐng 图 縮図『这就是当时中国的〜』これこそかつての中国の縮図だ

【所】(*所) suō 量 家屋, 学校, 病院などを数える『一〜房子』一軒の家 ─ 圙 ①他動詞の前に置き名詞句をつく

る『我〜认识的人』私が知っている人［各尽〜能］各人が能力を尽くす ②'为 wéi'"被"と呼応して"受身を表わす『为人〜笑』人に笑われる

─ ⓒ①ところ, 場所［住〜］居住場所［死得其〜］死に場所を得る ②(S-)姓

【所得税】suǒdéshuì 图 所得税

【所属】suǒshǔ 圀《定語として》所属の, 指揮下の

*【所谓】suǒwèi 圀《定語として》①(説明しようとする語句の前に置いて)いわゆる, 言うところの『〜死机…』いわゆるフリーズとは… ②(人の言葉を引用し, 否定的な気持ちを表して)いわゆる, いうなるもの『他们的-'友谊'(他们的'友谊')』彼らのいう"友情"なるもの

【所向披靡】suǒ xiàng pī mǐ《成》向かうところすべてなびく, 破竹の勢い

【所向无敌】suǒ xiàng wú dí《成》向かうところ敵なし

*【所以】suǒyǐ 圙①(多くの成語的用法の中で)理由, 訳 ເເ『不知〜』訳がわからない ─ 圙『因为'·'由于'などと呼応して)(因果関係をつくり) だから, したがって『由于工作繁忙, 〜没有及时给您回信』仕事が忙しくて, すぐにお返事を出せませんでした ②(…之…, 是因为…の形で)(原因, 理由を述べる) …の訳は…だ『他之〜能成功, 是因为坚持』彼が成功できたのはあきらめずに頑張ったからだ

【所以然】suǒyǐrán 图 なぜそうなったかという原因, 理由, また事の訳『说出个〜来』そもそもの原因を話す

*【所有】suǒyǒu 圀《定語として》あらゆる, すべての『把〜的手艺都学会了』あらゆる手仕事の技術を学び取った ─ 图 所有する(もの)［〜权］所有権

【所在】suǒzài 图 所在, ありか, 場所『原因〜不得而知』原因がどこにあるか知る由もない

【索】suǒ ⊗①ロープ［铁〜］鉄索, ケーブル ②捜す［探〜］探索する ③求める, 請求する［*〜赔］賠償を求める ④寂しい, つまらない［〜然］興ざめる ⑤(S-)姓

【索道】suǒdào 图 ケーブルカー, ロープウェー 🄓［缆车］

【索取】suǒqǔ 動 請求する, 求める『〜债款』借金を取り立てる『〜资料』資料を請求する

*【索性】suǒxìng 副 いっそのこと, 思い切って(🄓［干脆 gāncuì］)『〜派个人去当面谈吧』いっそだれ

かやって直談判したほうがいい
【索引】suǒyǐn 图索引, インデックス ⓐ[引得]

【唢(嗩)】 suǒ ⊗ 以下を見よ
【唢呐】suǒnà 图〔支〕ソナー, チャルメラ

【琐(瑣)】 suǒ ⊗ ささいな, こまごました [烦~]こまごまして煩わしい
【琐事】suǒshì 图ささいな事 [身边的~]身辺の雑用
【琐碎】suǒsuì 厖こまごまと煩わしい [~的家务事]こまごまと煩わしい家事
【琐细】suǒxì 厖ささいな, 取るに足らない, こまごました [既~又复杂的问题]こまごまして複雑な問題

【锁(鎖)】 suǒ 图〔把〕錠, 錠前 ━ 動①錠を掛ける [~门]ドアをロックする ②かがる [请~~扣眼]ボタン穴をかがって下さい ⊗鎖, チェーン [枷~]首かせと鎖
【锁定】suǒdìng 動①固定化する, ロックする ②(目標を)しっかり定める
【锁骨】suǒgǔ 图鎖骨きっ
【锁国】suǒguó 图鎖国
【锁链】suǒliàn 图(~儿)鎖
【锁钥】suǒyuè 图〈書〉かぎ, キーポイント, 要衝

T

【T恤衫】T xùshān 图Tシャツ

【它(牠)】 tā 代(人間以外のものを指して)それ [~们]それら

【铊(鉈)】 tā 图〔化〕タリウム

【他】 tā 代①彼, その人 ♦男性または性別が不明か, 分ける必要のないときの第三人称単数 ②〖動詞の後で客語として〗具体的なものを指さず, 一種の語気を表わす [再干~一天, 任务就完成了]もう一日やっちまえば, 仕事は片付く ⊗別のもの [其~]その他, ほか
【他们】tāmen 代彼ら, その人たち ♦男性の第三人称複数, 女性を含む場合も用いる [~俩]彼ら二人
【他人】tārén 图他人, ほかの人(ⓐ[别人]) [关心~]人のことに気を配る
【他日】tārì 图〈書〉後日, いつか, 別の日
【他乡】tāxiāng 图異郷, よその土地 [流落~]異郷を放浪する

【她】 tā 代彼女, その人 ♦女性の第三人称単数 [~是我姐姐]その人は私の姉です [~女儿]彼女の娘
【她们】tāmen 代彼女たち ♦女性のみの第三人称複数

【趿(*靸)】 tā ⊗ 以下を見よ
【趿拉】tāla 動靴のかかとを踏みつけて履く [提上鞋, 别一着]靴の後ろを踏みつぶさないで, 引っ張り上げて履きなさい
【趿拉板儿】tālabǎnr 图木製の突っ掛け(ぞうり)
【趿拉儿】tālar 图〈方〉スリッパ

【溻】 tā 動〈方〉(衣服等に)汗がしみ透る

【塌】 tā 動①(組み立てた物が)崩れる, 倒れる [~了一座桥]橋が一つ落ちた ②へこむ [眼窝都~进去了]すっかり目が落ちくぼんだ
【塌方】tāˈfāng 動(道路・堤防等が)崩壊する, 陥没する
【塌实(踏实)】tāshi 厖①(仕事や学習の態度が)着実な, 浮わついていない [~的作风]着実な仕事振り ②(精神状態が)安定している [考试以前总感到不~]試験の前はどうしても気持ちが落ち着かない
【塌台】tāˈtái 動崩壊する, つぶれる
【塌陷】tāxiàn 動沈下する, 陥没する [地基~了]地盤が沈下した

〘踏〙 tā ⊗以下を見よ
⇨tà

*【踏实】tāshi [形] [同][塌实 tāshi]

【塔(*墖)】 tǎ [名]〔座〕塔 [宝～] 宝塔
⊗① 塔状の建物 [金字～] ピラミッド [水～] 給水塔 ②(T-)姓

【塔吊】tǎdiào [名]【機】タワークレーン('塔式起重机'とも)

【塔夫绸】tǎfūchóu [名] タフタ, 琥珀絹布(薄い平織の絹織物)

【塔吉克族】Tǎjíkèzú [名] タジク族 ◆中国少数民族の一, 新疆に住む. ロシアにも居住

【塔塔尔族】Tǎtǎ'ěrzú [名] タタール族 ◆中国少数民族の一, 主に新疆に住む. ロシアにも居住

【塔台】tǎtái [名](空港の)管制塔, コントロールタワー

〘鳎(鰨)〙 tǎ ⊗【魚】シタビラメ(ふつう'比目鱼'という)

【獭(獺)】 tǎ [名]【動】カワウソ, ラッコなどの総称 [水～] カワウソ [旱～] タルバガン

【拓(*搨)】 tà [動](碑銘などの) 拓本をとる 〖～下碑文〗碑文の拓本をとる
⇨tuò

【拓本】tàběn [名]〔本〕(冊子状の)拓本

【拓片】tàpiàn [名]〔张〕(1枚ずつの)拓本, 石ずり

〘沓〙 tà ⊗多い, 込み合っている [杂～] 混雑している
⇨dá

【踏】 tà [動] 足で踏む 〖～着拍子唱歌〗足で拍子をとりながら歌う
⊗実地に赴く
⇨tā

【踏板】tàbǎn [名](ミシンの) 踏み板, (車両の)ステップ, (ピアノの)ペダル

【踏步】tàbù [動] 足踏みする 〖大～前进〗大股で前進する

【踏勘】tàkān [動] 実地調査をする

【踏看】tàkàn [動] 現場視察する

【踏青】tàqīng [動] 清明節の頃に山野を散策する

〘挞(撻)〙 tà ⊗鞭打つ [鞭～] 鞭撻する

〘闼(闥)〙 tà ⊗(小さな)門

〘嗒〙 tà ⊗失意のさま [～然] がっかりするさま
⇨dā

〘榻〙 tà ⊗細長く低い寝台 [藤～] トウで編んだ寝いす

〘蹋〙 tà ⊗→[糟～ zāotà]

〘苔〙 tāi ⊗→[舌～ shétāi]
⇨tái

【胎】 tāi [名]①胎児 [怀～] 懐妊する [双胞～] 双子 ②(～儿) 芯, 詰め物 ③(～儿) 器物の型, 原型 [泥～] 色付け前の泥人形 ④タイヤ [内～] チューブ [外～] タイヤ —[量] 妊娠, 出産の回数を数える

【胎毒】tāidú [名] 胎毒

【胎儿】tāi'ér [名] 胎児

【胎发】tāifà [名] 産毛

【胎毛】tāimáo [名] 産毛

【胎盘】tāipán [名] 胎盤

【胎气】tāiqi [名] 妊娠の兆候

【胎生】tāishēng [名]【動】胎生 [図][卵生]

【胎位】tāiwèi [名] 胎位

【胎衣】tāiyī [名]【生】胞衣 [同][衣胞]

【台(臺)】 tái [名] 物見台, 舞台 [讲～] 演台 [戏～] ステージ —[量]① 機械等の台数を数える 〖一～马达〗モーター1台 ② 演目数を数える 〖一～戏〗一本の芝居
⊗① 物を載せる台 [砚～ yàntai] すずり ② 放送局 [广播电～] 同前 ③(T-)台湾の略称 ④(T-)姓

〘—(檯 *枱)〙 ⊗卓 [梳妆～] 化粧台 shūzhuāng

〘—(颱)〙 ⊗台風 [～风] 同前

〘—〙 ⊗相手に敬意を表わす語 [～端] 貴殿 ◆浙江の地名'天台''台州'では tāi と発音

【台本】táiběn [名](芝居の)台本

【台布】táibù [名]〔块〕テーブルクロス

【台秤】táichèng [名] 台ばかり

【台词】táicí [名]〔句·段〕せりふ

【台灯】táidēng [名]〔盏〕電気スタンド

【台地】táidì [名] 台地

*【台风】táifēng [名] 台風 〖～的路径〗台風のコース

*【台阶】táijiē [名](～儿) ①〔级〕玄関の石段, 上がり段 ②(苦境からの) 逃げ道 〖给他个～下〗彼に引っ込みがつく道を与えよう

【台历】táilì [名]〔本〕卓上カレンダー

【台球】táiqiú [名]① ビリヤード, またその球 [～棒] キュー [～台] ビリヤード台 ②《方》卓球

【台扇】táishàn [名] 卓上扇風機

【台式电脑】táishì diànnǎo [名] デスクトップ型パソコン

【台钟】táizhōng [名]《方》〔座〕置き時計

【台柱子】táizhùzi [名] 柱石, 主要人物, 大立者

【台子】táizi [名]①(ビリヤード, 卓球

T

【邰】Tái ⊗姓

【苔】tái 图【植】コケ ⇨tāi
【苔藓植物】táixiǎn zhíwù 图 コケ植物

【抬】(擡) tái 動①持ち上げる, 上げる〖~胳膊〗腕を持ち上げる〖~价〗値上げする ②(複数人が)手や肩で持ち運ぶ〖~桌子〗テーブルを運ぶ ③口論する
【抬秤】táichèng 图 大型の棹ばかり
【抬杠】tái'gàng 動〈口〉口論する, 言い争う
【抬肩】táijian 图 袖付けの寸法
【抬轿子】tái jiàozi 動①輿をかつぐ ②〈転〉へつらう
【抬举】táiju 動 持ち上げる, 引き立てる〖你别~我〗私をおだてないでくれ〖不识~〗引き立てに感謝しない
【抬头】tái'tóu 動 頭を上げる, 頭をもたげる〖羞得头都抬不起来了〗恥ずかしくて顔も上げられない

【骀】(駘) tái ⊗鈍い馬〈転〉鈍い人 ⇨dài

【跆】tái ⊗踏む〖~拳道〗【体】テコンドー

【鲐】(鮐) tái ⊗サバ〖~鱼〗同前

【薹】tái ⊗【植】カサスゲ ②ニラ, アブラナ等の茎, 花軸〖芸yún~〗アブラナ

【太】tài 副 余りにも…だ, ひどく, 極めて〖~多(了)〗多すぎる〖~好了〗素晴らしい〖不~好〗余りよくない ⊗圓 身分が非常に高いか, 世代がかなり上の人に対する尊称〖~爷爷〗ひいおじいさん
【太白星】tàibáixīng 图【天】金星
【太阿倒持】Tài'ē dào chí《成》(宝剣を逆さに持つ)人に権限を譲り, その結果自分が脅威にさらされる
【太公】tàigōng 图〈方〉曽祖父
【太古】tàigǔ 图 太古
【太后】tàihòu 图 皇帝の母, 皇太后
【太极拳】tàijíquán 图 太極拳〖打~〗太極拳をする
【太监】tàijian/tàijiàn 图 宦官ホネ
【太空】tàikōng 图 大気圏外, 宇宙〖~站〗宇宙ステーション
【太庙】tàimiào 图 天子の祖先を祭る廟
【太平】tàipíng 形(社会が) 平安な〖~无事〗太平無事である〖~门〗非常口〖~梯〗非常用階段〖~间〗霊安室
【太婆】tàipó 图〈方〉曽祖母

【太上皇】tàishànghuáng 图 皇帝の父
【太师椅】tàishīyǐ 图〔把〕旧式の木製ひじ掛けいす
【太岁】tàisuì 图①木星の古名【太阴】②地方のボス♦'~'の神に由来
【太岁头上动土】tàisuì tóushang dòng tǔ《俗》権威者を怒らせるようなまねをする, 身の程知らずの事をする
【太太】tàitai 图 奥様, 奥さん〖王~〗王さんの奥さん〖我~〗家内〖您~〗あなたの奥様
【太阳】tàiyang/tàiyáng 图 太陽, 日光〖~电池〗太陽電池〖~黑子zǐ〗黒点〖~历〗太陽暦〖~能〗太陽エネルギー
【太阳穴】tàiyángxué 图 こめかみ
【太爷】tàiyé 图①祖父 ②〈方〉曽祖父
【太阴】tàiyīn 图①〈方〉月 ②木星の古名【太岁】
【太子】tàizǐ 图 皇太子

【汰】tài ⊗淘汰する〖淘táo~〗同前

【态】(態) tài 图【語】態, 相 ⊗姿, 形〖姿~〗姿態, 態度
【态度】tàidu/tàidù 图①振舞い, 身振り〖耍~〗当たり散らす ②態度, 立場〖改变~〗態度を変える
【态势】tàishì 图 態勢, 状況

【肽】tài 图【化】ペプチド

【钛】(鈦) tài 图【化】チタン, チタニウム

【酞】tài 图【化】フタレイン

【泰】tài ⊗①安らかな〖~然自若〗落ち着きはらっている ②極〖~西〗《書》西洋 (T-)⊗姓
【泰斗】tàidǒu 图 第一人者, 権威【~北斗 dǒu】
【泰山】tàishān 图①(T-) 泰山(山東省の名山) ②岳父, 妻の父

【坍】(*坤) tān 動 崩れる
【坍方】tān'fāng 動 (道路や堤防などが)崩れる, 地滑りする
【坍塌】tāntā 動 崩壊する, 倒れる
【坍台】tān'tái 動〈方〉①(事業などが)つぶれる, 崩壊する ②面目をつぶす

【贪】(貪) tān 動 むさぼる〖~玩儿〗遊びたがる〖既~吃又~睡〗食いしん坊で寝坊だ〖~便宜〗目先の利をむさぼる, うまい汁を吸う ⊗わいろを取る〖~官〗汚職役人
【贪得无厌】tān dé wú yàn《成》貪

【贪婪】tānlán 罰 貪欲 〖~地追求知识〗貪欲に知識を追求する
【贪恋】tānliàn 動 未練がある, 名残りを惜しむ
【贪生怕死】tān shēng pà sǐ（成）(大事を前に) 命を惜しみ, 死を恐れる
【贪图】tāntú 動 欲しがる, むさぼる 〖~金钱〗金銭をむさぼる
*【贪污】tānwū 動 汚職をする, わいろを取る 〖~公款〗公金を着服する
【贪心】tānxīn 图 貪欲 — 形 欲張りな
【贪赃】tānˈzāng 動 わいろを取る
【贪嘴】tānzuǐ 形 食い意地の張った, 口がいやしい

【怹】tān 伭〖方〗あの方('他'の敬称)

【滩(灘)】tān 图 ① 砂浜 〖~头 tóu〗同前 〖海~〗海辺の砂浜 ② 浅瀬
【滩簧】tānhuáng 图〖演〗江蘇省南部および浙江省北部の芸能 ◆上海の地方劇'沪剧'の源流

【摊(攤)】tān 動 ① 広げる, 並べる 〖~凉席〗ござを敷く ②(料理法で) 鍋に薄く延ばして焼く 〖~鸡蛋〗卵焼きを作る ③ 分担する 〖~任务〗任務を分担する 一 量 べっとりした物を数える 〖一~稀泥〗泥水のたまり
【摊场】tānˈcháng 動 脱穀場で農作物を広げる
【摊贩】tānfàn 图 露店商人
【摊牌】tānˈpái 動 (トランプで) 手持ちカードを並べて勝負を決する, 手の内を見せる
【摊派】tānpài 動 (費用や労力を) 割り当てる
*【摊儿】tānr 图 屋台, 露店, スタンド (⇔摊子)〖摆~〗露店を出す

【瘫(癱)】tān 動 麻痺して動けなくなる
*【瘫痪】tānhuàn 動 麻痺して動けなくなる 〖下肢~〗下肢が麻痺する 〖~状态〗麻痺状態 (比喩的にも)
【瘫软】tānruǎn 形 (手足に) 力が入らない, ぐにゃぐにゃ
【瘫子】tānzi 图 中風患者, 半身不随者

【坛(罎*壜墰罈)】tán 图 (~儿)つぼ, かめ — 量 つぼやかめに入ったものを数える

【一(壇)】⊗①祭祀のための台 〖天~〗天壇 ② 壇 〖花~〗花壇 〖文~〗文壇
【坛子】tánzi 图 つぼ, かめ

【昙(曇)】tán ⊗ 雲が多い
【昙花】tánhuā 图〖植〗ウドンゲ

〖~一现〗現われてすぐに消える

【俨】tán ⊗ 静かな

【谈(談)】tán 動 (人と) 話す, 話し合う 〖~问题〗問題を話し合う 〖~恋爱〗恋愛する ⊗ ① 話〖奇~〗奇談 ② (T-) 姓
【谈不上】tánbushàng 動 話にならない, 問題にならない
【谈锋】tánfēng 图 舌鋒, 弁舌
【谈何容易】tán hé róngyì（成）口で言うだけなら簡単だ
【谈虎色变】tán hǔ sè biàn（成）(虎の話をしただけで顔色が変わる>) 臆病きわまりない
【谈话】tánhuà 图 談話 〖对记者的~〗記者団に対する談話 —— tánˈhuà 動 話をする 〖在办公室~〗事務室で話し合う
【谈论】tánlùn 動 論じる, 議論する 〖~时局〗時局について議論する
*【谈判】tánpàn 動 交渉する, 協議する 〖~边界问题〗国境問題について協議する 〖和平~〗平和交渉
【谈情说爱】tán qíng shuō ài（成）(男女が) 愛を語りあう
【谈天】tántiān 動 (~儿) 世間話をする, おしゃべりする
【谈笑风生】tán xiào fēng shēng（成）話が大いに盛り上がる
【谈心】tánˈxīn 動 胸の内を話す, 心中を語る
【谈言微中】tán yán wēi zhòng（成）表現は婉曲だが的を射ている

【郯】Tán ⊗〖~城〗郯城 tǎnㄧˇ (山東の地名)

【痰】tán 图〖口〗痰 tǎn〖吐 tǔ~〗痰を吐く
【痰喘】tánchuǎn 图 喘息 zénˇ
【痰气】tánqì 图〖方〗① 精神病 ② 卒中
【痰桶】tántǒng 图 痰つぼ
【痰盂】tányú 图 痰つぼ

【弹(彈)】tán 動 ① はじく 〖~球〗玉をはじく ② 機械で繊維を柔らかくする 〖~棉花〗綿を打つ ③ (撥弦楽器・鍵盤楽器で) 弾く 〖~吉他〗ギターを弾く 〖~钢琴〗ピアノを弾く ⊗ 官吏の罪を摘発する
⇨ dàn
【弹词】táncí 图〖演〗三弦や琵琶などの伴奏で歌い語る江南の説唱芸能
【弹劾】tánhé 動 弾劾する
【弹簧】tánhuáng 图〖根〗ばね, スプリング 〖~床〗スプリングベッド 〖~门锁〗ばね錠前
【弹力】tánlì 图 弾力
【弹射】tánshè 動 (カタパルトで) 発射する
【弹涂鱼】tántúyú 图〖魚〗トビハゼ

覃谭潭镡澹檀忐坦袒毯叹炭碳探

＊【弹性】 tánxìng 图 弹力性, 弹性
【弹压】 tányā 动〖旧〗弹圧する
【弹指】 tánzhǐ 动 指をはじく (ほどの時間)〚～之间〛ほんの一瞬の間

覃 tán ⊗ ① 深い ② (T-) 姓 ⇨ Qín

谭(譚) tán ⊗ ①'谈'と通用する ② (T-) 姓

潭 tán ⊗ 淵ポ〚水～〛水たまり

镡(鐔) Tán ⊗ 姓 ◆ Chán と読む姓も. 剣に似た古代の武器名としては xín と発音

澹 Tán ⊗ 〚～台 tái〛姓 ◆「静か」の意の文語では dàn と発音

檀 tán ⊗ ① マユミ, シタン〚紫～〛シタン〚黑～〛コクタン ② (T-) 姓
【檀板】 tánbǎn 图 紫檀製の拍子木
【檀香】 tánxiāng 图〖植〗ビャクダン (白檀)

忐 tǎn ⊗ 以下を見よ
【忐忑】 tǎntè 不安な, どきどきする〚～不安〛不安で落ち着かない

坦 tǎn ⊗ ① 平らな〚平～〛平坦な ② 心が平静な, 率直な〚～诚〛率直で誠実な
＊【坦白】 tǎnbái 服 率直な, 隠しだてがない〚～地回答〛隠さずに答える ―動 (罪や罪行を) 告白する, 白状する〚～罪行〛罪を白状する〚从～宽〛白状すれば寛大に扱う
【坦荡】 tǎndàng 服 ① 広くて平らな〚～的道路〛広くて平坦な道 ② 心が広い, さっぱりしている
【坦克】 tǎnkè 图〖辆〗戦車, タンク 働〚～车〛
【坦然】 tǎnrán 服 平静な, 平然とした〚心里十分～, 什么也不怕〛心はとても平静で, 何も怖くない
＊【坦率】 tǎnshuài 服 率直な〚～地说〛率直に言う
【坦途】 tǎntú 图〔多く比喻として〕平坦な道

袒 tǎn ⊗ ① 肌脱ぎになる〚～露〛(身体の一部を) むき出しにする ② かばう, 加担する〚偏～〛一方の肩をもつ
【袒护】 tǎnhù 动 かばう〚你太～孩子了〛君は子供をかばいすぎる

毯 tǎn ⊗ ① 毛布, じゅうたん, 壁掛けの類〚毛～〛毛布〚地～〛じゅうたん〚壁～〛壁掛け, タペストリー
【毯子】 tǎnzi 图〔条〕毛布, じゅうたん, 壁掛け類

叹(嘆＊歎) tàn ⊗ ① ため息をつ く〚长～〛長嘆息する ② 称賛する〚赞～〛賛嘆する ③ 吟ずる〚咏～〛詠嘆する
【叹词】 tàncí 图〖語〗感嘆詞 ◆「啊, 哎, 哼, 嗯, 哦, 嗜」など
【叹服】 tànfú 动 感服する, 感心する
【叹气】 tàn qì 动 ため息をつく〚叹了一口气〛ため息を一つついた
【叹赏】 tànshǎng 动 称賛する〚～文采〛文学的才能をたたえる
【叹为观止】 tàn wéi guān zhǐ (成)(芸術などが) 最高のものだと賛嘆する働〖叹观止矣〗
【叹息】 tànxī 动〖書〗嘆息する〚不断～〛絶えずため息をつく

炭(＊炭) tàn ⊗ ① 木炭, 木炭状のもの (〖木炭〗)〚骨～〛獣骨炭〚一笔～〛(デッサン用) 木炭 ② 〖方〗石炭
【炭火】 tànhuǒ 图 炭火
【炭墼】 tànjī 图 練炭ホャム〚蜂窝煤〛
【炭精】 tànjīng 图 カーボン, 炭素
【炭疽】 tànjū 图〖医〗炭疽グャ〚～病〛炭疽病
【炭盆】 tànpén 图 (～儿) 火鉢 働〚火盆〛

碳 tàn 图〖化〗炭素
【碳黑】 tànhēi 图〖化〗カーボンブラック
【碳水化合物】 tànshuǐ huàhéwù 图 炭水化物
【碳酸】 tànsuān 图〖化〗炭酸
【碳酸气】 tànsuānqì 图〖化〗二酸化炭素 働〚二氧化碳〛

探 tàn 动 ① 探す, 探る〚～路〛道を探す〚～动静儿〛様子を探る ② 頭や上半身を突き出す〚～脑袋〛頭を突き出す〚他把身子～在窗外〛彼は体を窓の外に乗り出している〚～身〛上半身を伸ばす
⊗ ① 訪問する, 見舞う〚～病〛病人を見舞う ② 偵察員, スパイ
【探测】 tàncè 动 探測する, 測定する〚～高度〛高度を測定する〚～器〛探知機, 探査機
【探访】 tànfǎng 动 訪問する, 取材する〚～民间秘方〛民間秘伝の薬の処方を探す
【探戈】 tàngē 图〖音〗タンゴ〚～舞〛タンゴのダンス
【探监】 tàn jiān 动 監獄へ行って面会する
【探究】 tànjiū 动 探究する
【探勘】 tànkān 动 (資源を) 探査する
【探口气】 tàn kǒuqì/kǒuqì 动 探りを入れる
【探亲】 tàn qīn 动 帰省する, (長く離れていた) 親族を訪ねる〚～假〛有給の帰省休暇

【探求】tànqiú 動 探求する〖认真地～人生〗真剣に人生を探求する

【探视】tànshì 動 見舞う〖～伤员〗負傷兵を見舞う

*【探索】tànsuǒ 動 探索する,探求する〖～自然之谜〗自然のなぞを探求する

*【探讨】tàntǎo 動 討究する,研究討議する〖～原因〗原因を探求する

【探听】tàntīng 動 探りを入れる,聞き込む〖～真假〗真偽を探る〖～敌人的动静〗敵の動静を探る

【探头探脑】tàn tóu tàn nǎo（成）（～儿）こそこそ怪しげに窺く

*【探望】tànwàng 動 ①見回す〖向四周～〗周囲を見回す ②（遠方から）訪ねて行く〖～父母〗両親を訪ねる

【探问】tànwèn 動（消息を）尋ねる,（状況を）

【探悉】tànxī 動 探り出す,突き止める

【探险】tàn'xiǎn 動 探険する

【探询】tànxún 動 尋ねる,聞き出す

【探照灯】tànzhàodēng 名 サーチライト

【探子】tànzi 名 ①(旧白話で) 斥候,偵察員 ②米刺しの類 ◆突き刺して中の物を調べるための器具

【汤(湯)】tāng 名 ①〖碗〗スープ,汁〖喝一口～〗スープを一口飲む〖清～〗コンソメ〖米～〗重湯 ⊗①湯 ②温泉 ③煎じたもの ④(T-)姓

【汤匙】tāngchí 名 ちりれんげ 量〖调羹〗

【汤锅】tāngguō 名 殺したあと家畜の毛を抜くための熱湯の大なべ;(転)屠殺場

【汤壶】tānghú 名 湯たんぽ 量〖汤婆子〗

【汤剂】tāngjì 名〖服・碗〗煎じ薬

【汤面】tāngmiàn 名〖碗〗タンメン

【汤团】tāngtuán 名 もち米粉のだんご ◆多くあん入りで,ゆでて汁とともに食べる 量〖汤圆〗

【汤药】tāngyào 名〖服・碗〗煎じ薬

【汤圆】tāngyuán 名⇒〖汤团〗

【铴(鍚)】tāng ⊗〖～锣〗小さなどら(銅鑼)

【耥】tāng 動 土を耕す

【嘡】tāng 擬 どらや太鼓の音の形容〖～～～的敲锣声〗じゃらんじゃらんというその音

【镗(鏜)】tāng 擬 量〖嘡〗⇒táng

【蹚(*蹼)】tāng 動 ①(浅い川を)歩いて渡る ②(すきで)土を耕す

— táng 565

【唐】táng ⊗①でたらめ〖荒～〗でたらめである〖～突〗(書)粗暴な,失礼である ②(T-) 王朝名〖～朝〗唐なん(A.D. 618-907)〖后 Hòu ～〗五代の後唐(A.D. 923-936) ③(T-)姓

【唐人街】tángrénjiē 名 チャイナタウン,中華街

【唐装】tángzhuāng 名 中国服,チャイナ服

【郯】Táng ⊗〖～部 wú〗郯部とう(山東省)

【塘】táng 名 ①〖池〗〖池～〗池,水たまり〖鱼～〗養魚池 ⊗①堤防 ②風呂〖澡～〗浴槽

【塘肥】tángféi 名 肥料に使う池の汚泥

【塘堰】tángyàn 名 小さな貯水池

【搪】táng 動 ①防ぐ,遮る〖～住风〗風を防ぐ ②泥を塗りつける ③ごまかす,言い抜ける〖～差事 chāishi〗(職務を)いい加減にやりすごす

【搪瓷】tángcí 名 エナメル,ほうろう(珐琅)引き〖～杯〗ほうろう引きの湯飲み

【搪塞】tángsè 動 責任逃れをする,一時しのぎをする〖～媒体〗メディアを適当にあしらう

【溏】táng ⊗泥状の,半流動的な〖～便〗軟便〖～心〗半熟

【糖】táng 名 ①砂糖 ②〖块〗あめ,キャンデー〖巧克力～〗チョコレート〖酒心～〗ウィスキーボンボン ③〖化〗糖(醣 とも)

【糖瓜】tángguā 名（～儿）麦芽糖で作った瓜状の食品(かまど神への供物)

【糖果】tángguǒ 名 砂糖菓子,キャンデー

*【糖葫芦】tánghúlu 名〖串〗（～儿）サンザシやカイドウの実を竹串に刺した食品 ◆溶かした砂糖がまぶしてある 量〖冰糖葫芦〗

【糖浆】tángjiāng 名 シロップ

【糖精】tángjīng 名 サッカリン

【糖萝卜】tángluóbo 名《口》甜菜てん さい,ビート

【糖尿病】tángniàobìng 名 糖尿病

【糖稀】tángxī 名 水で薄めた麦芽糖

【糖衣炮弹】tángyī pàodàn（成）（糖衣でくるんだ砲弾＞）甘い罠

【糖原(糖元)】tángyuán 名 グリコーゲン

【螗】táng ⊗セミの一種

【堂】táng 量 ①組になった家具を数える〖①～家具〗1式の家具 ②授業時間数を数える(量〖节〗)〖两～课〗2回の授業 ⊗①母屋 ②広間〖礼～〗講堂

③旧時の法廷 ④商店の屋号 ⑤父方の祖父(または曽祖父)を同じくする親族『~兄弟』父方の従兄弟
【堂奥】táng'ào 图〘書〙①堂内の奥まった所 ②奥義
【堂房】tángfáng 图〘定語として〙父方の祖父(または曽祖父)を同じくする『~兄弟』父方の(男の)いとこ
【堂鼓】tánggǔ 图(伝統劇に用いる)両面を牛皮で張った太鼓
【堂倌】tángguān 图〘旧〙飲食店のボーイ
【堂皇】tánghuáng 形 堂々とした,立派な『富丽~』堂々として豪華な『~的宾馆』豪壮な高級ホテル
【堂客】tángkè 图①女の客 ②〘方〙女性 ③〘方〙妻
【堂堂】tángtáng 形〘書〙堂々とした『仪表~』風采が立派である『~正正』公明正大な,(風采が)堂々とした

【樘】táng 量 ドアと枠,窓と窓枠を数える『一~玻璃门』1枚のガラス扉 ⊗(ドアや窓の)枠

【膛】táng ⊗①胸,腹『开~』内臓を切り開く ②器物の空洞部分『炉~』ストーブの胴『上~』弾倉に弾を込める

【镗】(鏜) táng 動 ボール盤で穴をうがつ『~床』ボール盤,中ぐり盤『~刀』中ぐりバイト ⇨tāng

【螗】táng ⊗ カマキリ
【螳臂当车】táng bì dāng chē〘成〙(カマキリが腕を振り上げて車の前に立ちはだかる>)蟷螂カマキリの斧『螳臂挡车』
【螳螂】tángláng 图〔只〕カマキリ ⑲〘方〙[刀螂 dāolang]

【棠】táng ⊗①〘植〙ヤマナシ,カイドウの類『海~』カイドウ ②(T-)姓
【棠梨】tánglí 图〘植〙ヤマナシ

【帑】tǎng ⊗ 国庫金

【倘】(*儻) tǎng ⊗ もしも,仮に『~有困难』なにか困難があれば…
【倘来之物】tǎng lái zhī wù〘成〙思い掛けなく得た利益,棚ぼた
*【倘若】tǎngruò 接 もしも,仮に『~不能来,请先通知』来られなければ事前に知らせてください ⑲[倘或][倘然][倘使]

【淌】tǎng 動 流れ落ちる『~眼泪』涙をこぼす

【躺】tǎng 動 横たわる,寝そべる『~在床上』ベッドに横になる『~着看书』寝そべって本を読む
【躺柜】tǎngguì 图 低く横長の衣類箱
【躺椅】tǎngyǐ 图〔把〕寝いす,デッキチェア

【傥】(儻) tǎng ⊗①もしも,仮に=⑲'倘' ②→[倜 tì~]

【烫】(燙) tàng 形 (やけどするほど)熱い『这汤真~』このスープは本当に熱い 動①熱くする『~酒』酒のおかんをする『用熨斗 yùndǒu~衣服』服にアイロンをかける ②やけどする『~手』手をやけどする ③(髪に)パーマをかける
【烫发】tàng'fà 動 パーマをかける
【烫金】tàngjīn 動 金文字(金箔)をきせる
【烫蜡】tàng'là 動(床や家具などに)蠟をひく
【烫面】tàngmiàn 图 熱湯でこねた小麦粉『~饺子』'烫面'を皮にしたギョウザ
【烫伤】tàngshāng 图 やけど,熱傷
【烫手】tàngshǒu 形 手を焼く,厄介な

【趟】tàng 量①往復する回数を数える『去了一~』一度行った ②列車の発着を数える『夜里还有一~车』夜中にあと一便列車がある

【叨】tāo ⊗(恩恵を)受ける,蒙る ⇨dāo
【叨光】tāo'guāng 動 おかげを蒙る
【叨教】tāojiāo 動 教えていただく
【叨扰】tāorǎo 動 お騒がせする『今天可~您了』(接待を受けて)今日は本当にお邪魔しました

【涛】(濤) tāo ⊗ 大波『怒~』怒濤『松~』松風

【焘】(燾) tāo/dào ⊗ 人名用字

【绦】(條*縧縚) tāo ⊗ 打ちひも,組みひも『~子』同前『丝~』絹の打ちひも
【绦虫】tāochóng 图〔条〕サナダ虫

【掏】(*搯) tāo 動①(手または道具を差し込んで)取り出す『~钱』(ポケットから)金を取り出す『~耳朵』耳をほじくる ②掘る『~地道』地下道を掘る
【掏腰包】tāo yāobāo 動〘口〙①自分の懐から(金を)出す『舍不得~』自腹を切るのが忍びない ②人の懐から掏する

【滔】 tāo ⊗水が氾濫する

【滔滔】 tāotāo 形 ① 水勢が盛んな ②(弁舌が)よどみない

***【滔滔不絕】** tāotāo bù jué《成》(話が)滔々とよどみない

【滔天】 tāotiān 形 ①(波浪が)天に届くほどの ②きわめて大きい [~大罪] 極悪犯罪

【韜(韜*弢)】 tāo ⊗ ① 弓や剣の袋 ②隠す,包む [~晦 huì]《書》才能を隠す ③戦術

【韜光養晦】 tāo guāng yǎng huì《成》才能を隠して外に現わさない ⇔[韜光晦迹]

【韜略】 tāolüè 名 古代の兵法書('六韜'と'三略');(転)戦術

【饕】 tāo ⊗貪る

【饕餮】 tāotiè 名 ① 饕餮 ♦中国古代の伝説上の獣。殷周時代の青銅器の文様に見られる ②《転》凶悪かつ貪欲な人

【逃(*迯)】 táo 動 逃げる,避ける [~到国外] 国外に逃げる [~难 nàn] 避難する

【逃奔】 táobèn 動 逃亡する [~他乡] 異郷に逃げ落ちる

***【逃避】** táobì 動 逃げ避ける,逃避する [~责任] 責任を逃れる [~灾难] 災難を避ける

【逃兵】 táobīng 名 逃亡兵;(転)脱落者

【逃窜】 táocuàn 動 逃げる,逃げ回る [到处~] あちこち逃げ回る

【逃遁】 táodùn 動《書》逃避する

【逃犯】 táofàn 名 逃亡犯

【逃荒】 táo‿huāng 動 飢饉のため他の土地に逃れる

【逃命】 táo‿mìng 命からがら逃げる

【逃匿】 táonì 動《書》逃げ隠れる

【逃跑】 táopǎo 動 逃亡する,逃走する

【逃散】 táosàn 動 逃げて散り散りになる

【逃生】 táoshēng 動 生き延びる,命拾いする

【逃脱】 táotuō 動 逃れる,切り抜ける [逃不脱责任] 責任を逃れられない

【逃亡】 táowáng 動 逃亡する

【逃学】 táo‿xué 学校をサボる

【逃之夭夭】 táo zhī yāoyāo《成》さっさと逃げる,とんずらする ♦詩経の'桃之夭夭'のもじり

【逃逸】 táoyì 動 逃げ去る,逃走する [借故~] 口実を設けて逃げる [逃不走] 逃げられない

【洮】 Táo ⊗ [~河] 洮河(甘肃省)

【桃】 táo 名 (~儿)桃の実

⊗①桃の木 [~树] 同前 ②桃の実に似たもの [寿~] 桃の形をしたマントウ(誕生日のお祝い) [红~] (トランプの)ハート

【桃红】 táohóng 形《多く定語として》桃色の,ピンクの

【桃花】 táohuā 名 桃の花 [~汛] 春の増水,桃の花の季節に起こる大水

【桃李】 táolǐ 名 教え子,門弟 [~满天下] 至る所に教え子がいる

【桃仁】 táorén 名 (~儿)桃の核(薬用とする) ②クルミの実

【桃色】 táosè 名 ① 桃色,ピンク ②(旧)男女間の情事

【桃子】 táozi 名 桃の実

【陶】 táo ⊗①陶器 [彩~] 彩陶 ②陶器を作る ③(人を)育成する [熏~] 薰陶を受ける ④うっとりする ⑤(T~)姓

【陶瓷】 táocí 名 陶磁器

【陶管】 táoguǎn 名 土管

【陶器】 táoqì 名《件》陶器

【陶然】 táorán 形《書》陶然とした,うっとりした

【陶土】 táotǔ 名 陶土,陶器の原料

【陶冶】 táoyě 動 人材を育成する

【陶醉】 táozuì 動 陶酔する,うっとりする [被音乐~了] 音楽にうっとりさせられた

【淘】 táo 動 ① 水中で洗い雑物を取り除く [~米] 米を研ぐ ②(底にたまった物を)さらう [~井] 井戸をさらう 一形《方》いたずらな [这孩子真~!] 本当にいたずらな子供だ

【淘河】 táohé 名《鳥》[只] ペリカン ⇔[鹈鹕 tíhú]

【淘换】 táohuan 動 探し求める,物色する

【淘金】 táo‿jīn 動 (土砂を洗って)砂金を採る

【淘箩】 táoluó 名 (米を研ぐ)ざる

***【淘气】** táoqì 形 いたずらな,腕白な ⇔[顽皮] [这孩子太~了] この子供はとてもいたずらっ子だ [~鬼] 腕白坊主

【淘神】 táoshén 動《口》厄介な,煩わしい,骨が折れる

***【淘汰】** táotài 淘汰する,(劣るものを)除く [有轨电车已经被~了] 路面電車はもう撤去された [~赛] 予選試合,勝ち抜き戦

【萄】 táo ⊗ [~萄] [~酒] ぶどう酒 [葡~ pútáo]

【啕】 táo ⊗(声を出して)泣く [号 háo~] (号咷) 号泣する

【绹(綯)】táo ⊗ 縄 (で縛る)

【梼(檮)】táo ⊗ [～昧 mèi]《书》愚かな [～杌 wù] 伝説上の猛獣

【讨(討)】tǎo 動 ① 求める、請求する [～债] 借金を取り立てる ② 招く、引き起こす [自～苦吃] 自分から苦しい目に遭う [～人喜欢] 人に好かれる ③ めとる [～老婆] 妻をめとる ⊗ ① 討伐する ② 調べる [研～] 研究討論する

【讨饭】tǎofàn 動 物乞いをする [～的] 乞食

【讨好】tǎo'hǎo (～儿) ① 人の機嫌をとる [～顾客] お客の機嫌をとる [讨他的好] 彼の御機嫌をとる ②〘多く否定文に用いて〙良い効果を得る [费力不～] 骨折り損だ

【讨价】tǎojià 動 売り手が値段をつける

*【讨价还价】tǎojià huánjià《成》値段の駆け引きをする

【讨教】tǎojiào 動 教えを請う

*【讨论】tǎolùn 動 討論する [认真～了这个问题] 真剣にこの問題を討論した

【讨便宜】tǎo piányi 動 うまい汁を吸おうとする、得をしようとする

【讨乞】tǎoqǐ 動 人に物乞いをする 囼 [乞讨]

【讨巧】tǎoqiǎo 動 要領よくやってうまい汁を吸う

【讨饶】tǎo'ráo 動 許しを請う

【讨嫌】tǎo'xián 動 嫌われる [讨人嫌] 人に嫌われる

*【讨厌】tǎoyàn 形 ① いやらしい、うんざりする [～的天气] いやな天気 ② 厄介な、面倒な [～的病] 厄介な病気 ― 動 嫌う [～冬天] 冬がいやだ

【套】tào 图 (～儿) ① 覆い、カバー、さや [手～] 手袋 [枕～] 枕カバー ② (馬の) 引き具、馬具 ③ (縄で作った) 輪 ― 動 ① かぶせる、覆う [～毛衣] セーターを重ねる ② つなぐ、かける [车上～着两匹马] 2頭立ての馬車に仕立ててある ③ 模倣する [硬～别人的经验] 無理に他人の経験を模倣する ④ かまをかける、引っ掛ける [～真话] 本当のことを言わせる ⑤ 取り入る [～交情] 馴れ馴れしくする ― 量 セット、組、同類のものを数える [一～家具] 一揃いの家具 [两～邮票] 切手2セット [老一～] 決まり切った文句 ⊗ 決まり文句 [～话] [～语] 同前

【套版】tàobǎn 图《印》重ね刷り、多色刷り

【套包(子)】tàobāo(zi) 图 馬 (ロバ、ラバ) の首に掛ける布または革製の輪

【套餐】tàocān 图 セットメニューの食事、定食

【套车】tào'chē 動 馬を車につなぐ、馬車を仕立てる

【套购】tàogòu 動 不正購入する

【套间】tàojiān 图 (～儿) 奥の部屋、次の間、(ホテルの) スイートルーム

【套近乎】tào jìnhu 動 〘貶〙(人と) 近づきになろうとなれなれしくする 囼 [拉近乎]

【套裤】tàokù 图 (保温、防水のための) ズボンカバー

【套曲】tàoqǔ 图《音》組曲

【套圈儿】tàoquānr 图 輪投げ

【套色】tào'shǎi 動 数種類の色を重ね刷りする

【套数】tàoshù 图 ① (伝統劇の) 組み歌 ② 一連の技巧や手法

【套索】tàosuǒ 图 (野性馬などを捕える) 投げ縄、輪縄

【套问】tàowèn 動 それとなく尋ねる、かまをかける

【套鞋】tàoxié 图〔双〕オーバーシューズ

【套袖】tàoxiù 图〔副〕そでカバー、腕抜き

【套印】tàoyìn 图 木版の重ね刷り

【套用】tàoyòng 動 模倣する、当てはめる [～公式] (機械的に) 公式を当てはめる

【套装】tàozhuāng 图〔身〕(上下揃いの) スーツ

【套子】tàozi 图 ① カバー、キャップ、さや [沙发～] ソファーのカバー ② 決まり切ったやり方、紋切り型 ③ わな

【忒】tè ⊗ 間違い [差 chā～] 同前
⇨ tēi, tuī

【铽(鋱)】tè 图《化》テルビウム

【忑】tè ⊗ → [忐～ tǎntè]

【特】tè 副〘多く単音節形容詞の前で〙とても、非常に [～好] とても良い ⊗ ① 特別な [独～] 独特の ② わざわざ、専ら ③ 特務 ④ ただ、…だけ [不～]《书》ただ…ばかりでなく

*【特别】tèbié 形 特別な、例外的な [有～的风味] 格別の味わいがある [～快车] 特急 ― 副 とりわけ、格別に、わざわざ [今年夏天～热] 今年の夏はとりわけ暑い [～请家长来] わざわざ保護者に来てもらう

【特产】tèchǎn 图 特産物

*【特长】tècháng 图 特長、長所、特技 [发挥～] 得意技を発揮する

【特出】tèchū 形 傑出した、ずば抜けた [～的成绩] ずば抜けた成績

【特等】tèděng 形〘定語として〙特

等の〚～劳模〛特等労働模範
【特地】tèdì [副] 特に，わざわざ ♦好意をもって行うときに用い，押しつけがましさはない．([同][特意])〚这本书是～为你借的〛この本は特に君のために借りたのです
★★【特点】tèdiǎn [名] 特徴，特性，長所〚各人有各人的～〛各人にはそれぞれ特徴がある
★【特定】tèdìng [形]〔ふつう定語として〕特定の，定められた，限られた〚～的衣服〛特に指定された衣服〚适应～的生活环境〛特定の生活環境に適応する
【特惠关税】tèhuì guānshuì [名] 最恵国待遇関税
【特技】tèjì [名] ① 特殊技能［～飞行］アクロバット飛行 ②〚映〛特撮
【特价】tèjià [名] 特価，（安売りのための）特別価格
【特刊】tèkān [名]（新聞や雑誌の）特集号，特別企画
【特例】tèlì [名] 特例，特殊な事例
【特派】tèpài [動] 特別に派遣する［～员］特派員
【特区】tèqū [名] 経済特区の略称
【特权】tèquán [名] 特権〚享受～〛特権を受ける［～意识］特権意識
★【特色】tèsè [名] 特色，特徴〚具备～〛特色を備えている〚时代的～〛時代的特徴
【特赦】tèshè [名] 特赦
【特使】tèshǐ [名] 特使
★★【特殊】tèshū [形] 特殊な，特別な（[反][一般]）〚这个问题非常～〛この問題はきわめて特殊である〚～的才能〛特別な才能〚搞～〛特殊扱いをする（求める）
【特为】tèwèi [副] 特に，別段に
【特务】tèwu [名] 特務，スパイ［～机关］特務機関
—— tèwù [名] 特殊任務
【特效】tèxiào [名] 特効［～药］特効薬
【特写】tèxiě [名] ① ルポルタージュ ② クローズアップ
【特性】tèxìng [名] 特性
【特异】tèyì [形] ① 特に優れた，ずば抜けた ② 独特な〚～功能〛特別な功能
★★【特意】tèyì [副] 特に，わざわざ（[同][特地 dì]）〚～来接您〛お迎えに参りました
【特有】tèyǒu [動] 特有である〚我国～的动物〛我が国特有の動物
★★【特征】tèzhēng [名] 特徴〚突出～〛特徴を際立たせる
【特种】tèzhǒng [形]〔定語として〕特殊な（'的' は不要）〚～工艺〛特殊工芸

【慝】tè ⊗罪悪

【忒】tēi ⊗［～儿］《方》鳥の羽ばたく音
⇨tè, tuī

【熥】tēng [動]（冷えた食物を）温める，ふかす〚～馒头〛マントウをふかし直す

【鼟】tēng [擬] どん（太鼓の音）

【疼】téng [形] 痛い〚头很～〛頭が痛い —[動] かわいがる〚奶奶最～我〛お婆ちゃんは私を一番かわいがってくれる［心～］ひどくかわいがる
★★【疼爱】téng'ài [動] かわいがる，いつくしむ〚～女儿〛娘をかわいがる
【疼痛】téngtòng [形] 痛い，痛む

【誊（謄）】téng [動] 書き写す，清書する〚～稿子〛原稿を清書する
【誊录】ténglù [動] 書き写す
【誊清】téngqīng [動] 清書する，浄書する〚～手稿〛自筆の原稿を浄書する
【誊写】téngxiě [動] 書き写す，謄写する［～版］謄写版，ガリ版

【腾（騰）】téng [動] 空にする，空ける〚～时间〛時間を空ける〚～地方〛場所を空ける
⊗ ① 跳び上がる，身を踊らす［欢～］喜びにわく ② 昇る［飞～］舞い上がる ③（T-）姓
【腾贵】téngguì [動]（物価が）跳ね上がる [同][昂贵]
【腾空】téngkōng [動] 空高く上昇する［～而起］空中に舞い上がる
【腾挪】téngnuó [動]（資金を）移す，流用する
【腾腾】téngténg [形] ぽっぽと湯気（気体など）を立てている〚热气～〛熱気盛んである〚厨房里蒸气～〛厨房は湯気がもうもうと立っている
【腾越】téngyuè [動] 跳び越す〚～障碍物〛障害物を跳び越す

【滕】Téng ⊗ ① 周代の国名 ② 姓

【藤（*籐）】téng ⊗ 籐（とう），つる［～椅］籐いす
【藤本植物】téngběn zhíwù [名] つる性植物
【藤萝】téngluó [名]〚植〛フジ
【藤条】téngtiáo [名] 籐（とう）のつる
【藤蔓】téngwàn [名] つる

【縢】téng ⊗ ① 密封する ② 縄，ひも

【䲢（鰧）】téng ⊗〚魚〛オコゼ

【体（體）】tī ⊗以下を見よ
⇨tǐ
【体己（梯己）】tīji [形]〔定語として〕① 溜めこんだ［～钱］へそくり ②

T

親しい、親密な

【剔】tī 動 ①ほじる、そぎ取る〚～骨头〛骨から肉をそぎ取る〚～牙缝 fèng〛歯をせせる ②(悪いものを)よる、除く〚～次品〛粗悪品をより分ける

【剔除】tīchú 動(悪いものを)より分けて捨てる

【剔透】tītòu 形 澄みきった

【踢】tī 動 ける〚～足球〛サッカーをする〚马～人〛馬が人間をける

【踢蹬】tīdeng 動 ①足をじたばたさせる ②金を無駄遣いする ③片付ける

【踢踏舞】tītàwǔ 图 タップダンス〚跳～〛タップダンスを踊る

【梯】tī ⊗ ①はしご〚～子〛同前〚楼～〛階段 ②階段状の物〚电～〛エレベーター、リフト

【梯次】tīcì ①副 順次、順番に ②图 順序

【梯队】tīduì 图〚支〛①〚军〛梯形編隊〚一 yī～已突破了封锁线〛第1梯隊はすでに封鎖線を突破した ②指導幹部の世代〚第三～〛第三世代の指導層

【梯级】tījí 图 階段の一段

【梯己】tījǐ 形 動〚体己 tǐjǐ〛

【梯田】tītián 图〚块・层〛棚田、段々畑

【梯形】tīxíng 图〚数〛台形、梯形

【锑】(銻) tī 图〚化〛アンチモン

【啼】(*嗁) tí ⊗ ①(人が声を張り上げて)泣く〚哭哭～～〛泣きじゃくる ②(鳥獣が)鳴く

【啼饥号寒】tí jī háo hán〚成〛(ひもじくて泣き寒くて叫ぶ>)衣食に事欠く、困窮する

【啼哭】tíkū 動 声を上げて泣く

【啼笑皆非】tí xiào jiē fēi〚成〛(泣くに泣けず笑うに笑えず>)どう反応してよいかわからない

【蹄】(*蹏) tí ⊗ ひづめ〚～子〛同前

【蹄筋】tíjīn 图(～儿)牛、羊、豚のアキレス腱(料理の材料とする)

【鹈】(鵜) tí ⊗ 以下を見よ

【鹈鹕】tíhú 图 ペリカン ⇨〚海河〛

【提】tí 動 ①手に提げる、引き上げる〚～篮子〛手にかごを提げる〚～来一桶水〛水を桶に1杯汲み上げる ②(日時を)繰り上げる〚往前～三天〛3日繰り上げる ③提起する〚～要求〛要求を出す ④引き出す〚从银行～了三千元〛銀行から3千元を引き出した ⑤話題にする〚总～那件事〛いつものその事を話す〚～及〛～に言及する
⊗(T-)姓
⇨ dī

【提案】tí'àn 图 提案〚递交～〛提案を手渡す

*【提拔】tíbá 動 抜擢する〚～干部〛幹部に抜擢する

【提包】tíbāo 图〚只〛手提げかばん、バッグ

【提倡】tíchàng 動 提唱する、呼び掛ける(⇔〚倡导〛)〚～计划生育〛計画出産を奨励する

【提成】tíchéng 動(～儿)(売上げなどの総額から)一定の割前を取る

【提纯】tíchún 動 精錬する

【提词】tící 動〚演〛舞台の陰でせりふを付ける、プロンプターを務める

【提单】tídān 图 貨物引換証、船荷証券(B/L)⇨〚提货单〛

【提纲】tígāng 图〚份〛大要、要綱、アウトライン〚发言～〛発言要旨

*【提高】tígāo 動 高める、向上させる〚～水平〛レベルを上げる〚～警惕〛警戒心を強める

*【提供】tígōng 動 提供する、供給する〚～帮助〛援助を与える〚免费～〛無料で供給する

【提灌】tíguàn 動 水を汲み上げて灌漑 がいする

【提行】tí'háng 動〚印〛改行する

【提花】tíhuā 動(～儿)織機で織り出した紋様、紋織

【提交】tíjiāo 動 付託する、提出する〚～大会讨论一下〛討議するよう大会に提出する

*【提炼】tíliàn 動 精錬する、抽出する〚从煤炭中～煤焦油〛石炭からコールタールを精製する

【提梁】tíliáng 图(～儿)(かご、バッグの)取っ手、ハンドル

【提名】tí'míng 動 指名推薦する、ノミネートする

*【提前】tíqián 動 繰り上げる〚～实现〛予定より早く実現する〚～一个星期〛1週間早める 反〚推迟〛

【提挈】tíqiè 動〚書〛①率る ②世話する

【提亲】tí'qīn 動 縁談を持ちかける ⇨〚提亲事〛

【提琴】tíqín 图〚把〛バイオリン類の弦楽器〚大～〛チェロ〚中～〛ヴィオラ〚小～〛バイオリン〚低音～〛コントラバス

【提取】tíqǔ 動 ①(預けたものを)引き出す、受け取る〚～存款〛預金を引き出す ②抽出する

【提神】tí'shén 動 元気を回復する、精神をふるい起こす〚咖啡能～醒脑〛コーヒーは神経を刺激し元気を回復する

【提审】tíshěn 動 ①(法廷で)審問する ②上級審で再審理する

【提升】tíshēng [動] ①昇進(昇格)させる ②運び上げる［～机］巻き揚げ機
*【提示】tíshì [動] 指摘する，示す，気付かせる
【提手旁】tíshǒupáng [名]〖語〗手へん [同]《口》［提手儿］
【提速】tí▾sù [動] スピードをあげる
**【提问】tíwèn [動] 質問する，(多く教師が生徒に)問題を出す
【提箱】tíxiāng [名] トランク，スーツケース
【提线木偶】tíxiàn mù'ǒu [動] 操り人形，マリオネット
【提携】tíxié [動] ①子供の手を引いて歩く ②《転》(後進を) 導く〚～后学〛後学を導く
【提心吊胆】tí xīn diào dǎn《成》内心びくびくする [同]［悬心吊胆］
**【提醒】tí▾xǐng [動] 気付かせる，注意を喚起する〚～学生注意听讲〛学生によく講義を聞くよう注意をうながす
【提讯】tíxùn [動] 尋問する
【提要】tíyào [名]〔份〕摘要，要点，サマリー [同]［摘要］
*【提议】tí▾yì [動] 提案する，発議する〚我～去游泳〛泳ぎに行くことを提案する
—— tíyì [名]〔项〕提案，建議〚～通过了〛提案は通った
【提早】tízǎo [動] 繰り上げる，早まる〚～出发〛予定を早めて出発する
【提制】tízhì [動] 抽出して作る

〘缇(緹)〙 tí ⊗ミカン色

〘趧(趧)〙 tí ⊗以下を見よ

【趧鴂】tíjué [名]《書》〖鳥〗ホトトギス

【题(題)】 tí [名]〔道〕①題目，テーマ，(試験の)問題［话～］話題［试～］試験問題 ②書き記す，署名する〚～了一首诗〛(絵画に) 詩を一首書き記した
⊗(T-)姓
【题跋】tíbá [名] 題字と跋文
*【题材】tícái [名] 題材
【题词】tí▾cí [動] 記念または激励のための言葉を書く
—— tící [名]〔篇〕題詞，序文
【题解】tíjiě [名] ①解題，内容解説 ②解答詳解
【题名】tí▾míng [動] (記念や顕彰のために)名前を書き記す
—— tímíng [名] ①記念のために記した姓名 ②題名
**【题目】tímù [名] 題目，テーマ〚讲演的～〛講演のテーマ
【题字】tí▾zì [動] (記念のために) 字句を記す
—— tízì [名] (記念のために) 記された字句

〘醍〙 tí ⊗［～醐 hú］醍醐（仏教の妙法の喩え）

〘鳀(鯷)〙 tí ⊗〖魚〗カタクチイワシ［～鱼］同前

〘体(體 *躰)〙 tǐ ⊗①身体［五～投地］五体投地(チベット仏教などの礼拝の形) ②物体［液～］液体 ③文字や文章のスタイル［文～］文体 ④自ら経験する ⑤〖語〗相，アスペクト ♦文法用語としては単用
⇨tī
【体裁】tǐcái [名] (文学の)ジャンル
【体操】tǐcāo [名] 体操〚做～〛体操をする［～表演］体操演技［广播～］ラジオ体操
【体察】tǐchá [動] 体験し観察する
【体词】tǐcí [名]〖語〗体言
【体罚】tǐfá [動] 体罰を加える〚～学生〛学生に体罰を加える
【体格】tǐgé [名] 体格，体形〚～魁梧〛体格が立派だ
**【体会】tǐhuì [動] 体得する，理解する〚～大家的难处〛皆の辛さを身をもって知る
**【体积】tǐjī [名] 体積
【体力】tǐlì [名] 体力［～劳动］肉体労働
*【体谅】tǐliàng [動] 人の気持ちをくむ，思いやる〚～父母的心情〛両親の気持ちを思いやる
*【体面】tǐmiàn [名] 面目，体面 — [形] ①面目が立つ〚不～的事〛みっともない事 ②見栄えがいい，美しい〚～的衣服〛きれいな服
【体念】tǐniàn [動] 相手の身になって考える，思いやる
【体魄】tǐpò [名]《書》心身
【体式】tǐshì [名] 書体，文体
【体态】tǐtài [名] 姿勢，身のこなし
**【体贴】tǐtiē [動] 細かく配慮する，思いやる〚～老人〛老人をいたわる
【体统】tǐtǒng [名] 体裁，品位〚不成～〛格好がつかない
【体味】tǐwèi [動] (言葉や事柄の意味を)じっくり味わう，かみしめる
【体温】tǐwēn [名] 体温〚量～〛体温を計る［～计］［～表］体温計
【体无完肤】tǐ wú wán fū《成》①全身傷だらけだ ②(議論や文章が)完膚なきまでやっつけられる
【体惜】tǐxī [動] その身になっていたわる
*【体系】tǐxì [名] 体系，システム(®［系统］)［交通～］交通システム
**【体现】tǐxiàn [動] 具現する，具体的に現わす〚教学中～了改革精神〛教育の中で改革の精神を具現した
【体形】tǐxíng [名] 体形，(機械などの)形状

T

【体型】tǐxíng 图体格の型,体型
【体恤】tǐxù 動気遣いする,心にかける
【体癣】tǐxuǎn 图〖医〗ゼニタムシ
*【体验】tǐyàn 動体験する〖～农村的生活を体験する
【体液】tǐyè 图体液
*【体育】tǐyù 图体育 [～场]スタジアム [～馆]体育館 [～用品]スポーツ用品 [～运动]スポーツ
【体制】tǐzhì 图①体制,システム [管理～]管理体制 ②(詩文の)格式
【体质】tǐzhì 图体格,体質 [改变～]体質を変える
【体重】tǐzhòng 图体重

【剃】(*髯 鬀) tì 動(髪やひげを)そる [～胡子]ひげをそる [～了个光头]そって丸坊主にした
【剃刀】tìdāo 图[把]かみそり
【剃头】tì'tóu 髪をそる,理髪する

【涕】tì ⊗①涙 [～泣きやんで笑う ②鼻水 [鼻～]はな(洟),鼻汁

【悌】tì ⊗兄を敬愛する [孝～]〖書〗親に孝行し兄を敬愛する

【替】tì 動代わる [他没来,我～]彼が来ていないから,私が代わろう 一⑰…のために(働[为]) [你～我照张相吧]写真を撮ってくれませんか
⊗衰える[衰～]〖書〗衰退する
【替班】tì'bān 動(～儿)人に代わって出勤する
【替代】tìdài 取り換える,代える(働[代替]) [5号队员～他]5番の選手が彼に代わる
【替工】tì'gōng 動(～儿)人に代わって働く
— tìgōng 图(～儿)代わりの作業員
【替换】tìhuàn 動取り換える,交替する [～前锋]フォワードを替える [～尿布]おしめを替える
【替身】tìshēn 图(～儿)身代わり [当～]身代わりになる
【替死鬼】tìsǐguǐ 图身代わり,スケープゴート
【替罪羊】tìzuìyáng 图スケープゴート

【屉】(屜) tì ⊗器物の上部や中にはめる物 [椅子～]いすのクッション [抽～,chōuti]引き出し [笼～]せいろう
【屉布】tìbù 图せいろうの中に敷く目の粗い布
【屉子】tìzi 图①せいろう [笼屉] ②ベッドやいすのクッション部分 [床～]ベッドのマットレス ③引き出し

【倜】tì ⊗以下を見よ
【倜傥(俶傥)】tìtǎng 形〖書〗洒脱な,こだわりがない

【俶】tì ⊗'倜'と通用 ♦[始まる]の意ではchù と発音

【逖】(*逷) tì ⊗遠い

【惕】tì ⊗注意深い [警～]警戒する

【嚏】tì ⊗くしゃみをする [～喷 pen]くしゃみ

【天】tiān 图①空,天 [明朗的～]明るい空 ②日,昼間 [～越来越长了]日が長くなった ③時刻 [～不早了]時間が遅くなった ④気候 [～冷了]寒くなった [夏～]夏 一圄一日(24時間)を表す [过了两～]2日間過ぎた [第二～]2日目
⊗①自然の,生来の [～足]纏足 (chánzú)をしていない足 ②神,天国,楽園 ③頭上の [～桥]陸橋
【天崩地裂】tiān bēng dì liè〈成〉(天地が崩れる>)①変化がまことに大きい ②音響がすさまじい
【天边】tiānbiān 图(～儿)空の果て [远在～,近在眼前]求めるものはすぐ近くにある
【天兵】tiānbīng 图①神が率いる兵 ②無敵の軍隊
【天不怕,地不怕】tiān bú pà, dì bú pà〈俗〉(天も地も恐れない>)怖い物知らず
*【天才】tiāncái 图①天才 [～少见]天才はまれだ ②卓越した創造力 [他很有艺术～]彼は芸術に対して卓抜な才能がある
【天蚕】tiāncán 图山まゆ,天蚕
【天长地久】tiān cháng dì jiǔ〈成〉(天地のように長い>)(愛情などが)永久に変わらない
【天长日久】tiān cháng rì jiǔ〈成〉長い年月がたつ
【天车】tiānchē 图〖機〗天井クレーン
【天秤座】tiānchèngzuò 图てんびん座
【天窗】tiānchuāng 图(～儿)天窓
【天大】tiāndà 形〖多く定語として〗非常に大きい [～的好事]実に素晴らしい事
【天敌】tiāndí 图天敵
【天地】tiāndì 图①天と地 [炮声震～]砲声が天地をゆるがす ②天地,世界,範囲 [野生动物活动的～]野生動物の活動範囲
【天电】tiāndiàn 图空電,空中放電
【天蛾】tiān'é 图〖虫〗スズメガ
【天鹅】tiān'é 图[只]白鳥 [～绒]ビロード [～座]白鳥座
【天翻地覆】tiān fān dì fù〈成〉(天

地が覆る＞）大変化，大騒ぎ
【天方夜谭】Tiānfāng yètán [名] 千夜一夜物語；《転》荒唐無稽な話
【天分】tiānfèn [名] 天分，素質
【天府之国】tiān fǔ zhī guó [名] 肥沃で物産豊かな土地（四川省を指す）
【天赋】tiānfù [名] 天性 — [動] 自然が与える［～人权］天賦人権
【天干】tiāngān [名] 十干(じっかん) ♦ 甲，乙，丙，丁，戊，己，庚，辛，壬，癸の総称 [同]［十干］
【天罡星】tiāngāngxīng [名] 北斗星
【天高地厚】tiān gāo dì hòu《成》① 恩情が厚い ② 事柄が複雑である〖不知～〗事の容易ならざることを知らぬ
【天宫】tiāngōng [名] 天人の宮殿
【天公地道】tiān gōng dì dào《成》きわめて公平である
【天沟】tiāngōu [名]（屋根の）とい
【天光】tiānguāng [名] ① 空の色，時刻〖～不早了〗時刻はもう遅い ②《方》朝
【天国】tiānguó [名] 天国，パラダイス
【天河】tiānhé [名] 天の川，銀河
【天候】tiānhòu [名] 天候［全～飞机］全天候型飛行機
【天花】tiānhuā [名] ①〖医〗天然痘 ② トウモロコシの雄花
【天花板】tiānhuābǎn [名] 天井板
【天花乱坠】tiān huā luàn zhuì《成》（法話に酔って天上の花が紛々と舞い下りる＞）言葉巧みに誇張して話す
【天荒地老】tiān huāng dì lǎo《成》長い年月がたつこと [同]［地老天荒］
【天昏地暗】tiān hūn dì àn《成》（天地が暗くなる＞）世が乱れ腐敗している
【天机】tiānjī [名] 天機，天の秘密
【天际】tiānjì [名] 地平の果て
【天经地义】tiān jīng dì yì《成》絶対に正しい道理
【天井】tiānjǐng [名] ①（四方に建物がある） 狭い中庭 [関]［院子］［院落］②（明かりとりのための）天窓
★★【天空】tiānkōng [名] 天空，空〖碧蓝的～〗紺碧の空
【天籁】tiānlài [名]《書》自然界の物音，風が物にあたって鳴る音
【天蓝】tiānlán [形]〔定語として〕空色の，コバルトブルーの
【天狼星】tiānlángxīng [名]〖天〗大犬座のシリウス
【天亮】tiān liàng [動] 夜が明ける [同]［天明］
【天灵盖】tiānlínggài [名] 頭のてっぺんの骨
★【天伦之乐】tiān lún zhī lè《成》一家団欒の楽しみ
【天罗地网】tiān luó dì wǎng《成》（透き間なく張りめぐらされた包囲網＞）厳重な警戒網
【天麻】tiānmá [名]〖薬〗（漢方の）天麻（頭痛，目まいなどの薬材）
【天马行空】 tiān mǎ xíng kōng《成》（天馬空を行く＞）（詩文や書道が）奔放である
【天明】tiān míng [動] 夜が明ける [反]［天黑］
【天命】tiānmìng [名] 天命，運命
【天幕】tiānmù [名] ① 大空，天蓋 ② 舞台のホリゾント
【天南地北】tiān nán dì běi《成》（[同]［天南海北］）① 遠く離れている ② それぞれの地区 ③ あれこれ，とりとめがない
【天年】tiānnián [名] 寿命，天寿
【天牛】tiānniú [名]〖虫〗カミキリムシ
【天怒人怨】tiān nù rén yuàn《成》（天は怒り人は恨む＞）皆の憤激を買う
【天棚】tiānpéng [名] ① 天井 ② 日よけ用のアンペラ屋根 [同]［凉棚］
【天平】tiānpíng [名]〔架〕天びん
★★【天气】tiānqì [名] 天気，天候，気候〖～好转〗天候がよくなる〖～变化无常〗天候が絶えず変化する［～预报］天気予報［～图］天気図
【天堑】tiānqiàn [名] 天然の堀
【天桥】tiānqiáo [名] 跨線橋，歩道橋
【天穹】tiānqióng [名] 大空
【天球】tiānqiú [名] 天球
【天然】tiānrán [形]〔定語として〕天然の，自然の〖～的湖泊 húpō〗天然の湖
★【天然气】tiānránqì [名] 天然ガス
【天壤之别】tiān rǎng zhī bié《成》天と地の違い [同]［天渊之别］
【天色】tiānsè [名] 空模様，時刻〖～转暗〗空模様が怪しくなる
【天上】tiānshàng [名] 大空，天上［～人间］天界と下界
★【天生】tiānshēng [動] 生まれつき備わる，自然に形成される〖～的本领〗天性の才能
【天时】tiānshí [名] ① 天候，気候条件〖～不正〗天候が不順だ ② 時機
【天使】tiānshǐ [名] 天使［～鱼］エンゼルフィッシュ
★【天堂】tiāntáng [名] 天国，楽園
【天体】tiāntǐ [名] 天体
【天天】tiāntiān [名]（～儿）毎日〖～锻炼身体〗毎日トレーニングする
【天庭】tiāntíng [名] 額(ひたい)の中央［～饱满］（福相として）額が広い
【天头】tiāntóu [名] 本のページの上端の空白部分 [関]［地头］
【天王星】tiānwángxīng [名]〖天〗天王星
【天网恢恢，疏而不漏】 tiānwǎng huīhuī, shū ér bú lòu《成》天網恢恢(かいかい)疎にして漏らさず，天に張りめぐ

T

らした網は大きくて目が粗いが,悪人はそれを逃れることはできない♦'天网恢恢'のみでも使う

*【天文】tiānwén 图 天文 [~馆]プラネタリウム [~台] 天文台 [~学] 天文学 [~望远镜] 天体望遠鏡

【天下】tiānxià 图 天下,世の中(⇨[口][天底下]) [~无难事,只怕有心人] 志さえあれば難しいことはない

【天仙】tiānxiān 图 ①女神 ②美人

【天险】tiānxiǎn 图 自然の要害

【天线】tiānxiàn 图 アンテナ [室内~]室内アンテナ [抛物面~]パラボラアンテナ

【天象】tiānxiàng 图 天体の現象 [~仪] プラネタリウム

【天晓得】tiān xiǎode《俗》神のみぞ知る,あにはからんや(⇨[天知道]

【天蝎座】tiānxiēzuò 图 さそり座

【天性】tiānxìng 图 天性,本性 [~暴露了] 本性が現われた

【天悬地隔】tiān xuán dì gé《成》天地の隔たりがある

【天旋地转】tiān xuán dì zhuǎn《成》(天地が回る>) ①重大な変化 ②目が回る ③大騒ぎする

【天涯】tiānyá 图 空の果て,遠く隔たった土地 [~海角] 天地の果て

【天衣无缝】tiān yī wú fèng《成》(天の衣服には縫い目がない>) 少しの欠陥もない,完全無欠だ

【天鹰座】tiānyīngzuò 图〖天〗わし座

【天灾】tiānzāi 图〔场〕天災 [~人祸] 天災と人災

【天葬】tiānzàng 图 鳥葬(死体を鳥に食わせる葬法)

【天真】tiānzhēn 形 無邪気な,単純な [这孩子~极了] この子はとても無邪気だ [你想得太~了] 君の考えは単純すぎるよ

【天职】tiānzhí 图 天職

【天诛地灭】tiān zhū dì miè《成》(ののしりや誓いの語で)神のばちがあたる,天罰を受ける

【天竹】tiānzhú 图〖植〗ナンテン ⇨[南天竹]

【天竺】tiānzhú 图 天竺,インドの古称 [~葵] ゼラニウム [~鼠] 天竺ネズミ,モルモット

【天主教】tiānzhǔjiào 图 天主教,ローマカトリック教

【天资】tiānzī 图 素質,天分 ⇨[天赋]

【天子】tiānzǐ 图 天子,皇帝

【天字第一号】tiān zì dì yī hào《成》世界一,最高のもの

【添】tiān 動 ①加える,増やす [~饭] ご飯のおかわりをする [给您~麻烦了] ご面倒をお掛けしました ②《方》子供を生む [他家~了个孙子] 彼の家に孫が生まれた

【添补】tiānbu 動 補充する(⇨[增补]) [~三件衣服] 服を3着増やす

【添加】tiānjiā 動 添加する [~剂] 添加剤

【添乱】tiān'luàn 動 面倒を増やす,邪魔する

【添枝加叶】tiān zhī jiā yè《成》枝葉を付ける,尾ひれを付ける ⇨[添油加醋]

【添置】tiānzhì 動 買い足す [~家具] 家具を買い足す

【田】tián 图 [块・亩] 田,畑,フィールド [农~] 耕地 [稻~] 稲田 ⊗ ①狩をする ♦'畋''佃'とも ② (T-) 姓

【田地】tiándì 图 ①[块・亩] 田畑 ②立場,苦境(⇨[地步]) [事情搞到了这一步~] 事は既にこのような状態にまでなってしまった

【田埂】tiángěng 图〔条〕畦道

【田鸡】tiánjī 图 ①〖鸟〗クイナ ②蛙 ♦'青蛙'の通称

【田间】tiánjiān 图 野良,農村 [~劳动] 野良仕事 [~管理] 農作物の種まきから収穫までの管理

*【田径】tiánjìng 图〖体〗フィールドとトラック [~赛] 陸上競技

【田鹨】tiánliù 图〖鸟〗タヒバリ

【田螺】tiánluó 图 タニシ

【田亩】tiánmǔ 图 (総称として) 田畑

【田七】tiánqī 图 ニンジンサンシチ(人参三七)の根 ♦強壮,止血作用がある ⇨[三七]

【田赛】tiánsài 图〖体〗フィールド技 [~场] 陸上競技場

【田鼠】tiánshǔ 图〔只〕畑ネズミ

*【田野】tiányě 图 田野,野外 [江南的~] 江南の田野 [迷恋~] 田野に魅せられる [~调查] [~工作] フィールドワーク(野外工作'とも)

【田园】tiányuán 图 田園,田舎 [荒芜的~] 荒れ果てた田園

【畑】tián 图 はたけ ♦日本製の漢字,'畠'とも書く

【钿】(鈿) tián ⊗《方》硬貨,金銭 [铜~] 銅貨 ⇨ diàn

【恬】tián ⊗ ①静かな [~适] (書)静かで快適な ②平気な,気にしない

【恬不知耻】tián bù zhī chǐ《成》恬として恥じない

【恬淡】tiándàn 形 無欲な,執着しない

【恬静】tiánjìng 形 静かな,安らかな [环境清幽~] 環境は清らかで静か

である
【恬然】tiánrán 形〔書〕落ちついた

【甜】tián 形 ①〔口〕甘い〔~的苹果〕甘いリンゴ ②心地よい

【甜】tián 形 ①〔苦〕〔香~〕甘くておいしい ②(眠りが)快い〔~~地睡〕気持ちよく眠る ③愛らしい〔~~地笑〕愛らしく笑う

【甜菜(菾菜)】tiáncài 名〔植〕テンサイ,砂糖大根 同〔糖萝卜〕

【甜瓜】tiánguā 名〔植〕マクワウリ 同〔香瓜〕

【甜美】tiánměi 形 ①甘い〔~的苹果〕甘いリンゴ ②心地よい

【甜蜜】tiánmì 形 甘い,楽しい,幸せな〔~的梦境〕楽しい夢の世界

【甜面酱】tiánmiànjiàng 名 甘みそ 同〔甜酱〕

【甜丝丝】tiánsīsī 形 (~儿的) ①ほどよく甘い〔这个菜~的〕この料理は甘くておいしい ②幸せな

【甜品】tiánpǐn 名 甘い食品,甘いお菓子

【甜食】tiánshí 名 甘い食品

【甜水】tiánshuǐ 名 ①(鉱物質の少ない)飲料に適した水 同〔苦水〕 ②幸せな環境

【甜头】tiántou 名 (~儿) ①ほのかな甘さ ②旨み,利益〔尝到~〕旨みを味わった

【甜言蜜语】tián yán mì yǔ《成》甘い言葉

【填】tián 動 ①(穴,空所を)埋める,ふさぐ(同〔~塞 sè〕)〔~缝儿 fèngr〕すきまを埋める ②書き込む〔~姓名〕氏名を書き入れる〔~申请表〕申請書に書き込む

【填报】tiánbào 動 表に書き込んで上級に報告する

【填补】tiánbǔ 動 不足を埋める,補填する〔~亏空 kuīkong〕赤字を補填する

【填充】tiánchōng 動 ①詰めてふさぐ ②(試験問題で)穴埋めする 同〔填空〕

【填词】tián'cí 動 一定の格式('词牌 cípái')にあてはめて'词'を作る

＊【填空】tián'kòng 動 ①空きを埋める ②(試験問題で)空所を埋める

【填料】tiánliào 名 充填材,詰め物,パッキング

【填写】tiánxiě 動 書き込む〔~住址〕住所を書き込む〔~订单〕注文書に書き込む

【填鸭】tiányā 名 (北京ダック用の)アヒルの口に餌を詰め込む〔~式教学法〕詰め込み主義教育法 一 名〔只〕詰め込み飼育されたアヒル

【填(闐)】tián ⊗ 満ちる

【殄】tiǎn ⊗ かたじけない〔~为代表〕かたじけなくも代表となった

【舔】tiǎn 動 なめる〔~了一下嘴唇〕ちょっと唇をなめた

【殄】tiǎn ⊗ 絶える,尽きる〔~灭〕〔書〕絶滅する

【腆】tiǎn 動〔方〕(胸や腹を)突き出す〔~肚子〕腹を突き出す ⊗ 豊かな

【觍(靦)】tiǎn 動 ずうずうしくする〔~着脸〕厚かましくする ⊗ 恥じている

【掭】tiàn 動 (硯の上で)筆先を調える

【佻】tiāo 形 軽薄な〔轻~〕軽はずみな

【挑】tiāo 動 ①選ぶ,より分ける〔~西瓜〕スイカを選ぶ〔~毛病〕粗探しをする〔~礼〕礼儀のことでうるさく言う〔~食〕偏食する ②天びん棒で担ぐ〔~柴火〕たきぎを担ぐ 一 量 (~儿)天びん棒とその両端の荷 一 量 (~儿)天びん棒の荷の数を数える〔一~水〕ひと担ぎの水
⇨tiǎo

【挑刺儿】tiāo'cìr 動〔方〕粗探しをする

【挑肥拣瘦】tiāo féi jiǎn shòu《成》(脂身を選よ'り赤身を選ぶ>) えり好みをする

【挑夫】tiāofū 名 荷担ぎ人夫 同〔挑脚的〕

【挑拣】tiāojiǎn 動 (物を)選ぶ,選る〔从矿石中~金刚石〕鉱石からダイヤモンドを選ぶ

【挑毛拣刺】tiāo máo jiǎn cì《成》(毛を選り刺を選ぶ>) 粗探しをする,けちをつける

＊【挑剔】tiāoti 動 粗探しをする,重箱の隅をつつく〔吃穿上太~了〕食べ物や着る物にうるさすぎる

【挑选】tiāoxuǎn 動 (適当なものを)選ぶ

【挑字眼儿】tiāo zìyǎnr 動 (言葉,字句の)粗探しをする,言葉じりをとらえる

【挑子】tiāozi 名〔副〕天びん棒とその担ぎ荷

【祧】tiāo ⊗ ①先代の跡を継ぐ ②遠い祖先を祭る廟

【条(條)】tiáo 量 細長い物を数える〔一~鱼〕1匹の魚〔一~裤子〕1着のズボン〔一~河〕一筋の川〔一~街〕一筋の大通り
⊗ ①細枝〔枝~〕木の枝 ②細長い物〔面~儿〕うどん〔钢~〕棒鋼 ③簡単な書き付け〔借~〕借用メモ ④条理 ⑤項目〔~陈〕項目ご

【条案】tiáo'àn 图〔张〕(置き物を載せる)細長い机
【条凳】tiáodèng 图 長い腰掛け、ベンチ㊥[板凳]
【条幅】tiáofú 图(書画の)条幅
*【条件】tiáojiàn 图① 条件，要素［提供有利～]有利な条件を与える［～反射]条件反射 ②状況，コンディション［身体～很差]身体の状況がよくない ③要求，基準[他们提出的～太高]彼らが求める基準は高すぎる
*【条款】tiáokuǎn 图〔项〕条項，項目[最惠国～]最恵国条款
*【条理】tiáolǐ 图 物事の筋道[他讲话很有～]彼の話はなかなか筋道がたっている
【条例】tiáolì 图 条例，規則[～通过了]条例が採択された
【条令】tiáolìng 图(軍隊の) 条令，規定
【条目】tiáomù 图 条目[宪法的～]憲法の条項
【条绒】tiáoróng 图 コールテン㊥[灯心绒]
【条文】tiáowén 图(法律の)条文
【条纹】tiáowén 图 縞ѕ，縞模様[～布]ストライプの布地
【条形码】tiáoxíngmǎ 图 バーコード
*【条约】tiáoyuē 图 条約［签署～]条約に署名する
【条子】tiáozi 图 ①細長い物［纸～]細長い紙片 ②〔张〕書き付け，メモ

【调(調)】tiáo 動 整える，程よくする[～味儿]味を整える
Ⓧ①適度である［失～]バランスを欠く ②挑発する，からかう
⇨ diào
【调处】tiáochǔ 動 調停する
【调羹】tiáogēng 图［把]ちりれんげ
*【调和】tiáohé 動 ①調停する，とりなす［～纠纷]もめごとを仲裁する ②妥協する［没有～的余地]妥協の余地がない ― 形 適度である，程よい[雨水～]降雨が適度だ
【调护】tiáohù 動 看護する，世話する
【调剂】tiáojì 動 ①薬を調合する，調剤する ②調節する[～精神]気分を転換する
【调教】tiáojiào 動 ①しつける ②(動物を)調教する
*【调节】tiáojié 動 調節する[～生产]生産を調節する
*【调解】tiáojiě 動 調停する，仲裁する[～分歧]食い違いを仲裁する
【调侃】tiáokǎn 動(言葉で)からかう
【调理】tiáolǐ/tiáolǐ 動 ①養生する[～身体]保養をする ②世話する

[～伙食]賄いをする ③訓練する[～猎犬]猟犬を訓練する
*【调料】tiáoliào 图 調味料，スパイス㊥[作料]
【调弄】tiáonòng 動 ①からかう ②調節する，順序立てる ③けしかける
【调配】tiáopèi 動(薬・色などを)調合する[～药剂]薬を調合する
*【调皮】tiáopí 彫 腕白な，いたずらな[～(顽皮)][～的孩子]手に負えない子供
【调情】tiáoqíng 動(男女が)いちゃつく
【调色板】tiáosèbǎn 图 パレット
【调唆】tiáosuo/tiáosuō 動 そそのかす[～孩子闹事]子供をそそのかして騒ぎを起こす
【调停】tiáoting/tiáotíng 動 調停する，仲裁する[～争端]紛争の調停をする
【调味】tiáoˇwèi 動 味を調える
【调戏】tiáoxi/tiáoxì 動(女性を)からかう，ふざける[～妇女]女性をからかう
【调笑】tiáoxiào 動 からかう，ちゃかす
【调谐】tiáoxié 彫 調和のとれた ― 動(周波数を)同調させる，チューニングする
【调谑】tiáoxuè 動 からかう㊥[调笑]
【调养】tiáoyǎng 動 養生する[～身体]体を養う
*【调整】tiáozhěng 動 調整する[～机构]機構を調整する[计划的～]計画の調整
【调治】tiáozhì 動 養生する，治療する
【调制】tiáozhì 動 ①[電]変調させる ②調合する[～鸡尾酒]カクテルを作る
【调制解调器】tiáozhì jiětiáoqì 图 モデム

【蜩】tiáo Ⓧセミ
【岧】tiáo Ⓧ[～～](書)山の高いさま
【迢】tiáo Ⓧはるかに遠い[千里～～]千里はるか
【苕】tiáo 以下を見よ ⇨ sháo
【苕子】tiáozi 图[植]ノウゼンカズラ
【笤】tiáo 以下を見よ
【笤帚】tiáozhou 图[把]草ぼうき
【龆(齠)】tiáo Ⓧ 乳歯が生えかわる[～龀 chèn](書)童年
【髫】tiáo Ⓧ 子供が下に垂らしている髪[～年]幼年
【挑】tiǎo 動 ①(竿などで)高く揚げる，支える[棍

上～着一挂鞭炮〗一連の爆竹を棒の上にかかげる ②(棒などで) 突く, かき立てる〖～火〗火をかき立てる ③そそのかす〖～事〗もめ事を引き起こす ━[名]漢字のはね《㇀》
⇨tiāo
★【挑拨】tiǎobō [動] 挑発する, 離間する〖～他们俩闹矛盾〗二人をそそのかして仲違いさせる［～离间 jiàn］仲を引き裂く
【挑大梁】tiǎo dàliáng [動] 大黒柱となる, 主役を演じる
【挑动】tiǎodòng [動] そそのかす, 引き起こす〖～内战〗内戦を起こさせる
【挑逗】tiǎodòu [動] からかう, じらす [同][逗弄]
【挑花】tiǎo▾huā [動] (～儿) クロスステッチ(刺繡)をする
【挑弄】tiǎonòng [動] ① そそのかす ②からかう
【挑唆】tiǎosuo/tiǎosuō [動] そそのかす
★【挑衅】tiǎoxìn [動] 挑発する〖～的口吻〗挑発的な口振り
★★【挑战】tiǎo▾zhàn [動] 挑戦する, 挑む〖接受～〗挑戦を受ける
〘朓〙 tiǎo [×] (陰暦の月末) 月が西に出る
〘窕〙 tiǎo [×] →［窈～ yǎotiǎo］
〘眺〙 tiào [×] 眺める［远～］遠くを眺める
【眺望】tiàowàng [動] 遠望する, 見渡す〖～云海〗はるか雲海を眺める
【跳】 tiào [動] ① 跳ぶ, 飛び上がる〖～下去〗跳びおりる〖～皮筋儿〗ゴムひも跳びをする ②鼓動する, ぴくぴくする〖眼皮～〗まぶたがぴくぴくする〖心脏～得很快〗心臓の鼓動が早い ③飛び越える［～班］飛び級する
【跳板】tiàobǎn [名]〔块〕①(船から岸に掛けた) 渡り板 ②《転》仮に身を置く場所, 腰掛け ③(水泳の飛び込み用)飛び板
【跳槽】tiào▾cáo [動]《転》くら替えする, 転職する
【跳虫】tiàochóng [名]〖虫〗トビムシ
【跳动】tiàodòng [動] 鼓動する, 脈打つ〖动脉的～〗動脈の鼓動
【跳房子】tiào fángzi [動] 石けり遊びをする [同][跳间儿]
【跳高】tiàogāo [名]〖体〗走り高跳び
【跳行】tiào▾háng [動] ①(読書や書写で) 行を飛ばす ②職業を変える, 商売替えする [同][改行]
【跳级】tiào▾jí [動] 飛び級する [同][跳班]
【跳脚】tiào▾jiǎo [動] (～儿) 足を踏みならす, 地団駄を踏む [同][跺脚]
【跳梁(跳踉)】tiàoliáng [動] 跳ね回る, のさばる, 跋扈(ばっこ)する
【跳马】tiàomǎ [名]〖体〗跳馬
【跳棋】tiàoqí [名]〔副·盘〕ダイヤモンドゲーム
【跳伞】tiào▾sǎn [動] パラシュートで降下する, スカイダイビングをする
【跳神】tiào▾shén [動] (～儿) シャーマンや巫女が神がかりになって踊る
【跳绳】tiào▾shéng [動] (～儿) なわ飛びをする
【跳水】tiàoshuǐ [名]〖体〗飛び込み［高台～］高飛び込み
【跳台】tiàotái [名] 飛び込み台, ジャンプ台［～滑雪］スキージャンプ
★★【跳舞】tiào▾wǔ [動] ダンスをする
【跳箱】tiàoxiāng [名]〖体〗飛び箱〖跳～〗飛び箱を跳ぶ
【跳远】tiàoyuǎn [名]〖体〗走り幅跳び
【跳月】tiàoyuè [名] (ミャオ族やイ族などの) 月夜に野外で集団で行う踊り
★【跳跃】tiàoyuè [動] ジャンプする［～运动］跳躍運動
【跳蚤】tiàozao [名]〖虫〗〔只〕ノミ([同][虼蚤 gèzao])［～市场］のみの市
【粜(糶)】 tiào [動] (穀物を) 売る〖～米〗米を売る
〘帖〙 tiē [×] ① 従順な('贴'とも)［服～］素直である ②妥当な ③(T-)姓
⇨tiě, tiè
【贴(貼)】 tiē [動] ① 貼る, 貼りつける〖～邮票〗切手を貼る ②くっつく〖嘴～着耳朵说〗耳に口をくっつけて話す ③補助する〖～生活费〗生活費を補助する ━[量]膏薬を数える〖一～膏药〗膏薬1枚
【贴边】tiēbiān [名]〔条〕衣服のへり, 縁
—— tiē▾biān [動] (ある事柄と) 少し関連する
【贴饼子】tiēbǐngzi [名]〔张〕トウモロコシやアワの粉を練り大鍋に貼りつけて焼いた食品
【贴补】tiēbǔ [動] 補助する〖～孤儿〗孤児を援助する
【贴己】tiējǐ [形] ①親しい ②《方》へそくりの
【贴金】tiē▾jīn [動] ① 金箔をつける ②外観を飾る, 美化する
【贴近】tiējìn [動] 接近する, ぴったりつける
【贴谱】tiēpǔ [形] (規則や実際と) ぴったり合った, 妥当な
【贴切】tiēqiè [形] (言葉が) 適切な, ぴったりだ〖～的比喻〗的確な比喩
【贴身】tiēshēn [形] ① (～儿) 肌身につける〖～衣服〗肌着 ②(服が)

T

ぴったり合う，フィットする
【贴水】tiēshuǐ [名] 両替差額，手数料
【贴题】tiētí [形] 直接関連した，的を射た
【贴息】tiēxī [名] 手形割引の利息 — [動] 手形割引をする
【贴现】tiēxiàn [動] 手形を割る
【贴心】tiēxīn [形] 親密な，心からの 〖～的朋友〗最も親しい友人

【帖】tiě [名]（～儿）書き付け，メモ — [量]《方》漢方薬の1服
⊗①招待状［请～］同前 ②'生辰八字'（生年月日時の干支）などを記した書状［年庚～子］同前
⇨tiē, tiè

【铁（鐵）】tiě [名] 鉄 〖炼～〗鉄を精錬する — [形]〔多く定語として〕かたい，揺るぎない 〖这是～的事实〗これは揺るぎない事実だ
⊗①武器 ②（T-）姓
【铁案如山】tiě àn rú shān《成》確実な証拠で裏付けられている
【铁板】tiěbǎn [名] 鉄板 ［～一块］（団結した）一枚岩
【铁笔】tiěbǐ [名]〔支〕①篆刻(てんこく)用の小刀 ②がり版の鉄筆
【铁饼】tiěbǐng [名]〖体〗円盤投げ，円盤 〖掷～〗円盤投げ(をする)
【铁杵磨成针】tiěchǔ móchéng zhēn《成》（鉄のきねを磨いて針にする＞）何事も努力を続ければ成し遂げられる
【铁窗】tiěchuāng [名] 鉄格子をはめた窓，監獄
【铁搭（铁锴）】tiědā [名]〔把〕まぐわの一種
【铁打】tiědǎ [形]〔定語として〕鉄で打った，堅固な
【铁道】tiědào [名] 鉄道 [同]［铁路］
【铁定】tiědìng [形]〔多く定語として〕確固とした，動かない 〖～的事实〗揺るぎない事実
【铁饭碗】tiěfànwǎn [名] 鉄の茶わん，絶対食いはぐれのない安全な職業 〖打破～〗国家丸抱えの給料制度を打破する
【铁工】tiěgōng [名] 鉄製品を作ったり修理する仕事，またはその職人
【铁轨】tiěguǐ [名]〔条〕（鉄道の）レール [同]［钢轨］
【铁甲】tiějiǎ [名] 鎧(よろい)，装甲 ［～车］装甲車
【铁匠】tiějiang/tiějiàng [名] 鍛冶屋
【铁矿】tiěkuàng [名] 鉄鉱
【铁路】tiělù [名]〔条〕鉄道 ［～运输］鉄道輸送 ［～客运量］鉄道旅客輸送量
【铁面无私】tiě miàn wú sī《成》きわめて公正無私である
【铁牛】tiěniú [名]《口》トラクター [同]《普》［拖拉机］
【铁皮】tiěpí [名] 鉄板，ブリキ，トタン
【铁器】tiěqì [名] 鉄器 ［～时代］鉄器時代
【铁锹】tiěqiāo [名]〔把〕スコップ，シャベル
【铁青】tiěqīng [形] 青黒い，（顔色が）土色の 〖他板着～的脸，没有一句话〗彼は青ざめた顔をこわばらせたまま何も言わなかった
【铁拳】tiěquán [名] 鉄拳
【铁人三项】tiěrén sānxiàng [名]〖体〗トライアスロン
【铁砂】tiěshā [名] ①砂鉄 ②散弾
【铁杉】tiěshān [名]〖植〗ツガ
【铁石心肠】tiě shí xīncháng《成》情に流されない人，非情な心
【铁树】tiěshù [名]〖植〗ソテツ（[同]［苏铁］）［～开花］ソテツの木に花が咲く，きわめて稀である
【铁水】tiěshuǐ [名] 溶解した銑鉄(せんてつ)
【铁丝】tiěsī [名]〔条・根〕針金，鉄線 ［～网］金網，鉄条網 ［带刺～］有刺鉄線
【铁索】tiěsuǒ [名] ケーブル，チェーン ［～吊车］ケーブルカー ［～桥］鉄ロープのつり橋
【铁塔】tiětǎ [名]〔座〕①鉄塔，鉄さび色の塔 ②高圧線の鉄塔
【铁蹄】tiětí [名] 鉄蹄(てってい)；《転》人民への残酷な抑圧
【铁腕】tiěwàn [名]〔副〕鉄腕，剛腕
【铁锨】tiěxiān [名]〔把〕鉄製のシャベル，スコップ
【铁心】tiě'xīn [動] 決意を固める
【铁芯】tiěxīn [名]〖電〗鉄心
【铁锈】tiěxiù [名] 鉄さび
【铁证】tiězhèng [名] 動かぬ証拠 ［～如山］反証を許さぬ揺るぎない証拠

【帖】tiè [名] 習字や絵の手本 ［碑～］拓本 ［法～］法帖(ほうじょう)
⇨tiē, tiě

〔餮〕tiè ⊗→［饕 tāo ～］

【厅（廳＊庁）】tīng [名] 広間，ホール ［～堂］同前 ［餐～］食堂，レストラン
⊗役所，オフィス ［办公～］事務局 ［教育～］教育庁

〔汀〕tīng 水際(みぎわ)，砂洲

【听（聽＊聴）】tīng [動] ①聞く 〖～广播〗放送を聞く 〖～汇报〗報告を聞く ［～课］授業を聞く ②従う，聞き入れる 〖～劝告〗忠告を聞き入れる — [量] 缶入りの物を数える 〖一～啤酒〗缶ビール1本 〖两～茶叶〗茶筒2缶のお茶 ［～装］缶入り

T

⊗① 任せる [～之任之] 任せっきりにする ② 判断する
【听便】tīng'biàn 動 都合に任せる
【听不懂】tīngbudǒng 動 聞いても理解できない ⊗[听得懂]
【听差】tīngchāi 图[旧]下男, 従僕
【听从】tīngcóng 動 従う [～指挥] 指揮に従う [～安排] 手管に従う
【听而不闻】tīng ér bù wén《成》聞き流す, 耳に入れない
【听候】tīnghòu 動 (指示や決定を) 待つ
【听话】tīng'huà 動 ① (目上の者の) 言うことを聞く, 従う ② (～儿) 人の返事を待つ
【听见】tīngjiàn 動 聞こえる, 耳に入る [～一种奇怪的声音] へんな音が聞こえる [听不见] 聞こえない
【听讲】tīng'jiǎng 動 講義や講演を聞く
【听觉】tīngjué 图 聴覚
【听力】tīnglì 图①(外国語の) ヒヤリングの能力 [～课] ヒヤリング授業 ② 聴力 [～检查] 聴力検査
【听凭】tīngpíng 動 好きにさせる, 自由に任せる(㊥[听任]) [婚事怎么办, 你自己作主] 結婚をどうするかは君が自分で決めたらいい
【听其自然】tīng qí zìrán《成》成り行きに任せる
【听取】tīngqǔ 動 (意見や報告を) 聞く [～大家的意见] 皆の意見に耳を傾ける
【听说】tīng'shuō 動 人の話として聞く, 聞くところによると…である(㊥[听人说]) [这事我早就～过] その件ならとっくに聞いている [～书已经结束了] 書籍市はもう終わったそうだ
【听天由命】tīng tiān yóu mìng《成》天命に任せる
【听筒】tīngtǒng 图①(電話の) 受話器 ② 聴診器
【听写】tīngxiě 動 聞き取りをする, ディクテーションをする
【听信】tīngxìn 動 聞いて信じ込む [～谣言] デマを真に受ける
—— tīng'xìn 動 (～儿) 知らせを待つ
【听诊】tīngzhěn 動 聴診する [～器] 聴診器
【听众】tīngzhòng 图 聴衆, リスナー

【烃】(烴) tīng 图《化》炭化水素
【廷】tíng ⊗ 朝廷 [宫～] 宮廷
【庭】tíng ⊗① 庭 ② 法廷 [～长 zhǎng] 裁判長
【庭园】tíngyuán 图 花木を植えてある庭, 住宅に付属する庭園
【庭院】tíngyuàn 图 中庭

【蜓】tíng ⊗→[蜻 qīng ～]
【霆】tíng ⊗ 雷, 霹靂 pīlì
【亭】tíng ⊗① あずまや, ボックス [书～] 街頭の本の売店 [公用电话～] 公衆電話ボックス ② 均衡が取れている
【亭亭】tíngtíng 形《書》(樹木などが) まっすぐに伸びている [～玉立] (女性が) すらっとして美しい
【亭午】tíngwǔ 图《書》正午
【亭子】tíngzi 图 あずまや, 亭
【亭子间】tíngzijiān 图 (上海などの) 中二階の部屋 ♦台所の上にあり狭くて暗い

【停】tíng 動 ① 停止する, 止まる [～电了] 停電になった [雨～了] 雨がやんだ [～手] (仕事の) 手を止める ② 留まる, 滞在する [在重庆了三天] 重慶で3日留まった ③ 停泊する, 停車する, 止める [门口～着一辆汽车] 家の前に車が1台止めてある 一圈[口] 総数をいくつかに分け, その中の一つを'一停(儿)'という [三～有两～是好的] 3つのうち2つがよいものだ
【停摆】tíng'bǎi 動 ① 振子が止まる [钟～了] 時計が止まった ② 物事が中断する
*【停泊】tíngbó 動 (船が) 停泊する
【停产】tíng'chǎn 動 生産を停止する
【停车】tíng'chē 動 ① 停車する, 駐車する [～场] [～处] 駐車場 ② 機械が止まる
【停当】tíngdang 形 整っている, 完成している [一切都～了] すべて整った [屋子已经收拾～] 部屋はもう片付けた
*【停顿】tíngdùn 動 ① 中断する [～了几个月] 数か月中断した ② 間をとる, ポーズをおく 一 图 間, ポーズ [朗读的～] 朗読の間
【停放】tíngfàng 動 (車を) 止めておく [～自行车] 自転車を止めておく [～棺材] 棺おけを安置する
【停工】tíng'gōng 動 仕事を止める, 操業を停止する
【停航】tíng'háng 動 (飛行機や船舶が) 欠航する
【停火】tíng'huǒ 動 発砲をやめる, 休戦する [～协议] 停戦協議
【停刊】tíng'kān 動 (新聞, 雑誌が) 発行を停止する
【停靠】tíngkào 動 (船や列車が) 留まる, 停船(停車)する
【停留】tíngliú 動 とどまる, 逗留する [在西安～了一周] 西安で1週間留まった
【停食】tíng'shí 動 消化不良になる,

食もたれになる

【停歇】tíngxiē 動 ①廃業する ②休む,休憩する［在小树林里～］林の中で休む ③止める,止む

【停学】tíng'xué 動 停学にする,学校を中退する

【停业】tíng'yè 動 休業する,営業を停止する

【停战】tíng'zhàn 動 停戦する

【停职】tíngzhí 動 停職処分にする

*【停止】tíngzhǐ 動 停止する,止まる［歌声～了］歌声がやんだ［～演出］公演をやめる

*【停滞】tíngzhì 動 停滞する,止まる［一直～不前］ずっと停滞したままだ

【葶】 tíng ⊗ ［～苈 lì］［植］イナズナ

【婷】 tíng ⊗ 以下を見よ

【婷婷】tíngtíng 形《書》(女性や樹木が)美しい,しなやかだ［裳裳～］《書》女性がしなやかに歩く様子

【淳】 tíng ⊗ 水が滞る

【町】 tíng ⊗ 田地(の境界) ◆日本の地名の中ではふつうdīngと発音

【挺】 tǐng 動 ①まっすぐにする,突き出す［～着肚子］腹を突き出している ②耐える,持ちこたえる［便～不住］［～得住吗？］我慢できますか —— とても,かなり［电影～好看］映画はとても面白い —— 量 機関銃を数える［两～机枪］機関銃2丁

*【挺拔】tǐngbá 形 ①まっすぐそびえている［峰峦～］山峰が高くそびえる ②(書画の筆力が)強い［～的字体］力強い字体

【挺进】tǐngjìn 動 前へ突き進む［队伍朝城市～］部隊は都市に向かって突き進んだ

【挺举】tǐngjǔ 名《体》(重量挙げの)ジャーク

【挺立】tǐnglì 動 直立する,動ぜずに立ち向かう［～着一排白杨］ポプラの列が立ち並んでいる

【挺身】tǐng'shēn 動 背すじをぴんと伸ばす,勇敢に立ち向かう［～而出］困難に対し果敢に闘う

【挺秀】tǐngxiù 形 (体つき,樹木が)すっきりして高い［身材～］すらっと背が高い

【挺直】tǐngzhí 動 (体を) まっすぐに伸ばす

【梃】 tǐng ⊗ ①棍棒 ②戸や窓の縦の枠に［～子］同前

【珽】 tǐng ⊗ 玉の笏 ◆'笏'はhùと発音

【铤】(鋌) tǐng ⊗ 速く歩くさま［～而走险］

向こう見ずに行う

【艇】 tǐng ⊗ ボート,小船［快～］モーターボート［游～］遊覧船

【颋】(頲) tǐng ⊗ 剛直な

【恫】(恫) tōng ⊗ (病気で)痛む

⇨dòng

【通】 tōng 動 ①通る,通じる,達する［这条路～北京］この道は北京に通じる ②通す［～烟袋］キセルの管を通す ③つながる,往き来する［～不了消息］音信不通だ ④わかる,通じている［～医学］医学に通じている —— 筋が通っている［这句话不～］この言葉は筋が通らない —— 量《書》文書や電報を数える

⊗ ①詳しい人,通《中国～》中国通 ②普通,一般 ［～称］通称 ③全部 ［～身］全身 ④(T-)姓

⇨tòng

【通报】tōngbào 動 上級機関が書面で下級機関に通告する(またはその文書)［向下面～］下部機関に通報する —— 名 (上位の者に)報告する,知らせる

【通病】tōngbìng 名 共通の欠点

【通才】tōngcái 名 多くの才能を備えた人

*【通常】tōngcháng 形《定語・状語として》通常,平常 ［～的情况］通常の状況 ［星期天他～不在家］彼はふだん日曜日は家にいない

【通畅】tōngchàng 形 ①よどみがない,すらすら進む ［道路～］道路がスムーズだ ［(文章が) 流れるようだ, 流暢だ

【通车】tōng'chē 動 ①開通する ②列車や車が通じている

【通彻】tōngchè 動 通暁する,徹底する

【通达】tōngdá 動 人情や道理に通じている ［～人情］人情がよくわかっている

【通道】tōngdào 名〔条〕往来,街道

【通敌】tōng'dí 動 敵に内通する

【通电】tōng'diàn 動 ①電流を通す ②電報を各地に発信し公表する ◆ラジオ・テレビがない時代の広報形式 —— tōngdiàn 名〔份〕通電 ［下野～］(旧時の政治家の)下野通電

【通牒】tōngdié 名〔份〕通牒 ［最后～］最後通牒

【通都大邑】tōng dū dà yì《成》大都市

【通读】tōngdú 動 ①通読する ［～公报］コミュニケ全文に目を通す ②読んでわかる

【通风】tōng'fēng 動 ①風を通す,換気する ［～窗］換気窓 ［～口］

【通告】tōnggào 動 通告する〖～居民〗住民に通告する ── 名〔张〕通告,告示

【通古斯】Tōnggǔsī 名 ツングース,♦アルタイ語系の民族

*【通过】tōngguò 動 ① 通る,通過する〖火车～了隧道〗列車がトンネルを通過した〖通不过〗通れない ② 採択する,成立する〖～了政府工作报告〗政府活動報告が採択された ── …を通じて,…によって〖～他认识了你〗彼を通じてあなたと知り合いになった

【通航】tōngháng 動(船や飛行機が)通行する

【通红】tōnghóng/ tònghóng 形 真っ赤な〖～的晚霞〗真っ赤な夕焼け

【通话】tōng'huà 電話で話す ── tōnghuà 動 双方共通の言語で話す

【通婚】tōng'hūn 動 婚姻によって姻戚関係を結ぶ

【通货】tōnghuò 名 通貨

*【通货膨胀】tōnghuò péngzhàng 名 インフレ

【通缉】tōngjī 動 犯人の指名手配をする〖正在～这个逃犯〗その犯人を指名手配中だ

【通奸】tōng'jiān 動 不倫する,姦通する

【通连】tōnglián 動 連なっている,接続する

【通亮】tōngliàng 形 非常に明るい,明々としている

【通路】tōnglù 名〔条〕街道,大通り

【通明】tōngmíng 形 非常に明るい〖灯火～〗灯火が明々と輝く

【通年】tōngnián 名 一年中

【通盘】tōngpán 副 全体的に,全面的に〖～安排〗全般的に手配する

【通票】tōngpiào 名〔张〕通し切符 ⑲〖联运票〗

【通气】tōng'qì 動 ① 空気を通す,換気する〖～孔〗通風孔 ② 意思疎通をよくする,連絡する〖请事先通个气〗事前にちょっと知らせて下さい

【通窍】tōng'qiào 動 よくわかる,わきまえる

【通情达理】tōng qíng dá lǐ《成》人情,道理をよくわきまえている

【通衢】tōngqú 名《書》往来のにぎやかな道路,街道

【通融】tōngróng 動 ① 融通をきかす ②(お金を)融通してもらう〖～外汇〗外貨を都合してもらう

【通商】tōng'shāng 動 通商する〖～约〗通商条約

【通史】tōngshǐ 名〔部〕通史

通气孔 ② 情報を漏らす〖～报信〗情報を知らせる

【通顺】tōngshùn 形 筋が通っている,理路整然とした〖这篇文章不太～〗この文章は余り筋が通っていない

*【通俗】tōngsú 形 通俗的な,大衆向きの〖～的读物〗一般向けの科学普及読物

【通天】tōngtiān 形 最高の,すごい〖罪恶～〗罪は非常に重い

【通通】tōngtōng 副 すべて,完全に,何もかも〖～到了吗?〗皆揃ったか

【通统】tōngtǒng 副 ⑲〖通通〗

【通途】tōngtú 名《書》広い道路,街道

【通宵】tōngxiāo 名 一晩中,夜通し〖熬了一个～〗徹夜した〖～服务部〗終夜営業の店

【通晓】tōngxiǎo 精通する

【通心粉】tōngxīnfěn 名 マカロニ

【通信】tōng'xìn 動 文通する,通信する〖跟他通过信〗彼と手紙のやりとりをしたことがある

【通行】tōngxíng 動 ① 通行する〖停止～〗通行止めになる ② 通用する

*【通讯】tōngxùn 動 通信する〖～社〗通信社〖～卫星〗通信衛星 ── 名〔篇〕通信ふうの文

【通夜】tōngyè 名 夜通し,一晩中 ⑲〖通宵〗

【通用】tōngyòng 動 通用する,通じる〖全国～〗全国的に通用する〖～的词汇〗互いに通用する語彙〖～设计〗ユニバーサルデザイン

*【通知】tōngzhī 名 通知,知らせ〖张贴～〗通知を張り出す ── 動 通知する,知らせる〖～他们这件事〗この事を彼らに通知する

【咚】tōng 擬《ふつう重ねて》早足で歩くさま,ドアをノックする音,心臓の鼓動などを表わす

【仝】 tóng ⊗ ①「同」と通用 ②(T-)姓

【同】 tóng 動 同じくする,同じだ〖完全不～〗全然違う〖～年〗同じ年,その年〖大～小异〗大同小異 ── 介 …と(⑲〖跟〗)〖～大家商量〗みんなと相談する ── 接 …と ♦並列を示す〖我～他〗私と彼 ⊗ ① 共に,一緒に〖～吃～住～劳动〗共に食べ住み働く〖～甘共苦〗苦楽を共にする ②(T-)姓〖胡同〗はhútòng/hútongと発音

【同班】tóng'bān 動 班やクラスが同じである〖我跟他～〗彼とクラスが同じだ〖～同学〗クラスメート ── tóngbān 名 クラスメート,同級生

【同伴】tóngbàn 名(～儿)仲間,

パートナー〚工作上的～〛仕事のパートナー

【同胞】tóngbāo 图①はらから，兄弟姉妹 ②同胞，同じ国民，民族〚国外的～〛海外の同胞

【同輩】tóngbèi 动 同世代である ― 图同世代の者

【同病相怜】tóng bìng xiāng lián（成）同病相哀れむ

【同仇敌忾】tóng chóu díkài（成）共通の敵に対し強い憤りを抱く

【同窗】tóngchuāng 动 同窓である ― 图同窓，同級生

【同床异梦】tóng chuáng yì mèng（成）同床異夢

【同道】tóngdào 图①同志 ②同業

【同等】tóngděng 形〖定語・状語として〗同等である〚～的级别〛同等のランク

【同恶相济】tóng è xiāng jì（成）悪党同士が共謀する

【同房】tóngfáng 图 同族，同系 ― tóng·fáng 动 ①部屋を同じくする ②房事を行う

【同甘共苦】tóng gān gòng kǔ（成）苦楽を共にする

【同感】tónggǎn 图 同感，共鳴〚读者的～〛読者の共感

【同工同酬】tóng gōng tóng chóu（成）同一労働同一賃金

【同工异曲】tóng gōng yì qǔ（成）やり方は違っても効果は同じ，同工異曲

【同归于尽】tóng guī yú jìn（成）共に滅びる

【同行】tóngháng 动 同業である ― 图 同業(者)〚夫妻～〛夫婦同業〚排挤～〛同業者を締め出す
⇨tóngxíng

【同好】tónghào 图 同好者

【同化】tónghuà 动 ①同化する〚～政策〛同化政策 ②〖語〗(音声の)同化現象を起こす

【同伙】tónghuǒ 图 ぐる(になる)

【同居】tóngjū 动 ①同居する ②同棲する

【同类】tónglèi 图 同類，同じたぐい

【同僚】tóngliáo 图〖旧〗同僚

【同流合污】tóng liú hé wū（成）悪人とぐるになって悪事を働く

【同路】tóng·lù 动 行を共にする，同道する〚～人〛同調者

【同盟】tóngméng 图 同盟

【同名】tóngmíng 动 同名である

【同谋】tóngmóu 动 共謀する〚～叛变〛共謀して裏切る ― 图 共謀者

【同期】tóngqī 图 ①同期，同じ時期 ②(学校の)同期(生)

【同情】tóngqíng 动 同情する，共鳴する〚～你的处境〛君の境遇に同情する〚～正义斗争〛正義の闘争に共鳴する

【同人(同仁)】tóngrén 图 同僚，同業人

【同上】tóngshàng 动 上に同じである，同上である

【同声传译】tóngshēng chuányì 图 同時通訳

【同时】tóngshí 图 それと同時に ― 接 それと同時に，しかも

【同事】tóngshì 图 同僚 ― tóng·shì 动 同じ職場で働く

【同室操戈】tóng shì cāo gē（成）内部闘争をする，内輪もめ

【同岁】tóngsuì 动 年齢が同じである〚和他～〛彼と同じ年齢だ

【同位素】tóngwèisù 图〖理〗アイソトープ

【同乡】tóngxiāng 图 同郷人

【同心】tóngxīn 动 心を合わせる〚～同德〛心を一つにする

【同行】tóngxíng 动 同行する
⇨tóngháng

【同性】tóngxìng 形（图〖异性〗）①同性の〚～恋〛〚～恋爱〛同性愛 ②同じ性質の

【同姓】tóngxìng 动 同姓である

【同学】tóng·xué 动 同じ学校で学ぶ ― tóngxué 图 ①学友〚高年级的～〛(学校の)先輩〚同班～〛同級生，クラスメート ②学生に対する呼称〚～们〛学生諸君，皆さん

【同样】tóngyàng 形 同じだ，同様である〚～的题材〛同じ題材〚～处理〛同じように処理する ― 副 同様に

【同业】tóngyè 图 同業(者)

【同一】tóngyī 形 ①〖多く定語として〗同一の〚～目标〛同じ目標 ②等しい

【同意】tóngyì 动 同意する，賛成する〚我～你的意见〛あなたの意見に賛成です

【同义词】tóngyìcí 图〖語〗同義語，シノニム（图〖反义词〗）

【同音词】tóngyīncí 图〖語〗同音(異義)語

【同志】tóngzhì 图 ①同志，志を同じくする人 ②(やや改まった呼称として)…さん〚王～〛王さん〚女～〛女の人 ③(見知らぬ人に呼び掛けて)もしもし，すみません（图〖师傅〗）◆②③は大陸での用法

【同舟共济】tóng zhōu gòng jì（成）助け合って困難を乗り切る

【同宗】tóngzōng 动 同族である

【侗】tóng ⊗幼い，無知な ◆'笼统'の異記表'侊侗'ではtǒngと発音
⇨dòng

【莔】tóng ⊗以下を見よ

【茼蒿】tónghāo [名] 春菊 [同][蓬蒿]

【桐】tóng ⊗〖植〗①キリ ②アブラギリ［油～］同前 ③アオギリ［梧～］同前

【桐油】tóngyóu [名] 桐油

【桐子】tóngzǐ [名] アブラギリの実(油を採る)

【铜(銅)】tóng [名] 銅

【铜板】tóngbǎn [名] 銅貨 [同][铜圆]

【铜版】tóngbǎn [名]〖印〗銅版［～画］銅版画

【铜匠】tóngjiàng [名] 銅器の職人

【铜筋铁骨】tóng jīn tiě gǔ《成》頑健な身体

*【铜矿】tóngkuàng [名] 銅鉱山

【铜绿】tónglǜ [名] 緑青(ろくしょう)

【铜模】tóngmú [名]〖印〗(活字鋳造の)母型，字母

【铜钱】tóngqián [名] 銅銭，穴あき銭

【铜墙铁壁】tóng qiáng tiě bì《成》金城鉄壁，きわめて堅固な防備 [同][铁壁铜墙]

【铜臭】tóngxiù [名] お金のにおい ♦ 金銭欲がぷんぷんすること

【铜圆(铜元)】tóngyuán [名] 銅貨

【铜子儿】tóngzǐr [名]《口》銅貨

【佟】Tóng ⊗ 姓

【彤】tóng ⊗ ①赤色 ②(T-)姓

【童】tóng ⊗ ①児童，子供［儿～］同前［牧～］牧童 ②未婚の，幼い［～女］未婚の女性，処女 ③はげた［～山］はげ山 ④(T-)姓

【童工】tónggōng [名] 児童労働(者)，少年工

*【童话】tónghuà [名]〔篇〕童話〖安徒生～〗アンデルセン童話

【童年】tóngnián [名] 幼年時代〖回顾～〗幼年時代を回顧する

【童声】tóngshēng [名] (声変わりしていない)子供の声

【童心】tóngxīn [名] 童心，無垢(むく)な心

【童养媳】tóngyǎngxí [名]《旧》トンヤンシー ♦ 将来息子の嫁にするため引きとられた娘

【童谣】tóngyáo [名]〔首〕童謡

【童贞】tóngzhēn [名] (多く女性についての)貞操，純潔

【童子】tóngzǐ [名] 男の子

【潼】Tóng ⊗［～关］潼関(どうかん)(陝西省の地名)

【朣】tóng ⊗ 以下を見よ

【朣朦】tóngméng [形]《書》明るくない

【瞳】tóng ⊗ ひとみ

【瞳孔】tóngkǒng [名] 瞳孔，ひとみ

【瞳人(瞳仁)】tóngrén [名] (～儿) 瞳孔，ひとみ

【统(統)】tǒng ⊗ ①一つながり［传～］伝統 ②全部，すべて ③筒状の物

【统舱】tǒngcāng [名] 3等船室

【统称】tǒngchēng [名][動] 総称(する)

*【统筹兼顾】tǒng chóu jiān gù《成》全体を見渡した計画を立てる [同][统筹全局]

【统共】tǒnggòng [副] 全部で，合計して

【统购】tǒnggòu [動] 統一購入する

*【统计】tǒngjì [動] 統計をとる〖～人数〗人数の統計をとる［～学］統計学

【统领】tǒnglǐng [動] 統率する

【统属】tǒngshǔ [動] 従属する，隷属する〖～国务院〗国務院に属する

【统帅】tǒngshuài [名] 統帥者〖唯一的～〗唯一の統帥者 — [動] [同][统率]

【统率(统帅)】tǒngshuài [動] 統率する，指揮する〖～部队出征〗軍を率いて出陣する

*【统统】tǒngtǒng [副] すべて，一切〖～拿去〗一切合財持って行く

【统辖】tǒngxiá [動] 統轄する

**【统一】tǒngyī [動] 統一する〖～祖国〗祖国を統一する — [形] 統一的な，統一した〖～的步伐〗統一歩調［～战线］統一戦線

【统战】tǒngzhàn [名] 統一戦線

**【统治】tǒngzhì [動] 統治する，支配する〖～这个国家〗この国を統治する〖占～地位〗支配的地位を占める

【统制】tǒngzhì [動] 統制する［～经济］統制経済

【捅(*㨘)】tǒng [動] ①突く，突き刺す〖～出一个窟窿〗突いて穴をあける ②つつく，触る〖用手～他〗手で彼をつつく ③暴く〖～那件事〗その一件を暴く

【捅咕】tǒnggu [動]《口》①つつく ②そそのかす

【捅娄子】tǒng lóuzi [動] 面倒を引き起こす

【捅马蜂窝】tǒng mǎfēngwō [動] トラブルを起こす

【桶】tǒng [名] 桶，かめ［水～］水桶 — [量] 桶一杯の量を数える

【筒(*筩)】tǒng ⊗ ①竹の筒［竹～］竹筒 ②(～儿)筒状の物［烟～］煙突［万花～］万華鏡 ③(～儿)衣服の筒状の箇所［袖～儿］そで

【筒瓦】tǒngwǎ [名] 半円筒型の瓦

【筒子】tǒngzi [名] 筒［枪～］銃身

【恸(慟)】tòng ⊗ 深い悲しみ［～哭］慟哭(どうこく)する

【通】tòng 量 ①楽器の打ち数を数える〖擂léi鼓三~〗太鼓を3度打つ ②ひとしきり(話す)〖说了他一~〗彼にひとしきり説教した
⇨tōng

【痛】tòng 動 (方)痛む 一 (普)〖疼téng〗
⊗①悲しみ〖悲~〗悲しむ ②ひどく,激しく〖~饮〗痛飲する〖~悔〗深く悔いる
【痛斥】tòngchì 動 激しく非難する
【痛楚】tòngchǔ 形〈書〉苦しみ悲しむ
【痛处】tòngchù 名 痛いところ,弱み
【痛定思痛】tòng dìng sī tòng〈成〉苦しみが過ぎ去った後に苦しみを回想する(将来への戒めとする)
【痛风】tòngfēng 名〈医〉痛風
【痛感】tònggǎn 動 痛感する〖~事态的严重〗事の大きさを痛感する
【痛恨】tònghèn 動 ひどく恨む〖~敌人的暴行〗敵の残虐な行為を心底恨む
【痛击】tòngjī 動 痛撃を加える
【痛经】tòngjīng 名〈医〉生理痛
【痛觉】tòngjué 名 痛覚
【痛哭】tòngkū 動 激しく声をあげて泣く〖~一场〗ひとしきり泣き叫ぶ
★【痛苦】tòngkǔ 形 苦しい〖十分~的生活〗非常に苦しい生活
★【痛快】tòngkuai/tòngkuài 形 ①愉快な,うれしい〖心里真~〗内心本当にうれしい ②痛快な,すかっとした〖咱们喝个~〗思い切り飲もうぜ ③率直な〖~地说〗率直に話す
【痛切】tòngqiè 形 深く身にしみる,ひどく悲しい
【痛恶】tòngwù 動 ひどく憎む
【痛惜】tòngxī 動 心から惜しむ,甚だ残念に思う〖~失败〗敗北を悔しがる
【痛心】tòngxīn 形 嘆かわしい,つらい〖令人~〗嘆かわしい
【痛心疾首】tòng xīn jí shǒu〈成〉痛恨の極みである
【痛痒】tòngyǎng 名 ①苦しみ,悩み ②重要さ〖无关~〗取るに足りない

【偷】tōu 動 ①盗む〖~人家自行车〗人の自転車を盗む ②(暇を)見つける〖~空儿kòngr〗時間をつくる 一 〖~听〗盗み聞きする〖~跑了〗ずらかった
⊗いい加減にする('媮'とも書く)
【偷安】tōu'ān 動〈書〉目先の安逸を求める〖苟且~〗目先の安逸をむさぼる
【偷盗】tōudào 動 盗む,窃盗する
【偷渡】tōudù 動 (川や海を)不法に渡る
【偷工减料】tōu gōng jiǎn liào〈成〉手抜き仕事をする
【偷鸡摸狗】tōu jī mō gǒu〈俗〉①盗みを働く ②(男女が)いかがわしいことをする
【偷懒】tōu'lǎn 動 怠ける,だらだらする〖~耍滑〗ずるける〖爱~〗よくサボる
【偷梁换柱】tōu liáng huàn zhù〈成〉中身をすり替える,いかさまをやる
【偷窃】tōuqiè 動 窃盗する〖~文物〗文化財を盗む
【偷情】tōu'qíng 動 密会する,あいびきする
【偷生】tōushēng 動 無為に生きる
【偷税】tōu'shuì 動 脱税する
【偷天换日】tōu tiān huàn rì〈成〉(天を盗み日を取りかえる>)いかさまを弄して事の真相をごまかす
【偷偷】tōutōu 副 (~儿)ひそかに,こっそり〖~地溜了出去〗こっそり外へ抜け出した
【偷偷摸摸】tōutōumōmō 形 こそこそした,うさん臭い
【偷袭】tōuxí 動 奇襲する
【偷闲】tōu'xián 動 暇を見つける〖忙里~〗忙中に暇を見いだす
【偷眼】tōuyǎn 動 目を盗む〖~看〗盗み見する
【偷营】tōu'yíng 動 敵陣を奇襲する
【偷嘴】tōu'zuǐ 動 盗み食いする,つまみ食いする

【头(頭)】tóu 名 ①頭〖很疼〗頭が痛い〖一颗~〗(斬られた)首ひとつ ②髪〖剃~〗頭を剃る ③(~儿)先端,端,最初,最後〖从~起〗最初から(する)〖走到~〗行き止まりの所まで来る ④(~儿)残った部分〖烟~〗タバコの吸いがら ⑤(~儿)ボス,頭目 一 量 ①役畜の頭数を数える〖一~牛〗1頭の牛 ②ニンニクの個数を数える〖一~蒜〗ニンニク1個 ③婚姻を数える〖这~亲事〗この結婚話 一 形〖多く数量詞の前で〗第一の,最初の〖~两天〗最初の2日間〖~奖〗1等賞
—— tou ⊗ 尾 ①名詞を作る〖石~〗石,岩 ②(~儿)動詞,形容詞を名詞化する〖看~〗見どころ〖甜~〗甘味 ③方位詞を作る〖前~〗前の方
【头班车】tóubānchē 名 始発列車(バス) ⊗〖末班车〗
【头部】tóubù 名 頭部,頭の部分
【头等】tóuděng 名 第1番,1等,第1級〖这是~大事〗これは最も重要な事です〖~的人才〗最高の人材〖~舱〗1等客室
【头顶】tóudǐng 名 頭のてっぺん
★【头发】tóufa 名〖根·绺〗頭髪,髪の毛〖~夹子jiāzi〗ヘアピン

【头伏】tóufú 名 '三伏'の最初の10日間 ⇨[初伏]
【头盖骨】tóugàigǔ 名 頭蓋骨
【头骨】tóugǔ 名 頭骨, 頭蓋骨
【头号】tóuhào 形《定語として》第1の, 最大の, 最上の〖~敌人〗最大の敵
【头角】tóujiǎo 名《書》頭角〖露~〗頭角を現わす
【头巾】tóujīn 名〔块・条〕①スカーフ ②頭巾
【头盔】tóukuī 名 ヘルメット〖戴~〗ヘルメットをかぶる
【头里】tóuli/tóulǐ 名 前, 先, 以前〖请~走, 我马上就来〗お先にどうぞ, 私はすぐ行きますから〖咱们把话说在~〗あらかじめ話をしておこう
【头颅】tóulú 名 人の頭, 首
【头面人物】tóumiàn rénwù 名《貶》大立て者, 大物
【头目】tóumù 名《貶》頭目, 親分
【头脑】tóunǎo 名 ①頭脳, 頭の働き〖很有~〗頭がいい〖~发昏〗頭がぼうっとする ②筋道, 脈絡〖摸不着~〗見当がつかない ③《口》首領〖单位的~〗所属機関のボス
【头年】tóunián 名 ①一年目 ②《方》去年, 前年
【头皮】tóupí 名 ①頭皮, 頭〖搔~〗頭をかく ②ふけ
【头人】tóurén 名 族長, 首長
【头生】tóushēng 名 ①初産 ②(~儿) 初産の子
【头绳】tóushéng 名 (~儿)〔根〕(髪を結ぶ)ひも, 元結
【头套】tóutào 名 (役者の)かつら
【头疼】tóuténg 形 頭痛がする, うんざりする〖这件事真让我~〗この事は実に頭を悩ます
【头天】tóutiān 名 ①その前日 ②初日
【头痛】tóutòng 形 頭痛がする ⇨[头疼]
【头头儿】tóutour 名《口》頭かしら, ボス, 指導者
【头头是道】tóu tóu shì dào《成》(話や行いが) 筋道が立っている, 論理がきちんと通っている
【头陀】tóutuó 名 頭陀, 行脚僧
【头衔】tóuxián 名 肩書き〖律师的~〗弁護士の肩書き〖捞取~〗肩書きをせしめる
【头像】tóuxiàng 名 頭像, 胸像
【头胸部】tóuxiōngbù 名《動》(甲殼類, クモ類の)頭胸部
【头绪】tóuxù 名 筋道, 糸口, 手掛かり〖有了~〗目鼻がついた〖~纷繁〗事柄が入り組んで筋道が見えない
【头癣】tóuxuǎn 名《医》しらくも
【头羊】tóuyáng 名 群を導く羊
【头油】tóuyóu 名 髪油, ポマード

【头重脚轻】tóu zhòng jiǎo qīng《成》上部が重すぎる, 不安定な
【头子】tóuzi 名《貶》頭目, ボス

【投】tóu 動 ①投げる(⇨[扔] rēng])〖~手榴弹〗手榴弾を投げる ②投じる, 入れる, 送る〖~选票〗投票用紙を入れる〖~信〗手紙を寄せる ③(自殺のため) 飛び込む〖~湖〗湖に身を投げる ④参加する〖~向敌人〗敵側につく ⑤迎合する, 合わせる〖~脾气〗気が合う
【投案】tóu'àn 動 自首する
【投奔】tóubèn 動 頼って行く, 身を寄せる〖~朋友〗友人を頼って行く
【投笔从戎】tóu bǐ cóng róng《成》筆を投げ捨てて従軍する
【投标】tóu biāo 動 入札する
【投产】tóuchǎn 動 生産に入る, 操業を開始する〖着zhuó手~〗操業に取り掛かる
【投诚】tóuchéng 動 降参する, 帰順する〖向我军~〗我が軍に投降する
【投弹】tóudàn 動 ①爆弾を投下する ②手投げ弾を投げる
【投敌】tóudí 動 敵に投じる
【投递】tóudì 動 配達する〖~员〗郵便配達人〖~包裹〗小包みを配達する
【投放】tóufàng 動 ①投げ入れる〖~鱼饵〗魚の餌を投げ入れる ②売り出す, 放出する〖新产品已经~市场〗新製品は既に市場に売り出している
【投稿】tóu'gǎo 動 投稿する〖他给报社投上稿了〗彼は新聞社に投稿した
【投合】tóuhé 形 ぴったり合う, 気の合う〖他们俩脾气很~〗彼ら二人は気性が合っている ― 動 合わせる〖~顾客的心理〗顧客の心理に合わせる
*【投机】tóujī 動 投機をする〖~倒把〗投機取り引きをする ― 形 気が合う, 意気投合した⇨[投契]〖谈得非常~〗とても話が合う
【投井下石】tóu jǐng xià shí《成》(井戸に身を投じた者に石を投げつける) 人の不幸につけこむ ⇨[落井下石]
【投考】tóu'kǎo 動 受験する〖报名~〗受験を申し込む〖~医科大学〗医科大学を受験する
【投靠】tóukào 動 (人に)頼る, 身を寄せる〖~亲人〗身内を頼る
【投篮】tóu'lán 動 (バスケットボールで)シュートする
*【投票】tóu'piào 動 投票する〖你投谁的票?〗誰に投票するの
【投枪】tóuqiāng 名 投げ槍 ◆手で投げつける槍
【投亲】tóu'qīn 動 親戚を頼って行

く［～靠友］親戚や友人に身を寄せる

【投入】tóurù [動]①(ある状態に) 入る, 始まる〖正式～营业〗正式に営業を始める ②投入する, 注ぎこむ〖～资金〗資金を投入する ③参加する, 身を投じる〖～运动〗運動に身を投じる ━[名]〔笔〕投じた資金

【投射】tóushè [動]①(目がけて)投げる〖向群众～催泪弹〗大衆に催涙弾を投げ込む ②(光, 視線を)注ぐ, 向ける

【投身】tóushēn [動]身を投じる〖～革命〗革命に身を投じる

【投生】tóu▾shēng [動]再生する, 生まれ変わる

【投师】tóu▾shī [動]師について学ぶ

【投鼠忌器】tóu shǔ jì qì《成》(鼠を打ち殺したいが周囲の器物は壊したくない＞) はたの者を巻き添えにするのを恐れて思い切った処置がとれない

【投宿】tóusù [動]投宿する, 泊まる〖～农家〗農家に泊まる

【投诉】tóusù [動]提訴する

【投胎】tóu▾tāi [動]生まれ変わる

【投桃报李】tóu táo bào lǐ《成》(桃をもらってスモモでお返しする＞) 贈答品を交わす

*【投降】tóuxiáng [動]投降する〖无条件地～〗無条件で投降する［～主义］敗北主義

【投影】tóuyǐng [動]投影する［～机］オーバーヘッドプロジェクター(OHP) ━[名]《数》射影

【投缘】tóuyuán [動]気が合う〖跟他～〗彼と馬が合う

*【投掷】tóuzhì [動]投擲(てき)する, 投げる〖～铁饼〗(スポーツ競技の) 円盤を投げる

**【投资】tóu▾zī [動]投資する〖向企业～〗企業に投資する

—— tóuzī [名]投資, 投入した資財

【骰】tóu ⊗［～子］《方》サイコロ

【钭(鈄)】Tǒu ⊗姓

【敨】tǒu [動]包みや巻物を開く

【透】tòu [動]①(光や液体が)通る, 突き抜ける〖～进了一道阳光〗1筋の光が差し込んだ ②(秘密を) 漏らす〖～个信儿〗ひそかに知らせる ③現われる〖脸上～出幸福的微笑〗顔に幸せな笑みが浮かんだ〖婉约中～着彪悍〗たおやかさの中に逞しさが垣間見える ━[形]〔多く補語として〕①透徹した〖说～〗はっきり言う ②充分な程度の〖衣服湿～了〗服がずぶぬれだ

【透彻】tòuchè [形]徹底した, 透徹した〖讲解～极了〗解説はきわめて詳細だ

【透顶】tòudǐng [副]〔補語として〕徹頭徹尾, とことん〖腐败～〗腐り切っている

【透风】tòu▾fēng [動]①風が通る, 風を通す〖开开窗户透透风吧〗窓を開けて風を通しなさい ②(情報を) 漏らす

【透镜】tòujìng [名]レンズ［凹 āo ～］凹レンズ［凸 tū ～］凸レンズ

【透亮】tòuliang [形]①明るい, 透明な〖一双～灵活的眼睛〗きらきらしてよく動く目 ②明白な, はっきりしている〖这话说得～！〗明解な説明だ

—— tòu▾liàngr [動]光が差し込む

【透漏】tòulòu [動](情報を)漏らす

【透露】tòulù [動](情報や心情を) 漏らす, 漏れる〖信息～了〗情報が漏れた〖～这件事的内幕〗この件の内幕を漏らす

**【透明】tòumíng [形]透明な〖～的水晶〗透き通った水晶［～胶纸］セロハンテープ

【透辟】tòupì [形]透徹した, 鋭い〖～的理论〗透徹した理論

【透气】tòu▾qì [動]①空気が通る ②新鮮な空気を吸う ③情報を伝える

【透视】tòushì [名]透視画法 ━[動]①透視する ②(X線で)透視する

【透雨】tòuyǔ [名]〔场〕十分なお湿り, たっぷり田畑を潤す雨

【凸】tū [動]突き出す, 膨らんだ〖把肚子～出来〗腹を突き出す［凹 āo ～不平］でこぼこだ［～显］はっきり現れる

【凸版】tūbǎn [名]凸版［～印刷］凸版印刷

【凸面镜】tūmiànjìng [名]凸面鏡 [同]［凸镜］

【凸透镜】tūtòujìng [名]ルーペ, 凸レンズ ♦ふつう'放大镜'という

【秃(禿)】tū [形]①(頭, 山, 鳥獣の毛が) はげている〖头顶～了〗頭のてっぺんがはげてきた［～头］はげ頭, 頭をむき出しにする［～树］落葉した木［～尾巴］毛のないしっぽ ②ちびている〖铅笔～了〗鉛筆がちびてきた ③(文章の構成が)不完全な

【秃笔】tūbǐ [名]〔支〕①すり切れた筆 ②《転》《謙》悪筆, 悪文

【秃顶】tū▾dǐng [動]頭がはげる

—— tūdǐng [名]はげ頭

【秃鹫】tūjiù [名]《鳥》ハゲワシ

【秃噜】tūlu [動]《方》①ほどける ②(羽根や毛が) 抜け落ちる ③(服などを地面や床に)引きずる ④うっかり口をすべらす

【秃瓢儿】tūpiáor [名]つるつる頭, 丸坊主

【秃子】tūzi [名]はげ(の人)

T

【突】tū

① 突き進む［~入］突入する ② 突然［~变］突然変異する, 突然変異を起こす ③ 突き出る, 目立つ

【突出】 tūchū ① 突き出ている［额头~］おでこが突き出ている ② 際立っている［~的成就］傑出した成果 — 動 ① 際立たせる, 目立たせる［~自己］自分を目立たせる［~题目］テーマを強調する ② 突撃して出る［~重重包围］十重二十重の囲いを突破する

【突飞猛进】 tū fēi měng jìn（成）飛躍的に前進する, 目覚ましく発展する

【突击】 tūjī 動 ① 突撃する［~碉堡］トーチカに突撃する ② 一気に集中してやる［~麦收］麦の刈り入れに集中する［~上英语课］英語の短期集中授業をする(に出る)

【突厥】 Tūjué 突厥 ♦中国古代のトルコ系民族

【突破】 tūpò 動 突破する,（困難を）乗り越える,（目標を）越える［~字锁线］封鎖線を突破する［~难关］難関を克服する

【突起】 tūqǐ 動 ① 突発する［异军~］新しい勢力が突然出現する ② そびえる

【突然】 tūrán 形 突然である, 出し抜けの［事情来得太~］余りに突然の出来事だった［~袭击］急襲する［~的惨祸］突然の惨禍［~间］出し抜けに, ふいに

【突如其来】 tū rú qí lái（成）突然起こる, 不意にやって来る

【突突】 tūtū 擬 心臓やモーターの音など［她的心~地跳］彼女は心臓がどきどきした

【突围】 tūwéi 動 包囲を突破する

【突兀】 tūwù ① そびえ立つ, 突き出ている［怪峰~］奇峰がそそり立つ ② いきなりである, 唐突だ

【突袭】 tūxí 動 奇襲する

【图】（圖）tú

名［张］図［插~］さし絵［天气~］天気図 — 動 求める, 追求する［~生存］生存をはかる［~他一笔钱］彼から金を取ろうとする ⊗ 計画, 意図［雄~］壮大な計画

【图案】 tú'àn 名 模様, デザイン［几何~］幾何学模様

【图表】 túbiǎo 名〔张〕図表, グラフ［直线~］棒グラフ

【图钉】 túdīng 名（~儿）〔枚〕画びょう, 押しピン

【图画】 túhuà 名〔幅·张〕図画［~纸］画用紙［~文字］絵文字

【图记】 tújì 名 判, 印章, スタンプ

【图鉴】 tújiàn 名 図鑑

【图解】 tújiě 動 図解する

【图景】 tújǐng 名 絵にかかれた景物, 光景 ♦理想の情景に例える

【图例】 túlì 名（地図などの）凡例

【图谋】 túmóu 動 たくらむ, 謀る［~报仇］復讐をたくらむ

【图片】 túpiàn 名〔张·幅〕図や写真［~说明］キャプション

【图谱】 túpǔ 名 図鑑, 図録

【图书】 túshū 名 図書, 書籍

【图书馆】 túshūguǎn 名 図書館

【图腾】 túténg 名（訳）トーテム

【图像】 túxiàng 名 画像, 映像［~显示器］ビデオディスプレイ

【图形】 túxíng 名 図形 — 動 形を描く

【图样】 túyàng 名〔张·份〕図面, 設計図

【图章】 túzhāng 名〔颗·方〕判こ, 印章, 印鑑［盖~］印を押す

【图纸】 túzhǐ 名〔张·份〕青写真, 図面

【涂】（塗）tú

動 ① 塗る［~油彩］ドーランを塗る ② なぐり書きする［乱~几个字］でたらめに何字か書く ③ 塗りつぶす［~错字］間違えた字を消す ⊗ ① 泥 ② 道路

——（涂）

⊗（T-）姓

【涂改】 túgǎi もとの字を消して書き直す［~招牌］看板を書き直す

【涂料】 túliào 名 塗料

【涂抹】 túmǒ 動 ① 塗りつける［~鞋油］靴クリームを塗る ② 書きなぐる［信笔~］筆任せに書きなぐる

【涂饰】 túshì 動 ①（塗料を）塗る ② 壁に漆喰などを塗る

【涂炭】 tútàn（書）名 泥と火, 非常な苦境, 苦境に陥れる［~百姓］民衆を塗炭の苦しみに陥れる

【涂鸦】 túyā 名（書）（謙）悪筆, 悪文

【涂脂抹粉】 tú zhī mǒ fěn（成）（おしろいを塗りたくる）（悪事を）粉飾してごまかす

【途】tú

⊗ みち［半~而废］途中でやめる［归~］帰途

【途程】 túchéng 名 道程, 行路

【途次】 túcì 名（書）道中(の宿)

【途径】 tújìng 名〔条〕道程, ルート, チャンネル［开拓 kāituò~］ルートを切り開く［外交~］外交チャンネル

【茶】tú

⊗（書）①［植］ニガナ ② カヤの白い花

【荼毒】 túdú 名（書）害毒 — 動 迫害する［~生灵］民衆を害する

【酴】tú

以下を見よ

【酴醾】 túmí 名（書）2度発酵させた酒

【徒】tú

⊗ ① 歩行, 歩く ② むなしい, 何もない, ただ…だ

け［～有虚名］虚名しかない ③徒弟［学～］見習い工 ④信徒 ⑤仲間，輩［暴～］暴徒 ⑥懲役［囚～］囚人
【徒步】túbù [副] 徒歩で〖～旅行〗徒歩で旅行する
★【徒弟】túdi/túdì [名] 徒弟，弟子
【徒工】túgōng [名] 見習い工
【徒劳】túláo [動] 無駄骨を折る〖这是～的〗それは無駄骨だ［～无功］何の成果もなく骨折り損だ
【徒然】túrán [副] ①無駄に，無益に〖～耗费精力〗無駄に精力を費す ②ただ…だけ〖他～爱出风头〗彼はただ目立ちたいだけだ
【徒手】túshǒu [副] 徒手で，素手で〖～格斗起来〗素手で戦う［～操］徒手体操
【徒孙】túsūn [名] 孫弟子
【徒刑】túxíng [名] 懲役〖被判了五年～〗懲役5年と決まった［无期～］無期懲役
【徒长】túzhǎng [動]〖農〗作物の茎葉が伸びすぎる
【徒子徒孙】túzǐ túsūn [名] ①弟子と孫弟子 ②《転》一味

〖屠〗 tú ⊗①家畜を殺す ②殺戮する［～城］都市をほふる ③(T-)姓
【屠场】túchǎng [名] 屠殺場
【屠刀】túdāo [名]〔把〕畜殺用の刀
【屠夫】túfū [名] ①食肉処理業者 ②殺戮者
【屠户】túhù [名] 食肉処理業者またはその店
【屠杀】túshā [動] 殺戮する〖～群众〗大衆を大量虐殺する
【屠宰】túzǎi [動] 家畜を殺す

〖瘏〗 tú ⊗病気

【土】 tǔ [名] ①土，土壌［泥～］土壌，粘土 ②土地，地域［国～］国土 — [形] ①地元の，田舎っぽい［～老帽儿］《方》田舎っぺ ②〘多く定語として〙民間の([反][洋])［～专家］民間の専門家 ⊗(T-)姓
【土包子】tǔbāozi [名]《貶》田舎者，世間知らず
【土豹】tǔbào [名]〖鳥〗ノスリ
【土崩瓦解】tǔ bēng wǎ jiě《成》崩壊する
【土布】tǔbù [名] 手織り木綿
【土产】tǔchǎn [名] 土地の産物，地元の特産
★★【土地】tǔdì [名] ①土地，田畑 ②領土〖～辽阔〗国土が広い
—— tǔdi [名] 土地神，氏神［～庙］土地神の廟
★★【土豆】tǔdòu [名]（～儿）ジャガイモ [同][马铃薯]
【土法】tǔfǎ [名] 在来の方法，昔ながらのやり方
【土方】tǔfāng [名] ①(体積の単位) 1立方メートルの土(くれ) ②土木工事 ③(～儿)民間療法
【土匪】tǔfěi [名] 土匪，土地の悪党
【土蜂】tǔfēng [名]〖虫〗ツチバチ
【土改】tǔgǎi [名] 土地改革
【土棍】tǔgùn [名] その土地のごろつき
【土豪】tǔháo [名] 土豪，その土地のボス［～劣绅］土豪劣紳 ♦旧時の地方ボス，悪徳地主など
【土话】tǔhuà [名] [同][土语]
【土黄】tǔhuáng [形]〘多く定語として〙黄土色の
【土皇帝】tǔhuángdì [名] 地方を牛耳る大ボス，軍閥
【土货】tǔhuò [名] 地元の産物
【土家族】Tǔjiāzú [名] トゥチャ族 ♦中国少数民族の一，主に湖南，湖北に住む
【土霉素】tǔméisù [名]〖薬〗テラマイシン
【土木】tǔmù [名] 土木工事［～工具］土木建築工具［～工程］土木工事
【土偶】tǔ'ǒu [名] 泥人形，土人形
【土坯】tǔpī [名] 日干しれんが［～房］日干しれんが造りの家
【土气】tǔqi/tǔqì [形] 田舎っぽい，野暮ったい
★【土壤】tǔrǎng [名] 土壌，土くれ
【土人】tǔrén [名]（未開地の）原住民
【土生土长】tǔ shēng tǔ zhǎng《成》その土地で生まれ育った
【土司】tǔsī [名]〖史〗土司 ♦西南少数民族のうち官職を与えられた首領
【土豚】tǔtún [名]〖動〗ツチブタ
【土围子】tǔwéizi [名] 防御塀に囲まれた村
【土温】tǔwēn [名] 土壌温度
【土星】tǔxīng [名]〖天〗土星
【土腥气】tǔxīngqì/ tǔxingqi [名] 土くさい臭い
【土音】tǔyīn [名] 地方なまり
【土语】tǔyǔ [名]（狭い地域の） 方言 [同][土话]
【土葬】tǔzàng [名] 土葬 [関][火葬][水葬][天葬]
【土纸】tǔzhǐ [名] 手すきの紙
【土质】tǔzhì [名] 土壌の質
【土著】tǔzhù [名] 土着の人，原住民
【土族】Tǔzú [名] 土族 ♦中国少数民族の一，主に青海省に住む

【吐】 tǔ [動] ①(口の中の物を)吐く，吐き出す〖～痰〗痰を吐く〖～西瓜子儿〗スイカの種を吐き出す ②話す〖～真情〗本心を述べる［～字］字音を正しく発する ③透き間から出す(出る)〖水稻～穗 suì 了〗稲が穂を出した
⇨tù
【吐蕃】Tǔbō [名]〖史〗吐蕃 ♦7-9

T

世紀栄えたチベット人の王国
【吐故纳新】tǔ gù nà xīn《成》古いものを捨てて新しいものを採り入れる
【吐露】tǔlù [動]吐露する，打ち明ける〚～心声〛胸の内を打ち明ける
【吐气】tǔ▾qì [動]胸のつかえやうっぷんを晴らす
【吐弃】tǔqì [動]吐き捨てる，はねつける，軽蔑する
【吐绶鸡】tǔshòujī [名]〚鳥〛七面鳥 [同][火鸡]
【吐絮】tǔxù [動]綿の実が開く
【吐谷浑】Tǔyùhún [名]吐谷渾(とよくこん) ♦中国古代西北の民族

【钍(釷)】tǔ [名]〚化〛トリウム

【吐】tù [動]①もどす，嘔吐(おうと)する〚差点儿～出来〛危うくもどすところだった ②(横領した物を)戻す
⇨tǔ
【吐抹】tùmo [名]つば [同][唾抹]
【吐血】tù▾xiě [動]吐血する
【吐泻】tùxiè [動]吐瀉(としゃ)する，嘔吐と下痢をする

【兔(*兎)】tù [名](～儿)〔只〕ウサギ［家～］飼いウサギ
【兔唇】tùchún [名]兎唇(としん)，三つ口
【兔儿爷】tùryé [名]頭はウサギ，体は人間の泥人形 ♦中秋節に供える
【兔死狗烹】tù sǐ gǒu pēng《成》(ウサギが死ねば猟犬は煮て食われる>)用済みになると見捨てられる
【兔死狐悲】tù sǐ hú bēi《成》同類相哀れむ
【兔崽子】tùzǎizi [名]子ウサギ；《転》小わっぱ(罵語)
**【兔子】tùzi [名]〔只〕ウサギ

【堍】tù [×]橋のたもと［桥～］橋頭

【菟】tù [×]以下を見よ
【菟丝子】tùsīzǐ [名]〚植〛ネナシカズラ ♦種子は強精剤

【湍】tuān [×]①流れが急である ②急流
【湍急】tuānjí [形]水の流れが急である
【湍流】tuānliú [名]《書》急流

【团(團)】tuán [名]①(～儿)丸いもの［汤～］あん入り団子のしるこ ②集団，グループ［剧～］劇団 ③(軍隊の)連隊 ④'中国共产主义青年团'の略 ━[動]丸める〚～肉丸子〛肉団子をつくる ━[量](～儿)一まとまりのものを数える〚一～碎纸〛丸めたくず紙〚一～和气〛和気あいあいの雰囲気
[×]丸い［～脸］丸顔
【团拜】tuánbài [動](会社・学校などで)新年の祝賀会を行う
【团饭】tuánfàn [名]握り飯
【团粉】tuánfěn [名]緑豆やオニバスの澱粉，片栗粉 ♦あんかけ料理に用いる
*【团结】tuánjié [動]団結する〚～起来〛団結しよう〚～就是力量〛団結は力なり ━[形]まとまりのある，友好的な
【团聚】tuánjù [動](別れていた肉親が)集まる，一緒になる〚家人～〛一家団らんする
【团粒】tuánlì [名]団粒(だんりゅう) ♦通気・通水性のよい粒子や土壌
【团练】tuánliàn [名]《旧》地主階級の武装組織
【团圞(团栾)】tuánluán [形](月が)丸い ━[動](家族が)仲よく集まる
【团弄(抟弄)】tuánnong [動]①手のひらで丸める ②(人を)丸め込む
【团脐】tuánqí [名]雌ガニ，またその丸い腹部
【团扇】tuánshàn [名]〔把〕うちわ
*【团体】tuántǐ [名]団体［～操］マスゲーム
【团团】tuántuán [形]〔定語・状語として〕丸い，ぐるっと〚～围住〛ぐるりと取り囲む［～转］ぐるぐる回る，(忙しくて)目が回る
【团鱼】tuányú [名]〔只〕スッポン [同][甲鱼][鳖 biē]
【团员】tuányuán [名]①団員 ②中国共産主義青年団の団員
*【团圆】tuányuán [動]一家団らんする［～饭］一家団らんの食事［～节］中秋節
【团子】tuánzi [名]団子［菜～］野菜を具にした握り飯

【抟(摶)】tuán [動](球形に)こねる [同][团]
[×]めぐる，旋回する

【疃】tuǎn [×]村 ♦地名用字

【彖】tuàn [×]易の彖辞(たんじ)(卦に対する説明)

【忒】tuī/tēi [副]《方》とても，ひどく [同]《普》[太]
⇨tè, tēi

【推】tuī [動]①押す〚把门～开〛ドアを押し開ける ②(粉を)ひく〚～荞麦〛そば(粉)をひく ③平らにする，刈る〚～推子〛バリカンで刈る ④推進する ⑤辞退する，譲る〚借故～了〛理由をつけて断った ⑥遅らせる〚～婚期〛婚期を遅らす ⑦推薦する〚～他当代表〛彼を代表に推す
【推本溯源】tuī běn sù yuán《成》原因(起源)をたどる
【推波助澜】tuī bō zhù lán《成》混乱を助長する
*【推测】tuīcè [動]推測する〚我不相

信你的~】私はあなたの推測を信じない【~产量】生产高を推测する

【推陈出新】tuī chén chū xīn〈成〉古くさいものを退けて新しいものを生み出す

【推诚相见】tuī chéng xiāng jiàn〈成〉誠意をもって会う

*【推迟】tuīchí 動遅らせる、引き延ばす【~日期】期日を遅らす【~三天】3日あとにずらす

【推斥力】tuīchìlì 图〔理〕反発力,斥力

【推崇】tuīchóng 動尊敬する,崇拝する【受到~】高い評価を受けた

*【推辞】tuīcí 動辞退する,断る【~礼物】贈り物を辞退する【~不了】断れない

【推戴】tuīdài 動〈書〉推戴する,長として仰ぐ

【推倒】tuīdǎo 動 ①押し倒す【推不倒】押しても倒せない ②(結論などを)覆す

【推定】tuīdìng 動 ①推挙する ②推定する

【推动】tuīdòng 動推し進める,促進する【~工作】仕事を推進する【起~作用】促進する働きをする【推不动】推し進められない

【推断】tuīduàn 動推断する【靠经验~】経験から割り出す【~结论】結論を推定する

*【推翻】tuīfān 動覆す,打ち倒す【~王朝】王朝を倒す【~定论】定説を覆す【推不翻】打ち倒せない

*【推广】tuīguǎng 動推し広める【~普通话】共通語を普及させる

【推己及人】tuī jǐ jí rén〈成〉人の身になって考える

*【推荐】tuījiàn 動推薦する【~优秀作品】優れた作品を推薦する【向学生~】学生にすすめる

【推进】tuījìn 動 ①推進する【~改革】改革を進める ②〔軍〕前進する【~到前线】前線まで前進する

【推究】tuījiū 動(真理を)究める,探究する

【推举】tuījǔ 動推挙する【~他当理事】彼を理事に推挙する ─ 图〔体〕(重量挙げの)プレス

*【推理】tuīlǐ 動推理する【按规律~】法則に基づいて推理する

*【推论】tuīlùn 動推論(する)【从实践中~】実践を通して推論する

【推拿】tuīná 動マッサージする,あんまする 同[按摩]

【推敲】tuīqiāo 動 ①推敲する【~词句】字句を推敲する ②よく考える【~计划】計画を練る

【推却】tuīquè 動断る,拒否する【责任在我,我并不想~】責任は私にある、言い逃れはしない

【推让】tuīràng 動(利益や地位などを)辞退する,譲る【坚决~礼品】あくまでも贈り物を辞退する

【推三阻四】tuī sān zǔ sì〈成〉あれこれ言い訳する

【推搡】tuīsǎng 動(手で)ぐいと押す【大家慢慢走,别推推搡搡的】皆さん押し合わないで落ち着いて進んで下さい

【推算】tuīsuàn 動推計(する)【~数据】データを計算する【~费用】費用を算出する

【推头】tuī‘tóu 動バリカンで髪を刈る

【推土机】tuītǔjī 图〔台〕ブルドーザー

【推托】tuītuō 動理由をつけて断る,言い訳する【找借口~】口実を設けて断る【~不了】断れない

【推脱】tuītuō 動辞退する,回避する【~罪责】罪の責任を言い逃れる

【推诿(推委)】tuīwěi 動責任を人になすりつける【~责任】責任を人のせいにする

【推想】tuīxiǎng 動推測する 同[推测]

*【推销】tuīxiāo 動売りさばく,販路を広げる【~产品】製品を売りさばく【~员】セールスマン

【推卸】tuīxiè 動責任を逃れる,回避する【~任务】任務を回避する

【推心置腹】tuī xīn zhì fù〈成〉誠意をもって人に対する

【推行】tuīxíng 動推進する,遂行する【~破产法】破産法を推進する【极力~】極力押し進める

【推选】tuīxuǎn 動(口頭で)推薦する,選出する【~班长】班長を推薦する

【推延】tuīyán 動遅らせる,延期する【~考试】試験を延期する

【推移】tuīyí 動推移する,移る

【推重】tuīzhòng 動推賞する,高く評価する 同[推崇]

【推子】tuīzi 图〔把〕バリカン

颓(頽 *穨)

tuí ⊗崩れ落ちる、荒廃した、衰える

【颓败】tuíbài 動〈書〉衰微する,腐敗する

【颓废】tuífèi 形意気消沈した,退廃的な【~的音乐】退廃的な音楽

【颓靡】tuímǐ 形しおれた,気落ちした

【颓然】tuírán 形〈書〉落胆した,気落ちした

【颓丧】tuísàng 形意気消沈した,しょげた【~的神情】元気のない表情

【颓势】tuíshì 图落ち目,退勢

【颓唐】tuítáng 形気落ちした,打ちしおれた【~地坐在角落里】しょん

ほりと隅っこに座っている

【腿】tuǐ 名 ①〔条・只・双〕足（足首からももの付け根まで）働[脚] ②(～儿)器物の足〖椅子～〗いすの足 ⊗ ハム〖火～〗同前〖云～〗雲南ハム

【腿带】tuǐdài 名(～儿)旧式の中国ズボンのすそをくくるひも
【腿肚子】tuǐdùzi 名ふくらはぎ
【腿脚】tuǐjiǎo 名 歩行能力, 脚力〖～不灵便〗足が利かない
【腿腕子】tuǐwànzi 名足首
【腿子】tuǐzi 名〘口〙手先, 部下

【退】tuì 動 ①退く, 後退する〖～到海边〗海岸まで退く ②やめる, 離れる〖～(职)〗退職する ③減る, 下がる〖这件衣服的颜色～了不少〗この服はだいぶ色あせた ④返す, 返却する〖～飞机票〗航空券を払い戻す ⑤キャンセルする〖～合同〗契約を取り消す

【退避】tuìbì 動 逃げる, 退避する〖往山里～〗山中に退避する
★【退步】tuì'bù 動 後退する, 退く〖功课～了〗学校の成績が下がった—— tuìbù 名 ① 後退 ② 余地〖留个～〗余地を残す
【退潮】tuìcháo 動 潮がひく 働[涨潮]
【退出】tuìchū 動 退出する, 退く〖～比赛〗試合から抜ける〖～历史舞台〗歴史の舞台から退く
【退化】tuìhuà 動 ①〘生〙退化する ② 後退する, 悪くなる〖记忆力～了〗記憶力が鈍った
【退还】tuìhuán 動 返却する, 払い戻す〖～押金〗保証金を払い戻す
【退换】tuìhuàn 動 (買った物を) 取り替える〖～商品〗商品を取り替える
【退回】tuìhuí 動 ① 戻す, 返却する (働[推还])〖她～了彩礼钱〗彼女は結納金を返した ② 引き返す〖～原处〗元の所に引き返す
【退婚】tuì'hūn 動 婚約を解消する
【退火】tuì'huǒ 動 (鋼鉄を) 焼きなます
【退路】tuìlù 名 退路, 後退の余地, 逃げ場 (働[退步])〖留个～〗余地を残す
【退赔】tuìpéi 動 賠償する, (損害を) 償う
【退票】tuì'piào 動 切符を払い戻す
【退坡】tuì'pō 動 後戻りする, 脱落する
【退亲】tuì'qīn 動 婚約を解消する 働[退婚]
【退青】tuìqīng 動 稲の葉の緑色が薄れる (正常な生育を示す)
【退却】tuìquè 動 ①〘軍〙退却する〖决不～〗絶対に退却しない ② 尻

込みする
【退让】tuìràng 動 譲歩する〖向对方～〗相手に譲歩する
【退色】tuì'shǎi 動 色があせる 働[褪 tuì 色]
【退烧】tuì'shāo 動 熱が下がる 働[发烧]
【退缩】tuìsuō 動 尻込みする, 畏縮する〖碰到困难不要～〗困難にぶつかっても尻込みするな
【退位】tuì'wèi 動 退位する
【退伍】tuì'wǔ 動 退役する〖～的军人〗退役した軍人〖因病～〗病気のため退役する
【退席】tuì'xí 動 退席する
★【退休】tuìxiū 動 退職する, 引退する (働[离休])〖～金〗年金
【退学】tuì'xué 動 退学する, 退学させる
【退役】tuì'yì 動 退役する
【退隐】tuìyǐn 動 隠退する
【退职】tuì'zhí 動 退職する, 辞職する

【煺】(*煺 㩖) tuì 動 殺した鶏や豚に熱湯をかけて毛を抜く〖～鸡毛〗鶏を同前する

【褪】tuì 動 ①(服を) 脱ぐ ②(羽毛が) 抜け替わる〖小鸡～毛了〗ひよこの毛が抜け替わる ③(色が) さめる〖～色 shǎi〗色があせる
⇒tùn

【蜕】tuì ⊗ ① 脱皮する, 抜け替わる ②(蛇, セミなどの) 抜け殻

【蜕变】tuìbiàn 動 変質する, 変化する
【蜕化】tuìhuà 名 脱皮する, 変質する〖～变质〗腐敗堕落する〖～的干部〗腐敗した幹部
【蜕皮】tuì'pí 動 脱皮する

【吞】tūn 動 ① 丸飲みする, 飲み込む〖～药丸儿〗丸薬を飲み込む〖一口～进肚子里去〗ぱくっと腹に飲み込んだ ② 併呑する, 着服する〖～公款〗公金を横領する
【吞并】tūnbìng 動 併呑する〖～邻国〗隣国を併合する
【吞金】tūn'jīn 動 金ぇ(の装身具)を飲みこんで自殺する ♦旧時の女性の自殺の一方法
【吞没】tūnmò 動 ① 横領する, 着服する〖～公物〗公共の物を私物化する ②(洪水などが) 飲み込む
【吞声】tūnshēng 動〘書〙声をのむ, 泣き声を抑える
【吞食】tūnshí 動 飲み込む, 丸飲みする
【吞噬】tūnshì 動 飲み込む, 巻き(包み)込む〖～小国〗小国を飲み込む

【吞吐】tūntǔ 動 ① 飲み込み吐き出す，大量に出入りする［～量］(港へ) 出入りする船の量 ② 口ごもる［～其词］言葉を濁らす

【吞吐吐】tūntūntǔtǔ 形 (～的) 口ごもって言いよどむさま

*【吞咽】tūnyàn 動 丸ごと飲み込む

【暾】tūn ⊗ 出たばかりの太陽

【屯】tún ⊗ ① 村落 ② (人や馬などを) 集める［～聚］同前 ③ 駐屯する［～兵］駐屯兵

【屯垦】túnkěn 動 駐屯して開墾する

【屯落】túnluò 名 村落

【屯田】túntián 動 屯田<ruby>する<rt>とんでん</rt></ruby> ◆駐屯兵が平時に農耕，非常時に従軍する

【屯扎】túnzhā 動 駐屯する

【屯子】túnzi 名 村落 ⓑ［屯儿］

【囤】tún 動 蓄える，貯蔵する ◆穀物貯蔵用の丸い囲いは dùn と発音

【囤积】túnjī 動 貯蔵する，買いだめする［～小麦］小麦を買いだめする［非法的～］違法な買いだめ

【饨】(飩) tún ⊗→［馄～húntun］

【鲀】(魨) tún ⊗《魚》フグ →［河豚 hétún］

【豚】(*独) tún ⊗ ① 子豚 ② 豚

【臀】tún ⊗ 尻，臀部［～围］ヒップ(のサイズ)

【臀鳍】túnqí 名 魚の尻びれ

【臀疣】túnyóu 名 猿の尻ダコ

【氽】tǔn 動《方》① 浮く［木板在水上～］板が水面に浮かんでいる ② 油で揚げる［油～花生］油で揚げた落花生

【褪】tùn 動 ① 衣服を滑らせるようにして脱ぐ，はずく，抜く［～下一只袖子来量 liáng 血压］片方の袖を脱いで血圧をはかる ② (方)袖の中にしまう，隠す［把手～在袖口里］手を袖口に入れる ⇨tuì

【褪套儿】tùn'tàor 動 ① 縛ってあるものから抜ける，外す ② 約束をほごにする

【托】tuō 動 ① 手のひらに載せる，支える［～着下巴］ほおづえをついている ② 引き立てる［衬～］際立たせる ― 名 (～儿) ① 器物の下に敷くもの［茶～］茶托 ② (口) (他の客を誘う) さくら

【―】(託) tuō 動 ① 人に頼む，委託する［～你一件事］君に一つ頼みがある ② かこつける，口実にして断る

【托病】tuōbìng 動 病気を口実にする

【托词】tuōcí 名 口実(を見付ける)

【托儿所】tuō'érsuǒ 名〔所〕託児所

【托福】tuō'fú 動 (挨) おかげを蒙る［托您的福, 我身体好多了］おかげさまで随分元気になりました ―― tuōfú 名 (訳) TOEFL

【托付】tuōfù 動 (面倒や世話を) 頼む，委託する［～给你这个重任］君に重大な任務を頼みたい

【托故】tuōgù (多く状語的に) 口実を設ける (ⓑ［借故］)［～早退］口実を設けて早引けする

【托管】tuōguǎn 動 信託統治する［～国］信託統治国

【托拉斯】tuōlāsī 名《経》トラスト，企業合同

【托梦】tuō'mèng 動 (死者の霊が) 夢に現われて願いを託す

【托名】tuōmíng 動 他人の名義を借りる

【托派】Tuōpài 名 トロツキスト

【托盘】tuōpán 名〔只〕料理を載せて運ぶ盆，トレー

【托人情】tuō rénqíng 動 口利きしてもらう ⓑ［托情］

【托生】tuōshēng 動 転生する

【托叶】tuōyè 名《植》托葉<ruby>こんば<rt></rt></ruby>

*【托运】tuōyùn 動 託送する，チッキにする［～行李］荷物を託送する

【托子】tuōzi 名 (器物の) 支え，敷物台，受け皿

【佗】tuō ⊗ 委託する

【拖】tuō 動 ① 引く，引きずる［用绳子～］縄で引っ張る［把孩子～进屋］子供を引きずって部屋に入れる ② 体の後ろに垂らす［身后～着一条大辫子］背中に長いお下げの髪を垂らしている ③ 引き延ばす［～一日子］日を延ばす ④ 牽制する

【拖把】tuōbǎ 名 (床掃除の) モップ［用～拖一拖］モップで掃除する

【拖车】tuōchē 名〔辆〕トレーラー

【拖船】tuōchuán 名〔条・只〕曳船<ruby>ひきぶね<rt></rt></ruby>, タグボート

【拖带】tuōdài 動 牽引する

【拖后腿】tuō hòutuǐ 動 後ろ足を引っ張る，妨げる，邪魔する

【拖拉】tuōlā 形 ずるずる引き延ばす，ぐずぐずする［他办事非常～］彼の仕事振りときたら実にだらだらしている

【拖拉机】tuōlājī 名〔台〕トラクター［手扶～］ハンドトラクター

【拖累】tuōlěi 動 足手まといになる，妨げる［决不～大家］決して皆の足手まといにならない

【拖轮】tuōlún 名〔条・只〕タグボート

【拖泥带水】tuō ní dài shuǐ (成)(泥を引きずり水を滴らす＞)(文章などが) とりとめがない，(仕事振り

脱驮佗陀沱坨驼

【拖欠】tuōqiàn 動 返済を遅らせる，延滞する 〚～房租〛家賃の支払いを延滞する

【拖沓】tuōtà 形 ぐずぐずしている，のろのろした

【拖网】tuō wǎng 網を引く — 图 底引き網，トロール 〚～渔船〛トロール漁船

【拖鞋】tuōxié 名〔双〕スリッパ，突っ掛け

*【拖延】tuōyán 動 遅らせる，引き延ばす 〚～时间〛時間を引き延ばす 〚不能～付款日期〛支払い期日を引き延ばすことはできない

【拖曳】tuōyè 動〔書〕引っ張る

【脱】tuō 動 ① 脱ぐ 〚～鞋〛靴を脱ぐ ② 抜ける 〚每年～一次毛〛毎年1回毛が抜け変わる ③ 漏れる，抜かす 〚～了两个字〛脱字が2つある ⊗① 離れる，脱する ②（T-）姓

【脱班】tuō'bān 動 ①（仕事に）遅刻する ②（乗物が）定刻より遅れる 同〔误点〕

【脱产】tuō'chǎn 動 生産現場から離れる〚～干部〛（生産現場から離れた）専従幹部

【脱出】tuōchū 動 抜け出す，離脱する 〚～常轨〛常軌を逸する

【脱发】tuōfà 動 抜け毛

【脱肛】tuō'gāng 動〔医〕脱肛になる

【脱稿】tuō'gǎo 動 脱稿する

【脱轨】tuō'guǐ 動 車輪が軌道を外れる，脱線する

【脱胶】tuō'jiāo 動（接着部が）外れる，はがれる

【脱节】tuō'jié 動 つながっているものが外れる，分離する 〚～的骨头〛関節が外れた骨 〚供求～〛需要と供給がつながりを失う

【脱口而出】tuō kǒu ér chū《成》思わず口から出る，出任せを言う

【脱裤子放屁】tuō kùzi fàng pì〔俗〕（ズボンを脱いで放屁する＞）二度手間をかける

*【脱离】tuōlí 動 離れる，（関係を）断つ 〚～危险〛危険から逃れる 〚～群众〛大衆から遊離する

【脱粒】tuō'lì 動 脱穀する 〚～机〛脱粒機

【脱漏】tuōlòu 動 脱落する，漏れる 〚～一行 háng〛1行脱落する

【脱落】tuōluò 動 抜け落ちる，はげ落ちる 〚衣服上～了一颗纽扣〛服のボタンが1つとれた

【脱毛】tuō'máo 動 鳥獣の毛が抜け落ちる

【脱帽】tuōmào 動 脱帽する 〚～默哀〛脱帽して黙とうする

【脱坯】tuō'pī 動 日干しれんがの型抜きをする

【脱期】tuō'qī 動（雑誌発行などの）予定期日に遅れる

【脱身】tuō'shēn 動 仕事から手が抜ける，手が離れる 〚～不了身〛手が離せない

【脱手】tuō'shǒu 動 ① 手から離れる ②（多く投機や転売で）手放す

【脱水】tuō'shuǐ 動〔医〕脱水する

【脱俗】tuōsú 動 洗練された，あか抜けした

【脱胎】tuō'tāi 動 生まれ変わる 〚～换骨〛立場や観点を徹底的に変える

【脱逃】tuōtáo 動 逃れ去る，逃亡する

【脱兔】tuōtù 名《書》逃げるウサギ 〔动切〕脱兔のごとくに敏捷な

【脱位】tuō'wèi 動 脱臼する

【脱误】tuōwù 名 脱字と誤字

【脱险】tuō'xiǎn 動 危険を脱する 〚病人～〛患者は危機を脱した 〚虎口～〛危機を脱する

【脱销】tuōxiāo 動 売り切れる，品切れになる 〚眼下～〛目下品切れ

【脱颖而出】tuō yǐng ér chū《成》自ずと才能が現われる

【脱脂】tuō'zhī 動 脂肪分を除去する 〚～奶粉〛脱脂粉乳 〚～棉〛脱脂綿

【驮（馱）】tuó 動 役畜の背中に載せる 〚～粮食〛食糧を載せる 〚～运〛役畜に載せて運ぶ ⇒duò

【驮马】tuómǎ 名 駄馬ʰ，荷馬

【佗】tuó ⊗ 担う

【陀】tuó ⊗ 以下を見よ

【陀螺】tuóluó 名 こま（独楽）〚转 zhuàn ～〛こまを回す

【陀螺仪】tuóluóyí 名〔航〕ジャイロ（スコープ）

【沱】tuó ⊗〔方〕川の入江（多く地名に用いる）

【沱茶】tuóchá 名 蒸してわん型に圧縮した雲南産の固形茶

【坨】tuó 動 麺類が煮たあとくっついてしまう 〚面条～了〛うどんがのびてひと塊になった ⊗ 固まったもの 〚泥～子〛泥の塊

【坨子】tuózi 名 塊，ひと山

【驼（駝*駞）】tuó 形 背中が曲がった，ねこ背の 〚～子〛ねこ背の人 ⊗ ラクダ 〔骆～luòtuo〕同前

【驼背】tuóbèi 名 ① ねこ背 ②〔方〕ねこ背の人

【驼峰】tuófēng 名 ① ラクダのこぶ ②〔交〕ハンプ（操車場で貨車を仕分けするための小丘）

【驼鹿】tuólù 名〔動〕オオジカ，ヘラ

ジカ, ハン 🈩 (方) [犴 hān]
【驼绒】tuóróng 名 ラクダの毛,また それで織った布
【驼色】tuósè 名 ラクダ色

【柁】 tuó 名 〖建〗家屋の横梁 はり, 桁だ

【砣】 tuó 名 ① ひき臼のローラー ② 秤はかの分銅 ◆② は'铊'と書くこともー 動 '砣子'(研磨機)で玉細工を磨く

【鸵】(鴕) tuó ⊗ 以下を見よ
【鸵鸟】tuóniǎo 名 〖鸟〗〔只〕ダチョウ 〖~办法〗現実回避のやり方

【酡】 tuó ⊗ 酒を飲んで顔が赤くなる

【橐】(*槖) tuó ⊗ 振り分けになった袋 〖囊~〗同前

【鼍】(鼉) tuó 名 〖动〗長江ワニ 🈩 〖~龙〗[扬子鳄] [猪婆龙]

【妥】 tuǒ 形 ① 適切な, ふさわしい 〖这样处理, 恐怕不~〗そのように処理するのは多分まずいだろう 〖欠~〗妥当を欠く ② 〘結果補語として〙片付いた, 定まった 〖事已办~〗すでに一件落着した
*【妥当】tuǒdang/tuǒdàng 形 適切な, 妥当な 〖办得很~〗適切な処置だ
*【妥善】tuǒshàn 形 適切な, ふさわしい 〖~安排〗適切に手はずを整える
【妥帖】tuǒtiē 形 適切な, ぴったりした 〖这个词用不够~〗この言葉は使い方が余り適切じゃない
*【妥协】tuǒxié 動 妥協する 〖自动~〗自発的に妥協する

【庹】 tuǒ 量 尋ひろ ◆ 両手を広げた長さ ⊗ (T-)姓

【椭】(橢) tuǒ ⊗ 以下を見よ
*【椭圆】tuǒyuán 名 長円, 楕円

【拓】 tuò ⊗ ① 開発する, 開拓する 〖开~〗開拓する ② (T-)姓 ◆'~跋'は鮮卑の姓 ⇨tà
【拓荒】tuòhuāng 動 荒地を拓く, 開拓する 〖~者〗開拓者

【柝】(*櫱) tuò ⊗ 夜回り用の拍子木

【萚】(蘀) tuò ⊗ 落ちた樹皮や葉

【箨】(籜) tuò ⊗ タケノコの皮

【唾】 tuò ⊗ ① つば, 唾液 ② つばを吐く
【唾骂】tuòmà 動 つばを吐いてののしる 〖用恶毒的话~〗あくどい言葉で痛罵する
【唾沫】tuòmo 名 〖口〗つば 🈩 [吐沫]
【唾弃】tuòqì 動 唾棄だきする, 軽蔑する 〖~卖国贼〗売国奴を唾棄する
【唾手可得】tuò shǒu kě dé (成) いたって容易に得られる
【唾液】tuòyè 名 唾液, つばき 🈩 〖口〗[口水]

U

【U盘】U pán 图 USB メモリ 簡[优盘]

V

【VCD】图 VCD 簡[激光压缩视盘]

W

【WSK】图 全国外语水平考试 ◆中国の外国語能力試験 簡[全国外语水平考试]
【WWW】图 ワールドワイドウェブ 簡[万维网]

【凹】wā ⊗ へこんだ(地名に使う)
⇨āo

【挖】wā 動(シャベルで掘る時のように、力を前方に向けて)掘る、掘り起こす 〖～煤〗石炭を掘る 〖～潜力〗潜在能力を掘り起こす
【挖补】wābǔ 動 傷んだ部分をくり抜き、新しく埋め込んで直す
【挖方】wāfāng 图 土木工事で掘り出す土石の体積
*【挖掘】wājué 動 掘る、掘り起こす 〖～地道〗地下道を掘る
【挖空心思】wā kōng xīnsī 〈成〉〈貶〉知恵を絞る、散々策を巡らす 簡[费尽心计]
【挖苦】wāku 動 皮肉る、冷やかす
【挖潜】wāqián 動 潜在能力(エネルギー)を掘り起こす
【挖肉补疮】wā ròu bǔ chuāng 〈成〉(肉をえぐって傷口をうめる>)急場をしのごうとして、よりいっそう悪い手を打つ 〖剜 wān 肉补疮〗

【洼(窪)】wā 图 (～儿)窪み、窪地 — 形 窪んだ、へこんだ
【洼地】wādì 图 低地、窪地
【洼陷】wāxiàn 形 (土地が)窪んだ、低くへこんだ

【哇】wā 擬 大きな泣き声や嘔吐する音などを表わす 〖～的一声哭起来了〗わっとばかりに泣きだした
⇨wa
【哇啦(哇喇)】wālā 擬 がやがや、わいわい(騒がしい人声を表わす)

【哇哇】wāwā 擬 かあかあ、わあわあ(カラスの鳴き声や子供の泣き声を表わす)

【蛙】wā ⊗ カエル 〖雨～〗アマガエル 〖青～〗カエル 〖～泳〗平泳ぎ

【娲(媧)】wā ⊗ 〖女～〗女媧じょか ◆補天神話で有名な女神

【娃】wá 图 (～儿)赤ん坊、子供 ⊗〈方〉動物の子 〖狗～〗子犬
*【娃娃】wáwa 图 赤ん坊、子供 〖抱～〗赤ん坊を抱く
【娃娃鱼】wáwayú 图〈条〉(オオ)サンショウウオ ◆'大鲵ní'の俗称
【娃子】wázi 图〈方〉① 赤ん坊、子供 簡[娃崽 zǎi] ② 動物の子 ③ 旧時の一部少数民族地域に見られた奴隷

【瓦】wǎ 图〈块・片〉瓦かわら 〖～当 dāng〗瓦当がとう — 量 ワット(電力量の単位) 〖一百～的灯泡〗百ワットの電球 ⊗ 素焼きの、土を焼いて作った 〖～罐〗素焼きのかめ
⇨wà
【瓦房】wǎfáng 图〈所・栋〉瓦ぶきの家 ◆壁は多くれんが
【瓦工】wǎgōng 图 ① れんが積みや屋根ふきなどの作業 簡[方][泥工] ② 同前の仕事をする職人、労働者 簡[瓦匠]
【瓦匠】wǎjiang/wǎjiàng 图 屋根ふき、れんが積み等の職人
*【瓦解】wǎjiě 動 瓦解する(させる)、崩壊する(させる) 〖分化～敌人〗敵を分裂瓦解させる
【瓦楞】wǎléng 图 屋根の瓦の整然とした並び、瓦が作るさざ波形の列 (簡[瓦垄 lǒng])〖～纸〗段ボール紙
【瓦砾】wǎlì 图 れんがや瓦の破片、瓦礫がれき 〖剩下一片～〗一面の瓦礫のみが残った
【瓦垄】wǎlǒng 图 (～儿)屋根瓦の整然たる列 簡[瓦楞]
【瓦圈】wǎquān 图 (自転車などの車輪の)リム
【瓦全】wǎquán 動〈書〉気骨もなく無意味に生きる 反[玉碎]
【瓦斯】wǎsī 图〈訳〉ガス、燃料ガス 〖～泄出〗ガスが漏れる
【瓦特】wǎtè 量〈訳〉ワット(電力量)('瓦'と略称)

【佤】Wǎ ⊗ ワー族

【佤族】Wǎzú 图 ワー族 ◆中国少数民族の一、雲南省に住む

【瓦】wà 動 屋根に瓦をふく 〖～瓦 wǎ〗瓦をふく
⇨wǎ
【瓦刀】wàdāo 图〈把〉屋根職人や

左官のこて ♦形は中華包丁に似る

【袜(襪 *韤)】wà ⊗靴下 [～裤] パンティストッキング [线～] 木綿の靴下

【袜套】wàtào [名] (～儿) 靴下カバー, くるぶしから下の靴下

【袜筒】wàtǒng [名] (～儿) 靴下の足首から上の部分

★★【袜子】wàzi [名]〔双〕靴下(長短両方をいう)〖穿～〗靴下をはく

【腽】wà ⊗以下を見よ

【腽肭脐】wànàqí [名]〖薬〗オットセイの陰茎と睾丸から取った強精剤

【腽肭兽】wànàshòu [名] オットセイ [同][海熊][海狗]

【哇】wa [助] 機能は'啊'に同じ, 助詞の'啊 a'が'u''ao'の音に続くとき, 変化して'wa'となり, それを'哇'で表わす〖真不少～〗随分あるなあ

⇨wā

【歪】wāi [形] ①歪んだ, 傾いた [同][斜] [反][正] ②よこしまな, 不当な〖～念头〗よからぬ了見 ━ [動] ①ゆがむ(める), 傾く(ける)〖～着头〗頭をかしげて ②横になって休む, 横向きに寝ころがる

【歪道】wāidào [名] ① (～儿) まっとうでない道, 不正な方法([同][邪道])〖走～〗邪道を歩む ②よからぬ考え, 悪巧み

【歪风】wāifēng [名]〔股〕よからぬ風潮, 不正を正とする気風〖刹住～〗悪風をせき止める

【歪门邪道】wāi mén xié dào《成》陰険な手法, 悪どいやり方

★【歪曲】wāiqū [動] 歪曲する, ねじ曲げる〖～事实〗事実をねじ曲げる ━ [形] 歪んだ, かしいだ

【歪歪扭扭】wāiwāiniǔniǔ [形] (～的) ねじ曲がった, ひどく歪んだ [同][歪七扭八]

【歪斜】wāixié [形] 歪んだ, 傾いた

【㖞(喎)】wāi ⊗[～斜] 口や目が歪んだ

【崴】wǎi [動] 足をくじく

⊗地名用字 [～子] 同前

【崴泥】wǎi▼ní [動] (比喩的に) どろ沼にはまりこむ

【外】wài [名]〔介詞句の中で〕外(そと)([反]'里''内')〖往～看〗外の方を見る [～边] 外 [出～] 外に出る

⊗①外国(の) ②以外 [除～] 除く ③外部の, 外側の [～事处] 外事課 ④母方の, 異姓の親類の ⑤疎遠な, 縁の薄い [见～] 他人扱いする ⑥正式でない, 非公式の→[～号] ⑦外部に, 外国へ [～嫁] 異郷に嫁ぐ

【外币】wàibì [名] 外貨, 外国貨幣〖兑换～〗外貨を換える

【外边】wàibian [名] ① (～儿) 外(そと)([同][外面][外头] [反][里边])〖门～〗戸口の外 ②異郷, よその土地 [同][外地] ③(物の)表面, 外側

★【外表】wàibiǎo [名] 表面, 外観〖从～看人〗外見で人を判断する

【外宾】wàibīn [名] 外国からの来訪者, 外国人の客 ♦外国人に対するていねいな呼び方

【外部】wàibù [名] ①外部, 外〖～影响〗外部からの影響 ②表面, 外面

【外埠】wàibù [名] 自分がいる所以外の都市, よその町

【外出】wàichū [動] よその土地へ出張する, 所用で遠出する

【外出血】wàichūxuè [名] 出血

【外带】wàidài [名] タイヤ ♦'外胎'の通称〖～和里带〗タイヤとチューブ ━ [副] 加えて, その上

【外敌】wàidí [名] 外敵, 侵入外国軍

【外地】wàidì [名] よその土地, 他郷 [～人] よそ者

【外调】wàidiào [動] ①出向いて調査・聞き込みを行う ②よその土地へ転任する(させる), 出向する(させる) ③物資をよその土地に輸送する

【外耳】wài'ěr [名]〖生〗外耳

【外敷】wàifū [動] (薬を)塗る, 外用する([反][内服]) [～药] 塗り薬

【外感】wàigǎn [名] (漢方で寒暖, 湿気などの)外因によって起こる病気

【外港】wàigǎng [名] 外港, 大都市近くの港

【外公】wàigōng [名]《方》外祖父, 母の父 [同][老爷 lǎoye] [対][外婆]

【外功】wàigōng [名] (～儿) 筋肉や骨格を鍛える武術 [反][内功]

【外国】wàiguó [名] 外国, 異国 [～货] 外国製品

★【外行】wàiháng [名] [形] しろうと(の), 門外漢(の)〖演戏他可不～〗芝居なら彼はくろうとはだしだ

【外号】wàihào [名] (～儿) あだ名, ニックネーム〖给他加～〗彼にあだ名をつける

【外患】wàihuàn [名] 外患, 外国からの侵略 [内忧～] 内憂外患

【外汇】wàihuì [名] 外貨, 外国為替(かわせ), 外国小切手など [～率] 外貨交換レート

【外货】wàihuò [名]〔件・批〕外国製品, 輸入品

【外籍】wàijí [名] 外国籍

【外加】wàijiā [動] さらに…もある, ほかに…も加わる

【外间】wàijiān [名] ① (～儿) 直接屋外に通じている部屋 [同][外屋] [反][里间] ②世間, 家の外

★★【外交】wàijiāo [名] 外交 [～部] 外交部(外務省) [～家] 外交官

【外界】wàijiè 图 ① (ある物体の) 外の世界, 外界 ② (ある集団の) 外の社会, 外部 〖～的压力〗外部からの圧力
【外舅】wàijiù 图《書》妻の父, 岳父
【外科】wàikē 图《医》外科 〖神经～〗神経外科
【外快】wàikuài 图 (定収入以外の) 臨時収入, アルバイト収入 (≒[外水]) 〖得到～〗副収入を得る
【外来】wàilái 形〖定語として〗よそから来た, 外来の 〖～户〗よそ者 〖～语〗外来語
【外力】wàilì 图 外部の力, 外からの圧力
【外流】wàiliú 動 (人や財貨が海外, 他の地方に) 流出する 〖人才～〗人材の海外流出
【外露】wàilù 動 外に現われる (わす), むき出しになる (する) 〖轻易～〗軽々しく人に見せる
【外贸】wàimào 图 ('对外贸易' の略) 対外貿易, 外国貿易
【外貌】wàimào 图 外見, 外面 〖讲究～〗外見にこだわる
【外面】wàimiàn 图 (～儿) ① 表面, 外面 (≒[外表]) ② 外, 外側 (≒[外边]) 〖墙～儿〗塀の外
【外婆】wàipó 图《方》外祖母, 母の母 (≒[姥姥 lǎolao]) (≒[外公])
【外戚】wàiqī 图 外戚 ♦ 皇帝の母および妻の一族
【外强中干】wài qiáng zhōng gān 〈成〉(外は強そうだが実際はもろい) 一見豊かそうだが実は金に困っている, 見掛け倒し
【外侨】wàiqiáo 图 外国人居住者, 居留民
【外勤】wàiqín 图 (≒[内勤]) ① 外勤, 外回りの仕事 〖跑～〗外回りする ② 同前の従事者
【外人】wàirén 图 ① 赤の他人, 無縁の人 〖别把我当～〗水臭いまねはよしてくれ ② 外部の人, 局外者 ③ 外国人
【外伤】wàishāng 图 外傷 (≒[内伤])
【外商】wàishāng 图 外国商人, 外国ビジネスマン
【外甥】wàisheng 图 ① 姊妹の息子, 異姓の甥 (≒[侄子]) ②《方》男の外孫 (読), 娘の息子
【外甥打灯笼】wàisheng dǎ dēnglong《俗》(甥が提灯 (ちょう) をさしかける>おじを照らす=照舅 zhào jiù>'照旧' とかける>) 従来通り, もとのまま
【外甥女】wàishengnǚ 图 ① (～儿) 姊妹の娘, 異姓の姪 (≒[甥女]) (≒[侄女]) ②《方》女の外孫, 娘の娘
【外孙】wàisūn 图 男の外孫, 娘の息子
【外孙女】wàisūnnǚ/ wàisūnnǚ 图 (～儿) 女の外孫, 娘の娘
【外胎】wàitāi 图 タイヤ ♦ 一般に '外带' という (≒[内胎])
【外逃】wàitáo 動 外国に逃亡する, 高飛びする
【外套】wàitào 图 (～儿)〔件〕① オーバーコート (≒[大衣]) ② 短い上っ張り, ジャケット
【外头】wàitou 图 外, 外側 (≒[外边]) (≒[里头])
【外围】wàiwéi 图 周囲, 周辺
【外文】wàiwén 图〔门〕外国語, 外国語で書かれた文章
【外侮】wàiwǔ 图 外国による侵略や不当な圧力 〖抵御～〗同前に立ち向かう
【外务】wàiwù 图 ① 本務以外の用件, 責任外の仕事 ② 外交事務
【外线】wàixiàn 图 ① (電話の) 外線 (≒[内线]) 〖接～〗外線につなぐ ②《軍》包囲網を形成する線, 敵を取り囲む輪
【外乡】wàixiāng 图 よその土地, 他郷
*【外向】wàixiàng 形 (性格が) 開けっぴろげの, 外向的な (≒[内向])
【外销】wàixiāo 動 対外輸出する, よその土地に売る (≒[内销]) 〖～产品〗輸出向け商品
【外心】wàixīn 图 ① 不貞の心, ふた心 ②《数》(三角形の) 外心 (≒[内心])
【外星人】wàixīngrén 图 宇宙人, 異星人
【外姓】wàixìng 图 ① 異姓, 自分の一族以外の姓 ② 異姓の人
【外延】wàiyán 图《哲》外延 (≒[内涵])
【外衣】wàiyī 图 ①〔件〕上着 (うわぎ), 表着 (おもてぎ) (外側に着る衣服) (≒[内衣]) ②《転》外見, 偽装 〖披着进步的～〗進歩的に見せ掛ける
【外因】wàiyīn 图 外因 (≒[内因])
【外语】wàiyǔ 图〔门〕外国語 〖学习～〗外国語を学ぶ
【外域】wàiyù 图《書》外国
【外遇】wàiyù 图 不倫の関係 〖有～〗不倫する
【外援】wàiyuán 图 外国からの援助, 外部からの手助け
【外在】wàizài 形〖定語として〗外在的な, 外部にある (≒[内在])
【外债】wàizhài 图 外債, 外国債 〖偿付～〗外債を償還する
【外罩】wàizhào 图 (～儿) 上っ張り, 塵 (ちり) 除け上衣 (うわぎ)
【外资】wàizī 图 外国からの投資, 外資 〖～企业〗外資企業
【外族】wàizú 图 ① 自分の一族以外の人, 血縁のつながらない人 ② 外国人 ③ よその民族
【外祖父】wàizǔfù 图 外祖父, 母の

父 图(口)[老爷]
【外祖母】wàizǔmǔ 图 外祖父,母の母 图(口)[姥姥]

【弯】(彎) wān 图(~儿)曲がり角,カーブ([弯子])[拐~儿]角を曲がる 一 动 曲げる,湾曲させる[~身子]身をかがめる 一 形 曲がった,湾曲した

【弯路】wānlù 图(転)〔条〕(仕事や勉強の)遠回り,回り道[走~]遠回りする(無駄をする)
【弯曲】wānqū 形 曲がりくねった,大きくカーブした
【弯子】wānzi 图 曲がり角,カーブ(=[弯儿])[绕~]遠回しに言う

【湾】(灣) wān 动(船を)係留する,停泊させる[~泊]停泊する
⊗ 图① 川の流れが曲がる所 ② 入り江,湾

【剜】 wān 动 抉る,くりぬく⊗[填]

【蜿】 wān ⊗ 以下を見よ

【蜿蜒】wānyán 形①(蛇などが)のたくり進む,くねくね進む[~而上]くねくねと登る ②(川や道が)蜿蜒さたる,うねりうねり続く

【豌】 wān ⊗ 以下を見よ

【豌豆】wāndòu 图 エンドウ豆,サヤエンドウ[一棵~]エンドウ1株[一颗~]エンドウ豆1つぶ[~角儿]サヤエンドウ

【丸】 wán 图(~儿)小さな球形の物,丸い粒[肉~子]肉だんご[~药]丸薬[~剂]錠剤 一量 丸薬の粒を数える ⊗ 丸药

【纨】(紈) wán ⊗ 高級絹地,うす絹[~扇]絹張りうちわ(団扇)

【纨绔(纨袴)】wánkù 图〔书〕(中国服の)絹のズボン,(転)金持ちの子供たちの贅沢な服装[~子弟]富豪の子供たち

【刓】 wán 动 削る,彫る

【完】 wán ① 終わる,完了する ② 尽きる,無くなる[~了 le]もうだめだ ③〔結果補語として〕…し終わる[写~了]書き終えた
⊗① 無傷の,無欠の ②(税金を)納める,支払う[~税]納税する ③ (W~)姓

*【完备】wánbèi 形 欠ける所のない,完備した
【完毕】wánbì 动 終わる,終了する[手术~]手術が終わった
【完成】wánchéng 动 完成する,達成する[[~计划]計画を達成する[[~不成任务]任務を完遂できない
【完蛋】wán'dàn 动(口)一巻の終わりになる,おだぶつになる[坏人~了]悪いやつはこれで終わりさ
【完稿】wán'gǎo 动 書き上げる,脱稿する 图[脱稿]
【完工】wán'gōng 动 竣工する,工事が完成する
【完好】wánhǎo 形 無傷のままの,何らの欠落もない 图[完整]
【完结】wánjié 动 完結する,終結する 图[结束]
【完竣】wánjùn 动 完了する,(工事が)完成する 图[完毕]
【完了】wánliǎo 动(事が)終わる,完結する
【完满】wánmǎn 形 欠けるところのない,八方満足のゆく(=[圆满])[~的结果]申し分のない結果[~解决]丸く収まる
*【完美】wánměi 形 完全無欠の[~无疵]非の打ち所のない
*【完全】wánquán 形 完全な,傷ひとつない 图[完整] 一副 まったく,全面的に
【完人】wánrén 图 完璧な人,何ら欠点のない人
*【完善】wánshàn 形 完璧に仕上げる,(欠陥がないよう)改善する[[~计划]プランを練り上げる 一形 申し分のない,完璧な 图[完美]
【完事】wán'shì 动 事が完結する,終わる
*【完整】wánzhěng 形 丸々揃った,欠落のない(=[完好])[[残缺])[[~的一套全集]揃いの全集

【烷】 wán 图[化]石油の主要成分の一[甲~]メタン[乙~]エタン[丙~]プロパン

【玩】(*頑) wán 图(~儿) ① 遊ぶ,たわむれる[~儿火]火遊びする ② 文化,体育活動をする,(ゲームに)興じる[~儿象棋]将棋をする ③(汚い手段を)弄する,使う[~儿阴谋]陰謀を巡らす

【一】(翫) ⊗① 愚弄する,からかう ② 観賞する,楽しむ ③ 観賞物,眺めて楽しむ物[古~]骨董

【玩忽】wánhū 动 不まじめに扱う,ないがしろにする 图[忽视]
【玩话】wánhuà 图 冗談,ふざけた作り言
【玩火自焚】wán huǒ zì fén (成)(火遊びをして自分を焼く>)自業自得
*【玩具】wánjù 图〔件〕玩具,おもちゃ[玩儿~]おもちゃで遊ぶ
*【玩弄】wánnòng 动 ① 弄ぶ,なぶり物にする 图[戏弄] ② ごまかす,

トリックでだます [同][搬弄] ③(手段を)弄する,(よからぬ腕前を)発揮する [同][施展]
【玩偶】wán'ǒu [名](おもちゃの)人形
【玩儿不转】wánrbuzhuàn [動]対処できない, どうしようもない
【玩儿命】wánrmìng [動]《口》命知らずなまねをする, 命を張ってふざける〖~工作〗必死で働く
【玩儿完】wánrwán [動]《口》死んじまう, 万事休す, おじゃんになる
【玩赏】wánshǎng [動]楽しむ, 愛でる([同][欣赏])〖~雪景〗雪景色を楽しむ
【玩世不恭】wán shì bù gōng《成》世の中を茶化して生きる
【玩耍】wánshuǎ [動]遊ぶ, たわむれる〖~扑克〗トランプで遊ぶ
【玩味】wánwèi [動](意味を)じっくり考える, かみしめる([同][玩索])〖~含义〗含意をかみしめる
【玩物】wánwù [名]〔件〕観賞物, 玩具
【玩物丧志】wán wù sàng zhì《成》(遊びや趣味に魂を奪われる>)道楽に深入りして本来の目標を忘れる
【玩笑】wánxiào [名]冗談, からかい〖开~〗からかう ━[動]ふざける, からかう
*【玩意儿(玩艺儿)】wányìr [名]《口》①〔件〕玩具, おもちゃ ②見せ物, 演芸娯楽 ③物, 事柄〖新鲜~〗目新しいだけの代物

【顽(頑)】wán ⊗①無知な, 愚かな[愚~]愚かしい ②頑固な, しぶとい ③いたずらな, 腕白な→[~皮] ④'玩'と通用
【顽梗】wángěng [形]《書》頑迷な, 強情な
*【顽固】wángù [形]①頭の古い, こちこち頭の ②頑迷な, 反動的な [反][开明] ③しぶとい, 頑固な
【顽健】wánjiàn [形]《書》《謙》(自分の身体が)頑丈な, しごく丈夫な
【顽皮】wánpí [形]腕白な, いたずら好きの
*【顽强】wánqiáng [形]不屈の, 音を上げない([同][坚强])〖~的毅力〗不屈の精神力
【顽石点头】wánshí diǎntóu《成》(固い岩さえうなずく>)十分に説得力がある
【顽童】wántóng [名]いたずらっ子, 腕白坊主
【顽癣】wánxuǎn [名](漢方で)頑固な皮膚病, 長びく皮膚炎
【顽症】wánzhèng [名]難病, 慢性病 [同][顽疾]

【宛】wǎn ⊗①折れ曲がった, 曲がりくねった ②あたかも, さながら[~然]さながら[~如]まるで…に見える ③(W-)姓
【宛转】wǎnzhuǎn [動]①あちこち移動する, 転々とする [同][辗转] ②[同][婉转]

【惋】wǎn ⊗嘆く, 惜しむ[叹~]《書》嘆き悲しむ
*【惋惜】wǎnxī [動]同情する, 気の毒がる〖感到~〗気の毒に思う

【婉】wǎn ⊗①(話し方が)遠回しな, 柔らかな ②柔順な, おとなしい[~顺]おとなしい ③上品な, 美しい
【婉辞】wǎncí [名]遠回しな言葉, 柔らかな言い回し ♦'婉词'とも書く ━[動]婉曲に断る, 柔らかな言い回しで拒否する
【婉言】wǎnyán [名]遠回しな言葉, 柔らかな言い回し〖~谢绝〗やんわり断る
【婉约】wǎnyuē [形]《書》控え目で含蓄に富んだ, たおやかな
【婉转(宛转)】wǎnzhuǎn [形]①(話し振りが)穏やかで遠回しな, 優しくて巧みな ②(歌声などが)抑揚の美しい, 流れるような

【琬】wǎn ⊗美しい玉

【畹】wǎn ⊗古代の地積単位(1'畹'は30'亩')

【碗(*盌 椀)】wǎn [名]〔只〕①鉢, 茶わん[饭~]飯茶わん[~柜]食器戸棚 ②おわん形をした物 ━[量]茶わんやどんぶりに盛る物を数える〖喝了一~酒〗酒を茶わんで1杯飲んだ

【莞】wǎn ⊗[~尔 ěr]ほほえむさま ♦広東の地名'东莞'では guǎn と発音

【皖】Wǎn ⊗安徽省の別称

【挽】wǎn [動]①(手で軽く)引く, 引っ張る [同][拉] ②(袖などを)まくり上げる
【━(輓)】⊗①(車を)引っ張る, 牽引する[~马]引き馬 ②死者を悼む[~词]追悼の言葉
【挽歌】wǎngē [名]〔支·首〕挽歌
*【挽回】wǎnhuí [動]挽回する, 取り戻す〖~败局〗劣勢を挽回する
*【挽救】wǎnjiù [動]救出する, 助け上げる〖~性命〗命を救う
【挽联】wǎnlián [名]〔幅·对〕挽聯 ♦死者を悼む'对联'
【挽留】wǎnliú [動]引き止める, 留まらせる〖~他吃饭〗食事をしてゆくよう彼を引き止める

【晚】wǎn [形]([反][早]) ①遅い時期の, 終わりに近い時間の ②(時間が)遅い, 遅れた ⊗①夕方, 夜[昨~]昨晩 ②あ

W

とから来た，遅れて現われた［～娘］継母 ③(W-)姓
【晚安】wǎn'ān《挨》お休みなさい
【晚报】wǎnbào [名]〔份·张〕夕刊 [関]［日报］
【晚辈】wǎnbèi [名]（家系上の）下の世代，（社会における）後継世代 [反]［长辈］
【晚场】wǎnchǎng [名]（映画·演劇の）夜の部 [同]［夜场］[関]［早场］［日场］
【晚车】wǎnchē [名]夜行列車 ♦夜に到着する列車を含む
【晚稻】wǎndào [名]晩稲(おくて)（[反]［早稻］）〖种 zhòng ～〗晩稲を植える
【晚点】wǎn▼diǎn [動]（乗物の出発や到着が）遅れる，遅延する〖班机～一小时起飞〗定期便の飛行機が1時間遅れて出発する
【晚饭】wǎnfàn [名]〔顿〕夕食，晩めし [同]［晚餐］
【晚会】wǎnhuì [名]夜の（レクリエーションの）集い，夜のパーティー〖音乐～〗音楽の夕べ
【晚婚】wǎnhūn [動]適齢期を過ぎてから結婚する（[反]［早婚］）〖～的好处〗晩婚の長所
【晚间】wǎnjiān [名]晩，夜 [同]［晚上］
【晚节】wǎnjié [名]①晩節〖保持～〗晩節を保つ ②《書》晩年，末期
【晚近】wǎnjìn [名]最近の数年間，ここ2，3年
【晚景】wǎnjǐng [名]①夕暮れの光景，夕景色 ②晩年の状況，年老いた後の境遇〖～不佳〗晩年は恵まれない
【晚年】wǎnnián [名]晩年，人生の最後の一時期（[同]［暮年］）〖安度～〗安らかな老後を送る
【晚期】wǎnqī [名]末期，最終段階 [反]［早期］
【晚秋】wǎnqiū [名]①晩秋，秋の暮れ ②晩秋の作物 [同]［晚秋作物］
★★【晚上】wǎnshang [名]晩，夜 ♦日没から深夜までの時間 [関]［夜里］
【晚霜】wǎnshuāng [名]春に降りる霜，時期はずれの霜
【晚霞】wǎnxiá [名]夕焼け（[反]［早霞］）〖映上～〗夕焼けに染まる

【绾(綰)】wǎn [動]（細長いものを）巻き上げる，結び目をつくる〖～起头发〗髪を結い上げる

【万(萬)】wàn [数]万〖三～元〗3万元
⊗①絶対に，この上なく〖～不可做〗絶対にしてはいけない ②数多くの，おびただしい数の［～民］天下万民 ③(W-)姓 ♦複姓'万俟'はMòqíと発音
【万般】wànbān [名]万般(ばんぱん)，あらゆる事物 — [副]きわめて，この上なく [同]［极其］
【万变不离其宗】wàn biàn bù lí qí zōng《俗》姿かたちがどんなに変化しても本質に変わりはない
【万不得已】wàn bù dé yǐ《成》万(ばん)やむをえず
【万端】wànduān [形]万端(ばんたん)の，あらゆる方面に渡る〖变化～〗千変万化する
【万恶】wàn'è [名]諸悪，あらゆる罪悪〖～之源〗諸悪の根源 — [形]この上なく悪い，極悪非道の
【万儿八千】wàn'er-bāqiān [形]1万見当の，1万に欠ける程度の
★【万分】wànfēn [副]きわめて，この上なく〖～感谢〗心より感謝します
【万感】wàngǎn [名]万感(ばんかん)，様々な感慨［～交集］万感こもごも
【万古】wàngǔ [名]永遠，幾万年の後［～长青］とこしえに栄える
【万花筒】wànhuātǒng [名]〔只〕万華鏡(まんげきょう)
【万劫不复】wàn jié bú fù《成》（万世の果てまで元には戻らない＞）絶対に回復不可能である
【万金油】wànjīnyóu [名]①万金油 ♦メンソール入りの塗布薬．'清凉油'の旧称 ②《転》何でも屋，器用貧乏
【万籁】wànlài [名]《書》あらゆる音［～俱寂］静まりかえった
【万里长城】Wàn lǐ Chángchéng [名]①万里の長城 ♦現在残る長城は明代に築いたもので，全長6700キロメートル ②《転》越えられない障壁
【万里长征】Wàn lǐ Chángzhēng《成》①長い旅路，万里の遠征 ②'中国工农红军'による長征→［长征］
【万马齐喑】wàn mǎ qí yīn《成》（万馬等しく黙す＞）沈黙が支配し，誰ひとり発言しない [反]［百家争鸣］
【万难】wànnán [名]万難，あらゆる障害〖排除～〗万難を排す — [副]〔動詞の前で〕とうてい…し難い〖～同意〗とうてい承知できない
【万能】wànnéng [形]〔定語として〕①何でもできる，万能の ②何にでも使える，用途の広い［～胶］万能接着剤;《転》コネをつける達人
【万年】wànnián [名]幾千幾万年，永久［～雪］万年雪
【万千】wànqiān [形]①〔多く定語として〕多くの ②多種多様な，多方面の
【万全】wànquán [形]万全の，絶対に間違いのない
【万人坑】wànrénkēng [名]おびただしい死体を投げ捨てた大穴 ♦特に日本占領下の炭坑などのものが有名
【万人空巷】wàn rén kōng xiàng《成》（全員が家を空ける＞）（歓迎などの行動に）町中総出で参加する
【万世】wànshì [名]永遠，万世〖～

不衰] 永久不滅

【万事】 wànshì 图 万事, 一切 [～通] (広く浅い) 物知り

【万事不求人】 wànshì bù qiú rén《俗》何事も人に頼らない

【万事不由人】 wànshì bù yóu rén《俗》何事も人の思い通りにはならない

【万事俱备, 只欠东风】 wànshì jù bèi, zhǐ qiàn dōngfēng《俗》(準備万端整ったが, 東の風だけがまだ吹かない>) 準備は完了したが, 必要な条件がただ一つ満たされていない

【万寿无疆】 wàn shòu wú jiāng《成》永とえに生命の栄えあれ ◆帝王の長寿を祈る言葉

【万水千山】 wàn shuǐ qiān shān《成》((旅路を妨げる) 無数の山と川>) 旅ゆく道の険しさの形容

【万死】 wànsǐ 動 万死ばん [～不辞] 万死をも辞さず

【万岁】 wànsuì 動 永遠に栄えあれ, 万歳 ◆永続を願って叫ぶ祈りの言葉 ━图 (書) 皇帝を指す語

【万万】 wànwàn 副 (否定文に用いて) 決して, 断じて (⇔ 絶対) [～没有想到] 予想だにしなかった ━ 数 億 [四～美元] 4 億米ドル

【万维网】 wànwéiwǎng 图 ワールド・ワイド・ウエブ, WWW

【万无一失】 wàn wú yì shī《成》万に一つのミスもない

【万物】 wànwù 图 万物

【万象】 wànxiàng 图 森羅万象, あらゆる事物 [～回春] ものみな蘇がる

【万幸】 wànxìng 形 きわめて幸運で, 大変なことに恵まれた

※**【万一】** wànyī 图 ①ほんの一部, 万分の一 ②万一の場合, 予期せぬ事故 [防止～] 不測の事態を防ぐ ━ 接 万が一, 仮に

【万丈】 wànzhàng 数量 万丈の高さ (深さ) [怒火～] 天にも達する怒りの炎

【万众】 wànzhòng 图 大衆, 万民 [～一心] 万民心を一つにする

【万状】 wànzhuàng 形 (マイナス義を持つ 2 音節の名詞, 形容詞の後について) あらゆる様相を, さまざまな形の [危险～] きわめて危うい

【万紫千红】 wàn zǐ qiān hóng《成》百花繚乱, 色とりどりに咲き乱れた

【腕】 wàn ⊗ 手首 [手～儿] 同前 [脚～儿] 足首 [～力] 腕力, 手腕

【腕儿】 wànr 图《口》有力者 (⇔ 大腕儿]

【腕子】 wànzi 图 手首 [手～] 同前 [脚～] 足首

【腕足】 wànzú 图 イカやタコの足

【蔓】 wàn 图 (～儿) 〔根〕 (植物の) つる [爬～儿] つるを這わせる ⇨ mán, màn

【汪】 wāng 動 (液体が) たまる, 集まる [地上～着水] 地面に水がたまっている ━ 量 (～儿) たまった液体に使う [一～儿油] 一たまりの油 ━ 擬 犬の吠える声, わん ⊗ ① 〔方〕小さな池 ②(水を) 満々とたたえた, 広くて深い ③(W-) 姓

【汪汪】 wāngwāng 形 ①(水や涙が) あふれるほどの, こぼれそうな ②水面が広々とした, 水をたたえて広がった ━ 擬 わんわん (犬の吠え声)

【汪洋】 wāngyáng 形 (水が) 果てしなく広がった, 広大無辺の [～大海] 見渡す限りの海原

【尪】 wāng ⊗ ①下肢, 背などが曲がる病気 ②瘦せた

【亡(*亾)】 wáng ⊗ ① 逃げる, 逃亡する [逃～] 逃亡する ②失う, なくす ③死ぬ, 命を落とす [阵～] 戦死する ④滅びる, 滅ぼす [灭～] 滅亡する ⑤既に世を去った, 今は亡き [～友] 今は亡き友

【亡故】 wánggù 動 死ぬ, 世を去る

【亡国】 wángguó 图 すでに滅びた国, 亡国 [～奴] 亡国の民 ━ wáng'guó 動 国を滅ぼす

【亡魂丧胆】 wáng hún sàng dǎn《成》(魂を失い胆をつぶす>) 狼狽し恐れおののく

【亡命】 wángmìng 動 ① 亡命する, 逃亡する [～国外] 国外に亡命する ②(悪い輩なが) 命を捨ててかかる, 命を張る

【亡羊补牢】 wáng yáng bǔ láo《成》(羊が逃げてから囲いを補修する>) 被害を被った後に対策を講じて再発を防ぐ

【王】 wáng 图 王, 君主 [～位] 王位 ⊗ ①首領, トップに立つ者 [拳～] ボクシングチャンピオン ②年長の, 世代が上の [～母] (書) 祖母 ③(W-) 姓 ◆「王となる」の意の文語では wàng と発音

【王八】 wángba 图 ①カメ, スッポンの俗称 ②女房を寝取られた男, 浮気女房の亭主 ③(転) 馬鹿野郎 ◆男に対する最大の罵倒語 [～蛋] 馬鹿もん!

【王朝】 wángcháo 图 ①王朝 [建立～] 王朝を樹立する ②朝廷

【王道】 wángdào 图 王道 ◆君主が仁愛によって民を導き平和を保つ政治 (⇔ 霸道]

【王法】 wángfǎ 图 ①(王朝時代の) 国法, 法律 ②政策法令

【王府】wángfǔ 图'王'爵を持つ者の屋敷,皇族の住居
【王公】wánggōng 图王侯貴族
【王宫】wánggōng 图〔座〕王宫,皇居
【王官】wángguān 图王に仕える臣下,王朝の官吏
【王国】wángguó 图①王国,王制の国 ②〈転〉事がらや物が栄える分野,領域
【王侯】wánghóu 图王侯貴族,貴顕
【王后】wánghòu 图皇后,王妃
【王浆】wángjiāng 图ロイヤルゼリー 働[蜂乳]
【王母娘娘】Wángmǔ niángniang 图'西王母'の通称 ◆古代神話中の女神,昆侖山に住み,不死の生命を持つとされる
【王牌】wángpái 图〔张〕①トランプのキング,最強の札 ②〈転〉切り札,奥の手[打出~]切り札を切る ③〈転〉第一人者,エース
【王室】wángshì 图①王室,皇族 ②朝廷
【王爷】wángye 图〈敬〉王様◆皇帝の支配の下での各王
*【王子】wángzǐ 图王子
【王族】wángzú 图王族,皇族

【网】(網) wǎng 图〔张〕網[结~]網を編む[补~]網を繕う[鱼~]漁網 一動①網で捕る[~蝴蝶]網で蝶をつかまえる ②網状に覆う,網をかぶせたようになる ⊗①網状の物[蜘蛛~]クモの巣 ②ネットワーク,網のような組織[交通~]交通網[因特~]インターネット[~吧]ネットカフェ[~上]ウェブ上[~民]ネットユーザー[~址]ネットアドレス
【网兜】wǎngdōu 图網袋
【网巾】wǎngjīn 图網状のスカーフ
【网开三面】wǎng kāi sān miàn 〈成〉〈網の三方を開いておく〉犯罪者に寛大に対処する 働[严刑峻法]
【网罗】wǎngluó 图鳥や魚を捕える網,わな 一動広く探し集める[~选手](各地から)選手を集める[~信息]広く情報を集める
*【网络】wǎngluò 图ネットワーク[互联~]インターネット('因特网'とも)
【网膜】wǎngmó 图〔眼球の〕網膜
*【网球】wǎngqiú 图①庭球,テニス[打~]テニスをする[~拍]テニスのラケット ②テニスのボール
【网眼】wǎngyǎn 图(~儿)網目 働[网目][~纱]蚊帳地
*【网站】wǎngzhàn 图ウェブサイト
【网子】wǎngzi 图①〔张〕網,ネット ②ヘアネット 働[发网]

【冈】wǎng ⊗①欺く,隠す[欺~][~书]欺く ②否定詞の'无'に同じ[~效]〈書〉効なし

【惘】wǎng ⊗がっかりする,滅入る[~然]気落ちした[迷~]途方に暮れた

【辋】(輞) wǎng ⊗車輪の丸い外枠

【魍】wǎng ⊗[~魉liǎng(蝄蜽)](書)伝説中の怪物 働[魍魉 chīmèi]

【往】wǎng 動(ある方向へ)向かって行く 一介(方向を示し)…の方へ,…に向かって[~南走]南へ去る[~前看]前の方を見る ⊗①行く[来~]行き来する ②過ぎ去った,昔の[已~]過去 ⇒wàng
*【往常】wǎngcháng 图日ごろ,ふだん[比~晚]いつもより遅い
*【往返】wǎngfǎn 動往復する,行って帰る[~要一小时]往復に1時間かかる[~票]往復切符
【往复】wǎngfù 動①往復する,行き戻りする ②行き来する,交際する
【往还】wǎnghuán 動行き来する,交際する
【往来】wǎnglái 動①往来する,通行する ②交際する,行き来する[同他们~]あの人たちと交際する
【往年】wǎngnián 图昔,以前 働[往时]
【往日】wǎngrì 图以前,往時 働[昔日]
*【往事】wǎngshì 图昔の出来事,往事[回忆~]往事を回顧する
【往往】wǎngwǎng 副しばしば,しょっちゅう 働[经常]
【往昔】wǎngxī 图昔,以前

【枉】wǎng ⊗①曲げる,歪める ②不当な扱いをする,悔し涙をのませる→[冤~ yuān-wang] ③歪んだ,曲がった ④無駄に,無益に[~活]無為に生きる
【枉法】wǎngfǎ 動(法律を執行すべき立場の者が)法を曲げる,法を悪用する
【枉费】wǎngfèi 動無駄に費やす,空費する 働[白费]
【枉驾】wǎngjià 動〈敬〉〈書〉まげてご来駕いただく,わざわざお運びいただく[请您~光临]どうぞ臨賜わりますよう
【枉然】wǎngrán 形無駄な,徒労の 働[徒然]
【枉死】wǎngsǐ 動非業の死を遂げる,横死する

【妄】wàng ⊗①でたらめな,むちゃくちゃな[狂~]のぼせ上がった ②みだりに,無鉄砲な[~断]軽々しく結論を下す

【妄动】wàngdòng 動 軽挙妄動する、軽はずみに動く
【妄念】wàngniàn 名 よからぬ考え、邪念 〖陡生～〗ふと邪心を抱く
【妄求】wàngqiú 動 不当に要求する、身の程を弁ぜぬ要求をする
【妄图】wàngtú 動 ばかげた企みをする、狂気じみた試みをする 〖～抢劫〗強盗を企てる
*【妄想】wàngxiǎng 名 できもせぬ企て、空しい希望 ― 動 妄想する、ばかげた望みを抱く(⽥[梦想]) 〖～发财〗大儲けを夢見る
【妄语】wàngyǔ 名 妄言、ばかげた言い草 (⽥[妄言]) ― 動 でたらめを言う、妄言を吐く
【妄自菲薄】wàng zì fěibó 成 卑下しすぎる、過度に劣等感をもつ ⊗[妄自尊大]
【妄自尊大】wàng zì zūn dà 成 甚しく思い上がる、やたら偉ぶる

【忘】wàng 動 忘れる、失念する 〖～了带课本〗教科書を忘れた
【忘本】wàngˈběn 動 (今の幸せの)根源を忘れる、自分の足下を見失う
【忘掉】wàngdiào 動 きれいさっぱり忘れる、忘れ去る 〖被人们～了〗忘れられる 〖忘不掉〗忘れられない
【忘恩负义】wàng ēn fù yì 成 恩義に背く、恩知らずなまねをする ⊗[感恩戴德]
【忘乎所以】wàng hū suǒ yǐ 成 興奮の余り今をもたらした本を忘れる、いい気になって自分を見失う ⽥[忘其所以]
【忘怀】wànghuái 動 忘れる(⽥[忘记]) 〖难以～〗忘れ難い
*【忘记】wàngjì 動 ①忘却する、忘れ去る(⽥[遗忘]) 〖～到脑后〗きれいに忘れる ②うっかり忘れる、注意を怠る 〖～带雨伞〗傘を忘れる
【忘年交】wàngniánjiāo 名 ①年齢や世代の差を越えた友人、年の離れた友 ②年の差を忘れた交わり、大きな年齢差を越えた友情
【忘情】wàngqíng 動 ①〘否定文に用いて〙心を石にする、無感情になる 〖不能～〗諦められない ②我を忘れる、夢中になる
【忘却】wàngquè 動 忘れ去る、忘れる(⽥[忘记]) 〖～疲乏〗疲れを忘れる
【忘我】wàngwǒ 形 〘多く定語・状語として〙(人々の利益のために)自分を捨てる、自分を忘れる 〖～的精神〗無私の精神
【忘形】wàngxíng 動 (うれしくて)我を忘れる 〖得意～〗有頂天になって舞い上がる
【忘性】wàngxing/wàngxìng 名 忘れっぽさ、物忘れのひどさ 〖～大〗忘れっぽい

【望】wàng 動 遠くを見る、はるかに眺める 〖～见〗はるかに見える 〖观～〗見渡す ― 介 (動作の方向を示し) …に向かって、…の方に 〖～他挥手〗彼に手を振る ⊗①望む、願う 〖～予协助〗協力をお願い致します ②商店の目印、看板 〖～子 zi〗(旧式の) 看板 ③陰暦15日 〖～月〗満月 ④名声、名望 〖声～〗人望 〖～族〗名門の一族 ⑤訪れる、探訪する 〖看～〗訪問する ⑥怨む 〖怨～〗同前
【望尘莫及】wàng chén mò jí 成 (先行者の土埃を見るのみで追いつけない) 後塵を拝する、はるかに引き離される ⽥[望尘不及]
【望穿秋水】wàngchuān qiūshuǐ 成 (目に穴があくほどに眺め続ける) 待ちこがれる ◆"秋水"は目の喩え ⽥[望眼欲穿]
【望而却步】wàng ér què bù 成 (危険や困難に出会って)尻ごみする ⽥[望而生畏]
【望风】wàngˈfēng 動 ①(秘密活動を助けて)見張りをする ②形勢を見る、風向きを見る 〖～而降〗うわさに脅えて投降する
【望楼】wànglóu 名 望楼、物見やぐら
【望梅止渴】wàng méi zhǐ kě 成 (梅の実を思い描いて渇をとめる) 空しい期待で自分をごまかす ⽥[画饼充饥]
【望日】wàngrì 名 月が満ちる日 ◆陰暦ではだいたい15日
【望文生义】wàng wén shēng yì 成 字面から意味をこじつける
【望闻问切】wàng wén wèn qiè 成 (漢方医の診察方法で)見る・嗅ぐ・問う・手で触るの4つをいう ⽥[四诊]
【望眼欲穿】wàng yǎn yù chuān 成 (じっと眺めて目に穴があきそうになる) 待ち焦がれる ⽥[望穿秋水]
【望洋兴叹】wàng yáng xīng tàn 成 (大海を前にして嘆息する) 自分の卑小さや無力さを嘆く
【望远镜】wàngyuǎnjìng 名 〖架〗望遠鏡 〖双筒～〗双眼鏡
【望月】wàngyuè 名 満月 ⽥[满月]
【望子成龙】wàng zǐ chéng lóng 成 息子の出世や成功を望む

【往】(望) wàng 旧 wǎng の旧読 ⇨wǎng

【旺】wàng 形 勢い盛んな、活力あふれる 〖牡丹花开得正～〗ボタンの花が真っ盛りだ 〖兴～〗活力みなぎる
【旺季】wàngjì 名 旬の季節、書き入れ時 ⊗[淡季]

【旺盛】wàngshèng 形 元気盛んな，活力あふれる 反[衰败]
【旺销】wàngxiāo 形 よく売れる，快調に出回る (同[畅销]) [〜季节] 書き入れ時
【旺月】wàngyuè 名 取引が活発な月，書き入れ月 反[淡月]

【危】wēi ⊗ ① 危険，危機 [〜在旦夕] 危険が間近に迫る ② 二十八宿の一 ③ 危険にさらす，危地に陥れる ④ 危険な ⑤(人が)死にかけた，瀕死の [病〜] 死が間近い ⑥ 丈が高い，見上げるような ⑦ 端然とした，姿勢のよい [〜坐] 端座する
【危殆】wēidài 形[书] 危機に瀕した，いまにも滅びそうな
【危害】wēihài 動 危害を及ぼす，損害を与える (同[损害]) [〜身体] 体を損なう [〜团结] 結束を乱す
【危机】wēijī 名 ①[场] 危機，危難 [面临〜] 危機に直面する ②(まだ表面化しない) 危機のたね，禍根
【危及】wēijí 動 危害を及ぼす，脅かす [〜生命] 命にかかわる
【危急】wēijí 形 危機に瀕した，危急の (同[危迫])
【危局】wēijú 名 危険な局面，危機的状況
【危难】wēinàn 名 危難，災難 [克服〜] 危難を乗り切る
【危如累卵】wēi rú lěi luǎn (成)(累卵の危うさ＞) いまにも崩壊しそうな危うい状況
【危亡】wēiwáng 名(国家民族の) 滅亡の危機，危急存亡 [挽救〜] 滅亡の危機を救う
【危险】wēixiǎn 形 危険な，脅威になる [脱离〜] 危機を脱する
【危言耸听】wēi yán sǒng tīng (成) 人が驚く発言をする，人騒がせな言辞を弄する (同[危辞耸听])

【委】wēi ⊗ 以下を見よ ⇨wěi
【委蛇】wěiyí 形[书] ①[逶迤] ②人の言うなりの，従順な

【透】wēi ⊗ 以下を見よ
【逶迤(委蛇)】wēiyí 形[书](道路，山脈，河川が) うねうねと続く，曲がりくねった

【萎】wēi 動 wěi の旧読 ⇨wěi

【巍】wēi ⊗ 高大な，そびえ立つ [〜如高山] そびえ立つ山のような
【巍峨】wēié 形 (山や建物が) 高くそびえる，雲をつくような (同[巍然])
【巍然】wēirán 形 高く雄大な，雄々しくそそり立つ
【巍巍】wēiwēi 形 そそり立つ，高大な (同[巍峨])

【威】wēi ⊗ ① 威力，威厳 [示〜] 力を誇示する ② 力で脅かす，威圧する
【威逼】wēibī 動 力で迫る，脅かす (同[威胁]) [〜对方让步] 相手を脅かして讓步を迫る
【威风】wēifēng 名 威信，威厳 (同[威信]) [抖〜] 威張り散らす ─ 形 立派な，威厳のある
【威吓】wēihè 動 脅かす，威嚇する (同[恐吓]) [〜的口气] 脅迫じみた口調
【威力】wēilì 名 威力，恐れを感じさせる力 [显示〜] 威力を見せつける
【威名】wēimíng 名 勇名，武功や蛮勇による名声 [〜远扬] 勇名が伝わる
【威权】wēiquán 名 権勢，威信
【威容】wēiróng 名 威容，重々しい容姿
【威慑】wēishè 動 武力で脅かす，威嚇する
【威势】wēishì 名 威力，威勢
【威士忌】wēishìjì 名[訳] ウイスキー(英:whisky) [波本(波旁)〜] バーボン [苏格兰〜] スコッチ
【威望】wēiwàng 名 権威そなわる人望，威望 [失去〜] 権威を失う
【威武】wēiwǔ 名 権勢，権力 ─ 形 強力な，強大な
【威胁】wēixié 動 力で脅す，威嚇する [〜和平] 平和を脅かす
【威信】wēixìn 名 威信，声望 [提高〜] 威信を高める
【威压】wēiyā 動 弾圧する，力で押さえつける 名[怀柔]
【威严】wēiyán 名 威厳，威風 ─ 形 威厳に満ちた，威風堂堂たる 名[庄严]
【威仪】wēiyí 名 威儀，威厳ある振舞い

【葳】wēi ⊗ [〜蕤 ruí] (书) 枝葉の繁るさま
【偎】wēi 動 ぴったり寄り添う，寄り掛かる [〜傍] [〜依] 寄り掛かる
【隈】wēi ⊗ 山の隈，(水の)湾
【煨】wēi 動 ①とろ火でとろとろ煮る (ゆでる) ②熱灰の中に入れて焼く [〜白薯] 焼きいもを焼く
【微】wēi ⊗ ①やや，わずかに [〜感不适] 少し気分が悪い ②100万分の1，ミクロン [〜米] ミクロン ③ 衰える，衰微する [衰〜] (书) 衰える ④ 微小な，細微な [〜雨] 霧雨 ⑤ 精妙な，微妙な [〜妙]
【微安】wēiān 名[電] マイクロアンペア [〜计] 同軍メーター
【微波】wēibō 名 ①[理] マイクロ

ウェーブ, 極超短波 [~炉] 電子レンジ ②さざ波, 波紋

【微博】wēibó 图 ミニブログ, マイクロブログ ◆'微型博客'の略. '推特 tuītè'(ツイッター)とは異なる

【微薄】wēibó 形 ほんのわずかな, 微たる(同[単薄]) [~的贺礼] 形ばかりのお祝い

*【微不足道】wēi bù zú dào 《成》取るに足りない, ほんのわずかな 同[平凡微]

【微创手术】wēichuāng shǒushù 图 腹腔鏡手術

【微分】wēifēn 图《数》微分 [~方程式] 微分方程式

【微风】wēifēng 图〔阵〕そよ風, 微風

*【微观】wēiguān 形 微視的, ミクロの世界の(反[宏观]) [~经济学] ミクロ経済学 [~世界] ミクロコスモス

【微乎其微】wēi hū qí wēi 《成》小さい上にも小さい, きわめて微小な 同[微不足道]

【微积分】wēijīfēn 图《数》微積分, 微分と積分

【微粒】wēilì 图 微粒, 微粒子 ◆肉眼では見えない粒子. 分子や原子をもいう

【微茫】wēimáng 形《書》靄 ¿a のかかった, ぼんやりした

【微米】wēimǐ 量 ミクロン, 1000分の1ミリ

【微妙】wēimiào 形 デリケートな, 微妙な

【微末】wēimò 形 瑣末 ï¿ a な, 意味の乏しい [~的成就] どうということもない成果

【微弱】wēiruò 形 弱々しい, 力ない(反[强烈]) [心跳~] 心臓の鼓動が弱々しい

【微生物】wēishēngwù 图 微生物

【微调】wēitiáo 動 微調整する, 小幅な手直しをする

【微微】wēiwēi 副 ピコ, マイクロマイクロ, 1兆 $\frac{1}{5\frac{1}{n}}$ 分の1 — 副 ちょっぴり, わずかに

【微细】wēixì 形 ごく細かな, 微細な

【微小】wēixiǎo 形 ごく小さい, 微小な [巨大]

*【微笑】wēixiào 動 微笑する, ほほえみ(えむ)

【微型】wēixíng 形〔定語として〕縮小サイズの, ミニ, マイクロ [~计算机] マイクロコンピュータ [~小说] ショートショートストーリー

【微言】wēiyán 图 ①凝縮された言葉, 深い意味を込めた短い言葉 ②内緒話, はっきり口にせぬ言葉

【微言大义】wēi yán dà yì 《成》練り上げた短い言葉の中に深い意味が込められている

【薇】wēi ⊗ ① → [蔷 qiáng~] ②'巣菜'(カラスノエンドウ)の古語

【为】(爲*為) wéi 動 ① …とみなす, …に充当する [以他~团长的代表团] 彼を団長とする代表団 ②…になる, …に変わる(変える) [化悲痛~力量] 悲しみを力に変える ③〔動詞+'为'〕動作の結果ほかのものになる(ようにする) [结~夫妻] 結ばれて夫婦となる — 囧 '所'と組み合わさって受身を作る [~人所喜爱] 人に好かれる

⊗①…である ◆'是'に相当する書面語 [一公斤~两斤] 1キログラムは2斤である ②単音節形容詞を副詞化する接尾辞 [大~] 大いに ③単音節副詞の語気を強める接尾辞 [尤~] とりわけ — 動 する, 行う [事在人~] 事の成否は本気でやるかどうかにかかっている

⇨wèi

【为非作歹】wéi fēi zuò dǎi 《成》悪事を重ねる, 無法なまねをする

【为富不仁】wéi fù bù rén 《成》金持ちの情知らず

*【为难】wéinán 動 困らせる, 意地悪をする [别~我] 意地の悪いことをするなよ — 形 (対処に) 頭の痛い, 手の焼ける [十分~] ほとほと手を焼いている

*【为期】wéiqī 動 時期となる, …の間続く [~一个月的会议] 一か月間の会議 [~不远] 期日が迫っている

【为人】wéirén 图 人柄, 品行 [~开朗] からっとした人

【为生】wéishēng 動〔通常'以…~'の形で〕暮らしを立てる, 食べてゆく [以画画儿~] 絵をかいて食べている

【为时】wéishí 動 時間の面から見る [~过早] 時期尚早だ

【为首】wéishǒu 動〔通常'以~~'の形で〕トップとなる(する), 主導者となる(する) [以林教授~的调查团] 林教授を代表とする調査団

【为数】wéishù 動 数量・数字の面から見る [~不少] 相当な額になる

【为所欲为】wéi suǒ yù wéi 《成》〈貶〉やりたいようにやる, 勝手放題に振舞う 同[随心所欲]

【为止】wéizhǐ 動〔通常'到(至)…~'の形で〕…までで終わる, 打ち切る [到月底~] 月末で締め切る [迄今~的报名人数] 今日現在の申込み者数

【沩】(潙) Wéi ⊗ [~水] 沩 ï¿ 水(湖南省の川の名)

【韦】(韋) wéi ⊗ ①なめし革 ②(W-)姓

【违(違)】wéi ⊗① 背く，反する［～规］［～章］規則に反する ②別れる，離れたままでいる［久～］しばらくでした

【违碍】wéi'ài [形]《旧》禁を犯した，タブーに触れた

【违拗】wéi'ào [動]（上の意向に） 背く，逆らう

★【违背】wéibèi [動] 違反する，（規則を） 破る（[同]［违逆］ [反]［遵守］）〚～宪法〛憲法に違反する〚～良心〛良心に背く

【违法】wéi▾fǎ [動] 法令に違反する，法に触れる [反]［合法］

★★【违反】wéifǎn [動] 背く，違反する（[同]［违背］ [反]［符合］）〚～合同〛契約に違反する

【违犯】wéifàn [動]（法令に） 違反する，法を犯す [反]［遵守］

【违禁】wéijìn [動] 禁を犯す，禁令を破る［～品］禁制品

【违抗】wéikàng [動]（命令に） 背く，逆らう〚～指示〛指示に逆らう

【违例】wéilì [動] ①慣例に背く，しきたりを破る ②〚体〛ルールに違反する

【违令】wéi▾lìng [動] 命令に背く

【违误】wéiwù [動]（公文書用語で） 命令に背いて遅滞を来す

【违心】wéi▾xīn [動] 本心に背く，意に添わぬことをする［～之论］心にもない発言

【违约】wéi▾yuē [動] ①条約や契約に違反する，違約する ②約束を破る

【围(圍)】wéi [動] ①囲む，包囲する ②包む，巻きつける ━[量] ①両手の指で丸を作った円周の長さ ②両腕で丸を作った円周の長さ，…抱え〚粗两～〛ふた抱えの太さがある ⊗①周囲，周辺［周～］周囲［腰～］ウェスト ②（W-）姓

W

【围城】wéichéng [名]〔座〕（敵軍に）包囲された都市

—— wéi▾chéng [動]（軍隊が） 都市を包囲する

【围堵】wéidǔ [動] びっしり取り囲む，袋の鼠にする

【围攻】wéigōng [動] 包囲攻撃する

【围击】wéijī [動] [同]［围攻］

【围歼】wéijiān [動]（敵軍を） 包囲殲滅(せんめつ)する

【围剿】wéijiǎo [動] 取り囲んで鎮圧する，包囲討伐する

★★【围巾】wéijīn [名]〔条〕スカーフ，えり巻き〚围～〛スカーフを首に巻く

【围聚】wéijù [動] 群がり取り囲む，ぐるり人垣をつくる

【围垦】wéikěn [動]（浅瀬を） 堤防で囲い，埋立てて農地にする

【围困】wéikùn [動] 透き間なく包囲する，びっしり取り囲む

【围拢】wéilǒng [動] 群がり寄る，どっと取り囲む

【围屏】wéipíng [名]（六曲，八曲など）折り畳み式の屏風(びょうぶ)

【围棋】wéiqí [名]〔盘・局〕囲碁〚下了三局～〛碁を3局打った ♦囲碁，将棋は体育の種目に属する

【围墙】wéiqiáng [名]〔道〕周囲を囲む塀(へい)

【围裙】wéiqun/wéiqún [名]〔条〕エプロン〚围～〛エプロンを着ける

★★【围绕】wéirào [動] ①（ある物の周りを）ぐるぐる回る，円運動する〚～着池子走〛池の周りを歩く ②（問題や事柄を） 巡る，中心とする〚～着这个问题〛この問題を巡って

【围网】wéiwǎng [名] 巻網(まきあみ)

【围子】wéizi [名] ①村落を囲む土塀や生垣［土～］村を囲む土塀 ②低地の田畑を水から守る堤防 [同]［圩子］ ③物の周りを覆うカーテン類 [同]［帷子］

【围嘴儿】wéizuǐr [名] よだれ掛け〚带上～〛よだれ掛けをつける

【闱(闈)】wéi ⊗①宮殿の側門 ②（科挙の）試験場［秋～］郷試

【圩】wéi ⊗田畑を水から守る堤防［筑～］同前を築く

⇨ xū

【圩田】wéitián [名] 堤防で囲んだ水田

【圩垸】wéiyuàn [名]（湖沼地帯で）湖水の流入を防ぐ堤防 ♦二重構造で外側の堤を'圩'，内側の小さい堤を'垸'という

【圩子】wéizi [名]（[同]［围子］） ①低地の田畑を水から守る堤防 ②村落を囲む土塀や生垣

【沩】Wéi ⊗［～水］沩(ぎ)水（湖北省の川の名）

【桅】wéi ⊗帆柱，マスト［单杆～］1本マスト

【桅灯】wéidēng [名] ①船の航行用信号灯 ②騎馬用のランプ，カンテラ [同]［马灯］

【桅杆】wéigān [名]〔根〕帆柱，マスト [同]［桅樯］

【桅樯】wéiqiáng [名]〔根〕帆柱，マスト [同]［桅杆］

【惟】wéi ⊗①単に，…だけ [同]'唯' ②しかし，ただし ③思惟，思索［思～］思惟 ④文言で年月日の前に置く発語の助詞

【惟妙惟肖(唯妙唯肖)】 wéi miào wéi xiào《成》(模倣や描写が) 本物そっくりな，生き写しの，あたかも生きているような

【唯】wéi ⊗単に，ただ…だけ [同]'惟'

⇨ wěi

★【唯独(惟独)】wéidú [副] ただ…だけ，

…のみ([同][单单])〖～你不〗君だけは違う

【唯恐(惟恐)】wéikǒng [動] ひたすら案じる, ただ…を心配する([同][只怕])〖～批评〗人からの批判ばかりを恐れる

【唯利是图(惟利是图)】wéi lì shì tú《成》自分の利益のことしか念頭にない

【唯命是听(惟命是听)】wéi mìng shì tīng《成》何でもはいはい言い付けを聞く [同][惟命是从]

【唯我独尊(惟我独尊)】wéi wǒ dú zūn《成》自分が一番だとうぬぼれる

【唯我主义】wéiwǒ zhǔyì [名]〖哲〗独我論, 唯我論 [同][唯我论]

【唯物辩证法】wéiwù biànzhèngfǎ [名]〖哲〗唯物弁証法

【唯物论】wéiwùlùn [名]〖哲〗唯物論 [同][唯物主义] [反][唯心论]

【唯物史观】wéiwù-shǐguān [名]〖哲〗唯物史観, 史的唯物論 [同][历史唯物主义]

【唯物主义】wéiwù zhǔyì [名]〖哲〗唯物論([同][唯物论])［辩证～］弁証法的唯物論

【唯心论】wéixīnlùn [名]〖哲〗観念論, 唯心論 [同][唯心主义] [反][唯物论]

【唯心史观】wéixīn-shǐguān [名]〖哲〗唯心史観, 観念論的歴史観 [同][历史唯心主义]

【唯心主义】wéixīn zhǔyì [名]〖哲〗観念論, 唯心論

★★【唯一(惟一)】wéiyī [形]〔定語として〕唯一の, 二つとない〖～标准〗唯一の基準〖～的愿望〗ただ一つの願い

【唯有(惟有)】wéiyǒu [副] ただ…だけ, …ひとり([同][只有])〖～他不吃〗彼だけは食べようとしない

〖帷〗wéi ⊗とばり, カーテン('帏'とも)［罗～］薄絹のとばり

【帷幕】wéimù [名]〔块〕幕, 垂れ幕([同][帷幔])〖落下～〗幕を閉じる

【帷幄】wéiwò [名]《書》軍の本陣のテント, 帷幄 ♦'帷'は垂れ幕, '幄'は引き幕［运筹～］本陣で作戦を練る

【帷帐】wéizhàng [名](中国式)寝台のとばり ♦寝台の四隅に柱があり, 全体を布で覆うようになっている [同][帐子]

【帷子】wéizi [名]回りを囲む布, 囲いのカーテン［车～］幌の一種

〖维(維)〗wéi ⊗①〖数〗次元［一～］1次元［三～空间］3次元空間 ②思惟, 思索 [同]'惟' ③繋ぐ, 接続する→［～系］ ④保つ, 守る ⑤(W-)姓

★【维持】wéichí [動]維持する, 保つ

★★【维护】wéihù [動]防護する, 守る〖～秩序〗秩序を保つ

【维纶】wéilún [名]《訳》ビニロン(英: vinylon) [同][维尼龙]

★【维生素】wéishēngsù [名]ビタミン([同][维他命])〖缺乏～C〗ビタミンCが不足する

【维他命】wéitāmìng [名]《訳》ビタミン(英:vitamin)

【维吾尔族】Wéiwú'ěrzú [名]ウイグル族 ♦中国少数民族の一, 主として新疆ウイグル自治区に住む. '维族'と略称

【维系】wéixì [動]繋ぎとめる, 維持する〖～人心〗人心を保つ

【维新】wéixīn [動]改革する, 近代化する［戊戌～］戊戌の維新 ♦1898年の失敗に終わった政治改革

★【维修】wéixiū [動]維持補修する, 修理保全を行う〖～电脑〗コンピュータのメンテナンスをする

〖潍(濰)〗Wéi ⊗［～河］濰河(山東省の川の名)

〖嵬〗wéi ⊗①高くそびえる, そそり立つ［～～］《書》そそり立つ ②(W-)姓

〖伪(僞 *偽)〗wěi ⊗①偽りの, にせの［～钞］にせ札 ②非合法の, 傀儡の［～军］傀儡軍

【伪君子】wěijūnzǐ [名]えせ紳士, 偽善者

【伪善】wěishàn [形]善人面した, 偽善的な([反][真诚])〖言辞很～〗言うことがいかにもお為ごかしだった［～者］偽善者

【伪书】wěishū [名]〔部·本〕偽書

【伪托】wěituō [動](古い) 書物や絵画等を偽作する, 贋作を作る

★【伪造】wěizào [動]偽造する, 偽物を作る〖识破～〗偽造を見破る［～护照］偽造旅券

【伪证】wěizhèng [名]偽証, 偽りの証拠〖作～〗偽証する

【伪装】wěizhuāng [名]①変装, 偽装〖剥去～〗仮面をはがす ②〖軍〗カムフラージュ, 擬装 — [動]①見せ掛ける, 振りをする〖～老实〗おとなしそうに見せ掛ける ②〖軍〗カムフラージュする, 擬装する

〖伟(偉)〗wěi ⊗①偉大な, すぐれた ②たくましい［魁～］長身でたくましい

★★【伟大】wěidà [形]偉大な, 輝かしい [反][渺小]

【伟绩】wěijì [名]偉大な功績, 輝かしい成果〖颂扬～〗偉大な功績をたたえる

【伟力】wěilì [名]巨大な力, 凄まじいパワー

【伟人】wěirén [名]偉人, 輝ける人物

wěi 一

【苇(葦)】 wěi ⊗ アシ〔芦~〕同前
【苇箔】wěibó 图 アシで編んだ簾, よしず
【苇塘】wěitáng 图〔片〕アシの茂る池
【苇席】wěixí 图〔块〕アシで編んだむしろ, アンペラ
【苇子】wěizi 图〔根〕アシ

【纬(緯)】 wěi(古くは wèi) ⊗ ① 織物の横糸(⊗[经]) [经~]〕縦糸と横糸 ② 緯度〔北~四十度〕北緯40度
【纬度】wěidù 图〔度〕緯度(⊗[经度]) [~高三度]〕緯度が3度高い
【纬线】wěixiàn 图(⊛[经线]) ①〔根〕織物や編物の横糸 ②〔条〕《地》緯線

【炜(煒)】 wěi ⊗ 光明に満ちた, 明るい

【玮(瑋)】 wěi ⊗ ① 玉の一種 ② 貴重な, 高価な〔~宝〕《书》貴重な宝

【韪(韙)】 wěi ⊗ 正しい〔不~〕《书》誤り

【尾】 wěi 量 魚を数える〔一条〕〔三一鱼〕魚3匹 ⊗ ① 尾, しっぽ ② 物の尾部, 最後 尾の部分 ③ 末端, 末尾 ④ 半端な部分, やり残した事 ⇨ yǐ

:**【尾巴】** wěiba 图 ①〔根・条〕動物のしっぽ ② 物の最後尾の部分, 尾部 ③ 追随ばかりする人, 付和雷同しかできない人 ④ 尾行者〔甩掉~〕尾行を振り切る ⑤ 物事の未解決部分, 積み残し〔留一~〕やり残す
【尾大不掉】wěi dà bú diào〈成〉(尾が大きすぎて動きがとれない>) 組織の下部が肥大化して, 組織が機能しない
【尾灯】wěidēng 图 テールランプ
【尾骨】wěigǔ 图《生》尾骨
【尾牌】wěipái 图 後部にあるナンバープレート, バスのコース表示プレートなど
【尾期】wěiqī 图 末期, 最終の時期〔已近~〕もう終わりに近い
【尾鳍】wěiqí 图 魚の尾びれ
【尾气】wěiqì 图 排気ガス(⊛[废气])
【尾欠】wěiqiàn 图 未納金, 不足額 一動 未納分を残す, 借りを残す
【尾声】wěishēng 图 ①(音楽, 文学, 演劇の)エピローグ ② 活動や運動の最終段階〔接近~〕終わりに近づく
【尾数】wěishù 图 ① 端数 ② 小数点から後の数, 小数
【尾随】wěisuí 動 後からついて行く, 尾行する(⊛[跟随])〔~着明星走〕スターの後を追いかける

【尾追】wěizhuī 動 すぐ後を追いかける, 追跡する
【尾子】wěizi 图《方》① 端数(⊛[普] [尾数]) ② 物事の最後の部分, 最終段階

【娓】 wěi ⊗〔~~〕《书》飽きることなく(飽きさせることなく)語るさま

【委】 wěi ⊗ ① 川の下流, 結末〔原~〕始めと終わり ②'委员''委员会'の略 [常~] 常任委員 ③ 委託する, 委任する ④ 放棄する, 投げ捨てる→[~弃] ⑤ 転嫁する, おしつける('诿'とも) [推~] 転嫁する ⑥ 集める, 溜める [~积]《书》蓄積する ⑦ ゆるく曲がった, 遠回しの ⑧ 元気のない, 打ちしおれた ⑨ 確かに, 全く ⇨ wēi
【委顿】wěidùn 形 元気のない, くたびれた
【委靡(委蘼)】wěimǐ 形 意気上がらない, しょぼくれた(⊗[蓬勃])
【委派】wěipài 動 委任する, 任命する〔~你为代表〕君を代表に任命する
【委弃】wěiqì 動 放棄する, 投げ出す(⊛[抛弃])
【委曲】wěiqū 图《书》詳しい事情, 委曲 ─ 形 曲りくねった, 曲折のある〔河道~〕川筋が折れ曲がった〔~的山歌〕高く低く流れる山歌
:**【委屈】** wěiqu 動 くやしい思いをさせる, 不当な扱いをする(⊛[冤枉])〔~你了〕君には悪いことをした 一 形(不当な扱いを受けて)くやしい, 忿懣のやる方ない〔忍受~〕涙をのむ
【委任】wěirèn 動(職務を) 委任する, ゆだねる
【委实】wěishí 副 全く, 実に(⊛[实在])
:**【委托】** wěituō 動 委託する, 代行を頼む(⊛[托付]) [~邻居寄信] 近所の人に手紙を出してきてもらう [~商店] 中古品(委託)販売店
【委婉(委宛)】wěiwǎn 形(物言いが) 柔らかな, 巧みな言い回しの(⊛[婉转])(⊗[直率])
:*【委员】wěiyuán 图 委員〔~会〕委員会
【委罪】wěizuì 動⊛[诿罪]

【诿(諉)】 wěi ⊗ 責任を転嫁する〔~卸〕[推~]同前
【诿罪(委罪)】wěizuì 責任を他に転嫁する人, 人に罪をかぶらせる

【萎】 wěi 動(旧読 wēi)衰微する, 力を失う〔牡丹花~了〕ボタンの花がしおれた ② 枯れる, しおれる ⇨ wēi
【萎黄】wěihuáng 動 枯れて黄ばむ

— [形] ひどくやつれた，やつれて血色の悪い
【萎靡】wěimǐ [形] [同]［委靡］
【萎蔫】wěiniān [動]（植物が）しおれる，萎(しぼ)む
【萎弱】wěiruò [形] 衰弱した，弱々しい [同]［衰弱］
【萎缩】wěisuō [動] ① しおれる，枯れる ②（経済活動が）衰える，縮小する [反]［发展］ ③〖医〗（身体組織が）萎縮(いしゅく)する，縮む［肌肉～］筋萎縮 — [形] 元気のない，しょんぼりした [同]［委靡］
【萎谢】wěixiè [動]（草花が）枯れる，萎む
〖痿〗 wěi ⊗（漢方で）体の機能喪失や萎縮→［阳 yáng ～］
〖唯〗 wěi ⊗ はい（返事の言葉）［～～诺诺］何でもはいはいと言われるがまま
⇨ wéi
〖隗〗 Wěi ⊗ 姓 ♦ Kuí と発音する姓もある
〖猥〗 wěi ⊗ ① 沢山の，雑多な［～杂］雑多な ② 下司(げす)な，卑しい［～辞］卑猥(ひわい)な（下品な）言葉
【猥劣】wěiliè [形]《書》卑劣な，けちな [同]［卑劣］
【猥陋】wěilòu [形]《書》下劣な，卑しい [同]［猥鄙］
【猥琐(委琐)】wěisuǒ [形]（容貌や振舞いが）下品な，下種(げす)っぽい
【猥亵】wěixiè [動] 助平なまねをする，猥褻(わいせつ)行為に及ぶ — [形] 卑猥(ひわい)な，猥褻な
〖骫〗 wěi ⊗ 曲げる［～骳 bèi］《書》曲がりくねった
〖𬱟(頠)〗 wěi ⊗ 静かな
〖鲔(鮪)〗 wěi ⊗ ① サバ科の魚（熱帯に住む）［～鱼］同前 ②（古い書物では）チョウザメ [同]'鲟'
〖亹〗 wěi ⊗［～～］《書》① 勤勉なさま ② 前進するさま
〖卫(衛 *衞)〗 wèi ⊗ ① 守る，防御する ②（W-）周代の国名 ③（W-）姓
【卫兵】wèibīng [名] 警備兵，護衛兵
【卫队】wèiduì [名]〔支〕警備隊，護衛隊［武装～］武装護衛隊
【卫护】wèihù [動] 守る，保護する〖～孩子〗子供を守る〖～和平〗平和を守る
【卫冕】wèimiǎn [動] チャンピオンの座を守る，連覇(れんぱ)する
【卫生】wèishēng [名] 衛生（的な）〖讲～〗衛生を重んじる〖街道很～〗街が清潔だ［～纸］トイレットペーパー
★【卫生间】wèishēngjiān [名]〔间·个〕トイレット
【卫戍】wèishù [動]（首都を）守備隊を置いて警備する，（首都）防衛の任につく〖北京～区〗北京警備管区
★【卫星】wèixīng [名]〔颗〕① 衛星［～城］衛星都市 ② 人工衛星（[同]［人造～］）〖发射通讯～〗通信衛星を打ち上げる
【为(爲 *為)】 wèi [介] …のために ① 動作の受益者を示す（[同]［给］）〖～他服务〗彼に仕える ② 目的を示す〖～避免失业〗失業を避けるために ③ 原因を示す（[同]［因为］）〖～这件事高兴〗このことで喜ぶ
⇨ wéi
【为何】wèihé [副]《書》なぜ，なにゆえに
【为虎傅翼】wèi hǔ fù yì《成》（虎に羽根をつけてやる＞）悪人に加担し悪人の力を強めてやる [同]［为虎添翼］
【为虎作伥】wèi hǔ zuò chāng《成》（虎のために'伥'となる＞）悪人の手先となる ♦'伥'は虎の手助けをする亡者の意
★【为了】wèile [介]（目的を示して）…のために（[同]［为着］）〖～帮助他们〗彼らに手助けするために
★【为什么】wèi shénme [副] なぜ，どうして，なんのために ♦ 原因，目的の両方に使う
【为着】wèizhe [介] [同]［为了］
〖未〗 wèi ⊗ ① まだ…でない，…していない [反]'已' ② …でない，…しない ③ 十二支の第 8，ひつじ
★【未必】wèibì [副] …とは限らない，あるいは…でないかもしれない〖她～来〗あの人は来ないかもしれない
【未便】wèibiàn [副] …するのは具合が悪い，…という訳にはゆかない〖～拖延〗日延べしてはまずい
【未卜先知】wèi bǔ xiān zhī《成》（占いを立てるより先にわかる＞）予見する能力がある
【未曾】wèicéng [副]（過去において）…しなかった，…していない [同]《口》［没有］ [反]［曾经］
【未尝】wèicháng [副] ① [同]［未曾］ ②〔否定詞の前に置いて〕二重否定を作る（[同]［未始］）〖～没有缺点〗欠点がない訳ではない
【未婚夫】wèihūnfū [名] 婚約者（男），言い交わした男
【未婚妻】wèihūnqī [名] 婚約者（女），言い交わした女
【未几】wèijǐ《書》[形] わずかな，少しばかりの [同]［无几］ — [副] 程なく，間

W

もなく
【未可厚非】wèi kě hòu fēi《成》[同][无可厚非]
★★【未来】wèilái [名]未来，将来 — [形]〔時間名詞を修飾して〕このあとの，すぐ後に続く
【未了】wèiliǎo [動]未完である，まだ片付いていない 〖～事宜〗未決案件
★【未免】wèimiǎn [副]どうも(…すぎる)，有り体に言って ♦「感心しない」という語気を持つ([同][不免]) 〖～太简单〗どうも単純すぎるんじゃないかね
【未能免俗】wèi néng miǎn sú《成》俗習から脱却できていない
【未然】wèirán [動]〔成語的表現の中で〕まだそうなっていない，やがてそうなる([反][已然]) 〖防患于～〗災いを未然に防ぐ
【未遂】wèisuì [動]達成していない，実現せぬままでいる 〖自杀～〗自殺未遂
【未亡人】wèiwángrén [名]《旧》寡婦の自称
【未详】wèixiáng [形]不詳の，明らかでない 〖作者～〗作者不詳
【未雨绸缪】wèi yǔ chóumóu《成》(雨が降らないうちに家を修理する>)備えあれば憂いなし [同][有备无患]
【未知数】wèizhīshù [名]〖数〗未知数;《転》不確定の事柄，先行き不透明な事柄

【味】wèi [名]①(～儿)味，風味 ②(～儿)におい，香り ③面白み，味わい — [量]漢方薬に調合する薬の種類を数える 〖八～药的方子〗8種類の薬からなる処方
[⊗]味わう，味の違いがわかる［寻～］意味をかみしめる
★★【味道】wèidao/wèidào [名]①味，風味([同][滋味]) 〖尝尝失败的～〗敗北の味を知る ②面白さ，興味 〖没什么～〗まるでつまらない
【味精】wèijīng [名]化学調味料 [同][味素]
【味觉】wèijué [名]味覚 〖～迟钝〗味覚が鈍い
【味同嚼蜡】wèi tóng jiáo là《成》(蠟を咬むのも同然の味>)(文章や話が)無味乾燥である [反][津津有味]

【位】wèi [名]数字の位，桁 〖千～〗千の位 〖五～数〗5桁の数 — [量]敬意を伴って人数を数える 〖三～明星〗スターお三方
[⊗]①居場所，位置［座～］座席 ②地位，ポスト［职～］職務上の地位 ③君主の地位，位［即～］即位する ④(W-)姓
★【位于】wèiyú [動]…に位置する，…に存する 〖～湖边〗湖のそばにある
★★【位置】wèizhi/wèizhì [名]①位置，場所 [同][位子] ②地位([同][地位]) 〖失去～〗地位を失う ③職，ポスト 〖谋个助教的～〗助手のポストを見つける
【位子】wèizi [名]①座席，位置 〖一排～〗座席1列 ②《転》ポスト

【畏】wèi [⊗]①恐れる，憚る ②敬服する，畏敬する［敬～］尊敬する
【畏避】wèibì [動]恐れ敬遠する，怖くて避ける
【畏光】wèiguāng [動]〖医〗(眼に)羞明の症状が出る [同][羞明]
【畏忌】wèijì [動]恐れ疑う，脅えつつ猜疑する
★【畏惧】wèijù [動]恐れる，脅える([同][害怕]) 〖～癌症〗癌に脅える
【畏难】wèinán [動]困難を恐れる，苦労を厭う
【畏怯】wèiqiè [動]びくびくする，臆病風に吹かれる [同][胆怯]
【畏首畏尾】wèi shǒu wèi wěi《成》(前を恐れ後ろに脅える>)用心深過ぎる
【畏缩】wèisuō [動]畏縮する，竦む
【畏葸不前】wèi xǐ bù qián《成》恐れて前へと進まない
【畏友】wèiyǒu [名]畏友，尊敬する友
【畏罪】wèizuì [動](罪を犯して)罰を恐れる 〖～自杀〗罰を恐れて自殺する

【喂】wèi [感]おいおい，もしもし ♦呼び掛けの言葉. '哇 wāi' ともいう
【—(餵*餧)】[動]①(動物を)飼育する，餌をやる 〖给牛～草〗牛に草を食べさせる ②(病人や赤ん坊などに)食べさせる，口に食べ物を運ぶ
【喂料】wèiliào [動]飼葉を食わせる，飼料を与える 〖给牛～〗牛に飼料をやる
【喂养】wèiyǎng [動]養(飼)育する，食物(餌)を食べさせる 〖～小马〗子馬を飼う

【胃】wèi [名]胃，胃袋［反～］(食べた物を)戻す［～肠病］胃腸病
★【胃口】wèikǒu [名]①食欲，食い気 〖没～〗食欲がない ②《転》興味，好み 〖对～〗好みに合う
【胃溃疡】wèikuìyáng [名]胃潰瘍
【胃扩张】wèikuòzhāng [名]胃拡張
【胃酸】wèisuān [名]胃酸 〖～过多〗胃酸過多
【胃下垂】wèixiàchuí [名]胃下垂
【胃炎】wèiyán [名]胃炎 〖患～〗胃炎を患う
【胃液】wèiyè [名]胃液

W

〖谓(謂)〗wèi ⊗ ① 言う [所～] いわゆる ② 名を…という，…と呼ぶ〖此之～…〗これが…なるものである
【谓语】wèiyǔ [名]〖語〗述語
〖渭〗Wèi ⊗ [～河] 渭(い)水(陝西省を流れる川)
〖猬(蝟)〗wèi ⊗ ハリネズミ [刺～] 同前 [～集] 蝟集(いしゅう)する
〖尉〗wèi ⊗ ①(軍隊の) 尉官 [中～] 中尉 [～官] 尉官 ②(W-) 姓 ♦複姓'尉迟'はYùchíと発音
〖蔚〗wèi ⊗ ① 盛大な，豊饒(ほうじょう)な ② 色鮮やかな，目もあやな ♦河北省の県'蔚县'はYùxiànと発音
【蔚蓝】wèilán [形]〘多く定語として〙スカイブルーの，空色の〖～的天空〗紺碧の大空
【蔚然】wèirán [形] 鬱蒼たる，勢い盛んな [～成风] 世の風潮となる
【蔚为大观】wèi wéi dà guān《成》(展示品などが) なかなか壮観な
〖慰〗wèi ⊗ ① 慰める，なだめる [安～] 慰める ② 安らぐ，気が休まる [欣～] 安堵し喜ぶ
【慰劳】wèiláo [動](多く贈物をして) 慰労する，労をねぎらう
【慰留】wèiliú [動] 慰留(いりゅう)する，(やめるという人を)引き留める
★【慰问】wèiwèn [動] 慰問する〖表示亲切～〗心からの慰問を述べる
【慰唁】wèiyàn [動](遺族に) 悔やみを言う，哀悼の意を伝える〖～遗属〗遺族にお悔やみを述べる
〖遗(遺)〗wèi ⊗ 贈与する，贈る
⇨yí
〖魏〗Wèi ⊗ ① 戦国時代の国名，魏(ぎ) ② 三国時代の魏 [～朝] [曹～] 魏(A. D. 220-265) ③ 南北朝時代の北魏(ほくぎ)→[北 Běi ～] ④ 姓
【温】wēn [形] ぬるい，温かい 一 [動] ① 温める，やや熱くする ② 復習する〖～书〗復習する ⊗ ① 温度 [体～] 体温 ② 温和な，おとなしい ③(W-)姓
【温饱】wēnbǎo [名] 衣食足りた生活，ぬくぬくとした暮らし [反][饥寒]
【温差】wēnchā [名](一日の)温度差
【温床】wēnchuáng [名] 温床 [～栽培] 温床栽培〖罪恶的～〗悪の温床
【温存】wēncún [動](異性に対して) 思いやる，優しくいたわる 一 [形] 優しい，思いやりのある
★【温带】wēndài [名]〖地〗温帯
★★【温度】wēndù [名] 温度〖量 liáng ～〗温度を計る [～计] 温度計
【温故知新】wēn gù zhī xīn《成》温故知新
★【温和】wēnhé [形] ①(気候が) 温暖な，寒さ知らずの ②(性格や言動が)穏やかな，温和な [反][粗暴]
—— wēnhuo [形](物体が) ほかほか温かい，手ごろな温かさの [同][温乎 wēnhu]
【温厚】wēnhòu [形] 穏やかで親切な，温厚な
【温静】wēnjìng [形] 物静かな，落ち着いた
★★【温暖】wēnnuǎn [動](冷えた心身を) 暖かくする，温める〖～群众的心〗大衆の心を暖かくする 一 [形] 暖かい，温暖な [反][寒冷]
【温情】wēnqíng [名] ① 温かい気持ち，優しさ ② 寛大な扱い，温情〖得到～〗温情を得る
【温泉】wēnquán [名]〔眼·处〕温泉
★★【温柔】wēnróu [形](多く女性が) 優しい，柔和な
【温润】wēnrùn [形] ①(性格や言動が) 穏やかな，優しい ② 温暖で湿度のある，暖かくしっとりとした
【温室】wēnshì [名] 温室
【温室效应气体】wēnshì xiàoyìng qìtǐ [名] 温室効果ガス
【温顺】wēnshùn [形] おとなしい，従順である，温順な ♦人間，動物いずれにもいう
【温暾(温吞)】wēntun [形]《方》[同]《普》[乌涂 wūtu]
【温文尔雅】wēn wén ěr yǎ《成》優雅に洗練された，物静かで知性的な [同][文质彬彬]
【温习】wēnxí [動] 復習する，おさらいする [同][复习]
【温馨】wēnxīn [形](香りもよく)温かい〖～的家庭〗温かい家庭
【温煦】wēnxù [形] ① 温暖な，暖かい ② 優しい，和やかな
【温驯】wēnxùn [形](動物が) おとなしい，よくなついた
〖辒(轀)〗wēn ⊗ [～辌 liáng] 古代の寝台車，霊柩車
【瘟】wēn [形](芝居が) つまらない，しまらない ⊗(漢方で)熱病，急性伝染病
【瘟病】wēnbìng [名](漢方で) 急性の熱病の総称
【瘟神】wēnshén [名] 疫病神
【瘟疫】wēnyì [名](ペスト，コレラ，赤痢などの) 悪疫(あくえき)，急性伝染病〖那场～〗あの時の悪性伝染病
〖鳁(鰮)〗wēn ⊗ [～鲸] イワシクジラ
【文】wén [名] 文科〖他是学～的〗彼は文科だ 一 [形] ① 文語の，文語的な〖写得太～了〗文が硬すぎる ② 穏やかな，上品な 一 [量] 旧時の銅銭を数える [一～不

値] 1 文の値打ちもない
⊗①(ある言語の) 字母体系, 文字 ②(書かれた) 言語 [日～] 日本語 ③文章 [诗～] 詩文 ④礼儀作法 [虚～] 虚礼 ⑤文化, 文明 ⑥自然界の現象 [天～] 天文 ⑦(古くはwènと発音) 取り繕う, 覆い隠す ⑧入墨する→[～身] ⑨文官の, 非軍事的な([反]'武') [～武双全] 文武両道の ⑩(W-)姓
【文本】wénběn [名] テキスト, 本文 [权威～] 定本
【文笔】wénbǐ [名] 文章のスタイル, 書き振り 〖～生动〗文章が息づいている
【文不对题】wén bú duì tí《成》①文章の内容が題とずれている ②答えがとんちんかんである
【文不加点】wén bù jiā diǎn《成》(文に一つの訂正も加えない>) すらすらと一気に書く
【文才】wéncái [名] 文才, ものを書く才能 [関][口才]
【文采】wéncǎi [名] ①きらびやかな色, 彩り ②文学的才能, 芸術的天分 〖很有～〗才能に恵まれている
【文抄公】wénchāogōng [名]《貶》盗作屋, 剽窃屋
【文从字顺】wén cóng zì shùn《成》文章が読みやすく整然としている [反][文理不通]
【文牍】wéndú [名] 公的文書や書簡
【文法】wénfǎ [名] 文法 [同][语法]
【文房四宝】wénfáng sìbǎo《成》文人の4種の宝, すなわち墨・硯・筆・紙
【文风】wénfēng [名] (その人なりの) 文章の書き方, 文体
【文稿】wéngǎo [名] 草稿, 原稿
【文告】wéngào [名]〔张〕(機関や団体からの) 文書, 文書による通告, 布告
【文蛤】wéngé [名] ハマグリ [同][蛤蜊]
【文工团】wéngōngtuán [名] 文工団 ♦'文艺工作团'の略. 軍隊, 機関, 団体の中の一組織で, 音楽, 舞踊, 演劇等の文化活動を通して政治宣伝を担当する
【文过饰非】wén guò shì fēi《成》過ちを覆い隠す, ミスを取り繕う
【文豪】wénháo [名] 文豪, 大作家
★★【文化】wénhuà [名] ①文化 [民族～] 民族文化 [～馆] 文化センター ②基礎的教養, 読み書きの能力 〖学～〗読み書きを習う
【文化水儿】wénhuàshuǐr [名]《口》読み書きの能力, 教養の度合([同][文化水平]) 〖～低〗学がない
【文化站】wénhuàzhàn [名] ごく小さな文化センター, 娯楽室
【文火】wénhuǒ [名] とろ火, 弱火 [同][微火] [反][武火]
【文集】wénjí [名]〔本〕文集 〖编～〗文集を作る
★★【文件】wénjiàn [名] ①〔份〕文書, 書類 [～袋] 書類袋 ②文献
【文教】wénjiào [名] 文化と教育
【文静】wénjìng [形] もの静かな, 上品で落ち着いた [反][好动]
★★【文具】wénjù [名] 文房具, 学用品
【文据】wénjù [名] 証明書, 証拠書類 ♦借用書, 契約書, 領収書など [同][字据]
【文科】wénkē [名] 文科 [反][理科]
【文侩】wénkuài [名] 文筆を道具にうまく立ち回る人間, 無恥無節操な文筆家
【文理】wénlǐ [名] 文章の筋道, 内容の論理的展開 〖～不通〗(文章が) 支離滅裂な
【文盲】wénmáng [名] 文盲, 読み書きのできない大人
【文庙】wénmiào [名] 孔子廟 [同][孔庙]
★★【文明】wénmíng [名] 文明, 文化 [精神～] 精神文明 — [形] ①文明の開けた, 高度な文化を持つ 〖～经商〗近代的にビジネスを進める [反][野蛮] ②ハイカラな, モダンな [～棍儿] ステッキ
【文墨】wénmò [名] 物を書く仕事, 文筆のわざ [～人] 文人
【文鸟】wénniǎo [名]〔只〕ブンチョウ
【文痞】wénpǐ [名] ごろつき文人, 物書きやくざ
★【文凭】wénpíng [名] 卒業証書 〖获得～〗学歴をつける
【文人】wénrén [名] 文人, 読書人([反][武人]) [～画] 文人画
【文弱】wénruò [形] 文雅でひよわな, 知的で弱々しい
【文身】wénshēn [動] 入墨する, 彫物を施す
【文书】wénshū [名] ①公文書, 書類, 契約書の類 ②(機関や部隊の) 文書係, 秘書
【文思】wénsī [名] 文章における思考の流れ, 構想脈絡 〖～泉涌〗次々と着想がわく
【文坛】wéntán [名] 文壇, 文学界
【文体】wéntǐ [名] ①文体, 文章のスタイル [～学] 文体論 ②('文娱体育'の略) 文化娯楽と体育, レクリエーションとスポーツ [～活动] 文化体育活動
★【文物】wénwù [名] 文物, 文化財 [出土～] 出土品
★【文献】wénxiàn [名] 文献, 図書資料 〖检索～〗文献を検索する [～库] 文献データベース
★★【文学】wénxué [名] 文学 [～家] 文学者 [～革命] 文学革命(特に1910年代後半の新文学運動)

W

【文雅】wényǎ 形 優雅な，上品な ⊗[粗鲁]
【文言】wényán 名 文語，古典語 ⊗[白话]
*【文艺】wényì 名 ① 文学と芸術 [～复兴] ルネッサンス ② 文学，文芸 [～学] 文芸学 ③ 歌や踊りなど舞台で演じる種目
【文娱】wényú 名 文化娯楽，レクリエーション
【文苑】wényuàn 名 文壇，文学界（⊕[文坛]）[控制～] 文壇を牛耳る
【文责】wénzé 名 文責
【文摘】wénzhāi 名 ①[篇] 要約，ダイジェスト ②[段] 抜粋
【文章】wénzhāng 名 ①[篇] 文章 [写～] 文章を書く ② 著作，作品 ③ 隠された意味，含み [话里大有～] 言葉に随分裏がある ④ 方法，打つ手 [考虑～] 打つ手を考える
【文证】wénzhèng 名 証拠書類，文字に残された記録
【文质彬彬】wén zhì bīnbīn《成》挙措が優雅で礼儀正しい ⊕[温文尔雅]
【文绉绉】wénzhōuzhōu 形（～的）（多く貶意を含んで，身のこなしや話振りが）ゆったり落ち着いた，上品な
【文字】wénzì 名 ① 文字 [表意～] 表意文字 [～学] 文字学 ② 文字に書かれた言語，文章 [删改～] 文章を手直しする

【纹（紋）】wén 名（～儿）絹織物の模様，柄 [～板] 紋紙 ⊗ 模様，文様 [指～] 指紋
【纹理】wénlǐ 名[道] 筋から成る文様，木目
【纹路】wénlù 名 ⊕[纹缕儿]
【纹缕儿】wénlǚr 名[条·道]（物に残る）皺や模様，筋や木目
【纹丝不动】wén sī bú dòng《成》ぴくりとも動かない，微動だにしない ⊕[纹风不动]
【纹样】wényàng 名（物に施した）文様，模様

【蚊】wén 名 蚊 [～子] 同前
【蚊香】wénxiāng 名[支·盘] 蚊取り線香，蚊遣り（⊕[蚊子香]）[点～] 蚊遣りをたく
【蚊帐】wénzhàng 名[顶·床] 蚊帳 [挂～] 蚊帳を吊る
【蚊子】wénzi 名[只] 蚊 [被～咬～] 蚊にくわれた

【雯】wén ⊗ 模様のある美しい雲

【闻（聞）】wén 動 嗅ぐ [你～～吧] ちょっと嗅いでごらん ⊗ ① 耳にした情報，ニュース [新～] ニュース ② 名声，評判 ③ 耳にする，聞く [百～不如一见] 百聞は一見に如かず ④ 有名な，名の知れた→[～人] ⑤ (W-) 姓
【闻风而动】wén fēng ér dòng《成》情報に接してすばやく行動に移る，ただちに反応する ⊗[闻风不动]
【闻风丧胆】wén fēng sàng dǎn《成》（噂を聞いて胆をつぶす＞）戦う前から浮足立っている
【闻过则喜】wén guò zé xǐ《成》自分の間違いや欠点を指摘されると喜ぶ（謙虚な人柄をいう）
【闻见】wénjiàn 名 見聞 —— wénjian/wénjiàn 動 嗅ぎつける，においを感じる [闻不见了] におわなくなった
【闻名】wénmíng 動 ① 名声を聞きおよぶ，評判を聞く ② 名が轟く，鳴り響く [～世界] 世界に名高い
【闻人】wénrén 名 ① 著名な人物 ② (W-) 姓
【闻所未闻】wén suǒ wèi wén《成》生まれて初めて耳にする，世にも珍しいことを聞く ⊗[司空见惯]
【闻讯】wénxùn 動 知らせを聞く，情報を聞いて駆けつける [～赶来] 知らせを聞いて駆けつける

【刎】wěn ⊗ 刀で喉を切る [自～] 喉を切って自殺する [～颈之友] 刎頸の友

【吻（*脗）】wěn 動 口づけする，キスをする ⊗ ① 唇 [飞～] 投げキッス [～合] ぴったり合う ② 動物の口

【紊】wěn（古くはwèn）⊗ 乱れた，混乱した
【紊乱】wěnluàn 形 無秩序な，乱れた（⊕[纷乱]）[记忆～] 記憶がこんがらがっている

【稳（穩）】wěn 形 ① 安定した，揺るぎない [价格很～] 物価が安定している ② 落ち着いた，堅実な [做事很～] 仕事がしっかりしている ③ 確かな，当てになる
【稳步】wěnbù 名 しっかりとした足取り，堅実な歩み [～前进] 着実に歩を進める
【稳当】wěndang 形 ① 確かな，当てになる [计划很～] 堅実なプランだ ② 揺るぎない，安定した [做得很～] がっちりできている
*【稳定】wěndìng 動 安定させる，落ち着かせる —— 形 ① 安定した，落ち着いた ②（物質が光や熱で）変質しない，影響されない
【稳固】wěngù 動 安定させる，しっかり固める [～地位] 地位を固める —— 形 安定した，揺るぎない ⊕[稳定]
【稳健】wěnjiàn 形 ① 堅固な，しっ

かりした ②沈着な,落ち着きのある
【稳静】wěnjìng 形 物静かな,穏やかな
【稳拿】wěnná 動 間違いなく獲得する,必ず達成する〖～金牌〗金メダルは間違いない
【稳如泰山】wěn rú Tàishān (成)(泰山鈌(山東省の名山)の如くに揺るがない)この上なく安定している 匝[坚如盘石]/[摇摇欲坠]
【稳妥】wěntuǒ 形 穏当な,堅実な〖邮寄～〗郵便なら安心だ
【稳在脸上,乐在心里】wěn zài liǎn shàng, lè zài xīn lǐ (俗) さあらぬ態 ˙でうれしさを隠す
【稳扎稳打】wěn zhā wěn dǎ (成) ①間違いのない勝ち戦をする,安全確実な戦いをする ②(転)手固く仕事をする,堅実一途に事を進める
【稳重】wěnzhòng 形 (言動が)落ち着きのある,思慮分別のある

【问(問)】wèn 動 ①問う, 匝[回答]/[～你一件事] 尋ねたいことがある/[～问题] 質問する ②尋問する,追及する[追～] 問い詰める ③かまう,関与する[～不着]首を突っ込まない ― 介(依頼する相手を示して)…に,…に対して〖～他借钱〗彼に金を借 ⊗安否·健康を問う,機嫌を伺う
【问安】wèn'ān 動 (多く目上に対して)ご機嫌を伺う,安否を尋ねる(匝[问好])/[向祖母～] 祖母のご機嫌を伺う
【问案】wèn'àn 事件を審理する
【问长问短】wèn cháng wèn duǎn (成) あれやこれやと細かに尋ねる
【问答】wèndá 動 問答する,質問と回答する
【问道于盲】wèn dào yú máng (成)(盲人に道を尋ねる>) 全くの素人に教えを乞う
【问寒问暖】wèn hán wèn nuǎn (成) 相手の身を気づかってあれこれ尋ねる,様々な気配りする
【问好】wèn'hǎo 動 安否,健康を尋ねる,挨拶を送る〖向你妈妈～(问你妈妈好)〗お母さんによろしく
【问号】wènhào 名 ①疑問符(?) ②(転)疑問,未確定な事柄〖还是个～〗まだ未知数だ
*【问候】wènhòu 動 挨拶を送る,安否,健康を尋ねる〖代我～你父母〗ご両親によろしく
【问津】wènjīn 動 問い合わせる,探ってみる〖不敢～〗質問する勇気がない
【问卷】wènjuàn 名 アンケート〖～调查〗アンケート調査
*【问世】wènshì 動 (著作を)出版する,世に問う

【问事】wènshì 動 ①質問する,尋ねる[～处]案内所 ②[书]業務にタッチする,仕事に関与する
*【问题】wèntí 名 問題〖提～〗質問する〖～在你干不干〗問題は君がやるかどうかだ〖又出什么～啦？〗こんどは何を仕出かしたんだ〖环境～〗環境問題
【问心无愧】wèn xīn wú kuì (成) 自分の胸に聞いても恥じることがない
【问询】wènxún 動 問い合わせする,意見を求める 匝[询问]
【问讯】wènxùn 動 ①問う,尋ねる[～处]案内所 ②機嫌を伺う,安否,健康を尋ねる 匝[问候]
【问罪】wènzuì (相手のミスや過ちを)非難する,糾弾する

【汶】Wèn ⊗ 〖～水〗汶水(山東省の川の名)

【璺】wèn 名 〖道〗(陶器やガラスの)ひび ♦'纹'と書くことも[打破沙锅～到底](土鍋が壊れて底までひびが入る>)('问到底'とかけて)徹底的に問い詰める

【翁】wēng ⊗ ①年とった男,老爺ꗺ〖老～〗 ②父〖尊～〗あなたのお父上 ③夫の父,妻の父〖～姑〗舅ꗺと姑ꗺ ④(W-)姓

【嗡】wēng 擬 ぶーんぶーん,わーんわーん ♦小さな振動音を表わす 〖～地飞〗ぶんぶんと飛ぶ〖脑袋～～响〗頭の中ががんがん響く

【滃】Wēng ⊗ 〖～江〗滃江(広東省の川の名) ♦「水の多いさま」の意の文語ではwěngと発音

【蓊】wěng 〖～郁 yù〗草木がよく茂った

【瓮(甕*罋)】wèng 名 〖口〗瓶〖酒～〗酒がめ

【瓮声瓮气】wèng shēng wèng qì (成) 声が太くて低い,胴間声ꗺはこの声

【瓮中之鳖】wèng zhōng zhī biē (成)(甕の中のスッポン>) 袋の鼠,檻の中の虎

【瓮中捉鳖】wèng zhōng zhuō biē (成)(甕の中のスッポンをつかまえる>) 逃がしっこない

【蕹】wèng ⊗ 〖～菜〗〖植〗(ヒルガオ科の)ヨウサイ '空心菜'とも

【齆】wèng 形 鼻詰まりの,鼻詰まりで言葉が不明瞭な

【齆鼻儿】wèngbír 名 鼻詰まりで言葉がふがふがいう人 ― 形 鼻詰まりの,鼻詰まりで言葉がはっきりしない

【挝(撾)】wō ⊗ 〖老～〗(国名の)ラオス
⇨zhuā

涡 莴 窝 蜗 倭 踒 喔 我 沃 卧 硪 — wò

【涡(渦)】 wō ⊗① 渦 [旋～] 渦 ② えくぼ [笑～] 同前 ◆安徽省の川'渦河'ではGuōと発音

【涡流】 wōliú 图 渦巻き, 渦 [旋涡]

【涡轮机】 wōlúnjī 图 [機][台] タービンエンジン 繁[轮机]

【莴(萵)】 wō ⊗ 以下を見よ

【莴苣】 wōju/wōjù 图 [植][棵] チシャ(その変種'莴笋 wōsǔn'は太い茎を食べる) [卷心～] レタス

【窝(窩)】 wō ⊗① 巣 [搭～] 巣をかける ② (転) (悪人の) 巣窟, たまり場 (～儿) [方] (人の) 寝ている位置, 存在場所 [挪～儿] よそに移す — 動① 抑制する, ぐっとおさえる→ [～火] ② 曲げる, 折り曲げる [～个圏儿] 曲げて輪をつくる — 量 同じ腹から同時に生まれた動物のひと組, 同じ巣で育ったひと組を数える [一～小鸡] 一つ巣のひよこ ⊗① へこんだ所, くぼみ [心～儿] みぞおち ② 隠匿する, かくまう

【窝藏】 wōcáng 動 (犯罪者, 盗品, 禁制品などを) かくまう, 隠匿する

【窝巢】 wōcháo 图 (動物の) 巣

【窝点】 wōdiǎn 图 悪人の巣窟, ねぐら

【窝风】 wōfēng 形 風通しが悪い, 空気のこもる

【窝工】 wō'gōng 動 (計画の不備や資材未着などでやむを得ず) 仕事待ちをする, 業務を停止する

【窝火】 wō'huǒ 動 (～儿) 腹ふくるる思いをする, 怒りをためる [窝了一肚子火] はらわたが煮えくり返る

【窝里横】 wōlihèng 形 内弁慶の

【窝囊】 wōnang 動 (不当な扱いを受けて) むしゃくしゃする, 鬱憤やるかたない [受～气] 憤懣やるかたない — 形 臆病な, 役立たずの [～废] 臆病な無能もの

【窝棚】 wōpeng 图 [间] (見張り用や休息用などの) 掘立て小屋, バラック [搭～] 小屋を建てる

【窝气】 wō'qì 動 鬱憤をためる, (やり場のない怒りで) むしゃくしゃする

【窝儿里反】 wōrlifǎn 图 内輪もめ, 仲間内の争い 繁[窝儿里斗]

【窝头】 wōtóu 图 [食] ウオトウ ◆ウモロコシ, コーリャンなどの粉で作るふかしパンのようなもの. 一般に円錐形で底がくぼんでいる. [窝窝头 wōwotóu] [蒸～] ウオトウをふかす

【窝主】 wōzhǔ 图 (犯罪者, 禁制品, 盗品などを) 隠匿する人, かくまう人

【蜗(蝸)】 wō ⊗ カタツムリ, でんでん虫

【蜗牛】 wōniú 图 [只] カタツムリ, でんでん虫 繁[水牛儿]

【倭】 Wō ⊗ 日本の古称 [～寇] 倭寇 [～瓜] 《方》 カボチャ

【踒】 wō 動 (手足を) ひねって怪我をする

【喔】 wō 擬 こけこっこー ◆おんどりの鳴き声

【我】 wǒ 代①(1人称単数の) わたし, 僕 [你看～, ～看你] 互いに顔を見合わせる ②《定語として》(1人称複数の) 我々, 私たち [～校] 我が校 ⊗ 自分, 自身 [自～批评] 自己批判

【我见】 wǒjiàn 图 私見, 私の見解

【我们】 wǒmen 代① 我々, 私たち ◆北方言では話の相手('你')を含まない. 相手をも含むときは'咱们'という ②(場面により) 私 ◆例えば論文執筆の場合

【我行我素】 wǒ xíng wǒ sù《成》(人からどう言われようと) 自分流のやり方を通す, 断固我が道を行く 繁[吾行吾素]

【沃】 wò ⊗① 灌漑する ② 肥沃な, 地味の肥えた ③ (W-) 姓

【沃饶】 wòráo 形 地味豊かな, 豊饒

【卧(臥)】 wò 動① 横たわる, 寝転がる 繁[躺] ②(動物が) 腹ばいになる, うずくまる 繁[趴 pā] ③《方》(赤ん坊を) 横たえる, 寝かせる ⊗①(列車などの) 寝台 [软～] 2等寝台 ② 眠るための, 睡眠用の [～室] 寝室

【卧病】 wòbìng 動 病臥する, 病気で寝込む

【卧车】 wòchē 图 ①[节] 寝台車 [～费] 寝台料金 ②[辆] 乗用車

【卧床】 wòchuáng 图《方》寝台, ベッド — 動(病気などで) 寝込む, 床につく

【卧底】 wòdǐ 動(敵方に) スパイとして潜伏する

【卧房】 wòfáng 图 [间] 寝室, 寝間 繁[卧室]

【卧铺】 wòpù 图 [张] (乗物の中の) 寝台, 段ベッド [订～] 寝台券を予約する

【卧室】 wòshì 图 [间] 寝室, 寝間 繁[卧房]

【卧薪尝胆】 wò xīn cháng dǎn《成》臥薪嘗胆, 辛苦に耐えて雪辱を期す

【硪】 wò 图 胴突き, 蛸 ◆ 地固めや杭打ちに使う道具で丸い石や鉄の周りに数本の縄がついている [打～] 胴突きで地面を

突き固める，あるいは杭を打ち込む

【渥】wò ⊗①濡らす，浸す ②厚い，濃い［～丹］深紅の

【握】wò [動]握る，掴む〖～拳〗拳を握る

★★【握手】wòshǒu [動]握手する

【幄】wò ⊗引き幕→［帷 wéi～］

【龌(齷)】wò ⊗以下を見よ

【龌龊】wòchuò [形]①汚い，不潔な ②卑しい，下劣な ③《書》狭量な，こせついた

【斡】wò ⊗回転する，旋回する［～旋］調停する

【乌(烏)】wū ⊗①カラス ②黒い［～红］深紅の ③（反語の）なんぞ，どうして（'恶 wū'とも） ④（W-）姓
⇨wù

【乌龟】wūguī [名]①〔只〕カメ（俗称は'王八 wángba'） ②《貶》女房を寝取られた男，不倫妻の亭主 [同][王八]

【乌合之众】wū hé zhī zhòng《成》烏合の衆

★【乌黑】wūhēi [形]真っ黒な，漆黒の [反][雪白]

【乌乎(呜呼)】wūhū [動]《転》死ぬ，お陀仏になる 一[嘆]ああ，悲しや

【乌桕】wūjiù [名]〔棵〕ナンキンハゼ ♦ろうそくの原料を採る木 [同][柏树]

【乌亮】wūliàng [形]黒光りのする〖～的头发〗緑の黒髪

【乌溜溜】wūliūliū [形]（～的）黒くてきらきら輝く(目)，くりくりとした黒い(目)

【乌龙茶】wūlóngchá [名]ウーロン茶

【乌梅】wūméi [名]〔颗〕干して燻した梅の実 ♦解熱などの効果がある [同][酸梅]

【乌木】wūmù [名]黒檀の木，黒檀材

【乌篷船】wūpéngchuán [名]〔只〕とま船 ♦半円筒型のアンペラで船室を作った川船

【乌七八糟(污七八糟)】wūqībāzāo [形]乱雑きわまる，ひどく乱れた

【乌纱帽】wūshāmào [名]〔顶〕黒い紗の帽子，すなわち昔の役人の冠り物；《転》官位，役人の地位（[同][乌纱]）〖戴上～〗官途につく

【乌涂(兀秃)】wūtu [形]（液体が）ぬるい；《転》（態度などが）煮え切らない [同]《方》[温暾]

【乌托邦】wūtuōbāng [名]《訳》ユートピア（英：Utopia）

【乌鸦】wūyā [名]〔只〕カラス [同][老鸹][老鸦]

【乌烟瘴气】wū yān zhàng qì《成》（黒い煙と不潔な空気＞）乱れた社会や住みにくい世

【乌油油】wūyóuyóu/wūyōuyōu [形]（～的）黒光りのする，黒くつやつやした

【乌鱼】wūyú [名]①ライギョ ②イカ（[同][乌贼]）［～子 zǐ］カラスミ

【乌云】wūyún [名]黒い雲，暗雲（[同][黑云]）〖～漫天〗黒い雲が空を覆う

【乌云遮不住太阳】wūyún zhēbuzhù tàiyáng《俗》（黒雲も太陽を遮りきれるものではない＞）一時的に苦境に立とうとも前途は光明に満ちている

【乌贼(乌鲗)】wūzéi [名]〔只〕イカ（[同][墨鱼]）［枪～］ヤリイカ

【乌孜别克族】Wūzībiékèzú [名]ウズベク族 ♦中国少数民族の一，新疆に住む

【邬(鄔)】Wū ⊗姓

【呜(嗚)】wū [擬]汽笛，サイレン，ラッパなど遠くまで響く音を表わす〖雾笛～～叫个不住〗霧笛がしきりに鳴っている

【呜呼(乌乎·於乎)】wūhū [動]《転》死ぬ，あの世へ行く 一[嘆]ああ，悲しや

【呜呼哀哉】wūhū-āizāi [動]《転》①あの世へ行く，めでたくなる（死ぬ） ②一巻の終わりとなる，万策尽きてお手上げとなる 一[嘆]ああ悲しいかな ♦弔辞，追悼文の決まり文句

【呜咽】wūyè [動]①むせび泣く，嗚咽する ②《転》（風，水流，楽器などが）むせび泣くような音を立てる，哀切な忍び音を漏らす〖风在～〗風が泣いている

【钨(鎢)】wū [名]《化》タングステン［～钢］タングステン鋼

【污(*汚汙)】wū ⊗①濁り水，汚物 ②汚す，泥を塗る ③汚い，不潔な ④賄賂好きの，不正にまみれた

【污点】wūdiǎn [名]①汚点，不名誉〖洗不掉的～〗洗い落とせない（経歴上の）汚点 ②（衣類の）染み，汚れ〖去掉～〗染みを落とす

【污垢】wūgòu [名]〔层〕垢，水垢などの汚れ

【污秽】wūhuì《書》[名]汚れ，汚物 一[形]不潔な，いかがわしい

【污吏】wūlì [名]汚職役人，手の汚れた官吏［贪官～］金品にまみれた役人たち

★【污蔑】wūmiè [動]（デマを流して）中傷する，冒瀆する

【污泥浊水】wū ní zhuó shuǐ《成》（汚泥と濁水＞）腐敗，退廃，堕落したものの例え

【污七八糟(乌七八糟)】wūqībāzāo

圬巫诬屋无 — wú 617

ひどく混乱した,乱雑この上ない
*【污染】wūrǎn 動汚染する〖~江河〗河川を汚染する［精神~〗精神汚染
【污辱】wūrǔ 動①侮辱する,恥をかかせる 嗣[侮辱] ②冒涜する,汚す 嗣[玷污]
【污浊】wūzhuó 图汚濁, 汚れ — 形(水や空気が)不潔な,濁った

【圬(*杇)】wū 🛇(左官の)こて→[抹 mǒ 子]

【巫】wū 🛇①拝み屋, 祈祷師〖女~〗巫女〖~术〗シャーマニズム ②(W-)姓
【巫婆】wūpó 图巫女,女の神降ろし 嗣[女巫]

【诬(誣)】wū 🛇誣いる, ありもせぬ罪をなすりつける
【诬告】wūgào 動誣告する,ありもせぬ事実を言い立てて訴える 嗣[控告]
【诬害】wūhài 動無実の罪を着せる, 事実を捏造して人を陥れる
【诬赖】wūlài 動いわれなく中傷する,ありもせぬ罪をなすりつける
【诬蔑】wūmiè 動デマを飛ばして人の名誉を傷つける,誹謗する
*【诬陷】wūxiàn 動誣告して人を陥れる, いわれなく罪に落とす〖澄清 chéngqīng ~〗誣告の事実を明らかにする

【屋】wū 图(~儿)[间]部屋〖~里〗部屋の中 🛇家屋(嗣[房])[陋~]陋屋
【屋顶】wūdǐng 图屋根,屋上〖~花园〗ルーフガーデン
【屋脊】wūjǐ 图(屋根の一番高い所の)屋根 嗣[屋极]〖世界~〗世界の屋根
【屋架】wūjià 图梁
【屋面】wūmiàn 图屋根を覆う物〖铁皮~〗トタン屋根〖瓦~〗瓦ぶき
【屋上架屋】wū shàng jià wū《成》屋上屋を重ねる
【屋檐】wūyán 图軒(嗣[房檐])〖~排水槽〗雨樋
*【屋子】wūzi 图[间]部屋〖一~的书〗部屋いっぱいの本

【无(無)】wú 🛇①無い, 存在しない,所有しない 嗣[没有](🔄[有]) ③…でない 嗣[不] ③…如何を問わず,…であろうとあるまいと 嗣[不论] ④嗣'毋'
*【无比】wúbǐ 形比類がない〖~幸福〗この上なく幸せだ
【无边】wúbiān 形①果てがない〖一望~的平原〗見渡す限りの平原 ②縁がない〖~帽〗縁なし帽

【无病呻吟】wú bìng shēnyín《成》(病気でもないのに呻く>)①理由もなく深刻ぶる ②(文学作品が)内容が乏しいのに言葉ばかりを飾りたてる
【无补】wúbǔ 動無益である,役に立たない〖~大局〗局面に何のプラスももたらさない
【无产阶级】wúchǎn jiējí 图無産階級,プロレタリアート〖工人阶级〗(🔄[资产阶级])
【无产者】wúchǎnzhě 图無産者, プロレタリア
【无常】wúcháng 图無常♦閻魔大王の家来,人が死ぬとき迎えに来る,いわば死神 — 動(転)死ぬ,落命する — 形変動定まりない,変わりやすい
*【无偿】wúcháng 形〖定語・狀語として〗無償の, 無報酬の(🔄[有偿])〖~供应〗無償で提供する
*【无耻】wúchǐ 形恥知らずな,厚顔無恥な〖~透顶〗破廉恥きわまる
【无出其右】wú chū qí yòu《成》(右に出るものがない>)かなう者がいない 嗣[无与伦比]
*【无从】wúcóng 副…すべくもない,とても…できない〖~知道〗知りようがない 嗣[无由]
【无敌】wúdí 形無敵である,怖いものがない〖~于天下〗天下無敵だ
【无的放矢】wú dì fàng shǐ《成》(的がないのに矢を放つ>)確かな目標のない行動,ピント外れの言動(🔄[有的放矢])
【无地自容】wú dì zì róng《成》(自分を隠す場所がない>)穴があったら入りたい 嗣[愧天怍人]
*【无动于衷(无动于中)】wú dòng yú zhōng《成》何の感興も覚えない, 少しも心を動かされない
【无独有偶】wú dú yǒu ǒu《成》(単独ではなく対をなす者がいる>)珍しい事(者) でも必ずそっくりの事(者)がある♦多く悪人や悪事についていう(🔄[绝无仅有])
【无度】wúdù 形〖2音節の動詞,形容詞の後について〗程々ということを知らない,際限がない〖饮食~〗暴飲暴食
【无端】wúduān 副いわれなく,理由もないのに〖~受责〗いわれのない叱責を受ける
【无恶不作】wú è bú zuò《成》やらない悪事はない♦極悪人の形容
【无法】wúfǎ 動①どうしようもない ②〖動詞の前に置かれて〗…すべくもない,とても…できない〖~应付〗とても対応できない
【无法无天】wú fǎ wú tiān《成》法も秩序もくそ喰らえ♦やりたい放題

をやることの形容 [反][安分守己]
【无妨】wúfáng [動] ① 差し支えない 〖这么办也～〗このやり方でけっこうです ② …してよい 〖你～再提意见〗もっと注文をつけていいよ
★【无非】wúfēi [副] ただ単に，…に過ぎない([同][只][不过]) 〖～是个私人的问题〗私事に過ぎない
【无风不起浪】 wú fēng bù qǐ làng 《俗》(風がなければ波は立たない>) 火のない所に煙は立たない ♦ときに'有火必有烟'と対(つい)にする
【无缝钢管】wúfèng gāngguǎn [名] 継ぎ目なし鋼管，シームレスパイプ
【无干】wúgān [動] 関わりがない，無関係である 〖与你～〗君には関わりがない
【无功受禄】wú gōng shòu lù 《成》(手柄もないのに褒美(ほうび)をもらう>) 何もしないで配分にありつく
【无辜】wúgū [名] 無辜(むこ)の民，何ら罪を犯していない人 ― [形]〔定語·状語として〕罪のない，無辜の
【无怪】wúguài [副] 道理で，なるほど…するはずだ([同][无怪乎]) 〖～他怒气冲天〗なるほど彼がかんかんに怒る訳だ
【无关】wúguān [動] 関係しない，関わらない 〖跟你～〗きみには関係がない 〔～紧要〕大して重要ではない
【无轨电车】wúguǐ diànchē [名] トロリーバス
【无害】wúhài [形] 無害の，悪意のない 〖～于健康〗健康に害がない
【无花果】wúhuāguǒ [名] イチジク
【无机】wújī [形] 〖化〗〔定語として〕無機質の([反][有机]) 〔～肥料〕無機肥料
【无稽】wújī [形] 根も葉もない，ばかげた 〔荒诞～〕荒唐無稽(こうとうむけい)な
【无及】wújí [形] 間に合わない，手遅れの [同][来不及]
【无几】wújǐ [形] 幾らもない，ほんの少しの
【无济于事】wú jì yú shì 《成》(事の解決には) 何の助けにもならない，無益な
【无价之宝】wú jià zhī bǎo 《成》値のつけられぬほど貴重な宝
【无坚不摧】wú jiān bù cuī 《成》(打ち砕けぬほどに堅い物はない>) いかなる難事も克服しうる
【无间】wújiàn [動] 《書》 ① 区別しない，分け隔てをしない ② 透き間を置かない，ぴったり接する ③ 中断しない，休まない
【无尽无休】wú jìn wú xiū 《成》(うんざりした気分を込めて) 果てしのない，ひっきりなしの [同][没完没了]
★【无精打采】wú jīng dǎ cǎi 《成》元気のない，しょんぼりした [反][精神焕发]
★【无可奉告】wú kě fènggào 《成》ノーコメント
【无可厚非】wú kě hòu fēi 《成》強く非難すべきではない [同][未可厚非]
★【无可奈何】wú kě nàihé 《成》どうにも仕様がない，手の打ちようがない
【无可无不可】wú kě wú bù kě 《成》可でもなし不可でもなし，どちらでもよい
【无孔不入】wú kǒng bú rù 《成》(入らぬ穴はない>) (悪事にからむ) あらゆるチャンスに食らいつく
【无愧】wúkuì [形] 恥じるところがない，疚(やま)しさのかけらもない 〖～是伟大的艺术家〗偉大なる芸術家の名に恥じない
★【无赖】wúlài [名] 無頼(ぶらい)の徒，やくざ者 [同][流氓] ― [形] 無頼な，無法な 〖耍～〗無法なまねをする
【无理】wúlǐ [形] 不合理な，筋の通らない([反][有理])
★【无理取闹】wúlǐ qǔ nào 《成》わけもなく騒ぐ
【无力】wúlì [動] 《書》 ① …する能力がない，とても…できない 〖～养活〗養ってゆけない ② 力がない，弱々しい 〖浑身～〗全身の力が抜けた
【无量】wúliàng [形] 限りない，計り知れない
★★【无聊】wúliáo [形] ① 退屈な，閑(ひま)をもてあます ② つまらない，面白味のない [反][有趣]
★★【无论】wúlùn [接] …であろうとあるまいと，…如何(いかん)にかかわらず([同][不管]) 〖～谁〗誰であれ…
【无论如何】wúlùn rúhé 《成》事情がどうであれ，とにもかくにも [同][不管怎样]
【无名】wúmíng [形] 〔定語として〕 ① 名前のない，名称のわからない 〔～指〕くすり指 ② 無名の，世に知られない ③ 訳のわからない，説明し難い
★★【无奈】wúnài [動] 仕方がない，どうにもならない [同][无可奈何] ― [接] だが残念ながら，けれど惜しいことに
【无能】wúnéng [形] 無能な，何もできない [反][能干]
★【无能为力】wú néng wéi lì 《成》何もできない(してやれない)
【无期徒刑】wúqī túxíng [名] 無期懲役
【无奇不有】wú qí bù yǒu 《成》(存在せぬ不思議はない>) 世の中にはどんなおかしな事もある
【无前】wúqián [形] ① 空前の，前例のない ② 無敵の，右に出る者のいない
【无巧不成书】 wú qiǎo bù chéng shū 《成》(でき過ぎた偶然がなければ物語はできない>) 事はしばしば偶然に恵まれて成る

【无情】wúqíng 形① 人情味のない,無慈悲な ② 冷厳な,情に流されない

【无穷】wúqióng 形 極まりのない,尽きせぬ［～大］無限大

*【无穷无尽】wú qióng wú jìn《成》尽きることのない

【无日无夜】wú rì wú yè《成》昼夜を分かたず,片時も休まず

【无上】wúshàng 形《多く定語・状語として》無上の,この上ない 働［最高］

【无声】wúshēng 形 音声のない,静まり返った［～片］無声映画

【无师自通】wú shī zì tōng《成》独学でもマスターできる

【无时无刻】wú shí wú kè《成》"〜不…"の形で》四六時中,瞬時も休まず［～不在盼望妈妈回国］母さんの帰国を心待ちにしている

【无视】wúshì 動 無視する,等閑ﾅｲｶﾞﾚﾆ視する 働［忽视］ ⊛［重视］

【无事不登三宝殿】wú shì bù dēng sānbǎodiàn《俗》(願いごとがなければお寺に詣でない>)用のある時しか訪れない

【无事生非】wú shì shēng fēi《成》何の問題もないのに紛糾を起こす,平地に波乱を起こす

*【无数】wúshù 形① 無数の,数えきれない ②(事情が)よくわからない,不確かな［对此事心中～］この件についてはよく確かめていない

【无私】wúsī 形 私心のない,自分の利害を忘れた

【无所不为】wú suǒ bù wéi《成》やらない悪事はない,あらゆる悪事に手を染める 働［无恶不作］

【无所不用其极】wú suǒ bú yòng qí jí《成》① 何事にも全力を尽くす ②(悪事を行うに際しては)どんな悪辣ｱｸﾗﾂな手も使う

【无所不在】wú suǒ bú zài《成》あらゆる場所に存在する,ない所はない 働［到处都在］

【无所不至】wú suǒ bú zhì《成》① どんな場所にも入り込む,行き着けない所はない ②(悪事となれば)どんな事でもやってのける

【无所措手足】wú suǒ cuò shǒu zú《成》(手足を置く場所がない>)どう振舞ってよいかわからない

【无所适从】wú suǒ shì cóng《成》① 誰に従えばよいのかわからない ② どの方法をとればよいのかわからない

【无所事事】wú suǒ shì shì《成》何もする事がない,ぶらぶらしている ⊛［有所作为］

【无所谓】wúsuǒwèi 動① とても…とは言えない,とうてい…のうちに入らない 働［说不上］ ② 気にしない,かまわない(働［不在乎］)［～的态度］どこ吹く風といったふう

【无所用心】wú suǒ yòng xīn《成》何事にも無関心な,およそ頭を使わない

【无所作为】wú suǒ zuòwéi《成》何らのやる気も示さない,のんべんだらりと生きている ⊛［大有作为］

【无条件】wútiáojiàn 形《定語・状語として》無条件の［～投降］無条件降伏

【无头案】wútóu'àn 名［起］手掛かりのない事件,解決の糸口のない事柄

【无往不利】wú wǎng bú lì《成》万事が順調に運ぶ,すいすいと事が進む

*【无微不至】wú wēi bú zhì《成》細かい所まで行き届き,気配りが周到である 働［关怀备至］ ⊛［漠不关心］

【无为】wúwéi 動 作為を施さない,自然にゆだねる ◆老子の思想の基本理念［～而治］無為にして治まる

【无味】wúwèi 形① 味がまずい,食欲をそぐ ② 詰まらない,面白味のない［索然～］味もそっけない

【无畏】wúwèi 形 恐れ知らずの,ひるむことのない

【无谓】wúwèi 形《定語として》意味のない,下らない

【无隙可乘】wú xì kě chéng《成》つけ入る隙がない,乗ずる機会がない

【无暇】wúxiá 動《動詞の前に置かれて》…する暇がない,忙しくて…できない［～抽身］抜け出す暇がない

【无瑕】wúxiá 動 非の打ち所がない

【无限】wúxiàn 形《多く定語・状語として》限りない,無限の［～大］無限大

【无线电】wúxiàndiàn 名① 無線電信 ②［台］ラジオ(受信機)［～收音机］ラジオ

【无效】wúxiào 動 効果がない,効力がない［医治～］治療の甲斐なく［～合同］無効の契約

【无懈可击】wú xiè kě jī《成》一点の隙をも作らない,何らの弱みも持たない ⊛［破绽百出］

【无心】wúxīn 動①《動詞の前に置かれて》…する気がない,…する気分ではない［～唱歌］歌をうたう気にはなれない ② 何の意図も持たない［是～说的］何げなく言ったのだ

【无形】wúxíng 形《定語として》無形の,目には見えない ⊛［有形］

【无须(无需)】wúxū 副 …するには及ばない,…しなくてもよい(働［无须乎］［不用］) ⊛［必须］)［～操心］心配には及ばない

【无需】wúxū 動 働［无须］

【无恙】wúyàng 動《書》恙ﾂﾂｶﾞなし,息災でいる［安然～］平穏無事でいる

【无疑】wúyí [動] 疑いない，確かだ
【无以复加】wú yǐ fù jiā《成》これ以上加えようがない，既に限界に達している
【无益】wúyì [動] 無益だ，役に立たない [反][有益]
【无意】wúyì [動]〔動詞の前に置かれて〕…する気がない，…しようと思わない([反][有意])〖～商议〗話し合うつもりはない 一 [形]〔多く状語として〕それと意図せぬ，何気ない([反][故意])〖～中说破〗自分でも気づかぬうちに言い当てる
【无意识】wúyìshi/wúyìshí [形]〔多く定語·状語として〕無意識の，知らず知らずの
【无影灯】wúyǐngdēng [名]〖医〗無影灯
*【无忧无虑】wú yōu wú lǜ《成》何の憂いもない
【无余】wúyú [動]《書》何ひとつ残っていない，漏れのない [同][无遗]
【无与伦比】wú yǔ lún bǐ《成》肩を並べるものがいない，ずば抜けている
【无援】wúyuán [動]《書》無援である，助けを得られない［孤立～］孤立無援だ
【无缘】wúyuán [動] …する縁(えん)に恵まれない，縁がない〖～相见〗知り合う機会がない〖与我～〗私には縁がない
【无源之水，无本之木】wú yuán zhī shuǐ, wú běn zhī mù《成》(源流のない川，根のない木>)基礎のない事柄
【无障碍设计】wúzhàng'ài shèjì [名] バリアフリー設計
【无政府主义】wúzhèngfǔ zhǔyì [名] ① アナーキズム，無政府主義［～者］アナーキスト ② 集団の秩序，規律を守らぬ思想や行動
*【无知】wúzhī [形] 無知な，ものを知らない
【无中生有】wú zhōng shēng yǒu《成》(無から有を生む>)捏造(ねつぞう)する
【无足轻重】wú zú qīng zhòng《成》とるに足りない，瑣末(さまつ)な事である，些(いささ)かも重要でない [同][不足轻重]

〖芜(蕪)〗wú ⊗① 草ぼうぼうの荒地，雑草地 ② 雑草の生い茂った，草ぼうぼうの［荒～］荒れ放題の ③ (文章が) ひどく乱れた，ごたついた
【芜秽】wúhuì [形] 草ぼうぼうの，雑草のはびこる
【芜菁】wújīng [名] カブラ [同][蔓菁 mánjing]
【芜杂】wúzá [形] 乱雑な，荒廃した

〖毋〗wú ⊗① (禁止を表わす副詞として) …すべからず，…するなかれ ② (W-)姓
【毋宁(无宁)】wúnìng [副]〔通常'与其…～…'の形で〕むしろ…するほうがよい，…するほうがましだ([同][不如])〖与其多而杂，～少而精〗雑なものが多くあるより少なくても良いものがよい
【毋庸(无庸)】wúyōng [副] …するには及ばない，…する必要はない([同][无须])〖～赘言〗多言を要しない

〖吾〗wú ⊗① 私，我々［～人］我々 ② (W-)姓
【吾辈】wúbèi [名]《書》我々，私ども
【吾侪】wúchái [名]《書》我々，私ども [同][吾辈]

〖浯〗Wú ⊗［～河］浯(ご)河(山東省の川の名)

〖梧〗wú ⊗アオギリ［～桐］同前

〖鼯〗wú ⊗以下を見よ
【鼯鼠】wúshǔ [名]〔只〕ムササビ

〖吴(呉)〗Wú ⊗① 春秋時代の一国，呉(ご)［～越同舟］呉越同舟(ごえつどうしゅう) ② 三国時代の一国，呉(A. D. 222-280) ③ 江蘇省南部から浙江省北部にかけての一帯［～语］呉語(中国七大方言の一) ④ 姓

〖蜈(蜈)〗wú ⊗以下を見よ
【蜈蚣】wúgong/wúgōng [名]〔只·条〕ムカデ

〖五〗wǔ [数] 数字の5［第～］5番目
【五百年前是一家】wǔbǎi nián qián shì yì jiā《俗》500年前は一つ家族だった ♦同姓の間で親しみを表わすきまり文句
【五倍子(五棓子)】wǔbèizǐ [名]〖薬〗五倍子(ごばいし)
【五彩】wǔcǎi [名] 五色(ごしき)，さまざまな色 ♦元来は赤，青，白，黒，黄の5色をいう
【五大三粗】wǔ dà sān cū《俗》たくましい体をした，仁王のような体つきの
【五代】Wǔ Dài [名]〖史〗五代(A. D. 907-960) ♦'后梁''后唐''后晋''后汉''后周'の5王朝
【五斗橱】wǔdǒuchú [名] 5つの引出しの付いたたんす [同][五斗柜][五屉柜]
【五毒】wǔdú [名] (～儿) 毒を持つとされる5種の動物 ♦サソリ，ヘビ，ムカデ，ヤモリ，ヒキガエルをいう
【五方杂处】wǔ fāng zá chǔ《成》各地から来た人が雑居する
【五分制】wǔfēnzhì [名] (学校の成績の) 5点制，5段階評価 ♦1，2は落第点，5が最高
【五更】wǔgēng [名] ① 午後7時から午前5時までを5等分する計時法，

W

五更(ごこう) ② 五更の五番目, 五更(午前3時から5時頃)

【五谷】wǔgǔ [名] 五穀(ごこく), 穀物類 ♦多く稲, アワ, トウモロコシ, 麦, 豆の5種〘～丰登〙五穀豊穣

【五官】wǔguān [名] ① 五官(ごかん) ♦目, 耳, 鼻, 唇(口), 舌(皮膚)をいう ② 顔だち, 目鼻立ち

【五光十色】wǔ guāng shí sè《成》色とりどり形さまざまな, きらびやかな [同][五花八门]

【五湖四海】wǔ hú sì hǎi《成》全国各地, 津々浦々〘来自～〙全国各地から参集した

【五花八门】wǔ huā bā mén《成》種類の豊富な, 目もくらむ程に多彩な

【五花肉】wǔhuāròu [名] 赤身と脂身(あぶらみ)が混じった豚肉

【五加皮】wǔjiāpí [名] ①‘五加树’の皮(漢方薬材) ②‘五加树’の皮を浸した薬酒

【五讲四美】wǔjiǎng-sìměi《成》精神文明向上のための行動規範(1981年に始まる) ♦‘五讲’は文明, 礼儀, 衛生, 秩序, 道徳を重んじること. ‘四美’は心, 言葉, 行い, 環境を美しく保つことをいう

【五金】wǔjīn [名] ① 金属 ♦特に金, 銀, 銅, 鉄, 錫(すず)の5種をいう ② 金物(かなもの), 金属製品 [～商店] 金物屋

【五经】wǔjīng [名] 五経(ごきょう) ♦儒教の主要経典, 易(えき)経, 書経, 詩経, 礼記(らいき), 春秋の5書をいう

【五里雾】wǔlǐwù [名] 深い霧;《転》真相のつかめぬ不安な状態〘如堕～中〙霧の中をさまようような

【五粮液】wǔliángyè [名] 五糧液 ♦四川省宜賓産の‘白酒’. 5種の穀物から作る

【五律】wǔlǜ [名] 五言律詩

【五卅运动】Wǔ-Sà Yùndòng [名] 五三十運動 ♦1925年5月30日に上海から始まった反帝運動

【五色】wǔsè [名] 五色(ごしき), さまざまな色 [同][五彩]

【五十步笑百步】wǔshí bù xiào bǎi bù《俗》五十歩百歩, 目くそ鼻くそを笑う

【五四运动】Wǔ-Sì Yùndòng [名] 五四(ごし)運動 ♦1919年5月4日以降, 北京に始まった反帝運動

【五体投地】wǔ tǐ tóu dì《成》① 五体投地 ♦仏教で最も敬虔(けいけん)な地にひれ伏してする礼 ②《転》ひたすら敬服する, 無条件に頭を下げる [同][心悦诚服]

【五味】wǔwèi [名] さまざまな味 ♦特に‘甜(甘い)’‘酸(すっぱい)’‘苦(苦い)’‘辣(ぴりぴり辛い)’‘咸(塩からい)’の5つをいう

【五线谱】wǔxiànpǔ [名]〘音〙五線譜

【五香】wǔxiāng [名] 料理に使う5種の香料 ♦‘花椒(サンショ)’‘八角(ダイウイキョウ)’‘桂皮(ニッケイ)’‘丁香花蕾(チョウジ)’‘茴香子(ウイキョウ)’の5種

【五星红旗】Wǔxīng-Hóngqí [名] 中華人民共和国の国旗, 五星紅旗(ごせいこうき)

【五星级】wǔxīngjí [形] 五つ星の(ホテルなど)

【五行】wǔxíng [名] 五行(ごぎょう) ♦天地を形成する5種の物質の金, 木, 水, 火, 土 [阴阳～] 陰陽五行

【五刑】wǔxíng [名] 古代の五刑(ごけい) ♦顔への入墨, 鼻そぎ, 足切り, 去勢, 死刑の5つ

【五颜六色】wǔ yán liù sè《成》① 色とりどりの ② さまざまな様式の, 各種スタイルの

【五言诗】wǔyánshī [名] 五言絶句などの五言詩

【五一劳动节】Wǔ-Yī Láodòng Jié [名] メーデー, 国際労働祭 ♦‘五一’と略す

【五音】wǔyīn [名] ①〘音〙古代音楽の5音階, 五音(ごいん) ♦宮(きゅう), 商(しょう), 角(かく), 徴(ち), 羽(う) ②〘語〙音韻学上の5種類の子音, 五音(ごいん) ♦喉音, 歯音, 牙音, 舌音, 唇音をいう

【五岳】Wǔ Yuè [名] 五岳(ごがく) ♦歴史上の五大名山, 東岳泰山(たいざん), 西岳華山(かざん), 南岳衡山(こうざん), 北岳恒山(こうざん), 中岳嵩山(すうざん)

【五脏】wǔzàng [名] 五臓(ごぞう) ♦心, 肝, 脾(ひ), 肺, 腎(じん)の5つ [～六腑] 五臓六腑(ろっぷ)

【五洲四海】wǔ zhōu sì hǎi《成》世界各国

【五子棋】wǔzǐqí [名] 五目並べ [同][连珠棋][五连棋]

【伍】

wǔ [数]‘五’の大字〘～拾圆〙50元

⊗ ① 軍隊 [入～] 入隊する ② 一味, 仲間 ③ (W-)姓

【伍的】wǔde [助]《方》〔名詞の後について〕…等々, …だの何だの

〖午〗

wǔ ⊗ ① 十二支の第7, 午(うま) ② 真昼どき, 午の刻 [上～] 午前 [中～] 正午ごろ [～休] 昼休み

【午饭】wǔfàn [名]〔顿·次〕昼食, 昼めし [同][午餐]

【午后】wǔhòu [名] 午後 [同][下午] [反][午前]

【午觉】wǔjiào [名] 昼寝〘睡～〙昼寝をする

【午前】wǔqián [名] 午前 [同][上午]

【午时】wǔshí [名]《旧》午の刻(午前11時～午後1時) [同][午刻]

【午睡】wǔshuì [名] 昼寝, 午睡(ごすい) ─ [動] 昼寝する, 午睡をとる

【午夜】wǔyè [名] 真夜中, 夜の12時ころ

wǔ 一

【仵】wǔ ⊗ ① [～作 zuò]《旧》検死役人 ② (W-) 姓

【忤】(*悟) wǔ ⊗ 人に逆らう、角を立てる [～逆] (親に)背く

【迕】wǔ ⊗ ① 出会う ② さからう、背く

【怃】(憮) wǔ ⊗ ① いとおしく思う、かわいがる ② 失意の、気落ちした [～然] 《書》がっかりした

【妩】(嫵*娬) wǔ ⊗ 以下を見よ
【妩媚】wǔmèi 形 (姿かたちが) 美しい、愛らしい

【庑】(廡) wǔ ⊗ 母屋の向かい側と両側の小部屋

【武】wǔ ⊗ ① 足取り、歩み [步～] 《書》見習う ② 武力的な、軍事的な (⊗'文') [动～] 戦争を仕掛ける ③ 武術・闘技の (⊗'文') 武術 ④ 勇ましい、猛烈な (⊗'文') [勇～] 勇猛な ⑤ (W-) 姓
【武备】wǔbèi 名 軍備、国防
【武昌起义】Wǔchāng Qǐyì 名 武昌蜂起 ◆辛亥革命の発端
【武打】wǔdǎ 芝居における立ち回り、殺陣
【武斗】wǔdòu 名 武力・暴力 (に訴える)、武力抗争(する) ◆特に文革期に盛んに行われた ⊗[文斗]
【武断】wǔduàn 形 (判断が) 乱暴な、独善的な [～的决定] (事情を無視した)むちゃくちゃな決定
【武工】(武功) wǔgōng 名 芝居における立ち回りの技、殺陣の技
【武工队】wǔgōngduì 名 ('武装工作队'の略) 日中戦争期の八路軍、新四軍配下の武装工作隊
【武官】wǔguān 名 ① 武官、将校 ⊗[文官] ② 在外公館の駐在武官
【武火】wǔhuǒ 名 (調理時の) 強火 ⊗[文火]
【武警】wǔjǐng 名 ('武装警察'の略) 武装警官
【武库】wǔkù 名 兵器庫、武器蔵
【武力】wǔlì 名 ① 武力、軍事力 [诉诸～] 軍事力に訴える ② 暴力、腕力 [用～] 実力を行使する
*【武器】wǔqì 名[件] ① 武器、兵器 [拿起～] 武器を取る ② (転)(抽象的な) 戦いの道具 [把曲线球做～] カーブを武器とする
【武生】wǔshēng 名 芝居の立役の一、武生 ◆武劇を演じる
【武术】wǔshù 名 武術、闘技
【武戏】wǔxì 名 殺陣を見せ場とする芝居 ⊗[武劇] ⊗[文戏]
【武侠】wǔxiá 名 武術によって人を助ける義侠の士、武侠 [～小说] 武侠小説
*【武装】wǔzhuāng 名 ① 武装 [解除～] 武装を解除する ② 武装勢力、軍隊 — 动 武装する(比喩的にも)

【珷】wǔ ⊗ [～玞 fū (碔砆)] 《書》玉に似た石

【鹉】(鵡) wǔ ⊗ → [鹦 yīng ～]

【侮】wǔ ⊗ 侮る、ばかにする [～蔑] ばかにする [御～] 外国による侵略と戦う
【侮辱】wǔrǔ 动 侮辱する、辱はずかしめる [忍受～] 屈辱に耐える

【捂】(搗) wǔ 动 ふたをする、(手で) 押さえる、封じ込める [～耳朵] 耳をふさぐ [～脚] 足がむれる

【悟】wǔ ⊗ さからう、背く

【舞】wǔ 动 ① 物を手にして舞う [～龙灯] '龙灯'をかざして踊る ② 振り回す
⊗ ① 舞い、踊り [跳～] 踊る ② 舞う、踊る [飞～] 宙に舞う ③ 歪曲してもてあそぶ
【舞伴】wǔbàn 名 (～儿) ダンスのパートナー
【舞弊】wǔbì 动 不正行為をする、インチキ、ペテンを働く ⊕[作弊]
【舞场】wǔchǎng 名 (営業用の) ダンスホール ⊕[舞厅]
【舞池】wǔchí 名 ダンスフロア
*【舞蹈】wǔdǎo 名 舞踊、ダンス — 动 踊る、舞う ⊕[跳舞]
【舞会】wǔhuì 名 〔场・次〕ダンスパーティー [开～] ダンスパーティーを開く
【舞剧】wǔjù 名 〔出・场〕舞踊劇、バレエ等
【舞弄】wǔnòng 动 ① (得物や遊具を) 振り回す、振って遊ぶ ② 《方》行う、作る
【舞女】wǔnǚ 名 (ダンスホールの) ダンサー
【舞曲】wǔqǔ 名 〔支〕ダンス音楽
【舞台】wǔtái 名 舞台、ステージ [退出历史～] 歴史の舞台から退く
【舞厅】wǔtīng 名 ① ダンスホール ② [间] 舞踏室
【舞文弄墨】wǔ wén nòng mò 《成》① 法をねじ曲げて不正を働く ⊕[舞文弄法] ② 文章の技巧に凝って楽しむ、文筆をもてあそぶ

【兀】wǔ ⊗ ① 高くそびえる、空を突きさす [突～] そびえ立つ ② 禿げた、剥き出しの ③ 直立した [～坐] 背筋を伸ばして座る
【兀鹫】wùjiù 名 [只] ハゲワシ、コンドル
【兀立】wùlì 动 直立する ⊕[直立]

【兀自】wùzì 副〈方〉やはり，依然として 同〈普〉[仍旧]

【杌】wù 名 小さな腰掛け，スツール [～凳儿][～子](低く小さな)腰掛け

【杌陧(阢陧)】wùniè 形〈書〉(状勢や気持ちが)不安定な

【勿】wù 副 …するなかれ，…すべからず [～失良机] チャンスを逃がすな [请～入内] 立入りお断り

【物】wù 名 ①物 [废～] 廃物 ②自分が向きあう環境 ③内容，実質 [言之有～] 内容のある発言をする

【物产】wùchǎn 名 物産，生産物 [～丰富] 物産が豊かだ

【物故】wùgù 動〈書〉亡くなる

【物候】wùhòu 名 生物気象 ◆四季の移りに合わせた生物の周期現象と気候との関係

【物极必反】wù jí bì fǎn 〈成〉(物ごとは極点に達すれば必ず逆方向に動き始める〉満ちれば欠ける

【物价】wùjià 名 物価 [稳定～] 物価を安定させる [～上涨] 物価が上昇する(インフレになる)

【物件】wùjiàn 名〈方〉物，品物

*【物理】wùlǐ 名 ①ものの道理，事物の内在法則 ②物理学 [～学] 同前 [～治疗] 物理療法

【物力】wùlì 名 物量，投入しうる物資 [节约～] 物資を節約する

*【物美价廉】wù měi jià lián〈成〉品質がよく値段も安い

【物品】wùpǐn 名 [件] 物品，品物 (同〈东西〉) [违禁～] 禁制品

【物色】wùsè 動 物色する，探し求める(同〈寻找〉) [～人才] 人材を探す

【物体】wùtǐ 名 物体 [液态～] 液状物体

【物业】wùyè 名 (マンション・オフィスビルを中心とする) 総合的不動産業 [～管理] 不動産管理

【物以类聚】wù yǐ lèi jù 〈成〉物はもって集まる，類は友を呼ぶ ◆多く悪人同士が連れ立つことをいう．'人以群分'

【物以稀为贵】wù yǐ xī wéi guì〈成〉物は稀少なるがゆえに価値を持つ，珍しいうちが花

【物议】wùyì 名 大衆からの批判，世間の非難 [招～] 物議をかもす

【物证】wùzhèng 名 物証，物的証拠 [人证]

*【物质】wùzhì 名 ①物質 ②金銭や消費物資 [～奖励] 物質的奨励 (金銭などを褒美にしてやる気を起こさせること)

【物种】wùzhǒng 名 〈生〉種 ◆'种zhǒng'と略す [～起源] 種の起源

【物主】wùzhǔ 名 (落とし物などの)持ち主，所有者

【物资】wùzī 名 物資 [运送～] 物資を運ぶ [战略～] 戦略物資

【乌(烏)】wù 〈又〉以下を見よ ⇨wū

【乌拉(靰鞡)】wùla 名〈方〉'东北'地方ではく防寒靴

【坞(塢*陷)】wù 名 ①窪み，土手や壁面に囲まれた平地 [船～] ドック ②小さな砦

【戊】wù 名 十干の第5，つちのえ [～戌 xū 变法] 戊戌の政変，1898年の百日維新

【务(務)】wù 名 ①仕事，用件 [业～] 業務 ②必ず…せねばならぬ ③従事する，務める('鹜'とも)→[好 hào 高～远] ④(W-)姓

【务必】wùbì 副 必ず…せねばならない，きっと…せよ 同〈务须〉

【务农】wùnóng 動 農業に従事する，野良仕事に励む

【务求】wùqiú 動 ぜひとも…されたい，…を強く願う [～早日解决] 速やかに解決されたし

*【务实】wùshí 動 実務に励む，具体的内容のある仕事をする

【务虚】wùxū 動 思想，理論，政策などの面の仕事をする 反〈务实〉

【务须】wùxū 副 きっと…せねばならぬ，必ず…すべきである

【雾(霧)】wù 名 霧 [下～] 霧が降る [～散了] 霧が晴れた [喷～器] 霧吹き [～笛] 霧笛 ⊗霧状になった水

【雾气】wùqì 名 霧

【雾凇】wùsōng 名 霧氷，樹氷 同〈树挂〉

【误(誤*悞)】wù 動 ①手間取る，遅れる [～了上班] 会社に遅れた ②迷惑をかける，害を与える [～学生] 学生を間違った方向に導く ⊗①間違う，誤る [笔～] 書き違い ②うっかり，はずみで [～杀] 過失致死

*【误差】wùchā 名 誤差 [发生～] 誤差を生じる

【误车】wù'chē 動 ①(汽車やバスに)乗り遅れる ②(渋滞などで)車が遅れる

【误点】wù'diǎn 動 時間に遅れる，延着する [火车～了] 汽車が遅れる

【误会】wùhuì 動 (相手の気持ちを)誤解する，取り違える [～你的意思] 君の気持ちを誤解していた 一 名 [场] 誤解 [消除～] 誤解を解く

【误解】wùjiě 動 誤った理解(をする)，誤解(する)

【误谬】wùmiù [名] 誤謬ごびゅう, 間違い [同][谬误]
【误期】wù'qī [動] 期日に遅れる, 期限を違たがえる
【误事】wù'shì [動] 仕事に差し支える, 仕事をやり損なう
【误诊】wùzhěn [動] ①誤診する, 見立て違いをする ②診療時間に遅れる(治療が受けられない)
〖恶(惡)〗wù [×]憎む, 嫌う([反]'好 hào') [可～] 憎い [好～] 好悪こうお
⇨ě, è
【悟】wù [動] 悟る, 理解する [恍然大～] はたと悟る [觉～] 目覚める
【悟性】wùxing [名] 理解力
【焐】wù [動] (熱い物を当てて) 直接暖める
〖晤〗wù [×]会う, 面会する [～商] 会って相談する
【晤面】wùmiàn [動]《書》会う, 面会する [同][晤见]
【晤谈】wùtán [動] 面談する, 会談する
〖痦(*疬)〗wù [×](盛上がった) ほくろや痣あざ [～子] 同前
〖寤〗wù [×]①目覚める〚～寐不忘〛片時も忘れない ②'悟'と通用
〖婺〗Wù [×]①[～江] 江西省の川の名 ②浙江省金華一帯の旧称 [～剧] 金華一帯の地方劇
〖骛(騖)〗wù [×]①馳せる ②力をそそぐ
〖鹜(鶩)〗wù [×]アヒル
〖鋈〗wù [×]①白銅 ②メッキする

X

【X刀】X dāo [名] リニアックナイフ
【X光】X guāng [名] エックス線, レントゲン
【X线】X xiàn [名] エックス線, レントゲン

〖夕〗xī [×]①夕方, 日暮れ [朝～] 朝夕 ②夜 [前～] 前夜
【夕烟】xīyān [名] 夕方たなびく煙, 夕もや
*【夕阳】xīyáng [名] 夕日〚～返照〛夕日の最後の照り返し
【夕照】xīzhào [名] (赤く染める)夕日の光, 夕焼け
〖汐〗xī [×]夜の潮→[潮 cháo～]
【矽】xī [名]〖化〗'硅 guī'(ケイ素)の旧称
〖兮〗xī [×]文語の助詞の一, 現代語の'啊'に近い〚路漫漫其脩远～〛道は遠く果てしなきなり
【西】xī [名]〔介詞句の中で〕西〚往～去〛西へ行く
[×]①西洋 [中～] 中国と西洋 [～式] 洋式の ②(X-)'西班牙 Xībānyá'(スペイン)の略 ③(X-)姓
【西北】xīběi [名] ①西北, 北西 [～风] 西北(からの極寒の)風 ②(X-) 中国の西北地区 ♦陝西, 甘粛, 青海, 寧夏, 新疆の省区
【西边】xībian [名] (～儿) 西, 西の方, 西側 [同][西面]
【西部】xībù [名] ①中国の西部 ♦寧夏, 甘粛, 青海, 新疆 ②アメリカの西部 [～片] 西部劇
【西餐】xīcān [名] 西洋料理, 洋食 [同][西菜] [反][中餐]
【西点】xīdiǎn [名] 洋風の菓子
【西方】xīfāng [名] ①西の方, 西 ②(X-) 欧米諸国, (東西対立期の)西側 [～国家] 西側諸国 ③〖宗〗(仏教の)西方浄土
【西凤酒】xīfèngjiǔ [名] 西鳳酒 ♦陝西省鳳翔県特産の'白酒'
【西服】xīfú [名]〔件・套〕洋服, 特にスーツ, 背広([同][西装] [反][中服])〚穿上～〛背広を着用する [～革履 lǚ] スーツ・皮靴(の正装)
【西弗】xīfú [量] (放射線量の単位) シーベルト([同][希沃特]) [微～] マイクロシーベルト
**【西瓜】xīgua/xīguā [名] スイカ ♦実は球形あるいは長円形. 果肉は赤あるいは黄色
【西汉】Xī Hàn [名]〖史〗前漢(B.C. 206-A.D. 25) [同][前汉]

X

★★【西红柿】xīhóngshì [名] トマト（[同]［番茄 fānqié］）［～酱］トマトケチャップ
【西葫芦】xīhúlu [名]〘植〙①ユウガオ ②西洋カボチャ
【西化】xīhuà [動] 欧化する，洋風を取り入れる〘全盘～〙（文化社会を）全面的に西洋式に改める
【西晋】Xī Jìn [名]〘史〙西晋（A. D. 265-317）
【西经】xījīng [名]〘地〙西経（[反]［东经］）〘～139度〙西経139度
【西门】Xīmén [名] 姓
【西南】xīnán [名] ①西南，南西 ②（X-）中国の西南地区 ♦四川，雲南，貴州，西藏の省区
【西欧】Xī Ōu [名] 西欧，西ヨーロッパ [関]［东欧］
【西晒】xīshài [動]（特に夏，窓から）西日が照りつける
【西王母】Xīwángmǔ [名] 伝説上の女神 [同]［王母娘娘］
【西夏】Xīxià [名]〘史〙西夏 ♦タングート族の政権，A. D. 1038-1227
【西学】xīxué [名]〘史〙西洋の学問，洋学〘～东渐 jiān〙（近代になって）西洋学術文化が次第に東洋に伝来したこと
【西洋】Xīyáng [名] 西洋，欧米諸国［～史］西洋史
【西药】xīyào [名] 西洋医学で用いる薬（[関]［中药］）〘吃～〙西洋医学の薬を飲む
【西医】xīyī [名] ①西洋医学 ②西洋医学による医師 [関]［中医］
【西语】xīyǔ [名] 西洋語，欧米の言語
【西域】Xīyù [名] 西域 ♦漢代に現在の玉門関より西の地域を称した
【西乐】xīyuè [名] 西洋音楽，洋楽
【西周】Xī Zhōu [名]〘史〙西周（B. C. 11世紀から B. C. 771まで）
【西装】xīzhuāng [名]〔件・套〕洋服，洋装（[同]［西服］）〘穿～〙洋装する

〖恓〗 xī [×] 以下を見よ

【恓惶】xīhuáng [形] ①《書》慌てふためく ②《方》貧乏な

〖牺（犧）〗 xī [×] いけにえ，祭祀用の動物［～牛］《書》いけにえの牛

★【牺牲】xīshēng [名] いけにえ ―[動] ①（利益を）犠牲にする〘～私产〙私財を投げ打つ ②（大義のために）生命を捨てる，犠牲になる ♦特に革命のために死ぬことをいう

【硒】 xī [名]〘化〙セレン，セレニウム

〖粞〗 xī [×] 砕け米，こごめ

〖舾〗 xī [×]［～装］（船の）艤装

【吸】 xī [動] ①吸う〘～烟〙タバコを吸う［呼～］呼吸する ②吸い取る，吸収する〘海棉～水〙スポンジは水を吸い取る ③吸いつける，引き寄せる〘磁石～铁〙磁石は鉄を吸いつける
【吸尘器】xīchénqì [名] 吸塵器，電気掃除機
【吸毒】xī'dú [動] 麻薬を吸う
【吸附】xīfù [動]〘化〙吸着する
【吸力】xīlì [名] 引力，吸引力〘地心～〙地球の重力
【吸墨纸】xīmòzhǐ [名] 吸取紙
【吸盘】xīpán [名] 吸盤
★【吸取】xīqǔ [動] 吸収する，くみ取る（[同]［吸收］）〘～教训〙教訓をくみ取る〘～水分〙水分を吸収する
【吸食】xīshí [動]（食物や毒物などを）口から吸い込む
★★【吸收】xīshōu [動] ①吸収する，取り入れる（[同]［吸取］）〘～营养〙養分を吸収する ②〘理〙吸収する〘～音响〙音を吸収する ③（組織や団体に）受け入れる，仲間に加える〘～入党〙入党させる
【吸吮】xīshǔn [動] 吸い取る，吸収する
【吸铁石】xītiěshí [名]〔块〕磁石
【吸血鬼】xīxuèguǐ [名] 吸血鬼
★★【吸引】xīyǐn [動] 引きつける，引き寄せる〘～读者〙読者を引きつける

〖希〗 xī [×] ①願う，望む〘～你及时完成〙期限内に完了されたい ②少ない（'稀'と通用）［～有］まれな
【希罕（稀罕）】xīhan [形] 珍しい，稀少な [同]［稀奇］ ―[名]（～儿）珍しい事物〘看～儿〙珍しい物を物見高く見る ―[動] 珍重する，有難がる〘谁～呢〙ちっとも珍しくないや
【希冀】xījì [動]《書》手に入れたいと願う，熱望する [同]［希求］
【希腊字母】Xīlà zìmǔ [名] ギリシャ文字
【希奇（稀奇）】xīqí [形] 珍しい，奇妙な［～古怪］奇妙きてれつな
【希图】xītú [動]（多くよからぬ事を）もくろむ，たくらむ（[同]［希企］）〘～牟取暴利〙暴利をむさぼろうともくろむ
★★【希望】xīwàng [名] 希望，願望〘毫无～〙まるで望みがない［～工程］希望プロジェクト（貧困児童の就学を助ける国家プロジェクト） ―[動] 希望する，願う〘～你顺利毕业〙君が無事卒業してくれるよう願っている
【希有（稀有）】xīyǒu [形] めったにない，珍しい［～元素］希有元素

〖郗〗 Xī [×] 姓 ♦Chī と発音する姓もある

〖浠〗 Xī [×]［～水］浠水（湖北省の川の名）

X

【唏】
xī ⊗すすり泣く、嘆息する [~嘘(欷歔)]《書》すすり泣く

【烯】
xī 图《化》エチレン系炭化水素 [乙~] エチレン

【晞】
xī ⊗① 乾く ② 夜が明ける

【欷】
xī ⊗ 以下を見よ

【欷歔(唏嘘)】xīxū 動《書》泣きじゃくる、すすり泣く

【稀】
xī 形 ① まばらな ⑲[密] ② 水分が多い、水っぽい ⊗①'烂''松'などの形容詞の前に置かれて程度の強いことを示す ② 少ない

【稀薄】xībó 形（気体の密度が）薄い、稀薄な ⑲[稠密]
【稀饭】xīfàn 图 かゆ ⑲[粥]
【稀罕】xīhan 形 [希罕]
【稀客】xīkè 图 めったに来ない客、珍客 ⑲[常客]
【稀烂】xīlàn 形 ① どろどろの、ぐちゃぐちゃにつぶれた ② 粉々になった、めちゃめちゃに壊れた ⑲[稀巴烂 xībàlàn]
【稀奇】xīqí ⑲[希奇]
【稀少(希少)】xīshǎo 形 ごく少ない、まれな ⑲[众多]
【稀释】xīshì 動《化》（溶液の濃度を）薄める、稀釈する ⑲[浓缩]
【稀疏】xīshū 形 まばらな、間遠な ⑲[稀落] [~的枪声] まばらな銃声
【稀松】xīsōng 形 ① 質の劣った、できの悪い ⑲[差劲 chàjìn] [干得~] 手抜き仕事をしている ② 大したことでない、取るに足りない ③ だらしのない、気の緩んだ ⑲[松弛] ④（土などが）さらさらした、粘りのない
【稀土】xītǔ 图 レアアース
【稀稀拉拉】xīxīlālā 形 ①（~的）まばらな、散発的な ⑲[稀稀落落] [~的掌声] まばらな拍手 ② 気乗りのしない、気勢の上がらない
【稀有(希有)】xīyǒu 形 まれな、めったにない ⑲[稀少] [~金属] レアメタル

【昔】
xī ⊗ 昔 [往~] 同前

【昔年】xīnián 图《書》昔、往年
*【昔日】xīrì 图 昔、往時 ⑲[昔时] [缅怀~] 往時を偲ぶ [~的痕迹] 昔日の痕跡

【惜】
xī 動 ① 大切にする、かわいがる [珍~] 珍重する ② 出し惜しむ、しぶる [吝~] けちけちする ③ 残念がる [惋~] 残念に思う

【惜别】xībié 動 別れを惜しむ
【惜力】xīlì 動 力を出し惜しむ、骨惜しみする

【惜指失掌】xī zhǐ shī zhǎng《成》（指を惜しんで手を失う＞）小局にこだわって大局を誤る

【析】
xī 動 ① 分ける、区分する [离~] 分離する ② 分析する [剖~]（文章などを）解剖する

【析出】xīchū 動 析出する

【淅】
xī ⊗ 米を研ぐ

【淅沥】xīlì 擬 (雨が) しとしと、(風が) そよそよ、(落葉が) さらさらなど、自然界の静かな物音

【晰(*晳)】
xī ⊗ はっきりした、明らかな [明~] はっきりした

【皙】
xī ⊗（皮膚が）白い→[白 bái~]

【蜥】
xī ⊗ 以下を見よ

【蜥蜴】xīyì〔条〕トカゲ ◆ 普通'四脚蛇'という

【奚】
xī ⊗ ① なに、なぜ、どこ ②（X-）姓

【奚落】xīluò 動（辛辣な言葉で）冷やかす、あざける

【溪】
xī (古くは qī) ⊗ 谷川、小川 ('谿'とも) [小~] 小川

【溪流】xīliú 图〔条·道〕渓流、谷川

【蹊】
xī ⊗ 小みち [~径] 道、経路
⇒ qī

【鼷】
xī ⊗ [~鼠] ハツカネズミ

【息】
xī ⊗ ① 息 [喘~] あえぐ ② 消息、たより [信~] 情報 ③ 利息 ④《書》年利 ⑤ 子供、子女 ⑤ やむ、やめる [~兵]《書》戦いをやめる ⑥ 休む、憩う [歇~] 休息する ⑦ 増える、繁殖する [蕃~]《書》繁殖する ⑧（X-）姓

【息怒】xīnù 動 怒りを鎮める、怒りがおさまる ⑲[发怒]
【息肉(瘜肉)】xīròu 图《医》ポリープ [~切除手术] ポリープ除去手術
【息事宁人】xī shì níng rén《成》① 争い事を仲裁し双方を和解させる ② 自分から譲歩して摩擦を避ける
【息息相关】xī xī xiāng guān《成》切っても切れない関係にある ⑲[息息相通]

【熄】
xī 動（火や明かりが）消える、消す [~灯] 明かりを消す

【熄火】xī⁻huǒ 動（燃料による）火が消える、火を消す
*【熄灭】xīmiè 動（火や明かりが）消える、消す

【悉】
xī ⊗ ① すべて、ことごとく ② 知る [据~] 知り

得たところでは…
【悉数】xīshǔ 勔《書》すべてを列挙する『不可～』数えきれない
── xīshù 勔《書》すべて、ありったけ
【悉心】xīxīn 勔 専心する、全力を尽くす『～照料病人』一心不乱に看護に当たる

【窸】xī ⊗『～窣 sū』(物がこすれあうかすかな音)さらさら

【蟋】xī ⊗コオロギ『斗～』コオロギを闘わせる ♦旧時の北京の遊び
【蟋蟀】xīshuài 图〔只〕コオロギ 勔〔促织〕〔蛐蛐儿〕『饲养～』コオロギを飼う

【翕】xī ⊗①たたむ、閉じる『～张』(書)開いたり閉じたりする ②気立てのよい、従順な
【翕动(噏动)】xīdòng 勔《書》(唇などが)開閉する

【犀】xī ⊗【动】サイ
【犀角】xījiǎo 图サイの角
【犀利】xīlì 厖 (武器や言葉などが)鋭い、痛烈な『～的批评』鋭い批評
【犀鸟】xīniǎo 图【鸟】サイチョウ
【犀牛】xīniú 图〔头・条〕【动】サイ

【榽】xī ⊗→【木～mùxī】

【裼】xī ⊗肌脱ぎになる『袒 tǎn～】同前

【锡】(錫) xī 图【化】すず
⊗①賜う、下さる ②(X-)姓
【锡箔】xībó 图 ①錫箔ニ ②錫箔を張った紙 ♦喪祭の時に焼く紙銭をつくる
【锡伯族】Xībózú 图 シボ族 ♦中国少数民族の一、主に新疆自治区と遼寧省に住む
【锡匠】xījiàng 图 錫細工の職人
【锡剧】xījù 图 錫劇ニキ ♦江蘇省南部と上海に広く行われる地方劇
【锡镴】xīla 图【方】①はんだ ②すず
【锡纸】xīzhǐ 图〔张〕(タバコ等の包装用の)銀紙、錫フォイル
【锡嘴】xīzuǐ 图〔只〕【鸟】シメ ♦芸を教えて楽しむ小鳥 勔〔锡嘴雀〕

【僖】xī ⊗喜ぶ、楽しむ

【嘻】xī 嘆《書》あっ、ああ ♦驚嘆を表わす ── 勔 軽い笑い声『～～』くすくす
【嘻嘻哈哈】xīxīhāhā 勔 あはは、くっくっく ♦楽しそうに笑う声

【嬉】xī ⊗遊ぶ、戯れる
【嬉皮笑脸(嬉皮笑脸)】xī pí xiào liǎn《成》にたにた笑い(をする)、いやらしい笑顔(を見せる)
【嬉耍】xīshuǎ 勔 喜々として遊ぶ、遊び戯れる 勔〔玩耍〕
【嬉笑(嬉笑)】xīxiào 勔 笑い戯れる ♦多く後に'着'を伴う

【熹】xī ⊗①夜が明ける『～微』(書)(朝の)日差しが弱い

【熙】xī ⊗①和らいだ、和やかな ②勢い盛んな、活力あふれる
【熙熙攘攘】xīxī rǎngrǎng《成》人が行き来してとてもにぎやかな、人の流れが引きも切らずに 勔〔熙来攘往〕

【膝】xī ⊗ひざ
*【膝盖】xīgài 图 ひざ、ひざがしら
【膝下】xīxià 图 (親の)膝元 ♦多く子供の有無に関連して

【羲】Xī ⊗姓

【曦】xī ⊗(朝の)日の光

【醯】xī ⊗酢ス

【蠵】xī ⊗『～龟 guī』ウミガメ

【觿】xī ⊗骨製の錐ホ ♦古代、紐の結び目を解くのに使った

【习】(習) xí 勔①習慣、習い『陋～』悪習 ②復習する、練習する『自～』自習する ③精通する、よく慣れている『不～水性』泳ぎを知らない ④(X-)姓
【习非成是】xí fēi chéng shì《成》間違ったことでも習慣になるとかえって正しいことと見なすようになる
*【习惯】xíguàn 图 習慣、習わし『养成～』習慣をつくる ── 勔 慣れる、習慣となる『这样的气候我实在不～』こういう気候に私は全くなじめない
【习惯成自然】xíguàn chéng zìrán《成》習慣は第二の天性
【习见】xíjiàn 厖 見かける、見慣れた『～的现象』よくある光景
【习气】xíqì 图 悪いくせ、よからぬ習性『官僚～』官僚の弊風
【习尚】xíshàng 图 気風、風習 勔〔风尚〕
*【习俗】xísú 图 習俗、しきたり『打破～』習俗を打破する
【习题】xítí 图【遁】練習問題『作～』練習問題を解く
【习习】xíxí 厖 そよそよ ♦風が軽く吹く様子
【习性】xíxìng 图 習性『养成～』習性ができる
【习焉不察】xí yān bù chá《成》慣

【习以为常】xí yǐ wéi cháng 〘成〙すっかり慣れっこになっている,日常茶飯事になっている 〖同〗司空见惯

【习用】xíyòng 〘動〙使い慣れる,日常的に使う〖~语〗慣用語

【习与性成】xí yǔ xìng chéng 〘成〙習い性となる

【习字】xízì 〘動〙字を習う,習字する〖~帖 tiè〗習字手本

【习作】xízuò 〘名〙〔篇〕(作文,絵画などの)練習,習作 ━〘動〙書く練習をする

【席】xí 〘量〙宴席や話などを数える〖一~酒〗一席の酒宴〖一~话〗一席の話 ━〘名〙①〘量詞的に〙議席〖获得十八~〗18議席を獲得 ②1卓の料理,宴席〖摆了五桌~〗テーブル5つの宴会を催した ⊗座席〖出(缺)~〗出(欠)席する

【—(蓆)】〘名〙〔张·领〕むしろ,ござ,アンペラ〖草~〗ござ

【席不暇暖】xí bù xiá nuǎn 〘成〙(忙しく走り回って)席の暖まるひまもない

【席草】xícǎo 〘名〙〘植〙ウキヤガラ,カヤツリグサ ♦紙やむしろの原料

【席次】xící 〘名〙座席の順序,席次

【席地】xídì 〘動〙地面に座る,床に寝転ぶ

【席卷】xíjuǎn 〘動〙席巻する,(むしろを巻くように)全ての物を巻き込む〖~影坛〗映画界を席巻する

【席梦思】xímèngsī 〘名〙クッションつきマット(のベッド)

【席位】xíwèi 〘名〙①(集会での)座席,出席権 ②議席〖失去~〗議席を失う

【席子】xízi 〘名〙〔张·领〕むしろ,ござ

【袭(襲)】xí 〘量〙〘书〙衣服の一そろい,一かさね〖一~冬衣〗冬服一そろい ⊗①襲う,侵攻する〖花气~人〗花の香りが人を包む〖夜~〗夜襲する ②踏襲する〖因~〗古いものをそのまま受け継ぐ ③(X-)姓

*【袭击】xíjī 〘動〙襲撃する,不意打ちをかける〖受到台风的~〗台風の襲撃を受ける

【袭取】xíqǔ 〘動〙①不意打ちをかけて奪い取る ②受け継ぐ,(旧来のものをそのまま)採用する

【袭扰】xírǎo 〘動〙〘軍〙襲撃して悩ませる,神経戦を仕掛ける

【袭用】xíyòng 〘動〙(旧来のものをそのまま)受け継ぐ,踏襲する〖~古方〗昔の処方をそのまま使う

【觋(覡)】xí ⊗男の巫術師,シャーマン

【媳】xí ⊗嫁〖~婆~〗嫁としゅうとめ

*【媳妇】xífù 〘名〙①嫁,息子の妻 〖儿 ér~〗②世代が下の親族の妻〖侄~〗甥の妻

【媳妇儿】xífur 〘名〙(~儿)〘方〙①妻,女房 ②既婚の若い婦人,嫁さん

【隰】xí ⊗①湿地 ②(X-)姓

【檄】xí ⊗檄,檄文〖~文〗同前〖传~书〗檄を飛ばす

【洗】xǐ 〘動〙①洗う〖干~〗ドライクリーニング ②現像する〖~相片〗写真を現像する ③(マージャンやトランプを)よくかき混ぜて切る〖~牌〗同前 ⊗①そそぐ,晴らす〖~冤〗えん罪をそそぐ ②皆殺しにする,物を奪い尽くす ③〘宗〙洗礼〖受~〗洗礼を受ける
⇨Xiǎn

【洗尘】xǐchén 〘動〙(遠来の客や旅行から帰って来た人を)宴を設けて歓迎する

【洗涤】xǐdí 〘動〙洗い落とす,洗浄する〖~剂〗合成洗剤

【洗耳恭听】xǐ ěr gōng tīng 〘成〙謹んで拝聴する ♦冗談や皮肉の語気を含む場合もある

【洗发水】xǐfàshuǐ 〘名〙シャンプー〖香波〗

【洗劫】xǐjié 〘動〙奪い尽くす,徹底的な略奪をする

【洗礼】xǐlǐ 〘名〙〘宗〙洗礼

【洗练(洗炼)】xǐliàn 〘形〙(文章などが)洗練された,簡潔であか抜けした

【洗钱】xǐqián 〘動〙資金洗浄(マネーロンダリング)をする

【洗手】xǐshǒu 〘動〙①手を洗う ②(転)悪事をやめる,足を洗う

*【洗手间】xǐshǒujiān 〘名〙トイレット

【洗刷】xǐshuā 〘動〙①ブラシで洗う ②(不名誉や汚名を)除き去る,そそぐ〖~污名〗汚名をそそぐ

【洗心革面】xǐ xīn gé miàn 〘成〙心を入れかえてやり直す,心から悔い改める

【洗雪】xǐxuě 〘動〙(恥や濡れ衣 rúyī を)そそぐ,晴らす

【洗衣粉】xǐyīfěn 〘名〙(洗濯用)洗剤,粉石けん

【洗衣机】xǐyījī 〘名〙〔台〕電気洗濯機

【洗印】xǐyìn 〘動〙(写真の)現像と焼き付けをする

*【洗澡】xǐzǎo 〘動〙入浴する,水で身体を洗う〖洗海澡〗海水浴をする

【铣(銑)】xǐ 〘動〙(フライス盤で)金属を削る,平削りする
⇨xiǎn

【铣床】xǐchuáng 〘名〙〔台〕フライス

【铣刀】xǐdāo 名 フライス盤のミリングカッター
【铣工】xǐgōng 名 ①フライス盤で切削する作業 ②フライス盤工
【枲】xǐ ⊗ ①大麻の雄株［～麻］同前 ②麻
【玺(璽)】xǐ ⊗ 帝王の印章［玉～］玉璽ぎょくじ
【徙】xǐ ⊗ 移る,移す［～居］(書)転居する
【蓰】xǐ ⊗ 5倍［倍～］(書)…に数倍する
【屣】xǐ ⊗ 靴［敝 bì～］(書)破れ靴
【喜】xǐ ⊗ ①喜ぶ,うれしがる［暗～］ひそかに喜ぶ ②好む,好きだ ③めでたいこと,祝い事［报～］快報をもたらす ④妊娠［有～］おめでただ ⑤生物がある環境に適する［～光植物］陽性植物
【喜爱】xǐ'ài 動 好む,愛する 反[喜欢]
【喜报】xǐbào 名 吉報を印刷または手書きしたもの〚出～〛快事の速報をまく
【喜病】xǐbìng 名 つわり〚闹～〛つわりに苦しむ
【喜冲冲】xǐchōngchōng 形 (～的)うれしくてうきうきしている
【喜出望外】xǐ chū wàng wài(成)思いがけないことで大喜びする,望外の喜びに浸る
【喜好】xǐhào 動 好む,愛好する〚～滑雪〛スキーが好きだ
*【喜欢】xǐhuan 動 ①好む,気に入る〚～咖啡〛コーヒーが好きだ〚～做菜〛料理が好きだ ②喜ぶ,愉快になる〚让大家～〛皆を喜ばせる — 形 愉快だ,うれしい
【喜酒】xǐjiǔ 名 ①婚礼の祝い酒〚喝(吃)～〛祝いの酒をいただく ②結婚披露宴〚办～〛披露宴を催す
【喜剧】xǐjù 名 喜劇 反[悲剧]
【喜眉笑眼】xǐ méi xiào yǎn(成)にこにことうれしそうな〖眉开眼笑〗
【喜怒哀乐】xǐ nù āi lè(成)喜怒哀楽
【喜气】xǐqì 名 喜ばしい気分,喜びの表情〚洋溢着～〛喜びにあふれている［～洋洋］喜び一杯のさま
【喜庆】xǐqìng 形 祝い事,慶事 — 形 めでたい,喜ばしい — 動 祝う,慶賀する〚～丰收〛豊作を祝う
【喜鹊】xǐquè 名〔只〕カササギ ◆鳴き声を聞くと,めでたいことがあるという〚～报喜〛カササギが吉報を先触れする
【喜人】xǐrén 形 喜ばしい,うれしい〚～的成果〛喜ばしい成果
【喜色】xǐsè 名 うれしそうな表情,喜びのいろ［面有～］うれしそうな顔を

する
【喜事】xǐshì 名〔件〕①めでたいこと,慶事 反[丧 sāng 事] ②結婚,婚礼〚办～〛結婚式を挙げる
【喜糖】xǐtáng 名 (結婚の時に)親戚や友人に贈るあめ
【喜闻乐见】xǐ wén lè jiàn(成)喜んで見たり聞いたりする
【喜笑颜开】xǐ xiào yán kāi(成)うれしくて顔がほころぶ,満面に笑みを浮かべる 反[愁眉苦脸]
【喜新厌旧】xǐ xīn yàn jiù(成)(多く男女の愛情について)古いものを嫌い新しいものを好む,移り気である 反[喜新厌故]
【喜形于色】xǐ xíng yú sè(成)喜びが顔にあふれる,うれしさいっぱいの表情をする
【喜讯】xǐxùn 名〔条・个〕吉報,うれしい便り〚传达～〛喜報を伝える
【喜洋洋】xǐyángyáng 形 喜びに輝いている,うれしさいっぱいの
【喜雨】xǐyǔ 名 慈雨,(乾燥期に)待ちかねていた雨
*【喜悦】xǐyuè 形 うれしい,楽しい 反[忧愁]
【喜滋滋】xǐzīzī 形 (～的)うれしくて心がはずむ,心が浮き浮きする
【禧(*釐)】xǐ(古くは xī) ⊗ 幸福,喜び[恭贺新～]謹賀新年
【蟢】xǐ ⊗［～子(喜子)］→［蟏蛸 xiāoshāo］
【戏(戯·戲)】xì ⊗ 演劇,芝居〚看～〛芝居を見る〚马～〛サーカス ⊗ ①ふざける,からかう ②遊ぶ,戯れる［嬉～］(書)楽しく遊ぶ
【戏班】xìbān 名 (～儿)(旧)芝居の一座 ⇨[戏班子]
【戏场】xìchǎng 名(旧)芝居小屋,芝居専用の場所 ⇨[戏园子]
【戏词】xìcí 名 (～儿)芝居のせりふと歌詞の総称
【戏单】xìdān 名 (～儿)芝居のプログラム
【戏法】xìfǎ 名 (～儿)手品,マジック(⇨[魔术])〚变～儿〛手品を使う
*【戏剧】xìjù 名 ①劇,芝居［～学］演劇学 ②脚本,台本
【戏迷】xìmí 名 芝居狂
【戏目】xìmù 名 芝居の外題 ⇨[剧目]
【戏弄】xìnòng 動 からかう,悪ふざけをする(⇨[耍笑])〚不要～人〛人をからかうものではない〚～小猫〛子猫とふざける
【戏曲】xìqǔ 名 ①伝統劇 ◆伝統的な演劇形式で,昆曲,京劇,越劇等を含む ②芝居(雑劇や伝奇)の中の

歌の部分
【戏耍】xìshuǎ [動] [同]［戏弄］
【戏台】xìtái [名] 舞台
【戏文】xìwén [名] ①南宋以来の南方の戯曲 [同]［南戏］ ②芝居(のせりふと歌詞)
【戏侮】xìwǔ [動] いじめる, 愚弄侮辱する
【戏谑】xìxuè [動] 冗談を言う, 軽口をたたく
【戏院】xìyuàn [名]〔座・家〕劇場, 芝居小屋 [同]［剧场］
【戏照】xìzhào [名] 舞台衣装で撮った写真
【戏装】xìzhuāng [名]〔套・身〕舞台衣装(靴, 帽子等も含む)〖穿～〗舞台衣装を身につける
【戏子】xìzi [名]《旧》《貶》役者, 俳優

【系】xì [名] ①(大学の) 学科 ②〖地〗系
⊗系, 系統［太阳～］太陽系
【一(繫)】[動] ①つなぐ, しばる〖～马〗馬をつなぐ ②(ひもで縛って) 吊り上げる(下げる)
⊗①かかわる, つながる［关～］かかわる ②拘禁する［～狱］獄につなぐ ③心配する, 気にする
〖一(係)〗⊗…である ♦口語の'是'に相当
⇨jì

【系词】xìcí [名] ①(論理学の) 繋辞, コプラ ②〖語〗判断詞
【系风捕影】xì fēng bǔ yǐng《成》(風や影を捕えようとする>) 何ら実体のない(ことを根拠にする), およそ根拠の乏しい(ままに行動する) [同]［捕风捉影］
★【系列】xìliè [名] 系列, シリーズ〖一～的问题〗一連の問題［～小说］シリーズ小説
【系谱树】xìpǔshù [名]〖生〗系統樹 [同]［进化树］
【系数】xìshù [名] 係数［恩格尔～］エンゲル係数
★★【系统】xìtǒng [名] 系統, システム〖组成～〗システムを作る 一 [形] 系統的な, 系統だった

【细(細)】xì [形] ①細い, ほっそりした([反]［粗］)〖～铁丝〗細い針金 ②粒が小さい, 細かい［～沙］細かい砂 ③声や音が小さい〖嗓子很～〗声がかぼそい ④細工が細かい, 精巧な ⑤詳しい, 念入りな〖写得很～〗詳細に書かれている ⑥微細な, 些細な［～节］細部

★【细胞】xìbāo [名]〖生〗細胞［～核］細胞核［～分裂］細胞分裂
【细布】xìbù [名] 綿平織の布地, パーケール ♦薄く柔らかい [反]［粗布］
【细部】xìbù [名](製図などの) 細部, ディテール
【细长】xìcháng [形] 細長い, 背が高くすらりとした
【细高挑儿】xìgāotiǎor [名]《方》やせて背の高い人, そのような体つき
【细工】xìgōng [名] 精密な細工, 精巧な職人仕事
【细活儿】xìhuór [名] 細かい技術的な仕事, 手先の作業 [反]［粗活］
【细火】xìhuǒ [名] とろ火, 弱火 [同]［文火］
★★【细节】xìjié [名] 細部, 細かな事柄〖讨论～〗細部を検討する
★【细菌】xìjūn [名]〖生〗細菌, バクテリア
【细粮】xìliáng [名] 米と小麦粉 [反]［粗粮］
【细蒙蒙(细濛濛)】xìméngméng [形] (～的)(小雨や霧が) けぶりたつ, 白くたちこめた
【细密】xìmì [形] ①(布目が) 細かくつまった ②綿密な, 念入りな〖～的分析〗綿密な分析
【细嫩】xìnèn [形] (皮膚や筋肉が) 柔らかい
【细腻】xìnì [形] ①(肌の) きめが細かい, すべすべした ②(描写や演技が) 細かい, 念入りな([同]［细密］)〖～的描写〗綿密な描写
【细皮嫩肉】xì pí nèn ròu《俗》(人の身体が) ひよわな [同]［细皮白肉］
【细巧】xìqiǎo [形] 精巧な, 凝った〖～的图案〗精巧な模様
【细情】xìqíng [名] 詳しい事情, 細かな筋道
【细软】xìruǎn [名] 携帯に便利な貴重品 ♦宝石, 貴金属, 上等の衣服など 一 [形] 繊細で柔らかい
【细润】xìrùn [形] きめが細かくつやつやした
【细弱】xìruò [形] 細くてか弱い〖～的身子〗かぼそい身体
【细纱】xìshā [名] 細い綿糸([反]［粗纱］)［～机］精紡機
【细水长流】xì shuǐ cháng liú《成》財力や人力を細く長く使う
【细说】xìshuō [動] 詳しく語る, こと細かに説明する [同]［细谈］
【细碎】xìsuì [形] 細かく砕けた, 小刻みの〖～的脚步声〗小刻みで軽い足音
【细微】xìwēi [形] わずかな, かすかな([同]［微小］)〖～的变化〗わずかな変化
【细小】xìxiǎo [形] 小さい, 些細な〖～的事情〗些細なこと
【细心】xìxīn [形] 注意深い, 細心の([反]［粗心］)〖～倾听〗じっと耳を傾ける
【细雨】xìyǔ [名] こぬか雨, 霧雨
【细则】xìzé [名] 細かい規則, 細則〖制定～〗細則を定める

X

【细枝末节】xì zhī mò jié《成》枝葉末節，本質に関わらない瑣末な事柄
*【细致】xìzhì [形]きめ細かい，念入りな（[反][粗糙]）〚他想得很～〛彼の考えは細部にまで行き届いている

〖郤〗xì ⊗①'隙'と通用 ②（X-）姓

〖阋(鬩)〗xì ⊗言い争う，せめぐ［～墙之祸］仲間うちの争い

〖隙(隙)〗xì ⊗①すき間，割れ目（[同]［～缝 fèng］）［墙～］へいのすき間 ②感情のひび，疎隔［嫌～］敵意 ③すき，チャンス［乘～］すきに乗じる ④空白期，あいている時間［农～］農閑期
【隙地】xìdì [名]空いている小さな場所，オープンスペース

〖舄〗xì ⊗①靴 ②（X-）姓

〖潟〗xì ⊗アルカリ性土壌の土地［～湖］潟(かた)

【呷】xiā [動]《方》すする，ちびちび飲む〚～了一口酒〛酒を一口すすった ♦アヒルなどの鳴き声を表わす'呷呷'はgāgāと発音

【虾(蝦)】xiā [名]〔只〕エビ ♦'鰕'とも書く［龙～］イセエビ［明～］クルマエビ
【虾兵蟹将】xiā bīng xiè jiàng《成》伝説中の竜王の将兵，役に立たない将兵を例え，多く敵軍についていう [反][精兵强将]
【虾蛄】xiāgū [名]〖動〗シャコ
【虾酱】xiājiàng [名]小エビのペースト
【虾米】xiāmi [名]①〔粒〕干したむきエビ ②《方》小エビ
【虾皮】xiāpí [名]干した小エビ [同][虾米皮]
【虾仁】xiārén [名]（～儿）〔粒·只〕エビのむき身
【虾子】xiāzǐ [名]（シバ）エビの卵 ♦干して使う高級食品

【瞎】xiā [動]①失明する，視力を失う〚～了一只眼〛片目が失明した ②（砲弾や爆薬が）不発に終わる ━[副]根拠もなしに，むやみに〚～干〛でたらめに行う
【瞎扯】xiāchě [動]①でたらめにしゃべる，根拠もなしに言う ②とりとめもなく話す，あれこれしゃべる
【瞎话】xiāhuà [名]うそ，でたらめ〚说～〛でたらめを言う
【瞎闹】xiānào [動]ばか騒ぎをする，訳もなくふざける
【瞎说】xiāshuō [動]でたらめを言う，いい加減なことを言う [同][胡说]
【瞎信】xiāxìn [名]〔封〕あて先不明の手紙，配達不能の手紙 [同][盲信]
【瞎抓】xiāzhuā [動]盲滅法にやる，行き当たりばったりにやる
【瞎子】xiāzi [名]盲人［～摸鱼］当てずっぽうにやる

【匣】xiá [名]（～儿）小箱，宝石箱など，小さくてふたのついている箱
【匣子】xiázi [名]小箱〚打开～〛小箱を開ける［黑～］（航空機の）ブラックボックス

〖狎〗xiá ⊗なれなれしくする，ふざける
【狎昵】xiánì [形]なれなれしい

〖侠(俠)〗xiá ⊗①男だて，義侠の士［～客］同前 ②義侠の，侠気のある［～义］同前

〖峡(峽)〗xiá ⊗山峡，谷間 ♦多く地名に用いる［三～］三峡［海～］海峡［～湾型海岸］フィヨルド式海岸
*【峡谷】xiágǔ [名]〔条〕峡谷，V字谷

〖狭(狹)〗xiá ⊗狭い [反][窄]
*【狭隘】xiá'ài [形]①幅が狭い ②（度量，見識などが）狭い，狭量な〚心胸～〛度量が狭い
【狭长】xiácháng [形]狭くて長い〚～的通道〛狭くて長い通路
【狭路相逢】xiá lù xiāng féng《成》（狭い道で出会って譲る余地がない＞）仇同士がぶつかり相容れない
【狭小】xiáxiǎo [形]狭い，小さい（[反][广大]）〚走出～的圈子〛狭い世界から外に出る
【狭义】xiáyì [名]狭義，狭い意味（[反][广义]）〚在～上〛狭義では
*【狭窄】xiázhǎi [形]①幅が狭い〚～的胡同〛狭い路地 ②（度量，見識などが）狭い〚心胸～〛心が狭い

〖硖(硤)〗Xiá ⊗［～石］硖石(こうせき)（浙江省の地名）

〖遐〗xiá ⊗①遠い［～迩］《書》遠近 ②永い，久しい［～龄］高齢
【遐想】xiáxiǎng [動]（未来や理想などに）思いをはせる，夢想にひたる [同][遐思]

〖瑕〗xiá ⊗①玉(ぎょく)の表面の斑点，きず ②《転》欠点，欠陥［微～］わずかな欠点
【瑕不掩瑜】xiá bù yǎn yú《成》（瑕(きず)はあるが美しさをおおい隠す程ではない＞）長所は欠点を補って余りある
【瑕疵】xiácī [名]小さな欠点，（宝石などの）わずかなきず
【瑕瑜互见】xiá yú hù jiàn《成》（玉の瑕(きず)と輝きがはっきりわかる＞）長所と短所が半ばする

〖暇〗xiá ⊗ひま［闲～］同前［应接不～］応対にいとまがない

X

〖霞〗xiá ⊗朝焼けや夕焼け［晚～］夕焼け［～云］バラ色の雲
【霞光】xiáguāng [名] 朝焼けや夕焼けの光，雲間から放射する光芒(こうぼう)
【霞石】xiáshí [名]〖鉱〗かすみ石
〖辖(轄)〗xiá ⊗管轄する，管理する［直～市］直轄市［统～］統轄する
〖—(*鎋)〗⊗(車輪が車軸から抜けないように止める)輪止めのくさび
【辖区】xiáqū [名] 管轄地区
【辖制】xiázhì [動] 拘束する，支配する
〖黠〗xiá ⊗悪賢い，ずるい［～慧］《書》悪賢い
【下】xià [動]①下る，降りる([反][上])〖～山〗下山する〖～车〗車を降りる ②(中心から離れる所へ) 行く，入る〖～车间〗(生産の) 現場におりる ③退場する，去る ④(雨や雪が)降る〖～了一场大雨〗大雨が降った ⑤発する，発送する〖～命令〗命令を下す〖～通知〗通知を出す ⑥入れる，投入する〖～网〗網を入れる ⑦(碁や将棋などを) 打つ，差す ⑧取り去る，取り外す〖～零件〗部品を取り外す ⑨(結論，定義を) まとめる，決める〖～判断〗判断を下す ⑩使う，費やす〖～力气〗力を使う ⑪(勤めや学校が)終わる，ひける [反][上] ⑫(動物が) 産む［～蛋］(鳥などが)卵を産む ⑬…より少ない，…に達しない〖不～三千人〗3千人を下らない — [量](～儿) ①回，動作の回数を数える〖敲了三～门〗ドアを3回ノックした ②〔'两'や'几'の後で〕腕前，技能を示す〖他真有两～〗彼は全くやり手だね — [形]〔定語として〕次の，順序が後の([反][上])〖～星期〗来週 — [名]〔介詞句の中で〕①下([反][上])〖往～看〗下を見る ②…のもと，…の状況において，…を条件にして〖在他的帮助～〗彼の援助のもと
⊗①(等級が) 下の，下位の［～级］下級 ②攻め落とす，攻略する
—— xià/xia [動]〔補語として〕①動作が高い所から低い所へ向かってなされることを示す〖坐～〗腰をおろす ②ある動作をするに十分な空間があることを示す〖这间教室坐得～二百人〗この教室は200人座れる ③動作が完成したこと，あるいは結果が残っていることを示す〖留～〗(その場に)留まる(める)
【下巴】xiàba [名] あご，下あご
【下巴颏儿】xiàbakēr [名] 下あご
【下摆】xiàbǎi [名] 衣服のすそ
【下班】xià▼bān [動](～儿) 勤めがひける，退勤する [反][上班]
【下半旗】xià bànqí [動](弔意を示す)半旗を掲げる [同][降jiàng半旗]
【下半晌】xiàbànshǎng [名]《口》午後
【下半天】xiàbàntiān [名](～儿)午後 [同][下午]
【下半夜】xiàbànyè [名] 夜半過ぎ，夜12時以後
【下辈】xiàbèi [名](～儿) ①子孫 ②一族の中の(自分の) 次の一代 ♦年齢は問わない
【下笔】xià▼bǐ [動] 筆をおろす，(文章や絵を) かき始める［～立就］一気呵成(かせい)に書き上げる
【下边】xiàbian [名](～儿)下，下の方
【下不来】xiàbulái [動]①降りて来られない ②達成できない，納まりがつかない ③引くに引けない，引っ込みがつかない
【下不了台阶】xiàbuliǎo táijiē《俗》(足場から降りられない＞)引っ込みがつかない
【下不为例】xià bù wéi lì《成》今回に限り認める，これを前例としない
【下操】xià▼cāo [動]①運動場に出て体操や訓練をする [同][出操] ②体操や訓練が終わる [同][收操]
【下策】xiàcè [名] 下策，愚かな決定
【下层】xiàcéng [名](社会の) 下層，(組織の) 末端〖深入～〗(幹部が)組織の末端にまで下りてゆく
【下场】xiàchǎng [名] 人の末路，結末 ♦多く悪い場合に使う〖没有好～〗ろくな末路をたどらないぞ
—— xià▼chǎng [動](舞台や競技場から)退場する
【下场门】xiàchǎngmén [名] 舞台上手(かみて)の出入口
【下沉】xiàchén [動]①(水中に) 沈む，沈没する ②(土地が)沈下する，陥没する
【下处】xiàchù [名] 旅の宿，仮のねぐら
【下船】xià▼chuán [動]①船をおりる，上陸する ②《方》船に乗る
【下存】xiàcún [動](預金などを引き出した後) なお残る〖提了五百元，～八百元〗500元引き出して，まだ800元残っている
【下达】xiàdá [動](指示や命令を) 下へ伝える，下達する
【下等】xiàděng [形]〔多く定語として〕質の劣る，等級の低い
【下地】xià▼dì [動]①野良に出る，田畑で働く [同][下田] ②(病人が)ベッドから下りる
【下跌】xiàdiē [動](価格が) 下落する，(水位が)下がる
【下颚】xià'è [名] 下あご
【下凡】xià▼fán [動] 神仙が下界に下

りる，天降(あまくだ)る

【下饭】xiàfàn [名]《方》副食品，おかず

—— xià▾fàn [動] ①おかず付きでご飯(主食)を食べる ②おかずに適する，(料理が)飯に合う〖这种菜～〗こういうおかずだと飯がうまい

【下放】xiàfàng [動] ①(権限を)下部の機関に移譲する ②下放する ♦幹部や知識人が下部組織や農村，工場などに入って自らを再教育する(させる)こと

【下风】xiàfēng [名] ①風下 ②不利な位置〖占～〗不利な立場に立つ

【下岗】xià▾gǎng [動] ①(歩哨などが)持ち場を離れる ②(国営企業などの人員整理の結果)職場を離れる

【下工】xià▾gōng [動] ①仕事がひける，退勤する ②《旧》解雇する，ひまを出す

【下工夫(下功夫)】xià gōngfu [動] 時間をかけて努力する，精力を注ぐ〖在听和说上～〗聞くことと話すこと(の訓練)に力を注ぐ

【下跪】xiàguì [動] ひざまずく

【下锅】xià▾guō [動] 鍋に入れる

【下海】xià▾hǎi [動] ①海に入る ②(漁民が)海に出る，漁に出る ③アマチュアの役者がプロになる ④(科学者，文学者，芸術家などが)商売に手を染める，経済活動に転身する

【下颌】xiàhé [名] 下あご ♦普通'下巴'という [同][下颚]

【下级】xiàjí [名] 下部，下級［～干gàn部］下級幹部［～法院］下級裁判所

【下贱】xiàjiàn [形] 卑しい，下賤な

【下江】xiàjiāng [名] 揚子江下流域

【下降】xiàjiàng [動] 降下する，(数値が)下がる([反][上升])〖飞机～〗飛行機が降下する〖价格～〗値段が下がる

【下脚】xiàjiǎo [名] 原材料の残り物，くず [同][下脚料]

—— xià▾jiǎo [動] (～儿) 足をおろす，足を踏み入れる

【下界】xiàjiè [名] 下界，人間界 ♦神仙の住む'上界'に対していう

—— xià▾jiè [動] [同][下凡]

【下酒】xià▾jiǔ [動] ①さかなをつまみながら酒を飲む ②酒のさかなに適する〖这个菜不～〗この料理は酒のさかなには合わない

【下课】xià▾kè [動] 授業が終わる [反][上课]

【下款】xiàkuǎn [名] (～儿) 書画や手紙に添える署名，サイン

【下来】xiàlai/xiàlái [動] (上から) 降りてくる，(後方に) 退いてくる ♦高い所から低い所へ，話し手に近づく方向へ移動する〖从山上～〗山から下りてくる〖下山来了〗山から下りてきた〖下不来〗降りて来られない

—— -xiàlai/-xialai/-xiàlái [動]〔方向補語として〕①動作が高い所から低い所へ，または遠くから近くへ向かってなされることを示す〖跑～〗駆け降りる〖拿不下来〗(手に取って)下ろせない ②過去から現在まで，または初めから終わりまで続いてきたことを示す〖活～〗生きのびてきた ③動作の完成や結果を示す〖打～基础〗基礎をかためる ④形容詞の後につき，程度が次第に増すことを示す〖哭声慢慢低～〗泣き声が次第に弱まってきた

【下里巴人】xiàlǐ bārén《成》戦国時代の楚国の民歌，現在では広く通俗的な文学芸術を例える [反][阳春白雪]

【下力】xià▾lì [動] 力を出す，懸命に働く [同][出力]

【下列】xiàliè [形]〔定語として〕次に列挙する〖提出～三点〗以下の3点を提起する

【下令】xià▾lìng [動] 命令を下す〖～开会〗会議の召集を命じる

【下流】xiàliú [名] ①川の下流 [同][下游] ②《旧》低い地位 ━ [形] 下品な，卑しい［～话］下品な言葉

【下落】xiàluò [名] 行方，ありか〖搜寻～〗行方を探す［～不明］行方不明 ━ [動] 降下する，落ちる〖幕布～〗幕が下りる

【下马】xià▾mǎ [動] ①馬から降りる ②(重要な計画や工事を) 取り止める，断念する

【下马看花】xià mǎ kàn huā《成》(馬から降りて花を見る＞)(幹部や知識人が) 長期間現場に入って，じっくり調査，研究する [反][走马看花]

【下马威】xiàmǎwēi [名] 初手に相手に与える圧力や脅威感〖给他个～〗最初にがつんと食らわせてやろう

【下毛毛雨】xià máomaoyǔ《俗》(こぬか雨が降る＞)事前に少し情報を漏らす

【下面】xiàmiàn [名] (～儿) ①下，下の方〖桌子～〗机の下 ②次，以下〖～该你了〗次は君の番だ ③下部，下級

【下品】xiàpǐn [名] 粗悪品，低級品

【下坡路】xiàpōlù [名] 下り坂；《転》落ち目，没落への道〖走～〗落ち目になる

【下棋】xià▾qí [動] 将棋を指す，碁を打つ〖下一局棋〗1局囲む

【下欠】xiàqiàn [名] 未返済金，まだ残る借金 ━ [動] まだ借金が残っている，なお未返済金を抱える〖～五百元〗(一部返済したあと) まだ500元借りている

【下情】xiàqíng [名] 大衆の気持ちや

生活情况, 下情
【下去】xiàqu/ xiàqù [動] ① 降りて行く ♦高い所から低い所へ, 話し手から遠ざかる方向へ移動する 〖～看看〗(階下へ) 降りて見て来なさい 〖下山去〗山から降りて行く 〖下不去〗降りてゆけない ② (今の状態を) 継続する, 今のままでゆく 〖这样～〗このままいったら
—— -xiàqu/ -xiaqu/ -xiàqù [動]〔方向補語として〕 ① 動作が高い所から低い所へ, または近くから遠くへ向けてなされることを示す 〖沉～了〗沈んでいった ② 動作がなお継続されることを示す 〖写～〗書き続ける ③〔形容詞の後について〕状態が続くこと, または程度が増していくことを示す 〖一天一天地瘦～〗日ごとに痩せてゆく
【下人】xiàrén [名]《旧》召使い
【下山】xià▾shān [動] ① 山を降りる, 下山する ② (太陽が) 山に沈む
【下身】xiàshēn [名] ① 下半身, (時に) 陰部 ② (～儿) ズボン [同][裤子]
【下神】xià▾shén [動] (巫女などに) 神霊が乗り移る, 神がかりになる
【下剩】xiàshèng [動] 余る, 残る
【下手】xiàshǒu [名] ① 下座 ([同][下首]) 〖坐～〗下座に座る ② (トランプやマージャンなどで) 次の番の人 [同][下家] ③ (～儿) 助手, 補助役 〖打～〗助手を務める
—— xià▾shǒu [動] 手をつける, 着手する 〖无从～〗手のつけようがない
*【下属】xiàshǔ [名] [同][下级]
【下水】xià▾shuǐ [動] ① 進水する [～典礼] 進水式 ② 悪の道に入る, 悪に染まる 〖拖人～〗人を悪の道に引っ張り込む ③ (糸や生地を) 水に浸して縮ませる — [形]〔定語として〕川を下る [～船] 下りの船
—— xiàshui [名]《方》臓物, もつ
【下水道】xiàshuǐdào [名] 下水道 ([反][上水道]) 〖通～〗(詰まった) 下水を(突ついて) 通す 〖安装～〗下水道を舗設する
【下台】xià▾tái [動] ① 舞台や演台から降りる ② (権力の座から) 退陣する, 下野する ③ 窮状を脱する, 引っ込みがつく ♦多く '下不了台' (引っ込みがつかない) のように否定形で使われる
【下头】xiàtou [名] ① 下, 下方 ② 下部, 下級, 部下
**【下午】xiàwǔ [名] 午後
【下限】xiàxiàn [名] 下限 ([反][上限]) 〖超过～〗下限を越える
【下陷】xiàxiàn [動] 陥没する, くぼむ
【下乡】xià▾xiāng [動] (都市から) 農村へ行く [上山～] (幹部や学生が) 山村や農村に入る
【下行】xiàxíng [名] (列車の) 下り ♦列車番号が奇数に定められている ([反][上行]) [～列车] 下り列車 — [動] ① 船が上流から下流へ下る ② 公文書を上級から下級へ回す
【下学】xià▾xué [動] 下校する, (授業が終わって) 帰る [反][上学]
【下旬】xiàxún [名] 下旬
【下药】xià▾yào [動] ① 投薬する, 薬を与える ② 毒を盛る
【下野】xià▾yě [動] 下野する, (執政の座から) 退陣する [反][上台]
【下意识】xiàyìshí/ xiàyìshi [名]〔多く定語・状語として〕潜在意識, 無意識 〖～的动作〗無意識の動作
【下游】xiàyóu [名] ① 下流, 川下 ②《転》立ち遅れた状態, 人より劣った段階 〖成绩属于～〗成績が下位をうろついている
**【下雨】xià▾yǔ [動] 雨が降る
【下狱】xià▾yù [動] 獄につなぐ(つながれる), 刑務所送りにする(なる)
**【下载】xiàzài [動] ダウンロードする
【下葬】xià▾zàng [動] 埋葬する
【下肢】xiàzhī [名]〖生〗下肢
【下中农】xiàzhōngnóng [名] 下層中農 ♦解放前の農村で自作と小作を兼ねていた農家
【下种】xià▾zhǒng [動] 種をまく [同][播种]
【下装】xià▾zhuāng [動] (役者が) 扮装を解く, 衣装を脱ぎ化粧を落とす [同][卸装]
【下子】xià▾zi [動] ① 種をまく ② 卵を産む
—— xiàzi [量] 動作の回数を数える ([同][下]) 〖敲了三～〗3つたたいた
【下作】xiàzuo [名]《方》助っ人, 手伝い人 — [形] ① 卑しい, 下品な ②《方》(食べ方が) がつがつしている

【吓(嚇)】

xià [動] ① 脅かす, 驚かす [～人] 恐ろしい ② 脅える, 怖がる 〖～坏了〗肝をつぶした
⇨hè
【吓唬】xiàhu [動] 脅かす, おびえさせる

〖夏〗

xià ⊗ ① 夏 [立～] 立夏 ② (X-) 中国の古称 [华～] 中国 ③ (X-) 夏王朝 ④ (X-) 姓
【夏布】xiàbù [名] ラミー布地 ♦蚊帳かややや夏服を作る
【夏侯】Xiàhóu [名] 姓
【夏季】xiàjì [名] 夏季, 夏期 [～时间] サマータイム
【夏枯草】xiàkūcǎo [名]〖植〗ウツボグサ ♦利尿や血圧降下に効く漢方薬
【夏历】xiàlì [名] 旧暦, 陰暦 [同][农历]
【夏粮】xiàliáng [名] 夏に収穫する穀物
【夏令】xiàlìng [名] ① 夏季 ② 夏の

気候
*【夏令营】xiàlìngyíng [名] 夏季キャンプ，夏合宿
【夏收】xiàshōu [名] 夏季の収穫 ━ [動] 夏の取入れをする
【夏天】xiàtiān [名] 夏
【夏衣】xiàyī [名] 夏服，夏着
【夏至】xiàzhì [名] 夏至 ♦二十四節気の一，陽暦6月21日か22日に当たる
【夏装】xiàzhuāng [名]〔件・套〕夏服，夏の服装
〖厦(廈)〗xià [⊗] 地名用字 [～门]（福建省の）アモイ
⇨shà
〖罅〗xià [⊗] 透き間，割れ目 [石～] 岩の割れ目
【罅漏】xiàlòu [名]《書》①透き間，裂け目，ひび ②《転》手抜かり，不十分な所
【罅隙】xiàxì [名]《書》透き間，裂け目，ひび [同][缝隙 fèngxì]
〖仙(*僊)〗xiān [⊗] 仙人，神仙 [成～] 仙人になる [八～]（代表的な） 八仙人 ♦日本の七福神のごとき存在
【仙丹】xiāndān [名] 仙丹 ♦不老長寿の霊薬 〖炼～〗仙丹を煉る [～妙药] 効果絶大の薬
【仙姑】xiāngū [名] ①仙女 ②巫女 [同][道姑]
【仙鹤】xiānhè [名]〔只〕①〖鳥〗タンチョウヅル ②仙人が飼う白鶴
【仙后座】xiānhòuzuò [名]〖天〗カシオペア座
【仙客来】xiānkèlái [名]〖植〗シクラメン
【仙女】xiānnǚ [名] 年若い仙女 [～星云] アンドロメダ星雲
【仙人】xiānrén [名] 仙人 [～球] 球形のサボテン
【仙人掌】xiānrénzhǎng [名]〖植〗〔棵〕(平たい)サボテン
【仙山琼阁】xiānshān qiónggé《成》仙山にある壮麗な宮殿，夢と見まがう幻妙の場所と建物
【仙逝】xiānshì [動] 逝去する
【氙】xiān [名]〖化〗キセノン [～灯] キセノン灯
〖籼(*秈)〗xiān [⊗] 以下を見よ
【籼稻】xiāndào [名]〖植〗セン ♦稲の一種．南部で栽培し，粒が細長い
【籼米】xiānmǐ [名] セン米 ♦粒が長く粘りがない．日本でいう'外米'
【先】xiān [副] 先に，前もって 〖你～走吧〗先に行きなさい 〖～休息一下再干〗まずひと休みしてからやろう ━ [名]《口》以前 〖比～好多了〗前よりずっと良くなった [⊗]①先，前 [占～] 先を越す ②祖先 ③死んだ人に対する尊称 [～祖] 亡き祖父 ④(X-)姓
【先辈】xiānbèi [名] ①（家系図の上で）世代が上の人，先輩 ②（物故した）先駆者，社会の先輩
【先导】xiāndǎo [名] 道案内人，先導者 [同][向导] ━ [動] 導く，道案内する [同][引导]
【先睹为快】xiān dǔ wéi kuài《成》（主として文学作品を）人より先に読むことを喜びとする
【先端】xiānduān [名]〖植〗（葉，花，果実などの）先端部 ━ [形] 先端的な
【先发制人】xiān fā zhì rén《成》先んずれば人を制す
【先锋】xiānfēng [名]（[反][后卫]）①（戦闘，行軍の）先頭部隊 ②先鋒，前衛 〖打～〗先駆者となる [～作用] 前衛的な役割り
【先父】xiānfù [名] 亡父 [同][先考]
【先河】xiānhé [名] 先がけ ♦多く動詞'开'と相配
【先后】xiānhòu [名] 前後，あとさきの順序 ━ [副] 前後して，相次いで
【先机】xiānjī [名] イニシアチブ
【先见之明】xiān jiàn zhī míng《成》先見の明，将来を予見する眼力
*【先进】xiānjìn [形] 先進的な，進んだ（[反][落后]）[～人物] 先進的人物
【先决】xiānjué [形]〔定語として〕先決の，先に解決すべき [～条件] 先決条件
【先来后到】xiān lái hòu dào《成》(～儿)先着順
【先礼后兵】xiān lǐ hòu bīng《成》まず礼儀正しく交渉しそれでうまく行かない時に強硬手段を用いる
【先例】xiānlì [名] 先例，前例 〖开～〗先例を開く
【先烈】xiānliè [名] 革命烈士に対する尊称 [革命～] 革命烈士
【先母】xiānmǔ [名] 亡母 [同][先慈]
【先期】xiānqī [副] 期日に先だって，あらかじめ
*【先前】xiānqián [名] 以前，前
【先遣】xiānqiǎn [形]〔定語として〕先に派遣する [～队] 先遣隊
【先秦】Xiān Qín [名] 先秦（時代）♦秦の統一以前，特に春秋戦国時代をいう
【先驱】xiānqū [名] 先がけ，先駆者 〖文学革命的～〗文学革命の先駆者
【先人】xiānrén [名] ①祖先 ②亡父
【先入为主】xiān rù wéi zhǔ《成》（先に入った考えはその人を支配する>）先入観は容易に抜けない
【先声】xiānshēng [名]（重大事件の）先触れ，予告
**【先生】xiānsheng [名] ①（学校の）先生 [同][老师] ②（知識人に対する呼称）先生，…さん 〖女士们，～们〗紳士淑女の皆さん ③自分の夫また

X

は人の夫に対する称〚她～〛あのひとのご主人 ④《方》医者 ⑤《旧》商店の会計, 番頭 ⑥《旧》人相見, 易者など［算命～］易者
【先世】xiānshì [名]《書》祖先
【先手】xiānshǒu [名]（囲碁, 将棋の）先手 [反][后手]
【先天】xiāntiān [形]〔定語·状語として〕①先天的な, 生まれながらの([反][后天])［～不足］生まれながらの虚弱体質 ②〘哲〙先験的, アプリオリ
【先头】xiāntóu [名]①前, 先頭〚走在最～〛一番前を歩く ②(～儿)以前, 従来〚你～没说过〛君は前もって話していない
【先下手为强】xiān xià shǒu wéi qiáng《俗》先手必勝, 早い者勝ち
【先行】xiānxíng [動]先行する, 先頭をゆく［～者］先達 — [副]あらかじめ, 前もって〚～准备〛事前に準備する
【先验论】xiānyànlùn [名]〘哲〙先験論
【先斩后奏】xiān zhǎn hòu zòu《成》(先に斬首して事後に上奏する>)先に既成事実を作ってしまう
【先兆】xiānzhào [名]前兆, 前触れ
【先哲】xiānzhé [名]先哲
【先知】xiānzhī [名]①先覚者 ②(ユダヤ教, キリスト教の)預言者

【酰】xiān [名]〘化〙アシル基

〖纤(纖)〗xiān ⊗細かい, 微小な［～尘］細かいほこり
⇨qiàn
【纤度】xiāndù [名]〘衣〙繊度 ♦糸の細さの度合, 単位は'旦'(デニール)
【纤毛】xiānmáo [名]〘生〙繊毛
【纤美】xiānměi [形]繊細で美しい, かよわくたおやかな [同][纤妍]
【纤巧】xiānqiǎo [形]精巧な, 細工の細かい
【纤弱】xiānruò [形]虚弱な, 弱々しい
*【纤维】xiānwéi [名]繊維［人造～］合成繊維［～光学镜］ファイバースコープ
【纤细】xiānxì [形]繊細な, きわめて細い〚～的头发〛非常に細い髪の毛
【纤小】xiānxiǎo [形]細かい, ごく小さい [同][细小]

〖跹(蹮)〗xiān ⊗ひらひら舞うさま［翩～］《書》軽快に舞う

〖祆〗Xiān ⊗［～教］ゾロアスター教

【掀】xiān [動]開ける, めくる〚～锅盖〛鍋の蓋を開ける ⊗逆巻く, 巻き起こす［～风鼓浪］風波を巻き起こす
【掀动】xiāndòng [動]①揺れ動く, わななく ②めくる, 持ち上げる ③(戦争を)仕掛ける, 始める [同][发动]
*【掀起】xiānqǐ [動]①開ける, 持ち上げて開く〚～盖子〛ふたを取る ②わき上がる, 盛り上がる〚～波涛〛大波がわき上がる ③引き起こす, 巻き起こす〚～反核武器的热潮〛反核のうねりを巻き起こす
【掀涌】xiānyǒng [動]うねる, 逆巻く

〖锨(鍁 *杴 [illegible])〗xiān ⊗シャベル［铁～］同前

【鲜(鮮)】xiān [形]①味がよい, おいしい ②新鮮な, みずみずしい
⊗①新鮮な食物, 珍味［尝～］初ものを食べる ②水産食品［海～］シーフード ③色鮮やかな［～红］真紅 ④(X-)姓
⇨xiǎn
【鲜卑】Xiānbēi [名]鮮卑(せんぴ) ♦かつて北魏, 北斉, 北周を建国した北方民族
【鲜红】xiānhóng [形]真っ赤な, 真紅の
【鲜花】xiānhuā [名]〔朵·束〕生花, きれいな花［～插在牛粪上］(きれいな花を牛の糞に生ける>)可憐な娘が下卑た男に嫁ぐ
【鲜货】xiānhuò [名](魚介類を含む)生鮮食料品
【鲜美】xiānměi [形]①味がよい, おいしい ②《書》色鮮やかで美しい
*【鲜明】xiānmíng [形]①色が明るい, 鮮やかな〚色彩～〛色彩が鮮やかだ ②鮮明な, はっきりした([反][含糊])〚态度～〛態度が明確だ
【鲜嫩】xiānnèn [形]新鮮で柔らかい, みずみずしい
【鲜血】xiānxuè [名]〔滴·片〕鮮血, 真っ赤な血
**【鲜艳】xiānyàn [形]鮮やかで美しい [同][鲜妍]

〖暹〗xiān ⊗［～罗］(国名)タイの旧称

【闲(閑 *閒)】xián [形]①暇な([反][忙])〚～着没事儿〛何もする事のない ②(部屋, 機械などが)空いている, 使われていない〚不让房子～着〛部屋を遊ばせておかない
⊗①ひま, 空き時間［消～］暇つぶしをする ②本筋とかかわりがない, 意味のない［～谈］雑談する
⇨jiān, jiàn(閒)
【闲扯】xiánchě [動]世間話をする, 無駄話をする [同][闲聊]
【闲工夫】xiángōngfu [名](～儿)暇
【闲逛】xiánguàng [動]ぶらぶら歩く, (外を)ぶらつく [同][闲步]
*【闲话】xiánhuà [名]①(～儿)余計

な話〖~少说〗無駄口はそれくらいにして… ②文句,不平 ③他人のうわさ話,陰口 ━〖書〗雑談する

【闲居】xiánjū 動 仕事もせず(なくて)家にいる,家でぶらぶらする

【闲空】xiánkòng 图(~儿)暇 ⇨〖闲时〗

【闲聊】xiánliáo 動 無駄話をする,世間話をする

【闲气】xiánqì 图(~儿)つまらぬ事による立腹〖生~〗どうでもよい事に腹を立てる

【闲钱】xiánqián 图(生活費以外の)遊んでいる金,余分の金

【闲情逸致】xián qíng yì zhì〈成〉情趣豊かでのんびりした気分,悠々閑適の暮らし

【闲人】xiánrén 图 ①ひま人,仕事もなくぶらぶらしている人 ②無関係の者,無用の者〖~免进〗無用の者立入るべからず

【闲散】xiánsǎn 形 ①のんびりとした,心のびやかな ②(人員や物質などが)遊んでいる,使用していない〖~土地〗遊休地

【闲事】xiánshì 图 自分と関係のない事,余計な事〖別管~〗お節介はやめてもらおう

【闲适】xiánshì 形 のんびりとした,気楽な

【闲书】xiánshū 图 暇つぶしに読む本,軽い読み物

【闲谈】xiántán 動 雑談する,世間話をする〖~家务事〗家事のことをぺちゃくちゃしゃべる

【闲暇】xiánxiá 图 暇 ⇨〖闲空〗

【闲心】xiánxīn 图 のんびりした気持ち〖我没~开玩笑〗冗談を言うような気分じゃないんだ

【闲杂】xiánzá 形〖定語として〗きまった職務のない,部署の定まらない〖~人员〗遊休人員

【闲置】xiánzhì 動 置いたまま使わずにおく(⇨〖闲弃〗)〖~资金〗遊休資金

【娴(嫻)】xián ⊗ ①みやびやかな,しとやかな ②熟練した,巧みな

【娴静】xiánjìng 形 しとやかで上品な,しっとり落ち着いた

【娴熟】xiánshú 形 熟練した,巧みな〖弓马~〗弓と馬術に長じている

【娴雅(闲雅)】xiányǎ 形(女性が)しとやかで,上品な

【痫(癇)】xián ⊗ てんかん〖癫 diān~〗

【鹇(鷳)】xián ⊗〖白~〗〖鳥〗ハッカン

【弦】xián ⊗ ①〖根〗弓のつる ②(方)時計などのぜんまい〖上~〗ぜんまいを巻く ③〖数〗弦

【─(*絃)】图(~儿)〖根〗楽器の弦〖六~琴〗ギター

【弦外之音】xián wài zhī yīn《成》言外の意味 ⇨〖言外之意〗

【弦乐器】xiányuèqì 图〖件〗弦楽器

【弦子】xiánzi 图 '三弦(蛇皮線 じゃびせん)'の通称

【舷】xián 图 舷 げん,船べり

【舷窗】xiánchuāng 图 舷窓,機窓 ◆船や航空機の両側の小さな窓

【舷梯】xiántī 图 船,飛行機のタラップ〖走下~〗タラップを降りる

【贤(賢)】xián ⊗ ①徳のある,有能な〖~妻良母〗良妻賢母 ②徳のある人,有能な人〖圣~〗聖賢 ③〈敬〉同輩や後輩に対する敬称〖~弟〗賢弟

【贤达】xiándá 图 賢人,有徳有能の人

*【贤惠(贤慧)】xiánhuì 形(婦人が)賢く気立てが優しい

【贤良】xiánliáng 形〖書〗徳や才能のある(人)

【贤明】xiánmíng 形 賢明な,聡明な

【贤能】xiánnéng 形 才能のある立派な,才徳備わった人物

【贤人】xiánrén 图 賢人,有徳の士

【咸(鹹)】xián 形 塩辛い,しょっぱい〖~肉〗ベーコン〖~津津〗塩味がきいている

【─】⊗ すべて,全部

【咸菜】xiáncài 图 つけ物〖腌 yān~〗つけ物を漬け込む

【咸水湖】xiánshuǐhú 图 かん水湖

【涎】xián ⊗ よだれ ◆口語では'口水'という〖流~〗よだれを垂らす

【涎皮赖脸】xián pí lài liǎn《成》厚かましい,ずうずうしい

【涎水】xiánshuǐ 图〈方〉よだれ

【挦(撏)】xián 動 引っぱる,抜く〖~鸡毛〗鶏の毛を抜く

【衔(銜*啣)】xián 動 くわえる,口に含む〖~烟斗〗パイプをくわえる ⊗ ①心に抱く ②受ける,従う〖~命〗命令を奉ずる

【─】⊗ 肩書,等級,称号〖头~〗肩書〖军~〗軍隊の階級〖官~〗官職名

【衔恨】xiánhèn 動 ①恨みを抱く ②悔やむ,くやしがる

*【衔接】xiánjiē 動 つなぐ,つながる〖大桥把两条公路~起来〗大橋が2本の道路をつなぐ〖与列车~〗汽車に接続する

【衔冤】xiányuān 動 冤えん罪を負う,

無実の罪を着せられたままになる [同][含冤]

【嫌】 xián [動]嫌う，いやがる〚～麻烦〛面倒を厭いとう
[文]①疑い ②恨み［前～尽释］昔の恨みはすべて忘れた

【嫌烦】xián▼fán [動]面倒くさがる，煩を厭う [同][厌烦]

【嫌弃】xiánqì [動]嫌って避ける，見捨てる

【嫌恶】xiánwù [動]嫌悪する，忌み嫌う [同][厌恶 yànwù]

【嫌隙】xiánxì [名]（不満や疑いが原因の）不和，すきま風

*【嫌疑】xiányí [名]疑い，嫌疑〚犯～〛嫌疑をかける［～犯］容疑者

【嫌怨】xiányuàn [名]恨み，憎しみ

〖猃（玁）〗 xiǎn [文]秋の狩

【显（顯）】 xiǎn [動]現わす，見せる〚～本领〛腕を振るう ―[形]明らかな，歴然たる〚效果还不～〛効果はまだはっきりしない
[文]名声や権勢のある［达官～宦］顕官

【显摆（显白）】xiǎnbai [動]《方》見せびらかす，ひけらかす

【显出】xiǎnchū [動]現わす，見せる〚～原形〛正体を現わす

【显达】xiǎndá [動]《旧》（官界で）立身出世する，栄達する

**【显得】xiǎnde [動]…のように見える，…の様相を呈する〚～年轻〛若く見える

【显而易见】xiǎn ér yì jiàn《成》はっきり見える，誰の目にも明らかな

【显赫】xiǎnhè [形]（権勢，名声などが）輝かしい，赫々かくかくたる〚～的名声〛輝かしい名声

【显见】xiǎnjiàn [動]はっきりと見てとれる，一目了然である〚～他心里不高兴〛彼が不快に感じていることは顔に出ている

【显灵】xiǎn▼líng [動]（神霊が）霊験を見せる，（神が）力を示す

【显露】xiǎnlù [動]現われる，現わす〚～天才〛天分を現わす

【显明】xiǎnmíng [形]明らかな，はっきりした〚～的道理〛明白な道理

【显能】xiǎn▼néng [動]能力を見せつける，才能を明らかにする

**【显然】xiǎnrán [形]はっきり現われた，明らかな〚～是想错的〛明らかに勘違いをしたのだ

**【显示】xiǎnshì [動]はっきり示す，見せつける〚～力量〛力を誇示する

【显视器】xiǎnshìqì [名]ディスプレイ

【显微镜】xiǎnwēijìng [名]〔架〕顕微鏡

【显现】xiǎnxiàn [動]現われる，姿を現わす [同][呈现]

【显像管】xiǎnxiàngguǎn [名]〔只〕キネスコープ，ブラウン管

【显效】xiǎnxiào [名]確かな効果，明らかな効き目 ―[動]効果を現わす，効いてくる

【显形】xiǎn▼xíng [動]（～儿）正体を現わす，真相がばれる

【显眼】xiǎnyǎn [形]人目を引く，目立つ〚穿得太～〛服が派手すぎる

【显扬】xiǎnyáng [動]表彰する，讃える ―[形]名声が高い，誉れ高い

【显耀】xiǎnyào [動]見せびらかす，ひけらかす ―[形]名のとどろいた，栄光に包まれた

【显影】xiǎn▼yǐng [動]現像する［～剂］現像剤

*【显著】xiǎnzhù [形]顕著な，著しい〚～的进步〛著しい進歩

【险（險）】 xiǎn [形]危ない，危険な
[文]①危うく…するところ〚～遭不幸〛危うく災難に遭うところだった ②険しい所，要害［天～］天険 ③危難，危険［冒～］危険を冒す ④陰険な，悪意の

【险隘】xiǎn'ài [名]要害

【险地】xiǎndì [名]①要害の地 ②危地，危うい状況

【险毒】xiǎndú [形]陰険極まる，悪らつな

【险恶】xiǎn'è [形]①危険な，険しい〚病情～〛病状が危ない ②陰険な，邪悪な〚～的用心〛陰険な下心

【险峰】xiǎnfēng [名]〔座〕険しい峰

【险峻】xiǎnjùn [形]（山が）高くて険しい，峻険な

【险胜】xiǎnshèng [動]（試合に）せり勝つ，僅差で勝つ〚狮子队～老虎队〛ライオンズがタイガースにせり勝つ

【险滩】xiǎntān [名]川の流れが急で危ない所，暗礁の多い浅瀬

【险巇（崄巇）】xiǎnxī [形]《書》山道が峻険な

【险些】xiǎnxiē [副]（～儿）危うく，もう少しで ♦後に良くない事態が続く〚～掉到水里〛危うく水中に落ちるところだった

【险要】xiǎnyào [形]地勢が険しい，要害に位置する

【险诈】xiǎnzhà [形]陰険で悪賢い，狡猾極まる

【险阻】xiǎnzǔ [形]（道が）険しい，険阻な

〖猃（獫）〗 Xiǎn [文]［～狁 yǔn（玁狁）］中国古代の北方民族の一

〖冼〗 Xiǎn [文]姓 ♦'冼'と書く姓もある
⇨xǐ

〖铣（銑）〗 xiǎn [文]つやのある金属［～铁］銑

X

鉄
⇨xǐ

【筅】xiǎn ⊗箒状のもの

【跣】xiǎn ⊗はだし(の)

【蚬(蜆)】xiǎn ⊗〖貝〗シジミ［～贝］同前

【鲜(鮮 *尟 尠)】xiǎn ⊗少ない,まれな［～见］めったにない［～为人知］ほとんどが知られていない ⇨xiān

【藓(蘚)】xiǎn ⊗〖植〗コケ［～苔］同前

【燹】xiǎn ⊗野火［兵～］(書)戦火による災害

【县(縣)】xiàn 名県 ◆'地区''自治州'の下,'乡''镇'の上の行政単位［设～］(新たに)県を置く

【县城】xiànchéng 名県役所の所在地

【县委】xiànwěi 名'县委员会'の略,中国共産党の県委員会

【县长】xiànzhǎng 名県長

【县志】xiànzhì 名〔部〕県誌

【苋(莧)】xiàn ⊗〖植〗ヒユ［～菜］同前

【岘(峴)】Xiàn ⊗［～山］岘山(湖北省の山の名)

【现(現)】xiàn 副その場で,その時に［～编了一首诗］即興で詩を作った ⊗①現在,今［～况］現況 ②現金［付～］現金を払う ③いつでも出せる,その場で使える

【—(現 *見)】動現わす,現われる［～出笑容］笑顔を見せる ⇨jiàn

*【现场】xiànchǎng 名①(事件,事故の発生した)現場［～保护～］現場を保存する ―(直播)生中継 ②生産,実験などを直接行う場所,作業の現場［～会议］現場会議 ❸地域指導者たちが田畑などの実地を見ながら開く

*【现成】xiànchéng 形①(～儿)［多く定語として］既にできている,既製の ②その場の間に合わせの,既製の［～话］思い付きの発言

【现成饭】xiànchéngfàn でき上がっているご飯,あり合わせのご飯;(転)労せずして得た利益,据え膳

【现存】xiàncún 動今なお残る,現存する［～的手稿］現存する原稿［～］在庫品

*【现代】xiàndài 名①(歴史区分としての)現代 ◆一般に五四運動以後をいう ②今の時代,今日［～戏］現代劇［～化］近代化(する)

【现货】xiànhuò 名現物,現品

【现今】xiànjīn 名今,当節［～(方)現如今)］[～情況好転]今では情况が好転した

*【现金】xiànjīn 名〔笔〕①現金,キャッシュ(小切手類も含む)(⇦[现款])［付～］現金で払う ②銀行の金庫にしまってある貨幣

【现款】xiànkuǎn 名(⇦)現金

【现买现卖】xiàn mǎi xiàn mài(成)(買ったその場で売る>)受け売りをする［现趸 dǔn 现卖］

【现钱】xiànqián 名〔口〕現金

【现任】xiànrèn 動現在担任している,今その任にある［他～校长］彼はいま校長をしている 一形〖定語として〗現任の［～局长］現在の局長

【现时】xiànshí 名現在,今のところ(⇦[当前])

*【现实】xiànshí 名現実［脱离～］現実から遊離する［～主义］リアリズム 一形現実的な,実際的な［不～的措施］現実的でない措置

【现世】xiànshì 名現世,この世(⇦[今生]) 一動恥をさらす,面目を失う(⇦[出丑][丢脸])

【现下】xiànxià 名今,現在のところ［～正是农忙季节］今はちょうど農繁期だ

*【现象】xiànxiàng 名現象［社会～］社会現象［～学］現象学

【现行】xiànxíng 形〖定語として〗①現行の,現在実施されている［～制度］現行の制度 ②(犯罪が)現行の,いま進行している［～犯］現行犯

【现形】xiàn'xíng 動正体を現わす,化けの皮が剥がれる

【现眼】xiàn'yǎn 動恥をかく,顔がつぶれる［可给我丢人～］よくもおれの顔をつぶしてくれた

【现洋】xiànyáng 名旧時の1元銀貨 ◆'现大洋'ともいう

【现役】xiànyì 名〔军〕現役,兵役［服～］兵役につく 一形〖定語として〗現役の,いま兵役についている［～军人］現役軍人

【现在】xiànzài 名現在,今(⇦[过去][将来])［到～为止］今までのところ

【现职】xiànzhí 名現職,いまの職務［任～］今のポストにつく

*【现状】xiànzhuàng 名現状［安于～］現状に安んじる

【限】xiàn 動限定する,制限する［～三天完成］3日以内に完成せよ ⊗期,期限［以月底为～］期限は月末とする［有～］限界がある

【限定】xiàndìng 動限定する,制限する［～时间］時間を限る

【限度】xiàndù [名] 限度，限界 〚超过～〛限度を越える

【限额】xiàn'é [名] ① 規定の数量や額，限度枠 ②（企業の基本建設に対する）投資基準枠

【限量】xiànliàng [動]（数量を）限定する，限度を定める

【限期】xiànqī [名] 期限，タイムリミット ━ [動] 期限を付ける，日限を定める

【限于】xiànyú [動] …に制約される，（…の範囲内に）限定される 〚～时间〛時間に制約される

**【限制】xiànzhì [名][動] 制限(する)，制約(する) 〚～字数〛字数を制限する 〚～思想〛思想を制約する

【线(線 *綫)】xiàn [名]（～儿）〔根・绺〕① 糸，針金，コード（金属線は'钅泉'とも書く） ②〖数〗〔条〕線［直～］直線 ③〔条〕内部のつながり，手掛かり［眼～］密偵 ━ [量] 抽象的なものに使い，'一'の後ろに付けて，ごくわずかであることを示す 〚一～希望〛一縷（る）の望み 〚一～光明〛一筋の光明

⊗ ① 線のような［～香］線香 ② 交通路線［航～］航路 ③ 境目，境界線［国境～］国境線 ④ 木綿糸で編んだ［～手套］綿糸の手袋（いわゆる軍手） ◆姓は'線'と'线'の両方

【线春】xiànchūn [名] 幾何学模様をあしらった絹織物 ◆特に杭州産が有名

【线段】xiànduàn [名]〖数〗線分

【线路】xiànlù [名]〔条〕① 回路，路線［电话～］電話回線［公共汽车～］バス路線 ② 線路［～工］保線係

【线圈】xiànquān [名]〖電〗コイル

【线绳】xiànshéng [名] 綿ロープ

*【线索】xiànsuǒ [名]〔条〕手掛かり，糸口，（話などの）筋 〚失去～〛手掛かりを失う

【线条】xiàntiáo [名] ① 絵画の線 ② 人体や工芸品の輪郭の線［～美］曲線美

【线头】xiàntóu [名]（～儿） ① 糸の端 ② 短い糸，糸の切れっ端 [同][线头子]

【线香】xiànxiāng [名] 線香

【线轴儿】xiànzhóur [名] ① 軸形の糸巻き，ボビン ② 糸巻きに巻いた糸

【线装】xiànzhuāng [名]〖図〗線装，和とじ([反][洋装])［～书］和とじの本

〖宪(憲)〗xiàn ⊗ ① 法令，② 憲法［制～］憲法を制定する

【宪兵】xiànbīng [名] 憲兵［～队］憲兵隊

*【宪法】xiànfǎ [名]〔部〕憲法 〚制定～〛憲法を制定する 〚拥护～〛憲法を擁護する

【宪章】xiànzhāng [名] ①《書》典章制度 ② 憲章［联合国～］国連憲章

【宪政】xiànzhèng [名] 立憲政治

【陷】xiàn [動] ① 落ちる，はまり込む 〚～进泥里〛泥にはまる ② くぼむ，へこむ 〚土地～下去〛土地が陥没する

⊗ ① 落とし穴，わな ② 欠点，欠陥［缺～］欠陥 ③（人を）陥れる，わなにはめる［诬～］虚偽を言いたてて人を罪に陥れる ④ 陥落する，占領される［沦～］陥落する

*【陷害】xiànhài [動]（人を）陥れる，計略にかける([同][坑害]) 〚遭到～〛わなにはめられた

【陷阱】xiànjǐng [名] ①〔处〕（野獣や敵を捕える）落とし穴 ②（人を陥れる）わな，奸計 〚落入～〛わなに落ちる

【陷落】xiànluò [動] ① 落ちくぼむ，陥没する 〚地壳～〛地殻が陥没する ②（不利な状境，立場に）陥る [同][陷入] ③ 陥落する，敵の手に落ちる [同][失陷]

*【陷入】xiànrù [動] ①（不利な状況に）陥る 〚～困境〛苦境に陥る ②（物思いに）沈む，ふける 〚～沉思〛物思いに沈む

【陷于】xiànyú [動]（…に）落ち込む，陥る 〚～孤立〛孤立状態に陥る

【陷阵】xiànzhèn [動] 敵陣を攻め落とす

〖馅(餡)〗xiàn ⊗（ギョウザや饅頭の）あん

*【馅儿】xiànr [名] あん［饺子～］ギョウザのあん

【馅儿饼】xiànrbǐng [名]〔张〕ミートパイ ◆小麦粉で薄皮を作り，肉その他のあんを包み込んで焼いたり，油で揚げたりした平たい食品

〖羡(羨)〗xiàn ⊗ ① うらやむ［艳～］《書》羡望する ②（X-）姓

**【羡慕】xiànmù [動] うらやむ，羡望する

【羡余】xiànyú [形]〔定語として〕余分な，剰余的な

【献(獻)】xiàn [動] ① ささげる，献上する 〚～给母亲〛母にささげる ②（快い思いをさせるべく行動して）見せる，示す 〚～殷勤〛（相手の）機嫌をとる

【献策】xiàn▼cè [動] 献策する，知恵を貸す [同][献计]

【献词】xiàncí [名] 祝詞

【献花】xiàn▼huā [動] 花をささげる

【献计】xiàn▼jì [動] 計画や対策を申し述べる，方策をささげる

【献技】xiànjì [動] 芸を披露する,(観衆に)腕前の程を見せる [同][献艺]
【献礼】xiàn▾lǐ [動] お祝いの贈り物をする〖向大会～〗大会の開催を祝って贈り物をする
【献媚】xiànmèi [動] こびへつらう,ご機嫌とりをする〖向董事～〗重役にごまをする
【献身】xiàn▾shēn [動] 献身する,身をささげる〖～于新文化运动〗新文化運動に献身する

〖腺〗xiàn ⊗〖生〗腺せん［汗～］汗腺

〖霰〗xiàn ⊗〖天〗あられ ♦口語では'雪子 xuězǐ''雪糁 shēn'という

【乡(鄉)】xiāng [名] 郷 ♦'县'の下の行政単位
⊗① 田舎,農村([反][城])［下～］田舎へ行く ② 故郷,郷里［回～］くにへ帰る
【乡巴佬儿】xiāngbalǎor [名]《貶》田舎者
【乡愁】xiāngchóu [名] 郷愁,ノスタルジア
【乡村】xiāngcūn [名] 田舎,農村([反][城市])〖扎根～〗農村に根を下ろす
【乡间】xiāngjiān [名] 田舎,村
【乡里】xiānglǐ [名] ① 郷里,故郷 ♦都市は含まない ② 同郷の人 [同][乡亲]
【乡僻】xiāngpì [形] へんぴな,片田舎の [同][偏僻]
【乡亲】xiāngqīn [名] ① 同郷の人 [同][同乡] ②(農村における)地元の人々に対する呼称［～们］村の皆さん
【乡绅】xiāngshēn [名]《旧》田舎の'绅士',有力地主
【乡试】xiāngshì [名] 郷試 ♦科挙の第2段階の試験.省都で行われ,合格者を'举人'と言う
【乡思】xiāngsī [名] 望郷の念,郷愁
【乡土】xiāngtǔ [名] 郷土［～观念］郷土意識［～文学］郷土文学
【乡下】xiāngxia [名] 田舎［～佬］田舎者
【乡音】xiāngyīn [名] お国なまり,方言色〖～很重〗国なまりが強い
【乡长】xiāngzhǎng [名] ①'乡'の責任者 ② 同郷の先輩に対する敬称
*【乡镇】xiāngzhèn [名] ① 郷と鎮,いわば町村［～企业］郷鎮企業 ② 小さな町,田舎町

〖芗(薌)〗xiāng ⊗① 香草の一種 ②'香'と通用 ③［～江］薌江きょう(福建省の地名)
【芗剧】xiāngjù [名] 台湾や薌江一帯の地方劇 [同][歌仔戏]

〖相〗xiāng ⊗① 互いに〖二者～结合〗両者が互いに組み合わさる〖遥遥～望〗はるかに向かい合っている ② 一方が他方に働きかける動作を示す［另眼～看］(人を)すっかり見直す ③ 自分の目で見る,品定めする［～亲］見合いをする ④(X-)姓
⇨xiàng
*【相差】xiāngchà [動](二者の間が)離れている〖～七岁〗7歳の年の差がある
【相称】xiāngchèn [形] よく釣り合った,似つかわしい([同][相配])〖跟他不～〗彼には似合わない
【相持】xiāngchí [動] 相対立する,対峙する［～不下］互いに譲らない
**【相处】xiāngchǔ [動] 一緒に暮らす,付き合う〖不好～〗付き合いにくい
【相传】xiāngchuán [動] ①…と伝えられている,言い伝えによれば… ② 伝授する,受け継がせる
**【相当】xiāngdāng [動] 相当する,ほぼ等しい〖～于大学毕业的水平〗大学卒業のレベルに相当する — [形] 相応の,ふさわしい([同][相宜])〖他做这个工作很～〗彼がこの仕事をやるのはふさわしい — [副] かなり,相当〖～重要〗かなり重要だ
【相得益彰】xiāng dé yì zhāng《成》互いに助け合い補い合ってますます輝きを増す
*【相等】xiāngděng [形](数量が)同じの,等しい
【相抵】xiāngdǐ [動] 相殺する,釣り合う〖收支～〗収支のバランスがとれている
**【相对】xiāngduì [動] ①(性質が)対立する,相反する〖大与小～〗大と小とは対立する ② 向かい合う〖两山遥遥～〗二つの山がはるかに向かい合っている — [形] ①〔定語として〕相対的な([反][绝对])［～论］相対論［～真理］相対性真理 ②〔定語·状語として〕比較的〖～稳定〗比較的安定している
**【相反】xiāngfǎn [形] 相反した,正反対の〖利害～〗利害がぶつかり合う
【相仿】xiāngfǎng [形] 似通った,同じような([同][相类])〖能力～〗能力がほぼ同じだ
【相逢】xiāngféng [動] めぐり会う,偶然出会う [同][相遇]
【相符】xiāngfú [形] 符合する,互いに一致する〖所说的和所做的不～〗言うこととすることが違う
【相辅而行】xiāng fǔ ér xíng《成》互いに助け合って行う,補い合わせて用いる
*【相辅相成】xiāng fǔ xiāng chéng《成》互いに助け合い補い合って発展する,持ちつ持たれつ

X

xiāng 一

【相干】xiānggān 图 関係、かかわり ― 動〘多く否定や反語に用いて〙かかわり合う、関係がある〘跟我不~〙私にはかかわりがない

【相隔】xiānggé 動 隔たる、かけ離れる〘~千里〙はるかに隔たる

【相关】xiāngguān 動 関連する、つながりがある〘睡眠与健康密切~〙睡眠は健康と密接な関連がある

【相好】xiānghǎo 图①親しい友人②(道ならぬ)恋③愛人、不倫の相手 ― 形 親しい、(男女の)仲がよい〘~的朋友〙仲のよい友達

【相互】xiānghù 形 相互の、互いの (⑯[互相]) 〘~尊重〙相互に尊重する〘~作用〙相互作用

【相会】xiānghuì 動 (約束しておいて)会う、会合する

【相继】xiāngjì 副 相次いで、次々と〘~获奖〙相次いで受賞する

【相间】xiāngjiàn 動 互い違いになった、一つおきの

【相交】xiāngjiāo 動①交差する〘~于一点〙一点で交わる②(友人として)交際する、付き合う〘~多年〙長く友人付き合いをしている

【相近】xiāngjìn 形①(距離が)近い、格差の少ない②似た、類似の〘两人性格~〙二人は性格が似ている

【相敬如宾】xiāng jìng rú bīn 〈成〉夫婦が互いに尊敬し合う

【相距】xiāngjù 動 離れる、隔たる (⑯[相去]) 〘~不远〙それ程離れていない

【相邻】xiānglín 動 隣り合う、隣接する

【相瞒】xiāngmán 動 (真相を)隠す〘实不~〙本当のことを申し上げます

【相配】xiāngpèi 形 つり合っている、(互いに)ふさわしい

【相劝】xiāngquàn 動 勧告する、忠告する

【相容】xiāngróng 動〘多く否定形で用い〙互いに容認する、両立する〘水火不~〙水と火のように相容れない

【相濡以沫】xiāng rú yǐ mò 〈成〉(水を失った魚たちが僅かな唾で互いを濡らしあう>) 大変な苦難の中で助けあう

【相商】xiāngshāng 動 相談する、打ち合わせる (⑯[商议])

【相生相克】xiāng shēng xiāng kè 〈成〉相生相克 ◆五行思想で、木、火、土、金、水が互いに他を生じ、また他に勝つことをいう

【相识】xiāngshí 图 知り合いの人、知人〘老~〙古くからの知り合い ― 動 知り合う〘相认〙

【相思】xiāngsī 動 (男女が)慕い合う、思い合う ◆多く(離ればなれな

ど)思うにまかせぬ切ない場合をいう〘~病〙恋患い〘单~〙片思い

【相似】xiāngsì 形 類似の、似通った (⑯[相像]) 〘~面貌〙顔立ちが似ている

【相提并论】xiāng tí bìng lùn 〈成〉〘多く否定で用いて〙(性格の異なった事物を)同列に論じる、同一視する〘混为一谈〙

【相通】xiāngtōng 動 通じ合う、つながる〘感情很难~〙なかなか心が通じ合わない

【相同】xiāngtóng 形 同じだ (⑯[一样])

【相投】xiāngtóu 動 気が合う、意気投合する〘气味~〙意気投合する

【相信】xiāngxìn 動 信じる、信用する (⑯[怀疑]) 〘我~你〙あなたを信じます

【相形见绌】xiāng xíng jiàn chù 〈成〉他と比べてひどく見劣りがする

【相沿】xiāngyán 動 (過去から)受け継ぐ、踏襲する〘~成习〙長く受け継がれているうちに習慣となる

【相依为命】xiāngyī wéi mìng 〈成〉互いに頼り合って生きる、互いを杖と頼み合う

【相宜】xiāngyí ふさわしい、ぴったりの (⑯[合适])

【相应】xiāngyìng 動 相応する、(互いに)呼応する〘采取~的措施〙対応措置を講じる

【相映】xiāngyìng 動 互いに際立たせる、引き立て合う〘~成趣〙互いに引き立て合って美しい光景をつくる

【相与】xiāngyǔ 動 交際する、付き合う〘很难~〙付き合いにくい ― 副 互いに、ともども〘~偕老〙ともに白髪の生えるまで

【相知】xiāngzhī 图 親友、知己 ― 動 よく知り合う、深く理解し合う〘~有素〙ふだんからよく知り合っている

【相中】xiāngzhòng 動 気に入る、心にかなう (⑯[看中]) 〘相不中〙気に入らない

【厢】(廂) xiāng ⊗①→〘~房〙②部屋のように仕切られた所〘车~〙(鉄道の)客車〘包~〙劇場のボックス席③城門のすぐ外の地域〘城~〙城門外

【厢房】xiāngfáng 图〘间〙'四合院'の東西の位置に建てられている棟〘东~〙東棟 ◆'正房'から見て左にある棟

【湘】Xiāng ⊗①広西省を源とし、湖南に流れ入る川、湘江②湖南省の別称〘~菜〙湖南料理〘~语〙湘語(中国七大方言の一)

【湘妃竹】xiāngfēizhú 名〖植〗斑竹。◆紫色の斑紋のある細竹 ⇨〖湘竹〗
【湘剧】xiāngjù 名 湘劇〖戲〗◆湖南省の地方劇,長沙,衡陽,常徳の劇が有名
【湘绣】xiāngxiù 名 湖南産の刺しゅう

【箱】xiāng ⊗ ① 箱〖木～〗木箱〖皮～〗皮のトランク〖垃圾～〗ごみ箱〖保险～〗金庫 ② 箱状のもの〖信～〗ポスト
【箱底】xiāngdǐ 名（～儿）① 箱の底 ②〖転〗動産,蓄え〖～厚〗貯め込んでいる
【箱子】xiāngzi 名〖只〗箱,トランク ◆ 衣類などをしまう比較的大きな箱 ◆〖匣子〗

【香】xiāng 名 ① 香ミ゙〖檀～〗檀香〖根・柱〗線香〖烧～〗線香をたく 一 形 ① いい香りがする,かぐわしい ⇔〖臭〗 ② おいしい,味がよい ③ 眠りが深い,ぐっすり寝入った〖睡得正～〗ぐっすり眠っている ④ 評判のよい,人気のある〖在运动员中很～〗運動選手に評判がよい
【香案】xiāng'àn 名 香炉や供物を置く長い机
【香槟酒】xiāngbīnjiǔ 名 シャンペン
【香波】xiāngbō 名〖訳〗シャンプー ⇨〖洗发 fà 水〗
【香菜】xiāngcài 名 中国パセリ,コリアンダー ◆'芫荽 yánsui'の通称. 独特の香りがある
【香肠】xiāngcháng 名（～儿）〖根〗腸詰め,ソーセージ
【香橙】xiāngchéng 名〖植〗ダイダイ
【香椿】xiāngchūn 名 ①〖植〗チャンチン ② チャンチンの若芽
【香馥馥】xiāngfùfù 形（～的）大変かぐわしい,香り高い
【香干】xiānggān 名（～儿）〖块〗豆腐に香料を加えて煮たあと,燻製にしたもの.'豆腐干儿'の燻製
【香菇（香菰）】xiānggū 名 シイタケ
【香瓜】xiāngguā 名（～儿）マクワウリ,マスクメロン ⇨〖甜瓜〗
【香花】xiānghuā 名 ① かぐわしい花 ②〖転〗人民に有益な言論や作品 ⇔〖毒草〗
*【香蕉】xiāngjiāo 名〖根〗バナナ ⇨〖甘蕉〗〖一串～〗バナナ1房
【香精】xiāngjīng 名 数種類の香料を調合して作った混合香料,エッセンス
【香客】xiāngkè 名 寺廟の参詣者,参拝客
【香料】xiāngliào 名 香料〖搀 chān ～〗香料を入れる
【香炉】xiānglú 名 香炉

【香茅】xiāngmáo 名〖植〗レモングラス〖～油〗シトロネラ油
【香喷喷】xiāngpēnpēn 形（～儿的）(食物的)いい香りがぷんぷんにおう,食欲をそそる
【香片】xiāngpiàn 名 花茶,ジャスミン茶 ⇨〖花茶〗
【香蒲】xiāngpú 名〖植〗ガマ ◆ 葉を編んで敷物やうちわ等を作る
【香气】xiāngqì 名（～儿）いいにおい,香気〖～扑鼻〗香りが鼻を襲う
【香水】xiāngshuǐ 名（～儿）香水〖洒～〗香水をふりかける
【香甜】xiāngtián 形 ① おいしい,味も香りも素晴らしい ② 眠りが深い〖睡得～〗ぐっすり眠る
【香烟】xiāngyān 名 ① 線香の煙 ②〖旧〗祖先を祭ること ⇨〖香火〗〖断了～〗子孫が絶えた ③〖支・根〗紙巻きタバコ ⇨〖纸烟〗〖卷烟〗〖烟卷儿〗〖叼～〗タバコをくわえる〖一条～〗タバコ1カートン
【香油】xiāngyóu 名 ① ごま油 ② 髪油,香油
【香橼】xiāngyuán 名〖植〗ブシュカン(実は漢方薬の材料) ⇨〖枸 jǔ 橼〗
【香皂】xiāngzào 名〖块〗化粧石けん
【香獐子】xiāngzhāngzi 名〖動〗ジャコウジカ ◆'麝 shè'の通称
【香烛】xiāngzhú 名（祭祀用の）線香やろうそく

【襄】xiāng ⊗ ① 助ける,支援する ②（X-）姓
【襄理】xiānglǐ 名（旧時の比較的大きな銀行や企業の）副支配人
【襄助】xiāngzhù 動〖書〗協力する,手伝う

【瓖】xiāng ⊗ 文語で'镶'と通用

【镶（鑲）】xiāng 動 ① はめ込む,象眼する〖～玻璃〗(窓に)ガラスをはめる ② 縁取りする,縁を付ける〖～花边〗縁取りをする
*【镶嵌】xiāngqiàn 動 象眼する,はめ込む〖～画〗モザイク
【镶牙】xiāng'yá 動 入れ歯をする

【详（詳）】xiáng ⊗ ① 詳しい,詳細な ⇔〖略〗〖～谈〗詳しく話す〖～备〗詳細で完備した ② 詳しく説明する,仔細に語る〖内～〗詳細は中に説明してある ③ はっきりした,明らかな〖死活不～〗生死不詳
【详尽】xiángjìn 形 詳細をきわめた,こと細かな
【详密】xiángmì 形 詳しく綿密な〖～的计划〗綿密な計画
【详明】xiángmíng 形 詳細でわかりやすい,説明の行き届いた
【详情】xiángqíng 名 詳しい事情,

事の仔細

【详悉】xiángxī 動 詳しく知っている，知悉する ── 形 詳しく行き届いた，詳細な

★【详细】xiángxì 形 詳しい，詳細な （⊗[简略]）〖～地研究〗詳しく調べる

【庠】xiáng ⊗ (古代の)学校〖～序〗同前

【祥】xiáng ⊗ ① めでたい〖～云〗瑞雲〖不～〗不吉な ② (X-) 姓

【祥瑞】xiángruì 図 吉兆，瑞祥

【翔】xiáng ⊗ 空中で旋回する，空を飛ぶ〖飞～〗大空を飛ぶ

【翔实(详实)】xiángshí 形 詳細で確かな，精確な〖～的材料〗詳細で確かな資料

【降】xiáng 動 ① 投降する，降伏する〖～了民兵〗民兵に投降した〖投～〗降伏する ② 降伏させる，屈伏させる〖一物～一物〗どんなものにもそれを負かすものがある
⇨jiàng

【降伏】xiángfú 動 おとなしくさせる，手なずける〖～劣马〗暴れ馬を手なずける〖降不伏〗手なずけられない

【降服】xiángfú 動 降伏する，屈伏する

【降龙伏虎】xiáng lóng fú hǔ （成）(龍や虎を打ち負かす>)強敵を平げる

【降顺】xiángshùn 動 投降帰順する

【享】xiǎng ⊗ 享受する，恵まれる〖共～〗分かち合う

【享福】xiǎng'fú 動 幸せに恵まれる，安らかに暮らす

【享乐】xiǎnglè 動(貶)享楽する，楽しむ〖～主义者〗エピキュリアン

【享年】xiǎngnián 図(敬)享年

★【享受】xiǎngshòu 動 享受する〖～平等权利〗平等の権利を享受する〖贪图～〗享楽をむさぼる

【享用】xiǎngyòng 動 (ある物を)用いて恩恵を受ける，楽しんで使う〖供大家～〗皆の利用他に供する

【享有】xiǎngyǒu 動(権力，名声など)を得ている，享有する〖～盛名〗名声を博している

【响】(響) xiǎng 動 声や音をたてる，鳴らす，鳴る〖电话铃～了〗電話のベルが鳴った〖～锣〗どらを鳴らす ── 形 声や音が大きい，よく響く ⊗ こだま，反響〖回～〗こだま

【响鼻】xiǎngbí 図(～儿)(馬やロバなどの)荒い鼻息〖打～〗荒い鼻息をする

【响彻云霄】xiǎng chè yún xiāo（成）声や音が空に響きわたる，雲間にこだまする

【响动】xiǎngdong 図(～儿)物音，動き

【响度】xiǎngdù 図 音量，音声ボリューム ⊕[音量]

【响遏行云】xiǎng è xíng yún（成）歌声が(行く雲を引き止めるほど)高らかに響く

【响雷】xiǎngléi 図 激しい雷鳴 ── xiǎng'léi 動 雷が鳴る，雷鳴がとどろく ⊕[打雷]

★【响亮】xiǎngliàng 形 (音声が)大きくはっきりしている，よく響く ⊕[洪亮]

【响器】xiǎngqì 図 打楽器(どら，太鼓，鐃鈸など)

【响晴】xiǎngqíng 形 (多く定語として)晴れ上がった，雲一つない

【响声】xiǎngshēng 図 音，物音

【响尾蛇】xiǎngwěishé 図(条)ガラガラヘビ

★【响应】xiǎngyìng 動 呼応する，共鳴する〖～号召〗呼び掛けにこたえる

【饷】(餉) xiǎng ⊗ ① 酒食を振舞う，ごちそうする〖～客〗客に食事を供する ②(旧)軍隊や警察の給料〖月～〗月給〖领～〗給料を受け取る

【飨】(饗) xiǎng ⊗ ごちそうをしてもてなす，人を楽しませる〖～客〗客をもてなす

【想】xiǎng 動 ① 考える，思索する〖～问题〗問題を考える ② …と思う，推測する〖我～不是他〗彼ではないと思う ③ …したいと思う，…しようと考える〖你～看电视吗?〗テレビが見たいですか ④ 心をひかれる，懐しむ〖～家〗家が恋しい

【想必】xiǎngbì 副 きっと…だろう，おそらく…に違いない

【想不到】xiǎngbudào 動 思いも寄らない，予期しえない（⊗[想得到]）〖～在这儿见到你〗まさかここで君に出会うなんて

【想不开】xiǎngbukāi 動 思い切れない，あきらめられない（⊗[想得开]）〖别为这点小事～〗そんな小さな事で思い悩むな

【想当然】xiǎngdāngrán〔慣用語〕当て推量をする

【想得到】xiǎngdedào 動〔多く反語に用いて〕予想できる，想像しうる（⊗[想不到]）〖谁～会出事?〗事故が起こるなんて誰が予想できただろう

【想法】xiǎng'fǎ 動 方法を講じる，なんとかする〖～弄点吃的〗なんとかして食物を手に入れる
── xiǎngfa/xiǎngfǎ（xiángfa と

発音) [名] 考え方，意見
*【**想方设法**】xiǎng fāng shè fǎ《成》あらゆる手を尽くす [同][千方百计]
【**想来**】xiǎnglái [副] 多分，恐らく〖～不是他〗恐らく彼ではないだろう
【想念**】xiǎngniàn [動] 恋しく思う，懐かしむ〖时时～着故乡〗いつも郷里を懐かしんでいる
【**想入非非**】xiǎng rù fēi fēi《成》妄想をたくましゅうする，現実離れした事を考える
【**想通**】xiǎngtōng [動] 合点がゆく〖想不通〗納得がゆかない
【**想头**】xiǎngtou [名] ① 考え [同][想法] ② 望み，見込み([同]《方》[想儿])〖没～〗見込みがない
【**想望**】xiǎngwàng [動] ① 望む，希望する [同][希望] ②《書》敬慕する，仰ぎ慕う
【想象(想像)**】xiǎngxiàng [名] 想像 — [動] 想像する〖不难～〗容易に想像できる [～力] 想像力

〖**鲞**(鯗)〗xiǎng ⊗ 切り開いて干した魚，干もの [～鱼] 同前

【**向**】xiàng [動] 肩を持つ，ひいきする — [介] …に向かって，…に対して〖～东看〗東を見る〖～他们学习〗あの人たちに学ぶ
⊗① 今までずっと，従来から〖～无此例〗これまで先例がない ② (X-)姓

【**—**(嚮)】[動] 向かう，対する([反][背 bèi])〖面～太阳〗太陽の方を向く
⊗① 方向，向き [去～] 行方 ②《書》近づく〖～晓雨止〗明け方近くに雨が止んだ
【**向背**】xiàngbèi [名] 向背，従うことと背くこと
【**向壁虚构**】xiàng bì xūgòu《成》(壁に向かって勝手な想像をする〉)根拠もなく話を作りあげる [同][向壁虚造]
*【**向导**】xiàngdǎo [名] 道案内，ガイド — [動] 道案内をする，ガイドを務める
*【**向来**】xiànglái [副] これまでずっと，一貫して〖他～不喝酒〗彼はふだんから酒を飲まない
【**向日葵**】xiàngrìkuí [名]〖植〗ヒマワリ [同][朝阳花][葵花]
【**向上**】xiàngshàng [動] 向上する，進歩する〖好好学习，天天～〗よく学び，日に日に向上しよう
【**向晚**】xiàngwǎn [名] 夕暮れ，たそがれ時 [同][向暮][傍晚]
*【**向往**】xiàngwǎng [動] あこがれる，慕う([同][神往])〖～太空飞行〗宇宙飛行にあこがれる
【**向心力**】xiàngxīnlì [名]〖理〗求心力 [反][离心力]
【**向学**】xiàngxué [動] 学問に志す
【**向阳**】xiàngyáng [動] 太陽に面する，日光にさらされる〖这间屋子～〗この部屋は日当たりがよい
【**向着**】xiàngzhe [動] ① …に面している，…に向きあっている〖～大海〗海に面している ② 肩を持つ，ひいきする〖～山东队〗山東チームの肩を持つ

【**项**(項)】xiàng [名]〖数〗項 — [量] 項，項目〖一～重要任务〗一つの重要な任務 [三大纪律，八～注意] 三大規律，八項注意
⊗① うなじ，えり首 [颈～] くび ② 費目，金額 [存～] 預金 ③ (X-)姓
【项链**】xiàngliàn [名]〔条〕首飾り，ネックレス〖戴～〗ネックレスを着ける
【项目**】xiàngmù [名] 項目，種目 [基本建设～] 基本建設プロジェクト [田径～] 陸上競技種目
【**项圈**】xiàngquān [名] 首飾り，ネックレス ♦胸に垂らさず，首に巻く形のもの

〖**巷**〗xiàng ⊗ 路地，横町 [小～] 狭い路地
⇨hàng
【**巷战**】xiàngzhàn [名] 市街戦〖打～〗市街戦を演じる
【**巷子**】xiàngzi [名]《方》〔条〕横町，路地

【**相**】xiàng [名] ① (～儿) 外観，人相，容貌〖一副聪明～〗利口そうな顔付き〖看～〗人相を見る ② 姿，姿勢 ③〖理〗相(そう) [三～交流] 三相交流 — [動] (手相や人相を) 見て判断する〖～马〗馬を見分ける
⊗① 助ける [吉人天～] よい人には天の助けがある ② 宰相，大臣 [外～] 外相(がいしょう) ③ (X-)姓
⇨xiāng
【**相册**】xiàngcè [名] 写真のアルバム [同][影集]
【**相公**】xiànggong [名] ①《旧》(妻から夫への敬称) だんな様 ② (旧白話で) 知識人や役人に対する呼称
【**相机**】xiàngjī [名] カメラ ([同][照相机]) [数码～] デジタルカメラ — [動] 機をうかがう〖～行事〗状況をよく見て機敏に事を行う
【**相里**】Xiànglǐ [名] 姓
【**相貌**】xiàngmào [名] 容貌，顔立ち
【**相面**】xiàng'miàn [動] 人相を見る [～先生] 人相見
【**相片**】xiàngpiàn [名]〔张〕(人の) 写真 ♦'相片儿' は xiàngpiānr と発音
【**相声**】xiàngsheng [名] 漫才〖说～〗漫才をやる [对口～] 掛け合い漫才 [单口～] 落語

【象】(象) xiàng

图〔头〕ゾ〔大～〕同前
⊗①形状, 様子 [景～]ありさま [气～]気象 ②まねる, 似せる

【象鼻虫】 xiàngbíchóng 图【虫】コクゾウムシ

☆**【象棋】** xiàngqí 图〔盘・副〕将棋〔下～〕将棋をさす

【象声词】 xiàngshēngcí 图【语】擬声語, オノマトペア 働[拟声词]

【象限】 xiàngxiàn 图【数】象限

【象形】 xiàngxíng 图【语】象形〔～文字〕象形文字

【象牙】 xiàngyá 图象牙〔～之塔〕象牙の塔

☆**【象征】** xiàngzhēng 图象徴, シンボル 一働象徴する〔～团结〕団結を象徴する

【像】 xiàng

働①似る〔他们俩长得很～〕あの二人はよく似ている〔～画儿一样美〕絵のように美しい ②…のようだ, …らしく思われる〔有人在敲门〕誰かが戸をたたいているらしい ③たとえば…のようだ〔～李白、杜甫这样的诗人〕李白や杜甫のような詩人 一图〔张・幅〕像, 画像 働[相片]

【像话】 xiàng'huà 働〔通常否定や反語形で〕理にかなっている, 話の筋が通っている〔真不～！〕全く話にならん！

【像煞有介事】 xiàng shà yǒu jiè shì 〈成〉まことしやかに話す, もったいぶって大げさな態度を取る 働[煞有介事]

【像素】 xiàngsù 图ピクセル

【像样】 xiàngyàng 圈(～儿)格好がついている, さまになっている〔～子〕〔真不～〕全くなっちゃいないや

【像章】 xiàngzhāng 图〔枚〕肖像バッジ〔带～〕肖像バッジを着ける

【橡】 xiàng

⊗【植】①クヌギ〔～树〕クヌギ ②ゴムの木〔～胶树〕同前

【橡胶】 xiàngjiāo 图ゴム〔天然～〕天然ゴム

☆**【橡皮】** xiàngpí 图①ゴム, 硫化ゴムの通称〔～船〕ゴムボート〔～泥〕ゴム粘土 ②[块]消しゴム

【橡皮筋】 xiàngpíjīn (～儿)〔根〕ゴム紐, 輪ゴム〔用～捆上〕輪ゴムで留める

【橡皮圈】 xiàngpíquān ①輪ゴム ②浮き輪

【橡实】 xiàngshí 图ドングリ 働[橡子]

【枭】(梟) xiāo

图フクロウ 働[鸱鹗 xiūliú] ⊗①勇猛な〔～将〕勇将 ②(旧)塩の密売人〔盐～〕同前

【枭首】 xiāoshǒu 働〈书〉さらし首にする ◆城門など高いところからぶら下げる

【哓】(嘵) xiāo

⊗がやがや騒ぐ〔～～〕〈书〉同前〔～～不休〕激しく言い争い続ける

【骁】(驍) xiāo

⊗勇ましい, 勇猛な〔～勇〕〈书〉勇猛な

【骁将】 xiāojiàng 图勇猛な武将; (转)優れた選手

【骁骑】 xiāoqí 图〈书〉勇猛な騎兵

【削】 xiāo

働①削る, むく〔～铅笔〕鉛筆を削る ②(卓球で) カットする, 切る〔～球〕カットで返す
⇨ xuē

【消】 xiāo

働①消える, なくなる〔气～了〕怒りがおさまった ②〈多く'不''只''何'などを前置して〕必要とする〔不～说〕言うまでもない
⊗①取り除く〔～愁解闷〕憂いやうさを晴らす？を解こし, ひまをつぶす〔～夏〕(楽しく)夏を過ごす

【消沉】 xiāochén 圈元気がない, しょんぼりする 働[低落]〔意志～〕意気消沈する

【消除】 xiāochú 働(不利なものを)取り除く, 解消する〔～误会〕誤解を解く

☆**【消毒】** xiāo'dú 働①消毒する ②(社会的)悪影響を除去する, 弊害を取り除く

☆**【消防】** xiāofáng 图消防〔～队〕消防隊〔～车〕消防車

☆**【消费】** xiāofèi 働消費する(働[生产])〔～品〕消費物資

【消耗】 xiāohào 图消息 一働消耗する(させる)〔～劳力〕労力を消耗する(させる)〔～战〕消耗戦

☆**【消化】** xiāohuà 働(食物や知識などを)消化する〔～不良〕消化不良

【消魂】(销魂) xiāohún 働(極度の悲しみや喜びで)我を失う, 自失する

【消火栓】 xiāohuǒshuān 图消火栓〔开(关)～〕消火栓を開く(閉じる)

☆**【消极】** xiāojí 图(働[积极])①否定的な, 反対方向の〔～因素〕マイナス要因 ②消極的な, 受身の〔态度～〕態度が消極的だ, やる気が見えない

【消解】 xiāojiě 働 働[消释]

【消渴】 xiāokě 图(漢方で) 糖尿病や尿崩症など ◆特に水を多く飲み, 尿も多い病気

☆**【消灭】** xiāomiè 働①消滅する, 滅ぶ ②消滅させる, 滅ぼす〔～癌症〕癌だを撲滅する

【消磨】 xiāomó 働①(意志や精力などを)すり減らす, 衰えさせる〔～精力〕精力をすり減らす ②(時間を無

駄に)過ごす［～时间］時間を無駄にすごす

【消气】xiāo'qì 動 気を落ち着ける, 怒りを鎮める

【消遣】xiāoqiǎn 動 暇をつぶす, 気晴らしをする［～读物］暇つぶしの読物

【消融(消溶)】xiāoróng 動 (氷や雪が)解ける

【消散】xiāosàn 動 消えさる, 霧消する［愁容～了］愁いの色が消えた

*【消失】xiāoshī 動 消える, なくなる［～在人群中］人込みの中に消えていった

【消逝】xiāoshì 動 消えさる (®[消失])［警笛声慢慢～了］サイレンが次第に消えていった

【消释】xiāoshì 動 (疑い, 苦しみなどが)消えてなくなる, 解ける［误会～了］誤解が解けた

【消受】xiāoshòu 動 ①〔多く否定に用いて〕享受する［无福～］幸福に恵まれない ② 堪える, 我慢する ®[忍受]

【消瘦】xiāoshòu 動 やせる, 細る (⊗[发胖])［天天～下去］日ごとにやせていく

【消损】xiāosǔn 動 ① 徐々に少なくなる, 次第に減ってゆく ② 消耗してなくなる

【消停】xiāoting 動《方》休む, 手を休める

【消退】xiāotuì 動 減退する, 衰える［暑热～］暑さが和らぐ

【消亡】xiāowáng 動 消滅する, 消失せる

*【消息】xiāoxi 名〔则·条〕① ニュース, 知らせ［新华社～］新華社情報［好～］朗報 ② 音信, 便り［没有～］便りがない

【消闲】xiāoxián 動 暇つぶしをする, 無為に過ごす ― 形 のんびりとした, 閑な ®[悠闲]

【消炎】xiāo'yán 動 炎症を止める

【消长】xiāozhǎng 動 消長する, 増減する［政党的～］政党の盛衰

【宵】xiāo ⊗ 夜［通～商店］終夜営業の店

【宵禁】xiāojìn 名 夜間外出禁止［实行(解除)～］夜間外出禁止令を施行(解除)する

【逍】xiāo ⊗ 以下を見よ

【逍遥】xiāoyáo 形 自由で気ままな, 何ら束縛されない［～自在］悠々自適

【逍遥法外】xiāoyáo fǎ wài《成》(法を犯した者が)法の裁きも受けずにのうのうと暮らす

【硝】xiāo 動 皮をなめす
⊗ 硝石

【硝化】xiāohuà 名《化》硝化, ニトロ化［～甘油］ニトログリセリン

【硝石】xiāoshí 名《化》硝石

【硝酸】xiāosuān 名《化》硝酸 ◆一般に'硝镪qiāng水'という

【硝酸银】xiāosuānyín 名《化》硝酸銀

【硝烟】xiāoyān 名 硝煙, 火薬の煙［～滚滚］硝煙がむくむくとのぼる

【销(銷)】xiāo 動 ① 金属を溶かす ② 売り出す［畅～］売れ行きがよい ③ (プラグなどを)差し込む
⊗ ① 無効にする, 取り消す［撤～］撤回する ② 機械や器具の差し込み［插～］プラグ ③ 費用, 経費［开～］支払い, 支払う

【销案】xiāo'àn 告訴を取り下げる, 訴訟を取り消す

*【销毁】xiāohuǐ 動 (焼いたり溶かしたりして)消滅させる, 廃棄する［～罪证］証拠を隠滅する

【销魂(消魂)】xiāohún 動 (極度の悲しみや喜びで)自失する, 我を忘れる

【销路】xiāolù 名 売れ行き, 販路［～很好］売れ行きがよい

【销声匿迹】xiāo shēng nì jì《成》声も出さず姿も現わさない, 行方をくらます

*【销售】xiāoshòu 動 売る, 市場に出す［～价格］販売価格

【销行】xiāoxíng 動 売れる, さばける［～南方］南方で売られている［～一百套］100セット売れた

【销赃】xiāo'zāng 動 ① 盗品を売りさばく, 系図買いをする ② (足がつかないように)盗品を隠滅する

【销账】xiāo'zhàng 動 帳消しにする, 帳簿から削る

【销子】xiāozi 名《機》ピン, 締めくぎ ®[销钉]

【霄】xiāo ⊗ ① 雲 ② 大空［云～］同前

【霄汉】xiāohàn 名《書》空, 天空［气凌～］意気天をつく

【霄壤】xiāorǎng 名 天と地［～之别］雲泥の差

【枵】xiāo ⊗ 空虚な, 空っぽの［～腹从公］(公共のために)ただ働きをする

【萧(蕭)】xiāo ⊗ ① うらさびれた, 蕭šた条たる［～然］荒涼たる ② (X-) 姓(俗に'肖'と書く)

【萧墙】xiāoqiáng 名《書》① 門のすぐ前に立つ目隠し塀 ®[照壁] ② (転)内部, 内輪

【萧洒】xiāosǎ 形 ®[潇洒]

【萧瑟】xiāosè 擬 さわさわ(風が樹木を吹きぬける音) ― 形 (景色が)物

寂しい, うらさびれた
【萧森】xiāosēn [形]《書》[同][萧条]
【萧索】xiāosuǒ [形](光景が)物寂しい, ひっそりわびしい
【萧条】xiāotiáo [形]①物寂しい, うらさびれた ②(経済が) 不景気な, 不況の〖经济～〗不景気だ
【萧萧】xiāoxiāo [擬]《書》馬のいななく声, 風の音 ━[形](頭髪が)白く薄い, 白髪もまばらな
〖潇(瀟)〗xiāo ⊗水が深くて清い
【潇洒(萧洒)】xiāosǎ [形](表情や振舞いが)スマートな, 垢(あか)ぬけした
【潇潇】xiāoxiāo [形]①風雨の激しい, 吹き降りの ②(小雨が)しとしと降る, そぼ降る
〖蟏(蠨)〗xiāo ⊗[～蛸 shāo]アシタカグモ
【箫(簫)】xiāo [名]〔枝·管〕単管の縦笛, 簫(しょう)([同][洞箫])〖吹～〗簫を吹く
〖翛〗xiāo ⊗[～然]《書》自由気ままなさま
〖嚣(囂 *嚻)〗xiāo ⊗騒ぎ立てる, わめきちらす [叫～] 騒ぎ立てる
【嚣张】xiāozhāng [形](悪い勢力, 邪気などが)我が物顔の, 猛々しい〖气焰～〗のさばり返っている
〖淆(*殽)〗xiáo ⊗入り混じる, ごっちゃにする [混～不清] 入り混じってはっきりしない
【淆乱】xiáoluàn [動]乱す, かく乱する [同][扰乱] ━[形]乱雑な, 入り乱れた
【淆杂】xiáozá [動]混じり合う, ごっちゃになる
【小】xiǎo [形]①小さい, 狭い([反][大])〖数目～〗数が小さい〖学问～〗学問が浅い [～鸟] 小鳥 ②年が若い〖他比你～〗彼は君より年下だ ③(兄弟姉妹の順が) 一番下の, 一番小さい [～儿子] 末の息子
⊗①時間が短い, 一時的な [～坐] ちょっと腰かける ②幼い者, 子供 [妻～](白話で) 妻子 ③《謙》自分または自分にかかわる人や物につけて言う [～弟] 小生 [～店] 弊店 ④姓·名または兄弟の順序を示す数詞の前につけ, 呼び掛けに用いる [～王] 王君 ⑤《旧》妾 [娶～] 妾を入れる
【小白菜】xiǎobáicài [名](～儿)〖植〗コマツナの類, パクチョイ [同][青菜]
【小百货】xiǎobǎihuò [名]日用品, 小間物
【小班】xiǎobān [名]幼稚園の年少組 [関][中班][大班]
【小半】xiǎobàn [名](～儿)小半分, 一部分([反][大半])〖只占一～〗一部分を占めるにすぎない
【小报告】xiǎobàogào [名]《貶》(上司への) 告げ口, 密告([同][小汇报])〖打～〗告げ口する
【小辈】xiǎobèi [名](～儿)(一族の家系の上で) 世代の下の者, 後輩 [反][长辈]
【小本经营】xiǎo běn jīngyíng [名]小商売, 零細商い
【小便】xiǎobiàn [名]①小便, 尿 ②男子の生殖器, 陰茎 ━[動]小便をする [同][小解]
【小辫儿】xiǎobiànr [名]〔根〕(短い) お下げ〖梳～〗お下げに編む
【小辫子】xiǎobiànzi [名]《転》弱み, しっぽ〖抓～〗しっぽをつかむ
【小不点儿】xiǎobudiǎnr [名]《方》ごく幼い子供, ちび ━[形]《方》非常に小さい, ちっぽけな
【小菜】xiǎocài [名]①(～儿)小皿に盛った簡単な料理, 酒のさかな, ♦多く漬物をいう ②《転》簡単な仕事 [～一碟] 朝めし前に片付く事柄 ③《方》副食類, おかず
【小产】xiǎochǎn [動]《口》流産する
【小肠】xiǎocháng [名]〖生〗小腸
【小肠串气】xiǎocháng chuànqì [名]《口》脱腸, ヘルニア [同][疝气]
【小抄儿】xiǎochāor [名]《口》カンニングペーパー
【小车】xiǎochē [名](～儿)〔辆〕①手押し車〖推～〗手押し車を押す ②乗用車, セダン
★【小吃】xiǎochī [名]①一品料理, 軽食 ②ちまき, だんごなど季節の'点心'類 ③洋食のオードブル, 前菜
【小丑】xiǎochǒu [名]①(～儿)三枚目, 道化役, ひょうきんな人 ②小人, ろくでなし
【小春】xiǎochūn [名]《方》①旧暦の10月 ②旧暦10月頃にまく農作物 ♦小麦やえん豆など [同][小春作物]
【小葱】xiǎocōng [名](～儿)①ワケギ, アサツキ ②小ネギ, 苗ネギ〖移栽～〗ネギの苗を移植する
【小聪明】xiǎocōngming [名]《貶》小利口, 小ざかしさ〖耍～〗小ざかしいまねをする
【小旦】xiǎodàn [名]伝統劇の娘役〖扮演～〗娘役を演じる
【小道儿消息】xiǎodàor xiāoxi [名]うわさ, 口コミ情報
【小弟】xiǎodì [名]①幼い弟, 末弟 ②《謙》(会話のときに) 小生 ③ごく親しい目下の男性に対する呼称
【小调】xiǎodiào [名]①(～儿)〔支·首〕小うた, 端(は)うた, 各種の民謡俗曲 ②〖音〗短調, マイナー [E～] ホ短調(Eマイナー)

X

【小动作】xiǎodòngzuò 图①〖体〗揺さぶり作戦,小さなトリック ②〖転〗(陰で行う) いんちき,小細工〖搞～〗小細工を弄する

【小豆】xiǎodòu 图〖植〗アズキ 囮〖赤小豆〗〖红小豆〗

【小肚鸡肠】xiǎo dù jī cháng 〖成〗(小さな腹と鶏の腸>) 度量が小さい,事柄にとらわれ大局を顧みない 囮〖鼠肚鸡肠〗

【小肚子】xiǎodùzi 图〖口〗下腹〖小腹〗

【小队】xiǎoduì 图 小隊 ♦中隊の下位の単位。ただし軍の小隊は'排'という

【小儿】xiǎo'ér 图① 子供,児童〖～麻痹症〗小児麻痺 ②〖謙〗息子,せがれ
⇨xiǎor

【小贩】xiǎofàn 图 行商人,物売り

【小费】xiǎofèi 图 チップ,心付け囮〖小账〗〖给～〗チップをはずむ

【小腹】xiǎofù 图 下腹 囮〖小肚子〗

【小工】xiǎogōng 图① 未熟練工,半人前の職人 ②技術をもたず力仕事しかできない労働者 囮〖壮工〗

【小恭】xiǎogōng 图《書》小便,小用 (囮〖大恭〗)〖出～〗小用を足す

【小狗龇牙儿】xiǎogǒu zī yár〖俗〗(小犬が歯をむく>) ちょっとしたいさかいが起こる

【小姑子】xiǎogūzi 图 夫の妹,小じゅうと 囮〖小姑儿〗

【小褂儿】xiǎoguàr 图 中国式襦袢 ♦上半身のひとえの下着

【小鬼】xiǎoguǐ 图① 下っぱ亡者,閻魔の手下 ②小僧,ちび ♦子供に対する親しみをこめた呼称

【小鬼见阎王】xiǎoguǐ jiàn Yánwang〖俗〗(小心者が閻魔様に会う>) 悪党でも大悪党の前では見劣りする,力のある者でももっと力のある者の前では手も足も出ない

【小孩儿】xiǎoháir 图《口》子供 囮〖小孩子〗

【小寒】xiǎohán 图 小寒 ♦二十四節気の一,陽暦の1月5～7日頃に当たる

【小号】xiǎohào 图 トランペット ― 图〔定語として〕Sサイズの

【小和尚念经(有口无心)】 xiǎoheshang niànjīng(yǒukǒu wúxīn)《俗》(小坊主がお経を読む>) 口先ばかりで心がこもっていない

【小伙子】xiǎohuǒzi 图《口》若い男,若い衆 ♦親しみがこもる

【小蓟】xiǎojì 图〖植〗アザミ ♦根が漢方薬になる 囮〖刺儿菜〗

【小家子气】xiǎojiāziqì 形 けちくさい,みみっちい

【小建】xiǎojiàn 图 旧暦の小の月 29日しかない 囮〖小尽〗

【小将】xiǎojiàng 图 年若い将軍;〖転〗若い闘士 ♦さまざまな分野で目覚ましい活躍をしている若者をいう

【小脚】xiǎojiǎo 图(～儿)てん足で成長を止められた足 囮〖天足〗

【小节】xiǎojié 图① 瑣末なこと,どうでもよいこと〖拘泥 jūnì 于～〗些事にこだわる ②〖音〗小節

【小结】xiǎojié 图 中間のまとめ,小計 ― 動 中間のまとめをする

【小姐】xiǎojiě 图① お嬢さん,お嬢さま ②ミス(未婚の女性に対する尊称) ③女店員,ウエイトレスなどに対する呼び掛け

【小解】xiǎojiě 動 (人が)小便する

【小金库】xiǎojīnkù 图 裏金,へそくり

【小舅子】xiǎojiùzi 图 妻の弟,義弟

【小楷】xiǎokǎi 图〖大楷〗① 手書きの小さな楷書体の漢字 ②ローマ字の活字体小文字

【小看】xiǎokàn 動《方》見くびる,あなどる 囮〖小瞧 qiáo〗

【小康】xiǎokāng 图(生活が)中流の,不自由のない〖～社会〗まずまずのゆとりある社会

【小老婆】xiǎolǎopo 图 妾

【小两口】xiǎoliǎngkǒu (xiǎoliángkǒuと発音)图(～儿)《口》若夫婦

【小灵通】xiǎolíngtōng 图 パーソナルアクセスシステムの俗称 ♦日本のPHSに相当

【小萝卜】xiǎoluóbo 图〖植〗ハツカダイコン,ラディッシュ

【小麦】xiǎomài 图 小麦〖～秆〗(小麦の)麦わら〖春～〗春まき小麦

【小卖部】xiǎomàibù 图〖家〗売店

【小满】xiǎomǎn 图 小満 ♦二十四節気の一,陽暦の5月20～22日頃に当たる

【小猫熊】xiǎomāoxióng 图〖動〗レッサーパンダ 囮〖小熊猫〗

【小毛】xiǎomáo 图(～儿)(リスなど)短毛の毛皮衣料 囮〖大毛〗

【小米】xiǎomǐ 图(～儿) 脱穀したアワ〖～粥〗アワがゆ

【小名】xiǎomíng 图(～儿) 幼名 (囮〖乳名〗)(囮〖学名〗)〖起～〗幼名をつける

【小拇指】xiǎomǔzhǐ 图《口》小指 囮〖小指〗《方》囮〖小拇哥〗

【小脑】xiǎonǎo 图〖生〗小脳

【小年】xiǎonián 图① 旧暦で12月が小の月である年 ②旧暦 12月23日または24日の節句 ♦旧時のかまど祭りの日 ③果物の不作中の年

【小鸟】xiǎoniǎo 图(～儿) 小鳥〖养～〗小鳥を飼う

【小妞儿】xiǎoniūr 图 女の子

【小农】xiǎonóng 图 小農,個人経営の農家〖～经济〗小農経済

【小跑】xiǎopǎo 図（～儿）小走り〚一溜 liù ～儿过去〛小走りに行き過ぎる

【小朋友】xiǎopéngyǒu 図① 児童, 子供 ② 坊や, 嬢ちゃん ◆ 子供に対する呼び掛け

【小品】xiǎopǐn 図［則・篇］①（文学の）小品［～文］小品文 ②（戯曲の）小品, コント［电视］テレビのコント

*【小气】xiǎoqi 彫 ① けちな, みみっちい ⓓ［吝啬］②〈方〉度量が小さい, 狭量な

【小巧】xiǎoqiǎo 彫 小さくて精巧な［～玲珑 línglóng］精巧で美しい

【小区】xiǎoqū 図 集合住宅地区, 団地

【小曲儿】xiǎoqǔr 図 小うた, 俗謡

【小圈子】xiǎoquānzi ①（行動, 思考の）狭い範囲, 枠〚陷在利害的～〛利害という小さな枠にとらわれる ②（互いに利用し合う）小さな利益集団〚搞～〛徒党を組む

【小儿】xiǎor 図 ① 幼年, 小さい頃〚从～〛幼い時から ② 男の赤ん坊 ⇨ xiǎo'ér

【小人】xiǎorén 図 ①〈謙〉〈旧〉小生 ◆ 地位が低い人の謙称 ② 小人bᠴん, 人格がちっぽけな人

【小人儿书】xiǎorénrshū 図 絵本, 連環画（絵物語）の本 ◆ 小型の絵本で1ページが1枚の絵と短文から成る

【小人物】xiǎorénwù 図 小人物, 凡庸の人

【小日子】xiǎorìzi 図（多く若夫婦の）つつましく平穏な暮らし

【小嗓儿】xiǎosǎngr 図 京劇や昆曲などで'花旦'や'青衣'が演唱する時の声 ⓓ［花旦］［青衣］

【小舌】xiǎoshé 図（～儿）[生]のどひこ, 口蓋 gài垂

【小生】xiǎoshēng 図 ① 伝統劇の若い男役 ②（多く旧白話で）小生 ◆ 若い読書人の自称

【小生产】xiǎoshēngchǎn 図 小生産 ◆ 個人経営を単位とした生産方式

*【小时】xiǎoshí 図 ① 1 時間（ⓓ［钟头］）〚一（个）～〛1 時間［～工］アルバイト, パートタイマー［～工资］時給 ② 幼時

【小时候】xiǎoshíhou 図（～儿）〈口〉小さい時, 幼い頃

【小试锋芒】xiǎo shì fēngmáng〈成〉（ちょっと刀の切れ味を見せる）その腕振りをちらりと見せる

【小市民】xiǎoshìmín 図 ① 都市の小資産階級, プチブル ② 風格に欠けたみみっちい人

【小叔子】xiǎoshūzi 図 夫の弟, 義弟

【小暑】xiǎoshǔ 図 小暑 ◆ 二十四節気の一, 陽暦7月6～8日頃に当たる

【小数】xiǎoshù 図［数］小数［～点］小数点

【小说】xiǎoshuō 図（～儿）［篇］小説〚写～〛小説を書く［长篇～］長編小説

【小厮】xiǎosī 図（旧白話で）未成年の男の召し使い

【小算盘】xiǎosuànpan 図（～儿）利己的な計算, けちな打算［打～］みみっちい算盤をはじく

【小题大做】xiǎo tí dà zuò〈成〉（試験の小問題に大問題の方式で解答する）小さなことを大げさに騒ぎたてる

【小提琴】xiǎotíqín 図［把］バイオリン［拉～］バイオリンを弾く

*【小偷】xiǎotōu 図（～儿）こそ泥, どろぼう［抓～］こそ泥を捕まえる

【小腿】xiǎotuǐ 図 足のひざからくるぶしまでの部分

【小巫见大巫】xiǎowū jiàn dàwū〈俗〉（未熟な巫女が老練な巫女の前に出る）能力の差がありすぎる, まるで勝負にならない

【小溪】xiǎoxī 図 小川

【小媳妇】xiǎoxífu 図（～儿）① 若い既婚女性 ②（転）人の言いなりになる人

【小戏】xiǎoxì 図（～儿）簡単な芝居, 短い劇

【小先生】xiǎoxiānsheng 図 小先生 ◆ 成績が良く他の生徒を教えられる生徒 ② 学生でありながら一方で教えている人

【小鞋】xiǎoxié 図（～儿）① 小さな靴, 窮屈な靴 ②（転）（人におしつける）難題, いやがらせ［给他穿～儿吧］あいつにいやがらせをしてやろう

【小写】xiǎoxiě 図［大写］①漢数字の常用字体 ◆'壹, 貳, 参'に対する'一, 二, 三'など ② ローマ字の小文字

【小心】xiǎoxīn 國 気を付ける, 用心する〚过马路要～〛大通りを渡る時は気をつけなさい［～油漆］ペンキに注意

【小心眼儿】xiǎoxīnyǎnr 彫 狭量な, 心の狭い

*【小心翼翼】xiǎoxīn yìyì〈成〉大変用心深い, きわめて慎重である ⓓ［粗心大意］

【小型】xiǎoxíng 彫〚多く定語として〛小型の, 小規模な

【小学】xiǎoxué 図 ① 小学校［念～］小学校で学ぶ ② 小学 ◆ 中国の伝統的学問, 文字, 音韻, 訓詁の分野にわたる

【小雪】xiǎoxuě 図 小雪 ◆ 二十四節気の一, 陽暦の11月22日または23日に当たる

【小阳春】xiǎoyángchūn 名 旧暦の10月、小春 [十月～]小春日和
【小样】xiǎoyàng 名 新聞の一篇の記事または文章の校正刷り,小組み 簡[大样]
【小意思】xiǎoyìsi 名(謙)ほんの志,心ばかりのしるし◆客をもてなしたり贈り物をする時に用いる[这是我的一点儿～]これはほんの心ばかりの物ですが
【小姨子】xiǎoyízi 名 妻の妹, 義妹
【小引】xiǎoyǐn 名(詩文の)前書き,小序
【小雨】xiǎoyǔ 名 小雨 ◆気象上の分類では1日の雨量10ミリ以内または1時間の雨量2.5ミリ以下の雨
【小月】xiǎoyuè 名 小の月
── xiǎoyue/xiǎoyuè 流産(する) 簡[小月子][小产]
【小账】xiǎozhàng 名(～儿)チップ,心付け 簡[小费]
【小照】xiǎozhào 名 自分の小型の肖像写真
【小指】xiǎozhǐ 名(口)[小拇指 xiǎomǔzhǐ]
【小篆】xiǎozhuàn 名 小篆ｾﾝ ◆秦代に作られた書体 簡[秦篆]
【小资产阶级】xiǎo zīchǎn jiējí 小ブルジョア階級,プチブル 簡[无产阶级]
【小子】xiǎozǐ 名(書) ①若者 ②年下の者, 後輩 ③先輩に対する自称
── xiǎozi 名(口) ①男の子[大～]長男 ②(貶)小僧,野郎[那个～真可恶 wù]あいつめ実にけしからん
【小组】xiǎozǔ 名 グループ,班[分成三个～]3班に分かれる

【晓(曉)】xiǎo ⊗ ①夜明け[拂～]明け方 ②知っている,わかる[通～]精通する ③知らせる,明らかにする[揭～]公開発表する
【晓得】xiǎode 動 知っている,わかっている 簡[知道]
【晓示】xiǎoshì 動 はっきりと知らせる, 明示する
【晓谕】xiǎoyù 動(書)(旧)(上級から下級に)明確な指示を与える,言い聞かせる

【筱(*篠)】xiǎo ⊗ ①笹 ②'小'と通用

【孝】xiào 名 喪服[穿～]喪服を着る
⊗ ①服喪ｻﾞﾉ礼, 喪[守～]喪に服する ②孝行[尽～]孝行する ③(X-)姓
【孝服】xiàofú 名 ①喪服(簡[孝衣])[脱下～]喪服を脱ぐ ②喪に服する期間
【孝敬】xiàojìng 動 ①(目上の人に物を)贈る,差し上げる[～爷爷]おじいさんにプレゼントする ②孝行する,(長上を)大切にする[～父母]父母につかえる
【孝顺】xiàoshùn 動 孝行をする[～父母]親に孝行をする
【孝养】xiàoyǎng 動 孝養を尽くす[～父母]両親の面倒を見る
【孝衣】xiàoyī 名 喪服 ◆白の木綿または麻地で作る,縫い糸を使わない粗製のひとえの服
【孝子】xiàozǐ 名 ①孝行な人(息子) ②親の死後喪に服している人(息子)

【哮】xiào(旧読 xiāo) ⊗ ①あえぐ声, ぜいぜいとのどが鳴る音[～喘]ぜん息 ②(猛獣が)吠える[咆 páo～]吠える

【肖】xiào ⊗ 似る[酷～] ②(書)酷似する ◆(人間の)できが悪い ◆姓 '萧'の俗字としては xiāo と発音
【肖像】xiàoxiàng 名〔张·幅〕肖像[画～]肖像を描く[～画]肖像画

【咲】xiào ⊗ '笑'の異体字

【笑】xiào 動 ①(声を出して)笑う,ほほえむ[哈哈大～]はっはと大笑いする[真～死人]おかしくてたまらない ②あざ笑う,嘲笑する[见～]笑われる
【笑柄】xiàobǐng 名 お笑い草, 笑いの種[成为～]笑いの種になる
【笑掉大牙】xiàodiào dà yá(俗)大笑いする,散々嘲笑する
【笑哈哈】xiàohāhā 形(～的)声を上げて笑う, 大笑いの
*【笑话】xiàohua 名(～儿)笑い話,おかしいこと[说～]冗談を言う[闹～]とんだへまを仕出かす[给人看～]人の恥を笑いものにする ─ 動 笑いものにする,嘲笑う[～人]人を笑いものにする
【笑剧】xiàojù 名 道化芝居, 笑劇 簡[闹剧]
【笑里藏刀】xiào lǐ cáng dāo(成)(笑顔の中に刀を隠す>)にこにこ顔の下に陰険な意図を秘める
【笑脸】xiàoliǎn 名(～儿)〔副〕笑顔, にこにこ顔
【笑料】xiàoliào 名 お笑い草, 笑いの種(簡[笑柄])[当作～]笑い(嘲り)の種にする
【笑骂】xiàomà 動 ①嘲りののしる ②ふざけてのしる
【笑貌】xiàomào 名 笑顔, えびす顔
【笑眯眯】xiàomīmī 形(～的)にこにこ顔の, 笑いに目を細めた
【笑面虎】xiàomiànhǔ 名 優しそうな顔をして内心陰険な人, 仏の顔をした狼
【笑纳】xiàonà 動(挨)(贈り物を)お

納め下さい，ご笑納下さい

【笑容】xiàoróng [名]〔丝·副〕笑顔，笑み［～可掬］にこやかな笑みをたたえた

【笑谈】xiàotán [名] ① お笑い草 [同]［笑柄］② 笑い話，冗談

【笑纹】xiàowén [名] 笑いじわ〖显出～〗笑いじわができる

【笑窝(笑涡)】xiàowō [名]（～儿）えくぼ([同]［酒窝］)〖现出～儿〗えくぼができる

【笑嘻嘻】xiàoxīxī [形]（～的）ほほえんだ，にこにこ顔の

【笑颜】xiàoyán [名] 笑顔，にこにこ顔〖带着～〗笑みをたたえながら

【笑靥】xiàoyè [名]《書》① えくぼ ② 笑顔

【笑语】xiàoyǔ [名] 楽しい語り合い，なごやかな談笑〖～连天〗楽しく語らい続ける

【笑在面上，苦在心上】xiào zài miànshang, kǔ zài xīnshang《俗》顔で笑って心で泣く

【笑逐颜开】xiào zhú yán kāi《成》相好(そうごう)をくずす，喜びで顔をくしゃくしゃにする [同]［眉开眼笑］

〖校〗 xiào ⊗ ① 学校［夜～］夜間学校［～址］学校の所在地［～歌］校歌 ②〖軍〗佐官［～官］同前［少～］少佐

⇨jiào

【校风】xiàofēng [名] 校風

【校工】xiàogōng [名] 学校の用務員

【校规】xiàoguī [名] 校則，学則〖违反～〗校則に違反する

【校徽】xiàohuī [名]〔枚〕校章〖佩带～〗校章を着ける

【校刊】xiàokān [名] 学校が刊行する雑誌 ♦紀要，学報を含む

【校庆】xiàoqìng [名]（学校の）創立記念日

【校舍】xiàoshè [名]〔幢·座〕校舎

【校友】xiàoyǒu [名] 校友，卒業生［～会］校友会(同窓会)

【校园】xiàoyuán [名] 校庭，キャンパス［～歌曲］学園歌

★★【校长】xiàozhǎng [名] 校長，学長

〖效〗 xiào ⊗ 効果，効き目［有～］効き目がある［见～］効能が出る

〖—(*傚)〗 ⊗ まねる，模倣する［仿～］模倣する

〖—(*効)〗 ⊗ 人のために力を尽くす，献身する［～死］死力を尽くす

【效法】xiàofǎ [動] まねる，見習う

【效仿】xiàofǎng [動] まねる，模倣する([同]［仿效］)〖～他的字体〗彼の書体をまねる

★★【效果】xiàoguǒ [名] ① 効果〖取得～〗効果をあげる ②〖演〗効果［音响～］擬音効果

【效劳】xiào▾láo [動]（…のために）尽力する，骨を折る〖替你效几天劳〗きみのためにひと肌脱ごう

【效力】xiàolì [名] 効力，効き目〖很有～〗よく効く

—— xiào▾lì [動] [同]［效劳］

★★【效率】xiàolǜ [名] 能率，効率〖提高～〗効率を高める

【效命】xiàomìng [動] 我が身を忘れて尽力する，全力で尽くす

【效能】xiàonéng [名] 効能，効果〖发挥～〗効果をあげる

【效颦】xiàopín [動] ひそみにならう，見境もなくまねをする [同]［东施效颦］

★【效益】xiàoyì [名] 効果と利益〖灌溉的～〗灌漑(かんがい)の効果と利益

【效应】xiàoyìng [名]〖理〗反応

【效用】xiàoyòng [名] 効用〖发挥水库的～〗貯水池の効能を発揮する

【效忠】xiàozhōng [動] 忠誠を尽くす〖～于祖国〗祖国に忠誠を尽くす

〖啸(嘯 *歗)〗 xiào ⊗ ① 口笛を吹く ②（動物が）声を長く引っ張ってほえる，遠ぼえする ③（風や海などが）音をたてる，うなる ④（飛行機や銃弾などが）鋭い音をたてる

【啸鸣】xiàomíng [名] 高くて長い音(声) — [動] 鳴く，叫ぶ [同]［啸叫］

【些】 xiē [量] ① 不定の数量を示す〖买(一)～东西〗少し買物をする〖那～学生〗あの学生たち ②〔‘好’‘这么’‘那么’と連用して〕とても多いことを示す〖好～人〗沢山の人〖这么～天〗ここ何日もの間 ③〔動詞·形容詞の後に付けて〕やや，いくらか〖好～了〗(病状などが) 多少よくなった〖多吃～蔬菜〗野菜を多めに食べる

【些个】xiēge [量]《口》少し，いくらか〖这～〗これら(の)

【些微】xiēwēi [形] 少しの，わずかな〖感到～的寒意〗少し寒く感じる — [副] わずかに，いくらか〖～有点儿辣〗ほんのちょっと辛い

【些小】xiēxiǎo [形]〔定語として〕① 少しの ② 些細な

【些许】xiēxǔ [形]《書》〔定語として〕少しの，わずかな〖～小事〗些細な事柄

【楔】 xiē [名]（～儿）([同]［楔子］）① くさび ② 木くぎ，竹くぎ — [動] くさびを打ち込む（‘揳’とも）

【楔形文字】xiēxíng wénzì [名] くさび形文字，楔形(きっけい・せっけい)文字

【楔子】xiēzi [名] ① くさび〖打进～〗くさびを打ち込む ② 木くぎ，竹くぎ ③ 元曲で第1場の前あるいは2つの場の間に入れる出し物 ④ 旧小説のまくら

【歇】xiē [動] ① 休息する 〖～一会儿〗ひと息入れる ② 停止する, 中止する ③《方》寝る, 眠る
⊗《方》短い時間, しばらくの間［一～］ごく短い時間
【歇班】xiē▼bān [動]（～儿）仕事が休みになる, 非番になる
【歇顶】xiē▼dǐng [動] 頭のてっぺんが薄くなる, 禿げてゆく
【歇工】xiē▼gōng [動] ① 仕事を休む, 休憩する 〖歇一天工〗1日仕事を休む ② 休業する, 工事を中止する
【歇后语】xiēhòuyǔ [名] しゃれ言葉の一種, 歇後語 ♦二つの部分から成り, 前半は謎かけのような言葉で, 後半は謎解きのようになっている. 普通は前半だけを言い, 後半は相手に思いつかせる. 例えば 〖秃子头上的虱子(明摆着)〗禿頭の上のしらみ(>誰の目にも明らかだ) →［孔夫子 Kǒng fūzǐ 搬家］
【歇肩】xiē▼jiān [動]（肩から荷を降ろして)休む, 肩を休める
【歇脚】xiē▼jiǎo [動] 足を休める,（歩行中)しばらく休憩する [同]［歇腿］
【歇气】xiē▼qì [動] 一息つく, 一休みする
【歇晌】xiē▼shǎng [動] 昼休みをとる, 昼寝をする
【歇手】xiē▼shǒu [動]（仕事の)手を休める, 中断する
【歇斯底里】xiēsīdǐlǐ [名]《訳》ヒステリー([同]［癔病］) 〖发～〗ヒステリーを起こす — [形] ヒステリックな
【歇宿】xiēsù [動] 泊まる [同]［住宿］
【歇息】xiēxi [動] ① 休息する, 休憩する [同]［休息］ ② 泊まる, 寝る
【歇心】xiē▼xīn [動] ① 安心する, 安らいだ気分になる ② 諦める, 断念する
【歇业】xiē▼yè [動]《方》廃業する, 店を閉じる

【蝎(蠍)】xiē ⊗サソリ［～子］同前
【蝎虎】xiēhǔ [名]〖動〗〔只〕ヤモリ [同]［壁虎］
【蝎子】xiēzi [名]〔只〕サソリ ♦食用および漢方薬に利用する

【叶】xié ⊗ぴったり合う ⇨yè

【邪】xié [形] まっとうでない, よこしまな 〖身上有一股～劲儿〗まともでない雰囲気がある［～行］よこしまな行い
⊗①〖医〗病気を引き起こす環境や要因［寒～］寒気 ② 不運, 祟り［中～］祟りに見舞われる ♦文語の助詞 '耶' との通用では yé と発音
【邪道】xiédào [名]（～儿)邪道, 悪の道 〖走～〗(人生の) 裏街道を歩む
【邪恶】xié'è [形] 邪悪な, よこしまな
【邪乎】xiéhu [形]《方》① 尋常でない, ひどい ② 不思議めかした
【邪路】xiélù [名] [同]［邪道］
【邪门歪道】xié mén wāi dào《成》不正なやり方, 道にはずれた方法
【邪魔】xiémó [名] 悪魔, 妖魔
【邪念】xiéniàn [名] よこしまな考え, 邪念 〖起～〗悪心を起こす
【邪气】xiéqì [名]〔股〕よこしまな気風, 不正なやり方
【邪说】xiéshuō [名] 邪説 〖为～所迷惑〗邪説に惑わされる
【邪心】xiéxīn [名] [同]［邪念］

【协(協)】xié ⊗① いっしょに行う, 協力する［～办］合同で行う ② 助ける, 手を貸す［～助］援助する
【协定】xiédìng [名]〔项〕協定 〖订立～〗協定を結ぶ［贷款～］借款協定 — [動] 協定する
*【协会】xiéhuì [名] 協会 〖参加～〗協会に加入する［作家～］作家協会
【协理】xiélǐ [名]《旧》(銀行, 企業などの) 副支配人 — [動] 協力する, 助力する
【协力】xiélì [動] 協力する, 団結して事に当たる［同心～］一致協力する
*【协商】xiéshāng [動] 協議する, 相談する 〖和有关部门～〗関係部門と協議する
**【协调】xiétiáo [動] ① 調整する,（意見を) まとめる ② 調和をとる, 協調する
【协同】xiétóng [動] 協同する, 力を合わせて行う［～一致］一致協力する
*【协议】xiéyì [名] ① 協議, 話し合い ② 合意, 協約 〖达成～〗合意に達する — [動] 協議して合意に達する, 話し合って決める
【协约】xiéyuē [名] 協約 〖撕毁～〗協約を破棄する
*【协助】xiézhù [動] 助力する, 手を貸す [同]［帮助］
【协奏曲】xiézòuqǔ [名]〖音〗協奏曲
【协作】xiézuò [名] 協力, 共同作業 — [動] 協力して行う

【胁(脅 *脇)】xié ⊗ ①（身体の）わき［两～］両わき ② 脅迫する［威～］おどす
【胁持】xiéchí [動] [同]［挟持 xiéchí］
【胁从】xiécóng [動] 脅されて悪事に手を貸す［～分子］脅かされて従った者
【胁肩谄笑】xié jiān chǎn xiào《成》恭しく肩をすくめて追従笑いをする, こびへつらう
【胁迫】xiépò [動] 脅迫する, 脅して強制する

【挟(挾)】xié ⊗① わきの下にはさむ, わきに抱える ② 脅迫して従わせる［要 yāo

~] 強要する ③(恨みなどを) 心に抱く [~恨]《書》恨みを抱く
【挟持】xiéchí [動] ①両方から腕をつかんで捕える ♦多く悪人が善人をつかまえることを言う ②脅迫する, 服従を強要する
【挟嫌】xiéxián [動]《書》恨みを抱く
【挟制】xiézhì [動] (弱みにつけこんで) 服従させる, 強制する
〖谐(諧)〗xié ⊗①調和のとれた [和~] よく調和した ②(交渉が) まとまる, うまくいく ③人を笑わせる, 面白い [诙~] ユーモラスな [~剧] (四川の) 一種の喜劇
【谐和】xiéhé [形] 調和のとれた [同][和谐]
【谐声】xiéshēng [名]〖語〗形声 (六書の一) [同][形声]
【谐星】xiéxīng [名] コメディアン
【谐谑】xiéxuè [形] (言葉が) 滑稽じみた, おどけた
【谐振】xiézhèn [名]〖理〗共振, 共鳴 [~频率] 共振周波数
〖偕〗xié ⊗一緒に, 共に [~行] 一緒に行く
【偕老】xiélǎo [動] 夫婦が共に長生きする [~同欢] 共に長寿を全うする
【偕同】xiétóng [動] 同行する, 随行する〖~贵宾参观〗貴賓と一緒に見学する
【斜】xié [形] 斜めの, 傾いた〖~看一眼〗ちらりと横目で見る [~对面] 筋向かい
【斜井】xiéjǐng [名]〖鉱〗斜坑
【斜楞】xiéleng [動]《口》斜めにする(なる), 傾く(ける)〖~着双眼〗横目で見る
【斜路】xiélù [名] 邪道, 誤った道〖走上~〗よからぬ道に踏み込む
【斜面】xiémiàn [名]〖理〗斜面
【斜坡】xiépō [名] 傾斜地, 坂〖滚下~〗斜面を転がり下りる
【斜射】xiéshè [動] 光線が斜めに差す
【斜视】xiéshì [名] 斜視, やぶにらみ [同][斜眼] ― [動] 眼を斜めにして見る, 横目で見る
【斜纹】xiéwén [名]〖衣〗①あや織り ②(~儿) あや織りの木綿 ([同][斜纹布])〖现出~〗あや織りの目が浮きだす
【斜眼】xiéyǎn [名] ①斜視 ②(~儿) 斜視の目 ③(~儿) 斜視の人 ④横目〖~偷看〗横目で盗み見る
【斜阳】xiéyáng [名] 夕日, 斜陽
〖颉(頡)〗xié ⊗鳥が飛び上がる [~颃 háng]《書》(「鳥が上下に飛ぶ」の意から) 拮抗する ♦漢字を発明したと伝えられる '仓颉' は Cāngjié と発音
〖撷(擷)〗xié ⊗①摘み取る, もぐ [采~] 摘み取る ②上着のすそで物をくるむ
〖缬(纈)〗xié ⊗模様のある絹織物
〖絜〗xié ⊗(周囲の長さを) 測る ♦'洁' の異体字としては jié と発音
〖携(攜 *擕)〗xié ⊗①携える, 身につけて持ち運ぶ [~眷]《書》家族を帯同する ②手を取る, 手をつなぐ
*【携带】xiédài [動] 携帯する, 引き連れる〖~行李〗荷物を携える [~式电话] 携帯電話
【携手】xiéshǒu [動] ①手をつなぐ ②《転》力を合わせる, 協力する
【鞋(*鞵)】xié [名]〔双〕靴 ♦短い靴〖穿(脱)~〗靴をはく(脱ぐ) [凉~] サンダル [棉~] 綿入れ靴
【鞋拔子】xiébázi [名]〔只〕靴べら
【鞋帮】xiébāng [名] (~儿) 靴の底以外の部分, 靴の両側面 ♦中国靴は多く甲の上の部分で両側面が縫い合わせてある
【鞋带】xiédài [名] (~儿)〔根〕靴ひも〖系 jì 上~儿〗靴ひもを結ぶ
【鞋底上抹油(溜之大吉)】xiédǐshang mǒ yóu (liū zhī dàjí)《俗》(靴の底に油を塗る>) 逃げ出す, ずらかる ♦'溜' は「つるつる滑る」と「こっそり逃げる」の両義がある
【鞋匠】xiéjiang/xiéjiàng [名] 靴職人
【鞋油】xiéyóu [名] 靴クリーム, 靴墨〖擦~〗靴墨を塗る
【鞋子】xiézi [名]《方》靴
〖勰〗xié ⊗調和した ♦多く人名用字として
【写(寫)】xiě [動] ①書く〖~字〗字を書く〖~诗〗詩を書く ②描く, 叙述する [~景] 風景を描写する ⊗絵をかく
⇨xiè
【写生】xiěshēng [名] 写生 (する) [~画] スケッチ
【写实】xiěshí [動] ありのままに描く [~主义] 写実主義
【写意】xiěyì [名]〖美〗写意(しゃい) ♦中国の伝統画の画法の一つ [反][工笔]
⇨xièyì
【写照】xiězhào [名] (人物や生活の) あるがままの描写, 生き写し ― [動] 描写する, ありのままを描き出す
【写真】xiězhēn [名] ①肖像画 ②真実の描写 ― [動] ①肖像画を描く ②ありのままに描写する
【写字楼】xiězìlóu [名] オフィスビル
【写字台】xiězìtái [名]〔张〕(引き出しのついた) 事務机, 学習机
*【写作】xiězuò [動] 文章を書く, 著述する〖以~为生〗物書きで食う

【血】 xiě [名] 血 〖吐～〗血を吐く
⇨xuè
【血糊糊】 xiěhūhū [形] (～的) 血だらけの, 血まみれの 〖～的衣服〗血まみれの服
【血淋淋】 xiělínlín/xiělīnlīn [形] (～的) ① 血がどくどく流れる, 血のしたたる ②《転》むごたらしい, 残酷な 〖～的教训〗血であがなった教訓
【血晕】 xiěyùn [名] (皮下出血による) 紫色のあざ, 赤あざ
〖写(寫)〗 xiè ⊗ 以下を見よ
⇨xiě
【写意】 xièyì [形]《方》気持ちがよい, 快適な [同]《普》[舒适]
⇨xiěyì
【泻(瀉)】 xiè [動] ① 速く流れる, 流れ下る [一～千里] 一瀉千里 ② 腹を下す, 下痢する
【泻肚】 xiè▾dù [動] 腹を下す, 下痢をする [同][腹泻]
【泻盐】 xièyán [名] 瀉利(しゃり)塩, エプソム塩 ♦下剤に用いる [同][硫苦]
【泻药】 xièyào [名] 下剤
【泄(洩)】 xiè [動] ① (液体, 気体を) 漏らす, 排出する ② (情報を) 漏らす, リークする [～密] 秘密を漏らす ③ (感情を) 発散する, ぶちまける 〖～私恨〗私的な恨みを晴らす
【泄底】 xiè▾dǐ [動] 真相をすっぱ抜く, 内情をばらす
【泄愤】 xiè▾fèn [動] 怒りをぶちまける
【泄劲】 xiè▾jìn [動] やる気をなくす, 気落ちする
【泄了气的皮球】 xièle qì de píqiú《俗》(空気のぬけたゴムまり>) がっくり気落ちすることの喩え
*【泄漏】 xièlòu [動] ① (液体や気体が) 漏れる ② [同][泄露]
【泄露】 xièlòu [動] (秘密, 情報などを) 漏らす, 漏洩(ろうえい)する 〖消息已经～出去了〗情報がすでに漏れている
*【泄气】 xiè▾qì [動] 気落ちする, がっかりする ([同][泄劲]) 〖别～!〗気を落とすな!
—— xièqì [形] だらしがない, 意気地がない 〖他也真～!〗あいつもなさけないやつだ
〖绁(紲)〗 xiè ⊗ 縄 (で縛る) [缧 léi～]《書》牢獄
〖渫〗 xiè ① 除く ② 浚(さら)う ③ (X-) 姓
〖契〗 Xiè ⊗ 契(せつ) ♦殷王朝の祖先の名
⇨qì
【卸】 xiè [動] ① (積荷を) おろす 〖～船〗船から荷をおろす ② 分解する, 取り外す 〖～零件〗(機械の) 部品を取り外す
⊗ 解除する, (義務などを) 逃れる [～责] 責任を逃れる
【卸车】 xiè▾chē [動] 車から荷をおろす
【卸货】 xiè▾huò [動] (船, 車などから) 貨物をおろす, 陸揚げする [～港] 陸揚げ港
【卸肩】 xièjiān [動] (～儿) 肩の荷をおろす;《転》責任逃れをする
【卸磨杀驴】 xiè mò shā lǘ《成》(石臼で粉をひき終わったらロバを殺す>) 目的を果たしたら, 功労のある人を追い払う [同][过河拆桥]
【卸任】 xiè▾rèn [動] 官吏が解任になる, 職を解かれる [同][卸职]
【卸载(卸儎)】 xiè▾zài [動] 積荷をおろす
【卸装】 xiè▾zhuāng [動] 役者が衣装や化粧をとる
【卸妆霜】 xièzhuāngshuāng [名] クレンジングクリーム
〖屑〗 xiè ⊗ ① くず [～子] 同前 [铁～] 鉄くず [面包～] パンくず ② 些細な, こまごました [琐～] 些細な ③ …するに値する, 潔しとする [不～] …することを潔しとしない
〖械〗 xiè ⊗ ① 器具, 器械 [机～] 機械 ② 武器 [～斗] 集団で武器を持ってけんかする ③ 刑具(手鎖, 足かせの類)
〖亵(褻)〗 xiè ⊗ ① 見下げる, あなどる [～渎]《書》冒とくする ② わいせつな, みだらな [猥～] わいせつな
【谢(謝)】 xiè [動] ① 礼を言う, 感謝する 〖～～他〗彼にお礼を言う 〖不用～了〗お礼を言うには及びません [～天～地] ありがたや, ありがたや ② (花や葉が) 散る, しぼむ 〖花～了〗花が散った
⊗ ① わびる, 謝る ② 断る, 辞退する [～客] 客を断る ③ (X-) 姓
【谢忱】 xièchén [名]《書》感謝の気持ち 〖表示～〗謝意を表わす
【谢词】 xiècí [名] 感謝の言葉, 謝辞 〖致～〗謝辞を述べる
【谢顶】 xiè▾dǐng [動] 頭のてっぺんが薄くなる [同][歇顶]
*【谢绝】 xièjué [動] 謝絶する 〖～邀请〗招請を断る
【谢客】 xiè▾kè [動] ① 客を断る, 面会を謝絶する ② お客に礼を述べる
【谢幕】 xiè▾mù [動] カーテンコールにこたえる
**【谢谢】 xièxie [動] 感謝する 〖～!〗《挨》ありがとう
【谢意】 xièyì [名] 感謝の気持ち, 謝意 〖表达～〗謝意を表わす
【谢罪】 xiè▾zuì [動] わびる, 謝罪する

【榍】xiè ⊗屋根のあうてな、あずまや(亭)［水～］水ぎわの亭

【解】xiè 動《方》わかる、理解する［～不开］（重要性が）わからない
⊗(X-) ①山西省の湖の名 ②姓
⇨jiě, jiè

【懈】xiè ⊗たるんだ、だらしのない［坚持不～］怠けずに頑張る
【懈弛】xièchí たるむ、緊張を欠く 🔁[松懈]
【懈怠】xièdài 動怠ける［学习上不可～］勉強を怠けてはいけない ― 圏だらしない、たるんだ

【邂】xiè ⊗偶然出会う［～逅］《書》(多年離れていた者が)巡り会う

【廨】xiè ⊗役所［公～］《書》同前

【獬】xiè ⊗[～豸zhì］獬豸ちゃい 悪人を見分けるという伝説中の怪獣

【澥】xiè 動①(粥や糊が)薄くなる ②《方》水で薄める

【蟹】(＊蠏) xiè ⊗カニ［螃páng～］同前
【蟹粉】xièfěn 图《方》カニの肉やみそ
【蟹黄】xièhuáng 图(～儿)カニみそ♦カニの卵巣と消化腺、黄色で美味
【蟹獴】xièměng 图《動》カニクイマングース
【蟹青】xièqīng 圏《定語として》青みがかった灰色の

【薤】xiè 图《植》ラッキョウ 🔁[藠头 jiàotou]

【瀣】xiè ⊗→［沆 hàng～一气]

【燮】xiè ⊗調和した

【心】xīn 图①〔颗〕心臓 →[一脏] ［条・副〕心［谈～〕胸の内を語る［跟他一条～］彼と同じ考えだ ⊗中心、真ん中［核～］核心
【心爱】xīn'ài 動心から好む、深く気に入る［我～的人]私がぞっこんの人
【心安理得】xīn ān lǐ dé（成）（何ら恥じることや危惧することがなくて）泰然としている、心が落ち着いている 🔃[忐忑不安]
【心病】xīnbìng 图①〔块〕心配事、悩み事［～消除了］心配の種が消えた ②人に言えない悩み、触れたくない心の傷
【心不在焉】xīn bú zài yān（成）ここにあらず、上の空
【心裁】xīncái 图（芸術作品制作を巡る）頭の中の計画、構想［独出～]独創的なアイディアを出す
【心肠】xīncháng 图①心、心根［～好]心根が優しい［～软]情にもろい ②心の状態、気分［没有～去看棒球]野球を見にゆくような気分ではなかった
【心潮】xīncháo 图感情のうねり、沸き立つ気持ち［～起伏]感情が激しく揺れる
＊【心得】xīndé 图仕事や学習を通して会得した知識、技術、認識など
【心底】xīndǐ 图①心の底 ②《方》(～儿)意図、考え
【心地】xīndì 图①人柄、心根［～纯洁]心根が清らかだ ②気持ち、心境
【心电图】xīndiàntú 图《医》心電図
【心烦】xīnfán 圏いらいらする、くさくさする
【心房】xīnfáng 图《生》心房［左～]左心房
【心服】xīnfú 動心服する［～口服]心から敬服する
【心浮】xīnfú 圏浮ついた、気もそぞろな［～气躁]落ち着きがない
【心腹】xīnfù 图①《定語として》内密の、腹の中に秘めた［～话]打ち明け話
【心腹之患】xīnfù zhī huàn（成）（内臓の由々しき病気＞）内部にひそむ重大な災い
【心肝】xīngān 图①良心、人間らしさ ②(～儿)誰より親しく愛しい人 ♦多く幼児についていう ③心臓と肝臓
【心甘情愿】xīn gān qíng yuàn（成）（人の嫌がる不利な立場などを）喜んで引き受ける、本心から願って行う 🔃[迫不得已]
【心广体胖】xīn guǎng tǐ pán（成）心身ともに健やかな 🔁[心宽体胖]
【心寒】xīn hán 圏傷心の、がっかりした
【心狠手辣】xīn hěn shǒu là（成）心がむごく手段も悪らつである、冷酷無情な
【心花怒放】xīn huā nù fàng（成）うれしくてたまらない、喜びがはじけ出る
【心怀】xīnhuái 图気持ち、意向 ―― xīn huái 動心に抱く［～鬼胎]下心を抱く
【心慌】xīn huāng 圏狼狽した、気が落ち着かない
【心灰意懒】xīn huī yì lǎn（成）意気消沈する 🔁[心灰意冷]
【心火】xīnhuǒ 图①《医》口の渇き、速い脈拍、舌の痛みなどの症状 ②胸中の怒り、胸にたぎる憤り
【心机】xīnjī 图はかりごと、思案［枉费～]無駄な思案をする

【心肌梗死】xīnjī gěngsǐ [名] 心筋梗塞 ♦旧名'心肌梗塞 sè'
【心急】xīn jí [形] いらいらした，気がせく［～如火］［～火燎 liǎo］いても立ってもいられない
【心计】xīnjì [名] 心づもり，計画〚工于～〛実に抜け目がない
【心焦】xīnjiāo [形]（心配で）いらいらする，じりじり落ち着かない
【心绞痛】xīnjiǎotòng [名]〚医〛狭心症 [同]［狭心症］
【心劲儿】xīnjìnr [名] ①考え，思い ②やる気，積極性
【心惊胆战】xīn jīng dǎn zhàn〚成〛びくびくする，戦々兢々とする [同]［提心吊胆］
【心惊肉跳】xīn jīng ròu tiào〚成〛恐れおののく，不安に震える
【心境】xīnjìng [名] 気分，気持ち〚～不好〛機嫌が悪い
【心坎】xīnkǎn [名]（～儿）①みぞおち [同]［心口］ ②心の奥〚从～里感谢〛心底から感謝する
【心口】xīnkǒu [名] みぞおち（鳩尾）[同]［胸口］
【心口如一】xīn kǒu rú yī〚成〛腹と口が一致している，誠実で嘘がない [反]［心口不一］
【心旷神怡】xīn kuàng shén yí〚成〛気持ちが晴れやかで愉快だ
★★【心理】xīnlǐ [名] 心理［～学］心理学［～分析］精神分析
【心力】xīnlì [名] 精神的肉体的努力，気遣いと労力〚费尽～〛大奮闘する
【心里】xīnli/xīnlǐ [名] ①胸部（内部）②胸の中，頭の中〚记在～〛心に刻む〚～不痛快〛心中面白くない
【心里话】xīnlihuà/xīnlǐhuà [名] 心の奥の思い，本音〚说出～〛胸の内を明かす
★【心灵】xīnlíng [名]〔颗〕精神，心根［～创 chuāng 伤］精神的な傷
—— xīn líng [形] 利口な，頭の回転が速い〚他心太灵了〛あいつは全く頭が切れる
【心领】xīnlǐng [動]〚挨〛（贈り物や招待を丁寧に断る時に） お気持ちだけ有難くいただきます［雅意～］同前
【心路】xīnlù [名]（～儿）①機知，策略 ②度量 ③思わく，了見
【心满意足】xīn mǎn yì zú〚成〛すっかり満足する
【心明眼亮】xīn míng yǎn liàng〚成〛（心も目も曇りがない＞）是非を正しく判断できる
【心目】xīnmù [名] ①考え方，見方〚在我的～中〛私の目から見れば ②印象〚犹在～〛まだ覚えている
【心平气和】xīn píng qì hé〚成〛心がゆったり落ち着いている，気分が穏やかだ
【心窍】xīnqiào [名] 認識と思惟の能力，惑わされずに考える能力
★★【心情】xīnqíng [名] 気持ち，気分〚～激动〛心がたかぶる
【心软】xīn ruǎn [形] 気が弱い，情にもろい [反]［心硬］
【心神】xīnshén [名] 精神状態〚～不安〛心が落ち着かない
【心声】xīnshēng [名] 心の底からの声，熱い願い
【心室】xīnshì [名]〚生〛（心臓の） 心室［右～］右心室
【心事】xīnshì [名]〔件〕心配事，悩み事〚了结～〛悩みが片付く
【心术】xīnshù [名] ①（多く悪い意味で用いて） 魂胆(こんたん)，意図 ②はかり事，策略
【心思】xīnsi [名] ①考え，了見〚想～〛じっくり考える ②知力，思考力〚用～〛頭を働かせる ③興味，…する気分〚没有～去看戏〛芝居を見に行く気がしない
【心酸】xīn suān [形] 悲しい，胸ふさがれるような
【心算】xīnsuàn [動] 暗算する
★【心态】xīntài [名] 心の状態，気持ち
★【心疼】xīnténg [動] ①かわいがる（[同]［疼爱］）〚～孙子〛孫をかわいがる ②惜しがる
【心田】xīntián [名] 心根，心のうち
【心跳】xīn tiào [動] 動悸(どうき)が早まる，胸がどきどきする
【心头】xīntóu [名] 心の中，脳裏〚铭记～〛心に刻む
【心投意合】xīn tóu yì hé〚成〛意気投合する，すっかり気が合う
【心窝儿】xīnwōr [名] 心臓のあるところ，胸（[同]［心窠］）〚掏～的话〛胸に浸みる言葉
【心无二用】xīn wú èr yòng〚成〛（心は同時に二つの事を仕切れない＞）物事は精神を集中してやらなくてはいけない
【心细】xīn xì [形] 細心の，注意深い［胆大～］大胆かつ細心
【心弦】xīnxián [名] 心の琴線〚打动～〛心の琴線を揺り動かす
【心心相印】xīn xīn xiāng yìn〚成〛心と心が通い合う，互いの心が一致する
【心性】xīnxìng [名] 性格，性質
【心胸】xīnxiōng [名] ①胸の奥，心の中 ②度量〚～开阔〛度量が広い ③志，大望
【心虚】xīn xū [形] ①（悪事の露見を恐れて）ビクビクする ②自信がない
【心绪】xīnxù [名] 心の状態，胸中〚～缭乱〛心が千々に乱れている
★【心血】xīnxuè [名] 心血，全精力〚耗费～〛心血を傾ける
★【心眼儿】xīnyǎnr [名] ①心の底，衷心(ちゅうしん)〚打～里高兴〛心底から喜ぶ

②心根,魂胆𝑡𝑟〚～好〛気立てがよい ③機転,気働き〚缺少～〛気が利かない ④(人に対する) 余計な配慮,取り越し苦労 ⑤度量〚～小〛心が狭い
【心意】xīnyì 图①(人に対する) 気持ち,心情〚表示一点～〛(贈り物などで) わずかながら気持ちを示す ②意思〚表达～意思を表わす
【心硬】xīn yìng 圈 心が強い,きつい,情に流されない ⇔〚心软〛
【心有余而力不足】xīn yǒu yú ér lì bù zú〚成〛心余って力足らず
【心有余悸】xīn yǒu yú jì〚成〛過去の恐怖になお脅える,思い出すだに恐ろしい
【心猿意马】xīn yuán yì mǎ〚成〛少しもじっとしていず気まぐれな,(思考行動に)およそ落ち着きのない
【心愿】xīnyuàn 图 願い,念願（◉〚心念〛)〚多年的～终于实现了〛永年の願いがついにかなった
*【心脏】xīnzàng 图①〚颗〛〚生〛心臓〚～起搏器〛ペースメーカー〚～死亡〛心臓死(脳死亡)②(転)中心,心臓部〚北京是中国的～〛北京は中国の心臓部だ
【心照】xīnzhào 動(口に出さず) 心と心でわかり合う,言わず語らず理解する〚～不宜〛
【心直口快】xīn zhí kǒu kuài〚成〛率直で思ったままを口にする,ずばずばと物を言う
【心中有数】xīn zhōng yǒu shù〚成〛心の中に成算がある,確かな見通しが立っている（◉〚胸中有数〛)⇔〚心中无数〛
【心子】xīnzi 图①物の芯ん,真ん中 ②〚食〛食用動物の心臓
【心醉】xīnzuì 動 心酔する,うっとりする

【芯】xīn ⊗①灯心𝑡ん,イグサの芯ん〚灯～〛(ランプの)灯心〚～片〛(コンピュータの)チップ ⇨xìn

【辛】xīn ⊗①十干の第8, かのと ②(ぴりぴり)からい ③骨の折れる,苦労だらけの〚艰～〛苦労の多い ④苦しみ,悲しみ ⑤(X-)姓

【辛亥革命】Xīnhài Gémìng 图 辛亥𝑡革命 ♦1911年(辛亥の年) 10月10日の武昌蜂起に始まり,清朝を倒した革命,翌年に中華民国が誕生

*【辛苦】xīnkǔ ⊗①骨が折れる,つらい 一動(挨)苦労をかける〚～、～!〛ご苦労さま〚真～你了〛本当にご苦労さまでした
【辛辣】xīnlà 圈 (言葉や文が) 辛らつな,わさびのきいた
【辛劳】xīnláo 图 苦労,骨折り〚不辞～〛苦労をいとわぬ,骨を折る,苦労する〚日夜～〛日夜骨を折る
【辛勤】xīnqín 圈 勤勉な,苦労をいとわぬ(◉〚勤劳〛)〚～劳动〛熱心に働く
【辛酸】xīnsuān 圈 苦しく悲しい〚饱尝～〛辛酸をなめ尽くす

【锌】(鋅) xīn〚化〛亜鉛
【锌白】xīnbái 图〚化〛亜鉛華, 酸化亜鉛 ♦軟膏の材料などに使う
【锌版】xīnbǎn 图〚印〛亜鉛版〚～印刷术〛亜鉛凸版法

【新】xīn 圈 新しい(◉〚旧〛〚老〛)〚～的房子〛新しい家〚～纪元〛新紀元,エポック〚～潮〛新しい潮流(に合った) 一圖 新たに,…したばかり〚我是～来的〛私は来たばかりだ ⊗(X-) 新疆ウイグル自治区の略称 ②新婚の〚～郎〛花婿〚～娘〛花嫁 ③新たにする,刷新する
*【新陈代谢】xīn chén dài xiè〚成〛①〚生〛新陳代謝 ②(転)新しいものが成長発展して古いものに代わる
【新春】xīnchūn 图 新春,初春 ♦旧正月以降の10-20日間
【新房】xīnfáng 图 新婚夫婦の寝室
【新妇】xīnfù 图 新婦,花嫁(◉〚新娘〛)
【新官上任三把火】xīnguān shàngrèn sān bǎ huǒ〚俗〛新しく赴任した役人は初めのうちだけやる気を見せる
【新婚】xīnhūn 動 結婚したばかりだ〚～夫妇〛新婚夫婦
【新近】xīnjìn 圖 最近,近ごろ〚～买的〛最近買ったのです
【新来乍到】xīn lái zhà dào〚成〛初めてその地を踏んだばかりで勝手がわからない
*【新郎】xīnláng 图 新郎,花婿
【新霉素】xīnméisù 图〚薬〛ネオマイシン
【新年】xīnnián 图 新年,正月〚～好!〛新年おめでとう
【新娘】xīnniáng 图 新婦,花嫁(◉〚新娘子〛)(⇔〚新郎〛)
【新奇】xīnqí 圈 もの珍しい,目新しい
【新人】xīnrén 图①新しいタイプの人〚培养～〛新しいタイプの人材を養成する ②新人,ニューフェイス〚影坛～〛映画界の新人 ③新郎新婦,特に新婦
【新生】xīnshēng 图①新しい生命 ②新入生 一圈《定語として》新しく生まれた,生まれたばかりの〚～事物〛新しく生まれた事物

【新诗】xīnshī [名]〔首〕新詩 ♦文学革命以後の口語詩 [反][旧诗]
【新式】xīnshì [形]〘定語として〙新式の（[反][旧式]）［～服装］ニューファッション
【新手】xīnshǒu [名]新米，新参者
【新四军】Xīn Sì Jūn [名]新四軍 ♦中国共産党が指導した抗日軍の一つ，新編第四軍．主に華中で活動した
★★【新闻】xīnwén [名]〔则·条〕①（報道される）ニュース〖广播～〗ニュースを放送する［～自由］報道の自由［～公报］プレスコミュニケ［～片］ニュース映画 ②新しい出来事，耳寄りな話
【新禧】xīnxǐ [名]新年の幸福，初春の慶び［恭贺～］新年おめでとうございます
★★【新鲜】xīnxian/xīnxiān [形]①新鮮な〖～的鱼虾〗新鮮な魚介類〖呼吸～空气〗新鮮な空気を吸う ②（花が）枯れていない〖～的花朵〗みずみずしい花 ③珍しい，出現して間がない
【新兴】xīnxīng [形]〘定語として〙新興の〖～的工业城市〗新興の工業都市［～产业］新興産業
【新星】xīnxīng [名]①〘天〙新星 ②新進の花形，ニュースター〖歌坛～〗歌謡界の新星
【新型】xīnxíng [形]〘定語として〙新型の，新しいタイプの
【新秀】xīnxiù [名]有望な新人，頭角を表わしてきた人材〖文坛～〗文壇期待の星
【新异】xīnyì [形]もの珍しい，目新しい [同][新奇]
★【新颖】xīnyǐng [形]斬新な，新奇な（[反][陈腐]）〖题材～〗題材が斬新だ
【新月】xīnyuè [名]①三日月（[同]《口》［月牙儿］）〖一弯～〗一つの三日月 ②〘天〙新月 ♦地上では見えない [同][朔月]
【新正】xīnzhēng [名]旧暦の1月 [同][正月 zhēngyuè]

〖薪〗xīn ⊗①たきぎ［柴～］たきぎ ②給料，賃金［发～］給料を払う［加～］賃上げする
【薪俸】xīnfèng [名]給料，賃金（[同][薪水]）〖领～〗給料を受け取る
【薪金】xīnjīn [名]給料，賃金 [同][薪水]
【薪尽火传】xīn jìn huǒ chuán《成》（一本の薪が燃え尽きると，もう次の薪に火が着いている>）学問が，師から弟子へと受け継がれて行く
★【薪水】xīnshui [名]〔笔〕給料，賃金〖扣～〗給料をカットする
【薪饷】xīnxiǎng [名]軍隊や警察の給料および支給品
【薪资】xīnzī [名]給料，賃金 [同][工资]

〖忻〗xīn ⊗①'欣'と通用 ②（X-）姓
〖欣（*訢）〗xīn ⊗喜ばしい，うれしい［欢～］うきうき楽しい
【欣然】xīnrán [副]《書》喜んで，欣然として〖～同意〗喜んで同意する
★★【欣赏】xīnshǎng [動]①（美しいものを）楽しむ，愛でる〖～风景〗景色を楽しむ ②評価する，価値を認める〖他很～你的诗〗彼は君の詩を高く買っているよ
★【欣慰】xīnwèi [動]うれしく安心する，満足を感じる〖感到～〗（よい結果に）ほっとする
【欣喜】xīnxǐ [動]喜ぶ，歓喜する［～雀跃］小躍りして喜ぶ
【欣欣】xīnxīn [形]①うれしげな，喜びに満ちた ②（草木の）生い茂った，勢い盛んな
★【欣欣向荣】xīnxīn xiàng róng《成》草木が生い茂る；《転》活気あふれる，繁栄に向かいつつある

〖昕〗xīn ⊗日が昇ろうとする頃
〖炘〗xīn ⊗熱気に溢れる
〖歆〗xīn ⊗うらやむ［～慕］［～羡］羨望する
〖馨〗xīn ⊗（広く漂う）かおり，におい［～香］芳香
〖鑫〗xīn ⊗富み栄える，繁盛する ♦多く人名や屋号に使う
〖寻（尋）〗xín ⊗ xún の口語音の旧読
⇨xún
〖囟（*顖）〗xìn ⊗［～门］（乳児の）ひよめき
〖芯（信）〗xìn ⊗以下を見よ
⇨xīn
【芯子（信子）】xìnzi [名]①物の芯，中心 ♦ローソクの芯，爆竹の導火線など ②ヘビの舌

〖信〗xìn [名]①（～儿）便り，知らせ［口～儿］伝言 ②〔封〕手紙〖写～〗手紙を書く［介绍～］紹介状 ━ [動]①信じる，信用する［～不过］信用しない ②信仰する，信奉する［～教］宗教を信じる
⊗①確かな，信じうる［～史］史実に忠実な史書 ②信用，信頼［失～］信用をなくす ③証拠，証明［印～］政府機関の公印 ④信管 ⑤任せる，勝手にさせる［～笔］筆に任せて ⑥'芯 xìn'と通用
【信步】xìnbù [動]〘多く状語として〙足の向くままに歩く，ぶらぶら歩く〖～走去〗ぶらぶらと行く
【信不过】xìnbuguò [動]信じられない

X

【信贷】xìndài [名]〘経〙信用貸し，クレジット，特に銀行による貸し付け

【信风】xìnfēng [名]〘天〙貿易風 [同][贸易风]

★★【信封】xìnfēng [名]封筒〘拆开～〙封書を開く

【信奉】xìnfèng [動]信ずる，信奉する〘～上帝〙神を信ずる

【信服】xìnfú [動]信服する，心から納得する

【信鸽】xìngē [名]〔只〕伝書鳩(ばと) [～比赛]鳩レース

【信管】xìnguǎn [名]信管 [同][引信]

★★【信号】xìnhào [名]①信号，合図〘发～〙信号を出す [～灯]信号灯 ②信号電波

【信笺】xìnjiān [名]〔张・页〕便せん，書簡せん [同][信纸]

【信件】xìnjiàn [名]郵便物〘发出～〙郵便を出す

【信口雌黄】xìn kǒu cíhuáng《成》口から出任せを言う，でたらめを並べ立てる

【信口开河(信口开合)】xìn kǒu kāi hé《成》立て板に水でまくし立てる，口にまかせてしゃべりまくる

★【信赖】xìnlài [動]信頼する

★【信念】xìnniàn [名]信念，確信〘获得～〙信念を持つにいたる

★★【信任】xìnrèn [名]信用，信任〘得到～〙信任を得る [～投票]信任投票 — [動]信用する，信任する

【信赏必罚】xìn shǎng bì fá《成》信賞必罰，賞罰を厳格正確に行う

【信实】xìnshí [形]信頼するに足る，誠実な

【信誓旦旦】xìn shì dàndàn《成》誓いが誠実で信用できる，真心込めて誓う

【信手】xìnshǒu [副]手に任せて，手ついでに [～拈来](材料が豊富で文章が)手の動くままにすらすら書ける

【信守】xìnshǒu [動]固く守る，遵守する〘～诺言〙約束を守り抜く

【信天翁】xìntiānwēng [名]〘鳥〙アホウドリ

【信条】xìntiáo [名]信条

【信筒】xìntǒng [名]郵便ポスト([同][邮筒])〘投入～里〙投函する

【信徒】xìntú [名]信徒，信者

【信托】xìntuō [動]①信頼して任せる [～银行]信託銀行 ②委託販売業務を行う [～商店]中古品販売店

【信物】xìnwù [名]証拠物件

★★【信息】xìnxī [名]①便り，消息 ②情報，データ [～系统]情報システム [～论]情報論

【信箱】xìnxiāng [名]①郵便ポスト [同][信筒] ②郵便受け ③私書箱

★★【信心】xìnxīn [名]自信，信念〘充满～〙自信たっぷりだ

★【信仰】xìnyǎng [名]信仰〘背弃～〙信仰に背く — [動]信仰する，信奉する〘～基督教〙キリスト教を信仰する

【信用】xìnyòng [名]①信用〘守～〙信用を守る ②担保なしの貸し付け — [動]《書》信任する

★★【信用卡】xìnyòngkǎ [名]〔张〕クレジットカード

★【信誉】xìnyù [名]信望，名声〘失去～〙信望を失う

【信札】xìnzhá [名]〔封〕書簡，手紙

【信真】xìnzhēn [動]真(ま)に受ける，本気にする [同][当真]

【信纸】xìnzhǐ [名]〔张〕便せん，書簡せん [同][信笺]

〖衅(釁)〗xìn ⊗仲たがい，不和 [挑 tiǎo～](争いを)挑発する

【衅端】xìnduān [名]《書》争いのもと，紛争

〖焮〗xìn ⊗焼く ♦「皮膚が炎症を起こす」の意で単用する方言も

【兴(興)】xīng [動]盛んになる，はやる〘现在不～这套老规矩了〙そんな古いしきたりは今時もうはやらないよ ⊗①興す，始める [～工]起工する ②盛んにする，発展させる ③(X-)姓
⇨xìng

【兴办】xīngbàn [動](事業を)興す，創業する([同][创办])〘～企业〙企業を興す

★★【兴奋】xīngfèn [形]興奮した — [動]興奮させる〘～大脑〙大脳を興奮させる

【兴风作浪】xīng fēng zuò làng《成》波乱を起こす，騒ぎを起こす

【兴建】xīngjiàn [動](大規模な建物を)建設する，建造する

★【兴隆】xīnglóng [形]盛んな，栄えた〘生意～〙商売が繁盛している

【兴起】xīngqǐ [動]興隆する，勃興する

【兴盛】xīngshèng [形]勢い盛んな，栄えた

【兴师动众】xīng shī dòng zhòng《成》《貶》(大軍を動かし民衆を大動員する>)大勢の人を動員して(それほど意味もない事を)やらせる

【兴时】xīngshí [動]はやる〘现在不～了〙もはや流行遅れとなった

【兴亡】xīngwáng [名](国家や民族の)興亡

★【兴旺】xīngwàng [形]勢い盛んな，繁栄した [同][兴盛]

【兴修】xīngxiū [動](規模の大きい)工事を始める，建造する

【兴许】xīngxǔ [副]《方》…かもしれない [同]《普》[也许][或许]

【兴妖作怪】xīng yāo zuò guài《成》

(妖怪が悪さをする) ①悪人どもがのさばり返る ②よからぬ思想が世にはびこる

【星】 xīng 图〔颗〕星
⊗①スター[笑~]お笑いスター ②(~儿)ごく小さなもの[火~]火花 [一~半点儿]ほんのちょっと(の量) ③(X-)姓

【星辰】xīngchén 图 (総称として)星

【星虫】xīngchóng 图〔虫〕ホシムシ ⑩[沙虫]

【星等】xīngděng 图〖天〗星の光の等級,等星

【星斗】xīngdǒu 图 (総称として)星[满天~]満天の星

【星号】xīnghào 图 (標点符号の)アステリスク,星印(*)

【星河】xīnghé 图 銀河,天の川 ⑩[銀河]

【星火】xīnghuǒ 图①小さな火,火花 [~燎原]小さな火花が原野を焼き尽くす;(転)小さな運動がやがて全国に広がっていく ②流星の光 ◆瞬時を争うことの喩え

【星际】xīngjì 图 星と星の間[~飞船]宇宙船 [~站]宇宙ステーション

【星空】xīngkōng 图 星空『望~』星空を眺める

【星罗棋布】xīng luó qí bù《成》空の星や碁盤の石のように広く分布している

*【星期】xīngqī 图(⑩[礼拜])①週 [一个~]一週間 [上(个)~]先週 ②曜日 ◆'一'から'六'を後につけて曜日を表わす [~一]月曜日 [~六]土曜日 [~几]何曜日 ③'星期日(日曜日)'の略

【星期日】xīngqīrì 图 日曜日(⑩[星期天]) [下~]次の日曜日

【星期天】xīngqītiān 图 ⑩[星期日]

【星球】xīngqiú 图〖天〗天体,星

【星体】xīngtǐ 图〖天〗天体 ◆一般に個々の星をいう

【星图】xīngtú 图 星座図

【星团】xīngtuán 图〖天〗星団

【星系】xīngxì 图〖天〗恒星系

【星星】xīngxīng 图 小さな点,しみ [~点点]ちらほら
—— xīngxing 图〔颗〕星 [数 shǔ~]星を数える

【星宿】xīngxiù 图〖天〗星座の古称 ◆中国の星座は二十八宿に分かれる

【星夜】xīngyè 图〖多く状語として〗星降る夜,夜間『~启程』星を戴いて旅に出る

【星移斗转】xīng yí dǒu zhuǎn《成》星が移り季節が変わる,時間が過ぎる ⑩[星转斗移]

【星云】xīngyún 图〖天〗星雲 [河外~]銀河系外の星雲

【星座】xīngzuò 图〖天〗星座 [~图]星座表,天体図

【惺】 xīng ⊗①賢い,頭の切れる ②醒めた,意識がはっきりした

【惺松】xīngsōng 围 (眠りから醒めたばかりで目が)もうろうとした,ぼんやりした

【惺惺】xīngxīng 围①〘書〙頭がはっきりしている,醒めた ②〔成語的表現の中で〕聡明な(人) ③接尾辞的に [假jiǎ~]おためごかしの,わざとらしい

【惺惺作态】xīngxīng zuò tài《成》もっともらしく振舞う,見せかけの態度をつくる ⑩[装模作样]

【猩】 xīng ⊗以下を見よ

【猩红】xīnghóng 围〖定語として〗緋色の,スカーレットの(⑩[血红]) [~热]猩紅熱

【猩猩】xīngxing 图〔只〕ショウジョウ,オランウータン [大~]ゴリラ [~木]ポインセチア

【腥】 xīng 围 生臭い [~味儿]生臭い臭い
⊗肉や魚,生臭いもの

【腥臭】xīngchòu 围 生臭い

【腥气】xīngqi 图 生臭い臭い[一股子~]ぷんと鼻をつく臭い —— 围 生臭い

【腥臊】xīngsāo 围 (キツネや尿のような)生臭い臭いのする

【腥膻】xīngshān 围〘書〙(魚肉や羊肉のような)生臭い臭い ◆醜悪なもの,侵略者などを喩える

【刑】 xíng ⊗①刑,刑罰 [徒~]懲役 [判~]刑を言い渡す ②犯罪者に対する体罰 [用~]拷問する ③(X-)姓

【刑场】xíngchǎng 图 刑場『被绑赴~』縛られて刑場に引かれてゆく

【刑罚】xíngfá 图 刑罰『减轻~』減刑する

【刑法】xíngfǎ 图 刑法
—— xíngfa 图 犯罪者に対する体罰『受~』体罰を受ける

【刑具】xíngjù 图 刑具

【刑期】xíngqī 图 刑期 [~届满]刑期が満了する

*【刑事】xíngshì 图〖法〗(民事に対する)刑事(⑩[民事]) [~案件]刑事事件 [~责任]刑事責任

【刑网】xíngwǎng 图 〘転〙刑法

【刑讯】xíngxùn 動 拷問して訊問する [~逼供]拷問で自供を迫る

【型】 xíng ⊗①型,鋳型 [铸~]鋳型 ②類型,タイプ [血 xuè~]血液型

【型钢】xínggāng 图〖機〗型鋼,セクション

【型号】xínghào [名]（飛行機，機械，自動車などの）型番，モデル〖改变～〗モデルチェンジする

〘邢〙 Xíng ⊗姓

〘形〙 xíng ⊗①形，形状［球～］球形 ②実体，本体［有(无)～］有(無)形 ③現われる，表わす［喜～于色］喜びが顔に出る ④比較する，対照する［相～］比べ合わせる

【形变】xíngbiàn [名]〖理〗ひずみ，ゆがみ

★★【形成】xíngchéng [動]形成する，作り上げる〖～国家〗国家を形成する

【形单影只】xíng dān yǐng zhī《成》（形も影もただ一つ＞）孤影悄然たる [同][形只影单]

【形而上学】xíng'érshàngxué [名]〖哲〗形而上学 [同][玄学]

【形迹】xíngjì [名]①挙動，様子〖不露 lù～〗色にも出さない ②儀礼，作法 ③痕跡，あと

★★【形容】xíngróng [名]《書》外観，顔付き〖～枯槁 kūgǎo〗げっそりやつれる — [動]形容する，描写する〖难以～〗形容し難い

【形容词】xíngróngcí [名]〖語〗形容詞

【形声】xíngshēng [名]〖語〗形声(けいせい) ♦漢字の六書の一 [同][谐声]

★★【形式】xíngshì [名]形式，フォーム〖不拘～〗形式にとらわれない

★★【形势】xíngshì [名]①（主に軍事上の）地形，地勢 ②形勢，情勢〖认清～〗情勢を見きわめる

【形似】xíngsì [動]外面，外観が似ている［～实非］外見は似ているが中味はまるで違う

★【形态】xíngtài [名]①生物体の形，姿 ②事物の形状，ありさま［社会～］社会形態 ③〖語〗単語の語形変化の形式

【形体】xíngtǐ [名]①からだ，身体 ♦外形をいう［～语言］ボディランゲージ ②形体

★★【形象】xíngxiàng [名]形象，イメージ，姿［人物～］人物像 — [形]イメージを描きやすい，具象的な〖表现得很～〗目に浮かぶような書き方をしている

【形形色色】xíngxíngsèsè [形]さまざまな，色々な〖～的现象〗さまざまな現象

【形影不离】xíng yǐng bù lí《成》影と形のようにいつも離れない

【形影相吊】xíng yǐng xiāng diào《成》（影と形が慰め合う＞）孤独の極みにある

★★【形状】xíngzhuàng [名]形，形状［～记忆合金］形状記憶合金

〘行〙 xíng [形]①やってよい，差し支えない（[同][可以]）〖这么办，～不～？〗こうやっていいかい ②有能な，やり手の〖他真～〗彼は大したものだ
⊗①行為，振舞い［言～一致］言行一致 ②旅，遠出すること〖西北之～〗西北地区の旅 ③行く，進む（める）［人～道］歩道［～船］船を進める ④行う，実行する［试～］試しにやってみる ⑤流通する，普及する［风～］急速に広まる ⑥移動性の，臨時の［～灶］（出張料理のための）臨時のかまど ⑦もうすぐ，間もなく［～将］《書》間もなく…する ⑧(X-)姓 ♦「（修行の）腕前」の意の'道行'は dàoheng と発音
⇨háng

【行不通】xíngbutōng [動]やってゆけない，実現しない（[反][行得通]）〖这样的办法是～的〗こんなやり方では駄目だ

【行车】xíngchē [動]車輌を走らせる，（自動車を）運転する［～执照］運転免許

【行程】xíngchéng [名]①行程，道のり ②（発展変化の）過程

【行道树】xíngdàoshù [名]街路樹

★★【行动】xíngdòng [名]行動，行い — [動]動く，行動する〖～起来〗行動を起こす

【行方便】xíng fāngbian [動]人に便宜を図る，人助けをする

【行宫】xínggōng [名]行在所(あんざいしょ)

【行好】xíng▾hǎo [動]人に施しをする，善根(ぜんこん)を施す〖行行好吧〗どうぞお恵みを

【行贿】xíng▾huì [動]賄賂(わいろ)を贈る，袖の下を使う [反][受贿]

【行迹】xíngjì [名]①挙動，振舞い〖～可疑〗挙動不審 ②行方，あとかた [同][行踪]

【行将就木】xíngjiāng jiù mù《成》（もうすぐ棺桶に入る＞）余命いくばくもない [同][行将入木]

【行脚】xíngjiǎo [動]（僧が）行脚(あんぎゃ)する，修行の旅をする

【行劫】xíngjié [動]強盗を働く，追いはぎをする

【行进】xíngjìn [動]（隊伍を組んで）徒歩で進む，行進する［～曲］行進曲

【行径】xíngjìng [名]（悪い）行為や振舞い〖无耻～〗恥知らずな行為

【行军】xíng▾jūn [動]行軍する〖行了三天军〗3日間行軍した［～床］携帯用ベッド

【行礼】xíng▾lǐ [動]敬礼する〖行鞠躬礼〗深くおじぎする

【行李】xíngli [名]〔件〕旅の荷物〖托运～〗荷物を託送する［手提～］手荷物

★★【行李箱】xínglixiāng [名]（自動車

の)トランク
- 【行令】xíng'lìng 動 '酒令'(酒席での遊び)をする
- 【行旅】xínglǚ 名 旅人
- 【行囊】xíngnáng 名《書》旅行用の荷物袋, 雑嚢〉
- 【行期】xíngqī 名 出発の期日
- 【行乞】xíngqǐ 動 乞いをする
- 【行窃】xíngqiè 動 盗みを働く, 泥棒業をする
*【行人】xíngrén 名 通行人, 歩行者
*【行若无事】xíng ruò wú shì《成》① (緊急時にも) 平然と振舞う ② (悪人の悪事について) 見て見ぬ振りをする, 平然と見過す
- 【行善】xíng'shàn 動 よい事を行う, 善行を施す
- 【行商】xíngshāng 名 行商人 ⇔[坐商]
- 【行尸走肉】xíng shī zǒu ròu《成》生けるしかばね, 無為に世を送る人
- 【行时】xíngshí 動 (人や物が) もてはやされる, 盛んになる
- 【行使】xíngshǐ 動 行使する, 執行する〖~职权〗職権を行使する
- 【行驶】xíngshǐ 動 (車や船が) 走る, 進む [~速度] 走行速度
- 【行事】xíngshì 動 事を行う, 処理する
- 【行书】xíngshū 名 行書ぎょう
- 【行署】xíngshǔ 名 ('行政公署'の略) ①解放前の革命根拠地や解放初期の一部地方に設けられた行政機関 ②省や自治区の出先機関
- 【行头】xíngtou 名[套·身] ① (役者の) 舞台衣装と手回り品 ② (茶化した響きを伴って, 一般人の) 衣装, 服装
*【行为】xíngwéi 名 行為, 行い
- 【行文】xíngwén 動 ① 文を組み立てる〖~流畅〗流れるような文章だ ② (機関, 団体に) 公文書を提出する
- 【行星】xíngxīng 名《天》惑星, 遊星 [~轨道] 惑星の軌道
- 【行刑】xíng'xíng 動 刑罰 (特に死刑)を執行する
- 【行凶】xíng'xiōng 動 凶行 (殺人, 傷害など) に及ぶ, 暴力を振るう
- 【行医】xíng'yī 動 (主に個人開業医として) 医者をやる, 医者を業とする
- 【行辕】xíngyuán 名 出征時の軍隊の本営 ⇔[行营]
- 【行远自迩】xíng yuǎn zì ěr《成》 (遠い旅路も足元から) 事はすべて一から始まる
- 【行云流水】xíng yún liú shuǐ《成》 (漂う雲流れる水〉) 文章や物事の扱い方が自然でのびやかだ
*【行政】xíngzhèng 名 ① 行政 [~机构] 行政機構 [~区] 行政区 ② 機関, 企業などの内部の管理運営 [~工作] 管理業務
- 【行止】xíngzhǐ 名《書》① 行方 (⇔[行踪])〖~不明〗行方不明 ② 品行, 行状
- 【行装】xíngzhuāng 名 旅装, 旅支度 [整理~] 旅支度を整える
- 【行踪】xíngzōng 名 行方, 行く先 [~不定] 行方が定まらない
- 【行走】xíngzǒu 動 歩く, 通る [禁止~] 通行禁止

饧 (餳) xíng

動 ① (飴などが) 柔らかくなる ② (目が) 眠そうである ③ 水あめ

陉 (陘) xíng

名 山脈の途切れたところ

荥 (滎) Xíng

[~阳] 滎陽けい (河南省)
◆四川省の地名 [滎经] では Yíng と発音

省 xǐng

動 ① 反省する, 内省する [反~] 反省する ② 父母や尊族を訪ねる [归~] 帰省する ③ 目覚める, 正気に戻る [不~人事] 人事不省
⇨ shěng

- 【省察】xǐngchá 動 反省する, 自省する〖~自己〗自分を省みる
- 【省亲】xǐngqīn 動 父母や尊族を訪ねるために帰省あるいは遠出する
- 【省视】xǐngshì 動 訪ねる, 見舞う
- 【省悟】xǐngwù 動 悟る, (迷いから) 目覚める ⇔[醒悟]

醒 xǐng

動 ① (眠りから) 覚める〖孩子~了〗子供が目を覚ました〖~不来〗目が覚めない ② (酒の酔い, 麻酔, 昏睡から) 覚める, 気が付く〖从昏迷中~过来了〗気絶の状態から気が付く ③ 迷いから覚める, はっと悟る [觉~] 覚醒する

- 【醒盹儿】xǐng'dǔnr 動《方》居眠りから覚める
- 【醒豁】xǐnghuò 形 (意味や説明が) はっきりした, 明瞭な
- 【醒酒】xǐng'jiǔ 動 酔いを覚ます
- 【醒木】xǐngmù 名 (講釈師が釈台をたたく) 柝き
- 【醒目】xǐngmù 形 (文字や図形が) 目を引く, はっきり見える
- 【醒悟(省悟)】xǐngwù 動 悟る, (迷いから) 目覚める

擤 (*揩) xǐng

動 鼻をかむ [~鼻涕] 鼻をかむ

兴 (興) xìng

名 興味, 面白み [尽~] 存分に楽しむ [扫~] 興ざめする
⇨ xīng

- 【兴冲冲】xìngchōngchōng 形 (~的) 楽しくてたまらぬふうの, わくわくした様子の

【兴高采烈】xìng gāo cǎi liè《成》天にも登りそうな, 喜びにあふれた [~地参加] 喜び勇んで参加する
【兴会】xìnghuì《书》たまたま生じた感興, 突然わいた興趣
*【兴趣】xìngqù 图 興味, 関心 [感~] 興味を覚える
【兴头】xìngtou 图 興
【兴头儿上】xìngtóurshang 图 興に乗っている時 [正在~] 興に乗っている最中だ
【兴味】xìngwèi 图《书》興味, 面白み [~盎然] 興味あふれる
【兴致】xìngzhì 图 興味, 興趣
【兴致勃勃】xìngzhì bóbó《成》興趣あふれる

【杏】xìng 图 (~儿) アンズの実
⊗ アンズの木 [~树] アンズの木
【杏红】xìnghóng 形《定語として》赤みがかった黄色の, 黄赤色の
【杏黄】xìnghuáng 形《定語として》アンズ色の, アプリコットの
【杏仁】xìngrén 图 (~儿) 杏仁 きょうにん
♦アンズの種の中味, 甘い種類は食用に, 苦い種類は薬用に利用する

【幸】xìng ⊗①幸せ [~福] 幸福 ②寵愛 [得~] 寵愛される ③喜ぶ, うれしく思う ④望む, 希望する ⑤幸いに, 幸運にも ⑥(X-)姓
【幸存】xìngcún 動 幸運にも生きのびる [~者] (事故災害の)生存者
【幸而】xìng'ér 副《书》幸いにも, 運よく
*【幸福】xìngfú 图 幸福 [为人民谋~] 人民の幸福を図る — 形 幸福な, 満ち足りた [~的日子] 幸せな日々
*【幸好】xìnghǎo 副 ⇒【幸亏】
*【幸亏】xìngkuī 副 幸いにも, …のおかげで [~及时确诊] 幸いすぐに確かな診断をしたからよかったが…
【幸免】xìngmiǎn 動 幸いにも免れる [~于死] も死を免れた
【幸事】xìngshì 图 めでたい事, 慶事
【幸喜】xìngxǐ 副 ⇒【幸亏】
*【幸运】xìngyùn 图 幸運 — 形 幸運な, 運がよい [~儿 ér] 幸運児
【幸灾乐祸】xìng zāi lè huò《成》他人の不幸を喜ぶ

【悻】xìng ⊗ [~然] 憤然たる [~~] 同前 (「失意のさま」の意も)

【性】xìng 图性(交), セックス [~的知识] 性に関する知識 [~生活] 性生活 [~行为] 性行為
⊗①性格 [本~] 本性 ②事物の性質, 傾向 [碱~] アルカリ性 [原则~] 原則性 ③男女, 雌雄の別 [女~] 女性 ④《語》文法上の性
【性别】xìngbié 图 性別 [~歧视] 性差別 (女性蔑視)
【性病】xìngbìng 图 性病 [染上~] 性病にかかる
*【性感】xìnggǎn 形 セクシーな, セックスアピールのある
*【性格】xìnggé 图 性格 [~内向] 内向的な性格だ [描写~] 性格を描写する
【性激素】xìngjīsù 图《生》性ホルモン
【性急】xìng jí 形 せっかちな, 気が短い
【性价比】xìngjiàbǐ 图 コストパフォーマンス
【性交】xìngjiāo 動 性交する, 交合する
*【性命】xìngmìng 图〔条〕命, 生命 [丢~] 命を失う [~交关] 生死に関わる, きわめて重大な
*【性能】xìngnéng 图 (機械の) 性能, 機能 [检验~] 性能を検査する
【性气】xìngqì 图 性質, 気性
【性情】xìngqíng 图 性格, 気性 [陶冶~] 気性を直す
【性骚扰】xìngsāorǎo 图 セクシャルハラスメント
【性欲】xìngyù 图 性欲
*【性质】xìngzhì 图 (事物の) 性質, 特質 [认清~] 性質を見定める [工作的~] 仕事の性質
【性状】xìngzhuàng 图 (事物の) 性質と形状
【性子】xìngzi 图 ①気性, 気質 [急~] せっかち ②(酒や薬の) 刺激性, 強さ [这酒~很烈] 実にきつい酒だ

【姓】xìng 图 姓, 苗字 [贵~] ご苗字 — 動 …を姓とする [我~王] 私は王と申します
【姓名】xìngmíng 图 姓名, フルネーム
【姓氏】xìngshì 图 姓, 苗字

【荇】(莕) xìng ⊗ [~菜]《植》(水草の) ハナジュンサイ

【凶】(兇) xiōng 形 ①あくどい, 凶悪な [样子很~] 顔付きが恐ろしい ②激しい, ひどい [雪下得太~] 雪の降りようが凄まじい
⊗ 凶行, 凶悪犯罪 [行~] (殺人や傷害など) 凶行に及ぶ

【—】⊗①不幸な, 不吉な (⇔ '吉') ②凶作の [~年] 凶作の年
【凶暴】xiōngbào 形 凶暴な
【凶残】xiōngcán 形 凶悪で残忍な [~的]《书》残虐のきわみ
*【凶恶】xiōng'è 形 凶悪な, 恐ろしい [~的神色] 恐ろしい形相
【凶犯】xiōngfàn 图 凶悪犯, 殺人犯

〖拘捕～〗殺人犯を逮捕する
【凶狠】xiōnghěn [名] 凶悪でむごい
【凶横】xiōnghèng [形] 凶悪で横暴な
【凶猛】xiōngměng [形] 勢い（破壊力）が凄まじい〖山洪来势～〗山津波が凄まじい勢いで襲って来た
【凶气】xiōngqì [名] 殺気立った態度，恐ろしい顔付き
【凶器】xiōngqì [名]〔件〕凶器
【凶杀】xiōngshā [動] 人を殺す
【凶神】xiōngshén [名] ①悪魔，邪神 ②極悪人，悪党 [同]［～恶煞］
*【凶手】xiōngshǒu [名] 殺人犯，人殺し
【凶死】xiōngsǐ [動] ①殺される，凶刃（弾）に倒れる ②自殺する
【凶险】xiōngxiǎn [形] 危険この上ない，危機差し迫った〖病情～〗病状が危うい
【凶相毕露】xiōng xiàng bì lù《成》凶悪な正体をさらけ出す
【凶信】xiōngxìn [名]（～儿）死亡の知らせ，凶報 [同]［凶耗］
【凶焰】xiōngyàn [名] 凶悪な気勢，まがまがしい鼻息［～万丈］邪悪の炎が天を衝く勢い
【凶兆】xiōngzhào [名] 不吉な兆し，凶兆 [反]［吉兆］

〖匈〗Xiōng ⊗ '匈牙利 Xiōngyálì'（ハンガリー）の略
【匈奴】Xiōngnú [名] 匈奴きょうど ♦古代北方民族の一

【胸（*胷）】xiōng [名] 胸，胸部［护～］胸当て［～卡 kǎ］（胸の）身分証明書 ⊗胸の中，心［心～］胸中
【胸部】xiōngbù [名] ①胸部 ②衣服の胸部，胸もと
【胸骨】xiōnggǔ [名]〖生〗胸骨
*【胸怀】xiōng huái [動] 胸に抱く，思う〖～大志〗大志を抱く
—— xiōnghuái [名] 度量，気持ち〖～狭窄〗度量が小さい
【胸襟】xiōngjīn [名] ①胸の中，度量（[同]［胸怀］）〖～豁达〗心が広い ②大望，大志
【胸口】xiōngkǒu [名] みぞおち
【胸膜】xiōngmó [名]〖生〗胸膜，肋膜ろくまく（[同]［肋膜］）［～炎］胸膜炎，肋膜炎
【胸脯】xiōngpú [名]（～儿）胸，胸部〖挺起～〗胸を張る
【胸鳍】xiōngqí [名]〖動〗魚の胸びれ
【胸腔】xiōngqiāng [名]〖生〗胸腔［～外科］胸部外科
*【胸膛】xiōngtáng [名] 胸〖袒露 tǎnlù 着～〗胸をはだける
【胸围】xiōngwéi [名] 胸囲，バスト
【胸无点墨】xiōng wú diǎn mò《成》（胸中に僅かな墨の跡もない＞）教養がない，無学だ [同]［目不识丁］
【胸像】xiōngxiàng [名]〔尊·座〕胸像
【胸有成竹】xiōng yǒu chéng zhú《成》（竹を描く時，心の中にすでに竹の形ができている＞）心中すでに成算あり [同]［成竹在胸］
【胸章】xiōngzhāng [名]〔颗〕（胸に付ける）バッジ〖佩带～〗胸にバッジを付ける
【胸中有数】xiōng zhōng yǒu shù《成》成算がある，見通しが立っている [同]［心中有数］ [反]［胸中无数］

〖汹（洶）〗xiōng ⊗ 以下を見よ
【汹汹】xiōngxiōng [形] ①《書》ごうごうたる ♦波濤逆巻く音の形容 ②《貶》気勢のあがった，勢い激しい〖气势～〗凄まじい見幕の ③《書》争う声の入り乱れた，喧喧ごうごうたる（[同]［讻讻］）〖议论～〗議論が沸騰する
【汹涌】xiōngyǒng [動] 水が逆巻く〖波涛～〗怒濤逆巻く

〖兄〗xiōng ⊗①あに［弟～ dìxiong］兄弟 ②親戚の中で自分と同じ世代の年上の男［堂～］（同姓で年上の）男のいとこ ③男の友人に対する尊称
**【兄弟】xiōngdì [名] 兄弟〖～两个〗兄弟ふたり［～学校］兄弟校
—— xiōngdi [名]《口》①弟 ②きみ，お前さん ♦年下の男子への親しみを込めた呼び方 ③わたしめ，手前てまえ ♦男が自分を言う時の謙称
【兄妹】xiōngmèi [名] 兄と妹
【兄嫂】xiōngsǎo [名] 兄と兄嫁，兄夫婦
【兄长】xiōngzhǎng [名] ①あに ②男の友人への敬称，貴兄，大兄

〖芎〗xiōng ⊗以下を見よ
【芎䓖】xiōngqióng [名]〖植〗センキュウ ♦漢方薬材 [同]［川芎］

〖雄〗xióng ⊗①おすの（[反]'雌'）［～蕊］おしべ ②強い，勇ましい［～兵］強力な軍隊［～文］力強い文章 ③強力な人や国［英～］英雄
【雄辩】xióngbiàn [名] 雄弁 — [形]〔定語·状語として〕雄弁な，説得力のある〖～地证明〗雄弁に物語る
【雄才大略】xióng cái dà lüè《成》優れた才智，傑出した智略
【雄蜂】xióngfēng [名]〔只〕（ミツバチの）おすバチ [関]［工蜂］［母蜂］
*【雄厚】xiónghòu [形] 力が十分な，充実した（[反]［微薄］）〖～的人力和物力〗豊かな労働力と物量
【雄黄】xiónghuáng [名]〖鉱〗雄黄，鶏冠石（[同]［鸡冠石］）［～酒］雄黄を混ぜた酒 ♦端午の節句に使う魔除けの酒
【雄浑】xiónghún [形] 力強くよどみが

ない，雄渾ゆうこんな〚～的诗文〛雄渾な詩文
【雄健】xióngjiàn [形] 力強い，たくましい〚～的步伐〛力強い歩み
【雄杰】xióngjié《書》[名] 英傑，傑物 — [形]（能力が）衆に優れた，傑出した
【雄赳赳】xióngjiūjiū [形]（～的）雄雄しく勇ましい
【雄图】xióngtú [名]《書》壮大な計画，雄図 [～大略] 遠大な計画
★★【雄伟】xióngwěi [形] 雄大な，豪壮な〚～的建筑〛壮大な建物
【雄心】xióngxīn [名] 雄心，大望 [～壮志] 雄大な志
【雄鹰】xióngyīng [名]〔只〕雄猛なワシ
【雄壮】xióngzhuàng [形] 雄壮な，勇ましい〚～的歌声〛力強い歌声
【雄姿】xióngzī [名] 雄姿，雄々しい姿
【熊】xióng [名]〔只·头〕クマ [黑～][狗～] ツキノワグマ [白～] シロクマ [～胆] クマの胆い — [動]《方》叱る，責める — [形]《方》無能な，臆病な [～市] 弱気の株式市場
⊗（X-）姓
【熊蜂】xióngfēng [名]〔只〕クマバチ
★★【熊猫】xióngmāo [名]〚動〛〔只·头〕パンダ（[同][猫熊]）[大～] ジャイアントパンダ [小～] レッサーパンダ
【熊熊】xióngxióng [形] 火が激しく燃えている〚炉火～〛炉の火がごうごう燃えている
【熊掌】xióngzhǎng [名] 熊の手のひら
♦古来の珍味で，料理の最高級品
〘夐〙xiòng ⊗①遥か遠くの ②遥か昔の
【休】xiū [動] ①休む，休息する ②《旧》（夫が妻を）離縁する〚把妻子～了〛妻を離縁した
⊗①（旧白話で）…するな，…してはいけない [闲话～提] 無駄話はやめよう ②停止する，やめる [喋喋不～] ぺちゃぺちゃしゃべり続ける ③めでたい事 [～咎] 吉凶
【休会】xiū▾huì [動] 休会する，会議に休憩を入れる〚～十分钟〛（会議を）10分間休憩する〚休了三天会〛3日間休会した
【休假】xiū▾jià [動] 休みをとる，休みになる〚～三天（休三天假）〛3日の休みをとる [带薪～] 有給休暇
【休克】xiūkè [名]《訳》〚医〛ショック（を起こす）（英：shock）[～疗法] ショック療法
【休眠】xiūmián [動] 休眠する [～火山] 休火山
【休戚】xiūqī [名] 喜びと悲しみ，幸福と不幸 [～相关] 喜び悲しみを分かち合う（間柄である）
【休憩】xiūqì [動] 休む，休憩する
★★【休息】xiūxi [動] ①休む，休憩する，休息する〚～一会儿〛ひと息入れる ②（事業所が）休業する
★★【休闲】xiūxián [形] ①（耕地が）休耕中の，遊んでいる [～地] 休耕地 ②のんびりした，ひまな [～服] カジュアルウエア
【休想】xiūxiǎng [動] 考えるな〚你～逃脱〛逃げようなんて気を起こすな
【休学】xiū▾xué [動] 休学する
【休养】xiūyǎng [動] ①休養する，静養する ②（経済力を）回復かつ発展させる
【休业】xiū▾yè [動] ①休業する ②学校が休みになる，学期やコースが終わる
【休战】xiū▾zhàn [動] 休戦する
【休整】xiūzhěng [動]（主に軍隊を）休養させ立て直す
【休止】xiūzhǐ [動] 休止する，停止する [～符] 休止符
〘咻〙xiū ⊗わめく，大声で騒ぐ [～～] ぜいぜい（あえぐ声）
〘鸺(鵂)〙xiū ⊗[～鹠 liú]〚鳥〛フクロウ
〘髹〙xiū ⊗漆を塗る
【修】xiū [動] ①修理する，直す〚～车〛車を修理する ②手入れをする，整える〚～树枝〛枝を剪せん定する ③建造する，建設する〚～桥〛橋をかける ④修行する〚～佛〛仏の道を修行する
⊗①学ぶ，鍛える [～业] 学校で学ぶ ②書く，編む [～史]《書》歴史を編纂する [～书]《書》手紙を書く ③伸びる，長い ④飾る，美しく装う ⑤（X-）姓
【修补】xiūbǔ [動] 修理する，繕う〚～衣服〛服を繕う
【修长】xiūcháng [形] 細長い〚身材～〛身体がすらりと高い
【修辞】xiūcí [名]〚語〛修辞 [～学] 修辞学 — [動] 修辞に凝る
【修道】xiū▾dào [動]（宗教上の）修行をする [～院] 修道院
【修订】xiūdìng [動] 修訂する，改訂する [～本] 修訂本
★【修复】xiūfù [動] ①修復する，元通りに直す〚～铁路〛鉄道を復旧する ②〚医〛傷を元のように直す
★★【修改】xiūgǎi [動] 修正する，手直しする〚～设计〛設計を手直しする
【修盖】xiūgài [動]（家を）建てる
【修好】xiūhǎo [動]《書》（国家間の）友好関係を結ぶ，修好する
【修剪】xiūjiǎn [動]（枝や爪を）はさみで切りそろえる，剪せん定する〚～指甲〛つめを切る
★【修建】xiūjiàn [動] 建設する，築く〚～机场〛飛行場を建設する
【修脚】xiū▾jiǎo [動]（多く職業とし

X

て)足の爪やタコをはさみで切る
- *【修理】xiūlǐ 動 ① 修理する,修繕する〚～机器〛機械を修理する ②(枝や爪を) 切りそろえる,剪定する 他[修剪]
- 【修炼】xiūliàn 動 道家の修行をする ♦ 不死の薬を練るなど
- 【修配】xiūpèi 動 修理や部品の交換をする
- 【修葺】xiūqì 動 他[修缮]
- 【修缮】xiūshàn 動 (建築物を) 修理する,修繕する〚～房屋〛家を修繕する
- 【修饰】xiūshì 動 ① (物を) 飾る,装飾する ② おしゃれする,おめかしする〚懒得～〛おしゃれするのが煩わしい ③[語] 修飾する〚～语〛修飾語
- *【修养】xiūyǎng 名 ① 修養〚注意～〛修養につとめる ② 素養,教養〚很有～〛造詣が深い — 動 修養を積む
- 【修业】xiūyè 動 修業する,学校で勉強する〚一年限〛修業年限
- 【修整】xiūzhěng 動 ① 修理整備する〚～汽车〛車を修理整備する ②(樹木を) 手入れする,剪定する〚～果树〛果樹を剪定する
- 【修正】xiūzhèng 動 ① 修正する,是正する〚～草案〛草案を修正する ②(マルクス・レーニン主義を) 修正する,改竄する〚～主义〛修正主義
- 【修筑】xiūzhù 動 建設する,築く〚～水库〛ダムを築く

【脩】xiū ⊗ ① 干し肉〚束～〛[書] 教師への謝礼 ② '修' と通用

【羞】xiū 動 ① 恥ずかしがる,困る〚～红了脸〛恥ずかしさに顔を赤くした〚害～〛はにかむ ② 恥ずかしがらせる,きまり悪くさせる ⊗ 恥じいる,恥辱と思う
- 【羞惭】xiūcán 形 他[羞愧]
- *【羞耻】xiūchǐ 形(面目を失い) 恥ずかしい,面目ない〚洗刷～〛恥をすすぐ
- 【羞答答】xiūdādā 形 (～的) 恥ずかしそうな,消え入りそうな ♦ '羞羞答答' ともいう
- 【羞愤】xiūfèn 名 羞恥と怒り
- 【羞愧】xiūkuì 形 恥ずかしい,面目ない〚感到～〛恥じ入る
- 【羞明】xiūmíng 動 他[畏光]
- 【羞怯】xiūqiè 形 はにかんだ,もじもじ恥ずかしがる
- 【羞人】xiūrén 形 恥ずかしい〚羞死人了〛恥ずかしくてたまらない
- 【羞辱】xiūrǔ 名 恥辱〚受～〛辱められる — 動 恥をかかせる,辱める
- 【羞涩】xiūsè 形 きまり悪げな,恥じらった〚～得红了脸〛恥じらって顔を赤らめた

【朽】xiǔ ⊗ ① (木材が) 朽ちた,腐った ② 老い衰えた〚老～〛老いぼれた
- 【朽坏】xiǔhuài 動 朽ち果てる,腐敗する
- 【朽迈】xiǔmài 形 (書) 老いぼれた,老衰した 他[老朽]
- 【朽木】xiǔmù 名 ① 朽ち木 ② 役立たず者,ろくでなし

【宿】xiǔ 量 (口) 夜を数える〚住一～〛一泊する
⇨ sù,xiù

【秀】xiù 動 (作物が) 穂を出す〚～穗〛穂を出す
⊗ ① すぐれた,傑出した [优～] 優秀な ② 美しい,優美な〚山清水～〛山紫水明 ③ (口) ショー(英:show)〚时装～〛ファッションショー [脱口～] トークショー
- 【秀才】xiùcai 名 ① 秀才,すぐれた才能を持つ人 ② 秀才 ♦ 明清時代の府や県の学校の学生,'生员' の通称 ③ 読書人,知識人
- 【秀丽】xiùlì 形 秀麗な,美しい〚～的山水〛美しい風景
- 【秀美】xiùměi 形 優美な,垢ぬけした
- 【秀气】xiùqi 形 ① 涼やかな,優美な〚面貌～〛容貌が垢ぬけしている ②(態度やものの腰が) 上品な,優雅な

【绣(繡)】xiù 動 刺繡する,縫い込む〚刺～〛刺繡する〚～了几个字〛いくつか文字を刺繡した
⊗ 刺繡品〚苏～〛蘇州製の刺繡
- 【绣花】xiù'huā 動 (～儿) 絵や図を刺繡する〚一针〛刺繡針
- 【绣球】xiùqiú 名 ① 絹リボンでこしらえた球形の飾り ②[植] ガクアジサイ〚八仙花〛〚～花〛同前
- 【绣像】xiùxiàng 名 ① 刺繡した人物像 ② 線画で描いた人物像
- 【绣鞋】xiùxié 名 [双](布地の) 刺繡した婦人ぐつ 他[绣花鞋]

【琇】xiù ⊗ 玉に似た石

【锈(鏽)】xiù 名 さび(錆)〚生～〛さびる — 動 さびる〚～住了〛さびついた

【岫】xiù ⊗ 山(の洞)

【袖】xiù ⊗ ① 衣服の袖〚～子〛袖〚长(短)～儿〛長(半)袖〚～扣儿〛カフスボタン ② 袖に入れる〚一手〛手を袖に入れる
- 【袖标】xiùbiāo 名 [块] 腕章,袖章〚戴～〛袖章を付ける
- 【袖管】xiùguǎn 名 [方] 衣服の袖 他[普] [袖子]
- 【袖口】xiùkǒu 名 (～儿) 袖口〚～纽扣〛袖口のボタン

【袖手旁观】xiù shǒu páng guān《成》手をこまねいて冷ややかに見る, 拱手(きょうしゅ)傍観する

【袖章】xiùzhāng 图〔块〕腕章〖套~〗腕章を着ける

【袖珍】xiùzhēn 厖〔定語として〕ポケットサイズの, 小型の〖~词典〗ポケット辞典

【袖子】xiùzi 图〔只〕衣服の袖〖挽~〗袖をまくる

【臭】xiù ⊗① におい, 臭気〖无色无~〗無色無臭〖~味相投〗悪人同士はうまが合う ② 'xiù'と通用 ⇒chòu

【溴】xiù 图《化》臭素〖~化银〗臭化銀

【嗅】xiù 動 においをかぐ(≒闻)〖~到〗かぎつける

*【嗅觉】xiùjué 图 嗅覚(きゅうかく)〖~很灵〗嗅覚が鋭い

【嗅神经】xiùshénjīng 嗅覚神経

【宿】xiù 图《古代天文学の》星宿〖二十八~〗二十八宿〖星~〗星座 ⇒sù, xiū

【圩(墟)】xū 图《方》(南方諸省の)市(いち)〖赶~〗市に出掛ける〖~日〗市の立つ日 ⇒wéi

【吁】xū ⊗① ため息をつく〖~一口长气〗長いため息をつく〖长~短叹〗ため息をついて嘆く ② ああ ◆驚き, 疑いを表わす ⇒yū, yù

【吁吁】xūxū 象 はあはあ(あえぐ音, 息をつく音)〖气喘~〗はあはああえぐ

【盱】xū ⊗ 目を開いて上を見る〖~衡〗(情勢を)観察し分析する

【戌】xū ⊗① 十二支の第11, 戌, 戌〖戊~年〗戌戌(じゅつじゅつ)の年 ② 戌の刻(午後7時から9時まで)〖~时〗同前

【须(須)】xū ⊗① …すべきである, しなければならない〖务~〗必ず…すべし ② 待つ

【一(鬚)】⊗①(人間の)ひげ, あごひげ〖留~〗ひげを蓄える〖胡~〗ひげ ②(動物の)ひげ, 触角〖触~〗触毛 ③(植物の)ひげ状のもの, 房〖花~〗花のしべ

【须发】xūfà 图 ひげと髪の毛
【须根】xūgēn 图《植》ひげ根
【须眉】xūméi ① ひげと眉 ② 男子〖~男子〗男らしい男
【须要】xūyào 動 …しなければならない, …すべきである〖~努力〗努力しなければならない

【须臾】xūyú 图《书》ちょっとの間, しばらく〖~之间〗つかの間に

*【须知】xūzhī 图 注意事項, 心得〖游览~〗観光者の心得 —《书》必ず知っておかなければならない

【胥】xū ⊗① 旧時の小役人〖~吏〗小役人 ② すべて, みんな〖万事~备〗準備万端すべて完了 ③(X-)姓

【虚(虛)】xū 厖① 衰弱した, 虚弱な〖身体很~〗体が弱い ② びくびくした, 臆病な ③ 中味のない, 空の〖实空~〗からっぽの ④ 真実でない, 偽りの〖实〗

⊗① 空しく, 無駄に〖~费〗浪費する ② 空にする, 空ける ③ 謙虚な, 虚心の〖谦~〗謙虚な ④ 指導理念, 政策理論など〖务~〗(実務を離れた)理念的な事柄を議論する

【虚报】xūbào 動 偽りの報告をする, 虚偽の申告をする(®〖实报〗)〖~年龄〗年を偽る

【虚词】xūcí 图《语》虚詞(®〖实词〗) ◆副詞, 介詞, 接続詞, 助詞, 感嘆詞など, 概念を表わさず, 文法的関係を示す語. 文の主要成分になれない

【虚度】xūdù 動 空しく過ごす〖~青春〗青春時代を空しく過ごす

【虚浮】xūfú 厖 見せかけの, 現実性のない〖~的计划〗実際の役に立たない計画

【虚构】xūgòu 動 想像で作り上げる, フィクションで書く〖~情节〗物語の筋立てを作る〖纯属~〗全くの作り話だ

【虚汗】xūhàn 图 寝汗, 冷汗◆疾患によるもの〖出~〗寝汗をかく

【虚怀若谷】xū huái ruò gǔ《成》心が広い, 虚心坦懐な

【虚幻】xūhuàn 厖 幻の, 実在しない〖~的情景〗幻の情景

*【虚假】xūjiǎ 厖 虚偽の, 偽りの(®〖真实〗)〖~的友谊〗偽りの友情

【虚惊】xūjīng 動(無駄に)驚く〖一场~〗ひやりとしたが何事もなかった

【虚夸】xūkuā 動 誇張する, ほらを吹く

【虚礼】xūlǐ 图 虚礼〖废除~〗虚礼を廃止する

【虚名】xūmíng 图 虚名, 中味以上の名声〖迷恋于~〗虚名に溺れる

【虚拟】xūnǐ 動① 想像で構築する, (架空話を)作り上げる(≒〖虚构〗)〖~现实〗バーチャルリアリティ

【虚胖】xūpàng 厖 脂肪太りの, ぶよぶよ太りの

【虚飘飘】xūpiāopiāo 厖(~的)ふわふわ宙に浮くような, 足が地につかな

ない

★【虚荣】xūróng [名] 虚栄，見栄(みえ)〚爱～〛見栄を張りたがる［～心］虚栄心

【虚弱】xūruò [形] ①（体が） ひ弱な，虚弱な [反]［健壮］ ②（国力や兵力が）脆弱(ぜいじゃく)な，手薄な

【虚设】xūshè [動] 名目だけ（の機構や役職）を設ける

【虚实】xūshí [名] 虚と実，（相手方の）内情〚探听～〛相手の内情を探る

【虚岁】xūsuì [名] 数え年（[関]［周岁］）〚今年～四十〛今年数えで40歳だ

【虚套子】xūtàozi [名] 形式だけの儀礼や慣例

【虚脱】xūtuō [名]〘医〙虚脱症状（を起こす）

【虚妄】xūwàng [形] うそ偽りの，根拠のない

★【虚伪】xūwěi [形] 偽りの，誠実でない [反]［诚实］

【虚位以待】xū wèi yǐ dài《成》席を空けて待つ [同]［虚席以待］

【虚文】xūwén [名] ①形式だけで実効のない制度や規制 [同]［具文］ ②虚礼，形式的儀礼

【虚无】xūwú [名] 虚無［～主义］ニヒリズム

【虚像】xūxiàng [名]〘理〙虚像（[反]［实像］）〚形成～〛虚像を作りだす

★★【虚心】xūxīn [形] 虚心な，謙虚な [反]［骄傲］

【虚应故事】xū yìng gùshì《成》従来通りにやって済ませる，おざなりに片付ける

【虚有其表】xū yǒu qí biǎo《成》見かけ倒し，上辺(うわべ)ばかりの中味なし [同]［鱼质龙文］

【虚张声势】xū zhāng shēngshì《成》空威張りをする，虚勢を張る

【虚症】xūzhèng [名]〘医〙虚弱症

〖墟〗 xū ⊗①廃墟［废～］廃墟 ②'圩 xū'と通用

【嘘】 xū [動] ①口からゆっくり息を吐く〚～了一口气〛ふうっと息を吐く ②火や蒸気にあてる，あぶる，蒸す ③《方》（シッと）制止する
⊗ため息をつく
⇨shī

【嘘寒问暖】xū hán wèn nuǎn《成》（凍えている人に息を吹きかけ具合をたずねる>）他人の生活に気を配る，思いやる

【嘘唏】xūxī [動] [同]［歔欷 xūxī］

〖歔〗 xū ⊗以下を見よ

【歔欷(嘘唏)】xūxī [動]《書》むせび泣く，すすり泣く [同]［哽咽］

〖需〗 xū ⊗①必要とする〚认识尚～提高〛認識を高める必要がある ②必要とする物

★【需求】xūqiú [名] ニーズ，需要［～量］需要量

★★【需要】xūyào [名] 必要，需要 [反]［供给］ — [動] 必要とする〚～大家的帮助〛皆の助けが必要だ

〖徐〗 xú ⊗①ゆっくりと，ゆるやかに［～步］《書》おもむろに歩く ②（X-）姓

【徐徐】xúxú [副]《書》ゆっくりと，ゆるやかに〚物价～上涨〛物価がじわじわ上昇する

【许(許)】 xǔ [動] ①許す，許可する〚不～他去〛彼が行くことを許さない［允～］許可する ②承諾する，与えることを約束する〚他～过我要请我看电影〛彼は私を映画に誘ってくれると約束したことがある ③（女性の） 縁組が決まる，嫁入りを約束する — [副] あるいは…かもしれない［也～］同前
⊗①場所［何～人］どこの人か ②およその見積り〚年四十～〛年は40ぐらい ③ほめる，推賞する ④（X-）姓

★★【许多】xǔduō [形] 沢山の，多い

【许婚】xǔhūn [動]（女性が） 婚約する，求婚を受け入れる [同]［许亲］

【许久】xǔjiǔ [名] 長時間，長い間〚走了～〛長いこと歩いた〚～没有通信了〛随分手紙を書いていない

★【许可】xǔkě [動] 許可する，容認する（[同]［准许］）〚如果时间～〛時間が許すなら［～证］許可証

【许诺】xǔnuò [動] 承知する，引き受ける [同]［答应］

【许愿】xǔ▾yuàn [動] ①（神仏に）願をかける ②将来の報酬を約束する，事前に見返りを約束する

〖诩(詡)〗 xǔ ⊗自慢する，ひけらかす［自～］自慢する

〖栩〗 xǔ ⊗以下を見よ

【栩栩】xǔxǔ [形]〔多く状語として〕生き生きとした［～如生］（描き方が）まるで生きているようだ

〖醑〗 xǔ ⊗①美酒 ②'醑剂'の略［～剂］〘薬〙アルコール溶液

〖旭〗 xù ⊗朝日［～日］同前

【序】 xù [名]〔篇〕序，序文〚写～〛序文を書く
⊗①次第，順序［次～］順序 ②順序を決める，順番に並べる［～齿］年齢順にする

【序跋】xùbá [名] 序文と跋文(ばつぶん)，前書きと後書き

【序列】xùliè [名] 序列，順序よく並んだ列〚不成～〛（ばらばらで）列を成

X

さない
【序幕】xùmù [名]（劇の）序幕，プロローグ;《転》（事件の）幕開け，発端
【序曲】xùqǔ [名]序曲，プレリュード;《転》事柄の発端，行動のはじめ
【序数】xùshù [名]序数 ♦'第一''第二''一 yī 楼'（1階）など
【序文（叙文）】xùwén [名]〔篇〕序文
*【序言（叙言）】xùyán [名]〔篇〕序文
【序战】xùzhàn [名]〖軍〗緒戦 [同][初战]

〖昫〗xù ⊗'煦'と通用

〖煦（*昫）〗xù ⊗暖かい［春风和～］春風が暖かい

【叙（敘*敍）】xù [動]しゃべる，話す〖～家常〗世間話をする
⊗①述べる，陳述する ②順序，等級を付ける［铨～］《旧》官吏を評定する ③'序 xù'と通用
【叙别】xùbié [動]別れの語らいをする，別れのあいさつを交わす [同][话别]
【叙旧】xù▾jiù [動]（友人同士が）昔話をする，思い出を語り合う
【叙事】xùshì [動]（文章で）事柄を述べる，物語る［～诗］叙事詩
**【叙述】xùshù [動]叙述する，陳述する
【叙说】xùshuō [動]（口頭で）述べる，語る
【叙谈】xùtán [動]談話する，語り合う
【叙文】xùwén [名][同][序文 xùwén]
【叙言】xùyán [名][同][序言]

〖溆〗xù ⊗水辺，ほとり

〖恤（*卹賉）〗xù ⊗①哀れむ，同情する［体～］同情する ②救済する［抚～］慰め救済する
【恤金】xùjīn [名]救恤（きゅうじゅつ）金 [同][抚恤金]

〖洫〗xù ⊗（田畑の）水渠

〖畜〗xù ⊗家畜を飼う［～牧］牧畜
⇨chù
【畜产】xùchǎn [名]畜産，畜産物
*【畜牧】xùmù [動]牧畜を営む［～业］牧畜業
【畜养】xùyǎng [動]（動物を）飼う〖～牲口〗家畜を飼う

〖蓄〗xù ⊗①蓄える，ためる［储～］預金する［～水池］貯水池 ②心に抱く，腹に隠す ③髪や髭をのばす〖～胡子〗髭を伸ばす
【蓄电池】xùdiànchí [名]蓄電池，バッテリー
【蓄洪】xùhóng [動]（洪水を防ぐため過剰な川の水を）遊水池にためる［～坝］貯水ダム
【蓄积】xùjī [動]蓄積する，ためる〖～粮食〗食糧を備蓄する
【蓄谋】xùmóu [動]（陰謀を）かねてから企む〖～已久〗（よからぬ企てを）早くから抱く〖～叛变〗寝返りを企む
【蓄养】xùyǎng [動]蓄え育てる，養成する
【蓄意】xùyì [動]〘多く状語として〙（よからぬ企てを）たくらむ，前もって計画する（[同][存心]）〖～行骗〗計画的にだます

〖酗〗xù ⊗酒に溺れる，酒に飲まれる
*【酗酒】xùjiǔ [動]大酒を飲む，飲んで暴れる〖～闹事〗飲んで騒ぎを起こす

〖绪（緒）〗xù ⊗①糸の端 ②物事の発端［头～］手掛かり ③事業 ④心情，情緒［情～］気分 ⑤(X-)姓
【绪论】xùlùn [名]序論 [同][绪言]

【续（續）】xù [動]継ぎ足す，加える〖壶里～水〗やかんに水を足す
⊗①続ける［继～］継続する ②(X-)姓
【续貂】xùdiāo [動]良いものに悪いものをつなぎ足す ♦多く他人の著作を書き足す時の謙辞として
【续航】xùháng [動]（飛行機や船舶が）連続航行する［～力］航続力
【续假】xù▾jià [動]休みを延ばす，続けて休む〖～五天（续五天假）〗休暇を5日間延長する
【续弦】xù▾xián [動]後妻をもらう

〖勖（*勗）〗xù ⊗励み勉める［～勉］《書》同前

【絮】xù [動]布団や衣服に綿を入れる〖～被子〗掛け布団に綿を入れる
⊗①綿［棉～］綿 ②綿状のもの［柳～］柳絮（りゅうじょ） ③（話が）くどい［～叨］同前
【絮叨】xùdao [動]くどくど話す ―[形]（話が）くどい〖絮絮叨叨 xùxudāodāo 地说〗くどくどしゃべる
【絮烦】xùfan [形]くどくどしい，あきあきした
【絮聒】xùguō [動]①煩わす，迷惑をかける ②くどくど話す，長々としゃべる
【絮棉】xùmián [名]（ふとんや綿入れ衣服用の）綿
【絮絮】xùxù [形]〘多く状語として〙（話が）くどい，だらだら長い［～不休］同前
【絮语】xùyǔ《書》[名]くどい話 ―[動]くどくど話す（[同][絮说]）〖喃喃～〗

しきりにぶつぶつ言う

【婿(*壻)】 xù ⊗① 婿むこ [女～xu] 婿 ② 夫 [夫～] 同前 [妹～] 妹婿

【轩(軒)】 xuān ⊗① 古代の車の一種 ② 窓のある長い廊下や小部屋 ♦書斎名や屋号などに用いた ③ 窓, 扉 ④ 高く上がる, 丈の高い ⑤ (X-)姓

【轩昂】xuān'áng [形] 意気盛んな, 軒昂けんこうたる

【轩敞】xuānchǎng [形] (建物が) 大きく広々とした, 広くて明るい

【轩然大波】xuānrán dà bō 《成》(うねる大波>) 大きなトラブル, 大変な騒ぎ 〖引起～〗大騒ぎを引き起こす

【轩轾】xuānzhì [名]《書》高低や優劣 〖不分～〗優劣なし

【宣】 xuān ⊗① 発表する, 公衆の前で言う [～示] 公表する ② 溜り水をはかす [～泄] 排水する ③ (X-) 安徽省宣城県→[～纸] ④ (X-)姓

★★【宣布】xuānbù [動] 公表する, 宣言する 〖～会议开始〗開会を宣言する

【宣称】xuānchēng [名] 言い立てる, 言明する [同][声称]

★★【宣传】xuānchuán [動] 宣伝する 〖～政策〗政策を広く知らせる [～画] ポスター

【宣读】xuāndú [動] 公衆の前で読み上げる 〖～文件〗文書を読み上げる

【宣告】xuāngào [動] 宣告する, 宣言する([同][宣布]) 〖～破产〗破産を宣告する

【宣讲】xuānjiǎng [動] 大衆に宣伝し説明する, (多くの人に) 説いて聞かせる

【宣教】xuānjiào [動] 宣伝教育する

【宣明】xuānmíng [動] はっきりと声明する, 発表する

【宣判】xuānpàn [動] 〖法〗判決を言い渡す 〖～无罪〗無罪を言い渡す

★【宣誓】xuān▾shì [動] 宣誓する 〖～作证〗宣誓し証言する

【宣泄】xuānxiè [動] ① 溜り水をはかす, 排水する 〖～洪水〗洪水をはかす ② (心のうっ積を) 吐き出す, (心中を)ぶちまける

【宣言】xuānyán [名][動] 宣言(する) [波茨坦～] ポツダム宣言

★【宣扬】xuānyáng [動] 広く宣伝する, (よい事, 悪い事を) 言い触らす 〖～自由〗自由を呼び掛ける

【宣战】xuān▾zhàn [動] 宣戦する, 宣戦を布告する 〖向环境污染～〗環境汚染に対して宣戦する

【宣纸】xuānzhǐ [名] 宣紙せんし, 画仙紙 ♦安徽省宣城県で産出する書画用の上質な紙

【萱(*蘐)】 xuān ⊗〖植〗カンゾウ [～草] 同前

【喧(*諠)】 xuān ⊗① 大声でどなる [～嚷] 同前 ② 騒がしい, かしましい, やかましい [锣鼓～天] ドラや太鼓が天まで響く

【喧宾夺主】xuān bīn duó zhǔ《成》(声の大きい客が主人の役を奪う>) 小事が大事を押しのける

【喧哗】xuānhuá [動] 大声で騒ぐ 〖请勿～〗静粛に — [形] 騒がしい

【喧闹】xuānnào [形] 騒がしい, やかましい([反][安静]) 〖厌烦～〗騒がしさを嫌う

【喧嚷】xuānrǎng [動] (大勢の人が) 大声でどなる, 声が入り乱れる 〖～之声〗大勢のどなり声

【喧扰】xuānrǎo [動] 騒がす, 騒いで(平穏を)かき乱す

【喧腾】xuānténg [形] 沸き返るように騒がしい 〖广场上一片～〗広場中大騒ぎしている

【喧嚣】xuānxiāo [動] 大勢の人がわめき立てる [同][喧嚷] — [形] (人や車が)かまびすしい, 騒がしい

【揎】 xuān [動] ① 袖をまくる 〖～起胳膊〗腕まくりをする ② 《方》推す, なぐる

【暄】 xuān [形]《方》(透き間が多くて) 柔らかい, ふんわりした 〖馒头很～〗マントウがふわふわしている [～腾 teng]《方》ふわふわ柔らかい

⊗太陽の暖かさ [寒～] 時候のあいさつをする [～暖] 暖かい

【煊】 xuān ⊗ '暄' と通用 [～赫] (名声などが) 赫々たるさま

【谖(諼)】 xuān ⊗① 忘れる ② 欺く

【儇】 xuān ⊗① 軽佻な [～薄]《書》軽薄な ② ずる賢い

【翾】 xuān ⊗飛翔する

【禤】 Xuān ⊗姓

【玄】 xuán [形] でたらめな, 当てにならない 〖这话太～了〗この話は全くいんちきだ

⊗① 黒い [～色] 黒色 ② 深遠な [～理] 奥深い道理

【玄妙】xuánmiào [形] 深遠な, 玄妙な

【玄青】xuánqīng [形]〔定語として〕濃い黒色の

【玄参】xuánshēn [名]〖植〗ゴマノハグサ ♦漢方薬用, 解熱, 消炎効果を持つ

【玄孙】xuánsūn [名] (男子の) やしゃ

ご
【玄武】xuánwǔ [名] ①《書》亀(または亀と蛇) ②二十八宿中の北方七宿の総称 ③(道教で奉じる)北天の神
【玄想】xuánxiǎng [名] 幻想 [同][幻想]
【玄虚】xuánxū [名] ごまかし, からくり
【玄学】xuánxué [名] ①老荘学派の哲学 ②形而上学
【玄之又玄】xuán zhī yòu xuán 《成》深遠でとらえ難い, 玄妙この上もない

【痃】xuán ⊗[横～]〖医〗横根

【旋】xuán [名](～儿) ①渦(うず), 輪〖打个～〗輪を描く ②つむじ
⊗①ぐるぐる回る, 旋回する [盘～] 旋回する ②戻る, 帰る [凯～] 凱旋する ③まもなく [～即] 同前 ④(X-)姓
⇨xuàn
*【旋律】xuánlǜ [名] メロディー, 旋律(せんりつ)
【旋绕】xuánrào [動] ぐるぐる回る, 渦を巻く([同][缭绕])〖歌声～〗歌声が空にこだまする
【旋梯】xuántī [名] ①らせん階段 ②(体育器具, また運動としての) 回転ばしご
【旋涡(漩涡)】xuánwō [名] ①(～儿) 渦〖打～〗渦を巻く ②《転》人を巻き込む紛争など〖被卷进政治斗争的～里〗政治闘争の渦に巻き込まれる
*【旋转】xuánzhuǎn [動](回転軸の周りを) 回転する, 旋回する〖月亮围绕着地球～〗月は地球の周りを回る
【旋转乾坤】xuánzhuǎn qiánkūn 《成》局面を一変させる, 天地を覆す [同][旋乾转坤]
【旋子】xuánzi [名] 輪(わ), 円([同][圈子])〖打～〗(トンビなどが) 輪を描く

【漩】xuán [名](～儿) 渦(うず), 渦巻き [～涡] 渦

【璇(*璿)】xuán ⊗①美しい玉(ぎょく) ②古代の天文観測器 [～玑] 同前

【悬(懸)】xuán [動] 掛ける, 吊す〖～在空中〗宙にぶら下っている ― [形]《方》危なっかしい
⊗①心配する, 案じる ②決着がついていない, 懸案の ③距離がある, 開きが大きい
【悬案】xuán'àn [名]〔件〕①(犯罪事件や訴訟などの) 未解決の事件 ②未解決の問題, 懸案
【悬臂】xuánbì [名]〖機〗カンチレバー, 腕木 [～起重机] 大型クレーン
【悬浮】xuánfú [動] ①〖理〗(微粒子が) 浮遊する ②ふわふわ漂う [同][漂浮]
【悬隔】xuángé [動] 遠く隔たる [～天地] 天地の隔たりがある
*【悬挂】xuánguà [動] 掛ける, 吊す〖～项链〗ネックレスを着ける
【悬乎】xuánhu [形]《方》危ない, 心許ない
【悬空】xuánkōng [動] ①宙に浮く;《転》未解決のまま残る ②《転》現実離れする
【悬梁】xuánliáng [動] 梁(はり)に首を吊る
【悬铃木】xuánlíngmù [名]〖植〗プラタナス, スズカケ [同][法国梧桐]
【悬拟】xuánnǐ [動](根拠もなく)想像する, 当て推量する
*【悬念】xuánniàn [動] 気にかける, 心配する ― [名](物語の成り行きなどに)はらはらする気持ち
【悬殊】xuánshū [形] ギャップが大きい, 差異の甚だしい〖力量～〗力に大差がある
【悬索桥】xuánsuǒqiáo [名] 吊り橋 [同][吊桥]
【悬腕】xuán'wàn [動](毛筆で大きな字を書く時)腕を上げて机に着かないようにする [同][悬肘]
【悬想】xuánxiǎng [動] 空想する, 想像する
【悬崖】xuányá [名] 断崖(だんがい)〖攀登～〗断崖をよじ登る
【悬崖勒马】xuányá lè mǎ 《成》(断崖に馬を止(と)める>) 危機の瀬戸際で踏み止まる
*【悬崖峭壁】xuányá qiàobì 《成》切り立った絶壁
【悬雍垂】xuányōngchuí [名]〖生〗口蓋垂, のどひこ ♦通常'小舌'という

【选(選)】xuǎn [動] ①選ぶ, 選択する([同][拣]) [挑～] 選ぶ ②選挙する, 選出する〖～他当代表〗彼を代表に選出する
⊗選集 [短篇小说～] 短篇小説選
*【选拔】xuǎnbá [動] 選抜する〖～选手〗選手を選抜する [～赛] 選抜競技会
【选材】xuǎn'cái [動] 人材(材料) を選ぶ
【选定】xuǎndìng [動] 選んで確定する〖～主题〗テーマを決める
【选集】xuǎnjí [名]〔本·套〕選集
**【选举】xuǎnjǔ [動] 選挙する, 選出する〖～市长〗市長を選ぶ [～权] 選挙権
【选矿】xuǎnkuàng [動]〖鉱〗選鉱する
【选录】xuǎnlù [動](文章を)選んで収録する
【选民】xuǎnmín [名] 有権者, 選挙民

［～榜］選挙人名簿
【选派】xuǎnpài [動] 人を選んで派遣する〖～代表出席大会〗代表を選出して大会に出席させる
【选票】xuǎnpiào [图]〔张〕投票用紙〖收买～〗票を買う(買収する)〖赢得 yíngdé 过半的～〗過半数の票を得る
【选区】xuǎnqū [图] 選挙区
【选任】xuǎnrèn [動] 選任する〖被～科长〗課長に選任される
*【选手】xuǎnshǒu [图]〔名〕選手([同]［运动员］)〖被选为～〗選手に選ばれる［种子～］シード選手
【选修】xuǎnxiū [動] 選択科目を選んで学ぶ〖～汉语〗中国語を選択する［～科］選択科目
【选用】xuǎnyòng [動](人や物を)選んで使う〖～教材〗教材を選ぶ
**【选择】xuǎnzé [動] 選択する，選ぶ
【选种】xuǎnʼzhǒng [動](動植物の)優良種を選ぶ

〖烜〗 xuǎn/xuān [⊗] ① 燃えさかる，赤々と燃える ② 輝かしい［～赫 hè］名の聞こえた

【癣(癬)】 xuǎn [图] 田虫や白雲などの皮膚病の総称〖长～〗皮膚病になる［～疥］疥癬

〖泫〗 xuàn [⊗] 滴が垂れる，滴たる
【泫然】xuànrán [形]《書》はらはらと(涙がこぼれるさま)

〖炫〗 xuàn [⊗] まぶしく照らす，目を眩ませる［光彩～目］華やかでまばゆい
〖一(*衒)〗 [⊗] ひけらかす［～富］財力をひけらかす
【炫示】xuànshì [動] 見せびらかす，ひけらかす
【炫耀】xuànyào [動] ひけらかす，鼻にかける([同]［夸耀］)〖～学问〗学をひけらかす

〖昡〗 xuàn [⊗] 日の光

〖眩〗 xuàn [⊗] ① 目がくらむ，目まいがする ②(欲に)心を曇らされる，惑わされる［～于名利］名利に目がくらむ
【眩惑】xuànhuò [動](欲に)目がくらむ，惑わされる [同]［迷惑］
【眩晕】xuànyùn [動] 目がくらむ，めまいを起こす

〖铉(鉉)〗 xuàn [⊗] 鼎をかつぐための道具

〖绚(絢)〗 xuàn [⊗] 以下を見よ
【绚烂】xuànlàn [形] きらびやかな，華やかな〖～多彩的民族服装〗絢爛たる民族衣装
【绚丽】xuànlì [形] きらびやかな，華麗な〖～的陶瓷〗目もあやな陶磁器

【旋】 xuàn [副] その場で，その時になって〖～用～买〗いざ必要な時にその場で買う
[⊗] くるくる回る，渦を巻く
【一(*鏇)】 [動] 旋盤で削る，回転させながら刃物で削る〖～铅笔〗鉛筆を削る
[⊗] 燗鍋→［～子］
⇨xuán
【旋床】xuànchuáng [图]〔台〕旋盤 [同]［车床］
【旋风】xuànfēng [图]〔阵〕つむじ風，旋風
【旋子】xuànzi [图] ① 銅製の盆 ♦普通'粉皮'を作るのに使う ② 燗鍋(湯を張って酒の燗をする金属容器)

〖渲〗 xuàn [⊗] 以下を見よ
【渲染】xuànrǎn [動] ① 中国画法の一 ♦たっぷり水を含んだ墨や色で画面をぼかすように塗る ② 大げさに言う，誇張する

【楦(*楥)】 xuàn [動] ① 木型を入れる〖～鞋〗靴に木型を入れる ②《方》空いた所に物を詰める，詰め物をする
[⊗] 靴や帽子の木型［鞋～］靴の木型
【楦子】xuànzi [图] 靴や帽子の木型 [同]［楦头］

〖削〗 xuē [⊗] 削る，(皮を)むく［剥～］搾取する［～发 fà］(出家して)髪をおろす
⇨xiāo
【削壁】xuēbì [图] 切り立った崖，絶壁
【削价】xuējià [動] 値引きする，値下げする([同]［减价］)〖～处理〗特価大バーゲン
【削减】xuējiǎn [動] 削減する，削る〖～军费〗軍事費を削る
*【削弱】xuēruò [動] ① 力が弱まる ② 力を弱める〖～力量〗力を弱める
【削足适履】xuē zú shì lǚ《成》(足を削って靴に合わせる＞) 実情を無視して機械的に適用する

〖靴(*鞾)〗 xuē [⊗] 長靴，ブーツ［雨～］レインシューズ［马～］乗馬靴
【靴靿】xuēyào [图](～儿) 長靴の筒 [同]《方》［鞥 wēng］
【靴子】xuēzi [图]〔双〕長靴，ブーツ ♦くるぶしより上まである靴

〖薛〗 Xuē [⊗] 姓

〖穴〗 xué [⊗] ① ほら穴，(動物の) 巣窟［洞～］洞窟［蚁～］アリの巣［～植］穴を掘って苗木を植える ② 鍼灸のつぼ［～道］つぼ ③ 墓穴［墓～］同前
【穴位】xuéwèi [图] 鍼灸のつぼ

X

【茓】xué ⊗［～子(踅子)］穀物貯蔵の囲いに使うむしろ

【学(學)】xué [動] ① 学ぶ，勉強する〚跟他～英语〛彼について英語を学ぶ ② まねる〚～鸡叫〛鶏の鳴き声をまねる
⊗① 学問，知識 ② 学科［数～］数学 ③ 学校［上～］学校へ行く

【学报】xuébào [名] 学報，紀要
【学潮】xuécháo [名] 学園紛争，学生の抗議運動〚闹～〛(学生が) 授業放棄などをする
【学阀】xuéfá [名]《貶》学界のボス，教育界の頭目
【学费】xuéfèi [名] ① 学費，教育費 ②(学校に払う) 授業料〚付～〛授業料を払う
【学分】xuéfēn [名](成績の)単位
【学风】xuéfēng [名] 学風，学習のあり方
【学好】xuéhǎo [動] 習得する，マスターする〚～游泳〛水泳をマスターする〚学不好〛習得できない
—— xuéˇhǎo [動] 立派な人や事柄を手本とする [反]［学坏］
【学会】xuéhuì [名] 学会 — [動] 習得する，マスターする〚～了开车〛車の運転を覚えた〚学不会〛習得できない
【学籍】xuéjí [名] 学籍〚开除～〛除籍処分にする
【学界】xuéjiè [名] 教育界
【学究】xuéjiū [名] 知識人 ♦時に時代遅れの学者を指す
【学科】xuékē [名] ① 学問の科目 ♦物理学，社会学など ② 学校の教科目 ③(軍事訓練や体育訓練の中の'术科'(実技)に対する) 学科，知識科目
【学力】xuélì [名] 学力〚提高～〛学力を増進する
★【学历】xuélì [名] 学歴〚填写～〛学歴を書き込む
【学龄】xuélíng [名] 学齢([同]［学习年龄］)［～儿童］学齢に達した児童
【学名】xuémíng [名] ① 学名 ② 子供が入学時に使う正式の名前 [同]［大名］[反]［小名］
【学年】xuénián [名] 学年 ♦中国では9月に始まる［～考试］学年末試験
【学派】xuépài [名] 学派
★★【学期】xuéqī [名] 学期 ♦中国の1学年は2学期から成る
【学舌】xuéˇshé [動]《貶》①(自分の意見がなく) 人の意見を繰り返す ② 口が軽い，聞いた話をすぐしゃべる
★★【学生】xuésheng/xuéshēng [名] ① 学生 ♦小学生以上，在学する者すべてをいう ② 教え子，弟子
【学识】xuéshí [名] 学識〚卖弄～〛学識をひけらかす
【学时】xuéshí [名] 授業時間，時限
【学士】xuéshì [名] ① 読書人，学者 ② 学士［经济～］経済学士
★★【学术】xuéshù [名] 学術［～讨论会］［～研讨会］シンポジウム［～界］学界
★【学说】xuéshuō [名] 学説
【学堂】xuétáng [名]《旧》《方》学校［大～］大学堂(清末に開設した大学)
【学徒】xuétú [名](商売を習う) 小僧，(技術を習う) 徒弟［～工］見習工
—— xuéˇtú [動] 徒弟になる，弟子入りする
★【学位】xuéwèi [名] 学位〚授予～〛学位を授ける［～论文］学位(博士)論文
★★【学问】xuéwen [名] ①〔门〕学問〚做～〛学問にたずさわる ② 知識，学識〚很有～〛学がある
★★【学习】xuéxí [動] 学習する，勉強する〚～文化〛読み書きを学ぶ〚～先驱〛先駆者に学ぶ〚向他～〛彼に学ぶ
★★【学校】xuéxiào [名]〔所〕学校〚开办～〛学校をつくる
【学业】xuéyè [名] 学業〚完成～〛学業を全うする
【学员】xuéyuán [名](訓練所や養成所などで学ぶ)受講生，研修生
【学院】xuéyuàn [名]〔所〕単科大学
【学者】xuézhě [名] 学者
【学制】xuézhì [名] ① 教育制度，学制〚整顿～〛教育制度を整備する ②(学校の)修業年限

【踅】xué [動] 行ったり来たりする，途中で引き返す〚～来～去〛行きつ戻りつする

【噱】xué ⊗《方》笑う［发～］同前 ♦「大笑いする」の意の文語はjuéと発音

【噱头】xuétóu《方》[名] ① お笑い，笑いを誘う言葉やしぐさ ② いんちき，トリック〚摆～〛トリックを使う — [形] 滑稽な，おかしい

【雪】xuě [名]〔场·片〕雪〚下～〛雪が降る
⊗①(恥，恨み，汚名を) そそぐ，晴らす［～恨］恨みを晴らす ② 雪のように白い

【雪白】xuěbái [形] 真っ白な〚脸色～〛顔色が雪のように白い
【雪豹】xuěbào [名]〖動〗ユキヒョウ
【雪暴】xuěbào [名] 雪あらし，ブリザード
【雪崩】xuěbēng [動] 雪なだれが起こる
【雪耻】xuěchǐ [動] 恥をそそぐ
【雪糕】xuěgāo [名]《方》アイスクリーム [同]《普》［冰激凌］
【雪花】xuěhuā [名]〔片〕(ひらひら舞う)雪，雪片［～膏］化粧クリーム

X

【雪茄】xuějiā 名《訳》〔支・根〕シガー,葉卷(英:cigar) 【卷烟】

【雪里蕻】【雪里红】xuělǐhóng 名《植》オオバガラシ ♦茎と葉を漬物にする

【雪莲】xuělián 名《植》雪蓮 ♦新疆,青海,チベット地方の高山に産し花は真紅で薬用になる

【雪亮】xuěliàng 形ぴかぴかの,雪のように明るい [电灯～] 電灯がまぶしく輝いている

【雪柳】xuěliǔ 名《植》ユキヤナギ

【雪泥鸿爪】xuě ní hóng zhǎo《成》(泥雪上の雁の足跡>) 昔を偲ばせる何かの痕跡

【雪片】xuěpiàn 名雪片,舞いとぶ雪 ♦多く比喩に使う 〖～飞来〗(祝電や投書などが)雪片のように殺到する

【雪橇】xuěqiāo 名〔只〕雪そり【雪车】 [拉～]そりを引く

【雪青】xuěqīng 形《定語として》薄紫色の 【浅紫】

【雪人】xuěrén 名① (～儿)雪だるま [堆～]雪だるまを作る ②(想像上の)雪男,イエティ

*【雪上加霜】xuě shàng jiā shuāng《成》泣き面に蜂,災難が重なる

【雪松】xuěsōng 名〔棵〕ヒマラヤ杉

【雪条】xuětiáo 名《方》アイスキャンデー【冰棍儿】

【雪线】xuěxiàn 名《地》雪線

【雪冤】xuěyuān 動無実の罪をそそぐ,冤罪を晴らす

【雪中送炭】xuě zhōng sòng tàn《成》(雪中に炭を送る>)困っている人に物質的援助をする 【雪里送炭】

【鳕】(鱈) xuě ⊗《魚》タラ ♦普通 "大头鱼" という [～鱼]同前

【血】xuè 名血液 [输～]輸血する
⊗ ①血のつながった,先祖が同じの [～亲]血族 ②血気盛んな ③月経
⇒xiě

【血案】xuè'àn 名〔件・起〕殺人事件

【血沉】xuèchén 名《医》血沈 [测定～]血沈を計る

【血管】xuèguǎn 名〔条〕血管

【血海】xuèhǎi 名(殺人による)血の海 [～深仇]肉親などを殺された恨み

【血汗】xuèhàn 名血と汗;(転)骨折り,苦労 [～钱] 苦労して稼いだ金

【血痕】xuèhén 名血痕

【血红】xuèhóng 形《多く定語として》真っ赤な,深紅の 【鲜红】

【血红蛋白】xuèhóng dànbái 名《生》ヘモグロビン 【血红素】[血色素]

【血迹】xuèjì 名血のあと,血痕 [留有～]血痕が残っている

【血浆】xuèjiāng 名《生》血しょう

【血口喷人】xuè kǒu pēn rén《成》口汚なく中傷する 【含血喷人】

【血库】xuèkù 名①血液銀行 ②(病院の)血液保管庫

【血亏】xuèkuī 名(漢方で) 貧血症 【血虚】

【血泪】xuèlèi 名血の涙;(転)悲惨な身の上 [～家史]血涙で綴る一家の歴史

【血流成河】xuè liú chéng hé《成》(多数の人が殺されて)血が川となって流れる 【血流漂杵】

【血路】xuèlù 名〔条〕血路 〖杀出～〗血路を開く

【血泊】xuèpō 名血だまり,血の海

【血气】xuèqì 名①血気,活力 [～方刚]血気盛んだ 【血性】

【血清】xuèqīng 名血清 [～肝炎]血清肝炎

【血球】xuèqiú 名《生》血球 [红(白)～]赤(白)血球

【血肉】xuèròu 名①血と肉 ②特に(親族その他の)親密な間柄

【血色】xuèsè 名血色,皮膚の色つや 〖没有一丝～〗血の気が失せている

【血书】xuèshū 名〔封〕血書,血で書いた書状

【血栓】xuèshuān 名《医》血せん

【血糖】xuètáng 名《医》血糖 [～过多症]血糖過多症

【血统】xuètǒng 名血統,血筋 [日本～的美国人]日系アメリカ人

【血污】xuèwū 名染みついた血痕,血による汚れ 〖抹去～〗血をぬぐい取る

【血吸虫】xuèxīchóng 名《虫》住血吸虫

【血小板】xuèxiǎobǎn 名《生》血小板

【血腥】xuèxīng 形《多く定語として》血なまぐさい,血にまみれた [～钱]血にまみれた金

【血型】xuèxíng 名血液型 〖～不配合〗血液型不適合

【血性】xuèxìng 名生一本な性質,真っ直ぐな心 [～汉子]正義漢

【血压】xuèyā 名血圧 [量 liáng ～]血圧を計る [高(低)～]高(低)血圧

【血液】xuèyè 名①血液 [～透析(人工)]血液透析 ②(転)主要な成分,主力

【血印】xuèyìn 名血痕 【血迹】

【血友病】xuèyǒubìng 名《医》血友病

【血缘】xuèyuán 名血縁 [～关系]血縁関係

【血债】xuèzhài [名]〔笔〕血の負債，人民を殺害した罪
【血战】xuèzhàn [名]〔场〕血みどろの戦い，大激戦 — [動] 血みどろの戦いをする，死を賭して戦う
【血肿】xuèzhǒng [名]〘医〙血腫
【谑(謔)】xuè [⊗] ふざける，冗談を言う［戏～］ふざける
【勋(勛 *勳)】xūn [⊗] 大きな手柄，功労［功～］勲功
【勋绩】xūnjì [名] 立派な手柄，功績 [同]［勋劳］
【勋爵】xūnjué [名] ①（封建時代の）爵位 ②英国の貴族ないし男爵への尊称（英：Lord）
【勋劳】xūnláo [名] 立派な手柄，功績
【勋章】xūnzhāng [名]〔枚〕勲章〘佩带～〙勲章をつける
【埙(塤 *壎)】xūn [⊗] 壎(けん) ♦古代の土笛，鶏卵ほどの形と大きさで中空，ほぼ6個の穴がある
【熏(*燻)】xūn [動] ①（煙で）いぶす，（香りを）たきこむ〘～蚊子〙蚊をいぶす〘～黑〙黒くすすける ②くん製にする〘～鱼〙魚をくん製にする
⇨xùn
【熏风】xūnfēng [名]《書》暖かい南風
【熏沐】xūnmù [動] 香を焚き沐浴して身を清める
【熏染】xūnrǎn [動] 悪い影響を与える，悪習に染まる〘受腐朽思想的～〙堕落した思想に染まる
*【熏陶】xūntáo [動] 薫陶する，よい方向に感化する〘起～作用〙よい影響を与える
【熏蒸】xūnzhēng [動] 燻蒸(くんじょう)消毒する［～消毒］燻蒸消毒 — [形] 蒸し暑く耐え難い，うっとうしくて息のつまりそうな
【熏制】xūnzhì [動]（食品を煙や香りで）いぶす，くん製にする
【薰】xūn [⊗] ①かおり草［～草］香草 ②草花の香り ③'熏'と通用
【薰莸不同器】xūn yóu bù tóng qì《成》（香りの良い草と悪い草は同じ器に入れられない＞）良いものと悪いものは共存できない
【曛】xūn [⊗] 残照，日没時の淡い光り
【醺】xūn [⊗] 酒に酔った［醉～～］酔っ払った
【旬】xún [⊗] ①10日間，1か月を3分した期間［上～］上旬 ②10年〘年过七～〙70歳を越える
【郇】Xún [⊗] 姓
【询(詢)】xún [⊗] 尋ねる，問う［查～］問い合わせる［咨～］諮問する
**【询问】xúnwèn [動] 問い合わせる，意見を求める［～站］案内所［～处］同前
【洵】xún [⊗] 誠に，本当に〘～属可贵〙実に貴重だ
【恂】xún [⊗] 誠実な，正直な
【荀】Xún [⊗] 姓
【珣】xún [⊗] 玉の一種
【巡(*廵)】xún [量] 全員に酒をつぐ回数を数える〘酒过三～〙酒が3回りした
[⊗] 巡回する，パトロールする［～演］巡回公演する
【巡捕】xúnbǔ [名] ①清代の地方長官に随行する役人 ②《旧》租界地の警官［～房］租界の警察局
【巡查】xúnchá [動] 見回る，パトロールする
【巡风】xúnfēng [動] 見張りをする，巡回し動静をうかがう
【巡航】xúnháng [動]（船や飛行機が）巡視する，巡航する［～导弹］巡航ミサイル
【巡回】xúnhuí [動] 巡回する［～医疗队］巡回医療団
【巡警】xúnjǐng [名]《旧》巡査，警官
【巡礼】xúnlǐ [動] 巡礼する，聖地詣での旅をする；《転》観光する，名所巡りをする
*【巡逻】xúnluó [動] パトロールする［～队］パトロール隊
【巡哨】xúnshào [動]（警備隊が）パトロールする，巡回警備する
【巡视】xúnshì [動] ①視察して回る ②見回す，ぐるり見渡す
【巡幸】xúnxìng [動]《書》（皇帝が）巡幸する
【巡洋舰】xúnyángjiàn [名]〔艘・只〕〘軍〙巡洋艦［导弹～］ミサイル搭載巡洋艦
【巡夜】xúnyè [動] 夜回りをする，夜間パトロールをする
【巡弋】xúnyì [動]（軍艦が）海上パトロールする
【巡诊】xúnzhěn [動]（医師が）巡回診療を行う，往診する
【寻(尋)】xún [動]《方》探す，求める（[同]《普》［找］）〘～人〙尋ね人あり
[⊗] 古代の長さの単位 ♦'一～'は'八尺'
⇨xín
【寻常】xúncháng [形] 普通の，当たり前の（[同]［平常］）
【寻短见】xún duǎnjiàn（旧読 xín duǎnjiàn）[動] 早まったことをする（自殺する）

X

【寻访】xúnfǎng [動] 所在を探して訪れる，尋ねて行く
【寻根究底】xún gēn jiū dǐ《成》(根を探り底をきわめる＞)そもそもの原因や経緯を根ほり葉ほり問い詰める
【寻呼机】xúnhūjī [名] ポケベル
【寻机】xúnjī [動] 機会を探す，チャンスをうかがう
*【寻觅】xúnmì [動] 探す，尋ね求める [同][寻找]
【寻求】xúnqiú [動] 探し求める，追究する〖～真理〗真理を追求する
【寻死】xún'sǐ (旧読 xín'sǐ) [動] 自殺する，自殺をはかる
【寻死觅活】xún sǐ mì huó《成》自殺を企てる，死ぬの生きるのと騒ぐ
【寻思】xúnsi (旧読 xínsi) [動] 考える，思案する([同][考虑])〖好好～〗じっくり思案する
【寻索】xúnsuǒ [動] 探し求める，尋ねる〖～踪迹〗行方を探す
【寻味】xúnwèi [動] (意味を) 味わう，繰り返し考える［耐人～］(言葉が) 味わい深い
【寻衅】xúnxìn [動] 言い掛かりをつける，挑発する
【寻章摘句】xún zhāng zhāi jù《成》(ほかの本から章や句を引いてくる＞) ①美辞麗句にとらわれて全文を理解しない ②ありきたりの語句を並べて文を書く
**【寻找】xúnzhǎo [動] 探す，探求する〖～新的能源〗新しいエネルギー源を探す
【寻枝摘叶】xún zhī zhāi yè《成》(幹を捨てて枝葉を求める＞) どうでもよい事を問題にする

〖荨(蕁)〗xún [×] 以下を見よ
⇨qián
【荨麻疹】xúnmázhěn (旧読 qiánmázhěn) [名]〖医〗蕁麻疹じんましん [同][风疹块]

〖浔(潯)〗xún [×] ①水辺，川のほとり［江～］大河のほとり ②(X-) 江西省九江の別称

〖鲟(鱘 *鱏)〗xún [×]〖魚〗チョウザメ［～鱼］同前

〖循〗xún [×] 従う，守る［遵～］遵守する［～规蹈矩］規律を守る
*【循环】xúnhuán [動] 循環する［～系统疾病］循環器障害［～赛］リーグ戦［～论证］循環論
【循序】xúnxù [動] 順序に従う，順を追う
*【循序渐进】xúnxù jiànjìn《成》段階を踏んで着実に進む [反][一步登天]
【循循善诱】xúnxún shàn yòu《成》順序よく教え導く，系統立てて巧みに教える

【训(訓)】xùn [動] 教え導く，訓戒する〖被～了一顿〗叱られた
[×] ①教訓，戒め［家～］家訓 ②字義の解釈をする→［～诂］
【训斥】xùnchì [動] 訓戒する，叱責する
【训词】xùncí [名] 訓辞〖致～〗訓辞を述べる
【训诂】xùngǔ [名] 訓詁くん，古典の字句への解釈［～学］訓詁学
【训诫(训戒)】xùnjiè [名]〖法〗(裁判による) 訓戒処分 — [動] 教え諭す，戒める
**【训练】xùnliàn [動] 訓練する，研修する［～班］講習会
【训令】xùnlìng [名] 訓令
【训示】xùnshì [名] ①訓示 ②ご教示

【驯(馴)】xùn [形] (動物が) 従順な，おとなしい
[×] 飼いならす［～养］飼いならす
【驯服】xùnfú [動] (動物を) 従わせる，飼いならす〖～野兽〗野獣を飼いならす — [形] (動物が) おとなしい，従順な
【驯化】xùnhuà [動] (野生の動物を) 飼いならす，順応させる
【驯良】xùnliáng [形] (動物が) おとなしい，従順な [同][驯善]
【驯鹿】xùnlù [名]〖動〗〔只〕トナカイ
【驯顺】xùnshùn [形] (動物が) 調教されておとなしい，従順な
【驯养】xùnyǎng [動] (野生動物を) 飼いならす，飼育する

〖讯(訊)〗xùn [×] ①消息，便り［通～］通信する［新华社～］新華社発の通信 ②尋ねる，問う［审～］審問する
【讯问】xùnwèn [動] ①問う，質問する ②訊問する〖～证人〗証人に訊問する
【讯息】xùnxī [名] 通信，情報 [同][信息]

〖汛〗xùn [×] 河川の定期的な増水［桃花～］桃の花が咲く頃の河川の増水

〖迅〗xùn [×] はやい［～速］迅速だ［～跑］速く走る
【迅急】xùnjí [形] 迅速な，急速な [同][急速]
【迅疾】xùnjí [形] 速い，猛スピードの [同][迅速]
【迅捷】xùnjié [形] 敏速な，素早い
【迅雷不及掩耳】xùn léi bù jí yǎn ěr《成》(突然の雷で耳をふさぐいとまがない＞) 突然の事で防ぎようがない
【迅猛】xùnměng [形] 勢いが激しくて速い〖水势～〗水の流れが速くて激しい

*【迅速】xùnsù 形 はやい,迅速な(⑱[缓慢])〖~传开〗(情報が)瞬時に広まる

【徇】(*狥) xùn ㊁①従う,意を曲げて従う ②殉ずる ③声明する,表明する
【徇情】xùnqíng 動《書》⇨[徇私]
【徇私】xùnsī 私情にとらわれる,情実で筋を曲げる〖~枉法〗賄賂をもらって法を曲げる

【殉】xùn ㊁死者とともに葬られる,殉死する→〖~葬〗

【殉】(*徇) ㊁①殉ずる,命を奉げる〖~道〗信仰のために命を捨てる
【殉国】xùn'guó 動 国益のために命を捨てる,国家に命を奉げる
【殉节】xùn'jié 動①(亡国に際して)節に殉ずる,降服を拒否して死ぬ ②(婦人が)貞節を守るために死ぬ ③夫の死後妻が殉死する
【殉难】xùn'nàn 動 国難や正義のために命を捨てる
【殉葬】xùnzàng 動(死者とともに)殉死者を埋葬する,人形や財宝などを埋める〖~品〗副葬品
【殉职】xùnzhí 動 殉職する

【逊】(遜) xùn ㊁①劣る,及ばない〖稍~一筹〗少し劣る ②(帝位を)譲る〖~位〗譲位する ③へり下る〖谦~〗謙虚な
【逊色】xùnsè 名 遜色,見劣り〖毫无~〗いささかも遜色なし →形 見劣りがする,劣った ⑱[出色]

【巽】xùn ㊁八卦の一(風を表わす)

【噀】xùn ㊁(口に含んだ水を)吹き出す

【熏】xùn 動《方》ガス中毒を起こす
⇨xūn

【蕈】xùn ㊁〖植〗キノコ〖香~〗シイタケ

Y

【丫】yā ㊁①端が枝分かれした物〖枝~〗木の枝 ②《方》女の子,少女〖小~〗女の子
【丫杈】yāchà 名⇨[桠杈]
【丫鬟】yāhuan 名《旧》下女,女中 ♦多く金銭で売買された
【丫头】yātou 名①女の子,少女 ②《旧》下女,女中 ❀⇨[丫鬟]

【压】(壓) yā 動①(上から下へ)のしかかる,押さえる,(心理的に)重圧となる ②動きを押さえる,静かにさせる〖~不住怒火〗怒りを抑え難い ③制圧する,鎮圧する ④近づく,迫る ⑤(処理すべきものを)放置しておく,留めおく ⑥(賭博で金を)張る,賭ける
㊁压力〖血~〗血圧
⇨yà
【压宝】(押宝) yā'bǎo 動 '宝 bǎo'の賭博をする ♦牛の角で作った四角い板に方向を示す記号をつけた'宝'に碗を伏せ,その方向だと見当をつけた所に金を賭ける
【压秤】yāchèng 動①(体積の割りに)目方がはる ②わざと少なめに量る
【压倒】yādǎo 動 圧倒する,打ち勝つ(⑱[压服])〖怎么也压不倒他们〗どうしても彼らを打ち負かせない
【压队】(押队) yā'duì 動 隊列の後尾について救護や監督に当たる,殿を務める
【压服】(压伏) yāfú 動 力で押さえこむ,制圧する(⑱[说服])〖压不服〗力では制圧できない
【压价】yā'jià 動 値切る,値引きする〖~出售〗安売りする
【压惊】yā'jīng 動 ご馳走などして慰める,心の傷を和らげる
【压卷】yājuàn 名《書》最高の出来栄えの詩文,他を圧する作品
*【压力】yālì 名 圧力,プレッシャー〖对他加以~〗彼に圧力をかける〖~锅〗圧力鍋
【压路机】yālùjī 名〔台〕ロードローラー,地ならし機〖开~〗ローラーを動かす
*【压迫】yāpò 動①弾圧する,抑圧する(⑱[压制]) ②(身体の一部を)圧迫する,押さえつける〖~心脏〗心臓を圧迫する
【压气】yā'qì 動(~儿)怒りを鎮める,腹立ちを抑える
【压强】yāqiáng 名〖理〗単位面積当たりの圧力〖~计〗圧力計
*【压岁钱】yāsuìqián 名 お年玉 ♦旧暦の正月に子供たちに与える

- **【压缩】** yāsuō 動 圧縮する, 縮小する [～空气] 空気を圧縮する [～人员] 人減らしをする
- **【压条】** yātiáo 動 [農] 取り木をする ◆ブドウなどの増殖法 ⇨ [压枝]
- **【压抑】** yāyì 動 ① 抑制する, 自制する (同)[抑制] [～怒火] 怒りを抑える [感到～] 気分が重苦しい
- **【压韵】** yā'yùn ⇨ [押 yā 韵]
- **【压榨】** yāzhà 動 (同)[榨取] ①(果実や種子から液を) 絞り出す, 圧搾する ②絞り取る, 搾取する
- **【压阵】** yā'zhèn 動 隊列のしんがり (または先頭) を務める
- **【压枝】** yāzhī ⇨ [压条]
- **【压制】** yāzhì 動 ①押さえつける, 抑圧する [～才华] 才能を押さえつける ②プレス製造する, 型押しして作る
- **【压轴子】** yāzhòuzi 名 (芝居で) 最後から二番目の重要な演目

【呀】 yā 嘆 (驚きを表す) や, やっ, まあ [～, 三点啦] ありゃあ, もう3時だ — 擬 人や動物の引っぱる声, 物の擦れる音などを表わす [～的一声, 车停住了] キィッと音がして車は止まった ⇨ ya

【鸦(鴉*鵶)】 yā 名 カラス [乌 wū ～] 同前
- **【鸦片(雅片)】** yāpiàn 名 アヘン ◆医薬としては'阿片'という. (同)[大烟][阿芙蓉] [吸～] アヘンを吸う [～战争] アヘン戦争(1840-1842)
- **【鸦雀无声】** yā què wú shēng 成 水を打ったように静かな, しわぶきひとつ聞こえぬ (同)[鸦默雀静]

【押】 yā 動 ①担保にする, 抵当に入れる ②拘留する, 拘束する ③護送する, 送り届ける [～车] 貨車に同乗して積荷を見張る ④書類に署名する, 花押を記す ⊗(①[書画に記した~] 署名, 花押[画～] 花押を記す ②(Y-)姓
- **【押宝】** yā'bǎo 動 ⇨ [压 yā 宝]
- **【押当】** yādāng 名 [家] 小さな質屋 —— yā'dàng 動 質入れする, 質草にして借りる
- **【押队】** yā'duì 動 ⇨ [压 yā 队]
- **【押解】** yājiè 動 (犯人や捕虜を) 護送する (同)[押送]
- **【押金】** yājīn 名 [笔] 保証金, 損壊に備えた担保
- **【押款】** yākuǎn 名 ①抵当を入れて借りた金, 担保のある借金 ②前払い金 —— yā'kuǎn 動 抵当を入れて借金する
- **【押送】** yāsòng 動 ①(犯人や捕虜を) 護送する (同)[押解] ②貨物を送り届ける, 運送に同行して貨物を管理する (同)[押运]
- **【押尾】** yāwěi 動 書類の末尾に花押を記す
- **【押运】** yāyùn 動 貨物運送に同行管理する, 貨物を送り届ける (同)[押送]
- **【押韵(压韵)】** yā'yùn 動 押韻する, 韻を踏む
- **【押帐】** yāzhàng 動 抵当に入れる, 担保にする
- **【押租】** yāzū 名 (土地や家屋を借りる際の) 敷金, 保証金

【鸭(鴨)】 yā ⊗ アヒル, カモ [野～] カモ
- **【鸭蛋】** yādàn 名 ①アヒルの卵 [～青] 薄青色 ②(转)零点 [得了个大～] 完璧なる零点だった
- **【鸭儿梨】** yārlí 名 ナシの一種 ◆実は西洋梨の形で甘く, のどの炎症に効果がある
- **【鸭绒】** yāróng 名 アヒルの柔かい羽毛, ダウン [～防寒服] ダウンジャケット
- **【鸭舌帽】** yāshémào 名 [顶] 鳥打帽, ハンチング [戴歪～] 鳥打帽を斜めにかぶる
- **【鸭子】** yāzi 名 [只] アヒル, カモ ◆ [鸭子儿 yāzǐr] はアヒルの卵
- **【鸭嘴笔】** yāzuǐbǐ 名 [枝] (製図用の) 烏口
- **【鸭嘴兽】** yāzuǐshòu 名 [動] カモノハシ

【哑(啞)】 yā 嘆 ⇨ [呀 yā] ◆ [哑哑] はカラスの鳴き声 ⇨ yǎ

【垭(埡)】 yā 名 (方) 峠道, 山と山の間の小道 ◆多く地名に使う

【桠(椏*枒)】 yā ⊗ 樹木のまた, 枝分かれした所 [树～] 木のまた
- **【桠杈(丫杈)】** yāchà 名 樹木のまた, 枝分かれした部分 — 形 枝分かれした, またになった

【牙】 yá 名 [颗] 歯 [拔～] 歯を抜く ⊗①象牙 [～筷] 象牙の箸 ②(器物の) 歯に似た形をした装飾や突出部 [抽屉～子] 引き出しの取っ手 [轮～] 歯車の歯 ③仲買人 [～行 háng] 仲買業 ④ (Y-)姓
- **【牙碜】** yáchen 形 ①食物に砂の混じった ②(言葉が) 下卑た, 耳障りな ③(音が) 気色が悪い, 歯が浮くような
- **【牙齿】** yáchǐ 名 [颗・排] 歯
- **【牙床】** yáchuáng 名 ①歯茎 ('牙龈'の通称) [～发肿] 歯茎がはれる ②[张] 象牙細工のベッド
- **【牙雕】** yádiāo 名 [件] 象牙細工, 象牙の彫り物

★★【牙膏】yágāo [名]〔支·管〕練り歯磨き［～管］歯磨き入りのチューブ
【牙垢】yágòu [名] 歯垢(しこう)〖清除～〗歯垢をとる
【牙关】yáguān [名] あごの関節〖咬紧～〗歯を食いしばる
【牙祭】yájì [名] 肉料理のついたご馳走，豪勢な食事〖打～〗肉料理を食う
【牙科】yákē [名] 歯科 ♦病院の歯科は一般に‘口腔科’という［～医生］歯科医
【牙口】yákou [名] ①家畜の年齢(馬やロバなどは歯の数によって年齢がわかる)〖这匹马四岁～〗この馬は4歳だ ②(～儿)(老人の) 咀嚼(そしゃく)力，歯の力〖他～还好〗あの人は歯が丈夫だ
【牙轮】yálún [名]《口》歯車，ギヤ(‘齿轮’の通称)
【牙鲆】yápíng [名]〖魚〗ヒラメ
【牙签】yáqiān [名](～儿)〔根〕爪楊枝(つまようじ)〖用～剔牙缝〗爪楊枝で歯をせせる
【牙刷】yáshuā [名](～儿)〔把〕歯ブラシ
【牙医】yáyī [名] 歯科医，歯医者
【牙龈】yáyín [名] 歯茎 [同]《口》［牙床］
【牙质】yázhì [名](歯の) 象牙質 [同]［象牙质］— [形]〔定語として〕象牙製の
【牙周病】yázhōubìng [名] 歯槽膿漏(しそうのうろう)，歯周病
【牙子】yázi [名] ①家具類の周囲を装飾する彫刻や突出した部分，ぎざぎざつきの縁(へり) ②《旧》仲買人，ブローカー [同]［牙商］

〖伢〗yá ⊗《方》子供［小～(子)］同前

〖芽〗yá [名](～儿)〔根〕植物の芽〖发～〗芽が出る
⊗①物事の始まり，発生段階［萌～］萌芽(ほうが) ②芽に似た形状のもの［肉～］肉芽組織
【芽茶】yáchá [名] 芽茶(めちゃ)(新芽から製した極上の茶)
【芽豆】yádòu [名] 水に浸してわずかに発芽させた料理用空豆
【芽眼】yáyǎn [名] イモなどの芽が出る凹んだ部分

〖蚜〗yá ⊗アリマキ，アブラムシ［苹果～］リンゴの木につくアブラムシ
【蚜虫】yáchóng [名]〔条·只〕アリマキ，アブラムシ [同]《口》［腻虫］

〖涯〗yá ⊗①水辺，水際［水～］岸辺 ②果て，境界［一望无～］果てなく広がる

〖崖(*厓崕)〗yá ⊗①崖(がけ)［山～］山の絶壁 ②へり，果て［～略］《書》概略
【崖壁】yábì [名] きり立った崖〖攀登～〗険しい崖をよじ登る

〖睚〗yá ⊗目じり，目のすみ［～眦］《書》まなじりを決する；《転》ほんの小さな恨み

〖衙〗yá ⊗旧時の役所，官庁
【衙门】yámen [名]《旧》役所，官庁([同]［衙署］)［～作风］お役所仕事(的やり方)
【衙役】yáyi [名]《旧》役所の下働き，雇員

【哑(啞)】yǎ [形] ①口の利けない，唖(おし)の ②声のかすれた，しゃがれ声の〖嗓子喊～了〗(叫びすぎて) 声がかすれた ③(爆弾などが) 不発の，発火しない［～弹］不発弾
⇨yā
【哑巴】yǎba [名] 唖(おし)，口の利けない人([同]《方》［～哑子］)〖吃～亏〗泣き寝入りする
【哑剧】yǎjù [名]〔出〕パントマイム，無言劇
【哑口无言】yǎkǒu wú yán《成》(口がきけず言葉がない>) 反論できずに口をつぐむ [同]［张口结舌］
【哑铃】yǎlíng [名] 亜鈴(あれい)，ダンベル［举重～］バーベル
【哑谜】yǎmí [名] 不可解な言葉，なぞ〖打～〗なぞを解く
【哑然】yǎrán [形]《書》〔多く状語として〕①静まりかえった，声ひとつない〖～无声〗声も出ない ②(旧読 èrán) 笑い声の形容〖～失笑〗ぷっと吹き出す
【哑语】yǎyǔ [名] 手話([同]［手语］)〖打～〗手話で話す

〖雅〗yǎ ⊗①友情，交際 ②雅(が)(古代の詩の一分類) ♦周王朝の朝廷で歌われた王政に関する詩．詩経では小雅と大雅に分かれる ③高尚な，みやびやかな([反]‘俗’)［优～］優雅な ④標準的な，規範に合った ⑤《敬》多く書簡の中で相手の心情·言動への敬意を込める［～教］ご教示，ご高見 ⑥ふだん，平素 ⑦非常に，きわめて
【雅淡】yǎdàn [形] 飾らず上品な，優雅であっさりとした [同]［淡雅］
【雅观】yǎguān [形]〔多く否定形で用いて〕上品な，見栄えのする〖很不～〗みっともない
【雅号】yǎhào [名] ①雅号(がごう) ②あだ名，愛称 ♦からかう気持ちを伴う [同]［绰号］
【雅虎】Yǎhǔ [名] ヤフー ♦検索エンジンの一
【雅量】yǎliàng [名] ①寛大さ，気前のよさ ②酒量が多いこと，酒豪 [同]［海量］

【雅俗共赏】yǎ sú gòng shǎng《成》高雅の士も一般の人も共に楽しめる
【雅兴】yǎxìng [名] 優雅な趣味，洗練された遊び
【雅意】yǎyì [名]《書》ご厚情，ご芳志
【雅正】yǎzhèng [動]《敬》ご批判，ご叱正を乞う ♦人に自作の詩文·書画を送る時，教えを請うという意味で用いる — [形]《書》①標準的な，基準通りの ②公正な，廉直な
【雅致】yǎzhi [形] 趣のある，優美な [反][俗气]
【雅座】yǎzuò [名]（料理屋·風呂屋などの）小部屋になっている席，個室（[反][散座]）〖内有～〗個室あり（看板の文句）

【轧(軋)】yà [動] ローラーで圧力をかける，押しつぶすようにローラーを掛ける〖被电车～了〗電車にひかれた〖～谷子〗(石のローラーで)脱穀する
[⊗]①排斥する，追い出す［倾～］排斥する ②〘～～の形で〙機械が作動する音を表わす〖～～作响〗ぎいぎいひびく ③(Y-) 姓 ♦「混みあう」「交際する」などの意では gá と発音(呉方言)
⇨zhá

【亚(亞)】yà [⊗]①劣る，及ばない〖不～于人〗他人にひけを取らない ②1ランク下の，亜…，準…［～寒带］亜寒帯 ③音訳用字として［～当］アダム(とイブ)［～历山大］アレキサンダー ④(Y-) アジア［～非］アジア·アフリカ ⑤(Y-)姓
*【亚军】yàjūn [名]〔项〕準優勝，第2位〖荣获～〗準優勝に輝く
【亚麻】yàmá [名]〖植〗アマ［～布］リンネル
【亚热带】yàrèdài [名]〖地〗亜熱帯
**【亚洲】Yàzhōu [名] アジア

【挜(掗)】yà [動]《方》(物を)無理に相手に押しつける

【氩(氬)】yà [名]〖化〗アルゴン［～气灯］アルゴン灯

【压(壓)】yà [⊗] 以下を見よ
⇨yā
【压板】yàbǎn [名]《方》シーソー [同]《普》[跷跷板 qiāoqiāobǎn]
【压根儿(轧根儿)】yàgēnr [副] ①〘主に否定文に使って〙全く，まるっきり([同][根本])〖他～就不知道〗彼はまるきり知らない ②そもそもの初めから，これまでずっと〖～就住在这儿〗ずっとここに住んでいる

【讶(訝)】yà [⊗] いぶかしむ，驚く［惊～］驚き怪しむ

【迓】yà [⊗] 迎える

【砑】yà [動]（皮や布に）つや出しをする，滑らかにする〖～光〗つや出しする

【揠】yà [⊗] 引き抜く，上に引っ張る
【揠苗助长】yà miáo zhù zhǎng《成》[同][拔苗助长]

【猰】yà [⊗]［～貐 yǔ］伝説上の猛獣

【呀】ya [助] [同][啊] ♦前の韻母が a, e, i, o, ü であるとき，'啊 a'が'ya'に変わる
⇨yā

【咽】yān [⊗] 咽頭［～头］同前
⇨yàn, yè
【咽喉】yānhóu [名] ①のど，咽喉(いんこう) ②交通の要所［～要地］要衝の地
【咽头】yāntóu [名]〖生〗咽頭

【烟(煙)】yān [名] ①〔股〕煙〖冒～〗煙が出る ②〔支〕(製品となった) タバコ〖抽～〗タバコを吸う［香～］巻きタバコ ③アヘン(阿片) [同][大烟][鸦片] — [動] 煙が目にしみる，煙で目を刺激する〖～得睁不开眼〗煙たくて目が開けられない
[⊗] 煙状のもの

【—(菸)】[⊗]（畑で作る）タバコ［～草］同前
【烟波】yānbō [名] たなびくもや，水面に立ち込める霧
【烟草】yāncǎo [名] ①〖植〗〔棵〕タバコ ②タバコの葉
【烟尘】yānchén [名] ①煙塵 ②戦塵(せんじん)，戦場の煙や土ぼこり
【烟囱】yāncōng [名] 煙突 [同][烟筒]
【烟袋】yāndài [名] キセル ♦刻みタバコ('烟丝') 用の'旱～'と水タバコ用の'水～'とがあり，一般には'旱～'をいう［～锅儿］キセルの雁首(がんくび)［～嘴儿］キセルの吸い口
【烟斗】yāndǒu [名] ①タバコのパイプ［～丝］パイプタバコ ②アヘン用キセルのアヘンを詰める部分
【烟鬼】yānguǐ [名] ①アヘン中毒者 ②ヘビースモーカー
【烟海】yānhǎi [名] 霧に覆われた大海（広範かつ限りなく多いことを例える）［浩如～］(資料などが) 膨大な量にのぼる
【烟花】yānhuā [名] ①春の霞や花(のあでやかな景色);《転》花柳界 ②花火
*【烟花爆竹】yānhuā bàozhú [名] 爆竹花火
【烟灰】yānhuī [名] タバコの灰［～缸儿］灰皿
【烟火】yānhuǒ [名] ①火と煙，火気〖严禁～〗火気厳禁〖动～〗煮炊き

をする ②料理した食品，火を通した食物 [同][熟食]
—— yānhuo [名] 花火，狼火(のろし)([同][烟花])〖放～〗花火を打ち上げる
【烟具】yānjù [名]〔件·套〕喫煙具
【烟卷儿】yānjuǎnr [名]〔支〕紙巻きタバコ [同][香烟]
【烟煤】yānméi [名]〖鉱〗瀝青炭，軟炭 [同][黑煤] [反][无烟煤]
【烟幕】yānmù [名]①煙幕(比喩的にも用いる)［～弹］煙幕弾〖放～〗煙幕を張る ②〖農〗霜防止用の煙幕
【烟丝】yānsī [名]刻みタバコ，パイプタバコ〖一撮儿～〗刻み一つまみ
【烟筒】yāntong [名]煙突
【烟头】yāntóu [名](～儿)タバコの吸い殻，吸いさし([同][烟屁股])〖一大堆～儿〗吸い殻の山
【烟土】yāntǔ [名]未精製のアヘン
【烟雾】yānwù [名]〔团·片〕煙，霧，雲など〖屋子满是～〗部屋じゅう煙がたちこめる
【烟霞】yānxiá [名]もや，霞(かすみ)
【烟消云散】yān xiāo yún sàn《成》(雲散霧消する>)跡形もなく消え失せる [同][云消雾散]
【烟叶】yānyè [名]タバコの葉，葉タバコ
【烟瘾】yānyǐn [名]タバコやアヘンの嗜好(しこう)癖([同][烟癖])〖～大〗タバコを手放せない
【烟雨】yānyǔ [名]霧雨，小ぬか雨
【烟柱】yānzhù [名]煙の柱，まっすぐ立ち昇る煙
【烟子】yānzi [名]すす，煤煙［松～］松のすす
【烟嘴儿】yānzuǐr [名]シガレットホルダー，パイプ〖衔着～说话〗ホルダーをくわえたまましゃべる

〖胭(*臙)〗yān ⊗べに［擦～抹 mǒ 粉］化粧をこらす
【胭脂】yānzhi [名](ほお紅·口紅などの)化粧品のべに ♦中国画の絵の具にも使う［～色］えんじ色(クリムソン)

〖恹(懨)〗yān ⊗［～～］《書》(病気で)憔悴しきったさま

〖殷〗yān ⊗黒ずんだ赤色［～红］同前
⇨yīn

〖焉〗yān ⊗①ここに，これに ♦現代語の'于是'に相当する［心不在～］心ここにあらず ②〘多く反語に用いて〙どうして，どこに〖～能不看〗読まずにいられようか ③それでこそ，それで初めて ④節·句の末尾について確認の語気を示す

〖鄢〗Yān ⊗姓

〖嫣〗yān ⊗①(容貌が)美しい，器量のよい ②色彩が鮮やかな
【嫣红】yānhóng [形]《書》鮮やかな赤の
【嫣然】yānrán [形]《書》(笑顔が)つやっぽい，見とれるような［～一笑］嫣(え)然と笑う

【淹】yān [動]①水につかる，水びたしになる〖～死〗溺死する ②皮膚が汗でただれる
⊗①滞る，行き詰まる［～留］《書》長く逗留(とうりゅう)する ②広い［～博］《書》該博である
【淹埋】yānmái [動](泥や砂が)のみ込む，埋めてしまう〖沙漠的沙土把森林～了〗砂漠の砂が森をのみこんだ
★【淹没】yānmò [動]①水没する，水びたしにする([同][淹浸])〖雨水～了庄稼〗雨で作物が水びたしになった ②《転》没する〖底下的话被一阵哄笑～了〗あとの話は笑い声の中にのみ込まれた

〖崦〗Yān ⊗［～嵫 zī］崦嵫(えんし)(甘粛省の山の名)

【阉(閹)】yān [動]去勢する〖～鸡〗鶏を去勢する，また去勢した鶏
⊗王朝時代の宦官(かんがん)［～人］宦官
【阉割】yāngē [動]①去勢する ②文章や理論の主要な内容を削除する，骨抜きにする

【腌(醃)】yān [動]魚·肉·野菜·果物などを塩·砂糖·味噌などにつける［～货］つけ物類［～肉］ベーコン

〖阏(閼)〗yān ⊗［～氏 zhī］(漢代匈奴の)王の妻，王妃

〖湮〗yān ⊗①埋もれる，消滅する ②ふさぐ，詰まらせる
⇨yīn(洇)
【湮灭】yānmiè [動]跡形なく消える，隠滅する
【湮没】yānmò [動]消滅する，忘れ去られる〖幸免～〗辛うじて消滅を免れる

〖延〗yán ⊗①延ばす，延びる ②延期する，遅らせる ③招く，招聘(しょうへい)する ④(Y-)姓
★★【延长】yáncháng [動](距離や時間を)延長する([反][缩短])〖～期限〗締切りを延ばす〖～五天〗5日間延長する
【延迟】yánchí [動]延期する，先送りにする([反][提前])〖～到明年〗来年回しにする
【延宕】yándàng [動]引き延ばす，遅

らせる [同][拖延]

【延搁】yángē [動] ぐずぐず手間取る，ずるずる延ばす

【延缓】yánhuǎn [動] 先延ばしにする，遅らせる([同][延迟])〖～动工〗着工を遅らせる

【延年益寿】yán nián yì shòu《成》寿命を延ばす，長生きする

*【延期】yán▾qī [動] 延期する，先に延ばす([同][缓期])〖～付款〗支払いを延期する〖～三天举行〗3日延期して挙行される

【延请】yánqǐng [動] (一時的な職務に)招聘する，来てもらう〖～赵老任顾问〗趙氏を顧問として招く

*【延伸】yánshēn [動] 延びる，伸展する([同][延展])〖～五公里〗5キロメートル延長する

【延误】yánwù [動] ぐずぐずして(時機を) 失う，手間取って(時間を) 無駄にする〖～时机〗チャンスを逸する

*【延续】yánxù [動] 持続する，継続する([同][继续])〖火灾～了两天〗火事は2日間燃え続けた

〖蜒〗 yán [×] くねくね延びた [～蚰]《方》ナメクジ [蚰～] ゲジゲジ

〖筵〗 yán [×] ① 竹のござ，敷物 ② 宴会，酒席 [～席] 宴席 [喜～] 祝宴

〖言〗 yán [×] ① 話，言葉 [语～] 言語 [发～] 発言する ② 漢字一文字 [五～诗] 五言詩 ③ 言う，話す [难～之隐] 言えない秘密 [总而～之] 要するに ④ (Y-)姓

【言必有中】yán bì yǒu zhòng《成》ものを言えば必ず的を射る，発言が常に当を得ている

【言不及义】yán bù jí yì《成》下らぬことばかりしゃべる，まっとうな話題を持たない

【言不由衷】yán bù yóu zhōng《成》うわべだけの話をする，心にもないことを言う

【言出法随】yán chū fǎ suí《成》法令が公布されたら，すぐ厳格に施行する

【言传身教】yán chuán shēn jiào《成》(言葉で伝播し行動で教育する＞) 言行ともに自ら人の手本となる

【言辞(言词)】yáncí [名] 言辞，言葉〖选择～〗言葉を選ぶ〖～尖刻〗言葉に棘(とげ)がある

【言定】yándìng [動] 取り決める，約束する〖～日期〗日取りを取り決める

【言多语失】yán duō yǔ shī《成》長くしゃべるとぼろが出る，口数が多いと失言する

【言归于好】yán guī yú hǎo《成》丸く治まる，仲直りする

【言归正传】yán guī zhèng zhuàn《成》(余談はさておき) 本題に戻りましょう ♦講談や旧時の小説の決まり文句で，一般に'闲话休题'と対になって使われる

【言过其实】yán guò qí shí《成》大げさな話をする，誇張が過ぎる [同][夸大其词]

【言和】yánhé [動]《書》和議を結ぶ，和解する [同][讲和]

【言简意赅】yán jiǎn yì gāi《成》言葉は簡潔ながら趣旨は十分伝わっている，短い言葉でよく意を尽くす [同][要言不烦]

【言教】yánjiào [動] 言葉で教える，言って聞かせる [対][身教]

【言路】yánlù [名]《書》指導者への進言や陳情の道，民意伝達のルート ♦一般に為政者の側から言う〖堵塞～〗民意反映の道をふさぐ

*【言论】yánlùn [名] 言論(一般に政治的意見の表明についていう)〖限制～〗言論を制約する [～自由] 言論の自由

【言情】yánqíng [形]〔定語として〕男女の愛情を描いた，色恋がテーマの [～小说] (旧式の)恋愛小説

【言人人殊】yán rén rén shū《成》各人各様の意見を持つ，それぞれ意見を異にする

【言说】yánshuō [動] 述べる，語る〖难以～〗言葉では表わせない

【言谈】yántán [名] 話の内容と話し振り〖擅于～〗話がうまい

【言听计从】yán tīng jì cóng《成》進言や提案は何でも聞き入れる ♦ある人物に対する信頼があついさまをいい，ときに「意のままに操られる」という貶(けな)す意味を持つ

【言外之意】yán wài zhī yì《成》言外の意

【言为心声】yán wéi xīn shēng《成》(言葉は心の声である＞) 言語は思考の表現である

【言行】yánxíng [名] 言行，しゃべることと行うこと〖～不符〗言行不一致

【言犹在耳】yán yóu zài ěr《成》(人の)言葉がまだ耳に残っている

【言语】yányǔ [名] 口でしゃべる言葉，音声言語〖她～尖利〗あの子は言葉がきつい

—— yányu [動]《方》話す

【言者无罪，闻者足戒】yán zhě wú zuì, wén zhě zú jiè《成》間違った批判であろうとも発言者に罪はなく，言われる側がそれを自分への戒めとすべきである

【言之无物】yán zhī wú wù《成》話や文章に内容がない，空虚な話をだらだらと続ける [反][言之有物]

【言重】yánzhòng [動]《書》言い過ぎる

【妍(妍)】yán ⊗美しい、なまめかしい [～媸chī](書)美醜

【研(研)】yán ❶すりつぶす、粉末にする [～成粉末](漢方薬などを)すりつぶして粉にする [～墨]墨をする ⊗研究する、深く究める [～習]学習・研究する

【研究】yánjiū ❶研究する、探求する [～员](研究機関の)研究員(大学の教授に相当) ❷考慮・検討する [值得～]検討の価値はある

【研究生】yánjiūshēng 名大学院生 [～院]大学院

【研磨】yánmó ❶すって粉末にする、すりつぶす ❷研磨する、磨く

【研求】yánqiú ❶研究し探求する 同[研索]

【研讨】yántǎo ❶研究討議する、討論する [～会]シンポジウム

【研制】yánzhì ❶研究製作する、開発する ❷(漢方薬を)すりつぶして粉末にする

【严(嚴)】yán 形❶厳密な、透き間のない [他嘴很～]彼は口が固い ❷厳しい、厳格な ⊗❶程度が甚だしい、酷な ❷父(家)私の父 ❸(Y-)姓

【严惩】yánchéng ❶厳罰に処する、きっちり懲らしめる 反[宽饶]

【严词】yáncí 名厳しい言葉、容赦のない言葉つき [～痛斥]手ひどく叱りつける

【严冬】yándōng 名厳冬 (同[寒冬]) [～腊月]冬のさなか

【严防】yánfáng ❶厳重に防ぐ、警備を固める

*【严格】yángé 形厳格な、ゆるがせにしない [～要求自己]自分に厳しい ─❶(制度や管理を)強化する、厳しくする [～纪律]規律を引き締める

*【严寒】yánhán 形寒さが厳しい、きわめて寒い (同[严冷]) [冒着～动工]厳寒をついて着工する

【严紧】yánjǐn/yánjin 形❶透き間のない、ぴったり閉じた (同[严密]) ❷厳しい、厳重な [防守～]油断なく守る

【严谨】yánjǐn 形❶(仕事振りが)厳格な、いささかもゆるがせにしない ❷(文章などの構成が)緊密な、よく締まった

*【严禁】yánjìn ❶厳禁する、固く禁じる [～烟火]火気厳禁

*【严峻】yánjùn 形❶厳しい、峻烈な (同[和蔼]) ❷重大な、由々しい

【严酷】yánkù 形❶厳しい、厳格な ❷冷酷な、残酷な

*【严厉】yánlì 形厳しい、容赦のない [～批评]手厳しい批評を加える

【严令】yánlìng ❶厳命を下す、固く命じる

*【严密】yánmì 形❶透き間のない、水も漏れない ❷手抜かりのない、細心の (同[周到]) 反[疏漏]

【严明】yánmíng ❶正す、厳正にする ─形公正な、厳正な (同[严正])

【严师出高徒】yánshī chū gāotú(成)厳格な師のもとでこそ優秀な学生が育つ

【严实】yánshi 形(方)❶ぴったり閉じた、透き間のない ❷うまく隠れた、人目につかない

*【严肃】yánsù 形❶(表情や態度が)厳粛な、重々しい 反[轻浮] ❷(仕事などが)まじめな、真剣な 反[随便] ─❶厳しく実施する、引き締める

【严刑】yánxíng 名厳刑、拷問 [～逼供]厳しく責めて白状させる

【严整】yánzhěng 形(隊列や文章が)きちんと整った、一点の乱れもない

【严正】yánzhèng 形(態度が)厳しい、厳正な [～指出]厳しく指摘する

*【严重】yánzhòng 形(事態が)重大な、由々しい [病情～]病状が重い

【芫】yán ⊗以下を見よ ⇒yuán

【芫荽】yánsui/yánsuī 名[植]中国パセリ、コリアンダー ◆料理の香り付けに使う (同[香菜])

【炎】yán ⊗❶ひどく暑い ❷炎症 [发～]炎症を起こす

【炎黄】Yán-Huáng 名炎帝(神農)と黄帝 ◆中華民族の祖と伝えられる伝説中の二人の帝王 [～子孙]炎黄の子孫(中国人たち)

【炎热】yánrè 形(天気が)焼けるように暑い、炎熱の 反[寒冷]

【炎暑】yánshǔ 名❶炎暑、酷暑 [冒着～下地劳动]炎暑のさなか野良に出て働く ❷夏の盛り、炎熱の候

【炎夏】yánxià 名炎暑の時期、猛暑の夏 (同[炎暑]) [～盛器]炎熱の季節

【炎炎】yányán 形❶日照りの、焼けつくような日差しの ❷(火が)激しく燃える、天を焦がすような

【炎症】yánzhèng 名[医]炎症

【岩(＊巖嵒)】yán ⊗❶高くそびえる岩峰、そそり立つ岩 ❷岩石、岩 [花岗～]花崗岩

【岩层】yáncéng 名[地]岩層

【岩洞】yándòng 名岩窟、鐘乳洞

【岩浆】yánjiāng 名[地]マグマ、

黎

【岩溶】yánróng [名]〖地〗カルスト([同][喀 kā 斯特])[～地貌]カルスト地形(桂林に代表されるような)

*【岩石】yánshí [名]〔块〕岩石

【岩盐】yányán [名]岩塩 [同][矿盐][石盐]

【沿(*沿)】 yán [動](衣類の裾などに)縁取りする，縁を付ける ー[介]…に沿って，沿いに〖～着海边走〗海沿いに進む

⊗①(～儿)へり，縁[炕～儿]オンドルのへり(いわば上りかまち) ②(～儿)水辺，岸，ほとり(旧読 yàn)[河～儿]川べり ③(旧来のやり方を)踏襲する [関][～袭]

⇨yàn

【沿岸】yán'àn [名]沿岸，岸沿いの土地[～渔业]沿岸漁業

【沿边儿】yán▾biānr [動](レースなどで衣類に) 縁取りする，縁を付ける〖用花边～〗レースで縁取りする

【沿革】yángé [名]沿革，変遷や発展の過程〖奥运会的～〗オリンピックの沿革

*【沿海】yánhǎi [名]沿海，海沿いの土地[～城市]沿海都市

【沿路】yánlù [名]道々，道中，道沿い(に)〖～搜集了许多民歌〗道々いろいろな民謡を採集した

【沿条儿】yántiáor [名]バイアステープ，縁飾り

【沿途】yántú [名]道中，道々([同][沿路])〖～见到许多人〗道中たくさんの人に会った

【沿袭】yánxí [動](古いやり方を) 踏襲する，そっくり受け継ぐ

【沿线】yánxiàn [名]沿線〖铁路～的住房〗鉄道沿線の住宅

【沿用】yányòng [動](過去の制度や方法を)継続使用する，そのまま受け継いで使う〖～旧例〗旧例に従う

【盐(鹽)】 yán [名]①〔粒・把〕塩，食塩〖多放点～吧〗塩を多めに入れるんだよ〖一匙～〗塩1さじ ②〖化〗塩酸と塩基の化合物

【盐巴】yánbā [名]《方》食塩

【盐场】yánchǎng [名]〔片〕(天然の)製塩場

【盐池】yánchí [名]塩水のたまる湖，食塩がとれる塩水湖 [関][盐湖]

【盐分】yánfèn [名]塩分〖摄取～〗塩分をとる

【盐湖】yánhú [名]塩湖，鹹水湖

【盐花】yánhuā [名]①(～儿)ごく僅かな塩〖放点儿～儿〗ちょっぴり塩を入れる ②《方》[同]《普》[盐霜]

【盐碱地】yánjiǎndì [名]〔块・片〕アルカリ性土壌の土地，塩分の多い土壌 [同][碱地]

【盐井】yánjǐng [名]〔口・眼〕塩汲み井戸，塩井(四川・雲南に多い)

【盐卤】yánlǔ [名]にがり [同][卤][卤水]

【盐汽水】yánqìshuǐ [名]塩分入りソーダ水 ♦高温下で働く人のための飲料

【盐霜】yánshuāng [名](乾燥して)表面に吹き出た塩の結晶

【盐酸】yánsuān [名]〖化〗塩酸 [同][氢氯酸]

【盐田】yántián [名]〔块・片〕塩田

【阎(閻)】 yán ⊗①路地や裏通りの入口の門 ②(Y-)姓 ♦'闫'と書くことも

【阎罗】Yánluó [名]閻魔さま [同][～王][阎王][阎王爷]

【阎王】Yánwang [名]①閻魔さま〖见～〗(閻魔さまに会う>)死ぬ[～账][～债]高利貸 ②《転》極悪人，人に対して厳しい人[～老婆]恐ろしい女房

【颜(顏*顔)】 yán ⊗①顔，顔つき ②体面，面目[厚～无耻]厚顔無恥の ③色，色彩[五～六色]色とりどり ④(Y-)姓

【颜料】yánliào [名]顔料，塗料，絵の具 [同][颜色 yánshai]

【颜面】yánmiàn [名]①顔面，顔 ②体面，めんつ〖～扫地〗めんつが丸つぶれになる

**【颜色】yánsè [名]①色，色彩〖上～〗着色する ②(厳しい) 顔つき，(人を威圧する) 表情〖给他点～瞧瞧〗あいつにちょっとばかり思い知らせてやる

—— yánshai [名]顔料，染料

【颜体】Yántǐ [名]顔真卿の書体

【檐(簷)】 yán ⊗①軒，ひさし[房～]家の軒 ②物の覆いの張り出した部分[帽～儿]帽子のつば

【檐沟】yángōu [名]〖建〗〔条〕雨どい

【檐子】yánzi [名]家の軒

【奄】 yǎn ⊗①覆う，かぶせる ②急に，突然[～然]《書》にわかに

【奄忽】yǎnhū [副]《書》突然，にわかに

【奄奄】yǎnyǎn [形]《書》息もたえだえの[～一息]気息奄々の

【掩(*揜)】 yǎn [動]①とじる，閉める([同][关])〖把门～上〗ドアを閉める ②《方》(戸やふたを閉める時)ものがはさまる〖手被门～了一下〗手がドアにはさまった

⊗①覆う，覆い隠す[～面]顔を(手で) 隠す ②隙を突く，不意を襲う[～杀]《書》奇襲を掛ける

【掩闭】yǎnbì [動]閉じる，しまる〖窗户～着〗窓がしまっている

686 yǎn 罨魇兖弇俨衍刔琰偃郾䶄眼

【掩蔽】yǎnbì 名 遮蔽物,隐し(隠れ)場所 一動(多く軍事用語として)隠蔽する,遮蔽する〖～大炮〗大砲を隠蔽する〖～意图〗意図を隠す

【掩藏】yǎncáng 動 覆い隠す,隠しだてする 同[隐藏]

【掩耳盗铃】yǎn ěr dào líng《成》(耳を覆って鈴を盗む〉自分で自分を欺あざむく

*【掩盖】yǎngài 動①(物を)覆い隠す,覆う 同[遮盖] ②(事実を)隠蔽する,ごまかし隠す(同[隐瞒])〖～事实〗事実を包み隠す

*【掩护】yǎnhù 名(戦闘の際の)遮蔽物,身を隠す物 一動①(味方の戦いを)掩護する,支援する ②ひそかに守る,かくまう

【掩怀】yǎn'huái (ボタンをかけずに)上着の前をかき合わせる

【掩埋】yǎnmái 動 埋蔵する,埋葬する〖～死尸〗死体を埋葬する〖～地雷〗地雷を埋める

*【掩饰】yǎnshì 動 ごまかし隠す,取り繕う〖～悲痛〗悲しみを隠す

【掩映】yǎnyìng 動(コントラストの妙によって)互いに相手を引き立たせる,際立たせ合う〖彼此～〗互いを目立たせる

【罨】yǎn 動《医》(湿布などを)貼る ⊗魚や鳥を捕る網

【魇(魘)】yǎn 動①悪夢にうなされる,恐ろしい夢を見る ②《方》寝言を言う

【兖】yǎn ⊗〖～州〗兖えん州(山東省の地名)

【弇】yǎn ⊗ 覆う,さえぎる

【俨(儼)】yǎn ⊗①荘重に,荘厳な ②よく似た,さながら…のような

【俨然】yǎnrán 形①厳かな,厳粛な ②整然たる,よくそろった 一副 さながら,まるで…そっくりに〖～像个歌星〗歌手も顔負けだ

【衍】yǎn ⊗①低く平坦な土地,平地 ②沼沢,沼地 ③展開する,敷衍ふえんする〖敷～〗適当にあしらう ④余計な,余分な

【衍变】yǎnbiàn 動 進化する,変化発展する 同[演变]

【衍文】yǎnwén 名《図》衍文えんぶん 間違って入りこんだ余計な字や語句

【刔】yǎn ⊗①名 ♦浙江の古地名では Shàn と発音

【琰】yǎn ⊗ 玉の一種 ♦ 人名用字として

【偃】yǎn 動①あお向けに倒れる,寝そべる〖～卧〗寝そべる ②やめる,打ち切る

【偃旗息鼓】yǎn qí xī gǔ《成》(軍旗を倒し軍鼓の打ち鳴らしをやめる〉①部隊が音を消してひそかに移動する ②戦いをやめる ③《転》批判や非難を打ち切る

【偃月】yǎnyuè 名《書》①半月形,片割月かたわれづき ②半月形〖～刀〗偃月刀えんげつとう(なぎなたに似た刀)

【郾】Yǎn ⊗〖～城〗郾ぇん城(河南省)

【䶄(鼹)】yǎn ⊗ モグラ〖～鼠〗同前

【眼】yǎn 名①目,まなこ〖睁～看〗目を開いて見る ②(～儿)小さな穴〖打个～儿〗小穴を開ける〖鼻子～〗鼻の穴 ③(囲碁では)目 ④伝統劇の音楽の拍子 ♦ 1小節中の弱い拍子をいい,強い拍子は'板'という〖一板三～〗4拍子 一量 井戸,洞窟などを数える〖打三～井〗井戸を3本掘る ⊗(～儿)要かなめ〖节骨～〗肝腎の時

【眼巴巴】yǎnbābā 形(～的)〔多く状語として〕①待ち焦がれている〖～地盼着儿子回来〗息子の帰りを今か今かと待ち焦がれている ②(目の前にまずい事が起きているのに)なすすべもない,みすみす…せざるをえない

【眼岔】yǎnchà 動《方》〔多く'了'を伴って〕見間違える,見誤る 同[普]〖认错〗〖看错〗

【眼馋】yǎnchán 涎よだれを垂らさんばかりの,欲しくてたまらない(様子をする)

【眼底】yǎndǐ 名《医》眼底

【眼底下】yǎndǐxià/yǎndixià 名(同[眼皮底下])①(空間的な)目の前,すぐそば ②当面,目先〖～的问题〗目先の問題

【眼福】yǎnfú 名 眼福がんふく,目の保養

【眼高手低】yǎn gāo shǒu dī《成》(目は高いが手は低い〉見識は高いが実力がない,いいことは言うけれど実行する能力がない

*【眼光】yǎnguāng 名①視線,まなざし 同[视线]〖避开他的～〗彼の視線を避ける ②物の見方,観察力〖没有～〗見る目がない ③視点,観点〖用经济的～看事〗経済の視点から見る

【眼红】yǎnhóng 動 うらやむ,ねたむ〖～得垂涎〗涎を垂らしてうらやましがる 一形 怒り激しい,かんかんに怒った

【眼花】yǎnhuā 動 目がかすむ,目がくらむ

【眼花缭乱】yǎnhuā liáoluàn《成》目もくらむ程に多彩な,色とりどりで目がくらくらする

【眼疾手快】yǎn jí shǒu kuài《成》目ざとく俊敏な，手際良く敏捷な [同][手疾眼快]
【眼尖】yǎnjiān [形] 目ざとい，洞察の利く［～耳灵］目ざとく耳ざとい
【眼睑】yǎnjiǎn [名]〖生〗まぶた（[同][眼皮]）［～膏］アイシャドウ
【眼见】yǎnjiàn [副] すぐさま，もうすぐ [同][眼看]
【眼角】yǎnjiǎo [名]（～儿）目尻，目の角 ♦鼻寄りの方を'大～'，耳側の方を'小～'という [同]《方》[眼犄角儿]
【眼界】yǎnjiè [名] 視野，視界〖开阔～〗視野を広げる
★★【眼镜】yǎnjìng [名]（～儿）〔副〕眼鏡〖戴上～〗眼鏡を掛ける［隐形～］コンタクトレンズ［～蛇］コブラ
★★【眼睛】yǎnjing [名]〔只·双〕目，目玉〖睁开～〗目を見開く
【眼看】yǎnkàn [動]〘あとに'着'を伴って〙手をつかねて見る，成り行きに任せる（[同][听凭]）〖～着孩子挨饿〗子供がひもじがるのをただ見ている 一 [副] すぐさま，見る間に
【眼科】yǎnkē [名] 眼科［～医生］目医者
【眼库】yǎnkù [名] アイバンク
【眼眶】yǎnkuàng [名]（[同][眼眶子]）①目の縁 ②目の周り〖～发黑〗目の周りに隈ができる
【眼泪】yǎnlèi [名]〔滴〕涙〖流～〗涙を流す
【眼泪往肚子流】yǎnlèi wǎng dùzi liú《俗》（涙が(外に流れないで)腹に流れ込む>）苦しみをどこにも訴えようがない
【眼力】yǎnlì [名] ①視力〖～差〗目が悪い ②眼識，判断力〖看画儿很有～〗絵を見る目が肥えている
【眼力见儿】yǎnlìjiànr [名]《方》目ざとさ
【眼帘】yǎnlián [名] まぶた，目〖映入～〗目に映る
【眼明手快】yǎn míng shǒu kuài《成》判断が確かで行動も素早い
【眼泡】yǎnpāo [名]（～儿）上まぶた [同][上眼皮]
【眼皮】yǎnpí [名]（～儿）まぶた ♦'眼睑'の通称.（[同][眼皮子]）〖睁开～儿〗目を開ける［上～］上まぶた
【眼前】yǎnqián [名] ①（空間的な）目の前，真ん前 ②当面，目先〖～利益〗目先の利益［～欢］一時の楽しみ
【眼球】yǎnqiú [名]〔颗〕眼球，目玉 [同][眼珠子]
【眼圈】yǎnquān [名]（～儿）目の縁，目の周り [同][眼眶]
【眼热】yǎnrè [動] うらやみねたむ，（自分も）欲しくてたまらなくなる〖～他的才华〗彼の才能をねたむ 一 [形] うらやましくてならない，ねたましい
★【眼色】yǎnsè [名] ①目くばせ，目による合図〖递～〗目くばせする ②機を見る目，洞察力〖没～〗判断に欠ける
★【眼神】yǎnshén [名] ①目の色，目に現われる表情 ②《方》（～儿）視力，目の見え具合
【眼生】yǎnshēng [形] なじみのない，見慣れない [反][眼熟]
【眼屎】yǎnshǐ [名]《方》目くそ，目やに [同]《普》[眼眵 yǎnchī]
【眼熟】yǎnshú [形] 見慣れた，なじみのある [反][眼生]
【眼窝】yǎnwō [名]（～儿）眼窩，目の周り〖～发黑〗目の周りに隈ができる
★【眼下】yǎnxià [名]〘多く状語として〙目下，今のところ [同][目前]
【眼线】yǎnxiàn [名] ①アイライン ②内偵 [同][眼目]
【眼影】yǎnyǐng [名] アイシャドー
【眼罩儿】yǎnzhàor [名] ①アイマスク，遮眼帯〖戴～〗アイマスクを付ける ②手のひらで陽光を遮る姿勢，小手をかざすこと〖打～〗小手をかざして陽を遮る
【眼晕】yǎnyùn [動] 目まいがする，目がくらむ
【眼睁睁】yǎnzhēngzhēng [形]（～的）呆然たる，なすすべもない〖～地看着他死过去〗彼が死ぬのを呆然と見ている
【眼中钉】yǎnzhōngdīng [名] 目の上のこぶ，邪魔なやつ（[同][眼中刺]）〖～，肉中刺〗目にささった釘，肉にささった刺(憎い邪魔もの)
【眼珠子】yǎnzhūzi [名]〔颗〕①目玉，眼球 [同][眼珠(儿)] ②掌中の珠，目に入れても痛くない程の人や物

【演】

yǎn [動] ①（劇や芸能などを）上演する ②（役に）扮する，（役どころを）演じる
[×]①進化する，発展変化する［～进］同前 ②推論する，演繹する ③反復訓練する，練習を重ねる
★【演变】yǎnbiàn [動]（長年月のうちに） 進化する，変化発展する [同][演化]
【演唱】yǎnchàng [動]（舞台で）歌う，芝居の中で歌う
★★【演出】yǎnchū [名]〔出·场〕上演·公演(する)［告别～］さよなら公演
【演化】yǎnhuà [動]（主に自然界の事象が） 変化する，進化する（[同][演变]）〖生物的～〗生物の進化
★【演讲】yǎnjiǎng [動] 講演する
【演说】yǎnshuō [動] 演説(講演)する
【演算】yǎnsuàn [動] 演算(計算)する
★【演习】yǎnxí [動]（多く軍事の） 演習

Y

をする [[～登陆]] 上陸演習を行う [实弹～] 実弾演習

【演戏】yǎn'xì ① 芝居をする, 劇を演じる ②(転)振りをする, 芝居を打つ [别～了] 猿芝居はやめな

【演义】yǎnyì 图(章回体の) 講談的な歴史小説, 演義小説

*【演绎】yǎnyì 動 ①演繹する 反[归纳] ②繰り広げる, 表現する

*【演员】yǎnyuán 图 俳優, 出演者 [临时～] エキストラ [～表] キャスト [杂技～] 軽業師

*【演奏】yǎnzòu 動 演奏する [[～二胡]] 胡弓を演奏する [～会] コンサート

【甗】yǎn 甗 ◆甑に似た古代の炊事用具

【厌(厭)】yàn 形 飽きる, 嫌になる [[吃～了]] 食べ飽きた 動 ①満足する, 堪能する [学而不～] どこまでも学び続ける ②嫌う, 憎む [讨～] 嫌う

【厌烦】yànfán 動 煩わしく思う, 面倒くさがる [[～会议]] 会議にうんざりする

【厌倦】yànjuàn 動 飽きる, 興味を失う [[～演戏]] 芝居をするのに飽き飽きする

【厌弃】yànqì 動 嫌って見捨てる, 嫌いだからと相手にしない 類[鄙弃]

【厌世】yànshì 動 世をはかなむ, 生きるのが嫌になる [～者] ペシミスト

*【厌恶】yànwù 嫌う, 嫌がる 類[讨厌]

【餍(饜)】yàn 動 ①満腹する, 腹がふくれる ②満足する, 堪能する [～足](書)満足する

【沿(*沇)】yàn 反 [河～儿] héyánr などの場合の旧読 ⇨yán

【彦(彥)】yàn 反 人格や能力ともに優れた人物 [～士] 賢人

【谚(諺)】yàn 反 ことわざ [农～] 農業生産に関する諺

【谚语】yànyǔ 图[句・条] 諺

【砚(硯)】yàn 反 ①硯 [～台] 同窓の, 共に学んだ [～友] 同窓の友

【砚台】yàntai 图[块] 硯

【咽(嚥)】yàn 動 飲み込む, 飲み下す [[～不下去]] 飲み下せない [狼吞虎～] がつがつ食べる ⇨yān, ye

【咽气】yàn'qì 動 息を引き取る, 死ぬ

【唁】yàn 反 弔意を述べる, 哀悼の意を表する [～电]

弔電 [吊～] 弔問する

【艳(豔*艷)】yàn 形 色あざやかな, あでやかな [～装] 華やかな服装 反 ①うらやむ, あこがれる [～羨] うらやむ ②色恋にからみの, 情事にまつわる [～情] 色恋

【艳丽】yànlì 形 色あざやかな, あでやかな(類[绚丽]) [[服装～]] 衣裳が華やかな

【艳阳天】yànyángtiān 图 うららかな春の日, 晴れ上がった春の空

【验(驗*譣)】yàn 動 ①予期した効果, 効能 [效～] 効き目 ②調べる, 検査する [检～] (品質を)検査する ③効果が出る, 効く [应yìng～](予言が)ぴたりと当たる

【验电器】yàndiànqì 图[台] 検電器

【验光】yàn'guāng 動 検眼する, 視力を測る

【验尸】yàn'shī 動 検死する, 死体を調べる

*【验收】yànshōu 動 査収する, よく確かめて受け取る [逐项～] 一つ一つチェックして受け取る

【验算】yànsuàn 動 験算する

【验证】yànzhèng 動 検証する, 実験や検査によって確かめる

【晏】yàn 反 ①遅い, 遅れた ②安らかな, のびやかな ③(Y-) 姓

【宴】yàn 反 ①酒席, 宴会 [设～] 宴席を設ける ②宴会に招く, 一席設ける [～客] 客を酒席に招待する ③(皆で)宴会を催す, 酒宴を開く [～饮] 集まって飲む ④安らかな, のびやかな [～安](書)のんびりとした

【宴尔(燕尔)】yàn'ěr 图(書)安らぎと楽しみ [～新婚] 新婚の喜び

*【宴会】yànhuì 图 宴会 [[举行～]] 宴を催す

【宴请】yànqǐng 動 宴会に招待する, 一席設ける

【宴席】yànxí 图[桌] 招宴, 宴席

【堰】yàn 图[条] 堰堤, 堰堤 [筑～] 堰をつくる [～塞湖] 堰止湖

【雁(*鴈)】yàn 图[只] カリ, ガン (類[大雁]) [鸿～] カリ [～过拔毛] あらゆる機会に私利をはかる

【雁行】yànháng 图 雁の列; (転)兄弟類[雁序]

【雁来红】yànláihóng 图[植] ハゲイトウ, 雁来紅

【赝(贋)】yàn 反 偽造の, 贋作の [～品] 偽造品

【赝本】yànběn 图 贋作の書画や書物, 偽作

【赝币】yànbì 图〔書〕にせ金,偽造貨幣(多く硬貨をいう)

【焰(燄)】yàn ⊗炎,火焔 [火~]火炎

【焰火】yànhuǒ 图 花火(⑯[烟火])[放~]花火を上げる

【酽(釅)】yàn 厖 (液体が)濃い

【谳(讞)】yàn ⊗罪を定める

【燕】yàn ⊗ツバメ [家~]同前 [海~]ウミツバメ ◆古代の国名'燕'はYānと発音

【燕侣】yànlǚ 图〔書〕つがいで巣を営むツバメ;(転)仲のよい夫婦

【燕麦】yànmài 图【植】エンバク,カラスムギ ◆食用および飼料

【燕雀】yànquè 图①〔只〕【鸟】アトリ ②ツバメとスズメ;(転)小人物,俗人 ⑯[鸿鹄]

【燕尾服】yànwěifú 图〔件〕燕尾服

【燕窝】yànwō 图 ツバメの巣 ◆イワツバメ('金丝燕')の巣.中華料理の高級材料.これで作った料理を'燕菜'という

【燕鱼】yànyú 图〔条〕【鱼】サワラ ⑯[鲅鱼 bàyú]

【燕子】yànzi 图〔只〕ツバメ [小~]子ツバメ ⑯[家燕]

【央】yāng ⊗①中心,真ん中 [中~]中央 ②終わる,完結する ③懇願する,頼み込む

【央告】yānggao 勔 懇願する,頼み込む [~佛爷]仏にすがる

【央求】yāngqiú 勔 懇願する,すがって頼む [恳求]

【泱】yāng ⊗以下を見よ

【泱泱】yāngyāng 厖〔書〕①(水面が)広々とした,洋々たる ②気字壮大な,堂々たる

【殃】yāng ⊗①災難,禍い [遭~]災難に見舞われる ②災難をもたらす,禍いに巻き込む

【秧】yāng 图①(~儿)(~棵)苗 [栽~]苗を植える [树~儿]苗木 ②稲の苗,早苗 [插~]田植えをする ③蔓 [瓜~]ウリの蔓 ④(飼育動物の)雛,稚魚など [猪~]子豚 一图〔方〕栽培する,飼育する

【秧歌】yāngge 图〔场〕ヤンコー踊り ◆北方農村で広く行われてきた踊りで,どらや太鼓で伴奏する [扭~]ヤンコーを踊る [~剧][抗日戦期に行われた]小歌舞劇

【秧鸡】yāngjī 图【鸟】〔只〕クイナ

【秧苗】yāngmiáo 图〔根・棵〕農作物の苗,特に稲の苗

【秧田】yāngtián 图〔块〕苗代 [造~]苗代をつくる

【秧子】yāngzi 图①苗 ②蔓,つる草 ③(飼育動物の)雛や稚魚 [猪~]子豚

【羊】yáng 图〔只〕ヒツジ [放~]羊を放牧する [山~]ヤギ ⊗(Y-)姓

【羊肠小道】yángcháng xiǎodào 〔成〕〔条〕曲りくねった細い(山)道,羊腸の山道 ⑯[阳关大道]

【羊肚儿手巾】yángdǔr shǒujin 图〔方〕手ぬぐい

【羊齿】yángchǐ 图【植】シダ ◆根が虫下し薬になる

【羊羔】yánggāo 图〔只〕子羊 [~皮]キッド皮

【羊羹】yánggēng 图 羊羹ようかん

【羊倌】yángguān 图(~儿)羊飼い

【羊毫】yángháo 图〔枝・管〕羊の毛で作った毛筆

【羊毛】yángmáo 图 羊毛,ウール [剪~]羊の毛を刈る [~衣]ウールの衣料

【羊膜】yángmó 图【生】(胎児を包んでいる)羊膜

【羊皮纸】yángpízhǐ 图① 羊皮紙 ②硫酸紙,グラシン(半透明で水や油を通さない) ⑯[假羊皮纸]

【羊栖菜】yángqīcài 图【植】ヒジキ

*【羊肉】yángròu 图〔片〕羊肉,マトン [烤~]ジンギスカン鍋 [~串]シシカバブ [涮~]羊肉のしゃぶしゃぶ

【羊水】yángshuǐ 图【生】(母胎内の)羊水

【羊癇风】yángxiánfēng 图【医】癲癇てんかん→ [癲癇 diānxián]

【佯】yáng ⊗振りをする,見せ掛ける [~死]死んだ振りをする [~装]…の振りをする

【佯攻】yánggōng 勔〔書〕陽動作戦をとる,偽装攻撃をする

【佯狂(阳狂)】yángkuáng 勔〔書〕狂人を装う,気のふれた振りをする

【佯言】yángyán 勔〔書〕うそをつく,だます

【洋】yáng 厖 近代的な,機械化した(⑯[土])[~办法]洋風のやり方 ⊗①海洋,大海 [大~]同前 [太平~]太平洋 ②銀貨 [大~](旧)1元銀貨 ③外国の,西洋伝来の [~货]舶来品 ④豊かな,盛んな ⑤(Y-)姓

【洋白菜】yángbáicài 图〔棵〕キャベツ ⑯[圆白菜][结球甘蓝]

【洋财】yángcái 图 棚ぼたの大稼ぎ,思いがけない大きな利益 ◆元来は外国相手の商いから築いた財産をいう [发~]大もうけする

【洋菜】yángcài 图 寒天かんてん

【洋车】yángchē 图〔辆〕〔口〕人力車 ◆'东洋车(日本起源の車)'の縮

まった呼称 [拉~]車夫で稼ぐ

【洋瓷】yángcí 图(口)琺瑯(ほうろう) ◆釉薬(うわぐすり)と磁器の両方をいう(⇨[搪瓷])

【洋葱】yángcōng 图[棵]タマネギ⇨[葱头]

【洋房】yángfáng 图〔座・幢〕洋館, 洋式家屋 [[盖~]]洋風の家を建てる

【洋服】yángfú 图〔件・套〕洋服, 洋装(⇨[西服]). [[穿上~]]洋服を着込む

【洋镐】yánggǎo 图〔把〕つるはし('鹤嘴镐'の通称)

【洋鬼子】yángguǐzi 图(貶)(旧)西洋人に対する呼称,「毛唐」のごときもの

【洋行】yángháng 图(旧) ①外国資本の商社,商店 ②外国人相手の商社,商店

【洋灰】yánghuī 图セメント('水泥'の俗称)

【洋火】yánghuǒ 图(口)〔根〕マッチ(⇨[火柴]). [[擦~]]マッチをする

【洋流】yángliú 图海流

【洋奴】yángnú 图(貶) ①外国人の雇われ者,毛唐の手先 ②極端な外国かぶれ, 外国崇拝者 [[~思想]]盲目的外国崇拝

【洋气】yángqi/yángqì 形(貶)西洋スタイルの, バタ臭い

【洋钱】yángqián 图(口)(旧)1元銀貨(⇨[银元])

【洋琴】yángqín 图⇨[扬琴]

【洋人】yángrén 图西洋人, 外国人

【洋嗓子】yángsǎngzi 图西洋式発声法で歌う声, 歌曲の歌声

【洋铁】yángtiě 图ブリキ(⇨[镀锡铁]), トタン(⇨[镀锌铁]) [[~皮]]トタン板, ブリキ板 [[~罐]]ブリキ缶

【洋娃娃】yángwáwa 图西洋人形

【洋务】yángwù ①〔史〕洋务 ◆清末の外交事務および外国の制度の移入に関わる事務 ②香港などで外国人相手のサービス業務

【洋相】yángxiàng 图ぶざまな行為, みっともないさま [[出~]]物笑いになる

【洋洋】yángyáng 形 ①数の多い, 豊富な, 盛んな [[~大观]](事物の)種類が豊富で壮観だ ②得意気な, 意気揚々たる [[~得意]]得意満面の

【洋溢】yángyì 動(気概, 気分が)満ちあふれる, 横溢する [[热情~]]熱情があふれる

【洋油】yángyóu 图(方)灯油 (⇨[煤油])

【洋芋】yángyù 图(方)じゃがいも, 馬鈴薯(⇨[马铃薯])

【洋装】yángzhuāng 图洋服, 洋装 (⇨[西服][西装]) [[穿~]]洋装する —動(旧)〔図〕洋装本にする, ハードカバーにする(⇨[平装]) [[~书]]洋装本

【垟】yáng ⊗田畑 ◆地名用字

【烊】yáng 動(金属を)溶かす ◆'店じまいする,店を閉じる'の意の'打烊'は dǎ·yàng と発音(呉方言)

【阳(陽)】yáng ⊗(⇨'阴') ①太陽, 日光 [[落~]]夕日 ②(陰陽の)陽 [[~五行]]陰陽五行(いんようごぎょう) ③山の南側, 川の北側(日のよく当たる側, 多く地名に使う) ④男の性器, ペニス ⑤浮き彫りになった, 平面から突起した ⑥表面に出た, 外に現われた ⑦この世の, 生きている人の ⑧プラスの電値をもつ, 陽電気の [[~离子]]陽イオン ⑨(Y-)姓

【阳春】yángchūn 图陽春, 春 [[~白雪]]高尚な文学芸術(純文学, クラシック音楽など, 非通俗的なものをいう. その逆は'下里巴人')

【阳奉阴违】yáng fèng yīn wéi (成)面従腹背, 従うと見せかけて実際は従わない [[表里如一]]

【阳沟】yánggōu 图〔条〕蓋のない排水溝, どぶ⇨[阴沟]

*【阳光】yángguāng 图〔道〕日光, 陽光(⇨[日光]) [[~灿烂]]日光が燦々(さんさん)とふり注ぐ

【阳极】yángjí 图〔理〕正極, 陽極 ⇨[阴极]

【阳间】yángjiān 图(あの世に対する)この世, 此岸(しがん) (⇨[阳世]) ⇨[阴间]

【阳历】yánglì 图陽暦, 太陽暦 ⇨[公历] ⇨[阴历]

【阳面】yángmiàn 图(~儿)(建物などの)日の当たる側, 南向きの部分 ⇨[阴面]

【阳平】yángpíng 图〔語〕'普通话'の第二声

【阳畦】yángqí 图〔農〕冷床(れいしょう) ◆苗床の一種. 寒気を遮断するが, 人工的な熱は加えない (⇨[温床])

【阳伞】yángsǎn 图〔把〕日傘, パラソル(⇨[旱伞]) [[打~]]日傘をさす

*【阳台】yángtái 图ベランダ, テラス, バルコニー

【阳痿】yángwěi 图〔医〕インポテンツ, 性的不能

【阳文】yángwén 图 陽文(ようもん) ◆印章や器物に浮彫りにした文字や紋様 (⇨[阴文])

【阳性】yángxìng 图(⇨[阴性]) ①〔語〕(性を持つ言語の) 名詞・代名詞・形容詞などの男性形 ②〔理〕電極・化学試験の陽(性); 〔医〕病原体検査における陽性(反応) [[呈了~]]陽性反応が出た

【扬(揚*敭)】yáng 動 ①高くあげる,

上にあげる〚～起尘土〛ほこりをまき上げる ②上にまく，投げ上げて選別する(脱穀などの作業)
⊗広く知らせる，言いふらす［宣～］広く宣伝する

〖一(揚)〗 Yáng ⊗ ①江蘇省揚州の略称［～剧］揚劇(揚州一帯の地方劇) ②姓

【扬长】yángcháng [動] 悠然と，肩をそびやかして(立ち去る)［～而去］悠々と去る

【扬场】yáng▾cháng [動] 脱穀したあと自然の風や唐箕(とうみ)などを利用して，穀物とごみとを選別する

【扬程】yángchéng [名]〘機〙揚程(ようてい) ♦ポンプで水を上げる高さ［高～水泵］高揚程ポンプ

【扬帆】yáng▾fān [動] 帆を揚げる，出帆する

【扬花】yánghuā [動] (水稲・小麦・コーリャンなどの開花時に) 花粉が飛散する

【扬眉吐气】yáng méi tǔ qì《成》(胸のつかえを晴らして) 意気盛んな，昂然(こうぜん)たる

【扬名】yáng▾míng [動] 名をあげる，有名になる〚～天下〛天下に名を馳せる

【扬旗】yángqí [名] 腕木式信号機(鉄道信号の一種)

【扬弃】yángqì [動] ①〘哲〙止揚(しよう)する，アウフヘーベンする ②捨て去る，(悪い要素を) 放棄する

【扬琴(洋琴)】yángqín [名]〘音〙〔台〕揚琴(ようきん)，ダルシマー ♦欧州伝来の弦楽器．扇型の扁平な木箱に弦を張り，竹のばちで弾奏する

【扬声器】yángshēngqì [名] 拡声器，スピーカー

【扬水】yángshuǐ [動] ポンプで水をくみ上げる［～泵］揚水ポンプ

【扬汤止沸】yáng tāng zhǐ fèi《成》(沸いた湯を汲んではもとに戻して，沸騰するのを止めようとする>) 一時しのぎをするだけで，何らの解決にならない

【扬言】yángyán [動]《貶》(…するぞと) 言い触らす，公言する

【扬扬(洋洋)】yángyáng [形]《貶》得意げな，鼻高々の〚～得意〛得意満面

【扬子鳄】yángzǐ'è [名]〘動〙〔条〕揚子江ワニ ♦最長で2メートルほど．主に安徽，江蘇省の沼沢地に棲息する [同]［鼍龙 tuólóng］［猪婆龙］

〖杨(楊)〗 yáng ⊗ ①楊樹(ようじゅ)［白～］ポプラ ②(Y-)姓

【杨柳】yángliǔ [名]〘植〙①楊樹(ようじゅ)と柳 ②広くヤナギをいう ♦川ヤナギ，シダレヤナギなど

【杨梅】yángméi [名] ①〘植〙ヤマモモ；《方》イチゴ ②《方》梅毒

〖炀(煬)〗 yáng ⊗①(金属を) 溶かす ②(火が) 燃え盛る

〖旸(暘)〗 yáng ⊗①日が昇る ②晴れる

〖飏(颺)〗 yáng ⊗(風で) 舞い上がる

〖疡(瘍)〗 yáng ⊗①できもの ②ただれる→［溃 kuì～］

【仰】 yǎng [動] ふり仰ぐ，仰(あお)むく([反]'俯 fǔ')〚～着脖子看…〛…を見上げる〚～着睡〛仰むけに寝る
⊗①敬慕する，仰ぎ慕う［敬～］敬慕する ②依存する，頼る［～食父母］親に食わせてもらう ③《旧》公文書用語 ♦上位に対しては尊敬，下位に対しては命令の意を表す ④(Y-)姓

【仰八叉】yǎngbachā [名] (～儿)《口》仰むけに転んだ姿勢([同]［仰八脚儿］)〚摔了个～儿〛すってんころりと後ろに転ぶ

【仰面】yǎngmiàn [動] ふり仰ぐ，上を向く〚～大笑〛そり返って大笑いする

【仰慕】yǎngmù [動] 仰ぎ慕う，敬慕する [同]［敬慕］

【仰人鼻息】yǎng rén bíxī《成》(人の鼻息に頼る>) 他人に寄りかかって，他人の顔色をうかがいつつ生きる

【仰韶文化】Yǎngsháo wénhuà [名] 仰韶(ぎょうしょう)文化 ♦河南省仰韶村で発見された新石器時代の文化．彩陶で有名

【仰望】yǎngwàng [動] ①見上げる，ふり仰ぐ [同]［仰视］[反]［俯瞰］ ②《書》尊敬する，敬仰する

【仰卧】yǎngwò [動] 仰臥(ぎょうが)する，仰むけに横たわる〚～起坐〛(仰臥から身を起こす) 腹筋運動

【仰泳】yǎngyǒng [名] 背泳，バックストローク

【仰仗】yǎngzhàng [動] 依存する，頼りきる([同]［依靠］)〚～年金过活〛年金だけを頼りに生きる

【养(養)】 yǎng [動] ①養う，扶養する〚～家〛一家を養う ②(動物を) 飼育する，(植物を) 栽培する〚～猫〛ネコを飼う〚～花〛花を作る ③生む，生み育てる ④休養し元気をつける，回復させる ⑤(習慣などを) 育てる，身につける〚～成习惯〛習慣として身につける ⑥(髪を) のばす，蓄える〚～头发〛髪をのばす
⊗①維持管理する，補修する→［～路］ ②育ての，血のつながらない［～母］養母［～子］(男の) 養子

Y

【养病】yǎng'bìng 動 療養する, 養生する〚去海岸~了了〛海岸へ療養に出掛けた

**【养成】yǎngchéng 動〈自分のなかに〉育てる, 身につける〚~对数学的兴趣〛数学への興味を育てる

【养分】yǎngfèn 图 養分, 滋養〚吸收~〛養分を吸収する

【养汉】yǎng'hàn 動〈女が〉外に男をつくる, 間男をする

【养虎遗患】yǎng hǔ yí huàn〈成〉〈虎を飼って災いを残す〉敵に情をかけ, 後の禍の種を残す ⇔【养痈成患】

【养护】yǎnghù 動〈建築物や機械の〉補修保全する, メンテナンスに務める〚~铁路〛線路を保全する

【养活】yǎnghuo 動〈口〉① 養う, 扶養する〚~老母亲〛年老いた母を養う ②〈動物を〉飼育する, 飼う ③〈方〉子供を産む, 生み育てる

【养家】yǎngjiā 動 家族を養う〚~糊口〛かろうじて家計を維持する

【养精蓄锐】yǎng jīng xù ruì〈成〉鋭気を養い力を蓄える

【养老】yǎng'lǎo 動 ① 老人を扶養する〚~送终〛老人に孝養を尽くし, 死後は丁重に葬る ② 隠居する, 老後を過ごす〚~金〛養老年金〚~院〛養老院

【养料】yǎngliào 图 ① 栄養分, 滋養〚吸收~〛養分を吸収する ② 糧を, 飼料

【养路】yǎng'lù 動 鉄道や道路を維持管理する, 保全する〚~工〛保線工

【养神】yǎng'shén 動 心身を休めて疲労をとる, 静かにして気力を回復させる〚闭目~〛目を閉じて気力を蓄える

【养生】yǎngshēng 動 体を養生する, 元気を保つ

【养痈成患】yǎng yōng chéng huàn〈成〉〈癰を育てて病を招く〉悪人や悪事を見逃して後で災いを被る

【养育】yǎngyù 動 養育する, はぐくむ〚~子女〛子供を育てる

【养殖】yǎngzhí 動〈水産物を〉養殖する〚~鳝鱼〛ウナギを養殖する

【养尊处优】yǎng zūn chǔ yōu〈成〉〈貶〉いいご身分の暮らしをする, 優雅に暮らす ⇔【含辛茹苦】

【痒】(癢) yǎng 形 かゆい, くすぐったい〚浑身发~〛全身がむずがゆい〚搔~处〛かゆいところを掻く

【痒痒】yǎngyang 形〈口〉かゆい, くすぐったい〚挠náo~〛かゆいところを搔く

【氧】yǎng 图〈化〉酸素〚吹~〛酸素を吹き込む〚~吧〛酸素バー

【氧化】yǎnghuà 動〈化〉酸化する〚~物〛酸化物〚二~碳〛炭酸ガス

*【氧气】yǎngqì 图 酸素の通称〚~面罩〛酸素マスク〚~瓶〛酸素ボンベ

【怏】yàng 以下を見よ

【怏然】yàngrán〈多く状語として〉〈書〉① 不機嫌な, 不快げな〚~不悦〛不機嫌な ② 思い上がった, 自慢げな

【怏怏】yàngyàng 形〈多く状語として〉不満げな, ふさぎこんだ〚~度日〛元気なく日を過ごす

【鞅】yàng ⊗〔牛~〕〈牛を車につなぐ〉くびき ◆古代の思想家商鞅ⁿshūでは Yāng と発音

【恙】yàng ⊗ 病気, 疾患〚无~〛〈書〉息災である〚~虫〛ツツガムシ

【样】(樣) yàng 图(~儿)(⇒【样子】) ① 形, タイプ〚他还是那个~儿〛彼はやはり以前のままだった〚走~儿〛型くずれする ② 見本, モデル〚取~检验〛サンプル抜取り検査をする〚货~〛商品見本 ③(~儿)靴を数える〚三~儿鞋〛3種類の靴

【样板】yàngbǎn 图 ① 模範, 手本(⇒【榜样】【模范】)〚~戏〛(文革期の)革命模範劇 ② 板状の製品見本 ③〈工〉型板, 指形板

【样本】yàngběn 图〈本〉① サンプル, 見本帳 ②〈印〉見本刷り, 見本

*【样品】yàngpǐn 图 製品見本, サンプル〚~间〛ショールーム〚~试验〛見本抽出テスト

*【样式】yàngshì 图 形式, 型, タイプ(⇒【式样】)〚照这种~裁衣服〛この型で服を作る

【样张】yàngzhāng 图〈印〉見本刷りしたページ

【样子】yàngzi 图 ① 見かけ, 型, タイプ〚~很好看〛かっこいい〚不像~〛なっちゃいない ② 表情, 顔付き〚装出…的~〛…の振りをする ③ 見本, 手本〚照他的~做〛あの人に見習う ④〈口〉成り行き, 形勢〚看~…〛見たところ (どうやら)…

【漾】yàng 動 こぼれる, 溢れる〚酒~出来〛酒が溢れる〚脸上~出笑容〛笑顔がこぼれる ⊗ 水がゆらゆら揺れる, たゆとう〚荡~〛同前

【幺】(么) yāo 图 数字の'一' ◆電話番号・部屋番号など特定の場合にのみ '1' を yāo と読む. 例えば 110番は yāoyāolíng, '9・11事件'は Jiǔ-Yāoyāo shìjiàn ⊗ ①〈方〉兄弟順が一番下の, 末の

【吆】yāo ⊗ 以下を見よ

【吆喝】yāohe 動 ① 大声で呼ぶ，呼び掛ける 〖~他〗大声で彼を呼ぶ ② 売り声をあげる〖沿街~着生意〗売り声をあげつつ通りを歩く ③ 牛や馬に(大声で)命令する，駆り立てる

【夭】yāo ⊗(草木が)よく茂った，緑つややかな

【夭(妖)】⊗ 若死にする，夭折する〖~殇〗夭折する

【夭亡】yāowáng 若死にする

【夭折】yāozhé 動 ① 若死にする，夭折する 同[夭亡] ②(転)途中で失敗する，早い段階で瓦解する

【妖】yāo ② ① 妖怪，化け物〖降 xiáng ~〗魔物を退治する ② 人を惑わせる，妖しい〖~术〗妖術 ③ 男を惑わすような，なまめかしい

【妖风】yāofēng ②〔股〕① 妖怪が吹き送る怪しい風，妖気漂う風 ②(転)不健全な気風

【妖怪】yāoguài ② 妖怪，もののけ

【妖精】yāojing ② ① 妖怪，もののけ 同[妖怪] ②(転)男をたぶらかす女，妖婦

【妖媚】yāomèi 形(多く貶義で)なまめかしい，妖艶な

【妖魔】yāomó ② 妖怪，もののけ〖~鬼怪〗魑魅魍魎(比喩的にも)

【妖娆】yāoráo 形〔書〕なまめかしい，魅惑的な

【妖物】yāowù ② 妖怪・化け物の類

【妖言】yāoyán ② 人心を惑わす邪説，妖言〖听信~〗妖言に惑わされる

【妖艳】yāoyàn 形〔書〕あだっぽい，なまめかしい

【要】yāo ⊗ ① 求める，頼む ② 強要する，脅す ③ (Y-)姓
⇨yào

*【要求】yāoqiú 要求(する)，注文(をつける)〖满足~〗要求を満たす〖严格~自己〗自己を厳しく律する

【要挟】yāoxié 動 ゆする，脅迫する〖~银行〗銀行を脅す

【腰】yāo ② ① 腰，ウエスト〖扭 niǔ ~〗腰をくねらせる ② 中国風ズボンのウエスト，胴回り〖裤~〗腰回り ③〖通常'~里'の形で〗中国服のポケット，帯につけている財布〖~里没钱〗懐が空っぽだ
⊗ ① 物の中間部分，中ほど〖山~〗山腹 ②(Y-)姓

【腰板儿】yāobǎnr ② ① 腰と背中〖挺起~〗背筋をぴんと伸ばす ② 体格，体付き

【腰包】yāobāo ② 帯につけている財布，巾着〖肥~〗懐を肥やす〖掏~〗身銭を切る

【腰带】yāodài ②〔根・条〕(中国風ズボンを締める)腰帯，ベルト〖扎~〗腰帯(ベルト)を締める

【腰杆子】yāogǎnzi ②(働[腰杆儿])① 腰の後ろ側，背中〖挺~〗背筋を伸ばす ② 後ろだて，背後の支援者 同[靠山]

【腰鼓】yāogǔ ②〔面〕腰鼓 ♦中ほどがふくらんだ細長い小太鼓で，腰に縛りつけ，両手のばちでたたく ② 腰鼓をたたきながら踊る踊り〖跳~舞〗腰鼓踊りを踊る

【腰果】yāoguǒ ②〔颗〕カシューナッツ

【腰花】yāohuā ②〔~儿〕〔食〕料理用の豚や羊の腎臓

【腰身】yāoshēn ② 衣服の腰回り，ウエスト(の寸法)〖~很细〗ウエストが締まっている

【腰围】yāowéi ② ① 腰回りの寸法，ウエストのサイズ 同[腰肥] ② 腰部を締める幅広の帯

【腰眼】yāoyǎn ② ① 腰骨の上の脊椎の両側(漢方のつぼの一つ) ②(転)事の急所，勘所〖点到~〗急所をつく

【腰斩】yāozhǎn 動 ①〔史〕腰斬の刑に処する，腰のところで両断する ②(転)一つの事を途中で2つに切り離す，腰斬する

【腰椎】yāozhuī ②〔生〕腰椎〖~间盘突出症〗椎間盤ヘルニア

【腰子】yāozi ②〔口〕腎('肾'の通称)〖~病〗腎臓病

【邀】yāo 動 招請する，招待する〖~客〗客を招く
⊗ ① 求める，頼む ② 遮る，通せんぼする

【邀功(要功)】yāogōng 動 他人の手柄を横取りする，功をかすめ取る

【邀击(要击)】yāojī 動 要撃する，待ち伏せて攻撃を加える

【邀集】yāojí 動 大勢の人を一堂に招く，一斉に招請する

*【邀请】yāoqǐng 動 招請する，招聘する〖~专家出席座谈会〗専門家を座談会に招く〖~书〗招請状〖~赛〗招待選手権大会

【爻】yáo ⊗ 易の八卦の基本符号，'阳~'(—)と'阴~'(--)の2種

【肴(餚)】yáo ⊗ 魚肉料理，生臭もの〖酒~〗酒肴

【肴馔】yáozhuàn ②〔書〕宴会料理，ご馳走

【尧(堯)】Yáo ⊗ ① 尭(伝説中の古代の聖王) ② 姓

【尧舜】Yáo-Shùn 图 中国古代の名君尭と舜;《転》尭舜のように英明な聖人

【垚】yáo ⊗ 山が高い

【姚】Yáo ⊗ 姓

【珧】yáo ⊗ (武器装飾用の)貝がら

【窑(窯*窰)】yáo 图 ① (陶器やレンガなどを焼く)窯〖烧~〗窯を焼く(陶器などを作る) ② (旧)炭坑[煤~]炭坑 ③ 窰洞(トン)[~洞]〖打一眼~〗窰洞を一つ掘る ⊗《方》女郎屋,岡場所 [~姐上]女郎

【窑洞】yáodòng 图 窰洞 ◆ 西北黄土地帯の山崖に掘った洞窟住居〖打~〗同前を掘る

【窑子】yáozi 图《方》妓楼(ろう),女郎屋〖逛~〗女郎買いする

【谣(謠)】yáo ⊗ ① 歌謡,うた [民~]民謡 ② デマ,うわさ[造~]デマを飛ばす

【谣传】yáochuán 动 デマ(を飛ばす),うわさ(を流す)〖据~…〗うわさによれば…

*【谣言】yáoyán 图 デマ,根拠のないうわさ(㊥[流言])〖散布~〗デマをまき散らす

【遥】yáo ⊗ 遠い,はるかな〖~想当年〗遠い昔を振り返る

【遥测】yáocè 动 遠隔測定する

【遥感】yáogǎn 动 遠隔感知する[~图像]遠隔感知画像

*【遥控】yáokòng 动 遠隔操作する,リモートコントロールする [~开关]リモコンスイッチ — 图 リモートコントロール

【遥望】yáowàng 动 見はるかす,遠くを眺める〖~故土〗遠く故郷を望む

【遥遥】yáoyáo 形 ①(距離が) 遥かな,遠く隔たった[~相对](山と山などが)遠く向かい合っている ② (時間が)遥かに遠い,長い

*【遥远】yáoyuǎn 形 遥か遠い,遠いかなたの(㊥[辽远])[路途~]路は遥か遠い[~的将来]遠い将来

【摇】yáo ⊗ 揺さぶる,揺れる,振る〖~头〗首を横に振る〖~船〗船をこぐ [动~]動揺する — 滚乐] ロック音楽

*【摇摆】yáobǎi 动 (振り子のように)揺れる

【摇动】yáodòng 动 ① 揺れ動く,振る〖~花束〗花束を振る ② (気持ち)動揺する ③ 揺らして(その場から)動かす〖怎么也摇不动〗いくら揺らしても動かない

*【摇滚】yáogǔn 图 ロックンロール,ロック音楽 ㊥[摇滚乐]

【摇撼】yáohàn 动 (樹木,建物などを)揺り動かす,激しく揺さぶる

*【摇晃】yáohuang/yáohuàng 动 ゆらゆら揺れる(揺れる),ふらふらめく〖桌子有点~〗テーブルががたがたする〖~药瓶〗薬びんを振る

【摇篮】yáolán 图 ① 揺り籠〖摇动~〗揺り籠を揺する ②(転)幼年・青年期の生活環境,文化・運動などの発祥地〖古代文化的~〗古代文化の揺籃(らん)の地

【摇旗呐喊】yáo qí nàhǎn (成) ① 合戦の際に旗を振り鬨(とき)の声をあげる ② 声援を送る,支持激励の声をあげる

【摇钱树】yáoqiánshù 图[棵・株] 金(かね)のなる木,金もうけのたね〖~,聚宝盆〗金のなる木と打ち出の小槌(つち)

【摇身一变】yáo shēn yí biàn (成) (貶) ぱっと変身する,態度や言動がころりと変わる

【摇手】yáoshǒu 图 機械に付いた手回しの取っ手,ハンドル — yáo'shǒu 动 (否定や阻止の意を表わすべく)手を振る,手を振って打ち消す

【摇头】yáo'tóu 动 (否定・阻止の意を表わすべく)首を振る,いやいやをする

【摇头摆尾】yáo tóu bǎi wěi (成) (貶)(首を振り尾を振る>) 得意げにはしゃぐ,浮かれまくる

【摇头晃脑】yáo tóu huàng nǎo (成)(首を振りたてる>) ひとりで悦に入る,ほくほくとひとりうなずく

【摇尾乞怜】yáo wěi qǐ lián (成) (尾を振って憐(あわ)れみを乞う>) 人にこびへつらう ㊥[乞哀告怜]

【摇摇欲坠】yáoyáo yù zhuì (成) ぐらついて倒壊一歩手前の,今にも崩れ落ちそうな ⊗[安如磐石]

【摇曳】yáoyè 动 ゆらゆら揺れる,揺れ動く ㊥[摇荡]

【摇椅】yáoyǐ 图[把] 揺りいす,ロッキングチェア

【徭(*傜)】yáo ⊗ 労役,賦役(えき) [~役] 賦役

【猺】yáo ⊗[青~][动] ハクビシン(ふつう'果子狸''花面狸'という)

【瑶】yáo ⊗ 美しい玉 [~琼] 〖(書)瑶族

【瑶族】Yáozú 图 ヤオ族 ◆ 中国少数民族の一,広西・湖南・雲南・広東・貴州の諸省に住む

【鳐(鰩)】yáo ⊗〖魚〗エイ [～鱼] 同前

【杳】yǎo ⊗遠く離れて姿の見えない

【杳渺(杳眇)】yǎomiǎo [形]《書》遠く隔たった

【杳如黄鹤】yǎo rú huánghè《成》(飛び去って帰らぬ黄鶴のように行方が知れない>) 人物や物の行方が不明である

【杳无音信】yǎo wú yīnxìn《成》絶えて音沙汰がない，まるっきり便りがない [同][鱼沉雁杳]

【咬(*齩 䶧)】yǎo [動] ①咬む，かじる〖～了一口〗一口かじった ②(歯車が)咬み合う，(ねじなどが)締まる，(ペンチなどで) 挟みつける ③(犬が) ほえる ④(訊問された時などに) 無関係な人を巻き込む，累を他に及ぼす ⑤(文字を) 正確に音読する，正しく発音する〖～字儿〗同前 ⑥言葉遣いや意味にこだわる，下らぬ(言葉の)粗探しをする ⑦《方》(漆などに) かぶれる，皮膚アレルギーを起こす

【咬定】yǎodìng [動] きっぱり言い切る，断言する〖一口～〗きっぱり言い切る(決して前言を翻さない)〖～交货日子〗納品日を約束する

【咬耳朵】yǎo ěrduo [動]《口》耳打ちする，ひそひそ話をする

【咬舌儿】yǎoshér [名] 舌足らず，発音が不明瞭な人 [同][咬舌子] — [動] 舌がもつれる，発音が不明瞭になる

【咬文嚼字】yǎo wén jiáo zì《成》《貶》(字句をやたらと嚙みしめる>) 文字面にばかりこだわって趣旨を理解しない [同][句斟字嚼]

【咬牙】yǎo'yá [動] ①歯がみをする，歯をくいしばる ②(睡眠中に) 歯ぎしりする

*【咬牙切齿】yǎoyá qièchǐ《成》切歯扼腕する

【咬字眼儿】yǎo zìyǎnr [動] (人の) 言葉尻をとらえる，言葉遣いに無用の文句をつける

【窅】yǎo ⊗はるかな，底深い [～然]《書》深遠な

【窈】yǎo ⊗以下を見よ

【窈窕】yǎotiǎo [形]《書》①(女性が) 美しくしとやかな，見目(みめ)うるわしい ②(宮殿や風景が) 幽遠で静かな，静まり返った

【舀】yǎo [動] (ひしゃくなどで) 掬(すく)う，汲む〖～酒〗(かめから)酒を汲み出す [～子] ひしゃく

【疟(瘧)】yào ⊗マラリア，瘧(おこり) ⇨nüè

【疟子】yàozi [名] マラリア〖发～〗瘧が始まる

【药(藥)】yào [名]〔片·粒·服〕薬，医薬〖吃～〗薬を飲む — [動] 毒殺する，薬殺する〖～老鼠〗ネズミを薬で退治する

⊗①投薬治療する，薬で治す [不可救～] (病気が) 手の施しようがない ②化学薬品 [炸～] 爆薬 [杀虫～] 殺虫剤 ♦姓はふつう'藥'と書く

【药材】yàocái [名] 漢方薬の原料，(天然の)薬材

【药草】yàocǎo [名] 薬草 [～园] 薬草園

【药厂】yàochǎng [名] 製薬工場

【药典】yàodiǎn [名] 薬局方(ほう)

【药店】yàodiàn [名]〔家〕薬屋

【药方】yàofāng [名] (～儿) ①薬の処方，調合法 ②〔张〕処方せん([同][药单])〖开～〗処方せんを書く

【药房】yàofáng [名] ①〔家〕(西洋医薬の) 薬局，薬店 ②〔间〕病院や診療所の薬局

【药膏】yàogāo [名] 軟膏(なんこう)，膏薬〖上～〗膏薬を貼る

【药罐子】yàoguànzi [名] ①漢方薬を煎じる土びん ②《転》薬漬けの人，病気ばかりしている人

【药害】yàohài [名] (特に農薬による) 薬害，薬物汚染

【药剂】yàojì [名] 薬剤 [～师] 薬剤師 [～学] 薬学

【药酒】yàojiǔ [名] 薬酒

【药力】yàolì [名] 薬の効き目，薬効 ([同][药劲儿])〖～强〗薬がよく効く

【药棉】yàomián [名] 脱脂綿

【药捻儿】yàoniǎnr [名]〖医〗薬剤を染み込ませたガーゼやタンポン [同][药捻子]

【药碾子】yàoniǎnzi [名] 薬研(やげん)，薬おろし

【药片】yàopiàn [名] (～儿)〔片〕錠剤

【药品】yàopǐn [名] 薬品，薬物

【药铺】yàopù [名]〔家〕漢方薬店，生(き)薬屋

【药膳】yàoshàn [名] 薬膳(やくぜん)(漢方薬材を組み入れた料理) [～餐厅] 薬膳レストラン

【药石】yàoshí [名]《書》薬と鍼(はり) ♦広く治療手段をいう [～罔 wǎng 效] 薬石効なく

【药水】yàoshuǐ [名] (～儿) ①水薬〖喝～〗水薬を飲む ②洗浄剤，ローション

【药筒】yàotǒng [名]〔块〕薬莢(やっきょう) [同][弹壳]

【药丸】yàowán [名] (～儿) 丸薬(がんやく) [同][药丸子]

【药味】yàowèi [名] ①処方された漢方薬，漢方薬に含まれている薬材(総称) ②(～儿) 漢方薬の味や匂

Y

い ◆漢方薬の味には'甜, 酸, 苦, 辣, 咸'があり, これを'五味'という
【药物】yàowù 图薬物, 薬品 [~学]薬学 [~过敏]薬物アレルギー
【药效】yàoxiào 图薬効, 薬の効き目 [测定~]薬効を測定する
【药性】yàoxìng 图薬の性質(效能, 適応症など)
【药引子】yàoyǐnzi 图(漢方薬で)薬の効果を高めるための補助薬 ◆煎じ薬に加えるヒネショウガなど
【药皂】yàozào 图[块]薬用石けん
【药疹】yàozhěn 图薬物アレルギー性発疹, またその蕁麻疹

【要】yào 動①欲しがる, 所有したいと願う ②ねだる, くれと言う [跟他~钱]彼に金をねだる ③(…に…するよう)求める, 要望する [我~你帮忙~下]ちょっと手伝ってくれないか ④必要とする [~多少人?]人手は何人必要ですか [~三小时]3時間かかる ― 匯①…したい, …するつもりだ ◆否定は通常'不想'あるいは'不愿意' [我~学书法]書道を習おうと思う ②(必要上)…しなければならない, …すべきである ◆否定は'不用' [你们~好好学习]しっかり勉強するんだよ ③…しそうだ, …することになろう ◆前に'会'を加えることも可能. 否定は'不会' [看样子~下雪] 雪になりそうだ ④(後に'了'を伴って)もうすぐ…になる [快~出院了]もうすぐ退院ですよ ⑤(比較文の中で)おそらく…だろう, …らしく思われる [他比我跑得~快得多(他比我~跑得快得多)]彼は僕よりずっと駆けるのが速い ― 匯①もし, 仮に [你~不去, 我也不去]君が行かないなら僕も行かない ②'~+就'を重ねて)か…かいずれかだ, …でなければ…だ [~就去球场, ~就去剧场]球場へ行くか, さもなきゃ劇場だ ⊗①要点, 重要部分 [纲~]概要 ②重要な, 肝腎な [~事]重要なこと
⇨yāo

【要隘】yào'ài 图要害の関所
*【要不】yàobù 接(前の内容を受けて)さもないと, でなければ(匯[要不然]) [快走, ~咱们赶不上考试了]急ごう, でないと試験に間にあわないぞ
*【要不然】yàobùrán 接匯[要不]
【要不得】yàobude 匯許し難い, 間違っている [这样做~]そりゃいけないよ
【要道】yàodào 图①[条]要路 [交通~]交通の要路 ②重要な道理
【要得】yàodé 形(方)よい, 使える [这个办法~]それはいい考えだ
【要地】yàodì 图①(軍事上の)要地, 要衝 ②(書)高官の座, 重要ポスト
*【要点】yàodiǎn 图①(話や文章の)要点, キーポイント [抓住~]要点をつかむ ②重要な拠点 [防御~]拠点を防衛する
【要犯】yàofàn 图(書)重要犯人, 主犯
【要饭】yào▼fàn 動物乞いする, こじきをする(匯[讨饭]) [~的]こじき
【要害】yàohài 图①人体の急所 [击中~]急所に命中する ②軍事上の要害, 要衝 ③重要部門, 重要部分
【要好】yàohǎo 形①仲が良い, 親しい [他们俩很~]あの二人は仲が良い ②向上心に富む, がんばり屋の
【要谎】yào▼huǎng 動値段をふっかける, 掛け値をする
【要价】yào▼jià 動①(~儿)客に値段を言う, 売り値をつける(匯[讨价]) [漫天~]途方もない掛け値を言う ②(転)(交渉などで)条件を提示する
【要价还价】yào jià huán jià(成)(売り手が値を言い買い手が値切る>)駆け引きする(匯[讨价还价])
【要件】yàojiàn 图①[份]重要文書 ②重要な条件
【要津】yàojīn 图交通の要路にある渡し場, 水陸交通の要衝; (転)要職, 重要な地位
【要紧】yàojǐn 形①重要な, 大事な(匯[重要]) ②ひどい, 重大な(匯[严重]) [不~]大丈夫, 大したことはない ③(方)急いでいる, 慌てている [~回家]大急ぎで帰宅する
【要脸】yào▼liǎn 動恥を知る, 体面を大事にする [不~]恥知らず
【要领】yàolǐng 图①要点, 主要な内容 [不得~]要領を得ない ②(体育や軍事の動作の)こつ, 要領 [掌握~]要領をつかむ
【要略】yàolüè 图概略, 概説(多く書名に使う)
【要么】yàome 接…かそれとも…か, …かでなければ…だ [~你来, ~我去]君が来るか, さもなきゃおれがそっちへ行こう
【要面子】yào miànzi 動体面を重んじる, メンツにこだわる(匯[爱面子])
*【要命】yào▼mìng 動命をとる, 死に追いやる [差点儿~了]もう少しで死ぬところだった ― 形①甚だしい, 極端な [饿得~]腹がへって死にそうだ ②腹立たしい, 迷惑な [真~, 下雨了]参ったね, 降ってきたよ
【要强】yàoqiáng 形向上心旺盛な, 負けず嫌いな
【要人】yàorén 图要人, VIP
【要塞】yàosài 图要塞 [构筑~]要塞を築く

一 yě

*【要是】 yàoshi 接 もしも 囫[如果]

【要死】 yàosǐ 形 …でたまらない, 死ぬほど…だ (囫[要命])[挤得~](乗物が)混んで死にそうだ

*【要素】 yàosù 名 要素 囫[因素]

【要闻】 yàowén 名 重大ニュース

【要样儿】 yào'yàngr 動 見栄をはる, 外見を飾る

【要员】 yàoyuán 名 (多く派遣されて)重要任務に当たる人員

【要之】 yàozhī 副[書]要するに, つまるところ 囫[总之]

【要职】 yàozhí 名 要職, 重要ポスト (反[闲职])[担任~]同前を担当する

【要旨】 yàozhǐ 名 主旨, 要旨

【钥】(鑰) yào
鍵 kagi 「キーポイント」「要衝」の意の文語'锁钥'は suǒyuè と発音

【钥匙】 yàoshi 名[把]鍵 [用~开锁]鍵で錠を開ける [~孔]鍵穴

【靿】 yào
名[方](~儿)(長靴や靴下の)筒状の部分

【鹞】(鷂) yào
× ハイタカ [~鹰]同前

【鹞子】 yàozi 名 ① ハイタカ「雀鹰」の通称) ②[方]凧 囫[普][风筝]

【曜】 yào
× ① 日光, 陽光 ② まばゆく照らす, 照りつける

【耀】 yào
× ① 光芒, 輝き [光~]輝き ② 栄光, 栄誉 [荣~]光栄 ③ 光り輝く, まばゆく目を射る ④ ひけらかす, 誇示する [夸~]ひけらかす

【耀武扬威】 yào wǔ yáng wēi 《成》武力を誇示する, 実力のほどをひけらかす

*【耀眼】 yàoyǎn 形 まぶしい, まばゆい

【耶】 yē
× 音訳字 [~和华]エホバ [~稣 sū]イエス
⇨yé

【耶稣教】 Yēsūjiào 名 キリスト教のプロテスタント 囫[基督教][天主教]

【椰】 yē
× ヤシ [~子]ヤシ(の実)

【椰油】 yēyóu 名 ヤシ油

【椰枣】 yēzǎo 名[植]ナツメヤシ

【掖】 yē
動 差し込む, 突っ込む [~进口袋里]ポケットに突っ込む
⇨yè

【噎】 yē
動 ① のどが詰まる [~住了]のどにつかえた ②(強風にさらされて) 息が詰まる, 呼吸できなくなる ③[方]けんつくを食らわす, やり込める

【爷】(爺) yé
名 ①[方]父, 父さん ♦単用する方言もある [~娘]ふた親 ② 祖父, 爺さま ③ 老齢男子への尊称 [孙~]孫(ソン) ④ 旧時の役人や旦那衆への敬称 [老~ye]旦那さま ⑤ 神仏などへの敬称 [老天~]お天道さん

【爷们】 yémen 名[方] ① 男, 男衆 ♦単数にも用いる ② 夫, 亭主

【爷儿】 yér 名[口] 上の世代の男子と下の世代の男女とをまとめた呼称 ♦父と息子, 祖父と孫娘など [~俩]父子(祖父と孫など)ふたり

【爷儿们】 yérmen 名 上の世代の男子と下の世代の男子とをまとめた呼称 ♦父と息子, 叔父と甥など

【爷爷】 yéye 名[口] ① 父方の祖父, おじいちゃん ♦呼び掛けにも使用 ②(一般に) おじいさん ♦年老いた男子の呼称

【耶】 yé
× 文語における疑問の助詞 囫[邪]
⇨yē

【揶】 yé
× [~揄](書)揶揄 yayu する, からかう

【也】 yě
副 ① 同じであることを示す [我~有]私も持っている [~说俄语]ロシア語を話す [借书, ~还书]本を借りるし返しもする ② 重ねて用いて, 並列関係を強調する [他~会滑雪, ~会溜冰]彼はスキーもうまいスケートもうまい ③ 重ねて用いて, 条件のいかんにかかわらず…であることを示す [下雨我们~去, 不下雨我们~去]雨が降っても降らなくても, 私たちは出掛けます ④ ('虽然''即使'などと呼応して) 譲歩や転換の気分を示す [即使下雪, 我~去]たとえ雪が降ろうと私は行く ⑤ ('连'などと呼応して)強調を示す [一点儿~不知道]まるきり知らない ⑥ 語調を和らげる働きをする [~好吧]まあよかろう
× (文語における助詞) ① 判断を示す ② 疑問や詰問を示す ③ 文中の停頓を示す

【也罢】 yěbà 助 ① まあよかろう, 仕方あるまい ②(二つあるいはそれ以上に使って) …であろうと…であろうと, …であれ…であれ(いずれにせよ…)[你来~, 不来~]君が来ようと来まいと…

【也好】 yěhǎo 助 囫[也罢]

*【也许】 yěxǔ 副 もしかしたら…かもしれない (囫[或许])[他~不知道]彼は知らないのかもしれないよ

【冶】 yě
× ①(金属を)溶解する, 精錬する ②(貶)(女性が)蠱惑する, 色っぽい [妖~]婀娜 ada な ③(Y-)姓

【冶金】 yějīn 動〖多く定語として〗冶金 yakin

【冶炼】yěliàn [動] 精錬する［～炉］溶鉱炉
【冶容】yěróng [名] なまめかしい顔付き, 魅惑的な容貌 — [動] 妖艶に身を飾る, なまめかしく装う
【野(*埜)】yě [形] ① 粗野な, 不作法な ② 奔放な, とらわれない
[×] ① 郊外, 野外［荒～］荒野 ② 政権を離れた状態, 在野の地位［下～］下野する ③ 領界, 領域［视～］視野 ④ 野生の, 人工の手を経ない
【野菜】yěcài [名]〔棵〕山菜, 食用の野草
【野餐】yěcān [動] 野外での食事をする, ピクニックに行く — [名]〔顿〕野外での食事
【野蚕】yěcán [名] 野生の蚕, 山蚕 [図][家蚕]
【野炊】yěchuī [動] 野外で食事を作る
【野地】yědì [名]〔块·片〕野っ原, 郊外の荒地
【野火】yěhuǒ [名]〔场·团〕野火
【野鸡】yějī [名] ①〖鳥〗〔只〕キジ（'雉'の通称） ② 街娼, 夜たか — [形]〖定語として〗もぐりの, 無許可の［～汽车］白タク
【野驴】yělǘ [名]〔头〕野生のロバ
*【野蛮】yěmán [形] ① 未開の, 野蛮な [反][文明] ② 粗野な, 乱暴な（[同][蛮横]）
【野猫】yěmāo [名]〔只〕① 野良ネコ, 野生のネコ ②〈方〉野ウサギ [同]〈普〉[野兔]
【野牛】yěniú [名]〔头〕野牛, バイソン
【野禽】yěqín [名] 野鳥 [同][野鸟]
【野人】yěrén [名] ① 原始人, 未開の人々 ② 乱暴者, 荒くれ者 ③〈書〉野良で働く人々 ④〈書〉平民, 庶民
【野生】yěshēng [形]〖定語として〗野生の［～生物］野生生物
【野史】yěshǐ [名] 正史でない歴史, 野史
【野兽】yěshòu [名] 野獣［～害］野生動物による（農作物などの） 被害［～派］フォービズム
【野兔】yětù [名]〔只〕野ウサギ [図][家兔]
【野外】yěwài [名] 野外, 郊外［～工作］フィールドワーク
【野味】yěwèi [名] 狩猟の獲物, 仕留めた鳥や獣
*【野心】yěxīn [名] 野心, 野望〖抱有～〗野望を抱く
【野性】yěxìng [名] 野性〖带有～〗野性味を帯びる
【野鸭】yěyā [名]〔只〕カモ [同][绿头鸭] [図][家鸭]
【野营】yěyíng [動] 野営する, キャンプする
【野战】yězhàn [名]〖軍〗野戦［～军］野戦軍［～医院］野戦病院
【野猪】yězhū [名]〔口·头〕イノシシ
【业(業)】yè [×] ① なりわい, 業［农～］農業 ② 職業, 仕事［失～］失業する ③ 学業［毕～］卒業する ④ 事業［创～］創業する ⑤ 財産, 私有する企業体など［家～］家産 ⑥ 業, 悪業 ⑦（職業に） 従事する［～医］医者をなりわいとする ⑧ 既に, もう ⑨ (Y-) 姓
【业绩】yèjì [名]〔项〕大なる成果, 偉大な功績
**【业务】yèwù [名]〔项〕業務,（専門とする）仕事〖抓～〗業務に力を入れる
【业已】yèyǐ [副]（多く公文書で）既に [同][业经]
**【业余】yèyú [形]〖定語として〗① 仕事の時間外の, 余暇の［～教育］成人教育［～学校］業余学校 ② アマチュアの, 専業でない［～作家］余暇に書く作家
【业障】yèzhàng [名] ①（仏教で） 業 ② 不肖の子弟, 出来損ない ♦出来の悪い子弟を罵る語
【邺(鄴)】Yè [×] ① 河南の古地名 ② 姓
【叶(葉)】yè [名] ①（～儿）〔片·张〕葉, 葉っぱ〖长满了～儿〗葉が生い茂った［绿～］緑あざやかな葉 ② [同][页]
[×] ① 葉に似たもの［百～箱］百葉箱 ② ある程度長い時代区分の一段［汉朝初～］漢代初葉 ③ (Y-) 姓 ♦「叶う」の意の文語は xié と発音
⇨ xié
【叶斑病】yèbānbìng [名]〖植〗黒はん病
【叶柄】yèbǐng [名]〖植〗葉柄
【叶公好龙】Yè gōng hào lóng〈成〉見せ掛けだけの趣味, 口先だけの主義主張
【叶绿素】yèlǜsù [名]〖化〗葉緑素
【叶轮】yèlún [名]〖機〗羽根車
【叶落归根】yè luò guī gēn〈成〉（葉が落ちて根のところに戻る＞）異郷に暮す人も結局は故郷に帰る
【叶脉】yèmài [名]〖植〗葉脈
【叶片】yèpiàn [名] ①〖植〗葉片, 葉身 ②〖機〗羽根車の羽根
【叶锈病】yèxiùbìng [名]〖農〗赤さび病
【叶序】yèxù [名]〖植〗葉序
**【叶子】yèzi [名] ①〔片·张〕葉［～烟］葉タバコ ②〈方〉かるた [同]〈普〉[纸牌]
【页(頁 *葉篥)】yè [量] ページを数える〖第十～〗10ページ
[×] 書籍や書画の一枚一枚［活～］ルーズリーフ

【页码】yèmǎ 图（～儿）書籍のページ，ページナンバー

【页心】yèxīn 图[印]①版面◆書物の各ページの文字や図版が刷られている部分（⑩[版心]②木版本の折り目の部分（⑩[版口]

【曳】(*拽拽) yè ⊗引っ張る，引きずる
⇨zhuāi, zhuài（拽）

【夜】(*亱) yè 量夜［闹了两～］ふた晩に渡り夜通し騒いだ［三天三～］3日3晩
⊗夜（⑳'昼'）［～深了］夜がふけた

【夜班】yèbān 图夜勤［值～］夜勤の番に当たる［打个～］夜勤をする［～护士］夜勤看護婦

【夜半】yèbàn 图夜半，深夜（夜の12時前後）（⑩[半夜]

【夜不闭户】yè bú bì hù《成》(夜も戸を閉めない＞）社会の風紀と治安が良い（⑩[路不拾遗]

【夜餐】yècān 图〔顿〕夜食，夜ふけの食事

【夜叉】yècha 图夜叉，凶悪な人［母～］凶悪な女（罵語として）

【夜长梦多】yè cháng mèng duō《成》(夜が長いと夢が多い＞）時間が長びくととかく情況が不利になる

【夜场】yèchǎng 图夜間興業，夜の公演（⑩[晚场]

【夜车】yèchē 图①[班・趟]夜行列车，夜汽車 ②(転)（昼間に加えて夜もする）仕事や勉強［开～]夜なべする

【夜工】yègōng 图夜の仕事，夜間作業（⑩[夜活儿]）［打～]夜なべする

【夜光虫】yèguāngchóng 图夜光虫

【夜壶】yèhú 图〔把〕(主に旧式の)男子用のしびん（⑩[便壶]

【夜间】yèjiān 图夜，夜間（⑩[夜里]）［～施工]夜間工事をする［～比赛]ナイター

【夜课】yèkè 图夜の授業［上～]夜の授業に出る

【夜空】yèkōng 图夜空

【夜郎自大】Yèláng zìdà《成》(夜郎国の人間は自国が最大の国だと思っている＞)井の中の蛙，夜郎自大（⑩[井蛙语海]

【夜里】yèli/yèlǐ 图夜，夜間（主に10時・11時以降をいう）（⑩[晚上]

【夜盲】yèmáng 图[医]夜盲症，鳥目（⑩[雀 qiǎo 盲眼]

【夜猫子】yèmāozi 图[方]①[只]コノハズク，フクロウ（⑩[猫头鹰]）②(転)宵っぱり，夜更かしの人

【夜明珠】yèmíngzhū 图[颗]夜も光を放つという伝説上の真珠

【夜幕】yèmù 图夜のとばり［～降临]夜のとばりが降りる

【夜尿症】yèniàozhèng 图夜尿症

【夜色】yèsè 图夜の暗がり，月明かり，星明かりなど［趁着～]星明かりを頼りに

【夜深人静】yè shēn rén jìng《成》草木も眠る夜のしじま（⑩[更 gēng 深人静]

【夜生活】yèshēnghuó 图夜の娯楽活動

【夜晚】yèwǎn 图夜（晚の意味も含む）

【夜宵】yèxiāo 图（～儿）夜食，深夜の食事［吃～]夜食をとる

【夜消】yèxiāo 图（⑩[夜宵]

【夜校】yèxiào 图[个・所]夜学，夜間の学校（⑩[夜学]）［上～]夜学に通う

【夜以继日】yè yǐ jì rì《成》夜に日を継いで，昼夜兼行で（⑩[日以继夜]

【夜莺】yèyīng 图[只]ノゴマ，コマドリなど声の美しい鳥

【夜鹰】yèyīng 图[鸟]ヨタカ

【夜游神】yèyóushén 图①(伝説の中で)夜間に人の善悪を調べて回る神 ②(転)夜遊びする人（⑩[夜游子]

【夜总会】yèzǒnghuì 图ナイトクラブ，キャバレー

【液】yè ⊗液，液体［血～]血液［溶～]溶液

【液化】yèhuà 動液化する［～空气]液体空気［～石油气]LPガス

【液晶】yèjīng 图[理]液晶［～显像]液晶画像

【液态】yètài 图液状［～气体]液化ガス

*【液体】yètǐ 图液体［～燃料]液体燃料

【液压】yèyā 图[工]油圧，水圧［～泵]油圧式ポンプ

【掖】yè ⊗①(人の)腕を支える，手を貸す ②手助けする，昇進させる［扶～]（書)手助けする
⇨yē

【腋】yè ⊗わきの下→[～窝]

【腋臭】yèchòu 图[股]わきが

【腋毛】yèmáo 图わき毛

【腋窝】yèwō 图わきの下（通称は'夹肢窝 gāzhiwō'）

【腋芽】yèyá 图[植]わき芽（⑩[侧芽]

【咽】yè ⊗むせぶ，(悲しくて)ものが言えない［呜～][哽～]むせび泣く
⇨yān, yàn

【烨】(燁) yè ⊗①火の光 ②日の光（'晔'とも）

【谒(謁)】yè ⊗谒见する [~见]谒见する [拜~]拜謁する

【靥(靨)】yè ⊗えくぼ [酒~]同前

【一】yī(yāoの音については'幺'を見よ)國一 [~yī加~yī等于二]1たす1は2 [~yí个人]ひとりの人 [十~yī个人]11人 [第~yī本]第一冊目 [看了~yī眼]ひと目ちらっと見た —形(定语として)①同じ,同一の [不是~回事]同じ事柄ではなく ②すべての,いっぱいの [~屋子的人]部屋いっぱいの人 —副(多くあとの'就'と呼応して)…するなり,…するやいなや,一度…すれば [~yí看就明白]見ればわかる ⊗①(単音節動詞の重ねの間に置いて)動作を軽く行うことやちょっとやってみることを示す ◆普通軽声となる [说~说]ちょっと言う ②ひたむきな→[~心] ③別の,もうひとつの [~名]別の名を… ◆'一'は後に意味上の停頓なしに第一・二・三声が続くとき,第四声に発音される. 例えば '~百 yìbǎi'. 第四声が続くとき,第二声に発音される. 例えば '~万 yíwàn' '~个 yíge(ふつう yíge と発音)'. ただし序数の場合は第一声のまま. 例えば '第一课 dì yī kè'

【一把鼻涕,一把眼泪】yì bǎ bítì, yì bǎ yǎnlèi(俗)(一掴みの鼻水,一掴みの涙>)身も世もあらず泣きじゃくる

【一把手】yìbǎshǒu 图❶メンバーの一人,一員 ❷腕利き,有能な人 [~把好手] ❸組織のトップ,最高責任者 國[第一把手]

【一把抓】yì bǎ zhuā ❶何もかも一手に引き受ける,何事も自分が抱え込む ❷(事の軽重・急不急を考えず)一緒くたに手を出す

【一败涂地】yí bài tú dì(成)一敗地にまみれる,再起不能なほど大敗する 國[落花流水]

★【一般】yìbān 形❶同じの,そっくりな [~一样] [~高]同じ高さだ ❷普通の,通常の(⊗[特殊]) [内容很~]内容が平凡だ [~来说]一般的には,普通は [~人]一般人

【一般见识】yìbān jiànshí(成)同じように見識が浅い [別跟他~]あいつと同じレベルで争うな

【一板一眼】yì bǎn yì yǎn(成)❶[音]伝統劇や音楽のリズム,強一拍弱一拍の二拍子 ❷(転)言動にけじめのあること,整然としていること

【一半】yíbàn 图(~儿)半分,2分の1 [先付~儿]半分払いする

【一半天】yí bàn tiān 图 一日二日 [过~就会回来]一両日中には帰ってきます

★【一辈子】yíbèizi 图(口)一生,生涯 [~也忘不了]一生忘れられない

【一本万利】yì běn wàn lì(成)(元手一両,利は万両>)わずかな元手で莫大な利益を得る

【一本正经】yì běn zhèng jīng(成)四角四面に改まった,まじめくさった [別那么~的]まあそう四角張らないで

【一鼻孔出气】yì bíkǒng chū qì(俗)(貶)(同じ鼻から息を吐く>)ぐるになって同じ態度をとる,そっくり同じことを言う

【一笔勾销】yì bǐ gōuxiāo(成)(せっかく積み上げてきたものを)ばっさり取り消す,すべてを帳消しにする

【一笔胡涂账】yì bǐ hútu zhàng(俗)訳のわからない話,説明のつかぬ出来事

【一笔抹杀】yì bǐ mǒshā(成)(一筆で塗りつぶす>)長所や成績を全面的に否定する

【一臂之力】yí bì zhī lì(成)一臂の力,少しばかりの力 [助你~]多少でも力をお貸ししよう

【一边】yìbiān 图(~儿)❶多角形の一辺 ❷物や事柄の側面,片側 [站在你这~]あなたの側につきましょう ❸かたわら,そば 國[旁边] ❹(2つの動作が同時に進行することを示し)…しながら…する ◆一般に両方の動詞の前にそれぞれ '~' を置く [~看报,~喝茶]新聞を読みながらお茶を飲む —形(方)同様の,同等の 國[普][一样]

【一表人才】yì biǎo rén cái(成)風采が立派でスマートで

【一并】yíbìng 副(ふつう2音節動詞を修飾して)いっしょに,まとめて [~讨论]まとめて議論する

【一波未平,一波又起】yì bō wèi píng, yì bō yòu qǐ(成)(ひとつの波が静まらぬうちに次の波が生じる>)次から次へと問題が起きる

【一…不…】yī…bù…❶一旦…したらもう…しない [一去不返]行ったきり帰ってこない ❷ひとつの…も…しない [一言不发]ひと言も口をきかない

【一步登天】yí bù dēng tiān(成)(ひと足で天に登る>)一挙に最高水準に達する

【一不做,二不休】yí bú zuò, èr bù xiū(成)毒食わば皿まで,やらないならともかくやりかけたからには最後までやる

【一步一个脚印】yí bù yí gè jiǎoyìn(俗)(ひと足ごとに足跡を残す>)仕事振りが堅実である

【一差二错】yì chā èr cuò(成)思わ

ぬ手違い,不測の事故

【一刹那】yíchànà 图 瞬く間,あっという間

【一场空】yì cháng kōng（成）(夢も希望も)水の泡と消える,無に帰する

【一唱一和】yí chàng yí hè（成）(貶)気脈を通じて呼応し合う,しめし合わせて共同歩調をとる

【一尘不染】yì chén bù rǎn（成）(俗世の汚れにいささかも染まっていない>)① 清廉高潔な ②(場所が)清浄この上ない,塵ひとつない

【一成不变】yì chéng bú biàn（成）(一旦出来上がれば二度と変わら(変え)ない>)永久不変の ⑫[千变万化]

【一尺水,十丈波】yì chǐ shuǐ, shí zhàng bō（俗）(一尺の水が十丈の波となる>)小事が大事を引き起こす

【一筹莫展】yì chóu mò zhǎn（成）なすすべなし,なんらの策も講じえず ⑲[束手无策]

【一触即发】yí chù jí fā（成）一触即発 ◆緊迫した情勢の形容

【一触即溃】yí chù jí kuì（成）ぽんとたたけば崩れ去る,一打ちで崩壊する ⑫[坚如磐石]

【一传十,十传百】yī chuán shí, shí chuán bǎi（俗）あっという間にうわさが広がる,情報が迅速に伝播する

【一次性】yícìxìng 厖〔定語として〕一回だけの,その場限りの『～的打火机』使い捨てのライター

【一蹴而就】yí cù ér jiù（成）(手を着ければたちまち成就する>)たやすく目標は達成できる

【一寸光阴一寸金】yí cùn guāngyīn yí cùn jīn（俗）時は金なり,一寸の光陰は一寸の金

【一大早儿】yídàzǎor 图 明け方,早朝

【一带】yídài 图 一帯,周辺全域『这～』このあたり

*【一旦】yídàn ①（書）わずか一日『溃于～』一夜にして崩れる —副（書）①いったん,ひとたび『～谈判破裂…』いったん交渉が決裂すれば… ②〈過ぎ去った〉日

【一刀两断】yì dāo liǎng duàn（成）きっぱり手を切る,断固関係を絶つ ⑫[藕断丝连]

【一刀切】yìdāoqiē 動（具体的な状況の違いを無視して）一律に処理する,画一的な方式で対処する ⑲[一刀齐]

【一道】yídào 副（～儿）ともともに,連れだって(⑲[一同])『～上班』一緒に出勤する

【一得之功】yì dé zhī gōng（成）わずかばかりの成果,偶然の成功

【一点儿】yìdiǎnr 图 少しばかり,わずか(⑲[一些])『这么～』これっぽっち『～也不知道』少しも知らない『～～地做』ちょっとずつやる『好了～』少しよくなった『有～冷』ちょっと寒い

【一丁点儿】yìdīngdiǎnr 图〈方〉ごくわずか,ほんのちょっぴり

*【一定】yídìng 厖〔定語として〕① 規定された,決められた『～的名额』規定の定員 ②一定不变の『～的强度』一定の強度 ③特定の『在～意义上』ある意味において ④相当の,一定程度の『达到～的水平』一定のレベルに達する —副 きっと,必ず(⑲[必定])『～来』きっと来る『不～好』必ずしも良いとは限らない

【一动】yídòng 副（～儿）容易に,すぐに(⑲[动不动])『～儿就哭』なにかといえばすぐに泣く

【一动不动】yí dòng bú dòng（俗）ぴくりとも身動きしない,石のごとくに動かない

【一度】yídù 图 一度,一回『一年～的』年に一度の 一副 かつて一度

【一端】yìduān 图（事柄の）一端,一部分『问题的～』問題の一端

【一…二…】yī…èr… 2音節の形容詞と組合わさって,形容詞の意味を強調する『一清二楚』実にはっきりしている『一干二净』きれいに片付ける,素寒貧になる

【一发】yìfā ①いっしょに,合わせて ⑲[一同] ②〈否定文に用いて〉いっそう,なおさら

【一发千钧】yí fà qiān jūn（成）→[千 qiān 钧一发]

*【一帆风顺】yì fān fēng shùn（成）順風満帆,何もかもが順調に運ぶ

【一反常态】yì fǎn cháng tài（成）普段とがらり態度が変わる,ころりと立場を変える

【一方面】yìfāngmiàn 副〔二つ呼応させて〕一方では…しながら他方では…する

【一分为二】yī fēn wéi èr（成）①〔哲〕一が分かれて二となる ◆弁証法における一概念で,矛盾の対立性・闘争性を強調する ②物ごとを両面から見る,総合的に観察判断する

【一风吹】yìfēngchuī（成）丸々取り消す,すべてを帳消しにする ⑲[一笔勾销]

【一概】yígài 副 一律に,ことごとく ⑲[一律]

【一概而论】yígài ér lùn（成）一律に論じる

【一干】yìgān 厖〔定語として〕事件にかかわるすべての

【一个劲儿】yígejìnr 副（～地）休みなく,ずっと続けて

【一个模子脱出来的】yí ge múzi

tuōchulai de《俗》(同じ鋳型から抜け出したもの＞)瓜二つ，生き写し ♦多く親に似ている場合に使う

【一个钱不值】yí ge qián bù zhí《俗》一文の値打ちもない [同][一文钱不值][一钱不值]

【一个心眼儿】yíge xīnyǎnr [副]ひたすらに，一心に ━ [名]頑固(者)，石頭

★★【一共】yígòng [副]合計で，合わせて

【一股劲儿】yìgǔjìnr [副]ひと息に，一気に〖～地跑上去〗一気に駆け上がる

【一股脑儿(一古脑儿)】yìgǔnǎor [副]《方》洗いざらい，一切合切 [同]《普》[通通]

【一鼓作气】yì gǔ zuò qì《成》(戦鼓ひと打ち勇気凛々＞)(意気盛んなうちに)一気呵成(かせい)に片付ける

★【一贯】yíguàn [形]〔定語・状語として〕一貫した，不変の〖～的政策〗一貫した政策〖～如此〗今までずっとこうだ

【一棍子打死】yí gùnzi dǎ sǐ《俗》(ひと打ちで殺す＞)ばっさり否定してしまう

【一锅粥】yì guō zhōu [名]《転》甚だしい混乱，混乱状態

【一号】yīhào [名](～儿)《口》トイレ([同][厕所])〖上～〗トイレに行く

【一哄而散】yì hōng ér sàn《成》(群衆が)わあっと散ってゆく，一斉に解散する

【一呼百应】yì hū bǎi yìng《成》(一人の提唱に万人が呼応する＞)多くの人々が反応を示す [同][一呼百诺]

【一晃】yìhuǎng [动](～儿)〔状語的に〕すばやく動く〖～就不见了〗ぱっと現われてすぐ消えた
―― yíhuàng [副]瞬く間に

【一回生，二回熟】yì huí shēng, èr huí shú《俗》初対面は見知らぬ同士，2度目はもはや親しい仲間 ♦多く相手をくつろがせようとして口にする

★★【一会儿】yíhuìr/《口》yìhuǐr [名]ちょっとの間，ほんの暫く〖等～〗ちょっと待ってくれ〖～就回来〗すぐ戻ってきます ━ [副]〔二つ呼応させて〕…したかと思うと…する，…したり…したりくるくる変わる〖～出，～进〗出て行ったかと思うと今度はまた入ってくる

【一伙】yìhuǒ [名]一味，一団

【一技之长】yí jì zhī cháng《成》一芸に秀でること，得意の分野を持つこと

【一见如故】yí jiàn rú gù《成》初対面から多年の知己のごとくに気が合う [同][一面如旧]

【一箭双雕】yí jiàn shuāng diāo《成》一石二鳥，一挙両得 [同][一举两得]

【一见钟情】yí jiàn zhōngqíng《成》ひと目ぼれする，ひと目見て好きになる

【一经】yìjīng [副]〔後に'就'を伴って〕…すれば(直ちに)，…することで(たちまち)〖～找到，就…〗見つかり次第…

【一举】yìjǔ [名]一度の行動，一つの動作 ━ [副]一挙に［～成名］一挙に名を成す

★【一举两得】yì jǔ liǎng dé《成》一挙両得

【一蹶不振】yì jué bú zhèn《成》一度の蹟(つまず)きで再起不能になる

【一刻】yíkè [名]少しの間，暫時([同][片刻])〖～不离〗片時もそばを離れない［～千金］時は金なり
―― yí kè [数][量]15分〖差～三点〗3時15分前〖～钟〗15分間

【一口】yìkǒu [形]〔定語として〕(話す言葉が)生粋の，混じり気なしの〖说～的北京话〗純粋の北京語を話す ━ [副]きっぱりと，断固たる口振りで〖～答应〗二つ返事で承知する

【一口气】yì kǒu qì (～儿) [名]ひと呼吸，一回分の息〖叹了～〗ため息をついた ━ [副]一気に，息もつかずに〖～看完了〗一気に読み終えた

【一块儿】yíkuàir [名]同一の場所，同じ土地〖在～上学〗一緒に学校に通う ━ [副]一緒に，連れ立って [同][一起][一同]

【一来二去】yī lái èr qù《成》(往き来するうちに)段々と，追い追いと

【一览】yìlǎn [名]一覧，概観［～表］一覧表

【一揽子】yìlǎnzi [形]〔定語として〕一括した，一まとめの〖～计划〗全体計画〖～建议〗一括提案

【一劳永逸】yì láo yǒng yì《成》一度苦労した後は楽にいける

【一力】yílì [副]《書》全力で，力を尽くして〖～主持〗全力で取り仕切る

【一例】yílì [副]一律に〖～看待〗同じように待遇する

【一连】yìlián [副]続けざまに，連続的に〖～喝三杯凉水〗立て続けに水を3杯飲む

【一连串】yìliánchuàn [形](～儿)〔定語として〕一連の，連鎖する〖～的事情〗一連の出来事

【一了百了】yì liǎo bǎi liǎo《成》①主要な事が片付けば他はすべて片付く ②死によってすべてが終わる

【一鳞半爪】yì lín bàn zhǎo《成》細々した，断片的なこと〖～的知识〗断片的な知識

★【一流】yīliú [形]一流の

【一溜儿】yíliùr [名]①一列，一並び〖～平房〗一並びの平屋 ②付近，一帯〖这～〗この付近

一 yī

【一溜烟】yíliùyān 圖（～儿）さっと，一目散に（走り去るときの様子）〖～似地跑了〗雲をかすみと逃げ去った

【一路】yílù 图 ① 道中，途中〖～上〗道すがら〖～多保重〗途中お気を付けて ② 同類〖～货〗同類の物，同じ輩 — 圖 一緒に〖他们是～来的〗彼らは一緒に来たのです

*【一路平安】yílù píng'ān《成》道中ご無事で

*【一律】yílǜ 圈 同一の，一様である〖與论～〗世論は一致している〖千篇一～〗千篇一律 — 圖 例外なしに，すべて〖～平等〗すべて平等な

【一落千丈】yí luò qiān zhàng《成》急降下する，暴落する

【一马当先】yì mǎ dāng xiān《成》率先して行う，先頭に立つ

【一马平川】yì mǎ píngchuān《成》馬まかせに疾駆できる広々とした平原

【一脉相传】yí mài xiāng chuán《成》同じ血統，流派が代々受け継がれること 🔃[一脉相承]

【一毛不拔】yì máo bù bá《成》(1本の毛も抜かない＞) ひどくけちである

【一面】yímiàn 图 一つの面，一方の側（🔃[一边倒]）〖～之词〗一方の側だけの言い分〖～倒〗一～ 圖〖単用あるいは二つ呼応させて〗…しながら…する（🔃[一边]）〖～教，～学〗教えながら学ぶ

【一面儿理】yímiànrlǐ 图 一面の理，片寄った道理

【一面之交】yí miàn zhī jiāo《成》一度会っただけの知り合い，一面識

【一鸣惊人】yì míng jīng rén《成》（鳥が一たび鳴けば人を驚かす＞）目立たぬ人が一たび行えば驚くような成果をあげる

【一命呜呼】yí mìng wūhū《成》死ぬ，往生する

【一模一样】yì mú yí yàng《成》そっくり同じだ，瓜二つ

*【一目了然】yí mù liǎorán《成》一目瞭然

【一目十行】yí mù shí háng《成》本を読む速度がきわめて速い

【一年到头】yì nián dào tóu 图（～儿）1年中

【一诺千金】yí nuò qiān jīn《成》（一度承諾すれば千金の重みがある＞）絶対に違えぬ承諾

【一盘散沙】yì pán sàn shā《成》（ばらばらの砂＞）団結せずまとまりがない

【一偏】yìpiān 圈〖定語として〗一方に片寄った〖～之论〗片寄った理論

【一瞥】yìpiē《書》一瞥する，ちらっと見る — 图 瞥見 ♦多く文章の題や書名として

【一贫如洗】yì pín rú xǐ《成》赤貧洗うがごとし

【一品锅】yìpǐnguō 图 鶏・アヒル・ハム・シイタケなどを入れた寄せ鍋に似た料理，またはその鍋

【一齐】yìqí 圖 一斉に，同時に〖～鼓掌〗一斉に拍手する〖～动手〗一斉に始める

【一起】yìqǐ 图 同じ場所（🔃[一块儿]）〖住在～〗同じ所に住む — 圖〖多く'跟''同''和'と共に用いて〗一緒に〖跟他～去〗彼と一緒に行く

【一气】yíqì（～儿）一気に，ひと息に〖～游了一千米〗一気に1000メートル泳いだ — 图〖多く補語として〗① ぐるになること，気脈〖串通～〗結託する ② ひとしきり〖胡吹～〗ひとしきりほら話をする

【一气呵成】yíqì hē chéng《成》① 文章の首尾が一貫している ② 一気に仕上げる

【一窍不通】yí qiào bù tōng《成》（ある事に）全く不案内な，さっぱりわからない ♦'窍'は物事の勘所をいう

【一窍通，百窍通】yí qiào tōng, bǎi qiào tōng《俗》一事がわかれば，多くの事もわかる

*【一切】yíqiè 囧 ① すべて，一切の事物〖把～献给祖国〗すべてを祖国に捧げる ②〖多く定語として〗すべて（の），一切（の）〖～问题〗すべての問題〖团结～可以团结的人〗団結できるすべての者と団結する

【一穷二白】yì qióng èr bái《成》経済的に貧しく，文化的に空白

【一丘之貉】yì qiū zhī hé《成》一つ穴のムジナ

【一仍旧贯】yì réng jiù guàn《成》すべて古い慣例に従う

【一日不见如隔三秋】yí rì bú jiàn rú gé sān qiū《成》1日会わないと3年も離れている思いがする 🔃[一日三秋]

【一日打柴一日烧】yí rì dǎ chái yí rì shāo《俗》その日暮らしをする

【一日千里】yí rì qiān lǐ《成》（一日に千里を走る＞）進展がきわめて速い

【一日三秋】yí rì sān qiū《成》一日千秋の思い，待ち遠しい

*【一如既往】yìrú jìwǎng《成》すべて以前と同じだ，従来通り

【一色】yísè 圈 ① 同じ色の〖细雨霏霏，水天～〗小雨がけぶり，水と空が一つの色に溶け合っている ②〖定語・状語として〗すべて同じ種類の，同じ形式の

【一霎】yíshà 图（～儿）あっという間，瞬く間〖～时〗〖～间〗

【一身】yìshēn 图 全身〖～是汗〗全身汗びっしょり〖～是胆〗きわめ

て大胆である
【一生】yìshēng 名 一生,生涯〚他～都没做坏事〛彼は生涯悪事を働かなかった
【一时】yìshí 名〔書〕(ある一定の)時期 ①〚～半刻〛しばらくの間〚～半会儿〛短い時間〚我～走不开,你先去吧〛私はちょっと手が離せないから先に行って下さい ②とっさに,たまたま〚～想不起来〛とっさに思い出せない ③時には⇨〚时而〛
【一视同仁】yí shì tóng rén《成》同じように見なす,差別せず平等に扱う
【一事无成】yí shì wú chéng《成》何事も成し遂げられない
【一手】yìshǒu 名 ① 腕前,技能〚很有～〛熟達している ②(～儿)たくらみ,トリック〚他这一真毒辣〛彼のこのやり口は実にあくどい 副 一人で,一手に〚～包办〛すべて一手に引き受ける
【一手遮天】yì shǒu zhē tiān《成》(片手で天をさえぎる>)真実を隠し大衆の目をごまかす
【一瞬】yíshùn 名〔書〕一瞬
【一顺儿】yíshùnr 形〚定語・状語として〛(同じ方向・順序に)そろっている〚～是朝南的〛そろって南向きだ
*【一丝不苟】yì sī bù gǒu《成》いささかもなおざりにしない,あいまいなところがない
【一丝不挂】yì sī bú guà《成》一糸もまとわない,すっ裸
【一丝一毫】yì sī yì háo《成》ごくわずか,みじん,寸分(⇨〚丝毫〛)〚没有～的改变〛少しも変わっていない
【一塌糊涂】yìtāhútú《俗》めちゃくちゃだ,ひどい有様だ〚屋子里乱得～〛室内はごった返しになっている
【一体】yìtǐ 名 ①一体,一丸〚成为～〛一丸となる ②全体,全員
【一天】yìtiān 名 ①一日,一昼夜〚下了～雨〛一日中雨が降った ②ある日
【一天到晚】yì tiān dào wǎn《成》一日中,朝から晩まで
【一条龙】yìtiáolóng 名 ① 長い列 ②(生産や仕事の上での)一本化,系列化
【一同】yìtóng 副 一緒に,一斉に〚～出发〛一緒に出発する
【一统】yìtǒng 動 国家を)統一する〚～天下〛天下を統一する
【一头】yìtóu 副 ①いきなり,さっと,頭から〚～扑进水里〛頭から水に飛び込む ②《ふつう二つ呼応させて》…しながら(⇨〚一面〛)〚～走,～说〛歩きながら話す 名 ①一端 ②頭一つの高さ ③仲間
【一团和气】yì tuán héqì《成》和気あいあいたる,(無原則に)調子を合わせているばかりの

【一团漆黑】yì tuán qīhēi《成》①真っ暗やみだ ②まったく何も知らない
【一团糟】yìtuánzāo 形 めちゃくちゃで収拾がつかない
【一网打尽】yì wǎng dǎ jìn《成》一網打尽にする
【一往无前】yì wǎng wú qián《成》不屈の精神で前進する〚～的精神〛不屈の精神
【一望无际】yí wàng wú jì《成》果てしなく広い〚～的大草原〛果てしなく広い大草原
【一味】yíwèi 副〔貶〕向う見ずに,ひたすら,やたら〚～蛮做〛ただがむしゃらにやる
【一文不名】yì wén bù míng《成》文なし,無一文 ◆'名'は「保有する」の意
【一窝蜂】yìwōfēng 副 わっと群がった〚～地冲进去了〛大挙してわっと押し入った
【一无】yìwú 一つもない,全くない〚～所有〛何も持っていない〚～是处〛全く正しいところがない〚～所知〛何も知らない
【一五一十】yī wǔ yī shí《成》一部始終,細大漏らさず ◆数量は多く5ごとに区切って'一五,一十,十五…'と数えるところから
【一息尚存】yì xī shàng cún《成》最期の一息まで,命ある限り
【一席话】yì xí huà 名(会話の中での)話,ひとくだり
【一系列】yíxìliè 形〚定語として〛一連の〚采取～措施〛一連の措置をとる〚～的事件〛一連の出来事
【一下】yíxià 副(～儿)(短い時間に発生する)すぐに,しばらくして,いっぺんに(⇨〚一下子〛)〚～就学会了〛すぐに会得した〚～想不起来〛とっさに思い出せない
── yí xià 数量 ①(～儿)(動作の回数)一度,一回 ②〚動詞の後に用いて〛短い時間(あるいは試み)に行うことを表わす〚等～〛ちょっと待つ
【一线】yíxiàn 〚定語として〛一筋の,一縷いちるの,かすかな〚～希望〛一縷の望み〚～光明〛一筋の光
── yīxiàn 名 第一線
【一相情愿(一厢情愿)】yì xiāng qíngyuàn《成》ひとりよがりな考え,自分勝手な願望〚两相情愿〛
*【一向】yíxiàng 名(過去から現在までの一時期)ここのところ,ひところ〚这～〛このごろ〚前～〛先ごろ 副 これまでずっと〚他～住在上海〛彼はずっと上海に住んでいる〚他～冷静,从不发火〛彼は普段から冷静で,かっとなるようなことはない
【一小撮】yìxiǎocuō 名〚多く定語として〛〔貶〕ひと握り(の),ごく少数

【一笑置之】yí xiào zhì zhī《成》一笑に付す

【一些】yìxiē 数量 (相対的に)わずかな数量・程度を示す〖买了一水果〗果物をいくつか買った〖他的病好了〜〗彼の病気は少しよくなった

【一蟹不如一蟹】yí xiè bùrú yí xiè《成》(蟹が次々小さくなる>) 段々と悪くなる

【一泻千里】yí xiè qiān lǐ《成》流れが速いこと、文章や弁舌が自由奔放である

【一心】yìxīn 图 心が一つだ、気持ちがまとまっている〖〜一德〗一心同体である〖〜一意〗専心、ひたむきである 一副 ひたすら、一途に

【一行】yìxíng 图 一行、一団〖参観団〜〗参観団の一行 ◆一列や一行の場合は yì háng と発音

【一言堂】yìyántáng 图 皆の意見に耳を貸さず、自分の意見を押し通すこと 翻[群言堂]

【一言为定】yì yán wéi dìng《成》(約束を交わすときに用いて) きちっと約束する

【一言以蔽之】yì yán yǐ bì zhī《成》一言で言えば

【一氧化碳】yìyǎnghuàtàn 图【化】一酸化炭素

【一样】yíyàng 形 (多く'跟''和'像''好像'と呼応して) 同じである、似ている〖不一的地方〗違うところ〖我们的意见完全〜〗我々の意見は全く同じだ〖我跟他一大〗僕は彼と年齢が同じだ〖飞〜地跑去了〗飛ぶように逃げていった
—— yí yàng 数量 一つの種類〖〜东西〗一種類の品物

【一叶蔽目】yí yè bì mù《成》(一枚の葉に目を遮られる>) 局部的なことにとらわれて全体が見えない ◆後ろに'不见泰山'と続く 翻[一叶障目]

【一叶知秋】yí yè zhī qiū《成》(一葉落ちて天下の秋を知る>) わずかな兆しから全体の動きを予知する 翻[落叶知秋]

【一一】yīyī 副 一つ一つ、いちいち〖〜告别〗一人一人に別れを告げる〖不暇〜解释〗いちいち説明するとまがらない

【一衣带水】yì yīdài shuǐ《成》(一本の帯のように狭い川や海峡に隔てられいるだけだ>) きわめて近い距離にあって往来に便利である〖日本和中国是〜的邻邦〗日本と中国は一衣帯水の隣国である

【一意孤行】yí yì gū xíng《成》人の意見を聞かず独断的に行う

【一应】yìyīng 代 あらゆる、すべて

(の)〖〜俱全〗すべてがそろっている

【一语破的】yì yǔ pò dì《成》ひと言で要点をつく ◆'的'は「まと」「標的」のこと

【一元化】yìyuánhuà 動 一元化する、統合する

*【一再】yízài 副 一度ならず、何度も、再三〖〜表示感谢〗繰り返しお礼を言う〖〜强调〗何度も強調する

【一早】yìzǎo 图(口)早朝〖今天〜他动身走了〗けさ早く彼は出発した

【一则…二则…】yìzé…èrzé… 接 一つには…であり、今一つには…である ◆原因や条件などを挙げるときに用いる。'一来…二来…'とも

【一朝】yìzhāo 图副[一旦]

【一针见血】yì zhēn jiàn xiě《成》寸鉄人を刺す、短い言葉で急所を衝く〖〜的批评〗鋭い批判

【一枕黄粱】yì zhěn huángliáng《成》はかない夢、黄粱一炊の夢

【一阵】yízhèn 数量 ひとしきり〖下了〜大雨〗大雨がひとしきり降った〖风〜大,〜小〗風が強くなったり弱くなったりする

【一阵子】yízhènzi しばらくの間〖这〜尽下雨〗ここのところ雨ばかりだ

【一知半解】yì zhī bàn jiě《成》(一つの知識と半分の理解>) 浅薄な知識、なまかじり

*【一直】yìzhí 副 ①まっすぐ〖〜往南走〗まっすぐ南に向かって歩く ②(途切れずに) ずっと〖下了两天〗雪がずっと二日間降り続いた〖〜到现在〗ずっと今まで〖〜没学过俄语〗これまでロシア語を学んだことがない

【一致】yízhì 形 一致している、同じだ〖世界观完全〜〗世界観が完全に同じだ〖〜的努力〗一丸となって努力する〖言行〜〗言行一致

【一准】yìzhǔn 副 必ず、きっと 翻[一定][必定]

【一字长蛇阵】yī zì chángshézhèn《成》長蛇の陣がまえ、長蛇の列〖排成〜〗長い行列をつくる

【一字一板】yí zì yì bǎn《成》ゆっくりとはっきり話す様子

【一总】yìzǒng 副 ①合わせて、合計〖〜三十个人〗合わせて30人 ②全部、みんな〖那〜是你的错儿〗それはすべて君の過ちだ

【衣】yī ⊗図 ①衣服、着物[毛〜]セーター ②物をくるんでいるもの、表面を覆っているもの[糖〜片]糖衣錠 ③(Y-)姓

【衣摆】yībǎi 图 衣服のすそ

【衣袋】yīdài 图(服の)ポケット

【衣兜】yīdōu 图(〜儿)(服の)ポケット 翻[衣袋][口袋]

*【衣服】yīfu 图[件・套]服、衣服

〚穿(脱)～〛服を着る(脱ぐ)

【衣柜】yīguì 洋服ダンス,衣裳戸棚

【衣架】yījià 图①(～儿)ハンガー,ハンガースタンド ②人の体付き,スタイル

【衣襟】yījīn 图〖衣〗前身ごろ

【衣锦还乡】yī jǐn huán xiāng〈成〉故郷に錦を飾る ◆'衣'は「着る」の意.旧読 yì

【衣料】yīliào 图(～儿)〔块·段〕生地,服地

【衣帽间】yīmàojiān 图 クローク(ルーム)

*【衣裳】yīshang 图〔件·套〕服,衣服〚叠～〛服を畳む

【衣食住行】yī shí zhù xíng〈成〉衣食住 ◆'行'は交通

【衣鱼】yīyú 图〖虫〗シミ 〔蠹 dù 鱼〕〔纸鱼〕

【衣着】yīzhuó 图〔套·身〕身にまとうもの,服装品(衣服·帽子·靴·靴下など)〚讲究～〛服装に気をつかう

【依】yī 動 聞き入れる,同意する〚什么都～着孩子〛何でも子供の言うなりになる 一介…に従って,…の通りに(同[按照])〚～我看〛私の考えでは ⊗依存する,頼りにする

*【依次】yīcì 副 順序に従って,順々に(同[顺次])〚～就座〛順序よく席に着く

【依从】yīcóng 動 人の言うなりになる,服従する(同[依随])

【依存】yīcún 動 依存する,(他に)頼って生きる〚互相～〛依存し合う

【依附】yīfù 動①くっつく,付着する ②頼る,従属する〚～大国〛大国の尻にくっつく

【依旧】yījiù 副 元のまま,相変わらず〚他～下地劳动〛彼は相変わらず野良に出ている

*【依据】yījù 图 よりどころ,根拠(同[根据])〚毫无～〛まるで根拠がない 一動基づく 一介…によって,…に基づいて〚～他们的调查〛彼らの調査によれば

【依靠】yīkào 图よりどころ,頼りにできる人やもの,バック 一動頼る,寄りかかる(同[依赖])〚～朋友〛友人に頼る

*【依赖】yīlài 動 頼る,依存する〚～别人〛他人を当てにする

【依恋】yīliàn 動 名残り惜しく思う,離れ難く思う(同[留恋])〚～往昔〛昔を懐かしむ

*【依然】yīrán 副 昔のまま,元のまま〚～故我〛元の(だめな)自分のままが

【依顺】yīshùn 動 服従する,従う(同[顺从])

【依托】yītuō 動①同[依靠] ②名目を借りる,裏付けにする

【依稀】yīxī 形 はっきりしない,ぼやけた〚～记得〛ぼんやり覚えている

【依样葫芦】yī yàng húlú〈成〉型通りに模倣する,手本通りにまねをする(同[依样画葫芦])

【依依】yīyī 形①〖書〗木の枝が柔らかく風にゆれるさま〚杨柳～〛柳が風にゆらいでいる ②名残りが尽きぬさま,離れ難いさま〚～不舍〛恋々と別れ難い

【依允】yīyǔn 動 応諾する

【依仗】yīzhàng 動(人の勢力を)頼みにする,依存する(同[倚仗])

【依照】yīzhào 動 従う〚～规定〛規定通りにする 一介…に従って,…通りに(同[按照])〚～法律纳税〛法律通りに納税する

【铱】(銥) yī 图〖化〗イリジウム

【伊】yī ⊗①彼,彼女 ◆呉方言などでは単用 ②文語の助詞 ③(Y-)姓

【伊甸园】yīdiànyuán 图〈訳〉エデンの園

【伊妹儿】yīmèir 图〈新〉Eメール(俗称)(同)[电子邮件]

【伊斯兰教】Yīsīlánjiào 图〈訳〉イスラム教(同[清真教][回教])

【咿】yī ⊗ 以下を見よ

【咿唔】yīwú 本を朗読する声を表わす

【咿呀】yīyā 擬①ぎいぎい,きいきい(きしむ音の形容)〚～～的摇橹声〛櫓をこぐぎいぎいという音 ②子供が片言でしゃべる声

【洢】Yī ⊗〚～水〛洢水(湖南省の川の名)

【医】(醫·毉) yī 動(病気を)治す〚～好胃病〛胃の病気を治す ⊗①医者〚军～〛軍医〚兽～〛獣医〚牙～〛歯科医 ②医学,医療〚行～〛医療の仕事をする〚西～〛西洋医学〚中～〛中国医学

【医道】yīdào 图(多く中国医学について)医術,医者としての腕〚～高明〛医術が優れている

【医科】yīkē 图 医科〚～大学〛医科大学

【医理】yīlǐ 图 医学理論

【医疗】yīliáo 图 医療〚公费～〛公費医療〚～站〛医療センター

*【医生】yīshēng 图 医者(同[大夫 dàifu])〚主治～〛主治医

【医师】yīshī 图 医師(職階では大学の助手クラス)〚主任～〛主任医師(職階では医師の最上位)

【医士】yīshì 图 医士(職階では'医师'より1ランク下になる)

【医书】yīshū 图〔本·部〕(多く中国

医学の)医学書
【医术】yīshù 图医術
【医务】yīwù 图医療業務 [～所]クリニック [～人员]医療従事者
【医学】yīxué 图医学
【医药】yīyào 图医療と薬品, 医薬品
*【医院】yīyuàn 图〔所·家〕病院 [住～]入院する
【医治】yīzhì 動治療する [～无效]治療の効果なし

【繄】yī ⦿ただ…のみ, …である

【祎(禕)】yī ⦿良い ◆人名用字

【猗】yī ⦿①文語の助詞, 口語の"啊"に同じ ②文語の感嘆詞で賛美の声を表わす

【漪】yī ⦿さざ波

【壹】yī 數 '一'の大字

【揖】yī ⦿拱手 $_{しゅ}^{きょう}$, 両手を胸の前に組みあわせる礼 [作～]拱手の礼をする

【噫】yī ⦿(文語で)悲しみまたは嘆息の声 [～嘻]《書》ああ

【黟】Yī ⦿ [～县]黟県(安徽省)

【仪(儀)】yí ⦿①風采, 容姿 ②儀礼 [礼～]礼節と儀式 ③贈り物 [奠～]香典 ④計器, 器械 [地震～]地震計 ⑤(Y-)姓
【仪表】yíbiǎo 图①《書》容貌, 態度 [～大方]ゆったりした態度である [～端庄]立ち居がきちんとして威厳がある ②計器, メーター [～厂]計器工場
*【仪器】yíqì 图〔件·台·架〕計器, 計具, 機械 [精密～]精密機械
【仪容】yíróng 图容貌, 風采 [～俊秀]容貌が美しい
【仪式】yíshì 图儀式, セレモニー [授勋 shòuxūn ～]勲章授与式
【仪态】yítài 图《書》姿態, 振舞い
【仪仗】yízhàng 图儀式用の旗や武器 [～队]儀仗隊

【匜】yí ⦿古代の手洗いの用具(水汲み用)

【夷】yí ⦿①異民族, 外国人 [东～]東夷, 東方のえびす ②平らか, 平穏 ③壊して平らにする [烧～弹]焼夷弾 ④平定する, 皆殺しする

【咦】yí 嘆おや, あれっ(驚き·いぶかりの声)

【姨】yí 图①(～儿)(口)おば, 母の姉妹 [三～儿]母方の三番目のおば ⦿妻の姉妹 [大～子]妻の姉

【姨表】yíbiǎo 图母親同士が姉妹である親戚関係(⦿[姑表]) [～亲]母親同士が姉妹のいとこ [～兄弟]同前の男の子 [～姐妹]同前の女の子
【姨夫(姨父)】yífu 图おじ(母の姉妹の夫)
【姨妈】yímā 图おば(既婚の'姨母')
【姨母】yímǔ 图おば(母の姉妹)
【姨娘】yíniáng 图①(旧)父の妾 $_{しょう}^{めかけ}$ ②(方) ⦿(普)[姨母]
【姨太太】yítàitai 图妾
【姨丈】yízhàng 图⦿[姨夫]

【胰】yí ⦿膵臓 → [～腺]
【胰岛素】yídǎosù 图《医》インシュリン
【胰腺】yíxiàn 图膵臓 ⦿[胰脏]
【胰子】yízi 图①豚や羊の膵臓 ②(方)石けん ⦿(普)[肥皂]

【痍】yí ⦿けがの傷 → [疮 chuāng ～]

【沂】Yí ⦿川の名(山東省から江蘇省に流れ海に注ぐ) [～河]沂河

【宜】yí ⦿①適している, 適切な [适～]程よい, 適している ②…すべきだ ③(Y-)姓
【宜人】yírén 形《書》人の心にかなう, 楽しませる [景物～]景物が心を和ませる

【怡】yí ⦿楽しい, 愉快な [心旷 kuàng 神～]心がのびやかで楽しい
【怡然】yírán 形《書》楽しいさま [～自得]楽しく満ち足りている

【饴(飴)】yí ⦿あめ [高粱～]コーリャンあめ [～糖]麦芽糖

【贻(貽)】yí ⦿①贈る ②残す [～患]災いの種をまく
【贻贝】yíbèi 图《貝》(中国北部沿岸に産する)イガイ
【贻害】yíhài 動害を残す [～无穷]計り知れぬ禍を残す
【贻人口实】yí rén kǒushí《成》世間の話の種になる, 笑い草になる
【贻误】yíwù 動悪い影響を与える [～青年]若者に悪影響を与える
【贻笑大方】yíxiào dàfāng《成》(謙遜して)その道の女人から笑われる

【眙】yí [盱 xū ～]盱眙 $_{し}^{く}$(江蘇省)

【移】yí ⦿①移す, 移る [愚公～山]愚公山を移す ②変える, 改める [坚定不～]確固不動である
*【移动】yídòng 動移動する [～界石]境界石を移動する [冷气团的～]寒気団の移動 [～通信]モバイル通信

【移风易俗】yí fēng yì sú《成》古い風俗習慣を改める
【移花接木】yí huā jiē mù《成》(花木の接ぎ木をする>)こっそり内容を入れ替えてごまかす
【移交】yíjiāo 动引き渡す,引き継ぐ,譲渡する〖~俘虏〗捕虜を引き渡す
【移居】yíjū 动転居する〖~他乡〗他郷に転居する
【移民】yímín 名移民
—— yí'mín 动移民する
【移山倒海】yí shān dǎo hǎi《成》(山を移し海を覆す>)天地を覆すような勢い
【移用】yíyòng 动転用する 同〔挪用〕
【移植】yízhí 动①《农》(苗などを)移植する 同〔移栽〕②(転)(臓器を)移植する〖皮肤~手术〗皮膚移植手術

【遗】(遺) yí ⊗ ①失う,失った物〖拾~〗(书)落し物を拾う,遗漏を補う②漏らす〖~尿〗小便を漏らす③余す,残す④死者が残した物〖~族〗遗族
⇒ wèi

*【遗产】yíchǎn 名遗产〖清理~〗遗产を清算する〖继承历史~〗歴史的遗产を受け継ぐ〖~税〗相続税
【遗臭万年】yí chòu wàn nián《成》悪名を末代まで残す
*【遗传】yíchuán 动遗伝する〖~给子孙〗子孙に遗伝する
【遗毒】yídú 名古くから残っている害毒,有害な遺産
【遗风】yífēng 名遗风,昔からの風習
【遗腹子】yífùzǐ 名父の死後生まれた子供
【遗稿】yígǎo 名〔篇·份〕遗稿
【遗孤】yígū 名遗児
*【遗憾】yíhàn 名遗憾,残念(に思う気持ち)〖这是我终生的~〗私にとってこれは终生の无念なことだ 同残念な,遗憾な〖感到非常~〗とても残念に思う
【遗恨】yíhèn 名终生の悔恨,心残り
【遗迹】yíjì 名遗迹〖爱护~〗遗迹を大切にする〖~的考察〗遗迹の調查
【遗老】yílǎo 名遗老(王朝が代わっても前王朝に忠節を尽くす老人),生き残り老人
*【遗留】yíliú 动(以前から)留まる,残す〖~了不少问题〗かなり問題が残った
【遗漏】yílòu 动漏らす,抜かす〖~的嫌疑犯〗见落とした容疑者 —名遗漏,手落ち〖名单上有~〗リストに漏れがある
【遗民】yímín 名遗民
【遗墨】yímò 名《书》故人肉筆の書画
【遗弃】yíqì 动遗弃する,见捨てる〖~老母〗老母を见捨てる〖~武器〗武器を放棄する
【遗缺】yíquē 名欠員,空席
【遗容】yíróng 名①死者の顔〖瞻仰~〗死者の顔を拝する②生前の肖像
*【遗失】yíshī 纷失する,置き忘れる〖这是我~的书〗これは私がなくした本だ〖~声明〗遗失通知
【遗事】yíshì 名故人がなし遂げた事業や事迹
【遗书】yíshū 名①〔封·张〕遗書〖留下~〗遗書を残す②《书》〔本·部〕(散逸した)先人の遗著
【遗体】yítǐ 名①遗体②動植物の遗体
【遗忘】yíwàng 动忘れる,忘却する〖~往事〗昔のことを忘れる
【遗物】yíwù 名〔件〕遗物,形见〖唐朝的~〗唐朝の遗物〖~的继承人〗形见の相続人
【遗像】yíxiàng 名〔张·幅〕遗影
【遗训】yíxùn 名遗訓,故人の教え
【遗言】yíyán 名遗言〖临终~〗临终の遗言
【遗愿】yíyuàn 名故人が实现できなかった願望〖实现~〗故人の願望を实现する
【遗址】yízhǐ 名遗跡〖圆明园的~〗圆明园の遗跡
【遗志】yízhì 名故人生前の志〖继承前人的~〗先人の遗志を受け継ぐ
【遗嘱】yízhǔ 名遗言(書)〖遵从~〗遗言に従う〖~执行人〗遗言执行人 —动(…するよう)遗言する

【颐】(頤) yí ⊗ ①ほお ②保養する〖~和园〗颐和园〈北京市西北の公园〉

【疑】 yí ⊗ 疑う,怪しむ〖怀~〗疑いを抱く〖可~〗疑わしい〖起~〗疑いが生じる〖~点〗〔~窦 dòu〕疑点
【疑案】yí'àn 名解决困难な事件,謎の多い事件
*【疑惑】yíhuò 疑わしく思う,納得できない〖~他有什么心事〗彼になにか心配事があるのではないかとぃぶかる〖~地端详〗ふに落ちずにしげしげと见る
【疑忌】yíjì 动猜疑心を持つ
【疑惧】yíjù 名懸念,疑惑,不安
【疑虑】yílù 动懸念する,心配する〖~的神情〗気掛かりそうな表情
【疑难】yínán 形《定語として》難しい,解决困難な〖~问题〗難解の問題

【疑团】yítuán [名] 疑念，疑惑〚～解开了〛疑念が晴れた
★★【疑问】yíwèn [名] 疑問〚心里的～〛内心の疑問 [～句] 疑問文
【疑心】yíxīn [名] 疑い，疑念〚起～〛疑いを起こす ━ [動] 疑う([同][怀疑])〚～自己有病〛自分が病気ではないかと思う
【疑义】yíyì [名] 疑わしい点，疑問点
【疑云】yíyún [名] 疑惑，疑念〚驱散心中的～〛疑念を払う

〖嶷〗yí ⊗ [九～] 九嶷(ぎ)(湖南省の山の名)

〖彝(*彜)〗yí ⊗① 古代の酒器，祭器の総称 ②(Y-)イ族
【彝族】Yízú [名] イ族 ♦中国少数民族の一，四川・雲南・貴州・広西などに住む

〖乙〗yǐ ⊗① 十干の第2，きのと ② 順序の2番目 [～肝] B型肝炎 ③(Y-)姓
【乙醇】yǐchún [名]〖化〗エチルアルコール [同][酒精]
【乙脑】yǐnǎo [名]('流行性乙型脑炎'の略)流行性脳炎
【乙炔】yǐquē [名]〖化〗アセチレン [同][电石气]
【乙烷】yǐwán [名]〖化〗エタン
【乙烯】yǐxī [名]〖化〗エチレン
【乙型肝炎】yǐxíng gānyán [名] B型肝炎

〖已〗yǐ ⊗① 終わる，やむ〚赞叹不～〛しきりに称賛する ② 既に [早～] とっくに ③ 後に [～而] その後 ④ 余りにも
★★【已经】yǐjīng [副] 既に，もう〚火车～开了〛列車はもう発車した〚天～亮了〛もう夜が明けた〚我～五十九岁了〛私はもう59歳だ
【已然】yǐrán [動] 既にそうである([反][未然])〚自古～〛昔からそうである
【已往】yǐwǎng [名] 以前，過去

〖以〗yǐ [介]① …を用いて，…をもって〚～老师的身份劝你〛教師として忠告するが… [～德报怨] 徳行をもって仇敵を遇する ② …によって，…に基づいて〚～质量高低分级〛質の如何により等級を分ける ③ …のために，…なので〚不～受奖而骄傲〛受賞したからといって驕(おご)らない ━ [接]〔目的を表わして〕…することによって〚努力学习，～提高水平〛勉強に励んでレベルを上げる
⊗① 並列を示す文語の接続詞 ② 区切りを示す
【以暴易暴】yǐ bào yì bào《成》(暴を以って暴に替える>) 統治者が交替しても暴虐な統治に変化がない
★【以便】yǐbiàn [接]〔後の文の文頭で〕…するために，…するように ♦その目的が容易に実現することを示す〚今晚作好准备，～明天一早动身〛明日早朝出発できるように，今晩ちゃんと準備しておこう
【以次】yǐcì [副] 順序通り，順番に従って〚～入座〛順番に席に着く ━ [名] 以下〚～各章〛以下の各章
【以毒攻毒】yǐ dú gōng dú《成》毒をもって毒を制す
【以讹传讹】yǐ é chuán é《成》もともと不正確な話が誤って伝わる，誤りがますますゆがんで伝わる
★★【以后】yǐhòu [名] その後，以後〚解放～〛解放後〚起床～〛起床してから〚从此～〛それから〚～，我们还要出国考察〛今後さらに外国へ視察に行かなければならない
★★【以及】yǐjí [接] 及び〚大丽花、矢车菊、夹竹桃～其他的花木〛ダリア，矢車菊，夾竹桃その他の花や木
【以己度人】yǐ jǐ duó rén《成》自分の物指しで人を推し測る
★★【以来】yǐlái [名] 以来(過去のある時間から現在まで)〚解放～〛解放よりこのかた〚入冬～，气候反常〛冬になってから，異常気象だ
【以卵击石】yǐ luǎn jī shí《成》(卵を石にぶつける>) 身の程知らずで自滅する [同][以卵投石]
【以貌取人】yǐ mào qǔ rén《成》外見で人の性格や能力を判断する
★【以免】yǐmiǎn [接]〔後文の文頭で〕…しなくてすむように〚大家小心～上当〛だまされないよう気をつけましょう
【以内】yǐnèi [名] 限られた時間・量・範囲の内，以内〚本年～〛今年中〚限制在五十人～〛50人以内に制限する〚在三天～可以完工〛3日以内に竣工できる
★★【以前】yǐqián [名] 以前(現在あるいは特定のある時より前)〚解放～〛解放以前〚～他是个学生〛以前彼は学生だった〚很久～我就认识他〛ずっと前から彼を知っている
【以上】yǐshàng [名] 以上，…より上〚～是我的建议〛以上が私の提案です〚三十岁～的人〛30歳以上の人(30歳を含むか否か不明確)
【以身作则】yǐ shēn zuò zé《成》自らを手本とする，身をもって示す
【以外】yǐwài [名](範囲・限度の) 以外，以上，(…の) ほか，そと〚长城～〛万里の長城の外側〚五米～〛5メートル以上〚除此～〛このほかに〚这是预算～的收入〛これは予算外の収入だ
★【以往】yǐwǎng [名] これまで，昔，以前〚～他常到这儿来〛以前彼はよくここへ来た
★★【以为】yǐwéi [動]① …と思う〚你～

Y

正确，就坚持吧〗正しいと思うなら頑張って続けなさい［不～然］それが正しいとは思わない ②（事実に反する判断をして）思い込む〖我～自己是对的，结果还是错了〗自分が正しいとばかり思っていたが，結局は間違っていた

【以下】yǐxià [名] 以下，次，下記〖零度～〗零下，氷点下〖五岁～的儿童〗5歳以下の児童（5歳を含むか否か不明確）〖～是代表名单〗以下は代表者リストです

【以眼还眼，以牙还牙】yǐ yǎn huán yǎn, yǐ yá huán yá《成》目には目を，歯には歯を

【以一当十】yǐ yī dāng shí《成》一騎当千，少兵力で善戦する

【以逸待劳】yǐ yì dài láo《成》戦いのとき鋭気を養い，敵が疲れるのを待ち反撃する

【以远】yǐyuǎn [名]〖交〗以遠〖上海～的地方〗上海より先の地［～权］以遠権

*【以至】yǐzhì [接] ①…に至るまで（低い程度から高い程度まで）（[同]［以至于］［一直到］）〖几个月～几年的天气〗数か月から数年に至るまでの天気 ②（そのため）…にまでなる（[同]［以至于］［甚至］）〖他工作非常专心，～连饭都忘了吃了〗彼は仕事に没頭して，食事を取るのも忘れてしまった

*【以致】yǐzhì [接] …の事態になる ♦一般に好ましくない事態になる時に用いる〖她大声地唱，～把嗓子都唱沙哑了〗彼女は大声で歌ったため，のどがすっかりかれてしまった

〖苡〗 yǐ [⊗]〖植〗ハトムギ［薏yì～］同前

〖尾〗 yǐ [⊗]（～儿）①馬のしっぽの毛［马～儿］同前 ②コオロギなど尾が針状のもの［三～儿］雌コオロギ
⇨wěi

〖矣〗 yǐ [⊗]文言の語気助詞．ほぼ口語の文末の'了'に相当［万事休～］万事休す

〖迤（*迆）〗 yǐ [⊗]…の方へ，…の側［～东］以東，…から東の方

【迤逦】yǐlǐ [動]《書》うねうねと折れ曲がって連なる

〖蚁（蟻 *螘）〗 yǐ [⊗] ①〖虫〗アリ［蚂～］同前［白～］白アリ［工～］働きアリ［兵～］兵隊アリ［蝼lóu～］ケラとアリ，虫けら ②（Y-）姓

〖舣（艤）〗 yǐ [⊗]（舟を）岸につなぐ

〖倚〗 yǐ [⊗] ①もたれる，よりかかる［～门而望］門によりかかって見る，親が子の帰宅を待ちわびる ②恃む，頼りとする［～势欺人］権勢を笠に着て人を虐げる ③偏る，ゆがむ

【倚靠】yǐkào [動] ①頼る [同]［依靠］②もたれかかる，寄りかかる，もたせかける

【倚赖】yǐlài [動] 依存する，よりかかる [同]［依赖］

【倚老卖老】yǐ lǎo mài lǎo《成》年寄り風を吹かす

【倚仗】yǐzhàng [動]（人の権勢を）笠に着る，依存する〖～力气大〗力の強さに頼る

【倚重】yǐzhòng [動] 重んじて信頼する

〖椅〗 yǐ [⊗]椅子［藤～］籐椅子［摇～］揺り椅子

*【椅子】yǐzi [名]〔把〕（背もたれのある）椅子 [類]［凳子］

〖旖〗 yǐ [⊗]［～旎 nǐ］（景色が）穏やかで美しい

〖齮（齮）〗 yǐ [⊗]［～龁 hé］《書》咬む，根にもつ

〖扆〗 yǐ [⊗] ①屏風の一種 ②（Y-）姓

〖乂〗 yì [⊗]（天下が）治まる

〖刈〗 yì [⊗]（草や穀物を）刈る［～草机］草刈機

〖艾〗 yì [⊗]懲罰する［惩～］同前
⇨ài

〖弋〗 yì ①（獲物を回収するための）糸をつけた矢（を放つ）②（Y-）姓

〖义（義）〗 yì [⊗] ①正義，道義［大～］大義 ②情義，よしみ［无情无～］人情をわきまえない ③意義，意味［词～］語の意味［断章取～］断章取義（詩文の一部を切り取り，意味をねじ曲げて使う）④義理関係［～母］義母 ⑤人工の［～手］義手 ⑥（Y-）姓

【义不容辞】yì bù róng cí《成》道義上断れない

【义齿】yìchǐ [名]〔颗〕義歯，入れ歯

【义愤】yìfèn [名] 正義の怒り，義憤

【义工】yìgōng ①[動] ボランティア活動をする ②[名] ①をする人，ボランティア

【义和团】Yìhétuán [名]〖史〗義和団 ♦19世紀末，列強の中国侵略に抵抗した民衆武装組織

【义理】yìlǐ [名]（言論や文章の）筋道，道理

【义卖】yìmài [動] チャリティーで売る［～活动］慈善バザー，チャリティー

【义旗】yìqí [名]〔面〕正義の為に戦う旗じるし〖举～〗正義の旗を挙げ

る，蜂起ほうきする

【义气】yìqi ② 義俠心，男気 ― 圏 義理堅い［讲～］義俠に富む
【义无反顾】yì wú fǎn gù（成）道義上後へは退けない
【义务】yìwù ② ① 義務 ⑥［权利］② 果たすべき責任［尽～］義務を果たす［～教育］義務教育 ― 圏 ［定語・状語として］無報酬の［～劳动］奉仕労働［～演出］チャリティーショー
【义形于色】yì xíng yú sè（成）義憤が顔に現われる
【义演】yìyǎn ② チャリティー公演
【义勇】yìyǒng 圏［定語として］義勇の，正義のために戦う［～军］義勇軍
【义正词严】yì zhèng cí yán（成）正義をふまえ言葉が厳しい
【义肢】yìzhī ② 義肢（義手や義足）
【义冢】yìzhǒng ② 無縁墓

【议】(議) yì ② ① 言論，意見［异～］異議 ② 論じる，協議する［商～］相談する
【议案】yì'àn ②［项・条］議案
【议程】yìchéng ②［项］会議の進行プログラム，議事日程［第二项～］議事日程の第2項目
【议定书】yìdìngshū ② 議定書
【议和】yìhé ② 和平交渉を行う
【议会】yìhuì ② 議会
【议价】yì'jià 価格を相談して決める
―― yìjià ② 自由価格 ⑥［牌价］
*【议论】yìlùn ② 議論，見解，論評 ― 動 論ずる，あれこれ言う『～别人』他人のことを取りざたする『～纷纷』諸説ふんぷん
【议事】yìshì 議事［～日程］議事日程
【议员】yìyuán ② 議員
【议院】yìyuàn ② 議院，議会

【亿】(億) yì ② 億 ⑥［万］
【亿万】yìwàn ② 億万，非常に大きな数『～人民』億万人民

【忆】(憶) yì ② 回想する『～苦思甜』昔の苦しみを思い出し今日の幸福をかみしめる ② 追憶する ② 記憶する［记～］記憶する

【艺】(藝) yì ② ① 技術，技能［手～］腕前，手の技能［球～］球技のテクニック ② 芸術［文～］文学芸術
【艺高胆大】yì gāo dǎn dà（成）腕が上がれば大胆になる
【艺龄】yìlíng ② 芸歴，芸能生活の年齢
【艺名】yìmíng ② 芸名
【艺人】yìrén ② ① 芸人 ② 手工芸職人
【艺术】yìshù ② ① 芸術体系［～家］芸術家［～体操］新体操［～独創的な方法［教学～］独創的な教授法 ― 圏 趣のある『摆设bǎi-she～』飾り物がしゃれている
【艺苑】yìyuàn ② 文学芸術界

【呓】(囈＊讏) yì ② うわごと，寝言［～语］同前［梦～］同前

【亦】yì ② ① …も（また）［人云～云］人と同じことを言う ② (Y-)姓
【亦步亦趋】yì bù yì qū（成）自分の考えがなく人の後からついて行くこと，追随する

【奕】yì ② ① 盛んな ② (Y-)姓
【奕奕】yìyì 圏［書］生き生きした様子［神采～］顔色がはつらつとしている

【弈】yì ② 囲碁（をする）

【屹】yì ② 高くそびえる
【屹立】yìlì 動（山のように）そびえ立つ，屹立する『～在东方』東方世界に屹立する
【屹然】yìrán 圏［多く状語として］厳然とそびえ立つさま

【异】(異) yì ② ① 異なる［差 chā～］差異 ② 特別の，珍しい［～闻］珍しい話 ③ いぶかる［怪～］奇怪な，不思議な ④ 別の『他日』⑤ 別れる［离～］離婚する
【异彩】yìcǎi ②［書］異彩『永放～』いつまでも輝きを放つ『増添～』輝きを増す
*【异常】yìcháng 圏 異常な『～现象』異常現象 ― 副 極largeに『～危险』きわめて危険な
【异地】yìdì ② 他郷
【异读】yìdú ② 異読（同一文字に二つ以上の読み方があること）
【异端】yìduān ② 異端［～邪说］異端の説，正統でない主張
【异化】yìhuà 動 ① 異化する［～作用］（言語学，生物学で）異化作用 ② 疎外する
【异己】yìjǐ ② 意見を異にする者，反対者［～分子］異分子
【异军突起】yì jūn tū qǐ（成）全く新しい勢力が突然出現する
【异口同声】yì kǒu tóng shēng（成）異口同音『～地回答』口をそろえて答える
【异曲同工】yì qǔ tóng gōng（成）曲調は異なるが同様に巧みだ ⑥［同工异曲］
【异体字】yìtǐzì ② 異体字 ⑥［正体字］

【异同】yìtóng 名 ① 異同 ② 〈書〉異議
【异味】yìwèi 名 ①〔股〕異臭 ② 〈書〉格別の美味、珍味
【异物】yìwù 名 ①〔医〕異物 ② 珍しい物品 ③〈書〉死体
【异乡】yìxiāng 名 異郷、他郷
【异香】yìxiāng 名 格別によい香り
【异想天开】yì xiǎng tiān kāi〈成〉奇想天外の
【异性】yìxìng 名 ① 異性 形〔同性〕 ② 異質
【异议】yìyán 異論、反対意見
【异样】yìyàng 形 ① 異なった、違う 例〔两样〕 ② 尋常でない、異様な〔感到一种〜的感觉〕なにか異様な感じがした
【异议】yìyì 名 異議〔提出〜〕異議を出す
【异域】yìyù 名〈書〉異郷、他国
【异族】yìzú 名 異民族〔〜通婚〕異民族同士の結婚

【抑】yì ⊗ ① 抑える〔压〜〕（感情や力を）抑える ② 〈文語の接続詞〉〔〜或〕〈書〉同前 ③ そもそも
【抑扬】yìyáng 動 抑揚をつける
【抑扬顿挫】yìyáng dùncuò〈成〉音声に抑揚がある
【抑郁】yìyù 形 （不満を訴えることができず）悶々としている、憂鬱である〔〜症〕うつ病
【抑止】yìzhǐ 動 押さえつける、コントロールする〔抑制〕
*【抑制】yìzhì 名〔生〕抑制 — 動 抑制する、抑える〔〜愤怒〕怒りを抑える

【邑】yì ⊗ ① 都市〔都〜〕都会 ② 県
【悒】yì ⊗ 憂鬱な、ふさぎ込んだ〔〜〜不乐〕うつうつとふさぎ込む
【挹】yì ⊗ ① すくう、汲む ② 引く
【浥】yì ⊗ 湿らす
【佚】yì ⊗ '逸'と通用
【役】yì ⊗ ① 労力、力仕事〔劳〜〕労役 ② 兵役〔退〜〕退役する ③ 使役する〔奴〜〕奴隷のように酷使する ④ 使用人〔仆〜〕召使い ⑤ 戦争〔战〜〕戦役
【役畜】yìchù 名 役畜 例〔力畜〕
【役使】yìshǐ 動 （家畜を）使う、（人を）こき使う〔〜畜力耕和〕家畜を使って耕作する
【疫】yì ⊗ 流行病〔防〜〕伝染病を予防する
【疫病】yìbìng 名 疫病、流行性の伝染病
【疫疠】yìlì 名 流行性急性伝染病 例〔瘟疫〕
【疫苗】yìmiáo 名〔医〕ワクチン〔接种〜〕ワクチン接種をする

【译】(譯) yì 動 訳す、翻訳する〔〜成英语〕英語に訳す〔笔〜〕翻訳（する）〔口〜〕通訳（する）〔〜本〕翻訳書
【译笔】yìbǐ 名 訳文、訳筆
【译文】yìwén 名〔段・篇〕訳文
【译意风】yìyìfēng 名（同時通訳用の）イヤホーン
【译音】yìyīn 名（他言語文字への）音訳
【译员】yìyuán 名 通訳要員

【怿】(懌) yì ⊗ 喜ぶ
【驿】(驛) yì ⊗ 宿場、中継点（多く地名に用いる）
【绎】(繹) yì ⊗（端緒を）引き出す〔抽〜〕〈書〉糸口を見出す〔演〜〕演繹する
【峄】(嶧) Yì ⊗〔〜山〕嶧山（山東省の山の名）

【易】yì ① たやすい、平易な 例〔难〕〔容〜〕容易な、たやすい〔轻〜〕安易な、やすすと ② 変える〔改〜〕改める ③ 交換する〔以物〜物〕物々交換する ④ 和やかな〔平〜近人〕優しく近づきやすい ⑤ (Y-)姓
【易如反掌】yì rú fǎn zhǎng〈成〉手のひらを返すようにたやすいこと
【易于】yìyú 副 容易に、…しやすい〔〜接受〕受け入れやすい

【埸】yì ⊗ 辺境〔疆 jiāng〜〕国境
【诣】(詣) yì ⊗ ① 参上する、参詣する ② （学問・技芸の）到達、達成〔造〜〕造詣
【鲐】(鮨) yì ⊗〔魚〕ハタ
【佾】yì ⊗〔八〜〕古代の楽舞（8列、全64人）
【羿】yì ⊗ ① 羿♦伝説上の弓の名人 ② (Y-)姓
【翌】yì ⊗ 次、翌〔〜年〕翌年
【益】yì ⊗ ① 利益、益（がある）〔公〜〕公益〔有〜〕有益である〔无〜〕無益である ② 増える〔日〜〕日増しに ③ ますます、さらに ④ (Y-)姓
【益虫】yìchóng 名 益虫
【益处】yìchù 名 有利な要素、利点 例〔好处〕
【益鸟】yìniǎo 名 益鳥
【益友】yìyǒu 名〈書〉良友、助けとな

る友

【溢】yì [動] あふれる〖水从杯子里～出来了〗水がコップからあふれた［洋～］満ちあふれる ⊗過度の［～美］《書》ほめ過ぎである

〖缢(縊)〗yì ⊗首をくくる［自～］《書》首をくくって死ぬ

〖镒(鎰)〗yì ⊗古代の重量単位(1‘镒’は20‘两’または24‘两’)

〖谊(誼)〗yì ⊗よしみ，親しみ［友～］友誼ぎ，友情［情～］情誼，よしみ

〖逸〗yì ⊗①安らかな，ゆったりした［安～］のんびりしている［劳～结合］労働と休息の適度な組合せ ②逃げる ③散逸する(‘轶’とも)［～文］散逸した文章 ④抜きん出る(‘轶’とも)［超～］脱俗する

【逸乐】yìlè [形]《書》安楽である，平和である

【逸民】yìmín [名]《書》逸民，隠者

【逸事】yìshì [名]《書》世に知られざる事跡(多くは正式な記録に載っていないものを指す)

〖意〗yì ⊗①考え，意味，わけ［含～］含まれている意味［来～］来意 ②願い，意向［好～］好意 ③予想，見越し［不～］思いがけなく ④様子，気味［醉～］酔った感じ ⑤(Y-)‘意大利’(イタリア)の略

【意表】yìbiǎo [名]《書》意外，予想外［出人～］人の意表に出る

【意会】yìhuì [動] 直接説明せずともわかる〖～到她的心意〗彼女の気持ちがよくわかる

**【意见】yìjian/yìjiàn [名] ①見方，考え方，見解〖领导同意我的～〗リーダーは私の意見に賛成だ ②不満な見解，異議〖群众很有～〗大衆に不満が多い

【意匠】yìjiàng [名]（詩文や絵画の）構想，意匠〖别具～〗独創的な工夫がこらされている

【意境】yìjìng [名] 文学や芸術作品に表現された境地，情緒

*【意料】yìliào [動] 予測する，予想する〖这是～中的事〗それは予想通りの事だ〖出乎他的～，这次考得很好〗予想外なことに，今回試験の成績がよかった

【意念】yìniàn [名] 考え，考え方，観念

【意气】yìqì [名] ①意志，気概〖～高昂〗意気軒昂 ②志向，性格〖～相投〗意気投合する ③(一時の偏った)感情〖闹～〗意地になる

【意气风发】yìqì fēngfā《成》意気盛んなこと，気概が高まる

【意趣】yìqù [名] 興味，味わい，情趣

*【意识】yìshi/yìshí [名] 意識〖存在决定～〗存在が意識を決定する［～形态］イデオロギー —[動] 意識する，気付く〖他～到自己错了〗彼は自分が間違っていることに気付いた

**【意思】yìsi [名] ①言葉の意味〖这是什么～？〗これはどういう意味ですか ②意見，願望 ③贈り物で表わす気持ち，志〖一点儿～〗ほんの気持ち ④兆し，兆候〖转暖的～〗暖かくなりそうな気配 ⑤情趣，趣き，味わい〖有～〗面白い —[動](贈り物などで)お礼の気持を表す

*【意图】yìtú [名] 意図，意向，目的〖摸不透他的～〗彼の意図が理解できない

**【意外】yìwài [形] 意外だ，予想外である〖这情况太～了〗この事態は実に思いがけないことだ —[名] 万一のこと，事故〖发生～〗事故が起きる

【意味】yìwèi [名] ①含蓄のある意味 ②情趣，味わい，趣き〖带有文学～〗文学的味わいがある

*【意味着】yìwèizhe [動] 意味している〖～背叛〗反逆を意味する

【意想】yìxiǎng [動] 予想する，想像する([同]［料想］)〖～不到〗思いも寄らない，予想もつかない

*【意向】yìxiàng [名] 意図，目的〖～不明〗ねらいがはっきりしない

【意象】yìxiàng [名] [同]［意境］

【意兴】yìxìng [名] 興味，興趣，趣き〖～索然〗興ざめである〖～勃勃〗興味津々

**【意义】yìyì [名] ①意味内容〖深远的～〗深遠な意義 ②価値，作用〖音乐的～〗音楽の役割

【意译】yìyì [動] ①意訳する [関]［直译］ ②意味に基づいた訳語を作る [反]［音译］

【意愿】yìyuàn [名] 願望，望み〖实现大家的～〗皆の願いを実現する

【意在言外】yì zài yán wài《成》本来の意図を言外にほのめかす

【意旨】yìzhǐ [名]《書》(従うべき) 意図，意志〖秉承～〗仰せを承る

*【意志】yìzhì [名] 意志〖～薄弱 bóruò〗意志が弱い〖～坚强〗意志が強固だ〖挫伤～〗意志をくじく

【意中人】yìzhōngrén [名] 意中の人，心に慕う異性

〖薏〗yì ⊗以下を見よ

【薏米】yìmǐ [名]〖植〗ハトムギの実(食用や薬用) [同]［薏仁米］［苡仁］［苡米］

【薏苡】yìyǐ [名]〖植〗ハトムギ

〖臆(*肊)〗yì ⊗①胸 ②主観の，自己中

心の
【臆测】yìcè [動] 憶測する〚～形势〛情勢を推測する
【臆断】yìduàn [動] 憶断する〚～地判定〛憶断で判定する
【臆见】yìjiàn [名] 主観的見解
【臆说】yìshuō [名] 憶説，仮説
【臆造】yìzào [動] 憶測ででっち上げる
〖癔〗yì ⊗以下を見よ
【癔症】yìzhèng [名]〚医〛ヒステリー [同][歇斯底里][癔病]
〖裔〗yì ⊗① 後裔(こうえい)，後代 ② 辺境の地 ③ (Y-) 姓
〖肄〗yì ⊗学ぶ
【肄业】yìyè [動] (学問の課程を) 学ぶ (卒業しなかったか，または在学中であること)〚他初中～，就一直没再读书〛彼は中学で学んでからはずっと学校に行っていない
〖埶〗yì ⊗植える
〖瘗(瘞)〗yì ⊗埋める
〖毅〗yì ⊗堅固な，確固とした［沉～］沈着で決然としている
★【毅力】yìlì [名] 堅い意志，不変の意志
★【毅然】yìrán [形]〔多く状語として〕断固とした，少しもためらいのない
〖熠〗yì ⊗輝く，鮮やか［～～］《書》きらきらと (輝く)
〖劓〗yì ⊗鼻そぎの刑
〖翳(*瞖)〗yì ⊗① 覆い隠す ②〚医〛そこひ
〖翼〗yì ⊗① 翼［比～］翼を並べる［左～］左翼 ② 二十八宿の一 ③ 補佐する ♦'翊' とも ④ (Y-) 姓
【翼侧】yìcè [名] 戦闘部隊の両翼
【翼翼】yìyì [形]《書》① 慎重な［小心～］注意深い ② 秩序立った ③ 数多い
〖懿〗yì ⊗立派な (行為)
〖因〗yīn ⊗① (…の理由) により，…のために〚～雨延期〛雨天により延期する〚～有事请假〛用事があるので休暇をもらう ② わけ，原因［病～］発病の原因 ③ 基づく［～人而异］人によって異なる ④ 踏襲する
【因材施教】yīn cái shī jiào《成》学習者の能力や個性に応じて教育する
★【因此】yīncǐ [接]〔複文の後段に用いて〕それゆえ，そのため，従って〚(由于) 事先作了充分准备，～会议开得很成功〛事前によく準備しておいたので，会議は成功した
【因地制宜】yīn dì zhì yí《成》その土地の状況に応じたやり方をする
★【因而】yīn'ér [接] 従って，ゆえに ♦'因为' とは呼応できない〚由于暗藏的敌人比公开的敌人更难识破，～也更危险〛隠れた敵は公然たる敵より見破ることはいっそう困難である，従っていっそう危険なのである
【因果】yīnguǒ [名] ① 原因と結果 ② (仏教で) 因果
【因陋就简】yīn lòu jiù jiǎn《成》節約を旨とし，粗末な条件で事を行う
【因人成事】yīn rén chéng shì《成》他人に頼って事を成し遂げる
【因势利导】yīn shì lì dǎo《成》情勢に応じて有利に導く
★【因素】yīnsù [名] 要素，要因〚关键性的～〛かぎとなる要素〚必不可少的～〛必要欠くべからざる条件
【因特网】yīntèwǎng [名] インターネット [同][互联网]
★【因为】yīnwei/yīnwèi [接]〔原因や理由を示して〕…なので，…だから〚～他一夜没睡觉，所以脸色很难看〛彼は1晩眠っていないので，顔色がよくない〚他的脸色那么难看是～他一夜没睡觉〛彼の顔色があんなによくないのは1晩眠っていないからだ ━ [介]〔原因を表わして〕…のため〚～这件事〛この事のため…
【因袭】yīnxí [動] 踏襲する〚～前人〛先人のやり方を受け継ぐ
【因循】yīnxún [動] ① 踏襲する〚～旧习〛古い習わしに従う ② ぐずぐずする〚～误事〛ぐずぐずして事をしくじる
【因噎废食】yīn yē fèi shí《成》(食べ物が喉(のど)に詰まるのを恐れて食べない＞) 誤りを恐れて仕事まで放棄する
【因由】yīnyóu [名] (～儿) 原因，わけ〚问明～〛わけを問いただす
【因缘】yīnyuán [名] ① (仏教で) 因縁 ② ゆかり，縁
【因子】yīnzǐ [名]〚数〛因数
〖洇(湮)〗yīn [動] (墨やインクが) にじむ〚这种纸写字容易～〛この紙は字がにじみやすい
⇨ yān (湮)
〖茵(裀)〗yīn ⊗敷物［绿草如～］緑の草が敷物のようだ
〖姻(*婣)〗yīn ⊗① 婚姻［婚～］同前 ② 姻戚関係
【姻亲】yīnqīn [名] 婚姻関係による親戚
【姻娅(姻亚)】yīnyà [名]《書》親類，特に '亲家 qìngjia' (嫁と婿の親同士) と '连襟' (姉の夫と妹の夫)
【姻缘】yīnyuán [名] 夫婦の縁〚结

〜】夫婦の縁を結ぶ

【骃(駰)】 yīn ⊗黒毛に白の混じった馬

【氤】 yīn ⊗以下を見よ

【氤氲(细缊)】 yīnyūn [形]《書》(煙やガスが)立ち込める

【铟(銦)】 yīn [名]〖化〗インジウム

【阴(陰 *隂)】 yīn [形]曇っている〖天〜了〗空が曇ってきた〖〜转晴〗曇りのち晴れ

⊗①陰, 月([反]'阳')［太〜］月 ②山の北側, 川の南側([反]'阳')［江〜］長江の南岸 ③日陰, 背面［背〜儿］日陰 ④〖電〗陰([反]'阳')［〜电］陰電気 ⑤死後の世界［〜魂］幽霊, 亡者 ⑥暗い, こそこそした［〜毒］陰険な ⑦凹状の［〜文］(印章などの) 陰刻 ⑧生殖器 ⑨(Y-)姓

【阴暗】 yīn'àn [形]暗い, 陰気な〖〜的脸色〗暗い顔〖天空逐渐〜下来〗空が次第に暗くなってきた

【阴部】 yīnbù [名]〖生〗(外)陰部

【阴沉】 yīnchén [形](空が) どんよりした, 曇った, (顔色が) 暗く沈んだ〖天色越发〜了〗空模様がますますどんよりしてきた〖〜的面孔〗暗く沈んだ顔付き

【阴沉沉】 yīnchénchén [形](〜的) どんよりした, 暗く沈んだ

【阴错阳差】 yīn cuò yáng chā《成》(陰と陽とがごっちゃになる＞) 偶然要因から間違いが生じる [同]［阴差阳错］

【阴丹士林】 yīndānshìlín [名](合成染料の)インダスレン, またはその布

【阴道】 yīndào [名]〖生〗膣 ♦'膣 zhì'は旧称

【阴风】 yīnfēng [名]〔阵·股〕①寒い風 ②よこしまな風〖扇 shān〜〗ひそかに他人の悪事を煽(あお)る

【阴干】 yīngān [動]陰干しする [関]［晒干］

【阴功】 yīngōng [名]陰徳

【阴沟】 yīngōu [名]〔条〕暗渠 [反]［阳沟］

【阴极】 yīnjí [名]〖理〗陰極 [同]［负极］[反]［阳极］

【阴间】 yīnjiān [名]あの世, 冥土 [同]［阴曹］［阴司］

【阴茎】 yīnjīng [名]〖生〗陰茎, 男性生殖器

【阴冷】 yīnlěng [形]①(天気が) 曇って寒い ②(顔色が) 陰うつな, 暗く冷酷な

【阴历】 yīnlì [名]太陰暦, 陰暦 [同]［农历］［夏历］

【阴凉】 yīnliáng [形]日陰で涼しい〖坐在〜的树下〗涼しい木陰に座る 一[名](〜儿)日陰で涼しいところ〖找个〜儿去歇歇〗どこか涼しいところで休もう

【阴门】 yīnmén [名]〖生〗陰門, 外陰部 [同]［阴户］

*__【阴谋】__ yīnmóu [名]陰謀(を巡らす)〖〜败露 bàilù〗陰謀がばれる［〜诡计］陰謀詭策

【阴囊】 yīnnáng [名]〖生〗陰嚢(いんのう), ふぐり

【阴平】 yīnpíng [名]〖語〗現代中国語声調の第一声

【阴森】 yīnsēn [形]陰うつな, 不気味な, 薄暗い ♦'阴森森(的)'としても使う〖感到〜可怕〗気味悪く恐ろしい

【阴山背后】 yīn shān bèi hòu《成》辺鄙でさびれたところ

【阴虱】 yīnshī [名]毛ジラミ

【阴私】 yīnsī [名]〔件〕恥ずべき行状, 後ろめたい行為〖揭发他的〜〗彼の悪事を暴く

【阴天】 yīntiān [名]曇天, 曇り空

【阴险】 yīnxiǎn [形]陰険な〖〜的相貌〗陰険な顔立ち

【阴性】 yīnxìng [名]①〖医〗陰性 ②〖語〗女性

【阴阳】 yīnyáng [名]陰陽［〜生］陰陽師(おんみょうじ), 占い師［〜怪气］得体が知れない, 奇妙な

【阴翳】 yīnyì [形][同]［荫翳］

【阴影】 yīnyǐng [名](〜儿)影, 陰影〖肺部有〜〗(レントゲン写真で) 肺に影がある〖树木的〜〗木の影

【阴雨】 yīnyǔ [名]曇って雨が降ること, 陰気な長雨

【阴郁】 yīnyù [形](天気が)うっとうしい, (気分が) 陰うつな〖心情很〜〗気分がふさいでいる

【阴云】 yīnyún [名]黒雲, 雨雲〖〜密布〗雨雲が立ち込める〖〜消散〗黒雲が消える

【荫(蔭)】 yīn ⊗木陰
⇨yìn

【荫蔽】 yīnbì [動]覆い隠す〖〜在树林中〗林の中に覆い隠されている

【荫翳(阴翳)】 yīnyì [動]《書》①覆い隠す ②枝葉が茂る

【音】 yīn [名]〖語〗音(おん), 音声［录〜］録音(する)

⊗①音(おと), 声［声〜］同前 ②便り［回〜］返信

【音标】 yīnbiāo [名]〖語〗音声記号［国际〜］国際音声記号, IPA

【音波】 yīnbō [名]音波

【音叉】 yīnchā [名]〖理〗音叉(おんさ)

【音程】 yīnchéng [名]〖音〗音程

【音调】 yīndiào [名]音調, 声の調子〖放低〜〗声の調子を落とす

【音符】 yīnfú [名]〖音〗音符

【音高】 yīngāo [名]〖音〗音の高低, ピッチ

Y

yīn —

【音耗】yīnhào 名 消息, 音信
【音阶】yīnjiē 名【音】音階
【音节】yīnjié 名 音節 (⟨組⟩ [音缀]) [~文字] 音節文字
【音量】yīnliàng 名 音量, ボリューム
【音律】yīnlǜ 名【音】音律 [乐律]
【音频】yīnpín 名【理】可聴周波, 低周波
【音强】yīnqiáng 名【理】音の大小
【音容】yīnróng 名【書】(多く故人の) 声と姿 [他的一笑貌还时时浮现在我眼前] 彼の生前の声や姿かたちがよく目に浮かぶ
【音色】yīnsè 名 音色 [小提琴的~] バイオリンの音色
【音素】yīnsù 名【語】音素 [~文字] 音素文字
【音速】yīnsù 名【理】音速 [声速]
【音位】yīnwèi 名【語】音素, フォニーム
*【音响】yīnxiǎng 名 ① 音響, 声, 音 [调节~] 音を調節する [舞台的~] 舞台の音声 [~效果] 音響効果 ② オーディオ機器 [組合~] システムコンポーネント
【音信】yīnxìn 名 音信, 便り (⟨組⟩ [音讯]) [~全无] まったく音信がない [恭候~] 謹んでお便りをお待ち申し上げます
【音译】yīnyì 名 音訳 [意译]
【音域】yīnyù 名【音】音域
*【音乐】yīnyuè 名 音楽 [~家] 音楽家
【音韵学】yīnyùnxué 名 音韻学 [声韵学]
【音值】yīnzhí 名【語】音価
【音质】yīnzhì 名 音色, 音質 [这盘磁带的~不大好] このテープの音質は余りよくない

【喑】(瘖) yīn 又 ① 声がかすれている, 声が出ない [~哑] 同前 ② 黙っている
【愔】yīn 又 [~~]【書】音もなく静かなさま
【殷】yīn 又 ① 豊富な [~实] 裕福な ② 人情が厚い, ねんごろな ③ (Y-) 殷, 王朝名 [~商朝] 殷王朝 ④ (Y-) 姓
⇨ yān(雷鳴を表わす古語はyīnと発音)
【殷鉴】yīnjiàn 名【書】戒めとすべき先人の失敗 [可资~] 戒めとするに足る [~不远] 殷鑑遠からず (手近な失敗例はよく見ておくべきである)
【殷切】yīnqiè 形 切実な, 熱烈な [~的期望] 切実な期待 [~地鸣谢] 心から謝意を表する
【殷勤】(慇懃) yīnqín 形 ねんごろな, 心のこもった [~招待] 心からもてなす [~的东道主] 行き届いた主催者
【殷殷】yīnyīn 形【書】ねんごろな [~期望] 心から期待する

【吟】(唫) yín 又 ① 吟ずる, 歌う [~诗] 詩を吟じる ② 詩歌の一種, 吟 [秦中~] 秦中吟(白居易の詩) ③ 吠える, 叫ぶ [呻 shēn~] うめく
【吟风弄月】yín fēng nòng yuè 〈成〉風月を題材に詩歌を作る
【吟诵】yínsòng 動 吟誦する
【吟味】yínwèi 動 詩を吟じて玩味する
【吟咏】yínyǒng 動 吟詠する

【垠】yín 名 境界, 果て [无~] 果てしない

【银】(銀) yín 名【化】銀 [水~] 水銀 又 ① 銀貨, 貨幣に関すること [~根] 金融市場 ② 銀色の [~白] 銀白色 ③ (Y-) 姓
【银白杨】yínbáiyáng 名【植】白楊, ハコヤナギ
【银杯】yínbēi 名 (賞杯の) 銀杯
【银币】yínbì 名 銀貨
【银鲳】yínchāng 名【魚】マナガツオ (⟨組⟩[鲳鱼])
【银锭】yíndìng 名 ① (~儿) 馬蹄銀 ◆旧時の50両の重さに鋳た銀塊 ② 死者を弔って焼く錫箔の馬蹄銀
【银耳】yín'ěr 名 白キクラゲ [白木耳]
*【银行】yínháng 名 [所・家] 銀行 [~存折] 銀行通帳
【银河】yínhé 名【天】銀河, 天の川 [天河]
【银红】yínhóng 形【定語として】明るい朱色の ◆色は桃色の顔料に銀朱 (鮮紅色の有毒粉末) を混ぜて作る
【银狐】yínhú 名【動】[只] 銀ギツネ (⟨組⟩[玄狐])
【银灰】yínhuī 形【定語として】シルバーグレイの
【银匠】yínjiàng 名 金銀細工職人
【银联卡】Yínliánkǎ 名 銀聯カード ◆'中国银联股份有限公司'(中国銀連株式会社) が発行する銀行カードで, デビット機能を持つ
【银幕】yínmù 名 [块] 映画のスクリーン [被搬上~] 映画化される
【银钱】yínqián 名 [笔] 金銭
【银鼠】yínshǔ 名【動】[只] シロリス ◆毛皮が珍重される. 中国東北一帯に生息
【银杏】yínxìng 名【植】① [棵] イチョウ ② [公孙树] [白果树] ② [颗] ギンナン ③ [白果]
【银洋】yínyáng 名 銀貨 (⟨組⟩[银元])
【银鱼】yínyú 名【魚】[条] シラウオ (⟨組⟩[面条鱼])

【银圆(银元)】yínyuán [名] 旧時の一元銀貨
【银子】yínzi [名] 銀の通称
〖龈(齦)〗yín ⊗ 歯茎 ［齿～］同前
〖狺〗yín ⊗以下を見よ
【狺狺】yínyín [擬]《書》犬の吠え声
〖淫〗yín ⊗①過度の ［～威］乱用される強権 ②気ままな
〖—(婬)〗⊗みだらな ［奸～］姦淫(する)
【淫荡】yíndàng [形] みだらな
【淫秽】yínhuì [形] 猥褻(わいせつ)な
【淫猥】yínwěi [形] 猥褻な
【淫雨(霪雨)】yínyǔ [名] 長雨 〖～霏霏〗雨がしきりに降る
〖寅〗yín ⊗ 寅(とら), 十二支の第3, とら ［～时］寅の刻
〖夤〗yín ⊗①敬い恐れる ②深い ［～夜］《書》深夜
〖鄞〗Yín ⊗［～县］浙江省の地名
〖蟫〗yín ⊗〖虫〗シミ→［衣鱼］
〖尹〗yǐn ⊗①昔の地方長官 ［府～］《書》府知事 ②(Y-)姓
〖引〗yǐn [動]①導く, 引く 〖～水上山〗山の上に水を引く ［～路］道案内する ②引き起こす, 招く 〖～他生气〗彼を怒らせる ［～人注目］人目を引く
⊗①引く, 引っ張る ［～弓］弓を引く ②引用する ［～证］引証する
【引柴】yǐnchái [名]〔根·捆〕たき付け [同]［引火柴］
*【引导】yǐndǎo [動]①引率する, 案内する ②導く 〖老师～学生进步〗教師は学生が進歩するよう導く
【引得】yǐndé [名]《訳》インデックス(英:index), 索引
【引动】yǐndòng [動] 引き起こす, (心に)触れる
【引逗】yǐndòu [動]①からかう, なぶる ②誘い込む
【引渡】yǐndù [動]〖法〗(外国からの逃亡犯を本国に) 引き渡す 〖～几个罪犯〗数人の犯人を引き渡す
【引而不发】yǐn ér bù fā《成》(弓を引きしぼって放たず>) ①満を持す ②巧みに教え導く
【引号】yǐnhào [名]〖語〗引用符号(“ ”, ‘ ’)
【引河】yǐnhé [動] 川から水路を引く
【引火烧身】yǐn huǒ shāo shēn《成》①自ら禍を招く [同]［惹火烧身］ ②人の批判を仰ぐため自らの欠点を暴く
【引见】yǐnjiàn [動] 人を引き合わせる, 紹介する
【引荐】yǐnjiàn [動] 推薦する 〖～小赵当会计〗会計として趙君を推薦する
【引进】yǐnjìn [動]①導入する 〖～外国资本〗外国資本を導入する ②推薦する [同]［引荐］
【引经据典】yǐn jīng jù diǎn《成》経典の語句を引用する
【引咎】yǐnjiù [動] (過失の) 責任をとる
【引狼入室】yǐn láng rù shì《成》(狼を室内に招き入れる>) 悪人を内部に引き入れる
【引力】yǐnlì [名]〖理〗引力 ［万有～］万有引力
【引例】yǐnlì [名] (文章中の) 引用例, 例証
—— yǐnˇlì [動] (文章中に)例を引く
**【引起】yǐnqǐ [動] (ある事態, 現象を) 引き起こす 〖～大家注意〗みんなの注意を引く 〖～争端〗紛争を起こす 〖～麻烦〗面倒を引き起こす
【引桥】yǐnqiáo [名]〖交〗橋へのアプローチ, 導入橋
*【引擎】yǐnqíng [名]《訳》〖機〗〔台〕エンジン [同]［发动机］
【引人入胜】yǐn rén rù shèng《成》(景色や文章が) 人を魅了する
【引申(引伸)】yǐnshēn [動]〖語〗(語義が) 派生する
【引文】yǐnwén [名]〖語〗〔段〕引用語(句) [同]［引语］
【引线】yǐnxiàn [名]①〖電〗導火線, 信管 ②仲を取り持つ人やもの
【引信】yǐnxìn [名] 信管, 雷管 [同]［信管］
【引言】yǐnyán [名]〔篇·段〕序文, 前書
*【引用】yǐnyòng [動]①(人の説や古語を)引用する ②任用する
【引诱】yǐnyòu [動] (主に悪い事態に) 誘い込む 〖用金钱～青少年〗金で青少年を誘惑する 〖～对方犯错误〗相手を過ちに引き込む
【引玉之砖】yǐn yù zhī zhuān《成》《謙》他人から優れた見解を引き出すための愚見 [関]［抛砖引玉］
【引种】yǐnzhòng [動] (優良品種を) 移植する
【引子】yǐnzi [名]①〔段〕前口上, 序曲 ②〔段〕(文章や話の) 前置き, まくら ③〔味〕薬の効用を高める副薬 [同]［药引子］
〖蚓〗yǐn ⊗→［蚯 qiū ～］
〖饮(飲 *歙)〗yǐn ⊗①飲む ［痛～］存分に飲む ②飲み物 ［冷～］冷たい飲み物 ③冷まして飲む煎じ薬 ［～子］同前 ④心の中に抱く ［～恨］《書》恨みをのむ
⇨yìn

Y

- 【飲料】yǐnliào 〔杯・瓶〕飲み物(主にジュース，サイダー類を指す)
- 【飲片】yǐnpiàn〔薬〕せんじ薬用に細かくした薬材
- 【飲泣】yǐnqì 動〔書〕涙をのんで泣く
- 【飲食】yǐnshí 名飲食〖病人的～〗病人の飲食
- 【飲水】yǐnshuǐ 名飲み水 働〖飲用水〗
- 【飲水思源】yǐn shuǐ sī yuán (成) (水を飲む時水源を思う＞)感謝の気持ちを忘れない
- 【飲鴆止渇】yǐn zhèn zhǐ kě (成) (毒酒を飲んで渇きをいやす＞)結果を考えず当面の救いを求める

【隐(隱)】yǐn ⊗ ① 隐れる，隐す〖退～〗隐退する ② 隐れた〖～士〗隐者

- *【隐蔽】yǐnbì 動(身を)隐す，隐蔽する〖～的活动〗秘密活動〖～得十分巧妙〗きわめて巧妙に身を隐した
- 【隐藏】yǐncáng 動 ひそかに隐す，見られないようにする〖～粮食〗食糧を隐す〖内心～着不安〗心中の不安を隐す
- 【隐伏】yǐnfú 動 潜伏する
- 【隐患】yǐnhuàn 名 隐れた災い
- 【隐讳】yǐnhuì 動 はばかって隐す〖毫不～自己的弱点〗自分の弱点を少しも隐し立てしない
- 【隐晦】yǐnhuì 形(意味が)不明瞭な
- 【隐疾】yǐnjí 名(性病など)人に言えない病気
- 【隐居】yǐnjū 動 隐遁する，隐棲する
- 【隐括(檃栝)】yǐnkuò〔書〕名 木材のゆがみを直す器具 ― 動(もとの文章を利用して)書き直す
- *【隐瞒】yǐnmán 動(真相を)隐す，ごまかす〖～自己的错误〗自分の誤りを隐す
- 【隐秘】yǐnmì 動 隐す，秘密にする〖～不说〗隐して話さない ― 名秘密
- 【隐没】yǐnmò 動 隐れる，次第に見えなくなる
- 【隐匿】yǐnnì 動 隐匿する
- 【隐情】yǐnqíng 名 人には言えない状況
- 【隐忍】yǐnrěn 動 じっと我慢する，耐える
- 【隐射】yǐnshè 動 ほのめかす，当てつける 働〖暗射〗〖影射〗〖这些话分明是～他的〗この言葉は明らかに彼を当てこすったものだ
- *【隐私】yǐnsī 名 内緒事，プライバシー 働〖阴私〗
- 【隐痛】yǐntòng 名 心に秘めた苦しみ
- 【隐现】yǐnxiàn 動 見え隐れする，おぼろげに見える
- 【隐形眼镜】yǐnxíng-yǎnjìng 名 コンタクトレンズ ♦ 正式には'角膜接触镜'という
- 【隐姓埋名】yǐn xìng mái míng 《成》(世間から)名を隐す，自分の身分が知られぬようにする
- 【隐逸】yǐnyì 名〔書〕世俗を避けて隐遁する ― 名 隐逸の士
- *【隐隐】yǐnyǐn 形(多く定語・状語として)かすかな，はっきりしない(働〖隐约〗)〖～可见〗おぼろげに見える
- 【隐语】yǐnyǔ 名〔書〕隐語，謎
- 【隐喻】yǐnyù 名〔語〕メタファー
- *【隐约】yǐnyuē 形 かすかな，はっきりしない〖～的星辰〗かすかに見える星〖隐隐约约地可以听见〗かすかに聞こえる
- 【隐衷】yǐnzhōng 名 心に秘めた苦しみ

【瘾(癮)】yǐn 名 常習，中毒，マニア的興味〖上～〗病みつきになる，癖になる〖过～〗十分に楽しむ〖烟～〗ニコチン中毒

【印】yìn 名 ① 印章，判〖盖～〗判を押す ② (～儿)跡，痕跡〖脚～〗足跡 — 動印刷する，プリントする〖～讲义〗(講義の)教材を印刷する〖～花儿布〗プリント布 ⊗ ① ぴったり合う〖～证〗符合する(証拠) ② (Y-)'印度 Yìndù'(インド)の略 ③ (Y-) 姓

- 【印把子】yìnbàzi 名 印章のつまみ〖转〗政治権力
- 【印本】yìnběn 名 印刷された書物
- 【印次】yìncì 名 図書の版ごとの印刷回数
- 【印第安人】Yìndì'ānrén 名 アメリカインディアン
- 【印度教】Yìndùjiào 名 ヒンズー教
- 【印发】yìnfā 動 印刷配布する
- 【印花】yìn'huā 動(～儿)模様をプリントする，捺染する ― yìnhuā 名〔张・枚〕収入印紙
- 【印鉴】yìnjiàn 名 印鑑(届け出印の印影)
- 【印泥】yìnní 名 印肉(働〖印色〗)〖～盒儿〗印肉入れ
- 【印谱】yìnpǔ 名 印譜，篆刻の印影集
- 【印染】yìnrǎn 動 捺染する
- 【印色】yìnse 名 印肉(働〖印泥〗)
- *【印刷】yìnshuā 動 印刷する〖～机〗印刷機〖胶版～〗オフセット印刷
- 【印台】yìntái 名〔盒〕スタンプ台
- 【印匣】yìnxiá 名 印章箱
- *【印象】yìnxiàng 名 印象〖～模糊〗印象がぼやけている〖留下了很好的～〗よい印象を残した
- 【印行】yìnxíng 動 印刷発行する
- 【印油】yìnyóu 名 スタンプ用インク
- 【印张】yìnzhāng 名 書籍1冊を印刷するのに用いる紙数の単位(新791

紙大の紙が'两个印张'になる)
【印章】yìnzhāng [名]〔个·枚〕印章
【印子】yìnzi [名]痕跡〖留下～〗あとが残る

〖鮣(鮣)〗yìn ⊗〖魚〗コバンザメ，コバンイタダキ［～鱼］同前

【饮(飲)】yìn [動](家畜に)水を飲ませる〖～牲口〗家畜に水を飲ませる
⇨yǐn

【荫(蔭)】yìn [形]日当りが悪くじめじめした
⊗①かばう，覆う ②父祖の功績に応じて与えられた特権
⇨yīn
【荫庇】yìnbì [動]《書》庇護する
【荫凉】yìnliáng [形]日陰で涼しい

〖胤〗yìn ⊗後継ぎ

〖窨〗yìn ⊗地下室［～井］マンホール ♦'窨茶叶'(茶の葉にジャスミンなどの花の香りをつける)ではxūnと発音

〖憖(憗)〗yìn ⊗［～～］《書》非常に慎重なさま

【应(應)】yīng [動]①応える，返事する〖～了几声〗はいはいと返事した ②承諾する，承知する
⊗①当然…すべきだ〖～早就准备〗早くから準備すべきだ〖理～如此〗道理からそうあるべきだ ②(Y-)姓
⇨yìng
【应当】yīngdāng [能]当然…すべきだ，当然…だ([同][应该])〖～认真听讲〗まじめに聴講すべきだ
【应分】yīngfèn [形]〔定語として〕当然なすべき範囲の，本分のうちの〖我～的事〗私にとって当然なすべき事
*【应该】yīnggāi [能]①(道理の上から)当然…すべきだ〖这是我们～做的事〗これは我々がやらなければならない事です〖你～去看她一下〗君は彼女に会いに行くべきだ ②…のはずだ〖这是名牌产品，～靠得住〗これはブランド製品だから，信用できるはずだ
【应届】yīngjiè [形]〔定語として〕今期の〖～毕业生〗今期の卒業生
【应名儿】yīngʼmíngr [動]他人の名義を使う
【应声】yīngʼshēng [動](～儿)(声を出して)返事する〖喊了好几声，也没人～〗何度も呼んだが誰も返事をしない
⇨yìngshēng
【应许】yīngxǔ [動]①承諾する [同][答应] ②許す([同][允许])〖～他参加比赛〗彼が試合に出ることを許す
【应有尽有】yīng yǒu jìn yǒu《成》あるべきものはすべてある，何でもある
【应允】yīngyǔn [動]承諾する，許す [同][应许]

〖英〗yīng ⊗①花［落～］《書》花が散る ②英才，優秀者［群～会］先進人物を集めた大会 ③(Y-)英国，イギリス［～国］同前［～美文学］英米文学 ④(Y-)姓
【英镑】yīngbàng [名]英ポンド
【英才】yīngcái [名]英才，秀才
【英尺】yīngchǐ [量]フィート ♦'呎'とも
【英寸】yīngcùn [量]インチ ♦'吋'とも
【英吨】yīngdūn [量]ロングトン，英トン
【英杰】yīngjié [名]《書》英傑，英雄
*【英俊】yīngjùn [形]①才気のある ②(多く男性が)スマートな〖～的小伙子〗ハンサムな若者
【英里】yīnglǐ [量]マイル
【英两】yīngliǎng [量]オンス
【英灵】yīnglíng [名]英霊 [同][英魂]
*【英明】yīngmíng [形]英明な，優れた〖～(的)领袖〗英明な指導者〖这一决定十分～〗この決定はきわめて賢明である
【英亩】yīngmǔ [量]エーカー
【英气】yīngqì [名]優れた才知〖～勃勃〗才気に満ちている
【英特耐雄纳尔】Yīngtènàixióngnàʼěr [名]①インターナショナル('国际'('国际工人协会')の音訳) ②国際共産主義の理想
【英文】yīngwén [名]英語([同][英语])〖说一口流利的～〗流暢な英語を話す
【英武】yīngwǔ [形]《書》勇壮な，勇ましい
*【英雄】yīngxióng [名]英雄［～豪杰］英雄豪傑［～无用武之地］英雄がその腕を発揮する場所がない ━ [形]①〔定語として〕英雄的な〖～的边防战士〗英雄的な国境警備兵 ②雄々しい
*【英勇】yīngyǒng [形]勇ましい，雄々しい〖～进攻〗勇敢に進撃する
【英姿】yīngzī [名]雄姿〖飒爽～〗さっそうとした雄姿

〖瑛〗yīng ⊗美しい玉(の輝き) ♦人名用字としても

〖莺(鶯 *鸎)〗yīng ⊗〖鳥〗ウグイス［黄～］コウライウグイス
【莺歌燕舞】yīng gē yàn wǔ《成》(鶯が歌い燕が舞う>)すばらしい春の景色(のような状勢)を形容

〖婴(嬰)〗yīng ⊗嬰児(えいじ)，赤ん坊［溺～］赤

yīng 一 　　　　　　　　　　　　　　　　　　　　　 撄嚶缨瓔櫻鸚罌膺鷹迎茔荧瑩滢萤营

子を(水に漬けて)間引く

*【婴儿】yīng'ér 名 嬰児, 赤ん坊 ［～车］乳母車 ［～床］ベビーベッド
【婴孩】yīnghái 名 嬰児, 赤ん坊

【撄(攖)】yīng ⊗ ①触れる ［～怒］怒りに触れる ②かき乱す

【嚶(嚶)】yīng ⊗ 鳥の鳴き声を表わす文言の擬声語

【缨(纓)】yīng ⊗ (～儿)飾り房, リボン ［红~枪］赤い飾り房をつけた槍 ［萝卜～子］大根の葉

【瓔(瓔)】yīng ⊗ 玉に似た石
【瓔珞】yīngluò〔書〕珠玉に糸を通して作った首飾り

【樱(櫻)】yīng ⊗ 桜
【樱花】yīnghuā 名 ①〔棵〕桜(の木) ②〔朵・束〕桜の花
【樱桃】yīngtao 名 ①〔棵〕オウトウ(の木) ②〔顆・粒〕さくらんぼ ［～嘴］おちょぼ口

【鸚(鸚)】yīng ⊗ 以下を見よ
【鹦哥】yīngge〔只〕インコ, オウム ［～儿緑］濃いもえぎ色の
【鹦鹉】yīngwǔ〔只〕オウム, インコ ［～学舌］おうむ返し, 人の言う通り話す

【罌(罌*甖)】yīng ⊗ 胴がふくらみ口が小さい瓶
【罂粟】yīngsù 名〔植〕ケシ ［～花］ケシの花

【膺】yīng ⊗ ①胸 ［服~]（書）心に留める ［义愤填~］義憤で胸が一杯になる ②受ける, 授かる ③討伐する
【膺惩】yīngchéng 動〔書〕討伐する
【膺选】yīngxuǎn 動〔書〕当選する

【鹰(鷹)】yīng 名〔鳥〕〔只〕タカ ［苍~］オオタカ ［夜~］ヨタカ ［老~］トビ
【鹰鼻鹞眼】yīng bí yào yǎn (成)凶悪な面相
【鹰钩儿鼻】yīnggōurbí 名 わし鼻
【鹰犬】yīngquǎn 名 狩猟に使うタカと犬;(転)手先, 手下
【鹰隼】yīngsǔn 名 タカとハヤブサ;(転)凶猛な人物
【鹰洋】yīngyáng 名〔旧〕メキシコ銀貨(表面にタカの図案があったから)

【迎】yíng 動 ①迎える ［～了上去］(前へ進み出て)迎えた ［欢～］歓迎する ［~宾馆］迎賓館 ［送旧～新］古きを送り新しきを迎える ②向かう, 向かって行く ［~着大风走］風に向かって歩く

【迎春花】yíngchūnhuā 名〔植〕迎春花, オウバイ(黄梅)
【迎风】yíng'fēng 動 風に向かう, 風を受ける ［～飞翔］風に向かって飛ぶ
【迎合】yínghé 動 迎合する ［～别人的意见］人の意見に同調する
【迎击】yíngjī 動 迎撃する
*【迎接】yíngjiē 動 出迎える, 迎える ［～外宾］外国からの客を迎える ［～国庆节］国慶節を迎える
*【迎面】yíng'miàn 動 (～儿)〔多く状語的に〕面と向かう ［微风～吹来］そよ風が正面から吹いてくる
【迎亲】yíng'qīn 動〔旧〕輿で新婦を迎えに行く
【迎娶】yíngqǔ 動 嫁をめとる
【迎刃而解】yíng rèn ér jiě (成)すぱっと解決する
【迎头】yíng'tóu 動 (～儿)〔多く状語的に〕面と向かう(⇔[迎面][当头]) ［～痛击］真正面から痛撃を加える
【迎新】yíngxīn 動 ①新人を歓迎する ［～大会］新人歓迎大会 ②新年を迎える
【迎战】yíngzhàn 動 迎え撃つ ［～敌人］敵を迎え撃つ

【茔(塋)】yíng ⊗ 墓地

【荧(熒)】yíng ⊗ ①かすかな光 ②目がくらむ
【荧光】yíngguāng 名〔理〕蛍光, ルミネセンス ［～灯］蛍光灯 ［～屏］蛍光板, 映像スクリーン
【荧惑】yínghuò 動〔書〕惑わす
*【荧屏】yíngpíng 名 ①(多くテレビの)映像スクリーン ⇔[荧光屏]
【荧荧】yíngyíng 形〔書〕(星や明かりが)ちらちらまたたいている

【瑩(瑩)】yíng ⊗ ①玉に似た石 ②→[晶jīng~]

【滢(瀅)】yíng ⊗ 澄みきった

【萤(螢)】yíng ⊗ ホタル
【萤火虫】yínghuǒchóng 名〔只〕ホタル
【萤石】yíngshí 名〔鉱〕ホタル石

【营(營)】yíng 名〔軍〕大隊("团"の下, "连"の上)
⊗ ①営む, 謀る ［私～］私営 ②軍隊の駐屯所 ［军～］兵営 ［宿～］宿営する ③(Y-)姓
【营地】yíngdì 名 駐屯地
【营房】yíngfáng 名 兵舎
【营火】yínghuǒ 名 キャンプファイアー ［～会］同前の夕べ
【营建】yíngjiàn 動 造営する

【营救】yíngjiù [動] 手を尽くして救助する
【营垒】yínglěi [名]〔座〕兵営と周囲の塀;《転》とりで
【营利】yíngˇlì [動] 利益を求める
【营盘】yíngpán [名] 兵営('军营'の旧称)
【营生】yíngshēng [動] 生計を立てる
—— yíngsheng [名]（～儿）《方》職業, 仕事
【营私】yíngsī [動] 私利を求める［结党～］徒党を組んで私利を謀る［～舞弊］私利を求め不正行為をする
☆【营养】yíngyǎng [名] 栄養, 養分『富于～』栄養に富む『～不足』栄養不足 — [動] 栄養を供給(または吸収)する『～一下身子』体のため栄養をとる
☆【营业】yíngyè [動] 営業する［～员］店員, カウンター係［～时间］営業時間
【营造】yíngzào [動] 造営する『～防风林』防風林を造る
【营长】yíngzhǎng [名]『軍』大隊長
【营帐】yíngzhàng [名] テント, 幕舎

〖萦(縈)〗yíng ⊗ まといつく, 絡む
【萦怀】yínghuái [動] 気にかかる
【萦回】yínghuí [動]（周りを）巡る, まつわる
【萦绕】yíngrào [動] まつわりつく,（周りを）巡る

【潆(瀠)】yíng ⊗［～洄 huí］水が渦巻く

〖盈〗yíng ⊗ ① 満ちる［丰～］豊満な, 裕福な［热泪～眶］目に一杯涙がたまる ② 余る
【盈亏】yíngkuī [名] ① 月の満ち欠け ② 損益
*【盈利(赢利)】yínglì [名][動] 利潤(を得る)
【盈余(赢余)】yíngyú [名] 余剰, 利潤
【盈盈】yíngyíng [形] ①（水が）澄みきった ②（姿や態度が）上品な ③ 軽やかな

〖楹〗yíng ⊗ '堂屋'(大広間) 正面の柱［～联］同前の柱に掛ける対句

〖蝇(蠅)〗yíng ⊗ ハエ［苍～］［～子］同前
【蝇拍】yíngpāi [名]（～儿）ハエたたき
【蝇头】yíngtóu [形]〘定語として〙ハエの頭ほどに小さな, 極小の

〖嬴〗Yíng ⊗ 姓 ♦秦の始皇帝の姓名は'～政'

〖瀛〗yíng ⊗ ① 大海 ② (Y-) 姓

〖籯(籝)〗yíng ⊗ 竹の箱, 籠

【赢(贏)】yíng [動] 勝負に勝つ(⊗[反][输])『比赛～了』試合に勝った『北京队～了上海队』北京チームは上海チームに勝った
⊗ 利益を得る
【赢得】yíngdé [動] 勝ち取る, 獲得する『～胜利』勝利を勝ち取る『～喝 hè 采』喝采を博する
【赢利(盈利)】yínglì [名][動] 利潤(を得る)
【赢余】yíngyú [名][同][盈余]

〖郢〗Yǐng ⊗ 湖北の古地名(楚国の都)

〖颍(潁)〗Yǐng ⊗［～河］潁河(河南から安徽へ流れる川の名)

〖颖(穎 *頴)〗yǐng ⊗ ① 麦や稲の穂先 ② 細長い物の先端 ③ 聡明な［聪～］《書》同前［新～］斬新な
【颖果】yǐngguǒ [名]『植』穎果, 穀果(稲・麦などの種子)
【颖慧】yǐnghuì [形]《書》聡明な [同][颖悟]

【影】yǐng [名]（～儿）影, 姿［人～］人の影［倒 dào～］(水に映った)姿
⊗ ① 映画［～星］映画スター ② 写真［留～］記念撮影する［合～］皆で一緒に写真をとる
【影壁】yǐngbì [名] ① 表門を入った正面にある目隠し用の壁 ② 門の外側にある目隠し用の塀 [同][照壁]
【影集】yǐngjí [名]〔本・册〕写真アルバム [同][相 xiàng 册][照相簿]
【影迷】yǐngmí [名] 映画マニア, 映画ファン
【影片】yǐngpiàn [名]（[同][影片儿 yǐngpiānr]）①〔部〕映画 ②〔卷〕映画フィルム
【影射】yǐngshè [動]（直接名指ししないで）暗にほのめかす, 当てこする『他是在～你呢！』彼は遠回しに君のことを言っているのだ
【影戏】yǐngxì [名] ①〔出〕影絵芝居 [同][皮影戏] ②《方》映画
☆【影响】yǐngxiǎng [名] 影響, 反響『产生不好的～』よくない影響をもたらす — [動] 影響する, 作用する『～工作』仕事に影響を及ぼす
【影像】yǐngxiàng [名] 映像, 画像, 姿
【影影绰绰】yǐngyǐngchuòchuò [形]（～的）ぼんやりとした, はっきりしない『似乎～地听到一点儿声音』かすかになにか音が聞こえたようだ
【影院】yǐngyuàn [名]〔座・家〕映画館([同][电影院])［家庭～］ホームシアター
☆【影子】yǐngzi [名] ① 影［～内阁］影の内閣 ② ぼんやりした形, 姿『连

yīng 一

个~也没见》影も形もない《在脑海中的~》脳裏に浮かぶ姿

【瘿（癭）】yīng 名 首のこぶ

【应（應）】yìng 助 〖"~了"の形で〗(予測的で)当たる〖我的话~了〗言っていた事が本当になった
⊗ ① 応える，応じる〖答~ dāying〗答える，承諾する〖呼~〗呼応する ② 対応する〖随机~变〗臨機応変 ③ 適応する〖得心~手〗事柄が思い通りに運ぶ
⇨yīng

【应变】yìngbiàn 动 緊急事態に対処する — 名〖理〗ひずみ

【应承】yìngcheng 动 応じる，承諾する

*【应酬】yìngchou 动 交際する，応対する〖~话〗あいさつ言葉〖~句〗ちょっとあいさつをかわす — 名 交際，付き合い〖今晚还有个~》今晚はまた付き合いがある

【应答】yìngdá 动 回答する，応答する

【应对】yìngduì 动 応対する〖善于~〗受け答えがよくうまい

*【应付】yìngfu 动 ① 対応する，対処する〖~复杂的局面〗複雑な事態に対処する ② 適当にあしらう，いい加減にやる〖好容易把他~走了〗適当にあしらってなんとか彼を追いやった ③ 間に合わせる

【应和】yìng'hè 动 呼応する，ぴったり呼吸が合う

【应急】yìng'jí 动 緊急の必要に応じる〖~措施〗応急処置〖~软滑梯〗緊急脱出装置

【应接不暇】yìngjiē bù xiá〖成〗応接にいとまがない

【应景】yìng'jǐng 动（~儿）① その場の状況に合わせる ② 時節にふさわしいことをする

【应考】yìngkǎo 动 受験する（⇔〖投考〗）〖~的人〗受験者

【应募】yìngmù 动 応募する（⇔〖招募〗）

【应诺】yìngnuò 动 応諾する，承諾する〖~参加学会〗学会参加を承諾する

*【应聘】yìngpìn 动 招聘に応じる

【应声】yìngshēng 副 声（音）に応じて，音とともに〖~而至〗声とともに来る
⇨yīng'shēng

【应声虫】yìngshēngchóng 名 人の言いなりになる人物，イエスマン

【应时】yìngshí 动 ①〖多く定语として〗時節に合う〖~瓜果〗季節の果物 ②（方）時間に合う〖吃~饭〗食事どきに食べる —副 ただちに

【应试】yìngshì 动 受験する（⇔〖投考〗）

【应验】yìngyàn 动（予言・予感が）当たる，事実となる

*【应邀】yìngyāo 动〖多く状語的に〗招待に応じる〖~出席〗招待に応じて出席する

【应用】yìngyòng 动 ① 使用する ②〖多く定语として〗応用する〖~文〗実用文〖~卫星〗実用衛星

【应援】yìngyuán 动（軍隊が）応援する

【应运】yìngyùn 动 機運に乗じる〖~而生〗時運に乗じて生まれる

【应战】yìng'zhàn 动 ① 応戦する ② 挑戦を受ける

【应诊】yìngzhěn 动 診察に応じる，診察する

【应征】yìngzhēng 动 ① 徴兵に応じる〖~入伍〗徴兵に応じて入隊する ② 求めに応じる

【映】yìng 名 映す，映じる〖山影~在湖上〗山の姿が湖面に映っている〖放~〗映写する〖反~〗反映する

【映衬】yìngchèn 动 引き立つ，映える〖红花和绿叶相~〗赤い花と緑の葉が引き立てあっている

【映山红】yìngshānhóng 名〖植〗ツツジ（⇔〖杜鹃花〗）

【映射】yìngshè 动 照り映える

【映现】yìngxiàn 动（映写されるように）現れる

【映照】yìngzhào 动 照り映える（⇔〖映射〗）〖月光~在水面上〗月の光が水面に映える

【硬】yìng 形 ① 堅い（⇔〖软〗）〖~刷子〗堅いブラシ〖坚~〗堅い〖~毛〗剛毛 ②（性格・意志が）断固としている，強硬だ，冷酷だ〖~汉子〗硬骨漢〖心~〗無感動な，冷酷な —副 むりやり，あくまで〖~搬别人的经验〗むりに他人の経験を当てはめる〖~说不累〗あくまで疲れていないと言う

【硬邦邦】yìngbāngbāng 形（~的）かちかち，(体が)丈夫な

【硬棒】yìngbang 形（方）堅い，丈夫な〖老人家的身体还这么~〗ご老人はまだかくにかくしゃくとしている

*【硬币】yìngbì 名〖个・枚〗硬貨，コイン〖~投入口〗コイン投入口

【硬度】yìngdù 名 硬度，堅さ

【硬腭】yìng'è 名〖生〗硬口蓋（⇔〖软腭〗）

【硬骨头】yìnggǔtou 名 硬骨漢（⇔〖软骨头〗）

【硬汉】yìnghàn 名 硬骨漢，不屈の人（⇔〖硬汉子〗）

【硬化】yìnghuà 动 ① 硬化する〖血管~〗血管が硬化する ②（思考が）硬くなる

【硬件】yìngjiàn 图（コンピュータまたは生産面での）ハードウェア
【硬结】yìngjié 動堅くなる，固まる
【硬朗】yìnglang 形①（老人の）身体が丈夫である，かくしゃくとした〖他～得不像个花甲老人〗彼は還暦を迎えた老人とは思えぬほどかくしゃくとしている ②力強い
【硬面】yìngmiàn 图（～儿）固くこねた小麦粉
【硬盘】yìngpán 图（コンピュータの）ハードディスク
【硬气】yìngqi 形《方》①気骨がある ②やましくない，気がねしない〖自己挣的钱用着～〗自分で稼いだ金なので使うのに気がねはない
【硬是】yìngshì 副《方》①実際に，本当に ②あくまで，どうしても〖他～不同意〗彼はどうしても賛成しない
【硬实】yìngshi 形《方》丈夫な，頑丈な
【硬手】yìngshǒu 图（～儿）やり手，強者 ⇨[能手][强手]
【硬水】yìngshuǐ 图硬水 ⇨软水
【硬挺】yìngtǐng 動耐え忍ぶ，我慢する〖～着干〗（病気なのに）我慢して働く
【硬卧】yìngwò 图《交》普通寝台（⇨软卧）〖～车〗普通寝台車
【硬席】yìngxí 图《交》（列車の）普通席（⇨软席）〖～卧铺〗普通寝台
【硬性】yìngxìng 形（定语・状语として）硬直した，融通のきかない
【硬仗】yìngzhàng 图《场・个》強敵との戦い，激戦〖打～〗手強い相手と戦う
【硬着头皮】yìngzhe tóupí 動《多く状语として》やむをえず無理をする
【硬座】yìngzuò 图《交》（列車の）普通席

【媵】yìng ⊗①嫁入りに同行する ②妾

【哟（喲）】yō 嘆おや，や（軽い驚き）〖～，你怎么在这儿？〗おや，君がなんでここに？

【—】yo 助①文末で命令の語気を表わす ②歌の合いの手

【唷】yō ⊗掛け声の一部 [哼hēng～] えんやこら

【佣（傭）】yōng ⊗①人を雇う [雇～] 雇用する ②雇い人 [女～] 女の使用人，お手伝いさん ⇨yòng

【佣工】yōnggōng 图使用人

【拥（擁）】yōng 動①取り囲む，くるまる〖～着老师提问〗先生を囲んで質問する 〖～被〗布団にくるまる ②押し寄せる，押し込む [一～而上] どっと乗ってくる ⊗①抱く ②支持する，擁護する [～军爱民] 人民は軍を擁護し軍は人民を愛する ③擁する

*【拥抱】yōngbào 動抱擁する，抱き合う〖紧紧～在一起〗しっかり抱き合う

【拥戴】yōngdài 動推戴する

*【拥护】yōnghù 動擁護する，支持する〖～政府〗政府を支持する

*【拥挤】yōngjǐ 形混みあっている，ひしめく〖～的公共汽车〗混んだバス—動押し合う〖不要～〗押さないで

【拥塞】yōngsè 動（道が）つかえる，詰まる〖街道～〗道が渋滞する

【拥有】yōngyǒu 動擁する〖～十万人口〗人口10万を擁する〖～丰富的资源〗豊かな資源を保有する

【痈（癰）】yōng ⊗《医》癰よう [～疽jū] 同前

【邕】yōng ⊗（Y-）広西南寧の別称 [～剧] 広西チワン族自治区の粤語による地方劇

【庸】yōng ⊗①普通の，凡庸な [平～] 平凡な ②必要である [无～] …するには及ばない ③（反語的に）どうして [～有罪乎？] どうして罪があろうか

【庸才】yōngcái 图凡人，凡才

【庸碌】yōnglù 形凡庸な，平平凡凡〖～无能的人〗ほんくらな人間

【庸人】yōngrén 图凡人，俗人 [～自扰] 何もないのに騒ぎたてる

*【庸俗】yōngsú 形俗っぽい，低俗な〖～的观点〗卑俗な観点〖～化〗俗化する

【庸医】yōngyī 图やぶ医者

【庸中佼佼】yōng zhōng jiǎojiǎo《成》多くの凡人の中で傑出している人物

【鄘】Yōng 图周代の小国名（今の河南省）

【墉】yōng ⊗城壁

【慵】yōng ⊗ものうい，だるい

【镛（鏞）】yōng ⊗大きな鐘

【鳙（鱅）】yōng ⊗《魚》コクレン（淡水魚の一種）[～鱼] 同前（'胖头鱼'とも）

【雍（雝）】yōng ⊗①和やかな ②(Y-)姓

【雍容】yōngróng 形《書》おうような，おっとりした〖～大方〗おっとりしている

【壅（*邕）】yōng ⊗①土や肥料を根元にかける [～肥] 植物の根元に肥料を与

yōng 一

える ②ふさぐ
【壅塞】yōngsè 動 ふさぐ,せきとめる〖河道～〗川の流れがふさがる
【壅土】yōngtǔ 動 植物の根元に土寄せする

【臃】yōng ⊗ 腫れる
【臃肿】yōngzhǒng 形 ① 太りすぎの,ぶくぶく肥えた ②（転）（機構が）肥大した,膨れすぎた

【饔】yōng ⊗ 調理済みの食べ物,朝食

【喁】yóng ⊗ 魚が水面に口を出す
【喁喁】yóngyóng 形《書》皆が切望するさま ◆「低い声で話すさま」の意では yúyú と発音

【颙】(顒) yóng ⊗ ① 大きい ② 慕う

【永】yǒng ⊗ ① 長い,久しい〖隽 juàn～〗《書》意味深長だ
【永别】yǒngbié 動 永遠に別れる,死別する
【永垂不朽】yǒng chuí bù xiǔ 〈成〉永遠に不滅である〖～的杰作〗不滅の傑作
【永磁】yǒngcí 名《理》永久磁石
*【永恒】yǒnghéng 形《多く定語として》永久に変わらない,恒久の〖～的友谊〗永久に変わらぬ友情〖～的真理〗久遠の真理
【永久】yǒngjiǔ 形《定語・状語として》永久の〖～的纪念〗一生の記念〖～冻土〗永久凍土
【永诀】yǒngjué 動《書》永別する,死別する
【永眠】yǒngmián 動 永眠する
【永生】yǒngshēng 動 永遠に生きる ― 名 一生
【永世】yǒngshì 副《書》永遠に〖～难忘〗永遠に忘れ難い〖永生～〗とこしえに,永遠に
*【永远】yǒngyuǎn 副 いつまでも〖祝你～年轻！〗いつまでも若くありますように

【泳】yǒng ⊗ 泳ぐ〖游～〗泳ぐ〖蛙～〗平泳ぎ〖仰～〗クロール〖蝶～〗バタフライ〖～道〗（プールの）コース

【咏】(詠) yǒng ⊗ ① 詩歌に詠む ② 抑揚をつけて読む,吟じる〖吟～〗吟詠する
【咏叹】yǒngtàn 動 詠唱する,声を長く引いて歌う
【咏赞】yǒngzàn 動 歌って称える

【甬】Yǒng ⊗ 浙江省宁波の別称
【甬道】yǒngdào 名〔条〕通路,渡り廊下

【俑】yǒng ⊗ 俑う,殉葬用の像〖兵马～〗兵馬俑

【勇】yǒng ⊗ ① 勇ましい,勇気がある〖英～〗英雄的な ② 清代の戦時徴募兵 ③ (Y-)姓
【勇敢】yǒnggǎn 形 勇敢な,大胆な〖勤劳～的人民〗勤勉で勇敢な人民
【勇猛】yǒngměng 形 大胆で力強い〖～前进〗勇ましく前進する
【勇气】yǒngqì 名 勇気〖鼓起～〗勇気を奮い起こす
【勇士】yǒngshì 名 勇士,戦士
【勇往直前】yǒng wǎng zhí qián 〈成〉勇んで進む,勇往邁進する
【勇武】yǒngwǔ 形《書》雄々しく,勇ましく強い
【勇于】yǒngyú 動 大胆に…する〖～承认错误〗潔く誤りを認める

【涌】(湧) yǒng ⊗ わき出る,どっと現われる〖热泪～了出来〗熱い涙があふれ出た ◆姓は '湧' と表記.「川の支流」を意味する地名用字としては chōng と発音
*【涌现】yǒngxiàn 動 大量に現われる〖～出许多优秀人材〗多くの優れた人材が現われる

【恿】(慂) yǒng ⊗ →[怂 sǒng～]

【蛹】yǒng 名《虫》〔只〕さなぎ〖蚕～〗蚕のさなぎ

【踊】(踴) yǒng ⊗ 躍る,跳ぶ
【踊跃】yǒngyuè 形 熱烈な,積極的な〖～报名参加〗奮って申し込む ― 動《書》跳び上がる〖～欢呼〗躍り上がって歓呼する

【鲬】(鯒) yǒng ⊗《魚》コチ〖～鱼〗同前

【用】yòng ① 使う〖～钱〗金を使う,金がかかる〖～脑子〗頭を使う〖～毛笔写字〗筆で字を書く ②《多く否定文に》必要とする〖不～说〗言うまでもない〖不～你操心〗君の心配は無用だ ③ 飲食する（丁寧語）〖～茶〗お茶を飲む〖客人们正～着晚饭呢〗お客さんたちはいまお食事中です〖～膳〗食事をする
⊗（…）…によって〖～此〗これによって〖～特函达〗よって特に書面で伝える ② 費用〖零～〗小遣銭 ③ 効用〖功～〗効用,働き
【用兵】yòngbīng 動 兵を動かす,戦争に訴える〖不得已而～〗やむなく武力に訴える
【用不着】yòngbuzháo 動〈可〉[用得着] ① 使えない ② 必要としない,…には及ばない〖～这种药〗こういう薬はいらない〖～你亲自去〗君が自分で行くことはない

【用场】yòngchǎng [名] 用途〖有～〗役に立つ
【用处】yòngchù [名] 用途，使い道〖～很多〗用途が広い
【用得着】yòngdezháo [動] ①使える ②必要がある〖到时候～〗そのうち必要となる〖～我亲自去吗？〗私が自分で行く必要がありますか
【用度】yòngdù [名]（全体の）出費，費用〖～大〗出費が大きい
【用费】yòngfèi [名]（個々の）費用
*【用功】yòngʼgōng [動] よく勉強する，努力する
—— yònggōng [形] 勉強熱心な〖他学习很～〗彼は勉強家だ
【用工夫】yòng gōngfu [動] 時間をかける，努力する，修練する〖对武术很～〗武術に対して大いに修練する
*【用户】yònghù [名] 需要者，加入者，ユーザー［电话～］電話加入者［～电报］テレックス
【用户界面】yònghù jièmiàn [名] ユーザーインターフェース
【用劲】yòngʼjìn [動]（～儿）力を入れる [同]［用力］
【用具】yòngjù [名] 用具，道具［救生～］救命用具
【用力】yòngʼlì [動] 力を入れる〖～推〗強く押す
【用品】yòngpǐn [名] 用品［体育～］体育用品
【用人】yòngʼrén [動] ①人を使う〖不会～〗人の使い方がまずい ②人手がいる〖～的时候〗人手が欲しい時期
—— yòngren [名] 使用人
【用事】yòngshì [動]《書》①権力を握る ②典故を使う ③〔成語的表現の中で〕行動する［感情～］感情に走る
**【用途】yòngtú [名] 用途〖塑料的～很广〗プラスチックの用途は広い
【用武】yòngʼwǔ [動] 武力を用いる，腕を振るう〖大有～之地〗大いに腕を振るう余地がある
【用项】yòngxiang/ yòngxiàng [名] 費用，出費
【用心】yòngxīn [名] 意図，下心〖别有～〗ねらいはほかにある
—— yòngʼxīn [動] 努力する，気持ちを集中する〖～听讲〗講演を傾聴する
【用意】yòngyì [名] 意図，思わく〖～鲜明〗意図が明らかだ
【用语】yòngyǔ [名] ①用語，言い回し〖～不当 dàng〗言葉遣いが妥当を欠く ②専門語［学术～］学術用語

〖佣〗 yòng [⊗] 手数料，コミッション［～金］同前
⇨yōng

〖优(優)〗 yōu [⊗] ①優れた［品学兼～］品行·学業とも優れている ②役者［女～］女優
【优待】yōudài [動] 優待する〖受到多方面的～〗多くの面で優遇される〖～伤员〗負傷者を優待する［～券］優待券
**【优点】yōudiǎn [名] 長所，取り柄（[反]［缺点］）〖发扬～〗長所を発揮する
【优抚】yōufǔ [動]（戦没者の家族や傷痍軍人などを）優待慰問する
【优厚】yōuhòu [形]（待遇が）手厚い，十分な〖～的报酬〗手厚い報酬
【优弧】yōuhú [名]〖数〗優弧
**【优惠】yōuhuì [形]（多く経済面で）優待された，特恵の〖八折～〗8掛けの優待［～贷款］特恵融資
【优良】yōuliáng [形] 優れている〖成绩～〗勉強の成績が優れている［～品种］優良品種
**【优美】yōuměi [形] 優美な，上品な〖～的姿态〗美しい姿〖风光～〗景色が美しい
【优盘】yōupán [名] USBメモリ [同]［闪盘］
【优柔寡断】yōuróu guǎ duàn《成》優柔不断
【优胜】yōushèng [形]（成績が）他をしのぐ，最優秀の
*【优胜劣汰】yōu shèng liè tài《成》適者生存
**【优势】yōushì [名] 優勢，優位〖取得～〗優位を得る〖精神上的～〗精神面の優位性
*【优先】yōuxiān [動]〔多く状語として〕優先する〖～安排〗優先的に手配する［～权］優先権
**【优秀】yōuxiù [形] 優秀な〖成绩～〗成績が優秀である〖～(的)作品〗優れた作品
*【优异】yōuyì [形] とりわけ優れた，ずば抜けて優秀な〖作出～的贡献〗素晴らしい貢献をなす
【优裕】yōuyù [形] 裕福な，豊富な〖生活～〗生活が豊かだ
【优遇】yōuyù [動] 優遇する [同]［优待］
*【优越】yōuyuè [形] 優れている，卓越した〖十分～的条件〗とても恵まれた条件［～感］優越感［～性］優越性
【优质】yōuzhì [形]〔定語として〕高品質の

〖忧(憂)〗 yōu [⊗] ①憂える，心配する［担～］心配する ②心配事［高枕无～］枕を高くして寝る
【忧愁】yōuchóu [形] 憂いに満ちた
【忧愤】yōufèn [形] 憂い憤る
【忧患】yōuhuàn [名] 憂い，苦難
【忧惧】yōujù [動] 憂い恐れる

Y

【忧虑】yōulǜ [動] 憂慮する〖用不着～〗心配には及ばない
【忧闷】yōumèn [形] 気がふさいだ，滅入った
【忧伤】yōushāng [形] 憂い悲しむ〖～的神情〗ふさぎ込んだ表情
【忧心】yōuxīn [名] 心配な気持ち［～忡 chōng 忡］心配でならない
*【忧郁】yōuyù [形] 憂鬱な，ふさぎ込んだ〖～的旋律〗憂いに満ちたメロディー

【攸】yōu [⊗] …するところの ♦口語の'所'に相当

【悠】yōu [動]《口》（空中で）揺り動かす〖～秋千〗ぶらんこを揺らす
[⊗] ① 長い，遠い ② のどかな，のんびりした〖慢～～〗ゆったりした
【悠长】yōucháng [形]（時間が）長い〖～的螺号 luóhào 声〗長いほら貝の音〖～的年月〗長い年月
【悠荡】yōudàng [動]（宙に吊るしたものが）前後に揺れる，ぶらぶら揺れる
**【悠久】yōujiǔ [形] 悠久の〖～的历史〗悠久の歴史
【悠然】yōurán [形] ゆったりした〖大熊猫在草地上～走来走去〗パンダが草地の上をゆったり歩き回っている［～神往］うっとりさせられる
【悠闲】yōuxián [形] のんびりした〖～舒适〗のんびりして心地よい
【悠扬】yōuyáng [形]（歌声が）高くのびやかな〖～的笛声〗高く低く伝わってくる横笛の音
【悠悠】yōuyōu [形] ① 長く遙かな［～岁月］遙かな歳月［～荡荡］ゆらゆら，ふらふら［～自得 zìdé］ゆったり落ち着いている ②《書》とりとめがない
【悠远】yōuyuǎn [形] 遙かに遠い〖～的往事〗遙か昔の事〖～的边疆〗遙かな辺境
【悠着】yōuzhe [動]《方》（力を）控える〖～点儿吧〗（仕事などについて）のんびりやりなさい

【呦】yōu [嘆] おや，まあ（驚きを表わす）

【幽】yōu [⊗] ① 奥深い，隠れた［～林］深い林 ② ひそかな ③ 閉じ込める［～囚］監禁する ④ あの世［～冥］冥土 ⑤ (Y-) 姓
【幽暗】yōu'àn [形] ほの暗い〖～的庙宇〗薄暗い廟
【幽闭】yōubì [動] ① 閉じ込める，軟禁する ②（家に）閉じこもる〖～家中〗家に閉じこもる
【幽愤】yōufèn [名] 胸にひそめた憤り
【幽谷】yōugǔ [名] 幽谷，奥深い谷
【幽会】yōuhuì [動] 密会する，デートする
【幽魂】yōuhún [名] 亡霊
【幽寂】yōujì [形] ひっそりと寂しい
【幽禁】yōujìn [動] 幽閉する，軟禁する
【幽静】yōujìng [形] 静寂な，もの静かな〖～的小巷〗ひっそりした路地
【幽灵】yōulíng [名] 死者の魂，亡霊
【幽门】yōumén [名]〖生〗幽門
【幽门螺旋杆菌】yōumén luóxuán gǎnjūn [名] ピロリ菌
**【幽默】yōumò [形]《訳》ユーモアのある，ユーモラスな〖说话很～〗ユーモアたっぷりに話す
【幽趣】yōuqù [名] 奥ゆかしい趣
【幽深】yōushēn [形] 奥深く静かな〖～的湖水〗ひっそりした湖
【幽思】yōusī [名] 深い思い 一 [動] 思いにふける
【幽婉(幽宛)】yōuwǎn [形] 奥深く味わいがある
【幽微】yōuwēi [形]（音やにおいが）かすかな
【幽闲】yōuxián [形] ①（女性が）しとやかな [同]［幽娴］② のんびりした [同]［悠闲］
【幽香】yōuxiāng [名] ほのかな香り
【幽雅】yōuyǎ [形] 奥ゆかしく上品な〖～的院落〗優雅な中庭
【幽咽】yōuyè [名]《書》① すすり泣き ② かすかな水音
【幽幽】yōuyōu [形]（音や光が）かすかな
【幽怨】yōuyuàn [名]（多く女性や愛情に関する）胸に秘めた怨み〖满怀～〗胸いっぱいに恨みを抱く

【尤】yóu [⊗] ① とりわけ，いっそう［～为］同前 ② 特異な，突出した ③ 過失 ④ (Y-) 姓 ♦'尢'と書く姓も
**【尤其】yóuqí [副] とりわけ，なかんずく（[同]［尤其是］）〖我喜欢音乐，～喜欢摇滚乐 yáogǔnyuè〗私は音楽が，とりわけロックが好きだ

【犹(猶)】yóu [⊗] ① なお，いまだに〖至今～历历在目〗今なおはっきり目に浮かぶ［言～在耳］その言葉がまだ耳に残っている［～自］なお ② …のようだ，…のごとし［过～不及］過ぎたるは及ばざるがごとし
【犹大】Yóudà [名]《訳》ユダ；《転》裏切り者
*【犹如】yóurú [動]《書》…のようだ〖灯火辉煌，～白昼〗明かりが煌々と輝いて，真昼のようだ
【犹太教】Yóutàijiào [名]〖宗〗ユダヤ教
【犹疑】yóuyí [動] ためらう〖她还在～〗彼女はまだためらっている〖加深～〗なおさらいっそう躊躇する
**【犹豫】yóuyù [動] ためらう〖他毫不～地答应了〗彼は少しもためらわずに承諾した［～不决］迷って決めら

【荍(蕕)】yóu ⊗ ①〔植〕カリガネソウ ②悪臭のする草

【疣(*肬)】yóu 图 いぼ(ふつう'猴子 hóuzi'という)〚长 zhǎng 了个～〛いぼができた

【鱿(魷)】yóu ⊗ ヤリイカ, スルメイカ.

【鱿鱼】yóuyú 图〔只〕スルメイカ, ヤリイカ. ('枪乌贼 qiāngwūzéi'の通称)〚炒～〛(転)首になる, 解雇される

【由】yóu 囧 ①〔動作・行為の主体を表わして〕…が(する)〚～我负责〛私が責任をもつ ②〔起点を表わして〛…から〚～精神到物质〛精神から物質まで ③〔根拠を表わして〛…によって, …に基づいて〚～此可知〛これによってわかる —— 動 従う, 任せる〚信不信～你〛信じるか否かは君次第だ ⊗①原因, 理由〚理～〛理由 ②通る〚必～之路〛必ず通る道 ③(Y-)姓

【由不得】yóubude 動 思い通りにならない〚这次可～你了!〛今度こそ君の思う通りにならないぞ —— 副 思わず〚～笑了起来〛思わず笑いだした

【由来】yóulái 图 由来, いわれ〚～已久〛長い由来がある

【由头】yóutou 图 (～儿) 口実, 言い訳〚找～〛口実を探す

★【由于】yóuyú 囧〔原因・理由を表わして〕…による〚～疾病的关系, 她很少出门〛病気の関係で彼女はあまり外出しない —— 圈〔原因を表わして〕…なので, …のために ◆後段に'所以''因此''因而'などが続くことがある〚～事情很复杂, 所以意见不完全一致〛事柄が込み入っているので意見がなかなか一致しない

【由衷】yóuzhōng 圈〚多く定語・状語として〛心からの〚表示～的感谢和钦佩〛心から感謝と敬意を表する〚～地欢迎你们〛皆さんを心から歓迎します

【邮(郵)】yóu 動 郵送する〚～包裹〛小包を送る ⊗ 郵便〚集～〛切手収集

【邮包】yóubāo 图 (～儿)〔件〕郵便小包

【邮差】yóuchāi 图〔旧〕郵便配達夫

【邮戳】yóuchuō 图 (～儿) 郵便スタンプ, 消印

【邮递】yóudì 動 郵便を配達する〚～员〛郵便配達員

【邮电】yóudiàn 图 郵便電報〚～局〛郵便電報局

【邮费】yóufèi 图〔笔〕郵便料金

【邮购】yóugòu 動 通信販売で購入する〚从上海～了五本书〛通信販売で上海から本を5冊買った〚～业务〛通信販売業務

【邮汇】yóuhuì 動 郵便為替で送金する

【邮寄】yóujì 動 郵送する

【邮件】yóujiàn 图 郵便物〚挂号～〛書留郵便物〚航空～〛航空郵便物

*【邮局】yóujú 图 郵便局(⑩〔邮政局〕)〚工作人员〛郵便局員

【邮票】yóupiào 图〔张〕郵便切手〚纪念～〛記念切手

【邮筒】yóutǒng 图 (路傍の) 郵便ポスト ⑩〔信筒〕

【邮箱】yóuxiāng 图 (郵便局の) 郵便ポスト ⑩〔信箱〕

【邮政】yóuzhèng 图 郵政, 郵便〚～编码〛郵便番号〚～局〛郵便局〚～报刊亭〛新聞雑誌販売スタンド〚～车〛郵便車〚～存折〛郵便貯金通帳

【邮资】yóuzī 图〔笔〕郵便料金〚～戳〛料金消印

【油】yóu 图〔滴·瓶〕油, 脂〚猪～〛ラード〚石～〛石油 —— 動 ①塗る〚～门窗〛戸や窓を塗る ②油が付く〚衣服～了〛服に油が付いた —— 圈 すべる, 軽薄な〚这家伙嘴～得很〛こいつは口先が達者だ

【油泵】yóubèng 图 オイルポンプ, 給油ポンプ

【油饼】yóubǐng 图 ①(～儿) 中国風揚げパン, ユウビン ◆発酵させた小麦粉を円盤形に丸め, 油で揚げた食品 ②〔農〕油かす

【油布】yóubù 图〔块·卷〕油布, 防水布

【油彩】yóucǎi 图 ドーラン

【油菜】yóucài 图〚植〛〔棵〕アブラナ〚～花〛ナノハナ

【油层】yóucéng 图〚地〛油層

【油茶】yóuchá 图 ①〚植〕常緑灌木, アブラツバキ(実から油を搾る. 湖南・江西・福建等に産する) ②'油茶面儿'に熱湯を加え糊状にした食べ物〚～面儿〛小麦粉に脂を加えて炒りゴマやクルミを混ぜたもの

【油船】yóuchuán 图〔条·只〕タンカー ⑩〔油槽船〕〔油轮〕

【油灯】yóudēng 图〔盏〕(植物油の) ともしび

【油坊】yóufáng 图〔所〕油を搾る作業場

【油橄榄】yóugǎnlǎn 图〚植〕オリーブ

【油光】yóuguāng 圈 つやつやした, 光沢のある

【油葫芦】yóuhúlu/(方)yóuhulǔ 图

【虫】〔只〕エンマコオロギ
【油花】yóuhuā 图（～儿）スープなどの表面に浮いている油
【油滑】yóuhuá 形ずるい，ずる賢い，調子がいい
【油画】yóuhuà 图〔幅・张〕油絵，オイルペインティング
【油灰】yóuhuī 图【建】パテ〖嵌qiàn～〗パテで（透き間を）ふさぐ
【油鸡】yóujī 图〔鸟〕コーチン（肉用鸡）
【油井】yóujǐng 图〔口〕油井
【油矿】yóukuàng 图①埋蔵石油，石油砿床 ②石油採掘場
【油亮】yóuliàng 形（～的）ぴかぴかしている〖～的皮鞋〗ぴかぴかの革靴
【油料】yóuliào 图 植物油の原料〖～作物〗搾油作物（'花生''油菜''大豆''芝麻''向日葵'など）
【油绿】yóulǜ 形 光沢のある深緑色の〖鹦鹉的羽毛～鲜嫩〗オウムの羽は濃い緑色でみずみずしい
【油轮】yóulún 图〔条・只・艘〕タンカー 回〖油船〗
【油麦】yóumài 图 ユウマイ（ソバの一種）回〖莜麦〗
【油门】yóumén 图【機】①アクセル ②スロットル
【油墨】yóumò 图 印刷インキ
【油泥】yóuní 图（機械類の）油あか，油汚れ（回〖油垢gòu〗）〖擦～〗油汚れを拭く
*【油腻】yóunì 形 油っこい〖太～〗油っこすぎる ― 图 油っこい食べ物
*【油漆】yóuqī 图 オイルペイント，ペンキ〖～未干〗ペンキ塗立て ― 动 ペンキを塗る，塗装する〖～工人〗塗装工
【油腔滑调】yóu qiāng huá diào《成》軽薄で調子がいい
【油裙】yóuqún 图 炊事用エプロン
【油然】yóurán 形〖書〗（多く状語として）（感情などが）自然に沸き上がる，油然と〖～～〗
【油饰】yóushì 动（家具，建物などを）きれいに塗装する
【油水】yóushuǐ 图①食物の油っけ〖这个菜～太大〗この料理は油っこすぎる ②うまみ，不当な利益〖捞～〗うまい汁を吸う
【油松】yóusōng 图【植】アカマツ
【油酥】yóusū 图《定语として》（クッキーなどのように）さくさくした
【油田】yóutián 图〔块・片〕油田
【油条】yóutiáo 图 ヨウティアオ，棒状の揚げパン ♦こねた小麦粉を発酵させ油で揚げたもの，多く朝食に食べる
【油桐】yóutóng 图【植】オオアブラギリ 回〖桐油树〗〖罂子桐〗
【油头滑脑】yóu tóu huá nǎo《成》ずる賢い，軽薄な
【油汪汪】yóuwāngwāng 形（～的）①油がたっぷりの ②てかてか光る
【油箱】yóuxiāng 图 燃料タンク
【油香】yóuxiang 图（小麦粉をこねゴマ油で揚げた）イスラム教徒の食品の一種
【油烟】yóuyān 图 油煙♦墨の原料とする
【油印】yóuyìn 动 謄写印刷する〖～蜡纸làzhǐ〗謄写版の原紙
*【油炸】yóuzhá 动 油で揚げる〖～豆腐〗油揚げ〖～鬼〗'油条''油饼'の類
【油毡】yóuzhān 图【建】アスファルトフェルト，リノリウム
【油脂】yóuzhī 图 油脂
【油纸】yóuzhǐ 图〔张・层〕油紙
【油子】yóuzi 图①やに〖烟袋～〗キセルのやに ②（方）すれっからし〖老～〗悪賢い奴，ずる
【油棕】yóuzōng 图【植】アブラヤシ
【油嘴】yóuzuǐ 形 口の達者な〖～滑舌〗口達者だ，ぺらぺらよくしゃべる ― 图 口がうまい人

【柚】yóu ⊗ チーク〖～木〗チーク（材）
⇨ yòu

【铀(鈾)】yóu 图【化】ウラン，ウラニウム〖浓缩～〗濃縮ウラン

【蚰】yóu ⊗ 以下を見よ
【蚰蜒】yóuyan/yóuyán 图〔条〕ムカデの一種
【蚰蜒草】yóuyáncǎo 图【植】ノコギリ草

【莜】yóu ⊗ 以下を見よ
【莜麦】yóumài 图【植】ユウマイ，ハダカエンバク ♦ソバの一種，'油麦'とも

【游】yóu 动 ①泳ぐ〖～一千米〗1キロメートル泳ぐ ②ぶらぶらする（'遊'とも書く）〖～长城〗長城を遊覧する ⊗ ①固定しない〖～民〗放浪者 ②河川の区域〖上～〗上流 ③(Y-)姓
【游伴】yóubàn 图 旅の連れ，遊び仲間
【游船】yóuchuán 图〔只・艘〕遊覧船
【游荡】yóudàng 动 ぶらぶら遊ぶ，真面目に働かない〖～闲逛〗ぶらぶらする
【游动】yóudòng 动 自由に移動する〖～滑车〗可動滑車
【游逛】yóuguàng 动 ぶらぶら見物する〖～名胜〗名所見物をする
【游击】yóujī 动 遊撃戦をする〖～战〗遊撃戦〖～队〗ゲリラ隊

【游记】yóujì [名] 漫遊記，旅行記
【游街】yóu▾jiē [動] ① 罪人を街に引き回す ② 英雄的人物を擁してパレードする
【游客】yóukè [名] 遊覧者，行楽客 [同]〔游人〕
★【游览】yóulǎn [動] 遊覧する〖～西湖〗西湖を遊覧する〔～车〕遊覧バス〔～图〕観光地の案内図〔～船〕遊覧船
【游廊】yóuláng [名] 渡り廊下，回廊 [同]〔回廊〕
【游乐】yóulè [動] 遊び戯れる〔～园〕遊園地〔～设施〕遊戯施設
【游离】yóulí [動]〖化〗遊離する
【游历】yóulì [動] 遊歴する，遍歴する〖到国外～〗外国を遍歴する
【游牧】yóumù [動] 遊牧する〔～民族〕遊牧民族
【游憩】yóuqì [名] 遊びと休憩
【游人】yóurén [名] ① 遊覧客，観光客 ② 海水浴客
【游手好闲】yóu shǒu hào xián《成》のらくらして暮らす
【游水】yóu▾shuǐ [動] 泳ぐ [同]〔游泳〕
【游说】yóushuì [動]《書》遊説する
【游玩】yóuwán [動] ① 遊ぶ〖尽情地～〗思う存分遊ぶ ② 遊覧する〖到香山～〗香山を遊覧する
★【游戏】yóuxì [名] 遊び，遊戯 — [動] 遊ぶ〔电视～机〕テレビゲーム機〔～卡〕ゲームソフト
【游乡】yóu▾xiāng [動] ① 悪者を村中引き回す ② 村を行商する
【游行】yóuxíng [動] パレードする，行進する〔示威～〕デモ行進する〔～队伍〕デモ隊
【游兴】yóuxìng [名] 遊ぶ興味，行楽気分〖激起～〗遊ぶ興味をかきたてる
【游移】yóuyí [動]（態度や方針が）ぐらつく〔～不定〕はっきり決められない
【游弋】yóuyì [動]（艦艇が）巡航する
【游艺】yóuyì [名] 娯楽，余興〔～室〕娯楽室
★【游泳】yóuyǒng [名] 水泳 — [動] 泳ぐ〖为了健身～〗体を鍛えるため水泳する〔～池〕水泳プール〔～裤〕水泳パンツ〔～衣〕水着〔～眼镜〕水泳用ゴーグル〔～帽〕水泳帽
【游资】yóuzī [名] 遊休資本
【游子】yóuzǐ [名]《書》旅人，他郷にある者
—— yóuzi [名] おとり [同]〔圝子〕

【猷】 yóu [⊗] はかりごと〔鸿hóng～〕《書》大きな計画

【繇】 yóu [⊗]‘由’（介詞）の異体字

【圝】 yóu [⊗] 以下を見よ

【圝子（游子）】yóuzi [名] おとり

【友】 yǒu [⊗] ① 友人，友好関係のある〔朋～〕友人〔工～〕用務員 ② 親しい
【友爱】yǒu'ài [名] 友愛（の），友情（のある）〖他和同学很～〗彼は学友たちと仲がいい
【友邦】yǒubāng [名] 友邦，友好国
★【友好】yǒuhǎo [名] 友好，友人 — [形] 友好的な〖～的气氛〗友好的な雰囲気〖世世代代～下去〗子子孫孫まで友好的である
【友军】yǒujūn [名]〔支〕友軍
【友情】yǒuqíng [名] 友情〖建立深厚的～〗厚い友情を築く
【友人】yǒurén [名]《書》友人
【友善】yǒushàn [形]《書》仲のよい
★【友谊】yǒuyì [名] 友誼，友情〖～的象征〗友情の象徴〔～赛〕親善試合〔～商店〕友誼商店（外国人向けの商店）

【有】 yǒu [動]（[反]〔没（有）〕）① 持つ，所有する〖我～一个孩子〗私には子供が1人いる〖没～钱〗お金がない〖～饭吃〗食べるご飯がある ② ある，いる，存在する〖院子里～一棵大树〗中庭に大木が一本ある〖屋里～人说话〗部屋の中でだれか話している ③（ある数量・程度に）達している〖这条鱼～四斤〗この魚は2キロある〖他离家～两年了〗彼が家を離れてから2年になる ④ 発生，出現を表わす〖～成绩了〗成果を収めた〖～喜了〗おめでただ ⑤〔定語として〕不定のものを指す〖～一天〗ある日〖～时候〗時折り〖～人这么说过〗ある人がそう言っていた ♦文語の‘三十有八年’のような例ではyòuと発音
【有备无患】yǒu bèi wú huàn《成》備えあれば憂いなし
【有病】yǒu▾bìng [動] ① 病気になる ②《口》（態度や行動が）異常だ
【有待】yǒudài [動]（…に）待たねばならぬ〖这个情况～证实〗この状況は証明される必要がある
【有得】yǒudé [動] 得るものがある〖读书～〗読書で会得するところがある
【有的】yǒude [代] あるもの，ある人〖～去，～不去〗行く人もあれば，行かない人もいる
【有的是】yǒudeshì [動] 沢山ある〖他～时间〗彼は時間がたっぷりある〖这种东西我们那儿～〗こんなもの私たちのところには沢山ある
【有底】yǒu▾dǐ [動] 詳しく知って確信がある〖心里～〗自信がある，心の備えがある
【有的放矢】yǒu dì fàng shǐ《成》はっきり目標を定めて事を進める [反]〔无的放矢〕

【有点儿】yǒudiǎnr 副 (多く不本意なことに用いて) 少し, いささか〖我身体~不舒服〗ちょっと身体の具合がよくない〖今天~冷〗今日はちょっと寒い

【有方】yǒufāng 形 当を得る, 適切だ (⇔[无方])〖教子~〗しつけがよい

【有关】yǒuguān 動 ① 関係がある, 関連する〖跟气候~〗気候と関係がある〖~部门〗関係部門 ② 関わる〖~生命的研究〗生命に関する研究

【有轨电车】yǒuguǐ diànchē 名 路面電車

【有过之无不及】yǒu guò zhī wú bù jí (成) (悪いことにおいて) 勝るとも劣らない

【有机】yǒujī 形〔定語·状語として〕有機の (⇔[无机])〖~肥料〗有機肥料〖~化学〗有機化学〖~体〗有機体〖~物〗有機化合物

【有机可乘】yǒu jī kě chéng (成) 乗ずるすきがある

【有加利】yǒujiālì 名 (訳) ユーカリ ⇔〖桉ān树〗〖黄金树〗

【有价证券】yǒujià zhèngquàn 名 有価証券

【有救】yǒu'jiù 動 助かる (⇔[无救])〖那个孩子没~了〗その子は助かる見込みがない

【有口皆碑】yǒu kǒu jiē bēi (成) 誰もがほめ称える

【有口难分】yǒu kǒu nán fēn (成) 弁解しにくい

【有口无心】yǒu kǒu wú xīn (成)〈口はあるが心はない〉口は悪いが悪気はない, 口先だけのことだ

【有赖】yǒulài 動〖多く'~于'の形で〗…に頼る, (事の成否は) …にかかっている

【有劳】yǒuláo 動 (挨) わずらわす〖这件事~您了〗この事についてはご苦労をかけます

【有理】yǒu'lǐ 形 道理がある, もっともである (⇔[无理])〖言之~〗言うことに道理がある

【有力】yǒulì 形 強力な, 力強い〖~的斗争〗力強い闘争〖这话说得多么~!〗何と説得力ある話か

:【有利】yǒulì 形 有利な, …に有益だ〖形势对我们~〗情況は我々にとって有利だ〖~于孩子的健康〗子供の健康によい

【有两下子】yǒu liǎngxiàzi 動 腕前〖那个人真~〗あの人はほんとにやり手だ

【有零】yǒulíng 動 端数がある〖三十~〗30余り

【有门儿】yǒu'ménr 動 ① 見込みがある〖这事~了〗この件は望みができてきた ② こつをつかむ

:【有名】yǒumíng 形 有名な〖海内外~〗国の内外で有名

【有名无实】yǒu míng wú shí (成) 有名無実だ

【有目共睹】yǒu mù gòng dǔ (成) 誰の目にも明らかだ

【有目共赏】yǒu mù gòng shǎng (成) 皆が称賛する

【有期徒刑】yǒuqī túxíng 名〔法〕有期懲役 ⇔〖无期徒刑〗

【有气无力】yǒu qì wú lì (成) 元気がない, 気のない

【有钱】yǒu qián 動 お金がある, 金持ちである

【有求必应】yǒu qiú bì yìng (成) 頼めば必ず承諾する

:【有趣】yǒuqù 形 (~儿) 面白い, 興味がある〖~的相声 xiàngsheng〗面白い漫才

【有日子】yǒu rìzi 動 ① 何日もたつ〖咱们~没见面了〗私達は長いこと会わなかったね ② 日取りが決まる〖我们回国~了〗われわれの帰国の日が決まった

【有如】yǒurú 動 …のようだ

【有色金属】yǒusè jīnshǔ 名 非鉄金属

【有神】yǒushén 形 ① 生き生きしている ② 神技のようだ, 不思議な

【有生力量】yǒushēng lìliàng 名〔軍〕人的戦力, 兵士と馬匹が

【有生以来】yǒu shēng yǐlái (成) 生まれてこのかた

【有声有色】yǒu shēng yǒu sè (成) 精彩に富む, 生き生きしている〖故事讲得~〗物語を生き生きと語る

【有时】yǒushí 副 時には (⇔[有时候])〖~晴~阴〗晴れたり曇ったり

【有始无终】yǒu shǐ wú zhōng (成) 始めはあるが終わりはない, 中途半端だ

【有始有终】yǒu shǐ yǒu zhōng (成) 最後まできちんとやる, 終始一貫している

【有恃无恐】yǒu shì wú kǒng (成) 後ろ楯がいるので怖いもの知らずだ

【有数】yǒu'shù 動 (~儿) 状況をよく心得ている, よく知っている〖怎么做我心里~〗どうするかはちゃんと心得ている

—— yǒushù 形〖多く定語として〗数に限りがある, わずかな

*【有条不紊】yǒu tiáo bù wěn (成) 整然としている, 秩序立っている

【有头有脸】yǒu tóu yǒu liǎn (成) (~儿) 顔がきく, 権威がある

【有望】yǒuwàng 動 有望だ, 見込みがある〖成功~〗成功の見込みがある

【有为】yǒuwéi 形 末頼もしい, 有望な〖年轻~〗若くて有望な

【有喜】yǒu'xǐ 動 おめでたになる, 妊

【有Х】yǒu*xì 動《方》見込みがある, 希望がある

【有隙可乘】yǒu xì kě chéng《成》乘ずるすきがある

【有限】yǒuxiàn 形 ① 限りがある〖～的生命〗限りある命〖～(责任) 公司〗有限責任会社 ② 大したことはない〖为数～ wéishù～〗数は知れている〖印数～〗印刷部数はわずかなものだ

【有线】yǒuxiàn 形《定語として》有線の〖～电话〗有線電話〖～广播〗有線放送

【有效】yǒuxiào 動 効果がある〖～的手段〗有効な手段〖～期〗有効期限

【有些】yǒuxiē 代 一部分(の), いくらかの〖～人〗ある人々〖～问题还要研究〗いくつかの問題はなお検討しなければならない ━ 副 すこし, 多少(回[有点儿])〖心里未免～怕〗内心いささか恐れずにはいられない

【有心】yǒuxīn 動 …する気がある〖我～去看看他, 又怕打扰他〗彼に会いに行きたい気はあるが, 邪魔になるのじゃないかとも思う ━ 副 故意に〖～捣鬼〗悪巧みをする

【有心人】yǒuxīnrén 名 志を持った人〖世上无难事, 只怕～〗志のある者には世に困難な事はない

【有血有肉】yǒu xuè yǒu ròu《成》生き生きしている, 迫真の〖这篇报道～〗このルポは真に迫っている

【有言在先】yǒu yán zài xiān《成》前もって通告する

【有眼不识泰山】yǒu yǎn bù shí Tàishān《俗》《泰山を目にしながらそれと知らないか》偉い人を見損なう, お見それする

【有眼无珠】yǒu yǎn wú zhū《成》ものを見分ける力がない

【有一得一】yǒu yī dé yī《成》あるだけ全部, ありのまま

【有益】yǒuyì 形 有益な, ためになる〖运动对健康～〗スポーツは健康のためになる

【有意】yǒuyì 動 …する気がある(回[有心思])〖～帮忙〗手助けしたい ━ 副 故意の(回[故意])〖～歪曲 wāiqū〗わざと歪曲する

【有意识】yǒu yìshí/yǒu yishí 動 意識している, 意識的に(…する)〖他这样做完全是～的〗彼がそうするのは全く意識的の

【有意思】yǒu yìsi 動 ① 有意義だ〖非常～〗とても有意義である ② 面白い〖没～〗つまらない

【有用】yǒu*yòng 動 役に立つ〖没～〗役に立たない

【有余】yǒuyú 動 ① 余りがある〖粮食自给 zìjǐ～〗食糧は自給して余りがある〖绰绰～〗余裕綽々だ ② 端数がある〖他比我大十岁～〗彼は私より10歳余り上だ

【有朝一日】yǒu zhāo yí rì《成》将来いつか, いつの日か

【有着】yǒuzhe 動 …がある, 備わっている〖～重大的历史意义〗重大な歴史的意義がある

【有志者事竟成】yǒu zhì zhě shì jìng chéng《成》志があれば必ず成就する

【酉】yǒu 名 酉♦十二支の第10, とり ━《～时》酉の刻, 午後5時から7時まで

【卣】yǒu 名 酒を入れる容器

【羑】Yǒu 名〖～里〗羑里(古地名, 今の河南省)

【莠】yǒu 名 ①《植》エノコログサ(口語では"狗尾草"という)〖～子〗同前 ②《転》質の悪い物(人)〖良～不齐〗良いのと悪いのがまじっている

【牖】yǒu 名 窓

【黝】yǒu 形 黒い〖～黑〗暗い, 黒ずんだ

【又】yòu 副 ①《動作・狀態の重複・繼續・交互發生を表わして》また, 重ねて♦一般に過去を表わす文に使われるが, 繰り返し出現する事柄については未来にも用いる〖你～来了〗君また来たの〖一年～一年〗1年また1年と〖写了～改, 改了～写〗書いては直し, 直しては書く〖明天～是星期天了〗あすはまた日曜日だ ②《追加・並列を表わして》その上, さらに〖天很黑, ～下着雨〗空は暗いし, その上雨まで降っている〖～多～好〗量も多いし質も良い ③《矛盾した状況・心理を表わして》それなのに, 一方では〖去不好, 不去～不好〗行くのもまずい, 行かないのもまずい ④ 整数に端数がつくことを表わす〖一年～三个月〗1年と3か月〖四～三分之一〗4と3分の1 ⑤ 否定や反語を強調する〖下雨～有什么要紧？〗雨が降ったからって大したことはないじゃないか ⑥ 手紙や文章に補足を加えるときに用いる

【又红又专】yòu hóng yòu zhuān《成》思想面でも專門面でも優れている

【又及】yòují 名《書簡の》追伸(P.S.)

【右】yòu 名《介詞句の中で》右(②[左])〖往～拐〗右へ曲がる ━ 名 ① 保守的な ②《西[山～]》太行山の西側, 山西省 ③ 上位〖无出其～〗右に出る者はいない

★【右边】yòubian [名]（～儿）右，右側
【右面】yòumiàn [名]右，右側 [同][右边]
【右派】yòupài [名]右派（[反][左派]）［～分子］右派分子
【右倾】yòuqīng [形]（思想的に）右寄りの［～机会主义］右翼日和見主義
【右手】yòushǒu [名]①〔只〕右手 ②右側 [同][右首]
【右首】yòushǒu [名]（多く座席の）右側
【右翼】yòuyì [名]①〖軍〗右翼，右側の隊列 ②（政治·思想的）右翼

【佑】yòu [素]（神仏の）助け，加護［保～］（神が）加護する

【幼】yòu [素]①幼い ②子供［男女老～］男や女，老人や幼児までも［扶老携～］年寄りを支え子供の手を引く
【幼虫】yòuchóng [名]幼虫
【幼儿】yòu'ér [名]幼児［～教育］幼児教育
★【幼儿园】yòu'éryuán [名]〔所·家〕幼稚園
【幼苗】yòumiáo [名]〔株·棵〕若苗，早苗
【幼年】yòunián [名]幼年，幼時
【幼小】yòuxiǎo [形]幼い，未熟な〖～的心灵〗幼い魂
★【幼稚】yòuzhì [形]①〖多く定語として〗幼い［～病］幼稚症 ②未熟な，幼稚な〖～得可笑〗おかしいほど幼稚だ

【侑】yòu [素]（飲食を）勧める

【宥】yòu [素]許す［宽～］寛大に許す

【囿】yòu [素]①動物を飼育する園［鹿～］〖書〗鹿園 ②とらわれる

【诱（誘）】yòu [素]導く，誘う［劝～］勧誘する
【诱虫灯】yòuchóngdēng [名]誘蛾灯 [同][诱蛾灯]
【诱导】yòudǎo [動]教え導く，誘導する〖～学生〗学生を教え導く — [名]〖電〗〖生〗誘導
【诱导性多功能干细胞】yòudǎoxìng duōgōngnéng gànxìbāo [名]iPS細胞
【诱饵】yòu'ěr [名]えさ，おびき寄せるもの
【诱发】yòufā [動]誘発する
【诱拐】yòuguǎi [動]誘拐する [同][拐骗]
★【诱惑】yòuhuò [動]①誘惑する〖～青少年〗青少年を誘惑する ②引きつける，魅惑する
【诱奸】yòujiān [動]たらし込む〖～良家妇女〗良家の娘を誘惑して犯す
【诱骗】yòupiàn [動]言葉巧みにだます，籠絡する
【诱杀】yòushā [動]（虫などを）おびき寄せて退治する
【诱降】yòuxiáng [動]投降を勧告する
【诱掖】yòuyè [動]〖書〗導き育てる
【诱因】yòuyīn [名]（事故などの）原因，誘因
【诱致】yòuzhì [動]（良からぬ結果を）生じさせる，もたらす〖～堕落 duòluò〗堕落させる

【柚】yòu [素]〖植〗ザボン，ブンタン［～子］同前
⇨yóu

【釉】yòu [素]（陶磁器の）うわぐすり，ゆうやく（釉薬）［～子］同前［～面砖］化粧タイル

【鼬】yòu [素]〖動〗イタチ［黄～］同前（'黄鼠狼'とも）

【迂】yū [形]（考え方が）古臭い，頑迷な〖～得够呛 gòuqiàng〗陳腐でやりきれない
[素]遠回りする，曲がる
【迂夫子】yūfūzi [名]世事に疎い読書人
【迂腐】yūfǔ [形]（言動が）時代遅れな，頑迷な〖～的想法〗時代遅れな考え方
【迂缓】yūhuǎn [形]（行動が）緩慢な，ぐずな
【迂回】yūhuí [動]遠回りする，迂回する［～战术］迂回戦術〖～到敌人后面〗敵の後方に迂回する — [形]曲がりくねった（文語で'纡回'とも書く）〖～曲折的道路〗曲がりくねった道
【迂阔】yūkuò [形]実際に合わない，迂遠な
【迂曲】yūqū [形]紆余曲折した，曲がりくねった
【迂拙】yūzhuō [形]世事に疎い

【吁】yū [擬]どうどう（馬や牛を止めるときの掛け声）
⇨xū, yù

【纡（紆）】yū [素]①曲がる ②結ぶ
【纡徐】yūxú [形]〖書〗ゆったりしたさま

【於】Yū [素]姓
⇨yú（于）

【淤】yū [動]（泥などで）詰まる，ふさがる〖岸边～了一层泥〗岸辺は泥でおおわれた
[素]①堆積した泥土［河～］川の泥 ②[同][瘀]
【淤积】yūjī [動]（泥が）堆積する
【淤泥】yūní [名]〔堆〕堆積した泥
【淤塞】yūsè [動]（水の流れが）詰まる
【淤滞】yūzhì [動]（水の流れが土砂で）滞る

【瘀】yū [動]うっ血する
【瘀血(淤血)】yūxuè [名]うっ血 —— yū▼xiě [動]うっ血する
【于(於)】yú ⊗①…に,…で〚鲁迅生～1881年〛鲁迅は1881年に生まれた ②(…に) とって,対して〚有利～生产〛生産に有利だ［忠～］…に忠誠を尽くす ③…から([同]'自')［青出～蓝］青は藍から出る ④…に向かって〚求救～人〛人に救いを求める ⑤…へ［～今］今まで ⑥…より〚重～泰山〛泰山より重い ⑦(受身) …に(される)〚见笑～人〛人に笑われる
【—】⊗(Y-)姓
【于今】yújīn [名]《書》今まで,現在〚～已快十年了〛そろそろ10年になる
★★【于是】yúshì [接]そこで,それで('～乎'とも)
【盂】yú ⊗(蓋なしの) 液体を入れる容器,つぼ［痰～］たんつぼ
【盂兰盆会】yúlánpénhuì [名]盂蘭盆会(うらぼんえ)
【竽】yú ⊗竽(う)(笙に似た楽器)［滥～充数］能力がないのに員数をそろえるために紛れ込む
【予】yú ⊗私［～取～求］ほしいままに要求する ⇨yǔ
【余】yú ⊗①私 ②(Y-)姓 ♦'馀'と書く姓も
【—(餘)】⊗('馀'とも) ①残る,余る〚尚～二千元〛2000元も残った ②余り〚五十～年〛50数年 ③あと,のち〚工作之～〛仕事の余暇［业～］仕事の余暇
【余波】yúbō [名]余波,反響〚学潮的～〛学園騒動の余波
【余存】yúcún [動](決算ののち)残る,残高がある
【余党】yúdǎng [名]《書》残党
【余地】yúdì [名]余地〚考虑的～〛考慮の余地
【余毒】yúdú [名]余毒,残った害毒
【余悸】yújì [名]事が終わったあとも感じる恐れ〚犹有～〛今もなお恐ろしい
【余烬】yújìn [名]燃え残り,ほとぼり
【余粮】yúliáng [名]余剰食糧
【余孽】yúniè [名]残っている悪党
【余缺】yúquē [名]剰余と不足〚调剂tiáojì～〛過不足を調節する
【余生】yúshēng [名]①余生 ②災難の中を生き残った命［虎口～］危うく逃れた命
【余剩】yúshèng [名]剰余,残り〚有～〛余りがある —[動]余る
【余数】yúshù [名]〚数〛余り,残り
【余味】yúwèi [名]後味,余韻
【余暇】yúxiá [名]余暇,ひま
【余兴】yúxìng [名]①まだ尽きない興味 ②余興
【余裕】yúyù [形]余裕がある〚～的时间〛充分な時間
【余韵】yúyùn [名]《書》余韻
【余震】yúzhèn [名]余震
【玙(璵)】yú ⊗美玉
【欤(歟＊與)】yú ⊗文語の語気助詞 ♦口語の'吗,呢,啊'などに相当
【鱼(魚)】yú [名]〔条·尾〕魚 ⊗(Y-)姓
【鱼白】yúbái [名]①魚の白子 ②青白い色 [同][鱼肚白]
【鱼翅】yúchì [名]フカひれ [同][翅子]
【鱼虫】yúchóng [名](～儿)ミジンコ [同][水蚤]
【鱼唇】yúchún [名]鮫の唇の乾燥品(食用)
【鱼肚】yúdǔ [名](～儿)魚の浮き袋の乾燥品(食用)
【鱼肚白】yúdùbái [名]青白い色 ♦多く夜明け前の空の色をいう
【鱼饵】yú'ěr [名]釣りのえさ [同][鱼食]
【鱼粉】yúfěn [名]魚粉(飼料)
【鱼竿】yúgān [名]〔根〕釣りざお [同][钓鱼竿]
【鱼肝油】yúgānyóu [名]肝油
【鱼缸】yúgāng [名]金魚鉢
【鱼钩】yúgōu [名](～儿)〔根〕釣り針
【鱼狗】yúgǒu [名]〚鳥〛〔只〕カワセミ [同][翠鸟]
【鱼贯】yúguàn [副]一つながりになって,次々に〚～而入〛続々と入ってくる〚人们～入场〛人々は列をつくって入場する
【鱼花】yúhuā [名]稚魚 [同][鱼苗]
【鱼胶】yújiāo [名](魚から作った) にかわ,にべ
【鱼具(渔具)】yújù [名]〔副〕釣り具,漁具
【鱼雷】yúléi [名]〚軍〛魚雷［～艇］魚雷艇
【鱼鳞】yúlín [名]魚のうろこ〚刮去～〛うろこを取る［～云］うろこ雲
【鱼龙混杂】yú lóng hùn zá《成》玉石混淆(こんこう)
【鱼米之乡】yú mǐ zhī xiāng《成》魚や米が豊かな土地,物産豊かな土地 ♦一般に江南地方を指す
【鱼苗】yúmiáo [名]稚魚
【鱼目混珠】yú mù hùn zhū《成》(魚の目玉を珠玉に混ぜる>) 偽物

を本物に混ぜる
【鱼漂】yúpiāo [名]（～儿）釣りの浮き [同][浮子]
【鱼肉百姓】yúròu bǎixìng《成》(人民を包丁でさばく対象と見る＞) 民衆を暴力で虐げる
【鱼水情】yúshuǐqíng [名] 魚と水のように切っても切れない親しい関係 ♦一般に軍隊と人民の関係についていう
【鱼死网破】yú sǐ wǎng pò《成》(魚が死に網も破れる＞) 双方，共倒れの激闘となる
【鱼松】yúsōng [名] 魚肉のでんぶ [同][鱼肉松]
【鱼网】yúwǎng [名] [同][渔网]
【鱼鲜】yúxiān [名] 魚やエビなど水産物，シーフード
【鱼汛(渔汛)】yúxùn [名] 漁期
【鱼秧子】yúyāngzi [名] 稚魚よりやや大きな小魚 ［～池］幼魚池
【鱼鹰】yúyīng [名] ①カワウ [同][鸬鹚 lúcí] ②ミサゴ [同][鹗 è]
【鱼游釜中】yú yóu fǔ zhōng《成》(釜の中の魚＞) 滅亡が目前に迫っている
【鱼子】yúzǐ [名]（食用の）魚の卵

〖渔(漁 *魰)〗 yú ⊗①魚を捕る ［～船］漁船 ②漁(あさ)る ［～利］不当な利益を漁る
【渔霸】yúbà [名] 漁民のボス
【渔产】yúchǎn [名] 水産物
【渔场】yúchǎng [名] 漁場
【渔村】yúcūn [名] 漁村
【渔夫】yúfū [名] 漁夫，漁師 [同][渔民]
【渔港】yúgǎng [名] 漁港
【渔歌】yúgē [名] 漁民が歌う歌
【渔鼓(鱼鼓)】yúgǔ [名] ①竹製の打楽器 ②同前を使う民間芸能 [同][道情]
【渔火】yúhuǒ [名] いさり火
【渔具】yújù [名] [同][鱼具]
【渔猎】yúliè [動] 漁と狩猟をする
【渔轮】yúlún [名]〔条·只〕漁船
★【渔民】yúmín [名] 漁民
【渔人之利】yúrén zhī lì《成》漁夫の利 [関][鹬蚌 yùbàng 相争，渔人得利]
【渔网(鱼网)】yúwǎng [名]〔张〕漁網
【渔汛】yúxùn [名] [同][鱼汛]
【渔业】yúyè [名] 漁業

〖俞〗 yú ⊗①許す ②(Y-)姓

〖渝〗 yú ⊗①(感情や態度が) 変わる ［始终不～］終始変わらない ②(Y-)重慶の別称

〖愉〗 yú ⊗楽しい，愉快な
★★【愉快】yúkuài [形] 愉快な，楽しい 〖这一天过得真～〗この日はほんとに楽しく過ごした
【愉悦】yúyuè [形] うれしい，喜ばしい

〖揄〗 yú ⊗引く，引き起こす

〖逾〗 yú ⊗①越す，超過する（'踰'とも書く）〖年～九十〗年齢が90を越す ［～期］期限を過ぎる ②いっそう，更に
【逾常】yúcháng [形] 並々でない
【逾分】yúfèn [形]《書》分を越した
【逾越】yúyuè [動] 越す，超過する 〖～常规〗常規を外れる 〖不可～的障碍〗越えられない障害

〖歈〗 yú ⊗①歌 ②'愉'と通用

〖瑜〗 yú ⊗①美玉 ②玉の輝き，長所，美点
【瑜伽(瑜珈)】yújiā [名] ヨガ

〖榆〗 yú ⊗《植》ニレ ［～树］ニレの木 ［春～］ハルニレ
【榆荚】yújiá [名] ニレの実
【榆钱】yúqián [名]（～儿）《口》ニレの実 ♦丸くて小さく，銅貨に似ていることから

〖舁〗 yú ⊗(数人で) 共にかつぐ

〖舆(輿)〗 yú ⊗①多人数の ②領地 ［～图］《書》地図 ③車 ［～马］《書》車馬 ④かご，輿(こし)
★【舆论】yúlùn [名] 輿論(よろん)，世論 〖控制～〗世論をコントロールする ［国际～］国際世論
【舆情】yúqíng [名] 世情，大衆の意見

〖娱(娛)〗 yú ⊗楽しむ，楽しませる ［文～］文化的娯楽
★★【娱乐】yúlè [名] 娯楽 〖最爱好的～〗一番好きな娯楽 ［～活动］娯楽活動，レクリエーション ［～圈］芸能界 — [動] 楽しむ

〖虞〗 yú ⊗①予測する ［不～］《書》図らずも ［以备不～］不測の事態に備える ②憂える ③だます ④(Y-)姓
【虞美人】yúměirén [名]《植》グビジンソウ，ヒナゲシ

〖谀(諛)〗 yú ⊗へつらう ［阿 ē～］おもねる，こびる

〖腴〗 yú ⊗①(人が) 肥っている ［丰～］同前 ②肥沃な

〖隅〗 yú ⊗①すみ，かど ②そば，近辺 ［海～］海辺

〖愚〗 yú ⊗①愚かな ②ばかにする ③《謙》自分の ［～见］［～意］愚見
【愚笨】yúbèn [形] 愚かな，愚鈍な 〖～透顶〗どうしようもなく愚かだ
★【愚蠢】yúchǔn [形] 愚かな，のろまな

[〜的決定] 愚かしい決定 [〜可憐] 哀れなほど愚かな
【愚公移山】Yúgōng yí shān《成》(愚公が山を移す>) どんな困難な事業も不屈の努力で成し遂げられる
【愚陋】yúlòu 形 愚かで浅薄な
【愚魯】yúlǔ 形 愚かな
*【愚昧】yúmèi 形 愚昧な,無知な [〜落后] 無知で後れた
【愚氓】yúméng 形 愚かな人
【愚蒙】yúméng 形 愚かで無知な
【愚弄】yúnòng 動 愚弄する [〜群众] 大衆をばかにする

【与(與)】yǔ ㊀ ① …と, …に [〜困难作斗争] 困難と闘う [〜此同时] それと同時に ② …と 『老师〜学生』教師と学生 ③ 与える, 授ける [〜赠予] 贈与する ④ 許す, 助ける, 賛成する [〜人为善] 人を助けて善をなす ⑤ 交際する, 親しくする [彼此相〜] 互いに交流する
⇨yù

【与否】yǔfǒu 動《書》…か否か, …かどうか [正确〜] 正確か否か

【与虎谋皮】yǔ hǔ móu pí《成》(虎に向かってその皮をくれと持ちかける>) できない相談をする

*【与其】yǔqí 圈 [`不如' '宁可 nìngkě' '宁愿' などと呼応して] (二つのうち一つを選択して) …よりはむしろ [〜坐车这样挤jǐ, 我宁愿走着去] こんなに混むバスに乗るより, むしろ歩いて行きたい

*【与日俱增】yǔ rì jù zēng《成》日増しに増える
【与世长辞】yǔ shì cháng cí《成》逝去する

【屿(嶼)】yǔ ㊀ 小島 [岛〜] 島々

【予】yǔ ㊀ 与える [〜人口实] 人に非難の口実を与える
⇨yú

【予以】yǔyǐ 動《書》与える [〜批评] 批判を加える

【宇】yǔ ㊀ ① 軒, 建物 [庙〜] 廟の建物 ② 世界, 宇宙 [寰〜] 全世界 ③ (Y-)姓
【宇航】yǔháng 图 宇宙飛行 [〜员] 宇宙飛行士
【宇文】Yǔwén 图 姓
*【宇宙】yǔzhòu 图 宇宙 [〜飞船] 宇宙船 [〜航行] 宇宙飛行 [〜火箭] 宇宙ロケット

【伛(傴)】yǔ ㊀ 腰や背中が曲がった [〜偻 lǚ]《書》背が曲がる

【羽】yǔ ㊀ ① 古代五音の一つ ② 羽毛
【羽缎】yǔduàn 图《織》厚手の羽二重

【羽冠】yǔguān 图 (鳥類の)とさか
【羽化】yǔhuà 動 ① 羽化する ② 仙人になる
【羽毛】yǔmáo 图 ① [根] 羽毛, 鳥類の羽と獣の毛; (転) 人の名誉
【羽毛缎】yǔmáoduàn 图 厚手の羽二重 ⇔[羽绒]
*【羽毛球】yǔmáoqiú 图 ① バドミントン ② バドミントン用の羽根
*【羽绒服】yǔróngfú 图 [件] ダウンジャケット
【羽翼】yǔyì 图《書》① 羽と翼 ② 補佐

【雨】yǔ 图 [场・阵] 雨 [下〜] 雨が降る [避〜] 雨宿りする [毛毛〜] 霧雨
⇨yù

【雨布】yǔbù 图 防水布
【雨点】yǔdiǎn 图 (〜儿)[滴] 雨のしずく, 雨粒
【雨后春笋】yǔ hòu chūn sǔn《成》雨後の竹の子
【雨季】yǔjì 图 雨季
【雨脚】yǔjiǎo 图 雨脚
【雨具】yǔjù 图 [套] 雨具
【雨量】yǔliàng 图 降雨量
【雨露】yǔlù 图 ① 雨と露 ② (転) 恵み, 恩恵
【雨幕】yǔmù 图 雨のとばり
【雨伞】yǔsǎn 图 [把] 雨傘 (⇔[阳伞][旱伞]) [打〜] 傘をさす
【雨水】yǔshuǐ 图 ① 雨水, 天水 雨水儿 ♦二十四節気の一, 陰暦2月18-20日頃に当たる
【雨蛙】yǔwā 图 [只] アマガエル ⇔[青蛙]
【雨鞋】yǔxié 图 [双] 雨靴 ⇔[雨靴]
【雨衣】yǔyī 图 [件] レインコート, 雨がっぱ
【雨意】yǔyì 图 雨模様 [颇有〜] 雨になりそうだ

【语(語)】yǔ ㊀ ① 話す [不言不〜] 一言も話さない ② 言葉, 言語 [外〜] 外国語 [手〜] 手話
⇨yù

【语病】yǔbìng 图 間違った言葉遣い, 語弊
【语词】yǔcí 图 語句
【语调】yǔdiào 图《語》イントネーション
*【语法】yǔfǎ 图《語》文法 [〜学] 文法学
【语汇】yǔhuì 图 語彙 ⇔[词汇]
【语句】yǔjù 图 語句, センテンス
*【语录】yǔlù 图 語録, 個人の言論の記録やダイジェスト [毛主席〜] 毛沢東語録
*【语气】yǔqì 图 ① 口調, 口振り ② 《語》語気 [〜助词] 語気助詞
*【语文】yǔwén 图 言語と文字, (学

校の教科としての）国語［小学~］小学校の国語

【语无伦次】yǔ wú lúncì〈成〉つじつまの合わない事を言う

【语系】yǔxì 图语族［汉藏~］シナチベット語族 働［语族］

【语序】yǔxù 图【语】語順 働［词序］

【语焉不详】yǔ yān bù xiáng〈成〉言葉が詳細を欠く

*【语言】yǔyán 图言語,言葉［要学好~,就得下苦功夫］言語をマスターするには、こつこつ勉強しなければならない［~学］言語学

【语义学】yǔyìxué 图【语】意味論

【语音】yǔyīn 图音声,発音［~学］音声学

【语源学】yǔyuánxué 图語源学

【语重心长】yǔ zhòng xīn cháng〈成〉言葉に真情がこもっている、思いやりがある

【语族】yǔzú 图【语】語派,諸語［汉藏语系苗瑶~］シナチベット語族・ヤオ諸語

【禹】 Yǔ 图禹[メ]◆洪水を治め、夏王朝を開いたとされる⊗姓

【瑀】 yǔ ⊗玉に似た石

【俁】 yǔ ⊗［~~］〈書〉背の高いさま

【庾】 yǔ ⊗①露天の穀物倉 ②(Y-)姓

【瘐】 yǔ ⊗①獄中で病死する［~死］〈書〉同前

【窳】 yǔ ⊗悪い［~劣］粗悪な

【与(與)】 yù ⊗参与する［~会］会議に出席する［干~］関与する ⇨ yǔ

【玉】 yù 图［块］玉[*ぎょく*]［碧~］碧玉[*へきぎょく*]⊗①真っ白で美しい、高貴な［~人］美人 ②〈敬〉相手の身体・言行を美化する［~体］お体 ③(Y-)姓

【玉帛】yùbó 图〈書〉玉と絹織物◆昔、国と国との贈答に用いた

【玉成】yùchéng 图〈書〉〈敬〉助成する［望您~其事］この件につき御助力お願いします

【玉皇大帝】Yùhuáng dàdì 图道教の上帝（'玉帝'とも）

【玉茭】yùjiāo 图〔方〕トウモロコシ 働［玉米］

【玉洁冰清】yù jié bīng qīng〈成〉玉のように純粋で気高い 働［冰清玉洁］

【玉兰】yùlán 图【植】ハクモクレン［~片］乾燥竹の子(モクレンの花びらに似ていることから)

【玉麦】yùmài 图〈方〉トウモロコシ 働［普］［玉米］

*【玉米】yùmǐ 图〈方〉［包谷］［包米］［棒子］［珍珠米］）［~秆儿 gǎnr］トウモロコシの茎［~花儿］ポップコーン［~粒儿］トウモロコシの粒［~须儿］トウモロコシのひげ

【玉器】yùqì 图［件・套］玉器,玉細工

【玉色】yùshai 图〈方〉淡い青色

【玉石】yùshí 图〔口〕［块］玉[*ぎょく*]

【玉石俱焚】yù shí jù fén〈成〉(玉も石もともに焼く)良いものも悪いものもみな破壊される

【玉蜀黍】yùshǔshǔ トウモロコシ 働［玉米］

【玉碎】yùsuì 動節に殉じる、玉砕する ⊗［瓦全］

【玉兔】yùtù 图〈書〉月◆月に白ウサギいるということから

【玉玺】yùxǐ 图〈書〉君主の玉印

【玉音】yùyīn 图〈敬〉お言葉,お便り

【玉宇】yùyǔ 图神仙が住む壮麗な宮殿;（転）宇宙

【玉簪】yùzān 图①玉のかんざし 働［玉搔头］②【植】タマノカンザシ 働［玉簪花］

【钰(鈺)】 yù 图宝◆多く人名用字として

【驭(馭)】 yù ⊗①（車馬を）御する ②統率する

【芋】 yù ⊗①サトイモ［~头］同前 ②イモ類［洋~］ジャガイモ［山~］サツマイモ

【芋艿】yùnǎi 图サトイモ 働［芋头］

【吁(籲)】 yù ⊗①〈書〉願請する、要請する［~请］同前［呼~］呼び掛ける、アピールする ⇨ xū, yū

【聿】 yù ⊗（文語の）発語の助詞

【谷】 yù ⊗［吐~浑 Tǔyùhún］吐谷渾[*とよくこん*]（古代少数民族の一）⇨ gǔ

【浴】 yù ⊗（水や湯を）浴びる［淋~］シャワー［海水~］海水浴

【浴场】yùchǎng 图屋外の水泳場［海滨~］海水浴場

【浴池】yùchí 图①浴槽,湯船 ②浴場,銭湯（多く風呂屋の屋号として用いる）

【浴缸】yùgāng 图バスタブ

【浴巾】yùjīn 图［条・块］バスタオル

【浴盆】yùpén 图浴槽 働［澡盆］

【浴室】yùshì 图①浴室,シャワー室 ②風呂屋

【浴血】yùxuè 動血を浴びる［~奋

【浴衣】yùyī 名〔件〕バスローブ

【峪】 yù 名 谷(多く地名に用いる)［嘉～关］嘉峪関

【欲】 yù 動名① 欲望('慾'とも書く)［食～］食欲 ② 欲する［畅所～言］言いたい事を存分に言う ③ 必要とする ④ …しようとする、…しそうだ［天～放晴］空が晴れそうだ

【欲罢不能】yù bà bù néng《成》やめたいがやめられない

【欲盖弥彰】yù gài mí zhāng《成》(悪事を)隠そうとすればするほど明らかになる

【欲壑难填】yù hè nán tián《成》欲望には限りがない

【欲念】yùniàn 名 欲望

【欲擒故纵】yù qín gù zòng《成》完全に捉えるためわざと警戒を緩めて相手を油断させる

【欲速则不达】yù sù zé bù dá《成》(急ぐと成功しない＞)せいては事を仕損じる

*【欲望】yùwàng 名 欲望,欲求［满足～］欲望を満たす『求生的～』生存への欲求

【裕】 yù 形動① 豊かな［丰～］同前 ② 豊かにする［富国～民］国を富ませ民を豊かにする ③ (Y-)姓

【裕固族】Yùgùzú 名 ユーグ族 ◆ 中国少数民族の一,甘粛省に住む

【裕如】yùrú 形〈書〉ゆとりがある,気楽な

【妪(嫗)】 yù 名 老女 同'媪 ǎo'

【饫(飫)】 yù 動 飽きる

【育】 yù 動① 産む ② 育てる［～秧 yāng］苗を育てる,稚魚を育てる ③ 教育する［培～］育成する→［体育 hángyō］

【育雏】yùchú 動〈書〉ひなを育てる

【育龄】yùlíng 名 出産可能年齢

【育苗】yù'miáo 動 苗を育てる

【育种】yù'zhǒng 動 人工的に新種を育てる

【堉】 yù 名 肥沃な土地

【雨】 yù 動 (雨や雪が)降る［～雪］雪が降る ⇨yǔ

【郁】 yù 形① 香りが強い［馥～］〈書〉馥郁たる ② (Y-)姓

【—(鬱)】 yù 形① (草木が)茂る ② ふさぎ込んだ［忧～］憂うつ

【郁积】yùjī 動〈書〉うっ積する,気分が沈む

【郁结】yùjié 動 気がふさぐ,うっ屈がたまる

【郁金香】yùjīnxiāng 名 チューリップ

【郁闷】yùmèn 動 気がふさぐ,気が晴れない［～苦恼］気が晴れず苦しむ

【郁郁】yùyù 形〈書〉① 文才が高い ② 香りが強い(草木が)繁茂している［～葱葱］青々と茂っている ④ 気が晴れない

【语(語)】 yù 動 告げる,話す ⇨yǔ

【昱】 yù 名① 日光 ② 輝く

【煜】 yù 動 照り輝く

【狱(獄)】 yù 名① 牢獄［入～］入獄する［～卒］牢番 ② 訴訟(事件)［冤～］冤罪事件［文字～］言論弾圧,筆禍事件

【预(預)】 yù 副動① あらかじめ('豫'とも)［～付］前払いする ② かかわる('与'とも)［干～］関与する

【预报】yùbào 動 予報する『关于台风的～』台風についての予報［天气～］天気予報

【预备】yùbèi 動 準備する,支度する『～考试』試験の準備をする『～,开始』用意,始め

【预卜】yùbǔ 動 予測する,先を占う

【预测】yùcè 動 予測する

【预定】yùdìng 動 予定する,あらかじめ決める『旅游的～』旅行の予定『～开会的日期』会議の日取りを決める

*【预订】yùdìng 動 予約する『～飞机票』航空券を予約する『取消～』予約をキャンセルする

【预断】yùduàn 動 予断を下す

*【预防】yùfáng 動 予防する『～火灾』火災を予防する『～措施』予防措置

【预感】yùgǎn 名動 予感(する)『不祥的～』不吉な予感『～到将要下一场大雨』大雨が降りそうな気がする

【预告】yùgào 名動 予告(する)［～节目］番組を予告する［～片］(映画の)予告編［～牌］(列車発着の)表示板

【预购】yùgòu 動 予約注文(購入)する［～合同］予約買付け契約

【预后】yùhòu 名〈医〉予後［～良好］予後は順調だ

【预计】yùjì 動 見込む,事前に押し測る［～产量］見積り生産高

【预见】yùjiàn 名動 予見(する)『科学的～』科学的予見『～前途』前途を予測する

*【预料】yùliào 名 事前の推測,見通

し ―[動]予測する，見積る〖～不到的事〗予測できない事
【预谋】yùmóu [名]（犯罪） 計画，事前謀議 ―[動]前もって計画する〖～的破产〗計画的破産
*【预期】yùqī [動]予期する，期待する〖～的目的〗予期した目的
*【预赛】yùsài [名]予選
【预示】yùshì [動]あらかじめ示す〖～未来〗未来を予知する
*【预算】yùsuàn [名]〔笔〕予算〖削减xuējiǎn～〗予算を削減する［～年度］予算年度
**【预习】yùxí [動]予習する〖～功课〗学校の勉強の予習をする
*【预先】yùxiān [副]あらかじめ，事前に〖～警告〗事前に警告する〖～作了充分的准备〗事前によく準備した
【预想】yùxiǎng [動]予想する
【预选】yùxuǎn [名]予備選挙，選抜
*【预言】yùyán [名][動]予言(する)〖～落空了〗予言が外れた〖科学家的～〗科学者の予言
【预演】yùyǎn [動]試演する，リハーサルをする，試写会をする
【预约】yùyuē [動]予約する〖～见面的时间〗会う時間を先に決めておく
【预展】yùzhǎn [名]（正式公開前の）特別展覧会，招待公開
*【预兆】yùzhào [名]兆し〖地震的～〗地震の前兆 ―[動]前兆がある
【预知】yùzhī [動]予知する
【预祝】yùzhù [動]…するよう(今から)祈る

〖豫〗yù ⊗①喜ぶ，楽しい ②(Y-) 河南省の別称［～剧］河南の地方劇

〖彧〗yù ⊗文彩に富んだ ♦人名用字として

〖阈(閾)〗yù ⊗敷居，限界，範囲

〖域〗yù ⊗一定範囲内の地域［区～］区域［异～］異郷

〖棫〗yù ⊗人名用字

〖蜮(*魊)〗yù ⊗人に害を与えるもの［鬼～］同上，幽霊

〖谕(諭)〗yù ⊗告げる，言い付ける［上～］皇帝の命令
【谕旨】yùzhǐ [名]皇帝の命令，勅令

〖喻〗yù ⊗①知る，わかる［家～户晓］どの家でも知る ②説明する ③たとえる ④(Y-)姓

〖愈〗yù ⊗①ますます，更に〖～多～好〗多ければ多いほどよい〖闹剧～演～烈〗茶番劇はますますひどくなった ②勝る〖彼～于此〗あれはこれに勝る

〖―(癒瘉)〗⊗(病気が)治る〖病已～〗病気が治った
【愈合】yùhé [動]傷口がふさがる〖创伤chuāngshāng～了〗傷口が癒合した
【愈加】yùjiā [副]ますます，いっそう

〖菀〗yù ⊗繁茂した ♦'紫菀'(シオン)はzǐwǎnと発音

〖寓(*庽)〗yù ⊗①住む［寄～］仮り住まいする ②住む所［公～］アパート ③(転)(謙称として表札などに用いて) 自分の住まい〖李～〗李家の住まい ④意味を含ませる，かこつける
【寓居】yùjū [動]仮り住まいする
【寓所】yùsuǒ [名]寓所，住まい
*【寓言】yùyán [名]〔则·篇〕寓言，寓話〖～的教育意义〗寓話の教育的意義
【寓意】yùyì [名]寓意，含まれた意味〖故事的～〗物語に託された意味
【寓于】yùyú [動]（…の中）に含む，…に宿る〖矛盾的普遍性即～矛盾的特殊性之中〗矛盾の普遍性は即ち矛盾の特殊性の中にある

【遇】yù [動](偶然に) 会う，出くわす〖～上了麻烦〗面倒なことに出会った〖～雨〗雨にあう
⊗①遇する，扱う［冷～］冷遇する ②機会［奇～］奇遇 ③(Y-)姓
**【遇到】yùdào [動]出会う，ぶつかる〖～困难〗困難にぶつかる〖遇不到他〗彼に出会えそうもない
【遇害】yù▾hài [動]殺害される
【遇见】yùjiàn [動]偶然に出会う（[同][碰见]）〖～老朋友〗旧友に出会う〖遇不见〗偶然には出会えない
【遇救】yù▾jiù [動]救助される
【遇难】yù▾nàn [動]①難に遭う，遭難する〖～的渔民〗遭難した漁民 ②殺害される
【遇事生风】yù shì shēng fēng《成》何かにつけもめ事を起こす
【遇险】yù▾xiǎn [動]遭難する［～信号］遭難信号

〖御〗yù ⊗①車馬を走らす，御する［～者］御者 ②皇帝に関係するもの［～花园］御苑

〖―(禦)〗⊗防ぐ［防～］防御する
【御寒】yùhán [動]寒さを防ぐ
【御侮】yùwǔ [動]《書》外国の侵略に抵抗する
【御用】yùyòng [形]〔定語として〕①皇帝の用いる ②権力の手先として働く［～文人］御用文学者

〖誉(譽)〗yù ⊗①名声，名誉［荣～］栄誉 ②たたえる［称chēng～］称賛する

Y

[～称] 誉れ

【毓】 yù [文] ① 育てる(多く人命に用いる) ② (Y-) 姓

【熨】 yù [文] 以下を見よ ⇨ yùn

【熨贴】 yùtiē [形] ① (字句が) 適切な ② 気持が平静な ③ 《方》気分がよい

【燠】 yù [文] 暖かい [～热] むし暑い

【鹬(鷸)】 yù [名] 〖鳥〗〔只〕シギ

【鹬蚌相争, 渔人得利】 yù bàng xiāng zhēng, yúrén dé lì 《俗》(シギとハマグリが争い, 漁夫が利益を得る＞) 漁夫の利

【鬻】 yù [文] 売る [～文为生] 売文生活をする

【鸢(鳶)】 yuān [名] 〖鳥〗トビ [同][老鹰]

【鸳(鴛)】 yuān [文] 以下を見よ

【鸳鸯】 yuānyāng/yuānyang [名] ① 〖鳥〗〔只〕オシドリ ② 《転》夫婦

【涴】 Yuān [文] [～市] 涴市(湖北省の地名) ♦「汚す」の意の方言では wò と発音

【冤(*寃)】 yuān [名] 無実, 冤罪 〖～啊!〗 無実だ! [～案] 冤罪事件 — [動] 《方》騙す 〖别～人〗 人を騙すな — [形] 無駄な, 損な 〖花～钱〗 無駄金を使う 〖走～路〗 無駄足を踏む

[文] 仇, 恨み [结～] 恨みをもつ

【冤仇】 yuānchóu [名] 恨み, 仇

【冤魂】 yuānhún [名] 無実の罪で死んだ人の魂

【冤家路窄】 yuānjiā lù zhǎi 《成》(かたきと狭い道でばったり出会う＞) 会いたくない人にはよく出会う

【冤家】 yuānjia [名] ① かたき [～对头] 敵同士 ② とてもいとしい人

【冤屈】 yuānqū [名] 不当な扱い, 無実の罪 〖雪洗～〗 無実の罪を晴らす 〖受到～〗 不当な扱いを受ける — [動] (人に) 無実の罪を着せる

【冤头】 yuāntóu [名] かたき [同][仇人]

*【冤枉】 yuānwang [動] 無実の罪を着せる 〖～别人〗 他人に罪をなすりつける 〖他受了～了〗 彼はぬれぎぬを着せられた — [形] ① (不当な扱いを受けて) くやしい, 無念だ ② 無駄な, 報われない 〖走～路〗 無駄足を踏む [～钱] 無駄金

【冤狱】 yuānyù [名] 〔个·起〕 冤罪事件 〖平反～〗 冤罪を晴らす

【渊(淵)】 yuān [文] ① 淵 ② 深い [～深] (学問·計画が) 奥の深い

【渊博】 yuānbó [形] (学識が) 深く広い

【渊薮】 yuānsǒu [名] 淵藪(人や物の集まるところ)

【渊源】 yuānyuán [名] (学問などの) 来源, 源

【元】 yuán [量] 元 (貨幣単位) ♦正式な表記では '圆', 口語では '块' という

[文] ① 初めの, 第1の [～月] 正月 [纪～] 紀元 ② かしらの, 主要な [～老] 元老 ③ 根本, 基本 ④ 構成部分 [一～化] 一元化 ⑤ (Y-) 王朝名 [～朝] 元朝 (A. D. 1206-1368, 国号決定は1271年) ⑥ (Y-) 姓

【元宝】 yuánbǎo [名] (昔の通貨) 元宝, 馬蹄銀

**【元旦】 yuándàn [名] 元旦, 元日

【元件】 yuánjiàn [名] 機器を構成する部品, エレメント, 素子

【元年】 yuánnián [名] 元年

【元气】 yuánqì [名] (人·国家·組織などの) 活力, 生命力

【元曲】 yuánqǔ [名] 元曲 (元代に盛んだった文学形式) [関][杂剧] [散曲]

*【元首】 yuánshǒu [名] 元首

【元帅】 yuánshuài [名] 元帥

*【元素】 yuánsù [名] ① 元素, 要素 ② 〖数〗元

【元宵】 yuánxiāo [名] ① 陰暦1月15日の夜 [同]《書》[元夜] ② 元宵団子 ♦もち米の粉で作ったあん入り団子で元宵節に食べる

*【元宵节】 Yuánxiāojié [名] 元宵の節句, 小正月 [同][灯节] [上元节]

【元凶】 yuánxiōng [名] 元凶, 首魁

【元勋】 yuánxūn [名] 元勲

【元音】 yuányīn [名] 〖語〗 母音 [同][母音] [関][辅音]

【芫】 yuán [文] 以下を見よ ⇨ yán

【芫花】 yuánhuā [名] 〖植〗 フジモドキ (観賞用, つぼみは薬材となる)

【沅】 Yuán [文] [～江] 沅江 (湖南省の川の名)

【园(園)】 yuán [文] ① 園, 畑 [果～] 果樹園 [菜～] 菜園, 野菜畑 ② 遊覧場所 [动物～] 動物園

【园地】 yuándì [名] ① 植物を栽培する場所 ② 活動領域, 分野 [文化～] 文化領域

【园丁】 yuándīng [名] 庭師; 《転》教師

*【园林】 yuánlín [名] 樹木や草花を植えた観賞·遊覧用の庭園

【园圃】 yuánpǔ [名] 田んぼ, 野菜や果樹を植える畑

【园田】 yuántián [名] 野菜畑

【园艺】 yuányì [名] 園芸 [～家] 園芸家

【园子】 yuánzi [名] 園, 庭園

【鼋(黿)】 yuán [文] スッポン

Y

【鼋鱼(元鱼)】yuányú 图〔只〕スッポン 鲴〔鳖〕〔甲鱼〕

【员(員)】yuán 围 武将を数える〖一~大将〗一人の将軍 ⊗①仕事や学習する人〖教~〗教員〖学~〗学生,受講者 ②組織や団体のメンバー〖一~〗一員〖党~〗党員〖会~〗会員 ③周囲〖幅~〗領土面積
⇒Yùn

【员额】yuán'é 图 定員 鲴〔名额〕
【员工】yuángōng 图 従業員,職員と労働者〖铁路~〗鉄道従業員

【圆(圓)】yuán 围 ① 丸い〖~~的脸蛋〗真ん丸なほっぺ〖~柱〗円柱 ② 周到な〖这话说得不~〗その話は充分でない — 图《数》円,円周 — 图 貨幣単位,人民元 鲴〔元〕⊗①つじつまを合わせる〖~谎〗うそを取り繕う ②(Y-)姓

【圆白菜】yuánbáicài 图〔棵〕キャベツ 鲴〔洋白菜〕〔结球甘蓝〕
【圆场】yuán'chǎng 動 丸く治める,仲裁する,執り成す
【圆成】yuánchéng 動 (うまくゆくよう)助力する
【圆规】yuánguī 图 コンパス〖制图~〗製図用コンパス
【圆号】yuánhào 图 ホルン
【圆滑】yuánhuá 围《貶》如才がない〖他为人~〗彼は如才ない人間だ
【圆笼】yuánlóng 图 料理を運ぶ丸いかご
*【圆满】yuánmǎn 围 円満な,滞りがない〖~地完成了任务〗首尾よく任務を達成した
【圆圈】yuánquān 图(~儿)円,輪〖画一个~〗丸を1つ書く
【圆润】yuánrùn 围 まろやかな〖~的歌声〗まろやかな歌声
【圆熟】yuánshú 围 円熟した
【圆通】yuántōng 围 融通がきく,(事柄への対応が)柔軟な
【圆舞曲】yuánwǔqǔ 图〔首・支〕円舞曲,ワルツ
【圆心】yuánxīn 图《数》円の中心〖~角〗中心角
【圆周】yuánzhōu 图《数》円周〖~率〗円周率
【圆珠笔】yuánzhūbǐ 图〔支〕ボールペン 鲴〔旧〕〔原子笔〕
【圆锥】yuánzhuī 图《数》円錐〖~台〗円錐台
【圆桌】yuánzhuō 图〔张〕円卓,丸いテーブル〖~会议〗円卓会議
【圆子】yuánzi 图 ①(多くあん入りの)団子 ②(Y-)姓

【垣】yuán ⊗①垣根,壁〖城~〗城壁〖属 zhǔ ~有耳〗壁に耳あり ②都会〖省~〗

《书》省都 ③(Y-)姓

【爰】yuán ⊗①どこ,いずこ ②そこで,かくて

【援】yuán ⊗①手で引っ張る ②引用する〖~用〗援用する ③助ける《文》支援する

【援救】yuánjiù 動 救援する〖~难民 nànmín〗難民を救援する
【援军】yuánjūn 图《支》援軍
【援例】yuán'lì 動 前例にならう,慣例として扱う
【援外】yuánwài 動 外国を援助する
【援引】yuányǐn 動①引用する〖~条文〗条文を引用する ②身内や知り合いを推薦,起用する
【援助】yuánzhù 動 援助する〖尽快~灾民〗迅速に被災者を援助する

【袁】Yuán ⊗ 姓

【猿(*猨)】yuán ⊗ 類人猿 鲴〔猴子〕〖长臂~〗テナガザル

【猿猴】yuánhóu 图 類人猿と猿
【猿人】yuánrén 图 原人〖北京~〗北京原人

【辕(轅)】yuán ⊗① 轅を〖~子〗《口》同前 ②役所

【辕马】yuánmǎ 图 轅を付けた馬,挽 wǎn 馬
【辕门】yuánmén 图《旧》役所の表門

【原】yuán ⊗①最初の〖~人〗원래の人 ②もと,本来の〖~地〗もとの場所〖~价〗原価〖~址〗もとの住所 ③未加工の〖~煤〗原炭 ④原,野原〖平~〗平原 ⑤許す ⑥(Y-)姓

【原版】yuánbǎn 图 ①(書籍の)原刊本,もとの版本 鲴〔翻版〕②(録音や録画の)オリジナルテープ 鲴〔盗版〕
【原本】yuánběn 图①底本,原稿 ②初版本,原書 — 副 元来,もともと 鲴〔原来〕〔本来〕
【原材料】yuáncáiliào 图 原材料
【原动力】yuándònglì 图 原動力,動力
【原封】yuánfēng 围(~儿)〖定語・状語として〗開封していない,もともとの〖~退回〗封も切らずに戻す〖~不动〗もとのままで変化がない
【原稿】yuángǎo 图〔篇・部〕原稿〖~纸〗
*【原告】yuángào 图《法》原告〖~人〗 鲴〔被告〕
【原鸽】yuángē 图《鸟》カワラバト 鲴〔野鸽〕
【原故】yuángù 图 鲴〔缘故〕
【原籍】yuánjí 图 原籍,先祖からの本籍〖他~福建〗彼の原籍は福建省だ

【原件】yuánjiàn 图 書類の原本
【原旧】yuánjiù 圖《方》① もともと ② 依然として
【原来】yuánlái 形〔定語・状語として〕もとの,最初の [~的地方] もとの場所 一圖 (真実の状況が明らかになって) もともと…だ,なんだ…だったのか [~如此] そうだったのか [~是你呀] 君だったのか
【原理】yuánlǐ 图 原理
【原粮】yuánliáng 图 未加工の食糧
【原谅】yuánliàng 動 許す,了解する [请你~] お許しください [不可~的错误] 容認し難い誤り
【原料】yuánliào 图 原料
【原貌】yuánmào 图 もとの様子
【原棉】yuánmián 图 紡績の原料とする綿花
【原木】yuánmù 图 原木,ログ
【原色】yuánsè 图 原色(红''黄''蓝'の三つ) 働[基色]
【原生动物】yuánshēng dòngwù 图 原生動物
【原始】yuánshǐ 形〔多く定語として〕最初の,原始の [~资料] 基礎資料 [~森林] 原始林 [~社会] 原始社会
【原委】yuánwěi 图 いきさつ,顛末 [追究~] 事の経緯を追求する
【原文】yuánwén 图〔段・篇〕(翻訳・引用の)原文,オリジナルテキスト
【原先】yuánxiān 图 もともと,元来,以前
【原形】yuánxíng 图 原形,本来の姿 [骗子的~] ぺてん師の正体 [~毕露] 正体が現われる
【原型】yuánxíng 图 ① 原型 ②(文学作品の)モデル
【原盐】yuányán 图 原塩 働[精盐]
【原样】yuányàng 图 (~儿)もとのままの様子
【原野】yuányě 图 原野 [辽阔的~] 果てしなく広い原野
【原意】yuányì 图 本来の意味,または意図 [忽视~] 本来の意味を無視する
【原因】yuányīn 图 原因 [~和结果] 原因と結果
【原由】yuányóu 图 働[缘由]
【原油】yuányóu 图 原油
【原有】yuányǒu 動 固有である,もとからある
【原原本本(元元本本)】yuányuán-běnběn《成》一切合切,始めから終わりまで [~讲] 一部始終語る
【原则】yuánzé 图〔项・条〕原則 [坚持~] 原則を守り通す [~上] 原則的に,ほぼ大体
【原著】yuánzhù 图 原著,原作
【原状】yuánzhuàng 图 原状 [恢复~] 原状に戻す
【原子】yuánzǐ 图 原子 [~能] 原子力 [~核] 原子核 [~弹 dàn] 原子爆弾
【原作】yuánzuò 图 原作,原著書

【源】yuán ⊗ ① 源,水源 [饮水思~] (水を飲むときその源を思うう) 恩義を忘れない ② 出所,原因 [财~] 財源 [病~] 病源 ③(Y-) 姓
【源流】yuánliú 图 源流,起源と発展
【源泉】yuánquán 图 源,源泉(働[泉源]) [企业活力的~] 企業の活力の源 [生命的~] 命の源
【源头】yuántóu 图 水源,本源
【源源】yuányuán 形 続々と,絶え間なく [~不绝] 切れ目なく続く
【源源本本】yuányuánběnběn 形 働[原原本本]
【源远流长】yuán yuǎn liú cháng 《成》(水源は遠く流れは長い>) 悠久の歴史がある

【塬】yuán 图 (黄土高原の)台状の地形

【缘(緣)】yuán ⊗ ① …のために [~何]《書》何のために ② 沿う [~溪而行] 谷川に沿って歩く ③ 原因,訳 [无~无故] 訳もなく ④ ゆかり,因縁 [有~] 縁がある ⑤ へり,ふち [外~] 外べり
【缘分】yuánfen/ yuánfèn 图 縁 [跟你有~] 君と縁がある
【缘故(原故)】yuángù 图 原因,訳 [这是什么~!] これはどういう訳だ
【缘木求鱼】yuán mù qiú yú 《成》(木に登って魚を探す>) 方法を間違えると事は成就しない
【缘起】yuánqǐ《書》① 起源,起こり ② 発起趣意書
【缘由(原由)】yuányóu 图 原因 [失败的~] 失敗の原因

【圆】yuán ⊗ '圆' と通用 ♦ '转圜' (挽回する) は zhuǎnhuán と発音

【远(遠)】yuǎn 形 ① (距離・時間が)遠い,へだたっている(働[近]) [离这儿多~?] ここからどれくらい離れていますか ② (差が)大きい,はるかな [差得~] ずっと劣る ⊗ ① 遠ざける [敬而~之] 敬遠する ② (Y-) 姓
【远程】yuǎnchéng 形〔定語として〕遠距離の(働[短程][近程]) [~飞行] 長距離飛行 [~教育] 遠隔教育 [~运输] 長距離輸送
【远大】yuǎndà 形 遠大な [~的计划] 遠大な計画
【远道】yuǎndào 图〔条〕遠路 [~而来] 遠くからやって来る
【远东】Yuǎndōng 图 極東
【远方】yuǎnfāng 图 遠方 [~的来

客〗遠来の客
【远房】yuǎnfáng 形〖多く定语として〗遠縁の〖～亲戚〗遠い親戚
【远古】yuǎngǔ 名大昔〖～时代〗太古の時代
【远航】yuǎnháng 名遠洋航海
【远见】yuǎnjiàn 名展望,先見〖有～〗展望を持つ
【远交近攻】yuǎn jiāo jìn gōng 成遠交近攻
【远近】yuǎnjìn 名①距離〖～差不多〗距離はほぼ同じ ②遠い所と近い所,あちこち〖～闻名〗あちこちで知られている
【远景】yuǎnjǐng 名①遠景,(映画の)ロングショット ②未来への見通し,展望〖人类的～〗人類の未来像
【远客】yuǎnkè 名遠来の客
【远亲】yuǎnqīn 名遠い親戚〖～不如近邻〗遠い親戚より近くの他人
【远视】yuǎnshì 名[医]遠視
【远水救不了近火】yuǎnshuǐ jiùbuliǎo jìnhuǒ (俗)(遠くの水では目前の火事が消せない>)急場に間に合わない
【远洋】yuǎnyáng 名遠洋〖～渔业〗遠洋漁業
【远因】yuǎnyīn 名遠因,間接原因⊗[近因]
【远征】yuǎnzhēng 動遠征する〖～西北〗西北地区へ遠征する
【远志】yuǎnzhì 名①遠大な志,大望 ②[植]オンジ
【远走高飞】yuǎn zǒu gāo fēi 成高飛びする,逃げる
【远足】yuǎnzú 動遠足に出掛ける
【远祖】yuǎnzǔ 名遠い祖先

【苑】yuàn ⊗①(皇帝が)鳥獣を飼ったり,樹木を育てたりする場所〖鹿～〗鹿苑〖御～〗御苑 ②集う場所〖文～〗文学者の集い,文壇 ③(Y-)姓

【怨】yuàn 動とがめる,非難する〖～自己〗自分を責める
⊗恨み〖结～〗恨みを抱く
【怨不得】yuànbude 副道理で,(…なのは)もっともだ(@[怪不得])〖外边下雪啦,～这样冷〗外は雪だ,道理で寒いはずだ ━動とがめられない〖这事～你〗この事は君のせいじゃない
【怨愤】yuànfèn 名恨みと憤り
【怨恨】yuànhèn 名恨み,怨恨〖～加深了〗恨みが深まった ━動恨む,憎む〖～战争〗戦争を憎む
【怨气】yuànqì 名[因]恨み,不平〖出～〗不平をぶちまける
【怨声载道】yuàn shēng zài dào 成怨嗟の声が世に満ちる
【怨天尤人】yuàn tiān yóu rén 成(天を恨み人をとがめる>)不満の原因はすべて他にある
【怨言】yuànyán 名[句]恨み言,不平〖毫无～〗一切不平を口にしない
【怨艾】yuànyì 動[書]恨む

【院】yuàn (～儿)名塀を巡らし建物で囲った屋敷内の空地,中庭〖四合～儿〗中庭つきの伝統的な屋敷
⊗①機関や公共場所〖医～〗病院〖科学～〗科学院 ②(Y-)姓
【院落】yuànluò 名[書]塀で囲まれた中庭
【院士】yuànshì 名アカデミー会員
【院长】yuànzhǎng 名①病院長 ②学院長
【院子】yuànzi 名囲いを巡らした屋敷,またはその中庭

【垸】yuàn ⊗(方)川や湖に近い箇所で家屋や田畑の周囲に築いた土手〖～子〗[圩wéi～]同前

【媛】yuàn 名美女 ♦美しいさまを表わす'婵媛'はchányuánと発音

【瑗】yuàn ⊗璧の一種

【掾】yuàn ⊗属官

【愿】(願)yuàn …したいと思う,望む〖不～参加〗参加したくない
⊗①願い〖心～〗念願 ②(神仏への)願〖还huán～〗(神仏へ)願ほどきをする ③慎み深い
★【愿望】yuànwàng 名願望,願い〖热切的～〗熱烈な願望〖～实现〗願いがかなった
★【愿意】yuànyi/yuànyì 動①…したいと思う〖不～吃药〗薬を飲みたくない ②(人に)望む〖我～大家都去〗皆に行ってもらいたい

【曰】yuē ⊗①曰いわく〖客～〗客曰く ②…と呼ぶ

【约】(約)yuē 動①前もって決める,約束する〖～日子〗日にちを決める ②誘う,招く〖～三个朋友来家吃饭〗友人3人を食事に招く ③[数]約する,約分する ━副およそ,約〖～五十人〗約50人
⊗①制限する〖制～〗制約する ②約定〖条～〗条約 ③簡素化する〖节～〗節約する ♦yāoと読むと口語で'秤ちんではかる'の意
【约定】yuēdìng 動相談して決める,約束する
【约定俗成】yuē dìng sú chéng 成慣わしはおのずから定まってくる
【约法】yuēfǎ 名暫定憲法
【约分】yuē fēn 動[数]約分する
★【约会】yuēhuì/yuēhuì 動会う約束

をする ━ [名]（～儿）会う約束，デート『今天晚上有个～』今晚人と会う約束がある
【约集】yuējí [動] 皆を集める（[同]［邀集］）『～大家开会』全員を集めて会議を開く
【约计】yuējì [動] ざっと計算する『这部小说～四十万字』この小説は400字詰めで約1000枚分だ
【约略】yuēlüè [副] およそ，だいたい『～知道一些』およそのことは知っている
【约莫(约摸)】yuēmo [副] およそ，ざっと見積もって『～有三公斤』およそ3キログラムだ
【约期】yuēqī [動] 期日を決める ━ [名] ①約束した日 ②契約の期限
【约请】yuēqǐng [動] 招く，招待する
*【约束】yuēshù [動] 拘束する，制限する，束縛する『～自己』自分を抑える
【约言】yuēyán [名] 約束の言葉『遵守～』約束を守る
〖彟(彠)〗 yuē [×] ①尺度 ♦'矱'とも ②秤ではかる
【哕(噦)】 yuě [動] 吐く，嘔吐する ━ [擬]（嘔吐する時の）おえっ ♦鈴の音などを表す文語は huì と発音
【月】 yuè [名]（年月の）月［两个～］2か月［二～］2月［腊～］旧暦12月
[×]①（空の）月［海底捞～］海の中から月をすくう，無駄骨である ②毎月の ③月の形をした，丸い
【月白】yuèbái [形]〔定語として〕淡い青の，青みを帯びた白の
【月半】yuèbàn [名] 月の半ば，15日
【月报】yuèbào [名] ①月刊誌，月報 ♦多く誌名の一部として ②月例報告
【月饼】yuèbing [名] 月餅 ♦中秋節に食べる菓子
【月初】yuèchū [名] 月初め
【月底】yuèdǐ [名] 月末 [同]［月末］
【月度】yuèdù [名] 1か月単位，月間［～计划］月間計画
【月份】yuèfèn [名]（～儿）年のうちのある1か月『下个～』来月（に）［～牌］カレンダー，日めくり
【月宫】yuègōng [名] 月の宮殿；《転》月
【月光】yuèguāng [名] 月の光［～门］塀に満月形に作られた門
【月桂】yuèguì [名]〖植〗ゲッケイジュ
【月华】yuèhuá [名]《書》①月光 ②月の暈
【月季】yuèjì [名]〖植〗コウシン（庚申）バラ [同]［月月红］
【月经】yuèjīng [名] 月経，メンス『来～』月のものが来る
【月刊】yuèkān [名]〔本・期〕月刊（誌）
【月老】yuèlǎo [名] 月下氷人，仲人 [同]［月下老人］
【月历】yuèlì [名] 月めくりカレンダー
【月利】yuèlì [名] 月利
**【月亮】yuèliang [名]〔个・轮〕（空の）月，月の通称 [同]［月球］
【月末】yuèmò [名] 月末 [同]［月底］
【月票】yuèpiào [名]〔张〕定期券，パス，1か月通し切符［联合～］共通定期券
【月琴】yuèqín [名]〔把〕月琴
【月球】yuèqiú [名]（天体の）月（通称は'月亮'）［～轨道］月の軌道
【月肉旁】yuèròupáng [名]（部首の）にくづき《月》
【月色】yuèsè [名] 月光，月の光
【月食】yuèshí [名]〖天〗月食 ♦皆既月食は'月全食'，部分月食は'月偏食'という
【月台】yuètái [名] ①駅のプラットホーム [同]［站台］ ②バルコニー
【月头儿】yuètóur [名]《口》①1か月の満期『到～了』1か月の満期日になった ②月の初め
【月息】yuèxī [名] 月ぎめの利息
【月下老人】yuèxià lǎorén [名] 月下氷人，仲人，媒酌人 [同]［媒人］
【月相】yuèxiàng [名]〖天〗月相，月の満ち欠けの様子
【月薪】yuèxīn [名] 月給 [関]［薪水］
【月牙】yuèyá [名]《口》（～儿）三日月［～眉］三日月形の眉
【月夜】yuèyè [名] 月夜
【月月红】yuèyuèhóng [名]〖植〗コウシンバラ [同]［月季］
【月晕】yuèyùn [名] 月の暈 [関]［风圈］
【月中】yuèzhōng [名] 月の半ば，月の中ごろ
【月氏】Yuèzhī [名]〖史〗月氏 ♦漢代西域の国名
【月子】yuèzi [名] ①産後1か月『坐～』出産後1か月養生する ②産み月
〖刖(跀)〗 yuè [×] 古代の足切りの刑
〖乐(樂)〗 yuè [×]①音楽，器楽［爵士～］ジャズ音楽［民～］民間器楽 ②（Y-）姓
⇨ lè
【乐池】yuèchí [名] オーケストラボックス
【乐队】yuèduì [名] 楽団，バンド，楽隊［～指挥］コンダクター
【乐府】yuèfǔ [名] 楽府
【乐理】yuèlǐ [名]〖音〗音楽理論
【乐律】yuèlǜ [名]〖音〗楽律
*【乐谱】yuèpǔ [名] 楽譜，音譜［～架］譜面台

Y

【乐器】yuèqì [名]〔件〕楽器 ［管～］管楽器
【乐曲】yuèqǔ [名]〔首·支·段〕楽曲
【乐团】yuètuán [名] 楽団
【乐音】yuèyīn [名]〖理〗楽音$^{がく}_{おん}$
【乐章】yuèzhāng [名]〖音〗楽章

〖**岳**(嶽)〗yuè ⊗高山［五～］五岳(泰山·華山·衡山·恒山·嵩山の5つ)

〖**—**〗⊗① 妻の父母, 妻のおじ［～家］妻の実家 ②(Y-)姓

*【岳父】yuèfù [名] 妻の父, 岳父 [同][岳丈]
【岳母】yuèmǔ [名] 妻の母
【岳丈】yuèzhàng [名] 妻の父, 岳父

〖**悦**〗yuè ⊗('说'とも書いた) ① 喜ぶ, 愉快な［喜～］喜ぶ［取～］人の機嫌をとる ② 楽しませる ③(Y-)姓

【悦耳】yuè'ěr [形] 聞いて楽しい, 聞き心地がよい〚～的音乐〛きれいな音楽
【悦服】yuèfú [動]《書》心から敬服する
【悦目】yuèmù [形] 美しい, 見て楽しい〚～爽心〛きれいで心地よい〚～的式样〛美しいデザイン

〖**阅**(閲)〗yuè ⊗①(文章を) 読む［参～］参照する ② 検閲する［检～］同前 ③ 経る

【阅兵】yuè'bīng [動] 閲兵する［～典礼］閲兵式, 観閲式
☆【阅读】yuèdú [動] 読む, 閲読する〚～书报〛書籍と新聞を読む
【阅览】yuèlǎn [動] 閲覧する［～室］閲覧室
【阅历】yuèlì [動] 体験する —— [名] 体験, 見聞〚～丰富〛体験豊富だ［生活～］生活体験
【阅世】yuèshì [動]《書》世事を体験する〚～不深〛世間的体験が深くない

〖**钺**(鉞*戉)〗yuè ⊗古代の大きなまさかり

【**越**】yuè [副]〔'越…越…'の形で〕…すればするほどますます…, …であればあるほど〚雨～下～大〛雨はますます強くなる〚～多～好〛多ければ多いほどよい
⊗① 越す, 越える［～墙而逃］塀を越えて逃げる ②(Y-) 越(周代の国名) ③(Y-)浙江省東部 ④(Y-)姓

【越冬】yuèdōng [動](一般に植物·昆虫などが) 越冬する［～作物］越冬作物
【越发】yuèfā [副] ① ますます, いっそう〚～害怕起来〛いっそう怖くなる〚这孩子～调皮 tiáopí 了〛この子はいよいよ手に負えなくなった ②〔'越(是)～越发～'の形で〕…であればあるほど〚越是性急, ～容易出差错 chācuò〛気がせくほど間違いを起こしやすい
【越轨】yuè'guǐ [動] 常軌を逸する, 制限を越える［～行为］逸脱行為
【越过】yuèguò [動] 越える, 横切る〚～高原〛高原を越える〚～失败〛失敗を乗り越える〚越不过〛乗り越えられない
【越级】yuè'jí [動] 等級を飛び越す〚～上诉〛直訴する
【越加】yuèjiā [副]《方》ますます, いよいよ
【越境】yuè'jìng [動] 越境する, 国境を越える
【越剧】yuèjù [名] 越劇$^{えつ}_{げき}$ ♦浙江省の地方劇
【越来越…】yuè lái yuè… [副](時間の経過とともに) ますます…〚～好〛ますますよくなる
【越权】yuè'quán [動] 権限を越える
【越位】yuèwèi [動]〖体〗オフサイドとなる
【越野】yuèyě [動] 野山を越える［～车］四輪駆動車［～滑雪］スキーの距離競技［～赛跑］クロスカントリー
【越俎代庖】yuè zǔ dài páo《成》(料理人に代わって料理する＞)出しゃばる

〖**樾**〗yuè ⊗木陰

〖**跃**(躍)〗yuè ⊗跳ぶ, 跳ねる［飞～］飛躍する［雀～］小躍りする［一～而起］跳ね起きる

【跃进】yuèjìn [動] 飛び出す, 躍進する〚向前～了一步〛前方へ一歩飛び出した
【跃然】yuèrán [形] 躍然とした, ありありと［～纸上］紙面に躍如としている
【跃跃欲试】yuèyuè yù shì《成》やりたくてうずうずする

〖**粤**〗Yuè ⊗① 広東省の別称 ② 広東と広西［～语］粤^{えつ}方言(中国七大方言の一)

【粤剧】yuèjù [名] 粤劇 ♦広東の地方劇

〖**龠**〗yuè ⊗① 古代の容量単位(1'龠'は0.5'合') ② 簫に似た笛 ♦'籥'とも書く

【**晕**(暈)】yūn [動] ① 気を失う, 失神する〚她～过去了〛彼女は気を失った〚～倒 dǎo〛卒倒する ② ぼうっとなる〚头～〛頭がふらふらする
⇨yùn

【晕厥】yūnjué [動]〖医〗気絶する
【晕头转向】yūn tóu zhuàn xiàng《成》頭がくらくらして方向を見失う

【赟(贇)】yūn [文]すばらしい ♦人名用字として

【云(雲)】yún [名]〔朵・块・片・团〕雲 [文](Y-) ①雲南省 [～腿] 雲南ハム ②姓

【—】[文]言う [不知所～] 何を言っているかわからない

【云彩】yúncai [名]〔朵・块・片〕《口》雲 『一丝～都没有』雲ひとつない

【云层】yúncéng [名]層になった雲, むら雲

【云端】yúnduān [名]雲の高み, 雲の中

【云海】yúnhǎi [名]〔片〕雲海

【云汉】yúnhàn [名]《書》①銀河 ②高い空

【云集】yúnjí [動]雲のように集まる, どっと集まる([反][云散]) 『文化人～上海』文化人たちが上海に集まる

【云计算】yúnjìsuàn [名]クラウドコンピューティング

【云锦】yúnjǐn [名]中国の伝統的な高級綿織物

【云锣】yúnluó [名]雲鑼(うんら) ♦小さな銅鑼(どら)を配列した楽器, '九音锣'ともいう

【云母】yúnmǔ [名]〖鉱〗雲母(うんも)

【云泥之别】yún ní zhī bié《成》雲泥の差

【云气】yúnqì [名]薄く流れる雲

【云雀】yúnquè [名]〖鳥〗〔只〕ヒバリ

【云散】yúnsàn [動]散り散りになる

【云杉】yúnshān [名]〖植〗トウヒ

【云梯】yúntī [名]雲梯(うんてい) ♦古代の城攻めや消火用の長ばしご [～消防车] はしご車

【云雾】yúnwù [名]①雲と霧『～低垂』雲と霧が低く垂れこめる ②《転》視界を遮るもの, 障害物

【云霞】yúnxiá [名]〔片・朵〕赤く染まった雲, 彩雲『～在天空飘动着』美しく彩られた雲が空に漂っている

【云霄】yúnxiāo [名]高空, 空の果て『火箭直上～』ロケットが空高く上昇する

【云消雾散】yún xiāo wù sàn《成》雲散霧消する [同][烟消云散]

【云崖】yúnyá [名]切り立った高い山の崖

【云烟】yúnyān [名]雲やかすみ;《転》あっという間に消えること

【云翳】yúnyì [名]黒い雲, かげり

【云游】yúnyóu [動](僧や道士などが)各地を行脚する, 放浪する

【云云】yúnyún [助]《書》うんぬん, しかじか

【妘】Yún [文]姓

【芸】yún [文]〖植〗ヘンルーダ(強い香りがある) [～香] 同前, ウンコウ

【—(蕓)】[文]アブラナ

【芸豆(云豆)】yúndòu [名]〖植〗インゲンマメ('菜豆'の通称)

【芸薹】yúntái [名]〖植〗アブラナ [同][油菜]

【芸芸】yúnyún [形]《書》数が多い [～众生] (仏教で) 生きとし生けるもの, 一切衆生

【纭(紜)】yún [文]以下を見よ

【纭纭】yúnyún [形]雑多な

【耘】yún [文]田畑で草を取る [～田] 田の草取りをする [～锄] 除草用すき

【匀】yún [形]均等な, むらのない『秧苗出得很～』苗が平均に出ている — [動]分け与える, 均等にする『把两份～一～』2人分を均等に分けなさい

【匀称】yúnchen/yúnchèn [形]バランスがとれている, 均整がとれている『字写得很～』字がきちんと書いてある『五官～』顔立ちが整っている

【匀兑】yúndui [動](人に) 融通する, 自分の物を人に分ける

【匀和】yúnhuo (～儿)《口》[形]均等な — [動]均等にする

【匀净】yúnjing [形]むらがない, そろっている『染得很～』むらなく染まっている

【匀脸】yún'liǎn [動]顔におしろいをむらなくのばす

【匀实】yúnshi [形]むらがない, 均一な

【匀整】yúnzheng/yúnzhěng [形]均整がとれている

【昀】yún [文]日の光 ♦人名用字として

【筠】yún [文]竹(の青い皮) ♦四川の地名'筠连'では jūn と発音

【郧(鄖)】Yún [文]①[～县] 湖北省の地名 ②姓

【允】yǔn [文]①許す [应yīng～] 承諾する [～准] 許可する ②公平な, 適当な [公～] 公平な

【允当】yǔndàng [形]妥当な

【允诺】yǔnnuò [動]承諾する

★★【允许】yǔnxǔ [動]許す, 認める『～他去』彼が行くのを認める『未经～, 不准入内』許可なく立ち入ることを禁ずる

【陨(隕)】yǔn [文]落ちる, 落下する

【陨落】yǔnluò [動]高空から落下する

【陨灭】yǔnmiè [動]①(空から) 墜落して壊れる ②命を落とす [同][殒灭]

【陨石】yǔnshí [名]〖天〗〔块・颗〕隕石(いんせき)

【陨铁】yǔntiě [名]〖天〗陨鉄(いんてつ)
【陨星】yǔnxīng [名]〖天〗〔颗〕(隕石・隕鉄となる)流星

〖殒(殞)〗yǔn ⊗死ぬ
【殒灭】yǔnmiè [動] 命を落とす [同][陨灭]
【殒命】yǔnmìng [動]《書》命を落とす [同][丧命]

〖孕〗yùn ⊗はらむ，身ごもる［有～］［怀～］同前
【孕畜】yùnchù [名] 妊娠している家畜
【孕妇】yùnfù [名] 妊婦
【孕期】yùnqī [名] 妊娠期間
【孕穗】yùnsuì [動](米・麦などの) 穂が膨らむ
【孕吐】yùntù [名] つわり(悪阻)
*【孕育】yùnyù [動] 子供を産む，はぐくむ;《転》新しい事態が生まれてくる，萌芽状態にある〖～着危险〗危険をはらんでいる

【运(運)】yùn [動] 運ぶ，輸送する〖～粮食〗食糧を運ぶ〖～往上海〗上海に輸送する［海～］海運
⊗①巡る，巡らす［～思］思いを巡らす ②運［命～］運命［走～］運がつく ③(Y-)姓
【运筹帷幄】yùnchóu wéiwò《成》後方で作戦を練る
**【运动】yùndòng [名]①〖理〗〖生〗運動［直线～］直線運動 ②スポーツ，運動［～员］スポーツ選手［～场］運動場，競技場 ③(政治・社会的) 運動，キャンペーン［群众～］大衆運動［五四～］五四運動(1919年) —[動]①(事物が) 運動する，巡り動く ②スポーツをする，運動する
—— yùndong [動] 目的を達するため働きかける，奔走する〖到处～〗あちこちに働きかける
【运动会】yùndònghuì [名] 運動会，競技会［奥林匹克～］オリンピック大会
【运费】yùnfèi [名] 運賃，運搬費［～表］運賃表
【运河】yùnhé [名]〔条〕運河［大～］大運河(杭州から通州までの運河)
**【运气】yùnqi [名]①運([同][运道 yùndao])〖碰～〗運をためす〖～不好〗運が悪い ②幸運 —[形] 運がいい
—— yùn'qì [動] 力を身体のある部分に集中する
**【运输】yùnshū [動] 輸送する，運搬する〖～货物〗貨物を輸送する［～船］輸送船［～机］輸送機［～能力］輸送能力
【运送】yùnsòng [動] 運送する，運ぶ
*【运算】yùnsuàn [動] 数式に当てはめて計算する
【运销】yùnxiāo [動] 運送販売する
*【运行】yùnxíng [動](軌道上を) 運行する〖地球绕太阳～〗地球が太陽の周りを回る〖～的时间〗(列車) 運行時刻
**【运用】yùnyòng [動] 運用する〖灵活～〗弾力的に運用する〖～理论〗理論を運用する〖法律的～〗法律の運用
【运载】yùnzài [動] 積載し運搬する［～工具］運搬手段［～火箭］キャリアロケット
【运转】yùnzhuǎn [動]①(天体が) 運行する，循環する〖星体的～〗天体の運行 ②(機械が) 動く，回転する〖机器～正常〗機械は正常に動いている
【运作】yùnzuò [動](機関などが) 運営する，活動する

〖酝(醞)〗yùn ⊗かもす，醸造する
*【酝酿】yùnniàng [動] 酒をかもす;《転》ある状態を作り出す，下準備をする〖～一个方案〗1つのプランを練る〖大家正在～候选人名单〗皆は候補者リストについて相談しているところだ

〖员(員)〗Yùn ⊗姓 ♦人名'伍员'(春秋時代の伍子胥(ごししょ))は Wǔ Yún と発音
⇨yuán

〖郓(鄆)〗Yùn ⊗①［～城］山東省の地名 ②姓

〖恽(惲)〗Yùn ⊗姓

【晕(暈)】yùn [動] 頭がくらくらする，目まいがする［眼～］目が回る
⊗太陽や月の暈(かさ)［日～］日暈［月～］月の暈
⇨yūn
【晕车】yùn'chē [動] 車に酔う
【晕池】yùn'chí [動] 風呂でのぼせる [同][晕堂]
【晕船】yùn'chuán [動] 船に酔う
【晕高儿】yùn'gāor [動] 高所で目がくらむ

〖愠〗yùn ⊗怒る［～色］《書》怒りの顔色

〖韫(韞)〗yùn ⊗含む ♦多く人名用字として

〖蕴(藴)〗yùn ⊗含む
*【蕴藏】yùncáng [動] 埋蔵する，潜在する〖～创造性〗創造性を秘めている［～量］埋蔵量
【蕴涵(蕴含)】yùnhán [動](内に) 含む〖～真理〗真理を含んでいる
【蕴蓄】yùnxù [動] 内に秘める，蓄える〖暗中～力量〗ひそかに力を蓄え

Y

【韵(韻)】 yùn 图 韵 [押~] 韵を踏む [~书] 韻書
⊗ ① 快い音 [松声竹~] 松や竹が風にそよぐ音 ② 韻母 ③ 趣,風趣 [~致] 同前 ④ (Y-)姓

【韵白】yùnbái 图 (伝統劇の) 韻を踏んだせりふ
【韵脚】yùnjiǎo 图 韻脚,韻字
【韵律】yùnlǜ 图 韻律 [忽视~] 押韻や平仄の規則を無視する
【韵母】yùnmǔ 图 [語] 韻母 ◆字音で声母・声調を除いた部分. '韵头'(介音), '韵腹'(主母音), '韵尾'(韻尾) より成る
【韵事】yùnshì 图 風雅な事柄
【韵味】yùnwèi 图 味わい, 趣 [~深远] 味わいが深い [诗歌的~] 詩歌の情趣
【韵文】yùnwén 图 韻文

【熨】 yùn 動 (アイロンやこてを) 当てる [~裤子] ズボンにアイロンを掛ける
⇨yù

【熨斗】yùndǒu 图 [把・只] アイロン, 火のし [电~] 電気アイロン [蒸汽~] スチームアイロン

Z

【扎(紥*紮)】 zā 動 しばる, くくる [~柴火 cháihuo] 薪をくくる 一圖 [方] 束を [一~线] 糸1束
⇨zhā, zhá

【匝(*帀)】 zā ⊗ ① めぐり, 周 [绕树三~] 木を3周する ② 満ちる [~月] (書) 満1か月 一 [密密~~]

【匝道】zādào 图 [条] (高速道路などの) ランプ 鹵 [高速出入口]
【匝地】zādì 图 《書》 あたり一面にある [白雪~] 一面の雪だ

【咂】 zā 動 ① 吸う, するように飲む [~了一点酒] 酒を少しすすった ② 舌打ちする ③ 味をみる, 味わう [~滋味] 味をかみしめる

【咂嘴】zā'zuǐ 動 (~儿) (賛美・恨み・驚きなどを表わして) 舌を鳴らす, 舌打ちする 鹵 [咂舌]

【拶】 zā ⊗ 迫る, 強いる
⇨zǎn

【杂(雜*襍褋)】 zá 形 雑多な, 色々な [颜色太~] 色がまちまちだ [复~] 複雑な
⊗ 混ざる, 混じる

【杂拌儿】zábànr 图 ① 干した果物や木の実の混ぜ合わせ ② 寄せ集め, ごたまぜ
【杂凑】zácòu 動 (様々に異なる物を) 寄せ集める
【杂费】záfèi 图 [笔・项] 雑費
【杂感】zágǎn 图 ① まとまりのない感想, 雑感 ② [篇・段] 雑感を記した文
【杂烩】záhuì 图 ① ごった煮 (あんかけ料理の一種) ② ごた混ぜ, 寄せ集め
【杂货】záhuò 图 [批] 雑貨 [~铺(子)] 雑貨屋
【杂和菜】záhuocài 图 料理の残り物を寄せ集めたおかず
【杂和面儿】záhuomiànr 图 大豆粉を少し混ぜたトウモロコシの粉
【杂记】zájì 图 ① [篇] 雑記 [~本子] 雑記帳 ② こまごまとした事を書き留めたノート
*【杂技】zájì 图 曲芸, 軽業 [~团] サーカス
*【杂交】zájiāo 動 [生] 交配する, 掛け合わせる [~种 zhǒng] 雑種 [~水稻] ハイブリッドライス
【杂居】zájū 動 (異なる民族が一つの地区に) 雑居する [民族~地区] 民族雑居地域
【杂剧】Zájù 图 雑劇 (特に元代に栄

えた演劇）［元～］元代の雑劇
【杂粮】záliáng [名] 雑穀（米と小麦を除く穀物，コウリャン·アワ·豆類·イモ類などの総称）
【杂乱】záluàn [形] 乱雑な，無秩序な
【杂乱无章】záluàn wú zhāng《成》乱雑で筋道が立っていない，ひどく混乱している
【杂面】zámiàn [名]（～儿）小豆や緑豆などの粉をまぜた粉，またその粉で作っためん類
【杂念】zániàn [名] 不純な考え，打算的な考え
【杂牌】zápái [形]（～儿）〔定語として〕銘柄でない，正規でない（[反]［正牌］）［～货］ノーブランドの製品，三流品［～军］非正規軍
【杂品】zápǐn [名]〔批〕日用雑貨
【杂七杂八】zá qī zá bā《成》非常に混雑したさま，ごたごた入り乱れたさま
【杂色】zásè [名] ①いろいろな色，混合色 ②[同]［杂牌］
【杂事】záshì [名]（～儿）こまごました事
【杂耍】záshuǎ [名]（～儿）《旧》寄席演芸
【杂碎】zásui [名] ①煮込み用の牛や羊の臓物，もつ ②《俗》下らぬ奴，ろくでなし
【杂沓（杂遝）】zátà [形] 乱雑な，入り乱れた〖～的脚步声〗騒がしい足音
【杂文】záwén [名]〔篇〕（散文の一種としての）雑文，エッセイ ♦批判や風刺などを込めた文芸形式．特に魯迅のものが有名
【杂务】záwù [名] 雑務，雑用
【杂物】záwù [名] 雑品
【杂音】záyīn [名] 雑音，ノイズ
【杂用】záyòng [形]〔定語として〕色色な用途の
【杂院儿】záyuànr [名]〔座〕数世帯が同居する'院子'，長屋 [同]［大杂院儿］
★★【杂志】zázhì [名] ①〔本·期〕雑誌［～架］雑誌棚 ②（書名として）雑記，雑録
【杂质】zázhì [名] 不純物，異質物
【杂种】zázhǒng [名] ①〖生〗雑種 ②ろくでなし，畜生

〖咱（*喒 偺）〗 zá [×]［～家］（旧白話で）私
⇨zán, zan

【砸】 zá [動] ①（重い物で）たたく，突く〖～钉子〗釘を打つ ②ぶち壊す，壊れる〖～玻璃〗ガラスを割る ③《方》しくじる，へまをする〖这场戏演～了〗この芝居はしくじった
【砸锅】zá▾guō [動]《方》（仕事·事業などで）失敗する，しくじる
【砸锅卖铁】zá guō mài tiě《成》（鍋を壊して鉄として売る＞）所有するものすべてをはたく，すっからかんになる

【咋（*噫）】 zǎ [代]《方》なぜ，どうして，どのように（[同]《普》［怎］［怎么］）〖你看该～办？〗どうすべきだと思いますか
⇨zhā

〖灾（災）〗 zāi [×] ①天災，災害［水～］水害［旱～］旱魃（かんばつ）［虫～］虫害 ②（個人的な）不幸，災い［没病没～］無病息災
★★【灾害】zāihài [名]〔场〕災害［自然～］自然災害，天災
【灾患】zāihuàn [名] [同]［灾害］
【灾荒】zāihuāng [名]（天災による）凶作，飢饉〖闹～〗凶作に見舞われる
【灾祸】zāihuò [名]〔场〕災い，災禍
【灾民】zāimín [名] 罹（り）災民，被災者
★【灾难】zāinàn [名] 災難〖遭到～〗災難に遭う
【灾情】zāiqíng [名] 被災情況
【灾区】zāiqū [名] 被災地，罹災地
【灾殃】zāiyāng [名] 災難 [同]［灾难］

〖哉〗 zāi [×] ①感嘆を表わす〖哀～！〗悲しいかな ②疑問や反問を表わす〖有何难～？〗なんの難しいことがあろうか

【栽】 zāi [動] ①植える，栽培する〖～树〗木を植える〖～秧〗苗を植える ②差し込む，突き刺す〖～电线杆 gān 子〗電柱を立てる ③無理に押しつける，ぬれぎぬを着せる〖～罪名〗無実の罪を着せる ④転ぶ，倒れる；《転》しくじる，つまずく〖～进水里〗水に転げ落ちる
[×]（移植用の）苗［树～子］苗木
【栽跟头】zāi gēntou [動] 転ぶ，つまずき倒れる；《転》しくじる，失態を演じる [同]［栽筋斗］［栽跟斗］
★【栽培】zāipéi [動] ①栽培する，培養する〖～果树〗果樹を栽培する ②（人材を）育てる，養成する ③目をかける，抜てきする
【栽赃】zāi▾zāng [動] 盗品や禁制品を他人の所にこっそり置き，罪をなすりつける
【栽植】zāizhí [動]（苗木を）植える〖～葡萄〗ブドウの苗を植える
【栽种】zāizhòng [動] 植える，栽培する

【宰】 zǎi [動] ①屠（と）殺する，畜殺する〖～猪〗豚を殺す ②《口》（客に）法外な値段をふっかける［挨 ái ～］金を巻き上げられる［～客］人をカモにする
[×] ①つかさどる，主宰する ②古代の官名［太～］宰相

【宰割】zǎigē 動（領土を）分割する，（他国を）侵略する

【宰杀】zǎishā 動 屠殺する，畜殺する

【宰牲节】Zǎishēngjié 名〖宗〗イスラム教の大きな祭日の一 ◆イスラム暦の12月10日に羊や牛を殺して神にささげる 同［牺牲节］［古尔邦节］

【宰相】zǎixiàng 名 宰相

【载】(載) zǎi 量①年［一年半～］1年そこら，1年たらず［三年五～］数年 ②記載する，載せる［～入］…に記載する
⇨zài

【崽】(*仔) zǎi 名〈方〉① 子供 ②（～儿）動物の子［羊～］子羊

【崽子】zǎizi 動 動物の子（多く人の悪口に使う）［狗～］犬ころ（人でなし，畜生）

【再】zài 副①再び，もう一度 ◆動作行為の回数を重ねること。既に繰り返された動作については'又'を用い，'再'はこれから繰り返す動作についていう（同［又］）［请你～说一遍］もう一度話して下さい［一而～、一而三］一度ならず何度も ②…した上で，…してから ◆動作行為の前後関係を示す。よく'先''等'と呼応する［活儿不多了,干完了～休息吧］仕事はもういくらもないから，片付けてから休もう［先买票～说］先にキップを買ってからのことにしよう ③ そのままで，更に，これ以上（…したら）◆仮定として動作行為が継続することを示す［别客气了,～客气大家就不高兴了］遠慮しないで下さい，これ以上遠慮したら皆さん気を悪くしますよ ④もっと，更に ◆多く形容詞を修飾して程度を強める［～多一点儿就好了］もう少し多いと良い［还有比这个～长点儿的吗？］これよりもう少し長めのはありますか ⑤ それに，他に ◆付加・補足を表わす［懂英语的有小王、小李、～就是老孙］英語がわかる人は王さんと李さんと，それに孫さんです ⑥〔"～……也……"の形で〕いくら…でも，どんなに…でも［这种果子～熟也是酸的］この果実はどんなに熟れてもやはりすっぱい ⑦〔"～……不过了"の形で〕程度が極度に達したことを示し，誇張の語気を帯びる［这种药～苦不过了］この薬の苦さといったらない
⑧2度ある，再び繰り返す［青春不～］青春は2度とない

【再版】zàibǎn 動 再版する，重版する

【再不】zàibu 接 もしそうでなければ，さもなければ（同［再不然］［要不

［要不然］）［你快走，～，就赶不上了］君早く行きなさい，さもないと，間に合わなくなる

【再次】zàicì 副 再度，もう一度［～表示感谢］重ねてお礼を申し上げます

【再度】zàidù 副 再度，再び［～访问］再度訪問する

【再会】zàihuì 動 再会する;〈挨〉さようなら

【再婚】zàihūn 動 再婚する

【再嫁】zàijià 動（女性が）再婚する

:【再见】zàijiàn 動 また会う;〈挨〉さようなら

*【再接再厉】zài jiē zài lì〈成〉たゆまず努力する，ますます励む

【再三】zàisān 副 再三，度々 ◆動詞の後に用いて補語にもなる［～嘱咐他］再三に渡って彼に言い付ける［考虑～］何度も考える［～再四］再三再四

【再审】zàishěn 動〖法〗再審する，再審理する

【再生】zàishēng 動①再生する，生き返る ②〖生〗（失われた一部の組織や器官が）再生する ③（廃物を）再生する［～橡胶］再生ゴム

【再生产】zàishēngchǎn 動 再生産する

【再生父母】zàishēng fùmǔ〈成〉命の恩人 同［重chóng生父母］

【再世】zàishì 動〈書〉生き返る 一名 来世

【再说】zàishuō 動 後のことにする，…してからのことにする［这件事以后～］この件は後のことにしよう 接 それに，その上［时间不早，～你身体又不好，该休息了］もう遅いし，それに君は体がよくないのだから，休むべきだ

【再现】zàixiàn 動 再現する

【再则】zàizé 接 そのうえ，更に 同［再者］

【在】zài 動① 存在する，生存する［父母都不～了］両親とももう亡くなった ②（ある地点に）ある，いる［她不～家］彼女は家にいない ③（問題の所在が）…にある，…にかかっている［这件事主要～你自己］この事は主に君自身にかかっている ④（団体に）参加する，属する 一 副 …している（動作の進行を表わす。否定には'没有'を使い'在'は不要）［他～干什么呢？］彼は何をしているのですか［你在不在看电视？］いまテレビを見てますか 一 介① 時間・場所・範囲などを示す（発生・所在・消失などのときは補語としても）［～黑板上写字］黒板に字を書く［生～一九四二年］1942年に生まれる ② 行為の主体を導く［～我看来，问题不难解决］私が見

【在场】zàichǎng 動 その場にいる，現場に居合わせる
【在读】zàidú 動 在学中である
【在行】zàiháng 形 経験に富む，玄人の⇔[内行]
*【在乎】zàihu 動 ①⇔[在于]〖多く否定形に使い〗気にする，意に介する〖满不～〗全然気に掛けない〖我倒不～这点东西〗私はこれっぽっちのものは気にしない
【在即】zàijí 動〖ある情況が〗間もなく起こる，間近い〖毕业～〗卒業を間近に控えている
【在家】zài'jiā 動 ①在宅する，(その場から出掛けないで)いる ②〖多く定語として〗在家でいる(⇔[出家])〖～人〗在家の人
【在教】zàijiào 動〖口〗ある宗教を信仰する(特にイスラム教を指す)
【在劫难逃】zài jié nán táo〖成〗宿命的な災難は逃れようがない，災禍は避けられない
【在理】zàilǐ 形 理にかなっている，道理に合っている〖她说得，我当然听她的〗彼女の話はもっともなので，私は当然彼女の言う通りにする
【在内】zàinèi 動〖時間や範囲の〗中にある，含まれている〖连我～〗私も含める〖包括～〗その中に含める
【在谱】zàipǔ 動 一般の規準に合う
【在世】zàishì 動 この世に生きている，生存する〖我妈～的时候〗母が存命だった時
【在天之灵】zài tiān zhī líng〖成〗天にまします霊魂，死者の霊
【在望】zàiwàng 動〖書〗①〖良いことが〗目前に控える，待たれる ②遠くに見える
【在位】zàiwèi 動〖君主が〗在位する
【在握】zàiwò 動 手中にある，握る〖胜利～〗勝利は手中にある
【在下】zàixià 名〖謙〗(旧白話で)小生，拙者
【在先】zàixiān 名〖多く状語として〗以前〖～他脾气很好〗以前は性格がよかったのに ― 副 あらかじめ，事前に
【在线】zài'xiàn 動 オンライン状態である(⇔[离线])
【在心】zài'xīn 動 心に留めて置く，気に掛ける〖这件事，请您在点儿心〗この件，どうぞよろしくお願いします
【在野】zàiyě 動 野にある，官職につかない(⇔[在朝])〖～党〗野党⇔与党は'执政党'という
*【在意】zài'yì 動〖多く否定形に使い〗意に介する，気にする〖这种小事,他是不大～的〗こんなつまらない事を彼は大して気に掛けない
【在于】zàiyú 動 …にある，…に基づく；〖転〗…によって決まる，…による〖去不去～你〗行く行かないは君次第だ
【在职】zàizhí 動 在職する，職務についている〖～干部〗現役幹部
【在座】zàizuò 動〖集会・宴会に〗出席している，その席にいる

【載(載)】zài 動 積む，載せる〖满～〗満載する
⊗ ①積荷 ◆'俄'とも ②〖道路に〗あふれる，満ちる〖怨声～道〗怨みの声がちまたに満ちる ③…しながら…する〖～歌～舞〗歌いながら踊る ④〖Z-〗姓
⇨zǎi

【载波】zàibō 名〖電〗搬送波
【载荷】zàihè 名〖理〗負荷，荷重⇔[荷载][荷重]
【载体】zàitǐ 名 ①〖化〗担体，キャリアー ②運び手
【载运】zàiyùn 動 運ぶ，運搬する⇔[运载]
【载重】zàizhòng 動 積載する〖～三万吨〗積載量は3万トンだ〖～汽车〗大型トラック

【糌】zān ⊗以下を見よ

【糌粑】zānba 名 ツァンパ，麦こがし ◆チベット族の主食．'青稞'(ハダカ麦)を煎って粉にしたものを，そのまま食べるか，水や'酥油茶'(バター茶)などを入れて練って食べる

【簪】zān 名〖根・支〗(～儿)かんざし ― 動 髪にさす〖～花〗花をかざす
【簪子】zānzi 名〖根・支〗かんざし

【咱(*喒偺)】zán 代 ①我々(相手方を含む) ②〖方〗私〖～今年十二岁〗おいら今年で12になる
⇨zá, zan

【咱们】zánmen 代 ①我々，わしら(相手方を含む) ②〖場面によって〗私，おれ ③〖子供に〗お前〖～别哭〗ほらほら泣かないで

【昝】Zǎn ⊗姓

【拶】zǎn ⊗抑えつける，締めつける
⇨zā

【拶指】zǎnzhǐ 名〖旧〗'拶子'で指を締めつける拷問
【拶子】zǎnzi 名〖旧〗指の間に木片を挟み，きつく締める刑具

【攒(攢*儹)】zǎn 動 ためる，蓄える〖～钱〗金をためる〖积～〗少しずつ蓄える
⇨cuán

【趱(趲)】zǎn ⊗(旧白話で)急ぐ，早足で歩く

【暂(暫)】zàn [⊗]①時間が短い［短～］ごく短い時間 ②しばらく，一時［～停］タイムアウト，一時停止する

【暂缓】zànhuǎn [動]しばらく見合わせる，棚上げにする〖～执行〗執行を一時見合わせる

*【暂且】zànqiě [副]暫時，しばらく〖这话～不提〗この話はしばらく棚上げにする

*【暂时】zànshí [形]〘多く定語·状語として〙暫時の，一時の〖～的措施〗臨時的措置

【暂行】zànxíng [形]〘定語として〙（法令·規則などが）仮の，臨時的な［～条例］暫定条例

【錾(鏨)】zàn [動]金銀や石に彫刻する〖～字〗字を彫る
[⊗]たがね，のみ

【錾刀】zàndāo [名]〔把〕（金銀彫刻用の）たがね，小刀

【錾子】zànzi [名]〔把〕（金石に穴をあけたり細工する）たがね，のみ

【赞(贊 *賛)】zàn [⊗]賛助する，協賛する［～助］賛助する

【——(讚)】[⊗]①たたえる，ほめる［～不绝口］しきりにほめる ②賛(さん)（旧時の人物をほめたたえる一種の文体）

*【赞成】zànchéng [動]賛成する（[反]［反对］）〖～你的意见〗君の意見に賛成だ — [動]《書》助けて物事を完成させる

【赞歌】zàngē [名]〔首·曲〕賛歌

*【赞美】zànměi [動]賛美する，褒めたたえる［～诗］［～歌］賛美歌

【赞佩】zànpèi [動]たたえ敬服する

【赞赏】zànshǎng [動]たたえ評価する，称賛する

【赞颂】zànsòng [動]称賛する，褒めたたえる

*【赞叹】zàntàn [動]賛嘆する，称賛する〖～不已〗しきりに称賛する

*【赞同】zàntóng [動]賛同する，賛成する〖一致～他的建议〗こぞって彼の考えに賛成する

【赞许】zànxǔ [動]よいと認めてたたえる〖值得～〗称賛に値する

*【赞扬】zànyáng [動]称揚する，称賛する〖～两国人民之间的友谊〗両国人民の友誼を称賛する

【赞语】zànyǔ [名]賛辞，賞賛の言葉

【赞誉】zànyù [動]称賛する

*【赞助】zànzhù [動]賛助する，協賛する

【瓒(瓚)】zàn [⊗]（古代の）玉の匙(さじ) ♦多く人名用字として

【咱(*喒 偺)】zan [⊗]《方》時，ころ（'早晚'の合音）［多～］いつ［这～］今［那～］その時
⇨zá, zán

【牂】zāng [⊗]牝の羊［～牁 kē］古代の郡名（今の貴州省）

【赃(贜 *贓)】zāng [⊗]贓物(ぞうぶつ)，わいろ［贪～］（官吏が）汚職する，収賄する

【赃官】zāngguān [名]汚職官吏，悪徳役人 [反]［清官］

【赃款】zāngkuǎn [名]〔笔〕わいろや盗みなど不正な手段で得た金，悪銭

【赃物】zāngwù [名]わいろや盗みなど不正な手段で手に入れた金品，贓物

【脏(髒)】zāng [形]汚い，汚れた〖衣服～了〗服が汚れた〖把手弄～了〗手を汚した［～水］汚水
⇨zàng

【脏土】zāngtǔ [名]ちり，ほこり，ごみ

【脏字】zāngzì [名]（～儿）汚い言葉，下品な言葉

【臧】zāng [⊗]①よい［～否 pǐ］《書》論評する ②（Z-）姓

【驵(駔)】zǎng [⊗]①駿馬［～侩 kuài］《書》ばくろう ②《転》仲買人，ブローカー

【脏(臟)】zàng [⊗]内臓［五～六腑］五臓六腑
⇨zāng

【脏腑】zàngfǔ [名]臓腑(ぞうふ)，内臓

【脏器】zàngqì [名]臓器

【奘】zàng [形]《方》（話し方が）粗野な，（態度が）ぎこちない
[⊗]強大な，頑丈な ♦唐の玄奘の'奘'はこの意味に由来
⇨zhuǎng

【葬】zàng [動]葬る〖～在老家〗故郷に葬る［埋～］埋葬する［海～］［水～］水葬［火～］火葬［天～］鳥葬

【葬礼】zànglǐ [名]葬儀

【葬埋】zàngmái [動]埋葬する [同]［埋葬］

【葬身】zàngshēn [動]《書》身を葬る［死无～之地］死んでも身を葬る場所がない

【葬送】zàngsòng [動]葬り去る，駄目にする（[同]［断送］）〖白白地～了一生〗あたら一生を棒に振ってしまった

【藏】zàng [⊗]①（Z-）'西 Xī 藏'（チベット）の略称［～传佛教］チベット仏教［～文］チベット語，チベット文字［～语］チベット語 ②（Z-）チベット族 ③蔵，倉庫［宝～］宝庫 ④仏教や道教

Z

の経典の総称 [大～経] 大蔵経 ⇨ cáng

【藏蓝】zànglán 形《定語として》赤みがかった藍色の色

【藏青】zàngqīng 形《定語として》黒みがかった藍色の, ダークブルーの

【藏香】zàngxiāng 名 チベット産の線香

【藏族】Zàngzú 名 チベット族 ◆中国少数民族の一, チベット自治区・青海・四川・甘粛・雲南などに住む

【遭】zāo 動 (多く良くないことに) 出会う, 遭遇する [～了两次水灾] 2度も水害を被った —量 (～儿) ①出会いや行き来する回数を数える [我来这儿还是头一～呢] ここに来るのは初めてだ ②ひと周りする回数を数える [跑了一～儿] 1周走った

【遭到】zāodào 動 (よくない事に) 出会う, 遭遇する [～拒绝] 拒絶される [～舆论的谴责] 世論の非難を受ける

【遭逢】zāoféng 動 (事柄に) 巡り会う, 出会う [～盛世] 隆盛の時代に巡り合う

【遭际】zāojì 名《書》①境遇 ②(よくない) 巡り合わせ

【遭劫】zāo'jié 動 災難に遭う

【遭难】zāo'nàn 動 災難に遭う, 遭難する

*【遭受】zāoshòu 動 (よくない事に) 出会う, (損害などを) 被る [～迫害] 迫害される

*【遭殃】zāo'yāng 動 災難に遭う

*【遭遇】zāoyù 動 (よくない事に) 出会う, 遭遇する [和敌军～] 敵と遭遇する [～困难] 困難にぶつかる —名 (多く不幸な) 境遇

【遭罪】zāo'zuì 動《方》[受罪]

【糟】zāo 形 ①朽ちた, 駄目になる ②まずい, 具合が悪い, めちゃくちゃだ [～了, 饭糊了] しまった, ご飯をこがしちゃった ✕①漬かす [酒～] 同前 ②酒や酒かすに漬ける [～鱼] 魚のかす漬け

*【糟糕】zāogāo 形《口》駄目だ, めちゃくちゃだ [～, 钥匙丢了] しまった, 鍵をなくした

【糟行】zāoháng 名《家・所》酒造所 動 [糟坊]

【糟践】zāojian 動 ①(物を) 無駄にする, 台無しにする [～粮食] 食糧を粗末にする ②(人を) 踏みつけにする, 凌辱する [～妇女] 女性を辱める

【糟糠】zāokāng 名 酒かすや米ぬかなどの粗末な食物 [～之妻] 糟糠の妻

【糟粕】zāopò 名 ①かす ②(転) つまらないもの, 役に立たないもの [弃其～, 取其精华] かすを捨てて, 精華を取る

*【糟蹋(糟踏)】zāota/zāotà 動 ①無駄にする, 損なう [～粮食] 穀物を無駄にする ②侮辱する, 蹂躙する [你净～人] 君はいつも人を侮辱する

【糟心】zāoxīn 動 気をもむ, 悩む

【凿(鑿)】záo 動 うがつ, 彫る [用凿子～] のみで彫る ✕(旧読 zuò) ①ほぞ穴 [方枘 ruì 圆～] (四角のほぞと丸いほぞ穴) 食い違いが甚だしい ②確かな, 明らかな ⇨ zuò

【凿空】záokōng (旧読 zuòkōng) 動《書》牵强に付会する (働 [穿凿]) [～之论] こじつけの論

【凿岩机】záoyánjī 名 削岩機 働 [风钻 zuàn]

【凿凿】záozáo (旧読 zuòzuò) 形 確かな [～有据] れっきとした証拠がある [言之～] 言うことに根拠がある

【凿子】záozi 〔把〕のみ

【早】zǎo 形 ①(時間的に) 早い [～(晚)] [睡得很～] 寝る時間が早い [离上课还～] 授業開始までまだ時間がある [～来一天] 一日早めに来る [～春] 早春 ②(挨) おはよう [～您～] おはようございます —副 ずっと前から [～知道] 前から知っている ✕朝 [从～到晚] 朝から晩まで [～餐] 朝食 [～操] 朝の体操 [今～] 今朝

【早安】zǎo'ān (挨) おはようございます

【早半天儿】zǎobàntiānr 名《口》午前中 [早半晌儿]

【早茶】zǎochá 名 朝の軽食, 飲茶

【早产】zǎochǎn 動 早産する [～了一个女孩] 女児を早産した

【早场】zǎochǎng 名 (演劇・映画などの) 午前の部, マチネー 働 [午场] [夜场]

【早晨】zǎochen 名 朝 ◆夜明けから8,9時頃までの時間帯

【早稻】zǎodào 名 早稲

【早点】zǎodiǎn 名 [顿] 朝の軽食, 朝食

【早饭】zǎofàn 名 [顿] 朝食, 朝ごはん 働 [早餐]

【早婚】zǎohūn 動 早婚する (働 [晚婚]) [他是～] 彼は早婚だった

【早年】zǎonián 名 ①昔, 以前 [～的事别提了] 昔の事は言わないでくれ ②若い頃

【早期】zǎoqī 名 早期, 早い時期 [～(的) 作品] 初期の作品 [～治疗] 早期に治療する

【早日】zǎorì 副 早期に, 一日も早く〚祝你～恢复健康〛早くお元気になりますよう

★【早上】zǎoshang 名 朝〚～好〛おはよう

【早市】zǎoshì 名 朝市〚赶～〛朝市へ買いに行く

【早熟】zǎoshú 形 ①(子供の)発育が早すぎる ②(植物が)早熟な

【早衰】zǎoshuāi 名 年より早く老けた

【早霜】zǎoshuāng 名 晩秋の霜

【早退】zǎotuì 動 早退する

【早晚】zǎowǎn 名 ①朝晩〚～的气候变化〛朝晩の気候の変化 ②(多く旧白話で)…の時〚这～〛今頃, 今 一 圖 遅かれ早かれ〚这件事一会被他知道的〛いつかこの事は彼に知られるに違いない

【早先】zǎoxiān 名 以前〚比～用功好多了〛以前よりずっと勉強家になった

【早已】zǎoyǐ 副 疾くに〚来信～收到〛お手紙既に拝受いたしました

【早育】zǎoyù 動 早めに子供を生み育てる〚提倡早婚～〛早めの結婚・出産を提唱する

【早早儿】zǎozǎor/zǎozāor 副 早く〚～回家吧〛早く家に帰りなさい

【早造】zǎozào 名 取入れの早い作物

【枣】(棗) zǎo 名 (～儿)〔个・颗〕ナツメの実〚～树〛ナツメの木

【枣红】zǎohóng 形〔定語として〕栗毛色の

【枣泥】zǎoní 名 ナツメで作った餡ǎn

【枣子】zǎozi 名〔方〕ナツメの実

【蚤】 zǎo ⊗ ①ノミ〚跳～〛ノミ zao 同前〚狗～〛犬のノミ ②'早'と通用

【澡】 zǎo 動 体を洗う, 入浴する〚洗～〛体を洗う, 風呂に入る〚擦～〛ぬれタオルで身体をこする

【澡塘】zǎotáng 名 ①浴槽, 湯船 ②同〔澡堂〕

【澡堂(子)】zǎotáng(zi) 名 浴場, 風呂屋, 銭湯 ⊕〔浴池〕

【藻】 zǎo ⊗ ①藻類〚海～〛海藻 ②藻[くさ] ③文辞の飾り, あや

【藻井】zǎojǐng 名〔建〕宮殿・ホールなどの模様を描いた天井

【藻类植物】zǎolèi zhíwù 名 藻類植物

【藻饰】zǎoshì 動〔書〕美辞麗句で文章を飾る

【璪】 zǎo ⊗ (皇帝の)冠のビーズ状の垂れ飾り

【灶】(竈) zào 名 ①〔座・口〕かまど ②台所, 厨房

【灶神】Zàoshén 名 かまど神 ⊕〔灶君〕〔灶王爷〕〔祭灶〕

【灶膛】zàotáng 名 かまどの火をたく穴

【皂】(＊皁) zào ⊗ ①黒い〚～鞋〛黒の布靴 ②しもべ, 小者 ③石鹸〚～肥〛石鹸〚香～〛化粧石鹸

【皂白】zàobái 名 黒白, 是非〚～不分〛是非をわきまえない, 有無を言わせない

【皂荚】zàojiá 名〔植〕①サイカチ ②サイカチのさや(漢方薬や洗濯に用いる) ⊕〔皂角〕

【皂隶】zàolì 名〔旧〕役所の下級使用人, 小役人

【造】 zào 動 ①作る, 製造する〚～船〛船を製造する〚～大桥〛大橋を作る ②でっちあげる〚捏～〛捏造する ③〔方〕稲など農作物の収穫〚一年两～〛二期作 ⊗ ①養成する〚可～之才〛育てるに値する人材 ②行く, 至る〚～访〛〔書〕訪問する ③訴訟の当事者〚两～〛〔旧〕原告被告の双方〚甲～〛当事者甲, 甲方 ④成果〚深～〛深く研究する

★【造成】zàochéng 動 (悪い結果を)もたらす, 引き起こす〚～混乱〛混乱をもたらす

【造次】zàocì 形〔書〕①慌ただしい, 急な〚～之间〛とっさの間 ②いい加減な, 軽率な

【造反】zào'fǎn 動 造反する, 謀反を起こす〚～有理〛反逆には道理がある(文化大革命期のスローガン)

【造福】zàofú 動 幸福をもたらす, 幸せにする〚植树造林,～后代〛植樹造林は後世に幸福をもたらす

【造化】zàohuà 名〔書〕大自然, 造物主
—— zàohua 名 幸福, 運

【造价】zàojià 名〔笔〕(建築物などの)建造費, 造費, (自動車・船・機械などの)製造費

【造就】zàojiù 動 養成する, 育てあげる〚～干部〛幹部を育成する 一 名 造詣, 成果(多く青年についていう)〚这小伙子很有～〛この若者はなかなか良い仕事をしている

【造句】zào'jù 動 文を作る〚～法〛〔語〕シンタックス, 構文論

【造林】zào'lín 動 造林する

【造孽】zào'niè 動〔⊕〔作孽〕〕(仏教用語から)罪作りをする, ばち当たりなことをする 一 形〔方〕かわいそうな

【造物】zàowù 名 万物を創造する神力〚～主〛造物主, 神

【造像】zàoxiàng 名 彫像, 塑像

★【造型】zàoxíng('造形'とも) 動 ①

造形する［～艺术］造型芸術 ②砂鋳型を造る —[名]造られた物の形
【造谣】zàoʼyáo [動]デマをとばす〚～中zhòng伤〛デマを流して人を中傷する
【造诣】zàoyì [名]造詣〚～很高(～很深)〛造詣が深い
【造影】zàoyǐng [名]放射線造影［钡bèi餐～］バリウム造影剤によるX線撮影
【造作】zàozuo [動]わざとらしく振る舞う,思わせ振りをする [同]［做作］
〖噪〗zào ⊗鳥や虫がしきりに鳴く［蝉～］《書》セミがうるさく鳴く
〖—(譟)〗⊗わめく,大声で騒ぐ［聒～］《方》同前
【噪声】zàoshēng [名]騒音,雑音
*【噪音】zàoyīn [名]①噪音 [反]［乐yuè音］②騒音,雑音 [同]［噪声］
〖燥〗zào ⊗乾燥した［干gān～］同前
〖躁〗zào ⊗焦る,せっかちだ［急～］いらいらする［不骄不～］驕らず焦らず
【躁动】zàodòng [動]①いらだって動き回る ②休まずに活動する
【则(則)】zé [量]一くぎりの文章を数える〚新闻三～〛ニュース3件〚试题两～〛試験問題2題
⊗①(前段の条件を受けて)…すると,…すれば〚领导脱离群众,～将一事无成〛指導者が大衆から遊離すれば,何事も成し遂げられない［穷～思变］窮すれば変革を考える ②(対比して)…の方はと言えば ③…ではあるが〚好～好,只是太贵〛いいことはいいが,ただ高すぎる ④理由や原因を列挙するときに用いる〚一～…,二～…〛(理由の)1つは…,2つ目は… ⑤確かに…だ ⑥模範,規範 ⑦規則［法～］法則［税～］徴税規則 ⑧則る,ならう ⑨する,作る［～声］声を出す
〖责(責)〗zé ⊗①責任［负～］責任を負う ②要求する,求める［求全～备］完璧を求める ③詰問する,問いただす ④責める,とがめる［谴～］非難する ⑤'债zhài'と通用
**【责备】zébèi [動]責める,とがめる〚～自己〛自分を責める
【责成】zéchéng [動](担当者や機関に)目標や責務を課する,責任を持たせる〚～他们妥善处理此事〛この事につき善処するよう彼に命じる
【责罚】zéfá [動]《書》処罰する,罰する
*【责怪】zéguài [動]責める,恨む〚不应该～他〛彼を責めるべきではない
【责令】zélìng [動]責任を持たせてやらせる〚～他们如期完工〛予定通り完工するよう彼らに命令する
【责骂】zémà [動]なじる,責め立てる
【责难】zénàn [動]とがめる,非難する
**【责任】zérèn [名]責任〚有～〛責任がある〚负～〛責任を負う〚承担～〛責任を取る〚转嫁～〛責任を転嫁する［～感］［～心］責任感
【责问】zéwèn [動]詰問する,問い詰める
【责无旁贷】zé wú páng dài《成》自分の負うべき責任は他に押しつけられない
【责有攸归】zé yǒu yōu guī《成》(責任は帰する所がある＞)必ず誰かに責任がある
〖啧(嘖)〗zé ⊗①舌打ちの音 ②やかましく言い合う,言い争う
【啧有烦言】zé yǒu fán yán《成》しきりに非難の声があがる,非難囂囂
【啧啧】zézé [擬]①舌打ちの音(称賛・からかい・うらめしさなどを表わす)［～称羡］しきりにほめそやす ②取りざたする［人言～］人の口がやかましい ③《書》鳥の鳴き声
〖帻(幘)〗zé ⊗古代の頭巾
〖箦(簀)〗zé ⊗寝台のござ
〖赜(賾)〗zé ⊗奥深い［探～索隐］深く隠れた道理や事蹟を探し出す
〖泽(澤)〗zé ⊗①沼,沢［湖～］湖沼 ②湿っている,潤いがある ③(金属や珠玉などの)光沢,つや ④恵み
【泽国】zéguó [名]《書》①水郷 ②浸水した地区
【泽泻】zéxiè [名]〚植〛サジオモダカ(根は利尿剤)
〖择(擇)〗zé ⊗選ぶ［不～手段］手段を選ばない［～期］(良い)日を選ぶ［～优］秀れたものを選ぶ
⇨zhái
【择吉】zéjí [動]吉日を選ぶ〚～开张〛吉日を選んで開業する
【择交】zéjiāo [動]《書》友を選ぶ
〖迮〗zé ⊗①狭い ②(Z-)姓
〖笮〗Zé ⊗姓 ♦「竹製のロープ」の意ではzuóと発音
〖舴〗zé ⊗［～艋měng］小さな舟
〖仄(*側)〗zè ⊗①傾く ②狭い［逼～］《書》手狭な ③心苦しい［歉～］《書》恐縮である ④〚語〛仄
【仄声】zèshēng [名]仄声 ♦古代の

【昃】zè ⊗ 日が西に傾く

【贼】(賊) zéi 图 盗賊, 泥棒 [~去关门] 泥棒が去ってから戸締りする. 泥縄 — 圈 ずるい [老鼠真~] ネズミは本当にずるがしこい
⊗ ① こせこせした, 邪悪な [~眼] きょろきょろした目付き ② 〈方〉ひどく, やけに (多く不快・不正常な情況に用いる) [~冷] ばかに寒い [~亮] ぎらぎら光る ③ 悪人, 裏切り者 [卖国~] 売国奴

【贼喊捉贼】zéi hǎn zhuō zéi 〈成〉(泥棒が泥棒をつかまえろと叫ぶ) 自分の悪事をごまかすため他人を盗人呼ばわりする

【贼眉鼠眼】zéi méi shǔ yǎn 〈成〉きょろきょろとして目付きが怪しいさま, こそこそとした様子

【贼头贼脑】zéi tóu zéi nǎo 〈成〉挙動がこそこそしている, うさん臭い

【贼心】zéixīn 图 悪心 [~不死] 悪心は直らない

【贼星】zéixīng 图〈俗〉流れ星

【贼赃】zéizāng 图 盗品, 贓物

【怎】zěn 代〈口〉どうして, どのように [~不早说?] どうして早く言わないのか [~能不办?] どうしてやらないでいられるか

【怎的(怎地)】zěndi 代〈方〉どうして, どうする

★【怎么】zěnme 代 ①〔状語として〕どのように (方法を尋ねる) [这件事~办好?] これはどうすればいいだろう ②〔状語として〕どうして (いぶかる気持ちで原因・理由を尋ねる. 文頭に置くこともある) [你~不高兴?] 君はなぜ不機嫌なのか [~他还不来?] 彼はどうしてまだ来ないんだろう ③〔定語として〕どのような (情況・性質を尋ねる) [这是~一回事?] これはどういうことだ ④〔述語として〕どうであるか, どうしたか [你~啦?] 君どうしたんだ ⑤〔文頭に置いて〕意外さや驚きを表わす [~, 小李还没回来?] なんだって, 李さんはまだ戻っていないの ⑥〔'也''都'と呼応して〕どんなに…しても (任意の内容を表わす) [~也睡不着] どうしても眠れない [不管~忙, 你也得去] どんなに忙しくても, 君は行かなければならない ⑦〔'不+~+動詞(形容詞)'の形で〕程度が弱いことを示す [天气不~冷] そんなに寒くない [平常不~来这里] 普段ここへは余り来ない ⑧〔'怎么…怎么…'の形で〕思惑通りに行うことを表わす [~想就~说] 思った通りに話す

【怎么办】zěnme bàn 代 どうする, どうしよう [把车票丢了, 这可~!] 切符を無くしたよ, どうしよう [你想~就~吧] あなたのしたいようにしなさい

【怎么样】zěnmeyàng 代 ①〔状語として〕どのように, どうやって (方法を尋ねる) [你是~来的?] 君はどのように来たのか ②〔定語として〕どのような, どんな ♦ 性質を表わす. 後に '的' + 名詞, または '(的)' + '一' + 量詞 + 名詞 の形をとる [他是~的一个人?] 彼はどんな人だ ③〔述語として〕どうであるか ♦ 述語・補語・客語に用いて状況を尋ねる [你身体~?] お体はいかがですか [你看~?] 君はどうと考えますか ④〔否定の形で〕婉曲表現に用いる [这篇文章写得不~] この文章はあまりよく書けていない ⑤ どんなに(…しても) ♦ 前に '不管' '无论', 後に '也' '都' などと呼応する. 口語では '怎么' を多く用いる [~说他也不听] どんなに言っても彼は従わない

【怎么着】zěnmezhe 代 どうする, どう (動作や状況を表わす) [你打算~?] 君はどうするつもりだ

【怎奈】zěnnài 副 いかんせん, あいにく

【怎生】zěnshēng 代 (旧白話で) どのように, どうする

【怎样】zěnyàng 代 ⇒【怎么样】

【谮】(譖) zèn ⊗ 中傷する [~言]〈書〉讒言

【曾】(曾) zēng ⊗ ① 間に 2 代隔てた親族関係 ② '增' と通用 ③ (Z-) 姓
⇒céng

【曾孙】zēngsūn 图 孫の子, ひ孫

【曾祖父】zēngzǔfù 图 曾祖父, ひいおじいさん

【曾祖母】zēngzǔmǔ 图 曾祖母, ひいおばあさん

【憎】zēng ⊗ 憎む, 嫌う [面目可~] 顔付きが憎々しい [嫌~] 憎み嫌う

【憎称】zēngchēng 图 憎しみを表わす呼び方 (侵略者を '鬼子' と呼ぶように)

【憎恨】zēnghèn 動 憎み恨む [~侵略者] 侵略者を憎悪する [引起人们~] 人々の恨みを招く

【憎恶】zēngwù 動 憎悪する

【增】zēng ⊗ 増える, 増す [有~无减] 増える一方である [猛~] 急増する

【增补】zēngbǔ 動 (内容を) 増補する, (欠員を) 補充する [~本] 増補版

【增产】zēngchǎn 動 増産する (⊗ 【減产】) [~粮食] 食糧を増産する [增点儿产] ちょっと増産する

zēng

【増訂】zēngdìng 動（本の内容を）増補訂正する〔～本〕増訂本
【増多】zēngduō 動 多くなる，増える〔日益～〕日増しに増加する
【増高】zēnggāo 動 高くなる，高める
【増光】zēng'guāng 動 栄光を増す，栄誉を高める〔为国～〕国の威信を高める
【増加】zēngjiā 動 増加する，増える（反[减少])〔～困难〕困難を増す〔产量比去年～一倍〕生産量が去年の2倍になった〔报名人数由三千～到五千〕申込者数が3千から5千に増えた
【増进】zēngjìn 動 増進する〔～了相互的了解〕相互理解を深めた〔～食欲〕食欲を増進する
【増刊】zēngkān 名 増刊
【増強】zēngqiáng 動 強める，高める（反[减弱])〔～信心〕自信を強める〔～抵抗力〕抵抗力を強める
【増生】zēngshēng 動（細胞が）増殖する 医[增殖]
【増収】zēngshōu 収入が増える，増収する
*【増添】zēngtiān 動 増やす，添える〔～乐趣〕楽しみを増す〔～了无限光彩〕この上ない光栄を添えた
【増益】zēngyì 動 増やす，加える 名[电]（増幅器などの）利得，ゲイン
【増援】zēngyuán 動［軍］増援する
*【増長】zēngzhǎng 動 増加する，高める〔～速度〕速度を高める〔实践中～才干〕実践するなかで才能を高める〔经济～〕経済成長
【増殖】zēngzhí 動 繁殖する（同[增生]）〔～率〕繁殖率
【増値】zēngzhí 動 ①生産額が増える ②（資産や貨幣の）価値が上昇する
【増値税】zēngzhíshuì 名 付加価値税

【繒(繒)】zēng ⊗ 絹織物 ◆「縛る」の意の方言では zèng と発音

【矰】zēng ⊗（鳥を射る）いぐるみ ◆ 矢に糸や網を付け，からませて捕る

【罾】zēng 名 [方] 方形の四つ手網

【綜(綜)】zèng（旧読 zòng）名 [機] ヘドル，綜絖 ◆ 織機の横糸を通すために縦糸を交互に上げ下げする装置
⇒zōng

【鋥(鋥)】zèng ⊗ [方]（器物などが磨かれて）ぴかぴかに光っている〔铮 zhèng'～光〕〔～亮〕同前

【甑(甑)】zèng ⊗ ①こしき，蒸籠（古代の土器，現在は米などを蒸す桶状の道具）②蒸留や分解に用いる器具（曲颈～）[化] レトルト
【甑子】zèngzi 名 米などの蒸し器，蒸籠

【贈(贈)】zèng ⊗ 贈る〔敬～〕謹んで贈る
【贈答】zèngdá 動 贈答する，（詩文などを）やりとりする
【贈礼】zènglǐ 名［份］贈り物，進物
【贈品】zèngpǐn 名［件・份］贈り物，贈答品
*【贈送】zèngsòng 動 贈る，贈呈する〔～礼物〕贈り物をする
【贈言】zèngyán 名 はなむけの言葉［临別～］送別の言葉
【贈閲】zèngyuè 動（出版物を）贈呈する，寄贈する〔～图书〕書籍を寄贈する〔～图书〕寄贈図書

【扎】zhā 動［方］潜る〔～进水里〕水に飛び込む
── (*劄) 動 刺す，突き刺す〔仙人掌一人〕サボテンのとげがささる〔～手〕（とげなどで）手を刺す
── (*劄紮) ⊗ 駐屯する〔～营〕（軍隊が）駐屯する
⇒zā, zhá
【扎耳朵】zhā ěrduo 形 耳障りな，耳が痛い，聞くに堪えない
【扎根】zhāgēn 動 ①（植物が）根を張る，根付く ②（人や物事が）根を下ろす，定着する
【扎花】zhā'huā 動（～儿）［方] 刺繡ぬいする
【扎猛子】zhā měngzi 動［方]水に頭から飛び込んで潜る
【扎啤】zhāpí 名[杯・扎] ジョッキ入り生ビール
【扎煞(挓挲)】zhāsha 動［方］①（手や枝などを）広げる，伸ばす〔他～着两只手〕彼は（困って）両手を広げている ②（髪の毛が）ぼさぼさに逆立つ
*【扎实】zhāshi 形 ①丈夫な〔～[结实]〕②堅実な，着実な〔工作很～〕仕事振りが手堅い
【扎手】zhāshǒu 形 手を焼く，やりにくい〔这事真～〕この件は実に難題だ
【扎眼】zhāyǎn 形〔貶〕①目障りな，人の目を引きやすい 同［刺眼］②〔貶〕人目を引きやすい，目立つ
【扎针】zhā'zhēn 動 鍼はりを打つ，鍼治療する

【吒】zhā ⊗ 神名用字〔木～〕木吒（Nézha とも）〔哪 Né～〕哪吒

【咋】zhā ⊗ 以下を見よ
⇒zǎ（「嚼む」の意の古語

はzéと発音)
【咋呼(咋唬)】zhāhu [動]《方》①わめく, 怒鳴る ②ひけらかす, 威張る

〖查〗Zhā [⊗]姓
⇨chá

【渣】zhā [名](～儿) ①かす, しぼりかす [油～儿] 油かす [豆腐～] おから ②くず [面包～儿] パンくず
【渣滓】zhāzi/zhāzǐ [名] ①残りかす ②(社会に害となる) 人間のくず(盗賊·詐欺師·ごろつきなど)
【渣子】zhāzi [名]残りかす, くず

【喳】zhā [嘆]《旧》下僕が主人に応える声, はい(かしこまりました) — [擬]〔多く重ねて〕鳥の騒ぐ声を表わす
⇨chā

【揸(*摣 戲)】zhā [動]《方》①指でつまむ ②[～开] 手の指を広げる

〖楂(*樝)〗zhā [⊗]〖植〗サンザシ [山～] 同前 ♦'茬'と通用する場合はcháと発音

〖扎〗zhá [⊗]→[挣zhēng～]
⇨zā, zhā

〖札(*劄)〗zhá [⊗]①木簡 ②書簡 [手～]《書》同前 [大～]《敬》貴簡, お手紙
【札记(劄记)】zhájì [名]〔份〕読書ノート, 覚え書き

【轧(軋)】zhá [動]圧延する 〖～钢板〗鋼板を圧延する
⇨yà
【轧钢】zhá'gāng [動]鋼塊を圧延する [～机] 圧延機
【轧辊】zhágǔn [名]圧延ローラー

【闸(閘 *牐)】zhá [名]①〔道·座〕水門, せき ②ブレーキ〖这个～不灵〗このブレーキは利かない〖踩～〗ブレーキを踏む, ブレーキを掛ける ③《口》スイッチ, 開閉器 [电～] (大型の) スイッチ [～盒(儿)] 安全器 — [動]水をせき止める
【闸口】zhákǒu [名]水門口, (水の)取り入れ口
【闸门】zhámén [名]〔道·座〕水門, せき

【炸(*煠)】zhá [動]①油で揚げる〖～丸子〗肉だんごを揚げる [～猪排] ポークカツレツ [～鸡] フライドチキン ②《方》ゆでる〖把菠菜～一下〗ほうれん草をゆがく
⇨zhà

【铡(鍘)】zhá [動]押し切りで切る〖～草〗押し切りで草(まぐさ)を切る
[⊗]押し切り, まぐさ切り
【铡刀】zhádāo [名]〔把〕押し切り, まぐさ切り

【拃(*搩)】zhǎ [動]親指と中指(または小指)を広げて長さを量る — [量]同前により量られる距離

【砟】zhǎ [名](～儿)(石や石炭などの) 小さな塊, 破片 [道～] 線路に敷く砂利 [焦～] 石炭がら [炉灰～儿] 炉の燃えがら

〖鲊(鮓)〗zhǎ [⊗]①漬けた魚 ②野菜の漬け物の一種

【眨】zhǎ [動]まばたきする〖～眼睛〗まばたきする
【眨巴】zhǎba [動]《方》まばたきする
【眨眼】zhǎ'yǎn [動](～儿) まばたきする〖不～地看〗まばたきもせずに見る〖～之间〗瞬く間, 一瞬間

【乍】zhà [副]①…したばかり〖～到这里…〗ここへ来たばかりの頃は… ②〔多く'～…～…'の形で〕…したかと思うと急に〖～往～来〗行ったかと思うとまたいきなりやって来る — [動]《方》[同][奓]
[⊗](Z-)姓

【诈(詐)】zhà [動]①だます, ぺてんにかける〖别～我〗僕をだますな [～取] 詐取する [～财] 金をかたり取る ②偽る, 振りをする [～败] 敗けた振りをする ③かまをかける, うそで探りを入れる〖～出他的实话来〗かまをかけて彼に本音を言わせた
【诈唬】zhàhu [動]《口》わざと脅かす, 脅す
*【诈骗】zhàpiàn [動]だまし取る [～犯] 詐欺犯
【诈降】zhàxiáng [動]偽って投降する, 降参を装う

【炸】zhà [動]①破裂する, 爆発する〖杯子～了〗コップが割れた ②爆破する〖～铁路〗鉄道を爆破する ③《口》かんしゃくを起こす〖一听就气～了〗聞いたとたん怒りを爆発させた ④《方》逃げ散る
⇨zhá
【炸弹】zhàdàn [名]〔枚·颗〕爆弾〖扔～〗爆弾を落とす [定时～] 時限爆弾
【炸毁】zhàhuǐ [動]爆破する
【炸药】zhàyào [名]爆薬, ダイナマイト [同][火药]

〖痄〗zhà [⊗]以下を見よ
【痄腮】zhàsai [名]おたふくかぜ('流行性腮腺炎'の通称)

〖蚱〗zhà [⊗]以下を見よ
【蚱蜢】zhàměng [名]〔只〕バッタ

Z

zhà 一

【榨】(*搾) zhà 動 しぼる,しぼり取る 〖～油〗油をしぼり取る〖压～〗圧搾する
【—】⊗ 搾木ぷ,しぼり器〖油～〗油しぼり器
【榨菜】zhàcài 图 ①〖植〗芥菜(カラシナ)の変種 ②ザーサイ◆'榨菜'の茎の漬物。四川省の特産
【榨取】zhàqǔ 動 ①しぼり取る〖落花生可～花生油〗落花生から落花生油をしぼり取れる ②搾取する〖～农民的血汗〗農民の血と汗を搾取する

【咤】(*吒) zhà ⊗ →〖叱 chì～〗

【栅】(柵) zhà ⊗ さく,囲い〖铁～〗鉄さく〖竹～〗竹やらい
⇨shān
【栅栏】zhàlan (～儿)〔道〕さく,囲い

【奓】 zhà 動《方》開く,広げる◆湖北省の地名'奓山''小奓河'などでは zhā と発音

【霅】 Zhà ⊗〖～溪〗霅溪きホ(浙江省の川の名)

【侧】(側) zhà 動《方》傾く,傾ける〖～棱 leng〗一方に傾ける〖～歪 wai〗傾く,斜めになる
⇨cè

【斋】(齋) zhāi ⊗ ①精進料理 ②精進する ③僧侶・道士に飯を施す,布施をする ④部屋(書斎・商店の名によく使う。学寮を指すこともある)〖书～〗書斎〖新～〗新しい部屋〖荣宝～〗栄宝斎(北京の有名な文具古美術店)
【斋饭】zhāifàn 图 お布施にもらった飯
【斋戒】zhāijiè 動 斎戒する
【斋月】zhāiyuè 图 イスラム教の斎戒期間の1か月(イスラム暦の9月ラマダーン)のこと)

【摘】 zhāi 動 ①摘む,もぐ,取る〖～苹果〗リンゴをもぐ〖～花儿〗花を摘む〖～帽子〗帽子を取る(罪名や汚名を解く)〖～下眼镜〗眼鏡をはずす ②抜粋する,かいつまむ ③(一時) 借金する,融通する〖～点儿钱〗金を少々融通してもらう
【摘除】zhāichú 動(有機体から一部を)取り除く,摘出する〖～枯叶〗枯葉を取り除く〖～手术〗摘出手術
【摘记】zhāijì 動 摘録する,抜き書きする〖～要点〗要点をメモする
【摘借】zhāijiè 動(急用の)金を借りる,融通してもらう
【摘录】zhāilù 動 抜き書きする,抜粋する
*【摘要】zhāiyào 要点を抜き出す一〖条・段〗摘要,要旨
【摘引】zhāiyǐn 動 抜粋引用する
【摘由】zhāi'yóu 動(裁定するために)公文書の要旨を摘録する

【宅】 zhái ⊗ 住居,邸宅〖住～〗住宅〖深～大院〗豪邸,お屋敷 一 動 家に篭ってネットやゲームに耽る〖～男〗〖～女〗オタク
【宅急送】zháijísòng 图 宅配便
【宅门】zháimén 图 ①邸宅の大門 ②(～儿)お屋敷(に住む人)
【宅院】zháiyuàn 图〔所・座〕'院子'のついた家,屋敷
【宅子】záizi 图〔所・座〕(口) 住居,屋敷

【择】(擇) zhái ⊗ 選ぶ,よる
⇨zé
【择不开】zháibukāi 動(口)①分解できない,解けない〖线乱成了一团,怎么也～〗糸がこんがらかって,どうしてもほどけない ②割れない,抜け出せない(⇔【择得开】)〖忙得一点工夫也～〗忙しくて少しの時間も都合つけられない
【择菜】zhái'cài 動 野菜の食べられない部分を取り除く
【择席】zháixí (場所が変わって)寝付けない

【窄】 zhǎi 厖 ①狭い,幅が短い〖～〗〖宽〗〖～〗狭い ②(了见,心が)狭い〖心眼儿～〗心が狭い,気が小さい ③(暮らしに)余裕がない

【债】(債) zhài 图〔笔〕借金,負債,債務〖还 huán～〗借金を返す〖讨～〗借金を取り立てる
【债户】zhàihù 图 債務者,借り主
【债权】zhàiquán 图⇔[债务]
*【债券】zhàiquàn 图 債券
【债台高筑】zhài tái gāo zhù(成) 負債が山ほど有る,借金で首が回らない
【债务】zhàiwù 图〔笔〕債務
【债主】zhàizhǔ 图 債権者

【寨】(*砦) zhài 图(柵ミや土塀をめぐらした)村,部落(多く地名用) ⊗ ①(旧時軍隊の)駐屯地,陣地 ②とりで ③山賊のすみか,山寨ミカ
【寨子】zhàizi 图 ①桝,囲い ②(柵や土塀をめぐらした)村,部落

【瘵】 zhài ⊗ 病気

【占】 zhān ⊗ ①占う ②(Z-) 姓
⇨zhàn
【占卜】zhānbǔ 動 占う〖～吉凶〗

吉凶を占う

【占卦】zhān'guà 動 卦で占う ⇨[打卦]

【占课】zhān'kè 動（主に銅銭の裏表を見たり、指で干支を数えたりして）吉凶を占う

【占梦】zhān'mèng 動 夢判断をする、夢占いをする ⇨[圆梦]

【占星】zhān'xīng 動 星占いをする

【沾】zhān 動 ①ちょっと触れる『脚不~地 dì 飞跑』足も地に触れないみたいに速く走る ②（利益・恩恵などを）被る、あずかる

【沾（霑）】動 ①しみる、ぬれる『~湿了衣服』服がびっしょりぬれた ②付着する、くっつく『鞋上~了点儿泥』靴に泥が少しついた

【沾边】zhān'biān 動（~儿）①ちょっと触れる、少し関係する『这事他没有~』この件には彼は関係していない ②（事実、水準に）接近する

*【沾光】zhān'guāng 動 おかげを受ける、恩恵にあずかる『沾他的光』彼のおかげを被る

【沾亲带故】zhān qīn dài gù（成）親類や友人の間柄である ⇨[沾亲带友]

【沾染】zhānrǎn 動 ①感染する、うつる『~了细菌』細菌に感染した ②（悪風などに）染まる、感化される『~坏习气』悪い習慣に染まる

【沾手】zhān'shǒu 動 ①手で触る、手に触れる ②かかわる、手を出す『这件事我不想~』この件には僕はかかわりたくない

【沾沾自喜】zhān zhān zì xǐ（成）うぬぼれて得意になっているさま

【毡（氈*毯）】zhān ⊗ フェルト『~帽』フェルト帽『炕~』オンドルの上にしく毛氈½

【毡房】zhānfáng 名［顶・座］遊牧民の住む円天井の家 ◆木枠の上にフェルトをかぶせて作る。いわゆる蒙古パオ

【毡子】zhānzi 名 フェルト、毛氈

【粘】zhān 動 ①（粘り気のあるものが）くっつく『这种糖~牙』こういう飴は歯にくっつく ②のり付けする、貼り付ける『~信封』封筒の封を貼る
⇒ Nián

【粘连】zhānlián 動 ①［医］癒着する ②（物と物が）くっつく

*【粘贴】zhāntiē 動 貼る、貼り付ける

【栴】zhān ⊗ 『~檀 tán』(書) ビャクダン

【旃】zhān 動 ①'毡'と通用 ②文語の助詞（'之'と'焉'の合音）

【詹】Zhān ⊗ 姓

【谵(譫)】zhān ⊗ でたらめを言う『~语』(書) たわごと(を言う)

【谵妄】zhānwàng 名［医］譫妄½§ ◆病気・薬物中毒などによる心神障害

【瞻】zhān 動 ①眺める、仰ぎ見る『观~』(書)眺める ②(Z-) 姓

【瞻顾】zhāngù 動 (書) ①後先をよく考える、あぐねる ②世話する

【瞻念】zhānniàn 動 将来のことを思う『~前途』前途を思う

【瞻前顾后】zhān qián gù hòu（成）（前を見たり後ろを見たりする＞）①事前に熟慮する ②（考え過ぎて）優柔不断である

【瞻望】zhānwàng 動 遠くを見る、展望する『~未来』未来を展望する

*【瞻仰】zhānyǎng 動 仰ぎ見る『~遗容』遺影を拝する

【鳣(鱣)】zhān ⊗ チョウザメ (古語) →[鲟 xún]

【斩(斬)】zhān 動 切る、断ち切る

【斩草除根】zhǎn cǎo chú gēn（成）根こそぎにする、根絶やしにする

【斩钉截铁】zhǎn dīng jié tiě（成）言動がきっぱりとしたさま、断固としていること

【斩假石】zhǎnjiǎshí 名 人造石 ⇨[剁斧石]

【斩首】zhǎnshǒu 動 斬首する

【崭(嶄)】zhǎn 形［方］優れている、素晴らしい『味道真~！』実にいい味だ ⊗高く険しい、そびえる『~露 lù 头角』きわだって頭角を現わす

*【崭新(嶄新)】zhǎnxīn 形 真新しい『~的式样』最新のデザイン

【飐(颭)】zhǎn 動 風が（ものを）ふるわせる

【盏(盞)】zhǎn 量 灯火・電灯を数える『三~电灯』電灯3つ ⊗杯『酒~』酒杯『茶~』小さな茶のみ ◆'戔'は異体字

【展】zhǎn ⊗①広げる、延べる『开~』展開する、繰り広げる『~眼舒眉』顔をほころばす ②（期日・期限を）遅らす、延ばす『~限』期限を延ばす ③展覧する、展示する『~室』展示室『画~』絵画展 ④発揮する、ふるう『一筹莫~』なんら策の講じようがない ⑤(Z-)姓

【展翅】zhǎnchì 動 翼を広げる

【展出】zhǎnchū 動 展示する、出展する

【展缓】zhǎnhuǎn 动 延期する、期限を延ばす〚限期不得~〛期限は遅らすことができない
*【展开】zhǎnkāi 动 ①広げる〚~一幅地图〛一枚の地図を広げる ②繰り広げる、展開する〚~竞赛〛競技を繰り広げる〚展不开〛展開できない
*【展览】zhǎnlǎn 动 展覧する〚~馆〛展示館 —名 展覧会、展示会
【展露】zhǎnlù 动 はっきり現わす〚~才能〛才能を現わす
【展品】zhǎnpǐn 名〔件・样〕展示品
【展期】zhǎnqī 动 延期する、繰り延べる〚展览会~至五月底结束〛展覧会は期限を5月末まで延長する —名 展覧会の期間
*【展示】zhǎnshì 动 展示する、はっきりと示す〚~了问题的实质〛問題の本質をあからさまにした
【展望】zhǎnwàng 动 展望する、見渡す〚~未来〛未来を展望する〚往车窗外~〛車窓の外を見渡す
*【展现】zhǎnxiàn 动 展開する、(目の前に)現われる〚~在眼前〛眼前に現われる〚~了美丽的世界〛美しい世界が現われた
【展销】zhǎnxiāo 动 展示即売する〚~会〛展示即売会
【展性】zhǎnxìng 名〚理〛展性 ⇔〚延性〛
【展转】zhǎnzhuǎn 动⇒〚辗转〛

【搌】zhǎn 动(柔らかく乾いた物で水気を) 軽くぬぐう、吸い取る
【搌布】zhǎnbu／zhǎnbù 名〔块・条〕ふきん ⇔〚抹 mā 布〛

【辗(輾)】zhǎn ⊗ 以下を見よ
【辗转(展转)】zhǎnzhuǎn 动 ①何度も寝返りを打つ〚~不能入睡〛寝返りを打つばかりで眠れない ②転々とする、回り回る〚~倒 dǎo 卖〛次々に転売する

【占(*佔)】zhàn 动 ①占拠する、占領する〚~别人的房子〛他人の家を占拠する ②(ある場所を)占める〚~上风〛優位に立つ〚~多数〛多数を占める ⇨ zhān
*【占据】zhànjù 动 占拠する、占有する〚~支配地位〛支配的地位を占有する
*【占领】zhànlǐng 动 占領する〚~大城市〛大都市を占領する〚~学术阵地〛学術領域を占拠する
【占便宜】zhàn piányi 动①不当な利益を得る、うまい汁を吸う ②有利な条件を持つ〚他们个头儿 gè tour 大、拔河比赛就~〛彼らは大柄だから綱引きには有利だ

【占先】zhànxiān 动 優位に立つ、先を越す
*【占线】zhànxiàn 动(電話が)話し中だ
*【占有】zhànyǒu 动 ①占有する、占拠する〚~财产〛財産を占有する ②(地位を)占める〚~一定的比例〛一定の割合を占める ③持つ、つかむ〚~大量证据〛大量の証拠をつかむ

【战(戰)】zhàn ⊗ ①戦争(する)、戦う〚开~〛開戦する ②震える〚打冷~〛ぶるぶる震える (Z-)姓
【战败】zhànbài 动 ①戦争に敗れる、負け戦をする〚~国〛敗戦国 ②敵を打ち破る、戦勝する〚~敌人〛敵を打ち負かす
【战备】zhànbèi 名 戦備、軍備
【战场】zhànchǎng 名 戦場
【战车】zhànchē 名 軍用車両
【战船】zhànchuán 名〔艘・只〕軍船、戦艦
【战地】zhàndì 名 戦地
【战抖】zhàndǒu 动 震える、戦慄する
*【战斗】zhàndòu 名动(比喩的にも)戦闘(する)、闘争(する)〚~的友谊〛戦闘的友誼〚生活就是~〛生活はまさに戦いだ
【战犯】zhànfàn 名 戦犯、戦争犯罪者
【战俘】zhànfú 名 捕虜
【战歌】zhàngē 名 軍歌、士気を鼓舞する歌
【战功】zhàngōng 名 戦功〚立~〛軍功を立てる
【战鼓】zhàngǔ 名 陣太鼓;(転)戦闘の合図
【战国】Zhànguó 名〚史〛戦国時代 (B.C. 475–B.C. 221)
【战果】zhànguǒ 名 戦果〚取得了辉煌的~〛輝かしい戦果を挙げた
【战壕】zhànháo 名〔条〕塹壕
【战火】zhànhuǒ 名〔场〕戦火、戦争〚~蔓延〛戦火が広がる
【战祸】zhànhuò 名 戦禍、戦災
【战绩】zhànjì 名 戦績、戦果〚报告~〛戦果を報告する
【战局】zhànjú 名 戦局
【战栗(颤栗)】zhànlì 动 戦慄する、震える ⇔〚战抖〛
【战利品】zhànlìpǐn 名 戦利品
【战乱】zhànluàn 名 戦乱
*【战略】zhànlüè 名(大局的な)戦略〚~上蔑视敌人，战术上重视敌人〛戦略的には敵を蔑視し、戦術的には敵を重視する
【战马】zhànmǎ 名〔匹〕軍馬
【战区】zhànqū 名 戦区、作戦区域
【战胜】zhànshèng 动 打ち勝つ、戦い勝つ〚~困难〛困難に打ち勝つ

站栈绽湛颤蘸张 — zhāng 761

[～国]戦勝国
【战时】zhànshí 图 戦時
【战士】zhànshì 图 ① 戦士［解放军～］解放軍兵士 ②（事業や政治闘争に参加した）戦士,闘士［白衣～］白衣の戦士（医療関係者）
【战事】zhànshì 图 戦争行為,戦争
*【战术】zhànshù 图（局部的具体的な）戦術 ⇨［战略］
【战线】zhànxiàn 图〔条〕① 戦線［统一～］統一戦線 ②（転）活動の場［高科技～上］ハイテクの分野で
*【战役】zhànyì 图 戦役
【战友】zhànyǒu 图 戦友［老～］古くからの戦友
【战战兢兢】zhànzhànjīngjīng 图 ① びくびくする,戦々恐々とする ② 用心深い
**【战争】zhànzhēng 图〔场·次〕戦争［发动～］戦争を起こす［～罪犯］戦争犯罪人［～片］戦争映画

【站】 zhàn 動 ① 立つ［～起来］立ち上がる ② 立ち止まる,止まる［等车～住再下］車が止まってから降りなさい ⊗ ① 駅［到～］駅に着く［车～］駅,停留所［火车～］(列車の)駅［汽车～］バス停留所 ② 出先の事務所,施設［保健～］保健所［水电～］水力発電所
【站队】zhàn'duì 動 整列する,列に並ぶ
【站岗】zhàn'gǎng 動 歩哨しょうに立つ,立番をする
【站柜台】zhàn guìtái 動（従業員や店員が）カウンターに立って客に応対する,店員として働く
【站立】zhànlì 動 立つ
【站台】zhàntái 图 プラットホーム(⇔［月台］)［～票］入場券
【站住】zhànzhù 動 止まる［～！要不就开枪了］止まれ！さもないと撃つぞ ② しっかりと立つ ⇨［站稳］ ③ 足場を固める,地位を保つ ④（理由·説などが）成り立つ［这个论点站得住脚吗？］そういう論が成り立ちますか ⑤（方）(ついた色などが)落ちない

【栈】(棧) zhàn ⊗ ①（竹や木で作った）家畜用の囲い,柵 ② 桟道さん ③ 倉庫,宿屋
【栈道】zhàndào 图〔条〕桟道 ◆断崖絶壁に杭を打ち板を掛けた通路
【栈房】zhànfáng 图〔家·所〕① 倉庫 ②（方）宿屋,旅籠はた
【栈桥】zhànqiáo 图〔座〕(港や工事現場などの)桟橋,積み下し場

【绽】(綻) zhàn 動 裂ける,ほころびる［～线］(服などが)ほころびる［开～］縫い目が破れる［破～］ほころび,破綻

【湛】 zhàn ⊗ ① 深い ② 澄む ③ (Z-)姓
【湛蓝】zhànlán 形【定語として】(多く空·海·湖などが) 紺碧こんぺきの,ダークブルーの

【颤】(顫) zhàn ⊗ 震える ⇨chàn
【颤栗】zhànlì 動 ⇨[战栗]

【蘸】 zhàn 動（液体や粉末に）ちょっとつける［～点儿墨水］ちょっとインクをつける［～火］焼き入れをする

【张】(張) zhāng 動 ① 開く,広げる［～嘴］口を開ける［～开翅膀儿］翼を広げる［～大了眼睛］目を大きく開けた ② 飾りつける,並べる［～灯结彩］提灯ちょうちんを吊し色とりどりの飾りつけをする ③（方）見る,眺める［了一眼］ちらっと見た［东～西望］あちこち見回す —量 平らなもの('纸''画儿''桌子''床''脸'など,また'嘴''弓''犁'など）を数える［一～纸］1枚の紙 ⊗ ① 大げさにする［夸～］誇張する ② 開店する［开～］店開きする ③ 星座名,張宿(二十八宿の一) ④ (Z-)姓
【张本】zhāngběn 图 ① 手回し,下準備 ② 伏線［做～］伏線を張る —動 伏線を張る
【张大】zhāngdà 動（書）① 拡大する ② 誇張する［～其词］大げさに言う
【张挂】zhāngguà 動（掛軸·幕などを）広げて掛ける,掲げる
【张冠李戴】Zhāng guān Lǐ dài（成）(張の帽子を李にかぶせる＞)対象を間違える
【张皇】zhānghuáng 動（書）あわてる［～失措］あわてふためく,おろおろする
【张口】zhāng'kǒu 動 口を開ける,話す
【张口结舌】zhāng kǒu jié shé（成）(口があき舌がこわばる＞) ①（問い詰められて）言葉につまる ②（恐ろしさで）口も利けない
【张狂】zhāngkuáng 形 軽薄な,横柄な,わがままな
【张力】zhānglì 图〔理〕① 表面張力,張力 ② 牽引力 ⇨[拉力]
【张罗】zhāngluo 動 ① 処理する,計画する,算段する［事情总算～成了］どうにか片が付いた ② 接待する,応待する［别～了］おかまいなく［～不过来］応対しきれない
【张目】zhāngmù 動 ① 目を見張る［～注视］目を見張ってじっと見る ② 提灯ちょうちん持ちをする,悪者に助勢する［为他的不法行为～］彼の違

法行為の助勢をする
【张三李四】Zhāng Sān Lǐ Sì（成）誰かれ，誰それ ♦ 無名の庶民，不特定の人物を代表する
【张贴】zhāngtiē 動（貼紙・ポスターなどを）貼る，貼り出す
【张望】zhāngwàng 動 ①のぞく，盗み見る［从门缝 fèng～］戸の透き間からのぞき見る ②見回す，見渡す［向车外～］車外を見渡す
【张牙舞爪】zhāng yá wǔ zhǎo（成）（牙をむき出し爪をふるう＞）見るからに獰猛ἐνδςなさま
【张扬】zhāngyáng 動 言い触らす，公表する［到处～别人的隐私］あちこちで他人の秘密を言い触らす
【张嘴】zhāng'zuǐ 動 ①口を開ける，ものを言う ②（借金・頼みごとを）口に出す

【章】zhāng 量 歌曲・詩・文章などの段落を数える［第一～］第1章［共有四～］全部で4章ある
名 ①条目，項目 ②条理，筋道［杂乱无～］乱雑で筋道が立っていない ③規則，規定［党～］党規約 ④上奏文 ⑤印鑑，判に［盖～］判を押す［图～］印鑑［私～］私印 ⑥記章，バッジ［徽～］徽章［臂～］腕章［袖～］腕章 ⑦（Z-）姓

*【章程】zhāngchéng 名 規約，規定
—— zhāngcheng 名（方）方法，考え
【章法】zhāngfǎ 名 ①文章の構成，構想 ②手順，きまり
【章回体】zhānghuítǐ 名 章回体 ♦ 中国の長篇小説の一形式．回を分け，各回に標題をつける
【章节】zhāngjié 名 章節，文章の区切り
【章句】zhāngjù 名 ①古典の章節と句読 ②章句の分析解釈
【章鱼】zhāngyú 名［動］［只・条］タコ
【章则】zhāngzé 名 規則，規約

【嫜】zhāng 名 しゅうと（夫の父）

【漳】Zhāng 名（山西や福建の）川の名［～州］福建省漳zhāng州

【獐】(*麞) zhāng 名［～子］［牙～］［動］ノロジカ

【彰】zhāng 形 ①明らかな，顕著な［众意昭～］（悪に対して）衆目に明らかだ ②表彰する，顕彰する［表～］ほめたたえる ③（Z-）姓
【彰明较著】zhāng míng jiào zhù（成）非常に明白である

【璋】zhāng 名 古代の玉器の一

【樟】zhāng 名［植］クスノキ［～树］同前
【樟蚕】zhāngcán 名［虫］天蚕糸蚕
【樟脑】zhāngnǎo 名［薬］樟脑しょうのう⇒[潮脑]

【蟑】zhāng 名 以下を見よ
【蟑螂】zhāngláng 名［只］ゴキブリ⇒（書）［蜚蠊 fěilián］

【仉】Zhǎng 名 姓 ♦ 音読は「しょう」

【长】(長) zhǎng 動 ①生える，生じる［～了个疙瘩］できものができた［～满了青苔］一面にコケが生えた ②成長する，育つ［这孩子～得很好看］この子はとても器量がいい［他已经～到一米八了］彼はもう1メートル80センチになった ③増す，増進する［～见识］見識を高める 形 ①1年上の［他比我～两岁］彼は私より2歳年上だ ②世代が上の［～他一辈］彼より一世代上だ
名 ①（兄弟間の）一番上［～兄］長兄 ②（機関・団体などの）長［校～］校長，学長
⇒cháng

*【长辈】zhǎngbèi 名 世代が上の人，目上
【长官】zhǎngguān 名 長官，上官
【长进】zhǎngjìn 動（学問・品行などの面で）進歩する，上達する
【长老】zhǎnglǎo 名 ①（書）長老 ②徳の高い老僧に対する尊称
【长势】zhǎngshì 名（植物の）伸び具合，出来具合
【长孙】zhǎngsūn 名 ①長子の長男，最年長の孫 ②（Z-）姓
【长相】zhǎngxiàng 名（～儿）容貌，顔立ち
【长者】zhǎngzhě 名 ①長上，年長者 ②年老いて徳のある人，長老
【长子】zhǎngzǐ 名 長男

【涨】(漲) zhǎng 動（水位・物価などが）上がる［河水～了］川が増水した［～价］値上がりする
⇒zhàng
【涨潮】zhǎng'cháo 動 潮が差す，潮が満ちる
—— zhǎngcháo 名 上げ潮，満ち潮
【涨风】zhǎngfēng 名 騰勢，物価上昇の傾向

【掌】zhǎng 動 ①平手打ちをする［～嘴］びんたをくらわす ②（方）靴底を張る，繕う ③（方）（油・塩などを）加える，入れる 名（～儿）［块］①靴底

［前～儿］半張り ②蹄鉄(ていてつ)（[同]［马掌］）〚钉dìng个～儿〛蹄鉄を打つ
⊗①たなごころ［手～］手のひら［易如反～］たなごころを反(かえ)すようにたやすい ②握る, とりしきる［～权］権力を握る［～鞭］《方》御者 ③(Z-)姓

【掌灯】zhǎng▾dēng [動]①手に灯火を持つ ②(植物油の)灯をつける, ともす〚～的时候儿〛明かりをつけるころ

【掌舵】zhǎngduò [名]かじ取り, 舵手(だしゅ)
—— zhǎng▾duò [動]かじを取る

【掌故】zhǎnggù [名]歴史上の人物の事跡や制度の沿革, 故実〚艺坛～〛芸術界の故実

【掌管】zhǎngguǎn [動]管掌する, 主管する

【掌柜】zhǎngguì [名]《旧》商店の主人, 番頭 [同]［掌柜的］

【掌权】zhǎng▾quán [動]権力を握る

【掌上明珠】zhǎng shàng míng zhū《成》掌中の玉, 愛嬢;《転》非常に大切にしているもの [同]［掌珠］［掌上珠］［掌中珠］

【掌勺儿】zhǎng▾sháor [動]料理をとりしきる［～的］コック, 料理人

【掌声】zhǎngshēng [名]拍手の音［～雷动］万雷の拍手が起こる

★★【掌握】zhǎngwò [動]①把握する, マスターする〚～一门外语〛外国語を一つマスターする ②握る, 主管する〚～会议〛会議を司会する〚～政权〛政権を握る

【掌心】zhǎngxīn [名]①たなごころ [同]［手心］ ②《転》勢力範囲, 手の内〚落进他的～〛彼の掌中にはまる

【掌印】zhǎng▾yìn [動]印鑑を管理する;《転》事務を主管する, 権力を握る

【掌灶】zhǎng▾zào [動]料理をとりしきる, 料理人を勤める［～儿的］料理人, コック

【掌子(礃子)】zhǎngzi [名]切羽(きりは), 採掘現場 [同]［掌子面］

【掌嘴】zhǎng▾zuǐ [動]びんたを食らわす [同]［打耳光］

【丈】zhàng [量]長さの単位, 丈(じょう)(1‘～’は10尺) — [動]土地を測量する
⊗①旧時老年男子に対する尊称〚王～〛王老［老～］御老人 ②夫［姑～］父の姉妹の夫［姐～］姉婿

★★【丈夫】zhàngfū [名]成年男子, 立派な男［～气］男らしさ, 男気［大～］ますらお, 立派な男
—— zhàngfu [名]夫, 主人

【丈量】zhàngliáng [動](土地を)測る, 測量する〚～地亩〛田畑の面積を測量する

【丈母娘】zhàngmuniáng [名]妻の母 [同]［丈母］［岳母］

【丈人】zhàngrén [名]老年男子に対する尊称
—— zhàngren [名]妻の父, 岳父 [同]［岳父］

【仗】zhàng [動]〔多く‘～着’の形で〕頼る〚全～你帮助〛すべて君の助けが頼りだ〚～人多, 到处作案〛多数をたのみにあちこちで犯罪を重ねている — [名]〔量詞的に〕戦争, 戦闘〚打一～〛戦争を1回する［胜～］勝ち戦
⊗①兵器［仪～］儀仗(ぎじょう) ②(兵器を)持つ

【仗恃】zhàngshì [動]頼む, 頼りにする

【仗势】zhàng▾shì [動]権勢を頼む, 笠(かさ)に着る［～欺人］権勢を笠に他人をいじめる

【仗义疏财】zhàng yì shū cái《成》(義を重んじ財を軽んずる>)正義のために金を出す

【仗义执言】zhàng yì zhí yán《成》正義のために公正なことを言う

〖杖〗zhàng ⊗①つえ, ステッキ〚扶～而行〛つえをついて歩く［手～］つえ, ステッキ ②棒, 棍(こん)棒［擀面～］麺(めん)棒

〖帐(幬)〗zhàng ⊗①とばり, 天幕［蚊～］かや ②‘账’と通用

【帐幕】zhàngmù [名] [同]［帐篷］

★【帐篷】zhàngpeng [名]〔顶〕テント, 天幕〚搭～〛テントを張る

【帐子】zhàngzi [名]〔顶〕ベッドカーテン, とばり

【账(賬)】zhàng [名]①勘定, 出納〚记～〛記帳する〚结～〛勘定をする ②〔本〕帳簿 ③〔笔〕負債, 借金〚欠～〛借金がある

【账本】zhàngběn [名](～儿)〔本〕帳簿

【账簿】zhàngbù [名]〔本〕帳簿

【账单】zhàngdān [名](～儿)〔张〕計算書, 勘定書

【账房】zhàngfáng [名](～儿)《旧》①〔间〕帳場 ②帳場の番頭, 会計係

★★【账户】zhànghù [名]口座([同]［户头］)〚立～〛口座を設ける

【账目】zhàngmù [名]勘定の細目, 帳面づら

【胀(脹)】zhàng [動]①膨張する, ふくれる〚门～得关不上了〛ドアがふくれて締まらなくなった ②腹が張る, 皮膚が腫(は)れる〚吃得太多, 肚子发～〛食べ過ぎて腹が張る〚眼睛～得酸痛〛目が腫れて痛い

【涨(漲)】zhàng [動]①(水分を吸収して)膨

れる、膨張する〚豆子泡在水里就～了〛豆を水につけるとふやける ②(頭部に)血が上る、充血する〚气得～红了脸〛怒って顔を真っ赤にした ③超過する、出る〚～了五百块〛500元超過した
⇨zhǎng

【障】zhàng Ⓧ ① 妨げる、隔てる ② 遮るもの [屏píng～] ついたて、屏風びょう

★【障碍】zhàng'ài 图 障害、妨げ〚克服～〛障害を乗り越える [～赛跑] 障害物競走 一變 になる〚～交通〛交通を妨げる
【障蔽】zhàngbì 動 遮る、覆い隠す〚～视线〛視線を遮る
【障眼法】zhàngyǎnfǎ 图 人の目をくらます法、カムフラージュ 同[遮眼法]
【障子】zhàngzi 图 [道·堵] 垣、生け垣 [篱笆～] まがき

【嶂】zhàng Ⓧ ついたてのように切り立った峰

【幛】zhàng Ⓧ 以下を見よ

【幛子】zhàngzi 图〔幅·条〕字句を題した布 慶弔の際に贈り、式場の壁に掛けられる

【瘴】zhàng Ⓧ 瘴気しょう

【瘴疠】zhànglì 图 マラリアなどの伝染性熱病、風土病
【瘴气】zhàngqì 图 熱帯·亜熱帯山林の高温多湿の空気(昔、'瘴疠'の病因と考えられた)

【钊】(釗) zhāo Ⓧ 勉める♦多く人名用字として

【招】zhāo 動 ① 手招きする〚向我～手〛私に手招きする ② 募る、募集する〚名额已经～满了〛もう募集定員がいっぱいになった ③ (好ましくない結果·事物を) 招く、引き寄せる〚盘子上～来了好多苍蝇〛皿に沢山のハエがたかってきた ④ かまう、からかって…させる〚别～孩子〛子供をからかいなさるな ⑤ (愛憎の感情を) 引き起こす〚～人喜欢〛人に好かれる ⑥ (方) うつる、伝染する〚这病～人〛この病気は人にうつる ⑦ 白状する、自白する〚他全～了〛彼はすっかり白状した 一 图 (～儿) [着儿zhāor]
Ⓧ (Z-)姓
【招安】zhāo'ān 動 説得帰順させる、投降させる
【招标】zhāobiāo 動 入札を募る
【招兵】zhāobīng 動 兵士を募集する〚～买马〛軍備に人員を組織·拡充する
★【招待】zhāodài 動 接待する、もてなす〚～客人〛客をもてなす [记者～会] 記者会見 [～所] 宿泊所、ゲストハウス
【招风】zhāo'fēng 動 人の注目を引き問題を起こす、風当たりが強い
【招抚】zhāofǔ 動 [招安]
【招供】zhāo'gòng 動 自供する、自白する
【招股】zhāo'gǔ 動 株式を募集する
【招呼】zhāohu 動 ① 呼ぶ、呼び掛ける〚大声～〛大声で呼ぶ ② 挨拶する、声を掛ける(打～'ともいう)〚向她～了一声〛彼女に挨拶した ③ 言い付ける〚～大家早点来〛早目に来るよう皆に言いなさい ④ 世話する、面倒をみる〚你替我～客人〛私の代わりにお客さんの世話をしてくれ ⑤(方) 気をつける
【招魂】zhāo'hún 動 招魂する、死者の霊魂を呼び戻す
【招集】zhāojí 動 招集する、集める
【招架】zhāojià 動 食い止める、防ぎ支える〚～不住，节节败退〛太刀打ちできず、どんどん敗退する
【招考】zhāo'kǎo 動 受験者を募集する〚～新生〛新入生を募集する
【招揽】zhāolǎn 動 (客などを) 招き寄せる、引く〚～顾客〛客寄せをする 同[招徕lái]
【招领】zhāolǐng 動 遺失物の受け取りを公示する、引き取らせる〚～失物〛遺失物受取りの公示をする
【招募】zhāomù 動 (人を)募集する
【招女婿】zhāo nǚxu 婿入りする
【招牌】zhāopai 图 ① 看板 同[幌huǎng子]〚挂～〛看板を掲げる ② (転) 名目〚打社会主义的～〛社会主義を標榜する
★【招聘】zhāopìn 動 (公けに)招聘する、招く〚～技术人员〛技術要員を招聘する
【招亲】zhāo'qīn 動 ① 婿を取る、婿入りする ②
【招惹】zhāorě 動 ① (問題などを) 引き起こす、惹起じゃっきする〚～麻烦〛面倒を引き起こす ②(方) (多く否定形で使われ) 手出しをする、かまう〚这个人～不得〛この人は手におえない
【招认】zhāorèn 動 自白する、白状する
【招生】zhāo'shēng 動 学生を募集する〚～启事〛学生募集の広告
【招事】zhāo'shì 動 もめ事を引き起こす
★【招收】zhāoshōu 動 (人を) 募集する、採用する
【招手】zhāo'shǒu 動 (～儿) 手招きする、手を振って挨拶する〚～即停，就近下车〛(タクシーなどについて) 手を上げれば止まり、目的地のすぐ近くで降りられる

【招贴】zhāotiē 名 ポスター, 広告 [～画] 宣伝画, ポスター

*【招投标】zhāo tóubiāo 動 入札を募る 簡[招标]

【招降纳叛】zhāo xiáng nà pàn 〈成〉〈貶〉(投降者や反逆者を受け入れる＞) 悪人を抱きこんで私利をはかる

【招眼】zhāoyǎn 人目を引く, 目立つ

【招摇】zhāoyáo 動 見せびらかす, 仰々しくする [～撞骗]〈成〉はったりをきかせて人をだます

【招引】zhāoyǐn 動 引き付ける, 誘う [灯光～蛾子] 明かりで蛾ﾞをおびき寄せる

【招展】zhāozhǎn 動 はためく, ゆらめく [彩旗～] 彩旗がはためく [花枝～] 花の枝が風に揺れるようだ (派手に着飾るさま)

【招致】zhāozhì 動 ①(人材を)招き寄せる, 集める [～人才] 人材を集める ②(結果を) 招く, 引き起こす [～失败] 失敗を招く

【招赘】zhāozhuì 動 簡[招女婿]

【昭】zhāo ⊗ 明らかな, 明らかだ [～示]

【昭然若揭】zhāorán ruò jiē〈成〉誰の目にも明らかである, 火を見るより明らか

【昭雪】zhāoxuě 動〈書〉冤罪ﾂﾞを雪ﾟぐ

【昭彰】zhāozhāng 形〈書〉はっきりとした, 明白な [罪恶～] 罪状が誰の目にも明らかである

【昭著】zhāozhù 形〈書〉明らかな, はっきりとした

【着(著)】zhāo 名 (～儿) (囲碁・将棋などの) 一手, 策 (簡[招儿]) [没～儿了] もう打つ手がない [高～] いい手, 妙手 [失～] 失策 — 動〈方〉入れる [～点儿盐] 塩を少し入れる — 感 (承諾・賛成の気持ちを表わし) そうだ, その通り
⇒zhāo, zhe, zhuó

【着数(招数)】zhāoshù 名 ①囲碁, 将棋の手, ひと指し ②武術の手, わざ ③手段, 方策

【嗻】zhāo ⊗ 以下を見よ
⇒zhōu

【嗻啀(嗻喋)】zhāozhā 形〈書〉小さな声が入り混じるさま

【朝】zhāo ⊗ ①朝 ②日 [今～]〈書〉今日 [有一日] いつの日か
⇒cháo

【朝不保夕】zhāo bù bǎo xī〈成〉明日をも知れない(危急のさま) 簡[朝不虑夕]

【朝发夕至】zhāo fā xī zhì〈成〉(朝発って夕べに着く＞) (相対的に) 道のりが遠くない

【朝晖】zhāohuī 名 朝日の輝き, 朝日

【朝令夕改】zhāo lìng xī gǎi 〈成〉朝令暮改

【朝气】zhāoqì 名 生気, 旺盛な気力 (簡[暮气])

*【朝气蓬勃】zhāoqì péngbó〈成〉生気はつらつとした, 活気みなぎる

【朝秦暮楚】zhāo Qín mù Chǔ〈成〉(朝は秦に, 夕方には楚に仕える＞) あっちについたりこっちについたり節操のない 簡[朝梁暮陈]

【朝三暮四】zhāo sān mù sì 〈成〉〈貶〉変転きわまりない, ころころ変わる ♦もとは詐術を用いて他人をだますことをいった

【朝夕】zhāoxī 名〈書〉①日々, 朝なタな [～相处] 毎日起居をともにする ②短時間 [只争～] 寸刻を惜しむ

【朝霞】zhāoxiá 名 朝焼け [～染红了天边] 朝焼けが空のかなたを赤く染めた

【朝阳】zhāoyáng 名 朝日
⇒cháoyáng

【着(著)】zháo 動 ① 接触する, 着く [～雨] 雨にぬれる [脚不能～地] 足を地面につけられない ②受ける, 感じる [～凉] 風邪をひく ③燃える, 火がつく (簡[灭]) [大楼～火了] ビルが火事になった [路灯一齐～了] 街灯が一斉にともった ④〈方〉寝入る, 寝つく ⑤{結果補語として}目的を達成したこと, 結果・影響が生じたことを表わす [打～] 命中した [猜～了] 推測して当たった [木柴烧～了] 薪が燃えた [睡不～觉] 眠れない
⇒zhāo, zhe, zhuó

【着慌】zháohuāng 動 慌てる

【着火】zháo'huǒ 動 ①火事になる (簡[失火]) [～啦!] 火事だ ②火が着く [～点] 着火点 ('发火点''燃点'とも)

*【着急】zháo'jí 動 焦る, いらだつ [～了半天(着了半天急)] 長いこと気をもんだ [光～有什么用] 焦ってばかりいて何の役に立つか

【着凉】zháo'liáng 動 風邪をひく [衣服穿少了, ～了] 薄着をして, 風邪をひいた

【着忙】zháo'máng 動 慌てる [这孩子真～] この子は本当に慌てんぼうだ

*【着迷】zháo'mí 動 夢中になる, 魅せられる (簡[入迷]) [踢足球踢得～了] サッカーに夢中になった

【着三不着两】zháo sān bù zháo liǎng〈俗〉(言動が) 間が抜けている, 要領を得ない

【爪】 zhǎo
图 鳥獣の脚，または爪 〖老虎的~〗虎の爪 [前~]前脚 ⇨zhuǎ

【爪牙】 zhǎoyá 图 悪人の手先，一味

【找】 zhǎo
動 ① 搜す，求める 〖~工作〗仕事を捜す 〖~借口〗口実をみつける 〖~不着 zháo〗捜し当たらない，見つからない ② 訪ねる，訪れる 〖明天再来~你〗明日また会いに来ます 〖你~谁呀？〗誰にご用ですか ③ 釣銭を出す，不足を補う 〖~你两毛〗2角のお釣りです

【找病】 zhǎo'bìng 動 （自分から病気になりに行く＞）しないでもよい苦労をする

【找补】 zhǎobu (zháobuと発音) 動 不足を補う，つけ足す

【找碴儿(找茬儿)】 zhǎo'chár 動 粗捜しをする，因縁をつける

【找麻烦】 zhǎo máfan 動 迷惑を掛ける，(自分から) 面倒を引き起こす 〖给你~，实在对不起〗ご迷惑をお掛けして，本当にすみません

【找齐】 zhǎoqí 動 ①（高さ・長さを）揃える 〖找不齐〗揃えられない ② 補う，足す

【找钱】 zhǎo'qián 動 釣銭を出す

【找事】 zhǎo'shì 動 ① 職を求める，仕事を捜す ② いざこざの種を捜す，言い掛かりをつける 〖没事~〗わざと悶着を起こす

【找死】 zhǎosǐ 動 自分から死にに行く 〖~啊你！〗(無鉄砲な人を咎めて)死ぬ気か

【找头】 zhǎotou 動 釣銭，お釣り 〖这是给你的~〗これはあなたへのお釣りです

【找寻】 zhǎoxún 動 捜し求める ⇨〖寻找〗

【沼】 zhǎo
⊗ 沼，池

【沼气】 zhǎoqì 图 メタンガス

★【沼泽】 zhǎozé 图〖片〗沼沢，沼と沢

【召】 zhào
⊗ ① 呼び寄せる，召す 〖号~〗呼び掛ける ② (Z-)'傣Dǎi族'の姓 ♦ 周代の国名または姓ではShàoと発音

【召唤】 zhàohuàn 動 (多く抽象的な意味で) 呼び，呼び掛ける 〖听从党的~〗党の呼び掛けに従う

【召集】 zhàojí 動 召集する，呼び集める 〖班长~我们去开会〗級長が私たちを会議に呼び集める

【召见】 zhàojiàn 動 ① 引見する ②（外交省が外国の駐在大使を）呼び出す

★【召开】 zhàokāi 動 召集して会議を開く，開催する 〖~紧急会议〗緊急会議を召集する

【诏】(詔) zhào
⊗ ① 告げる ② 詔 みことのり [~书] 詔書

【照】 zhào
動 ① 照る，照らす，(日が) さす 〖用手电筒~一~路〗懐中電灯で道を照らす ② (鏡に) 映る，映す 〖~镜子〗鏡に映す 〖~自己的脸〗自分の顔を(鏡に)映す ③ 撮影する，写真を撮る 〖~一张相片〗写真を1枚撮る ─ 介 ① …に向かって，…をめがけて 〖~着这个方向走〗この方向に向かって歩く ② …の通りに，…に照らして 〖~计划进行〗計画通りに行う 〖~道理说〗道理から言って 〖~我看〗私の見ると ⊗ ① 写真〖剧~〗舞台写真，スチール写真 ② 証明書，許可証〖护~〗パスポート ③ 世話をする ④ 知る，わかる ⑤ 突き合わす〖对~〗対照するする ♦ '炤'は異体字

【照办】 zhàobàn 動 その通りに行う，その通りに処理する〖照着办〗同義

【照本宣科】 zhào běn xuān kē〖成〗（書かれた通りに読みあげる＞）型通りで融通が利かない

【照壁】 zhàobì 图 表門の外(時に中)に立てられた目隠しの塀 ⇨〖照墙〗〖照壁墙〗〖影壁〗

★【照常】 zhàocháng 形 いつものような，平常通りの〖日常生活一切~〗すべていつも通りに生活する〖~营业〗平常通りに営業する

【照抄】 zhàochāo 動 そのまま写す，引き写しにする

【照度】 zhàodù 图〖理〗照度

【照发】 zhàofā 動 ① 今まで通りに発給する ② 取り決めの通りに発送する

★【照顾】 zhàogù 動 ① 気を配る，配慮する〖~到两国关系〗両国関係を考慮する ② 世話をする，面倒をみる〖~老人〗年寄りの面倒をみる ③ ひいきにする

【照管】 zhàoguǎn 動 世話をする，管理する

【照葫芦画瓢】 zhào húlu huà piáo〖成〗手本通りに模倣をする，まねる

【照护】 zhàohù 動（病人などを）世話する，看護する

【照会】 zhàohuì 動（外交上の）覚書を送る，照会する ─ 图〖份〗覚書

【照旧】 zhàojiù 動 元通りだ，相変わらずだ〖一切~〗すべてはこれまで通りだ ─ 副 元通り〖~上班〗いつも通り勤務する

【照看】 zhàokàn 動 世話する，見守る〖劳驾，帮我~一下行李〗すみません，荷物の番をして下さい

【照例】 zhàolì 副 例によって，慣例に従って〖~刷牙洗脸〗いつも通り歯

を磨き顔を洗う
*【照料】zhàoliào 動 世話する、面倒をみる〖~家务〗家事を切り回す〖~老人〗年寄りの世話をする
【照猫画虎】zhào māo huà hǔ〈成〉〈猫を手本に虎を描く〉形だけ模倣する
【照面儿】zhào'miànr 動 顔を合わせる、顔を出す〖始终不~〗ずっと顔を見せない
── zhàomiànr 名 顔を合わせること、顔を出すこと〖打个~〗ばったり出会う、ちょっと顔を出す
【照明】zhàomíng 動 照明する〖~道路〗道を明るく照らす〖舞台~〗舞台照明〖~弹 dàn〗照明弾
【照片儿】zhàopiānr 名〈口〉[照片]
【照片】zhàopiàn 名〈张〉写真
*【照墙】zhàoqiáng 名〈口〉[照壁]
【照射】zhàoshè 動 照射する、光が差す
【照相(照像)】zhào'xiàng 動 写真を撮る、撮影する〖给他照张相〗彼の写真を撮ってあげる〖~纸〗印画紙
*【照相机】zhàoxiàngjī 名〈架・个〉カメラ〈口〉[相机]
*【照样】zhàoyàng 副(~儿)相変わらず、いつも通りに
── zhào'yàng 動(~儿)〈多く状態を指して〉見本の通りに、型通りにする〖照着样儿画〗手本の通りに描く〖照这个样儿做一套西装〗この型通りにスーツを作る
【照妖镜】zhàoyāojìng 名〈面〉照魔鏡(妖怪の正体を映し出す魔法の鏡)
【照耀】zhàoyào 動 照る、照り輝く〖阳光温暖地~着大地〗太陽の光が暖かく大地を照らしている
*【照应】zhàoyìng 呼応する、相応する〖前后~〗前後呼応する
── zhàoying 動 世話する、面倒を見る〖~不到〗世話が行き届かない

【兆】zhào 数 百万、メガ ◆日本語の「兆」は'万亿'という
⊗①兆す〖瑞雪~丰年〗雪は豊年の兆し ②兆し、兆候〖梦~〗夢の予兆〖不吉之~〗不吉な前兆 ③(Z-)姓
【兆头】zhàotou 名 兆し、前兆〖暴风雨的~〗暴風雨の前触れ
【兆周】zhàozhōu 名〈電〉メガサイクル、メガヘルツ

【赵(趙)】Zhào ⊗① 周代の国名 ② 地名(河北省南部を指す) ③ 姓
【赵体】Zhào tǐ 名 元の'赵孟頫 fǔ'(趙孟頫)の書体

【笊】zhào ⊗以下を見よ
【笊篱】zhàoli 名 網じゃくし、ざる

【棹(*櫂 櫂)】zhào ⊗① かい、オール ② 舟 ③(舟を)こぐ

【罩】zhào 動 覆う、かぶせる
⊗①(~儿)覆い、カバー〖口~〗マスク ②(~儿)上っ張り ③ 養鶏用の竹かご〖鸡~〗同前 ④ うけ ◆魚を捕える円筒形の竹かご
【罩袍】zhàopáo 名〈件〉(長い中国服'袍子'の上に着る)上っ張り 〈口〉[袍罩儿]
【罩棚】zhàopéng 名 門口や庭にむしろやアンペラなどで作った日よけや小屋
【罩衫】zhàoshān 名〈方〉〈口〉〈普〉[罩衣]
【罩袖】zhàoxiù 名〈方〉腕カバー、袖カバー 〈普〉[套袖]
【罩衣】zhàoyī 名〈件〉(綿入れの上に着る一重の)上っ張り 〈口〉[罩褂儿]
【罩子】zhàozi 名〈只〉覆い、カバー〖灯~〗電灯の笠、ランプのほや

【肇(*肁)】zhào ⊗① 始める〖~端〗〈書〉発端〖~始〗〈書〉始める ② 引き起こす、招く ③(Z-)姓
【肇祸】zhàohuò 動 災いを引き起こす、事故を起こす
【肇事】zhàoshì 動 事故を起こす、事件を起こす

【折】zhē 動〈口〉① 転がる、ひっくり返す〖~了个跟头〗もんどりうって倒れる ②(複数の容器を使い)何度も移し替える ⇨ shé, zhé
*【折腾】zhēteng 動〈口〉① 何度もひっくり返す、しきりに寝返りを打つ〖~了一夜〗一晩中寝返りを打っていた ② 繰り返す〖~了好几次〗何度も繰り返した ③ 苦しめる、いじめる〖牙疼真~人〗歯が痛くて本当に難儀だ

【蜇】zhē 動①(毒虫が)刺す、かむ〖马蜂~人〗スズメバチが人を刺す ② 刺激する、しみる〖切 qiē 洋葱~眼睛〗タマネギを切ると目にしみる ⇨ zhé

【遮】zhē 動① 遮る、阻む、妨げる〖月亮给云彩~住了〗月が雲に遮られた〖别~我〗私の前に立つな ②(真相を)隠す、覆い隠す〖~人耳目〗人に知られないようにする
【遮蔽】zhēbì 動① 遮る ② 覆い隠す ③〈軍〉遮蔽する
【遮藏】zhēcáng 動 覆い隠す
*【遮挡】zhēdǎng 動 遮る、遮り止め

【遮盖】zhēgài 動 ①上から覆う,覆いかぶせる ②覆い隠す,隠蔽する〖～错误〗過ちを覆い隠す
【遮拦】zhēlán 動 遮る,阻む〖～大风〗強風を遮る
【遮羞】zhē'xiū 動 ①身体の恥部を覆い隠す〖～布〗下半身を隠す布(恥を覆い隠すもの) ②照れ隠しする
【遮掩】zhēyǎn 動 ①覆う ②(過失などを)覆い隠す,包み隠す〖～错误〗過ちを覆い隠す
【遮阳】zhēyáng 图 (帽子などの)日よけ

【折】zhé 動 ①折る,手折る〖～一根树枝〗枝を一本折る ②回る,向きを変える〖～过头来〗振り向く ③引き当てる,換算する〖(将兵などを)失う ④割引,掛け(@扣)〖打七～〗7掛けにする,3割引きにする〖打八五～〗1割5分引きする
⊗①曲げる,湾曲する〖～腰〗[書]腰をかがめる ②心服する ③割引く ④元代の「杂剧」の一場面 ◆普通一つの剧は「四折」から成る

【—(摺)】 動 畳む,折り畳む — 图 (～儿)折り本,通帳〖存～〗貯金通帳 ⇒shé, zhē

【折半】zhébàn 動 折半する,半減する〖按定价～出售〗定価の半値で売る
【折冲樽俎】zhé chōng zūn zǔ(成)〈宴席で敵を制する〉外交折衝を行うこと
【折叠】zhédié 動 折り畳む,畳む〖～被褥〗布団を畳む〖～伞〗折り畳み傘
【折兑】zhéduì 動 兌換する
【折服】zhéfú 動 ①説き伏せる,屈服させる ②心服する
【折干】zhé'gān 動 (～儿)(旧)品物の代わりに現金を贈る
【折合】zhéhé 動 換算する,(数量が)相当する〖把日元～成人民币〗日本円を人民元に換算する〖五十公斤～一百市斤〗50キログラムを100斤に当たる
【折回】zhéhuí 動 折り返す,引き返す〖～车站去〗駅に引き返す
【折价】zhé'jià 動 ①(品物を)金に換算する ②割引きする
【折扣】zhékòu 图 値引き,割引き〖不打～〗割引きなし,掛け値なし〖听他的话总要打～〗あの人の話はいつも聞いて間引かなければならない
*【折磨】zhémo/zhémó 動 苦しめる,さいなむ〖贫穷～人〗貧乏は人を苦しめる

【折扇】zhéshàn 图 (～儿)[把]扇子,扇
【折射】zhéshè 動 [理]屈折する
【折实】zhéshí 動 ①(高い価格を)実勢価格まで下げる,割引きする ②(額面でなく)実勢価格に合わせて計算する
【折算】zhésuàn 動 換算する〖～率〗換算率
【折头】zhétou 图 (方)割引き,割引き額
【折账】zhé'zhàng 動 品物で借金を返す,現物で借金に充てる
【折纸】zhézhǐ 图 折り紙(子供の遊び)
【折中(折衷)】zhézhōng 動 折衷する〖～方案〗折衷案
【折子】zhézi 图 [本]折り本,折り本式の通帳
【折子戏】zhézixì 图 [出]一幕ものの芝居

【哲】(*喆) zhé ⊗①賢い,知恵がある ②知恵のある人〖先～〗先哲
【哲理】zhélǐ 图 哲理
【哲人】zhérén 图 [書]哲人
【哲学】zhéxué 图 哲学〖～家〗哲学者

【蜇】zhé ⊗ → [海 hǎi ～] ⇒ zhē

【辄】(輒*輙) zhé ⊗ いつも,そのたび毎に〖动～〗ややもすれば

【蛰】(蟄) zhé ⊗ 虫などが冬ごもりする〖惊～〗〖启～〗啓蟄(二十四節気の一)
【蛰伏】zhéfú 動 ①動物が冬ごもりする,冬眠する ②蟄居する
【蛰居】zhéjū 動 [書]蟄居する

【詟】(讋) zhé ⊗ 恐れる

【谪】(謫*讁) zhé ⊗ ①罪を責める,罰する ②官位を下げて遠方に移す〖贬biǎn～〗左遷される

【磔】 zhé ⊗①身体を八つ裂きにする酷刑 ②漢字書法の一,右斜下のはらい(乀)(現在は'捺nà'という)

【辙】(轍) zhé 图 (～儿) ①(道)わだち〖车～〗車の跡 ②コース,路線〖顺～儿〗順コース,流れに沿う〖戗 qiāng～儿〗逆コース,流れに逆らう ③歌詞・伝統歌劇などの韻〖(方)方法〖没～〗うつ手がない

【者】(者) zhě ⊗①图 各種の職業・特性・信仰などを持つ人を表わす〖记～〗記者〖弱～〗弱者〖唯心论～〗唯心論者 ②图 事物や人を代わりに指し

示す『前~』前者『両~』両者 ③ 主題をはっきり提示する文語の助詞『仁~,人也』仁というのは人のことだ ④ 'これ'と通用(ごく初期の白話に見える)『~边』こちら

【锗】(鍺) zhě 名【化】ゲルマニウム

【赭】 zhě ⊗ 赤褐色

【赭石】 zhěshí 名【鉱】赭石, 代赭石(主に顔料に用いる)

【褶】(*褶) zhě 名(~儿)〘条·根〙(服などの)しわ, ひだ『百~裙』プリーツスカート

【褶皱】 zhězhòu 名①【地】褶曲 ②(嘈[这么])皮膚のしわ

【褶子】 zhězi 名①(服・紙などの)折り目, しわ, ひだ『裤子上的~』ズボンのしわ ②顔のしわ

【这】(這) zhè 代①これ,この,それ,その ♦比較的近い時間・場所・事物を指す. 量詞・数詞・名詞などの前に付けて定語に, また, 単独で主語になるが,'那'と連用した場合を除いて, 普通単独で賓語には用いない. 口語では単独または名詞の前に付いた先はzhèと発音し, 後に数詞や量詞が付くと, よくzhèiと発音される(嘈[那])『~两个人』このふたり『我们~一带』われわれのこの一帯『~叫什么?』これは何というのですか『问今~,问问那』あれやこれやと尋ねる ②『~一'+動詞または形容詞の形で』このように『~一来…』こうすると, こうなると『你~一说我就明白了』君にそのように言われて私はすっかりわかります『你~一胖,我都认不来你了』君がこんなに太って, すっかり見違えてしまったよ ③〘後に'就''才''都'などを伴って〙今『他~就来』彼は今すぐ来ます『我~才明白了』今はじめて知った
⇨zhèi

【这程子】 zhèchéngzi 名〘方〙このごろ, 近ごろ

【这搭】 zhèda 名(~儿)〘方〙

【这个】 zhège/zhèige 代①〘主語・賓語・定語として〙この, これ『~孩子真淘气』この子は本当にわんぱくだ『~比那个贵』これはあれより値段が高い『记住~,忘了那个』覚えるしから忘れてしまう ②(口)動詞・形容詞の前に用いて誇張を表わす『孩子们~乐乎啊!』子供たちのその喜びようったらない

【这会儿】 zhèhuìr/〘方〙zhèhuǐr 名(口)今ごろ, このごろ(嘈[这会儿])『~你跑来干吗 gànmá?』今ごろ駆けつけてきてどうするんだ

【这里】 zhèli/zhèlǐ 代ここ, こちら(嘈[这儿])『~是北京广播电台』こちらは北京放送局です

【这么】(这末) zhème/〘方〙zème 代①〘状語として〙このように ♦物事の具体的な状態, 程度あるいは動作の方式を示す『~办就好了』こうすればいい『大家都~说』みんながそう言っている『~冷的天儿,也不穿大衣』こんな寒い日でもオーバーを着ない ②特に指し示さず, 程度を誇張したり, 話し手の感嘆の語気を帯びる『山上空气~新鲜』山の空気はなんて新鮮なんだろう ③〘数量を修飾して〙このような『是有~两个人来过』確かにそんな2人が来た

【这么点儿】 zhèmediǎnr 代(嘈[这么一点儿])①これっぽっちの ♦数量の少ないこと, やや小さいことを指す『~(的)水』これっぽっちの水 ②これだけのもの『只剩下~了』たったこれだけしか残っていない

【这么些】 zhèmexiē 代①〘定語として〙こんなに多くの ♦普通数量の多いことを強調するが, 少ないことを強調する場合もある『~人坐得开吗?』こんなに大勢の人が座れますか ②こんな多くのもの, こんなちょっとのもの

【这么着】 zhèmezhe 代こういうふうにする, このようである『行, 咱们就~吧!』よし, そういうことにしよう『~更方便』こういうふうにすればもっと便利だ

‡**【这儿】** zhèr 代①ここ, そこ『车站离~不远』駅はここから遠くない ②〘介詞'打''从''由'の後に付いた場合〙この時, 今『打~起』今から

【这山望着那山高】 zhè shān wàngzhe nà shān gāo《俗》(こっちの山から見ると向こうの山は高い>)よその花はきれいに見える

【这些】 zhèxiē 代これら, これらの(口語では'~个'とも)『~人』これらの人々『~狗』これらの犬『~日子老下雨』このごろはいつも雨だ『~就是我的意见』こういうのが私の意見です

【这样】 zhèyàng 代(~儿)①〘定語・状語として〙このような, こんなに('这么样'とも)『~的文学作品』こういう文学作品『~办』このようにする ②このようである『情况就是~』状況はこういうふうなのです

【柘】 zhè ⊗【植】ヤマグワ『~树』同前『~蚕』同前の葉で飼う蚕

【浙】(*淛) Zhè ⊗ 浙江省の略称『~江省』浙江省

【嚄】 zhè 嘆〘旧〙(下僕が主人に)はい(かしこまりました)
♦白話の'咋嚄'(ひどい)はchēzhēと

【蔗】 zhè ⊗ サトウキビ, 甘蔗〔甘~zhè; 甘~gānzhe〕同前
【蔗农】 zhènóng 图 甘蔗栽培農民
【蔗糖】 zhètáng 图 ①〔化〕蔗糖 ② 甘蔗糖

【鹧(鷓)】 zhè ⊗ 以下を見よ
【鹧鸪】 zhègū 图〔鸟〕〔只〕鷓鴣しゃこ
【鹧鸪菜】 zhègūcài 图〔植〕マクリ, 海人草かいにんそう ◆虫下しに用いる

【着(著)】 zhe 助 ①…して いる, …しつつある ◆動詞の後に付け動作の持続を表わす. 多く文末に'呢'を伴う. 動詞が持続動詞であれば, 動作の進行を表わす'正''在'などと併用される. 否定には'没有'を使う〖看~报呢〗新聞を読んでいる〖正开~会呢〗今ちょうど会議中です ②…してある, …している ◆動詞・形容詞の後に付け状態の持続を表わす〖墙上挂~一张世界地图〗壁に世界地図が1枚掛かっている〖穿~一身新衣服〗新しい服を着ている〖窗户开~没有?〗窓はあいていますか〖门没开~〗門はあいていない ③…しながら, …して(…する) ◆同一主語で動詞が2つ連なっている文で, 前の動詞に'~'が付いて, 後の動詞の方式を表わしたり, 2つの動作が同時に行われることや動作の進行中に別の動作や変化が起こることを表わす〖走~去〗歩いて行く〖站~讲课〗立って講義をする〖笑~说〗笑いながら言う〖想~想~笑了起来〗考えているうちに笑い出した ④動詞・形容詞の後に付けて命令の語気を表わす, 多く後に'点儿'を伴う〖你听~!〗よく聞きたまえ〖快~点儿写!〗早く書きなさい ⑤動詞の後に付けて介詞や副詞として用いられる〔顺~〕…にそって〔为~〕…のために〔接~〕引き続いて
⇨zhāo, zháo, zhuó
【着哩】 -zheli 助〔方〕➡〔普〕〔着呢〕
【着呢】 -zhene 助〔口〕形容詞の後に付いてその程度の高いこと, 誇張の語気を表わす〖难~〗とても難しい〖时间还早~〗時間はまだまだ早いですよ

【这(這)】 zhèi 代〔'这 zhè'の口語音, もと'这'と'一'の合音〕
⇨zhè

【贞(貞)】 zhēn ⊗ ① 節を曲げない, 節操がある ② 貞操, 女子の操 ③ 占う
【贞操】 zhēncāo 图 ① 堅い節操, 忠節 ②(女性の)貞節
【贞节】 zhēnjié 图➡〔贞操〕
【贞洁】 zhēnjié 厖〔書〕貞潔である
【贞烈】 zhēnliè 厖〔書〕女性が貞操を守り死んでも屈しない

【侦(偵)】 zhēn ⊗ 探る, 調べる
【侦查】 zhēnchá 動〔法〕捜査する
【侦察】 zhēnchá 動 偵察する〖~卫星〗スパイ衛星〖~机〗偵察機
【侦缉】 zhēnjī 動 捜査逮捕する
*【侦探】** zhēntàn 動 探偵(する), スパイ(する)〖~小说〗探偵小説

【帧(幀)】 zhēn〔旧読 zhèng〕量 書画を数える〖一~油画〗1幅の油絵

【祯(禎)】 zhēn ⊗ 吉祥

【桢(楨)】 zhēn ⊗ 柱の一種

【针(*鍼)】 zhēn 图 ①(~儿)針〖穿~〗針に糸を通す〖绣花~〗刺繍針〖毛线~〗毛糸の編み針 ② 鍼 ── 量 ひと針, ひと縫い, ひとかがり〖缝 féng 四~〗4針縫う ⊗ ① 注射(針)〖打~〗注射する〖防疫~〗予防注射 ② 針状をしたもの〖松~〗松葉〖时计~〗時針〖秒~〗秒針 ③ 鍼治療する
【针鼻儿】 zhēnbír 图 針の穴, めど
【针砭】 zhēnbiān 動 誤りを指摘して改めさせる ◆'砭'は古代の治療用の石針〖痛下~〗厳しく戒める
【针刺麻醉】 zhēncì mázuì 图 針麻酔
*【针对】** zhēnduì 動 正面から立ち向かう, ねらいを合わせる〖~现实〗現実に即応する〖这句话不是~你说的〗このことは君を指して言ったのではない
【针锋相对】 zhēn fēng xiāng duì〔成〕真っ向から対決する, 鋭く対立して譲らない〖进行~的斗争〗真正面から対決して戦う
【针剂】 zhēnjì 图 注射薬, 注射液
【针脚】 zhēnjiāo/zhēnjiǎo 图 ① 縫い目〖顺着线头找~〗手掛かりをたどって捜す ② 縫い目の間隔
【针灸】 zhēnjiǔ 图 針灸きゅう
【针头】 zhēntóu 图 注射針
【针线】 zhēnxian/zhēnxiàn 图 裁縫や刺繍しゅうなどの針仕事〖学~〗裁縫を習う〖做~〗針仕事をする〖~活儿〗針仕事
【针眼】 zhēnyǎn 图 ① 針の穴, めど➡〔针鼻儿〕 ②(~儿)針で刺した穴, 注射の跡
── zhēnyan/zhēnyǎn 图 '臉腺炎'(ものもらい)の通称〖长了个~〗ものもらいができた
【针鼹】 zhēnyǎn 图〔動〕ハリモグラ
【针叶树】 zhēnyèshù 图 針葉樹⇔〔阔叶树〕

【针织品】zhēnzhīpǐn 图 メリヤス製品、ニット製品
【针黹】zhēnzhǐ 图〔書〕針仕事

【珍(*珎)】zhēn ⊗ ① 宝物〔山～海味〕山海の珍味 ② 珍しい、貴重な ③ 珍重する、大切にする〔袖～词典〕ポケット辞典

【珍爱】zhēn'ài 動 珍重する、大切にする
【珍宝】zhēnbǎo 图 宝物、宝〖寻找地下的～〗地下の宝物(埋蔵資源)を搜す
【珍藏】zhēncáng 動 珍蔵する、秘蔵する
*【珍贵】zhēnguì 图 貴重な、価値ある〖～的时间〗貴重な時間
【珍品】zhēnpǐn 图〔件〕貴重な品、珍品〖堪称～〗珍品と称するに足る
【珍奇】zhēnqí 图 珍しい、貴重な〖～的动物〗珍しい貴重な動物
【珍禽】zhēnqín 图 珍鳥〔～异兽〕珍しい鳥獣
【珍摄】zhēnshè 動〔敬〕体に気をつける〖请多～〗どうかお体を大切に
【珍视】zhēnshì 動 重んずる、大切にする〖～各民族的团结〗各民族の団結を大事にする
【珍玩】zhēnwán 图〔样・件〕珍しい愛玩物
【珍闻】zhēnwén 图 珍聞、変わった話題
*【珍惜】zhēnxī 動 大切にする、愛惜する〖～时间〗時間を大切にする
*【珍稀】zhēnxī 图 珍しく稀少な
【珍异】zhēnyì 图 珍しい、貴重な
【珍重】zhēnzhòng 動 ① 珍重する、大事にする ②(身体を)大事にする、自愛する〖请多～〗どうぞご自愛下さい
*【珍珠(真珠)】zhēnzhū 图〔颗〕真珠〔～贝〕真珠貝〔～鸡〕ホロホロ鳥〔～米〕(方) トウモロコシ

【肫】zhēn 图(～儿) (食用の) 鳥の胃袋、砂袋 (方)[胗 zhuān]

【真(眞)】zhēn 图 ① 真実の、本当の ®[假] ② はっきりする、正確である〖听得很～〗はっきりと聞こえる — 圖 確かに、本当に〖时间过得～快〗時がたつのは実に早い ⊗ ①『～书』(楷書) の略称〔～草隶篆〕楷書、草書、隷書、篆書 ②(Z-) 姓

【真诚】zhēnchéng 图 誠意のある、真心を込めた
【真的】zhēnde 副 本当に(⑪(方)[真个]) 〖我～要去〗私は本当に行きたい
【真谛】zhēndì 图 真理、真諦
【真鲷】zhēndiāo 图〔魚〕マダイ ⑪
《口》[加级鱼]
【真格的】zhēngéde(方) 圖 本当に — 图 ① 本当の話、まじめな話〖说～吧〗本当のところを話してくれ、まじめな話をしよう ②《話を変える時の発語として》ときに〖哎, ～, 我托你的那件事怎么样了？〗ああ、ところで君に頼んだあの件はどうなったね
【真个】zhēngè 圖(方) 確かに、本当に ⑪(普)[的确]
【真果】zhēnguǒ 图〔植〕真果 ⑪[假果]
【真迹】zhēnjì 图〔幅・帧〕真筆、真跡
【真金不怕火炼】zhēn jīn bú pà huǒ liàn〈成〉《本物の金はいくら焼いても変質しない》意志の堅い人や正しい人はいかなる試練にも耐えられる
【真空】zhēnkōng 图 ① 真空〔～管〕真空管〔～泵〕真空ポンプ ② (転)真空地帯
*【真理】zhēnlǐ 图 真理
【真凭实据】zhēn píng shí jù〈成〉ゆるがぬ証拠、確証
【真切】zhēnqiè 图 はっきりしている、紛れもない〖听不～〗はっきり聞こえない
【真情】zhēnqíng 图 ① 実情、真相 ② 真心、真情〖～实感〗偽りのない感情
【真确】zhēnquè 图 ① 確かな、真実の ② はっきりとしている、明らかな
【真人】zhēnrén 图 ①(道教で)奥義を究めた人 ♦多く称号に用いる ② 実在の人物〔～真事〕実在の人物と実際の事柄
*【真实】zhēnshí 图 真実の、本当の
【真是】zhēnshi 圖 ① 本当に、実に ② 全くもう♦不満・不快の気持ちを表わす〖爸，您～！〗お父さんったら
【真书】zhēnshū 图 楷書
【真率】zhēnshuài 图 率直で飾り気がない、ざっくばらんな
*【真相】zhēnxiàng 图 真相、正体〖～大白〗真相がすっかり明るみに出る
【真心】zhēnxīn 图〔片〕真心、本心〖～悔改〗本心から悔い改める〔～实意〕誠心誠意
【真正】zhēnzhèng 图 真の、正真正銘の〖～的茅台酒〗本物のマオタイ酒 — 圖 本当に、確かに
【真知】zhēnzhī 图 正しい認識、確かな知識〔～灼见〕明確な見解
*【真挚】zhēnzhì 图 真心のこもった、うそ偽りがない
【真主】Zhēnzhǔ 图 イスラム教の神アラー

【祯(禎)】zhēn ⊗ 吉祥

【砧(碪)】zhēn ⊗ 物をたたいたりつぶしたりする時に下に敷く器具、きぬたや金床の類 [铁～]金床, 金敷

【砧板】 zhēnbǎn 图〔块〕まな板
【砧木】 zhēnmù 图（接ぎ木の）台木
【砧子】 zhēnzi 图 金床, まな板

【溱】Zhēn ⊗ 古代の川の名（今の河南省）◆江蘇省の地名'溱潼'は Qíntóng と発音

【蓁】zhēn ⊗ [～～]《書》草木が茂るさま

【榛】zhēn ⊗ ハシバミ [～树] ハシバミの木

【榛子】 zhēnzi 图【植】ハシバミの実

【臻】zhēn ⊗（良い状態に）至る, 及ぶ [日～完善] 日増しに整ってくる

【斟】zhēn 動（茶や酒を）つぐ, くむ [～茶] 茶をつぐ [自～自饮] 手酌で飲む

*【斟酌】zhēnzhuó 動 斟酌ホッピくする, 考慮する [～情况] 事情を斟酌する [～字句] 字句の適否を吟味する

【甄】zhēn ⊗ ①（優劣・真偽を）鑑定する, 選別する [～别] 同前 ②(Z-)姓

【箴】zhēn ⊗ ①戒める, 忠告する [～言]《書》箴言然 ②古代の文体の一, 戒めを書いたもの

【诊(診)】zhēn ⊗ 診察する, 診察してもらう [出～] 往診(する) [门～] 宅診(する)

【诊察】 zhěnchá 動 診察する [请医生～] 医師に診察してもらう
*【诊断】zhěnduàn 動 診断する [～书] 診断書
【诊疗】 zhěnliáo 動 診療する [～室] 診療室
【诊脉】 zhěn'mài 動 脈を見る, 脈をとる ⑲[按脉][号脉]
【诊室】 zhěnshì 图〔间〕診察室
【诊视】 zhěnshì 動 診察する
【诊所】 zhěnsuǒ 图〔所・家〕診療所, クリニック
【诊治】 zhěnzhì 動 診療する, 治療する

【轸(軫)】zhěn ⊗ ①古代の車の後部の横木, また車を指す ②みつうち星（'二十八宿'の一）③悲しむ, 悼む [～念]《書》悼みしのぶ

【疹】zhěn ⊗ 発疹腱, 吹出物 [荨 xún 麻～] 蕁麻疹

【疹子】 zhěnzi 图 はしか, 麻疹（'麻疹'の通称）[出～] はしかにかかる

【畛】zhěn ⊗ 田畑のあぜ道 [～域] 境, 境界

【枕】zhěn 動 枕にする [～着胳臂 gēbei 睡觉] 肘を枕にして眠る ⊗ 枕 [～头] 同前 [～边风]（夫が妻に, 妻が夫に）枕元で吹き込む言葉 [靠～] クッション [气～] 空気枕

【枕巾】 zhěnjīn 图〔条〕(タオル地の)枕覆い, 枕カバー
【枕木】 zhěnmù 图〔根〕枕木 ⑲[道木]
【枕套】 zhěntào 图 枕カバー ⑲[枕头套]
【枕头】 zhěntou 图 枕 [～套] 枕カバー [～心儿] 枕の芯, 枕の中身
【枕席】 zhěnxí 图 ①寝台, 寝床 ②（～儿）枕当てにするござ ⑲[枕头席儿]
【枕心】 zhěnxīn 图 枕の芯, 枕の詰め物 [枕头心儿]

【缜(縝·稹)】zhěn ⊗ 以下を見よ

【缜密】 zhěnmì 形 緻密な, きめ細かい [～的计划] 入念な計画

【圳(*甽)】zhèn ⊗《方》田畑の水渠 [深～] 深圳ジ(広東省の地名)

【阵(陣)】zhèn ⊗（～儿）①ひと区切りの時間を指す [病了一～] しばらく病気をした [这～儿] このごろ, 今 ②現象や動作の一経過を指す ◆数詞は'一'か'几'しか付かない [下了一～雨] 一雨降った [一～掌声] ひとしきりの拍手
⊗ ①軍隊の配置, 陣 ②戦場, 陣地

*【阵地】zhèndì 图 陣地（比喩的にも）
【阵风】 zhènfēng 图 突風
【阵脚】 zhènjiǎo 图 態勢, 足並み [稳住～] 陣営を安定させる, 動揺を抑える
【阵容】 zhènróng 图 陣容
【阵势】 zhènshì/zhěnshì 图 ①布陣, 軍隊の配置 [摆开～] 陣を構える ②情勢
【阵痛】 zhèntòng 图 陣痛（比喩的にも）
【阵亡】 zhènwáng 動 陣没する, 戦死する
【阵线】 zhènxiàn 图（多く比喩的に）戦線 [统一～] 統一戦線
【阵营】 zhènyíng 图 陣営
【阵雨】 zhènyǔ 图 にわか雨, 夕立
【阵子】 zhènzi 量《方》①ひと区切りを指す [那一～] あのころ ②現象や動作の一経過を指す [阵儿]

— zhēng

【纼】(紖) zhèn ✕《方》家畜をつなぐ縄

【鸩】(鴆) zhèn ✕ 鸩♦その羽を浸した酒を飲めば死ぬという伝説上の毒鳥

【—(酖)】 ✕①鸩の毒酒 ②鸩酒を飲ませて人を殺す

【振】 zhèn ✕①振う ②奮起する、奮い立つ [精神不~] 元気がない

【振拔】 zhènbá 動《書》苦境から抜け出し奮起する

【振臂】 zhènbì 動 腕を振り上げる(奮発するさま) [~一呼] 奮起して呼び掛ける

【振荡】 zhèndàng 動 ①振動する ②《電》発振する [~器] 発振器、オシレーター

*【振动】** zhèndòng 動 振動する

*【振奋】** zhènfèn 動 奮い立つ、奮起させる [~人心] 人々の心を奮起させる

【振幅】 zhènfú 名《電》振幅 回[波幅]

*【振兴】** zhènxīng 動 振興する、発展させる [~教育事业] 教育事業を振興する

【振有词(振振有辞)】 zhènzhèn yǒu cí (成) もっともらしくまくし立てる、盛んに雄弁を振るう

【振作】 zhènzuò 動 奮起する、意気込む [把精神~起来] 元気を奮い起こす

【赈】(賑) zhèn ✕ 救済する、救援する

【赈济】 zhènjì 動 救援する、救済する

【赈灾】 zhènzāi 動 被災者を救済する

【震】 zhèn 動 震動する、震わす ✕①八卦の一(雷を表わす) ②驚く、感情が高ぶる

【震波】 zhènbō 名《地》地震波 回[地震波]

【震荡】 zhèndàng 動 震える、揺るがす

【震动】 zhèndòng 動 ①震動する、揺るがす [机器~的声音] 機械が震動する音 ②人の心を動かす、ショックを与える [~我的心弦] 私の心の琴線に触れる [受到~] ショックを受ける

【震耳欲聋】 zhèn ěr yù lóng (成) 耳を聾するばかりの大音響

【震古烁今】 zhèn gǔ shuò jīn (成) (業績が) 古今に比類がないほど偉大なこと

【震撼】 zhènhàn 動 震撼する、揺るがす [~全球] 全世界を震撼させる

【震级】 zhènjí 名《地》マグニチュード [唐山大地震的~是7.8级] 唐山大地震はマグニチュード7.8である

*【震惊】** zhènjīng 動 大いに驚かす、驚愕する [~全国] 全国を驚かす [~大为~] びっくり仰天する

【震怒】 zhènnù 動 激怒する、大いに怒る [激起了人民的~] 人民の憤激を招いた

【震慑】 zhènshè 動 おびえる、震えあがらせる [~敌人] 敵を震えあがらせる

【震源】 zhènyuán 名 震源、震源地

【震中】 zhènzhōng 名《地》震央

【朕】 zhèn ✕①朕♦古代の一人称、秦の始皇帝以来、皇帝の自称 ②兆し、前兆 [~兆](書)同前

【镇】(鎮) zhèn 名 鎮(県の下の行政単位)、比較的大きな町 — 動 (食べ物などを氷や冷水で)冷やす [在冷水里~一下] 冷たい水の中で冷やす [冰~] 氷で冷やす ✕①軍隊の守備する所 ②抑える [~痛] 痛みを抑える ③(武力で)鎮圧する ④鎮める、安定する ⑤(旧白話で) いつも、ずっと [~日] 終日 ⑥(Z-)姓

*【镇定】** zhèndìng 形 落ち着いている、沈着だ [~自若] 泰然自若としている

【镇反】 zhènfǎn 動 反革命を鎮圧する

*【镇静】** zhènjìng 形 落ち着いている、平静である [保持~] 平静を保つ — 動 落ち着かせる、気を鎮める [~剂] 鎮静剤

【镇守】 zhènshǒu 動 要衝を守備する

*【镇压】** zhènyā 動 ①鎮圧する ②(反革命分子を)処刑する ③《農》種を播いたあと土を押さえる

【镇纸】 zhènzhǐ 名 文鎮

【镇子】 zhènzi 名《方》町、地方の小都市

【丁】 zhēng ✕[~~](書)木を伐る音、碁を打つ音、琴を弾く音などを表わす
⇒dīng

【正】 zhēng ✕ 旧暦正月 [新~] 同前 [~旦](書)正月元旦
⇒zhèng

【正旦】 zhēngdàn 名《書》旧暦元旦
⇒zhèngdàn

*【正月】** zhēngyuè 名 旧暦正月 [~初一] 元日

【怔】 zhēng ✕ 以下を見よ
⇒zhèng

【怔忡】 zhēngchōng 動《書》(漢方で)動悸がする

【怔忪】zhēngzhōng 形〈書〉恐れおののくさま

【征】zhēng ⊗① (主に軍隊が) 遠くへ行く ② 征伐する〔南~北战〕あちこち転戦する

【—(徵)】⊗① 徴発する、召集する ② 徴収する、取り立てる〔~粮〕食糧を徴収する ④ 証明する、募集する ④ 証明する、証拠だてる〔无~之言〕根拠のない主張 ⑤ 表に現われた徴しる、現象〔象~〕象徴(する) ◆五音のひとつ"徵"はzhǐと発音

【征兵】zhēngbīng 動 徴兵する
【征尘】zhēngchén 名 行軍や旅で体についた塵、行軍や旅の労苦
【征调】zhēngdiào 動 (人や物を) 徴用する、調達する
【征发】zhēngfā 動 徴発する
【征伐】zhēngfá 動 征伐する、討伐する
*【征服】zhēngfú 動 征服する〔用武力~〕武力で征服する〔~不了他的心〕私の気持ちを服従させることはできない
【征购】zhēnggòu 動 (政府が農産物や土地などを) 買い上げする
【征候】zhēnghòu 名 徴候、兆し
【征集】zhēngjí 動 広く集める、募集する〔~签名〕署名を集める
【征募】zhēngmù 動 (兵隊などを) 徴募する、募集する
【征聘】zhēngpìn 動 招聘する
*【征求】zhēngqiú 動 募り求める、募集する〔广泛~群众的意见〕広く大衆の意見を求める
【征收】zhēngshōu 動 徴収する〔~公粮〕供出食糧を徴収する
【征途】zhēngtú 名 征途、長い旅路〔踏上~〕征途に上る
【征文】zhēngwén 動 原稿を募る
【征象】zhēngxiàng 名 徴候、前兆
【征询】zhēngxún 動 (意見を) 求める、徴する 同[征求]
【征引】zhēngyǐn 動 引用する、引証する
【征用】zhēngyòng 動 (土地・建物などを) 収用する、徴収する
【征战】zhēngzhàn 動 出征し戦う、征戦する
【征兆】zhēngzhào 名 徴候、前兆
【征召】zhēngzhào 動 ①(兵を) 召集する、召し出す〔响应~〕応召する ②〈書〉官職を授ける、任命する

【症(癥)】zhēng ⊗ 以下を見よ ⇨ zhèng
【症结】zhēngjié 名 腹の中に塊のできる病気;(転) 難点、癌がん

【钲(鉦)】zhēng ⊗ 古代の進軍の際に用いた、柄のついた銅鑼

【争(爭)】zhēng 動 ① 争う、競う〔~财产〕財産のとりあいをする〔~着付钱〕争って支払おうとする ② 言い争う、互いに譲らない〔你们在~什么〕君たちは何を口論しているの 一形〈方〉足りない、欠けている(同〈普〉[差 chà])
⊗ (旧白話で) なぜ、どうして〔~知〕あにはからんや〔~奈〕いかんせん

【争辩】zhēngbiàn 動 言い争う、論争する 同[争论]〔无可~〕議論の余地がない
【争吵】zhēngchǎo 動 口論する、口げんかをする〔~不休〕争論が絶えない
【争持】zhēngchí 動 言い争って互いに譲らない〔~不下〕互いに固執して後へ引かない
【争斗】zhēngdòu 動 ①けんかする、殴り合う 同[打架] ②抗争する、押さえこむ 一名 争い、戦い
*【争端】zhēngduān 名 争いの元〔边界~〕国境紛争
【争夺】zhēngduó 動 争奪する、奪い合う〔~领导权〕主導権を争い合う〔~锦标〕優勝旗を争う
【争分夺秒】zhēng fēn duó miǎo (成) 寸秒を争う
【争光】zhēngguāng 動 栄光を勝ち取る〔为祖国~〕祖国のために栄誉を勝ち取る
【争脸】zhēngliǎn 動 面目を施す 同[争面子]
*【争论】zhēnglùn 動 論争する、口論する〔激烈的~〕激しい論争〔~经济动向〕経済の動きについて論争する
【争鸣】zhēngmíng 動 (学術上のことで) 論争する〔百家~〕百家争鳴
【争气】zhēngqì 動 負けん気を出す、発憤する〔争闲气〕つまらない意地を張る〔你真不~〕君は本当に意気地なしだ
【争取】zhēngqǔ 動 勝ち取る、…をめざして努力する〔~提前完成计划〕計画を繰り上げて達成するように努力する
【争权夺利】zhēng quán duó lì (成) 権力や利益を奪い合う
【争先】zhēngxiān 動 先を争う〔~发言〕我先に発言する
*【争先恐后】zhēng xiān kǒng hòu (成) 後れまいと先を争う、先を競い合う〔~地报名参加〕我先に参加の申し込みをする
【争议】zhēngyì 動 言い争う、論争する 同[争论]
【争执】zhēngzhí 動 互いに自説に固執して争う、論争して譲らない〔~不下〕あくまで自説を曲げない

【挣(掙)】 zhēng [文] 以下を見よ
⇨zhèng
*【挣扎】zhēngzhá [動] あがく，もがく 〚～着坐起来〛無理をして起き上がる 〚从困难中～出来〛頑張って苦境から抜け出る

【峥(崢)】 zhēng [文] 以下を見よ
【峥嵘】zhēngróng [形]《書》① 山の高くそびえ立つさま ② 才能が特に抜きんでている

【狰(猙)】 zhēng [文] 以下を見よ
【狰狞】zhēngníng [形]（顔付きが）凶悪だ，恐ろしい 〚面目～〛顔付きが恐ろしい

【睁(睜)】 zhēng [動] 目をあける，みはる 〚困得眼睛都～不开了〛眠くて目を開けていられない 〚～一只眼，闭一只眼(～一眼儿，闭一眼儿)〛(片目を開け，片目を閉じる＞）見て見ぬ振りをする

【铮(錚)】 zhēng [文] 以下を見よ
【铮鏦】zhēngcōng [擬]《書》金属がぶつかり合う音の形容
【铮铮】zhēngzhēng [擬]《書》金属の触れ合う音の形容 ［铁中～］凡人の中で優れた者，錚々たる人物

【筝(箏)】 zhēng [文] ① 琴，箏 ［古～］箏 ② →［风～ fēngzheng］

【鬇(鬇)】 zhēng [文]［～鬡 níng］《書》髪がぼさぼさな

【烝】 zhēng [文]（人が）多い

【蒸】 zhēng [動] 蒸す，ふかす 〚～馒头〛マントウをふかす 〚把肉～在笼屉里〛肉をせいろうで蒸す
[文] 蒸発する，湯気が立ち上る ［熏～］むしむしする
【蒸饼】zhēngbǐng [名]〔块·张〕発酵させた小麦粉に油や塩で味つけをして蒸した'饼'
*【蒸发】zhēngfā [動] 蒸発する
【蒸馏】zhēngliú [動] 蒸留する ［～烧瓶］蒸留フラスコ ［～水］蒸留水
【蒸笼】zhēnglóng [名] せいろう，蒸し器
【蒸气】zhēngqì [名] 蒸気 ［水～］水蒸気 ［～吸入器］(呼吸器治療の)吸入器
【蒸汽】zhēngqì [名] 水蒸気 ［～机车］蒸気機関車 ［～浴］サウナバス ［～型电熨斗］スチームアイロン
【蒸食】zhēngshi [名]'馒头''包子'など蒸した食品の総称
【蒸腾】zhēngténg [動]（気体が）立ち上る，上昇する 〚热气～〛熱気が上がる
【蒸蒸日上】zhēngzhēng rì shàng《成》(事業などが）日増しに繁栄する

【拯】 zhěng [文] 救う
【拯救】zhěngjiù [動] 救う 〚～被压迫的人民〛虐げられた人々を救う

【整】 zhěng [形]〔多く定語として，また数量句の後に〕完全な，全体の（[反][零]）〚～篓子〛カゴいっぱいの 〚零点～〛零時かっきり 〚一百元～〛ちょうど百元 ［～天］丸一日 ― [動] ① 整える，整理する 〚～领带〛ネクタイを直す ② 修理する，直す ③ つらい目に遭わせる，いじめる 〚～人〛人をやっつける 〚他尽挨 ái～〛彼はしょっちゅういじめられている ④《方》する，やる [同]《普》［搞］［弄］
[文] きちんとしている，整っている ［～然有序］きちんと秩序立っている
【整备】zhěngbèi [動]（軍隊などを）整え配備する，整備する
【整编】zhěngbiān [動]（軍隊などの）編成変えをする，改編して整える
【整饬】zhěngchì《書》[動] 整頓する，整える 〚～纪律〛規律を正す ― [形] 整っている，きちんとしている
【整地】zhěng'dì [動]〘農〙整地する，地ならしする
*【整顿】zhěngdùn [動]（多く組織·規律などを）整頓する，建て直す 〚～党风〛党の活動のやり方を建て直す
【整风】zhěng'fēng [動] 思想·考え方·仕事のやり方を正す ［～运动］同上の活動
**【整个】zhěnggè [形]（～儿）〔定語·状語として〕全体の，まるごとの 〚～晚上〛一晩中 〚～说来〛全体から見て 〚农业是～国民经济的基础〛農業は国民経済全体の基礎だ
【整洁】zhěngjié [形] きちんとして清潔である，きれいに整っている 〚～的房间〛きちんと整っている部屋
**【整理】zhěnglǐ [動] 整理する，片付ける 〚～行装〛旅装を整える 〚～资料〛資料を整理する
【整料】zhěngliào [名] 完成品や部品を組み立てるひと揃いの材料
**【整齐】zhěngqí [形] 整然としている，そろっている 〚～的街道〛整然とした大通り 〚排得整整齐齐〛きちんと並んでいる ― [動] 整える，そろえる 〚～步调〛歩調をそろえる
【整容】zhěng'róng [動] ① 身だしなみを整える ② 美容整形する
【整数】zhěngshù [名] ① 整数 ② 端数のない数(十，二百，三千など)
【整套】zhěngtào [形]〔定語として〕まとまった，ひと揃いの 〚～的家具〛家具1セット ［～设备］プラント

★★【整体】zhěngtǐ [名] 全体，総体（[反]［个体］）〖从～上看…〗全般的に見れば〖～的利益〗全体の利益

【整形】zhěng▼xíng [動] 整形する［～外科］整形外科

【整修】zhěngxiū [動]（土木工事で）補修する，修理する〖～房子〗家を修繕する〖～公园〗公園を整備する

【整整】zhěngzhěng [形]〔定語・状語として〕まるまる，きっちり〖～三天三夜〗まるまる3日3晩〖～有一百个〗ちょうど百個ある

【整枝】zhěng▼zhī [動] 整枝をする［～修叶］木の剪定(せんてい)をする

【整治】zhěngzhì [動] ①整理する，処理する〖～账目〗帳面づらを整理する ②修理する，補修する〖～机器〗機械を修理する ③やっつける，こらしめる〖那坏蛋得 děi ～一下〗あの悪党一度こらしめてやらなくちゃ ④（ある仕事を）やる，する（[同]［搞］［做］）〖～午饭〗昼ご飯を作る

【整装待发】zhěng zhuāng dài fā《成》旅装を整え出発の用意をする

【正】zhèng [形] ①正しい，曲がっていない（[反]［歪］）〖这幅画儿挂得不～〗この絵は掛け方が曲がっている ②公正な，正義の〖作风很～〗やり方が公正だ ③（色・味が）純正である，混じり気がない〖颜色不～〗色が純正でない［～红］真紅 ④〔定語として〕正の，プラスの（[反]［负］）［～数］正数［～电子］陽電子 — [動]（位置を）直す〖～了～帽子〗帽子の位置をちょっと直した — [副] ①ちょうど，正に〖大小～合适〗サイズがちょうど合う ②動作の進行や状態の持続を表わす〖～下着雨呢〗雨が降っているよ〖～上课呢〗授業中だ

⊗①（位置が）真ん中の [反]'侧''偏' ②（時間が）ちょうどの（[関]［～午］）［六点～］6時ちょうど ③基準に合った，端正な［～楷］楷書 ④主要な，正式な（[反]'副'）［～主任］正主任 ⑤正当な［～路］正道 ⑥図形が等辺等角の［～六角形］正六角形 ⑦正面の，表側の [関]［～面］ ⑧改める，正す［～误］《書》誤りを正す ⑩（Z-）姓

⇨zhēng

【正本】zhèngběn [名]〔本・册〕正本，原本 [反]［副本］

【正比】zhèngbǐ [名] 正比例 [反]［反比］

【正步】zhèngbù [名] 行進の歩調（足をまっすぐ上げて歩く）〖～走！〗歩調をとれ（号令）

★★【正常】zhèngcháng [形] 正常な〖气候不～〗天候が異常だ〖一切都在～地进行着〗すべてが正常に進んでいる［～化］正常化する

【正大】zhèngdà [形]（言動が）正当な，正大な［光明～］公明正大

【正旦】zhèngdàn [名] 伝統劇の立女形(たておやま)，主役の女役（'青衣' の旧称）
⇨zhēngdàn

★【正当】zhèngdāng [動] ちょうど…（の時に）当たる〖～发育时期〗ちょうど発育の時期に当たっている［～年］若い盛り［～时］適時，ころあい

—— zhèngdàng [形] ①正当な，まともな〖～的利益〗正当な利益 ②（品行が）方正な，正しい

【正道】zhèngdào [名] 正道，正しい道〖走～〗正道を行く

【正点】zhèngdiǎn [名]（列車運行などの）定刻，定時〖～开车（到达）〗定刻に発車（到着）する

【正殿】zhèngdiàn [名] 正殿，本殿

【正电子】zhèngdiànzǐ [名]〖電〗陽電子 [同]［阳电子］

【正法】zhèng▼fǎ [動]《書》死刑を執行する〖就地～〗その場で処刑する

【正方】zhèngfāng [名] 正方形，立方体［～体］立方体

【正房】zhèngfáng [名] ①母屋（'四合院' の北側正面の棟） [同]［上房］ ②《旧》正妻，本妻

★【正负】zhèngfù [名] 正と負［～号］プラスマイナス記号（±）

★【正规】zhèngguī [形] 正規の〖～的训练〗正規の訓練［～军］正規軍

【正轨】zhèngguǐ [名] 正常な道，正しい軌道〖纳入～〗正規の軌道に乗せる〖走上～〗正常な道を歩みだす

★★【正好】zhènghǎo [形]（時間・位置・大きさ・程度などが）ちょうどよい〖你来得～〗君はちょうどいい時に来た — [副] たまたま，ちょうど〖路上～碰见老师〗道で折よく先生に出会った

【正号】zhènghào [名]（～儿）正数の記号，プラスの記号（+） [反]［负号］ [関]［加号］

【正极】zhèngjí [名]〖電〗陽極，プラス [同]［阳极］

【正襟危坐】zhèng jīn wēi zuò《成》（襟を正して端坐する＞）態度の厳粛な

★【正经】zhèngjing/《方》zhèngjǐng [形] ①まじめな，正直な〖～做买卖〗正直に商いをする［～人］まじめな人 ②正当な，正しい〖钱必须用在～地方〗お金は正当な事に使わなければならない ③正式な，基準に合った，まともな［～货］規格品 — [副]《方》確かに，本当に

【正经八百】zhèngjīng-bābǎi [形]《方》非常にまじめな

【正楷】zhèngkǎi [名] 楷書〖用～写〗楷書で書く

【正理】zhènglǐ [名] 正しい道理，正当

な根拠
【正论】zhènglùn 图 正論
【正门】zhèngmén 图 正門,表門 (⊗[后门])
【正面】zhèngmiàn 图 ① 正面,表側 (⊗[侧面]) ② 表面,表 (⊗[背面]) [反面] [硬币的～] コインの表 — 形 ①《定語・状態として》積極的な面の,プラスの側面の(⊗[反面]) [～人物] 肯定的な人物 ②《多く状態として》直接の,正面からの [有问题,请～提出来] 問題があればじかに言ってください
【正派】zhèngpài 形 正直な,品行の正しい [～人] 上品な人
【正片儿】zhèngpiānr 图⇨[正片]
【正片】zhèngpiàn 图 ①(写真の)ポジ,陽画(⊗[底片]) ② 映画のプリント,コピー ③ 主な映画,本編(同時上映の短編などと区別して)
【正品】zhèngpǐn 图 規格品,合格品
*【正气】zhèngqì 图 正気,公明正大な気風(⊗[邪气]) [发扬～] 正しい気風を促進する
【正桥】zhèngqiáo 图 橋の主要部分(⊕[引桥])
【正巧】zhèngqiǎo 副 ちょうどよく,折良く(⊕[刚巧]) [～在路上碰到了他] 運よく途中で彼に出会った
【正取】zhèngqǔ 動《旧》正式に採用する(⊕[备取])
*【正确】zhèngquè 形 正しい,正確な [～的立场] 正しい立場 [～对待] 正しく対処する
【正人君子】zhèngrén jūnzǐ《成》高潔な人,人格者(多く風刺的に使われる) [他把自己打扮成～] 彼は聖人君子振っている
【正色】zhèngsè 图 ①《書》純色,原色 — 動 厳しい顔付きをする
【正史】zhèngshǐ 图 正史 ♦『史記』『漢書』など紀伝体の歴史書'二十四史'をいう
*【正式】zhèngshì 形《定語・状態として》正式の,公式の [～的访问] 公式訪問 [～提出申请] 正式に申請する
【正视】zhèngshì 動 正視する [～现实] 現実を直視する [不忍～] 正視するに忍びない
【正书】zhèngshū 图 楷書
【正题】zhèngtí 图 本題,本筋 [转入～] 本題に入る [离开～] 本題からそれる
【正体】zhèngtǐ 图 ① 漢字の正体,正字(⊕[异体字]) [～字] 正体字 ② 楷書 ③ '拼音文字' の印刷体
【正厅】zhèngtīng 图 ① 正面ホール,正面の大広間 ② 舞台正面の見物席,平土間 へいどま
【正统】zhèngtǒng 图 ① 帝王の系統,皇統 ②(党派・学派などの)正統
【正文】zhèngwén 图 本文
【正午】zhèngwǔ 图 正午
【正凶】zhèngxiōng 图(殺人事件の)主犯(⊕[帮凶])
【正业】zhèngyè 图 まともな職業 [不务～] 正業に務めない
*【正义】zhèngyì 图 ① 正義 [主持～] 正義を主張する [～是不可战胜的] 正義は無敵だ ②《書》正しい意味,正しい解釈 — 形《定語として》[～的事业] 正義の事業 [～感] 正義感
【正音】zhèngyīn 图 正音,標準音 —— zhèng'yīn 動 発音を矯正する
【正在】zhèngzài 副 ちょうど…している,…しつつある [他们～上课] 彼らは授業中です
【正直】zhèngzhí 形 剛直な,公正な [为wéi人～] 人柄が剛直だ
【正中】zhèngzhōng 图 真ん中,中央(⊕[正当中]) [教室前面～是老师的座席] 教室の前面中央が先生の座席です
【正中下怀】 zhèng zhòng xià huái《成》《謙》願ったりかなったりだ
【正字】zhèngzì 图 ① 楷書 ② 正字 [～法] 正書法 —— zhèng'zì 動 文字を正す,文字を校正する
【正宗】zhèngzōng 图 正統を受け継ぐもの — 形《定語として》正統なる

【证(證)】 zhèng ⊗① 証明する,証拠立てる ② 証拠,証明 [工作～] 身分証明書
【证婚人】zhènghūnrén 图 結婚の証人,結婚立会人
*【证件】zhèngjiàn 图〔张・份〕証明書
*【证据】zhèngjù 图 証拠 [可靠的～] 確かな証拠
【证明】zhèngmíng 動 証明(する) [～人] 証人 [～书] 証明書
【证券】zhèngquàn 图〔张〕有価証券 [～公司] 証券会社
【证人】zhèngren/zhèngrén 图 証人
*【证实】zhèngshí 動 実証する,裏付ける [～了推断] 推断を立証した [得到～] 実証される
*【证书】zhèngshū 图〔件・份〕証書,証明書
【证物】zhèngwù 图〔件〕証拠物件
【证验】zhèngyàn 動 検証する — 图 実効,効果
【证章】zhèngzhāng 图〔枚〕バッジ,徽章

【怔】 zhèng 動《方》ぼんやりする,ぽかんとする [你～什么呀?] なにをぼんやりとしているん

だ zhēng
⇨zhēng

【政】zhèng ⊗① 政治 ② 行政機関の業務［邮~］郵政［财~］財政 ③ 家庭や団体の仕事［家~］家庭の切り盛り［校~］学校の諸事務 ④(Z-)姓

【政变】zhèngbiàn 图 政変, クーデター［军事~］軍事クーデター

【政策】zhèngcè 图 政策［落实~］政策を実施に移す［对外~］対外政策

【政党】zhèngdǎng 图 政党

【政敌】zhèngdí 图 政敵

【政府】zhèngfǔ 图 政府 (中国では地方各行政機関も指す)［市~］市役所

【政纲】zhènggāng 图 政治綱領, 政党の綱領

【政绩】zhèngjì 图 政治的業績

【政见】zhèngjiàn 图 政見, 政治的見解

【政界】zhèngjiè 图 政界

【政局】zhèngjú 图 政局

【政客】zhèngkè 图 政客

【政令】zhènglìng 图［道・条］政令

【政论】zhènglùn 图 政論

【政派】zhèngpài 图 政治上の派閥, 分派

【政权】zhèngquán 图 ① 政権, 政治的権力［夺取~］政権を奪う［掌握~］政権を握る［傀儡~］傀儡かいらい政権 ② 政治機構

【政事】zhèngshì 图 政府の事務, 政事

【政体】zhèngtǐ 图 政体, 政権の統治形態

【政委】zhèngwěi 图 '政治委员'の略称

【政务】zhèngwù 图 政務, 行政事務［~院］政務院(中国国務院の前身)

【政协】zhèngxié 图 '政治协商会议'の略称

★【政治】zhèngzhì 图 政治［~家］政治家［~避难 nàn］政治亡命［~挂帅］政治第一, 政治をすべてに優先させる［~委员］政治委員(人民解放軍の部隊の政治工作者)［~协商会议］政治協商會議(中国の統一戰線組織)［~局］(党の)政治局［~学］政治学

【症】(*證) zhèng ⊗ 病気の症状［不治之~］不治の病［急~］急病
⇨zhēng

【症候】zhènghòu 图 ① 病気, 疾病 ② 病状, 症状

【症候群】zhènghòuqún 图 症候群 ◍[综合症]

★【症状】zhèngzhuàng 图 症状, 病状

【郑】(鄭) Zhèng ⊗ ① 周代の国名 (今の河南省新郑县一带) ② 姓

【郑重】zhèngzhòng 圈 厳粛である, 慎重である［~考虑］慎重に考える［~其事］(態度が) 慎重である, 厳かである

【诤】(諍) zhèng ⊗ 諫いさめる［~谏］(書) 諫めて正す

【诤言】zhèngyán 图(書) 諫言, 直言

【诤友】zhèngyǒu 图(書) 率直に忠告してくれる友

【挣】(掙) zhèng 動 ① 稼いで得る［~饭吃］食いぶちを稼ぐ ② 脱けだす, あがく［~开手缚］束縛を振り切る［~揣 chuài］もがく
⇨zhēng

【挣揣】(阄闖) zhèngchuài 動(書) もがく

【挣命】zhèng'mìng 動 必死になってもがく, 生きるためにあがく

★【挣钱】zhèng'qián 動 金を稼ぐ［到底挣了多少钱？］いったいいくら稼いだんだ

【挣脱】zhèngtuō 動 自力で脱け出す［从贫困~］貧困から脱け出す［~了她的手］彼女の手を振りほどいた

【之】zhī ⊗ ① これ, かれ ♦人や事物を指し, ふつう賓語として用いる［取而代~］取ってこれに代わる［总~］総じて, 要するに［反~］これに反して ② 語気を整えて具体的な事物を指さない［久而久~］長い期間くる ③ …の ♦定語と中心語の間に用いて所有関係や修飾関係を表わす［三分~一］3分の1［赤子~心］赤子(人民)の心 ④ 主述構造の間に用いて修飾関係の連語に変える［中国~大］中国の大きいこと［战斗~激烈, 前所未闻］戦闘の激烈さは前代未聞である ⑤ 行く［由京~沪］北京から上海に行く

【之后】zhīhòu 图 …の後, …の後ろ ♦時間を指す場合が多い［三天~］3日後［房屋~］家の後ろ 一圈 その後, それから ♦~, 她又给我写了两封信］その後, 彼女はまた私に2度便りを寄こした

【之乎者也】zhī hū zhě yě (成) もったいぶって文語を使うこと

【之间】zhījiān 图 ① …の間［两个人~］ふたりの間［彼此~］お互いの間 ②〔動詞や副詞の後に用いて〕…の間に, …のうち［贬眼~］瞬く間［忽然~］たちまちのうち

【之类】zhīlèi 图 …のたぐい, …の類［肉, 蔬菜~］肉, 野菜の類

【之内】zhīnèi 图 …の内，…以内〚校園~〛キャンパス内〚两年~〛2年以内
【之前】zhīqián 图〔多く時間について〕…の前，…の前方〚这药在睡觉~吃〛この薬は寝る前にのむ
【之上】zhīshàng 图 …の上，…以上
【之外】zhīwài 图 ①…の外，…の範囲外〚逃到了射程~〛射程外に逃れた ②…のほか，…以外〚除了他~〛彼を除けば…
【之下】zhīxià 图 …の下，…以下〚压迫~〛圧迫のもと〚你的才能不在他~〛君の才能は彼より劣っていない
【之一】zhīyī 图 …の一つ〚六大公园~〛6大公園の一つ
【之中】zhīzhōng 图 …の中，…のうち〚他们~也有学生〛彼らの中には学生もいる
【　】zhī ⊗以下を見よ

【芝】
【芝兰】zhīlán 图 香草の白芷シャクと蘭フシ；(転)徳のある人，美しい友情，素晴らしい環境〚~之室〛高徳の人物の住まい，人を向上させる環境
【芝麻(脂麻)】zhīma 图〔粒〕胡麻ゴマ〚~的小事〛胡麻粒ほどの小事〚~酱〛胡麻みそ(調味料)，ごまペースト〚~开花,节节高〛(成)段々と良くなる，ますます発展する

【支】 zhī 动 ①支える，突っかいをする，支持する〚~帐篷〛テントを張る〚~起车篷〛車の幌を掛ける ②堪える，持ちこたえる〚精神~不住〛精神的に持ちこたえられない〚乐不可~〛うれしくてたまらない ③突き出す，立てる〚~着耳朵听〛耳をそばだてて聞く〚两颗大牙~在外面〛2本の前歯が外に出ている ④(口実を設けて) その場を離れさせる，出て行かせる〚快把她~出去吧〛早く彼女を出て行かせなさい ⑤(金銭を) 支出する，受け取る〚把钱~出来吧〛お金を支払いなさい〚~款〛金を支払う，金を受け取る —— 量 ①集団(「部队」「队伍」など) を数える〚一~医疗队〛1隊の医療チーム ②棒状のもの(「枪」「铅笔」「香烟」など)を数える(⦅口⦆[枝])〚一~烟〛タバコ1本 ③「歌儿」「乐曲」などを数える〚一~民歌〛民謡一曲 ④〔理〕燭光(光度の単位)〚二十五~光的灯泡〛25燭光の電球 ⑤番手(糸の太さを表わす単位)〚四十一~纱〛40番手の綿糸 ⊗同じ源から枝分かれしたもの〚~行 háng〛銀行の支店 ②十二支 ⦅口⦆[干支] ③(Z-)姓
【支部】zhībù 图 支部，党派や団体の末端組織 ⦅反⦆[总部]
*【支撑】zhīchēng 动 支える，持ちこたえる〚没有~身体的力量〛体を支える力がない〚这个家就由他~着〛この家は彼によって支えられている
*【支持】zhīchí 动 ①支える，持ちこたえる〚累得~不住了〛疲れても持ちこたえられない ②支持する，後援する〚~你们的合理建议〛君たちの理にかなった提案を支持する〚得到~〛支持を得る
*【支出】zhīchū 动图 支出(する) ⦅反⦆[收入]
【支点】zhīdiǎn 图〔理〕支点
【支队】zhīduì 图〔支〕支隊，分遣隊，別動隊
【支付】zhīfù 动 支払う，支給する〚~现款〛現金で支払う
【支架】zhījià 图 物を支える台，支え，支柱，(自転車の)スタンド
【支解(枝解・肢解)】zhījiě 动 (組織を) 解体する，(領土を) 分割する◆古代の手足切断の酷刑から
【支离】zhīlí 形 ①散り散りばらばらの，まとまりがない〚~破碎〛支離滅裂，めちゃめちゃ ②(話や言葉の)筋道が立っていない
*【支流】zhīliú 图 支流 ⦅反⦆[干 gàn 流] ②副次的な物事，枝葉
【支脉】zhīmài 图 支脈〚天山的~〛天山の支脈
【支派】zhīpài 图 分派，セクト —— 动 命令する，指図する
*【支配】zhīpèi 动 ①配分する，割り振る〚~经费〛経費を配分する〚应该把时间~好〛時間をうまく割り振らなければならない ②支配する〚受人~〛人に支配される〚自己~不了自己〛自分で自分をコントロールできない
*【支票】zhīpiào 图〔张〕小切手〚开~〛小切手を振り出す〚旅行~〛トラベラーズチェック
【支气管】zhīqìguǎn 图〔生〕気管支
【支前】zhīqián 動 前線を支援する
【支渠】zhīqú 图 支流の灌漑用水路，引き込み水路，分水路 ⦅反⦆[干 gàn 渠]
【支取】zhīqǔ 动 (金を) 受け取る，引き出す〚~工资〛給料を受け取る〚~存款〛預金を引き出す
【支使】zhīshi 动 命令する，指図する〚这是钱~的〛金がそうさせたのだ
【支书】zhīshū 图 (「支部书记」の略) 党支部の書記
【支吾(枝梧・枝捂)】zhīwu 动 言葉を濁す，言い逃れする〚~其词〛言葉を濁す〚支支吾吾〛口ごもって言いよどむ
【支线】zhīxiàn 图〔条〕支線 ⦅反⦆[干 gàn 线]
【支应】zhīyìng 动 ①対処する，応ず

る ②あしらう、ごまかす ③番をする
*【支援】zhīyuán 動 支援する、援助する〚～山区〛山岳地区を援助する〚争取人民的～〛人民の支援を勝ち取る
*【支柱】zhīzhù 名①〚根〛支柱、つっかい棒 ②（転）中核たる人や集団、大黒柱
【支子】zhīzi 名①支え、つっかえ〚火～〛五徳 ②（肉をあぶる）鉄製の用具

【吱】zhī 擬 きしむような音を表わす〚门～一声开了〛ドアがぎいといって開いた〚咯 gē～咯～〛（床などの）みしみし ⇨zī
【吱吱】zhīzhī 擬 物がきしる音などの形容〚～地划着小船〛小船をぎいぎいこいでいる ⇨zīzī

【枝】zhī 名（～儿）枝〚整～〛剪定する〚果～儿〛果実のなる枝 一①花のついた枝を数える（⇨支）〚一～蜡梅〛ロウバイ1枝 ②棒状のものを数える（⇨支）
【枝杈】zhīchà 名 枝
【枝节】zhījié 名①枝葉、枝末末節〚这些～问题无关大局〛これら取るに足らない問題は大局には関係がない ②面倒、困難〚横生～〛意外な面倒が起こる
【枝蔓】zhīmàn 形（枝や蔓の意から）煩瑣な"もの..."一 混み入った〚文字～〛文章がくどくどしている
【枝条】zhītiáo 名〚根〛枝、小枝
【枝丫（枝桠）】zhīyā 名 枝、小枝
【枝叶】zhīyè 名①枝と葉 ②枝葉末節、こまごました事柄
【枝子】zhīzi 名〚根〛枝、小枝

【肢】zhī ⊗ 四肢、手足〚四～〛四肢〚上（下）～〛上（下）肢
【肢势】zhīshì 名 家畜の立っている時の姿勢
【肢体】zhītǐ 名①四肢、手足 ②四肢と胴体

【汁】zhī 名（～儿）汁、液〚果～〛果汁、ジュース〚橘子～〛オレンジジュース〚番茄～〛トマトジュース〚胆～〛胆汁
【汁液】zhīyè 名 汁、液

【只（隻）】zhī 量①対になった物の片方を数える〚两～手〛両手〚袜子～〛片方の靴下〚一～眼睛〛片方の目 ②動物・鳥・虫を数える（例えば'鸡''老虎''兔子''蚊子'など）〚一～鸭子〛アヒル1羽 ③一部の器物を数える（例えば'箱子''篮子''手表''瓶子'など）〚一～盒子〛小箱1つ ④'船''筏子''汽艇'などを数える〚一～小船〛1隻の小船 ⊗ 単独の、単一の〚～字不提〛ひとことも言わない ⇨zhǐ

【只身】zhīshēn 副 単身で、一人で〚～去北京〛単身で北京へ行く
【只言片语】zhī yán piàn yǔ（成）一言半句、片言隻語

【织（織）】zhī 動①織る〚～布〛布を織る ②編む〚～毛衣〛セーターを編む〚蜘蛛～网〛クモが巣を張る
【织补】zhībǔ 動（衣服の破れを）繕う、かがる
【织锦】zhījǐn 名①色模様を織り出した'缎子'、錦織 ②絵柄を織り出した絹織物
【织女】zhīnǚ 名①〚旧〛機織り女 ②織女星（⇨织女星）

【卮（*巵）】zhī 名 ⊗ 古代の酒器の一

【栀（梔）】zhī ⊗〚植〛クチナシ〚～子〛同前、またその実

【知】zhī ⊗①知る、悟る〚须～〛心得、注意事項〚自～〛おのれを知る〚己～彼〛おのれを知り敵を知る ②知らせる〚～会 zhīhuì〛口で知らせる〚告～〛知らせる ③知識〚求～〛知識を求める〚无～〛無知 ④主管する、司る〚～府〛（明清時代の）府知事
【知道】zhīdao/zhīdào 動 知る、知っている ♦否定は'不～'bù zhīdào〚很～底细〛内情をよく知っている〚不大～这件事儿〛そのことをあまりよく知らない〚谁～〛誰が知っていますか、誰が知っているものか（「意外にも」の意としても）〚不～该怎么办〛どうすべきかわからない
【知底】zhī'dǐ 動 内情を知る、いきさつを知る
【知法犯法】zhī fǎ fàn fǎ（成）違法を知っていながら法を犯す
【知己】zhījǐ 形 互いに理解し合っている、親密な〚～的朋友〛親友〚和他很～〛彼ととても親しい〚～话〛思いやりのある言葉 一名 知己〚引为～〛己とする
【知交】zhījiāo 名 親友〚我跟他是～〛私と彼とは親友だ
*【知觉】zhījué 名 知覚、感覚〚失去～〛意識を失う
【知了】zhīliǎo 名（～儿）〚只〛蝉〚〚(鳴き声から生まれた名)〛〚～壳儿〛蝉のぬけがら
【知名】zhīmíng 形（多くの人が）著名な、有名な〚海内外都～〛世界的に名を知られている〚～度〛知名度〚～人士〛著名人
④【知命之年】zhī mìng zhī nián（成）天命を知る年齢、50歳

【知青】zhīqīng 图 '知识青年' の略
【知情】zhīqíng 動 (多く犯罪事件について) 事情を知っている [～不报] 事情を知っているのに通告しない [～人物] 内情を知る人物
【知情达理】zhī qíng dá lǐ 《成》物の道理をわきまえている 働 [通情达理]
【知趣】zhīqù 動 気が利く,粋だ(働 [识趣]) [他太不～了] なんて気の利かないやつだ
【知人之明】zhī rén zhī míng 《成》人を見抜く眼力
＊【知识】zhīshi 图 知识 [～产权] 知的财产权 [～分子 fènzǐ] 知识人,インテリ [～青年] 知识青年 [～经济] (ハイテク产业などを中心とする)知识经济
【知书达理】zhī shū dá lǐ 《成》教養があり礼儀をわきまえた 働 [知书识礼]
【知悉】zhīxī 動《书》知る,承知する [均已～] 委細承知しました [无从～] 知る由もない
【知县】zhīxiàn 图 (明·清時代の)県の長官,県知事
【知晓】zhīxiǎo 動 知る,わかる
【知心】zhīxīn 形 気心を知っている [～话] 思いやりのある言葉 [～朋友] 心を許せる友人
【知音】zhīyīn 图 知音%,知己,自分の才能を認めてくれる人
【知照】zhīzhào 動 (口頭で)知らせる,通知する
【知足】zhīzú 動 足るを知る,満足する [～者] [不～] 飽くことを知らない
＊【知足常乐】zhī zú cháng lè 《成》足るを知れば常に楽しい

【蜘】zhī ⊗ 以下を見よ

【蜘蛛】zhīzhū 图 [只] クモ(働 [口][蛛蛛]) [～丝] クモの糸 [～网] クモの巣 [～抱蛋] [植] 葉蘭なん

【汦】Zhī ⊗ [～河] 汦河(河北省の川の名)

【衹】zhī ⊗ 恭しい

【指】zhī ⊗ '指甲 zhǐjia' などの '指' の口語用
⇨zhǐ

【脂】zhī ⊗ ① 脂肪,油脂 [松～] 松やに ② 紅に
＊【脂肪】zhīfáng 图 脂肪 [～酶] 脂肪分解酵素
【脂粉】zhīfěn 图 紅とと白粉と;(転)女性 [抹 mǒ～] 紅白粉を塗る [～气] 女っぽさ,めめしさ
【脂膏】zhīgāo 图 ① 脂肪 ② 膏血 [榨取人民的～] 人民の膏血を搾り取る
【脂麻】zhīma 图 働 [芝麻]
【脂油】zhīyóu 图 [方] 豚の脂,ラード 働 [普][板油]

【植】(植) zhī 形 (農作物の)植える時期または熟すのが早すぎた

【执】(執) zhī ⊗ ① 捕える [被～] 捕えられる ② 持つ,執る [～教] 教鞭を執る ③ 堅持する,固執する [争～] 言い争って譲らない [各～一词] 各々自分の意見に固執する ④ 執行する ⑤ 証明書 [存～] 証明书の控え [收～] 受取証 ⑥ 友人 [父～] 《书》父の友人 ⑦ (Z-)姓
【执笔】zhíbǐ 動 筆を執る,執筆する ♦特に集団名義の文章を書くことをいう
【执法】zhífǎ 動 法律を執行する [～如山] 断固として法を執行する
【执绋】zhífú 動《书》棺を見送る ♦'绋' は棺を引く綱
【执迷不悟】zhí mí bú wù《成》過ちを押し通して非を悟らない
【执泥】zhíní 動 固執する,拘泥する
【执牛耳】zhí niú'ěr 動《书》牛耳る,支配的地位に立つ,盟主となる
【执拗】zhíniù 形 頑固な,意地っ張りな [他脾气～] 彼は強情っ張りだ
＊【执行】zhíxíng 動 ① 執行する,実施する [～任务] 任務を遂行する [～计划] 計画を実施する [～主席] 大会議長 ② (コンピュータの)実行(する)
【执意】zhíyì 副 我を張って,意地を張って [～要去] どうしても行くと言ってきかない [～不肯] 頑として承知しない
【执掌】zhízhǎng 動 掌握する,司る [～大权] 大権を握る
＊【执照】zhízhào 图 [张·份] 許可証,鑑札 [施工～] 工事許可証 [驾驶～] 運転免許証 [营业～] 営業許可証
【执政】zhí'zhèng 動 政権を握る,政務を執る [～党] 与党 図 [在野党]
【执着】(执著) zhízhuó 動 執着する,固執する [～于现实] 現実に執着する [～地追求] あくまで追求する

【縶】(縶) zhí ⊗ ① つなぐ ② 拘禁する ③ 手綱

【直】(直) zhí 形 ① まっすぐの(図[曲][弯]) [马路又平又～] 大通りは平らでまっすぐだ ② 率直な,気性がさっぱりとした [他嘴很～] 彼は思っていることを何でも言う ③ 垂直の,縦の(図[横]) [标题要排～的] タイトルは縦組だ 動 まっすぐにする,伸ばす [～起腰来] 腰を伸ばす [～着喉咙喊叫] 声をはり上げて叫ぶ 一 副 ① しきりに,たえず [～哭] 泣き続ける [～

哆嗦]ぶるぶる震える ②まるで,全く[[疼得~象针扎 zhā 一样难受]]まるで針で刺されたように痛くてたまらない —🅼 まっすぐに,直ちに[[长途汽车~开苏州]]長距離バスは蘇州へ直行する [[~飞敦煌的飞机]]敦煌への直行便 —🅽 漢字の上から下へ引く筆画,縦棒(丨) ⊗① 公正な,正しい ②(Z-)姓

*【直播】zhíbō 🅸【農】直播する ②(テレビ・ラジオで) 生放送する 🆁[转播]

【直拨】zhíbō 🅵【定語・状語として】(電話で)直通の

【直肠】zhícháng 🅽 直腸

【直肠子】zhíchángzi 🅽 一本気(な人),率直(な人)[直性子]

【直达】zhídá 🅸 直行する[[~广州的列车]]広州まで直行する列車 [~车] 直通列車,直行バス

【直待】zhídài 🅸 ずっと…の時まで待つ[[~玉兔东升]]月が東の空に昇るのを待って

【直到】zhídào 🅸 (多く時間について)ずっと…まで至る[[~天黑他还没有回来]]日暮れになっても彼はまだ戻らない

【直瞪瞪】zhídèngdèng/ zhídēngdēng 🅵 (~的) 目を大きく見開きぽかんとした

【直贡呢】zhígòngní 🅽【衣】ベネシアン,洋繻子

【直观】zhíguān 🅵【定語として】直接知覚する,直観的な[[~教具]]視聴覚教具 [[~教学]]直観教育

【直角】zhíjiǎo 🅽 直角 [~尺] 曲尺

*【直接】zhíjiē 🅵 直接の 🅰[间接] [[对我们工作有~的影响]]我々の仕事に直接影響する [[~联系]]直接連絡する

【直截(直捷)】zhíjié 🅵 直截な,てきぱきとした

【直截了当】zhí jié liǎo dàng 〖成〗簡明直截な,単刀直入の[[说话不~]]話が回りくどい [[~地提出来]]単刀直入に切り出す

【直径】zhíjìng 🅽【数】直径 🆁[半径]

【直撅撅】zhíjuējuē 🅵【方】(~的) ぴんと伸び,まっすぐ硬直したさま

【直觉】zhíjué 🅽 直覚

【直来直去】zhí lái zhí qù 〖成〗①(旅行が) 行って帰るだけの ②(性格が) さっぱりした

【直溜溜】zhíliūliū 🅵 (~的)まっすぐなさま[[~的大马路]]まっすぐな大通り [[~地站着]]直立不動の姿勢で立っている

【直流电】zhíliúdiàn 🅽 直流電気 🆁[交流电]

【直眉瞪眼】zhí méi dèng yǎn 〖成〗

① 目を吊り上げる,目を怒らせる ② あっけにとられる,ぽかんとする

【直升机】zhíshēngjī 🅽【架】ヘリコプター(🆁[直升飞机]) [~机场] ヘリポート

【直属】zhíshǔ 🅸 直属する[[这个机关是~国防部的]]この機関は国防部に直属している [~机关] 直属機関

【直率】zhíshuài 🅵[直爽]

【直爽】zhíshuǎng 🅵 率直な,さっぱりした[[他为人~]]彼はさっぱりした人柄だ[[说话~]]率直に物を言う

【直挺挺】zhítǐngtǐng 🅵 (~的)ぴんと伸びてこわばった,まっすぐな[[~的尸首]]硬直した死体[[~躺在炕上]]オンドルの上に身動きもせず横たわっている

【直辖】zhíxiá 🅵【定語として】直轄の,直接管轄する [~市] 直轄市

【直线】zhíxiàn 🅽[条・道] 直線 —🅵【定語・状語として】直線的な,直通の

【直性】zhíxìng 🅽 (~儿)さっぱりとした性格,一本気 —🅵【定語として】さっぱりとした性格の

【直性人】zhíxìngrén 🅽 さっぱりとした性格の人,一本気の人

【直言】zhíyán 🅸 直言する[[敢于~]]敢えて直言する [[~不讳 huì]]直言して憚らない

【直译】zhíyì 🅸 直訳する 🅰[意译]

【直音】zhíyīn 🅽【語】直音 zhíyīn ◆中国の伝統的な注音方法の一. 例えば'南, 音男'の場合'南'は'男 nán'と同音の意

【直至】zhízhì 🅸[直到]

值(値)

zhí 🅸 ① 物がある値に相当する,値する[[~一百元]]100元に値する ②【多く否定形で】…するに値する[[不~一提]]取り立てて言うほどの価値がない ③ 出会う,当たる[[国庆节恰~星期日]]国慶節はちょうど日曜日に当たる —🅽 数値,値 ⊗① 価値,価格 [升~] 平価を切り上げる ② 番に当たる,番が回ってくる

*【值班】zhí'bān 🅸 当番になる,当直する[[值夜班]]宿直する [~医生] 当直医

【值当】zhídàng 🅸【方】…するに値する,…に引き合う[[不~]]割に合わない

*【值得】zhíde/zhíde 🅸 …だけの価値がある,…するに値する[[~骄傲]]誇るに足る[[这个问题~我们研究一下]]この問題は我々が研究するに値する[[不~(值不得)]]値しない

【值钱】zhíqián 🅵 値打ちがある,金目の

【値勤】zhí'qín（兵隊・警官などが）当番で勤務する,当直する［～日］勤務日

【値日】zhí'rì 動 当番になる,日直をする［今天该谁～？］今日は誰が当番ですか［昨天是她值的日］昨日は彼女が当番でした［～生］当番(の学生)

【値星】zhíxīng 動 (軍隊で) 週番に当たる

【植(植)】zhí ⊗
① 植える［～树］樹を植える ② 立てる,樹立する［～党营私］徒党を組んで私利を図る ③ 突き立てる,立てておく

【植被】zhíbèi 图 植生,植被

【植苗】zhí'miáo 動 苗木を植える,植林する

【植皮】zhí'pí 動 植皮する,皮膚を移植する

☆【植物】zhíwù 图 植物［～人]植物人間［～纤维]植物繊維［～学]植物学［～油]植物油［～园]植物園

【植株】zhízhū 图 成長した植物(根,茎,葉などを含む)

【殖(殖)】zhí ⊗
生息する,殖える,繁殖する［生～]生殖する［增～]増殖する
◆「骸骨」の意の'骨殖'は gǔshi と発音

【殖民】zhímín 動 植民する［～主义]植民地主義

*【殖民地】zhímíndì 图 植民地

【侄(姪)】zhí ⊗
（～儿)甥（兄・弟の息子)〈卿[外甥])［内～]妻の甥

【侄女】zhínǚ 图 （～儿)姪（兄・弟の娘,友人の娘もいう)〈卿[外甥女])［内～]妻の姪

【侄女婿】zhínǚxu 图 '侄女'の夫

【侄孙】zhísūn 图 兄弟の孫,'侄儿'の息子

【侄孙女】zhísūnnǚ / zhísūnnǚ 图（～儿)兄弟の孫娘,'侄儿'の娘

【侄媳妇】zhíxífu 图 （～儿)'侄儿'の妻

【侄子】zhízi 图 ⟨卿[侄儿]

【职(職)】zhí ⊗
① 職務［尽～]職務を全うする ② 職位,職業［辞～]辞職する［退～]退職する ③ (旧)公文用語で上司に対する自称 ④ 司る,管掌する

【职别】zhíbié 图 職務の区別,職種

【职称】zhíchēng 图 職名,肩書,職階名

【职分】zhífèn 图 ① 職分,職責 ② 官職,職位

【职工】zhígōng 图 ① 事務職員と労働者,従業員［～食堂]従業員食堂 ② (旧)労働者

*【职能】zhínéng 图 職能,機能,効能［法院的～]裁判所の機能

【职权】zhíquán 图 職権［行使～]職権を行使する

【职守】zhíshǒu 图 職場,持場［不能擅离～]勝手に職場を離れてはいけない［忠于～]職務に忠実である

【职位】zhíwèi 图 職務上の地位,ポスト

【职务】zhíwù 图 職務,務め［履行～]職務を遂行する

☆【职业】zhíyè 图 職業［～病]職業病［～运动员]プロ選手［～女性]キャリアウーマン

【职员】zhíyuán 图 職員,事務職員

【职责】zhízé 图 職責［履行～]職責を果たす［应尽的～]果たすべき職責

【职掌】zhízhǎng 图(書)職掌,職分 — 動(書)職務として担当する

【摭】zhí ⊗
拾う,拾い上げる［～拾](書)(多く既成の事例や語句を)拾い上げる

【蹠】zhí ⊗
('跖'とも) ① 足の甲の前部 ② 足の裏 ③ 踏む

【踯(躑)】zhí ⊗
以下を見よ

【踯躅(躑躅)】zhízhú 動(書)さまよう,うろうろする

【止】zhǐ
① 止まる,やめる［大哭不～]いつまでも泣きやまない［血流不～]出血が止まらない ② やめさせる,阻む［～不住]とめられない［～血]止血する［～痛]痛みを止める ③ ('至(到)…～'の形で)(期間が…で) 終わる［展销会从四日起至十日～]展示即売会は4日から10日まで — 副 ただ［不～一次]一度ならず［何～这一次]今回だけではない

【止步】zhǐ'bù 動 歩みを止める,立ち止まる［闲人～]無用の者入るべからず［游人～]遊覧者(見学者)立入り禁止

【止境】zhǐjìng 图 行き止まり,果て［学无～]学問には際限がない

【止息】zhǐxī 動(書)停止する,やむ

【芷】zhǐ ⊗
香草［白～]〖植〗カラビャクシ

【址(*阯)】zhǐ ⊗
所在地,地点［地～]住所,所在地［住～]住所［遗～]遺址［会～]会の所在地

【祉】zhǐ ⊗ 幸福

【趾】zhǐ ⊗
① 足の指［脚～]同前［～骨]趾骨 ② 足

【趾高气扬】zhǐ gāo qì yáng 《成》意気揚々たるさま,おごりたかぶったさま

【趾甲】zhǐjiǎ 图 足指の爪

【只(*祇衹)】zhǐ 副 ただ…だけ,わずかに ◆動詞の前に用いて,動作の範囲や資源自体やその数量を限定したり,また直接名詞の前に用いて事物の数量を限定する〖～有一个〗一つしかない〖～说不做〗言うだけでやらない〖我～当dàng你已经回去了〗君はもう帰ったとばかり思っていた〖屋里～老王一个人〗部屋には王さん一人しかいない
⇨zhī

【只不过】zhǐbúguò 副〖文末の'就是了''罢了'と呼応して〗ただ…にすぎない〖～问问价钱罢了〗値段を聞いただけだ

【只得】zhǐdé 副 …するより仕方がない,やむなく…する(働〖只好〗〖不得不〗)〖没赶上末班电车,～走回去〗終電に乗り遅れたので,歩いて帰るしかない

【只顾】zhǐgù 動 ばかりに気をとられる,…ばかりを考える〖～自己是不行的〗自分の事しか考えないのはだめだ ― 副 ただ…するばかり,ひたすら…する〖～下棋〗将棋に夢中になるだけだ

【只管】zhǐguǎn 副 かまわずに…する,どしどし…する〖你有什么话,～说吧〗話したいことがあるなら,遠慮なく話しなさい ― 副 ただ…にかまける〖他～自己的事〗彼は自分のことしか考えない

★【只好】zhǐhǎo 副 …するほかない,やむなく…する(働〖只得〗〖不得不〗)〖～让步〗譲歩するしかない

【只是】zhǐshì 副 ただ…に過ぎない,ただ…するばかりだ ◆文末に'罢了''而已'などを伴うこともある〖～去看看朋友,没有什么要紧的事儿〗ただ友達に会いに行くだけで大事な用事は別にありません〖她～笑,不回答〗彼女は笑っているだけで答えない〖我～不想去罢了〗私は行きたくないだけだ ― 接 …ではあるが,…だが ◆'不过'より逆接の語調はやや軽い〖这东西是好,～贵了些〗この品物は良いことは良いが,ただちょっと高い

【只消】zhǐxiāo 動〖方〗…だけが必要だ〖～二十分钟〗20分しかかからない

★【只要】zhǐyào 接 …しさえすれば,…でありさえすれば,…の必要条件さえし,多く'就''便'と呼応する〖～虚心,就会进步〗虚心でありさえすれば必ず進歩する〖～你道一下歉就行了〗ただ謝りさえすれば良いのです〖你一定能学好,～你努力〗君はきっとマスターできる,努力しさえすれば

【只要功夫深,铁杵磨成针】zhǐyào gōngfu shēn, tiěchǔ móchéng zhēn〖成〗(鉄の杵ほも磨き続ければ針になる)精神一到,何事か成らざらん

【只有】zhǐyǒu 接 ①…して初めて,…の場合に限って ◆唯一の条件を表わし,多く'才'や'还'と呼応する〖～这样做,才能解决问题〗こうしてこそ初めて問題が解決できる ②…のみ,…だけが ◆主語の前に用いて主語を限定する〖～我相信你〗私だけが君を信じている ― 副 …するしかない,やむなく…する〖如果下大雨,比赛～延期〗もし大雨が降ったら,試合は延期するしかない

【只知其一,不知其二】zhǐ zhī qí yī, bù zhī qí èr〖成〗(その一を知り,その二を知らない)一面しか知らず全体を知らない

【枳】zhǐ ⊗〖植〗カラタチ(ふつう'枸橘 gōujú'という)〖～壳〗キコク(漢方薬の一)

【咫】zhǐ ⊗ 以下を見よ

【咫尺】zhǐchǐ 图〖書〗咫尺セセキ,近い距離〖～之间〗咫尺の間〖近在～〗すぐ近くにいる〖～天涯〗近くにいながら会うことができない

【旨】zhǐ 图 ①美味,うまい〖～酒〗美酒 ②旨,考え ◆特に天子の命令〖圣～〗詔みことのり

【一(*恉)】⊗ 意味,趣旨〖主～〗主旨〖要～〗要旨〖大～〗〖書〗大意

【旨趣】zhǐqù 图〖書〗主旨,趣旨〖宗旨〗

【旨意】zhǐyì 图 意図,趣旨

【指】zhǐ 動 ①指差す〖用手～一儿〗手で指で示す〖时针～着三点〗時計の針が3時を指している ②指し示す,指摘する〖这不是～你说的〗これは君を指して言っているのではない ③頼る,当てにする〖～着什么过日子?〗何に頼って暮らしを立てているのか〖不能全～在他身上〗すべて彼に頼るわけにはいかない 一 量 指1本の幅を'一~'と言い,深さや横幅を表わすのに使われる〖两～宽的纸条〗2指幅の紙切れ
⊗ 指〖食～〗人指し指〖首屈一~〗第一に数える〖伸手不见五~〗一寸先も見えない(ほど暗い)
⇨zhī

*【指标】zhǐbiāo 图 指標,目標〖统计~〗統計指標〖质量~〗品質指標〖生产~〗生産目標

【指不定】zhǐbuding 動 はっきり言えない〖～哪一天会发生大地震呢〗いつか大地震が起こるかも知れない

【指不胜屈】zhǐ bú shèng qū《成》数えきれない,枚挙にいとまがない

【指斥】zhǐchì 動 指摘して責める,指弾する

【指出】zhǐchū 動 ①指し示す,指示する〖~错误〗誤りを指摘する

【指导】zhǐdǎo 動 指導する,導く〖老师~学生写作〗先生が学生に文章の書き方を指導する〖~员〗指導員,人民解放軍の政治指導員(中隊の政治工作を担当する人)〖~思想〗指導思想,指針となる思想

【指点】zhǐdiǎn 動 ①指し示す,教える〖他耐心地~我怎样操作〗彼は辛抱づよく私に操作の仕方を教えてくれる ②陰口をきく,粗探しをする〖在背后指指点点〗陰でとやかく言う

【指定】zhǐdìng 動 指定する〖由教授~时间〗教授が時間を指示する〖~他负责这项工作〗彼を指名してこの仕事に責任をもたせる

【指画】zhǐhuà 動 指差す,指し示す

【指环】zhǐhuán 名〔只〕指輪 ⇨〖戒指〗

【指挥】zhǐhuī 動 指揮する,指図する〖听从~〗指図に従う〖~合唱队〗コーラスを指揮する〖~棒〗タクト 〖~员〗指揮者,コンダクター,バトンツワラー

【指鸡骂狗】zhǐ jī mà gǒu《成》〈鶏を指して犬を罵る〉当てこすりする ⇨〖指桑骂槐〗

【指甲】zhǐjia (zhíjiǎと発音, zhījiǎとも) 名 (手足の)爪〖脚~〗足の爪〖~钳子〗爪切りばさみ〖~花(儿)〗《口》鳳仙花

【指教】zhǐjiào 動 教え導く,教示する ◆自分の仕事や作品に対して意見を人に仰ぐ時に用いる〖请多多~〗どうぞよろしくお願いします

【指靠】zhǐkào 動 (多く生活面で)頼る,当てにする〖不能~别人〗ひとに頼ってはいけない 一 名 よりどころ,当て〖生活上有~了〗生活のよりどころができた

*【指令】zhǐlìng 名 指令 ◆旧時の上級機関からの公文の一種もいう 一動 指令する,命令する

【指鹿为马】zhǐ lù wéi mǎ《成》〈鹿を指して馬という〉是非を転倒する

【指明】zhǐmíng 動 はっきり指し示す,明らかに指摘する〖~正确的道路〗正しい道をはっきり示す

【指名】zhǐmíng 動 (~儿)指名する,(物を)指定する〖~要我发言〗私に発言するよう指名した〖~批评〗名指しで批判する

【指南】zhǐnán 名 指針,手引き〖行动~〗行動指針〖游览~〗遊覧案内

*【指南针】zhǐnánzhēn 名 ①磁石,羅針盤 ②指針,手引き

【指派】zhǐpài 動 指名して派遣する,任命する〖~他出席会议〗彼を会議に出席させる

【指日可待】zhǐ rì kě dài《成》遠からず実現する〖胜利~〗勝利は目前に迫っている

【指桑骂槐】zhǐ sāng mà huái《成》当てこすりを言う ⇨〖指鸡骂狗〗

【指使】zhǐshǐ 動 指図する,そそのかす〖~孩子做坏事〗子供をそそのかして悪い事をさせる〖受别人~〗人にそそのかされる

*【指示】zhǐshì 名 動 指示(する),指図〖发出~〗指示を出す〖等待上级~〗上級からの指示を待つ〖~剂〗指示薬〖~代词〗指示代詞

【指事】zhǐshì 名《語》指事(漢字分類法‘六书’の一)

【指手画脚】zhǐ shǒu huà jiǎo《成》身振り手振りで話をする,傍から勝手にあげつらう

【指头】zhǐtou/zhítou 名 指〖手~〗手の指〖脚~〗足の指〖~印子〗拇印〖~尖儿〗指先〖十个~有长短〗十个~不一般齐〗《俗》十人十色,人や物には必ず違いがあるもの

【指头肚儿】zhǐtoudùr/ zhítoudùr《方》手の指の腹(指紋のある部分)

*【指望】zhǐwang/ zhǐwàng 動 一途に期待する,当てにする〖~来一个人帮忙〗だれか手伝いに来てくれるのをひたすら期待する 一 名 (~儿)期待,望み〖很有~〗大いに期待が持てる

【指纹】zhǐwén 名 指紋〖取~〗指紋を取る

【指向】zhǐxiàng 動 目指す,指す〖~未来〗未来を目指す

【指引】zhǐyǐn 動 導く,指導する〖灯标~船只夜航〗灯標は夜の船の航行を導いている〖在党的~下〗党の導きのもと

【指印】zhǐyìn 名 (~儿)指紋の跡,拇印〖按~〗指印を押す〖留~〗指紋の跡を残す

*【指责】zhǐzé 動 指摘して責める,叱責する〖受到舆论的~〗世論の指弾を受ける

【指摘】zhǐzhāi 動 指摘する,誤りを指摘し批判する〖无可~〗非の打ち所がない

【指战员】zhǐzhànyuán 名 指揮官と戦士

【指针】zhǐzhēn 名 ①〔根・支〕時計やメーター類の針 ②(向かうべき)指針〖行动的~〗行動の指針

【指正】zhǐzhèng 動 ①誤りを指摘

し正す ②《挨》自分の作品や意見などに批評を求める時に用いる〖请您~〗御叱正をこう

【酯】zhǐ 图〖化〗エステル〖聚~〗ポリエステル〖聚氨~〗ポリウレタン

【纸】(紙*帋) zhǐ 图〖张〗紙〖一叠~〗紙ひと重ね〖一篓~〗紙くずかご〖草~〗わら半紙〖油~〗油紙 一 圖書いたものを数える(例えば'公文''文书''单据''收据'など)〖一~书信〗書簡1通

【纸板】zhǐbǎn 图紙型、ボール紙
【纸包不住火】zhǐ bāobuzhù huǒ〖俗〗紙で火を包むことはできない>)真相は包み隠せない
【纸币】zhǐbì 图〖张〗紙幣〖硬币〗
【纸浆】zhǐjiāng 图〖製紙用〗パルプ
【纸老虎】zhǐlǎohǔ (zhǐlǎohǔ と発音)图張り子の虎、〖転〗虚勢を張るもの
【纸马】zhǐmǎ 图 (~儿)神像を印刷した紙片(神を祭る時に焼く)
【纸煤儿】(纸煤儿) zhǐméir 图火種のこより 圖〖火纸煤儿〗
【纸捻】zhǐniǎn 图 (~儿)こより
【纸牌】zhǐpái 图〖副・张〗かるた ◆西洋のドミノに似た紙製の札、賭博に用いる、トランプのこともいう
【纸钱】zhǐqián 图 (~儿)紙銭、銭の形に造った紙 ◆死者や鬼神を祭る時に焼く
【纸上谈兵】zhǐ shàng tán bīng〖成〗机上の空論、畳の上の水練
【纸头】zhǐtóu 图〖方〗紙
【纸型】zhǐxíng 图紙型
【纸烟】zhǐyān 图〖枝・包〗巻きタバコ 圖〖香烟〗
【纸鸢】zhǐyuān 图〖書〗凧
【纸张】zhǐzhāng 图 (総称としての)紙、紙類
【纸醉金迷】zhǐ zuì jīn mí〖成〗ぜいたくを極めた生活や環境のたとえ 圖〖金迷纸醉〗

【至】zhì ⊗ ① 至る、…まで…〖~本月中旬〗今月中旬まで…〖自始~终〗初めから終わりまで ②至り、極み、最も〖感激之~〗感激の至り〖~迟〗遅くとも
【至宝】zhìbǎo 图〖样・件〗至宝
【至诚】zhìchéng 图至誠の、真心の〖出于~〗誠意から出る
【至此】zhìcǐ 動①この場所・時点に至る〖事情~为止〗事態ここまで終わる ②この時になって〖~他才听出名堂来〗ここまで聞いてきて彼はやっとその訳がわかってきた ③この状況に至る〖事已~,哭又有什么用呢？〗事ここに至って、泣いたって何の役に立つかね
【至多】zhìduō 圖多くとも〖~不过

三十岁〗せいぜい30歳ぐらいだろう
【至高无上】zhì gāo wú shàng〖成〗最高、この上ない
【至好】zhìhǎo 图圇〖至交〗
【至交】zhìjiāo 图一番仲の良い友人、親友
【至今】zhìjīn 圖今に至るまで、今なお、今になって〖我仍然想念着他〗今でも彼のことを思っている
【至理名言】zhì lǐ míng yán《成》もっともな名言、至言
【至亲】zhìqīn 图最も近い親族〖骨肉~〗骨肉の間柄
【至上】zhìshàng 图至上の、最高の
【至少】zhìshǎo 圖少なくとも〖~要半个小时〗少なくとも30分は掛かる
【至于】zhìyú 動〖多く否定や反語の形で…〗…というほどになる、…ということになる〖要是早请大夫看，何~病成这样〗もっと早く医者に診てもらっていたら、これほどひどくならなかったのに 一 介…に至っては、…については(話題を転じる時に用いる)〖我要回老家，~什么时候定，还没决定〗私は帰省するつもりだが、いつ発つかはまだ決めていない

【致】zhì ⊗ ①与える、送る、(気持ち・挨拶などを)表す〖~以热烈的祝贺〗心からお祝いを申し上げる〖~函〗書簡を送る〖~电〗電報を送る ②趣、面白味〖兴 xìng ~〗興味 ③招く、招来する〖~病〗病気になる〖~癌物质〗発癌物質 ④…に至る、…の結果となる→〖以致 yǐzhì〗

一(緻) きめ細かい、緻密〖细~〗精密な
*【致辞】(致词) zhì'cí 挨拶を述べる〖致开幕辞〗開幕の辞を述べる〖致欢迎辞〗歓迎の挨拶をする
【致电】zhì'diàn 電報を送る、電する〖~祝贺〗祝電を送る
【致敬】zhìjìng 敬意を表する、敬礼する〖向你们~〗あなた方に敬意を表します
【致力】zhìlì 動力を尽くす、力を注ぐ〖~改革〗改革に努力する
*【致力于】zhìlì yú 動…に力を尽くす〖~和平事业〗平和事業に尽力する
【致密】zhìmì 厖緻密な、精密な〖~的观察〗緻密な観察
【致命】zhìmìng 厖致命的な、命にかかわる〖~的弱点〗致命的な弱点〖~伤〗致命傷
*【致使】zhìshǐ 動(ある原因で、多く望ましくない)の結果となる、…に機ならば〖因气候的关系，～飞机无法按时起飞〗天候の関係で、定刻通りフライトできない
【致死】zhìsǐ 動死に至る、死を招く

〖因伤～〗傷がもとで死ぬ［～量］致死量［～原因］死因
【致谢】zhìxiè [動] 謝意を表する，礼を述べる〖谨此～〗ここに謹んで謝意を表します
【致意】zhìyì [動] 意を伝える，挨拶を送る〖点头～〗会釈して挨拶する〖招手～〗手を振って挨拶する〖请代我向他～〗彼によろしくお伝え下さい

〖桎〗zhì ⊗足かせ
【桎梏】zhìgù [名]《書》足かせと手かせ，桎梏(しっこく)，束縛〖打破～〗束縛を断ち切る［封建～］封建的桎梏

〖窒〗zhì ⊗ふさがる［～碍］《書》障害がある
【窒息】zhìxī [動] 窒息する，息が詰まる〖感到～〗息が詰まる感じがする

〖蛭〗zhì ⊗ヒル［水～］同前 →［蚂蟥 mǎhuáng］

【志】zhì [動]《方》量る〖用秤 chèng ～～〗秤で量ってみる
⊗①志，志望［得～］志を遂げる［遗～］遺志 ②(Z-)姓
〖―(誌)〗⊗①記録［县～］県誌 ②記号，しるし ③記す，覚えておく［永～不忘］永く記憶に止めて忘れない
【志大才疏】zhì dà cái shū《成》志は大きいが才能が及ばない
*【志气】zhìqi/zhìqì [名] 志気，意気〖有～〗気概がある〖～昂扬〗志気が高揚する
【志趣】zhìqù [名] 志向と趣味
【志士】zhìshì [名] 志士［爱国～］愛国の志士
【志同道合】zhì tóng dào hé《成》意気投合する，同志の間柄である
【志向】zhìxiàng [名] 志，志向〖远大的～〗遠大な志
【志愿】zhìyuàn [名] 志望，願望 ― [動] 志願する，自ら望む〖～参加〗自ら望んで参加する［～军］志願軍
**【志愿者】zhìyuànzhě [名] ボランティア

【痣】zhì [名]〔块〕あざ［红～］赤あざ［黑～］ほくろ

〖识(識)〗zhì ⊗①記憶する，覚える ②しるし，記号［标～］標識［款～］落款(らっかん)
⇨shí

〖帜(幟)〗zhì ⊗旗，のぼり［旗～］旗じるし［别树一～］別の旗じるしを立てる

〖豸〗zhì ⊗足のない虫［虫～］《書》虫(一般)

〖忮〗zhì ⊗ねたむ

【治】zhì [動] ①治療する，治す〖～风湿〗リューマチを治療する〖病已经～好了〗病気はもう治った ②(害虫を)退治する，駆除する〖～蚜 yá 虫〗アブラムシを駆除する
⊗①治める，治まる［天下大～］天下泰平［～黄工程］黄河治水工事 ②懲(こ)らしめる［惩～］処罰する ③研究する［～经］経典を修める ④地方政庁の所在地［县～］県庁所在地 ⑤(Z-)姓
*【治安】zhì'ān [名] 治安〖维持～〗治安を維持する
【治本】zhìběn [動] 根本から処置する，抜本的に改善する [反]［治标］
【治标】zhìbiāo [動] 応急の処置を取る，一時的に解決する
【治病救人】zhì bìng jiù rén《成》(病を治して人を救う＞)人の欠点や過ちを批判し立ち直るのを助ける
【治国安民】zhì guó ān mín《成》国を治め人民の生活を安定させる
*【治理】zhìlǐ [動] 治める，処理する〖～河流〗川の治水工事をする
**【治疗】zhìliáo [動] 治療する〖～疾病〗病気を治療する〖时间是～痛苦的药〗時間は苦痛を癒す薬だ
【治丧】zhìsāng [動] 葬儀を営む
【治水】zhì▾shuǐ [動] 治水する
【治学】zhìxué [動]《書》学を修める，学問研究する
【治罪】zhì▾zuì [動] 処罰する〖依法～〗法に基づき処罰する

【制(製)】zhì [動] 製造する，作る〖图表～好了〗図表ができあがった［缝～］縫製する
〖―〗⊗①制度〖八小时工作～〗8時間労働制［所有～］所有制 ②制限する［限～］同前［自～］自制する ③制定する，規定する
【制版】zhì▾bǎn [動]〖印〗製版する［照相～］写真製版
【制备】zhìbèi [動](化学薬品などを)調製する
*【制裁】zhìcái [動] 制裁を加える〖～不法分子〗違法分子に制裁を加える［经济～］経済制裁［法律～］法律の制裁
【制导】zhìdǎo [動] 制御・誘導する［～雷达］制御誘導レーダー
*【制订】zhìdìng [動] 案を定める，策定する〖～工农业生产计划〗工農業生産計画を制定する
**【制定】zhìdìng [動] 制定する，定める〖～宪法〗憲法を制定する〖～改革方案〗改革案を立てる
【制动器】zhìdòngqì [名] ブレーキ，制動機([同]《口》［闸 zhá］)〖～不灵〗ブレーキがきかない

【制度】zhìdù 图制度, システム [遵守～] 制度を守る [教育～] 教育制度
【制伏(制服)】zhìfú 動 征服する, 制圧する [～自然灾害] 自然災害に打ち勝つ
*【制服】zhìfú 图[套] 制服
【制高点】zhìgāodiǎn 图[军] 展望がきく要害の高地, またはそうした建物
【制剂】zhìjì 图製剤, 製薬
【制品】zhìpǐn 图[样] 製品 [塑料～] プラスチック製品 [铝～] アルミ製品
【制胜】zhìshèng 動勝利する, 勝ちを制する [克敌～] 敵を打ち負かし勝ちを制する
【制图】zhìtú 動製図する, 図面を描く
【制约】zhìyuē 動制約する [受世界观的～] 世界観の制約を受ける [社会～] 社会的制約
*【制造】zhìzào 動① 製造する [～产品] 製品を造る [中国～的] 中国製の ②(好ましくない物事を)作り出す, 引き起こす [～纠纷] 紛紗を起こす [～谣言] デマをでっちあげる
*【制止】zhìzhǐ 動制止する, 食い止める [～侵略] 侵略を阻止する [～通货膨胀] インフレを抑制する
【制作】zhìzuò 動製作する, 作る [～家具] 家具を作る

【帙】zhì 图帙入りの書物を数える ⊗帙, 書物を包む覆い [书～] 同前

【秩】zhì 图 ① 順序 [～序] 秩序 ② 10 年 [七～] (书)70 歳, 古希
*【秩序】zhìxù 图秩序, 順序 [遵守～] 秩序を守る [有～] 秩序正しい [扰乱～] 秩序を乱す

【质(質)】zhì 图 ① 質, 品質 [～的变化] 質的な変化 [保～保量] 質量ともに保証する ⊗ ① 性質, 本質 [实～] 実質 ② 物質, 物の本体 [流～食物] 流動食 ③ 素朴な ④ ただす, 問いただす ⑤ 質に入れる, 質ぐさ, 抵当 [～押] 質入れする抵当 [人～] 人質
【质变】zhìbiàn 图質の変化, 質的変化 ®[量变]
【质地】zhìdì 图 ① 材質, 素地 [～精美] 生地がきめ細かく美しい ② (人の)資質, 品性
【质感】zhìgǎn 图質感
*【质量】zhìliàng 图 ①[理]質量 ② 質, 品質 [产品的～] 製品の品質 [～差] 質が劣る [提高～] 質を高める ③ 質と量 [～并重] 質量ともに重んじる

【质朴】zhìpǔ 图質朴な, 飾り気のない [为人～忠厚] 人柄が素朴で善良だ
【质问】zhìwèn 動問いただす, 詰問する [怒气冲冲地～] かんかんに怒って問いただす [提出～] 詰問する [她～非常尖锐] 彼女の詰問はとても鋭い
【质询】zhìxún 動審問する, 尋問する
【质疑】zhìyí 動疑問をただす, 質問する [～问难 nàn] 疑問や難問を出して討論し合う
【质子】zhìzǐ 图[理]陽子, プロトン

【踬(躓)】zhì ⊗ ① つまずいて転ぶ [～顿～] (书)つまずく ② 挫く折する, 頓挫する

【炙】zhì ⊗ ① あぶる ② あぶり肉, 焼き肉 [脍 kuài～人口] 人口に膾炙かいしゃする
【炙手可热】zhì shǒu kě rè 〈成〉(手をあぶれば焼けるほど熱い〉) 権勢が盛んで近づきにくい

【峙】zhì ⊗ そびえ立つ [对～] 対峙たいじする ▲ 山西省の地名 '繁峙' は Fánshì と発音

【痔】zhì ⊗痔じ [～疮] 同前

【栉(櫛)】zhì ⊗ ① 櫛くし ② 梳とかる [～发 fà](书)櫛で髪をとかす
【栉比】zhìbǐ 動(书)櫛の歯のようにびっしり並ぶ, 櫛比しっぴする [～鳞次][鳞次～] 魚の鱗うろこや櫛の歯のように立ち並ぶ
【栉风沐雨】zhì fēng mù yǔ 〈成〉風雨にさらされて奔走し苦労すること

【陟】zhì ⊗(高所へ)登る

【骘(騭)】zhì ⊗ 評定する [评～](书)評定する

【赘(贄)】zhì ⊗ 初対面の時の進物, 手土産 [～敬](书)初対面や入門時の進物

【挚(摯)】zhì ⊗ 誠実, まじめさ [真～] 真摯な [～友] 親友

【鸷(鷙)】zhì ⊗ 猛々しい [～鸟] 猛禽類

【掷(擲)】zhì 動投げる, ほうる [～手榴弹] 手投げ弾を投げる [～标枪] やり投げをする [～铅球] 砲丸投げをする [投～] 投げる
【掷弹筒】zhìdàntǒng 图[军]擲弾筒てきだんとう
【掷还】zhìhuán 動返却する, 返す [请早日～为荷] 至急御返却下されば幸いです

【滞(滯)】zhì ⊗ 滞る, 流通しない [停～] 滞貨する [～货] 売れ残り商品, 滞貨

*【滞留】zhìliú 動 滞留する、停滞する
【滞纳金】zhìnàjīn 滞納金
【滞销】zhìxiāo 動 販路が停滞する、売れ行きが悪い〖~商品〗店ざらしの品、滞貨

【智】zhì ⊗ ①賢い、知恵がある〖オ~〗才知 ②知恵、知識 ③(Z-)姓
【智齿】zhìchǐ 图 知恵歯、親知らず(⇔〖智牙〗)〖长 zhǎng~〗親知らずが生える
【智多星】zhìduōxīng 图 策略にたけた人♦水滸伝の呉用のあだ名
*【智慧】zhìhuì 图 知恵〖~的结晶〗知恵の結晶〖竭尽~〗知恵を尽くす
*【智力】zhìlì 图 知力、知能〖~测验〗知能検査〖~竞赛节目〗クイズ番組
【智略】zhìlüè 图 知恵と機略、才略
【智谋】zhìmóu 图 智謀〖人多~高〗三人寄れば文殊の知恵
【智囊】zhìnáng 图 智嚢ホラ、知恵袋〖~团〗ブレーントラスト、シンクタンク
*【智能】zhìnéng 图 知能〖培养~〗知能を伸ばす〖~手机〗スマートフォン〖~卡〗ICカード〖~电网〗スマートグリッド
*【智商】zhìshāng 图 知能指数
【智牙】zhìyá 图(⇔〖智齿〗)
【智育】zhìyù 图 知育(⇔〖德育〗〖体育〗)
【智障】zhìzhàng 图 知的障害

【彘】zhì ⊗ ブタ

【置】(置) zhì 動 (長く使う物、比較的高価な物を)買う、購入する〖了几件家具〗家具を数点買った〖~业〗不動産を購入する
⊗ ①置く〖搁~〗同前 ②設ける、設置する〖装~〗取り付ける
【置办】zhìbàn 動 購入する、買い入れる〖~嫁妆〗嫁入り道具を購入する
【置备】zhìbèi 動 (備品などを)購入する〖~实验仪器〗実験器具を購入する
【置辩】zhìbiàn 動〖書〗〔否定に用いて〕弁論する、弁解する〖不容~的事实〗弁解の余地のない事実〖不屑~〗議論するに値しない
【置若罔闻】zhì ruò wǎng wén《成》聞こえない振りをする、知らない振りをする
【置身】zhìshēn 動《書》身を置く〖~于火海之中〗苦界に身を置く
【置身事外】zhì shēn shì wài《成》身を局外に置く〖采取~的态度〗我関せずの態度を取る
【置信】zhìxìn 動〔主に否定に用いて〕信を置く、信じる〖不可~〗信が置けない〖难以~〗信用し難い
【置疑】zhìyí 動〔多く否定で〕疑う〖无可~〗疑うべくもない
【置之不理】zhì zhī bù lǐ《成》放置する、まるで顧みない〖对群众的呼声不能~〗大衆の要望を放置してはならない
【置之度外】zhì zhī dù wài《成》(生死や利害を)度外視する、気に掛けない

【雉】zhì ⊗ ①〖鳥〗キジ(口語では"野鸡")②〖~堞 dié〗(城壁の)姫垣ミミッ
【雉鸠】zhìjiū 图〖鳥〗キジバト、ヤマバト

【稚】(*稺) zhì ⊗ 幼い〖~子〗幼児〖幼~〗幼稚な
【稚气】zhìqì 图 稚気、無邪気〔⇔〖孩子气〗〕

【寘】zhì ⊗ つまずく〖跋 bá 前~后〗進退きわまる

【觶】(鱓) zhì ⊗ 古代の酒器の一

【中】zhōng 形《方》よい、よろしい〖~不~?~!〗いいですか、よろしい
⊗ ①〔多く'在'と呼応して〕動詞の後ろに用いて動作の進行中を表わす〖在研究~〗ただいま研究中 ②真ん中、中心〖当~〗真ん中 ③(範囲の)内、内〖家~〗家の中 ④(上中下の)中、中位〖~型〗中型 ⑤(…するのに)適する、具合がいい〖~用〗役に立つ ⑥偏らない〖~庸〗中庸 ⑦仲立ち、仲介者〖作~〗仲立ちになる ⑧(Z-)《略》中国〖闻名~外〗中国の内外にその名が聞こえる
⇒zhòng
【中班】zhōngbān 图 ①(三交替制の)中番(⇔〖早班〗〖夜班〗) ②幼稚園の年中組(⇔〖小班〗〖大班〗)
【中饱】zhōngbǎo 動〖書〗着服する、間に立って私利を得る〖~私囊〗私腹を肥やす
【中保】zhōngbǎo 图 仲介人と保証人、立会人
【中不溜儿】zhōngbuliūr 形(~的)《方》中位の、普通の(⇔〖中溜儿〗)
【中餐】zhōngcān 图〔顿〕中国料理(⇔〖西餐〗)
【中草药】zhōngcǎoyào 图 漢方薬材、生薬
【中策】zhōngcè 图 中策(上策と下策の間の)
【中产阶级】zhōngchǎn jiējí 图 中産階級♦中国では民族資産階級を指した
【中常】zhōngcháng 形 並の、中位

の(⇔[中等])〚成绩~〛成績は中位だ〚~收成〛平年作

【中辍】zhōngchuò 動《書》中止する，途中でやめる

【中道】zhōngdào 图①途中，半ば〚~而废〛途中でやめる ②《書》中庸の道

【中稻】zhōngdào 图中手('早稻'と'晚稻'の中間期に実る稲の品種)

【中等】zhōngděng 形《定語として》①中等の，中級の〚学习成绩~〛学校の成績は中ぐらいだ〚~城市〛中都市〚~教育〛中等教育 ②中背の〚~身材〛中背

【中东】Zhōngdōng 图中東

*【中断】zhōngduàn 動中断する，途絶える〚~了外交关系〛外交関係を中断した〚交通~〛交通が途絶える

【中队】zhōngduì 图中隊⇔[连队]

【中耳】zhōng'ěr 图中耳(⇔[鼓室])〚~炎〛中耳炎

【中饭】zhōngfàn 图〔頓〕昼飯⇔[午饭]

【中锋】zhōngfēng 图《体》センターフォワード

【中缝】zhōngfèng 图①新聞紙・木版本の中央部の折り目になっている部分 ②衣服の背縫いの部分

【中伏】zhōngfú 图盛夏三伏の一，夏至後第四の庚ぷの日，またはその日から数えて立秋後の最初の庚の日の前日までを指す⇔[二伏]⇔[三伏]

【中古】zhōnggǔ 图①中古〚中国史ではふつう，魏晋南北朝・隋唐時代をいう〛 ②封建時代

:【中国】Zhōngguó 图中国

【中国话】Zhōngguóhuà 图中国語(ふつう'汉语'をいう)

【中国画】Zhōngguóhuà 图〔张・幅・轴〕中国画

【中国人民解放军】Zhōngguó Rénmín Jiěfàngjūn 图中国人民解放軍〚建军は1927年8月1日，かつては'中国工农红军'(略して'红军')と呼ばれていた〛

【中和】zhōnghé 動《化》《理》中和する

【中华】Zhōnghuá 图中華〚~民族〛中華民族(中国各民族の総称)

【中级】zhōngjí 形《定語として》中級の〚~人民法院〛中級人民法院

【中继线】zhōngjìxiàn 图（電話の）中継線

【中坚】zhōngjiān 图中堅，中核〚~力量〛中堅の勢力

:【中间】zhōngjiān 图①中，内〚我们三个人~〛私達3人の中で ②中心，真ん中〚这水池~很深〛この池は中心が深い ③間〚~人〛仲介人

【中间儿】zhōngjiànr 图《口》⇔[中间]

【中将】zhōngjiàng 图中将('上将'と'少将'の間)

:【中介】zhōngjiè 图仲介，媒介

:【中看】zhōngkàn 形見掛けがよい，見栄えのする(⇔[难看])〚~不中吃〛見掛けはよいが，食べるとまずい(見掛け倒し)

【中立】zhōnglì 形《多く定語として》中立の〚保持~〛中立を保つ〚永久~〛永世中立

【中流砥柱】zhōngliú Dǐzhù《成》堅固で支柱の役割をする人や集団，大黒柱＊'砥柱'は黄河急流の中にある山の名⇔[砥柱中流]

【中路】zhōnglù 形《定語として》(品質が)中位の，普通の〚~货〛中級品

【中拇指】zhōngmǔzhǐ 图《口》中指

【中年】zhōngnián 图中年〚~人〛中年の人

【中农】zhōngnóng 图中農(経済的立場が'富农'と'贫农'との間にある農民)

【中期】zhōngqī 图中期〚十七世纪~〛17世紀中期

【中秋】Zhōngqiū 图中秋節＊旧暦8月15日。月見をし，'月饼'を食べる習慣がある〚~节〛同前

【中人】zhōngrén 图①仲人，仲裁人 ②(体格・容貌・知力などが) 中位の人，並の人

【中山装】zhōngshānzhuāng 图〔身・套〕人民服，中山服(孫中山(孫文)のデザインしたもの)

【中士】zhōngshì 图軍曹('上士'と'下士'の間)

【中式】zhōngshì 形《定語として》中国式の，中国風の〚~服装〛中国式の衣服＊'科举合格'の意の'中式'はzhòngˈshìと発音

【中枢】zhōngshū 图中枢，センター〚电讯~〛電信センター〚~神经〛中枢神経

【中堂】zhōngtáng 图①母屋，客間 ②客間の正面中央の壁に掛ける大型の掛軸 ③明清代の'内阁大学士'の別称

【中提琴】zhōngtíqín 图〔把〕ヴィオラ

【中听】zhōngtīng 形聞いて快い，聞こえがよい〚~不~〛耳ざわりな

【中途】zhōngtú 图中途，途中〚不要~退场〛途中で退場してはいけない〚~而废〛途中でやめる

【中外】zhōngwài 图中国と外国〚闻名~〛~驰名〛国内外に名が響いている

【微中子】zhōngwēizǐ 图《物》ニュートリノ⇔[微中子]

【中纬度】zhōngwěidù 图中緯度

【中卫】zhōngwèi 图《体》センターハーフ

【中文】Zhōngwén 名 中国語(ふつう漢族の言語文字を指す)⑲[汉语]【会说~】中国語が話せる

＊【中午】zhōngwǔ 名 正午, 昼 ◆ほぼ11時～13時

【中西】zhōngxī 名 中国と西洋[~合璧]中国のものと西洋のものの結合

【中线】zhōngxiàn 名 ①(競技場の)センターライン, ハーフライン ②[数]中線

【中校】zhōngxiào 名 中佐('上校'と'少校'の間)

＊【中心】zhōngxīn 名 ①(位置としての)中心, 真ん中[圆的~]円の中心 ②主要な部分[抓住问题的~]問題のポイントをつかむ[~思想]中心思想[~任务]中心任務 ③重要な位置を占める場所や施設, センター[政治~]政治の中心地(多くは首都)[日语训练~]日本語研修センター[文化~]文化センター[贸易~]貿易センター

【中兴】zhōngxīng 動(国家が)中興する

【中型】zhōngxíng 形[定語として]中型の[~词典]中型辞典

【中性】zhōngxìng 名[化][語]中性

【中休】zhōngxiū 名 中休み, 休憩

【中学】zhōngxué 名 ①[所]中学校 ◆日本の中学に当たる'初级~'と高校に当たる'高级~'を含む[~生]中学生・高校生の総称 ②(旧)中国の伝統的学問

＊【中旬】zhōngxún 名 中旬

＊【中央】zhōngyāng 名 ①中央, 真ん中[西湖的~]西湖の真ん中 ②(国家や党などの)中央, 本部[党~]党中央

【中药】zhōngyào 名 漢方薬 ⑲[西药]

【中叶】zhōngyè 名 中葉, 中期[二十世纪~]20世紀中葉

【中医】zhōngyī 名 (⑲[西医]) ①中国医学 ②漢方医

【中庸】zhōngyōng《書》名 中庸[~之道]中庸の道 ― 形 平凡な, 凡庸な

【中用】zhōng'yòng 形[多く否定文で]役に立つ, 使いものになる[中看不~]見掛け倒し[中什么用?]何の役に立つのか

【中游】zhōngyóu 名 ①(川の)中流 ②中位の所, 十人並[不能甘居~]並の所で甘んじていてはだめだよ

【中雨】zhōngyǔ 名 中程度の雨(24時間内の降雨量が10-25ミリの雨)

【中元节】Zhōngyuán Jié 名 中元(旧暦7月15日)◆この日に祖先を供養する

【中原】Zhōngyuán 名 黄河の中流と下流にかけての地域[~逐鹿]中原に鹿を逐う, 天下を争う

【中灶】zhōngzào 名(~儿)(共同炊事・給食の)中程度の食事('大灶'と'小灶'の中間)

【中止】zhōngzhǐ 動 中止する, 中断する[~了学业]学業を中断した

【中指】zhōngzhǐ 名 中指 ⑲(書)[将jiàng指]

【中州】Zhōngzhōu 名《書》河南省一帯を指す

【中转】zhōngzhuǎn 動[交]乗り換える[~站]乗り換え駅

【中装】zhōngzhuāng 名 中国服('中山装'や'西装'と区別していう)

【中子】zhōngzǐ 名[理]中性子, ニュートロン[~弹]中性子爆弾

【忠】zhōng ⊗真心を尽くす, 忠実である[效~]忠誠を尽くす[忠义]忠義(の人)

＊【忠诚】zhōngchéng 形 忠誠を尽くす, 忠実な[一贯~]一貫して忠実である

【忠告】zhōnggào 名 動 忠告(する)[听从~]忠告を聞き入れる

【忠厚】zhōnghòu 形 忠実で善良な, まじめで温厚な[~的态度]同前の態度

＊【忠实】zhōngshí 形 忠実な[~的信徒]忠実な信者[~于朋友]友人に忠実である

【忠顺】zhōngshùn 形(今は多く貶義として)忠義な, 従順な[~的奴仆]忠実な召使い

【忠心】zhōngxīn 名 忠心, 真心[~耿耿]忠誠心に燃える

【忠言】zhōngyán 名 忠言[~逆耳]忠言耳に逆らう

【忠勇】zhōngyǒng 形 忠実で勇敢な

【忠于】zhōngyú 動 …に忠実な, …に忠誠を尽くす[~职守]職务に忠実である

【忠贞】zhōngzhēn 形 節を曲げない[~于事业]事業に忠節である[~不贰][~不渝 yú]忠実で二心がない

【盅】zhōng 名(~儿)小さな杯 ◆量詞的にも[喝几~]何杯か飲む[酒~儿]酒杯[小茶~]小さな湯呑み

【钟(鐘)】zhōng 名 ①[座]鐘 ②[座]掛時計, 置時計 ③時刻, 時点[三点~]3時 ④…間('刻''分''秒'とともに時間の長さを表わす)[三刻~]45分間[十分~]10分間

【一(鍾)】⊗(心情などを)注ぐ, 集中する ②'盅'と通用(3)(Z-)姓

【钟爱】zhōng'ài 動(子供などを)特にかわいがる, 寵愛する

【钟摆】zhōngbǎi [名] 時計の振り子
【钟表】zhōngbiǎo [名] 時計の総称（'钟'と'表'）［～店］時計店
【钟点】zhōngdiǎn [名]（～儿）①（定まった）時刻 ②時間（整数の時段を表わす）（[同][钟头]）〖两个～〗2時間
【钟鼎文】zhōngdǐngwén [名]〖語〗[同][金 jīn 文]
【钟馗】Zhōngkuí [名] 鍾馗(しょうき) ♦邪鬼よけの神
【钟离】Zhōnglí [名] 姓
【钟楼】zhōnglóu [名] ①鐘楼，鐘つき堂 ②時計台，時計塔
【钟情】zhōngqíng [動] ほれ込む，好きになる［一见～］一目ぼれする
【钟乳石】zhōngrǔshí [名] 鐘乳石
【钟头】zhōngtóu [名]（～儿）時間（[同][小时]）〖两个半～〗2時間半

〖衷〗zhōng ⊗真心，心の中［由～］衷心より
【衷肠】zhōngcháng [名]《書》胸中，内心の言葉
【衷情】zhōngqíng [名] 内心の情，真情 [同]《書》[衷曲 qū]
*【衷心】zhōngxīn [名] 衷心，真心〖表示～的感谢〗心からお礼申し上げます〖～祝贺〗心から祝う

〖终（終）〗zhōng ⊗①終わり，終わる［自始至～］始めから終わりまで ②（人が）死ぬ［临～］臨終 ③ついに，結局 ④ある期間の始めから終わりまで［～日］終日 ⑤（Z-）姓
【终场】zhōngchǎng [動]（芝居などが）はねる，（試合などが）終了する — [名]《旧》（科挙の何日か続く試験の）最終試験
*【终点】zhōngdiǎn [名]（[反][起点]）①終点［～站］終着駅 ②ゴール［～线］ゴールライン
【终伏】zhōngfú [名] [同][末伏 mòfú]
【终古】zhōnggǔ [副]《書》永久に，永遠に［～常新］いつまでも新しい
【终归】zhōngguī [副] 結局，ついに〖他～会明白的〗彼も最終的にはわかってくれるはずだ
【终极】zhōngjí [形]〔定語として〕最終の，究極の〖～(的)目的〗究極の目的
【终结】zhōngjié [動] 終結する，終わりを告げる〖任务～了〗任務は完結した
*【终究】zhōngjiū [副] 結局，畢竟(ひっきょう)〖孩子～是孩子〗子供はしょせん子供だ
【终久】zhōngjiǔ [副] [同][终究]
【终局】zhōngjú [名] 終局，結末
【终了】zhōngliǎo [動]（時期が）終了する，完了する
【终南捷径】Zhōngnán jiéjìng《成》出世の近道，成功の早道
*【终年】zhōngnián [名] ①一年中，年がら年中〖山顶～积雪〗山頂は1年中積雪がある ②享年〖～九十岁〗享年90歳
【终日】zhōngrì [副] 朝から晩まで，一日中 [同]《口》[整天]
*【终身】zhōngshēn [名] 一生，生涯〖～的著作〗生涯をかけた著作［～大事］一生の大事（多く結婚を指す）
【终生】zhōngshēng [名] 終生，一生〖～的朋友〗生涯変わらぬ友人［～难忘］終生忘れられない
【终霜】zhōngshuāng [名] 春になって最後に降る霜
【终岁】zhōngsuì [名]《書》一年中，年中
【终天】zhōngtiān [名] ①終日，一日中 ②《書》終生，一生［～之恨］一生の恨み
**【终于】zhōngyú [副] 遂に，とうとう〖盼望的日子～来到了〗待ち望んだ日がとうとう来た
*【终止】zhōngzhǐ [動] 終わる，停止する〖～了恋爱关系〗恋愛関係を終える

〖柊〗zhōng ⊗〖植〗ヒイラギ［～树］同前

〖螽〗zhōng ⊗［～斯］キリギリス

【种（種）】zhǒng [名] ①（生物分類の）種［变～］変種 ②度胸，気骨〖没有～〗意気地がない — [量] 種類を数える〖两～人〗2種類の人〖这～书〗こんな本
⊗①種，種子［白菜～］白菜の種［配～］種を付ける ②人種［黄～］黄色人種 ③（Z-）姓
⇨Chóng, zhòng
【种畜】zhǒngchù [名] 種付け用の家畜
【种类】zhǒnglèi [名] 種類〖草药的～很多〗民間薬の種類は多い
【种麻】zhǒngmá [名] 大麻の雌株（'苴 jū 麻'ともいう）
【种仁】zhǒngrén [名] 植物の種子の核(さね)
【种姓】zhǒngxìng [名] カースト ♦インドの世襲的階級制度
【种种】zhǒngzhǒng [形]〔定語として〕色々な，さまざまな〖由于～原因〗さまざまな原因によって
*【种子】zhǒngzi [名] ①〔粒・颗〕種子，種〖～发芽〗種が発芽する ②《体》（トーナメント競技の）シード［～选手］シード選手［～队］シードチーム
*【种族】zhǒngzú [名] 人種，種族［～歧视］人種差別［～主义］民族的差別主義，人種偏見

【肿(腫)】zhǒng 動 腫れる, むくむ〚~得通红〛真っ赤に腫れあがる
*【肿瘤】zhǒngliú 名 腫瘍, 腫れ物〚恶性~〛悪性腫瘍〚脑~〛脳腫瘍
【肿胀】zhǒngzhàng 動 腫れあがる

【冢(塚)】zhǒng 名 塚, 墓〚义~〛無縁墓地

【踵】zhǒng 名 ①踵かか ②自ら赴く〚~门致谢〛親しく参上のうえ謝意を述べる ③後につく, 追随する
【踵事增华】zhǒng shì zēng huá《成》前人の事業を継承しさらに発展させる

【中】zhòng 動①当たる, ぴったり合う〚猜~了〛(推測して)当てた, 当たった〚说~了〛言い当てた〚考~了〛(試験を受けて)合格した ②受ける, 被る〚~诡计〛ペテンに引っ掛かる〚~煤气〛ガスに中毒する
⇒zhōng
【中毒】zhòng'dú 動 中毒する, 毒にあたる〚食物~〛食中毒
【中风】zhòng'fēng 動 中風ちゅうぶうになる 同[卒中]
【中奖】zhòng'jiǎng 動 宝くじや賞に当たる〚中头奖〛1等賞に当たる〚~号码〛当選番号
【中肯】zhòngkěn 形 (言说が)急所を突く, 的を射た〚说得~〛話が要点をついている〚批评很~〛批判は的を射ている
【中伤】zhòngshāng 動 中傷する〚造谣~〛根も葉もないことを言い触らして中傷する〚~同事〛同僚を中傷する
【中暑】zhòng'shǔ 動 暑気あたりになる, 熱中症になる 同[方][发痧shā]
—— zhòngshǔ 名 暑気あたり, 熱中症 同[日射病]
【中选】zhòng'xuǎn 動 当選する, 選ばれる
【中意】zhòng'yì 動 意にかなう, 気に入る〚选了几个都不~〛幾つか選んだがどれも気に入らない

【仲】zhòng 名①間に立つ ②旧暦で四季の2番目の月〚~春〛仲春, 旧暦の2月 同[孟'季] ③兄弟の順序の2番目 同[伯'孟] ④(Z-)姓
【仲裁】zhòngcái 動 (紛争について)仲裁する〚拒绝~〛仲裁を拒絶する〚提交~〛仲裁に付す

【种(種)】zhòng 動 種をまく, 植える〚~麦子〛麦を植える〚~几棵树〛数本の木を植える
⇒Chóng, zhǒng
【种地】zhòng'dì 動 野良仕事をする, 耕作する〚~的〛〚~人〛農夫, 百姓
【种痘】zhòng'dòu 動 種痘をする 同[种牛痘]
【种瓜得瓜, 种豆得豆】zhòng guā dé guā, zhòng dòu dé dòu《成》(瓜を植えれば瓜がとれ, 豆を植えれば豆がとれる>)因果応報
【种花】zhòng'huā 動 ①(~儿)花を植える ②(~儿)(方)種痘をする ③(方)綿花を植える
【种田】zhòng'tián 動 同[种地]
【种植】zhòngzhí 動 植える, 栽培する〚~果树〛果樹を植える〚~园〛農園

【众(衆)】zhòng 名①多い (@'寡')〚寡不敌~〛衆寡敵せず ②大勢の人〚听~〛聴衆〚观~〛観衆
【众多】zhòngduō 形 多い(主に人について)〚人口~〛人口が多い
【众口难调】zhòng kǒu nán tiáo《成》(誰の口にも合うような料理は作れない>)すべての人を満足させるのは難しい
【众口铄金】zhòng kǒu shuò jīn《成》(皆が口をそろえると金をも溶かすことができる>) ①世論の力は大きい ②多数が言えば黒も白になる
【众口一词】zhòng kǒu yī cí《成》(皆が同じことを言う>)異口同音
【众目睽睽】zhòng mù kuíkuí《成》皆が注目する(同[万目睽睽])〚在~之下〛衆人環視の中で
【众目昭彰】zhòng mù zhāozhāng《成》誰の目にも明らかである(多く悪事に対して)
【众怒】zhòngnù 名 衆人の怒り〚~难犯〛大衆の怒りには逆らえない
【众叛亲离】zhòng pàn qīn lí《成》(人々に背かれ親しい者にも見捨てられる>)人心を失い孤立する
【众擎易举】zhòng qíng yì jǔ《成》皆が力を合わせれば事は成就しやすい
【众人】zhòngrén 名 多くの人, 皆〚~拾柴火焰高〛(皆が柴を拾って燃やせば炎は高くなる>)皆が力を合わせれば良い結果が出る
【众生】zhòngshēng 名 衆生しゅじょう〚芸芸yún~〛あらゆる生物, 生きとし生けるもの
【众矢之的】zhòng shǐ zhī dì《成》(多くの矢の的>)大衆から集中攻撃を浴びる人
【众说】zhòngshuō 名 さまざまな説, 多くの人の意見〚~不一(~纷纭)〛皆の意見がまちまちである, 諸説紛々
*【众所周知】zhòng suǒ zhōu zhī《成》広く知れ渡っている, 周知の通り〚~的事实〛周知の事実

【众望】zhòngwàng 图 衆望,皆の期待〖不负~〗皆の期待に背かない〖~所归〗衆望を担う

【众志成城】zhòng zhì chéng chéng(成)〖皆の志が城壁になる〗皆が力を合わせればどんな困難も克服できる

【重】zhòng 图 重さ,重量〖行李有二十公斤~〗荷物の重さは20キログラムある〖举~〗(体)重量挙げ — 图①重い(⑫[沉 chén]⑫[轻])〖包袱很~〗荷が重い ②甚だしい〖他的病越来越~〗彼の病気はますます重くなる〖~~地打击〗こっぴどく攻撃する — 圆重んじる,重視する〖~友谊〗友情を重んじる〖~男轻女〗男尊女卑
⊗①重要な ②軽々しくない〖慎~〗慎重である〖自~〗自重する
⇨chóng

【重办】zhòngbàn 圆 厳重に処罰する

【重创】zhòngchuāng 圆 重傷を負わす,痛手を与える〖~敌机〗敵機に大打撃を与える

【重大】zhòngdà 形 重大な〖~的意义〗重大な意義〖感到责任的~〗責任の重さを感じる〖损失~〗損失が甚だしい

【重担】zhòngdàn 图〔副〕重荷,重責〖挑起~〗重荷を負う〖卸下~〗重荷をおろす

【重地】zhòngdì 图 要地,重要な地点〖军事~〗軍事上の要地〖工程~〗工事地点(立入り禁止区域)

*【重点】zhòngdiǎn 图①〖理〗(てこの)荷重点 ②重点〖抓住~〗重点を把握する〖工业建设的~〗工業建設の重点 — 形〖定語・状語として〗重点的な〖~推广〗重点的に推し広める〖~大学〗重点大学,一流大学

【重读】zhòngdú 圆〖語〗語や句中のある音節を強く読む,ストレスをつけて発音する

【重工业】zhònggōngyè 图 重工業⑫〖轻工业〗

【重活】zhònghuó 图(〜儿)力仕事,重労働

【重价】zhòngjià 图 高値,高値〖不惜~〗高値も惜しまない〖~收买〗高値で買い入れる

【重金属】zhòngjīnshǔ 图 重金属

【重力】zhònglì 图〖理〗重力,引力

【重利】zhònglì 图①高利,高い金利 ②高い利潤

*【重量】zhòngliàng 图 重量,重さ〖称 chēng~〗目方を量る〖减轻~〗重量を落とす〖~级〗ヘビー級

【重炮】zhòngpào 图〖軍〗重砲

【重氢】zhòngqīng 图 重水素⑫〖氘 dāo〗

【重任】zhòngrèn 图 重任,重責〖身负~〗重責を担う

【重伤】zhòngshāng 图 重傷

【重身子】zhòngshēnzi 图①身重〖你妻子~了〗奥さんは妊娠している ②妊婦

*【重视】zhòngshì 圆重視する(⑫〖轻~〗)〖必须~教育问题〗教育問題を重視すべきだ〖引起人们~〗人びとから重視されるようになる

【重水】zhòngshuǐ 图〖化〗重水

【重听】zhòngtīng 形 耳が遠い,難聴である

【重托】zhòngtuō 图 重大な委託,重要な依頼

【重武器】zhòngwǔqì 图〖軍〗重火器⑫〖轻武器〗

*【重心】zhòngxīn 图①〖理〗重心〖测定~〗重心を測定する ②〖数〗(三角形的)重心 ③事柄の核心,大事な部分〖论文的~〗論文のポイント

【重型】zhòngxíng 形〖定語として〗(機械・兵器が)大型の,重量級の〖~机械〗大型機械〖~坦克〗重戦車

*【重要】zhòngyào 形 重要な〖这项工作特别~〗この仕事は特に重要である〖语法很~〗文法は大事だ〖~(的)地位〗重要な地位

【重音】zhòngyīn 图①〖語〗アクセント,ストレス〖~符号〗強さアクセント記号 ②〖音〗アクセント,強勢

【重用】zhòngyòng 圆 重用する〖大胆地~年轻人〗若い人を大胆に重用する〖得到~〗重用される

【重油】zhòngyóu 图 重油

【重镇】zhòngzhèn 图 軍事上重要な都市,重鎮

【州】zhōu 图①民族自治行政区画の一〖自治~〗自治州 ②旧時の行政区画の一

【洲】zhōu 图①洲",中洲〖沙~〗砂洲〖绿~〗オアシス ②地球上の大陸〖亚~〗アジア

【洲际导弹】zhōujì dǎodàn 图 大陸間弾道弾,ICBM

【舟】zhōu ⊗ 船〖轻~〗〖小~〗小船

【舟车】zhōuchē 图 船と車;(転)旅〖~劳顿〗長旅で疲れ果てる

【舟楫】zhōují 图〖書〗船

【舟子】zhōuzǐ 图 船頭,舟人

【侜】zhōu ⊗〖~张(诛张)〗〖書〗だます,あざむく

【诌(謅)】zhōu ⊗〖言葉〗を並べたてる〖胡~〗口から出まかせを言う

【周(週)】zhōu 图(量詞的に)週間〖二十

～』20週間［上～］先週［～末］ウィークエンド ━ [量] ①ひと回りを数える（[同]［圈］）『运动员跑了三～』選手は3周走った ②『電』サイクル（'周波'の略）［千～］キロサイクル［兆～］メガサイクル

⊗①周囲，周り［圆～］円周［四～］周囲 ②回る，一周する ③あまねく，全て［～身］全身［众所～知］誰もが知っている，周知 ④行き届いている，周到［不～］行き届かない ⑤援助する（'赒'とも）［～济］救済する

〖—〗⊗（Z-）①王朝名［西～］西周［东～］東周［北～］（南北朝の）北周［后～］（五代の）後周 ②姓

【周报】zhōubào [名]〔张・份〕週刊，ウィークリー（刊行物の名に用いる）［北京～］北京週報

*【周边】zhōubiān [名]周辺［～国家］周辺国

**【周到】zhōudào [形]周到である，行き届く『服务很～』サービスがとても行き届いている『～的计划』周到な計画『考虑得很～』考えがよく行き届いている

【周而复始】zhōu ér fù shǐ《成》循環する，何度も繰り返す

【周济（赒济）】zhōujì [動]（貧しい人に物質的な）援助をする，救済する

【周刊】zhōukān [名]週刊，週刊誌

【周率】zhōulǜ [名]『電』周波数 [同]［频率］

*【周密】zhōumì [形]周密な，綿密な『～的计划』綿密な計画『工作做得很～』仕事振りが綿密である

**【周末】zhōumò [名]週末，ウィークエンド

*【周年】zhōunián [名]周年，まる1年『一百～』百周年

*【周期】zhōuqī [名]周期

【周全】zhōuquán [形]周到な ━ [動]（人を助けて）成就させる，事をまとめる [同]［成全］

【周身】zhōushēn [名]全身『～是伤』体中傷だらけだ

【周岁】zhōusuì [名]満1歳，満年齢（[反]［虚岁］）『过～』満1歳の誕生祝いをする『他已经五十～了』彼はもう満50歳だ

**【周围】zhōuwéi [名]周囲，周り『～的环境』周りの環境『工厂（的）～』工場の周辺［～神经］『生』末梢神経

【周详】zhōuxiáng [形]周到詳細な，行き届いた『～地论证』緻密に論証する

【周旋】zhōuxuán [動]①相手をする，付き合う『在来客中～』来客に応対する ②（敵と）渡り合う『～的战术』敵に対する戦術 ③旋回する，巡る

【周游】zhōuyóu [動]周遊する『～全国』国中を旅行する

【周缘】zhōuyuán [名]周り，縁

【周章】zhōuzhāng [形]《書》慌てた［狼狈～］大いに慌てふためく，周章狼狽（ろうばい）

*【周折】zhōuzhé [名]〔番〕紆余（うよ）曲折

【周正】zhōuzheng/zhōuzhèng [形]《方》端正な，きちんと整った

【周至】zhōuzhì [形]《書》周到な

*【周转】zhōuzhuǎn [動]（資金などを）回転する，やり繰りする『～不开』資金繰りがつかない

〖啁〗zhōu ⊗以下を見よ ⇨zhāo

【啁啾】zhōujiū [擬]《書》鳥の鳴き声を表わす

【粥】zhōu [名]かゆ『喝～』かゆを食べる［小米～］アワがゆ［腊八～］旧暦12月8日に食べるかゆ

【粥少僧多】zhōu shǎo sēng duō《成》品物が少なく十分に行き渡らない [同]［僧多粥少］

〖妯〗zhóu ⊗以下を見よ

【妯娌】zhóuli [名]兄嫁と弟嫁の総称，相嫁

【轴（軸）】zhóu [名]①（機械部品の）軸，心棒［车～］車軸 ②『数』軸 ③（～儿）物を巻く心棒『把线缠在～儿上』糸を糸巻きに巻き付ける［画～］絵の掛軸 ━ [量]掛軸や糸巻きなどを数える『一～山水画』1幅の山水画『两～线』糸ふた巻き ♦「伝統劇の大切り」の意の'大轴子'は dàzhòuzi と発音

【轴承】zhóuchéng [名]『機』軸受け，ベアリング［滑动～］滑り軸受け［滚柱～］ローラーベアリング

【轴心】zhóuxīn [名]①車軸 ②枢軸［～国］枢軸国

【轴子】zhóuzi [名]①掛物・巻物の軸 ②（弦楽器の）糸巻き，転手（てんじゅ）

【肘】zhǒu [名]（～儿）ひじ [同]［胳膊 gēbo～儿］

【肘窝】zhǒuwō [名]ひじ関節の内側

【肘腋】zhǒuyè [名]《書》（ひじとわきの下>）すぐ近い所（多く災いの発生に用いる）［变生～］異変は身近より起こる［～之患］身近な災い

【肘子】zhǒuzi [名]①ひじ［胳膊～］同前 ②豚のもも肉の上半部［酱～］同前を醤油と香料で煮た料理

〖帚（箒）〗zhǒu ⊗ほうき［笤～ tiáozhou］［扫～ sàozhou］ほうき

〖纣（紂）〗zhòu ⊗①（Z-）紂（ちゅう）♦殷代末の王，暴君とされる ②しりがい（牛馬

Z

のしりに掛けて鞍や轅ながえに結びつけるひも）♦ふつう'后鞧 qiū'という

【咒(*呪)】zhòu [名]呪文，まじない［念～］呪文を唱える ━ [動]のろう，まじなう〖～他死〗彼が死ぬようのろう［诅 zǔ～］のろう，ののしる

【咒骂】zhòumà [動]のろいののしる，罵倒ばとうする〖～鬼天气〗ひどい天気に悪態をつく

【㤘(㑳)】zhòu [形]《方》(性格が)意固地な

【绉(縐)】zhòu [⊗]絹織物の一種，ちりめん

【绉布】zhòubù [名]〖衣〗クレープ，綿縮

【绉纱】zhòushā [名]〖衣〗ちりめん

【皱(皺)】zhòu [名]しわ〖脸上起～〗顔にしわが寄る ━ [動]しわを寄せる，しわになる〖裙子～了〗スカートがしわになった〖～紧了眉头〗眉をきゅっとしかめた

【皱巴巴】zhòubābā [形]（～的）しわくちゃな，しわだらけの

*【皱纹】zhòuwén [名]（～儿）〔条・道〕しわ〖脸上布满了～〗顔中しわだらけだ〖熨去～〗アイロンを掛けてしわをとる

【宙】zhòu [⊗]無限の時間→［宇 yǔ～］

【胄】zhòu [⊗]①かぶと［甲～］甲胄かっちゅう ②(王侯貴族の)世継ぎ，血筋［贵～］《書》貴族の子孫［华～］《書》'华夏'の子孫，漢民族 ♦人名では'伷'とも

【昼(晝)】zhòu [⊗]昼［白～］白昼，昼間

*【昼夜】zhòuyè [名]昼夜，昼と夜〖两～〗二昼夜〖～看 kān 守〗昼夜とも見守る

【甃】zhòu [⊗]井戸の内壁(を築く) ♦単用する方言も

【骤(驟)】zhòu [⊗]①急に，突然［～变］急変する ②(馬が)速く走る ③速い，急速な［暴风～雨］にわかの風雨

【骤然】zhòurán [副]《書》突然，急に〖天气～变冷〗にわかに寒くなる

【籀】zhòu [⊗]①本を読む，朗読する ②書体の一種，籀文ちゅうぶん，大篆だいてん

【籀文】zhòuwén [名]書体の一種，籀文，大篆 [同]［籀书］

【朱】zhū [⊗]①朱色 ②(Z-)姓

【—(硃)】[⊗]朱砂，辰砂しんしゃ

【朱笔】zhūbǐ [名]朱筆

【朱红】zhūhóng [形]〔定語として〕朱色の，バーミリオンの〖～大门〗朱塗りの門

【朱䴉】zhūhuán [名]〖鳥〗トキ

【朱槿】zhūjǐn [名]〖植〗ブッソウゲ [同]［扶桑］

【朱门】zhūmén [名]朱塗りの門，富貴の家

【朱墨】zhūmò [名]①朱と黒 ②朱墨

【朱批】zhūpī [名]朱筆で書き入れた批評，朱書き

【朱漆】zhūqī [名]朱漆，朱塗り

【朱雀】zhūquè [名]①〖鳥〗マシコ [同]［红麻料儿］②'二十八宿'中の南方七宿の総称，朱雀しゅじゃく，また南方の神［～门］朱雀門

【朱砂】zhūshā [名]朱砂 [同]［辰砂］［丹砂］

【朱文】zhūwén [名]印章の陽文 [反]［白文］

【邾】Zhū [⊗]①周代の国名 ②姓

【诛(誅)】zhū [⊗]①罪人を殺す ②責める，とがめる［口～笔伐］発言や文章で激しく批難攻撃する

【诛戮】zhūlù [動]《書》殺す，誅殺ちゅうさつする

【诛求】zhūqiú [動]しぼり取る，巻き上げる［～无厌］(租税などを)あくことなく取り立てる

【诛心之论】zhū xīn zhī lùn《成》人の悪意を暴く批判

【侏】zhū [⊗]背が低い，小人

【侏罗纪】Zhūluójì [名]〖地〗ジュラ紀

【侏儒】zhūrú [名]侏儒しゅじゅ，小人

【茱】zhū [⊗]以下を見よ

【茱萸】zhūyú [名]〖植〗サンシュユ [同]［山茱萸］［食茱萸］

【洙】Zhū [⊗]［～水］山東の川の名

【珠】zhū [⊗]①(～儿)球状の物，玉［眼～儿］目玉，眼球［水～儿］水玉，水滴 ②真珠

【珠宝】zhūbǎo [名]真珠・宝石類の装飾品［～店］宝石店

【珠翠】zhūcuì [名]真珠とひすい(翡翠)の装飾品

【珠玑】zhūjī [名]《書》珠玉，美しい詩文

【珠联璧合】zhū lián bì hé《成》(珠玉が一つに連なる>)絶好の取合わせ，優れたものが一堂に会する

【珠算】zhūsuàn [名]珠算

【珠圆玉润】zhū yuán yù rùn《成》歌声や詩文が珠玉のように滑らかで美しい

【珠子】zhūzi [名]〔颗・粒〕①真珠 ②丸い粒，玉［汗～］玉の汗

【株】zhū [量]樹木を数える([同]《口》［棵］)〖两～柿树〗2

Z

本の柿の木 ⊗①〔木〕木の根, 株 ②〔草木〕[幼~]若株 [病~]病害にかかった草木
【株距】zhūjù 图株と株の間の距離, 株間
【株連】zhūlián 動連座する, 巻き添えをくう [~了不少人]多くの人を巻き添えにした
【株守】zhūshǒu 動〔書〕がんこに守る, 墨守する 慣[守株待兔]

【铢】(銖) zhū ⊗古代の重量単位 ◆1'两'の24分の1 [~积寸累 lěi]少しずつ貯める

【蛛】zhū ⊗〔虫〕クモ [蜘 zhī~]同前
【蛛丝马迹】zhū sī mǎ jì〔成〕(クモの糸とカマドウマ(虫の一種)の足跡>)かすかな手掛かり
【蛛网】zhūwǎng 图クモの巣
【蛛蛛】zhūzhu 图〔方〕クモ

【诸】(諸) zhū ⊗①もろもろ, 多くの [~位]皆さん ②〔'之于' zhīyú または'之乎' zhīhū の合音〕これを…に [付~实施]これを実施に移す [公~世界]これを世界に公表する ③(Z-)姓
【诸多】zhūduō 形〔書〕〔定語として〕(抽象的な事について)多くの, あまたの [尚有~困难]なおあまたの困難がある
【诸葛】Zhūgě 图姓
【诸宫调】zhūgōngdiào 图宋元時代に行われた説唱文学の一種
【诸侯】zhūhóu 图古代帝王支配下にあった列国の君主に対する総称
【诸如此类】zhū rú cǐ lèi〔成〕これに類した種々の事柄, かくのごとき例 [~, 不胜枚举]このような例は枚挙にいとまがない
*【诸位】zhūwèi 代〔敬〕皆さん, 諸君 [向~先生请教]皆さんからお教えをいただきたい

【猪】(豬) zhū 图〔口·头·只〕豚 [公~]雄豚 [母~]雌豚 [~圈]豚小屋 [野~]イノシシ
【猪倌】zhūguān 图(~儿)豚飼い, 養豚業者
【猪獾】zhūhuān 图〔動〕アナグマ 慣[沙獾]
【猪苓】zhūlíng 图〔植〕チョレイマイタケ, 猪苓 ◆利尿·解熱などの薬剤となる
【猪猡】zhūluó 图〔方〕(罵語としても用いて)豚 慣[猪鲁]
【猪排】zhūpái 图〔块〕豚の厚切り肉, ポークチョップ [炸 zhá~]トンカツ, ポークカツレツ
【猪婆龙】zhūpólóng 图揚子江ワニ 慣[鼍 tuó 龙][扬子鳄 è]
【猪瘟】zhūwēn 图ブタコレラ
【猪鬃】zhūzōng 图豚の首と背の毛(ブラシの材料にする)

【潴】(瀦) zhū ⊗①(水が)たまる ②水たまり

【术】(術) zhū 图〔植〕(漢方薬となる)オケラの類 [白~]白朮 zhú [苍~]蒼朮 zhú ⇒shù

【竹】 zhú ⊗①[竹] [苦~]マダケ [毛~]モウソウダケ ②(Z-)姓
【竹板书】zhúbǎnshū 图語り物の一種 ◆一方の手で'呱哒 guāda 板儿'(竹製のカスタネット)を打ち, 一方の手で'节子板'(7枚の小さな竹片をひもで通した打楽器)を打ち鳴らしながら語る
【竹帛】zhúbó 图竹簡と絹, 竹帛 [~(转)典籍, 歴史 [功垂~]功績を歴史に留める
【竹竿】zhúgān 图(~儿)〔支·根〕竹ざお
【竹黄】(竹簧) zhúhuáng 图竹工芸品の一種 ◆竹を平らにして木地に張りつけ, その表面に彫刻したもの 慣[翻黄(翻簧)]
【竹鸡】zhújī 图〔鳥〕コジュケイ
【竹筴鱼】zhújiāyú 图〔魚〕マアジ
【竹简】zhújiǎn 图〔片〕竹簡(古代, 文字を書くのに用いた竹の札)
【竹刻】zhúkè 图竹の彫刻
【竹帘画】zhúliánhuà 图(~儿)竹すだれに描いた山水画
【竹马】zhúmǎ 图(~儿)①竹馬(竹ざおを股にはさんで走り回る遊び道具) [骑~]竹馬で遊ぶ ②民間歌舞に用いる道具(張り子の馬形の中に人が上半身を出して入り, 騎馬のように走りながら歌う)
【竹排】zhúpái 图竹いかだ
【竹器】zhúqì 图竹製の器物, 竹細工品
【竹笋】zhúsǔn 图竹の子
【竹叶青】zhúyèqīng 图①〔動〕アオハブ(毒蛇の一種) ②'汾酒'の一種(竹の葉のほか多種の薬材を配した薄緑色の酒) ③'绍兴酒'の一種
【竹芋】zhúyù 图〔植〕クズウコン, またその根 ◆根から澱粉をとる
【竹枝词】zhúzhīcí 图竹枝詞 ◆七言絶句形式の旧詩の一体でその土地の風土·人情を民謡風に詠んだもの
【竹纸】zhúzhǐ 图竹の繊維で作った紙
*【竹子】zhúzi 图〔竿·根〕竹

【竺】 Zhú ⊗姓

【烛】(燭) zhú 图光度の単位('烛光'の略), また電灯のワット [六十~的灯泡]

60ワットの電球 ⊗①照らす ②ろうそく[蜡~]同前[香~]線香とろうそく

【烛光】zhúguāng 图 燭光ソッ, 燭(光度の単位)

【烛花】zhúhuā 图 ①ろうそくの炎 ②灯心の燃えさしにできた塊, 丁子頭チョウ

【烛泪】zhúlèi 图〔滴〕ろうそくが燃えて流れるろう

【烛台】zhútái 图 燭台

【烛照】zhúzhào 動〔書〕照らす

【逐】zhú ⊗①追う, 追いかける[随波~流]定見をもたずに流れに従う ②駆逐する, 追い払う[放~]追放する ③一つ一つ順番に[~条]条ごとに

【逐步】zhúbù 副 一歩一歩, 次第に[~提高]だんだんと向上する

【逐个】zhúgè 副 一つずつ, 逐一[~清点]一つ一つ点検する

*【逐渐】zhújiàn 副 少しずつ, 次第に[天气~暖和起来]気候が段々暖かくなってくる

【逐客令】zhúkèlìng 图 客を追いたてる命令[下~]客を追い出す

【逐鹿】zhúlù 動〔書〕天下を争う, 主導権を争う[群雄~]群雄が天下を争う

*【逐年】zhúnián 副 年を追って, 年ごとに

【逐日】zhúrì 副 日を追って, 日に日に

【逐一】zhúyī 副 逐一, いちいち[~加以说明]一つ一つ説明していく

【逐字逐句】zhú zì zhú jù 副 一字一句[~地翻译]逐語訳する

【瘃】zhú ⊗〔冻~〕〔書〕霜焼け

【舳】zhú ⊗ 船尾[~舻 lú]〔書〕後ろの船の舳ともと前の船の艫をつなぎ合わせた船[~舻相继]多くの船が連なっているさま

【主】zhǔ 图①主人役(⊗[客])[东道~]主人役, ホスト ②権力や財物の所有者[这东西没~]これはだれのものかわからない[物]~主たる者, 最も重要な ♦キリスト教で神を, イスラム教でアラーを指す[真~]神, アラー ④(~儿)確かな考え, 定見[心里没~]自分の考えがない, 迷う 一動 兆ざす, 前兆となる[早霞~雨, 晚霞~晴]朝焼けは雨, 夕焼けは晴れの兆し ⊗①(奴隷・使用人に対する) 主人[~仆]主人と召使い ②当事者[失~]落とし主[买~]買い手 ③主たる, 最も重要な[~要]主要な ④主張する[~战]開戦を主張する ⑤主宰する, 自ら決定する[自~]自ら決める ⑥自身の, 自分からの[~观]主観 ⑦(Z-)姓

*【主办】zhǔbàn 動 主催する[~展览]展覧会を主催する[共同~]共催する

【主笔】zhǔbǐ 图 主筆

【主编】zhǔbiān 图 編集長, 編集主幹[报馆的~]新聞社の編集主幹 ― 動 責任編集する, 主となって編集する

*【主持】zhǔchí 動 ①主宰する, とりしきる[~会议]会議を主宰する[~编纂]編纂をとりしきる[~人]主催者, 司会者 ②主張する, 重んじる[~道义]道義を守る

【主次】zhǔcì 图 主要なものと副次的なもの[~颠倒]本末転倒

【主从】zhǔcóng 图 主要なものと従属的なもの, 主と従

【主刀】zhǔdāo 動 (手術で) メスを執る[~医生]執刀医

【主导】zhǔdǎo 形〔定語として〕主導的な[~的潮流]主導的な流れ[起~作用]主導的役割を果たす ― 图 全体を導くもの

*【主动】zhǔdòng 图 自発的な, 主動的な(⊗[被动])[工作很~]仕事について積極的だ[~地请教]自分から進んで教えを請う[处于~地位]積極的な立場に立つ

【主队】zhǔduì 图 地元チーム, ホームチーム ⊗[客队]

【主犯】zhǔfàn 图 主犯, 正犯 ⊕[从犯]

【主峰】zhǔfēng 图 主峰, 最高峰

【主妇】zhǔfù 图 主婦, 女主人

【主干】zhǔgàn 图 ①植物の主要な茎, 幹 ②主力, 決定的な力

【主根】zhǔgēn 图〔植〕主根

【主攻】zhǔgōng 動 勢力を集中して総攻撃をかける(⊕[助攻])[从正面~]正面から総攻撃をかける

【主顾】zhǔgù 图 顧客, お得意 ⊕[顾客]

【主观】zhǔguān 形 主観的な(⊗[客观])[~地断定]主観的に断定する[你办事太~]君の処理の仕方は主観的すぎる

*【主管】zhǔguǎn 動 主管する, 管轄する[由他~人事]彼が人事を管轄する ― 图 主管者, 管理責任者[~的职务]責任者としての職務

【主婚】zhǔhūn 動 婚儀をとりしきる

【主机】zhǔjī 图 ①隊長機 ⊕[长zhǎng机] ②〔機〕メインエンジン, 主機関

【主祭】zhǔjì 動 祭事を主宰する

【主见】zhǔjiàn 图 はっきりした見解, 定見[没有~]定見がない

【主讲】zhǔjiǎng 動 講義や講演を担当する[王教授~语法课]王教授が文法の講義を受け持つ

【主将】zhǔjiàng 图 主将, 統帥者,

リーダー〚理論界的~〛論壇の重鎮
【主教】zhǔjiào 图(カトリック・ギリシャ正教の)司教, 教区長
【主角】zhǔjué 图 ① (映画・劇の)主役(⑱[配角])〚~的更 gēng 换〛主役の交替〚扮演~〛主役を演じる〚女~〛主演女優 ②(事件などの)中心人物
【主考】zhǔkǎo 動 試験を主管する ― 图 主任試験官
【主课】zhǔkè 图 主な授業科目
【主力】zhǔlì 图 主力〚集中~〛主力を集中する〚~军〛主力軍〚~舰〛主力艦
【主粮】zhǔliáng 图 (その地方で生産または消費する)主要な食糧
*【主流】zhǔliú 图(⑱[支流]) ①(河川の)主流, 本流 ②〈転〉主流, 主要な傾向〚时代思潮的~〛時代思潮の主流
【主麻】zhǔmá 图〚訳〛ジュマ ◆イスラム教で毎週金曜日に行われる集団礼拝。また, 一週間のこと
【主谋】zhǔmóu 動 悪事を中心になって企てる ― 图 首謀者, 張本人
【主脑】zhǔnǎo 图 ① 主要な部分, 中枢 ② 首脳, 首領
*【主权】zhǔquán 图 (国家の) 主権〚尊重~〛主権を尊重する〚侵犯~〛主権を侵す
【主儿】zhǔr 图〚口〛① 雇い主 ② (あるタイプの) 人〚说到做到的~〛有言実行の人 ③ 夫の家〚找~〛(未婚女性が)嫁ぎ先を見つける
*【主人】zhǔrén/zhǔrén 图 ① (客に対する) 主人(⑱[客人])〚~的致词〛主人側の挨拶 ② (雇い人に対する) 主人, 雇い主 ③ (財産や権力の) 所有者, 持主〚作国家的~〛国の主人公になる
【主人翁】zhǔrénwēng 图 ① (家や国家の)主人 ② (文学作品の)主人公 ⑱[主人公]
【主任】zhǔrèn 图 主任, 責任者〚班~〛クラス担任
【主食】zhǔshí 图 主食 (⑱[副食])
【主使】zhǔshǐ 動 そそのかす, しむける〚~坏人捣乱〛悪党に騒動を起こさせる
*【主题】zhǔtí 图 主題, テーマ, 活動などの目標〚~鲜明〛主題がはっきりしている〚~歌〛主題歌, テーマソング
【主体】zhǔtǐ 图 ① 主体, 主要な部分〚社会的~〛社会の主体〚~工程〛中心的な工事 ②〚哲〛主体, 主観, 自我 ⑱[客体]
【主文】zhǔwén 图 (判決の)主文
*【主席】zhǔxí 图 ① 議長, 座長〚~团〛議長団〚工会~〛労働組合委員長〚~台〛演壇, メーンスタンド ② 国家・国家機関・政党などの最高指導者の職名〚国家~〛国家主席

【主心骨】zhǔxīngǔ 图(~儿) ① 主軸, 頼れる人または事物, 大黒柱 ② しっかりした考え, 定見, 対策〚他是个没~的人〛彼は無定見な人だ
【主演】zhǔyǎn 動 主演する
*【主要】zhǔyào 图〚多く定語・状語として〛主要な, 主な (⑱[次要])〚~人物〛主要人物〚~内容〛主な内容〚会议~讨论了这个问题〛会議は主としてこの問題について討議した
【主页】zhǔyè 图 ホームページ
【主义】zhǔyì 图 主義, イズム, イデオロギー〚我不信什么~〛私は何の主義も信じない〚现实~〛リアリズム〚官僚~〛官僚主義〚马克思列宁~〛マルクスレーニン主義
*【主意】zhǔyi/(口)zhúyi 图 意見, 定見, 考え, アイデア〚出~〛案を出す〚拿不定~〛考えを決めかねる〚打定~〛心を決める〚好~〛いい考え
【主语】zhǔyǔ 图〚語〛主語 ⑱[谓语]
【主宰】zhǔzǎi 動 主宰する, 支配する〚~命运〛運命を支配する ― 图 主宰者, 支配者〚做自己的~〛自分が自分自身の主宰者となる
【主张】zhǔzhāng 图 主張(する)〚同意这种~〛このような主張に賛成する〚~晚婚〛晩婚を主張する
【主旨】zhǔzhǐ 图 主旨〚规章的~〛規則の主旨
【主子】zhǔzi 图 親分, ボス, 旦那 ◆もと召使いが主人を呼ぶ称

【拄】zhǔ 動(つえや棒で)体を支える, つえを突く〚~拐棍儿〛つえを突く〚~着枪站着〛銃を支えにして立っている

【麈】zhǔ ⊗ 鹿の一種 ◆尾を払子に使った

【渚】zhǔ ⊗ 洲, 中洲

【煮】zhǔ 動 煮る, 炊く, ゆでる〚~鸡蛋〛卵をゆでる〚~饭〛ご飯を炊く〚~饺子〛ギョウザをゆでる〚~面条〛うどんをゆでる〚用铁锅~〛鉄なべで煮る〚~鸡蛋〛ゆで卵

【煮豆燃萁】zhǔ dòu rán qí 〚成〛(豆を煮るに萁を燃やす〉兄弟同士が傷つけ合う

【煮鹤焚琴】zhǔ hè fén qín 〚成〛(琴を薪にして鶴を煮て食べる〉野暮の骨頂

【褚】zhǔ ⊗① 真綿 ② 服に綿を入れる ③ 袋
⇒Chǔ

【属(屬)】zhǔ ⊗① 連ねる, 綴る〚~文〛

《書》文を書く ②(思いなどを)注ぐ, 向ける ③[同]'嘱'
⇨shǔ
【属望】zhǔwàng [動]《書》嘱望する, 期待する
【属意】zhǔyì [動]《書》思いを寄せる, 意を注ぐ
【属垣有耳】zhǔ yuán yǒu ěr 《成》壁に耳あり

〖嘱(囑)〗 zhǔ [⊗]言い付ける, 頼む [遺~]遺言
★★【嘱咐】zhǔfu/zhǔfù [動]言い付ける, 言い聞かす〖~孩子路上要小心〗子供に途中気をつけるように言い聞かせる〖听从~〗言い付けを聞く
【嘱托】zhǔtuō [動]頼む, 委託する〖~律师〗弁護士に委託する〖~他一件事〗ある事を彼に任せる〖违背~〗依頼に背く

〖瞩(矚)〗 zhǔ [⊗]見つめる, 注目する
【瞩目】zhǔmù [動]《書》嘱目する, 注目する〖~谈判的趋势〗交渉の成り行きを注目する[举世~]万人の嘱目するところとなる
【瞩望】zhǔwàng [動]①[同][属望] ②注視する

〖伫(佇*竚)〗 zhù [⊗]たたずむ
【伫立】zhùlì [動]《書》たたずむ, 佇立(ちょりつ)する

〖苎(苧)〗 zhù [⊗]以下を見よ
【苎麻】zhùmá [名]〖植〗チョマ, カラムシ ♦繊維の重要原料

〖纻(紵)〗 zhù [⊗]チョマの繊維を織った布

〖贮(貯)〗 zhù [⊗]蓄える, 貯蔵する [~木场]貯木場
【贮备】zhùbèi [動]蓄える, 貯蔵する〖~粮食〗食糧を蓄える
【贮藏】zhùcáng [動]貯蔵する〖~大米〗米を貯蔵する〖往地窖里~〗穴蔵に貯蔵する
【贮存】zhùcún [動]貯蔵する〖~粮食〗食糧を貯蔵する

【住】 zhù [動]①住む, 宿泊する〖~公寓〗アパートに住む〖~医院〗入院する〖~在什么地方?〗どこに住んでいますか ②止まる, 止める〖雨~了〗雨がやんだ〖~手〗手を止める〖~嘴!〗黙れ! ③〔結果補語として〕安定・固定・静止などを表わす〖把~方向盘〗ハンドルをしっかり握る〖站不~了〗じっと立っていられなくなった〖把他问~了〗彼を問い詰めた〖牢牢记~〗しっかりと覚え込む ④〔可能補語として〕それに耐え得るかどうかを表わす〖支持不~〗支え切れない〖禁jīn得~风吹雨打〗風雨に耐えられる
【住持】zhùchí [名](寺や道観の) 住職, 住持
【住处】zhùchù [名]①住む所, 住まい ②宿泊する所
【住房】zhùfáng [名]〔间・幢〕住宅, 住まい
【住户】zhùhù [名]所帯, 住人
【住家】zhùjiā [動]住んでいる〖在郊区~〗郊外に住んでいる —[名](~儿)所帯
【住居】zhùjū [動]居住する
【住口】zhù'kǒu [動]〔多く禁止命令として〕話をやめる, 黙る([同][住嘴])〖你给我~〗黙れ!
【住手】zhù'shǒu [動]手を止める, 手を引く
【住宿】zhùsù [動]泊まる, 寝泊まりする
【住所】zhùsuǒ [名]〔处〕住んでいる場所, 滞在している所〖学校离~不远〗学校は住んでいる所から遠くない
【住院】zhù'yuàn [動]入院する [反][出院]
★【住宅】zhùzhái [名]〔幢・栋〕住宅, 住居[~区]住宅区域
【住址】zhùzhǐ [名]住所, アドレス〖收信人的~〗手紙受取人の住所

【驻(駐)】 zhù [動]駐留する, 駐在する, 駐屯する〖部队~在附近〗軍隊が近くに駐留している[~京办事处]北京駐在事務所
[⊗]止まる, 止める[~足]足を止める
【驻跸】zhùbì [動]《書》(皇帝が) 足を止める, 暫時泊まる
【驻地】zhùdì [名]①駐屯地, 駐在地 ②地方行政機関の所在地
【驻防】zhù'fáng [動]防衛のために駐屯する
【驻军】zhùjūn [名]駐屯軍 —[動]軍隊を駐留させる
【驻守】zhùshǒu [動]駐屯守備する
【驻屯】zhùtún [動]駐屯する [同][驻扎]
★【驻扎】zhùzhā [動]駐屯する〖~在太湖边〗太湖の近くに駐屯する

【注(註)】 zhù [名][動]注(をつける), 注釈(を加える)〖正文中间~了两行 háng 小字〗本文に割り注を加えた[~音]文字の発音を記号で表わす
[⊗]記載する, 登録する
〖—〗 [⊗]①(液体を) 注ぐ, 流し込む ②(精神や力などを) 注ぐ, 集中する[全神贯~]全精力を傾ける ③賭博(とばく)で賭(か)ける金[赌~]金を賭ける
★★【注册】zhù'cè [動]登録する, 登記す

Z

る〚新生从九月一日开始～〛新入生は9月1日から入学手続きをする〔～商标〕登録商標
【注定】zhùdìng [動]（運命などによって）定められている，宿命である〚侵略者是～要失败的〛侵略者は敗北する運命にある〔命中～〕人の運命は予め決定されている
【注脚】zhùjiǎo [名]注，注釈
【注解】zhùjiě [名][動]注釈(する)〚～全文〛全文に注釈する〚对于古文的～〛文語文に対する注釈
【注目】zhùmù [動]注目する〔引人～〕世間の注目を引く
【注入】zhùrù [動]注ぎ込む，注入する〚把牛奶～杯中〛牛乳をコップに注ぐ
*【注射】zhùshè [動]注射する〚～麻醉药〛麻酔薬を注射する〚给病人～〛患者に注射する〔～器〕注射器
*【注视】zhùshì [動]注視する，見詰める〚～着事态的发展〛事態の進展を見守っている
*【注释】zhùshì [名][同][注解]
【注疏】zhùshū [名]《書》注疏
【注文】zhùwén [名]注釈の字句，注釈文
【注销】zhùxiāo [動]取り消す，抹消する〚～户口〛戸籍を抹消する
**【注意】zhù'yì [動]注意する，気を配る〚～健康〛健康に気をつける〚自己也得注点儿意〛自分でも気をつけなくちゃ〚一直没有～〛ずっと気がつかなかった〚惹人～〛人の注意を引く
【注音字母】zhùyīn zìmǔ [名]注音符号♦中華民国時代に公布した漢字音の発音表記．本書発音解説を見よ [同][注音符号]
*【注重】zhùzhòng [動]重視する，重んずる([同][重视])〚～调查研究〛調査研究を重視する

【炷】zhù [量]火を付けた線香を数える〚约摸yuēmo一～香的时间〛線香1本が燃え尽きるぐらいの時間
[×]（線香を）たく，（灯を）ともす

〘柱〙zhù [×]柱〔梁～〕梁と柱〔支～〕支柱〔水～〕水柱〔水银～〕水銀柱
【柱石】zhùshí [名]柱石，国家の重責を負う人
【柱头】zhùtóu [名]①柱の頭部 ②《方》柱 ③〚植〛柱頭
【柱子】zhùzi [名]〔根〕柱

〘疰〙zhù [×]以下を見よ
【疰夏】zhùxià [動]①（漢方で）夏季熱にかかる，暑気あたりする ②《方》夏負けする

【蛀】zhù [動]虫が食う〚书给～坏了〛本が虫に食われてしまった〚牙齿～了〛虫歯になった
[×]木・服・本・穀物などを食う小虫
【蛀齿】zhùchǐ [名]虫歯 [同][龋qǔ齿]
【蛀虫】zhùchóng [名]①〔条〕木・服・本・穀物などを食う小虫♦キクイムシ，シミ，コクゾウムシなど ②《転》身内に巣くう悪人，獅子身中の虫
【蛀心虫】zhùxīnchóng [名]〚虫〛シンクイムシ [同][钻zuān心虫]

〘助〙zhù [×]助ける，手伝う〚～我一臂之力〛私に一臂の力を貸してくれる〔帮～〕手伝う
【助产士】zhùchǎnshì [名]助産士
【助词】zhùcí [名]〚語〛助詞♦中国語では構造助詞'的，地，得，所'，動態助詞'了，着，过'，語気助詞'呢，吗，吧，啊'など
【助动词】zhùdòngcí [名]〚語〛助動詞♦動詞や形容詞の前に用いられ，可能・義務・必要・願望などの意味を表わす．'能，会，可以，应该，要，肯，敢，愿意'など [同][能愿动词]
【助攻】zhùgōng [動]援護攻撃する
【助教】zhùjiào [名]（大学の）助手
【助桀为虐】zhù Jié wéi nüè《成》悪人を助けて悪事をすること♦桀は夏王朝末期の暴君 [同][助纣Zhòu为虐]
*【助理】zhùlǐ [名]助手，補佐役，アシスタント〔总经理～〕社長補佐 ━[形]〔定語として〕補佐的な，補助的な〔～研究员〕助手研究員
【助跑】zhùpǎo [動]〚体〛助走する
*【助手】zhùshǒu [名]助手，アシスタント
【助听器】zhùtīngqì [名]補聴器
【助威】zhù'wēi [動]応援する，声援する〚帮他助助威〛彼を力づけてあげる
【助兴】zhù'xìng [動]興を添える〚助了大家的兴〛座を盛り上げた
【助学金】zhùxuéjīn [名]（国が大学生などに支給する）補助金，奨学金
【助战】zhù'zhàn [動]①戦いを援助する ②[同][助威][助阵]
【助长】zhùzhǎng [動]助長する，増長させる〚～贪污〛汚職を助長する
【助纣为虐】zhù Zhòu wéi nüè《成》[同][助桀为虐]

【杼】zhù [名]（織機の）筬 [同][筘]
[×]（古代）梭

【祝】zhù [動]祈る〚～你成功〛ご成功を祈る〚～你旅途愉快〛どうぞ楽しい旅を
[×]①祝う〔庆～〕祝う ②（髪を）断つ ③(Z-)姓

Z

【祝词(祝辞)】zhùcí 图 ①祝辞〖致～〗祝辞を述べる ②祈りの言葉,祝詞2)

【祝福】zhùfú 动 ①祝福する〖～你一路平安〗道中の御無事を祈ります〖为母亲～〗母のために幸福を祈る ②(江南地方で)旧暦の除夜に天地の神に幸福を祈る

【祝贺】zhùhè 动 祝う〖～她的生日〗彼女の誕生日を祝う〖～新郎新婦〗新郎新婦を祝う〖向你们～！〗皆さんおめでとう〖表示衷心的～〗心からの祝賀の意を表わす

【祝捷】zhùjié 动 勝利を祝う,成功を祝う〖～大会〗祝勝大会

【祝酒】zhù'jiǔ 动 祝酒を勧める,祝杯を上げる〖祝了一次酒〗1度祝杯を上げた〖～辞〗乾杯の辞

【祝寿】zhùshòu 动 老人の誕生日祝いをする

【祝颂】zhùsòng 动 祝福する,祝う

【祝愿】zhùyuàn 动 祈る,祝う〖～两国友好〗両国が友好であることを祈る

【著】zhù 动 著す,著作する〖编～〗編著(する) ⊗①明らかな,顕著な〖昭～〗明らかである ②表わす〖颇～成效〗かなり成果をあげている ③著作〖名～〗名著
⇨zhuó

【著称】zhùchēng 形 著名な,名高い〖杭州以西湖～于世〗杭州は西湖によって有名である

【著名】zhùmíng 形 著名な,有名な〖桂林是中国～的旅游区〗桂林は中国で有名な観光地だ〖～人士〗著名人

【著述】zhùshù 动 著述する 一图〔篇·本〕著述,著作

【著者】zhùzhě 图 著者

【著作】zhùzuò 动 著作する〖～回忆录〗回顧録を著す 一图〔篇·本〕著作

【箸】(*筯) zhù ⊗ はし ◆ 閩語などでは単用〖火～〗(方)火ばし

【筑】zhù 图 古代の弦楽器の筑 ◆13弦で琴に似る ⊗ (Z-)貴陽市の別称

【—】(築) 动 築く,建てる〖～了一条铁路〗鉄道を1本通した

【铸】(鑄) zhù 动 ①鋳る,鋳造する〖这口钟是铜～的〗この鐘は銅で鋳造したものだ ②作り上げる〖～成大错〗大間違いをする

【铸币】zhùbì 图 鋳造貨幣,硬貨〖～〗貨幣を鋳造する

【铸工】zhùgōng 图 ①鋳造の仕事,鋳造の作業 ②鋳物師,鋳造工

【铸件】zhùjiàn 图 鋳造品,鋳物

【铸铁】zhùtiě 图 鋳鉄,銑鉄 (同)〖生铁〗〔铣铁〕

【铸造】zhùzào 动 鋳造する〖～零件〗部品を鋳造する

【铸字】zhù'zì 动 活字を鋳造する

【䴆】zhù ⊗ (鳥が)飛び上がる

【抓】zhuā 动 ①つかむ,つかみ取る〖～上扶手〗手りにしっかりつかむ ②かく,引っかく〖～痒痒 yǎngyang〗かゆい所をかく〖被猫～了〗猫に引っかかれた〖～破脸〗外で大喧嘩をする ③捕まえる,捕える〖～罪犯〗犯人を捕まえる ④押える,特に力を入れる〖～农业〗農業に重点をおく〖～产品的质量〗製品の質に力を入れる ⑤(人の心を)引き付ける,魅了する ⑥急いでやる

【抓辫子】zhuā biànzi 动 弱点をつかむ (同)〖揪 jiū 辫子〗

【抓碴儿(抓茬儿)】zhuā'chár (方)あら捜しをする,因縁をつける

【抓耳挠腮】zhuā ěr náo sāi (成) ①ひどく焦ったり,歯がゆがる様子 ②喜ぶさま

【抓饭】zhuāfàn 图 ポロピラフ ◆新疆の少数民族が手づかみで食べる食品

【抓哏】zhuā'gén 动 アドリブで笑いをとる

【抓工夫】zhuā gōngfu 动 時間を見付ける,暇をつくる

【抓紧】zhuājǐn 动 しっかりつかむ,しっかり努力する〖～机会〗チャンスをしっかりつかむ〖～学习〗努力して勉強する〖抓不紧〗しっかりつかめない

【抓阄儿】zhuā'jiūr 动 くじを引く〖抓阄儿〗

【抓举】zhuājǔ 图〖体〗(重量挙げ)のスナッチをする (同)〖挺举〗

【抓挠】zhuānao 动 (方) ①かく〖～头皮〗頭をかく,引っかき回す,いじくり回す ③けんかする,殴り合う ④忙しく働く,(間に合わせるために)手配する 一图①(～儿)役に立つ物,頼れる人 ②(～儿)打つ手,手立て

【抓瞎】zhuā'xiā (準備がなくて)あわてふためく,取り乱す

【抓药】zhuā'yào 动 処方に従って調剤してもらう,処方箋で薬を買う〖抓一服 fù 药〗薬を一服買う

【挝】(撾) zhuā 动 ①打つ,たたく〖～鼓〗太鼓をたたく ②'抓'と通用
⇨wō

【髽】zhuā ⊗〖～髻 ji (抓髻)〗頭の上で2つに結い分けた女性の髪型

【爪】zhuǎ 图（～儿）① 鸟兽の足［猫～儿］猫の足 ② 器物の脚 ⇨zhāo

【爪尖儿】zhuǎjiānr 图（食用の）豚の足

【爪子】zhuǎzi 图（爪のある）動物の足［鸡～］鶏の足

【拽】zhuāi 動《方》投げる，捨てる ― 形《方》（病気やけがで）腕が動かない ⇨yè（曳），zhuài

【跩】zhuǎi 動《方》（アヒルのように）体をゆすって歩く

【拽（*捙）】zhuài 動 引く，引っ張る［～孩子的手］子供の手を引く［生拉硬～］強引に引っ張ってくる，無理強いする ⇨yè（曳），zhuāi

【专（專*耑）】zhuān 副 もっぱら［～管闲事］余計なおせっかいばかりしている ― 形 専門的な，詳しい［他在化学方面很～］彼は化学には詳しい［白～］専門ばか［～书］専門書 ⊗ 独占する，一手に握る［～卖］専売する

【一（專）】⊗（Z-）姓

【专案】zhuān'àn 图 特別案件，重要事件

【专差】zhuānchāi 動 特殊任務で派遣された人，特使

*【专长】zhuāncháng 图 専門的知識，特技［学到～］専門知識を学びとる［～很有用］特技は役に立つ

【专场】zhuānchǎng 图 ① 劇場や映画館が特定の観客のために行う興行，貸し切り［老人～］老人特別興行 ② 同類の出し物だけを上演する興行［相声～］'相声'特別公演

【专车】zhuānchē 图 ①［列·辆］専用車，特別列車，貸し切り車 ②［辆］（企業·機関所有の）専用バス，専用自動車

【专诚】zhuānchéng 副（ついででなく）特に，わざわざ［～拜访］わざわざ訪問する ― 形 誠心誠意の

*【专程】zhuānchéng 副 わざわざ（ある目的のために出向く場合）［～前去迎接客人］わざわざ客を出迎えに行く

【专电】zhuāndiàn 图〔份〕（記者が送る）特電［拍来～］特電を送ってくる

【专断】zhuānduàn 動 独断である，専断する［～独行］独断専行する ― 形 独断的な［下结论很～］結論の出し方が独断的だ

【专攻】zhuāngōng 動 専攻する［～数学］数学を専攻する

【专号】zhuānhào 图〔期〕特集号［微型小说研究～］ショートショート研究特集号

【专横】zhuānhèng 形 専横な，横暴な［～的命令］横暴な命令［～地干涉了］乱暴に干渉してきた［～跋扈 báhù］独断専行し理不尽である

【专机】zhuānjī 图〔架〕特別機，専用機

*【专家】zhuānjiā 图 専門家，エキスパート［文物的～］文化財の専門家［～挂帅］専門家が指揮する

【专刊】zhuānkān 图 ① 特集号，特集欄 ②〔本〕（'集刊'に対して）特定のテーマの研究を収めた単行学術誌，モノグラフ

【专科】zhuānkē 图 ① 専門［～医生］専門医 ② 専門学校（大学より修学年限が短い）［～学校］同前

【专款】zhuānkuǎn 图〔笔·项〕特定の費目，特別支出金［～专用］特別支出金はその費目のみに使用する（流用しない）

【专栏】zhuānlán 图 特別欄，コラム［～作家］コラムニスト［书评～］書評欄

*【专利】zhuānlì 图 特許，パテント［～权］特許権［～产品］特許品

【专卖】zhuānmài 動 専売する［～商品］専売商品

*【专门】zhuānmén〔定語·状語として〕形 専門の，専門的な［～研究语法］文法を専門に研究する［～医生］専門医 ― 副 ① わざわざ[特地] ② もっぱら［～攻击个人 gèrén］もっぱら個人攻撃する

【专名】zhuānmíng 图《語》固有名詞［～号］固有名詞記号 ♦横書きの場合は文字の下に，縦書きの場合は左横に線を引く

【专区】zhuānqū 图 以前，省または自治区の下に設けられた行政区画．若干の県·市を含む（1975年より'地区'と改称）

【专人】zhuānrén 图 ① 担当責任者，責任者 ②（ある仕事のために）特派された人

【专任】zhuānrèn（图〔兼任〕）動 専任する［～教员］専任教員

【专使】zhuānshǐ 图 特使，特命使節

【专书】zhuānshū 图〔本·部〕専門書

【专题】zhuāntí 图 特定のテーマ［～研究］特定のテーマに関して研究する［～讨论会］シンポジウム

【专线】zhuānxiàn 图 ①〔条〕専用線路，引き込み線 ②〔根〕（電話の）専用回線

*【专心】zhuānxīn 形 注意を集中す

【专心致志】zhuān xīn zhì zhì〈成〉余念がない，一心不乱である

【专修】zhuānxiū 動 集中的に学習する，専修する〚～科〛(大学に設けられた)短期専門教育コース

*【专业】zhuānyè 图 ①(大学などの)専攻学科〚你的～是什么？〛君の専攻は何ですか〚～课〛専門課程 ②専門業務，専門業種〚～部门〛専門業種部門〚～作家〛専業作家〚～模特儿〛専業モデル

【专一】zhuānyī 形 専一な，いちずな〚读书时心思要很～〛読書の時は精神を集中しなければならない〚爱情～〛愛情いちず

【专用】zhuānyòng 動 専用する〚运动员～〛選手専用である〚～电话〛専用電話〚～码头〛専用の船着き場

【专员】zhuānyuán 图 ①省・自治区から派遣された'地区'の責任者 ②ある特定の職務につく要員

【专责】zhuānzé 图 持ち場の責任

【专政】zhuānzhèng 動 独裁政治を行う，独裁制を敷く〚～机关〛国家の公安・検察・司法などの機関

【专职】zhuānzhí 图 専従

【专制】zhuānzhì 動 専制する，独裁する〚推翻～〛専制をくつがえす〚君主～〛君主専制である 形 独裁的な，横暴な〚李厂长作风很～〛李工場長のやり方は独裁的だ

【专注】zhuānzhù 形 専心する，心を打ち込む〚～地记录〛気持ちを集中して記録する〚心神～〛精神を集中している

【专著】zhuānzhù 图〚本・部〛専門書 ⤴〚专书〛

【砖】(磚*甎塼) zhuān 图〚块〛れんが〚一摞 luò～〛れんががひと積み ⊗ れんが状のもの〚煤～〛れんが状に固めた練炭〚冰～〛(長四角の)アイスクリーム

【砖茶】zhuānchá 图〚块〛れんが状に押し固めた茶，たん茶 ⤴〚茶砖〛

【砖坯】zhuānpī 图 まだ焼いていないれんが，れんがの生地

【砖头】zhuāntóu 图 れんがのかけら —— zhuāntou 图〚方〛〚块〛れんが

*【砖瓦】zhuānwǎ 图 れんがと瓦

【砖窑】zhuānyáo 图 れんがを焼く窯

【颛】(顓) zhuān ⊗ ①愚か ②'专'と通用

【颛顼】Zhuānxū 图 顓頊 ﾁｭﾝﾎｴ，神話上の帝王の名

【转】(轉) zhuǎn 動 ①(方向・位置・形勢などを)変える，転ずる〚病情好～〛病状が好転する〚天―晴了〛空が晴れてきた〚向右～〛右に向きを変える〚不服气地把头～向一边〛ふくれてそっぽを向く ②(物・手紙・意見などを第三者を介して)回す，転送する〚这封信请你～给他〛この手紙を彼に届けてください
⇨zhuàn

【转变】zhuǎnbiàn 動 変わる，転換する〚～态度〛態度を変える〚风向～了〛風向きが変わった〚发展～为停滞〛発展から停滞に変化した〚～社会风气〛社会の風気を変える —— 图 転換，転換

【转播】zhuǎnbō 動 ① 中継放送する〚实况～〛実況中継放送する ②他局の番組を放送する〚～了世界杯决赛〛ワールドカップ決勝戦を中継した

【转车】zhuǎn·chē 動 (途中で)乗り換える(⤴〚换车〛)〚我在下站～〛私は次の駅で乗り換える

*【转达】zhuǎndá 動 伝達する，取り次ぐ〚他把这个意见～给有关部门〛彼はこの意見を関係部門に伝えた

【转道】zhuǎndào 動 回り道をする，迂回して行く

【转动】zhuǎndòng 動 (体や物の一部分を)動かす，回す〚～收音机旋纽〛ラジオのつまみを回す〚转不动脖子〛首が動かない

*【转告】zhuǎngào 動 伝言する，言付ける〚～通知〛通知を伝達する〚～有关部门〛関係部門に伝える

【转行】zhuǎnháng 動 ①転業する(⤴〚改行〛) ②次の行下に渉る

【转化】zhuǎnhuà 動 転化する〚不利因素可以～成有利因素〛不利な要因も有利要因に転化し得る

【转圜】zhuǎnhuán 動〚書〛①挽回する，取り戻す ②調停する，取りなす〚居中～〛中に立って取りなす

【转换】zhuǎnhuàn 動 ①変える，転換する〚～方向〛方向を変える〚～口气〛口振りを変える〚～产业结构〛産業構造を転換する〚～语法〛〚語〛変形文法 ②(電気などを)切り換える，変換する

【转机】zhuǎnjī 图 転機，好転の兆し〚病状有了～〛病状は好転の兆しが見えてきた〚错过～〛転機を逸する
—— zhuǎnjī 動 飛行機を乗り換える

【转嫁】zhuǎnjià 動 ①(女性が)再婚する(⤴〚改嫁〛) ②転嫁する〚～责任〛責任を転嫁する〚把罪名～给他人〛罪名を他人になすりつける

【转交】zhuǎnjiāo 动 人を介して手渡す,託して届ける〖包裹已经～给她了〗あの小包はもう人を介して彼女に届けた〖田中先生～铃木先生〗田中様気付鈴木様
【转角】zhuǎnjiǎo 名(～儿)通りの曲がり角
【转借】zhuǎnjiè 动①又貸しする ②自分のものを貸す
【转口】zhuǎnkǒu 动 他の港を経由して貨物を移出する〖～贸易〗中継貿易
【转脸】zhuǎn'liǎn 动 顔の向きを変える,顔をそむける◆短い時間の喩えとしても使う〖转过脸来〗顔をこちらに向ける〖一～态度就变了〗ちょっとの間に態度が変わった
【转捩点】zhuǎnlièdiǎn 名 転換点,分岐点 ⇨[转折点]
【转录】zhuǎnlù 动(録音やビデオを)ダビングする
【转卖】zhuǎnmài 动 転売する
【转年】zhuǎn'nián
── zhuǎnnián 名[方]①明くる年,翌年(多く過去のことに用いる) ②来年,明年
【转念】zhuǎnniàn 动 考えを変える,思い直す〖～一想〗ちょっと考えを変えてみる
*【转让】zhuǎnràng 动 譲渡する〖～股票〗株券を譲渡する〖～技术〗技術を供与する
【转身】zhuǎn'shēn 动 体の向きを変える,身をひるがえす◆短い時間の喩えとしても使う〖转过身来〗体をこちらへ向ける
【转生】zhuǎn'shēng 动(仏教で)生まれ変わる,転生する ⇨[转世]
【转手】zhuǎn'shǒu 动 人を介して渡す,転売する〖一～就赚了不少钱〗転売して大もうけした
【转述】zhuǎnshù 动 他人の言葉を伝える,引用する〖～书里的观点〗本の観点を引用する
【转瞬】zhuǎnshùn 动 まばたく[～间]またたく間に
【转送】zhuǎnsòng 动①代わって届ける,転送する ⇨[转交] ②⇨[转赠]
【转托】zhuǎntuō 动(頼まれた事をさらに)他人に託す,間接的に依頼する
【转弯】zhuǎn'wān 动(～儿)角を曲がる,行く方向を変える〖一～就到邮局〗角を曲がるとすぐ郵便局です◆(考えや気分が)変わる ⇨[转 zhuàn 弯子]◆'转 zhuàn 弯子'は"遠回しに言う"の意 ③回りくどくする,遠回しに事をする
【转弯抹角】zhuǎn wān mò jiǎo(成)(～儿)(道が)曲がりくねるさま,(話ややり方が)回りくどいさま〖～地说话〗遠回しに話す
【转危为安】zhuǎn wēi wéi ān(成)危険な状態から安全に転じる
【转文】zhuǎn'wén/ zhuǎi'wén 动(学のあるところをひけらかすために)ことさら文語を使って話す
【转向】zhuǎnxiàng 动①方向転換する ②(政治的に)転向する ⇨zhuàn'xiàng
【转学】zhuǎn'xué 动 転校する
【转眼】zhuǎnyǎn 动 まばたく[～之间]またたく間に
【转业】zhuǎn'yè 动①転職する,転業する〖～的机会〗転職のチャンス ②軍人が除隊して他の職につく
*【转移】zhuǎnyí 动①移動する,移す〖～会场〗会場を移す〖～兵力〗兵力を移動する〖～到別处去〗よそに移す ②変える,転換する〖～话题〗話題を変える
【转义】zhuǎnyì 名[语]転義,派生義
【转运】zhuǎn'yùn 动 運が向いてくる〖开始转好运了〗運が回ってきた
── zhuǎnyùn 动(荷物を)転送する,中継輸送する
【转载】zhuǎnzǎi 动 転載する〖～《光明日报》社论〗『光明日報』社説を転載する
【转赠】zhuǎnzèng 动①(贈られた物を)別の人に贈る ②人を介して贈る
【转战】zhuǎnzhàn 动 転戦する〖～千里〗方々に転戦する
【转账】zhuǎn'zhàng 动(帳簿上で)振替をする,勘定を振り替える〖～户头〗振替口座
*【转折】zhuǎnzhé 动①転換する〖风向～了〗風向きが変わった ②(文章や言葉の意味が)転じる,変わる〖话锋～〗話題が変わった
【转折点】zhuǎnzhédiǎn 名 転換点,曲がり角 ⇨[转捩点]
【转注】zhuǎnzhù 名[语]転注◆'六书'の一
【转租】zhuǎnzū 动(不動産や物品を)又貸しする,又借りする

传(傳) zhuàn 名①伝記[自～]自叙伝 ②経書を解釈した著作〖春秋公羊～〗『春秋公羊伝』③歴史小説(多く小説名に用いる)[水浒～]『水滸伝』
⇨chuán

*【传记】zhuànjì 名[本·篇]伝記
【传略】zhuànlüè 名[本·篇]略伝

转(轉) zhuàn 动①(それ自体が)ぐるぐる回る,回転する〖轮子～得很正常〗車輪が順調に回る ②(周囲を)回る〖～圈子(～圈儿)〗輪を描いて回る〖～了一圈〗一巡り回る〖～来～

去〗ぐるぐる回る〖～花园〗庭園を巡る ━ [量]（～儿）《方》一巡りすること〖绕球场两～〗球場を２周する ⇨zhuǎn

【转动】zhuàndòng [動] 回転する，旋回する，回す〖水车在～〗水車が回っている〖～地球仪〗地球儀を回す

【转炉】zhuànlú [名]〖工〗転炉

【转轮手枪】zhuànlún shǒuqiāng [名] 回転式連発拳銃，リボルバー

【转门】zhuànmén [名] 回転ドア

【转磨】zhuàn'mò [動]《方》①ひき臼を押して回す ②《転》慌てておろおろする，途方に暮れてうろうろする

【转盘】zhuànpán [名] ①（レコードプレーヤーの）ターンテーブル ②〖鉄〗転車台 ③（遊戯用の）回転塔

【转速】zhuànsù [名] 回転速度，回転数

【转台】zhuàntái [名] ①回り舞台 ②（作業用の）回転台，ターンテーブル

【转向】zhuàn'xiàng [動] 方角がわからなくなる〖一到生地方就～〗初めての土地に来ると方角がわからなくなる［晕 yūn 头～］頭がくらくらして方向を見失う ⇨zhuǎnxiàng

【转椅】zhuànyǐ [名] 回転椅子

【转悠(转游)】zhuànyou [動] ①ぐるぐる回る〖风车直～〗風車がくるくる回る ②ぶらぶら歩く，うろつく〖整天转转悠悠 yōuyōu，真不像话〗一日中ぶらぶらして，全くみっともない

【转子】zhuànzǐ [名]〖機〗回転子，ローター

〖啭(囀)〗zhuàn ⊗ 鳥がさえずる

【赚(賺)】zhuàn [動] ①もうける，利潤を得る（[反]［赔］）〖～钱〗金をもうける〖～外快〗臨時収入を得る ②《方》稼ぐ [同]《普》［挣］ ━ [名]（～儿）《方》もうけ〖～儿捞到了〗もうけをせしめた ⇨zuàn

【赚头】zhuàntou [名]《口》もうけ，利潤

〖撰〗zhuàn ⊗ 文章を書く，書物を書く［～稿］原稿を書く［编～］編纂する

【撰述】zhuànshù [名][動]《書》著述（する），著作（する）

【撰写】zhuànxiě [動] 著す，著作する〖～专书〗専門書を書く

【撰著】zhuànzhù [動]《書》著作する

〖馔(饌)〗zhuàn ⊗ 食べ物［盛～］《書》豪華な料理

〖篆〗zhuàn ⊗ ①篆書，漢字書体の一種 ②篆書で書く ③印章

【篆刻】zhuànkè [動] 篆刻する，印章を彫る

【篆书】zhuànshū [名] 篆書 [同]［篆字］

〖籑(籑)〗zhuàn ⊗ '撰' '馔' と通用 ♦'纂' との通用では zuǎn と発音

〖妆(妝*粧)〗zhuāng ⊗ ①（女性の）装飾，化粧［卸～］化粧を落とす，役者が衣装を脱ぎメーキャップを落とす ②化粧する，装う ③嫁入り道具［送～］嫁入り道具を届ける

【妆奁】zhuānglián [名] 嫁入り道具（もとは化粧箱の意）

【妆饰】zhuāngshì [動] めかす，身づくろいする ━ [名] 身ごしらえ，おめかし

【庄(莊)】zhuāng [名] ①（～儿）村［村～］同前 ②（ゲームや賭博の）親 ⊗①比較的大きい商店，卸問屋［钱～］《旧》両替屋［饭～］料理屋 ②（封建時代の）荘園［～园］同前 ③厳かな，荘重な ④（Z-）姓

【庄户】zhuānghù [名] 農家［～人家］農家

【庄家】zhuāngjiā [名]（賭け事の）親

【庄稼】zhuāngjia [名]《口》農作物〖种 zhòng ～〗作物を作る［～地］畑，農地［～活儿］野良仕事［～汉］農夫［～人］農民

*【庄严】zhuāngyán [形] 荘厳な，荘重な〖～的态度〗荘厳な態度〖～地宣告〗厳かに宣告する

*【庄重】zhuāngzhòng [形]（言動が）荘重な，重々しい〖～地鞠了三个躬〗厳かに三拝した〖～的举止〗厳かな振舞い

【庄子】zhuāngzi [名] 村，部落

【桩(樁)】zhuāng [名]〔根〕杭〖打～〗杭を打つ ━ [量]《方》事柄を数える（[同]《普》［件］）〖做了一～好事〗一つ良いことをした

【桩子】zhuāngzi [名]〔根〕杭〖房子四周打了几根～〗家の周りに何本か杭を打った

【装(裝)】zhuāng [動] ①扮装する，変装する〖～圣诞老人〗サンタクロースに扮する ②飾る，着飾る ③装う，振りをする〖～病〗仮病を使う〖不懂～懂〗知ったか振りをする〖～不在乎〗気にしない振りをする ④中に入れる，（車などに）積む〖～车〗車に積む〖把书～在书包里〗本をかばんに詰める ⑤取り付ける，作り付ける〖把电表～在墙上〗電気メーターを壁に取り付ける〖～上空调〗エアコンを取り付ける ⊗①服装，身なり［中山～］中山服［夏～］夏服 ②舞台衣装やメー

キャップ，扮装［上～］メーキャップする ③装丁する［平～］並製本

【装扮】zhuāngbàn [動] ①化粧する，着飾る〖～新娘〗花嫁を着飾らせる ②扮装する，見せ掛ける〖～坏蛋〗悪者の振りをする

*【装备】zhuāngbèi [名][動] 装備（する），配備（する）〖～新式武器〗新型兵器を装備する

【装裱】zhuāngbiǎo [動] 表装する，表具をする

【装点】zhuāngdiǎn [動] 飾りつける，しつらえる〖～广场〗広場を飾りつける〖～彩灯〗飾りちょうちんで飾る

【装订】zhuāngdìng [動] 装丁する，製本する〖～书籍〗書籍を装丁する

【装疯卖傻】zhuāng fēng mài shǎ《成》(狂人やばかの振りをする>)そらとぼける

【装裹】zhuāngguo [名] 死に装束(を着せる)

【装糊涂(装胡涂)】zhuāng hútu [動] しらばくれる，そらとぼける

【装潢(装璜)】zhuānghuáng [名]（店などの）飾り付け(をする)，(書画・書籍の)装飾・装丁(をする)

【装甲】zhuāngjiǎ [形]〔定語として〕装甲した［～车］装甲車 ―[名] 装甲，防弾用鋼板

【装假】zhuāng▾jiǎ [動] 振りをする，見せ掛ける

【装殓】zhuāngliàn [動] 死人に衣装を着せて納棺する

【装聋作哑】zhuāng lóng zuò yǎ《成》知らぬ振りをする

【装门面】zhuāng ménmian [動] 上辺を飾る，体裁を繕う

【装模作样】zhuāng mú zuò yàng《成》気取った態度をとる，もったい振る [同]［假模假样］

【装配】zhuāngpèi [動]（部品を）組み立てる，取り付ける〖～了一辆自行车〗自転車を1台組み立てた〖～警报器〗警報器を取り付ける［～车间］組み立て作業場

【装腔】zhuāng▾qiāng [動] わざとらしくする，もったい振る〖装什么腔？〗何をもったい振っているんだ［～作势］わざとらしくする，虚勢を張る

**【装饰】zhuāngshì [動] 飾る，着飾る〖用鲜花～大厅〗生花でホールを飾る ―[名] 装飾，装飾品

【装束】zhuāngshù [名] 身なり，服装〖～入时〗服装が流行に合っている ―[動]《書》旅装を整える

【装蒜】zhuāng▾suàn [動]《口》しらばくれる，とぼける〖你难道还不懂，装什么蒜？〗まさか知らないわけはあるまい，何をしらばっくれるのだ

*【装卸】zhuāngxiè [動] ①積み卸しする〖～货物〗商品の積み卸しをする ②（部品を）組み立てたり分解したりする，付けはずしする

【装修】zhuāngxiū [動]（家屋の）内部工事をする ♦塗装・窓取り付け・配水・配電など内部仕上げ

【装样子】zhuāng yàngzi [動] もったい振る，ポーズをとる，えら振る

【装运】zhuāngyùn [動] 積み出しする，出荷する［～口岸］積み出し港

【装载】zhuāngzài [動] 積み込む，載せる［～量］積載量

【装帧】zhuāngzhēn [動]（書画の）装丁をする，表装する

【装置】zhuāngzhì [動] 取り付ける，据え付ける〖～火灾预警器〗火災報知機を取り付ける ―[名] 装置，器具

【奘】

zhuǎng [形]《方》太い，太くて大きい〖这棵树很～〗この木はでかい

⇨zàng

【壮(壯)】

zhuàng [形] 強い，丈夫な〖身体很～〗体が丈夫である［年轻力～］若くて力が強い ―[動] 大きくする，強くする〖～胆子〗勇気を奮い起こす [⊗]（Z-）①チワン族（もと'僮'と表記）②大きい，雄壮である ③（Z-）姓

【壮大】zhuàngdà [動] 強大になる，強大にする〖国力日益～〗国力が日増しに強大になる ―[形] ①強大な，壮大な ②太くて丈夫な，がっちりした〖手臂很～〗腕がたくましい〖～的禾苗〗元気な穀物の苗

【壮胆】zhuàng▾dǎn [動]（～儿）胆を太くする，大胆にする [同]［壮胆子］

【壮丁】zhuàngdīng [名]《旧》壮丁，壮年男子，兵役年齢の男子

【壮工】zhuànggōng [名] 単純肉体労働者，人足

*【壮观】zhuàngguān [名] 壮観（な）〖日出的～〗日の出の雄壮な景色〖～的瀑布〗雄大な瀑布

【壮健】zhuàngjiàn [形] 壮健な，強健な [同]［健壮］

【壮锦】zhuàngjǐn [名] チワン族特産の錦(にしき)

【壮举】zhuàngjǔ [名] 壮挙，偉大な行為〖空前的～〗空前の壮挙

【壮阔】zhuàngkuò [形] 雄壮な，雄大な〖规模～〗規模が壮大である〖～的蓝图〗遠大な青写真［波澜～］怒濤(どとう)のごとき勢いの

*【壮丽】zhuànglì [形]（多く景観や事業が）壮麗な〖～的天安门〗壮麗な天安門〖～的战斗〗勇壮な戦い

*【壮烈】zhuàngliè [形] 壮烈な〖～的事迹〗雄壮な事跡〖～地牺牲〗壮烈な最期を遂げる

【壮美】zhuàngměi [形] 力強く美しい，壮大で美しい

Z

【壮年】zhuàngnián [名] 壮年，働き盛り
【壮士】zhuàngshì [名] 壮士，勇士
【壮实】zhuàngshi [形] 屈強な，たくましい〖～的胳膊〗たくましい腕〖～的耕牛〗たくましい耕牛
【壮心】zhuàngxīn [名] [同][壮志]
【壮志】zhuàngzhì [名] 雄大な志，大志〖实现～〗大志を実現する［～凌云］志が遠大である［～未酬］大志がまだ実現しない
【壮族】Zhuàngzú [名] チワン族 ♦中国少数民族の一，広西・広東を中心に住む

〖状(狀)〗 zhuàng ⊗ ① 形［奇形怪～］奇怪な形状 ② 状況，有り様［现～］現状 ③ 述べる，描写する［不可名～］名状し難い ④ 事件や事跡を記述した文章［行～］〈書〉死者の生前の事跡を記した文章 ⑤ 訴状［～纸］(旧時裁判所所定の) 訴状用紙 ⑥ 証書［奖～］賞状
★★【状况】zhuàngkuàng [名] 情況，様子〖～不佳〗情況は好ましくない〖市场的～〗市場の状況
【状貌】zhuàngmào [名] 形状，姿
★★【状态】zhuàngtài [名] 状態〖落后(的)～〗後れた状態〖危险的～〗危険な状態［液体～］液状
【状语】zhuàngyǔ [名]〖語〗状語，副詞的修飾語，連用修飾語 ♦動詞や形容詞の前にあって状態・程度・時間・場所などを表わす修飾成分
【状元】zhuàngyuan [名] ① 科挙試験の'殿试'の第1位合格者 ②〈転〉成績優秀な者［行 háng 行出～］どの職業にも優れた人が出る
【状子】zhuàngzi [名] 訴状

【撞】 zhuàng [動] ① 突く，たたく〖～钟〗鐘を突く ② ぶつかる，ぶつける〖被汽车～了〗車にはねられた〖头～到墙上〗頭を壁にぶつける ③ 出会う，出くわす ④ 試す，試しにやってみる〖～运气〗運を試す，運任せにやる
⊗向こう見ずにやる，暴れる［莽～］がさつな
【撞车】zhuàng▼chē [動] ① 車が衝突する［～事故］衝突事故 ②(2つの事が)ぶつかる，矛盾する
【撞击】zhuàngjī [動] ぶつかる，突く〖波浪～岩石〗波が岩にぶつかる
【撞见】zhuàngjiàn [動] ばったり出会う，出くわす [同][碰见]
【撞骗】zhuàngpiàn [動] 騙(かた)りをする［招摇～］他人の名を利用して詐欺(さぎ)を働く
【撞锁】zhuàngsuǒ [名] 自動錠，ナイトラッチ [同][碰锁]
—— zhuàng▼suǒ [動] 留守にぶつかる

【幢】 zhuàng [量]〈方〉建物を数える([同]〈普〉[座][栋])〖一～楼房〗一棟の建物 ♦仏寺の石柱の意味では chuáng と発音

〖戇(戆)〗 zhuàng ⊗ 愚直な［～直］ばか正直な ♦'～大','～头'(ばか者) では gàng と発音

〖隹〗 zhuī ⊗尾の短い鳥

〖骓(騅)〗 zhuī ⊗白黒の毛が混ざった馬

〖椎〗 zhuī ⊗ 椎骨(ついこつ)［颈～］頸椎
【椎骨】zhuīgǔ [名]〔块〕椎骨
【椎间盘】zhuījiānpán [名]〖生〗椎間板(ついかんばん)［～突出症］椎間板ヘルニア

【锥(錐)】 zhuī [動] 錐(きり)などで穴をあける〖～洞眼〗錐で穴をあける〖书太厚，锥子～不进去〗本が厚過ぎて千枚通しが通らない
⊗① 錐，千枚通し ② 錐のようなもの［圆～体］円錐(えんすい)体
【锥处囊中】zhuī chǔ náng zhōng〈成〉(嚢中(のうちゅう)の錐＞) 才能ある者はいずれ頭角を現わす
【锥子】zhuīzi [名]〔把〕錐，千枚通し，目打ち

【追】 zhuī [動] ① 追う，追い掛ける〖～兔子〗兎を追う〖你～我赶〗追いつ抜かれつ ② 追及する〖～责任〗責任を追及する ③ 追求する，(異性を) 追い掛ける〖他一直在～那位姑娘〗彼はずっとあの子を追い掛けている
⊗① 追憶する［～念］追想する ② 事後に補う
【追奔逐北】zhuī bēn zhú běi〈成〉敗走する敵軍を追撃する [同][追亡逐北]
【追逼】zhuībī [動] ① 追い迫る ② 強迫する，追及する
【追捕】zhuībǔ [動] 追いかけて捕まえる
【追查】zhuīchá [動] 追及する，追跡調査する〖～背景〗背景を追跡調査する
★【追悼】zhuīdào [動] 追悼する〖～阵亡将士〗戦没将兵を追悼する［～会］追悼会
【追肥】zhuīféi [名] 追肥，追い肥
—— zhuī▼féi [動] 追肥をやる
【追赶】zhuīgǎn [動] 追い掛ける，追い回す〖～猎物〗獲物を追う〖～时髦〗流行を追う
【追根】zhuīgēn [動] (～儿) 根本を追及する，突き詰める［～究底］とことんまで追及する
【追悔】zhuīhuǐ [動] 後悔する，悔やむ［～莫及］後悔先に立たず

【追击】zhuījī 動 追撃する〖～敌人〗敵を追撃する
【追加】zhuījiā 動 追加する〖～预算〗追加予算
*【追究】zhuījiū 動 追及する,突き止める〖～责任〗責任を追及する〖～到底〗徹底的に追及する
**【追求】zhuīqiú 動 ①追求する〖～功名〗功名を追い求める〖～男女平等〗男女平等のため努力する ②求愛する,言い寄る〖～漂亮的姑娘〗美しい娘に言い寄る
【追认】zhuīrèn 動 事後承認する,(生前の願い出を)追認する
【追溯】zhuīsù 動 さかのぼる〖～黄河的源头〗黄河の源流をさかのぼる〖可以～到唐代〗唐代までさかのぼることができる
【追随】zhuīsuí 動 (後から)従う,追随する〖～时代〗時代の流れに従う〖～上司〗上司に追随する〖～者〗追随者
【追问】zhuīwèn 動 問い詰める,追求する〖～原因〗原因を追求する〖～谣言〗デマのもとを問い詰める
【追想】zhuīxiǎng 動 追想する,回想する 🔄[回想]
【追星族】zhuīxīngzú 名 追っかけ
【追叙】zhuīxù 動 過去の事を述べる,述懐する ― 名 倒叙(修辞用語) 🔄[倒叙]
【追寻】zhuīxún 動 跡を尋ねる,たどる〖～跟踪〗追跡する
【追忆】zhuīyì 動 追憶する,回想する〖～往事〗往事を追想する
【追赃】zhuīzāng 動 盗品を返させる,贓品を取り戻す
【追赠】zhuīzèng 動 追贈する
【追逐】zhuīzhú 動 ①追う〖～凶犯〗凶悪犯を追う ②追求する〖～利润〗利潤を追求する
【追踪】zhuīzōng 動 ①追跡する〖～敌机〗敵機を追跡する ②〈書〉学ぶ,見習う

【坠(墜)】zhuì 動 ぶら下がる,吊り下げる〖稻穗往下～〗稲の穂が下に垂れる〖苹果把树枝～得弯弯的〗りんごが枝もたわわに実っている ― 名 (～儿)[副~]下げ飾り[扇~儿]扇子の房飾り[耳~儿]下げ飾りのついた耳飾り Ⓧ落ちる〖～马〗落馬する〖～楼〗ビルから飛び降りる
【坠地】zhuìdì 動〈書〉生まれ落ちる
【坠毁】zhuìhuǐ 動 (飛行機などが)墜落して大破する
【坠落】zhuìluò 動 落ちる,墜落する〖气球～在平原上〗気球が平原に墜落する
【坠子】zhuìzi 名 ①〈口〉器物に垂らす飾り[扇~]扇子の房飾り ②耳飾り ③🔄[河南 Hénán 坠子]

【缀(綴)】zhuì 動 縫う,縫う,縫いつける〖～扣子〗ボタンを縫いつける〖～合〗綴り合わせる Ⓧ①〈文を〉綴る〖～文〗《書》同前 ②飾る〖点～〗飾り付ける

【惴】zhuì Ⓧ恐れる〖～～不安〗びくびくして不安である

【缒(縋)】zhuì 動 (人や物に)縄を掛けて下ろす,縄につかまって降りる〖把人～到井底〗人を井戸の底まで縄で下ろす

【赘(贅)】zhuì Ⓧ①余分な,無駄な[累~ léizhuì]煩わしい,厄介な[肉~]いぼ ②婿入りする[入~]入り婿になる ③(方言によっては単用)足手まといになる〖～人〗同前
【赘述】zhuìshù 動〔多く否定文で〕くどくどと述べる,贅言を費やす〖不必一一～〗一々贅言を要しない
【赘婿】zhuìxù 名 入り婿,婿養子
【赘言】zhuìyán 名《書》贅言(を費やす)
【赘疣】zhuìyóu 名 ①いぼ ②(転)無用の物,余計な物 🔄[赘瘤]

【迍】zhūn Ⓧ[～遭 zhān(屯遭)]《書》①遅々として進まない ②志を得ないさま

【肫】zhūn 名《方》(食品としての)鳥の胃袋,砂袋 Ⓧ誠実な,ねんごろな

【窀】zhūn Ⓧ[～穸 xī]《書》墓穴

【谆(諄)】zhūn Ⓧ懇ろに,心を込めて〖～嘱〗くどくど言い付ける
【谆谆】zhūnzhūn Ⓧ懇ろに説くさま,諄々 じゅん〖～嘱咐〗諄々と言い聞かせる

【准】zhǔn 動 許す,許可する〖不～你去〗君は行ってはならぬ

【一(準)】形 確かな,正しい〖钟走得很～〗時計は正確に動いている〖投篮非常～〗バスケットのシュートがとても正確に入る ― 副 必ず,きっと(🔄[一定])〖我明天～去〗明日必ず行きます〖～能成功〗きっと成功できる ― 介 …によって,…に基づいて〖～此办理〗これに基づいて処理する Ⓧ①標準,基準[水～]水準 ②鼻[隆～]《書》高い鼻 ③準じる,準〖～将 jiàng〗准将
【准保】zhǔnbǎo 副 きっと,必ず〖～没错儿〗きっと間違いない〖～错不了〗間違いっこない〖他～回来〗きっと彼は戻ってくる

【准备】zhǔnbèi 动 ①準備する,用意する〖~上课〗授業の準備をする〖~婚事〗婚姻の準備をする〖做好~〗準備が整う〖讲课的~〗講義の準備〖没有一点思想~〗ちっとも心の準備ができていない ②…する つもりである,…する予定である〖明天我~去看望他〗明日彼を見舞いに行くつもりだ

*【准确】zhǔnquè 形 正確な,的確な〖发音~〗発音が正確だ〖预报不~〗予報が不確かだ

【准儿】zhǔnr 名〖多く'有''没'の賓語として〗決まり,確かな方法,確かな考え〖心里有~〗しっかりした考えがある〖这事可没~〗これは確かじゃないんか

【准绳】zhǔnshéng 名 ①〖条〗水平と直線を決める器具 ②〖転〗よりどころ,基準〖判断的~〗判断の基準〖遵循~〗規則を順守する

*【准时】zhǔnshí 副 時間通りに,定刻に〖列车~到达〗列車が定刻に到着する

【准头】zhǔntou 名〖口〗〖多く'有''没'の賓語として〗(射撃や言葉などの)確かさ,確かな所〖他说话往往没有~〗彼の言うことはしばしば当てにならない

【准星】zhǔnxīng 名 (銃の)照星

【准许】zhǔnxǔ 动 許可する,同意する〖~请假〗休暇願いを認める〖~他申辩〗彼が申し開きをすることを許す

*【准则】zhǔnzé 名 準則,規則〖遵守~〗規則を順守する〖行动~〗行動の準則

【拙】zhuō ⊗ ①拙ない,下手な(単用する方言も)〖手~〗不器用〖眼~〗お見それする ②〖謙〗(文章や文筆について)私の,拙ら〖~译〗拙訳

【拙笨】zhuōbèn 形 不器用な,下手な〖口齿~〗口下手だ

【拙笔】zhuōbǐ 名〖謙〗拙筆,自分の書いた文章や書画

【拙见】zhuōjiàn 名〖謙〗自分の見解,卑見

【拙劣】zhuōliè 形 拙劣な,拙まい〖表演很~〗演技が拙劣だ〖~的骗局〗お粗末なぺてん

【拙涩】zhuōsè 形 拙劣で難解な〖译文~〗訳文がまずくてわかりにくい

【捉】zhuō 动 捕まえる〖~贼〗賊を捕まえる〖猫~老鼠〗猫がネズミを捕まえる〖~蜻蜓〗トンボを捕まえる〖活~〗生け捕りにする〖~奸〗不倫の現場を押さえる
⊗持つ,握る〖~笔〗筆を執る

【捉刀】zhuōdāo 动〖書〗他人に代わって文章を書く,代筆する

【捉襟见肘】zhuō jīn jiàn zhǒu〖成〗(襟をかき合わせると肘がが出てしまう>)やり繰りがつかない,にっちもさっちも行かない ⇨〖捉襟肘见〗

【捉迷藏】zhuō mícáng ①〖隠れん坊をする〗〖玩儿~〗鬼ごっこをする ②〖転〗とぼける,しらばくれる

【捉摸】zhuōmō 动〖多く否定文で〗推測する,予測する〖~后果〗後の結果を推測する〖不可~〗予測が付かない〖简直~不出来〗全く見当が付かない

【捉拿】zhuōná 动(犯人を)捕まえる〖~逃犯〗逃亡犯を逮捕する

【捉弄】zhuōnòng 动 からかう,もてあそぶ〖你不要再~人了〗これ以上人をからかうのはやめろ

【桌】zhuō 量 料理のテーブルを数える〖定一~菜〗料理を1卓注文する〖请了十~客〗10卓の客を呼んだ
⊗机,テーブル〖饭~〗食卓〖办公~〗事務机

【桌布】zhuōbù 名〖块〗テーブルクロス

【桌灯】zhuōdēng 名〖盏〗電気スタンド(⇨〖台灯〗)〖开~〗スタンドを付ける

【桌面】zhuōmiàn 名 (~儿)テーブルの表面〖擦~〗テーブルをふく

【桌面上】zhuōmiànshang/-shàng 名 テーブルの上;〖転〗応対・交渉する場,公の席〖这个理由摆不到~〗この理由はおおっぴらにできない

【桌椅板凳】zhuōyǐ bǎndèng 名 家具類,家具一般

*【桌子】zhuōzi 名〖张〗テーブル,机

【倬】zhuō ⊗ 目立つ,大きな

【涿】Zhuō ⊗〖~州〗〖~鹿〗河北省の地名

【灼】zhuó ⊗ ①焼く(単用する方言も)〖~伤〗やけど(する) ②明るい,明らか

【灼见】zhuójiàn 名 透徹した見解〖真知~〗正しく深い見識

【灼热】zhuórè 形 灼熱の〖~的眼睛〗燃えるような目

【灼灼】zhuózhuó 形〖書〗明るいさま,光り輝くさま〖目光~〗眼光らんらん

【酌】zhuó ⊗ ①酌をする,酒を飲む〖对~〗〖書〗差し向かいで飲む〖自~自饮〗独酌する ②斟酌びしゃくする,酌量する〖~办〗適当に裁量して処置する ③酒食〖~〗〖书〗粗餐〖便~〗〖書〗手軽な酒食

【酌量】zhuóliang 动 酌量する,斟酌びしゃくする〖~着zhe办〗事情を考慮して処理する

【酌情】zhuóqíng [動] 斟酌する, 事情をくむ〖～处理〗事情をくんで処理する, 手心を加える

〖茁〗zhuó ⊗芽ぐむ［～～］草木が芽を出すさま

【茁长】zhuózhǎng [動] (動植物が)すくすくと成長する

【茁壮】zhuózhuàng [形] たくましく育っている, すくすくと成長している〖～成长〗すくすくと成長している

〖卓〗zhuó(旧読 zhuō) ⊗①高く立つ［～立］同前 ②優れる, 秀でる ③(Z-)姓

【卓尔不群】zhuó'ěr bù qún《成》(才徳が)抜群に優れている

【卓见】zhuójiàn [名] 卓見, 優れた見解

【卓绝】zhuójué [形] 卓絶した, 非凡な〖英勇～〗勇壮無比である

【卓荦(卓跞)】zhuóluò [形]《書》卓越した

【卓然】zhuórán [形] 抜群の〖成绩～〗成績が抜群である

【卓识】zhuóshí [名] 優れた見識［远见～］将来を見通した優れた見識

【卓有成效】zhuó yǒu chéngxiào《成》著しい成果を上げる

*【卓越】zhuóyuè [形] 卓越した, 飛び抜けた〖～的成就〗抜きん出た成果

【卓著】zhuózhù [形] 際立って優れた, 抜群の〖性能～〗性能は飛び抜けて良い〖才能非常～〗才能が特に抜きん出ている

【浊(濁)】zhuó [形] ①濁った([反][清])［污泥～水］腐敗堕落したものの喩え ②声が低くて太い, だみ声の［～声～气］だみ声で汚い
⊗混乱した, 乱れた

【浊世】zhuóshì [名] ①《書》乱世, 混乱の時代 ②(仏教で)濁世, 俗世

【浊音】zhuóyīn [名]〖語〗濁音, 有声音

〖斫(*斲)〗zhuó ⊗[動] (刀や斧で) 切る, 削る

【斫轮老手】zhuó lún lǎo shǒu《成》老練な人, ベテラン

【浞】zhuó [動]《方》濡(ぬ)れる, 濡らす〖～得湿湿的〗濡れてびしょびしょだ

〖着(著)〗zhuó ⊗①(旧白話で) 派遣する, 遣わす〖～人前来领取〗人を受取りに行かせる ②(公文用語で) …すべし〖～即施行〗直ちに施行すべし ③(服を) 着る［穿～］服装［吃～不尽］衣食に不自由しない ④付く, 付ける［附～］付着する［不～痕迹］痕(こん)跡を残さない ⑤落ち着く所, 行方［寻找无～］捜したが行方がわからない
⇨zhāo, zháo, zhe

【着笔】zhuó▼bǐ [動] 筆を下ろす, 書き出す

【着力】zhuó▼lì [動] 力を入れる, 力を尽くす〖～于科学研究〗科学研究に尽力する

【着陆】zhuó▼lù [動] 着陸する([同][降落])〖客机～在白云机场〗旅客機は白雲空港に着陸した

【着落】zhuóluò [名]〔多く'有''没'の賓語として〕①行方, ありか〖遗失的自行车至今没有～〗紛失した自転車は未だに行方がわからない ②見込み, 当て〖人员的～〗人員の見込み〖这笔经费还没有～〗この経費はまだ当てがつかない — [動] (多く旧白話で)帰属する, 落ち着く

【着棋】zhuó▼qí [動]《方》碁を打つ, 将棋を指す [同]《普》[下棋]

【着色】zhuó▼sè [動] 着色する

【着实】zhuóshí [副] ①本当に, 確かに〖～有些寒意〗確かにちょっと寒い感じがする ②厳しく, きつく〖～说了他一顿〗彼をきつく叱った

*【着手】zhuóshǒu [動] 着手する, 開始する〖～改革〗改革に着手する〖～写论文〗論文を書き始める

*【着想】zhuóxiǎng [動]〔多く'为'と呼応して〕(人の利益を) 考える, …のためを思う〖为消费者～〗消費者の利益を考える〖这样做完全是为你～〗こうするのは全てあなたのためを思ってのことです

【着眼】zhuóyǎn [動] 着眼する〖大处～, 小处下手〗大所から着目し, 細部から手をつける〖～(于) 未来〗未来に目をつける［～点］着眼点

【着意】zhuóyì [動]〔多く状語として〕気を付ける, 心を込める〖～经营〗精魂込めて営む

*【着重】zhuózhòng [動]〔多く状語として〕重点を置く, 強調する〖～能源〗エネルギー源に重点を置く〖～指出〗特に指摘する［～号］(強調の)傍点

【啄】zhuó [動] 啄(ついば)む〖～食〗エサを啄む［～木鸟］キツツキ

【琢】zhuó [動] 玉石を磨く, 彫刻する〖把这块玉～成鸟〗この玉を鳥の形に彫る［玉不～, 不成器］玉磨かざれば器を成さず
⇨zuó

*【琢磨】zhuómó [動] ①(玉石を) 刻み磨く〖～象牙〗象牙を彫る ②(文章などを)彫琢(ちょうたく)する, 磨きをかける
⇨zuómo

〖禚〗Zhuó ⊗姓

〖缴(繳)〗zhuó ⊗(鳥を射る) いぐるみ ♦矢に

zhuó 一

糸や網を付けて、からめ捕る道具 ⇨ jiǎo

【鹫】(鷲) zhuó ⊗ 人名用字.'鹫yuè～'は水禽の一種を表す古語

【濯】 zhuó ⊗ 洗う[～足]足を洗う[～～](書)禿げ山のさま

【擢】 zhuó ⊗ ① 抜く、引き抜く ② 抜擢する

【擢发难数】 zhuó fà nán shǔ (成)罪状が数えきれないほど多い

【擢升】 zhuóshēng 動(書)抜擢する

【擢用】 zhuóyòng 動(書)抜擢任用する、登用する

【镯】(鐲*釧) zhuó 腕輪、ブレスレット[手～][～子]同前[金～]金の腕輪

【吱】 zhuó ⊗ 以下を見よ ⇨ zhī

【吱声】(嗞声) zī·shēng 動(方)[多く否定で]声を出す[问他几遍,他都没～]何度聞いても、彼はうんともすんとも言わない

【吱吱】 zīzī 摄声 小動物の鳴き声などの形容[老鼠～地叫]ネズミがちゅうちゅう鳴く

【孜】 zī ⊗ 以下を見よ

【孜孜(孳孳)】 zīzī 形(書)つとめ励む[～不倦]倦まずたゆまず努力する[～矻矻kū]たゆまず努力するさま

【咨】 zī ⊗ ① 諮る、相談する ◆'谘'とも ② 公文書→[～文]

【咨文】 zīwén 名[份] ① (旧)同級機関間の公文書 ② (アメリカ大統領の)教書[国情～]一般教書

【咨询】 zīxún 動 ① 諮問する[接受～]諮問を受け入れる[～机关]諮問機関 ② 相談する[心理～]セラピー

【咨议】 zīyì 動(書)諮る、審議する

【姿】 zī ⊗ ① 顔かたち、容貌 ② 姿、形[雄～]雄姿

【姿容】 zīróng 名 姿、容貌[～俊美]見目うるわしい

【姿色】 zīsè 名(女性の)美しい容貌[很有几分～]なかなかの器量よし

【姿势】 zīshì 名 姿勢、格好[～端正]姿勢が正しい[做立正的～]気を付けの姿勢を取る[摆好～]ポーズを取る

【姿态】 zītài 名 ① 姿態、形[跳舞的～]踊る姿 ② 態度、ジェスチャー

【资】(資) zī ⊗ ① 与える、供する[以～参考]参考に資する ② 資財、費用[投～]投資する ③ 素質、才能

[天～]素質 ④ 資格[师～]教師としての資格 ⑤ 助ける[～敌行为]利敵行為 ⑥ (Z-)姓

【资本】 zīběn 名[笔] ① 資本[～主义]資本主義 ② 商売の元手[～不足]元手が足りない ③(転)(私利をはかる)よりどころ[升官的～]昇進のための資本

【资本家】 zīběnjiā 名 資本家

【资财】 zīcái 名 資金と物資

【资产】 zīchǎn 名 ① 資産、財産[～阶级]ブルジョアジー[固定～]固定資産 ② (貸借対照表の)貸し方、資産

【资格】 zīgé 名 ① 資格、身分[取消～]資格を取り消す[不够～]資格に欠ける[具备～]資格を備える ② (仕事や活動の) 年功、キャリア[～很老]年季が入っている[～较浅]キャリアが割に浅い[老～]年季が入った人、古参

【资金】 zījīn 名[笔] 資金、元手[筹集～]資金を集める[～短少]資金が不足する

【资力】 zīlì 名 資力、財力[～雄厚]資力が豊かである

【资历】 zīlì 名 資格と経歴[～很深]キャリアが豊かだ[审查～]資格経歴を審査する[老师的～]教師の資格と経歴

【资料】 zīliào 名 ① 生産や生活上の必需品、物資[生活～]生活物資[建筑～]建築資材 ② 資料、データ[搜集～]資料を集める[外文～]外国語の資料

【资深】 zīshēn 形(定語として)経験豊かな[～记者]ベテラン記者

【资望】 zīwàng 名 資格・経歴と名望

【资源】 zīyuán 名 資源[～丰富]資源が豊かだ[人力～]人的資源[水～]水資源

【资质】 zīzhì 名 (人の知的)素質、才能

【资助】 zīzhù 動 経済的に(物質的に)援助する[～困难户]貧困家庭を援助する[给予～]経済援助を与える[～人]パトロン

【赵】(*趙) zī ⊗ 以下を見よ

【趑趄】 zījū 動(書) ① 行き悩む ② ためらう、躊躇chóuchúする[～不前]二の足を踏む

【兹】(茲) zī ⊗ ① これ、この[念～在～]この事をいつも心にかけて忘れない ② 今、ここに[～有一事相托]ここに御依頼したい事があります ③ 年[今～]今年 古代西域の国名'龟兹'はQiūcíと発音

【滋】 zī 動(方) 噴く、噴射する[～水]水を噴射する

⊗ ①生じる,生える［～事］面倒を引き起こす ②増える,増す

【滋补】zībǔ 動 栄養をつける［～身体］体に栄養を補給する

【滋蔓】zīmàn 動［書］はびこる,蔓延する［水藻～］藻がはびこる

【滋润】zīrùn 形 ①潤いがある,湿っている［皮肤～］肌がしっとりしている［～的空气］湿りを帯びた空気 ②(方)気持ちがよい,快適な ー 動 湿らせる,潤す［～庄稼］作物を潤す

【滋生】zīshēng 動 ①繁殖する,成長する(◎[孳生])［～蚊蝇］蚊やハエが繁殖する［木耳～了］キクラゲが繁殖した ②引き起こす,生む［～事端］事件を引き起こす［～偏见］偏見を育てる

*【滋味】zīwèi 图 (～儿) ①味,味わい(味道) ［尝～］味わう ②(転)気持ち,気分［尝到了失恋的～］失恋の味を味わった［不是～］面白くない［别有～］格別の味わいがある

【滋养】zīyǎng 動 滋養(を与える),栄養(をつける)［丰富的～］豊富な養分［这种药能～心肺］この薬は心臓と肺に栄養を与えることができる

*【滋长】zīzhǎng 動 (多く抽象的な,好ましくない事が)生ずる,増長する［～了铺张浪费的风气］派手を好み浪費する気風を助長した

【孳】 zī 動 茂る,繁殖する

【孳乳】zīrǔ 動［書］①(哺乳動物が)繁殖する ②派生する,分かれ出る

【孳生】zīshēng 動 ⇒[滋zī生]

【孳孳】zīzī 形 ⇒[孜zī孜]

【赀(貲)】 zī ⊗ ①計算する ◆'訾'とも ②'资'と通用

【觜】 zī ⊗ 二十八宿の一

【龇(齜*呲)】 zī 動 歯(牙)をむき出す［～着牙］歯(牙)をむき出している ⇨ cī(呲)

【龇牙咧嘴】zī yá liě zuǐ〈成〉①歯をむき出し,にらみしかる,凶悪な形相 ②歯をくいしばる,苦痛を堪え忍ぶさま

【髭】 zī ⊗ 口ひげ［～须］口ひげとあごひげ

【缁(緇)】 zī ⊗ 黒(の)

【镃】 zī ⊗ 除草する

【淄】 Zī ⊗ ［～河］淄河(山東省)

【辎(輜)】 zī ⊗ (古代の)幌 ﾎﾛ 車

【辎重】zīzhòng 图 行軍中に輸送する軍需物資,輜重ちょう［～队］輜重隊

【锱(錙)】 zī ⊗ 古代の重量の単位 ('六铢' が '一锱' に, '四锱' が '一两' に当たる)

【鲻(鯔)】 zī ⊗［魚］ボラ

【子】 zǐ 图 ①(～儿)植物の種,動物の卵［下～儿］卵を産む［瓜～儿］スイカやカボチャの種［鱼～儿］魚の卵 ②(～儿)小さくて硬い塊や粒［棋～儿］将棋の駒,碁石［算盘～儿］そろばんの玉 ③(～儿)銅銭［一个～儿也没有］一文もない ー 量 (～儿)指で抓っめるくらいの束になった細長い物を数える［一～儿线］1束の糸［一～儿挂面］1把の乾めん ⊗ ①子,息子［一～一女］一男一女 ②幼い,若い［～猪］子豚 ③［男］男子,男性 ④学問や徳のある人［夫～］先生［孔～］孔子 ⑤(古代の敬称で)あなた ⑥十二支の第1,子 ねの［～时］子の刻 ⑦封建制度の爵位('公·侯·伯·子·男')の第4位［～爵］子爵 ⑧中国古書の図書分類法('经·史·子·集')の一［一～部］子部(諸子百家のもの) ⑨(Z-)姓

【—】 zi ⊗ 图 名詞·動詞·形容詞·量詞成分のあとにつけて名詞を作る［桌～］テーブル［帽～］帽子［剪～］はさみ［胖～］太っちょ［本～］ノート［一下～］1回［一伙～］一群,一味

【子丑寅卯】zǐ chǒu yín mǎo〈成〉筋道のたった話,理由［没能说出个～］筋道のたった説明ができなかった

*【子弹】zǐdàn 图〔颗·发·粒〕弾丸,銃弾(◎[枪弹])［中 zhòng～］弾に当たる［装～］弾を込める［～带］弾帯

【子弟】zǐdì 图 ①子弟 ②若い世代,青年［工农～］労働者·農民出身の青年

【子弟兵】zǐdìbīng 图 人民解放軍に対する愛称◆元来は郷土の青年によって組織された兵隊を指す

【子宫】zǐgōng 图［生理］［～托］ペッサリー［～癌］子宮ガン

【子规】zǐguī 图［鳥］ホトトギス(◎[杜鹃])

【子金】zǐjīn 图［書］利息［子息］(◎[母金])

【子棉(籽棉)】zǐmián 图 実のついたままの綿花

【子母弹】zǐmǔdàn 图［軍］榴 りゅう散弾(◎[榴霰弹])

【子母扣儿】zǐmǔkòur 图 (ボタンの)

スナップ
【子目】zǐmù [名]細目
【子埝】zǐniàn [名]氾濫防止のために堤防の上に臨時に築いた小さな堤防 [同][子堤]
【子女】zǐnǚ [名]息子と娘, 子女
【子实(籽实)】zǐshí [名](穀物などの)実, 豆粒 [同][子粒]
【子时】zǐshí [名]子の刻(夜11時から1時)
【子孙】zǐsūn [名]息子と孫, 子孫 [～后代]子孫 [子子孙孙]子子孫孫
【子午线】zǐwǔxiàn [名]子午線
【子弦】zǐxián [名]三弦や胡弓の一番細い弦, 三の糸
【子虚】zǐxū [名]架空の事 [～乌有]実際にはない事
【子婿】zǐxù [名]《書》娘婿
【子叶】zǐyè [名]〖植〗子葉
【子夜】zǐyè [名]真夜中
【子音】zǐyīn [名]〖語〗子音 [同][辅音]

〖仔〗 zǐ [⊗]家畜や家禽の子([同][子]) [～鸡]ヒヨコ, ヒナドリ [～猪]子豚 ♦「責任」の意の文語'仔肩'ではzīと発音
⇨zǎi(崽)
【仔密】zǐmì [形](織り目や編み目が)細かい
★★【仔细(子细)】zǐxì [形]①注意深い, こと細かな〖仔仔细细地看了一遍〗一通り詳しく見た ②《方》つましい〖日子过得～〗暮らしがつましい

【籽】 zǐ [名](～儿)種子, 実 [棉～儿]綿の実
【籽棉】zǐmián [名]実のついたままの綿花 [同][子棉]

〖姊〗 zǐ [⊗]姉
【姊妹】zǐmèi [名]姉妹 [同][姐妹]

〖秭〗 Zǐ [⊗][～归]秭帰(湖北省の地名)

〖笫〗 zǐ [⊗]竹で編んだむしろ

〖梓〗 zǐ [⊗]①〖植〗キササゲ [～树]同前 ②版木 [付～]上梓する ③故郷 [～里]《書》同前

〖滓〗 zǐ [⊗]澱, 沈んだかす→[渣zhā～]

【紫】 zǐ [形]紫色の
[⊗](Z-)姓
【紫菜】zǐcài [名]〖植〗ノリ, アマノリ('甘紫菜'の通称)
【紫貂】zǐdiāo [名]〖動〗クロテン [同][黑貂]
【紫丁香】zǐdīngxiāng [名]〖植〗ライラック, リラ [同][丁香]
【紫毫】zǐháo [名]毛筆の一種 ♦濃い紫色の兎の毛で作る
【紫红】zǐhóng [形]〔定語として〕紫がかった赤色の
【紫花】zǐhua [形]〔定語として〕薄い赤褐色の
【紫花地丁】zǐhuā dìdīng [名]〖植〗ノジスミレ [同][地丁]
【紫堇】zǐjǐn [名]〖植〗ムラサキケマン
【紫荆】zǐjīng [名]〖植〗ハナズオウ
【紫茉莉】zǐmòli [名]〖植〗オシロイバナ [同][草茉莉][胭脂花]
【紫萍】zǐpíng [名]〖植〗ウキクサ(浮草) [同][浮萍]
【紫色】zǐsè [名]紫色
【紫杉】zǐshān [名]〖植〗イチイ
【紫石英】zǐshíyīng [名]〖鉱〗紫水晶 [同][紫石晶]
【紫苏】zǐsū [名]〖植〗シソ
【紫檀】zǐtán [名]〖植〗シタン
【紫藤】zǐténg [名]〖植〗フジ [同][藤萝]
【紫铜】zǐtóng [名]純度の高い銅 [同][红铜]
【紫外线】zǐwàixiàn [名]紫外線 [同][紫外光]
【紫菀】zǐwǎn [名]〖植〗シオン(根は薬用)
【紫薇】zǐwēi [名]〖植〗サルスベリ [同][满堂红][海棠树]
【紫云英】zǐyúnyīng [名]〖植〗レンゲソウ, ゲンゲ [同][红花草]
【紫芝】zǐzhī [名]〖植〗マンネンタケ [同][灵芝]
【紫竹】zǐzhú [名]〖植〗クロチク [同][黑竹]

〖訾(*訿)〗 zǐ [⊗]謗る, 悪口を言う ♦姓はZīと発音
【訾议】zǐyì [動]《書》人の欠点をあげつらう〖无可～〗非の打ちどころがない

【字】 zì [名]①字, 文字〖～和音〗文字と音声 ②(～儿)字の発音〖咬～儿〗一字一音正確に読む〖～很准〗発音が正確だ ③(～儿)単語, 言葉〖炼～〗用語を練る [虚～]虚字 ④(～儿)書き付け, 証文〖立～为凭〗書き付けを書いて証拠とする ⑤字 [表～]同前
[⊗]①女性が婚約すること ②書, 書体 [篆～]篆書
★★【字典】zìdiǎn [名]〔本·部〕字典, 字書
【字调】zìdiào [名]〖語〗声調 [同][声调] [類][四声]
【字号】zìhao [名]①屋号, 商号 ②店 [老～儿]老舗 [大～]大店
【字画】zìhuà [名]①〔幅·张〕書画 ②字画, 筆画
【字汇】zìhuì [名]漢字集, 字典(多く書名に使う)

Z

【字迹】zìjì [名] 筆跡，字の形〚～工整〛字形がきちんと整っている
【字节】zìjié [名]（コンピュータのデータ量の単位）バイト［千～］キロバイト［兆～］メガバイト［吉～］ギガバイト
【字句】zìjù [名] 字句，構文〚～通顺〛文章の通りがよい〚删去多余的～〛無駄な字句を削る
【字据】zìjù [名] 証文，証書〚立下～〛証文を作る
【字里行间】zì lǐ háng jiān《成》字句の間，行間
【字谜】zìmí [名] 文字を当てるなぞなぞ ♦例えば，'你没有他有，天没有地有'（'你' になくて '他' にあり，'天' になくて '地' にある）と掛けて，答えは '也' [関][谜语]
【字面】zìmiàn [名]（～儿）字面〚从～上讲〛文字面から解釈する
【字模】zìmú [名] 活字の母型 [同][铜模]
*【字母】zìmǔ [名] ① 表音文字，表音記号［拉丁～］［英文～］アルファベット ②（中国音韻学で）字母，各 '声母' の代表漢字
**【字幕】zìmù [名] 字幕，キャプション〚荧光屏上映出了～〛テレビ画面に字幕が出た
【字书】zìshū [名] 字書 ♦漢字の形・音・義を解釈した書. 多く部首で検索
【字体】zìtǐ [名] ① 字体，書体 ② 書道の流派
【字条】zìtiáo [名]（～儿）書き付け，メモ
【字帖儿】zìtiěr [名] 書き付け
【字帖】zìtiè 習字の手本
【字眼】zìyǎn [名]（～儿）（文中の）字，字句〚挑 tiāo ～〛言葉じりをとらえる〚抠～〛言葉の粗探しをする〚这个～用得不恰当〛この字句は使い方が適当でない
【字样】zìyàng [名] ① 字形の模範，手本 ②（通知や標示などを記した短い）字句，文句〚门上写着"招生委员会"～〛ドアに「生徒募集委員会」という文字が書いてある
【字斟句酌】zì zhēn jù zhuó《成》（文や話の）一字一句推敲を重ねる
【字纸】zìzhǐ [名] 字の書いてある紙くず，ほご［～篓儿］紙くずかご

〘牸〙 zì [×] 雌の（牛）

〘自〙 zì [×]《書》① おのずから，当然〚～不待言〛おのずと言うまでもない〚～当努力〛当然努力すべきである ②…から，…より〚～上海到北京〛上海から北京まで〚～九月到年底〛9月から年末まで〚来～杭州〛杭州から来る［～幼］小さい時から ③ 自分（から），自ら［～给 jǐ ～足］自給自足［～言～语］独り言を言う［～理］自分でまかなう
【自爱】zì'ài [動] 自重する［不知～］自重することを知らない，軽薄である
【自拔】zìbá [動]（苦痛や罪業から）自ら抜け出す〚无法～〛自力で抜け出すすべがない
【自白】zìbái [動] 自分の考えを表明する，立場を明らかにする
【自暴自弃】zì bào zì qì《成》自暴自棄になる
*【自卑】zìbēi [形] 卑下する〚感到～〛引け目を感じる［～感］劣等感，引け目
【自闭症】zìbìzhèng [名] 自閉症 [同][孤独症]
【自便】zìbiàn [動] 随意にする〚请～〛どうぞご随意に［听其～］好きなようにさせる
【自裁】zìcái [動] 自尽する
【自惭形秽】zì cán xíng huì《成》人より劣るのを恥じる，引け目を感じる
【自称】zìchēng [動] 自ら名乗る，自称する，言い触らす〚～内行〛玄人を自称する
【自成一家】zì chéng yì jiā《成》一家（一派）を成す
【自持】zìchí [動] 自制する，自ら持するところがある
【自吹自擂】zì chuī zì léi《成》自分のことを吹聴する，自画自賛する
**【自从】zìcóng [介]（過去のある時点を起点として）…より，…から〚～改革开放以来〛改革開放以来
【自打】zìdǎ [介]《方》[同]《普》[自从]
【自大】zìdà [形] 尊大な，うぬぼれた［～是一个臭字］《俗》（'自' と '大' を合わせれば '臭' の字になる>）偉ぶる奴は鼻持ちならぬ［～狂］鼻持ちならぬうぬぼれ屋
【自得】zìdé [動] 一人で得意になる，一人悦に入る［洋洋～］得意満面のさま［～其乐］自己満足する
**【自动】zìdòng [副] ① 自発的に〚～让座〛自ら進んで席を譲る〚～参军〛自分から軍隊に入る ② ひとりでに，自然に〚～燃烧〛自然燃焼する〚水～流到地里〛水がひとりでに畑の中に流れる ━ [形]〔定語として〕（機械などの）自動的な，オートマチックの［～步枪］自動小銃［～铅笔］シャープペンシル［～控制］自動制御［～化］オートメーション［全～洗衣机］全自動洗濯機［～门］自動ドア［～照相排字机］電算写植機［～售票机］切符自動販売機
【自动扶梯】zìdòng fútī [名] エスカレーター [同][滚梯]
*【自发】zìfā [形]〔定語・状語として〕自発的な，自然発生的な〚～的势力〛自然発生的な勢力〚～地组

织〗自発的に組織する
【自费】zìfèi 自分で支払う〖～留学〗私費で留学する
【自焚】zìfén 動 焼身自殺をする ◆多く比喩的に用いる［玩火～］火遊びで自分の身を焼く,自業自得
【自封】zìfēng 動 ①〈貶〉自任する〖～为权威〗権者をもって自任する ②自らを規制する〖故步～〗古い殻に閉じこもる
【自负】zìfù 動 ①自ら責任を負う〖～盈亏〗企業自身が損益の責任を負う〖文责～〗文責は筆者にある ②自負する,うぬぼれる ― 形 うぬぼれている〖傲慢～的人〗横柄でうぬぼれている人
【自高自大】zì gāo zì dà〈成〉うぬぼれる,思い上がる
【自告奋勇】zì gào fèn yǒng〈成〉進んで困難な任務を引き受ける
【自个儿(自各儿)】zìgěr 名〔方〕自分,自身
【自供】zìgòng 動 自供する〖～状〗自供書
【自古】zìgǔ 副 昔から〖～以来〗古来〖～至今〗昔から今まで
【自顾不暇】zì gù bù xiá〈成〉自分のことだけで精一杯
★【自豪】zìháo 形 誇らしい,誇りに思う〖感到～〗誇らしく思う〖～地歌唱〗誇らしげに歌う〖～感〗誇り,プライド
★【自己】zìjǐ 代 ①自分,自分たち,自身〖你～做吧！〗自分でやりなさい〖～动手〗自分で着手する〖眼泪～往下流〗涙がひとりでに流れる〖～打～嘴巴〗(自分で自分の横面を張る＞)自己矛盾を来す〖～定语として〗自分の,身内の〖～人〗仲間,身内(の人)
【自给】zìjǐ 動 自給する〖～自足〗自給自足する
【自家】zìjiā 代〔方〕自分〖～人〗身内
【自尽】zìjìn 動⇒〔自杀〕
【自咎】zìjiù 動〈書〉自分を責める,自責の念にかられる
【自救】zìjiù 動 自力で救う,自らを救う
【自居】zìjū 動 自任する〖～内行〗玄人だと自任する〖清高～〗孤高を標榜する
【自决】zìjué 動 自ら決める,自決する,自分で自分のことを決める〖民族～〗民族自決
★【自觉】zìjué 動 自覚する〖～病情严重〗病気が重いと自分で気付いている ― 形 自覚的な〖～地遵守法纪〗自覚して法律と規律を守る〖～自愿〗自覚し自分から希望する〖～症状〗自覚症状
【自绝】zìjué 動 自ら関係を断つ〖～于人民〗自ら人民と手を切る
【自夸】zìkuā 自慢する,自分をひけらかす
【自来】zìlái これまで,もともと⇒〔从来〕
【自来火】zìláihuǒ 名〔方〕①マッチ ⇔〔普〕〔火柴〕②ライター ⇔〔普〕〔打火机〕
【自来水】zìláishuǐ 名 水道,水道の水
【自来水笔】zìláishuǐbǐ 名〔支・枝〕万年筆
【自立】zìlì 動 自立する,自活する〖没有收入,不能～〗収入がなければ,自立できない
★【自力更生】zì lì gēng shēng〈成〉自力更生,他の力に頼らず自分の力で事を行う
【自量】zìliàng 動 おのれを知る〖不知～〗身の程知らず
【自流】zìliú 動 ①自然に流れる〖～井〗水(あるいは油)が自然に湧き出る井戸 ②成行きに任せる〖听其～〗成るがままに任せる
【自留地】zìliúdì 名〔块・片〕自留地 ◆農業集団化時代の農民の自作用小土地
【自卖自夸】zì mài zì kuā〈成〉(自分の商品を自慢しながら売る＞)自画自賛する,手前味噌を並べる ◆多く'王婆卖瓜,～'とする
【自满】zìmǎn 動 自己満足する,うぬぼれる〖～的心情〗自己満足な気持ち
【自鸣得意】zì míng déyì〈成〉得意がる
【自鸣钟】zìmíngzhōng 名〔架〕チャイム時計,ぼんぼん時計
【自命】zìmìng 動 自任する,自負する〖～为名士〗名士を自任する〖～不凡〗非凡を自任する,うぬぼれる
【自馁】zìněi (自信をなくして)がっかりする,しょげる
【自欺欺人】zì qī qī rén〈成〉〈貶〉(自他ともに欺く＞)自分でも信じられないうそで人をだます
【自遣】zìqiǎn 動〈書〉憂さ晴らしをする,退屈しのぎをする
【自强不息】zì qiáng bù xī〈成〉(向上を求めて止まず＞)たゆまず努力する
★【自然】zìrán 名 自然〖改造～〗自然を改造する〖大～〗大自然〖～界〗自然界〖～资源〗天然資源〖～灾害〗自然災害 ― 形 自然な,自然のままの〖到时候～明白〗時がくればひとりでにわかる〖听其～〗成るがままに任せる ― 副 当然,もちろん〖～有办法〗もちろん手はある
―― zìran 形 自然な,作為のない〖笑容非常～〗笑顔がとても自然だ

【上台表演要自自然然】舞台の演技は自然でなければならない

【自燃】zìrán 動 自然燃焼する,自然発火する

【自然而然】zì rán ér rán《成》自然に,ひとりでに

【自如】zìrú 形 ①思いのまま〚操纵～〛自由自在に操作する〚～地演奏〛思いのままに演奏する ②⇒[自若]

【自若】zìruò 形〈書〉自若たる,平然たる〚神态～〛泰然自若としている

【自杀】zìshā 動 自殺する ⇨[他杀]

【自身】zìshēn 名 自身,自体〚～难保〛我が身さえ保てない(人助けどころではない)

【自生自灭】zì shēng zì miè《成》(自然に発生し自然に消滅する>)自然の成り行きに委ねる

【自食其果】zì shí qí guǒ《成》〈貶〉(自分から招いた結果は自分で引受ける>)自業自得,身から出たさび

【自食其力】zì shí qí lì《成》自力で生活する,自活する

【自始至终】zì shǐ zhì zhōng《成》始めから終わりまで,終始

【自恃】zìshì 形 傲慢な〚你可别太～〛君は高慢になり過ぎてはいけない ━ 動〈書〉自ら恃む,笠に着る〚～有才〛才能を鼻にかける

【自视】zìshì 動 自任する,自己評価をする〚他因为留过学,所以～很高〛彼は留学したことがあるので,お高く止まっている

【自是】zìshì 副 おのずと,当然 ━ 形 独善的な,独り善がりの

【自首】zìshǒu 動 自首する

【自赎】zìshú 動 自分の罪を償う,罪滅ぼしをする〚立功～〛手柄を立てて罪を償う

【自述】zìshù 動 自ら述べる,自分の事を話す ━ 名〔篇〕自叙

*【自私】zìsī 形 利己的な,自分勝手な

【自私自利】zì sī zì lì《成》私利私欲(をはかる)〚不能太～了〛余り利己心が強くてはいけない

【自诉】zìsù 動 被害者自ら告訴する ⇨[公诉]

【自卫】zìwèi 動 自衛する〚～战争〛自衛のための戦争

【自慰】zìwèi 動 自分で自分を慰める〚聊以～〛ほんの気休めとする

【自刎】zìwěn 動〈書〉自ら首をはねて死ぬ,自刎する

【自问】zìwèn 動 ①自問する〚～自答〛自問自答する〚反躬～〛顧みて我が身を問う ②自ら判断する

【自我】zìwǒ 代〚2音節動詞の状態として〛自ら,自分から,自分に対し〚～介绍〛自己紹介する〚～批评〛自己批判する〚～表现〛自己顕示する,自己表現する〚～陶醉〛自己陶酔する〚～作古〛〚～作故〛創始する,新機軸を出す ━ 名〚哲〛自我,エゴ

【自习】zìxí 動 自習する〚每晚～两个小时〛毎晚2時間自習する

【自相】zìxiāng 副 (それ自身の間で)相互に〚～矛盾〛自己矛盾する,自家撞着する〚～残杀〛味方同士で殺し合う

【自新】zìxīn 動 改心する,更生する〚悔过～〛過ちを悔い改めて出直す

*【自信】zìxìn 動 自信がある,自分を信じる〚我～我的观点是正确的〛私は自分の観点が正しいと信じる〚非常～地回答〛自信たっぷりに答える ━ 名〈心〉自信

【自行】zìxíng 副 ①自分で,進んで〚～解决〛自分で解決する〚～安排〛自分で手はずする ②ひとりでに,自然に

*【自行车】zìxíngchē 名〔辆〕自転車〚骑～〛自転車に乗る〚～道〛自転車道

【自修】zìxiū 動 ①自習する ②独学する

【自序(自叙)】zìxù 名〔篇〕①自序 ②自叙,自叙伝

【自学】zìxué 動 独学する,自習する〚～英语〛独学で英語を学ぶ

【自言自语】zì yán zì yǔ《成》独り言を言う

【自以为是】zì yǐ wéi shì《成》独り善がりの,独善的の

【自缢】zìyì 動〈書〉首つり自殺する

【自用】zìyòng 動 ①〈書〉独り善がりである〚刚愎bì～〛片意地で独善的である ②〖定語として〗個人で使用する〚～汽车〛自家用車

*【自由】zìyóu 名 形 自由(な)〚宗教信仰的～〛信仰の自由〚～参加〛自由に参加する〚行动不～〛行動が不自由である〚～主义〛自由主義〚～泳〛(競泳の)自由形,クロール〚～职业〛自由業〚～市场〛自由市場〚～贸易协定〛自由貿易協定(FTA)

【自圆其说】zì yuán qí shuō《成》(自説を破綻のないように言い繕う>)話のつじつまを合わせる〚不能～〛つじつまが合わせられない

*【自愿】zìyuàn 動 自分から希望する,志願する〚出于～〛自由意志による〚～退学〛本人の願いで退学する

【自怨自艾】zì yuàn zì yì《成》自分の過ちを悔いる

【自在】zìzài 形 思いのまま,自由な〚逍遥～〛何物にも拘束されないさま〚自由～〛自由自在な
━━ zìzai 形 のんびりしている,くつろげる〚每天过得很～〛毎日のんび

り暮らしている〖心里不～〗気まずい思いをする，面白くない

【自知之明】zì zhī zhī míng《成》己を知る賢明さ〖这个人没有～〗この人は身の程をわきまえない

【自治】zìzhì [動]自ら治める〖实行民族～〗民族自治を実行する［～区］省レベルに相当する民族自治の地方行政単位(例えば内蒙古自治区)［～县］県レベルに相当する民族自治の地方行政単位［～州］自治区と自治県の中間にある民族自治の行政単位

【自制】zìzhì [動]①自ら製造する〖～的香肠〗手作りの腸詰め ②自制する，自己を抑制する〖激动得不能～〗感情が高ぶって自分を抑えることができない

【自重】zìzhòng [動]自重する，自分を大切にする — [名]自重(じじゅう)〖这台机床～一吨半〗この工作機械は自重1トン半

*【自主】zìzhǔ [動]自分が主体となってする，自主性を持つ〖婚姻～〗婚姻を当人自身で決める［独立～］独立自主の［不由～］思うに任せない，思わず

【自助餐】zìzhùcān [名]バイキング料理，セルフサービス式の食事

【自传】zìzhuàn [名]〔篇·本〕自伝

【自转】zìzhuàn [動]〖天〗自転する([反][公转])〖地球～一周就是一昼夜〗地球の自転1回が1昼夜である

【自尊】zìzūn [形]自尊心がある〖很～〗自尊心が強い〖伤了～〗自尊心を傷つけた［～心］自尊心

【自作聪明】zì zuò cōngmíng《成》自分を利口だとうぬぼれる，独り善がりで出過ぎた振舞いをする

【自作自受】zì zuò zì shòu《成》自業自得，身から出たさび

〖恣〗 zì ⊗ほしいまま，気まま［放～］勝手気ままな

【恣肆】zìsì [形]《書》①ほしいままな，気ままな［骄横～］思い上がって自分勝手である ②(文筆が)豪放な

【恣睢】zìsuī [形]《書》ほしいままな［暴戾～］残虐で勝手気ままに振舞う

【恣意】zìyì [形]思いのままな，ほしいままな［～妄为］悪事のし放題

〖渍(漬)〗 zì [動]①浸す，漬ける〖～苎麻〗チョマを水に漬ける ②油や泥などがこびりつく〖轮子给泥～住了〗車輪に泥がこびりついて動かなくなった ⊗①水たまり，たまった水［～水］同前 ②《方》こびりついた油や泥，汚れ［油～］油汚れ［茶～］茶渋

〖眦(*眥)〗 zì ⊗ 眼の縁［内～］目がしら［外～］目じり

〖枞(樅)〗 Zōng ⊗［～阳］樅陽(しょうよう)(安徽省の地名) ♦「モミ」の意では cōng と発音．口語は'冷杉'

⇨cōng

〖宗〗 zōng [量]相当大きなひとまとまりの事物を数える〖一～心事〗一つの心配事〖大～款项〗大口の金 — [名]チベットの旧行政区画(1960年に県に改められた)

⊗①祖先 ②祖先を同じくする一族［同～］同族 ③宗派，流派［正～］正統 ④師匠，手本とあがめられる人 ⑤師や手本としてあがめる ⑥主旨 ⑦(Z-)姓

【宗祠】zōngcí [名]一族の祖先を祭るほこら，祖廟

【宗法】zōngfǎ [名]父系親族集団内の決まり，同族支配体系［～观念］同族意識

【宗匠】zōngjiàng [名]宗匠，大家，名匠

**【宗教】zōngjiào [名]宗教〖信仰～〗宗教を信仰する〖废除～〗宗教を廃棄する

【宗庙】zōngmiào [名]皇帝や諸侯の祖廟

【宗派】zōngpài [名]分派，セクト［～主义］セクト主義

【宗师】zōngshī [名]師匠，師範

【宗室】zōngshì [名]王族，王室

*【宗旨】zōngzhǐ [名]主要な目的や意図，趣旨〖符合学会的～〗学会の目的に合う

【宗主国】zōngzhǔguó [名]宗主国

【宗主权】zōngzhǔquán [名]宗主権

【宗族】zōngzú [名]宗族，同一父系親族集団

〖综(綜)〗 zōng ⊗統(す)べくくる，まとめる［错～］錯綜(さくそう)する

⇨zèng

【综观】zōngguān [動]総合的に観察する，総覧する〖～全局〗局面全体を見る

**【综合】zōnghé [動]総合する([反][分析])〖～各方面的因素〗各方面の要因を総合する — [形]〔定語として〕総合的な［～艺术］総合芸術［～利用］総合利用［～大学］総合大学

【综计】zōngjì [動]総計する

【综括】zōngkuò [動]総括する，まとめる〖～情况〗状況を総括する

【综述】zōngshù [動]総合的に述べる

〖棕(*椶)〗 zōng ⊗①〖植〗シュロ［～树］シュロの木 ②シュロの毛

【棕绷】zōngbēng [名]〔张〕シュロ縄で張ったベッドのスプリングネット [同][棕绷子]

【棕榈】zōnglǘ [名]〖植〗〔棵〕シュロ [同][棕树]

【棕毛】zōngmáo 图 シュロの繊維,シュロの毛
*【棕色】zōngsè 图 茶褐色, とび色
【棕熊】zōngxióng 图〔動〕〔头・只〕ヒグマ ⑯[马熊]

【踪】(蹤) zōng ⊗ 足跡〖失～〗失踪する, 行方不明〖无影无～〗影も形もない
*【踪迹】zōngjì 图 痕跡, 足取り〖逃跑的～〗逃走の足取り〖留下～〗痕跡を残す
【踪影】zōngyǐng 图〈多く否定文で〉跡形,(搜す対象の)姿〖毫无～〗影も形もない

【鬃】 zōng 图 馬や豚など獣類の首に生える長い毛, たてがみ〖～毛〗同前〖马～〗馬のたてがみ〖～刷〗豚の剛毛で作ったブラシ

【总】(總*縂) zǒng 動 集める, まとめる〖～起来说〗総括して言えば〖～到一起〗一つにまとめとする 一副 ① いつも, ずっと〖～没有时间〗時間がない〖这孩子～不听大人的话〗この子はいつっも大人の言うことを聞かない ② 結局, ともかく〖春天～要来临〗どのみち春は来るものだ〖个人的力量～是有限的〗個人の力には所詮限りがあるものだ ③ 必ず, どうしても〖他～不肯〗彼はどうしてもうんと言わない ④〈推測を表わし〉およそ, 大体(数量についていうことが多い)〖他～有三四十岁了吧〗彼は大体3, 40歳だろう 一 圏〖定語として〗すべての, 全面的な〖～的情况〗すべての状況 ⊗ 概括した, 主要な〖～司令〗総司令官〖～店〗本店
【总部】zǒngbù 图 本部〖联合国～〗国連本部
*【总裁】zǒngcái 图(政党や大企業の)総裁
【总称】zǒngchēng 图 総称 一 動 総称する
【总的】zǒngde 形〖状語・定語として〗総体的な, 全体的な〖～说来〗総じて言えば〖～来看〗全体的にみて
【总得】zǒngděi 副 どうしても…しなければならない〖～想个办法解决〗なんとか方法を考えて解決しなければならない
【总动员】zǒngdòngyuán 動 総動員する
【总督】zǒngdū 图 ①(植民地の)総督 ②明清代の官名
【总额】zǒng'é 图 総額〖存款(的)～〗預金総額
*【总而言之】zǒng ér yán zhī《成》要するに, つまり ⑯[总之]

【总纲】zǒnggāng 图 大綱, 総則
*【总共】zǒnggòng 副 すべて, 全部で ⑯[一共]〖我～花了五天时间〗私は全部で5日間を費した
【总归】zǒngguī 副 結局は, 必ず〖困难～是可以克服的〗困難は結局克服できるものだ〖这盘棋～你输〗この一局はどうせ君の負けだ〖雨～要停的〗雨はどうせやむに決まっている
【总合】zǒnghé 動 全部合わせる
*【总和】zǒnghé 图 総和, 総体〖三个月产量的～〗3か月の生産量の総計
【总汇】zǒnghuì 動(水流などが)合わさる, 集まる〖湘江, 汉水等～于长江〗湘江, 漢水等が長江に合流する 一 图 総和, 集合体〖《诗经》是春秋以前诗歌的～〗『詩經』は春秋時代以前の詩歌の集大成である
【总机】zǒngjī 图 電話の交換台 ◆ 内線は'分机'
【总集】zǒngjí 图 多くの人の作品を集めた詩文集
【总计】zǒngjì 動 総計する〖图书～十万册〗総計10万冊の図書がある〖观众～有十万人〗観衆は合計で10万人いる
【总角之交】zǒngjiǎo zhī jiāo《成》幼い頃からの親友
*【总结】zǒngjié 動 総括(する), 締めくくり(をする)〖～历史经验〗歴史的経験を総括する〖做～〗総括する
【总括】zǒngkuò 動 概括する, まとめる〖把几个数据～在一块儿〗幾つかのデータを一つにまとめる〖～起来说〗概括して言う
【总揽】zǒnglǎn 動 総攬する, 統括する〖～大权〗大権を一手に握る
*【总理】zǒnglǐ 图 総理 ◆ 中国国務院の最高指導者 一 動〔書〕統ﾄべる〖～军务〗軍務を統轄する
【总领事】zǒnglǐngshì 图 総領事
【总路线】zǒnglùxiàn 图 総路線, 最も根本的な方針
【总目】zǒngmù 图 総目録, 総目次
【总评】zǒngpíng 图 総評
*【总是】zǒngshì 副 ① いつも, ずっと〖～在这儿〗いつもここにある ② どうしても, 必ず〖～要办的〗どうしてもやらなければならない
【总数】zǒngshù 图 総数, 総額
【总司令】zǒngsīlìng 图 総司令官
*【总算】zǒngsuàn 副 ① やっと, やっとのことで〖一连下了几天的雨, 今天～晴了〗何日も雨が降り続いたが, 今日やっと晴れた ② まあまあ, どうやら〖五官～看得过去〗顔だちはまあ見られる
【总体】zǒngtǐ 图 総体, 全体〖从～上看〗全体的にみて〖～设想〗全

体構想
【总统】 zǒngtǒng 图 大統領，総統
【总务】 zǒngwù 图① 総務［~处］総務部 ② 総務の責任者
【总则】 zǒngzé 图 総則
【总长】 zǒngzhǎng 图（北洋軍閥時期の中央政府各部の）長官
【总之】 zǒngzhī 圈 要するに，いずれにせよ［~我不同意这种办法］とにかくこういうやり方には賛成しない

【纵】(縱) zòng
動① 身を躍らせる，跳ぶ［他向前一~就跳过去了］彼はぱっと身を躍らせるやあちらへ跳んだ《方》しわが寄る［衣服太~了，要烫一下］服がしわくちゃだ，アイロンを掛けなくちゃ ─ 图 縦，縦の，南北方向の，前から後ろへの ⑱[横]
⊗① たとえ…でも，よしんば［~有困难…］たとえ困難があっても… ② 放任する，任せる［放~］したい放題にさせる ③ 放つ，釈放する［~敌］敵を釈放する

【纵步】 zòngbù 動 大またで歩く［~向前走去］大またで前の方へ歩いて行く ─ 图（前方への）跳躍［一个~跳过了那条沟］ひとつ跳びでその溝を跳び越えた

【纵断面】 zòngduànmiàn 图 縦断面 ⑲[纵剖面]

【纵队】 zòngduì 图① 縦隊［四路~］4列縦隊 ②（旧）軍隊編成単位の一（今の「军」（軍団）に相当）

【纵观】 zòngguān 動 見通す，見渡す［~历史］歴史を見通す

【纵贯】 zòngguàn 動 縦貫する［大运河~四省］大運河は4つの省を南北に貫いている［~南北］南北を縦貫する

*****【纵横】** zònghéng 图① 縦横の［~交错的公路］縦横に交錯する道路 ② 自由奔放の，自由自在の［才气~］才気あふれる ─ 動 縦横に駆け巡る［~全国］国中を駆け巡る［贼寇~］盗賊が好き勝手に横行する

【纵横捭阖】 zònghéng bǎihé 〈成〉政治や外交の場で巧みな駆け引きをする

【纵虎归山】 zòng hǔ guī shān 〈成〉〈虎を放して山に帰す〉敵を逃がして禍根を残す ⑲[放虎归山]

【纵火】 zònghuǒ 動 火を放つ，火をつける（⑲[放火]）［~犯］放火犯

【纵酒】 zòngjiǔ 動 酒におぼれる，ほしいままに酒を飲む

【纵览】 zònglǎn 動 ほしいままに見る［~四周］周りを見渡す［~群书］沢山の本を読みあさる

【纵令】 zònglìng 图 ⑲[纵然] ─ 動（…が…するのを）放任する

【纵目】 zòngmù 動《多く状語として》見やる［~四望（=远望）］見渡す，見晴らす

【纵剖面】 zòngpōumiàn 图 縦断面

【纵情】 zòngqíng 圖 思う存分，心ゆくまで［~唱歌］思う存分歌う［~欢乐］心ゆくまで楽しむ

【纵然】 zòngrán 圈〈"也""还""仍然""还是"などと呼応して〉たとえ…でも，よしんば…しようが（⑲[即使]）［~天寒地冻，他也从不间断早晨的锻炼］たとえ凍てつくような寒い日でも，彼は朝のトレーニングを欠かしたことがない

【纵容】 zòngróng 動（悪い事を）ほしいままにさせる，放任する［~不法分子］違法者を野放しにする［~暴力］暴力を容認する

【纵身】 zòngshēn 動 身を躍らせる，身を跳ね上げる［~上马］ひらりと馬にまたがる［他一~就跳了过去］彼は勢いよく身を躍らせて飛び越えた

【纵使】 zòngshǐ 圈 ⑲[纵然]

【纵谈】 zòngtán 動 放談する，気ままに話す

【纵向】 zòngxiàng 图《多く定語として》縦方向の，上下方向の，南北方向の

【纵欲】 zòngyù 動 肉欲をほしいままにする

【粽】(＊糉) zòng ⊗ ちまき［~子］同前

【邹】(鄒) Zōu ⊗① 周代の国名（現在の山東省鄒県一帯）② 姓

【驺】(騶) zōu ⊗①（古代の）厩 ^{くる} 番，御者 ②（Z-）姓

【陬】 zōu ⊗① 隅 ② 麓 ^{ふもと}

【诹】(諏) zōu ⊗ 諮 ^{はか} る

【鲰】(鯫) zōu ⊗① 小魚，雑魚 ② 小さい

【走】 zǒu ①歩く，行く［在街上~］通りを歩く→［~路］②動く，動かす［~一步棋］一手駒 ^{こま} を動かす［手表不~了］腕時計が止まった ③ 離れる，去る（結果補語としても）［我准备明天~］私は明日発つ予定です［车刚~］発車したばかり ［~了两位客人］お客が二人帰った［拿~了］持ち去った ④ 経る，通過する［这列火车~南京到上海］この列車は南京経由上海行きだ（親族や友人間で）行き来する，つきあう［他们两家~得很近］両家はとても親しくつきあっている［~娘家］里帰りする ⑥ 漏れる，漏らす［~了风声］うわさが漏れた［~气］（タイヤの）空気が抜ける ⑦ …の傾向を呈する

[～高]（価格などが）上昇傾向になる ⑧もとの形や状態を失う，味や香りが抜ける〚椅子～了形〛椅子の形が崩れた〚颜色～了〛色があせた ⊗走る，走らせる［奔～］駆ける

【走笔】zǒubǐ [動]《書》筆を走らせる，速く書く［～疾书］たちまち書きあげる，速筆する

【走道】zǒudào [名]〔条〕歩道
—— zǒu▼dào [動]（～儿）①道を歩く，歩く〚小孩儿刚会～〛子供は歩けるようになったばかりだ ②旅行する

【走调儿】zǒu▼diàor [動]①（歌や楽器の）調子が外れる，音程が狂う ②わき道へそれる

【走动】zǒudòng [動]①歩く，動く〚年龄大了，平时要～～〛年をとったら平生できるだけ体を動かさなくてはいけない〚凭一条腿～〛片足で歩く〚存货总不～〛在庫品がずっとはけない ②行き来する，付き合う〚两家经常～〛両家はよく行き来している

【走读】zǒudú [動]（寄宿舎に入らず自宅から）通学する［～生］自宅通学生

【走访】zǒufǎng [動]訪問する，取材訪問する〚记者到现场～〛記者が現場に取材に行く

【走风】zǒu▼fēng [動]情報が漏れる，秘密を漏らす〚消息已经走了风〛情報がもう漏れてしまった

【走钢丝】zǒu gāngsī [動]①綱渡りをする ②《転》危うく均衡を保つ〚在他俩之间～〛彼ら二人の間で綱渡りをする

【走狗】zǒugǒu [名]〔条〕走狗(そうく)，手先

【走红】zǒu▼hóng [動]①好運に巡り合う [同][走红运] ②人気が出る

【走后门】zǒu hòumén [動]（～儿）《転》裏口から入る，裏取引する

【走火】zǒu▼huǒ [動]（～儿）①暴発する〚枪～了〛銃が暴発した ②《転》言葉が過ぎる，言い過ぎる ③漏電によって発火する ④火事になる

【走江湖】zǒu jiānghú [動]（各地を歩き回って大道芸人や香具師(やし)などをして）世渡りする [同][跑江湖]

*【走廊】zǒuláng [名]〔条〕①渡り廊下，回廊 ②2つの地方をつなぐ細長い地帯［河西～］河西回廊（甘粛省西北部，黄河の西側に沿う地帯）

*【走漏】zǒulòu [動]①（情報などを）漏らす（[同][走露 lòu]）〚～风声〛うわさを漏らす ②（'走私漏税'の略）密輸して脱税する ③（運搬途中などで）荷抜きをする

【走路】zǒu▼lù [動]歩く，道を行く〚学会～〛（子供が）歩けるようになる

【走马】zǒumǎ [動]馬を走らせる［～灯］走馬灯［～看花］［～观花］おおざっぱに表面だけを見る［～上任］官吏が赴任する

【走南闯北】zǒu nán chuǎng běi《成》各地を駆け巡る

【走内线】zǒu nèixiàn [動]コネを通じて工作する

【走禽】zǒuqín [名]〚鳥〛走禽(そうきん)類（ダチョウなど）

【走人】zǒurén [動]その場を離れる

【走色】zǒu▼shǎi [動]色がさめる，色あせする [同][落色]

【走扇】zǒu▼shàn [動]開けたての具合いが悪くなる，立て付けが悪くなる

【走神儿】zǒu▼shénr [動]気が抜ける，ぼんやりする

【走绳】zǒu▼shéng [動]綱渡りをする [同][走索]

【走失】zǒushī [動]①迷子になる，行方不明になる ②（もとの形を）失う，食い違う

【走时】zǒushí [動]《方》幸運に巡り合う [同]《普》[走运]

【走兽】zǒushòu [名]獣類，けだもの［飞禽～］禽獣，鳥獣

【走水】zǒu▼shuǐ [動]①水漏れする ②水が流れる ③出火する，火事になる ♦'火'を口にするのを憚(はばか)って言い換えたもの
—— zǒushui（zǒushuiと発音）[名]《方》カーテンの上部にある飾り垂れ

*【走私】zǒu▼sī [動]密輸する，闇取引きをする〚～香烟〛闇タバコを売る

【走题】zǒu▼tí [動]主題からはずれる

【走投无路】zǒu tóu wú lù《成》身を寄せる所がない，行き詰まる

【走味儿】zǒu▼wèir [動]味や香りが抜ける〚茶叶～了〛お茶の香りが抜けた

【走下坡路】zǒu xiàpōlù [動]《転》坂道を下る，衰退の一途をたどる [同][走下坡]

【走向】zǒuxiàng [名]〚地〛走向，向き ━[動]（…に）向かう〚～胜利〛勝利に向かって進む〚～世界〛世界に向かって歩む

【走形】zǒu▼xíng [動]（～儿）変形する

【走形式】zǒu xíngshì [動]形式に流れる

【走眼】zǒu▼yǎn [動]見まちがえる

【走样】zǒu▼yàng [動]（～儿）もとの形を失う，形が崩れる〚皮鞋～了〛革靴の形が崩れた

【走运】zǒu▼yùn [動]好運に巡り会う〚我很～〛私はとても好運です〚多年来我从未走过好运〛長年私は好運に恵まれなかった

【走资派】zǒuzīpài [名]走資派 ♦'走资本主义道路的当权派'（資本主義の道を歩む実権派）の略．文化大革

命中に使われた
【走卒】zǒuzú [名] 使い走り，手先〘充当～〙使い走りを務める，手先になる
【走嘴】zǒu▼zuǐ [動] 口を滑らす，言い間違える
【奏】zòu [動] ①奏でる，演奏する〘～国歌〙国歌を演奏する ②(皇帝に)上奏する
⊗①(効果や功を)奏する，得る(→[～效])[大～奇功]立派な手柄を立てる ②上奏書
【奏捷】zòujié [動] 勝利を収める[～归来]凱旋(がいせん)する
【奏鸣曲】zòumíngqǔ [名]〘音〙ソナタ，奏鳴曲
【奏疏】zòushū [名] [同][奏章]
【奏效】zòu▼xiào [動] 効を奏する，効果が現われる〘服了这剂药，或许能～〙この薬をのんだら効くかもしれない〘奏一点效〙少し効果がある
【奏乐】zòu▼yuè [動] 音楽を演奏する，奏でる
【奏章】zòuzhāng [名]〔道・本〕上奏書 [同][奏疏]
【揍】zòu [動] ①《口》殴る〘不许～人〙人を殴ってはならない〘～坏蛋〙悪者を殴る ②《方》割る，壊す〘～了一块玻璃〙ガラスを1枚割った
【租】zū [動] ①賃借りをする〘～房子〙家を借りる〘～旅馆一辆自行车〙旅館から自転車を1台賃借りする ②賃貸しをする〘～给别人〙(家などを)人に貸す
⊗①賃貸料[房～]家賃 ②地租
【租佃】zūdiàn [動] 小作に土地を貸す，地主から土地を借りる[～制度]小作制度
【租户】zūhù [名] 借主，借家人
【租价】zūjià [名] 賃貸価格，貸借料
【租界】zūjiè [名] 租界，租借地
【租借】zūjiè [動] 借用する，貸し出す([同][租赁])〘～旅游车〙観光バスをチャーターする
【租金】zūjīn [名] 賃貸料，家賃 [同][租钱 zūqian]
*【租赁】zūlìn [動] [同][租借]
【租米】zūmǐ [名] 年貢米
【租钱】zūqian [名] 賃貸料，家賃
【租税】zūshuì [名] 租税
【租用】zūyòng [動] 借用する，賃貸する[～汽车]レンタカー
【租约】zūyuē [名] 賃貸借契約
【租子】zūzi [名]《口》小作料，地代
【菹(*葅)】zū ⊗①発酵させた漬け物 ②(野菜や肉を)切りきざむ
【足】zú [形] 足りる，十分な〘人数不～〙人数が足りない〘干劲 gànjìn 很～〙意気込みが強い[丰衣～食]衣食が満ち足りる
—[副] 十分に，たっぷり〘～～有五十公斤〙たっぷり50キログラムある
⊗①足[～迹]足跡 ②器物の脚[鼎～]鼎(かなえ)の脚 ③〔多く否定形で〕…するに足る[微不～道]取るに足らない[不～挂齿]取り立てて言うほどもない
【足够】zúgòu [動] 十分に足りる〘～的设备〙十分な設備〘～吃一个月〙1か月間食べるのに足りる
【足迹】zújì [名] 足跡([同][脚印])〘留下～〙足跡を残す〘找不到～〙足跡が見つからない
【足见】zújiàn [動] (…から見て)よくわかる，明らかである〘连他都说不能，～这件事多么困难〙彼でさえできないと言うのだから，この件がどんなに難しいかよくわかる
【足球】zúqiú [名]〘体〙①サッカー，フットボール〘*踢～〙サッカーをする[五人制～]フットサル ②サッカー用ボール
【足下】zúxià [名]《書》(友人に向かって)足下，貴下(多く書簡に使う)
*【足以】zúyǐ [動] (…するに)足る〘不～说服人〙説き伏せるには不十分である
【足智多谋】zú zhì duō móu《成》知謀にたけている
【卒】zú [名] (中国将棋の)卒(歩(ふ)に相当)
⊗《書》①ついに〘～获成功〙ついに成功する ②死ぬ[病～]病死する[生～年月]生没年月 ③兵，兵卒 ④小吏，走り使い[走～]同前 ⑤終わる[～业]卒業する[～岁]一年を過ごし終える
⇨cù
【族】zú ⊗①民族，種族[满～]満洲族 ②古代の刑の一(犯罪者の一族を皆殺しにすること) ③血のつながりのある一族[宗～]宗族[～谱]族譜 ④共通の属性を持つ一類[水～]水生動物[语～]語派
【族人】zúrén [名] 同族の人，一族の人
【族长】zúzhǎng [名] 族長，同族の長
【镞(鏃)】zú ⊗矢じり ♦口語では'箭头'
【诅(詛)】zǔ ⊗呪(のろ)う
【诅咒】zǔzhòu [動] 呪う，ののしる〘冲着天～〙天に向かってののしる
【阻】zǔ ⊗阻む，さえぎる[劝～]やめるよう説得する[通行无～]自由に通行できる
*【阻碍】zǔ'ài [動] 阻む，妨げる〘违章建筑～交通〙違法建築物が交通を妨げる —[名] 障害，妨げ〘毫无～〙全く支障がない
【阻挡】zǔdǎng [動] さえぎる，阻む

〖～视线〗視線をさえぎる〖不可～〗阻むことができない〖谁也～不了〗誰も阻止できない
【阻遏】zǔ'è [動] 阻止する
【阻隔】zǔgé [動] 立ちはだかる，疎隔する〖山川～〗山河に隔てられる〖～交通〗往来を妨げる
【阻击】zǔjī [動]（敵の進撃や退却などを）阻止する
【阻绝】zǔjué [動] 妨げられる〖音信～〗音信が杜絶する
*【阻拦】zǔlán [動] 阻止する，妨げる（[同][阻止][拦阻]）〖～往外涌的人群〗どっと外に出てくる群衆を押し止める
【阻力】zǔlì [名] 抵抗，抵抗力〖冲破各种～〗さまざまな障害を突破する〖排除～〗抵抗を排する
*【阻挠】zǔnáo [動] 邪魔する，妨害する〖旧思想～我们前进〗古い思想が我々の前進の妨げになっている
【阻塞】zǔsè [動] ①ふさがる，詰まる〖交通～〗交通が渋滞する〖气管～〗気管が詰まる ②ふさぐ〖车辆～了路口〗車が道の出口をふさいでいる
**【阻止】zǔzhǐ [動] 阻止する，さえぎる〖及时～了事态的发展〗事態の進展をただちに阻止した

【组（組）】zǔ [名] 組，グループ［～长］グループのリーダー［～员］グループのメンバー ━ [量] 組・セットになったものを数える〖一～邮票〗切手１セット〖一～工具〗工具一式
⊗①組む，組み合わせる（→［～成］）［改～］改組する［～阁］組閣する ②組になった，組み合わされた［～曲］組曲
【组胺】zǔ'àn [名]〖化〗ヒスタミン [同]［组织胺］
**【组成】zǔchéng [動] 組織する，構成する〖这个小组由八个人～〗このグループは８人から成る〖～代表团〗代表団を結成する
【组稿】zǔ'gǎo [動]（編集者が執筆者に）原稿を依頼する
【组歌】zǔgē [名] 組み歌
**【组合】zǔhé [動] 組み合わせる〖～机床〗旋盤を組み合わせる ━ [名] 組み合わせ（たもの）［劳动～］労働組合（'工会' の旧称）
【组建】zǔjiàn [動]（機構や隊伍を）組織し打ち立てる
【组曲】zǔqǔ [名] 組曲
【组员】zǔyuán [名] メンバー
【组长】zǔzhǎng [名] サークル・グループの長，組長
**【组织】zǔzhī [動] 組織する〖～舞会〗ダンスパーティーの手はずを整える〖～群众抗洪抢险〗人々を組織して洪水を防ぎ応急補修をさせる〖这篇文章～得很好〗この文章はうまく構成されている ━ [名] ①（集団としての）組織［党团～］中国共産党と共産主義青年団の組織［工会～］労働組合組織 ②体系，組立て〖这本专著～严密〗この専門書の体系は厳密である ③（織物の）織り方［平纹～］平織り ④〖生〗組織［神经～］神経組織

【祖】zǔ ⊗①父の父，祖父 ②祖先 ③事業や流派の創始者，元祖［鼻～］《書》鼻祖 ④（Z-）姓
【祖辈】zǔbèi [名] 祖先
【祖本】zǔběn [名] 祖本（様々なテキストの元になる本），（版本の）初刻本
【祖产】zǔchǎn [名] 先祖伝来の財産
【祖传】zǔchuán [動]〘多く定語として〙代々伝わる［～秘方］先祖伝来の秘方
【祖坟】zǔfén [名] 先祖代々の墓
*【祖父】zǔfù [名]（父方の）祖父 ♦呼び掛けには '爷爷' を用いる
**【祖国】zǔguó [名] 祖国
【祖籍】zǔjí [名] 原籍，先祖代々の籍
【祖母】zǔmǔ [名]（父方の）祖母 ♦呼び掛けには '奶奶' を用いる
【祖上】zǔshàng [名] 先祖
【祖师】zǔshī [名]（[同][祖师爷]）①（学派の）創立者，元祖 ②（宗派の）開祖，祖師 ③（結社や業種の）始祖，創始者〖鲁班被木匠奉为～〗魯班は大工たちに祖師としてあがめられている
【祖述】zǔshù [動]《書》祖述する〖～孔孟之道〗孔子孟子の道を祖述する
【祖孙】zǔsūn [名] 祖父母と孫
**【祖先】zǔxiān [名] 祖先
【祖宗】zǔzong [名] 祖先〖祭祀～〗祖先を祭る
【祖祖辈辈】zǔzǔbèibèi [名] 先祖代々

【俎】zǔ ⊗①古代のいけにえをのせる祭器 ②まないた［～上肉］命を相手のなすがままにされるもの，まないたの上の鯉 ③（Z-）姓

【钻（鑽 *鉆）】zuān [動] ①尖(とが)ったもので穴をあける〖～了三个孔〗3つ穴をあけた〖～个眼儿〗穴を１つあける ②通る，潜る〖～到水里〗水に潜る〖～进山洞〗ほら穴に入る〖～出山洞〗ほら穴から出る ③研鑽(けんさん)する，掘り下げて研究する〖整天～在外语里〗一日中外国語に没頭している
⇨zuàn
【钻井】zuān'jǐng [動]（井戸・油井などを）掘削する，鑿井(さくせい)する
【钻空子】zuān kòngzi [動] 弱みにつ

【钻门子】zuān ménzi 動 有力者に取り入る

【钻谋】zuānmóu 動⇨[钻营]

【钻牛角尖】zuān niújiǎojiān 動〈牛の角の先に潜りこむ〉取るに足らない事や解きようのない問題をいつまでも追究する ⇨[钻牛角][钻牛犄角 jījiao]

【钻探】zuāntàn 動 試掘する,ボーリングをする 〚~地层〛地层の試掘をする 〚~机〛ボーリングマシン

【钻天柳】zuāntiānliǔ 名 〖植〗ケショウヤナギ

【钻天杨】zuāntiānyáng 名 〖植〗セイヨウハコヤナギ,ポプラ

【钻心虫】zuānxīnchóng 名 〖虫〗ズイムシの総称 ⇨[蛀虫]

*【钻研】zuānyán 動 研鑽する 〚刻苦~文字学〛ひたむきに文字学を研究する

【钻营】zuānyíng 動 有力者や上役に取り入って私利を謀る ⇨[钻谋]

【蹿】(躥) zuān 動 上や前へ跳ぶ

【缵】(纘) zuān 動 受け継ぐ

【纂】 zuǎn 動 編集する 〚编~〛編纂する

【钻】(鑽*鉆) zuàn 名〚把〛錐,ドリル 〚拿一把~钻 zuān 木头〛錐で木に穴をあける 〚风~〛空気ドリル 動 ダイヤモンド 〚~戒〛ダイヤの指輪 〚二十一~的手表〛21石の腕時計 ⇨zuān

【钻床】zuànchuáng 名 〖機〗〖台〗ボール盤,ドリリングマシン

【钻机】zuànjī 名 〖機〗ボーリングマシン,(油井の)鑿井機械

*【钻石】zuànshí 名 ①〖顆・粒〗ダイヤモンド,金剛石 ②時計や計器の軸受に使う宝石,石

【钻塔】zuàntǎ 名 油井やぐら,掘削やぐら

【钻头】zuàntóu 名 〖機〗〖副〗ビット,ドリル用の刃 〚装上~〛刃を取り付ける

【赚】(賺) zuàn 動 〈方〉だます 〚~人〛人をだます ⇨zhuàn

【攥】 zuàn 動 〈口〉握る 〚手里~着一块糖〛手の中に飴を1つ握っている 〚~得真紧〛ぎゅっと握りしめる 〚一把~住了〛しっかり握った

【脧】 zuī 動 〈方〉男性生殖器(客家語など) ◆文語'朘削'(剥取)はjuānxuē と発音

【嘴】 zuǐ 名 ①〖张〗(人の)口('咀'は俗字)〚张开~〛口を開ける 〚亲~〛口づけする ②(~儿)(物の)口 〚烟~儿〛紙巻きたばこの吸い口 〚茶壶~儿〛急須の口 ③口に出して言う言葉,話 〚~厉害〛口がきつい 〚走~〛口を滑らす 〚插~〛口をはさむ 〚多~〛余計な口を出す

【嘴巴】zuǐba 名 ①〈口〉頰,ほっぺた(⇨[嘴巴子])〚打~〛びんたを張る 〚给他一个~〛彼に1発くらわす 〚挨 ái 了一个~〛びんたを1発くらう ②(人の)口 〚张开~〛口を開ける

【嘴笨】zuǐ bèn 形 口べたである 〚我~,还是你讲讲吧〛私は口べたですから,やはりあなたが話して下さい

【嘴馋】zuǐ chán 形 口が卑しい,口がおごっている

【嘴唇】zuǐchún 名 唇 〚上~〛上唇 〚下~〛下唇

【嘴乖】zuǐ guāi 形 (多く子供について)口達者な,口がうまい

【嘴尖】zuǐ jiān 形 口が悪い,辛辣な 〚他~,爱损人〛彼は口が悪く,人をけなしてばかりいる

【嘴角】zuǐjiǎo 名 口の端,口角

【嘴紧】zuǐ jǐn 形 発言が慎重な,口が堅い

【嘴快】zuǐ kuài 形 口が軽い,おしゃべりな

【嘴脸】zuǐliǎn 名〈貶〉〖副〗面z̄,顔つき 〚一副无赖的~〛ごろつきの面構え 〚暴露~〛面の皮をはぐ

【嘴皮子】zuǐpízi 名 ①(多く悪い意味で)唇,口先 〚耍~〛口先だけうまいことを言う,言うだけで行動しない 〚他那两片~真会说〛彼はほんとに口がうまい 〚~磨破了〛〈俗〉口を酸っぱくして言う

【嘴软】zuǐ ruǎn 形 口調が穏やかな,きつく言えない

【嘴上没毛,办事不牢】zuǐshang méi máo, bàn shì bù láo 〈俗〉(口もとにひげのない者は仕事が確かでない〉若い者のやることは頼りにならない 〚嘴上无毛,办事不牢〛

【嘴是两张皮】zuǐ shì liǎng zhāng pí 〈俗〉口は2枚の皮(文字に残した証拠ではない)〚~,说话没根据〛口に出して言っただけでは証拠にはならない

【嘴松】zuǐ sōng 形 口が軽い

【嘴碎】zuǐ suì 形 話し方がくどい,口やかましい

【嘴甜】zuǐ tián 形 口がうまい 〚~心苦〛口ではうまいことを言うが心は悪辣そである

【嘴头】zuǐtóu 名 (~儿)〈方〉口,口先(⇨[嘴头子])〚~能说会道〛弁がよく立つ

【嘴稳】zuǐ wěn 形 口が堅い〖嘴不稳〗口が軽い
【嘴严】zuǐ yán 形 口が堅い〖嘴不严〗口が軽い
【嘴硬】zuǐ yìng 形 口が減らない, 強情だ
【嘴直】zuǐ zhí 歯に衣を着せない, ずけずけ言う
【嘴子】zuǐzi 名〖方〗①（物の）口〖山~〗山の端, 山の入口 ②（管楽器の）マウスピース

【最】zuì 副 最も, いちばん〖~多〗いちばん多い, せいぜい〖~少〗いちばん少ない, 少なくとも〖~喜欢〗最も好き〖~东边〗いちばん東側〖~会说话〗話がいちばんうまい〖吸烟~有害处〗喫煙はいちばん害がある

*【最初】zuìchū 名 最初, 初め（⇔〖最后〗）〖~认识她的时候〗初めて彼女を知った時〖~, 他一言不发〗初めは彼は一言も話さなかった

*【最好】zuìhǎo 副〖文脈または主語の後に置いて〗いちばんいいのは…, …に越したことはない〖~是你自己去〗いちばん良いのは君が自分で行くことだ

*【最后】zuìhòu 名 最後（⇔〖最初〗）〖这是~一次机会〗これは最後のチャンスだ〖~他终于同意了〗最後に彼はついに同意した〖站在~以〗いちばん後ろに立つ〖谁笑到~, 谁笑得最好〗〖俗〗最後に笑う者が本当の勝利者＝〖通牒 dié〗最後通牒

【最惠国待遇】zuìhuìguó dàiyù 最恵国待遇

*【最近】zuìjìn 名 最近, 近々（近い未来についても用いる）〖你~忙吗?〗近ごろ忙しいですか〖~要去上海〗近いうちに上海へ行く

【最为】zuìwéi 副〖二音節語の前で〗最も, いちばん

【最终】zuìzhōng 形〖定語として〗最終の〖~（的）目标〗最終目標

【㝡】zuì ⊗〖~尔〗〖書〗（場所が）小さい

【罪(*辠)】zuì 名 罪〖有~〗罪がある〖认~〗罪を認める
⊗①過ち, 過失〖归~于人〗間違いを人のせいにする〖怪~〗とがめる ②苦しみ, 難儀〖受~〗難儀する, 苦しめられる ③罪を人に着せる〖~己〗罪をかぶせる

【罪案】zuì àn 名〖起〗犯罪事件, 罪状

【罪不容诛】zuì bù róng zhū（成）〔罪が重くて死刑に処してもなお余り有る〕罪が償いきれないほど極悪である

【罪大恶极】zuì dà è jí（成）極悪非道

【罪恶】zuì è 名 罪悪〖~滔天〗この上ない罪悪

*【罪犯】zuìfàn 名 犯人, 罪人（⇔〖犯人〗）〖揭发~〗犯人を摘発する

【罪过】zuìguo 名 過失, 罪〖承认~〗罪を認める━形〖挨〗（自分が）罰当たりな〖委实~〗本当に痛み入ります〖~~!〗どうも恐れ入ります, 失礼しました

【罪魁】zuìkuí 名〖書〗主犯, 元凶〖~祸首〗張本人, 元凶

【罪名】zuìmíng 名 罪名〖栽上~〗罪を着せる〖罗织~〗罪名をでっちあげる

【罪孽】zuìniè 名 罪業, 罪〖~深重〗罪深い〖~减轻了〗罪が軽減された

【罪人】zuìrén 名 罪人, 犯罪者

【罪行】zuìxíng 名 犯罪行為, 罪状〖坦白~〗罪状を告白する

【罪有应得】zuì yǒu yīng dé（成）罰せられるのが当然である

【罪责】zuìzé 名 罪責, 罪の責任〖一定要追究的〗罪の責任は必ず追及しなければならない〖~难逃〗罪の責任は逃れられない

【罪证】zuìzhèng 名 犯罪の証拠, 罪跡〖留下~〗犯罪の証拠を残す〖捏造~〗犯罪の証拠をでっち上げる

【罪状】zuìzhuàng 名 犯罪の事実, 罪状〖隐瞒~〗罪状を隠す

【檇(檇)】zuì ⊗〖~李〗スモモの一種

【醉】zuì ①酒に酔う（⇔〖醒〗）〖~酒〗同前〖喝~了〗(酒を飲んで)酔った〖他~得说不出话〗彼は酔って話ができない ②酒に漬ける〖~了一碗虾〗エビの酒漬けを1鉢作った〖~枣〗酒漬けのナツメ
⊗（事に）酔いしれる, 夢中になる〖沉~〗ひたる〖陶~〗うっとりする

【醉鬼】zuìguǐ 名 飲んだくれ, 酔っ払い

【醉汉】zuìhàn 名 酔っ払い, 酔漢

【醉人】zuìrén 形 人を酔わせる

【醉生梦死】zuì shēng mèng sǐ（成）酔生夢死, 空しく生きてゆくこと

【醉翁之意不在酒】zuìwēng zhī yì bú zài jiǔ（成）〔酔翁の意は酒に在らず〕真意は別の所にある, 敵は本能寺

【醉乡】zuìxiāng 名 酔い心地, 酔いの境地〖沉入~〗酔って陶然となる

【醉蟹】zuìxiè 名 カニの酒漬け

【醉心】zuìxīn 动 専心する, 没頭する〖~于物理学研究〗物理学研究に没頭する

【醉醺醺】zuìxūnxūn 形 (~的) 酒に酔ったさま, ほろ酔い機嫌〖见酒就

喝,成天～的]酒を見れば飲んで一日中酔っ払っている

【醉意】zuìyì 图酔った気分,一杯機嫌〖有几分～〗酔いが回ってきた

【尊】zūn 量仏像や大砲を数える〖五百～罗汉〗五百羅漢〖三一佛像〗仏像3体〖两一大炮〗大砲2門 ㊗①尊い,目上の ②尊ぶ,尊敬する〖自～〗自尊,プライドを持つ ③敬称に用いる〖～府〗お宅〖～驾〗貴殿〖～姓〗御苗字 ④'樽zūn'と通用

【尊称】zūnchēng 图尊称 —動尊んで呼ぶ〖～他为范老〗彼を尊敬して范老と呼ぶ

【尊崇】zūnchóng 動あがめる,敬う

【尊贵】zūnguì 形貴い,高貴な〖～的客人〗高貴な客

【尊敬】zūnjìng 動尊敬する〖他是我最～的人〗彼は私が最も尊敬する人です〖受到大家的～〗皆から尊敬される

【尊严】zūnyán 名形尊厳(な),威厳(がある)〖维护国家的～〗国家の尊厳を保つ〖有损～〗尊厳を傷つける

【尊长】zūnzhǎng 图目上の人,長上

【尊重】zūnzhòng 動尊重する,尊敬する〖～领土主权〗領土主権を尊重する〖～别人的意见〗他人の意見を尊重する〖受到～〗尊重される —形重々しい,慎重な〖多く'放'の賓語となり,後に'些'あるいは'一些'を伴う〖请你放～些〗落ち着いて下さい

【遵】zūn ㊗従う

【遵从】zūncóng 動従う〖～上级的指示〗上司の指示に従う〖～建议〗提案に従う

【遵命】zūnmìng 動命に従う〖～照办〗言い付け通りにやる〖～！〗かしこまりました

【遵守】zūnshǒu 動遵守する,守る〖～时间〗時間を守る〖～交通规则〗交通規則を守る

【遵行】zūnxíng 動従い行う,守る

【遵循】zūnxún 動従う〖应当～的原则〗従うべき原則〖～语言习惯〗言語習慣に従う

【遵照】zūnzhào 動従う,基づく〖～指示〗指示に従う〖～上级的文件〗上級からの文書に従う

【樽】(罇) zūn 图酒器,酒樽

【鳟】(鱒) zūn ㊗[魚]マス〖～鱼〗同前

【撙】zūn 節約する〖～一些钱〗倹約して金を残す〗〖～节〗節約する

【作】zuō 图(手工業の)仕事場,作業場〖玉器～〗玉の細工場,玉細工場〖豆腐～〗豆腐製造場
⇨zuò

【作坊】zuōfang 图(手工業の)工場,作業場,仕事場

【嘬】zuō 動(方)(しゃぶるように)吸う ◆"咬む"の意の文語ではchuàiと発音

【嘬瘪子】zuō biězi 動(方)苦境に陥る

【昨】zuó ㊗①昨日,きのう〖～日〗昨日〖～夜〗昨夜 ②過去,過日

【昨儿】zuór 图(口)きのう(🔙[昨儿个])

★【昨天】zuótiān 图きのう,昨日

【昨晚】zuówǎn 图昨晩,昨夜

【捽】zuó 動(方)つかむ,引っぱる

【琢】zuó ⇨以下を見よ
⇨zhuó

【琢磨】zuómo 動よく考える,思案する〖仔细～他的话〗彼の言ったことについてとくと考える
⇨zhuómó

【左】zuǒ 形①(思想・政治上の)左の,左翼の(🔙[右])〖不～就右〗(政治的立場が)左かと思うと今度は右だ ②偏った,不正常の〖～脾气〗〖～性子〗あまのじゃく,つむじ曲がり(の人) ③間違った〖想～了〗考え違いをしている〖搞得太～了〗ひどいやり方だ —图〖介詞句の中で〗左(🔙[右])〖向～转zhuǎn〗左,左向け左！ ㊗①'佐'と通用 ②(Z～)姓

【左边】zuǒbian 图(～儿)左側,左(🔙[右边])〖靠～走〗左側を歩っていく

【左不过】zuǒbuguò 副(方)①どのみち,いずれにしても ②ただ…に過ぎない

【左道旁门】zuǒ dào páng mén (成)(宗教や学術面の)邪道,異端 🔙[旁门左道]

【左顾右盼】zuǒ gù yòu pàn (成)あたりをきょろきょろ見回す,右顧左眄する

【左近】zuǒjìn 图付近,近く

【左邻右舍】zuǒ lín yòu shè (成)向こう三軒両隣り

【左面】zuǒmiàn 图(～儿)左側,左,🔙[右面]

【左派】zuǒpài 图左派,左翼(🔙[右派]

【左撇子】zuǒpiězi 图左利きの人

【左倾】zuǒqīng 形左傾の,左翼の(🔙[右倾])

【左嗓子】zuǒsǎngzi 图音痴(の人)

【左手】zuǒshǒu 图①(🔙[右手])

佐撮坐 — zuò 827

左手 ② ⇨[左首]

【左首】zuǒshǒu 图（多く座席の）左側．左手（⑧[右首]）[～坐着一位老太太]左におばあさんが座っている

【左袒】zuǒtǎn 動〚書〛左袒する，一方の肩を持つ[～对方]相手方に肩入れしている

【左翼】zuǒyì 图（⑧[右翼]）① 〚軍〛左翼 ②（政治思想上の）左翼

*【左右】zuǒyòu 图 ① 左と右[房屋～]家屋の左右 [～逢源]（どうやっても）万事順調に運ぶ[～开弓]両手を代わる代わる使い、同時に幾つかの仕事をこなす[～为难]進退窮まる人 ② 側近，付き従う人 — 量 …ぐらい，…ほど[今天最高温度25～]今日の最高温度は25度ぐらい[她年龄五十岁～]彼女は50歳くらいだ — 動 左右する，影響を与える[被命运所～]運命に左右される[～局势]情勢を左右する — 副〚方〛どうせ，どのみち（⑧〚普〛[反正]）

【左…右…】zuǒ…yòu… 同じような行為の反復を強調する[左说右说]ああでもないこうでもないと言う[左一遍右一遍地背 bèi 才背熟了]何度も何度も暗唱してやっと覚えた[左思右想]あれこれと考える

【左证】zuǒzhèng 图 ⇨[佐证]

【左支右绌】zuǒ zhī yòu chù（成）やり繰りがつかない，対処しきれない

【佐】zuǒ ⊗① 補佐する，助ける[～餐]〚書〛おかずとなる ② 補佐役 [辅～]補佐する[～料]薬味，調味料

【佐证(左证)】zuǒzhèng 图 証拠，証左

【撮】zuǒ 量（～儿）毛髪など群がっているものを数える[一～胡子]ひとつまみのひげ ⇨ cuō

【撮子】zuǒzi 量〚方〛ひとつまみ

【坐】zuò 動 ① 座る，腰を下ろす[请～]お掛け下さい[这儿可以～五个人]ここは5人掛けられる[～在椅子上]椅子に腰掛ける[～江山][～天下]天下を取る ② 乗物に乗る，搭乗する[～飞机]飛行機に乗る[～了一天汽车]車に1日中乗る ③（ある方向を建物が）背にする[房子～北朝南]家は南向きである ④（鍋や釜を）火に掛ける[把锅～在炉子上]鍋をこんろに掛ける[先～点儿开水]まずお湯を少し沸かしなさい ⑤（銃砲が反作用で）跳ね返る[开枪时枪身会向后～]発射すると銃身は必ず後ろに跳ね返る ⑥（建造物が）沈下する，傾く[这房子～下去几寸了]この家は数寸沈んだ ⑦（瓜類や果樹が実を）結ぶ[～果儿]実がなる[瓜藤上～了不少瓜]つるにたくさん瓜がなった ⊗① …によって，…のために[～此解职]これによって職を解かれる ② 理由もなく ③ 居ながらにして，みすみす[～罪に問われる[连～]連座する

【坐标】zuòbiāo 图〚数〛座標[～轴]座標軸

【坐吃山空】zuò chī shān kōng（成）（座して食らえば山も空し＞）働かないで暮らせば，どんな大きな財産も食いつぶしてしまう

【坐待】zuòdài 動 ⇨[坐等]

【坐等】zuòděng 動 座して待つ，手をこまねいて待つ[～佳音]良い知らせを座して待つ

【坐地分赃】zuò dì fēn zāng（成）盗賊の親分が手下に盗ませた物の上前をはねる

【坐垫】zuòdiàn 图（～儿）座布団，シート

【坐而论道】zuò ér lùn dào（成）空理空論をもてあそぶ

【坐骨神经】zuògǔ shénjīng 图〚生〛坐骨神経

【坐观成败】zuò guān chéng bài（成）他人の成功や失敗を冷淡に傍観する

【坐井观天】zuò jǐng guān tiān（成）（井戸の中から天を覗く＞）見識が狭い

【坐具】zuòjù 图 座る道具（椅子・腰掛けの類）

【坐困】zuòkùn 動 立てこもる，苦境にある

【坐蜡】zuòˈlà 動〚方〛苦境に立つ，困惑する（⑧[坐洋蜡]）[坐好几回蜡]何度もひどい目に遭う

【坐牢】zuòˈláo 動 監獄に入る，投獄される

【坐冷板凳】zuò lěngbǎndèng 動 ① 閑職につけられる，冷遇される ②（面会などで）長く待たされる

【坐落】zuòluò 動（建物などが）位置する，在る[我们的学校～在郊区]私達の学校は郊外にある

【坐山观虎斗】zuò shān guān hǔ dòu（成）（山の上から虎が闘うのを見る＞）利益を横取りしようと待ちうける，日和見をきめこむ

【坐失良机】zuò shī liángjī（成）みすみす好機を逸する

【坐视】zuòshì 動 座視する[～不救]座視して救おうとしない

【坐探】zuòtàn 图 スパイ，回し者

【坐位】zuòwèi/zuòˈwèi 图 ⇨[座位]

【坐药】zuòyào 图 座薬

【坐以待毙】zuò yǐ dài bì（成）座して死を待つ

【坐月子】zuò yuèzi 動〚口〛産褥

じょくにつく, 産後1か月養生する [同]《書》[坐蓐 rù]

【坐在一条凳子上】 zuò zài yì tiáo dèngzishang《俗》同じ腰掛けに座る, 同じ立場に立つ([同][坐一条板凳])〖我跟他～〗私は彼と同じ立場だ

【坐赃】zuòzāng [動]①《方》罪をなすりつける ②《書》わいろの罪に問われる

【坐庄】zuò▾zhuāng [動]①商品買い付けのために駐在する ②(マージャンで)続けて'庄家'(親)になる

【座】

zuò [名]①(～儿) 座席 ('坐(儿)'とも) [客～] 客席 [满～] 満席 ②(～儿) 受け皿, (下に敷く) 台 [茶碗～儿] 茶托 [石碑～儿] 石碑の台座 ━ [量] 大型で固定したものを数える〖一～山〗山1つ〖两～桥〗橋2つ〖三～钟〗(置き) 時計3つ〖这～城〗この町

⊗星座 [大熊～] 大熊座

【座次(坐次)】zuòcì [名] 席次, 席順〖排～〗席順を決める〖请按～入座〗席順に御着席下さい

【座上客】zuòshàngkè [名] 上座に座る客, 主賓

【座谈】zuòtán [動] 座談する [～会] 座談会, 懇談会

★★【座位(坐位)】zuòwei/ zuòwèi [名] ①座席〖订～〗席を予約する ②(～儿) 椅子, 腰掛けの類〖搬个～儿来〗腰掛けを1つ持っておいで

★【座右铭】zuòyòumíng [名] 座右の銘

【座钟】zuòzhōng [名]〔台·座〕置時計

【座子】zuòzi [名] ①物を置く台, 台座 [钟～] 置時計の台 ②(自転車·オートバイなどの)サドル

【作】

zuò [動]([同][做]) ①行う, する〖～报告〗報告をする〖～斗争〗戦う ②…とする, …にする〖认他～义子〗彼を養子とする〖这玩艺儿可以～什么用?〗これは何の役に立つんだね ③〔動詞+'作'の形で〕動作の結果ほかの形にする〖扮～坏人〗悪人に扮する ④書く〖～了一首曲子〗ひとつ曲を書いた [～曲] 作曲する [～词家] 作詞家

⊗①起きる, 起こす [振～] 奮い起こす〖枪声大～〗銃声が激しく起こる ②作品 [杰～] 傑作 ③(生理的にまたは精神的に) 催す [～酸] 胸やけする ④装う, 振りをする [装模～样] 偉そうにする, もったいぶる

⇨zuō

【作案】zuò▾àn [動] 犯罪行為をする, 悪事を働く

【作罢】zuòbà [動] 取りやめにする, 中止する〖既然大家都有意见, 此事～〗皆に異議がある以上, この件は取りやめる

【作保】zuò▾bǎo [動] 保証人になる

★【作弊】zuò▾bì [動] 不正行為をする, いんちきをする〖考试～〗試験でカンニングをする

【作对】zuò▾duì [動] 対立する, 敵対する〖别跟领导～〗指導部に盾突くな〖你跟我作什么对?〗なんで私を目の敵にするの

【作恶】zuò▾è [動] 悪い事をする [～多端] 散々悪事を働く

【作法】zuòfa/zuòfǎ [名] ①作文の仕方 [文章～] 文章作法 ②やり方, 作り方 [同][做法]

—— zuò▾fǎ [動](道士が)術を使う

★【作废】zuò▾fèi [動] 無効になる, 廃棄する〖因过期护照～了〗期限切れでパスポートが無効になった

★【作风】zuòfēng [名] ①(仕事や思想上の) やり方, 態度〖工作的～〗仕事のやり方〖～不正派〗行い態度が不まじめ ②(文学作品などの) 作風, 風格

【作怪】zuòguài [動] たたる, 災いをなす〖金钱在他脑子里～〗金銭のことで彼は考え方がおかしくなっている

【作家】zuòjiā [名] 作家 [专业～] 専門作家

【作奸犯科】zuò jiān fàn kē《成》法に触れる悪事を働く

【作茧自缚】zuò jiǎn zì fù《成》(蚕が繭を作り自分を中に閉じこめる>) 自縄自縛

【作践】zuòjian/ zuójian [動] 台無しにする, 踏みにじる〖～东西〗物を壊す〖别～粮食〗食糧を無駄にするな〖～人〗人をなぶり物にする

【作客】zuò▾kè [動]《書》①よそに身を寄せる〖～异地〗異郷に暮らす ②(招かれて)客となる [～思想] 主体性がなく積極性を欠く考え方

【作乐】zuòlè [動] 楽しむ, 慰みとする [寻欢～] 仕事もせず享楽にふける

【作料】zuòliao/zuóliao [名](～儿) 調味料

【作乱】zuòluàn [動](武装して) 反乱を起こす〖企图～〗反乱をもくろむ

【作美】zuòměi [動]〔多く否定形で〕(天候などが) 願いをかなえる〖天公不～〗お天道様が意地悪をする

【作难】zuònán [動] 困る, 困らせる ([同][为难])〖有意～我〗わざと私を困らせる

【作孽】zuò▾niè [動] 罪つくりな事をする([同][造孽])〖作了不少孽〗罪業を重ねる

【作弄】zuònòng/zuōnòng [動] からかう, 愚弄する

【作呕】zuò'ǒu [動] ①吐き気を催す ②《転》胸がむかつく〖实在令人～〗全く胸くそが悪くなる

【作陪】zuòpéi 動 相伴する, 陪席する

【作品】zuòpǐn 图 作品 〚文学～〛文学作品

【作色】zuòsè 動 怒って表情を変える, 色を成す 〚憤然～〛憤然として色を成す

【作势】zuòshì 動 ポーズを作る, 振りをする 〚装腔～〛もったい振る, 大げさなまねをする

【作死】zuòsǐ（旧読 zuōsǐ）動 自ら死を求める, 自殺的行為をする

【作速】zuòsù 動 早急に

【作祟】zuòsuì 動 たたる, 災いする

【作态】zuòtài 動 わざと振りをする, 見せ掛ける

【作痛】zuòtòng 動 痛む 〚隐隐～〛鈍痛を感じる

【作威作福】zuò wēi zuò fú〈成〉権力を笠に着て威張り散らす

【作为】zuòwéi 图 ① 行為, 行い 〚平日的～〛平素の行い ② 成果 〚他是个有～的青年〛彼は有為の青年だ ― 動 ① 成果をあげる 〚无所～〛何ら成果がない ② …とする, …と見なす(≡〖当做〗) 〚～罢论〛取りやめにする 〚把书法一种业余爱好〛書道を趣味とする ― 介 …として, …たる者として 〚～厂长, 我应该负全部责任〛工場長として, 私は全責任を負わなければならない

【作文】zuò▼wén 動 文章を書く, 作文する
―― zuòwén 图〔篇〕作文 〚作～〛作文をする

【作物】zuòwù 图 作物, 農作物 ⇔〖农作物〗

【作息】zuòxī 動 働いたり休息したりする 〚～时间表〛勤務時間表

【作响】zuò▼xiǎng 動 音を立てる, 音を出す

【作兴】zuòxìng（旧読 zuóxìng）動〈方〉(多く否定形で)(情理からいって) 通用する, 許される 〚不～动手打人〛人を殴ってはいけない ― 副〈方〉たぶん, もしかすると

【作秀(做秀)】zuò▼xiù ① ショーをする ② 宣伝活動をする ③ 欺瞞行為をする

【作业】zuòyè 图 ①(教師が課す)宿題 〚做～〛宿題をする 〚留～〛宿題を出す 〚课外～〛宿題 ② 軍事訓練, 軍事演習 ③ 作業, 仕事 ― 動 作業をする, 軍事訓練をする

【作揖】zuò▼yī/zuō▼yī 動 拱手の礼をする ♦片手のこぶしをもう一方の手で包むようにして高く挙げ, 上半身を少し曲げて礼をする

【作痈】zuò▼yōng 動〈書〉よくないことの端を開く

【作用】zuòyòng 動 作用する, 働きかける 〚客观～于主观〛客観(世界) が主観に作用する ― 图 作用, 働き, 影響 〚起～〛役割を果たす, 効果が出る 〚光合～〛光合成 〚消化～〛消化作用 〚副～〛副作用

【作战】zuòzhàn 動 戦う, 戦争する

【作者】zuòzhě 图 作者, 著者

【做】zuò 動 ① 作る, こしらえる 〚～衣服〛服を作る 〚菜～得挺好吃〛料理はとてもおいしくできた ② する, 行う 〚～买卖(～生意)〛商売をする 〚～学问〛学問をやる ③ 書く, 作る 〚～了两首诗〛詩を2首書いた ④ …になる, 担当する 〚～教员〛教員になる 〚～父母的〛父母たるもの ⑤(ある関係を) 結ぶ 〚～好朋友〛親しい友人となる 〚这门亲事不得〛この縁組は結べない ⑥ 用途とする, …として用いる 〚这根木料～梁～不起来〛この材木は梁として使えない ⑦ 装う, 振りをする 〚～样子〛同前 ♦④⑥は '作' と書いてもよい

【做爱】zuò▼ài 動 性交する

【做伴】zuò▼bàn 動(～儿)付き添う, お供をする 〚给病人～〛病人の付き添いをする 〚我做你的伴儿〛君のお供をしよう

【做东】zuò▼dōng 動 おごる(≡〖做东道〗) 〚今天我～〛今日は私がおごります

【做法】zuòfa/zuòfǎ 图 やり方, 作り方 〚换个～〛やり方を変える 〚火药的～〛火薬の作り方

【做工】zuò▼gōng 動 働く, (肉体)労働をする
―― zuògōng 图 製作の技術や質 〚～很细〛作りが凝っている

【做功(做工)】zuògōng 图 演劇のしぐさと表情 〚～戏〛しぐさを主とする劇

【做鬼】zuò▼guǐ 動(～儿)いんちきをする ≡〖捣鬼〗

【做活儿】zuò▼huór 動 労働をする, 仕事をする ≡〈方〉〖做生活〗

【做客】zuò▼kè 動(客として)よその家を訪ねる

【做满月】zuò mǎnyuè 動 生後満1か月のお祝いをする

【做媒】zuò▼méi 動 仲人をする, 媒酌する

【做梦】zuò▼mèng 動 夢を見る, 夢想する 〚做了一场梦〛夢を見た 〚～也没想到〛夢にも思わなかった

【做亲】zuò▼qīn 動 縁組をする, 姻戚関係を結ぶ

【做人】zuò▼rén 動 ① 身を処する, 人と付き合う ② まともな人間になる 〚痛改前非, 重新～〛前非を深く悔い改めて真人間になる

【做声】zuò▼shēng 動(～儿)〔多く否定形で〕声を立てる, 声を出す 〚不要～〛声を立てるな

【做生意】 zuò shēngyi 動 商売をする ⇨[做买卖]

【做事】 zuò˙shì 動 ① 事に当たる,事を処理する ② 勤める,職に就く〚你现在在哪儿～?〛今どこにお勤めですか

【做寿(作寿)】 zuò˙shòu 動 (老人の)誕生祝いをする

【做文章】 zuò wénzhāng 動 ① 文章を書く ② (ある問題をとらえて)取り沙汰する,あげつらう〚应该在节约能源上多～〛省エネルギーをできるだけ問題にすべきだ

【做戏】 zuò˙xì 動 芝居を演じる(比喩的にも)

【做贼心虚】 zuò zéi xīn xū《成》悪い事をすればいつも後ろめたい

【做主】 zuò˙zhǔ 動 采配を振る,決める〚这件事我做不了主〛この件は私の一存では決めかねる

【做作】 zuò˙zuo 形 わざとらしい,思わせぶりの〚这个人的表演十分～〛この人の演技はひどくわざとらしい

【阼】 zuò ✕ 東側の階段

【怍】 zuò ✕ 恥じ入る

【岞】 Zuò ✕ [～山] 岞_さ山(山東省の山の名)

【柞】 zuò ✕ 《植》'栎 lì'の通称,クヌギ [～树] 同前 ♦ 陝西の地名'柞水'は Zhàshuǐ と発音

【柞蚕】 zuòcán 名 《虫》柞蚕_{さくさん} [～丝] 柞蚕糸

【柞丝绸】 zuòsīchóu 名 繭紬_{けんちゅう} ♦ 柞蚕の糸で織った織物

【祚】 zuò ✕ ① 福 ② 帝位

【酢】 zuò ✕ [酬 chóu ～]《書》(宴席で主客が)酒杯を交わす

【凿(鑿)】 zuò ✕ záo の旧読
⇨ záo

『現代漢語詞典』第5版と第6版の発音変更一覧

- 『現代漢語詞典』(商務印書館)の第5版(2005年)と第6版(2012年)で,見出し語の軽声の扱いにかなりの変更があった.この表は,それらの中で本書でも見出し語(一部,用例や注記)として採られているものを変更の内容ごとに分類した一覧である.
- 小見出しは変更の内容を示す.「非軽声」とは軽声で読まない(声調を伴う)ことを示す.また「軽声・非軽声」とは,ふつう軽声で読まれるが時に非軽声で読まれることを示す.例えば小見出しに「非軽声→軽声・非軽声」とある場合,第5版では「非軽声」の扱いだったものが,第6版では「ふつうは軽声,時に非軽声」の扱いとなったことを意味する.
- 末尾に,軽声関連以外で発音に変更があったものを挙げた.

	第5版	第6版
	非軽声 →	軽声
闷气	mēnqì	mēnqi
蹊跷	qīqiāo	qīqiao

	非軽声 →	軽声・非軽声
宝贝	bǎobèi	bǎobei/ bǎobèi
妞妞	niūniū	niūniu/niūniū
婆娘	póniáng	póniang/póniáng
气氛	qìfēn	qìfen/qìfēn
太监	tàijiàn	tàijian/tàijiàn
太阳	tàiyáng	tàiyang/tàiyáng
围裙	wéiqún	wéiqun/wéiqún
作法	zuòfǎ	zuòfa/zuòfǎ

	軽声・非軽声 →	軽声
腌臜	āza/āzā	āza
摆门面	bǎi ménmian/ bǎi ménmiàn	bǎi ménmian
宝宝	bǎobao/bǎobǎo	bǎobao
荸荠	bíqi/bíqí	bíqi
臭虫	chòuchong/ chòuchóng	chòuchong
掂量	diānliang/ diānliáng	diānliang
翻腾 ('翻动'の意)	fānteng/fānténg	fānteng

干粮	gānliang/gānliáng	gānliang
泔水	gānshui/gānshuǐ	gānshui
估量	gūliang/gūliáng	gūliang
呵欠	hēqian/hēqiàn	hēqian
蒺藜	jíli/jílí	jíli
魁梧	kuíwu/kuíwú	kuíwu
邋遢	lāta/lātā	lāta
榔槺	lángkang/lángkāng	lángkang
老大爷	lǎodàye/lǎodàyé	lǎodàye
老鸹	lǎogua/lǎoguā	lǎogua
连累	liánlei/liánlěi	liánlei
喽啰	lóuluo/lóuluó	lóuluo
啰唆（啰嗦）	luōsuo/luōsuō	luōsuo
毛玻璃	máobōli/máobōlí	máobōli
茅厕	máoce/máocè	máoce
泥鳅	níqiu/níqiū	níqiu
枇杷	pípa/pípá	pípa
琵琶	pípa/pípá	pípa
葡萄	pútao/pútáo	pútao
烧纸（名詞）	shāozhi/shāozhǐ	shāozhi
势头	shìtou/shìtóu	shìtou
熟悉	shúxi/shúxī	shúxi
尿脬	suīpao/suīpāo	suīpao
挑剔	tiāoti/tiāotī	tiāoti
温暾（温吞）	wēntun/wēntūn	wēntun
絮叨	xùdao/xùdāo	xùdao
夜叉	yècha/yèchā	yècha
鹦哥	yīngge/yīnggē	yīngge
樱桃	yīngtao/yīngtáo	yīngtao
应承	yìngcheng/yìngchéng	yìngcheng
应付	yìngfu/yìngfù	yìngfu
扎煞（挓挲）	zhāsha/zhāshā	zhāsha
笊篱	zhàoli/zhàolí	zhàoli
支吾	zhīwu/zhīwú	zhīwu
妯娌	zhóuli/zhóulǐ	zhóuli
酌量	zhuóliang/zhuóliáng	zhuóliang
紫花	zǐhua/zǐhuā	zǐhua
作兴	zuòxing/zuòxīng	zuòxing

発音変更一覧

	軽声・非軽声 ➡	非軽声
肮脏	āngzang/āngzāng	āngzāng
白天	báitian/báitiān	báitiān
北面	běimian/běimiàn	běimiàn
本本主义	běnběn zhǔyi/ běnběn zhǔyì	běnběn zhǔyì
大姑子	dàguzi/dàgūzi	dàgūzi
大拇指	dàmuzhǐ/dàmǔzhǐ	dàmǔzhǐ
当铺	dàngpu/dàngpù	dàngpù
得罪	dézui/dézuì	dézuì
底细	dǐxi/dǐxì	dǐxì
点缀	diǎnzhui/diǎnzhuì	diǎnzhuì
跌跌撞撞	diēdiezhuàngzhuàng/ diēdiēzhuàngzhuàng	diēdiēzhuàngzhuàng
府上	fǔshang/fǔshàng	fǔshàng
工人	gōngren/gōngrén	gōngrén
公平	gōngping/gōngpíng	gōngpíng
管家	guǎnjia/guǎnjiā	guǎnjiā
光棍	guānggun/guānggùn	guānggùn
光滑	guānghua/guānghuá	guānghuá
憨厚	hānhou/hānhòu	hānhòu
衡量	héngliang/héngliáng	héngliáng
活动	huódong/huódòng	huódòng
吉他	jíta/jítā	jítā
祭祀	jìsi/jìsì	jìsì
加上	jiāshang/jiāshàng	jiāshàng
家具	jiāju/jiājù	jiājù
奸细	jiānxi/jiānxì	jiānxì
见得	jiànde/jiàndé	jiàndé
江湖 (「香具師」の意)	jiānghu/jiānghú	jiānghú
看见	kànjian/kànjiàn	kànjiàn
看上	kànshang/kànshàng	kànshàng
看望	kànwang/kànwàng	kànwàng
拉下脸	lāxia liǎn/lāxià liǎn	lāxià liǎn
来往	láiwang/láiwǎng	láiwǎng
牢靠	láokao/láokào	láokào
老人	lǎoren/lǎorén	lǎorén
里面	lǐmian/lǐmiàn	lǐmiàn

付録

马马虎虎	mămahūhū/ mămăhūhū	mămăhūhū
明处	míngchu/míngchù	míngchù
牧师	mùshi/mùshī	mùshī
南面	nánmian/nánmiàn	nánmiàn
陪客 (名詞)	péike/péikè	péikè
飘洒 (形容詞)	piāosa/piāosă	piāosă
平复	píngfu/píngfù	píngfù
前面	qiánmian/qiánmiàn	qiánmiàn
枪手 (「替え玉」の意)	qiāngshou/ qiāngshŏu	qiāngshŏu
瞧见	qiáojian/qiáojiàn	qiáojiàn
切末	qièmo/qièmò	qièmò
亲事	qīnshi/qīnshì	qīnshì
轻易	qīngyi/qīngyì	qīngyì
情分	qíngfen/qíngfèn	qíngfèn
惹是非	rě shìfei/rě shìfēi	rě shìfēi
上面	shàngmian/ shàngmiàn	shàngmiàn
生日	shēngri/shēngrì	shēngrì
使眼色	shǐ yǎnse/shǐ yǎnsè	shǐ yǎnsè
势力	shìli/shìlì	shìlì
松松垮垮	sōngsongkuăkuă/ sōngsōngkuăkuă	sōngsōngkuăkuă
堂客	tángke/tángkè	tángkè
提拔	tíba/tíbá	tíbá
体面	tǐmian/tǐmiàn	tǐmiàn
天上	tiānshang/tiānshàng	tiānshàng
调和	tiáohe/tiáohé	tiáohé
贴补	tiēbu/tiēbŭ	tiēbŭ
听见	tīngjian/tīngjiàn	tīngjiàn
外面	wàimian/wàimiàn	wàimiàn
雾凇	wùsong/wùsōng	wùsōng
喜鹊	xǐque/xǐquè	xǐquè
下场	xiàchang/xiàchăng	xiàchăng
下面	xiàmian/xiàmiàn	xiàmiàn
响声	xiăngsheng/ xiăngshēng	xiăngshēng
小姐	xiăojie/xiăojiě	xiăojiě
小心	xiăoxin/xiăoxīn	xiăoxīn

発音変更一覧

性情	xìngqing/xìngqíng	xìngqíng
妖怪	yāoguai/yāoguài	yāoguài
腰身	yāoshen/yāoshēn	yāoshēn
夜间	yèjian/yèjiān	yèjiān
姨娘	yíniang/yíniáng	yíniáng
右面	yòumian/yòumiàn	yòumiàn
玉石	yùshi/yùshí	yùshí
遇见	yùjian/yùjiàn	yùjiàn
招惹	zhāore/zhāorě	zhāorě
照顾	zhàogu/zhàogù	zhàogù
折扣	zhékou/zhékòu	zhékòu
症候	zhènghou/zhènghòu	zhènghòu
支撑	zhīcheng/zhīchēng	zhīchēng
支派 (動詞)	zhīpai/zhīpài	zhīpài
中堂 ('内阁大学士'の意)	zhōngtang/zhōngtáng	zhōngtáng
住处	zhùchu/zhùchù	zhùchù
庄家	zhuāngjia/zhuāngjiā	zhuāngjiā
走江湖	zǒu jianghu/zǒu jiānghú	zǒu jiānghú
左面	zuǒmian/zuǒmiàn	zuǒmiàn

	軽声 ➡	軽声・非軽声
暗地里	àndìli	àndìli/àndìlǐ
巴不得	bābude	bābude/bābudé
摆布	bǎibu	bǎibu/bǎibù
包涵	bāohan	bāohan/bāohán
背地里	bèidìli	bèidìli/bèidìlǐ
别人 (人称代名詞)	biéren	biéren/biérén
大气 (形容詞)	dàqi	dàqi/dàqì
风光 (「光栄」の意)	fēngguang	fēngguang/fēngguāng
隔扇	géshan	géshan/géshàn
合同	hétong	hétong/hétóng
火头上	huǒtoushang	huǒtoushang/huǒtóushàng
娇贵	jiāogui	jiāogui/jiāoguì
教训	jiàoxun	jiàoxun/jiàoxùn
节气	jiéqi	jiéqi/jiéqì
逻辑	luóji	luóji/luójí

码头	mǎtou	mǎtou/mǎtóu
棉花	miánhua	miánhua/miánhuā
木匠	mùjiang	mùjiang/mùjiàng
年成	niáncheng	niáncheng/niánchéng
娘家	niángjia	niángjia/niángjiā
女主人	nǚzhǔren	nǚzhǔren/nǚzhǔrén
盘费	pánfei	pánfei/pánfèi
皮匠	píjiang	píjiang/píjiàng
篇幅	piānfu	piānfu/piānfú
婆家	pójia	pójia/pójiā
气头上	qìtóushang	qìtóushang/qìtóushàng
俏皮	qiàopi	qiàopi/qiàopí
俏皮话	qiàopihuà	qiàopihuà/qiàopíhuà
人性	rénxing	rénxing/rénxìng
晌午	shǎngwu	shǎngwu/shǎngwǔ
身份	shēnfen	shēnfen/shēnfèn
私房 (形容詞)	sīfang	sīfang/sīfáng
态度	tàidu	tàidu/tàidù
探口气	tàn kǒuqi	tàn kǒuqi/tàn kǒuqì
铁匠	tiějiang	tiějiang/tiějiàng
头里	tóuli	tóuli/tóulǐ
妥当	tuǒdang	tuǒdang/tuǒdàng
瓦匠	wǎjiang	wǎjiang/wǎjiàng
忘性	wàngxing	wàngxing/wàngxìng
鞋匠	xiéjiang	xiéjiang/xiéjiàng
学生	xuésheng	xuésheng/xuéshēng
芫荽	yánsui	yánsui/yánsuī
眼底下	yǎndixia	yǎndixia/yǎndǐxià
针脚	zhēnjiao	zhēnjiao/zhēnjiǎo
针线	zhēnxian	zhēnxian/zhēnxiàn
指望	zhǐwang	zhǐwang/zhǐwàng
	桌面儿上 zhuōmiànrshang	桌面上 zhuōmiànshang/zhuōmiànshàng

	軽声 ➡ 非軽声	
布拉吉	bùlāji	bùlājí
长处	chángchu	chángchù
迪斯科	dísike	dísīkē
短处	duǎnchu	duǎnchù

多会儿	duōhuir	duōhuìr（口語 duōhuǐr）
二拇指	èrmuzhǐ	èrmǔzhǐ
害处	hàichu	hàichù
好处	hǎochu	hǎochù
坏处	huàichu	huàichù
娇嫩	jiāonen	jiāonèn
坑坑洼洼	kēngkengwāwā	kēngkēngwāwā
苦处	kǔchu	kǔchù
年月	niányue	niányuè
泼辣	pōla	pōlà
千张（食品）	qiānzhang	qiānzhāng
烧卖	shāomai	shāomài
神父	shénfu	shénfù
书记	shūji	shūjì
铜匠	tóngjiang	tóngjiàng
纹路	wénlu	wénlù
锡匠	xījiang	xījiàng
下处	xiàchu	xiàchù
小拇指	xiǎomuzhǐ	xiǎomǔzhǐ
益处	yìchu	yìchù
用处	yòngchu	yòngchù
油葫芦	yóuhulǔ	yóuhúlu（地域によっては yóuhulǔ）
中拇指	zhōngmuzhǐ	zhōngmǔzhǐ

軽声関連以外のもの		
拜拜	bàibài	báibái
打的	dǎdí	dǎdī
落魄	luòpò, luòtuò	luòpò
麻麻黑	māmahēi	mámahēi（口語 māmahēi）
一会儿	yīhuìr	yīhuìr（口語 yīhuǐr）
主意	zhǔyi	zhǔyi（口語 zhúyi）

元素周期表

※中国語の元素名は、『現代漢語詞典』第6版の「元素周期表」によった。この表には原子番号113以降、中国語名の記載がない.

原子番号 → 1 H ← 元素記号
氢 qīng / 水素 ← 元素名

族 周期	1	2	3	4	5	6	7	8	9
1	1 H 氢 qīng 水素								
2	3 Li 锂 lǐ リチウム	4 Be 铍 pí ベリリウム							
3	11 Na 钠 nà ナトリウム	12 Mg 镁 měi マグネシウム							
4	19 K 钾 jiǎ カリウム	20 Ca 钙 gài カルシウム	21 Sc 钪 kàng スカンジウム	22 Ti 钛 tài チタン	23 V 钒 fán バナジウム	24 Cr 铬 gè クロム	25 Mn 锰 měng マンガン	26 Fe 铁 tiě 鉄	27 Co 钴 gǔ コバルト
5	37 Rb 铷 rú ルビジウム	38 Sr 锶 sī ストロンチウム	39 Y 钇 yǐ イットリウム	40 Zr 锆 gào ジルコニウム	41 Nb 铌 ní ニオブ	42 Mo 钼 mù モリブデン	43 Tc 锝 dé テクネチウム	44 Ru 钌 liǎo ルテニウム	45 Rh 铑 lǎo ロジウム
6	55 Cs 铯 sè セシウム	56 Ba 钡 bèi バリウム	57-71 La-Lu 镧系 ランタノイド	72 Hf 铪 hā ハフニウム	73 Ta 钽 tǎn タンタル	74 W 钨 wū タングステン	75 Re 铼 lái レニウム	76 Os 锇 é オスミウム	77 Ir 铱 yī イリジウム
7	87 Fr 钫 fāng フランシウム	88 Ra 镭 léi ラジウム	89-103 Ac-Lr 锕系 アクチノイド	104 Rf 𬬻 lú ラザホージウム	105 Db 𬭊 dù ドブニウム	106 Sg 𬭳 xǐ シーボーギウム	107 Bh 铍 bō ボーリウム	108 Hs 𬭛 hēi ハッシウム	109 Mt 鿏 mài マイトネリウム

	57 La 镧 lán ランタン	58 Ce 铈 shì セリウム	59 Pr 镨 pǔ プラセオジム	60 Nd 钕 nǚ ネオジム	61 Pm 钷 pǒ プロメチウム	62 Sm 钐 shān サマリウム	63 Eu 铕 yǒu ユウロピウム
镧系 lánxì ランタノイド							

	89 Ac 锕 ā アクチニウム	90 Th 钍 tǔ トリウム	91 Pa 镤 pú プロトアクチニウム	92 U 铀 yóu ウラン	93 Np 镎 ná ネプツニウム	94 Pu 钚 bù プルトニウム	95 Am 镅 méi アメリシウム
锕系 āxì アクチノイド							

元素周期表

10	11	12	13	14	15	16	17	18	
								2 He 氦 hài ヘリウム	1
			5 B 硼 péng ホウ素	6 C 碳 tàn 炭素	7 N 氮 dàn 窒素	8 O 氧 yǎng 酸素	9 F 氟 fú フッ素	10 Ne 氖 nǎi ネオン	2
			13 Al 铝 lǚ アルミニウム	14 Si 硅 guī ケイ素	15 P 磷 lín リン	16 S 硫 liú 硫黄	17 Cl 氯 lǜ 塩素	18 Ar 氩 yà アルゴン	3
28 Ni 镍 niè ニッケル	29 Cu 铜 tóng 銅	30 Zn 锌 xīn 亜鉛	31 Ga 镓 jiā ガリウム	32 Ge 锗 zhě ゲルマニウム	33 As 砷 shēn ヒ素	34 Se 硒 xī セレン	35 Br 溴 xiù 臭素	36 Kr 氪 kè クリプトン	4
46 Pd 钯 bǎ パラジウム	47 Ag 银 yín 銀	48 Cd 镉 gé カドミウム	49 In 铟 yīn インジウム	50 Sn 锡 xī スズ	51 Sb 锑 tī アンチモン	52 Te 碲 dì テルル	53 I 碘 diǎn ヨウ素	54 Xe 氙 xiān キセノン	5
78 Pt 铂 bó 白金	79 Au 金 jīn 金	80 Hg 汞 gǒng 水銀	81 Tl 铊 tā タリウム	82 Pb 铅 qiān 鉛	83 Bi 铋 bì ビスマス	84 Po 钋 pō ポロニウム	85 At 砹 ài アスタチン	86 Rn 氡 dōng ラドン	6
110 Ds 𨭎 dá ダームスタチウム	111 Rg 𨨏 lún レントゲニウム	112 Cn 鎶 gē コペルニシウム	113 Uut ウンウントリウム	114 Fl フレロビウム	115 Uup ウンウンペンチウム	116 Lv リバモリウム	117 Uus ウンウンセプチウム	118 Uuo ウンウンオクチウム	7

64 Gd 钆 gá ガドリニウム	65 Tb 铽 tè テルビウム	66 Dy 镝 dī ジスプロシウム	67 Ho 钬 huǒ ホルミウム	68 Er 铒 ěr エルビウム	69 Tm 铥 diū ツリウム	70 Yb 镱 yì イッテルビウム	71 Lu 镥 lǚ ルテチウム
96 Cm 锔 jú キュリウム	97 Bk 锫 péi バークリウム	98 Cf 锎 kāi カリホルニウム	99 Es 锿 āi アインスタイニウム	100 Fm 镄 fèi フェルミウム	101 Md 钔 mén メンデレビウム	102 No 锘 nuò ノーベリウム	103 Lr 铹 láo ローレンシウム

付録

1998年4月10日	初　版　発　行	
2005年1月10日	第 2 版　発　行	
2013年4月1日	第 3 版　発　行	
2013年4月20日	第 3 版中型版発行	

デイリーコンサイス中日辞典 第3版
中型版

2013年4月20日　第1刷発行

編　者　　杉 本 達 夫
　　　　　牧 田 英 二
　　　　　古 屋 昭 弘

発行者　　株式会社 三省堂　代表者 北口克彦
印刷者　　三省堂印刷株式会社
発行所　　株式会社 三省堂
　　　　　〒101-8371
　　　　　東京都千代田区三崎町二丁目22番14号
　　　　　　電話　編集 (03) 3230-9411
　　　　　　　　　営業 (03) 3230-9412

振替口座 00160-5-54300
商標登録番号　521139・521140
http://www.sanseido.co.jp/

〈3版中型デイリー中日・928pp.〉

落丁本・乱丁本はお取り替えいたします

ISBN978-4-385-12181-9

> Ⓡ 本書を無断で複写複製することは、著作権法上の例外を除き、禁じられています。本書をコピーされる場合は、事前に日本複製権センター (03-3401-2382) の許諾を受けてください。また、本書を請負業者等の第三者に依頼してスキャン等によってデジタル化することは、たとえ個人や家庭内での利用であっても一切認められておりません。

中国語方言区分図

0 500km

ウルムチ

新疆ウイグル自治区

甘粛

青海

西

チベット自治区

ラサ

ネパール　ブータン

インド

四川

昆明
雲南

ミャンマー

モ

ラ

- 官話方言（北京市ほか）
- 呉方言（上海市ほか）
- 湘方言（湖南省ほか）
- 贛方言（江西省ほか）
- 客家方言（広東省東北部ほか）
- 粤方言（広東省南部ほか）
- 閩方言（福建省ほか）
- 徽方言
- 晋方言
- 平話方